ÉVERAT, IMPRIM
rue du Cadran, n°

OEUVRES
DE JACQUES-HENRI-BERNARDIN
DE
SAINT-PIERRE.

J. H. BERNARDIN DE SAINT PIERRE.

OEUVRES
DE JACQUES-HENRI-BERNARDIN
DE
SAINT-PIERRE,

MISES EN ORDRE

PAR L. AIMÉ-MARTIN.

.... Miseris succurrere disco.
Æn., lib. I.

A PARIS,
CHEZ LEFÈVRE, LIBRAIRE-ÉDITEUR,
RUE DE L'ÉPERON, N° 6.

M DCCC XXXVI.

AVERTISSEMENT.

Cette édition des *OEuvres complètes de Bernardin de Saint-Pierre* est entièrement conforme aux diverses éditions en douze volumes in-8º qui se sont succédé dans le commerce. Elle a été revue avec le plus grand soin sur les manuscrits de l'auteur; et, sous le rapport de la correction, nous osons assurer qu'elle est infiniment supérieure à toutes les éditions précédentes.

On remarquera que nous avons conservé l'explication des figures de 1794. C'est un ouvrage qu'il faut lire, malgré son titre, car, à propos des figures, l'auteur y reproduit en abrégé les observations les plus neuves et les plus piquantes des *Études de la Nature*. Quant aux figures elles-mêmes, nous nous sommes borné à donner la mappemonde, les autres étant inutiles à l'intelligence du texte.

En resserrant en deux volumes un texte qui en remplit douze, nous avons senti la nécessité de changer l'ordre établi, jusqu'à ce jour, dans la distribution des matières. Toutes les œuvres publiées du vivant de l'auteur forment un volume; toutes les œuvres posthumes en forment un autre qui se vend séparément. On peut ainsi saisir d'un coup d'œil les publications faites par Bernardin de Saint-Pierre, et les nombreux et intéressants travaux qu'il préparait depuis plus de vingt ans, lorsque la mort vint l'enlever à sa famille, à ses amis et au monde!

Cette édition, spécialement destinée à la jeunesse des Écoles, est ornée d'un magnifique portrait de l'auteur, gravé par Wedgwood, et de sept figures.

Le 31 août 1833.

BERNARDIN.

1

OEUVRES
DE
BERNARDIN DE SAINT-PIERRE.

AU ROI.

SIRE,

Bernardin de Saint-Pierre a commencé et fini les *Études de la Nature* par l'éloge de Louis XVI, mais sa modestie l'empêcha d'offrir à son Roi un livre dont l'auteur était encore inconnu.

S'il vivait aujourd'hui, encouragé par le suffrage public, il oserait sans doute présenter le fruit de ses méditations à l'auguste monarque qui fait le bonheur de la France, et qui, non content de protéger les lettres, les illustre en les cultivant.

Vous avez permis, Sire, que cet honneur, dont il n'a pu jouir, devînt l'héritage de sa veuve; et je viens déposer ses ouvrages à vos pieds, afin que rien ne manque à sa gloire.

Je suis avec le plus profond respect,
SIRE,
DE VOTRE MAJESTÉ,
la très-humble et très-obéissante servante,
DE SAINT-PIERRE,
née DE PELLEPORC.

Paris, ce 15 novembre 1820.

FRAGMENT.

DE L'AUTEUR DE PAUL ET VIRGINIE.
ET DE
L'INFLUENCE DE SES OUVRAGES.

Aux hommes vulgaires, qui ne cherchent ici-bas qu'une portion individuelle de bien-être, toutes les carrières sont bonnes; ouvriers, soldats, laboureurs, n'importe! Aux génies élevés dont la pensée s'étend sur le monde, et qui s'inquiètent de ses destins, deux routes seulement sont ouvertes, ils peuvent choisir entre les dons de la fortune et ceux de la vertu. Car les âmes fortes ont besoin de s'occuper des grandes choses; leur règne est imposé au genre humain, comme un châtiment, ou comme un bienfait.

Parmi ces êtres privilégiés, ceux qui visent au pouvoir se montrent d'abord généreux, nobles et flatteurs. Vertus d'ambitieux, simples apparences! S'ils donnent, c'est pour reprendre; s'ils flattent, c'est pour asservir; s'ils paraissent justes, c'est pour préparer les voies de l'injustice : de tels hommes sont le fléau des nations, ils règnent par l'avilissement et par la gloire, réduisant toutes les vertus à une seule : l'obéissance. Ainsi les temps modernes nous ont montré Bonaparte; et les temps antiques, César!

Ceux qui préfèrent la vertu au pouvoir cherchent aussi les suffrages des hommes qu'ils veulent rendre meilleurs et plus heureux : comme ils n'ont rien à donner, ils se donnent eux-mêmes; et tandis que les ambitieux laissent des empires à leurs esclaves, les sages ne laissent à leurs disciples que des vertus à suivre, de grands exemples à imiter. En Grèce, le divin Platon recueille l'héritage du divin Socrate; à Rome, d'infâmes triumvirs se partagent les dépouilles de César.

Bernardin de Saint-Pierre aimait la gloire, mais il voulait y arriver par la vertu. Né dans les beaux temps du règne de Louis XV, il put jouir, encore enfant, de l'aspect d'un peuple heureux; il lui suffisait alors de contempler le ciel, la mer et les riches campagnes de la Normandie, pour être heureux lui-même.

Ses études terminées, un état honorable se présentait à lui : élève des ponts et chaussées, estimé de ses chefs, chéri de ses camarades, en entrant dans la vie, tout dut lui paraître facile, la fortune, les succès, la gloire. Mais ses illusions durèrent peu. Déjà (en 1759) un malaise général se faisait sentir dans toutes les parties du corps politique; nos armées étaient battues, nos flottes dispersées, nos finances en désordre, et tous les pouvoirs avilis. Au milieu de cette dissolution générale, quelques encyclopédistes régnaient encore; on leur donnait le nom de *philosophes*, ils étaient athées. A tant de maux, joignez la vénalité des charges, les priviléges des corps, les préjugés de la naissance, un roi sans volonté, une noblesse sans pouvoir, un clergé incrédule, et vous aurez une faible idée des plaies honteuses qui rongeaient nos vieilles institutions.

Pour subvenir aux dépenses de la cour, les ministres proposaient trop souvent des économies fatales aux administrations. Une de ces économies porta sur les fonds destinés aux ponts et chaussées, en sorte que la plupart des ingénieurs et tous les élèves furent remerciés. La mesure était générale : M. de Saint-Pierre ne put y échapper.

Ses regards se tournent alors vers l'armée du Rhin. Il offre ses services, on les accepte, et il se rend, en qualité d'ingénieur, auprès du comte de Saint-Germain. Il croyait courir à la fortune, mais il ne tarda pas à se désabuser.

Dans les guerres en rase campagne, les ingénieurs n'ont aucun commandement, et toute action d'éclat leur est interdite; on les nommait alors, par dérision, les *immortels*. Obligé de renoncer à la gloire comme soldat, M. de Saint-Pierre résolut de se distinguer comme ingénieur : il lève des plans, trace des cartes, prend des notes, rédige des mémoires; tous ces matériaux sont successivement remis à l'ingénieur en chef, qui doit en rendre compte au ministre. Quelle fut donc la surprise de M. de Saint-Pierre, lorsqu'une lettre de Versailles lui apprit qu'on se plaignait en cour[1] de ne rien voir de son travail ! Il se rend aussitôt chez l'ingénieur en chef, lui présente plusieurs plans nouveaux, et le prie de comprendre dans le reçu de ces pièces tous les plans déjà remis entre ses mains. L'ingénieur écrit quelques lignes, les donne à M. de Saint-Pierre, s'empare de ses papiers, et les dépose dans une armoire dont il retire la clef. Le billet tracé par l'ingénieur était conçu en ces termes : « M. de Saint-Pierre vient de me soumettre » le plan des positions de l'armée; c'est le seul travail que » j'aie reçu de cet ingénieur depuis son arrivée au camp. »

Malgré l'indignation que lui inspire ce billet, M. de Saint-Pierre conserve assez de sang-froid pour redemander ses papiers. L'ingénieur en chef met la main sur son sabre; M. de Saint-Pierre saute sur l'épée du troisième ingénieur, présent à cette scène, et se porte vers son chef, qui prend la fuite en criant : *A l'assassin!* Cet événement, qui se passa à Staberg un mois après la bataille de Corbach, eut des suites funestes pour M. de Saint-Pierre; il avait manqué à la discipline, il perdit son état.

Peu de temps après, Malte étant menacée d'un siége, on offre à M. de Saint-Pierre un brevet de capitaine; il l'accepte, et court s'embarquer à Marseille. Arrivé à Malte, les ingénieurs refusent de le reconnaître; l'esprit de corps le repousse; il en appelle au ministre, la calomnie vient au secours de ses ennemis; ils écrivent à Versailles que l'ingénieur-géographe envoyé par la cour est devenu fou.

Qu'on ne s'étonne pas de cette nouvelle perfidie ! Un esprit supérieur inquiète toujours les petits talents, et les petits talents ne veulent être ni surpassés ni jugés. Voilà pourquoi, dans tous les rangs, les hommes médiocres écrasent le mérite et protégent la nullité. Tel fut le destin de M. de Saint-Pierre; il eut quelques amis et beaucoup d'admirateurs, mais il fut persécuté par tous ceux qui purent voir en lui ou un juge ou un rival.

Victime aux ponts et chaussées d'une mesure injuste, à l'armée d'un chef perfide, à Malte de l'esprit de corps, il crut avoir acquis cette triste certitude, que, dans l'état de la société en France, un homme sans appui et sans fortune ne pouvait aspirer à rien d'honnête. « Que faire? disait-il; la plupart des emplois se vendent; il n'est permis qu'aux riches de servir la patrie, qu'aux nobles de la défendre; tout ce qui ne s'achète pas est à la disposition des corps, et les corps persécutent tout ce qui ne leur appartient pas. » Frappé de ces pensées, il résolut de chercher hors de sa patrie l'existence que sa patrie lui refusait. Son délaissement, loin de l'accabler, lui fit naître le plus généreux des projets; il songe à secourir ceux qui sont délaissés comme lui; il veut rassembler dans une contrée déserte les infortunés de tous les pays. Là régneront les lois de la morale, là le malheur sera respecté, et la vertu en honneur. Pour faciliter le projet du philosophe, il le rattache aux intérêts du commerce; sa république sera le point de réunion

[1] *En cour.* Ce mot signifiait autrefois toute l'administration du royaume; il avait cet avantage que chaque Français, en s'attachant à la chose publique, se croyait sous les yeux du roi.

entre l'Asie et l'Europe, elle accroîtra les relations du genre humain, elle fera bénir les malheureux !

Alors commence pour lui cette vie aventureuse qui serait le plus agréable des romans, si elle n'était la plus morale des histoires. Les épreuves ne serviront qu'à développer la force de son caractère, et il se montrera également armé contre les séductions de la fortune et contre les rigueurs de la misère.

Transporté au fond de la Russie, il y trouve des protecteurs qui deviennent aussitôt ses amis : l'un d'eux, M. de Villebois, tente, par une voie extraordinaire, de le faire réussir à la cour, et peut-être il ne tint qu'au jeune Français de supplanter Orlof, de prévenir Potenkin et de changer les destins du Nord. Les Orlof étaient des bergers nouvellement arrivés de l'Ukraine; Potenkin était un simple officier des gardes. Dans cette cour peuplée d'hommes nouveaux, il suffisait de plaire pour régner, le pouvoir y devait être une des faveurs de l'amour. L'impératrice avait remarqué M. de Saint-Pierre : dès lors les grands s'empressent autour de lui, les marchands lui offrent des équipages, des meubles, des hôtels. Comme César, il aurait pu dépenser sans mesure, et engager ses créanciers à pousser sa fortune; mais uniquement occupé de ses projets de colonie, il se refuse à toute intrigue. Des négociants lui fournissent des fonds, son plan est dans l'intérêt du pays, l'humanité le réclame, le commerce l'approuve : il est rejeté par le pouvoir.

Alors tout s'attriste autour de lui. Qu'a-t-il trouvé loin de sa patrie ? une terre de glace, un peuple barbare, une cour corrompue, des amis malheureux ! En proie à la plus noire mélancolie, sa santé s'altère, et dans son abattement il lui eût été doux de mourir !

Le baron de Breteuil, ambassadeur de France en Russie, lui dit un jour : « De grands événements se préparent; la France n'y est pas étrangère : servez l'indépendance de la Pologne, c'est une occasion de revoir votre patrie, et de courir à la gloire par le chemin de la fortune. » Ces paroles suivies de confidences et de promesses raniment notre jeune aventurier. Son trouble se dissipe, sa douleur s'évanouit : il quitte le service de Russie, arrive en Pologne et tente de se jeter dans l'armée des indépendants; mais trahi par l'infidélité de ses guides, il tombe au pouvoir des ennemis; on lui impose la condition de ne prendre aucun service pendant l'interrègne; et, pour échapper à la Sibérie, il est obligé de renoncer à la gloire.

Il croyait avoir épuisé tous les maux de la vie; mais que devint-il, lorsque la voix terrible des passions se fit entendre? Toujours occupé de sa lutte contre le malheur, il n'avait point appris à combattre le plaisir. Une jeune princesse, parente du prince de Radziwil, lui témoigne un tendre intérêt; il aime, il est aimé. Alors la volupté, l'amour, l'ambition l'embrasent de tous leurs feux. Une guerre funeste s'élève dans son sein. Toutes les passions s'arment à la fois; l'une lui crie : Pour vivre heureux, il faut être riche et puissant; flatte, trompe, corromps, élève-toi à tout prix; l'homme sans puissance n'est rien sur la terre, on le méprise, il fait rougir ce qu'il aime ! l'autre : La vertu est une chimère, le bonheur est dans le plaisir. Pourquoi ces vains combats? l'homme qui résiste à ses passions ne jouit de rien; tout le trouble et l'enchaîne, et sa vie s'écoule entre la douleur et le repentir. L'amour venait alors : Si tu ne peux t'élever jusqu'à elle disait-il, sois son esclave : n'es-tu pas assez riche pour l'aimer, assez noble pour la servir? que faire sans elle dans le monde? Consacre-lui ta vie ou meurs à ses pieds. Mais au milieu de ce choc des passions, la vertu se faisait encore entendre : Infortuné ! lui disait-elle, tomberas-tu dans le mépris de toi-même, qui est le plus grand de tous les maux ? Te laisseras-tu vaincre à tes passions, qui sont les plus trompeuses de toutes les amorces ? Et parceque l'amour t'enivre, as-tu donc renoncé à ta propre estime ? Il comprenait alors qu'il devait y avoir sur la terre un bonheur indépendant de l'amour, de l'ambition et des hommes, mais il ne pouvait encore s'y attacher. Tout meurtri de sa chute, on le vit long-temps errer dans les cours diverses de l'Allemagne, ne pouvant s'éloigner des lieux où il avait aimé, et comme un esclave échappé, traînant après lui les débris de sa chaîne.

En France, il avait éprouvé son courage contre l'ennemi sur un champ de bataille ; en Russie contre les séductions d'un grand pouvoir ; en Pologne contre l'exil, la prison, la mort ; partout victorieux, il n'avait succombé que sous les traits de l'amour. Mais en succombant, il avait appris à combattre ; son ame s'était épurée par les passions, comme l'or par le feu, comme le ciel par la tempête. Enfin, il revit la France ; semblable à ces guerriers de Platon [1] qui se croyaient dignes des emplois de la république, après avoir vaincu la douleur, surmonté leurs passions et triomphé de la volupté, il pensait avoir reçu du malheur le droit de servir sa patrie et peut-être de mourir pour elle.

Le baron de Breteuil, témoin de sa conduite en Russie et de son dévouement en Pologne, venait de rentrer en France. Il lui proposa de réaliser à Madagascar les projets de république dont il l'avait vu occupé à la cour de Catherine. Cette mission devant rester secrète, M. de Saint-Pierre reçut un brevet d'ingénieur pour l'Ile-de-France ; mais, hélas ! ses illusions durèrent peu ; le comte de Modave, qui commandait l'expédition, allait à Madagascar, non pour civiliser le pays, mais pour s'enrichir par la traite des noirs. M. de Saint-Pierre, instruit de ses projets pendant la traversée, en eut horreur, et, profitant de son brevet, il s'arrêta à l'Ile-de-France.

Cette île féconde, jetée par la nature comme un point de repos entre l'Europe, l'Asie et l'Afrique, pouvait être le séjour du bonheur ; elle était le séjour de la haine et de la cupidité. On y voyait un peuple plus misérable que celui de Pologne ; des esclaves plus à plaindre que ceux de la Russie ; la pauvreté de Malte, les préjugés de la France, l'envie et l'ambition qui se trouvent partout. A cette vue, tous les projets dont M. de Saint-Pierre s'était bercé jusqu'à ce jour s'évanouirent pour jamais. Les leçons du malheur lui avaient appris à profiter des leçons de l'expérience, et dès lors il renonça à l'espoir de réunir les débris de nos sociétés corrompues pour en former un peuple heureux. Il se dit : Jusqu'à ce jour, j'ai couru après un vain fantôme : le bonheur n'est ni dans l'attrait des richesses, ni dans l'agitation du monde, ni dans les vanités du pouvoir, il est en nous. Retournons au point de départ, et ne cherchons qu'en nous ce que nous seuls pouvons nous donner. C'est avec ces sentiments de sagesse, qu'après trois ans d'exil, il revit la France, résolu de ne plus la quitter, et d'y chercher un emploi où il n'y eût à faire que le bien. Le moment de son retour fut un des plus heureux de sa vie : quarante ans de travail, d'études et de gloire, avaient pu en effacer le souvenir. Empressé de quitter une contrée que les noirs arrosent de leurs larmes, il avait séjourné au cap de Bonne-Espérance également souillé par l'esclavage, et vu en passant l'île de l'Ascension dont les rochers sans herbes, sans buissons, sans eau, parurent plus affreux que ceux de la Terre de feu au capitaine Cook, qui avait fait trois fois le tour du monde. Enfin il avait traversé l'équateur, si fatigant par ses chaleurs et par ses calmes. Le manque d'eau douce, l'ennui de la navigation, le souvenir de ces terres désolées, celui de l'humanité malheureuse, avaient répandu la tristesse dans tous les esprits, lorsque le 29 mai au matin, il découvrit l'île de Groaix, près de laquelle on avait jeté l'ancre pendant la nuit. L'aurore lui fit voir la mer au loin couverte de bateaux allant à la pêche des sardines, qui arrivaient aussi ce jour-là sur les côtes de Bretagne. Des barques de pêcheurs sillonnaient les flots en tous sens ; elles étaient remplies de raies, de lieus, d'énormes congres, de homards et de toutes sortes de poissons, la plupart vivants et colorés de violet, de bleu, de pourpre et de vermillon. Au milieu de cette abondance, on mit à la voile pour entrer dans le port de Lorient qui n'est qu'à deux lieues de l'île de Groaix : chemin faisant, il respirait l'air de la terre parfumée par le printemps, l'air de la France plus doux encore pour un Français que le parfum des fleurs. Il regardait en silence se déployer, devant lui, les collines tapissées de la plus riante verdure, leurs longues avenues de pommiers, les bocages qui les couronnent, les prairies couvertes de troupeaux, et jusqu'aux landes lointaines toutes jaunes d'ajoncs fleuris. Tout avait sa parure printanière. Les rochers même de l'entrée du port Louis s'élevaient au-dessus des flots, couverts d'algues brunes, vertes et pourpres. En entrant dans la rade, les matelots, appuyés sur les passavants du vaisseau, reconnaissaient successivement les clochers de leurs villages. Ils se disaient uns aux autres : Voilà Penn-Marck, voilà l'entrée de la rivière d'Hennebon, voici l'Abbaye de la Joie ; mais en abordant au port les larmes leur vinrent aux yeux, quand ils virent sur les quais, les uns leurs pères, les autres leurs femmes et leurs enfants qui leur tendaient les bras en les appelant par leurs noms. Touché de cette ivresse générale, M. de Saint-Pierre s'achemina vers une auberge ; mais lorsque, retiré dans sa chambre, il vint à songer qu'il arrivait dans sa patrie plus pauvre qu'il n'en était sorti ; qu'il n'avait ni enfant, ni épouse, ni père, ni mère, qui pussent recevoir ses embrassements et lui donner des consolations, son ame se troubla, ses yeux se remplirent de larmes, il tomba à genoux suppliant cette Providence qui l'avait déjà préservé de tant de maux, de lui tenir lieu de père, de mère et de protecteur. Prière touchante qui fut exaucée ! car les nuages de son esprit s'évanouirent, et il ne retrouva plus dans son cœur que la joie de revoir sa patrie, et de la revoir aux premiers jours du printemps.

Encore tout ému de ces pensées, il prit la route de Paris, ne demandant plus à la fortune qu'un peu d'aisance et un ami. Ces biens précieux, il crut les avoir trouvés dans l'affection d'un homme de cour dont tous les sentiments lui avaient paru pleins de délicatesse et de générosité ; apparences trompeuses qu'il paya de toute sa confiance, comme il avait payé en Pologne les fantaisies d'une coquette de tout son amour ! Le baron de Breteuil était un de ces protées habiles qui savent déguiser leur orgueil sous les formes gracieuses de la politesse, et donner l'air de la bienveillance à leur insolente protection. Sa vanité affectait toutes les vertus, son indifférence se jouait de tous les sentiments. Les lettres de M. de Saint-Pierre l'avaient intéressé ; il comprit confusément qu'il pouvait tirer parti des talents de cet homme qu'il envoyait à son gré combattre en Pologne, ou faire des lois à Madagascar. Il savait d'ailleurs que si notre voyageur n'avait pas fait fortune aux Indes, il en rapportait de riches collections d'histoire naturelle :

République, liv. III, p. 191.

ces collections on les lui offrit, et il accepta tout de la meilleure grâce du monde; conduite qui fut pour M. de Saint-Pierre comme le gage assuré d'une de ces amitiés exquises, que, suivant l'expression de Montaigne, il façonnait au patron de son ame forte et généreuse. N'entendant rien aux affections vulgaires, il voyait dans le cœur de son ami toutes les vertus qui n'étaient que dans le sien. Il se disait : J'ai trouvé un autre moi-même; s'il accepte tout ce que je possède, c'est qu'il veut que rien ne me soit propre et que j'entre chez lui comme un enfant dans la maison de son père. Versons mon ame dans la sienne; consacrons-lui mes travaux, faisons-lui part de mes pensées; il a le pouvoir du bien, je l'aiderai dans cette tâche à la fois si douce et si difficile. L'amitié double la force des ames généreuses, l'amour n'est que la faiblesse des bons cœurs. Déjà dans sa naïve confiance, il quitte tous les soins de la vie, ne songeant plus qu'à se rendre digne de son ami. Les plus trompeuses caresses entretiennent ses illusions. « J'ai promesse » de la cour, lui disait le baron de Breteuil, pour une » grande ambassade à Naples, à Londres, à Vienne, qu'im- » porte ! Vous viendrez avec moi, nous ne nous quitterons » plus, et je trouverai jour à vous faire un sort digne des » sentiments élevés que je vous reconnais[1]. » Le moment de réaliser de si généreux projets ne se fit pas attendre : M. de Breteuil fut nommé à l'ambassade de Naples. Ses vœux étaient remplis, ce qu'il avait souhaité était en son pouvoir. Que fait alors ce digne protecteur ? Il prévient doucement son ami qu'il faut songer à retourner aux Indes: « Mon cher chevalier, lui dit-il, ce n'est pas ma faute, » vous n'êtes pas gentilhomme, je ne puis rien pour vous. » Qu'on imagine, s'il est possible, l'effet que ces paroles durent produire sur le plus fier et le plus sensible de tous les hommes. La piqûre d'un serpent, le poignard d'un assassin, lui eussent fait moins de mal. Un froid mortel le saisit, sa vue se trouble, toute son organisation en est ébranlée : hélas! le bien qu'il voulait faire, son avenir, son ami[2], tout venait de disparaître. Plus cruelle que l'amour, l'amitié ne lui avait pas même laissé une illusion.

Avec une ame moins élevée, M. de Saint-Pierre eût probablement réussi auprès du baron de Breteuil. Les grands protègent volontiers les talents qui les amusent, et les vices qui les flattent; mais tout ce qui n'est pas médiocre, leur échappe ou les blesse. Voilà pourquoi le génie des hommes supérieurs nuit toujours à leur fortune; voilà pourquoi, dans les sociétés modernes, on récompense quelquefois les petits talents, jamais la vertu!

Les encyclopédistes, qui vivaient dans l'intimité du baron de Breteuil, auraient à peine deviné que M. de Saint-Pierre avait à s'en plaindre. Ceux qui flattent les passions des grands, sont toujours les premiers à en médire. Pour ni, on le plaignait, on le trouvait digne d'un meilleur ort, on promettait de le protéger. Mais comme tous les mplois ne pouvaient convenir à un homme qui, suivant abelle expression de Plutarque, avait déjà planté et assis les ondements dorés d'une bonne vie, les soi-disant philosophes ne tardèrent pas à l'abandonner. Fatigués de le plaindre, ils le calomnièrent : sa tristesse était l'effet d'un remords; sa vertu, le langage de l'orgueil. Il avait refusé de servir leurs passions : c'était un homme inutile; sa conversation n'abondait ni en sentences ni en maximes : c'était un homme sans talents. De son côté, il vint à découvrir que ces prétendus sages, qui parlaient sans cesse des intérêts du peuple, trafiquaient de leur pouvoir, et que les plus petits emplois étaient vendus par leurs secrétaires et leurs maîtresses. Cette découverte lui fit perdre encore une illusion, et sa tristesse s'en augmenta. Partout, à la cour, à l'armée, chez les philosophes, il avait entendu citer avec éloges les plus beaux traits de l'histoire; il avait vu récompenser les peintres qui les représentent, les orateurs qui les exaltent, les poëtes qui les magnifient. Mais pas un encyclopédiste n'aurait voulu du mérite d'Épimanondas, l'homme de son temps qui savait le plus et parlait le moins; pas un officier ne se serait fait gloire de la continence de Bayard ou de Scipion; pas un ministre, du désintéressement de l'Hospital et de la pauvreté d'Aristide. Dans ce siècle de vanité, on discourait des vertus antiques; mais la vertu véritable restait dans l'oubli. Chacun songeait à se rendre plus habile, personne à devenir meilleur, et les philosophes eux-mêmes, avec leur style de rhéteur et leur fausse sagesse, ne se montraient que sous les déguisements du rôle qu'ils s'étaient donné; on eût dit ces acteurs qui viennent débiter sur la scène les belles sentences de la morale, et qui, au bruit des applaudissements, courent ensuite derrière le théâtre étaler leur corruption et se rire de leur auditoire.

M. de Saint-Pierre reconnut enfin que la plus folle des vanités est de faire dépendre son sort de l'opinion d'autrui. Résolu de mettre désormais toute sa confiance en Dieu, et de marcher seul dans les voies de la justice et de la vérité, il se retira du monde; mais en entrant dans la solitude, il n'y apporta ni amertume ni regrets. L'ingratitude des hommes l'avait porté à l'amour de Dieu, et l'amour de Dieu redoublait en lui l'amour de ses semblables. Éprouvé en même temps par toutes les passions, ses propres souffrances ne lui avaient fait sentir que le besoin de consoler les malheureux. Semblable à la pierre de touche, qui reçoit l'empreinte de tous les métaux, mais qui ne conserve que celle de l'or, la sagesse seule était restée.

Depuis cette époque jusqu'à l'heure de sa mort, il ne laissa plus passer un seul jour sans s'occuper de l'étude de la nature, non seulement dans son cabinet, mais dans ses promenades, ses voyages, ses lectures, le temps de ses repas, et celui même de son sommeil. En cherchant des forces contre le malheur, il avait trouvé une source inépuisable de consolations et d'espérances. Que de fois je lui ai entendu dire que si, à cette époque, il avait pu réunir mille écus de rente pour assurer le sort de sa sœur et le sien, il n'eût jamais songé à publier ses ouvrages, content de vivre ignoré et de léguer ensuite au public le fruit de ses travaux solitaires! Mais telle est la destinée humaine, ajoutait-il en se raillant de la fortune, que la nécessité qui inspira les premiers vers d'Horace, me dictait à moi, pauvre songeur, un gros livre en prose!

Cependant le souci de vivre vint encore interrompre ses travaux. Son traitement d'ingénieur, d'abord réduit de moitié, avait été entièrement supprimé. Obligé de reparaître chez les ministres qui lui refusaient le prix de ses services, il sollicite les entreprises les plus périlleuses. Tantôt il veut civiliser la Corse, et pénétrer en Amérique ou remonter le Nil jusqu'à sa source : tantôt il propose d'entreprendre seul à pied le voyage de l'Inde, alors peu connue des Européens; mais toutes ses offres ayant été repoussées, il commençait à désespérer de la fortune, lorsqu'un homme excellent, un ami véritable, M. Mesnard[1], lui procura une grace du roi, qui mit un terme à ses tristes démarches. Ce n'était ni une récompense, ni un traitement, ni une pension, c'était un secours de mille francs pris sur les fonds du contrôleur général des finances,

---

[1] Lettres du baron de Breteuil.
[2] IIe lettre du baron de Breteuil.

[1] M. Mesnard avait alors la ferme générale des postes.

par conséquent incertain et précaire. M. de Saint-Pierre le reçut comme un bienfait de la Providence. Quelque modique que fût cette somme, elle suffisait à ses premiers besoins, et devenait ainsi la sauvegarde de sa liberté et de sa conscience. Il se dit : Comme Virgile, j'ai part à la table d'Auguste ; comme lui, je veux consacrer ma vie à mon bienfaiteur. Je puis, du fond de ma solitude, faire entendre la vérité toujours si utile aux rois ; je puis aussi servir les malheureux ; le pain n'est pas le seul bien qui leur manque ; et les consolations sont plus rares que l'or. Faisons entrer tous les hommes dans notre société ; mais ne cherchons des amis que parmi les infortunés. Assis avec eux sur la dernière marche, je pourrai encore servir ma patrie et le genre humain. Alors, tournant les yeux vers le ciel, il le bénit, heureux de se retrouver dans la solitude à l'abri du besoin et des protecteurs. « O mon Dieu ! s'écriait-il, » les riches et les puissants croient qu'on est misérable et » hors du monde, quand on ne vit pas comme eux ; mais » ce sont eux qui, vivant loin de la nature, vivent hors du » monde. Ils vous trouveraient, ô éternelle beauté, toujours ancienne et toujours nouvelle ! ô vie pure et bienheureuse de tous ceux qui vivent véritablement, s'ils vous cherchaient seulement au dedans d'eux-mêmes ! Si vous étiez un amas stérile d'or, ou un roi victorieux qui ne vivra pas demain, ou quelque femme attrayante et trompeuse, ils vous apercevraient, et vous attribueraient la puissance de leur donner quelque plaisir. Votre nature vaine occuperait leur vanité ; vous seriez un objet proportionné à leurs pensées craintives et rampantes. Mais parceque vous êtes trop au dedans d'eux, où ils ne rentrent jamais, et trop magnifique au dehors, où vous vous répandez dans l'infini, vous leur êtes un Dieu caché. Ils vous ont perdu en se perdant. L'ordre et la beauté même que vous avez répandus sur toutes vos créatures, comme des degrés pour élever l'homme à vous, sont devenus des voiles qui vous dérobent à leurs yeux malades. Ils n'en ont plus que pour voir des ombres ; la lumière les éblouit. Ce qui n'est rien est tout pour eux ; ce qui est tout ne leur semble rien. Cependant, qui ne vous voit pas, n'a rien vu ; qui ne vous goûte point, n'a jamais rien senti ; il est comme s'il n'était pas, et sa vie entière n'est qu'un songe malheureux. Moi-même, ô mon Dieu, égaré par une éducation trompeuse, j'ai cherché un vain bonheur dans les systèmes des sciences, dans les armes, dans la faveur des grands, quelquefois dans de frivoles et dangereux plaisirs. Dans toutes ces agitations, je courais après le malheur, tandis que le bonheur était auprès de moi. Quand j'étais loin de ma patrie, je soupirais après des biens que je n'y avais pas, et cependant vous me faisiez connaître les biens sans nombre que vous avez répandus sur toute la terre, qui est la patrie du genre humain. Je m'inquiétais de ne tenir ni à aucun grand ni à aucun corps, et j'ai été protégé par vous dans mille dangers, où ils ne peuvent rien. Je m'attristais de vivre seul et sans considération, et vous m'avez appris que la solitude valait mieux que le séjour des cours, et que la liberté était préférable à la grandeur. Je m'affligeais de n'avoir pas trouvé d'épouse qui eût été la compagne de ma vie et l'objet de mon amour, et votre sagesse m'invitait à marcher vers elle, et me montrait dans chacun de ses ouvrages une Vénus immortelle. Je n'ai cessé d'être heureux que quand j'ai cessé de me fier à vous. O mon Dieu ! donnez à mes faibles travaux, je ne dis pas la durée ni l'esprit de vie, mais la fraîcheur du moindre de vos ouvrages ! que leurs grâces divines passent dans mes écrits et ramène mon siècle à vous, comme elles m'y

» ont ramené moi-même ! Contre vous, toute puissance » est faiblesse ; avec vous, toute faiblesse devient puissance. » Quand les rudes aquilons ont ravagé la terre, vous appelez le plus faible des vents ; à votre voix le zéphyr souffle, la verdure renaît, les douces primevères et les humbles violettes colorent d'or et de pourpre le sein des noirs rochers [1]. »

Ces pages ravissantes furent écrites dans un hôtel garni de la rue de la Madeleine-Saint-Honoré, où Bernardin de Saint-Pierre commença les *Études de la Nature*. Plus tard, en 1781, il quitta cet hôtel pour un petit donjon situé rue Saint-Étienne, près des Pères de la doctrine. Le bon marché du quartier, le plaisir de voir des jardins qui s'étendaient sous ses fenêtres, déterminèrent ce nouveau choix. Là, exposé à tous les vents, l'été brûlé du soleil, l'hiver glacé par les frimas, toujours vêtu du même habit, seul, sans serviteur, obligé de se livrer aux soins les plus humbles de la vie, cet homme simple, qui voit accroître sa mauvaise fortune des ennuis de sa sœur et du trouble d'esprit d'un frère infortuné, cet homme froissé par les hommes, et qui sans doute leur paraît à tous si digne de pitié, gens du monde, ne le plaignez pas ! Ah ! si de vos palais somptueux, si, du sein de vos faux plaisirs, vous pouviez goûter la joie divine dont il s'enivre ; s'il vous était donné d'entrevoir la douce lumière qui est au dedans de lui, ces flammes d'amour qui le pénètrent, qui le consument, qui lui sont une source intarissable de délices ; si vous jouissiez un seul jour de cette vie nouvelle que donne la sagesse, seul bien digne de l'homme, parcequ'il est en lui, parcequ'il ne lui est point ajouté comme vos tristes honneurs, comme vos richesses passagères, combien alors vous vous trouveriez misérables au milieu des illusions de la fortune ! combien vous envieriez cette pauvreté, cette solitude qui vous paraissaient si horribles ! Voyez-le dans son étroit asile, assis auprès d'une petite table, un chien à ses pieds, les yeux fixés, tantôt sur un livre de voyage, tantôt sur une sphère armillaire ou sur un globe terrestre. Quelle science l'occupe ? quelle scène s'ouvre devant lui ? Le monde, qu'il étudie à la lueur de cette lampe, n'est-il à ses yeux qu'une vaste ruine tombée au hasard dans l'espace ? Non, il lui apparaît comme un temple saint qu'une main divine soutient au milieu des astres ; son génie en saisit les détails en même temps qu'il en embrasse l'ensemble ; il passe des pôles à la ligne, du nord au midi, des déserts de la Finlande aux riantes solitudes de l'Ile-de-France ; l'univers se présente à lui sortant des mains du créateur avec ses grâces virginales et ses sublimes harmonies ; il voit d'éternels couchants et d'éternelles aurores se succéder sans intervalles autour du globe ; les vents qui soufflent à l'opposite les uns des autres, deux océans glacés, véritables sources des mers, des monts métalliques qui rassemblent les eaux à leurs sommets, et les versent en fleuves sur leurs flancs inclinés ; des nuages d'or et de pourpre qui se soutiennent dans les airs d'une manière miraculeuse, et, par une prélèvement sur le globe pour y entretenir la fraîcheur et la fécondité ; ce temple merveilleux, dont toutes les parties sont vivantes, qui repose non sur des rochers, mais sur la lumière et l'espace, renferme dans ses zones célestes des vertus souvent méconnues et persécutées sur la terre, qu'elles couvrent de bienfaits, mais qui impriment leurs actions en caractères inaltérables et lumineux dans le ciel, dont elles sont descendues.

Voilà les richesses, voilà les contemplations de ce pau-

[1] *Études de la Nature.*

vre solitaire qui n'a peut-être au monde d'autre ami que le chien qui repose à ses pieds!

Mais, disent les savants, vers quelles sciences s'est dirigé son esprit? a-t-il, avec Herschel, surpris de nouveaux astres dans leurs marches? a-t-il, comme Linnée, soumis les plantes à d'ingénieuses classifications? est-il entré dans le monde des infiniment petits, sur les traces de Réaumur et de Bonnet? ou, à l'exemple de Buffon, s'est-il attaché à reproduire tous les êtres qui peuplent le globe, dans une suite de portraits pleins de grace ou de vigueur, mais dont aucun tableau ne montre les relations, dont aucune pensée ne réunit l'ensemble?

Émule de ces grands hommes, Bernardin de Saint-Pierre embrassa toutes les sciences, non pour les rattacher à de nouveaux systèmes, mais pour les ramener à la nature et à Dieu. Un esprit vaste reçoit la lumière de toutes parts et la réfléchit par faisceaux. S'il recueille les observations, c'est pour leur donner de l'étendue; s'il les rapproche ou les divise, c'est pour en tirer des conséquences; il étudie les détails, mais l'ensemble des choses est leur seul véritable point de vue. Idée profonde, révélée à Bernardin de Saint-Pierre par l'étude et l'observation, et dont il fit la base de tous ses ouvrages. Ainsi chaque plante observée par Linnée, il la replace dans son site; chaque insecte observé par Réaumur, il le rend à sa plante; chaque animal décrit par Buffon, il le ramène sur son sol natal. Nos vaines sciences avaient tout brouillé, en voulant tout classer, il rétablit l'ordre de Dieu même; il rend à chaque chose leurs relations primitives; il reconstruit le livre de la nature, afin de nous y faire lire successivement les lois de sa sagesse, les prévoyances de ces lois, et les bienfaits de ces prévoyances.

Cette marche si simple, et cependant si lumineuse, étonna les sophistes et blessa les savants : l'auteur écrasait l'athéisme, irritait les vanités; on l'accusa d'ignorance. Il s'en était accusé lui-même dans maints passages de son livre, conservant encore sur ses détracteurs cet avantage de savoir qu'il était ignorant. Mais cet ignorant avait eu sur toutes les sciences des aperçus nouveaux; il s'était dit: Les savants n'étudient que leurs systèmes, source éternelle d'erreurs, étudions la nature, source éternelle de vérités. C'est en recherchant ses lois, et non en lui appliquant les nôtres, qu'on peut se promettre d'être utile aux hommes et agréable à Dieu. Dès lors, la sagesse de la Providence lui est révélée, et, pour nous borner à un seul exemple, la géographie, science aride et confuse jusqu'à lui, devient tout à coup une science divine de proportion et d'ensemble; où l'on n'avait vu que des ruines, son génie découvre un monument tout entier. En suivant la direction des montagnes, sur le globe, il reconnaît l'intelligence qui posa leurs fondements; en suivant le cours des eaux, à travers les campagnes, il signale la sagesse qui pourvoit à nos besoins; en observant les différentes zones des végétaux et des animaux dans toutes les parties du monde, il nous apprend que chaque plante a son site, chaque animal sa patrie, et que Dieu l'a ainsi voulu, afin que la terre entière appartint à l'homme. Tout ce qui paraissait dans la confusion prend un ordre, tout ce qu'on attribuait au hasard devient l'œuvre d'une intelligence. Il y a une géographie des plantes, une géographie des animaux, une géographie des fleuves, une géographie des montagnes: c'est un monde nouveau que l'auteur dévoile et semble créer. Et que de prévoyances touchantes, que de relations inconnues entre ces divers phénomènes! Les végétaux sont comme de grandes familles qui se partagent le globe pour l'embellir et le féconder; l'air se charge des semences des plantes alpines, qui, semblables à des oiseaux, sont pourvues d'ailes légères; l'eau emporte les graines des plantes aquatiques qui voguent sous leurs voiles comme des nautiles, ou glissent sur leurs nageoires comme des poissons. Le point où elles croissent, celui où elles s'arrêtent, changent les mœurs et les habitudes des peuples. La géographie botanique donne à notre observateur le tableau de toute la terre: ainsi, pendant que la nuit couvre encore nos rivages, le soleil se lève sur les archipels des Philippines, des Moluques et des Célèbes. Déja le noir insulaire de Gilolo secoue les clous du giroflier, et l'habitant de Sumatra vendange les grappes qui renferment le poivre. De tous côtés, sur les rives de Java, dans les forêts pleines de paons et de pigeons au plumage d'azur, on entend crouler les noix du muscadier. Plus au nord, vers le coucher, chant, les filles de Ceylan roulent, posées sur leurs genoux, la tendre écorce de la cannelle. Mais déja l'astre du jour inonde l'Asie orientale des feux du midi, et prolonge ceux du matin sur l'Afrique. Voyez l'Arabe de Moka emballer dans des peaux de chameaux les fèves de ses cafés, tandis que d'autres Arabes, montés sur des bœufs, côtoient le Zara et viennent nous apporter, de l'embouchure du Sénégal, les gommes de l'Afrique et les parfums de l'Arabie.

Dans le même temps où le chant des coqs de l'Asie annonce minuit sur les côtes de l'Orient, le chant des coqs de l'Amérique annonce le point du jour sur les rivages de l'Occident. L'Indien de la Corée se couche sur ses ballots de coton, celui du Brésil se lève pour tordre avec effort le tabac de ses plantages; et tandis que le Chinois patient dort auprès de la corbeille où il a dépouillé pour nous, feuille à feuille, le léger arbrisseau du thé, des troupes d'enfants, au Mexique, ramassent sur les opuntias la cochenille, de leurs doigts teints de carmin, et les filles de Caracas cueillent sur les bords des fleuves les gousses de cacao, et sur les rochers voisins les siliques parfumées de la vanille!

Il me serait facile, en suivant les nombreux anneaux de cette chaîne, de montrer comment de simples relations botaniques peuvent donner le tableau du monde: lorsque les mœurs, les lois, la religion séparent les peuples et les irritent, il suffit d'une plante pour les rapprocher. C'est en dispersant ses productions sur la surface du globe, en donnant une Cérès, une Flore, une Pomone à chaque climat, que la nature a préparé l'union de tous les hommes. La France, par le double attrait du besoin et du plaisir, placée vers le milieu de la montagne, abritée de riantes collines, couverte de pommiers, de mûriers, d'oliviers et de vignes, jouit des travaux de tous les peuples de l'Europe, mais à son tour elle leur prodigue ses fruits, les invite à ses vendanges et verse joyeusement ses vins dans leurs coupes!

Ainsi l'homme est appelé, par ses besoins, à toutes les jouissances; par sa faiblesse, à l'union, et par son union, à l'empire!

Dans ce système, mélange nouveau d'observations physiques et de vérités morales, tout est nécessaire, tout est à sa place; les harmonies se développent, les saisons se donnent la main, et les peuples, divisés par leurs passions, séparés par leurs mœurs, se trouvent appelés aux mêmes jouissances, et viennent s'asseoir aux mêmes banquets. Ainsi l'auteur peint la nature et sait la faire aimer, car il ne compose pas seulement ses tableaux des descriptions les plus ravissantes, mais encore des observations les plus utiles, ne voulant pas ressembler à ces bergers qui, tou jours occupés du plaisir, méprisent les plantes salutaires, et n'assortissent leurs couronnes que des plus brillantes fleurs.

Sa confiance en Dieu l'avait éclairé sur les lois de la nature; son amour pour les hommes l'inspira dans l'étude des lois de la société. Il étendit ses idées à tous les peuples, et réunissant le monde physique et le monde moral par un seul principe, il chercha à reconnaître les effets de la Providence dans les institutions humaines, comme il les avait reconnus dans les œuvres du Créateur.

Plusieurs philosophes modernes, en se livrant à l'étude de l'homme et de la politique, ont recherché quelles étaient les institutions les plus propres à fonder le bonheur des sociétés. Imitateur de Xénophon, et pensant, comme Plutarque, que la monarchie est le plus parfait des gouvernements, l'auteur de *Télémaque* considéra chaque famille comme un peuple gouverné par un roi, chaque peuple comme une suite de familles gouvernées par un père, et le genre humain comme une suite de nations gouvernées par un Dieu. Remontant ainsi de la famille aux peuples, des peuples au genre humain, du genre humain au père de tous les hommes, il trouva l'origine de la royauté dans le ciel.

Laisser à la terre le modèle d'un grand roi, telle fut l'auguste mission de ce génie évangélique. C'est à la sagesse d'un seul qu'il rapporte le bonheur de tous. Il veut que les vertus descendent du roi au peuple, comme elles descendent du père à la famille, de Dieu au genre humain. Cette pensée occupa sa vie, dirigea ses études, inspira ses ouvrages; on la reconnaît dans ses *Dialogues*, dans l'*Examen de conscience*, dans les *Lettres sur la Religion*: elle fait la base du *Télémaque*, livre que Montesquieu appelait si heureusement le livre divin de son siècle.

Plein d'amour pour les hommes, mais avec une ame moins tendre, une vertu moins élevée, Jean-Jacques Rousseau se fit le précepteur des peuples, comme Fénelon l'était des rois. Il savait que la réforme des choses ne conduit à rien de bon, si elle n'est précédée de la réforme des mœurs: car ce n'est pas par des institutions qu'on arrive à la liberté, mais par la vertu. Cette pensée fit naître l'*Émile*, livre véhément dont la société tout entière éprouva l'influence, et dont peu de lecteurs devinèrent le but. Pour faire une nation il faut avoir des hommes, pour avoir des hommes il faut les instruire enfants [1]. Jean-Jacques Rousseau avait senti que les utopies fondées sur la vertu ne sont inapplicables que parcequ'elles supposent des peuples parfaits, disposés à les recevoir: il songea donc à faire un peuple avant de lui donner des lois. Ce fut le trait marquant de son génie, et le véritable but, le but secret de l'*Émile*. Et comment n'aurait-il pas rempli ce but? comment n'aurait-il pas maîtrisé son siècle? Il offrait à la jeunesse les nobles images des vertus antiques, aux femmes les tableaux touchants de la famille et de la maternité; il vivifiait les ames par l'attrait invincible des sentiments naturels, il remuait les passions par les idées sublimes de liberté. Ainsi, quoiqu'il ne donnât que des préceptes individuels, il s'adressait à la nation entière, il l'animait d'une seule pensée, il la poussait en masse vers de nouvelles institutions; il devenait le père, l'instituteur de la génération naissante. Platon n'avait fait qu'étendre à tout un peuple les devoirs d'un homme, sa République est un admirable traité d'éducation; J.-J. Rousseau montra dans un seul homme le modèle idéal de tout un peuple: son Émile est une magnifique introduction à tous les traités de politique. Mais en inspirant l'enthousiasme, trop souvent il oublie d'éclairer la raison; il ne s'aperçoit pas que la destruction des préjugés ouvre une vaste carrière à l'erreur; et là s'arrête son triomphe, le plus beau, sans doute, mais aussi le plus dangereux qu'ait jamais remporté le génie!

A la suite de Fénelon et de Rousseau, se présente Bernardin de Saint-Pierre. Moins exclusif que ses modèles, il ne trace aucun plan, ne rejette aucun système. L'homme appelé à vivre dans tous les climats, lui semble né pour tous les gouvernements, royaume ou république, n'importe; son but n'est pas de renverser les institutions, mais d'y faire régner la justice.

Persuadé de cette vérité, que l'ignorance est le partage des individus, l'erreur celui des nations, et la science véritable celui du genre humain, il en tira cette conséquence, qu'il n'y a de vérités morales que celles qui conviennent aux intérêts non d'un homme, non d'un corps, non d'un peuple, mais au bonheur du monde entier. Principe admirable qui appartient à l'Évangile, et devant lequel s'évanouissent les superstitions, les erreurs et les préjugés qui se partagent l'univers. L'auteur en fit la base de toutes les espèces de gouvernements, c'est-à-dire le point de perfection vers lequel ils doivent tendre.

Tous nos maux, disait-il, viennent de notre faux savoir. La science véritable nous conduirait au bonheur, car elle comprend les convenances de la nature, et les observations du genre humain. Législateur, que veux-tu faire? des Grecs, des Romains, des Anglais: fais mieux encore; fais des hommes; tu prétends mesurer tes institutions sur les intérêts politiques qui isolent les gouvernements, et moi je te propose de les fonder sur les vertus morales qui unissent les nations.

L'histoire de tous les siècles appuie ces principes. Le genre humain est solidaire: une injustice commise à Londres ou à Moscou peut ébranler le monde. Une doctrine ambitieuse soutenue à Rome peut renverser les rois et détrôner la religion. Voulez-vous savoir si une loi est morale, si elle est juste, ne consultez ni Athènes, ni Sparte, ni Rome, examinez si elle blesse les lois de la nature: on ne peut blesser ces lois sans outrager l'humanité, et cet outrage porte avec lui sa peine. Ainsi, là où l'on renferme les femmes, il faut mutiler les hommes; là où un prêtre se voue au célibat, il faut qu'une femme se fasse religieuse; et cela devait être, car si l'on considère le genre humain dans son ensemble, on voit que les deux sexes y naissent en nombre égal. Les lois de la nature ne sont donc que les lois de la morale universelle: en vain nos législateurs les renversent pour satisfaire leurs passions, le grand législateur des mondes les rétablit pour satisfaire sa justice. Il attache à leur infraction l'avilissement des individus et le malheur des peuples.

C'est ainsi que Bernardin de Saint-Pierre nous montre tous les hommes enchaînés par les lois de la morale, comme il nous avait montré tous les peuples unis par les biens naturels. Différent en cela de Montesquieu, qui attribue à l'influence du climat l'origine de certaines lois injustes et bizarres, il fait ressortir la nécessité des bonnes lois de la contemplation du globe, et de la conscience du genre humain.

Ces principes sont vastes, ils sont utiles, ils sont vrais. L'auteur les reproduit sans cesse; c'est le lien de tous ses ouvrages, et cependant je ne serais pas étonné qu'ils parussent nouveaux à quelques uns des lecteurs de Bernardin de Saint-Pierre. Il ne dépend pas d'un écrivain de se donner des lecteurs attentifs; ce qui dépend de lui, c'est de dire la vérité, sauf à la voir méconnue, ou à se voir per-

---

[1] *Discours sur l'Économie politique*, Œuvres de Rousseau, t. VII, p. 297, édition de Poinçot.

sécuté. Ainsi ceux qui n'ont écouté que l'harmonie de son style, n'ont rien entendu ; ceux qui n'ont vu en lui qu'un grand peintre, n'ont rien vu ; et ceux qui n'ont cherché dans les *Études* que les méthodes des savants, n'y ont rien trouvé. Une pensée supérieure domine tout ; elle unit l'homme aux nations, les nations au monde, et le monde à Dieu.

Telles sont les pensées, les observations et les découvertes de Bernardin de Saint-Pierre. Le monde lui apparaît comme un paysage immense qui a des milliers d'aspects différents ; le physicien en observe les phénomènes, et les explique ; le botaniste y recueille des plantes, et les classe ; le chimiste y cherche les éléments des corps, et les combine ; et le géomètre leur applique des formules savantes qui lui en révèlent les lois. Les uns du fond de la vallée, les autres du sommet de la montagne, chacun suivant la place qu'il occupe et à la portée de sa vue, observent un des points de cet univers ; mais l'auteur des *Études* en embrasse l'ensemble et en dessine les proportions. Ses pensées, comme des filles du ciel, parcourent le globe pour en saisir les harmonies ; elles guident le voyageur dans ses courses lointaines, et s'asseyant auprès du pilote mélancolique, elles lui montrent dans les mêmes parages des courants attiédis et des courants glacés qui ne sont point marqués sur ses cartes ; elles lui découvrent les relations secrètes de ses courants avec les aquilons du pôle [1], les vents réglés de la zone torride, l'ordre constant de nos saisons, et le cercle immense des harmonies du globe !

Non, l'étude de la nature n'est point une aride classification, une étude des genres, des classes et des espèces ; c'est une hymne sublime et religieuse : il faut être poète pour la chanter ; il faut être chrétien pour la comprendre.

Qu'on ne s'étonne donc pas si les savants, accoutumés à n'étudier que les méthodes, ont accusé d'ignorance un homme qui n'étudiait que la nature, et qui l'étudiait en présence de Dieu. Les sciences réduites à elles-mêmes sont semblables à ces chambrières du palais d'Itaque, qui trahissaient leur maîtresse et dépravaient leurs amants. Je veux bien, disait en riant Bernardin de Saint-Pierre, que les doctes et les savants courtisent parmi ces chambrières celles qui leur agréent ; mais qu'ils ne trouvent pas mauvais si je m'en tiens à la maîtresse.

Tandis qu'il se raillait ainsi des savants, ceux-ci le prenaient en haine, et plaignant la faiblesse d'esprit qui le faisait croire en Dieu, ils cherchaient à l'accabler du poids de leur supériorité. C'est un pauvre botaniste, disait l'un, il ne connaît pas les méthodes, et n'a jamais lu nos catalogues. C'est un niais en politique, disait l'autre, il veut que le souverain propose les lois, que deux chambres les discutent, et que les ministres soient responsables. Mais ne voyez-vous pas que c'est un révolutionnaire, reprenait un troisième, il blâme l'esclavage des nègres, et dit que les rois sont faits pour les peuples, et non les peuples pour les rois. En vérité, disait un quatrième, le bonhomme n'en sait pas davantage. Croit-on qu'il demande une éducation nationale, comme si nous n'étions pas le peuple le plus poli et le mieux élevé de l'Europe ! son ouvrage est plein d'idées du même genre ; il vante le bonheur de la campagne, les délices de la solitude ; c'est un philosophe qui n'aime pas les villes, et qui hait les riches. Telles sont les phrases que les ennemis de Bernardin de Saint-Pierre ne cessent de répéter, afin de les apprendre aux gens du monde, qui les répètent à leur tour ; car dans le monde, où toutes les opinions sont reçues d'autorité, on lit peu, on lit mal, et l'on juge de tout.

Cependant, comme les esprits éclairés persistaient à voir dans les *Études de la Nature* un grand écrivain, et que les nombreux lecteurs de *Paul et Virginie* confirmaient ce jugement par leurs larmes, on imagina d'affaiblir ce dernier hommage, en laissant dire du bien du livre, et en disant du mal de l'auteur. Ne pouvant nier le talent, l'envie essaya de le dégrader. Bizarre destinée du génie ! pour détruire l'influence du philosophe, on l'accusait d'être un mauvais citoyen ; pour détruire l'influence de l'observateur, on publiait qu'il n'était ni physicien, ni chimiste, ni botaniste ; les géomètres se moquaient de son ignorance, les politiques en faisaient un sot, les calomniateurs en firent un méchant.

Mais à ces tristes efforts de la haine, il suffit d'opposer les actions du sage, témoins irrécusables dans cette révolution qui soumit les hommes à de si terribles épreuves. Lorsqu'il publia les *Études*, une fermentation générale agitait les esprits : tout tendait à se dissoudre. Les magistrats rêvaient la république ; les prêtres se disaient citoyens de Rome ; les philosophes, citoyens du monde. Les uns demandaient l'indépendance, les autres réclamaient l'égalité ; tous aspiraient aux mêmes désordres, depuis la noblesse, indignée de ne pouvoir monter plus haut, jusqu'à la bourgeoisie, humiliée de se voir placée si bas. Leurs cris réveillèrent la populace engourdie par la misère, et les passions déchaînées, la haine, la vengeance, les cupidités, les vanités, inondèrent la France de sang par le fer des bourreaux, et toute la terre par celui des soldats.

C'est alors que la fortune amena successivement aux pieds de Bernardin de Saint-Pierre les ambitieux qui voulaient dominer la France. Ils s'approchent de lui, et viennent dans sa pauvre retraite fléchir le genou devant cette plume divine qui, selon eux, avait écrit le roman de la nature, et dont ils imploraient le secours pour embellir celui de leur politique. Ils se disaient ses disciples, et cependant aucun n'avait reconnu en lui un ami de Dieu et des hommes, un philosophe rigide exercé à la vertu par le travail, l'injustice et la pauvreté. Tous oublièrent le sage et se prosternèrent devant l'écrivain. Servez-nous, lui disaient-ils, donnez à nos idées le charme de vos talents, et nous vous porterons à la fortune, et nous vous donnerons la gloire. Il les refusa, et fut calomnié.

Il avait résisté aux offres de M. Necker, ou l'accusa d'apathie et de paresse ; il avait résisté aux offres de l'archevêque d'Aix, on l'accusa d'indifférence et de pusillanimité. Ce dernier lui proposait une pension du clergé ; mais il fallait la solliciter, c'est-à-dire qu'il fallait se déclarer le champion de l'église, et de généreux défenseurs de la religion, descendre au rôle de salarié de ses ministres. Il repoussa un engagement, il eût accepté une récompense. L'abbé Fauchet vint à son tour, et lui offrit sa fortune et la main de sa nièce. Prédicateur du roi, il voulait embellir ses sermons de l'éloquence de l'auteur des *Études*. Plaire à Louis XVI, c'était obtenir la pourpre. M. de Saint-Pierre dissipa, en se retirant, les illusions de cet ambitieux, et l'abbé Fauchet ne pouvant devenir cardinal, se fit missionnaire de la liberté et le prédicateur de la république. Peu de temps après, le faubourg Saint-Victor voulu porter l'auteur des *Études* à l'assemblée constituante. Des hommes qui se disaient envoyés du peuple l'engagèrent à se déclarer contre la noblesse et le clergé. Il répondit en refusant son

---

[1] Des physiciens attachés à diverses expéditions viennent de mesurer, à l'aide du thermomètre, les différentes températures des courants, et ils ont publié comme des observations nouvelles, les observations de Bernardin de Saint-Pierre. D'autres physiciens ont fait l'application de ses idées à la météorologie : tel est le professeur Dittman, en Allemagne.

élection. Enfin madame de Genlis chercha à l'introduire dans le parti d'Orléans; cajoleries, petits soins, billets doux, prévenances, tout fut employé pour faire sa conquête : jamais la muse fantasque ne déploya tant d'adresse et de charme : jamais elle ne fit jouer des ressorts si souples et si puissants ; il y fut pris, et reçut une pension du prince. Mais un jour, à l'occasion d'une insinuation qu'il n'avait pas comprise, M. de Genlis lui dit en riant qu'il était le plus grand sot du monde, et que les princes ne donnaient rien pour rien. M. de Saint-Pierre fut si vivement frappé de ce discours, que dès le lendemain il renvoya le brevet du duc d'Orléans. Madame de Genlis se rappellera, je l'espère, ces circonstances ; et combien je serais heureux, si les lignes que je viens de tracer pouvaient réveiller ses souvenirs, et l'engager à peindre cette époque de sa vie qu'elle a si modestement oubliée dans ses *Mémoires*.

Telle fut, dans les premiers temps de la révolution, la conduite de Bernardin de Saint-Pierre : plus tard, obligé de réclamer, *pour vivre*, le prix de ses anciens services, il vit successivement venir à lui tous les chefs sanglants de la république. Il repoussa Brissot, et recula d'épouvante devant Robespierre, qui lui fit dire qu'il n'y avait pas de fortune où il ne pût prétendre s'il voulait représenter sa conduite comme le résultat d'une mesure philosophique. Mon refus d'écrire en sa faveur, disait M. de Saint-Pierre, pouvait être suivi de ma mort; mais j'étais résolu de mourir plutôt que de manquer à ma conscience et à l'humanité [1].

Voilà les faits. Les contemporains sont là, et j'invoque leur témoignage; qu'ils disent si, au milieu de notre révolution, ils ont vu un dévouement plus sublime à la cause de Dieu et de l'humanité ! qu'ils disent si le sage a manqué de force contre les séductions de la fortune, et s'il a été faible contre les menaces des bourreaux ! Ainsi la France, comme autrefois la Grèce, vit un homme, ferme sous le bouclier de sa conscience, servir sa famille en lui sacrifiant son repos, servir sa patrie en rendant hommage à la vérité, servir le genre humain en se montrant prêt à mourir pour elle !

Je n'ai donc point à le justifier, si les mêmes hommes qui étaient venus lui demander sa plume pour M. Necker, pour le duc d'Orléans, pour la Convention, pour Robespierre, s'empressèrent ensuite de répandre sur lui le venin de la calomnie. Ils lui auraient bien pardonné sa vertu; ils ne pouvaient lui pardonner leur bassesse.

Mais revenons un moment sur nos pas, et voyons quelle était la fortune de cet homme qui savait souffrir l'injustice, et qui ne craignait pas la puissance. En 1792, il possédait trois mille francs de rente, terme de son ambition. Alors il se crut riche, et se proposa de tracer le plan des *Harmonies*, et surtout de terminer l'*Arcadie* dont il avait publié le premier livre. A ses projets de travail, se joignirent bientôt des projets de bonheur personnel. Après tant de maux, le sentiment lui en était doux comme celui d'une convalescence. Il entrevoyait dans le lointain une retraite champêtre, une jeune épouse, une heureuse famille. Comme il n'était plus jeune, il attendit, pour ainsi dire, le cœur qui devait s'offrir au sien. Depuis long-temps mademoiselle Didot s'était fait une douce habitude de le voir : elle admirait son génie, elle aimait sa vertu, elle ne craignait pas de lui en faire l'aveu ; et lorsqu'il fut intendant du Jardin du roi, les parents de cette jeune personne le pressèrent d'accepter sa main qu'elle lui avait offerte. C'est ainsi qu'il trouva, dans la fille de son imprimeur, une femme qui joignait à un bon cœur une figure aimable, des habitudes vertueuses et de l'esprit naturel.

Toutes les choses de ce monde ont leurs déceptions. Le plus heureux mariage a les siennes. Les grossesses, les langueurs, la perte des enfants, les désespoirs qui suivent ces pertes, et tant de maux qu'aucune sagesse humaine ne saurait prévenir, allaient éprouver la constance de M. de Saint-Pierre, et troubler un bonheur dont il s'était fait de si douces images. La place d'intendant du Jardin du roi ayant été supprimée, il se trouva sans revenu; et la révolution, qui lui avait tout enlevé, ne lui laissait pas même la ressource de vendre ses ouvrages. Bientôt la mort de son beau-père vint accroître sa détresse. Le plus riche héritage se trouva disputé à la fois par des cohéritiers avides et par des nuées de créanciers. M. de Saint-Pierre, qui n'avait pas une dette personnelle, vit tout à coup sa petite maison d'Essonne chargée de deux cent quatre-vingts mille francs d'inscriptions. Chaque jour de nouvelles assignations portaient le trouble dans ses études, et la ruine dans sa maison. Pour comble de douleur, sa jeune femme, épuisée par une maladie de poitrine, se mourait à ses yeux. Faible, mais aimante, elle pleurait sur son propre destin et sur l'abandon où allaient se trouver les tendres objets de son amour. Les divisions de sa famille l'avaient profondément blessée. Elle voyait ses enfants dépouillés, son mari calomnié, ruiné, et s'accusait de tous leurs maux. Eh quoi ! disait-elle avec désespoir, en serrant ses enfants dans ses bras ; eh quoi ! chers nourrissons, il faudra donc vous voir arracher à la fois le patrimoine de votre père par des lois barbares, et celui de votre mère par des hommes injustes et cupides ! A ces pensées sa tête s'égarait ; elle maudissait tout ce qu'on doit aimer, la vie, la patrie, la famille. Vainement M. de Saint-Pierre l'environnait des secours de l'art, et des soins du plus tendre amour, il ne pouvait ni calmer la fièvre qui la dévorait, ni faire entrer la résignation dans son cœur. Souvent même elle repoussait son mari, éloignait ses enfants et tombait dans les accès de la plus noire mélancolie ; car, dans l'affaiblissement de ses facultés, voyant de toutes parts le triomphe des méchants, elle venait à douter s'il y avait une Providence. Hélas ! en aggravant ainsi les peines du meilleur des hommes, elle était loin d'imaginer qu'elle préparait des armes à la calomnie, et qu'un jour viendrait où M. de Saint-Pierre se verrait accusé d'avoir fait le malheur de sa femme par ceux mêmes qui la réduisaient au désespoir. Ainsi procèdent les méchants, ce n'est point assez pour eux de commettre le crime, il faut encore qu'ils en accusent la vertu !

Au milieu de ces tristes circonstances, M. de Saint-Pierre vit un jour entrer dans son cabinet un jeune officier dont la physionomie le frappa. Il croyait se rappeler ses traits, mais d'une manière confuse. Le jeune homme se hâta de lui dire qu'à peine adolescent, il avait osé lui écrire à l'occasion de Paul et Virginie ; puis il ajouta : Je viens réclamer aujourd'hui l'amitié que vous me promîtes alors dans une réponse que je conserve précieusement. M. de Saint-Pierre le pria de s'asseoir, et lui demanda son nom. Je m'appelle Louis, reprit l'officier ; je suis le frère et l'aide-de-camp du général Bonaparte [1]. Nous arrivons d'Italie, et je viens remercier l'auteur des *Études* des heureux moments que je dois à la lecture de son livre : nous le lisions souvent ; il reposait sous le chevet du général en chef, comme Homère sous celui d'Alexandre ! cette comparaison flatteuse fit sourire M. de Saint-Pierre ; mais comme si elle n'eût réveillé que son admiration pour Homère, il

[1] Voyez l'Essai sur la Vie de Bernardin de Saint-Pierre, à la ... du volume des *OEuvres posthumes*.

[1] Voyez, dans les *OEuvres posthumes*, la lettre singulière de Louis Bonaparte.

répondit : Homère est, à mon gré, le plus grand peintre de l'homme et de la nature. — Oui, et je n'ai point oublié le passage des *Études* où vous faites son éloge; car vous aussi, vous êtes un grand peintre de la nature ! — J'ai tracé, reprit doucement Bernardin de Saint-Pierre, quelques faibles aperçus de ses plans sur la terre; mais parlons de vos campagnes d'Italie. — La guerre est un sujet bien triste pour un ami des hommes, dit le jeune officier. — J'y prends part comme Français; reprit M. de Saint-Pierre; d'ailleurs, j'ai habité les camps et vu la mort de près sur les champs de bataille. Il est vrai que depuis ce temps j'ai beaucoup philosophé; mais, comme dit Montaigne, philosopher, c'est encore apprendre à mourir. A la suite de ces préliminaires, la conversation s'engagea d'une manière plus vive : après quoi Louis Bonaparte, avec une brusque effusion de cœur, demanda à M. de Saint-Pierre la permission de le revoir; permission dont il profita dès le lendemain. Dès lors ses visites se succédèrent sans interruption. Souvent ils allaient ensemble aux Tuileries. Là, dans une allée solitaire, ils aimaient à s'entretenir de leurs peines. M. de Saint-Pierre, au déclin de la vie, voyait mourir sa jeune femme, et gémissait sur lui-même et sur ses enfants. Louis Bonaparte, à la fleur de l'âge, mais sombre, mécontent, malade, fatigué de la guerre, dégoûté du monde, se plaignait avec amertume des exigences de son frère, de la rudesse du service et de l'aridité des mathématiques. M. de Saint-Pierre écoutait doucement ses plaintes, et lui conseillait de mêler à de si pénibles travaux l'étude de la philosophie. C'est la vraie science de l'homme, lui disait-il; elle le rend propre à toutes choses : par elle, Épictète était heureux dans les fers, et Marc-Aurèle sur le trône. Que vous soyez appelé à prendre part aux affaires publiques, elle vous fera goûter le plus grand des biens, celui d'être utile aux autres, en vous sacrifiant vous-même; que vous conserviez l'indépendance, elle mettra dans votre cœur la modération, qui est le vrai trésor du sage. Sans elle, les richesses ne sont rien; avec elle, la pauvreté est heureuse !

Ces entretiens philosophiques furent le seul résultat du rapprochement de Louis Bonaparte et de Bernardin de Saint-Pierre. Ces deux hommes eurent cela de remarquable, au milieu de leur siècle, que le plus jeune, élevé malgré lui sur un trône, en redescendit avec joie pour rentrer dans la vie privée; tandis que l'autre, préférant les douceurs de la sagesse aux jouissances de la fortune, s'endormit du sommeil du juste, après avoir méprisé l'ambition et vu passer à ses pieds tous les ambitieux.

Oh! c'est un ravissant spectacle que celui de l'homme de bien luttant contre les préjugés, la haine, la calomnie, et marchant d'un pas toujours égal dans l'étroit sentier de la vertu ! Que peuvent contre lui les injures de la fortune? La misère le fortifie, les persécutions l'élèvent; il leur oppose l'éclat du génie et la puissance d'un noble caractère! Couvert de ces armes divines, seul contre tous, ô mon maître ! tu échappas miraculeusement à la protection des philosophes, à la hache des bonnets rouges et aux chaînes dorées de Bonaparte !

Avec quelle joie je trace ces lignes pour la génération présente, pour cette génération qu'on veut nourrir de haine, et qui bientôt n'osera plus croire à la vertu ! Puisse-t-elle, en me lisant, je ne dis pas adopter mon témoignage, mais le soumettre au plus sévère examen ! Louis Bonaparte est plein de vie, et sans doute les imputations de M. de Las-Cases ne lui sont pas restées inconnues : j'en appelle à la rougeur qui a dû couvrir son front, s'il a lu ces lignes infâmes dont j'ai publiquement dénoncé l'imposture ! Il n'aura point oublié que lorsque, entraîné par un noble instinct, il recherchait l'amitié de Bernardin de Saint-Pierre, l'officier n'avait rien à donner, et pouvait beaucoup recevoir, je ne parle pas d'argent, tous deux alors en étaient également dépourvus; qu'il dise enfin si jamais l'auteur de *Paul et Virginie*, inspiré par une ambition tardive, est allé rappeler au roi de Hollande l'amitié que lui avait promise l'aide-de-camp du général Bonaparte !

Un matin, Louis entra dans le cabinet de M. de Saint-Pierre, sa physionomie était soucieuse : Je ne voulais pas vous importuner, lui dit-il; mais ils l'ont exigé : et prenant ses mains de l'air le plus caressant : voici un ouvrage dont l'auteur est de mes amis; dites-moi franchement si vous le trouvez digne de l'impression. En parlant ainsi, il posa sur la table un rouleau de papier. M. de Saint-Pierre eût bien voulu se dispenser d'un pareil examen, mais les instances de Louis furent si pressantes, qu'il fallut se rendre; il promit même quelques notes, et dès le lendemain il se mit à l'ouvrage. La crainte d'avoir à juger un livre de politique s'évanouit à l'ouverture du manuscrit : c'était un petit roman pastoral, dans lequel, à sa grande surprise, il remarqua un tableau des malheurs de la guerre, suivi d'une énergique apostrophe contre les ambitieux et les conquérants.

Cette lecture achevée, il attendit plusieurs jours Louis Bonaparte, qui ne revint plus.

Trois mois s'étaient écoulés depuis sa dernière visite, lorsqu'un autre officier se présenta chez M. de Saint-Pierre; celui-ci ressemblait à la fois à Louis et à Napoléon. Comme eux il portait un modeste uniforme : il avait leur parler bref, leurs manières simples et brusques; même air, même taille, même son de voix, seulement quelque chose de plus gracieux, de plus ouvert, adoucissait sa physionomie : c'était Joseph, l'aîné des Bonaparte. Vous voyez le frère d'un de vos plus zélés admirateurs, dit-il à M. de Saint-Pierre, et je viens vous remercier de soins que vous avez bien voulu donner à un ouvrage dont je suis l'auteur. — Vous parlez sans doute du roman de *Moina*? reprit M. de Saint-Pierre : l'agréable ouvrage ! et combien j'en aime les généreux sentiments ! — Oui, dit Joseph, des sentiments inspirés par la lecture de *Paul et Virginie*; mais il manque à tout cela le talent de l'écrivain : aussi le général a-t-il voulu que je vous visse, car il craint de passer à vos yeux pour l'auteur d'une aussi faible production. Après quelques compliments de part et d'autre, M. de Saint-Pierre rendit le manuscrit, et Joseph se retira.

Napoléon vint à son tour : ce n'était pas la première avance que le guerrier faisait au philosophe. Dans le cours des campagnes d'Italie, ce héros, dont la gloire était alors toute nationale, lui avait écrit une lettre charmante : « Votre plume est un pinceau, lui disait-il; tout ce que » vous peignez, on le voit; vos ouvrages nous charment » et nous consolent; vous serez à Paris un des hommes » que je verrai le plus souvent et avec le plus de plaisir. » Cette prévenance d'un illustre guerrier, l'éclat de ses victoires, l'amitié de Louis, la visite de Joseph, tout avait favorablement disposé M. de Saint-Pierre, et cependant Bonaparte fut frappé de sa tristesse et peut-être de la froideur de son accueil; c'est qu'à cette époque les malheurs du père de famille étaient à leur comble : toutes ses ressources, comme nous l'avons déjà dit, se trouvaient épuisées : les huissiers assiégeaient sa porte, il voyait sa femme mourante, et depuis dix-huit mois, il n'était payé ni de sa gratification d'homme de lettres, ni de son traitement de l'Institut. Bonaparte venait d'être élu par la classe des sciences : il parla beaucoup de ses projets de travail et retraite; il dit qu'il voulait acheter une petite maison de campagne aux environs de Paris, et qu'il ne viendrait à la ville que pour assister aux séances de l'Institut. M. de Saint-Pierre applaudit naïvement à ce projet qui lui semble tout naturel; l'idée lui vient même de proposer sa petite maison d'Essonne au vainqueur de l'Italie, qui sourit d'un air un peu embarrassé, et murmure tout bas quelques mots de train, d'équipage et de repos de chasse. M. de Saint-Pierre comprit aussitôt que ce jeune homme aux cheveux plats, au teint jaune, au maintien sévère, était tout autre chose qu'un Cincinnatus; dès lors il fut en méfiance, car il se dit : Cet homme est un ambitieux, il ne me flatte que pour s'emparer de ma volonté; et cette réflexion le refroidit encore. Cependant Bonaparte prolongea sa visite, et finit par engager M. de Saint-Pierre à dîner; mais comme celui-ci s'excusait sur la santé de sa femme : c'est un dîner d'amis, reprit Bonaparte, nous aurons Ducis, Collin d'Harleville, Lemercier, Arnault, etc. M. de Saint-Pierre persista dans son refus, et le général donnant un autre tour à la conversation, parla du désordre des finances, du retard des paiements, lui demanda assez brusquement si ces retards le gênaient, après quoi il se leva et sortit.

Deux jours après, Bonaparte revint; il fut reçu par madame de Saint-Pierre, qui se trouvait seule à la maison. Voilà, dit-il en posant un sac d'argent sur la cheminée, une petite somme que je viens de toucher pour vous à l'Institut; ayant obtenu l'ordonnance du ministre, j'ai voulu la faire exécuter moi-même; à l'avenir, nous n'éprouverons plus de retard ! Puis il ajouta en se retirant : il faut que M. de Saint-Pierre signe le registre à la première séance. (Les personnes qui ont lu M. de Las-Cases, reconnaîtront ici les faits sur lesquels il a établi ses assertions calomnieuses : heureusement Louis et Joseph Bonaparte vivent encore, ils diront quel est l'historien fidèle de M. de Las-Cases ou de moi.)

Touché d'une démarche aussi bienveillante, M. de Saint-Pierre crut devoir saisir cette occasion d'offrir au général un exemplaire des *Études*; et dès le lendemain il se présenta à son hôtel. Bonaparte demeurait alors rue de la Victoire : le portier, en voyant passer M. de Saint-Pierre avec un paquet de livres, lui dit qu'il était défendu de rien offrir au général, et pour ne lui laisser aucun doute à cet égard, il lui montra de magnifiques vases d'or et d'argent étalés dans sa loge : c'était un présent des fournisseurs de l'armée; le général n'avait pas même permis qu'on le déposât dans son antichambre. Cependant M. de Saint-Pierre insista, et tout en lui promettant le même sort qu'aux fournisseurs, on le laissa passer. La pièce qui précédait le cabinet du général était pleine d'étrangers de distinction parmi lesquels se trouvait un corps diplomatique; M. de Saint-Pierre traversa la foule, dit son nom et fut introduit. Bonaparte reçut ses remercîments avec modestie, et son livre de la meilleure grâce du monde. Voyez, lui dit-il, en tirant de sa bibliothèque un exemplaire tout usé du même ouvrage, *comme votre présent vient à propos*; vraiment ce jour est heureux pour moi ! Il prononça ces mots de l'air le plus aimable, en étalant sur la table quelques médailles récemment frappées sur les campagnes d'Italie; prenant ensuite une de ces médailles, il l'offrit à M. de Saint-Pierre et le pria de la conserver comme un souvenir de sa première visite. M. de Saint-Pierre voulait se retirer, Bonaparte le retint : Mais, dit M. de Saint-Pierre, des étrangers attendent à votre porte. — Eh bien ! ils attendent, dit Bonaparte d'un ton rude, c'est leur vie; et avec un sourire méprisant : Ce sont les misérables agents de cette politique moderne qui ne sait que tromper, mentir, finasser, sans jamais arriver au but. Il parlait ainsi, et sa main dirigeait machinalement un petit canon sur une table à la Tronchin. — Général, dit M. de Saint-Pierre en posant le doigt sur le canon, voici un joujou qui, entre les mains d'un héros, arrange plus d'affaires en un jour que tous les cabinets de l'Europe en dix ans. Bonaparte leva un front pâle et soucieux; mais sa bouche était souriante et son regard pénétrant; il le fixa sur M. de Saint-Pierre, comme pour lire dans sa pensée; et se voyant observé par un homme qui savait lire aussi dans le secret des cœurs, il détourna les yeux, et son sourire s'évanouit. En échangeant ce regard, ces deux hommes comprirent qu'ils n'étaient pas faits pour s'entendre : l'ambitieux et le sage s'étaient jugés.

Peu de temps après, M. de Saint-Pierre alla dîner chez Bonaparte, qui avait renouvelé son invitation. Tout alors était modeste et sans faste, chez celui qui devait bientôt subjuguer l'Europe et habiter le palais de nos rois. Sa table était frugale; mais une femme pleine de grâce en faisait les honneurs; lui-même cherchait à plaire; il avait des éloges pour tous les talents, et chaque trait de sa louange renfermait une pensée ! L'auteur d'Agamemnon, le père d'Othello, le peintre de Marius, les grâces modestes de Collin d'Harleville, les inspirations touchantes de Paul et de Virginie, recueillirent tour à tour les plus flatteuses paroles. On parla ensuite des campagnes d'Italie; Bonaparte raconta ses actions les plus glorieuses avec une énergique concision, mais froidement, comme s'il eût entretenu ses auditeurs des actions les plus communes : en prodiguant la louange, il y paraissait insensible; cependant quelques traits heureux épanouirent son visage. On avait pris le café; madame Bonaparte, s'approchant de son mari, lui frappa doucement sur l'épaule, en le priant de conduire ses convives dans le salon : Messieurs, dit Bonaparte, je vous prends à témoin, ma femme me bat. — Tout le monde sait, reprit vivement Collin d'Harleville, qu'elle seule a ce privilège. Ce mot eut les honneurs de la soirée, et fut fort applaudi. Rentré dans le salon, Bonaparte resta debout; la conversation continuait sur les campagnes d'Italie, on se pressait autour de lui, et s'abandonnait à toute sa verve. Il rapporta plusieurs traits de cette valeur brillante qui n'appartient qu'aux Français; il dit les actions d'éclat, les nobles dévouements dont il avait été témoin; mais ce qui frappa surtout M. de Saint-Pierre, ce fut l'histoire pitoyable d'un chien resté sur le champ de bataille, auprès d'un soldat dont la tête était emportée. En nous voyant passer, dit Bonaparte, cet animal jetait d'abord des cris de détresse; mais ayant reconnu que nous étions Français, il sembla par ses gémissements nous appeler au secours de son maître. Je parcourais le champ de bataille en comptant nos morts et ceux des ennemis, comme un joueur qui veut connaître sa perte, compte ses pions et ceux de son adversaire; mais les cris et l'action de ce pauvre animal me remuèrent malgré moi : j'interrompis ma reconnaissance, et, plein de tristesse, je rentrai dans ma tente, où cette impression me poursuivit long-temps.

Après quelques récits semblables, Bonaparte parla de son goût pour la retraite, du dessein qu'il avait de vivre à la campagne; et tout à coup, s'animant contre les journalistes qui osaient l'accuser d'ambition, il s'indigna de leur servilité et de leurs mensonges; rappela plusieurs traits amers de satire dirigés contre sa personne, ou les écrits de ceux mêmes qui l'écoutaient, et finit par engager tous ses amis à se réunir à lui pour rédiger une feuille consacrée à la vérité et qui formerait l'opinion publique. L'adresse du héros ne réussit pas; et soit que sa proposition eût effrayé la paresse de ses auditeurs, soit qu'elle eût éveillé quelques soupçons de ses projets, les uns s'excusèrent sur le mépris qu'inspiraient de si misérables adversaires; les autres soutinrent, à l'exemple de Boileau, que la critique, même injuste, double les forces du génie. Mais un incident imprévu décida la question; un poëte doué d'une voix sonore et d'une haute stature, apostrophant Bonaparte, lui dit : Général, vous nous appelez à un pouvoir qui ne souffre point de maître! si nous devenions journalistes, vous nous redouteriez, vous nous écraseriez. S'il faut en croire l'événement, cette prévision ne déplut pas à Bonaparte; elle lui apprit au moins le danger de ce qu'il souhaitait. Et qui pourrait dire ce que serait devenue la fortune de cet homme extraordinaire, si les Ducis, les Arnault, les Lemercier, les Collin d'Harleville, les Bernardin de Saint-Pierre, se rendant maîtres de l'opinion publique, l'avaient dirigée dans l'intérêt de la patrie et de la vertu! Bonaparte ne songeait qu'à l'intérêt de sa gloire; il devint rêveur, distrait, ne prit plus aucune part à la conversation, et ses convives comprirent qu'il était temps de se retirer.

En confiant à Bonaparte le commandement de l'armée d'Italie, le Directoire n'avait pas prétendu donner un héros à la France; son but était de flatter Barras, et d'offrir un mari à madame de Beauharnais. Ces rois de notre république s'émerveillèrent d'abord des grands succès de leur petit général; ils allèrent même jusqu'à se parer de sa gloire; mais lorsqu'ils s'aperçurent qu'il grandissait à chaque bataille, et que le nain devenait un géant, ils craignirent d'avoir découvert un grand homme, et furent épouvantés de leur ouvrage. Pour échapper à la peur, ils imaginèrent l'expédition d'Égypte : les insensés croyaient dissiper le péril en l'éloignant! ils ne voyaient pas que prêter à un héros la distance, le temps, la gloire et nos soldats, c'était armer le bras qui devait les détruire.

A peine la France entrevit-elle un grand homme à son horizon, qu'elle rougit de ses maîtres que ses crimes lui avaient donnés. Ses vœux rappelaient le vainqueur d'Arcole et de Lodi, et déjà les manœuvres secrètes d'un frère habile préparaient son retour. Il revint, et saisit, dit-on, d'une main avide, mais tremblante, la puissance dont la soif le dévorait. Qu'elle était belle alors, cette puissance qui rétablissait un grand peuple! il effaçait nos douleurs en abaissant nos ennemis! il effaçait nos crimes en les couvrant de sa gloire! Sous le titre de premier consul, Bonaparte régnait.

Bernardin de Saint-Pierre put espérer alors qu'il serait appelé au Sénat. La bienveillance publique le désignait, et son nom se trouvait sur toutes les listes des notables. Le premier consul l'en effaça; il fit plus : piqué sans doute de ne pas le voir dans la foule de ses courtisans, il lui suscita des persécutions à l'Institut. Puis, dans le seul dessein de l'amener à lui, il fit courir le bruit que toutes les gratifications des gens de lettres allaient être supprimées. Poussé dans ses derniers retranchements, M. de Saint-Pierre n'amena pas son pavillon; mais il entra en pourparlers. Il adressa à M. Arnault (qui vivait alors dans la familiarité de Bonaparte) une lettre évidemment écrite pour le premier consul. Cette lettre est un modèle de naïveté, de finesse et de force. Bernardin de Saint-Pierre y fait d'abord l'apologie de Ducis qui venait de refuser la place de sénateur. Il s'excuse lui-même avec délicatesse, de n'avoir rien sollicité, et pour toute grace il demande qu'on lui laisse sa gratification : c'est ce qu'il appelle *la portion de moine à laquelle on le réduit, et dont il se contente*. Très bien, disait gaiement Ducis à cette occasion : vous traitez Bonaparte comme Diogène traitait Alexandre! vous ne lui demandez rien, mais vous lui dites : Retire-toi de mon soleil. Cependant Bonaparte, instruit de cette démarche indiscrète, crut devoir saisir l'occasion de jouer une place de sénateur contre la plume de Bernardin de Saint-Pierre. Ce n'était pas trop risquer sans doute : aussi ce dernier trouva-t-il bon de refuser la partie. J'ai déjà publié cette anecdote, et cependant j'en redirai les détails; il est des choses qui ne sont point encore assez dites, quand on ne les a dites que deux fois.

Peu de temps après la lettre à M. Arnault, M. de Saint-Pierre reçut la visite d'un jeune publiciste qui lui proposa, de la part de Bonaparte, d'écrire les campagnes d'Italie. Tous les papiers sont à votre disposition, lui dit-il, et ce travail vous ouvre les portes du Sénat. Bonaparte vous aime; mais il ne peut rien, si vous ne lui rendez un hommage public, car il doit beaucoup à vos ennemis [1]. M. de Saint-Pierre rejeta ces offres, et les persécutions sourdes recommencèrent [2]. Son refus se fit sans ostentation, sans éclat, sans bruit. Il sacrifiait sa fortune pour remplir un devoir et non pour s'attirer des applaudissements; mais, comme ses ressources diminuaient chaque jour, il résolut, dans l'intérêt de ses enfants, de tenter une entreprise qui ne coûtât rien à sa conscience. C'est alors qu'il imagina de publier une magnifique édition de Paul et Virginie, et d'échapper aux contrefacteurs par le luxe de l'impression et des gravures. L'idée était heureuse; mais il fallait de l'argent. M. de Saint-Pierre crut résoudre le problème, en offrant son ouvrage par souscription. Dans sa candeur naïve, il se dit : Adressons-nous au public : pour le servir j'ai négligé ma fortune; c'est de lui que je dois recevoir ma récompense. Tu croyais, ame généreuse, éveiller la justice de tes contemporains! tu en appelais à cette bienveillance nationale qui est le plus doux prix de la vertu, et le traité que tu proposais à tes lecteurs était comme un lien sacré qui devait les unir à toi. Mais cette pensée ne fut pas même comprise, et cinquante-cinq souscripteurs seulement répondirent à ce noble appel [3]. Je le dis en rougissant, j'ai entendu ses prétendus amis calomnier sa vie pour ne pas souscrire à son livre; j'ai vu de stupides admirateurs de ses belles phrases assurer qu'il prostituait son talent, parcequ'il osait se plaindre au public des vols des contrefacteurs; j'ai vu des femmes spirituelles et sensibles le blâmer d'avoir refusé une place qui aurait assuré le sort de ses enfants. Dans leur exquisse délicatesse, elles croyaient rougir des inconvenances d'un grand

---

[1] Ces ennemis, c'étaient les savants qui avaient porté Bonaparte au pouvoir, et qui professaient un grand mépris pour les lettres et pour la religion. Bonaparte les écoutait, mais il ne les croyait pas.

[2] On le renvoya du Louvre avec une indemnité de 600 francs, tandis que celle de tous ses confrères fut de 1200 francs. On réduisit ensuite sa gratification, qui était de 3,000 francs, à 2,400 fr. Enfin on le menaça de la suppression de cette gratification.

[3] On voit avec plaisir, sur cette courte liste, les noms de quelques anciens amis de l'auteur. Gauthey, Lamendé, Roland, ses vieux camarades aux ponts et chaussées : et vous aussi pauvre Ducis, Dingé, Toscan, Arnault, Laya, Patris de Breuil, vous lui rendîtes cet hommage! Une grande reine desirait souscrire; son ambassadeur, le marquis de L....., crut devoir refuser l'avance des 36 francs, qui était une des conditions du marché, et le nom de la reine fut effacé de la liste des souscripteurs. C'est ainsi que l'écrivain resta toute sa vie inflexible dans sa dignité et dans sa justice. Pourquoi aurait-il fait à une reine d'autres conditions que celles qu'il faisait au public?

homme, et rougissaient de ses vertus. Dira-t-on que j'exagère ces ridicules opinions? qu'on ne m'en croie pas, j'y consens. Mais qu'on observe ce qui se passe à l'occasion du plus illustre disciple de ce grand maître; lui aussi méconnu, repoussé par le pouvoir, se voit obligé de publier ses ouvrages pour acquérir une modeste indépendance. Croit-on que la noble et douce pensée de rendre un pur hommage à ce beau génie se soit emparée de toutes les ames? il n'en est rien. On calcule froidement si son libraire fait une bonne ou une mauvaise spéculation. Les temps sont mauvais, le commerce ne va pas, l'ouvrage est considérable. — Eh quoi! n'y a-t-il plus que de petits intérêts ou des passions coupables qui puissent nous remuer? n'éprouverons-nous jamais la joie d'un noble enthousiasme? C'est trop demander, dites-vous! — Eh bien! cessez donc de juger ce que vous ne sauriez comprendre?

L'édition de Paul et Virginie coûta 50,000 fr., et consomma la ruine de l'auteur. Cette édition n'était point encore publiée, lorsqu'un homme en crédit, M. Maret, sollicita son entrée à l'Institut. Bernardin de Saint-Pierre, profitant de cette circonstance, lui écrivit une lettre dans laquelle il osait rappeler le premier consul à des sentiments de justice et de dignité. Bonaparte lut cette lettre et n'y fut point insensible: huit jours après, ici les dates sont précieuses, on lisait le nom de Joseph sur la liste des souscripteurs. Plus tard, M. de Saint-Pierre fut invité, par l'entremise de M. Andrieux, à se rendre à Morfontaine; ils y allèrent ensemble dans une voiture à quatre chevaux qui leur fut envoyée. Après le dîner, Joseph Bonaparte, tirant M. de Saint-Pierre dans l'embrasure d'une fenêtre, lui proposa une habitation dans son parc et 6,000 francs de pension, avec un titre, ou sans titre, comme il le jugerait convenable. Un peu surpris de cette offre, M. de Saint-Pierre gardait le silence; mais Joseph, se hâtant de le rassurer, lui dit: « Quoique j'aie toujours eu le desir de vous être utile, ce n'est pas mon argent que je vous offre, c'est celui du gouvernement; c'est une faible récompense de ce que la nation doit à vos longs services. » M. de Saint-Pierre comprit que Bonaparte consentait enfin à lui laisser son indépendance. Toutefois, entrevoyant encore quelque apparence de vasselage dans les propositions de Joseph, il lui dit: « Lorsque l'infortuné Louis XVI me fit offrir par M. Terrier de Monciel, alors ministre, la place d'intendant du Jardin du Roi, je pris trois jours pour me décider. Accordez-moi le même délai, car je ne puis rien accepter d'aucun homme, sans en avoir délibéré avec moi-même. » De retour à Paris, M. de Saint-Pierre eut un entretien avec Ducis, et après deux jours de réflexions, il écrivit à Joseph: « Je ne puis accepter ni place ni titre, mais je consens à vous être attaché par les liens de la reconnaissance. » O Joseph! puisse la gloire d'avoir été l'appui d'un grand homme, vous consoler dans votre solitude! puisse le souvenir d'un bienfait qui ne fit point un ingrat, éloigner l'amertume de votre cœur! jouissez aux jours de l'infortune, d'une reconnaissance qui vous fut fidèle sur la terre, et qui dure encore dans le ciel!

Napoléon n'a fait que passer. Comme un torrent produit par l'orage, il a bouleversé, il a rajeuni le sein de la vieille Europe. Nos soldats, poussés par son ambition et guidés par la gloire, voulaient asservir le monde, et ils ont réveillé la liberté endormie sur les bords du Nil et de la Moscowa. A leurs cris de victoire, à leurs cris de détresse, du Nord au Midi les peuples se sont émus, et secouant leurs chaînes, ils ont demandé des institutions libérales aux rois qu'ils avaient délivrés d'un despote. Ainsi l'indépendance du monde est sortie vivante de notre court asservissement. La Providence a permis que le tyran des peuples leur ait légué la liberté.

Appelé par la reconnaissance à rendre hommage à un grand guerrier, Bernardin de Saint-Pierre aura parlé dignement si son langage doit être un jour celui de la postérité; on lui a reproché cet éloge, et cet éloge ne renferme que des faits consacrés par l'histoire ou des vœux pour l'avenir du pays! Le sage invite les muses à célébrer, non les conquêtes de Napoléon, mais la paix qu'il doit donner au monde; il admire le héros, et remarque cependant qu'il manque quelque chose à sa renommée. « Tu ne seras » l'amour des humains, dit-il, que si tu mets ta gloire dans » leur bonheur [1]. »

Les cœurs froids m'accuseront sans doute de donner trop d'importance à de petites choses; et si je ne signale ces petites choses, ils diront que j'ai laissé les faits les plus graves sans réponse. Semblables à ces accusateurs qui veillaient en Égypte, à l'entrée des Pyramides, ils se sont assis sur la tombe de l'homme de bien, et ils ont dit: Il ne reposera pas en paix, qu'il ne nous ait rendu compte de sa vie. Mais déjà Bernardin de Saint-Pierre avait rempli son honorable tâche; ses ouvrages le représentent tout entier. Vous le retrouverez dans l'admirable dialogue de Paul et du Vieillard, opposant les agitations de sa jeunesse à l'expérience de son âge mûr. Vous le retrouverez dans la sainte résignation du Paria, dans la pitié de Benezet pour les malheureux, dans l'amour de Céphas pour le genre humain. Il n'a cessé de se peindre en peignant la vertu, et partout ses sublimes contemplations nous révèlent cette simplicité de cœur qui appartient à l'honnête homme, et qui constitue le génie!

Bernardin de Saint-Pierre aimait les hommes, et voyait leurs faiblesses avec indulgence. Son humeur était douce, un peu railleuse, parfois mélancolique. Sa voix touchante, ses paroles simples, son regard fin et caressant pénétraient les cœurs. Son teint était frais et vermeil; les grâces de la jeunesse semblaient encore se jouer sur son front et autour de ses lèvres, souvent embellies du plus gracieux sourire. La vue des enfants le réjouissait. Il se plaisait avec les jeunes gens quand ils étaient modestes, et jamais son éloquence n'était plus élevée que lorsqu'il voulait faire passer dans leur ame cette force qui était en lui, et sans laquelle il n'y a point de vertu.

Au milieu de sa famille, M. de Saint-Pierre était plein d'abandon. Dans le monde, il avait de la noblesse et de la simplicité. D'un coup d'œil il pénétrait un homme. Avait-il affaire à un sot, il se taisait; à un fat, il le raillait; à un méchant, il s'éloignait. Se trouvait-il au milieu de personnes entièrement étrangères à tout intérêt moral, et toujours occupées d'objets mécaniques ou de spéculations mercantiles, il les écoutait, les questionnait, les remerciait; il savait en apprendre quelque chose. Ainsi un papetier, un graveur, un fondeur de caractères, un marchand de tableaux (ses calomniateurs), pouvaient facilement le prendre pour un sot, et se croire, eux, des gens de génie; car, suivant le conseil de Montaigne, « il sondait la partie » d'un chacun. Il savait tout mettre en besogne, et em- » prunter de chacun selon sa marchandise: la sottise » même lui était instruction [2]. » Se trouvait-il dans un cercle d'hommes choisis, dont les cœurs battaient à l'unisson du sien, son éloquence devenait touchante et sublime.

[1] On sait que le cardinal Mauri et Regnault de Saint-Jean-d'Angely le forcèrent de supprimer un paragraphe entier du Discours académique où se trouve cet éloge, en disant que l'empereur n'aimait ni les leçons ni les conseils.
[2] *Essais*, liv. I, chap. 25, p. 148, édition in-4°.

Il contait avec tant de charme, que j'ai vu ses enfants eux-mêmes perdre en l'écoutant toute leur turbulence, rester immobiles, respirant à peine, les yeux attachés sur les siens, et comme suspendus à ses lèvres, croyant voir ce qu'il avait vu, et sentir ce qu'il avait senti. Les gens du monde, presque toujours aussi turbulents et plus inconsidérés que des enfants, s'accoutumaient avec peine à la lenteur de son élocution; mais dès qu'ils avaient goûté le charme de ses paroles, ils ne pouvaient plus s'en déprendre. Que de fois je me suis trouvé meilleur en le quittant ! que de fois, pour conserver l'enchantement de ses pensées, j'ai cherché à les ressaisir dans ses ouvrages ! Alors la vertu me semblait naturelle et facile; une flamme divine me consumait: j'étais comme ces disciples de Jésus-Christ, qui, en se rappelant l'impression de ses discours, se disaient entre eux : « Notre cœur brûlait en l'écoutant ! »

Que les pensées des grandes ames se corrompent dans l'ame du méchant; qu'elles blessent les petits esprits et meurent sur les cœurs froids; l'honneur de l'humanité est sauvé si, semblables à une rosée céleste, elles fécondent le génie et la vertu !

Telle fut l'influence de Bernardin de Saint-Pierre. Tel fut le mouvement donné par son génie ! Sa gloire préside à un siècle nouveau ! Qui n'a reconnu ses couleurs dans les pages de notre premier écrivain, sa manière d'observer dans les relations d'un illustre voyageur, et son inspiration dans les accords de notre plus grand poëte ! Châteaubriand, Lamartine, Humboldt, vous êtes sortis de son école ? Delille, privé de la lumière, disait que les *Études de la Nature* étaient les yeux de son intelligence, et Girodet se plaisait à répéter que ce livre lui avait appris à voir la nature et à sentir Virgile. Sois donc à jamais cher aux peintres, aux poëtes, aux voyageurs et aux philosophes, toi qui fus l'élève de l'antiquité, de la nature et du malheur ! Sois à jamais cher à l'homme de bien, toi l'ami de Ducis et de Jean-Jacques; sois cher surtout aux infortunés ! Tes ouvrages, portés dans l'exil, devinrent une source d'abondance pour les émigrés français, et sur les rochers de Sainte-Hélène, ils consolèrent Bonaparte dans son adversité [1].

Le 20 juillet 1826.

L. Aimé-Martin.

---

[1] Dans les derniers temps de sa vie, Bonaparte lisait sans cesse *Paul et Virginie*. On sait aussi que plusieurs émigrés réfugiés à Londres se firent libraires, et qu'ils y vécurent fort à l'aise de la vente des ouvrages de Bernardin de Saint-Pierre. (Voyez le préambule de l'édition in-4° de *Paul et Virginie*, page 11.)

VOYAGE
A L'ILE-DE-FRANCE.

PREFACE
DE LA PREMIÈRE ÉDITION.

Ces lettres et ces journaux ont été écrits à mes amis. A mon retour, je les ai mis en ordre et je les ai fait imprimer, afin de leur donner une marque publique d'amitié et de reconnaissance. Aucun de ceux qui m'ont rendu quelque service dans mon voyage n'y a été oublié. Voilà quel a été mon premier motif.

Voici le plan que j'ai suivi. Je commence par les plantes et les animaux naturels à chaque pays. J'en décris le climat et le sol tel qu'il était sortant des mains de la nature. Un paysage est le fond du tableau de la vie humaine.

Je passe ensuite aux caractères et aux mœurs des habitants. On trouvera peut-être que j'ai fait une satire. Je puis protester qu'en parlant des hommes, j'ai dit le bien avec facilité, et le mal avec indulgence.

Après avoir parlé des colons, j'entre dans quelques détails sur les végétaux et les animaux dont ils ont peuplé la colonie. L'industrie, les arts et le commerce de ces pays sont renfermés dans l'agriculture. Il semble que cet art simple devrait n'offrir que des mœurs aimables; mais s'en faut bien qu'on mène dans ces contrées une vie patriarcale. J'en excepte les Hollandais. La mort vient d'enlever M. de Tolback, gouverneur du Cap, qui m'avait obligé. Si les lignes que je lui consacre dans ces mémoires ne peuvent plus servir à ma reconnaissance, puisse du moins l'exemple de sa conduite être utile à ceux qui gouvernent des Français dans l'Inde! J'aurai rendu un grand hommage à sa vertu, si je puis la faire imiter.

Ces lettres sont accompagnées d'un journal de marine, d'un voyage autour de l'Ile-de-France, des événements particuliers de mon retour, d'une explication abrégée de quelques termes de marine, et d'entretiens contenant des observations nouvelles sur la végétation.

Il me reste à m'excuser sur les sujets mêmes que j'ai traités qui paraissent étrangers à mon état. J'ai écrit sur les plantes et les animaux, et je ne suis point naturaliste. L'histoire naturelle n'étant point renfermée dans des bibliothèques, il m'a semblé que c'était un livre où tout le monde pouvait lire. J'ai cru y voir les caractères sensibles de Providence; et j'en ai parlé, non comme d'un thème qui amuse mon esprit, mais comme d'un sentiment dont mon cœur est plein.

Au reste, je croirai avoir été utile aux hommes, si le tableau du sort des malheureux noirs peut leur épargner un seul coup de fouet, et si les Européens, qui crient en Europe contre la tyrannie, et qui font de si beaux traités de morale, cessent d'être aux Indes des barbares.

BERNARDIN.

Je croirai avoir rendu service à ma patrie, si j'empêche un seul honnête homme d'en sortir, et si je puis le déterminer à y cultiver un arpent de plus dans quelque lande abandonnée.

Pour aimer sa patrie il faut la quitter. Je suis attaché à la mienne, quoique je n'y tienne ni par ma fortune ni par mon état; mais j'aime les lieux où, pour la première fois, j'ai vu la lumière, j'ai senti, j'ai aimé, j'ai parlé.

J'aime ce sol que tant d'étrangers adoptent, où tous les biens nécessaires abondent, et qui est préférable aux deux Indes par sa température, par la bonté de ses végétaux, et par l'industrie de son peuple.

Enfin, j'aime cette nation où les relations sont plus nombreuses, où l'estime est plus éclairée, l'amitié plus intime, et la vertu même plus aimable.

Je sais bien qu'on trouve en France, ainsi qu'autrefois à Athènes, ce qu'il y a de meilleur et de plus dépravé. Mais enfin c'est la nation qui a produit Henri IV, Turenne et Fénelon. Ces grands hommes, qui l'ont gouvernée, défendue et instruite, l'ont aussi aimée.

LETTRE PREMIÈRE.

De Lorient, le 4 janvier 1768.

Je viens d'arriver à Lorient après avoir éprouvé un froid excessif. Tout était glacé depuis Paris jusqu'à dix lieues au-delà de Rennes. Cette ville, qui fut incendiée en 1720, a quelque magnificence qu'elle doit à son malheur. On y remarque plusieurs bâtiments neufs, deux places assez belles, la statue de Louis XV, et surtout celle de Louis XIV. L'intérieur du parlement est assez bien décoré, mais, ce me semble, avec trop d'uniformité. Ce sont partout des lambris peints en blanc, relevés de moulures dorées. Ce goût règne dans la plupart des églises et des grands édifices. D'ailleurs, Rennes m'a paru triste. Elle est au confluent de la Vilaine et de l'Ille, deux petites rivières qui n'ont point de cours. Ses faubourgs sont formés de petites maisons assez sales, ses rues mal pavées. Les gens du peuple s'habillent d'une grosse étoffe brune, ce qui leur donne un air pauvre.

J'ai vu en Bretagne quantité de terres incultes. Il n'y croît que du genêt, et une plante à fleurs jaunes qui ne paraît composée que d'épines : les paysans l'appellent lande ou jan; ils la pilent, et la font manger aux bestiaux. Le genêt ne sert qu'à chauffer les fours : on pourrait en tirer un meilleur parti, surtout dans une province maritime. Les Romains en faisaient d'excellents cordages, qu'ils préféraient au chanvre pour le service des vaisseaux. C'est à Pline que je dois cette observation ; on sait qu'il commanda les flottes de l'empire.

Ne pourrait-on pas, dans ces landes, planter avec succès la pomme de terre, subsistance toujours assurée, qui ne craint ni l'inconstance des saisons, ni les magasins des monopoleurs?

L'industrie paraît étouffée par le gouvernement aristocratique, ou des états. Le paysan, qui n'y a point de représentants, n'y trouve aucune protection. En Bretagne, il est mal vêtu, ne boit que de l'eau, et ne vit que de blé noir.

La misère des hommes croît toujours avec leur dépendance. J'ai vu le paysan riche en Hollande, à son aise en Prusse, dans un état supportable en Russie, et dans une pauvreté extrême en Pologne : je verrai donc le nègre, qui est le paysan de nos colonies, dans une situation déplorable. En voici, je crois, la raison. Dans une république il n'y a point de maître, dans une monarchie il n'y en a qu'un ; mais le gouvernement aristocratique donne à chaque paysan un despote particulier.

De la liberté naît l'industrie. Le paysan suisse est ingénieux, le serf polonais n'imagine rien. Cette stupeur de l'âme, plus propre que la philosophie à supporter les grands maux, paraît un bienfait de la Providence. *Quand Jupiter*, dit Homère, *réduit un homme à l'esclavage, il lui ôte la moitié de son esprit.*

Passez-moi ces réflexions. Il est difficile de voir de grandes misères, sans en chercher le remède ou la cause.

Vers la Basse-Bretagne, la nature paraît en quelque sorte rapetissée. Les collines, les vallons, les arbres, les hommes et les animaux y sont plus petits qu'ailleurs. La campagne, divisée en champs de blé, en pâturages entourés de fossés et ombragés de chênes, de châtaigniers et de haies vives, a un air négligé et mélancolique qui me plairait, sans la saison, qui rend tous les paysages tristes.

On trouve, en plusieurs endroits, des carrières d'ardoises, de marbre rouge et noir, des mines de plomb mêlé d'un argent très ductile. Mais les véritables richesses du pays sont ses toiles, ses fils et ses bestiaux. L'industrie renaît avec la liberté, par le voisinage des ports de mer. C'est peut-être le seul bien que produise le commerce maritime, qui n'est guère qu'une avarice dirigée par les lois. Singulière condition de l'homme, de tirer souvent de ses passions plus d'avantages que de sa raison !

Le paysan bas-breton est à son aise. Il se regarde comme libre dans le voisinage d'un élément sur lequel tous les chemins sont ouverts. L'oppression ne peut s'étendre plus loin que sa fortune. Est-il trop pressé, il s'embarque. Il retrouve, sur le vaisseau où il se réfugie, le bois des chênes de son enclos, les toiles que sa famille a tissues, et le blé de ses guérets, dieux de ses foyers qui l'ont abandonné. Quelquefois dans l'officier de son vaisseau il reconnaît le seigneur de son village. A leur misère commune, il voit que ce n'est qu'un homme souvent plus à plaindre que lui. Libre sur sa propre réputation, il devient le maître de la sienne ; et, du bout de la vergue où il est perché, il juge, au milieu du feu et de l'orage, celui qu'aux états il n'eût osé examiner.

Je n'ai point encore vu Lorient. Une demi-lieue avant d'arriver, nous avons passé, en bac, un petit bras de mer ; voilà tout ce que j'ai pu distinguer. Un brouillard épais couvrait tout l'horizon : c'est un effet du voisinage de la mer ; aussi l'hiver y est moins rude.

Cette observation a encore lieu le long des étangs et des lacs. Ne serait-ce point pour favoriser, même en hiver, la génération d'une multitude d'insectes et de vermisseaux aquatiques qui habitent le sable des rivages? Quoi qu'il en soit, la facilité d'y vivre et la température y attirent du nord un nombre infini d'oiseaux de mer et de rivière. La nature peut bien leur réserver quelques lisières de côte, quelque portion d'air tempéré, elle qui a destiné plus de la moitié de ce globe aux seuls poissons.

Je suis, etc.

LETTRE II.

De Lorient, ce 18 janvier 1768.

Lorient est une petite ville de Bretagne, que le commerce des Indes rend de plus en plus florissante. Elle est, comme toutes les villes nouvelles, régulière, alignée et imparfaite : ses fortifications sont médiocres. On y distingue de beaux magasins, l'hôtel des Ventes qui n'est point fini, une tour qui sert de découverte, des quais commencés, et de grands emplacements où l'on n'a point bâti. Elle est située au fond d'une baie où se jettent la rivière de Blavet et celle de Ponscorf, qui déposent beaucoup de vase dans le port. Cette b où rade est défendue à son entrée, qui est étroite, par le Port-Louis ou Blavet, dont la citadelle a le défaut d'être trop élevée, ce qui rend ses feux plongeants. Ses flancs, déjà trop étroits, ont des orillons, dont l'usage n'est avantageux que pour la défense du fossé; or, elle n'en a point d'autre que la mer qui baigne le pied de ses remparts.

Le Port-Louis est une ville ancienne et déserte : c'est un vieux gentilhomme dans le voisinage d'un financier. La noblesse demeure au Port-Louis; mais les marchands, les mousselines, les soieries, l'argent, les jolies femmes, se trouvent à Lorient. Les mœurs y sont les mêmes que dans tous les ports de commerce. Toutes les bourses y sont ouvertes : mais on ne prête son argent qu'à la grosse; ce qui, pour les Indes, est à vingt-cinq ou trente pour cent par an. Celui qui emprunte est plus embarrassé que celui qui prête; les profits sont incertains, et les obligations sont sûres. Les lois autorisent ces emprunts par des contrats de grosse, qui donnent aux créanciers une sorte de propriété sur toute la cargaison du vaisseau, pouvoir qui s'étend, pour la plupart des marins, sur toute leur fortune.

Il y a trois vaisseaux prêts à appareiller pour l'Ile-de-France : *la Digue, le Condé*, et *le Marquis de Castries*. Il y en a d'autres en armement, et quelques uns en construction. Le bruit des charpentiers, le tintamarre des calfats, l'affluence des étrangers, le mouvement perpétuel des chaloupes en rade, inspirent je ne sais quelle ivresse maritime. L'idée de fortune qui semble accompagner l'idée des Indes ajoute encore à cette illusion. Vous croiriez être à mille lieues de Paris. Le peuple de la campagne ne parle plus français; celui de la ville ne connaît d'autre maître que la Compagnie. Les honnêtes gens s'entretiennent de l'Ile-de-France et de Pondichéry, comme s'ils étaient dans le voisinage. Vous pensez bien que les tracasseries de comptoirs arrivent ici avec les pacotilles de l'Inde; car l'intérêt divise encore mieux les hommes qu'il ne les rapproche.

Je suis, etc.

LETTRE III.

De Lorient, le 20 février 1768.

Nous n'attendons, pour partir, que les vents favorables. Mon passage est arrêté sur le vaisseau *Marquis de Castries*. C'est un navire de huit cents tonneaux, de cent quarante-six hommes d'équipage, chargé de mâtures pour le Bengale. Je viens de voir le lieu qui m'est destiné. C'est un petit réduit en toile dans la grande chambre. Il y a quinze passagers : la plupart sont logés dans la sainte-barbe; c'est le lieu où l'on met les cartouches et une partie des instruments de l'artillerie. Le maître canonnier a l'inspection de ce poste, et y loge, ainsi que l'écrivain, l'aumônier et le chirurgien-major. Au-dessus est la grande chambre, qui est l'appartement commun où l'on mange. Le second étage comprend la chambre du conseil, où communique celle du capitaine. Elle est décorée, au-dehors, d'une galerie; c'est la plus belle salle du vaisseau. Les chambres des officiers sont à l'entrée, afin qu'ils puissent veiller aux manœuvres qui se font sur le pont. Le premier pilote et le maître des matelots sont logés avec eux, pour les mêmes raisons.

L'équipage loge sous les gaillards et dans l'entrepont, prison ténébreuse où l'on ne voit goutte. Les gaillards comprennent la longueur du navire, qui est de niveau avec la grande chambre, lorsqu'il y a un passavant, comme dans celui-ci; les cuisines sont sous le gaillard d'avant, les provisions dans des compartiments au-dessous, les marchandises dans la cale, la soute aux poudres au-dessous de la sainte-barbe.

Voilà, en gros, l'ordre de notre vaisseau; mais il serait impossible de vous en peindre le désordre. On ne sait où passer. Ce sont des caisses de vin de Champagne, des coffres, des tonneaux, des malles, des matelots qui jurent, des bestiaux qui mugissent, des oies et des volailles qui piaulent sur les dunettes; et, comme il fait gros temps, on entend siffler les cordes et gémir les manœuvres, tandis que notre lourd vaisseau se balance sur ses câbles. Près de nous sont mouillés plusieurs vaisseaux dont les porte-voix nous assourdissent : *Évite à tribord; largue l'amarre....* Fatigué de ce tumulte, je suis descendu dans ma chaloupe, et j'ai débarqué au Port-Louis.

Il faisait très grand vent. Nous avons traversé la ville sans y rencontrer personne. J'ai vu, des murs de la citadelle, l'horizon bien noir, l'île de Grois couverte de brume, la pleine mer fort agitée; au loin, de gros vaisseaux à la cape, de pauvres chasse-marées à la voile entre deux lames; sur le rivage, des troupes de femmes transies de froid et de crainte; une sentinelle à la pointe d'un bastion, tout étonnée de la hardiesse de ces malheureux qui pêchent, avec les mauves et les goëlands, au milieu de la tempête.

Nous sommes revenus bien boutonnés, bien mouillés, et la main sur nos chapeaux. En traversant Lorient, nous avons vu toute la place cou-

2.

verte de poisson : des raies blanches, violettes, d'autres tout hérissées d'épines; des chiens de mer, des congres monstrueux qui serpentaient sur le pavé; de grands paniers pleins de crabes et de homards; des monceaux d'huîtres, de moules, de pétoncles; des merlus, des soles, des turbots... enfin une pêche miraculeuse, comme celle des apôtres.

Ces bonnes gens en ont la bonne foi et la piété : quand on pêche la sardine, un prêtre va avec la première barque, et bénit les eaux. C'est l'amour conjugal des vieux temps : à mesure qu'ils arrivaient, leurs femmes et leurs enfants se pendaient à leurs cous. C'est donc parmi les gens de peine que l'on trouve encore quelques vertus; comme si l'homme ne conservait des mœurs qu'en vivant toujours entre l'espérance et la crainte.

Cette partie de la côte est fort poissonneuse. Les mêmes espèces de poissons y sont, pour la plupart, plus grandes qu'aux autres endroits; mais elles sont inférieures pour le goût. On m'a assuré que la pêche de la sardine rapportait quatre millions de revenu à la province. Il est assez singulier qu'il n'y ait point d'écrevisses dans les rivières de Bretagne; ce qui vient peut-être de ce que les eaux n'y sont pas assez vives.

Nous sommes rentrés dans notre auberge, les oreilles tout étourdies du bruit et du vent de la mer. Il y avait avec nous deux Parisiens, les sieurs B**** père et fils, qui devaient s'embarquer sur notre vaisseau; ils ont, sans rien dire, fait atteler leur chaise, et sont retournés à Paris.

LETTRE IV.

A bord du *Marquis de Castries*, le 3 mars 1768,
à onze heures du matin.

Je n'ai que le temps de vous faire mes adieux; nous appareillons. Je vous recommande les cinq lettres incluses; il y en a trois pour la Russie, la Prusse et la Pologne. Partout où j'ai voyagé, j'ai laissé quelqu'un que je regrette.

Mais le vaisseau est à pic. J'entends le bruit des sifflets, les hissements du cabestan, et les matelots qui virent l'ancre.... Voici le dernier coup de canon. Nous sommes sous voiles; je vois fuir le rivage, les remparts et les toits du Port-Louis. Adieu, amis plus chers que les trésors de l'Inde !... Adieu, forêts du nord, que je ne reverrai plus ! Tendre amitié ! sentiment plus cher qui la surpassiez ! temps d'ivresse et de bonheur qui s'est écoulé comme un songe ! adieu... adieu... On ne vit qu'un jour pour mourir toute la vie.

Vous recevrez mon journal, mes lettres et mes regrets. Je vous aimerai toujours... Je ne puis vous en dire davantage.

Je suis, etc.

JOURNAL.

EN MARS 1768.

Nous sortîmes le 3, à onze heures et un quart du matin. Le vent était au nord-est, la marée pas assez haute; peu s'en fallut que nous ne touchassions sur un rocher à droite dans la passe. Quand nous fûmes par le travers de l'île de Grois, nous mîmes en panne pour attendre quelques passagers et officiers. Un seul rejoignit le vaisseau, dans le temps que nous mettions en route.

Le 4, le temps fut assez beau; sur le soir cependant la mer grossit et le vent augmenta.

Le 5, il s'éleva un très gros temps. Le vaisseau était en route sous ses deux basses voiles. J'étais très-fatigué du mal de mer. A dix heures et demie du matin, étant sur mon lit, j'éprouvai une forte secousse. Quelqu'un cria que le vaisseau venait de toucher. Je montai sur le pont, où je vis tout le monde consterné. Une lame, venant de tribord, avait enlevé à la mer la yole ou petite chaloupe, le maître des matelots et trois hommes. Un seul d'entre eux resta accroché dans les haubans du grand mât, d'où on le tira, l'épaule et la main fracassées. Il fut impossible de sauver les autres, que l'on ne revit plus.

Ce malheur vint de la faute du vaisseau, qui gouvernait mal. Sa poupe était trop renflée dans l'eau, ce qui détruisait l'action du gouvernail. Le mauvais temps dura tout le jour, et l'agitation du vaisseau fit périr presque toutes nos volailles. J'avais un chien qui ne cessa de haleter de malaise. Les seuls animaux que j'y vis insensibles furent des moineaux et des serins, accoutumés à un mouvement perpétuel. On porte ces oiseaux aux Indes par curiosité.

Je fus très incommodé, ainsi que les autres passagers. Il n'y a point de remède contre ce mal, qui excite des vomissements affreux. Il est utile cependant de prendre quelques nourritures sèches, et surtout des fruits acides.

Le 6, le temps se mit au beau. On pria Dieu pour ces pauvres matelots. Le maître était un fort honnête homme. On répara le désordre de la veille. La lame, en tombant sur le vaisseau, avait brisé la poutre qui borde le caillebotis, quoiqu'elle eût dix pouces de diamètre. Elle enfonça une des épontilles ou supports du gaillard d'avant dans le port inférieur, et en rompit une des traverses.

Le 7, nous nous estimions par le travers du cap Finistère, où les coups de vent sont fréquents et la mer grosse, ainsi qu'à tous les caps.

Le 8, belle mer et bon vent. Nous vîmes voler des manches-de-velours, oiseaux marins blancs, dont les ailes sont bordées de noir.

Le 9 et le 10, l'air me parut sensiblement plus chaud et le ciel plus intéressant. Nous approchons des îles *Fortunées*, s'il est vrai que le ciel ait mis le bonheur dans quelque île.

Le 11, le vent calma; la mer était couverte de bonnets-flamands, espèce de mucilage organisé, de la forme d'une toque, ayant un mouvement de progression. Le matin, nous vîmes un vaisseau.

Le 12 et le 13, on fit quelques réglements de police. Il fut décidé que chaque passager n'aurait qu'une bouteille d'eau par jour. Le repas du matin fut fixé à dix heures, et consistait en viandes salées et en légumes secs. Celui du soir, à quatre heures, était un peu meilleur. On éteignait tous les feux passé huit heures.

Le 14, on avait compté voir l'île Madère, mais nous étions trop dérivés à l'ouest; il fit calme tout le jour. Nous vîmes deux oiseaux de la grosseur d'un pigeon, d'une couleur brune, volant vers l'ouest à la hauteur des mâts : nous les prîmes pour des oiseaux de terre, ce qui semblait nous indiquer qu'il y avait quelque île sur notre gauche. Ces signes sont importants, mais les marins ont des observations peu sûres sur les oiseaux. Ils confondent presque toutes les espèces des côtes de l'Europe, sous le nom de mauves et de goëlands.

Le 15, le calme continua : cependant vers la nuit nous eûmes un peu de vent. Un brigantin anglais passa près de nous dans l'après-midi, et nous salua de son pavillon.

Le 16, au lever du soleil, nous vîmes l'île de Palme devant nous; à gauche, l'île de Ténériffe avec son pic, qui a la forme d'un dôme surmonté d'une pyramide. Ces îles furent couvertes de brume tout le jour, et la nuit d'éclairs et d'orages; spectacle qui effraya les premiers marins qui les découvrirent de nos temps. On sait que les Romains en avaient ouï parler, puisque Sertorius voulut s'y retirer. Les Carthaginois, qui trafiquaient en Afrique, les connaissaient. L'historien Juba en compte cinq, et en fait une description détaillée : il en appelle une l'île de Neige, parceque, dit-il, elle s'y conserve toute l'année. Nous vîmes, en effet, le pic couvert de neige, quoique l'air fût chaud. Ces îles sont, dit-on, les débris de cette grande île Atlantide dont parle Platon. A la profondeur des ravins dont leurs montagnes sont creusées, on peut croire que ce sont les débris de cette terre originelle, bouleversée par un événement dont la tradition s'est conservée chez tous les peuples. Selon Juba, l'île Canarie prit son nom de la grandeur des chiens qu'on y élevait. Les Espagnols, à qui elles appartiennent, en tirent d'excellente malvoisie.

Les 17, 18 et 19, nous passâmes au milieu des îles, laissant Ténériffe à gauche et Palme à droite; Gomère nous resta à l'est. Je dessinai la vue de ces îles, qui sont sillonnées de ravins très profonds, entre autres l'île de Palme.

Nous vîmes un poisson volant. Une huppe vint se reposer sur notre vaisseau, et prit son vol à l'ouest : elle était d'un rouge couleur d'orange, ses ailes et son aigrette marbrées de blanc et de noir, son bec noir comme l'ébène et un peu recourbé.

Le 20, nous laissâmes l'île de Fer à l'ouest, et nous perdîmes de vue toutes ces îles. La vue de ces terres, situées sous un si beau climat, nous inspira bien des vœux inutiles. Nous comparions le repos, l'abondance, l'union et les plaisirs de ces insulaires, à notre vie inquiète et agitée. Peut-être, en nous voyant passer, quelque malheureux Canarien, sur un rocher brûlé, faisait des vœux pour être à bord d'un vaisseau qui cinglait à pleines voiles vers les Indes orientales.

Le 21, nous vîmes une hirondelle de terre, ensuite un requin. Tant que nous fûmes dans le parage de ces îles, nous eûmes du calme le jour, et le vent ne s'élevait qu'au soir.

Le 22, la chaleur fut si forte, qu'elle fit casser une quantité de bouteilles de vin de Champagne, quoiqu'elles fussent encaissées dans du sel : c'est une pacotille que font beaucoup d'officiers pour les Indes; chaque bouteille s'y vend une pistole. Cette inondation, qui pénétrait tout, détruisit des laitues et du cresson que j'avais semés dans du coton mouillé, où ces plantes croissent à merveille : cette liqueur salée était si corrosive, qu'elle gâta absolument ceux de mes papiers qui en furent mouillés.

Le 23, nous eûmes grand frais; la mer me parut grise et verdâtre, comme sur les hauts-fonds : on prétend qu'on trouve la sonde à plus de quatre-vingts lieues de la côte d'Afrique, qui est peu élevée dans ces parages. Nous vîmes un vaisseau faisant route au Sénégal.

Le 24, nous trouvâmes les vents alizés ou de nord-est; le vaisseau roulait beaucoup.

Le 25 et le 26, beau temps et bon vent; nous dépassâmes la latitude des îles du cap Vert, que nous ne vîmes point : elles sont aux Portugais. On y trouve des rafraîchissements ; mais le premier de tous, l'eau, s'y fait difficilement. Nous vîmes des poissons volants et une hirondelle de terre. On s'aperçut que le blé sarrasin s'échauffait dans la soute, au point de n'y pouvoir supporter la main; on le mit à l'air. Il est arrivé que des vaisseaux se sont embrasés par de pareils accidents. Il y eut en 1760 un vaisseau anglais chargé de chanvre, qui brûla dans la mer Baltique. Le chanvre s'était enflammé de lui-même. J'en vis les débris sur les côtes de l'île de Bornholm.

Le 27, on dressa une tente de l'avant à l'arrière, pour préserver l'équipage de la chaleur. Nous vîmes des galères, espèce de mucilage vivant.

Les 28 et 29, nous vîmes des poissons volants et une quantité considérable de thons.

Le 30, on se prépara à la pêche, et nous prîmes dix thons, dont le moindre pesait soixante livres : nous vîmes un requin. La chaleur augmentait, et l'équipage souffrait impatiemment la soif.

Le 31, on prit une bonite ; des matelots altérés percèrent et ouvrirent pendant la nuit les jarres de plusieurs passagers, qui par-là se trouvèrent, comme les gens de l'équipage, réduits à une pinte d'eau par jour.

OBSERVATIONS SUR LES MŒURS DES GENS DE MER.

Je ne vous parlerai que de l'influence de la mer sur les marins, afin d'inspirer quelque indulgence sur des défauts qui tiennent à leur état.

La promptitude qu'exige la manœuvre les rend grossiers dans leurs expressions. Comme ils vivent loin de la terre, ils se regardent comme indépendants : ils parlent souvent des princes, des lois et de la religion, avec une liberté égale à leur ignorance. Ce n'est pas que, suivant les circonstances, ils ne soient dévots, même superstitieux. J'en ai connu plus d'un qui n'aurait pas voulu appareiller un dimanche ou un vendredi. En général, leur religion dépend du temps qu'il fait.

L'oisiveté où ils vivent leur fait aimer la médisance et les contes. Le banc de quart est le lieu où les officiers débitent les fables et les merveilles.

L'habitude de faire sans cesse de nouvelles connaissances les rend inconstants dans leurs sociétés et dans leurs goûts : sur mer ils désirent la terre, à terre ils regrettent la mer.

Dans une longue traversée, il est prudent de se livrer peu et de ne disputer jamais. La mer aigrit naturellement l'humeur. La plus légère contestation y dégénère en querelle. J'en ai vu naître pour des questions de philosophie. Il est vrai que ces questions ont quelquefois brouillé des philosophes, à terre.

En général, ils sont taciturnes et sombres. Peut-on être gai au milieu des dangers, et privé des premiers besoins de la vie?

Il ne faut pas oublier leurs bonnes qualités. Ils sont francs, généreux, braves, et surtout bons maris. Un homme de mer se regarde comme étranger à terre, et surtout dans sa propre maison. Étonné de la nouveauté des meubles, du logement, des usages, il laisse à sa femme le pouvoir de le gouverner dans un monde qu'il connaît peu.

Les matelots ajoutent à ces bonnes et mauvaises qualités les vices de leur éducation. Ils sont adonnés à l'ivrognerie. On leur distribue chaque jour une ration de vin ou d'eau-de-vie. Ils sont sept hommes à chaque plat; j'en ai vu s'arranger entre eux pour boire alternativement la ration des sept. Quelques uns sont adonnés au vol. Il y en a d'assez habiles pour dépouiller leurs camarades pendant le sommeil. Dans cette classe d'hommes si malheureux, il s'en trouve d'une probité rare. Ordinairement le maître et le canonnier sont des hommes de confiance sur lesquels roule toute la police de l'équipage. On peut y joindre le premier pilote, dont l'état chez nous est déchu, je ne sais pourquoi, de la distinction qu'il mérite; ce n'est que le premier officier marinier. De ces trois hommes dépend la bonté de l'équipage, et souvent le succès de la navigation.

Le dernier homme du vaisseau est le coq, *coquus*, le cuisinier. Les mousses sont des enfants, traités souvent avec trop de barbarie. Il n'y a guère d'officier ou de matelot qui ne leur fasse éprouver son humeur. On s'amuse même sur quelques vaisseaux à les fouetter quand il fait calme, pour faire, dit-on, venir le vent. Ainsi l'homme, qui se plaint souvent de sa faiblesse, abuse presque toujours de sa force.

Vous conclurez de tout ceci qu'un vaisseau e un lieu de dissension ; qu'un couvent et une île qui sont des espèces de vaisseaux, doivent ê remplis de discorde ; et que l'intention de la natu qui d'ailleurs s'explique si ouvertement, est que terre soit peuplée de familles, et non de sociétés de confréries.

Après avoir porté ma censure sur les mœurs

gens de mer, il est bon aussi que je l'étende sur les miennes.

J'ai fait une faute essentielle dans le journal de ce mois, en oubliant de rapporter les noms du maître des matelots et des deux autres infortunés qui furent enlevés d'un coup de mer de dessus le pont du vaisseau, le 5 du mois précédent, vers la hauteur du cap Finistère. A la vérité, ils n'étaient que matelots, mais ils étaient hommes, compagnons, et qui plus est coopérateurs, de mon voyage sur un vaisseau où je n'étais moi-même qu'un spéculateur oisif, et fort inutile à la manœuvre.

J'ai observé souvent dans les relations de voyage des vaisseaux hollandais et anglais, que s'il vient à y périr le moindre matelot, on y tient note de ses noms de famille et de baptême, de son âge, du lieu de sa naissance; à quoi l'on ajoute presque toujours quelque trait de ses mœurs qui le caractérise. On en trouve des exemples fréquents dans des relations même faites par des vice-amiraux, commodores, commandants, etc. Le capitaine Cook surtout y est fort exact dans ses voyages autour du monde. Cet usage est une preuve du patriotisme et du fonds d'humanité qui règnent parmi ces nations. D'ailleurs, dans le journal d'un vaisseau, le nom, les mœurs et la famille d'un matelot qui périt à son service, doivent être au moins aussi intéressants pour des hommes, que le nom, les mœurs et la famille d'un poisson ou d'un oiseau de marine pris en pleine mer, dont nos marins ne manquent pas d'enrichir leurs journaux, quand ils en trouvent l'occasion. Bien plus, il n'y a pas une vergue cassée, ou une manœuvre rompue sur le vaisseau, dont ils ne vous tiennent compte, le tout pour se donner un air savant et entendu aux choses de la mer. Voilà ce que j'ai tâché moi-même d'imiter dans mon journal, séduit par les exemples nationaux et par l'éducation de mon pays, qui ramène chacun de nous à être le premier partout où il se trouve, et par conséquent à mépriser tout ce qui est au-dessous de soi, et à haïr souvent ce qui est au-dessus. Comme j'avais l'honneur d'être officier de Sa Majesté, dans le grade de capitaine-ingénieur, je n'ai pas cru que des matelots fussent des êtres assez importants pour en faire une mention particulière lorsqu'ils venaient à mourir. Et quoique je puisse me rendre cette justice, que j'avais le cœur constamment occupé d'un grand objet d'humanité, dans un voyage que je n'avais entrepris que pour concourir au bonheur des noirs de Madagascar, il est probable que je me faisais illusion à moi-même, et que je ne me proposais, au bout du compte, que la gloire d'être le premier, même parmi des sauvages. J'étais comme beaucoup d'hommes que j'ai connus, qui se proposent de faire des républiques, et qui se gardent bien d'en établir dans les sociétés où ils vivent. Ils veulent faire des républiques pour en être les législateurs; mais ils seraient bien fâchés d'y vivre comme simples membres. Nous ne sommes dressés qu'à la vanité.

Pour moi, à qui l'adversité a dit tant de fois que je n'étais qu'un homme souvent plus misérable qu'un matelot, par le désordre de ma santé et par mes préjugés, qui m'ont dès l'enfance fait poser les bases de mon bonheur sur l'opinion inconstante d'autrui, si je refaisais la relation d'un pareil voyage de long cours, j'y mettrais, non les mesures d'un vaisseau mal construit, tel qu'était le nôtre (à moins que celui où je serais ne fût remarquable par sa vitesse ou quelque autre bonne qualité), mais les noms de tous les gens de l'équipage. Je n'y oublierais pas le moindre mousse; et, au lieu d'observer les mœurs des poissons et des oiseaux qui vivent hors du vaisseau, j'étudierais et noterais celles des matelots qui le font mouvoir; car des caractères humains seraient plus intéressants à décrire, non-seulement que ceux des animaux, mais même que ceux des hommes qui habitent constamment le même coin de terre, et surtout que ceux des gens du monde, vers lesquels se dirigent sans cesse les observations de nos philosophes.

Les mœurs des gens de mer sont beaucoup plus variées par leur vie cosmopolite et amphibie, et plus apparentes par la rudesse de leur métier et leur franchise, que celles des princes. C'est là que l'on peut connaître l'homme tout brut, luttant sans cesse et sans art, avec ses vices et ses vertus, contre ses passions et celles des autres, contre la fortune et les éléments. Malgré ses défauts, par lesquels il serait injuste de la désigner, je voudrais rendre toute cette classe d'hommes intéressante. D'ailleurs, il n'y a point de caractère si dépravé qu'il n'y ait quelques bonnes qualités qui en compensent les vices. Souvent, sous les plus grossiers, comme l'ivrognerie, le jurement, les marins cachent d'excellentes qualités. Il s'en trouve d'intrépides, de généreux, qui, sans balancer, se jettent à la mer pour porter du secours au malheureux prêt à périr; d'autres sont remarquables par quelque industrie particulière. Il y en a qui ont beaucoup d'imagination, et qui, pendant la durée d'un quart de six heures, racontent à leurs camarades rassemblés autour d'eux des histoires merveilleuses, dont ils entrelacent les événements avec autant d'art et d'intérêt que ceux des *Mille et une Nuits*; d'au-

Le 24, nous trouvâmes les vents alizés ou de nord-est; le vaisseau roulait beaucoup.

Le 25 et le 26, beau temps et bon vent; nous dépassâmes la latitude des îles du cap Vert, que nous ne vîmes point : elles sont aux Portugais. On y trouve des rafraîchissements; mais le premier de tous, l'eau, s'y fait difficilement. Nous vîmes des poissons volants et une hirondelle de terre. On s'aperçut que le blé sarrasin s'échauffait dans la soute, au point de n'y pouvoir supporter la main; on le mit à l'air. Il est arrivé que des vaisseaux se sont embrasés par de pareils accidents. Il y eut en 1760 un vaisseau anglais chargé de chanvre, qui brûla dans la mer Baltique. Le chanvre s'était enflammé de lui-même. J'en vis les débris sur les côtes de l'île de Bornholm.

Le 27, on dressa une tente de l'avant à l'arrière, pour préserver l'équipage de la chaleur. Nous vîmes des galères, espèce de mucilage vivant.

Les 28 et 29, nous vîmes des poissons volants et une quantité considérable de thons.

Le 50, on se prépara à la pêche, et nous prîmes dix thons, dont le moindre pesait soixante livres : nous vîmes un requin. La chaleur augmentait, et l'équipage souffrait impatiemment la soif.

Le 51, on prit une bonite; des matelots altérés percèrent et ouvrirent pendant la nuit les jarres de plusieurs passagers, qui par-là se trouvèrent, comme les gens de l'équipage, réduits à une pinte d'eau par jour.

OBSERVATIONS SUR LES MŒURS DES GENS DE MER.

Je ne vous parlerai que de l'influence de la mer sur les marins, afin d'inspirer quelque indulgence sur des défauts qui tiennent à leur état.

La promptitude qu'exige la manœuvre les rend grossiers dans leurs expressions. Comme ils vivent loin de la terre, ils se regardent comme indépendants : ils parlent souvent des princes, des lois et de la religion, avec une liberté égale à leur ignorance. Ce n'est pas que, suivant les circonstances, ils ne soient dévots, même superstitieux. J'en ai connu plus d'un qui n'aurait pas voulu appareiller un dimanche ou un vendredi. En général, leur religion dépend du temps qu'il fait.

L'oisiveté où ils vivent leur fait aimer la médisance et les contes. Le banc de quart est le lieu où les officiers débitent les fables et les merveilles.

L'habitude de faire sans cesse de nouvelles connaissances les rend inconstants dans leurs sociétés et dans leurs goûts : sur mer ils désirent la terre, à terre ils regrettent la mer.

Dans une longue traversée, il est prudent de se livrer peu et de ne disputer jamais. La mer aigrit naturellement l'humeur. La plus légère contestation y dégénère en querelle. J'en ai vu naître pour des questions de philosophie. Il est vrai que ces questions ont quelquefois brouillé des philosophes, à terre.

En général, ils sont taciturnes et sombres. Peut-on être gai au milieu des dangers, et privé des premiers besoins de la vie?

Il ne faut pas oublier leurs bonnes qualités. Ils sont francs, généreux, braves, et surtout bons maris. Un homme de mer se regarde comme étranger à terre, et surtout dans sa propre maison. Étonné de la nouveauté des meubles, du logement, des usages, il laisse à sa femme le pouvoir de le gouverner dans un monde qu'il connaît peu.

Les matelots ajoutent à ces bonnes et mauvaises qualités les vices de leur éducation. Ils sont adonnés à l'ivrognerie. On leur distribue chaque jour une ration de vin ou d'eau-de-vie. Ils sont sept hommes à chaque plat; j'en ai vu s'arranger entre eux pour boire alternativement la ration des sept. Quelques uns sont adonnés au vol. Il y en a d'assez habiles pour dépouiller leurs camarades pendant le sommeil. Dans cette classe d'hommes si malheureux, il s'en trouve d'une probité rare. Ordinairement le maître et le canonnier sont des hommes de confiance sur lesquels roule toute la police de l'équipage. On peut y joindre le premier pilote, dont l'état chez nous est déchu, je ne sais pourquoi, de la distinction qu'il mérite; ce n'est que le premier officier marinier. De ces trois hommes dépend la bonté de l'équipage, et souvent le succès de la navigation.

Le dernier homme du vaisseau est le coq, *coquus*, le cuisinier. Les mousses sont des enfants, traités souvent avec trop de barbarie. Il n'y a guère d'officier ou de matelot qui ne leur fasse éprouver son humeur. On s'amuse même sur quelques vaisseaux à les fouetter quand il fait calme, pour faire, dit-on, venir le vent. Ainsi l'homme, qui se plaint souvent de sa faiblesse, abuse presque toujours de sa force.

Vous conclurez de tout ceci qu'un vaisseau est un lieu de dissension; qu'un couvent et une île qui sont des espèces de vaisseaux, doivent être remplis de discorde; et que l'intention de la nature, qui d'ailleurs s'explique si ouvertement, est que la terre soit peuplée de familles, et non de sociétés de confréries.

Après avoir porté ma censure sur les mœurs

gens de mer, il est bon aussi que je l'étende sur les miennes.

J'ai fait une faute essentielle dans le journal de ce mois, en oubliant de rapporter les noms du maître des matelots et des deux autres infortunés qui furent enlevés d'un coup de mer de dessus le pont du vaisseau, le 5 du mois précédent, vers la hauteur du cap Finistère. A la vérité, ils n'étaient que matelots, mais ils étaient hommes, compagnons, et qui plus est coopérateurs, de mon voyage sur un vaisseau où je n'étais moi-même qu'un spéculateur oisif, et fort inutile à la manœuvre.

J'ai observé souvent dans les relations de voyage des vaisseaux hollandais et anglais, que s'il vient à y périr le moindre matelot, on y tient note de ses noms de famille et de baptême, de son âge, du lieu de sa naissance; à quoi l'on ajoute presque toujours quelque trait de ses mœurs qui le caractérise. On en trouve des exemples fréquents dans des relations même faites par des vice-amiraux, commodores, commandants, etc. Le capitaine Cook surtout y est fort exact dans ses voyages autour du monde. Cet usage est une preuve du patriotisme et du fonds d'humanité qui règnent parmi ces nations. D'ailleurs, dans le journal d'un vaisseau, le nom, les mœurs et la famille d'un matelot qui périt à son service, doivent être au moins aussi intéressants pour des hommes, que le nom, les mœurs et la famille d'un poisson ou d'un oiseau de marine pris en pleine mer, dont nos marins ne manquent pas d'enrichir leurs journaux, quand ils en trouvent l'occasion. Bien plus, il n'y a pas une vergue cassée, ou une manœuvre rompue sur le vaisseau, dont ils ne vous tiennent compte, le tout pour se donner un air savant et entendu aux choses de la mer. Voilà ce que j'ai tâché moi-même d'imiter dans mon journal, séduit par les exemples nationaux et par l'éducation de mon pays, qui ramène chacun de nous à être le premier partout où il se trouve, et par conséquent à mépriser tout ce qui est au-dessous de soi, et à haïr souvent ce qui est au-dessus. Comme j'avais l'honneur d'être officier de Sa Majesté, dans le grade de capitaine-ingénieur, je n'ai pas cru que des matelots fussent des êtres assez importants pour en faire une mention particulière lorsqu'ils venaient à mourir. Et quoique je puisse me rendre cette justice, que j'avais le cœur constamment occupé d'un grand objet d'humanité, dans un voyage que je n'avais entrepris que pour concourir au bonheur des noirs de Madagascar, il est probable que je me faisais illusion à moi-même, et que je ne me proposais, au bout du compte, que la gloire d'être le premier, même parmi des sauvages. J'étais comme beaucoup d'hommes que j'ai connus, qui se proposent de faire des républiques, et qui se gardent bien d'en établir dans les sociétés où ils vivent. Ils veulent faire des républiques pour en être les législateurs; mais ils seraient bien fâchés d'y vivre comme simples membres. Nous ne sommes dressés qu'à la vanité.

Pour moi, à qui l'adversité a dit tant de fois que je n'étais qu'un homme souvent plus misérable qu'un matelot, par le désordre de ma santé et par mes préjugés, qui m'ont dès l'enfance fait poser les bases de mon bonheur sur l'opinion inconstante d'autrui, si je refaisais la relation d'un pareil voyage de long cours, j'y mettrais, non les mesures d'un vaisseau mal construit, tel qu'était le nôtre (à moins que celui où je serais ne fût remarquable par sa vitesse ou quelque autre bonne qualité), mais les noms de tous les gens de l'équipage. Je n'y oublierais pas le moindre mousse; et, au lieu d'observer les mœurs des poissons et des oiseaux qui vivent hors du vaisseau, j'étudierais et noterais celles des matelots qui le font mouvoir; car des caractères humains seraient plus intéressants à décrire, non-seulement que ceux des animaux, mais même que ceux des hommes qui habitent constamment le même coin de terre, et surtout que ceux des gens du monde, vers lesquels se dirigent sans cesse les observations de nos philosophes.

Les mœurs des gens de mer sont beaucoup plus variées par leur vie cosmopolite et amphibie, et plus apparentes par la rudesse de leur métier et leur franchise, que celles des princes. C'est là que l'on peut connaître l'homme tout brut, luttant sans cesse et sans art, avec ses vices et ses vertus, contre ses passions et celles des autres, contre la fortune et les éléments. Malgré ses défauts, par lesquels il serait injuste de la désigner, je voudrais rendre toute cette classe d'hommes intéressante. D'ailleurs, il n'y a point de caractère si dépravé qu'il n'y ait quelques bonnes qualités qui en compensent les vices. Souvent, sous les plus grossiers, comme l'ivrognerie, le jurement, les marins cachent d'excellentes qualités. Il s'en trouve d'intrépides, de généreux, qui, sans balancer, se jettent à la mer pour porter du secours au malheureux prêt à périr; d'autres sont remarquables par quelque industrie particulière. Il y en a qui ont beaucoup d'imagination, et qui, pendant la durée d'un quart de six heures, racontent à leurs camarades rassemblés autour d'eux des histoires merveilleuses, dont ils entrelacent les événements avec autant d'art et d'intérêt que ceux des *Mille et une Nuits*; d'aumer, de la forme du fer d'une flèche ou d'un bec d'oiseau : il est petit, transparent, et très aisé à rompre; c'est peut-être celui qu'on trouve dans l'ambre gris.

A cette même latitude nous trouvâmes des limaçons bleus flottant à la surface de l'eau, au moyen de quelques vessies pleines d'air : leur coque était fort mince et très fragile; ils étaient remplis d'une liqueur d'un beau bleu purpurin. Ce n'est pas cependant le coquillage appelé pourpre par les anciens.

Une espèce de coquillage beaucoup plus commun est celui qui s'attache à la carène même du vaisseau, au moyen d'un ligament qu'il raccourcit dans le mauvais temps. Il est blanc, de la forme d'une amande, et composé de quatre pièces; il met dehors plusieurs filaments qui ont un mouvement régulier. Il se multiplie en si grande quantité, que la course du vaisseau en est sensiblement retardée.

Le poisson volant est fort commun entre les deux tropiques; il est de la grosseur d'un hareng; il vole en troupe et d'un seul jet aussi loin qu'une perdrix; il est poursuivi dans la mer par les poissons, et dans l'air par les oiseaux. Sa destinée paraît fort malheureuse de retrouver dans l'air le danger qu'il a évité dans l'eau; mais tout est compensé, car souvent aussi il échappe comme poisson aux oiseaux, et comme oiseau aux poissons. C'est dans les orages qu'on le voit devancer les frégates et les thons, qui font après lui des sauts prodigieux.

L'encornet est une petite sèche qui fait à peu près la même manœuvre. Elle a de plus la faculté d'obscurcir l'eau, en y versant une encre fort noire. Peut-être aussi ne nage-t-elle pas si bien. Elle est de la forme d'un cornet. Ces deux espèces de poissons tombent souvent à bord des vaisseaux. Ils sont bons à manger.

Le thon de la pleine mer m'a paru différer, pour le goût, de celui de la Méditerranée. Il est fort sec, et n'a de graisse qu'à l'orbite de l'œil. Il a peu d'intestins; sa chair paraît à l'étroit dans sa peau. Huit muscles, quatre grands et quatre petits, forment son corps, dont la coupe transversale ressemble à celle de plusieurs arbres sciés. On le pêche au lever et au coucher du soleil, parcequ'alors l'ombre des flots lui déguise mieux l'hameçon, qui est figuré en poisson volant.

Cette flotte de thons nous accompagne depuis six semaines. Il est facile de les reconnaître. Il y en a un entre autres qui a une plaie rouge sur le dos, pour avoir été harponné il y a quinze jours. Sa course n'en est pas retardée.

Le poisson peut-il vivre sans dormir, et l'eau marine serait-elle favorable aux plaies? J'ai lu quelque part que M. Chirac guérit M. le duc d'Orléans d'une blessure au poignet, en le lui faisant mettre dans des eaux de Balaruc.

La chair du thon est saine, mais elle altère. On m'assura qu'il était dangereux d'user du thon de ces parages qui a été salé. J'en vis l'expérience sur un matelot qui s'y exposa. Sa peau devint rouge comme l'écarlate, et il eut une fièvre de vingt-quatre heures.

Nous prenons aussi avec les thons beaucoup de bonites. C'est une sorte de maquereau, dont quelques uns approchent de la grosseur des thons. Je leur ai trouvé à la fois de la laite et des œufs; et dans la chair de plusieurs, des vers vivants de la grosseur d'un grain d'avoine. Ce poisson n'en paraissait pas incommodé.

La grande-oreille est une espèce de bonite.

Les requins se trouvent en grande quantité aux environs de la ligne. Dès qu'il fait calme, le vaisseau en est entouré. Ce poisson nage lentement et sans bruit. Il est devancé par plusieurs petits poissons appelés *pilotins*, bariolés de noir et de jaune. S'il tombe quelque chose à la mer, en un clin d'œil ils viennent le reconnaître, et retournent au requin, qui s'approche de sa proie, se tourne et l'engloutit. Si c'est un oiseau, il n'y touche point; mais lorsque la faim le presse, il avale jusqu'à des clous.

Le requin est le tigre de la mer. J'en ai vu de plus de dix pieds de longueur. La nature lui a donné une vue très faible. Il nage fort lentement par la forme arrondie de sa tête, ce qui, joint à la position de sa gueule qui l'oblige de se tourner sur le dos pour avaler, préserve la plupart des poissons de sa voracité. Il n'a ni os, ni arêtes, mais des cartilages, ainsi que tous les poissons de mer voraces, comme le chien de mer, la raie, le polype, qui, comme lui, voient mal, sont mauvais nageurs, et ont la gueule placée en bas; ils sont de plus vivipares. Ainsi leur gloutonnerie a été compensée dans leur vitesse, leur vue, leur forme et leur génération. Les mâchoires du requin sont armées de cinq ou six rangs de dents en haut et en bas. Elles sont plates, tranchantes sur les côtés, aiguës, et taillées comme des lancettes. Il n'en a que deux rangs perpendiculaires; les autres sont couchées, et disposées de manière qu'elles remplacent par un mécanisme admirable celles qu'il est souvent exposé à rompre. On l'amorce avec une pièce de chair embrochée d'un croc de fer. Avant de le tirer de l'eau, on lui passe à la queue un nœud coulant; et lorsqu'il est sur le pont et qu'il s'efforce d'estropier les matelots, on la lui coupe à coups de hache. Cette queue n'a qu'un aileron, taillé comme une faux. Les Chinois en font cas comme d'un remède aphrodisiaque. Au reste, la pêche de ce poisson n'est d'aucune utilité. J'ai goûté de sa chair, qui a un goût de raie avec une forte odeur d'urine. On dit qu'elle est fiévreuse. Les marins ne pêchent ce poisson que pour le mutiler. On lui crève les yeux, on l'éventre, on en attache plusieurs par la queue, et on les rejette à la mer; spectacle digne d'un matelot. Le requin est si vivace, que j'en ai vu remuer long-temps après qu'on leur avait coupé la tête. Cependant j'en ai vu noyer fort vite, en les plongeant plusieurs fois lorsqu'ils sont accrochés à l'hameçon.

On trouve presque toujours sur le requin un poisson appelé sucet. Il est gros comme un hareng. Il a sur la tête une surface ovale un peu concave, avec laquelle il s'attache en formant le vide, au moyen de dix-neuf lames qui y sont disposées comme les tringles d'une jalousie. J'en ai mis de vivants sur un verre uni, d'où je ne pouvais les arracher. Ce poisson a cela de très singulier, qu'il nage le ventre et les ouïes en l'air. Sa peau est grenelée, et sa gueule armée de plusieurs rangs de petites dents. Nous avons plusieurs fois mangé des sucets, et nous leur avons trouvé le goût d'artichauts frits.

Outre le pilotin et le sucet, le requin nourrit encore sur sa peau un insecte de la forme d'un demi-pois, avec un bec fort allongé. C'est une espèce de pou.

Le marsouin est un poisson fort connu. J'en ai vu une espèce dont le museau était fort pointu. Les matelots l'appellent *la flèche de la mer*, à cause de sa vitesse. J'en ai vu caracoler autour du vaisseau, tandis qu'il faisait deux lieues à l'heure. On darde cet animal, qui souffle lorsqu'il est pris et semble se plaindre : c'est une mauvaise pêche; sa chair est noire, dure, lourde, et huileuse.

J'ai vu aussi une dorade, le plus léger, dit-on, des poissons. On prétend, mais à tort, que c'est le dauphin des anciens, dont Pline nous a donné une ample description : quoi qu'il en soit, nous n'éprouvâmes point son amitié pour les hommes. Nous vîmes à une grande profondeur briller ses ailerons dorés, et son dos du plus bel azur.

Quelquefois nous avons vu à une demi-lieue des baleines lancer leur jet d'eau. Elles sont plus petites que celles du nord. Elles me paraissaient, de loin, comme une chaloupe renversée.

Telles sont les espèces de poissons que j'ai vus jusqu'à présent. On voit des requins dans le calme; ordinairement les dorades les suivent; les marsouins paraissent quand le vent fraîchit. Pour les thons, nous les avons depuis six semaines. Si ce détail vous a ennuyé, songez quels doivent être mes plaisirs. Il n'en est point pour l'homme sur un élément étranger, dont aucun des habitants n'a de relation avec lui.

MAI 1768.

Du 1er. Au lever du soleil, un vaisseau se trouva dans nos eaux; et nous ayant gagnés insensiblement, vers les dix heures du matin il était par notre travers. Nous remarquâmes que toutes ses voiles étaient fort vieilles, et qu'il avait fait branle-bas, c'est-à-dire que les coffres et les lits de l'équipage étaient sur son pont. Il nous questionna en anglais : *Bonjour; comment s'appelle le vaisseau? d'où vient-il? où va-t-il?* Nous lui répondîmes et l'interrogeâmes dans la même langue. Il venait de Londres, d'où il était parti il y avait soixante-quatre jours; il allait en Chine. Le vent nous empêcha d'en entendre davantage. Il était percé à vingt-quatre canons, et paraissait du port de cinq cents tonneaux. Il nous souhaita bon voyage, et continua sa route.

Vu des frégates, thons et bonites.

Les 2 et 3, nous vîmes encore le vaisseau anglais. Les thons, qui nous accompagnaient depuis si long-temps, nous abandonnèrent et le suivirent. Nous eûmes des grains violents de l'ouest. Ces variations viennent, à mon avis, du voisinage de la baie de Tous-les-Saints. J'estime que les courants et la dérive nous ont portés plus près que nous ne croyions de l'Amérique.

Les 4 et 5, le vent fut violent et variable. Nous vîmes un fouquet, oiseau gris et noir, des frégates et des fous, qui plongeaient pour attraper du poisson.

Les 6 et 7, bon frais et belle mer. La nuit dernière, nous eûmes des grains violents. Nous vîmes des frégates prenant le soir leur route au nord-est.

Du 8 et du 9. Hier, le vent fut très violent, la mer grosse. On amena les perroquets et les petites voiles. On prit un ris dans les huniers. Ce matin, pendant le déjeuner, nous fûmes chargés d'un grain très violent avec toutes les voiles dehors. Le vaisseau se coucha, et l'eau entra dans les sabords. Vers le soir, le temps se calma, ce qui arrive d'ordinaire lorsque le soleil se trouve dans la partie opposée au vent. Nous vîmes une quantité considérable de goëlettes blanches et de fouquets, signes du voisinage de la terre, d'où viennent ces orages.

Les 10, 11 et 12, bon frais et belle mer. Vu des fouquets ou taille-vents, des goëlettes et des bonites.

Le 13, il fit calme. On calfeutra la chaloupe. A neuf heures du soir, étant en conversation avec le capitaine dans la galerie, je vis tout l'horizon éclairé d'un feu très lumineux courant de l'est au nord, et répandant des étincelles rouges. Pendant le jour, les nuages étaient arrêtés, et représentaient une terre du côté du sud.

Le 14, nous eûmes des grains violents et un peu de tonnerre. Ici finissent communément les vents de sud-est, qui quelquefois vont jusqu'au 28e degré de latitude. Nous attendons les vents d'ouest, avec lesquels on double le cap de Bonne-Espérance. Nous vîmes des fauchets ou taille-vents.

Les 15 et 16, grosse mer et grains pluvieux. Nous vîmes les mêmes oiseaux.

Les 17, 18 et 19, le temps fut beau, quoique mêlé de brume. Nous distinguons une lame venant de l'ouest, qui présage ordinairement que le vent doit en venir. Nous vîmes hier au soir un second météore lumineux, et dans l'après-midi une baleine au sud-ouest, à une lieue et demie. On prétendit le matin avoir vu un oiseau de mer appelé mouton-du-Cap. Cet oiseau se trouve dans les parages du cap de Bonne-Espérance.

Les 20 et 21, temps pluvieux, vent variable. L'air est froid. Nous vîmes une baleine à portée de pistolet. On prétendit avoir vu des damiers, oiseaux voisins du Cap. Nous vîmes des taille-vents.

Les 22 et 23, vent froid et violent. Grosse mer. Le vent déchira les huniers lorsqu'on y voulait prendre des ris. On en mit de neufs, ce qui nous tint plus de trois heures sous nos grandes voiles. Je vis distinctement des damiers et quantité de taille-mers.

Le 24, nous vîmes une envergure, autre oiseau marin. Grosse mer, bourrasques fréquentes, mêlées de pluie. On prétend que ces orages viennent du voisinage de l'île de Tristan-da-Cunha.

Le 25, je vis un mouton-du-Cap; les vents tournèrent à l'ouest, mais furent toujours orageux.

Le 26; vent violent. Vers le soir, un grain nous surprit avec toutes nos voiles dehors. Le vaisseau ne put arriver, il vint au vent et fut coiffé. Vous ne sauriez imaginer notre désordre. Enfin, on manœuvra si heureusement qu'on échappa de ce danger, où il pouvait nous en coûter au moins nos mâts. Nous vîmes les mêmes oiseaux. Nos pauvres matelots sont bien fatigués : après un orage, on ne leur donne aucun rafraîchissement.

Les 27 et 28, les vents furent variables et froids. La carène du vaisseau est couverte d'une herbe verte, qui n'a gardé sa couleur que du côté exposé au soleil.

Les 29 et 30, temps frais mêlé de grains violents. Nous prîmes des ris dans les huniers.

Nous vîmes les mêmes oiseaux, des alcyons et des marsouins. Ils étaient petits, marbrés de brun sur le dos et de blanc sous le ventre.

Le 31, les vents tournèrent à l'ouest. On s'estime à deux cents lieues du Cap, et par notre point à trois cents. Nous vîmes les mêmes oiseaux.

OBSERVATIONS SUR LE CIEL, LES VENTS ET LES OISEAUX.

Les étoiles m'ont paru plus lumineuses dans la partie australe que dans la partie septentrionale. On distingue, outre la croix-du-sud, les magellans, qui sont deux nuages blancs formés d'un amas de petites étoiles. On aperçoit à côté deux espaces plus sombres qu'aucune des autres parties du ciel.

Le crépuscule diminue en approchant de la ligne, en sorte que la nuit est presque entièrement séparée du jour. On explique assez bien comment le crépuscule augmente avec la réfraction des rayons vers les pôles. Dans ces régions à peine habitées, la lumière est mêlée avec les ténèbres, surtout dans les aurores boréales, qui sont d'autant plus grandes que le soleil est moins élevé sur l'horizon. Quel inconvénient y eût-il eu que la nuit, entre les deux tropiques, eût eu aussi quelque portion du jour? La nuit semble faite pour les noirs de l'Afrique, qui attendent la fin de leurs jours brûlants pour danser et se réjouir : c'est dans ce temps que les bêtes sauvages de ces contrées viennent se rafraîchir dans les rivières, et que les tortues montent au rivage pour y faire leur ponte. Ne serait-ce point que les rayons du soleil, quoique réfractés, donnent une chaleur sensible? Ainsi de longs crépuscules eussent rendu la zone torride inhabitable. Au reste, les nuits dans ces climats sont plus belles que les jours. La lune dissipe, à son lever, les vapeurs dont le ciel est couvert. J'ai réitéré tant de fois cette observation, que je me range en cela de l'avis des marins, qui disent que *la lune mange les nuages*. D'ailleurs, peut-on rejeter l'influence de la lune sur notre atmosphère, lorsqu'on lui suppose une si grande sur l'Océan?

En-deçà de la ligne, on trouve les vents du nord-est ou alizés, et au-delà les vents de sud-est ou généraux. Ces vents paraissent produits par l'air dilaté par le soleil et réfléchi par les pôles. Les vents de sud-est s'étendent plus loin que les vents de nord-est, comme vous le pourrez voir dans le journal des vents. On les trouve ordinairement aux 5ᵉ et 4ᵉ degrés de latitude nord. Aussi le pôle sud est-il plus froid que le pôle nord ; ce qui vient peut-être de ce que le soleil est plus long-temps dans la partie septentrionale. Les navigateurs qui ont tâché d'aborder aux terres australes ont découvert des glaces au 45ᵉ degré sud.

Ces vents portent continuellement en Amérique les vapeurs que le soleil élève sur la mer Atlantique. Celles de la mer du Sud servent à féconder une partie de l'Asie et de l'Afrique. En général, les vents sont plus forts le jour que la nuit.

Sans les nuages, il n'y aurait point de rivières ; mais ils ne servent pas moins à la magnificence du ciel qu'à la fécondité de la terre.

J'ai admiré souvent le lever et le coucher du soleil. C'est un spectacle qu'il n'est pas moins difficile de décrire que de peindre. Figurez-vous à l'horizon une belle couleur orange qui se nuance de vert, et vient se perdre au zénith dans une teinte lilas, tandis que le reste du ciel est d'un magnifique azur. Les nuages qui flottent çà et là sont d'un beau gris de perle. Quelquefois ils se disposent en longues bandes cramoisies, de couleur ponceau et écarlate ; toutes ces teintes sont vives, tranchées, et relevées de franges d'or.

Un soir les nuages se disposèrent vers l'occident sous la forme d'un vaste réseau, semblable à de la soie blanche. Lorsque le soleil vint à passer derrière, chaque maille du réseau parut relevée d'un filet d'or. L'or se changea ensuite en couleur de feu et en ponceau, et le fond du ciel se colora de teintes légères de pourpre, de vert et de bleu céleste.

Souvent il se forme au ciel des paysages d'une variété singulière, où se rencontrent les formes les plus bizarres. On y voit des promontoires, des rochers escarpés, des tours, des hameaux. La lumière y fait succéder toutes les couleurs du prisme. C'est peut-être à la richesse de ces couleurs qu'il faut attribuer la beauté des oiseaux de l'Inde et des coquillages de ces mers. Mais pourquoi les oiseaux marins de ces contrées ne sont-ils pas plus beaux que les nôtres ? Je réserverai l'examen de ce problème à quelque autre article. Je vais vous décrire ceux que j'ai vus voler autour du vaisseau, avec les noms que leur donnent les gens de mer. Vous jugez bien que cette description ne peut guère être juste.

En partant de France, nous vîmes plusieurs espèces d'oiseaux que les marins confondent sous le nom général de mauves et de goëlands.

L'oiseau le plus commun, et que nous avons rencontré dans tous les parages, est une espèce d'hirondelle ou d'alcyon que les Anglais nomment *l'oiseau de la tempête*. Il est d'un brun noirâtre, vole à fleur d'eau, et suit dans les gros temps le sillage du vaisseau. Il y a apparence qu'il est déterminé à suivre alors les navires, afin de trouver un abri contre la violence du vent. C'est par la même raison qu'il vole entre les lames en rasant l'eau.

A la hauteur du cap Finistère, nous vîmes des manches-de-velours, dont les ailes sont bordées de noir ; ils sont de la grosseur d'un canard, et volent à la surface de la mer en battant des ailes ; ils ne s'éloignent guère de terre, où ils se retirent tous les soirs.

Nous vîmes les premières frégates par les deux degrés et demi de latitude nord. On présuma qu'elles venaient de l'île de l'Ascension, située par les huit degrés de latitude sud. Elles ressemblent, pour la forme et la grosseur, à la cigogne ; elles sont noires et blanches ; elles ont des ailes très étendues, de longues jambes et un long cou. Les mâles ont, sous le bec, une peau enflée, ronde comme une boule et rouge comme l'écarlate. C'est le plus léger de tous les oiseaux marins ; jamais il ne se repose sur l'eau. On en rencontre à plus de trois cents lieues de terre, où on assure qu'elles vont reposer tous les soirs. Elles s'élèvent fort haut. J'en ai vu souvent tourner autour du vaisseau, s'éloigner à perte de vue, et se rapprocher dans l'espace de quelques secondes.

Le fou est un peu plus gros, mais plus raccourci ; il est blanc mêlé de gris ; il pêche le poisson en plongeant. La pointe de son bec est recourbée, et les côtés en sont bordés de petites pointes qui lui aident à saisir sa proie. La frégate lui fait la guerre. Celui-là a de meilleurs instruments ; mais celle-ci plus de légèreté et de finesse. Lorsque le fou a rempli son jabot de poisson, elle l'attaque et lui fait rendre sa pêche, qu'elle reçoit en l'air.

Nous vîmes le premier fou vers le treizième degré de latitude sud.

A peu près à cette hauteur, nous aperçûmes, pour la première fois, l'oiseau que les marins appellent *fauchet, fouquet, taille-vent, taille-mer* ou *cordonnier*. C'est un oiseau qui, dans son vol, semble faucher la surface de l'eau.

Les goëlettes, que l'on trouve en grandes troupes, dénotent les hauts-fonds et le voisinage des côtes : elles sont blanches, et de loin ressemblent, pour le vol et la forme, à des pigeons.

L'envergure est un oiseau un peu plus gros que les fauchets, de la taille d'un fort canard ; il est blanc sous le ventre, d'un gris brun sur les ailes et le dos : il tire son nom de la grande étendue de ses ailes ou de son envergure.

Les damiers ne se trouvent qu'aux approches du cap de Bonne-Espérance ; ils sont gros comme des pigeons, ont la tête et la queue noires, le ventre blanc, le dos et les ailes marqués régulièrement de noir et de blanc, comme les cases d'un jeu de dames.

Après les damiers, nous vîmes le mouton-du-Cap. C'est un oiseau plus gros qu'une oie, au bec couleur de chair, aux ailes très étendues, mêlées de gris et de blanc. On ne le trouve guère qu'à la latitude du cap de Bonne-Espérance. J'ai vu tous ces oiseaux se reposer sur l'eau, excepté la frégate et l'envergure. Leur vue peut servir à indiquer les parages où l'on se trouve, lorsqu'on a été plusieurs jours sans prendre hauteur, ou lorsque les courants ont fait dériver en longitude. Il serait à souhaiter que les marins expérimentés donnassent là-dessus leurs observations. Il y a des espèces qui ne s'éloignent point de terre, où elles vont reposer tous les soirs. Des goëlettes blanches, vues en pleine mer, désigneraient quelque terre ou récif inconnu dans le voisinage ; mais les manches-de-velours en seraient une preuve infaillible.

Il y a aussi quelques espèces de glaïeuls, ou algues flottantes, auxquelles on doit faire attention. Ces différents indices peuvent suppléer au moyen qui nous manque de déterminer les longitudes. On observe la variation matin et soir ; mais ce moyen n'est point sûr. On ne voit pas tous les jours le soleil se lever et se coucher. D'ailleurs, la variation, qui est, comme vous savez, la déclinaison de l'aiguille, varie d'une année à l'autre, sous le même méridien. La propriété qu'elle a de s'incliner vers la terre par sa partie aimantée pourrait être d'une plus grande utilité. C'est ce que l'expérience fera connaître.

JUIN 1768.

Le 1er, les vents d'ouest s'étant enfin déclarés, nous nous flattâmes de doubler bientôt le Cap.

Le 2, on prit des précautions pour ce passage. On amena les vergues de perroquet et la corne d'artimon. On mit de nouveaux cordages à la roue du gouvernail ; quelques uns furent ajoutés aux haubans pour assurer les mâts. On mit quatre grandes voiles neuves. On lia fortement les chaloupes, et tout ce qui pouvait prendre quelque mouvement sur le vaisseau. On attacha deux haches à l'arrière, en cas qu'il fallût couper le mât d'artimon. Le vent fut très frais. Nous vîmes quelques oiseaux, mais les frégates avaient disparu.

Des 3, 4 et 5. Tous ces jours, le vent fut très frais, excepté hier matin, où il calma un peu. On vit tous ces jours-ci une quantité prodigieuse de goëlettes, de moutons et de damiers. Nous vîmes du goëmon du Cap. Il ressemble à ces longues trompes de bergers. Les matelots font, de ses tiges creuses, des espèces de trompettes. La mer était couverte de brume, autre indice du voisinage du Cap. Les maladies augmentent. Nous avons quinze scorbutiques hors de service.

Le 6, le vent était très frais. Nous vîmes beaucoup de moutons et peu de goëlettes.

Le 7, à midi, un oiseau de la grosseur d'une oie, aux ailes courtes, d'une couleur tannée et brune, à la tête de la forme d'une poule, à la queue courte et formant le trèfle, a plané longtemps au-dessus de nos mâts. Par tous les points nous devrions trouver ici le Cap. Vu les mêmes oiseaux.

Le 8, vent violent suivi de calme.

Le 9, les maladies et l'ennui augmentent sur le vaisseau. On jeta à la mer un contre-maître mort scorbutique.

Les 10 et 11, calme mêlé de coups de vent, grosse mer. C'est un indice des approches du banc des Aiguilles. Vu un vaisseau sous le vent, faisant route au nord-ouest. Vu les mêmes oiseaux.

Le 12, comme la mer paraissait verdâtre, on sonda, mais sans trouver fond. Vent très frais et grosse mer. Nos inquiétudes augmentent sur notre distance du Cap.

Le 13, enfin on trouva la sonde à quatre-vingt-quinze brasses : fond vaseux et verdâtre. Ce fut une grande joie. Cette profondeur nous prouva que nous étions dérivés à l'ouest. Vu deux vaisseaux, l'un de l'arrière, l'autre par notre bossoir de tribord. La sonde assure notre position, mais nous a fait connaître que nous errions de plus de deux cents lieues par nos journaux.

Le 14, on sonda encore, et nous trouvâmes, à quatre-vingts brasses, un fond de sable et de vase verte. Il fit calme. Vu les mêmes vaisseaux et les mêmes oiseaux.

Le 15, vent frais. Le vaisseau de l'arrière mit pavillon anglais, et nous dépassa bientôt d'une lieue et demie sous le vent. Celui de l'avant mit pavillon français, et, comme il était sous le vent, il cargua ses basses voiles pour nous joindre en tenant le plus près. Notre capitaine ne jugea pas à propos d'arriver. Nous reconnûmes ce vaisseau pour *la Digue*, flûte du roi, partie un mois avant nous. Vers le soir, elle appareilla toutes ses voiles, et se mit dans nos eaux.

Le 16, nous vîmes *la Digue* deux lieues de l'avant, qui, à son tour, refusa de nous parler. Il y a apparence qu'elle a relâché au Cap. Les oiseaux deviennent rares; bon vent, belle mer.

Le 17, il fit calme. On vit des souffleurs et des dorades. La lune se coucha à huit heures; elle était fort rouge. Le 18, au matin, nous essuyâmes un coup de vent de l'arrière, qui nous obligea de rester jusqu'à onze heures du soir sous la misaine. Il s'élevait de l'extrémité des flots une poudre blanche comme la poussière que le vent balaie sur les chemins. A sept heures du soir, nous reçûmes un coup de mer par les fenêtres de la grande chambre. A huit heures, il tomba de la grêle. Le temps s'est mis au beau vers minuit. On ne voit plus que quelques damiers et taille-vents.

Les 19, 20 et 21, bon frais, grosse mer. Un poisson volant de plus d'un pied de long sauta à bord.

Le 22, vent très frais et mer houleuse. Les anciens prétendaient, à tort, que les temps des solstices étaient des temps de calme. J'ai lu, cette après-midi, un article du voyageur Dampier, qui observe que, lorsque le soleil disparaît vers les trois heures après midi, et se cache derrière une bande de nuages fort élevés et fort épais, c'est signe d'une grande tempête. En montant sur le pont, je vis au ciel tous les signes décrits par Dampier.

Le 25, à minuit et demi, un coup de mer affreux enfonça quatre fenêtres des cinq de la grande chambre, quoique leurs volets fussent fermés par des croix de Saint-André. Le vaisseau fit un mouvement de l'arrière, comme s'il s'acculait. Au bruit, j'ouvris ma chambre, qui, dans l'instant, fut pleine d'eau et de meubles qui flottaient. L'eau sortait par la porte de la grande chambre comme par l'écluse d'un moulin; il en était entré plus de trente barriques. On appela les charpentiers, on apporta de la lumière, et on se hâta de clouer d'autres sabords aux fenêtres. Nous fuyions alors sous la misaine; le vent et la mer étaient épouvantables.

A peine ce désordre venait d'être réparé, qu'un grand caisson qui servait de table, plein de sel et de bouteilles de vin de Champagne, rompit ses attaches. Le roulis du vaisseau le faisait aller et venir comme un dé. Ce coffre énorme pesait plusieurs milliers, et menaçait de nous écraser dans nos chambres. Enfin il s'entr'ouvrit, et les bouteilles qui en sortaient roulaient et se brisaient avec un désordre inexprimable. Les charpentiers revinrent une seconde fois, et le remirent en place après bien du travail.

Comme le roulis m'empêchait de dormir, je m'étais jeté sur mon lit en bottes et en robe de chambre : mon chien paraissait saisi d'un effroi extraordinaire. Pendant que je m'amusais à calmer cet animal, je vis un éclair par un faux jour de mon sabord, et j'entendis le bruit du tonnerre. Il pouvait être trois heures et demie. Un instant après, un second coup de tonnerre éclata, et mon chien se mit à tressaillir et à hurler. Enfin un troisième éclair, suivi d'un troisième coup, succéda presque aussitôt, et j'entendis crier sous le gaillard que quelque vaisseau se trouvait en danger; en effet, ce bruit fut semblable à un coup de canon tiré près de nous, il ne roula point. Comme je sentais une forte odeur de soufre, je montai sur le pont, où j'éprouvai d'abord un froid très vif. Il y régnait un grand silence, et la nuit était si obscure que je ne pouvais rien distinguer. Cependant ayant entrevu quelqu'un près de moi, je lui demandai ce qu'il y avait de nouveau. On me répondit : « On » vient de porter l'officier de quart dans sa cham- » bre; il est évanoui, ainsi que le premier pilote. » Le tonnerre est tombé sur le vaisseau, et notre » grand mât est brisé. » Je distinguai, en effet, la vergue du grand hunier tombée sur les barres de la grande hune. Il ne paraissait, au-dessus, ni mât, ni manœuvre. Tout l'équipage était retiré dans la chambre du conseil.

On fit une ronde sous le gaillard. Le tonnerre avait descendu jusque-là le long du mât. Une femme qui venait d'accoucher avait vu un globe de feu au pied de son lit. Cependant on ne trouva aucune trace d'incendie; tout le monde attendit, avec impatience, la fin de la nuit.

Au point du jour, je remontai sur le pont. On voyait au ciel quelques nuages blancs, d'autres cuivrés. Le vent venait de l'ouest, où l'horizon paraissait d'un rouge ardent, comme si le soleil eût voulu se lever dans cette partie; le côté de l'est était tout noir. La mer formait des lames monstrueuses, semblables à des montagnes pointues formées de plusieurs étages de collines. De leur sommet s'élevaient de grands jets d'écume qui se coloraient de la couleurs de l'arc-en-ciel. Elles étaient si élevées, que du gaillard d'arrière elles nous paraissaient plus hautes que les hunes. Le vent faisait tant de bruit dans les cordages, qu'il était impossible de s'entendre. Nous fuyions vent arrière sous la misaine. Un tronçon du mât de hune pendait au bout du grand mât, qui était éclaté en huit endroits jusqu'au niveau du gaillard; cinq des cercles de fer dont il était lié étaient fondus; les passavants étaient couverts des débris des mâts de hune et de perroquet. Au lever du soleil, le vent redoubla avec une fureur inexprimable: notre vaisseau, ne pouvant plus obéir à son gouvernail, vint en travers. Alors la misaine ayant fasié, son écoute rompit; ses secousses étaient si violentes, qu'on crut qu'elle amènerait le mât à bas. Dans l'instant, le gaillard d'avant se trouva comme engagé; les vagues brisaient sur le bossoir de bâbord, en sorte qu'on n'apercevait plus le beaupré. Des nuages d'écume nous inondaient jusque sous la dunette. Le navire ne gouvernait plus; et étant tout-à-fait en travers à la lame, à chaque roulis il prenait l'eau sous le vent jusqu'au pied du grand mât, et se relevait avec la plus grande difficulté.

Dans ce moment de péril, le capitaine cria au timonier d'arriver; mais le vaisseau, sans mouvement, ne sentait plus sa barre. Il ordonna aux matelots de carguer la misaine, que le vent emportait par lambeaux; ces malheureux, effrayés, se réfugièrent sous le gaillard d'arrière. J'en vis pleurer un, d'autres se jetèrent à genoux en priant Dieu. Je m'avançai sur le passavant de bâbord en me cramponnant aux manœuvres; un jacobin, aumônier du vaisseau, me suivit, et le sieur Sir-André, passager, vint après. Plusieurs gens de l'équipage nous imitèrent, et nous vîmes à bout de carguer cette voile, dont plus de la moitié était emportée. On voulut border le petit foc pour arriver, mais il fut déchiré comme une feuille de papier.

Nous restâmes donc à sec, en roulant d'une manière effroyable. Une fois, ayant lâché les manœuvres où je me retenais, je glissai jusqu'au pied du grand mât, où j'eus de l'eau jusqu'aux genoux. Enfin, après Dieu, notre salut vint de la solidité du vaisseau, et de ce qu'il était à trois ponts, sans quoi il se fût engagé. Notre situation dura jusqu'au soir, que la tempête s'apaisa. Une partie de nos meubles fut bouleversée et brisée; plus d'une fois je me trouvai les pieds perpendiculaires sur la cloison de ma chambre.

Tel fut le tribut que nous payâmes au canal de Mozambique, dont le passage est plus redouté des marins que celui du cap de Bonne-Espérance. Les officiers assurèrent qu'ils n'avaient jamais vu une aussi grosse mer. Toutes les parties hautes du vaisseau en étaient si ébranlées, que, dans les jointures des pilastres de la chambre, j'introduisais des os entiers de mouton, qui y étaient écrasés par le jeu de la charpente.

Le 24, à quatre heures du matin, il fit calme. La mer était encore fort grosse. On travailla, tout le jour, à amener la grande vergue, et à préparer deux jumelles pour fortifier le grand mât. L'effet du tonnerre est inexplicable. Le grand mât est éclaté en zigzag. Depuis les barres de hune jusqu'à cinq pieds au-dessous, du côté de l'avant, il y a un éclat; cinq pieds au-dessous, du côté de l'arrière, il y a un autre éclat; ainsi de suite jusqu'au niveau du gaillard. Il y a alternativement un espace brisé et un plein, de manière que le plein d'un côté répond au brisé de l'autre. Dans ces éclats, je n'ai remarqué aucune odeur, ni noirceur: le bois a conservé sa couleur naturelle.

Nous vîmes quelques moutons-du-Cap. Le gros temps fit périr le reste de nos bestiaux, et doubla le nombre de nos malades scorbutiques.

Le 25, on s'occupa à lier et à saisir les deux jumelles autour du mât. C'étaient des pièces de bois de quarante-cinq pieds de longueur, un peu creusées en gouttière pour s'adapter sur la circonférence du mât. Chacun mit la main à l'œuvre, à cause de la faiblesse de l'équipage. Une baleine passa près de nous à portée de pistolet; elle n'était guère plus longue que la chaloupe.

Le 26, petit temps. On chanta le *Te Deum*, suivant l'usage, pour remercier Dieu d'avoir passé le Cap et le canal de Mozambique. On s'occupa tout le jour à réparer le grand mât.

Le 27, nous vîmes à bout de lui faire porter sa grande voile. On jeta à la mer un homme mort du scorbut. On compte vingt et un malades hors de service.

Le 28, le beau temps continua. Nous vîmes quelques fauchets; les damiers et les moutons-du-Cap ont disparu.

Le 29, un enfant né depuis huit jours mourut scorbutique. On compte aujourd'hui vingt-huit matelots sur les cadres. On a pris pour faire le quart tous les domestiques du vaisseau, et les passagers qui ne sont pas de la grande chambre.

Vers le soir, nous vîmes des marsouins.

Le 30, l'inquiétude augmente par la triste situation de l'équipage.

Nous avons trouvé ici la fin des vents d'ouest. Nous tenons une haute latitude, afin de profiter des vents de sud-est, qui sont constants dans cette partie. Nous tâchons d'arriver au vent de l'île Rodrigue, afin d'atteindre plus sûrement l'Ile-de-France.

OBSERVATIONS QUI PEUVENT ÊTRE UTILES A LA POLICE DES VAISSEAUX.

Il m'a paru qu'il n'y avait pas assez de subordination parmi les officiers de la Compagnie. Les supérieurs craignent le crédit de leurs inférieurs. Comme la plupart de ces places s'obtiennent par faveur, je ne crois pas que l'autorité puisse être établie parmi eux d'une manière raisonnable. Ce mal donc me paraît sans remède, en ce qu'il tient à nos mœurs.

Aucun vaisseau ne devrait tenir la mer plus de trois mois sans relâcher; ces longues traversées coûtent beaucoup d'hommes. Les matelots n'ont point assez d'eau dans les chaleurs; souvent ils sont réduits à une demi-pinte par jour. Ne serait-il pas possible de diviser l'endroit du vaisseau où se place le lest, en citernes de plomb remplies d'eau douce? Peut-être trouverait-on un mastic ou cire dont on enduirait les barriques, ce qui préserverait l'eau de corruption : elle est souvent d'une infection insupportable, et remplie de vers.

Quant à la machine à dessaler l'eau de mer, les marins la croient peu salutaire. D'ailleurs, il faut embarquer beaucoup de charbon de terre, qui tient beaucoup de place, qui est sujet à s'enflammer de lui-même; et on a l'inconvénient dangereux d'entretenir un fourneau allumé nuit et jour.

Les matelots sont très mal nourris. Leur biscuit est plein de vers. Le bœuf salé, au bout de quelque temps, devient une nourriture désagréable et malsaine. Ne pourrait-on pas cuire des viandes, et les conserver dans des graisses? On en prépare ainsi pour la chambre, qui se conservent autant que le bœuf salé.

Les matelots à terre, dans un port, dépensent quelquefois en une semaine ce qu'ils ont gagné dans un an. Ne pourrait-on pas avancer à chacun d'eux les habillements convenables, et les obliger de les conserver, par des revues fréquentes faites par l'écrivain et l'officier de quart? Il y a beaucoup d'autres règlements de propreté sur lesquels les officiers devraient veiller. La plupart de ces malheureux ont besoin d'être toujours en tutelle.

J'ai observé que le bois se pourrit toujours dans l'eau à sa ligne de flottaison. On peut faire cette observation sur les pieux qui sont dans les rivières, et sur tous les bois exposés à être alternativement mouillés et séchés. C'est là que se nichent les vers, et que germent la plupart des herbes aquatiques. Cet endroit est si favorable à la végétation, que les filets verts dont notre vaisseau est entouré se sont attachés seulement aux anneaux de fer des chaînes du gouvernail qui sont à fleur d'eau, sans qu'il y en ait au-dessus ni au-dessous. Je crois qu'il serait utile de border de feuilles de cuivre toute la circonférence des vaisseaux sur une largeur de trois pieds. Quant aux pointes de fer et de cuivre qui terminent les mâts et les vergues, l'expérience prouve qu'elles attirent le tonnerre.

JUILLET 1768.

Le 1er, les vents furent favorables. Nous vîmes encore des damiers et des fauchets. Le scorbut fait des ravages affreux. On compte trente-six malades hors de service.

Le 2, bon frais, belle mer.

Le 3, beau temps, la mer un peu grosse. On voit encore des damiers. Ce soir, un charpentier mourut du scorbut. On compte aujourd'hui quarante scorbutiques. Ce mal fait des progrès à vue d'œil. On l'attribue aux exhalaisons qui sortent de la cale, remplie de mâts qui ont long-temps séjourné dans la vase.

Le 4, le temps fut beau; nous vîmes quantité de damiers.

Le 5, on vit les mêmes oiseaux et une baleine qu'on crut avoir été harponnée, par des plaies d'un rouge vif qu'on apercevait sur sa peau. Vu des damiers. Petit temps, mais favorable.

Les 6 et 7, le scorbut nous gagne tous. Nous avons quarante-cinq hommes sur les cadres : le reste de l'équipage est très affaibli.

Le 8, on vit quelques taille-vents. Nous eûmes beau ciel et belle mer. Tout le monde est d'une tristesse mortelle.

Le 9, un matelot, du nombre de ceux qui font le quart, est mort subitement. Nous avons tous aujourd'hui éprouvé des faiblesses; quelques uns, des vertiges et des maux de cœur. Cependant nous sommes à plus de cent lieues au vent de terre connue. On prétend avoir vu un paille-en-cul.

Le 10, on comptait soixante scorbutiques sur les cadres. Hier, on en administra sept.

Je vis un paille-en-cul. C'est un oiseau d'un blanc satiné, avec deux belles plumes fort longues qui lui servent de queue. On ne voit plus d'autres oiseaux marins. On prétend que ceux-ci leur font la guerre. La vue de cet oiseau dénote le voisinage de la terre. Beau temps.

Le 11, vent favorable. Nous avons aujourd'hui soixante-dix scorbutiques forcés de garder le lit. Si nous restons encore huit jours à la mer, nous périssons infailliblement. On a jeté à l'eau un jeune homme de dix-sept ans.

Le 12, beau temps, belle mer. Il n'y a plus que trois matelots de chaque quart. Les passagers et les officiers aident à la manœuvre. Nous vîmes des paille-en-cul.

Le 15, on vit la terre à huit heures et demie du matin. Nous sommes si accablés, que cette nouvelle n'a réjoui personne. Nous avons quatre-vingts hommes sur les cadres. On mit en travers pour louvoyer toute la nuit, car il était impossible d'arriver le même jour au mouillage.

Le 14, en approchant de terre, beaucoup de personnes se trouvèrent mal. Je me sentais un dégoût universel : je suais abondamment. Nous mîmes notre pavillon en berne, et nous tirâmes par intervalles des coups de canon pour appeler du secours ; mais le pilote seul vint à bord. Il nous parla de troubles entre les chefs de l'île, dont il imaginait que nous étions fort occupés ; d'un autre côté, plusieurs d'entre nous croyaient que les querelles et les misères de notre vaisseau intéresseraient beaucoup les habitants.

Nous laissâmes d'abord à droite l'île Ronde et l'île aux Serpents, deux îlots inhabités ; ensuite nous passâmes à une petite portée de canon du Coin de Mire, autre îlot que nous laissâmes à gauche. Nous prîmes un peu du large, en approchant de l'Ile-de-France, à cause des bas-fonds de la Pointe aux Canonniers. Nous entrâmes à une heure et demie d'après-midi dans le port. Deux heures après, je mis pied à terre, en remerciant Dieu de m'avoir délivré des dangers et de l'ennui d'une si triste navigation.

Nous avons tenu la mer, sans relâcher, quatre mois et douze jours. Suivant mon journal, nous avons fait environ trois mille huit cent lieues marines, ou quatre mille sept cents lieues communes. Nous avons perdu onze personnes, y compris les trois hommes enlevés d'un coup de mer, et un malade qui mourut en débarquant.

OBSERVATIONS SUR LE SCORBUT.

Le scorbut est occasionné par la mauvaise qualité de l'air et des aliments. Les officiers, qui sont mieux nourris et mieux logés que les matelots, sont les derniers attaqués de cette maladie, qui s'étend jusqu'aux animaux. Mon chien en fut très incommodé. Il n'y a point d'autre remède que l'air de la terre et l'usage des végétaux frais. Il y a quelques palliatifs qui peuvent modérer le progrès de ce mal, comme l'usage du riz, des liqueurs acides, du café, et l'abstinence de tout ce qui est salé. On attribue de grandes vertus à l'usage de la tortue : mais c'est un préjugé, comme tant d'autres que les marins adoptent si légèrement. Au cap de Bonne-Espérance, où il n'y a point de tortues, les scorbutiques guérissent au moins aussi promptement que dans l'hôpital de l'Ile-de-France, où on les traite avec les bouillons de cet animal. A notre arrivée, presque tout le monde fit usage de ce remède ; je ne m'en servis point, parceque je n'en avais pas à ma disposition ; je fus le premier guéri : je n'avais usé que des végétaux frais.

Le scorbut commence par une lassitude universelle : on desire le repos ; l'esprit est chagrin ; on est dégoûté de tout ; on souffre le jour ; on ne sent de soulagement que la nuit ; il se manifeste ensuite par des taches rouges aux jambes et à la poitrine, et par des ulcères sanglants aux gencives. Souvent il n'y a point de symptômes extérieurs, mais s'il survient la plus légère blessure, elle devient incurable tant qu'on est sur mer, et elle fait des progrès très rapides. J'avais eu une légère blessure au bout du doigt ; en trois semaines la plaie l'avait dépouillé tout entier, et s'étendait déjà sur la main, malgré tous les remèdes qu'on y put faire. Quelques jours après mon arrivée, elle se guérit d'elle-même. Avant de débarquer les malades, on eut soin de les laisser un jour entier dans le vaisseau, respirer peu à peu l'air de la terre. Malgré ces précautions, il en coûta la vie à un homme qui ne put supporter cette révolution.

Je ne saurais vous dépeindre le triste état dans lequel nous sommes arrivés. Figurez-vous ce grand mât foudroyé, ce vaisseau avec son pavillon en berne, tirant du canon toutes les minutes ; quelques matelots semblables à des spectres, assis sur le pont ; nos écoutilles ouvertes, d'où s'exhalait une vapeur infecte ; les entreponts pleins de mourants, les gaillards couverts de malades qu'on exposait au soleil, et qui mouraient en nous parlant. Je n'oublierai jamais un jeune homme de dix-huit ans à qui j'avais promis la veille un peu de limonade. Je le cherchais sur le pont parmi les autres ; on me le montra sur la planche ; il était mort pendant la nuit.

LETTRE V.

OBSERVATIONS NAUTIQUES.

Avant d'entrer dans aucun détail sur l'Ile-de-France, je joindrai à mon journal les observations des marins les plus expérimentés sur la route que nous venons de faire.

Quelque réguliers que soient les vents alizés et

généraux, ils sont sujets à varier le long des côtes et aux environs des îles.

Il s'élève une brise ou vent de terre, presque toutes les nuits, le long des grands continents. L'action de ce vent, opposé au vent du large, amasse les nuages sous la forme d'une longue bande fixe, que les vaisseaux qui abordent aperçoivent presque toujours avant la terre.

Les atterrages sont bien souvent orageux, surtout dans le voisinage des îles. Les vents y varient aussi. Aux Canaries, les vents du sud et du sud-ouest soufflent quelquefois huit jours de suite.

On trouve les vents alizés vers le 28e degré de latitude nord; mais on les perd souvent longtemps avant d'être à la ligne. Il résulte des observations d'un habile marin qui a comparé plus de deux cent cinquante journaux de navigation, que les vents alizés cessent :

En janvier,	entre le 6e et 4e degré de lat. nord.
En février,	entre le 5e et 3e degré.
En mars et avril,	entre le 5e et 2e degré.
En mai,	entre le 6e et 4e degré.
En juin,	au 10e degré.
En juillet,	au 12e degré.
En août et septembre,	entre le 14e degré et le 15e.

Ils se rapprochent de la ligne en octobre, novembre et décembre.

Entre les vents alizés et les vents généraux, qui sont les alizés de la partie du sud, on trouve des vents variables et orageux. Les généraux règnent sur une plus grande étendue que les alizés. On fixe leurs limites au 28e degré de latitude sud. Au-delà les vents sont plus variables que dans les mers de l'Europe : plus on s'élève en latitude, plus ils sont violents; ils soufflent, pour l'ordinaire, du nord au nord-ouest, et du nord-ouest à l'ouest-sud-ouest; quand ils viennent au sud, le calme succède.

En approchant du cap de Bonne-Espérance, on trouve souvent des vents de sud-est et est-sud-est. C'est une maxime générale de se tenir toujours au vent du lieu où l'on veut arriver ; il faut cependant se garder de tenir le plus près, la dérive est trop grande; il faut tâcher de couper la ligne le plus est que l'on peut, autrement on risque de s'affaler sur la côte du Brésil.

Si l'on est forcé de relâcher, on trouvera quelques rafraîchissements aux îles du cap Vert; les vivres sont chers au Brésil, et l'air y est malsain. On peut pêcher de la tortue à l'île de Tristan-da-Cunha; on y fait de l'eau très difficilement, à cause des arbres qui croissent dans la mer. Le cap de Bonne-Espérance est, de toutes les relâches, la meilleure. Il est dangereux d'y mouiller depuis avril jusqu'en septembre; cependant l'ancrage est sûr à Falsebaye, qui n'en est pas loin. Si on manquait l'Ile-de-France, on peut relâcher à Madagascar, au fort Dauphin, à la baie d'Antongil ; mais il y a des maladies épidémiques très dangereuses, et des coups de vent qui durent depuis octobre jusqu'en mai.

Si c'est au retour, on a Sainte-Hélène, colonie anglaise, et l'Ascension, où l'on ne trouve que de la tortue. En temps de guerre, ces deux îles sont ordinairement des points de croisière, parceque tous les vaisseaux cherchent, à leur retour, à les reconnaître pour assurer leur route, mais le Cap est en tout temps le point de réunion de tous les vaisseaux.

Les cartes les plus estimées sont celles de M. Daprès; les marins ont aussi beaucoup d'obligation au savant et modeste abbé de La Caille; mais la géographie est encore bien imparfaite : la longitude des Canaries et celle des îles du cap Vert est mal déterminée; entre le cap Blanc et le cap Vert, la carte marque trente-neuf lieues d'enfoncement, quoiqu'il y en ait à peine vingt.

On soupçonne un haut-fond au sud de la ligne par les 20 minutes de latitude et par les 25 degrés 10 minutes de longitude occidentale. Le vaisseau *le Silhouette*, commandé par M. Pintaulte, et la frégate *la Fidèle*, commandée par M. Lehoux, y éprouvèrent, l'un le 5 février 1764, et l'autre le 5 avril suivant, une forte secousse.

Les courants peuvent jeter dans des erreurs dangereuses. Il me semble qu'on ne pourra recueillir là-dessus aucune connaissance certaine, tant qu'on n'aura aucun moyen sûr d'évaluer la dérive d'un vaisseau; l'angle même qu'il forme avec son sillage ne pourrait donner rien d'assuré, puisque le vaisseau et sa trace sont emportés par le même mouvement. On ne saurait trop admirer la hardiesse des premiers navigateurs, qui, sans expérience et sans carte, faisaient les mêmes voyages. Aujourd'hui, avec plus de connaissance, on est moins hardi · la navigation est devenue une routine; on part dans les mêmes temps, on passe aux mêmes endroits, on fait les mêmes manœuvres. Il serait à souhaiter que l'on risquât quelques vaisseaux pour la sûreté des autres.

Il est étrange que nous ne connaissions pas encore notre maison; cependant nous brûlons tous en Europe de remplir l'univers de notre renommée : théologiens, guerriers, gens de lettres, artistes, monarques, mettent là leur suprême félicité.

Commençons donc par rompre les entraves que nous a données la nature. Sans doute nous trouverons quelque langue qui puisse être universelle; et quand nous aurons bien établi la communication avec tous les peuples de la terre, nous leur ferons lire nos histoires, et ils verront combien nous sommes heureux.

AVERTISSEMENT.

Indépendamment de l'utilité des observations nautiques de ce journal, j'ai cru que la forme en pourrait plaire aux marins. Ils enchevêtrent les événements de leur navigation avec les calculs de variation, de latitude, etc., ce qui en rend la lecture d'une sécheresse insupportable. L'ordre que j'ai imaginé me paraît plus commode; on a, d'un côté, tout ce qui peut être utile à la route d'un vaisseau, et, de l'autre, ce qui intéresse les hommes.

PROPORTIONS DU VAISSEAU

Le Marquis de Castries,

DU PORT DE SEPT CENTS TONNEAUX.

	Pieds.	p. lig.
Longueur de l'étrave à l'étambot....	150	» »
—— de la quille..........	112	» »
Élancement de l'étrave	17	» »
—— de l'étambot.........	1	» »
Largeur du maître couple au-dehors..	54	» »
Creux de la cale sous les barots.....	15	8 »
Hauteur de l'entrepont sous les barots.	5	» »
—— du gaillard d'arrière à l'entrée..	5	2 »
—— du gaillard en arrière.......	5	5 »
Rentrée au plat-bord..........	3	3 »

	Pieds.	p. lig.
Hauteur du gaillard d'avant à l'entrée..	5	2 »
—— du gaillard en avant.......	5	5 »
Longueur de la varangue........	17	9 »
Acculement de la varangue.......	»	» »
Hauteur de la dunette à l'entrée.....	5	4 »
—— de la chambre du conseil....	5	7 »
Sabord de canon à la seconde batterie, hauteur	1	10 »
—— largeur	1	6 »
Tirant d'eau à sa charge	16	6 »

MATURE DU VAISSEAU.

Noms des mâts.	Longueur.	Diamètre.	Ton.	Noms des vergues.	Longueur.	Diamètre.	Voilure.
	p. p. l.	p. p. l.	p. p. l.		p. p. l.	p. p. l.	p. p. l.
Grand mât....	85 0 0	2 5 0	9 4 0	Grande vergue..	76 0 0	1 6 0	68 0 0
Mât de misaine..	76 6 0	2 1 0	8 4 0	Misaine........	69 0 0	1 5 0	61 0 0
Mât d'artimon...	59 6 0	1 5 0	6 4 0	Vergue d'artimon......	65 0 0	1 1 0	61 0 0
Mât de beaupré..	51 0 9	2 5 0	»	Vergue de civadière.....	54 0 0	0 11 0	45 4 0
Grand mât de hune......	51 6 0	1 4 0	5 0 0	Vergue du grand hunier...	54 0 0	0 11 0	45 4 0
Petit mât de hune.	46 0 0	1 5 6	4 6 0	Vergue du petit hunier....	49 0 0	0 10 6	40 8 0
				Vergue barrée..	55 0 0	0 9 0	45 4 0
Perroquet de fougue.......	54 0 0	0 10 6	5 0 0	Vergue du perroq. de fougue....	54 0 0	0 7 0	50 5 0
Grand perroquet.	54 0 0	0 7 6	6 0 0	Vergue du grand perroquet....	54 0 0	0 6 6	50 5 0
Petit perroquet..	50 0 0	0 7 0	5 0 0	Vergue du petit perroquet.....	50 0 0	0 6 6	27 0 0
Mât de perruche.	28 8 0	0 5 0	5 6 0	Vergue de la perruche.......	22 6 0	0 4 6	20 0 0
Bout dehors de beaupré.....	54 0 0	0 11 0	»	Vergue de la contre-civadière..	54 0 0	0 6 6	50 5 0

VOYAGE A L'ILE-DE-FRANCE.

OBSERVATIONS NAUTIQUES, ET TABLE DE LA ROUTE, DES VENTS, ETC., PENDANT LE VOYAGE.
Parti de Lorient, le 5 mars 1768.

MARS 1768. Jours du mois.	Vents qui ont régné.	Chemin estimé. Lieues m.	Route corrigée.			Variation nord-ouest. Ortive. Occase.		Latitud. estimée.	Latitud. observ.	Longit. estimée.
Jeudi 3	E-S-E.		S-O	» °	» '	20° » °	» ° »	47° 35'	» ° » '	6° 4'
Vendredi 4	E-S-E.	46	S-O	4	» O.	20 »	» »	45 49	45 46	8 28
Samedi 5	E-S-E.	46 1/3	O-S-O.	»	»	19 »	» »	44 55	» »	11 31
Dimanche 6	E-S-E.	17	S-O'1/4 O.	»	»	19 »	» »	44 23	» »	12 30
Lundi 7	E-S-E.	30	O-S-O.	2	» O.	19 »	» »	43 21	43 2	15 40
Mardi 8	E-S-E.	48 1/3	S-O 1/4 S.	2	» S.	19 »	» »	40 50	40 5	17 44
Mercredi 9	E-S-E.	44 2/3	S-S-O.	»	»	18 25	» »	38 44	» »	19 19
Jeudi 10	N-E...E-S-E.	53 2/3	S-S-O.	»	»	16 »	» »	35 49	35 52	19 45
Vendredi 11	N-E.	33	S'1/4 S-O.	4	» O.	16 »	» »	34 45	34 45	19 45
Samedi 12	N-E...S-E.	24 1/2	S'1/4 S-O.	»	»	15 15	» »	33 33	33 30	20 25
Dimanche 13	N-E. S'1/4 S-E.	41	S'1/4 S-O.	4	3 S.	15 20	» »	34 28	31 30	20 35
Lundi 14	E-S-E...S-E.	26 2/3	S'1/4 S-O.	4	» S.	15 10	» »	30 10	30 9	20 50
Mardi 15	E-S-E.	6	S'1/4 S-O.	»	»	15 30	15 28	29 48	29 48	20 49
Mercredi 16	S...O-S-O.	10	S-E'1/4 E.	3	30 E.	16 30	16 30	29 34	29 37	20 19
Jeudi 17	S-S-O...O.	4	O-S-O.	»	»	16 30	16 30	29 32	29 31	20 32
Vendredi 18	S-O'1/4 O.	22	S'1/4 S-O.	2	» S.	15 »	14 30	28 24	28 24	20 20
Samedi 19	S-O'1/4 O-O-S-O.	21	S'1/4 S-E.	5	» S.	15 »	» »	27 24	27 23	20 13
Dimanche 20	N-N-O.	20	S-S-O.	4	45 S.	14 30	15 »	26 26	26 24	19 55
Lundi 21	N-E....N-O.	17	S-O'1/4 S.	4	» S.	» »	15 »	25 33	25 34	20 3
Mardi 22	O...N.	24	S-O-S.	5	» S.	» »	» »	24 27	24 26	19 3
Mercredi 23	O....N-O.	23	S'1/4 S-O.	»	»	» »	» »	22 34	22 36	19 59
Jeudi 24	N.....N-E'1/4 E.	38	S-O'1/4 S.	4	15 S.	» »	» »	21 6	21 4	21 16
Vendredi 25	N-E.	52	S'1/4 S-O.	1	15 S.	» »	» »	18 31	18 31	20 45
Samedi 26	N-E...N-N-E.	55	S.	»	»	12 30	12 »	15 46	15 46	21 45
Dimanche 27	N-E'1/4 N.	44 1/3	S.	»	»	11 30	» »	13 30	13 30	21 45
Lundi 28	N-N-O...N-N-E.	37 1/3	S.	»	»	1 »	» »	11 41	11 41	21 45
Mardi 29	N'1/4 N-E...N-N-O.	28	S-S-E.	»	»	10 30	» »	10 28	10 18	21 12
Mercredi 30	N'1/4 N-O.	25	S'1/3 S-E.	1	» S.	9 45	10 30	9 6	9 5	20 44
Jeudi 31	N'1/4 N-O...N-N-O.	20	E-S-E.	2	» S.	» »	» »	8 9	8 9	20 23
Total des lieues faites en mars		877 5/6								

AVRIL 1768. Jours du mois.	Vents qui ont régné.	Chemin estimé. Lieues m.	Route corrigée.			Variation nord-ouest. Ortive. Occase.		Latitud. estimée.	Latitud. observ.	Longit. estimée.
Vendredi 1	N'1/4 N-E.	16 1/3	E-S-E.	2°	» 'S.	10° » °	» ° »	7° 23'	7° 23'	20° 6'
Samedi 2	N-S-E.	21	S'1/4 S-O.	4	» S.	10 36	» »	6 23	6 29	19 46
Dimanche 3	N'1/4 N-E.	13	S-S-E.	3	» S.	» »	» »	5 52	5 53	19 33
Lundi 4		7 1/3	S-S-E.	3	» S.	9 »	» »	5 32	5 26	19 25
Mardi 5	N-S-E'1/4 S.	26	S.	3	» O.	» »	» »	4 8	» »	19 21
Mercredi 6	N-E...E.	7 1/4	S-S-O.	»	»	» »	» »	3 47	3 53	19 30
Jeudi 7	N'1/4 N-O.	13	S-S-O.	5	30 S.	» »	» »	3 20	3 25	19 19
Vendredi 8	N'1/2 N-O-N'1/4 N-E.	28	S-S-E.	5	6	10 »	» »	2 5	2 3	19 54
Samedi 9	S-O'3/4 O.	13	S-S-E.	3	» S.	» »	» »	1 26	1 22	18 44
Dimanche 10	S-O-S..S-S-O.	21	S-E.	5	» E.	» »	» »	» 59	» »	17 42
Lundi 11	S'1/4 S-O..S'1/4 S.	21	S-E.	5	» E.	10 15	» »	» 48	» 47	16 54
Mardi 12	S....S-S-O.	20 1/3	O'1/4 S-O.	3	» O.	» »	» »	» 8	» »	18 30
Mercredi 13	S'1/4 S-O.S'1/4 S-E.	17 1/3	O'1/4 S-O.	1	30 S.	8 44	8 8	» 6	P:delal.	20 12
Jeudi 14	S'1/4 S-O.S-E'1/4 S.	17 2/3	S-O'1/4 O.	4	» O.	7 20	7 15	» »	» »	20 12
Vendredi 15	S'1/4 S-O..S-E'1/4 S.	14 2/3	S-O'1/4 O.	4	» O.	7 20	7 55	» 24	» 17	20 20
Samedi 16	S-S-E...O-S-O.	9 2/3	O-S-O.	»	»	7 50	» »	» 35	» 28	20 59
Dimanche 17	S'1/4 S-O...S-O.	»	»	»	»	8 »	» »	» 30	» 21	20 28
Lundi 18	O-S-O	5 1/4	S.	»	»	8 10	» »	» 32	» »	20 22
Mardi 19	O-S-O	5 2/3	S.	»	»	8 25	8 45	» 49	» 49	20 22
Mercredi 20	S.	4	S-E.	»	»	8 27	8 34	» 52	1 1	20 22
Jeudi 21	E-S-E.S-E'1/4 S.	14 1/3	S-O.	5	» O.	8 »	8 30	1 34	1 36	20 49
Vendredi 22	S-E...S-E'1/4 S.	6	S-S-O.	5	» O.	7 12	7 20	1 52	1 53	20 59
Samedi 23	S'1/4 S-E..S-E.	14 1/3	S-O.	5	» O.	» »	» »	2 23	2 26	21 28
Dimanche 24	S-E....S-O.	18 2/3	S-O.	5	» O.	» »	» »	3 2	2 58	22 11
Lundi 25	...E.	14	S-O.	2	» S.	» »	» »	3 29	3 25	22 40
Mardi 26	E-S-E...S-E'1/4 S.	16 1/3	S-O'1/4 S.	»	»	5 »	» »	4 3	4 2	23 12
Mercredi 27	E-S-E...S-S-E.	36 1/3	S-O.	3	» O.	» »	» »	5 16	» »	24 35
Jeudi 28	E-N-E..S-S-E.	16	S-O'1/4 S.	»	»	3 45	» »	5 56	5 59	24 59
Vendredi 29	S-E...E-S-E.	39 1/3	S-O.	5	30 O.	» »	» »	7 43	7 43	25 55
Samedi 30	S-E...E-S-E.	43 1/3	S'1/4 S-O.	2	» O	3 5	» »	9 48	9 43	26 25
Lieues faites en avril		500 »								

SUITE DES OBSERVATIONS NAUTIQUES, ET TABLE DE LA ROUTE.

MAI 1768. Jours du mois.		Vents qui ont régné.	Chemin estimé. Lieues m.	Route corrigée.	Variation nord-ouest. Ortive. / Occase.		Latitud. estimée.	Latitud. observ.	Longit. estimée.
Dimanche	1	E-S-E....E-N-E	39	S. 2° »E.	2°30'	2°9'	11°41'	11°43'	26°21'
Lundi	2	E-N-E..N-E	26	S¹/₂S-E.. » »	2 20	2 9	12 59	12 56	26 15
Mardi	3	N-E...O	11 ²/₃	S-S-E. 3 50 S.	2 15	2 15	13 29	» »	26 3
Mercredi	4	S-S-O....S	38	E¹/₄S-E. 3 » E.	» »	» »	13 41	13 45	24 6
Jeudi	5	S¹/₂S-O...E-S-E.	13	S-S-O.. 5 » S.	» »	» »	14 22	14 20	24 17
Vendredi	6	S-E¹/₄S...E-S-E	26	S-S-E¹/₄S. 1 » S.	» »	» »	15 25	15 25	25 »
Samedi	7	S-E¹/₄S...S-E¹/₄E.	33	S-O. » »	1 30	» »	16 55	16 51	26 13
Dimanche	8	S-S-E...S-E¹/₄E.	29²/₃	S-O. 5 » O.	» 20	» »	17 31	17 20	27 20
Lundi	9	S-E¹/₄E....E	33	S-S-O. 3 50 O.	» 35	» »	18 59	19 2	28 7
Mardi	10	E¹/₄S-E...E-N-E	35 ²/₃	S¹/₄S-O. 4 45 O.	» 50	N.-E.	20 15	20 43	28 40
Mercredi	11	E¹/₄S-E...N-E¹/₄E.	32	S. 3 » O.	1 2	» »	22 21	22 18	28 42
Jeudi	12	E¹/₄N-E...E¹/₂S-E.	32 ½	S-S-E. 2 40 O.	2 2	2 39	23 54	23 57	28 49
Vendredi	13	E-N-E...N-N-O	18	E-S-E. 3 5 S.	» »	» »	24 45	24 51	28 30
Samedi	14	N-N-O...O...O-S-O	8 ¹/₃	S-E. » »	2 »	» »	25 »	24 55	28 8
Dimanche	15	S-S-E.......E-N-E	5	S-O¹/₄O. 4 » O.	2 2	» »	26 »	» »	29 34
Lundi	16	S-S-E....S-E¹/₄E.	29 ½	S-O.. 1 45 O.	» »	» »	27 45	» »	29 56
Mardi	17	S-S-O...S¹/₄S-E.	36 ²/₃	S¹/₄S-O.. 1 » S.	» »	» »	29 56	29 32	29 17
Mercredi	18	E........N-E.	27 ²/₃	S-S-E. 4 45	2 45	» »	31 »	31 3	27 26
Jeudi	19	E....N...N-N-O	58 ½	S-S-E. 1 5	3 »	» »	31 39	31 40	24 52
Vendredi	20	N....N...O¹/₄N.	40	E-S-E. 4 45 E.	2 15	» »	31 45	31 48	23 26
Samedi	21	S.......S-S-E.	29	E. » »	2 10	» »	32 11	32 13	23 2
Dimanche	22	E-S-E...S¹/₄S-E.	12	S-E. 5 » E.	» 3	» »	33 40	33 42	21 9
Lundi	23	E.......N-N-E.	39	S-E. 5 » S.	» »	» »	34 45	» »	18 46
Mardi	24	N-N......N-N-O	48	E-S-E. 1 » E.	» 30	N.-O.	34 13	34 20	16 30
Mercredi	25	N.-¹/₄N-O....O	35	E¹/₄N-E. 2 »	» »	» »	34 22	34 24	14 15
Jeudi	26	N-O......O	40 ½	E. » 2 » N.	2 45	» »	34 16	34 16	11 23
Vendredi	27	N-N-O..O-S-O..S-O	44 ²/₃	E. » 3 » N.	2 54	» »	34 8	34 5	9 34
Samedi	28	S-O.........O	30	E. » 5 » N.	4 10	» »	34 7	34 4	7 21
Dimanche	29	S¹/₄S-O......O	36	E. » 1 » N.	6 25	» »	34 5	34 3	4 59
Lundi	30	S-S-E........S..O	44 ²/₃	E. » 2 » N.	7 50	» »	34 6	34 5	3 24
Mardi	31	S-E¹/₄S....O-N-O	20	E. » 3 » S.	8 14	» »			

Lieues faites en mai..... 933 ²/₃

JUIN 1768. Jours du mois.		Vents qui ont régné.	Chemin estimé. Lieues m.	Route corrigée.	Variation Ortive. / Occase.		Latitud. estimée.	Latitud. observ.	Longit. estimée.
Mercredi	1	O	50	E. 3° »S.	8°20'	» »	34°13'	34°14'	»°22'
Jeudi	2	O......O-S-O	59	E¹/₄S-E. 1 » S.	11 30	» »	34 52	34 49	3 6
Vendredi	3	S-O..O-S-O..S-S-O	53	E¹/₄ S-E. 5 » E.	13 30	» »	37 7	35 4	6 20
Samedi	4	S-O¹/₄S..S-S-E.	24²/₃	E¹/₄ N-E. 5 » N.	14 25	» »	34 45	34 49	7 46
Dimanche	5	S...O¹/₄O.	40	E¹/₄S-E. 4 » E.	15 30	» »	33 53	34 54	10 11
Lundi	6	N-O¹/₄O..O-S-O	49	E. 4 » E.	17 »	» »	35 5	35 9	13 10
Mardi	7	O.........	52 ²/₃	E. 3 » S.	18 30	» »	35 17	35 16	16 23
Mercredi	8	O-S-O.....S	32	E. 2 » S.	» »	» »	35 20	35 24	18 21
Jeudi	9	S-O....E¹/₄N-E.	6 ³/₄	S-E¹/₄S.. » »	18 25	8 30	35 41	36 2	18 55
Vendredi	10	E.....N-E¹/₄E.	16 ½	S-S-E. 1 50 E.	19 »	18 15	36 47	36 50	19 »
Samedi	11	N-E....N....S-O	14 ²/₃	E¹/₄ N-E. 1 » N.	18 33	» »	36 41	36 41	19 54
Dimanche	12	S¹/₄S-O..O-S-O..S-O	44 ²/₃	E-N-E.. 2 » E.	22 »	» »	35 55	35 51	22 51
Lundi	13	S¹/₄S-O...O¹/₄N-O	37	E. » 2 » N.	22 56	» »	35 42	» »	17 25
Mardi	14	O-N-O....O-S-O	19	E¹/₄ N-E. 4 » E.	21 50	» »	35 35	35 32	18 35
Mercredi	15	N¹/₄N-E.....N-N-E.	30	S-E¹/₄E. 4 » E.	22 »	22 46	36 17	36 54	20 12
Jeudi	16	N-N-E.....O	42²/₃	E¹/₄ N-E. 4 » E.	23 10	» »	36 18	36 21	24 49
Vendredi	17	N-N-E.....O¹/₄N-O	26 ²/₃	E-N-E. » »	25 »	» »	35 51	35 55	24 21
Samedi	18	N-E¹/₄N....O-N-O	53	E. 5 » N.	24 12	» »	35 51	35 57	27 37
Dimanche	19	O..............	48	E. 2 » N.	25 10	» »	35 21	35 23	30 54
Lundi	20	O¹/₄N-O..N-O¹/₄O.	55 ¹/₄	E. » 2 » N.	» »	» »	35 18	» »	33 49
Mardi	21	N-O¹/₄O....O-S-O	35 ¹/₃	E¹/₄ S-O. 4 » E.	» »	» »	35 29	» »	30 »
Mercredi	22	N-O......S-O	47	E¹/₄ N-E. 2 » N	27 40	» »	35 57	» »	38 48
Jeudi	23	S-O.........S	19 ¹/₃	N-E¹/₄E. 4 » N.	» »	» »	34 11	» »	39 33
Vendredi	24	S-S-O.....S	19	E-N-E. 1 » E.	28 30	» »	33 50	33 50	40 37
Samedi	25	S.....E¹/₄N-E.	10 ²/₃	N-E¹/₄E. 5 » N.	» »	» »	33 50	» »	41 7
Dimanche	26	E-N-E.......N-E.	24	S-E¹/₄E.. » »	» »	» »	34 6	» »	42 21
Lundi	27	N-E..........	23 ¹/₃	E-S-E. 2 » E.	27 45	» »	34 50	34 51	43 11
Mardi	28	N-E....N-E¹/₄N.	31 ½	E¹/₄S-E. 2 30 S.	27 18	27 40	34 54	34 53	45 33
Mercredi	29	N-E¹/₄.N....N	41 ¹/₄	E. » 20 S.	26 25	» »	34 54	34 55	48 3
Jeudi	30	N..N-O..N¹/₄N-O	34 ²/₃	E¹/₄ N-E. 3 »	25 50	» »	34 50	34 28	49 50

Lieues faites en juin..... 1038

VOYAGE A L'ILE-DE-FRANCE.

SUITE DES OBSERVATIONS NAUTIQUES, ET TABLE DE LA ROUTE.

JUILLET 1768. Jours du mois.	Vents qui ont régné.	Chemin estimé. Lieues m.	Route corrigée.	Variation. Nord-ouest. Ortive. Occase.		Latitud. estimée.	Latitud. observ.	Longit. estimée.
Vendredi 1	N-N-O. N-N-E. N¹/₄N-O...	41 ¹/₄...	E¹/₄N-E. 3° »'N.	25' 46'	24° 50	33° 58'	34° 1'	52° 11'
Samedi 2	N......O-S-O.............	41 ¹/₂....	E-N-E... 2 » N.	24 30	» »	33 9	33 12	54 27
Dimanche 3	S¹/₄S-O. S¹/ S-E-S-S-O...	45......	N-E..... 3 » E.	23 10	» »	31 43	31 46	56 28
Lundi 4	S¹/₄S-O. S-E¹/₄E. S S-E...	46......	N-E..... » »	22 »	» »	30 8	30 10	58 21
Mardi 5	S-S-E......... S-S-O....	26......	N E..... » »	19 30	» »	29 15	29 15	59 25
Mercredi 6	S-S-O......S-E¹/₃S.......	21......	N-E¹/₄N. 4 » E.	17 50	» »	28 25	28 22	60 9
Jeudi 7	S-O..........E-S-E......	17......	N¹/₄N-E.. » E.	15 55	16 »	27 32	27 34	60 19
Vendredi 8	S-E¹/₄E-E¹/₄S-E-S-E......	29......	N¹/₄N-E. 3 30 N.	15 22	14 55	26 8	26 5	60 33
Samedi 9	S-E¹/₄E.E¹/₄N-E.E¹/₄S-E..	38 ²/₃...	N....... 1 30 O.	14 30	» »	24 9	24 11	60 29
Dimanche 10	E S-E......E............	38......	N¹/₄N-O. 1 30 N.	13 30	» »	22 18	22 17	60 8
Lundi 11	E¹/₄N-O....E¹/₄S-E.......	35 ²/₃...	N N-O.. 4 » O.	12 »	» »	20 31	20 33	59 34
Mardi 12	E¹/₄N-E....E¹/₄S-E.......	23 ¹/₂...	O-N-O.. 1 » O.	11 35	12 »	19 57	19 56	58 23
Mercredi 13	S-E....S-S-E...S-E¹/₄...	42 ¹/₃...	O....... » »	13 20	» »	19 56	19 54	59 7
Jeudi 14	Arrivée.							

Lieues faites en juillet.... 443

Corrigé par vue de terre... 55 30

Total général...... { en mars..... 877 ⁵/₆ ; en avril..... 500 ; en mai....... 933 ²/₃ ; en juin...... 1038 ; en juillet.... 443 }

3792 ¹/₂ lieues marines, ou 4740 ⁵/₈ lieues de France, de 25 au degré.

LETTRE VI.

ASPECT ET GÉOGRAPHIE DE L'ILE-DE-FRANCE.

L'Ile-de-France fut découverte par un Portugais de la maison de Mascarenhas, qui la nomma l'île Cerné. Ensuite elle fut possédée par les Hollandais, qui lui donnèrent le nom de Maurice. Ils l'abandonnèrent en 1712, peut-être à cause du cap de Bonne-Espérance, où ils s'établissaient. Les Français qui occupaient l'île de Bourbon, qui n'est qu'à quarante lieues de l'Ile-de-France, vinrent s'y établir.

Il y a deux ports dans cette île; l'un au sud-est, et l'autre au nord-ouest. Le premier, appelé le grand port, est celui où les Hollandais s'étaient fixés; il offre encore quelques restes de leurs édifices. On y entre vent arrière, mais on en sort difficilement, les vents étant presque toujours au sud-est.

Le second s'appelle le petit port, ou le Port-Louis. On y entre et on en sort de vent largue. Sa latitude est de 20 degrés 10 minutes sud; et sa longitude du méridien de Paris, 55 degrés. C'est là le chef-lieu, situé dans l'endroit le plus désagréable de l'île. La ville, appelée aussi le camp, et qui ne ressemble guère qu'à un bourg, est bâtie au fond du port, à l'ouverture d'un vallon qui peut avoir trois quarts de lieue de profondeur sur quatre cents toises de large. Ce vallon est formé en cul-de-sac par une chaîne de hautes montagnes hérissées de rochers sans arbres et sans buissons. Les flancs de ces montagnes sont couverts pendant six mois de l'année d'une herbe brûlée, ce qui rend tout ce paysage noir comme une charbonnière. Le couronnement des mornes qui forment ce triste vallon est brisé. La partie la plus élevée se trouve à son extrémité, et se termine par un rocher isolé qu'on appelle le Pouce. Cette partie contient encore quelques arbres : il en sort un ruisseau qui traverse la ville, et dont l'eau n'est pas bonne à boire.

Quant à la ville ou camp, elle est formée de maisons de bois qui n'ont qu'un rez-de-chaussée. Chaque maison est isolée, et entourée de palissades. Les rues sont assez bien alignées; mais elles ne sont ni pavées, ni plantées d'arbres. Partout le sol est couvert et hérissé de rochers, de sorte qu'on ne peut faire un pas sans risquer de se casser le cou. Elle n'a ni enceinte, ni fortifications. Il y a seulement sur la gauche, en regardant la mer, un mauvais retranchement en pierre sèche, qui prend depuis la montagne jusqu'au port. De ce même côté est le fort Blanc, qui en défend l'entrée; de l'autre côté, vis-à-vis, est une batterie sur l'île aux Tonneliers.

Suivant les mesures de l'abbé de La Caille, l'Ile-de-France a 90,668 toises de circuit; son plus grand diamètre a 51,890 toises du nord au sud, et 22,124 est et ouest. Sa surface est de 452,680 arpents, à 100 perches l'arpent et à 20 pieds la perche.

La partie du nord-ouest de l'île est sensiblement unie, et celle du sud-est toute couverte de chaînes de montagnes de 500 à 550 toises de hauteur. La plus haute de toutes a 424 toises, et est à l'embouchure de la Rivière-Noire. La plus remarquable, appelée Pieter-Booth, est de 420 toises; elle est terminée par un obélisque surmonté d'un gros rocher cubique sur lequel personne n'a jamais pu monter. De loin, cette pyramide et ce chapiteau ressemblent à la statue d'une femme.

L'île est arrosée de plus de soixante ruisseaux, dont quelques uns n'ont point d'eau dans la saison sèche, surtout depuis qu'on a abattu beaucoup de bois. L'intérieur de l'île est rempli d'étangs, et il y pleut presque toute l'année, parceque les nuages s'arrêtent au sommet des montagnes, et aux forêts dont elles sont couvertes.

Je ne puis vous donner de connaissance plus étendue d'un pays où j'arrive. Je compte passer quelques jours à la campagne, et je tâcherai de vous décrire ce qui concerne le sol de cette île avant de vous parler de ses habitants.

Au Port-Louis, ce 6 août 1768.

LETTRE VII.

DU SOL ET DES PRODUCTIONS NATURELLES DE L'ILE-DE-FRANCE. HERBES ET ARBRISSEAUX.

Tout ici diffère de l'Europe, jusqu'à l'herbe du pays. A commencer par le sol, il est presque partout d'une couleur rougeâtre. Il est mêlé de mine de fer qui se trouve souvent à la surface de la terre en forme de grains de la grosseur d'un pois. Dans les sécheresses, la terre est extrêmement dure, surtout aux environs de la ville. Elle ressemble à de la glaise, et pour y faire des tranchées je l'ai vu couper comme du plomb, avec des haches. Lorsqu'il pleut, elle devient gluante et tenace. Cependant, jusqu'ici, on n'a pu parvenir à en faire de bonnes briques.

Il n'y a point de véritable sable. Celui qu'on trouve sur le bord de la mer est formé des débris de madrépores et de coquilles. Il se calcine au feu.

La terre est couverte partout de rochers depuis la grosseur du poing jusqu'à celle d'un tonneau. Ils sont remplis de trous au fond desquels on remarque un enfoncement de la forme d'une lentille. Beaucoup de ces rochers sont formés de couches concentriques en forme de rognons. On en trouve de grandes masses réunies ensemble. D'autres sont brisés, et paraissent s'être rejoints. L'île est en quelque sorte pavée de ces rochers. Les montagnes en sont formées par grands bancs dont les couches sont obliques à l'horizon, quoique parallèles entre elles. Elles sont de couleur gris-de-fer, se vitrifient au feu, et contiennent beaucoup de mine de fer. J'ai vu, à la fonte, sortir de quelques éclats des grains d'un très beau cuivre et du plomb, mais en fort petite quantité. C'était à un feu de forge. Les essais de ce genre ne sont pas encourageants : le minéral paraît trop divisé. Dans les fragments de ces pierres on trouve de petites cavités cristallisées, dont quelques unes renferment un duvet blanc et très fin.

Je connais trois espèces d'herbes ou *gramen*, naturelles au pays.

Le long du rivage de la mer, on trouve une espèce de gazon croissant par couches épaisses et élastiques. Sa feuille est très fine, et si pointue, qu'elle pique à travers les habits; les bestiaux n'en veulent point.

Dans la partie la plus chaude de l'île, les pâturages sont formés d'une espèce de chiendent qui trace beaucoup, et pousse de petits rameaux de ses articulations. Cette herbe est fort dure; elle plaît assez aux bœufs, quand elle n'est pas sèche.

La meilleure herbe vient dans les endroits frais, et au vent de l'île. C'est un gramen à larges feuilles, qui est vert et tendre toute l'année.

Les autres espèces d'herbes et d'arbrisseaux connues sont :

Une herbe qui donne pour fruit une gousse remplie d'une espèce de soie dont on pourrait tirer parti.

Une espèce d'asperge épineuse qui s'élève à plus de douze pieds, en s'accrochant aux arbres à la manière des ronces. On ignore si elle est bonne à manger.

Une espèce de mauve à petites feuilles. Elle croît dans les cours et le long des chemins. On y trouve aussi une espèce de petit chardon à fleurs jaunes, dont les graines font mourir la volaille.

Une plante semblable au lis, qui porte de longues feuilles. Elle croît dans les marais, et porte une fleur odorante.

Sur les murs et au bord des chemins on trouve des touffes d'une plante dont la fleur est semblable à celle de la giroflée rouge simple. Son odeur est mauvaise. Elle a cela de singulier qu'il ne fleurit à chaque branche qu'une fleur à la fois.

Au bas des montagnes voisines de la ville croît un basilic vivace, dont l'odeur tient de celle du girofle. Sa tige est ligneuse. C'est un bon vulnéraire.

Les raquettes, dont on fait des haies très dangereuses, portent une fleur jaune marbrée de rouge. Cette plante est hérissée d'épines fort aiguës, qui croissent sur les feuilles et les fruits. Ces feuilles sont épaisses; on ne fait point usage des fruits, dont le goût est acide.

Le veloutier croît sur le sable, le long de la mer. Ses branches sont garnies d'un duvet semblable au velours; ses feuilles sont semées de poils brillants; il porte des grappes de fleurs. Cet arbrisseau exhale dans l'éloignement une odeur agréable, qui se perd lorsqu'on en approche, et de très près est rebutante.

Il y a une espèce de plante, moitié ronce, moitié arbrisseau, qui produit, dans des coques hérissées de pointes, une sorte de noix fort lisse et fort dure, de couleur gris-de-perle, et de la grosseur d'une balle de fusil. Son amande est fort amère; les noirs s'en servent contre les maladies vénériennes.

Il croît en quantité, dans les défrichés, une espèce d'arbrisseau à grandes feuilles, de la forme d'un cœur. Son odeur est assez douce, et tient de celle du baume, dont il porte le nom. Je ne le connais propre à aucun usage; on l'emploie cependant dans les bains.

Une autre plante, au moins aussi inutile, est la fausse patate, qui serpente le long de la mer. Elle trace comme le liseron; ses fleurs sont rouges et en cloche; elle se plaît sur le sable.

Sur les lisières des bois on trouve une herbe ligneuse appelée herbe à panier. On a essayé d'en faire du fil et de la toile, qui ne sont pas mauvais. Ses feuilles sont petites; prises en tisane, elles sont bonnes pour la poitrine.

Il y a une grande variété de plantes comprises sous le nom de lianes, dont quelques unes sont de la grosseur de la cuisse. Elles s'attachent aux arbres, dont les troncs ressemblent à des mâts garnis de cordages; elles les soutiennent contre la violence des ouragans. J'ai vu plus d'une preuve de leur force. Lorsqu'on fait des abatis dans les bois, on tranche environ deux cents arbres par le pied; ils restent debout jusqu'à ce que les lianes qui les attachent soient coupées: alors une partie de la forêt tombe à la fois, en faisant un fracas épouvantable. J'ai vu des cordes faites de leur écorce, plus fortes que celles de chanvre.

Il y a plusieurs arbrisseaux dont les feuilles ressemblent à celles du buis.

Un arbrisseau spongieux et épineux, dont la fleur est d'un rouge foncé en houppe déchiquetée. Sa feuille est large et ronde. Les pêcheurs se servent de sa tige, qui est fort légère, au lieu de liége.

Un autre arbrisseau assez joli, appelé *bois de demoiselle*. Sa feuille est découpée comme celle du frêne, et ses branches sont garnies de petites graines rouges.

Avant d'aller plus loin, observez que je ne connais rien en botanique. Je vous décris les choses comme je les vois; et si vous vous en rapportez à mon sentiment, je vous dirai que tout ici me paraît bien inférieur à nos productions de l'Europe.

Il n'y a pas une fleur dans les prairies[1], qui d'ailleurs sont parsemées de pierres et remplies d'une herbe aussi dure que le chanvre. Nulle plante à fleur dont l'odeur soit agréable. De tous les arbrisseaux, aucun qui vaille notre épine blanche. Les lianes n'ont point l'agrément du chèvre-feuille, ni du lierre. Point de violette le long des bois. Quant aux arbres, ce sont de grands troncs blanchâtres et nus, avec un petit bouquet de feuilles d'un vert triste. Je vous les décrirai dans ma première lettre.

Au Port-Louis de l'Ile-de-France, ce 15 septembre 1768.

LETTRE VIII.

ARBRES ET PLANTES AQUATIQUES DE L'ILE-DE-FRANCE.

J'aperçus, il y a quelques jours, un grand arbre au milieu des rochers. Je m'en approchai, et l'ayant voulu entamer avec mon couteau, je fus surpris d'y enfoncer sans effort toute la lame. Sa substance était comme celle d'un navet, d'un goût assez désagréable. J'en goûtai; quoique je n'en eusse pas avalé, je me sentis pendant quelques heures la gorge enflammée. C'était comme des piqûres d'épingle. Cet arbre s'appelle *mapou*. Il passe pour un poison.

La plupart des arbres de ce pays tirent leur nom de la fantaisie des habitants.

Le bois de ronde est un petit bois dur et tortu. Il jette en brûlant une flamme vive. On s'en sert pour faire des flambeaux; il passe pour incorruptible.

Le bois de cannelle, qui n'est pas le cannellier, est un des plus grands arbres de l'île. Son bois est le meilleur de tous pour la menuiserie. Il ressemble beaucoup au noyer par sa couleur et ses veines. Quand il est nouvellement employé, il a une odeur

[1] Voyez, à la suite du Voyage, les Entretiens sur la végétation.

d'excrément; elle lui est commune avec la fleur du cannellier. Voilà le seul rapport que j'y trouve. Sa graine est enveloppée d'une peau rouge d'un goût acide et assez agréable.

Le bois de natte, de deux espèces, à grande et à petite feuille. C'est le plus beau bois rouge du pays. On l'emploie en charpente.

Le bois d'olive, dont la feuille a quelque rapport à celle de l'olivier, sert aux constructions.

Le bois de pomme est un bois rouge d'une médiocre qualité. Je crois que cet arbre produit un fruit appelé pomme de singe, d'une fadeur désagréable.

Le benjoin, parcequ'il *joint bien*, est le bois le plus liant du pays; il sert au charronnage. Il devient fort gros; il ne s'éclate jamais.

Le colophane, qui donne une résine semblable à la colophane, est un des plus grands arbres de l'île.

Le faux tatamaca sert aussi aux constructions. Il est fort liant. Il devient très gros. J'en ai vu de quinze pieds de circonférence. Il donne une gomme ou résine comme le tatamaque.

Le bois de lait, ainsi appelé de son suc, qui est laiteux.

Le bois puant, excellent pour la charpente. Il tire son nom de son odeur.

Le bois de fer, dont le tronc semble se confondre avec les racines. Il en sort des espèces de côtes ou ailerons semblables à des planches. Il fait rebrousser le fer des haches.

Le bois de fouge est une grosse liane dont l'écorce est très forte. Il donne un suc laiteux, estimé pour la guérison des blessures.

Le figuier est un très grand arbre, dont la feuille et le bois ne ressemblent point à notre figuier. Ses figues sont de la même forme, et viennent par grappes au bout des branches. Elles ne sont pas meilleures que les pommes de singe. Son suc est laiteux, et quand il est desséché, il produit la gomme appelée *élastique*.

Le bois d'ébène, dont l'écorce est blanche, la feuille large et cartonnée, blanche en dessous et d'un vert sombre en dessus. Il n'y a que le centre de cet arbre de noir, son aubier est blanc. Dans un tronc de six pouces d'équarrissage, il n'y a souvent pas deux pouces de bois d'ébène. Ce bois, fraîchement employé, sent les excréments humains, et sa fleur a l'odeur du girofle. C'est le contraire dans le cannellier, dont la fleur sent très mauvais, tandis que l'écorce et le bois exhalent une bonne odeur. L'ébène donne des fruits semblables à des nèfles, remplis d'un suc visqueux, sucré, et d'un goût assez agréable.

Il y a une espèce de bois d'ébène dont le blanc est veiné de noir.

Le citronnier ne donne de fruit que dans les lieux frais et humides; ses citrons sont petits et pleins de suc.

L'oranger croît aux mêmes endroits; ses fruits sont amers ou aigres. Il y a beaucoup de ces arbres aux environs du grand port. Je doute cependant que ces deux espèces soient naturelles à l'île. Quant aux oranges douces, elles sont très rares dans les jardins.

On trouve, mais rarement, une espèce de bois de sandal. On m'en a donné un morceau; il est gris-blanc. Son odeur est faible.

Le vacoa est une espèce de petit palmier dont les feuilles croissent en spirale autour du tronc. Il sert à faire des nattes et des sacs.

Le latanier est un palmier plus grand : il produit à son sommet des feuilles en forme d'éventail; on les emploie à couvrir des maisons. Il n'en produit qu'une par an.

Le palmiste s'élève dans les bois au-dessus de tous les arbres. Il porte à sa tête un bouquet de palmes, d'où sort une flèche, qui est la seule chose que ces bois produisent de bon à manger; encore faut-il abattre l'arbre. Cette tige, à laquelle on donne le nom de *chou*, est formée de jeunes feuilles roulées les unes sur les autres, fort tendres, et d'un goût agréable.

Le manglier croît immédiatement dans la mer. Ses branches et ses racines serpentent sur le sable, et s'y entrelacent de telle sorte qu'il est impossible d'y débarquer. Son bois est rouge, et donne une mauvaise teinture.

J'ai remarqué que la plupart de ces bois n'ont que des écorces fort minces, quelques uns même n'ont que des pellicules; en quoi ils diffèrent beaucoup de ceux du nord, que la nature a préservés du froid en les couvrant de plusieurs robes. La plupart ont leurs racines à fleur de terre, avec lesquelles ils saisissent les rochers. Ils sont peu élevés, leurs têtes sont peu garnies, ils sont fort pesants; ce qui, joint aux lianes dont ils sont attachés, les met en état de résister aux ouragans, qui auraient bientôt bouleversé les sapins et les chênes.

Quant à leurs qualités utiles, aucun n'est comparable au chêne pour la durée et la solidité, à l'orme pour le liant, au sapin pour la légèreté du bois et la longueur de la tige, au châtaignier pour l'utilité générale. Ils ont, dans leur feuillage, le désagrément des arbres qui conservent leurs feuilles toute l'année : leurs feuilles sont dures et d'un vert sombre. Leur bois est lourd, cassant, et se pourrit aisément. Ceux qui peuvent servir à la menuiserie deviennent noirs à l'air, ce qui rend les meubles que l'on en fait d'une teinte désagréable.

On trouve le long des ruisseaux, au milieu des bois, des retraites d'une mélancolie profonde. Les eaux coulent au milieu des rochers, ici en tournoyant en silence, là en se précipitant de leur cime avec un bruit sourd et confus. Les bords de ces ravines sont couverts d'arbres, d'où pendent de grandes touffes de scolopendre, et des bouquets de liane, qui retombent suspendus au bout de leurs cordons. La terre aux environs est toute bossue de grosses roches noires, où se tapissent loin du soleil les mousses et les capillaires. De vieux troncs, renversés par le temps, gisent couverts d'agarics monstrueux, ondoyés de différentes couleurs. On y voit des fougères d'une variété infinie : quelques unes, comme des feuilles détachées de leur tige, serpentent sur la pierre, et tirent leur substance du roc même; d'autres s'élèvent comme un arbrisseau de mousse, et ressemblent à un panache de soie. L'espèce commune d'Europe y est une fois plus grande. Au lieu de forêts de roseaux qui bordent si agréablement nos rivages, on ne trouve le long de ces torrents que des songes, qui y croissent en abondance. C'est une espèce de nymphæa dont la feuille fort large est de la forme d'un cœur; elle flotte sur l'eau sans en être mouillée. Les gouttes de pluie s'y ramassent comme des globules de vif-argent. Sa racine est un oignon d'une nourriture malfaisante : on distingue le blanc et le noir.

Jamais ces lieux sauvages ne furent réjouis par le chant des oiseaux, ou par les amours de quelque animal paisible : quelquefois l'oreille y est blessée par le croassement du perroquet, ou par le cri aigu du singe malfaisant. Malgré le désordre du sol, ces rochers seraient encore habitables, si l'Européen n'y avait pas apporté plus de maux que n'y en a mis la nature.

Au Port-Louis, ce 8 octobre 1768.

LETTRE IX.

DES ANIMAUX NATURELS A L'ILE-DE-FRANCE.

L'abbé de La Caille dit que les Portugais ont apporté les singes à l'Ile-de-France. Je ne suis pas de son avis, parceque, s'ils voulaient y faire un établissement, cet animal est destructeur; et s'ils voulaient le mettre dans l'île comme un gibier ordinaire, ils ignoraient s'il y avait des fruits qui pussent lui convenir; que d'ailleurs sa chair est d'un goût rebutant, et que bien des noirs même n'en veulent point manger. Cet animal ne peut avoir été apporté des côtes voisines. Celui de Madagascar, appelé *maki*, ne lui ressemble point, non plus que le bavian du cap de Bonne-Espérance.

Le singe de l'Ile-de-France est de taille médiocre; il est d'un poil gris-roux, assez bien fourré; il porte une longue queue. Cet animal vit en société : j'en ai vu des troupes de plus de soixante à la fois. Ils viennent souvent piller les habitations. Ils placent des sentinelles au sommet des arbres et sur la pointe des rochers. Lorsqu'ils aperçoivent des chiens ou des chasseurs, ils jettent un cri, et tous décampent.

Cet animal grimpe dans les montagnes les plus inaccessibles. Il se repose au-dessus des précipices, sur la plus légère corniche : il est le seul quadrupède de sa taille qui ose s'y exposer. Ainsi la nature, qui a peuplé de végétaux jusqu'à la fente des rochers, a créé des êtres capables d'en jouir.

Le rat paraît l'habitant naturel de l'île. Il y en a un nombre prodigieux. On prétend que les Hollandais abandonnèrent leur établissement à cause de cet animal. Il y a des habitations où on en tue plus de trente mille par an. Il fait en terre d'amples magasins de grains et de fruits; il grimpe jusqu'au haut des arbres, où il mange les petits oiseaux. Il perce les solives les plus épaisses. On les voit au coucher du soleil se répandre de tous côtés, et détruire dans quelques nuits une récolte entière. J'ai vu des champs de maïs où ils n'avaient pas laissé un épi. Ils ressemblent à nos rats d'Europe : peut-être y ont-ils été apportés par nos vaisseaux.

Les souris y sont fort communes : le dégât que font ces animaux est incroyable.

On prétend qu'il y avait autrefois beaucoup de flamants; c'est un grand et bel oiseau marin, de couleur de rose. On dit qu'il en reste encore trois. Je n'en ai point vu.

On trouve beaucoup de corbigeaux. C'est, dit-on, le meilleur gibier de l'île : il est fort difficile à tirer.

Il y a des paille-en-cul de deux sortes : l'une, d'un blanc argenté; l'autre ayant le bec, les pattes et les pailles rouges. Quoique cet oiseau soit marin, il fait son nid dans les bois. Son nom ne convient pas à sa beauté. Les Anglais l'appellent plus convenablement *l'oiseau du tropique*.

J'y ai vu plusieurs espèces de perroquets, mais d'une beauté médiocre. Il y a une espèce de perruches vertes avec un capuchon gris : elles sont grosses comme des moineaux; on ne peut jamais les apprivoiser; c'est encore un ennemi des récoltes; elles sont assez bonnes à manger.

On trouve dans les bois des merles qui, à l'appel du chasseur, viennent jusqu'au bout de son fusil. C'est un bon gibier.

Il y a un ramier, appelé *pigeon hollandais*, dont les couleurs sont magnifiques; et une autre espèce d'un goût fort agréable, mais si dangereuse, que ceux qui en mangent sont saisis de convulsions.

On y trouve deux sortes de chauves-souris : l'une semblable à la nôtre ; l'autre, grosse comme un petit chat, fort grasse, et que les habitants mangent avec plaisir.

Il y a une espèce d'épervier appelé *mangeur de poules* ; on prétend aussi qu'il vit de sauterelles. Il se tient près de la mer. La vue de l'homme ne l'effraie point.

On trouvait autrefois sur le rivage beaucoup de tortues de mer ; aujourd'hui on y en voit rarement. J'en ai vu cependant des traces sur le sable, et j'en ai vu pêcher à l'entrée des rivières. C'est un poisson dont la chair ressemble à celle du bœuf. Sa graisse est verte, et de fort bon goût.

Les bords de la mer sont criblés de trous où logent quantité de tourlouroux. Ce sont des cancres amphibies, qui se creusent des souterrains comme la taupe. Ils courent fort vite, et, quand on les veut prendre, ils font sonner leurs tenailles, dont ils présentent les pointes. Ils ne sont d'aucune utilité.

Un autre amphibie fort singulier est le bernard-l'ermite, espèce de langouste, dont la partie postérieure est dépourvue d'écailles ; mais la nature lui a donné l'instinct de la loger dans les coquillages vides. On les voit courir en grand nombre, chacun portant sa maison, qu'il abandonne pour une plus grande lorsqu'elle est devenue trop étroite.

Les insectes de l'île les plus nuisibles sont les sauterelles. Je les ai vues tomber sur un champ comme la neige, s'accumuler sur la terre de plusieurs pouces d'épaisseur, et en dévorer la verdure dans une nuit. C'est l'ennemi le plus redoutable de l'agriculture.

Il y a plusieurs espèces de chenilles. Quelques unes, comme celle du citronnier, sont très grosses et très belles. Les petites sont les plus dangereuses, ainsi que leurs papillons : elles désolent les jardins potagers.

Il y a un gros papillon de nuit, qui porte sur son corselet la figure d'une tête de mort : on l'appelle *haïe* ; il vole dans les appartements. On prétend que le duvet dont ses ailes sont couvertes aveugle les yeux qui en sont atteints. Son nom vient de l'effroi que sa présence donne.

Les maisons sont remplies de fourmis, qui pillent tout ce qui est bon à manger. Si la peau d'un fruit mûr s'entr'ouvre sur un arbre, il est bientôt dévoré par ces insectes. On n'en préserve les offices et les garde-mangers qu'en plaçant leurs supports dans l'eau. Son ennemi est le formica-leo, qui creuse ici, comme en Europe, son entonnoir dans le sable au pied des arbres.

Les cent-pieds se trouvent fréquemment dans les lieux obscurs et humides. Peut-être cet insecte fut-il destiné à éloigner l'homme des lieux malsains. Sa piqûre est très douloureuse. Mon chien fut mordu à la cuisse par un de ces animaux, qui avait plus de six pouces de longueur. Sa plaie devint une espèce d'ulcère, dont il fut plus de trois semaines à guérir. J'ai eu le plaisir d'en voir un emporté par une multitude de fourmis qui l'avaient saisi par toutes les pattes, et le traînaient comme une longue poutre.

Le scorpion est aussi fort commun dans les maisons, et se trouve aux mêmes endroits. Sa piqûre n'est pas mortelle, mais elle donne la fièvre ; c'est un bon remède de la frotter d'huile sur-le-champ.

La guêpe jaune avec des anneaux noirs a un aiguillon qui n'est pas moins redoutable. Elle se bâtit dans les arbres, et même dans les maisons, des ruches dont la substance est semblable à celle du papier. Elles en construisaient une dans ma chambre ; mais je me suis bien vite dégoûté de ces hôtes dangereux.

La guêpe maçonne se construit des tuyaux avec de la terre. On les prendrait pour quelque ouvrage d'hirondelle, s'il y en avait dans l'île. Elle se loge volontiers dans les appartements peu fréquentés, et elle s'attache surtout aux serrures, qu'elle remplit de ses travaux.

On trouve souvent dans les jardins les feuilles des arbrisseaux découpées de la largeur d'une pièce de six sous. C'est l'ouvrage d'une guêpe, qui taille avec ses dents cette pièce circulaire, avec une précision et une vitesse admirables : elle la porte dans son trou, la roule en cornet, et y dépose son œuf.

Il y a des abeilles dont le miel m'a paru assez bon : il est naturellement liquide.

Il y a une espèce d'insecte semblable aux fourmis, et qui ne met pas moins d'intelligence à se loger. Ils font un grand dégât dans les arbres et les charpentes, dont ils pulvérisent le bois. Ils construisent, avec cette poussière, des voûtes d'un pouce de largeur, dessous lesquelles ils vont et viennent : ces animaux, qui sont noirs, courent quelquefois sur toute la charpente d'une maison. Ils percent les coffres et les meubles dans une nuit. Je n'ai point trouvé de remède plus sûr que de frotter souvent d'ail les lieux qu'ils fréquentent. On appelle ces fourmis des carias. Beaucoup de maisons en sont ruinées.

Il y a trois espèces de cancrelas, le plus sale de tous les scarabées. Il y en a un plat et gris ; le plus commun est de la grosseur d'un hanneton, d'un brun roux. Il attaque les meubles, et surtout les papiers et les livres. Il est presque toujours logé au fond des offices et dans les cuisines. Les maisons en sont infectées : quand le temps est à la pluie, ils volent de tous côtés.

Il a pour ennemi une espèce de scarabée, ou mouche verte, fort leste et fort légère. Quand celle-ci le rencontre, elle le touche, et il devient immobile. Ensuite elle cherche une fente où elle le traîne et l'enfonce ; elle dépose un œuf dans son corps, et l'abandonne. Cet attouchement, que quelques gens prennent pour un charme, est un coup d'aiguillon dont l'effet est bien prompt, car cet insecte a la vie fort dure.

On trouve dans le tronc des arbres un gros ver avec des pattes, qui ronge le bois ; on l'appelle *moutouc*. Les noirs, et même les blancs, en mangent avec plaisir. Pline observe qu'on le servait à Rome sur les meilleures tables, et qu'on en engraissait exprès de fleur de farine. On faisait grand cas de celui du bois de chêne : on l'appelait *cossus*. Ainsi l'abondance et la plus affreuse disette se rencontrent dans leurs goûts, et se rapprochent comme tous les extrêmes.

J'y ai vu nos espèces ordinaires de mouches ; mais le cousin ou maringouin y est plus incommode qu'en Europe, surtout aux nouveaux arrivés, dont il préfère le sang. Son bourdonnement est très fort. Ce moucheron est noir, piqueté de blanc. On ne peut guère s'en préserver la nuit que par des rideaux de gaze, qu'on appelle *mousticaires*.

On trouve aussi, le long des ruisseaux, des demoiselles d'une belle couleur violette, dont la tête est comme un rubis. Cette mouche est carnassière. J'en ai vu une emporter en l'air un très joli papillon.

Les appartements, dans certaines saisons, sont remplis de petits papillons qui viennent se brûler aux lumières. Ils sont en si grand nombre, qu'on est obligé de mettre les bougies dans des cylindres de verre. Ils attirent dans les maisons un petit lézard fort joli, de la longueur du doigt ; ses yeux sont vifs ; il grimpe le long des murailles, et même sur le verre ; il se nourrit de mouches et d'insectes, qu'il guette avec beaucoup de patience ; il pond de petits œufs ronds gros comme des pois, et ayant coque, blanc et jaune, comme les œufs de poule. J'ai vu de ces lézards apprivoisés venir prendre du sucre dans la main. Loin d'être malfaisants, ils sont fort utiles. Il y en a de magnifiques dans le bois. On en voit de couleur d'azur et de vert changeant, avec des traits cramoisis sur le dos, qui ressemblent à des caractères arabes.

Un ennemi plus terrible aux insectes est l'araignée. Quelques unes ont le ventre de la grosseur d'une noix, avec de grandes pattes couvertes de poil. Leurs toiles sont si fortes, que les petits oiseaux s'y prennent. Elles détruisent les guêpes, les scorpions et les cent-pieds.

Enfin, pour achever mon catalogue, je n'ai point vu de pays où il y ait tant de puces. On en trouve dans le sable le long de la mer, et jusque sur le sommet des montagnes. On prétend que ce sont les rats qui les y portent. En certaines saisons, si on met un papier blanc à terre, on le voit aussitôt couvert de ces insectes.

Je n'oublierai pas un pou fort singulier que j'ai vu s'attacher aux pigeons. Il ressemble à la tique de nos bois, mais la nature lui a donné des ailes. Celui-là est bien destiné aux oiseaux. Il y a un petit pou blanc, qui s'attache aux arbres fruitiers et les fait périr ; et une punaise de bois, appelée *punaise maupin*. Sa piqûre est plus dangereuse que celle du scorpion ; elle est suivie d'une tumeur de la grosseur d'un œuf de pigeon, qui ne se dissipe qu'au bout de cinq ou six jours.

Vous observerez que la douce température de ce climat, si désirée par les habitants de l'Europe, est si favorable à la propagation des insectes, qu'en peu de temps tous les fruits seraient dévorés, et l'île même deviendrait inhabitable. Mais les fruits de ces contrées méridionales sont revêtus de cuirs épais, de peaux âpres, de coques très dures et d'écorces aromatiques, comme l'orange et le citron ; en sorte qu'il y a peu d'espèces où la mouche puisse introduire son ver. Plusieurs de ces animaux nuisibles se font une guerre perpétuelle, comme le cent-pieds et le scorpion. Le formica-leo tend des pièges aux fourmis, la mouche verte perce les cancrelas, le lézard chasse aux papillons, l'araignée dresse ses filets pour tout insecte qui vole, et l'ouragan, qui arrive tous les ans, anéantit à la fois une partie du gibier et des chasseurs.

Au Port-Louis, ce 7 décembre 1768.

LETTRE X.

DES PRODUCTIONS MARITIMES, POISSONS, COQUILLES, MADRÉPORES.

Il me reste à vous parler de la mer et de ses productions ; après quoi vous en saurez au moins autant que le premier Portugais qui mit le pied dans l'île. Si je puis y joindre un journal météorologique, vous serez à peu près au fait de tout ce qui regarde le naturel de cette terre. Nous passerons delà aux habitants, et au parti qu'ils ont tiré de leur sol, où, comme dans le reste de l'univers, le bien est mêlé de mal. Le bon Plutarque veut qu'on tire de ces contraires une harmonie; mais les instruments sont communs, et les bons musiciens sont rares.

On voit souvent des baleines au vent de l'île, surtout dans le mois de septembre, temps de leur accouplement. J'en ai vu plusieurs, pendant cette saison, se tenir perpendiculairement dans l'eau, et venir fort près de la côte. Elles sont plus petites que celles du nord. On ne les pêche point; cependant les noirs n'ignorent pas la manière de les harponner. On prend quelquefois des lamentins. J'ai mangé de sa chair, qui ressemble à du bœuf; mais je n'ai jamais vu ce poisson.

La vieille est un poisson noirâtre, assez semblable à la morue pour la forme et pour le goût. Ce poisson est quelquefois empoisonné, ainsi que quelques espèces que je vais décrire. Ceux qui en mangent sont saisis de convulsions. J'ai vu un ouvrier en mourir; sa peau tombait par écailles. A l'île Rodrigue, qui n'est qu'à cent lieues d'ici, les Anglais, dans la dernière guerre, perdirent par cet accident près de quinze cents hommes, et manquèrent par-là leur expédition sur l'Ile-de-France. On croit que les poissons s'empoisonnent en mangeant les branches des madrépores. On peut connaître ceux qui sont empoisonnés à la noirceur de leurs dents; et si on jette dans le chaudron où on les fait cuire une pièce d'argent, elle se noircit. Ce qu'il y a d'étrange, c'est que jamais le poisson n'est malsain au vent de l'île. Ceux qui croient que les madrépores en sont cause se trompent donc, car l'île est environnée de bancs de corail. J'en attribuerais plutôt la cause au fruit inconnu de quelque arbre vénéneux qui tombe à la mer : ce qui est d'autant plus probable, qu'il n'y a qu'une saison et que quelques espèces gourmandes sujettes à ce danger. D'ailleurs cette espèce de ramier, dont la chair donne des convulsions, prouve que le poison est dans l'île même.

Dans le nombre des poissons suspects sont plusieurs poissons blancs à grande gueule et à grosse tête, comme le capitaine et la carangue. Ces deux sortes sont d'un goût médiocre. On croit que ceux qui ont la gueule pavée, c'est-à-dire un os raboteux au palais, ne sont point dangereux.

Il y a des requins, mais on n'en mange point.

En général, plus les poissons sont petits, moins ils sont dangereux. Le rouget est beaucoup plus gros, et fort inférieur à celui d'Europe. Il passe pour sain, ainsi que le mulet, qui est fort commun.

On trouve des sardines et des maquereaux d'un goût médiocre, ainsi que tous les poissons de cette mer. Ils diffèrent un peu des nôtres pour la forme.

La poule d'eau, espèce de turbot, est le meilleur de tous. Sa graisse est verte.

Il y a des raies blanches avec une longue queue hérissée d'épines, et d'autres dont la peau et la chair sont noires ; des sabres, ainsi nommés de leur forme; des lunes, bariolées de différentes couleurs, des bourses, dont la peau est dessinée comme un réseau; d'autres poissons semblables aux merlans, colorés de jaune, de rouge et de violet ; des perroquets qui non-seulement sont verts, mais qui ont la tête jaune, le bec blanc et courbé, et vont en troupe comme ces oiseaux.

Le poisson armé est petit, et d'une forme très bizarre. Sa tête est faite comme celle du brochet. Il porte sur son dos sept pointes aussi longues que son corps. La piqûre en est très venimeuse. Elles sont unies entre elles par une pellicule qui ressemble à une aile de chauve-souris. Il est rayé de bandes brunes et blanches qui commencent à son museau, précisément comme au zèbre du Cap. Le poisson qui est carré comme un coffre, dont il porte le nom, est armé de deux cornes comme un taureau. Il y en a de plusieurs espèces ; il ne devient jamais grand. Le porc-épic est tout hérissé de longs piquants. Le polype, qui rampe dans les flaques d'eau avec ses sept bras armés de ventouses, change de couleur, vomit l'eau, et tâche de saisir celui qui veut le prendre. Toutes ces espèces, d'une forme si étrange, se trouvent dans les récifs, et ne valent pas grand'chose à manger.

Les poissons de ces mers sont inférieurs pour le goût à ceux d'Europe; en revanche, ceux d'eau douce sont meilleurs que les nôtres. Ils paraissent de même espèce que ceux de mer. On distingue la lubine, le mulet et la carpe, qui diffère de celle de nos rivières; le cabot, qui vit dans les torrents, au milieu des rochers, où il s'attache avec une membrane concave et des chevrettes fort grosses et fort délicates. L'anguille est coriace; c'est une espèce de congre. Il y en a de sept à huit pieds de long, de la grosseur de la jambe. Elles se retirent dans les trous des rivières, et dévorent quelquefois ceux qui ont l'imprudence de s'y baigner.

Il y a des homards ou langoustes d'une grandeur prodigieuse. Ils n'ont point de grosses pattes. Ils sont bleus, marbrés de blanc. J'y ai vu une petite espèce de homard d'une forme charmante : il était d'un bleu céleste, et avait deux petites pattes divisées en deux articulations, à peu près comme un couteau dont la lame se replierait dans sa rainure : il saisissait sa proie comme s'il était manchot.

Il y a une très grande variété de crabes. Voici ceux qui m'ont paru les plus remarquables.

Une espèce toute raboteuse de tubercules et de pointes comme un madrépore; une autre qui porte sur le dos l'empreinte de cinq cachets rouges; celui qui a au bout de ses serres la forme d'un fer à cheval; une espèce, couverte de poils, qui n'a point de pinces, et qui s'attache à la carène des vaisseaux; un crabe marbré de gris, dont la coque, quoique lisse, est fort inégale : on y remarque beaucoup de figures inégales et bizarres, qui cependant sont constamment les mêmes sur chaque crabe; celui qui a ses yeux au bout de deux longs tuyaux comme des télescopes : quand il ne s'en sert point, il les couche dans des rainures le long de sa coquille; l'araignée de mer; un crabe dont les pinces sont rouges, et dont une est beaucoup plus grosse que l'autre; un petit crabe, dont la coquille est trois fois plus grande que lui : il en est couvert comme d'un grand bouclier; on ne voit point ses pattes quand il marche.

On trouve en plusieurs endroits, le long du rivage, à quelques pieds sous l'eau, une multitude de gros boudins vivants, roux et noirs. En les tirant de l'eau, ils lancent une glaire blanche et épaisse, qui se change dans le moment en un paquet de fils déliés et glutineux. Je crois cet animal l'ennemi des crabes, parmi lesquels on le rencontre. Sa glaire visqueuse est très propre à embarrasser leurs pattes, qui d'ailleurs ne sauraient avoir de prise sur son cuir élastique et sur sa forme cylindrique. Les matelots lui donnent un nom fort grossier, qu'on peut rendre en latin par *mentula monachi*. Les Chinois en font grand cas, et le regardent comme un puissant aphrodisiaque.

Je crois qu'on peut mettre au rang des poissons à coquille une masse informe, molle et membraneuse, au centre de laquelle se trouve un seul os plat, un peu cambré. Dans cette espèce, l'ordre commun paraît renversé : l'animal est au-dehors, et la coquille au-dedans.

Il y a plusieurs espèces d'oursins. Ceux que j'ai vus et pêchés sont : un oursin violet à très longues pointes; dans l'eau, ses deux yeux brillent comme deux grains de lapis; j'ai été vivement piqué par un d'eux. Un oursin gris à baguettes rondes cannelées. Un oursin à baguettes obtuses et à pans, marbré de blanc et de violet; cette espèce est fort belle; il y en a de gris. L'oursin à cul d'artichaut sans pointe; il est rare. L'oursin commun à petites pointes; il ressemble à une châtaigne couverte de sa coque. Ces animaux se trouvent dans les cavités des rochers et des madrépores, où ils se tiennent à couvert du gros temps.

J'entre ici dans une matière fort abondante, où il est difficile de mettre quelque ordre. Celui de d'Argenville ne me plaît point, parceque beaucoup d'espèces ne sont pas à leur place.

Il en est de même de toutes les classes de l'histoire naturelle. Les familles, qui se croisent sans cesse, se confondent dans notre mémoire. Toutes les méthodes étant défectueuses, j'aime mieux en imaginer une pour ce genre, qu'on peut appliquer à toutes les autres.

Je mets au centre l'être le plus simple, et de là je tire des rayons sur lesquels je range les êtres qui vont en se composant. Ainsi le lépas, qui n'est qu'un petit entonnoir qui se colle contre les rochers, est le centre de mon ordre sphérique. Sur un des rayons je mets l'oreille-de-mer, qui forme déjà un bourrelet sur un de ses bords; ensuite les rochers, dont la volute est tout-à-fait terminée. En disposant de suite les nuances de toute cette famille, aucun individu ne m'échappe.

Je suppose ensuite que le lépas se termine en longue pyramide, comme il s'en trouve en effet. Je fais partir un autre rayon, sur lequel je dispose les vermiculaires qui se tournent en spirale, comme les nautiles, les cornes d'Ammon, etc.

Il se trouve des lépas qui ont un petit commencement de spirale en dedans : j'aurai une autre ligne pour différentes espèces de tonnes ou de limaçons.

Il y a des lépas qui ont un petit talon à leur ouverture : je tire de là l'origine des bivalves les plus simples.

Si je trouve des espèces composées, qui n'appartiennent pas plus à un rayon qu'à l'autre, je tire une corde des deux individus analogues : cette corde devient le diamètre d'une nouvelle sphère, et ma nouvelle coquille en sera le centre.

On peut étendre, ce me semble, ce système à tous les règnes; et si nos cabinets ne fournissent pas de quoi remplir tous les rayons et toutes les cordes qui communiquent à ces rayons, on connaîtra peut-être par-là les familles qui nous manquent : car je pense que la nature a fait tout ce qui était possible, non-seulement les chaînes d'êtres entrevues par les naturalistes, mais une infinité d'autres qui se croisent; en sorte que tout est lié dans tous les sens, et que chaque espèce forme les grands rayons de la sphère universelle, et est à la fois centre d'une sphère particulière.

Revenons à nos coquilles. On trouve à l'Ile-de-France un lépas uni et aplati; le lépas étoilé; le lépas fluviatile, qui, comme toutes les coquilles de ces rivières, est couvert d'une peau noire; l'oreille-de-mer, bien nacrée en dedans; une espèce de coquille blanche, dont le bourrelet est encore plus contourné.

Le vermiculaire, qui n'est qu'un tuyau blanc qu'on croit un fragment de l'arrosoir; une grande espèce qui traverse, en serpentant, les madrépores; le cornet de Saint-Hubert, petit vermiculaire blanc, tourné en spirale détachée, et divisé intérieurement par cloisons, comme le nautile; le nautile papyracé; le nautile ordinaire, dont la coupe offre une si belle volute.

Dans les limaçons, les uns restent fixés aux rochers et ont la coquille encroûtée; les autres voyagent et ont la coquille lisse.

Dans les premiers, on trouve la bouche-d'argent simple : lorsqu'on la dépouille de sa croûte, elle surpasse en beauté l'argent bruni; une bouche-d'argent épineuse; la bouche-d'or, dont la nacre est jaune; le limaçon fluviatile, qui, sous sa peau noire, cache une belle couleur de rose rayée de point de Hongrie; le limaçon fluviatile à pointe, qu'on trouve dans plusieurs ruisseaux; la conque persique ou de Panama, qui donne une liqueur propre à teindre en pourpre; un limaçon allongé, marqué à sa bouche de points noirs; la bécasse, dont le bec allongé est garni d'épines; la tonne ronde, grosse coquille émaillée de jaune; la tonne allongée ou l'aile-de-perdrix : ces deux espèces ont une surpeau.

Dans les limaçons voyageurs, la nérite cannelée, la nérite lisse, avec des rubans ou roses, ou gris, ou noirs, de toutes les nuances : il y en a une variété prodigieuse. La harpe, la plus belle, à mon gré, des coquilles, par sa forme, ses bandes, la beauté de sa pâte et l'éclat de ses couleurs; la harpe avec des pointes; le même limaçon que nous vîmes près des Açores, qui donne une eau purpurine; l'œuf-de-pintade marbré de bleu. On peut bien mettre à la suite deux coquilles de terre, le limaçon et la lampe antique, couverte d'une peau brune.

Dans les rouleaux, une olive commune; une belle olive qui ressemble pour les nuances au velours de trois couleurs; la noire est la plus estimée : j'en ai vu de cinq pouces de longueur. Une petite olive plus évasée; le rouleau commun, piqueté de rouge; le rouleau blanc; le rouleau piqueté de points noirs : ces trois espèces ont une surpeau couverte de poil. Le drap-d'or; le tonnerre, dont la coque est mince : il est rayé de faisceaux en zig-zag. La poire; un rouleau couvert de peau, ainsi que la poire : sa bouche a une échancrure, elle est d'un beau ponceau. L'oreille-de-Midas encroûtée, mais sa bouche est d'un beau vernis; le grand casque, dont les couleurs sont aurore; le casque blanc truité, il est petit; le scorpion couvert de peau avec ses sept crochets; l'araignée, grande et belle coquille à lèvres violettes, avec sa bouche garnie de pointes.

Dans les porcelaines, il y en a une espèce commune d'un rouge brun à dos d'âne; celle qui est tigrée; la carte-de-géographie, elle est rare; l'œuf, d'un blanc de faïence, dont la bouche est jaune ou rouge; le lièvre, d'une belle couleur fauve rembrunie; l'olive-de-roche, dont la coquille est très fragile.

Dans les vis, la vis simple truitée, elle est fort allongée; une vis aussi belle, dont la spirale est accompagnée d'une moulure; l'enfant-en-maillot, plus renflée; une vis aussi grosse, appelée la culotte de Suisse : son vernis et ses couleurs sont très belles; une petite vis avec une espèce de bec, on la trouve toujours percée d'un trou; une autre à dos d'âne, également percée; le fuseau blanc, il est rare; le fuseau tacheté de rouge; la mitre maritime, marquée des mêmes taches; la mitre fluviatile, couverte d'une peau noire.

On remarque, comme une chose en effet très singulière, que toutes les univalves sont tournées de gauche à droite, en observant la coquille couchée sur sa bouche, la pointe tournée vers soi. Il n'y a d'exceptées que peu d'espèces très rares. Quelle loi a pu les décider à commencer leur volute du même côté? Serait-ce la même qui a fait tourner la terre d'occident en orient? En ce cas, le soleil pourrait bien en être la cause, comme il est celle de leurs couleurs, qui sont d'autant plus belles qu'on approche plus de la ligne.

J'ai lu ce qu'on a écrit sur la formation des coquilles, et je n'y entends rien. Par exemple, le scorpion, qui a des crochets fort allongés, augmente sa coquille tous les ans. Les anciens crochets lui deviennent inutiles, il en forme de nouveaux. Qu'a-t-il fait des autres? De même, la porcelaine a une bouche épaisse, et est taillée de manière qu'elle ne peut augmenter ses révolutions sur elle-même, si elle ne parvient à détruire les obstacles de son ouverture. Je soupçonnerais que ces animaux ont une liqueur propre à dissoudre les murs du toit qu'ils veulent agrandir; et si ce dissolvant existe, il me semble qu'on pourrait l'employer contre la pierre qui se forme dans la vessie d'humeurs glutineuses, comme la première matière des coquilles.

Dans les bivalves sont: l'huître commune qui se colle aux rochers, et d'une forme si baroque, qu'on ne peut l'ouvrir qu'à coups de marteau: elle est bonne à manger; une espèce qu'on nomme *la feuille*, à cause de sa forme; une huître qui ne diffère point de celle d'Europe; une huître grise qui s'attache à la carène des vaisseaux, et dont l'écaille est très fine et très élastique: elle est rare; l'huître perlière, blanche, plate, épaisse et fort grande: elle se trouve loin de terre; elle est la même que celle d'où l'on tire les perles; une autre huître perlière encore plus aplatie, d'un violet foncé: elle s'attache avec des fils comme la moule; elle est commune au port du sud-est; on la trouve à l'embouchure des rivières; ses perles sont violettes.

On y trouve communément l'huître appelée *la tuilée*, de l'espèce de celles qui servent de bénitiers à Saint-Sulpice. C'est peut-être le plus grand coquillage de la mer; on en voit aux Maldives que deux bœufs traîneraient difficilement. Il est bien étrange que cette huître se trouve fossile sur les côtes de Normandie, où je l'ai vue.

Il y a encore une espèce d'huître grise et mince qui ressemble beaucoup à la selle polonaise; l'huître épineuse, qui se trouve dans les coraux; la pelure-d'oignon, dont je n'ai vu que des coquilles dépareillées.

J'ai vu trois espèces de moules: elles ne sont ni curieuses ni communes; elles ressemblent pour la forme au dail de la Méditerranée, et se logent dans les trous de madrépores; une moule blanche à coque élastique, qui se trouve incorporée avec les éponges: c'est une nuance intermédiaire entre deux espèces. Si jamais je fais un cabinet, elle trouvera aisément sa place par ma méthode.

La hache-d'armes se rapproche des moules; elle est faite comme le fer d'une hache, une pointe d'un côté, un tranchant de l'autre; elle est armée d'aspérités; elle n'a ni cuir ni charnière, mais un seul pli élastique.

Dans les pétoncles: l'arche-de-Noé, dont les extrémités se relèvent comme la poupe d'un bateau; le cœur, strié et cannelé d'une forme bien régulière; le cœur-de-bœuf, dont un côté est inégal; la corbeille, ses cannelures paraissent s'entrelacer; la râpe, dont les stries sont formées par des arcs de cercle qui se croisent; une pétoncle commune: sa coquille est mince, elle est en dedans teinte en violet; une autre fort jolie et rare, dessinée en dehors comme un point de Hongrie; le peigne; le manteau-ducal, qui a de belles couleurs aurores.

Il y a apparence que les coquillages ne vivent pas plus en paix que les autres animaux. On en trouve beaucoup de débris sur les rivages. Ceux qui y viennent entiers sont toujours percés. Je me souviens d'avoir vu un limaçon armé d'une dent pointue, dont il se sert pour percer la coquille des moules; il se trouve au détroit de Magellan; on l'appelle burgau armé.

Pour avoir de beaux coquillages, il faut les pêcher vivants. Les espèces dont la robe est nette vivent sur le sable, où elles s'enfouissent dans les gros temps; les autres se collent aux rochers. Les moules se nichent dans les branches des madrépores, où elles multiplient peu. Si elles frayaient en liberté sur les rochers, comme en Europe, les ouragans les détruiraient.

Il y a beaucoup d'industrie et de variété dans la charnière des coquilles; nos arts pourraient y profiter. Les huîtres n'ont qu'un peu de cuir, mais elles font corps avec le rocher; les moules ont une peau élastique très forte; la hache-d'armes n'a qu'un pli; les cœurs, s'ils sont réguliers, ont à leur charnière de petites dents qui prennent l'une dans l'autre; si un de leurs côtés s'étend en aile, la charnière est plus considérable du côté où le poids est le plus fort, et les dents qui la forment sont plus grosses; on entrevoit dans leurs courbes une géométrie admirable.

L'Ile-de-France est tout environnée de madrépores. Ce sont des végétations pierreuses de la forme d'une plante ou d'un arbrisseau; elles sont en si grand nombre que les écueils en sont entièrement formés.

Je distingue ceux qui ne tiennent point au sol, et ceux qui y sont attachés.

Dans les premiers sont: le champignon, qui paraît composé de feuillets; le plumet, qui est de la même espèce; le plumet à trois et à quatre branches; le cerveau-de-Neptune.

Dans ceux qui tapissent le fond de la mer, et qui semblent y tenir par leurs racines, sont: le chou-fleur; le chou, qui, par le port et les feuilles, ressemble beaucoup à ce végétal : il est de la grande espèce, ainsi qu'un madrépore dont les étages forment une espèce de spirale ; il est très fragile ; un autre, qui ressemble à un arbre par sa tige élancée et la masse de ses branches ; une espèce très jolie que j'appelle *la gerbe* : elle semble formée de plusieurs bouquets d'épis de blé ; le pinceau ou l'œillet : au centre de chaque découpure, on remarque un peu de vert ; une espèce commune, ramassée en touffe comme une plante de réséda avec ses cônes de fleurs ; un madrépore très joli, croissant de la forme d'une île avec ses rivages et ses montagnes ; un autre qui ressemble à une congélation ; une espèce dont les feuillages sont digités comme une main ; le bois-de-cerf, dont les cornichons sont très détachés et très fragiles ; la ruche-à-miel, grande masse sans forme, dont toute la surface est régulièrement trouée ; le corail d'un bleu pâle, qui est rare : en dedans il est d'un bleu plus foncé ; un corail articulé blanc et noir, qui tient un peu du corail rouge, qu'on n'a point encore trouvé ici ; des végétations coralines bleues, blanches, jaunes, rouges, si fragiles et si découpées qu'on ne peut en envoyer en Europe.

Dans les lithophytes : une plante semblable à une longue paille, sans feuillage, sans nœuds et sans boutons ; une végétation semblable à une petite forêt d'arbres : leurs racines sont fort entrelacées, chacun d'eux a un petit bouquet de feuilles : la substance de ce lithophyte tient de la nature du bois, et brûle au feu comme lui ; il est cependant dans la classe des madrépores.

J'ai vu trois espèces d'étoiles marines qui n'ont rien de remarquable. On trouvait autrefois de l'ambre gris sur la côte : il y a même un îlot au vent qui en porte le nom. On en apporte quelquefois de Madagascar.

On ne doute pas aujourd'hui que les madrépores ne soient l'ouvrage d'une infinité de petits animaux, quoiqu'ils ressemblent absolument à des plantes par leur port, leur tige, leurs branches, leurs masses, et même par des fleurs de couleur de pêcher. Je me rends à l'expérience avec plaisir, car j'aime à voir l'univers peuplé. D'ailleurs, je conçois qu'un ouvrage régulier doit être fait par quelque agent qui a une portion d'ordre et d'intelligence. Ces végétations ressemblent tellement aux nôtres, la matière à part, que je suis même très porté à penser que tous nos végétaux sont les fruits du travail d'une multitude d'animaux vivant en société. J'aime mieux croire qu'un arbre est une république, qu'une machine morte, obéissant à je ne sais quelles lois d'hydraulique. Je pourrais appuyer cette opinion d'observations assez curieuses. Peut-être un jour en aurai-je le loisir. Ces recherches peuvent être utiles ; mais quand elles seraient vaines, elles détournent notre curiosité, avide de connaître et de juger ; elles l'empêchent de se jeter, faute d'aliment, sur tout ce qui l'environne ; ce qui est la cause première de nos discordes. Nos histoires souvent ne sont que des calomnies, nos traités de morale des satires, et nos sociétés des académies de médisance et d'épigrammes. Après cela, on se plaint qu'il n'y a plus d'amitié et de confiance, comme s'il pouvait y en avoir entre des gens qui ont toujours une cuirasse sur le cœur et un poignard sous le manteau.

Ou parlons peu, ou faisons des systèmes. *Tradidit mundum disputationibus.* Disputons donc, mais sans nous fâcher.

Au Port-Louis de l'Ile-de-France, ce 12 janvier 1769.

JOURNAL MÉTÉOROLOGIQUE.

QUALITÉS DE L'AIR.

JUILLET 1768.

Pendant ce mois, les vents régnèrent de la partie sud-est, d'où ils soufflent presque toute l'année. La brise est forte pendant le jour : il fait calme la nuit. Quoique nous soyons dans la saison sèche, il tombe souvent de la pluie. Ce sont des grains assez violents ; ils ne sont pas de durée. L'air est très frais. On ne peut guère se passer d'habits de drap.

AOUT.

Il pleut presque tous les jours. Le sommet des montagnes est couvert de vapeurs semblables à des fumées qui descendent dans la plaine, accompagnées de coups de vent. Ces pluies forment souvent des arcs-en-ciel sur les flancs de la montagne, qui n'en sont pas moins noirs.

SEPTEMBRE.

Même temps et même vent. C'est la saison des récoltes. Si la chaleur et l'humidité sont la seule cause de la végétation, pourquoi rien ne pousse-t-il dans cette saison ? il ne fait pas moins chaud qu'au mois de mai en France. Y aurait-il quelque esprit de vie qui accompagne le retour du soleil ? Les Romains en faisaient honneur au vent d'ouest, et fixaient son arrivée au huitième de février. Ils l'appelaient *favonius*, c'est-à-dire nourricier. C'est le même que le zéphyr des Grecs. Pline dit qu'*il sert* de mari à toutes choses qui prennent vie de la terre. Ils étaient peut-être aussi ignorants que nous; mais leur philosophie me paraît plus touchante, et ils ne se fâchaient pas quand on n'était point de leur avis.

OCTOBRE.

Même température, l'air un peu plus chaud; il est toujours frais dans l'intérieur de l'île. A la fin de ce mois, on ensemence les terres en blé; dans quatre mois on le récolte; ensuite on sème du maïs, qui est mûr en septembre. Ce sont deux moissons dans le même champ; mais ce n'est pas trop pour les fléaux dont cette terre est désolée.

NOVEMBRE.

Les chaleurs commencent à se faire sentir; les vents varient, et vont quelquefois au nord-ouest. Il tombe des pluies orageuses.

Point de vaisseaux de France, point de lettres. Il est triste d'attendre de l'Europe quelque portion de son bonheur.

DÉCEMBRE.

Les chaleurs sont fatigantes, le soleil est au zénith; mais l'air est tempéré par des pluies abondantes: il me semble même que j'ai éprouvé des chaleurs plus fortes dans quelques jours de l'été à Pétersbourg. Au commencement du mois j'ai entendu le tonnerre pour la première fois depuis mon arrivée.

Le 25 au matin, les vents étant au sud-est, le temps se disposa à un coup de vent. Les nuages s'accumulèrent au sommet des montagnes. Ils étaient olivâtres et couleur de cuivre. On en remarquait une longue bande supérieure qui était immobile. On voyait des nuages inférieurs courir très rapidement. La mer brisait avec grand bruit sur les récifs. Beaucoup d'oiseaux marins venaient du large se réfugier à terre. Les animaux domestiques paraissaient inquiets. L'air était lourd et chaud, quoique le vent ne fût pas tombé.

A tous ces signes qui présageaient l'ouragan, chacun se hâta d'étayer sa maison avec des arcs-boutants, et d'en condamner toutes les ouvertures.

Vers les dix heures du soir, l'ouragan se déclara. C'étaient des rafales épouvantables, suivies d'instants de calme effrayants, où le vent semblait reprendre des forces. Il fut ainsi en augmentant pendant la nuit. Ma case en étant ébranlée, je passai dans un autre corps de logis. Mon hôtesse fondait en larmes, dans la crainte de voir sa maison détruite. Personne ne se coucha. Vers le matin, le vent ayant encore redoublé, je m'aperçus que tout un front de la palissade de l'entourage allait tomber, et qu'une partie de notre toit se soulevait à un des angles: avec quelques planches et des cordes, je fis prévenir le dommage. En traversant la cour pour donner quelques ordres, je pensai plusieurs fois être renversé. Je vis au loin des murailles tomber, et des couvertures dont les bardeaux s'envolaient comme des jeux de cartes.

Il tomba de la pluie vers les huit heures du matin; mais le vent ne cessa point. Elle était chassée horizontalement et avec tant de violence, qu'elle entrait comme autant de jets d'eau par les plus petites ouvertures. Elle gâta une partie de mes papiers.

A onze heures, la pluie tombait du ciel par torrents. Le vent se calma un peu; les ravines des montagnes formaient de tous côtés des cascades prodigieuses. Des parties de roc se détachaient avec un bruit semblable à celui du canon. Elles formaient en roulant de larges trouées dans les bois. Les ruisseaux se débordaient dans la plaine, qui était semblable à une mer. On n'en voyait plus ni les digues ni les ponts.

A une heure après midi, les vents sautèrent au nord-ouest. Ils chassaient l'écume de la mer par grands nuages sur la terre. Ils jetèrent du port sur le rivage les navires, qui tiraient en vain du canon: on ne pouvait leur envoyer du secours. Par ces nouvelles secousses, les édifices furent ébranlés en sens contraire, et presque avec autant de violence. Vers midi ils passèrent à l'est, ensuite au sud. Ils firent ainsi le tour de l'horizon dans les vingt-quatre heures, suivant l'ordinaire; après quoi tout se calma.

Beaucoup d'arbres furent renversés, des ponts furent emportés. Il ne resta pas une feuille dans les jardins. L'herbe même, ce chiendent si dur, paraissait en quelques lieux rasée au niveau de la terre.

Pendant la tempête, un bon citoyen, appelé Leroux, envoya partout ses noirs, ouvriers, offrir gratuitement leurs services. Cet homme était menuisier. Il ne faut pas oublier les bonnes actions, surtout ici.

On avait annoncé le 25 une éclipse de lune à cinq heures quatre minutes du soir; mais le mauvais temps empêcha les observations.

L'ouragan arrive tous les ans assez régulièrement au mois de décembre; quelquefois en mars. Comme les vents font le tour de l'horizon, il n'y a point de souterrain où la pluie ne pénètre. Il détruit un grand nombre de rats, de sauterelles et de fourmis, et on est quelque temps sans en voir. Il tient lieu d'hiver, mais ses ravages sont plus terribles. On se ressouviendra long-temps de celui de 1760. On vit un contrevent enlevé en l'air, et dardé comme une flèche dans une couverture. Les mâts inférieurs d'un vaisseau de 64 canons, qui étaient sans vergues, furent tors et rompus. Il n'y a point d'arbre d'Europe qui pût résister à de si violents tourbillons. Nous avons vu comment la nature avait défendu les forêts de ce pays.

JANVIER 1769.

Temps pluvieux, chaud et lourd. Grands orages, mais peu de tonnerre. Comme les coups de vent sont violents dans cette saison, la navigation cesse depuis décembre jusqu'en avril.

Toutes les prairies ont reverdi, le paysage est plus gai, mais le ciel est plus triste.

FÉVRIER.

Temps orageux et coups de vent violents. Le bot l'*Heureux*, envoyé à Madagascar, a péri, ainsi que le vaisseau *le Favori*, parti du Cap.

Le 25 de ce mois, les nuages, rassemblés par le vent de nord-ouest, se formèrent en longue bande immobile depuis la montagne du Pavillon jusqu'à l'île aux Tonneliers. Il en sortit une quantité prodigieuse de coups de tonnerre; l'orage dura depuis six heures du matin jusqu'à midi. La foudre tomba un grand nombre de fois. Un grenadier fut tué d'un coup; une négresse d'un autre, ainsi qu'un bœuf sur l'île aux Tonneliers : un fusil fut fondu dans la maison d'un officier. Ces gens-ci disent qu'il n'y a pas d'exemple que le tonnerre soit tombé dans la ville; pour moi, je n'en ai jamais entendu de si violent : il semblait que c'était un bombardement. Je crois que si on eût tiré le canon, l'explosion eût dissipé ces nuages, qui étaient immobiles.

MARS.

Les pluies sont un peu moins fréquentes; les vents toujours au sud-est. La chaleur supportable.

AVRIL.

La saison est belle. Les herbes commencent à sécher, et quand on y aura mis le feu, il y en a pour sept mois d'un paysage teint en noir.

MAI.

Vers la fin de ce mois, les vents tournèrent à l'ouest et au nord-ouest, suivant l'ordinaire. Nous voilà dans la saison sèche. Je fus aux plaines de Williams, où je trouvai l'air d'une fraîcheur fort agréable.

JUIN.

Les vents sont fixes au sud-est, où ils sont presque toujours. Les petits grains pluvieux recommencent.

Il n'y a point de maladie particulière au pays; mais on y meurt de toutes celles de l'Europe. J'ai vu mourir d'apoplexie, de petite-vérole, de maux de poitrine, d'obstructions au foie, ce qui vient de chagrin plutôt que de la qualité des eaux, comme on le prétend. J'y ai vu une pierre plus grosse qu'un œuf qu'on avait tirée à un noir du pays. J'y ai vu des paralytiques et des goutteux très tourmentés, des épileptiques saisis de leurs accès. Les enfants et les noirs sont très sujets aux vers. Les maladies vénériennes produisent des *crabes* dans ceux-ci : ce sont des crevasses douloureuses qui viennent sous la plante des pieds. L'air y est bon comme en Europe; mais il n'a en lui aucune qualité médicinale : je ne conseille pas même aux goutteux d'y venir, car j'en ai vu rester plus de six mois de suite au lit.

Les tempéraments sont sensiblement altérés aux révolutions des saisons. On y est sujet aux fièvres bilieuses, et la chaleur occasionne aussi des descentes; mais avec de la tempérance et des bains on se porte bien. J'observe cependant qu'on jouit dans les pays froids d'une santé plus forte et d'un esprit plus vigoureux : il est même très-singulier que l'histoire ne parle d'aucun homme célèbre né entre les deux tropiques, excepté Mahomet.

LETTRE XI.

MŒURS DES HABITANTS BLANCS.

L'Ile-de-France était déserte lorsque Mascarenhas la découvrit. Les premiers Français qui s'y établirent furent quelques cultivateurs de Bourbon. Ils y apportèrent une grande simplicité de mœurs, de la bonne foi, l'amour de l'hospitalité, et même de l'indifférence pour les richesses. M. de La Bourdonnais, qui est, en quelque sorte, le fondateur de cette colonie, y amena des ouvriers, bonne espèce d'hommes, et quelques mauvais sujets que leurs parents y avaient fait passer; il les força d'être utiles.

Lorsqu'il eut rendu cette île intéressante par ses travaux, et qu'on la crut propre à devenir l'entrepôt du commerce de l'Inde, il y vint des gens de tout état.

D'abord des employés de la Compagnie. Comme

les premiers emplois de l'île étaient exercés par eux, ils y vécurent à peu près comme les nobles à Venise. Ils joignirent à ces mœurs aristocratiques un peu de cet esprit financier qui effarouche tant l'agriculteur. Tous les moyens d'établissement étaient entre leurs mains. Ils avaient à la fois la police, l'administration et les magasins. Quelques uns faisaient défricher et bâtir, et ils revendaient leurs travaux assez cher à ceux qui cherchaient fortune. On cria contre eux, mais ils étaient tout puissants.

Il s'y établit des marins de la Compagnie, qui depuis long-temps ne peuvent pas concevoir que les dangers et la peine du commerce des Indes soient pour eux, tandis que les honneurs et le profit sont pour d'autres. Cet établissement, voisin des Indes, faisant naître de grandes espérances, ils s'y arrêtèrent; ils étaient mécontents avant de s'y établir, ils le furent encore après.

Il y vint des officiers militaires de la Compagnie. C'étaient de braves gens, dont plusieurs avaient de la naissance. Ils ne pouvaient pas imaginer qu'un militaire pût s'abaisser à aller prendre l'ordre d'un homme qui quelquefois avait été garçon de comptoir : passe pour en recevoir sa paye. Ils n'aimaient pas les marins qui sont trop décisifs : en se faisant habitants, ils ne changèrent point d'esprit, et ne firent pas fortune.

Quelques régiments du roi y relâchèrent, et même y séjournèrent. Des officiers, séduits par la beauté du ciel et par l'amour du repos, s'y fixèrent. Tout ployait sous le nom de la Compagnie. Ce n'était plus de ces distinctions de garnison qui flattent tant l'officier subalterne : chacun avait là ses prétentions; on les regardait presque comme des étrangers. Ce furent de grandes clameurs au nom du roi.

Il y était venu des missionnaires de Saint-Lazare, qui avaient gouverné paisiblement les hommes simples qui s'étaient les premiers établis; mais quand ils virent que la société, en s'augmentant, se divisait, ils s'en tinrent à leurs fonctions curiales et à quelques bonnes habitations : ils n'allaient chez les autres que quand ils y étaient appelés.

Il y passa quelques marchands avec un peu d'argent. Dans une île sans commerce, ils augmentèrent les abus d'un agio qu'ils y trouvèrent établi, et se livrèrent à de petits monopoles. Ils ne tardèrent pas à se rendre odieux à ces différentes classes d'hommes, qui ne pouvaient se souffrir : on les désigna sous le nom de Banians; c'est comme qui dirait Juifs. D'un autre côté, ils affectèrent de mépriser les distinctions particulières de chaque habitant, prétendant qu'après avoir passé la ligne, tout le monde était à peu près égal.

Enfin la dernière guerre de l'Inde y jeta, comme une écume, des banqueroutiers, des libertins ruinés, des fripons, des scélérats, qui, chassés de l'Europe par leurs crimes, et de l'Asie par nos malheurs, tentèrent d'y rétablir leur fortune sur la ruine publique. A leur arrivée, les mécontentements généraux et particuliers augmentèrent; toutes les réputations furent flétries avec un art d'Asie inconnu à nos calomniateurs; il n'y eut plus de femme chaste ni d'homme honnête; toute confiance fut éteinte, toute estime détruite. Ils parvinrent ainsi à décrier tout le monde, pour mettre tout le monde à leur niveau.

Comme leurs espérances ne se fondaient que sur le changement d'administration, ils vinrent enfin à bout de dégoûter la Compagnie, qui céda au roi en 1765 une colonie si orageuse et si dispendieuse.

Pour cette fois on crut que la paix et l'ordre allaient régner dans l'île; mais on n'avait fait qu'ajouter de nouveaux levains à la fermentation.

Il y débarqua un grand nombre de protégés de Paris, pour faire fortune dans une île inculte et sans commerce, où il n'y avait que du papier pour toute monnaie. Ce fut des mécontents d'une autre espèce.

Une partie des habitants, qui restaient attachés à la Compagnie par reconnaissance, virent avec peine l'administration royale. L'autre portion, qui avait compté sur les faveurs du nouveau gouvernement, voyant qu'il ne s'occupait que de plans économiques, fut d'autant plus aigrie qu'elle avait espéré plus long-temps.

A ces nouveaux schismes se joignirent les dissensions de plusieurs corps qui, en France même, ne peuvent se concilier, dans la marine du roi, la plume et l'épée; et enfin l'esprit de chacun des corps militaires et d'administration, lequel n'étant point, comme en Europe, dissipé par les plaisirs ou par les affaires générales, s'isole, et se nourrit de ses propres inquiétudes.

La discorde règne dans toutes les classes, et a banni de cette île l'amour de la société, qui semble devoir régner parmi des Français exilés au milieu des mers, aux extrémités du monde. Tous sont mécontents, tous voudraient faire fortune et s'en aller bien vite. A les entendre, chacun s'en va l'année prochaine. Il y en a qui depuis trente ans tiennent ce langage.

L'officier qui arrive d'Europe y perd bientôt

l'émulation militaire. Pour l'ordinaire il a peu d'argent, et il manque de tout : sa case n'a point de meubles ; les vivres sont très chers en détail ; il se trouve seul consommateur entre l'habitant et le marchand, qui renchérissent à l'envi. Il fait d'abord contre eux une guerre défensive ; il achète en gros ; il songe à profiter des occasions, car les marchandises haussent au double après le départ des vaisseaux. Le voilà occupé à saisir tous les moyens d'acheter à bon marché. Quand il commence à jouir des fruits de son économie, il pense qu'il est expatrié, pour un temps illimité, dans un pays pauvre : l'oisiveté, le défaut de société, l'appât du commerce, l'engagent à faire par intérêt ce qu'il avait fait par nécessité. Il y a sans doute des exceptions, et je les citerais avec plaisir, si elles n'étaient pas un peu nombreuses. M. de Steenhovre, le commandant, y donne l'exemple de toutes les vertus.

Les soldats fournissent beaucoup d'ouvriers, car la chaleur permet aux blancs d'y travailler en plein air. On n'a pas tiré d'eux, pour le bien de cette colonie, un parti avantageux. Souvent, dans les recrues qu'on envoie d'Europe, il se trouve des misérables, coupables des plus grands crimes. Je ne conçois pas la politique d'imaginer que ceux qui troublent une société ancienne peuvent servir à en faire fleurir une nouvelle. Souvent le désespoir prend ces malheureux ; ils s'assassinent entre eux à coups de baïonnette.

Quoique les marins ne fassent qu'aller et venir, ils ne laissent pas d'influer beaucoup sur les mœurs de cette colonie. Leur politique est de se plaindre des lieux d'où ils sont partis, et de ceux où ils arrivent. A les entendre, le bon temps est passé, ils sont toujours ruinés : ils ont acheté fort cher et vendu à perte. La vérité est qu'ils croient n'avoir fait aucun bénéfice, s'ils n'ont vendu à cent cinquante pour cent : la barrique de vin de Bordeaux coûte jusqu'à cinq cents livres ; le reste à proportion. On ne croirait jamais que les marchandises de l'Europe se paient plus ici qu'aux Indes, et celles des Indes plus qu'en Europe. Les marins sont fort considérés des habitants, parcequ'ils en ont besoin. Leurs murmures, leurs allées et venues perpétuelles, donnent à cette île quelque chose des mœurs d'une auberge.

De tant d'hommes de différents états résulte un peuple de différentes nations qui se haïssent très cordialement. On n'y estime que la fausseté. Pour y désigner un homme d'esprit, on dit : C'est un homme fin. C'est un éloge qui ne convient qu'à des renards. La finesse est un vice, et malheur à la société où il devient une qualité estimable ! D'un autre côté, on n'y aime point les gens méfiants. Cela paraît se contredire ; mais c'est qu'il n'y a rien à gagner avec des gens qui sont sur leurs gardes. Le méfiant déconcerte les fripons et les repousse. Ils se rassemblent auprès de l'homme fin : ils l'aident à faire des dupes.

On y est d'une insensibilité extrême pour tout ce qui fait le bonheur des ames honnêtes. Nul goût pour les lettres et les arts. Les sentiments naturels y sont dépravés : on regrette la patrie, à cause de l'Opéra et des filles ; souvent ils sont éteints. J'étais un jour à l'enterrement d'un habitant considérable, où personne n'était affligé ; j'entendis son beau-frère remarquer qu'on n'avait pas fait la fosse assez profonde.

Cette indifférence s'étend à tout ce qui les environne. Les rues et les cours ne sont ni pavées ni plantées d'arbres ; les maisons sont des pavillons de bois, que l'on peut aisément transporter sur des rouleaux ; il n'y a aux fenêtres ni vitres ni rideaux ; à peine y trouve-t-on quelques mauvais meubles.

Les gens oisifs se rassemblent sur la place à midi et au soir ; là on agiote ; on médit, on calomnie. Il y a très peu de gens mariés à la ville. Ceux qui ne sont pas riches s'excusent sur la médiocrité de leur fortune ; les autres veulent, disent-ils, s'établir en France : mais la facilité de trouver des concubines parmi les négresses en est la véritable raison. D'ailleurs il y a peu de partis avantageux : il est rare de trouver une fille qui apporte dix mille francs comptant en mariage.

La plupart des gens mariés vivent sur leurs habitations. Les femmes ne viennent guère à la ville que pour danser ou faire leurs pâques. Elles aiment la danse avec passion. Dès qu'il y a un bal, elles arrivent en foule, voiturées en palanquin. C'est une espèce de litière, enfilée d'un long bambou que quatre noirs portent sur leurs épaules : quatre autres les suivent pour les relayer. Autant d'enfants, autant de voitures attelées de huit hommes, y compris les relais. Les maris économes s'opposent à ces voyages, qui dérangent les travaux de l'habitation ; mais, faute de chemins, il ne peut y avoir de voitures roulantes.

Les femmes ont peu de couleur ; elles sont bien faites, et la plupart jolies. Elles ont naturellement de l'esprit : si leur éducation était moins négligée, leur société serait fort agréable ; mais j'en ai connu qui ne savaient pas lire. Chacune d'elles pouvant réunir à la ville un grand nombre d'hommes, les maîtresses de maisons se soucient peu de se voir hors le temps du bal. Lorsqu'elles sont rassemblées, elles ne se parlent point. Chacune d'elles apporte quelque prétention secrète, qu'elles tirent de la fortune, des emplois ou de la naissance de leurs maris; d'autres comptent sur leur beauté ou leur jeunesse; une Européenne se croit supérieure à une créole, et celle-ci regarde souvent l'autre comme une aventurière.

Quoi qu'en dise la médisance, je les crois plus vertueuses que les hommes, qui ne les négligent que trop souvent pour des esclaves noires. Celles qui ont de la vertu sont d'autant plus louables qu'elles ne la doivent point à leur éducation. Elles ont à combattre la chaleur du climat, quelquefois l'indifférence de leurs maris, et souvent l'ardeur et la prodigalité des jeunes marins : si l'hymen donc se plaint de quelques infidélités, la faute en est à nous, qui avons porté des mœurs françaises sous le ciel de l'Afrique.

Au reste, elles ont des qualités domestiques très estimables; elles sont fort sobres, ne boivent presque jamais que de l'eau. Leur propreté est extrême dans leurs habits. Elles sont habillées de mousseline doublée de taffetas couleur de rose. Elles aiment passionnément leurs enfants. A peine sont-ils nés, qu'ils courent tout nus dans la maison; jamais de maillot; on les baigne souvent; ils mangent des fruits à discrétion; point d'étude, point de chagrin : en peu de temps ils deviennent forts et robustes. Le tempérament s'y développe de bonne heure dans les deux sexes; j'y ai vu marier des filles à onze ans.

Cette éducation, qui se rapproche de la nature, leur en laisse toute l'ignorance; mais les vices des négresses qu'ils sucent avec leur lait, et leurs fantaisies qu'ils exercent avec tyrannie sur les pauvres esclaves, y ajoutent toute la dépravation de la société. Pour remédier à ce mal, les gens aisés font passer de bonne heure leurs enfants en France, d'où ils reviennent souvent avec des vices plus aimables et plus dangereux.

On ne compte guère que quatre cents cultivateurs dans l'île. Il y a environ cent femmes d'un certain état, dont tout au plus dix restent à la ville. Vers le soir, on va en visite dans leurs maisons : on joue, ou l'on s'ennuie. Au coup de canon de huit heures, chacun se retire et va souper chez soi.

Adieu, mon ami; en parlant des hommes, il me fâche de n'avoir que des satires à faire.

Au Port-Louis de l'Ile-de-France, ce 10 février 1769.

LETTRE XII.

DES NOIRS.

Dans le reste de la population de cette île, on compte les Indiens et les nègres.

Les premiers sont les Malabares. C'est un peuple fort doux. Ils viennent de Pondichéry, où ils se louent pour plusieurs années. Ils sont presque tous ouvriers; ils occupent un faubourg appelé le Camp des Noirs. Ce peuple est d'une teinte plus foncée que les insulaires de Madagascar, qui sont de véritables nègres; mais leurs traits sont réguliers comme ceux des Européens, et ils n'ont point les cheveux crépus. Ils sont assez sobres, fort économes, et aiment passionnément les femmes. Ils sont coiffés d'un turban, et portent de longues robes de mousseline, de grands anneaux d'or aux oreilles, et des bracelets d'argent aux poignets. Il y en a qui se louent aux gens riches ou titrés, en qualité de *pions*. C'est une espèce de domestique qui fait à peu près l'office de nos coureurs, excepté qu'il fait toutes ses commissions fort gravement. Il porte, pour marque de distinction, une canne à la main et un poignard à la ceinture. Il serait à souhaiter qu'il y eût un grand nombre de Malabares établis dans l'île, surtout de la caste des laboureurs; mais je n'en ai vu aucun qui voulût se livrer à l'agriculture.

C'est à Madagascar qu'on va chercher les noirs destinés à la culture des terres. On achète un homme pour un baril de poudre, pour des fusils, des toiles, et surtout des piastres. Le plus cher ne coûte guère que cinquante écus.

Cette nation n'a ni le nez si écrasé, ni la teinte si noire que les nègres de Guinée. Il y en a même qui ne sont que bruns; quelques uns, comme les Balambous, ont les cheveux longs. J'en ai vu de blonds et de roux. Ils sont adroits, intelligents, sensibles à l'honneur et à la reconnaissance. La plus grande insulte qu'on puisse faire à un noir est d'injurier sa famille : ils sont peu sensibles aux injures personnelles. Ils font dans leur pays quantité de petits ouvrages avec beaucoup d'industrie. Leur zagaie, ou demi-pique, est très bien forgée, quoiqu'ils n'aient que des pierres pour enclume et pour marteau. Leurs toiles ou pagnes, que leurs femmes ourdissent, sont très fines et bien teintes. Ils les tournent autour d'eux avec grâce. Leur coiffure est une frisure très composée : ce sont des étages de boucles et de tresses entremêlées avec beaucoup d'art : c'est encore l'ouvrage des femmes. Ils aiment passionnément la danse et la musique. Leur instrument est le tam-tam; c'est une espèce d'arc où est adaptée une calebasse. Ils en tirent une sorte d'harmonie douce, dont ils accompagnent les chansons qu'ils composent: l'amour en est toujours le sujet. Les filles dansent aux chansons de leurs amants; les spectateurs battent la mesure et applaudissent.

Ils sont très hospitaliers. Un noir qui voyage entre, sans être connu, dans la première cabane; ceux qu'il y trouve partagent leurs vivres avec lui : on ne lui demande ni d'où il vient, ni où il va ; c'est leur usage.

Ils arrivent avec ces arts et ces mœurs à l'Ile-de-France. On les débarque tout nus avec un chiffon autour des reins. On met les hommes d'un côté, et les femmes à part, avec leurs petits enfants, qui se pressent, de frayeur, contre leurs mères. L'habitant les visite partout, et achète ceux qui lui conviennent. Les frères, les sœurs, les amis, les amants sont séparés; ils se font leurs adieux en pleurant, et partent pour l'habitation. Quelquefois ils se désespèrent; ils s'imaginent que les blancs les vont manger, qu'ils font du vin rouge avec leur sang, et de la poudre à canon avec leurs os.

Voici comme on les traite. Au point du jour, trois coups de fouet sont le signal qui les appelle à l'ouvrage. Chacun se rend avec sa pioche dans les plantations, où ils travaillent, presque nus, à l'ardeur du soleil. On leur donne pour nourriture du maïs broyé, cuit à l'eau, ou des pains de manioc ; pour habit, un morceau de toile. A la moindre négligence, on les attache, par les pieds et par les mains, sur une échelle; le commandeur, armé d'un fouet de poste, leur donne sur le derrière nu cinquante, cent, et jusqu'à deux cents coups. Chaque coup enlève une portion de la peau. Ensuite on détache le misérable tout sanglant; on lui met au cou un collier de fer à trois pointes, et on le ramène au travail. Il y en a qui sont plus d'un mois avant d'être en état de s'asseoir. Les femmes sont punies de la même manière.

Le soir, de retour dans leurs cases, on les fait prier Dieu pour la prospérité de leurs maîtres. Avant de se coucher, ils leur souhaitent une bonne nuit.

Il y a une loi faite en leur faveur, appelée le Code noir. Cette loi favorable ordonne qu'à chaque punition ils ne recevront pas plus de trente coups; qu'ils ne travailleront pas le dimanche ; qu'on leur donnera de la viande toutes les semaines, des chemises tous les ans; mais on ne suit point la loi. Quelquefois, quand ils sont vieux, on les envoie chercher leur vie comme ils peuvent.

Un jour, j'en vis un, qui n'avait que la peau et les os, découper la chair d'un cheval mort pour la manger; c'était un squelette qui en dévorait un autre.

Quand les Européens paraissent émus, les habitants leur disent qu'ils ne connaissent pas les noirs. Ils les accusent d'être si gourmands, qu'ils vont la nuit enlever des vivres dans les habitations voisines; si paresseux, qu'ils ne prennent aucun intérêt aux affaires de leurs maîtres, et que leurs femmes aiment mieux se faire avorter que de mettre des enfants au monde; tant elles deviennent misérables dès qu'elles sont mères de famille!

Le caractère des nègres est naturellement enjoué; mais après quelque temps d'esclavage, ils deviennent mélancoliques. L'amour seul semble encore charmer leurs peines. Ils font ce qu'ils peuvent pour obtenir une femme. S'ils ont le choix, ils préfèrent celles qui ont passé la première jeunesse : ils disent qu'*elles font mieux la soupe*. Ils lui donnent tout ce qu'ils possèdent. Si leur maîtresse demeure chez un autre habitant, ils feront, la nuit, trois ou quatre lieues dans des chemins impraticables pour l'aller voir. Quand ils aiment, ils ne craignent ni la fatigue ni les châtiments. Quelquefois ils se donnent des rendez-vous au milieu de la nuit; ils dansent à l'abri de quelque rocher, au son lugubre d'une calebasse remplie de pois : mais la vue d'un blanc ou l'aboiement de son chien dissipe ces assemblées nocturnes.

Ils ont aussi des chiens avec eux. Tout le monde sait que ces animaux reconnaissent parfaitement dans les ténèbres, non-seulement les blancs, mais les chiens mêmes des blancs. Ils ont pour eux de la crainte et de l'aversion : ils hurlent dès qu'ils approchent. Ils n'ont d'indulgence que pour les noirs et leurs compagnons, qu'ils ne décèlent jamais. Les chiens des blancs, de leur côté, ont adopté les sentiments de leurs maîtres, et, au moindre signal, ils se jettent avec fureur sur les esclaves.

Enfin, lorsque les noirs ne peuvent plus supporter leur sort, ils se livrent au désespoir : les uns se pendent ou s'empoisonnent; d'autres se mettent dans une pirogue, et sans voiles, sans vivres, sans boussole, se hasardent à faire un trajet de deux cents lieues de mer pour retourner à Madagascar. On en a vu aborder; on les a repris et rendus à leurs maîtres.

Pour l'ordinaire ils se réfugient dans les bois, où on leur donne la chasse avec des détachements de soldats, de nègres et de chiens ; il y a des habitants qui s'en font une partie de plaisir. On les relance comme des bêtes sauvages; lorsqu'on ne peut les atteindre, on les tire à coups de fusil : on leur coupe la tête, on la porte en triomphe à la ville, au bout d'un bâton. Voilà ce que je vois presque toutes les semaines.

Quand on attrape les noirs fugitifs, on leur coupe une oreille et on les fouette. A la seconde désertion, ils sont fouettés, on leur coupe un jarret, on les met à la chaîne. A la troisième fois, ils sont pendus; mais alors on ne les dénonce pas, les maîtres craignent de perdre leur argent.

J'en ai vu pendre et rompre vifs; ils allaient au supplice avec joie, et le supportaient sans crier. J'ai vu une femme se jeter elle-même du haut de l'échelle. Ils croient qu'ils trouveront dans un autre monde une vie plus heureuse, et que le Père des hommes n'est pas injuste comme eux.

Ce n'est pas que la religion ne cherche à les consoler. De temps en temps on en baptise. On leur dit qu'ils sont devenus frères des blancs, et qu'ils iront en paradis. Mais ils ne sauraient croire que les Européens puissent jamais les mener au ciel; ils disent qu'ils sont sur la terre la cause de tous leurs maux. Ils disent qu'avant d'aborder chez eux, ils se battaient avec des bâtons ferrés; que nous leur avons appris à se tuer de loin avec du feu et des balles; que nous excitons parmi eux la guerre et la discorde, afin d'avoir des esclaves à bon marché; qu'ils suivaient sans crainte l'instinct de la nature; que nous les avons empoisonnés par des maladies terribles; que nous les laissons souvent manquer d'habits, de vivres, et qu'on les bat cruellement sans raison. J'en ai vu plus d'un exemple. Une esclave, presque blanche, vint, un jour, se jeter à mes pieds : sa maîtresse la faisait lever de grand matin et veiller fort tard; lorsqu'elle s'endormait, elle lui frottait les lèvres d'ordures; si elle ne se léchait pas, elle la faisait fouetter. Elle me priait de demander sa grâce, que j'obtins. Souvent les maîtres l'accordent, et, deux jours après, ils doublent la punition. C'est ce que j'ai vu chez un conseiller dont les noirs s'étaient plaints au gouverneur : il m'assura qu'il les ferait écorcher le lendemain de la tête aux pieds.

J'ai vu, chaque jour, fouetter des hommes et des femmes pour avoir cassé quelque poterie, oublié de fermer une porte; j'en ai vu de tout sanglants, frottés de vinaigre et de sel pour les guérir; j'en ai vu sur le port, dans l'excès de leur douleur, ne pouvoir plus crier; d'autres mordre le canon sur lequel on les attache..... Ma plume se lasse d'écrire ces horreurs, mes yeux sont fatigués de les voir, et mes oreilles de les entendre. Que vous êtes heureux! quand les maux de la ville vous blessent, vous fuyez à la campagne. Vous y voyez de belles plaines, des collines, des hameaux, des moissons, des vendanges, un peuple qui danse et qui chante; l'image, au moins, du bonheur! Ici, je vois de pauvres négresses courbées sur leurs bêches, avec leurs enfants nus collés sur le dos; des noirs qui passent en tremblant devant moi; quelquefois j'entends au loin le son de leur tambour, mais plus souvent celui des fouets qui éclatent en l'air comme des coups de pistolet, et des cris qui vont au cœur..... *Grace, monsieur!.... Miséricorde!* Si je m'enfonce dans les solitudes, j'y trouve une terre raboteuse, toute hérissée de roches, des montagnes portant au-dessus des nuages leurs sommets inaccessibles, et des torrents qui se précipitent dans des abîmes. Les vents qui grondent dans ces vallons sauvages, le bruit sourd des flots qui se brisent sur les récifs, cette vaste mer qui s'étend au loin vers des régions inconnues aux hommes, tout me jette dans la tristesse, et ne porte dans mon ame que des idées d'exil et d'abandon.

Au Port-Louis de l'Ile-de-France, ce 25 avril 1760.

P. S. Je ne sais pas si le café et le sucre sont nécessaires au bonheur de l'Europe, mais je sais bien que ces deux végétaux ont fait le malheur de deux parties du monde. On a dépeuplé l'Amérique afin d'avoir une terre pour les planter; on dépeuple l'Afrique afin d'avoir une nation pour les cultiver.

Il est, dit-on, de notre intérêt de cultiver des denrées qui nous sont devenues nécessaires, plutôt que de les acheter de nos voisins. Mais puisque les charpentiers, les couvreurs, les maçons et les autres ouvriers européens travaillent ici en plein soleil, pourquoi n'y a-t-on pas des laboureurs blancs? Mais que deviendraient les propriétaires actuels? ils deviendraient plus riches. Un habitant serait à son aise avec vingt fermiers, il est pauvre avec vingt esclaves. On en compte ici vingt mille qu'on est obligé de renouveler tous les ans d'un dix-huitième. Ainsi la colonie, abandonnée à elle-même, se détruirait au bout de dix-huit ans; tant il est vrai qu'il n'y a point de population sans liberté et sans propriété, et que l'injustice est une mauvaise ménagère!

On dit que le Code noir est fait en leur faveur. Soit; mais la dureté des maîtres excède les punitions permises, et leur avarice soustrait la nourriture, le repos et les récompenses qui sont dues. Si ces malheureux voulaient se plaindre, à qui se plaindraient-ils ? leurs juges sont souvent leurs premiers tyrans.

Mais on ne peut contenir, dit-on, que par une grande sévérité ce peuple d'esclaves : il faut des supplices, des colliers de fer à trois crochets, des fouets, des blocs où on les attache par le pied, des chaînes qui les prennent par le cou ; il faut les traiter comme des bêtes, afin que les blancs puissent vivre comme des hommes... Ah ! je sais bien que quand on a une fois posé un principe très injuste, on n'en tire que des conséquences très inhumaines.

Ce n'était pas assez pour ces malheureux d'être livrés à l'avarice et à la cruauté des hommes les plus dépravés, il fallait encore qu'ils fussent le jouet de leurs sophismes.

Des théologiens assurent que pour un esclavage temporel, ils leur procurent une liberté spirituelle. Mais la plupart sont achetés dans un âge où ils ne peuvent jamais apprendre le français, et les missionnaires n'apprennent point leur langue. D'ailleurs ceux qui sont baptisés sont traités comme les autres.

Ils ajoutent qu'ils ont mérité les châtiments du ciel, en se vendant les uns les autres. Est-ce donc à nous à être leurs bourreaux ? Laissons les vautours détruire les milans.

Des politiques ont excusé l'esclavage, en disant que la guerre le justifiait. Mais les noirs ne nous la font point. Je conviens que les lois humaines le permettent : au moins devrait-on se renfermer dans les bornes qu'elles prescrivent.

Je suis fâché que des philosophes qui combattent les abus avec tant de courage n'aient guère parlé de l'esclavage des noirs que pour en plaisanter. Ils se détournent au loin ; ils parlent de la Saint-Barthélemy, du massacre des Mexicains par les Espagnols, comme si ce crime n'était pas celui de nos jours, et auquel la moitié de l'Europe prend part. Y a-t-il donc plus de mal à tuer tout d'un coup des gens qui n'ont pas nos opinions, qu'à faire le tourment d'une nation à qui nous devons nos délices ? Ces belles couleurs de rose et de feu dont s'habillent nos dames, le coton dont elles ouatent leurs jupes ; le sucre, le café, le chocolat de leurs déjeuners, le rouge dont elles relèvent leur blancheur : la main des malheureux noirs a préparé tout cela pour elles. Femmes sensibles, vous pleurez aux tragédies, et ce qui sert à vos plaisirs est mouillé des pleurs et teint du sang des hommes !

LETTRE XIII.

AGRICULTURE, HERBES, LÉGUMES ET FLEURS APPORTÉS DANS L'ILE.

Le gouvernement a fait apporter la plupart des plantes, des arbres et des animaux que je vais décrire. Quelques habitants y ont contribué, entre autres MM. de Cossigny, Poivre, Hermans et Le Juge. J'eusse désiré savoir le nom des autres, afin de leur rendre l'honneur qu'ils méritent. Le don d'une plante utile me paraît plus précieux que la découverte d'une mine d'or, et un monument plus durable qu'une pyramide.

Voici dans quel ordre je les dispose. 1° Les plantes qui se reproduisent d'elles-mêmes, et qui se sont comme naturalisées dans la campagne ; 2° celles qu'on cultive dans la campagne ; 3° les herbes des jardins potagers ; 4° celles des jardins à fleurs. Je suivrai le même plan pour les arbrisseaux et les arbres. De ceux que je connais, je n'en omettrai aucun. On ne doit pas dédaigner de décrire ce que la nature n'a pas dédaigné de former.

1° Plantes sauvages.

On trouve dans quelques plaines voisines de la ville une espèce d'indigo, que je crois étranger à l'île. On n'en tire aucun parti.

Le pourpier croît dans les lieux sablonneux ; il peut être naturel au pays : je serais assez porté à le croire, en ce qu'il est de la famille des plantes grasses. La nature paraît avoir destiné cette classe, qui croît dans les lieux les plus arides, à faciliter d'autres végétations.

Le cresson se trouve dans tous les ruisseaux. On l'a apporté il y a dix ans. La dent-de-lion ou pissenlit et l'absinthe croissent volontiers dans les décombres et sur les terres remuées ; mais surtout la molène y étale ses larges feuilles cotonnées, et y élève sa girandole de fleurs jaunes à une hauteur extraordinaire.

La squine (qui n'est pas la plante de Chine de ce nom) est un gramen de la grandeur des plus beaux seigles. Elle s'étend chaque jour en étouffant les autres herbes. Elle a le défaut d'être coriace lorsqu'elle est sèche. Il faudrait la couper avant sa maturité. Elle n'est verte que cinq mois de l'année ; ensuite on y met le feu, malgré les ordonnances. Ces incendies brûlent et dessèchent les lisières des bois.

L'herbe blanche (ainsi nommée de la couleur de sa fleur) a été apportée comme un bon fourrage. Aucun animal n'en peut manger. Sa graine ressemble à celle du cerfeuil; elle se multiplie si vite, qu'elle est devenue un des fléaux de l'agriculture.

La brette, dont le nom, en langue indienne, signifie *une feuille bonne à manger*, est une espèce de morelle. Il y en a de deux sortes: l'une appelée *brette de Madagascar*: sa feuille est un peu épineuse, mais douce au goût; c'est un aliment purgatif. L'autre, d'un usage plus commun, se sert sur les tables comme les épinards. C'est le seul mets à la discrétion des noirs; il croît partout: l'eau où cette feuille a bouilli est fort amère; ils y trempent leur manioc et ils y mêlent leurs larmes.

2° Plantes que l'on cultive à la campagne.

Le manioc, dont on distingue une seconde espèce appelée *camaignoc*. Il vient dans les lieux les plus secs; son suc a perdu sa qualité vénéneuse: c'est une sorte d'arbrisseau dont la feuille est palmée comme celle du chanvre. Sa racine est grosse et longue comme le bras; on la râpe, et, sans la presser, on en fait des gâteaux fort lourds. On en donne trois livres par jour à chaque nègre pour toute nourriture. Ce végétal se multiplie aisément. M. de La Bourdonnais l'a fait venir d'Amérique. C'est une plante fort utile, en ce qu'elle est à l'abri des ouragans, et qu'elle assure la subsistance des nègres. Les chiens n'en veulent point.

Le maïs, ou blé turc, y vient très beau: c'est un grain précieux; il rapporte beaucoup, et ne se garde qu'un an, parceque les mites s'y mettent. On devrait encourager en Europe la culture d'un blé qu'on ne peut emmagasiner. Il sert à nourrir les noirs, les poules et les bestiaux. Observez que quelques habitants font de grands éloges du maïs et du manioc, mais ils n'en mangent point. J'en ai vu présenter de petits gâteaux au dessert. Quand il y a beaucoup de sucre, de farine de froment et de jaunes d'œufs, ils sont assez bons.

Le blé y croît bien: il ne s'élève pas à une grande hauteur. On le plante par grain, à la main, à cause des rochers: on le coupe avec des couteaux, et on le bat avec des baguettes. Il ne se garde guère plus de deux ans. Au rapport de Pline, en Barbarie et en Espagne on le mettait avec son épi dans des trous en terre, en prenant garde d'y introduire de l'air. Varron dit qu'on le conservait ainsi cinquante ans, et le millet un siècle. Pompée trouva à Ambracia des fèves gardées de cette manière du temps de Pyrrhus; ce qui faisait près de cent vingt ans. Mais Pline ne veut pas que la terre soit cultivée par des forçats ou des esclaves, *qui ne font*, dit-il, *rien qui vaille*. Quoique la farine du blé de l'Ile-de-France ne soit jamais bien blanche, j'en préfère le pain à celui des farines d'Europe, qui s'éventent ou s'échauffent toujours dans le voyage.

Le riz, le meilleur et peut-être le plus sain des aliments, y réussit très bien. Il se garde plus longtemps que le blé, et rapporte davantage. Il aime les lieux humides; il y en a de plus de sept espèces en Asie, dont une croît dans les lieux secs: il serait à souhaiter qu'elle fût cultivée en Europe, à cause de sa fertilité.

Le petit mil rapporte dans une abondance prodigieuse. On ne le donne guère qu'aux noirs et aux animaux. L'avoine y réussit, mais on en cultive peu. Tout ce qui ne sert qu'au bien-être des esclaves et des bêtes y est fort négligé.

Le tabac n'y est pas d'une bonne qualité. Il n'y a que les nègres qui en cultivent pour leur usage.

La fataque est un gramen à larges feuilles, de la nature d'un petit roseau. On en fait de bonnes prairies artificielles. Il vient de Madagascar.

On a essayé, mais sans succès, d'y faire croître le sainfoin, le trèfle, le lin, le chanvre et le houblon.

3° Plantes potagères.

Viendront, 1° celles qui sont utiles par leurs fruits; 2° par leurs feuilles ou tiges; 3° par leurs racines ou bulbes.

Vous observerez que la plupart de nos légumes y dégénèrent, et que tous les ans ceux qui ont envie d'en avoir de passables font venir des graines de l'Europe ou du cap de Bonne-Espérance. Les petits pois sont coriaces et sans sucre; les haricots sont durs: il y en a une espèce plus grande et plus tendre, appelée *pois du Cap*; elle mériterait d'être connue en France. Une autre espèce de haricot, dont on fait des tonnelles: on hache sa gousse en vert, et on l'accommode en petits pois; il n'est pas mauvais. La fève de marais y vient assez bien. On fait des berceaux avec les rameaux d'une fève dont la gousse est longue d'un pied: son grain est fort gros, on n'en fait point usage.

Les artichauts y poussent de grandes feuilles et de petits fruits. Les cardons y sont toujours coriaces; on en fait des haies, car ils sont fort épineux et s'élèvent très haut.

Le giraumont est une citrouille moins grosse que la nôtre, et je crois, s'il est possible, encore plus fade. Le concombre est plus petit, et vient en moindre quantité qu'en Europe. Le melon n'y vaut rien, quoique vanté parce qu'il y est rare; la pastèque, ou melon d'eau, est un peu meilleure: le ciel leur est favorable; mais le sol, qui est tenace, leur est contraire. Il y croît des courges d'une grosseur énorme et d'une utilité préférable : c'est la vaisselle des noirs.

La bringelle ou aubergine de deux espèces : l'une à petit fruit rond et jaune; sa tige est fort épineuse : elle vient de Madagascar; l'autre, que l'on connaît aussi à Paris, est un fruit violet, de la grosseur et de la forme d'une grosse figue. Quand ce fruit est bien assaisonné et bien grillé, il n'est pas mauvais.

Il y a deux sortes de piments : celui qui est connu en Europe, et un autre qui est naturel au pays; celui-ci est un arbrisseau dont les fruits sont très petits, et brillent comme des grains de corail sur un feuillage du plus beau vert. Les créoles l'emploient dans tous leurs ragoûts. Il n'y a point de poivre si violent; il brûle les lèvres comme un caustique. On l'appelle *piment enragé*.

L'ananas, le plus beau des fruits, par les mailles de sa cuirasse, par son panache teint en pourpre et par son odeur de violette, n'y mûrit jamais parfaitement. Son suc est très froid, et dangereux à l'estomac. Son écorce a un goût fort poivré et brûlant; c'est peut-être un correctif. La nature a mis souvent les contraires dans les mêmes sujets : l'écorce du citron échauffe, son suc rafraîchit; le cuir de la grenade resserre, ses grains relâchent, etc.

Les fraises commencent à se multiplier dans les endroits frais. Elles ont moins de parfum et de sucre que les nôtres; elles produisent peu, ainsi que le framboisier, dont le fruit a dégénéré. Il y en a une très belle espèce de Chine, qui vient de la grosseur des cerises et en abondance; mais elle n'a ni saveur ni odeur.

Les épinards y sont rares; le cresson des jardins, l'oseille, le cerfeuille, le persil, le fenouil, le céleri, portent des tiges filandreuses, et s'y multiplient avec peine. Les poirées, les laitues, les chicorées, les choux-fleurs y sont plus petits et moins tendres que les nôtres; le chou, le plus utile des légumes et qui réussit partout, y vient bien; la pimprenelle, le pourpier doré, la sauge, y croissent en abondance; mais surtout la capucine, qui s'élève en grands espaliers, et y est une plante vivace.

L'asperge y est de la grosseur d'une ficelle; elle y a dégénéré pour la taille et pour le goût, ainsi que les carottes, les panais, les navets, les salsifis, les radis et les raves, qui sont trop épicés. Il y a cependant une espèce de raves de Chine qui y réussit bien. La betterave y vient très belle, mais très ligneuse. La pomme de terre, *solanum tuberosum*, n'y est pas plus grosse qu'une noix. Celle des Indes, qu'on appelle *cambar*, y pèse souvent plus d'une livre. Sa peau est d'un beau violet; audedans elle est très blanche et très fade : on en donne pour aliment aux noirs. Elle multiplie beaucoup, ainsi que la patate, dont quelques espèces sont préférables à nos châtaignes. Le safran est une racine qui teint en jaune les ragoûts, ainsi que le pistil de celui d'Europe. Le gingembre y est moins chaud que celui des Indes. La pistache, qui n'est pas le fruit du pistachier, est une petite amande qui croît en terre, dans une coque ridée. Elle est assez bonne rôtie, mais elle est indigeste. On la cultive pour en tirer de l'huile à brûler. Cette plante est une espèce de phénomène en botanique, car il est rare que les végétaux qui donnent des fruits huileux les produisent sous terre.

Les ciboules, les poireaux, les oignons y sont plus petits qu'en France, et même qu'à l'île de Bourbon, qui est dans le voisinage.

4° Plantes d'agrément.

Je vous parlerai d'abord des nôtres, ensuite de celles d'Asie et d'Afrique.

Le réséda, la balsamine, la tubéreuse, le pied-d'alouette, la grande marguerite de Chine, les œillets de la petite espèce, s'y plaisent autant qu'en Europe; les grands œillets et les lis y jettent beaucoup de feuilles, et portent rarement des fleurs. Les anémones, la renoncule, l'œillet et la rose d'Inde, y viennent mal, ainsi que la giroflée et les pavots. Je n'ai point vu d'autres plantes à fleurs d'Europe chez les curieux. Plusieurs se sont donné des soins inutiles pour y faire venir le thym, la lavande, la marguerite des prés, les violettes si simples et si belles, et le coquelicot, dont l'écarlate brille avec l'azur des bluets sur l'or de vos moissons. Heureux Français! un coin de vos campagnes est plus magnifique que le plus beau de nos jardins.

En simples plantes à fleurs d'Afrique, je ne connais qu'une belle immortelle du Cap, dont les grains sont gros et rouges comme des fraises, et viennent en grappe au sommet d'une tige, et dont les feuilles ressemblent à des morceaux de drap gris; une autre immortelle à fleurs pourpres qui vient partout; un jonc de la grosseur d'un crin, qui porte un groupe de fleurs blanches et violettes adossées : de loin ce bouquet paraît en l'air; il vient du Cap, ainsi qu'une sorte de tulipe qui n'a que deux feuilles collées contre la terre, qu'elles semblent saisir; une plante de Chine qui se sème d'elle-même, à petites fleurs en rose : chaque tige en donne cinq ou six, toutes variées à la fois, depuis le rouge sang de bœuf jusqu'à la couleur de brique. Aucune de ces fleurs n'a d'odeur; même celles d'Europe la perdent.

Les aloès s'y plaisent. On pourrait tirer parti de leurs feuilles, dont la sève donne une gomme médicinale, et dont les fils sont propres à faire de la toile. Ils croissent sur les rochers et dans les lieux brûlés du soleil. Les uns sont tout en feuilles, fortes et épaisses, de la grandeur d'un homme, armées d'un long dard : il s'élève du centre une tige de la hauteur d'un arbre, toute garnie de fleurs, d'où tombent des aloès tout formés. Les autres sont droits comme de grands cierges à plusieurs pans garnis d'épines très aiguës : ceux-là sont marbrés, et ressemblent à des serpents qui rampent à terre.

Il semble que la nature ait traité les Africains et les Asiatiques en Barbares, à qui elle a donné des végétaux magnifiques et monstrueux, et qu'elle agisse avec nous comme avec des êtres amis et sensibles. Oh! quand pourrai-je respirer le parfum des chèvre-feuilles, me reposer sur ces beaux tapis de lait, de safran et de pourpre que paissent nos heureux troupeaux, et entendre les chansons du laboureur qui salue l'aurore avec un cœur content et des mains libres!

Au Port-Louis de l'Ile-de-France, ce 29 mai 1769.

LETTRE XIV.

ARBRISSEAUX ET ARBRES APPORTÉS A L'ILE-DE-FRANCE.

Nous avons ici le rosier, qui multiplie si aisément qu'on en fait des haies. Sa fleur n'est ni si touffue ni si odorante que la nôtre; il y en a plusieurs variétés, entre autres une petite espèce de Chine, qui fleurit toute l'année. Les jasmins d'Espagne et de France s'y sont bien naturalisés; je parlerai de ceux d'Asie à leur article. Il y a des grenadiers à fleur double et à fruit; mais ceux-ci rapportent peu. Le myrte n'y vient pas si beau qu'en Provence.

Voilà tous les arbrisseaux d'Europe. Ceux d'Asie, d'Afrique et d'Amérique sont : le cassis, dont la feuille est découpée; ce cassis ne ressemble point au nôtre : c'est un grand arbrisseau qui se couvre de fleurs jaunes, odorantes, semblables à de petites houppes : elles donnent un haricot dont la graine sert à teindre en noir. Comme il est épineux, on en fait de bonnes haies.

La foulsapatte, mot indien qui signifie *fleur de cordonnier* : sa fleur, frottée sur le cuir, le teint en noir. Cet arbrisseau a un feuillage d'un beau vert, plus large que celui du charme, au milieu duquel brillent ses fleurs, semblables à de gros œillets d'un rouge foncé : on en fait des charmilles. Il y en a plusieurs variétés.

La poincillade, originaire d'Amérique, est une espèce de ronce qui porte des girandoles de fleurs jaunes et rouges, d'où sortent des aigrettes couleur de feu. Cette fleur est très belle, mais elle passe vite; elle donne un haricot. Sa feuille est divisée comme celle des arbrisseaux légumineux.

Le jalap donne des fleurs en entonnoir, d'un rouge cramoisi, qui ne s'ouvrent que la nuit. Elles ont une odeur de tubéreuse : j'en ai vu de deux espèces.

La vigne de Madagascar est une liane dont on fait des berceaux; elle donne une fleur jaune. Ses feuilles cotonnées paraissent couvertes de farine. Il y a plusieurs autres espèces de lianes à fleur dans les jardins; mais j'en ignore les noms.

Le mougris est un jasmin dont la feuille ressemble à celle de l'oranger. Il y en a à fleur double et simple; son odeur est très agréable.

Le frangipanier est un jasmin d'une autre espèce : cet arbrisseau croît de la forme d'un bois de cerf; de l'extrémité de ses cornichons sortent des bouquets de longues feuilles, au centre desquelles se trouvent de grandes fleurs blanches en entonnoir, d'une odeur charmante.

Le lilas des Indes vient et meurt fort vite; sa feuille est découpée et d'un beau vert. Il se charge de grappes de fleurs d'une odeur assez douce, qui se changent en graines. Cet arbrisseau s'élève à la hauteur d'un arbre; son port est agréable; son vert est plus beau, mais sa fleur est moins belle que celle de notre lilas, qui n'y vient point. Celui de Perse y réussit peu. Il y a des lauriers-thyms, des lauriers-roses, et le citronnier-galet, dont on fait des haies; son fruit est rond, petit, et très acide. Le palma-christi croît partout; son huile est un vermifuge.

Le poivrier est une liane qui s'accroche comme le lierre : il végète bien, mais ne donne pas de fruit. On ne sait pas si l'arbrisseau du thé, qu'on y a apporté de la Chine, s'y plaira, ainsi que le rotin, d'un usage aussi universel aux Indes que l'osier en Europe.

Le cotonnier vient dans les lieux les plus secs, en arbrisseau. Il porte une jolie fleur jaune, à laquelle succède une gousse qui contient sa bourre. On ne récolte pas son coton, faute de moulins pour l'éplucher : d'ailleurs on n'en fait pas commerce. Sa graine fait venir le lait aux nourrices.

La canne à sucre y mûrit bien; les habitants en font une liqueur appelée flangourin, qui ne vaut pas grand'chose. Il n'y a qu'une sucrerie dans l'île.

Le cafier est l'arbre ou l'arbrisseau le plus utile de l'île. C'est une espèce de jasmin. Sa fleur est blanche; ses feuilles, d'un beau vert, sont opposées, et de la forme de celles du laurier. Son fruit est une olive rouge comme une cerise, qui se sépare en deux fèves. On les plante à sept pieds et demi de distance; on les étête à six pieds de hauteur. Il ne dure que sept ans : à trois ans il est dans son rapport. On évalue le produit annuel de chaque arbre à une livre de graines. Un noir peut en cultiver par an un millier de pieds, indépendamment des grains nécessaires à sa subsistance. L'île ne produit pas encore assez de café pour sa consommation. Les habitants prétendent qu'il suit en qualité celui de Moka.

Parmi les arbres d'Europe, le pin, le sapin et le chêne y végètent jusqu'à une hauteur médiocre; après quoi ils dépérissent.

J'y ai vu aussi des cerisiers, des abricotiers, des néfliers, des pommiers, des poiriers, des oliviers, des mûriers ; mais sans fruits, quoique quelques uns donnent des fleurs. Le figuier y rapporte des fruits médiocres, la vigne n'y réussit pas en échalas; elle donne en treille des grappes, dont il ne mûrit qu'une partie [1] à la fois, comme celles des jardins d'Alcinoüs; ce qui ne vaut rien pour la vendange. Le pêcher donne assez de fruits, d'un bon goût, mais qui ne sont jamais fondants. Il y a un pou blanc qui les détruit.

Ces arbres sont ici dans une sève perpétuelle; peut-être serait-il avantageux de les enfouir en terre pour arrêter leur végétation. Il faudrait essayer de les préserver de la chaleur, comme on les garantit du froid dans le nord de l'Allemagne. Ces arbres d'Europe quittent ici leurs feuilles dans la saison froide, qui est votre été; cependant la chaleur et l'humidité sont égales à celles de vos printemps : il y a donc quelque cause inconnue de la végétation.

Les arbres étrangers de simple agrément sont le laurier, qui s'y plaît, ainsi que l'agati de plusieurs sortes, dont la feuille est découpée, et qui donne des grappes de fleurs blanches papillonacées, auxquelles succèdent de longues gousses légumineuses. Les Chinois le représentent souvent dans leurs paysages.

Le polcher vient de l'Inde. Son feuillage est touffu; sa feuille est en cœur. Il ne sert qu'à donner de l'ombre. Il donne un fruit inutile, de la nature du bois et de la forme d'une nèfle.

Le bambou ressemble de loin à nos saules. C'est un roseau qui s'élève aussi haut que les plus grands arbres, et qui jette des branches garnies de feuilles comme celles de l'olivier : on en fait de belles avenues, que le vent fait murmurer sans cesse. Il croît vite, et on peut employer ses cannes aux mêmes usages que les branches d'osier. Il y a beaucoup de toiles des Indes où ce roseau est assez mal figuré.

Les arbres fruitiers sont : l'attier, dont la fleur triangulaire, formée d'une substance solide, a un goût de pistache; son fruit ressemble à une pomme de pin : quand il est mûr, il est rempli d'une crème blanche sucrée, et d'une odeur de fleur d'orange. Il est plein de pepins noirs. L'atte est fort agréable, mais on s'en lasse bien vite. Il échauffe, et donne des maux de gorge.

Le manguier est un fort bel arbre : les Indiens le représentent souvent sur leurs étoffes de soie. Il se couvre de superbes girandoles de fleurs, comme le marronnier d'Inde. Il leur succède quantité de fruits de la forme d'une très grosse prune aplatie, couverte d'un cuir d'une odeur de térébenthine. Ce fruit a un goût vineux et agréable; et, son odeur à part, il pourrait le disputer en bonté à nos bons fruits d'Europe. Il ne fait jamais de mal. On pourrait, je crois, en tirer une boisson saine et agréable. Il a l'inconvénient d'être chargé de fruits dans le temps des ouragans, qui en font tomber la plus grande partie.

Le bananier vient partout. Il n'a point de bois : ce n'est qu'une touffe de feuilles qui s'élèvent en colonne, et qui s'épanouissent au sommet en larges bandes d'un beau vert satiné. Au bout d'un an, il sort du sommet une longue grappe toute hérissée de fruits de la forme d'un concombre; deux de ces régimes font la charge d'un noir : ce fruit, qui est pâteux, est d'un goût agréable et fort nourrissant; les noirs l'aiment beaucoup. On leur en donne au jour de l'an pour leurs étrennes, et ils comptent leurs tristes années par le nombre de *fêtes bananes*. Des fils du bananier on peut faire de la toile. La forme de ses feuilles semblables à des ceintures de soie, la longueur de sa grappe qui descend à la hauteur d'un homme, et dont l'extrémité violette ressemble à une tête de serpent, peuvent lui avoir fait donner le nom de figuier d'Adam. Ce fruit dure toute l'année : il y en a de beaucoup d'espèces; les uns de la grosseur d'une prune, d'autres de la longueur du bras.

---

[1] En Europe, les fruits du même arbre arrivent presque ensemble à leur maturité : ici c'est tout le contraire; ils mûrissent tous successivement, ce qui varie singulièrement le goût des mêmes fruits cueillis sur le même arbre.

Le goyavier ressemble assez au néflier. Sa fleur est blanche. Son fruit a toujours une odeur de punaise; il est astringent. C'est le seul des fruits de ce pays où j'aie trouvé des vers.

Le jam-rose est un arbre qui donne un bel ombrage. Il s'élève peu; ses fruits ont l'odeur d'un bouton de rose; ils sont d'un goût un peu sucré et insipide.

Le papayer est une espèce de figuier sans branches. Il croît vite, et s'élève comme une colonne avec un chapiteau de larges feuilles. De son tronc sortent ses fruits, semblables à de petits melons, d'une saveur médiocre : leurs grains ont le goût de cresson. Le tronc de cet arbre est d'une substance de navet. Le papayer femelle ne porte que des fleurs; elles sont d'une forme et d'une odeur aussi agréables que celles du chèvre-feuille.

Le badamier semble avoir été formé pour donner de l'ombrage. Il s'élève comme une belle pyramide, formée de plusieurs étages bien séparés les uns des autres : on pourrait dans leurs intervalles construire des cabinets charmants; son feuillage est beau. Il donne quelques amandes d'assez bon goût.

L'avocat est un assez bel arbre. Il donne une poire qui renferme un gros noyau. La substance de ce fruit est semblable à du beurre. Quand on l'assaisonne avec le sucre et le jus de citron, il n'est pas mauvais. Il échauffe.

Le jacq est un arbre d'un beau feuillage, qui donne un fruit monstrueux. Il est de la grosseur d'une longue citrouille; sa peau est d'un beau vert, et toute chagrinée. Il est rempli de grains dont on mange l'enveloppe, qui est une pellicule blanche, gluante et sucrée. Il a une odeur empestée de fromage pourri. Ce fruit est aphrodisiaque[1] : j'ai vu des femmes qui l'aimaient passionnément.

Le tamarinier porte une belle tête; ses feuilles sont opposées sur une côte, et se ferment la nuit, comme la plupart des plantes légumineuses. Sa gousse donne un mucilage dont on fait d'excellente limonade. Il s'est perpétué dans les bois.

Il y a plusieurs espèces d'orangers, entre autres une qui donne une orange appelée mandarine, grosse comme une pomme d'api. Une grosse espèce de pamplemousse, orange à chair rouge, d'un goût médiocre. Un citronnier qui donne de très gros fruits avec peu de suc.

On y a planté le cocotier, sorte de palmier qui se plaît dans le sable. C'est un des arbres les plus utiles du commerce des Indes; cependant il ne sert guère qu'à donner de mauvaise huile et de mauvais câbles. On prétend qu'à Pondichéry chaque cocotier rapporte une pistole par an. Des voyageurs font de grands éloges de son fruit; mais notre lin donnera toujours de plus belle toile que sa bourre, nos vins seront toujours préférés à sa liqueur, et nos simples noisettes à sa grosse noix.

Le cocotier se plaît tellement près de l'eau salée, qu'on met du sel dans le trou où l'on plante son fruit, pour faciliter le développement du germe. Le coco paraît destiné à flotter dans la mer par une bourre qui l'aide à surnager, et par la dureté de sa coque, impénétrable à l'humidité. Elle ne s'ouvre pas par une suture, comme nos noix; mais le germe sort par un des trois petits trous que la nature a ménagés à son extrémité, après les avoir recouverts d'une pellicule. On a trouvé des cocotiers sur le bord de la mer, dans des îles désertes, et jusque sur les bancs de sable. Ce palmier est l'arbre des rivages méridionaux, comme le sapin est l'arbre du nord, et le dattier celui des montagnes brûlées de la Palestine.

Je ne crois pas me tromper en disant que le coco a été fait pour flotter, et pour germer ensuite dans les sables; chaque graine a sa manière de se ressemer qui lui est propre; mais cet examen me mènerait trop loin. Peut-être l'entreprendrai-je un jour, et ce sera avec grand plaisir. L'étude de la nature dédommage de celle des hommes; elle nous fait voir partout l'intelligence de concert avec la bonté. Mais s'il était possible en cela de se tromper encore, si tout ce qui environne l'homme était fait pour l'égarer, au moins choisissons nos erreurs, et préférons celles qui consolent.

Quant à ceux qui croient que la nature, en élevant si haut le fruit lourd du cocotier, s'est fort écartée de la loi qui fait ramper la citrouille, ils ne font pas attention que le cocotier n'a qu'une petite tête qui donne fort peu d'ombre : on n'y va point, comme sous les chênes, chercher l'ombrage et la fraîcheur. Pourquoi ne pas observer plutôt qu'aux Indes comme en Europe les arbres fruitiers qui donnent des fruits mous sont d'une hauteur médiocre, afin qu'ils puissent tomber à terre sans se briser; qu'au contraire, ceux qui portent des fruits durs, comme le coco, la châtaigne, le gland, la noix, sont fort élevés, parceque leurs fruits en tombant n'ont rien à risquer? D'ailleurs les arbres feuillés des Indes donnent, comme en Europe, de l'ombre sans danger. Il y en a qui donnent de très gros fruits, comme le jacq; mais alors ils les portent attachés au tronc, et à la portée de la

---

[1] On sait qu'Aphrodite est un des noms de Vénus.

main : ainsi la nature, que l'homme accuse d'imprudence, a ménagé à la fois son abri et sa nourriture.

Depuis peu on a découvert un crabe qui loge au pied des cocotiers. La nature lui a donné une longue patte terminée par un ongle. Elle lui sert à tirer la substance du fruit par ses trous. Il n'a point de grosses pinces comme les autres crabes : elles lui seraient inutiles. Cet animal se trouve sur l'île des Palmes, au nord de Madagascar, découverte en 1769 par le naufrage du vaisseau *l'Heureux*, qui y périt en allant au Bengale. Ce crabe servit de nourriture à l'équipage.

On vient de trouver à l'île Séchelles un palmier qui porte des cocos doubles, dont quelques uns pèsent plus de quarante livres. Les Indiens lui attribuent des vertus merveilleuses. Ils le croyaient une production de la mer, parceque les courants en jetaient quelquefois sur la côte Malabre; ils l'appelaient *coco marin*. Ce fruit, dépouillé de sa bourre [1], *mulieris corporis bifurcationem cum naturà et pilis repræsentat*. Sa feuille, faite en éventail, peut couvrir la moitié d'une case. Comme tout est compensé, l'arbre qui donne cet énorme coco en rapporte au plus trois ou quatre : le cocotier ordinaire porte des grappes où il y en a plus de trente. J'ai goûté de l'un et de l'autre fruit, qui m'ont paru avoir la même saveur. On a planté à l'Ile-de-France des cocos marins qui commencent à germer.

Il y a encore quelques arbres qui ne sont guère que des objets de curiosité, comme le dattier, qui donne rarement des fruits; le palmier qui porte le nom d'araque, et celui qui produit le sagou. Le caneficier et l'acajou n'y donnent que des fleurs sans fruits. Le cannellier, dont j'ai vu des avenues, ressemble à un grand poirier par son port et son feuillage. Ses petites grappes de fleurs sentent les excréments; sa cannelle est peu aromatique. Il n'y a qu'un seul cacaotier dans l'île; ses fruits ne mûrissent jamais. On doit y apporter le muscadier et le giroflier[2] : le temps décidera du succès de ces arbres, transplantés des environs de la ligne au 20e degré de latitude.

On y a planté depuis long-temps quelques pieds de ravinesara, espèce de muscadier de Madagascar; des mangoustans et des litchi, qui produisent, dit-on, les meilleurs fruits du monde; l'arbre de vernis, qui donne une huile qui conserve la menuiserie; l'arbre de suif, dont les graines sont enduites d'une espèce de cire ; un arbre de Chine, qui donne de petits citrons en grappe semblables à des raisins; l'arbre d'argent du Cap; enfin le bois de teck, presque aussi bon que le chêne pour la construction des vaisseaux. La plupart de ces arbres y végètent difficilement.

La température de cette île me paraît trop froide pour les arbres d'Asie, et trop chaude pour ceux d'Europe. Pline observe que l'influence du ciel est plus nécessaire que les qualités de la terre à la culture des arbres. Il dit que de son temps on voyait en Italie des poivriers et des cannelliers, et en Lydie des arbres d'encens; mais ils ne faisaient qu'y végéter. Je crois cependant qu'on pourrait naturaliser dans les provinces méridionales de France le café, qui se plaît dans les lieux frais et tempérés. Ces essais coûteux ne peuvent guère être faits que par des princes : mais aussi l'acquisition d'une plante nouvelle est une conquête douce et humaine dont toute la nation profite. A quoi ont servi tant de guerres au dehors et au dedans de notre continent? Que nous importe aujourd'hui que Mithridate ait été vaincu par les Romains, et Montézume par les Espagnols? Sans quelques fruits, l'Europe n'aurait qu'à pleurer sur des trophées inutiles; mais des peuples entiers vivent en Allemagne des pommes de terre venues de l'Amérique, et nos belles dames mangent des cerises qu'elles doivent à Lucullus. Le dessert a coûté cher; mais ce sont nos pères qui l'ont payé. Soyons plus sages, rassemblons les biens que la nature a dispersés, et commençons par les nôtres.

Si jamais je travaille pour mon bonheur, je veux faire un jardin comme les Chinois. Ils choisissent un terrain sur le bord d'un ruisseau; ils préfèrent le plus irrégulier, celui où il y a de vieux arbres, de grosses roches, quelques monticules. Ils l'entourent d'une enceinte de rocs bruts, avec leurs cavités et leurs pointes : ces rocs sont posés les uns sur les autres, de manière que les assises ne paraissent point. Il en sort des touffes de scolopendre, des lianes à fleurs bleues et pourpres, des lisières de mousse de toutes les couleurs. Un filet d'eau circule parmi ces végétaux, d'où il s'échappe en gouttes ou en glacis. La vie et la fraîcheur sont répandues sur cet enclos, qui n'est chez nous qu'une muraille aride.

S'il se trouve quelque enfoncement sur le terrain, on en fait une pièce d'eau. On y met des poissons, on la borde de gazon et on l'environne d'arbres. On se garde bien de rien niveler ou aligner; point de maçonnerie apparente : la main des hommes corrompt la simplicité de la nature.

---

[1] Je ne traduirai point ce passage. Pourquoi la langue française est elle plus réservée que la langue latine? sommes-nous plus chastes que les Romains?

[2] Je les ai vus arriver en 1770.

La plaine est entremêlée de touffes de fleurs, de lisières de prairies, d'où s'élèvent quelques arbres fruitiers. Les flancs de la colline sont tapissés de groupes d'arbrisseaux à fruits ou à fleurs, et le haut est couronné d'arbres bien touffus, sous lesquels est le toit du maître.

Il n'y a point d'allées droites qui vous découvrent tous les objets à la fois, mais des sentiers commodes qui les développent successivement. Ce ne sont point des statues ni des vases inutiles, mais une vigne chargée de belles grappes, ou des buissons de roses. Quelquefois on lit sur l'écorce d'un oranger des vers agréables, ou une sentence philosophique sur un vieux rocher.

Ce jardin n'est ni un verger, ni un parc, ni un parterre, mais un mélange, semblable à la campagne, de plaines, de bois, de collines, où les objets se font valoir les uns par les autres. Un Chinois ne conçoit pas plus un jardin régulier qu'un arbre équarri. Les voyageurs assurent qu'on sort toujours à regret de ces retraites charmantes; pour moi, j'y voudrais encore une compagne aimable, et dans le voisinage un ami comme vous.

Au Port-Louis de l'Ile-de-France, ce 10 juin 1769.

LETTRE XV.

ANIMAUX APPORTÉS A L'ILE-DE-FRANCE.

On a fait venir ici jusqu'à des poissons étrangers. Le gourami vient de Batavia; c'est un poisson d'eau douce, il passe pour le meilleur de l'Inde : il ressemble au saumon, mais il est plus délicat. On y voit des poissons dorés de la Chine, qui perdent leur beauté en grandissant. Ces deux espèces multiplient assez dans les étangs.

On a essayé, mais sans succès, d'y transporter des grenouilles, qui mangent les œufs que les moustiques déposent sur les eaux stagnantes.

On a fait venir du Cap un oiseau bien plus utile. Les Hollandais l'appellent *l'ami du jardinier*. Il est brun, et de la grosseur d'un gros moineau. Il vit de vermisseaux, de chenilles et de petits serpents. Non-seulement il les mange, mais il en fait d'amples provisions, en les accrochant aux épines des haies. Je n'en ai vu qu'un; quoique privé de la liberté, il avait conservé ses mœurs, et suspendait la viande qu'on lui donnait aux barreaux de sa cage.

Un oiseau qui a multiplié prodigieusement dans l'île est le martin, espèce de sansonnet de l'Inde, au bec et aux pattes jaunes. Il ne diffère guère du nôtre que par son plumage, qui est moins moucheté; mais il en a le gazouillement, l'aptitude à parler et les manières mimes; il contrefait les autres oiseaux. Il s'approche familièrement des bestiaux pour les éplucher; mais surtout il fait une consommation prodigieuse de sauterelles. Les martins sont toujours accouplés deux à deux. Ils se rassemblent les soirs, au coucher du soleil, par troupes de plusieurs milliers, sur des arbres qu'ils affectionnent. Après un gazouillement universel, toute la république s'endort, et au point du jour ils se dispersent par couples dans les différents quartiers de l'île. Cet oiseau ne vaut rien à manger; cependant on en tue quelquefois, malgré les défenses. Plutarque rapporte que l'alouette était adorée à Lemnos, parcequ'elle vivait d'œufs de sauterelles; mais nous ne sommes pas des Grecs.

On avait mis dans les bois plusieurs paires de corbeaux pour détruire les souris et les rats. Il n'en reste plus que trois mâles. Les habitants les ont accusés de manger leurs poulets; or, dans cette querelle, ils sont juges et parties.

Il n'y a pas moyen de dissimuler les désordres de *l'oiseau-du-Cap*, espèce de petit tarin, le seul des habitants de ces forêts que j'aie entendu chanter. On les avait d'abord apportés par curiosité; mais quelques uns s'échappèrent dans les bois, où ils ont beaucoup multiplié. Ils vivent aux dépens des récoltes. Le gouvernement a mis leur tête à prix.

Il y a une jolie mésange, dont les ailes sont piquetées de points blancs; et le cardinal, qui, dans une certaine saison, a la tête, le cou et le ventre d'un rouge vif; le reste du plumage est d'un beau gris-de-perle. Ces oiseaux viennent du Bengale.

Il y a trois sortes de perdrix, plus petites que les nôtres. Le cri du mâle ressemble à celui d'un coq un peu enroué : elles perchent la nuit sur les arbres, sans doute dans la crainte des rats.

On a mis dans les bois des pintades, et depuis peu le beau faisan de la Chine. On a lâché sur quelques étangs des oies et des canards sauvages : il y en a aussi de domestiques, entre autres le canard de Manille, qui est très beau. Il y a des poules d'Europe; une espèce, d'Afrique, dont la peau, la chair et les os sont noirs; une petite espèce, de Chine, dont les coqs sont très courageux. Ils se battent contre les coqs-d'Inde. Un jour, j'en vis un attaquer un gros canard de Manille; celui-ci ne faisait que saisir ce petit champion avec son bec, et le couvrait de son ventre et de ses larges pattes pour l'étouffer. Quoiqu'on eût tiré plusieurs fois de cette situation le coq à demi mort, il revenait à la charge avec une nouvelle fureur.

Beaucoup d'habitants tirent de grands revenus de leur poulailler, à cause de la rareté des autres viandes. Les pigeons y réussissent bien, et c'est le meilleur de tous les volatiles de l'île. On y a mis deux espèces de tourterelles, et des lièvres.

Il y a dans les bois des chèvres sauvages, des cochons marrons; mais surtout des cerfs qui avaient tellement multiplié, que des escadres entières en ont fait des provisions. Leur chair est fort bonne, surtout pendant les mois d'avril, mai, juin, juillet et août. On en élève quelques troupeaux apprivoisés, mais qui ne multiplient pas.

Dans les quadrupèdes domestiques, il y a des moutons qui y maigrissent et perdent leur laine, des chèvres qui s'y plaisent, des bœufs dont la race vient de Madagascar. Ils portent une grosse loupe sur leur cou. Les vaches de cette race donnent très peu de lait; celles d'Europe en rendent davantage, mais leurs veaux y dégénèrent. J'y ai vu deux taureaux et deux vaches de la taille d'un âne; ils venaient du Bengale: cette petite espèce n'a pas réussi.

La viande de boucherie manque souvent ici. On y a pour ressource celle de cochon, qui vaut mieux que celle d'Europe; cependant on ne saurait en faire de bonnes salaisons: ce qui vient, je crois, du sel, qui est trop âcre. La femelle de cet animal est sujette dans cette île à produire des monstres. J'ai vu dans un bocal un petit cochon dont le groin était allongé comme la trompe d'un éléphant.

Les chevaux n'y sont pas beaux; ils y sont d'un prix excessif: un cheval ordinaire coûte cent pistoles. Ils dépérissent promptement au port, à cause de la chaleur. On ne les ferre jamais, quoique l'île soit pleine de roches. Les mulets y sont rares, les ânes y sont petits, et il y en a peu. L'âne serait peut-être l'animal le plus utile du pays, parcequ'il soulagerait le noir dans ses travaux. On fait porter tous les fardeaux sur la tête des esclaves, ils en sont accablés.

Depuis quelque temps, on a amené du Cap deux beaux ânes sauvages, mâle et femelle, de la taille d'un mulet. Ils étaient rayés sur les épaules comme le zèbre du Cap, dont ils différaient cependant. Ces animaux, quoique jeunes, étaient indomptables.

Les chats y ont dégénéré; la plupart sont maigres et efflanqués: les rats ne les craignent guère. Les chiens valent beaucoup mieux pour cette chasse: mon Favori s'y est distingué plus d'une fois. Je l'ai vu étrangler les plus gros rats de l'hémisphère austral. Les chiens perdent à la longue leurs poils et leur odorat. On prétend que jamais ils n'enragent ici.

Au Port-Louis de l'Ile-de-France, ce 15 juillet 1769.

LETTRE XVI.

VOYAGE DANS L'ILE.

Deux curieux d'histoire naturelle, M. de Chazal, conseiller, et M. le marquis d'Albergati, capitaine de la légion, me proposèrent, il y a quelque temps, d'aller voir à une lieue et demie d'ici une caverne considérable; j'y consentis. Nous nous rendîmes d'abord à la grande rivière. Cette grande rivière, comme toutes celles de cette île, n'est qu'un large ruisseau qu'une chaloupe ne remonterait pas à une portée de fusil de son embouchure. Il y a là un petit établissement formé d'un hôpital et de quelques magasins, et c'est là aussi que commence l'aqueduc qui conduit les eaux à la ville. On voit sur une petite hauteur en pain de sucre une espèce de fort qui défend la baie.

Après avoir passé la grande rivière, nous prîmes pour guide le meunier du lieu. Nous marchâmes environ trois quarts d'heure, à l'ouest, au milieu des bois. Comme nous étions en plaine, je me croyais fort éloigné de la caverne, dont je supposais l'ouverture au flanc de quelque montagne, lorsque nous la trouvâmes, sans y penser, à nos pieds. Elle ressemble au trou d'une cave dont la voûte se serait éboulée. Plusieurs racines de mapou descendent perpendiculairement, et barrent une partie de l'entrée: on avait cloué au cintre une tête de bœuf.

Avant de descendre dans cet abîme, on déjeuna: après quoi on alluma de la bougie et des flambeaux, et nous nous munîmes de briquets pour faire du feu.

Nous descendîmes une douzaine de pas sur les rochers qui en bouchent l'ouverture, et je me trouvai dans le plus vaste souterrain que j'aie vu de ma vie. Sa voûte est formée d'un roc noir, en arc surbaissé. Sa largeur est d'environ trente pieds, et sa hauteur de vingt. Le sol en est fort uni; il est couvert d'une terre fine que les eaux de pluies y ont déposée. De chaque côté de la caverne, à hauteur d'appui, règne un gros cordon avec des moulures. Je le crois l'ouvrage des eaux qui y coulent dans la saison des pluies, à différents niveaux. Je confirmai cette observation par la vue de plusieurs débris de coquilles terrestres et fluviatiles. Cependant les gens du pays croient que c'est un ancien soupirail de volcan; il me paraît plutôt que c'est l'ancien lit d'une rivière souterraine. La voûte est enduite d'un vernis luisant et sec, espèce de concrétion pierreuse qui s'étend sur les parois, et, en quelques endroits, sur le sol même. Cette concrétion y forme des stalactites ferrugineuses qui se brisaient sous nos pieds comme si nous eussions marché sur une croûte de glace.

Nous marchâmes assez long-temps, trouvant le terrain parfaitement sec, excepté à trois cents pas de l'entrée par où une partie de la voûte est éboulée. Les eaux supérieures filtraient à travers les terres, et formaient quelques flaques sur le sol.

De là, la voûte allait toujours en baissant. Insensiblement nous étions obligés de marcher sur les pieds et sur les mains : la chaleur m'étouffait ; je ne voulus pas aller plus loin. Mes compagnons, plus lestes, et en déshabillé convenable, continuèrent leur route.

En retournant sur mes pas, je trouvai une racine grosse comme le doigt attachée à la voûte par de très petits filamens. Elle avait plus de dix pieds de longueur, sans branches ni feuilles, ni apparence qu'elle en eût jamais eu ; elle était entière à ses deux bouts. Je la crois une plante d'une espèce singulière : elle était remplie d'un suc laiteux.

Je revins donc à l'entrée de la grotte, où je m'assis pour respirer librement. Au bout de quelque temps, j'entendis un bourdonnement sourd, et je vis, à la lueur des flambeaux portés par des nègres, apparaître nos voyageurs, en bonnet, en chemise, en caleçon, si sales et si rouges qu'on les eût pris pour quelques personnages de tragédie anglaise. Ils étaient baignés de sueur et tout barbouillés de cette terre rouge, sur laquelle ils s'étaient traînés sur le ventre sans pouvoir aller loin.

Cette caverne se bouche de plus en plus. Il me semble qu'on en pourrait faire de magnifiques magasins, en la coupant de murs pour empêcher les eaux d'y entrer. Le marquis d'Albergati m'en donna les dimensions, que voici, avec mes notes.

			Tois.	Pi.
Le terrain est très sec dans toute cette partie : on y remarque plusieurs fentes qui s'étendent dans toute la largeur ; l'entrée est à l'ouest-nord-ouest.	Depuis l'entrée, première voûte.	Hauteur.	3	2
		Largeur.	5	»
		Longueur.	22	»
Le souterrain tourne au N-O ¼ N ; corrigez N-O ¼ O. Le terrain est sec ; il règne dans presque toute cette partie une banquette d'environ deux pieds et demi de hauteur, avec un gros cordon.	Deuxième voûte, depuis le premier coude.	Hauteur.	2	5
		Largeur.	4	»
		Longueur.	68	2
La voûte tourne au N-O ; corrigez O-N-O, 2° 30'N : à son extrémité elle n'a que quatre pieds de hauteur, mais elle se relève à quelques toises de là. Elle est pierreuse et humide. On y remarque de petites congélations ou stalactites.	Troisième voûte, depuis le deuxième coude.	Hauteur.	1	5
		Largeur.	2	2
		Longueur.	48	2
Les banquettes et moulures règnent sur les côtés : il y a un espace d'environ cinquante pieds rempli de roches détachées de la voûte. Cet endroit n'est pas sûr. Le terrain va droit sans coude.	Quatrième voûte.	Hauteur.	3	»
		Largeur.	4	3
		Longueur.	58	2
Il va au N-N-O, 3° N ; corrigez N-O ¼ N, 5° O.	Cinquième voûte et troisième coude.	Hauteur.	1	2
		Largeur.	3	»
		Longueur.	38	2
Au N-O ¼ N-O ; corrigez N-O ¼ N, 2° 30'.	Sixième voûte, quatrième coude.	Hauteur.	1	4
		Largeur.	3	3
		Longueur.	15	»
Au N-O ¼ O ; corrigez O ¼ N-O, 2° 30'.	Septième voûte, cinquième coude.	Hauteur.	1	3
		Largeur.	2	4
		Longueur.	26	4
A l'O ¼ N-O ; corrigez O ¼ S-O, 2° 30' O.	Huitième voûte, sixième coude.	Hauteur.	1	5
		Largeur.	3	»
		Longueur.	15	»
Au N ¼ N-O ; corrigez N-O ¼ N, 2° 30' N. Ici je m'en retournai.	Neuvième voûte, septième coude.	Hauteur.	1	1
		Largeur.	3	»
		Longueur.	28	2
Au N-N-O, 5° 3' O ; corrigez N-O, 3° 30' O. Il faut marcher le tiers de cette voûte sur le ventre. Il y a deux ans, cette partie était plus praticable.	Dixième voûte, huitième coude.	Hauteur.	2	»
		Largeur.	3	»
		Longueur.	16	4
Au bout sont des flaques d'eau ; la voûte menace de s'écrouler en deux ou trois endroits.	Onzième voûte.	Hauteur.	»	2
		Largeur.	1	4
		Longueur.	6	»

D'après ce tableau, la longueur totale de la caverne est de 343 toises.

Nous revînmes le soir à la ville.

Cette course me mit en goût d'en faire d'autres. Il y avait long-temps que j'étais invité par un habitant de la Rivière-Noire, appelé M. de Messin, à l'aller voir; il demeure à sept lieues du Port-Louis. Je profitai de sa pirogue, qui venait toutes les semaines au port. Le patron vint m'avertir, et je m'embarquai à minuit. La pirogue est une espèce de bateau formé d'une seule pièce de bois, qui va à la rame et à la voile. Nous y étions neuf personnes.

A minuit et demi nous sortîmes du port en ramant. La mer était fort houleuse, elle brisait beaucoup sur les récifs. Souvent nous passions dans leur écume sans les apercevoir; car la nuit était fort obscure. Le patron me dit qu'il ne pouvait pas continuer sa route avant que le jour fût venu, et qu'il allait mettre à terre.

Nous pouvions avoir fait une lieue et demie; il vint mouiller un peu au-dessous de la petite rivière. Les noirs me descendirent au rivage sur leurs épaules, après quoi ils prirent deux morceaux de bois, l'un de veloutier, l'autre de bambou, et ils allumèrent du feu en les frottant l'un contre l'autre. Cette méthode est bien ancienne; les Romains s'en servaient. Pline dit qu'il n'y a rien de meilleur que le bois de lierre frotté avec le bois de laurier.

Nos gens s'assirent autour du feu en fumant leur pipe. C'est une espèce de creuset au bout d'un gros roseau; ils se le prêtent tour à tour. Je leur fis distribuer de l'eau-de-vie, et je fus me coucher sur le sable, entouré de mon manteau.

On me réveilla à cinq heures pour me rembarquer. Le jour étant venu à paraître, je vis le sommet des montagnes couvert de nuages épais qui couraient rapidement; le vent chassait la brume dans les vallons; la mer blanchissait au large; la pirogue portait ses deux voiles et allait très vite. Quand nous fûmes à l'endroit de la côte appelé *Flicq-en-Flacq*, environ à une demi-lieue de terre, nous trouvâmes une lame clapoteuse, et nous fûmes chargés de plusieurs rafales qui nous obligèrent d'amener nos voiles. Le patron me dit dans son mauvais patois : « Ça n'a pas bon, monsié. » Je lui demandai s'il y avait quelque danger; il me répondit deux fois : « Si nous n'a pas gagné malheur, ça bon. » Enfin il me dit qu'il y avait quinze jours qu'au même endroit la pirogue avait tourné, et qu'il s'était noyé un de ses camarades.

Nous avions le rivage au vent, tout bordé de roches, où il n'est pas possible de débarquer; d'arriver au vent, cette manœuvre nous portait au-dessous de l'île, que nous n'eussions jamais rattrapée : il fallait tenir bon. Nous étions à la rame, ne pouvant plus porter de voile. Le ciel se chargeait de plus en plus; il fallait se hâter. Je fis boire de l'eau-de-vie à mes rameurs; après quoi, à force de bras et au risque d'être vingt fois submergés, nous sortîmes des lames, et nous parvînmes à nous mettre à l'abri du vent, en longeant la terre entre les récifs et le rivage.

Pendant le mauvais temps, les noirs eurent l'air aussi tranquille que s'ils eussent été à terre. Ils croient à la fatalité. Ils ont pour la vie une indifférence qui vaut bien notre philosophie.

Je descendis à l'embouchure de la Rivière-Noire sur les neuf heures du matin; le maître de l'habitation ne comptait pas ce jour-là sur le retour de sa pirogue; j'en fus comblé d'amitiés. Son terrain comprend tout le vallon où coule la rivière. Il est mal figuré sur la carte de l'abbé de La Caille; on y a oublié une branche de montagne sise sur la rive droite qui prend au morne du Tamarin. De plus, le cours de la rivière n'est pas en ligne droite; à une petite lieue de son embouchure, il tourne sur la gauche. Ce savant astronome ne s'est assujetti qu'au circuit de l'île. J'ai fait quelques additions sur son plan, afin de tirer quelque fruit de mes courses.

Tout abonde à la Rivière-Noire, le gibier, les cerfs, le poisson d'eau douce et celui de mer. Un jour, à table, on vint nous avertir qu'on avait vu des lamentins dans la baie; aussitôt nous y courûmes. On tendit des filets à l'entrée, et après en avoir rapproché les deux bouts sur le rivage, nous y trouvâmes des raies, des carangues, des sabres, et trois tortues de mer; les lamentins s'étaient échappés.

Il règne beaucoup d'ordre dans cette habitation, ainsi que dans toutes celles où j'ai été. Les cases des noirs sont alignées comme les tentes d'un camp. Chacun a un petit coin de jardin où croissent du tabac et des courges. On y élève beaucoup de volailles et de troupeaux. Les sauterelles y font un tort infini aux récoltes. Les denrées s'y transportent difficilement à la ville, parceque les chemins sont impraticables par terre, et que par mer le vent est toujours contraire pour aller au port.

Après m'être reposé quelques jours, je résolus de revenir à la ville, en faisant un circuit par les plaines de Williams. Le maître de la maison me donna un guide, et me prêta une paire de pistolets, dans la crainte des noirs marrons.

Je partis à deux heures après midi pour aller

coucher à Palma, habitation de M. de Cossigny, située à trois lieues de là. Il n'y a que des sentiers au milieu des rochers; il faut aller nécessairement à pied. Quand j'eus monté et descendu la chaîne de montagnes de la Rivière-Noire, je me trouvai dans de grands bois, où il n'y a presque rien de défriché. Le sentier me conduisait à une habitation qui se trouve la seule de ces quartiers; il passe précisément à côté de la maison. Le maître était sur sa porte, nu-jambes, les bras retroussés, en chemise et en caleçon. Il s'amusait à frotter un singe avec des mûres rouges de Madagascar : lui-même était tout barbouillé de cette couleur. Cet homme était Européen, et avait joui en France d'une fortune considérable qu'il avait dissipée. Il menait là une vie triste et pauvre, au milieu des forêts, avec quelques noirs, et sur un terrain qui n'était pas à lui.

De là, après une demi-heure de marche, j'arrivai sur le bord de la rivière du Tamarin, dont les eaux coulaient avec grand bruit dans un lit de rochers. Mon noir trouva un gué, et me passa sur ses épaules. Je voyais devant moi la montagne fort élevée des Trois-Mamelles, et c'était de l'autre côté qu'était l'habitation de Palma. Mon guide me faisait longer cette montagne en m'assurant que nous ne tarderions pas à trouver les sentiers qui mènent au sommet. Nous la dépassâmes, après avoir marché plus d'une heure. Je vis mon homme déconcerté; je revins sur mes pas, et j'arrivai au pied de la montagne lorsque le soleil allait se coucher. J'étais très fatigué; j'avais soif : si j'avais eu de l'eau, je serais resté là pour y passer la nuit.

Je pris mon parti; je résolus de monter à travers les bois, quoique je ne visse aucune espèce de chemin. Me voilà donc à gravir dans les roches, tantôt me tenant aux arbres, tantôt soutenu par mon noir, qui marchait derrière moi. Je n'avais pas marché une demi-heure, que la nuit vint; alors je n'eus plus d'autre guide que la pente même de la montagne. Il ne faisait point de vent, l'air était chaud; je ne saurais vous dire ce que je souffris de la soif et de la fatigue. Plusieurs fois je me couchai, résolu d'en rester là. Enfin, après des peines incroyables, je m'aperçus que je cessais de monter; bientôt après je sentis au visage une fraîcheur de vent de sud-est, et je vis au loin des feux dans la campagne. Le côté que je quittais était couvert d'une obscurité profonde.

Je descendis en me laissant souvent glisser malgré moi. Je me guidai au bruit d'un ruisseau, où je parvins enfin tout brisé. Quoique tout en sueur, je bus à discrétion; et, ayant senti de l'herbe sous ma main, je trouvai, pour surcroît de bonheur, que c'était du cresson, dont je dévorai plusieurs poignées. Je continuai ma marche vers le feu que j'apercevais, ayant la précaution de tenir mes pistolets armés, dans la crainte que ce ne fût une assemblée de noirs marrons; c'était un défriché dont plusieurs troncs d'arbres étaient en feu. Je n'y trouvai personne. En vain je prêtais l'oreille et je criais dans l'espérance au moins que quelque chien aboierait; je n'entendis que le bruit éloigné du ruisseau, et le murmure sourd du vent dans les arbres.

Mon noir et mon guide prirent des tisons allumés, et, avec cette faible clarté, nous marchâmes, dans les cendres de ce défriché, vers un autre feu plus éloigné. Nous y trouvâmes trois nègres qui gardaient des troupeaux. Ils appartenaient à un habitant voisin de M. de Cossigny. L'un d'eux se détacha, et me conduisit à Palma. Il était minuit, tout le monde dormait, le maître était absent; mais le noir économe m'offrit tout ce que je voulus. Je partis de grand matin pour me rendre, à deux lieues de là, chez M. Jacob, habitant du haut des plaines de Williams; je trouvai partout de grandes routes bien ouvertes. Je longeai la montagne du Corps-de-Garde, qui est tout escarpée, et j'arrivai de bonne heure chez mon hôte, qui me reçut avec toute sorte d'amitiés.

L'air, dans cette partie, est beaucoup plus frais qu'au port et qu'au lieu que je quittais. Je me chauffais le soir avec plaisir. C'est un des quartiers de l'île le mieux cultivé. Il est arrosé de beaucoup de ruisseaux, dont quelques uns, comme celui de la Rivière-Profonde, coulent dans des ravins d'une profondeur effrayante. Je m'en approchai en retournant à la ville; le chemin passe très près du bord; je m'estimai à plus de trois cents pieds d'élévation de son lit. Les côtés sont couverts de cinq ou six étages de grands arbres : cette vue donne des vertiges.

A mesure que je descendais vers la ville, je sentais la chaleur renaître, et je voyais les herbes perdre insensiblement leur verdure, jusqu'au port, où tout est sec.

Au Port-Louis de l'Ile-de-France, ce 15 août 1769.

LETTRE XVII.

VOYAGE A PIED AUTOUR DE L'ILE.

Un officier m'avait proposé de faire le tour de l'île à pied; mais, quelques jours avant le départ, il s'excusa : je résolus d'exécuter seul ce projet.

Je pouvais compter sur Côte, ce noir du roi qui

m'avait déjà accompagné; il était petit, suivant la signification de son nom, mais il était très robuste. C'était un homme d'une fidélité éprouvée, parlant peu, sobre, et ne s'étonnant de rien.

J'avais acheté un esclave depuis peu, à qui j'avais donné votre nom, comme un bon augure pour lui. Il était bien fait, d'une figure intéressante, mais d'une complexion délicate; il ne parlait point français.

Je pouvais encore compter sur mon chien pour veiller la nuit, et aller le jour à la découverte.

Comme je savais bien que je serais plus d'une fois seul, sans gîte dans les bois, je me pourvus de tout ce que je crus nécessaire pour moi et pour mes gens. Je fis mettre à part une marmite, quelques plats, dix-huit livres de riz, douze livres de biscuit, autant de maïs, douze bouteilles de vin, six bouteilles d'eau-de-vie, du beurre, du sucre, des citrons, du sel, du tabac, un petit hamac de coton, un peu de linge, un plan de l'île dans un bambou, quelques livres, un sabre, un manteau : le tout ensemble pesait deux cents livres. Je partageai toute ma cargaison en quatre paniers, deux de soixante livres, et deux de quarante. Je les fis attacher au bout de deux forts roseaux. Côte se chargea du poids le plus fort, Duval prit l'autre. Pour moi, j'étais en veste, et je portais un fusil à deux coups, une paire de pistolets de poche, et mon couteau de chasse.

Je résolus de commencer mon voyage par la partie de l'île qui est sous le vent. Je me proposai de suivre constamment le bord de la mer, afin de pouvoir tracer un système de la défense de l'île, et de faire dans l'occasion quelques observations d'histoire naturelle.

M. de Chazal s'offrit de m'accompagner jusqu'à sa terre, à cinq lieues de la ville, aux plaines Saint-Pierre. M. le marquis d'Albergati se mit encore de la partie.

Nous partîmes de bon matin le 26 août 1769; nous prîmes le long du rivage. Depuis le fort Blanc, sur la gauche du port, la mer se répand sur cette grève, qui n'est point escarpée, jusqu'à la pointe de la plaine aux sables. On a construit là la batterie de Paulmy. Le débarquement serait impossible sur cette plage, parcequ'à deux portées de fusil il y a un banc de récifs qui la défend naturellement. Depuis la batterie de Paulmy, le rivage devient à pic; la mer y brise de manière qu'on ne peut y aborder. Quant à la plaine, elle serait impraticable à la cavalerie et à l'artillerie, par la quantité prodigieuse de roches dont elle est couverte. Il n'y a point d'arbres; on y voit seulement quelques mapous et des veloutiers : l'escarpement finit à la baie de la petite rivière, où il y a une petite batterie.

Nous trouvâmes là un homme de mérite trop peu employé, M. de Séligny, chez lequel nous dînâmes. Il nous fit voir le plan de la machine avec laquelle il traça un canal au vaisseau *le Neptune*, échoué dans l'ouragan de 1760. C'étaient deux râteaux de fer mis en action par deux grandes roues portées sur des barques : ces roues augmentaient leur effet en agissant sur des leviers supportés par des radeaux.

Nous vîmes un moulin à coton de son invention : l'eau le faisait mouvoir. Il était composé d'une multitude de petits cylindres de métal posés, parallèlement. Des enfants présentent le coton à deux de ces cylindres, le coton passe et la graine reste. Ce même moulin servait à entretenir le vent d'une forge, à battre des grains et à faire de l'huile. Il nous apprit qu'il avait trouvé une veine de charbon de terre, un filon de mine de fer, une bonne terre à faire des creusets; et que les cendres des *songes*, espèce de nymphæa, brûlées avec du charbon, donnaient des verres de différentes couleurs. Nous quittâmes l'après-midi ce citoyen utile, et mal récompensé.

Nous suivîmes un sentier qui s'éloigne du rivage d'une portée de fusil. Nous passâmes à gué la rivière Belle-Ile, dont l'embouchure est fort encaissée. A un quart de lieue de là on entre dans un bois qui conduit à l'habitation de M. de Chazal. Ce terrain, qu'on appelle les plaines Saint-Pierre, est encore plus couvert de rochers que le reste de la route. En plusieurs endroits nos noirs étaient obligés de mettre bas leurs charges, et de nous donner la main pour grimper. Une demi-heure avant d'arriver, Duval, ne pouvant plus supporter sa charge, la mit bas. Nous nous trouvâmes fort embarrassés, car il faisait nuit, et les autres noirs avaient pris les devants. Comment le retrouver au milieu des herbes et des bois? J'allumai du feu avec mon fusil, et nous l'entretînmes avec de la paille et des branches sèches; après quoi nous laissâmes là Duval; et lorsque nous fûmes arrivés à la maison, nous envoyâmes des noirs le chercher avec ses paniers.

Toute la côte est fort escarpée depuis la petite rivière jusqu'aux plaines Saint-Pierre. Nos curieux avaient trouvé dans les rochers la pourpre de Panama, la bouche-d'argent, des nérites et des oursins à longues pointes. Sur le sable on ne trouve que des débris de cames, de rouleaux et de grappes-de-raisin, espèces de coraux.

Nous avions marché cinq heures le matin, et quatre heures l'après-midi.

DU 27 AOUT 1769.

Nous nous reposâmes tout le jour. Tout ce terrain pierreux est assez propre à la culture du coton, dont cependant le fil est court. Le café y est d'une bonne qualité, mais d'un faible rapport, comme dans tous les endroits secs.

LE 28.

Mes compagnons voulurent m'accompagner jusqu'à la dînée; nous nous mîmes en route à huit heures du matin.

Nous passâmes d'abord la rivière du Dragon à gué, ensuite celle du Galet de la même manière. La côte cesse là d'être escarpée, et nous eûmes le plaisir de marcher sur le sable le long de la mer, dans une grande plaine qui mène jusqu'à l'anse du Tamarin : elle peut avoir un quart de lieue de largeur, sur plus d'une lieue de longueur. Il n'y croît rien. On pourrait, ce me semble, y planter des cocotiers, qui se plaisent dans le sable. A droite, il y a un ruisseau de mauvaise eau qui coule le long des bois.

Nous trouvâmes, dans des endroits que la mer ne couvre plus, des couches de madrépores fossiles, ce qui prouve qu'elle s'est éloignée de cette côte [1]. Nous dînâmes sur la rive droite de l'anse; ensuite nous nous quittâmes en nous embrassant et nous souhaitant un bon voyage. Nous avions trouvé sur le sable des débris de harpes et d'olives très-grosses.

De la Rivière-Noire il n'y avait plus qu'une petite lieue à faire pour aller coucher chez M. de Messin. Je passai d'abord à gué le fond de l'anse du Tamarin, et de là je suivis le bord de la mer avec beaucoup de fatigue : il est escarpé jusqu'à la Rivière-Noire. Je trouvai, le long de ses rochers, beaucoup d'espèces de crabes, et cette espèce de boudin dont j'ai parlé.

Le fond de l'anse est de sable, et on y pourrait débarquer, si ces positions rentrantes n'exposaient à des feux croisés. Une batterie à la pointe de sable de la rive droite de la Rivière-Noire y serait fort utile. J'avais marché trois heures le matin, et trois heures l'après-midi.

[1] J'observai que là où la mer étale, indépendamment des récifs du large, il y a à terre une espèce d'enfoncement ou chemin couvert naturel. On y pourrait mettre du canon, mais avant tout il faudrait des chemins.

LE 29 ET LE 30.

A marée basse je fus me promener sur le bord de la mer : j'y trouvai le grand buccin et une espèce de faux-amiral.

LE 51.

Je partis à six heures du matin. Je passai la première Rivière-Noire à gué près de la maison; ensuite, ayant voulu couper une petite presqu'île couverte de bois et de pierres, je m'embarrassai dans les herbes, et j'eus beaucoup de peine à retrouver le sentier; il me mena sur le rivage, que je côtoyai, la marée étant basse. Sur toute cette plage, il y a beaucoup d'huîtres collées aux rochers : Duval, mon nouveau noir, se coupa le pied profondément en marchant sur leurs écailles : c'était à l'une des deux embouchures de la petite Rivière-Noire. Nous fîmes halte en cet endroit sur les huit heures du matin : je lui fis bassiner sa plaie et boire de l'eau-de-vie, ainsi qu'à Côte. Comme ils étaient fort chargés, je pris le parti de faire deux haltes par jour, qui coupassent mes deux courses du matin et du soir, et de leur donner alors quelques rafraîchissements. Cette légère douceur les remplit de force et de bonne volonté : ils m'eussent volontiers suivi ainsi jusqu'au bout du monde.

Entre les deux embouchures de la Rivière-Noire, un cerf, poursuivi par des chiens et des chasseurs, vint droit à moi. Il pleurait et bramait : ne pouvant pas le sauver et ne voulant pas le tuer, je tirai un de mes coups en l'air. Il fut se jeter à l'eau, où les chiens en vinrent à bout. Pline observe que cet animal, pressé par une meute, vient se jeter à la merci de l'homme. Je m'arrêtai au premier ruisseau qu'on trouve après avoir passé les deux Rivières-Noires : il se jette à la mer vis-à-vis un petit îlot appelé l'îlot du Tamarin, qui n'est pas sur la carte; on y va à pied à mer basse, et à l'îlot du Morne, où quelquefois l'on met les vaisseaux en quarantaine.

J'avais tout ce qui était nécessaire à mon dîner, hors la bonne chère. Je vis passer, le long du rivage, une pirogue pleine de pêcheurs malabares. Je leur demandai s'ils n'avaient pas de poisson; ils m'envoyèrent un fort beau mulet, dont ils ne voulurent pas d'argent. Je fis mettre ma cuisine au pied d'un tatamaque : j'allumai du feu; un de mes noirs fut chercher du bois, l'autre de l'eau, celle de cet endroit étant saumâtre. Je dînai très bien de mon poisson, et j'en régalai mes gens.

J'observai des blocs de terre ferrugineuse très abondante en minéral. Il y a une bande de récifs qui s'étend depuis la Rivière-Noire jusqu'au morne Brabant, qui est la pointe de l'île, tout-à-fait sous le vent. Il n'y a qu'un passage pour venir à terre derrière le petit îlot du Tamarin.

A deux heures après-midi je partis, en mettant plus d'ordre dans ma marche. J'allais faire plus de vingt lieues dans une partie déserte de l'île, où il n'y a que deux habitants. C'est là que se réfugient les noirs marrons. Je défendis à mes gens de s'écarter : mon chien même, qui me devançait toujours, ne me précédait plus que de quelques pas : à la moindre alerte, il dressait les oreilles et s'arrêtait; il sentait qu'il n'y avait plus d'hommes. Nous marchâmes ainsi en bon ordre, en suivant le rivage, qui forme une infinité de petites anses. A gauche nous longions les bois, où règne la plus profonde solitude. Ils sont adossés à une chaîne de montagnes peu élevées, dont on voit la cime; ce terrain n'est pas fort bon. Nous y vîmes cependant des polchers, arbre venu des Indes, et d'autres preuves qu'on y avait commencé des établissements. J'avais eu la précaution de prendre quelques bouteilles d'eau; et je fis bien, car je trouvai les ruisseaux marqués sur le plan absolument desséchés.

J'avais des inquiétudes sur la blessure de mon noir, qui saignait continuellement; je marchais à petits pas; nous fîmes une halte à quatre heures. Comme la nuit s'approchait, je ne voulus point faire le tour du morne; mais je le coupai dans le bois par l'isthme qui le joint aux autres montagnes. Cet isthme n'est qu'une médiocre colline. Étant sur cette hauteur, je rencontrai un noir appartenant à M. Le Normand, habitant chez lequel j'allais descendre, et dont la maison était à un quart de lieue. Cet homme nous devança, pendant que je m'arrêtais avec plaisir à considérer le spectacle des deux mers. Une maison, placée en cet endroit, y serait dans une situation charmante; mais il n'y a pas d'eau. Comme je descendais ce monticule, un noir vint au-devant de moi avec une carafe pleine d'eau fraîche, et m'annonça que l'on m'attendait à la maison. J'y arrivai. C'était une longue case de palissades, couverte de feuilles de latanier. Toute l'habitation consistait en huit noirs, et la famille en neuf personnes : le maître et la maîtresse, cinq enfants, une jeune parente et un ami. Le mari était absent. Voilà ce que j'appris avant d'entrer.

Je ne vis dans toute la maison qu'une seule pièce; au milieu, la cuisine; à une extrémité, les magasins, et les logements des domestiques; à l'autre bout, le lit conjugal, couvert d'une toile, sur laquelle une poule couvait ses œufs; sous le lit, des canards; des pigeons sous la feuillée, et trois gros chiens à la porte. Aux parois étaient accrochés tous les meubles qui servent au ménage ou au travail des champs. Je fus véritablement surpris de trouver dans ce mauvais logement une dame très jolie. Elle était Française, née d'une famille honnête, ainsi que son mari. Ils étaient venus, il y avait plusieurs années, chercher fortune; ils avaient quitté leurs parents, leurs amis, leur patrie, pour passer leurs jours dans un lieu sauvage, où l'on ne voyait que la mer et les escarpements affreux du morne Brabant; mais l'air de contentement et de bonté de cette jeune mère de famille semblait rendre heureux tout ce qui l'approchait. Elle allaitait un de ses enfants; les quatre autres étaient rangés autour d'elle, gais et contents.

La nuit venue, on servit avec propreté tout ce que l'habitation fournissait. Ce souper me parut fort agréable. Je ne pouvais me lasser de voir ces pigeons voler autour de la table, ces chèvres qui jouaient avec les enfants, et tant d'animaux réunis autour de cette famille charmante. Leurs jeux paisibles, la solitude du lieu, le bruit de la mer, me donnaient une image de ces premiers temps où les filles de Noé, descendues sur une terre nouvelle, firent encore part, aux espèces douces et familières, du toit, de la table et du lit.

Après souper, on me conduisit coucher à deux cents pas de là, à un petit pavillon en bois que l'on venait de bâtir. La porte n'était pas encore mise; j'en fermai l'ouverture avec les planches dont on devait la faire. Je mis mes armes en état; car cet endroit est environné de noirs marrons. Il y a quelques années que quarante d'entre eux s'étaient retirés sur le morne, où ils avaient fait des plantations : on voulut les forcer; mais plutôt que de se rendre, ils se précipitèrent tous dans la mer.

LE 1er SEPTEMBRE.

Le maître de la maison étant revenu pendant la nuit, il m'engagea à différer mon départ jusqu'à l'après-midi : il voulait m'accompagner une partie du chemin. Il n'y avait que trois petites lieues de là à Belle-Ombre, dernière habitation où je devais coucher. Comme mon noir était blessé, la jeune dame voulut elle-même lui préparer un remède pour son mal. Elle fit sur le feu une espèce de baume samaritain, avec de la térébenthine, du sucre, du vin et de l'huile. Après l'avoir fait panser, je le fis partir d'avance avec son camarade. A trois heures après dîner je pris congé de cette demeure hospitalière, et de cette femme aimable et vertueuse. Nous nous mîmes en route, son mari et moi; c'était un homme très robuste : il avait le visage, les bras et les jambes brûlés du soleil. Lui-même travaillait à la terre, à abattre les arbres, à les charrier; mais il ne souffrait, disait-il, que du mal que se donnait sa femme pour élever sa famille : elle s'était encore depuis peu chargée d'un orphelin. Il ne me conta que ses peines, car il vit bien que je sentais son bonheur.

Nous passâmes un ruisseau près de la maison, et nous marchâmes sur la pelouse jusqu'à la pointe du Corail. Dans cet endroit la mer pénètre dans l'île entre deux chaînes de rochers à pic : il faut suivre cette chaîne, en marchant par des sentiers rompus et en s'accrochant aux pierres. Le plus difficile est de l'autre côté de l'anse, en doublant la pointe appelée le Cap. J'y vis passer des noirs; ils se collaient contre les flancs du roc : s'ils eussent fait un faux pas, ils tombaient à la mer. Dans les gros temps ce passage est impraticable, la mer s'y engouffre et y brise d'une manière effroyable. En calme, les petits vaisseaux entrent dans l'anse, au fond de laquelle ils chargent du bois. Heureusement il s'y trouva *le Desir*, senau du roi : il nous prêta sa chaloupe pour passer le détroit. M. Le Normand me conduisit de l'autre côté, et nous nous dîmes adieu en nous embrassant cordialement.

J'arrivai en trois heures de marche sur une pelouse continuelle, au-delà de la pointe de Saint-Martin. Souvent j'allais sur le sable, et quelquefois sur ce gazon fin qui croît par flocons épais comme la mousse. Dans cet endroit je trouvai une pirogue, où M. Étienne, associé à l'habitation de Belle-Ombre, m'attendait. Nous fûmes en peu de temps rendus à sa maison, située à l'entrée de la rivière des Citronniers. On construisait sur la rive gauche un vaisseau de deux cents tonneaux.

Depuis M. Le Normand, toute cette partie est d'une fraîcheur et d'une verdure charmante : c'est une savane sans roche, entre la mer et les bois, qui sont très beaux.

Avant de passer le Cap, on remarque un gros banc de corail, élevé de plus de quinze pieds. C'est une espèce de récif que la mer a abandonné : il règne au pied une longue flaque d'eau, dont on pourrait faire un bassin pour de petits vaisseaux. Depuis le morne Brabant, il y a au large une ceinture de brisants, où il n'y a de passage que vis-à-vis les rivières.

DU 2.

Le remède appliqué à la blessure de mon noir l'ayant presque guéri, je fixai mon départ à l'après-midi. Le matin, je me promenai en pirogue entre les récifs et la côte. L'eau du fond était très claire : on y voyait des forêts de madrépores de cinq ou six pieds d'élévation, semblables à des arbres : quelques uns avaient des fleurs. Différentes espèces de poissons de toutes couleurs nageaient dans leurs branches : on y voyait serpenter de belles coquilles, entre autres une tonne magnifique que le mouvement de la pirogue effraya : elle fut se nicher sous une touffe de corail. J'aurais fait une riche collection, mais je n'avais ni plongeur ni pince de fer pour soulever les plantes de ce jardin maritime, et pour déraciner ces arbres de pierre. J'en rapportai le rocher appelé l'oreille-de-Midas, le drap-d'or, et quelques gros rouleaux garnis de leur peau velue.

Nous eûmes à dîner deux officiers du *Desir*, qui, conjointement avec M. Étienne, voulurent m'accompagner jusqu'au bras de mer de la Savane, à trois lieues de là. Personne n'y demeure, mais il y a quelques cases de paille. Le matin on avait fait partir d'avance tous les noirs; après midi je me mis en route, et je pris seul les devants. J'arrivai au Poste-Jacotet : c'est un endroit où la mer entre dans les terres en formant une baie de forme ronde. On voit au milieu un petit îlot triangulaire : cette anse est entourée d'une colline qui la clôt comme un bassin. Elle n'est ouverte qu'à l'entrée, où passe l'eau de la mer, et au fond, où coulent, sur un beau sable, plusieurs ruisseaux qui sortent d'une pièce d'eau douce, où je vis beaucoup de poissons. Autour de cette pièce d'eau sont plusieurs monticules qui s'élèvent les uns derrière les autres en amphithéâtre. Ils étaient couronnés de bouquets d'arbres, les uns en pyramide comme des ifs, les autres en parasol : derrière eux s'élançaient quelques têtes de palmistes, avec leurs longues flèches garnies de panaches. Toute cette masse de verdure, qui s'élève du milieu de la pelouse, se réunit à la forêt, et à une branche de montagne qui se dirige à la Rivière-Noire. Le murmure des sources, le beau vert des flots marins, le souffle toujours égal des vents, l'odeur parfumée des veloutiers, cette plaine si unie, ces hauteurs si bien ombragées, semblaient répandre autour de moi la paix et le bonheur. J'étais fâché d'être seul : je formais des projets : mais du reste de l'univers je n'eusse voulu que quelques objets aimés pour passer là ma vie.

Je quittai à regret ces beaux lieux. A peine j'avais fait deux cents pas, que je vis venir à ma rencontre une troupe de noirs armés de fusils. Je m'avançai vers eux, et je les reconnus pour des noirs de détachement, sorte de maréchaussée de l'île : ils s'arrêtèrent auprès de moi. L'un d'eux portait dans une calebasse deux petits chiens nouveau-nés ; un autre menait une femme attachée par le cou à une corde de jonc : c'était le butin qu'ils avaient fait sur un camp de noirs marrons qu'ils venaient de dissiper. Ils en avaient tué un, dont ils me montrèrent le gri-gri, espèce de talisman fait comme un chapelet. La négresse paraissait accablée de douleur. Je l'interrogeai ; elle ne me répondit pas. Elle portait sur le dos un sac de vacoa. Je l'ouvris. Hélas ! c'était une tête d'homme. Le beau paysage disparut, je ne vis plus qu'une terre abominable [1].

Mes compagnons me retrouvèrent comme je descendais par une pente difficile au bras de mer de la Savane. Il était nuit, nous nous assîmes sous des arbres dans le fond de l'anse : on alluma des flambeaux, et on servit à souper.

On parla des noirs marrons ; car ils avaient aussi rencontré le détachement où était cette malheureuse qui portait peut-être la tête de son amant ! M. Étienne nous dit qu'il y avait des troupes de deux et trois cents noirs fugitifs aux environs de Belle-Ombre ; qu'ils élisaient un chef auquel ils obéissaient, sous peine de la vie. Il leur est défendu de rien prendre dans les habitations du voisinage, d'aller le long des rivières fréquentées chercher du poisson ou des *songes*. La nuit, ils descendent à la mer pour pêcher ; le jour, ils forcent des cerfs dans l'intérieur des bois avec des chiens bien dressés. Quand il n'y a qu'une femme dans la troupe, elle est pour le chef ; s'il y en a plusieurs, elles sont communes. Ils tuent, dit-on, les enfants qui en naissent, afin que leurs cris ne les dénoncent pas. Ils s'occupent tous les matins à jeter les sorts pour présager la destinée du jour.

Il nous conta qu'étant à la chasse l'année précédente, il rencontra un noir marron ; que s'étant mis à le poursuivre en l'ajustant, son fusil manqua jusqu'à trois fois. Il allait l'assommer à coups de crosse, lorsque deux négresses sortirent du bois, et vinrent en pleurant se jeter à ses pieds. Le noir profita du moment, et s'enfuit. Il amena chez lui ces deux généreuses créatures ; il nous en avait montré une le matin.

Nous passâmes la nuit sous des paillottes.

J'avais remarqué qu'on pouvait faire du Poste-Jacotet, cette position si riante, un très bon port pour de petits vaisseaux, en ôtant du bassin quelques plateaux de corail. Le bras de mer de la Savane sert aussi aux embarcations des gaulettes. Toute cette partie est la plus belle portion de l'île ; cependant elle est inculte, parcequ'il est difficile d'y communiquer avec le chef-lieu, à cause des montagnes de l'intérieur, et par la difficulté de revenir au vent du port en doublant le morne Brabant.

LE 5 SEPTEMBRE.

M. Étienne et M. de Clèzemure, capitaine du *Désir*, vinrent m'accompagner jusqu'au bord de la rive gauche de la Savane, qui est encore plus escarpée que la rive droite ; en cet endroit leurs chiens forcèrent un cerf. Je pris congé d'eux pour faire seul les douze lieues qui restaient, dans un pays où il n'y a plus d'habitants.

J'observai, chemin faisant, que la prairie devenait plus large, les bois plus épais et plus beaux. Les montagnes sont enfoncées dans l'intérieur ; on n'en voit que les sommets dans le lointain.

De temps en temps je trouvai quelques ravins. En deux heures de marche je passai trois rivières à gué. La seconde, qui est celle des Anguilles, est assez difficile ; son lit est plein de rochers, et son courant rapide. Il s'y jette des sources d'eau ferrugineuse, qui la couvrent d'une huile couleur de gorge-de-pigeon.

Chemin faisant, je vis un de ces éperviers appelés mangeurs-de-poules. Il était perché sur un tronc de latanier ; je l'ajustai presque à bout portant ; les deux amorces de mon fusil s'embrasèrent, et les coups ne partirent pas. L'oiseau resta tranquille, et je le laissai là. Cette petite aventure me fit faire attention à tenir mes armes en meilleur état, en cas d'attaque des noirs marrons.

Je m'arrêtai sur la rive gauche de la troisième rivière, au bord de la mer, sur des plateaux de rochers ombragés par un veloutier. Mes noirs m'en firent une espèce de tente, en jetant mon manteau dessus les branches. Ils me firent à dîner, et me pêchèrent quelques conques persiques et des oreilles-de-Midas.

A deux heures après dîner je me mis en route, mon fusil en bon état et mes gens en bon ordre. Les surprises n'étaient point à craindre : la plaine est découverte, et les bois assez éloignés. Le sentier était très beau et sablé. Pour marcher plus à mon aise, et n'être pas obligé de me déchausser au passage de chaque rivière, je résolus de marcher nu-pieds, comme les chasseurs du matin [1].

---

[1] Cette femme appartenait à un habitant appelé M. de Laval.

[1] L'homme civilisé enferme son pied dans une chaussure, il est sujet aux cors, que les nègres ne connaissent pas. De toutes les parties de son individu qu'il immole à son opinion, c'est

Cette façon d'aller est non-seulement la plus naturelle, mais la plus sûre; le pied saisit comme une main les angles des rochers. Les noirs ont cette partie si exercée, qu'ils s'en servent pour ramasser une épingle à terre. Ce n'est donc pas en vain que la nature divisa ces membres en doigts, et les doigts en articulations.

Après avoir fait ces réflexions, je me déchaussai, et je passai à gué la première rivière; mais en sortant de l'eau, je reçus un violent coup de soleil sur les jambes; elles devinrent rouges et enflammées. Au passage de la seconde, je me blessai à un talon et à un orteil. En mettant mon pied dans l'eau, j'éprouvai à mes blessures une douleur fort vive. Je renonçai à mon projet, fâché d'avoir perdu un des avantages de la constitution humaine, faute d'exercice.

J'arrivai à la rivière du Poste, que je traversai à gué sur le dos de mon noir, à une portée de canon de son embouchure. Elle coule avec grand bruit sur des rochers. Ses eaux sont si transparentes, que je distinguais au fond des limaçons noirs à pointes. J'éprouvai dans ce passage une sorte d'horreur. Le soleil était près de se coucher; je ne voulus pas aller plus loin. Je marchai sur les pierres le long de sa rive gauche, pour gagner une paillotte que j'avais aperçue adossée à un des caps de son embouchure. Il me fut impossible d'aller jusque là. Ce n'étaient que des monceaux de roches. Je revins sur mes pas, et je repris le sentier qui me mena au haut du ravin au bas duquel elle coule. J'aperçus à main gauche, dans un enfoncement, un petit bouquet détaché de buissons, d'arbres et de lianes, dans lequel on ne pouvait pénétrer. L'idée me vint de m'ouvrir un passage avec une hache, et de me loger au centre comme dans un nid. Ce gîte me paraissait sûr; mais comme il vint à tomber un peu de pluie, je pensai qu'il vaudrait mieux encore loger sous le plus mauvais toit. Je descendis l'enfoncement jusqu'au bord de la mer, et j'eus un grand plaisir de trouver sur ma droite la paillotte que j'avais aperçue de l'autre rive : c'était un toit de feuilles de latanier appliqué contre la roche. A droite était le chemin impraticable que j'avais tenté; à gauche le chemin par où j'étais descendu, et devant moi le bord de la mer. Tout me parut également disposé pour la sûreté et la commodité; on me fit un lit d'herbes sèches, et je me couchai. Je fis mettre mes paniers enfilés de leur bâton à droite et à gauche de mon lit, comme des barrières; un de mes noirs à chaque entrée de l'ajoupa, mes pistolets sous mon oreiller, mon fusil auprès de moi, et mon chien à mes pieds.

A peine ces dispositions étaient faites, qu'un frisson me saisit. C'est la suite des coups de soleil, qui sont presque toujours suivis de la fièvre. Mes jambes étaient douloureuses et enflées. On me fit de la limonade; on alluma de la bougie; et je m'occupai à noter des observations sur ma route, et quelques erreurs sur la carte.

Toute la côte, depuis le bras de mer de la Savane, est escarpée et inabordable. Les rivières qui s'y jettent sont fort encaissées. Il serait impossible de faire ce chemin à cheval. On s'opposerait aisément à la marche d'une troupe ennemie, chaque rivière étant un fossé d'une profondeur effrayante. Quant au pays, il m'a paru la plus belle portion de l'île.

Sur le minuit, la fièvre me quitta, et je m'endormis. A trois heures et demie du matin, mon chien me réveilla, et sortit de l'ajoupa en aboyant de toutes ses forces. J'appelai Côte, et lui dis de se lever. Je sortis avec mes armes; mais je ne vis qu'un ciel bien étoilé. Mon noir revint au bout de quelques moments, et me dit qu'il avait entendu siffler deux fois auprès du bois. Je fis rallumer le feu, j'ordonnai à mes gens de veiller, et je posai Côte en sentinelle avec mon sabre.

La mer venait briser dans les rochers, presque jusqu'à ma chaumière. Ce fracas, joint à l'obscurité, m'invitait au sommeil; mais je n'étais pas sans inquiétude, j'étais à cinq lieues de toute habitation : si la fièvre me reprenait, je ne savais où trouver des secours. Les noirs marrons me donnaient peu de crainte : mes deux noirs paraissaient bien déterminés, et j'étais dans un lieu où je pouvais soutenir un siége. Après tout, je me félicitai de ne m'être pas campé dans le bosquet.

Dès qu'on put distinguer les objets, je fis boire un verre d'eau-de-vie à mes factionnaires, et je me mis en route : ils commençaient à être bien moins chargés, nos provisions diminuaient chaque jour.

DU 4 SEPTEMBRE.

Je partis à cinq heures et demie du matin, résolu de faire un effort pour arriver à la première habitation d'une seule traite.

A peu de distance nous trouvâmes une petite rivière, et un peu plus loin un ruisseau presque à

---

sans doute le sacrifice qui lui coûte le moins. On prétend même qu'il y a un plus grand inconvénient à porter perruque, surtout lorsqu'on se fait raser la tête. On croit que cette opération est cause des apoplexies si fréquentes aujourd'hui, et qui étaient si rares chez les anciens. Je crois même que Pline, qui parle des maladies de son temps, ne fait pas mention de celle-là.

sec. Après une heure de marche, toute cette belle pelouse qui commence au morne Brabant finit, et l'on entre sur un terrain couvert de rochers comme dans le reste de l'île. L'herbe cependant en est plus verte ; c'est un gramen à large feuille, très propre au pâturage.

Je passai à gué le bras de mer du Chalan, sur un banc de sable. Il est mal figuré sur le plan. La mer entre profondément dans les terres par un passage étroit, dont je pense qu'on pourrait faire un grand parc pour la pêche, en le barrant de claires-voies.

Je trouvai sur sa rive gauche un ajoupa, où je me reposai.

A une demi-lieue de là, le sentier se divise en deux ; je pris celui de la gauche, qui entre dans les bois ; il me conduisit dans un grand chemin frayé de chariots. La vue des ornières, qui me désignaient le voisinage de quelque maison considérable, me fit un grand plaisir : j'aimais encore mieux voir des pas de cheval que des pas d'homme. Nous arrivâmes à une habitation dont le maître était absent, ce qui nous fit revenir sur nos pas, et suivre un sentier du bois qui nous mena chez un habitant appelé M. Delaunay. Il était temps d'arriver ; je ne pouvais plus me soutenir sur mes jambes, qui étaient très enflées. Il me prêta un cheval pour me rendre à deux lieues de là, à l'habitation des prêtres.

Je passai successivement la rivière de la Chaux, qui est fort encaissée, et celle des Créoles. A trois quarts de lieue de cette dernière, je traversai en pirogue une des anses du port du sud-est.

Les bords en sont couverts de mangliers. Tout ce paysage est fort agréable ; il est coupé de collines couvertes d'habitations. De temps en temps on traverse des bouquets de bois remplis d'orangers. Il était six heures du soir quand j'arrivai chez le frère directeur de l'habitation. On me bassina les jambes d'eau de fleur de sureau, et je me reposai avec grand plaisir.

DU 5.

Il n'y a qu'une lieue de là au grand Port. Le frère me prêta un cheval, et j'arrivai à la ville sur les dix heures. C'est une espèce de bourg où il y a une douzaine de maisons. Les édifices les plus remarquables sont un moulin ruiné, et le Gouvernement, qui ne vaut guère mieux. Derrière la ville est une grande montagne, et devant elle est la mer, qui forme en cet endroit une baie profonde de deux lieues, à compter des récifs de son ouverture, et de quatre lieues de longueur depuis la pointe des deux Cocos jusqu'à celle du Diable. Je descendis chez le curé.

DES 6, 7 ET 8.

J'étais enchanté de mon hôte et du paysage que j'avais vu ; mais il faut se méfier des lieux où vient la fleur d'orange : le curé ne buvait que de l'eau, ainsi que ses paroissiens. Il faut souvent un mois de navigation pour venir du Port-Louis ; souvent les habitants sont exposés à manquer de tout ce qui vient d'Europe. Je fis part de mes provisions à M. Delfolie ; c'était le nom du missionnaire, qui était un fort honnête homme.

Le port du sud-est fut d'abord habité par les Hollandais ; on voit encore un de leurs anciens édifices qui sert de chapelle. On entre dans le port par deux passes, l'une à la pointe du Diable pour les petits vaisseaux ; l'autre, plus considérable, à côté d'un îlot, vers le milieu. Il y a deux batteries à ces deux endroits, et une troisième appelée *batterie de la Reine*, située au fond de la baie.

Si mon indisposition l'eût permis, j'aurais examiné les corps étrangers que la mer jette sur les récifs, pour former quelques conjectures sur les terres qui sont au vent ; mais je pouvais à peine me soutenir ; la peau de mes jambes tomba même entièrement.

Voici les observations que je pus recueillir.

Les baleines entrent quelquefois dans le port du sud-est, où il serait aisé de les harponner. Cette côte est fort poissonneuse, et c'est l'endroit de l'île où l'on trouve les plus beaux coquillages, entre autres des olives et des vis. On me donna quelques huîtres violettes de l'embouchure de la rivière de la Chaux, et une espèce de cristallisation que l'on trouve au fond du lit de la rivière Sorbès, qui en est voisine.

Je vis pendant trois nuits une comète qui paraissait depuis quinze jours. Son noyau était pâle et nébuleux, sa queue blanche et très étendue ; les rayons en divergeaient peu. Je dessinai sa position dans le ciel, au-dessous des Trois Rois. Sa route était vers l'est, et sa queue dirigée à l'ouest. Le 6, à deux heures et demie du matin, elle me parut élevée de plus de 50 degrés sur l'horizon. Je ne pus rendre mon observation plus précise, faute d'instrument.

Je trouvai ici l'air d'une fraîcheur agréable, la campagne belle et fertile ; mais ce bourg est si désert, que dans un jour je ne vis passer que deux noirs sur la place publique.

LE 9 SEPTEMBRE.

Je me sentais assez rétabli pour continuer ma route dans des lieux habités. Je fixai ma couchée à quatre lieues de là, à l'embouchure de la grande rivière, qui est un peu plus grande que celle qui porte le même nom, près du Port-Louis.

Nous partîmes à six heures du matin, en suivant le rivage, qui est découpé d'anses où croissent des mangliers. Il est probable que la mer en a apporté les graines de quelque terre plus au vent. Nous longions sur la gauche une chaîne de montagnes élevées, couvertes de bois. La campagne est coupée de petites collines couvertes d'une herbe fraîche; ce pays, où l'on élève beaucoup de bestiaux, est agréable à voir, mais fatigant à parcourir.

Après avoir marché deux lieues, nous vîmes sur une hauteur une belle maison de pierre. Je m'y arrêtai pour m'y reposer; elle appartenait à un riche habitant, appelé La V***. Il était absent. Sa femme était une grande créole sèche, qui allait nu-pieds, suivant l'usage du canton. En entrant dans l'appartement, je la trouvai au milieu de cinq ou six filles, et d'autant de gros dogues qui voulurent étrangler mon chien; on les mit à la porte, et madame de La V*** y posa en faction une négresse nue, qui n'avait pour tout habit qu'une mauvaise jupe. Je demandai à passer le temps de la chaleur. Après les premiers compliments, un des chiens trouva le moyen de rentrer dans la salle, et le vacarme recommença. Madame de La V*** tenait à la main une queue de raie épineuse; elle en lâcha un coup sur les épaules nues de l'esclave, qui en furent marquées d'une longue taillade, et un revers sur le mâtin, qui s'enfuit en hurlant.

Cette dame me conta qu'elle avait manqué de se noyer en allant en pirogue harponner la tortue sur les brisants. Elle allait dans les bois à la chasse des noirs marrons; elle s'en faisait honneur; mais elle me dit que le gouverneur lui avait reproché de chasser le cerf, ce qui est défendu; ce reproche l'avait outrée : « J'eusse mieux aimé, me dit-elle, » qu'il m'eût donné un coup de poignard dans le » cœur. »

A quatre heures après midi, je quittai cette Bellone qui chassait aux hommes; nous coupâmes par un sentier la pointe du Diable, ainsi appelée parce que les premiers navigateurs y virent, dit-on, varier leur boussole sans en savoir la raison. Nous passâmes en canot l'embouchure de la grande rivière, qui n'est point navigable à cause d'un banc de sable qui la traverse, et d'une cascade qu'elle forme à un demi-quart de lieue de là.

On a bâti sur sa rive gauche une redoute en terre, au commencement du chemin qui mène à Flacque: nous le suivîmes par l'impossibilité de marcher le long du rivage, tout rompu de roches. On rentre ici dans les bois, qui sont très beaux, et pleins d'orangers. A un quart de lieue de là, je trouvai une habitation dont le maître était absent : je m'y arrêtai.

J'avais marché deux heures et demie le matin, et autant l'après-midi.

LE 10 SEPTEMBRE.

Nous suivîmes la grande route de Flacque jusqu'à un quart de lieue au-delà de la rivière Sèche, que nous passâmes à gué comme les autres; ensuite, prenant à droite par un sentier, j'arrivai sur le bord de la mer à l'Anse d'eau douce, où il y avait un poste de trente hommes.

Nous reprîmes le rivage, qui commence là à être praticable. Je passai, sur le dos de Côte, un petit bras de mer assez profond. De temps en temps le sable est couvert de rochers, jusqu'à une longue prairie couverte du même chiendent que j'avais trouvé aux environs de Belle-Ombre. Toute cette partie est sèche et aride; les bois sont petits et maigres, et s'étendent aux montagnes qu'on voit de loin : cette plaine, qui a trois grandes lieues, ne vaut pas grand'chose; elle s'étend jusqu'à un établissement appelé les quatre Cocos. Il n'y a d'autre eau que celle d'un puits saumâtre percé dans des rochers pleins de mine de fer.

Après dîner, un sentier sur la gauche nous mena dans les bois, où nous retrouvâmes des rochers. Nous arrivâmes sur le bord de la rivière de Flacque, à un quart de lieue de son embouchure : nous la traversâmes sur des planches. Je la côtoyai en traversant les habitations, qui y sont en grand nombre, et je vins descendre au magasin, situé sur la rive gauche. Il y avait un poste commandé par un capitaine de la légion, appelé M. Gautier, qui m'offrit un gîte.

LE 11.

Je me reposai. Le quartier de Flacque est un des mieux cultivés de l'île : on en tire beaucoup de riz. Il y a une passe dans les récifs qui permet aux gaulettes de venir charger jusqu'à terre.

LE 12.

Mon hôte voulut m'accompagner une partie du chemin; nous fûmes en pirogue jusqu'auprès du poste de Fayette. Presque toute la côte est couverte jusque là de roches brisées et de mangliers. Près du débarquement nous vîmes sur le sable des traces de tortue, ce qui nous fit mettre pied à terre; mais nous ne trouvâmes que le nid. Nous passâmes à gué l'anse aux Aigrettes, bras de mer assez large.

J'étais sur les épaules de mon noir : quand nous fûmes au milieu du trajet, la mer, qui montait, pensa le renverser : il eut de l'eau jusqu'au cou, et je fus bien mouillé. A quelque distance, nous en trouvâmes une autre, appelée l'anse aux Requins. J'y remarquai de larges plateaux de rochers, percés d'un grand nombre de trous ronds d'un pied de diamètre ; quelques uns étaient de la profondeur de ma canne. Je présumai que quelque lave de volcan, ayant coulé jadis sur une portion de forêt, avait consumé les troncs des arbres, et conservé leur empreinte.

Du poste de Fayette à la rivière du Rempart, la prairie continue. Ce quartier est encore bien cultivé : nous y dînâmes. Je passai la rivière ; ensuite je continuai seul ma route jusqu'au-delà de la rivière des Citronniers. Le soleil baissait déjà à l'horizon, lorsque je rencontrai un habitant qui m'engagea fort honnêtement à entrer chez lui ; cet honnête homme s'appelait le sieur Gole.

LE 15 SEPTEMBRE.

Il m'offrit, le matin, son cheval pour me rendre à la ville, dont je n'étais plus éloigné que de cinq lieues. J'aurais bien voulu achever le tour de l'île, mais il y avait quatre lieues de pays inhabité, où l'on ne trouve pas d'eau. D'ailleurs, de la pointe des Canonniers, je connaissais le rivage jusqu'au Port.

J'acceptai l'offre de mon hôte. Je partis de ce quartier qu'on appelle la Poudre-d'Or, à cause, dit-on, de la couleur du sable, qui me parut blanc comme ailleurs. Je passai d'abord la rivière qui porte le nom du quartier. J'entrai ensuite dans de grands bois ; le sol est bon, mais il n'y a point d'eau. J'arrivai au quartier des Pamplemousses : les terres en paraissent épuisées, parcequ'on les cultive depuis plus de trente ans sans les fumer. J'en passai la rivière à gué, ainsi que la rivière Sèche et celle des Lataniers, et j'arrivai le soir au Port.

J'avais trouvé toutes les campagnes en rapport couvertes de pierres, excepté quelques cantons des Pamplemousses.

Je n'ai vu sur ma route aucun monument intéressant. Il y a trois églises dans l'île : la première au Port-Louis, la seconde au port du sud-est, et la troisième, qui est la plus propre, aux Pamplemousses. Les deux autres ressemblent à de petites églises de village. On en avait construit une au Port-Louis sur un assez beau plan ; mais le comble en étant trop élevé, les ouragans ont fait fendre les murs qui le supportent. On s'en sert quelquefois au lieu de magasins, qui sont rares dans l'île. La plupart sont construits en bois ; c'est une matière qu'on ne devrait jamais employer pour les bâtiments publics, surtout ici, où les poutres ne durent pas plus de quarante ans, quand les carias ne les détruisent pas plus tôt. D'ailleurs, la pierre se rencontre partout, et l'île est entourée de corail, dont on fait de la chaux. La plus grande difficulté est aux fondations, où l'on est toujours obligé de faire sauter des roches avec de la poudre ; mais, tout compensé, je ne crois pas qu'un bâtiment en pierre coûte ici un tiers plus cher qu'un bâtiment en bois. Celui-ci, il est vrai, est bientôt prêt, mais bientôt ruiné. Les gens pressés de jouir ne jouissent jamais.

On compte que l'île a environ quarante-cinq lieues de tour. Elle est arrosée d'un grand nombre de ruisseaux fort encaissés : ils sortent du centre de l'île pour se rendre à la mer. Quoique nous fussions dans la saison sèche, j'en ai traversé plus de vingt-quatre remplis d'une eau fraîche et saine. J'estime qu'il y a la moitié de l'île en friche, un quart de cultivé, un autre quart en pâturages bons et mauvais.

LETTRE XVIII.

SUR LE COMMERCE, L'AGRICULTURE ET LA DÉFENSE DE L'ÎLE.

Une lettre ne suffirait pas pour détailler ces trois objets, qui sont immenses. A commencer par le premier, je ne connais point de coin de terre qui étende ses besoins si loin. Cette colonie fait venir sa vaisselle de Chine, son linge et ses habits de l'Inde, ses esclaves et ses bestiaux de Madagascar, une partie de ses vivres du cap de Bonne-Espérance, son argent de Cadix, et son administration de France. M. de La Bourdonnais voulait en faire l'entrepôt du commerce de l'Inde[1], une seconde

---

[1] Tout entrepôt augmente les frais du commerce ; quand il est inutile, il ne faut pas l'établir. Aucune nation n'a aux Indes d'entrepôt placé hors des lieux de son commerce. Batavia est dans une île qui donne des épiceries.

On regarde encore l'Ile-de-France comme une forteresse qui assure nos possessions dans l'Inde. C'est comme si on regardait Bordeaux comme la citadelle de nos colonies de l'Amérique. Il y a quinze cents lieues de l'Ile-de-France à Pondichéry. Quand on supposerait dans cette île une garnison considérable, encore faut-il une escadre pour la transporter aux Indes. Il faut que cette escadre soit toujours rassemblée dans un port, où les vers dévorent un vaisseau en trois ans. L'île ne fournit ni goudron, ni cordages, ni mâture : les bordages même n'y valent rien, le bois du pays étant lourd et sans élasticité.

On court les risques d'un combat naval. Si on est battu, le secours est manqué : si on est victorieux, les soldats, transpor-

Batavia. Avec les vues d'un grand génie, il avait le faible d'un homme ; mettez-le sur un point, il en fera le centre de toutes choses.

Ce pays, qui ne produit qu'un peu de café, ne doit s'occuper que de ses besoins ; et il devrait se pourvoir en France, afin d'être utile, par sa consommation, à la métropole, à laquelle il ne rendra jamais rien. Nos denrées, nos draps, nos toiles, nos fabriques y suffisent, et les cotonnines de Normandie sont préférables aux toiles du Bengale qu'on donne aux esclaves. Notre argent seul devrait y circuler. On a imaginé une monnaie de papier, à laquelle personne n'a de confiance. Dans son plus grand crédit elle perd trente-trois et souvent cinquante pour cent. Il est impossible que ce papier perde moins : il est payable en France à six mois de vue, il faut six mois pour le voyage, six mois pour le retour ; voilà dix-huit mois. On compte ici qu'en dix-huit mois l'argent comptant placé dans le commerce maritime doit rapporter trente-trois pour cent. Celui qui reçoit du papier pour des piastres le regarde comme une marchandise qui court plus d'un risque.

Le roi paie tout ce qu'il achète un tiers au moins au-dessus de sa valeur : les grains des habitants, la construction de ses édifices ; les fournitures et les entreprises en tout genre. Un habitant vous fera un magasin pour vingt mille francs comptant ; si vous le payez en papier, c'est dix mille écus ; il n'y a pas là-dessus de dispute.

C'est pourtant la seule monnaie dont tout le monde est payé. On avait pensé qu'elle ne sortirait pas de l'île ; non-seulement elle en sort, mais les piastres aussi, pour n'y jamais rentrer ; autrement la colonie manquerait de tout.

De tous les lieux étrangers où elle commerce, le seul indispensable à sa constitution présente est Madagascar, à cause des esclaves et des bestiaux. Ses insulaires se contentaient autrefois de nos mauvais fusils, mais ils veulent aujourd'hui des piastres cordonnées : tout le monde se perfectionne.

Au reste, si on compte qu'il y ait un jour assez de superflu pour y faire fleurir le négoce, il faut se hâter de nettoyer le port. Il y a sept ou huit carcasses de vaisseaux qui y forment autant d'îles, que les madrépores augmentent chaque jour.

Il ne devrait être permis à personne de posséder des terres faciles à défricher et à la portée de la ville, sans les mettre en valeur. Personne ne devrait se faire concéder de grands et beaux terrains pour les revendre à d'autres. Les lois défendent ces abus ; mais on ne suit pas les lois.

On devrait multiplier les bêtes de somme, surtout les ânes, si utiles dans un pays de montagnes : un âne porte deux fois la charge d'un noir. Le nègre ne coûte guère davantage, mais l'âne est plus fort et plus heureux.

On a fait beaucoup de lois de police sur ce qu'il convient de planter. Personne ne connaît mieux que l'habitant ce qui est de son intérêt et ce qui convient à son sol. Il vaudrait mieux trouver le moyen d'attacher l'agriculteur au champ qu'il cultive à regret ; car les ordonnances ne peuvent rien sur les sentiments.

Il y a un grand nombre de soldats inutiles auxquels on pourrait donner des terrains à cultiver, en faisant les avances du défriché : on pourrait les marier avec des négresses libres. Si on eût suivi ce plan, depuis dix ans l'île entière serait en rapport ; on aurait une pépinière de matelots et de soldats indiens. Cette idée est si simple, que je ne suis pas étonné qu'on l'ait méprisée.

Quant aux moyens à proposer pour adoucir l'esclavage des nègres, j'en laisse le soin à d'autres ; il y a des abus qui ne comportent aucune tolérance.

Si vous consultez sur la défense de l'île un officier de marine, il vous dira qu'une escadre suffit ; un ingénieur vous proposera des fortifications ; un brigadier d'infanterie est persuadé qu'il ne faut que des régiments ; et l'habitant croit que l'île se défend d'elle-même. Les trois premiers objets dépendent de l'administration, et sont dispendieux et nécessaires en partie. Je m'arrêterai au dernier, afin de vous faire part de quelques vues économiques.

J'ai observé, en faisant le tour de l'île, qu'elle était entourée en grande partie, à quelque distance du rivage, d'une ceinture de brisants ; que là où cette ceinture n'est pas continuée, la côte est formée de rochers inabordables. Cette disposition m'a paru étonnante, mais elle est certaine. L'île serait inaccessible s'il ne se trouvait des pas-

---

tés tout d'un coup d'un climat tempéré dans un climat très chaud, ne peuvent supporter les fatigues du service.

Si on eût fait pour quelque endroit de la côte Malabare, ou de l'embouchure du Gange, la moitié de la dépense qu'on a faite à l'Ile-de-France, nous aurions dans l'Inde même une forteresse respectable et une armée acclimatée : les Anglais ne se seraient pas emparés du Bengale. On peut s'en rapporter à eux sur ce qu'il convient de faire pour protéger un établissement. Ils entretiennent trois ou quatre mille soldats européens sur les bords mêmes du Gange : ils avaient cependant assez d'îles éloignées à leur disposition. Il ne tient encore qu'à eux de s'établir sur la côte de l'ouest de Madagascar ; mais, dans leurs entreprises, ils ne séparent jamais les moyens de leur fin. Les moutons sont mal gardés quand le chien est à quinze cents lieues de la bergerie.

A quoi donc l'Ile-de-France est-elle bonne ? A donner du café, et à servir de relâche à nos vaisseaux.

sages dans les récifs. J'en ai compté onze : ils sont formés par le courant des rivières, qui se trouvent toujours vis-à-vis.

La défense extérieure de l'île consiste donc à interdire ces ouvertures. Quelques unes peuvent se fermer par des chaînes flottantes, les autres peuvent être défendues par des batteries posées sur le rivage.

Comme on peut naviguer en bateau entre les récifs et la côte, on pourrait se servir de chaloupes canonnières, dont le service me paraît fort commode, par la facilité d'avancer ses feux lorsque la passe se trouve à une grande distance du canon de la côte.

Derrière les récifs, le rivage est d'un abord aisé; on descend sur un sable uni. On pourrait rendre ces endroits impraticables, ainsi qu'ils le sont devenus naturellement dans le fond des anses du port du sud-est. Il n'y a qu'à y planter des mangliers, la même espèce d'arbres qui y ont crû bien avant dans la mer en formant des forêts impénétrables : ce moyen est si facile que personne ne s'en avise.

Dans les parties de la côte, battues par les lames, s'il se trouve quelques plateaux de rochers accessibles, ces lieux n'étant jamais fort étendus, on peut les défendre par quelques pans de muraille sèche, par des chevaux de frise tout prêts à jeter à l'eau, par des raquettes qui croissent sur les lieux les plus secs : mais, pour peu qu'il y ait de sable au pied, les mangliers y viendront ; leurs branches et leurs racines s'entrelacent de telle sorte qu'aucun bateau n'y peut aborder. On néglige trop les moyens naturels de défense, les arbres, les buissons épineux, etc. Ils ont cet avantage, qu'ils coûtent peu, et que le temps qui détruit les autres ne fait qu'augmenter ceux-ci. Voilà quant à la défense maritime.

Je considère l'île comme un cercle, et chaque rivière venant du centre comme un des rayons de ce cercle. On peut escarper, et planter de raquettes et de bambous, toutes les rives qui sont du côté de la ville, et découvrir à trois cents toises le bord opposé. Alors chaque terrain compris en deux ruisseaux devient un espace tout fortifié, et le canal de ces ruisseaux un fossé très dangereux. Tous les côtés par où l'ennemi voudrait les passer seraient découverts, tous ceux que l'habitant défendrait seraient protégés : l'ennemi n'arriverait à la ville qu'à travers mille difficultés. Ce système de défense peut s'appliquer à toutes les îles de peu d'étendue ; les eaux y coulent toujours du centre à la circonférence.

Des deux ailes de montagnes qui embrassent la ville et le port, il n'y a guère à défendre que la partie qui regarde la mer ; on bâtirait sur l'île aux Tonneliers une citadelle, dont les batteries, placées dans des espèces de chemins couverts, donneraient des feux rasants ; on y mettrait beaucoup de mortiers, si redoutés des vaisseaux. A droite et à gauche, jusqu'aux mornes, on saisirait le terrain par des lignes de fortification respectables. La nature en a déjà fait une partie des frais sur la droite ; la rivière des Lataniers protège tout ce front.

Le fond du bassin, formé derrière la ville par les montagnes, comprend un vaste terrain, où l'on peut rassembler tous les habitants de l'île et leurs noirs. Le revers de ces montagnes est inaccessible, ou peut l'être à peu de frais.

Il y a même un avantage fort rare : c'est qu'au fond de ce bassin, dans la partie la plus élevée de la montagne, à l'endroit appelé le Pouce, il se trouve un espace considérable, planté de grands arbres, où coulent deux ou trois ruisseaux d'une eau très saine ; on ne peut y monter de la ville que par un sentier très difficile ; on a essayé d'y faire, à force de mines, un grand chemin pour communiquer de là dans l'intérieur de l'île ; mais le revers de ces montagnes est d'un escarpement effroyable ; il n'y a guère que des nègres ou des singes qui puissent y grimper. Quatre cents hommes dans ce poste, avec des vivres, ne pourraient jamais y être forcés ; toute la garnison même peut s'y retirer.

Si à des moyens naturels de défense on ajoute ceux qui dépendent de l'administration, une escadre et des troupes, voici les obstacles que l'ennemi aura à surmonter :

1° Il sera obligé de livrer un combat en mer ;

2° En supposant l'escadre vaincue, elle peut retarder la descente du vainqueur, en le forçant de dériver, dans le combat, sous le vent de l'île ;

3° Il lui reste à vaincre les difficultés du débarquement ; il ne peut attaquer la côte que par des points, et jamais sur un grand front ;

4° Chaque passage de ruisseau lui coûte un combat très désavantageux, si on le force à se présenter toujours à découvert ;

5° Il est obligé de faire le siège de la ville par un côté peu étendu, sous le feu des mornes qui le commandent, et d'ouvrir la tranchée dans les rochers ;

6° La garnison, contrainte d'abandonner la ville, trouve au haut des montagnes un réduit sûr et pourvu d'eau, où elle peut elle-même recevoir des secours de l'intérieur de l'île.

Ce serait ici le lieu de vous parler de la défense de l'île de Bourbon, voisine de celle-ci ; mais je ne la connais pas. Je sais seulement qu'elle est inabordable, bien peuplée, et qu'il y croît plus de blés qu'elle n'en peut consommer ; cependant j'entends dire à tout le monde que le sort de Bourbon est attaché à celui de l'Ile-de-France. Serait-ce parceque la caisse militaire est ici [1] ?

LETTRE XIX.
DÉPART POUR FRANCE. ARRIVÉE A BOURBON. OURAGAN.

Après avoir obtenu la permission de retourner en France, je me disposai à m'embarquer sur *l'Indien*, vaisseau de 64 canons.

Je donnai la liberté à Duval, cet esclave qui portait votre nom ; je le confiai à un honnête homme du pays, jusqu'à ce qu'il eût acquitté par son travail quelque argent dont il était redevable à l'administration. S'il eût parlé français, je l'aurais gardé avec moi. Il me témoigna par ses larmes le regret qu'il avait de me quitter ; il m'y paraissait plus sensible qu'au plaisir d'être libre. Je proposai à Côte d'acheter sa liberté, s'il voulait s'attacher à ma fortune ; il m'avoua qu'il avait dans l'île une maîtresse, dont il ne pouvait se détacher. Le sort des esclaves du roi est supportable ; il se trouvait heureux ; c'était plus que je ne pouvais lui promettre. J'aurais été très aise de ramener mon pauvre Favori dans sa patrie ; mais quelques mois avant mon départ on me prit mon chien ; je perdis en lui un ami fidèle que j'ai souvent regretté.

Quelques jours avant de partir je revis Autourou, cet insulaire de Taïti, que l'on ramenait dans son pays après lui avoir fait connaître les mœurs de l'Europe. Je l'avais trouvé, à son passage, franc, gai, un peu libertin ; à son retour je le voyais réservé, poli et maniéré. Il était enchanté de l'Opéra de Paris, dont il contrefaisait les chants et les danses. Il avait une montre dont il désignait les heures par leur usage ; il y montrait l'heure de se lever, de manger, d'aller à l'Opéra, de se promener, etc. Cet homme était plein d'intelligence ; il exprimait par ses signes tout ce qu'il voulait. Quoique les hommes de Taïti passent pour n'avoir eu aucune communication avec les autres nations avant l'arrivée de M. de Bougainville, j'observai cependant un mot de leur langue et un usage qui leur sont communs avec différents peuples. *Matté*, en langue taïtienne, veut dire tuer. Le *matar* des Espagnols, le *mat* des Persans, ont la même signification. Les Taïtiens ont aussi coutume de se dessiner la peau, comme beaucoup de peuples de l'ancien et du nouveau continent. Ils connaissaient le fer, qu'ils n'avaient pas ; ils l'appelaient *aurou*, et en demandaient avec empressement ; ils avaient des maladies vénériennes, qui viennent, dit-on, du Nouveau-Monde ; mais toutes ces analogies ne suffisent pas pour remonter à l'origine d'une nation ; les folies, les besoins, les maux de l'espèce humaine, paraissent naturalisés chez tous les peuples. Un moyen plus sûr de les distinguer serait la connaissance de leurs langues. Toutes les nations de l'Europe mangent du pain ; mais les Russes l'appellent *gleba*, les Allemands *broth*, les Latins *panis*, les Bas-Bretons *bara*. Un dictionnaire encyclopédique des langues serait un ouvrage très philosophique.

Autourou paraissait s'ennuyer beaucoup à l'Ile-de-France ; il se promenait toujours seul. Un jour je l'aperçus dans une méditation profonde ; il regardait, à la porte de la prison, un noir esclave à qui on rivait une grosse chaîne autour du cou. C'était un étrange spectacle pour lui, qu'un homme de sa couleur traité ainsi par des blancs qui l'avaient comblé de bienfaits à Paris ; mais il ne savait pas que ce sont les passions des hommes qui les portent au-delà des mers, et que la morale, qui balance ces passions en Europe, reste en-deçà des tropiques.

Je m'embarquai le 9 novembre 1770 ; plusieurs Malabares vinrent m'accompagner jusqu'au bord de la mer : ils me souhaitèrent, en pleurant, un prompt retour. Ces bonnes gens ne perdent jamais l'espérance de revoir ceux qui leur ont rendu quelque service. Je reconnus parmi eux un maître charpentier, qui avait acheté mes livres de géométrie, quoiqu'il sût à peine lire ; c'était le seul homme de l'île qui en eût voulu.

Nous restâmes onze jours en rade, retenus par le calme. Le 20 au soir nous appareillâmes, et le 21, à trois heures après midi, nous mouillâmes à Bourbon, dans la rade de Saint-Denis.

Cette île est à quarante lieues sous le vent de l'Ile-de-France. Il ne faut qu'un jour pour aller à Bourbon, et souvent un mois pour en revenir ; elle paraît de loin comme une portion de sphère ; ses montagnes sont fort élevées. On y cultive, dit-on, la terre à huit cents toises de hauteur ; on donne seize cents toises d'élévation au sommet

---

[1] L'auteur a supprimé quelques observations sur l'Ile-de-France, afin qu'on ne pût employer à l'attaquer ce qui était imaginé pour la défendre. C'est une discrétion qu'auraient dû avoir ceux qui ont publié des cartes et des plans de nos colonies, dont nos ennemis ont tiré plus d'une fois partie. Les Hollandais ne permettent pas qu'on grave les plans de leurs îles ; on en donne des copies manuscrites à chaque capitaine de vaisseau, qui les remet à son retour dans les bureaux de l'amirauté. (*Note de l'Éditeur.*)

BERNARDIN.

des Trois-Salases, qui sont trois pics inaccessibles.

Ses rivages sont très escarpés; la mer y roule sans cesse de gros galets; ce qui ne permet qu'aux pirogues d'aborder sans se briser. On a construit à Saint-Denis, pour le débarquement des chaloupes, un pont-levis soutenu par des chaînes de fer; il avance sur la mer de plus de quatre-vingts pieds. A l'extrémité de ce pont est une échelle de corde où grimpent ceux qui veulent aller à terre. Dans tout le reste de l'île on ne peut débarquer qu'en se jetant à l'eau.

Comme l'*Indien* devait rester trois semaines au mouillage pour charger du café, plusieurs passagers résolurent de rester quelques jours dans l'île, et d'aller même attendre à Saint-Paul, sept lieues sous le vent, que notre vaisseau vînt y compléter sa cargaison.

Je me décidai moi-même à descendre à terre, par la disette de vivres où nous nous trouvions à bord, et par l'exemple du capitaine et d'un grand nombre d'officiers de différents vaisseaux.

Le 25, après midi, je m'embarquai seul dans une petite yole; et, malgré la brise, qui était très violente, à force de gouverner à la lame, je débarquai au pont. Nous fûmes une heure et demie à faire ce trajet, qui n'a pas une demi-lieue.

Je fus saluer l'officier commandant; il m'apprit qu'il n'y avait point d'auberge à Saint-Denis, ni dans aucun endroit de l'île; que les étrangers avaient coutume de loger chez ceux des habitants avec lesquels ils faisaient quelque commerce. La nuit s'approchait; et n'ayant aucune affaire à traiter, je me préparais à retourner à bord, lorsque cet officier m'offrit un lit.

Je fus ensuite saluer M. de Crémon, commissaire-ordonnateur, qui m'offrit sa maison pour le temps que je voudrais passer à terre. Cette offre me fut d'autant plus agréable que j'avais envie de voir le volcan de Bourbon, où je savais que M. de Crémon avait fait un voyage.

Mais je n'en ai pas trouvé l'occasion. Le chemin en est très difficile; peu d'habitants le connaissaient, et il fallait s'absenter de Saint-Denis six ou sept jours.

Du 25 jusqu'au 30, la brise fut si forte que peu de chaloupes de la rade vinrent à terre. Notre capitaine profita d'un moment favorable pour retourner à son bord, où ses affaires l'appelaient; mais le mauvais temps l'empêcha de redescendre.

Cette brise, qui vient toujours du sud-est, se lève à six heures du matin, et finit à dix heures du soir. Dans cette saison, elle durait le jour et la nuit avec une violence égale.

Le 1er décembre, le vent s'apaisa; mais il s'éleva de la pleine mer une lame monstrueuse qui brisait sur le rivage avec tant de violence, que la sentinelle du pont fut obligée de quitter son poste.

Le haut des montagnes se couvrait de nuages épais qui n'avaient point de cours. Le vent soufflait encore un peu de la partie du sud-est, mais la mer venait de l'ouest. On voyait trois grosses lames se succéder continuellement; on les distinguait le long de la côte comme trois longues collines. Il se détachait de leur partie supérieure des jets d'eau qui formaient une espèce de crinière. Elles s'élançaient sur le rivage en formant une voûte qui, se roulant sur elle-même, s'élevait en écume à plus de cinquante pieds de haut.

On respirait à peine; l'air était lourd, le ciel obscur; des nuées de corbigeaux et de paille-enculs venaient du large, et se réfugiaient sur la côte. Les oiseaux de terre et les animaux paraissaient inquiets; les hommes même sentaient une frayeur secrète à la vue d'une tempête affreuse au milieu du calme.

Le 2 au matin, le vent tomba tout-à-fait, et la mer augmenta; les lames étaient plus nombreuses, et venaient de plus loin. Le rivage, battu des flots, était couvert d'une mousse blanche comme la neige, qui s'y entassait comme des ballots de coton. Les vaisseaux en rade fatiguaient beaucoup sur leurs câbles.

On ne douta plus que ce ne fût l'ouragan. On tira bien avant sur la terre les pirogues qui étaient sur le galet; et chacun se hâta de soutenir sa maison avec des cordes et des solives.

Il y avait au mouillage l'*Indien*, le *Penthièvre*, l'*Amitié*, l'*Alliance*, le *Grand-Bourbon*, le *Géryon*, une goëlette, et un petit bateau. La côte était bordée de monde, qu'attirait le spectacle de la mer et le danger des vaisseaux.

Sur le midi, le ciel se chargea prodigieusement, et le vent commença à fraîchir du sud-est. On craignit alors qu'il ne tournât à l'ouest, et qu'il ne jetât les vaisseaux sur la côte. On leur donna, de la batterie, le signal du départ, en hissant le pavillon et tirant deux coups de canon à boulet. Aussitôt ils coupèrent leurs câbles et appareillèrent. Le *Penthièvre* abandonna sa chaloupe, qu'il ne put rembarquer. L'*Indien*, mouillé plus au large, fit vent arrière sous ses quatre voiles majeures. Les autres s'éloignèrent successivement. Des noirs qui étaient dans une chaloupe se réfugièrent à bord de l'*Amitié*. Le petit bateau et la goëlette se trouvaient déjà dans les lames, où ils disparaissaient de temps en temps; ils semblaient craindre de se mettre au large : enfin ils appareillèrent les derniers, attirant à eux l'inquiétude et les vœux de tous les spectateurs. Au bout de deux heures toute cette flotte disparut dans le nord-ouest, au milieu d'un horizon noir.

A trois heures après midi, l'ouragan se déclara avec un bruit effroyable; tous les vents soufflèrent successivement. La mer battue, agitée dans tous les sens, jetait sur la terre des nuages d'écume, de sable, de coquillages et de pierres. Des chaloupes, qui étaient en radoub à cinquante pas du rivage, furent ensevelies sous le galet; le vent emporta un pan de la couverture de l'église, et la colonnade du Gouvernement. L'ouragan dura toute la nuit, et ne cessa que le 5 au matin.

Le 6, deux navires revinrent au mouillage; c'étaient le petit bateau et la goëlette : ils apportaient une lettre du *Penthièvre*, qui avait perdu son grand mât de perroquet. Pour eux, ils n'avaient éprouvé aucun accident. En tout, les petites destinées sont les plus heureuses.

Le 8, *le Géryon* parut. Il avait relâché à l'Ile-de-France; il nous apprit que la tempête y avait fait périr, à l'ancre, la flûte du roi *la Garonne*.

Enfin, jusqu'au 19, on eut successivement nouvelle de tous les vaisseaux, à l'exception de *l'Amitié* et de *l'Indien*. La force et la grandeur de *l'Indien* semblaient le mettre à l'abri de tous les événements, et nous ne doutâmes pas qu'il n'eût continué sa route pour faire ses vivres au cap de Bonne-Espérance, et de là aller en France. Je savais d'ailleurs que c'était le projet du capitaine.

Le 19 au matin, on signala un vaisseau; c'était *la Normande*, flûte du roi; elle passa devant Saint-Denis, et fut mouiller à Saint-Paul. Elle venait de l'Ile-de-France, et allait chercher des vivres au Cap. Cette occasion nous parut très favorable. Il y avait un autre officier avec moi; nous résolûmes d'en profiter. Monsieur et mademoiselle de Crémon nous firent faire des lits et du linge pour le bord, et nous procurèrent des chevaux et des guides pour aller à Saint-Paul. Un de leurs parents nous y accompagna.

Je n'avais descendu à terre qu'un peu de linge; tous mes effets étaient sur *l'Indien*.

Nous partîmes le 20, à onze heures du matin. Il y avait sept lieues à faire. La flûte partait le soir; il n'y avait pas de temps à perdre. Nous prîmes congé de nos hôtes.

Nos chevaux grimpèrent d'abord la montagne de Saint-Denis, par des chemins en zig-zag, pavés de pierres pointues : ils étaient très vigoureux, et leur pas était sûr, quoiqu'ils ne fussent pas ferrés, suivant l'usage du pays.

A deux lieues et demie de Saint-Denis, nous trouvâmes, sur le bord d'un ruisseau, à l'ombre de citronniers, un dîner que mademoiselle de Crémon nous avait fait préparer.

Après dîner, nous descendîmes, et montâmes la Grande-Chaloupe. C'est un vallon affreux, formé par deux montagnes parallèles et très escarpées : nous fîmes à pied une partie de ce chemin, que la pluie rendait dangereux. Nous nous trouvâmes au fond entre les deux montagnes, dans une des plus étranges solitudes que j'aie jamais vues; nous étions comme entre deux murailles, le ciel sur notre tête et la mer sur notre droite. Nous passâmes le ruisseau, et nous parvînmes enfin sur le bord opposé de la Chaloupe; il règne au fond de ce gouffre un calme éternel, quoique le vent soit très frais sur la montagne.

A deux lieues de Saint-Paul, nous entrâmes dans une vaste plaine sablonneuse qui s'étend jusqu'à la ville. Elle est bâtie comme celle de Saint-Denis. Ce sont de grands emplacements bien alignés, entourés de haies, au milieu desquels est une case où loge une famille. Ces villes ont l'air de grands hameaux. Saint-Paul est situé sur le bord d'un étang d'eau douce, dont on pourrait, je crois, faire un port.

Il était nuit quand nous y arrivâmes; nous étions très fatigués, et nous ne savions où loger, ni même où trouver du pain; car il n'y a point de boulanger à Saint-Paul.

Mon premier soin fut de parler au capitaine de *la Normande*, que je trouvai heureusement à terre. Il me dit qu'il ne se chargerait point de notre passage sans un ordre du gouverneur de l'Ile-de-France, qui alors était à Saint-Denis; qu'au reste, il ne partait que le lendemain matin.

Sur-le-champ j'écrivis au gouverneur et à mademoiselle de Crémon. Je donnai mes deux lettres à un noir, en lui promettant une récompense s'il était de retour le lendemain à huit heures du matin. Il en était dix du soir, et il avait quatorze lieues à faire. Il partit à pied.

Je fus trouver mes camarades, qui soupaient chez le garde-magasin. On nous logea dans une maison appartenante au roi. Il n'y avait d'autres meubles que des chaises, dont nous fîmes des lits : de grand matin nous étions debout. A neuf heures nous vîmes arriver, avec les réponses à mes lettres, un noir que mon commissionnaire avait fait partir à sa place. Je le payai bien, et je fus trouver le capitaine, pour lui remettre la lettre du gouverneur. Quel fut notre étonnement, lorsque nous vîmes qu'il laissait la chose à sa discrétion!

Enfin, après plusieurs négociations, et après avoir donné des billets pour les frais de notre passage, il consentit à nous embarquer. Le départ du vaisseau fut remis au lendemain.

Voici ce que j'ai pu recueillir sur Bourbon. On sait que ses premiers habitants furent des pirates qui s'allièrent avec des négresses de Madagascar. Ils vinrent s'y établir vers l'an 1657. La compagnie des Indes avait aussi à Bourbon un comptoir, et un gouverneur qui vivait avec eux dans une grande circonspection. Un jour le vice-roi de Goa vint mouiller à la rade de Saint-Denis, et fut dîner au Gouvernement. A peine venait-il de mettre pied à terre, qu'un vaisseau pirate de cinquante pièces de canon vint mouiller auprès du sien, et s'en empara. Le capitaine descendit ensuite, et fut demander à dîner au gouverneur. Il se mit à table entre lui et le Portugais, à qui il déclara qu'il était son prisonnier. Quand le vin et la bonne chère eurent mis le marin de bonne humeur, M. Desforges (c'était le gouverneur) lui demanda à combien il fixait la rançon du vice-roi. Il me faut, dit le pirate, mille piastres. C'est trop peu, répondit M. Desforges, pour un brave homme comme vous, et un grand seigneur comme lui. Demandez beaucoup, ou rien. Eh bien! qu'il soit libre, dit le généreux corsaire. Le vice-roi se rembarqua sur-le-champ, et appareilla, fort content d'en sortir à si bon marché. Ce service du gouverneur a été récompensé depuis peu par la cour de Portugal, qui a envoyé l'ordre de Christ à son fils. Le pirate s'établit ensuite dans l'île avec tous les siens, et fut pendu long-temps après l'amnistie qu'on avait publiée en leur faveur, et dans laquelle il avait oublié de se faire comprendre. Cette injustice fut commise par un conseiller qui voulut s'approprier sa dépouille; mais cet autre fripon, à quelque temps de là, fit une fin presque aussi malheureuse, quoique la justice des hommes ne s'en mêlât pas.

Il n'y a pas long-temps qu'un de ces anciens écumeurs de mer, appelé *Adam*, vivait encore. Il est mort âgé de cent quatre ans.

Lorsque des occupations plus paisibles eurent adouci leurs mœurs, il ne leur resta plus qu'un certain esprit d'indépendance et de liberté, qui s'adoucit encore par la société de beaucoup d'honnêtes gens qui vinrent s'établir à Bourbon pour s'y livrer à l'agriculture. On compte soixante mille noirs à Bourbon, et cinq mille habitants. Cette île est trois fois plus peuplée que l'Ile-de-France, dont elle dépend pour le commerce extérieur.

Elle est aussi bien mieux cultivée. Elle avait produit, cette année, vingt mille quintaux de blé, et autant de café, sans le riz et les autres denrées qu'elle consomme. Les troupeaux de bœufs n'y sont pas rares. Le roi paie le cent pesant de blé 15 livres; et les habitants vendaient le quintal de café 45 livres en piastres, ou 70 livres en papiers.

Le principal lieu de Bourbon est Saint-Denis, où résident le gouverneur et le conseil. On n'y voit de remarquable qu'une redoute fermée, construite en pierre, mais qui est située trop loin de la mer; une batterie devant le Gouvernement, et le pont-levis dont j'ai parlé. Il y a derrière la ville une grande plaine qu'on appelle *le Champ de Lorraine*.

Le sol m'a paru plus sablonneux à Bourbon qu'à l'Ile-de-France: il est mêlé, à quelque distance du rivage, du même galet roulé dont les bords de la mer sont couverts: ce qui prouve qu'elle s'en est éloignée, ou que l'île s'est élevée: ce qui me paraît possible, si l'on en juge par l'inspection des montagnes, lézardées et brisées dans leur intérieur. Dans les spéculations sur la nature, les opinions opposées se présentent toujours avec une vraisemblance presque égale. Souvent les mêmes effets résultent des causes contraires. Cette observation peut s'étendre fort loin, et doit nous porter à être fort modérés dans nos jugements.

Un vieillard âgé de plus de quatre-vingts ans m'assura qu'il avait été un de ceux qui prirent possession de l'Ile-de-France lorsque les Hollandais l'abandonnèrent. On y avait détaché douze Français qui y abordèrent le matin; et dans l'après-midi de ce jour même, un vaisseau anglais y mouilla dans la même intention.

Les mœurs des anciens habitants de Bourbon étaient fort simples. La plupart des maisons ne fermaient pas; une serrure même était une curiosité. Quelques uns mettaient leur argent dans une écaille de tortue au-dessus de leur porte. Ils allaient nu-pieds, s'habillaient de toile bleue, et vivaient de riz et de café; ils ne tiraient presque rien de l'Europe, contents de vivre sans luxe, pourvu qu'ils vécussent sans besoins. Ils joignaient à cette modération les vertus qui en sont la suite, de la bonne foi dans le commerce, et de la noblesse dans les procédés. Dès qu'un étranger paraissait, les habitants venaient, sans le connaître, lui offrir leur maison.

La dernière guerre de l'Inde a altéré un peu ces mœurs. Les volontaires de Bourbon s'y sont distingués par leur bravoure; mais les étoffes de l'Asie et les distinctions militaires de France sont entrées dans leur île. Les enfants, plus riches que leurs pères, veulent être plus considérés. Ils n'ont pas su jouir d'un bonheur ignoré: ils vont chercher en Europe des plaisirs et des honneurs, en échange de l'union des familles et du repos de la vie champêtre. Comme l'attention des pères se porte principalement sur leurs garçons, ils les font passer en France, d'où ils reviennent rarement. Il arrive de là que l'on compte dans l'île plus de cinq cents filles à marier, qui vieillissent sans trouver de parti.

Nous nous embarquâmes sur *la Normande* le 21 au soir. Nous trouvâmes une caisse de vin, de liqueurs, de café, etc., que monsieur et mademoiselle de Crémon avaient fait mettre à bord pour notre usage. Nous avions trouvé dans leur maison la cordialité des anciens habitants de Bourbon et la politesse de Paris.

Je suis, etc.

A Bourbon, ce 21 décembre 1770.

LETTRE XX.

DÉPART DE BOURBON. ARRIVÉE AU CAP.

Nous sortîmes à dix heures du soir de la baie de Saint-Paul; la mer y est plus calme et le mouillage plus sûr qu'à Saint-Denis, dont la rade est gâtée par une quantité prodigieuse d'ancres abandonnées par les vaisseaux. Leurs câbles s'y coupent fort promptement : cependant les marins préfèrent Saint-Denis.

Dans un coup de vent du large on ne peut sortir de la baie de Saint-Paul; et si un vaisseau était jeté en côte, tout l'équipage périrait, la mer brisant sur un sable fort élevé.

Le 25, nous perdîmes Bourbon de vue; les services que nous avions reçus de monsieur et de mademoiselle de Crémon pendant notre séjour, les vents favorables, une bonne table, et la société d'un capitaine très honnête, M. de Rosbos, nous disposaient au plaisir de retrouver *l'Indien*.

Nous plaignions les passagers de ce vaisseau, qui avaient eu à éprouver le mauvais temps et la disette de vivres.

On compte neuf cents lieues de Bourbon au Cap; le 6 janvier 1771, nous vîmes le matin la pointe de Natal, à dix lieues devant nous; nous comptions dans trois jours être à bord de *l'Indien*. Nous avions eu jusqu'à ce jour vent arrière; il fit calme le soir, et une chaleur étouffante. A minuit le ciel était très enflammé d'éclairs, et l'horizon couvert partout de grands nuages redoublés; la mer étincelait de poissons qui s'agitaient autour du vaisseau.

A trois heures de nuit, le vent contraire s'éleva de l'ouest avec tant de violence, qu'il nous obligea de mettre à la cape sous la misaine. La tempête jeta à bord un petit oiseau semblable à une mésange. L'arrivée des oiseaux de terre sur les vaisseaux est toujours signe d'un très mauvais temps, car c'est une preuve que le foyer de la tempête est fort avant dans les terres.

Le troisième jour du coup de vent, nous nous aperçûmes que notre mât de misaine avait fait un effort à quatre pieds au-dessus du gaillard; on serra la voile, on relia le mât de cordages et de pièces de bois, et nous tînmes la cape sous la grande voile.

La mer était monstrueuse, et nous cachait l'horizon; on fut fort surpris de voir, à une portée de canon, un vaisseau hollandais manœuvrant comme nous : il fut impossible de lui parler. Le cinquième jour, le vent s'apaisa; on examina notre mât de misaine, qui se trouva absolument rompu. Cet accident nous fit redoubler de vœux pour l'arrivée au Cap.

Le gros temps nous avait fait perdre du chemin, suivant l'ordinaire; il succéda du calme qui nous fit perdre du temps.

Le 12, nous retrouvâmes le vaisseau hollandais, et nous lui parlâmes. Il eut la précaution de ne se laisser approcher que ses mèches allumées et ses canons détapés : il venait de Batavia, il allait au Cap.

Enfin, le 16 janvier, nous eûmes l'après-midi la vue du Cap à tribord; nous louvoyâmes toute la nuit. Le 17 au matin, il s'éleva une brise très violente; le ciel était couvert d'une brume épaisse qui nous cachait absolument la terre; nous allions manquer l'entrée de la baie, lorsque nous aperçûmes par notre travers, dans une éclaircie, un coin de la montagne de la Table; alors nous serrâmes le vent, et vers midi nous nous trouvâmes près de la côte, qui est très élevée. Elle est absolument dépouillée d'arbres; sa partie supérieure est à pic, formée de couches de rochers parallèles; le pied est arrondi en croupe. Elle ressemble à d'anciennes murailles de fortifications avec leurs talus.

Nous longeâmes la terre; à midi, nous nous trouvâmes derrière la montagne du Lion, qui, de loin, ressemble à un lion en repos. Sa tête est détachée, et formée d'un gros rocher dont les assises représentent la crinière. Le corps est composé de croupes de différentes collines. De la tête du Lion, on signale les vaisseaux par un pavillon.

En cet endroit le vent nous manqua, parceque le Lion nous mettait à l'abri; il fallait, pour entrer dans la baie, passer entre l'île Roben, que nous voyions à gauche devant nous, et une langue de terre appelée *la Pointe aux Pendus*, qui se trouve au pied du Lion. Nous en étions à deux portées de canon, et notre impatience redoublait. C'est de là que l'on aperçoit les vaisseaux en rade, et *l'Indien* n'en devait pas être le moins remarquable.

Enfin, la marée nous avançant peu à peu, nous vîmes, des hunes, se développer successivement douze vaisseaux qui étaient au mouillage; mais aucun d'eux ne portait le pavillon français : c'était la flotte de Batavia.

Nous jetâmes l'ancre à l'entrée de la baie; à trois heures après midi, le capitaine du port vint à bord, et nous assura que *l'Indien* n'avait point paru.

Nous voyions au fond de la baie la montagne de la Table, la terre la plus élevée de toute cette côte. Sa partie supérieure est de niveau, et escarpée de tous côtés comme un autel; la ville est au pied, sur le bord de la baie. Il s'amasse souvent, sur la Table, une brume épaisse, entassée, et blanche comme la neige. Les Hollandais disent alors que *la nappe est mise*. Le commandant de la rade hisse son pavillon; c'est un signal aux vaisseaux de se tenir sur leurs gardes, et une défense aux chaloupes de mettre en mer. Il descend de cette nappe des tourbillons de vent mêlé de brouillard, semblables à de longs flocons de laine. La terre est obscurcie de nuages de sable, et souvent les vaisseaux sont contraints d'appareiller. Dans cette saison cette brise ne s'élève guère que sur les dix heures du matin, et dure jusqu'au soir. Les marins aiment beaucoup la terre du Cap, mais ils en craignent la rade, qui est encore plus dangereuse depuis le mois d'avril jusqu'en septembre.

En 1722, toute la flotte des Indes y périt à l'ancre, à l'exception de deux vaisseaux. Depuis ce temps, il n'est plus permis à aucun Hollandais d'y mouiller au-delà du 6 mars. Ils vont à Falsebaye, où ils sont à l'abri.

On avait essayé de joindre la Pointe-aux-Pendus à l'île Roben, pour faire de la rade un port qui n'eût qu'une ouverture; mais on a fait des travaux inutiles.

Je comptais descendre le soir même; la brise m'en empêcha.

De grand matin, *la Normande* alla mouiller plus près de la ville. Elle est formée de maisons blanches bien alignées, qui ressemblent de loin à de petits châteaux de cartes.

Au lever du soleil, trois chaloupes joliment peintes nous abordèrent. Elles étaient envoyées par des bourgeois, qui nous invitaient à descendre chez eux pour y loger. Je descendis dans la chaloupe d'un Allemand, qui m'assura que, pour mon argent, je serais très bien chez M. Nedling, aide-de-camp de la bourgeoisie.

En traversant la rade, je réfléchissais à l'embarras singulier où j'allais me trouver, sans habits, sans argent, sans connaissances, chez des Hollandais, à l'extrémité de l'Afrique; mais je fus distrait de mes réflexions par un spectacle nouveau. Nous passions auprès de quantité de veaux marins couchés sans inquiétude sur des paquets de goëmon flottant, semblable à ces longues trompes avec lesquelles les bergers rappellent leurs troupeaux; des pingoins nageaient tranquillement à la portée de nos rames, les oiseaux marins venaient se reposer sur les chaloupes, et je vis même, en descendant sur le sable, deux pélicans qui jouaient avec un gros dogue, et lui prenaient la tête dans leur large bec. Je concevais une bonne opinion d'une terre dont le rivage était hospitalier, même aux animaux.

Au Cap, ce 20 janvier 1771.

LETTRE XXI.

DU CAP. VOYAGE A CONSTANCE ET A LA MONTAGNE DE LA TABLE.

Les rues du Cap sont très bien alignées. Quelques unes sont arrosées de canaux, et la plupart sont plantées de chênes. Il m'était fort agréable de voir ces arbres couverts de feuilles au mois de janvier. La façade des maisons était ombragée de leur feuillage; et les deux côtés de la porte étaient bordés de sièges en brique ou en gazon, où des dames fraîches et vermeilles étaient assises. J'étais ravi de voir enfin une architecture et des physionomies européennes.

Je traversai avec mon guide une partie de la place, et j'entrai chez madame Nedling, grosse Hollandaise fort gaie. Elle prenait le thé au milieu de sept ou huit officiers de la flotte, qui fumaient leur pipe. Elle me fit voir un appartement fort propre, et m'assura que tout ce qui était dans la maison était à mon service.

Quand on a vu une ville hollandaise, on les a toutes vues : de même, chez les habitants, l'ordre d'une maison est celui de toutes les autres. Voici quelle était la police de celle de madame Nedling. Il y avait toujours dans la salle de compagnie une table couverte de pêches, de melons, d'abricots, de raisins, de poires, de fromages, de beurre frais, de pain, de vin, de tabac et de pipes. A huit heures, on servait le thé et le café; à midi, un dîner très abondant en gibier et en poisson; à quatre heures, le thé et le café; à huit, un souper comme le dîner. Ces bonnes gens mangeaient toute la journée.

Le prix de ces pensions n'allait pas autrefois à une demi-piastre, ou cinquante sous de France, par jour; mais des marins français, pour se distinguer des autres nations, le mirent à une piastre, et c'est aujourd'hui pour eux leur taux ordinaire. Ce prix est excessif, vu l'abondance des denrées : il est vrai que ces endroits sont beaucoup plus honnêtes que nos meilleures auberges. Les domestiques de la maison sont à votre disposition; on invite à dîner qui l'on veut; on peut passer quelques jours à la campagne de l'hôte, se servir de sa voiture, tout cela sans payer.

Après dîner, je fus voir le gouverneur, M. de Tolback, vieillard de quatre-vingts ans, que son mérite avait placé à la tête de cette colonie depuis cinquante ans. Il m'invita à dîner pour le lendemain. Il avait appris ma position, et y parut sensible.

Je fus me promener ensuite au jardin de la Compagnie. Il est divisé en grands carrés arrosés par un ruisseau. Chaque carré est bordé d'une charmille de chêne de vingt pieds de hauteur. Ces palissades mettent les plantes à l'abri du vent, qui est toujours très violent : on a même eu la précaution de défendre les jeunes arbres des avenues par des éventails de roseau.

Je vis, dans ce jardin, des plantes de l'Asie et de l'Afrique, mais surtout des arbres de l'Europe couverts de fruits, dans une saison où je ne leur avais jamais vu de feuilles.

Je me rappelai qu'un officier de la marine du roi, appelé le vicomte du Chaila, m'avait donné en partant de l'Ile-de-France une lettre pour M. Berg, secrétaire du conseil. J'avais cette lettre dans ma poche, n'ayant pas eu le temps de la mettre avec mes autres papiers sur *l'Indien* : je fus saluer M. Berg, et je lui remis la lettre de mon ami.

Il me reçut parfaitement bien, et m'offrit sa bourse. Je me servis de son crédit pour les choses dont j'avais un besoin indispensable. Je lui proposai de me faire passer sur un des vaisseaux de l'Inde : six partaient incessamment pour la Hollande, et les six autres au commencement de mars.

Il m'assura que la chose était impossible; qu'ils avaient là-dessus des défenses très expresses de la Compagnie de Hollande. Le gouverneur m'en avait dit autant. Il fallut donc se résoudre à rester au Cap aussi long-temps qu'il plairait à ma destinée.

J'y avais été conduit par un événement imprévu, j'espérais en sortir par un autre.

C'était pour moi une distraction bien agréable qu'une société tranquille, un peuple heureux, et une terre abondante en toutes sortes de biens.

Le fils de M. Berg m'invita à venir à Constance, vignoble fameux situé à quatre lieues de là. Nous fûmes coucher à sa campagne, située derrière la montagne de la Table : il y a deux petites lieues de la ville. Nous y arrivâmes par une très belle avenue de châtaigners. Nous y vîmes des vignobles près d'être vendangés, des vergers, des bois de chênes, et une abondance extrême de fruits et de légumes.

Le lendemain, nous continuâmes notre route à Constance : c'est un coteau qui regarde le nord (qui est ici le côté du soleil à midi). En approchant, nous traversâmes un bois d'arbres d'argent; cet arbre ressemble à nos pins, et sa feuille à celle de nos saules. Elle est revêtue d'un duvet blanc très éclatant.

Cette forêt paraît argentée. Lorsque les vents l'agitent et que le soleil l'éclaire, chaque feuille brille comme une lame de métal. Nous passâmes sous ces rameaux si riches et si trompeurs, pour voir des vignes moins éclatantes, mais bien plus utiles.

Une grande allée de vieux chênes nous conduisit au vignoble de Constance. On voit sur le frontispice de la maison une mauvaise peinture de la Constance, grande fille assez laide, qui s'appuie sur une colonne. Je croyais que c'était une figure allégorique de la vertu hollandaise : mais on me dit que c'était le portrait d'une demoiselle *Constantia*, fille d'un gouverneur du Cap. Il avait fait bâtir cette maison avec de larges fossés, comme un château fort. Il se proposait d'en élever les étages, mais des ordres d'Europe en arrêtèrent la construction.

Nous trouvâmes le maître de la maison fumant sa pipe, en robe de chambre. Il nous mena dans sa cave, et nous fit goûter de son vin. Il était dans de petits tonneaux appelés alverames, contenant quatre-vingt-dix pintes, rangés dans un souterrain fort propre. Il en restait une trentaine. Sa vigne, année commune, en produit deux cents. Il vend le vin rouge 55 piastres l'alverame, et 50 le vin blanc. Ce bien lui appartient en propre. Il est seulement obligé d'en réserver un peu pour la Compagnie, qui le lui paie : voilà ce qu'il nous dit.

Après avoir goûté son vin, nous fûmes dans son vignoble. Le raisin muscat que je goûtai me parut parfaitement semblable au vin que je venais de boire. Les vignes n'ont point d'échalas, et les grappes sont peu élevées sur le sol. On les laisse mûrir jusqu'à ce que les grains soient à moitié confits par le soleil. Nous goûtâmes une autre espèce de raisins fort doux, qui ne sont pas muscats. On en tire un vin aussi cher, qui est un excellent cordial.

La qualité du vin de Constance vient de son terroir. On a planté des mêmes ceps, à la même exposition, à un quart de lieue de là, dans un endroit appelé le Bas-Constance : il y a dégénéré. J'en ai goûté. Le prix, ainsi que le goût, en est très inférieur : on ne le vend que 12 piastres l'alverame; des fripons du Cap en attrapent quelquefois les étrangers.

Auprès du vignoble est un jardin immense; j'y vis la plupart de nos arbres fruitiers en haies et en charmilles, chargés de fruits. Ces fruits sont un peu inférieurs aux nôtres quant au goût, excepté le raisin, que je préférerais. Les oliviers ne s'y plaisent pas.

Nous trouvâmes au retour de la promenade un ample déjeuner; l'hôtesse nous combla d'amitiés; elle descendait d'un Français réfugié, elle paraissait ravie de voir un homme de son pays. Le mari et la femme me montrèrent devant la maison un gros chêne creux dans lequel ils dînaient quelquefois. Ils étaient unis comme Philémon et Baucis, et ils paraissaient aussi heureux, si ce n'est que le mari avait la goutte, et que la femme pleurait quand on parlait de la France.

Depuis Constance jusqu'au Cap, on voyage dans une plaine inculte couverte d'arbrisseaux et de plantes. Nous nous arrêtâmes à Neuhausen, jardin de la Compagnie, distribué comme celui de la ville, mais plus fertile. Toute cette partie n'est pas exposée au vent comme le territoire du Cap, où il s'élève tant de poussière, que la plupart des maisons ont de doubles châssis aux fenêtres pour s'en garantir. Le soir, nous arrivâmes à la ville.

A quelques jours de là, mon hôte, M. Nedling, m'engagea à venir à sa campagne, située auprès de celle de M. Berg. Nous partîmes dans sa voiture, attelée de six chevaux. Nous y passâmes plusieurs jours dans un repos délicieux. La terre était jonchée de pêches, de poires et d'oranges, que personne ne recueillait; les promenades étaient ombragées des plus beaux arbres. J'y mesurai un chêne de onze pieds de circonférence : on prétend que c'est le plus ancien qu'il y ait dans le pays.

Le 5 février, mon hôte proposa à quelques Hollandais d'aller sur Tableberg, montagne escarpée, au pied de laquelle la ville paraît située. Je me mis de la partie. Nous partîmes à pied, à deux heures après minuit. Il faisait un très beau clair de lune. Nous laissâmes à droite un ruisseau qui vient de la montagne, et nous dirigeâmes notre route à une ouverture qui est au milieu, et qui ne paraît de la ville que comme une lézarde à une grande muraille. Chemin faisant, nous entendîmes hurler des loups, et nous tirâmes quelques coups de fusil en l'air pour les écarter. Le sentier est rude jusqu'au pied de l'escarpement de la montagne, mais il le devient ensuite bien davantage. Cette fente qui paraît dans la Table est une séparation oblique qui a plus d'une portée de fusil de largeur à son entrée inférieure; dans le haut, elle n'a pas deux toises. Ce ravin est une espèce d'escalier très roide, rempli de sable et de roches roulées. Nous le grimpâmes, ayant à droite et à gauche des escarpements du roc de plus de deux cents pieds de hauteur. Il en sort de grosses masses de pierres toutes prêtes à s'ébouler : l'eau suinte des fentes, et y entretient une multitude de plantes aromatiques. Nous entendîmes dans ce passage les hurlements des bavians, sorte de gros singe qui ressemble à l'ours.

Après trois heures et demie de fatigue nous parvînmes sur la Table. Le soleil se levait de dessus la mer, et ses rayons blanchissaient, à notre droite, les sommets escarpés du Tigre, et de quatre autres chaînes de montagnes, dont la plus éloignée paraît la plus élevée. A gauche, un peu derrière nous, nous voyions, comme sur un plan, l'île des Pingoins, ensuite Constance, la baie de False, et la montagne du Lion; devant nous, l'île Roben. La ville était à nos pieds. Nous en distinguions jusqu'aux plus petites rues. Les vastes carrés du jardin de la Compagnie, avec ses avenues de chênes et ses hautes charmilles, ne paraissaient que des plates-bandes avec leurs bordures en buis; la citadelle, un petit pentagone grand comme la main; et les vaisseaux des Indes, des coques d'amande. Je sentais déjà quelque orgueil de mon élévation, lorsque je vis des aigles qui planaient à perte de vue au-dessus de ma tête.

Il aurait été impossible, après tout, de n'avoir pas quelque mépris pour de si petits objets, et surtout pour les hommes, qui nous paraissaient comme des fourmis, si nous n'avions pas eu les mêmes besoins. Mais nous avions froid, et nous nous sentions de l'appétit. On alluma du feu, et nous déjeunâmes. Après déjeuner, nos Hollandais mirent la nappe au bout d'un bâton, pour donner un signal de notre arrivée; mais ils l'ôtèrent une demi-heure après, parcequ'on la prendrait, disaient-ils, pour un pavillon français.

Le sommet de Tableberg est un rocher plat, qui me parut avoir une demi-lieue de longueur sur un quart de largeur. C'est une espèce de quartz blanc, revêtu seulement par endroits d'un pouce ou deux de terre noire végétale, mêlée de sable et de gravier blanc. Nous trouvâmes quelques petites flaques d'eau formées par les nuages, qui s'y arrêtent souvent.

Les couches de cette montagne sont parallèles; je n'y ai trouvé aucun fossile. Le roc inférieur est une espèce de grès qui, à l'air, se décompose en sable. Il y en a des morceaux qui ressemblent à des morceaux de pain avec leur croûte.

Quoique le sol du sommet n'ait presque aucune profondeur, il y avait une quantité prodigieuse de plantes.

J'y recueillis dix espèces d'immortelles, de petits myrtes, une fougère d'une odeur de thé, une fleur semblable à l'impériale, d'un beau ponceau, et plusieurs autres dont j'ignore les noms. J'y trouvai une plante dont la fleur est rouge et sans odeur; on la prendrait pour une tubéreuse; chaque tige a deux ou trois feuilles tournées en cornet et contenant un peu d'eau. La plus singulière de toutes, parcequ'elle ne ressemble à aucun végétal que j'aie vu, est une fleur ronde en rose de la grandeur d'un louis, tout-à-fait plate. Cette fleur brille des plus jolies couleurs; elle n'a ni tiges ni feuilles; elle croît en quantité sur le gravier, où elle ne tient que par des filets imperceptibles. Quand on la manie, on ne trouve qu'une substance glaireuse.

Voici cinq plantes entières qui affectent dans leur configuration une ressemblance avec une seule partie de ce qui est commun aux autres : 1° le nostoc, qui n'est qu'une sève ; 2° un chevelu qui croît sur les orties, et qui ressemble aux *filaments* d'une racine; 3° le lichen, semblable à une *feuille* ; 4° la *fleur* isolée de Tableberg; 5° la truffe d'Europe, qui est un *fruit*. Je pourrais y joindre la *racine* de la grotte de l'Ile-de-France, si ce n'était pas le seul exemple que j'aie à apporter.

Je serais très disposé à croire que la nature a suivi le même plan dans les animaux. J'en connais plusieurs, surtout des marins, qui ressemblent, pour la forme, à des membres d'animaux.

J'arrivai, en me promenant, à l'extrémité de la Table : de là je saluai l'océan Atlantique; car on n'est plus dans la mer des Indes après avoir doublé le Cap. Je rendis hommage à la mémoire de Vasco de Gama, qui osa le premier doubler ce promontoire des tempêtes. Il eût mérité que les marins de toutes les nations y eussent placé sa statue, et j'y eusse fait volontiers une libation de vin de Constance pour sa patience héroïque. Il est douteux cependant que Gama soit le premier navigateur qui ait ouvert cette route au commerce des Indes. Pline rapporte qu'Hannon fit le tour depuis la mer d'Espagne jusqu'en Arabie, comme on peut le voir, dit-il, dans les *Mémoires* de ce voyage qu'il a laissés par écrit. Cornelius Nepos dit avoir vu un capitaine de navire qui, fuyant la colère du roi Lathyrus, vint de la mer Rouge en Espagne. Long-temps auparavant, Cœlius Antipater assurait qu'il avait connu un marchand espagnol qui allait par mer trafiquer jusqu'en Éthiopie.

Quoi qu'il en soit, le Cap, si redouté des marins par sa mer orageuse, est une grande montagne située à 16 lieues d'ici, et qui a donné son nom à cette ville, malgré son éloignement. Elle termine la pointe la plus méridionale de l'Afrique. Elle est dans les traités un point de démarcation : au-delà, les prises navales sont encore légitimes plusieurs mois après que les princes sont d'accord en Europe. Elle a vu souvent la paix à sa droite et la guerre à sa gauche entre les mêmes pavillons; mais elle les a vus plus souvent se réunir dans ses rades, et y être en bonne intelligence, lorsque la discorde troublait les deux hémisphères. J'admirais cet heureux rivage que jamais la guerre n'a désolé, et qui est habité par un peuple utile à tous les autres par les ressources de son économie et l'étendue de son commerce. Ce n'est pas le climat qui fait les hommes. Cette nation sage et paisible ne doit point ses mœurs à son territoire : la piraterie, les guerres civiles agitent les régences d'Alger, de Maroc, de Tripoli ; et les Hollandais ont porté l'agriculture et la concorde à l'autre extrémité de l'Afrique.

J'amusais ma promenade par ces réflexions si douces, et si rares à faire dans aucun lieu de la terre : mais la chaleur du soleil m'obligea de chercher un abri. Il n'y en a point d'autre qu'à l'entrée du ravin. J'y trouvai mes camarades auprès d'une petite source où ils se reposaient. Comme ils s'ennuyaient, on décida le retour. Il était midi. Nous descendîmes, quelques uns se laissant glisser assis, d'autres accroupis sur les mains et sur les pieds. Les rochers et les sables s'échappaient dessous nos pas; le soleil était presque à pic, et ses rayons, réfléchis par les rochers collatéraux, faisaient éprouver une chaleur insupportable. Souvent nous quittions le sentier, et courions nous cacher à l'ombre, pour respirer sous quelque pointe de roc. Les genoux me manquaient ; j'étais accablé de soif. Nous arrivâmes vers le soir à la ville. Madame Nedling nous attendait. Les rafraîchissements étaient prêts; c'était de la limonade, où l'on avait mis de la muscade et du vin. Nous en bûmes sans danger. Je fus me coucher. Jamais voyage ne me fit tant de plaisir, et jamais le repos ne me parut si agréable.

Je suis, etc.

Au Cap, ce 6 février 1771.

LETTRE XXII.

QUALITÉS DE L'AIR ET DU SOL DU CAP DE BONNE-ESPÉRANCE ; PLANTES, INSECTES ET ANIMAUX.

L'air du cap de Bonne-Espérance est très-sain. Il est rafraîchi par les vents du sud-est, qui y sont si froids, même au milieu de l'été, qu'on y porte en tout temps des habits de drap. Sa latitude est cependant par le 55e degré sud. Mais je suis persuadé que le pôle austral est plus froid que le septentrional.

Il règne peu de maladies au Cap. Le scorbut s'y guérit très vite, quoiqu'il n'y ait pas de tortues de mer. En revanche, la petite vérole y fait des ravages affreux. Beaucoup d'habitants en sont profondément marqués. On prétend qu'elle y fut apportée par un vaisseau danois. La plupart des Hottentots qui en furent atteints en moururent. Depuis ce temps ils sont réduits à un très petit nombre, et ils viennent rarement à la ville.

Le sol du Cap est un gravier sablonneux mêlé d'une terre blanche. J'ignore s'il renferme des minéraux précieux. Les Hollandais tiraient autrefois de l'or de Lagoa, sur le canal de Mozambique. Ils y avaient même un établissement, mais ils l'ont abandonné à cause du mauvais air.

J'ai vu chez le major de la place une terre sulfureuse, où se trouvent des morceaux de bois réduits en charbon ; une véritable pierre à plâtre, des cubes noirs de toutes les grandeurs, amalgamés sans avoir perdu leur forme : on croit que c'est une mine de fer.

Je n'y ai vu aucun arbre du pays que l'arbre d'or et l'arbre d'argent, dont le bois est à peine bon à brûler. Le premier ne diffère du second que par la couleur de sa feuille, qui est jaune. Il y a, dit-on, des forêts dans l'intérieur ; mais ici la terre est couverte d'un nombre infini d'arbrisseaux et de plantes à fleurs. Ceci confirme l'opinion où je suis qu'elles ne réussissent bien que dans les pays tempérés, leur calice étant formé pour rassembler une chaleur modérée[1]. Dans le nombre des plantes qui m'ont paru les plus remarquables, indépendamment de celles que j'ai décrites précédemment, sont : une fleur rouge qui ressemble à un papillon, avec un panache, des pattes, quatre ailes, et une queue ; une espèce d'hyacinthe à longue tige, dont toutes les fleurs sont adossées au sommet comme les fleurons de l'impériale ; une autre fleur bulbeuse, croissant dans les marais : elle est semblable à une grosse tulipe rouge, au centre de laquelle est une multitude de petites fleurs.

Un arbrisseau, dont la fleur ressemble à un gros artichaut couleur de chair. Un autre arbrisseau commun, dont on fait de très belles haies : ses feuilles sont opposées sur une côte ; il se charge de grappes de fleurs papilionacées couleur de rose ; il leur succède des graines légumineuses. J'en ai apporté pour les planter en France[2].

J'ai vu dans les insectes une belle sauterelle rouge, marbrée de noir ; des papillons fort beaux, et un insecte fort singulier : c'est un petit scarabée brun, il court assez vite ; quand on veut le saisir, il lâche avec bruit un vent suivi d'une petite fumée ; si le doigt en est atteint, cette vapeur le marque d'une tache brune qui dure quelques jours. Il répète plusieurs fois de suite son artillerie. On l'appelle le *canonnier.*

Les colibris n'y sont pas rares. J'en ai vu un gros comme une noix, d'un vert changeant sur le ventre. Il avait un collier de plumes rouges, brillantes comme des rubis, sur l'estomac, et des ailes brunes comme un moineau : c'était comme un surtout sur son beau plumage. Son bec était noir, assez long, et propre, par sa courbure, à chercher le miel dans le sein des fleurs ; il en tirait une langue fort menue et fort longue. Il vécut plusieurs jours. Je lui vis manger des mouches et boire de l'eau sucrée. Mais comme il s'avisa de se baigner dans la coupe qui renfermait cette eau, ses plumes se collèrent, et attirèrent les fourmis, qui le mangèrent pendant la nuit.

J'y ai vu des oiseaux couleur de feu, avec le ventre et la tête comme du velours noir : l'hiver, ils deviennent tout bruns. Il y en a qui changent de couleur trois fois l'an. Il y a aussi un oiseau de paradis, mais je ne l'ai pas trouvé si beau que celui d'Asie. Je n'ai pas vu cette espèce vivante. L'*ami du jardinier*, et une espèce de tarin, se trouvent fréquemment dans les jardins. L'*ami du jardinier*

---

[1] Voyez les *Entretiens sur la végétation*.
[2] A mon arrivée, j'en ai remis des plantes au Jardin du Roi, où elles végétaient très bien dans l'été de 1772 ; elles avaient passé dans la serre l'hiver précédent.

mériterait bien d'être transporté en Europe, où il rendrait de grands services à nos végétaux. Je l'ai vu s'occuper constamment à prendre des chenilles, et à les accrocher aux épines des buissons.

Il y a des aigles, et un oiseau qui y ressemble beaucoup. On l'appelle le *secrétaire*, parcequ'il a autour du cou une fraise de longues plumes propres à écrire. Il a cela de singulier, qu'il ne peut se tenir debout sur ses jambes, qui sont longues et couvertes d'écailles. Il ne vit que de serpents. La longueur de ses pattes cuirassées le rend très propre à les saisir, et cette fraise de plumes lui met le cou et la tête à l'abri de leurs morsures. Cet oiseau mériterait bien aussi d'être naturalisé chez nous. L'autruche y est très commune : on m'en a offert de jeunes pour un écu. J'ai mangé de leurs œufs, qui sont moins bons que ceux des poules. J'y ai vu aussi le casoar, couvert de poils au lieu de plumes ; ces poils sont des plumes très fines, qui sortent deux à deux du même tuyau. Il y a une quantité prodigieuse d'oiseaux marins dont j'ignore les noms et les mœurs. Le pingoin pond des œufs fort estimés ; mais je n'y ai rien trouvé de merveilleux. Ils ont cela de singulier que le blanc, étant cuit, reste toujours transparent.

La mer abonde en poisson, qui m'a paru supérieur à celui des îles, mais inférieur à celui d'Europe. On trouve sur ses rivages quelques coquilles, des nautiles papyracés, des têtes-de-Méduse, des lépas, et de fort beaux lithophytes, que l'on arrange sur des papiers, où ils représentent de fort jolis arbres, bruns, aurore et pourprés. On les vend aux voyageurs. J'y ai vu un poisson de la grandeur et de la forme d'une lame de couteau flamand. Il était argenté, et marqué naturellement, de chaque côté, de l'impression de deux doigts. Il y a des veaux marins, des baleines, des vaches marines, des morues, et une grande variété d'espèces de poissons ordinaires, mais dont je ne vous parlerai point, faute d'observations et de connaissances suffisantes dans l'ichthyologie.

Il y a une espèce fort commune de petites tortues de montagne à écaille jaune marquetée de noir ; on n'en fait aucune sorte d'usage. Il y a des porcs-épics et des marmottes d'une forme différente des nôtres ; une grande variété de cerfs et de chevreuils, des ânes sauvages, des zèbres, etc. Un ingénieur anglais y a tué, il y a quelques années, une girafe ou caméléopard, animal de seize pieds de hauteur, qui broute les feuilles des arbres.

Le bavian est un gros singe fait comme un ours.

Le singe paraît se lier dans la nature avec toutes les classes animales. Je me souviens d'avoir vu un sapajou qui avait la tête et la crinière d'un lion. Celui de Madagascar, appelé maki, ressemble à une levrette ; l'orang-outang, à un homme.

Tous les jours on y découvre des animaux d'une espèce inconnue en Europe ; il semble qu'ils se soient réfugiés dans les parties du globe les moins fréquentées par l'homme, dont le voisinage leur est toujours funeste. On en peut dire autant des plantes, dont les espèces sont d'autant plus variées que le pays est moins cultivé. M. de Tolback m'a conté qu'il avait envoyé en Suède, à M. Linnée, quelques plantes du Cap, si différentes des plantes connues, que ce fameux naturaliste lui écrivit : *Vous m'avez fait le plus grand plaisir ; mais vous avez dérangé tout mon système.*

Il y a de bons chevaux au Cap, et de fort beaux ânes. Les bœufs y ont une grosse loupe sur le cou, formée de graisse entrelacée de petits vaisseaux. Au premier coup d'œil, cette excroissance paraît une monstruosité ; mais on voit bientôt que c'est un réservoir de substance que la nature a donné à cet animal, destiné, en Afrique, à vivre dans des pâturages brûlés. Dans la saison sèche, il maigrit, et sa loupe diminue ; elle se remplit de nouveaux sucs lorsqu'il pait des herbes fraîches. D'autres animaux qui paissent sous le même climat ont aussi les mêmes avantages : le chameau a une bosse, et le dromadaire en a deux en forme de selle ; le mouton a une grosse queue faite en capuchon, qui n'est qu'une masse de suif de plusieurs livres.

On a dressé ici les bœufs à courir presque aussi vite que les chevaux, avec les charrettes auxquelles ils sont attelés.

Le mouton et le bœuf sont si communs, qu'on en jette, aux boucheries, la tête et les pieds ; ce qui attire, la nuit, les loups jusque dans la ville ; souvent je les entends hurler aux environs. Pline observe que les lions d'Europe qui se trouvent en Romanie sont plus adroits et plus forts que ceux d'Afrique ; et les loups d'Afrique et d'Égypte sont, dit-il, petits et de peu d'exécution. En effet, les loups du Cap sont bien moins dangereux que les nôtres. Je pourrais ajouter à cette observation que cette supériorité s'étend aux hommes mêmes de notre continent : nous avons plus d'esprit et de courage que les Asiatiques et les nègres. Mais il me semble que ce serait une louange plus digne de nous, de les surpasser en justice, en bonté, et en qualités sociales.

Le tigre est plus dangereux que le loup ; il est

rusé comme le chat, mais il n'a pas de courage : les chiens l'attaquent hardiment.

Il n'en est pas de même du lion. Dès qu'ils ont éventé sa voix, la frayeur les saisit. S'ils le voient, ils l'arrêtent; mais ils ne l'approchent pas. Les chasseurs le tirent avec des fusils d'un très gros calibre. J'en ai manié quelques uns; il n'y a guère qu'un paysan du Cap qui puisse s'en servir.

On ne trouve de lions qu'à soixante lieues d'ici; cet animal habite les forêts de l'intérieur; son rugissement ressemble de loin au bruit sourd du tonnerre. Il attaque peu l'homme, qu'il ne cherche ni n'évite; mais si un chasseur le blesse, il le choisit au milieu des autres, et s'élance sur lui avec une fureur implacable. La Compagnie donne, pour cette chasse, des permissions et des récompenses.

Voici un fait dont j'ai pour garants le gouverneur M. de Tolback, M. Berg, le major de la place, et les principaux habitants du lieu.

On trouve à soixante lieues du Cap, dans les terres incultes, une quantité prodigieuse de petits cabris. J'en ai vu à la ménagerie de la Compagnie : ils ont deux petites dagues sur la tête; leur poil est fauve, avec des taches blanches. Ces animaux paissent en si grand nombre, que ceux qui marchent en avant dévorent toute la verdure de la campagne et deviennent fort gras, tandis que ceux qui suivent ne trouvent presque rien et sont très maigres. Ils marchent ainsi en grandes colonnes, jusqu'à ce qu'ils soient arrêtés par quelque chaîne de montagnes; alors ils rebroussent chemin, et ceux de la queue trouvant à leur tour des herbes nouvelles, réparent leur embonpoint, tandis que ceux qui marchaient devant le perdent. On a essayé d'en former des troupeaux; mais ils ne s'apprivoisent jamais. Ces armées innombrables sont toujours suivies de grandes troupes de lions et de tigres, comme si la nature avait voulu assurer une subsistance aux bêtes féroces. On ne peut guère douter, sur la foi des hommes que j'ai nommés, qu'il n'y ait des armées de lions dans l'intérieur de l'Afrique : d'ailleurs la tradition hollandaise est conforme à l'histoire. Polybe dit qu'étant avec Scipion en Afrique, il vit un grand nombre de lions qu'on avait mis en croix pour éloigner les autres des villages. Pompée, dit Pline, en mit à la fois six cents au combat du Colisée; il y en avait trois cents quinze mâles. Il y a quelque cause physique qui semble réserver l'Afrique aux animaux. On peut présumer que c'est la disette d'eau, laquelle a empêché les hommes de s'y multiplier, et d'y former de grandes nations comme en Asie. Dans une si grande étendue de côtes, il ne sort qu'un petit nombre de rivières peu considérables. Les animaux qui paissent peuvent se passer long-temps de boire. J'ai vu, sur des vaisseaux, des moutons qui ne buvaient que tous les huit jours, quoiqu'ils vécussent d'herbes sèches.

Les Hollandais ont formé des établissements à trois cents lieues le long de l'Océan, et à cent cinquante sur le canal de Mozambique; ils n'en ont guère à plus de cinquante lieues dans les terres. On prétend que cette colonie peut mettre sous les armes quatre ou cinq mille blancs; mais il serait difficile de les rassembler. Ils en augmenteraient bientôt le nombre, s'ils permettaient l'exercice libre des religions. La Hollande craint peut-être pour elle-même l'accroissement de cette colonie, préférable en tout à la métropole. L'air y est pur et tempéré; tous les vivres y abondent; un quintal de blé n'y vaut que 5 fr.; dix livres de mouton, 12 sous; une lègre de vin, contenant deux barriques et demie, 150 liv. On perçoit sur ces ventes, qui se font aux étrangers, des droits considérables; l'habitant vit à beaucoup meilleur marché.

Ce pays donne encore au commerce des peaux de mouton, de bœuf, de veau marin, de tigre; de l'aloès, des salaisons, du beurre, des fruits secs, et toutes sortes de comestibles. On a essayé inutilement d'y planter le café et la canne à sucre; les végétaux de l'Asie n'y réussissent pas. Le chêne y croît vite, mais il ne vaut rien pour les constructions, il est trop tendre. Le sapin n'y vient pas. Le pin s'y élève à une hauteur médiocre. Ce pays aurait pu devenir par sa position l'entrepôt du commerce de l'Asie; mais les arsenaux de la marine sont dans le nord de l'Europe. D'ailleurs sa rade est peu sûre, et sa relâche est toujours périlleuse. J'ai vu dans cette saison, qui est la plus belle de l'année, plusieurs vaisseaux forcés d'appareiller. Après tout, il doit remercier la nature, qui lui a donné tout ce qui était nécessaire aux besoins des Européens, de n'y avoir pas ajouté ce qui pouvait servir à leurs passions.

Au cap de Bonne-Espérance, ce 10 février 1771.

LETTRE XXIII.

ESCLAVES, HOTTENTOTS, HOLLANDAIS.

L'abondance du pays se répand sur les esclaves. Ils ont du pain et des légumes à discrétion. On distribue à deux noirs un mouton par semaine. Ils ne travaillent point le dimanche. Ils couchent sur des lits avec des matelas et des couvertures. Les hommes et les femmes sont chaudement vêtus. Je parle de ces choses comme témoin, et pour l'avoir su de plusieurs noirs que les Français avaient vendus aux Hollandais, pour les punir, disaient-ils, mais dans le fond pour y profiter. Un esclave coûte ici une fois plus qu'à l'Ile-de-France; l'homme y est donc une fois plus précieux. Le sort de ces noirs serait préférable à celui de nos paysans d'Europe, si quelque chose pouvait compenser la liberté.

Le bon traitement qu'ils éprouvent influe sur leur caractère. On est étonné de leur trouver le zèle et l'activité de nos domestiques. Ce sont cependant ces mêmes insulaires de Madagascar qui sont si indifférents pour leurs maîtres dans nos colonies.

Les Hollandais tirent encore des esclaves de Batavia. Ce sont des Malais, nation très nombreuse de l'Asie, mais peu connue en Europe. Elle a une langue et des usages qui lui sont particuliers. Ils sont plus laids que les nègres, dont ils ont les traits. Leur taille est plus petite, leur peau est d'un noir cendré, leurs cheveux sont longs, mais peu fournis. Ces Malais ont les passions très violentes.

Les Hottentots sont les naturels du pays; ils sont libres. Ils ne sont point voleurs, ne vendent point leurs enfants, et ne se réduisent point entre eux à l'esclavage. Chez eux l'adultère est puni de mort : on lapide le coupable. Quelques uns se louent comme domestiques pour une piastre par an, et servent les habitants avec tant d'affection, qu'ils exposent souvent leur vie pour eux. Ils ont pour arme la demi-lance ou zagaie.

L'administration du Cap ménage beaucoup les Hottentots. Lorsqu'ils portent des plaintes contre quelque Européen, ils sont favorablement écoutés, la présomption devant être en faveur de la nation qui a le moins de desirs et de besoins.

J'en ai vu plusieurs venir à la ville, en conduisant des chariots attelés quelquefois de huit paires de bœufs. Ils ont des fouets d'une longueur prodigieuse, qu'ils manient à deux mains. Le cocher, de dessus son siége, en frappe avec une égale adresse la tête ou la queue de son attelage.

Les Hottentots sont des peuples pasteurs ; ils vivent égaux, mais dans chaque village ils choisissent entre eux deux hommes auxquels ils donnent le titre de capitaine et de caporal, pour régler les affaires de commerce avec la Compagnie. Ils vendent leurs troupeaux à très bon marché. Ils donnent trois ou quatre moutons pour un morceau de tabac. Quoiqu'ils aient beaucoup de bestiaux, ils attendent souvent qu'ils meurent pour les manger.

Ceux que j'ai vus avaient une peau de mouton sur leurs épaules, un bonnet et une ceinture de la même étoffe. Ils me firent voir comment ils se couchaient. Ils s'étendaient nus sur la terre, et leur manteau leur servait de couverture.

Ils ne sont pas si noirs que les nègres. Ils ont cependant comme eux le nez aplati, la bouche grande, et les lèvres épaisses. Leurs cheveux sont plus courts et plus frisés ; ils ressemblent à une ratine. J'ai observé que leur langage est très singulier, en ce que chaque mot qu'ils prononcent est précédé d'un claquement de langue, ce qui leur a sans doute fait donner le nom de Chocchoquas, qu'ils portent sur d'anciennes cartes de M. de Lisle. On croirait en effet qu'ils disent toujours chocchoq.

Quant au tablier des femmes hottentotes, c'est une fable dont tout le monde m'a attesté la fausseté ; elle est tirée du voyageur Kolben, qui en est rempli.

Une observation plus sûre est celle de Pline, qui remarque que les animaux sont plus imbéciles à proportion que leur sang est plus gras. Les plus forts animaux ont, dit-il, le sang plus épais, et les sages l'ont plus subtil. J'ai remarqué en effet sur des noirs blessés que leur sang se caillait très promptement. J'attribuerais volontiers à cette cause la supériorité des blancs sur les noirs.

Indépendamment des esclaves et des Hottentots, les Hollandais attachent encore à leur service des engagés. Ce sont des Européens auxquels la Compagnie fait des avances, et que les habitants prennent chez eux, en rendant à l'administration ce qu'elle a déboursé.

Ils sont pour l'ordinaire économes sur les habitations. On est assez content d'eux les premières années ; mais l'abondance où ils vivent les rend paresseux.

On ne donne point à jouer au Cap ; on n'y fait point de visites. Les femmes veillent sur leurs domestiques et sur leur maison, dont les meubles sont d'une propreté extrême. Le mari s'occupe des affaires du dehors. Le soir, toute la famille réunie se promène, et respire le frais lorsque la brise est tombée. Chaque jour ramène les mêmes plaisirs et les mêmes affaires.

L'union la plus tendre règne entre les parents. Le frère de mon hôtesse était un paysan du Cap, venu de soixante-dix lieues de là. Cet homme ne disait mot, et était presque toujours assis à fumer sa pipe. Il avait avec lui un fils âgé de dix ans, qui se tenait constamment auprès de lui. Le père mettait sa main contre sa joue, et le caressait sans lui parler; l'enfant, aussi silencieux que le père, serrait ses grosses mains dans les siennes, en le regardant avec des yeux pleins de la tendresse filiale. Ce petit garçon était vêtu comme on l'est à la campagne. Il avait dans la maison un parent de son âge habillé proprement; ces deux enfants allaient se promener ensemble avec la plus grande intimité. Le bourgeois ne méprisait pas le paysan, c'était son cousin.

J'ai vu mademoiselle Berg, âgée de seize ans, diriger seule une maison très considérable. Elle recevait les étrangers, veillait sur les domestiques, et maintenait l'ordre dans une famille nombreuse d'un air toujours satisfait. Sa jeunesse, sa beauté, ses graces, son caractère, réunissaient en sa faveur tous les suffrages; cependant je n'ai jamais remarqué qu'elle y fît attention. Je lui disais un jour qu'elle avait beaucoup d'amis : J'en ai un grand, me dit-elle, c'est mon père.

Le plaisir de ce conseiller était de s'asseoir, au retour de ses affaires, au milieu de ses enfants. Ils se jetaient à son cou; les plus petits lui embrassaient les genoux : ils le prenaient pour juge de leurs querelles ou de leurs plaisirs, tandis que la fille aînée, excusant les uns, approuvant les autres, souriant à tous, redoublait la joie de ce cœur paternel. Il me semblait voir l'Antiope d'Idoménée.

Ce peuple, content du bonheur domestique que donne la vertu, ne l'a pas encore mis dans des romans et sur le théâtre. Il n'y a pas de spectacles au Cap, et on ne les desire pas : chacun en voit dans sa maison de fort touchants. Des domestiques heureux, des enfants bien élevés, des femmes fidèles : voilà des plaisirs que la fiction ne donne pas. Ces objets ne fournissent guère à la conversation; aussi on y parle peu. Ce sont des gens mélancoliques qui aiment mieux sentir que raisonner. Peut-être aussi, faute d'événements, n'a-t-on rien à dire; mais qu'importe que l'esprit soit vide si le cœur est plein, et si les douces émotions de la nature peuvent l'agiter, sans être excitées par l'artifice ou contraintes par de fausses bienséances?

Lorsque les filles du Cap deviennent sensibles, elles l'avouent naïvement. Elles disent que l'amour est un sentiment naturel, une passion douce qui doit faire le charme de leur vie, et les dédommager du danger d'être mères : mais elles veulent choisir l'objet qu'elles doivent toujours aimer. Elles respecteront, disent-elles, étant femmes, les liens qu'elles se sont préparés étant filles.

Elles ne font point un mystère de l'amour; elles l'expriment comme elles le sentent. Êtes-vous aimé; vous êtes accepté, distingué, fêté, chéri publiquement. J'ai vu mademoiselle Nedling pleurer le départ de son amant; je l'ai vue préparer, en soupirant, les présents qui devaient être les gages de sa tendresse. Elle n'en cherchait pas de témoins, mais elle ne les fuyait pas.

Cette bonne foi est ordinairement suivie d'un mariage heureux. Les garçons portent la même franchise dans leurs procédés. Ils reviennent d'Europe pour remplir leurs promesses; ils reparaissent avec le mérite du danger et d'un sentiment qui a triomphé de l'absence : l'estime se joint à l'amour, et nourrit toute la vie dans ces ames constantes le désir de plaire, qu'ailleurs on porte chez ses voisins.

Quelque heureuse que soit leur vie avec des mœurs si simples et sur une terre si abondante, tout ce qui vient de la Hollande leur est toujours cher. Leurs maisons sont tapissées des vues d'Amsterdam, de ses places publiques et de ses environs. Ils n'appellent la Hollande que la patrie; des étrangers même à leur service n'en parlent jamais autrement. Je demandais à un Suédois, officier de la Compagnie, combien la flotte mettrait de temps à retourner en Hollande : Il nous faut, dit-il, trois mois pour nous rendre dans la patrie.

Ils ont une église fort propre, où le service divin se fait avec la plus grande décence. Je ne sais pas si la religion ajoute à leur félicité, mais on voit parmi eux des hommes dont les pères lui ont sacrifié ce qu'ils avaient de plus cher : ce sont les réfugiés français. Ils ont, à quelques lieues du Cap, un établissement appelé la petite Rochelle. Ils sont transportés de joie quand ils voient un compatriote : ils l'amènent dans leurs maisons, ils le présentent à leurs femmes et à leurs enfants comme un homme heureux qui a vu le pays de leurs ancêtres, et qui doit y retourner. Sans cesse ils parlent de la France, ils l'admirent, ils la louent, et ils s'en plaignent comme d'une mère qui leur fut trop sévère. Ils troublent ainsi le bonheur du pays où ils vivent, par le regret de celui où ils n'ont jamais été.

On porte au Cap un grand respect aux magistrats, et surtout au gouverneur; sa maison n'est distinguée des autres que par une sentinelle, et par l'usage de sonner de la trompette lorsqu'il dîne. Cet honneur est attaché à sa place; d'ailleurs aucun faste n'accompagne sa personne. Il sort sans suite; on l'aborde sans difficulté. Sa maison est située sur le bord d'un canal, ombragé par des chênes plantés devant sa porte. On y voit des portraits de Ruyter, de Tromp, ou de quelques hommes illustres de la Hollande. Elle est petite et simple, et convient au petit nombre de solliciteurs qui y sont appelés par leurs affaires; mais celui qui l'habite est si aimé et si respecté, que les gens du pays ne passent point devant elle sans la saluer.

Il ne donne point de fêtes publiques; mais il aide de sa bourse des familles honnêtes qui sont dans l'indigence. On ne lui fait point la cour; si on demande justice, on l'obtient du conseil; si ce sont des secours, ce sont des devoirs pour lui : on n'aurait à solliciter que des injustices.

Il est presque toujours maître de son temps, et il en dispose pour maintenir l'union et la paix, persuadé que ce sont elles qui font fleurir les sociétés. Il ne croit pas que l'autorité du chef dépende de la division des membres. Je lui ai ouï dire que la meilleure politique était d'être droit et juste.

Il invite souvent à sa table les étrangers. Quoique âgé de quatre-vingts ans, sa conversation est fort gaie; il connaît nos ouvrages d'esprit, et les aime. De tous les Français qu'il a vus, celui qu'il regrette davantage est l'abbé de La Caille. Il lui avait fait bâtir un observatoire; il estimait ses lumières, sa modestie, son désintéressement, ses qualités sociales. Je n'ai connu que les ouvrages de ce savant; mais en rapportant le tribut que des étrangers rendent à sa cendre, je me félicite de finir le portrait de ces hommes estimables par l'éloge d'un homme de ma nation.

LETTRE XXIV.

SUITE DE MON JOURNAL AU CAP.

Je fus invité par M. Serrurier, premier ministre des églises, à aller voir la bibliothèque. C'est un édifice fort propre. J'y remarquai surtout beaucoup de livres de théologie qui n'y ont jamais occasionné de disputes, car les Hollandais ne les lisent pas. A l'extrémité du jardin de la Compagnie, il y a une ménagerie où l'on voit une grande quantité d'oiseaux. Les pélicans que j'avais vus sur le rivage, à mon arrivée, étaient les commensaux de cette maison ; mais on les en avait chassés, parce qu'ils mangeaient les petits canards. Ils allaient, le jour, pêcher dans la rade, et revenaient coucher le soir à terre.

Le 10 février, on signala un navire français; c'était l'*Alliance*, un de ceux que l'ouragan avait forcés d'appareiller de Bourbon. Il avait perdu son artimon dans la tempête. Il ne put nous donner aucune nouvelle de *l'Indien*. Il prit quelques vivres, et continua sa route pour l'Amérique, sans réparer la perte de son mât. Les Hollandais en ont de grandes provisions qu'ils conservent en les enterrant dans le sable, mais ils les vendent fort cher. Le mât de misaine de *la Normande* lui coûta mille écus.

Le 11, *la Digue*, flûte du roi, partie de l'Ile-de-France, il y avait un mois, vint relâcher pour faire quelques provisions. Je connaissais le capitaine, M. Le Fer. Il me dit qu'il ne serait pas plus de huit jours au mouillage, et que de là il ferait route pour Lorient. Je ne comptais plus revoir *l'Indien* ni mes effets; cette occasion me parut favorable; je résolus d'en profiter.

Je fis part de ma résolution à M. Berg et à M. de Tolback : ils me réitérèrent l'un et l'autre l'offre de leur bourse. Un soir, soupant chez le gouverneur, on parla du vin de Constance. M. de Tolback me demanda si je n'en emporterais pas en Europe. Je lui répondis naturellement que le désordre arrivé dans mon économie ne me permettait pas de faire cette emplette, à laquelle j'avais destiné une somme pour en faire présent à une personne à qui j'étais fort attaché. Il me dit qu'il voulait me tirer de cet embarras en me donnant une alverame de vin rouge ou blanc, ou toutes les deux à la fois si cela me faisait plaisir. Je lui répondis qu'une seule suffisait, et que je la présenterais de sa part à celui auquel je la destinais. « Non, dit-il, c'est vous à » qui je la donne, afin que vous vous souveniez de » moi. Je ne vous demande, pour toute reconnais- » sance, que de m'écrire votre arrivée. » Il me l'envoya le lendemain. M. Berg, de son côté, à qui j'avais beaucoup parlé des honnêtetés que j'avais reçues de monsieur et de mademoiselle de Crémon, me dit qu'il se chargeait de ma reconnaissance, et qu'il leur enverrait de ma part vingt-quatre bouteilles de vin de Constance.

Dans une situation où je manquais de tout, je trouvais mon sort heureux d'avoir rencontré parmi des étrangers des hommes si obligeants.

J'arrêtai avec le capitaine de *la Digue* mon passage en France, à raison de six cents livres. Il devait partir quelques jours après. J'usai avec beaucoup de circonspection du crédit de M. Berg. Je me fis faire un habit uni et un peu de linge ; c'était là tout l'équipage d'un officier qui revenait des Indes orientales : non-seulement j'avais perdu tous mes effets, mais je me trouvais endetté de plus de quatorze cents livres.

A peine j'avais fait mes arrangements, que le

vaisseau *l'Africain* vint mouiller au Cap ; il venait y chercher des vivres ; il était parti de l'Ile-de-France vers la mi-janvier. Il nous apportait des nouvelles de *l'Indien* : voici ce que nous en apprîmes.

Ce malheureux vaisseau avait perdu tous ses mâts dans la tempête ; et, après avoir tenu la mer plus d'un mois, il était enfin retourné à l'Ile-de-France en si mauvais état qu'on l'avait désarmé. Il avait reçu des coups de mer par ses hauts, qui avaient mouillé une partie de sa cargaison, et inondé la sainte-barbe au point que les malles des passagers y flottaient. Un honnête homme appelé M. de Moncherat, m'écrivait qu'il s'était chargé de visiter les miennes à leur arrivée, et qu'à l'exception de ce qui était dans ma chambre, il y avait eu peu de dommage.

On nous raconta un événement bien étrange arrivé sur *l'Indien*. Entre les mauvais sujets qui viennent à l'Ile-de-France, on y avait fait passer un homme de bonne maison, appelé M. de ***. Il avait assassiné en France son beau-frère. Dans la traversée, il eut une querelle avec le subrécargue de son vaisseau. En arrivant à terre, en plein jour, sur la place publique, sans autre formalité, il le perça de son épée, et lui en rompit la lame dans le corps. Il s'enfuit dans les bois, d'où on le ramena en prison. Son procès fut fait, et il allait être condamné au supplice, lorsqu'on fit la nuit un trou au mur de sa prison, par où il s'évada.

Cet événement était arrivé deux mois avant mon départ.

Pendant la tempête qu'essuya *l'Indien*, le mât de misaine rompit, et tomba à la mer. On se hâtait d'en couper les cordages, lorsqu'on vit au milieu des lames un matelot accroché à la hune de ce mât flottant. Il criait : Sauvez-moi ! sauvez-moi ! je suis ***. En effet, c'était ce misérable. Au retour de *l'Indien* à l'Ile-de-France, on le fit encore évader. M. de Tolback disait à ce sujet : « Qui doit être pendu ne peut pas se noyer. »

On n'avait reçu aucune nouvelle de *l'Amitié*, qui avait probablement péri.

Ce fut pour moi un grand bonheur de recevoir mes effets à la veille de mon départ, et de n'être plus sur *l'Indien*, qui probablement resterait longtemps à l'Ile-de-France.

La Digue différa son départ jusqu'au 2 mars. Je payai toute ma dépense avec mes lettres de change sur le trésor des colonies, à six mois de vue, et j'y perdis vingt-deux pour cent d'escompte.

Je pris congé du gouverneur et de M. Berg, qui me donna beaucoup de curiosités naturelles. Je lui avais fait part de quelques unes des miennes. Mademoiselle Berg me donna trois perruches à tête grise, grosses comme des moineaux ; elles venaient de Madagascar. Mon hôtesse me fit une provision de fruits, et me souhaita en pleurant, ainsi que sa famille, un heureux voyage.

Je quittai à regret de si bonnes gens, et ces jardins d'arbres fruitiers d'Europe, que je laissais au mois de mars chargés de fruits. J'avais cependant un grand plaisir à imaginer que j'allais les retrouver couverts de fleurs en Europe, et que dans un an j'aurais eu deux étés sans hiver ; mais ce qui vaut encore mieux que les beaux pays et les douces saisons, j'allais revoir ma patrie et mes amis.

LETTRE XXV.

DÉPART DU CAP ; DESCRIPTION DE L'ASCENSION.

Le 2 mars, à deux heures après midi, nous appareillâmes avec six vaisseaux de la flotte de Batavia ; les six autres étaient partis il y avait quinze jours. Nous sortîmes par la deuxième ouverture de la baie, laissant l'île Roben à gauche. Nous dépassâmes bien vite les navires hollandais ; ils vont de compagnie jusqu'à la hauteur des Açores, où deux vaisseaux de guerre de leur nation les attendent pour les convoyer jusqu'en Hollande.

Les marins regardent le Cap comme le tiers du chemin de l'Ile-de-France en Europe ; ils comptent un autre tiers du Cap au passage de la ligne inclusivement ; le troisième est pour le reste de la route.

Huit jours après notre départ, pendant que nous étions sur le pont, après dîner, dans une parfaite sécurité, on vit sortir une grande flamme de la cheminée de la cuisine ; elle s'élevait jusqu'à la hauteur de l'écoute de misaine. Tout le monde courut sur l'avant. Ce ne fut qu'une terreur panique : un cuisinier maladroit avait répandu des graisses dans le foyer de sa cuisine. On conta à ce sujet que le feu ayant pris à la misaine du vaisseau le***, toute la voilure de l'avant fut enflammée dans un instant. Les officiers et l'équipage avaient perdu la tête, et vinrent en tumulte avertir le capitaine. Il sortit de sa chambre, et leur dit froidement : Mes amis, ce n'est rien ; il n'y a qu'à arriver. En effet, la flamme, poussée en avant par le vent arrière, s'amortit dès qu'il n'y eut plus de toile. Cet homme de sang-froid s'appelait M. de Surville. C'était un capitaine de la Compagnie, du plus grand mérite.

Nous eûmes constamment le vent du sud-est, et une belle mer, jusqu'à l'Ascension. Le 20 mars, nous étions par sa latitude, qui est de huit degrés sud; mais nous avions trop pris de l'est. Nous fûmes obligés de courir en longitude, notre intention étant d'y mouiller pour y pêcher de la tortue.

Le 22 au matin, nous en eûmes la vue. On aperçoit cette île de dix lieues, quoiqu'elle n'ait guère qu'une lieue et demie de diamètre. On y distingue un morne pointu, appelé la Montagne verte. Le reste de l'île est formé de collines noires et rousses, et les parties des rochers voisines de la mer étaient toutes blanches de la fiente des oiseaux.

En approchant, le paysage devient bien plus affreux. Nous longeâmes la côte pour arriver au mouillage, qui est dans le nord-ouest. Nous aperçûmes, au pied de ces mornes noirs, comme les ruines d'une ville immense. Ce sont des rochers fondus, qui ont coulé d'un ancien volcan; ils se sont répandus dans la plaine et jusqu'à la mer, sous des formes très bizarres. Tout le rivage dans cette partie en est formé. Ce sont des pyramides, des grottes, des demi-voûtes, des culs-de-lampe; les flots se brisent contre ces anfractuosités : tantôt ils les couvrent et forment en retombant des nappes d'écume, tantôt trouvant des plateaux élevés, percés de trous, ils les frappent en dessous, et jaillissent au-dessus en longs jets d'eau ou en aigrettes. Ces rivages, noirs et blancs, étaient couverts d'oiseaux marins. Quantité de frégates nous entourèrent, et volaient dans nos manœuvres, où on les prenait à la main.

Nous mouillâmes le soir à l'entrée de la grande anse. Je descendis dans le canot avec les gens destinés à la pêche de la tortue. Le débarquement est au pied d'une masse de rochers que l'on aperçoit du mouillage à l'extrémité de l'anse sur la droite. Nous descendîmes sur un gros sable très beau. Il est blanc, mêlé de grains rouges, jaunes, et de toutes les couleurs, comme ces grains d'anis appelés mignonette. A quelques pas de là, nous trouvâmes une petite grotte dans laquelle est une bouteille, où les vaisseaux qui passent mettent des lettres. On casse la bouteille pour les lire, après quoi on les remet dans une autre.

Nous avançâmes environ cinquante pas, en prenant sur la gauche derrière les rochers. Il y a là une petite plaine, dont le sol se brisait sous nos pieds, comme s'il eût été glacé. J'y goûtai : c'était du sel, ce qui me parut étrange, n'y ayant pas d'apparence que la mer vienne jusque-là.

On apporta du bois, la marmite, et la voile du canot, sur laquelle nos matelots se couchèrent en attendant la nuit. Ce n'est que sur les huit heures du soir que les tortues montent au rivage. Nos gens se reposaient tranquillement, lorsque l'un d'eux se leva en sursaut, en criant : Un mort! voici un mort!... En effet, à une petite croix élevée sur un monceau de sable, nous vîmes qu'on y avait enterré quelqu'un. Cet homme s'était couché dessus sans y penser; aucun de nos matelots ne voulut rester là davantage : il fallut, pour leur complaire, avancer cent pas plus loin.

La lune se leva, et vint éclairer cette solitude. Sa lumière, qui rend les sites agréables plus touchants, rendait celui-ci plus effroyable. Nous étions au pied d'un morne noir, au haut duquel on distinguait une grande croix que des marins y ont plantée. Devant nous la plaine était couverte de rochers, d'où s'élevaient une infinité de pointes de la hauteur d'un homme. La lune faisait briller leurs sommets, blanchis de la fiente des oiseaux. Ces têtes blanches sur ces corps noirs, dont les uns étaient debout et les autres inclinés, paraissaient comme des spectres errants sur des tombeaux. Le plus profond silence régnait sur cette terre désolée; de temps à autre on entendait seulement le bruit de la mer sur la côte, ou le cri vague de quelque frégate, effrayée d'y voir des habitants.

Nous fûmes dans la grande anse attendre les tortues. Nous étions couchés sur le ventre, dans le plus grand silence. Au moindre bruit cet animal se retire. Enfin nous en vîmes sortir trois des flots; on les distinguait comme des masses noires qui grimpaient lentement sur le sable du rivage. Nous courûmes à la première; mais notre impatience nous la fit manquer. Elle redescendit la pente, et se mit à la nage. La seconde était plus avancée, et ne put retourner sur ses pas. Nous la jetâmes sur le dos. Dans le reste de la nuit, et dans la même anse, nous en tournâmes plus de cinquante, dont quelques unes pesaient cinq cents livres.

Le rivage était tout creusé de trous où elles pondent jusqu'à trois cents œufs, qu'elles recouvrent de sable, où le soleil les fait éclore. On tua une tortue, et on en fit du bouillon; après quoi je fus me coucher dans la grotte où l'on met les lettres, afin de jouir de l'abri du rocher, du bruit de la mer, et de la mollesse du sable. J'avais chargé un matelot d'y porter mon sac de nuit; mais jamais il n'osa passer seul devant le lieu où il avait vu un homme enterré. Il n'y a rien à la fois de si hardi et de si superstitieux que les matelots.

Je dormis avec grand plaisir. A mon réveil, je trouvai un scorpion et des cancrelas à l'entrée de ma caverne. Je ne vis aux environs d'autres herbes qu'une espèce de tithymale. Son suc était laiteux et très âcre : l'herbe et les animaux étaient dignes du pays.

BERNARDIN.

Je montai sur le flanc d'un des mornes, dont le sol retentissait sous mes pieds. C'était une véritable cendre rousse et salée; c'est peut-être de là que provient la petite saline où nous avions passé la nuit. Un fou vint s'abattre à quelques pas de moi. Je lui présentai ma canne; il la saisit de son bec, sans prendre son vol. Ces oiseaux se laissaient prendre à la main, ainsi que toutes les espèces qui n'ont pas éprouvé la société de l'homme; ce qui prouve qu'il y a une sorte de bonté et de confiance naturelle à toutes les créatures envers les animaux qu'ils ne croient pas malfaisants. Les oiseaux n'ont pas peur des bœufs.

Nos matelots tuèrent beaucoup de frégates, pour leur enlever une petite portion de graisse qu'elles ont vers le cou. Ils croient que c'est un spécifique contre la goutte, parceque cet oiseau est fort léger; mais la nature, qui a attaché ce mal à notre intempérance, n'en a pas mis le remède dans notre cruauté.

Sur les dix heures du matin, la chaloupe vint embarquer les tortues. Comme la lame était grosse, elle mouilla au large, et avec une corde placée à terre en va-et-vient, elle les tira à elle l'une après l'autre.

Cette manœuvre nous occupa toute la journée. Le soir, on remit à la mer les tortues qui nous étaient inutiles. Quand elles sont long-temps sur le dos, les yeux leur deviennent rouges comme des cerises, et leur sortent de la tête. Il y en avait plusieurs sur le rivage, que d'autres vaisseaux avaient laissé mourir dans cette situation. C'est une négligence cruelle.

LETTRE XXVI.

CONJECTURES SUR L'ANTIQUITÉ DU SOL DE L'ASCENSION, DE L'ILE-DE-FRANCE, DU CAP DE BONNE-ESPÉRANCE, ET DE L'EUROPE.

Pendant que nos matelots travaillaient à embarquer les tortues, je fus m'asseoir dans une des cavités de ces rochers dont la plaine est couverte: à la vue de ce désordre effroyable, je fis quelques réflexions.

Si ces ruines, me disais-je, étaient celles d'une ville, que de mémoires nous aurions sur ceux qui l'ont bâtie et sur ceux qui l'ont ruinée! Il n'y a point de colonne en Europe qui n'ait son historien.

Pourquoi faut-il que nous, qui savons tant de choses, ne sachions ni d'où nous venons, ni où nous sommes! Tous les savants conviennent de l'origine et de la durée de Babylone, qui n'a plus d'habitants; et personne n'est d'accord sur la nature et l'antiquité du globe, qui est la patrie de tous les hommes. Les uns le forment par le feu, les autres par l'eau; ceux-ci par les lois du mouvement, ceux-là par celles de la cristallisation. Les peuples d'occident croient qu'il n'a pas six mille ans; ceux de l'orient disent qu'il est éternel.

Il est probable qu'il n'y aurait qu'un système, si le reste de la terre ressemblait à cette île. Ces pierres ponces, ces collines de cendre, ces rocs fondus qui ont bouillonné comme du mâchefer, prouvent évidemment qu'elle doit son origine à un volcan: mais combien y a-t-il d'années que son explosion s'est faite?

Il me semble que si ce temps était fort reculé, ces monceaux de cendres ne seraient pas en pyramides: la pluie les eût affaissés. Les angles et les contours de ces roches ne seraient pas aigus et tranchants, parcequ'une longue action de l'atmosphère détruit les parties saillantes des corps: des statues de marbre, taillées par les Grecs, sont redevenues à l'air des blocs informes.

Serait-il donc si difficile de juger de l'ancienneté d'un corps par son dépérissement, puisqu'on juge bien de l'antiquité d'une médaille par sa rouille? Un vieux rocher n'est-il pas une médaille de la terre frappée par le temps?

D'ailleurs, si cette île était fort ancienne, ces blocs de pierre qui sont à la surface de la terre s'y seraient ensevelis par leur propre poids; c'est un effet lent, mais sûr, de la pesanteur. Les piles de boulets et les canons posés sur le sol des arsenaux s'y enterrent en peu d'années. La plupart des monuments de la Grèce et de l'Italie se sont enfoncés au-dessus de leur soubassement. Quelques uns même ont tout-à-fait disparu.

Si donc je pouvais savoir *combien un corps dont la forme et la pesanteur est connue doit mettre de temps à s'enfoncer dans un terrain dont on connaît la résistance*, j'aurais un rapport qui me ferait trouver celui que je cherche. Le calcul sera facile quand les expériences seront faites; en attendant, je puis croire raisonnablement que cette île est très moderne.

J'en puis penser autant de l'Ile-de-France; mais comme ses montagnes pointues ont déja des croupes, comme ses rochers sont enfoncés au tiers ou au quart en terre, et que leurs angles sont un peu émoussés, je suis persuadé que sa date remonte plusieurs siècles au-delà.

Le cap de Bonne-Espérance me paraît beaucoup plus ancien. Les rochers qui se sont détachés du sommet des montagnes sont au Cap tout-à-fait enfoncés dans la terre, où on les retrouve en creusant. Les montagnes ont toutes à leur pied des talus fort élevés, formés par les débris de leurs parties supérieures. Ces débris en ont été détachés par une longue action de l'atmosphère; ce qui est si vrai, qu'ils sont en plus grande quantité aux endroits où les vents ont coutume de souffler. Je l'ai observé sur la montagne de la Table, dont la partie opposée au vent de sud-est est bien plus en talus que celle qui regarde la ville.

J'ai remarqué encore sur la montagne de la Table des pierres isolées de la grosseur d'un tonneau, dont les angles étaient bien arrondis. Leurs fragments même n'ont plus d'arêtes vives; ils forment un gravier blanc et lisse, semblable à des amendes aplaties. Ces pierres sont fort dures, et ressemblent, pour la couleur et le grain, à des tablettes de porcelaine usées.

Le dépérissement de ces corps annonce une assez grande antiquité; cependant je n'ai pas trouvé sur la Table que la couche de terre végétale eût plus de deux pouces de profondeur, quoique les plantes y soient communes; en beaucoup d'endroits même le roc est nu. Il n'y a donc pas un grand nombre de siècles que les végétaux y croissent. Toutefois on n'en peut rien conclure, parceque le sommet n'étant ni de sable ni de pierre poreuse, mais une espèce de caillou blanc, poli et dur, les semences des plantes y auront été long-temps portées par les vents avant d'y pouvoir germiner.

La couche végétale dans les plaines est beaucoup plus épaisse; mais on n'en pourrait rien conclure pour l'antiquité du sol, parceque quand cette couche y est considérable, elle peut y avoir été apportée des montagnes voisines par les pluies, ou avoir été entraînée plus loin quand elle y est rare.

S'il existait en Europe une montagne élevée, isolée, et dont le sommet fût aplati comme celui de la Table, sans être comme lui d'une matière contraire à la végétation, on pourrait comparer l'épaisseur de sa terre végétale à celle d'un terrain nouveau et pareillement isolé, par exemple à la croûte de quelques unes de ces îles qui depuis cent ans se sont formées à l'embouchure de la Loire.

En attendant l'expérience, je présume que l'Europe est plus ancienne que la terre du Cap, parceque le sommet de ses montagnes a moins d'escarpement, que leurs flancs ont une pente plus douce, et que les rochers qui sont encore à la surface de la terre sont écornés et arrondis.

Il ne s'agit point ici des rochers qui paraissent sur le flanc des montagnes que la mer, les torrents ou le débordement des rivières ont escarpées, ni des pierres que les pluies mettent à découvert dans les plaines dont elles entraînent la terre, et encore moins des cailloux des champs que la charrue couvre et découvre chaque année; mais de ceux qui, par leur masse et leur situation, n'obéissent qu'aux seules lois de la pesanteur. Je n'en ai vu aucun de cette espèce dans les plaines de la Russie et de la Pologne. La Finlande est pavée de rochers, mais ils sont d'une configuration toute différente; ce sont des collines et des vallons entiers de roc vif; c'est en quelque sorte la terre qui est pétrifiée. Cependant, comme les sapins croissent sur les croupes de ces collines, il paraît qu'elles sont depuis long-temps à l'air, qui les décompose. Il paraît même que, sous une température moins froide, cette décomposition se serait accélérée bien plus vite; mais la neige les met pendant six mois à couvert de l'action de l'atmosphère, et le froid, qui durcit la terre, retarde l'effet de leur pesanteur.

L'espèce de roche que je crois propre aux expériences est celle des environs de Fontainebleau: Ce sont de grosses masses de grès, arrondies, détachées les unes des autres. Quelques unes sont ensevelies dans le sol à moitié ou aux deux tiers, d'autres sont empilées à la surface, comme des amas de pierre à bâtir. Ce sont probablement les sommets de quelque montagne pierreuse, qui n'ont pas tout-à-fait disparu. Il est probable que chaque siècle achève de les enfoncer dans le sol, et qu'il y en avait beaucoup plus il y a deux mille ans. L'action des éléments et de la pesanteur tend à arrondir le globe. Un jour, les montagnes de l'Europe auront beaucoup moins de pente; un jour, la mer aura dissous les rochers des côtes où elle se brise aujourd'hui, comme elle a détruit ceux de Charybde et de Scylla.

J'ouvris ensuite un livre d'histoire pour me dissiper. Je tombai sur un endroit où l'auteur dit de quelques familles européennes, que leur origine *se perd dans la nuit du temps*, comme si leurs ancêtres étaient nés avant le soleil. Il parlait ailleurs des peuples du nord comme des fabricateurs du genre humain, *officina gentium*: ce déluge de barbares, dit-il, que le nord ne pouvait plus contenir.

J'ai vécu quelque temps dans le nord, où j'ai parcouru plus de huit cents lieues; et je ne me rappelle pas y avoir vu aucun monument ancien. Cependant les sociétés nombreuses laissent des traces durables; et, depuis le petit clocher d'un village jusqu'aux pyramides d'Égypte, toute terre qui fut cultivée porte des témoignages de l'industrie humaine. Les champs de la Grèce et de l'Italie sont couverts de ruines antiques; pourquoi n'en trouve-t-on pas en Russie et en Pologne? C'est que les hommes ne se multiplient qu'avec les fruits de la terre; c'est que le nord de l'Europe était inculte lorsque le midi était couvert de moissons, de vignobles et d'oliviers[1]. Ces peuples, dans l'abondance, élevèrent des autels à tous les biens. Cérès, Pomone, Bacchus, Flore, Palès, les Zéphyrs, les Nymphes, etc., tout ce qui était plaisir fut divinité. La jeune fille offrait des colombes à l'Amour, des guirlandes aux Graces, et priait[2] Lucine de lui donner un mari fidèle. La religion ne s'était point séparée de la nature; et comme la reconnaissance était dans tous les cœurs, la terre, sous un ciel favorable, se couvrait d'autels. On vit dans chaque verger le dieu des jardins, Neptune sur tous les rivages, l'Amour dans tous les bosquets: les Naïades eurent des grottes, les Muses des portiques, Minerve des péristyles; l'obélisque de Diane parut dans les taillis, et le temple de Vénus éleva sa coupole au-dessus des forêts.

Mais lorsqu'un habitant de ces belles contrées fut obligé de chercher au nord une nouvelle patrie, lorsqu'il eut pénétré avec sa famille malheureuse sous l'Ourse glacée, dieux! quel fut son effroi aux approches de l'hiver! Le soleil paraissait à peine au-dessus de l'horizon, son disque était rouge et ténébreux. Le souffle des vents faisait éclater le tronc des sapins; les fontaines se figeaient, et les fleuves s'étaient arrêtés. Une neige épaisse couvrait les prés, les bois et les lacs. Les plantes, les graines, les sources, tout ce qui soutient la vie était mort. On ne pouvait même ni respirer, ni toucher à rien, car la mort était dans l'air, et la douleur sortait de tous les corps. Ah! quand cet infortuné entendit les cris de ses enfants que le climat dévorait, quand il vit sur leurs joues les larmes se vitrifier, et leurs bras tendus vers lui se roidir... qu'il eut d'horreur de ces retraites funestes! Osa-t-il espérer une postérité de la nature, et des moissons de ces campagnes de fer? Sa main dut frémir d'ouvrir un sol qui tuait ses habitants. Il ne lui resta que de joindre sa misère à celle d'un troupeau, de chercher avec lui la mousse des arbres, et d'errer sur une terre où le repos coûtait la vie. Seulement il s'y creusa des tanières; et si dans la suite on vit du sein de ces neiges sortir quelque monument, sans doute ce fut un tombeau.

Il est probable que le nord de l'Europe ne se peupla que lorsque le midi lui-même fut abandonné. Les Grecs, si souvent tourmentés par leurs tyrans, préférèrent enfin la liberté à la beauté du ciel. Une partie d'entre eux transporta en Hongrie, en Bohême, en Pologne et en Russie les arts par lesquels l'homme surmonte les éléments, et, seul de tous les animaux, peut vivre dans tous les climats. Depuis la Morée jusqu'à Archangel, sur une largeur de plus de cinq cents lieues, on ne parle que la langue esclavone, dont les mots et les lettres même dérivent du grec. Les nations du nord doivent donc leur origine aux Grecs; elles ont dû rentrer dans la barbarie, en sortir tard, et ne développer leur puissance que sous une bonne législation. Pierre 1er a jeté les fondements de leur grandeur moderne, et aujourd'hui une grande impératrice leur donne des lois dignes de l'Aréopage.

LETTRE XXVII.

OBSERVATIONS SUR L'ASCENSION. DÉPART. ARRIVÉE EN FRANCE.

Mes réflexions sur l'Ascension m'avaient mené assez loin : c'est qu'on jouit des objets agréables, et que les tristes font réfléchir. Aussi l'homme heureux ne raisonne guère; il n'y a que celui qui souffre qui médite, pour trouver au moins des rapports utiles dans les maux qui l'environnent. Il est si vrai que la nature a fait du plaisir le ressort de l'homme, que quand elle n'a pu le placer dans son cœur, elle l'a mis dans sa tête.

Quoique l'Ascension soit sans terre et sans eau, elle ne tient point sur le globe une place inutile. La tortue y trouve, trois mois de l'année, à faire ses pontes loin du bruit. C'est un animal solitaire, qui fuit les rivages fréquentés. Un vaisseau qui mouille ici pendant vingt-quatre heures la chasse de la baie pendant plusieurs jours; et s'il tire du canon, elle ne reparaît pas de plusieurs semaines. Les frégates et les fous ont plus de familiarité, parcequ'ils ont moins d'expérience; mais sur les côtes habitées ils choisissent les pics les plus inaccessibles, et ne se laissent point approcher. L'Ascension est pour eux une république : les mœurs primitives s'y conservent, et l'espèce s'y multiplie, parcequ'aucun tyran n'y peut vivre. Sans doute la mère commune des êtres a voulu qu'il existât des sables stériles au milieu de la mer, des terres désolées, mais protégées par les éléments, comme des lieux de refuge et des asiles sacrés où les animaux pussent goûter des biens qui ne leur sont pas

---
[1] Voyez la note première.
[2] Voyez la note seconde.

moins chers qu'aux hommes, le repos et la liberté.

Cette île a encore sa franchise naturelle, que de si belles contrées ont perdue. Quoique située entre l'Afrique et l'Amérique, elle a échappé à l'esclavage qui a flétri ces deux vastes continents. Elle est commune à toutes les nations, et n'appartient à aucune. Il est rare cependant d'y voir mouiller d'autres vaisseaux que des Anglais et des Français, qui s'y arrêtent en revenant des Indes. Les Hollandais, qui relâchent au Cap, n'ont pas besoin de chercher de nouveaux vivres.

L'air de l'Ascension est très pur. J'y ai couché deux nuits à l'air, sans couverture : j'y ai vu tomber de la pluie, et les nuages s'arrêter au sommet de la Montagne verte, qui ne m'a paru guère plus élevée que Montmartre. C'est sans doute un effet de l'attraction, qui est plus sensible sur la mer que sur la terre.

Lorsqu'on débarque dans cette île quelque matelot scorbutique, on le couvre de sable, et il éprouve un soulagement très prompt. Quoique je me portasse bien, je me tins quelque temps les jambes dans cette espèce de bain sec, et j'éprouvai, pendant plusieurs jours, une agitation extraordinaire dans mon sang; je n'en sais pas trop la raison. Je crois cependant que ce sable n'étant formé que de parties calcaires, il aspire sur la peau où il s'attache les humeurs internes; à peu près comme ces pierres absorbantes que l'on pose sur les piqûres des bêtes venimeuses, en tirent le venin. Il serait à souhaiter que quelque habile médecin essayât sur d'autres maladies un remède que le seul instinct a appris aux matelots scorbutiques.

Nous passâmes encore cette nuit à terre. A dix heures du soir, je fus me baigner dans une petite anse qui est entre la grande et le débarquement. Elle est entourée d'une chaîne de rochers en demi-cercle. Au fond de cette anse, le sable est élevé de plus de quinze pieds, et va en pente jusqu'à la mer. A l'entrée, il y a plusieurs bancs de rochers à fleur d'eau. La mer, qui était fort agitée, s'y brisait avec un bruit terrible, et venait se développer bien avant dans la petite baie. Je me tenais accroché aux angles des rochers, et les vagues en roulant venaient me passer quelquefois jusque sur la tête.

Le 24 au matin, la barre se trouva très grosse. La Digue mit son pavillon, et nous fit signal de départ. Il n'était plus possible à la chaloupe de mettre à terre au lieu ordinaire du débarquement. Elle fut prendre dans la baie une douzaine de tortues qu'il avait réservées, et revint ensuite mouiller un grappin à une demi-portée de fusil du lieu où nous étions. Les matelots les plus vigoureux se mirent tout nus ; et, profitant de l'instant où la lame quittait le rivage, ils portaient en courant les effets et les passagers.

J'avais fait remarquer à l'officier qu'elle était suffisamment chargée. Il restait vingt hommes à terre, il y en avait autant sur son bord. Il voulut épargner au canot un second voyage : on continua d'embarquer. Sur ces entrefaites, une lame monstrueuse, soulevant la chaloupe, fit casser son grappin, et la jeta sur le sable. Huit ou dix hommes qui étaient dans l'eau jusqu'à la ceinture pensèrent en être écrasés. Si elle était venue en travers, elle était perdue : heureusement elle s'échoua sur l'arrière. Deux ou trois vagues consécutives la mâtèrent presque debout ; et, dans ce mouvement, elle embarqua de son avant une grande quantité d'eau : la frayeur prit à plusieurs passagers qui étaient dessus, ils se jetèrent à la mer et pensèrent se noyer ; enfin, tous nos matelots réunis, faisant effort tous à la fois, parvinrent à la remettre à flot.

Le canot revint quelque temps après embarquer ce qui était resté ; peu s'en fallut que le même accident ne lui arrivât.

Si ce double malheur fût survenu, nous eussions été fort à plaindre : le vaisseau eût continué sa route, et nous n'eussions trouvé ni eau ni bois dans cette île. On prétend cependant qu'il se trouve quelques flaques d'eau dans les rochers au pied de la Montagne verte. On assure qu'il y a aussi des cabris fort maigres, qui y vivent d'une espèce de chiendent. On y avait planté des cocotiers, qui n'y ont pas réussi. Il est probable que ces cabris affamés en auront mangé les germes.

J'observai à l'Ascension que la partie du sud est était toute formée de laves, et celle du nord-ouest de collines de cendres ; d'où je conclus que les vents étaient au sud-est lorsque ce volcan sortit de la mer, et qu'ils soufflaient lentement, sans quoi ils auraient dispersé les cendres de ces mornes, au lieu de les rassembler. J'en présumai aussi que le foyer des volcans n'était point allumé par les révolutions de l'atmosphère, et que les orages de la terre étaient indépendants de ceux de l'air.

Ils paraîtraient plutôt dépendre des eaux. De tous les volcans que je connais, il n'y en a pas un qui ne soit dans le voisinage de la mer, ou d'un grand lac. J'ai fait autrefois cette observation en cherchant à expliquer leur cause. Elle fut le résultat de mon opinion, qui pourrait être bonne, puisqu'elle est confirmée par la nature.

J'ai trouvé sur les rochers de l'Ascension l'espèce d'huître appelée *la feuille*. Le sable, comme je l'ai dit, n'est formé que de débris de madrépores et de coquilles, dans lesquels je reconnus quelques pétoncles, de petits buccins, et le manteau-ducal. Nous prîmes, au pied des rochers, des requins et des bourses de toutes les couleurs. Il y a aussi des carangues, et entre autres des morènes, espèce de serpent marin qu'on dit être un excellent poisson; ses arêtes sont bleues.

Nous appareillâmes le même jour 24 mars, à cinq heures du soir. Nous vécûmes de tortues près d'un mois. On les conserva vivantes tout ce temps-là, en les mettant tantôt sur le ventre, tantôt sur le dos, et on les arrosait d'eau de mer plusieurs fois par jour.

La chair de tortue est une bonne nourriture, mais on s'en lasse bien vite. Cette chair est toujours dure, et les œufs sont d'un goût très médiocre.

Nous repassâmes la ligne avec des calmes et quelques orages. Les courants portaient sensiblement au nord : il y a apparence que c'étaient des contre-courants du courant général du nord. Plus d'une fois ils nous firent faire, sans vent, dix lieues en vingt-quatre heures. Le 28 avril, nous vîmes une éclipse de lune, dont le milieu à onze heures de nuit; nous étions par le 52ᵉ degré de latitude nord. Nous éprouvâmes à cette hauteur plusieurs jours de calme. On prétend que ces calmes sont comme autant de limites entre différents règnes de vents. Depuis le 28ᵉ degré nord jusqu'au 52ᵉ, nous trouvâmes la mer couverte d'une plante marine appelée *grappe-de-raisin*; elle était remplie de petits crabes et de frai de poisson. C'est peut-être un moyen dont la nature se sert pour peupler les rivages des îles d'animaux qui ne pourraient s'y transporter autrement; les poissons des côtes ne se rencontrent jamais en pleine mer.

Nous avions vu avec une grande joie l'étoile polaire reparaître sur l'horizon; et chaque nuit nous la voyions s'élever avec un nouveau plaisir. Cette vue me rendait les promenades de nuit très agréables. Un soir, à dix heures, comme je me promenais sur le gaillard d'arrière, je vis le contre-maître parler avec beaucoup d'agitation à l'officier de quart. Celui-ci fit allumer une lanterne, et le suivit sur le gaillard d'avant. Je m'y acheminai comme eux. Nous ne fûmes pas peu étonnés de voir sortir de l'écoutille un torrent de fumée noire et épaisse. Les matelots de quart étaient couchés tranquillement sur une voile en avant du mât de misaine, et quand on les eut appelés, ils furent saisis de frayeur. Les plus hardis descendirent par l'écoutille avec la lanterne, en criant que nous étions perdus. Nous nous occupâmes à chercher des seaux de tous côtés, mais nous n'en trouvâmes pas un seul. Les uns voulaient sonner la cloche pour appeler tout le monde, d'autres voulaient faire jouer la pompe de l'avant pour en porter l'eau, à tout hasard, dans l'entrepont.

Nous étions tous rangés, la tête baissée, autour de l'écoutille, en attendant notre arrêt. La fumée redoublait, et nous vîmes même briller de la flamme. Dans le moment, une voix sortit de cet abîme, et nous dit que c'était le feu qui avait pris à du bois qu'on avait mis sécher dans le four. Cet instant d'inquiétude nous parut un siècle. Triste condition des marins! au milieu du plus beau temps, dans la sécurité la plus parfaite, au moment de revoir la patrie, un misérable accident pouvait nous faire périr du genre de mort le plus effroyable.

Le 16 mai, on exerça les matelots à tirer au blanc, sur une bouteille suspendue à l'extrémité de la grande vergue : on essaya les canons; nous en avions cinq. Cet exercice militaire se faisait dans la crainte d'être attaqués par les Saltins. Heureusement nous n'en vîmes point. Nous avions de si mauvais fusils, qu'à la première décharge l'un d'eux creva près de moi, dans la main d'un matelot, et le blessa dangereusement.

Le 17, j'aperçus en plein midi, sur la mer, une longue bande verdâtre dirigée nord et sud. Elle était immobile; elle avait près d'une demi-lieue de longueur. Le vaisseau passa à son extrémité sud : la mer n'y était point houleuse. J'appelai le capitaine, qui jugea, ainsi que ses officiers, que c'était un haut-fond : il n'est pas marqué sur les cartes. Nous étions par la hauteur des Açores.

Le 20 mai, nous trouvâmes un vaisseau anglais allant en Amérique. Il nous apprit que nous étions par les 25 degrés de longitude, ce qui nous mettait 140 lieues plus à l'ouest que nous ne croyions.

Le 22 mai, par les 46 degrés 45 minutes de latitude nord, nous crûmes voir un récif où la mer brisait. Comme il faisait calme, on mit le canot à la mer. C'était un banc d'écume formé par des lits de marée. Deux heures après, nous trouvâmes un mât de hune garni de tous ses agrès. On crut le reconnaître pour appartenir à un vaisseau anglais que la tempête avait obligé de couper ses mâts. Nous l'embarquâmes avec plaisir, car nous manquions de bois à brûler, et, qui pis est, de vivres. Depuis huit jours on ne faisait plus qu'un repas en vingt-quatre heures.

Pendant plusieurs jours le ciel fut couvert à midi, de sorte que nous ignorions notre latitude. Le 28, il s'éleva un très gros temps : le vaisseau tint la cape sous ses basses voiles. A onze heures du matin, nous aperçûmes un petit navire devant nous. Nous gouvernâmes sur lui, et nous le rangeâmes sous le vent. Il y avait sur son bord sept hommes qui pompaient de toutes leurs forces : l'eau sortait de tous les dalots de son pont. Nous roulions l'un et l'autre panne sur panne, et, dans quelques arrivées, les lames pensèrent le jeter sur nos lisses. Le patron, en bonnet rouge, nous cria, dans son porte-voix, qu'il était parti de Bordeaux depuis vingt-quatre heures, qu'il allait en Irlande; et il se hâta de s'éloigner. On jugea que c'était un contrebandier, la coutume étant sur mer, comme sur terre, d'avoir mauvaise opinion des gens qui sont en mauvais ordre.

Vers une heure après midi, le vent s'apaisa ; les nuages se partagèrent en deux longues bandes, et le soleil parut. On appareilla toutes les voiles; on plaça des matelots en sentinelle sur les barres du perroquet, et on mit le cap au nord-est, pour tâcher d'avoir connaissance de terre avant le soir.

A quatre heures nous vîmes un petit chasse-marée : on le questionna; il ne put rien nous répondre; le mauvais temps l'avait mis hors de route. A cinq heures on cria *terre! terre à bâbord!* Nous courûmes aussitôt sur le gaillard d'avant; quelques uns grimpèrent dans les haubans. Nous vîmes distinctement, à l'horizon, des rochers qui blanchissaient : on assura que c'étaient les roches de Pennemarck. Nous mîmes, le soir, en travers, et nous fîmes des bords toute la nuit. Au point du jour nous aperçûmes la côte à trois lieues devant nous; mais personne ne la reconnaissait. Il faisait calme; nous brûlions d'impatience d'arriver. Enfin on aperçut une chaloupe: nous la hélâmes; on nous répondit : *C'est un pilote.* Quelle joie d'entendre une voix française sortir de la mer ! Chacun s'empressait, sur les lisses, à voir monter le pilote à bord. Bonjour, mon ami, lui dit le capitaine ; quelle est cette terre? *C'est Belle-Ile, mon ami*, répondit ce bon homme. Aurons-nous du vent? *S'il plaît à Dieu, mon ami.*

Il avait de gros pains de seigle, que nous mangeâmes de grand appétit, parcequ'il avait été cuit en France.

Le calme dura tout le jour; vers le soir le vent fraîchit. L'équipage passa la nuit sur le pont : on fit petites voiles. Le matin nous longeâmes l'île de Grois, et nous vînmes au mouillage.

Les commis des fermes, suivant l'usage, montèrent sur le vaisseau; après quoi une infinité de barques de pêcheurs nous abordèrent. On acheta du poisson frais, on se hâta de préparer un dernier repas ; mais on se levait, on se rasseyait, on ne mangeait point; nous ne pouvions nous lasser d'admirer la terre de France.

Je voulais débarquer avec mon équipage : on appelait en vain les matelots : ils ne répondaient plus. Ils avaient mis leurs beaux habits : ils étaient saisis d'une joie muette; ils ne disaient mot : quelques uns parlaient tout seuls.

Je pris mon parti ; j'entrai dans la chambre du capitaine pour lui dire adieu. Il me serra la main, et me dit, les larmes aux yeux : J'écris à ma mère.

De tous côtés je ne voyais que des gens émus. J'appelai un pêcheur, et je descendis dans sa barque. En mettant pied à terre, je remerciai Dieu de m'avoir enfin rendu à une vie naturelle.

LETTRE XXVIII ET DERNIÈRE.

SUR LES VOYAGEURS ET LES VOYAGES.

Il est d'usage de chercher au commencement d'un livre à captiver la bienveillance d'un lecteur, qui souvent ne lit point la préface. Il vaut mieux, ce me semble, attendre à la fin, au moment où il est prêt à porter son jugement. Il est impossible alors que le lecteur échappe, et ne fasse pas attention aux excuses de l'auteur. Voici les miennes.

J'ai fait cet ouvrage aussi bien qu'il m'a été possible, et rien ne m'a manqué pour lui donner toute la perfection dont je suis capable. S'il est mal fait, ce n'est donc pas ma faute; car on a tort de mal faire que quand on peut faire mieux.

S'il y a des défauts dans le style, je serai très aise qu'on les relève : je m'en corrigerai. Depuis dix ans que je suis hors de ma patrie, j'oublie ma langue, et j'ai observé qu'il est souvent plus utile de bien parler que de bien penser, et même que de bien agir.

Mes conjectures et mes idées sur la nature sont des matériaux que je destine à un édifice considérable. En attendant que je puisse l'élever, je les livre à la critique. Les bonnes censures sont comme ces dégels qui dissolvent les pierres tendres et durcissent les pierres de taille. Il ne me resterait qu'une bonne observation, que j'en ferais usage. On dit qu'un saint commença avec un seul moellon un bâtiment qui est devenu une magnifique abbaye. Il fit ce miracle avec le temps et la patience; mais je pourrais bien avoir perdu l'un et l'autre.

C'est assez parler de moi, passons à des objets plus importants.

Il est assez singulier qu'il n'y ait eu aucun voyage publié par ceux de nos écrivains qui se sont rendus les plus célèbres dans la littérature et la philosophie. Il nous manque un modèle dans un genre si intéressant, et il nous manquera long-temps, puisque MM. de Voltaire, Dalembert, de Buffon et Rousseau ne nous l'ont pas donné. Montaigne et Montesquieu avaient écrit leurs voyages, qu'ils n'ont pas fait paraître. On ne peut pas dire qu'ils aient jugé suffisamment connus les pays de l'Europe où ils avaient été, puisqu'ils ont donné tant d'observations neuves sur nos mœurs, qui nous sont si familières. Je crois que ce genre, si peu traité, est rempli de grandes difficultés. Il faut des connaissances universelles, de l'ordre dans le plan, de la chaleur dans le style, de la sincérité; et il faut parler de tout. Si quelque sujet est omis, l'ouvrage est imparfait; si tout est dit, on est diffus, et l'intérêt cesse.

Nous avons cependant des voyageurs estimables. Addison me paraît au premier rang; par malheur il n'est pas Français : Chardin a de la philosophie et des longueurs : l'abbé de Choisy sauve au lecteur les ennuis de la navigation ; il n'est qu'agréable : Tournefort décrit savamment les monuments et les plantes de l'Archipel; mais on voudrait voir un homme plus sensible sur les ruines de la Grèce : La Hontan spécule et s'égare quelquefois dans les solitudes du Canada : Léry peint très naïvement les mœurs des Brésiliens et ses aventures personnelles. De ces différents génies on en composerait un excellent; mais chacun n'a que le sien; témoin ce marin qui écrivit sur un journal « qu'il avait » passé à quatre lieues de Ténériffe, dont les ha- » bitants lui parurent fort affables. »

Il y a des voyageurs qui n'ont qu'un objet, celui de rechercher les monuments, les statues, les inscriptions, les médailles, etc. S'ils rencontrent quelque savant distingué, ils le prient d'inscrire son nom et une sentence sur leur *album*. Quoique cet usage soit louable, il conviendrait mieux, ce me semble, de s'enquérir des traits de probité, de vertu, de grandeur d'ame, et du plus honnête homme de chaque lieu : un bon exemple vaut bien une belle maxime. Si j'eusse écrit mes voyages du nord, on eût vu sur mes tablettes les noms de Dolgorouki, de Munich, du palatin de Russie Czartorinski, de Duval, de Taubenheim, etc. J'aurais parlé aussi des monuments, surtout de ceux qui servent à l'utilité publique, comme l'arsenal de Berlin, le corps des Cadets de Pétersbourg, etc. Quant aux antiquités, j'avoue qu'elles me donnent des idées tristes. Je ne vois dans un arc de triomphe qu'une preuve de la faiblesse d'un homme : l'arc est resté, et le vainqueur a disparu.

Je préfère un cep de vigne à une colonne, et j'aimerais mieux avoir enrichi ma patrie d'une seule plante alimentaire, que du bouclier d'argent de Scipion.

A force de nous naturaliser avec les arts, la nature nous devient étrangère; nous sommes même si artificiels, que nous appelons les objets naturels des *curiosités*, et que nous cherchons les preuves de la Divinité dans des livres. On ne trouve dans ces livres (la révélation à part) que des réflexions vagues et des indications générales de l'ordre universel : cependant, pour montrer l'intelligence d'un artiste, il ne suffit pas d'indiquer son ouvrage, il faut le décomposer. La nature offre des rapports si ingénieux, des intentions si bienveillantes, des scènes muettes si expressives et si peu aperçues, que qui pourrait en présenter un faible tableau à l'homme le plus inattentif le ferait s'écrier : « Il y a quelqu'un ici ! »

L'art de rendre la nature est si nouveau, que les termes même n'en sont pas inventés. Essayez de faire la description d'une montagne de manière à la faire reconnaître : quand vous aurez parlé de la base, des flancs et du sommet, vous aurez tout dit. Mais que de variété dans ces formes bombées, arrondies, allongées, aplaties, cavées, etc.! vous ne trouvez que des périphrases : c'est la même difficulté pour les plaines et les vallons. Qu'on ait à décrire un palais, ce n'est plus le même embarras. On le rapporte à un ou à plusieurs des cinq ordres; on le subdivise en soubassement, en corps principal, en entablement; et, dans chacune de ces masses, depuis le socle jusqu'à la corniche, il n'y a pas une moulure qui n'ait son nom.

Il n'est donc pas étonnant que les voyageurs rendent si mal les objets naturels. S'ils vous dépeignent un pays, vous y voyez des villes, des fleuves et des montagnes; mais leurs descriptions sont arides comme des cartes de géographie : l'Indoustan ressemble à l'Europe; la physionomie n'y est pas. Parlent-ils d'une plante, ils en détaillent bien les fleurs, les feuilles, l'écorce, les racines; mais son port, son ensemble, son élégance, sa rudesse ou sa grace, c'est ce qu'aucun ne rend. Cependant la ressemblance d'un objet dépend de l'harmonie de toutes ses parties; et vous auriez la mesure de tous les muscles d'un homme, que vous n'auriez pas son portrait.

Si les voyageurs, en rendant la nature, pèchent par défaut d'expression, ils pèchent encore par excès de conjectures. J'ai cru fort long-temps, sur la foi des relations, que l'homme sauvage pouvait vivre dans les bois. Je n'ai pas trouvé un seul fruit bon à manger dans ceux de l'Ile-de-France; je les ai goûtés tous, au risque de m'empoisonner. Il y avait quelques graines d'un goût passable en petite quantité; et dans certaines saisons, on n'en eût pas ramassé pour le déjeuner d'un singe. Il n'y a que l'oignon dangereux d'une espèce de *nymphæa*; encore croît-il sous l'eau dans la terre, et il n'est pas vraisemblable que l'homme naturel l'eût deviné là. Je crus au Cap que l'homme avait été mieux servi; j'y vis des buissons couverts de gros artichauts couleur de chair, qui étaient d'une âpreté insupportable. Dans les bois de la France et de l'Allemagne, on ne trouve de mangeable que les faînes du hêtre et les fruits du châtaignier, encore ce n'est que dans une courte saison. On assure, il est vrai, que, dans l'âge d'or des Gaules, nos ancêtres vivaient de gland; mais le gland de nos chênes constipe. Il n'y a que celui du chêne vert qu'on puisse digérer. Il est très rare en France, et il n'est commun qu'en Italie, d'où nous est venue aussi cette tradition. Un peu d'histoire naturelle servirait à écrire l'histoire des hommes.

On ne trouve dans les forêts du nord que les pommes de sapin, dont les écureuils s'accommodent fort bien: il est fort douteux que les hommes pussent en vivre. La nature aurait traité bien mal le roi des animaux, puisque la table est mise pour tous excepté pour lui, si elle ne lui avait pas donné une raison universelle qui tire parti de tout, et la sociabilité, sans laquelle ses forces ne sauraient servir sa raison. Ainsi, d'une seule observation naturelle on peut prouver, 1° que le plus stupide des paysans est supérieur au plus intelligent des animaux, qu'on ne dressera jamais à semer et à labourer de lui-même; 2° que l'homme est né pour la société, hors de laquelle il ne pourrait vivre; 3° que la société doit, à son tour, à tous ses membres, une subsistance qu'ils ne peuvent attendre que d'elle.

Les voyageurs pèchent encore par un autre excès; ils mettent presque toujours le bonheur hors de leur patrie. Ils font des descriptions si agréables des pays étrangers, qu'on en est toute la vie de mauvaise humeur contre le sien.

Si je l'ose dire, la nature paraît avoir tout compensé; et je ne sais lequel est préférable, d'un climat très chaud ou d'un climat très froid. Celui-ci est plus sain; d'ailleurs, le froid est une douleur dont on peut se garantir, et la chaleur une incommodité qu'on ne saurait éviter. Pendant six mois, j'ai vu le paysage blanc à Pétersbourg; pendant six mois, je l'ai vu noir à l'Ile-de-France; joignez-y les insectes si dévorants, les ouragans qui renversent tout, et choisissez. Il est vrai qu'aux Indes les arbres ont toujours des feuilles, que les vergers rapportent sans être greffés, et que les oiseaux ont de belles couleurs.

> Mais j'aime mieux notre nature,
> Nos fruits, nos fleurs, notre verdure;
> Un rossignol qu'un perroquet,
> Le sentiment que le caquet;
> Et même je préfère encore
> L'odeur de la rose et du thym
> A l'ambre que la main du More
> Recueille aux rives du matin.

On doit compter aussi pour un grand inconvénient le spectacle d'une société malheureuse, puisque la vue d'un seul misérable peut empoisonner le bonheur. Peut-on penser sans frémir que l'Afrique, l'Amérique et presque toute l'Asie sont dans l'esclavage? Dans l'Indoustan, on ne fait agir le peuple qu'à coups de rotin, de sorte qu'on en a appelé le bâton *le roi des Indes*; en Chine même, ce pays si vanté, la plupart des punitions de simple police sont corporelles. Chez nous, les lois ont un peu plus respecté les hommes. D'ailleurs, quelque rudes que soient nos climats, la nature la plus sauvage m'y plaît toujours par un coin. Il est des sites touchants jusque dans les rochers de la pauvre Finlande. J'y ai vu des étés plus beaux que ceux des tropiques, des jours sans nuits, des lacs si couverts de cygnes, de canards, de bécasses, de pluviers, etc., qu'on eût dit que les oiseaux de toutes les rivières s'y étaient rendus pour y faire leurs nids. Des flancs des rochers tout brillants de mousses pourprées, et des tapis rouges du kloucva [1], s'élevaient de grands bouleaux, dont les feuillages verts, souples et odorants se mariaient aux pyramides sombres des sapins, et offraient à la fois des retraites à l'amour et à la philosophie. Au fond d'un petit vallon, sur une lisière de pré, loin de l'envie, était l'héritage d'un bon gentilhomme dont rien ne troublait le repos, que le bruit d'un torrent que l'œil voyait avec plaisir bondir et écumer sur la croupe noire d'une roche voisine. Il est vrai qu'en hiver la verdure et les oiseaux

---

[1] Plante rampante d'un beau vert, dont la feuille ressemble à celle du buis. Elle donne un petit fruit rouge qui est un antiscorbutique.

disparaissent. Le vent, la neige, le grésil, les frimas, entourent et secouent la petite maison; mais l'hospitalité est dedans. On se visite de quinze lieues, et l'arrivée d'un ami est une fête de huit jours: on boit au bruit des cors et des timbales la santé du convive, des princes et des dames [1]. Les vieillards, auprès du poêle, fument, et parlent des anciennes guerres; les garçons, en bottes, dansent au son d'un fifre ou d'un tambour autour de la jeune Finlandaise en pelisse, qui paraît comme Pallas au milieu de la jeunesse de Sparte.

Si les organes y semblent rudes, les cœurs y sont sensibles. On parle d'aimer, de plaire, de la France, et de Paris surtout; car Paris est la capitale de toutes les femmes. C'est là que la Russe, la Polonaise et l'Italienne viennent apprendre l'art de gouverner les hommes avec des rubans et des blondes; c'est là que règne la Parisienne à l'humeur folle, aux graces toujours nouvelles. Elle voit l'Anglais mettre à ses genoux son or et sa mélancolie, tandis que, du sein des arts, elle prépare en riant la guirlande qui enchaîne par les plaisirs tous les peuples de l'Europe.

Je préférerais Paris à toutes les villes, non pas à cause de ses fêtes, mais parceque le peuple y est bon, et qu'on y vit en liberté. Que m'importent ses carrosses, ses hôtels, son bruit, sa foule, ses jeux, ses repas, ses visites, ses amitiés si promptes et si vaines? Des plaisirs si nombreux mettent le bonheur en surface et la jouissance en observation. La vie ne doit pas être un spectacle. Ce n'est qu'à la campagne qu'on jouit des biens du cœur, de soi-même, de sa femme, de ses enfants, de ses amis. En tout la campagne me semble préférable aux villes: l'air y est pur, la vue riante, le marcher doux, le vivre facile, les mœurs simples, et les hommes meilleurs. Les passions s'y développent sans nuire à personne. Celui qui aime la liberté n'y dépend que du ciel; l'avare en reçoit des présents toujours renouvelés, le guerrier s'y livre à la chasse, le voluptueux y place ses jardins, et le philosophe y trouve à méditer sans sortir de chez lui. Où trouvera-t-il un animal plus utile que le bœuf, plus noble que le cheval, et plus aimable que le chien? Apporte-t-on des Indes une plante plus nécessaire que le blé et aussi gracieuse que la vigne?

Je préférerais, de toutes les campagnes, celle de mon pays, non pas parcequ'elle est belle, mais parceque j'y ai été élevé. Il est dans le lieu natal un attrait caché, je ne sais quoi d'attendrissant, qu'aucune fortune ne saurait donner et qu'aucun pays ne peut rendre. Où sont ces jeux du premier âge, ces jours si pleins, sans prévoyance et sans amertume? La prise d'un oiseau me comblait de joie. Que j'avais de plaisir à caresser une perdrix, à recevoir ses coups de bec, à sentir dans mes mains palpiter son cœur et frissonner ses plumes! Heureux qui revoit les lieux où tout fut aimé, où tout parut aimable, et la prairie où il courut, et le verger qu'il ravagea! Plus heureux qui ne vous a jamais quitté, toit paternel, asile saint! Que de voyageurs reviennent sans trouver de retraite! De leurs amis, les uns sont morts, les autres éloignés; une famille est dispersée; des protecteurs... Mais la vie n'est qu'un petit voyage, et l'âge de l'homme un jour rapide. J'en veux oublier les orages, pour ne me ressouvenir que des services, des vertus et de la constance de mes amis. Peut-être ces lettres conserveront leurs noms, et les feront survivre à ma reconnaissance! peut-être iront-elles jusqu'à vous, bons Hollandais du Cap! Pour toi, Nègre infortuné, qui pleures sur les rochers de Maurice, si ma main, qui ne peut essuyer tes larmes, en fait verser de regret et de repentir à tes tyrans, je n'ai plus rien à demander aux Indes, j'y ai fait fortune!

D. S.-P.

A Paris, ce 1er janvier 1773.

CONSEILS
A UN JEUNE COLON
DE L'ILE-DE-FRANCE.
FRAGMENT.

La première année se passera dans des travaux continuels, et souvent au milieu des pluies journalières qui feront moisir tous les meubles de votre habitation. Vous verrez votre maïs croître avec rapidité, et s'élever à onze ou douze pieds de hauteur. Ses épis seront vides; alors ne vous découragez pas. Augmentez la grandeur de vos carrés, et vous verrez les nuages, comme je les ai vus souvent, filer le long de vos bois en épaisses vapeurs; et, par un phénomène assez étonnant, le soleil brillera sur votre champ, tandis que la pluie tombera dans vos bois.

---

[1] Les femmes sont de ces parties, et il est juste qu'accompagnant les hommes à la guerre, elles président à leurs plaisirs. On ne trouve point ailleurs de plus grands exemples de l'amitié conjugale. J'y ai vu des femmes de généraux qui avaient suivi leurs maris à l'armée depuis le premier grade militaire.

Si votre habitation est située dans un fond, il faut vous résoudre à semer du riz qui croît dans l'eau, et la fataque qui sert de pâturage aux bestiaux; car il faut préférer une riche prairie à un champ marécageux. Comme cette terre porte deux récoltes, au lieu de semer dans la saison pluvieuse, vous sémerez dans la saison sèche. Cependant une des meilleures nourritures et des plus abondantes est le manioc et la patate; dès la première année faites bêcher votre terre et plantez-y vos racines, ce qui ne vous empêchera pas de semer du maïs et de recueillir deux récoltes.

Alors votre famille est augmentée, vos nègres ont des enfants, vos troupeaux sont multipliés. Ayez soin que vos enfants soient chaudement vêtus, de peur de les voir saisis de convulsions de nerfs occasionnées par le froid : lorsqu'ils seront attaqués des vers, vous battrez de l'huile de palma-christi avec du vin blanc, et vous la leur ferez avaler.

Il sera temps dès-lors de songer à rendre votre habitation moins sauvage, car elle n'offre que des arbres sans fruits, et une cabane couverte de feuilles. Vous ferez apporter des arbres équarris. Vous les poserez par assises les uns sur les autres. Vous tournerez votre bâtiment du côté du vent du sud-est. Une salle et quatre cabinets aux quatre coins feront votre maison. A quelque distance, deux autres pavillons sur la droite et sur la gauche sont destinés pour la cuisine et pour le magasin des provisions. Du côté de la cour, les toits de ces trois pavillons seront vos greniers.

Choisissez de préférence le bord du ruisseau qui doit borner votre cour; c'est la disposition générale imaginée par les habitants. Mais voici ce qu'ils ne font pas, et que je vous conseille de faire. Votre maison sera entre cour et jardin; votre cour sera sous le vent, et bordée des cases de vos nègres, de hangars pour loger les bestiaux, d'un poulailler, de votre magasin et de votre cuisine, avec assez d'intervalle des cases aux pavillons. Au lieu d'un mur de bambous, qui croissent à la hauteur des plus grands arbres et ne donnent que de bien faible bois, la cour sera plantée d'arbres fruitiers, de bananiers, de mangliers, que les nègres aiment beaucoup, et ce sera le jardin commun de vos noirs; car il faut que vous inspiriez à vos nègres un intérêt commun, après leur avoir inspiré de l'attachement pour vous. Il arrivera encore qu'ils se surveilleront les uns les autres pour la sûreté de ce bien public. Au reste, ce sera dans cet enclos que, tous les dimanches, ils aimeront à s'assembler, et à danser bien avant dans la nuit. Vous choisirez ce jour pour leur donner des récompenses et un bon repas au coucher du soleil; ceux-là en seront exclus qui auront manqué à leurs devoirs, et vous les punirez par cette privation, à laquelle ils seront très sensibles. On a vu un habitant, M. Harmand, ancien militaire, en faire des compagnies très bien exercées, qui entendaient la manœuvre, et regardaient le dimanche comme un jour de grande fête. Mais comme ces fêtes militaires sont très coûteuses, et dérangent l'ordre établi dans l'habitation, bornez-vous à inspirer à vos esclaves la joie et la gaieté.

Le terrain ordinaire d'une habitation a besoin de cinquante noirs pour être mis en valeur. Votre habitation ainsi disposée pour être un jour celle d'une famille considérable, vous diviserez le terrain en un carré coupé au centre par des avenues de bananiers. Vous laisserez de grands bouquets de bois à l'entour, pour les abriter des vents; et, en attendant que vous puissiez cultiver ce jardin avec les légumes nécessaires, vous le sémerez de graines comme le reste de votre terre.

Si des noirs marrons, pressés par la faim, rôdent autour de votre habitation, ce que vos noirs affidés vous diront, ne souffrez pas que la nécessité les oblige à vous voler, mais engagez vos gens à leur donner d'abord à manger, ensuite vous leur ferez proposer de venir à vous; ce qu'ils feront sur la foi de vos gens, qui vous connaissent pour un homme juste. Alors vous leur proposerez de travailler à votre défriché moyennant une certaine nourriture, ce que très probablement ils accepteront.

Croyez que ces conditions leur plairont; car il est à ma connaissance que beaucoup de noirs marrons venaient à la ville se louer à nos soldats la nuit. Ils allaient leur chercher du bois de leur ajoupa, moyennant quelques vivres; ils passaient quelquefois des semaines entières avec eux, sans défiance, parceque c'étaient des malheureux comme eux, qu'ils appelaient quelquefois des nègres blancs.

Quand vous les aurez bien apprivoisés, ne les livrez jamais à leurs maîtres : votre honneur, non pas aux yeux des habitants, mais au jugement de votre conscience, y est intéressé. Alors, si leurs maîtres sont des hommes raisonnables, et que les fautes des noirs ne viennent que d'étourderie, tâchez d'arranger leur accord : que si vous voyez de la répugnance dans l'esclave, ne l'y forcez pas. Les Athéniens ne permettaient pas qu'on remît un esclave fugitif entre les mains d'un maître irrité. J'ai vu de ces infortunés, ramenés et cruellement punis, se livrer à des actes de fureur. Un jour une femme plaça l'enfant de son maître dans son lit, et y mit le feu.

Sans doute que parmi ces malheureux vous en trouverez de laborieux, et que vous les gagnerez par de petits bienfaits. Vous leur ferez voir que vos noirs sont chaudement vêtus, bien nourris, jamais frappés; qu'ils ont des femmes, qu'ils vivent tranquilles; et vous leur proposerez d'en augmenter le nombre, puisque avec plus de travail ils sont beaucoup plus mal. Une fois que vous aurez bien éprouvé un esclave, proposez à son maître de vous le vendre; certainement il vous le vendra à bon marché, et, quoique vous n'ayez pas d'argent, il vous donnera des termes pour le payer même en grains, si vous l'aimez mieux. Voilà donc comment vous tirerez parti de vos ennemis, car la reconnaissance apprivoise le cœur humain. Les habitants disent que les nègres sont des ingrats, parcequ'ils fuient ceux mêmes qui leur accordent des secours passagers; mais il ne faut point oublier les coups de fouet, les travaux forcés. Ces souvenirs sont restés dans leurs cœurs. Le parfum de la rose passe vite, mais la piqûre de son épine reste longtemps.

Ô hommes qui rêvez des républiques! voyez comme vos semblables abusent de l'autorité lorsque les lois la leur confient. Voyez la Pologne, dont les paysans sont si malheureux, la pauvre noblesse si humiliée. Voyez les colonies, où coule le sang humain, où l'on entend le bruit des fouets. Ce sont pourtant vos semblables qui parlent d'humanité comme vous, qui lisent les livres des philosophes, qui crient contre le despotisme, et qui sont des bourreaux lorsqu'ils ont le pouvoir. Dans un pays où les mœurs sont corrompues, il faut un gouvernement absolu; la force d'un maître, aidée de la force de la loi, s'opposera à toutes les injustices du peuple et des grands: j'aime mieux les excès d'un seul que les crimes de tous.

ENTRETIENS
SUR LES ARBRES, LES FLEURS
ET LES FRUITS.

DIALOGUE PREMIER [1].
DES ARBRES.

UNE DAME ET UN VOYAGEUR.

LA DAME.

Vous m'avez donné, monsieur, des curiosités fort rares. Comment appelez-vous ces jolis arbres de pierre qui ont des racines, des tiges, des masses de feuilles, et même des fleurs couleur de pêcher, dites-vous? S'ils étaient verts, on les prendrait pour des plantes de nos jardins.

LE VOYAGEUR.

Madame, ce sont des madrépores. Rien n'est si commun dans les mers des Indes. Presque toutes les îles en sont environnées. Ils croissent sous l'eau, et y forment des forêts de plusieurs lieues. On y voit nager des poissons de toutes couleurs, comme les oiseaux volent dans nos bois.

LA DAME.

Ce doit être un spectacle charmant. Avez-vous apporté des fruits de ces arbres-là?

LE VOYAGEUR.

Ces plantes ne donnent point de fruits; ce ne sont point des végétaux: ils sont l'ouvrage de petits animaux qui travaillent en société.

LA DAME.

Je ne m'en serais jamais doutée.

LE VOYAGEUR.

Il y a quelque chose de plus merveilleux. Vous voyez avec mes madrépores des arbrisseaux qui ont de véritables feuilles, et dont les branches sont flexibles comme le bois: ce sont des lithophytes. Ces lithophytes et ces coraux sont également l'ouvrage de petits animaux marins.

LA DAME.

Mais enfin quelle preuve en a-t-on?

LE VOYAGEUR.

On les a vus avec de bons microscopes. La chi-

---

[1] On peut voir dans les *Études*, une critique faite par l'auteur lui-même du système développé dans ces Dialogues. Il n'écrivit ce badinage que pour prouver combien il est aisé d'étayer un principe faux d'observations vraies. (A. M.)

mie a fait sur eux quelques expériences toujours un peu douteuses, parcequ'elle ne raisonne que sur ce qu'elle détruit[1]. Enfin, on a conclu que ces ouvrages si réguliers devaient appartenir à des êtres doués d'un esprit d'ordre et d'intelligence.

Après tout, de petits arbrisseaux ne sont pas plus difficiles à faire que les cellules de cire à six pans que maçonnent nos abeilles. On a disputé quelque temps ; à la fin tout le monde est resté d'accord.

LA DAME.

Si tout le monde le dit, il faut bien le croire. Je ne serai pas seule d'un avis contraire.

LE VOYAGEUR.

Ah ! si j'osais, j'aurais quelque chose de bien plus difficile à vous faire croire.

LA DAME.

Osez, monsieur. Il y a tant de choses incompréhensibles où il faut s'en rapporter à l'opinion publique !

LE VOYAGEUR.

Malheureusement mon opinion est à moi seul.

LA DAME.

Tant mieux, j'aurai le plaisir de la combattre. Quand nous paraissons dans le monde, notre catéchisme est tout fait. Les hommes nous ont prescrit ce que nous devions penser, desirer et faire. J'aime à rencontrer des gens qui ne sont pas de l'avis des autres : on a le plaisir de détruire une erreur, ou d'adopter une vérité nouvelle. Voyons votre hérésie.

LE VOYAGEUR.

Madame, je crois que les fleurs de votre parterre et les arbres de votre parc sont habités.

LA DAME.

Vous croyez aux Hamadryades ? Vraiment votre système est renouvelé des Grecs. Je suis fâchée qu'on ait quitté leur philosophie ; elle était plus touchante que la nôtre. J'aimerais à croire que mes lauriers sont autant de Daphnés.

LE VOYAGEUR.

Les anciens étaient peut-être aussi ignorants que nous ; mais je ne suis ni de leur avis ni de celui des modernes.

[1] Lorsque la chimie décompose une pêche ou un melon, elle trouve le même résultat. Une plante vénéneuse et une plante alimentaire paraissent, dans ses opérations, formées des mêmes éléments. Il est vrai qu'en brûlant des matières animales, il s'en exhale une odeur alcaline, qui se retrouve dans la combustion des madrépores ; mais nous avons des plantes végétales qui, même sans être détruites, ont le goût et l'odeur de la viande bouillie, de la morue sèche, etc. D'ailleurs, comment imaginer qu'il y ait une différence réelle entre les éléments du végétal et de l'animal, lorsqu'on voit un bœuf changer en sa substance l'herbe d'un pré ?

LA DAME.

Quels sont donc les habitants de nos forêts ?

LE VOYAGEUR.

Ceux qui logeaient dans les plantes étaient presque tous des infortunés ou des étourdis. L'un avait été tué au palet, l'autre était mort à force de s'aimer lui-même. Ils n'étaient pas plus heureux dans leur nouvelle condition. Un paysan coupait bras et jambes aux sœurs de Phaéton, pour faire un mauvais fagot de peuplier. Mes habitants sont très sages, très ingénieux, et n'ont rien à risquer.

LA DAME.

Je vous vois venir. Voilà une idée prise de vos arbres de mer. Mais, monsieur, je vous avertis que je ne croirai point à vos animaux, que vous ne me les ayez fait voir occupés de leur travail.

LE VOYAGEUR.

Madame, vous avez cru ce que je vous ai dit des madrépores, dont personne ne doute.

LA DAME.

La chose n'intéresse personne. On s'embarrasse peu de ce qui se passe au fond de l'eau ; mais des objets qui sont sous la main, dont tout le monde fait usage, sur lesquels on a une opinion reçue, sont bien différents. Faites-moi voir, et je croirai.

LE VOYAGEUR.

Si vous étiez sur le sommet d'une très haute montagne, et que vous vissiez à vos pieds la ville de Paris, vous jugeriez que ses clochers, ses rues, ses places si régulières sont l'ouvrage des hommes, quoique les habitants échappassent à votre vue.

LA DAME.

Oh ! quand on sait une fois qu'une ville est l'ouvrage des hommes, la vue d'une autre ville rappelle la même idée.

LE VOYAGEUR.

Eh bien ! puisque nos plantes ressemblent aux madrépores, leurs habitants se ressemblent aussi.

LA DAME.

Prouvez-moi qu'elles sont habitées, comme s'il n'y avait pas de mer dans le monde. Les gens qui raisonnent par analogie sont trop à craindre.

LE VOYAGEUR.

Vous m'avez invité au combat, et vous m'ôtez le choix des armes.

LA DAME.

C'est qu'elles sont trop dangereuses entre les mains des hommes. Quand ils n'ont pas de bonnes raisons à nous donner, ils nous citent des autorités, des exemples, et finissent par nous persuader quelque sottise.

LE VOYAGEUR.

Mes animaux sont si petits, qu'ils échappent à

notre vue. Si j'avais un microscope, je vous ferais voir des animaux vivants dans des feuilles : vous seriez persuadée tout d'un coup.

LA DAME.

Oh non ! J'en ai vu : j'ai vu même cette poussière si fine qui couvre les ailes des papillons ; c'étaient de fort belles plumes. Il ne s'agit pas de prouver qu'il y a des animaux dans le suc des plantes, mais qu'elles sont fabriquées par eux. Il faut prouver qu'un arbre n'est pas un assemblage ingénieux de pompes et de tuyaux, où la sève monte et descend. Vous m'obligez de me servir de toute ma science.

LE VOYAGEUR.

Madame, on a piqué dans vos prairies des tronçons de saule, qui ont poussé des racines et des feuilles : si on y avait planté une des pompes de Marly, croyez-vous qu'il y serait venu une machine hydraulique ?

LA DAME.

Quelle folie ! Chaque partie des arbres est une machine vivante et entière, que l'humidité et la chaleur mettent en mouvement. C'est un ouvrage de la nature, bien supérieur aux nôtres.

LE VOYAGEUR.

Toutes les machines de la nature ont une organisation intérieure, qui ne les rend propres qu'à produire un certain effet, et par un endroit particulier. Par exemple, on voit dans l'oreille un tympan élastique et concave, propre à rendre les sons ; et dans l'œil, des membranes transparentes et convexes, qui rassemblent les rayons de lumière sur la rétine. L'œil est évidemment construit pour voir, et l'oreille pour entendre. Jamais un aveugle ne verra par son ouïe, et un sourd n'entendra par sa vue.

LA DAME.

Vous vous donnez bien de la peine pour prouver ce qui est évident.

LE VOYAGEUR.

Si donc un arbre est une machine, il doit avoir un lieu destiné à donner des feuilles, et un autre pour les racines. Les premières viendront toujours à une extrémité, et les chevelus de la racine à l'autre.

LA DAME.

Il faut que je vous aide. Vous pouvez ajouter qu'un bourgeon de feuilles ne donne point de fruits : je sais très bien distinguer les bourgeons à feuilles des bourgeons à fruits.

LE VOYAGEUR.

Eh bien ! madame, si vous faites replanter vos saules la tête en bas, leurs racines donneront des feuilles.

LA DAME.

J'imagine, monsieur, que vous ne seriez pas assez hardi pour me citer des faits douteux.

LE VOYAGEUR.

Celui-ci est très certain. Croyez-vous que si on renversait la Samaritaine dans la rivière, il monterait beaucoup d'eau dans son réservoir ?

LA DAME.

Je n'ai rien à dire : on ne s'attend pas à une expérience folle.... Mais peut-être chaque partie change d'usage en changeant de position.

LE VOYAGEUR.

Toutes ces lois, composées et variables, ne ressemblent point à celles de la nature : elles sont simples et constantes. Dans toutes les machines que l'homme a examinées, chaque partie a son effet qu'on ne peut changer en un autre. Qu'un animal reste couché toute la vie, il ne lui viendra point de pattes sur le dos.

LA DAME.

Si le fait du saule renversé est vrai, comment l'expliquez-vous ? Voyons votre système : après tout, j'aime mieux l'attaquer que de défendre le mien. La défense n'est pas aisée, et les hommes nous chargent toujours du rôle le plus difficile.

LE VOYAGEUR.

Je pense, madame, qu'un arbre est une république. Lorsqu'on a planté le long de ce ruisseau des branches de saule, les petits animaux qui y étaient renfermés se sont portés au plus pressé. On a laissé tous les accessoires. Les feuilles ont été abandonnées, et sont tombées. Les uns se sont occupés à clore la brèche qu'on avait faite à leur habitation, en la fermant par un bourrelet. Les autres ont poussé en terre des galeries souterraines, pour chercher des vivres et des matériaux propres à la communauté. S'ils ont rencontré un rocher, ils se sont détournés, ou ils l'ont environné de leur ouvrage, pour en faire un point d'appui. Dans quelques espèces, comme ceux du chêne, ils ont coutume d'enfoncer un long pivot qui soutient toute l'habitation. Chaque nation a sa manière. L'une bâtit sur pilotis, comme les Vénitiens ; l'autre, sur la surface de la terre, comme les Sauvages élèvent leurs cabanes.

Quand le désordre a été réparé, on a cherché à multiplier les vivres. Il paraît que chez ces petits républicains la population est fort prompte, parceque la subsistance est fort aisée. Ils vivent d'huiles et de sels volatils, dont l'air et la terre sont remplis. Pour saisir ceux qui sont dans l'air, ils ont imaginé de faire ce que font les matelots sur les vaisseaux où ils manquent d'eau douce ;

quand il pleut, ils étendent des voiles : de même, ils se sont empressés de déployer les feuilles comme autant de surfaces. Pour empêcher le vent d'emporter leurs tentes, ils les ont attachées sur un point d'appui, à l'extrémité d'une queue souple et élastique, ce qui est très bien imaginé.

Les uns montent par le tronc avec des gouttes de liqueur, les autres redescendent par l'écorce avec les aliments superflus. Vous jugez bien que si on renverse leur ouvrage, comme dans l'expérience du saule, mes architectes ne perdront pas la tête : c'est comme si vous renversiez une ruche.

LA DAME.

On pourrait expliquer cela par une sève qui monte et descend d'elle-même, et qui prend dans les conduits de l'arbre une forme constante, comme l'or qui passe à la filière.

LE VOYAGEUR.

Si la sève formait les feuilles, elle formerait également les fleurs et les fruits. Mais dans un sauvageon enté, les fruits de l'ente sont bons, tandis que ceux du pied ne changent point de nature. Si la sève qui a monté par le tronc de l'ente, et qui est redescendue par son écorce, avait acquis quelque qualité, elle se découvrirait dans les fruits du sauvageon. Pourquoi cela n'arrive-t-il pas?

LA DAME.

C'est à vous à vous défendre.

LE VOYAGEUR.

Les animaux du sauvageon apportent des matériaux pour fermer la brèche ; ceux de l'ente les prennent à mesure qu'ils arrivent : ils en fabriquent des fruits excellents, tandis que les autres n'en font rien qui vaille. La matière est la même, les conduits sont communs, mais les ouvriers sont différents.

LA DAME.

Si les arbres étaient peuplés d'animaux, l'hiver les ferait tous mourir ; car vous ne me persuaderez pas qu'ils ont des fourrures comme les castors.

LE VOYAGEUR.

Ils ont eu la précaution d'envelopper leurs maisons de plusieurs étoffes fort épaisses. Les unes sont souples comme des cuirs, des autres bien sèches, et semblables à une grosse croûte. Personne n'est assez malavisé pour se loger dans cette enceinte extérieure. Les arbres du nord, comme le sapin et le bouleau, ont jusqu'à trois écorces différentes.

LA DAME.

Selon vous, les arbres des pays chauds n'en ont donc point?

LE VOYAGEUR.

Ils n'ont que des pellicules par où la sève descend ; mais je n'y ai jamais vu de ces écorces raboteuses, insensibles et multipliées qui paraissent nécessaires aux arbres des pays froids. Comparez l'oranger au pommier, qui vient cependant dans les climats tempérés.

LA DAME.

Vous m'étonnez, mais vous ne me persuadez pas. Si un arbre n'était pas une machine, il n'aurait pas reçu toutes ses dimensions, comme les machines des bêtes qui ont chacune une grandeur fixe. Selon vous, un arbre croîtrait toujours. Vos petits animaux étant toujours en action, on verrait des chênes gros comme des montagnes ; un cerisier s'élèverait autant qu'un orme : ce seraient des travaux monstrueux et sans fin, et nous voyons le contraire.

LE VOYAGEUR.

A quoi sert l'élévation pour le bonheur? Ces petits animaux ont beaucoup de sagesse ; ils proportionnent toujours la hauteur de leur édifice à sa base.

En jetant les fondements de leur habitation, ils trouvent de grands obstacles dans la terre. C'est le voisinage d'un autre arbre ; ce sont des rochers ; c'est, à quelques pieds de profondeur, un mauvais sol. En l'air, rien ne les arrête que la considération de leur propre sûreté. La preuve en est bien forte ; c'est que les plantes qui s'accrochent vont toujours en s'allongeant sans s'arrêter. Il y a des lianes aux îles, dont il ne serait pas facile de trouver les deux bouts. Voyez jusqu'où s'élèvent les haricots qui grimpent, tandis que la fève de marais acquiert à peine trois pieds de hauteur ; cependant, ces deux légumes naissent et meurent dans la même année. La fortune de ceux qui rampent paraît sûre ; ceux qui s'élèvent d'eux-mêmes sont plus circonspects. Les arbres qui croissent sur les montagnes sont peu élevés : ceux de la même espèce qui viennent dans les vallons resserrés et profonds, n'ayant rien à craindre des vents, s'élèvent avec plus de hardiesse ; ils sont beaucoup plus grands.

Je suis persuadé que si la tige d'un orme traversait, dans son élévation, plusieurs terrasses, ses habitants rassurés y enfonceraient des pivots, et élèveraient sa tête à une hauteur prodigieuse.

LA DAME.

Vous m'assurez cela bien gratuitement. Vous devenez hardi.

LE VOYAGEUR.

J'ai vu, aux Indes, les lianes dont je vous parle.

J'y ai vu de nos plantes potagères devenir vivaces, et de nos herbes devenir des arbrisseaux. Les Chinois font sur les arbres une expérience curieuse qui prouve pour mon opinion. Ils choisissent, sur un oranger, une branche avec son fruit; ils la serrent fortement d'un fil de cuivre; ils environnent cet étranglement de terre humide; il s'y forme un bourrelet et des racines: on coupe ce petit arbre, et on le sert sur la table avec son gros fruit. Si on l'avait laissé sur pied, n'aurait-il pas formé un second étage d'oranger?

La preuve donc que les arbres ne sont pas des machines, c'est qu'ils peuvent toujours croître, et qu'ils n'ont pas une grandeur déterminée.

LA DAME.

Vous n'avez évité un mauvais pas que pour tomber dans un autre. Selon vous, les arbres ne devraient jamais mourir. Un arbre étant une espèce de ville dont les familles se reperpétuent, on devrait voir des chênes aussi vieux que Paris.

LE VOYAGEUR.

Tout a son terme; à la longue les canaux s'obstruent. On prétend que les chênes vivent trois cents ans: trouvez-moi une ville dont les maisons aient duré si long-temps sans se renouveler. Les quartiers de Paris qui existaient il y a trois siècles ne subsistent pas plus que les hommes qui les habitaient: il faut en excepter quelques édifices publics.

LA DAME.

Trois cents ans font une belle vieillesse; aussi je respecte beaucoup les vieux arbres. Je n'ai pas voulu faire abattre ceux de mon parc; ils ont vu mes aïeux, et ils verront mes petits-enfants. Cette idée-là me touche. Demain nous continuerons: je vous donne rendez-vous au milieu de mes fleurs.

DIALOGUE SECOND.

DES FLEURS.

LA DAME.

J'ai fait des rêves charmants; je me croyais une reine plus puissante que Sémiramis. Dans chaque plante de mon jardin j'avais une nation laborieuse, tout occupée à travailler pour moi. Les peuples du nord et ceux du midi vivaient sous mon empire; je voyais les habitants du sapin couvrir leur habitation d'épaisses fourrures, et ceux de l'oranger s'habiller à la légère, comme s'ils étaient sous les tropiques.

LE VOYAGEUR.

Je suis charmé que mon système vous plaise; vous commencez à en être persuadée.

LA DAME.

Oh! je n'en crois pas un mot. Vos animaux ne ressemblent point à ceux que nous connaissons; il paraît qu'ils n'ont aucun des sens les plus communs. Ont-ils le goût, la respiration, la vue, le toucher? Vous parlez bien de leurs actions, mais vous vous gardez de toucher à leurs personnes.

LE VOYAGEUR.

Madame, vous me faites une mauvaise querelle. Doutez-vous que les Romains qui ont bâti l'amphithéâtre de Nîmes n'aient bu, mangé et dormi, quoique les historiens qui parlent de ce monument n'en fassent pas mention?

Il y a des choses qui sautent aux yeux. Vous faites arroser tous les jours votre parterre, et vous demandez si ses habitants boivent! Vous savez que quand les plantes manquent d'air elles périssent, et vous demandez s'ils respirent! Vous voyez beaucoup de fleurs se refermer pendant la nuit[1]; il y a même des arbres, comme le tamarinier, dont toutes les feuilles se reclosent dans les ténèbres: ils sont donc sensibles à la lumière. N'avez-vous pas vu la sensitive se mouvoir et se resserrer dès qu'on la touche?

LA DAME.

J'en ai été bien étonnée. On prétendait que c'était un effet produit par la chaleur de la main; mais je vous assure qu'elle faisait le même mouvement quand on la touchait avec une canne[2].

LE VOYAGEUR.

On expliquait de même, par la chaleur, la contraction des fleurs; comme si le même effet n'arrivait pas toutes les nuits, quelle que soit leur température. J'ai vérifié aussi la fausseté de ce raisonnement.

LA DAME.

Vous m'avez échappé, mais je vous rattraperai. Répondez à cette objection: Il n'y a point d'animaux qui fassent des travaux inutiles pour eux; cependant les vôtres bâtissent des fleurs qui ne sont qu'un objet d'agrément pour les hommes, de grandes roses qui ne durent qu'un jour, et qui ne leur servent à rien.

LE VOYAGEUR.

Il faut reprendre le fil de leur histoire. Lorsque la nation est devenue nombreuse, elle songe à envoyer des colonies au dehors; on choisit les beaux jours du printemps pour travailler aux provisions des émigrants. On apporte le sucre, le lait et le

---

[1] Non-seulement les fleurs se referment pendant la nuit, mais il y en a qui changent de couleurs.
[2] Un bâton, une pierre jetée, et même le vent, font mouvoir la sensitive d'un mouvement intérieur et apparent.

miel. Ces riches denrées sont déposées dans des bâtiments construits avec un art admirable. L'action du soleil paraît ici de la plus grande importance, soit pour perfectionner les vivres, soit plutôt pour échauffer l'ardeur des mariages. Il paraît que chez ces peuples on ne fait point de détachement au dehors, sans unir chaque citoyen par le lien le plus puissant qui soit dans la nature. Nous faisions autrefois la même chose dans nos premiers établissements au Mississipi. On y envoyait des vaisseaux tout chargés de nouveaux mariés.

Les mâles élèvent des pistils, au sommet desquels ils se logent dans des poussières dorées; de là ils se laissent tomber au fond des fleurs, où les attendent leurs épouses.

Il paraît que la fleur est l'ouvrage des femmes. Elle est formée avec de riches tentures de pourpre, de bleu céleste ou de satin blanc. C'est une chambre nuptiale d'où s'exhalent les plus doux parfums. Souvent c'est un vaste temple où se célèbrent à la fois plusieurs hymens; alors chaque feuille est un lit, chaque étamine une épouse, et plusieurs familles viennent habiter sous le même toit.

Quelquefois les femelles paraissent seules sur un arbre, et les mâles sur un autre. Peut-être, dans ces républiques, le sexe le plus fort subjugue le plus faible, et dédaigne de l'associer aux fêtes publiques, quoiqu'il s'en serve pour les besoins particuliers; à peu près comme les Amazones, qui avaient des esclaves mâles, mais qui ne s'alliaient qu'aux peuples libres.

Sur le palmier, la femelle dresse seule le lit conjugal; si le mâle, dans une forêt éloignée, aperçoit le temple de l'amour, il se laisse aller au gré des vents, sur des poussières que les botanistes appellent fécondantes.

LA DAME.

En vérité, monsieur, vous vous laissez aller à votre imagination. De tout ce que vous avez dit, je n'ai fait attention qu'à la forme de la fleur. Vous la croyez propre à réunir la chaleur : c'est une idée nouvelle et qui me plaît; j'aime à croire qu'une rose est un petit réverbère.

LE VOYAGEUR.

Observez, je vous prie, que le plan des fleurs est presque toujours circulaire, de quelque forme que soit le fruit. Leurs pétales sont disposés à l'entour, comme des miroirs plans, sphériques ou elliptiques, propres à réfléchir la chaleur au foyer de leurs courbes : c'est là que doit se former l'embryon qui contient la graine. Les fleurs qui donnent des graines sont simples, parcequ'il eût été inutile de mettre des miroirs derrière d'autres miroirs.

Dans les végétaux dont le suc est visqueux et plus difficile à échauffer, comme les plantes bulbeuses et aquatiques, mes petits géomètres construisent des réverbères contournés en fourneaux; ce sont des portions de cylindres, de larges entonnoirs, ou des cloches. C'est ce que vous pouvez voir dans les lis, les tulipes, les hyacinthes, les jonquilles, les muguets, les narcisses, etc... Ceux qui travaillent dès l'hiver adoptent aussi cette disposition avantageuse, comme on le voit dans les perce-neiges et les primevères.

Ceux qui bâtissent à une exposition découverte, et qui s'élèvent peu[1], comme dans la marguerite et le pissenlit, font des miroirs presque plans. Ceux qui sont un peu plus à l'ombre, comme dans les violettes et les fraises, se forment des miroirs plus concaves.

Ceux qui travaillent à s'expatrier dans une saison chaude découpent la circonférence de la fleur, afin de diminuer son effet; comme on le voit dans les crucifées, les bluets, les œillets, etc... D'autres en chiffonnent les pavillons, comme ceux de la grenade et du coquelicot; ou ils cessent d'en présenter le disque au soleil, et naissent à l'abri des feuilles, comme dans les papilionacées, dont la forme ne doit pas réunir les rayons du soleil, mais doit rassembler une chaleur reflétée.

Ils ont encore une industrie : c'est que les fleurs de l'été, qui ont de grands bassins, ne sont attachées qu'à des ligaments très faibles; elles défleurissent vite : par exemple, le coquelicot, le pavot, les roses de Provence, les fleurs de grenade.

Il y en a, comme les plantes appelées *soleils*, qui n'ont que des rayons autour de leur circonférence; mais la fleur est posée sur un pivot flexible, et tous ses habitants sont attentifs à la tourner vers le soleil. Ne croiriez-vous pas voir des académiciens qui dirigent vers cet astre un grand miroir ou un long télescope?

LA DAME.

Mais la couleur des fleurs ne servirait-elle pas encore à l'effet des rayons réfléchis?

LE VOYAGEUR.

Je suis charmé, madame, que vous me fournissiez cette observation. Le blanc et le jaune sont, comme vous le savez, les plus favorables : aussi la plupart des fleurs du printemps et de l'automne ne sortent guère de ces teintes légères:

---

[1] Les plantes qui s'élèvent peu sont échauffées par le sol même. En beaucoup d'endroits, l'herbe conserve sa verdure toute l'année. Les mousses fleurissent en hiver.

avec une chaleur faible il fallait des miroirs fort actifs.

Les fleurs de ces deux saisons, qui ont des réverbères d'un rouge foncé, comme les anémones, les pivoines et quelques tulipes, ont leur centre noir, et propre à absorber directement les rayons. Les fleurs d'été ont des couleurs plus foncées, et moins propres à réverbérer. On trouve dans cette saison beaucoup de bleu et de rouge ; mais le noir est très rare, parcequ'il ne réfléchit rien du tout [1].

L'élévation des plantes, la grandeur, la couleur et la coupe de leurs fleurs paraissent combinées entre elles. Cette manière nouvelle de les considérer peut exercer la plus sublime géométrie.

LA DAME.

Je suis bien aise que vous donniez à mes fleurs un air savant ; je croyais qu'elles n'étaient faites que pour plaire. Mais pourquoi les fleurs qui mûrissent des graines inutiles sont-elles si belles, tandis que celles du blé, de l'olivier et de la vigne sont si petites ?

LE VOYAGEUR.

La nature fait souvent des compensations. Elle a peut-être voulu nous donner le nécessaire avec simplicité, et le superflu avec magnificence.

LA DAME.

A vous entendre, dans les pays très chauds les fleurs doivent être fort rares.

LE VOYAGEUR.

Entre les tropiques je n'ai vu aucune fleur apparente dans les prairies, quoiqu'on ait essayé d'y faire venir des marguerites, des trèfles, des bassinets, etc. La plupart même de celles d'Europe n'y réussissent pas dans les jardins. De grands réverbères donnent trop de chaleur.

LA DAME.

Aucun voyageur n'avait encore dit cela. Ces prairies doivent être bien tristes. Les arbres de ces pays ne doivent donc pas porter de fleurs ?

LE VOYAGEUR.

Pardonnez-moi. Sans fleurs il n'y a pas de graines.

Quand les arbres des Indes sont bien feuillés, les fleurs naissent à l'abri des feuilles. Leur circonférence n'est jamais bien entière, comme vous pouvez le voir dans celle des fleurs d'oranger et de citronnier.

[1] Dans les pavots dont la couleur est brune et très foncée, on remarque que les corolles sont brûlées du soleil avant que la fleur soit tout-à-fait développée.

Quand les arbres ont peu de feuilles, comme une espèce appelée *agati*, et les familles des palmiers, telles que les dattiers, cocotiers, lataniers, palmistes, etc., leurs fleurs naissent en grappes pendantes. Dans cette situation renversée elles ne sauraient être brûlées par un soleil trop ardent ; il ne s'y rassemble qu'une chaleur réfléchie. Les arbres de nos climats qui donnent des grappes de fleurs les portent droites, comme le troène, la vigne, le lilas, etc.

LA DAME.

Il me semble que les petits animaux des Indes ont plus d'esprit que ceux d'Europe.

LE VOYAGEUR.

Ils ont des besoins contraires. Dans nos climats il leur faut de la chaleur ; aussi les nôtres bâtissent les fleurs avant les feuilles, et les ouvrent à découvert aux premiers jours du printemps, comme on le voit dans les amandiers, pêchers, abricotiers, cerisiers, poiriers, pruniers, coudriers, et même dans les ormes et les saules. Leur forme est ordinairement en rose, ce qui donne des formes de miroir bien concaves et bien circulaires.

Dans les pays du nord ils bâtissent des fleurs solides, formées de chatons et d'écailles. Elles sont rangées sur des cônes, comme sur des espaliers. Les fleurs et les parois qui les appuient sont échauffés à la fois par le soleil. Celles des sapins et des bouleaux en seraient brûlées dans les pays chauds ; aussi ces arbres n'y peuvent-ils croître.

Enfin, une preuve bien forte que les pétales des fleurs servent à échauffer l'embryon où est la graine, c'est qu'on ne les trouve pas sur les fleurs mâles qui naissent sur des arbres séparés ; ces parties n'y seraient d'aucune utilité.

LA DAME.

Voilà qui est admirable, de quelque façon que cela arrive. Il me semble que je pourrais faire mûrir ici du café, en mettant des réverbères autour des fleurs. Il me semble qu'à l'inspection de la fleur, on peut juger si l'arbre qui la donne résistera à un climat ardent. Je croirais bien que les papilionacées peuvent y réussir, parcequ'elles sont renversées.

LE VOYAGEUR.

Vous avez raison, madame ; les fleurs de beaucoup d'arbres et d'arbrisseaux de l'Inde ont cette forme ; beaucoup donnent des fruits légumineux, ce qui est très rare en Europe. Ici les fruits semblent chercher le soleil ; là ils semblent l'éviter. La plupart naissent au tronc, ou pendent à des grappes.

LA DAME.

Vous ne m'échapperez pas de tout le jour, vous viendrez dîner avec moi : nous raisonnerons sur les fruits au dessert. Je ne puis pas fournir à votre système une meilleure bibliothèque. Vous tirerez parti des livres d'une manière ou d'autre.

DIALOGUE TROISIÈME.

DES FRUITS.

LA DAME.

Je trouve un grand défaut à votre système : vos animaux raisonnent trop conséquemment ; ils sont plus sages que les hommes.

LE VOYAGEUR.

C'est que l'homme acquiert son expérience, et que l'animal la reçoit. L'araignée file dès qu'elle sort de son œuf. La portion d'intelligence qui a été donnée à chaque espèce est toujours parfaite, et suffit à ses besoins. Je vous prie même d'observer que plus l'animal est petit, plus il est industrieux. Dans les oiseaux, l'hirondelle est plus adroite que l'autruche ; dans les insectes, c'est la fourmi. Il semble que l'adresse a été donnée aux plus faibles, comme une compensation de la force. Ainsi, mes animaux étant très petits, il y a apparence qu'ils sont très prudents.

LA DAME.

J'ai bien envie de les voir partir pour les colonies.

LE VOYAGEUR.

Dès qu'une chaleur suffisante, rassemblée par la fleur, a réuni les familles au fond des calices, toute la nation est occupée à y porter du miel et du lait. Le lait est une substance qui paraît destinée à tous les jeunes animaux : le jaune d'un œuf même, délayé dans l'eau, donne une substance laiteuse. La colonie réside d'abord dans le lieu qu'on appelle le germe. Les provisions sont à l'entour, sous la forme d'un lait qui se change ensuite, par l'action du soleil, en une substance solide et huileuse.

On enveloppe la colonie et ses provisions d'une coque fort dure, pour la mettre à l'abri des événements. Cette couverture a quelquefois la dureté d'une pierre, comme dans les fruits à noyau ; mais on a grande attention d'y ménager une suture, comme dans la noix, ou de petits trous à l'extrémité, fermés par une soupape ; c'est par cette porte que doit sortir la nouvelle famille. Il n'y a pas une graine qui n'ait l'équivalent de cette organisation.

LA DAME.

Ah ! vous leur supposez trop d'industrie.

LE VOYAGEUR.

Je ne leur en donne pas plus qu'aux insectes les plus communs. L'araignée, qui met ses œufs dans un sac, y laisse une ouverture. Le ver à soie, qui s'enferme dans un cocon, en rend le tissu fort serré, excepté à l'endroit de la tête où il se ménage une sortie. C'est une précaution commune à tous les vers. Mais comme les animaux qui travaillent en société ont plus d'adresse que les autres, ceux-ci en ont une bien merveilleuse. Pendant qu'on travaille à construire le bâtiment et à rassembler le lait de la nouvelle colonie, de peur que les oiseaux ne détruisent l'ouvrage, on l'environne d'une substance désagréable au goût, comme le brou des noix, qui est amer ; quelquefois aussi on fortifie la ville nouvelle de palissades pointues, comme celles qui hérissent la coque de la châtaigne.

LA DAME.

Vous leur accordez bien de l'expérience : qui leur a dit que les oiseaux viendraient les attaquer ?

LE VOYAGEUR.

Celui qui a dit au lapin de se creuser des terriers, et à la huppe de suspendre son nid au bout de trois fils. Leur postérité agira toujours de même, comme les canards qui vont à l'eau sans avoir vu leur père nager.

LA DAME.

Je ne suis plus étonnée que la rose ait des épines ; ceux qui l'ont bâtie ont pris pour toute la plante les précautions que ceux du châtaignier ont prises pour le fruit. Je suis charmée de leur prévoyance, la fleur la mérite.

LE VOYAGEUR.

Cette défense est commune à plusieurs arbrisseaux qui naissent sur les lisières des bois, exposés aux insultes des animaux qui paissent ; le jonc marin, la ronce, les épines blanche et noire, les groseillers, et même l'ortie et le chardon, qui croissent le long des chemins, sont garnis et hérissés de pointes très aiguës. Ces plantes sont fortifiées comme des places frontières.

LA DAME.

Eh bien ! quand la colonie a ses provisions, comment fait-elle pour s'établir ailleurs ?

LE VOYAGEUR.

Si ces insectes avaient reçu des ailes, ils se seraient envolés ; mais il paraît qu'ils ne peuvent s'exposer à l'air sans danger. Ils ne vivent que dans les liqueurs. Ils s'enferment dans des vaisseaux bien carénés, bien pourvus, et voici comme ils entreprennent leur navigation :

8.

Pour ceux qui sont suspendus en haut, toute la traversée ne consiste que dans une chute. Le fruit tombe, et va en bondissant s'arrêter à trente pas de la métropole. Remarquez que les fruits qui tombent de haut sont arrondis, et que plus ils sont élevés, plus le fruit est dur. Le gland, la faîne, la châtaigne, la noix, la pomme de pin, résistent très bien à la violence de la secousse. N'admirez-vous pas leur précaution d'avoir songé, en s'élevant si haut, à tomber avec sûreté?

LA DAME.

Ce serait quelquefois une leçon utile aux hommes. Mais cette manière de tomber est commune à tous les fruits...

LE VOYAGEUR.

Pardonnez-moi. Les animaux qui travaillent dans le tilleul, qui croît dans les terres humides et molles, savent bien que, s'ils avaient bâti des vaisseaux lourds, le poids les eût enfoncés dans le lieu même de leur chute. Ils ont construit des graines attachées à un long aileron. Elles tombent en pirouettant, et le vent les porte fort loin de là. Le saule, qui vient aux mêmes lieux, a des aigrettes ainsi que le roseau. L'orme a une graine placée au milieu d'une large follicule. Vous voyez qu'au moyen de ces voiles on peut aller loin. Je suis porté à croire que l'orme est l'arbre des vallées, par la construction de sa graine.

LA DAME.

Je ne suis plus étonnée de voir les cerisiers et les pêchers s'élever à une hauteur médiocre. Une pêche mûre qui tomberait de la hauteur d'un orme n'irait pas loin. Mais comment font ceux qui ne s'élèvent pas? il ne leur est pas possible de rouler.

LE VOYAGEUR.

Les animaux des bluets, des artichauts, des chardons, etc., attachent leurs colonies à des volants; le vent les emporte. Vous en voyez en automne l'air rempli. Ils sont suspendus avec beaucoup d'industrie; et quoiqu'ils voyagent fort loin, la graine tombe toujours perpendiculairement. Il y a des espèces de pois qui ont des coques élastiques; en s'ouvrant, lorsqu'elles sont mûres, elles lancent leurs graines à dix pas de là. C'est aussi l'industrie de la balsamine. Croyez-vous à présent qu'une plante soit une machine hydraulique?

LA DAME.

Vous ne me citez que les exemples qui vous sont favorables; vous ne me dites pas comment font ceux qui bâtissent des fruits mous et peu élevés; ceux de la framboise et de la fraise ne volent ni ne roulent.

LE VOYAGEUR.

Vous avez vu que les habitants du noyer et du châtaignier se fortifiaient contre les oiseaux: ceux du fraisier et du framboisier font bien mieux, ils tirent parti de leurs ennemis. Ceux-là sont des guerriers; ceux-ci sont des politiques. Ils s'entourent d'une substance agréable et d'une couleur éclatante. Les oiseaux s'en nourrissent, et les ressèment dans les bois, qui en sont remplis. Ils avalent les fruits sans faire tort à la graine; elle est si dure qu'elle échappe à leur digestion. Beaucoup de fruits mous, qui ont des noyaux, sont ressemés de la même manière. Cette ruse n'est pas réservée aux seuls animaux de notre hémisphère. La muscade est une espèce de pêche des Moluques; sa noix est d'un grand revenu aux Hollandais: ils la détruisent dans toutes les îles éloignées de leurs comptoirs, pour s'en réserver la récolte à eux seuls; mais elle repousse partout: c'est un oiseau marin qui la ressème après l'avoir avalée. Tant l'homme est faible quand il attaque la nature: une nation ne saurait détruire un végétal!

LA DAME.

Hélas! l'homme n'a pas été préservé avec tant de soin; des nations entières ont été exterminées par d'autres nations, sans qu'il en soit réchappé un seul. Mais il faut adorer la Providence: je l'admire dans sa prévoyance, que je n'aurais pas soupçonnée. Je croyais qu'un arbre laissait tout simplement tomber ses graines: je vois bien qu'elles auraient manqué d'air et d'espace; et pour me servir de vos termes, que la métropole, en vieillissant, aurait anéanti toutes les colonies sous ses ruines. Mais l'idée de vos animaux est-elle bien conforme à l'action de cette Providence?

LE VOYAGEUR.

Le roi de Prusse avait ordonné que l'on coupât des forêts, pour donner des terrains à de nouvelles familles. La chambre du domaine de Berlin lui représenta que le bois allait devenir fort rare. Il lui répondit: J'aime mieux avoir des hommes que des arbres. Croyez-vous que le grand roi de tous les êtres n'a pas mieux aimé régner sur des millions de peuples différents que sur des machines aveugles?

LA DAME.

Vous allez rendre aussi le bois fort rare. Votre système est séduisant, mais il me laisse des doutes: vous ne me montrez pas les animaux; on ne croit qu'à moitié quand on n'a pas vu.

LE VOYAGEUR.

Vous avez vu des animaux se mouvoir dans le suc des plantes.

LA DAME.

Mais je ne les ai pas vus travailler, agir de concert, et faire toutes les choses admirables que vous m'avez dites.

LE VOYAGEUR.

Regardez mes madrépores et mes lithophytes : il y en a qui ressemblent à des choux, d'autres à des gerbes de blé. Ce sont les plantes de la mer; les nôtres sont les madrépores de l'air.

LA DAME.

Ce n'est plus la même chose; vous m'avez dit que les madrépores ne donnent pas de fruits.

LE VOYAGEUR.

Cela n'est pas bien prouvé. D'ailleurs ils vivent dans un fluide où il n'y aurait eu pour leurs fruits ni chute ni roulement; il était donc inutile d'environner la colonie d'un corps lourd ou d'une substance légère, comme les aigrettes des graines, qui seraient venues à la surface de l'eau. Il est cependant certain qu'on a observé dans leurs fleurs un suc laiteux semblable à celui des graines de nos fruits : cette laite se répand dans la mer comme celle des poissons.

Les éléments changent les mœurs et les arts. Un matelot et un bourgeois sont des hommes : cependant un vaisseau n'est pas fait comme une maison.

Les petits animaux qui bâtissent les plantes de l'air vivent au milieu d'un élément qui est pour eux dans un mouvement perpétuel. Ils sont si petits qu'un zéphyr leur semble un ouragan. Ils ont pris les plus grandes précautions pour assurer les fondements de leurs édifices, et pour transporter leurs familles sans risques. Ils les enclosent dans des bâtiments bien couverts, afin qu'elles ne soient pas dispersées.

Ceux qui bâtissent dans la mer vivent au milieu d'un fluide dont les parties ne s'ébranlent pas aisément; elles ne sont remuées que par flots et par grandes masses. Les gouttes n'en sont pas mobiles et pénétrantes comme les globules de l'air, que la chaleur dilate et resserre sans cesse. Il ne leur fallait donc pas des appartements bien clos comme les graines, puisqu'ils ne couraient pas le risque d'être dissipés si facilement. Je crois au reste avoir observé que leur laite est enduite d'une glaire qui n'est pas aisée à dissoudre.

Si les animaux qui travaillent dans l'eau eussent vécu dans un élément encore plus solide, par exemple dans la terre, ils n'auraient été exposés à aucune espèce d'agitation. Il est probable qu'alors ils n'auraient pas eu besoin d'enfoncer des racines, d'élever des tiges, d'étendre des feuilles, de façonner des fleurs et de fabriquer des fruits, comme ceux de l'air.

LA DAME.

Vraiment vous avez raison : aussi la truffe n'a aucune de ces parties-là; elles lui seraient inutiles. J'ai vu des gens bien embarrassés à deviner comment elle peut se reproduire. J'imagine que dans les sécheresses les petits animaux se communiquent entre eux par les fentes intérieures du sol où ils vivent. Il règne là un calme éternel : ce sont des canaux d'un fluide tranquille où la navigation est fort aisée : il n'y faut point de vaisseaux; on peut y nager en sûreté. A quoi serviraient les fleurs à une plante qui ne voit pas le soleil, et les racines à un végétal qui n'éprouve aucune secousse ? Cette découverte me fait grand plaisir : je suis fâchée cependant que les animaux d'un fruit que j'aime beaucoup aient si peu d'industrie.

LE VOYAGEUR.

Elle est proportionnée à leurs besoins : c'est une loi commune à tous les êtres animés. L'homme, qui est le plus indigent de tous, en est aussi le plus intelligent.

LA DAME.

Il vaudrait mieux en être le plus heureux. Ceux qui habitent les truffes sont peut-être plus contents que ceux qui vivent dans des palais.

Je trouve dans votre système des idées neuves; il me paraît très vraisemblable que les fleurs sont des miroirs. On peut, ce me semble, en tirer des conséquences utiles, ainsi que des graines. Je crois qu'il ne faut pas trop les enfoncer lorsqu'on les sème, puisque la nature les répand à la surface de la terre, et qu'elle repeuple ainsi les prairies et les forêts. L'industrie des graines qui volent, qui roulent et qui s'élancent, me paraît admirable; mais sans doute ces mouvements peuvent s'attribuer à d'autres lois. Il faudrait, pour que votre système eût une certaine force, qu'après avoir rendu raison des effets ordinaires de la végétation, il en expliquât les phénomènes.

LE VOYAGEUR.

Vous en agissez avec moi comme les dames des anciens chevaliers : quand ils sortaient du tournoi, elles les envoyaient combattre un géant ou un More. N'êtes-vous pas contente de savoir que la truffe est un madrépore de terre ? Il a toutes les parties qui lui conviennent, et il ne peut en avoir d'autres. S'il y a d'autres végétations dans la terre, elles n'auront de même aucune des parties de celles qui vivent dans l'air. Je connais une racine et une fleur qui sont pareillement isolées, et par des raisons semblables; mais il me suffit de vous avoir résolu un fait inexplicable, la reproduction de la truffe.

LA DAME.

Oh! c'est moi qui l'ai expliqué. mais en voici un dont toutes les lois de l'hydraulique ne sauraient me rendre raison. Lorsqu'un arbre est jeune, et plein de suc, souvent il continue de pousser des branches et des feuilles, sans donner de fleurs. Un jardinier expérimenté déterre une partie de ses racines, et il devient fécond. Pourquoi ne donne-t-il des fruits que quand il perd sa nourriture?

LE VOYAGEUR.

Les animaux qui ont des vivres en abondance ne songent point à s'expatrier, ils cherchent à augmenter les logements; ils ne fabriquent que du bois. Dès qu'on leur a coupé les vivres, ils voient qu'il est temps d'envoyer des colonies s'établir au loin : on ne peut plus fourrager aux environs de la place.

LA DAME.

Celui-là était trop aisé : en voici un plus difficile. Lorsqu'un arbre a reçu quelque dommage considérable, par exemple lorsqu'on lui a enlevé une partie de son écorce, au printemps il se charge de fleurs, ensuite de fruits, après quoi il meurt. Pourquoi à la veille de sa ruine rapporte-t-il plus qu'à l'ordinaire?

LE VOYAGEUR.

Dans l'arbre écorcé, le conseil s'assemble; et voici comme on raisonne : « On nous a fait une brèche irréparable; nos remparts et nos chemins sont détruits; nous allons mourir de froid ou de faim; allons-nous-en. » Tout le monde se met à construire des fleurs; on se retire dans les fruits; la métropole est abandonnée, et l'arbre meurt l'année suivante.

LA DAME.

Je ne sais par où vous prendre. Il me semble que vous satisfaites à toutes les difficultés; le système ordinaire en laisse de grandes. J'avais ouï expliquer le développement des plantes par l'air qui monte en ligne droite dans les canaux de la végétation, et cependant j'avais vu les pivots des pois se recourber vers la terre, qu'ils semblent chercher. J'avais ouï dire que, dans les germes, la plante était tout entière avec ses graines à venir, qui contenaient encore les plantes futures, ainsi de suite à l'infini; ce qui me paraissait tout-à-fait incompréhensible.

LE VOYAGEUR.

Il y a un degré en descendant où la matière n'est plus susceptible de forme; car la forme n'est que les limites de la matière. Si cela n'était pas, il y aurait autant de matière dans un gland que dans un chêne, puisqu'il y aurait autant de formes, attendu qu'il y a, dit-on, un chêne tout entier renfermé dans le gland.

Si on me dit qu'il n'y a que les formes principales, je demanderai où sont les autres, qui sont toutes essentielles dans un chêne développé.

S'il n'y a que les formes principales, parceque l'espace est trop petit, celui des seconds glands étant beaucoup plus petit, le nombre des formes principales doit encore diminuer. Or, toute grandeur qui décroît vient nécessairement à rien. Dans ces glands imaginaires qui vont toujours en diminuant, il y aurait un terme où la race des chênes devrait s'arrêter et finir.

Voilà cependant l'hypothèse dont on s'est servi pour raisonner sur la végétation. Je suis charmé que vous ayez adopté mes idées.

LA DAME.

Monsieur, point du tout; je vous assure.

LE VOYAGEUR.

Comment! madame, vous n'êtes pas persuadée? Y a-t-il encore quelque dragon à combattre?

LA DAME.

Un grand scrupule. Je ne saurais imaginer que, pour soutenir ma vie, je détruise celle d'une infinité d'êtres. Eussiez-vous raison, j'aime mieux me tromper que de croire une vérité cruelle.

LE VOYAGEUR.

On est sensible quand on est belle; mais voilà la première fois qu'on rejette un système par compassion. Les anatomistes ont plus de courage : quand ils en font un, ils tuent tout ce qui leur tombe sous la main. Il y eut un Anglais qui fit ouvrir toutes les biches pleines d'un grand parc, pour découvrir les lois de la génération, qu'il n'a point découvertes.

LA DAME.

Je ne veux point ressembler à ces savants-là. J'aime ceux d'aujourd'hui, qui recommandent la tolérance et l'humanité, qu'on devrait étendre jusqu'aux animaux. Je sais bien bon gré à M. de Voltaire d'avoir traité de barbares ceux qui éventrent un chien vivant pour nous montrer les veines lactées. Cette idée fait horreur.

LE VOYAGEUR.

Mes expériences n'ont coûté la vie à aucun animal; j'ai même de quoi vous rassurer : ceux qui vivent dans les fruits échappent à votre digestion comme à votre vue : n'en avez-vous pas une preuve dans les oiseaux qui ressèment les graines des fraisiers?

LA DAME.

Je veux vous croire; après tout, si je suis trompée, j'ai été amusée. Vous m'avez appris sur la nature des faits plus piquants que les anecdotes de la société. Nous n'avons ni médit, ni joué; et ce qui est plus rare, vous ne m'avez point dit de fadeurs, suivant la coutume de ceux qui veulent instruire les dames. Le temps a été fort bien employé; mais j'en dois faire encore un meilleur usage : je vais rejoindre mon mari et mes chers enfants. Adieu, monsieur le voyageur.

LE VOYAGEUR *lui fait une profonde révérence.*

(*En s'en allant:*)

Oh, le bon cœur! ah, la digne femme! Quand en aurai-je une comme celle-là?

EXPLICATION

DE QUELQUES TERMES DE MARINE, A L'USAGE DES LECTEURS QUI NE SONT PAS MARINS.

J'ai joint, à l'explication de quelques termes nautiques employés dans ce Journal, des étymologies qui ne sont point savantes, mais conformes à l'esprit du peuple. Partout c'est le peuple qui donne le nom aux choses, et il le prend ordinairement de la partie la plus nécessaire de chaque objet : ainsi, le bord d'un vaisseau étant sa partie principale, puisqu'on n'est séparé de la mer que par un *bord*, les marins disent aller à *bord*, être sur le *bord*, pour dire aller ou être sur le *vaisseau*.

Ne dit-on pas: *la maison de Bourbon* est très ancienne? Comme la maison renferme la famille, le peuple a transporté ce nom à ceux qui l'habitent, à leurs ancêtres et à leur postérité. Remarquez bien qu'il n'emploie que le nom des choses qui sont à son propre usage. Pour désigner *la famille royale*, il ne dit pas l'hôtel, le château ou le palais de Bourbon, parcequ'il n'habite lui-même que dans des maisons.

Les Arabes, qui demeurèrent fort long-temps sous des tentes, trouvèrent, en se fixant dans des maisons, que la *porte* en était la partie la plus essentielle : c'était aussi pour ce peuple errant le lieu le plus agréable de ce logement; on sortait par-là quand on voulait. Ils ne donnèrent point le nom de *maison* à la famille de leurs souverains, mais celui de *porte* ottomane.

Je crois les étymologies d'autant plus vraies qu'elles sont plus simples. J'en dois quelques unes au chevalier Grenier, mon ami, officier de mérite de la marine du roi; je lui fais hommage des meilleures; je prends les autres pour mon compte.

A

AMARRER. Lier, attacher. Il est probable que les premiers marins attachaient autour du mât ce qui était susceptible de mouvement. Ulysse, qui craignait beaucoup les sirènes, se fit attacher au mât. On l'*amarra*.

AMURER une voile. Attacher la voile contre le bord, qui est aussi le *mur* du vaisseau.

APPAREILLER. Partir, s'en aller. Cette manœuvre se fait avec beaucoup de préparatif ou d'*appareil*. Tout l'équipage est sur le pont. On lève l'ancre, on déferle les voiles, on hisse les huniers : tout le monde est en mouvement.

ARRIMAGE. Distribution des marchandises dans la cale, faite de manière que rien ne se dérange dans les roulis.

ARRIVER au vent. Lorsqu'un vaisseau reçoit le vent de côté dans ses voiles, s'il survient un orage imprévu, il obéit pour quelque temps à l'effort du vent, et lui présente sa poupe. Il reçoit alors le vent par son arrière. Il se trouve par cette manœuvre dans la direction qui lui est propre. *Arriver* signifie ici céder, et se remettre dans son lieu naturel. Ce mot n'a point de relation avec dériver. Souvent un vaisseau dérive en *arrivant*.

ARTIMON. Mât près du *timon* : il fait venir au vent.

AUMÔNIER. Ecclésiastique qui fait les prières et dit la messe. J'imagine que nos ancêtres étaient fort charitables. Dans leurs courses de guerre, et quelquefois de brigandage, ils menaient avec eux un ecclésiastique chargé de faire les *aumônes*. Les vaisseaux ont aussi des *aumôniers*, quoiqu'il n'y ait point de mendiants sur leur chemin.

B.

BABORD. C'est le bord gauche du vaisseau, lorsqu'on est tourné vers l'avant. *Tribord* ou *stribord* est le côté droit.

BANC DE QUART. C'est un *banc* où s'assied l'officier qui commande le *quart*.

BAU ou *beau*. Un vaisseau a différentes largeurs. Elles se mesurent entre les couples, qui sont des courbes dont la carène est formée. Ces pièces sont rares, et les premiers charpentiers ont pu les trouver fort *belles*. Ils ont pu appeler *beaux* les espaces compris d'une courbe à l'autre. Le dernier de ces espaces est sur l'avant.

Voilà une étymologie comme celle de la Beauce. Gargantua, qui la trouva belle, s'écria : *Beau-ce*,

Gargantua peut fort bien être une allégorie du peuple.

BEAUPRÉ ou *près du beau*. C'est un mât incliné sur l'avant, au-delà et près du dernier *beau*. C'est par la même raison qu'aux Iles les charpentiers appellent *benjoin* un arbre assez commun, dont le *bois joint bien*.

BEAUSOIR ou *bossoir*. Pièce de bois qu'on pose ou qu'on *assied* sur le dernier *bau*; c'est là que s'attachent les ancres.

BERNE (Pavillon en). C'est un pavillon qui n'est plus flottant, et qui n'est plus, en quelque sorte, dans ses honneurs. On l'élève à la moitié de son mât sans le déployer : ce signal ne se fait guère que dans les dangers.

BORD. A été expliqué. On fait des *bords* ou on louvoie lorsqu'on présente alternativement un des bords du vaisseau au vent: sa route est alors en zig-zag; cette manœuvre ne se fait que quand le vent est contraire.

BOUT DEHORS. C'est un *bout* de mât ou de vergue qu'on met *dehors* à l'extrémité d'une autre vergue.

BRAS. Ce sont des cordages qui servent à faire mouvoir les vergues à droite ou à gauche. Ce sont en quelque sorte les bras de l'équipage, qui n'y saurait autrement atteindre.

BRASSE. Distance comprise entre les *bras* étendus d'un homme. Sur mer, elle est fixée à cinq pieds. Je crois avoir observé que les matelots ont les bras plus longs et les épaules plus grosses que les autres hommes. Ils exercent plus leurs bras que leurs jambes.

C.

CAILLEBOTIS. Ce sont des panneaux de treillage à carreaux vides. On en ferme l'espace compris entre les gaillards, ce qui forme une espèce de pont, sous lequel l'air circule. Dans les gros temps on le couvre de toiles goudronnées, appelées *prélats*. Cette construction est ingénieuse; et peut-être parviendrait-on à former ainsi tous les ponts du vaisseau, ce qui donnerait une libre circulation d'air jusque dans la cale.

On appelle *caillebotte*, en Normandie, le lait *caillé et battu* qui forme une espèce de réseau. On appelle aussi *caillebotté* ou pommelé ces espaces blancs et bleus qui paraissent au ciel lorsqu'il se dispose à changer.

CALE. Est la partie inférieure du creux d'un vaisseau. C'est le lieu où l'on met les marchandises. On dit d'un vaisseau qu'il est bien *calé*, lorsque sa charge est bien distribuée dans sa cale. Pour l'ordinaire, on met au fond les poids les plus lourds; mais s'il y a une quantité considérable de fer ou de plomb, les mouvements du vaisseau sont trop durs, et l'exposent à rompre sa mâture. Il y a encore beaucoup de précautions à prendre pour l'arrimage. *Le Marquis de Castries* était fort mal calé.

CAP (avoir le). Ce mot vient du portugais *il capo*, la tête. Mettre *le cap* au nord, c'est tourner la proue du vaisseau, ou *sa tête*, vers le nord.

CAPE (tenir la). Dans les gros temps, lorsque le vent est contraire, on ne porte que peu de voiles; ordinairement c'est la misaine. On dirige *le cap* du vaisseau le plus près du vent qu'il est possible. Le vaisseau fatigue beaucoup dans cette position.

CARGUER. C'est reployer les voiles, sans les lier, le long des vergues : ce qui se fait au moyen des cargue-fonds, qui sont des cordes qui retroussent la grande voile à peu près comme les rideaux d'un dais. Un marin qui verrait lever la toile à l'Opéra dirait qu'on l'a carguée.

CIVADIÈRE. C'est la voile attachée au beaupré.

COIFFÉ (être). Lorsque les vents sautent tout-à-coup de la poupe à la proue, les voiles sont repoussées contre les mâts, qui en sont, pour ainsi dire, coiffés : quelquefois on ne peut les descendre ni les manier. Un vaisseau alors est heureux d'en être quitte pour sa mâture, si le vent est fort.

COQ. Cuisinier des matelots. Ce mot vient évidemment de *coquus*, et nos traiteurs portent le titre de maîtres-*queux*.

COURANT. Quoique la mer ressemble à un grand étang, elle est remplie de courants particuliers. Nous avons peu d'observations sur cet objet, un des plus essentiels de la navigation. J'en ai vu de fort intéressantes sur les mers de l'Inde, faites par le chevalier Grenier.

D.

DÉFERLER les voiles. Les déployer.

DEGRÉ. C'est la 560ᵉ partie d'un cercle. Sou l'équateur, chaque degré est de vingt lieues marines, ou de vingt-cinq lieues de France; mais comme les cercles deviennent plus petits en s'approchant du pôle, les degrés diminuent à proportion. Les degrés de longitude sont nuls sous le pôle. Il est très probable qu'il y a aussi une grande différence entre les degrés de latitude, surtout si la terre est fort aplatie aux pôles.

DÉRIVER. Lorsqu'un vaisseau reçoit le vent de côté, il s'écarte sans cesse de la ligne droite sur laquelle il dirige sa route. Je ne connais point de moyen sûr d'évaluer la dérive. Les pilotes y sont souvent embarrassés : à la fin du voyage ils rejettent leurs erreurs sur les courants.

DUNETTE. Espèce de tente, d'une charpente légère, sur l'arrière du vaisseau.

E.

ÉCOUTE. Ce sont des ouvertures obliques au bord du vaisseau, par où passent les cordes des voiles inférieures. Ces ouvertures ressemblent à celles qu'on pratique au mur des parloirs dans les couvents, *pour écouter*. Comme il y a dans la marine beaucoup de termes portugais, il n'est pas étonnant qu'il s'y trouve des expressions monastiques.

ÉCOUTILLES. Sont de grandes ouvertures semblables à des trappes, au milieu des ponts du vaisseau. C'est par ces portes horizontales qu'on descend dans les cales.

ENTRE-PONT. Dans les premiers vaisseaux, on fit les cales couvertes d'un seul plancher, qu'on appela un pont. Les matelots logeaient dans la cale, sous ce pont. Quand on fit de plus grands bâtiments, on trouva plus commode de séparer l'équipage des marchandises, en leur ménageant un logement *entre* le *pont* et la cale.

ESPONTILLE. Petits pilastres de bois qui supportent les ponts.

EST. Le nom d'un des quatre vents principaux. C'est l'orient. On prétend que *est* signifie le voilà, en parlant du soleil ; *sud, propter sudorem*, parcequ'à midi le soleil est chaud ; *ouest, où est-il?* parcequ'il disparaît au couchant.

F.

FASIER. Lorsque le vent, au lieu d'enfler la voile, la prend par le côté et l'agite en différents sens, on dit qu'elle fasie : il vient peut-être de *phase*, révolution.

FOCS. Voiles triangulaires disposées entre les mâts : elles ne servent que quand le vent souffle de côté. Leur nom pourrait bien venir de *focus*, foyer, soit parceque quelques unes sont au-dessus des cuisines, soit parceque leur plan étant dans l'axe du vaisseau, elles se trouvent dans les foyers de ses courbes.

G.

GAILLARDS. Ce sont les extrémités du pont supérieur. Celui de l'arrière s'étend jusqu'au grand mât ; celui de l'avant commence au mât de misaine, et va jusqu'à la proue. C'est où se rassemble l'équipage pour se promener et se réjouir. Il peut avoir la même origine que galerie. Le gaillard d'arrière est réservé aux seuls officiers et passagers, qui n'en sont pas plus gais.

GALERIE. Espèce de balcon placé sur l'arrière des grands vaisseaux. C'est à la fois un ornement et une commodité. Il vient du vieux mot *gala*, *se galer*, se réjouir.

GARANTS. Sont des cordages qu'on passe dans le gros temps à la barre du gouvernail, pour l'assurer davantage, ou la *garantir*.

GRAINS. Sont de petits orages de peu de durée. Ce sont, en quelque sorte, des *grains* ou des parcelles de mauvais temps.

GRAPPINS. Ancres des chaloupes. Celles du vaisseau n'ont que deux becs, celles-ci en ont quatre, ce qui leur donne la forme d'une *grappe*. Le poids des grosses ancres ne permet pas de leur donner quatre branches. D'ailleurs, par leur forme, elles pourraient s'accrocher au bord. Je crois qu'il serait possible d'en faire à trois becs, qui n'auraient pas cette incommodité, et qui auraient toujours l'avantage d'enfoncer à la fois deux de leurs becs dans le fond.

H.

HAUBANS. Échelles de corde qui assurent les mâts, et par où grimpent les matelots.

HAUTEUR (Prendre). A midi, avec des quarts de cercle, ou plutôt des huitièmes, appelés octans, on voit à quelle hauteur le soleil est sur l'horizon. C'est par-là que l'on trouve la latitude.

HAUTS-FONDS. Ce sont les fonds élevés, qui sont couverts de peu d'eau. La mer, dans ces endroits, change de couleur, et les vagues aux environs sont plus fortes.

HISSER. Élever en l'air quelque fardeau au moyen des poulies. Ce nom vient du bruit même de la manœuvre. On ne doit pas me chicaner celui-là. Les Latins appelaient *hiatus* le choc de deux voyelles.

HUNE (Mât de). Il y a, comme on sait, trois mâts sur les grands vaisseaux : le grand mât, qui est à peu près au milieu ; le mât d'artimon, qui est sur l'arrière ; et le mât de misaine, qui est sur l'avant. On ne compte pas le beaupré, qui est incliné, et qui n'est pas *mâté*, c'est-à-dire perpendiculaire. Le mât de pavillon ne porte pas de voile.

Les mâts ont une très grande élévation. Il n'est pas possible de trouver des pièces de bois d'une longueur suffisante, surtout pour le grand mât et le mât de misaine, qui ont quelquefois plus de cent trente pieds d'élévation : on les fait à trois étages. Dans le mât du milieu, l'arbre inférieur s'appelle le grand mât ; le supérieur, grand mât de hune; le troisième, qui est le plus élevé, grand mât de perroquet. Aux endroits où ils sont attachés, il y a un espace autour en forme ronde, appelé hune. Les huniers sont les voiles des mâts de hune.

L.

LATITUDE. On sait que la latitude d'un lieu est sa distance à l'équateur; et sa longitude, sa distance au premier méridien. Autrefois on commençait à le compter du pic de Ténériffe: aujourd'hui chaque nation maritime fait passer son premier méridien par sa capitale. Il est bon d'y faire attention quand on voit des cartes ou des relations étrangères.

LIGNE. Il y a des gens simples qui croient qu'on voit la ligne au ciel: quelquefois de mauvais plaisants s'amusent, sur le vaisseau, à la leur faire voir dans une lunette où ils mettent un fil. Il y a aussi des marins qui ne savent pas ce que c'est que l'équateur; et qui ne connaissent la ligne que parce qu'elle est marquée d'un trait bien noir sur leurs cartes.

LISSES. Sont des barrières le long des passavants. Ce terme est pris des tournois. Les chevaliers entraient et sortaient des lices (*lices*). Il me semble que le nom de garde-fous conviendrait mieux à des vaisseaux.

LOUVOYER. Ce mot peut venir de *voie* et de *loup*. Les loups s'approchent de leur proie en se tenant sous le vent, et en s'avançant en zig-zag. *Voyez* BORD.

M.

MARQUIS DE CASTRIES. Ce n'est point un nom de marine, mais celui d'un officier très respectable: c'était aussi le nom de notre vaisseau.

Le bon Plutarque dit que les Grecs appelaient leurs vaisseaux *l'Heureuse Prévoyance*, *la Double Sûreté*, *la Bonne Navigation*. On peut voir, à ces noms, qu'ils n'étaient pas grands marins: ils avaient peur.

Les Portugais et les Espagnols ont beaucoup de *Saint-Antoine de Padoue*, de *Saint-François*, etc.: ils sont dévots.

Les Anglais naviguent sur le *Northumberland*, sur le *Devonshire*, sur *la Ville de Londres*; et les Hollandais ont beaucoup de *Batavia*, d'*Amsterdam*; ce sont des noms de villes ou de provinces: ils sont républicains.

J'ai vu des vaisseaux du roi qui s'appelaient *la Boudeuse*, *l'Heure du Berger*, *la Brune* et *la Blonde*, etc. A la bonne heure; ces noms-là valent bien ceux de *Flore* ou de *Galatée*; mais pourquoi prendre pour des noms de guerre *l'Hector*, *le Sphinx*, ou *l'Hercule*? N'avons-nous pas *le Turenne*, *le Condé*, *le Richelieu*, *le Sully*, etc....? Pourquoi ne formons-nous pas des escadres de nos grands hommes? Il me semble que des noms chers à la nation en redoubleraient le courage.

On pourrait nommer nos frégates du nom de nos dames célèbres par leur beauté ou par leur esprit. J'aimerais mieux *la Marquise de Sévigné*, *de Brionne*, ou *la Comtesse d'Egmont*, que *Thétis* et toutes ses Néréides.

MAT. *Voyez* HUNE.

MATELOTS. Vient de *mât*, et du vieux mot *ost*, troupe, *l'ost du mât*. On disait l'*ost* des Grecs, pour l'armée des Grecs.

MISAINE (Voile de). C'est la plus utile dans les gros temps: elle agit à l'extrémité du vaisseau, et le fait obéir promptement à l'action du gouvernail.

MOUILLER. Jeter l'ancre à la mer. On dit aussi *mouiller* l'ancre.

P.

PANNE (Mettre en). Lorsqu'un vaisseau veut s'arrêter sans mouiller son ancre, il cargue ses basses voiles; il dispose les voiles de l'avant de manière que le vent les coiffe contre le mât, tandis qu'il enfle celles de l'arrière. Dans cette situation, le vent fait, sur la voilure, deux efforts contraires qui se compensent. Le vaisseau reste comme immobile.

PERROQUET. C'est la voile supérieure aux huniers. De loin, cette petite voile, surmontée de la girouette, a quelque ressemblance avec cet oiseau.

PERRUCHE. C'est une voile placée au-dessus du perroquet. Il n'y a que les grands vaisseaux qui en fassent usage. Ces deux petites voilures sont d'une médiocre utilité. Elles sont à l'extrémité d'un trop grand levier, et leur effort ne sert guère qu'à faire ployer le mât en avant; il vaudrait mieux augmenter la largeur des voiles que leur élévation.

PLAT-BORD. C'est la partie du pont qui avoisine le bord. Le bord du vaisseau est, en quelque sorte, perpendiculaire. Le pont, qui, dans un sens, est aussi un *bord*, est dans une situation horizontale ou à *plat*.

PLUS PRÈS (Être au). Lorsque le vent vient du point même où le vaisseau veut aller, on dispose la voilure de manière à s'approcher du vent le *plus près* qu'on peut.

PONT. C'est le plancher du vaisseau; il est un

Q.

QUARTS. On devrait plutôt dire des *quints*. Sur mer, on divise le jour de vingt-quatre heures en cinq portions appelées *quarts*. Le premier commence depuis midi jusqu'à six heures. Le second, depuis six heures jusqu'à minuit. Les trois derniers quarts sont formés des douze heures qui restent, et chacun d'eux est de quatre heures. L'équipage, partagé en deux brigades, veille et se relève alternativement.

R.

RÉCIFS. Sont des rochers à fleur d'eau, où la mer brise, et où les vaisseaux se mettent en pièces quand ils y échouent. Ce mot peut venir du latin *rescindere*, couper, trancher. Il y a des *récifs* sur la côte de Bretagne, qu'on appelle *les charpentiers*.

RIS. On devrait dire des *rides*. On prend des *ris* dans le hunier, lorsqu'on ride une partie de cette voile sur sa vergue, quand la violence du vent ne permet pas de l'exposer tout entière.

ROULIS. Balancement d'un vaisseau sur sa largeur. Le *tangage* est son balancement sur sa longueur. Un vaisseau *roule* vent arrière ; il *tangue* au plus près. Le premier mouvement est moins dangereux : le second fatigue beaucoup la quille et la *mâture*.

S.

SABORDS. Sont des ouvertures par où passent les canons. Ce mot peut venir de *sas* et de *bord*, trous ou pertuis au bord. En quelques endroits on appelle *sas* un crible : on dit sasser la farine.

SAINTE-BARBE. C'est le nom de la patronne et du lieu où l'on met les poudres. C'était une martyre qui fut renfermée dans le souterrain d'une tour. Comme nous y logeons aussi nos poudres, nos canonniers les ont mises sous sa protection. Ils la représentent aux genoux de son père, armé d'un grand sabre dont il va lui couper la tête, au pied d'une tour dont la plate-forme est couverte d'artillerie. Ce fait, que l'on rapporte, je crois, au temps de Dioclétien, est contredit par la nature, et ces tableaux par le costume.

T.

TANGAGE. *Voyez* ROULIS.
TRIBORD. *Voyez* BABORD.

peu convexe, pour l'écoulement de l'eau. Un vaisseau à trois ponts est celui dont le creux est divisé en trois étages.

V.

VENT (Venir au). Lorsqu'un vaisseau a trop de voilure sur l'arrière, sa proue vient dans le vent. Les voiles du mât d'artimon contribuent beaucoup à ce mouvement.

VERGUE. De *virga*, verge ou branche. Les vergues du mât sont comme les branches d'un arbre.

VIRER. Tourner. On vire le câble ; on vire de bord. Comme ces manœuvres emploient beaucoup d'efforts, il y a apparence que *virer* vient de *vis*, dont on a fait aussi *vir*, un homme.

Y.

YOLE. Petite chaloupe fort légère et jolie. Ce nom-là pourrait fort bien venir du grec. Je n'en serais pas fâché pour l'honneur de notre marine. C'est la seule science qui ait emprunté ses termes des barbares du nord ou des Portugais. Si quelque savant veut se donner la peine de rechercher cette origine, je le prie de faire attention qu'Hercule fut un des premiers marins, et que son ami Iolas était avec lui.

Je ne garantis aucune de ces étymologies ; mais elles ont cela de commode, qu'en rapprochant le nom des choses, de leurs usages, elles les expliquent ; et c'est ce que je me suis proposé.

FIN DU VOYAGE A L'ILE-DE-FRANCE.

NOTES.

[1] PAGE 105.

Danaüs vint d'Égypte chez les Grecs exprès pour leur apprendre à faire des puits, tant la plus belle partie de l'Europe et la première civilisée était encore dans l'enfance! Les Grecs furent si étonnés de voir les filles de Danaüs tirer de l'eau d'un puits sans le vider, qu'ils s'imaginèrent que c'était un tonneau inépuisable, ou que le seau du puits était criblé ; et voilà la fable des Danaïdes. On n'a pas de date de l'arrivée de Danaüs, parcequ'il y a trois mille ans les peuples policés de l'Europe n'avaient pas de chronologie.

Quatre cent cinquante ans avant la fondation de Rome, Minos construisit les premiers bateaux. Dédale, dans le même temps, inventa les outils, l'art du charpentier et les voiles de vaisseaux, qui passèrent pour des ailes ; de là l'histoire de son fils Icare.

L'art de sculpter commença à Scio 500 ans avant la fondation de Rome. Celui de peindre et de jeter en fonte ne fut inventé que du temps de Phidias, l'an de Rome 508. D'autres arts encore plus utiles avaient une moindre antiquité.

Voyons en quels temps ils ont commencé chez les Romains. Avant Servius Tullius on ne battait point monnaie. Il fut le premier qui en fit frapper de cuivre. C'étaient des as qui pesaient deux livres, comme les pièces de Suède d'aujourd'hui. Ce ne fut que l'an de Rome 585 que l'on battit pour la première fois de la monnaie d'argent, et ce ne fut qu'en 647 que l'on frappa de la monnaie d'or*. On ne vécut à Rome que de bouillie ou de fromentée jusqu'à l'année 580, où, pour la première fois, les boulangers et les médecins grecs vinrent s'établir à Rome.

L'agriculture n'était pas plus avancée. Les Grecs avaient tiré la vigne de l'Asie, selon Plutarque. Elle passa ensuite chez les Latins ; mais le vin était si rare sous Numa, qu'il défendit qu'on en arrosât les bûchers des funérailles. Lucius Papinianus, général contre les Samnites, fit vœu d'en offrir un petit gobelet à Jupiter s'il gagnait la bataille : tant le vin alors était rare ! dit Pline.

Selon Fenestella, l'an de Rome 185, il n'y avait point d'oliviers en Italie, en Espagne, ni en Afrique. Pline dit qu'en 440 il n'y avait d'oliviers en Italie qu'à 40 milles de la mer, et que l'huile ne devint commune qu'en 690 : mais sous Caton on n'avait pas encore imaginé d'exprimer de l'huile d'autres graines que de l'olive.

Quant aux légumes, les Romains tirèrent les échalottes, ou ascalonites, d'Ascalon en Judée ; les oignons, et la chicorée, dont le nom *chicorium* est égyptien, de Chypre et d'Égypte ; la menthe et cinq sortes de navets, de Grèce ; la poirée blanche, de Sicile ; les choux, de Naples ; les cardons, de Carthage ; le chervi ou carvi, de Carie ; les melons, de Lacédémone et de Béotie.

Ils avaient importé de même la plupart de leurs arbres fruitiers des pays plus orientaux : les figuiers, des environs de Troie, d'Hyrcanie et de Syrie ; les citronniers, de la Médie ; les noyers et les pêchers, de la Perse ; le néflier, le cognassier, le cyprès et le plane, de Crète ; le châtaignier, de Sardaigne ; le myrte, de la Grèce ; les lauriers, de Delphes et de Chypre ; les grenadiers, d'Afrique ; beaucoup d'espèces de pommiers et de poiriers, du royaume d'Épire. Les pruniers, du temps de Caton, étaient fort rares : ceux que nous appelons de Damas venaient d'Arménie. De son temps, il n'y avait point d'amandiers en Italie. Les avelines vinrent à Rome du royaume de Pont, d'où Lucullus apporta aussi les cerises ; les pistaches furent apportées de Syrie par Vitellius, et les jujubes, par le consul Papinianus, sous Auguste.

Les Gaulois ont tiré de l'Italie leurs arts et leurs végétaux. De quoi vivaient-ils donc quand les Romains n'avaient encore ni légumes, ni fruits, ni pain, ni vin, ni argent, ni industrie ? S'ils vivaient en peuples pasteurs, ils n'étaient pas nombreux. Et qu'était-ce alors que les nations du nord ? Celles qui firent une incursion en Italie du temps de Marius étaient probablement des nations errantes comme celles du Canada. Les Scythes les chassaient vers l'occident et vers le midi.

² PAGE 103.

Les jeunes filles chantaient à Rome, dans les jeux séculaires :

> Rite maturos aperire partus
> Lenis Ilithyia, tuere matres ;
> Sive tu Lucina probas vocari,
>   Seu Genitalis.
> Diva, producas sobolem, patrumque
> Prosperes decreta super jugandis
> Feminis, prolisque novæ feraci
>   Lege marita.
>
> HORAT., *Carmen seculare*.

Ce qui veut dire : « Donnez à nos mères d'heureux accouchements, douce Lucine, qui présidez à la naissance des hommes ; déesse de la génération, préparez pour nous une nouvelle postérité, et faites réussir les lois du sénat en faveur des mariages. »

---

* Depuis les Romains, on a imaginé de la monnaie de papier. Comme on voit, tout se perfectionne. J'ai perdu, sur cette perfection de l'art, trente-trois pour cent. Je ne sais pas si les autres arts font d'aussi grands progrès.

ÉTUDES DE LA NATURE.

AVIS DE L'ÉDITEUR.

Les corrections préparées par l'auteur donneraient à cette édition des *Études de la Nature* une grande supériorité sur toutes celles qui ont été publiées jusqu'à ce jour, lors même qu'elle ne serait pas enrichie de plusieurs annotations importantes. BERNARDIN DE SAINT-PIERRE avait eu l'idée de développer certaines parties de son livre, mais sans en altérer le texte primitif; car il ajoutait plus volontiers qu'il ne retranchait, s'appuyant de l'avis de Montaigne, qui ne voulait pas que « son travail pût con-
» damner la première forme de ses *Essais*, mais seule-
» ment donner quelque prix à chacune des suivantes[1]. »
C'est ce que BERNARDIN DE SAINT-PIERRE a exécuté au commencement de l'Étude cinquième, en ajoutant la peinture de nos climats à celle des climats du nord et du midi, c'est-à-dire en donnant le dernier trait au tableau qu'il avait tracé. Deux autres fragments, moins étendus, embellissent le chapitre du Sentiment de l'amour, qui se trouve dans l'Étude XII. Ces annotations, étant les plus considérables, sont aussi les seules que nous croyons nécessaire d'indiquer.

De son côté, l'éditeur, en prenant pour base de son travail l'édition la plus estimée de l'auteur, celle de 1792, a revu et collationné toutes les autres éditions, afin d'ajouter au mérite de celle-ci par la correction, la pureté et l'exactitude du texte.

Quant aux notes, il eût été facile de les multiplier davantage; mais l'éditeur a cru devoir se borner à celles qui pouvaient servir à l'intelligence des faits, ou à l'histoire de la science. Il s'est donc abstenu de porter un jugement sur les théories qui forment la base de quelques parties des *Études*. Non-seulement il ne s'est cru aucun titre pour décider des questions qui touchent aux plus hautes spéculations de la science, mais encore il est pénétré de cette pensée, que le temps seul peut y porter la lumière. Au reste, le but de l'auteur des *Études* est si sublime, qu'on éprouve à chaque page le besoin de croire et de penser comme lui. Peut-être s'est-il trompé quelquefois dans les détails, mais il ne s'est jamais trompé sur les principes; et lors même qu'il lui arrive de mal interpréter les desseins de la Providence, il fait voir que cette Providence existe, il force les incrédules à la reconnaître, et, suivant une expression énergique de Montaigne, « il ne cesse de battre
» leurs oreilles de ce mot, qui leur est si fort à contre-
» cœur[2]. » Il ne faut donc plus s'étonner du discrédit que certaines gens ont voulu jeter sur son ouvrage : ils auraient volontiers applaudi à cette multitude d'idées et d'observations nouvelles qui ont servi à l'avancement de presque toutes les sciences; peut-être même lui auraient-ils pardonné d'être un grand écrivain, mais ils n'ont pu lui pardonner d'être un écrivain religieux. En combattant ces fausses doctrines, il éveilla la haine des sophistes qu'il voulait convaincre; car ceux-là ne demandaient pas à être convaincus, mais à être applaudis :

.... Tanto major famæ sitis est, quam
Virtutis!   JUV., sat. X.

Leur vérité, c'était le mal; pour s'en faire écouter, il fallait croire à eux, et BERNARDIN DE SAINT-PIERRE ne savait croire qu'à la Providence. Mais ce n'est point ici le lieu de développer ces vérités, qui trouveront leur place dans la vie de l'auteur. Il suffit, en ce moment, de remarquer qu'il avait prévu les maux que le siècle qui vient de s'écouler prétendait léguer au siècle qui commence, et que sa voix généreuse s'éleva pour refuser ce funeste héritage, que nous avons accepté.

AVIS DE L'AUTEUR.

La première édition de cet ouvrage, qui parut en décembre 1784, s'est trouvée presque épuisée en décembre 1785. Depuis sa publication, je n'ai qu'à me féliciter des témoignages honorables d'amitié que m'ont donnés des personnes de tout état et de tout sexe, dont la plupart me sont inconnues. Les unes sont venues me trouver, et d'autres m'ont écrit les lettres les plus touchantes pour me remercier de mon livre, comme si, en le donnant au public, je leur avais rendu quelque service particulier. Plusieurs d'entre elles m'ont prié de venir dans leurs châteaux habiter la campagne, où j'aimerais tant à vivre, m'ont-elles dit. Oui, sans doute, j'aimerais la campagne, mais une campagne à moi, et non pas celle d'autrui. J'ai répondu de mon mieux à des offres de service si agréables, dont je n'ai accepté que la bienveillance. La bienveillance est la fleur de l'amitié; et son parfum dure toujours quand on la laisse sur sa tige sans la cueillir. Un père de famille malheureux m'a mandé que mes *Études* faisaient sa plus douce consolation. Un athée est venu me voir plusieurs fois, d'une ville éloignée de Paris, frappé jusqu'à l'admiration, m'a-t-il dit, des harmonies que j'ai indiquées dans les plantes, et dont il a reconnu l'existence dans la nature. Des personnages importants, et d'autres qui croient l'être, m'ont fait inviter d'aller les voir, en me donnant de grandes espérances de fortune; mais autant j'accueille le rare bonheur d'être aimé et celui de pouvoir être utile, autant je fuis, quand je le peux, le malheur si commun et si triste d'être protégé. Je ne dis point tout ceci par vanité, mais pour reconnaître de mon mieux, suivant ma coutume, jusqu'aux plus légères marques de bienveillance qu'on me donne, quand je les crois sincères.

J'ai donc lieu de penser, par ces suffrages des gens de

---

[1] *Essais*, liv. III, chap. IX.
[2] *Essais*, liv. I, chap. XIX.

bien, que Dieu a béni mon travail, quoique rempli d'imperfections. Il est de mon devoir de le rendre le plus digne que je pourrai de l'estime publique : ainsi j'ai corrigé les fautes de style, de goût et de bon sens que j'ai remarquées dans les précédentes éditions, ou par moi-même, ou avec le secours de quelques personnes instruites, sans rien retrancher cependant du fond des choses, comme elles le desiraient. Je me suis permis seulement, pour les éclaircir, quelques transpositions de notes. J'y en ai ajouté quelques unes, dans la même intention ; entre autres, dans l'explication des figures, une figure de géométrie, pour rendre sensible aux yeux l'erreur de nos astronomes sur l'aplatissement de la terre ; et de nouvelles preuves du cours alternatif et semi-annuel de l'océan Atlantique, par la fonte des glaces polaires.

J'aurais bien souhaité de m'éclairer encore, sur cet ouvrage, du jugement des papiers publics. Leurs auteurs ont eu, à cet égard, une entière liberté de suffrages, car je n'en ai sollicité ni fait solliciter aucun ; mais ils ne se sont arrêtés qu'à des observations peu essentielles. Celui de tous qui embrasse le plus d'objets, et qui, par les grands talents de ses rédacteurs, paraissait le plus propre à me donner des lumières, m'a repris d'avoir dit que les animaux n'étaient pas exposés, par la nature, à périr par la famine comme l'homme ; et il m'a objecté les perdrix et les lièvres des environs de Paris, qui meurent quelquefois de faim pendant l'hiver. Mais puisque, d'une part, on multiplie ces animaux à l'infini aux environs de Paris, et que de l'autre on y fauche jusqu'à la plus petite herbe des champs, il faut bien que quelquefois ils y meurent de faim, surtout dans les hivers un peu longs. La famine donc qu'ils éprouvent dans nos campagnes vient de l'inconséquence de l'homme, et non pas de l'imprévoyance de la nature. Les perdrix et les lièvres ne meurent point de faim dans les forêts du nord, pendant des hivers de six mois ; ils savent bien trouver sous la neige les herbes et les pommes de sapin de l'année précédente, que la nature y a cachées pour les leur conserver.

Les autres objections que les journalistes m'ont faites ne sont ni plus importantes, ni guère mieux fondées. La plupart d'entre eux ont traité de paradoxe la cause des courants et du flux et reflux de la mer, que j'attribue à la fonte alternative des glaces des pôles, qui ont, dans l'hiver de chaque hémisphère, cinq à six mille lieues de tour, et qui, dans leur été, n'en ont que deux ou trois mille. Mais comme aucun d'eux n'a rapporté un seul argument, ni contre les principes de ma théorie, ni contre les faits dont je l'ai appuyée, ni contre les conséquences que j'en ai tirées, je n'ai rien à leur répondre, sinon qu'ils m'ont, sur ce point, jugé sans examen, ce qui est expéditif, mais injuste. Celui de tous qui a le plus de souscripteurs, et qui mérite sans doute de les avoir, par le goût avec lequel il rend compte chaque jour des ouvrages littéraires, m'a objecté, en passant, que je détruisais l'action de la lune, si bien d'accord avec les marées. Il n'est pas aisé de voir qu'il n'est instruit ni de ma nouvelle théorie, ni de l'ancienne. Je ne détruis en rien l'action de la lune sur les mers ; mais, au lieu de la faire agir sur les mers froides de l'équateur, par une attraction astronomique qui ne produit pas le moindre effet sur les méditerranées et les lacs de la zone torride même, je la fais agir sur les mers gelées des pôles, par la chaleur réfléchie du soleil, reconnue des anciens [1], démontrée aujourd'hui par les modernes, et dont l'expé-

rience peut se faire avec un verre d'eau. D'ailleurs, il s'en faut bien que les phases de la lune soient, par toute la terre, d'accord avec les mouvements des mers. Le flux et reflux de la mer suit, sur nos côtes, plutôt le moyen que le vrai mouvement de la lune ; ailleurs, il obéit à d'autres lois : ce qui a fait dire à Newton lui-même « qu'il fallait » qu'il y eût dans le retour périodique des marées quelque » autre cause mixte, qui a été inconnue jusqu'ici [*]. » L'explication de ces phénomènes, qui se refuse au système astronomique, s'accorde parfaitement avec ma théorie naturelle, qui attribue à la chaleur alternative du soleil, tant directe que réfléchie par la lune sur les glaces des deux pôles, la cause, la variété et le retour constant des marées, et surtout des courants généraux et alternatifs de l'Océan, qui sont les premiers mobiles de celles-ci. Cependant nos astronomes n'ont jamais essayé de rendre raison de la cause de la versalité semi-annuelle de ces courants généraux si connus dans l'océan Indien, et ils paraissaient même avoir ignoré jusqu'à présent qu'il en existât de semblables dans l'océan Atlantique. C'est de quoi on ne peut douter maintenant, d'après les nouvelles preuves que j'en apporte dans l'Étude IV.

Je n'ai donc point avancé de paradoxe sur des causes si évidentes ; mais j'ai opposé, à un système astronomique dénué de preuves physiques, des faits avérés, tirés de tous les règnes de la nature : faits qui ont une multitude de consonnances dans les flux et reflux de toutes les rivières et de tous les lacs qui s'écoulent des montagnes à glace, et que je pourrais multiplier et présenter sous de nouveaux jours par rapport à l'Océan même, si le lieu et ma santé me le permettaient.

Un journal qui, par son titre, paraît destiné à l'Europe entière, ainsi que celui qui, par le sien, semble réservé aux seuls savants, ont jugé à propos de garder un profond silence, non-seulement sur des vérités naturelles si neuves et si importantes, mais même sur tout mon ouvrage. D'autres m'ont opposé, pour toute réponse, l'autorité de Newton, qui n'est pas de mon avis. Je respecte Newton pour son génie et pour ses vertus ; mais je respecte beaucoup plus la vérité. L'autorité des grands noms ne sert que trop souvent de rempart à l'erreur : c'est ainsi que, sur la foi des Maupertuis et des La Condamine, l'Europe a cru, jusqu'à présent, que la terre était aplatie aux pôles. Je démontre, d'après leurs propres opérations, *dans l'explication des figures*, qu'elle y est allongée. Que peut-on répondre à la démonstration géométrique que j'en donne? Pour moi, je suis bien sûr que Newton lui-même, aujourd'hui, abjurerait cette erreur, quoiqu'il l'ait le premier mise en avant, puisqu'il faut le dire.

Le lecteur sera sans doute bien surpris de voir des hommes aussi fameux tomber dans une contradiction aussi étrange, adoptée ensuite et enseignée dans toutes les académies de l'Europe, sans que personne s'en soit aperçu, ou ait osé réclamer en faveur de la vérité. J'en ai été si étonné moi-même, que j'ai cru long-temps que c'était moi, et non pas eux, qui avais perdu sur ce point le sentiment de l'évidence. Je n'osais même m'ouvrir à personne sur cet article, non plus que sur les autres objets de ces *Études*; car je n'ai presque rencontré dans le monde que des hommes vendus aux systèmes qui ont fait fortune, ou à ceux qui la font faire. Ainsi, plus j'avais raison, seul et sans prôneurs, et plus j'aurais eu tort avec eux : d'ailleurs, comment raisonner avec des gens qui s'enveloppent dans des nuages d'équations ou de distinctions métaphysiques? Pour

---

[1] *Voyez* les notes à la fin des *Études* pour tous les renvois indiqués par les chiffres.

[*] *Philosophie de Newton*, chap. XXV.

peu que vous les pressiez par le sentiment de la vérité, si ces refuges leur manquent, ils vous accablent par les autorités innombrables qui les ont subjugués eux-mêmes, sans raisonner, et dont ils comptent bien subjuguer, à leur tour, un homme surtout qui ne tient à aucun parti. Qu'aurais-je donc fait dans cette foule d'hommes vains et intolérants, à chacun desquels l'éducation européenne a dit dès l'enfance, *Sois le premier*; et parmi tant de docteurs titrés et non titrés, qui se sont approprié le droit de franc-parler, si ce n'est de m'y renfermer, comme je fais souvent, dans mon franc-taire[a]? Si j'y parle, c'est de peu de choses, ou choses de peu.

Cependant, dans les routes solitaires et libres où je cherchais la vérité, je me rassurais avec les nouveaux rayons de sa lumière, en me rappelant que les savants les plus célèbres avaient été, dans tous les siècles, aussi bien aveuglés par leurs propres erreurs, que le peuple par celles d'autrui. D'ailleurs, pour démontrer l'inconséquence de nos astronomes modernes, il ne s'agissait que d'employer quelques éléments de géométrie, qui sont à ma portée et à celle de tout le monde. Aussi, bien assuré, par une multitude d'observations météorologiques, nautiques, végétales et animales, que les eaux des glaces polaires avaient une pente naturelle jusqu'à l'équateur, et fâché d'être contredit par les opérations trop fameuses de nos géomètres, j'ai osé en examiner les résultats, et je me suis convaincu qu'ils devaient être les mêmes que les miens. J'ai présenté, dans ma première édition, les uns et les autres au public; les leurs sont restés sans défense, et les miens sans objection, mais leurs partisans déclarés. Dans cette nouvelle édition, j'ai démontré leur erreur jusqu'à l'évidence géométrique; maintenant, j'attends mon jugement de tout lecteur à qui il reste une conscience[3].

Ce sont les préjugés de notre éducation qui ont égaré ainsi nos astronomes; ces préjugés qui, dès l'enfance, nous attachent, sans réfléchir, aux erreurs accréditées qui mènent à la fortune, et nous font repousser les vérités solitaires qui nous en éloignent. Ils ont été séduits par la réputation de Newton, qu'on m'objecte à moi-même; et Newton l'avait été, comme il arrive d'ordinaire, par son propre système. Ce sublime géomètre supposait que la force centrifuge, qu'il appliquait au mouvement des astres, avait aplati les pôles de la terre, en agissant sur son équateur. Nordwood, mathématicien anglais, ayant trouvé, en mesurant le méridien de Londres à York, le degré terrestre plus grand de huit toises que celui que Cassini avait mesuré en France, « Newton, dit Voltaire, attribua ce
» petit excédant de huit toises par degré à la figure de la
» terre, qu'il croyait être celle d'un sphéroïde aplati vers
» les pôles; et il jugeait que Nordwood, en tirant sa méri-
» dienne dans des régions plus septentrionales que la nôtre,
» avait dû trouver ses degrés plus grands que ceux de
» Cassini, puisqu'il supposait la courbe du terrain mesuré
» par Nordwood plus longue[1]. » Il est clair que ces degrés étant plus grands, et cette courbe étant plus longue vers le nord, Newton devait en conclure que la terre était allongée aux pôles; et s'il en inféra, au contraire, qu'elle y était aplatie, c'est que son système céleste, occupant toutes les facultés de son vaste génie, ne lui permit pas de saisir sur la terre une inconséquence géométrique. Il adopta donc, sans examen, une expérience qu'il crut lui être favorable, et il ne s'aperçut pas qu'elle lui était diamétralement opposée. Nos astronomes se sont laissé séduire à leur tour par la réputation de Newton, et par la faiblesse, si ordinaire à l'esprit humain, de chercher à expliquer toutes les opérations de la nature avec une seule loi. Bouguer, un de leurs coopérateurs, dit positivement que « de
» cette découverte de l'aplatissement des pôles dépend
» presque toute la physique[*]. »

Nos astronomes sont donc partis pour aller jusqu'aux extrémités de la terre chercher des preuves physiques à un système céleste heureux et brillant; et ils en étaient d'avance si éblouis, qu'ils ont méconnu, à leur tour, la vérité même, qui, loin des préjugés de l'Europe, venait dans des déserts se réfugier entre leurs mains. Si le plus fameux des géomètres modernes a pu tomber dans une aussi grande erreur en géométrie, et si des astronomes, remplis d'ailleurs de sagacité, ont, par la seule influence de son nom, tiré de leurs propres opérations une fausse conséquence pour appuyer cette erreur, rejeté les expériences précédentes de leur académie sur l'abaissement du baromètre au nord, avec les autres observations géographiques qui la contredisaient, établi sur elle la base de toutes les connaissances physiques à venir, et lui ont donné ensuite, par leur propre réputation, une autorité qui n'a pas même laissé au reste des savants la liberté de douter, nous devons bien prendre garde à nous autres hommes obscurs et ignorants, qui cherchons la vérité pour le seul bonheur de la connaître. Méfions-nous donc, dans sa recherche, de toute autorité humaine. Descartes, par le seul doute, dissipa la philosophie d'Aristote, consacrée jusqu'alors dans toutes les universités: prenons pour maxime cette philosophie qui a fait faire tant de véritables découvertes à Newton lui-même, et à la Société royale de Londres, dont elle est la devise: NULLIUS IN VERBA.

Pour revenir aux journaux, s'ils ont, comme de concert, refusé leur approbation aux objets naturels de ces *Études*, un d'entre eux a avancé, dit-on, que j'avais pris ma théorie des marées par les glaces polaires dans des auteurs latins. Enfin, cette théorie se fait des partisans, puisqu'elle éveille l'envie.

Voici ce que j'ai à répondre à cette imputation. Si j'avais connu quelque auteur latin qui eût attribué les marées à la fonte des glaces polaires, je l'aurais nommé, parce que cette justice est dans l'ordre de mon ouvrage et de ma conscience. Je n'ai point eu, comme tant de philosophes, la vanité de créer à mon aise un monde de ma façon; mais j'ai cherché, avec beaucoup de travail, à rassembler les pièces du plan de celui que nous habitons, dispersées chez les hommes de tous les siècles et de toutes les nations qui l'ont le mieux observé. Ainsi, j'ai pris mes idées et mes preuves de l'allongement de la terre aux pôles, dans Childrey, Képler, Tycho-Brahé, Cassini..., et surtout dans les opérations de nos astronomes modernes; de l'étendue des océans glacés qui couvrent les pôles, dans Denis, Barents, Cook, et tous les voyageurs des mers australes et boréales; de l'ancienne déviation du soleil hors de l'écliptique, dans les traditions égyptiennes, les annales chinoises, et même dans la mythologie des Grecs; de la fonte totale des glaces polaires, et du déluge universel qui s'en est ensuivi, dans Moïse et Job; de la chaleur de la lune et de ses effets sur les glaces et les eaux, dans Pline, et dans les expériences modernes faites à Rome et à Paris; des courants et des marées qui s'écoulent alternativement des pôles vers l'équateur, dans Christophe Colomb, Barents, Martens, Ellis, Linschoten, Abel Tasman, Dampier, Pennant,

---

[*] *Philosophie de Newton*, chap. XVIII.

[2] *Traité de la Navigation*, liv. V, chap. V, § II, page 433.

Rennefort, etc. J'ai cité tous ces observateurs avec éloge. Si j'eusse connu quelque auteur latin qui eût attribué à la fonte des glaces polaires la cause des marées, seulement dans quelque partie de l'Océan, je l'eusse également cité, me réservant pour moi la gloire de l'architecte, celle de réunir toutes ces observations isolées, de les répartir aux saisons et aux latitudes qui leur étaient propres, pour en ôter les contradictions apparentes qui avaient empêché jusqu'ici d'en rien conclure, et d'assigner enfin une cause et des moyens évidents à des effets qui, depuis tant de siècles, étaient couverts de mystères. J'ai donc formé un ensemble de toutes ces vérités éparses, et j'en ai déduit l'harmonie générale des mouvements de l'Océan, dont la première *cause* est la chaleur du soleil; les *moyens* sont les glaces polaires; et les *effets*, les courants semi-annuels et alternatifs des mers, avec les marées journalières de nos rivages [2]. Ainsi, si d'autres ont dit avant moi que les marées venaient de la fonte des glaces polaires, ce que j'ignore même à présent, c'est moi qui le premier l'ai prouvé. D'autres Européens avaient dit, avant Christophe Colomb, qu'il y avait un autre monde; mais ce fut lui qui le premier y arriva. Si d'autres avaient dit de même que les marées venaient des pôles, personne ne les avait crus, parce qu'ils l'avaient dit sans preuves. Avant de parvenir à rassembler les miennes, et à les rendre lumineuses, il m'a fallu dissiper ces nuages épais d'erreurs vénérables, telles que celles des pôles aplatis, et baignés de mers libres de glaces, que nos prétendues sciences avaient répandues entre la vérité et nous, et qui étaient capables de couvrir toute notre physique d'une nuit éternelle. Voilà donc la gloire que j'ai ambitionnée, celle d'assembler quelques harmonies de la nature, pour en former un concert qui élevât l'homme vers son auteur; ou plutôt je n'ai cherché que le bonheur de les connaître et de les répandre, car je suis prêt à adopter tout autre système qui présentera à l'esprit de l'homme plus de vraisemblance, et à son cœur plus de consolation. Ce n'est qu'à Dieu que convient la gloire, et aux hommes la paix, qui n'est jamais si pure et si profonde que dans le sentiment de cette même gloire qui gouverne l'univers. Je n'ai désiré que le bonheur d'en découvrir de nouveaux rayons, et je ne souhaite désormais que celui d'en être éclairé le reste de ma vie, fuyant, pour moi-même, cette gloire vaine, ténébreuse et inconstante, que le monde donne et ôte à son gré.

Je me suis un peu étendu ici sur le droit que j'ai à la découverte de la cause des courants et des marées par la fonte des glaces polaires, parcequ'ayant opposé, à la plupart des opinions reçues, beaucoup d'observations qui m'appartiennent, si chacune d'elles exigeait de moi un manifeste pour en défendre la propriété, je n'y suffirais jamais. D'ailleurs, si elles acquièrent assez de célébrité pour m'attirer, suivant l'esprit de ce siècle, des louanges perfides, des persécutions sourdes, des pitiés fausses, et pour renverser ma fortune incertaine, tardive et à peine commencée, je déclare donc que, ne tenant à aucun parti, et ne pouvant opposer que moi à chaque nouvel ennemi, au lieu de me répandre dans les papiers publics, suivant l'usage, en récriminations, en injures, en complaintes, en doléances, en temps perdu, je ne me défendrai que sur mon propre terrain, et je n'opposerai à mes ennemis, tant publics que secrets, que la vérité : ou plutôt puissé-je, loin des hommes inconstants et trompeurs, sous un petit toit rustique à moi, près des bois, dégager la statue de ma Minerve de son tronc d'arbre, et mettre enfin un globe entier à ses pieds!

Au reste, si les journalistes m'ont refusé leurs suffrages sur des objets aussi importants aux progrès des connaissances naturelles, et si d'autres prennent déjà les devants pour me priver de ceux du public, j'en compte déjà d'illustres parmi des hommes éclairés, de toute condition.

Je n'ai pas moins à me féliciter de l'intérêt général avec lequel le public a reçu la partie morale de cet ouvrage. J'y ai cependant omis de grands objets de réforme politique et morale : les uns parcequ'il ne m'a pas été permis de les traiter suivant ma conscience; les autres, parceque mon plan ne les comportait pas. Je me suis fixé aux seuls abus auxquels le gouvernement pouvait remédier.

Au reste, si je me suis étendu sur les désordres et l'intolérance des corps, j'ai respecté les états : j'ai attaqué des corps particuliers pour défendre celui de la patrie, et, par-dessus tout, le corps du genre humain. Nous ne sommes tous que les membres de celui-ci. Mais à Dieu ne plaise que j'aie voulu faire de la peine à aucun être sensible en particulier, moi qui n'ai pris la plume que pour remplir l'épigraphe que j'ai mise à la tête de cet ouvrage : *Miseris succurrere disco!* Lecteur, quel que soit donc le rôle que vous remplissiez dans ce monde, je serai content de votre jugement, si vous me jugez comme homme dans un ouvrage où je ne me suis occupé que du bonheur de l'homme. D'un autre côté, si j'ai eu la gloire de vous donner quelques plaisirs nouveaux, et d'étendre vos vues dans l'infini et mystérieux champ de la nature, songez encore que ce n'est que l'aperçu d'un homme; que ce n'est rien auprès de ce qui est; que ce ne sont que des ombres de cette vérité éternelle, recueillies par une autre ombre, et qu'un bien petit rayon de ce soleil d'intelligence dont l'univers est rempli, qui s'est joué dans une goutte d'eau trouble [5].

Multa abscondita sunt majora his : pauca enim vidimus opera ejus [*].

Il serait inutile de parler ici de la révolution particulière que la révolution générale a opérée dans ma fortune et dans mes projets de retraite et de bonheur à la campagne; mais comme j'ai parlé, dans l'avis en tête de l'édition précédente, des bienfaits annuels qui m'avaient été donnés, au nom du roi [**], par quelques ministres, à l'occasion des premiers succès des *Études de la Nature*; la vérité, ainsi que la reconnaissance, m'obligent à dire que j'en ai été privé, en tout ou en partie, à mesure que la révolution que j'y avais annoncée s'approchait; d'un autre côté, que le roi, ayant lu ces mêmes *Études*, avait témoigné de son propre mouvement qu'il était fâché de la modicité des grâces qui m'avaient été accordées, et qu'il eût désiré les augmenter si les circonstances les lui eussent permis. Si l'état, en effet, n'eût dû quelque récompense, ce sentiment de bienveillance du roi l'eût acquitté. J'ai été très touché de cette marque d'intérêt d'un prince en faveur d'un ouvrage dont le principal mérite a été d'avoir défendu les droits des peuples. Si j'en ai éprouvé quelque surprise, c'est par rapport à moi, qui lui suis personnellement inconnu; car le désir du bonheur des peuples a été de tout temps dans le cœur du roi. C'est lui qui a été le premier mobile de leur liberté; d'abord, chez les Anglo-Américains, qu'il a délivrés de l'oppression de leur métropole : ensuite, il

---

[*] *Ecclesiast.*, cap. LXIII, v. 36.
[**] Nous rétablissons ici ce morceau, supprimé dans quelques éditions qui n'ont pas été publiées par l'auteur.

avait extirpé en France les dernières racines de la servitude féodale, qui s'étaient conservées sous les degrés du trône, et même sous ceux de l'autel. Pour protéger la fortune du peuple, il a établi les assemblées provinciales, premiers éléments de l'assemblée nationale. Après avoir épuisé ses finances à défendre la liberté des Anglo-Américains, il a rejeté le conseil qu'on lui donnait, avec une apparence de justice, de faire banqueroute des dettes contractées par le luxe, depuis Louis XIV jusqu'à lui exclusivement. S'il eût été injuste à l'égard des règnes passés, le sien, sans doute, serait plus tranquille. Il pouvait rester dans le port, et abandonner à la tempête ceux qui l'avaient excitée : maintenant, il en est accablé. Il a sur sa tête ce qu'il pouvait laisser sous ses pieds. Qui pourrait donc ne pas acheter, à son exemple, l'espérance du bonheur général par le sacrifice de son repos particulier? Le pêcheur, échoué sur le rivage, peut-il se plaindre en voyant sur la mer irritée des flottes dispersées, et leur amiral devenu lui-même le jouet des vents et des flots?

O roi, puissent vos destins se réunir à ceux de votre peuple, et ne s'en séparer jamais! puisse votre vue lui rappeler le bien que vous avez voulu lui faire, dont ses représentants se sont occupés à votre invitation, et que vous avez desiré avec ardeur, comme la seule récompense digne des grands rois! Éloignez de vous tous les conseils qui pourraient vous en séparer, sous prétexte de votre repos ou de votre gloire. Rappelez-vous ces maximes du précepteur des rois, sur leur autorité et leurs devoirs :
« Le roi peut tout sur les peuples, mais les lois peuvent
» tout sur lui. Il a une puissance absolue pour faire le
» bien, et les mains liées dès qu'il veut faire le mal. Les
» lois lui confient les peuples comme le plus précieux de
» tous les dépôts, à condition qu'il sera le père de ses sujets.
» — Ce n'est point pour lui-même que les dieux l'ont fait
» roi. Il ne l'est que pour être l'homme des peuples; c'est
» au peuple qu'il doit tout son temps, tous ses soins,
» toute son affection; et il n'est digne de la royauté qu'au-
» tant qu'il s'oublie lui-même pour se sacrifier au bien
» public. Minos n'a voulu que ses enfants régnassent après
» lui qu'à condition qu'ils régneraient suivant ces maximes.
» Il aimait encore plus son peuple que sa famille*. » Sire, si vous vous rappelez, dès les premiers temps de votre règne, votre affection pour le peuple, votre économie personnelle, dans la crainte d'épuiser sa fortune ; le soin que vous avez pris d'éloigner du trône les ministres qui lui étaient suspects, et d'y appeler ceux qui lui étaient recommandables par leur probité; enfin la convocation que vous avez faite vous-même de ses députés, pour remédier aux maux que lui avaient causés les erreurs de plusieurs règnes, et pour combler un abîme qu'il n'avait pas creusé, vous retrouverez les maximes de Fénelon au fond de votre propre cœur.

ÉTUDE PREMIÈRE.

IMMENSITÉ DE LA NATURE.

PLAN DE MON OUVRAGE.

Je formai, il y a quelques années, le projet d'écrire une histoire générale de la nature, à l'imitation d'Aristote, de Pline, du chancelier Bacon, et de plusieurs modernes célèbres. Ce champ me parut si vaste, que je ne pus croire qu'il eût été entièrement parcouru. D'ailleurs la nature y invite tous les hommes de tous les temps; et si elle n'en promet les découvertes qu'aux hommes de génie, elle en réserve au moins quelques moissons aux ignorants, surtout à ceux qui, comme moi, s'y arrêtent à chaque pas, ravis de la beauté de ses divins ouvrages. J'étais encore porté à ce noble dessein par le desir de bien mériter des hommes, et principalement de Louis XVI, mon bienfaiteur, qui, à l'exemple de Titus et de Marc-Aurèle, ne s'occupe que de leur félicité. C'est dans la nature que nous en devons trouver les lois, puisque ce n'est qu'en nous écartant de ses lois que nous rencontrons les maux. Étudier la nature, c'est donc servir son prince et le genre humain. J'ai employé à cette recherche toutes les forces de ma raison ; et, quoique mes moyens aient été bien faibles, je peux dire que je n'ai pas passé un seul jour sans recueillir quelque observation agréable. Je me proposais de commencer mon ouvrage quand je cesserais d'observer, et que j'aurais rassemblé tous les matériaux de l'histoire de la nature; mais il m'en a pris comme à cet enfant qui avait creusé un trou dans le sable avec une coquille, pour y renfermer l'eau de la mer.

La nature est infiniment étendue, et je suis un homme très borné. Non-seulement son histoire générale, mais celle de la plus petite plante, est bien au-dessus de mes forces. Voici à quelle occasion je m'en suis convaincu.

Un jour d'été, pendant que je travaillais à mettre en ordre quelques observations sur les harmonies de ce globe, j'aperçus sur un fraisier, qui était venu par hasard sur ma fenêtre, de petites mouches si jolies, que l'envie me prit de les décrire. Le lendemain, j'y en vis d'une autre sorte, que je décrivis encore. J'en observai, pendant trois semaines, trente-sept espèces toutes différentes; mais il y en vint à la fin en si grand nombre, et d'une si grande variété, que je laissai là cette étude, quoique très amusante, parceque je manquais de loisir, et, pour dire la vérité, d'expression.

Les mouches que j'avais observées étaient toutes distinguées les unes des autres par leurs couleurs, leurs formes et leurs allures. Il y en avait de dorées, d'argentées, de bronzées, de tigrées, de rayées, de bleues, de vertes, de rembrunies, de chatoyantes. Les unes avaient la tête arrondie comme un turban; d'autres, allongée en pointe

---

* *Télémaque*, liv. V.

BERNARDIN.

de clou. A quelques unes elle paraissait obscure comme un point de velours noir; elle étincelait à d'autres comme un rubis. Il n'y avait pas moins de variété dans leurs ailes : quelques unes en avaient de longues et de brillantes comme des lames de nacre; d'autres, de courtes et de larges, qui ressemblaient à des réseaux de la plus fine gaze. Chacune avait sa manière de les porter et de s'en servir. Les unes les portaient perpendiculairement, les autres horizontalement, et semblaient prendre plaisir à les étendre. Celles-ci volaient en tourbillonnant, à la manière des papillons; celles-là s'élevaient en l'air, en se dirigeant contre le vent, par un mécanisme à peu près semblable à celui des cerfs-volants de papier, qui s'élèvent en formant, avec l'axe du vent, un angle, je crois, de vingt-deux degrés et demi. Les unes abordaient sur cette plante pour y déposer leurs œufs; d'autres, simplement pour s'y mettre à l'abri du soleil. Mais la plupart y venaient pour des raisons qui m'étaient tout-à-fait inconnues; car les unes allaient et venaient dans un mouvement perpétuel, tandis que d'autres ne remuaient que la partie postérieure de leur corps. Il y en avait beaucoup d'immobiles, et qui étaient peut-être occupées, comme moi, à observer. Je dédaignai, comme suffisamment connues, toutes les tribus des autres insectes qui étaient attirées sur mon fraisier; telles que les limaçons qui se nichaient sous ses feuilles, les papillons qui voltigeaient autour, les scarabées qui en labouraient les racines, les petits vers qui trouvaient le moyen de vivre dans le parenchyme, c'est-à-dire dans la seule épaisseur d'une feuille; les guêpes et les mouches a miel qui bourdonnaient autour de ses fleurs, les pucerons qui en suçaient les tiges, les fourmis qui léchaient les pucerons; enfin, les araignées qui, pour attraper ces différentes proies, tendaient leurs filets dans le voisinage.

Quelque petits que fussent ces objets, ils étaient dignes de mon attention, puisqu'ils avaient mérité celle de la nature. Je n'eusse pu leur refuser une place dans son histoire générale, lorsqu'elle leur en avait donné une dans l'univers. A plus forte raison, si j'eusse écrit l'histoire de mon fraisier, il eût fallu en tenir compte. Les plantes sont les habitations des insectes, et l'on ne fait point l'histoire d'une ville sans parler de ses habitants. D'ailleurs, mon fraisier n'était point dans son lieu naturel, en pleine campagne, sur la lisière d'un bois ou sur le bord d'un ruisseau, où il eût été fréquenté par bien d'autres espèces d'animaux. Il était dans un pot de terre au milieu des fumées de Paris. Je ne l'observais qu'à des moments perdus. Je ne connaissais point les insectes qui le visitaient dans le cours de la journée, encore moins ceux qui n'y venaient que la nuit, attirés par de simples émanations, ou peut-être par des lumières phosphoriques qui nous échappent. J'ignorais quels étaient ceux qui le fréquentaient pendant les autres saisons de l'année, et le reste de ses relations avec les reptiles, les amphibies, les poissons, les oiseaux, les quadrupèdes, et les hommes surtout, qui comptent pour rien tout ce qui n'est pas à leur usage.

Mais il ne suffisait pas de l'observer, pour ainsi dire, du haut de ma grandeur; car, dans ce cas, ma science n'eût pas égalé celle d'une des mouches qui l'habitaient. Il n'y en avait pas une seule qui, le considérant avec ses petits yeux sphériques, n'y dût distinguer une infinité d'objets que je ne pouvais apercevoir qu'au microscope, avec des recherches infinies. Leurs yeux mêmes sont très supérieurs à cet instrument, qui ne nous montre que les objets qui sont à son foyer, c'est-à-dire à quelques lignes de distance; tandis qu'ils aperçoivent, par un mécanisme qui nous échappe, ceux qui sont auprès d'eux et au loin. Ce sont à la fois des microscopes et des télescopes. De plus, par leur disposition circulaire autour de la tête, ils voient en même temps toute la voûte du ciel, dont ceux d'un astronome n'embrassent tout au plus que la moitié. Ainsi mes mouches devaient voir d'un coup d'œil, dans mon fraisier, une distribution et un ensemble de parties que je ne pouvais observer au microscope que séparées les unes des autres, et successivement.

En examinant les feuilles de ce végétal au moyen d'une lentille de verre qui grossissait médiocrement, je les ai trouvées divisées par compartiments hérissés de poils, séparés par des canaux, et parsemés de glandes. Ces compartiments m'ont paru semblables à de grands tapis de verdure, leurs poils à des végétaux d'un ordre particulier, parmi lesquels il y en avait de droits, d'inclinés, de fourchus, de creusés en tuyaux, de l'extrémité desquels sortaient des gouttes de liqueur; et leurs canaux, ainsi que leurs glandes, me paraissaient remplis d'un fluide brillant. Sur d'autres espèces de plantes, ces poils et ces canaux se présentent avec des formes, des couleurs et des fluides différents. Il y a même des glandes qui ressemblent à des bassins ronds, carrés ou rayonnants. Or, la nature n'a rien fait en vain : quand elle dispose un lieu propre à être habité, elle y met des animaux; elle n'est pas bornée par la petitesse de l'espace.

Elle en a mis avec des nageoires dans de simples gouttes d'eau, et en si grand nombre que le physicien Leuwenhoek y en a compté des milliers. Plusieurs autres après lui, entre autres Robert Hook, en ont vu dans une goutte d'eau de la petitesse d'un grain de millet, les uns 10, les autres 50, et quelques uns jusqu'à 45 mille. Ceux qui ignorent jusqu'où peuvent aller la patience et la sagacité d'un observateur pourraient douter de la justesse de ces observations, si Lyonnet, qui le rapporte dans la *Théologie des insectes* de Lesser*, n'en faisait voir la possibilité par un mécanisme assez simple. Au moins on est certain de l'existence de ces êtres, dont on a dessiné les différentes figures. On en trouve d'autres avec des pieds armés de crochets, sur le corps de la mouche, et même sur celui de la puce. On peut donc croire, par analogie, qu'il y a des animaux qui paissent sur les feuilles des plantes, comme les bestiaux dans nos prairies; qui se couchent à l'ombre de leurs poils imperceptibles, et qui boivent dans leurs glandes, façonnées en soleils, des liqueurs d'or et d'argent. Chaque partie des fleurs doit leur offrir des spectacles dont nous n'avons point d'idée. Les anthères jaunes des fleurs, suspendues sur des filets blancs, leur présentent de doubles solives d'or en équilibre sur des colonnes plus belles que l'ivoire; les corolles, des voûtes de rubis et de topaze, d'une grandeur incommensurable; les nectaires, des fleuves de sucre; les autres parties de la floraison, des coupes, des urnes, des pavillons, des dômes, que l'architecture et l'orfévrerie des hommes n'ont pas encore imités.

Je ne dis point ceci par conjecture; car un jour, ayant examiné au microscope des fleurs de thym, j'y distinguai, avec la plus grande surprise, de superbes amphores à long col, d'une matière semblable à l'améthyste, du goulot desquelles semblaient sortir des lingots d'or fondu. Je n'ai jamais observé la simple corolle de la plus petite fleur, que je ne l'aie vue composée d'une matière admirable, demi transparente, parsemée de brillants, et teinte des plus vives couleurs. Les êtres qui vivent sous leurs riches reflets doivent avoir d'autres idées que nous de la lumière et des autres phénomènes de la nature. Une goutte de rosée, qui filtre dans les tuyaux capillaires et diaphanes d'une plante, leur présente des milliers de jets d'eau; fixée en boule à l'extrémité d'un de ses poils, un océan sans rivage; évaporée dans l'air, une mer aérienne.

ils doivent donc voir les fluides monter au lieu de descendre; se mettre en rond au lieu de se mettre de niveau, et s'élever en l'air au lieu de tomber. Leur ignorance doit être aussi merveilleuse que leur science. Comme ils ne connaissent à fond que l'harmonie des plus petits objets, celle des grands doit leur échapper. Ils ignorent, sans doute, qu'il y a des hommes, et parmi les hommes, des savants qui connaissent tout, qui expliquent tout; qui, passagers comme eux, s'élancent dans un infini en grand, où ils ne peuvent atteindre; tandis qu'eux, à la faveur de leur petitesse, en connaissent un autre dans les dernières divisions de la matière et du temps. Parmi ces êtres éphémères, se doivent voir des jeunesses d'un matin et des décrépitudes d'un jour. S'ils ont des histoires, ils ont des mois, des années, des siècles, des époques, proportionnés à la durée d'une fleur. Ils ont une autre chronologie que la nôtre, comme ils ont une autre hydraulique et une autre optique. Ainsi, à mesure que l'homme s'approche des éléments de la nature, les principes de sa science s'évanouissent.

Tels devaient donc être ma plante et ses habitants naturels aux yeux de mes moucherons; mais quand j'aurais pu acquérir, comme eux, une connaissance intime de ce nouveau monde, je n'en aurais pas encore eu l'histoire. Il aurait fallu étudier ses rapports avec le reste de la nature, avec le soleil qui la fait fleurir, les vents qui la ressèment, et les ruisseaux dont elle fortifie les rives, qu'elle embellit. Il eût fallu savoir comment elle se conserve en hiver par des froids qui font fendre les pierres, et comment elle reparaît verdoyante au printemps, sans qu'on ait pris soin de la préserver de la gelée; comment, faible et se traînant sur la terre, elle s'élève depuis le fond des humbles vallées jusqu'au sommet des Alpes, et parcourt le globe du nord au midi, de montagne en montagne, formant dans sa route mille réseaux charmants de ses fleurs blanches et de ses fruits couleur de rose, avec les plantes de tous les climats; comment elle a pu s'étendre depuis les montagnes de Cachemire jusqu'à Archangel, et depuis les monts Félices en Norwège jusqu'au Kamtschatka; comment enfin on la retrouve dans les deux Amériques, quoiqu'une infinité d'animaux lui fassent partout la guerre, et qu'aucun jardinier ne se mêle de la ressemer.

Avec toutes ces lumières, je n'aurais encore eu que l'histoire du genre, et non celle des espèces. Il en resterait encore à connaître les variétés, qui ont chacune leur caractère, par leurs fleurs uniques, accouplées, ou disposées en grappes; par la cou-

---

* Liv. II, chap. III.

leur, le parfum et la saveur de leurs fruits; par la grandeur, les découpures, les nervures, le lissé ou le velouté de leurs feuilles. Un de nos plus fameux botanistes, Sébastien Vaillant*, en a trouvé, dans les seuls environs de Paris, cinq espèces différentes, dont trois portent des fleurs, sans donner de fruits. On en cultive une douzaine d'étrangères dans nos jardins, telle que celles du Chili, du Pérou, des Alpes ou de tous les mois; celle de Suède, qui est verte, etc. Mais combien de variétés nous sont inconnues! Chaque degré de latitude n'a-t-il pas la sienne? N'est-il pas à présumer qu'il y a des arbres qui portent des fraises, comme il y en a qui portent des pois et des haricots? ne peut-on pas même considérer comme des variétés du fraisier les espèces très nombreuses des framboisiers et des rubus, avec lesquels il a une analogie frappante, par la découpure de ses feuilles, par ses sarments qui tracent sur la terre et qui se replantent eux-mêmes, par la forme de ses fleurs en rose, et celle de ses fruits dont les semences sont en dehors? N'a-t-il pas encore des affinités avec les églantiers et les rosiers par ses fleurs, avec le mûrier par ses fruits et par ses feuilles; avec le trèfle même, dont une espèce, aux environs de Paris, porte, de plus, des semences agrégées en forme de fraises, ce qui lui a fait donner le nom de *trifolium fragiferum*? Si l'on pense maintenant que toutes ces espèces, variétés, analogies, affinités, ont dans chaque latitude des relations nécessaires avec une multitude d'animaux, et que ces relations nous sont tout-à-fait inconnues, on verra que l'histoire complète du fraisier suffirait pour occuper tous les naturalistes du monde.

Que serait-ce donc s'il fallait écrire ainsi celle de toutes les espèces de végétaux répandues sur la surface de la terre? Le fameux Linnée en comptait sept à huit mille; mais il n'avait pas voyagé. Le célèbre Sherard en connaissait, dit-on, seize mille. Un autre botaniste en fait monter le nombre à vingt mille. Enfin, un plus moderne se vante d'en avoir fait, à lui seul, une collection de vingt-cinq mille, et il porte à quatre ou cinq fois autant le nombre de celles qu'il n'a pas vues**? Mais toutes ces évaluations sont bien faibles, si l'on considère, d'après les remarques mêmes de ce dernier observateur, que l'on ne connaît presque rien de l'intérieur de l'Afrique, de celui des trois Arabies, et même des deux Amériques; fort peu de chose de la Nouvelle-Guinée, des nouvelles Hollande et Zélande, et des îles nombreuses de la mer du Sud, dont la plupart elles-mêmes sont encore inconnues. On ne connaît guère que quelques rivages de l'île de Ceylan, de la grande île de Madagascar, des archipels immenses des Philippines et des Moluques, et de presque toutes les îles de l'Asie. Pour ce vaste continent, à l'exception de quelques grands chemins dans l'intérieur, et de quelques côtes où trafiquent nos Européens, on peut dire qu'il nous est tout-à-fait inconnu. Combien de terrains en Tartarie, en Sibérie, et dans beaucoup de royaumes de l'Europe même, où jamais les botanistes n'ont mis le pied! Quelques uns à la vérité nous ont donné des Flores Malabres, Japonaises, Chinoises, etc.; mais si l'on fait attention qu'ils n'ont parcouru, dans ces pays, que quelques rivages, bien souvent dans une seule saison de l'année où il ne paraît qu'une partie des plantes naturelles à chaque climat; qu'ils n'ont vu que les campagnes situées dans les environs de nos comptoirs; qu'ils n'ont pu s'enfoncer dans des déserts où ils auraient été sans subsistances et sans guides, ni pénétrer dans le sein d'une foule de nations barbares dont ils ignoraient la langue: on trouvera que leurs collections les plus vantées, quoique très estimables, sont encore bien imparfaites.

Pour s'en convaincre, on n'a qu'à comparer le temps qu'ils ont mis à recueillir leurs plantes dans un pays étranger, à celui que Vaillant employa à rassembler celles des seuls environs de Paris. Le savant Tournefort s'en était déjà occupé; et, après un maître aussi infatigable, il semblait que tous les botanistes de la capitale pouvaient se reposer. Vaillant, son élève, osa marcher sur ses pas, et il découvrit, après lui, une quantité si considérable d'espèces oubliées, qu'il doubla au moins le catalogue de nos plantes. Il les a portées à quinze ou

---

* *Botanicon Parisiense.*
** Wildenow, dans son excellente édition du *Species plantarum*, a décrit 17,457 espèces de plantes, comprises dans les 25 premières classes de Linnée; ce nombre peut être porté à 20,000, en y ajoutant 3 ou 4,000 cryptogames. Mais outre ces espèces déjà décrites, il y en a au moins 10,000 dont la description est faite, et non publiée, dans les herbiers de MM. Ruiz et Pavon, de Tussac, Patrin, Bonpland, de Humboldt, Née, Sesse, Mutis et Palissot de Beauvois. Enfin, M. Auguste de Saint-Hilaire a rapporté plus de 6,000 espèces nouvelles du Brésil, où il a passé plusieurs années, et sacrifié sa santé et une partie de sa fortune, dans l'unique but d'être utile à la science et à la France; sacrifice qui n'a pu lui mériter les secours de l'administration pour publier ses nombreuses découvertes, mais qui a été dignement récompensé par les persécutions des savants. Ainsi, le nombre des espèces reconnues par les botanistes est d'environ 50,000. Nous ferons remarquer que presque tous les nouveaux genres sont de grands arbres, dont la découverte pouvait se faire dans toutes les saisons, et offrait plus de facilité que celle des autres plantes frêles et passagères. D'après ces observations, il semble que, sans être accusé d'exagération, on puisse porter à dix fois autant le nombre des plantes qui couvrent la terre. (A.-M.)

seize cents; encore ne comprend-il pas dans ce nombre celles qui ne diffèrent que par la couleur des fleurs et les taches des feuiles, quoique la nature emploie souvent ces signes, dans l'ordre végétal, pour en distinguer les espèces, et en former de vrais caractères. Voici ce que dit, de ses laborieuses recherches, Boerhaave, son illustre éditeur : *Incubuit quippe huic labori ab anno 1696, usque in martium 1722; toto quidem tanti decursu temporis in eo occupatus semper, nullum præteriens unquam, cujus plantas haud excuteret, angulum; vias, agros, valles, montes, hortos, nemora, stagna, paludes, flumina, ripas, fossas, puteos, undequaque lustrans. Contigit ergo crebro ut delegeret maximi quæ Tournefortii intentissimos oculos effugerant**. « Il se livra tout en» tier à ce travail, depuis l'année 1696 jusqu'en » mars 1722. Pendant un si grand espace de temps » il en fut toujours occupé. Il ne passa jamais le » plus petit coin de terre sans en recueillir les plan» tes; parcourant, dans le plus grand détail, les » chemins, les champs, les vallées, les montagnes, » les jardins, les forêts, les étangs, les marais, les » fleuves, les rivages, les fossés et les puits. Il » arriva de là qu'il en découvrit un grand nombre » qui avaient échappé aux yeux très attentifs du cé» lèbre Tournefort. » Ainsi Sébastien Vaillant employa vingt-six ans entiers à compléter dans sa patrie, et souvent aidé de ses élèves, la botanique de quelques lieues carrées de terrain; tandis que ceux qui nous ont donné celle de plusieurs royaumes étrangers étaient seuls, et n'y ont employé que quelques mois. Mais quoique sa sagacité et sa constance semblent ne nous avoir rien laissé à desirer, je doute qu'il ait recueilli tous les présents que Flore a répandus sur nos campagnes, et qu'il ait vu, si j'ose dire, le fond de son panier; car Pline a observé des plantes dans des lieux qui ne sont point compris dans l'énumération de Boerhaave, et qui croissent sur les tuiles des maisons, sur les cribles pourris, et sur les têtes des vieilles statues. Ce qu'il y a de certain, c'est qu'on en découvre de temps en temps dans les environs de Paris, qui ne sont point inscrites dans le *Botanicon* de Vaillant **.

Pour moi, s'il m'est permis de hasarder mes conjectures sur le nombre des espèces de plantes répandues sur la terre, j'ai une telle idée de l'immensité de la nature et de ses répartitions, que j'estime qu'il n'y a point de lieue carrée de terrain qui n'en présente quelqu'une qui lui soit propre, ou du moins qui n'y vienne plus belle que dans aucun autre endroit du monde ; ce qui doit porter à plusieurs millions le nombre d'espèces primordiales de végétaux, réparties sur autant de millions carrés de lieues qui composent la surface solide de notre globe. Plus on avance vers le midi, plus leur variété augmente dans le même territoire. L'île de Taïti, dans la mer du Sud, avait sa botanique particulière, qui n'avait rien de commun avec celle des autres lieux situés en Afrique et en Amérique à la même latitude, ni même avec celle des îles voisines. Si l'on songe à présent que chaque plante a plusieurs noms différents dans son propre pays, que chaque nation lui en donne de particuliers, et que tous ces noms varient pour la plupart à chaque siècle, quelles difficultés n'ajoute pas à l'étude de la botanique sa seule nomenclature !

Cependant toutes ces notions préliminaires ne formeraient encore qu'une vaine science, quand même on connaîtrait dans le plus grand détail toutes les parties qui composent les plantes. C'est leur ensemble, leur attitude, leur port, leur élégance, les harmonies qu'elles forment étant groupées ou en contraste les unes avec les autres, qu'il serait intéressant de déterminer. Je ne sache pas qu'on ait seulement rien tenté à ce sujet. Quant à leurs vertus, on peut dire que la plupart sont inconnues, ou négligées, ou employées mal à propos. Souvent on abuse de leurs qualités, pour faire des expériences cruelles sur des bêtes innocentes, tandis qu'on pourrait s'en servir pour apporter des remèdes miraculeux aux maux de la vie humaine. Par exemple, on conserve au Cabinet du roi des flèches plus redoutables que celles d'Hercule trempées dans le sang de l'hydre de Lerne ; leurs pointes sont pénétrées du suc d'une plante si vénéneuse, que, quoiqu'elles soient exposées à l'air depuis un grand nombre d'années, elles peuvent, d'une seule piqûre, tuer dans quelques minutes l'animal le plus robuste. Pour peu qu'il en soit blessé, son sang se coagule

---

* *Botanicon Parisience*, Præf., p. 3 et 4.

** Il est probable que ces espèces n'existaient point du temps de Vaillant dans les lieux où on les trouve aujourd'hui. Les naturalistes qui ont observé les voyages des plantes ne chercheront jamais à compléter la Flore du plus petit espace de terrain; chaque année le vent, les eaux, les quadrupèdes, les oiseaux, les insectes, mettraient leur science en défaut, en les enrichissant de moissons inattendues. C'est ainsi que, dans les forêts de la Bavière, les sangliers ont multiplié l'*atropa bella-dona*, et que les chevaux ont propagé le *politricum commune* dans les campagnes de la Suède. Un de nos plus célèbres botanistes, M. Gilibert, m'a assuré qu'après une absence de plus de dix ans il trouva dans les environs de Lyon une multitude de végétaux inconnus jusqu'alors dans ces campagnes, et qui ne pouvaient avoir été apportés que par les eaux rapides du Rhône. Au reste, Bernardin de Saint-Pierre a décrit ailleurs avec tant de charmes les moyens que la nature emploie pour disséminer les végétaux sur la terre, que nous ne pouvons mieux faire que de renvoyer à cette partie de son ouvrage. (A.-M.)

tout-à-coup; mais si on lui fait avaler aussitôt un peu de sucre, la circulation s'en rétablit sur-le-champ. Le poison et le remède ont été trouvés par des Sauvages qui habitent les bords de l'Amazone; et il n'est pas inutile d'observer qu'ils n'emploient jamais à la guerre, mais à la chasse, un moyen aussi meurtrier. Pourquoi nous, qui sommes si humains et si éclairés, n'avons-nous pas essayé si ce poison ne serait pas salutaire dans les maladies où le sang éprouve une dissolution subite; et le sucre, dans celles où il vient à s'épaissir? Hélas! comment pourrions-nous appliquer à la conservation du genre humain les qualités redoutables et malfaisantes des végétaux étrangers, nous qui employons à notre commune destruction ceux mêmes que la nature nous a donnés pour mener une vie heureuse et innocente? Ces ormes et ces hêtres, à l'ombre desquels dansent les bergères, servent à faire des flasques d'affûts aux terribles canons. Nous environs de fureur nos soldats, qui se tuent sans se haïr, avec ce même jus de la vigne donné par la Providence pour réconcilier les ennemis. Ces hauts sapins qu'elle a plantés dans les neiges du nord, pour en abriter et réchauffer les habitants, servent de mâts aux vaisseaux européens qui vont porter l'incendie aux peuples paisibles du midi. C'est avec les chanvres qui habillent nos pauvres villageoises que sont faites les voiles des corsaires qui vont dépouiller les cultivateurs de l'Inde. Nos récoltes et nos forêts voguent sur les mers pour désoler les deux mondes.

Mais laissons l'histoire des hommes, et revenons à celle de la nature. Si du règne végétal nous passons au règne animal, nous verrons s'ouvrir devant nous une carrière incomparablement plus étendue. Un savant naturaliste annonça à Paris, il y a quelques années, qu'il possédait une collection de plus de trente mille espèces d'animaux. J'ignore si celle du magnifique Cabinet du roi en renferme davantage; mais je sais que ses herbiers ne contiennent que dix-huit mille plantes, et qu'on en cultive environ six mille dans son jardin *. Cependant ce nombre d'animaux, si supérieur à celui des végétaux, n'est rien en comparaison de celui qui existe sur le globe. Que l'on se rappelle que chaque espèce de plante est un point de réunion pour différents genres d'insectes, et qu'il n'y en a peut-être pas une seule qui n'ait en propre une espèce de mouche, de papillon, de puceron, de scarabée, de gallinsecte, de limaçon, etc.; que ces insectes servent de pâture à d'autres espèces très nombreuses,

telles que celles des araignées, des demoiselles, des fourmis, des formica-leo, et aux familles immenses des petits oiseaux, dont plusieurs classes, telles que celles des piverts et des hirondelles, n'ont pas d'autre nourriture; que ces oiseaux sont mangés à leur tour par les oiseaux de proie, tels que les milans, les faucons, les buses, les corneilles, les corbeaux, les éperviers, les vautours, etc.; que la dépouille générale de ces animaux, entraînée par les pluies aux fleuves, et de là dans les mers, devient l'aliment des tribus presque infinies de poissons, à la plupart desquelles les naturalistes de l'Europe n'ont pas encore donné de nom; que des légions innombrables d'oiseaux de rivière et de marine vivent aux dépens de ces poissons: on sera fondé à croire que chaque espèce du règne végétal sert de base à un grand nombre d'espèces du règne animal, qui se multiplient autour d'elle, comme les rayons d'un cercle autour de son centre. Cependant je n'ai compris dans ce simple aperçu ni les quadrupèdes, dont tous les intervalles de grandeur sont remplis, depuis la souris qui vit sous l'herbe, jusqu'au caméléopard qui paît le feuillage des arbres à quinze pieds de hauteur; ni les amphibies, ni les oiseaux de nuit, ni les reptiles, ni les polypes à peine connus, ni les insectes de la mer, dont quelques familles, comme celles des cancres et des coquillages, suffiraient seules pour remplir nos plus vastes cabinets, quand on n'y mettrait qu'un individu de chaque espèce. Je n'y comprends point les madrépores, dont la mer est pavée entre les tropiques, et qui sont d'espèces si variées que j'ai vu à l'Ile-de-France deux grandes salles remplies de celles qui croissent seulement autour de cette île, quoiqu'il n'y en eût qu'un de chaque sorte. Je n'ai point fait mention d'insectes de plusieurs genres, tels que le pou et le ver, dont chaque espèce d'animal a ses variétés particulières qui lui sont affectées, et qui triple au moins le règne de tout ce qui respire; ni de ceux en nombre infini, visibles et invisibles, connus et inconnus, qui n'ont aucune détermination fixe, et que la nature a répandus dans les airs, les terres, et les profondeurs de l'Océan.

Que serait-ce donc s'il fallait décrire chacun de ces êtres avec la sagacité d'un Réaumur? La vie d'un homme de génie suffirait à peine à l'histoire de quelques insectes. Quelque curieux même que soient les mémoires que l'on a rassemblés sur les mœurs et l'anatomie des animaux qui nous sont les plus familiers, on se flatte encore en vain de les connaître. La principale partie y manque, à mon gré; c'est l'origine de leurs amitiés et de leurs

---

* Ce nombre est à peu près le même aujourd'hui. (A.-M.)

inimitiés. C'est là, ce me semble, l'essence de leur histoire, à laquelle il faut rapporter leurs instincts, leurs amours, leurs guerres, les parures, les armes et la forme même que la nature leur donne. Un sentiment moral semble avoir déterminé leur organisation physique. Je ne sache pas qu'aucun naturaliste se soit jamais occupé de cette recherche. Les poëtes ont tâché d'expliquer ces instincts merveilleux et innés par des fables ingénieuses. L'hirondelle Progné fuyait les forêts ; sa sœur Philomèle aimait à chanter dans ces lieux solitaires ; Progné lui dit un jour :

> Le désert est-il fait pour des talents si beaux ?
> Venez faire aux cités éclater leurs merveilles.
> Aussi bien, en voyant les bois,
> Sans cesse il vous souvient que Térée autrefois,
> Parmi des demeures pareilles,
> Exerça sa fureur sur vos divins appas. —
> Et c'est le souvenir d'un si cruel outrage
> Qui fait, reprit sa sœur, que je ne vous suis pas :
> En voyant les hommes, hélas !
> Il m'en souvient bien davantage.

Je n'entends point de fois les airs ravissants et mélancoliques d'un rossignol caché sous une feuillée, et les piou-piou prolongés qui traversent comme des soupirs le chant de cet oiseau solitaire, que je ne sois tenté de croire que la nature a révélé son aventure au sublime La Fontaine, en même temps qu'elle lui inspirait ces vers. Si ses fables n'étaient pas l'histoire des hommes, elles seraient encore pour moi un supplément à celle des animaux. Des philosophes fameux, infidèles au témoignage de leur raison et de leur conscience, ont osé en parler comme de simples machines. Ils leur attribuent des instincts aveugles, qui règlent d'une manière uniforme toutes leurs actions, sans passion, sans volonté, sans choix, et même sans aucune sensibilité. J'en marquais un jour mon étonnement à J.-J. Rousseau ; je lui disais qu'il était bien étrange que des hommes de génie eussent soutenu une thèse aussi extravagante ; il me répondit fort sagement : *C'est que quand l'homme commence à raisonner, il cesse de sentir.*

Pour détruire leur opinion, je ne recourrai pas aux animaux qui nous étonnent par leur industrie, tels que les castors, les abeilles, les fourmis, etc. ; je ne citerai qu'un exemple pris dans la classe de ceux qui sont les plus indociles, tels que les poissons, et je le choisirai parmi ceux qui sont guidés par l'instinct le plus impétueux et le plus stupide, qui est celui de la gourmandise. Le requin est un poisson si vorace, que non-seulement il dévore ses semblables quand il en trouve l'occasion, mais qu'il avale sans distinction tout ce qui tombe des vaisseaux à la mer, cordes, toile, goudron, bois, fer, et jusqu'à des couteaux. Cependant j'ai toujours été témoin de sa sobriété dans deux circonstances remarquables : dans l'une, c'est que, quelque affamé qu'il soit, il ne touche jamais à une espèce de petits poissons bariolés de jaune et de noir, appelés pilotins, qui nagent devant son museau pour le conduire vers sa proie*, qu'il ne voit que lorsqu'il en est fort près ; car la nature, pour balancer la férocité de ce poisson, l'a rendu presque aveugle. Dans l'autre, c'est que si l'on jette à la mer une poule morte, il s'en approche au bruit de sa chute ; mais dès qu'il l'a reconnue pour un oiseau, il s'en éloigne aussitôt : ce qui a fait dire en proverbe aux matelots, que *le requin fuit la plume.* Il est impossible, dans le premier cas, de ne pas lui supposer une portion d'intelligence qui réprime sa voracité en faveur de ses guides, et de ne pas attribuer, dans le second, son aversion pour les oiseaux à cette raison universelle qui, le destinant à vivre le long des écueils où échouent les cadavres de tout ce qui périt dans les eaux, lui a donné de l'aversion pour les animaux emplumés, afin qu'il n'y détruisît pas les oiseaux de mer qui y nagent en grand nombre, occupés comme lui à y chercher leur vie, et à en nettoyer les rivages.

D'autres philosophes, au contraire, ont attribué les mœurs des animaux, comme celles des hommes, à leur éducation ; et leurs affections, ainsi que leurs haines naturelles, à des ressemblances ou à des dissemblances de forme. Mais si leurs amitiés naissent de leurs ressemblances, pourquoi la poule, qui se promène avec sécurité, à la tête de ses poussins, autour des chevaux et des bœufs d'une métairie, qui, en marchant, écrasent assez souvent une partie de sa famille, rappelle-t-elle ses petits avec inquiétude à la vue d'un milan emplumé comme elle, qui ne paraît en l'air que comme un point noir, et que la plupart du temps elle n'a jamais vu ? Pourquoi un chien de basse-cour hurle-t-il la nuit à la simple odeur d'un loup qui lui ressemble ? Si de longues habitudes pouvaient influer sur les animaux comme sur les hommes, pourquoi a-t-on rendu l'autruche du désert familière jus-

---

* Le pilotin accompagne le requin, mais il ne le guide pas, c'est la finesse de l'odorat qui compense dans ce poisson la faiblesse de la vue. Ce sens seul lui fait reconnaître la présence de sa proie : il règle ses courses, dirige ses attaques ; et l'on a remarqué que les objets qui répandent l'odeur la plus forte sont ceux sur lesquels le requin se jette avec le plus de rapidité. Au reste, les observations des savants sur les *squales* ne présentent qu'une série de faits contradictoires, et l'étude de cette partie de l'histoire naturelle n'est encore que celle des opinions des différents voyageurs. (A.-M.)

qu'à lui faire porter des enfants sur sa croupe emplumée, tandis qu'on n'a jamais pu apprivoiser l'hirondelle, qui, de temps immémorial, bâtit son nid dans nos maisons?

Où sont, dans les historiens de la nature, les Tacites qui nous dévoileront ces mystères du cabinet des cieux, sans l'explication desquels il est impossible d'écrire l'histoire d'aucun animal sur la terre? Jamais on n'en vit aucune espèce déroger, comme celle de l'homme, aux lois qu'elle a reçues de la nature. Partout les abeilles vivent en république, comme elles y vivaient du temps d'Ésope ; partout les mouches communes sont restées vagabondes, comme une populace sans police et sans frein. Comment, parmi celles-ci, ne s'est-il pas trouvé quelque Lycurgue qui les ait rassemblées pour leur bien général, et qui leur ait donné, comme des philosophes disent que firent les premiers législateurs parmi les hommes, des lois tirées de leur faiblesse, et de la nécessité de se réunir? D'un autre côté, pourquoi, comme Machiavel l'assure des peuples trop heureux, ne s'élève-t-il pas parmi les chiens, fiers de la surabondance de leurs forces, quelque Catilina qui les invite à abuser de la sécurité de leurs maîtres pour les détruire tous à la fois, ou quelque Spartacus qui les appelle par ses hurlements à la liberté, et à vivre en souverains dans les forêts, eux à qui la nature a donné des armes, du courage, et l'art de dompter en corps les animaux les plus redoutables? Lorsque tant de lois triviales sont, sous nos yeux, ignorées ou méconnues, comment osons-nous assigner celles qui règlent le cours des astres, et qui embrassent l'immensité de l'univers?

A ces difficultés que nous oppose la nature, ajoutons celles que nous y apportons nous-mêmes. D'abord, des méthodes et des systèmes de toutes les sortes préparent dans chaque homme la manière de la voir. Je ne parle pas des métaphysiciens qui l'expliquent avec des idées abstraites, des algébristes avec des formules, des géomètres avec leur compas, des chimistes avec des sels, ni des révolutions que les opinions des savants, quoique très intolérantes, éprouvent dans chaque siècle. Tenons-nous-en aux notions les plus constantes et les plus accréditées. Commençons par les géographes. Ils nous montrent la terre divisée en quatre parties principales, quoiqu'elle ne le soit réellement qu'en deux[*] ; au lieu des fleuves qui l'arrosent, des rochers qui la fortifient, des chaînes de montagnes qui la partagent par climats, et des autres sous-divisions naturelles, ils nous la présentent bariolée de lignes de toutes couleurs, qui la divisent et subdivisent en empires, en diocèses, en sénéchaussées, en élections, en bailliages, en greniers à sel. Ils ont défiguré ou remplacé par des noms sans aucun sens ceux que les premiers habitants de chaque contrée leur avaient donnés, et qui en exprimaient si bien la nature. Ils appellent, par exemple, Ville-des-Anges une ville près de celle du Mexique, où les Espagnols ont répandu souvent le sang des hommes, mais que les Mexicains nommaient *Cuet-lax-coupan*, c'est-à-dire couleuvre dans l'eau, parceque de deux fontaines qui s'y trouvent, il y en a une qui est venimeuse ; Mississipi, ce grand fleuve de l'Amérique septentrionale que les Sauvages appellent *Méchassipi*, le père des eaux ; Cordillères, ces hautes montagnes toujours couvertes de glaces, qui bordent la mer du Sud, et que les Péruviens appelaient, dans la langue royale des Incas, *Ritisuyu*, écharpe de neige; ainsi d'une infinité d'autres. Ils ont ôté aux ouvrages de la nature leurs caractères, et aux nations leurs monuments. En lisant ces anciens noms et leur explication dans Garcilasso de la Vega, dans Thomas Gage et dans les premiers voyageurs, vous vous imprimez dans l'esprit, avec quelques mots simples, le paysage et l'histoire de chaque pays, sans compter le respect attaché à leur antiquité, qui rend les lieux dont ils nous parlent encore plus vénérables. Les Chinois ne savent point que leur pays s'appelle la Chine, si ce ne sont ceux qui trafiquent avec les Européens. Ils l'appellent *Chium hoa*, le royaume du milieu. Ils en changent le nom, lorsque les familles de leurs souverains viennent à s'éteindre ; une nouvelle dynastie lui donne un nouveau nom : ainsi l'a voulu la loi, afin d'apprendre aux rois que les destinées de leurs peuples leur étaient attachées comme celles de leur propre famille. Les Européens ont détruit toutes ces convenances. Ils porteront éternellement la peine de cette injustice, comme celle de tant d'autres ; car, s'obstinant à donner les noms qui leur

---

[*] Cette division du globe en quatre parties paraît effectivement peu naturelle ; car l'Europe et l'Asie ne sont séparées ni par des mers, ni par un isthme, ni même par des montagnes, excepté dans la partie septentrionale, où s'étend la chaîne de l'Oural. Les géographes modernes, loin de chercher à établir des divisions plus raisonnables, ont fait des îles de la mer du Sud une cinquième partie du monde, à laquelle les uns donnent le nom d'*Océanique*, les autres celui de *Polynésie*. L'espace que ces îles occupent entre les deux continents est d'environ 1,721 myriamètres (3,875 lieues) de l'est à l'ouest, c'est-à-dire depuis l'île de Pâques jusqu'à l'île de Sumatra. Cette vaste étendue n'offre que des débris et des terres isolées, entre lesquels il est difficile d'apercevoir quelques rapports généraux ; ce qui n'a pas empêché les géographes de les réunir pour donner une cinquième partie au monde. (A.-M.)

plaisent* aux pays dont ils s'emparent et à ceux où ils s'établissent, il arrive de là que, lorsque vous voyez les mêmes contrées sur des cartes, ou dans des relations hollandaises, anglaises, portugaises, espagnoles ou françaises, vous n'y reconnaissez plus rien. Leur longitude même est changée, chaque nation la comptant aujourd'hui de sa capitale.

Les botanistes nous égarent encore davantage. J'ai parlé des variations perpétuelles de leurs dictionnaires; mais leur méthode n'est pas moins fautive. Ils ont imaginé, pour reconnaître les plantes, des caractères très compliqués, qui les trompent souvent, quoique tirés de toutes les parties du règne végétal; et ils n'ont jamais pu exprimer celui de leur ensemble, où les ignorants les reconnaissent d'abord. Il leur faut des loupes et des échelles pour classer les arbres d'une forêt. Il ne leur suffit pas de les voir en pied et couverts de feuilles, il leur faut des fleurs, et souvent de la fructification. Un paysan les reconnaît tous dans les branches de son fagot. Pour me donner une idée des variétés de la germination, ils me montrent dans des bocaux une longue suite de graines nues de toutes les formes; mais c'est la capsule qui les conserve, les aigrettes qui les ressèment, la branche élastique qui les élance au loin, qu'il m'importait d'examiner. Pour me montrer le caractère d'une fleur, ils me la font voir sèche, décolorée, et étendue dans un herbier. Est-ce dans cet état que je reconnaîtrai un lis? N'est-ce pas sur le bord d'un ruisseau, élevant au milieu des herbes sa tige auguste, et réfléchissant dans les eaux ses beaux calices[6] plus blancs que l'ivoire, que j'admirerai le roi des vallées? Sa blancheur incomparable n'est-elle pas encore plus éclatante quand elle est mouchetée, comme des gouttes de corail, par de petits scarabées écarlates, hémisphériques, piquetés de noir, qui y cherchent presque toujours un asile? Qui est-ce qui peut reconnaître dans une rose sèche la reine des fleurs? Pour qu'elle soit à la fois un objet de l'amour et de la philosophie, il faut la voir lorsque, sortant des fentes d'un rocher humide, elle brille sur sa propre verdure, que le zéphyr la balance sur sa tige hérissée d'épines, que l'Aurore l'a couverte de pleurs, et qu'elle appelle par son éclat et par ses parfums la main des amants. Quel-

* Les voyages récents de Péron aux Terres Australes offrent les exemples les plus déplorables de la manie que l'auteur blâme avec tant de raison. Cette relation, d'ailleurs si curieuse, aura besoin quelque jour, pour être entendue, d'une synonymie géographique; et l'on s'étonnera sans doute qu'un homme ait pu porter tant de perfection dans deux sciences si opposées, celle de la nature et celle de l'adulation. (A.-M.)

quefois une cantharide, nichée dans sa corolle, en relève le carmin par son vert d'émeraude; c'est alors que cette fleur semble nous dire que, symbole du plaisir par ses charmes et par sa rapidité, elle porte, comme lui, le danger autour d'elle, et le repentir dans son sein.

Les naturalistes nous éloignent encore bien davantage de la nature, quand ils veulent nous expliquer par des lois uniformes, et par la simple action de l'air, de l'eau et de la chaleur, le développement de tant de plantes qui naissent sur le même fumier, de couleurs, de formes, de saveurs et de parfums si différents. Veulent-ils en décomposer les principes? le poison et l'aliment présentent dans leurs fourneaux les mêmes résultats. Ainsi la nature se joue de leur art, comme de leur théorie. La seule plante du blé, qui n'a été manipulée que par le peuple, sert à une infinité d'usages, tandis qu'une multitude de végétaux sont restés inutiles dans de savants laboratoires. Je me souviens d'avoir lu autrefois de grandes dissertations sur la manière d'employer les marrons d'Inde à la nourriture des bestiaux. Chaque académie de l'Europe a au moins donné la sienne; et de toutes ces lumières il en était résulté que le marron d'Inde était inutile s'il n'était préparé à grands frais, et qu'il ne pouvait servir qu'à faire de la bougie ou de la poudre à poudrer. Je m'étonnais, non pas que les naturalistes en ignorassent l'usage, et qu'ils n'eussent étudié que les intérêts du luxe, mais que la nature eût produit un fruit qui ne servît pas même aux animaux. Je fus à la fin tiré de mon ignorance par les bêtes mêmes. Je me promenais un jour au bois de Boulogne, en tenant dans ma main un marron d'Inde, lorsque j'aperçus une chèvre qui était à pâturer. Je m'approchai d'elle, et je m'amusai à la caresser. Dès qu'elle eut vu le marron que je tenais entre mes doigts, elle le saisit, et le croqua sur-le-champ. L'enfant qui la conduisait me dit que toutes les chèvres en mangeaient, ce qui leur faisait venir beaucoup de lait. A quelque distance de là, je vis, dans l'allée des marronniers qui conduit au château de Madrid, un troupeau de vaches uniquement occupées à chercher des marrons d'Inde, qu'elles mangeaient d'un grand appétit, sans lessive et sans saumure. Ainsi nos méthodes savantes nous cachent les vérités naturelles, connues même des simples bergers.

Quel spectacle nous présentent nos collections d'animaux dans nos cabinets! En vain l'art des Daubenton leur rend une apparence de vie: quelque industrie qu'on emploie pour conserver leurs formes, leur attitude roide et immobile, leurs yeux fixes et mornes, leurs poils hérissés, nous disent que les traits de la mort les ont frappés. C'est là que la beauté même inspire l'horreur, tandis que les objets les plus laids sont agréables lorsqu'ils sont à la place où les a mis la nature. J'ai vu plus d'une fois aux Iles, avec plaisir, des crabes sur le sable, s'efforcer d'entamer avec leurs tenailles un gros coco; ou un singe velu se balancer au haut d'un arbre, à l'extrémité d'une liane toute chargée de gousses et de fleurs brillantes. Nos livres sur la nature n'en sont que le roman, et nos cabinets que le tombeau. Combien nos spéculations et nos coutumes ne l'ont-elles pas dégradée? Nos traités d'agriculture ne nous montrent plus, dans les champs de Cérès, que des sacs de blé; dans les prairies aimées des nymphes, que des bottes de foin; et dans les majestueuses forêts, que des cordes de bois et des fagots. Que dire du tort que lui ont fait l'orgueil et l'avarice? Que de collines charmantes sont devenues roturières par nos lois! que de fleuves majestueux sont réduits en servitude par les impôts! L'histoire des hommes a été bien autrement défigurée. Si l'on en excepte l'intérêt que la religion ou l'humanité ont inspiré en leur faveur à quelques hommes de bien, mille passions ont conduit le reste des écrivains. Le politique les représente divisés en nobles ou en vilains, en papistes ou en huguenots, en soldats ou en esclaves; le moraliste, en avares, en hypocrites, en débauchés, en orgueilleux; le poëte tragique, en tyrans, en opprimés; le comique, en bouffons et en ridicules; le médecin, en pituiteux, en flegmatiques, en bilieux. Partout des sujets de dégoût, de haine ou de mépris; partout on a disséqué l'homme, et l'on ne nous montre plus que son cadavre. Ainsi le plus digne objet de la création a été dégradé par notre savoir, comme le reste de la nature.

Je ne dis pas cependant que de ces moyens partiaux il ne soit sorti quelque découverte utile; mais tous ces cercles dont nous circonscrivons la puissance suprême, loin d'en assigner les bornes, ne montrent que celles de notre génie. Nous nous accoutumons à y renfermer toutes nos idées, et à rejeter avec mauvaise foi tout ce qui s'en écarte. Nous ressemblons à ce tyran de Sicile qui appliquait les passants sur son lit de fer: il allongeait de force les jambes de ceux qui les avaient plus courtes que son lit, et il les coupait à ceux qui les avaient plus longues. Ainsi nous appliquons toutes les opérations de la nature à nos petites méthodes, afin de les restreindre à une seule loi. Moi-même, entraîné par l'esprit de mon siècle, j'ai donné, à la fin d'une relation du voyage que j'ai fait à l'Ile-de-France, un système sur les plantes, où j'expliquais leur développement, comme nos physiciens expliquent celui des madrépores, par le mécanisme de petits animaux qui les construisent. Je cite cet ouvrage, quoique je l'aie fait en m'amusant, pour prouver combien il est aisé d'étayer un principe faux d'observations vraies; car, l'ayant communiqué à J.-J. Rousseau, qui était, comme on sait, très savant en botanique, il me dit: « Je n'adopte » pas votre système; mais il me faudrait six mois » pour le réfuter: encore je ne me flatterais pas » d'en venir à bout. » Quand le suffrage de cet homme sincère aurait été sans réserve, il ne justifierait pas ce libertinage de mon esprit. La fiction n'embellit que l'histoire des hommes; elle dégrade celle de la nature. La nature est elle-même la source de tout ce qu'il y a d'ingénieux, d'utile, d'aimable et de beau. En lui appliquant de force les lois que nous imaginons, ou en étendant à toutes ses opérations celles que nous connaissons, nous en masquons de plus admirables que nous ne connaissons pas. Nous ajoutons, au nuage dont elle voile sa divinité, celui de nos erreurs. Elles s'accréditent par le temps, les chaires, les livres, les protecteurs, les corps, et surtout par les pensions, tandis que personne n'est payé pour chercher des vérités qui ne tournent qu'au profit du genre humain. Nous portons dans ces recherches si indépendantes et si sublimes les passions du collège et du monde, l'intolérance et l'envie. Ceux qui sont entrés les premiers dans la carrière forcent ceux qui viennent après eux de marcher sur leurs pas, ou d'en sortir: comme si la nature était leur patrimoine, ou que son étude fût un métier où il n'y eût pas de place pour tout le monde. Que de peines n'a-t-il pas fallu pour déraciner en France la métaphysique d'Aristote, devenue une espèce de religion! La philosophie de Descartes, qui l'a détruite, y subsisterait encore, si elle eût été aussi bien rentée. Celle de Newton, avec ses attractions, n'est pas plus solidement établie. Je respecte infiniment la mémoire de ces grands hommes, dont les écarts mêmes ont servi à nous ouvrir de grandes routes dans le vaste champ de la nature; mais en plus d'une occasion je combattrai leurs principes, et surtout les applications générales qu'on en a faites, bien persuadé que si je m'écarte de leurs systèmes, je me rapproche de leur intention. Ils ont cherché toute leur vie à élever l'homme vers la Divinité par leurs sublimes découvertes, sans se douter que les lois qu'ils établissaient en physique serviraient un jour à détruire celles de la morale.

Pour bien juger du spectacle magnifique de la nature, il faut en laisser chaque objet à sa place, et rester à celle où elle nous a mis. C'est pour notre bonheur qu'elle nous a caché les lois de sa toute-puissance. Comment des êtres aussi faibles que nous en pourraient-ils embrasser l'étendue infinie? Mais elle en a mis à notre portée qu'il était plus utile et plus doux de connaître : ce sont celles qui émanent de sa bonté. Afin de lier les hommes par une communication réciproque de lumières, elle a donné à chacun de nous en particulier l'ignorance, et elle a mis la science en commun, pour nous rendre nécessaires et intéressants les uns aux autres. La terre est couverte de végétaux et d'animaux, dont un savant, une académie, un peuple même, ne pourra jamais savoir la simple nomenclature ; mais je présume que le genre humain en connaît toutes les propriétés. En vain les nations éclairées se vantent d'avoir réuni chez elles tous les arts et toutes les sciences ; c'est à des Sauvages ou à des hommes ignorés que nous devons les premières observations qui les ont fait naître. Ce n'est ni aux Grecs, ni aux Romains policés, mais à des peuples que nous appelons barbares, que nous devons l'usage des simples, du pain, du vin, des animaux domestiques, des toiles, des teintures, des métaux, et tout ce qu'il y a de plus utile et de plus agréable dans la vie humaine. L'Europe moderne se glorifie de ses découvertes ; mais l'imprimerie, qui doit, dit-on, les immortaliser, a été trouvée par un homme si peu connu, que plusieurs villes en Allemagne, en Hollande, et même à la Chine, s'en attribuent l'invention. Galilée n'eût point calculé la pesanteur de l'air, sans l'observation d'un fontainier qui remarqua que l'eau ne pouvait s'élever qu'à trente-deux pieds dans les tuyaux des pompes aspirantes. Newton n'eût point lu dans les cieux, si des enfants, en se jouant en Zélande avec les verres d'un lunetier, n'eussent trouvé les premiers tuyaux du télescope. Notre artillerie n'eût point subjugué l'Amérique, si un moine oisif n'avait trouvé par hasard la poudre à canon ; et quelle que soit pour l'Espagne la gloire d'avoir découvert un nouveau monde, les Sauvages de l'Asie y avaient établi des empires avant que Christophe Colomb y eût abordé. Qu'y serait-il devenu lui-même, si les hommes bons et simples qu'il y trouva ne l'eussent secouru de vivres? Que les académies accumulent donc les machines, les systèmes, les livres et les éloges ; les principales louanges en sont dues à des ignorants qui en ont fourni les premiers matériaux.

C'est à ce titre que je présente les miens ; ils sont les fruits de plusieurs années, qui, malgré de longs et de cruels orages, se sont écoulées dans ces douces recherches comme un jour tranquille. J'ai desiré, si je n'ai pu arriver à un terme où je pusse m'arrêter, de donner au moins à d'autres le plaisir que j'avais trouvé dans le chemin. J'ai mis dans ces observations le meilleur style que j'ai pu y mettre, m'écartant souvent à droite et à gauche, entraîné par mon sujet ; quelquefois me livrant à une multitude de projets qu'inspire l'intelligence infinie de la nature ; tantôt me plaisant à m'arrêter sur des sites et des temps heureux que je ne reverrai jamais ; tantôt me jetant dans l'avenir vers une existence plus fortunée, que la bonté du ciel nous laisse entrevoir à travers les nuages de cette vie misérable. Descriptions, conjectures, aperçus, vues, objections, doutes, et jusqu'à mes ignorances, j'ai tout ramassé, et j'ai donné à ces ruines le nom d'*Études*, comme un peintre aux études d'un grand tableau auquel il n'a pu mettre la dernière main.

Au milieu de ce désordre, il fallait cependant adopter un ordre, sans quoi la confusion de la matière eût ajouté encore à l'insuffisance de l'auteur. J'ai suivi le plus simple. Je réponds d'abord aux objections faites contre la Providence ; j'examine ensuite l'existence de quelques sentiments qui sont communs à tous les hommes, et qui suffisent pour reconnaître dans tous les ouvrages de la nature les lois de sa sagesse et de sa bonté. Je fais ensuite l'application de ces lois au globe, aux plantes, aux animaux, et à l'homme.

Voici d'abord comme je me proposais de développer ma marche. Si, dans l'exposé rapide que j'en vais faire, le lecteur trouve un peu de sécheresse, je le prie de considérer qu'elle est une suite nécessaire de tout abrégé ; que, d'un autre côté, je lui sauve l'ennui d'une préface ; et que Pline, qui avait une meilleure tête que la mienne, n'a pas balancé à faire le premier livre de son Histoire naturelle avec les seuls titres des chapitres qui la composent.

Je me disais donc : J'exposerai dans la PREMIÈRE PARTIE de mon ouvrage les bienfaits de la nature envers notre siècle, et les objections qu'on y a élevées contre la providence de son auteur. Je ne dissimulerai aucune de celles que je connais, et je leur donnerai de l'ensemble, afin de leur donner plus de force. J'emploierai, pour les détruire, non pas des raisonnements métaphysiques, tels que ceux dont elles sont formées, parcequ'ils n'ont jamais terminé aucune dispute; mais les faits mêmes de la nature, qui sont sans réplique. Avec ces mêmes faits, j'élèverai à mon tour des difficultés contre les principes de nos sciences humaines, que nous croyons infaillibles. Je remonterai de là à la faiblesse de notre raison; j'examinerai s'il y a des vérités universelles; ce que nous entendons par ordre, beauté, convenance, harmonie, plaisir, bonheur, et par leurs contraires; ce que c'est enfin qu'un corps organisé. De cet examen de nos facultés et des effets de la nature, résultera l'évidence de plusieurs lois physiques, dirigées constamment vers une seule fin, et celle d'une loi morale qui n'appartient qu'à l'homme, et dont le sentiment a été universel dans tous les siècles et chez tous les peuples. Ces préliminaires étaient nécessaires : avant d'élever l'édifice, il fallait nettoyer le terrain, et y poser des fondements.

Dans la SECONDE PARTIE, je ferai l'application de ces lois au globe; j'examinerai sa forme, son étendue, la division de ses hémisphères; et comme il est composé, ainsi que tous les ouvrages organisés de la nature, de parties semblables et de parties contraires, j'en considérerai successivement les éléments, et la manière dont ils sont ordonnés, le feu à l'air, l'air à l'eau, l'eau à la terre. Cet ordre établit entre eux une véritable subordination, dont le soleil est le principal agent; mais il n'est pas le seul moteur de la nature, et il en est encore moins l'ordonnateur. Son action uniforme sur les éléments devrait à la fin les séparer ou les confondre. D'autres lois balancent les siennes, et entretiennent l'harmonie générale. J'observerai l'admirable variété de son cours, les effets de sa chaleur et de sa lumière, et de quelle manière merveilleuse ils sont affaiblis et multipliés dans les cieux, en raison inverse des latitudes et des saisons. Je parlerai des grands réverbères du ciel, de la lune, des aurores boréales, des étoiles, et des mystères de la nuit, seulement autant qu'il est permis à l'œil de l'homme de les apercevoir, et à son cœur d'en être ému. J'y parlerai aussi de la nature du feu, non pas pour l'expliquer, mais pour nous convaincre à cet égard de notre ignorance profonde. Cet élément, qui nous fait apercevoir toutes choses, échappe lui-même à toutes nos recherches. Nous observerons qu'il n'y a ni animal, ni plante, ni même de fossile, qui puisse y subsister long-temps. Il est le seul être qui augmente son volume en se communiquant; il pénètre tous les corps sans être pénétré; il n'est divisible que dans une dimension; il n'a point de pesanteur. Quoique rien ne l'attire au centre de la terre, il est répandu dans toutes ses parties. Sa nature diffère de celle de tous les autres corps. Son caractère destructeur et indéfinissable semble favoriser l'opinion de Newton, qui ne le regardait que comme un mouvement communiqué à la matière, et partant réduisait les éléments à trois *. Cependant, comme il est un des quatre principes généraux de la vie dans tous les êtres vivants, qu'on le découvre souvent dans les autres dans un état de repos, et qu'il n'en est aucun, comme nous le verrons, qui n'ait ou des organes ou des parties disposées pour affaiblir ou pour multiplier ses effets, nous le reconnaissons non-seulement comme élément, mais comme le premier agent de la nature. Du feu je passerai à l'air. J'examinerai la qualité qu'il a de s'étendre et de se resserrer, de s'échauffer et de se refroidir; et les effets de cette grande couche d'air glacial qui environne notre globe à une lieue environ de sa surface, et dont on n'a déduit jusqu'ici l'explication de presque aucun phénomène. Je considérerai ensuite les effets de l'eau : de quelle manière la chaleur l'évapore et le froid la fixe; ses diverses existences : de volatilité dans l'air, en nuages, en rosées et en pluies; de fluidité sur la terre, en rivières et en mers; de solidité sur les pôles et sur les hautes montagnes, en neiges et en glaces. J'observerai comment les mers, qui sont les grands réservoirs de cet élément, sont distri-

* La physique moderne a singulièrement multiplié le nombre des éléments, que les anciens réduisaient à quatre. Lorsque Bernardin de Saint-Pierre publia ses *Études*, on croyait encore que le feu, l'air, l'eau et la terre étaient des corps simples; mais les belles expériences de Lavoisier changèrent la face de la science, et dévoilèrent bien des erreurs. Il fit voir que l'eau est composée de deux gaz, l'hydrogène et l'oxygène; que l'air dans lequel nous sommes plongés est un mélange de vingt et une parties de ce même oxygène, de soixante-dix-huit d'azote, et d'un peu de gaz acide carbonique. Ces gaz entrent dans la composition des corps, et l'histoire de leurs diverses combinaisons est presque toute l'histoire de la chimie. Plusieurs terres s'annoncent aussi comme des substances simples, et sont placées au nombre des éléments. Quant au feu, il a la plus grande analogie avec la lumière, qui est composée de rayons dont les propriétés sont distinctes : cependant on ne sait point encore s'il doit être placé parmi les corps simples ou composés. Comme dans le cours de l'ouvrage le mot *élément* est quelquefois appliqué à l'air, à l'eau et au feu, nous avons cru devoir rappeler ici l'état actuel de la science, afin de ne pas être obligé de répéter plusieurs fois les mêmes observations. Cependant il est utile de remarquer que toutes ces découvertes éprouvent chaque jour des modifications nouvelles. La complication de la nomenclature, des classifications et des expériences, annonce une science dont les bases sont loin d'être fixées. Telle est la variation de nos idées dans les sciences les plus positives, qu'il peut venir un moment où cette note, qui ne présente aujourd'hui que des faits, ne présente plus que des erreurs. Ainsi chaque année nous changeons d'incertitudes; et ce qui prouve notre faiblesse, c'est que nous ne manquons jamais de prendre la dernière pour la vérité. (A.-M.)

buées par rapport au soleil; comment elles reçoivent de lui, par la médiation de l'air, une partie de leurs mouvements; de quelle manière elles renouvellent sans cesse leurs eaux au moyen des glaces accumulées sur les pôles, dont la fusion annuelle et périodique entretient leurs cours, aussi constamment que la fusion des glaces qui sont sur les sommets des hautes montagnes entretient et renouvelle les eaux des grands fleuves. J'en déduirai l'origine des marées, des moussons de l'Inde, et des courants principaux de l'Océan. Je hasarderai ensuite mes conjectures sur la quantité d'eaux qui environnent la terre dans les trois états de volatilité, de fluidité, et de solidité; et j'examinerai s'il est possible qu'étant toutes réunies dans un état de fluidité, elles couvrent entièrement le globe. Je considérerai de quelle manière toutes les parties de la terre, c'est-à-dire de l'élément aride, sont distribuées par rapport au soleil; de sorte qu'il n'y a aucun entonnoir de vallée, ni aucun escarpement de rocher, qui n'en soit vu dans quelque saison de l'année, et qui ne soit disposé en même temps dans l'ordre le plus convenable pour multiplier sa chaleur, ou pour l'affaiblir, soit par sa forme, soit même par sa couleur. Je ferai voir que, malgré l'irrégularité apparente des diverses parties de ce globe, elles sont opposées avec tant d'harmonie aux différents cours de l'air, qu'il n'en est aucune où il ne souffle tour à tour des vents chauds, froids, secs et humides; que les vents froids soufflent le plus constamment dans les pays chauds, et les vents chauds dans les pays froids; que ces mêmes pays réagissent à leur tour sur l'air, en sorte que la cause des vents n'est pas, comme on le croit communément, aux lieux d'où ils partent, mais à ceux où ils arrivent. Je parlerai ensuite de la direction des montagnes, de leurs pentes et de leurs aspects par rapport aux lacs et aux mers où leurs chaînes sont toutes ordonnées pour en recevoir les émanations, et de la matière qui les attire et les fixe autour de leurs pics, qui sont comme autant d'aiguilles électriques. J'examinerai enfin par quelle raison la nature a divisé ce globe en deux hémisphères, et quels moyens elle emploie pour accélérer ou retarder le cours des fleuves, et protéger leur embouchure contre les mouvements et les courants de l'Océan. Je traiterai des bancs, des écueils, des rochers, des îles maritimes et fluviatiles; et je démontrerai, j'ose dire jusqu'à l'évidence, que ces portions détachées du continent n'en sont pas plus des ruines, que les baies, les golfes et les méditerranées ne sont des irruptions de la mer. Je terminerai cette partie par indiquer les principaux agents dont la nature se sert pour réparer ses ouvrages; comment elle emploie le feu pour purifier, au moyen des tonnerres, l'air souvent chargé de méphitisme pendant les chaleurs de l'été, et les eaux des grands lacs et des mers, par des volcans qu'elle a placés dans leur voisinage, à l'extrémité de leurs courants, et qu'elle a multipliés dans les pays chauds; comment elle nettoie les bassins de ces mêmes eaux, qui seraient en peu de siècles comblés par les dépouilles de la terre, au moyen des tempêtes et des ouragans qui en bouleversent le fond, et couvrent leurs rivages de débris; et comment, après avoir rendu ces débris à leurs premiers éléments, par les feux de l'air, des volcans, et le mouvement perpétuel des flots qui les réduit en sable et en poudre impalpable sur les bords de la mer, elle en répare, par la voie des vents et des attractions, les montagnes sans cesse dégradées par les pluies et par les torrents. Je ferai voir enfin que, malgré les masses énormes des montagnes, les profondeurs des vallées, les mers tempétueuses, et les températures les plus opposées qui entrent dans la distribution de ce globe, la communication de toutes ses parties a été rendue facile à un être aussi petit et aussi faible que l'homme, et n'est possible qu'à lui seul. Cette dernière vue me fournira quelques conjectures curieuses sur les premiers voyages du genre humain. Je me flatte d'en avoir dit assez pour montrer, dans ce simple aperçu, que la même intelligence dont nous admirons les ouvrages dans les plantes et dans les animaux, préside encore à l'édifice que nous habitons. Jusqu'ici on n'a considéré la terre que dans un état de ruines, et c'est ce préjugé qui rend l'étude de la géographie si aride; mais j'ose dire que quand on aura lu mes faibles observations, le cours d'un ruisseau, sur une carte, paraîtra plus agréable que le port d'une plante dans un herbier, et la topographie d'un lieu aussi intéressante que son paysage.

Dans la TROISIÈME PARTIE de cet ouvrage, je montrerai comment les diverses parties des plantes sont ordonnées avec les éléments, de manière que, loin d'en être une production nécessaire, comme l'ont prétendu quelques philosophes, elles sont au contraire presque toujours opposées à leur action. Je rapporterai donc leurs fleurs au soleil; l'épaisseur de leurs écorces, les cuirs qui couvrent leurs bourgeons, les poils, les duvets et les résines dont elles sont revêtues, à l'absence de sa chaleur; la souplesse ou la roideur de leurs tiges, aux diverses impulsions de l'air; leurs feuilles, aux eaux du ciel; enfin leurs racines, aux sables, aux vases, aux roches, par leur chevelu, leurs pivots et leurs longs cordages. Ce dernier rapport des plantes avec la terre est à mon gré un des principaux de tous, quoique le moins observé, parcequ'il n'y en a aucune qui n'y soit attachée, soit qu'elle flotte dans l'eau, ou qu'elle se balance dans l'air; qu'elles en tirent toutes une partie de leur nourriture, et qu'elles réagissent à leur tour sur la terre, par leurs ombrages qui en entretiennent la fraîcheur, par leurs dépouilles qui la fertilisent, et par leurs racines qui en fortifient les différentes couches. Cependant je m'en tiendrai aux caractères extérieurs par lesquels la nature semble les répartir en différents genres. Leur caractère principal est fort difficile à déterminer, non-seulement parceque la plante la plus simple réunit beaucoup de relations différentes avec tous les éléments, mais parceque la nature ne place le caractère de ses ouvrages dans aucune de leurs parties, mais dans leur ensemble. Nous chercherons donc celui de chaque plante dans sa graine, qui, comme principe, doit réunir tout ce qui convient à son développement, et déterminer au moins l'élément où elle doit naître. Ainsi celles qui ont des graines très volatiles, ou accompagnées d'aigrettes, d'ailerons, de volants, etc., seront rapportées à l'air. Elles naissent en effet aux lieux battus des vents, comme la plupart des graminées, des chardons, etc. Celles qui ont des nacelles, des nageoires, et différents moyens de flotter, seront assignées à l'eau : non-seulement comme les fucus, les algues et les plantes marines, mais comme les cocotiers, les noyers, les amandiers et les autres végétaux de rivage. Enfin celles qui, par leur rondeur et les autres variétés de leurs formes, soit propres à rouler, à s'élancer, à s'accrocher, etc., et sont susceptibles de plusieurs autres mouvements, appartiendront à la terre proprement dite. Ce rapport des plantes à la géographie nous offre à la fois un grand ordre facile à saisir, et une multitude de divisions très agréables à parcourir en détail. D'abord leurs genres se trouvent divisés, comme ceux des animaux, en aériens, en aquatiques et en terrestres. Leurs classes sont réparties aux zones et aux degrés de latitude de chaque zone; telles sont, au midi, la classe des palmiers, et au nord celle des sapins; et leurs espèces aux territoires de chaque zone, à ses plaines, montagnes, rochers, marais, etc. Ainsi, dans la classe des palmiers, le cocotier des rivages de la mer, le latanier de ses grèves, le dattier des rochers, le palmiste des montagnes, etc., couronnent les divers sites de la zone torride; tandis que dans celle des sapins, les pins, les épicéas, les mélèzes, les cèdres, etc., se partagent l'empire du nord.

Cet ordre, en plaçant chaque végétal dans son lieu naturel, nous donne encore les moyens de reconnaître l'usage de toutes ses parties, et j'ose dire les raisons qui ont déterminé la nature à en varier la forme, et à créer tant d'espèces du même genre et tant de variétés de la même espèce, en nous découvrant les convenances admirables qu'elles ont dans chaque latitude avec le soleil, les vents, les eaux et la terre. On peut entrevoir, par ce plan, quel jour la géographie peut répandre sur l'étude de la botanique, et de quelle lumière à son tour la botanique peut éclairer la géographie; car je suppose qu'on vînt à faire des cartes botaniques où, par des couleurs et des signes, on représentât dans chaque pays le règne de chaque végétal qui y croît, en en déterminant le centre et les limites, on apercevrait d'abord la fécondité propre à chaque terrain. Cette connaissance donnerait de grands moyens d'économie rurale, puisqu'on pourrait substituer aux plantes indigènes qui y seraient les plus communes et les plus vigoureuses, celles de nos plantes domestiques qui sont de la même espèce, et qui y réussiraient à coup sûr. De plus, ces différentes classes de végétaux nous y présenteraient les degrés d'humidité, de sécheresse, de froid, de chaleur et d'élévation de chaque territoire, avec une précision à laquelle ne peuvent atteindre les baromètres, les thermomètres et les autres instruments de notre physique. J'omets une multitude d'autres rapports d'agrément et d'utilité qui en résulteraient, et que nous tâcherons de développer dans leur lieu.

Dans la QUATRIÈME PARTIE, qui traitera des animaux, nous suivrons la même marche. Nous présenterons d'abord leurs relations avec les éléments. En commençant par celui du feu, nous considérerons les rapports qu'ils ont avec l'astre qui en est la source, par leurs yeux garnis de paupières et de cils, pour modérer l'éclat de sa lumière; par cet état d'engourdissement appelé sommeil, dans lequel la plupart d'entre eux tombent lorsqu'il n'est plus sur l'horizon, et par la couleur de leur peau et l'épaisseur de leurs fourrures, ordonnées à son éloignement. Nous suivrons ensuite ceux qu'ils ont avec l'air; par leur attitude, leur pesanteur, leur légèreté, et les organes de la respiration; avec l'eau, par les différentes courbures de leur corps, l'onctuosité de leurs poils et de leurs plumes; leurs écailles et leurs nageoires; enfin avec la terre, par la forme de leurs pieds, tantôt fourchus ou armés de pointes et de crochets pour les sols durs, tantôt larges ou garnis de peaux pour les sols qui cèdent aisément; et par les autres moyens de progression, que la nature a autant variés que les obstacles qu'ils avaient à surmonter. Sur quoi nous observerons, comme dans les plantes, que tant de configurations si différentes, loin d'être dans les animaux des effets mécaniques de l'action des éléments dans lesquels ils vivent, sont, au contraire, presque toujours en raison inverse de ces mêmes causes. Ainsi, par exemple, beaucoup de poissons sont revêtus d'âpres et dures coquilles au sein des eaux, et beaucoup d'animaux qui habitent les rochers sont couverts de molles fourrures. Nous diviserons donc les animaux comme les végétaux, en rapportant leur genre aux éléments, leurs classes aux zones, et leurs espèces aux divers territoires de chaque zone. Cet ordre met d'abord chaque animal dans son lieu naturel; mais nous l'y fixerons d'une manière encore plus précise et plus intéressante, en rapportant son espèce à l'espèce de plante qui est la plus commune.

La nature elle-même nous indique cet ordre: elle a ordonné aux plantes l'odorat, les bouches, les lèvres, les langues, les mâchoires, les dents, les becs, l'estomac, la chylification, les sécrétions qui s'ensuivent, enfin l'appétit et l'instinct des animaux. On ne peut pas dire, à la vérité, que chaque espèce d'animal vive d'une seule espèce de plante; mais on peut se convaincre, par l'expérience, que chacun d'eux en préfère une à toutes les autres, quand il peut se livrer à son choix. C'est surtout dans la saison où ils font leurs petits, qu'on peut remarquer cette préférence. Ils se déterminent alors pour celle qui leur donne à la fois des nourritures, des litières et des abris dans la plus parfaite convenance. C'est ainsi que le chardonneret affectionne le chardon, dont il a pris son nom, parcequ'il y trouve un rempart dans ses feuilles épineuses, des vivres dans sa semence, et de quoi bâtir son nid dans sa bourre. L'oiseau-mouche de la Floride préfère, par de semblables raisons, la bignonia; c'est une plante sarmenteuse qui s'élève à la hauteur des plus grands arbres, et qui en couvre souvent tout le tronc. Il fait son nid dans une de ses feuilles, qu'il roule en cornet; il trouve sa vie dans ses fleurs rouges, semblables à celles de la digitale, dont il lèche les glandes nectarées; il y enfonce son petit corps, qui paraît dans ces fleurs comme une émeraude enchâssée dans du corail; et il y entre quelquefois si avant, qu'il s'y laisse prendre. C'est donc dans les nids des animaux que nous chercherons leurs caractères, comme nous avons cherché celui des plantes dans leurs graines. C'est là que l'on peut reconnaître l'élément où ils doivent vivre, le site qu'ils doivent habiter, les aliments qui leur sont propres, et les premières leçons d'industrie, d'amour ou de férocité qu'ils reçoivent de leurs parents. Le plan de leur vie est renfermé dans leurs berceaux. Quelque étranges que paraissent ces indications, elles sont celles de la nature, qui semble nous dire que nous reconnaîtrons le caractère de ses enfants comme le sien propre dans les fruits de l'amour, et dans les soins qu'ils prennent de leur postérité. Souvent elle couvre du même toit une vie végétale et une vie animale, en les liant des mêmes destinées. On les voit ensemble sortir de la même coque, éclore, se développer, se propager et mourir. C'est dans le même temps qu'elles offrent, si j'ose dire, les mêmes métamorphoses. Tandis qu'une plante développe successivement ses germes, ses boutons, ses fleurs et ses fruits, un insecte se montre sur son feuillage tour à tour œuf, ver, nymphe et papillon, qui renferme, comme ses pères, les semences de sa postérité avec celles de la plante qui l'a nourri. C'est ainsi que la fable, moins merveilleuse que la nature, renfermait sous l'écorce des chênes la vie des dryades. Ces rapports sont si frappants dans les insectes, que les naturalistes eux-mêmes, malgré leur nombre prodigieux de classes isolées et sans détermination, en ont caractérisé quelques uns par le nom de la plante où ils vivent; tels sont la chenille du tithymale et le ver-à-soie du mûrier. Mais je ne crois pas qu'il y ait un seul animal qui s'écarte de ce plan, sans en excepter même les carnivores. Quoique la vie de ceux-ci paraisse en quelque sorte greffée sur celle des espèces vivantes, il n'y a aucun d'entre eux qui ne fasse usage de quelque espèce de végétal. C'est ce qu'on peut observer, non-seulement dans les chiens qui paissent le chiendent, et dans les loups, les renards, les oiseaux de proie, qui mangent des plantes qui ont pris d'eux leurs noms; mais dans les poissons même de la mer, qui sont tout-à-fait étrangers à notre élément. Ils sont attirés d'abord sur nos rivages par les insectes dont ils recueillent les dépouilles; ce qui établit entre eux et les végétaux des rapports intermédiaires; ensuite par les plantes elles-mêmes: car la plupart ne viennent frayer sur nos côtes que lorsque certaines espèces y sont en fleur ou en fructification. Si elles viennent à y être détruites, ils s'en éloignent. Denis, gouverneur du Canada, rapporte, dans son *Histoire naturelle de l'Amérique septentrionale* [*], que les morues qui

---

[*] Tome II, chap. XXII, page 350.

fréquentaient en foule les côtes de l'île de Miscou y disparurent en 1669, parceque l'année précédente les forêts en avaient été consumées par un incendie. Il remarque que la même cause avait produit le même effet en différents lieux. Quoiqu'il attribue la fuite de ces poissons aux effets particuliers du feu, et que cet écrivain soit d'ailleurs plein d'intelligence, nous prouverons, par d'autres observations curieuses, qu'elle fut occasionnée par la destruction du végétal qui les attirait au rivage. Ainsi tout est lié dans la nature.*. Les faunes, les dryades et les néréides s'y donnent la main. Quel spectacle charmant nous offrirait une zoologie botanique! Que d'harmonies inconnues se refléteraient d'une plante sur son animal, et d'un animal sur sa plante! Que de beautés pittoresques s'y découvriraient! Que de relations d'utilité de toute espèce en résulteraient pour nos plaisirs et nos besoins! Il ne faudrait qu'une plante nouvelle dans nos champs pour attirer de nouveaux oiseaux dans nos bosquets, et des poissons inconnus à l'embouchure de nos fleuves. Ne pourrait-on pas même accroître la famille de nos animaux domestiques, en peuplant le voisinage des glaciers des hautes montagnes du Dauphiné et de l'Auvergne avec des troupeaux de rennes, si utiles dans le nord de l'Europe, ou avec des lamas du Pérou, qui se plaisent au pied des neiges des Andes, et que la nature a revêtus de la plus belle des laines? Quelques mousses, quelques joncs de leurs pays suffiraient pour les fixer dans le nôtre. A la vérité, on a souvent tenté d'élever dans nos parcs des animaux étrangers, en observant même de choisir les espèces dont le climat approchait le plus du nôtre; mais ils y ont bientôt dépéri, parcequ'on avait oublié de transplanter avec eux le végétal qui leur était propre. On les voyait toujours inquiets, la tête baissée, gratter la terre, et lui redemander en soupirant la nourriture qu'ils avaient perdue. Une herbe eût suffi pour les calmer, en leur rappelant les goûts du premier âge, les vents qui leur étaient connus, et les doux ombrages de la patrie; moins malheureux toutefois que les hommes, qui n'en peuvent perdre les regrets qu'en en perdant entièrement le souvenir.

Dans la CINQUIÈME PARTIE, nous parlerons de l'homme. Chaque ouvrage de la nature ne nous a présenté jusqu'ici que des relations particulières; l'homme nous en offrira d'universelles. Nous examinerons d'abord celles qu'il a avec les éléments. En commençant par celui de la lumière et du feu, nous observerons que ses yeux ne sont pas tournés vers le ciel, comme le disent les poëtes et même des philosophes, mais à l'horizon, en sorte qu'il voit à la fois le ciel qui l'éclaire, et la terre qui le porte. Ses rayons visuels embrassent à peu près la moitié de l'hémisphère céleste et de la plaine où il marche, et leur portée s'étend depuis le grain de sable qu'il foule aux pieds, jusqu'à l'étoile qui brille sur sa tête, à une distance qu'on ne peut assigner. Il n'y a que lui qui jouisse du jour et de la nuit, et qui puisse vivre dans la zone torride et dans la zone glaciale. Si quelques animaux partagent avec lui ces avantages, ce n'est que par ses soins et sous sa protection; il ne les doit qu'à l'élément du feu, dont il est seul le maître. Quelques écrivains ont prétendu que les animaux pouvaient s'en servir, et que les singes en Amérique entretenaient les feux que les voyageurs allumaient dans les forêts. Il est constant qu'ils en aiment la chaleur, et qu'ils viennent s'y chauffer dès qu'ils n'y voient plus d'hommes. Mais, puisqu'ils en ont senti l'utilité, pourquoi n'en ont-ils pas conservé l'usage? Quelque simple que soit la manière de l'entretenir, en y mettant du bois, aucun d'eux ne s'élèvera jamais à ce degré de sagacité. Le chien, bien plus intelligent que le singe, témoin chaque jour des effets du feu, accoutumé dans nos cuisines à ne vivre que de chair cuite, ne s'avisera jamais, si on lui en donne de crue, de la porter sur les charbons du foyer. Quelque faible que paraisse cette barrière qui sépare l'homme de la brute, elle est insurmontable aux animaux. C'est par un bienfait de la Providence pour la sûreté commune; car, que d'incendies imprévus et irréparables arriveraient si le feu était en leur disposition! Dieu n'a confié le premier agent de la nature qu'au seul être capable d'en faire usage par sa raison. Pendant que quelques historiens l'accordent aux bêtes, d'autres

---

* La même cause peut produire le même effet sur les oiseaux aquatiques. Sonnini rapporte, d'après un observateur hollandais, que des cormorans (*pelecanus carbo*, Lin.) faisaient autrefois leurs nids dans l'épaisse forêt de Sevenhuis, mais que leurs nombreuses peuplades disparurent avec les arbres antiques qui les protégeaient. La colonie entière alla s'établir dans un de ces terrains inondés que les Hollandais appellent *polders*: c'est là que leurs nids, posés sur des touffes de joncs et de roseaux, s'élèvent de distance en distance comme de petites îles, de sorte que ce *polder* a de loin l'aspect le plus singulier.

Les habitants du pays se sont fait un revenu assez considérable de la vente des œufs de ces oiseaux, que les boulangers recherchent beaucoup, parceque leur emploi donne une qualité supérieure au biscuit de mer.

Chaque jour, des volées innombrables de cormorans se dispersent, et se partagent, pour ainsi dire, les eaux du pays; les uns se jettent sur la mer de Harlem, d'autres sur le Wael, le Leck, la Meuse ou l'Yssel; d'autres enfin sur les étangs et les marais situés à quelques lieues. Mais un fait digne de remarque, et qui est attesté par les pêcheurs, c'est qu'ils ne touchent jamais aux poissons des eaux qui sont à portée de leur habitation. (A.-M.)

le refusent aux hommes. Ils disent que plusieurs peuples en étaient privés avant l'arrivée des Européens dans leur pays. Ils citent en preuve les habitants des îles Mariannes, autrement dites îles des Larrons[*], par une dénomination calomnieuse, si commune à nos navigateurs : mais ils ne fondent cette assertion que sur une supposition ; c'est sur l'étonnement très naturel où parurent ces insulaires, lorsqu'ils virent leurs villages incendiés par les Espagnols qu'ils avaient bien reçus ; et ils se contredisent en même temps, en rapportant que ces peuples se servaient de canots qu'ils enduisaient de bitume, ce qui suppose dans des sauvages qui ne connaissaient pas le fer, qu'ils employaient le feu pour les creuser, ou au moins pour les espalmer. Enfin, ils ajoutent qu'ils vivaient de riz, dont l'apprêt, quel qu'il soit, en exige nécessairement l'usage. Cet élément est partout nécessaire à l'existence de l'homme dans les climats les plus chauds. Ce n'est qu'avec le feu qu'il éloigne la nuit les bêtes de son habitation ; qu'il en chasse les insectes avides de son sang ; qu'il nettoie la terre des arbres et des herbes qui la couvrent, et dont les tiges et les troncs s'opposeraient à toute espèce de culture, quand il trouverait d'ailleurs le moyen de les renverser. Enfin, dans tout pays, avec le feu il prépare ses aliments, fond les métaux, vitrifie les rochers, durcit l'argile, pétrit le fer, et donne à toutes les productions de la terre les formes et les combinaisons qui conviennent à ses besoins.

L'utilité qu'il tire de l'air n'est pas moins étendue. Il y a peu d'animaux qui puissent, comme lui, le respirer au niveau des mers, et au sommet des plus hautes montagnes. Il est le seul être qui lui donne toutes les modulations dont il est susceptible. Avec sa seule voix, il imite les sifflements, les cris et les chants de tous les animaux, et il n'y a que lui qui emploie la parole, dont aucun d'eux ne peut se servir. Tantôt il rend l'air sensible, il le fait soupirer dans les chalumeaux, gémir dans les flûtes, menacer dans les trompettes, et animer au gré de ses passions le bronze, le buis et les roseaux : tantôt il en fait son esclave ; il le force de moudre, de broyer et de mouvoir à son profit une multitude de machines ; enfin il l'attèle à son char, et l'oblige de le voiturer sur les flots mêmes de l'Océan.

Cet élément, où ne peuvent vivre la plupart des habitants de la terre, et qui met entre leurs différentes classes une barrière plus difficile à franchir que les climats, offre à l'homme seul la plus facile des communications. Il y nage, il y plonge, il y poursuit les monstres marins dans leurs abîmes, il y darde la baleine jusque sous les glaces, et il aborde dans toutes ses îles pour y faire reconnaître son empire.

Mais il n'avait pas besoin de celui qu'il exerce sur l'air et sur les eaux pour le rendre universel. Il lui suffit de rester sur la terre où il est né. La nature a placé son trône sur son berceau. Tout ce qui a vie vient y rendre hommage. Il n'y a point de végétal qui n'y attache ses racines, point d'oiseau qui n'y fasse son nid, point de poisson qui n'y vienne frayer. Quelque irrégularité qui paraisse à la surface de son domaine, il est le seul être qui soit formé d'une manière propre à en parcourir toutes les parties. Ce qu'il y a d'admirable, c'est qu'il règne entre tous ses membres un équilibre si parfait, si difficile à conserver, si contraire aux lois de notre mécanique, qu'il n'y a point de sculpteur qui puisse faire une statue à l'imitation de l'homme, plus large et plus pesante par le haut que par le bas, laquelle puisse se soutenir droite et immobile sur une base aussi petite que ses pieds. Elle serait bientôt renversée par le moindre vent. Que serait-ce donc s'il fallait la faire mouvoir comme l'homme même? Il n'y a point d'animaux dont le corps se prête à tant de mouvements différents, et je suis tenté de croire qu'il réunit en lui tous ceux dont ils sont capables, en voyant comme il s'incline, s'agenouille, rampe, glisse, nage, se renverse en arc, fait la roue sur les pieds et sur les mains, se met en boule, court, marche, saute, s'élance, descend, monte, grimpe ; enfin comme il est également propre à gravir au sommet des rochers et à marcher sur la surface des neiges, à traverser les fleuves et les forêts, à cueillir la mousse des fontaines et le fruit des palmiers, à nourrir l'abeille et à dompter l'éléphant.

Avec tous ces avantages la nature a rassemblé dans sa figure ce que les couleurs et les formes ont de plus aimable par leurs consonnances et par leurs contrastes. Elle y a joint les mouvements les plus majestueux et les plus doux. C'est pour les avoir bien observés que Virgile a achevé, par un coup de maître, le portrait de Vénus déguisée parlant à Énée, qui la méconnaît malgré toute sa beauté, mais qui la reconnaît à sa démarche : *Vera incessu patuit dea.* « A son marcher elle parut » une vraie déesse. » L'auteur de la nature a réuni dans l'homme tous les genres de beauté ; il

---

[*] Voyez l'histoire de leur découverte, par Magellan, dans l'*Histoire des îles Mariannes*, par le père Le Gobien, t. II, p. 44 ; et dans celle des Indes occidentales, par Herrera, t. III, p. 10 et 712.

en a formé un assemblage si merveilleux, que les animaux, dans leur état naturel, sont frappés, à sa vue, d'amour ou de crainte; c'est ce que nous prouverons par plus d'une observation curieuse. Ainsi s'accomplit encore cette parole qui lui donna l'empire dès les premiers jours du monde : « *Que tous les animaux de la terre et tous les oi- » seaux du ciel soient frappés de terreur, et trem- » blent devant vous, avec tout ce qui se meut sur » la terre. J'ai mis entre vos mains tous les pois- » sons de la mer. »

Comme il est le seul être qui dispose du feu, qui est le principe de la vie, il est encore le seul qui exerce l'agriculture, qui en est le soutien. Tous les animaux frugivores en ont comme lui le besoin, la plupart l'expérience; mais aucun n'en a l'exercice. Le bœuf ne s'avisa jamais de ressemer les grains qu'il foule dans l'aire, ni le singe le maïs des champs qu'il ravage. On va chercher bien loin les rapports que les bêtes peuvent avoir avec l'homme pour les mettre de niveau, et on écarte ces différences triviales qui mettent sous nos yeux, entre elles et nous, un intervalle incommensurable, et qui sont d'autant plus merveilleuses qu'elles paraissent plus faciles à franchir. Chacune d'elles est circonscrite dans un petit cercle de végétaux et de moyens propres à les recueillir; elle n'étend point son industrie au-delà de son instinct, quels que soient ses besoins. L'homme seul élève son intelligence jusqu'à celle de la nature. Non-seulement il suit ses plans, mais il s'en écarte : il leur en substitue de nouveaux; il couvre de vignes et de moissons les lieux destinés aux forêts; il dit au pin de la Virginie et au marronnier de l'Inde : « Vous croîtrez en Europe. » La nature seconde ses travaux, et semble par sa complaisance l'inviter à lui donner des lois. C'est pour lui qu'elle a couvert la terre de plantes; et quoique leurs espèces soient en nombre infini, il n'y en a pas une seule qui ne tourne à son usage. D'abord elle en a tiré de chaque classe pour subvenir à sa nourriture et à ses plaisirs, partout où il voudrait habiter : dans les palmiers de l'Arabie, le dattier; dans les fougères des Moluques, le sagou; dans les roseaux de l'Asie, la canne à sucre; dans les solanum de l'Amérique, la pomme-de-terre; dans les lianes, la vigne; dans les papilionacées, les haricots et les pois: enfin la patate, le manioc, le maïs, et une multitude innombrable de fruits, de graines et de racines comestibles, sont distribués pour lui dans toutes les familles des végétaux, et sous toutes les latitudes du globe. Elle a donné aux plantes qui lui sont le plus utiles de croître dans tous les climats; les plantes domestiques, depuis le chou jusqu'au blé, sont les seules qui, comme l'homme, soient cosmopolites. Les autres servent à son lit, à son toit, à son vêtement, à la guérison de ses maux, ou au moins à son foyer. Mais afin qu'il n'y en eût aucune qui ne fût utile au soutien de sa vie, et que l'éloignement et l'âpreté du sol où elles croissent ne fussent pas des obstacles pour en jouir, la nature a formé des animaux pour les aller chercher, et pour les tourner à son profit.

Ces animaux sont à la fois formés d'une manière admirable pour vivre dans les sites les plus rudes, et animés de l'instinct le plus docile pour se rapprocher de l'homme. Le lama du Pérou gravit avec ses pieds fourchus et armés de deux ergots les précipices des Andes, et lui rapporte sa toison couleur de rose. Le renne au pied large et fendu parcourt les neiges du nord, et remplit pour lui ses mamelles de crème dans des pâturages de mousse. L'âne, le chameau, l'éléphant, le rhinocéros, sont répartis pour son service aux rochers, aux sables, aux montagnes et aux marais de la zone torride. Tous les territoires lui nourrissent un serviteur; les plus âpres, le plus robuste; les plus ingrats, le plus patient. Mais les animaux qui réunissent le plus grand nombre d'utilités sont les seuls qui vivent avec lui par toute la terre. La vache pesante paît au fond des vallées; la brebis légère, sur les flancs des collines; la chèvre grimpante broute les arbrisseaux des rochers; le porc, armé d'un groin, fouille les racines des marais à l'aide des ergots en appendices que la nature a placés au-dessus de ses talons pour l'empêcher d'y enfoncer; le canard nageur mange les plantes fluviatiles; la poule, à l'œil attentif, ramasse toutes les graines perdues dans les champs; le pigeon aux ailes rapides, celles des forêts les plus écartées; et l'abeille économe, jusqu'aux poussières des fleurs. Il n'y a point de coin de terre dont ils ne puissent moissonner toutes les plantes. Celles qui sont rebutées des uns font les délices des autres, et jusqu'aux poisons servent à les engraisser. Le porc dévore la prêle et la jusquiame; la chèvre, le tithymale et la ciguë. Tous reviennent le soir à l'habitation de l'homme avec des murmures, des bêlements et des cris de joie, en lui rapportant les doux tributs des plantes, changées, par une métamorphose inconcevable, en miel, en lait, en beurre, en œufs et en crème.

Non-seulement l'homme fait ressortir à lui

---

* *Genèse*, cap. I, v. 28.

toutes les plantes, mais encore tous les animaux, quoique leur petitesse, leur légèreté, leurs forces, leurs ruses, et les éléments même, semblent les soustraire à son empire. A commencer par les légions infinies d'insectes, son canard et sa poule s'en nourrissent. Ces oiseaux avalent jusqu'aux reptiles venimeux, sans en éprouver aucun mal. Son chien lui assujetit toutes les autres bêtes. Ses nombreuses variétés paraissent ordonnées à leurs différentes espèces : le chien de berger, aux loups; le basset, aux renards; le lévrier, aux animaux de la plaine; le mâtin, à ceux de la montagne; le chien couchant, aux oiseaux; le barbet, aux amphibies : enfin, depuis l'épagneul de Malte, fait pour plaire, jusqu'à ces énormes chiens des Indes qui ne veulent combattre que des lions et des éléphants, suivant Pline et Plutarque, et dont la race subsiste encore chez les Tartares, leurs espèces sont si variées en formes, en grandeurs et en instincts, que je pense que la nature en a fait d'autant de sortes qu'il y avait d'espèces d'animaux à subjuguer. Nous croisons les races des chats, des chèvres, des moutons et des chevaux de mille manières; et, malgré toutes nos combinaisons, il n'en sort que quelques variétés, qui ne peuvent en aucune façon être comparées à celles des chiens.

Tandis que des philosophes donnent à toutes les espèces de chiens une origine commune, d'autres en attribuent de différentes aux hommes. Ils fondent leur système sur la variété des tailles et des couleurs dans l'espèce humaine; mais ni la couleur, ni la grandeur, ne sont des caractères, au jugement de tous les naturalistes. Selon eux, la première n'est qu'un accident; la seconde n'est qu'un plus grand développement de formes. La différence des espèces vient de la différence des proportions : or, elle caractérise celle des chiens. Les proportions de l'homme ne varient nulle part : sa couleur noire entre les tropiques est un simple effet de la chaleur du soleil, qui le rembrunit à mesure qu'il approche de la ligne. Elle est, comme nous le verrons, un bienfait de la nature. Sa taille est constamment la même dans tous les temps et dans tous les lieux, malgré les influences de la nourriture et du climat, qui sont si puissantes sur les autres animaux. Il y a des races de chevaux et de bœufs d'une grandeur double l'une de l'autre, comme on peut le remarquer en comparant les grands chevaux d'artillerie tirés du Holstein aux petits chevaux de Sardaigne qui sont grands comme des moutons; et les gros bœufs de la Flandre aux petits bœufs du Bengale : mais de la plus grande race d'hommes à la plus petite, il y a tout au plus un pied de différence. Leur grandeur est la même aujourd'hui que du temps des Égyptiens, et la même à Archangel qu'en Afrique, comme on le peut voir à la grandeur des momies, et à celle des tombeaux des anciens Indiens qu'on trouve en Sibérie le long du fleuve Petzora. La taille un peu raccourcie des Lapons est, à ce que je présume, un effet de leur vie trop sédentaire; car j'ai observé parmi nous le même raccourcissement dans les hommes de certains métiers qui demandent peu d'exercice. Celle des Patagons, au contraire, est plus développée que celle des Lapons, quoiqu'ils vivent sous une latitude aussi froide, parcequ'ils s'y donnent beaucoup plus de mouvement. Les Lapons passent la plus grande partie de l'année renfermés au milieu de leurs troupeaux de rennes; les Patagons, au contraire, sont sans cesse errants, ne vivant que de chasse et de pêche. D'ailleurs, les premiers voyageurs qui ont parlé de ces deux peuples ont beaucoup exagéré la petitesse des uns et la grandeur des autres, parcequ'ils ont vu les premiers accroupis dans leurs cabanes enfumées, et les autres dans une position qui agrandit tous les objets, c'est-à-dire de loin, sur les hauteurs de leurs rivages, où ils accourent dès qu'ils voient des vaisseaux, et à travers les brumes qui sont si fréquentes dans leurs climats, et qui, comme on sait, agrandissent tous les corps, surtout ceux qui sont à l'horizon, en réfrangeant la lumière qui les environne. Les Suédois et les Norwégiens, qui habitent des latitudes semblables, où le froid empêche, dit-on, le développement du corps humain, sont de la même taille que les habitants du Sénégal, où la chaleur, par la raison contraire, devrait le favoriser; et les uns et les autres ne sont pas plus grands que nous. L'homme par toute la terre est au centre de toutes les grandeurs, de tous les mouvements et de toutes les harmonies. Sa taille, ses membres et ses organes ont des proportions si justes avec tous les ouvrages de la nature, qu'elle les a rendues invariables comme leur ensemble. Il fait à lui seul un genre qui n'a ni classes ni espèces, et qui a mérité par excellence le nom de genre humain. Il forme une véritable famille, dont tous les membres sont dispersés sur la terre pour en recueillir les productions, et qui peuvent se correspondre d'une manière admirable dans leurs besoins. Non-seulement les hommes ont été unis, dans tous les temps, par les intérêts du commerce, mais par les liens plus sacrés et plus durables de l'humanité. Des sages ont paru en Orient, il y a deux ou trois mille ans, et leur sagesse nous éclaire encore au fond de l'Occident. Aujourd'hui, un Sauvage est opprimé dans un désert de l'Amérique; il fait courir sa flèche de famille en famille, de nation en nation, et la guerre s'allume dans les quatre parties du monde. Nous sommes tous solidaires les uns pour les autres. Nous reviendrons souvent sur cette grande vérité, qui est la base de la morale des particuliers comme de celle des rois. Le bonheur de chaque homme est attaché au bonheur du genre humain. Il doit travailler au bien général, parceque le sien en dépend. Mais son intérêt n'est pas le seul motif qui lui fasse un devoir de la vertu; il en doit de plus sublimes leçons à la nature. Comme il est né sans instinct, il a été obligé de former son intelligence sur ses ouvrages. Il n'a rien imaginé que d'après les modèles qu'elle lui a présentés dans tous les genres : il a créé les arts mécaniques d'après l'industrie des animaux; les arts libéraux et les sciences, d'après les harmonies et les plans mêmes de la nature. Il doit à ses études sublimes une lumière qui n'éclaire aucun animal. L'instinct ne montre à celui-ci que ses besoins; mais l'homme seul, du sein d'une ignorance profonde, a connu qu'il y avait un Dieu. Cette connaissance n'a point été particulière aux Socrate et aux Platon; elle est commune aux Tartares, aux Indiens, aux Sauvages, aux Nègres, aux Lapons, et à tous les hommes : elle est le résultat de toutes les contemplations, de celle d'une mousse comme de celle du soleil. C'est sur elle que sont fondées toutes les sociétés du genre humain, sans en excepter aucune. Comme l'homme a développé son intelligence sur celle de la nature, il a cherché à régler sa morale sur celle de son auteur. Il a senti que, pour plaire à celui qui était le principe de tous les biens, il fallait concourir au bien général; et il s'est efforcé dans tous les temps de s'élever à lui par la vertu. Ce caractère religieux, qui le distingue de tous les êtres sensibles, appartient encore plus à son cœur qu'à sa raison. C'est moins en lui une lumière qu'un sentiment; car il paraît indépendant du spectacle même de la nature, et il se manifeste avec autant de force dans ceux qui en vivent les plus éloignés que dans ceux qui en jouissent continuellement. Les sensations de l'infini, de l'universalité, de la gloire et de l'immortalité, qui en sont les suites, agitent sans cesse les habitants des villes comme ceux des campagnes. L'homme faible, misérable et mortel, s'abandonne partout à ces passions célestes. Il y dirige, sans s'en apercevoir, ses espérances, ses craintes, ses plaisirs, ses peines, ses amours; et il passe sa vie à poursuivre ces impressions fugitives de la Divinité, ou à les combattre.

Telle est la carrière que je me suis proposé de parcourir. Mais comme, dans un long voyage, on aperçoit quelquefois sur la route des îles fleuries au milieu d'un grand fleuve, et des bocages enchantés sur le sommet d'un rocher inaccessible; de même les pas que nous ferons dans l'étude de la nature nous ouvriront, le long de notre chemin, des perspectives ravissantes. Si nous n'y pouvons mettre les pieds, nous y jetterons au moins les yeux. Nous remarquerons que tous les ouvrages de la nature ont des contrastes, des consonnances et des passages qui joignent leurs différents règnes les uns aux autres.

Nous examinerons par quelle magie les contrastes font naître à la fois le plaisir et la douleur, l'amitié et la haine, l'existence et la destruction. C'est d'eux que sort ce grand principe d'amour qui divise tous les individus en deux grandes classes d'objets aimants et d'objets aimés. Ce principe s'étend depuis les animaux et les plantes, qui ont des sexes, jusqu'aux fossiles insensibles, comme les métaux qui ont des aimants dont la plupart nous sont encore inconnus; et depuis les sels qui cherchent à se réunir dans les fluides où ils nagent, jusqu'aux globes qui s'attirent mutuellement dans les cieux. Il oppose les individus par les sexes, et les genres par les formes, afin d'en tirer une infinité d'harmonies. Dans les éléments, la lumière est opposée aux ténèbres, le chaud au froid; la terre à l'eau, et leurs accords produisent les jours, les températures et les vues les plus agréables. Dans les végétaux nous verrons, dans les forêts du nord, le feuillage épais et sombre, l'attitude tranquille et la forme pyramidale des sapins contraster avec la verdure tendre et le feuillage mobile des bouleaux, qui ressemblent, par leurs vastes cimes et leurs bases étroites, à des pyramides renversées. Les forêts du midi nous offriront de pareilles harmonies, et nous les retrouverons jusque dans les herbes de nos prairies. Les mêmes oppositions règnent dans les animaux; et, sans sortir de ceux qui nous sont le plus familiers, la mouche et le papillon, la poule et le canard, le moineau sédentaire et l'hirondelle voyageuse, le cheval fait pour la course et le bœuf pesant, l'âne patient et la chèvre capricieuse, enfin le chat et le chien, contrastent sur nos fleurs, dans nos prairies et dans nos maisons, en formes, en mouvements et en instincts.

Je ne comprends point dans ces oppositions

harmoniques les animaux carnassiers qui font la guerre aux autres. Ils ne sont point ordonnés aux vivants, mais aux morts. J'entends par contrastes ceux que la nature a établis entre deux classes différentes en mœurs, en inclinations et en figures, et auxquelles cependant elle a donné des convenances secrètes qui les portent, dans l'état naturel, à habiter les mêmes lieux, à se rapprocher les unes des autres, et à y vivre en paix. Tel est le contraste du cheval, qui aime à s'exercer à la course dans la même prairie où le bœuf se promène gravement en ruminant. Tel est encore celui de l'âne, qui se plaît à suivre d'un pas lent et tranquille la chèvre légère jusque dans les rochers où elle grimpe. Depuis la mouche et le papillon jusqu'à l'éléphant et au caméléopard, il n'y a point d'animal sur la terre qui n'ait son contraste, excepté l'homme.

Les contrastes de l'homme sont au dedans de lui-même. Deux passions opposées balancent toutes ses actions, l'amour et l'ambition. A l'amour se rapportent tous les plaisirs des sens; à l'ambition, tous ceux de l'ame. Ces deux passions sont toujours en contre-poids égal dans le même sujet; et tandis que la première rassemble sur l'homme toutes les jouissances corporelles, et le fait descendre insensiblement au-dessous de la bête, la seconde le porte à réunir sur lui tous les empires, et à se mettre, à la fin, au-dessus de la Divinité. On peut observer ces deux effets contradictoires dans tous les hommes qui ont pu se livrer sans obstacles à ces deux impulsions, dans la classe des rois comme dans celle des esclaves: les Néron, les Caligula, les Domitien, vécurent comme des brutes, et se firent adorer comme des dieux. On retrouve chez des nègres la même incontinence, le même orgueil et la même stupidité.

Cependant la nature a donné à l'homme ces deux passions pour son bonheur; elle fait naître les deux sexes en nombre égal, afin de fixer l'amour de chaque homme à un seul objet, sur lequel elle a réuni toutes ses harmonies éparses dans ses plus beaux ouvrages. Il y a entre l'homme et la femme une grande analogie de formes, d'inclinations et de goûts, mais il y a une différence encore plus grande entre leurs qualités. L'amour, comme nous le verrons, ne résulte que des contrastes; et plus ils sont grands, plus il a d'énergie : c'est ce que je pourrais prouver par mille traits d'histoire. On sait, par exemple, avec quelle ivresse ce grand et lourd soldat de Marc-Antoine aima et fut aimé de Cléopâtre; non pas de celle que nos sculpteurs représentent avec une taille de Sabine, mais de la Cléopâtre que l'histoire nous dépeint petite, vive, enjouée, courant la nuit les rues d'Alexandrie, déguisée en marchande, et se faisant porter, cachée parmi des hardes, sur les épaules d'Apollodore, pour aller voir Jules César.

L'influence des contrastes en amour est si certaine, qu'en voyant l'amant on peut faire le portrait de l'objet aimé, sans l'avoir vu, pourvu qu'on sache seulement qu'il est affecté d'une forte passion : c'est ce que j'ai éprouvé plusieurs fois, entre autres, dans une ville où j'étais tout-à-fait étranger. Un de mes amis m'y mena voir sa sœur, demoiselle fort vertueuse, et il m'apprit en chemin qu'elle avait une passion. Quand nous fûmes chez elle, la conversation s'étant tournée sur l'amour, je m'avisai de lui dire que je connaissais les lois qui nous déterminaient à aimer, et que je lui ferais, si elle le voulait, le portrait de son amant, quoiqu'il me fût tout-à-fait inconnu. Elle m'en défia. Alors prenant l'opposé de sa grande et forte taille, de son tempérament et de son caractère, dont son frère m'avait entretenu, je lui dépeignis son amant petit, peu chargé d'embonpoint, aux yeux bleus, aux cheveux blonds, un peu volage, aimant à s'instruire... Chaque mot la fit rougir jusqu'au blanc des yeux, et elle se fâcha fort sérieusement contre son frère, en l'accusant de m'avoir révélé son secret. Il n'en était cependant rien, et il fut aussi étonné qu'elle. Ces observations sont plus importantes qu'on ne pense; elles nous prouveront combien nos institutions s'écartent des lois de la nature, et affaiblissent le pouvoir de l'amour, lorsqu'elles donnent aux femmes les études et les occupations des hommes. La vertu seule sait faire usage de ces contrastes dans le mariage, où les devoirs des deux sexes sont si différents. Elle y présente encore à leur ambition naturelle la plus sublime des carrières dans l'éducation de leurs enfants, dont ils doivent former la raison, et recevoir en hommage les premiers sentiments. Ce sont les cœurs de leurs enfants qui doivent perpétuer leur mémoire sur la terre, d'une manière plus touchante et plus durable que les monuments publics n'y conservent le souvenir des rois. Quelle puissance peut égaler celle qui donne l'existence et la pensée, et quel souvenir peut durer autant que celui de la reconnaissance filiale ? On compare le gouvernement d'un bon roi à celui d'un père; mais on ne peut comparer celui d'un père vertueux qu'à celui de Dieu même. La vertu est pour l'homme la véritable loi de la nature; elle est l'harmonie de toutes les harmonies; elle seule rend l'amour sublime et l'ambition bienfaisante ; elle tire des privations mêmes ses plus grandes jouissances. Otez-lui l'amour, l'amitié, l'honneur, le soleil, les éléments, elle sent que, sous un être juste et bon, d'autres compensations lui sont réservées, et elle accroît sa confiance en Dieu de l'injustice même des hommes. C'est elle qui a soutenu dans toutes les positions de la vie les Antonin, les Socrate, les Epictète, les Fénelon, et qui les a fait vivre à la fois les plus heureux des hommes, et les plus dignes d'hommages.

Si d'un côté la nature a établi des contrastes dans tous ses ouvrages, de l'autre elle en fait sortir des consonnances qui en rapprochent tous les genres. Il semble qu'après avoir déterminé un modèle, elle a voulu que tous les lieux participassent de sa beauté. C'est ainsi que la lumière et le disque du soleil sont réfléchis de mille manières, par les planètes dans les cieux, par les parhélies et l'arc-en-ciel dans les nuages, par les aurores boréales dans les glaces du nord ; enfin par les réfractions de l'air, les reflets des eaux, et les réflexions spéculaires de la plupart des corps sur la terre. Les îles représentent, au milieu des mers, les formes montueuses du continent ; et les méditerranées et les lacs, au sein des montagnes, les vastes plaines de la mer.

Des arbres, dans le climat de l'Inde, affectent le port des herbes ; et des herbes, dans nos jardins, celui des arbres. Une multitude de fleurs semblent patronées sur les roses et sur les lis. Dans nos animaux domestiques, le chat paraît formé sur le tigre, le chien sur le loup, le mouton sur le chameau. Tous les genres ont leurs consonnances, excepté le genre humain. Celui des singes, dont on a voulu faire une variété de l'espèce humaine, a des relations beaucoup plus directes avec les autres animaux. L'homme des bois, avec ses longs bras, ses pieds maigres, ses pattes décharnées, son nez écrasé, sa gueule sans lèvres terminées, ses yeux ronds, son vilain poil, a certainement des ressemblances fort imparfaites avec l'Apollon du Belvédère ; et, quelque envie qu'on ait de rapprocher l'homme de la bête, il serait difficile de trouver, dans la femelle de cet animal, un second modèle de la figure humaine qui approchât de la Vénus de Médicis, ou de la Diane d'Allegrain, qu'on voit à Lucienne. Mais j'ai vu des singes qui ressemblaient fort bien à des ours, comme le bavian du cap de Bonne-Espérance, ou à des lévriers, comme le maki de Madagascar. Il y en a qui sont faits comme de petits lions ; telle est une très jolie espèce blanche à crinière, qu'on trouve au Brésil. Je présume que la plupart des espèces de quadrupèdes, surtout parmi les bêtes féroces, ont leurs consonnances dans celles des singes. Ces mêmes consonnances se retrouvent dans les variétés nombreuses des perroquets, qui, par leurs formes, leurs becs, leurs griffes, leurs cris et leurs jeux, imitent la plupart des oiseaux de proie. Enfin, elles s'étendent jusque dans les plantes appelées *mimeuses* pour cette raison, qui représentent, dans leurs fleurs ou dans l'agrégation de leur graines, des insectes et des reptiles, tels que des limaçons, des mouches, des chenilles, des lézards, des scorpions, etc... La nature, dans ces sortes de consonnances, a quelque intention qui ne m'est pas connue. Ce qu'il y a de remarquable, c'est qu'elles ne sont communes qu'entre les tropiques, dont les forêts fourmillent de toutes sortes d'espèces de singes et de perroquets. Peut-être a-t-elle voulu mettre sous des formes innocentes celles des animaux nuisibles qui y sont très nombreuses, afin de faire paraître à la lumière du jour la figure terrible de ces enfants de la nuit et du carnage, et qu'aucun de ses ouvrages ne demeurât caché dans les ténèbres, aux yeux de l'homme. Quoi qu'il en soit, aucun animal sur la terre n'est formé sur les nobles proportions de la figure humaine ; et si l'homme descend souvent, par ses passions, au niveau des bêtes, ses inquiétudes, ses lumières et ses affections sublimes démontrent assez qu'il est lui-même une consonnance de la Divinité.

Enfin les sphères de tous les êtres se communiquent par des rayons qui semblent réunir leurs extrémités. Nous remarquerons, dans les stalactites et les cristallisations des fossiles, des procédés de végétation ; et nous croirons même apercevoir le mouvement des animaux dans celui de leurs aimants. D'un autre côté, nous verrons des plantes se former, à la manière des fossiles, sans organisation apparente : telle est, entre autres, la truffe, qui n'a ni feuilles, ni fleurs, ni racines ; d'autres représenter dans leurs fleurs la figure des animaux, comme les orchis ; ou leur irritabilité, comme la sensitive, qui abaisse ses feuilles et les ferme au moindre attouchement ; ou leur instinct apparent, comme la *dionœa muscipula*, qui prend des mouches. Les feuilles de cette plante sont formées de folioles opposées, enduites d'une substance sucrée qui attire les mouches ; mais, dès qu'elles s'y posent, ces folioles se rapprochent tout-à-coup, comme les mâchoires d'un piège à loup, et les percent des épines dont elles sont hérissées[1]. Il y en a encore

---

[1] Les *drosera rotundifolia* et *angustifolia*, qui fleurissent

de plus étonnantes, en ce qu'elles ont elles-mêmes le principe du mouvement : telle est l'*hedysarum gyrans*, qu'on a apporté, il y a quelques années, du Bengale en Angleterre. Cette plante remue alternativement les deux lobes allongés qui accompagnent ses feuilles, sans qu'aucune cause extérieure et apparente contribue à cette espèce d'oscillation. Mais, sans aller chercher des merveilles si loin, nous en trouverons peut-être de plus surprenantes dans nos jardins. Nous verrons nos pois pousser leurs vrilles précisément à la hauteur où ils commencent à avoir besoin d'appui, et les accrocher aux ramées avec une adresse qu'on ne peut attribuer au hasard. Ces relations semblent supposer de l'intelligence; mais nous en trouverons encore de plus aimables, qui prouvent de la bonté, non pas dans le végétal, mais dans la main qui l'a formé. Le *silphium* de nos jardins est une grande férulacée qui ressemble, au premier coup d'œil, à la plante qu'on appelle soleil. Ses larges feuilles sont opposées à leur base, et leurs aisselles, qui s'unissent, forment un godet ovale où l'eau des pluies se ramasse jusqu'à la concurrence d'un bon verre d'eau. Elles sont placées par étages, non pas dans la même direction, mais à angles droits, afin qu'elles puissent recevoir les pluies dans toute l'étendue de leur circonférence; sa tige carrée est très propre à être saisie fermement par les pattes des oiseaux, et ses fleurs leur présentent des graines que plusieurs d'entre eux, et surtout les grives, aiment beaucoup : en sorte que toute cette plante, semblable à un bâton de perroquet, offre à la fois aux oiseaux à se percher, à manger et à boire.

Nous parlerons aussi des parfums et des saveurs des plantes. Nous remarquerons, sous ces relations, un grand nombre de caractères botaniques qui ne sont pas les moins sûrs. C'est par l'odorat et le goût que l'homme a acquis les premières connaissances de leurs qualités vénéneuses, médicinales ou alimentaires. Les bruits mêmes des plantes ne sont pas à négliger; car lorsqu'elles sont agitées par les vents, la plupart rendent des sons qui leur sont propres, et qui produisent des convenances ou des contrastes fort agréables avec les sites où elles ont coutume de naître. Aux Indes, les cannes creuses du bambou, qui ombragent les rivages des fleuves, imitent, en se froissant les unes contre les autres, le gémissement des

manœuvres d'un vaisseau; et les siliques du canéficier, agitées par les vents sur le haut d'une montagne, le tic-tac d'un moulin. Les feuilles mobiles des peupliers font entendre, au milieu de nos bois, les bouillonnements des ruisseaux. Les vertes prairies et les tranquilles forêts, agitées par les zéphyrs, représentent, au fond des vallées et sur les pentes des coteaux, les ondulations et les murmures des flots de la mer qui se brisent sur le rivage. Les premiers hommes, frappés de ces bruits mystérieux, crurent entendre des oracles sortir du tronc des chênes, et que des nymphes et des dryades habitaient, sous leurs rudes écorces, les montagnes de Dodone.

La sphère des animaux étend encore plus loin ses consonnances merveilleuses. Depuis le coquillage immobile qui pave et fortifie le bassin des mers, jusqu'à la mouche qui vole la nuit sur les campagnes de la zone torride, tout étincelante de lumière comme une étoile, vous trouverez en eux les configurations des rochers, des végétaux et des astres. Mille passions et mille instincts ineffables les animent, et leur font produire des chants, des cris, des bourdonnements, et jusqu'à des mots articulés de la voix humaine. Les uns vivent en républiques tumultueuses, d'autres dans une solitude profonde. Les uns passent leur vie à faire la guerre, d'autres à faire l'amour. Ils emploient dans leurs combats toutes les espèces d'armures imaginables, et toutes les manières de s'en servir, depuis le porc-épic qui lance des traits, jusqu'à la torpille qui frappe invisiblement comme l'électricité*. Leurs amours

---

* La *torpille* n'est pas le seul poisson qui jouisse de cette propriété; les *gymnotes électriques*, le *trembleur du Niger*, l'anguille de Surinam, offrent le même phénomène; mais il ne doit pas être attribué à l'électricité. Hunter a décrit les organes, ou, si l'on veut, les instruments qui servent aux gymnotes pour frapper leurs ennemis d'engourdissement, et quelquefois de mort. L'intérieur de chacun de ces instruments présente un grand nombre de séparations horizontales, coupées presque à angle droit par d'autres séparations à peu près verticales, et si nombreuses qu'on en a compté 240 dans la longueur d'un pouce : il est facile de reconnaître que cet appareil est une véritable pile galvanique. Les gymnotes ont la faculté de proportionner la force de leur commotion à la force de leurs ennemis; mais ils s'épuisent, et leurs pertes ne se réparent qu'après un long repos. Les habitants de l'Amérique méridionale profitent de cette circonstance pour se donner le plaisir de la pêche. M. de Humboldt, qui a fait une description de cette pêche singulière, dit que les Indiens font courir des mulets et des chevaux dans les eaux stagnantes des marais, et que ce bruit et ce mouvement excitent les gymnotes au combat. On les voit glisser comme des serpents à la surface des eaux, se dresser sous le ventre des chevaux, et les frapper sans relâche; les uns succombent à la violence des coups; les autres haletants, la crinière hérissée, les yeux étincelants, cherchent à s'élancer sur le rivage; mais les Indiens les repoussent avec de longs bambous. Cependant peu à peu l'impétuosité de ce combat inégal diminue; les gymnotes, fatigués, se dispersent comme des nuées déchar-

---

dans la vallée de Montmorency, au bord de l'étang de Saint-Gratien, ferment également leurs feuilles au plus léger attouchement : ces plantes ont mérité, comme la *dionœa*, le surnom d'attrape-mouche. (A.-M.)

ne sont pas moins variées que leurs haines. Aux uns, il faut des sérails; aux autres, des maîtresses passagères; à d'autres, des compagnes fidèles qu'ils n'abandonnent qu'au tombeau. L'homme réunit, dans ses jouissances, leurs plaisirs et leurs fureurs; et quand il les a satisfaites, il soupire, et demande au ciel un autre bonheur. Nous examinerons, par les seules lumières de la raison, si l'homme, assujetti par son corps à la condition des animaux, dont il réunit en lui tous les besoins, ne tient pas, par son ame, à des créatures d'un ordre supérieur; si la nature, qui a fait ressortir sur la terre l'immensité de ses productions à un être nu, sans instinct, et à qui il faut plusieurs années d'apprentissage pour apprendre seulement à marcher, l'a mis, dès sa naissance, dans l'alternative d'en étudier les qualités, ou de périr; et si elle ne s'est pas réservé quelque moyen extraordinaire de venir à son secours, au milieu des maux de toute espèce qui traversent son existence jusque parmi ses semblables.

En parcourant ces passages qui unissent les différents règnes, et qui étendent leurs limites à des régions qui nous sont encore inconnues, nous n'adopterons pas l'opinion de ceux qui croient que les ouvrages de la nature étant les résultats de toutes les combinaisons possibles, toutes les manières d'exister doivent s'y rencontrer. « Vous y trouverez l'ordre, disent-ils, et en même temps le désordre. Jetez d'une infinité de manières les caractères de l'alphabet, vous en formerez l'*Iliade*, et des poëmes même supérieurs à l'*Iliade*; mais vous aurez en même temps une infinité d'assemblages informes. » Nous adoptons cette comparaison, en observant cependant que la supposition des vingt-quatre lettres de l'alphabet renferme déja une idée d'ordre, qu'on est forcé d'admettre pour établir l'hypothèse même du hasard. Si donc les jets multipliés de ces vingt-quatre lettres donnaient en effet une infinité de poëmes bons et mauvais, combien les principes bien plus nombreux de l'existence en elle-même, tels que les éléments, les couleurs, les surfaces, les formes, les profondeurs, les mouvements, produiraient de diverses manières d'exister! Quand on ne prendrait qu'une centaine de modifications de chaque combinaison primordiale de la matière, on aurait, au moins, les passages généraux des différents règnes. On verrait des plantes marcher avec des pieds comme les animaux, des animaux fixés à la terre avec des racines comme les plantes, des rochers avec des yeux, des herbes qui ne végéteraient qu'en l'air. Les principaux intervalles des sphères de l'existence seraient remplis; mais tout ce qui est possible n'existe pas. Il n'y a d'existant que ce qui est utile relativement à l'homme. Le même ordre qui règne dans l'ensemble des sphères subsiste dans les parties de chacun des individus qui les composent. Il n'y en a aucun qui ait dans ses organes quelque excès ou quelque défaut. Leurs convenances sont si sensibles, et elles ont des caractères si frappants, que si l'on montre à un habile naturaliste quelque représentation de plante ou d'animal qu'il n'ait jamais vu, il pourra juger, à l'harmonie de ses parties, si elle est faite d'après l'imagination, ou d'après la nature. Un jour, des élèves de botanique, voulant éprouver le savoir du célèbre Bernard de Jussieu, lui présentèrent une plante qui n'était point dans l'école du Jardin du roi, en le priant d'en déterminer le genre et l'espèce. Dès qu'il y eut jeté les yeux, il leur dit : « Cette plante est » composée artificiellement; vous en avez pris les » feuilles de celle-ci, la tige de celle-là, et la fleur » de cette autre. » C'était la vérité. Ils avaient cependant rassemblé, avec le plus grand art, les parties de celles qui avaient le plus d'analogie. J'ose assurer que, par la méthode que je présenterai, la science peut aller beaucoup plus loin, et déterminer, à la vue d'une plante étrangère, la nature du sol où elle croît, si elle est d'un pays chaud ou d'un pays froid, de montagne ou aquatique; et peut-être même les espèces d'animaux auxquels elle est particulièrement affectée.

En étudiant ces lois, dont la plupart sont inconnues ou négligées, nous en détruirons d'autres qui ne sont fondées que sur des observations particulières qu'on a rendues trop générales. Telles sont, par exemple, celles-ci : que le nombre et la fécondité des êtres sont en raison inverse de leur grandeur, et que le temps de leur dépérissement est proportionné à celui de leur accroissement. Nous ferons voir qu'il y a des mousses moins fécondes que les sapins, et des coquillages moins nombreux que les baleines; tel est, entre autres, le marteau. Il y a des animaux qui croissent fort vite, et qui dépérissent fort lentement : tels sont la plupart des poissons. Nous ne nous lasserons pas de prouver que la durée, la force, la grandeur, la fécondité, la forme de chaque être, sont proportionnées d'une manière admirable, non-seulement à son bonheur particulier, mais au bonheur général de tous, d'où résulte celui du genre humain. Nous détrui-

---

gées d'électricité; et c'est alors que les pêcheurs les frappent avec des harpons, et les entraînent sur le rivage. (A.-M.)

rons aussi ces analogies si communes que l'on tire du sol et du climat, pour expliquer toutes les opérations de la nature par des causes mécaniques, en faisant voir qu'elle y fait naître souvent les végétaux et les animaux dont les qualités y sont le plus opposées. Les plantes tubulées et les plus sèches, comme les roseaux, les joncs, ainsi que les bouleaux, dont l'écorce, semblable à un cuir passé à l'huile, est incorruptible à l'humidité, croissent sur le bord des eaux, comme des bateaux propres à les traverser. Au contraire, les plantes les plus grasses et les plus humides viennent dans les lieux les plus secs ; telles que les aloès, les cierges du Pérou, et les lianes pleines d'eau, qu'on ne trouve que dans les rochers arides de la zone torride, où elles sont placées comme des fontaines végétales. Les instincts mêmes des animaux paraissent moins ordonnés à leur utilité propre qu'à celle de l'homme, et sont tantôt d'accord, tantôt en opposition avec la nature du sol qu'ils habitent. Le porc gourmand se plaît à vivre dans les fanges dont il devait nettoyer l'habitation de l'homme ; et le chameau sobre, à voyager dans les sables arides de l'Afrique, inaccessibles sans lui aux voyageurs. Les appétits de ces animaux ne naissent point des lieux qu'ils habitent ; car l'autruche, qui vit dans les mêmes déserts que le chameau, est encore plus vorace que le porc. Aucune loi de magnétisme, de pesanteur, d'attraction, d'électricité, de chaleur ou de froid, ne gouverne le monde. Ces prétendues lois générales ne sont que des moyens particuliers. Nos sciences nous trompent, en supposant à la nature une fausse Providence. Elles mettent à la vérité des balances dans ses mains ; mais ce ne sont pas celles de la justice, ce sont celles du commerce. Elles ne pèsent que des sels et des masses, et elles mettent de côté la sagesse, l'intelligence et la bonté. Elles ne craignent pas d'écarter du cœur de l'homme le sentiment des qualités divines qui lui donne tant de force, et de rassembler sur son esprit des poids et des mouvements qui l'accablent. Elles mettent en opposition les carrés des temps et des vitesses, et elles négligent ces compensations admirables avec lesquelles la nature est venue au secours de tous les êtres, en donnant les plus ingénieuses aux plus faibles, les plus abondantes aux plus pauvres, et en les réunissant toutes sur le genre humain, sans doute comme sur l'espèce la plus misérable.

Nous ne pouvons connaître que ce que la nature nous fait sentir, et nous ne pouvons juger de ses ouvrages que dans le lieu et dans le temps où elle nous les montre. Tout ce que nous nous figurons au-delà ne nous présente que contradiction, doute, erreur ou absurdité ; je n'en excepte pas même les plans de perfection que nous imaginons. Par exemple, c'est une tradition commune à tous les peuples, appuyée sur le témoignage de l'Écriture sainte, et fondée sur un sentiment naturel, que nous avons vécu dans un meilleur ordre de choses, et que nous sommes destinés à un autre qui doit le surpasser. Cependant nous ne pouvons rien dire ni de l'un ni de l'autre ; il nous est impossible de rien retrancher ou de rien ajouter à celui où nous vivons, sans empirer notre situation. Tout ce que la nature y a mis est nécessaire : la douleur et la mort même sont des témoignages de sa bonté. Sans la douleur, nous nous briserions à chaque pas sans nous en apercevoir ; sans la mort, de nouveaux êtres ne pourraient renaître dans le monde ; et si l'on suppose que ceux qui existent maintenant pouvaient être éternels, leur éternité entraînerait la ruine des générations, de la configuration des deux sexes, et de toutes les relations de l'amour conjugal, filial et paternel, c'est-à-dire de tout le système du bonheur actuel. En vain nous allons chercher dans nos berceaux les archives que le tombeau nous refuse : le passé comme l'avenir couvre nos mystérieuses destinées d'un voile impénétrable. En vain nous y portons la lumière qui nous éclaire, et nous cherchons, dans l'origine des choses, les poids, les temps et les mesures que nous trouvons dans leur jouissance ; mais l'ordre qui les a produites n'a eu, par rapport à Dieu, ni temps, ni poids, ni mesure. Les divisions de la matière et du temps n'ont été faites que pour l'homme circonscrit, faible et passager. L'univers, disait Newton, a été jeté d'un seul jet. Nous cherchons une jeunesse à ce qui a toujours été vieux, une vieillesse à ce qui est toujours jeune, des germes aux espèces, des naissances aux générations, des époques à la nature ; mais quand la sphère où nous vivons sortit de la main divine de son auteur, tous les temps, tous les âges, toutes les proportions s'y manifestèrent à la fois. Pour que l'Etna pût vomir ses feux, il fallut à la construction de ses fourneaux des laves qui n'avaient jamais coulé ; pour que l'Amazone pût rouler ses eaux à travers l'Amérique, les Andes du Pérou durent se couvrir de neiges que les vents d'orient n'y avaient point encore accumulées. Au sein des forêts nouvelles naquirent des arbres antiques, afin que les insectes et les oiseaux pussent trouver des aliments sous leurs vieilles écorces. Des cadavres furent créés pour les animaux carnassiers. Il dut naître dans tous les règnes des êtres jeunes, vieux, vivants, mourants. Toutes les parties de cette immense fabrique parurent à la fois; et si elle eut un échafaud, il a disparu pour nous.

Que d'autres étendent les bornes de nos sciences, je me croirai plus utile si je peux fixer celles de notre ignorance. Nos lumières, comme nos vertus, consistent à descendre, et notre force à sentir notre faiblesse. Si je ne suis pas la route que la nature s'est réservée, au moins je marcherai dans celle que l'homme doit parcourir : c'est la seule qui lui présente des observations faciles, des découvertes utiles, des jouissances de toute espèce, sans instrument, sans cabinet, sans métaphysique et sans système.

Pour nous convaincre de son agrément, ordonnons, d'après notre méthode, quelques groupes avec les sites, les végétaux et les animaux les plus communs de nos climats. Supposons le terroir le plus ingrat, un écueil sur nos côtes, à l'embouchure d'un fleuve escarpé du côté de la mer, et en pente douce de celui de la terre. Que, du côté de la mer, les flots couvrent d'écume ses roches revêtues de varechs, de fucus et d'algues de toutes les couleurs et de toutes les formes, vertes, brunes, purpurines, en houppes et en guirlandes, comme j'en ai vu sur les côtes de Normandie à des roches de marne blanche que la mer détache de ses falaises ; que du côté du fleuve on voie, sur son sable jaune, un gazon fin mêlé d'un peu de trèfle, et çà et là quelques touffes d'absinthe marine ; mettons-y quelques saules, non pas comme ceux de nos prairies, mais avec leur crue naturelle, et semblables à ceux que j'ai vus sur les bords de la Sprée, aux environs de Berlin, qui avaient une large cime et plus de cinquante pieds de hauteur; n'y oublions pas l'harmonie des différents âges, si agréable à rencontrer dans toute espèce d'agrégation, mais surtout dans celle des végétaux ; qu'on voie de ces saules, lisses et remplis de suc, dresser en l'air leurs jeunes rameaux, et d'autres bien vieux, dont la cime soit pendante et les troncs caverneux ; ajoutons-y leurs plantes auxiliaires, telles que des mousses vertes et des lichens dorés qui marbrent leurs écorces grises, et quelques uns de ces convolvulus appelés chemises de Notre-Dame, qui se plaisent à grimper sur leur tronc et à en garnir les branches, sans fleurs apparentes, de leurs feuilles en cœur et de leurs fleurs évidées en cloches blanches comme la neige ; mettons-y les habitants naturels au saule et à ses plantes, leurs papillons, leurs mouches, leurs scarabées et leurs autres insectes, avec les volatiles qui leur font la guerre, tels que les demoiselles aquatiques, polies comme l'acier bruni, qui les attrapent en l'air ; des bergeronnettes qui les poursuivent à terre en hochant la queue, et des martins-pêcheurs qui les prennent à fleur d'eau : vous verrez naître d'une seule espèce d'arbre une multitude d'harmonies agréables.

Cependant elles sont encore imparfaites. Opposons au saule l'aune qui se plaît comme lui sur les bords des fleuves, et qui, par sa forme, pareille à celle d'une longue tour, son feuillage large, sa verdure sombre, ses racines charnues, faites comme des cordes qui courent le long des rivages dont elles lient les terres, contraste en tout avec la masse étendue, la feuille légère, la verdure frappée de blanc et les racines pivotantes du saule ; ajoutons-y les individus de l'aune de différents âges, qui s'élèvent comme autant d'obélisques de verdure, avec leurs plantes parasites, telles que des capillaires qui rayonnent en étoile sur leur tronc humide, de longues scolopendres qui pendent de leurs rameaux jusqu'à terre, et les autres accessoires en insectes et en oiseaux, et même en quadrupèdes, qui contrastent probablement en formes, en couleurs, en allures et en instincts avec ceux du saule : nous aurons, avec deux genres d'arbres, un concert ravissant de végétaux et d'animaux. Si nous éclairons ces bosquets des premiers rayons de l'aurore, nous verrons à la fois des ombres fortes et des ombres transparentes se répandre sur le gazon, une verdure sombre et une verdure argentée se découper sur l'azur des cieux, et leurs doux reflets, confondus ensemble, se mouvoir au sein des eaux. Supposons-y (ce que ne peut rendre ni la peinture ni la poésie) l'odeur des herbes et même celle de la marine, le frémissement des feuilles, le bourdonnement des insectes, le chant matinal des oiseaux, le murmure sourd et entremêlé de silence des flots qui se brisent sur le rivage, et les répétitions que les échos font au loin de tous ces bruits qui, se perdant sur la mer, ressemblent aux voix des néréides : ah ! si l'amour ou la philosophie vous porte dans cette solitude, vous y trouverez un asile plus doux à habiter que les palais des rois.

Voulez-vous y faire naître des sensations d'un autre ordre, et entendre des passions et des sentiments sortir du sein des rochers ? qu'au milieu de cet écueil s'élève le tombeau d'un homme vertueux et infortuné, et qu'on y lise ces mots : ICI REPOSE J.-J. ROUSSEAU.

Voulez-vous augmenter l'impression de ce tableau, sans toutefois en dénaturer le sujet ? Éloignez le lieu, le temps et le monument. Que cette île soit celle de Lemnos, les arbres de ces bosquets des lauriers et des oliviers sauvages, et ce tombeau celui de Philoctète. Qu'on y voie la grotte où ce grand homme vécut abandonné des Grecs qu'il avait servis, son pot de bois, les lambeaux dont il se couvrait, l'arc et les flèches d'Hercule qui renversèrent tant de monstres dans ses mains, et dont il se blessa lui-même : vous éprouverez à la fois deux grands sentiments, l'un physique qui s'accroît à mesure qu'on s'approche des ouvrages de la nature, parceque leur beauté ne se développe que par l'examen ; l'autre moral qui augmente à mesure qu'on s'éloigne des monuments de la vertu, parceque faire du bien aux hommes, et n'être plus à leur portée, est une ressemblance avec la Divinité.

Que serait-ce donc si nous jetions un coup d'œil sur les harmonies générales de ce globe? En ne nous arrêtant qu'à celles qui nous sont les mieux connues, voyez comme le soleil environne constamment de ses rayons une moitié de la terre, tandis que la nuit couvre l'autre de son ombre. Combien de contrastes et d'accords résultent de leurs oppositions versatiles! Il n'y a pas un point des deux hémisphères où ne paraissent tour à tour une aube, un crépuscule, une aurore, un midi, un occident chargé de feux, et une nuit tantôt constellée, tantôt ténébreuse. Les saisons s'y donnent la main comme les heures du jour. Le printemps, couronné de fleurs, y devance le char du soleil ; l'été l'environne de ses moissons, et l'automne le suit avec sa corne chargée de fruits. En vain l'hiver et la nuit, retirés sur les pôles du monde, veulent donner des bornes à sa magnifique carrière ; en vain ils élèvent du sein des mers australes et boréales de nouveaux continents qui ont leurs vallées, leurs montagnes et leurs clartés : le père du jour renverse de ses flèches de feu ces ouvrages fantastiques, et, sans sortir de son trône, il reprend l'empire de l'univers. Rien n'échappe à sa chaleur féconde. Du sein de l'Océan, il élève dans les airs les fleuves qui vont couler dans les deux mondes. Il ordonne aux vents de les distribuer sur les îles et sur les continents. Ces invisibles enfants de l'air les transportent sous mille formes capricieuses. Tantôt ils les étendent dans le ciel comme des voiles d'or et des pavillons de soie ; tantôt ils les roulent en forme d'horribles dragons et de lions rugissants, qui vomissent les feux du tonnerre. Ils les versent sur les montagnes d'autant de manières différentes, en rosées, en pluies, en grêles, en neiges, en torrents impétueux. Quelque bizarres que paraissent leurs services, chaque partie de la terre n'en reçoit tous les ans que sa portion d'eau accoutumée. Chaque fleuve remplit son urne, et chaque naïade sa coquille. Chemin faisant, ils déploient sur les plaines liquides de la mer la variété de leurs caractères. Les uns rident à peine la surface de ses flots ; les autres les sillonnent en ondes d'azur ; d'autres les bouleversent en mugissant, et couvrent d'écume les hauts promontoires. Chaque lieu a ses harmonies qui lui sont propres, et chaque lieu les présente tour à tour. Parcourez à votre gré un méridien ou un parallèle, vous y trouverez des montagnes à glace et des montagnes à feu, des plaines de toutes sortes de niveaux, des collines de toutes les courbures, des îles de toutes les formes, des fleuves de tous les cours : les uns qui jaillissent et semblent sortir du centre de la terre ; d'autres qui se précipitent en cataractes, et paraissent tomber des nues. Cependant ce globe agité de tant de mouvements, et chargé de poids en apparence si irréguliers, s'avance d'une course ferme et inaltérable à travers l'immensité des cieux.

Des beautés d'un autre ordre décorent son architecture, et le rendent habitable aux êtres sensibles. Une ceinture de palmiers, auxquels sont suspendus la datte et le coco, l'entoure entre les brûlants tropiques, et des forêts de sapins moussus le couronnent sous les cercles polaires. D'autres végétaux s'étendent, comme des rayons, du midi au nord, et viennent expirer à différents degrés. Le bananier s'avance depuis la ligne jusqu'aux bords de la Méditerranée. L'oranger passe la mer, et borde de ses fruits dorés les rivages méridionaux de l'Europe. Les plus nécessaires, comme le blé et les graminées, pénètrent le plus loin, et, forts de leur faiblesse, s'étendent à l'abri des vallées, depuis les bords du Gange jusqu'à ceux de la mer Glaciale. D'autres, plus robustes, partent des rudes climats du nord, s'avancent sur les croupes du Taurus, et arrivent, à la faveur des neiges, jusque dans le sein de la zone torride. Les sapins et les cèdres couronnent les montagnes de l'Arabie et du royaume de Cachemire, et voient à leurs pieds les plaines brûlantes d'Aden et de Lahor, où se recueillent la datte et la canne à sucre. D'autres arbres, ennemis à la fois du chaud et du froid, ont leur centre dans les zones tempérées. La vigne languit en Allemagne et au Sénégal. Le pommier, l'arbre de ma patrie, n'a jamais vu le soleil à plomb sur sa tête, ou, décrivant autour de lui le cercle entier de l'horizon, mûrir ses beaux fruits. Mais chaque sol a sa Flore et sa Pomone. Les rochers, les marais, les vases, les sables, ont des végétaux qui leur sont propres ; les écueils mêmes de la mer sont fertiles. Le cocotier ne se plaît que sur les sables marins, où il laisse pendre ses fruits pleins de lait au-dessus des flots salés. D'autres plantes sont ordonnées aux vents, aux saisons et aux heures du jour avec tant de précision, que Linnée en avait formé des almanachs et des horloges botaniques. Qui pourrait décrire la variété infinie de leurs figures? Que de berceaux, de voûtes, d'avenues, de pyramides de verdure chargées de fruits, offrent de ravissantes habitations! Que d'heureuses républiques vivent sous leurs tranquilles ombrages! Que de banquets délicieux y sont préparés! Rien n'en est perdu. Les quadrupèdes en mangent les tendres feuillages, les oiseaux les semences, d'autres animaux les racines et les écorces. Les insectes en ont la desserte: leurs légions infinies sont armées de toutes sortes d'instruments pour la recueillir. Les abeilles ont sur leurs cuisses des cuillers garnies de poil pour ramasser les poussières de leurs fleurs; les mouches, des pompes pour en sucer la sève; les vers, des tarières, des vilebrequins et des râpes pour en dépecer les parties solides; et les fourmis, des pinces pour en emporter les miettes. A la diversité de formes, de mœurs, de gouvernements, et aux guerres perpétuelles de tous ces animaux, vous diriez d'une multitude de nations étrangères et ennemies, qui vont bientôt s'entre-détruire. A la constance de leurs amours, à la perpétuité de leurs espèces, à leur admirable harmonie avec toutes les parties du règne végétal, vous diriez d'un seul peuple qui a sa noblesse domaniale, ses charpentiers, ses pompiers, ses artisans.

D'autres tribus dédaignent les végétaux, et sont ordonnées aux éléments, au jour, à la nuit, aux tempêtes, et aux diverses parties du globe. L'aigle confie son nid au rocher qui se perd dans la nue; l'autruche, aux sables arides des déserts; le flamant couleur de rose, aux vases de l'Océan méridional. L'oiseau blanc du tropique et la noire frégate se plaisent à parcourir ensemble la vaste étendue des mers, à voir du haut des airs voguer les flottes des Indes sous leurs ailes, et à circonscrire ce globe d'orient en occident, en disputant de rapidité avec le cours du soleil. Sous les mêmes latitudes, des tourterelles et des perroquets moins hardis ne voyagent que d'île en île, promenant à leur suite leurs petits, et ramassant dans les forêts des graines d'épiceries qu'ils font crouler de branche en branche. Pendant que ces oiseaux conservent une température égale sous les mêmes parallèles, d'autres la trouvent en suivant le même méridien. De longs triangles d'oies sauvages et de cygnes vont et viennent chaque année du midi au nord, ne s'arrêtent qu'aux limites brumeuses de l'hiver, passent sans s'étonner au-dessus des cités populeuses de l'Europe, et dédaignent leurs campagnes fécondes sillonnées de blés verts au milieu des neiges, tant la liberté paraît préférable à l'abondance, même aux animaux! D'un autre côté, des légions de lourdes cailles traversent la mer, et vont au midi chercher les chaleurs de l'été. Vers la fin de septembre, elles profitent d'un vent de nord pour quitter l'Europe; et en battant une aile et présentant l'autre au vent, moitié voile, moitié rame, elles rasent les flots de la Méditerranée de leurs croupions chargés de graisse, et se réfugient dans les sables de l'Afrique, pour y servir de nourriture aux faméliques habitants du Zara. Il y a des animaux qui ne voyagent que la nuit. Des millions de crabes descendent, aux Antilles, des montagnes, à la clarté de la lune, en faisant sonner leurs tenailles, et offrent aux Caraïbes, sur les grèves stériles de leurs îles, leurs écailles remplies de moelles exquises. Dans d'autres saisons, au contraire, les tortues quittent la mer pour aborder aux mêmes rivages, et entassent des sachées d'œufs dans leurs sables chauds. Les glaces mêmes des pôles sont habitées. On voit dans leurs mers, et sous leurs promontoires flottants de cristal, de noires baleines chargées de plus d'huile que n'en peut donner un champ d'oliviers. Des renards, revêtus de précieuses fourrures, trouvent à vivre sur leurs rivages abandonnés du soleil; des troupeaux de rennes y grattent la neige pour chercher les mousses, et s'avancent en bramant dans ces régions désolées de la nuit, à la lueur des aurores boréales. Par une providence admirable, les lieux les plus arides présentent à l'homme, dans la plus grande abondance, des vivres, des habits, des lampes et des foyers qu'ils n'ont pas produits.

Qu'il serait doux de voir le genre humain recueillir tant de biens, et se les communiquer en paix d'un climat à l'autre! Nous attendons chaque hiver que l'hirondelle et le rossignol nous annoncent le retour des beaux jours. Il serait bien plus touchant de voir des peuples éloignés arriver avec le printemps sur nos rivages, non pas au bruit de l'artillerie, comme les modernes Européens, mais au son des flûtes et des hautbois, comme les anciens navigateurs, aux premiers temps du monde. Nous verrions les noirs Indiens de l'Asie méridionale remonter comme autrefois leurs grands fleuves dans des canots de cuir; pénétrer, par les eaux du Petzora, jusqu'aux extrémités du nord, et étaler, sur les bords de la mer Glaciale, les richesses du Gange. Nous verrions les Indiens cuivrés de l'Amérique parcourir en pirogues la longue chaîne des Antilles, et d'île en île, de rivage en rivage, apporter, peut-être jusque dans notre continent, leur or et leurs émeraudes. De longues caravanes d'Arabes, montés sur des chameaux et sur des bœufs, viendraient, en suivant le cours du soleil, de prairie en prairie, nous rappeler la vie innocente et heureuse des anciens patriarches. L'hiver même ne serait point un obstacle à la communication des peuples. Des Lapons, couverts de chaudes fourrures, arriveraient, à la faveur des neiges, dans leurs traîneaux tirés par des rennes, et étaleraient dans nos marchés les zibelines de la Sibérie. Si les hommes vivaient en paix, toutes les mers seraient naviguées, toutes les terres seraient parcourues, toutes les productions en seraient ramassées. Qu'il serait curieux d'entendre les aventures de ces voyageurs étrangers, attirés chez nous par la douceur de nos mœurs! Ils ne tarderaient pas à donner à notre hospitalité les secrets de leurs plantes, de leur industrie et de leurs traditions, qu'ils cacheront toujours à notre commerce ambitieux. C'est parmi les membres de la vaste famille du genre humain que sont épars les fragments de son histoire. Qu'il serait intéressant d'entendre celle de notre antique séparation, les motifs qui déterminèrent chaque peuple à se partager sur un globe inconnu, et à traverser au hasard des montagnes qui n'avaient pas de chemins, et des fleuves qui ne portaient pas encore de noms! Quels tableaux nous offriraient les descriptions de ces pays décorés d'une pompe magnifique, puisqu'ils sortaient des mains de la nature, mais sauvage et inutile aux besoins de l'homme sans expérience! Ils nous diraient quel fut l'étonnement de leurs aïeux à la vue des nouvelles plantes que leur présentait chaque nouveau climat; les essais qu'ils en firent pour subsister; comment ils furent aidés sans doute, dans leurs besoins et dans leur industrie, par quelque intelligence céleste touchée de leurs malheurs; comment ils s'établirent, quelle fut l'origine de leurs lois, de leurs coutumes et de leurs religions. Que d'actes de vertu, que d'amours généreux ont ennobli des déserts, et sont inconnus à notre orgueil! Nous nous flattons, d'après quelques anecdotes recueillies au hasard par les voyageurs, d'avoir mis en évidence l'histoire des nations étrangères. Mais c'est comme s'ils composaient la nôtre d'après les contes d'un matelot, ou les récits artificiels d'un courtisan, au milieu des méfiances de la guerre ou des corruptions du commerce. Les lumières et les sentiments d'un peuple ne sont point renfermés dans des livres : ils reposent dans la tête et dans le cœur de ses sages, si toutefois la vérité peut avoir sur la terre quelque asile assuré. Nous les avons assez jugés : il serait plus intéressant pour nous d'en être jugés à notre tour, et d'éprouver leur surprise à la vue de nos coutumes, de nos sciences et de nos arts. S'il est doux d'acquérir des lumières, il est bien plus doux de les répandre. Le plus noble prix de la science est le plaisir de l'ignorant éclairé. Quelle joie pour nous de jouir de leur joie, de voir leurs danses dans nos places publiques, et d'entendre retentir les tambours des Tartares et les cornets d'ivoire des nègres autour des statues de nos rois! Ah! si nous étions bons, je me les figure, frappés de l'excessive et malheureuse population de nos villes, nous inviter à nous répandre dans leurs solitudes, à contracter avec eux des mariages, et à rapprocher par de nouvelles alliances les branches du genre humain, qui s'écartent de plus en plus, et que les passions nationales divisent encore plus que les siècles et que les climats.

Hélas! les biens nous ont été donnés en commun, et nous n'avons partagé que les maux. Partout l'homme manque de terre, et le globe est couvert de déserts. L'homme seul est exposé à la famine, et jusqu'aux insectes regorgent de biens. Presque partout il est esclave de son semblable, et les animaux les plus faibles se sont maintenus libres contre les plus forts. La nature, qui l'avait fait pour aimer, lui avait refusé des armes, et il s'en est forgé pour combattre ses semblables. Elle présente à tous ses enfants des asiles et des festins; et les avenues de nos villes ne s'annoncent au loin que par des roues et par des gibets. L'histoire de la nature n'offre que des bienfaits, et celle de l'homme que brigandage et fureur. Ses héros sont ceux qui se sont rendus les plus redoutables. Partout il méprise la main qui file ses habits, et qui laboure pour lui le sein de la terre; partout il estime qui le trompe, et révère qui l'opprime. Toujours mécontent du présent, il est le seul être qui regrette le passé et qui redoute l'avenir. La nature n'avait donné qu'à lui d'entrevoir qu'il existât un Dieu, et des milliers de religions inhumaines sont nées d'un sentiment si simple et si consolant. Quelle est donc la puissance qui a mis obstacle à celle de la nature? Quelle illusion a égaré cette raison merveilleuse d'où sont sortis tant d'arts, excepté celui d'être heureux? O législateurs! ne vantez plus vos lois. Ou l'homme est né pour être misérable, ou la terre, arrosée partout de son sang et de ses larmes, vous accuse tous d'avoir méconnu celle de la nature.

Qui ne s'ordonne pas à sa patrie, sa patrie au genre humain, et le genre humain à Dieu, n'a pas plus connu les lois de la politique que celui qui, se faisant une physique pour lui seul, et séparant ses relations personnelles d'avec les éléments, la terre et le soleil, n'aurait connu les lois de la nature. C'est à la recherche de ses harmonies divines que j'ai consacré ma vie et cet ouvrage. Si, comme tant d'autres, je me suis égaré, au moins mes erreurs ne seront point fatales à ma religion. Elle seule m'a paru le lien naturel du genre humain, l'espoir de nos passions sublimes, et le complément de nos destins misérables. Heureux si j'ai pu quelquefois étayer de mon faible support son édifice merveilleux, ébranlé aujourd'hui de toutes parts! Mais ses fondements ne portent point sur la terre, et c'est au ciel que sont attachées ses colonnes augustes. Quelque hardies que soient mes spéculations, il n'y a rien pour les méchants. Mais peut-être plus d'un épicurien y reconnaîtra que la volupté suprême est dans la vertu; peut-être de bons citoyens y trouveront de nouveaux moyens d'être utiles. Au moins je serai récompensé de mes travaux, si un seul infortuné, troublé par le spectacle du monde, se rassure en voyant dans la nature un père, un ami et un rémunérateur.

Tel est le vaste plan que je me proposais de remplir. J'avais ramassé pour cet objet plus de matériaux que je n'en avais besoin; mais plusieurs obstacles m'ont empêché de les rassembler en entier. Je m'en occuperai peut-être dans des temps plus heureux. En attendant, j'en ai extrait ce qui était suffisant pour donner une idée des harmonies de la nature. Quoique mes travaux se trouvent réduits ici à de simples études, j'y ai conservé cependant assez d'ordre pour y laisser entrevoir mon plan général. C'est ainsi qu'un péristyle, des arcades à demi ruinées, des avenues de colonnes, de simples pans de murs, présentent encore aux voyageurs, dans une île de la Grèce, l'image d'un temple antique, malgré les injures du temps et des barbares qui l'ont renversé.

D'abord, je ne change presque rien à la première partie de mon ouvrage, si ce n'est la distribution. J'y expose, en premier lieu, les bienfaits de la nature envers notre siècle, et les objections qu'on y a élevées contre la providence de son auteur. Je réponds ensuite successivement à celles qui sont tirées des désordres des éléments, des végétaux, des animaux, des hommes, et à celles qui sont dirigées contre la nature même de Dieu. J'ose dire que j'ai traité ces sujets sans aucune considération personnelle ni étrangère. Après avoir répondu à ces objections, j'en propose à mon tour quelques unes contre les éléments de nos sciences, que nous croyons infaillibles; et je combats ce principe prétendu de nos lumières, que nous appelons RAISON.

Après avoir nettoyé le champ de nos opinions dans mes premières Études, je tâche d'élever dans les suivantes l'édifice de nos connaissances. J'examine quelle est la portion de notre intelligence où se fixe la lumière naturelle; ce que nous entendons par beauté, ordre, vertu, et par leurs contraires. J'en déduis l'évidence de plusieurs lois physiques et morales, dont le sentiment est universel chez tous les peuples. Je fais ensuite l'application des lois physiques, non pas à l'ordre de la terre, mais à celui des plantes.

J'ai balancé beaucoup entre ces deux ordres, je l'avoue. Le premier aurait présenté des relations, j'ose dire tout-à-fait neuves, utiles à la navigation, au commerce et à la géographie; mais le second m'en a offert d'aussi nouvelles, d'aussi agréables, de plus aisées à vérifier au commun des lecteurs, de très importantes à l'agriculture, et par conséquent à un plus grand nombre d'hommes. D'ailleurs, quelques unes des relations harmoniques de ce globe se trouvent présentées dans mes réponses aux objections contre la Providence, et dans les relations élémentaires des plantes, d'une manière assez développée pour démontrer l'existence de ce nouvel ordre. L'ordre végétal m'a donné de plus l'occasion de parler des relations du globe qui s'étendent directement aux animaux et aux hommes, et de toucher même quelque chose des premiers voyages du genre humain vers les principales parties du monde.

J'applique, dans l'Étude suivante, les lois de la nature à l'homme. J'établis des preuves de l'immortalité de l'ame et de la Divinité, non pas d'après notre raison qui nous égare si souvent, mais d'après notre sentiment intime qui ne nous trompe jamais. Je rapporte à ces lois physiques et morales l'origine de nos principales passions, l'amour et l'ambition, et les causes mêmes qui en troublent les jouissances, et qui rendent nos joies si volages et nos mélancolies si profondes. J'ose croire que ces preuves intéresseront par leur nouveauté et leur simplicité.

Je pars ensuite de ces notions, pour proposer les remèdes et les palliatifs convenables aux maux de la société, dont j'ai exposé le tableau dans les Études qui précèdent. Je n'ai pas voulu imiter la plupart de nos moralistes, qui se contentent de sévir contre nos vices, ou de les tourner en ridicule, sans nous en assigner ni les causes principales, ni les remèdes ; et bien moins encore nos politiques modernes, qui les fomentent pour en tirer parti. J'ose espérer que dans cette dernière Étude, qui m'a été très agréable, il se trouvera plus d'une vue utile à ma patrie.

Les riches et les puissants croient qu'on est misérable et hors du monde quand on ne vit pas comme eux ; mais ce sont eux qui, vivant loin de la nature, vivent hors du monde. Ils vous trouveraient, ô éternelle beauté, toujours ancienne et toujours nouvelle ! ô vie pure et bienheureuse de tous ceux qui vivent véritablement, s'ils vous cherchaient seulement au dedans d'eux-mêmes ! Si vous étiez un amas stérile d'or, ou un roi victorieux qui ne vivra pas demain, ou quelque femme attrayante et trompeuse, ils vous apercevraient, et vous attribueraient la puissance de leur donner quelque plaisir. Votre nature vaine occuperait leur vanité ; vous seriez un objet proportionné à leurs pensées craintives et rampantes. Mais parceque vous êtes trop au dedans d'eux, où ils ne rentrent jamais, et trop magnifique au dehors, où vous vous répandez dans l'infini, vous leur êtes un Dieu caché**. Ils vous ont perdu en se perdant. L'ordre et la beauté même que vous avez répandus sur toutes vos créatures, comme des degrés pour élever l'homme à vous, sont devenus des voiles qui vous dérobent à leurs yeux malades. Ils n'en ont plus que pour voir des ombres. La lumière les éblouit. Ce qui n'est rien est tout pour eux ; ce qui est tout ne leur semble rien. Cependant, qui ne vous voit pas n'a rien vu ; qui ne vous goûte point n'a jamais rien senti : il est comme s'il n'était pas, et sa vie entière n'est qu'un songe malheureux. Moi-même, ô mon Dieu ! égaré par une éducation trompeuse, j'ai cherché un vain bonheur dans les systèmes des sciences, dans les armes, dans la faveur des grands, quelquefois dans de frivoles et dangereux plaisirs. Dans toutes ces agitations, je courais après le malheur, tandis que le bonheur était auprès de moi. Quand j'étais loin de ma patrie, je soupirais après des biens que je n'y avais pas ; et cependant vous me faisiez connaître les biens sans nombre que vous avez répandus sur toute la terre, qui est la patrie du genre humain. Je m'inquiétais de ne tenir ni à aucun grand, ni à aucun corps ; et j'ai été protégé par vous dans mille dangers où ils ne peuvent rien. Je m'attristais de vivre seul et sans considération ; et vous m'avez appris que la solitude valait mieux que le séjour des cours, et que la liberté était préférable à la grandeur. Je m'affligeais de n'avoir pas trouvé d'épouse qui eût été la compagne de ma vie et l'objet de mon amour ; et votre sagesse m'invitait à marcher vers elle, et me montrait dans chacun de ses ouvrages une Vénus immortelle. Je n'ai cessé d'être heureux que quand j'ai cessé de me fier à vous. O mon Dieu ! donnez à ces travaux d'un homme, je ne dis pas la durée ou l'esprit de vie, mais la fraîcheur du moindre de vos ouvrages ! Que leurs graces divines passent dans mes écrits, et ramènent mon siècle à vous, comme elles m'y ont ramené moi-même ! Contre vous toute puissance est faiblesse ; avec vous toute faiblesse devient puissance. Quand les rudes aquilons ont ravagé la terre, vous appelez le plus faible des vents ; à votre voix le zéphyr souffle, la verdure renaît, les douces primevères et les humbles violettes colorent d'or et de pourpre le sein des noirs rochers.

ÉTUDE DEUXIÈME.

BIENFAISANCE DE LA NATURE.

La plupart des hommes policés regardent la nature avec indifférence ; ils sont au milieu de ses ouvrages, et ils n'admirent que la grandeur humaine. Qu'a donc de si intéressant l'histoire des hommes ? Elle ne vante que de vains objets de gloire, des opinions incertaines, des victoires sanglantes, ou tout au plus des travaux inutiles. Si quelquefois elle parle de la nature, c'est pour en observer les fléaux, et pour mettre sur son compte des malheurs qui viennent presque toujours de notre imprudence. Quels soins, au contraire, cette mère commune ne prend-elle pas de notre bonheur ! Elle n'a répandu ses biens d'un pôle à l'autre qu'afin de nous engager à nous réunir pour nous les communiquer. Elle nous rappelle sans cesse, malgré les préjugés qui nous divisent, aux lois universelles de la justice et de l'humanité, en mettant bien souvent nos maux dans les mains des conquérants si vantés, et nos plaisirs dans celles des opprimés, à qui nous n'accordons pas même de la pitié. Quand les princes de l'Europe furent, l'Évangile à la main, ravager l'Asie, ils nous en rapportèrent la peste, la lèpre et la petite vérole ; mais la nature montra à un derviche l'arbre du café dans les montagnes de l'Yemen, et elle fit naître à la fois nos fléaux de nos croisades, et nos délices de la tasse d'un moine mahométan. Les des-

---

* Saint Augustin, *Cité de Dieu.*
** Fénelon, *Existence de Dieu.*

cendants de ces princes se sont emparés de l'Amérique, et ils nous ont transmis, par cette conquête, une succession inépuisable de guerres et de maladies vénériennes. Pendant qu'ils en exterminaient les habitants à coups de canon, un Caraïbe fait fumer, en signe de paix, des matelots dans son calumet; le parfum du tabac dissipe leurs ennuis; ils en répandent l'usage par toute la terre; et tandis que les malheurs des deux mondes viennent de l'artillerie, que les rois appellent LEUR DERNIÈRE RAISON, les consolations des peuples policés sortent de la pipe d'un sauvage.

A qui devons-nous l'usage du sucre, du chocolat, de tant de subsistances agréables et de tant de remèdes salutaires? à des Indiens tout nus, à de pauvres paysans, à de misérables nègres. La bêche des esclaves a fait plus de bien que l'épée des conquérants n'a fait de mal; cependant, dans quelles places publiques sont les statues de nos obscurs bienfaiteurs? Nos histoires mêmes n'ont pas daigné conserver leurs noms. Mais, sans chercher au loin des preuves des obligations que nous avons à la nature, n'est-ce pas à l'étude de ses lois que Paris doit ses lumières multipliées, qui s'y rassemblent de toutes les parties de la terre, s'y combinent de mille manières, et se réfléchissent sur l'Europe en sciences ingénieuses et en jouissances de toute espèce? Où est le temps où nos aïeux sautaient de joie, quand ils avaient trouvé quelque prunier sauvage sur les rives de la Loire, ou attrapé quelque chevreuil à la course dans les vastes prairies de la Normandie? Nos terres, aujourd'hui si couvertes de moissons, de vergers et de troupeaux, ne leur fournissaient pas alors de quoi vivre; ils erraient çà et là, vivant de chasses incertaines, et n'osant se fier à la nature. Ses moindres phénomènes leur faisaient peur; ils tremblaient à la vue d'une éclipse, d'un feu follet, d'une branche de gui de chêne. Ce n'est pas qu'ils crussent les choses de ce monde livrées au hasard; ils reconnaissaient partout des dieux intelligents; mais, n'osant les croire bons sous des prêtres cruels, ces infortunés pensaient qu'ils ne se plaisaient que dans les larmes, et ils leur immolaient des hommes sur tel terrain peut-être qui sert aujourd'hui d'hospice aux malheureux[7].

Je suppose qu'un philosophe comme Newton leur eût donné alors le spectacle de quelques unes de nos sciences naturelles, et qu'il leur eût fait voir, avec le microscope, des forêts dans des mousses, des montagnes dans des grains de sable, des milliers d'animaux dans des gouttes d'eau, et toutes les merveilles de la nature, qui, en descendant vers le néant, multiplie les ressources de son intelligence, sans que l'œil humain puisse en apercevoir le terme; qu'ensuite, leur découvrant dans les cieux une progression de grandeur également infinie, il leur eût montré, dans des planètes qu'on aperçoit à peine, des mondes plus grands que le nôtre, Saturne à trois cents millions de lieues de distance; dans les étoiles, infiniment plus éloignées, des soleils qui probablement éclairent d'autres mondes; dans la blancheur de la voie lactée, des étoiles, c'est-à-dire des soleils innombrables semés dans le ciel comme les grains de poussière sur la terre, sans que l'homme sache si ce sont là seulement les préliminaires de la création : avec quel ravissement eussent-ils vu un spectacle que nous regardons aujourd'hui avec indifférence!

Mais je suppose plutôt que, sans la magie de nos sciences, un homme comme Fénelon se fût présenté à eux avec sa vertu, et qu'il eût dit aux druides : « Vous vous effrayez vous-mêmes de l'effroi que vous donnez aux peuples. Dieu est juste; il envoie aux méchants des opinions terribles qui réagissent sur ceux qui les répandent; mais il parle à tous les hommes par ses bienfaits. Votre religion est de les gouverner par la crainte; la mienne est de les conduire par l'amour, et d'imiter son soleil, qu'il fait luire sur les bons comme sur les méchants. » Qu'ensuite il leur eût distribué les simples présents de la nature qui leur étaient alors inconnus, des gerbes de blé, des ceps de vigne, des brebis couvertes de laine: oh! quelle eût été la reconnaissance de nos aïeux! Ils se fussent peut-être enfuis de peur devant l'inventeur du télescope, en le prenant pour un esprit; mais certainement ils eussent adoré l'auteur du *Télémaque*.

Cependant ce n'est là que la moindre partie des biens dont leurs riches descendants sont redevables à la nature. Je ne parle pas de ce nombre infini d'arts qui travaillent, dans la patrie, à leur procurer des lumières et des plaisirs; ni de cet art terrible de l'artillerie qui leur en assure la jouissance, sans que son bruit trouble leur repos dans Paris, que pour leur annoncer des victoires; ni de cet art nouveau et encore plus merveilleux de l'électricité, qui écarte[8] le tonnerre de leurs hôtels; ni du privilége qu'ils ont, dans ce siècle vénal, de présider, dans tous les états, au bonheur des hommes, lorsqu'ils croient n'avoir plus rien à craindre des puissances de la terre et du ciel.

Mais l'univers entier ne s'occupe que de leurs plaisirs. L'Angleterre, l'Espagne, l'Italie, l'Archipel, la Hongrie, toute l'Europe méridionale, ajoutent chaque année des laines à leurs laines, des vins à leurs vins, des soies à leurs soies. L'Asie leur donne des diamants, des épiceries, des mousselines, des toiles, et jusqu'à des porcelaines; l'Amérique, l'or et l'argent de ses montagnes, les émeraudes de ses fleuves, les teintures de ses forêts, la cochenille, la canne à sucre et le cacao de ses brûlantes campagnes, que leurs mains n'ont point labourées; l'Afrique, son ivoire, son or, et ses propres enfants, qui leur servent de bêtes de somme par toute la terre. Il n'y a aucune portion du globe qui ne leur produise quelque jouissance. Les gouffres de la mer leur fournissent des perles; ses écueils, de l'ambre gris; et ses glaces, des fourrures. Ils ont rendu, dans leur patrie, des montagnes et des fleuves roturiers, afin de se réserver des pêches et des chasses nobles; mais il n'était pas besoin d'en faire les frais : les sables de l'Afrique, où ils n'ont point de garde-chasses, leur envoient des nuées de cailles et d'oiseaux de passage qui traversent la mer, au printemps, pour couvrir leurs tables en automne. Le pôle du nord, où ils n'ont pas de garde-côtes, verse, chaque été, sur leurs rivages, des légions de maquereaux, de morues fraîches et de turbots engraissés dans ses longues nuits. Non-seulement les poissons et les oiseaux, mais les arbres même, changent pour eux de climats. Leurs vergers leur sont venus autrefois de l'Asie; leurs parcs viennent aujourd'hui de l'Amérique. Au lieu du châtaignier et du noyer, qui entouraient les métairies de leurs vassaux, dans les rustiques domaines de leurs ancêtres, l'ébénier, le sorbier du Canada, le pin de la Virginie, le magnolia, le laurier qui porte des tulipes, environnent leurs châteaux des ombrages du Nouveau-Monde, et bientôt de ses solitudes. Ils ont fait venir de l'Arabie des jasmins, de la Chine des orangers, du Brésil des ananas, et une foule de plantes parfumées de toutes les parties de la zone torride. Ils n'ont plus besoin de ses soleils; ils disposent des latitudes. Ils peuvent donner, dans leurs serres, les chaleurs de la Syrie à des plantes étrangères, dans la saison même où leurs paysans éprouvent le froid des Alpes dans leurs cabanes. Rien ne leur échappe des productions de la nature : ce qu'ils ne peuvent avoir vivant, ils l'ont mort. Les insectes, les oiseaux, les coquilles, les minéraux, et les terres mêmes des pays les plus éloignés, remplissent leurs cabinets. La gravure et la peinture leur en présentent les paysages, et les font jouir des glaciers de la Suisse dans les chaleurs de la canicule, et du printemps des Canaries au milieu de l'hiver. Des marins intrépides leur apportent, des lieux où les arts n'ont osé pénétrer, des relations de voyages encore plus intéressantes que des tableaux, et redoublent le silence, la paix et la sécurité de leurs nuits, tantôt par le récit des horribles tempêtes du cap Horn, tantôt par celui des danses des heureux insulaires de la mer du Sud.

Non-seulement tout ce qui existe actuellement, mais les siècles passés, concourent à leur félicité. Ce n'est plus pour les temples de Vénus que Corinthe inventa ces belles colonnes qui s'élèvent comme des palmiers; c'est pour soutenir les alcôves de leurs lits. Un art voluptueux y voile la lumière du jour à travers des taffetas de toutes couleurs; et imitant, par de doux reflets, ou des clairs de lune, ou des levers du soleil, il y fait paraître les objets de leurs amours semblables à des Diane ou à des Aurore. L'art des Phidias y fait contraster avec leurs beautés les bustes vénérables des Socrate et des Platon. Des savants obscurs, par un travail que rien ne peut payer, leur ont fait connaître les génies sublimes qui ont illustré la terre, dans les temps même voisins de l'origine du monde, Orphée, Zoroastre, Ésope, Lokman, David, Salomon, Confucius, et une multitude d'autres, inconnus à l'antiquité même. Ce n'est plus pour les Grecs, c'est pour eux qu'Homère chante encore les dieux et les héros, et que Virgile fait entendre les sons de la flûte latine qui ravirent la cour d'Auguste, et qui y rappelèrent l'amour de la patrie et de la nature. C'est pour eux qu'Horace, Pope, Addison, La Fontaine, Gessner, ont aplani les rudes sentiers de la sagesse, et les ont rendus plus accessibles que les sentiers riants et trompeurs de la folie. Une foule de poëtes et d'historiens de toutes les nations, Sophocle, Euripide, Corneille, Racine, Shakespeare, le Tasse, Xénophon, Tacite, Plutarque, Suétone, en les introduisant jusque dans les cabinets de ces princes terribles qui brisèrent d'un sceptre de fer la tête des nations qu'ils étaient chargés de rendre heureuses, leur font bénir leurs tranquilles destinées, et en espérer encore de meilleures sous le règne d'un autre Antonin. Ces vastes génies de tous les temps et de tous les lieux, célébrant, sans s'être concertés, l'éclat immortel de la vertu, et la providence du ciel dans la punition du vice, ajoutent l'autorité de leur raison sublime à l'instinct universel du genre humain, et multiplient mille et mille fois, en leur faveur, les espérances d'une autre vie plus durable et plus fortunée.

Ne semble-t-il pas que des concerts de louanges devraient s'élever jour et nuit des voûtes de nos hôtels vers l'auteur de la nature? Jamais les anciens rois de l'Asie ne rassemblèrent autant de jouissances dans Suse ou dans Ecbatane, que nos simples bourgeois dans Paris. Cependant, chaque jour, ces monarques bénissaient les dieux; ils n'entreprenaient rien sans les consulter; ils ne se mettaient pas même à table sans leur offrir des libations. Plût à Dieu que nos épicuriens n'eussent que de l'indifférence pour la main qui les comble de biens! Mais c'est du sein de leurs voluptés que sortent aujourd'hui les murmures contre la Providence; c'est de leurs bibliothèques, si remplies de lumières, que s'élèvent les nuages qui ont obscurci les espérances et les vertus de l'Europe.

ÉTUDE TROISIÈME.

OBJECTIONS CONTRE LA PROVIDENCE.

« Il n'y a point de Dieu, disent ces prétendus
» sages. Par l'ouvrage, jugez de l'ouvrier [*]. Con-
» sidérez d'abord notre globe sans proportion et
» sans symétrie. Ici, il est noyé de vastes mers; là
» il manque d'eau, et ne présente que des sables
» arides. Une force centrifuge, qu'il doit à son
» mouvement de rotation, a hérissé son équateur
» de hautes montagnes, tandis qu'elle aplatissait
» ses pôles; car ce globe a été dans un état de mol-
» lesse, soit qu'il soit une vase sortie du sein des
» eaux, ou, ce qui est plus vraisemblable, une
» écume détachée du soleil. Les volcans, semés
» par toute la terre, démontrent que le feu qui l'a
» formée est encore sous nos pieds. Sur cette sco-
» rie, mal nivelée, les rivières coulent au hasard.
» Les unes inondent les campagnes, les autres s'en-
» gloutissent ou se précipitent en cataractes, sans
» qu'aucune d'elles ait un cours réglé. Les îles
» sont des restes de continents détruits par les
» mers, et notre continent n'est lui-même qu'une
» boue desséchée. Ici l'Océan sans frein ronge ses
» rivages; là il les abandonne, et nous présente de
» nouvelles montagnes qu'il a formées dans son
» sein. Pendant ce conflit d'éléments, cette masse
» embrasée se refroidit chaque jour; les glaces
» des pôles et des hautes montagnes s'avancent
» dans les plaines, et étendent insensiblement
» l'uniformité d'un hiver éternel sur ce globe de
» confusion, ravagé par les vents, les feux et les
» eaux.

» Le désordre augmente dans les végétaux [**].
» Ils sont une production fortuite de l'humide et
» du sec, du chaud et du froid, une moisissure de
» la terre. La chaleur du soleil les fait naître, le
» froid des pôles les fait mourir. Leur sève obéit
» aux mêmes lois mécaniques que les liqueurs
» dans le thermomètre et dans les tuyaux capil-
» laires. Dilatée par la chaleur, elle monte par le
» bois, redescend par l'écorce, et suit dans sa di-
» rection la colonne verticale de l'air qui la di-
» rige. De là vient que tous les végétaux s'élèvent
» perpendiculairement, et que le plan incliné d'une
» montagne n'en contient pas un plus grand nom-
» bre que le plan horizontal de sa base, comme
» le démontre la géométrie. D'ailleurs la terre est
» un jardin mal ordonné, qui n'offre presque
» partout que des plantes inutiles, ou des poisons
» mortels.

» Quant aux animaux, que nous connaissons
» mieux, parcequ'ils sont rapprochés de nous par
» les mêmes affections et par les mêmes besoins,
» ils nous présentent encore de plus grandes dis-
» sonnances [*]. Ils sont sortis d'abord de la force
» expansive de la terre dans les premiers temps;
» ils se formèrent des vases fermentées de l'Océan
» et du Nil, comme quelques historiens en font
» foi, entre autres Hérodote, qui l'avait appris
» des prêtres de l'Égypte. La plupart sont sans
» proportions. Les uns ont des têtes et des becs
» énormes, comme le toucan; d'autres, de longs
» cous et de longues jambes, comme les grues.
» Ceux-ci n'ont pas de pieds, ceux-là en ont des
» centaines; d'autres les ont défigurés par des ex-
» croissances superflues, telles que les ergots ap-
» pendices du porc, qui, suspendus à la distance
» de plusieurs pouces de son pied, ne peuvent ser-
» vir à sa marche. Il y a des animaux qui peuvent
» à peine se mouvoir, et qui sont nés paralytiques,
» comme le slugard ou paresseux, qui ne peut faire
» cinquante pas dans un jour, et qui jette en
» marchant des cris lamentables. Nos cabinets
» d'histoire naturelle sont pleins de monstres,
» de corps à deux têtes, de têtes à trois yeux, de
» brebis à six pattes, etc. qui attestent que la
» nature agit au hasard, et qu'elle ne se propose
» aucune fin, si ce n'est celle de combiner toutes
» les formes possibles; encore, ce plan marque-
» rait une attention que sa monotonie désavoue.
» Nos peintres imagineront toujours beaucoup
» plus d'êtres qu'elle n'en peut créer. Au reste, la
» rage et la fureur désolent tout ce qui respire,
» et l'épervier dévore, à la face du ciel, l'inno-
» cente colombe.

---

[*] Voyez les réponses à ces objections dans l'Étude IV.
[**] Dans l'Étude V.

[*] Dans l'Étude VI.

» Mais la discorde qui divise les animaux n'approche pas de celle qui agite les hommes*. D'abord plusieurs espèces d'hommes différents, répandues sur la terre, prouvent qu'ils ne sortent pas de la même origine. Il y en a de noirs, de blancs, de rouges, de cuivrés et de cendrés. Il y en a qui ont de la laine au lieu de cheveux, d'autres qui n'ont point de barbe. Il y a des nains et des géants. Telles sont en partie les variétés du genre humain, partout également odieux à la nature. Nulle part elle ne le nourrit de son plein gré. Il est le seul être sensible qui soit forcé, pour vivre, de cultiver la terre; et comme si cette marâtre repoussait l'enfant sorti de ses latitudes, les insectes ravagent ses semences, les ouragans ses moissons, les bêtes féroces ses troupeaux, les volcans et les tremblements de terre ses villes; et la peste, qui, de temps en temps, fait le tour du globe, le menace de l'enlever quelque jour tout entier. Il a dû son intelligence à ses mains, sa morale au climat, ses gouvernements à la force, et ses religions à la peur. Le froid lui donne de l'énergie; la chaleur la lui ôte. Libre et guerrier dans le nord, il est lâche et esclave dans les tropiques. Ses seules lois naturelles sont ses passions. Eh! quelles autres lois chercherait-il? Si elles le jettent dans quelque égarement, la nature, qui les lui a données, n'en est-elle pas complice? Mais il ne les ressent que pour ne les jamais satisfaire. La difficulté de subsister, les guerres, les impôts, les préjugés, les calomnies, les ennemis irréconciliables, les amis perfides, les femmes trompeuses, quatre cents sortes de maladies du corps, celles de l'esprit, et plus cruelles et en plus grand nombre, en font le plus misérable animal qui soit jamais venu à la lumière. Il vaudrait mieux qu'il ne fût jamais né. Partout il est la victime de quelque tyran. Les autres animaux ont au moins les moyens de fuir ou de combattre; mais l'homme a été jeté au hasard sur la terre, sans asile, sans griffes, sans gueule, sans légèreté, sans instinct, et presque sans peau; et comme si ce n'était pas assez d'être persécuté par toute la nature, il est en guerre avec sa propre espèce. En vain il chercherait à s'en défendre; la vertu vient le lier, afin que le crime l'égorge à son aise. Il faut qu'il souffre et qu'il se taise. Quelle est, après tout, cette vertu dont il fait tant de bruit? une combinaison de son imbécillité, un résultat de son tempérament. De quelles illusions se nourrit-elle? d'opinions absurdes, appuyées par les seuls sophismes d'hommes trompeurs, qui ont acquis un pouvoir suprême en recommandant l'humilité, et des richesses immenses en prêchant la pauvreté. Tout meurt avec nous. Prenons du passé notre expérience de l'avenir : nous n'étions rien avant de naître, nous ne serons rien après la mort. L'espoir de nos vertus est d'invention humaine; et l'instinct de nos passions, d'institution divine.

» Mais il n'y a point de Dieu*. S'il y en avait un, il serait injuste. Quel est l'être tout puissant et bon qui aurait environné de tant de maux l'existence de ses créatures, et qui aurait voulu que la vie des unes ne se soutînt que par la mort des autres? Tant de désordres prouvent qu'il n'y en a point : c'est la crainte qui l'a fait. Oh! que le monde a dû être étonné de cette idée métaphysique, quand le premier homme, effrayé, s'avisa de s'écrier qu'il y avait un Dieu! Eh! qu'est-ce qui aurait fait Dieu? pourquoi serait-il Dieu? Quel plaisir aurait-il dans ce cercle perpétuel de misères, de renaissances et de morts?" »

ÉTUDE QUATRIÈME.

RÉPONSES AUX OBJECTIONS CONTRE LA PROVIDENCE.

Telles sont les principales objections qu'on a formées, presque dans tous les siècles, contre la Providence, et qu'on ne m'accusera pas d'avoir affaiblies. Avant d'essayer d'y répondre, je me permettrai quelques réflexions sur ceux qui les font.

Si ces murmures venaient de quelques pauvres matelots exposés sur la mer à toutes les révolutions de l'atmosphère, ou de quelque paysan accablé des mépris de la société qu'il nourrit, je ne m'en étonnerais pas. Mais nos athées sont, pour l'ordinaire, bien à l'abri des injures des éléments, et surtout de celles de la fortune. La plupart même d'entre eux n'ont jamais voyagé. Quant aux maux de la société, ils ont bien tort de s'en plaindre; car ils jouissent de ses plus doux hommages, après en avoir rompu

---

* Dans l'Étude VII.

* Dans l'Étude VIII.
** On trouvera la solution de ces objections aux numéros de chaque Étude qui leur correspond. Elles y sont toutes réfutées directement ou indirectement : car il n'a pas été possible de suivre, dans cet ouvrage, l'ordre scolastique d'un cahier de philosophie. (A.-M.)

les liens par leurs opinions. Que n'ont-ils pas écrit sur l'amitié, sur l'amour, sur les devoirs envers la patrie, et sur les affections humaines, qu'ils ont rabaissées au niveau de celles des bêtes, tandis que quelques uns d'entre eux pouvaient les rendre divines par la sublimité de leurs talents. Ne sont-ce pas eux qui sont en partie cause de nos malheurs, en flattant en mille manières les passions de nos tyrans modernes, pendant qu'une croix qui s'élève dans un désert console les misérables? On a bien de la peine même à retenir ces derniers dans un culte sensé; et c'est un phénomène moral qui m'a paru long-temps inexplicable, de voir, dans tous les siècles, l'athéisme naître chez les hommes qui ont le plus à se louer de la nature, et la superstition chez ceux qui ont le plus à s'en plaindre. C'est dans le luxe de la Grèce et de Rome, au sein des richesses de l'Indostan, du faste de la Perse, des voluptés de la Chine, et de l'abondance des capitales de l'Europe, qu'ont paru les premiers hommes qui ont osé nier la Divinité. Au contraire, les Tartares sans asiles, les Sauvages de l'Amérique toujours affamés, les nègres sans prévoyance et sans police, les habitants des rudes climats du nord, comme les Lapons, les Esquimaux, les Groënlandais, voient des dieux partout, jusque dans des cailloux.

J'ai cru long-temps que l'athéisme était chez les hommes voluptueux et riches un argument de leur conscience. « Je suis riche, et je suis un fri» pon, doivent-ils se dire; il n'y a donc point de » Dieu. D'ailleurs, s'il y a un Dieu, il y a des » comptes à rendre. » Mais ces raisonnements, quoique naturels, ne sont pas généraux. Il y a des athées qui ont des fortunes légitimes, et qui en usent moralement bien, du moins à l'extérieur. D'ailleurs, par la raison contraire, le pauvre devrait dire: « Je suis laborieux, honnête homme, » et misérable; il n'y a donc point de Provi» dence. » Mais c'est dans la nature même qu'il faut chercher la source de ces raisonnements dénaturés.

Par tout pays les pauvres se lèvent matin, travaillent à la terre, vivent sous le ciel et dans les champs. Ils sont pénétrés de cette puissance active de la nature qui remplit l'univers. Mais leur raison, affaissée par le malheur, et distraite par leurs besoins journaliers, n'en peut supporter l'éclat. Elle s'arrête, sans se généraliser, aux effets sensibles de cette cause invisible. Ils croient, par un sentiment naturel aux âmes faibles, que les objets de leur culte seront à leur disposition dès qu'ils seront à leur portée. De là vient que, par tout pays, les dévotions du petit peuple sont à la campagne, et ont pour centre des objets naturels. Il y ramène toujours la religion du pays. Un ermitage sur une montagne, une chapelle à la source d'une fontaine, une bonne Notre-Dame-des-Bois nichée dans le tronc d'un chêne ou dans le feuillage d'une aubépine, l'attirent bien plus volontiers que les autels dorés des cathédrales. J'en excepte cependant celui que l'amour des richesses a tout-à-fait corrompu; car à celui-là il faut des saints d'argent, même dans les campagnes. Les principaux actes de religion du peuple, en Turquie, en Perse, aux Indes et à la Chine, sont des pèlerinages dans les champs. Les riches, au contraire, prévenus dans tous leurs besoins par les hommes, n'attendent plus rien de Dieu. Ils passent leur vie dans leurs appartements, où ils ne voient que des ouvrages de l'industrie humaine, des lustres, des bougies, des glaces, des secrétaires, des chiffonnières, des livres, des beaux-esprits. Ils viennent à perdre insensiblement de vue la nature, dont les productions d'ailleurs leur sont presque toujours présentées défigurées ou à contre-saison, et toujours comme des effets de l'art de leurs jardiniers ou de leurs artistes. Ils ne manquent pas aussi d'interpréter ses opérations sublimes par le mécanisme des arts qui leur sont les plus familiers. De là tant de systèmes qui font deviner les occupations de leurs auteurs. Épicure, épuisé par la volupté, tira son monde et ses atomes sans providence de son apathie; le géomètre le forme avec son compas; le chimiste avec des sels; le minéralogiste le fait sortir du feu; et ceux qui ne s'appliquent à rien, et qui sont en bon nombre, le supposent, comme eux, dans le chaos, et allant au hasard. Ainsi la corruption du cœur est la première source de nos erreurs. Ensuite les sciences, employant dans la recherche des choses naturelles des définitions, des principes et des méthodes revêtus d'un grand appareil géométrique, semblent, par ce prétendu ordre, remettre dans l'ordre ceux qui s'en écartent. Mais quand cet ordre existerait tel qu'elles nous le présentent, pourrait-il être utile aux hommes? Suffirait-il à contenir et à consoler des malheureux? Et quel intérêt prendront-ils à celui d'une société qui les écrase, quand ils n'ont plus rien à espérer de celui de la nature, qui les abandonne aux lois du mouvement? Je vais répondre successivement aux objections que j'ai rapportées contre la Providence, tirées des désordres du globe, des végétaux, des animaux, des hommes, et de la natur de Dieu même.

RÉPONSE

AUX OBJECTIONS CONTRE LA PROVIDENCE,

TIRÉES DES DÉSORDRES DU GLOBE.

Quoique mon ignorance des moyens que la nature emploie dans le gouvernement du monde soit plus grande que je ne puis le dire, il suffit cependant de jeter les yeux sur les cartes et d'avoir un peu lu, pour montrer que ceux par lesquels on nous explique ses opérations ne sont pas les véritables. C'est de l'insuffisance humaine que sortent les objections dirigées contre la Providence divine.

D'abord, il ne me paraît pas plus naturel de former le mouvement uniforme de la terre dans les cieux des deux mouvements de projection et d'attraction, que d'attribuer à de pareilles causes celui d'un homme qui marche sur la terre. Les forces centrifuge et centripète ne me semblent pas plus exister dans le ciel, que les cercles de l'équateur et du zodiaque. Quelque ingénieuses que soient ces lois, ce ne sont que des échafaudages imaginés par des hommes de génie pour élever l'édifice de la science, mais qui ne servent pas davantage à pénétrer dans le sanctuaire de la nature, que ceux qui servent à construire nos temples ne nous aident à pénétrer dans celui de la religion. Ces forces combinées ne sont pas plus les mobiles de la course des astres, que les cercles de la sphère n'en sont les barrières. Ce ne sont que des signes qui ont, à la fin, remplacé les objets qu'ils devaient représenter, comme il est arrivé dans tout ce qui est d'établissement humain.

Si une force centrifuge avait élevé les montagnes du globe lorsqu'il était dans un état de fusion, il y aurait des montagnes bien plus élevées que les Andes du Pérou et du Chili. Celle du Chimboraço, qui en est la plus haute, n'a que 5,220 toises de hauteur, ou 5,550; car les sciences ne sont pas d'accord même sur les observations *. Cette élévation, qui est à peu près la plus grande que l'on connaisse sur la terre, y est moins sensible que ne serait la troisième partie d'une ligne sur un globe de six pieds de diamètre. Or, un bloc de métal fondu présente, à proportion de sa masse, des scories bien plus considérables. Voyez les anfractuosités d'un simple morceau de mâchefer. Quelles effroyables bouffissures auraient dû donc se former sur un globe de matières hétérogènes et bouillantes, de trois mille lieues d'épaisseur! La lune, d'un diamètre bien moins considérable, a des montagnes de trois lieues de hauteur, suivant Cassini. Mais que serait-ce si, avec l'action de l'hétérogénéité de nos matières terrestres en fusion, on suppose encore celle d'une force centrifuge produite par la rotation de la terre? Je m'imagine que cette force se fût nécessairement dirigée sur son équateur, et qu'au lieu d'en former un globe, elle l'eût étendue dans le ciel, comme ces grands plateaux de verre que soufflent les verriers.

Non-seulement la terre n'a pas plus de diamètre sous son équateur que sous ses méridiens, mais les montagnes n'y sont pas plus élevées qu'ailleurs. Les fameuses Andes du Pérou ne commencent point à l'équateur, mais plusieurs degrés au-delà vers le sud; et côtoyant le Pérou, le Chili et la Terre-Magellanique, elles s'arrêtent au 55ᵉ degré de latitude australe, dans la Terre-de-Feu, où elles présentent à l'Océan un promontoire de glaces éternelles, d'une hauteur prodigieuse. Dans toute cette longueur, elles ne s'ouvrent qu'au détroit de Magellan, formant partout, suivant le témoignage de Garcilasso de la Vega *, un rempart hérissé de pyramides de neige inaccessibles aux hommes, aux quadrupèdes, et même aux oiseaux. Au contraire, les montagnes de l'isthme de Panama, qui sont dans le voisinage de la ligne, sont si peu élevées en comparaison de celles-ci, que l'amiral Anson, qui les avait toutes côtoyées, rapporte que, dès qu'il parvint à cette hauteur, il éprouva des chaleurs étouffantes, parceque l'air, dit-il, n'était plus rafraîchi par l'atmosphère des hautes montagnes du Chili et du Pérou. Les montagnes de l'Asie les plus élevées sont tout-à-fait hors des tropiques. La chaîne des monts Taurus et Imaüs commence en Afrique au mont Atlas, vers le 50ᵉ degré de latitude nord; elle traverse toute l'Afrique et toute l'Asie, entre le 58ᵉ et le 40ᵉ degré de latitude, portant, dans cette longue étendue, la plupart de ses sommets couverts de neiges en tout temps; ce qui leur suppose, comme

---

* C'est M. de La Condamine qui a évalué à 3,220 toises la hauteur du Chimboraço. Le géomètre espagnol don Jorge Juan trouva que cette hauteur était de 3,380 toises, ce qui faisait une différence considérable, mais que M. de Humboldt a légèrement modifiée, en ne portant la hauteur du Chimboraço qu'à 3,358 toises (6,544 mètres). Ce dernier calcul semble devoir inspirer quelque confiance, parce qu'il a été le résultat de plusieurs opérations bien faites. Au reste, comme les mesures exécutées dans la Cordillère des Andes ne peuvent être qu'à demi géométriques et à demi barométriques, cette complication est sans doute la principale cause des variations qui se trouvent dans les calculs des savants. (A.-M.)

* *Histoire des Incas*, liv. I, chap. VIII.

nous le verrons ailleurs, une élévation considérable. Le mont Ararat, qui en fait partie, est peut-être plus élevé qu'aucune montagne du Nouveau-Monde, si l'on en juge par le temps que Tournefort et d'autres voyageurs ont mis à venir de la base de cette montagne au pied de ses neiges, et, ce qui est moins arbitraire, par la distance où on l'aperçoit, qui est au moins de six journées de caravane. Le pic de Ténériffe se voit de quarante lieues. Les monts Félices, en Norwège, appelés les Alpes du nord, se découvrent en mer à cinquante lieues de distance; et, suivant un savant Suédois, ils ont trois mille toises d'élévation. Les pics du Spitzberg, de la Nouvelle-Zélande, des Alpes, des Pyrénées, de la Suisse, et ceux où l'on trouve de la glace toute l'année, sont très élevés, et sont, pour la plupart, fort loin de l'équateur. Ils ne sont pas même dans des directions qui soient parallèles à ce cercle, comme il eût dû arriver par l'effet supposé de la rotation du globe; car si la chaîne du Taurus va, dans l'ancien continent, d'occident en orient, celle des Andes va, dans le nouveau, du nord au midi. D'autres chaînes ont d'autres directions. Mais si la prétendue force centrifuge avait pu élever autrefois des montagnes, pourquoi n'a-t-elle plus à présent la force d'élever en l'air une paille? Elle ne devrait laisser aucun corps à la surface de la terre. Ils y sont fixés, dit-on, par la force centripète, ou par la pesanteur. Mais si celle-ci y ramène en effet tous les corps, pourquoi donc les montagnes elles-mêmes n'y ont-elles pas obéi, lorsqu'elles étaient dans un état de fusion? Je ne sais ce qu'on peut répondre à cette double objection.

La mer ne me paraît pas plus propre que la force centrifuge à former des montagnes. Comment peut-on concevoir qu'elle ait jamais pu les élever hors de son sein? Il est constant toutefois que les marbres et les pierres calcaires, qui ne sont que des pâtes de madrépores et de coquilles amalgamées; que les silex, qui en sont les concrétions; que les marnes, qui en sont des dissolutions, et que tous les corps marins qu'on trouve répandus dans les deux continents, sont sortis de la mer. Ces matières servent de base à une grande partie de l'Europe; des collines fort hautes en sont composées, et on les trouve dans plusieurs parties de l'ancien et du nouveau monde, à une égale hauteur. Mais leur dépôt ne peut s'expliquer par aucun des mouvements actuels de l'Océan. On a beau lui supposer des révolutions d'occident en orient, jamais on ne lui fera rien élever au-dessus de son niveau. Si l'on cite quelques ports de la Méditerranée qui en effet ont été laissés à sec par la mer, il n'est pas moins certain qu'il y en a un bien plus grand nombre, sur les mêmes côtes, qui n'en ont point été abandonnés. Voici ce que dit à ce sujet le judicieux observateur Maundrel, dans son voyage d'Alep à Jérusalem, en 1699 : « Dans le golfe Adriatique, le phare » d'Arminium ou Rimini est à une lieue de la mer; » mais Ancône, bâtie par les Syracusains, est » toujours sur le même rivage. L'arc de Trajan, » qui rendit son port plus commode aux mar- » chands, est situé immédiatement au-dessus. » Bérite, si aimée d'Auguste, qui lui donna le » nom de *Julia felix*, n'a plus de son ancienne » beauté que sa situation sur le bord de la mer, » au-dessus de laquelle elle n'est élevée qu'autant » qu'il le faut pour n'être pas sujette aux inonda- » tions de cet élément. »

Le témoignage des voyageurs les plus exacts est conforme à celui de ce savant Anglais. Son compatriote Richard Pococke, qui voyageait en Égypte en 1757, avec moins de goût, mais avec encore plus d'exactitude, atteste que la Méditerranée a gagné autant de terrain qu'elle en a perdu [*]. « Il suffit, dit-il, pour s'en convaincre, d'en » examiner le rivage; et l'on voit non-seulement » dans la mer quantité d'ouvrages taillés dans le » roc, mais encore les ruines de plusieurs édifi- » ces. Environ à deux milles d'Alexandrie, on » aperçoit dans l'eau les ruines d'un ancien tem- » ple. » Un anonyme anglais, dans un voyage rempli d'excellentes observations, décrit plusieurs villes fort anciennes de l'Archipel, telles que Samos, dont les ruines sont sur le bord de la mer. Voici ce qu'il dit de Délos, qui est, comme on sait, au centre des Cyclades [**] : « Nous ne trouvâ- » mes rien autre chose, le long de la côte, que » des restes d'ouvrages superbes, et nous aper- » çûmes, jusque dans l'eau, des fondations de » quelques grands édifices qui n'ont jamais été » continués, et des ruines d'autres qui ont été » détruits. La mer semble avoir anticipé sur l'île » de Délos; et comme l'eau était claire et le temps » calme, nous eûmes la commodité de voir des » restes de beaux édifices à des endroits où les » poissons nagent à l'aise, et sur lesquels les petits » vaisseaux de ces cantons voguent pour arriver » à la côte. » Les ports de Marseille, de Carthage, de Malte, de Rhodes, de Cadix, etc., sont encore fréquentés des navigateurs, comme ils l'étaient

---
[*] *Voyage en Égypte*, tome I, pages 4 et 50.
[**] *Voyage en France, en Italie, et aux îles de l'Archipel*, 1763, 4ᵉ vol., lettre CXXVII, page 256.

dans la plus haute antiquité. La Méditerranée n'eût pu baisser dans un seul point de ses rivages, qu'elle ne se fût abaissée dans tous les autres; car les eaux se mettent toujours de niveau dans un bassin. Ce raisonnement peut s'étendre à toutes les côtes de l'Océan. Si l'on trouve quelque part des plages abandonnées, ce n'est point la mer qui se retire, c'est la terre qui s'avance. Ce sont des alluvions occasionnées souvent par les dégorgements des fleuves, et quelquefois par les travaux imprudents des hommes*. Les invasions de la mer dans les terres sont également locales, et ont pour cause quelque tremblement de terre, dont l'effet ne s'est pas étendu fort loin. Comme ces empiétements réciproques des deux éléments sont particuliers, et souvent en opposition sur les mêmes rivages, qui ont d'ailleurs conservé constamment leur ancien niveau, on n'en peut conclure aucune loi générale pour les mouvements de l'Océan.

Nous allons examiner bientôt comment tant de corps marins fossiles ont pu sortir de son lit; et nous osons croire qu'en nous conformant à des traditions respectables, nous dirons à ce sujet des choses dignes de l'attention des lecteurs. Pour revenir donc aux montagnes, telles que celles de

---

* Les physiciens modernes sont assez généralement d'accord sur la diminution graduelle des eaux de la mer. Buffon a recueilli un grand nombre d'observations qui appuient cette opinion. En effet, depuis quelque temps l'Océan semble avoir baissé de plusieurs pieds, tant sur nos côtes que sur celles d'Espagne, de Portugal et d'Italie: Ravenne, qui était un port de mer dés exarques, n'est plus une ville maritime. Hubert Thomas dit, dans sa Description du pays de Liége, que la mer baignait autrefois les murs de la ville de Tongres, qui maintenant en est éloignée de trente-cinq lieues; la Méditerranée a baissé à peu près dans les mêmes proportions; Damiette est actuellement éloignée de la mer de plus de dix milles, et du temps de Louis IX les vaisseaux abordaient dans son port. La diminution de la Baltique est un phénomène bien constaté; le géomètre Celsius a recueilli, dans un excellent mémoire, un grand nombre de faits qui ne permettent pas d'en douter. Les habitants de la Bothnie, dit Linnée, ont observé que leur mer décroît tous les ans de quatre à cinq doigts. Enfin, le système du déplacement des eaux, et de leur progrès d'orient en occident, est celui qui paraît le mieux établi. Cependant plusieurs observations contrarient cette opinion. Bridone a vu à l'île de Malte des chemins, jadis creusés dans le roc, maintenant ensevelis sous les eaux. Suivant Barral, l'ancien temple de Sérapis, près de Pouzzol, est de trois pieds au-dessous du niveau de la mer; enfin, Diquemara observe qu'au Havre la butte sur laquelle on a placé le fanal est sans cesse dégradée par les flots, qui autrefois ne pouvaient l'atteindre. De tous ces faits contradictoires, on pourrait peut-être conclure, avec Bernardin de Saint-Pierre, qu'il n'y a eu ni progrès, ni retraite, ni élévation; ou au moins que chacun de ces phénomènes peut s'expliquer par des causes locales. Parmi ces causes, la plus générale sans doute est celle de la décomposition de l'eau, soit par l'effet de la végétation, soit par l'action vitale des testacés et de tous les animaux marins à enveloppe pierreuse, soit enfin par les feux des volcans. Cette dernière opinion était celle de M. Patrin, et nous aurons occasion de la rappeler dans une note sur sa *Théorie des volcans*, dont il devait sans doute avoir l'idée première aux *Études de la Nature*. (A.-M.)

---

granit, qui sont les plus élevées du globe, et dont la formation n'est pas attribuée à la mer, parcequ'elles ne contiennent aucun dépôt qui atteste son passage; les mêmes physiciens emploient un autre système pour nous en expliquer l'origine. Ils supposent une terre primitive qui avait de hauteur celle où s'élèvent aujourd'hui les pics les plus élevés des Andes, du mont Taurus, des Alpes, etc., qui sont restés comme autant de témoins de l'existence de ce premier sol : ensuite ils emploient les neiges, les pluies, les vents, et je ne sais quoi encore, à dégrader cet ancien continent jusqu'au rivage de la mer ; en sorte que nous n'habitons que le fond de cette énorme soudrière. Cette idée a quelque chose d'imposant; d'abord, parcequ'elle fait peur; de plus, parcequ'elle est conforme au tableau de ruine apparente que nous présente le globe : mais elle s'évanouit par une simple question. Que sont devenues les terres et les roches de cet effroyable déblai?

Si l'on dit qu'elles se sont jetées dans la mer, il faut supposer, avant toute dégradation, l'existence du bassin de la mer; et son excavation présenterait alors bien d'autres difficultés. Mais admettons-la. Comment ces ruines ne l'ont-elles pas comblée en partie? Comment la mer ne s'est-elle pas débordée? Comment est-il arrivé, au contraire, qu'elle ait abandonné des terrains si grands, que la plus grande partie des deux continents en est formée? Ainsi nos systèmes ne peuvent rendre raison de l'escarpement des montagnes de granit par aucune dégradation, parcequ'ils ne savent où en placer les débris; ni de la formation des montagnes calcaires par les mouvements de l'Océan, parceque, dans son état actuel, il ne peut les couvrir. Au reste, ce n'est pas d'aujourd'hui que les philosophes ont considéré la terre comme un édifice qui dépérissait. Voici ce que dit de l'opinion de Polybe le baron de Busbecq, dans ses Lettres curieuses et agréables : « Polybe prétend
» avoir prouvé que l'entrée de la mer Noire serait
» dans la suite comblée par des bancs de sable, et
» par le limon que le Danube et le Borysthène y
» entraîneraient; que l'on ne pourrait plus, par
» conséquent, entrer dans la mer Noire, et que
» les embarquements que l'on ferait pour y aller
» seraient totalement inutiles. Cependant la mer
» du Pont est aujourd'hui aussi navigable que du
» temps de Polybe*. »

Les baies, les golfes et les méditerranées ne sont pas plus des irruptions de l'Océan dans les terres,

---

* Lettre I, page 151.

que les montagnes ne sont des productions du mouvement centrifuge. Ces prétendus désordres sont nécessaires à l'harmonie de toutes les parties de la terre. Qu'on suppose, par exemple, que le détroit de Gibraltar soit fermé, comme on dit qu'il l'était autrefois, et que la Méditerranée n'existe plus; que deviendront tant de fleuves de l'Europe, de l'Asie et de l'Afrique, qui sont entretenus par les vapeurs qui s'élèvent de cette mer, et qui rapportent leurs eaux dans une proportion admirable, comme les calculs de plusieurs savants l'ont très bien démontré? Les vents du nord, qui rafraîchissent constamment l'Égypte en été, et qui chassent les émanations de la Méditerranée jusqu'aux montagnes de l'Éthiopie, pour entretenir les sources du Nil, passant alors sur un espace sans eaux, porteraient l'aridité et la sécheresse sur toute la partie septentrionale de l'Afrique, et jusque dans l'intérieur de son continent. Il arriverait encore pis aux parties méridionales de l'Europe; car les vents chauds et brûlants de l'Afrique, qui se chargent de tant de nuées pluvieuses en traversant la Méditerranée, venant à souffler sur le bassin desséché de cette mer, sans tempérer leur chaleur par aucune humidité, frapperaient d'une stérilité brûlante toute cette vaste partie de l'Europe qui s'étend depuis le détroit de Gibraltar jusqu'au Pont-Euxin, et assécheraient toutes les terres d'où coulent aujourd'hui une multitude de fleuves, tels que le Rhône, le Pô, le Danube, etc. Il ne suffit pas d'ailleurs de supposer que la mer s'est ouvert un passage dans le bassin de la Méditerranée, comme une rivière qui se répand dans une prairie après avoir rompu ses digues; il faut supposer encore que ce terrain inondé ait été plus bas que l'Océan, ce qui ne se rencontre nulle part dans aucune partie de la terre ferme, qui sont toutes au-dessus du niveau de la mer, à l'exception de celles qui ont été enlevées aux eaux par les travaux des hommes, comme on le voit en Hollande. Il faut de plus supposer qu'il se soit fait un affaissement latéral de la terre tout autour du bassin de la Méditerranée, pour régler les circuits, pentes, canaux et détours de tant de fleuves qui viennent s'y rendre de si loin, et que cet affaissement se soit fait avec des proportions admirables: car ces fleuves partant souvent de la même montagne, arrivent par les mêmes pentes à des distances fort différentes, sans que leur canal cesse d'être plein, et que les eaux s'écoulent trop vite ou trop lentement, malgré la différence de leurs cours et de leurs niveaux. Ainsi, ce n'est plus à une irruption de l'Océan qu'on doit attribuer la Méditerranée, mais à un écroulement du globe, de plus de douze cents lieues de longueur sur plus de huit cents de largeur, qui s'est effectué avec des dispositions si heureuses et si favorables à la circulation de tant de fleuves latéraux, que si j'avais le temps de développer le cours d'un seul, on verrait combien cette dernière supposition est dénuée de tout fondement. Les tremblements de terre, à la vérité, produisent des écroulements, mais qui sont de peu d'étendue, et qui, loin de ménager des canaux aux fleuves, absorbent les cours des ruisseaux, et les changent quelquefois en étangs ou en mares. On peut appliquer ces hypothèses à tous les golfes, baies, grands lacs et méditerranées; et l'on verra que si ces eaux intérieures n'existaient pas, il ne resterait pas une fontaine dans la plus grande partie de la terre habitable.

Pour se former une idée de l'ordre de la nature, il faut perdre nos idées circonscrites d'ordre humain. Il faut renoncer aux plans de notre architecture, qui emploie fréquemment les lignes droites, afin que la faiblesse de notre vue puisse embrasser d'un coup d'œil tout notre domaine; qui symétrise toutes nos distributions; qui met, dans nos maisons, des ailes à droite et des ailes à gauche, afin que toutes les parties de notre habitation soient à notre portée, lorsque nous en occupons le milieu; et qui nivelle, met à plomb, lisse et polit les pierres qu'elle y emploie, afin que nos monuments soient doux au toucher et à la vue. Les convenances de la nature ne sont pas celles d'un Sybarite, mais elles sont celles du genre humain et de tous les êtres. Quand la nature élève un rocher, elle y met des fentes, des anfractuosités, des carnes, des pitons. Elle le creuse et l'exaspère avec le ciseau du temps et des éléments; elle y plante des herbes, des arbres; elle y loge des animaux, et elle le place au sein des mers et au foyer des tempêtes, afin qu'il y offre des asiles aux habitants de l'air et des eaux.

Quand la nature a voulu de même creuser des bassins aux mers, elle n'en a ni arrondi ni aligné les bords; mais elle y a ménagé des baies profondes, et abritées des courants généraux de l'Océan, afin que, dans les tempêtes, les fleuves pussent s'y dégorger en sûreté; que les légions de poissons vinssent s'y réfugier en tout temps, y lécher les alluvions des terres qui s'y déchargent avec les eaux douces; qu'ils y frayassent, pour la plupart, en remontant jusque dans les rivières où ils viennent chercher des abris et des pâtures pour leurs petits. C'est pour le maintien de ces convenances que la nature a fortifié tous les rivages de longs bancs de sable, de récifs, d'énormes rochers et d'îles, qui en sont placés à des distances convenables pour les protéger contre les fureurs de l'Océan.

Elle a employé des dispositions équivalentes pour les bassins des fleuves, comme nous en dirons quelque chose dans la suite de cette Étude, quoique le lieu ne nous permette que d'effleurer une matière si riche et si nouvelle en observations. Ainsi, elle ne fait point courir les eaux des fleuves en ligne droite, comme elles devraient couler à la longue par les lois de l'hydraulique, à cause de la tendance de leurs mouvements, vers un seul point; mais elle les fait serpenter long-temps au sein des terres avant qu'elles se rendent à la mer. Pour régler le cours de ces fleuves, et l'accélérer ou le retarder, suivant le niveau des terres où ils coulent, elle y fait tomber des rivières latérales qui l'accélèrent dans un pays uni, lorsqu'elles forment un angle aigu avec la source de ces fleuves; ou qui le retardent dans un pays élevé, en formant un angle droit et quelquefois obtus avec la source de ces mêmes fleuves. Ces lois sont si certaines, qu'on peut juger, sur une simple carte, si les fleuves qui arrosent un pays sont lents ou rapides, et si ce pays est uni ou élevé, par l'angle que forment avec leurs cours les rivières confluentes. Ainsi, la plupart de celles qui se jettent dans le Rhône forment avec ce fleuve rapide des angles droits pour modérer son cours. Il y a de ces rivières confluentes qui sont de véritables digues, et qui traversent un fleuve de part en part; en sorte que le fleuve traversé, qui est fort rapide au-dessus du confluent, coule fort lentement au-dessous. C'est ce qu'on peut observer sur plusieurs fleuves de l'Amérique, et notamment sur le Méchassipi. On peut conclure de ces simples perceptions, que je n'ai ici que le temps d'indiquer, qu'il est aisé de retarder ou d'accélérer le cours d'un fleuve, en changeant simplement l'angle d'incidence de ses rivières confluentes. C'est ce que je présente, non comme un conseil, mais comme une spéculation très-curieuse; car il est toujours dangereux à l'homme de déranger les plans de la nature.

Les fleuves, en se jetant dans la mer, apportent à leur tour, par les directions de leurs embouchures, du retardement ou de l'accélération au cours des marées. Mais je ne m'engagerai pas plus avant dans l'étude de ces grandes et sublimes harmonies. Il me suffit d'en avoir dit assez pour convaincre que le bassin des mers a été creusé exprès pour en recevoir les eaux.

Cependant voici encore un raisonnement propre à lever, à ce sujet, toute espèce de doute. Si le bassin des mers avait été formé, comme on le suppose, par un abaissement des terres du globe, les rivages des mers, sous les eaux, auraient les mêmes pentes que le continent voisin. Or, c'est ce qui ne se trouve sur nulle côte. La pente du bassin de la mer est beaucoup plus rapide que celle des terres limitrophes, et n'en est point le prolongement. Par exemple, Paris est élevé au-dessus du niveau de la mer de 26 brasses environ, en comptant du bas du pont Notre-Dame. Ainsi la Seine, depuis ce pont jusqu'à son embouchure dans la mer, n'a que 150 pieds de pente, dans une distance de 40 lieues; tandis qu'à compter depuis son embouchure jusqu'à une lieue et demie en mer seulement, on trouve tout d'un coup 60 ou 80 brasses d'inclinaison, qui est la profondeur que les vaisseaux ont au mouillage de la rade du Havre-de-Grace. Ces différences du niveau des terres au niveau du fond du bassin de la mer, dans le même alignement, se rencontrent sur toutes les côtes, du plus au moins. A la vérité, l'Anglais Dampier a observé que les mers ont beaucoup de profondeur le long des côtes élevées, et qu'elles en ont fort peu le long des côtes basses; mais il y a toutefois cette notable différence, que le long des terres basses le fond de la mer est beaucoup plus incliné que le sol du continent voisin, et que le long des terres hautes on ne trouve quelquefois point de fond du tout. Ceci prouve donc évidemment que les bassins des mers ont été creusés exprès pour les contenir. La pente de leurs excavations a été réglée par des lois infiniment sages; car si elle était la même que celle des terrains environnants, les flots de la mer, au moindre vent du large, s'étendraient à des distances considérables sur les terres voisines. C'est ce qui arrive en effet, lorsque, dans des tempêtes ou des marées extraordinaires, les flots surmontent leurs rivages accoutumés; car alors trouvant une pente faible et douce, en comparaison de celle de leur lit, ils s'étendent quelquefois à plusieurs lieues de distance dans le sein des terres. C'est ce qui arrive de temps en temps à l'île Formose, dont il est probable que les habitants ont détruit autrefois les digues naturelles, telles que les mangliers. C'est par une raison à peu près semblable que la Hollande se trouve exposée aux inondations, parcequ'elle a empiété sur le lit même de la mer. C'est principalement sur le rivage de l'Océan qu'est placée cette borne invisible que l'auteur de la nature a prescrite à ses flots. C'est là que vous apercevez que vous êtes à l'intersection de deux plans différents, dont l'un termine la pente des terres, et l'autre commence celle de la mer.

On ne peut pas dire que ce sont les courants de la mer qui en ont creusé le bassin ; car dans quel lieu en auraient-ils porté les terres ? Ils ne peuvent rien élever au-dessus de leur niveau. On ne peut pas dire même que les canaux des fleuves aient été creusés par le cours de leurs propres eaux; car il y en a plusieurs qui passent par des routes souterraines, à travers des masses de roc vif d'une dureté et d'une épaisseur impénétrables aux pioches et aux pics de nos ouvriers. D'ailleurs, ces fleuves auraient dû former, à leur embouchure dans la mer, des bancs de sable et des langues de terre d'une grandeur proportionnée à la quantité qu'ils auraient excavée en formant leurs lits; et la plupart, au contraire, comme nous l'avons observé, se déchargent au fond des baies creusées exprès pour les recevoir. Comment n'ont-ils pas rempli ces baies depuis qu'ils y apportent sans cesse des alluvions de terres? Comment le bassin de l'Océan ne s'est-il pas comblé lui-même, lui qui reçoit perpétuellement les dépouilles des végétaux, les sables, les rochers et les débris des terres, qui rendent tout jaunes, à la moindre pluie, les fleuves qui s'y déchargent? Les eaux de l'Océan n'ont pas haussé d'un pouce depuis que les hommes observent, comme il est aisé de le prouver par l'état des plus anciens ports de mer de l'univers, qui sont encore, pour la plupart, au même niveau. Je n'ai pas le temps de parler ici des moyens dont la nature s'est servie pour la construction, la protection et le nettoiement de ce bassin : ils nous donneraient de nouveaux sujets d'admiration. J'en ai dit assez pour montrer que ce qui nous paraît dans la nature l'ouvrage de la ruine et du hasard, est souvent celui de l'intelligence la plus profonde. Non-seulement il ne tombe pas un cheveu de notre tête, ni un moineau d'un arbre, mais un caillou n'est pas roulé sur les rivages de la mer, sans la permission de Dieu, suivant l'expression sublime de Job :

Tempus posuit tenebris, et universorum finem ipse considerat, lapidem quoque caliginis et umbram mortis. (Cap. xxvIII, v. 8.)

« Il a borné le temps des ténèbres, et il considère lui-même
» la fin de toutes choses; il voit jusqu'à la pierre ensevelie dans
» l'obscurité de la terre, et dans l'ombre de la mort. »

Il connaît aussi le moment où elle doit en sortir pour servir de monument aux nations.

Indépendamment des preuves géographiques innombrables qui attestent que l'Océan n'a, par ses irruptions, creusé aucune baie, ni détaché aucune partie du continent, il y en a encore qui peuvent se tirer des végétaux, des animaux et des hommes. Ce n'est pas ici le lieu de m'y arrêter; mais je citerai, en passant, une observation végétale qui prouve, par exemple, que l'Angleterre n'a jamais été jointe au continent de l'Europe, comme on le suppose, et qu'elle en a toujours été séparée par la Manche : c'est que César remarque, dans ses *Commentaires*, qu'il n'y avait dans le temps qu'il y passa, ni hêtres, ni sapins, quoique ces arbres fussent fort communs dans les Gaules, le long de la Seine et du Rhin. Si donc ces fleuves avaient coulé autrefois sur l'Angleterre, ils y auraient porté les semences des végétaux qui croissaient à leurs sources et sur leurs rivages. Les hêtres et les sapins, qui réussissent fort bien aujourd'hui en Angleterre, n'auraient pas manqué d'y croître dans ce temps-là, d'autant qu'ils n'auraient pas changé de latitude, et qu'ils sont, comme nous le verrons ailleurs, du genre des arbres fluviatiles, dont les semences se ressèment par le moyen des eaux. D'ailleurs, d'où la Seine, le Rhin, la Tamise et tant d'autres fleuves qui entretiennent leurs cours des émanations de la Manche, auraient-ils tiré leurs eaux ? La Tamise aurait donc coulé sur la France, ou la Seine sur l'Angleterre ; ou, pour mieux dire, les pays que ces fleuves arrosent aujourd'hui auraient été à sec.

Ce sont nos cartes qui, comme la plupart des instruments de nos sciences, nous induisent en erreur. En y voyant tant d'enfoncements et de découpures dans les côtes du continent, nous avons été portés à croire que c'étaient les courants de la mer qui les avaient dégradées. Nous venons de voir qu'ils n'ont pas produit cet effet : nous allons montrer, maintenant, qu'ils n'ont jamais pu le faire.

L'Anglais Dampier, qui n'est pas le premier voyageur qui ait fait le tour du globe, mais qui est, à mon gré, celui qui l'a le mieux observé, dit, dans son excellent *Traité des vents et des marées*, « que les baies n'ont presque point de courants; ou » si elles en ont, ce ne sont que des contre-courants » qui vont d'une pointe à l'autre. » Il cite en preuve plusieurs observations, et l'on en trouve beaucoup de semblables, éparses dans les autres voyageurs. Quoiqu'il n'ait traité que des courants entre les tropiques, et même avec un peu d'obscurité, nous allons généraliser ce principe, et l'appliquer aux principales baies des continents.

Je réduis à deux courants généraux ceux de l'Océan. Tous les deux viennent des pôles, et sont produits, à mon avis, par la fusion alternative de

* Tome II, page 385.

leurs glaces. Quoique ce ne soit pas ici le lieu d'en examiner la cause, elle me paraît si naturelle, si neuve, et si curieuse à développer, que le lecteur ne sera pas fâché que je lui en donne, en passant, une idée.

Les pôles me paraissent être les sources de la mer, comme les montagnes à glaces sont les sources des principaux fleuves. Ce sont, ce me semble, les glaces et les neiges qui couvrent le nôtre, qui renouvellent, chaque année, les eaux de la mer comprise en notre continent et celui de l'Amérique, dont les parties saillantes et rentrantes correspondent d'ailleurs entre elles comme les bords d'un fleuve. On peut d'abord remarquer sur une mappemonde, que le bassin de l'océan Atlantique va en s'étrécissant vers le nord, et en s'élargissant vers le midi ; et que la partie saillante de l'Afrique correspond à cette grande partie rentrante de l'Amérique, au fond de laquelle est situé le golfe du Mexique, comme la partie saillante de l'Amérique méridionale correspond au vaste golfe de Guinée ; en sorte que ce bassin a, dans sa configuration, les proportions, les sinuosités, la source et l'embouchure d'un canal fluviatile. Observons maintenant que les glaces et les neiges forment, au mois de janvier, sur notre hémisphère, une coupole dont l'arc a plus de deux mille lieues d'étendue sur les deux continents, et une épaisseur de quelques lignes en Espagne, de quelques pouces en France, de plusieurs pieds en Allemagne, de plusieurs toises en Russie, et de quelques centaines de pieds au-delà du soixantième degré ; comme celles des glaces que Henri Ellis et les autres navigateurs du nord y ont rencontrées, en mer, au milieu même de l'été, et dont quelques unes, suivant Ellis, avaient quinze à dix-huit cents pieds au-dessus de son niveau ; car leur élévation doit aller probablement en croissant jusqu'au pôle, en suivant les mêmes proportions que celles qui couronnent nos montagnes à glaces ; ce qui doit leur donner, sous le pôle même, une hauteur qu'on ne peut assigner. On entrevoit, par ce simple aperçu, quel amas énorme d'eau s'est fixé par le froid de l'hiver sur notre hémisphère, au-dessus du niveau de l'Océan. Il est si considérable, que je me crois fondé à attribuer à sa fusion périodique le mouvement général de notre mer et celui de nos marées. On peut appliquer de même aux effets de la fusion des glaces du pôle austral, qui y sont encore en plus grand nombre, les mouvements de son Océan.

On n'a tiré jusqu'à présent aucune conséquence relative aux mouvements de la mer, de deux volumes de glaces aussi considérables, accumulés sur les pôles du monde. Ils doivent cependant apporter une augmentation bien sensible à ses eaux, lorsqu'ils y rentrent par l'action du soleil, qui les fait fondre en partie chaque année ; ou une grande diminution lorsqu'ils en ressortent, par l'effet des évaporations qui les fixent en glaces sur les pôles, lorsque le soleil s'en éloigne. Voici à ce sujet quelques réflexions et observations, j'ose dire, très intéressantes : j'en laisse le jugement au lecteur sans système et sans partialité. Je tâcherai de les abréger le plus que je pourrai, et j'espère qu'on me les pardonnera, au moins en faveur de leur nouveauté. Je vais déduire des simples effusions des glaces polaires les mouvements généraux des mers, que l'on a attribués jusqu'ici à la gravitation ou à l'attraction du soleil et de la lune sur l'équateur.

On ne saurait nier, en premier lieu, que les courants et les marées ne viennent du pôle dans le voisinage du cercle polaire.

Frédéric Martens, qui, dans son voyage au Spitzberg en 1671, s'avança jusqu'au 81e degré de latitude nord, dit positivement que les courants, dans les glaces, portent au midi. Il ajoute, d'ailleurs, qu'il ne peut rien dire d'assuré touchant le flux et reflux des marées. Notez bien ceci.

Henri Ellis observa avec étonnement, dans son voyage à la baie d'Hudson, en 1746 et 1747, que les marées y venaient du nord, et qu'elles avançaient au lieu de retarder, à mesure qu'il s'élevait en latitude. Il assure que ces effets, si contraires à leurs effets ordinaires sur nos rivages, où elles viennent du sud, prouvent que les marées de ces côtes ne viennent point de la ligne, ni de l'océan Atlantique. Il attribue à une prétendue communication de la baie d'Hudson à la mer du Sud, communication qu'il cherchait avec beaucoup d'ardeur, et qui était l'objet de son voyage ; mais on est très assuré aujourd'hui qu'elle n'existe point, par les tentatives infructueuses que le capitaine Cook a faites en dernier lieu pour la trouver, par la mer du Sud, au nord de la Californie, suivant le conseil qu'en avait donné long-temps auparavant le fameux marin Dampier, dont les lumières et les vues, pour le dire en passant, ont beaucoup servi au capitaine Cook dans toutes ses découvertes.

Ellis observa encore que le cours de ces marées septentrionales de l'Amérique était si violent au détroit de Wager, par le 65e degré 57', qu'il faisait huit à dix lieues par heure. Il le compare à l'écluse d'un moulin. Il remarqua que la surface de l'eau y était douce, ce qui l'intrigua beaucoup, en affaiblissant l'espérance qu'il avait conçue d'une communication de cette baie avec la mer du Sud.

Cependant, il n'en resta pas moins persuadé que ce passage existait, ainsi que font les hommes préoccupés de leurs opinions, qui se refusent à l'évidence même.

Le Hollandais Jean-Hugues Linschoten avait fait à peu près les mêmes remarques sur le cours des marées septentrionales de l'Europe, lorsqu'il fut au détroit de Waigats, par le 70° degré 20'. Dans les deux voyages que cet observateur exact fit vers ce détroit en 1594 et en 1595, pour trouver un passage à la Chine par le nord de l'Europe, il réitéra ces observations : « Nous observâmes, » dit-il encore une fois, au cours de la marée, ce » que nous avions déjà remarqué avec beaucoup » d'exactitude, qu'elle vient de l'est[*]. » Il observa aussi que les eaux y étaient saumaches ou à demi salées, ce qu'il attribue à la fusion d'une quantité prodigieuse de glaces flottantes qui lui fermèrent le passage au détroit de Waigats; car la glace formée dans l'eau de la mer même est douce. Mais Linschoten ne tire pas plus de conséquence qu'Ellis de ces marées d'eaux à demi douces qui descendent du nord; et, plein de son objet, comme le voyageur anglais, il les attribue à une mer qu'il suppose libre à l'est, au-delà du Waigats, par où il se proposait d'aller à la Chine.

Son compatriote, l'infortuné Guillaume Barents, qui fit les mêmes voyages dans la même flotte sur un autre vaisseau, et qui finit ses jours sur les côtes septentrionales de la Nouvelle-Zemble, où il avait hiverné, trouva au nord et au sud de cette île un courant perpétuel de glaces qui venaient de l'est avec une rapidité qu'il compare, comme Ellis, à celle d'une écluse. Beaucoup de ces glaces avaient jusqu'à 56 brasses de profondeur dans l'eau, et 16 brasses d'élévation au-dessus. C'était au détroit de Waigats, dans les mois de juillet et d'août. Il y trouva des pêcheurs russes de Petzora, qui naviguaient dans ces mers couvertes de rochers flottants de glaces, dans une barque d'écorces d'arbres cousues. Ces pauvres gens offrirent aux Hollandais des oies grasses, avec de grands témoignages d'amitié; car l'infortune est bien propre à rapprocher les hommes dans tous les climats. Ils lui apprirent que ce même détroit de Waigats, qui dégorgeait tant de glaces, serait tout-à-fait fermé vers la fin d'octobre, et qu'on pourrait aller en Tartarie sur les glaces, par la mer qu'ils nommaient de Marmare.

Il est certain que tous les effets que je viens de rapporter ne peuvent venir que des effusions des glaces qui environnent le pôle. Je remarquerai ici, en passant, que ces glaces qui s'écoulent avec tant de rapidité, au nord de l'Amérique et de l'Europe, vers les mois de juillet et d'août, contribuent à nous donner nos grandes marées de l'équinoxe de septembre, et que lorsque leurs effusions s'arrêtent dans le mois d'octobre, comme celles du Waigats, c'est aussi le temps où nos marées commencent à diminuer.

On peut me demander à présent pourquoi les marées viennent du nord et de l'est au nord de l'Amérique et de l'Europe; et pourquoi elles viennent du sud sur nos côtes et sur celles de l'Amérique, qui sont aux mêmes latitudes.

Il me suffirait d'en avoir dit assez pour prouver que toutes les marées ne viennent pas de la pression ou de l'attraction du soleil et de la lune sur l'équateur; j'aurais démontré l'insuffisance de nos systèmes, qui les attribuent à ces causes : mais je vais remplacer ce que je viens de détruire par d'autres observations, et prouver qu'il n'y a aucune marée, sur quelque rivage que ce soit, qui ne doive son origine aux effusions polaires.

Une observation de Dampier servira d'abord de base à mes raisonnements. Cet habile observateur distingue entre courants et marées : il pose pour principe, d'après beaucoup d'expériences qu'il rapporte dans son *Traité des vents et des marées*, que « les courants ne se font guère sentir qu'en » pleine mer, et les marées sur les côtes. » Ceci posé, les effusions polaires, qui sont des marées du nord ou de l'est pour ceux qui sont dans le voisinage du pôle ou des baies qui y communiquent, prennent leur cours général au milieu du canal de l'océan Atlantique, attirées vers la ligne par la diminution des eaux que le soleil y évapore continuellement. Elles produisent, par leur courant général, deux courants contraires ou remous collatéraux, comme les fleuves en produisent de pareils sur leurs bords.

Je ne suppose point gratuitement l'existence de ces contre-courants ou remous, à la manière de ceux qui font des systèmes, qui créent de nouvelles causes à mesure que la nature leur présente de nouveaux effets. Ces remous sont des réactions hydrauliques dont la géométrie explique les lois, et dont on peut s'assurer par l'expérience. Si vous regardez couler un petit ruisseau, vous verrez souvent les pailles qui flottent le long de ses bords remonter contre son cours; et lorsqu'elles arrivent aux points où les contre-courants croisent le courant général, vous les voyez, agitées par ces deux puissances opposées, tournoyer et pirouetter long-

---

[*] *Voyage des Hollandais au nord*, tome IV, page 204.

temps, jusqu'à ce qu'elles soient à la fin entraînées par le courant général. Ces contre-courants sont encore plus sensibles lorsque ce ruisseau s'écoule dans un bassin qui n'a point lui-même d'écoulement; car la réaction est alors si considérable dans toute la circonférence du bassin, que les contre-courants emmènent tous les corps qui y flottent, jusqu'à l'endroit même où le ruisseau se dégorge.

Ces contre-courants latéraux sont si sensibles sur les bords des fleuves, que les bateaux en profitent souvent pour remonter contre leur cours. M. de Crèvecœur rapporte qu'il fit 422 milles en quatorze jours, en remontant l'Ohio le long de ses rivages, « à l'aide des remous, qui ont toujours, dit-il, une » vélocité égale au courant principal.* »

Ils sont presque aussi forts sur les bords des lacs. Le père Charlevoix, qui a donné de judicieuses observations sur le Canada, dit que, lorsqu'il s'embarqua sur le lac Michigan, il fit huit bonnes lieues dans un jour, à l'aide de ces contre-courants latéraux, quoiqu'il eût le vent contraire. Il suppose, avec raison, que les rivières qui se jettent dans ce lac produisent au milieu de ces eaux de grands courants contraires; « mais ces grands » courants, dit-il**, ne se font sentir qu'au milieu » du canal, et produisent sur leurs bords des re- » mous ou contre courants dont on profite quand » on va terre à terre, comme sont obligés de faire » ceux qui voyagent en canots d'écorces. »

Dampier est rempli d'observations sur ces contre-courants de la mer, qui sont très communs, surtout dans les détroits des îles situées entre les tropiques. Il parle souvent des effets extraordinaires que produisent leurs rencontres avec les courants particuliers qui les occasionnent; mais comme il n'a pas considéré les marées elles-mêmes comme des remous du courant général de l'océan Atlantique, et que je ne crois pas même qu'il ait soupçonné l'existence de son courant général, quoiqu'il ait parlé à fond des deux courants ou moussons de l'océan Indien, nous allons rapporter quelques faits qui établissent les plus grandes consonnances avec ceux qu'il a lui-même observés dans les mers des Indes et du Sud. Ces faits prouveront de plus, d'une manière évidente, l'existence de ces effusions polaires; car partout où ces effusions viennent à rencontrer, en allant au midi, leurs remous qui remontent au nord, elles produisent par leur choc les marées les plus terribles, et qui ont les mouvements les plus opposés. Considérons-les seulement à leur point de départ au nord

* *Lettres d'un Cultivateur américain*, t. III, p. 433.
** *Histoire de la Nouvelle-France*, t. VI, p. 2.

de l'Europe, où elles commencent à quitter nos côtes, pour s'étendre en pleine mer. Pontoppidan dit, dans son *Histoire de Norwège*, qu'il y a, au-dessus de Berghen, un endroit appelé *Malestrom*, très redouté des marins, où la mer forme un tournoiement prodigieux de plusieurs milles de diamètre, et où quantité de vaisseaux ont été engloutis. James Beeverell dit positivement qu'il y a dans les îles Orcades deux marées opposées entre elles, l'une venant du nord-ouest, et l'autre du sud-est; qu'elles jettent leurs flots fumants jusqu'aux nues, et qu'elles semblent vouloir convertir le détroit qui les sépare en écume.9 Les Orcades sont placées un peu au-dessous de la latitude de Berghen, et dans le prolongement de la côte septentrionale de Norwège, c'est-à-dire au confluent des effusions polaires et de leurs remous.

Les autres îles de la mer sont dans de semblables positions, comme nous le pourrions prouver, si le lieu nous le permettait. Par exemple, le canal de Bahama, qui court avec tant de rapidité au nord, entre le continent de l'Amérique et les îles Lucayes, produit autour de ces îles, par sa rencontre avec le courant général de cette mer, les marées les plus tumultueuses, et semblables à celles des Orcades.

Ces remous du cours de l'océan Atlantique occasionnent donc nos marées d'Europe et d'Amérique, qui vont au nord sur nos côtes, tandis que son courant général va au sud, du moins pendant l'été. Je pourrais rapporter mille autres observations sur l'existence de ces courants contraires; mais une seule, plus générale que celles que j'ai citées, me suffira par son importance et son authenticité, puisque c'est la première de toutes celles qui en ont été faites en Europe, et peut-être la seule : c'est celle de Christophe Colomb partant pour la découverte du Nouveau-Monde. Il mit à la voile aux Canaries, vers le commencement de septembre, et fit route à l'ouest. Il trouva, pendant les premiers jours de sa navigation, que les courants portaient au nord-est. Quand il fut à deux ou trois cents lieues de terre, il s'aperçut qu'ils se dirigeaient vers le sud; ce qui effraya beaucoup ses compagnons, qui croyaient que la mer se portait là vers un précipice. Enfin, aux approches des îles Lucayes, il retrouva les courants portant au nord. On peut voir le journal de son voyage dans Herrera. Je pense que ce courant général qui flue de notre pôle en été avec tant de rapidité, et qui est si violent vers sa source, comme l'ont éprouvé Ellis et Linschoten, traverse la ligne équinoxiale, d'autant qu'il n'y est point arrêté par les effusions du pôle austral, qui, dans cette saison, se couvre de glaces. Je présume, par cette même raison, qu'il va au-delà du cap de Bonne-Espérance, d'où il se porte vers la zone torride, où il est attiré par le déplacement des eaux que le soleil y pompe chaque jour; et qu'étant dirigé vers l'orient par la position de l'Afrique et de l'Asie, il détermine l'océan Indien à se porter du même côté, contre son mouvement ordinaire. Je le regarde donc comme le premier moteur de la mousson occidentale qui arrive dans les mers des Indes au mois d'avril, et qui ne finit qu'en septembre.

Je pense aussi que le courant général qui part, pendant l'hiver, du pôle austral que le soleil échauffe alors de ses rayons, rétablit l'océan Indien dans son mouvement naturel vers l'occident, qui est déterminé d'ailleurs de ce côté-là par les impulsions générales du vent d'est, qui souffle ordinairement dans la zone torride, lorsque rien n'en dérange le cours. Je présume aussi que ce courant pénètre à son tour dans notre océan Atlantique, en dirige le mouvement vers le nord par la position de l'Amérique, et apporte plusieurs autres changements à nos marées. En effet, Froger dit, dans son *Voyage à la mer du Sud,* qu'au Brésil les courants suivent le soleil : ils vont au sud quand il est au sud, et au nord quand il est au nord. Ceux qui ont éprouvé ces effusions polaires australes au-delà du cap Horn ont reconnu que, dans l'été du pôle austral, les marées portent au nord, comme l'observa Guillaume Schouten, qui découvrit le détroit de Le Maire en janvier 1661; mais ceux, au contraire, qui y ont passé dans l'hiver de ce pays, ont trouvé que les marées portaient au sud, et venaient du nord, comme l'observa Frasier au mois de mai de l'an 1712. Il me semble maintenant qu'on peut expliquer par ces effusions polaires les principaux phénomènes de nos marées. On voit, par exemple, pourquoi celles du soir sont plus fortes, en été, que celles du matin; parceque le soleil agit plus fortement le jour que la nuit sur les glaces de notre pôle qui sont sous notre méridien. Cet effet ressemble à l'intermittence de certaines fontaines qui coulent des montagnes à glaces, et fluent plus abondamment le soir que le matin. On voit encore pourquoi il arrive que nos marées du matin sont, en hiver, plus considérables que celles du soir; et pourquoi l'ordre de nos marées change au bout de six mois, suivant la remarque de Bouguer[*], qui trouve la chose étonnante, sans en donner aucune raison; puisque le soleil étant alors au pôle sud, les effets des marées doivent être opposés, comme les causes qui les produisent.

Mais voici des concordances entre la mer et les pôles encore plus étendues et plus frappantes. C'est aux solstices qu'arrivent les plus basses marées de l'année; ce sont aussi les temps où il y a le plus de glaces sur les deux pôles, et par conséquent le moins d'eau dans la mer. En voici la raison. Le solstice d'hiver est, par rapport à nous, le temps du plus grand froid; il y a donc alors sur notre pôle et sur notre hémisphère le plus grand volume de glace possible. C'est à la vérité le solstice d'été pour le pôle sud; mais il y a peu de glaces fondues sur ce pôle, parceque l'action de la plus grande chaleur ne s'y fait sentir, comme chez nous, que lorsque la terre a une chaleur acquise, jointe à la chaleur actuelle du soleil; ce qui n'arrive que dans les six semaines qui suivent le solstice d'été, qui nous donnent à nous autres, dans notre été, les jours les plus chauds de l'année, que nous appelons jours caniculaires.

C'est aux équinoxes, au contraire, qu'arrivent les plus grandes marées. Ce sont aussi les temps où il y a le moins de glaces sur les deux pôles, et, par conséquent, le plus grand volume d'eau dans la mer. A l'équinoxe de septembre, la plus grande partie des glaces de notre pôle, qui a supporté toutes les chaleurs de l'été, est fondue, et celles du pôle sud commencent à fondre. Vous remarquerez encore que les marées de l'équinoxe de mars sont plus considérables que celles de septembre, parceque c'est la fin de l'été du pôle sud, qui a beaucoup plus de glaces que le nôtre, et qui donne par conséquent à l'Océan un plus grand volume d'eau. Il a plus de glaces, parceque le soleil est six jours de moins dans son hémisphère que dans le nôtre. Si l'on me demande maintenant pourquoi le soleil ne partage pas également sa chaleur et sa lumière aux deux pôles, j'en laisserai chercher la cause aux savants; mais j'en attribuerai la raison à la bonté divine, qui a voulu partager plus favorablement la partie du globe qui contient le plus grand espace de terre et le plus grand nombre d'habitants.

Je ne dirai rien de l'intermittence de ces effusions polaires, qui donnent sur nos côtes deux flux et deux reflux, à peu près dans le même temps que le soleil, faisant le tour du globe sur notre hémisphère, échauffe alternativement deux continents et deux mers, c'est-à-dire dans l'espace de vingt-quatre heures, pendant lesquelles son influence agit deux fois, et est deux fois suspendue. Je ne parlerai pas non plus de leur retard, qui est

---

[*] Bouguer, *Traité de la Navigation*, p. 132.

HÉMISPHÈRE ATLANTIQUE
avec son Canal, ses Glaces, ses Courans et ses Marées, dans les mois de Janvier et Février.

de près de trois quarts d'heure d'une marée à l'autre, et qui semble réglé par les différents diamètres de la coupole polaire de glace, dont les bords, fondus par le soleil, diminuent et s'éloignent de nous chaque jour, et dont les effusions doivent par conséquent mettre plus de temps à venir à la ligne, et à revenir de la ligne à nous; ni des autres rapports que ces périodes du pôle ont avec les phases de la lune, surtout lorsqu'elle est pleine; car ses rayons ont une chaleur évaporante, comme l'ont démontré les dernières expériences faites à Rome et à Paris : il me faudrait rapporter une suite d'observations et de faits qui me mèneraient trop loin.

Je m'engagerai encore bien moins à parler des marées du pôle austral, qui, dans l'été de ce pôle, en pleine mer, viennent immédiatement du sud et du sud-ouest par grosses houles, comme l'éprouva le Hollandais Abel Tasman en janvier et février 1692; et de leur irrégularité sur les côtes de cet hémisphère, telle que sur celles de la Nouvelle-Hollande, où Dampier, dans le mois de janvier 1688, éprouva, à son grand étonnement, que la plus grande marée, qui venait de l'est-quart-nord, n'arriva que trois jours après la pleine lune, et où les gens de son équipage, consternés, crurent pendant plusieurs jours que leur vaisseau, qu'ils avaient échoué sur le rivage pour le radouber, y resterait, faute de pouvoir être remis à flot[*]. Je ne dirai rien de celles de la Nouvelle-Guinée, où, vers la fin d'avril, le même voyageur en rencontra, au contraire, plusieurs dans une seule nuit, qui s'étendaient à l'opposite des nôtres, du nord au sud, et venaient de l'ouest par refrains très rapides, tumultueux, et précédés de grandes houles qui ne brisaient pas; ni du peu d'élévation de ces marées sur la côte du Brésil et dans la plupart des îles de la mer du Sud et des Indes orientales, où elles ne montent qu'à 5, 6, 7 pieds, tandis qu'Ellis les a trouvées de 25 pieds à l'entrée de la baie d'Hudson, et le chevalier Narbrough, de 20 pieds à l'entrée du détroit de Magellan. Leurs cours vers l'équateur, dans la mer du Sud; leurs retardements et leurs accélérations sur ces rivages; leurs directions, tantôt orientales, tantôt occidentales, suivant les moussons; enfin leurs ascensions qui augmentent à mesure qu'on s'approche du pôle, et qui diminuent à mesure qu'on s'en éloigne, entre les tropiques mêmes, prouvent que leur foyer n'est point sous la ligne. La cause de leurs mouvements ne dépend point de l'attraction ou de la pression du soleil et de la lune sur cette partie de l'Océan, car ces forces y agiraient sans doute avec la plus grande énergie dans des périodes aussi régulières que le cours de ces astres; mais elle semble dépendre entièrement de la chaleur combinée de ces mêmes astres sur les pôles du monde, dont les effusions irrégulières, n'étant point resserrées dans l'hémisphère austral, comme dans le nôtre, par le canal de deux continents voisins, produisent, sur les rivages des mers indiennes et orientales, des expansions vagues et intermittentes.

Il suffit donc d'admettre ces effusions alternatives des glaces polaires, que l'on ne peut révoquer en doute, pour expliquer, avec la plus grande facilité, tous les phénomènes des marées et des courants de l'Océan. Ces phénomènes présentent, dans les journaux des voyageurs les plus éclairés, une obscurité perpétuelle et une multitude de contradictions, lorsque ces mêmes voyageurs veulent en rapporter les causes à la pression constante de la lune et du soleil sur l'équateur, sans avoir égard aux courants alternatifs des pôles qui se portent vers ce même équateur, à leurs contre-courants, qui, retournant vers les pôles, donnent les marées, et aux révolutions que l'hiver et l'été apportent à ces deux mouvements.

On a supposé, à la vérité, dans ces derniers temps, que la mer devait être libre de glaces sous les pôles, d'après cette étrange assertion que la mer ne gelait que le long des terres; mais cette supposition a été faite par des hommes de cabinet, contre l'expérience des plus fameux navigateurs. Les tentatives du capitaine Cook vers le pôle austral en ont démontré l'erreur. Ce hardi marin n'a jamais pu approcher, au mois de février, dans les jours caniculaires de cet hémisphère, de ce pôle où il n'y a aucune terre plus près que le 74e degré, c'est-à-dire à cinq cents lieues, quoiqu'il eût tourné, pendant l'été, tout autour de sa coupole de glace; encore cette distance ne faisait pas la moitié de l'amplitude de cette coupole, et il ne s'est avancé si loin qu'à la faveur d'une baie ouverte dans une partie de sa circonférence, qui avait partout ailleurs beaucoup plus d'étendue. Ces baies ou ouvertures ne se forment dans les glaces que par l'influence même des terres les plus voisines, où la nature a distribué des zones sablonneuses, pour accélérer la fusion des glaces polaires dans le temps convenable. Telles sont, pour le dire en passant, car je n'ai pas le temps de développer ici tous les plans de cette admirable architecture,

---

[*] *Voyage de Dampier*, Traité des vents et des marées, p. 378 et 379.

telles sont, dis-je, ces longues bandes de sable qui coupent l'Amérique septentrionale, dans la Terre-Magellanique ; et celles de la Tartarie, qui commencent en Afrique au Zara ou Désert, et viennent se terminer au nord de l'Asie. Les vents portent, en été, les particules ignées dont ces zones sont remplies vers les pôles, où elles accélèrent l'action du soleil sur les glaces. Il est aisé de concevoir, indépendamment de l'expérience, que les sables multiplient la chaleur du soleil par les réflexions de leurs parties spéculaires et brillantes, et la conservent long-temps dans leurs interstices. Il est certain du moins que les plus grandes ouvertures des glaces polaires se rencontrent toujours dans la direction des vents chauds, et sous l'influence de ces terres sablonneuses, comme je pourrais le démontrer, si c'en était ici le lieu. Mais nous en pouvons voir des exemples sans sortir de notre continent, et même de nos jardins. En Russie, les rivières et les lacs dégèlent toujours par leurs rivages, et la fusion de leurs glaces s'accélère d'autant plus vite que les grèves sont plus sablonneuses, et qu'elles se rencontrent, par rapport à elles, dans la direction du vent du midi. Nous voyons les mêmes effets dans nos jardins, à la fin de l'hiver. La glace qui est sur le sable des allées fond d'abord la première ; ensuite celle qui est sur la terre, et, en dernier lieu, celle qui est dans les bassins. La fusion de celle-ci commence par les bords, et elle est d'autant plus de temps à s'achever que les bassins ont plus d'étendue ; en sorte que la partie du milieu de la glace, qui est la plus éloignée de la terre, est aussi la dernière qui dégèle.

On ne peut donc pas douter que les pôles ne soient couverts d'une coupole de glaces, d'après l'expérience des marins, et d'après la raison naturelle. Nous avons jeté un coup d'œil sur celle de notre pôle, qui le couvre, en hiver, dans une étendue de plus de deux mille lieues sur les continents. Il n'est pas aussi aisé de déterminer son élévation au centre et sous le pôle même ; mais elle doit y être d'une hauteur prodigieuse.

L'astronomie nous en présente quelquefois dans les cieux une image si considérable, que la rotondité de la terre en paraît être notablement altérée. Voici ce que je trouve, à ce sujet, dans l'Anglais Childrey[*]. Ce naturaliste suppose, comme moi, que la terre est couverte de glaces aux pôles, à une telle hauteur, que sa figure en est rendue sensiblement ovale. C'est ce qu'il prouve par deux observations astronomiques fort curieuses. « Ce » qui m'oblige encore, dit-il, à embrasser ce pa-» radoxe, c'est qu'il sert admirablement bien à » résoudre une difficulté d'importance qui a fort » embarrassé Tycho-Brahé et Kepler, touchant les » éclipses centrales de la lune qui se font proche de » l'équateur, comme était celle que Tycho observa » en l'année 1588, et celle que Kepler observa en » l'année 1624, de laquelle voici comme il parle : » Notandum est hanc lunæ eclipsim (instar illius » quam Tycho, anno 1588, observavit totalem et » proximam centrali), egregie calculum fefelisse ; » nam non solum mora totius lunæ in tenebris bre-» vis fuit, sed et duratio reliqua multo magis ; » perinde quasi tellus elliptica esset, dimetientem » breviorem habens sub æquatore, longiorem a » polo uno ad alterum. « C'est-à-dire : » Il faut re-» marquer que cette éclipse de lune (il entend par-» ler de celle du 26 septembre 1624), pareille à » celle que Tycho observa en l'année 1588, c'est-» à-dire totale et quasi centrale, me trompa fort » dans ma supputation ; car non-seulement la du-» rée de son obscurité totale fut fort courte, mais » le reste de la durée de devant et d'après l'obscu-» rité totale le fut encore davantage ; comme si la » terre était elliptique, et qu'elle eût un diamè-» tre plus court sous l'équateur que d'un pôle à » l'autre. »

Les débris à demi fondus qui se détachent tous les ans de la circonférence de cette coupole, et que l'on rencontre bien loin du pôle flottants sur la mer, vers le 55e degré, sont si élevés, qu'Ellis, Cook, Martens, et les autres voyageurs du nord et du sud les plus exacts dans leurs récits, les représentent pour le moins aussi hauts que des vaisseaux à la voile. Ellis même, comme nous l'avons dit, n'hésite pas à leur donner 15 à 1,800 pieds d'élévation. Ils disent unanimement que ces glaces jettent des lueurs qui les font apercevoir avant d'être sur l'horizon. Je remarquerai, en passant, que nos aurores boréales pourraient bien devoir leur origine à de pareilles réflexions des glaces polaires, dont peut-être un jour on déterminera l'élévation par l'étendue de ces mêmes lumières. Quoi qu'il en soit, Denis, gouverneur du Canada, en parlant des glaces qui descendent du nord, tous les étés, sur le grand banc de Terre-Neuve, dit qu'elles sont plus hautes que les tours de Notre-Dame, et qu'on les voit de quinze à dix-huit lieues ; les navires en sentent le froid à pareille distance. « Elles sont, » dit-il, quelquefois en si grand nombre, étant

---

[*] *Histoire naturelle d'Angleterre*, p. 246 et 247.

[*] Denis, *Histoire naturelle de l'Amérique septentrionale*, t. II, chap. I, p. 44 et 45.

» toutes conduites du même vent, qu'il s'est trouvé
» des navires allant à terre pour le poisson sec,
» qui en ont rencontré de cent cinquante lieues de
» longueur, et encore plus qui les ont côtoyées un
» jour ou deux avec la nuit, bon frais, portant
» toutes voiles, sans en trouver le bout. Ils vont
» comme cela tout le long, pour trouver quelque
» ouverture à passer leur navire; s'ils en rencon-
» trent, ils y passent comme par un détroit ; autre-
» ment il faut aller jusqu'au bout pour y passer,
» car les glaces barrent le chemin. Ces glaces-là ne
» fondent point que lorsqu'elles attrapent les eaux
» chaudes vers le midi, ou bien qu'elles sont
» poussées par le vent du côté de la terre. Il en
» échoue jusqu'à 25 et 30 brasses d'eau ; jugez de
» leur hauteur, sans ce qui est sur l'eau. Des pê-
» cheurs m'ont assuré en avoir vu une échouée
» sur le grand banc à 45 brasses d'eau, qui avait
» bien dix lieues de tour. Il fallait qu'elle eût une
» grande hauteur. Les navires n'approchent point
» de ces glaces-là ; l'on appréhende qu'elles ne
» tournent d'un côté sur l'autre, à mesure qu'elles
» se déchargent du côté où elles ont plus de cha-
» leur. »

Nous observerons que ces glaces sont déjà plus d'à moitié fondues lorsqu'elles arrivent sur le banc de Terre-Neuve, car en effet elles ne vont guère plus loin. C'est la chaleur de l'été qui les détache du nord, et elles ne font même tant de chemin au midi qu'à la faveur de leurs écoulements qui les entraînent vers la ligne, où ils vont remplacer les eaux que le soleil y évapore. Ces glaces polaires, dont nos marins ne voient que les lisières et les débris, doivent avoir, à leur centre, une élévation proportionnée à leur étendue. Pour moi, je considère les deux hémisphères de la terre comme deux montagnes qui sont jointes ensemble sous la ligne, les pôles comme les sommets glacés de ces montagnes, et les mers comme des fleuves qui découlent de ces sommets. Si donc nous venons à nous représenter les proportions que les glaciers de la Suisse ont avec leurs montagnes et avec les fleuves qui en découlent, nous pourrons nous former une idée de celles que les glaciers des pôles ont avec le globe entier et avec l'Océan. Les Cordillières du Pérou, qui ne sont que des taupinières auprès des deux hémisphères, et dont les fleuves qui en sortent ne sont que des filets d'eau auprès de la mer, ont des lisières de glaces de vingt à trente lieues de largeur, hérissées à leur centre de pyramides de neige de 12 à 1500 toises d'élévation. Quelle doit donc être la hauteur, au centre, des deux coupoles des glaces polaires, qui ont, en hiver, des bases de deux mille lieues de diamètre ! Je ne doute pas que leur épaisseur aux pôles n'y fasse paraître la terre ovale dans les éclipses centrales de lune, comme l'ont observé Tycho-Brahé et Kepler.

Voici une autre conséquence que je tire de cette configuration. Si la hauteur des glaces polaires est capable d'altérer dans les cieux la forme du globe, leur poids doit être assez considérable pour influer sur son mouvement dans l'écliptique. Il y a en effet une concordance très singulière entre le mouvement par lequel la terre présente alternativement ses deux pôles au soleil dans un an, et les effusions alternatives des glaces polaires qui arrivent dans le cours de la même année. Voici comme je conçois que ce mouvement de la terre est l'effet de ces effusions. En admettant, avec les astronomes, les lois de l'attraction parmi les astres, la terre doit certainement présenter au soleil, qui l'attire, la partie la plus pesante de son globe. Or cette partie la plus pesante doit être un de ses pôles, lorsqu'il est surchargé d'une coupole de glace d'une étendue de deux mille lieues, et d'une élévation supérieure à celle des continents. Mais comme la glace de ce pôle, que sa pesanteur incline vers le soleil, se fond à mesure qu'elle s'en approche verticalement, et qu'au contraire la glace du pôle opposé augmente à mesure qu'elle s'en éloigne, il doit arriver que le premier pôle devenant plus léger et le second plus pesant, le centre de gravité passe alternativement de l'un à l'autre, et que de ce balancement réciproque doit naître ce mouvement du globe dans l'écliptique qui nous donne l'été et l'hiver.

Il s'ensuit, de cette pesanteur versatile, que notre hémisphère ayant plus de terre que l'hémisphère austral, et étant par conséquent plus pesant, il doit s'incliner plus long-temps vers le soleil ; et c'est ce qui arrive en effet, puisque nous avons cinq ou six jours d'été plus que d'hiver. Il s'ensuit encore que notre pôle ne peut perdre son centre de gravité que lorsque le pôle opposé se charge d'un poids de glace supérieur au poids de notre continent et des glaces de notre hémisphère : et c'est ce qui arrive aussi ; car les glaces du pôle austral sont plus élevées et plus étendues que celles de notre pôle, puisque les marins n'ont pu pénétrer que jusqu'au 71e degré de latitude sud, tandis qu'ils ont navigué jusqu'au 82e degré de latitude nord. On peut entrevoir ici une des raisons pour lesquelles la nature a divisé ce globe en deux hémisphères, dont l'un renferme la plus grande partie des terres, et l'autre la plus grande partie des mers, afin que ce mouvement du globe eût à la

BERNARDIN.

fois de la constance et de la versatilité. On voit encore pourquoi le pôle austral est placé immédiatement au milieu des mers, sans qu'aucune terre l'avoisine, afin qu'il pût se charger d'un plus grand volume d'évaporations maritimes, et que ces évaporations, accumulées en glace autour de lui, pussent balancer le poids des continents dont notre hémisphère est surchargé.

On peut me faire ici une très forte objection. C'est que, si les effusions polaires occasionnaient le mouvement de la terre dans l'écliptique, il arriverait un moment où, ses deux pôles étant en équilibre, elle ne présenterait plus que son équateur au soleil.

J'avoue que je n'ai rien à répondre à cette difficulté, sinon qu'il faut recourir à une volonté immédiate de l'auteur de la nature, qui détruit l'instant de cet équilibre, et qui rétablit le balancement de la terre sur ses pôles par des lois qui nous sont inconnues. Au reste, cet aveu n'affaiblit pas plus la vraisemblance de la cause hydraulique que j'y applique, que celle du principe d'attraction des corps célestes, qui sert à l'expliquer, j'ose dire, avec bien moins de clarté. Cette attraction même interdirait bientôt à la terre toute espèce de mouvement, si elle agissait seule dans les astres. Si nous voulons être de bonne foi, c'est à l'aveu d'une intelligence supérieure à la nôtre qu'aboutissent toutes les causes mécaniques de nos systèmes les plus ingénieux. La volonté de Dieu est *l'ultimatum* de toutes les connaissances humaines.

Je tirerai cependant de cette objection des conséquences qui vont répandre un nouveau jour sur d'anciens effets des effusions polaires, et sur la manière dont elles ont pu occasionner le déluge [10].

Si l'on suppose donc l'équilibre rétabli entre les pôles, et que la terre présentât constamment son équateur au soleil, il est très vraisemblable qu'elle s'embraserait alors. En effet, dans cette hypothèse, les eaux qui sont sous l'équateur, étant évaporées par l'action constante du soleil, se fixeraient irrévocablement en glaces sur les pôles, où elles recevraient sans effet les influences de cet astre, qui serait pour elles perpétuellement à l'horizon. Les continents étant alors desséchés sous la zone torride, et échauffés par une chaleur qui croîtrait de jour en jour, ne tarderaient pas à s'enflammer. Or, s'il est probable que la terre périrait par le feu si le soleil n'en parcourait que l'équateur, il ne l'est pas moins qu'elle a dû périr par les eaux lorsque le soleil en parcourait un méridien. Des moyens opposés produisent des effets contraires.

Nous venons de voir que les simples effusions alternatives d'une partie des glaces polaires étaient suffisantes pour renouveler toutes les eaux de l'Océan, opérer tous les phénomènes des marées, et produire le balancement de la terre dans l'écliptique. Nous les croyons capables d'inonder le globe en entier, si elles venaient à s'écouler toutes à la fois. Remarquez bien que la seule effusion d'une partie des glaces des Cordillères du Pérou suffit, chaque année, pour faire déborder l'Amazone, l'Orénoque, et plusieurs autres grands fleuves du Nouveau-Monde, et pour inonder une partie du Brésil, de la Guiane, et de la terre ferme d'Amérique; que la fonte d'une partie des neiges des monts de la Lune, en Afrique, occasionne chaque année les débordements du Sénégal, contribue à ceux du Nil, et inonde de grandes contrées dans la Guinée et toute l'Égypte inférieure, et que de semblables effets se reproduisent tous les ans par de pareilles causes dans une partie considérable de l'Asie méridionale, dans les royaumes du Bengale, de Siam, du Pégu et de la Cochinchine et sur les territoires qu'arrosent le Tigre, l'Euphrate et beaucoup d'autres fleuves de l'Asie, qui ont leurs sources dans les chaînes de montagnes toujours glacées du Taurus et de l'Imaüs. Qui doutera donc que l'effusion totale des glaces des deux pôles ne suffise pour surmonter les bassins de l'Océan, et submerger les deux continents en entier? L'élévation de ces deux coupoles de glaces polaires, aussi vastes que des océans, ne doit-elle pas surpasser de beaucoup la hauteur des terres les plus élevées, puisque les simples fragments de leurs extrémités, à demi dissous, sont hauts comme les tours de Notre-Dame, et ont même jusqu'à quinze à dix-huit cents pieds de hauteur au-dessus de la mer? Le territoire de Paris, qui est à quarante lieues du rivage de la mer, n'a pas plus de vingt-deux toises d'élévation au-dessus du niveau des basses marées, et il n'en a pas dix-huit au-dessus des plus hautes. Une grande partie de l'ancien et du nouveau monde en a beaucoup moins.

Pour moi, si j'ose le dire, j'attribue le déluge universel à l'effusion totale des glaces polaires, à laquelle on peut joindre celle des montagnes à glaces, telles que les Cordillères et le Taurus, qui en ont des chaînes de douze à quinze cents lieues de longueur, sur vingt ou trente de largeur, et sur douze à quinze cents toises d'élévation. On peut y ajouter encore les eaux dispersées dans l'atmosphère en nuages et en vapeurs insensibles, qui ne laisseraient pas de former un volume d'eau très considérable si elles étaient rassemblées sur la terre.

Je suppose donc qu'à l'époque de ce terrible événement, le soleil, sorti de l'écliptique, s'avança du midi au nord [11], et parcourut un des méridiens qui passe par le milieu de l'océan Atlantique et de la mer du Sud. Il n'échauffa dans cette route qu'une zone d'eau, tant fluide que gelée, qui, dans la plus grande partie de sa circonférence, a quatre mille cinq cents lieues de largeur. Il fit sortir de longues bandes de brouillards et de brumes, qui accompagnent la fonte de toutes les glaces de la chaîne des Cordilières, des diverses branches des montagnes à glace du Mexique, du Taurus et de l'Imaüs, qui courent, comme elles, nord et sud, des flancs de l'Atlas, des sommets de Ténériffe, du mont Jura, de l'Ida, du Liban, et de toutes les montagnes couvertes de neiges qui se trouvèrent exposées à son influence directe. Bientôt il embrassa de ses feux verticaux la constellation de l'Ourse et celle de la Croix du sud; et aussitôt les vastes coupoles de glaces des pôles fumèrent de toutes parts. Toutes ces vapeurs, réunies à celles qui s'élevaient de l'Océan, couvrirent la terre d'une pluie universelle. L'action de la chaleur du soleil fut encore redoublée par celle des vents brûlants des zones sablonneuses de l'Afrique et de l'Asie, qui, soufflant, comme tous les vents, vers les parties de la terre où l'air était le plus raréfié, se précipitèrent, comme des béliers de feu, vers les pôles du monde, où le soleil agissait alors avec toute son énergie.

Bientôt des torrents innombrables jaillirent du pôle du nord, qui était alors le plus chargé de glaces, puisque le déluge commença le 17 février, qui est le temps de l'année où l'hiver a exercé tout son empire sur notre hémisphère. Ces torrents sortirent à la fois de toutes les portes du nord, des détroits de la mer d'Anadir, du golfe profond de Kamtschatka, de la mer Baltique, du détroit de Waigats, des écluses inconnues du Spitzberg et du Groënland, de la baie d'Hudson, et de celle de Baffin, qui est encore plus reculée. Leurs eaux mugissantes se précipitèrent en partie par le canal de l'océan Atlantique, bouleversèrent le fond de son bassin, pénétrèrent au-delà de la ligne; et leurs remoux collatéraux revenant sur leurs pas, repoussés et augmentés par les courants du pôle austral, qui s'écoulaient dans le même temps, étalèrent sur nos rivages la plus effroyable des marées. Ils roulèrent dans leurs flots une partie des dépouilles de l'Océan situé entre l'ancien et le nouveau monde. Ils étendirent les larges coquillages qui pavent le fond des mers des îles des Antilles et du cap Vert sur les plaines de la Normandie, et ils portèrent même ceux qui s'attachent aux rochers du détroit de Magellan jusque dans les campagnes qu'arrose la Saône. Rencontrés par le courant général du pôle, ils formèrent, à leur confluent, d'horribles contre-marées qui conglomérèrent, dans leurs vastes entonnoirs, les sables, les cailloux et les corps marins en masses de grès tourbillonnées, en collines irrégulières, en rochers pyramidaux, qui hérissent, en plusieurs endroits, le sol de la France et de l'Allemagne. Ces deux courants généraux des pôles, venant à se rencontrer entre les tropiques, soulevèrent du fond des mers de grands bancs de madrépores, et les jetèrent tout entiers sur les rivages des îles voisines, où ils subsistent encore [12].

Ailleurs leurs eaux, ralenties à l'extrémité de leurs cours, s'épandirent au sein des terres en vastes nappes, et déposèrent à plusieurs reprises, en couches horizontales, et les débris et les gluten d'une infinité de poissons, d'oursins, de fucus, de coquillages, de coralloïdes, et ils en formèrent les lits de sable, les pâtes de marbre, de marne, de plâtre et de pierre calcaire qui font aujourd'hui le sol d'une grande partie de l'Europe. Chaque couche de nos fossiles fut le résultat d'une marée universelle. Pendant que les effusions des glaces polaires couvraient les extrémités occidentales de notre continent des dépouilles de la mer, elles étalaient sur ses extrémités orientales celles de la terre même, et déposaient sur le sol de la Chine des lits de terre végétale de trois à quatre cents pieds de profondeur. Ce fût alors que tous les plans de la nature furent renversés. Des îles entières de glaces flottantes, chargées d'ours blancs, vinrent s'échouer parmi les palmiers de la zone torride; et les éléphants de l'Afrique furent roulés jusque dans les sapins de la Sibérie, où l'on retrouve encore leurs grands ossements. Les vastes plaines de la terre, inondées par les eaux, n'offrirent plus de carrière aux agiles coursiers, et celles de la mer en fureur cessèrent d'être navigables aux vaisseaux. En vain l'homme crut trouver une retraite dans les hautes montagnes : mille torrents s'écoulaient de leurs flancs, et mêlaient le bruit confus de leurs eaux aux gémissements des vents et aux roulements des tonnerres. Les noirs orages se rassemblaient autour de leurs sommets, et répandaient une nuit affreuse au milieu du jour. En vain il chercha dans les cieux le lieu où devait reparaître l'aurore; il n'aperçut autour de l'horizon que de longues files de nuages redoublés; de pâles éclairs sillonnaient leurs sombres et innombrables bataillons; et l'astre du jour, voilé par leurs ténébreuses clartés, jetait à peine assez de lumière pour laisser entrevoir dans le firmament son disque sanglant, parcourant de nouvelles constellations. Au désordre des cieux, l'homme désespéra du salut de la terre. Ne pouvant trouver en lui-même la dernière consolation de la vertu, celle de périr sans être coupable, il chercha au moins à finir ses derniers moments dans le sein de l'amour ou de l'amitié. Mais dans ce siècle criminel, où tous les sentiments naturels étaient éteints, l'ami repoussa son ami, la mère son enfant, l'époux son épouse. Tout fut englouti dans les eaux, cités, palais, majestueuses pyramides, arcs de triomphe chargés des trophées des rois ; et vous aussi, qui auriez dû survivre à la ruine même du monde, paisibles grottes, tranquilles bocages, humbles cabanes, asiles de l'innocence! Il ne resta sur la terre aucune trace de la gloire ou du bonheur des mortels, dans ces jours de vengeance où la nature détruisait ses propres monuments.

De pareils bouleversements, dont il reste encore une infinité de traces sur la surface et dans le sein de la terre, n'ont pu, en aucune manière, être produits par la simple action d'une pluie universelle.

Je sais que le texte de l'Écriture est formel à cet égard ; mais les circonstances qu'elle y joint semblent admettre les moyens qui, suivant mon hypothèse, opérèrent cette terrible révolution.

Il est dit, dans la *Genèse*, « qu'il plut sur toute » la terre pendant quarante jours et quarante » nuits. » Cette pluie, comme nous l'avons dit, fut le résultat des vapeurs qui s'élevaient de la fonte des glaces, tant terrestres que maritimes, et de la zone d'eau que le soleil parcourait alors au méridien. Quant au terme de quarante jours, ce temps nous paraît suffisant à l'action verticale du soleil sur les glaces polaires pour les mettre au niveau des mers, puisqu'il ne faut guère que trois semaines du voisinage du soleil au tropique du Cancer pour fondre une bonne partie de celles de notre pôle. Il ne faut même alors que quelques bouffées de vent de sud ou de sud-ouest pendant quelques jours, pour dégager de glaces la côte méridionale de la Nouvelle-Zemble, et déboucher le détroit de Waigats, ainsi que l'ont observé Martens, Barents, et d'autres navigateurs du nord.

La *Genèse* dit, de plus, que « les sources du » grand abîme des eaux furent rompues, et que » les cataractes du ciel furent ouvertes. » L'expression de « sources du grand abîme » ne peut s'appliquer, à mon avis, qu'à une effusion des glaces polaires, qui sont les véritables sources de la mer, comme les effusions des glaces des montagnes sont les sources de tous les grands fleuves. L'expression de « cataractes du ciel » désigne aussi, ce me semble, la résolution universelle des eaux répandues dans l'atmosphère, qui y sont soutenues par le froid, dont les foyers se détruisaient alors aux pôles.

La *Genèse* dit ensuite, « qu'après qu'il eut plu » pendant quarante jours, Dieu fit souffler un vent » qui fit disparaître les eaux qui couvraient la » terre. » Ce vent, sans doute, reporta vers les pôles les évaporations de l'Océan, qui s'y fixèrent de nouveau en glaces. La *Genèse* ajoute ensuite des circonstances qui semblent rapporter tous les effets de ce vent aux pôles du monde ; car elle dit : « Les sources de l'abîme furent fermées, aussi bien » que les cataractes du ciel, et les pluies du ciel » furent arrêtées. Les eaux, étant agitées de côté » et d'autre, se retirèrent et commencèrent à di- » minuer, après cent cinquante jours *. »

L'agitation de ces eaux « de côté et d'autre » convient parfaitement au mouvement des mers, de la ligne aux pôles, qui devait se faire alors sans aucun obstacle, puisque le globe n'était plus qu'un globe aquatique, et que l'on peut supposer que son balancement annuel dans l'écliptique, dont les glaces polaires sont en même temps les ressorts et les contre-poids, était dégénéré alors en une titubation journalière, suite de son premier mouvement. Ces eaux se retirèrent donc de l'Océan, lorsqu'elles vinrent à se convertir de nouveau en glaces sur les pôles ; et il est remarquable que l'espace de « cent cinquante jours » qu'elles mirent à s'y fixer est précisément le temps que chacun des pôles emploie chaque année à se charger de ses congélations ordinaires.

On trouve encore, à la suite du même récit, des expressions analogues aux mêmes causes. « Dieu dit ensuite à Noé : Tant que la terre du- » rera, la semence et la moisson, le froid et le » chaud, l'été et l'hiver, la nuit et le jour, ne ces- » seront point de s'entre-suivre **. » Il ne doit y avoir rien de superflu dans les paroles de l'auteur de la nature, ainsi que dans ses ouvrages. Le déluge, comme nous l'avons dit, commença le dix-septième jour du second mois de l'année, qui était, chez les Hébreux comme chez nous, le mois de février. Les hommes avaient donc alors ensemencé les terres, et ils ne les moissonnèrent point. Le

---

* *Genèse*, chap. VIII, v. 2 et 3.
** *Id.*, v. 22.

froid ne succéda point, cette année-là, au chaud, ni l'été à l'hiver, parcequ'il n'y eut ni hiver ni froid, par la fusion générale des glaces polaires, qui en sont les foyers naturels ; et la nuit, proprement dite, ne suivit point le jour, parcequ'il n'y eut point alors de nuit aux pôles, où il y en a alternativement une de six mois, parceque le soleil, parcourant un méridien, éclairait toute la terre, comme il arrive lorsqu'il est à l'équateur.

J'ajouterai à l'autorité de la *Genèse* un passage très curieux du livre de Job*, qui décrit le déluge et les pôles du monde avec les principaux caractères que je viens d'en présenter.

ỹ. 4. Ubi eras quando ponebam fundamenta terræ? Indica mihi, si habes intelligentiam.
5. Quis posuit mensuras ejus, si nosti? vel quis tetendit super eam lineam?
6. Super quo bases illius solidatæ sunt? aut quis demisit lapidem angularem ejus?
7. Cum me laudarent simul astra matutina, et jubilarent omnes filii Dei?
8. Quis conclusit ostiis ¹³ mare, quando erumpebat quasi de vulvâ procedens:
9. Cum ponerem nubem vestimentum ejus, et caligine illud, quasi pannis infantiæ, obvolverem?
10. Circumdedi illud terminis meis, et posui vectem, et ostia.
11. Et dixi : Usque huc venies, et non procedes amplius : et hic confringes tumentes fluctus tuos.
12. Numquid post ortum tuum præcepisti diluculo, et ostendisti ¹⁴ auroræ locum suum?
13. Et tenuisti concutiens extrema terræ, et excussisti impios ex ea?
14. Restituetur ut lutum ¹⁵ signaculum, et stabit sicut vestimentum.
15. Auferetur ab impiis lux sua, et brachium excelsum confringetur.
16. Numquid ingressus es profunda maris, et in novissimis ¹⁶ abyssi deambulasti?
17. Numquid apertæ sunt tibi portæ mortis ¹⁷, et ostia tenebrosa vidisti?
18. Numquid considerasti ¹⁸ latitudinem terræ? Indica mihi, si nosti omnia.
19. In quâ viâ lux habitet, et tenebrarum quis locus sit :
20. Ut ducas unumquodque ad terminos suos, et intelligas semitas domus ejus.
21. Sciebas tunc quod nasciturus esses? et numerum dierum tuorum noveras?
22. Numquid ingressus es thesauros nivis, aut thesauros grandinis aspexisti.
23. Quæ preparavi in tempus hostis, in diem pugnæ et belli?

« Où étiez-vous quand je posais les fondements de la terre ? » Dites-le-moi, si vous avez de l'intelligence. Savez-vous qui » est-ce qui en a déterminé les mesures, ou qui en a réglé les » niveaux ? Sur quoi ses bases sont-elles affermies, ou qui en a » posé la pierre angulaire, lorsque les astres du matin me » louaient tous ensemble, et que tous les enfants de Dieu étaient » transportés de joie ? Qui a donné des portes à la mer pour la » renfermer, lorsqu'elle se débordait sur la terre, en sortant » comme du sein de sa mère ; lorsque je lui donnai des nuages » pour vêtement, et que je l'enveloppai d'obscurité, comme » on enveloppe un enfant de bandelettes ? Je l'ai resserrée dans » des bornes qui me sont connues ; je lui ai donné une digue et » des écluses, et je lui ai dit : Tu viendras jusque là, tu ne » passeras pas plus loin ; ici se brisera l'orgueil de tes flots. » Est-ce vous qui, en ouvrant vos yeux à la lumière, avez or-» donné au point du jour de luire, et qui avez montré à l'au-» rore le lieu où elle devait naître? Est-ce vous qui, tenant dans » vos mains les extrémités de la terre, l'avez ébranlée, et qui » en avez secoué les impies? De petits monuments innom-» brables de cette ruine en resteront empreints à sa surface » dans l'argile, et subsisteront comme son vêtement. La lu-» mière des impies leur sera ôtée, et leur bras élevé sera brisé. » Avez-vous pénétré au fond de la mer, et vous êtes-vous pro-» mené sur les sources qui renouvellent l'abime ? Vous a-t-on » ouvert ces portes de la mort, et en avez-vous vu les dégor-» geoirs ténébreux ? Avez-vous observé où se termine la latitude » de la terre ? Si toutes ces choses vous sont connues, déclarez-» le-moi. Dites-moi où habite la lumière, et quel est le lieu » des ténèbres, afin que vous les conduisiez chacune à leur » destination, quand vous saurez les routes de leurs demeures. » Saviez-vous, lorsque ces choses existaient déjà, que vous » deviez naître vous-même, et aviez-vous connu alors le nombre » rapide de vos jours? Êtes-vous entré enfin dans les trésors de » la neige, et avez-vous vu ces affreux réservoirs de grêle que » j'ai préparés pour le temps de l'ennemi, et pour le jour de la » guerre et du combat? »

J'ai cru que le lecteur ne trouverait pas mauvais que je m'écartasse un peu de mon sujet, pour lui présenter la concordance de mon hypothèse avec les traditions de l'Écriture sainte, et surtout avec celles, quoiqu'un peu obscures, du livre peut-être le plus ancien qu'il y ait au monde. De savants théologiens croient que Job a écrit avant Moïse. Personne n'a peint la nature avec plus de sublimité.

On pourra de plus s'assurer de l'effet général des effusions polaires sur l'Océan par les effets particuliers des effusions des glaces des montagnes sur les lacs et les rivières du continent. Je rapporterai ici quelques exemples de ces dernières ; car l'esprit humain, par sa faiblesse naturelle, aime à particulariser tous les objets de ses études. Voilà pourquoi il saisit beaucoup plus vite les lois de la nature dans les petits objets que dans les grands.

Addison, dans ses *Remarques sur le Voyage d'Italie* de Misson, page 522, dit qu'il y a dans le lac de Genève, en été, vers le soir, une espèce de flux et reflux causé par la fonte des neiges, qui y tombent en plus grande quantité l'après-midi qu'à d'autres heures du jour. Il explique encore avec beaucoup de clarté, suivant sa coutume, par les effusions alternatives des neiges des montagnes de la Suisse, l'intermittence de quelques fontaines de ce pays, qui coulent seulement à certaines heures du jour.

Si cette digression n'était pas déjà trop longue, je ferais voir qu'il n'y a ni fontaine, ni lac, ni fleuve, sujets à des flux et reflux particuliers, qui ne les doivent à des montagnes à glaces placées à leurs sources. Je dirai seulement encore deux mots de ceux de l'Euripe, dont les mouvements fréquents et irréguliers ont tant embarrassé les phi-

---

* Chap. XXXVIII.

losophes de l'antiquité, et qu'il est si aisé d'expliquer par les effusions glaciales des montagnes voisines. On sait que l'Euripe est un détroit de l'Archipel qui sépare l'ancienne Béotie de l'île d'Eubée, aujourd'hui Négrepont. Environ au milieu de ce détroit, dans sa partie la plus resserrée, on voit les eaux affluer, tantôt du nord, tantôt du midi, dix, douze, quatorze fois par jour, avec la rapidité d'un torrent. On ne saurait rapporter ces mouvements multipliés, et très souvent inégaux, aux marées de l'Océan, qui sont à peine sensibles dans la Méditerranée. Un jésuite, cité par Spon*, tâche de les accorder avec les phases de la lune; mais en supposant que la table qu'il en donne soit juste, il resterait toujours à expliquer leur régularité et leur irrégularité. Il réfute Sénèque le tragique, qui n'attribue à l'Euripe que sept flux pendant le jour seulement :

Dum lassa Titan mergat Oceano juga.

Il ajoute de plus, je ne sais d'après qui, que dans la mer Persique, le flux n'arrive jamais que la nuit; et que sous le pôle arctique, au contraire, il se fait sentir deux fois le jour, sans qu'on en voie jamais la nuit. Il n'en est pas de même, dit-il, de l'Euripe. J'observerai, en passant, que sa remarque à l'occasion du pôle, en la supposant vraie, confirme que ces deux flux diurnes sont des effets du soleil, qui n'agit que pendant le jour sur les deux extrémités glacées des continents du nouveau monde et de l'ancien. Quant à l'Euripe, la variété, le nombre et la précipitation de ses flux prouvent qu'ils ont pareillement leur origine dans des montagnes à glaces situées à différentes distances et sous divers aspects du soleil. Car, suivant ce même jésuite, l'île d'Eubée, qui est d'un côté du détroit, a des montagnes couvertes de neige six mois de l'année ; et nous savons pareillement que la Béotie, qui est de l'autre côté, a plusieurs montagnes aussi élevées, et quelques unes même où la glace se conserve en tout temps, telle que celle du mont Œta. Si ces flux et reflux de l'Euripe arrivent aussi fréquemment en hiver, ce que l'on ne dit pas, il faut en attribuer la cause aux pluies qui tombent dans cette saison sur les croupes de ces hautes montagnes collatérales.

Je mettrai le lecteur en état de se former une idée de ces causes peu apparentes des mouvements de l'Euripe, en transcrivant ici ce que Spon rapporte ailleurs** du lac de Livadi ou Copaïde, qui est dans son voisinage. Ce lac reçoit les premiers flux des effusions glaciales des montagnes de la Béotie, et les communique sans doute à l'Euripe, à travers les montagnes qui l'en séparent. « Il re» çoit, dit-il, plusieurs petites rivières, le Cephi» sus et les autres qui arrosent cette belle plaine, » qui a environ quinze lieues de tour, et est abon» dante en blés et en pâturages. Aussi était-ce au» trefois un des quartiers les plus peuplés de la Béo» tie. Mais l'eau de cet étang s'enfle quelquefois si » fort par les pluies et les neiges fondues, qu'elle » inonda une fois deux cents villages de la plaine. » Elle serait même capable de se déborder réglé» ment toutes les années, si la nature, aidée [19] » peut-être de l'art, ne lui avait procuré une sor» tie par cinq grands canaux, sous la montagne » voisine de l'Euripe, entre Négrepont et Ta» landa, par où l'eau du lac s'engouffre, et va se » jeter dans la mer de l'autre côté de la montagne. » Les Grecs appellent ce lieu-là Catabathra. Stra» bon, parlant de cet étang, dit néanmoins qu'il » n'y paraissait point de sortie de son temps, si ce » n'est que le Cephisus s'en faisait quelquefois une » sous terre. Mais il ne faut que lire les change» ments qu'il rapporte de ce marais, pour ne pas » s'étonner de celui-ci. M. Weler, qui alla voir ce » lieu-là, après mon départ de Grèce, dit que » c'est une des choses les plus curieuses du pays, » la montagne ayant près de dix milles de large, » et étant presque toute de rocher. »

Je ne doute pas qu'il n'y ait plusieurs objections à faire contre l'explication rapide que je viens de donner du cours des marées, du mouvement de la terre dans l'écliptique, et du déluge universel par les effusions des glaces polaires ; mais, j'ose le répéter, ces causes physiques se présentent avec plus de vraisemblance, de simplicité et de conformité à la marche générale de la nature que les causes astronomiques, si éloignées de nous, par lesquelles on les explique. C'est au lecteur impartial à me juger. S'il est en garde contre la nouveauté des systèmes qui n'ont pas encore de prôneurs, il ne doit pas l'être moins contre l'ancienneté de ceux qui en ont beaucoup.

Revenons maintenant à la forme du bassin de l'Océan. Deux courants principaux le traversent d'orient en occident, et du nord au midi. Le premier, venant du pôle sud, donne le mouvement à la mer des Indes ; et, dirigé par l'étendue orientale de l'ancien continent, va d'orient en occident, et d'occident en orient, dans le cours de la même année, formant, aux Indes, ce qu'on y appelle les moussons. C'est ce que nous avons déjà

---

* *Voyage en Grèce et au Levant*, par Spon, tom. II, p. 340.
** *Voyage en Grèce et au Levant*, par Spon, tome II, p. 88 et 89.

dit; mais ce que nous n'avons pas encore observé, et qui mérite bien de l'être, c'est que toutes les baies, anses et méditerranées de l'Asie méridionale, telles que les golfes de Siam et de Bengale, le golfe Persique, la mer Rouge et une multitude d'autres, sont dirigées, par rapport à lui, nord et sud, en sorte qu'elles n'en sont point rencontrées. De même, le second courant, venant du pôle nord, donne un mouvement opposé à notre mer, et, renfermé entre le continent de l'Amérique et le nôtre il va du nord au midi, et il revient du midi au nord, dans la même année, formant, comme celui des Indes, des moussons véritables, quoique non observées par nos marins. Toutes les baies et méditerranées de l'Europe, comme la mer Baltique, celle de la Manche, du golfe de Gascogne, la Méditerranée proprement dite, et toutes celles de l'Amérique orientale, comme la baie de Baffin, la baie d'Hudson, le golfe du Mexique, ainsi qu'une multitude d'autres, sont dirigées, par rapport à lui, est et ouest; ou, pour parler avec plus de précision, les axes de toutes les ouvertures de la terre, dans l'ancien et le nouveau monde, sont perpendiculaires aux axes de ces courants généraux; en sorte que leur embouchure seulement en est traversée, et que leur profondeur n'est point exposée aux impulsions des mouvements généraux de la mer. C'est à cause de la tranquillité des baies que tant de vaisseaux y vont chercher des mouillages, et c'est pour cette raison que la nature a placé dans leurs fonds les embouchures de la plupart des fleuves, comme nous l'avons dit, afin que leurs eaux pussent se dégorger dans l'Océan sans être répercutées par la direction de ses courants. Elle a employé même ces précautions en faveur des moindres rivières qui s'y jettent. Il n'y a point de marin expérimenté qui ne sache qu'il n'y a guère d'anse qui n'ait son petit ruisseau. Sans la sagesse de ces dispositions, les eaux destinées à arroser la terre l'auraient souvent inondée.

La nature emploie encore d'autres moyens pour assurer le cours des fleuves, et surtout pour protéger leur embouchure. Les principaux sont les îles. Les îles présentent aux fleuves des canaux qui ont des directions différentes, afin que si les vents ou les courants de la mer barraient un de leurs débouchés, leurs eaux pussent s'écouler par un autre. On peut remarquer qu'elle a multiplié les îles aux embouchures des fleuves les plus exposés à ces deux inconvénients, comme à celle de l'Amazone, toujours battue du vent d'est, et située à une des parties les plus saillantes de l'Amérique. Elles y sont en si grand nombre, et forment entre elles des canaux qui ont des cours si différents, qu'il y a telle de leurs ouvertures qui regarde le nord-est et telle autre le sud-est, et que de la première à la dernière il y a plus de cent lieues de distance. Les îles fluviatiles ne sont pas formées, comme on le croit communément, par les alluvions des fleuves; elles sont, au contraire, pour la plupart, fort exhaussées au-dessus du niveau de ces fleuves, et plusieurs d'entre elles ont des montagnes et des rivières qui leur sont propres. Ces îles élevées se trouvent encore fréquemment au confluent d'une rivière et d'un fleuve. Elles servent à faciliter leur communication, et à ouvrir un double passage au courant de la rivière. Toutes les fois donc que vous voyez des îles le long d'un fleuve, vous pouvez être certain qu'il y a quelque rivière ou ruisseau latéral dans le voisinage. Il y a, à la vérité, beaucoup de ces ruisseaux confluents qui ont été taris par les travaux imprudents des hommes; mais vous trouverez toujours, vis-à-vis des îles qui divisent leur embouchure, une vallée correspondante où l'on retrouve leur ancien canal. Il y a aussi de ces îles au milieu du cours des fleuves, dans les lieux exposés aux vents. J'observerai, en passant, que nous nous écartons beaucoup des intentions de la nature lorsque nous réunissons les îles d'une rivière au continent voisin; car ses eaux ne s'écoulent plus alors que par un seul canal; et lorsque les vents viennent à souffler dans sa direction, elles ne peuvent s'échapper ni à droite ni à gauche; elles se gonflent, se débordent, inondent les campagnes, renversent les ponts, et occasionnent la plupart des ravages qui sont aujourd'hui si fréquents dans nos villes.

Ce ne sont donc point des baies ou des golfes qui se trouvent aux extrémités des courants de l'Océan; ce sont au contraire des îles. A l'extrémité du grand courant oriental de la mer des Indes se trouve l'île de Madagascar, qui protège l'Afrique contre sa violence. Les îles de la Terre-de-Feu défendent de même l'extrémité australe de l'Amérique, au confluent des mers orientales et occidentales du Sud. Les archipels nombreux de la mer des Indes et de celle du Sud se trouvent vers la ligne, où aboutissent les deux courants généraux des mers australes et septentrionales. C'est encore avec les îles que la nature protège l'ouverture des baies et des méditerranées. L'Angleterre, l'Écosse et l'Irlande couvrent celle de la Baltique; les îles de Welcom et de Bonne-Fortune, la baie d'Hudson; l'île de Saint-Laurent, l'entrée de son golfe; la chaîne des îles Antilles, le golfe du Mexique; les îles du Japon, le double golfe formé par la presqu'île de Corée avec les terres voisines. Tous les courants portent dans les îles. La plupart d'entre elles sont, par cette raison, fameuses par leurs grosses mers et par leurs coups de vents : telles sont les Açores, les Bermudes, l'île de Tristanda, Cunha, etc. Ce n'est pas qu'elles en renferment les causes en elles-mêmes, mais c'est parcequ'elles sont placées aux foyers des révolutions de l'Océan et même de l'atmosphère, afin d'en affaiblir les effets. Elles sont dans des positions à peu près semblables à celles des caps, qui sont aussi tous célèbres par leurs tempêtes : comme le cap Finistère à l'extrémité de l'Europe, le cap de Bonne-Espérance à celle de l'Afrique, le cap Horn à celle de l'Amérique. C'est de là qu'est venu le proverbe marin *doubler le cap*, pour dire surmonter une grande difficulté. Ainsi l'Océan, au lieu de se porter dans es enfoncements du continent, se dirige, au contraire, sur les parties qui en sont les plus saillantes ; et il les aurait bientôt détruites, si la nature ne les avait fortifiées d'une manière admirable.

L'Afrique occidentale est bordée d'un long banc de sable, où se brisent perpétuellement les flots de l'océan Atlantique. Le Brésil, dans toute l'étendue de ses côtes, oppose aux vents perpétuels de l'est et aux courants de la mer une longue bande de rochers de plus de mille lieues de longueur, d'une vingtaine de pas de largeur à son sommet, et d'une épaisseur inconnue à sa base. Elle est distante du rivage d'une portée de mousquet. La mer la couvre entièrement quand elle est haute ; et quand elle baisse, elle la découvre de la hauteur d'une pique. Cette digue est d'une seule pièce dans sa longueur, comme on l'a reconnu par différentes sondes ; et il serait impossible d'aborder au Brésil avec nos vaisseaux, si elle n'était ouverte en plusieurs endroits par où ils entrent et ils sortent[*].

Allez du midi au nord, vous trouverez des précautions équivalentes. La côte de Norwège a une défense à peu près semblable à celle du Brésil. Pontoppidan dit que cette côte, qui a près de trois cents lieues de longueur, est le plus communément escarpée, angulaire et pendante ; de sorte que la mer y a quelquefois jusqu'à trois cents brasses de profondeur près de terre. Cela n'empêche pas que la nature n'ait protégé ces rivages par une multitude d'îles grandes et petites. « Par un tel rempart, dit-
» il, qui consiste peut-être en un million ou plus
» de colonnes de pierres fondées au plus profond
» de la mer, dont les chapiteaux ne montent guère
» qu'à quelques brasses au-dessus des vagues, toute
» la Norwège est défendue à l'ouest tant contre les
» ennemis que contre la mer. » On trouve les ports de la côte derrière ces espèces de brise-mers d'une construction si merveilleuse. Mais comme il est quelquefois à craindre, ajoute-t-il, que les vents et les courants, qui sont très violents dans les détroits de ces rochers et de ces îles, et la difficulté d'ancrer à une si grande profondeur, ne brisent les vaisseaux avant qu'ils aient atteint un port, le gouvernement a fait sceller plusieurs centaines de grands anneaux de fer dans les rochers à plus de deux toises au-dessus de l'eau, afin que les vaisseaux puissent s'y amarrer.

La nature a varié à l'infini ces moyens de protection, surtout dans les îles qui protègent elles-mêmes le continent. Par exemple, elle a environné l'Ile-de-France d'un banc de madrépores, qui n'est ouvert qu'aux endroits où se dégorgent les rivières de cette île dans la mer. D'autres îles, comme plusieurs des Antilles, étaient défendues par des forêts de mangliers qui croissent dans l'eau de la mer, et brisent la violence des flots en cédant à leurs mouvements. C'est peut-être à la destruction de ces fortifications végétales qu'il faut attribuer les irruptions de la mer, fréquentes aujourd'hui dans plusieurs îles, comme dans celle de Formose. Il y en a d'autres qui sont de roc tout pur, et qui s'élèvent du sein des flots, comme de gros môles : tel est le Maritimo, dans la Méditerranée ; d'autres volcaniques, comme l'île de Feu, près du cap Vert, et plusieurs autres semblables de la mer du Sud, s'élèvent comme des pyramides avec des feux à leurs sommets, et servent de phare aux matelots, pendant la nuit par leurs feux, et le jour par leurs fumées. Les îles Maldives ont été également protégées contre l'Océan avec des précautions admirables. A la vérité elles sont plus exposées que beaucoup d'autres, car elles s'élèvent au milieu de ce grand courant de la mer des Indes, dont nous avons parlé, qui y passe et repasse deux fois par an. Elles sont d'ailleurs si basses, qu'on les voit presque à fleur d'eau ; et si petites et en si grand nombre, qu'on en compte douze mille, et qu'il y en a beaucoup où l'on peut aller en sautant d'un bord à l'autre. La nature les a d'abord réunies en atollons ou archipels séparés entre eux par des canaux profonds qui vont de l'est à l'ouest, et qui présentent plusieurs passages au courant général de la mer des Indes. Ces atollons sont au nombre de treize, et s'étendent, à la file les uns des autres, depuis le 8ᵉ degré de latitude septentrionale jusqu'au 4ᵉ de latitude méridionale ; ce qui leur donne une longueur de trois cents de nos lieues de vingt-

---

[*] Voyez l'*Histoire des troubles du Brésil*, par Pierre Moreau.

cinq au degré. Mais laissons-en décrire l'architecture à l'intéressant et infortuné François Pyrard, qui y passa ses plus beaux jours dans l'esclavage, et qui nous en a laissé la meilleure description que nous en ayons, comme s'il fallait en tout genre que les choses les plus dignes de l'estime des hommes fussent les fruits de quelque malheur. « C'est une merveille, dit-il, de voir chacun de ces atollons environné d'un grand banc de pierres tout autour, n'y ayant point d'artifice humain qui puisse si bien fermer de murailles un espace de terre comme est cela [*]. Ces atollons sont quasi tout ronds ou en ovale, ayant chacun trente lieues de tour, les uns quelque peu plus, les autres quelque peu moins, et sont tous de suite, bout à bout, sans aucunement s'entre-toucher. Il y a entre deux des canaux de mer, les uns larges, les autres fort étroits. Étant au milieu d'un atollon, vous voyez autour de vous ce grand banc de pierres que j'ai dit, qui environne et qui défend les îles contre l'impétuosité de la mer. Mais c'est chose effroyable, même aux plus hardis, d'approcher de ce banc, et de voir venir de bien loin les vagues se rompre avec fureur tout autour; car alors je vous assure, comme chose que j'ai vue une infinité de fois, que le fallin ou le bouillon est alors plus gros qu'une maison, et aussi blanc que du coton : tellement que vous voyez autour de vous comme une muraille fort blanche, principalement quand la mer est haute. » Pyrard observe de plus que la plupart des îles qui y sont renfermées sont environnées chacune en particulier d'un banc qui les défend encore de la mer. Mais le courant de la mer des Indes, qui passe dans les canaux parallèles de ces atollons, est si violent, qu'il serait impossible aux hommes de communiquer de l'un à l'autre, si la Providence n'y avait pourvu d'une manière admirable. Elle a divisé chacun de ces atollons par deux canaux particuliers qui les coupent en diagonales, et dont les extrémités viennent aboutir aux extrémités des grands canaux parallèles qui les séparent. En sorte que si vous voulez passer d'un de ces archipels dans l'autre, lorsque le courant est à l'est, vous sortez de celui où vous êtes par le canal diagonal de l'est, où l'eau est tranquille ; et, vous abandonnant ensuite au courant qui passe par le canal parallèle, vous allez aborder, en dérivant, à l'atollon opposé, où vous entrez par l'ouverture de son canal diagonal, qui est à l'ouest. Vous faites le contraire quand le courant change six mois après. C'est par ces communications intérieures que les insulaires parcourent, en toutes saisons, leurs îles du nord au midi, malgré la violence des courants qui les traversent.

Chaque île a sa fortification, qui est proportionnée, si j'ose dire, au danger où elle est exposée de la part des flots de l'Océan. Il n'est pas besoin de se figurer des tempêtes pour se former une idée de leur fureur. La simple action du vent alizé, tout uniforme qu'elle est, suffit pour leur donner, à la longue, l'impulsion la plus violente. Chacun de ces flots joignant à la vitesse constante qu'il reçoit à chaque instant du vent une vitesse acquise par son mouvement particulier, formerait, au bout d'un long espace, un volume d'eau prodigieux, si sa course n'était retardée par des courants qui la croisent, par des calmes qui la ralentissent, mais surtout par les bancs, les écueils et les îles qui la brisent. On voit un effet sensible de cette vitesse accélérée des flots sur les côtes du Chili et du Pérou, qui n'éprouvent cependant que le simple ressac des eaux de la mer du Sud. Leurs rivages sont inabordables dans toute leur étendue, si ce n'est au fond de quelque baie, ou derrière quelque île située près de la côte. Toutes les îles de cette vaste mer, si paisible qu'elle en porte le nom de Pacifique, sont inaccessibles du côté qui est opposé aux courants occasionnés par les seuls vents alizés, à moins que quelques récifs ou rochers n'y rompent l'impétuosité des flots. C'est alors un spectacle à la fois superbe et terrible, de voir les gerbes épaisses d'écume qui s'élèvent sans cesse du sein de leurs noires anfructuosités, et d'entendre leurs bruits rauques, que les vents portent à plusieurs lieues de là, surtout pendant la nuit.

Les îles ne sont donc point des débris des continents. Leur position dans la mer, la manière dont elles y sont protégées, et leur longue durée, en sont des preuves suffisantes. Depuis le temps que l'Océan les bat en ruine, elles devraient être totalement détruites : cependant Charybde et Scylla font toujours entendre aux extrémités de la Sicile leurs anciens mugissements. Ce n'est pas ici le lieu de dire quels moyens la nature emploie pour entretenir les îles et les réparer, ni les autres preuves végétales, animales et humaines qui attestent qu'elles ont existé dès l'origine du globe telles que nous les voyons aujourd'hui ; il me suffit de donner une idée de leur construction, pour achever de convaincre qu'elles ne sont en rien l'ouvrage du hasard. Elles ont, comme les continents eux-mêmes, des montagnes, des pics, des lacs et des rivières qui sont proportionnés à leur petitesse.

---

[*] *Voyage aux Maldives*, chap. x.

Pour démontrer cette nouvelle vérité, il faudra encore dire quelque chose sur la distribution de la terre; mais je ne serai pas long, et je tâcherai de ne dire que ce qu'il faut pour me faire entendre.

On doit remarquer d'abord que les chaînes des montagnes, dans les deux continents, sont parallèles aux mers qui les avoisinent : en sorte que, si vous voyez le plan d'une de ces chaînes avec ces diverses branches, vous pouvez déterminer les rivages de la mer qui leur correspondent; car, comme je viens de le dire, ces montagnes leur sont toujours parallèles. Vous pouvez de même, en voyant les sinuosités d'un rivage, déterminer celles des chaînes de montagnes qui sont dans l'intérieur d'un pays; car les golfes d'une mer répondent toujours aux vallées des montagnes du continent latéral. Ces correspondances sont sensibles dans les deux grandes chaînes de l'ancien et du nouveau monde. La longue chaîne du Taurus court est et ouest, comme l'océan Indien, dont elle renferme les différents golfes par des branches qu'elle prolonge jusqu'aux extrémités de la plupart de leurs caps. Au contraire, la chaîne des Andes, en Amérique, court nord et sud, comme l'océan Atlantique. Il y a encore ceci de digne de remarque, et j'ose dire d'admiration, c'est que ces chaînes de montagnes sont opposées aux vents réguliers qui traversent ces mers et qui leur en apportent les émanations, et que leur élévation est proportionnée à la distance où elles sont de ces rivages; en sorte que, plus ces montagnes sont loin de la mer, plus elles sont élevées dans l'atmosphère. C'est par cette raison que la chaîne des Andes est placée le long de la mer du Sud, où elle reçoit les émanations de l'océan Atlantique, que lui apporte le vent d'est, par-dessus le vaste continent d'Amérique. Plus l'Amérique est large, plus cette chaîne est élevée. Vers l'isthme de Panama, où il y a peu de continent, et partant peu de distance de la mer, elle n'a pas une grande élévation; mais elle s'élève tout à coup, précisément dans la même proportion que le continent de l'Amérique s'élargit. Ses plus hautes montagnes regardent la partie la plus large de l'Amérique, et sont situées à la hauteur du cap Saint-Augustin. La situation et l'élévation de cette chaîne étaient également nécessaires à la fécondité de cette grande partie du Nouveau-Monde; car, si cette chaîne, au lieu d'être le long de la mer du Sud, était le long des côtes du Brésil, elle intercepterait toutes les vapeurs apportées sur le continent par le vent d'est; et si elle n'était pas élevée jusqu'à la région de l'atmosphère où il ne peut monter aucune vapeur, à cause de la subtilité de l'air et de la rigueur du froid, tous les nuages apportés par les vents d'est passeraient au-delà, dans la mer du Sud. Dans l'une et l'autre supposition, la plupart des fleuves de l'Amérique méridionale resteraient à sec.

On peut appliquer le même raisonnement à la chaîne du Taurus : elle présente à la mer du Nord et à la mer de l'Inde un double ados, d'où coulent la plupart des fleuves de l'ancien continent, les uns au nord, les autres au midi. Ses branches ont la même disposition ; elles ne côtoient point les presqu'îles de l'Inde sur leurs bords, mais elles les traversent au milieu dans toute leur longueur; car les vents de ces mers ne soufflent pas toujours d'un seul côté, comme le vent d'est dans l'océan Atlantique; mais ils soufflent six mois d'un côté et six mois de l'autre : ainsi, il était convenable de leur partager le terrain qu'ils devaient arroser.

Il me reste à ajouter encore quelques observations sur la configuration de ces montagnes, pour confirmer l'usage auquel la nature les destine. Elles sont surmontées, de distance en distance, par de longs pics, semblables à de hautes pyramides. Ces pics, comme on l'a fort bien observé, sont de granit, du moins pour la plupart. Je ne sais pas de quoi le granit est composé ; mais je sais bien que ces pics attirent les vapeurs de l'atmosphère, et les fixent autour d'eux en si grande quantité, que souvent ils disparaissent à la vue. C'est ce que j'ai remarqué une infinité de fois au pic de Pieter-Booth, à l'Ile-de-France, où j'ai vu les nuages, chassés par le vent de sud-est, se détourner sensiblement de leur direction, et se rassembler autour de lui; de sorte qu'ils lui formaient quelquefois un chapeau fort épais qui en faisait disparaître le sommet. J'ai eu la curiosité d'examiner la nature du rocher dont il est composé. Au lieu d'être formé de grains, il est rempli de petits trous, comme les autres rochers de l'île ; il se fond au feu, et, quand il est fondu, on aperçoit à sa surface de petits grains de cuivre. On ne peut douter qu'il ne soit rempli de ce métal, et c'est peut-être au cuivre qu'il faut attribuer la vertu qu'il a d'attirer les nuages; car nous savons par expérience que ce métal, ainsi que le fer, a celle d'attirer le tonnerre. J'ignore de quelle matière les autres pics sont composés; mais il est remarquable que c'est au sommet des Andes et sur leurs croupes que se trouvent les fameuses mines d'or et d'argent du Pérou et du Chili, et qu'en général toutes les mines de fer et de cuivre sont à la source des rivières et sur les lieux élevés, où elles se manifestent souvent par les brouillards qui les environnent. Quoi qu'il en soit, que cette qualité attractive soit commune au granit et à d'autres natures de rochers, ou qu'elle dépende de quelque métal qui leur est amalgamé, je regarde tous les pics du monde comme de véritables aiguilles électriques.

Mais ce n'était pas assez que les nuages fussent fixés au sommet des montagnes; les fleuves qui y ont leurs sources n'auraient eu qu'un cours intermittent. La saison des pluies passée, les fleuves auraient cessé de couler. La nature, pour remédier à cet inconvénient, a ménagé, dans le voisinage de leurs pics, des lacs qui sont de vrais réservoirs ou châteaux d'eau, pour fournir constamment et régulièrement à leur dépense. La plupart de ces lacs ont des profondeurs incroyables; ils servent encore à plusieurs usages, tels que de recevoir les fontes des neiges des montagnes voisines, qui s'écouleraient trop rapidement. Quand ils sont une fois pleins, il leur faut un temps considérable avant de s'épuiser. Ils existent, ou intérieurement, ou extérieurement, à la source de tous les courants d'eau réguliers; mais quand ils sont extérieurs, ils sont proportionnés, ou par leur étendue, ou par leur profondeur et par leurs dégorgeoirs, au volume du fleuve qui en doit sortir, ainsi que les pics qui sont dans le voisinage. Il faut que ces correspondances aient été connues de l'antiquité, car il me semble avoir vu des médailles fort anciennes où des fleuves étaient représentés appuyés sur une urne, et couchés au pied d'une pyramide; ce qui désignait, peut-être, à la fois leur source et leur embouchure.

Si donc nous venons à appliquer ces dispositions générales de la nature à la configuration particulière des îles, nous verrons qu'elles ont, comme les continents, des montagnes dont les branches sont parallèles à leurs baies; que l'élévation de ces montagnes est correspondante à leur distance de la mer, et qu'elles ont des pics, des lacs et des rivières, qui sont proportionnés à l'étendue de leur terrain. Elles ont aussi leurs montagnes disposées, comme celles des continents, par rapport aux vents qui soufflent sur les mers qui les environnent. Celles qui sont dans la mer de l'Inde, comme les Moluques, ont leurs montagnes vers leur centre, en sorte qu'elles reçoivent l'influence alternative des deux moussons atmosphériques. Celles, au contraire, qui sont sous l'influence régulière des vents d'est, dans l'océan Atlantique, comme les Antilles, ont leurs montagnes jetées à l'extrémité de l'île, qui est sous le vent, précisément comme les Andes par rapport à l'Amérique méridionale. La partie de l'île qui est au vent est appelée, aux Antilles, cabsterre, comme qui dirait *caput terræ* : et celle qui est au-dessous du vent, « basse-terre, quoique, pour l'ordinaire, dit le père Du Tertre[*], celle-ci soit plus haute et plus montagneuse que l'autre. »

L'île de Juan-Fernandez, qui est dans la mer du Sud, mais fort au-delà des tropiques, par le 55° degré 40' de latitude sud, a sa partie septentrionale formée de rochers très hauts et très escarpés, et sa partie méridionale plate et basse, pour recevoir les influences du vent du sud, qui y souffle presque toute l'année[**].

Les îles qui s'écartent de ces dispositions, et qui sont en bien petit nombre, ont des relations éloignées plus merveilleuses, et certainement bien dignes d'être étudiées. Elles fournissent encore, par leurs végétaux et leurs animaux, d'autres preuves qu'elles sont de petits continents en abrégé; mais ce n'est pas ici le lieu de les rapporter. Si elles étaient, comme on le prétend, les restes d'un grand continent submergé, elles auraient conservé une partie de leur ancienne et vaste fabrique. On verrait s'élever, immédiatement du milieu de la mer, de grands pics, comme ceux des Andes, de 12 à 1500 cents toises de haut, sans montagnes qui les supportent. Ailleurs, on verrait ces pics supportés par d'énormes montagnes qui leur seraient proportionnées, et qui renfermeraient dans leurs enceintes de grands lacs, comme celui de Genève, d'où sortiraient des fleuves comme le Rhône, qui se précipiteraient tout d'un coup dans la mer, sans arroser aucune terre. Il n'y aurait, au pied de leurs croupes majestueuses, ni plaines, ni provinces, ni royaumes. Ces grandes ruines du continent au milieu de la mer ressembleraient à ces énormes pyramides élevées dans les sables de l'Égypte, qui ne présentent au voyageur que de frivoles structures; ou bien à ces vastes palais des rois, renversés par le temps, où l'on aperçoit des tours, des colonnes, des arcs de triomphe, mais dont les parties habitables sont absolument détruites. Les sages travaux de la nature ne sont point inutiles et passagers comme les ouvrages des hommes. Chaque île a ses campagnes, ses vallées, ses collines, ses pyramides hydrauliques et ses naïades, qui sont proportionnées à son étendue.

Quelques îles, à la vérité, mais en bien petit nombre, ont des montagnes plus élevées que ne comporte leur territoire. Telle est celle de Ténériffe: son pic est si haut, qu'il est couvert de glace

---

[*] *Histoire naturelle des Antilles*, p. 12.
[**] Voyez sa description dans le *Voyage de l'amiral Anson*.

une grande partie de l'année. Mais cette île a des montagnes peu élevées qui sont proportionnées à ses baies : celle de ses montagnes qui supporte le pic s'élève au milieu des autres en forme de dôme, à peu près comme celui des Invalides au-dessus des bâtiments qui l'environnent. Je l'ai observée et dessinée moi-même en allant à l'Ile-de-France. Les montagnes inférieures appartiennent à l'île, et le pic à l'Afrique. Ce pic, couvert de glaces, est situé précisément vis-à-vis l'entrée du grand désert de sable appelé *Zara*, et il sert sans doute à en rafraîchir les rivages et l'atmosphère par l'effusion de ses neiges, qui arrive au milieu de l'été. La nature a placé encore d'autres glaciers à l'entrée de ce désert brûlant, tels que le mont Atlas. Le mont Ida, en Crète, avec ses montagnes collatérales couvertes de neige en tout temps, suivant l'observation de Tournefort, est situé précisément vis-à-vis le désert brûlant de Barca, qui côtoie l'Égypte du nord au sud. Ces observations nous donneront encore lieu de faire quelques réflexions sur les chaînes de montagnes à glaces, et sur les zones de sables répandues sur la terre.

Je demande pardon au lecteur de ces digressions où je suis insensiblement entraîné ; mais je les rendrai le plus courtes qu'il me sera possible, quoique je leur ôte une grande partie de leur clarté en les abrégeant.

Les montagnes à glaces paraissent principalement destinées à porter la fraîcheur sur les bords des mers situées entre les tropiques ; et les zones de sables, au contraire, à accélérer, par leur chaleur, la fusion des glaces des pôles. Nous ne pouvons indiquer qu'en passant ces harmonies admirables ; mais il suffit de considérer les journaux des navigateurs et les cartes géographiques, pour voir que la principale partie du continent de l'Afrique est située de sorte que c'est le vent du pôle nord qui souffle le plus constamment sur ses côtes, et que le rivage de l'Amérique méridionale s'avance au-delà de la ligne ; de manière qu'il est rafraîchi par le vent du pôle sud. Les vents alizés, qui règnent dans l'océan Atlantique, participent toujours de ces deux pôles ; celui qui est de notre côté tire beaucoup vers le nord, et celui qui est au-delà de la ligne dépend beaucoup du pôle sud. Ces deux vents ne sont pas orientaux, comme on le croit communément, mais ils soufflent à peu près dans les directions du canal qui sépare l'Amérique de l'Afrique.

Ce sont les vents chauds de la zone torride qui soufflent à leur tour le plus constamment vers les pôles ; et il est bien remarquable que, comme la nature a mis des montagnes à glaces dans son voisinage pour rafraîchir ses mers conjointement avec les glaces des pôles, comme le Taurus, l'Atlas, le pic de Ténériffe, le mont Ida, etc., elle y a mis aussi une longue zone de sables pour augmenter la chaleur du vent de sud qui vient échauffer les mers du nord. Cette zone commence au-delà du mont Atlas, et ceint la terre en baudrier s'étendant depuis la pointe la plus occidentale de l'Afrique jusqu'à l'extrémité la plus orientale de l'Asie, dans une distance réduite de plus de trois mille lieues. Quelques branches s'en détachent, et s'avancent directement vers le nord. Nous avons déjà remarqué qu'une plage de sable est si chaude, même dans nos climats, par la réflexion multipliée de ses grains brillants, qu'on n'y voit jamais la neige s'y arrêter long-temps, au milieu même de nos hivers les plus rudes. Ceux qui ont traversé les sables d'Étampes, en été et en plein midi, savent à quel point la chaleur y est réverbérée. Elle est si ardente dans certains jours de l'été, qu'il y a une vingtaine d'années, quatre ou cinq paveurs qui travaillaient au grand chemin de cette ville, entre deux bancs de sable blanc, y furent suffoqués. Ainsi on peut conclure de ces aperçus que, sans les glaces du pôle et des montagnes du voisinage de la zone torride, une grande portion de l'Afrique et de l'Asie serait inhabitable, et que, sans les sables de l'Afrique et de l'Asie, les glaces de notre pôle ne fondraient jamais.

Chaque montagne à glaces a aussi, comme les pôles, sa zone sablonneuse, qui accélère la fusion de ses neiges. C'est ce qu'on peut remarquer dans la description de toutes les montagnes de cette espèce, comme du pic de Ténériffe, du mont Ararat, des Cordillières, etc. Non-seulement ces zones de sables entourent leurs bases, mais il y en a encore sur le haut de ces montagnes, au pied de leurs pics ; il faut y marcher pendant plusieurs heures pour les traverser. Ces zones sablonneuses ont encore un autre usage, c'est de fournir à la réparation du territoire des montagnes : il en sort des tourbillons perpétuels de poussière, qui s'élèvent, en premier lieu, sur les rivages de la mer, où l'Océan forme les premiers dépôts de ses sables, qui s'y réduisent en poudre impalpable par le battement perpétuel des flots qui s'y brisent ; ensuite on retrouve ces tourbillons de poussière dans le voisinage des hautes montagnes. Les transports de ces sables se font des rivages de la mer dans l'intérieur du continent, en différentes saisons et de différentes manières. Les principaux arrivent aux équinoxes ; car alors les vents soufflent des mers sur les terres. Voyez ce que Corneille Le Bruyn dit d'un orage de sable qu'il essuya sur le rivage de la mer Caspienne. Ces transports de sable appartiennent à la révolution générale des saisons ; mais il y en a de journaliers pour l'intérieur des terres, qui sont très sensibles vers les parties hautes des continents. Tous les voyageurs qui ont été à Pékin conviennent qu'il n'est pas possible de sortir, une partie de l'année, dans les rues de cette ville, sans avoir le visage couvert d'un voile, à cause du sable dont l'air est rempli. Lorsque Isbrand-Ides arriva vers les frontières de la Chine, à la sortie des montagnes voisines de Xaixigar, c'est-à-dire à cette partie de la crête la plus élevée du continent de l'Asie, d'où les fleuves prennent leurs cours, les uns au nord, les autres au midi, il observa une période régulière de ces émanations : « Tous les jours, dit-il[*], régulièrement à » midi, il souffle un grand vent qui dure deux » heures, lequel, joint à la chaleur journalière du » soleil, sèche tellement la terre, qu'il s'en élève » une poussière presque insupportable. Je m'étais » déjà aperçu de ce changement d'air. Environ à » cinq milles au-dessus de Xaixigar, j'avais trouvé » le ciel nébuleux sur toute l'étendue des montagnes ; et lorsque je fus sur le point d'en sortir, » je le vis fort serein. Je remarquai même, à l'endroit où elles finissaient, un rang de nuées qui régnait de l'ouest à l'est jusqu'aux montagnes d'Albase, et qui semblait faire une séparation de » climat. » Ainsi les montagnes ont à la fois des attractions nébuleuses et des attractions fossiles. Les premières fournissent de l'eau aux sources des fleuves qui en sortent, et les secondes du sable à l'entretien de leur territoire et de leurs minéraux.

Les zones glacées et sablonneuses se retrouvent dans une autre harmonie sur le continent du Nouveau-Monde. Elles courent, comme ses mers, du nord au sud, tandis que celles de l'ancien sont dirigées, suivant la longueur de l'océan Indien, d'occident en orient.

Il est très remarquable que l'influence des montagnes à glaces s'étend plus sur les mers que sur les terres. Nous avons vu celles des deux pôles se diriger dans le canal de l'océan Atlantique. Les neiges qui couvrent la longue chaîne des Andes en Amérique servent pareillement à rafraîchir toute la mer du Sud, par l'action du vent d'est, qui passe par-dessus : mais comme la partie de cette mer et de ses rivages qui est à l'abri de ce vent par la hauteur même des Andes aurait été exposée à une chaleur excessive, la nature a fait faire un coude vers l'ouest à la pointe la plus méridionale de l'Amérique, qui est couverte de montagnes à glaces ; en sorte que le vent frais qui en sort perpétuellement vient prendre en écharpe les rivages du Chili et du Pérou. Ce vent, qu'on appelle vent du sud, y règne toute l'année, suivant le témoignage de tous les voyageurs. Il ne vient pas, en effet, du pôle sud ; car s'il en venait, jamais les vaisseaux ne pourraient doubler le cap Horn ; mais il vient de l'extrémité de la Terre-Magellanique, évidemment recourbée par rapport aux rivages de la mer du Sud. Les glaces des pôles renouvellent donc les eaux de la mer, comme les glaces des montagnes celles des grands fleuves. Ces effusions des glaces polaires se portent vers la ligne, par l'action du soleil qui pompe sans cesse les eaux de la mer dans la zone torride, et détermine, par cette diminution de volume, les eaux des pôles à s'y porter. C'est la cause première du mouvement des mers méridionales, comme nous l'avons dit. Il paraît vraisemblable que les effusions polaires sont en proportion avec les évaporations de l'Océan. Mais, sans sortir de l'objet qui nous occupe, nous examinerons pourquoi la nature a pris encore plus de soin de rafraîchir les mers que les terres de la zone torride ; car il est digne d'attention que non-seulement les vents polaires qui y soufflent, mais la plupart des fleuves qui s'y jettent, ont leurs sources dans des montagnes à glaces, tels que le Zaïre, l'Amazone, l'Orénoque, etc.

La mer était destinée à recevoir, par les fleuves, toutes les dépouilles des végétaux et des animaux de la terre ; et comme son cours est déterminé vers la ligne par la diminution journalière de ses eaux que le soleil y évapore continuellement, ses rivages, sous la zone torride, auraient été bientôt exposés à la putréfaction, si la nature n'avait employé ces divers moyens pour les rafraîchir. C'est, disent quelques philosophes, pour cette raison qu'elle y est salée. Mais elle l'est aussi dans le nord, et même, suivant les expériences modernes de l'intéressant M. de Pagès, elle l'est davantage. Elle est la plus salée et la plus pesante qui soit au monde, écrivait le capitaine Wood, Anglais, en 1676. D'ailleurs, la salure de la mer ne préserve point ses eaux de corruption, comme on le croit communément. Tous ceux qui ont navigué savent que si l'on en remplit une bouteille ou un tonneau dans les pays chauds, elle ne tarde pas à se corrompre. L'eau de la mer n'est point une

[*] *Voyage de Moscou à la Chine*, chap. XI.

saumure; c'est, au contraire, une véritable eau lixivielle qui dissout très vite les corps morts. Quoiqu'elle soit salée, elle dessale plus vite que l'eau douce, comme l'éprouvent tous les jours les matelots, qui n'en emploient point d'autre pour dessaler leurs viandes. Elle blanchit, sur ses rivages, tous les ossements des animaux, ainsi que les madrépores, qui, étant dans un état de vie, sont bruns, roux, et de toutes les couleurs; mais qui, étant déracinés et mis dans l'eau de la mer sur le bord du rivage, deviennent, en peu de temps, blancs comme la neige. De plus, si vous pêchez dans la mer un crabe ou un oursin, et que vous les fassiez sécher pour les conserver, sans les laver auparavant dans l'eau douce, toutes les pattes du crabe et toutes les pointes de l'oursin tomberont. Les charnières qui attachent leurs membres se dissolvent à mesure que l'eau marine dont ils étaient mouillés s'évapore. J'en ai fait moi-même l'expérience à mes dépens. L'eau de la mer n'est pas seulement imprégnée de sel, mais de bitume, et encore de quelque autre chose que nous ne connaissons pas; mais le sel y est dans une telle proportion, qu'il aide à la dissolution des cadavres qui y flottent, comme celui que nous mêlons à nos aliments aide à notre digestion. Si la nature en avait fait une saumure, l'Océan serait couvert de toutes les immondices de la terre, qui s'y conserveraient perpétuellement.

Ces observations nous indiqueront l'usage des volcans. Ils ne viennent point des feux intérieurs de la terre, mais ils doivent leur naissance et les matières qui les entretiennent aux eaux. On peut s'en convaincre en remarquant qu'il n'y a pas un seul volcan dans l'intérieur des continents, si ce n'est dans le voisinage de quelques grands lacs, comme celui du Mexique. Ils sont situés, pour la plupart, dans les îles à l'extrémité ou au confluent des courants de la mer, et dans le remou de leurs eaux. Voilà pourquoi ils sont en grand nombre vers la ligne et le long de la mer du Sud, où le vent du sud, qui y souffle pepétuellement, ramène toutes les matières qui y nagent en dissolution. Une autre preuve qu'ils doivent leur entretien à la mer, c'est que, dans leurs éruptions, ils vomissent souvent des torrents d'eau salée. Newton attribuait leur origine et leur durée à des cavernes de soufre qui étaient dans l'intérieur de la terre; mais ce grand homme n'avait pas réfléchi à la position des volcans dans le voisinage des eaux, ni calculé la quantité prodigieuse de soufre qu'exigeraient le volume et la durée de leurs feux. Le seul Vésuve, qui brûle jour et nuit, depuis un temps immémorial, en aurait consommé une masse plus grande que le royaume de Naples. D'ailleurs, la nature ne fait rien en vain. A quoi serviraient de pareils magasins de soufre dans l'intérieur de la terre? On les retrouverait tout entiers dans les lieux où ils ne sont point embrasés. On ne trouve nulle part de mines de soufre, que dans le voisinage des volcans. Qu'est-ce qui les renouvellerait d'ailleurs, quand elles sont épuisées? Les provisions si constantes des volcans ne sont point dans la terre; elles sont dans la mer. Elles sont fournies par les huiles, les bitumes et les nitres des végétaux et des animaux, que les pluies et les fleuves charrient de toutes parts dans l'Océan, où la dissolution de tous les corps est achevée par son eau lixivielle. Il s'y joint des dissolutions métalliques, et surtout celles du fer, qui, comme on sait, abonde par toute la terre. Les volcans s'allument et s'entretiennent de toutes ces matières. Le chimiste Lémery a imité leurs effets par un mélange de limaille de fer, de soufre et de nitre humecté d'eau, qui s'enflamma de lui-même. Si la nature n'avait allumé ces vastes fourneaux sur les rivages de l'Océan, ses eaux seraient couvertes d'huiles végétales et animales, qui ne s'évaporeraient jamais, car elles résistent à l'action de l'air. On les y remarque souvent à leur couleur gorge-de-pigeon, lorsqu'elles sont dans quelque bassin tranquille. La nature purge les eaux par les feux des volcans, comme elle purifie l'air par ceux du tonnerre; et comme les orages sont plus communs dans les pays chauds, elle y a multiplié, par la même raison, les volcans *. Elle brûle sur les ri-

---

* Ces idées ont, sans doute, servi de base à la belle théorie de M. Patrin. Ce savant minéralogiste avait observé, comme l'auteur des *Études*, que tous les volcans, sans exception, sont dans le voisinage de la mer, et qu'ils s'éteignent à mesure que les eaux s'en éloignent. C'est donc dans les eaux de la mer, dans le sel et les huiles dont elles sont chargées, qu'il faut chercher les matières qui alimentent les volcans. La terre ne pourrait les fournir, car les laves vomies par l'Etna sont plus considérables que la Sicile entière. Une grande partie de la surface du globe a été couverte de volcans; et s'il existait des vides proportionnés aux masses des laves qu'ils ont rejetées, la terre verrait chaque jour s'ouvrir de nouveaux gouffres. Les observations de l'auteur des *Études*, et la théorie de M. Patrin, lèvent toutes les difficultés, et s'accordent avec les expériences les plus récentes de la physique. C'est entre les tropiques que les eaux de l'Océan sont le plus chargées de sel; c'est aussi entre les tropiques qu'existe le plus grand nombre de volcans. La simple province de Quito, au Pérou, en a seize; et les îles de la vaste mer du Sud forment une zone volcanique, qui s'étend dans un espace de plus de 130 degrés de longitude. Ainsi, c'est à la décomposition du sel, de l'eau et de l'air, aux différents gaz qui circulent dans le sein du globe, c'est à l'action de l'étincelle électrique qui enflamme toutes ces matières, que les volcans doivent leur origine : ils sont, comme les fontaines, des émanations d'un fluide sans cesse renouvelé, et c'est la mer qu'on doit regarder comme leur source. (A.-M.)

vages les immondices de la mer, comme un jardinier brûle, à la fin de l'automne, les mauvaises herbes de son jardin. On trouve, à la vérité, des laves qui sont dans l'intérieur des terres ; mais une preuve qu'elles doivent leur origine aux eaux, c'est que les volcans qui les ont produites se sont éteints quand les eaux leur ont manqué. Ces volcans s'y sont allumés, comme ceux d'aujourd'hui, par les fermentations végétales et animales dont la terre fut couverte après le déluge, lorsque les dépouilles de tant de forêts et de tant d'animaux, dont les troncs et les ossements se trouvent encore dans nos carrières, nageaient à la surface de l'Océan, et formaient des dépôts monstrueux que les courants accumulaient dans les bassins des montagnes. Sans doute ils s'y enflammèrent par le simple effet de la fermentation, comme nous voyons des meules de foin mouillé s'enflammer dans nos prairies. On ne peut douter de ces anciens incendies, dont les traditions se sont conservées dans l'antiquité, et qui suivent immédiatement celles du déluge. Dans la mythologie des anciens, l'histoire du serpent Python, né de la corruption des eaux, et celle de Phaéton, qui embrasa la terre, suivent immédiatement l'histoire de Philémon et Baucis échappés aux eaux du déluge et sont des allégories de la peste et des volcans, qui furent les premiers résultats de la dissolution générale des animaux et des végétaux.

Il ne me reste plus qu'à détruire l'opinion de ceux qui font sortir la terre du soleil. Les principales preuves dont ils l'appuient sont ses volcans, ses granits, les pierres vitrifiées répandues à sa surface, et son refroidissement progressif d'année en année. Je respecte le célèbre écrivain qui l'a mise en avant ; mais j'ose dire que la grandeur des images que cette idée lui a présentées a séduit son imagination.

Nous en avons dit assez sur les volcans, pour prouver qu'ils ne viennent point de l'intérieur de la terre. Quant aux granits, ils ne présentent, dans l'agrégation de leurs grains, aucun vestige de l'action du feu. J'ignore leur origine ; mais certainement on n'est pas fondé à la rapporter à cet élément, parcequ'on ne peut l'attribuer à l'action de l'eau, et parcequ'on n'y trouve pas de coquilles. Comme cette assertion est dénuée de preuves, elle n'a pas besoin de réfutation. J'observerai cependant que les granits ne paraissent point être l'ouvrage du feu, en les comparant aux laves des volcans; la différence de leur matière suppose des causes différentes dans leur formation.

Les agates, les cailloux, et toutes les espèces de silex, semblent avoir des analogies avec des vitrifications, par leur demi-transparence, et parcequ'on les trouve, pour l'ordinaire, dans des lits de marne qui ressemblent à des bancs de chaux éteinte ; mais ces matières ne sont point des productions du feu, car les laves n'en présentent jamais de semblables. J'ai ramassé, sur des collines caillouteuses de la Basse-Normandie, des coquilles d'huîtres très entières, amalgamées avec des cailloux noirs qu'on appelle bisets. Si ces bisets eussent été vitrifiés par le feu, ils eussent calciné ou au moins altéré les écailles d'huîtres qui leur étaient adhérentes ; mais elles étaient aussi saines que si elles sortaient de l'eau. Les falaises des bords de la mer, le long du pays de Caux, sont formées de couches alternatives de marne et de bisets ; en sorte que, comme elles sont coupées à pic, vous diriez d'une grande muraille dont un architecte aurait réglé les assises, et avec d'autant plus d'apparence, que les gens du pays bâtissent leurs maisons des mêmes matières, disposées dans le même ordre. Ces bancs de marne ont de largeur depuis un pied jusqu'à deux, et les rangées de cailloux qui les séparent ont trois ou quatre pouces d'épaisseur. J'ai compté soixante-dix ou quatre-vingts de ces couches horizontales, depuis le niveau de la mer jusqu'à celui de la campagne. Les plus épaisses sont en bas, et les plus minces sont en haut, ce qui fait paraître, du rivage, ces falaises plus hautes qu'elles ne sont : comme si la nature eût voulu employer quelque perspective pour en augmenter l'élévation ; mais sans doute elle a été déterminée à cet arrangement par les raisons de solidité qu'on aperçoit dans tous ses ouvrages. Or, ces bancs de marne et de cailloux sont remplis de coquilles, qui n'ont éprouvé aucune altération du feu, et qui seraient parfaitement conservées, si le poids de cette énorme masse n'eût brisé les plus grandes. J'y ai vu tirer des fragments de celle qu'on appelle la tuilée ; qu'on ne trouve vivante que dans les mers de l'Inde, et dont les débris, étant réunis, formaient une coquille beaucoup plus considérable que celles, de la même espèce, qui servent de bénitiers à Saint-Sulpice. J'y ai remarqué aussi un lit de cailloux qui se sont tous amalgamés, et qui forment une seule table dont on aperçoit la coupe, d'environ un pouce d'épaisseur, sur plus de trente pieds de longueur. Sa profondeur dans la falaise m'est inconnue ; mais avec un peu d'art on pourrait l'en détacher, et en tirer la plus superbe table d'agate qu'il y ait au monde. Partout où l'on trouve de ces marnes et de ces cailloux, on y trouve des coquilles en grand nombre : de sorte que, comme la marne a été évidemment formée par leurs débris, il me paraît très vraisemblable que les cailloux l'ont été par la substance même des poissons qui y étaient renfermés. Cette opinion paraîtra moins extraordinaire, si l'on observe que beaucoup de cornes d'Ammon et d'univalves fossiles, qui, par leurs formes, ont résisté à la pression des terres, et qui, n'en ayant point été comprimées, n'ont pas mis dehors, comme les bivalves, la matière animale qu'elles renfermaient, la font voir au dedans sous la forme de cristaux, dont on les trouve communément remplies, tandis que les bivalves en sont totalement privées. Je présume que les substances animales de ces dernières, confondues avec leurs débris, ont formé les différentes pâtes colorées des marbres, et leur ont donné la dureté et le poli dont ces marbres sont susceptibles. Cette matière se présente, même dans les coquillages vivants, avec les caractères de l'agate, comme on peut le voir dans plusieurs nacres, et, entre autres, dans le bouton demi-transparent et très dur qui termine celui qu'on appelle la harpe. Enfin, cette substance lapidifique se trouve encore dans les animaux terrestres ; car j'ai vu en Silésie des œufs d'une espèce de bécasse qu'on y estime beaucoup, non-seulement parcequ'ils sont très délicats à manger, mais parceque, lorsqu'ils sont secs, leur glaire devient dure comme un caillou, et susceptible d'un si beau poli, qu'on les taille et qu'on les monte en bagues.

Je pourrais m'étendre sur l'impossibilité géométrique que notre globe ait pu être détaché de celui du soleil par le passage d'une comète, parcequ'il aurait dû, suivant l'hypothèse même de cette impulsion, être entraîné dans la sphère d'attraction de la comète, ou être ramené dans celle du soleil. A la vérité, il est resté dans celle de cet astre ; mais il n'est pas aisé de concevoir comment il ne s'en est pas rapproché davantage, et comment il s'en tient à peu près à trente-deux millions de lieues, sans qu'aucune comète l'empêche de retourner à l'endroit d'où il est parti. Le soleil, dit-on, a une force centrifuge. Le globe de la terre doit donc s'en écarter. Non, ajoute-t-on, parceque la terre tend toujours vers lui. Elle a donc perdu la force centrifuge qui devait adhérer à sa nature, comme étant une portion du soleil. Je pourrais m'étendre encore sur l'impossibilité physique que la terre puisse renfermer dans son sein tant de matières hétérogènes sortant d'un corps aussi homogène que le soleil, et faire voir qu'elles ne peuvent, en aucune façon, être considérées comme des débris de matières solaires et vitrifiables (si tant est que nous puissions avoir une idée des matières d'où sort la lumière), puisque quelques uns de nos éléments terrestres, tels que l'eau et le feu, sont absolument incompatibles. Mais je m'en tiendrai au refroidissement qu'on attribue à la terre, parceque les témoignages dont on appuie cette opinion sont à la portée de tous les hommes, et importent à leur sécurité. Si la terre se refroidit, le soleil, d'où on la fait sortir, doit se refroidir à proportion ; et l'affaiblissement mutuel de la chaleur, dans ces deux globes, doit se manifester de siècle en siècle, au moins à la surface de la terre, dans les évaporations des mers, dans la diminution des pluies, et surtout dans la destruction successive d'un grand nombre de plantes, qu'un simple affaiblissement de quelques degrés de chaleur fait périr aujourd'hui, lorsqu'on les change de climat. Cependant, il n'y a pas une seule plante de perdue de celles qui étaient connues de Circé, la plus ancienne des botanistes, dont Homère nous a, en quelque sorte, conservé l'herbier. Les plantes chantées par Orphée existent encore avec leurs vertus. Il n'y en a pas même une seule qui ait perdu quelque chose de son attitude. La jalouse Clytie se tourne toujours vers le soleil ; et le beau-fils de Liriope, Narcisse, s'admire encore sur le bord des fontaines.

Tels sont les témoignages du règne végétal sur la constance de la température du globe ; examinons ceux du genre humain. Il y a des habitants de la Suisse qui se sont aperçus, disent-ils, d'un accroissement progressif de glaces dans leurs montagnes. Je pourrais leur opposer d'autres observateurs modernes qui, pour faire leur cour à des princes du nord, prétendent avec aussi peu de fondement que le froid y a diminué, parceque ces princes y ont fait abattre des forêts ; mais je m'en tiendrai au témoignage des anciens, qui, sur ce point, ne voulaient flatter personne. Si le refroidissement de la terre est sensible dans la vie d'un homme, il doit l'être bien davantage dans la vie du genre humain : or, toutes les températures décrites par les historiens les plus anciens, comme celle de l'Allemagne par Tacite, des Gaules par César, de la Grèce par Plutarque, de la Thrace par Xénophon, sont précisément les mêmes aujourd'hui que de leur temps. Le livre de l'Arabe Job, que l'on croit être plus ancien que Moïse, lequel contient des connaissances de la nature beaucoup plus profondes qu'on ne le pense, et dont les plus communes nous étaient inconnues il y a deux siècles, parle fréquemment de la chute des neiges dans son pays, qui était vers le 50e degré de latitude nord. Le mont Liban porte dans la plus haute antiquité le nom arabe de *Liban*, qui signifie blanc, à cause des neiges dont son sommet est couvert en tout temps. Homère rapporte qu'il neigeait à Ithaque quand Ulysse y arriva, ce qui l'obligea d'emprunter un manteau du bon Eumée. Si, depuis trois mille ans et davantage, le froid eût été, chaque année, en croissant dans tous ces climats, il devrait y être aujourd'hui aussi long et aussi rude que dans le Groënland. Mais le Liban et les autres provinces de l'Asie ont conservé la même température. La petite île d'Ithaque se couvre encore en hiver de frimas; et elle porte, comme du temps de Télémaque, des lauriers et des oliviers.

ÉTUDE CINQUIÈME.

RÉPONSES AUX OBJECTIONS CONTRE LA PROVIDENCE,

TIRÉES DES DÉSORDRES DU RÈGNE VÉGÉTAL.

La terre est, dit-on, un jardinier fort mal ordonné. Des hommes d'esprit, qui n'ont point voyagé, se sont plu à nous la peindre sortant des mains de la nature, comme si les géants y eussent combattu. Ils nous ont représenté ses fleuves vaguant çà et là, ses marais fangeux, les arbres de ses forêts renversés, ses campagnes couvertes de roches, de ronces et d'épines, tous ses chemins rendus impraticables, toutes ses cultures devenues l'effort du génie. J'avoue que ces tableaux, quoique pittoresques, m'ont quelquefois attristé, parcequ'ils me donnaient de la méfiance de l'auteur de la nature. On avait beau supposer d'ailleurs que l'homme était comblé de ses bienfaits, il avait oublié un de nos premiers besoins en négligeant de prendre soin de notre habitation.

Mais, en y réfléchissant, il m'a paru que non-seulement la nature avait fait un jardin magnifique du monde entier, mais encore qu'elle en avait, pour ainsi dire, placé plusieurs les uns sur les autres, pour embellir le même sol de ses plus charmantes harmonies.

Dans nos climats tempérés, on voit se développer, dès les premiers jours d'avril, au milieu des sombres forêts, les réseaux de la pervenche, et ceux de l'*anemona nemorosa*, qui recouvrent d'un long tapis vert et lustré les mousses et les feuilles desséchées par l'année précédente. Cependant, à l'orée des bois, on voit déja fleurir les primevères; les violettes et les marguerites, qui bientôt disparaissent en partie, pour faire place, en mai, à l'hyacinthe bleue, à la croisette jaune qui sent le miel, au muguet parfumé, si aimé des amants, au genêt doré, au bassinet doré et vernissé, et aux trèfles rouges et blancs, si bien alliés aux graminées. Bientôt les orties blanches et jaunes, les fleurs du fraisier, celles du sceau de Salomon, sont remplacées par les coquelicots et les bluets, qui éclosent dans des oppositions ravissantes; les églantiers épanouissent leurs guirlandes fraîches et variées, les fraises se colorent, les chèvrefeuilles parfument les airs; on voit ensuite les vipérines d'un bleu pourpré, les bouillons blancs avec leurs longues quenouilles de fleurs soufrées et odorantes, les scabieuses battues des vents, les ansérines, les champignons et les asclépias qui restent bien avant dans l'hiver, où végètent des mousses de la plus tendre verdure.

Toutes ces fleurs paraissent successivement sur la même scène. Le gazon, dont la couleur est uniforme, sert de fond à ce riche tableau. Quand ces plantes ont fleuri et donné leurs graines, la plupart s'enfoncent et se cachent, pour renaître avec d'autres printemps. Il y en a qui durent toute l'année, comme la pâquerette et le pissenlit; d'autres s'épanouissent pendant cinq jours, après lesquels elles disparaissent entièrement : ce sont les éphémères de la végétation.

Les agréments de nos forêts ne le cèdent pas à ceux de nos champs. Si les bois ne renouvellent point leurs arbres avec les saisons, chaque espèce présente, dans le cours de l'année, les progrès de la prairie. D'abord les buissons donnent leurs fleurs; les chèvrefeuilles déroulent leur tendre verdure; l'aubépine parfumée se couronne de nombreux bouquets; les ronces laissent pendre leurs grappes d'un bleu mourant; les merisiers sauvages embaument les airs, et semblent couverts de neige au milieu du printemps; les néfliers entr'ouvrent leurs larges fleurs aux extrémités d'un rameau cotonneux; les ormes donnent leurs fruits; les hêtres développent leurs superbes feuillages; et enfin le chêne majestueux se couvre le dernier de ses feuilles épaisses, qui doivent résister à l'hiver.

Comme dans les vertes prairies les fleurs se détachent du fond par l'éclat de leurs couleurs, de même les rameaux fleuris des arbrisseaux se détachent du feuillage des grands arbres. L'hiver présente de nouveaux accords; car alors les fruits noirs du troène, la mûre d'un bleu sombre, le fruit de corail de l'églantier, la baie du myrtille, brillent souvent au sein des neiges, et offrent aux petits oiseaux leur nourriture, et un asile pendant la saison rigoureuse. Mais comment exprimer les ravissantes harmonies des vents qui agitent le sommet des graminées, et changent la prairie en une mer de verdure et de fleurs ; et celles des forêts, où les chênes antiques agitent leurs sommets vénérables ; le bouleau, ses feuilles pendantes ; et les sombres sapins, leurs longues flèches toujours vertes ? Du sein de ces forêts s'échappent de doux murmures, et s'exhalent mille parfums qui influent sur les qualités de l'air. Le matin, au lever de l'aurore, tout est chargé de gouttes de rosée qui argentent les flancs des collines et les bords des ruisseaux ; tout se meut au gré des vents ; de longs rayons de soleil dorent les cimes des arbres et traversent les forêts. Cependant des êtres d'un autre ordre, des nuées de papillons peints de mille couleurs, volent sans bruit sur les fleurs ; ici l'abeille et le bourdon murmurent ; là des oiseaux font leurs nids ; les airs retentissent de mille chansons d'amour. Les notes monotones du coucou et de la tourterelle servent de basse aux ravissants concerts du rossignol, et aux accords vifs et gais de la fauvette. La prairie a aussi ses oiseaux : les cailles, qui couvent sous les herbes ; les alouettes, qui s'élèvent vers le ciel, au-dessus de leurs nids. On entend de tous côtés les accents maternels ; on respire l'amour dans les vallons, dans les bois, dans les prés. Oh ! qu'il est doux alors de quitter les cités, qui ne retentissent que du bruit des marteaux des ouvriers et de celui des lourdes charrettes, ou des carrosses qui menacent l'homme de pied, pour errer dans les bois, sur les collines, au fond des vallons, sur des pelouses plus douces que les tapis de la Savonnerie, et qu'embellissent chaque jour de nouvelles fleurs et de nouveaux parfums !

Mais si nous considérons la nature dans les autres climats, nous verrons que les inondations des fleuves, telles que celles de l'Amazone, de l'Orénoque, et de quantité d'autres, sont périodiques : elles fument les terres qu'elles submergent. On sait d'ailleurs que les bords de ces fleuves étaient peuplés de nations avant les établissements des Européens : elles tiraient beaucoup d'utilité de leurs débordements, soit par l'abondance des pêches, soit par les engrais de leurs champs. Loin de les considérer comme des convulsions de la nature, elles les regardaient comme des bénédictions du ciel, ainsi que les Égyptiens considéraient les inondations du Nil. Était-ce donc un spectacle si déplaisant pour elles, de voir leurs profondes forêts coupées de longues allées d'eau qu'elles pouvaient parcourir sans peine, en tous sens, dans leurs pirogues, et dont elles recueillaient les fruits avec la plus grande facilité ? Quelques peuplades même, comme celles de l'Orénoque, déterminées par ces avantages, avaient pris l'usage étrange d'habiter le sommet des arbres, et de chercher sous leur feuillage, comme les oiseaux, des logements, des vivres et des forteresses. Quoi qu'il en soit, la plupart d'entre elles n'habitaient que les bords des fleuves, et les préféraient aux vastes déserts qui les environnaient, et qui n'étaient point exposés aux inondations.

Nous ne voyons l'ordre que là où nous voyons notre blé. L'habitude où nous sommes de resserrer dans des digues le canal de nos rivières, de sabler nos grands chemins, d'aligner les allées de nos jardins, de tracer leurs bassins au cordeau, d'équarrir nos parterres, et même nos arbres, nous accoutume à considérer tout ce qui s'écarte de notre équerre comme livré à la confusion. Mais c'est dans les lieux où nous avons mis la main que l'on voit souvent un véritable désordre. Nous faisons jaillir des jets d'eau sur des montagnes ; nous plantons des peupliers et des tilleuls sur des rochers ; nous mettons des vignobles dans des vallées, et des prairies sur des collines. Pour peu que ces travaux soient négligés, tous ces petits nivellements sont bientôt confondus sous le niveau général des continents, et toutes ces cultures humaines disparaissent sous celles de la nature. Les pièces d'eau se changent en marais, les murs de charmilles se hérissent, tous les berceaux s'obstruent, toutes les avenues se ferment ; les végétaux naturels à chaque sol déclarent la guerre aux végétaux étrangers ; les chardons étoilés et les vigoureux verbascum étouffent sous leurs larges feuilles les gazons anglais ; des foules épaisses de graminées et de trèfles se réunissent autour des arbres de Judée ; les ronces de chien y grimpent avec leurs crochets, comme si elles y montaient à l'assaut ; des touffes d'orties s'emparent de l'urne des naïades, et des forêts de roseaux, des forges de Vulcain ; des plaques verdâtres de mnium rongent les visages des Vénus, sans respecter leur beauté. Les arbres même assiègent le château ; les cerisiers sauvages, les ormes, les érables montent sur ses combles, enfoncent leurs longs pivots dans ses frontons élevés, et dominent enfin sur ses coupoles orgueilleuses. Les ruines d'un parc ne sont pas moins dignes des réflexions du sage que celles des empires : elles montrent également combien le pouvoir de l'homme est faible quand il lutte contre celui de la nature.

Je n'ai pas eu le bonheur, comme les premiers marins qui découvrirent des îles inhabitées, de voir des terres sortir, pour ainsi dire, de ses mains; mais j'en ai vu des portions assez peu altérées, pour être persuadé que rien alors ne devait égaler leurs beautés virginales. Elles ont influé sur les premières relations qui en ont été faites, et elles y ont répandu une fraîcheur, un coloris, et je ne sais quelle grâce naïve qui les distinguera toujours avantageusement, malgré leur simplicité, des descriptions savantes qu'on en a faites dans les derniers temps. C'est à l'influence de ces premiers aspects que j'attribue les grands talents des premiers écrivains qui ont parlé de la nature, et l'enthousiasme sublime dont Homère et Orphée ont rempli leurs poésies. Parmi les modernes, l'historien de l'amiral Anson, Cook, Banks, Solander, et quelques autres, nous ont décrit plusieurs de ces sites naturels dans les îles de Tinian, de Masso, de Juan-Fernandez et de Taïti, qui ont ravi tous les gens de goût, quoique ces îles eussent été dégradées en partie par les Indiens et par les Espagnols.

Je n'ai vu que des pays fréquentés par les Européens, et désolés par la guerre ou par l'esclavage; mais je me rappellerai toujours avec plaisir deux de ces sites, l'un en-deçà du tropique du Capricorne, l'autre au-delà du 60e degré nord. Malgré mon insuffisance, je vais essayer d'en tracer une esquisse, afin de donner au moins une idée de la manière dont la nature dispose ses plans dans des climats aussi opposés.

Le premier était une partie alors inhabitée de l'Ile-de-France, de quatorze lieues d'étendue, qui m'en parut la plus belle portion, quoique les noirs marrons, qui s'y réfugient, y eussent coupé, sur les rivages de la mer, des lataniers avec lesquels ils fabriquent des ajoupa, et dans les montagnes, des palmistes dont ils mangent les sommités, et des lianes dont ils font des filets pour la pêche. Ils dégradent aussi les bords des ruisseaux en y fouillant les oignons des nymphæa, dont ils vivent, et ceux mêmes de la mer, dont ils mangent sans exception toutes les espèces de coquillages, qu'ils laissent çà et là sur les rivages par grands amas brûlés. Malgré ces désordres, cette portion de l'île avait conservé des traits de son antique beauté. Elle est exposée au vent perpétuel du sud-est, qui empêche les forêts qui la couvrent de s'étendre jusqu'au bord de la mer; mais une large lisière de gazon d'un beau vert gris, qui l'environne, en facilite la communication tout autour, et s'harmonie, d'un côté, avec la verdure des bois, et de l'autre avec l'azur des flots. La vue se trouve ainsi partagée en deux aspects, l'un terrestre, et l'autre maritime. Celui de la terre présente des collines qui fuient les unes derrière les autres en amphithéâtre, et dont les contours, couverts d'arbres en pyramides, se profilent avec majesté sur la voûte des cieux. Au-dessus de ces forêts, s'élève comme une seconde forêt de palmistes, qui balancent au-dessus des vallées solitaires leurs longues colonnes couronnées d'un panache de palmes et surmontées d'une lance. Les montagnes de l'intérieur présentent au loin des plateaux de rochers garnis de grands arbres, et de lianes pendantes qui flottent comme des draperies au gré des vents. Elles sont surmontées de hauts pitons, autour desquels se rassemblent sans cesse des nuées pluvieuses; et lorsque les rayons du soleil les éclairent, on voit les couleurs de l'arc-en-ciel se peindre sur leurs escarpements, et les eaux des pluies couler sur leurs flancs bruns en nappes brillantes de cristal ou en longs filets d'argent. Aucun obstacle n'empêche de parcourir les bords qui tapissent leurs flancs et leurs bases; car les ruisseaux qui descendent des montagnes présentent, le long de leurs rives, des lisières de sable, ou de larges plateaux de roches qu'ils ont dépouillés de leurs terres. De plus, ils fraient un libre passage depuis leurs sources jusqu'à leurs embouchures, en détruisant les arbres qui croîtraient dans leurs lits, et en fertilisant ceux qui naissent sur leurs bords; et ils ménagent au-dessus d'eux, dans tout leur cours, de grandes voûtes de verdure qui fuient en perspective, et qu'on aperçoit des bords de la mer. Des lianes s'entrelacent dans les cintres de ces voûtes, assurent leurs arcades contre les vents, et les décorent de la manière la plus agréable, en opposant à leurs feuillages d'autres feuillages, et à leur verdure des guirlandes de fleurs brillantes ou de gousses colorées. Si quelque arbre tombe de vétusté, la nature, qui hâte partout la destruction de tous les êtres inutiles, couvre son tronc de capillaires du plus beau vert et d'agarics ondés de jaune, d'aurore et de pourpre, qui se nourrissent de ses débris. Du côté de la mer, le gazon qui termine l'île est parsemé çà et là de bosquets de lataniers dont les palmes, faites en éventail et attachées à des queues souples, rayonnent en l'air comme des soleils de verdure. Ces lataniers s'avancent jusque dans la mer sur les caps de l'île, avec les oiseaux de terre qui les habitent, tandis que de petites baies, où nagent une multitude d'oiseaux de marine, et qui sont, pour ainsi dire, pavées de madrépores couleur de fleur de pêcher, de roches noires couvertes de nérites couleur de rose, et de toutes sortes de coquillages, pénètrent dans l'île, et réfléchissent, comme des miroirs, tous les objets de la terre et des cieux. Vous croiriez y voir les oiseaux voler dans l'eau et les poissons nager dans les arbres, et vous diriez du mariage de la Terre et de l'Océan, qui entrelacent et confondent leurs domaines. Dans la plupart même des îles inhabitées situées entre les tropiques, on a trouvé, lorsqu'on en a fait la découverte, les bancs de sable qui les environnent remplis de tortues qui y venaient faire leur ponte, et de flamants couleur de rose qui ressemblent, sur leurs nids, à des brandons de feu. Elles étaient encore bordées de mangliers couverts d'huîtres, qui opposaient leurs feuillages flottants à la violence des flots, et de cocotiers chargés de fruits, qui, s'avançant jusque dans la mer, le long des récifs, présentaient aux navigateurs l'aspect d'une ville avec ses remparts et ses avenues, et leur annonçaient de loin les asiles qui leur étaient préparés par le dieu des mers. Ces divers genres de beauté ont dû être communs à l'Ile-de-France comme à beaucoup d'autres îles, et ils auront sans doute été détruits par les besoins des premiers marins qui y ont abordé. Tel est le tableau bien imparfait d'un pays dont les anciens philosophes jugeaient le climat inhabitable, et dont les philosophes modernes regardent le sol comme une écume de l'Océan ou des volcans.

Le second lieu agreste que j'ai vu était dans la Finlande russe, lorsque j'étais employé, en 1764, à la visite de ses places avec les généraux du corps du génie, dans lequel je servais. Nous voyagions entre la Suède et la Russie, dans des pays si peu fréquentés, que les sapins avaient poussé dans le grand chemin de démarcation qui sépare leur territoire. Il était impossible d'y passer en voiture, et il fallut y envoyer des paysans pour les couper, afin que nos équipages pussent nous suivre. Cependant nous pouvions pénétrer partout à pied, et souvent à cheval, quoiqu'il nous fallût visiter les détours, les sommets et les plus petits recoins d'un grand nombre de rochers, pour en examiner les défenses naturelles, et que la Finlande en soit si couverte que les anciens géographes lui ont donné le surnom de *Lapidosa*. Non-seulement ces rochers y sont répandus en grands blocs à la surface de la terre, mais les vallées et les collines tout entières y sont, en beaucoup d'endroits, formées d'une seule pièce de roc vif. Ce roc est un granit tendre qui s'exfolie, et dont les débris fertilisent les plantes, en même temps que ses grandes masses les abritent contre les vents du nord, et réfléchissent sur elles les rayons du soleil par leurs courbures, et par les particules de mica dont il est rempli. Les fonds de ces vallées étaient tapissés de longues lisières de prairies qui facilitent partout la communication. Aux endroits où elles étaient de roc tout pur, comme à leur naissance, elles étaient couvertes d'une plante appelée *kloukva*, qui se plaît sur les rochers. Elle sort de leurs fentes, et ne s'élève guère à plus d'un pied et demi de hauteur; mais elle trace de tous côtés, et s'étend fort loin. Ses feuilles et sa verdure ressemblent à celles du buis, et ses rameaux sont parsemés de fruits rouges, bons à manger, semblables à des fraises. Des sapins, des bouleaux et des sorbiers végétaient à merveille sur les flancs de ces collines, quoique souvent ils y trouvassent à peine assez de terre pour y enfoncer leurs racines. Les sommets de la plupart de ces collines de roc étaient arrondis en forme de calottes, et rendus tout luisants par des eaux qui suintaient à travers de longues fêlures qui les sillonnaient. Plusieurs de ces calottes étaient toutes nues, et si glissantes, qu'à peine pouvait-on y marcher. Elles étaient couronnées, tout autour, d'une large ceinture de mousses d'un vert d'émeraude, d'où sortaient çà et là une multitude infinie de champignons de toutes les formes et de toutes les couleurs. Il y en avait de faits comme de gros étuis, couleur d'écarlate, piquetés de points blancs; d'autres, de couleur d'orange, formés en parasols; d'autres jaunes comme du safran, et allongés comme des œufs. Il y en avait du plus beau blanc, et si bien tournés en rond, qu'on les eût pris pour des dames d'ivoire. Ces mousses et ces champignons se répandaient le long des filets d'eau qui coulaient des sommets de ces collines de roc, s'étendaient en longs rayons jusqu'à travers les bois dont leurs flancs étaient couverts, et venaient border leurs lisières en se confondant avec une multitude de fraisiers et de framboisiers. La nature, pour dédommager ce pays de la rareté des fleurs apparentes qu'il produit en petit nombre, en a donné les parfums à plusieurs plantes, telles qu'au calamus aromaticus, au bouleau, qui exhale au printemps une forte odeur de rose, et au sapin, dont les pommes sont odorantes. Elle a répandu de même les couleurs les plus agréables et les plus brillantes des fleurs sur les végétations les plus communes, telles que sur les cônes du mélèze, qui sont d'un beau violet, sur les baies écarlates du sorbier, sur les mousses, les champignons, et même sur les choux-raves. Voici ce que dit, à l'occasion de ces derniers végétaux, l'exact Corneille Le Bruyn, dans son *Voyage à Archangel** : « Pendant le séjour que nous fîmes » (chez les Samoïèdes), on nous apporta plusieurs » sortes de navets de différentes couleurs, d'une » beauté surprenante. Il y en avait de violets, » comme les prunes parmi nous; de gris, de » blancs et de jaunâtres, tous tracés d'un rouge » semblable au vermillon ou à la plus belle laque, » et aussi agréables à la vue qu'un œillet. J'en » peignis quelques uns à l'eau sur du papier, et » en envoyai en Hollande dans une boîte remplie » de sable sec, à un de mes amis, amateur de ces » sortes de curiosités. Je portai ceux que j'avais » peints à Archangel, où l'on ne pouvait croire » qu'ils fussent d'après nature, jusqu'à ce que » j'eusse produit les navets mêmes : marque qu'on » n'y fait guère d'attention à ce que la nature y » peut former de rare et de curieux. »

Je pense que ces navets sont des choux-raves, dont les raves croissent au-dessus de la terre. Du moins je le présume par le dessin même qu'en donne Corneille Le Bruyn, et parceque j'en ai vu de pareils en Finlande; ils ont un goût supérieur à celui de nos choux, et semblable à celui des culs d'artichaut. J'ai rapporté ces témoignages d'un peintre, et d'un peintre hollandais, sur la beauté de ces couleurs, pour détruire le préjugé où l'on est que ce n'est qu'aux Indes que le soleil colore magnifiquement les végétaux**. Mais rien n'égale, à mon avis, le beau vert des plantes du nord, au printemps. J'y ai souvent admiré celui des bouleaux, des gazons, et des mousses, dont quelques unes sont glacées de violet et de pourpre. Les sombres sapins même se festonnent alors du vert le plus tendre : et, lorsqu'ils viennent à jeter, de l'extrémité de leurs rameaux, des touffes jaunes d'étamines, ils paraissent comme de vastes pyramides toutes chargées de lampions. Nous ne trouvions nul obstacle à marcher dans leurs forêts. Quelquefois nous y rencontrions des bouleaux renversés et tout vermoulus; mais en mettant les pieds sur leur écorce, elle nous supportait comme un cuir épais. Le bois de ces bouleaux pourrit fort vite, et leur écorce, qu'aucune humidité ne peut corrompre, est entraînée, à la fonte des neiges, dans les lacs, sur lesquels elle surnage tout d'une pièce. Quant aux sapins, lorsqu'ils tombent, l'humidité et les mousses les détruisent en fort peu de temps. Ce pays est entrecoupé de grands lacs qui présentent partout de nouveaux moyens de communication en pénétrant par leurs longs golfes dans les terres, et offrent un nouveau genre de beauté en réfléchissant dans leurs eaux tranquilles les orifices des vallées, les collines moussues, et les sapins inclinés sur les promontoires de leurs rivages.

Il serait difficile de rendre le bon accueil que nous recevions dans les habitations solitaires de ces lieux. Leurs maîtres s'efforçaient, par toutes sortes de moyens, de nous y retenir plusieurs jours. Ils envoyaient, à dix et quinze lieues de là, inviter leurs amis et leurs parents pour nous tenir compagnie. Les jours et les nuits se passaient en danses et en festins. Dans les villes, les principaux habitants nous traitaient tour à tour. C'est au milieu de ces fêtes hospitalières que nous avons parcouru les villes de la pauvre Finlande, Wibourg, Wilmanstrand, Frédériksham, Nislot, etc. Le château de cette dernière est situé sur un rocher, au dégorgement du lac Kiemen, qui l'environne de deux cataractes. De ses plates-formes, on aperçoit la vaste étendue de ce lac. Nous dînâmes dans une de ses quatre tours, dans une petite chambre éclairée par des fenêtres qui ressemblaient à des meurtrières. C'était la même chambre où vécut longtemps l'infortuné Ivan, qui descendit du trône de Russie à l'âge de deux ans et demi. Mais ce n'est pas ici le lieu de m'étendre sur l'influence que les idées morales peuvent répandre sur les paysages.

Les plantes ne sont donc pas jetées au hasard sur la terre; et, quoiqu'on n'ait encore rien dit sur leur ordonnance en général dans les divers climats, cette simple esquisse suffit pour faire voir qu'il y a de l'ordre dans leur ensemble. Si nous examinons de même, superficiellement, leur développement, leur attitude et leur grandeur, nous verrons qu'il y a autant d'harmonie dans l'agrégation de leurs parties que dans celle de leurs espèces. Elles ne peuvent en aucune manière être

---

* Tom. III, p. 21.

** Ces faits sont appuyés par une observation très singulière que je rapporterai ici, quoique je l'aie déjà consignée dans un autre ouvrage. Le savant M. Patrin, qui voyagea sept ans dans les déserts de la Sibérie, ne racontait jamais sans enthousiasme qu'un jour, en descendant des sommets glacés du mont Altaï, comme il était parvenu au dernier gradin qui domine une plaine arrosée par le fleuve de l'Ob, il fut frappé du spectacle le plus majestueux qu'il eût jamais vu. Il quittait des rochers arides, aussi anciens que le monde; il était encore environné des frimas et des neiges de l'hiver : tout-à-coup une plaine immense s'ouvre devant lui; elle resplendit des couleurs les plus vives; trois espèces de végétaux en couvrent la surface; on n'y voit point de verdure; c'est la fleur pourpre de l'iris de Sibérie qui forme le fond de ce tapis magnifique; il est brodé, dans toute son étendue, avec des groupes d'hémérocales à fleurs d'or, et d'anémones à fleurs de narcisse, d'un éclat argenté. Nulle colline ne borne cette riche plaine; elle se déroule jusqu'à l'horizon, et semble unir le ciel et la terre par ses guirlandes éclatantes. (A.-M.)

considérées comme des productions mécaniques du chaud et du froid, de la sécheresse et de l'humidité. Les systèmes de nos sciences nous ont ramenés précisément aux opinions qui jetèrent les peuples barbares dans l'idolâtrie, comme si la fin de nos lumières devait être le commencement et le retour de nos ténèbres. Voici ce que leur reproche l'auteur du livre de *la Sagesse* : « Aut ignem,
» aut spiritum, aut citatum aerem, aut gyrum
» stellarum, aut nimiam aquam, aut solem et lu-
» nam, rectores orbis terrarum deos putaverunt*.
» Ils se sont imaginé que le feu, ou le vent, ou
» l'air le plus subtil, ou l'influence des étoiles, ou
» la mer, ou le soleil et la lune, régissaient la
» terre, et en étaient les dieux. »

Toutes ces causes physiques réunies n'ont pas ordonné le port d'une seule mousse. Pour nous en convaincre, commençons par examiner la circulation des plantes. On a posé, comme un principe certain, que leurs sèves montaient par leur bois et redescendaient par leur écorce. Je n'opposerai aux expériences qu'on en a rapportées qu'un grand marronnier des Tuileries, voisin de la terrasse des Feuillants, qui, depuis plus de vingt ans, n'a point d'écorce autour de son pied, et qui cependant est plein de vigueur. Plusieurs ormes des boulevarts sont dans le même cas. D'un autre côté, on voit de vieux saules caverneux qui n'ont point du tout de bois. D'ailleurs, comment peut-on appliquer ce principe à la végétation d'une multitude de plantes, dont les unes n'ont que des tubes, et d'autres n'ont point du tout d'écorce, et ne sont revêtues que de pellicules sèches?

Il n'y a pas plus de vérité à supposer qu'elles s'élèvent en ligne perpendiculaire, et qu'elles sont déterminées à cette direction par l'action des colonnes de l'air. Quelques unes, à la vérité, la suivent, comme le sapin, l'épi de blé, le roseau ; mais un bien plus grand nombre s'en écartent, tels que les volubiles, les vignes, les lianes, les haricots, etc.... D'autres montent verticalement, et, étant parvenues à une certaine hauteur, en plein air, sans éprouver aucun obstacle, se fourchent en plusieurs tiges, et étendent horizontalement leurs branches, comme les pommiers ; ou les inclinent vers la terre, comme les sapins ; ou les creusent en forme de coupe, comme les sassafras ; ou les arrondissent en tête de champignon, comme les pins ; ou les dressent en obélisque, comme les peupliers ; ou les tournent en laine de quenouille, comme les cyprès ; où les laissent flotter au gré des vents, comme les bouleaux. Toutes ces attitudes se voient sous le même rumb de vent. Il y en a même qui adoptent des formes auxquelles l'art des jardiniers aurait bien de la peine à les assujettir. Tel est le badamier des Indes, qui croît en pyramide, comme le sapin, et la porte divisée par étages, comme un roi d'échecs. Il y a des plantes très vigoureuses, qui, loin de suivre la ligne verticale, s'en écartent au moment même où elles sortent de la terre. Telle est la fausse patate des Indes, qui aime à se traîner sur le sable des rivages des pays chauds, dont elle couvre des arpents entiers ; tel est encore le rotin de la Chine, qui croît souvent aux mêmes endroits. Ces plantes ne rampent point par faiblesse. Les scions du rotin sont si forts, qu'on en fait, à la Chine, des câbles pour les vaisseaux ; et, lorsqu'ils sont sur la terre, les cerfs s'y prennent tout vivants, sans pouvoir s'en dépêtrer. Ce sont des filets dressés par la nature. Je ne finirais pas, si je voulais parcourir ici les différents ports des végétaux ; ce que j'en ai dit suffit pour montrer qu'il n'y en a aucun qui soit dirigé par la colonne verticale de l'air. On a été induit à cette erreur parcequ'on a supposé qu'ils cherchaient le plus grand volume d'air, et cette erreur de physique en a produit une autre en géométrie ; car, dans cette supposition, ils devraient se jeter tous à l'horizon, parceque la colonne d'air y est beaucoup plus considérable qu'au zénith. Il faut de même supprimer les conséquences qu'on en a tirées, et qu'on a posées comme des principes de jurisprudence pour le partage des terres, dans des livres vantés de mathématiques, tels que celui-ci, « qu'il ne croît pas plus de bois ni plus d'her-
» bes sur la pente d'une montagne qu'il n'en
» croîtrait sur sa base. » Il n'y a pas de bûcheron ni de faneur qui ne vous démontre le contraire par l'expérience.

Les plantes, dit-on, sont des corps mécaniques. Essayez de faire un corps aussi mince, aussi tendre, aussi fragile que celui d'une feuille, qui résiste des années entières aux vents, aux pluies, à la gelée et au soleil le plus ardent. Un esprit de vie, indépendant de toutes les latitudes, régit les plantes, les conserve et les reproduit. Elles réparent leurs blessures, et elles recouvrent leurs plaies de nouvelles écorces. Les pyramides de l'Égypte s'en vont en poudre, et les graminées du temps des Pharaons subsistent encore. Que de tombeaux grecs et romains, dont les pierres étaient ancrées de fer, ont disparu ! Il n'est resté, autour de leurs ruines, que les cyprès qui les ombrageaient. C'est le soleil, dit-on, qui donne l'existence aux végé-

---

* *Sapientiæ*, cap. XIII, ꝟ. 2.

taux, et qui l'entretient. Mais ce grand agent de la nature, tout puissant qu'il est, n'est pas même la cause unique et déterminante de leur développement. Si la chaleur invite la plupart de ceux de nos climats à ouvrir leurs fleurs, elle en oblige d'autres à les fermer : tels sont, dans ceux-ci, la belle-de-nuit du Pérou, et l'arbre triste des Moluques, qui ne fleurissent que la nuit. Son éloignement même de notre hémisphère n'y détruit point la puissance de la nature. C'est alors que végètent la plupart des mousses qui tapissent les rochers d'un vert d'émeraude, et que les troncs des arbres se couvrent, dans les lieux humides, de plantes imperceptibles à la vue, appelées mnium et lichen, qui les font paraître au milieu des glaces comme des colonnes de bronze vert. Ces végétations, au plus fort de l'hiver, détruisent tous nos raisonnements sur les effets universels de la chaleur, puisque des plantes d'une organisation si délicate semblent avoir besoin, pour se développer, de la plus douce température. La chute même des feuilles, que nous regardons comme un effet de l'absence du soleil, n'est point occasionnée par le froid. Si les palmiers les conservent toute l'année dans le midi, les sapins les gardent, au nord, en tout temps. A la vérité, les bouleaux, les mélèzes et plusieurs autres espèces d'arbres les perdent, dans le nord, à l'entrée de l'hiver ; mais ce dépouillement arrive aussi à d'autres arbres dans le midi. Ce sont, dit-on, les résines qui conservent, dans le nord, celles des sapins ; mais le mélèze, qui est résineux, y laisse tomber les siennes ; et le filaria, le lierre, l'alaterne, et plusieurs autres espèces qui ne le sont point, les gardent chez nous toute l'année. Sans recourir à ces causes mécaniques, dont les effets se contredisent toujours dès qu'on veut les généraliser, pourquoi ne pas reconnaître, dans ces variétés de la végétation, la constance d'une Providence ? Elle a mis, au midi, des arbres toujours verts, et leur a donné un large feuillage pour abriter les animaux de la chaleur. Elle y est encore venue au secours des animaux en les couvrant de robes à poil ras, afin de les vêtir à la légère ; et elle a tapissé la terre qu'ils habitent de fougères et de lianes vertes, afin de les tenir fraîchement. Elle n'a pas oublié les besoins des animaux du nord : elle a donné à ceux-ci pour toits les sapins toujours verts, dont les pyramides hautes et touffues écartent les neiges de leurs pieds, et dont les branches sont si garnies de longues mousses grises, qu'à peine on en aperçoit le tronc ; pour litières, les mousses mêmes de la terre, qui y ont en plusieurs endroits plus d'un pied d'épaisseur, et les feuilles molles et sèches de beaucoup d'arbres, qui tombent précisément à l'entrée de la mauvaise saison ; enfin, pour provisions, les fruits de ces mêmes arbres, qui sont alors en pleine maturité. Elle y ajoute çà et là les grappes rouges des sorbiers, qui, brillant au loin sur la blancheur des neiges, invitent les oiseaux à recourir à ces asiles ; en sorte que les perdrix, les coqs de bruyère, les oiseaux de neige, les lièvres, les écureuils, trouvent souvent, à l'abri du même sapin, de quoi se loger, se nourrir et se tenir fort chaudement.

Mais un des plus grands bienfaits de la Providence envers les animaux du nord est de les avoir revêtus de robes fourrées, de poils longs et épais, qui croissent précisément en hiver, et qui tombent en été. Les naturalistes, qui regardent les poils des animaux comme des espèces de végétations, ne manquent pas d'expliquer leurs accroissements par la chaleur. Ils confirment leur système par l'exemple de la barbe et des cheveux de l'homme, qui croissent rapidement en été. Mais je leur demande pourquoi, dans les pays froids, les chevaux, qui y sont ras en été, se couvrent en hiver d'un poil long et frisé comme la laine des moutons. A cela ils répondent que c'est la chaleur intérieure de leur corps, augmentée par l'action extérieure du froid, qui produit cette merveille. Fort bien. Je pourrais leur objecter que le froid ne produit pas cet effet sur la barbe et sur les cheveux de l'homme, puisqu'il retarde leur accroissement ; que de plus, sur les animaux revêtus en hiver par la Providence, les poils sont beaucoup plus longs et plus épais aux endroits de leur corps qui ont le moins de chaleur naturelle, tels qu'à la queue, qui est très touffue dans les chevaux, les martres, les renards et les loups, et que ces poils sont courts et rares aux endroits où elle est la plus grande, comme au ventre. Leur dos, leurs oreilles, et souvent même leurs pattes, sont les parties de leur corps les plus couvertes de poil. Mais je me contente de leur proposer cette dernière objection : la chaleur extérieure et intérieure d'un lion d'Afrique doit être au moins aussi ardente que celle d'un loup de Sibérie ; pourquoi le premier est-il à poil ras, tandis que le second est velu jusqu'aux yeux ?

Le froid, que nous regardons comme un des plus grands obstacles de la végétation, est aussi nécessaire à certaines plantes que la chaleur l'est à d'autres.

Si celles du midi ne sauraient croître au nord, celles du nord ne réussissent pas mieux au midi. Les Hollandais ont fait de vaines tentatives pour élever des sapins au cap de Bonne-Espérance, afin d'avoir des mâtures de vaisseaux, qui se vendent très cher aux Indes. Plusieurs habitants ont fait à l'Ile-de-France des essais inutiles pour y faire croître la lavande, la marguerite des prés, la violette, et d'autres herbes de nos climats tempérés. Alexandre, qui transplantait les nations à son gré, ne put jamais venir à bout de faire venir le lierre de la Grèce dans le territoire de Babylone*, quoiqu'il eût grande envie de jouer aux Indes le personnage de Bacchus avec tout son costume. Je crois cependant qu'on pourrait venir à bout de ces transmigrations végétales, en employant, au midi, des glacières pour les plantes du nord, comme on emploie, dans le nord, des poêles pour les plantes du midi. Je ne pense pas qu'il y ait un seul endroit sur le globe où, avec un peu d'industrie, on ne puisse se procurer de la glace comme on s'y procure du sel. Je n'ai trouvé nulle part de température aussi chaude que celle de l'île de Malte, quoique j'aie passé deux fois la ligne, et que j'aie vécu à l'Ile-de-France, où le soleil monte deux fois par an au zénith. Le sol de Malte est formé de collines de pierres blanches qui réfléchissent les rayons du soleil avec tant de force, que la vue en est sensiblement affectée; et quand le vent d'Afrique, appelé siroco, qui part des sables du Zara pour aller fondre les glaces du nord, vient à passer sur cette île, l'air y est aussi chaud que l'haleine d'un four. Je me rappelle que, dans ces jours-là, il y avait un Neptune de bronze sur le bord de la mer, dont le métal devenait si brûlant, qu'à peine on y pouvait tenir la main. Cependant on apportait dans l'île de la neige du mont Etna, qui est à soixante lieues de là; on la conservait pendant des mois entiers dans des souterrains, sur de la paille, et elle ne valait que deux liards la livre; encore y était-elle affermée. Puisqu'on peut avoir de la neige à Malte dans la canicule, je crois qu'on peut s'en procurer dans tous les pays du monde. D'ailleurs la nature, comme nous l'avons vu, a multiplié les montagnes à glace dans le voisinage des pays chauds. On pourra peut-être me reprocher d'indiquer ici des moyens d'accroître le luxe : mais, puisque le peuple ne vit plus que du luxe des riches, celui-ci peut tourner au moins au profit des sciences naturelles.

Il s'en faut beaucoup que le froid soit l'ennemi de toutes les plantes, puisque ce n'est que dans le nord que l'on trouve les forêts les plus élevées et les plus étendues qu'il y ait sur la terre. Ce n'est qu'au pied des neiges éternelles du mont Liban que le cèdre, le roi des végétaux, s'élève dans toute sa majesté. Le sapin, qui est après lui l'arbre le plus grand de nos forêts, ne vient à une hauteur prodigieuse que dans les montagnes à glaces, et dans les climats froids de la Norwège et de la Russie. Pline dit que la plus grande pièce de bois qu'on eût vue à Rome jusqu'à son temps était une poutre de sapin de cent vingt pieds de long, et de deux pieds d'équarrissage aux deux bouts, que Tibère avait fait venir des froides montagnes de la Valteline, du côté du Piémont, et que Néron employa à son amphithéâtre. « Jugez, dit-il, quelle devait être la longueur de l'arbre entier, par ce qu'on en avait coupé. » Cependant, comme je crois que Pline parle de pieds romains, qui sont de la même grandeur que ceux du Rhin, il faut diminuer cette dimension d'un douzième à peu près. Il cite encore le mât de sapin du vaisseau qui apporta d'Égypte l'obélisque que Caligula fit mettre au Vatican ; ce mât avait quatre brasses de tour. Je ne sais d'où on l'avait tiré. Pour moi, j'ai vu en Russie des sapins auprès desquels ceux de nos climats tempérés ne sont que des avortons. J'en ai vu, entre autres, deux tronçons, entre Pétersbourg et Moscou, qui surpassaient en grosseur les plus gros mâts de nos vaisseaux de guerre, quoique ceux-ci soient faits de plusieurs pièces. Ils étaient coupés du même arbre, et servaient de montant à la porte de la basse-cour d'un paysan. Les bateaux qui apportent du lac Ladoga des provisions à Pétersbourg ne sont guère moins grands que ceux qui remontent de Rouen à Paris. Ils sont construits de planches de sapin de deux à trois pouces d'épaisseur, quelquefois de deux pieds de large, et qui ont de longueur toute celle du bateau. Les charpentiers russes des cantons où on les bâtit ne font d'un arbre qu'une seule planche, le bois y étant si commun, qu'ils ne se donnent pas la peine de le scier. Avant que j'eusse voyagé dans les pays du nord, je me figurais, d'après les lois de notre physique, que la terre devait y être dépouillée de végétaux par la rigueur du froid. Je fus fort étonné d'y voir les plus grands arbres que j'eusse vus de ma vie, et placés si près les uns des autres, qu'un écureuil pourrait parcourir une bonne partie de la Russie sans mettre pied à terre, en sautant de branche en branche. Cette forêt de sapins couvre la Finlande, l'Ingrie, l'Estonie, tout l'espace compris entre Pétersbourg et Moscou, et de là s'étend sur une grande partie de la Pologne, où les chênes commencent à paraître, comme je l'ai observé moi-même en traversant ces pays. Mais ce que

---

* Voyez Plutarque et Pline.

j'en ai vu n'en est que la moindre partie, puisqu'on sait qu'elle s'étend depuis la Norwège jusqu'au Kamtschatka, quelques déserts sablonneux exceptés ; et depuis Breslau jusqu'aux bords de la mer Glaciale.

Je terminerai cet article par réfuter une erreur dont j'ai parlé dans l'Étude précédente, qui est que le froid a diminué dans le nord, parcequ'on y a abattu des forêts. Comme elle a été mise en avant par quelques uns de nos écrivains les plus célèbres, et répétée ensuite, comme c'est l'usage, par la foule des autres, il est important de la détruire, parcequ'elle est très nuisible à l'économie rurale. Je l'ai adoptée long-temps, sur la foi historique ; et ce ne sont point des livres qui m'en ont fait revenir, ce sont des paysans.

Un jour d'été, sur les deux heures après midi, étant sur le point de traverser la forêt d'Ivry, je vis des bergers, avec leurs troupeaux, qui s'en tenaient à quelque distance, en se reposant à l'ombre de quelques arbres épars dans la campagne. Je leur demandai pourquoi ils n'entraient pas dans la forêt pour se mettre, eux et leurs troupeaux, à couvert de la chaleur. Ils me répondirent qu'il y faisait trop chaud, et qu'ils n'y menaient leurs moutons que le matin et le soir. Cependant, comme je desirais parcourir en plein jour les bois où Henri IV avait chassé, et arriver de bonne heure à Anet, pour y voir la maison de plaisance de Henri II et le tombeau de Diane de Poitiers, sa maîtresse, j'engageai l'enfant d'un de ces bergers à me servir de guide, ce qui lui fut fort aisé, car le chemin qui mène à Anet traverse la forêt en ligne droite ; et il est si peu fréquenté de ce côté-là, que je le trouvai couvert, en beaucoup d'endroits, de gazon et de fraisiers. J'éprouvai, pendant tout le temps que j'y marchai, une chaleur étouffante, et beaucoup plus forte que celle qui régnait dans la campagne. Je ne commençai même à respirer que quand j'en fus tout-à-fait sorti, et que je fus éloigné des bords de la forêt de plus de trois portées de fusil. Au reste, ces bergers, cette solitude, ce silence des bois, me parurent plus augustes, mêlés au souvenir de Henri IV, que les attributs de chasse en bronze, et les chiffres de Henri II entrelacés avec les croissants de Diane, qui surmontent de toutes parts les dômes du château d'Anet. Ce château royal, chargé de trophées antiques d'amour, me donna d'abord un sentiment profond de plaisir et de mélancolie ; ensuite il m'en inspira de tristesse quand je me rappelai que cet amour ne fut pas légitime ; mais il me remplit à la fin de vénération et de respect quand j'appris

que, par une de ces révolutions si ordinaires aux monuments des hommes, il était habité par le vertueux duc de Penthièvre.

J'ai depuis réfléchi sur ce que m'avaient dit ces bergers sur la chaleur des bois, et sur celle que j'y avais éprouvée moi-même ; et j'ai remarqué, en effet, qu'au printemps toutes les plantes sont plus précoces dans leur voisinage, et qu'on trouve des violettes en fleurs sur leurs lisières, bien avant qu'on en cueille dans les plaines et sur les collines découvertes. Les forêts mettent donc les terres à l'abri du froid dans le nord ; mais ce qu'il y a d'admirable, c'est qu'elles les mettent à l'abri de la chaleur dans les pays chauds. Ces deux effets opposés viennent uniquement des formes et des dispositions différentes de leurs feuilles. Dans le nord, celles des sapins, des mélèzes, des pins, des cèdres, des genévriers, sont petites, lustrées et vernissées ; leur finesse, leur vernis et la multitude de leurs plans réfléchissent la chaleur autour d'elles en mille manières : elles produisent à peu près les mêmes effets que les poils des animaux du nord, dont la fourrure est d'autant plus chaude que leurs poils sont fins et lustrés. D'ailleurs, les feuilles de plusieurs espèces, comme celles des sapins et des bouleaux, sont suspendues perpendiculairement à leurs rameaux par de longues queues mobiles, en sorte qu'au moindre vent elles réfléchissent autour d'elles les rayons du soleil, comme des miroirs. Au midi, au contraire, les palmiers, les talipots, les cocotiers, les bananiers, portent de grandes feuilles qui, du côté de la terre, sont plutôt mates que lustrées, et qui, en s'étendant horizontalement, forment au-dessous d'elles de grandes ombres où il n'y a aucune réflexion de chaleur. Je conviens cependant que le défrichement des forêts dissipe les fraîcheurs occasionnées par l'humidité ; mais il augmente les froids secs et âpres du nord, comme on l'a éprouvé dans les hautes montagnes de la Norwège, qui étaient autrefois cultivées, et qui sont aujourd'hui inhabitables, parcequ'on les a totalement dépouillées de leurs bois. Ces mêmes défrichements augmentent aussi la chaleur dans les pays chauds, comme je l'ai observé à l'Ile-de-France, sur plusieurs côtes qui sont devenues si arides depuis qu'on n'y a laissé aucun arbre, qu'elles sont aujourd'hui sans culture. L'herbe même qui y pousse pendant la saison des pluies est en peu de temps rôtie par le soleil. Ce qu'il y a de pis, c'est qu'il est résulté, de la sécheresse de ces côtes, le desséchement de quantité de ruisseaux ; car les arbres plantés sur les hauteurs y attirent l'humidité de l'air, et l'y fixent, comme nous le verrons dans l'étude des plantes. De plus, en détruisant les arbres qui sont sur les hauteurs, on ôte aux vallons leurs engrais naturels, et aux campagnes les palissades qui les abritent des grands vents*. Ces vents désolent tellement les cultures en quelques endroits, qu'on n'y peut rien faire croître. J'attribue à ce dernier inconvénient la stérilité des landes de Bretagne. En vain on a essayé de leur rendre leur ancienne fécondité : on n'en viendra point à bout, si on ne commence par leur rendre leurs abris et leur température, en y ressemant des forêts. Mais il faut que les paysans qui les cultivent soient heureux. La prospérité d'une terre dépend, avant toute chose, de celle de ses habitants.

ÉTUDE SIXIÈME.

RÉPONSES AUX OBJECTIONS CONTRE LA PROVIDENCE;

TIRÉES DES DÉSORDRES DU RÈGNE ANIMAL.

Nous continuerons de parler de la fécondité des terres du nord, pour détruire le préjugé qui n'attribue le principe de la vie, dans les plantes et dans les animaux, qu'à la chaleur du midi. Je pourrais m'étendre sur les chasses nombreuses d'élans, de rennes, d'oiseaux aquatiques, de francolins, de lièvres, d'ours blancs, de loups, de renards, de martres, d'hermines, de castors, etc., que les habitants des terres septentrionales font tous les ans, et dont les seules pelleteries, qu'ils n'emploient pas à leur usage, leur produisent une branche considérable de commerce par toute l'Europe. Mais je m'arrêterai seulement à leurs pêches, parceque ces présents des eaux sont offerts à toutes les nations, et ne sont nulle part aussi abondants que dans le nord.

On tire des rivières et des lacs du nord une multitude prodigieuse de poissons. Jean Schœffer, historien exact de Laponie, dit* qu'on prend chaque année, à Tornéo, jusqu'à treize cents barques de saumons; que les brochets y sont si grands, qu'il y en a de la longueur d'un homme, et qu'on en sale chaque année de quoi nourrir quatre royaumes du nord. Mais ces pêches abondantes n'approchent pas encore de celles de ces mers**. C'est dans leur sein qu'on prend ces monstrueuses baleines qui ont pour l'ordinaire soixante pieds de longueur, vingt pieds de largeur au corps et à la queue, dix-huit pieds de hauteur, et qui donnent jusqu'à cent trente barriques d'huile. Leur lard a deux pieds d'épaisseur, et on est obligé de se servir de couteaux de six pieds de long pour le découper. Il sort tous les ans, des mers du nord, une multitude innombrable de poissons qui enrichissent tous les pêcheurs de l'Europe; tels sont les morues, les anchois, les esturgeons, les dorches, les maquereaux, les sardines, les harengs, les chiens de mer, les belugas, les phoques, les marsouins, les chevaux marins, les souffleurs, les licornes de mer, les poissons à scie, etc.... Ils y sont tous d'une taille plus considérable que dans les latitudes tempérées, et divisés en un plus grand nombre d'espèces. On en compte jusqu'à douze dans celle des baleines; et les plies ou flétans y pèsent jusqu'à quatre cents livres. Je ne m'arrêterai qu'à ceux des poissons qui nous sont les plus connus, tels que les harengs. C'est un fait certain qu'il en sort, tous les ans, une quantité plus que suffisante pour nourrir tous les habitants de l'Europe.

Nous avons des mémoires qui prouvent que la pêche s'en faisait dès l'an 1168, dans le détroit du Sund, entre les îles de Schonen et de Séeland. Philippe de Mézières, gouverneur de Charles VI, rapporte, dans le *Songe du vieux Pèlerin*, qu'en 1589, aux mois de septembre et d'octobre, il y avait une quantité si prodigieuse de harengs dans ce détroit, que, « dans l'espace de plusieurs lieues, » on pouvoit, dit-il, les tailler à l'espée; et c'est » commune renommée qu'ils sont quarante mille » bateaux qui ne font aultre chose, en deux mois,

---

* Il suffit de jeter les yeux sur la France, depuis la destruction de nos forêts, pour apprécier toute la justesse de cette observation : la seule vallée de Montmorency en offre un exemple frappant. Ses sources ont presque toutes disparu avec les bois qui couronnaient ses coteaux nord; et la diminution des eaux qui la fertilisent ne tardera pas à lui faire perdre les épithètes de riche et de belle, que Jean-Jacques Rousseau lui a prodiguées. Suivant un excellent observateur, les eaux de l'étang de Montmorency sont considérablement diminuées, et seraient même taries sans les forêts du coteau sud qui les alimentent encore. Ces forêts une fois abattues, on n'aura ni sources, ni ruisseaux, ni cerisiers, ni poissons, ni moulins; à la place de tout cela, on aura quelques arpents d'un sol sec et aride.

L'influence que des bouquets de bois exercent sur la fertilité d'une vallée, les grandes masses des forêts l'exercent sur le climat des plus vastes contrées. C'est ainsi que les forêts de la Guiane attirent une si prodigieuse quantité d'eau, que ses habitants, pour éviter les inondations, sont obligés d'établir, pendant six mois, leurs demeures au sommet des arbres, tandis qu'aucun nuage, aucune vapeur ne vient rafraîchir les champs dépouillés de l'Égypte, de la Libye et de l'Arabie. On peut consulter sur cet important phénomène l'excellente *Histoire naturelle de l'air*, de l'abbé Richard; les *Harmonies hydrovégétales*, de Rauch; et les *Époques de la nature*, de Buffon. (A.-M.)

* *Histoire de Laponie*, par Jean Schæffer.
** Voyez Frédéric Martens, de Hambourg.

» que pescher le hareng, et en chacun bateau il y
» a au moins six personnes et jusqu'à dix; et, de
» plus, il y a cinq cents grosses et moyennes neufs
» qui ne font que recueillir et saler les harengs
» en caque. » Il fait monter le nombre des pêcheurs
à trois cent mille hommes de la Prusse et de l'Allemagne. En 1610, les Hollandais, qui pêchent
ce poisson encore plus au nord, où il est meilleur,
y employaient trois mille bateaux, cinquante mille
pêcheurs, sans compter neuf mille autres vaisseaux qui l'encaquent et l'apportent en Hollande,
et cent cinquante mille hommes, soit sur terre,
soit sur mer, occupés à le transporter, à l'apprêter et à le vendre. Ils en tiraient alors de revenu
deux millions six cent cinquante-neuf mille livres
sterling*. J'ai vu moi-même à Amsterdam, en
1782, la joie du peuple, qui met des banderoles et
des pavillons aux boutiques où l'on vend ce poisson à son arrivée : il y en a dans toutes les rues.
J'y ai oui dire que la compagnie formée pour la
pêche du hareng était plus riche et faisait vivre
plus de monde que la compagnie des Indes. Les Danois, les Norwégiens, les Suédois, les Hambourgeois, les Anglais, les Irlandais, et quelques négociants de nos ports, comme de celui de Dieppe,
envoient des vaisseaux à cette pêche, mais en trop
petit nombre pour une manne aussi aisée à recueillir.

En 1782, à l'embouchure de la Gothela, petite
rivière qui baigne les murs de Gothembourg, on
en a salé cent trente-neuf mille tonneaux, enfumé
trois mille sept cents, et extrait deux mille huit
cent quarante-cinq tonneaux d'huile de ceux qui
ne pouvaient être conservés. La *Gazette de
France***, qui rapporte cette pêche, remarque
que, jusqu'en 1752, ces poissons avaient été
soixante-douze ans sans y paraître. J'attribue leur
éloignement de cette côte à quelque combat naval qui les en aura éloignés par le bruit de l'artillerie, comme il arrive aux tortues de l'île de
l'Ascension d'abandonner la rade pendant plusieurs semaines, lorsque les vaisseaux qui y passent tirent du canon. C'est peut-être aussi quelque
incendie de forêts qui aura détruit le végétal qui
les attirait sur la côte. Le bon évêque de Berghen,
Pontoppidan, le Fénelon de la Norwège, qui mettait dans ses sermons populaires des traits d'histoire naturelle tout entiers, comme d'excellents
morceaux de théologie, rapporte* que, lorsque
les harengs côtoient les rivages de la Norwège,
« les baleines, qui les poursuivent en grand nom-
» bre, et qui lancent en l'air leurs jets d'eau, font
» paraître la mer au loin comme si elle était cou-
» verte de cheminées fumantes. Les harengs pour-
» suivis se jettent le long du rivage dans les en-
» foncements et dans les criques, où l'eau, au-
» paravant tranquille, forme des lames et des
» vagues considérables partout où ils se sauvent.
» Ils s'y retirent en si grand nombre, qu'on
» peut les prendre à pleine corbeille, et que
» même les paysans les attrapent à la main. » Cependant, ce que tous ces pêcheurs réunis en pêchent n'est qu'une très petite partie de leur colonne qui côtoie l'Allemagne, la France, l'Espagne, et s'avance jusqu'au détroit de Gibraltar,
dévorée, chemin faisant, par une multitude innombrable d'autres poissons et d'oiseaux de mer
qui la suivent nuit et jour, jusqu'à ce qu'elle
se perde sur les rivages de l'Afrique, où qu'elle
retourne, selon d'autres, dans les climats du
nord.

Pour moi, je ne crois pas plus que les harengs
retournent dans les mers du nord, que les fruits
ne remontent aux arbres d'où ils sont tombés. La
nature est si magnifique dans les festins qu'elle
prépare aux hommes, qu'elle ne leur présente jamais deux fois le même mets. Je présume, d'après
une observation du père Lamberti, missionnaire
en Mingrélie, que ces poissons achèvent de circuire l'Europe en entrant dans la Méditerranée,
et que le terme de leur émigration est à l'extrémité de la mer Noire, avec d'autant plus de fondement, que les sardines, qui partent des mêmes
lieux, suivent la même route, comme le prouvent
les pêches abondantes qu'en font les Provençaux
sur leurs côtes et sur celles d'Italie. « L'on voit,
» dit le père Lamberti**, quelquefois dans la mer

---

* Ceux qui méditent sur la richesse des nations n'ont point
assez examiné l'influence que peut exercer sur elles la simple
culture d'une plante ou la pêche d'un poisson. C'est aux harengs que la Hollande doit presque toute sa puissance ; et peut-être que, pour changer la balance politique de l'Europe, il eût
suffi qu'un petit poisson fût de moins dans la mer. Les Hollandais
ont attribué, par reconnaissance, l'invention de l'art de saler
et de caquer le hareng à un de leurs compatriotes nommé
Beuckelz ; mais la gloire qu'ils en veulent tirer n'est qu'une
gloire usurpée, puisqu'en 1337, c'est-à-dire plusieurs années
avant la naissance de ce pilote, Philippe VI, roi de France,
avait rendu une ordonnance dans laquelle il est question de harengs *salés et caqués*. Or, ces mots *salés et caqués*, placés
dans cette ordonnance sans explication, sans définition, prouvent que ce procédé industriel était déjà très connu en France
dès l'année 1337, c'est-à-dire trois ans avant la naissance de
l'inventeur hollandais. Voyez à ce sujet le premier volume
de l'*Histoire des pêches*, de Noël, et le *Recueil des ordonnances de nos rois*, t. II, p. 519 et 424, et t. XII, p. 41. (A.-M.)

** Vendredi 11 octobre 1782.

* Pontoppidan, *Histoire naturelle de la Norwège*.

** *Relation de Mingrélie*; collection de Thévenot.

» Noire beaucoup de harengs; et ces années-là
» les habitants en tirent un présage que la pêche
» de l'esturgeon doit être fort abondante; et ils
» en font un jugement contraire quand il n'en pa-
» raît point. L'on en vit, en 1642, une si grande
» quantité, que la mer les ayant jetés sur la plage
» qui est entre Trébisonde et le pays des Abcas-
» ses, elle s'en trouva toute couverte, et bordée
» d'une digue de harengs qui avait bien trois pal-
» mes de haut. Ceux du pays appréhendaient que
» l'air ne s'empestât de la corruption de ces pois-
» sons; mais l'on vit en même temps la côte
» pleine de corneilles et de corbeaux, qui les déli-
» vrèrent de cette crainte en mangeant ces pois-
» sons. Ceux du pays disent que la même chose
» est arrivée autrefois, mais non pas en aussi
» grande quantité. »

Ce nombre prodigieux de harengs a certainement de quoi étonner; mais l'admiration redou-
blera si l'on considère que cette colonne n'est pas
la moitié de celle qui sort du nord tous les ans.
Elle se partage à la hauteur de l'Islande; et tandis
qu'une partie vient répandre l'abondance sur les
côtes de l'Europe, l'autre va la porter sur celles
de l'Amérique. Anderson dit que les harengs sont
si abondants sur les côtes de l'Islande, qu'une chaloupe peut à peine les traverser à la rame. Ils y
sont accompagnés d'une multitude prodigieuse de
sardines et de morues; ce qui rend le poisson si
commun dans cette île, que les habitants le font
sécher, et le réduisent en farine avec les arêtes,
pour en nourrir leurs bœufs et leurs chevaux. Le P.
Rale, jésuite, missionnaire en Amérique, en parlant des sauvages qui sont entre l'Acadie et la
Nouvelle-Angleterre, dit* « qu'ils se rendent en un
» certain temps à une rivière peu éloignée, où,
» pendant un mois, les poissons montent en si
» grande quantité, qu'on en remplirait cinquante
» mille barriques en un jour, si l'on pouvait suf-
» fire à ce travail. Ce sont des espèces de gros ha-
» rengs, fort agréables au goût quand ils sont frais.
» Ils sont pressés les uns sur les autres à un pied
» d'épaisseur, et on les puise comme l'eau. Les
» sauvages les font sécher pendant huit ou dix
» jours, et ils en vivent pendant tout le temps
» qu'ils ensemencent leurs terres. » Ce témoignage est confirmé par un grand nombre d'autres,
et en particulier par un Anglais, né en Amérique,
et qui a écrit l'histoire de la Virginie. « Au prin-
» temps, dit-il**, les harengs montent en si grande
» foule dans les ruisseaux et les gués des rivières,
» qu'il est presque impossible d'y passer à cheval
» sans marcher sur ces poissons... De là vient que,
» dans cette saison de l'année, les endroits des ri-
» vières où l'eau est douce sont empuantis par le
» poisson qu'il y a. Outre les harengs, on voit une
» infinité d'aloses, de rougets, d'esturgeons, et
» quelque peu de lamproies qui passent de la mer
» dans les rivières. »

Il paraît qu'une autre colonne de ces poissons
sort du pôle nord, à l'est de notre continent, et
passe par le canal qui sépare l'Amérique de l'Asie.
Car un missionnaire dit que les habitants de la
terre d'Yesso vont vendre au Japon, entre autres
poissons secs *, des harengs. Les Espagnols, qui
ont tenté des découvertes au nord de la Californie,
en ont trouvé tous les peuples ichthyophages, et ne
s'appliquant à aucune culture. Quoiqu'ils n'y aient
abordé qu'au milieu de l'été, où la pêche de ces
poissons ne s'y faisait peut-être pas encore, ils y
trouvèrent une abondance prodigieuse de sardines, dont la patrie et les émigrations sont les
mêmes; car on en prend une grande quantité de
petites à Archangel. J'en ai mangé en Russie, chez
M. le maréchal Munich, qui les appelait des anchois du nord. Mais comme les mers septentrionales qui séparent l'Amérique de l'Asie nous sont
inconnues, je ne suivrai pas ce poisson plus loin.
J'observerai toutefois que plus de la moitié de ces
harengs sont remplis d'œufs, et que, s'ils venaient
tous à éclore pendant trois ou quatre générations
seulement, l'Océan entier ne serait pas capable
de les contenir. Ils ont, à vue d'œil, au moins autant d'œufs que les carpes. M. Petit, célèbre dé-
monstrateur en anatomie, et fameux médecin, a
trouvé que les deux paquets d'œufs d'une carpe
de dix-huit pouces de longueur pesaient huit onces
deux gros, qui font quatre mille sept cent cin-
quante-deux grains, et qu'il fallait le poids de
soixante-douze de ces œufs pour faire le poids d'un
grain; ce qui fait trois cent quarante-deux mille
cent quarante-quatre œufs compris dans les huit
onces deux gros. Je me suis un peu étendu au sujet
de ces poissons, non pas pour l'avantage de notre
commerce, qui, avec ses offices, ses priviléges, ses
exclusions, rend rare tout ce qu'il entreprend;
mais à cause de la subsistance du peuple, réduit,
en beaucoup d'endroits, à ne manger que du pain,
tandis que la Providence donne à l'Europe, d'une
main si libérale, les poissons peut-être les plus

---

* *Lettres édifiantes*, t. XXIII, p. 199.
** *Histoire de la Virginie*, p. 202.

* *Histoire ecclésiastique du Japon*, par le père F. Solier, liv. XIX, chap. XI.

friands de la mer [20]. Il n'en faut pas juger par ceux qu'on apporte à Paris dans l'arrière-saison, et qu'on a pêchés à peu de distance de nos côtes; mais par ceux qu'on pêche dans le nord, connus en Hollande sous le nom de harengs-pecs, qui sont épais, longs, gras, ayant un goût de noisette, si délicats et si fondants, qu'on ne peut les faire cuire, et qu'on les mange crus et salés comme des anchois.

Le pôle austral n'est pas moins poissonneux que le pôle septentrional. Les peuples qui l'avoisinent, tels que les habitants des îles de la Géorgie, de la Nouvelle-Zélande, du détroit de Le Maire, de la Terre-de-Feu et du détroit de Magellan, sont ichthyophages, et n'exercent aucune sorte d'agriculture. Le véridique chevalier Narbrought dit, dans son Journal à la mer du Sud, que le port Desiré, qui est par le 47ᵉ degré 48′ de latitude sud, est si rempli de pingoins, de veaux marins et de lions marins, que tout vaisseau qui y touchera y trouvera des provisions en abondance. Tous ces animaux, qui y sont fort gras, ne vivent que de poissons. Quand il fut dans le détroit de Magellan, il prit, d'un seul coup de filet, plus de cinq cents gros poissons, semblables à des mulets, aussi longs que la jambe d'un homme; des éperlans de vingt pouces de longueur, une grande quantité de poissons semblables aux anchois; enfin, ils en trouvèrent tant de toutes sortes, qu'ils ne mangèrent autre chose pendant tout le temps qu'ils y restèrent. Les moules à belles nacres, connues dans nos cabinets sous le nom de moules de Magellan, y sont d'une grandeur prodigieuse, et excellentes à manger. Les lépas, de même, y sont très grands. Il faut, dit-il, qu'il y ait sur ces rivages une infinité de poissons, pour nourrir les veaux marins, les pingoins et les oiseaux qui ne vivent que de poissons, et qui sont tous également gras, quoiqu'ils soient innombrables. Ils tuèrent un jour quatre cents lions marins en une demi-heure. Il y en avait de dix-huit pieds de long; ceux qui en ont quatorze sont par milliers. Leur chair est aussi belle et aussi blanche que celle d'agneau, et très bonne à manger fraîche; mais elle est bien meilleure quand on l'a tenue dans le sel. Sur quoi j'observerai qu'il n'y a que les poissons des pays froids qui prennent bien le sel, et qui conservent, dans cet état, une partie de leur saveur. Il semble que la nature ait voulu faire participer, par ce moyen, tous les peuples de la terre à l'abondance des pêches qui sortent des zones glaciales.

La côte occidentale de l'Amérique, dans cette même latitude, n'est pas moins poissonneuse.

« Dans toute la côte de la mer, dit le Péruvien » Garcilasso de la Vega*, depuis Aréquipa jus- » qu'à Tarapaca, où il y a plus de deux cents » lieues de longueur, ils n'emploient d'autres » fientes pour fumer les terres que la fiente de » certains oiseaux appelés passereaux marins, » dont il y a des troupes si nombreuses, qu'on » ne saurait les voir sans être étonné. Ils se tien- » nent dans les îles désertes de la côte; et, à force » d'y fienter, ils les blanchissent d'une telle ma- » nière, qu'on les prendrait de loin pour quel- » ques montagnes couvertes de neige. Les Incas » réservaient ces îles pour en disposer en faveur » de telle province qu'ils jugeraient à propos. » Or cette fiente provenait des poissons dont vivent ces oiseaux. « En d'autres pays de la même côte, » dit-il**, dans les contrées d'Atica, d'Atilipa, » de Villacori, de Malla et de Chilca, on engraisse » les terres avec les têtes de sardines, qu'on y » sème en abondance. On les enterre à une petite » distance les unes des autres, après y avoir mis » dedans deux ou trois grains de maïs. En certaine » saison de l'année, la mer jette sur le rivage une » si grande quantité de sardines vives, qu'ils en » ont de reste pour leur provision et pour en- » graisser leurs champs; jusque-là même que » s'ils les voulaient ramasser toutes, ils en pour- » raient charger plusieurs navires. »

On voit que la côte du Pérou est à peu près le terme de l'émigration des sardines qui sortent du pôle sud, comme les côtes de la mer Noire sont le terme de celle des harengs qui sortent du pôle nord. Le développement de ces deux routes des sardines australiennes et des harengs septentrionaux est à peu près de la même longueur, et leurs destinées sont à la fin semblables. On croirait que quelques néréides sont chargées, tous les ans, de conduire, depuis les pôles, ces flottes innombrables de poissons, pour fournir à la subsistance des habitants des zones tempérées, et que, quand elles sont arrivées au terme de leurs courses, dans les pays chauds où les fruits abondent, elles vident sur le rivage ce qui reste dans leurs filets.

Il ne me sera pas aussi facile, je l'avoue, de rapporter à la bienfaisance de la nature les guerres que se font entre eux les animaux. Pourquoi y a-t-il des bêtes carnassières? Quand je ne résoudrais pas cette difficulté, il ne faudrait pas accuser la nature de cruauté, parceque je manquerais de

* *Histoire des Incas*, liv. V, chap. III.
** *Id.*

lumières. Elle a ordonné ce que nous connaissons avec tant de sagesse, que nous en devons conclure que la même sagesse règne dans ce que nous ne connaissons pas. Je me hasarderai cependant à dire mon sentiment, et à répondre à cette question, d'autant que cela me donnera lieu de mettre en avant quelques observations que je crois neuves, et dignes d'attention.

D'abord, les bêtes de proie sont nécessaires. Que deviendraient les cadavres de tant d'animaux qui périssent dans les eaux et sur la terre, qu'ils souilleraient de leur infection? A la vérité, plusieurs espèces de bêtes carnassières dévorent les animaux tout vivants. Mais que savons-nous si elles ne transgressent pas leurs lois naturelles? L'homme à peine sait son histoire : comment pourrait-il savoir celle des bêtes? Le capitaine Cook a observé, dans une île déserte de l'océan Austral, que les lions marins, les veaux marins, les ours blancs, les nilgauts, les aigles et les vautours, vivaient pêle-mêle, sans qu'aucune troupe cherchât en rien à nuire aux autres. J'ai observé la même paix parmi les fous et les frégates de l'île de l'Ascension. Mais, dans le fond, on ne doit pas leur savoir beaucoup de gré de leur modération. C'étaient corsaires contre corsaires. Ils s'accordaient entre eux pour vivre aux dépens des poissons qu'ils avalaient tout vivants.

Remontons au grand principe de la nature. Elle n'a rien fait en vain. Elle destine peu d'animaux à mourir de vieillesse, et je crois même qu'il n'y a que l'homme à qui elle ait donné de parcourir la carrière entière de la vie, parcequ'il n'y a que lui dont la vieillesse soit utile à ses semblables. A quoi serviraient, parmi les bêtes, des vieillards sans réflexion, à des postérités qui naissent avec toute leur expérience? D'un autre côté, comment des pères décrépits trouveraient-ils des secours parmi des enfants qui les quittent dès qu'ils savent nager, voler ou marcher? La vieillesse serait pour eux un poids, dont les bêtes féroces les délivrent. D'ailleurs, leurs générations sans obstacles naîtraient des postérités sans fin, auxquelles le globe ne suffirait pas. La conservation des individus entraînerait la destruction des espèces. Les animaux pouvaient toujours vivre, dira-t-on, dans une proportion convenable aux lieux qu'ils habitent. Mais il fallait dès-lors qu'ils cessassent de multiplier; et adieu les amours, les nids, les alliances, les prévoyances, et toutes les harmonies qui règnent parmi eux. Tout ce qui naît doit mourir. Mais la nature, en les dévouant à la mort, en ôte ce qui peut en rendre l'instant cruel. C'est d'ordinaire pendant la nuit, et au milieu du sommeil, qu'ils succombent aux griffes ou aux dents de leurs ennemis. Vingt blessures portées à la fois aux sources de la vie ne leur laissent pas le temps de songer qu'ils la perdent. Ils ne joignent à ce moment fatal aucun des sentiments qui le rendent si amer à la plupart des hommes, les regrets du passé et les inquiétudes de l'avenir. Leurs âmes insouciantes s'envolent dans les ombres de la nuit, au milieu d'une vie innocente, et souvent dans les illusions de leurs amours.

Des compensations inconnues adoucissent peut-être encore ce dernier passage. Au moins j'observerai, comme une chose digne de la plus grande considération, que les espèces d'animaux dont la vie est prodiguée au soutien de celle des autres, comme celle des insectes, ne paraissent susceptibles d'aucune sensibilité. Si on arrache la jambe d'une mouche, elle va et vient comme si elle n'avait rien perdu. Après le retranchement d'un membre aussi considérable, il n'y a ni évanouissement, ni convulsion, ni cri, ni aucun symptôme de douleur. Des enfants cruels s'amusent à leur enfoncer de longues pailles dans l'anus; elles s'élèvent en l'air, ainsi empalées; elles marchent et font leurs mouvements ordinaires, sans paraître s'en soucier. D'autres prennent des hannetons, leur rompent une grosse jambe, leur passent dans les nerfs et les cartilages de la cuisse une forte épingle, et les attachent avec une bande de papier à un bâton. Ces insectes étourdis volent, en bourdonnant, tout autour du bâton, sans se lasser, et sans paraître éprouver la moindre souffrance. Réaumur coupa, un jour, la corne charnue et musculeuse d'une grosse chenille, qui continua de manger comme si rien ne lui fût arrivé. Peut-on penser que des êtres si tranquilles entre les mains des enfants et des philosophes éprouvent quelque sentiment de douleur quand ils sont gobés en l'air par les oiseaux?

Je puis étendre ces observations plus loin. C'est que les poissons de la classe de ceux qui n'ont ni os ni sang, et qui forment le plus grand nombre des habitants de la mer, paraissent également insensibles. J'ai vu, entre les tropiques, un thon, à qui un de nos matelots avait enlevé un lopin de chair de la nuque d'un coup de harpon, qui se rebroussa contre sa tête, suivre notre vaisseau pendant plusieurs semaines, sans qu'aucun de ses compagnons le surpassât à nager ou à faire des culbutes. J'ai vu des requins, percés de balles de fusil, revenir mordre à l'hameçon dont ils s'étaient déjà échappés une fois, la gueule toute déchirée. On trouvera encore une plus grande analogie entre les poissons et les insectes, si l'on considère que les uns et les autres n'ont ni os ni sang, qu'ils ont une chair imprégnée d'une eau gluante, et qui paraît encore être la même dans les uns et les autres, en ce qu'elle jette la même odeur lorsqu'on la brûle; et qu'ils ne respirent point par la bouche, mais par les côtés, les insectes par les trachées, les poissons par les ouïes; qu'ils n'ont point d'organe auditif, mais qu'ils entendent par le frémissement que leur corps éprouve par la commotion de l'élément fluide où ils vivent; qu'ils voient de tous côtés l'horizon par la situation de leurs yeux; qu'ils accourent également à la lumière; qu'ils ont la même avidité, et sont, pour la plupart, carnivores; que, dans ces deux genres, les femelles sont plus grosses que les mâles; qu'elles jettent leurs œufs en nombre infini, sans les couver; que la plupart des poissons passent, en naissant, par l'état d'insecte, sortant de leurs œufs en forme de vers, et quelques uns même en celle de grenouille, comme une espèce de poisson de Surinam; que les uns et les autres sont revêtus d'écailles; que plusieurs poissons ont des barbillons et des antennes, comme les insectes; que les uns et les autres renferment, dans leurs catégories, une variété incroyable de formes, qui n'appartiennent qu'à eux; enfin, que leurs constitutions, leurs métamorphoses, leurs mœurs, leur fécondité étant les mêmes, on est tenté d'admettre, entre ces deux grandes classes, la même insensibilité.

Pour les animaux qui ont du sang, quoi qu'en ait dit Malebranche, ils sont sensibles; ils manifestent la douleur par les mêmes signes que nous. Mais la nature les a remparés de cuirs épais, de longs poils, de plumages, qui les abritent contre les atteintes du dehors. D'ailleurs ils ne sont guère exposés aux mauvais traitements qu'entre les mains des hommes méchants.

Passons maintenant à la génération des animaux. Nous avons vu que les plus grandes et les plus nombreuses espèces du globe, dans le règne animal et végétal, naissent dans le nord, indépendamment de la chaleur du soleil. Voyons si celle de la fermentation a plus de puissance au midi. Des Égyptiens ont dit à Hérodote que quelques espèces d'animaux s'étaient formées des vases fermentées de l'Océan et du Nil. Quelque respect que je porte aux anciens, je récuse leur autorité en physique. La plupart de leurs philosophes ressemblaient assez aux nôtres: ils observaient fort peu, et ils raisonnaient beaucoup. Si quelques uns, pour tranquilliser des princes voluptueux, ont avancé que tout sortait de la corruption et y rentrait, d'autres, de meilleure foi, les ont réfutés, même dès ce temps-là. Non-seulement la corruption ne produit aucun corps vivant, mais elle leur est funeste, surtout à ceux qui ont du sang, et principalement à l'homme. Il n'y a d'air malsain que là où il y a corruption. Comment aurait-elle pu engendrer, dans les animaux, des pieds assortis de molettes, d'ongles, de doigts; des peaux velues de tant de sortes de poils et de plumages; des mâchoires palissadées de dents taillées les unes pour couper, d'autres pour moudre; des têtes ornées d'yeux, et des yeux défendus de paupières pour les garantir du soleil? Comment aurait-elle pu rassembler ces membres épars, les lier de nerfs et de muscles, les soutenir d'ossements avec des pivots et des charnières; les nourrir de veines pleines d'un sang qui circule, soit que l'animal marche, soit qu'il se repose; les couvrir de peaux si convenablement fourrées de poils pour les climats qu'ils habitent; ensuite les faire mouvoir par l'action combinée d'un cœur et d'un cerveau, et donner à toutes ces machines, nées dans le même lieu, formées du même limon, des appétits et des instincts si différents? Comment leur eût-elle inspiré le sentiment d'eux-mêmes, et allumé en eux le désir de se reproduire par d'autres voies que celle qui leur avait donné l'existence? La corruption, loin de leur donner la vie, eût dû la leur ôter, puisqu'elle fait naître des tubercules, enflamme les yeux, dissout le sang, et produit une infinité de maladies dans la plupart des animaux qui en respirent les émanations [21]. La fermentation de quelque matière que ce soit n'a pu former aucun animal, pas même l'œuf d'où il est sorti. On trouve dans les voiries de nos grandes villes, où tant de matières fermentent, des molécules organiques de toute espèce, des corps entiers d'animaux, du sang, des plantes, de l'ammoniac, des huiles, des flegmes, des esprits, des minéraux, des matières plus hétérogènes et plus combinées par les caprices des hommes en société que les flots de l'Océan n'en ont accumulé et confondu sur ses rivages : cependant on n'y a jamais trouvé aucun corps organisé. Qu'on ne dise pas que la chaleur nécessaire à leur développement y manque; il y en a de tous les degrés, depuis la glace jusqu'au feu. Les sels s'y cristallisent, et les soufres s'y forment. On a recueilli dans Paris même, il y a quelques années, du soufre formé par la nature, dans d'anciennes voiries du temps de Charles IX. Nous voyons tous les jours que la fermentation peut croître dans du fumier, au point que le feu y prenne. Sa chaleur modérée est même si favorable au développement des germes, qu'on s'en est servi pour faire éclore des poulets. Mais les combinaisons de toutes ces matières n'y ont jamais rien produit de vivant ni d'organisé. Que dis-je? les premiers travaux de la nature, que nous voulons expliquer, sont couverts de tant de mystères, qu'un œuf, tant soit peu ouvert, cesse d'être fécond. Le moindre contact de l'air extérieur suffit pour y détruire les premiers linéaments de la vie. Ce ne sont donc ni les matières, ni les dégrés de chaleur qui manquent à l'homme pour imiter la nature dans la prétendue création des êtres; et cette puissance, toujours jeune et active, ne s'est point affaiblie, puisqu'elle a toujours le pouvoir de les reproduire, qui n'est pas moins grand que celui de leur donner l'existence.

La sagesse avec laquelle elle a ordonné leurs proportions n'est pas moins digne d'admiration. Si on vient à examiner les animaux, on n'en trouvera aucun de défectueux dans ses membres, si l'on a égard à ses mœurs et aux lieux où il est destiné à vivre. Le long et gros bec du toucan, et sa langue faite en plume, étaient nécessaires à un oiseau qui cherche les insectes éparpillés dans les sables humides des rivages de l'Amérique. Il lui fallait à la fois une longue pioche pour y fouiller, une large cuiller pour les ramasser, et une langue frangée de nerfs délicats pour y sentir sa nourriture. Il fallait de longues jambes et de longs cous aux hérons, aux grues, aux flamants et aux autres oiseaux qui marchent dans les marais, et qui cherchent de la proie au fond de leurs eaux : chaque animal a les pieds et la gueule, ou le bec, formés d'une manière admirable pour le sol qu'il doit parcourir, et pour les aliments dont il doit vivre. C'est de leurs configurations que les naturalistes tirent les caractères qui distinguent les bêtes de proie de celles qui sont frugivores. Ces organes n'ont jamais manqué aux besoins des animaux, et ils sont eux-mêmes indélébiles comme leurs instincts. J'ai vu, dans des campagnes, des canards élevés loin des eaux, depuis plusieurs générations, qui avaient conservé à leurs pieds les larges membranes de leur espèce, et qui, aux approches des pluies, battaient des ailes, jetaient des cris, appelaient les nuées, et semblaient se plaindre au ciel de l'injustice de l'homme qui les privait de leur élément. Aucun animal n'a manqué d'un membre nécessaire, ou n'en a reçu d'inutiles. Des philosophes ont regardé les ergots appendices des pieds du porc comme superflus, parcequ'ils ne portent point à terre : mais cet animal, destiné à vivre dans les lieux marécageux, où il aime à se vautrer, et à faire avec son boutoir des fouilles profondes, s'y fût souvent enfoncé par sa gloutonnerie, si la nature n'eût disposé au-dessus de ses pieds deux ergots en saillie, qui lui donnent les moyens de s'en retirer. Le bœuf, qui fréquente les bords marécageux des fleuves, en a d'à peu près semblables. L'hippopotame, qui vit dans les eaux et sur les rivages du Nil, a le pied fourchu, et au-dessus du paturon deux petites cornes qui plient contre terre quand il marche, de sorte qu'il laisse sur le sable une empreinte qu'on dirait être celle de quatre griffes. On peut voir la description de cet amphibie à la fin des Voyages de Dampier.

Comment des hommes éclairés ont-ils pu méconnaître l'usage de ces membres accessoires dont les paysans de quelques unes de nos provinces imitent la forme dans les échasses, qu'ils appellent, par cette ressemblance même, *pieds de porc*, et dont ils se servent pour traverser les endroits marécageux? ces mêmes paysans ont imité pareillement celle des ergots pointus et écartés du pied de la chèvre, qui lui servent à gravir les rochers, en se servant de ces pieux ferrés à deux pointes, qui retiennent dans la pente des montagnes les derrières de leurs lourdes charrettes. La nature, qui varie ses moyens comme les obstacles, a donné les ergots appendices au pied du porc par les mêmes raisons qu'elle a revêtu le rhinocéros d'une peau plissée de plusieurs plis, au milieu de la zone torride. On croirait ce lourd animal couvert d'un triple manteau : mais, destiné à vivre dans les marais fangeux de l'Inde, où il fouille avec la corne de son museau les longues racines des bambous, il y eût enfoncé par son poids énorme, s'il n'avait l'étrange faculté d'étendre en se gonflant les plis multipliés de sa peau, et de se rendre plus léger en occupant un plus grand volume. Ce qui nous paraît, au premier coup d'œil, une défectuosité dans les animaux, est, à coup sûr, une compensation merveilleuse de la Providence; et ce serait souvent une exception à ses lois générales, si elle en avait d'autres que l'utilité et le bonheur des êtres. C'est ainsi qu'elle a donné à l'éléphant une trompe qui lui sert, comme une main, à grimper sur les plus rudes montagnes, où il se plaît à vivre, et à cueillir l'herbe des champs et les feuillages des arbres, auxquels la grosseur de son cou ne lui permettrait pas d'atteindre.

Elle a varié, à l'infini, parmi les animaux, les moyens de se défendre comme ceux de subsister. On ne peut pas supposer que ceux qui marchent lentement ou qui jettent des cris souffrent habituellement; car comment des races de malades auraient-elles pu se perpétuer, et devenir même une des plus répandues du globe ? Le slugard, ou paresseux, se trouve en Afrique, en Asie et en Amérique*. Sa lenteur n'est pas plus une paralysie que la lenteur de la tortue et du limaçon ; les cris qu'il jette quand on l'approche ne sont point des cris de douleur**. Mais, parmi les animaux, les uns étant destinés à parcourir la terre, d'autres à vivre à poste fixe, leurs défenses sont variées comme leurs mœurs. Les uns échappent à leurs ennemis par la fuite, d'autres les repoussent par des sifflements, des figures hideuses, des odeurs infectes, ou des voix lamentables. Il y en a qui disparaissent à leur vue, comme le limaçon, qui est de la couleur des murailles ou de l'écorce des arbres où il se réfugie ; d'autres, par une magie admirable, prennent, à leur volonté, la couleur des objets qui les environnent, comme le caméléon. Oh ! que l'imagination des hommes est stérile auprès de l'intelligence de la nature ! Ils n'ont rien produit, dans quelque genre que ce soit, qu'ils n'en aient trouvé le modèle dans ses ouvrages. Le génie même dont ils font tant de bruit, ce génie créateur que nos beaux esprits croient apporter en venant au monde, et perfectionner dans les cercles ou dans les livres, n'est autre chose que l'art de l'observer. On ne peut pas même sortir des routes de la nature pour s'égarer. On n'est sage que de sa sagesse, on n'est fou qu'en en dérangeant les plans. Le burin de Callot, si fertile en monstres, n'a composé tant de démons affreux que des membres mal assortis de différents animaux, de becs de chats-huants, de gueules de crocodiles, de carcasses de chevaux, d'ailes de chauves-souris, de griffes et d'ergots qu'il a joints à la figure humaine, pour rendre ses contrastes plus odieux. Les femmes même, qui, par de plus doux caprices, s'exercent à broder sur leurs étoffes des fleurs de fantaisie, sont obligées d'en prendre les modèles dans nos jardins. Examinez sur leurs robes les folâtres jeux de leur imagination : vous y verrez des œillets sur les feuillages d'un myrte, des roses sur des roseaux, des grenades sur la tige d'une herbe. La nature seule ne produit que des accords raisonnables, et n'assortit dans les animaux et dans les fleurs que des parties convenables aux lieux, à l'air, aux éléments, et aux usages auxquels elle les destine. Jamais on n'a vu sortir aucune race de monstres de ses sublimes pensées.

J'ai entendu plusieurs fois annoncer dans nos foires des monstres vivants ; mais jamais je n'ai pu parvenir à en voir un seul, quelque peine que je me sois donnée. Un jour on afficha, à la foire de S.-Ovide, une vache à trois yeux, et une brebis à six pattes. Je fus curieux de voir ces animaux, et d'examiner l'usage qu'ils faisaient d'organes et de membres qui me paraissaient leur être superflus. Comment, me disais-je, la nature a-t-elle pu poser le corps d'une brebis sur six pattes, lorsque quatre étaient suffisantes pour la porter ? Cependant je vins à me rappeler que la mouche, qui est bien plus légère qu'une brebis, en avait six, et j'avoue que cette réflexion m'embarrassa. Mais ayant observé, un jour, une mouche qui s'était reposée sur mon papier, je remarquai qu'elle était fort occupée à se brosser alternativement la tête et les ailes avec les deux pattes de devant et avec celles de derrière. Je vis alors évidemment qu'elle avait besoin de six pattes, afin d'être soutenue par quatre lorsqu'elle en emploie deux à se brosser, surtout sur un plan perpendiculaire. L'ayant prise et considérée au microscope, je vis avec admiration que ces deux pattes du milieu n'avaient point de brosses, et que les quatre autres en avaient. Je remarquai encore que son corps était couvert de grains de poussière, qui s'y attachent dans l'atmosphère où elle vole, et que ses brosses étaient doubles, garnies de poils fins, entre lesquels elle faisait sortir et rentrer, à volonté, deux griffes semblables à celles d'un chat, mais incomparablement plus aiguës. Ces griffes servent aux mouches à s'accrocher sur les corps les plus polis, comme sur le verre des vitres, où on les voit monter et descendre sans glisser. J'étais très curieux de voir comment la nature avait attaché deux

---

* Les paresseux ne se trouvent que dans le Nouveau-Monde. L'auteur a été sans doute induit en erreur par Séba, ou par Vosmaër, qui ont confondu le loris, genre de quadrupède de la famille du *makis*, avec le *paresseux*, genre de quadrupède de l'ordre des tardigrades. Ce dernier genre renferme trois espèces distinctes : l'*aï*, l'*unau* et le *kouri* ; mais elles sont toutes trois de l'Amérique. (A.-M.)

** Cette observation est très juste ; et le cri de l'aï, qui est exprimé par son nom, n'a même rien d'horrible : c'est donc mal à propos que Linnée l'a qualifié de *clamor horrendus*. L'aï met un jour à faire cinquante pas, et deux jours à grimper sur un arbre. Souvent il s'accroche aux branches, et y demeure suspendu la tête en bas, semblable à une excroissance de l'écorce : c'est par ce moyen qu'il échappe aux recherches des nègres et des chasseurs. Ainsi sa couleur est une prévoyance de la nature, qui, en le privant de vitesse, ne l'a cependant point abandonné. Par un autre acte de la même prévoyance, l'aï a été revêtu d'une fourrure impénétrable à l'humidité. Le poil en est épais, serré, uni, sec, de sorte que l'eau glisse sur sa surface sans jamais la mouiller. Si l'on observe que l'aï végète dans un climat où il pleut par averses pendant huit mois de l'année, et que tous les moyens de chercher ou de se construire un abri lui ont été refusés, on ne peut trop admirer la sagesse de la Providence, qui lui a donné un manteau pour la pluie, comme elle a donné un toit d'écaille à la tortue, qui, ayant la même lenteur, avait les mêmes besoins. C'est ainsi que, pour nous servir d'une expression de Buffon, la nature, dans ses productions les plus négligées, paraît plus en mère qu'en marâtre. (A.-M.)

nouvelles pattes au corps d'une brebis, et comment elle avait formé, pour les faire mouvoir, de nouvelles veines, de nouveaux nerfs et de nouveaux muscles avec leurs insertions. Le troisième œil de la vache m'embarrassait encore davantage. Je fus donc comme les autres badauds porter mon argent pour satisfaire ma curiosité. J'en vis sortir en foule de la loge de ces animaux, très émerveillés de les avoir vus. Enfin je parvins, comme eux, au bonheur de les contempler. Les deux pattes superflues de la brebis n'étaient que des peaux desséchées, découpées comme des courroies, et pendantes à sa poitrine sans toucher à terre, et sans pouvoir lui être d'aucun usage. Le troisième œil prétendu de la vache était une espèce de plaie ovale au milieu du front, sans orbite, sans prunelle, sans paupière, et sans aucune membrane qui présentât quelque partie organisée d'un œil. Je me retirai, sans examiner si ces accidents étaient naturels ou artificiels; car, en vérité, la chose n'en valait pas la peine. Les monstres que l'on conserve dans des bocaux d'esprit-de-vin, tels que les petits cochons qui ont des trompes d'éléphant, et les enfants accouplés et à deux têtes que l'on montre dans nos cabinets avec une mystérieuse philosophie, prouvent bien moins le travail de la nature que son interruption. Aucun de ces êtres n'a pu parvenir à un développement parfait; et, loin de témoigner que l'intelligence qui les a produits s'égarait, ils attestent, au contraire, l'immuabilité de sa sagesse, puisqu'elle les a rejetés de son plan en leur refusant la vie.

Il y a, dans la conduite de la nature envers l'homme, une bonté bien digne d'admiration : c'est qu'en lui défendant, d'une part, d'altérer la régularité de ses lois pour satisfaire ses caprices, de l'autre, elle lui permet souvent d'en déranger le cours pour subvenir à ses besoins. Par exemple, elle fait naître, de l'accouplement de l'âne et de la jument, le mulet, qui est si utile dans les montagnes; et elle prive cet animal du pouvoir de se reproduire, afin de conserver les espèces primitives, qui sont d'une utilité plus générale. On peut reconnaître, dans la plupart de ses ouvrages, ces condescendances maternelles et ces prévoyances, si j'ose le dire, royales. Elles se manifestent surtout dans les productions de nos jardins. On les trouve dans celles de nos fleurs qui ont des surabondances de corolles, comme dans la rose double, qui ne se reproduit point de graines, et que pour cette raison quelques botanistes ont osé qualifier de monstre, quoiqu'elle soit la plus belle des fleurs, au sentiment de tous les peuples. Des naturalistes ont cru qu'elle sortait des lois de la nature, parcequ'elle s'écartait de leurs systèmes; comme si la première des lois qui gouverne le monde n'avait pas pour objet le bonheur de l'homme ! Mais si les roses et les fleurs qui ont une surabondance de corolles sont des monstres, les fruits qui ont une surabondance de chairs fondantes et de pâtes sucrées inutiles au développement de leurs graines, comme les pommes, les poires, les melons; et les fruits qui n'ont pas même de semences, comme les ananas, les bananes, le fruit à pain, sont donc des monstres aussi? Les racines qui deviennent si charnues dans nos jardins, et qui se tournent en gros pivots, en glandes succulentes, en bulbes farineuses inutiles au développement de leurs tiges, sont encore des monstres. La nature ne nourrit l'homme, en partie, que de cette surabondance végétale; elle ne l'accorde qu'à ses travaux. Quelque fertile que soit un terrain, les végétaux des mêmes espèces que ceux de nos jardins y croissent sauvages, et s'y jettent en feuilles et en branches. S'ils portent du fruit, la chair en est toujours maigre, et la semence ou le noyau fort gros. N'est-ce donc pas une véritable complaisance, de la part de la nature, de transformer, sous la main de l'homme, en aliments, les mêmes sucs qui se convertiraient, dans les forêts, en hautes tiges et en fortes racines? Sans sa condescendance, en vain l'homme dirait à la sève des arbres : « Vous vous » rendrez dans les fruits, et vous n'irez point au-» delà. » Il aurait beau, dans la terre la plus féconde, mutiler, étêter, ébourgeonner, l'amandier n'y couvrira point son amande d'une pulpe charnue et fondante comme celle de la pêche. C'est la nature qui fait, de temps en temps, présent à l'homme des variétés utiles et agréables qu'elle tire du même genre. Tous nos arbres fruitiers sortent originairement des forêts, et aucun ne s'y perpétue dans son espèce. La poire appelée *Saint-Germain* a été trouvée dans la forêt de Saint-Germain avec la saveur que nous lui connaissons. La nature l'a choisie, comme les autres fruits de nos vergers, sur la table des animaux, pour la placer sur celle de l'homme; et, afin que nous ne pussions douter de son bienfait et de son origine, elle a voulu que ses semences ne reproduisissent que des sauvageons. Ah! si elle suspendait ses lois particulières de bienfaisance dans les jardins de nos mécréants pour y rétablir ses prétendues lois générales, quel serait leur étonnement de ne retrouver dans leurs potagers et dans leurs vergers que quelques misérables daucus, de petites roses de chien, des poires rêches et des fruits agrestes, tels qu'elle les produit dans les montagnes pour l'âpre palais des sangliers! A la vérité, ils y trouveraient des tiges d'arbre bien hautes et bien vigoureuses; leurs vergers croîtraient au double, et leurs fruits diminueraient de moitié.

La même métamorphose arriverait dans les animaux de leurs métairies. La poule qui pond des œufs beaucoup trop gros par rapport à sa taille, et pendant neuf mois de suite, contre toutes les lois de l'incubation des oiseaux, rentrerait dans l'ordre, et n'en donnerait tout au plus qu'une vingtaine dans le cours d'une année. Le porc perdrait de même son lard superflu. La vache, qui fournit, dans les riches prairies de la Normandie, jusqu'à vingt-quatre bouteilles de lait par jour, n'en laisserait couler que ce qui suffit à son veau.

Ils répondent à cela que ces surabondances d'œufs, de lard et de crême, dans nos animaux domestiques, sont des effets de la nourriture qu'on leur prodigue. Mais ni la jument ne donne autant de lait que la vache, ni la cane ne pond autant d'œufs que la poule, ni l'âne ne se couvre de lard comme le porc, quoique ces animaux soient nourris aussi plantureusement les uns que les autres. D'ailleurs, la jument, la chèvre, la brebis, l'ânesse, n'ont que deux mamelles, tandis que la vache en a quatre. La vache s'écarte à cet égard, d'une manière bien remarquable, des lois générales de la nature, qui a proportionné dans toutes les espèces le nombre des mamelles des mères à celui de leurs petits; elle a quatre mamelles, quoiqu'elle ne porte qu'un veau, et bien rarement deux, parceque ces deux mamelles superflues étaient destinées à être les nourrices du genre humain. La truie, à la vérité, n'en a que douze, et elle nourrit jusqu'à quinze petits. Ici la proportion paraît défectueuse. Mais si la première a plus de mamelles qu'il n'en faut à sa famille, et si la seconde n'en a pas assez pour la sienne, c'est que l'une devait donner à l'homme la surabondance de son lait, et l'autre celle de ses petits. Par tout pays, le porc est la viande du pauvre, à moins que la religion, comme en Turquie, ou la politique, comme dans les îles de la mer du Sud, ne le prive de ce bienfait de la nature. Nous observerons, avec Pline, que de toutes les chairs c'est la plus savoureuse. On y distingue, dit-il, jusqu'à cinquante goûts différents. Elle sert, dans les cuisines de nos riches, à donner du goût à tous les aliments. Par tout pays, comme nous l'avons dit, ce qu'il y a de meilleur est ce qu'il y a de plus commun.

N'est-il pas étrange que, lorsque tant de plantes et tant d'animaux nous présentent de si belles proportions, des convenances si admirables avec nos besoins, et des preuves si évidentes d'une bienveillance divine, on recueille des fœtus informes, des porcs avec de longs groins, comme si c'étaient de petits éléphants nés dans nos basses-cours, pour les mettre en parade dans nos cabinets destinés à étudier la nature? Ceux qui les gardent comme des choses précieuses, et qui en tirent des conséquences et des doutes sur l'intelligence de son auteur, ne sont-ils pas d'aussi mauvais goût et d'aussi mauvaise foi que ceux qui, dans l'atelier d'un fondeur, ramasseraient les figures estropiées par quelque accident, les bouffissures et les môles de métal, et les montreraient comme une preuve de l'ignorance de l'artiste? Les anciens brûlaient les monstres; les modernes les conservent. Ils ressemblent à ces mauvais enfants qui épient leur mère pour la surprendre en défaut, afin d'en conclure pour eux-mêmes le droit de s'égarer. Oh! si la terre était en effet livrée au désordre, et qu'après une infinité de combinaisons il parût enfin, au milieu des monstres qui la couvriraient, un seul corps bien proportionné et convenable aux besoins des hommes, quelle joie ne serait-ce pas, pour des êtres sensibles et malheureux, de soupçonner quelque part une intelligence qui s'intéresserait à leurs destinées!

ÉTUDE SEPTIÈME.

RÉPONSES AUX OBJECTIONS CONTRE LA PROVIDENCE,

TIRÉES DES MAUX DU GENRE HUMAIN.

Les arguments qu'on tire des variétés du genre humain et des fléaux réunis sur lui par la nature, par les gouvernements et par les religions, tendent à prouver que les hommes n'ont ni la même origine, ni de supériorité naturelle au-dessus des bêtes, et qu'il n'y a point d'espoir pour leurs vertus, ni de providence pour leurs besoins. Nous examinerons successivement ces maux, en commençant par ceux de la nature, dont nous ferons voir la nécessité et l'utilité; et nous démontrerons que les maux politiques ne naissent que des écarts de la loi naturelle, et qu'ils sont eux-mêmes des preuves de l'existence d'une Providence.

Nous commencerons ce sujet intéressant par répondre aux objections tirées des variétés de l'espèce humaine. A la vérité, il y a des hommes noirs et blancs, de cuivrés et de cendrés. Il y en a qui ont de la barbe, et d'autres qui n'en ont presque point; mais ces prétendus caractères ne sont que des accidents, comme nous l'avons dit ailleurs. Des chevaux blancs, bais ou noirs, à poil frisé comme ceux de Tartarie, ou à poil ras comme ceux de Naples, sont certainement des animaux de la même espèce. Les *albinos*, ou nègres blancs, sont des espèces de lépreux ; et ils ne forment pas plus une race particulière de nègres que ceux qui sortent parmi nous d'avoir la petite vérole ne forment une race d'Européens mouchetés. Quoiqu'il n'entre pas dans mon plan de substituer ici toutes les convenances naturelles à toutes les inculpations de notre mauvaise physique, et que j'aie réservé, dans cet ouvrage, quelques études pour m'occuper principalement de cet objet, suivant mes faibles lumières, j'observerai cependant ici que la couleur noire est un bienfait de la Providence envers les peuples du midi. La couleur blanche réfléchit le plus les rayons du soleil, et la noire les réfléchit le moins. Ainsi, la première redouble sa chaleur, et la seconde l'affaiblit; c'est ce que l'expérience démontre de mille manières. La nature s'est servie, entre autres moyens, de l'effet opposé de ces couleurs pour multiplier ou pour affaiblir, sur la terre, la chaleur de l'astre du jour. Plus on avance vers le midi, plus les hommes et les animaux sont noirs; et plus on va vers le nord, plus les uns et les autres sont blancs[1]. Lorsque le soleil même s'éloigne des parties septentrionales, beaucoup d'animaux qui y étaient, en été, de différentes couleurs, commencent à blanchir : tels sont les écureuils, les loups, les lièvres.....; et ceux des parties méridionales dont il s'approche se revêtent alors de teintes plus foncées : tels sont, dans les oiseaux, la veuve, le cardinal, etc., qui sont beaucoup plus fortement colorés lorsque le soleil s'approche de la ligne, que quand il s'en éloigne. C'est donc par des convenances de climat que la nature a rendu noirs les peuples de la zone torride, comme elle a blanchi ceux des zones glaciales. Elle a donné encore un autre préservatif contre la chaleur aux nègres qui habitent l'Afrique, qui est la partie la plus chaude du globe, principalement à cause de cette large zone de sable qui la traverse, et dont nous avons indiqué l'utilité. Elle a coiffé ces peuples insouciants et sans industrie d'une chevelure plus crépue qu'un tissu de laine, qui abrite très bien leur tête des ardeurs du soleil. Ils en reconnaissent si bien la commodité, qu'ils ne lui en substituent pas d'autre ; et il n'y a pas de nations parmi lesquelles les coiffures artificielles, comme les bonnets, turbans, chapeaux, etc., soient plus rares que parmi les nègres. Ils ne se servent même de celles-ci, qui leur sont étrangères, que comme d'objets de vanité et de luxe; et je ne leur en connais point qui appartiennent proprement à leur nation. Les peuples de la presqu'île de l'Inde sont aussi noirs qu'eux ; mais leurs turbans donnent à leurs cheveux, qui sans leur coiffure seraient peut-être crépus, la facilité de croître et de se développer. Les peuples de l'Amérique qui habitent sous la ligne ne sont pas noirs, à la vérité ; ils sont simplement cuivrés. J'attribue cet affaiblissement de la teinte noire à plusieurs causes qui sont particulières à leurs pays : la première, en ce qu'ils se frottent de rouco, qui garantit la surface de leur peau des impressions trop vives du soleil ; la seconde, en ce qu'ils habitent un pays couvert de forêts, et traversé par le plus grand fleuve du monde, qui le couvre de vapeurs ; la troisième, parceque leur territoire s'élève insensiblement depuis les rivages du Brésil jusqu'aux montagnes du Pérou, ce qui, lui donnant plus d'élévation dans l'atmosphère, lui procure aussi plus de fraîcheur ; la quatrième enfin, parceque les vents d'est, qui y soufflent jour et nuit, le rafraîchissent perpétuellement. Enfin, les couleurs de tous ces peuples sont tellement des effets de leurs climats, que les descendants des Européens qui y sont établis en prennent les teintes au bout de quelques générations. C'est ce qu'on peut voir évidemment aux Indes, chez les descendants des Mogols, peuples venus du nord de l'Asie, dont le nom signifie *blancs*, et qui sont aujourd'hui aussi noirs que les peuples qu'ils ont conquis.

La grandeur de la taille ne caractérise pas plus

---

[1] Les observations des physiciens modernes viennent à l'appui des spéculations toutes morales de l'auteur des *Études*. Les corps lancent de tous côtés leur propre chaleur ; c'est ce que les savants appellent le rayonnement du calorique. A mesure que les rayons s'échappent, les corps se refroidissent ; et ils tomberaient bientôt à la température de la glace, si la nature n'avait employé divers moyens pour empêcher le rayonnement. Ainsi, par exemple, elle a donné aux couleurs la propriété de retenir ou d'abandonner le calorique, suivant qu'elles sont plus ou moins foncées. Le blanc rayonne peu, le noir rayonne beaucoup; c'est-à-dire que le blanc conserve la chaleur des corps, et que le noir la laisse échapper. Voilà pourquoi toutes les premières fleurs du printemps sont blanches: leur couleur est comme un vêtement chaud, mais léger, dont la nature les enveloppe avec une sollicitude toute maternelle. Cela est si vrai, que les fleurs se rembrunissent à mesure que les frimas s'éloignent: elles changent d'habit, pour avoir frais. Si l'on fait l'application de cette théorie aux nègres de l'Afrique, on aura le secret de leur couleur. La nature bienfaisante jette sur eux un voile noir afin de faciliter leur rayonnement, comme elle enveloppe nos terres froides d'un voile de neige, comme elle donne la couleur blanche aux premières fleurs de la saison, afin d'y concentrer la chaleur. Bernardin de Saint-Pierre ignorait cette théorie; mais la justesse de son esprit lui en faisait deviner tous les résultats, long-temps avant que les physiciens en eussent fait la découverte. (A.-M.)

les espèces, dans quelque genre que ce soit, que la différence des couleurs. Un pommier nain et un grand pommier sortent des mêmes greffes. Cependant la nature l'a rendue invariable dans la seule espèce humaine, parceque des variétés de grandeur eussent détruit, dans l'ordre physique, les proportions de l'homme avec l'universalité de ses ouvrages, et qu'elles eussent entraîné, dans l'ordre moral, des conséquences encore plus dangereuses, en asservissant, sans retour, les plus petites espèces d'hommes aux plus grandes.

Il n'y a point de races de nains, ni de géants. Ceux que l'on montre aux foires sont de petits hommes raccourcis, ou de grands hommes efflanqués, sans proportion et sans vigueur. Ils ne se reproduisent ni dans leur petitesse, ni dans leur grandeur, quelques tentatives que plusieurs princes aient faites pour y réussir, entre autres le feu roi de Prusse Frédéric 1er. D'ailleurs, sortent-ils assez des proportions de l'espèce humaine pour être appelés des nains ou des géants? Y a-t-il seulement entre eux la même différence qu'entre un petit cheval de Sardaigne et un grand cheval brabançon, qu'entre un épagneul et un de ces grands chiens danois qui courent devant nos carrosses? Toutes les nations ont été et sont encore de la même taille, à peu de différence près. J'ai vu des momies d'Égypte, et des corps de guanches des îles Canaries, enveloppés dans leurs peaux. J'ai vu tirer à Malte, d'un tombeau creusé dans le roc vif, le squelette d'un Carthaginois dont tous les os étaient violets, et qui reposait là, peut-être, depuis le règne de Didon. Tous ces corps étaient de la grandeur commune. Des voyageurs éclairés et sans enthousiasme ont réduit à une taille peu différente de la nôtre la taille prétendue gigantesque des Patagons. Je sais bien que j'ai déjà allégué ailleurs ces mêmes raisons; mais on ne saurait trop les répéter, parcequ'elles détruisent sans retour les prétendues influences du climat, qui sont devenues les principes de notre physique, et, qui plus est, de notre morale.

Il y a eu, dit-on, autrefois de véritables géants. Cela est possible; mais cette vérité nous est devenue inconcevable, comme toutes celles dont la nature ne nous offre plus de témoignage. S'il existait des Polyphèmes de la hauteur d'une tour, ils enfonceraient, en marchant, la plupart des terrains. Comment leurs gros et longs doigts pourraient-ils traire les petites chèvres, moissonner les blés, faucher les prairies, cueillir les fruits des vergers? La plupart de nos aliments échapperaient à leur vue, comme à leurs mains. D'un autre côté, s'il y avait des races de nains, comment pourraient-elles abattre les forêts pour cultiver la terre? Elles se perdraient dans les herbes. Chaque ruisseau serait pour elles un fleuve, et chaque caillou un rocher. Les oiseaux de proie les enlèveraient dans leurs serres, à moins qu'elles ne fissent la guerre à leurs œufs, comme Homère dit que les pygmées la faisaient aux œufs des grues. Dans ces deux hypothèses, tous les rapports de l'ordre naturel sont rompus, et ces discordances entraînent nécessairement la ruine de l'ordre social. Supposons qu'une nation de géants existât avec notre industrie et nos passions féroces; mettons à sa tête un Tamerlan : que deviendraient nos polygones et nos armées devant leur artillerie et leurs baïonnettes?

Autant la nature a affecté de variétés dans les espèces d'animaux du même genre, quoiqu'ils habitassent le même sol et qu'ils vécussent des mêmes aliments, autant elle a observé d'uniformité dans l'espèce humaine, malgré la différence des climats et des nourritures. On a pris dans quelques individus humains un prolongement accidentel du coccix pour un caractère naturel, et on n'a pas manqué d'en conclure une nouvelle espèce d'hommes à queue. Les passions des bêtes peuvent dégrader l'homme; mais jamais leurs queues, leurs pieds fourchus et leurs cornes n'ont déshonoré sa noble figure. On essaie en vain de le rapprocher de la classe des animaux par des passages insensibles. S'il y avait quelque race d'hommes avec des formes d'animal, ou quelque animal doué de la raison humaine, on les montrerait en public. On en verrait en Europe, surtout aujourd'hui, que la terre est parcourue par tant de voyageurs éclairés, et que, je ne dis pas des princes, mais des joueurs de marionnettes, font apporter vivants dans nos foires les zèbres si sauvages, les éléphants si lourds, les tigres, les lions, les ours blancs, et jusqu'à des crocodiles qu'on a montrés publiquement à Londres. En vain on suppose des analogies entre la femme de l'homme et la femelle de l'orang-outang, dans la situation et la configuration du sein, dans les purgations périodiques du sexe, dans l'attitude, et même dans une sorte de pudeur. Quoique la femelle de l'orang-outang passe sa vie dans les forêts, certainement Allegrain, comme je l'ai dit, n'a point été prendre sur elle le modèle de sa Diane que l'on voit à Lucienne. Il y a une bien plus grande différence encore de la raison de l'homme à celle des bêtes, qu'il n'y en a entre leurs formes; et il faut avoir égaré la sienne pour avancer, comme l'a fait un célèbre écrivain, qu'il y a plus de distance de l'intelligence de Newton à celle de tel homme, que de celle de cet homme à l'instinct d'un animal. Nous l'avons déjà dit, le plus stupide des hommes fera usage du feu et de l'agriculture, dont le plus intelligent des animaux ne pourra jamais se servir; mais ce que nous n'avons pas dit, c'est que l'usage si simple du feu et de l'agriculture l'emporte de beaucoup sur toutes les découvertes de Newton.

L'agriculture est l'art de la nature, et le feu est son premier agent. Il résulte de l'expérience que les hommes ont acquis, par cet art et par cet élément, une plénitude d'intelligence dont toutes leurs autres combinaisons ne sont, pour ainsi dire, que des conséquences. Nos sciences et nos arts découlent, pour la plupart, de ces deux sources, et ils ne mettent pas plus de différence entre les esprits des hommes qu'il n'y en a entre les habits et les meubles des Européens et ceux des sauvages. Comme ils conviennent parfaitement aux besoins des uns et des autres, ils n'établissent point de différence réelle entre les intelligences qui les ont imaginés. L'importance que nous mettons à nos talents ne vient pas de leur utilité, mais de notre orgueil. Il y aurait bien de quoi le rabattre, si nous considérions que les animaux, qui ne font usage ni de l'agriculture ni du feu, atteignent à la plupart des objets de nos arts et de nos sciences, et même les surpassent. Je ne parle pas de ceux qui maçonnent, qui filent, qui fabriquent du papier, de la toile, des ruches, et qui exercent une multitude d'autres métiers qui ne nous sont pas même connus. Mais la torpille se défendait de ses ennemis avec le coup électrique avant que les académies fissent des expériences sur l'électricité; et le lépas connaissait le pouvoir de la pression de l'air, s'attachait aux roches marines en formant le vide avec sa coquille pyramidale, avant qu'elles eussent des machines pneumatiques. Les cailles, qui partent d'Europe chaque année, pour passer en Afrique, connaissent si parfaitement l'équinoxe d'automne, que le jour de leur arrivée à Malte, où elles se reposent pendant vingt-quatre heures, est marqué sur les almanachs du pays vers le 22 septembre, et varie, chaque année, comme l'équinoxe. Les cygnes et les canards sauvages ont des notions très sûres de la latitude où ils doivent s'arrêter, quand tous les ans ils remontent, au printemps, aux extrémités du nord, et qu'ils reconnaissent, sans boussole et sans octant, les lieux où l'année précédente ils ont fait leurs nids. Les frégates, qui volent à plusieurs centaines de lieues de distance, d'orient en occident, entre les tropiques, au-dessus des vastes mers où l'on n'aperçoit aucune terre, et qui retrouvent, le soir, le rocher à fleur d'eau d'où elles sont parties le matin, ont des moyens de déterminer leur position en longitude qui sont encore inconnus de nos astronomes.

L'homme doit, dit-on, son intelligence à ses mains: mais le singe, l'ennemi né de toute industrie, a des mains. Le slugard ou paresseux en a pareillement, et elles auraient dû lui inspirer l'idée de se fortifier, de se creuser au moins des retraites dans la terre pour lui et pour sa postérité, exposée à mille accidents par la lenteur de sa démarche. Il y a quantité d'animaux qui ont des outils bien plus ingénieux que des mains, et qui n'en sont pas plus intelligents. Le cousin a une trompe, qui est à la fois un pieu propre à enfoncer dans la chair des animaux, et une pompe par où il aspire leur sang. Cette trompe renferme encore une longue scie, dont il découpe les petits vaisseaux sanguins au fond de la plaie qu'il a ouverte. Il a de plus des ailes pour se transporter où il veut, un corselet d'yeux autour de sa petite tête pour apercevoir tous les objets qui sont autour de lui, des griffes si aiguës qu'il se promène sur le verre poli et à plomb, des pieds garnis de brosses pour se nettoyer, un panache sur son front, et l'équivalent d'une trompette dont il sonne ses victoires. Il habite l'air, la terre et l'eau, où il naît en forme de ver, et où il dépose ses œufs avant de mourir. Avec tous ces avantages, il est souvent la proie d'insectes plus petits et plus mal organisés que lui. La fourmi, qui rampe, et qui n'a pour tous outils que des pinces, lui est non-seulement redoutable, mais elle l'est à de bien plus gros animaux, et même à des quadrupèdes. Elle connaît ce que peuvent les forces réunies de la multitude; elle forme des républiques; elle amasse des provisions*; elle

* On a long-temps attribué à ces insectes une prévoyance qui leur serait bien inutile, puisqu'ils restent engourdis pendant tout l'hiver. Les fourmis n'ont point de greniers, comme le croyait le bon La Fontaine; mais la perte de cette erreur ne mérite pas nos regrets, et de nouvelles observations nous ont dévoilé de leur part des prodiges. S'il faut en croire M. Hubert, de Genève, la nature a donné aux fourmis la faculté de se communiquer leurs idées par le seul attouchement des antennes: c'est ainsi qu'elles s'entr'aident dans leurs travaux, se secourent dans les dangers, et retrouvent leur route lorsqu'elles sont égarées. Tantôt leurs habitations, leurs mœurs, leurs gouvernements, leurs amitiés, offrent les tableaux les plus délicieux; c'est l'idéal de nos institutions: tantôt la scène change; ces cités si florissantes se déclarent la guerre; les armées s'avancent, le champ de bataille est jonché de morts; et lorsque le spectacle de tant de fureur rappelle la fureur des hommes, on est surpris de n'apercevoir que de faibles insectes se disputant un espace de quelques pouces, et croyant peut-être que ce globe n'est pas assez vaste pour deux fourmilières. Mais, à ces scènes de désolation, l'historien des fourmis fait succéder le spectacle paisible des champs: il nous montre ces petits guer-

construit des villes souterraines ; elle forme ses attaques en corps d'armée ; elle s'avance par colonnes, et elle force quelquefois, dans les pays chauds, l'homme même de lui abandonner ses habitations. Bien loin que l'intelligence d'aucun animal dépende de ses membres, leur perfection est souvent, au contraire, en raison inverse de sa sagacité, et paraît être une compensation de la nature envers lui. Attribuer l'intelligence de l'homme à ses mains, c'est faire dériver la cause des moyens, et les talents de l'outil. C'est comme si l'on disait que Le sueur a dû l'heureuse naïveté de ses tableaux à un pinceau de poil de martre zibeline; et Virgile, l'harmonie de ses vers à une plume de cygne de Mantoue.

Il est encore plus étrange de dire que la raison des hommes dépende du climat, parcequ'il y a entre eux quelques variétés d'usages et de coutumes. Les Turcs se coiffent de turbans, et nous de chapeaux ; ils portent des robes, et nous des habits écourtés. En Portugal, dit Montaigne, ils boivent la fondrée des vins, et nous la jetons. Les autres exemples que je pourrais citer sont de la même importance. Je réponds à cela que nous agirions comme ces peuples si nous étions dans leur pays, et qu'ils feraient comme nous s'ils étaient dans le nôtre. Les turbans et les robes conviennent aux pays chauds, où il faut rafraîchir la tête et le corps, en renfermant dans la coiffure et dans les habits un grand volume d'air. De ce besoin, est venu l'usage des turbans chez les Turcs, les Persans et les Indiens; des mitres des Arabes; des bonnets en pain de sucre des Chinois et des Siamois, et celui des robes larges et flottantes que portent la plupart des peuples du midi. C'est par un besoin contraire que les peuples du nord, comme les Polonais, les Russes et les Tartares, portent des bonnets fourrés et des robes étroites. Il nous faut, à nous, dans nos climats pluvieux, trois gouttières sur la tête, et des habits écourtés

pour les boues. Les Portugais boivent la fondrée des vins ; aussi ferions-nous des vins de Portugal; car dans les vins de liqueur, comme ceux des pays chauds, le plus sucré est au fond du tonneau; et dans les nôtres, qui sont spiritueux, il n'y a que de la lie; le meilleur est au-dessus. J'ai vu en Pologne, où l'on boit beaucoup de vin de Hongrie, servir de préférence le fond de la bouteille. Ainsi, les variétés mêmes des usages des nations prouvent la constance de la raison humaine.

Le climat n'altère pas plus la morale des hommes, qui est la raison par excellence. Je conviens cependant que le grand chaud et le grand froid influent sur les passions. J'ai remarqué même que les jours les plus chauds d'été, et les plus froids de l'hiver, étaient les jours de l'année où se commettaient le plus de crimes. La canicule, dit le peuple, est un temps de malheur. Il en pourrait dire autant du mois de janvier *. Je crois que c'est d'après ces observations que les anciens législateurs avaient établi, dans ces temps de crise, des fêtes propres à dissiper la mélancolie des hommes, telles que les Saturnales chez les Romains, et les fêtes des Rois chez les Gaulois. Chez chaque peuple, des fêtes suivant son goût ! chez ceux-là, des images de république; chez nous, de monarchie. Mais j'ai remarqué aussi que ces temps féconds en crimes sont ceux des plus grandes actions. Cette effervescence des saisons agit sur nos sens comme celle du vin. Elle nous donne une grande impulsion, mais indifférente au bien et au mal. D'ailleurs, la nature a mis dans notre ame deux puissances qui se balancent toujours dans la même proportion. Lorsque le sens physique de l'amour nous abaisse, le sentiment moral de l'ambition nous élève. L'équilibre nécessaire à l'empire de la vertu subsiste, et il n'est rompu que dans ceux chez lesquels il a été détruit par les habitudes de la société, et plus souvent encore par celles de l'éducation. Alors la passion dominante, n'ayant plus de contrepoids, se rend la maîtresse de toutes

---

riers renonçant aux conquêtes, et vivant, comme des peuples pasteurs, dans leurs retraites champêtres. Depuis long-temps on avait remarqué que les fourmis sont très friandes du miel que les pucerons recueillent sur les végétaux; mais les découvertes de M. Hubert ont singulièrement ajouté à l'intérêt de cette observation. Il a vu les fourmis transporter, élever, nourrir dans leurs habitations ces petits insectes qui leur fournissaient du miel. Les fourmilières sont plus ou moins riches, selon qu'elles ont plus ou moins de pucerons : c'est leur bétail, ce sont leurs vaches, leurs chèvres, leurs abeilles. Quelques fourmis, plus ingénieuses et plus prévoyantes encore, bâtissent avec de la terre, autour des tiges des plantes, des maisonnettes et des étables destinées aux pucerons qu'elles y réunissent. Nous ne pouvons donner plus d'étendue à cette note; mais on peut consulter l'ouvrage intitulé *Recherches sur les fourmis indigènes*, de M. Hubert; et l'*Histoire naturelle des fourmis*, de Latreille. (A.-M.)

* Cette observation est appuyée par un fait très singulier. On lit, dans l'historien De Thou, que le froid apportait une grande altération dans le tempérament de Henri III ; ce prince s'abandonnait alors à une mélancolie profonde, dormait peu, travaillait sans relâche, tourmentait ses ministres, et décidait les affaires en homme qui se laisse dominer par une humeur austère, ce qui ne lui arrivait jamais dans les autres temps de l'année. Après ces observations générales, M. De Thou ajoute que, s'étant arrêté chez le chancelier de Chiverny, en se rendant à Blois, où était la cour, le chancelier lui dit que si, pendant la gelée, le duc de Guise continuait de chagriner le roi, ce prince le *ferait expédier sans forme de procès*. Effectivement, ce duc fut tué la surveille de Noël, par un temps très froid, et peu de jours après la conversation du chancelier de Chiverny et du président De Thou. (A.-M.)

nos facultés : mais c'est la faute de la société, qui en porte la punition, et non pas celle de la nature.

Je remarquerai cependant que ces mêmes saisons n'influent sur les passions de l'homme qu'en agissant sur son moral, et non pas sur son physique. Quoique cette réflexion ait l'air d'un paradoxe, je l'appuierai d'une observation fort remarquable. Si la chaleur d'un climat peut agir sur le corps humain, c'est certainement lorsqu'il est dans le sein de sa mère; car elle agit alors sur celui de tous les animaux, dont elle hâte le développement. Le père Du Tertre, dans son excellente histoire des Antilles, dit que, dans ces îles, tous les animaux de l'Europe portent moins long-temps que dans les climats tempérés, et que les œufs de poule n'y sont pas plus de temps à éclore que des graines d'oranger, vingt-trois jours. Pline avait observé, en Italie, qu'ils éclosent en dix-neuf jours en été, et en vingt-cinq en hiver. Par tout pays, la température du climat accélère ou retarde le développement de toutes les plantes et la portée de tous les animaux, excepté la naissance de l'homme : remarquez bien ceci. « Aux îles Antilles, dit le père » Du Tertre, les femmes blanches ou négresses » portent leur enfant neuf mois, comme en » France. » J'ai fait la même remarque dans tous les pays où j'ai voyagé, à l'Ile-de-France, sous le tropique du Capricorne, et au fond de la Finlande russe. Cette observation est très importante. Elle prouve que le corps de l'homme n'est pas soumis, à cet égard, aux mêmes lois que le reste des animaux. Elle manifeste dans la nature une intention morale, qui conserve l'équilibre dans la population des nations, lequel aurait été dérangé si la femme eût accouché plus souvent dans les pays chauds que dans les pays froids. Cette intention se manifeste encore dans l'admirable proportion avec laquelle les deux sexes viennent au monde en nombre à peu près égal, et dans la différence même qui se trouve, d'un pays à l'autre, entre le nombre des mâles et des femelles : car elle est compensée du nord au midi; en sorte que s'il y a un peu plus de femmes au midi, il y a un peu plus d'hommes au nord : comme si la nature voulait inviter les peuples les plus éloignés à se rapprocher par des mariages.

Le climat influe sur le moral, mais il ne le détermine pas; et quoique cette détermination supposée soit regardée, dans beaucoup de livres modernes, comme la base fondamentale de la législation des peuples, il n'y a pas d'opinion philosophique mieux réfutée par tous les témoignages de l'histoire. « C'est, dit-on, dans les hautes mon- » tagnes que la liberté a choisi son asile; c'est du » nord que sont sortis les fiers conquérants du » monde. C'est au contraire dans les plaines méri- » dionales de l'Asie que règnent le despotisme, » l'esclavage, et tous les vices politiques et mo- » raux qui dérivent de la perte de la liberté. » Faut-il donc que nous réglions à notre baromètre et à notre thermomètre les vertus et le bonheur des nations ? Nous n'avons pas besoin de sortir de l'Europe pour y trouver une multitude de montagnes monarchiques, telles que celles de la Savoie, une partie des Alpes, des Apennins, et les Pyrénées tout entières. Nous verrons au contraire, dans ses plaines, plusieurs républiques, telles que celles de Hollande, de Venise, de Pologne, et de l'Angleterre même. D'ailleurs, chacun de ces territoires a éprouvé tour à tour diverses sortes de gouvernements. Ni le froid, ni l'âpreté du sol, ne donnent aux hommes l'énergie de la liberté, et encore moins l'injuste ambition d'entreprendre sur celle d'autrui. Les paysans de la Russie, de la Pologne et des froides montagnes de la Bohême, sont esclaves depuis bien des siècles ; tandis que les Angrias et les Marattes sont libres et tyrans dans le midi de l'Inde. Il y a plusieurs républiques sur la côte septentrionale de l'Afrique, où il fait très chaud. Les Turcs, qui ont envahi la plus belle portion de l'Europe, sont venus du doux climat de l'Asie. On cite la timidité des Siamois et de la plupart des Asiatiques; mais elle vient, chez ces peuples, de la multitude de leurs tyrans, plutôt que de la chaleur de leur pays. Les Macassars, qui habitent l'île Célèbes, située presque sous la ligne, ont un courage si intrépide, que le brave comte de Forbin rapporte qu'un bien petit nombre d'entre eux mit en fuite, avec de simples poignards, tout ce qu'il y avait de Siamois et de Français sous ses ordres à Bancok, bien que les premiers fussent en fort grand nombre, et que les autres fussent armés de fusils et de baïonnettes.

Si du courage nous passons à l'amour, nous verrons que le climat n'y détermine pas davantage les hommes. Je m'en rapporte, sur l'excès de cette passion, aux témoignages des voyageurs, pour savoir qui l'emporte, à cet égard, des peuples du midi ou de ceux du nord. Par tout pays l'amour est une zone torride pour le cœur de l'homme. Nous observerons que ces répartitions de l'amour aux peuples du midi, et du courage aux peuples du nord, ont été imaginées par nos philosophes, comme des effets du climat, seulement pour les peuples étrangers : car ils réunissent ces deux qualités, comme des effets du même tempérament, dans ceux de nos héros à qui ils veulent faire leur cour. A leur avis, un Français grand homme en amour est aussi un grand homme à la guerre; mais il n'en est pas de même des autres nations. Un Asiatique avec son sérail est un efféminé; et un Russe, ou tel autre habitant du nord, dont les cours font des pensions, est un dieu Mars. Mais toutes ces distinctions de tempérament, fondées sur les climats, et injurieuses au genre humain, se détruisent par cette simple question : Les tourterelles de Russie sont-elles moins amoureuses que celles de l'Asie, et les tigres de l'Asie sont-ils moins féroces que les ours blancs de la Nouvelle-Zemble?

Sans aller chercher parmi les hommes des objets de comparaison hors des mêmes lieux, nous trouverons plus de diversité en mœurs, en opinions, en vêtements, en physionomie même, entre un acteur de l'Opéra et un capucin, qu'il n'y en a entre un Suédois et un Chinois. Quelle différence des Grecs babillards, flatteurs, trompeurs, si attachés à la vie, aux Turcs silencieux, fiers, sincères, et toujours dévoués à la mort! Cependant, ces hommes si opposés naissent dans les mêmes villes, respirent le même air, vivent des mêmes aliments. Leur race, dit-on, n'est pas la même; car l'orgueil attribue parmi nous un grand pouvoir aux effets du sang. Mais la plupart de ces janissaires, si redoutables aux timides Grecs, sont souvent leurs propres enfants, qu'ils sont forcés de donner en tribut, et qui passent dans la suite dans ce premier corps de la milice ottomane. Les bayadères de l'Inde, si voluptueuses, et ses pénitents si austères, ne sont-ils pas de la même nation, et souvent de la même famille? Je demande, moi, où l'on a jamais vu l'inclination au vice ou à la vertu se communiquer avec le sang? Pompée, si généreux, était fils de Strabon, noté d'infamie par le peuple romain à cause de son avarice. Le cruel Domitien était frère du bon Titus. Caligula et Agrippine, mère de Néron, étaient à la vérité frère et sœur; mais ils étaient enfants de Germanicus, l'espérance des Romains. Le barbare Commode était fils du divin Marc-Aurèle. Quelle distance il y a souvent d'un homme à lui-même, de sa jeunesse à son âge mûr; de Néron, appelé le père de la patrie lorsqu'il monta sur le trône, à Néron qui en fut déclaré l'ennemi avant sa mort; de Titus, surnommé dans sa jeunesse un second Néron, à Titus mourant, honoré des larmes du sénat, du peuple et des étrangers, et appelé d'une commune voix *les délices du genre humain!* Ce n'est donc pas le climat qui forme la morale des hommes, c'est l'opinion, c'est l'éducation : et tel est leur pouvoir, qu'elles triomphent non-seulement des latitudes, mais même des tempéraments. César si ambitieux, si débauché, et Caton si vertueux, étaient tous deux d'une faible santé. Le lieu, le climat, la nation, la famille, le tempérament ne déterminent donc nulle part les hommes au vice ou à la vertu. Partout ils sont libres d'en faire le choix.

Avant de parler des maux qu'ils se sont faits à eux-mêmes, voyons ceux que leur a faits la nature. Il y a, dit-on, des bêtes de proie. Elles sont fort nécessaires : sans elles, la terre serait infectée de cadavres. Il périt chaque année, de mort naturelle, au moins la vingtième partie des quadrupèdes, la dixième des oiseaux, et un nombre infini d'insectes, dont la plupart des espèces ne vivent qu'un an. Il y a même des insectes qui ne vivent que quelques heures, tels que l'éphémère. Comme les eaux des pluies entraînent toutes ces dépouilles aux fleuves, et de là aux mers, c'est aussi sur leurs rivages que la nature a rassemblé les animaux qui devaient les consommer. La plupart des bêtes féroces descendent la nuit des montagnes pour y diriger leurs chasses : il y en a même plusieurs classes qui ne sont créées que pour ces lieux-là : tels sont les amphibies, comme les ours blancs, les loutres, les crocodiles. C'est surtout dans les pays chauds, où les effets de la corruption sont les plus rapides et le plus dangereux, que la nature a multiplié les bêtes carnassières. Les tribus des lions, des tigres, des léopards, des panthères, des civettes, des onces, des chakals, des hyènes, des condors, etc., viennent y renforcer celles des loups, des renards, des martres, des loutres, des vautours, des corbeaux, etc. Des légions de crabes dévorants sont nichées dans leurs sables; les caïmans et les crocodiles sont en embuscade dans leurs roseaux; des coquillages d'espèces innombrables, armés d'outils propres à sucer, à percer, à limer et à broyer, hérissent les rochers et pavent les lisières de leurs mers; des nuées d'oiseaux de marine volent à grands cris au-dessus de leurs écueils, ou voguent tout autour au gré des lames pour y chercher de la proie; les murènes, les bécumes, les carangues, et toutes les espèces de poissons cartilagineux qui ne vivent que de chair, tels que les hygienes, les longs requins, les larges raies, les pantouffliers, les polypes armés de ventouses, et toutes les variétés des chiens de mer, y nagent en foule, sans cesse occupés à dévorer les débris des corps qui y abordent. La nature appelle encore les insectes pour en hâter la destruction. Les guêpes armées de ciseaux en découpent les chairs, les mouches en pompent les liqueurs, les vers marins en dépècent les os. Ceux-ci, sur les rivages méridionaux, et surtout à l'embouchure des rivières, sont en si grand nombre et armés de tarières si redoutables, qu'ils peuvent dévorer un vaisseau de guerre en moins de temps qu'on n'en a mis à le construire, et qu'ils ont forcé, dans ces derniers temps, les puissances maritimes de couvrir de cuivre les carènes des escadres, pour les préserver de leurs attaques. Les débris de tous ces corps, après avoir servi de pâture aux tribus innombrables des autres poissons, dont les uns ont les becs faits en cuiller, et d'autres en chalumeau, pour ramasser jusqu'aux miettes de cette vaste table, enfin réduits, par tant de digestions, en flegmes, en huiles, en bitumes, et joints aux pulpes des végétaux qui descendent de toutes parts dans l'Océan, reproduiraient dans ses eaux un nouveau chaos de putréfaction, si les courants n'en portaient aux volcans la dissolution, que leurs feux achèvent de décomposer, et de rendre aux éléments. C'est pour cette raison, comme nous l'avons déjà indiqué, que les volcans ne sont nombreux que dans les pays chauds; qu'ils sont tous dans le voisinage de la mer ou des grands lacs; qu'ils sont situés à l'extrémité de leurs courants, et ne doivent qu'à l'épuration des eaux les soufres et les bitumes qui donnent un entretien perpétuel à leurs foyers*.

Les animaux de proie ne sont point à craindre pour l'homme. D'abord, la plupart ne sortent que la nuit. Ils ont des caractères saillants qui les annoncent avant même qu'on puisse les apercevoir. Les uns ont de fortes odeurs de musc, comme la martre, la civette, le crocodile; d'autres, des voix perçantes, qui se font entendre la nuit de fort loin, comme les loups et les chakals; d'autres ont des couleurs tranchées, qui s'aperçoivent à de grandes distances sur la couleur fauve de leur peau : telles sont les raies obscures du tigre, et les taches foncées du léopard. Tous ont des yeux qui étincellent dans les ténèbres. La nature a rendu même une partie de ces signes communs aux insectes carnivores et sanguisorbes : telles sont les guêpes à fond jaune annelées de noir comme les tigres, et les cousins mouchetés de blanc sur un fond sombre, qui annoncent leurs approches par un bourdonnement aigu. Ceux mêmes qui attaquent le corps humain ont des indices remarquables : ils ont, ou des odeurs fortes, comme la punaise, ou des oppositions de couleur sur les lieux où ils s'attachent, comme les insectes blancs sur les cheveux, ou la noirceur des puces sur la blancheur de la peau.

Bien des écrivains se sont récriés sur la cruauté des bêtes féroces, comme si nos villes étaient sujettes à être envahies par les loups, ou que les lions de l'Afrique fissent de temps en temps des incursions sur ses colonies européennes. Elles fuient toutes le voisinage de l'homme; et, comme je l'ai dit, la plupart ne sortent que la nuit. Ces habitudes sont attestées unanimement par les naturalistes, les chasseurs et les voyageurs. Lorsque j'étais au cap de Bonne-Espérance, M. de Tolback, qui en était gouverneur, me dit que les lions étaient communs autrefois dans ce pays; mais que depuis que les Hollandais s'y étaient établis, il fallait aller à cinquante ou soixante lieues dans les terres pour en trouver. Après tout, que nous importe leur férocité? Quand nous n'aurions pas des armes auxquelles elles ne peuvent résister, et une industrie supérieure à toutes leurs ruses, la nature nous a donné des chiens qui suffisent pour les combattre; et elle a proportionné d'une manière admirable leurs espèces à celles des animaux les plus redoutables. Dans les pays où il y a des lions, il y a des races de chiens capables de les combattre corps à corps. Je citerai, d'après la traduction gauloise, mais savante, de Dupinet, ce que rapporte Pline d'un chien de cette espèce, qui fut donné à Alexandre par un roi d'Albanie* : « Soudain le roy Alexandre lui fit bailler un lion, » lequel fut incontinent mis en pieces par ce » chien. Après cela, il fit lascher un elephant, où » il prit le plus grand plaisir qu'il eut oncques; » car le chien, du commencement se herissonnant, commença à tourner et japper contre » l'elephant, puis le vint assaillir, sautant deçà et » delà, avec les plus grandes ruses qu'on pourrait » imaginer; maintenant l'assaillant, maintenant » se couchant deçà et delà; de sorte qu'il fit tant » tourner et virer l'elephant, qu'il le contraignit » tomber, faisant trembler la terre du sault qu'il » print, et le tua. » Je doute que ce chien descendît de la même race que les bichons.

Les animaux redoutables aux hommes sont plus à craindre par leur petitesse que par leur grandeur; cependant il n'en est aucun qui ne tourne à son utilité. Les serpents, les cent-pieds, les scorpions, les crapauds, n'habitent guère que les lieux humides et malsains, dont ils nous éloignent plus par leurs figures hideuses que par leurs poisons.

---

* Voyez ci-dessus la note sur les volcans.

* *Histoire naturelle de Pline*, liv. VIII, chap. XL.

Les serpents véritablement dangereux ont des signes qui les annoncent de loin : tels sont les grelots du serpent à sonnettes. Peu de gens périssent par leurs blessures, si ce ne sont quelques imprudents. D'ailleurs, nos porcs et nos volailles les mangent sans en éprouver aucune incommodité. Les canards surtout en sont très avides, ainsi que de la plupart des plantes vénéneuses. Ceux du royaume de Pont acquéraient par ces aliments, qui y sont communs, tant de vertus, que Mithridate employait leur sang dans ses fameux contre-poisons.

Il y a, à la vérité, des insectes nuisibles qui rongent nos fruits, nos grains, et même nos personnes. Mais si les chenilles, les hannetons et les sauterelles ravagent nos campagnes, c'est que nous détruisons les oiseaux de nos bocages qui les mangent, ou parcequ'en transportant des arbres des pays étrangers dans le nôtre, tels que les marronniers d'Inde, les ébéniers, etc., nous avons transporté avec eux les œufs des insectes qu'ils nourrissent, sans apporter les oiseaux du même climat qui les mangent. Chaque pays a les siens, qui en préservent ses plantes. J'en ai vu un au cap de Bonne-Espérance, appelé l'ami du jardinier, continuellement occupé à prendre des vers et des chenilles, qu'il accrochait aux épines des buissons. J'ai vu aussi à l'Ile-de-France une espèce de sansonnet appelé martin, qui vient des Indes, et qui ne vit que de sauterelles, et des insectes qui incommodent les bestiaux*. Si l'on naturalisait ces oiseaux en Europe, il n'y a point de découverte dans les sciences qui fût aussi utile aux hommes. Mais nos oiseaux de bocage suffisent encore pour nettoyer nos campagnes, pourvu qu'on défende aux oiseleurs d'en prendre, comme ils font, des volées entières dans leurs filets, non pas pour les mettre en cage, mais souvent pour les manger. Il y a quelques années qu'on s'avisa en Prusse d'en proscrire les moineaux, comme nuisibles à l'agriculture. Chaque paysan y fut taxé à une capitation annuelle de douze têtes de ces oiseaux, dont on faisait du salpêtre ; car, dans ce pays, rien n'est perdu. A la seconde ou à la troisième année, on s'aperçut que les moissons étaient dévorées par les insectes, et on fut obligé de faire revenir bien vite des moineaux des pays voisins, pour en repeupler le royaume. A la vérité, ces oiseaux mangent quelques grains de blé quand les insectes leur manquent ; mais ceux-ci, entre autres les charançons, en consomment des boisseaux et des greniers entiers. Cependant, quand on pourrait éteindre la race des insectes, il faudrait bien s'en garder ; car on détruirait avec elle celles de la plupart des oiseaux de nos campagnes, qui n'ont pas d'autres pâtures à donner à leurs petits lorsqu'ils sont dans le nid.

Quant aux animaux qui viennent manger les blés dans les greniers et les laines dans les magasins, tels que sont les rats, les souris, les charançons et les teignes, je trouve que les premiers sont utiles en ce qu'ils nettoient la terre d'excréments humains, dont ils vivent en grande partie. D'ailleurs, la nature a donné à l'homme le chat, qui en préserve l'intérieur de sa maison. Elle a doué cet animal, non-seulement d'une légèreté, d'une patience et d'une sagacité merveilleuses, mais encore d'un esprit de domesticité convenable à cet office. Il ne s'attache qu'à la maison : si son maître en déménage, il y revient seul pendant la nuit. Il diffère à cet égard essentiellement du chien, qui ne s'attache qu'à l'homme même. Le chat a l'affection d'un courtisan, et le chien celle d'un ami ; le premier tient à la possession, et le second à la personne. Les charançons et les teignes font, à la vérité, quelquefois de grands dommages dans les blés et dans les laines. Quelques écrivains ont dit que les poules suffisaient pour en nettoyer les greniers : cela est possible. Nous avons d'ailleurs l'araignée et l'hirondelle, qui les détruisent dans la saison où ils volent. Je ne considérerai ici que leur utilité politique. A la vue de ces gros magasins, où des monopoleurs ramassent la nourriture et les habillements d'une province entière, ne doit-on pas bénir la main qui a créé l'insecte qui les force de les vendre ? Si les grains étaient aussi inaltérables que l'or et l'argent, ils seraient bientôt aussi rares. Voyez sous combien de portes et de ser-

---

* Le respect que les nations portent à certains oiseaux est un hommage indirect qu'elles rendent à la Providence. L'ibis, qui dévore les serpents, avait des temples en Égypte ; le Hollandais révère la cigogne, qui tue les reptiles ; nos villageois accueillent l'hirondelle, qui vient partager leurs toits de chaume ; et les paysans de Russie, de Pologne et de Sibérie suspendent à leurs portes les nids d'une espèce de mésange qui les délivre des chenilles et des moucherons. Chaque climat a ses oiseaux bienfaiteurs. Le secrétaire détruit les serpents du cap de Bonne-Espérance, et le moucherolle, les insectes de la Nouvelle-Zélande. Les demoiselles de Numidie vont fouiller dans les marais pour y chercher les vers et les crapauds ; et les fourmis de la Guiane sont la proie de l'oiseau qui y porte leur nom.

Les vautours, les aigles, les corbeaux, ne sont pas moins utiles. Leur odorat est si exquis, que les anciens ont écrit qu'après la bataille de Pharsale, des légions de vautours passèrent d'Afrique en Grèce, attirés par l'odeur des cadavres.

Telle est l'utilité des oiseaux dans l'ordre de la nature ; mais l'homme a su profiter de leur instinct, en se choisissant des serviteurs parmi eux. On ne lit point sans admiration ce que les voyageurs racontent du jacana et de l'agami. Gardiens des troupeaux, ces oiseaux les conduisent au pâturage, et les ramènent fidèlement chaque soir. D'autres oiseaux, comme le faucon, nous apportent leur proie, ou, comme le leu-tze des Chinois, vont pêcher au profit de leurs maîtres. (A.-M.)

rures sont renfermés ces métaux! Les peuples seraient privés à la fin de leur subsistance, si elle était incorruptible comme ce qui en est le signe. Les charançons et les teignes forcent d'abord l'avare d'employer beaucoup de bras pour remuer et pour vanner ses grains, en attendant qu'ils l'obligent à s'en défaire tout-à-fait. Que de pauvres iraient nus, si les teignes ne dévoraient les laines des riches! ce qu'il y a d'admirable, c'est que les matières qui servent au luxe ne sont point sujettes à dépérir par les insectes, comme celles qui servent aux premiers besoins de la vie. On peut garder sans risque le café, la soie et le coton même pendant des siècles; mais aux Indes, où ces choses sont de première nécessité, il y a des insectes qui les détruisent très promptement, entre autres le coton. Les insectes qui attaquent le corps humain obligent également les riches d'employer ceux qui n'ont rien à entretenir, comme domestiques, la propreté autour d'eux. Les Incas du Pérou exigeaient même ce tribut des pauvres; car, par tout pays, ces insectes s'attachent à l'homme, quoiqu'on ait dit qu'ils ne passaient pas la ligne. D'ailleurs ces animaux sont plus fâcheux que nuisibles : ils tirent le mauvais sang. Comme ils ne foisonnent que dans les grandes chaleurs, ils nous invitent à recourir aux bains, qui sont si salutaires et si négligés parmi nous, parcequ'étant chers, ils sont des objets de luxe. Après tout, la nature a mis près de nous d'autres insectes qui les détruisent : ce sont les araignées [22]. J'ai ouï dire à un vieil officier qu'étant fort incommodé des punaises à l'hôtel des Invalides, il laissa les araignées se multiplier autour de son lit, et qu'elles le délivrèrent de cette vermine. Il est vrai que ce remède paraîtra à bien des personnes pire que le mal. Mais je crois qu'on en peut trouver de plus agréables dans les parfums et dans les essences huileuses; du moins j'ai remarqué que l'odeur de plusieurs plantes aromatiques chasse ces vilains animaux.

Pour les autres fléaux de la nature, l'homme ne les éprouve que parcequ'il s'écarte de ses lois. Si les orages détruisent quelquefois ses vergers et ses moissons, c'est qu'il les place souvent dans des lieux où la nature ne les a pas destinés à croître. Les orages ne ravagent guère que les cultures de l'homme : ils ne font aucun tort aux forêts et aux prairies naturelles. D'ailleurs, ils ont leur utilité. Les tonnerres rafraîchissent l'air. Les grêles, qui les accompagnent quelquefois, détruisent beaucoup d'insectes, et elles ne sont fréquentes que dans les saisons où ils éclosent et se multiplient, au printemps et en été. Sans les ouragans de la zone torride, les fourmis et les sauterelles rendraient inhabitables les îles situées entre les tropiques. Nous avons déjà parlé de la nécessité et de l'utilité des volcans, dont les feux purifient les eaux de la mer, comme ceux du tonnerre purifient l'air. Les tremblements de terre viennent de la même cause. D'ailleurs, la nature nous prévient de leurs effets, et des lieux où sont placés leurs foyers. Les habitants de Lisbonne savent bien que leur ville a été détruite plusieurs fois par leurs secousses, et qu'il n'y faut pas bâtir en pierre. On n'en a rien à craindre dans des maisons de bois. Naples et Portici n'ignorent pas le sort d'Herculanum. Après tout, les tremblements de terre ne sont point universels; ils sont locaux et périodiques. Pline a observé que les Gaules n'y étaient pas sujettes; mais il y a bien d'autres pays qui n'y sont pas exposés. Ils ne se font guère sentir que dans le voisinage des volcans, sur les bords des mers ou des grands lacs, et seulement dans quelques portions de leurs rivages.

Les maladies épidémiques de l'homme, et les épizooties des animaux, viennent des eaux corrompues. Les médecins qui en ont recherché les causes les attribuent tantôt à la corruption de l'air, tantôt à la rouille des herbes, tantôt aux brouillards; mais toutes ces causes ne sont que des effets de la corruption des eaux, d'où s'élèvent des exhalaisons putrides qui infectent l'air, les herbes et les animaux. On doit l'attribuer presque toujours aux travaux imprudents des hommes. Les lieux les plus malsains de la terre, autant que je puis me le rappeler, sont, en Asie, les bords du Gange, d'où sortent chaque année des fièvres mortelles qui, en 1771, coûtèrent, au Bengale, la vie à plus d'un million d'hommes. Elles ont pour foyer les rivières, qui sont des marais artificiels formés le long du Gange pour y faire croître le riz. Après la récolte de ce grain, les racines et les pailles de ce végétal, qu'on y laisse, y pourrissent, et les changent en des bourbiers infects, d'où s'exhalent des vapeurs pestilentielles. C'est à cause de ces inconvénients que l'on en a défendu la culture en plusieurs endroits de l'Europe, surtout en Russie, aux environs d'Otschakof, où on le cultivait autrefois. En Afrique, l'air de l'île de Madagascar est corrompu par la même cause pendant six mois de l'année, et y sera toujours un obstacle invincible aux établissements des Européens. Toutes les colonies françaises qu'on y a établies y ont péri successivement par la corruption de l'air; et j'y aurais moi-même perdu la vie, si la Providence divine, par des moyens que je ne pouvais prévoir, n'avait mis empêchement au voyage et au séjour que j'y devais faire. C'est des anciens canaux envasés de l'Égypte que sortent perpétuellement la lèpre et la peste. En Europe, les anciens marais salants de Brouage, où l'eau de la mer ne vient plus, et dans lesquels les eaux des pluies séjournent, parcequ'elles y sont arrêtées par les digues et par les fossés des vieilles salines, sont devenus des sources constantes d'épizooties. Ces mêmes maladies, les fièvres putrides et bilieuses, et le scorbut de terre, sortent tous les ans des canaux de la Hollande, qui se putréfient en été à tel point, que j'ai vu, à Amsterdam, les canaux couverts de poissons morts, et qu'il n'était pas possible de traverser certaines rues sans se boucher le nez avec son mouchoir. A la vérité on en fait écouler les eaux par des moulins à vent qui les pompent et les jettent par-dessus les digues, dans les endroits où les canaux sont au-dessous du niveau de la mer; mais ces machines n'y sont pas assez multipliées. Le mauvais air de Rome, en été, vient de ses anciens aqueducs, dont les eaux se sont répandues parmi les ruines, ou qui ont inondé des plaines dont les niveaux ont été interrompus par les travaux des Romains. Les fièvres pourprées, les dyssenteries, les petites véroles, si communes dans nos campagnes après les chaleurs de l'été, ou dans des printemps chauds et humides, viennent, pour la plupart, des mares des paysans, dans lesquelles les feuilles et les herbes se putréfient. Beaucoup de maladies de nos villes sortent des voiries qui sont placées dans le voisinage, et des cimetières situés autour de nos églises, et jusque dans le sanctuaire. Je ne crois pas qu'il y eût un seul lieu de malsain sur la terre si les hommes n'y avaient mis la main. On cite la malignité de l'air de Saint-Domingue, de la Martinique, de Porto-Bello, et de plusieurs autres endroits de l'Amérique, comme un effet naturel du climat. Mais ces lieux ont été habités par des sauvages qui, de tout temps, ont entrepris de détourner des rivières et de barrer des ruisseaux. Ces travaux font même une partie essentielle de leur défense. Ils imitent les castors dans les fortifications de leurs villages, en s'entourant de terrains inondés. Cependant la nature prévoyante n'a placé ces animaux que dans les latitudes froides, où, à son imitation, ils forment des lacs qui en adoucissent l'air; et elle a mis des eaux courantes dans les latitudes chaudes, parceque les lacs s'y changeraient bientôt, par les évaporations, en marais putrides. Les lacs qu'elle y a creusés sont tous situés dans des montagnes, aux sources des fleuves, et dans une atmosphère fraîche. Je suis d'autant plus porté à attribuer aux sauvages la corruption de l'air, si meurtrière dans quelques unes des Antilles, que toutes les îles que l'on a trouvées sans habitants étaient très saines: telles que les îles de France, de Bourbon, de Sainte-Hélène, etc.

Comme la corruption de l'air nous intéresse particulièrement, je hasarderai ici, en passant, quelques moyens simples d'y remédier. Le premier est d'en détruire les causes, en substituant à l'usage des mares, dans nos campagnes, celui des citernes, dont les eaux sont si salubres quand elles sont bien faites. On s'en sert universellement dans toute l'Asie. Il faut aussi s'abstenir de jeter des cadavres et des dépouilles d'animaux dans les voiries de nos villes, mais les porter aux rivières, qui en deviendront plus poissonneuses. Si les villes manquent de rivières qui puissent les emporter, ou si ce moyen présente de trop grands inconvénients, il faut au moins avoir l'attention de ne placer les voiries qu'au nord et au nord-est de nos villes, afin de leur éviter, surtout pendant l'été, les fétides bouffées que les vents de sud et de sud-ouest y apportent. Le second est de s'abstenir de creuser des canaux. On voit les maladies qui en sont résultées en Égypte, aux environs de Rome, etc., dès qu'on a négligé de les entretenir. D'ailleurs, leurs avantages sont très problématiques. A voir les médailles qu'on a frappées chez nous pour celui de Languedoc, ne semblait-il pas que le détroit de Gibraltar allait devenir superflu à la navigation de la France? Je suppose qu'il soit de quelque utilité au commerce intérieur du pays, a-t-on balancé le mal qu'il a fait à ses campagnes? Tant de ruisseaux et de fontaines détournés et recueillis de tous côtés, pour former un canal de navigation, n'ont-ils pas cessé d'arroser une grande étendue de terre? et peut-on regarder comme utile au commerce ce qui est nuisible à l'agriculture? Les canaux ne conviennent que dans les marais. C'est le troisième moyen qui peut contribuer à y établir la salubrité de l'air. Les travaux qu'on a entrepris en France pour dessécher les marais nous ont toujours coûté beaucoup de monde, et souvent, par cette raison, sont restés imparfaits. Je n'en trouve point d'autre cause que la précipitation de ces sortes d'ouvrages, et l'ensemble qu'on a voulu y mettre. L'ingénieur donne son plan, l'entrepreneur son devis, le ministre son approbation, le prince de l'argent, l'intendant de la province des paysans; tout concourt à la fois, excepté la nature. Du sein des terres pourries s'élèvent des émanations putrides qui ont bientôt répandu la mortalité parmi les ouvriers. Pour remédier à ces inconvénients, je proposerai quelques observations que je crois vraies. Tout terrain entièrement couvert d'eau n'est jamais malsain : il ne le devient que lorsque l'eau qui le couvre s'évapore, et qu'il expose à l'air les vases de son fond et de ses rivages. On détruirait d'une manière aussi sûre la putridité d'un marais en le changeant en lac, qu'en terre ferme. C'est sa situation qui doit déterminer l'un ou l'autre procédé. S'il est dans un fond, sans pente et sans écoulement, il faut suivre l'indication de la nature, et le couvrir d'eau. Si elle ne suffit pas pour l'inonder entièrement, il faut le couper de fosses profondes, et en jeter les déblais sur les terres voisines. On aura à la fois des canaux toujours pleins d'eau, et des îles asséchées qui seront très fertiles et très saines. Quant à la saison de ces travaux, il faut choisir le printemps et l'automne, avoir grande attention à ne placer les travailleurs qu'au-dessus du vent, et suppléer par des machines à la nécessité où ils sont souvent de plonger dans les boues et dans les vases pour les emporter.

Il m'a toujours paru inconcevable qu'en France, où il y a un si grand nombre de sages établissements, il y eût des ministres pour les affaires étrangères, la guerre, la marine, la finance, le commerce, les manufactures, le clergé, les bâtiments, l'équitation, etc..., et qu'il n'y en eût pas pour l'agriculture. Cela vient, je crois, du mépris qu'on y fait des paysans. Tous les hommes cependant sont solidaires les uns pour les autres; et indépendamment de la taille et de la configuration uniforme du genre humain, je ne voudrais pas d'autres preuves qu'ils viennent d'une seule origine. C'est de la mare d'un pauvre homme, dont on a détourné le ruisseau, que sortira l'épidémie qui emportera la famille du château voisin. L'Égypte se venge, par la peste qui sort de ses canaux, de l'oppression des Turcs qui empêchent ses habitants de les entretenir. L'Amérique, tombée sous les coups des Européens, exhale de son sein mille maladies funestes à l'Europe. Elle entraîne avec elle l'Espagnol mourant sur ses ruines. Ainsi le Centaure laissa à Déjanire sa robe empoisonnée du sang de l'hydre, comme un présent qui devait être funeste à son vainqueur. Ainsi les maux dont on accable les hommes passent des étables aux palais, de la ligne aux pôles, des siècles passés aux futurs; et leurs longs effets sont des voix formidables qui crient aux puissances: « Apprenez à être justes et à ne pas opprimer les malheureux. »

Non-seulement les éléments, mais la raison elle-même se corrompt dans le sein des misérables. Que d'erreurs, de craintes, de superstitions, de querelles sont sorties des plus bas étages de la société, et ont troublé le bonheur des trônes! Plus les hommes sont opprimés, plus leurs oppresseurs sont malheureux, et plus la nation qu'ils composent est faible; car la force que les tyrans emploient pour se conserver au dedans n'est jamais exercée qu'aux dépens de celle qu'ils pourraient employer à se maintenir au dehors.

D'abord, du sein de la misère sortent les prostitutions, les vols, les assassinats, les incendies, les brigandages, les révoltes, et une multitude d'autres maux physiques qui, par tout pays, sont les fléaux de la tyrannie. Mais ceux de l'opinion sont bien plus terribles. Un homme en veut subjuguer un autre, moins pour s'emparer de son bien que pour en être admiré et même adoré. Tel est le dernier terme que se propose l'ambition. Dans quelque état qu'il l'ait réduit, eût-il à sa discrétion sa fortune, ses travaux, sa femme, sa personne, il n'a rien s'il n'a son hommage. Ce n'était pas assez à Aman d'avoir la vie et les biens des Juifs, il voulait voir Mardochée à ses pieds. Les oppresseurs font ainsi les opprimés les arbitres de leur bonheur; et ceux-ci, pour l'ordinaire, leur rendent injustice pour injustice, les environnent de faux rapports, de terreurs religieuses, de médisances, de calomnies, qui font naître parmi eux les soupçons, les craintes, les jalousies, les haines, les procès, les duels, et enfin les guerres civiles, qui finissent par les détruire.

Examinons dans quelques gouvernements anciens et modernes cette réaction de maux; nous la verrons s'étendre à proportion du mal qu'on y a fait au genre humain. A cette balance redoutable, nous reconnaîtrons l'existence d'une justice suprême.

Sans avoir égard à leur division commune[28] en démocratie, en aristocratie et en monarchie, qui ne sont, au fond, que des formes politiques qui ne décident ni de leur bonheur ni de leur puissance, nous ne nous arrêterons qu'à leur constitution morale. Tout gouvernement, quel qu'il soit, est heureux au-dedans et puissant au dehors lorsqu'il donne à tous ses sujets le droit naturel de parvenir à la fortune et aux honneurs; et le contraire arrive lorsqu'il réserve à une classe particulière de citoyens les biens qui doivent être communs à tous. Il ne suffit pas de prescrire au peuple des limites, et de l'y contenir par des fantômes effrayants : il force bientôt ceux qui les font mouvoir de trembler plus que lui. Quand la politique humaine attache sa chaîne au pied d'un esclave, la justice divine en rive l'autre bout au cou du tyran.

Il y a eu peu de républiques plus également ordonnées que celle de Lacédémone. On y vit fleurir la vertu et le bonheur pendant cinq cents ans. Malgré son peu d'étendue, elle donna la loi à la Grèce et aux côtes septentrionales de l'Asie ; mais comme Lycurgue n'avait compris dans son plan ni les peuples qu'elle devait s'assujettir, ni même les ilotes, qui labouraient la terre pour elle, ce fut par eux qu'entrèrent les troubles qui l'agitèrent, et qui finirent par la renverser.

Dans la république romaine, il y eut encore plus d'égalité, et partant plus de bonheur et de puissance. A la vérité elle était divisée en patriciens et en plébéiens ; mais comme ceux-ci parvenaient à toutes les dignités militaires, que d'ailleurs ils obtinrent le tribunat, dont le pouvoir égala et surpassa même celui des consuls, la plus grande harmonie régna entre les deux ordres. On ne peut voir sans attendrissement la déférence et le respect que les plébéiens portaient aux patriciens, dans les beaux jours de la république. Ils choisissaient parmi eux leurs patrons, ils les accompagnaient en foule lorsqu'ils allaient au sénat ; quand ils étaient pauvres, ils se cotisaient entre eux pour doter leurs filles. Les patriciens, d'un autre côté, s'intéressaient à toutes les affaires des plébéiens ; ils plaidaient leurs causes dans le sénat ; ils leur faisaient porter leurs noms, les adoptaient dans leurs familles, et leur donnaient leurs filles en mariage quand ils se distinguaient par leurs vertus. Ces alliances avec des familles du peuple ne furent pas dédaignées même des empereurs. Auguste donna en mariage Julie, sa fille unique, au plébéien Agrippa. La vertu régna dans Rome, et jamais on ne lui éleva de plus dignes autels sur la terre. On en peut juger par les récompenses qu'on y accordait aux bonnes actions. Un homme criminel était condamné à mourir de faim en prison ; sa fille vint l'y trouver, et l'y nourrit de son lait. Le sénat, instruit de cet acte de l'amour filial, ordonna que le père fût rendu à la fille, et qu'à la place de la prison on élevât un temple à la Piété.

Lorsqu'on menait un coupable au supplice, il était absous si une vestale venait à passer. La peine due au crime disparaissait en présence d'une personne vertueuse. Si dans une bataille un Romain en sauvait un autre des mains de l'ennemi, on lui donnait la couronne civique. Cette couronne n'était que de feuilles de chêne, et elle était même la seule des couronnes militaires qui n'eût pas d'or ; mais elle donnait le droit de s'asseoir aux spectacles dans le banc le plus voisin de celui des sénateurs, qui se levaient tous, par honneur, à l'arrivée de celui qui la portait. C'était, dit Pline, la plus illustre des couronnes, et elle donnait plus de priviléges que les couronnes murale, obsidionale et navale, parcequ'il y a plus de gloire à sauver un seul citoyen qu'à prendre des villes et qu'à gagner des batailles. Elle était la même, par cette raison, soit qu'on eût sauvé le général de l'armée ou un simple soldat ; mais on ne l'eût pas obtenue pour avoir délivré un roi allié des Romains qui serait venu à leur secours. Rome, dans la distribution de ses récompenses, ne distinguait que le citoyen. Avec ces sentiments patriotiques, elle conquit la terre, mais elle ne fut juste que pour son peuple, et ce fut par ses injustices envers les autres hommes qu'elle devint faible et malheureuse. Ses conquêtes la remplirent d'esclaves, qui, sous Spartacus, la mirent à deux doigts de sa perte, et qui décidèrent enfin sa ruine par les armes de la corruption, plus dangereuses que celles de la guerre. Ce furent les vices et les flatteries des Grecs et des Asiatiques, esclaves à Rome, qui y formèrent les Catilina, les César, les Néron ; et, tandis que leur voix corrompait les maîtres du monde, celle des Goths, des Cimbres, des Teutons, des Gaulois, des Allobroges, des Vandales, compagnons de leur sort, appelait du nord et de l'orient ceux de leurs compatriotes qui la renversèrent.

Les gouvernements modernes nous présentent les mêmes réactions d'équité et de bonheur, d'injustice et d'infortune. En Hollande, où le peuple peut parvenir à tout, l'abondance est dans l'état, l'ordre dans les villes, la fidélité dans les mariages, la tranquillité dans tous les esprits ; les querelles et les procès y sont rares, parceque tout le monde y est content. Il y a peu de nations en Europe dont le territoire soit aussi petit, et il n'y en a point qui ait étendu sa puissance aussi loin : ses richesses sont immenses ; elle a soutenu seule la guerre contre l'Espagne dans sa splendeur, et ensuite contre la France et l'Angleterre réunies : son commerce s'étend par toute la terre ; elle possède de puissantes colonies en Amérique, de riches comptoirs en Afrique, des royaumes formidables en Asie. Mais si l'on remonte à la source des maux et des guerres qu'elle a soufferts depuis deux siècles, on verra qu'ils ne viennent que des injustices de quelques uns de ses établissements dans ce pays-là. Son bonheur et sa puissance ne sont point dus à sa forme républicaine, mais à cette communauté de biens qu'elle présente indistinctement à tous ses sujets, et qui produit les mêmes effets dans les gouvernements despotiques dont on nous fait de si terribles tableaux.

Parmi les Turcs, comme parmi les Hollandais, il n'y a ni querelles, ni médisances, ni vols, ni prostitutions dans les villes. On ne trouverait peut-être pas même dans tout leur empire une seule femme turque faisant le métier de courtisane. Il n'y a dans les esprits ni inquiétude, ni jalousie. Chacun d'eux voit sans envie, dans ses chefs, un bonheur où il peut atteindre, et est prêt à périr pour sa religion et pour son gouvernement. Leur force n'est pas moindre au dehors que leur union est grande au dedans. Avec quelque mépris que nos historiens parlent de leur ignorance et de leur stupidité, ils ont envahi les plus belles portions de l'Asie, de l'Afrique, de l'Europe, et même l'empire des Grecs, si savants et si spirituels, parceque le sentiment de patriotisme qui les unit est supérieur à tout l'esprit et à toutes les tactiques du monde. Ils éprouvent cependant des convulsions par les révoltes des peuples conquis ; mais les plus dangereuses viennent de leurs plus faibles ennemis, de ces Grecs mêmes dont ils pillent impunément les biens, et dont ils enlèvent chaque année des tributs d'enfants pour le sérail. Ce sont ces enfants d'où sortent, par une providence réagissante, la plupart des janissaires, des agas, des bachas, des vizirs, qui oppriment les Turcs à leur tour, et qui se rendent redoutables même à leurs sultans.

C'est cette même communauté d'espérances et de fortunes présentées à toutes les conditions qui a donné tant d'énergie à la Prusse, dont nos écrivains ont si fort vanté la police au dedans et les victoires au dehors ; quoique le gouvernement en soit encore plus despotique que celui de la Turquie, puisque le prince y est à la fois maître absolu du temporel et du spirituel.

Au contraire, la république de Venise, si connue par ses courtisanes, par les inquiétudes et par les espionnages de son gouvernement, est d'une faiblesse extrême au dehors, quoiqu'elle soit plus ancienne, dans une situation plus heureuse, et sous un plus beau ciel que celle de Hollande. Venise est une puissance maritime à peine connue aujourd'hui dans la Méditerranée, tandis que la Hollande vivifie toute la terre par son commerce ; parceque la première a restreint les droits de l'humanité à une classe de nobles, et que la seconde les a étendus à tout son peuple.

C'est encore par une suite de ce partage injuste que Malte, avec le plus beau port de la Méditerranée, située entre l'Afrique et l'Europe, dans le voisinage de l'Asie, et remplie d'une jeune noblesse pleine de courage, ne sera jamais que la dernière puissance de l'Europe, parceque son peuple y est nul.

Nous observerons ici que l'hérédité de la noblesse dans un état ôte à la fois l'émulation aux nobles et aux roturiers. Elle l'ôte aux premiers, qui n'en ont pas besoin, parceque, par leur seule naissance, ils parviennent à tout ; et aux seconds, parceque, ne pouvant prétendre à rien, elle leur devient inutile. C'est là le vice politique qui a ruiné la puissance du Portugal et celle de l'Espagne ; et non pas l'esprit monastique, comme tant d'écrivains l'ont avancé. Les moines étaient tout puissants du temps de Ferdinand et d'Isabelle. Ce fut un moine qui décida à la cour le départ de Christophe Colomb pour la découverte d'un nouveau monde, dont la conquête quadrupla en Espagne le nombre des gentilshommes. Il ne passait pas en Amérique un soldat espagnol qui ne s'y donnât pour noble, et qui, retournant en Espagne avec un peu d'argent, ne s'y établît sur ce pied-là. La même chose arriva parmi les Portugais qui firent des conquêtes en Asie. L'ordre militaire, chez ces deux nations, fit alors des prodiges, parceque la carrière de l'ambition était ouverte au peuple dans les armes. Mais depuis qu'elle lui est fermée par le nombre prodigieux de gentilshommes dont ces deux états sont remplis, il s'est jeté du côté de l'ordre monastique, et lui a donné la puissance tribunitive.

Quelque admirable que paraisse aux spéculations de nos politiques le triple nœud qui forme le gouvernement de l'Angleterre, c'est aux agitations de ses trois puissances qu'on doit attribuer les querelles perpétuelles qui en troublent le bonheur, et la vénalité qui l'a enfin corrompue. Le peuple, à la vérité, forme une chambre dans son parlement ; mais le droit d'y entrer comme député, n'étant réservé qu'aux seuls possesseurs de terres, doit en bannir bien des têtes sages, et y en admettre beaucoup qui ne le sont guère. Alcibiade et Catilina y auraient joué de grands rôles ; mais Socrate, le juste Aristide, Épaminondas, qui donna l'empire de la Grèce à Thèbes ; Attilius Régulus, qui fut choisi dictateur à la charrue ; Ménénius Agrippa, qui pacifia les différends du sénat et du peuple, n'auraient pu y avoir de séance, attendu qu'ils n'avaient pas en fonds de terre cent livres sterling de revenu. L'Angleterre se détruirait par sa propre constitution, si elle n'ouvrait à tous ses citoyens une carrière commune dans sa marine. Tous les ordres de l'état concourent à ce point de réunion, et lui donnent une telle pondération, qu'il fixe leur équilibre politique. Qui détruirait la marine en Angleterre en détruirait le gouvernement. Ce concours unanime de toute la nation vers un seul art lui a acquis le plus grand degré de perfection où il soit jamais parvenu chez aucun peuple, et en fait l'unique instrument de sa puissance.

Si nous parcourons les autres états qui portent le nom de républiques, nous y verrons les maux au dedans, et la faiblesse au dehors, croître à proportion de l'inégalité de leurs citoyens. La Pologne a réservé aux seuls nobles toute l'autorité, et a laissé son peuple dans le plus odieux esclavage, en sorte que la guerre, qui établit entre les citoyens d'une même nation une communauté de dangers, n'établit entre ceux-ci aucune communauté de récompenses. Son histoire ne présente qu'une longue suite de querelles de palatinat à palatinat, de ville à ville, de famille à famille, qui l'ont rendue fort malheureuse dans tous les temps. Le plus grand nombre des nobles même y est si misérable, qu'il est obligé, pour vivre, de servir les grands dans les plus vils emplois, comme autrefois les nôtres parmi nous dans le gouvernement féodal, et comme encore aujourd'hui ceux du Japon; car partout où les paysans sont esclaves, les gentilshommes sont domestiques. Enfin il est arrivé, de nos jours, à la Pologne, le malheur qu'elle aurait éprouvé il y a long-temps, si les royaumes qui l'environnent n'avaient pas eu alors les mêmes défauts dans leur constitution; elle a été envahie par ses voisins, malgré ses longues discussions politiques, comme l'empire des Grecs le fut par les Turcs, lorsque quelques prêtres s'y étant emparés de tout, ne les occupaient plus que de subtilités théologiques.

Au Japon, les maux des nobles y sont proportionnés à leur tyrannie. Ils formèrent d'abord un gouvernement féodal si aisé à renverser, comme tous ceux de cette nature, que le premier d'entre eux qui s'en voulut faire le souverain en vint à bout par une seule bataille. Il leur ôta le pouvoir de décider leurs querelles par des guerres civiles; mais il leur laissa tous leurs autres priviléges, celui de maltraiter les paysans qui y sont serfs, le droit de vie et de mort sur tous ceux qui sont à leurs gages, et même sur leurs femmes. Le peuple, qui, dans l'extrême misère, n'a guère, pour subsister, d'autre moyen que d'effrayer ou de corrompre ses tyrans, produit au Japon une multitude incroyable de bonzes de toutes les sectes, qui y ont élevé des temples sur toutes les montagnes; de comédiens et de farceurs qui ont des théâtres à tous les carrefours des villes; et de courtisanes qui y sont en si grand nombre, qu'on en trouve sur toutes les routes, et à toutes les auberges où l'on arrive. Mais ce même peuple met à si haut prix la considération que les nobles exigent de lui, que pour peu qu'ils se regardent entre eux de travers, il faut qu'ils se battent; et si l'insulte est un peu grave, il faut que l'offensé et l'agresseur s'ouvrent le ventre, sous peine d'infamie. C'est à cette haine pour ses tyrans qu'il faut attribuer le singulier attachement qu'il témoigna pour la religion chrétienne, qu'il croyait devoir effacer, par sa morale, des différences si odieuses entre les hommes; et c'est aux préjugés populaires qu'il faut rapporter, dans les nobles japonais, le mépris qu'ils marquent en mille occasions pour une vie rendue si versatile par l'opinion d'autrui.

Une sage égalité, proportionnée aux lumières et aux talents de tous ses sujets, a rendu long-temps la Chine la portion la plus heureuse de la terre; mais le goût des voluptés y ayant à la fin corrompu les mœurs, l'argent qui les procure est devenu le premier mobile du gouvernement. La vénalité y a divisé la nation en deux grandes classes, de riches et de pauvres. Les anciens degrés qui élevaient les hommes à tous les emplois subsistent encore, mais il n'y a que les riches qui y montent. Ce vaste et populeux empire, n'ayant plus de patriotisme que dans quelques vaines cérémonies, a été plusieurs fois envahi par les Tartares, qui y ont été appelés par les malheurs des peuples.

On regarde, en général, les nègres comme l'espèce d'hommes la plus infortunée qu'il y ait au monde. En effet, il semble que quelque destinée les condamne à l'esclavage. On croit reconnaître en eux l'effet de cette ancienne malédiction* : « Que Chanaan soit maudit! qu'il soit, à l'égard » de ses frères, l'esclave des esclaves! » Ils la confirment eux-mêmes par leurs traditions. Selon le Hollandais Bosman**, « les nègres de la Guinée » disent que Dieu, ayant créé des noirs et des » blancs, leur proposa deux dons, savoir, ou de » posséder l'or, ou de savoir lire et écrire; et » comme Dieu donna le choix aux noirs, ils choi- » sirent l'or, et laissèrent aux blancs la connais- » sance des lettres : ce que Dieu leur accorda. Mais » qu'étant irrité de cette convoitise qu'ils avaient » pour l'or, il résolut en même temps que les

---

* *Genèse*, chap. IX, v. 25.
** Bosman, *Voyage de Guinée*, lettre X.

blancs domineraient éternellement sur eux, et qu'ils seraient obligés de leur servir d'esclaves[24]. » Ce n'est pas que je veuille appuyer par des autorités sacrées, ni par celles que ces infortunés fournissent eux-mêmes, la tyrannie que nous exerçons à leur égard. Si la malédiction d'un père a pu avoir tant d'influence sur sa postérité, la bénédiction de Dieu, qui, par notre religion, s'étend sur eux comme sur nous, les rétablit dans toute la liberté de la loi naturelle. Le texte de l'Évangile, qui nous ordonne de regarder tous les hommes comme nos frères, parle pour eux comme pour nos compatriotes. Si c'en était ici le lieu, je ferais voir comme la Providence sait observer en leur faveur les lois de la justice universelle, en rendant leurs tyrans, dans nos colonies, cent fois plus misérables qu'eux. D'ailleurs, combien de guerres les traites de l'Afrique n'ont-elles pas fait naître parmi les puissances maritimes de l'Europe! combien de maladies et d'abâtardissements de races les Nègres n'ont-ils pas occasionnés parmi nous! Mais je ne m'arrêterai qu'à leur condition dans leur pays, et à celle de leurs compatriotes qui abusent sur eux de leur pouvoir. Je ne sache pas qu'il y ait jamais eu chez eux une seule république, si ce n'est quelque petite aristocratie le long de la côte occidentale d'Afrique, telle que celle de Fantim. Ils ont une multitude de petits rois qui les vendent quand bon leur semble. Mais, d'un autre côté, le sort de ces rois est rendu si déplorable par les prêtres, les fétiches, les gris-gris, les révolutions subites, l'indigence même d'aliments, qu'il y a fort peu de nos matelots qui voulussent changer d'état avec eux. D'ailleurs les nègres échappent à la plupart de leurs maux par leur insouciance et la mobilité de leur imagination. Ils dansent au milieu de la famine comme au sein de l'abondance, dans les fers comme en liberté. Si une patte de poulet leur fait peur, un petit morceau de papier blanc les rassure. Chaque jour ils font et défont leurs dieux à leur fantaisie.

Ce n'est point dans la stupide Afrique, mais aux Indes, dont l'antique sagesse est si renommée, que les maux du genre humain sont portés à leur comble. Les brames, autrefois appelés brachmanes, qui en sont les prêtres, y ont divisé la nation en plusieurs castes, dont ils ont voué quelques unes à l'opprobre, comme celle des parias. On peut bien croire qu'ils ont rendu la leur sacrée. Personne n'est digne de les toucher, de manger avec eux, encore moins d'y contracter aucune alliance. Ils ont étayé cette grandeur imaginaire de superstitions incroyables. C'est de leur main que sort ce nombre infini de dieux de formes monstrueuses, qui ont effrayé toutes les imaginations de l'Asie. Le peuple, par une réaction naturelle d'opinions, les rend à leur tour les plus misérables de tous les hommes. Il les oblige, afin de conserver leur réputation, de se laver de la tête aux pieds au moindre attouchement, de jeûner souvent et rigoureusement, de faire devant leurs idoles si redoutables des pénitences horribles ; et comme il ne peut s'allier à leur sang, il force, par le pouvoir des préjugés sur les tyrans, leurs veuves de se brûler vives avec le corps de leurs maris. N'est-ce donc pas un sort bien affreux, pour des hommes qui passent pour sages et qui donnent la loi à leur nation, de voir périr par cet horrible genre de supplice leurs amies, leurs parentes, leurs filles, leurs sœurs et leurs mères? Des voyageurs ont vanté leurs lumières; mais n'est-ce pas une odieuse alternative pour des hommes éclairés, ou d'effrayer perpétuellement des ignorants par des opinions qui, à la longue, subjuguent même ceux qui les prêchent; ou, s'ils sont assez heureux pour conserver leur raison, d'en faire un usage honteux et coupable en l'employant à débiter des mensonges? Comment peuvent-ils s'estimer les uns les autres? Comment peuvent-ils rentrer en eux-mêmes, et lever les yeux vers cette Divinité dont ils ont, dit-on, de si sublimes idées, et dont ils présentent au peuple de si effroyables images? Quel que soit, pour leur ambition, le triste fruit de leur politique, elle a entraîné les malheurs de ce vaste empire, situé dans la plus belle région de la terre. Sa milice est formée de nobles appelés naïres, qui tiennent le second rang dans l'état. Les brames, pour se maintenir par la force autant que par la ruse, les ont associés à une partie de leurs privilèges. Voici ce que dit Gauthier Schouten de l'indifférence que porte le peuple aux naïres dans les malheurs qui leur arrivent. Après un rude combat, où les Hollandais tuèrent beaucoup de ceux qui avaient embrassé le parti des Portugais, « il ne » fut fait, dit-il[*], aucun outrage ni insulte aux gens » de métier, paysans, pêcheurs ou autres habitants » malabares, non pas même dans la fureur du » combat. Aussi ne s'en étaient-ils point fuis. Il y en » avait beaucoup de postés en divers endroits, pour » être spectateurs de l'action, et ils ne parurent » nullement s'intéresser à la perte des naïres. » J'ai vu la même apathie chez les peuples dont la noblesse forme une nation à part, entre autres en Pologne. Le peuple des Indes fait partager à ses

---

[*] *Voyage aux Indes orientales*, tome I, page 307.

naïres, comme à ses brames, les maux de l'opinion. Ceux-là ne peuvent contracter de mariages légitimes. Plusieurs d'entre eux, connus sous le nom d'amoques, sont obligés de se dévouer dans les combats ou à la mort de leurs rois. Ils sont les victimes de leur honneur injuste, comme les brames le sont de leur religion inhumaine. Leur courage, qui n'est qu'un esprit de corps, loin d'être utile à leur pays, lui est souvent funeste. Dans tous les temps il a été désolé par leurs guerres intestines; et il est si faible au dehors, que des poignées d'Européens s'y sont établis partout où ils ont voulu. A la fin de l'avant-dernière guerre, en 1762, un Anglais proposa au parlement d'Angleterre d'en faire la conquête, et de payer les dettes de sa nation avec les richesses qu'il se proposait d'y enlever, si on voulait l'y transporter avec une armée de cinq mille Européens. Son projet n'étonna aucun de ceux de ses compatriotes qui connaissaient la faiblesse de ce pays-là; et il ne fut rejeté, dit-on, que parcequ'il était injuste.

En France, le peuple ne parvint à rien dans le gouvernement depuis Jules César, qui est le premier des écrivains qui ait fait cette observation, et qui n'est pas le dernier politique qui en ait profité pour s'en rendre aisément le maître, jusqu'au cardinal de Richelieu, qui abattit le pouvoir féodal. Dans ce long intervalle, notre histoire n'offre qu'une suite de dissensions, de guerres civiles, de mauvaises mœurs, d'assassinats, de lois gothiques, de coutumes barbares, et est très peu intéressante à lire, quoi qu'en dise le président Hénault, qui la compare à l'histoire romaine. Ce n'est pas seulement parceque les fables des Romains sont plus ingénieuses que les nôtres, mais c'est que, dans notre histoire, on ne voit point l'histoire d'un peuple, mais seulement celles de quelques grandes maisons. Il faut cependant excepter les vies de quelques bons rois, telles que celles de saint Louis, de Charles V, de Henri IV, et de quelques gens de bien, qui intéressent, par cela même qu'ils se sont intéressés pour la nation. Partout ailleurs vous ne voyez pas que le gouvernement s'en occupât; il ne songeait qu'aux intérêts des nobles. Elle fut tour à tour subjuguée par les Romains, les Francs, les Goths, les Alains et les Normands. La facilité avec laquelle elle se fit chrétienne prouve qu'elle chercha dans la religion une protection contre les maux de l'esclavage. C'est à ce sentiment de confiance que le clergé a dû le premier rang qu'il a obtenu dans l'état: mais bientôt le clergé dégénéra de son premier esprit; et, loin de songer à détruire la tyrannie,

il se rangea du côté des tyrans; il adopta toutes leurs coutumes, il se revêtit de leurs titres, s'appliqua leurs droits et leurs revenus, et se servit même de leurs armes pour défendre des intérêts si étrangers à sa morale. Beaucoup d'églises avaient des chevaliers et des champions qui se battaient pour elles en duel.

Il ne faut pas attribuer à la religion les maux occasionnés par l'avarice et par l'ambition de ses ministres. Elle nous apprend elle-même à connaître leurs défauts, et elle nous ordonne de nous en méfier. Les plus grands saints, entre autres saint Jérôme*, les leur ont reprochés avec plus de force que ne l'ont fait les philosophes modernes. On a beaucoup écrit, dans ces derniers temps, contre la religion, pour affaiblir le pouvoir des prêtres; mais partout où elle est tombée, leur puissance s'est augmentée. C'est la religion elle-même qui les contient. Voyez, dans l'Archipel et ailleurs, combien de superstitions frauduleuses et lucratives les papas et caloyer grecs ont substituées à l'esprit de l'Évangile! Quelques reproches d'ailleurs qu'on puisse faire aux nôtres, ils peuvent répondre qu'ils ont été dans tous les temps les enfants de leurs siècles, comme leurs compatriotes. Les nobles, les magistrats, les militaires, les rois mêmes des temps passés, ne valaient pas mieux. On les accuse de porter partout l'esprit d'intolérance, et de vouloir être les maîtres en prêchant l'humilité. Mais la plupart d'entre eux, repoussés par le monde, portent dans leurs corps cet esprit d'intolérance du monde dont ils ont été la victime; et leur ambition n'est bien souvent qu'une suite de cette ambition universelle que l'éducation nationale et les préjugés de la société inspirent à tous les membres de l'état. Sans vouloir faire leur apologie, et encore moins leur satire, ni celle d'aucun corps, dont je n'ai voulu découvrir les maux qu'afin de leur indiquer les remèdes qui me semblent être à leur portée, je me bornerai ici à quelques réflexions sur la religion, qui est, dès cette vie même, le fléau des méchants et la consolation des gens de bien.

Le monde regarde aujourd'hui la religion comme le partage du peuple, et comme un moyen politique imaginé pour le contenir. Il lui met en opposition la philosophie de Socrate, d'Épictète, de Marc-Aurèle; comme si la morale de ces sages était moins austère que celle de Jésus-Christ, et comme si les biens qu'il s'en promet étaient plus assurés que ceux de l'Évangile! Quelle connaissance profonde du cœur de l'homme, quelle con-

---

* *Voyez* ses lettres.

venance admirable avec ses besoins, quels traits touchants de sensibilité sont renfermés dans ce livre divin! Je laisse à part ses mystères. Nous en avons pris, dit-on, une partie dans Platon. Mais Platon lui-même les avait tirés de l'Égypte, où il avait voyagé; et les Égyptiens les devaient comme nous aux patriarches. Ces mystères, après tout, ne sont pas plus incompréhensibles que ceux de la nature, et que celui de notre propre existence. D'ailleurs, nous contribuons dans leur examen à nous égarer. Nous voulons remonter à leur source, et nous ne pouvons que sentir leurs effets. Toute cause surnaturelle est également impénétrable à l'homme. L'homme n'est lui-même qu'un effet, qu'un résultat passager, qu'une combinaison d'un moment. Il ne peut juger des choses divines suivant leur nature, mais suivant la sienne, et par les seules convenances qu'elles ont avec ses besoins. Si nous nous servons de ces témoignages de notre faiblesse et de ces indications de notre cœur pour étudier la religion, nous verrons qu'il n'y en a point sur la terre qui convienne autant aux besoins du genre humain. Je ne parle pas de l'antiquité de ses traditions. Les poëtes de la plupart des nations, entre autres Ovide, ont chanté la création, le bonheur de l'âge d'or, l'indiscrète curiosité de la première femme, les malheurs sortis de la boîte de Pandore, et le déluge universel, comme s'ils avaient pris ces histoires dans la *Genèse*. On objecte à la nouveauté du monde l'ancienneté et la multiplicité de quelques laves dans les volcans; mais ces observations ont-elles été bien faites? Les volcans ont dû couler plus fréquemment dans les premiers temps, lorsque la terre était plus couverte de forêts, et que l'Océan, chargé de ses dépouilles végétales, fournissait plus abondamment à leurs foyers. D'ailleurs, comme je l'ai dit dans le cours de cet ouvrage, nous ne saurions distinguer ce qui est vieux et ce qui est moderne dans la fabrique du monde. La création a dû y manifester l'empreinte des siècles dès sa naissance. Si on le suppose éternel, et abandonné aux simples lois du mouvement, il y a long-temps qu'il ne devrait plus avoir la moindre colline à sa surface. L'action des pluies, des vents et de la pesanteur aurait mis toutes les terres au niveau des mers. Ce n'est point dans les ouvrages de Dieu, mais dans ceux des hommes, que nous pouvons distinguer des époques. Tous nos monuments nous annoncent la nouveauté de la terre que nous habitons. Si elle était, je ne dis pas éternelle, mais seulement un peu ancienne, nous trouverions des ouvrages de l'industrie humaine bien plus vieux que de trois à quatre mille ans, comme tous ceux que nous connaissons. Nous avons des matières que le temps n'altère point sensiblement. J'ai vu, chez le savant comte de Caylus, des anneaux d'or constellés, ou talismans égyptiens, aussi entiers que s'ils sortaient des mains de l'ouvrier. Les sauvages, qui ne connaissent pas le fer, connaissent l'or, et le recherchent autant pour sa durée que pour son éclat. Au lieu donc de ne trouver que des antiquités de trois ou quatre mille ans, comme sont celles des nations les plus anciennes, nous en devrions voir de soixante, de cent, de deux cent mille ans. Lucrèce, qui attribuait la création du monde aux atomes par une physique inintelligible, avoue qu'il est tout nouveau.

Præterea, si nulla fuit genitalis origo
Terraï et cœli, semperque æterna fuere,
Cur supra bellum Thebanum et funera Trojæ
Non alias alii quoque res cecinere poetæ?
De rerum Natura, lib. V, v. 325.

« Si le ciel et la terre n'ont eu aucune origine, et s'ils sont
» éternels, pourquoi n'y a-t-il pas des poëtes qui aient chanté
» d'autres guerres avant la guerre de Thèbes et la ruine de
» Troie? »

La terre est remplie de nos traditions religieuses: elles servent de fondement à la religion des Turcs, des Persans et des Arabes; elles s'étendent dans la plus grande partie de l'Afrique; nous les retrouvons dans l'Inde, dont tous les peuples et tous les arts sont originairement sortis; nous les y démêlons dans l'antique et ténébreuse religion des brames*, dans l'histoire de Brama ou d'Abraham, de sa femme Saraï ou Sara, dans les incarnations de Wistnou ou de Christnou; enfin elles sont éparses jusque chez les sauvages errants de l'Amérique. Je ne parle pas des monuments de notre religion, aussi étendus que ses traditions, dont l'un, inexplicable par les lois de notre physique, prouve un déluge universel par les débris des corps marins qui sont répandus sur la surface du globe; l'autre, incompréhensible aux lois de notre politique, atteste la réprobation des Juifs, dispersés dans toutes les régions, haïs, méprisés, persécutés, sans gouvernement, sans territoire, et cependant toujours nombreux, toujours subsistants, et toujours fidèles à leur loi. En vain on a voulu trouver des ressemblances de leur sort avec celui de plusieurs autres peuples, comme les Arméniens, les Guèbres et les Banians. Mais ces peuples-là ne sortent guère de l'Asie; ils sont en petit nombre; ils ne sont ni haïs, ni persécutés des autres nations; ils ont une patrie; enfin ils n'ont point conservé la religion de leurs ancêtres.

* *Voyez* Abraham Roger, *Mœurs des Bramines*.

Des écrivains illustres ont fait valoir ces preuves surnaturelles d'une justice divine. Je me bornerai à en rapporter d'autres plus touchantes par leur convenance avec la nature et avec nos besoins.

On a attaqué la morale de l'Évangile, parceque Jésus-Christ, dans la contrée des Géraséniens, fit passer une légion de démons dans un troupeau de deux mille porcs, qui furent se précipiter dans la mer. Pourquoi, dit-on, ruiner les maîtres de ces animaux? Jésus-Christ a fait en cela un acte de législateur : ceux qui élevaient ces porcs étaient Juifs; ils péchaient donc contre leur loi, qui déclare ces animaux immondes. Autre objection contre Moïse. Pourquoi ces animaux sont-ils immondes? Parce qu'ils sont sujets à la lèpre dans le climat de la Judée. Nos esprits forts triomphent ici. La loi de Moïse, disent-ils, était donc relative au climat; ce n'était donc qu'une loi politique. Je répondrai à cela que si je trouvais dans l'ancien ou le nouveau Testament quelque usage qui ne fût pas relatif aux lois de la nature, je m'en étonnerais bien davantage. C'est le caractère d'une religion divinement inspirée, de convenir parfaitement au bonheur des hommes, et aux lois précédemment établies par l'auteur de la nature. C'est par ce défaut de convenance qu'on peut distinguer toutes les fausses religions. Au reste, la loi de Moïse, par ses privations, ne devait être que la loi d'un peuple particulier; et la nôtre, par son universalité, devait s'étendre à tout le genre humain.

Le paganisme, le judaïsme, le mahométisme, ont tous défendu l'usage de quelque espèce d'animal; en sorte que, si une de ces religions était universelle, elle entraînerait ou sa destruction totale, ou sa multiplication à l'infini; ce qui contrarie évidemment le plan de la création. Les Juifs et les Turcs proscrivent le porc; les Indiens du Gange révèrent la vache et le paon. Il n'y a point d'animal qui ne serve de fétiche à quelque nègre, ou de manitou à quelque sauvage. La religion chrétienne permet seule l'usage nécessaire de tous les animaux, et elle ne prescrit particulièrement l'abstinence de ceux de la terre que dans la saison où ils se multiplient, et où ceux de la mer abondent sur les rivages, au commencement du printemps. Toutes les religions ont rempli leurs temples de carnage, et ont immolé à Dieu la vie des bêtes. Les brames mêmes, si pitoyables envers elles, offrent à leurs idoles le sang et la vie des hommes : les Turcs immolent des chameaux et des moutons. Notre religion, plus pure, quand on n'aurait égard qu'à la matière de son sacrifice, présente en hommage à Dieu le pain et le vin, qui sont les plus doux présents qu'il ait faits à l'homme. Nous observerons même que la vigne, qui croît depuis la ligne jusqu'au-delà du cinquante-deuxième degré de latitude nord, et depuis l'Angleterre jusqu'au Japon, est le plus répandu de tous les arbres fruitiers; que le blé est presque la seule des plantes alimentaires qui vienne dans tous les climats; et que la liqueur de l'une et la farine de l'autre peuvent se conserver pendant des siècles, et se transporter par toute la terre. Toutes les religions ont accordé aux hommes la pluralité des femmes dans le mariage : la nôtre n'en a permis qu'une, bien avant que nos politiques eussent observé que les deux sexes naissaient en nombre égal. Toutes se sont glorifiées de leurs généalogies; et, regardant avec mépris la plupart des nations, elles se sont permis, quand elles l'ont pu, de les réduire en esclavage : la nôtre seule a protégé la liberté de tous les hommes, et elle les a rappelés à une même fin, comme à une même origine. La religion des Indiens promet dans ce monde des plaisirs; celle des Juifs, des richesses; celle des Turcs, des victoires : la nôtre nous ordonne des vertus, et elle n'en promet la récompense que dans le ciel. Elle seule a connu que nos passions infinies étaient d'institution divine. Elle n'a pas borné, dans le cœur humain, l'amour à une femme et à des enfants, mais elle l'étend à tous les hommes : elle n'y a pas circonscrit l'ambition à la gloire d'un parti ou d'une nation, mais elle l'a dirigée vers le ciel et à l'immortalité : elle a voulu que nos passions servissent d'ailes à nos vertus[25]. Bien loin qu'elle nous lie sur la terre pour nous rendre malheureux, c'est elle qui y rompt les chaînes qui nous y tiennent captifs. Que de maux elle y a adoucis! que de larmes elle y a essuyées! que d'espérances elle a fait naître quand il n'y avait plus rien à espérer! que de repentirs ouverts au crime! que d'appuis donnés à l'innocence! Ah! lorsque ses autels s'élevèrent au milieu de nos forêts ensanglantées par les couteaux des druides, que les opprimés vinrent en foule y chercher des asiles, que des ennemis irréconciliables s'y embrassèrent en pleurant, les tyrans émus sentirent, du haut des tours, les armes tomber de leurs mains. Ils n'avaient connu que l'empire de la terreur, et ils voyaient naître celui de la charité. Les amants y accoururent pour y jurer de s'aimer, et de s'aimer encore au-delà du tombeau. Elle ne donnait pas un jour à la haine, et elle promettait l'éternité aux amours. Ah! si cette religion ne fut faite que pour le bonheur des misérables, elle fut donc faite pour celui du genre humain!

Il n'y a que la religion qui donne à nos passions un grand caractère. Elle répand des charmes ineffables sur l'innocence, et donne une majesté divine à la douleur. Il y a quelques années que j'étais à Dieppe, vers l'équinoxe de septembre, et un coup de vent s'étant élevé, comme c'est l'ordinaire dans ce temps-là, j'en fus voir l'effet sur le bord de la mer. Il pouvait être midi ; plusieurs grands bateaux étaient sortis le matin du port, pour aller à la pêche. Pendant que je considérais leurs manœuvres, j'aperçus une troupe de jeunes paysannes, jolies comme le sont la plupart des Cauchoises, qui sortaient de la ville avec leurs longues coiffures blanches que le vent faisait voltiger autour de leur visage. Elles s'avancèrent en folâtrant jusqu'à l'extrémité de la jetée, que des ondées d'écume marine couvraient de temps en temps. Une d'entre elles se tenait à l'écart, triste et rêveuse. Elle regardait au loin les bateaux, dont quelques uns s'apercevaient à peine au milieu d'un horizon fort noir. Ses compagnes d'abord se mirent à la railler, pour tâcher de la distraire. « Est-» ce que tu as là-bas ton bon ami ? » lui disaient-elles. Mais, comme elles la voyaient toujours sérieuse, elles lui crièrent : « Allons, ne restons » pas là ! Pourquoi t'affliges-tu ? Reviens, reviens » avec nous. » Et elles reprirent le chemin de la ville. Cette jeune fille les suivit lentement sans leur répondre ; et quand elles furent à peu près hors de sa vue, derrière des monceaux de galets qui sont sur le chemin, elle s'approcha d'un grand calvaire qui est au milieu de la jetée, tira quelque argent de sa poche, le mit dans le tronc qui était au pied, puis elle s'agenouilla, et fit sa prière, les mains jointes et les yeux levés au ciel. Les vagues qui assourdissaient en brisant sur la côte, le vent qui agitait les grosses lanternes du crucifix, le danger sur la mer, l'inquiétude sur la terre, la confiance dans le ciel, donnaient à l'amour de cette pauvre paysanne une étendue et une majesté que le palais des grands ne saurait donner à leurs passions.

Elle ne tarda pas à se tranquilliser, car tous les bateaux rentrèrent dans l'après-midi, sans avoir éprouvé aucun dommage.

Quoi qu'on ait dit de l'ambition de l'Église romaine, elle est venue souvent au secours des peuples malheureux. En voici un exemple pris au hasard, et que je soumets au jugement du lecteur. C'est au sujet du commerce des esclaves d'Afrique, embrassé sans scrupule par toutes les puissances chrétiennes et maritimes de l'Europe, et blâmé par la cour de Rome. « Dans la seconde année de » sa mission, Merolla se trouva seul à Sogno, par » la mort du supérieur général, dont le père Joseph » Busseto alla remplir la place au couven d'An-» gola. Vers le même temps, les missionnaires » capucins reçurent une lettre du cardinal Cibo, » au nom du sacré collége. Elle contenait des » plaintes amères sur la continuation de la vente » des esclaves, et des instances pour faire cesser » enfin cet odieux usage. Mais ils virent peu d'ap-» parence de pouvoir exécuter les ordres du Saint-» Siége, parceque le commerce du pays consiste » uniquement en ivoire et dans la traite des escla-» ves*. » Tous les efforts des missionnaires n'aboutirent qu'à exclure les Anglais de ce commerce.

La terre serait un paradis, si la religion chrétienne y était observée. C'est elle qui a aboli l'esclavage dans la plus grande partie de l'Europe. Elle tira en France de grandes possessions des mains des iarles et des barons, et elle y détruisit une partie de leurs droits inhumains par les terreurs d'une autre vie. Mais le peuple opposa encore un autre boulevard à ses tyrans, ce fut le pouvoir des femmes.

Nos historiens remarquent bien l'influence que quelques femmes ont eue sous certains règnes, et jamais celle du sexe en général. Ils n'écrivent point l'histoire de la nation, mais celle des princes. Les femmes ne sont rien pour eux, si elles ne sont qualifiées. Ce fut cependant de cette faible portion de la société que la Providence fit sortir, de temps en temps, ses principaux défenseurs. Je ne parle pas de celles qui ont repoussé, même par les armes, les ennemis du dehors, telles qu'une Jeanne d'Arc, à qui Rome et la Grèce eussent élevé des autels ; je parle de celles qui ont défendu la nation des ennemis du dedans, encore plus redoutables que ceux du dehors ; de celles qui sont fortes de leur faiblesse, et qui n'ont rien à craindre, parcequ'elles n'ont rien à espérer. Depuis le trône jusqu'à la houlette, il n'y a peut-être point de pays en Europe où les femmes soient aussi maltraitées par les lois qu'en France, et il n'y en a point où elles aient plus de pouvoir. Je crois que c'est le seul royaume de l'Europe où elles ne peuvent jamais régner. Dans mon pays, un père peut marier ses filles sans leur donner d'autre dot qu'un chapeau de roses ; à sa mort, elles n'ont toutes ensemble qu'une portion de cadet. Ce droit injuste est commun au paysan comme au gentilhomme. Dans le reste du royaume, si elles sont plus riches,

---

* *Extrait de l'Histoire générale des Voyages*, par l'abbé Prévost, liv. XII, page 186 ; Merolla, année 1655.

elles ne sont pas plus heureuses. Elles sont vendues plutôt que données en mariage. De cent filles qui s'y marient, il n'y en a pas une qui y épouse son amant. Leur sort y était encore plus malheureux autrefois. César dit, dans ses *Commentaires*, « que le mari avait puissance de vie et de mort sur » sa femme, ainsi que sur ses enfants; que lors- » qu'un noble mourait, ses parents s'assemblaient : » s'il y avait quelque soupçon contre sa femme, » on la mettait à la torture comme une esclave; et » si on la trouvait criminelle, on la brûlait, après » lui avoir fait souffrir de cruels supplices *. » Ce qu'il y a d'étrange, c'est que, dès ce temps-là, et même auparavant, elles jouissaient du plus grand pouvoir. Voici ce qu'en dit le bon Plutarque, dans le style du bon Amyot : « Avant que les Gaulois » passassent les montagnes des Alpes, qu'ils eus- » sent occupé cette partie de l'Italie où ils habi- » tent maintenant, une grande et violente sédition » s'émeut entre eux, qui passa jusques à une » guerre civile : mais leurs femmes, ainsi que » les deux armées furent prestes à s'entrechoquer, » se jetterent au milieu des armes; et prenant leurs » differends en main, les accorderent, et jugerent » avec si grande équité, et si au contentement » de toutes les deux parties, qu'il s'en engendra » une amitié et bienveillance très grande reci- » proquement entre eux tous, non seulement de » ville à ville, mais aussi de maison à maison : » tellement que depuis ce temps-là ils ont toujours » continué de consulter des affaires, tant de la » guerre que de la paix, avec leurs femmes, et de » pacifier les querelles et differends qu'ils avoient » avec leurs voisins et alliés, par le moyen d'elles : et » partant en la composition qu'ils firent avec Anni- » bal quand il passa par les Gaules, entre autres ar- » ticles, ils y mirent que s'il advenoit que les Gaulois » pretendissent que les Carthaginois leur tinssent » quelque tort, les capitaines et gouverneurs car- » thaginois qui estoient en Espagne en seroient les » juges; et si, au contraire les Carthaginois vou- » loient dire que les Gaulois leur eussent fait quel- » que tort, les femmes des Gaulois en jugeroient**. » Ces deux autorités paraîtront difficiles à concilier, à qui ne fait pas attention à la réaction des choses humaines. Le pouvoir des femmes venait de leur oppression. Le peuple, aussi opprimé qu'elles, leur donna sa confiance, comme elles l'avaient donnée au peuple. C'étaient deux malheureux qui s'étaient rapprochés, et qui avaient mis leur misère en commun. Elles jugeaient d'autant mieux, qu'elles n'avaient rien à gagner ni à perdre. C'est aux femmes qu'il faut attribuer l'esprit de galanterie, l'insouciance, la gaieté, et surtout le goût pour la raillerie, qui ont, de tout temps, caractérisé notre nation. Avec une simple chanson, elles ont fait trembler plus d'une fois nos tyrans. Leurs vaudevilles y ont mis bien des bannières en campagne, et encore plus en déroute. C'est par elles que le ridicule a acquis tant de force en France, qu'il y est devenu l'arme la plus terrible qu'on y puisse employer, quoique ce ne soit que l'arme des faibles; parceque les femmes s'en saisissent d'abord, et que, dans le préjugé national, leur estime étant le premier des biens, il s'ensuit que leur mépris est le plus grand malheur du monde.

Enfin, le cardinal de Richelieu ayant rendu aux rois la puissance législative, il ôta bien par-là aux nobles le pouvoir de se nuire par des guerres civiles; mais il ne put abolir parmi eux la fureur des duels, parceque la racine de ce préjugé est dans le peuple, et que les édits ne peuvent rien sur ses opinions quand il est opprimé. L'édit du prince défend à un gentilhomme d'aller sur le pré, et l'opinion de son valet l'y contraint. Les nobles se sont arrogé tout l'honneur national, mais le peuple leur en détermine l'objet, et leur en distribue la mesure. Louis XIV, cependant, rendit au peuple une partie de sa liberté naturelle par son despotisme même. Comme il ne vit guère que lui dans le monde, tout le monde lui parut à peu près égal. Il voulut qu'il fût permis à tous ses sujets de travailler pour sa gloire, et il les récompensa à proportion que leurs travaux y avaient du rapport. Le desir de plaire au prince rapprocha les conditions. On vit alors une foule d'hommes célèbres se distinguer dans toutes les classes. Mais les malheurs de ce grand roi, et peut-être sa politique, l'ayant forcé de recourir à la vénalité des charges, dont le fatal exemple lui avait été donné par ses prédécesseurs, et qui s'est étendue, après lui, jusqu'aux plus vils emplois, il acheva bien par-là d'ôter à la noblesse son ancienne prépondérance; mais il fit naître dans la nation une puissance bien plus dangereuse : ce fut celle de l'or. Celle-là y a subjugué toutes les autres, même celle des femmes [26].

D'abord la noblesse ayant conservé une partie de ses priviléges dans les campagnes, les bourgeois qui ont quelque fortune ne veulent point y habiter, pour n'être point exposés, d'une part, à ses incartades, et pour n'être pas confondus, de l'autre,

---

* *Guerres des Gaules*, liv. VI, page 168, traduction de d'Ablancourt.

** Plutarque, tome II, in-fol.; *les vertueux Faits des Femmes*, pages 233 et 234.

avec les paysans, en payant la taille et en tirant à la milice. Ils aiment mieux demeurer dans les petites villes, où une multitude de charges et de rentes financières les font subsister dans l'oisiveté et dans l'ennui, que de vivifier des terres qui avilissent leurs cultivateurs. Il arrive de là que les petites propriétés rurales ont peu de valeur ; et que, chaque année, elles s'agrègent aux grandes. Les riches, qui en font l'acquisition, parent aux inconvénients qui les accompagnent, ou par leur noblesse personnelle, ou en en acquérant les priviléges pour de l'argent. Je sais bien qu'un parti fameux, il y a quelques années, a beaucoup vanté les grands propriétaires, parceque, disait-il, ils labourent à meilleur marché que les petits : mais, sans considérer s'ils en vendent le blé moins cher, et toutes les autres conséquences du PRODUIT NET, dont on a voulu faire l'unique objet de l'agriculture, et même de la morale, on ne peut douter que, si un certain nombre de familles riches acquérait chaque année les terres qui sont à sa bienséance, cette marche économique deviendrait bientôt funeste à l'état. Je me suis étonné bien des fois qu'il n'y eût point en France de loi qui mît des bornes aux grandes propriétés. Les Romains avaient des censeurs qui fixèrent d'abord pour chaque particulier l'étendue de sa possession à sept arpents, comme suffisante pour la subsistance d'une famille. Ils entendaient par arpent ce qu'un joug de bœufs pouvait labourer dans un jour. Dans le luxe de Rome, on la régla à cinq cents ; mais cette loi, malgré son indulgence, fut bientôt enfreinte, et son infraction entraîna la perte de la république. « Les grands parcs et les grands domaines, dit » Pline*, ont ruiné notre Italie et les provinces » que les Romains ont conquises ; car, ce qui causa » les victoires que Néron (le consul) obtint en » Afrique, vint de ce que six hommes tenaient en » propriété près de la moitié de la Numidie, quand » Néron les défit. » Plutarque disait que, de son temps, sous Trajan, on n'aurait pas levé trois mille soldats dans la Grèce, qui avait fourni autrefois des armées si nombreuses ; et qu'on y voyageait quelquefois tout un jour sans rencontrer d'autres personnes que quelques bergers le long des chemins. C'est que les terres de la Grèce étaient presque toutes tombées en partage à de grands propriétaires. Les conquérants ont toujours trouvé une faible résistance dans les pays divisés en grandes propriétés. Nous en avons des exemples dans tous les siècles, depuis l'invasion du Bas-Empire, faite par les Turcs, jusqu'à celle de la Pologne, arrivée de nos jours. Les grandes propriétés ôtent à la fois le patriotisme à ceux qui ont tout et à ceux qui n'ont rien. « Les gerbes, disait Xénophon, don-
» nent à ceux qui les font croître le courage de les
» défendre. Elles sont dans les champs comme un
» prix au milieu d'un jeu pour le vainqueur. »

Tel est le danger auquel des possessions trop inégales exposent un état au dehors ; voyons le mal qu'elles font au dedans. J'ai ouï raconter à une personne très digne de foi qu'un ancien contrôleur général s'étant retiré dans la province où il était né, y acheta une terre considérable. Il y avait aux environs une cinquantaine de fiefs qui pouvaient rapporter depuis quinze cents livres jusqu'à deux mille livres de rente. Leurs possesseurs étaient de bons gentilshommes qui donnaient, de père en fils, à la patrie, de braves officiers et des mères de famille respectables. Le contrôleur général, désirant agrandir sa terre, les invita dans son château, les traita splendidement, leur fit goûter le luxe de Paris, et finit par leur offrir le double de la valeur de leurs fonds, s'ils voulaient s'en défaire. Tous acceptèrent son offre, croyant doubler leurs revenus, et dans l'espérance non moins trompeuse pour un gentilhomme campagnard de s'acquérir un protecteur puissant à la cour. Mais la difficulté de placer convenablement leur argent, le goût de la dépense inspiré par des sommes qu'ils n'avaient jamais vues rassemblées dans leurs coffres, enfin les voyages à Paris, réduisirent bientôt à rien le prix de leurs patrimoines. Toutes ces familles honorables disparurent d'abord du pays ; et trente ans après, un de leurs descendants, qui comptait dans ses ancêtres une longue suite de capitaines de cavalerie et de chevaliers de Saint-Louis, parcourait à pied leurs anciens domaines, sollicitant pour vivre une place de garde de sel.

Voilà le mal que les grandes propriétés font aux citoyens : celui qu'elles font à la terre n'est pas moindre. J'étais, il y a quelques années, en Normandie, chez un gentilhomme aisé qui fait valoir lui-même un grand pâturage situé à mi-côte sur un assez mauvais fonds. Il me promena tout autour de son vaste enclos jusqu'à un espace considérable qui n'était couvert que de mousses, de prêles et de chardons. On n'y voyait pas un brin de bonne herbe. A la vérité, ce terrain était à la fois ferrugineux et marécageux. On l'avait coupé de plusieurs tranchées pour en faire écouler les eaux ; mais c'était en vain, rien n'y pouvait croître. Immédiatement au-dessous, il y avait une suite de petites métairies dont le fonds était cou-

---

* *Histoire naturelle*, liv. XVIII, chap. III et VI.

vert de gazons frais, planté de pommiers chargés de fruits, et entouré de grands aunes. Quelques vaches paissaient sous ces vergers, tandis que des paysannes filaient en chantant à la porte de leurs maisons. Ces voix champêtres, qui se répétaient de distance en distance sous ces bocages, donnaient à ce petit hameau un air vivant qui augmentait encore la nudité et la triste solitude de la lande où nous étions. Je demandai à son possesseur pourquoi des terrains si voisins étaient de rapports si différents. « Ils sont de même nature, me dit-il,
» et il y avait autrefois sur le lieu où nous sommes
» de petites maisons semblables à celles que vous
» voyez là. J'en ai fait l'acquisition, mais à ma
» perte. Leurs habitants ayant du loisir et peu de
» terre à soigner, l'émoussaient, l'échardon-
» naient, le fumaient ; l'herbe y venait. Voulaient-
» ils y planter, ils y creusaient des trous, ils en
» ôtaient les pierres, et ils les remplissaient de
» bonne terre qu'ils allaient chercher au fond des
» fossés et le long des chemins. Leurs arbres pre-
» naient racine et prospéraient ; mais tous ces
» soins me coûteraient beaucoup de temps et de
» dépenses. Je n'en tirerais jamais l'intérêt de
» mon argent. » Il faut remarquer que ce mauvais économe, mais bon gentilhomme dans toute la force du terme, faisait l'aumône à la plupart de ces anciens métayers qui n'avaient plus de quoi vivre. Ainsi, voilà encore du terrain et des hommes rendus inutiles par les grandes propriétés. Ce n'est point dans les grands domaines, mais dans les bras des cultivateurs, que le Père des hommes verse les fruits de la terre.

Il me serait possible de démontrer que les grandes propriétés sont les causes principales de la multitude de pauvres qu'il y a dans le royaume, par la raison même qui leur a mérité tant d'éloges de plusieurs de nos écrivains, qui est qu'elles épargnent aux hommes les travaux de l'agriculture. Il y a beaucoup d'endroits où l'on n'a aucun ouvrage à donner aux paysans pendant une grande partie de l'année ; mais je ne m'arrêterai qu'à leur misère, qui semble croître avec la richesse de chaque canton.

Le pays de Caux est le pays le plus fertile que je connaisse au monde. Ce qu'on appelle la grande agriculture y est portée à sa perfection. L'épaisseur de son humus, qui a en quelques endroits cinq à six pieds de profondeur, les engrais que lui fournit le fond de marne sur lequel il est élevé, ceux qu'il tire des plantes marines de ses rivages, qu'on répand à sa surface, concourent à le couvrir de superbes végétaux. Les blés, les arbres, les bestiaux, les femmes et les hommes, y sont plus beaux et plus robustes que partout ailleurs : mais comme les lois y ont donné dans toutes les familles les deux tiers des biens de campagne aux aînés, on y voit, d'un côté, la plus grande abondance, et de l'autre une indigence extrême. Je traversais un jour ce pays ; j'admirais ses campagnes si bien labourées, et si vastes, que la vue n'en atteint pas le terme. Leurs longs sillons de blés, qui suivent les ondulations de la plaine, et qui ne se terminent qu'aux villages et aux châteaux entourés d'arbres de haute futaie, me les faisaient paraître semblables à une mer de verdure, d'où s'élevaient çà et là quelques îles à l'horizon. C'était au mois de mars, au petit point du jour. Il soufflait un vent de nord-est très froid. J'aperçus quelque chose de rouge qui courait au loin à travers les champs, et qui se dirigeait vers la grande route, environ un quart de lieue devant moi. Je hâtai mon pas, et j'arrivai assez à temps pour voir que c'étaient deux petites filles en corsets rouges et en sabots, qui traversaient avec bien de la peine le fossé du grand chemin. La plus grande, qui pouvait avoir six à sept ans, pleurait amèrement. Mon enfant, lui dis-je, pourquoi pleurez-vous, et où allez-vous si matin ? « Monsieur,
» me répondit-elle, ma mère est malade. Il n'y a
» point de bouillon dans notre paroisse ; nous al-
» lons à ce clocher tout là-bas, chez un autre curé,
» pour lui en demander. Je pleure, parceque ma
» petite sœur ne peut plus marcher. » En disant ces mots, elle s'essuyait les yeux avec un morceau de serpillière qui lui servait de jupon. Pendant qu'elle levait cette guenille jusqu'à son visage, j'aperçus qu'elle n'avait pas même de chemise. La misère de ces enfants si pauvres au milieu de ces campagnes si riches, me pénétra de douleur ; mais je ne pouvais leur donner qu'un bien faible secours. J'allais voir moi-même une autre espèce de misérables.

Le nombre en est si grand dans les meilleurs cantons de cette province, qu'il y égale le quart et même le tiers des habitants dans chaque paroisse. Il y augmente tous les ans. Je tiens ces observations de mon expérience, et du témoignage de plusieurs curés dignes de foi. Quelques seigneurs y font distribuer du pain, toutes les semaines, à la plupart de leurs paysans, pour les aider à vivre. Économistes, songez que la Normandie est la plus riche de nos provinces, et étendez vos calculs et vos proportions au reste du royaume ! Substituez la morale financière à celle de l'Évangile : pour moi, je ne veux pas d'autre preuve de la supériorité de la religion sur les raisonnements de la philosophie, et de la bonté du cœur national sur les grandes vues de notre politique ; c'est que, malgré la défectuosité de nos lois, et nos erreurs en tout genre, l'état se soutient encore, parceque la charité et l'humanité y viennent presque partout au secours du gouvernement.

La Picardie, la Bretagne et d'autres provinces, sont incomparablement plus à plaindre que la Normandie. S'il y a vingt et un millions d'hommes en France, comme on le prétend, il y a donc au moins sept millions de pauvres. Cette proportion ne diminue pas dans les villes, comme on peut le voir par le nombre des enfants-trouvés à Paris, qui monte, année commune, à six ou sept mille, tandis que celui des autres enfants qui n'ont pas été abandonnés par leurs parents n'y va pas à plus de quatorze ou quinze mille. On peut bien juger que dans ces derniers il y en a encore beaucoup qui appartiennent à des familles indigentes. Les autres, à la vérité, sont en partie les fruits du libertinage ; mais le désordre des mœurs prouve également la misère du peuple, et même plus fortement, puisqu'elle le contraint de renoncer à la fois et à la vertu, et aux premiers sentiments de la nature.

L'esprit de finance a occasionné ces maux dans le peuple, en lui enlevant la plupart des moyens de subsister ; mais ce qu'il y a de pis, c'est qu'il a corrompu sa morale. Il n'estime et il ne loue plus que ceux qui font fortune. S'il porte encore quelque respect aux talents et aux vertus, c'est qu'il les regarde comme des moyens de s'enrichir. Ce qu'on appelle même la bonne compagnie ne pense guère autrement. Mais je voudrais bien savoir s'il y a quelque moyen honnête de faire fortune, pour un homme sans argent, dans un pays où tout est vénal. Il faut au moins intriguer, plaire à un parti, se faire des protecteurs et des prôneurs ; et pour cela il faut être de mauvaise foi, corrompre, flatter, tromper, épouser les passions d'autrui, bonnes ou mauvaises, se dévoyer enfin par quelque endroit. J'ai vu des gens parvenir dans toutes sortes d'états ; mais, j'ose le dire publiquement, quelques louanges qu'on ait données à leur mérite, et quoique plusieurs d'entre eux en eussent en effet, je n'ai vu les plus honnêtes s'élever et se maintenir qu'aux dépens de quelques vertus.

Voyons maintenant les réactions de ces maux. Le peuple balance à l'ordinaire les vices de ses oppresseurs par les siens. Il oppose corruption à corruption ; il fait sortir de son sein une multitude prodigieuse de farceurs, de comédiens, d'ouvriers de luxe, de gens de lettres même, qui, pour flatter les riches et échapper à l'indigence, étendent le désordre des mœurs et des opinions jusqu'aux extrémités de l'Europe. C'est surtout dans la classe de ses célibataires qu'il leur oppose sa plus forte digue. Comme ceux-ci sont très nombreux, et qu'ils comprennent non-seulement la jeunesse des deux sexes, qui chez nous se marie tard, mais encore une infinité d'hommes qui, par état ou par défaut de fortune, sont privés comme elle des honneurs de la société et des premiers plaisirs de la nature, ils forment un corps redoutable qui dispose de toutes les réputations, et qui trouble la paix de tous les mariages. Ce sont eux qui, pour prix d'un dîner, distribuent cette foule d'anecdotes en bien ou en mal, qui déterminent en tout genre l'opinion publique. Il ne dépend pas d'un homme riche d'avoir une jolie femme, et d'en jouir en paix ; ils l'obligent, sous peine du ridicule, c'est-à-dire sous la plus grande des peines pour un Français, d'en faire le centre de toutes les sociétés, de la promener à tous les spectacles, et d'adopter les mœurs qui leur conviennent, quelque contraires qu'elles soient à la nature et au bonheur conjugal. Pendant qu'en corps d'armée ils disposent de la réputation et des plaisirs des riches, deux de leurs colonnes attaquent de front leur fortune par deux chemins différents : l'une s'occupe à les effrayer, et l'autre à les séduire.

Je n'arrêterai pas ici mes réflexions sur le pouvoir et les richesses qu'ont acquis peu à peu plusieurs ordres religieux, mais sur leur nombre en général. Il y a des politiques qui prétendent que la France serait trop peuplée s'il n'y avait pas de couvents. La Hollande et l'Angleterre, qui n'en ont point, sont-elles trop peuplées? C'est connaître d'ailleurs bien peu les ressources de la nature. Plus la terre a d'habitants, plus elle rapporte. La France nourrirait peut-être quatre fois plus de peuple qu'elle n'en contient, si elle était, comme la Chine, divisée en un grand nombre de petites propriétés. Il ne faut pas juger de sa fertilité par ses grands domaines. Ces vastes terres désertes ne rapportent que de deux ans l'un, ou tout au plus deux sur trois. Mais de combien de récoltes et d'hommes se couvrent les petites cultures! Voyez, aux environs de Paris, le pré de Saint-Gervais. Le fonds, en général, en est médiocre ; et cependant il n'y a aucune espèce de végétal de nos climats que l'industrie de ses cultivateurs ne lui fasse produire. On y voit à la fois des pièces de blés, des prairies, des légumes, des carrés de fleurs, des arbres à fruits et de haute futaie. J'y ai vu, dans le même champ, des cerisiers au milieu des pommes de terre, des vignes qui grimpaient sur les cerisiers, et de grands noyers qui s'élevaient au-dessus des vignes ; quatre récoltes l'une sur l'autre, dans la terre, sur la terre et dans l'air. On n'y voit point de haies qui y partagent les possessions, non plus que si c'était au temps de l'âge d'or. Souvent un jeune paysan, avec un panier et une échelle, monté sur un arbre fruitier, vous présente l'image de Vertumne ; tandis qu'une jeune fille, qui chante dans quelque détour de vallon, pour en être aperçue, vous rappelle celle de Pomone. Si des préjugés cruels ont frappé de stérilité et de solitude une grande partie de la France, et ne la réservent désormais qu'à un petit nombre de propriétaires, pourquoi, au lieu de fondateurs d'ordres, ne s'élève-t-il pas parmi nous des fondateurs de colonies, comme chez les Égyptiens et chez les Grecs ? La France n'aura-t-elle jamais ses Inachus et ses Danaüs ? Pourquoi forçons-nous les peuples de l'Afrique de cultiver nos terres en Amérique, tandis que nos paysans manquent chez nous de travail ? Que n'y transportons-nous nos familles les plus misérables tout entières, enfants, vieillards, amants, cousines, les cloches même et les saints de chaque village, afin qu'elles retrouvent, dans ces terres lointaines, les amours et les illusions de la patrie ? Ah ! si dans ces pays où les cultures sont si faciles, on avait appelé la liberté et l'égalité, les cabanes du Nouveau-Monde seraient aujourd'hui préférables aux palais de l'ancien. Ne reparaîtra-t-il jamais dans quelque coin de la terre une nouvelle Arcadie ? Lorsque je me suis cru quelque crédit auprès des hommes puissants, j'ai tenté de l'employer à des projets de cette nature ; mais je n'en ai pas rencontré un seul qui s'occupât fortement du bonheur des hommes. J'ai essayé d'en tracer au moins le plan pour le laisser à d'autres ; mais les nuages du malheur ont obscurci ma propre vie, et je n'ai pu être heureux, même en songe.

Des politiques ont regardé la guerre même comme nécessaire à un état, parcequ'elle y détruit, disent-ils, la surabondance des hommes. En général ils connaissent fort peu la nature. Indépendamment des ressources des petites propriétés, qui multiplient partout les fruits de la terre, on peut assurer qu'il n'y a aucun pays qui n'ait à sa portée des moyens d'émigration, surtout depuis la découverte du Nouveau-Monde. De plus, il n'y a pas un seul état, même parmi les plus peuplés, qui n'ait quantité de terres incultes dans son territoire. La Chine et le Bengale sont, je pense, les pays du monde où il y a le plus d'habitants : cependant la Chine a quantité de déserts au milieu de ses provinces, parceque l'avarice porte leurs cultivateurs dans le voisinage des grands fleuves et dans les villes, pour s'y livrer au commerce. Plusieurs voyageurs éclairés en ont fait l'observation. Voici ce que dit des déserts du Bengale le bon Hollandais Gauthier Schouten : « Du » côté du sud, le long des côtes de la mer, à » l'embouchure du Gange, il y a une assez grande » partie qui est inculte et déserte, par la paresse » et l'oisiveté des habitants ; et aussi par la crainte » qu'ils ont des courses de ceux d'Aracan, et des cro- » codiles et autres monstres qui dévorent les hom- » mes, et qui se tiennent dans les déserts, le long » des ruisseaux, des rivières, des marais, et dans » les cavernes*. » Bien faibles obstacles, sans doute, pour une nation dont les pères vendent quelquefois leurs enfants, faute de moyens pour les nourrir ! Le médecin Bernier remarque aussi, dans son *Voyage du Mogol*, qu'il trouva quantité d'îles très fertiles et désertes à l'embouchure du Gange.

C'est, en général, au grand nombre d'hommes célibataires qu'il faut attribuer celui des filles du monde, qui par tout pays leur est proportionné. Ce mal est encore l'effet d'une réaction naturelle. Les deux sexes naissent et meurent en nombre égal ; chaque homme vient au monde et en part avec sa femme. Tout homme donc qui se voue au célibat y voue nécessairement une fille. L'ordre ecclésiastique enlève aux femmes la plupart de leurs maris, et l'ordre social les moyens de subsister. Nos manufactures et nos machines, si industrieuses, leur ont ôté presque tous les arts qui les faisaient vivre. Je ne parle pas de celles qui fabriquent les bas, les tapisseries, les étoffes, etc., qui occupaient autrefois tant de mères de famille, et qui n'emploient plus aujourd'hui que des gens de métier ; mais il y a des tailleurs, des cordonniers et des coiffeurs pour femmes. Il y a des hommes qui sont marchands de modes, de linge, de gaze, de mousseline, de fleurs artificielles. Les hommes ne rougissent pas de prendre pour eux les métiers commodes, et de laisser les plus rudes aux femmes. Parmi celles-ci, on trouve des marchandes de bœufs et de porcs qui courent les foires à cheval : il y en a qui vendent de la brique et qui naviguent dans des bateaux, toutes brûlées du soleil ;

---

*Gauthier Schouten, *Voyage aux Indes orientales*, tome II, page 154.

d'autres qui travaillent dans les carrières. On en voit des multitudes dans Paris, porter d'énormes paquets de linge sur le dos; des porteuses d'eau, des décrotteuses sur les quais; d'autres qui sont attelées, comme des chevaux, à de petites charrettes. Ainsi les sexes se dénaturent, les hommes s'efféminent, et les femmes s'hommassent. A la vérité, le plus grand nombre d'entre elles trouve plus aisé de tirer parti de ses charmes que de ses forces. Mais que de désordres les filles du monde occasionnent chaque jour! Combien d'infidélités dans les mariages, de vols dans les familles, de querelles, de batteries, de duels, dont elles sont la cause! A peine la nuit paraît, qu'elles inondent toutes les rues; elles parcourent toutes les promenades, et elles se portent à tous les carrefours. D'autres, connues sous le nom, déjà considéré dans le peuple, de *filles entretenues*, roulent aux spectacles en superbes équipages. Elles président aux bals et aux fêtes de la moyenne bourgeoisie. C'est en partie pour elles qu'on élève dans les faubourgs, au milieu des jardins anglais, une multitude de palais voûtés à l'égyptienne. Il n'en est point qui ne s'occupe à détruire quelque fortune. Ainsi Dieu punit les oppresseurs d'un peuple par les mains des opprimés. Pendant que les riches croient partager en paix sa subsistance, des hommes sortis de son sein les dépouillent à leur tour par les inquiétudes de l'opinion : s'ils leur échappent, les filles du monde s'en emparent; et, au défaut des pères, elles sont bien sûres au moins de se dédommager sur les enfants.

On a essayé, depuis quelques années, d'encourager à la vertu, par des fêtes appelées ROSIÈRES, les pauvres filles de nos campagnes; car pour celles qui sont riches, et pour les bourgeoises, le respect qu'elles doivent à leur fortune ne leur permet pas de se mettre sur la ligne des paysannes, au pied même des autels. Mais vous qui donnez des couronnes à la vertu, ne craignez-vous pas de la flétrir? Savez-vous bien que, chez les peuples qui l'ont honorée véritablement, il n'y avait que le prince ou la patrie qui osât la couronner? Le proconsul Apronius refusa de donner la couronne civique à un soldat qui l'avait méritée; il regardait ce privilége comme n'appartenant qu'à l'empereur. Tibère la lui donna, et il se plaignit qu'Apronius ne l'eût pas fait en qualité de proconsul[*]. Savez-vous bien comment les Romains honoraient la virginité? Ils faisaient porter devant les vestales les masses des préteurs. Nous avons vu ailleurs que leur seule présence délivrait le criminel qu'on menait au supplice, pourvu toutefois qu'elles affirmassent qu'elles ne s'étaient pas trouvées sur son chemin de propos délibéré. Elles avaient un banc particulier dans les fêtes publiques; et plusieurs impératrices demandèrent, comme le comble de l'honneur, le privilége d'y être assises. Et des bourgeois de Paris couronnent nos vestales champêtres! Grand et généreux effort! ils donnent, à la campagne, des roses à la vertu indigente; et ils couvrent, à la ville, le vice de diamants.

D'un autre côté, les punitions du crime ne me paraissent pas mieux ordonnées que les récompenses de la vertu. On n'entend crier dans nos carrefours que ces mots terribles: ARRÊT QUI CONDAMNE, et jamais ARRÊT QUI RÉCOMPENSE. On réprime le crime par des punitions infames. Une de leurs simples flétrissures empire un coupable au lieu de le corriger, et détermine souvent toute sa famille au vice. Où voulez-vous d'abord que se réfugie un homme fouetté, marqué et banni? La nécessité en a fait un voleur, la rage en fera un assassin. Ses parents, déshonorés, abandonnent le pays, et deviennent vagabonds. Ses sœurs se livrent à la prostitution. On regarde ces effets de la crainte que le bourreau inspire au peuple, comme des préjugés qui lui sont salutaires. Mais ils produisent, à mon avis, un bien grand mal. Le peuple les étend aux actions les plus indifférentes, et en augmente le poids de sa misère. J'en ai vu un exemple sur un vaisseau où j'étais passager : c'était en revenant de l'Ile-de-France. Je remarquai qu'aucun des matelots ne voulait manger avec le cuisinier du vaisseau; ils daignaient même à peine lui parler. J'en demandai la raison au capitaine; il me dit qu'étant au Pégu, il y avait environ six mois, il y avait laissé cet homme à terre pour y garder un magasin que les gens du pays lui avaient prêté. Ces gens, à l'entrée de la nuit, en fermèrent la porte à la clef, et l'emportèrent chez eux. Le gardien qui était dedans, ne pouvant sortir pour satisfaire à ses besoins naturels, fut obligé de se soulager dans un coin. Par malheur, ce magasin était un temple. Le matin venu, les gens du pays lui en ouvrirent la porte; mais, s'apercevant que ce lieu était souillé, ils se jetèrent à grands cris sur le malheureux gardien, le lièrent, et le mirent entre les mains des bourreaux, qui l'allaient pendre, si lui, capitaine du vaisseau, secondé d'un évêque portugais et du frère du roi, n'y fût accouru pour le tirer de leurs mains. Depuis ce moment, les matelots regardaient leur compatriote comme déshonoré, pour avoir, disaient-

---

[*] *Annales de Tacite*, liv. III, année VI.

ils, passé par les mains du bourreau. Ce préjugé ne fut ni chez les Grecs ni chez les Romains. Il ne se trouve point chez les Turcs, les Russes et les Chinois. Il ne vient point du sentiment de l'honneur, ni même de la honte du crime; il ne tient qu'au genre du supplice. Une tête tranchée pour crime de trahison ou de perfidie, ou une tête cassée pour crime de désertion, ne déshonore point la famille d'un coupable. Le peuple, avili, ne méprise que ce qui lui est propre, et il est sans pitié dans ses jugements, parcequ'il est malheureux.

Ainsi la misère du peuple est la principale source de nos maladies physiques et morales. Il y en a une autre qui n'est pas moins féconde en maux, c'est l'éducation des enfants. Cette partie de la politique a fixé, dans l'antiquité, l'attention des plus grands législateurs. Les Perses, les Égyptiens et les Chinois, en firent la base de leurs gouvernements. Ce fut sur elle que Lycurgue posa les fondements de sa république. On peut même dire que là où il n'y a point d'éducation nationale, il n'y a point de législation durable. Chez nous, l'éducation n'a aucun rapport avec la constitution de l'état. Nos écrivains les plus célèbres, tels que Montaigne, Fénelon, J.-J. Rousseau, ont bien senti les défauts de notre police à cet égard; mais, désespérant peut-être de les réformer, ils ont mieux aimé proposer des plans d'éducation particulière et domestique, que de réparer l'ancien, et de l'assortir à toutes les inconséquences de notre société. Pour moi, qui ne remonte à l'origine de nos maux qu'afin d'en disculper la nature, et que quelque heureux génie puisse y apporter un jour quelque remède, je me trouve encore engagé à examiner l'influence de l'éducation sur notre bonheur particulier, et sur celui de la patrie en général.

L'homme est le seul être sensible qui forme sa raison d'observations continuelles. Son éducation commence avec sa vie, et ne finit qu'à sa mort. Ses jours s'écouleraient dans une perpétuelle incertitude, si la nouveauté des objets, et la flexibilité de son cerveau dans l'enfance, ne donnaient aux impressions du premier âge un caractère ineffaçable; c'est alors que se forment les goûts et les observations qui dirigent toute notre vie. Nos premières affections sont encore les dernières. Elles nous accompagnent au milieu des événements dont nos jours sont mêlés; elles reparaissent dans la vieillesse, et nous rappellent alors les époques de l'enfance avec encore plus de force que celles de l'âge viril. Les premières habitudes influent même sur les animaux, jusqu'à détruire en eux l'instinct naturel. Lycurgue en montra un exemple frappant aux Lacédémoniens, dans deux chiens de chasse pris de la même litée, dans l'un desquels l'éducation avait tout-à-fait triomphé de la nature. Mais j'en connais de plus forts parmi les hommes, en ce que les premières habitudes y triomphent quelquefois de l'ambition. Il y a plusieurs de ces exemples dans l'histoire; cependant j'en choisirai un qui n'y est pas, et qui est, en apparences, peu important, mais qui m'intéresse, parcequ'il rappelle à mon souvenir des hommes qui m'ont été chers.

Lorsque j'étais au service de Russie, j'allais souvent dîner chez son excellence M. de Villebois[21], grand-maître de l'artillerie, et général du corps du génie, où je servais. J'avais remarqué qu'on lui présentait toujours sur une assiette je ne sais quoi de gris, et de semblable, pour la forme, à de petits cailloux. Il mangeait de ce mets avec fort bon appétit, et il n'en offrait à personne, quoique sa table fût honorablement servie, et qu'il n'y eût pas un seul plat qui n'y fût présenté au moindre convive. Il s'aperçut un jour que je regardais son assiette favorite avec attention. Il me demanda, en riant, si j'en voulais goûter : j'acceptai son offre, et je trouvai que c'étaient de petits blocs de lait caillé, salés et parsemés de grains d'anis, mais si durs et si coriaces, que j'avais toutes les peines du monde à y mordre, et qu'il me fût impossible d'en avaler. « Ce sont, me
» dit le grand-maître, des fromages de mon pays.
» C'est un goût de l'enfance. J'ai été élevé parmi
» nos paysans à manger de ces gros laitages. Quand
» je voyage, et que je suis loin des villes, aux
» approches d'un village, je fais aller devant moi
» mes gens et mon équipage; et mon plaisir alors
» est d'entrer tout seul, bien enveloppé dans mon
» manteau, chez le premier paysan, et d'y manger
» une terrine de lait caillé avec du pain bis. A ma
» dernière tournée en Livonie, il m'arriva, à cette
» occasion, une aventure qui m'amusa beaucoup.
» Pendant que je déjeunais ainsi, je vis entrer dans
» la maison un homme qui chantait, et qui portait
» un paquet sur son épaule. Il s'assit auprès de moi,
» et dit à l'hôte de lui donner un déjeuner semblable
» au mien. Je demandai à ce voyageur si gai d'où
» il venait, et où il allait. Il me dit : Je suis ma-
» telot, je viens des grandes Indes. J'ai débarqué
» à Riga, et je m'en retourne à Erlang, mon pays,
» d'où il y a trois ans que je suis parti. J'y reste-
» rai jusqu'à ce que j'aie mangé les cent écus que
» voilà, me dit-il en me montrant un sac de cuir

» qu'il faisait sonner. Je le questionnai sur les pays qu'il avait vus, et il me répondit avec beaucoup de bon sens. Mais, lui dis-je, quand vous aurez mangé vos cent écus, que ferez-vous? Je m'en retournerai, répondit-il, en Hollande, me rembarquer pour les grandes Indes, afin d'en gagner d'autres, et revenir me divertir à Erlang, mon pays, en Franconie. La bonne humeur et l'insouciance de cet homme me plurent tout-à-fait, continua le grand-maître. En vérité j'enviais son sort. »

La sage nature, en donnant tant de force aux habitudes du premier âge, a voulu faire dépendre notre bonheur de ceux à qui il importe le plus de le faire, c'est-à-dire de nos parents, puisque c'est des affections qu'ils nous inspirent alors que dépend celle que nous leur porterons un jour. Mais, parmi nous, dès qu'un enfant est né, on le livre à une nourrice mercenaire. Le premier lien qui devait l'attacher à ses parents est rompu avant d'être formé. Un jour viendra peut-être où il verra sortir leur pompe funèbre de la maison paternelle avec la même indifférence qu'ils en ont vu sortir son berceau. On l'y rappelle, à la vérité, dans l'âge où les graces, l'innocence et le besoin d'aimer devraient l'y fixer pour toujours; mais on ne lui en fait goûter les douceurs que pour lui en faire sentir aussitôt la privation. On l'envoie aux écoles; on l'éloigne dans des pensions. C'est là qu'il répandra des larmes que n'essuiera plus une main maternelle; c'est là qu'il formera des amitiés étrangères, pleines de regrets ou de repentir, et qu'il éteindra les affections naturelles de frère, de sœur, de père, de mère, qui sont les plus fortes et les plus douces chaînes dont la nature nous attache à la patrie.

Après avoir fait cette première violence à son jeune cœur, on en fait éprouver d'autres à sa raison. On charge sa tendre mémoire d'ablatifs, de conjonctifs, de conjugaisons. On sacrifie la fleur de la vie humaine à la métaphysique d'une langue morte. Quel est le Français qui pourrait supporter le tourment d'apprendre ainsi la sienne? Et s'il s'en est trouvé qui en aient eu la laborieuse patience, l'ont-ils mieux parlée que leurs compatriotes? Qui écrit le mieux, d'une femme de la cour, ou d'un grammairien? Montaigne, si plein des beautés antiques de la langue latine, et qui a donné tant d'énergie à la nôtre, se félicite « de » n'avoir jamais su ce que c'estoit que des voca» tifs. » Apprendre à parler par les règles de la grammaire, c'est apprendre à marcher par les lois de l'équilibre. C'est l'usage qui enseigne la grammaire d'une langue, et ce sont les passions qui en apprennent la rhétorique. Ce n'est que dans l'âge et dans les lieux où elles se développent, qu'on sent les beautés de Virgile et d'Horace, que nos plus fameux traducteurs de collége n'ont jamais soupçonnées. Je me rappelle qu'étant écolier, je fus long-temps étourdi, comme les autres enfants, par un chaos de termes barbares, et que, quand je venais à entrevoir dans mes auteurs quelque trait d'esprit qui éclairait ma raison, ou quelque sentiment qui allait à mon cœur, j'en baisais mon livre de joie. Je m'étonnais de trouver le sens commun dans les anciens. Je pensais qu'il y avait autant de différence de leur raison à la mienne, qu'il y en avait dans la construction de nos deux langages. J'ai vu plusieurs de mes camarades si rebutés des auteurs latins par ces explications de collége, que, long-temps après en être sortis, ils ne pouvaient en entendre parler. Mais quand ils ont été formés par l'expérience du monde et des passions, ils en ont senti alors les beautés, et en ont fait leurs délices. C'est ainsi qu'on abrutit, parmi nous, les enfants; qu'on contraint leur âge, plein de feu et de mouvement, par une vie triste, sédentaire et spéculative, qui influe sur leur tempérament par une infinité de maladies. Mais tout ceci n'est encore que de l'ennui et des maux physiques. On leur inspire des vices; on leur donne de l'ambition sous le nom d'émulation.

Des deux passions qui meuvent le cœur humain, qui sont l'amour et l'ambition, l'ambition est la plus durable et la plus dangereuse. Elle meurt la dernière dans les vieillards, et on lui donne l'essor la première dans les enfants. Il vaudrait beaucoup mieux leur apprendre à diriger leur amour vers quelque objet digne d'être aimé. La plupart d'entre eux sont destinés à éprouver un jour cette douce passion. La nature d'ailleurs en a fait le plus puissant lien des sociétés. Si leur âge, ou plutôt si nos mœurs financières s'y opposent, on devrait la détourner vers l'amitié, et former parmi eux, comme Platon dans sa république, ou Pélopidas à Thèbes, des bataillons d'amis toujours prêts à se dévouer pour la patrie[28]. Mais l'ambition ne s'élève qu'aux dépens d'autrui. Quelque beau nom qu'on lui donne, elle est l'ennemie de toute vertu. Elle est la source des vices les plus dangereux, de la jalousie, de la haine, de l'intolérance et de la cruauté; car chacun cherche à la satisfaire à sa manière. Elle est interdite à tous les hommes par la nature et par la religion, et à la plupart des sujets par le gouvernement. Dans nos colléges, on élève à l'empire un écolier qui sera destiné toute sa vie à vendre du poivre. On y exerce, au moins pendant sept ans, les jeunes gens qui sont les espérances d'une nation à faire des vers, à être les premiers en amplification, les premiers en babil. Pour un qui réussit dans cette futile occupation, que de milliers y perdent leur santé et leur latin!

C'est l'émulation qui donne les talents, dit-on. Il serait aisé de prouver que les écrivains les plus célèbres dans tous les genres n'ont jamais été élevés dans les colléges, depuis Homère qui ne savait que sa langue, jusqu'à J.-J. Rousseau qui savait à peine le latin. Que d'écoliers ont brillé dans la routine des classes, et se sont éclipsés dans la vaste sphère des lettres! L'Italie est pleine de colléges et d'académies : s'y trouve-t-il aujourd'hui quelque homme bien fameux? N'y voit-on pas, au contraire, les talents, distraits par les sociétés inégales, les jalousies, les brigues, les tracasseries, et par toutes les inquiétudes de l'ambition, s'y affaiblir et s'y corrompre? Je crois y entrevoir encore une autre raison de leur décadence; c'est qu'on n'y étudie que des méthodes, ce que les peintres appellent des manières. Cette étude, en nous fixant sur les pas d'un maître, nous éloigne de la nature, qui est la source de tous les talents. Considérez quels sont en France les arts qui y excellent, vous verrez que ce sont ceux pour lesquels il n'y a ni école publique, ni prix, ni académie ; tels que les marchandes de modes, les bijoutiers, les perruquiers, les cuisiniers, etc. Nous avons, à la vérité, des hommes célèbres dans les arts libéraux et dans les sciences; mais ces hommes avaient acquis leurs talents avant d'entrer aux académies. D'ailleurs, peut-on dire qu'ils égalent ceux des siècles précédents, qui ont paru avant qu'elles existassent? Après tout, quand les talents se formeraient dans les colléges, ils n'en seraient pas moins nuisibles à la nation ; car il vaut mieux qu'elle ait des vertus que des talents, et des hommes heureux que des hommes célèbres. Un éclat trompeur couvre les vices de ceux qui réussissent dans nos écoles. Mais, dans la multitude qui ne réussit jamais, les jalousies secrètes, les médisances sourdes, les basses flatteries, et tous les vices d'une ambition négative, fermentent déjà, et sont tout prêts à se répandre avec elle dans le monde.

Pendant qu'on déprave le cœur des enfants, on altère leur raison. Ces deux désordres vont toujours de concert. D'abord, on les rend inconséquents. Le régent leur apprend que Jupiter, Minerve et Apollon sont des dieux; le prêtre de la paroisse, que ce sont des démons[29]. L'un, que Virgile, qui a si bien parlé de la Providence, est au moins dans les champs Élysées, et qu'il jouit dans ce monde de l'estime de tous les gens de bien ; l'autre, qu'il est païen, et qu'il est damné. L'Évangile leur tient encore un autre langage; il leur apprend à être les derniers, et le collége à être les premiers; la vertu à descendre, et les talents à monter. Ce qu'il y a d'étrange, c'est que ces contradictions, surtout dans les provinces, sortent souvent de la même bouche, et que le même ecclésiastique fait la classe le matin et le catéchisme le soir. Je sais bien comment elles s'arrangent dans la tête du régent; mais elles doivent bouleverser celle des disciples, qui ne sont pas payés pour les entendre, comme l'autre pour les débiter. C'est bien pis lorsqu'ils viennent à prendre des sujets de frayeur, là où ils n'en devaient trouver que de consolation ; lorsqu'on leur applique, dans l'âge de l'innocence, les malédictions prononcées par Jésus-Christ contre les pharisiens, les docteurs et les autres tyrans du peuple juif, ou qu'on effraie leurs tendres organes par quelques images monstrueuses, si communes dans nos églises. J'ai connu un jeune homme qui, dans son enfance, fut si effrayé du dragon de sainte Marguerite, dont son précepteur l'avait menacé dans l'église de son village, qu'il en tomba malade de peur, et qu'il croyait toujours le voir sur le chevet de son lit, prêt à le dévorer. Il fallut que son père, pour le rassurer, mît l'épée à la main et feignît de l'avoir tué. On chassa à notre manière son erreur par une autre. Quand il fut grand, le premier usage qu'il fit de sa raison fut de penser que ceux qui étaient destinés à la former l'avaient égarée deux fois.

Après avoir élevé un enfant au-dessus de ses égaux par le titre d'empereur, et même au-dessus de tout le genre humain par celui d'enfant de l'Église, on l'avilit par des punitions cruelles et honteuses. « Entre autres choses, dit Montaigne*,
» cette police de la plupart de nos colleges m'a
» toujours desplu. On eust failli à l'adventure moins
» dommageablement s'inclinant vers l'indulgence.
» C'est une vraie geôle de jeunesse captive. On la
» rend desbauchée, l'en punissant avant qu'elle le
» soit. Arrivez-y sur le point de leur office, vous
» n'oyez que cris et d'enfants suppliciés, et de
» maistres enivrés en leur colère. Quelle manière
» pour esveiller l'appetit envers leur leçon, à ces
» tendres ames et craintives, et de les y guider
» d'une trogne effroyable, les mains armées de

---
* *Essais*, liv. I, chap. XXV.

» fouets ! Inique et pernicieuse forme ! Joint à ce
» que Quintilian en a très bien remarqué, que
» cette imperieuse autorité tire des suites peril-
» leuses, et nommement à nostre façon de chasti-
» ment. Combien leurs classes seraient plus dé-
» cemment jonchées de fleurs et de feuillées, que
» de tronçons d'osier sanglants ! J'y ferois pour-
» traire la Joie, l'Allegresse, et Flora, et les
» Graces, comme fit en son eschole le philosophe
» Speusippus. Où est leur proufit, que là aussi fust
» leur esbat[30]. » J'en ai vu au collége, demi
pâmés de douleur, recevoir dans leurs petites
mains jusqu'à douze férules. J'ai vu, par ce supplice, la peau se détacher du bout de leurs doigts,
et laisser voir la chair toute vive. Que dire de ces
punitions infames, qui influent à la fois sur les
mœurs des écoliers et sur celles des régents, comme
il y en a mille exemples? On ne peut entrer à ce
sujet dans aucun détail sans blesser la pudeur.
Cependant des prêtres les emploient. On s'appuie
sur un passage de Salomon, où il est dit: « N'é-
» pargnez pas la verge à l'enfant. » Mais que sait-on
si les Juifs mêmes usaient de ce châtiment à notre
manière? Les Turcs, qui ont conservé une grande
partie de leurs usages, regardent celui-ci comme
abominable. Il ne s'est répandu en Europe que
par la corruption des Grecs du Bas-Empire ; et ce
furent les moines qui l'y introduisirent. Si en effet
les Juifs l'ont employé, que sait-on si leur férocité
ne venait pas de cette partie de leur éducation?
D'ailleurs, il y a dans l'ancien Testament quantité
de conseils qui ne sont pas pour nous. On y trouve
des passages difficiles à expliquer, des exemples
dangereux et des lois impraticables. Par exemple,
dans le *Lévitique*, il est défendu de manger de la
chair de porc. C'est un crime digne de mort de
travailler le jour du sabbat; c'en est un autre de
tuer un bœuf hors du camp, etc. Saint Paul, dans
son épître aux Galates, dit positivement que la loi
de Moïse est une loi de servitude : il la compare à
l'esclave Agar répudiée par Abraham. Quelque
respect que nous devions aux écrits de Salomon et
aux lois de Moïse, nous ne sommes point leurs disciples; mais nous le sommes de celui qui voulait
qu'on laissât les enfants s'approcher de lui, qui les
bénissait, et qui a dit que, pour entrer au ciel, il
fallait leur devenir semblable.

Nos enfants, bouleversés par les vices de notre
institution, deviennent inconséquents, fourbes,
hypocrites, envieux, laids et méchants. A mesure
qu'ils croissent en âge, ils croissent aussi en malignité et en contradiction. Il n'y a pas un seul écolier qui sache seulement ce que c'est que les lois de
son pays; mais il y en a quelques uns qui ont entendu parler de celles des Douze Tables. Aucun d'eux ne sait comment se conduisent nos
guerres; mais il y en a qui vous raconteront quelques traits de celles des Grecs et des Romains.
Il n'y en a pas un qui ne sache que les combats
singuliers sont défendus, et beaucoup d'entre eux
vont dans les salles d'armes, où l'on n'apprend
qu'à se battre en duel. C'est, dit-on, pour apprendre à se tenir de bonne grace et à marcher; comme
si on marchait de tierce et de quarte, et que l'attitude d'un citoyen dût être celle d'un gladiateur!
D'autres, destinés à des fonctions plus paisibles,
vont dans des écoles s'exercer à disputer. La vérité, dit-on, naît du choc des opinions. C'est une
phrase de bel esprit. Pour moi, je méconnaîtrais la
vérité, si je la rencontrais dans une dispute. Je me
croirais ébloui par ma passion, ou par celle d'autrui. C'est des disputes que sont nés les sophismes,
les hérésies, les paradoxes, et les erreurs en tout
genre. La vérité ne se montre point devant les tyrans; et tout homme qui dispute cherche à le devenir. La lumière de la vérité ne ressemble point
à la lueur funeste des tonnerres, qui naît du choc
des éléments; mais à celle du soleil, qui n'est pure
que quand le ciel est sans nuages.

Je ne suivrai point notre jeunesse dans le monde,
où le plus grand mérite de l'antiquité ne peut lui
servir à rien. Que fera-t-elle de ces grands sentiments de républicain dans une monarchie, et de
ceux de désintéressement dans un pays où tout est
à vendre? A quoi lui servirait même l'impassible
philosophie de Diogène, dans des villes où l'on arrête les mendiants? Elle serait assez malheureuse,
quand elle n'aurait conservé que cette crainte du
blâme et cet amour de la louange dont on a guidé
ses études. Conduite sans cesse par l'opinion d'autrui, et n'ayant en elle aucun principe stable, la
moindre femme la mènera avec plus d'empire
qu'un régent. Mais, quoi qu'on en dise, on aura
beau crier, les colléges seront toujours pleins. Je
desirerais au moins qu'on délivrât les enfants de ces
longues misères qui les dépravent dans l'âge le plus
heureux et le plus aimable de la vie, et qui ont
ensuite tant d'influence sur leur caractère. L'homme naît bon : c'est la société qui fait les méchants,
et c'est notre éducation qui les prépare.

Comme mon témoignage ne suffit pas dans une
assertion aussi grave, j'en citerai plusieurs qui ne
sont pas suspects, et que je prends, au hasard,
chez des écrivains ecclésiastiques, non pas d'après
leurs opinions qui sont décidées par leur état, mais
d'après leur propre expérience, qui dérange abso-

lument, à cet égard, toute leur théorie. En voici un du père Claude, d'Abbeville, missionnaire capucin, au sujet des enfants des habitants de l'île de Maragnan, sur la côte du Brésil, où nous avions jeté les fondements d'une colonie qui a eu le sort de tant d'autres, que nous avons perdues par notre inconstance et par nos divisions, qui sont les suites ordinaires de notre éducation. « Davantage, je ne » sais si c'est pour le grand amour que les pères » et mères portent à leurs enfants, que jamais ils » ne leur disent mot qui les puisse offenser; ains » les laissent en liberté de faire ce que bon leur » semble, et leur permettent tout ce qui leur plaît, » sans les reprendre aucunement : aussi est-ce une » chose admirable, et de quoi plusieurs se sont » étonnés (non sans sujet), que les enfants ordi- » nairement ne font rien qui puisse mécontenter » leurs parents; au contraire, ils s'efforcent de » faire tout ce qu'ils savent et connoissent devoir » leur être agréable *. » Il fait le portrait le plus avantageux de leurs qualités physiques et morales. Son témoignage est confirmé par Jean de Léry, à l'égard des Brésiliens, qui ont les mêmes mœurs, et qui sont dans le voisinage de cette île. En voici un autre d'Antoine Biet, supérieur des prêtres missionnaires qui passèrent, en l'an 1652, à Cayenne, autre colonie que nous avons perdue par les mêmes causes, et depuis mal rétablie. C'est au sujet des enfants des sauvages Galibis**. « La mère » a grand soin de nourrir son enfant. Ils ne savent » ce que c'est, parmi eux, de donner leurs enfants » à nourrir à une autre. Elles sont folles de leurs » enfants, tant elles les aiment. Elles les lavent » tous les jours dans une fontaine ou rivière. Elles » ne les emmaillottent point, mais elles les cou- » chent dans un petit lit de coton qu'elles font ex- » près pour eux. Elles les laissent toujours nus : » c'est une merveille de voir comme ils profitent, » quelques uns, à neuf ou dix mois, marchent tout » seuls. Quand ils croissent, s'ils ne peuvent mar- » cher, ils se traînent sur leurs pieds et sur leurs » mains. Ces gens aiment extrêmement leurs en- » fants. Ils ne les frappent jamais et ne les corri- » gent point, les laissant vivre dans une grande » liberté, sans qu'ils fassent rien qui fâche leurs » parents. Ils s'étonnent quand ils voient que quel- » qu'un des nôtres châtie ses enfants. » En voici un troisième d'un jésuite : c'est du père Charlevoix, homme rempli de toutes sortes de connaissances. Il est tiré de son *Voyage à la Nouvelle-Orléans*, autre colonie que nous avons laissée dépérir par nos divisions, suites de notre constitution morale et de notre éducation. Il parle en général des enfants des sauvages de l'Amérique septentrionale. » Quelquefois*, pour les corriger de leurs défauts, » on emploie les prières et les larmes, mais jamais » les menaces... Une mère qui voit sa fille se com- » porter mal se met à pleurer : celle-ci lui en de- » mande le sujet, et elle se contente de lui dire : » Tu me déshonores. Il est rare que cette manière » de reprendre ne soit pas efficace. Cependant, » depuis qu'ils ont eu plus de commerce avec » les François, quelques uns commencent à châ- » tier leurs enfants; mais ce n'est guère que parmi » ceux qui sont chrétiens, ou qui sont fixés dans la » colonie. Ordinairement la plus grande punition » que les sauvages emploient pour corriger leurs » enfants, c'est de leur jeter un peu d'eau au vi- » sage... On a vu des filles s'étrangler pour avoir » reçu une réprimande assez légère de leurs mè- » res, ou quelques gouttes d'eau au visage; et les » avertir en disant : Tu n'auras plus de fille. » Ce qu'il y a d'étrange, c'est de voir l'embarras où est l'auteur de concilier ses préjugés d'Européen avec ses observations de voyageur; ce qui produit des contradictions perpétuelles dans le cours de son ouvrage. Il semble, dit-il, qu'une enfance si mal disciplinée doive être suivie d'une jeunesse bien turbulente et bien corrompue. Il convient que la raison les guide de meilleure heure que les autres hommes; mais il en attribue la cause à leur tempérament, qui est, dit-il, plus tranquille. Il ne se rappelle pas qu'il a fait lui-même des tableaux pathétiques des scènes que leurs passions présentent lorsqu'elles s'exaltent au milieu de la paix, dans les assemblées des nations, où leurs harangues l'emportent par la justesse et la sublimité des images sur celles de nos orateurs; et dans les fureurs de la guerre, où ils bravent, au milieu des bûchers, toute la rage de leurs ennemis. Il ne veut pas voir que c'est notre éducation européenne qui corrompt notre naturel, puisqu'il avoue ailleurs que ces mêmes sauvages, élevés à notre manière, deviennent plus méchants que les autres. Il y a des endroits où il fait de leur morale, de leurs excellentes qualités et de leur vie heureuse, l'éloge le plus touchant. Il semble envier leur sort. Le temps ne me permet pas de rapporter ces différents morceaux, qu'on peut lire dans l'ouvrage que j'ai cité, ni une multitude d'autres témoignages sur les dif-

---

* *Histoire de la mission des pères capucins dans l'île de Maragnan*, chap. XLVII.
** *Voyage de la terre équinoxiale*, liv. III, page 390.

* *Journal historique de l'Amérique septentrionale*, lettre XXIII, août 1721.

férents peuples de l'Asie, où l'on voit la douceur de l'éducation influer sensiblement sur la beauté physique et morale des hommes, et être dans chaque constitution politique le plus puissant lien qui en réunisse les membres. Je terminerai ces autorités étrangères par un trait qu'on n'eût pas laissé passer impunément à J.-J. Rousseau, et qui est tiré mot à mot de l'ouvrage d'un dominicain. C'est de l'agréable *Histoire des Antilles*, par le père Du Tertre, homme plein de goût, de sens et d'humanité. Voici ce qu'il dit des Caraïbes, dont l'éducation ressemble à celle des peuples dont j'ai parlé[1]. « A ce seul mot de sauvage, dit-il, la plupart du monde se figure dans leurs esprits une sorte d'hommes barbares, cruels, inhumains, sans raison, contrefaits, grands comme des géants, velus comme des ours, enfin plutôt des monstres que des hommes raisonnables; quoique en vérité nos sauvages ne soient sauvages que de nom, ainsi que les plantes et les fruits que la nature produit sans aucune culture dans les forêts et les déserts, lesquels, quoique nous les appelions sauvages, possèdent pourtant les vraies vertus et les propriétés dans leur force et leur entière vigueur, que bien souvent nous corrompons par nos artifices, et altérons beaucoup lorsque nous les plantons dans nos jardins... Il est à propos, ajoute-t-il ensuite, de faire voir dans ce traité que les sauvages de ces îles sont les plus contents, les plus heureux, *les moins vicieux*, les plus sociables, les moins contrefaits et les moins tourmentés de maladies, de toutes les nations du monde. »

Si l'on examinait parmi nous la vie d'un scélérat, on verrait que son enfance a été très malheureuse. Partout où j'ai vu les enfants misérables, je les ai vus laids et méchants; partout où je les ai vus heureux, je les ai vus beaux et bons. En Hollande et en Flandre, où ils sont élevés avec la plus grande douceur, leur beauté est singulièrement remarquable. C'est parmi eux que François Flamand, ce fameux sculpteur, a pris ses charmants modèles d'enfants; et Rubens, la fraîcheur de coloris dont il a peint ceux de ses tableaux. Vous ne les entendez point, comme dans nos villes, jeter des cris perçants; encore moins leurs mères et leurs bonnes les menacer de les fouetter, comme chez nous.

Ils ne sont point gais, mais ils sont contents; il y a sur leur visage un air de paix et de béatitude qui enchante, et qui est plus intéressant que la joie bruyante des nôtres, lorsqu'ils ne sont pas sous les yeux de leurs précepteurs et de leurs pères. Ce calme se répand sur toutes leurs actions, et est la source du flegme heureux qui les caractérise dans la suite de leur vie. Je n'ai point vu de pays où les parents aient autant de tendresse pour leurs enfants. Ceux-ci, à leur tour, leur rendent, dans la vieillesse, l'indulgence qu'ils ont eue pour eux dans la faiblesse du premier âge. C'est par ces doux liens que ces peuples tiennent si fortement à leur patrie, qu'on en voit bien peu s'établir chez les étrangers. Chez nous, au contraire, les pères aiment mieux voir leurs enfants spirituels que bons, parceque, dans une constitution de société ambitieuse, l'esprit fait des chefs de sectes, et la bonté, des dupes. Ils ont des recueils d'épigrammes de leurs enfants; mais l'esprit n'étant que la perception des rapports de la société, les enfants n'ont presque jamais que celui d'autrui. L'esprit même est souvent en eux la preuve d'une existence malheureuse, comme on le remarque dans les écoliers de nos villes, qui ont pour l'ordinaire plus d'esprit que les enfants des paysans; et dans ceux qui ont quelque défaut naturel, comme les boiteux, les bossus, qui, sur ce point, sont encore plus prématurés que les autres; mais, en général, ils sont tous très précoces en sentiment; et c'est ce qui rend bien coupables ceux qui les avilissent dans un âge où ils sentent souvent plus délicatement que les hommes. J'en citerai quelques traits qui nous prouveront que, malgré les erreurs de nos constitutions politiques, il y a encore dans quelques familles de bonnes qualités naturelles, ou des vertus éclairées, qui laissent aux affections heureuses de l'enfance la liberté de se développer.

J'étais, en 1765, à Dresde, au spectacle de la cour; c'était au *Père de Famille*. J'y vis arriver madame l'électrice avec une de ses filles, qui pouvait avoir cinq ou six ans. Un officier des gardes saxonnes, avec lequel j'étais venu au spectacle, me dit : « Cette enfant vous intéressera autant que la pièce. » En effet, dès qu'elle fut assise, elle posa ses deux mains sur les bords de sa loge, fixa les yeux sur le théâtre, et resta la bouche ouverte, tout attentive au jeu des acteurs. C'était une chose vraiment touchante de voir leurs différentes passions se peindre sur son visage comme dans un miroir; on y voyait paraître successivement l'inquiétude, la surprise, la mélancolie, la tristesse; enfin, l'intérêt croissant à chaque scène, vinrent les larmes, qui coulaient en abon-

[1] *Histoire naturelle des Antilles*, tome II, traité VII, ch. I, § 1er.

dance le long de ses petites joues ; puis les anxiétés, les soupirs, les gros sanglots ; on fut obligé à la fin de l'emporter de la loge, de peur qu'elle n'étouffât. Mon voisin me dit que toutes les fois que cette jeune princesse se trouvait à une pièce pathétique, elle était contrainte de sortir avant le dénouement.

J'ai vu des exemples de sensibilité encore plus touchants dans des enfants du peuple, parcequ'ils n'étaient produits par aucun effet théâtral. Me promenant, il y a quelques années, au pré Saint-Gervais, à l'entrée de l'hiver, je vis une pauvre femme couchée sur la terre, occupée à sarcler un carré d'oseille; près d'elle était une petite fille de six ans au plus, debout, immobile, et toute violette de froid. Je m'adressai à cette femme qui paraissait malade, et je lui demandai quelle était la nature de son mal. « Monsieur, me dit-elle, j'ai
» depuis trois mois un rhumatisme qui me fait bien
» souffrir ; mais mon mal me fait moins de peine
» que cette enfant ; elle ne veut jamais me quitter.
» Si je lui dis : Te voilà toute transie, va te chauf-
» fer à la maison ; elle me répond : Hélas ! ma
» mère, si je vous quitte, vous n'avez qu'à vous
» trouver mal ! »

Une autre fois, étant à Marly, je fus voir, dans les bosquets de ce magnifique parc, ce charmant groupe d'enfants qui donnent à manger des pampres et des raisins à une chèvre qui semble se jouer avec eux. Près de là est un cabinet couvert, où Louis XV, dans les beaux jours, allait quelquefois faire collation. Comme c'était dans un temps de giboulées, j'y entrai un moment pour m'y mettre à l'abri. J'y trouvai trois enfants bien plus intéressants que des enfants de marbre. C'étaient deux petites filles fort jolies qui s'occupaient, avec beaucoup d'activité, à ramasser autour du berceau des bûchettes de bois sec, qu'elles arrangeaient dans une hotte placée sur la table du roi, tandis qu'un petit garçon, mal vêtu et fort maigre, dévorait dans un coin un morceau de pain. Je demandai à la plus grande, qui avait huit à neuf ans, ce qu'elle prétendait faire de ce bois, qu'elle ramassait avec tant d'empressement ; elle me répondit : « Vous voyez bien, monsieur,
» ce petit garçon-là ; il est fort misérable ; il a
» une belle-mère qui l'envoie tout le long du
» jour chercher du bois ; quand il n'en apporte
» pas à la maison, il est battu ; quand il en em-
» porte, le suisse le lui ôte à l'entrée du parc,
» et le prend pour lui. Il meurt de faim ; nous lui
» avons donné notre déjeuner. » Après avoir dit ces mots, elle acheva avec sa compagne de remplir sa petite hotte ; elles la chargèrent sur le dos de leur malheureux ami, et elles coururent devant lui, à la porte du parc, pour voir s'il pouvait y passer en sûreté.

Instituteurs insensés ! la nature humaine est corrompue, dites-vous ; mais c'est vous qui la corrompez par des contradictions, de vaines études, de dangereuses ambitions, de honteux châtiments ; mais, par une réaction équitable de la justice divine, cette faible et infortunée génération rendra un jour à celle qui l'opprime, en jalousies, en disputes, en apathies, et en oppositions de goûts, de modes et d'opinions, tout le mal qu'elle en a reçu.

J'ai exposé de mon mieux les causes et les réactions de nos maux, pour en justifier la nature. Je me propose, à la fin de cet ouvrage, d'y présenter des remèdes et des palliatifs. Ce seront sans doute de vaines spéculations ; mais si quelque ministre ose entreprendre un jour de rendre la nation heureuse au dedans et puissante au dehors, je peux lui prédire que ce ne sera ni par des plans d'économie, ni par des alliances politiques, mais en réformant ses mœurs et son éducation. Il ne viendra pas à bout de cette révolution par des punitions et des récompenses, mais en imitant les procédés de la nature, qui n'agit que par des réactions. Ce n'est point au mal apparent qu'il faut porter le remède, c'est à sa cause. La cause du pouvoir moral de l'or est dans la vénalité des charges ; celle de la surabondance excessive des bourgeois oisifs de nos villes, dans la taille qui avilit les habitants de la campagne ; celle de la mendicité des pauvres, dans les grandes propriétés des riches ; du concubinage des filles, dans le célibat des hommes ; des préjugés des nobles, dans les ressentiments des roturiers ; et de tous les maux de la société, dans les tourments des enfants.

Pour moi, j'ai dit ; et si j'eusse parlé à la nation assemblée, de quelque point de l'horizon d'où l'on découvrît Paris, je lui eusse montré, d'une part, les monuments des riches ; des milliers de palais voluptueux dans les faubourgs ; onze salles de spectacles ; les clochers de cent trente-quatre couvents, parmi lesquels s'élèvent onze abbayes opulentes ; ceux de cent soixante autres églises, dont il y a vingt riches chapitres : et de l'autre part, je lui eusse fait voir les monuments des misérables ; cinquante-sept collèges, seize plaidoiries, quatorze casernes, trente corps-de-garde, vingt-six hôpitaux, douze prisons ou maisons de force. Je lui eusse fait remarquer la grandeur des jardins, des cours, des préaux, des enclos et des dépendances de tous ces vastes édifices, dans un terrain qui n'a pas une lieue et demie de diamètre. Je lui eusse demandé si le reste du royaume est distribué dans la même proportion que la capitale, où sont les propriétés de ceux qui la nourrissent, la vêtent, la logent, la défendent ; et qu'est-ce qui reste enfin à la multitude, pour entretenir des citoyens, des pères de famille et des hommes heureux. O puissances politiques et morales ! après vous avoir montré les causes et les effets de nos maux, je me fusse prosterné devant vous, et j'eusse attendu, pour prix de la vérité, la même récompense qu'attendait des puissances insatiables de Rome le paysan du Danube.

ÉTUDE HUITIÈME.

RÉPONSES AUX OBJECTIONS CONTRE LA PROVIDENCE DIVINE ET LES ESPÉRANCES D'UNE AUTRE VIE,

TIRÉES DE LA NATURE INCOMPRÉHENSIBLE DE DIEU ET DES MISÈRES DE CE MONDE.

« Que m'importe, dira-t-on, que mes tyrans
» soient punis, si j'en suis la victime ? Ces com-
» pensations peuvent-elles être l'ouvrage d'un
» Dieu ? De grands philosophes, qui ont étudié la
» nature toute leur vie, en ont méconnu l'auteur.
» Qui est-ce qui a vu Dieu ? qui est-ce qui a fait
» Dieu ? Mais je suppose qu'une intelligence or-
» donne les choses de cet univers, certainement
» elle a abandonné l'homme à lui-même : sa car-
» rière n'est point tracée ; il semble qu'il y ait
» pour lui deux dieux, l'un qui l'invite aux jouis-
» sances, et l'autre qui l'oblige aux privations ;
» un dieu de la nature, et un dieu de la religion.
» Il ne sait auquel des deux il doit plaire ; et, quel-
» que parti qu'il embrasse, il ignore s'il est digne
» d'amour ou de haine. Sa vertu même le remplit
» de scrupules et de doutes ; elle le rend miséra-
» ble au dedans et au dehors ; elle le met dans une
» guerre perpétuelle avec lui-même, et avec ce
» monde aux intérêts duquel il se sacrifie. S'il est
» chaste, c'est, dit le monde, parcequ'il est im-
» puissant ; s'il est religieux, c'est qu'il est imbé-
» cile ; s'il est bon avec ses citoyens, c'est qu'il
» n'a pas de courage ; s'il se dévoue pour sa patrie,
» c'est un fanatique ; s'il est simple, il est trompé ;
» s'il est modeste, il est supplanté : partout il est
» moqué, trahi, méprisé par les philosophes mê-
» mes, et par les dévots. Sur quoi fonde-t-il la
» récompense de tant de combats ? Sur une autre
» vie ? Quelle certitude a-t-il de son existence ?
» en a-t-il vu revenir quelqu'un ? Qu'est-ce que
» son ame ? où était-elle il y a cent ans ? où sera-
» t-elle dans un siècle ? Elle se développe avec
» les sens et meurt avec eux. Que devient-elle dans
» le sommeil et dans la léthargie ? C'est l'orgueil
» qui lui persuade qu'elle est immortelle : partout
» la nature lui montre la mort, dans ses monu-
» ments, dans ses goûts, dans ses amours, dans
» ses amitiés ; partout l'homme est obligé de se
» dissimuler cette idée. Pour vivre moins miséra-
» ble, il faut qu'il se *divertisse* ; c'est-à-dire, par
» le sens même de cette expression, il faut qu'il
» se *détourne* de cette perspective de maux que la
» nature lui présente de toutes parts. A quels tra-
» vaux n'a-t-elle pas assujetti sa misérable vie !
» Les animaux sont mille fois plus heureux : vê-
» tus, logés, nourris par la nature, ils se livrent
» sans inquiétude à leurs passions, et ils finissent
» leur carrière sans prévoir la mort et sans crain-
» dre les enfers.

» Si un Dieu a présidé à leurs destins, il est
» contraire à ceux du genre humain. A quoi me
» sert-il que la terre soit couverte de végétaux, si
» je ne peux disposer de l'ombre d'un seul arbre ?
» Que m'importent les lois de l'harmonie et de
» l'amour qui régissent la nature, si je ne vois au-
» tour de moi que des objets infidèles, ou si ma
» fortune, mon état, ma religion, me forcent au
» célibat ? Le bonheur général répandu sur la
» terre ne fait que redoubler mon malheur particu-
» lier. Quel intérêt puis-je prendre à la sagesse
» d'un ordre qui renouvelle toutes choses, quand,
» par une suite même de cet ordre, je me sens dé-
» faillir et détruire pour jamais ? Un seul malheu-
» reux pourrait accuser la Providence, et lui dire,
» comme l'Arabe Job[*] : Pourquoi la lumière a-
» t-elle été donnée à un misérable, et la vie à ceux
» qui sont dans l'amertume du cœur ? Ah ! les ap-
» parences du bonheur n'ont été montrées à
» l'homme que pour lui donner le désespoir d'y
» atteindre. Si un Dieu intelligent et bon gou-
» verne la nature, des esprits diaboliques boule-
» versent le genre humain. »

Je répondrai d'abord aux principales autorités dont on appuie quelques unes de ces objections. Elles sont tirées en partie d'un poëte fameux et d'un savant philosophe, de Lucrèce et de Pline. Lucrèce a mis en très beaux vers la philosophie d'Empédocle et d'Épicure. Il enchante par ses

---

[*] Job, chap. III, ⚹. 20.

images; mais cette philosophie d'atomes qui s'accrochent au hasard est si absurde, qu'elle détruit, partout où elle paraît, la beauté de sa poésie. Je m'en rapporte au jugement même de ses partisans. Elle ne parle ni au cœur ni à l'esprit; elle pèche également par ses principes et par ses conséquences. A qui, peut-on lui dire, ces premiers atomes dont vous construisez les éléments de la nature doivent-ils leur existence? Qui leur a communiqué le premier mouvement? Comment ont-ils pu donner à l'agrégation d'un grand nombre de corps un esprit de vie, un sentiment et une volonté qu'ils n'avaient pas eux-mêmes? Si vous croyez, comme Leibnitz, que *ces monades* ou unités ont en effet des perceptions qui leur sont propres, vous renoncez aux lois du hasard, et vous êtes forcé de donner aux éléments de la nature l'intelligence que vous refusez à son auteur. A la vérité, Descartes a soumis ces principes impalpables, et, si je puis dire, cette poussière métaphysique, aux lois d'une géométrie ingénieuse; et après lui, la foule des philosophes, séduite par la facilité de bâtir toutes sortes de systèmes avec les mêmes matériaux, leur ont appliqué tour à tour les lois de l'attraction, de la fermentation, de la cristallisation, enfin toutes les opérations de la chimie et toutes les subtilités de la dialectique; mais tous avec aussi peu de succès les uns que les autres. Nous ferons voir, dans l'article qui suivra celui-ci, lorsque nous parlerons de la faiblesse de notre raison, que la méthode établie dans nos écoles, de remonter aux causes premières, est la source perpétuelle des erreurs de notre philosophie, au physique comme au moral. Les vérités fondamentales ressemblent aux astres, et notre raison au graphomètre. Si cet instrument, avec lequel nous les observons, a été tant soit peu faussé; si au point de départ nous nous trompons du plus petit angle, l'erreur, à l'extrémité des rayons visuels, devient incommensurable.

Il y a quelque chose encore de plus étrange dans le procédé de Lucrèce; c'est que, dans un ouvrage où il prétend matérialiser la Divinité, il commence par diviniser la matière. En cela, il a cédé lui-même à un principe universel que nous tâcherons de développer, lorsque nous parlerons des preuves de la Divinité par sentiment; c'est qu'il est impossible d'intéresser fortement les hommes, dans quelque genre que ce soit, si on ne leur présente quelques uns des attributs de la Divinité. Avant donc d'éblouir leur esprit comme philosophe, il commence par échauffer leur cœur comme poëte. Voici une partie de son début :

```
. . . . . . . Hominum divomque voluptas,
Alma Venus, cœli subter labentia signa
Quæ mare navigerum, quæ terras frugiferenteis
Concelebras, per te quoniam genus omne animantum
Concipitur, visitque exortum lumina solis:
Te, dea, te fugiunt venti, te nubila cœli,
Adventumque tuum tibi suaveis dædala tellus
Summittit flores; tibi rident æquora ponti,
Placatumque nitet diffuso lumine cœlum.

. . . . . Quæ quoniam rerum naturam sola gubernas,
Nec sine te quidquam dias in luminis oras
Exoritur, neque fit lætum, neque amabile quidquam;
Te sociam studeo scribundis versibus esse,
Quos ego de rerum natura pangere conor.

. . . . . . . . . . . . . . . . . . . . . . . .
Quo magis æternum da dictis, diva, leporem.
Effice ut interea fera mœnera militiaï
Per maria ac terras omneis sopita quiescant;
Nam tu sola potes tranquilla pace juvare
Mortaleis: quoniam belli fera mœnera Mavors
Armipotens regit, in gremium qui sæpe tuum se
Rejicit, æterno devictus volnere amoris.

. . . . . . . . . . . . . . . . . . . . . . . .
Hunc tu, diva, tuo recubantem corpore sancto
Circumfusa super, suaveis ex ore loquelas
Funde, petens placidam Romanis, incluta, pacem.
Nam neque nos agere, hoc patriaï tempore iniquo,
Possumus æquo animo.
```
De Rerum Natura, lib. I.

Je tâcherai de rendre de mon mieux le sens de ces beaux vers :

« Volupté des hommes et des dieux, douce Vénus, qui faites
» lever sur la mer les constellations qui la rendent navigable, et
» qui couvrez la terre de fruits, c'est par vous que tout ce qui
» respire est engendré et vient à la lumière du soleil. O déesse,
» dès que vous paraissez sur les flots, les noirs orages et les
» vents impétueux prennent la fuite. L'île de Crète se couvre
» pour vous de fleurs odorantes, l'Océan calmé vous sourit,
» et le ciel sans nuages brille d'une lumière plus douce... Comme
» vous seule donnez des lois à la nature, et que sans vous rien
» d'heureux et rien d'aimable ne paraît sur les rivages célestes
» du jour, soyez ma compagne dans les vers que j'essaie de
» chanter sur la nature des choses. . . . . Déesse, donnez à
» mes chants une grâce immortelle : faites que les cruelles fu-
» reurs de la guerre s'assoupissent sur la terre et sur l'onde.
» Vous seule pouvez donner des jours tranquilles aux malheu-
» reux humains, parceque le redoutable Mars gouverne l'empire
» des armes, et que, blessé à son tour par les traits d'un amour
» éternel, il vient souvent se réfugier dans votre sein. . . . . .
» O déesse, lorsqu'il reposera sur votre corps céleste, retenez-
» le dans vos bras; que votre bouche lui adresse des paroles di-
» vines; demandez-lui une paix profonde pour les Romains : car
» de quel ordre sommes-nous capables, dans un temps où un
» désordre général règne dans la patrie? »

A la vérité, Lucrèce, dans la suite de son ouvrage, est forcé de convenir que cette déesse, si bienfaisante, entraîne la ruine de la santé, de la fortune, de l'esprit, et tôt ou tard celle de la réputation; que, du sein même de ses voluptés, il sort je ne sais quoi d'amer qui nous tourmente et nous rend malheureux. L'infortuné en fut lui-même la victime; car il mourut dans la force de son âge, ou de ses excès, selon quelques uns; ou empoisonné, selon d'autres, par un breuvage amoureux que lui donna une femme. Ici, il attribue à Vénus la création du monde; il lui adresse des prières; il donne à son corps l'épithète de saint; il lui suppose un caractère de bonté, de justice, d'intelligence et de puissance, qui n'appartient qu'à Dieu; enfin, ce sont si bien les mêmes attributs, que si vous ôtez le mot de Vénus de l'exorde de son poëme, vous pouvez l'appliquer presque tout entier à la Sagesse divine. Il y a même des traits de convenance si ressemblants à ceux du portrait qu'en fait l'*Ecclésiastique**, que je les rapporterai ici, afin qu'on puisse les comparer.

ỳ 5. Ego ex ore Altissimi prodivi primogenita ante omnem creaturam :
6. Ego feci in cœlis ut oriretur lumen indeficiens; et sicut nebula texi omnem terram :
7. Ego in altissimis habitavi, et thronus meus in columna nubis.
8. Gyrum cœli circuivi sola, et profundum abyssi penetravi, in fluctibus maris ambulavi,
9. Et in omni terra steti : et in omni populo
10. Et in omni gente primatum habui:
11. Et omnium excellentium et humilium corda virtute calcavi : et in his omnibus requiem quæsivi, et in hæreditate Domini morabor.
. . . .
17. Quasi cedrus exaltata sum in Libano, et quasi cypressus in monte Sion :
18. Quasi palma exaltata sum in Cades, et quasi plantatio rosæ in Jericho,
19. Quasi oliva speciosa in campis, et quasi platanus exaltata sum juxta aquam in plateis.
. . . .
22. Ego quasi terebinthus extendi ramos meos, et rami mei honoris et gratiæ.
23. Ego quasi vitis fructificavi suavitatem odoris, et flores mei fructus honoris et honestatis.
24. Ego mater pulchræ dilectionis, et timoris, et agnitionis, et sanctæ spei.
25. In me gratia omnis viæ et veritatis, in me omnis spes vitæ et virtutis.
26. Transite ad me, omnes qui concupiscitis me, et a generationibus meis implemini :
27. Spiritus enim meus super mel dulcis, et hæreditas mea super mel et favum:

« Je suis sortie de la bouche du Tout-Puissant. J'étais née
» avant la naissance d'aucune créature. C'est moi qui ai fait
» paraître dans les cieux une lumière qui ne s'éteindra jamais.
» J'ai couvert toute la terre comme d'un nuage. J'ai habité dans
» les lieux les plus élevés, et mon trône est dans une colonne
» de nuées. Seule, j'ai parcouru l'étendue des cieux. J'ai des-
» cendu dans le fond des abîmes, et je me suis promenée sous
» les flots de la mer. Je me suis arrêtée sur toutes les terres et
» parmi tous les peuples, et partout où j'ai paru les peuples
» m'ont donné l'empire. J'ai foulé aux pieds, par ma puissance,
» les cœurs des grands et des petits. J'ai cherché parmi eux
» mon repos ; mais je ne ferai ma demeure que dans l'héritage
» du Seigneur. . . . Je me suis élevée comme un cèdre sur le
» Liban, et comme le cyprès sur la montagne de Sion. J'ai porté
» mes branches vers les cieux, comme les palmiers de Cadès,
» et comme les plants de roses autour de Jéricho. Je suis aussi
» belle que l'olivier au milieu des champs, et aussi majestueuse
» que le platane dans une place publique sur le bord des eaux. . . .

* Chap. xxiv.

» J'ai étendu mes rameaux comme le térébinthe. Mes branches
» sont des rameaux d'honneur et de grace. J'ai poussé comme
» la vigne des fleurs du parfum le plus doux, et mes fleurs ont
» produit des fruits de gloire et d'abondance. Je suis la mère de
» l'amour pur, de la crainte, de la science, et des espérances
» saintes. C'est dans moi seule qu'on trouve un chemin facile et
» des vérités qui plaisent ; c'est dans moi que repose tout l'es-
» poir de la vie et de la vertu. Venez à moi, vous tous qui brûlez
» d'amour pour moi, et mes générations sans nombre vous rem-
» pliront de ravissement ; car mon esprit est plus doux que le
» miel ; et le partage que j'en fais est bien au-dessus de celui de
» ses rayons. »

Cette faible traduction est celle d'une prose latine qui a été traduite elle-même du grec, comme le grec l'a été lui-même de l'hébreu. On doit donc présumer que les graces de l'original en ont disparu en partie. Mais, telle qu'elle est, elle l'emporte encore, par l'agrément et la sublimité des images, sur les vers de Lucrèce, qui paraît en avoir emprunté ses principales beautés. Je n'en dirai pas davantage sur ce poëte ; l'exorde de son poëme en est la réfutation.

Pline prend une route tout opposée. Il dit, dès le commencement de son *Histoire naturelle*, qu'il n'y a pas de Dieu, et il l'emploie tout entière à prouver qu'il y en a un. Son autorité ne laisse pas d'être considérable, parceque ce n'est pas celle d'un poëte, à qui toute opinion est indifférente, pourvu qu'il fasse de grands tableaux ; ni celle d'un sectateur qui veuille soutenir un parti contre le témoignage de sa conscience ; ni enfin celle d'un flatteur qui cherche à plaire à de mauvais princes. Pline écrivait sous le vertueux Titus, et il lui a dédié son ouvrage. Il porte l'amour de la vérité, et le mépris de la gloire de son siècle, jusqu'à blâmer les victoires de César dans Rome, et en parlant à un empereur romain. Il est rempli d'humanité et de vertu. Tantôt il blâme la cruauté des maîtres envers leurs esclaves, le luxe des grands, les dissolutions même de plusieurs impératrices ; tantôt il fait l'éloge des gens de bien, et il élève au-dessus même des inventeurs des arts ceux qui ont été illustres par leur continence, leur modestie et leur piété. Son ouvrage, d'ailleurs, étincelle de lumières. C'est une véritable encyclopédie, qui renferme, comme il convenait, l'histoire des connaissances et des erreurs de son temps. On lui a attribué quelquefois les dernières fort mal à propos, puisqu'il ne les allègue souvent que pour les réfuter. Mais il a été calomnié par les médecins et par les pharmaciens, qui ont tiré de lui la plupart de leurs recettes, et qui en ont dit du mal, parcequ'il blâme leur art conjectural et leur esprit systématique. D'ailleurs, il est rempli de connaissances rares, de vues profondes, de traditions curieuses ; et, ce qui est sans prix, il s'exprime partout d'une manière pittoresque. Avec tant de goût, de jugement et de savoir, Pline est athée. La nature, au sein de laquelle il a puisé tant de lumières, peut lui dire, comme César à Brutus : « Et toi aussi, » mon fils! »

J'aime et j'estime Pline : et si j'ose dire, pour sa justification, ce que je pense de son immortel ouvrage, je le crois falsifié à l'endroit où on le fait raisonner en athée. Tous ses commentateurs conviennent que personne n'a été plus maltraité que lui par les copistes, jusque-là qu'on trouve des exemplaires de son *Histoire naturelle* où il y a des chapitres entiers qui ne sont pas les mêmes. Voyez, entre autres, ce qu'en dit Mathiole dans ses commentaires sur Dioscoride. J'observerai ici que les écrits des anciens ont passé, en venant à nous, par plus d'une langue infidèle; et, ce qu'il y a de pis, par plus d'une main suspecte. Ils ont eu le sort de leurs monuments, parmi lesquels ce sont les temples qui ont été le plus dégradés; leurs livres ont été mutilés de même aux endroits contraires ou favorables à la religion. C'est ce qu'on peut voir par le livre de Cicéron, *de la Nature des Dieux*, dont on a retranché les objections contre la Providence. Montaigne reproche aux premiers chrétiens d'avoir, pour quatre ou cinq articles contraires à notre créance, supprimé une partie des ouvrages de Cornelle Tacite, « quoique, » dit-il, l'empereur Tacite, son parent, en eust » peuplé, par ordonnances expresses, toutes les » librairies du monde*. » De nos jours, ne voyons-nous pas comme chaque parti détruit la réputation et les opinions du parti qui lui est opposé? Le genre humain est, entre la religion et la philosophie, comme le vieillard de la fable entre deux maîtresses de différents âges. Toutes deux voulaient le coiffer à leur mode; la plus jeune lui enlevait les cheveux blancs qui lui déplaisaient; la vieille, par une raison contraire, lui ôtait les cheveux noirs : elles finirent par lui peler la tête. Rien ne démontre mieux cette infidélité ancienne des deux partis, que ce qu'on lit dans l'historien Flavius-Josèphe, contemporain de Pline. On lui fait dire en deux mots que le Messie vient de naître; et il continue sa narration sans rappeler une seule fois cet événement merveilleux dans la suite de sa longue histoire. Comment Josèphe, qui s'arrête à tant d'actions de détail et de peu d'importance, ne fût-il pas revenu mille fois sur une naissance si intéressante pour sa nation, puisque ses destinées y étaient attachées, et que la destruction même de Jérusalem n'était qu'une conséquence de la mort de Jésus-Christ? Il détourne, au contraire, le sens des prophéties qui l'annonçaient, sur Vespasien et sur Titus; car il attendait, comme les autres Juifs, un Messie triomphant. D'ailleurs, si Josèphe eût cru en Jésus-Christ, ne se fût-il pas fait chrétien? Par une raison semblable, est-il croyable que Pline commence son *Histoire naturelle* par vous dire qu'il n'y a pas de Dieu, et qu'il en emploie chaque page à se récrier sur l'intelligence, la bonté, la prévoyance, la majesté de la nature, sur les présages et les augures envoyés par les dieux, et sur les miracles mêmes opérés divinement par les songes?

On cite encore des peuples sauvages qui sont athées, et on va les chercher dans quelque coin détourné du globe. Mais des peuples obscurs ne sont pas plus faits pour servir d'exemple au genre humain que parmi nous des familles du peuple ne seraient propres à servir de modèles à la nation; surtout lorsqu'il s'agit d'appuyer d'autorités une opinion qui entraîne nécessairement la ruine de toute société. D'ailleurs, ces assertions sont fausses : j'ai lu les voyageurs d'où on les a tirées. Ils avouent qu'ils ont vu ces peuples en passant, et qu'ils ignoraient leur langue. Ils ont conclu qu'ils n'avaient pas de religion, parcequ'ils ne leur ont pas vu de temples; comme s'il fallait, pour croire en Dieu, un autre temple que celui de la nature! Ces mêmes voyageurs se contredisent encore; car ils rapportent que ces peuples sans religion saluent la lune lorsqu'elle est pleine et nouvelle, en se prosternant à terre, ou en levant les mains au ciel; qu'ils honorent la mémoire de leurs ancêtres, et qu'ils portent à manger sur leurs tombeaux. L'immortalité de l'ame, de quelque manière qu'on l'admette, suppose nécessairement l'existence de Dieu.

Mais si la première de toutes les vérités avait besoin du témoignage des hommes, nous pourrions recueillir celui de tout le genre humain, depuis les génies les plus célèbres jusqu'aux peuples les plus ignorants. Ce témoignage unanime est du plus grand poids; car il ne peut y avoir sur la terre d'erreur universelle.

Voici ce que le sage Socrate disait à Euthydème, qui cherchait à s'assurer qu'il y eût des dieux : « Vous connaîtrez donc bien que je vous ai dit » vrai*, quand je vous ai dit qu'il y avait des

---

* *Essais*, liv. II, chap. xix.

* Xénophon. *Des choses mémorables de Socrate*, liv. IV.

» dieux, et qu'ils ont beaucoup de soin des hom-
» mes: mais n'attendez pas qu'ils vous apparais-
» sent, et qu'ils se présentent à vos yeux : qu'il
» vous suffise de voir leurs ouvrages et de les ado-
» rer ; et pensez que c'est de cette façon qu'ils se
» manifestent aux hommes : car, entre tous les
» dieux qui nous sont si libéraux, il n'y en a pas un
» qui se rende visible pour nous distribuer ses fa-
» veurs; et ce grand Dieu même qui a bâti l'uni-
» vers, et qui soutient ce grand ouvrage, dont
» toutes les parties sont accomplies en bonté et en
» beauté; lui qui a fait qu'elles ne vieillissent point
» avec le temps, et qu'elles se conservent toujours
» dans une immortelle vigueur[31]; qui fait encore
» qu'elles lui obéissent inviolablement, et avec
» une promptitude qui surpasse notre imagina-
» tion; celui-là, dis-je, est assez visible par tant
» de merveilles dont il est auteur. Mais que nos
» yeux pénètrent jusqu'à son trône pour le con-
» templer dans ses grandes occupations, c'est en
» cela qu'il est toujours invisible. Considérez un peu
» que le soleil, qui semble être exposé à la vue
» de tout le monde, ne permet pourtant pas qu'on
» le regarde fixement ; et si quelqu'un a la témé-
» rité de l'entreprendre, il en est puni par un
» aveuglement soudain. Davantage, tout ce qui
» sert aux dieux est invisible. La foudre se lance
» d'en haut; elle brise tout ce qu'elle rencontre :
» mais on ne la voit point tomber, on ne la voit
» point frapper, on ne la voit point retourner.
» Les vents sont invisibles, quoique nous voyions
» fort bien les ravages qu'ils font tous les jours,
» et que nous sentions aisément quand ils se lè-
» vent. S'il y a quelque chose dans l'homme qui
» participe de la nature divine, c'est son ame. Il
» n'y a point de doute que c'est elle qui le conduit
» et qui le gouverne; néanmoins on ne peut la voir.
» De tout cela donc, apprenez à ne pas mépriser
» les choses invisibles : apprenez à reconnaître
» leur puissance par leurs effets, et à honorer la
» Divinité. »

Newton, qui a pénétré si avant dans les lois de la nature, ne prononçait jamais le nom de Dieu sans ôter son chapeau, et sans témoigner le plus profond respect. Il aimait à en rappeler l'idée sublime au milieu de ses plaisirs, et il la regardait comme le lien naturel de toutes les nations. Le Hollandais Corneille Le Bruyn rapporte, « qu'é-
» tant un jour à dîner chez lui avec plusieurs
» autres étrangers, Newton, au dessert, porta la
» santé des hommes de tous les pays du monde
» qui croient en Dieu. » C'était boire à la santé du genre humain. Tant de nations, de langues et de mœurs si différentes, et quelquefois d'une intelligence si bornée, croiraient-elles en Dieu, si cette croyance était le résultat de quelque tradition, ou d'une métaphysique profonde? Elle naît du simple spectacle de la nature. On demandait un jour à un pauvre Arabe du désert, ignorant comme le sont la plupart des Arabes, comment il s'était assuré qu'il y avait un Dieu : « De la même
» façon, répondit-il, que je connais, par les tra-
» ces marquées sur le sable, s'il y a passé un homme
» ou une bête*. »

Il est impossible à l'homme, comme nous l'avons dit, d'imaginer aucune forme ou de produire aucune idée dont le modèle ne soit dans la nature. Il ne développe sa raison que sur les raisons naturelles. Il existerait donc un Dieu, par cela seul que l'homme en a l'idée. Mais si nous faisons attention que tout ce qui est nécessaire à l'homme existe dans des convenances admirables avec ses besoins, à plus forte raison Dieu doit exister encore, lui qui est la convenance universelle de toutes les sociétés du genre humain.

Mais je voudrais bien savoir comment ceux qui doutent de son existence à la vue des ouvrages de la nature désireraient s'en assurer. Voudraient-ils le voir sous la forme humaine, et qu'il leur apparût sous la figure d'un vieillard, comme on le peint dans nos églises? Ils diraient : C'est un homme. S'il revêtait quelque forme inconnue et céleste, pourrions-nous en supporter la vue dans un corps humain? Le spectacle entier et plein d'un seul de ses ouvrages sur la terre suffirait pour bouleverser nos faibles organes. Par exemple, si la terre tourne sur elle-même, comme on le dit, il n'y a point d'homme qui, d'un point fixe dans le ciel, pût voir son mouvement sans frémir; car il verrait passer les fleuves, les mers et les royaumes sous ses pieds, avec une vitesse presque triple d'un boulet de canon. Cependant cette vitesse journalière n'est encore rien ; car celle avec laquelle elle décrit son cercle annuel, et nous emporte autour du soleil, est soixante-quinze fois plus grande que celle d'un boulet. Pourrions-nous voir seulement au travers de notre peau le mécanisme de notre propre corps, sans être saisis d'effroi? Oserions-nous faire un seul mouvement, si nous voyions notre sang qui circule, nos nerfs qui tirent, nos poumons qui soufflent, nos humeurs qui filtrent, et tout l'assemblage incompréhensible de cordages, de tuyaux, de pompes, de liqueurs et de pivots qui soutiennent notre vie si fragile et si ambitieuse?

* *Voyage en Arabie*, par M. Darvieux.

Voudrions-nous au contraire que Dieu se manifestât d'une manière convenable à sa nature, par la communication directe de son intelligence, sans qu'il y eût aucun intermédiaire entre elle et nous?

Archimède, qui avait la tête si forte qu'elle ne fut pas distraite de ses méditations dans le sac de Syracuse où il périt, pensa la perdre par le simple sentiment d'une vérité géométrique qui s'offrit à lui tout-à-coup. Il s'occupait, étant dans le bain, du moyen de découvrir la quantité d'alliage qu'on soupçonnait un orfèvre infidèle d'avoir mêlée dans la couronne d'or du roi Hiéron; et ayant trouvé ce moyen dans l'analogie des différents poids de son corps hors de l'eau et dans l'eau, il sortit du bain tout nu, et courut ainsi dans les rues de Syracuse, en criant, hors de sens : « Je l'ai trouvé! je l'ai » trouvé! »

Quand quelque grande vérité ou quelque sentiment profond vient, au théâtre, à surprendre les spectateurs, vous voyez les uns verser des larmes, d'autres oppressés respirer à peine, d'autres hors d'eux-mêmes frapper des pieds et des mains; des femmes s'évanouissent dans les loges. Si ces violentes commotions de l'ame allaient en progression seulement pendant quelques minutes, ceux qui les éprouvent en perdraient l'esprit et peut-être la vie. Que serait-ce donc, si la source de toutes les vérités et de tous les sentiments se communiquait à nous dans un corps mortel? Dieu nous a placés à une distance convenable de sa majesté infinie : assez près pour l'entrevoir, assez loin pour n'en être pas anéantis. Il nous voile son intelligence sous les formes de la matière, et il nous rassure sur les mouvements de la matière par le sentiment de son intelligence. Si quelquefois il se communique à nous d'une manière plus intime, ce n'est point par le canal de nos sciences orgueilleuses, mais par celui de nos vertus. Il se découvre aux simples, et il se cache aux superbes.

« Mais qui a fait Dieu? dit-on; pourquoi y a-t-il » un Dieu? » Dois-je douter de son existence, parceque je ne puis concevoir son origine? Ce même raisonnement servirait à nous faire conclure qu'il n'y a pas d'hommes : car qui a fait les hommes? pourquoi y a-t-il des hommes? pourquoi suis-je au monde dans le dix-huitième siècle? pourquoi n'y suis-je pas venu dans les siècles qui l'ont précédé, et pourquoi n'y serais-je pas dans ceux qui doivent le suivre? L'existence de Dieu est nécessaire dans tous les temps, et celle de l'homme n'est que contingente. Il y a quelque chose de plus : c'est que l'existence de l'homme est la seule qui paraisse superflue dans l'ordre établi sur la terre. On a trouvé plusieurs îles sans habitants, qui offraient des séjours enchantés par la disposition des vallées, des eaux, des forêts et des animaux. L'homme seul dérange les plans de la nature; il détourne le cours des fontaines, il excave le flanc des collines, il incendie les forêts, il massacre tout ce qui respire; partout il dégrade la terre, qui n'a pas besoin de lui. L'harmonie de ce globe se détruirait en partie, et peut-être en entier, si on en supprimait seulement le plus petit genre de plantes; car sa destruction laisserait sans verdure un certain espace de terrain, et sans nourriture l'espèce d'insectes qui y trouve sa vie : l'anéantissement de celle-ci entraînerait la perte de l'espèce d'oiseaux qui en nourrit ses petits; ainsi de suite à l'infini. La ruine totale des règnes pourrait naître de la destruction d'une mousse, comme on voit celle d'un édifice commencer par une lézarde. Mais si le genre humain n'existait pas, on ne peut pas supposer qu'il y eût rien de dérangé : chaque ruisseau, chaque plante, chaque animal serait toujours à sa place. Philosophe oisif et superbe, qui demandez à la nature pourquoi il y a un Dieu, que ne lui demandez-vous plutôt pourquoi il y a des hommes?

Tous ses ouvrages nous parlent de son auteur : la plaine qui échappe à ma vue, et le vaste ciel qui la couronne, me donnent une idée de son immensité; les fruits suspendus aux vergers, à la portée de ma main, m'annoncent sa providence; la voix des tempêtes, son pouvoir; le retour constant des saisons, sa sagesse. La variété avec laquelle il pourvoit dans chaque climat aux besoins de toutes les créatures, le port majestueux des forêts, la douce verdure des prairies, le groupé des plantes, le parfum et l'émail des fleurs, une multitude infinie d'harmonies connues et à connaître, sont des langages magnifiques qui parlent de lui à tous les hommes, dans mille et mille dialectes différents.

L'ordre de la nature est même superflu; Dieu est le seul être que le désordre appelle et que notre faiblesse annonce. Pour connaître ses attributs, nous n'avons besoin que du sentiment de nos imperfections. Oh! qu'elle est sublime cette prière [32] naturelle au cœur humain, et usitée encore par des peuples que nous appelons sauvages! « O Éter- » nel! ayez pitié de moi, parceque je suis passa- » ger; ô infini! parceque je ne suis qu'un point; » ô fort! parceque je suis faible; ô source de la vie! » parceque je touche à la mort; ô clairvoyant!

» parceque je suis dans les ténèbres ; ô bienfaisant !
» parceque je suis pauvre ; ô tout puissant ! parce-
» que je ne peux rien. »

L'homme ne s'est rien donné ; il a tout reçu : et celui qui a fait l'œil ne verra pas ! celui qui a fait l'oreille n'entendra pas ! celui qui lui a donné l'intelligence pourrait en manquer ! Je croirais faire tort à celle de mes lecteurs, et je dérangerais l'ordre de ces écrits, si je m'arrêtais ici plus longtemps sur les preuves de l'existence de Dieu. Il me reste à répondre aux objections faites contre sa bonté.

Il faut, dit-on, qu'il y ait un dieu de la nature et un dieu de la religion, puisqu'elles ont des lois qui se contrarient. C'est comme si on disait qu'il y a un dieu des métaux, un dieu des plantes et un dieu des animaux, parceque tous ces êtres ont des lois qui leur sont propres. Dans chaque règne même, les genres et les espèces ont encore d'autres lois qui leur sont particulières, et qui souvent sont en opposition entre elles ; mais ces différentes lois font le bonheur de chaque espèce en particulier, et elles concourent toutes ensemble d'une manière admirable au bonheur général.

Les lois de l'homme sont tirées du même plan de sagesse qui a dirigé l'univers. L'homme n'est pas un être d'une nature simple. La vertu, qui doit être son partage sur la terre, est un effort qu'il fait sur lui-même pour le bien des hommes, dans l'intention de plaire à Dieu seul. Elle lui propose d'une part la sagesse divine pour modèle, et elle lui présente de l'autre la voie la plus assurée de son bonheur. Étudiez la nature, et vous verrez qu'il n'y a rien de plus convenable au bonheur de l'homme, et que la vertu porte avec elle sa récompense dès ce monde même. La continence et la tempérance de l'homme assurent sa santé ; le mépris des richesses et de la gloire, son repos ; et la confiance en Dieu, son courage. Qu'y a-t-il de plus convenable à un être aussi misérable, que la modestie et l'humilité ? Quelles que soient les révolutions de la vie, il ne craint plus de tomber lorsqu'il est assis à la dernière marche.

A la vue de l'abondance et de la considération où vivent quelques méchants, ne nous plaignons pas que Dieu ait fait aux hommes un partage injuste de biens. Ce qu'il y a sur la terre de plus utile, de plus beau et de meilleur en tout genre, est à la portée de chaque homme. L'obscurité vaut mieux que la gloire, et la vertu que les talents. Le soleil, un petit champ, une femme et des enfants, suffisent pour fournir constamment à ses plaisirs. Lui faut-il même du luxe ; une fleur lui présente des couleurs plus aimables que la perle qui sort des abîmes de l'Océan ; et un charbon de feu dans son foyer est plus éclatant, et sans contredit plus utile, que le fameux diamant qui brille sur la tête du grand Mogol.

Après tout, que devait Dieu à chaque homme ? L'eau des fontaines, quelques fruits, des laines pour le vêtir, autant de terre qu'il en peut cultiver de ses mains : voilà pour les besoins de son corps. Quant à ceux de l'ame, il lui suffit dans l'enfance de l'amour de ses parents ; dans l'âge viril, de celui de sa femme ; dans la vieillesse, de la reconnaissance de ses enfants ; en tout temps, de la bienveillance de ses voisins, dont le nombre est fixé à quatre ou cinq par l'étendue et la forme de son domaine : il ne lui faut de la connaissance du globe que ce qu'il peut en parcourir dans un demi-jour, afin de ne pas découcher de sa maison, ou tout au plus ce qu'il en aperçoit jusqu'à l'horizon ; du sentiment d'une Providence, que ce qu'en la nature en donne à tous les hommes, et qui naîtra dans son cœur aussi bien après avoir fait le tour de son champ, qu'après avoir fait le tour du monde. Avec ces biens et ces lumières, il doit être content ; tout ce qu'il desire au-delà est au-dessus de ses besoins et des répartitions de la nature. Il n'acquerra le superflu qu'aux dépens du nécessaire ; la considération publique, que par la perte du bonheur domestique ; et la science, que par celle de son repos. D'ailleurs, ces honneurs, ces serviteurs, ces richesses, ces clients, que tant d'hommes cherchent, sont desirés injustement ; où ne peut les obtenir que par le dépouillement et l'asservissement de ses propres concitoyens. Leur acquisition est pleine de travaux, leur jouissance d'inquiétudes, et leur privation de regrets. C'est par ces prétendus biens que la santé, la raison et la conscience se dépravent. Ils sont aussi funestes aux empires qu'aux familles : ce ne fut ni par le travail, ni par l'indigence, ni par les guerres, que périt l'empire romain ; mais par les plaisirs, les lumières, et le luxe de toute la terre.

A la vérité, les gens vertueux sont quelquefois privés, non-seulement des biens de la société, mais de ceux de la nature. A cela je réponds que leur malheur tourne souvent à leur profit. Lorsque le monde les persécute, il les pousse ordinairement dans quelque carrière illustre. Le malheur est le chemin des grands talents, ou au moins celui des grandes vertus, qui leur sont bien préférables. « Tu ne peux, dit Marc-Aurèle, être physi-
» cien, poëte, orateur, mathématicien ; mais tu
» peux être vertueux, ce qui vaut beaucoup

» mieux. » J'ai remarqué encore qu'il ne s'élève aucune tyrannie, dans quelque genre que ce soit, ou de fait ou d'opinion, qu'il ne s'en élève une autre contraire qui la contrebalance; en sorte que la vertu se trouve protégée par les efforts mêmes que les vices font pour l'abattre. Il est vrai que l'homme de bien souffre; mais si la Providence venait à son secours dès qu'il a besoin d'elle, elle serait à ses ordres; l'homme alors commanderait à Dieu. D'ailleurs, il resterait sans mérite; mais il est bien rare que, tôt ou tard, il ne voie la chute de ses tyrans. En supposant, au pis aller, qu'il en soit la victime, le terme de tous les maux est la mort. Dieu ne nous devait rien : il nous a tirés du néant; en nous rendant au néant, il nous remet où il nous a pris : nous n'avons pas à nous plaindre.

Une pleine résignation à la volonté de Dieu doit calmer en tout temps notre cœur; mais si les illusions humaines viennent agiter notre esprit, voici un argument propre à nous tranquilliser. Quand quelque chose nous trouble dans l'ordre de la nature, et nous met en méfiance de son auteur, supposons un ordre contraire à celui qui nous blesse; nous verrons alors sortir de notre hypothèse une foule de conséquences qui entraîneraient des maux bien plus grands que ceux dont nous nous plaignons. Nous pouvons employer la méthode contraire, lorsque quelque plan imaginaire de perfection humaine nous séduit. Nous n'avons qu'à supposer son existence; alors nous en verrons naître une multitude de conséquences absurdes. Cette double méthode, employée souvent par Socrate, l'a rendu victorieux de tous les sophistes de son siècle, et peut encore nous servir pour combattre ceux de celui-ci. C'est à la fois un rempart qui protège notre faible raison, et une batterie qui renverse toutes les opinions humaines. Pour vérifier l'ordre de la nature, il suffit de s'en écarter; pour réfuter tous les systèmes humains, il suffit de les admettre.

Par exemple, les hommes se plaignent de la mort; mais si les hommes ne mouraient point, que deviendraient leurs enfants? Il y a long-temps qu'il n'y aurait plus de place pour eux sur la terre. La mort est donc un bien. Les hommes murmurent dans leurs travaux; mais s'ils ne travaillaient point, à quoi passeraient-ils le temps? Les heureux du siècle, qui n'ont rien à faire, ne savent à quoi l'employer. Le travail est donc un bien. Les hommes envient aux bêtes l'instinct qui les éclaire; mais si en naissant ils savaient comme elles tout ce qu'ils doivent savoir, que feraient-ils dans le monde? Ils y seraient sans intérêt et sans curiosité. L'ignorance est donc un bien. Les autres maux de la nature sont également nécessaires. La douleur du corps et les chagrins de l'âme, dont la route de la vie est traversée, sont des barrières que la nature y a posées pour nous empêcher de nous écarter de ses lois. Sans la douleur, les corps se briseraient au moindre choc; sans les chagrins, si souvent compagnons de nos jouissances, les âmes se dépraveraient au moindre desir. Les maladies sont des efforts du tempérament pour chasser quelque humeur nuisible. La nature n'envoie pas les maladies pour perdre les corps, mais pour les sauver. Elles sont toujours la suite de quelque infraction à ses lois, ou physiques, ou morales. Souvent on y remédie en la laissant agir seule. La diète des aliments nous rend la santé du corps, et celle des hommes la tranquillité de l'âme. Quelles que soient les opinions qui nous troublent dans la société, elles se dissipent presque toujours dans la solitude. Le simple sommeil même nous ôte nos chagrins plus doucement et plus sûrement qu'un livre de morale. Si nos maux sont constants, et de l'espèce de ceux qui nous ôtent le repos, nous les adoucirons en recourant à Dieu : c'est le terme où aboutissent tous les chemins de la vie. La prospérité nous invite en tout temps à nous en approcher, mais l'adversité nous y force. Elle est le moyen dont Dieu se sert pour nous obliger à recourir à lui seul. Sans cette voix qui s'adresse à chacun de nous, nous l'aurions bientôt oublié, surtout dans le tumulte des villes, où tant d'intérêts passagers croisent l'intérêt éternel, et où tant de causes secondes nous font oublier la première.

Quant aux maux de la société, ils ne sont pas du plan de la nature; mais ces maux mêmes prouvent qu'il existe un autre ordre de choses; car est-il naturel de penser que l'Être bon et juste, qui a tout disposé sur la terre pour le bonheur de l'homme, permette qu'il en ait été privé impunément? Ne fera-t-il rien pour l'homme vertueux et infortuné qui s'est efforcé de lui plaire, lorsqu'il a comblé de biens tant de méchants qui en abusent? Après avoir eu une bonté gratuite, manquera-t-il d'une justice nécessaire? « Mais tout meurt avec » nous, dit-on : nous en devons croire notre expé- » rience; nous n'étions rien avant de naître, nous » ne serons rien après la mort. » J'adopte cette analogie; mais si je prends mon point de comparaison du moment où je n'étais rien et où je suis venu à l'existence, que devient cet argument? Une preuve positive n'est-elle pas plus forte que toutes les preuves négatives? Vous concluez d'un passé inconnu à un avenir inconnu, pour perpétuer le néant de l'homme; et moi je tire ma conséquence du présent que je connais, à l'avenir que je ne connais pas, pour m'assurer de son existence future. Je présume une bonté et une justice à venir, par les exemples de bonté et de justice que je vois actuellement répandus dans l'univers.

D'ailleurs, si nous n'avons maintenant que des desirs et des pressentiments d'une vie future, et si nul n'en est revenu, c'est que notre vie terrestre n'en comporte pas de preuve plus sensible. L'évidence sur ce point entraînerait les mêmes inconvénients que celle de l'existence de Dieu. Si nous étions assurés par quelque témoignage évident qu'il existât pour nous un monde à venir, je suis persuadé que dans l'instant toutes les occupations du monde présent finiraient. Cette perspective de félicité divine nous jetterait ici-bas dans un ravissement léthargique. Je me souviens que quand j'arrivai en France, sur un vaisseau qui venait des Indes, dès que les matelots eurent distingué parfaitement la terre de la patrie, ils devinrent pour la plupart incapables d'aucune manœuvre. Les uns la regardaient sans en pouvoir détourner les yeux; d'autres mettaient leurs beaux habits, comme s'ils avaient été au moment d'y descendre; il y en avait qui parlaient tout seuls, et d'autres qui pleuraient. A mesure que nous en approchions, le trouble de leur tête augmentait. Comme ils en étaient absents depuis plusieurs années, ils ne pouvaient se lasser d'admirer la verdure des collines, les feuillages des arbres, et jusqu'aux rochers du rivage couverts d'algues et de mousses, comme si tous ces objets leur eussent été nouveaux. Les clochers des villages où ils étaient nés, qu'ils reconnaissaient au loin dans les campagnes, et qu'ils nommaient les uns après les autres, les remplissaient d'allégresse; mais quand le vaisseau entra dans le port, et qu'ils virent, sur les quais, leurs amis, leurs pères, leurs mères, leurs femmes et leurs enfants, qui leur tendaient les bras en pleurant, et qui les appelaient par leurs noms, il fut impossible d'en retenir un seul à bord; tous sautèrent à terre, et il fallut suppléer, suivant l'usage de ce port, aux besoins du vaisseau par un autre équipage.

Que serait-ce donc, si nous avions l'entrevue sensible de cette patrie céleste où habite ce que nous avons le plus aimé, et ce qui seul mérite de l'être? Toutes les laborieuses et vaines inquiétudes de celle-ci finiraient. Le passage d'un monde à l'autre étant à la portée de chaque homme, il serait bientôt franchi; mais la nature l'a couvert d'obscurité, et elle a mis pour gardiens au passage le doute et l'épouvante.

Il semble, disent quelques uns, que l'idée de l'immortalité de l'ame n'a dû naître que des spéculations des hommes de génie, qui, considérant l'ensemble de cet univers, et les liaisons que les scènes présentes ont avec celles qui les ont précédées, en ont dû conclure des suites nécessaires avec l'avenir; ou bien que cette idée d'immortalité s'est introduite par les législateurs dans les sociétés policées, comme des espérances lointaines propres à consoler les hommes des injustices de leur politique. Mais si cela était ainsi, comment peut-elle se trouver au milieu des déserts, dans la tête d'un nègre, d'un Caraïbe, d'un Patagon, d'un Tartare? Comment s'est-elle répandue à la fois dans les îles de la mer du Sud et en Laponie, dans les voluptueuses contrées de l'Asie et dans les rudes climats de l'Amérique septentrionale, chez les habitants de Paris et chez ceux des Nouvelles-Hébrides? Comment tant de peuples séparés par de vastes mers, si différents de mœurs et de langages, ont-ils adopté une opinion si unanime, eux qui affectent, par des haines nationales, de s'écarter des moindres coutumes de leurs voisins? Tous croient l'ame immortelle. D'où peut leur venir une croyance si contredite par leur expérience journalière? Chaque jour ils voient mourir leurs amis; aucun jour ne les voit reparaître. En vain ils portent à manger sur leurs tombeaux; en vain ils suspendent en pleurant, aux arbres voisins, les objets qui leur furent les plus chers : ni ces témoignages d'une amitié inconsolable, ni les serments de la foi conjugale réclamés par leurs épouses éperdues, ni les cris de leurs chers enfants éplorés sur les tertres qui couvrent leurs cendres, ne les rappellent du séjour des ombres. Qu'attendent pour eux-mêmes d'une autre vie ceux qui leur adressent tant de regrets? Il n'y a point d'espérance si contraire aux intérêts de la plupart des hommes; car les uns, ayant vécu par la violence ou par la ruse, doivent s'attendre à des punitions; les autres, ayant été opprimés, doivent craindre que la vie future ne coule encore sous les mêmes destinées que celles où ils ont vécu. Dira-t-on que c'est l'orgueil qui nourrit en eux cette opinion? Est-ce l'orgueil qui engage un misérable nègre à se pendre, dans nos colonies, dans l'espoir de retourner dans son pays, où il doit encore s'attendre à l'esclavage? D'autres peuples, comme les insulaires de Taïti, restreignent l'espérance de cette immortalité à renaître précisément dans les mêmes conditions où ils ont vécu. Ah! les passions présentent à l'homme d'autres plans de félicité; et il y a long-temps que les misères de son existence et les lumières de sa raison auraient détruit celui-ci, si l'espoir d'une vie future n'était pas en lui le résultat d'un sentiment naturel.

Mais pourquoi l'homme est-il le seul de tous les animaux qui éprouve d'autres maux que ceux de la nature? Pourquoi a-t-il été livré à lui-même, puisqu'il était sujet à s'égarer? Il est donc la victime de quelque être malfaisant.

C'est à la religion à nous prendre où nous laisse la philosophie. La nature de nos maux en décèle l'origine. Si l'homme se rend lui-même malheureux, c'est qu'il a voulu être lui-même l'arbitre de son bonheur. L'homme est un dieu exilé. Le règne de Saturne, le siècle de l'âge d'or, la boîte de Pandore d'où sortirent tous les maux et au fond de laquelle il ne resta que l'espérance, mille allégories semblables répandues chez toutes les nations, attestent la félicité et la décadence d'un premier homme.

Mais il n'est pas besoin de recourir à des témoignages étrangers; nous en portons de plus sûrs en nous-mêmes. Les beautés de la nature nous attestent l'existence d'un Dieu; et les misères de l'homme, les vérités de la religion. Il n'y a point d'animal qui ne soit logé, vêtu, nourri par la nature, sans souci, et presque sans travail. L'homme seul, dès sa naissance, est accablé de maux. D'abord, il naît tout nu, et il a si peu d'instinct, que si la mère qui le met au monde ne l'élevait pendant plusieurs années, il périrait de faim, de chaud ou de froid. Il ne connaît rien que par l'expérience de ses parents. Il faut qu'ils le logent, lui filent des habits, et lui préparent à manger au moins pendant huit ou dix ans. Quelque éloge qu'on ait fait de certains pays, par leur fécondité et par la douceur de leur climat, je n'en connais aucun où la subsistance la plus simple ne coûte à l'homme de l'inquiétude et du travail. Il faut se loger dans les Indes, pour y être à l'abri de la chaleur, des pluies et des insectes; il faut y cultiver le riz, le sarcler, le battre, l'écorcer, le faire cuire. Le bananier, le plus utile de tous les végétaux de ce pays, a besoin d'être arrosé et entouré de haies, pour être garanti, pendant la nuit, des attaques des bêtes sauvages. Il faut encore des magasins pour y conserver des provisions pendant la saison où la terre ne produit rien. Quand l'homme a ainsi rassemblé autour de lui ce qui lui suffit pour vivre tranquille, l'ambition, la jalousie, l'avarice, la gourmandise, l'incontinence ou l'ennui, viennent s'emparer de son cœur. Il périt presque toujours la victime de ses propres passions. Certainement, pour être tombé ainsi au-dessous des bêtes, il faut qu'il ait voulu se mettre au niveau de la Divinité.

Infortunés mortels! cherchez votre bonheur dans la vertu, et vous n'aurez point à vous plaindre de la nature. Méprisez ce vain savoir et ces préjugés qui ont corrompu la terre, et que chaque siècle renverse tour à tour. Aimez les lois éternelles. Vos destinées ne sont point abandonnées au hasard, ni à des génies malfaisants. Rappelez-vous ces temps dont le souvenir est encore nouveau chez toutes les nations : les animaux trouvaient partout à vivre; l'homme seul n'avait ni aliment, ni habit, ni instinct. La sagesse divine l'abandonna à lui-même, pour le ramener à elle. Elle répandit ses biens sur toute la terre, afin que, pour les recueillir, il en parcourût les différentes régions, qu'il développât sa raison par l'inspection de ses ouvrages, et qu'il s'enflammât de son amour par le sentiment de ses bienfaits. Elle mit entre elle et lui les plaisirs innocents, les découvertes ravissantes, les joies pures et les espérances sans fin, pour le conduire à elle pas à pas, par la route de l'intelligence et du bonheur. Elle plaça sur les bords de son chemin la crainte, l'ennui, le remords, la douleur et tous les maux de la vie, comme des bornes destinées à l'empêcher d'aller au-delà, et de s'égarer. Ainsi une mère sème des fruits sur la terre pour apprendre à marcher à son enfant; elle s'en tient éloignée, elle lui sourit, elle l'appelle, elle lui tend les bras; mais s'il tombe, elle vole à son secours, elle essuie ses larmes, et elle le console. Ainsi la Providence vient au secours de l'homme par mille moyens extraordinaires, qu'elle emploie pour subvenir à ses besoins. Que serait-il devenu dans les premiers temps si elle l'avait abandonné à sa raison encore dépourvue d'expérience? Où trouva-t-il le blé, dont tant de peuples tirent leur nourriture aujourd'hui, et que la terre, qui produit toute sorte de plantes sans être cultivée, ne montre nulle part? Qui lui a appris l'agriculture, cet art si simple que l'homme le plus stupide en est capable, et si sublime que les animaux les plus intelligents ne peuvent l'exercer? Il n'est presque point d'animal qui ne soutienne sa vie par les végétaux, qui n'ait l'expérience journalière de leur reproduction, et qui n'emploie pour chercher ceux qui lui conviennent beaucoup plus de combinaisons qu'il n'en faut pour les ressemer. Mais de quoi l'homme lui-même a-t-il vécu avant qu'une Isis ou une Cérès lui eût révélé ce bienfait des cieux? Qui lui montra, dans l'origine du monde, les premiers fruits des vergers dispersés dans les forêts, et les racines alimentaires cachées dans le sein de la terre? N'a-t-il pas dû mille fois mourir de faim avant d'en avoir recueilli assez pour le nourrir, ou de poison avant d'en savoir faire le choix, ou de fatigue et d'inquiétude avant d'en avoir formé autour de son habitation des tapis et des berceaux? Cet art, image de la création, n'était réservé qu'à l'être qui portait l'empreinte de la Divinité. Si la Providence l'eût abandonné à lui-même en sortant de ses mains, que serait-il devenu? Aurait-il dit aux campagnes : « Forêts » inconnues, montrez-moi les fruits qui sont mon » partage! Terre, entr'ouvrez-vous, et découvrez-» moi dans vos racines mes aliments! Plantes d'où » dépend ma vie, manifestez-vous à moi, et sup-» pléez à l'instinct que m'a refusé la nature? » Aurait-il eu recours, dans sa détresse, à la pitié des bêtes, et dit à la vache, lorsqu'il mourait de faim : « Prends-moi au nombre de tes enfants, et » partage avec moi une de tes mamelles super-» flues? » Quand le souffle de l'aquilon fit frissonner sa peau, la chèvre sauvage et la brebis timide sont-elles accourues pour le réchauffer de leurs toisons? Lorsque, errant sans défense et sans asile, il entendit, la nuit, les hurlements des bêtes féroces qui demandaient de la proie, a-t-il supplié le chien généreux, en lui disant : « Sois » mon défenseur, et tu seras mon esclave? » Qui aurait pu lui soumettre tant d'animaux qui n'avaient pas besoin de lui, qui le surpassaient en ruses, en légèreté, en force, si la main qui, malgré sa chute, le destinait encore à l'empire, n'avait abaissé leurs têtes à l'obéissance?

Comment, d'une raison moins sûre que leur instinct, a-t-il pu s'élever jusque dans les cieux, mesurer le cours des astres, traverser les mers, conjurer le tonnerre, imiter la plupart des ouvrages et des phénomènes de la nature? C'est ce qui nous étonne aujourd'hui; mais je m'étonne plutôt que le sentiment de la Divinité eût parlé à son cœur, bien avant que l'intelligence des ouvrages de la nature eût perfectionné sa raison. Voyez-le dans l'état sauvage, en guerre perpétuelle avec les éléments, avec les bêtes féroces, avec ses semblables, avec lui-même! souvent réduit à des servitudes qu'aucun animal ne voudrait supporter : et il est le seul être qui montre, jusque dans la misère, le caractère de l'infini et l'inquiétude de l'immortalité! Il élève des trophées; il grave ses exploits sur l'écorce des arbres; il prend le soin de ses funérailles, et il révère les cendres de ses ancêtres, dont il a reçu un héritage si funeste. Il est sans cesse agité par les fureurs de l'amour ou de la vengeance; quand il n'est pas la victime de ses semblables, il en est le tyran : et seul il a connu que la justice et la bonté gouvernaient le monde, et que la vertu élevait l'homme au ciel! Il ne reçoit à son berceau aucun présent de la nature, ni douce toison, ni plumage, ni défenses, ni outils pour une vie si pénible et si laborieuse; et il est le seul être qui invite des dieux à sa naissance, à son hymen et à son tombeau! Quelque égaré qu'il soit par des opinions insensées, lorsqu'il est frappé par les secousses imprévues de la joie ou de la douleur, son ame, d'un mouvement involontaire, se réfugie dans le sein de la Divinité. Il s'écrie : « Ah mon Dieu ! » il tourne vers le ciel des mains suppliantes et des yeux baignés de larmes, pour y chercher un père. Ah! les besoins de l'homme attestent la providence d'un Être suprême. Il n'a fait l'homme faible et ignorant, qu'afin qu'il s'appuyât de sa force et qu'il s'éclairât de sa lumière ; et, bien loin que le hasard ou des génies malfaisants règnent sur une terre où tout concourait à détruire un être si misérable, sa conservation, ses jouissances et son empire prouvent que dans tous les temps un Dieu bienfaisant a été l'ami et le protecteur de la vie humaine.

ÉTUDE NEUVIÈME.

OBJECTIONS CONTRE LES MÉTHODES DE NOTRE RAISON ET LES PRINCIPES DE NOS SCIENCES.

J'ai exposé, dès le commencement de cet ouvrage, l'immensité de l'étude de la nature. J'y ai proposé de nouveaux plans pour nous former une idée de l'ordre qu'elle a établi dans tous les règnes; mais, arrêté par mon insuffisance même, je n'ai pu me promettre que de tracer une esquisse légère de celui qui existe dans l'ordre végétal. Cependant, avant d'établir à cet égard de nouveaux principes, je me suis cru obligé de détruire les préjugés que le monde et nos sciences mêmes pouvaient avoir répandus sur la nature, dans l'esprit de mes lecteurs. J'ai donc exposé les bienfaits de la Providence envers notre siècle, et les objections qu'on y a élevées contre elle. J'ai répondu à ces objections dans le même ordre que je les avais rapportées, en laissant entrevoir, chemin faisant, qu'il règne une grande harmonie dans la distribution du globe, que nous croyons abandonné aux simples lois du mouvement et du hasard. J'ai présenté de nouvelles causes du cours des marées, du mouvement de la terre dans l'écliptique, et du déluge universel. Maintenant, je vais attaquer à mon tour les méthodes de notre raison et les éléments de nos sciences, avant de poser quelques principes qui puissent nous indiquer une route invariable vers la vérité.

Au reste, si j'ai combattu nos sciences naturelles dans le cours de cet ouvrage, et particulièrement dans cet article, ce n'est que du côté systématique; je leur rends justice du côté de l'observation. D'ailleurs, je respecte ceux qui les cultivent. Je ne connais rien de plus estimable dans le monde, après l'homme vertueux, que l'homme savant, si toutefois on peut séparer les sciences de la vertu. Que de sacrifices et de privations n'exigent pas leurs études! Tandis que la foule des hommes s'enrichit et s'illustre par l'agriculture, le commerce, la navigation et les arts, bien souvent ceux qui en ont frayé les routes ont vécu dans l'indigence, et dans l'oubli de leurs contemporains. Semblable au flambeau, le savant éclaire ce qui l'environne, et reste lui-même dans l'obscurité.

Je n'ai donc attaqué ni les savants, que je respecte, ni les sciences, qui ont fait la consolation de ma vie; mais si le temps me l'eût permis, j'eusse combattu pied à pied nos méthodes et nos systèmes. Ils nous ont jetés, en tout genre, dans un si grand nombre d'opinions absurdes, que je ne balance pas à dire que nos bibliothèques renferment aujourd'hui plus d'erreurs que de lumières. Je suis même prêt à parier que, si l'on met un quinze-vingt dans la Bibliothèque du roi, et qu'on lui laisse prendre un livre au hasard, la première page de ce livre où il mettra la main contiendra une erreur. Combien de probabilités n'aurais-je pas en ma faveur dans les romanciers, les poètes, les mythologistes, les historiens, les panégyristes, les moralistes, les physiciens des siècles passés, et les métaphysiciens de tous les âges et de tous les pays? Il y a, à la vérité, un moyen bien simple d'arrêter le mal que leurs opinions peuvent produire, c'est de mettre tous les livres qui se contredisent à côté les uns des autres: comme ils sont dans chaque genre, en nombre presque infini, le résultat des connaissances humaines s'y réduira à peu près à zéro.

Ce sont nos méthodes qui nous égarent. D'abord, pour chercher la vérité, il faut être libre de toutes passions; et l'on nous en inspire, dès l'enfance, qui donnent la première entorse à notre raison. On y pose, pour base fondamentale de nos actions et de nos opinions, cette maxime: FAITES FORTUNE. Il arrive de là que nous ne voyons plus rien que ce qui a quelque relation avec ce désir. Les vérités naturelles même disparaissent pour nous, parceque nous ne voyons plus la nature que dans des machines ou dans des livres. Pour croire en Dieu, il faut que quelqu'un de considérable nous assure qu'il y en a un. Si Fénelon nous le dit, nous y croyons, parceque Fénelon était précepteur du duc de Bourgogne, archevêque, homme de qualité, et qu'on l'appelait Monseigneur. Nous sommes bien convaincus de l'existence de Dieu par les arguments de Fénelon, parceque son crédit nous en donne à nous-mêmes. Je ne dis pas cependant que sa vertu n'ajoute quelque degré d'autorité à ses preuves, mais c'est en tant qu'elle est liée avec sa réputation et sa fortune; car si nous rencontrons cette même vertu dans un porteur d'eau, elle devient nulle pour nous. Il aura beau nous fournir des preuves de l'existence de Dieu, plus fortes que toutes les spéculations de la philosophie, dans une vie méprisée, dure, pauvre, remplie de probité et de constance, et dans une résignation parfaite à la volonté suprême; ces témoignages si positifs sont de nulle considération pour nous; nous ne leur trouvons d'importance que quand ils acquièrent de la célébrité. Que quelque empereur s'avise d'embrasser la philosophie de cet homme obscur, ses maximes vont être louées dans tous les livres, et citées dans toutes les thèses; leur auteur sera gravé en estampes, et mis en petits bustes de plâtre sur toutes les cheminées; ce sera Épictète, Socrate, ou J.-J. Rousseau. Mais il arrive un siècle où s'élèvent des hommes avec autant de réputation que ceux-là, honorés par des princes puissants à qui il importe qu'il n'y ait pas de Dieu, et qui, pour faire la cour à ces princes, nient son existence: par le même effet de notre éducation qui nous faisait croire en Dieu sur la foi de Fénelon, d'Épictète, de Socrate et de J.-J. Rousseau, nous n'y croyons plus sur celle d'hommes aussi considérés, et qui sont encore plus près de nous. Ainsi nous mène notre éducation; elle nous dispose également à prêcher l'Évangile ou l'Alcoran, suivant l'intérêt que nous y trouvons.

C'est de là qu'est née cette maxime si universelle et si pernicieuse: *Primo vivere, deinde philosophari.* « Premièrement vivre, chercher ensuite la sagesse. » Tout homme qui n'est pas prêt à donner sa vie pour la trouver, n'est pas digne de la connaître. C'est avec bien plus de raison que Juvénal a dit:

Summum crede nefas vitam præferre pudori,
Et propter vitam, vivendi perdere causas.

« Croyez que le plus grand des crimes est de préférer la vie à

» l'honnêteté, et de perdre pour l'amour de la vie la seule raison
» que nous ayons de vivre. »

Je ne parle pas des autres préjugés qui s'opposent à la recherche de la vérité, tels que ceux de l'ambition, qui portent chacun de nous à se distinguer; ce qui ne peut guère se faire que de deux façons, ou en renversant les maximes les plus vraies et les mieux établies pour y substituer les nôtres, ou en cherchant à plaire à tous les partis en réunissant les opinions les plus contradictoires; ce qui, dans les deux cas, multiplie les branches de l'erreur à l'infini. La vérité éprouve encore une multitude d'autres obstacles de la part des hommes puissants, à qui l'erreur est profitable. Je ne m'arrêterai qu'à ceux qui tiennent à la faiblesse de notre raison, et j'examinerai leur influence sur nos connaissances naturelles.

Il est aisé d'apercevoir que la plupart des lois que nous avons données à la nature ont été tirées tantôt de notre faiblesse, et tantôt de notre orgueil. J'en prendrai quelques unes au hasard parmi celles que nous regardons comme les plus certaines. Par exemple, nous avons jugé que le soleil devait être au centre des planètes pour en diriger le mouvement, parceque nous sommes obligés de nous mettre au centre de nos affaires pour y avoir l'œil. Mais si, dans les sphères célestes, le centre appartient naturellement aux corps les plus considérables, comment se fait-il que Saturne et Jupiter, qui sont beaucoup plus gros que notre globe, soient à l'extrémité de notre tourbillon ?

Comme la route la plus courte est celle qui nous fatigue le moins, nous avons conclu de même que ce devait être celle de la nature. En conséquence, pour épargner au soleil environ cent quatre-vingt-dix millions de lieues qu'il devrait parcourir chaque jour pour nous éclairer, nous faisons tourner la terre sur son axe. Cela peut être ainsi; mais si la terre tourne sur elle-même, il doit y avoir une grande différence dans l'espace que parcourent deux boulets de canon tirés en même temps, l'un vers l'orient, et l'autre vers l'occident; car le premier va avec le mouvement de la terre, et le second va en sens contraire. Pendant qu'ils sont tous deux en l'air, et qu'ils s'éloignent l'un de l'autre, en parcourant chacun six mille toises par minute, la terre, pendant la même minute, devance le premier, et s'éloigne du second avec une vitesse qui lui fait parcourir seize mille toises; ce qui doit mettre le point de leur départ à vingt-deux mille toises en arrière du boulet qui va à l'occident, et à dix mille toises en avant de celui qui va vers l'orient.

J'ai proposé cette objection à un habile astronome, qui en fut presque scandalisé. Il me répondit, suivant la coutume de nos docteurs, qu'elle avait déjà été faite, et qu'on y avait répondu. Enfin, comme je le priai d'avoir pitié de mon ignorance et de me donner quelque solution, il me cita l'expérience prétendue d'une balle qu'on laisse tomber du haut du mât d'un vaisseau à la voile, et qui retombe précisément au pied du mât, malgré la course du vaisseau. « La terre, me dit-il, » emporte de même dans son mouvement de rota- » tion les deux boulets. Si on les tirait perpendi- » culairement, ils retomberaient précisément au » point d'où ils sont partis. » Comme les axiomes ne coûtent rien, et qu'ils servent à trancher toutes sortes de difficultés, il ajouta à celui-ci : « Le mou- » vement d'un grand corps absorbe celui d'un pe- » tit. » Si cet axiome est véritable, lui répondis-je, la balle tombée du haut du mât d'un vaisseau à la voile ne doit pas retomber au pied du mât; son mouvement doit être absorbé, non par celui du vaisseau, mais par celui de la terre, qui est un bien plus grand corps : elle doit obéir uniquement à la direction de la pesanteur; et, par la même raison, la terre doit absorber le mouvement du boulet qui va avec elle vers l'orient, et le faire rentrer dans le canon d'où il est sorti.

Je ne voulus pas pousser plus loin cette difficulté; mais je restai, comme il m'est souvent arrivé après les solutions les plus lumineuses de nos écoles, encore plus *perplexe* que je ne l'étais auparavant. Je doutais non-seulement d'un système et d'une expérience, mais, qui pis est, d'un axiome. Ce n'est pas que je n'adopte notre système planétaire tel qu'on nous le donne; mais c'est par la raison qui l'a peut-être fait imaginer : c'est parcequ'il est le plus convenable à la faiblesse de mon corps et de mon esprit. Je trouve, en effet, que la rotation de la terre épargne chaque jour bien du chemin au soleil : d'ailleurs, je ne crois pas du tout que ce système soit celui de la nature, et qu'elle ait révélé les causes du mouvement des astres à des hommes qui ne savent pas comment se remuent leurs doigts.

Voici encore quelques probabilités en faveur du mouvement du soleil autour de la terre: « Les as- » tronomes de Greenwich ayant découvert qu'une » étoile du Taurus a une déclinaison de deux mi- » nutes chaque vingt-quatre heures; que cette » étoile, n'étant point nébuleuse et n'ayant point » de chevelure, ne peut être regardée comme co- » mète, ont communiqué leurs observations aux » astronomes de Paris, qui les ont trouvées exac-

» tes. M. Messier doit en faire le rapport à » l'Académie des sciences, à la première assemblée*. »

Si les étoiles sont des soleils, voilà donc un soleil qui se meut, et son mouvement doit être une présomption pour le mouvement du nôtre.

On peut, d'un autre côté, présumer la stabilité de la terre, en ce que la distance entre les étoiles ne change point par rapport à nous, ce qui devrait arriver d'une manière sensible si nous parcourions dans un an, comme on le dit, un cercle de soixante-quatre millions de lieues de diamètre dans le ciel; car, dans un si long espace, nous nous approcherions des unes et nous nous éloignerions des autres.

Soixante-quatre millions de lieues ne sont, dit-on, qu'un point dans le ciel, par rapport à la distance qui est entre les étoiles. J'en doute. Le soleil, qui est un million de fois plus gros que la terre, n'a plus qu'un demi-pied de diamètre apparent à trente-deux millions de lieues de nous. Si cette distance réduit à un si petit diamètre un si grand corps, il ne faut pas douter que celle de soixante-quatre millions de lieues ne le diminuât bien davantage, et ne le réduisît peut-être à la grandeur d'une étoile : et il y a grande apparence que si, lorsqu'il serait réduit à cette petitesse, nous nous en éloignions encore de soixante-quatre millions de lieues, il disparaîtrait tout-à-fait. Comment se fait-il donc que, lorsque la terre s'approche ou s'éloigne de cette distance des étoiles du firmament, en parcourant son cercle annuel, aucune de ces étoiles n'augmente ou ne diminue de grandeur par rapport à nous ?

Voici, de plus, quelques observations qui prouveront au moins que les étoiles ont des mouvements qui leur sont propres. Les anciens astronomes ont observé, dans le cou de la Baleine, une étoile qui avait beaucoup de variété dans ses apparitions : tantôt elle paraissait pendant trois mois, tantôt pendant un plus long intervalle, et on la voyait tantôt plus petite et tantôt plus grande. Le temps de ses apparitions n'était point réglé. Les mêmes astronomes rapportent qu'ils ont vu une nouvelle étoile dans le cœur du Cygne, qui disparaissait de temps en temps. En 1600, elle était égale à une étoile de la première grandeur; elle diminua peu à peu, et enfin elle disparut. M. Cassini l'a aperçue en 1655. Elle augmenta successivement pendant cinq ans; ensuite elle diminua, et on ne la revit plus. En 1670, une nouvelle étoile se montra proche de la tête du Cygne. Elle fut observée par le père Anselme, chartreux, et par plusieurs astronomes. Elle disparut, et on la revit en 1672. Depuis ce temps-là, on ne l'a plus vue qu'en 1709; et, en 1715, elle a tout-à-fait disparu. Ces exemples prouvent que non-seulement les étoiles ont des mouvements, mais qu'elles décrivent des courbes bien différentes des cercles et des ellipses que nous avons assignés aux corps célestes. Je suis persuadé qu'il y a entre ces mouvements la même variété qu'entre ceux de plusieurs corps sur la terre, et qu'il y a des étoiles qui décrivent des cycloïdes, des spirales, et plusieurs autres courbes dont nous n'avons pas même d'idée*.

Je n'en dirai pas davantage, de peur de paraître plus instruit des affaires du ciel que des nôtres. Je n'ai voulu exposer ici que mes doutes et mon ignorance. Si les étoiles sont des soleils, il y a donc des soleils qui sont en mouvement, et le nôtre pourrait fort bien se mouvoir comme eux [33].

C'est ainsi que nos maximes générales deviennent des sources d'erreurs; car nous ne manquons pas d'assigner le désordre là où nous n'apercevons plus notre ordre prétendu. Celle que j'ai citée précédemment, qui est que la nature prend dans ses opérations la voie la plus courte, a rempli notre physique d'une multitude de vues fausses. Il n'y en a pas cependant de plus contredite par l'expérience. La nature fait serpenter, sur la terre, l'eau des rivières, au lieu de la faire couler en ligne droite; elle fait faire aux veines de grands détours dans le corps humain, et elle a percé même exprès des os, afin que quelques unes des veines principales passassent dans l'épaisseur des membres, et qu'elles ne fussent pas exposées à être blessées par des chocs extérieurs. Enfin elle développe un champignon dans une nuit, et elle ne perfectionne un chêne que dans un siècle. La nature prend rarement la voie la plus courte, mais elle prend toujours la plus convenable.

Cette fureur de généraliser nous a fait produire dans tous les genres un nombre infini de maximes, de sentences et d'adages qui se contredisent sans cesse. Selon nous, un homme de génie voit tout d'un coup d'œil, et exécute tout avec une seule loi. Pour moi, je pense que cette sublime manière de voir et d'exécuter est encore une des plus grandes preuves de la faiblesse de l'esprit humain. Il ne peut marcher à son aise que par une seule route.

---

* *Courrier de l'Europe*, vendredi 4 mai 1781.

* On peut consulter, sur ce sujet, le VIIᵉ chapitre de l'ouvrage de Maupertuis, sur la figure des astres. (A.-M.)

Dès qu'il en voit plusieurs, il se trouble et se fourvoie ; il ne sait quelle est celle qu'il doit choisir : pour ne pas s'égarer, il n'en admet qu'une ; et quand une fois il y est engagé, l'orgueil le mène loin. L'auteur de la nature, au contraire, embrassant dans son intelligence infinie toutes les sphères des êtres, procède à leur production par des lois aussi variées que ses vues inépuisables, pour arriver à un seul but, qui est leur bien général. Quelque mépris que les philosophes aient pour les causes finales, ce sont les seules qu'il nous donne à connaître : il nous a caché tout le reste. Il est bien digne de remarque que le seul but qu'il découvre à notre intelligence soit encore le même que celui qu'il propose à nos vertus.

Une de nos méthodes les plus ordinaires, lorsque nous saisissons quelque effet dans la nature, c'est de nous y arrêter d'abord par faiblesse, et d'en tirer ensuite, par vanité, un principe universel. Si, après cela, on trouve le moyen, qui n'est pas difficile, de lui appliquer un théorème de géométrie, un triangle, une équation, seulement un $a+b$, en voilà assez pour le rendre à jamais vénérable. C'est ainsi que, le siècle passé, on expliquait tout par la philosophie corpusculaire, parce qu'on s'était aperçu que quelques corps se formaient par intus-susception, ou par agrégation de parties. Un peu d'algèbre qu'on y avait joint lui avait donné d'autant plus de dignité, que la plupart des raisonneurs de ce temps-là n'y entendaient rien du tout. Mais comme elle était mal rentée, elle n'a pas subsisté. On ne parle seulement pas aujourd'hui d'une foule de savants et d'illustres que l'Europe comblait alors d'éloges.

D'autres, ayant trouvé que l'air pesait, se sont mis à prouver avec toutes sortes de machines que l'air avait du poids. Nos livres ont rapporté tout à la pesanteur de l'air, végétation, tempérament de l'homme, digestion, circulation du sang, phénomènes, ascension des fluides. Il est vrai qu'on s'est trouvé un peu embarrassé par les tuyaux capillaires, où l'eau monte indépendamment de l'action de l'air : mais tout cela s'explique aussi ; et malheur, comme disent quelques écrivains, à ceux qui ne les entendent pas ! D'autres se sont occupés de son élasticité, et ont expliqué également bien par son ressort toutes les opérations de la nature. Chacun s'est écrié que son voile était levé, que nous l'avions prise sur le fait. Mais un sauvage, qui marchait contre le vent, ne savait-il pas que l'air avait du poids et du ressort ? N'employait-il pas ces deux qualités, lorsqu'il voguait à la voile dans sa pirogue ? À la bonne heure si nous appliquions les effets naturels bien calculés et bien vérifiés aux besoins de notre vie ; mais, pour l'ordinaire, c'est à régler les opérations de la nature, et non les nôtres.

D'autres trouvent encore plus commode d'exposer le système du monde, sans en tirer aucune conséquence. Ils lui supposent des lois qui ont tant de justesse et de précision, qu'ils ne laissent plus rien à faire à la Providence divine. Ils représentent Dieu comme un géomètre ou un machiniste, qui s'amuse à faire des sphères pour le plaisir de les faire tourner. Ils n'ont aucun égard aux convenances et aux autres causes intelligentes. Quoique l'exactitude de leurs observations leur fasse honneur, leurs résultats ne satisfont point du tout. Leur manière de raisonner sur la nature ressemble à celle d'un sauvage qui, considérant dans une de nos villes le mouvement de l'aiguille d'une horloge publique, et voyant, à certains points qu'elle marque sur le cadran, des cloches s'ébranler, des hommes sortir de leurs maisons, et une partie de la société se mettre en mouvement, supposerait qu'une horloge est le principe de toutes les occupations européennes. C'est le défaut qu'on peut reprocher à la plupart des sciences, qui, sans consulter la fin des opérations de la nature, n'en étudient que les moyens. L'astronomie ne considère plus que le cours des astres, sans faire attention aux rapports qu'ils ont avec les saisons. La chimie, ayant trouvé dans l'agrégation des corps des parties, comme les sels, qui s'assimilaient, ne voit plus que des sels pour principe et pour fin[*]. L'algèbre, ayant été inventée pour faciliter les calculs, est devenue une science qui ne calcule que des grandeurs imaginaires, et qui ne se propose que des théorèmes inapplicables aux besoins de la vie.

Il est résulté de là une infinité de désordres plus grands qu'on ne le peut dire. La vue de la nature, qui rappelle aux peuples les plus sauvages, non-seulement l'idée d'un Dieu, mais celle d'une infinité de dieux, nous présente à nous autres des idées de fourneaux, de sphères, d'alambics et de cristallisations. Au moins les Naïades, les Sylvains, Apollon, Neptune, Jupiter, donnaient aux anciens du respect pour les ouvrages de la création,

---

[*] Peu de temps après la publication des *Études*, les expériences de Lavoisier changèrent, comme nous l'avons dit, la face de la chimie. L'eau et l'air furent décomposés ; les gaz prirent la place des sels, et leur théorie servit à tout expliquer. Ainsi, dans les sciences, ce qui est vérité la veille est erreur le lendemain : mais ces variations, loin de nuire aux raisonnements de l'auteur, doivent servir à les appuyer. La chimie changera encore ; les *Études de la Nature* resteront : et si jamais un autre éditeur se croit obligé d'ajouter une note à celle-ci, pour marquer les progrès de la physique, il ne fera que donner une nouvelle preuve de l'incertitude des sciences. (A.-M.)

et les attachaient encore à la patrie par un sentiment religieux. Mais nos machines détruisent les harmonies de la nature et de la société. La première n'est plus pour nous qu'un triste théâtre composé de leviers, de poulies, de poids et de ressorts; et la seconde, qu'une école de disputes. Ces systèmes, dit-on, exercent les esprits. Cela pourrait être s'ils ne les égaraient pas; mais ils n'en dépravent pas moins le cœur. Pendant que l'esprit pose des principes, le cœur tire des conséquences. Si tout est l'ouvrage de puissances aveugles, d'attractions, de fermentations, de jeux, de fibres, de masses, il faut donc céder à leurs lois, comme tous les autres corps. Des femmes et des enfants en tirent ces conclusions. Que devient alors la vertu? Il faut obéir, dit-on, aux lois de la nature. Il faut donc obéir à la pesanteur, s'asseoir et ne pas marcher? La nature nous parle par cent mille voix. Quelle est celle qui s'adresse à nous? Prendrons-nous, pour régler notre vie, l'exemple des poissons, des quadrupèdes, des plantes, ou même des corps célestes?

Il y a des métaphysiciens, au contraire, qui, sans avoir égard à aucune loi physique, vous expliquent tout le système du monde avec des idées abstraites. Mais une preuve que leur système n'est pas celui de la nature, c'est qu'avec leurs matériaux et leur méthode il est fort aisé de renverser leur ordre et d'en former un tout différent, pour peu qu'on s'en veuille donner la peine. Il en naît même une réflexion bien propre à humilier notre intelligence: c'est que tous ces efforts du génie des hommes, loin de pouvoir bâtir un monde, n'y feraient pas seulement mouvoir un grain de sable.

Il y en a d'autres qui regardent l'état où nous vivons comme un état de ruine et de punition. Ils supposent, d'après des autorités sacrées, que cette terre a existé avec d'autres harmonies. J'admets ce que l'Écriture sainte nous dit à ce sujet, excepté les explications des commentateurs. Telle est la faiblesse de notre raison, que nous ne pouvons rien concevoir ni imaginer au-delà de ce que la nature nous montre actuellement. Ainsi ils se trompent beaucoup, par exemple, lorsqu'ils nous disent que, lorsque la terre était dans un état de perfection, le soleil était constamment à l'équateur, qu'il y avait égalité de jours et de nuits, un printemps perpétuel, des campagnes unies comme des plaines, etc. Si le soleil était constamment à l'équateur, je doute qu'il y eût un seul point sur la terre qui fût habitable. D'abord la zone torride serait brûlée de ses feux, comme nous l'avons démontré; les deux zones glaciales s'étendraient bien plus loin qu'elles ne le font; les zones tempérées seraient au moins aussi froides vers leur milieu qu'elles le sont à l'équinoxe de mars, et cette température ne permettrait pas à la plupart des fruits d'y venir en maturité. Je ne sais pas où serait le printemps; mais s'il était perpétuel quelque part, il n'y aurait jamais là d'automne. Ce serait encore pis, s'il n'y avait ni rochers ni montagnes à la surface du globe; car aucun fleuve ni ruisseau ne coulerait sur la terre. Il n'y aurait ni abri ni reflet au nord pour échauffer la germination des plantes, et il n'y aurait point d'ombre ni d'humidité au midi pour les préserver de la chaleur. Ces dispositions admirables existent actuellement en Finlande, en Suède, au Spitzberg, et sur toutes les terres septentrionales, qui sont d'autant plus chargées de rochers qu'elles s'avancent vers le nord; et elles se retrouvent encore aux îles Antilles, à l'Ile-de-France, et aux autres îles et terres comprises entre les tropiques, dont les campagnes sont parsemées de rochers, surtout vers la ligne, dans l'Éthiopie, dont la nature a couvert le territoire de grands et hauts rochers presque perpendiculaires, qui forment autour d'eux des vallées profondes pleines d'ombre et de fraîcheur. Ainsi, comme nous l'avons dit, pour réfuter nos prétendus plans de perfection, il suffit de les admettre.

Il y a d'autres savants, au contraire, qui ne sortent jamais de leur routine, et qui s'abstiennent de rien voir au-delà, quoiqu'ils soient très riches en faits: tels sont les botanistes. Ils ont observé des parties sexuelles dans les plantes, et ils sont uniquement occupés à recueillir les fleurs, et à les ranger suivant le nombre de ces parties, sans se soucier d'y connaître autre chose. Quand ils les ont classées, dans leurs têtes et dans leurs herbiers, en ombelles, en roses ou en tubulées, avec le nombre de leurs étamines, si avec cela ils peuvent y joindre quelques noms grecs, ils possèdent, à ce qu'ils pensent, tout le système de la végétation.

D'autres, à la vérité, parmi eux, vont plus loin. Ils en étudient les principes; et, pour en venir à bout, ils les pilent dans des mortiers, ou les décomposent dans leurs alambics. Quand leur opération est achevée, ils vous montrent des sels, des huiles, des terres, et vous disent : Voilà les principes de telle et telle plante. Pour moi, je ne crois pas plus qu'on puisse montrer les principes d'une plante dans une fiole, que ceux d'un loup ou d'un mouton dans une marmite. Je respecte les procédés mystérieux de la chimie; mais lorsqu'elle agit sur les végétaux, elle les détruit. Voici le juge-

ment qu'un habile médecin a porté de ses expériences. C'est le docteur J.-B. Chomel, dans le discours préliminaire de son utile *Abrégé de l'Histoire des Plantes usuelles*[*] : « Près de deux mille
» analyses de plantes différentes, dit-il, faites par
» les chimistes de l'Académie royale des sciences,
» ne nous ont appris autre chose, sinon qu'on tire
» de tous les végétaux une certaine quantité de li-
» queurs acides, plus ou moins d'huile essentielle
» ou fétide, de sel fixe, volatil ou concret, de
» flegme insipide et de terre, et souvent presque
» les mêmes principes et en même quantité, de
» plantes dont les vertus sont très différentes.
» Ainsi, ce travail très long et très pénible a été
» une tentative inutile pour la découverte des ef-
» fets des plantes, et n'a servi qu'à nous détrom-
» per des préjugés qu'on pourrait avoir sur les
» avantages de ces analyses. » Il ajoute que le fameux chimiste Homberg, ayant semé les mêmes plantes dans deux caisses remplies de terre dessalée par une forte lessive, dont l'une ensuite fut arrosée avec de l'eau commune, et l'autre avec de l'eau où l'on avait dissous du nitre, ces plantes rendirent à peu près les mêmes principes. Ainsi voilà notre science systématique tout-à-fait déroutée ; car elle ne peut découvrir les qualités essentielles des plantes, ni par leur composition, ni par leur décomposition.

Il y a bien d'autres erreurs sur les lois de leur développement et de leur fécondation. Les anciens avaient reconnu dans plusieurs plantes des mâles et des femelles, et une fécondation par des émanations de poussières séminales, telle que dans les palmiers dattiers. Nous avons appliqué cette loi à tout le règne végétal. Elle est, en effet, très répandue ; mais combien de végétaux se propagent encore par des rejetons, par des tronçons, par des traînasses, par les extrémités de leurs branches ! Voilà, dans le même règne, bien des manières de se reproduire. Cependant, quand nous n'apercevons plus dans la nature la loi que nous avons une fois adoptée dans nos livres, nous croyons qu'elle s'égare. Nous n'avons qu'un fil, et quand il se rompt nous imaginons que c'en est fait du système du monde. L'intelligence suprême disparaît pour nous dès que la nôtre vient à se troubler. Je ne doute pas cependant que l'auteur de la nature n'ait établi, au sujet des plantes que tant de gens étudient, des lois qui nous sont encore inconnues. Voici à ce sujet une observation que je livre à l'expérience de mes lecteurs.

Ayant transplanté, au mois de février de l'année 1785, des plantes de violette simple qui commençaient à pousser de petits boutons de fleurs, cette transplantation a arrêté leur développement d'une manière assez extraordinaire. Ces petits boutons n'ont point fleuri ; mais leur ovaire s'étant gonflé est parvenu à sa grosseur ordinaire, et s'est changé en capsule remplie de graine, sans laisser apercevoir au dehors ou au dedans, ni pétale, ni anthère, ni stigmate, ni aucune partie quelconque de la floraison. Tous ces boutons ont présenté successivement le même phénomène dans les mois de mai, de juin et de juillet, sans qu'aucune de ces plantes de violettes ait produit la moindre fleur. J'ai aperçu seulement dans les boutons naissants que j'ai ouverts les parties de la floraison flétries sous les calices. J'ai ressemé leur graine qui n'avait point été fécondée ; et jusqu'à présent elle n'a point levé. Cette expérience est favorable au système de Linnée ; mais elle s'en écarte en ce qu'elle fait voir qu'une plante peut donner son fruit sans fleurir.

On peut remarquer ici, dès à présent, que les lois physiques sont subordonnées à des lois de convenance, c'est-à-dire, par exemple, les lois de la végétation à la conservation des êtres sensibles, pour lesquels elles ont été faites. Ainsi, quoique la floraison de ma violette ait été interrompue, cela ne l'a pas empêchée de donner sa graine pour la subsistance de quelque animal qui s'en nourrit. C'est pour cette raison que les plantes les plus utiles, comme les graminées, sont celles qui ont le plus de différents moyens de se reproduire. Si la nature, à leur égard, ne s'était réduite qu'à la loi de la floraison, elles ne se multiplieraient point lorsqu'elles sont pâturées par les animaux, qui broutent sans cesse leurs sommités. Il en est de même de celles qui croissent le long des rivages, telles que les roseaux, et les arbres aquatiques, comme les saules, les aunes, les peupliers, les osiers, les mangliers, lorsque les eaux se débordent, et qu'elles les ensablent ou les renversent, ce qui arrive fréquemment. Les rivages resteraient dépouillés de verdure si les végétaux qui y croissent n'avaient la faculté de se reproduire de leurs propres tronçons. Il n'en est pas de même des arbres de montagne, comme les palmiers, sapins, cèdres, mélèzes, pins, qui ne sont pas exposés aux mêmes événements, et qu'on ne peut faire reprendre de bouture. Si l'on coupe même le sommet d'un palmier, il périt.

Nous retrouvons ces mêmes lois de convenance dans les générations des animaux, auxquelles nous

[*] Tome I, page 57.

attribuons de l'incertitude dès que nous y découvrons des variétés, ou que nous rapprochons du règne végétal par des relations imaginaires lorsque nous apercevons des effets qui leur sont communs. Ainsi, par exemple, si les pucerons sont vivipares l'été, c'est que leurs petits trouvent dans cette saison la température et la nourriture qui leur convient, dès qu'ils viennent au monde; et s'ils sont ovipares en automne, c'est que la postérité de ces insectes délicats n'aurait pu passer l'hiver si elle n'avait été renfermée dans des œufs. C'est par ces mêmes raisons que, si l'on arrache une patte à un crabe ou à une écrevisse, il lui en repousse une autre, qui sort de son corps, comme une branche sort d'un végétal. Ce n'est pas que cette reproduction animale soit l'effet de quelque analogie mécanique entre les deux règnes; mais ces animaux étant destinés à vivre sur les rivages, parmi les rochers, où ils sont exposés aux mouvements des flots, la nature leur donne de reproduire les membres exposés à être retranchés ou rompus par le roulement des cailloux, comme elle a donné aux végétaux qui croissent sur les rivages de se reproduire de leurs tronçons, parcequ'ils sont exposés à être renversés par le débordement des eaux.

La médecine a tiré de ces analogies apparentes des règnes une multitude d'erreurs. Il suffit d'examiner la marche de ses études, pour les regarder comme fort suspectes. Elle cherche les opérations de l'ame dans les cadavres, et les fonctions de la vie dans la léthargie de la mort. Aperçoit-elle quelque propriété dans un végétal, elle en fait un remède universel. Écoutez ses adages. Les plantes sont utiles à la vie; elle en conclut qu'en se nourrissant de végétaux, on doit vivre des siècles. Dieu sait que de livres, de discours et d'éloges ont été faits sur les vertus des plantes! Cependant une multitude de malades meurent l'estomac plein de ces merveilleux simples. Ce n'est pas que je nie leurs qualités appliquées bien à propos; mais je rejette absolument les raisonnements qui attachent à l'usage du régime végétal la durée de la vie humaine. La vie de l'homme est le résultat de toutes les convenances morales, et tient plus à la sobriété, à la température et aux autres vertus, qu'à la nature des aliments. Les animaux qui ne vivent que de plantes parviennent-ils seulement à l'âge des hommes? Les daims et les chamois qui paissent les admirables vulnéraires de la Suisse ne devraient jamais mourir; cependant leur vie est courte. Les mouches, qui sucent le nectar de leurs fleurs, meurent aussi, et plusieurs de leurs espèces, dans l'espace d'un an. La vie a un terme fixé pour chaque genre d'animal, et un régime qui lui est propre; celle de l'homme seul s'étend à tout. Le Tartare vit de chair crue de cheval, le Hollandais de poissons, un autre peuple de racines, un autre de laitage, et par tout pays on trouve des vieillards. Le vice seul et le chagrin abrègent la vie; et je suis persuadé que les affections morales s'étendent si loin pour les hommes, que je ne crois pas qu'il y ait une seule maladie qui ne leur doive son origine.

Voici ce que pensait Socrate de la philosophie systématique de son siècle; car elle s'est livrée, dans tous les âges, aux mêmes égarements. « Il ne
» s'amusait point, dit Xénophon, à traiter des se-
» crets de la nature, ni à rechercher comment a
» été fait ce que les sophistes ont appelé monde,
» ni quel puissant ressort gouverne toutes les cho-
» ses célestes: au contraire, il montrait la folie de
» ceux qui s'adonnent à ces contemplations, et il
» demandait si c'était après avoir acquis une par-
» faite connaissance des choses humaines, qu'ils
» entreprenaient la recherche des divines; ou s'ils
» croyaient être fort sages de négliger ce qui les
» touche, pour s'occuper à ce qui est au-dessus
» d'eux. Il s'étonnait encore comment ils ne
» voient pas qu'il est impossible aux hommes de
» rien comprendre à toutes ces merveilles, puisque
» ceux qui ont la réputation d'y être les plus sa-
» vants ont des opinions toutes contraires, et ne
» peuvent s'accorder non plus que des insensés;
» car, comme entre les insensés, les uns n'ont
» point de peur des accidents les plus épouvanta-
» bles, et les autres craignent ce qui n'est pas à
» craindre, de même, entre ces philosophes, les uns
» ont cru qu'il n'y a point d'action qui ne se puisse
» faire en public, ni de parole qu'on ne puisse dire
» librement devant tout le monde; les autres, au
» contraire, ont pensé qu'il fallait fuir la conver-
» sation des hommes, et se tenir dans une perpé-
» tuelle solitude; les uns ont méprisé les temples
» et les autels, et ont enseigné de ne point hono-
» rer les dieux; les autres ont été si superstitieux
» que d'adorer le bois, les pierres et les animaux
» irraisonnables. Et quant à la science des choses
» naturelles, les uns n'ont reconnu qu'un seul
» être, les autres en ont admis un nombre infini;
» les uns ont voulu que toutes choses fussent dans
» un mouvement perpétuel, les autres ont cru que
» rien ne se meut; les uns ont dit que le monde
» était plein de continuelles générations et corrup-
» tions, et les autres assurent que rien ne s'en-
» gendre ni ne se détruit. Il disait encore qu'il eût
» bien voulu savoir de ces gens-là s'ils avaient es-

» pérance de mettre quelque jour en pratique ce
» qu'ils apprennent ; comme ceux qui savent un art
» peuvent l'exercer quand il leur plaît, soit pour
» leur utilité particulière, soit pour le service
» de leurs amis ; et s'ils s'imaginaient aussi, après
» avoir trouvé les causes de tout ce qui se fait,
» pouvoir donner les vents et les pluies, et dispo-
» ser les temps et les saisons selon leurs besoins ;
» ou s'ils se contentaient de leur simple connais-
» sance, sans en attendre jamais d'autre utilité*. »

Ce n'est pas que Socrate n'eût très bien étudié la nature ; mais il n'avait cessé d'en rechercher les causes que pour en admirer les résultats. Personne n'avait plus recueilli d'observations à ce sujet que lui. Il les employait fréquemment dans ses conversations sur la Providence divine.

La nature ne nous présente de toutes parts que des harmonies et des convenances avec nos besoins, et nous nous obstinons à remonter aux causes qu'elle emploie, comme si nous voulions lui enlever le secret de sa puissance. Nous ne connaissons pas seulement les principes les plus communs qu'elle a mis dans nos mains et sous nos pieds. La terre, l'eau, l'air et le feu sont des éléments, disons-nous. Mais sous quelle forme doit paraître la terre pour être un élément ? Cette couche appelée *humus*, qui la couvre presque partout, et qui sert de base au règne végétal, est un débris de toutes sortes de matières, de marne, de sable, d'argile, de végétaux. Est-ce le sable qui est sa partie élémentaire ? mais le sable paraît être un débris de rocher. Est-ce le rocher qui est un élément ? mais il paraît à son tour une agrégation de sable, comme nous le voyons dans les masses de grès. Lequel des deux, du sable ou du rocher, a été le principe de l'autre, et l'a précédé dans la formation du globe ? Quand nous serions instruits de cette époque, nous ne tiendrions rien. Il y a des rochers formés de toutes sortes d'agrégations : le granit est composé de grains ; les marbres et les pierres calcaires, de pâte de coquilles et de madrépores. Il y a aussi des bancs de sable composés des débris de toutes ces pierres : j'ai vu du sable de cristal. Les poissons à coquilles, qui semblent nous donner des lumières sur la nature de la pierre calcaire, ne nous indiquent point l'origine primitive de cette matière ; car ils forment eux-mêmes leurs coquilles de ses débris qui nagent dans la mer. Les difficultés augmentent quand on veut expliquer la formation de tant de corps qui sortent et se nourrissent de la terre ; on a beau appeler à son secours les analogies, les assimilations, les homogénéités et les hétérogénéités. N'est-il pas étrange que des milliers d'espèces de végétaux résineux, huileux, élastiques, mous et combustibles, différent en tout du sol dur et pierreux qui les produit ? Les philosophes siamois ne sont point embarrassés à ce sujet ; car ils admettent dans la nature un cinquième élément, qui est le bois. Mais ce supplément ne peut pas les mener bien loin ; car il est encore plus étonnant que la matière animale se forme de la matière végétale, que celle-ci de la fossile. Comment devient-elle sensible, vivante et passionnée ? On y fait intervenir, à la vérité, l'action du soleil. Mais comment le soleil pourrait-il être dans les animaux la cause de quelque affection morale, ou, si l'on aime mieux, de quelque passion, lorsqu'on ne voit pas qu'il agisse comme ordonnateur sur les parties mêmes des plantes ? Par exemple, son effet général est de dessécher ce qui est humide. Comment arrive-t-il donc que dans une pêche exposée à son action, la pulpe soit fondante au dehors, et le noyau qui est caché au dedans soit très dur, tandis que le contraire arrive dans le fruit du cocotier, qui est plein de lait au dedans, et revêtu en dehors d'une écale dure comme une pierre ? Le soleil n'a pas plus d'influence sur la construction mécanique des animaux : leurs parties intérieures les plus abreuvées d'humeurs, de sang et de moelle, sont souvent les plus dures, comme les dents et les os ; et les parties les plus exposées à l'action de sa chaleur sont souvent très molles, comme les poils, les plumes, les chairs et les yeux. Comment se fait-il encore qu'il y ait si peu d'analogie entre les plantes tendres, ligneuses, sujettes à pourrir, et la terre qui les produit ; et entre les coraux et les madrépores de pierres, qui forment des bancs si étendus entre les tropiques, et l'eau de la mer, où ils sont formés ? Il semble que le contraire eût dû arriver : l'eau eût dû produire des plantes molles, et la terre des plantes solides. Si les choses existent ainsi, il y en a sans doute plus d'une raison ; mais j'en entrevois une qui me paraît fort bonne : c'est que, si ces analogies avaient lieu, les deux éléments seraient inhabitables en peu de temps : ils seraient bientôt comblés par leur propre végétation. La mer ne pourrait briser des madrépores ligneux, ni l'air dissoudre des forêts pierreuses.

On peut établir les mêmes doutes sur la nature de l'eau. L'eau, disons-nous, est formée de petits globules qui roulent les uns sur les autres : c'est à la forme sphérique de ses éléments qu'il faut attribuer sa fluidité. Mais si ce sont des globules, il

---

* Xénophon, *des Choses mémorables de Socrate*, liv. I.

doit y avoir entre eux des intervalles et des vides, sans lesquels ils ne seraient pas susceptibles de mouvement. Pourquoi donc l'eau est-elle incompressible? Si vous la comprimez fortement dans un tuyau, elle passera au travers de ses pores, s'il est d'or; et elle le fera crever s'il est de fer. Quelque effort que vous y employiez, vous ne pourrez jamais la réduire à un plus petit volume. Mais loin de connaître la forme de ses parties intégrantes, nous ignorons quelle est celle de leur ensemble. Est-ce d'être répandue en vapeurs invisibles dans l'air, comme la rosée; ou rassemblée en brouillards dans les nuages, ou consolidée en masse dans les glaces, ou fluide enfin comme dans les rivières? La fluidité, disons-nous, est un des principaux caractères de l'eau. Oui, parceque nous la buvons dans cet état, et que c'est sous ce rapport-là qu'elle nous intéresse le plus. Nous déterminons son caractère principal comme celui de tous les objets de la nature, par la raison que j'ai déja dite, par notre principal besoin; mais ce caractère même lui paraît étranger : elle ne doit sa fluidité qu'à l'action de la chaleur; si vous l'en privez, elle se change en glace. Il serait bien singulier que, malgré nos définitions fondamentales, l'état naturel de l'eau fût d'être solide, et que l'état naturel de la terre fût d'être fluide; et c'est ce qui doit être si l'eau ne doit sa fluidité qu'à la chaleur, et si la terre n'est qu'une agrégation de sables réunis par différents glutens, et rapprochés d'un centre commun par l'action générale de la pesanteur.

Les qualités élémentaires de l'air ne sont pas plus faciles à déterminer. L'air est, disons-nous, un corps élastique : lorsqu'il est renfermé dans les grains de la poudre à canon, l'action du feu le dilate au point de lui donner la puissance de chasser un boulet de fer à une distance prodigieuse. Mais comment, avec tant de ressort, pouvait-il être comprimé dans des grains d'une poudre friable? Si vous mettez même quelque matière liquide en fermentation dans un bocal, il en sortira mille fois plus d'air que vous ne pourriez y en renfermer sans le rompre. Comment cet air pouvait-il être contenu dans une matière molle et fluide, sans se dégager de lui-même? L'air chargé de vapeurs est réfrangible, disons-nous encore. Plus on avance dans le nord, plus on y voit le soleil élevé sur l'horizon, au-dessus du lieu qu'il occupe dans le ciel. Les Hollandais qui passèrent, en 1597, l'hiver dans la Nouvelle-Zemble, après une nuit de plusieurs mois, virent reparaître le soleil quinze jours plus tôt qu'ils ne s'y attendaient. Voilà qui va bien. Mais si les vapeurs rendent l'air réfrangible, pourquoi n'y a-t-il ni aurore, ni crépuscule, ni aucune réfraction durable de la lumière entre les tropiques, sur la mer même, où tant de vapeurs sont élevées par l'action constante du soleil, que l'horizon en est quelquefois tout embrumé?

Ce ne sont pas les vapeurs qui réfractent la lumière, dit un autre philosophe, c'est le froid; car la réfraction de l'atmosphère n'est pas si grande à la fin de l'été qu'à la fin de l'hiver, à l'équinoxe d'automne qu'à celui du printemps.

Je tombe d'accord de cette observation; cependant, après des jours d'été très chauds, il y a réfraction dans le nord ainsi que dans nos climats tempérés, et il n'y en a point entre les tropiques : ainsi, le froid ne me paraît point être la cause mécanique de la réfraction, mais il en est la cause finale. Cette admirable multiplication de la lumière, qui augmente dans l'atmosphère à proportion de l'intensité du froid, me paraît une suite de cette même loi qui fait passer la lune dans les signes septentrionaux à mesure que le soleil les abandonne, et qui lui fait éclairer les longues nuits de notre pôle pendant que le soleil est sous l'horizon; car la lumière, de quelque espèce qu'elle soit, est chaude. Ces harmonies merveilleuses ne sont point dans la nature des éléments, mais dans la volonté de celui qui les a ordonnés pour les besoins des êtres sensibles.

Le feu nous offre encore de plus incompréhensibles phénomènes. Le feu d'abord est-il matière? La matière, suivant les définitions de la philosophie, est ce qui se divise en longueur, largeur et profondeur. Le feu ne se divise que suivant sa longueur perpendiculaire. Vous ne partagerez jamais une flamme ou un rayon de soleil dans sa largeur horizontale. Voilà donc une matière qui n'est divisible que dans deux dimensions. De plus, elle n'a point de pesanteur, car elle s'élève toujours; ni de légèreté, car elle descend, et pénètre les corps les plus bas. Le feu est, dit-on, renfermé dans tous les corps. Mais puisqu'il est dévorant, comment ne les consume-t-il pas? Comment peut-il rester dans l'eau sans s'éteindre? Ces difficultés, et plusieurs autres, ont porté Newton à croire que le feu n'était pas un élément, mais une certaine matière subtile mise en mouvement. A la vérité, les frottements et les chocs font paraître le feu dans plusieurs corps. Mais pourquoi l'air et l'eau, quelque agités qu'ils soient, ne s'enflamment-ils point? Pourquoi l'eau même se refroidit-elle par le mouvement, elle qui n'est fluide que parcequ'elle est imprégnée de feu? Pourquoi, contre la nature de tous les mouvements, celui du feu va-t-il en se propageant, au lieu de s'arrêter? Tous les corps perdent leur mouvement en le communiquant. Si vous frappez plusieurs billes avec une seule, le mouvement se communique entre elles, se partage et se perd. Mais une étincelle de feu dégage d'une pièce de bois les particules de feu, ou de matière subtile, si l'on veut, qui y sont renfermées; et toutes ensemble accroissent leur rapidité au point d'incendier une forêt. Nous ne connaissons pas mieux ses qualités négatives. Le froid, disons-nous, est produit par l'absence de la chaleur; mais si le froid n'est qu'une qualité négative, pourquoi a-t-il des effets positifs? Si vous mettez dans l'eau une bouteille de vin glacé, comme je l'ai vu faire plus d'une fois en Russie, vous voyez en peu de temps la glace couvrir d'un pouce d'épaisseur les parois externes de la bouteille. Un bloc de glace refroidit l'atmosphère qui l'environne. Cependant les ténèbres, qui sont une négation de la lumière, n'obscurcissent point le jour qui les avoisine. Si vous ouvrez, dans un jour d'été, une grotte à la fois obscure et froide, la lumière environnante ne sera point du tout obscurcie par les ténèbres qui y étaient renfermées; mais la chaleur de l'air voisin sera sensiblement affaiblie par l'air froid qui y était contenu. Je sais bien qu'on peut dire que, s'il n'y a point d'obscurcissement sensible dans le premier cas, c'est à cause de l'extrême rapidité de la lumière qui remplace les ténèbres; mais ce serait augmenter la difficulté plutôt que la résoudre, et supposer que les ténèbres ont aussi des effets positifs que nous n'avons pas le temps d'observer.

C'est cependant sur ces prétendues connaissances fondamentales que nous avons élevé la plupart des systèmes de notre physique. Si nous sommes dans l'erreur ou dans l'ignorance au point du départ, nous ne tarderons pas à nous égarer dans le chemin : aussi il est incroyable avec quelle facilité, après avoir posé aussi légèrement nos principes, nous nous payons, dans les conséquences, de mots vagues et d'idées contradictoires.

J'ai vu, par exemple, la formation du tonnerre expliquée dans des livres de physique fort estimés. Les uns vous démontrent qu'il est produit par le choc de deux nuées, comme si des nuées ou des brouillards pouvaient jamais se choquer! D'autres vous disent que c'est l'effet de l'air dilaté par l'inflammation subite du soufre et du nitre qui nagent dans l'air. Mais, pour qu'il pût produire ces terribles détonations, il faudrait supposer que l'air fût renfermé dans un corps qui fît quelque résistance. Si vous enflammez un grand volume de poudre à canon à l'air libre, elle ne détone point. Je sais bien qu'on imite l'explosion du tonnerre dans l'expérience de la poudre fulminante; mais les matières qu'on y emploie ont une sorte de ténacité. Elles éprouvent de la part de la cuiller de fer qui les contient une résistance contre laquelle elles réagissent quelquefois avec tant de force, qu'elles la percent. Après tout, imiter un phénomène n'est pas l'expliquer. Les raisons qu'on donne des autres effets du tonnerre n'ont pas plus de vraisemblance. Comme l'air se trouve rafraîchi après un orage, c'est, dit-on, le nitre qui est répandu dans l'atmosphère qui en est la cause; mais ce nitre n'y était-il pas avant la détonation, pendant qu'on étouffait de chaleur? Le nitre ne rafraîchit-il que quand il est enflammé? A ce compte, nos batteries de canon devraient devenir des glacières au milieu d'un combat, car il s'y brûle bien du nitre; cependant on est obligé de rafraîchir les canons avec du vinaigre; car, quand ils ont tiré de suite une vingtaine de coups, on n'y peut supporter la main : la flamme du nitre, quoique instantanée, pénètre très fortement le métal, malgré son épaisseur. Il est vrai que leur chaleur peut venir aussi de l'ébranlement intérieur de leurs parties. Quoi qu'il en soit, le refroidissement de l'air, après un orage, provient, à mon avis, de cette couche d'air glacial qui nous environne, à douze ou quinze cents toises d'élévation, et qui, étant divisée et dilatée à sa base par le feu des nuées orageuses, s'écoule subitement dans notre atmosphère. C'est son mouvement qui détermine le feu du tonnerre à se diriger, contre sa nature, vers la terre. Elle produit encore d'autres effets, que ni le temps ni le lieu ne me permettent pas de développer*.

Nous disions, le siècle dernier, que la terre était allongée sur ses pôles, et nous assurons aujourd'hui qu'elle y est aplatie. Je ne m'engagerai pas ici dans l'examen des principes d'où l'on a tiré cette dernière conséquence, et des observations dont on l'a appuyée. On fait dériver l'aplatissement de la terre

---

* La plupart de ces objections tombent sur les expériences d'une physique qui n'existe plus, et dont elles contribuèrent à renverser les idées systématiques. Il nous serait facile de placer ici le tableau des théories nouvelles; mais de combien d'objections elles pourraient, à leur tour, devenir le sujet! que de contradictions dans nos expériences, nos classifications, nos explications! Un pareil travail serait donc inutile, puisqu'il ne rappellerait que des systèmes qui doivent changer avec le temps. Ainsi, quoique les objections de Bernardin de Saint-Pierre ne s'adressent pas à la science du jour, elles ne perdent rien de leur intérêt pour les esprits habitués aux méditations profondes; car ils ont appris, par ces méditations mêmes, à ne voir dans les sciences que des opinions passagères, et non des vérités immuables. (A.-M.)

aux pôles d'une force centrifuge, à laquelle on attribue son mouvement même dans les cieux, quoique cette prétendue force, qui a donné plus de diamètre à l'équateur de la terre, n'ait pas la force d'y élever une paille en l'air. On a vérifié, dit-on, l'aplatissement des pôles par les mesures de deux degrés terrestres, prises à grands frais, l'une au Pérou, près de l'équateur, et l'autre en Laponie, dans le voisinage des cercles polaires*. Ces expériences ont sans doute été faites par des savants célèbres; mais des savants aussi célèbres avaient prouvé, d'après d'autres principes et par d'autres expériences, que la terre était allongée sur ses pôles. Cassini évalue à cinquante lieues la longueur dont l'axe de la terre surpasse ses diamètres; ce qui donne à chacun des pôles vingt-cinq lieues d'élévation sur la circonférence du globe. Nous nous rangerons à l'opinion de ce fameux astronome si nous nous en rapportons au témoignage de nos yeux, puisque l'ombre de la terre paraît ovale sur ses pôles dans les éclipses centrales de lune, comme l'ont observé Tycho-Brahé et Kepler. Ces noms-là en valent bien d'autres.

Mais, sans nous en rapporter, sur des vérités naturelles, à l'autorité d'aucun homme, nous pouvons conclure, par de simples analogies, le prolongement de l'axe de la terre. Si nous considérons, ainsi que nous l'avons dit, les deux hémisphères comme deux montagnes dont les bases sont à l'équateur, les sommets aux pôles, et l'Océan qui découle alternativement d'un de ces sommets, comme un grand fleuve qui descend d'une montagne, nous aurons, sous ce point de vue, des objets de comparaison qui nous serviront à déterminer le point d'élévation d'où part l'Océan, par la distance du lieu où il termine son cours. Ainsi le sommet du Chimboraço, la plus élevée des Andes du Pérou, d'où sort l'Amazone, ayant près d'une lieue et un tiers d'élévation au-dessus de l'embouchure de ce fleuve, qui en est éloignée en ligne droite de 26 degrés environ, ou de six cent cinquante lieues, on en peut conclure que le sommet du pôle doit être élevé sur la circonférence de la terre de près de cinq lieues, pour avoir une hauteur proportionnée au cours de l'Océan, qui s'étend jusque sous la ligne à 90 degrés de là, c'est-à-dire à deux mille deux cent cinquante lieues en ligne droite.

Si nous considérons maintenant que le cours de l'Océan ne se termine pas à la ligne, mais que lorsqu'il descend en été de notre pôle, il s'étend au-delà du cap de Bonne-Espérance jusqu'aux extrémités orientales de l'Asie, où il forme le courant qu'on y appelle mousson occidentale, qui entoure presque le globe sous l'équateur, nous serons obligés de supposer au pôle d'où il part une élévation proportionnée au chemin qu'il parcourt, et de la tripler au moins, pour que ses eaux aient une pente suffisante. Je la suppose donc de quinze lieues; et si on ajoute à cette hauteur celle des glaces qui y sont accumulées, et dont les prodigieuses pyramides ont quelquefois, dans les montagnes à glaces, le tiers de l'élévation des hauteurs qui les supportent, nous trouverons que le pôle n'a guère moins des vingt-cinq lieues de hauteur que Cassini lui a assignées.

Des flèches de glace de dix lieues de hauteur ne sont pas disproportionnées au centre des coupoles de glace de deux mille lieues de diamètre qui couvrent en hiver notre hémisphère septentrional, et qui ont encore dans l'hémisphère austral, au mois de février, c'est-à-dire dans le plein été de cet hémisphère, des bords aussi élevés que des promontoires, et trois mille lieues au moins de circonférence, comme l'a reconnu le capitaine Cook, qui en a fait le tour en 1775 et 1774.

L'analogie que j'établis entre les deux hémisphères de la terre, les pôles, et l'Océan qui en découle, avec deux montagnes, leurs pics, et les fleuves qui en sortent, est dans l'ordre des consonnances du globe, qui en présente un grand nombre de semblables dans les continents et dans la plupart des îles, qui sont de petits continents en abrégé.

Il semble que la philosophie ait affecté, de tout temps, de chercher des causes fort obscures pour expliquer les effets les plus communs, afin de se faire admirer du vulgaire, qui en effet n'admire guère que ce qu'il ne comprend pas. Elle n'a pas manqué, pour profiter de cette faiblesse des hommes, de s'envelopper du faste des mots, ou des mystères de la géométrie, pour leur en imposer davantage. Combien de siècles n'a-t-elle pas fait retentir dans nos écoles l'horreur du vide qu'elle attribuait à la nature! Que de démonstrations prétendues savantes en ont été faites, qui devaient couvrir d'une gloire immortelle leurs auteurs, dont on ne parle plus! D'un autre côté, elle dédaigne de s'arrêter aux observations simples, qui mettent à la portée de tous les hommes les harmonies qui unissent tous les règnes de l'univers. Par exemple, la philosophie de nos jours refuse à la lune toute influence sur les végétaux et sur les

---

* Il est évident qu'on doit conclure de ces mesures mêmes que la terre est allongée aux pôles. Voyez l'explication des figures, à la fin des *Études*.

animaux : cependant il est certain que le plus grand accroissement des plantes se fait pendant la nuit; qu'il y a plusieurs végétaux même qui ne fleurissent que pendant ce temps-là; que des classes nombreuses d'insectes, d'oiseaux, de quadrupèdes et de poissons règlent leurs amours, leurs chasses et leurs voyages sur les différentes phases de l'astre des nuits *. Mais comment s'arrêter à l'expérience des jardiniers et des pêcheurs ? comment se résoudre à penser et à parler comme eux ? Si la philosophie nie l'influence de la lune sur les petits objets de la terre, elle lui en suppose une très grande sur le globe même, sans s'embarrasser de se contredire : elle affirme que la lune, en passant sur l'Océan, le presse ou l'attire, et occasionne ainsi le flux des marées sur ses rivages. Mais comment la lune peut-elle comprimer ou attirer notre atmosphère, qui ne s'étend, dit-on, qu'à une vingtaine de lieues de nous ? Et quand on supposerait une matière subtile et capable d'un grand ressort, qui s'étendrait depuis la surface de nos mers jusqu'au globe de la lune, comment cette matière pourrait-elle éprouver cette influence, si on ne la suppose renfermée dans un canal ? Ne doit-elle pas, dans l'état actuel, s'étendre à droite et à gauche, sans que l'action de la planète puisse se faire sentir sur aucun point déterminé de la circonférence de notre globe ? D'ailleurs, pourquoi la lune n'agit-elle pas sur les lacs et sur les mers de peu d'étendue, où il n'y a pas de marées ? Leur petitesse ne doit pas plus les soustraire à sa gravitation qu'à sa lumière. Pourquoi sont-elles presque insensibles au fond de la Méditerranée ? Pourquoi éprouvent-elles, en beaucoup de lieux, des mouvements d'intermittence et des retards de deux ou trois jours ? Pourquoi enfin, au nord, viennent-elles du nord, de l'est ou de l'ouest, et non du sud, comme l'ont observé avec surprise Martens, Barents, Linschoten et Ellis, qui s'attendaient à les voir venir de l'équateur, comme sur les côtes de l'Europe ? A la vérité, les principaux mouvements de la mer arrivent, dans notre hémisphère, dans les mêmes temps que les principales phases de la lune ; mais on n'en doit pas conclure leur dépendance, et encore moins l'expliquer par des lois qui ne sont pas démontrées. Les courants et les marées de l'Océan viennent, comme je crois l'avoir prouvé, des effusions des glaces des pôles, qui dépendent à leur tour de la variété du cours du soleil, qui s'approche plus ou moins de l'un ou l'autre pôle ; et comme les phases de la lune sont elles-mêmes ordonnées avec le cours de cet astre, voilà pourquoi les unes et les autres arrivent dans les mêmes temps. De plus, la lune dans son plein a une chaleur effective et évaporante, comme je l'ai déjà dit : elle doit donc agir sur les glaces des pôles, surtout lorsqu'elle est pleine*. L'Académie des sciences avait assuré autrefois que sa lumière n'échauffait pas, d'après des expériences faites sur ses rayons et la boule d'un thermomètre, avec un miroir ardent ; mais ce n'est pas la première erreur où nous ayons été induits par nos livres et par nos machines, comme nous le verrons lorsque nous parlerons de la décomposition du rayon solaire par le prisme. Ce n'est pas non plus la première fois qu'une assemblée de savants a adopté sans examen une opinion, d'après l'autorité de ceux qui font des expériences avec beaucoup de faste et d'appareil. Voilà comme les erreurs s'accréditent. On a détruit celle-ci d'abord à Rome, ensuite à Paris, par une expérience fort simple. Quelqu'un s'est avisé d'exposer un vase plein d'eau à la lumière de la lune, et d'en mettre un semblable à l'ombre. L'eau du premier vase s'est évaporée bien plus promptement que celle du second.

Nous avons beau faire, nous ne pouvons saisir dans la nature que des résultats et des harmonies ; partout les premiers principes nous échappent. Ce qu'il y a de pis dans tout ceci, c'est que les méthodes de nos sciences ont influé sur nos mœurs et sur la religion. Il est fort aisé de faire méconnaître aux hommes une intelligence qui gouverne toutes choses, lorsqu'on ne leur présente plus pour causes premières que des moyens mécaniques. Oh ! ce n'est pas par eux que nous nous dirigerons vers ce ciel que nous prétendons connaître. Les plus grands hommes ont cherché vers lui leur dernier asile. Cicéron se flattait, après sa mort, d'habiter les étoiles, et César d'y veiller aux destins des Romains. Une infinité d'autres hommes ont borné leur bonheur futur à présider à des mausolées, à des bocages, à des fontaines ; d'autres, à se réunir à l'objet de leurs amours. Et nous, qu'espérons-

---

* Ces observations ont été confirmées par plusieurs observations récentes, et surtout par celles de Spallanzani sur les anguilles qui naissent dans les lagunes du lac de Comacchio, près de Venise. Ce n'est qu'au milieu des nuits sombres et orageuses que ces poissons sortent par troupes du sein des eaux, glissent dans les prairies, traversent les champs, et, sans autre guide que leur instinct, se dirigent vers la mer, où ils vont se précipiter. Tant que la troupe est dans l'obscurité, elle continue son voyage : mais si le plus faible rayon de la lune vient à briller dans le ciel, toutes les anguilles restent immobiles : la nuit la plus sombre peut seule leur rendre le mouvement. (A.-M.)

* *Voyez*, à la fin des *Études*, une note où l'auteur rapporte un morceau de Pline relatif à ce sujet. (A.-M.)

nous maintenant de la terre et du ciel, où nous ne voyons plus que les leviers de nos faibles machines? Quoi! pour prix de nos vertus, notre sort serait d'être confondus avec les éléments? Votre ame, ô sublime Fénelon, serait exhalée en air inflammable, et elle aurait eu, sur la terre, le sentiment d'un ordre qui n'était pas même dans les cieux ! Comment, parmi ces astres si lumineux, il n'y aurait que des globes matériels ; et dans leurs mouvements si constants et si variés, que d'aveugles attractions ! Quoi ! tout serait matière insensible autour de nous ; et l'intelligence n'aurait été donnée à l'homme, qui ne s'est rien donné, que pour le rendre misérable ! Quoi ! nous serions trompés par le sentiment involontaire qui nous fait lever les yeux au ciel, dans l'excès de la douleur, pour y chercher du secours? L'animal, près de finir sa carrière, s'abandonne tout entier à ses instincts naturels : le cerf aux abois se réfugie aux lieux les plus écartés des forêts, content de rendre l'esprit forestier qui l'anime sous leurs ombres hospitalières ; l'abeille mourante abandonne les fleurs, vient expirer à l'entrée de sa ruche, et léguer son instinct social à sa chère république ; et l'homme, en suivant sa raison, ne trouverait rien dans l'univers digne de recevoir ses derniers soupirs ! Des amis inconstants, des parents avides, une patrie ingrate, une terre rebelle à ses travaux, des cieux indifférents au crime et à la vertu, ce serait là le but de sa dernière espérance !

Ah ! ce n'est pas ainsi que la nature a fait ses répartitions. C'est nous qui nous égarons avec nos sciences vaines. En portant les recherches de notre esprit jusqu'aux principes de la nature et de la Divinité même, nous en avons détruit en nous le sentiment. Il nous est arrivé la même chose qu'à ce paysan qui vivait heureux dans une petite vallée des Alpes. Un ruisseau qui descendait de ces montagnes fertilisait son jardin. Il adora long-temps en paix la naïade bienfaisante qui lui distribuait ses eaux, et qui lui en augmentait l'abondance et la fraîcheur avec les chaleurs de l'été. Un jour il lui vint en fantaisie de découvrir le lieu où elle cachait son urne inépuisable. Pour ne pas s'égarer, il remonte d'abord le cours de son ruisseau. Peu à peu il s'élève dans la montagne. Chaque pas qu'il y fait lui découvre mille objets nouveaux, des campagnes, des forêts, des fleuves, des royaumes, de vastes mers. Plein de ravissement, il se flatte de parvenir bientôt au séjour où les dieux président aux destins de la terre. Mais, après une pénible marche, il arrive au pied d'un effroyable glacier. Il ne voit plus autour de lui que des brouillards, des rochers, des torrents et des précipices. Douce et tranquille vallée, humble toit, bienfaisante naïade, tout a disparu. Son patrimoine n'est plus qu'un nuage, et sa divinité qu'un affreux monceau de glace.

Ainsi la science nous a menés, par des routes séduisantes, à un terme aussi effrayant. Elle traîne à la suite de ses recherches ambitieuses cette malédiction ancienne prononcée contre le premier homme, qui osa manger du fruit de son arbre* : « Voilà l'homme devenu comme l'un de » nous, sachant le bien et le mal ; empêchons qu'il » ne vive éternellement. » Que de troubles littéraires, politiques et religieux, notre prétendue science a excités parmi nous ! Que d'hommes elle a empêchés de vivre même un seul jour !

Sans doute le génie sublime et l'ame pure de Newton ne s'arrêteraient pas au terme d'une ame vulgaire. En voyant les nuages aborder de toutes parts aux montagnes qui divisent l'Italie de l'Europe, il eût reconnu l'attraction de leurs sommets et la direction de leurs chaînes aux bassins des mers et aux cours des vents ; il en eût conclu des dispositions équivalentes pour les différents sommets du continent et des îles ; il eût vu les vapeurs élevées du sein des mers de l'Amérique apporter, à travers les airs, la fécondité au centre de l'Europe, se fixer en glaces solides sur les hauts pitons des rochers, afin de rafraîchir l'atmosphère des pays chauds, subir de nouvelles combinaisons pour produire de nouveaux effets, et retourner fluides à leurs anciens rivages, en répandant l'abondance sur leur route par mille et mille canaux. Il eût admiré l'impulsion constante donnée à tant de mouvements différents, par l'action d'un seul soleil placé à trente-deux millions de lieues de distance; et au lieu de méconnaître le séjour d'une naïade à la cime des Alpes, il s'y fût prosterné devant le Dieu dont la prévoyance embrasse les besoins de tout l'univers.

Pour étudier la nature avec intelligence, il en faut lier toutes les parties ensemble. Pour moi, qui ne suis pas un Newton, je ne quitterai pas les bords de mon ruisseau. Je vais rester dans mon humble vallée, occupé à cueillir des herbes et des fleurs ; heureux si j'en peux former quelques guirlandes pour parer le frontispice du temple rustique que mes faibles mains ont osé élever à la majesté de la nature !

―――

Le système des harmonies de la nature, dont je

* *Genèse*, chap. III, ⚹ 22.

vais m'occuper, est, à mon avis, le seul qui soit à la portée des hommes. Il fut mis au jour par Pythagore de Samos, qui fut le père de la philosophie, et le chef des philosophes connus sous le nom de pythagoriciens. Il n'y a point eu de savants qui aient été aussi éclairés qu'eux dans les sciences naturelles, et dont les découvertes aient fait plus d'honneur à l'esprit humain. Il y avait alors des philosophes qui soutenaient que l'eau, le feu, l'air, les atomes, étaient les principes des choses. Pythagore prétendit, au contraire, que les principes des choses étaient les convenances et les proportions dont se formaient les harmonies, et que la bonté et l'intelligence faisaient la nature de Dieu. Il fut le premier qui appela l'univers monde, à cause de son ordre. Il soutint qu'il était gouverné par la Providence, sentiment tout-à-fait conforme à nos livres sacrés et à l'expérience. Il inventa les cinq zones et l'obliquité du zodiaque. Il assura que la zone torride était habitable. Il attribuait les tremblements de terre à l'eau. En effet, leur foyer, ainsi que celui des volcans, comme nous l'avons déja indiqué, est toujours dans le voisinage de la mer ou de quelque grand lac. Il croyait que chacun des astres était un monde contenant une terre, un air et un ciel ; et cette opinion était déja bien ancienne, car elle se trouve dans les vers d'Orphée. Enfin, il découvrit le carré de l'hypothénuse, d'où sont sortis une infinité de théorèmes et de solutions géométriques. Philolaüs de Crotone, un de ses disciples, prétendait que le soleil recevait le feu répandu dans l'univers, et le réverbérait ; ce qui explique mieux sa nature que les émanations perpétuelles de chaleur et de lumière que nous lui supposons sans réparation et sans épuisement. Il tenait que les comètes étaient des astres qui se montrent après une certaine révolution. Oëcette, autre pythagoricien, soutenait qu'il y avait deux terres, celle-ci et celle qui lui est opposée, ce qui ne convient qu'à l'Amérique. Ces philosophes croyaient que l'ame était une harmonie composée de deux parties, l'une raisonnable, l'autre irraisonnable. Ils plaçaient la première dans la tête, et l'autre autour du cœur. Ils assuraient qu'elle était immortelle, et qu'après la mort de l'homme elle retournait à l'ame de l'univers. Ils approuvaient la divination en songes et en augures, et réprouvaient celle qui se fait par des sacrifices. Ils étaient si remplis d'humanité, qu'ils s'abstenaient même de verser le sang des animaux et d'en manger la chair. La nature récompensa leurs vertus et la douceur de leurs mœurs par tant de découvertes, et leur donna la gloire d'avoir pour sectateurs Socrate, Platon, Archilas, général tarentin, qui inventa la vis ; Xénophon, Épaminondas, qui fut élevé par le pythagoricien Lysis, et le bon roi Numa, qui apprit des prêtres toscans à conjurer le tonnerre ; enfin ce que la philosophie, les lettres, l'art militaire et le trône ont peut-être eu de plus illustre sur la terre. On a calomnié Pythagore en lui attribuant quelques superstitions, entre autres l'abstinence des fèves, etc. Mais comme la vérité est souvent obligée de se présenter voilée aux hommes, ce philosophe, sous cette allégorie, donnait à ses disciples le conseil de s'abstenir d'emplois publics, parcequ'on se servait alors de fèves pour procéder aux élections des magistrats. Dans ces derniers temps, un écrivain très célèbre, à qui toutes les grandes réputations ont fait ombrage, a osé attaquer celle de Xénophon, qui a réuni en lui les différents mérites qui peuvent illustrer les hommes, la piété, la pureté des mœurs, la vertu militaire, et l'éloquence. Son style est si doux, qu'il lui a fait donner chez les Grecs le surnom d'*Abeille attique*. Ce grand homme a été blâmé de nos jours à l'occasion de cette fameuse retraite où il ramena dix mille Grecs dans leur patrie, du fond de la Perse, et leur fit faire onze cents lieues malgré les efforts de leurs ennemis. Un homme de lettres a prétendu que la retraite de ce grand général fut un effet de la bienveillance ou de la pitié d'Artaxercès ; et, en conséquence, il a traité la marche de Xénophon par le nord de la Perse de précaution superflue. Mais comment le roi de Perse aurait-il eu de l'indulgence pour les Grecs, lui qui avait fait mourir, par une lâche perfidie, vingt-cinq de leurs chefs ? Comment les Grecs auraient-ils pu retourner par le même chemin par lequel ils étaient venus, puisque tout y était en mouvement pour les faire périr, et que les Perses en avaient dévasté les villages ? Xénophon dérouta toutes leurs précautions, en prenant son chemin par un côté qu'ils n'avaient pas prévu. Pour moi, je regarde cet acte militaire comme le plus illustre qu'il y ait au monde, non-seulement par une multitude infinie de combats et de passages de montagnes et de rivières devant des ennemis innombrables ; mais parcequ'il n'a été souillé d'aucune injustice, et qu'il n'a eu d'autre but que de sauver des citoyens. Les plus fameux guerriers de l'antiquité l'ont regardé comme le chef-d'œuvre de l'art militaire. Il y a un mot qui le couvrira à jamais de gloire, qui a été dit dans un siècle et chez un peuple où la science de la guerre était portée à sa perfection, et dans une circonstance où on ne dissimule pas : c'est celui d'Antoine, engagé dans le pays des Parthes. Ce général, qui avait de grands talents militaires, à la tête d'une armée de cent treize mille hommes, dont soixante mille étaient des Romains naturels, obligé, comme Xénophon, de faire une retraite en présence des Parthes, et vingt fois sur le point de succomber, s'écriait souvent en soupirant : « O dix mille[*] ! »

ÉTUDE DIXIÈME.

DE QUELQUES LOIS GÉNÉRALES DE LA NATURE,

ET

PREMIÈREMENT DES LOIS PHYSIQUES.

Nous diviserons ces lois en lois physiques et en lois morales. Nous examinerons d'abord, dans cette Étude, quelques lois physiques communes à tous les règnes ; et dans l'Étude onzième, nous en ferons l'application aux plantes, ainsi que nous l'avons annoncé au commencement de cet ouvrage. Nous nous occuperons, dans l'Étude douzième, des lois morales ; et nous consacrerons les deux dernières à chercher dans ces lois, ainsi que dans les lois physiques, des moyens de diminuer la somme des maux du genre humain.

Je demande beaucoup d'indulgence. J'entreprends d'ouvrir une carrière nouvelle. Je ne me flatte pas d'y avoir pénétré fort avant. Mais les matériaux imparfaits que j'en ai tirés pourront servir un jour, à des hommes plus habiles et plus heureux, à élever à la nature un temple plus digne d'elle. Lecteur, rappelez-vous que je ne vous en ai promis que le frontispice et les ruines.

DE LA CONVENANCE.

Quoique la convenance soit une perception de notre raison, je la mets à la tête des lois physiques, parcequ'elle est le premier sentiment que nous cherchons à satisfaire en examinant les objets de la nature. Il y a même une si grande connexion entre le physique de ces objets et l'instinct de tout être sensible, qu'une simple couleur suffit pour mettre en mouvement les passions des animaux. La couleur rouge met les taureaux en fureur, et rappelle à la plupart des poissons et des oiseaux des idées de proie. Les objets de la nature développent dans l'homme un sentiment d'un ordre supérieur, indépendant de ses besoins : c'est celui de la convenance. C'est avec les convenances multipliées de la nature que l'homme a formé sa propre raison ; car *raison* ne signifie autre chose que le *rapport* ou la *convenance* des êtres. Ainsi, par exemple, si j'examine un quadrupède, les paupières de ses yeux, qu'il hausse ou baisse à volonté, me présentent des convenances avec la lumière ; les formes de ses pieds m'en montrent d'autres avec le sol qu'il habite. Je ne peux en avoir d'idée déterminée, que je ne rassemble à son sujet plusieurs sentiments de convenance ou de disconvenance. Les objets même les plus matériels, et qui n'ont pour ainsi dire point de formes décidées, ne peuvent se présenter à nous sans ces relations intellectuelles. Une grotte rustique ou un rocher escarpé nous plaisent ou nous déplaisent, en nous présentant des idées de repos ou d'obscurité, de perspective ou de précipice.

Les animaux ne sont sensibles qu'aux objets qui ont des convenances particulières avec leurs besoins. On peut dire qu'ils ont à cet égard une portion de raison aussi parfaite que la nôtre. Si Newton eût été une abeille, il n'eût pu faire, avec toute sa géométrie, son alvéole dans une ruche, qu'en lui donnant, comme la mouche à miel, six pans égaux. Mais l'homme diffère des animaux en ce qu'il étend ce sentiment de convenance à toutes les relations de la nature, quelque étrangères qu'elles soient avec ses besoins. C'est cette extension de raison qui lui a fait donner par excellence le nom d'animal raisonnable.

A la vérité, si toutes les raisons particulières des animaux étaient réunies, il y a apparence qu'elles l'emporteraient sur la raison générale de l'homme, puisque celui-ci n'a imaginé la plupart de ses arts et de ses métiers qu'en imitant leurs travaux ; que d'ailleurs les animaux naissent tous avec leur propre industrie, tandis que l'homme est obligé d'acquérir la sienne avec beaucoup de temps et de réflexion, et, comme je l'ai dit, par l'imitation de celle d'autrui. Mais l'homme les surpasse non-seulement en réunissant en lui seul l'intelligence qui est éparse chez eux tous, mais en remontant jusqu'à la source de toutes les convenances, qui est la Divinité même. Le seul caractère qui distingue essentiellement l'homme des animaux, c'est qu'il est un être religieux.

Aucun animal ne partage avec lui cette faculté sublime. On peut la considérer comme le principe de l'intelligence humaine. C'est par elle que l'homme s'est élevé au-dessus de l'instinct des bêtes, jusqu'à concevoir les plans généraux de la nature ; et qu'il lui a soupçonné un ordre dès qu'il lui a entrevu un auteur. C'est par elle qu'il a osé employer le feu comme le premier des agents, traverser les mers, donner une nouvelle face à la

---

[*] *Voyez* Plutarque, *Vie d'Antoine*, § 58.

terre par l'agriculture, soumettre à son empire tous les animaux, fonder sa société sur une religion, et qu'il a tenté de s'élever jusqu'à la Divinité par ses vertus. Ce n'est point, comme on le croit, la nature qui a d'abord montré Dieu à l'homme, mais c'est le sentiment de la Divinité dans l'homme qui lui a indiqué l'ordre de la nature. Les sauvages sont religieux bien avant d'être physiciens.

Ainsi, par le sentiment de cette convenance universelle, l'homme est frappé de toutes les convenances possibles, quoiqu'elles lui soient étrangères. L'histoire d'un insecte l'intéresse ; et s'il ne s'occupe pas de tous les insectes qui l'environnent, c'est qu'il n'aperçoit pas leurs relations, à moins que quelque Réaumur ne les lui mette en évidence; ou bien c'est que l'habitude de les voir les lui rend insipides, ou que les préjugés les lui rendent odieux et méprisables; car il est encore plus ému par les idées morales que par les physiques, et par les passions que par sa raison.

Nous remarquerons encore que tous les sentiments de convenance naissent, dans l'homme, à l'aspect de quelque utilité qui souvent n'a aucun rapport avec ses besoins; il s'ensuit que l'homme est bon de sa nature, par cela même qu'il est raisonnable, puisqu'à l'aspect d'une convenance qui lui est étrangère, il éprouve un sentiment de plaisir. C'est par ce sentiment naturel de bonté que la vue d'un animal bien proportionné nous donne des sensations agréables, qui augmentent à mesure qu'il nous développe son instinct. Nous aimons à voir une tourterelle dans une volière; mais cet oiseau nous plaît encore davantage dans les forêts, lorsque l'amour le fait murmurer au haut d'un orme, ou que nous l'y apercevons occupé à faire le nid de ses petits avec toute la sollicitude de l'amour maternel.

C'est encore par une suite de cette bonté naturelle que la disconvenance nous donne un sentiment pénible qui naît toujours à la vue de quelque mal : ainsi la vue d'un monstre nous choque. Nous souffrons de voir un animal à qui il manque un pied ou un œil. Ce sentiment est indépendant de toute idée de douleur relative à nous, quoi qu'en disent quelques philosophes ; car nous souffrons, quoique nous sachions qu'il est venu ainsi au monde. Nous souffrons même à la vue du désordre dans les objets insensibles. Des plantes flétries, des arbres mutilés, un édifice mal ordonné, nous font de la peine à voir. Ces sentiments ne sont altérés dans l'homme que par les préjugés ou par l'éducation.

DE L'ORDRE.

Une suite de convenances qui ont un centre commun forme l'ordre. Il y a des convenances dans les membres d'un animal ; mais il n'y a d'ordre que dans son corps. La convenance est dans le détail, et l'ordre dans l'ensemble. L'ordre étend notre plaisir, en rassemblant un grand nombre de convenances, et il le fixe en les déterminant vers un centre. Il nous montre à la fois, dans un seul objet, une suite de convenances particulières, et la convenance principale où elles se rapportent toutes. Ainsi l'ordre nous plaît, comme à des êtres doués d'une raison qui embrasse toute la nature ; et il nous plaît peut-être encore davantage comme à des êtres faibles qui n'en peuvent saisir à la fois qu'un seul point.

Nous voyons, par exemple, avec plaisir les relations de la trompe d'une abeille avec les nectaires des fleurs; celles de ses cuisses creusées en cuillers et hérissées de poils, avec les poussières des étamines qu'elle y entasse; de ses quatre ailes, avec le butin dont elle est chargée (secours que la nature a refusé aux mouches qui volent à vide, et qui, pour cette raison, n'en ont que deux*); enfin l'usage du long aiguillon qu'elle a reçu pour la défense de son bien, et toutes les convenances d'organes de ce petit insecte, qui sont plus ingénieuses et plus multipliées que celles des plus grands animaux. Mais l'intérêt s'accroît lorsque nous la voyons toute couverte d'une poussière jaune, les cuisses pendantes, et à demi accablée de son fardeau, prendre sa volée dans les airs, traverser des plaines, des rivières et de sombres bocages, sous des rumbs de vent qui lui sont connus, et aborder en murmurant au tronc caverneux de quelque vieux chêne. C'est là que nous apercevons un autre ordre, à la vue d'une multitude de petits individus semblables à elles, qui y entrent et qui en sortent, occupés des travaux d'une ruche. Celle dont nous admirions les convenances particulières n'est qu'un membre d'une nombreuse république, et sa république n'est elle-même qu'une petite colonie de la nation immense des abeilles, éparse sur toute la terre, depuis la ligne jusqu'aux bords de la mer Glaciale. Elle y est répartie en diverses espèces, aux diverses espèces de fleurs; car il y en a qui, étant destinées à vivre sur des fleurs sans profondeur, telles que les fleurs radiées, sont armées de cinq crochets, pour ne pas glisser

---

* La demoiselle aquatique a pareillement quatre ailes, parce qu'elle vole aussi chargée de butin. Je lui ai vu prendre en l'air des papillons. (A.-M.)

sur leurs pétales. D'autres, au contraire, comme les abeilles de l'Amérique, n'ont point d'aiguillon, parcequ'elles placent leurs ruches dans des troncs d'arbres épineux qui y sont fort communs : ce sont les arbres qui portent leurs défenses. Il y a bien d'autres convenances parmi les autres espèces d'abeilles, qui nous sont tout-à-fait inconnues. Cependant, cette grande nation, si variée dans ses colonies, et si étendue dans ses possessions, n'est qu'une bien petite famille de la classe des mouches, dont nous connaissons, dans notre seul climat, près de six mille espèces, la plupart aussi distinctes les unes des autres, en formes et en instincts, que les abeilles elles-mêmes le sont des autres mouches. Si nous comparions les relations de cette classe volatile si nombreuse avec toutes les parties du règne végétal et animal, nous trouverions une multitude innombrable d'ordres différents de convenances; et si nous les joignions à ceux que nous présenteraient les légions des papillons, des scarabées, des sauterelles et des autres insectes qui volent aussi, nous les multiplierions à l'infini. Cependant, tout cela serait peu de chose, comparé aux industries des autres insectes qui rampent, qui sautent, qui nagent, qui grimpent, qui marchent, qui sont immobiles, dont le nombre est incomparablement plus grand que celui des premiers; et l'histoire de ceux-ci, jointe à celle des autres, ne serait encore que celle du petit peuple de cette grande république du monde, remplie de flottes innombrables de poissons, et de légions infinies de quadrupèdes, d'amphibies et d'oiseaux. Toutes leurs classes, avec leurs divisions et subdivisions, dont le moindre individu présente une sphère très étendue de convenances, ne sont elles-mêmes que des convenances particulières, des rayons et des points de la sphère générale, dont l'homme seul occupe le centre et entrevoit l'immensité.

Il résulte du sentiment de l'ordre général deux autres sentiments : l'un qui nous jette insensiblement dans le sein de la Divinité, et l'autre qui nous ramène à nos besoins; l'un qui nous montre pour cause un être infini en intelligence hors de nous; et l'autre, pour fin un être très borné dans nous-mêmes. Ces deux sentiments caractérisent les deux puissances, spirituelle et corporelle, qui composent l'homme. Ce n'est pas ici le lieu de les développer; il me suffit de remarquer que ces deux sentiments naturels sont les sources générales du plaisir que nous donne l'ordre de la nature. Les animaux ne sont touchés que du second, dans un degré fort borné.

Une abeille a le sentiment de l'ordre de sa ruche; mais elle ne connaît rien au-delà. Elle ignore celui qui dirige les fourmis dans leur fourmilière, quoiqu'elle les ait vues souvent occupées de leurs travaux. Elle irait en vain, après le renversement de sa ruche, se réfugier, comme républicaine, au milieu de leur république. En vain, dans son malheur, elle leur ferait valoir les qualités qui lui sont communes avec elles et qui font fleurir les sociétés, la tempérance, le goût du travail, l'amour de la patrie, et surtout celui de l'égalité, joint à des talents supérieurs; elle n'éprouverait de leur part ni hospitalité, ni considération, ni pitié; elle ne trouverait pas même d'asile parmi d'autres abeilles d'une espèce différente; car chaque espèce a sa sphère qui lui est assignée, et c'est par un effet de la sagesse de la nature; car autrement, les espèces les mieux organisées ou les plus fortes chasseraient les autres de leurs domaines. Il résulte de là que la société des animaux ne peut subsister que par des passions, et celle des hommes que par des vertus. L'homme seul, de tous les animaux, a le sentiment de l'ordre universel, qui est celui de la Divinité même; et en portant par toute la terre les vertus qui en sont les fruits, quelles que soient les différences que les préjugés mettent entre les hommes, il est sûr de rapprocher de lui tous les cœurs. C'est par ce sentiment de l'ordre universel qui a dirigé votre vie que vous êtes devenus les hommes de toutes les nations, et que vous nous intéressez encore lors même que vous n'êtes plus, Aristide, Socrate, Marc-Aurèle, divin Fénelon; et vous aussi, infortuné Jean-Jacques!

DE L'HARMONIE.

La nature oppose les êtres les uns aux autres, afin de produire entre eux des convenances. Cette loi a été connue dans la plus haute antiquité. On la trouve en plusieurs endroits de l'Écriture sainte. La voici dans un passage de l'*Ecclésiastique*[*] :

℣ 25. Omnia duplicia, unum contra unum, et non fecit quidquam deesse.

« Chaque chose a son contraire, l'une est opposée à l'autre, » et rien ne manque aux œuvres de Dieu. »

Je regarde cette grande vérité comme la clef de toute la philosophie. Elle a été aussi féconde en découvertes que cette autre : « Rien n'a été fait » en vain. » Elle est la source du goût dans les arts et dans l'éloquence. C'est des contraires que naissent les plaisirs de la vue, de l'ouïe, du tou-

[*] Chap. XLII.

cher, du goût, et tous les attraits de la beauté, en quelque genre que ce soit. Mais c'est aussi des contraires que viennent la laideur, la discorde, et toutes les sensations qui nous déplaisent. Ce qu'il y a d'admirable, c'est que la nature emploie les mêmes causes pour produire des effets si différents. Quand elle oppose les contraires, elle fait naître en nous des affections douloureuses; et elle nous en fait éprouver d'agréables lorsqu'elle les confond. De l'opposition des contraires naît la discorde, et de leur réunion l'harmonie.

Cherchons dans la nature quelques preuves de cette grande loi. Le froid est opposé au chaud, la lumière aux ténèbres, la terre à l'eau, et l'harmonie de ces éléments contraires produit des effets ravissants; mais si le froid succède rapidement à la chaleur, ou la chaleur au froid, la plupart des végétaux et des animaux, exposés à ces révolutions subites, courent risque de périr. La lumière du soleil est agréable; mais si un nuage noir tranche avec l'éclat de ses rayons, ou si des feux vifs brillent au sein d'une nuée obscure, tels que ceux des éclairs, notre vue éprouve, dans les deux cas, des sensations pénibles. L'effroi de l'orage augmente si le tonnerre y joint ses terribles éclats entremêlés de silences, et il redouble si les oppositions de ces feux et de ces obscurités, de ces tumultes et de ces repos célestes, se font sentir dans les ténèbres et le calme de la nuit.

La nature oppose pareillement, sur la mer, l'écume blanche des flots à la couleur noire des rochers, pour annoncer de loin aux matelots le danger des écueils. Souvent elle leur donne des formes analogues à la destruction, telles que celles des bêtes féroces, d'édifices en ruines, ou de carènes de vaisseaux renversés. Elle en fait même partir des bruits sourds semblables à des gémissements, et entrecoupés de longs intervalles. Les anciens croyaient voir dans le rocher de Scylla une femme hideuse, dont la ceinture était entourée d'une meute de chiens qui aboyaient. Nos marins ont donné aux écueils du canal de Bahama, si fameux par leurs naufrages, le nom de Martyrs, parce-qu'ils offrent, à travers les bruines des flots qui s'y brisent, l'affreux spectacle d'hommes empalés, et exposés sur des roues. On croit même entendre sortir de ces lugubres rochers des soupirs et des sanglots.

La nature emploie également ces oppositions heurtées et ces signes funèbres, pour exprimer les caractères des bêtes cruelles et dangereuses dans tous les genres. Le lion, errant la nuit dans les solitudes de l'Afrique, annonce de loin ses approches par des rugissements tout-à-fait semblables aux roulements du tonnerre. Les feux vifs et instantanés qui sortent de ses yeux dans l'obscurité lui donnent encore l'apparence de ce terrible météore. Pendant l'hiver, les hurlements des loups dans les forêts du nord ressemblent aux gémissements des vents qui en agitent les arbres; les cris des oiseaux de proie sont aigus, glapissants, et entrecoupés de sons graves. Il y en a même qui font entendre les accents de la douleur humaine. Tel est le lome *, espèce d'oiseau de mer qui se repaît, sur les écueils de la Laponie, des cadavres des animaux qui y échouent : il crie comme un homme qui se noie. Les insectes nuisibles présentent les mêmes oppositions et les mêmes signes de destruction. Le cousin, avide du sang humain, s'annonce à la vue par des points blancs dont son corps rembruni est piqueté, et à l'ouïe par des sons aigus qui interrompent le calme des bocages. La guêpe carnassière est bardée, comme le tigre, de bandes noires sur un fond jaune. On trouve fréquemment dans nos jardins, au pied des arbres qui dépérissent, une espèce de punaise allongée, qui porte sur son corps rouge marbré de noir le masque d'une tête de mort. Enfin, les insectes qui attaquent nos personnes mêmes, quelque petits qu'ils soient, se distinguent par des oppositions tranchées de couleur avec celle des fonds où ils vivent.

Mais lorsque deux contraires viennent à se confondre, en quelque genre que ce soit, on en voit naître le plaisir, la beauté et l'harmonie. J'appelle l'instant et le point de leur réunion *expression harmonique*. C'est le seul principe que j'aie pu apercevoir dans la nature; car ses éléments mêmes ne sont pas simples, comme nous l'avons vu; ils présentent toujours des accords formés de deux contraires, aux analyses les plus multipliées. Ainsi, en reprenant quelques uns de nos exemples, les températures les plus douces et les plus favorables en général à toute espèce de végétation sont celles des saisons où le froid se mêle au chaud, comme celles du printemps et de l'automne. Elles occasionnent alors deux sèves dans les arbres, ce que ne font pas les plus fortes chaleurs de l'été. Les effets les plus agréables de la lumière et des ténèbres sont produits lorsqu'elles viennent à se confondre, et à former ce que les peintres appellent des clairs-obscurs et des demi-jours. Voilà pour-

* Ou lumme, espèce de plongeon. *Voyez* Jean Schæffer, *Histoire de Laponie*.

quoi les heures de la journée les plus intéressantes sont celles du matin et du soir; ces heures où, dit La Fontaine dans sa fable charmante de *Pyrame et Thisbé*, l'ombre et le jour luttent dans les champs azurés. Les sites les plus aimables sont ceux où les eaux se confondent avec les terres : ce qui a fait dire au bon Plutarque que les voyages de terre les plus plaisants étaient ceux qui se faisaient le long de la mer ; et ceux de la mer, à leur tour, ceux qui se faisaient le long de la terre. Vous verrez ces mêmes harmonies résulter des saveurs et des sons les plus opposés, dans les plaisirs du goût et de l'ouïe.

Nous allons examiner la constance de cette loi, par les principes mêmes par lesquels la nature nous donne les premières sensations de ses ouvrages, qui sont les couleurs, les formes et les mouvements.

DES COULEURS.

Je me garderai bien de définir les couleurs, et encore plus d'en expliquer l'origine. Ce sont, disent nos physiciens, des réfractions de la lumière sur les corps, comme le démontre le prisme, qui, en brisant un rayon de soleil, le décompose en sept rayons colorés qui se développent suivant cet ordre : le rouge, l'orangé, le jaune, le vert, le bleu, l'indigo, et le violet. Ce sont là, selon eux, les sept couleurs primitives. Mais, comme je l'ai dit, j'ignore ce qui est primitif dans la nature. Je pourrais leur objecter que, si les couleurs des objets ne naissent que de la réfraction de la lumière du soleil, elles devraient disparaître à la lueur de nos bougies, car celle-ci ne se décompose au prisme que bien faiblement; mais je m'en tiendrai à quelques réflexions sur le nombre et l'ordre de ces sept prétendues couleurs primitives. D'abord, il est évident qu'il y en a quatre qui sont composées : car l'orangé est composé du jaune et du rouge; le vert, du jaune et du bleu; le violet, du bleu et du rouge; et l'indigo n'est qu'une teinte de bleu surchargée de noir : ce qui réduit les couleurs solaires à trois couleurs primordiales, qui sont le jaune, le rouge et le bleu, auxquelles si nous joignons le blanc, qui est la couleur de la lumière, et le noir, qui en est la privation, nous aurons cinq couleurs simples, avec lesquelles on peut composer toutes les nuances imaginables.

Nous observerons ici que nos machines de physique nous trompent avec leur air savant, non-seulement parcequ'elles supposent à la nature de faux éléments, comme lorsque le prisme nous donne des couleurs composées pour des couleurs primitives, mais en lui en soustrayant de véritables : car combien de corps blancs et noirs doivent être réputés sans couleur, attendu que ce même prisme ne manifeste pas leurs teintes dans la décomposition du rayon solaire! Cet instrument nous induit encore en erreur sur l'ordre naturel de ces mêmes couleurs, en le commençant par le rayon rouge, et en le terminant par le rayon violet. L'ordre des couleurs dans le prisme n'est donc qu'une décomposition triangulaire d'un rayon de lumière cylindrique, dont les deux extrêmes, le rouge et le violet, participent l'un de l'autre sans la terminer ; de sorte que le principe des couleurs, qui est le rayon blanc, et sa décomposition progressive, ne s'y manifestent plus. Je suis même très porté à croire qu'on peut tailler un cristal avec tel nombre d'angles qui donneraient aux réfractions du rayon solaire un ordre tout différent, et qui en multiplieraient les couleurs prétendues primitives bien au-delà du nombre de sept. L'autorité de ce polyèdre deviendrait tout aussi respectable que celle du prisme, si des algébristes y appliquaient quelques calculs un peu obscurs, et quelques raisonnements de la philosophie corpusculaire, comme ils ont fait aux effets de celui-là.

Nous nous servirons d'un moyen moins savant pour nous donner une idée de la génération des couleurs et de la décomposition du rayon solaire. Au lieu de les examiner dans un prisme de verre, nous les considérerons dans les cieux, et nous y verrons les cinq couleurs primordiales s'y développer dans l'ordre où nous les avons annoncées.

Dans une belle nuit d'été, quand le ciel est serein, et chargé seulement de quelques vapeurs légères, propres à arrêter et à réfranger les rayons du soleil lorsqu'ils traversent les extrémités de notre atmosphère, transportez-vous dans une campagne d'où l'on puisse apercevoir les premiers feux de l'aurore. Vous verrez d'abord blanchir, à l'horizon, le lieu où elle doit paraître ; et cette espèce d'auréole lui a fait donner, à cause de sa couleur, le nom d'aube, du mot latin *alba*, qui veut dire blanche. Cette blancheur monte insensiblement au ciel, et se teint en jaune à quelques degrés au-dessus de l'horizon ; le jaune, en s'élevant à quelques degrés plus haut, passe à l'orangé ; et cette nuance d'orangé s'élève au-dessus en vermillon vif qui s'étend jusqu'au zénith. De ce point vous apercevez au ciel, derrière vous, le violet à la suite du vermillon, puis l'azur, ensuite le gros bleu ou indigo ; et enfin le noir tout-à-fait à l'occident.

Quoique ce développement de couleurs présente une multitude infinie de nuances intermédiaires qui se succèdent assez rapidement, cependant il y a un moment, et, si je me le rappelle bien, c'est celui où le soleil est près de montrer son disque, où le blanc éblouissant se fait voir à l'horizon; le jaune pur, à quarante-cinq degrés d'élévation; la couleur de feu, au zénith, à quarante-cinq degrés au-dessous; vers l'occident, le bleu pur; et à l'occident même, le voile sombre de la nuit, qui touche encore l'horizon. Du moins j'ai cru remarquer cette progression entre les tropiques, où il n'y a presque pas de réfraction horizontale qui fasse anticiper la lumière sur les ténèbres, comme dans nos climats.

J.-J. Rousseau me disait un jour que, quoique le champ de ces couleurs célestes soit le bleu, les teintes du jaune qui se fondent avec lui n'y produisent point la couleur verte, comme il arrive dans nos couleurs matérielles, lorsqu'on mêle ces deux nuances ensemble. Mais je lui répondis que j'avais aperçu plusieurs fois du vert au ciel, non-seulement entre les tropiques, mais sur l'horizon de Paris. A la vérité, cette couleur ne se voit guère ici que dans quelque belle soirée de l'été. J'ai aperçu aussi dans les nuages des tropiques, principalement sur la mer et dans les tempêtes, toutes les couleurs qu'on peut voir sur la terre. Il y en a alors de cuivrées, de couleur de fumée de pipe, de brunes, de rousses, de noires, de grises, de livides, de couleur marron, et de celle de gueule de four enflammé. Quant à celles qui y paraissent dans les jours sereins, il y en a de si vives et de si éclatantes, qu'on n'en verra jamais de semblables dans aucun palais, quand on y rassemblerait toutes les pierreries du Mogol. Quelquefois les vents alizés du nord-est ou du sud-est, qui y soufflent constamment, cardent les nuages comme si c'étaient des flocons de soie; puis ils les chassent à l'occident, en les croisant les uns sur les autres comme les mailles d'un panier à jour. Ils jettent, sur les côtés de ce réseau, les nuages qu'ils n'ont pas employés, et qui ne sont pas en petit nombre; ils les roulent en énormes masses blanches comme la neige, les contournent sur leurs bords en forme de croupes, et les entassent les uns sur les autres comme les Cordillières du Pérou, en leur donnant des formes de montagnes, de cavernes et de rochers; ensuite, vers le soir, ils calmissent un peu, comme s'ils craignaient de déranger leur ouvrage. Quand le soleil vient à descendre derrière ce magnifique réseau, on voit passer par toutes ses losanges une multitude de rayons lumineux qui y font un tel effet, que les deux côtés de chaque losange qui en sont éclairés paraissent relevés d'un filet d'or; et les deux autres, qui devraient être dans l'ombre, sont teints d'un superbe nacarat. Quatre ou cinq gerbes de lumière, qui s'élèvent du soleil couchant jusqu'au zénith, bordent de franges d'or les sommets indécis de cette barrière céleste, et vont frapper des reflets de leurs feux les pyramides des montagnes aériennes collatérales, qui semblent alors être d'argent et de vermillon. C'est dans ce moment qu'on aperçoit, au milieu de leurs croupes redoublées, une multitude de vallons qui s'étendent à l'infini, en se distinguant à leur ouverture par quelque nuance de couleur de chair ou de rose. Ces vallons célestes présentent, dans leurs divers contours, des teintes inimitables de blanc qui fuient à perte de vue dans le blanc, où des ombres qui se prolongent, sans se confondre, sur d'autres ombres. Vous voyez çà et là sortir des flancs caverneux de ces montagnes des fleuves de lumière qui se précipitent en lingots d'or et d'argent sur des rochers de corail. Ici, ce sont de sombres rochers, percés à jour, qui laissent apercevoir par leurs ouvertures le bleu pur du firmament; là, ce sont de longues grèves sablées d'or, qui s'étendent sur de riches fonds du ciel, ponceaux, écarlates, et verts comme l'émeraude. La réverbération de ces couleurs occidentales se répand sur la mer, dont elle glace les flots azurés de safran et de pourpre. Les matelots, appuyés sur les passavants du navire, admirent en silence ces paysages aériens. Quelquefois ce spectacle sublime se présente à eux à l'heure de la prière, et semble les inviter à élever leurs cœurs comme leurs vœux vers les cieux. Il change à chaque instant: bientôt ce qui était lumineux est simplement coloré; et ce qui était coloré est dans l'ombre. Les formes en sont aussi variables que les nuances; ce sont tour à tour des îles, des hameaux, des collines plantées de palmiers, de grands ponts qui traversent des fleuves, des campagnes d'or, d'améthystes, de rubis; ou plutôt ce n'est rien de tout cela; ce sont des couleurs et des formes célestes qu'aucun pinceau ne peut rendre, ni aucune langue exprimer.

Il est très remarquable que tous les voyageurs qui ont monté, en différentes saisons, sur les montagnes les plus élevées du globe, entre les tropiques et hors des tropiques, au milieu du continent ou dans les îles, n'ont aperçu dans les nuages qui étaient au-dessous d'eux qu'une surface grise et plombée, sans aucune variation de couleur, et semblable à celle d'un lac. Cependant le soleil éclairait ces nuages de toute sa lumière; et ses rayons pouvaient y combiner, sans obstacle, toutes les lois de la réfraction, auxquelles notre physique les a assujettis. Il s'ensuit de cette observation, que je répéterai encore ailleurs à cause de son importance, qu'il n'y a pas une seule nuance de couleur employée en vain dans l'univers; que ces décorations célestes sont faites pour le niveau de la terre, et que leur magnifique point de vue est pris de l'habitation de l'homme.

Ces concerts admirables de lumières et de formes, qui ne se manifestent que dans la partie inférieure des nuages, la moins éclairée du soleil, sont produits par des lois qui me sont tout-à-fait inconnues. Mais quelle que soit leur variété, elles s'y réduisent à cinq couleurs; le jaune y paraît une génération du blanc, le rouge une nuance plus foncée du jaune, le bleu une teinte de rouge plus renforcée, et le noir la dernière teinte du bleu. On ne peut douter de cette progression lorsqu'on observe le matin, comme je l'ai dit, le développement de la lumière dans les cieux; vous y voyez ces cinq couleurs, avec leurs nuances intermédiaires, s'engendrer les unes des autres à peu près dans cet ordre : le blanc, le jaune-soufre, le jaune-citron, le jaune-d'œuf, l'orangé, la couleur aurore, le ponceau, le rouge plein, le rouge carminé, le pourpre, le violet, l'azur, l'indigo, et le noir. Chacune de ces couleurs ne semble être qu'une teinte forte de celle qui la précède, et une teinte légère de celle qui la suit; en sorte que toutes ensemble ne paraissent que des modulations d'une progression dont le blanc est le premier terme, et le noir le dernier.

Dans cet ordre, où les deux extrêmes, le blanc et le noir, c'est-à-dire la lumière et les ténèbres, produisent en s'harmoniant tant de couleurs différentes, vous remarquerez que la couleur rouge tient le milieu, et qu'elle est la plus belle de toutes, au jugement de tous les peuples. Les Russes, pour dire qu'une fille est belle, disent qu'elle est rouge. Ils l'appellent *crasma devitsa* : chez eux, beau et rouge sont synonymes. On faisait au Pérou et au Mexique un cas infini du rouge. Le plus beau présent que l'empereur Montézuma crut faire à Cortez fut de lui donner un collier d'écrevisses qui avaient naturellement cette riche couleur*. La seule demande que fit le roi de Sumatra aux Espagnols qui abordèrent les premiers dans son pays, et qui lui présentèrent beaucoup d'échantillons du commerce et de l'industrie de l'Europe, se réduisit à du corail et à de l'écarlate**; et il leur promit de leur donner en retour toutes les épiceries et les marchandises de l'Inde dont ils auraient besoin. On trafique désavantageusement avec les nègres, les Tartares, les Américains et les Indiens orientaux, si on ne leur apporte des étoffes rouges. Les témoignages des voyageurs sont unanimes sur la préférence que tous les peuples donnent à cette couleur. Je pourrais en rapporter une infinité de preuves, si je ne craignais d'être ennuyeux. J'ai indiqué seulement l'universalité de ce goût, pour faire voir la fausseté de cet axiome philosophique, qui dit que les goûts sont arbitraires; où, ce qui est la même chose, qu'il n'y a point dans la nature de lois pour la beauté, et que nos goûts sont des effets de nos préjugés. C'est tout le contraire ; ce sont nos préjugés qui corrompent nos goûts naturels, qui sans eux seraient les mêmes par toute la terre. C'est par une suite de ces préjugés que les Turcs préfèrent la couleur verte à toutes les autres, parceque, selon la tradition de leurs docteurs, c'était la couleur favorite de Mahomet, et que ses descendants ont, seuls de tous les Turcs, le privilége de porter le turban vert. Mais, par une autre prévention, les Persans leurs voisins méprisent le vert, parcequ'ils rejettent les traditions de ces docteurs turcs, et qu'ils ne reconnaissent point cette parenté de leur prophète, étant sectateurs d'Ali. Par une autre chimère, le jaune paraît aux Chinois la plus distinguée de toutes les couleurs; parceque c'est celle de leur dragon emblématique; le jaune est à la Chine la couleur impériale, comme le vert l'est en Turquie. D'ailleurs, suivant le rapport d'Isbrand-Ides, les Chinois représentent sur leurs théâtres les dieux et les héros le visage teint d'une couleur de sang*. Toutes ces nations, la couleur politique exceptée, regardent le rouge comme la plus belle; ce qui suffit pour établir à son égard une unanimité de préférence.

Mais sans nous arrêter davantage au témoignage variable des hommes, il suffit de celui de la nature. C'est avec le rouge que la nature rehausse les parties les plus brillantes des plus belles fleurs. Elle en a coloré entièrement la rose, qui en est la reine; elle a donné cette teinture au sang, qui est le principe de la vie dans les animaux; elle en revêt aux Indes le plumage de la plupart des oiseaux, surtout dans la saison des amours. Il y a peu d'oiseaux alors à qui elle ne donne quelque nuance de cette riche couleur. Les uns en ont la tête couverte, comme ceux qu'on appelle cardinaux; d'autres en ont des pièces de poitrine, des colliers, des capuchons, des épaulettes. Il y en a qui conservent entièrement le fond gris ou brun de leurs plumes,

---

* *Voyez* Herrera.
** *Voyez* Histoire générale des voyages, par l'abbé Prévost.

* *Voyage de Moscou à la Chine*, par Isbrand-Ides, p. 141.

mais qui sont glacés de rouge, comme si on les eût roulés dans le carmin. D'autres en sont sablés, comme si on eût soufflé sur eux quelque poudre d'écarlate. Ils ont avec cela des piquetures blanches mêlées parmi, qui y produisent un effet charmant : c'est ainsi qu'est peint un petit oiseau des Indes appelé bengali. Mais rien n'est plus aimable qu'une tourterelle d'Afrique, qui porte sur son plumage gris-de-perle, précisément à l'endroit du cœur, une tache sanglante mêlée de différents rouges, parfaitement semblable à une blessure : il semble que cet oiseau, dédié à l'Amour, porte la livrée de son maître, et qu'il a servi de but à ses flèches. Ce qu'il y a de plus merveilleux, c'est que ces riches teintes coralines disparaissent dans la plupart de ces oiseaux après la saison d'aimer, comme si c'étaient des habits de parade qui leur eussent été prêtés par la nature seulement pour le temps des noces.

La couleur rouge, située au milieu des cinq couleurs primordiales, en est l'expression harmonique par excellence, et le résultat, comme nous l'avons dit, de l'union de deux contraires, la lumière et les ténèbres. Il y a encore des teintes fort agréables qui se composent d'oppositions d'extrêmes. Par exemple, de la seconde et de la quatrième couleur, c'est-à-dire du jaune et du bleu, se forme le vert, qui constitue une harmonie très belle, laquelle doit tenir peut-être le second rang en beauté parmi les couleurs, comme elle tient le second dans leur génération. Le vert paraît même, aux yeux de bien des gens, sinon la plus belle teinte, du moins la plus aimable, parcequ'il est moins éblouissant que le rouge, et plus assorti à leurs yeux [34].

Je ne m'arrêterai pas davantage aux autres nuances harmoniques que l'on peut tirer, suivant les lois de leur génération, des couleurs les plus opposées, et dont on peut former des accords et des concerts, comme avait fait le père Castel dans son fameux clavecin. Je remarquerai cependant que les couleurs peuvent influer sur les passions, et qu'on peut les rapporter, ainsi que leurs harmonies, à des affections morales. Par exemple, si vous partez du rouge, qui est la couleur harmonique par excellence, et que vous remontiez au blanc, plus vous approcherez de ce premier terme, plus les couleurs seront vives et gaies. Vous aurez successivement le ponceau, l'orangé, le jaune, le citron, la couleur sulfurine, et le blanc. Plus, au contraire, vous irez du rouge au noir, plus les couleurs seront sombres et tristes ; car vous aurez le pourpre, le violet, le bleu, l'indigo, et le noir.

Dans les harmonies que vous formerez de part et d'autre en réunissant les couleurs opposées, plus il y entrera de couleurs de la progression ascendante, plus les harmonies en seront gaies ; et le contraire arrivera lorsque les couleurs de la progression descendante domineront. C'est par cet effet harmonique que, le vert étant composé du jaune et du bleu, il est d'autant plus gai que le jaune y domine, et il est d'autant plus triste que le bleu le surmonte. C'est encore par cette influence harmonique que le blanc répand plus de gaieté dans toutes les nuances, parcequ'il est la lumière. Il fait même par son opposition un effet charmant dans les harmonies que j'appelle mélancoliques ; car, mêlé au violet, il donne les nuances agréables de la fleur du lilas ; joint au bleu, il donne l'azur ; et au noir, il produit le gris-de-perle : mais fondu avec le rouge, il donne la couleur de rose, cette nuance ravissante qui est la fleur de la vie. Au contraire, si le noir domine dans les couleurs gaies, il en résulte un effet plus triste que celui qu'il produirait lui-même étant tout pur. C'est ce que vous pouvez voir lorsqu'il est mêlé au jaune, à l'orangé et au rouge, qui deviennent alors des couleurs ternes et meurtries. La couleur rouge donne de la vie à toutes les nuances où elle entre, comme la blanche leur donne de la gaieté, et la noire de la tristesse.

Si vous voulez faire naître des effets tout-à-fait opposés à la plupart de ceux dont nous venons de parler, c'est de placer les couleurs extrêmes les unes auprès des autres sans les confondre. Le noir opposé au blanc produit l'effet le plus triste et le plus dur. Leur opposition est un signe de deuil chez la plupart des nations, comme il en est un de destruction dans les orages du ciel et dans les tempêtes de la mer. Le jaune même opposé au noir est le caractéristique de plusieurs animaux dangereux, comme de la guêpe et du tigre, etc.... Ce n'est pas que les femmes n'emploient avec avantage dans leur parure ces couleurs opposées ; mais elles ne s'en embellissent que par les contrastes qu'elles en forment avec la couleur de leur teint ; et comme le rouge y domine, il s'ensuit que ces couleurs opposées leur sont avantageuses ; car jamais l'expression harmonique n'est plus forte que quand elle se trouve entre les deux extrêmes qui la produisent. Nous dirons ailleurs quelque chose de cette partie de l'harmonie, lorsque nous parlerons des contrastes de la figure humaine.

Nous ne devons pas dissimuler ici quelques objections qu'on peut élever contre l'universalité de ces principes. Nous avons représenté la couleur blanche comme une couleur gaie, et la noire comme une couleur triste; cependant quelques peuples nègres représentent le diable blanc; les habitants de la presqu'île de l'Inde se frottent, en signe de deuil, le front et les tempes de poudre de bois de santal, dont la couleur est d'un blanc jaunâtre. Le voyageur Gentil de La Barbinais, qui, dans son *Voyage autour du Monde*, a aussi bien décrit les mœurs de la Chine que celles de nos marins et de plusieurs colonies de l'Europe, dit que le blanc est la couleur du deuil chez les Chinois. On pourrait conclure de ces exemples que le sentiment des couleurs est arbitraire, puisqu'il n'est pas le même chez tous les peuples.

Voici ce que nous avons à répondre à ce sujet. Nous avons déjà fait voir ailleurs que les peuples de l'Afrique et de l'Asie, quelque noirs qu'ils soient, préfèrent les femmes blanches à celles de tous les autres teints. Si quelques nations de nègres peignent le diable en blanc, ce peut bien être par le sentiment de la tyrannie que les blancs exercent sur elles. Ainsi la couleur blanche, devenue pour elles une couleur politique, cesse d'être une couleur naturelle. D'ailleurs le blanc dont elles peignent leur diable n'est pas un blanc rempli d'harmonie comme celui de la figure humaine, mais un blanc pur, un blanc de craie, tel que celui dont nos peintres enluminent les figures de fantômes et de revenants dans leurs scènes magiques et infernales. Si cette couleur éclatante est l'expression du deuil chez les Indiens et chez les Chinois, c'est qu'elle contraste durement avec la peau noire de ces peuples. Les Indiens sont noirs. Les Chinois méridionaux ont la peau fort basanée. Ils tirent leur religion et leurs principales coutumes de l'Inde, le berceau du genre humain, dont les habitants sont noirs. Leurs habits extérieurs sont d'une couleur sombre; ils portent beaucoup de robes de satin noir; ils sont chaussés de bottes noires; les ameublements de leurs maisons sont, pour la plupart, revêtus de ces beaux vernis noirs qu'on nous apporte de leur pays. Le blanc doit donc faire une grande dissonance avec leurs meubles, leurs habillements, et surtout avec la couleur rembrunie de leur peau. Si ces peuples portaient comme nous des habits noirs dans le deuil, quelque sombre que soit leur couleur, elle ne formerait point d'opposition tranchée dans leur parure. Ainsi l'expression de la douleur est précisément la même chez eux que chez nous; car si nous opposons, dans le deuil, la couleur noire de nos habits à la couleur blanche de notre peau, afin d'en faire naître une dissonance funèbre, les peuples méridionaux opposent, au contraire, la couleur blanche de leurs vêtements à la couleur basanée de leur peau, afin de produire le même effet.

Cette variété de goût confirme admirablement l'universalité des principes que nous avons posés sur les causes de l'harmonie et des dissonances. Elle prouve encore que l'agrément ou le désagrément d'une couleur ne réside point dans une seule nuance, mais dans l'harmonie ou dans le contraste heurté de deux couleurs opposées.

Nous trouverions des preuves de ces lois multipliées à l'infini dans la nature, à laquelle l'homme doit toujours recourir dans ses doutes. Elle oppose durement, dans les pays chauds comme dans les pays froids, les couleurs des animaux destructeurs et dangereux. Partout les reptiles venimeux sont peints de couleurs meurtries. Partout les oiseaux de proie ont des couleurs terreuses opposées à des couleurs fauves, et des mouchetures blanches sur un fond sombre, ou sombres sur un fond blanc. La nature a donné une robe fauve rayée de brun et des yeux étincelants au tigre en embuscade dans l'ombre des forêts du midi; et elle a teint de noir le museau et les griffes, et de couleur de sang la gueule et les yeux de l'ours blanc, et le fait apparaître, malgré la blancheur de sa peau, au milieu des neiges du nord.

DES FORMES.

Passons maintenant à la génération des formes. Il me semble qu'on peut en réduire les principes, comme ceux des couleurs, à cinq, qui sont la ligne, le triangle, le cercle, l'ellipse et la parabole.

La ligne engendre toutes les formes, comme le rayon de lumière toutes les couleurs. Elle procède comme celui-ci, dans ses générations, par degrés, produisant d'abord, par trois fractions, le triangle, qui, de toutes les figures, renferme la plus petite des surfaces sous le plus grand des circuits. Le triangle ensuite, composé lui-même de trois triangles au centre, produit le carré, qui en a quatre; le pentagone, qui en a cinq; l'hexagone, qui en a six; et le reste des polygones, jusqu'au cercle, composé d'une multitude de triangles, dont les sommets sont à son centre, et les bases à sa circonférence, et qui, au contraire du triangle, contient la plus grande des surfaces sous le moindre des périmètres. La forme qui a toujours été, depuis la ligne, en se rapprochant d'un centre jusqu'au cercle, s'en écarte ensuite, et produit l'ellipse, puis la parabole, et enfin toutes les autres courbes évasées, dont on peut rapporter les équations à celle-ci.

En sorte que, sous cet aspect, la ligne indéfinie n'a point de centre commun ; le triangle a trois points de son périmètre qui en ont un ; le carré en a quatre, le pentagone cinq, l'hexagone six ; et le cercle a tous les points de sa circonférence ordonnés à un seul et unique centre. L'ellipse commence à s'écarter de cette ordonnance, et a deux centres ; et la parabole, ainsi que les autres courbes qui leur sont analogues, en ont une infinité renfermés dans leur axe, dont elles s'éloignent de plus en plus en formant des espèces d'entonnoirs.

En supposant cette génération ascendante de formes depuis la ligne par le triangle jusqu'au cercle, et leur génération descendante depuis le cercle par l'ovale jusqu'à la parabole, je déduis de ces cinq formes élémentaires toutes les formes de la nature, comme avec les cinq couleurs primordiales j'en compose toutes les nuances.

La ligne présente la forme la plus aiguë, le cercle la forme la plus pleine, et la parabole la forme la plus évidée. Nous pouvons remarquer, dans cette progression, que le cercle, qui occupe le milieu des deux extrêmes, est la plus belle de toutes les formes élémentaires, comme le rouge est la plus belle de toutes les couleurs primordiales. Je ne dirai point, comme quelques philosophes anciens, que cette figure est la plus belle, parce qu'elle est celle des astres, ce qui au fond ne serait pas une si mauvaise raison ; mais, à n'employer que le témoignage de nos sens, elle est la plus douce à la vue et au toucher ; elle est aussi la plus susceptible de mouvement ; enfin, ce qui n'est pas une petite autorité dans les vérités naturelles, elle est regardée comme la plus aimable, au goût de tous les peuples, qui l'emploient dans leurs ornements et dans leur architecture, et surtout à celui des enfants, qui la préfèrent à toutes les autres dans leurs jouets.

Il est très remarquable que ces cinq formes élémentaires ont entre elles les mêmes analogies que les cinq couleurs primordiales ; en sorte que si vous remontez leur génération ascendante depuis la sphère jusqu'à la ligne, vous aurez des formes anguleuses, vives et gaies, qui se terminent à la ligne droite, dont la nature compose tant de figures stellées et rayonnantes, si agréables dans les cieux et sur la terre. Si, au contraire, vous descendez de la sphère aux parties évidées de la parabole, vous aurez des formes caverneuses, qui sont si effrayantes dans les abîmes et les précipices.

De plus, si vous joignez des formes élémentaires aux couleurs primordiales, terme à terme, vous verrez leur caractère principal se renforcer mutuellement, du moins dans les deux extrêmes et dans l'expression harmonique du centre : car les deux premiers termes donneront le rayon blanc, qui est le rayon même de la lumière ; la forme circulaire, jointe à la couleur rouge, produira une forme analogue à la rose, composée de portions sphériques teintes en carmin, et, par l'effet de cette double harmonie, estimée la plus belle des fleurs, au jugement de tous les peuples. Enfin, le noir, joint au vide de la parabole, ajoute à la tristesse des formes rentrantes et caverneuses.

On peut composer, avec ces cinq formes élémentaires, des figures aussi agréables que les nuances qui naissent des harmonies des cinq couleurs primordiales : en sorte que plus il entrera dans ces figures mixtes des deux termes ascendants de la progression, plus ces figures seront sveltes et gaies ; et plus les deux termes descendants domineront, plus elles seront lourdes et tristes. Ainsi, la forme sera d'autant plus élégante que le premier terme, qui est la ligne droite, y dominera. Par exemple, la colonne nous plaît, parceque c'est un long cylindre qui a pour base le cercle, et pour élévation deux lignes droites, ou un quadrilatère fort allongé. Mais le palmier, d'après lequel elle a été imitée, nous plaît encore davantage, parceque les formes stellées ou rayonnantes de ses palmes, prises aussi de la ligne droite, font une opposition très agréable avec la rondeur de sa tige ; et si vous y joignez la forme harmonique par excellence, qui est la forme ronde, vous ajouterez infiniment à la grâce de ce bel arbre. C'est aussi ce qu'a fait la nature, qui en sait plus que nous, en suspendant à la base de ses rameaux divergents tantôt des dattes ovales, tantôt des cocos arrondis.

En général, toutes les fois que vous emploierez la forme circulaire, vous en accroîtrez beaucoup l'agrément en y joignant les deux contraires qui la composent ; car vous aurez alors une progression élémentaire complète. La forme circulaire seule ne présente qu'une expression, la plus belle de toutes, à la vérité ; mais réunie à ses deux extrêmes, elle forme, si j'ose dire, une pensée entière. C'est par l'effet qui en résulte que le peuple trouve la forme du cœur si belle, qu'il lui compare tout ce qu'il trouve de plus beau dans le monde. « Cela est beau comme un cœur, » dit-il. Cette forme de cœur est formée à sa base d'un angle saillant, à sa partie supérieure d'un angle rentrant ; voilà les extrêmes : et à ses parties collatérales de deux portions sphériques ; voilà l'expression harmonique.

C'est encore par ces mêmes harmonies que les longues croupes de montagnes, surmontées de hauts pitons en pyramides, et séparées entre elles par de profondes vallées, nous ravissent par leurs graces et leur majesté. Si vous y joignez des fleuves qui serpentent au fond, des peupliers qui rayonnent sur leurs bords, des troupeaux et des bergers, vous aurez des vallées semblables à celle de Tempé. Les formes circulaires des montagnes se trouvent, dans cette hypothèse, placées entre leurs extrêmes, qui sont les parties saillantes des rochers, et les parties rentrantes des vallons. Mais si vous en retranchez les expressions harmoniques, c'est-à-dire les courbures de ces montagnes, ainsi que leurs heureux habitants, et que vous en laissiez subsister les extrêmes, vous aurez alors quelque coupe de terrain du cap Horn, des rochers anguleux à pic sur le bord des précipices.

Si vous y ajoutez des oppositions de couleur, comme celle de la neige sur les sommets de leurs rochers rembrunis; l'écume de la mer qui brise sur des rivages noirs; un soleil blafard dans un ciel obscur; des giboulées au milieu de l'été; des rafales terribles de vents suivies de calmes inquiétants; un vaisseau parti d'Europe pour désoler la mer du Sud, qui talonne sur un écueil à l'entrée de la nuit, et qui tire de temps en temps des coups de canon, que répètent les échos de ces affreux déserts; des Patagons effrayés qui s'enfuient dans leurs souterrains, vous aurez un paysage tout entier de cette terre de désolation, couverte des ombres de la mort.

DES MOUVEMENTS.

Il me reste à dire quelque chose des mouvements. Nous en distinguerons également cinq principaux : le mouvement propre ou de rotation sur lui-même, qui ne suppose point de déplacement, et qui est le principe de tout mouvement, tel qu'est peut-être celui du soleil; ensuite le perpendiculaire, le circulaire, l'horizontal, et le repos. Tous les mouvements peuvent se rapporter à ceux-là. Vous remarquerez même que les géomètres, qui les représentent aussi par des figures, supposent le mouvement circulaire engendré par le perpendiculaire et l'horizontal, et, pour me servir de leurs expressions, produit par la diagonale de leurs carrés.

Je ne m'arrêterai pas aux analogies de la génération des couleurs et des formes avec celles de la génération des mouvements, et qui existent entre la couleur blanche, la ligne droite, et le mouvement propre ou de rotation; entre la couleur rouge, la forme sphérique, et le mouvement circulaire; entre les ténèbres, le vide, et le repos. Je ne développerai pas les combinaisons infinies qui peuvent résulter de l'union ou de l'opposition des termes correspondants de chaque génération, et des filiations de ces mêmes termes; je laisse au lecteur le plaisir de s'en occuper, et de se former avec ces éléments de la nature des harmonies ravissantes, et tout-à-fait nouvelles. Je me bornerai ici à quelques observations rapides sur les mouvements.

De tous les mouvements, le plus agréable est le mouvement harmonique ou circulaire. La nature l'a répandu dans la plupart de ses ouvrages, et en a rendu susceptibles les végétaux mêmes attachés à la terre. Nos campagnes nous en offrent de fréquentes images, lorsque les vents forment, sur les prairies, de longues ondulations semblables aux flots de la mer, ou qu'ils agitent doucement sur le sommet des montagnes les hautes cimes des arbres, en leur faisant décrire des portions de cercle. La plupart des oiseaux forment de grands cercles en se jouant dans les plaines de l'air, et se plaisent à y tracer une multitude de courbes et de spirales. Il est remarquable que la nature a donné ce vol agréable à plusieurs oiseaux innocents, qui ne sont point autrement recommandables par la beauté de leur chant ou de leur plumage. Tel est, entre autres, le vol de l'hirondelle.

Il n'en est pas de même des mouvements de progression des bêtes féroces ou nuisibles; elles vont par sauts et par bonds, et joignent à des mouvements quelquefois fort lents d'autres qui sont précipités : c'est ce qu'on peut observer dans ceux du chat, lorsqu'il veut attraper une souris. Les tigres en ont de pareils, lorsqu'ils cherchent à atteindre leur proie. On peut remarquer les mêmes discordances dans le vol des oiseaux carnassiers. Celui qu'on appelle le grand-duc, espèce de hibou, vole au milieu d'un air calme, comme si le vent l'emportait çà et là. Les tempêtes présentent dans le ciel les mêmes caractères de destruction. Quelquefois vous en voyez les nuages se mouvoir de mouvements opposés; d'autres fois vous en apercevez qui courent avec la vitesse d'un courrier, tandis que d'autres sont immobiles comme des rochers. Dans les ouragans des Indes, les tourbillons de vent sont toujours entremêlés de calmes profonds.

Plus un corps a en lui de mouvement propre ou de rotation, plus il nous paraît agréable, surtout lorsqu'à ce mouvement se joint le mouvement harmonique ou circulaire. C'est par cette raison que les arbres dont les feuillages sont mobiles, comme les trembles et les peupliers, ont beaucoup plus de grace que les autres arbres des forêts lorsque le vent les agite. Ils plaisent à la vue par le balancement de leurs cimes, et en présentant tour à tour les deux faces de leurs feuilles, de deux verts différents. Ils plaisent encore à l'ouïe, en imitant le bouillonnement des eaux. C'est par l'effet du mouvement propre que, toute idée morale à part, les animaux nous intéressent plus que les végétaux, parcequ'ils ont en eux-mêmes le principe du mouvement.

Je ne crois pas qu'il y ait un seul lieu sur la terre où il n'y ait quelque corps en mouvement. Je me suis trouvé bien des fois au milieu des plus vastes solitudes, de jour et de nuit, par les plus grands calmes, et j'y ai toujours entendu quelque bruit. Souvent, à la vérité, c'est celui d'un oiseau qui vole, ou d'un insecte qui remue une feuille ; mais ce bruit suppose toujours du mouvement.

Le mouvement est l'expression de la vie. Voilà pourquoi la nature en a multiplié les causes dans tous ses ouvrages. Un des grands charmes des paysages est d'y voir du mouvement, et c'est ce que les tableaux de la plupart de nos peintres manquent souvent d'exprimer. Si vous en exceptez ceux qui représentent des tempêtes, vous trouverez partout ailleurs leurs forêts et leurs prairies immobiles, et les eaux de leurs lacs glacées. Cependant le retroussis des feuilles des arbres, frappées en dessous de gris ou de blanc, les ondulations des herbes dans les vallées et sur les croupes des montagnes, celles qui rident la surface polie des eaux, et les écumes qui blanchissent les rivages, rappellent avec grand plaisir, dans une scène brûlante de l'été, le souffle si agréable des zéphyrs. On peut y joindre avec une grace infinie les mouvements particuliers aux animaux qui les habitent : par exemple, les cercles concentriques qu'un plongeon forme sur la surface de l'eau ; le vol d'un oiseau de marine qui part de dessus un tertre, les pattes allongées en arrière et le cou tendu en avant ; celui de deux tourterelles blanches qui filent côte à côte, dans l'ombre, le long d'une forêt ; le balancement d'une bergeronnette à l'extrémité d'une feuille de roseau qui se courbe sous son poids. On peut y faire sentir même le mouvement et le poids d'un lourd chariot qui gravit dans une montagne, en y exprimant la poussière des cailloux broyés qui s'élève de dessous ses roues. Je crois encore qu'il serait possible d'y rendre les effets du chant des oiseaux et des échos, en y exprimant certaines convenances dont il n'est pas nécessaire de nous occuper ici.

Il s'en faut bien que la plupart de nos peintres, même parmi ceux qui ont le plus de talent, emploient des accessoires si agréables, puisqu'ils les omettent dans les sujets dont ces accessoires forment le caractère principal. Par exemple, s'ils représentent un char en course, ils ne manquent jamais d'y exprimer tous les rayons de ses roues. A la vérité, les chevaux galopent, mais le char est immobile. Cependant, dans un char qui court rapidement, chaque roue ne présente qu'une seule surface, toutes ses jantes se confondent à la vue. Ce n'est pas ainsi que les anciens, qui ont été nos maîtres en tout genre, imitaient la nature. Pline dit qu'Apelle avait si bien peint des chariots à quatre chevaux, que leurs roues semblaient tourner. Dans la liste curieuse qu'il nous a conservée des plus fameux tableaux de l'antiquité, admirés encore à Rome de son temps, il en cite un représentant des femmes qui filaient de la laine, dont les fuseaux paraissaient pirouetter ; un autre très estimé*, « où l'on voyait, dit son vieux traduc-
» teur, deux soldats armés à la legère, dont l'un
» est si eschauffé à courir en la bataille, qu'on le
» voit suer ; et l'autre, qui pose ses armes, se
» montre si recreu, qu'on le sent quasi haleiner. »
J'ai vu, dans beaucoup de tableaux modernes, des machines en mouvement, des lutteurs et des guerriers en action ; et jamais je n'y ai vu ces effets si simples, qui expriment si bien la vérité. Nos peintres les regardent comme de petits détails où ne s'arrêtent pas les gens de génie. Cependant ces petits détails sont des traits de caractère.

Marc-Aurèle, qui avait bien autant de génie qu'aucun de nos modernes, a très bien observé que c'est souvent là que l'attention de l'esprit se fixe, et prend le plus de plaisir : « Le ridé des fi-
» gues mûres, dit-il, l'épais sourcil des lions, l'é-
» cume des sangliers en fureur, les écailles rousses
» qui s'élèvent de la croûte du pain sortant du four,
» nous font plaisir à voir. » Il y a plusieurs raisons de ce plaisir : d'abord de la part de la faiblesse de notre esprit, qui dans chaque objet s'arrête à un point principal ; ensuite de la part de la nature, qui nous offre aussi dans tous ses ouvrages un point unique de convenance ou de discorde, qui en est comme le centre. Notre ame en augmente d'autant plus son affection ou sa haine, que ce trait caractéristique est simple, et en apparence méprisable.

* *Histoire naturelle de Pline*, liv. XXXVII, chap. x et xi, traduction de Du Pinet.

Voilà pourquoi dans l'éloquence les expressions les plus courtes marquent toujours les passions les plus fortes; car il ne s'agit, comme nous l'avons vu jusqu'ici, pour faire naître une sensation de plaisir ou de douleur, que de déterminer un point d'harmonie ou de discorde entre deux contraires : or, lorsque ces deux contraires sont opposés en nature, et qu'ils le sont encore en grandeur et en faiblesse, leur opposition redouble, et par conséquent leur effet.

Il s'y joint surtout la surprise de voir naître de grands sujets d'espérance ou de crainte d'un objet peu important en apparence; car tout effet physique produit dans l'homme un sentiment moral. Par exemple, j'ai vu beaucoup de tableaux et de descriptions de batailles, qui cherchaient à inspirer de la terreur par une infinité d'armes de toute espèce qui y étaient représentées, et par une foule de morts et de mourants blessés de toutes les manières. Ils m'ont d'autant moins ému, qu'ils employaient plus de machines pour m'émouvoir; un effet détruisait l'autre. Mais je l'ai été beaucoup en lisant dans Plutarque la mort de Cléopâtre. Ce grand peintre du malheur représente la reine d'Égypte méditant, dans le tombeau d'Antoine, sur les moyens d'échapper au triomphe d'Auguste. Un paysan lui apporte, avec la permission des gardes qui veillent à la porte du tombeau, un panier de figues. Dès que cet homme est sorti, elle se hâte de découvrir ce panier, et elle y voit un aspic qu'elle avait demandé pour mettre fin à ses malheureux jours. Ce contraste, dans une femme, de la liberté et de l'esclavage, de la puissance royale et de l'anéantissement, de la volupté et de la mort; ces feuillages et ces fruits, parmi lesquels elle aperçoit seulement la tête et les yeux étincelants d'un petit reptile qui va terminer de si grands intérêts, et à qui elle dit : « Te voilà donc! » toutes ces oppositions font frissonner. Mais pour rendre la personne même de Cléopâtre intéressante, il ne faut pas se la figurer comme nos peintres et nos sculpteurs nous la représentent, en figure académique, sans expression, une Sabine pour la taille, l'air robuste et plein de santé, avec de grands yeux tournés vers le ciel, et portant autour de ses grands et gros bras un serpent tourné comme un bracelet. Ce n'est point là la petite et voluptueuse reine d'Égypte, se faisant porter, comme nous l'avons dit ailleurs, dans un paquet de hardes, sur les épaules d'Apollodore, pour aller voir *incognito* Jules-César; courant la nuit, déguisée en marchande, les rues d'Alexandrie avec Antoine, en se raillant de lui, et lui reprochant que ses jeux et ses plaisanteries sentaient le soldat. C'est encore moins l'infortunée Cléopâtre réduite au dernier terme du malheur, tirant avec des cordes et des chaînes, à l'aide de deux de ses femmes, par la fenêtre du monument où elle s'était réfugiée, la tête contre-bas, sans jamais lâcher prise, dit Plutarque, ce même Antoine couvert de sang, qui s'était percé de son épée, et qui s'aidait de toutes ses forces pour venir mourir auprès d'elle.

Les détails ne sont pas à mépriser; ce sont souvent des traits de caractère. Pour revenir à nos peintres et à nos sculpteurs, s'ils refusent l'expression du mouvement aux paysages, aux lutteurs et aux chars en course, ils la donnent aux portraits et aux statues de nos grands hommes et de nos philosophes. Ils les représentent comme les anges trompettes du jugement, les cheveux agités, les yeux égarés, les muscles du visage en convulsion, et leurs draperies allant et venant au gré des vents. Ce sont là, disent-ils, les expressions du génie. Mais les gens de génie et les grands hommes ne sont pas des fous. J'ai vu de leurs portraits sur des antiques. Les médailles de Virgile, de Platon, de Scipion, d'Épaminondas, d'Alexandre même, les représentent avec un air calme et tranquille. C'est aux corps bruts, aux végétaux et aux animaux d'obéir à tous les mouvements de la nature; mais il me semble qu'il est d'un grand homme d'être le maître des siens, et que ce n'est que par cet empire-là même qu'il mérite le nom de grand.

Je me suis un peu éloigné de mon sujet, pour donner des leçons de convenances à des artistes dont l'art est bien plus difficile que ma critique n'est aisée. A Dieu ne plaise qu'elle devienne un sujet de peine pour des hommes dont les ouvrages m'ont si souvent donné du plaisir! Je désire seulement qu'ils s'écartent des manières académiques qui les lient, et qu'ils soient tentés d'aller, sur les pas de la nature, aussi loin que leur génie peut les porter.

Ce serait ici le lieu de parler de la musique, puisque les sons ne sont que des mouvements; mais des gens bien plus habiles que moi ont traité ce grand art à fond. Si quelque témoignage étranger pouvait même me confirmer dans la certitude des principes que j'ai posés jusqu'ici, c'est celui des plus savants musiciens, qui ont fixé à trois sons l'expression harmonique. J'aurais pu, comme eux, réduire à trois termes les générations élémentaires des couleurs, des formes et des mouvements; mais il me semble qu'ils ont omis eux-mêmes dans leur base fondamentale le principe génératif, qui est le son proprement dit, et le terme négatif, qui est le silence, puisque ce dernier produit surtout de si grands effets dans les mouvements de musique.

Je pourrais étendre ces proportions aux saveurs du goût, et démontrer que les plus agréables d'entre elles ont de semblables générations, ainsi qu'on l'éprouve dans la plupart des fruits, dont les divers degrés de maturité présentent successivement cinq saveurs, savoir, l'acide, le doux, le sucré, le vineux, et l'amer. Ils sont acides en croissant, doux en mûrissant, sucrés dans leur parfaite maturité, vineux dans leur fermentation, et amers dans leur état de sécheresse. Nous trouverions encore que la plus agréable de ces saveurs, c'est-à-dire la saveur sucrée, est celle qui occupe le milieu de cette progression, dont elle est le terme harmonique ; qu'elle forme, par sa nature, de nouvelles harmonies en se combinant avec ses extrêmes, puisque les boissons qui nous plaisent le plus sont formées de l'acide et du sucre, comme dans les liqueurs rafraîchissantes préparées avec le jus de citron ; ou du sucré et de l'amer, comme dans le café. Mais en tâchant d'ouvrir de nouvelles routes à la philosophie, mon intention n'est pas d'offrir de nouvelles combinaisons à la volupté.

Quoique je sois intimement convaincu de ces générations élémentaires, et que je puisse les appuyer d'une foule de preuves que j'ai recueillies dans les goûts des peuples policés et sauvages, mais que je n'ai pas le temps de rapporter ici, cependant je ne serais pas surpris de ne pas obtenir l'approbation de plusieurs de mes lecteurs. Nos goûts naturels sont altérés dès l'enfance par des préjugés qui déterminent nos sensations physiques, bien plus fortement que celles-ci ne dirigent nos affections morales. Plus d'un homme d'église estime le violet la plus belle des couleurs, parceque c'est celle de son évêque ; plus d'un évêque, à son tour, croit que c'est l'écarlate, parceque c'est la couleur du cardinal ; et plus d'un cardinal, sans doute, préférerait d'êtrere vêtu de la couleur blanche, parceque c'est celle du chef de l'Église. Un militaire regarde souvent le ruban rouge comme le plus beau de tous les rubans, et son officier supérieur pense que c'est le ruban bleu. Nos tempéraments influent comme nos états sur nos opinions. Les gens gais préfèrent les couleurs vives à toutes les autres, les gens sensibles celles qui sont tendres, les mélancoliques les rembrunies. Quoique je regarde moi-même le rouge comme la plus belle des couleurs, et la sphère comme la plus parfaite des formes, et que je doive tenir plus fortement qu'un autre à cet ordre, parceque c'est celui de mon système, je préfère au rouge la couleur carminée, qui a une nuance de violet ; et à la sphère la forme d'œuf, ou elliptique. Il me semble aussi, si j'ose dire, que la nature a affecté l'une et l'autre modification à la rose, du moins avant son parfait développement. J'aime mieux encore les fleurs violettes que les blanches, et surtout que les jaunes. Je préfère une branche de lilas à un pot de giroflée ; et une marguerite de Chine, avec son disque d'un jaune enfumé, son pluché chiffonné et ses pétales violets et sombres, à la plus éclatante gerbe de tournesols du Luxembourg. Je crois que ces goûts me sont communs avec plusieurs autres personnes, et qu'à juger du caractère des hommes par les couleurs de leurs habits, il y en a beaucoup plus de sérieux que de gais. Il me semble aussi que la nature (car il faut toujours revenir à elle pour s'assurer de la vérité) fait décliner la plupart de ses beautés physiques vers la mélancolie. Les chants plaintifs du rossignol, les ombrages des forêts, les sombres clartés de la lune, n'inspirent point la gaieté, et cependant nous intéressent. Je suis plus ému du coucher du soleil que de son lever. En général, les beautés vives et enjouées nous plaisent, mais il n'y a que les mélancoliques qui nous touchent. Nous tâcherons ailleurs de développer les causes de ces affections morales. Elles tiennent à des lois plus sublimes que les lois physiques : tandis que celles-ci amusent nos sens, celles-là s'adressent à nos cœurs, et nous avertissent que l'homme est né pour de plus hautes destinées.

Je peux me tromper dans l'ordre de ces générations et en transposer les termes ; mais je ne me propose que d'ouvrir de nouvelles routes dans l'étude de la nature. Il me suffit que l'effet de ces générations soit généralement reconnu. Des hommes plus éclairés en établiront les filiations avec plus d'ordre. Tout ce que j'ai dit à ce sujet, et ce que je pourrais dire encore, se réduit à cette grande loi : « Tout est formé de contraires dans la nature ; » c'est de leurs harmonies que naît le sentiment » du plaisir, et c'est de leurs oppositions que naît » celui de la douleur. »

Cette loi, comme nous le verrons, s'étend encore à la morale. Chaque vérité, excepté les vérités de fait, est le résultat de deux idées contraires. Il s'ensuit de là que toutes les fois que nous venons à décomposer par la dialectique une vérité, nous la divisons dans les deux idées qui la constituent ; et si nous nous arrêtons à une de ses idées élémentaires comme à un principe unique, et que nous en tirions des conséquences, nous en faisons naître une source de disputes qui n'ont point de fin ; car l'autre idée élémentaire ne manque pas de fournir de conséquences tout-à-fait contraires à celui qui veut s'en saisir, et ces conséquences sont elles-mêmes susceptibles de décompositions contradictoires qui vont à l'infini. C'est ce que nous apprennent très bien les écoles, où on nous envoie former notre jugement. Elles nous montrent, non-seulement à séparer les vérités les plus évidentes en deux, mais en quatre, comme disait Huidibras. Si, par exemple, quelqu'un de nos logiciens, considérant que le froid influe sur la végétation, voulait prouver qu'il en est la cause unique, et que la chaleur même y est contraire, il ne manquerait pas de citer les efflorescences et les végétations de la glace, l'accroissement, la verdure et la floraison des mousses pendant l'hiver; les plantes brûlées du soleil pendant l'été, et bien d'autres effets relatifs à sa thèse. Mais son antagoniste, faisant valoir, de son côté, les influences du printemps et les désordres de l'hiver, ne manquerait pas de prouver que la chaleur seule donne la vie aux végétaux. Cependant le chaud et le froid forment ensemble un des principes de la végétation, non-seulement dans les climats tempérés, mais jusqu'au milieu de la zone torride.

On peut dire que tous les désordres, au physique et au moral, ne sont que des oppositions heurtées de deux contraires. Si les hommes faisaient attention à cette loi, elle terminerait la plupart de leurs erreurs et de leurs disputes; car on peut dire que, tout étant composé de contraires, tout homme qui affirme une proposition simple n'a raison qu'à moitié, puisque la proposition contraire existe également dans la nature.

Il n'y a peut-être dans le monde qu'une vérité intellectuelle pure, simple, et sans idée contraire : c'est l'existence de Dieu. Il est très remarquable que ceux qui l'ont niée n'ont apporté d'autres preuves de leur négation que les désordres apparents de la nature, dont ils n'envisageaient que les principes extrêmes; en sorte qu'ils n'ont pas prouvé qu'il n'existait pas de Dieu, mais qu'il n'était pas intelligent, ou qu'il n'était pas bon. Ainsi leur erreur vient de leur ignorance des lois naturelles. D'ailleurs, leurs arguments ont été tirés, pour la plupart, des désordres des hommes, qui existent dans un ordre encore différent de celui de la nature, et qui sont les seuls de tous les êtres sensibles qui ont été livrés à leur propre providence.

Quant à la nature de Dieu, je sais que la foi même nous le présente comme le principe harmonique par excellence, non-seulement par rapport à tout ce qui l'environne, dont il est le créateur et le moteur, mais dans son essence même, divisée en trois personnes. Bossuet a étendu ces harmonies de la Divinité jusqu'à l'homme, en cherchant à trouver dans les opérations de son ame quelque consonnance avec la Trinité, dont elle est l'image. Ces hautes spéculations sont, je l'avoue, infiniment au-dessus de moi. J'admire même que la Divinité ait permis à des êtres aussi faibles et aussi passagers que nous d'entrevoir seulement sa toute-puissance sur la terre, et qu'elle ait voilé, sous les combinaisons de la matière, les opérations de son intelligence infinie, pour la proportionner à nos yeux. Un seul acte de sa volonté a suffi pour nous donner l'être ; la plus légère communication de ses ouvrages, pour éclairer notre raison : mais je suis persuadé que si le plus petit rayon de son essence divine se communiquait directement à nous dans un corps humain, il suffirait pour nous anéantir.

DES CONSONNANCES.

Les consonnances sont des répétitions des mêmes harmonies. Elles augmentent nos plaisirs en les multipliant, et en en transférant la jouissance sur de nouvelles scènes. Elles nous plaisent encore, en nous faisant voir que la même intelligence a présidé aux divers plans de la nature, puisqu'elle nous y présente des harmonies semblables. Ainsi les consonnances nous plaisent plus que les simples harmonies, parcequ'elles nous donnent les sentiments de l'étendue et de la Divinité, si conformes à la nature de notre ame. Les objets physiques n'excitent en nous un certain degré de plaisir qu'en y développant un sentiment intellectuel.

Nous trouvons de fréquents exemples de consonnances dans la nature. Les nuages de l'horizon imitent souvent sur la mer les formes des montagnes et les aspects de la terre, au point que les marins les plus expérimentés s'y trompent quelquefois. Les eaux reflètent, dans leur sein mobile, les cieux, les collines et les forêts. Les échos des rochers répètent à leur tour les murmures des eaux. Un jour, me promenant, au pays de Caux, le long de la mer, et considérant les reflets du rivage dans le sein des eaux, je fus fort étonné d'entendre bruire d'autres flots derrière moi. Je me tournai, et je n'aperçus qu'une haute falaise escarpée, dont les échos répétaient le bruit des vagues. Cette double consonnance me parut très agréable : on eût dit qu'il y avait une montagne dans la mer, et une mer dans la montagne.

Ces transpositions d'harmonie d'un élément à l'autre font beaucoup de plaisir ; aussi la nature les multiplie fréquemment, non-seulement par des images fugitives, mais par des formes permanentes. Elle a répété, au milieu des mers, les formes des continents dans celles des îles, dont la plupart, comme nous l'avons vu, ont des pitons, des montagnes, des lacs, des rivières et des campagnes proportionnés à leur étendue, comme si elles étaient de petits mondes ; d'un autre côté, elles représentent, au milieu des terres, les bassins du vaste Océan dans les méditerranées, et dans les grands lacs qui ont leurs rivages, leurs rochers, leurs îles, leurs volcans, leurs courants, et quelquefois un flux et reflux qui leur est propre, et qui est occasionné par les effusions des montagnes à glaces, au pied desquelles ils sont communément situés, comme les courants et les marées de l'Océan le sont par celles des pôles.

Il est très remarquable que les plus belles harmonies sont celles qui ont le plus de consonnances. Par exemple, rien, dans le monde, n'est plus beau que le soleil, et rien n'y est plus répété que sa forme et sa lumière. Il est réfléchi de mille manières par les réfractions de l'air, qui le montrent chaque jour sur tous les horizons de la terre, avant qu'il y soit et lorsqu'il n'y est plus ; par les parhélies, qui réfléchissent quelquefois son disque deux ou trois fois dans les nuages brumeux du nord ; par les nuages pluvieux, où ses rayons réfrangés tracent un arc nuancé de mille couleurs ; et par les eaux, dont les reflets le représentent en une infinité de lieux où il n'est pas, au sein des prairies parmi les fleurs couvertes de rosée, et dans l'ombre des vertes forêts. La terre sombre et brute le réfléchit encore dans les parties spéculaires des sables, des mica, des cristaux, et des rochers. Elle nous présente la forme de son disque et de ses rayons dans les disques et les pétales d'une multitude de fleurs radiées dont elle est couverte. Enfin ce bel astre est multiplié lui-même à l'infini, avec des variétés qui nous sont inconnues, dans les étoiles innombrables du firmament, qu'il nous découvre dès qu'il abandonne notre horizon, comme s'il ne se refusait aux consonnances de la terre que pour nous faire apercevoir celles des cieux.

Il s'ensuit de cette loi de consonnance, que ce qu'il y a de plus beau et de meilleur dans la nature est ce qu'il y a de plus commun et de plus répété. C'est à elle qu'il faut attribuer les variétés des espèces dans chaque genre, qui y sont d'autant plus nombreuses que ce genre est plus utile.

Par exemple, il n'y a point, dans le règne végétal, de famille aussi nécessaire que celle des graminées, dont vivent non-seulement tous les quadrupèdes, mais une infinité d'oiseaux et d'insectes ; il n'y en a point aussi dont les espèces soient aussi variées. Nous observerons dans l'Étude des plantes les raisons de cette variété ; je remarquerai seulement ici que c'est dans les graminées que l'homme a trouvé cette grande diversité de blés dont il tire sa principale subsistance, et que c'est par des raisons de consonnance que non-seulement les espèces, mais plusieurs genres, se rapprochent les uns des autres, afin qu'ils puissent offrir les mêmes services à l'homme, sous des latitudes tout-à-fait différentes. Ainsi, les mils de l'Afrique, les maïs du Brésil, les riz de l'Asie, les palmiers-sagou des Moluques, dont les troncs sont pleins de farines comestibles, consonnent avec les blés de l'Europe. Nous retrouvons des consonnances d'une autre sorte dans les mêmes lieux, comme si la nature eût voulu multiplier ses bienfaits en en variant seulement la forme, sans changer presque rien à leurs qualités. Ainsi consonnent avec tant d'agrément et d'utilité, dans nos jardins, l'oranger et le citronnier, le pommier et le poirier, le noyer et le noisetier ; et dans nos métairies, le cheval et l'âne, l'oie et le canard, la vache et la chèvre.

Chaque genre consonne encore avec lui-même par les sexes. Il y a cependant entre les sexes des contrastes qui donnent à leurs amours la plus grande énergie, par l'opposition même des contraires, d'où nous avons vu que toute harmonie prenait sa naissance ; mais, sans la consonnance générale des formes qui est entre eux, les êtres sensibles du même genre ne se seraient jamais rapprochés ; sans elle, un sexe aurait toujours été étranger à l'autre. Avant que chacun d'eux eût observé ce que l'autre pouvait avoir de convenable à ses besoins, le temps de la réflexion aurait absorbé celui de l'amour, et en eût peut-être éteint le désir. C'est la consonnance qui les attire, et c'est le contraste qui les unit. Je ne crois pas qu'il y ait, dans aucun genre d'animal, un sexe tout-à-fait différent de l'autre en formes extérieures ; et si ces différences se trouvent, comme le prétendent quelques naturalistes, dans plusieurs espèces de poissons et d'insectes, je suis persuadé que la nature y fait vivre le mâle et la femelle dans le voisinage l'un de l'autre, et ne met pas leur couche nuptiale loin de leur berceau.

Mais il y a une consonnance de formes bien plus intime encore que celle des deux sexes : c'est la duplicité d'organes qui existe dans chaque individu.

Tout animal est double. Si vous considérez ses deux yeux, ses deux narines, ses deux oreilles, le nombre de ses jambes disposées par paires, vous diriez deux animaux collés l'un à l'autre, et réunis sous la même peau. Les parties mêmes de son corps qui sont uniques, comme la tête, la queue et la langue, paraissent formées de deux moitiés, et rapprochées l'une de l'autre par des sutures. Il n'en est pas ainsi des membres proprement dits : par exemple, une main, une oreille, un œil, ne peuvent pas se diviser en deux moitiés semblables; mais la duplicité de formes dans les parties du corps les distingue essentiellement des membres ; car la partie du corps est double, et le membre est simple; la première est toujours unique, et l'autre toujours répétée. Ainsi la tête et la queue d'un animal sont des parties de son corps, et ses jambes et ses oreilles en sont des membres.

Cette loi, une des plus merveilleuses et des moins observées de la nature, détruit toutes les hypothèses qui font entrer le hasard dans l'organisation des êtres; car, indépendamment des harmonies qu'elle présente, elle double tout d'un coup les preuves d'une Providence qui ne s'est pas contentée de donner un organe principal à chaque animal pour chaque élément en particulier, tel que l'œil pour la lumière du soleil ; l'oreille, pour les sons de l'air ; le pied, pour le sol qui devait le soutenir, mais a voulu encore qu'il eût chaque organe en nombre pair.

Quelques sages ont considéré cette admirable répartition comme une prévoyance de la Providence, afin que l'animal pût suppléer à la perte de ses organes, exposés à divers accidents; mais il est remarquable que les parties intérieures du corps, qui paraissent uniques au premier coup d'œil, présentent à l'examen une pareille duplicité de formes, même dans le corps humain, où elles sont plus confondues que dans les autres animaux. Ainsi, les cinq lobes du poumon, dont l'un a une espèce de division; la fissure du foie; la séparation supérieure du cerveau par la réduplication de la dure-mère; le *septum lucidum*, semblable à une feuille de talc qui en sépare les deux ventricules antérieurs; les deux ventricules du cœur, et les divisions des autres viscères, annoncent cette double union, et semblent nous indiquer que « le principe même de la vie est la consonnance de deux harmonies semblables [35]. »

Il résulte encore de cette duplicité d'organes un usage bien plus étendu que s'ils étaient uniques. L'homme aperçoit avec deux yeux plus de la moitié de l'horizon ; il n'en découvrirait guère que le tiers avec un seul. Il fait avec ses deux bras une infinité de choses dont il ne pourrait jamais venir à bout s'il n'en avait qu'un, telles que de charger sur sa tête un poids d'un grand volume, et de grimper dans un arbre. S'il n'était posé que sur une jambe, non-seulement son assiette serait beaucoup moins solide que sur deux, mais il ne pourrait pas marcher ; il serait forcé de s'avancer en rampant ou en sautant. Cette progression de mouvement serait tout-à-fait discordante à la constitution des autres parties de son corps, et des divers plants de la terre qu'il devait parcourir.

Si la nature a donné un organe extérieur simple aux animaux, tel que la queue, c'est parceque son usage fort borné ne s'étendait qu'à une seule action, à laquelle elle satisfaisait pleinement. D'ailleurs, la queue est par sa position à l'abri de la plupart des dangers. De plus, il n'y a guère que les animaux forts qui l'aient longue, comme les taureaux, les chevaux, et les lions. Les lapins et les lièvres l'ont fort courte. Dans les animaux faibles qui la portent longue, comme dans les raies, elle est hérissée d'épines; ou bien elle repousse si elle vient à être arrachée par quelque accident, comme dans les lézards. Enfin, quelle que soit la simplicité de son usage, il est remarquable qu'elle est formée de deux moitiés semblables, comme les autres parties du corps.

Il y a d'autres consonnances intérieures qui assemblent, pour ainsi dire, en diagonale les divers organes du corps, afin de ne former qu'un seul et unique animal de ses deux moitiés. J'en laisse chercher l'incompréhensible connexion aux anatomistes : mais, quelque étendues que soient leurs lumières, je doute qu'ils pénètrent jamais dans ce labyrinthe. Pourquoi, par exemple, la douleur qu'on éprouve à un pied se fait-elle ressentir quelquefois à la partie opposée de la tête, *et vice versa*? J'ai vu une preuve bien étonnante de cette consonnance dans un sergent qui vit encore, je crois, à l'hôtel des Invalides. Cet homme, tirant un jour des armes avec un de ses camarades, qui se servait, ainsi que lui, de son épée renfermée dans le fourreau, reçut une botte dans l'angle lacrymal de l'œil gauche, qui lui fit perdre connaissance sur-le-champ. Quand il eut repris ses sens (ce qui n'arriva qu'au bout de quelques heures), il se trouva entièrement paralysé de la jambe droite et du bras droit, sans qu'aucun remède ait jamais pu lui en rendre l'usage [36].

J'observerai ici que les expériences cruelles que l'on fait chaque jour sur les bêtes, pour découvrir ces correspondances secrètes de la nature, ne font qu'y jeter de plus grands voiles; car leurs muscles, contractés par la frayeur et la douleur, dérangent le cours des esprits animaux, accélèrent la vitesse du sang, font entrer les nerfs en convulsion, et sont bien plus propres à déranger l'économie animale qu'à la développer. Ces moyens barbares de notre physique moderne ont une influence encore plus funeste sur le moral de ceux qui les emploient, car ils leur inspirent, avec de fausses lumières, le plus atroce des vices, qui est la cruauté. S'il est permis à l'homme d'interroger la nature dans les opérations qu'elle nous cache, j'y croirais le plaisir bien plus propre que la douleur. J'en ai vu un exemple dans une maison de campagne de Normandie. Je me promenais dans un pâturage qui était autour avec un jeune gentilhomme qui en était le maître; nous aperçûmes des bœufs qui se battaient; il courut à eux, le bâton levé, et ces animaux se séparèrent aussitôt. Ensuite il s'approcha du bœuf le plus farouche, et se mit à le gratter à la naissance de la queue avec les doigts. Cet animal, qui avait encore la fureur dans les yeux, resta sur-le-champ immobile, allongeant le cou, ouvrant les naseaux, et aspirant l'air avec un plaisir qui démontrait d'une manière très amusante la correspondance intime de cette extrémité de son corps avec sa tête.

La duplicité d'organes se trouve encore dans les végétaux, surtout dans leurs parties essentielles, telles que les anthères des fleurs, qui sont des corps doubles; dans leurs pétales, dont une moitié correspond exactement à l'autre; dans les lobes de leur semence, etc. Une seule de ces parties paraît cependant suffisante pour le développement et la génération de la plante. On peut étendre cette observation jusque sur les feuilles, dont les deux moitiés sont correspondantes dans la plupart des végétaux; et si quelqu'un d'entre eux s'écarte de cet ordre, c'est sans doute pour quelque raison particulière digne d'être recherchée.

Ces faits confirment la distinction que nous avons faite entre les parties et les membres d'un corps; car, dans les feuilles, où cette duplicité se rencontre, on retrouve ordinairement la faculté végétative qui est répandue dans le corps du végétal même : en sorte que, si vous replantez ces feuilles avec soin et dans une saison convenable, vous en verrez renaître le végétal entier. Peut-être est-ce parceque les organes intérieurs de l'arbre sont doubles, que le principe de la vie végétative est répandu jusque dans ses tronçons, comme on le voit dans un grand nombre qui renaissent d'une branche. Il y en a même qui peuvent se reperpétuer par de simples éclats. On en trouve un exemple célèbre dans les Mémoires de l'Académie des sciences. Deux sœurs, après la mort de leur mère, héritèrent d'un oranger. Chacune d'elles prétendit l'avoir dans son lot. Enfin, l'une ne voulant pas le céder à l'autre, elles décidèrent de le fendre en deux, et d'en prendre chacune la moitié. L'arbre éprouva là destinée à laquelle fut condamné l'enfant du jugement de Salomon. Il fut partagé en deux : chacune des sœurs en replanta la moitié, et, chose merveilleuse, l'arbre divisé par la haine fraternelle fut recouvert d'écorce par la nature.

C'est cette consonnance universelle de formes qui a donné à l'homme l'idée de la symétrie. Il la fait entrer dans la plupart des arts, et surtout dans l'architecture, comme une partie essentielle de l'ordre. Elle est, en effet, tellement l'ouvrage de l'intelligence et de la combinaison, que je la regarde comme le caractère principal où l'on peut distinguer tout corps organisé d'avec ceux qui ne le sont pas, et qui ne sont que les résultats d'une agrégation fortuite, quelque régulier que paraisse leur assemblage : tels sont ceux que produisent les cristallisations, les efflorescences, les végétations chimiques, et les effusions ignées.

C'est d'après ces réflexions que, venant à considérer le globe de la terre, j'observai, avec la plus grande surprise, qu'il présentait, ainsi que tous les corps organisés, une duplicité de formes. D'abord, j'avais bien pensé que, ce globe étant l'ouvrage d'une intelligence, il devait y régner de l'ordre. J'avais reconnu l'utilité des îles, et même celle des bancs, des récifs et des rochers, pour protéger les parties les plus exposées des continents contre les courants de l'Océan, à l'extrémité desquels ils sont toujours situés. J'avais reconnu pareillement celle des baies, qui sont, au contraire, écartées des courants de l'Océan, et creusées en profondeur, pour abriter l'embouchure des fleuves, et servir, par la tranquillité de leurs eaux, d'asile aux poissons, qui, dans toutes les mers, s'y rendent en foule pour y recueillir les dépouilles de la végétation et les alluvions de la terre qui s'y déchargent par les fleuves. J'avais admiré en détail les proportions de leurs diverses fabriques; mais je ne concevais rien à leur ensemble. Mon esprit se fourvoyait au milieu de tant de découpures de terres et de mers; et je les aurais attribuées, sans balancer, au hasard, si l'ordre que j'avais aperçu dans chacune de ces parties ne m'avait fait soupçonner qu'il y en avait un dans la totalité de l'ouvrage.

Je vais exposer ici le globe sous un nouvel aspect; je prie le lecteur de me pardonner cette digression, qui est un débris de mes matériaux sur la géographie, mais qui tend à prouver l'universalité des lois naturelles, dont je constate l'existence. Je serai, à mon ordinaire, rapide et superficiel : mais peu m'importe d'affaiblir des idées qu'il ne m'a pas été permis de mettre dans leur ordre naturel, si j'en jette le germe dans des têtes qui valent mieux que la mienne.

Je cherchai d'abord les consonnances du globe dans ses deux moitiés septentrionale et méridionale. Mais, loin de trouver des ressemblances entre elles, je n'y aperçus que des oppositions, la première n'étant, pour ainsi dire, qu'un hémisphère terrestre, et l'autre qu'un hémisphère maritime, tellement différents entre eux, que l'un a l'hiver lorsque l'autre a l'été, et que les mers du premier hémisphère semblent être opposées aux terres et aux îles qui sont éparses dans le second. Ce contraste me présenta une autre analogie avec un corps organisé; car, comme nous le verrons dans les articles suivants, tout corps organisé a deux moitiés en contraste, comme il en a deux en consonnance.

Je lui trouvai donc, sous cet aspect nouveau, je ne sais quelle analogie avec un animal dont la tête aurait été au nord par l'attraction de l'aimant, particulière à notre pôle, qui semble y déterminer un sensorium comme dans la tête d'un animal; le cœur sous la ligne, par la chaleur constante qui règne dans la zone torride, et semble y fixer la région du cœur; enfin, les organes excrétoires dans la partie australe, où sont situées les plus grandes mers, qu'on peut considérer comme les réceptacles des alluvions, des continents, et où l'on trouve aussi le plus grand nombre de volcans, que l'on peut considérer comme les organes excrétoires des mers, dont ils consument sans cesse les bitumes et les soufres. D'ailleurs le soleil, qui séjourne cinq ou six jours de plus dans l'hémisphère septentrional, semblait encore m'offrir une ressemblance plus marquée avec le corps d'un animal, où le cœur, qui est le centre de la chaleur, est un peu plus près de la tête que des parties inférieures.

Quoique ces contrastes me parussent assez déterminés pour manifester un ordre sur le globe, et qu'ils en présente de semblables dans les végétaux, distingués en deux parties opposées en fonctions et en formes, telles que les feuilles et les racines, je craignais de me livrer à mon imagination, et de généraliser, par la faiblesse de l'esprit humain, des lois de la nature particulières à chaque existence, en les étendant à des règnes qui n'en étaient pas susceptibles.

Mais je cessai de douter de l'ordre général de la terre lorsque, avec les deux moitiés en contraste, j'en aperçus deux autres en consonnance. Je fus frappé, je l'avoue, d'étonnement, lorsque j'observai, dans la duplicité de formes qui constitue son corps, des membres exactement répétés de part et d'autre.

Le globe, à le considérer d'orient en occident, est divisé, comme tous les corps organisés, en deux moitiés semblables, qui sont l'ancien et le nouveau monde. Chacune de leurs parties se correspond dans l'hémisphère oriental et occidental, mer à mer, île à île, cap à cap, presqu'île à presqu'île. Les lacs de Finlande et le golfe d'Archangel correspondent aux lacs du Canada et à la baie de Baffin, la Nouvelle-Zemble au Grœnland, la mer Baltique à la baie d'Hudson, les îles d'Angleterre et d'Irlande, qui couvrent la première de ces méditerranées, aux îles de Bonne-Fortune et de Welcome, qui protègent la seconde; la Méditerranée proprement dite, au golfe du Mexique, qui est une espèce de méditerranée formée en partie par des îles. A l'extrémité de la Méditerranée se trouve l'isthme de Suez, en consonnance avec l'isthme de Panama, placé au fond du golfe du Mexique; à la suite de ces isthmes se présentent la presqu'île de l'Afrique, d'une part, et de l'autre la presqu'île de l'Amérique méridionale. Les principaux fleuves de ces parties du monde se regardent également, car le Sénégal coule à l'opposite de la rivière des Amazones. Enfin l'une et l'autre de ces presqu'îles, qui s'avancent vers le pôle austral, est terminée par deux caps également fameux par leurs tempêtes, le cap de Bonne-Espérance et le cap Horn.

Il y a encore, entre ces deux hémisphères, bien d'autres points de consonnance auxquels je ne m'arrête pas. A la vérité, tous ces points ne se correspondent pas aux mêmes latitudes; mais ils sont disposés suivant une ligne spirale qui va d'orient en occident, en s'étendant du nord vers le midi, en sorte que ces points correspondants vont en progression. Ils sont à peu près à la même hauteur en partant du nord, comme la mer Baltique et la baie d'Hudson; et ils s'allongent dans l'Amérique à mesure qu'elle s'avance vers le sud. Cette progression se fait encore sentir dans toute la longueur de l'ancien continent, comme on peut le voir à la forme de ses caps, qui, en partant de l'orient, s'allongent d'autant plus vers le midi qu'ils s'avancent vers l'occident : tels que le cap du Kamtschatka en Asie, le cap Comorin en

Arabie, le cap de Bonne-Espérance en Afrique, et enfin le cap Horn en Amérique. Ces différences de proportion viennent de ce que les deux hémisphères terrestres ne sont pas projetés de la même manière ; car l'ancien continent a sa plus grande longueur d'orient en occident, et le nouveau a la sienne du nord au sud ; et il est manifeste que cette différence de projection a été ordonnée par l'auteur de la nature, par la même raison qui lui a fait donner des parties doubles aux animaux et aux végétaux, afin que, dans un besoin, elles suppléassent l'une à l'autre, mais principalement afin qu'elles pussent s'entr'aider.

S'il n'existait, par exemple, que l'ancien continent avec la seule mer du Sud, le mouvement de cette mer, étant trop accéléré sous la ligne par les vents réguliers de l'est, viendrait, après avoir circuit la zone torride, heurter d'une manière effroyable contre les terres du Japon : car le volume des flots d'une mer est toujours proportionné à son étendue. Mais, par la disposition des deux continents, les flots du grand courant oriental de la mer des Indes sont retardés en partie par les archipels des Moluques et des Philippines ; ils sont encore rompus par d'autres îles, telles que les Maldives, par les caps de l'Arabie, et par celui de Bonne-Espérance, qui les rejette vers le sud. Ils éprouvent, avant de se rendre au cap Horn, de nouveaux obstacles, par le courant du pôle austral, qui traverse alors leur cours, et par le changement de mousson qui en détruit totalement la cause au bout de six mois. Ainsi, il n'y a pas un seul courant, soit oriental, soit septentrional, qui parcoure seulement le quart du globe dans la même direction. D'ailleurs la division des parties du monde en deux est tellement nécessaire à son harmonie générale, que si le canal de l'océan Atlantique, qui les sépare, n'existait pas, ou qu'il fût rempli en partie, comme on suppose qu'il l'était autrefois, par la grande île Atlantide*, tous les fleuves orientaux de l'Amérique et tous les occidentaux de l'Europe tariraient, puisque ces fleuves ne doivent leurs eaux qu'aux nuages qui émanent de la mer. De plus, le soleil n'éclairant, de notre côté, qu'un hémisphère terrestre dont les méditerranées disparaîtraient, le brûlerait de ses rayons ; tandis que, n'échauffant, de l'autre, qu'un hémisphère maritime dont la plupart des îles seraient submergées, parceque le volume de cette mer augmenterait par la soustraction de la nôtre,

il y élèverait une multitude de vapeurs en pure perte.

Il paraît que c'est par ces considérations que la nature n'a point placé dans la zone torride la plus grande longueur des continents, mais seulement la largeur moyenne de l'Amérique et de l'Afrique, parceque l'action du soleil y aurait été trop vive. Elle y a mis, au contraire, le plus long diamètre de la mer du Sud, et la plus grande largeur de l'océan Atlantique, et elle y a rassemblé la plus grande quantité d'îles qui existe. De plus, elle a placé, dans la largeur des continents qu'elle y a prolongés, les plus grands courants d'eaux vives qu'il y ait au monde, qui sortent tous de montagnes à glace ; tels que le Sénégal et le Nil, qui viennent des monts de la Lune en Afrique ; l'Amazone et l'Orénoque, qui ont leurs sources dans les Cordillières de l'Amérique. C'est encore par cette raison qu'elle a multiplié, dans la zone torride et dans son voisinage, les hautes chaînes de montagnes couvertes de neige, et qu'elle y dirige les vents du pôle nord et du pôle sud, dont participent toujours les vents alizés ; et il est bien remarquable que plusieurs des grands fleuves qui y coulent ne sont pas situés précisément sous la ligne, mais dans des lieux de la zone torride qui sont plus chauds que la ligne même. Ainsi, le Sénégal roule ses eaux dans le voisinage du Zara ou Désert, qui est la partie la plus brûlante de l'Afrique, au témoignage de tous les voyageurs.

On entrevoit donc la nécessité de deux continents, qui servent mutuellement de frein aux mouvements de l'Océan. Il est impossible de concevoir que la nature ait pu les disposer autrement qu'en en étendant un en longitude et l'autre en latitude, afin que les courants opposés de leurs mers pussent se balancer, et qu'il en résultât une harmonie convenable à leurs rivages et aux îles renfermées dans leurs bassins. Si vous supposez ces deux continents projetés en anneaux d'orient en occident, sous les deux zones tempérées, la circulation de la mer, renfermée entre deux, sera, comme nous l'avons vu, trop accélérée par l'action constante du vent d'est. Il n'y aura plus de communication maritime de la ligne aux pôles, partant point d'effusions glaciales dans cette mer, ni de marées, ni de rafraîchissement et de renouvellement de ses eaux. Si vous supposez, au contraire, ces deux continents allant tous deux du nord au midi, comme l'Amérique, il n'y aura plus dans l'Océan de courant oriental ; les deux moitiés de chaque mer viendront se rencontrer au milieu de leur canal, et leurs effusions polaires s'y heurteront avec une quantité

---

* Île fabuleuse imaginée par Platon, pour représenter allégoriquement le gouvernement d'Athènes, comme plusieurs savants l'ont prouvé.

de mouvement dont les effusions glaciales qui se précipitent des Alpes ne nous donnent que de faibles idées, malgré leurs ravages. Mais, par les courants alternatifs et opposés de nos mers, les effusions glaciales de notre pôle vont rafraîchir, en été, l'Afrique, le Brésil et les parties méridionales de l'Asie, en passant au-delà du cap de Bonne-Espérance, par la mousson qui porte alors vers l'orient le cours de l'Océan; et, pendant notre hiver, les effusions du pôle sud vont vers l'occident modérer, sur les mêmes rivages, l'action du soleil, qui y est toujours constante. Par ces deux mouvements en spirale et rétrogrades des mers, semblables à ceux du soleil dans les cieux, il n'y a pas une goutte d'eau qui ne puisse faire le tour du globe, s'évaporer sous la ligne, se réduire en pluie dans le continent, et se geler sous le pôle. Ces correspondances universelles sont d'autant plus dignes de remarque, qu'elles entrent dans tous les plans de la nature, et se trouvent dans le reste de ses ouvrages.

Il résulterait d'un autre ordre d'autres inconvénients, que je laisse chercher au lecteur. Les hypothèses *ab absurdo* sont à la fois amusantes et utiles; elles changent, à la vérité, en caricatures les proportions naturelles; mais elles ont cela d'avantageux, qu'en nous convaincant de la faiblesse de notre intelligence, elles nous pénètrent de la sagesse de celle de la nature. Souvenons-nous de la méthode de Socrate : ne perdons point notre temps à répondre aux systèmes qui nous présentent des plans différents de ceux que nous voyons. Tirons-en seulement des conséquences : les admettre, c'est les réfuter.

Je pourrais démontrer encore que la plupart des îles ont elles-mêmes des parties doubles, comme les continents, dont nous avons dit ailleurs qu'elles étaient des abrégés, par leurs pitons, leurs montagnes, leurs lacs et leurs fleuves, proportionnés à leur étendue. Beaucoup de celles qui sont dans l'océan Indien ont, pour ainsi dire, deux hémisphères, l'un oriental, l'autre occidental, divisés par des montagnes qui vont du nord au sud; en sorte que, quand l'hiver est d'un côté, l'été règne de l'autre, et alternativement : telles sont les îles de Java, Sumatra, Bornéo, et la plupart des Philippines et des Moluques; en sorte qu'elles sont évidemment construites pour les deux moussons de la mer où elles sont placées. Si le temps me le permettait, les variétés de leur construction nous offriraient bien des remarques curieuses, qui confirmeraient en particulier ce que j'ai dit en général sur les consonnances du globe. Pour moi, je crois ces principes d'ordre si certains, que je suis persuadé qu'en voyant le plan d'une île avec l'élévation et la direction de ses montagnes, on peut déterminer sa longitude, sa latitude, et quels sont les vents qui y soufflent le plus régulièrement. Je crois encore qu'avec ces dernières données, on peut, *vice versa*, tracer le plan et la coupe d'une île, dans quelque partie de l'Océan que ce soit. J'en excepte cependant les îles fluviatiles, et celles qui, étant trop petites, sont réunies en archipels, comme les Maldives, parceque ces îles n'ont pas le centre de toutes leurs convenances en elles-mêmes, mais qu'elles sont ordonnées à des fleuves, à des archipels ou à des continents voisins. On peut s'assurer que je n'avance point un paradoxe en comparant, entre les tropiques, la forme générale des îles qui sont exposées à deux moussons, et celle des îles qui sont sous le vent régulier de l'est. Nous venons de dire que la nature avait donné, en quelque sorte, deux hémisphères aux premières, en les divisant dans le milieu par une chaîne de montagnes qui court nord et sud, afin qu'elles reçussent les influences alternatives des vents d'est et d'ouest, qui y soufflent tour à tour six mois de l'année; mais dans les îles situées dans la mer du Sud et dans l'océan Atlantique, où le vent d'est souffle toujours du même côté, elle a placé les montagnes à l'extrémité de leur territoire, dans la partie la plus éloignée du vent, afin que les ruisseaux et les rivières qui se forment des nuages qui sont accumulés par ce vent sur leurs pitons pussent couler dans toute l'étendue de ces îles.

Je sais bien que j'ai rapporté ailleurs ces dernières observations; mais je les présente ici sous un nouveau jour. D'ailleurs, quand je tomberais dans quelques redites, on peut répéter des vérités nouvelles, et on doit quelque indulgence à la faiblesse de celui qui les annonce.

DE LA PROGRESSION.

La progression est une suite de consonnances ascendantes ou descendantes. Partout où la progression se rencontre, elle produit un grand plaisir, parcequ'elle fait naître dans notre ame le sentiment de l'infini, si conforme à notre nature. Je l'ai déja dit, et je ne saurais trop le répéter, les sensations physiques ne nous ravissent qu'en excitant en nous un sentiment intellectuel.

Lorsque les feuilles d'un végétal sont rangées autour de ses branches dans le même ordre que les branches le sont elles-mêmes autour de la tige, il y a consonnance, comme dans les pins; mais si les branches de ce végétal sont encore disposées entre elles sur des plans semblables qui aillent en diminuant de grandeur, comme dans les formes pyramidales des sapins, il y a progression ; et si ces arbres sont disposés eux-mêmes en longues avenues qui dégradent en hauteur et en teintes, comme leurs masses particulières, notre plaisir redouble, parceque la progression devient infinie.

C'est par cet instinct de l'infini que nous aimons à voir tout ce qui nous présente quelque progression, comme des pépinières de différents âges, des coteaux qui fuient à l'horizon sur différents plans, des perspectives qui n'ont point de terme.

Montesquieu remarque cependant que, si la route de Pétersbourg à Moscou est en ligne droite, le voyageur doit y périr d'ennui. Je l'ai parcourue, et je peux assurer qu'il s'en faut de beaucoup qu'elle soit en ligne droite. Mais, en l'y supposant, l'ennui du voyageur naîtrait du sentiment même de l'infini, joint à l'idée de fatigue. C'est ce même sentiment, si ravissant quand il se mêle à nos plaisirs, qui nous cause des peines intolérables quand il se joint à nos maux, ce que nous n'éprouvons que trop souvent. Cependant, je crois qu'une perspective sans bornes nous ennuierait à la longue, en nous présentant toujours l'infini de la même manière ; car notre ame en a non-seulement l'instinct, mais encore celui de l'universalité, c'est-à-dire de toutes les modifications de l'infini.

La nature ne fait point, à notre manière, des perspectives avec une ou deux consonnances ; mais elle les compose d'une multitude de progressions diverses, en y faisant entrer celles des plans, des grandeurs, des formes, des couleurs, des mouvements, des âges, des espèces, des groupes, des saisons, des latitudes, et y joignant une infinité de consonnances tirées des reflets de la lumière, des eaux, et des sons. Je suppose qu'elle eût été bornée à planter une avenue de Paris jusqu'à Madrid avec un seul genre d'arbres, tels que des figuiers. Je doute qu'on s'ennuyât à la parcourir. On y verrait des figuiers qui porteraient des figues appelées des Latins *mamillanæ**, parcequ'elles étaient faites comme des mamelles ; d'autres qui en produiraient de toutes rouges, et pas plus grosses qu'une olive, comme celles du mont Ida ; d'autres qui en auraient de blanches, de noires ; d'autres de couleur de porphyre, et appelées, par cette raison, par les anciens, *porphyrites*. On y verrait

* *Voyez* Pline, *Histoire naturelle*, liv. XV, chap. XVIII.

des figuiers d'Hyrcanie, qui se chargent de plus de deux cents boisseaux de fruits ; le figuier ruminal, de l'espèce de celui sous lequel Rémus et Romulus furent allaités par une louve ; le figuier d'Hercule ; enfin les vingt-neuf espèces rapportées par Pline, et bien d'autres inconnues aux Romains et à nous*. Chacune de ces espèces d'arbres y montrerait des végétaux de diverses grandeurs, de jeunes, de vieux, de solitaires et de groupés, de plantés sur le bord des ruisseaux, d'autres sortant de la fente des rochers. Chaque arbre présenterait la même variété dans ses fruits exposés sur un seul pied, pour ainsi dire, à différentes latitudes, au midi, au nord, à l'orient, au couchant, au soleil, et à l'ombre des feuilles : il y en aurait de verts qui ne commenceraient qu'à poindre, d'autres violets et crevassés, avec leurs fentes pleines de miel. D'un autre côté, on en rencontrerait, sous des latitudes différentes, dans le même degré de maturité que s'ils fussent venus sur le même arbre ; ceux qui croissent au nord, dans le fond des vallées, étant quelquefois aussi avancés que ceux qui viennent bien avant dans le midi, sur le haut des montagnes.

On retrouve ces progressions dans les plus petits ouvrages de la nature, dont elles font un des plus grands charmes. Elles ne sont l'effet d'aucune loi mécanique. Elles ont été réparties à chaque végétal, pour prolonger la jouissance de ses fruits suivant les besoins de l'homme. Ainsi, les fruits aqueux et rafraîchissants, comme les fruits rouges, ne paraissent que pendant la saison des chaleurs ; d'autres, qui étaient nécessaires pendant l'hiver, par leur farine substantielle et par leurs huiles, comme les marrons et les noix, se conservent une partie de l'année. Mais ceux qui devaient servir aux besoins accidentels des hommes, comme à ceux des voyageurs, restent sur la terre en tout temps. Non-seulement ceux-ci sont revêtus de

* Les botanistes comptent aujourd'hui plus de quatre-vingt-dix espèces de figuiers, dont les variétés se multiplient à l'infini. Le nombre de ces variétés s'élève à plusieurs centaines dans la Provence seulement. Cet arbre offre quelques phénomènes dignes d'exciter l'attention. Dans toutes les autres plantes, c'est la fleur qui renferme l'embryon du fruit ; dans le figuier, au contraire, c'est le fruit qui environne et cache la fleur. Par une autre singularité, ces fruits précèdent les feuilles, et paraissent long-temps avant que la sève ait été mise en mouvement par le retour du printemps. C'est donc, comme l'a très bien observé l'abbé Rozier, par la seule force de la sève, restée avant l'hiver dans le tronc et dans les branches, que s'opère la végétation des premiers fruits. Les secondes figues naissent au pied du pétiole de la feuille de la saison ; et enfin la feuille, qui pousse au second renouvellement de la sève, devient la mère nourrice du fruit de l'année suivante. Ainsi le figuier annonce, dans le même moment, la prévoyance de la nature pour trois récoltes. (A.-M.)

coques propres à les conserver, mais ils paraissent aux arbres dans toutes les saisons et dans tous les degrés de maturité. Aux Indes, sur les rivages inhabités des îles*, le cocotier porte à la fois douze ou quinze grappes de cocos, dont les uns sont encore dans leurs étuis, d'autres sont en fleurs, d'autres sont noués, d'autres sont déjà pleins de lait, d'autres enfin sont tout-à-fait mûrs. Le cocotier est l'arbre des marins. Ce n'est pas la chaleur des tropiques qui lui donne une fécondité si constante et si variée; car les fruits des arbres ont aux Indes, comme dans nos climats, des saisons où ils mûrissent, et après lesquelles on n'en voit plus. Je n'y connais que le cocotier et le bananier qui en portent toute l'année. Celui-ci est, à mon gré, l'arbre le plus utile du monde, parceque ses fruits peuvent servir d'aliment sans aucun apprêt, étant d'un goût agréable et fort substantiel. Il donne une grappe ou régime de soixante ou quatre-vingts fruits qui mûrissent tous à la fois; mais il pousse des rejetons de toutes sortes de grandeurs qui en donnent successivement et en tout temps. La progression des fruits du cocotier est dans l'arbre, et celle des fruits du bananier dans le verger. Partout ce qu'il y a de plus utile est ce qu'il y a de plus commun.

Les productions de nos blés et de nos vignes présentent des dispositions encore plus merveilleuses; car, quoique l'épi de blé ait plusieurs faces, ses grains mûrissent dans le même temps, par la mobilité de sa paille, qui les présente à tous les aspects du soleil. La vigne ne croît ni en buisson, ni en arbre, mais en espalier; et quoique ses grains soient en forme de grappes, leur transparence les rend propres à être pénétrés partout des rayons du soleil. La nature oblige ainsi les hommes, par la maturité spontanée de ses fruits, destinés au soutien général de la vie humaine, de se réunir pour en faire ensemble les récoltes et les vendanges. On peut regarder les blés et les vignes comme les plus puissants liens des sociétés. Aussi Cérès et Bacchus ont-ils été adorés dans l'antiquité comme les premiers législateurs du genre humain. Les poëtes anciens leur en donnent souvent l'épithète. Un Indien, sous son bananier et son cocotier, peut se passer de son voisin. C'est, je crois, par cette raison, plutôt que par celle du climat, qui y est si doux, qu'il y a aux grandes Indes si peu de républiques, et tant de gouvernements fondés sur la force. Un homme n'y peut influer sur le champ d'autrui que par ses ravages; mais l'Européen, qui voit jaunir ses moissons et noircir tous ses raisins à la fois, se hâte d'appeler au secours de sa récolte non-seulement ses voisins, mais les passants. Au reste, la nature, en refusant à nos blés et à nos vignes de produire leurs fruits toute l'année, a donné aux farines et aux vins qu'on en tire de se garder des siècles.

Toutes les lois de la nature sont dirigées vers nos besoins: non-seulement celles qui sont faites évidemment pour notre commodité, mais d'autres y conviennent souvent d'autant mieux qu'elles semblent s'en écarter davantage.

DES CONTRASTES.

Les contrastes diffèrent des contraires en ce que ceux-ci n'agissent que dans un seul point, et ceux-là dans leur ensemble. Un objet n'a qu'un contraire, mais il peut avoir plusieurs contrastes. Le blanc est le contraire du noir; mais il contraste avec le bleu, le vert, le rouge, et plusieurs autres couleurs.

La nature, pour distinguer les harmonies, les consonnances et les progressions des corps les unes des autres, les fait contraster. Cette loi est d'autant moins observée qu'elle est plus commune. Nous foulons aux pieds les plus grandes et les plus admirables vérités sans y faire attention.

Tous les naturalistes regardent les couleurs des corps comme de simples accidents, et la plupart d'entre eux considèrent leurs formes mêmes comme l'effet de quelque attraction, incubation, cristallisation, etc. Tous les jours on fait des livres pour étendre, par des analogies, les effets mécaniques de ces lois aux diverses productions de la nature; mais si elles ont en effet tant de puissance, pourquoi le soleil, cet agent universel, n'a-t-il pas rempli les cieux, les eaux, les terres, les forêts, les campagnes, et toutes les créatures, sur lesquelles il a tant d'influence, des effets uniformes et monotones de sa lumière? Tous ces objets devraient nous paraître, comme elle, blancs ou jaunes, et ne se distinguer les uns des autres que par leurs ombres. Un paysage ne devrait nous présenter d'autres effets que ceux d'un camaïeu ou d'une estampe. Les latitudes, dit-on, en varient les couleurs; mais si les latitudes ont ce pouvoir, pourquoi les productions du même climat et du même champ n'ont-elles pas toutes la même teinte? Pourquoi les quadrupèdes qui naissent et vivent dans les prés ne font-ils pas des petits qui soient verts comme l'herbe qui les nourrit?

La nature ne s'est pas contentée d'établir des harmonies particulières dans chaque espèce d'êtres

---

* *Voyez* François Pyrard, *Voyage aux Maldives*,

pour les caractériser; mais afin qu'elles ne se confondent pas entre elles, elle les fait contraster. Nous verrons, dans l'Étude suivante, par quelle raison particulière elle a donné aux herbes la couleur verte, préférablement à toute autre couleur. Elle a fait en général les herbes vertes pour les détacher de terre; ensuite elle a donné la couleur de terre aux animaux qui vivent sur l'herbe, pour les distinguer à leur tour du fond qu'ils habitent. On peut remarquer ce contraste général dans les quadrupèdes herbivores, tels que les animaux domestiques, les bêtes fauves des forêts, et dans tous les oiseaux granivores qui vivent sur l'herbe ou dans les feuillages des arbres, comme la poule, la perdrix, la caille, l'alouette, le moineau, etc., qui ont des couleurs terreuses parcequ'ils vivent sur la verdure. Mais ceux, au contraire, qui vivent sur des fonds rembrunis ont des couleurs brillantes, comme les mésanges bleuâtres et les piverts, qui grimpent sur l'écorce des arbres pour y chercher des insectes, etc.

La nature oppose partout la couleur de l'animal à celle du fond où il vit. Cette loi admirable est universelle. J'en rapporterai ici quelques exemples, pour mettre le lecteur sur la voie de ces ravissantes harmonies, dont il trouvera des preuves dans tous les climats. On voit sur les rivages des Indes un grand et bel oiseau blanc et couleur de feu, appelé flamant, non pas parcequ'il est de Flandre, mais du vieux mot français *flambant*, parcequ'il paraît de loin comme une flamme*. Il habite ordinairement les lagunes et les marais salants, dans les eaux desquels il fait son nid, en y élevant à un pied de profondeur un petit tertre de vase d'un pied et demi de hauteur. Il fait un trou au sommet de ce petit tertre; il y pond deux œufs, et il les couve debout, les pieds dans l'eau, à l'aide de ses longues jambes. Quand plusieurs de ces oiseaux sont sur leurs nids, au milieu d'une lagune, on les prendrait de loin pour les flammes d'un incendie qui sortent du sein des eaux. D'autres oiseaux présentent des contrastes d'un autre genre sur les mêmes rivages. Le pélican ou grand-gosier est un oiseau blanc et brun, qui a un large sac au-dessous de son bec, qui est très long. Il va tous les matins remplir son sac de poisson; et quand sa pêche est faite, il se perche sur quelque pointe de rocher à fleur d'eau, où il se tient immobile jusqu'au soir, dit le père Du Tertre*, « comme tout triste, la tête penchée par le » poids de son long bec, et les yeux fixés sur la » mer agitée, sans branler non plus que s'il était » de marbre. » On distingue souvent, sur les grèves rembrunies de ces mers, des aigrettes blanches comme la neige, et, dans les plaines azurées du ciel, le *paille-en-cul* d'un blanc argenté, qui les traverse à perte de vue : il est quelquefois glacé de rose, avec les deux longues plumes de sa queue couleur de feu, comme celui de la mer du Sud.

Souvent plus le fond est triste, plus l'animal qui y vit est revêtu de couleurs brillantes. Nous n'avons peut-être point en Europe d'insectes qui en aient de plus riches que le scarabée stercotaire, et que la mouche qui porte le même nom. Celle-ci est plus éclatante que l'or et l'acier poli; l'autre, d'une forme hémisphérique, est d'un beau bleu de pourpre; et afin que son contraste fût complet, il exhale une forte et agréable odeur de musc.

La nature semble quelquefois s'écarter de cette loi, mais c'est par d'autres raisons de convenance : car c'est là qu'elle ramène tous ses plans. Ainsi, après avoir fait contraster, avec les fonds où ils vivent, les animaux qui pouvaient échapper à tous les dangers par leur force et par leur légèreté, elle y a confondu ceux qui sont d'une lenteur ou d'une faiblesse qui les livrerait à la discrétion de leurs ennemis. Le limaçon, dont la marche est si lente, est de la couleur de l'écorce des arbres qu'il ronge, ou de la muraille où il se réfugie. Les poissons plats, qui nagent fort mal, comme les turbots, les carrelets, les plies, les limandes, les soles, etc., qui sont à peu près taillés comme des planches, parcequ'ils étaient destinés à vivre sédentairement au-dessus des fonds de la mer, sont de la couleur des sables où ils cherchent leur vie, étant piquetés comme eux de gris, de jaune, de noir, de rouge, et de brun. A la vérité, ils ne sont colorés ainsi que d'un côté; mais ils ont tellement le sentiment de cette ressemblance, que quand ils se trouvent enfermés dans les parcs établis sur les grèves, et qu'ils voient la marée près de se retirer, ils enfouissent leurs ailerons dans le sable en attendant la marée suivante, et ne présentent à la vue de l'homme que leur côté trompeur. Il est si ressemblant avec le fond où ils se cachent, qu'il serait

---

* On trouvait autrefois les flamants sur toutes les côtes de l'Europe; mais la main destructive de l'homme les en a chassés, et ils n'habitent plus que dans les déserts de l'Afrique et de l'Amérique. Ces oiseaux singuliers ont été très bien peints par le voyageur Dampier; ils vivent en société, et se rangent au nombre de deux ou trois cents sur une seule ligne, de manière qu'à quelque distance ils offrent l'aspect d'une armée en bataille. Lorsqu'ils vont à la pêche, ils établissent une sentinelle qui veille pour toute la troupe, et qui, à la plus faible apparence de danger, jette un cri d'alarme assez semblable au bruit d'une trompette. Lorsqu'ils s'envolent aux rayons du soleil, leur plumage étincelle comme des charbons embrasés. (A.-M.)

* *Histoire des Antilles.*

impossible aux pêcheurs de les en distinguer, s'ils n'avaient des faucilles avec lesquelles ils tracent des rayures en tout sens sur la surface du terrain; pour en avoir au moins le tact, s'ils ne peuvent en avoir la vue. C'est ce que je leur ai vu faire plus d'une fois, encore plus émerveillé de la ruse de ces poissons que de celle des pêcheurs. Les raies, au contraire, qui sont des poissons plats, qui nagent mal aussi, mais qui sont carnivores, sont marbrées de blanc et de brun, afin d'être aperçues de loin par les autres poissons; et pour qu'elles ne fussent pas dévorées à leur tour par leurs ennemis, qui sont fort alertes, comme les chiens de mer, ou par leurs propres compagnes, qui sont très voraces, elles sont revêtues de pointes épineuses, surtout à la partie postérieure de leur corps, comme à la queue, qui est la plus exposée aux attaques lorsqu'elles fuient.

La nature a mis à la fois, dans la couleur des animaux qui ne sont pas nuisibles, des contrastes avec le fond où ils vivent, et des consonnances avec celui qui en est voisin; et elle leur a donné l'instinct d'en faire alternativement usage, suivant les bonnes ou les mauvaises fortunes qui se présentent. On peut remarquer ces convenances merveilleuses dans la plupart de nos petits oiseaux, dont le vol est faible et de peu de durée. L'alouette grise cherche sa vie dans l'herbe des champs. Est-elle effrayée, elle se coule entre deux mottes de terre, où elle devient invisible. Elle est si tranquille dans ce poste, qu'elle n'en part souvent que quand le chasseur a le pied dessus. Autant en fait la perdrix. Je ne doute pas que ces oiseaux sans défense n'aient le sentiment de ces contrastes et de ces convenances de couleur, car je l'ai observé même dans des insectes. Au mois de mars dernier, je vis sur le bord de la rivière des Gobelins un papillon couleur de brique qui se reposait, les ailes étendues, sur une touffe d'herbes. Je m'approchai de lui, et il s'envola. Il fut s'abattre, à quelques pas de distance, sur la terre qui en cet endroit était de sa couleur. Je m'approchai de lui une seconde fois: il prit encore sa volée, et fut se réfugier sur une semblable lisière de terrain. Enfin, je ne pus jamais l'obliger à se reposer sur l'herbe, quoique je l'essayasse souvent, et que les espaces de terre qui se trouvaient entre les touffes de gazon fussent étroits et en petit nombre. Au reste, cet instinct étonnant est bien évident dans le caméléon. Cette espèce de lézard, qui a une marche très-lente, en est dédommagé par l'incompréhensible faculté de se teindre quand il lui plaît de la couleur du fond qui l'environne. Avec cet avantage, il échappe à la vue de ses ennemis, qui l'auraient bientôt atteint à la course. Cette faculté est dans sa volonté, car sa peau n'est pas un miroir. Il ne réfléchit que la couleur des objets, et non leur forme. Ce qu'il y a encore de remarquable en ceci, et de bien confirmé par les naturalistes, qui n'en donnent pas la raison, c'est qu'il prend toutes les couleurs, comme le brun, le gris, le jaune, et surtout le vert, qui est sa couleur favorite; mais jamais le rouge*. On a mis des caméléons pendant des semaines entières dans des draps d'écarlate, sans qu'ils en aient pris la moindre nuance. La nature semble leur avoir refusé cette teinte éclatante, parcequ'elle ne pouvait servir qu'à les faire apercevoir de plus loin, et que d'ailleurs elle n'est celle d'aucun fond, ni dans les terres, ni dans les végétaux où ils passent leur vie.

Mais, dans l'âge de la faiblesse et de l'inexpérience, la nature confond la couleur des animaux innocents avec celle des fonds qu'ils habitent, sans leur donner le choix de l'alternative. Les petits des pigeons et de la plupart des oiseaux granivores sont hérissés de poils verdâtres, semblables aux mousses de leurs nids. Les chenilles sont aveugles, et sont de la nuance des feuilles et des écorces qu'elles rongent. Les jeunes fruits même, qui ne sont pas encore revêtus d'épines, de cuirs, de pulpes amères ou de coques dures qui protègent leurs semences, sont, pendant les temps de leur développement, verts comme les feuilles qui les avoisinent. Quelques embryons, à la vérité, comme ceux de certaines poires, sont roux ou bruns; mais ils sont alors de la couleur de l'écorce de l'arbre où ils sont attachés. Quand ces fruits ont leurs semences enfermées dans des pepins ou des noyaux, et qu'elles sont hors de danger, ils changent de couleur. Ils deviennent jaunes, bleus, dorés, rouges, noirs, et donnent aux végétaux qui les portent leurs contrastes naturels. Il est très remarquable que tout fruit qui change de couleur a sa semence mûre. Les insectes ayant quitté de

---

* L'observation a dissipé toutes les erreurs, qui sont celles de l'antiquité. Le caméléon prend, il est vrai, diverses nuances, mais elles ne sont pas déterminées par les objets environnants. Son épiderme est transparent, sa peau est jaune, et son sang d'un bleu violet fort vif. C'est ainsi que la plus légère agitation le fait passer par toutes les teintes du gris, du vert, du jaune, du bleu, du violet, et du brun rougeâtre. Cette espèce de lézard habite sur les arbres, où il reste confondu avec le feuillage, sa couleur habituelle étant d'un beau vert. Cette couleur est un des moyens que la nature lui a donnés pour échapper à ses ennemis, car il jouit aussi de la faculté singulière de s'enfler et de se remplir d'air au point de les effrayer en doublant son diamètre.

Les voyageurs assurent que les Indiens se plaisent à voir les caméléons autour de leurs demeures; ces petits animaux les délivrent des insectes qui les tourmentent. (A.-M.)

même les robes de l'enfance, et livrés à leur propre expérience, se répandent dans le monde pour en multiplier les harmonies, avec les parures et les instincts que leur a donnés la nature. C'est alors que des nuées de papillons, qui dans l'état de chenille se confondaient avec la verdure des plantes, viennent opposer les couleurs et les formes de leurs ailes à celles des fleurs, le rouge au bleu, le blanc au rouge, des antennes à des étamines, et des franges à des corolles. J'en ai un jour admiré un dont les ailes étaient azurées et parsemées de points couleur d'aurore, qui se reposait au sein d'une rose épanouie. Il semblait disputer avec elle de beauté. Il eût été difficile de dire lequel en méritait mieux le prix, du papillon ou de la fleur; mais en voyant la rose couronnée d'ailes de lapis, et le papillon azuré posé dans une coupe de carmin, il était aisé de voir que leur charmant contraste ajoutait à leur mutuelle beauté.

La nature n'emploie point ces convenances et ces contrastes agréables dans les animaux nuisibles, ni même dans les végétaux dangereux. De quelque genre que soient les bêtes carnassières ou venimeuses, elles forment à tout âge, et partout où elles sont, des oppositions dures et heurtées. L'ours blanc du nord s'annonce sur les neiges par des gémissements sourds, par la noirceur de son museau et de ses griffes, et par une gueule et des yeux couleur de sang. Les bêtes féroces qui cherchent leur proie au milieu des ténèbres, ou dans l'obscurité des forêts, préviennent de leurs approches par des rugissements, des cris lamentables, des yeux enflammés, des odeurs urineuses ou fétides. Le crocodile, en embuscade sur les grèves des fleuves de l'Asie, où il paraît comme un tronc d'arbre renversé, exhale au loin une forte odeur de musc. Le serpent à sonnette, caché dans les prairies de l'Amérique, fait bruire sous l'herbe ses sinistres grelots. Les insectes même qui font la guerre aux autres sont revêtus de couleurs âtres durement opposées, où le noir surtout domine, et se heurte avec le blanc ou le jaune. Le bourdon, indépendamment de son sombre murmure, s'annonce par la noirceur de son corselet et de son gros ventre, hérissé de poils fauves. Il paraît au milieu des fleurs comme un charbon de feu à demi éteint. La guêpe carnivore est jaune et bardée de noir, comme le tigre. Mais l'utile abeille est de la nuance des étamines et du fond des calices des fleurs, où elle fait d'innocentes moissons.

Les plantes vénéneuses offrent, comme les animaux nuisibles, d'affreux contrastes par les couleurs meurtries de leurs fleurs, où le noir, le gros bleu et le violet enfumé sont en opposition tranchée avec des nuances tendres; par des odeurs nauséabondes et virulentes, par des feuillages hérissés, teints d'un vert noir, et heurté de blanc en dessous : tels sont les aconits. Je ne connais point de plante qui ait un aussi hideux aspect que celles de cette famille, et entre autres le napel, qui est le végétal le plus vénéneux de nos climats. Je ne sais si les embryons de leurs fruits ne présentent pas, dès les premiers instants de leur développement, des oppositions dures qui annoncent leurs caractères malfaisants : si cela est, ils ont encore cette ressemblance commune avec les petits des bêtes féroces.

Les animaux qui vivent sur deux fonds différents portent deux contrastes dans leurs couleurs. Ainsi, par exemple, le martin-pêcheur, qui vole le long des rivières, est à la fois couleur de musc et glacé d'azur; en sorte qu'il se détache des rivages rembrunis par sa couleur azurée, et de l'azur des eaux par sa couleur de musc. Le canard, qui barbotte sur les mêmes rivages, a le corps teint d'une couleur cendrée, et la tête et le cou de la verdure de l'émeraude; de manière qu'il se distingue parfaitement, par la couleur grise de son corps, de la verdure des nymphæa et des roseaux parmi lesquels il vogue; et par la verdure de sa tête et de son cou, des vases noires dans lesquelles, par un autre contraste fort étonnant, il ne salit jamais son plumage. Les mêmes contrastes de couleurs se rencontrent dans le pivert, qui vit sur les troncs des arbres, le long desquels il grimpe pour chercher des insectes sous leurs écorces. Cet oiseau est coloré à la fois de brun et de vert; en sorte que quoiqu'il vive pour ainsi dire à l'ombre, on l'aperçoit cependant toujours sur le tronc des arbres; car il se détache de leurs sombres écorces par la partie de son plumage qui est d'un vert brillant, et de la verdure de leurs mousses et de leurs lichens, par la couleur de ses plumes, qui sont brunes. La nature oppose donc les couleurs de chaque animal à celles du fond qu'il habite; et ce qui confirme la vérité de cette grande loi, c'est que la plupart des oiseaux qui ne vivent que sur un seul fond n'ont qu'une seule couleur, qui contraste fortement avec celle de ce fond. Ainsi, les oiseaux qui vivent sur le fond azuré des cieux, au haut des airs, ou sur celui des eaux, au milieu des lacs, sont, pour l'ordinaire, de couleur blanche, celle de toutes les couleurs qui tranche le plus fortement sur le bleu, et est par conséquent la plus propre à les faire apercevoir de loin. Tels sont, entre les tropiques, le paille-en-cul, oiseau d'un blanc satiné, qui vole au haut des airs; les aigrettes, les mauves, les goëlans, qui planent à la surface des mers azurées; et les cygnes, qui voguent en flottes au milieu des lacs du nord. Il y en a d'autres aussi qui, pour contraster avec ceux-là, se détachent du ciel ou des eaux par des couleurs noires ou rembrunies : tels sont, par exemple, le corbeau de nos climats, qui s'aperçoit de si loin dans le ciel, sur la blancheur des nuages; plusieurs oiseaux de marine bruns et noirâtres, comme la frégate des tropiques, qui se joue dans le ciel au milieu des tempêtes ; le taille-mer ou fauchet, oiseau de marine, qui rase de ses ailes sombres, taillées en faux, la surface blanche des flots écumeux de la mer.

On peut donc inférer de ces exemples que, dès qu'un animal n'a qu'une seule teinte, il n'habite qu'un seul site; et quand il réunit en lui le contraste de deux teintes opposées, qu'il vit sur deux fonds, dont les couleurs mêmes sont déterminées par celles du plumage ou du poil de l'animal. Cependant, il ne faut pas rendre cette loi trop générale, mais y faire entrer les exceptions que la sage nature a établies pour la conservation même des animaux, telles que de les blanchir en général au nord, dans les hivers et sur les hautes montagnes, pour les préserver de l'excès du froid en les revêtant de la couleur qui réfléchit le plus la chaleur; et de les rembrunir au midi, dans les ardeurs de l'été et sur les plages sablonneuses, pour les abriter des effets de la chaleur en les peignant de couleurs négatives. Ce qui prouve évidemment que ces grands effets d'harmonie ne sont point des résultats mécaniques de l'influence des corps qui environnent les animaux, ou des appréhensions de leurs mères sur les tendres organes de leurs fœtus, ou de l'action des rayons du soleil sur leurs plumes, comme souvent notre physique a cru les expliquer, c'est que parmi ce nombre presque infini d'oiseaux qui passent leur vie au haut des airs ou à la surface des mers, dont les couleurs sont azurées, il n'y a pas un seul oiseau bleu; et qu'au contraire plusieurs oiseaux qui vivent entre les tropiques, au sein des noirs rochers ou à l'ombre des sombres forêts, sont de la couleur d'azur : tels sont la poule de Batavia, qui est toute bleue, le pigeon hollandais de l'Ile-de-France, etc.

Nous pouvons tirer de ces observations une autre conséquence aussi importante : c'est que toutes ces harmonies sont faites pour l'homme. Un oiseau bleu sur le fond du ciel ou à la surface des eaux échapperait à notre vue. La nature d'ailleurs n'a réservé les couleurs agréables et riches que pour les oiseaux qui vivent dans notre voisinage. Cela est si vrai, que, quoique le soleil agisse entre les tropiques avec toute l'énergie de ses rayons sur les oiseaux de la pleine mer, il n'y en a aucun dont le plumage soit revêtu de belles couleurs; tandis que ceux qui habitent les rivages des mers et des fleuves en ont souvent de magnifiques. Le flamant, grand oiseau qui vit dans les lagunes des mers méridionales, a son plumage blanc lavé de carmin. Le toucan des mêmes grèves a un énorme bec du rouge le plus vif; et lorsqu'il le retire du sein des sables humides où il cherche sa pâture, on dirait qu'il vient d'y pêcher un tronçon de corail. Il y a une autre espèce de toucan dont le bec est blanc et noir, aussi poli que s'il était d'ébène et d'ivoire. La pintade au plumage maillé, les paons, les canards, les martins-pêcheurs, et une foule d'autres oiseaux riverains, embellissent, par l'émail de leurs couleurs, les bords des fleuves de l'Asie et de l'Afrique. Mais on ne voit rien qui leur soit comparable dans le plumage de ceux qui habitent la pleine mer, quoiqu'ils soient encore plus exposés aux influences du soleil.

C'est par une suite de ces convenances avec l'homme que la nature a donné aux oiseaux qui vivent loin de lui des cris aigus, rauques et perçants, mais qui sont aussi propres que leurs couleurs tranchantes à les faire apercevoir de loin au milieu de leurs sites sauvages; elle a donné, au contraire, des sons doux et des voix harmonieuses aux petits oiseaux qui habitent nos bosquets et qui s'établissent dans nos habitations, afin qu'ils en augmentassent les agréments, autant par la beauté de leur ramage que par celle de leur coloris. Nous le répétons, afin de confirmer la vérité des principes d'harmonie que nous posons; c'est que la nature a établi un ordre de beauté si réel dans le plumage et le chant des oiseaux, qu'elle n'en a revêtu que les oiseaux dont la vie était, en quelque sorte, innocente par rapport à l'homme, comme ceux qui sont granivores, ou qui vivent d'insectes; et elle l'a refusé aux oiseaux de proie et à la plupart de ceux de marine, qui ont, pour l'ordinaire, des couleurs terreuses et des cris désagréables*.

---

* Le chant est un attribut des oiseaux : seuls entre tous les animaux, ils modulent et varient le son de leurs voix; mais cette faculté a été modifiée suivant les mœurs de chaque espèce, et suivant les lieux qu'elle habite. Les oiseaux aquatiques ont une voix grave et retentissante, qui, dans les temps de calme, contraste avec le murmure des eaux, et qui, dans les jours de tempête, se fait encore entendre à travers le mugissement des vagues. On devine, à leurs cris, que la nature les destinait à

Tous les règnes de la nature se présentent à l'homme avec les mêmes convenances, jusque dans les abîmes de l'Océan. Les poissons qui se repaissent de chair, comme toute la classe des cartilagineux, tels que les roussettes, les chiens de mer, les requins, les pantoufliers, les raies, les polypes, etc., ont des couleurs et des formes déplaisantes. Les poissons qui vivent en pleine mer ont des couleurs marbrées de blanc, de noir, de brun, qui les distinguent au sein des flots azurés : tels sont les baleines, les souffleurs, les marsouins, etc. Mais c'est parmi ceux qui habitent les rivages rembrunis, et surtout dans le nombre de ceux qu'on appelle saxatiles, parcequ'ils vivent dans les rochers, qu'on en trouve dont la peau et les écailles surpassent par leur éclat celui des plus riches peintures, surtout quand ils sont vivants. C'est ainsi que des légions de maquereaux et de harengs font étinceler d'argent et d'azur les grèves septentrionales de l'Europe. C'est autour des noirs rochers qui bordent les mers des tropiques qu'on pêche le poisson qu'on appelle le capitaine. Quoiqu'il varie de couleur suivant les latitudes, il suffit, pour donner une idée de sa beauté, de rapporter la description que fait François Cauche[*] de celui qu'on pêche sur le rivage de Madagascar; il dit que ce poisson, qui se plaît dans les rochers, est rayé en losanges; que ses écailles sont de couleur d'or pâle, et que son dos est coloré, et surglacé de laque qui tire en divers endroits sur le vermeil. Sa nageoire dorsale et sa queue sont ondés d'azur qui se délaye en vert à leurs extrémités. C'est aussi au pied des mêmes rochers qu'on trouve le magnifique poisson appelé la sarde, et par les Brésiliens *accara pinima*, dont Marcgrave a donné la figure dans son IVe livre, chap. VI. Ce beau poisson a à la fois des écailles argentées et dorées, traversées de la tête à la queue de lignes noires, qui relèvent admirablement leur éclat. Le même auteur décrit encore plusieurs espèces de lunes qui fréquentent les mêmes lieux. Pour moi, je me suis amusé, sur les rochers de l'île de l'Ascension, à examiner pendant des heures entières des lunes qui se jouaient au milieu des flots tumultueux qui viennent sans cesse s'y briser. Ces poissons, dont les espèces sont variées, ont la forme arrondie et quelquefois échancrée de l'astre de la nuit, dont ils portent le nom; ils sont de plus, comme lui, de couleur d'argent poli. Ces poissons semblent faits pour tromper le pêcheur de toute manière, car ils ont le ventre rayé de raies noires en losanges, ce qui les fait paraître comme s'ils étaient pris dans un filet; ils semblent à chaque instant sur le point d'être jetés au rivage par le mouvement des flots où ils se jouent; ils ont de plus la bouche si petite, qu'ils rongent souvent l'appât sans se prendre à l'hameçon; et leur peau sans écailles, comme celle de la roussette, est si dure, qu'on manque souvent de les harponner avec le trident dont les pointes sont le mieux acérées. François Cauche dit même qu'on a beaucoup de peine à entamer leur peau avec le couteau le mieux affilé. C'est sur les mêmes rivages de l'Ascension que l'on trouve la murène, espèce d'anguille de rocher très bonne à manger, dont la peau est parsemée de fleurs dorées. On peut dire, en général, que chaque rocher de la mer est fréquenté par une foule de poissons dont les couleurs sont les plus éclatantes : tels que les dorades, les perroquets, les zèbres, les rougets, et une multitude d'autres dont les classes mêmes nous sont inconnues. Plus les rochers et les écueils d'une mer sont multipliés, plus les espèces de poissons saxatiles y sont variées. Voilà pourquoi les îles Maldives, qui sont en si grand nombre, fournissent, à elles seules,

---

vivre au milieu d'un élément bruyant; tandis que les petits oiseaux qui habitent les bocages ont une voix mélodieuse qui semble faite pour le calme qui les environne. Ils annoncent les beaux jours, et les beaux jours cessent avec leurs chansons. Dans ces espèces innocentes, c'est le mâle qui chante, et sa compagne reste muette; mais il ne chante que pour lui plaire. Chaque fois qu'elle apporte le brin d'herbe dont elle tresse son nid, il la suit en modulant les plus doux accords; s'il ne partage pas son travail, il l'encourage, et il ne cesse de chanter que lorsque ses petits ont essayé leurs ailes. Chez les oiseaux de proie, au contraire, le mâle et la femelle ont une voix également sinistre, dont les sons ne changent jamais; habitants des rochers et des forêts, ils les font retentir de leurs cris de guerre: les entendre, c'est presque les voir; c'est pressentir leurs dispositions cruelles. Non-seulement des chants mélodieux ne se seraient point accordés avec la férocité de leur instinct, mais ils n'auraient pu être entendus aux sommets des montagnes et à travers les précipices, ni exprimer les chasses, les dangers et les rapines de ces tyrans de l'air.

Cette précaution de la nature est confirmée par les faits les plus curieux. Par exemple, la voix des oiseaux qui ne changent pas de climats reste toujours la même : telle est celle du rouge-gorge, qui, pendant la saison des neiges, s'approche des chaumières, et réjouit l'homme de ses chansons; tandis que la voix du rossignol et des autres oiseaux voyageurs s'éteint et se modifie suivant les lieux qu'ils doivent habiter. On a remarqué depuis long-temps que leurs concerts cessaient en même temps que leurs amours; mais on aurait pu remarquer aussi que l'interruption de ces chants était une admirable prévoyance de la nature. A l'époque où ces oiseaux vont traverser les mers orageuses, ils frappent tout-à-coup les airs de cris aigres, perçants, et semblables à ceux de l'oiseau des orages. Habitants des tempêtes, ils ne s'expriment plus comme les habitants des bocages: ce sont des voyageurs qui apprennent une langue nouvelle, qui doit être entendue au milieu du bruit des vents et des flots; et, sans cette inspiration soudaine, ils n'auraient pu ni s'appeler, ni se reconnaître, ni se guider vers le monde qui les attend.

(A.-M.)

[*] *Voyez* François Cauche, *Relation de Madagascar*.

une multitude prodigieuse de poissons de couleurs et de formes très différentes, dont la plupart sont encore inconnues à nos ichthyologistes.

Toutes les fois donc que l'on voit un poisson brillant, on peut assurer qu'il habite le rivage; et au contraire qu'il vit en pleine eau, s'il est de couleur sombre. C'est ce qu'on peut vérifier dans nos rivières mêmes. L'éperlan argenté et l'ablette, dont les écailles servent à faire de fausses perles, se jouent sur les grèves de la Seine; tandis que l'anguille, de couleur sombre d'ardoise, se plaît au milieu et au fond de son canal. Cependant il ne faut pas trop généraliser ces lois. La nature, comme nous l'avons dit, les ramène toutes à la convenance des êtres et à la jouissance de l'homme. Ainsi, par exemple, quoique les poissons de rivage aient en général des couleurs éclatantes, il y en a cependant parmi eux plusieurs espèces qui sont constamment rembrunies. Tels sont non-seulement ceux qui nagent mal, comme les soles, les turbots, etc.; mais ceux qui habitent quelques parties des rivages qui ont des couleurs gaies. Ainsi la tortue, qui paît au fond de la mer des herbes vertes, ou qui se traîne la nuit sur les sables blancs pour y déposer ses œufs, est de couleur sombre; ainsi le lamentin, qui entre dans le canal des fleuves de l'Amérique pour paître sans sortir de l'eau l'herbe de leurs rivages, se détache de leur verdure par la couleur rembrunie de sa peau.

Les poissons saxatiles, qui trouvent aisément leur sûreté dans les roches par leur légèreté à nager, ou par la facilité d'y trouver des retraites dans leurs parties caverneuses, ou de s'y défendre de leurs ennemis par des armures, ont tous des couleurs vives et éclatantes, excepté les cartilagineux: tels sont les crabes couleur de sang, les langoustes et les homards azurés et pourprés, entre autres celui auquel Rondelet a donné le nom de *thétis* à cause de sa beauté; les oursins violets à baguettes et à pointes, les nérites contournées en rubans roses et gris, et une multitude d'autres. Il est très remarquable que tous les poissons à coquilles qui marchent et voyagent, et qui, par conséquent, peuvent choisir leurs asiles, sont dans leur genre ceux qui ont de plus riches couleurs: telles sont les nérites, dont je viens de parler; les porcelaines, semblables à du marbre poli; les olives, nuancées comme du velours de trois ou quatre couleurs; les harpes, qui ont les riches teintes des plus belles tulipes; les tonnes, maillées comme des ailes de perdrix, qui se promènent à l'ombre des madrépores; et toutes les familles des univalves, qui s'enfoncent dans le sable pour s'y mettre à l'abri. Les bivalves, comme le manteau-ducal, couleur d'écarlate et d'orange, et une foule d'autres coquillages voyageurs, sont empreints des couleurs les plus vives, et forment avec les différents fonds de la mer des harmonies secondaires totalement inconnues; mais ceux qui ne naviguent pas, comme sont la plupart des huîtres des mers méridionales, qui sont souvent adhérentes aux roches mêmes; ou ceux qui sont perpétuellement à l'ancre dans les détroits, comme les moules et les pinnes marines, attachées aux cailloux par des fils; ou ceux qui se reposent au sein des madrépores, tels que les arches-de-Noé; ou ceux qui sont tout-à-fait plongés au sein des rocs calcaires, comme les dails de la Méditerranée; ou ceux qui, immobiles par leur poids, qui surpasse quelquefois celui de plusieurs quintaux, pavent la surface des récifs, comme la tuilée des Moluques; et les gros univalves, tels que les burgos, etc.; ou enfin ceux qui, je crois, sont aveugles, tels que les lépas, qui s'attachent en formant le vide sur la surface luisante des rochers; toutes ces espèces de coquillages sont de la couleur des fonds qu'ils habitent, afin d'être moins aperçus de leurs ennemis.

Il est encore très digne d'observation que, quoique plusieurs de ces coquillages sédentaires soient revêtus de peaux rembrunies et velues, comme ceux qu'on appelle cornets et rouleaux, ou d'une pellicule noire de la nuance des galets où ils s'attachent, comme les moules de Magellan; ou enduits d'un tartre couleur de vase, comme les lépas et les burgos, ils ont sous leurs sombres surtouts des nacres et des teintes dont la beauté efface souvent celle des coquillages qui ont les couleurs apparentes les plus brillantes. Ainsi le lépas de Magellan, dépouillé de son tartre par le moyen du vinaigre, présente la coupe la plus riche, nuancée des couleurs de la plus belle écaille de tortue, et mélangée d'un or rembruni qu'on y aperçoit à travers un vernis chatoyant. La grande moule de Magellan cache de même sous une peau noire les nuances orientales de l'aurore. On ne peut attribuer, comme aux coquilles de l'Inde, de si ravissantes couleurs à l'action du soleil sur ces coquillages revêtus de tartres et de peaux, et qui vivent d'ailleurs dans un climat brumeux, abandonné une grande partie de l'année aux sombres hivers et aux longues tempêtes. On peut dire que la nature n'a voilé leur beauté que pour la conserver à l'homme, et qu'elle ne les a placés sur les bords des rivages, où la mer les nettoie en les roulant, que pour les mettre à sa portée. Ainsi, par un contraste admirable, elle place les coquilles les plus brillantes dans les lieux les plus dévastés par les éléments; et, par un autre contraste non moins étonnant, elle présente aux pauvres Patagons des cuillers et des coupes dont l'éclat l'emporte, sans contredit, sur la plus riche vaisselle des peuples policés.

On peut inférer de ceci que les poissons et les coquillages qui ont deux couleurs opposées vivent sur deux fonds différents, ainsi que nous l'avons dit des oiseaux; et que ceux qui n'ont qu'une couleur ne fréquentent qu'un seul fond. Je me rappelle, en effet, qu'en faisant le tour de l'Ile-de-France à pied, sur le bord de la mer, j'y trouvai des nérites à fond gris cendré et à ruban rouge, tantôt sur des roches brunes, tantôt sur des madrépores blancs à fleurs couleur de pêcher : elles contrastaient de la manière la plus agréable, et paraissaient, au fond des eaux, sur les plantes marines, comme leurs fruits. J'y trouvai aussi des porcelaines toutes blanches à bouche couleur de rose, et renflées comme des œufs, dont elles portent le nom; mais il me serait difficile de dire maintenant si elles étaient collées aux rochers bruns ou aux madrépores blancs. On trouve pareillement sur les côtes de Normandie, au pays de Caux, deux sortes de rochers, l'un de marne blanche qui se détache des falaises; l'autre formé de bisets noirs qui sont amalgamés avec celui-ci. Or, je n'y ai vu en général que deux sortes de limaçons de mer, appelés vignots, dont une, qui est fort commune et que l'on mange, est toute noire, et l'autre est blanche, avec la bouche lavée de rouge. De dire maintenant si les limaçons blancs s'attachent aux roches blanches, et les limaçons noirs aux roches noires, ou si c'est tout le contraire, c'est ce que je ne peux affirmer, parceque je ne l'ai pas observé. Mais, soit qu'ils forment avec ces roches des consonnances ou des contrastes, il est bien singulier que, comme il n'y a que deux espèces de roches, il n'y ait que deux espèces de limaçons. Je serais porté à croire que les limaçons noirs se collent de préférence aux roches noires; car j'ai remarqué qu'à l'Ile-de-France il n'y a ni limaçons noirs ni moules noires, parcequ'il n'y a pas dans la mer de cailloux précisément de cette couleur, et que je suis bien sûr que les moules sont toujours de la couleur du fond sur lequel elles vivent : celles de l'Ile-de-France sont brunes. D'un autre côté, il n'en faudrait pas conclure que ces coquillages doivent leurs nuances aux rochers qu'ils sucent; car il s'ensuivrait que les rochers du détroit de Magellan, qui donnent des moules et des lépas si riches en couleurs, seraient pétris de nacre, d'opales et d'améthystes; d'ailleurs, chaque roche nourrit des coquillages de couleur fort différente. On trouve au pied des rochers du pays de Caux, chargés de vignots noirs, des homards azurés, des crabes marbrés de rouge et de brun, et des légions de moules d'un bleu noir, avec des lépas d'un gris cendré. Tous ces coquillages vivants forment les harmonies les plus agréables, avec une multitude de plantes marines qui tapissent ces rochers blancs et noirs par leurs couleurs pourprées, grises, couleur de rouille, brunes et vertes, et par la variété de leurs formes et de leurs agrégations en feuilles de chêne, en houppes découpées, en guirlandes, en festons et en longs cordons, que les flots agitent de toutes les manières. En vérité, il n'y a point de peintre qui pût composer de semblables groupes, quand il les imaginerait à plaisir. Beaucoup de ces harmonies marines me sont échappées, car je les croyais alors des effets du hasard. Je les voyais, je les admirais, et je ne les observais pas : je soupçonnais cependant, dès ce temps-là, que le plaisir que leur ensemble me donnait tenait à quelque loi qui m'était inconnue.

J'en ai dit assez pour faire voir combien les naturalistes ont mutilé la plus belle portion de l'histoire naturelle, en rapportant, comme ils font la plupart, des descriptions isolées d'animaux et de plantes, sans rien dire de la saison et du lieu où ils les trouvent. Ils leur ont ôté, par cette négligence, toute leur beauté; car il n'y a point d'animal ni de plante dont le point harmonique ne soit fixé à certain site, à certaine heure du jour ou de la nuit, au lever, au coucher du soleil, aux phases de la lune et aux tempêtes même, sans les autres contrastes et convenances qui résultent de ceux-là.

Je suis si persuadé de l'existence de toutes ces harmonies, que je ne doute pas qu'en voyant la couleur d'un animal, on ne puisse déterminer à peu près celle du fond qu'il habite, et qu'en suivant ces indications on ne parvienne à faire des découvertes très curieuses. Par exemple, on n'a point encore trouvé sur aucun rivage la corne d'Ammon, ce fossile si commun et d'une grosseur si considérable dans nos carrières. Je pense qu'il faudrait chercher ce coquillage rembruni dans les lieux marins herbus, tels que sont ceux où paissent les tortues de mer. Je ne crois pas qu'on se soit encore avisé de draguer ces fonds, à cause de l'abondance des plantes marines qui y croissent, et parcequ'ils sont souvent à une grande profondeur, et fort éloignés des côtes : tels sont ceux qui sont aux environs du cap Vert, ou, selon d'autres, vers la Floride, et qui, dans certaines saisons, laissent flotter leurs herbes en si grande quantité, que la mer en est couverte dans des espaces de trente et quarante lieues, de sorte que les vaisseaux ont bien de la peine à y naviguer. Si on trouve les coquillages les plus brillants sur les fonds sombres, on doit trouver un coquillage sombre sur des fonds verts.

Ces contrastes se rencontrent même dans les sols bruts de la terre, comme je pourrais le démontrer évidemment si le temps me le permettait. On peut s'en convaincre en faisant ce seul raisonnement : Si une cause uniforme et mécanique avait produit le globe de la terre, il devrait être partout de la même matière et de la même couleur ; les collines, les montagnes, les rochers, les sables devraient être des amalgames ou des débris les uns des autres ; or, c'est ce qu'on ne trouve pas dans un canton, même d'une petite étendue. En général, comme nous l'avons dit, les terres sont blanches au nord, et rembrunies au midi, pour y réfléchir la chaleur dans le premier cas, et l'absorber dans le second ; mais, malgré ces dispositions générales, vous trouvez dans chaque lieu en particulier la plus grande variété. Vous voyez dans le même canton des montagnes rouges, des roches noires, des terres blanches, des sables jaunes. Leur matière est aussi variée que leur couleur ; il y a des granits, des pierres calcaires, des gypses ou plâtres, et des sables vitrifiables. A l'Ile-de-France, les roches des montagnes sont noirâtres, les terres des vallées rouges, et les sables du rivage blancs. Les roches y sont vitrifiables, et les sables calcaires. Lorsque j'étais dans cette île, un particulier ayant voulu établir une verrerie, il lui arriva le contraire de ce qu'il s'était proposé : car, ayant mis le feu à son fourneau avec beaucoup de pompe et d'appareil, le sable dont il comptait faire du verre se changea en chaux, et les pierres de son fourneau se vitrifièrent. Quoiqu'il soit rare de voir des terres blanches entre les tropiques, cependant les sables blancs y sont communs sur les rivages. Il est certain que cette couleur, par son éclat et sa réfraction à l'horizon, fait apercevoir de fort loin les terres basses, comme l'a fort bien remarqué Jean-Hugues Linschoten, qui, sans ces vigies posées par la nature sur la plupart des côtes sombres et basses de l'Inde, y aurait échoué plusieurs fois. Sur les côtes du pays de Caux, les sables sont gris, mais les falaises sont blanches ; avec cela elles sont divisées en bandes noires et horizontales de cailloux, qui y forment des contrastes très apparents au loin. Il y a des lieux où il se trouve des roches blanches et des terres rouges, comme dans les carrières de pierres de meulière : il en résulte alors des effets très agréables, surtout avec leurs accessoires naturels en végétaux et en animaux. Je m'écarterais trop si j'entrais dans quelque détail à ce sujet : il me suffit de recommander aux naturalistes d'étudier la nature comme font les grands peintres, c'est-à-dire en réunissant les harmonies des trois règnes. Tout homme qui l'observera ainsi verra un jour nouveau se répandre sur ses lectures de voyages et d'histoire naturelle, quoique leurs auteurs ne parlent presque jamais de ces contrastes que par hasard, et sans s'en douter. Mais on sera soi-même à portée d'en trouver les effets ravissants dans ce qu'on appelle la nature brute, c'est-à-dire celle où l'homme n'a point mis la main. Voici un moyen assuré de les reconnaître : c'est que toutes les fois qu'un objet naturel vous présente un sentiment de plaisir, vous pouvez être certain qu'il vous offre quelque concert harmonique.

Certainement les animaux et les plantes du même climat n'ont reçu ni du soleil ni des éléments des livrées si variées et si caractéristiques. Il y a mille observations nouvelles à faire sur leurs contrastes. Qui ne les a pas vus dans leur lieu naturel n'a point encore connu leur beauté ou leur difformité. Non-seulement ils sont en opposition avec les fonds de leurs habitations, mais ils le sont encore entre eux de genre à genre ; et il est remarquable que lorsque ces contrastes sont établis, ils existent dans toutes les parties des deux individus. Nous dirons quelque chose de ceux des plantes dans l'Étude suivante, en effleurant simplement ce ravissant et inépuisable sujet. Ceux des animaux sont encore plus étendus ; ils sont opposés non-seulement en formes et en allures, mais en instincts ; et avec des différences si marquées, ils aiment à se rapprocher les uns des autres dans les mêmes lieux. C'est cette consonnance de goût qui distingue, comme je l'ai dit, les êtres en contraste de ceux qui sont contraires ou ennemis. Ainsi la mouche et le papillon pompent le nectar des mêmes fleurs ; le cheval solipède, la tête au vent et les crins flottants, aime à parcourir d'une course légère les prairies où le taureau pesant imprime son pied fourchu ; l'âne lourd et constant se plaît à gravir les rochers où grimpe la chèvre légère et capricieuse ; le chat et le chien vivent en paix aux mêmes foyers, lorsque la tyrannie de l'homme n'a pas altéré leur naturel par des traitements qui excitent entre eux des haines ou des jalousies. Enfin, les contrastes existent, non-seulement dans les ouvrages de la nature en général, mais dans chaque individu en particulier, et constituent, ainsi que les consonnances, l'organisation des corps. Si vous examinez un de ces corps, de quelque espèce qu'il soit, vous y remarquerez des formes absolument opposées, et toutefois consonnantes. C'est ainsi que, dans les animaux, les organes excrétoires contrastent avec ceux de la nutrition. Les longues queues des chevaux et des taureaux sont opposées à la grosseur de leur tête et de leur cou, et suppléent aux mouvements de ces parties antérieures, trop pesantes pour écarter les insectes de leur corps. Au contraire, la large queue du paon contraste avec la longueur du cou et la petitesse de la tête de ce superbe oiseau. Les proportions des autres animaux présentent des oppositions qui ne sont pas moins harmoniques ni moins convenables aux besoins de chaque espèce [37].

Les harmonies, les consonnances, les progressions et les contrastes doivent donc être comptés parmi les premiers éléments de la nature. C'est à eux que nous devons les sentiments d'ordre, de beauté et de plaisir que nous éprouvons à la vue de ses ouvrages; comme c'est de leur absence que naissent ceux du désordre, de la laideur et de l'ennui. Ils s'étendent également à tous les règnes; et quoique je me sois borné, dans le reste de cet ouvrage, à n'en examiner les effets que dans le seul règne végétal, je ne saurais cependant résister au plaisir de les indiquer, au moins dans la figure humaine. C'est en elle que la nature a rassemblé toutes les expressions harmoniques par excellence. J'en vais tracer une faible esquisse. A la vérité ce n'en est pas ici le lieu; et je n'ai même le loisir de mettre en ordre qu'une partie des observations que j'ai rassemblées sur ce vaste et intéressant sujet : mais le peu que j'en dirai suffira pour détruire l'opinion que des hommes trop célèbres parmi nous ont mise en avant, savoir, que la beauté humaine était arbitraire. J'ose même me flatter que ces essais informes engageront les sages qui aiment la nature, et qui cherchent à connaître ses lois, à creuser dans les flancs de cette montagne profonde où la vérité s'est ensevelie. Leurs lumières multipliées les guideront sans peine le long de cette mine, dont je n'ai entamé en aveugle que les premiers filons. Elles les conduiront à des veines bien plus riches, puisque, pour ainsi dire, au fond d'une vallée et sur les sables d'un petit ruisseau, j'ai recueilli pour ma part quelques grains d'or.

DE LA FIGURE HUMAINE.

Toutes les expressions harmoniques sont réunies dans la figure humaine. Je me bornerai dans cet article à examiner quelques unes de celles qui composent la tête de l'homme. Remarquez que sa forme approche de la sphérique, qui, comme nous l'avons vu, est la forme par excellence. Je ne crois pas que cette configuration lui soit commune avec celle d'aucun animal. Sur sa partie antérieure est tracé l'ovale du visage, terminé par le triangle du nez, et entouré des parties radiées de la chevelure. La tête est, de plus, supportée par un cou qui a beaucoup moins de diamètre qu'elle, ce qui la détache du corps par une partie concave.

Cette légère esquisse nous offre d'abord les cinq termes harmoniques de la génération élémentaire des formes. Les cheveux présentent la ligne; le nez, le triangle; la tête, la sphère; le visage, l'ovale; et le vide au-dessous du menton, la parabole. Le cou, qui, comme une colonne, supporte la tête, offre encore la forme harmonique très agréable du cylindre, composé du cercle et du quadrilatère.

Ces formes ne sont pas tracées d'une manière sèche et géométrique, mais elles participent l'une de l'autre, en s'amalgamant mutuellement, comme il convenait aux parties d'un tout. Ainsi, les cheveux ne sont pas droits comme des lignes, mais ils s'harmonient, par leurs boucles, avec l'ovale du visage. Le triangle du nez n'est ni aigu, ni à angle droit; mais, par le renflement onduleux des narines, il s'accorde avec la forme en cœur de la bouche, et, s'évidant près du front, il s'unit avec les cavités des yeux. Le sphéroïde de la tête s'amalgame de même avec l'ovale du visage. Il en est ainsi des autres parties, la nature employant, pour les joindre ensemble, les arrondissements du front, des joues, du menton et du cou, c'est-à-dire des portions de la plus belle des expressions harmoniques, qui est la sphère.

Il y a encore plusieurs proportions remarquables, qui forment entre elles des harmonies et des contrastes très agréables : telle est celle du front, qui présente un quadrilatère en opposition avec le triangle formé par les yeux et la bouche; et celle des oreilles, formées de courbes acoustiques très ingénieuses, qui ne se rencontrent point dans l'organe auditif des animaux, parcequ'il ne devait pas recueillir, comme celui de l'homme, toutes les modulations de la parole. Mais je m'arrêterai aux formes charmantes dont la nature a déterminé la bouche et les yeux, qu'elle a mis dans la plus grande évidence, parcequ'ils sont les deux organes actifs de l'ame. La bouche est composée de deux lèvres, dont la supérieure est découpée en cœur, cette forme si agréable que sa beauté a passé en proverbe, et dont l'inférieure est arrondie en proportions demi-cylindriques. On entrevoit au milieu des lèvres les quadrilatères des dents, dont les lignes perpendiculaires et parallèles contrastent très agréablement avec les formes rondes qui les avoisinent, d'autant mieux, comme nous l'avons vu, que le premier terme génératif se trouvant joint au terme harmonique par excellence, c'est-à-dire la ligne droite à la forme sphérique, il en résulte le plus harmonique des contrastes. Les mêmes rapports se trouvent dans les yeux, dont les formes se rapprochent encore plus des expressions harmoniques élémentaires, ainsi qu'il convenait à l'organe principal. Ce sont deux globes, bordés aux paupières de cils rayonnants comme des pinceaux, qui forment avec eux un contraste ravissant, et présentent une consonnance admirable avec le soleil, sur lequel ils semblent modelés, étant comme lui de figure ronde, ayant des rayons divergents dans leurs cils, des mouvements de rotation sur eux-mêmes, et pouvant, comme l'astre du jour, se voiler de nuages, au moyen de leurs paupières.

Les mêmes harmonies élémentaires sont dans les couleurs de la tête, ainsi que dans ses formes; car il y a, dans le visage, du blanc tout pur aux dents et aux yeux; puis des nuances de jaune qui entrent dans sa carnation, comme le savent les peintres; ensuite du rouge, cette couleur par excellence, qui éclate aux lèvres et aux joues. On y remarque de plus le bleu des veines, et quelquefois celui des prunelles; et enfin, le noir de la chevelure, qui, par son opposition, fait sortir les couleurs du visage, comme le vide du cou détache les formes de la tête.

Vous remarquerez que la nature n'y emploie point de couleurs durement tranchées, mais elle les fait participer, comme les formes, les unes des autres. Ainsi, le blanc du visage se fond ici avec le jaune, et là avec le rouge. Le bleu des veines tire sur le verdâtre: les cheveux ne sont pas communément d'un noir de jais; mais ils sont bruns, châtains, blonds, et en général d'une couleur où il entre un peu de la teinte carnative, afin que leur opposition ne fût pas trop dure. Vous observerez encore que, comme elle emploie les portions sphériques pour former les muscles qui en unissent les organes, et pour distinguer particulièrement ces mêmes organes; elle se sert du rouge aux mêmes usages. C'est ainsi qu'elle en a étendu une nuance sur le front, qu'elle a renforcée aux joues, et qu'elle a appliquée toute pure à la bouche, cet organe du cœur, où elle contraste agréablement avec la blancheur des dents. L'union de cette couleur et de cette forme harmonique est la consonnance la plus forte de la beauté; et on peut remarquer que là où se renflent les formes sphériques, là se renforce la couleur rouge, excepté aux yeux.

Comme les yeux sont les principaux organes de l'ame, ils sont destinés à en exprimer toutes les passions, ce qui n'eût pu se faire avec la teinte harmonique rouge, qui n'eût donné qu'une seule expression. La nature, pour y exprimer des passions contraires, y a réuni les deux couleurs les plus opposées, le blanc de l'orbite et le noir de l'iris, et quelquefois de la prunelle, qui forment une opposition très dure, lorsque les globes des yeux se développent dans tout leur diamètre; mais, au moyen des paupières que l'homme resserre ou dilate à son gré, il leur donne l'expression de toutes les passions, depuis l'amour jusqu'à la fureur. Les yeux dont les prunelles sont bleues sont naturellement les plus doux, parceque l'opposition y est moins tranchée avec le blanc de la conjonctive; mais ils sont les plus terribles de tous dans la colère, par un contraste moral qui nous fait regarder comme les plus dangereux de tous les objets ceux qui nous promettent du mal après nous avoir fait espérer du bien. C'est donc à ceux qui les ont de prendre bien garde à ne pas être infidèles à ce caractère de bienveillance que leur a donné la nature; car des yeux bleus expriment par leur couleur je ne sais quoi de céleste.

Quant aux mouvements des muscles du visage, ils sont très difficiles à décrire, quoique je sois persuadé qu'on en peut expliquer les lois. Si quelqu'un tente de le faire, il faut nécessairement qu'il les rapporte à des affections morales. Ceux de la joie sont horizontaux, comme si, dans le bonheur, l'ame voulait s'étendre. Ceux du chagrin sont perpendiculaires, comme si, dans le malheur, elle cherchait un refuge vers le ciel, ou dans le sein de la terre. Il faut encore y faire entrer les altérations des couleurs et les contractions des formes, et on y reconnaîtra au moins la vérité du principe que nous avons posé, que l'expression du plaisir est dans l'harmonie des contraires, qui se confondent les uns dans les autres en couleurs, en formes et en mouvements, et que celle de la douleur est dans la violence de leurs oppositions. Les yeux seuls ont des mouvements ineffables; et il est remarquable que, dans les émotions extrêmes, ils se couvrent de larmes, et semblent par-là avoir encore une analogie avec l'astre de la lumière, qui, dans les tempêtes, se voile de nuages pluvieux.

Les organes principaux des sens, qui sont au nombre de quatre dans la tête, ont des contrastes particuliers qui détachent leurs formes sphériques par des formes radiées, et leurs couleurs éclatantes par des teintes rembrunies. Ainsi l'organe brillant de la vue est contrasté par les sourcils; ceux de l'odorat et du goût, par les moustaches; celui de l'ouïe, par cette partie de la chevelure qu'on appelle *favoris*, qui sépare les oreilles du visage; et le visage lui-même est distingué du reste de la tête par la barbe et par les cheveux.

Nous n'examinerons pas ici les autres proportions de la figure humaine dans la forme cylindrique du cou, opposée au sphéroïde de la tête et à la surface plane de la poitrine; les formes hémisphériques du sein, qui contrastent avec celle-ci, ainsi que les pyramides cylindriques des bras et des doigts avec l'omoplate des épaules; ni les consonnances des doigts avec les bras par trois articulations semblables; ni une multitude d'autres courbes et d'autres harmonies qui n'ont pas même encore de nom dans aucune langue, quoiqu'elles soient dans tous les pays l'expression toute puissante de la beauté. Le corps humain est le seul qui réunisse en lui les modulations et les concerts les plus agréables des cinq formes élémentaires et des cinq couleurs primordiales, sans qu'on y voie les oppositions âpres et rudes des bêtes, telles que les pointes des hérissons, les cornes des taureaux, les défenses des sangliers, les griffes des lions, les marbrures de peau des chiens, et les couleurs livides et meurtries des animaux venimeux. Il est le seul dont on aperçoive le premier trait, et qu'on voie à plein, les autres animaux étant revêtus de poils, de plumes ou d'écailles, qui voilent leurs membres et leur peau. Il est encore le seul qui, dans son attitude perpendiculaire, montre tous ses sens à la fois; car on ne peut guère apercevoir que la moitié d'un quadrupède, d'un oiseau et d'un poisson, dans la position horizontale qui leur est propre, parceque la partie supérieure de leur corps cache l'inférieure. Nous remarquerons aussi que la démarche de l'homme n'a ni les secousses ni la lenteur de progression de la plupart des quadrupèdes, ni la rapidité de celle des oiseaux; mais elle est le résultat des mouvements les plus harmoniques, comme sa figure est celui des formes et des couleurs les plus agréables [38].

Plus les consonnances multipliées de la figure humaine sont agréables, plus leurs dissonances sont déplaisantes. Voilà pourquoi il n'y a sur la terre rien de plus beau qu'un bel homme, ni rien de plus laid qu'un homme très laid.

Voilà encore pourquoi il sera toujours impossible à l'art d'imiter parfaitement la figure humaine, par la difficulté d'en réunir toutes les harmonies, et par celle encore plus grande de faire concourir ensemble celles qui sont d'une nature différente. Par exemple, la peinture réussit assez bien à peindre les couleurs du visage, et la sculpture à en exprimer les formes; mais si on veut réunir l'harmonie des couleurs et des formes dans un seul buste, cet ouvrage sera très inférieur à un simple tableau ou à une simple sculpture, parcequ'il s'y rencontrera les dissonances particulières des couleurs et des formes, et leur dissonance générale, qui est encore plus marquée. Si on voulait y joindre de plus les harmonies des mouvements, comme dans les automates, on ne ferait qu'en accroître la cacophonie; et si on voulait le faire parler, on y ajouterait une quatrième dissonance qui ferait horreur. On ferait heurter alors le système intellectuel avec le système physique. Ainsi je ne m'étonne pas que saint Thomas d'Aquin fût si effrayé de cette tête parlante que son maître Albert le Grand avait passé tant d'années à construire, qu'il la brisa sur-le-champ. Elle dut produire sur lui la même impression qu'une voix articulée qui sortirait d'un corps mort. En général, ces sortes de travaux font beaucoup d'honneur à un artiste; mais ils démontrent la faiblesse de son art, qui s'écarte d'autant plus de la nature qu'il cherche à réunir plusieurs de ses harmonies : au lieu de les confondre comme elle, il ne fait que les mettre en opposition.

Tout ceci prouve la vérité du principe que nous avons posé, qui est que l'harmonie naît de la réunion de deux contraires, et la discorde de leur choc; et que plus les harmonies d'un objet sont agréables, plus ses discordances sont déplaisantes. Voilà l'origine de nos plaisirs et de nos déplaisirs au physique comme au moral, et pourquoi nous aimons et nous haïssons si souvent le même objet.

Il y a encore bien des choses intéressantes à dire sur la figure humaine, surtout en y joignant les sensations morales, qui donnent seules l'expression à ses traits. Nous en dirons quelque chose dans la suite de cet ouvrage, lorsque nous parlerons du sentiment. Quoi qu'il en soit, la beauté physique de l'homme est si frappante pour les animaux mêmes, que c'est à elle principalement qu'il doit attribuer l'empire qu'il a sur eux par toute la terre : les faibles viennent se réfugier sous sa protection, et les plus forts tremblent à sa vue. Mathiole rapporte que l'alouette se sauve au milieu des troupes d'hommes lorsqu'elle aperçoit l'oiseau de proie. Cet instinct m'a été confirmé par un officier qui en vit une un jour se réfugier, en pareille circonstance, au milieu d'un escadron de cavalerie où il servait alors; mais celui de ses camarades auprès duquel elle était venue chercher un asile la fit fouler aux pieds de son cheval : action barbare, qui lui attira avec raison la haine des plus honnêtes gens de son corps. Pour moi, j'ai vu un cerf, pressé par une meute de chiens, chercher, en bramant, du secours dans la pitié des passants, ainsi que Pline l'assure; j'en ai eu moi-même l'expérience à l'Ile-de-France, comme je l'ai rapporté dans la relation que j'ai donnée au public de ce voyage. J'ai vu, dans des métairies, des poules d'Inde pressées d'amour aller se jeter en piaulant aux pieds des paysans. Si nous ne voyons pas des effets plus fréquents de la confiance des animaux, c'est qu'ils sont effrayés, dans nos campagnes, par le bruit de nos fusils et par des persécutions continuelles. On sait avec quelle familiarité les singes et les oiseaux s'approchent des voyageurs dans les forêts de l'Inde*. J'ai vu au cap de Bonne-Espérance, dans la ville même du Cap, les rivages de la mer couverts d'oiseaux de marine qui se reposaient sur les chaloupes, et un grand pélican sauvage qui se jouait auprès de la douane avec un gros chien, dont il prenait la tête dans son large bec. Ce spectacle me donna, dès mon arrivée, le préjugé le plus favorable du bonheur de ce pays et de l'humanité de ses habitants; et je ne fus pas trompé. Mais les animaux dangereux sont saisis, au contraire, de crainte à la vue de l'homme, à moins qu'ils ne soient jetés hors de leur naturel par des besoins extrêmes. Un éléphant se laisse conduire, en Asie, par un petit enfant. Le lion d'Afrique s'éloigne en rugissant de la hutte du Hottentot; il lui abandonne le terrain de ses ancêtres, et va chercher à régner dans des forêts et des rochers inconnus à l'homme. L'immense baleine, au milieu de son élément, tremble et fuit devant le petit canot d'un Lapon. Ainsi s'exécute encore cette loi toute puissante qui conserva l'empire à l'homme au milieu de ses malheurs : « Que tous » les animaux de la terre * et les oiseaux du ciel » soient frappés de terreur et tremblent devant » vous, avec tout ce qui se meut sur la terre; j'ai » mis entre vos mains tous les poissons de la » mer. »

Il est très remarquable qu'il n'y a dans la nature ni animal, ni plante, ni fossile, ni même de globe, qui n'ait sa consonnance et son contraste hors de lui, excepté l'homme : aucun être visible n'entre dans sa société que comme serviteur ou comme esclave.

On doit sans doute compter dans les proportions humaines cette loi si vulgaire et si admirable qui fait naître les femmes en nombre égal aux hommes. Si le hasard présidait à nos générations comme à nos alliances, on ne verrait naître une année que des enfants mâles, et une autre année que des enfants femelles. Il y aurait des nations qui seraient toutes d'hommes, d'autres toutes de femmes; mais, par toute la terre, les deux sexes naissent dans le même temps en nombre égal. Une consonnance si régulière prouve évidemment qu'une Providence veille sur nos sociétés, malgré les désordres de leur police. On peut la regarder comme un témoignage de la vérité en faveur de notre religion, qui fixe aussi l'homme à une seule épouse dans le mariage, et qui, par cette conformité aux lois naturelles, qui lui est particulière, paraît seule émanée de l'auteur de la nature. On en peut conclure, au contraire, que les religions qui permettent la pluralité des femmes sont dans l'erreur.

Ah! que ceux qui n'ont cherché dans l'union des deux sexes que les voluptés des sens n'ont guère connu les lois de la nature! Ils n'ont cueilli que les fleurs de la vie, sans en avoir goûté les fruits. Le beau sexe, disent nos gens de plaisir : ils ne connaissent pas les femmes sous d'autre nom. Mais il est seulement beau pour ceux qui n'ont que des yeux. Il est encore, pour ceux qui ont un cœur, le sexe générateur qui porte l'homme neuf mois dans ses flancs au péril de sa vie, et le sexe nourricier qui l'allaite et le soigne dans l'enfance. Il est le sexe pieux qui le porte aux autels tout petit, et qui lui inspire l'amour d'une religion que la cruelle politique des hommes lui rendrait souvent odieuse. Il est le sexe pacifique qui ne verse point le sang de ses semblables, le sexe consolateur qui prend soin des malades, et qui les touche sans les blesser. L'homme a beau vanter sa

---

* *Voyez* Bernier et Mandeslo.

* *Genèse*, chap. ix, ỳ. 2.

puissance et sa force : si ses mains robustes manient le fer, celles de la femme, plus adroites et plus utiles, savent filer le lin et les toisons des brebis. L'un combat les noirs chagrins par les maximes de la philosophie ; l'autre les éloigne par l'insouciance et les jeux. L'un résiste aux maux du dehors par la force de sa raison ; l'autre, plus heureuse, leur échappe par la mobilité de la sienne. Si le premier met quelquefois sa gloire à affronter les dangers dans les batailles, celle-ci triomphe à en attendre de plus certains et souvent de plus cruels dans son lit, et sous les pavillons de la volupté. Ainsi, ils ont été créés afin de supporter ensemble les maux de la vie, et pour former, par leur union, la plus puissante des consonnances et le plus doux des contrastes.

Je suis forcé, par le plan de mon ouvrage, d'aller en avant, et de m'abstenir de réfléchir sur des sujets aussi intéressants que le mariage et la beauté de l'homme et de la femme. Cependant je hasarderai encore quelques observations tirées de mes matériaux, afin de donner à d'autres le désir d'approfondir cette riche carrière, qui est, pour ainsi dire, toute neuve.

Tous les philosophes qui ont étudié l'homme ont trouvé avec raison qu'il était le plus misérable de tous les animaux. La plupart ont senti qu'il lui fallait un compagnon pour subvenir à ses besoins, et ils ont mis une portion de son bonheur dans l'amitié, ce qui est une preuve évidente de la faiblesse et de la misère humaine ; car si l'homme était fort de sa nature, il n'aurait besoin ni d'aide ni de compagnon. Les éléphants et les lions vivent solitairement dans les forêts. Ils n'ont pas besoin d'amis, parcequ'ils sont forts. Il est très remarquable que lorsque les anciens ont parlé d'une amitié parfaite, ils ne l'ont établie qu'entre deux amis, et non entre plusieurs, quelle que soit la faiblesse de l'homme, qui a souvent besoin que tant d'êtres semblables à lui concourent à son bonheur. Il y a plusieurs raisons de cette restriction, dont les principales viennent de la nature du cœur humain, qui, par sa faiblesse même, ne peut saisir à la fois qu'un seul objet, et qui, étant composé de passions opposées qui se balancent sans cesse, est en quelque sorte actif et passif, et a besoin d'aimer et d'être aimé, de consoler et d'être consolé, d'honorer et d'être honoré. Ainsi, toutes les amitiés célèbres dans le monde n'ont jamais existé qu'entre deux amis : telles ont été celles de Castor et de Pollux, de Thésée et de Pirithoüs, d'Hercule et d'Iolas, d'Oreste et de Pylade, d'Alexandre et d'Éphestion, etc.,... Nous observerons encore que ces amitiés uniques ont toujours été associées aux actions vertueuses et héroïques ; mais quand elles se sont partagées entre plusieurs personnes, elles ont été remplies de discordes, et n'ont été fameuses que par le mal qu'elles ont fait au genre humain : telle fut celle du triumvirat chez les Romains. Lorsque, dans ces alliances, les associés se sont multipliés, le mal qu'ils ont fait a été proportionné à leur nombre. Ainsi la tyrannie des décemvirs, à Rome, eut encore quelque chose de plus cruel que celle des triumvirs ; car elle faisait le mal, pour ainsi dire, sans passion et de sang-froid.

Il y a aussi des triummillevirats et des decemmillevirats : ce sont les corps. Ils sont bien nommés corps à juste titre ; car ils ont souvent un autre centre que la patrie, dont ils ne devraient être que les membres. Ils ont aussi d'autres vues, d'autres ambitions, d'autres intérêts. Ils sont, par rapport au reste des citoyens, inconstants, divisés, sans but, et souvent aussi sans patriotisme, ce que des troupes réglées sont par rapport à des troupes légères. Ils les empêchent de se présenter dans les avenues où ils s'avancent, et ils les débusquent, à la longue, de celles qui sont sur leur chemin. Combien de révolutions n'ont pas faites les strélitz en Russie, les gardes prétoriennes à Rome, les janissaires à Constantinople, et ailleurs des corps encore plus politiques ! Ainsi, par une juste réaction de la Providence, l'esprit de corps a été aussi fatal aux patries que l'esprit de patrie l'a été lui-même au genre humain.

Si le cœur de l'homme ne peut se remplir que d'un seul objet, que penser des amitiés de nos jours, qui sont si multipliées ? Certainement, si un homme a trente amis, il ne peut donner à chacun d'eux que la trentième partie de son affection, et en recevoir réciproquement autant de leur part. Il faut donc qu'il les trompe et qu'il en soit trompé ; car personne ne veut être ami par fraction. Mais, pour dire la vérité, ces amitiés-là sont de véritables ambitions, des relations intéressées et purement politiques, qui ne s'occupent qu'à se faire illusion mutuellement, pour s'accroître aux dépens de la société, et qui lui feraient beaucoup de mal si elles étaient plus unies entre elles, et si elles n'étaient pas balancées par d'autres qui leur sont opposées. Ainsi, c'est à des guerres intestines qu'aboutissent à peu près toutes les liaisons générales. D'un autre côté, je ne parle pas des inconvénients qui résultent des unions particulières trop intimes. Les amitiés les plus célèbres de l'antiquité n'ont pas été, à cet égard, exemples de soupçon, quoique je sois persuadé qu'elles ont été aussi vertueuses que ceux qui en étaient les objets.

L'auteur de la nature a donné à chacun de nous, dans notre espèce, un ami naturel, propre à supporter tous les besoins de notre vie, et à subvenir à toutes les affections de notre cœur et à toutes les inquiétudes de notre tempérament. Il dit, dans le commencement du monde : « Il n'est pas bon que » l'homme soit seul : faisons-lui une aide sembla» ble à lui; et il créa la femme*. » La femme plaît à tous nos sens par sa forme et par ses graces. Elle a dans son caractère tout ce qui peut intéresser le cœur humain dans tous les âges. Elle mérite, par les soins longs et pénibles qu'elle prend de notre enfance, nos respects comme mère, et notre reconnaissance comme nourrice; ensuite, dans la jeunesse, notre amour comme maîtresse; dans l'âge viril, notre tendresse comme épouse, notre confiance comme économe, notre protection comme faible; et dans la vieillesse, nos égards comme la mère de notre postérité, et notre intimité comme une amie qui a été la compagne de notre bonne et de notre mauvaise fortune. Sa légèreté et ses caprices mêmes balancent, en tout temps, la gravité et la constance trop réfléchie de l'homme, et en acquièrent réciproquement de la pondération. Ainsi, les défauts d'un sexe et les excès de l'autre se compensent mutuellement. Ils sont faits, si j'ose dire, pour s'encastrer les uns dans les autres, comme les pièces d'une charpente, dont les parties saillantes et rentrantes forment un vaisseau propre à voguer sur la mer orageuse de la vie, et à se raffermir par les coups mêmes de la tempête. Si nous ne savions pas, par une tradition sacrée, que la femme fut tirée du corps de l'homme, et si cette grande vérité ne se manifestait pas chaque jour par la naissance merveilleuse des enfants des deux sexes en nombre égal, nous l'apprendrions encore par nos besoins. L'homme sans la femme, et la femme sans l'homme, sont des êtres imparfaits dans l'ordre naturel**. Mais plus il y a de contraste dans leurs caractères, plus il y a d'union dans leurs harmonies. C'est, comme nous en avons dit quelque chose, de leurs oppositions en talents, en goûts, en fortunes, que naissent les plus fortes et les plus durables amours. Le mariage est donc l'amitié de la nature, et la seule union véritable qui ne soit point exposée, comme celles qui existent entre les hommes, à l'égarement, à la rivalité, aux jalousies, et aux changements que le temps apporte à nos inclinations.

Mais, pourquoi y a-t-il parmi nous si peu de mariages heureux? C'est que les sexes y sont dénaturés; c'est que les femmes prennent, chez nous, les mœurs des hommes par leur éducation, et les hommes les mœurs des femmes par leurs habitudes. Ce sont les maîtres, les sciences, les coutumes, les occupations des hommes qui ont ôté aux femmes les graces et les talents de leur sexe. Il y a un moyen sûr de ramener les uns et les autres à la nature, c'est de leur inspirer de la religion. Je n'entends pas par religion le goût des cérémonies ni de la théologie, mais la religion du cœur, pure, simple, sans faste, telle qu'elle est si bien annoncée dans l'Évangile.

Non-seulement la religion rendra aux deux sexes leur caractère moral, mais leur beauté physique. Ce ne sont ni les climats, ni les aliments, ni les exercices du corps, qui forment la beauté humaine; c'est le sentiment moral de la vertu, qui ne peut exister sans religion. Les aliments et les exercices contribuent sans doute beaucoup à la grandeur et au développement du corps; mais ils n'influent en rien sur la beauté du visage, qui est la vraie physionomie de l'ame. Il n'est pas rare de voir des hommes grands et vigoureux d'une laideur rebutante, des tailles de géant et des physionomies de singe.

La beauté du visage est tellement l'expression des harmonies de l'ame, que, par tout pays, les classes de citoyens obligées par leur condition de vivre avec les autres dans un état de contrainte sont sensiblement les plus laides de la société. On peut vérifier cette observation, particulièrement parmi les nobles de plusieurs de nos provinces, qui vivent entre eux dans des jalousies perpétuelles de rang, et avec les autres citoyens dans un état

---

* *Genèse*, chap. II, 18.
** S'il pouvait exister de véritables athées, ils trouveraient dans l'harmonie des deux sexes une prévoyance bien propre à dissiper tous leurs doutes. En ne considérant cette harmonie que dans les végétaux, par exemple, dans le dattier (*phœnix dactilifera*, LIN.), on voit que la nature a voulu que cet arbre trouvât hors de lui un autre arbre qui lui fût analogue, et que leur postérité dépendît du mouvement de l'air, qu'ils ne peuvent diriger. Ainsi, deux végétaux, séparés par un espace immense, sont réunis par un moyen qui décèle une intelligence; leur séparation était prévue; et si elle était prévue, il y a donc une puissance qui prévoit. On conçoit que cette preuve prend une nouvelle force lorsqu'on l'applique aux insectes, aux animaux et à l'homme; car la création d'un seul animal eût été inutile, puisqu'il serait mort sans postérité : il a donc fallu créer deux animaux semblables. Or, comment le hasard aurait-il pu répéter deux fois le même ouvrage avec les seules différences propres à perpétuer les espèces, et cela, dans des millions d'animaux et de plantes? Comment aurait-il placé le fils de l'homme dans un autre être que l'homme? Ce phénomène est certainement inexplicable sans l'intervention d'une puissance intelligente. (A.-M.)

constant de guerre pour la conservation de leurs prérogatives. La plupart de ces nobles ont un teint bilieux et brûlé ; ils sont maigres, refrognés, et sensiblement plus laids que les habitants du même canton, quoiqu'ils respirent le même air, qu'ils vivent des mêmes aliments, et qu'ils jouissent en général d'une meilleure fortune. Ainsi ; il s'en faut bien qu'ils soient gentilshommes de nom et d'effet. Il y a même une nation voisine de la nôtre dont les sujets sont aussi renommés en Europe par leur orgueil que par leur laideur. Tous ces hommes deviennent laids par les mêmes causes que la plupart de nos enfants, qui, étant si aimables dans le premier âge, enlaidissent en allant au collége, par les misères et les ennuis de leurs institutions. Je ne parle pas de leur caractère moral, qui éprouve la même révolution que leur physionomie, celle-ci étant toujours une conséquence de l'autre.

Il n'en est pas de même des nobles de quelques cantons de nos provinces et de ceux de quelques états de l'Europe. Ceux-ci, vivant en bonne intelligence entre eux et avec leurs compatriotes, sont, en général, les hommes les plus beaux de leur nation, parceque leur ame sociale et bienveillante n'est point dans un état constant de contrainte et d'anxiété. On peut rapporter aux mêmes causes morales la beauté des traits de la physionomie des Grecs et des Romains, qui nous ont laissé, en général, de si nobles modèles dans leurs statues et dans leurs médaillons. Ils étaient beaux, parcequ'ils étaient heureux ; ils vivaient en bonne union avec leurs égaux, et avec popularité avec leurs citoyens. D'ailleurs, il n'y avait point parmi eux d'institutions tristes, semblables à celles de nos colléges, qui défigurent à la fois toute la jeunesse d'une nation. Il s'en faut bien que les descendants de ces mêmes peuples ressemblent aujourd'hui à leurs ancêtres, quoique le climat de leur pays n'ait point changé. C'est encore à des causes morales qu'il faut rapporter les physionomies, singulièrement remarquables par leur dignité, des grands seigneurs de la cour de Louis XIV, comme on le voit à leurs portraits. En général, les gens de qualité, étant par leur état au-dessus du reste de la nation, ne vivent pas sans cesse entre eux et avec les autres sujets au couteau tiré, comme la plupart de nos petits gentilshommes campagnards. D'ailleurs ils sont, pour l'ordinaire, élevés dans la maison paternelle, sous l'heureuse influence de l'éducation domestique, et loin de toute jalousie étrangère. Mais ceux du siècle de Louis XIV avaient cet avantage par-dessus leurs descendants, qu'ils se piquaient de bienfaisance et d'affabilité populaire, et d'être les patrons des talents et des vertus partout où ils les rencontraient. Il n'y a peut-être pas une grande maison de ce temps-là qui ne puisse se glorifier d'avoir poussé en avant et mis en évidence quelque homme des familles du peuple ou de la simple noblesse, qui est devenu célèbre dans les arts, dans les lettres, dans l'Église ou dans les armes par leur moyen. Ces grands agissaient ainsi à l'imitation du roi, ou peut-être par un reste d'esprit de grandeur du gouvernement féodal, qui finissait alors. Quoi qu'il en soit, ils ont été beaux, parcequ'ils ont eux-mêmes été contents et heureux ; et ce noble mouvement de leur ame vers la bienfaisance a imprimé à leur physionomie un caractère majestueux qui les distinguera toujours des siècles qui les ont précédés, et encore plus de celui qui les a suivis.

Ces observations ne sont pas de simples objets de curiosité ; elles sont bien plus importantes qu'on ne le croit ; car il s'ensuit que, pour former dans une nation de beaux enfants, et par conséquent de beaux hommes, au physique et au moral, il ne faut pas, comme le veulent quelques médecins, assujettir l'espèce humaine à des purgations régulières et à certains jours de la lune. Les enfants astreints à ces sortes de régimes, comme sont la plupart de ceux de nos médecins et de nos apothicaires, ont tous des figures de papier mâché ; et quand ils sont grands, ils ont des teints pâles et des tempéraments cacochymes, comme leurs pères. Pour rendre les enfants beaux, il faut les rendre heureux au physique, et surtout au moral. Il faut éloigner d'eux tous les sujets de chagrin, non pas en excitant en eux de dangereuses passions, comme on fait aux enfants gâtés, mais en les empêchant, au contraire, de se livrer avec excès à celles qui leur sont propres, que la société fait fermenter sans cesse ; et surtout en ne leur en inspirant pas de plus fâcheuses que celles que leur a données la nature, telles que les études ennuyeuses et vaines, les émulations, les rivalités, etc.... Nous nous étendrons davantage ailleurs sur ce sujet important.

La laideur d'un enfant vient presque toujours de sa nourrice ou de son précepteur. J'ai quelquefois observé, parmi tant de classes de la société plus ou moins défigurées par nos institutions, des familles d'une singulière beauté. Lorsque j'en ai recherché la cause, j'ai trouvé que ces familles, quoique du peuple, étaient plus heureuses au moral que celles des autres citoyens ; que leurs enfants y étaient nourris par leurs mères ; qu'ils apprenaient leur métier dans la maison paternelle ; qu'ils y étaient élevés avec beaucoup de douceur; que leurs parents se chérissaient mutuellement, et qu'ils vivaient tous ensemble, malgré les peines de leur état, dans une liberté et dans une union qui les rendaient bons, heureux et contents. J'en ai tiré cette autre conséquence, que nous jugions souvent bien faussement du bonheur de la vie. En voyant, d'une part, un jardinier avec une figure d'empereur romain, et de l'autre un grand seigneur avec le masque d'un esclave, je pensais d'abord que la nature s'était trompée. Mais l'expérience prouve que tel grand seigneur est, depuis sa naissance jusqu'à sa mort, dans une suite de positions qui ne lui permettent pas de faire sa volonté trois fois par an : car il est obligé, dès l'enfance, de faire celle de ses précepteurs et de ses maîtres; et dans le reste de sa vie, celle de son prince, des ministres, de ses rivaux, et souvent celle de ses ennemis. Ainsi, il trouve une multitude de chaînes dans ses dignités mêmes. D'un autre côté, il y a tel jardinier qui passe sa vie sans éprouver la moindre contradiction. Comme le centenier de l'Évangile, il dit à un serviteur : Venez ici, et il y vient; et à un autre : Faites cela, et il le fait. Ceci prouve que la Providence a fait à nos passions mêmes une part bien différente de celle que la société leur présente; car souvent elle nous donne le plus dur esclavage à supporter au comble des honneurs, et dans les plus petites conditions elle nous fait commander avec le plus d'empire.

Au reste, ceux qui ont été défigurés par les atteintes vicieuses de nos éducations et de nos habitudes peuvent réformer leurs traits; et je dis ceci surtout pour nos femmes, qui, pour en venir à bout, mettent du blanc et du rouge, et se font des physionomies de poupées sans caractère. Au fond elles ont raison; car il vaut mieux le cacher que de montrer celui des passions cruelles qui souvent les dévorent, surtout aux yeux de tant d'hommes qui ne l'étudient que pour en abuser. Elles ont un moyen sûr de devenir des beautés d'une expression touchante. C'est d'être intérieurement bonnes, douces, compatissantes, sensibles, bienfaisantes, et pieuses. Ces affections d'une âme vertueuse imprimeront dans leurs traits des caractères célestes qui seront beaux jusque dans l'extrême vieillesse.

J'ose dire même que plus les gens laids auront des traits de laideur occasionnés par les vices de leur éducation, plus ceux qu'ils acquerront par l'habitude de la vertu produiront en eux de contrastes sublimes; car lorsque nous trouvons de la bonté sous un extérieur de dureté, nous sommes aussi agréablement surpris que lorsque nous rencontrons sous des buissons épineux des violettes ou des primevères. Telle était la sensation qu'on éprouvait en abordant le refrogné M. de Turenne; et telle est, de nos jours, celle qu'inspire le premier aspect d'un prince du nord aussi célèbre par sa bonté que le roi son frère l'a été par des victoires. Je ne doute pas que l'extérieur repoussant de ces deux grands hommes n'ait contribué à donner encore plus de saillie à l'excellence de leur cœur. Telle fut encore la beauté de Socrate, qui, avec les traits d'un débauché, ravissait ceux qui le regardaient quand il parlait de la vertu.

Mais il ne faut pas feindre sur son visage des bonnes qualités qu'on n'a pas dans le cœur. Cette beauté fausse produit un effet plus rebutant que la laideur la plus décidée; car lorsque, attirés par une beauté apparente, nous rencontrons la mauvaise foi et la perfidie, nous sommes saisis d'horreur, comme lorsque sous des fleurs nous trouvons un serpent. Tel est le caractère odieux qu'on reproche en général aux courtisans.

La beauté morale est donc celle que nous devons nous efforcer d'acquérir, afin que ses rayons divins puissent se répandre dans nos actions et dans nos traits. On a beau vanter, dans un prince même, la naissance, les richesses, le crédit, l'esprit; le peuple, pour le connaître, veut le voir au visage. Le peuple n'en juge que par la physionomie : elle est par tout pays la première et souvent la dernière lettre de recommandation.

DES CONCERTS.

Le concert est un ordre formé de plusieurs harmonies de divers genres. Il diffère de l'ordre simple en ce que celui-ci n'est souvent qu'une suite d'harmonies de la même espèce.

Chaque ouvrage particulier de la nature présente, en différents genres, des harmonies, des consonnances, des contrastes, et forme un véritable concert. C'est ce que nous développerons dans l'Étude des plantes. Nous pouvons remarquer dès à présent, au sujet de ces harmonies et de ces contrastes, que les végétaux dont les fleurs ont le moins d'éclat sont habités par les animaux dont les couleurs sont les plus brillantes; et au contraire, que les végétaux dont les fleurs sont les plus colorées servent d'asile aux animaux les plus rembrunis. C'est ce qui est évident dans les pays situés entre les tropiques, dont les arbres et les herbes, qui ont peu de fleurs apparentes, nourrissent des oiseaux, des insectes, et jusqu'à des singes, qui ont les plus vives couleurs. C'est dans les terres de l'Inde que le paon étale son magnifique plumage sur des buissons dont la verdure est brûlée par le soleil ; c'est dans les mêmes climats que les aras, les loris, les perroquets émaillés de mille couleurs, se perchent sur les rameaux gris des palmiers, et que des nuées de petites perruches, vertes comme des émeraudes, viennent s'abattre sur l'herbe des campagnes, jaunie par les longues ardeurs de l'été. Dans nos pays tempérés, au contraire, la plupart de nos oiseaux ont des couleurs ternes, parceque la plupart de nos végétaux ont des fleurs et des fruits vivement colorés. Il est très remarquable que ceux de nos oiseaux et de nos insectes qui ont des couleurs vives habitent pour l'ordinaire des végétaux sans fleurs apparentes. Ainsi, le coq de bruyère brille sur la verdure grise des pins, dont les pommes lui servent de nourriture. Le chardonneret fait son nid dans le rude chardon à bonnetier. La plus belle de nos chenilles, qui est marbrée d'écarlate, se trouve sur une espèce de tithymale qui croît pour l'ordinaire dans les sables et dans les grés de la forêt de Fontainebleau. Au contraire, nos oiseaux à teintes rembrunies habitent des arbrisseaux à fleurs éclatantes. Le bouvreuil, à tête noire, fait son nid dans l'épine blanche ; et cet aimable oiseau consonne et contraste encore très agréablement avec cet arbrisseau épineux par son poitrail ensanglanté et par la douceur de son chant. Le rossignol au plumage brun aime à se nicher dans le rosier, suivant la tradition des poëtes orientaux, qui ont fait de jolies fables sur les amours de ce mélancolique oiseau pour la rose. Je pourrais offrir ici une multitude d'autres harmonies semblables, tant sur les animaux de notre pays que des pays étrangers. J'en ai recueilli un assez grand nombre, mais j'avoue qu'elles sont trop incomplètes pour que j'en puisse former le concert entier d'une plante. J'en dirai cependant quelque chose de plus étendu à l'article des végétaux. Je ne citerai ici qu'un exemple, qui prouve incontestablement l'existence de ces lois harmoniques de la nature : c'est qu'elles subsistent dans les lieux mêmes qui ne sont pas vus du soleil. On trouve toujours, dans les souterrains de la taupe, des débris d'oignon de colchique auprès du nid de ses petits. Or, qu'on examine toutes les plantes qui ont coutume de croître dans nos prairies, on n'en verra point qui aient plus d'harmonies et de contrastes avec la couleur noire de la taupe que les fleurs blanches, purpurines et liliacées du colchique. Le colchique donne encore un puissant moyen de défense à la faible taupe contre le chien, son ennemi naturel, qui quête toujours après elle dans les prairies ; car cette plante l'empoisonne s'il en mange. Voilà pourquoi on appelle aussi le colchique *tue-chien*. La taupe trouve donc des vivres pour ses besoins et une protection contre ses ennemis dans le colchique, ainsi que le bouvreuil dans l'épine blanche. Ces harmonies ne sont pas seulement des objets très agréables de spéculation ; on en peut tirer une foule d'utilités : car il s'ensuit, par exemple, de ce que nous venons de dire, que, pour attirer des bouvreuils dans un bocage, il faut y planter de l'épine blanche ; et que, pour chasser les taupes d'une prairie, il n'y a qu'à y détruire les oignons de colchique.

Si l'on ajoute à chaque plante ses harmonies élémentaires, telles que celles de la saison où elle paraît, du site où elle végète, les effets des rosées et les reflets de la lumière sur son feuillage, les mouvements qu'elle éprouve par l'action des vents, ses contrastes et ses consonnances avec d'autres plantes et avec les quadrupèdes, les oiseaux et les insectes qui lui sont propres, on verra se former autour d'elle un concert ravissant dont les accords nous sont encore inconnus. Ce n'est cependant qu'en suivant cette marche qu'on peut parvenir à jeter un coup d'œil dans l'immense et merveilleux édifice de la nature. J'exhorte les naturalistes, les amateurs des jardins, les peintres, les poëtes même, à l'étudier ainsi, et à puiser à cette source intarissable de goût et d'agrément. Ils verront de nouveaux mondes se présenter à eux ; et, sans sortir de leur horizon, ils feront des découvertes plus curieuses que n'en renferment nos livres et nos cabinets, où les productions de l'univers sont morcelées et séquestrées dans les petits tiroirs de nos systèmes mécaniques.

Je ne sais maintenant quel nom je dois donner aux convenances que ces concerts particuliers ont avec l'homme. Il est certain qu'il n'y a point d'ouvrage de la nature qui ne renforce son concert particulier, ou si l'on veut son caractère naturel, par l'habitation de l'homme, et qui n'ajoute à son tour à l'habitation de l'homme quelque expression de grandeur, de gaieté, de terreur ou de majesté. Il n'y a point de prairie qu'une danse de bergères ne rende plus riante, ni de tempête que le naufrage d'une barque ne rende plus terrible. La nature élève le caractère physique de ses ouvrages à un caractère moral sublime, en les réunissant autour de l'homme. Ce n'est pas ici le lieu de m'occuper de ce nouvel ordre de sentiments. Il me suffira d'observer que non-seulement elle emploie des concerts particuliers pour exprimer en détail les caractères de ses ouvrages, mais que, quand elle veut exprimer ces mêmes caractères en grand, elle rassemble une multitude d'harmonies et de contrastes du même genre, pour en former un concert général qui n'a qu'une seule expression, quelque étendu que soit le champ de son tableau.

Ainsi, par exemple, pour exprimer le caractère malfaisant d'une plante vénéneuse, elle y rassemble des oppositions heurtées de formes et de couleurs, qui sont des signes de malfaisance, telles que les formes rentrantes et hérissées, les couleurs livides, les verts âtres et frappés de blanc et de noir, les odeurs virulentes..... Mais quand elle veut caractériser des paysages entiers qui sont malsains, elle y réunit une multitude de dissonances semblables. L'air y est couvert de brouillards épais; les eaux ternies n'y exhalent que des odeurs nauséabondes; il ne croît, sur les terres putréfiées, que des végétaux déplaisants, tels que le dracunculus, dont la fleur présente la forme, la couleur et l'odeur d'un ulcère. Si quelques arbres s'élèvent dans cette atmosphère nébuleuse, ce ne sont que des ifs, dont les troncs rouges et enfumés semblent avoir été incendiés, et dont le noir feuillage ne sert d'asile qu'aux hibous. Si l'on voit quelques autres animaux chercher des retraites sous leurs ombres, ce sont des cent-pieds couleur de sang, ou des crapauds qui se traînent sur le sol humide et pourri. C'est par ces signes, ou par d'autres équivalents, que la nature écarte l'homme des lieux nuisibles.

Veut-elle lui donner sur la mer le signal d'une tempête? Comme elle a opposé dans les bêtes féroces le feu des yeux à l'épaisseur des sourcils, les bandes et les marbrures dont elles sont peintes à la couleur fauve de leur peau, et le silence de leurs mouvements aux rugissements de leurs voix, elle rassemble de même, dans le ciel et sur les eaux, une multitude d'oppositions heurtées qui annoncent de concert la destruction. Des nuages sombres traversent les airs en formes horribles de dragons. On y voit jaillir çà et là le feu pâle des éclairs. Le bruit du tonnerre, qu'ils portent dans leurs flancs, retentit comme le rugissement du lion céleste. L'astre du jour, qui paraît à peine à travers leurs voiles pluvieux et multipliés, laisse échapper de longs rayons d'une lumière blafarde. La surface plombée de la mer se creuse, et se sillonne de larges écumes blanches. De sourds gémissements semblent sortir de ses flots. Les noirs écueils blanchissent au loin, et font entendre des bruits affreux, entrecoupés de lugubres silences. La mer, qui les couvre et les découvre tour à tour, fait apparaître à la lumière du jour leurs fondements caverneux. Le lumme de Norwège se perche sur la pointe de leurs rochers, et fait entendre ses cris alarmants, semblables à ceux d'un homme qui se noie. L'orfraie marine s'élève au haut des airs, et, n'osant s'abandonner à l'impétuosité des vents, elle lutte, en jetant des voix plaintives, contre la tempête qui fait ployer ses ailes. La noire procellaria voltige en rasant l'écume des flots, et cherche au fond de leurs mobiles vallées des abris contre la fureur des vents. Si ce petit et faible oiseau aperçoit un vaisseau au milieu de la mer, il vient se réfugier le long de sa carène; et, pour prix de l'asile qu'il lui demande, il lui annonce la tempête avant qu'elle arrive.

La nature proportionne toujours les signes de destruction à la grandeur du danger. Ainsi, par exemple, les signes de tempête du cap de Bonne-Espérance surpassent en beaucoup de points ceux de nos côtes. Il s'en faut bien que le célèbre Vernet, qui nous a offert tant de tableaux effrayants de la mer, nous en ait peint toutes les horreurs. Chaque tempête a son caractère particulier dans chaque parage : autres sont les tempêtes du cap de Bonne-Espérance et celles du cap Horn, de la mer Baltique et de la Méditerranée, du banc de Terre-Neuve et de la côte d'Afrique. Elles diffèrent encore suivant les saisons, et même suivant les heures du jour. Celles de l'été ne sont point les mêmes que celles de l'hiver; et autre est le spectacle d'une mer irritée, luisante en plein midi sous les rayons du soleil, et celui de la même mer éclairée, au milieu de la nuit, d'un seul coup de tonnerre. Mais vous reconnaissez dans toutes les oppositions heurtées dont j'ai parlé.

J'ai remarqué une chose dans les tempêtes du cap de Bonne-Espérance qui appuie admirablement tout ce que j'ai avancé jusqu'ici sur les principes de la discorde et de l'harmonie, et qui peut faire naître de profondes réflexions à quelqu'un de plus habile que moi. C'est que la nature accompagne souvent les signes du désordre qui bouleverse ses mers par des expressions agréables d'harmonie qui en redoublent l'horreur. Ainsi, par exemple, dans les deux tempêtes que j'y ai essuyées, je n'y ai point vu le ciel obscurci par de sombres nuages, ni ces nuages sillonnés par le feu alternatif des éclairs, ni une mer sale et plombée, comme dans les tempêtes de nos climats. Le ciel, au contraire, y était d'un bleu fin, et la mer azurée; il n'y avait d'autres nuages en l'air que de petites fumées rousses, obscures à leur centre, et éclairées sur leurs bords de l'éclat jaune du cuivre poli. Elles partaient d'un seul point de l'horizon, et traversaient le ciel avec la rapidité d'un oiseau. Quand le tonnerre brisa notre grand mât, au milieu de la nuit, il ne roula point, et ne fit d'autre bruit que celui d'un canon qu'on aurait tiré près de nous. Deux autres coups qui avaient précédé celui-ci n'en avaient pas fait davantage. C'était au mois de juin, c'est-à-dire dans l'hiver du cap de Bonne-Espérance. J'y éprouvai une autre tempête en repassant dans le mois de janvier, qui est le milieu de l'été de ce pays-là. Le fond du ciel en était bleu comme dans la première, et on ne voyait que cinq ou six nuages sur l'horizon; mais chacun d'eux, blanc, noir, caverneux et d'une grandeur énorme, ressemblait à une portion des Alpes suspendue en l'air. Celle-ci était bien moins violente que l'autre avec ses petites fumées rousses. Dans toutes les deux, la mer était azurée comme le ciel; et sur les crêtes de ses grands flots, hérissés en jets d'eau, se formaient des arcs-en-ciel très colorés. Ces tempêtes, au milieu de la lumière, sont plus affreuses qu'on ne le peut dire. L'ame se trouble de voir des signes de calme devenus des signes de tempête, l'azur dans les cieux, l'arc-en-ciel sur les flots. Les principes de l'harmonie paraissent bouleversés; la nature semble s'y revêtir d'un caractère perfide, et couvrir la fureur sous les apparences de la bienveillance. Les écueils de ces parages ont les mêmes contrastes. Jean-Hugues Linschoten, qui vit de près ceux de la Juive, dans le canal Mozambique, contre lesquels il pensa périr, dit qu'ils sont hideux à voir, étant noirs, blancs et verts. Ainsi la nature augmente les caractères de la terreur, en y mêlant des expressions agréables.

Il y a encore en ceci quelque chose d'essentiel à observer : c'est qu'elle met, dans les grandes scènes d'épouvante, le terrible de près, et l'agréable au loin, le bouleversement sur la mer, et la sérénité dans le ciel. Elle donne ainsi une grande extension au sentiment du désordre, car on ne prévoit point de fin à de pareilles tempêtes. Tout dépend de la première impulsion que nous éprouvons. Le sentiment de l'infini qui est en nous, et qui veut toujours se propager au loin, cherche à fuir le mal physique qui l'environne; mais repoussé, en quelque sorte, par la sérénité de l'horizon trompeur, il revient sur lui-même, et donne plus de profondeur aux affections pénibles qu'il éprouve, dont la source lui paraît invariable. Tel est le géant des tempêtes, que la nature avait placé à l'entrée des mers de l'Inde, et que le Camoëns a si bien décrit. La nature produit des effets contraires dans nos climats; car elle redouble l'hiver notre repos dans nos maisons, en couvrant le ciel de nuées sombres et pluvieuses. Tout dépend de la première impulsion que reçoit l'ame. Lucrèce a eu raison de dire que notre plaisir et notre sécurité augmentent sur le rivage à la vue d'une tempête. Ainsi, un peintre qui voudrait renforcer, dans un tableau, l'agrément d'un paysage et le bonheur de ses habitants, n'aurait qu'à représenter au loin un vaisseau battu par les vents et par une mer irritée; le bonheur des bergers y redoublerait par le malheur des matelots. Mais s'il voulait, au contraire, augmenter l'horreur d'une tempête, il faudrait qu'il opposât au malheur des matelots le bonheur des bergers, et qu'il mît le vaisseau entre le spectateur et le paysage. Le premier sentiment dépend de la première impulsion; et le fond contrastant de la scène, loin de dénaturer, ne fait que lui donner plus d'énergie en le répercutant sur lui-même. Ainsi on peut, avec les mêmes objets placés diversement, produire des effets directement opposés.

Si la nature, en plaçant quelques harmonies agréables dans des scènes de discorde, en redouble la confusion, telles que la couleur verte dans les écueils de la Juive, ou l'azur dans les tempêtes du Cap, elle jette souvent quelque discordance dans ses concerts les plus aimables, pour en relever l'agrément. Ainsi, une chute d'eau bruyante qui se précipite dans une tranquille vallée, ou un âpre et noir rocher qui s'élève au milieu d'une plaine de verdure, ajoute à la beauté d'un paysage. C'est ainsi qu'un signe sur un beau visage le rend plus piquant. D'habiles artistes ont imité heureusement ces contrastes harmoniques. Quand Callot a voulu redoubler l'horreur de ses scènes infernales, il a mis, au milieu de leurs démons, la tête d'une jolie femme sur la carcasse d'un animal. Au contraire, de fameux peintres, chez les Grecs, pour rendre Vénus plus intéressante, la représentaient avec les yeux un peu louches.

La nature n'emploie d'affreux contrastes que pour éloigner l'homme de quelque site périlleux. Dans tout le reste de ses ouvrages, elle ne rassemble que des medium harmoniques. Je ne m'engagerai pas dans l'examen de leurs divers concerts ; c'est un sujet d'une richesse inépuisable. Il suffit à mon ignorance d'avoir indiqué quelques uns de leurs principes. Cependant j'essaierai de tracer une légère esquisse de la manière dont elle harmonie nos moissons, qui, étant les ouvrages de notre agriculture, semblent livrées à la monotonie qui caractérise la plupart des ouvrages de l'homme.

Il est d'abord remarquable que nous y trouverons cette charmante nuance de vert, qui naît de l'alliance de deux couleurs primordiales opposées, qui sont le jaune et le bleu. Cette couleur harmonique se décompose à son tour par une autre métamorphose, vers le temps de la moisson, en trois couleurs primordiales, qui sont le jaune des blés, le rouge des coquelicots, et l'azur des bluets. Ces deux plantes se trouvent toujours dans les blés de l'Europe, quelque soin que les laboureurs prennent de les sarcler et de les vanner. Elles forment, par leur harmonie, une teinte pourpre très riche, qui se détache admirablement sur la couleur fauve des moissons. Si on étudie ces deux plantes à part, on trouvera entre elles beaucoup de contrastes particuliers; car le bluet a ses feuilles menues, et le pavot les a larges et découpées; le bluet a les corolles de ses fleurs rayonnantes et d'un bleu tendre, et le pavot a les siennes larges et d'un rouge foncé; le bluet jette ses tiges divergentes, et le pavot les porte droites. On trouve encore dans les blés la nielle, qui s'élève à la hauteur de leurs épis, avec de jolies fleurs purpurines en trompette, et le convolvulus à fleurs couleur de chair, qui grimpe autour de leurs chalumeaux, et les entoure de verdure comme des thyrses. Il y a encore plusieurs autres végétaux qui ont coutume d'y croître, et d'y former d'agréables contrastes; la plupart exhalent de douces odeurs; et quand le vent les agite, vous diriez, à leurs ondulations, d'une mer de verdure et de fleurs. Joignez-y un certain frissonnement d'épis fort agréable, qui invite au sommeil par un doux murmure.

Ces aimables forêts ne sont pas sans habitants. On voit courir sous leurs ombrages le scarabée vert à raies d'or, et le monocéros couleur de café brûlé. Ce dernier insecte se plaît dans les fumiers de cheval, et il porte sur sa tête un soc dont il remue la terre comme un laboureur. Il y a encore plusieurs contrastes charmants dans les mouches et les papillons qui sont attirés par les fleurs des moissons, et dans les mœurs des oiseaux qui les habitent. L'hirondelle voyageuse plane sans cesse à leur surface ondoyante comme sur un lac, tandis que l'alouette sédentaire s'élève à pic au-dessus d'elles, en chantant à la vue de son nid. La perdrix domiciliée et la caille passagère y nourrissent également leurs petits. Souvent un lièvre place son gîte dans leur voisinage, et y broute en paix les laiterons.

Ces animaux ont avec l'homme des relations d'utilité par leur fécondité et leurs fourrures. Il est remarquable qu'on les trouve dans toutes les moissons de l'Europe, et que leurs espèces sont variées comme les différents sites que l'homme devait habiter; car il y a des espèces différentes de cailles, de perdrix, d'alouettes, d'hirondelles et de lièvres, pour les plaines, les montagnes, les landes, les prairies, les forêts, et les rochers.

Quant aux blés, ils ont des rapports innombrables avec les besoins de l'homme et de ses animaux domestiques. Ils ne sont ni trop hauts ni trop bas pour sa taille. Ils sont faciles à manier et à recueillir. Ils donnent des grains à sa poule, du son à son porc, du fourrage et des litières à son cheval et à son bœuf. Chaque plante qui y croît a des vertus particulièrement assorties aux maladies auxquelles les laboureurs sont sujets. Le pavot des champs guérit la pleurésie, il procure le sommeil, il apaise les hémorragies et les crachements de sang. Le bluet est diurétique, vulnéraire, cordial et rafraîchissant; il guérit les piqûres des bêtes venimeuses et l'inflammation des yeux. Ainsi un laboureur trouve toute sa pharmacie dans ses guérets.

La culture des blés lui présente bien d'autres concerts agréables avec la vie humaine. Il connaît à leurs ombres les heures du jour, à leurs accroissements les rapides saisons; et il ne compte ses années fugitives que par leurs récoltes innocentes. Il ne craint point, comme dans les villes, un hymen infidèle ou une postérité trop nombreuse. Ses travaux sont toujours surpassés par les bienfaits de la nature. Dès que le soleil est au signe de la Vierge, il rassemble ses parents, il invite ses voisins; et dès l'aurore il entre avec eux, la faucille à la main, dans ses blés mûrs. Son cœur palpite de joie en voyant ses gerbes s'accumuler, et ses enfants danser autour d'elles, couronnés de bluets et de coquelicots : leurs jeux lui rappellent ceux de son premier âge, et la mémoire de ses vertueux ancêtres, qu'il espère revoir un jour dans un monde plus heureux. Il ne doute pas qu'il n'y ait un Dieu, à la vue de ses moissons; et, aux douces époques qu'elles ramènent à son souvenir, il le remercie d'avoir lié la société passagère des hommes par une chaîne éternelle de bienfaits.

Prés fleuris, majestueuses et murmurantes forêts, fontaines moussues, sauvages rochers fréquentés de la seule colombe, aimables solitudes, qui nous ravissez par d'ineffables concerts, heureux qui pourra lever le voile qui couvre vos charmes secrets ! mais plus heureux encore celui qui peut les goûter en paix dans le patrimoine de ses pères !

DE QUELQUES AUTRES LOIS DE LA NATURE, PEU CONNUES.

Il y a encore quelques lois physiques peu approfondies, quoiqu'on les ait entrevues et qu'on en ait beaucoup parlé. Telle est celle de l'attraction. On l'a reconnue dans les planètes et dans quelques métaux, comme dans le fer et l'aimant, dans l'or et le mercure. Je crois que l'attraction est commune à tous les métaux, et même à tous les fossiles; mais qu'elle agit, en chacun d'eux, dans des circonstances particulières qui n'ont pas encore été observées. Peut-être que chacun des métaux se tourne vers divers points de la terre, comme le fer aimanté vers le nord, et vers les lieux où il y a des mines de fer. Il faudrait peut-être, pour en faire l'expérience, que chacun d'eux fût armé de son attraction; ce qui arrive, ce me semble, quand il est joint avec son contraire : que sait-on si une aiguille d'or, frottée de mercure, n'aurait pas des pôles attractifs, comme une aiguille de fer en a lorsqu'elle est frottée d'aimant? Elle pourrait indiquer avec cette préparation, ou telle autre qui lui serait plus convenable, les lieux où il y a des mines de ce riche métal. Peut-être déterminerait-elle des points généraux de direction à l'orient ou à l'occident, qui serviraient à indiquer les longitudes plus constamment que les variations de l'aiguille aimantée. S'il y a un point au pôle sur lequel le globe semble tourner, il peut y en avoir un sous l'équateur d'où il a commencé à tourner, et qui a déterminé son mouvement de rotation. Il est très remarquable, par exemple, que toutes les mers sont remplies de coquillages univalves d'une infinité d'espèces très différentes, qui ont tous leurs spirales qui vont en croissant du même côté, c'est-à-dire de gauche à droite, comme le mouvement du globe, lorsqu'on tourne l'embouchure du coquillage au nord et vers la terre. Il n'y en a qu'un bien petit nombre d'espèces d'exceptées, et que, pour cette raison, on appelle *uniques*. Les spirales de celles-ci vont de droite à gauche. Une direction si générale et des exceptions si particulières dans les coquilles ont sans doute leurs causes dans la nature, et leurs époques dans les siècles inconnus où leurs germes furent créés. Elles ne peuvent venir de l'action actuelle du soleil, qui agit sur elles par mille aspects différents. Sont-elles ainsi dirigées par rapport à quelque courant général de l'Océan, ou à quelque point inconnu d'attraction de la terre au nord ou au midi, à l'orient ou à l'occident? Ces rapports paraîtront étranges et peut-être frivoles à nos savants; mais tout est lié dans la nature : souvent une observation légère y mène à d'importantes découvertes. Une petite lame de fer, qui se tourne vers le nord, guide les flottes sur les déserts de l'Océan; et un roseau d'une espèce inconnue, jeté sur les rivages des Açores, fit supçonner à Christophe Colomb l'existence d'un autre monde.

Quoi qu'il en soit, il est certain qu'il y a un grand nombre de ces points particuliers d'attraction répandus sur la terre, tels que les matrices qui renouvellent les mines des métaux, en attirant à elles les parties métalliques dispersées dans les éléments. C'est par des matrices attractives que ces mines sont inépuisables, comme on l'a remarqué en plusieurs endroits, entre autres à l'île d'Elbe, située dans la Méditerranée. Cette petite île n'est qu'une mine de fer, dont on avait déjà tiré, du temps de Pline, une immense quantité de métal, sans qu'on s'aperçût, dit-il, qu'il y diminuât en aucune manière. Les métaux ont encore d'autres attractions ; et si j'ose dire en passant mon opinion, je les regarde eux-mêmes comme les matrices principales de tous les corps fossiles, et comme des moyens toujours actifs que la nature emploie pour réparer les montagnes et les rochers, que l'action des autres éléments, mais surtout les travaux imprudents des hommes, tendent sans cesse à dégrader.

Je remarquerai ici, au sujet des mines d'or, qu'elles sont placées, ainsi que celles de tous les métaux, non-seulement dans les parties les plus élevées des continents, mais dans des montagnes à glace.

Les fameuses mines d'or du Pérou et du Chili sont, comme on sait, dans les Cordillières; les mines d'or du Mexique sont situées aux environs de la montagne de Sainte-Marthe, qui est couverte de neige toute l'année. Les fleuves de l'Europe, qui roulent de l'or sur leurs rivages, sortent des montagnes à glace. Le Pô, en Italie, a sa source dans celles du Piémont. Mais, sans nous écarter de la France, on y compte dix fleuves ou rivières qui y charient des paillettes d'or dans leurs sables, et qui ont tous leur origine dans des montagnes à glace. Tel est le Rhin, depuis Strasbourg jusqu'à Philisbourg ; le Rhône, dans le pays de Gex; le Doubs, dans la Franche-Comté, qui tous trois ont leurs sources dans les montagnes à glace de la Suisse. La Cèse et le Gardon descendent de celles des Cévennes. L'Ariège, dans le pays de Foix; la Garonne, dans les environs de Toulouse; le Salat, dans le comté de Conserans, et les ruisseaux de Ferriet et du Bénagues, ont tous leurs sources dans les montagnes glacées des Pyrénées.

Cette observation peut s'étendre, comme je le crois, à toutes les mines d'or du monde, même à celles de l'Afrique, dont les rivières qui charrient le plus de poudre d'or, comme le Sénégal, descendent des montagnes de la Lune.

On pourra m'objecter qu'on a trouvé autrefois beaucoup d'or en Europe, dans des lieux où il n'y avait point de montagnes à glace; qu'on en recueille à la surface même de la terre, comme au Brésil; et, il n'y a que quelques années qu'on en trouva une pépite ou morceau de plusieurs livres sur le bord d'une rivière de la contrée de Cinaloa, dans le Nouveau-Mexique. Mais, si j'ose hasarder mes conjectures sur l'origine de cet or épars à la surface de la terre, dans l'ancien continent de l'Europe, et surtout dans celui du Nouveau-Monde, je crois qu'il provient des effusions totales des glaces des montagnes, qui arrivèrent au temps du déluge; et que comme les dépouilles de l'Océan couvrirent les parties occidentales de l'Europe; que celles des terres végétales se répandirent sur la partie orientale de l'Asie, celles des minéraux des montagnes furent entraînées sur d'autres contrées, où l'on trouvait, dans les premiers temps, leurs débris par grains et pépites tout entiers. Ce qu'il y a de certain, c'est quand Christophe Colomb découvrit les îles Lucayes et les Antilles, il trouva bien chez leurs insulaires de l'or de mauvais aloi, qui provenait du commerce qu'ils avaient avec les habitants de la terre ferme; mais il n'y en avait point de mines dans leur territoire, malgré le préjugé où l'on était, et où bien des gens sont encore, que le soleil formait ce précieux métal dans les terres de la zone torride. Pour moi, je trouve, comme je viens de l'observer, l'or bien plus commun dans le voisinage des montagnes à glace, quelle que soit leur latitude; et je soupçonne, par analogie, qu'il doit y en avoir des mines fort riches dans le nord. Il est probable que les eaux du déluge en entraînèrent des portions considérables dans les contrées septentrionales. On lit, je crois, dans le livre de l'Arabe Job, ces expressions remarquables : « L'or vient de l'aquilon. » Il est certain que le premier commerce des Indes avec l'Europe s'est fait par le nord, comme l'a fort bien prouvé le baron de Stralenberg, Suédois, exilé, après la bataille de Pultava, dans la Sibérie, dont il nous a donné une savante description. Il dit qu'on y peut suivre encore à la trace la route des anciens Indiens qui remontaient le fleuve Petzora, qui va se décharger dans la mer Blanche. On trouve, le long de ses bords, plusieurs de leurs tombeaux, qui renferment quelquefois des manuscrits écrits sur des étoffes de soie, en langue du Thibet; et l'on aperçoit sur les rochers de ses rivages des caractères qu'ils y ont tracés en rouge ineffaçable. De ce fleuve ils gagnaient, avec des barques de cuir, par les lacs, la mer Baltique, ou côtoyaient les côtes septentrionales et occidentales de l'Europe. Cette route était connue aux Indiens du temps même des Romains, puisque Cornelius Nepos rapporte qu'un roi des Suèves fit présent à Metellus Celer de deux Indiens que la tempête avait jetés, avec leur canot de cuir, sur les côtes voisines de l'embouchure de l'Elbe. On ne peut pas se figurer ce que les Indiens, habitants d'un pays chaud, allaient chercher si loin au nord. Qu'auraient-ils fait, dans l'Inde, des fourrures de la Sibérie? Il paraît qu'ils allaient y chercher de l'or, qui pouvait alors y être commun à la surface de la terre.

Quoi qu'il en soit, on peut présumer, de ce que les mines d'or sont placées dans les lieux les plus élevés du continent, que leurs matrices recueillent dans l'atmosphère les parties volatilisées de l'or, qui s'y élèvent avec les émanations fossiles et aquatiques que les vents y apportent de toutes parts. Mais elles exercent sur les hommes des attractions encore bien plus fortes.

Il semble que la nature, en ensevelissant les foyers de ce riche métal sous des neiges, ait voulu lui donner des remparts encore plus inaccessibles que le sein des rochers, de peur que la cupidité des hommes ne vînt enfin à bout de les détruire entièrement. Il est devenu le plus fort lien de nos sociétés, et l'objet perpétuel des travaux de notre vie si rapide. Hélas! si la nature voulait punir aujourd'hui cette soif insatiable des nations de l'Europe pour un métal aussi inutile aux véritables besoins de l'homme, ce serait de changer le territoire de quelqu'une d'entre elles en or. Tous les autres peuples y accourraient bientôt, et ne tarderaient pas à en exterminer les habitants. Les Péruviens et les Mexicains en ont fait une cruelle expérience.

Il y a des métaux moins estimés, mais bien plus utiles, dont les attractions élémentaires pourraient peut-être nous procurer de grandes commodités.

Les pitons des montagnes et leurs longues crêtes sont remplis, ainsi que nous l'avons vu, de fer ou de cuivre mélangé d'un corps vitreux, de granit ou de quartz, qui attire les pluies et les orages comme de véritables aiguilles électriques. Il n'y a point de marin qui n'ait vu mille fois ces pitons et ces crêtes couverts d'un chapeau de nuages qui se fixe tout autour, et les fait souvent disparaître à la vue, sans en soupçonner la cause. D'un autre côté, nos savants ont pris sur les cartes ces escarpements pour les débris d'une terre primitive, sans se douter de leurs effets. Ils auraient dû observer que ces pyramides et ces crêtes métalliques, ainsi que la plupart des mines de fer et de cuivre, se rencontrent toujours aux lieux élevés, et à la source de tous les fleuves, dont elles sont les causes premières par leurs attractions. L'inattention générale à ce sujet vient de ce que les marins observent et ne raisonnent point, et que les savants raisonnent et n'observent point. Certainement si l'expérience des uns avait été jointe à la sagacité des autres, il en serait né des prodiges. Je suis persuadé qu'à l'imitation de la nature, on pourrait venir à bout de former, avec des pierres électriques, des fontaines artificielles qui attireraient les nuages pluvieux dans des lieux secs et arides, comme les chaînes et les barres de fer attirent les orages. A la vérité, il faudrait que des princes fissent les frais de ces grandes et utiles expériences ; mais elles conserveraient leur mémoire à jamais. Les Pharaons, qui ont bâti les pyramides de l'Égypte, ne se seraient pas attiré les malédictions de leurs peuples, comme le dit Pline, pour des travaux énormes et inutiles, s'ils avaient élevé, dans les sables de la haute Égypte, quelque pyramide électrique qui y eût formé une fontaine artificielle. L'Arabe qui viendrait y boire aujourd'hui bénirait encore leurs noms, qui étaient déjà oubliés et inconnus du temps des Romains, suivant le témoignage de Pline. Pour moi, je pense que plusieurs métaux seraient propres à produire de pareils effets. Un officier supérieur au service du roi de Prusse m'a raconté qu'ayant remarqué que le plomb attirait les vapeurs, il se servit de son attraction pour assécher l'atmosphère d'un magasin à poudre. Ce magasin avait été construit sous terre, dans la gorge d'un bastion, et on n'en pouvait faire usage à cause de son humidité. Il fit doubler d'une voûte de plomb le dessus de la charpente, où étaient posés les barils de poudre : les vapeurs du souterrain s'y rassemblèrent par gouttes, se répandirent en rigoles sur les côtés, et laissèrent les barils à sec.

Il est à présumer que chaque métal et chaque fossile a sa répulsion comme son attraction ; car ces deux lois se rencontrent toujours ensemble. Les contraires se cherchent.

Il y a encore une multitude d'autres lois harmoniques inconnues : telles sont les proportions des grandeurs et des durées de l'existence dans les êtres végétatifs et sensibles, qui sont très différentes, quoique leurs nourritures et leurs climats soient les mêmes. L'homme, dans sa jeunesse, voit mourir de vieillesse le chien son contemporain, et la brebis qu'il a nourrie étant agneau. Quoique le premier ait vécu à sa table, et l'autre des herbes de son pré, ni la fidélité de l'un ni la sobriété de l'autre n'ont pu prolonger leurs jours, tandis que des animaux qui ne vivent que de charognes et de rapines vivent des siècles, comme le corbeau. On ne peut se guider dans ces recherches qu'en suivant l'esprit de convenance qui est la base de notre propre raison, comme il l'est de la raison de la nature. C'est en le consultant que nous verrons que si tel animal carnassier vit long-temps, comme le corbeau ; c'est que ses services et son expérience sont long-temps nécessaires pour nettoyer la terre dans des lieux dont les immondices se renouvellent sans cesse, et qui sont souvent à de grandes distances. Si au contraire un animal innocent vit peu, c'est que sa chair et sa peau sont nécessaires à l'homme. Si le chien de la maison met souvent au désespoir, par sa mort, nos enfants, dont il a été le commensal et le contemporain, sans doute la nature a voulu leur donner, par la perte d'un animal si digne des affections du cœur humain, les premières expériences des privations dont la vie humaine est exercée.

Quelquefois la durée de la vie d'un animal est proportionnée à la durée du végétal qui le nourrit. Une multitude de chenilles naissent et meurent avec les feuilles qu'elles pâturent. Il y a des insectes qui n'existent que cinq heures : tel est l'éphémère. Cette espèce de mouche, grande comme la moitié du petit doigt, naît d'un ver fluviatile qu'on trouve particulièrement aux embouchures des fleuves, sur les bords de l'eau, dans la vase, où il creuse des tuyaux pour y chercher sa subsistance. Ce ver vit trois ans, et au bout de ce terme, vers la Saint-Jean, il se change presque subitement en mouche, qui paraît au monde sur les six heures du soir, et meurt à onze heures de nuit. Il n'avait besoin que de ce temps pour s'accoupler et déposer ses œufs sur les vases découvertes. Il est très remarquable qu'il s'accouple et fait sa ponte précisément dans le temps des plus basses marées de l'année, lorsque les fleuves découvrent à leurs embouchures la plus grande partie de leur lit. Il reçoit alors des ailes pour aller déposer ses œufs aux lieux que les eaux abandonnent, et pour étendre, comme mouche, le domaine de sa postérité dans le temps où, comme ver, il a le moins de terrain. J'ai remarqué aussi, dans le dessin et les coupes microscopiques qu'en a donnés le savant Thévenot dans les dernières parties de sa collection, que, dans l'état de mouche, il n'a aucun des organes extérieurs et intérieurs de la nutrition. Ils lui auraient été inutiles pour le peu de temps qu'il avait à vivre.

La nature n'a rien fait en vain. Il ne faut pas croire qu'elle ait créé des vies instantanées, et des êtres infiniment petits, pour remplir les chaînes imaginaires de l'existence. Les philosophes qui lui supposent ces prétendus plans d'universalité, que rien ne démontre, et qui la font descendre dans l'infiniment petit par des intentions aussi frivoles, la font agir à peu près comme une mère qui donne pour jouets à ses enfants de petits carrosses et de petits meubles qui ne servent à rien, mais qui sont faits à l'imitation de ceux du ménage de la maison.

Les haines et les instincts des animaux émanent des lois d'un ordre supérieur, qui nous seront toujours impénétrables dans ce monde; mais quand ces convenances intimes nous échappent, il faut les rapporter, ainsi que les autres, à la convenance générale des êtres, et surtout à celle de l'homme. Rien n'est si lumineux, dans l'étude de la nature, que de référer tout ce qui existe à la bonté de Dieu et aux besoins de l'homme. Non-seulement cette manière de voir nous découvre une multitude de lois inconnues, mais elle donne des bornes à celles que nous connaissons, et que nous croyons universelles. Si la nature, par exemple, était régie par les seules lois de l'attraction, comme le supposent ceux qui en ont fait la base de tant de systèmes, tout y serait en repos. Les corps, tendant vers un centre commun, s'y accumuleraient et se rangeraient autour de lui, en raison de leur pesanteur. Les matières qui composent le globe seraient d'autant plus pesantes qu'elles approcheraient davantage du centre, et celles qui sont à sa surface seraient mises de niveau. Le bassin des mers serait comblé des débris des terres; et cette vaste architecture, formée d'harmonies si variées, ne présenterait bientôt plus qu'un globe aquatique. Tous les corps, enchaînés par une chute commune, seraient condamnés à une éternelle immobilité. D'un autre côté, si la loi de projection, qui sert à expliquer les mouvements des astres, en supposant qu'ils tendent à s'échapper, par la tangente, de la courbe qu'ils décrivent; si, dis-je, cette loi avait lieu, tous les corps qui ne sont pas adhérents à la terre s'en éloigneraient comme les pierres s'échappent des frondes; notre globe lui-même, obéissant à cette loi, s'éloignerait du soleil pour jamais. Tantôt il traverserait, dans sa route infinie, des espaces immenses où on n'apercevrait aucun astre pendant le cours de plusieurs siècles; tantôt, traversant les lieux où le hasard aurait rassemblé les matrices de la création, il passerait au milieu des parties élémentaires des soleils, agrégées par les lois centrales de l'attraction, ou dispersées en étincelles et en rayons par celles de la projection. Mais, en supposant que ces deux forces contraires se soient combinées assez heureusement en sa faveur pour le fixer, avec son tourbillon, dans un coin du firmament, où ces forces agissent sans se détruire, il présenterait son équateur au soleil avec autant de régularité qu'il décrit son cours annuel autour de lui. On ne verrait jamais résulter de ces deux mouvements constants cet autre mouvement si varié par lequel il incline chaque jour un de ses pôles vers le soleil, jusqu'à ce que son axe ait formé sur le plan de son cercle annuel un angle de vingt-trois degrés et demi ; puis cet autre mouvement rétrograde, par lequel il lui présente avec la même régularité le pôle opposé. Loin de lui offrir alternativement ses pôles, afin que sa chaleur féconde en fonde les glaces tour à tour, il les tiendrait ensevelis dans des nuits et des hivers éternels avec une partie des zones tempérées, tandis que le reste de sa circonférence serait brûlé par les feux trop constants des tropiques.

Mais quand on supposerait, avec ces lois constantes d'attraction et de projection, une troisième loi versatile qui donne à la terre le mouvement qui produit les saisons, et une quatrième qui lui donne son mouvement diurne de rotation sur elle-même, et qu'aucune de ces lois si opposées ne surpassât jamais les autres, et ne la déterminât à la fin à obéir à une seule impulsion, on ne pourrait jamais dire qu'elles eussent déterminé les formes et les mouvements des corps qui sont à sa surface. D'abord, la force de projection ou centrifuge n'y aurait laissé aucun de ceux qui en sont détachés. D'un autre côté, la force d'attraction ou la pesanteur n'eût pas permis aux montagnes de s'élever, et encore moins aux métaux, qui en sont les parties les plus pesantes, d'être placés à leurs sommets, où on les trouve ordinairement. Si on suppose que ces lois soient l'*ultimatum* du hasard, et qu'elles se soient tellement combinées qu'elles n'en forment plus qu'une seule, par la même raison qu'elles font mouvoir la terre autour du soleil, et la lune autour de la terre, elles devraient agir de la même manière sur les corps particuliers qui sont à la surface du globe.

On devrait voir les rochers isolés, les fruits détachés des arbres, les animaux qui n'ont point de griffes tourner autour de lui en l'air, comme nous voyons les parties qui composent l'anneau de Saturne tourner autour de cette planète. C'est la pesanteur, répète-t-on, qui agit uniquement à la surface du globe, qui empêche les corps de s'en détacher. Mais si elle y absorbe les autres puissances, pourquoi a-t-elle permis aux montagnes de s'y élever, comme nous l'avons déjà dit? Comment la force centrifuge a-t-elle soulevé à une hauteur prodigieuse la longue crête des Cordillières, et laisse-t-elle immobile l'écharpe volatile de neige qui la couvre? Pourquoi, si l'action de la pesanteur est aujourd'hui universelle, n'influe-t-elle pas sur les corps mous des animaux, lorsque, renfermés dans le sein maternel ou dans l'œuf, ils sont dans un état de fluidité? Tous les nombreux enfants de la terre, animaux et végétaux, devraient être arrondis en boule, comme leur mère. Les parties les plus pesantes de leur corps devraient au moins être situées en bas, surtout dans ceux qui se remuent; au contraire, elles sont souvent en haut, et soutenues par des jambes bien plus légères que le reste de l'animal, comme on le voit au cheval et au bœuf. Quelquefois elles sont entre la tête et les pieds, comme à l'autruche; ou à l'extrémité du corps, dans la tête, comme à l'homme. D'autres animaux, tels que les tortues, sont aplatis; d'autres, tels que les reptiles, sont allongés en forme de fuseau; tous enfin ont des formes infiniment variées. Les végétaux mêmes, qui semblent entièrement soumis à l'action des éléments, ont des configurations diversifiées à l'infini. Mais comment les animaux ont-ils en eux-mêmes les principes de tant de mouvements si différents? Comment la pesanteur ne les a-t-elle pas cloués à la surface de la terre? Ils devraient tout au plus y ramper. Comment se fait-il que les lois qui régissent le cours des astres, ces lois dont on étend aujourd'hui l'influence jusqu'aux opérations de notre ame, permettent aux oiseaux de s'élever dans les airs, de voler à leur gré à l'occident, au nord, au midi, malgré les puissances réunies de l'attraction et de la projection du globe?

C'est la convenance qui a réglé ces lois, et qui en a généralisé ou suspendu les effets, suivant les besoins des êtres. Quoique la nature emploie une infinité de moyens, elle ne permet à l'homme d'en connaître que la fin. Ses ouvrages sont soumis à des destructions rapides; mais elle lui laisse toujours apercevoir la constance immortelle de ses plans. C'est là qu'elle veut arrêter son esprit et son cœur. Elle ne veut pas l'homme ingénieux et superbe; elle le veut heureux et bon. Partout elle affaiblit les maux nécessaires, et partout elle multiplie les biens souvent superflus. Dans ses harmonies formées de contraires, elle a opposé l'empire de la mort à celui de la vie; mais la vie dure tout un âge, et la mort un instant. Elle fait jouir l'homme long-temps des développements si agréables des êtres; mais elle lui cache, avec des précautions maternelles, leurs états passagers de dissolution. Si un animal meurt, si des plantes se décomposent dans un marais, des émanations putrides et des reptiles d'une forme rebutante nous en écartent. Une infinité d'êtres secondaires sont créés pour en hâter les décompositions. Si les montagnes et les rochers caverneux offrent des apparences de ruine, les hiboux, les oiseaux de proie, les bêtes féroces qui y font leurs retraites, nous en éloignent. La nature repousse loin de nous les spectacles et les ministres de la destruction, et nous invite à ses harmonies. Elle les multiplie, suivant nos besoins, bien au-delà des lois qu'elle semble s'être prescrites, et de la mesure que nous devions en attendre. C'est ainsi que les rochers arides et stériles répètent par leurs échos les murmures des eaux et des forêts, et que les surfaces planes des eaux, qui n'ont ni forêts ni collines, en représentent les couleurs et les formes dans leurs reflets.

C'est par une suite de cette bienveillance surabondante de la nature que l'action du soleil est multipliée partout où elle était le plus nécessaire, et qu'elle est affaiblie dans tous les lieux où elle aurait été nuisible. Le soleil est d'abord cinq ou six jours de plus dans notre hémisphère septentrional, parceque cet hémisphère renferme la plus grande partie des continents, et qu'il est le plus habité. Son disque y paraît sur l'horizon avant qu'il soit levé, et après qu'il est couché; ce qui, joint à ses crépuscules, augmente considérablement la grandeur naturelle de nos jours. Plus il fait froid, plus la réfraction de ses rayons s'étend: voilà pourquoi elle est plus grande le matin que le soir, l'hiver que l'été, et au commencement du printemps qu'à celui de l'automne. Quand l'astre du jour nous a quittés, pendant la nuit, la lune vient nous réfléchir sa lumière, avec des variétés dans ses phases qui ont des rapports encore ignorés avec un grand nombre d'espèces d'animaux, et surtout de poissons, qui ne voyagent que la nuit aux époques qu'elle leur indique. Plus le soleil s'éloigne d'un pôle, plus ses rayons y sont réfractés. Mais quand il l'a abandonné tout-à-fait, c'est alors que sa lumière y est suppléée d'une manière admirable. D'abord la lune, par un mouvement incompréhensible, va l'y remplacer, et y paraît perpétuellement sur l'horizon sans se coucher, comme l'observèrent, en 1596, à la Nouvelle-Zemble, les malheureux Hollandais qui y passèrent l'hiver par le 76ᵉ degré de latitude septentrionale. C'est dans ces affreux climats que la nature multiplie ses ressources, pour rendre aux êtres sensibles le bénéfice de la lumière et de la chaleur. Le ciel y est éclairé d'aurores boréales qui lancent jusqu'au zénith des rayons d'une lumière dorée, blanche, rouge, et mouvante. Le pôle y étincelle d'étoiles plus lumineuses que le reste du firmament. Les neiges qui y couvrent la terre en abritent une partie des plantes, et, par leur éclat, affaiblissent l'obscurité de la nuit. Les arbres y sont revêtus de mousses épaisses qui s'enflamment à la moindre étincelle; la terre même en est tapissée, surtout dans les bois, à une si grande hauteur, qu'il m'est arrivé plus d'une fois d'enfoncer en été jusqu'aux genoux dans ceux de la Russie. Enfin, les animaux qui y habitent sont revêtus de fourrures jusqu'au bout des ongles. Lorsqu'il s'agit ensuite de rendre la chaleur à ces climats, le soleil y reparaît bien long-temps avant son terme naturel. Ainsi, les Hollandais dont j'ai parlé le virent avec surprise sur l'horizon de la Nouvelle-Zemble le 24 janvier, c'est-à-dire quinze jours plus tôt qu'ils ne s'y attendaient. Sa vue inespérée les remplit de joie, et déconcerta les calculs de leur savant pilote, l'infortuné Barents. C'est alors que l'astre du jour y redouble sa chaleur et sa lumière par les parhélies, qui, comme autant de miroirs formés dans les nuages, réfléchissent son disque sur la terre. Il appelle de l'Afrique les vents du sud, qui, passant sur le Zara, dont les sables sont alors embrasés par le voisinage du soleil à leur zénith, se chargent de particules ignées, et viennent heurter, comme des béliers de feu, cette effroyable coupole de glace qui couvre l'extrémité de notre hémisphère. Ses énormes voussoirs, dissous par la chaleur de ces vents, et ébranlés par leurs violentes secousses, se détachent par quartiers aussi élevés que des montagnes; et, flottant au gré des courants qui les entraînent vers la ligne, ils s'avancent quelquefois jusqu'au 45ᵉ degré, en rafraîchissant les mers méridionales par leurs vastes effusions. Ainsi les glaces du pôle donnent de la fraîcheur aux mers chaudes de l'Afrique, comme les sables de l'Afrique donnent des vents chauds aux glaces du pôle.

Mais, comme le froid est à son tour un très grand bien dans la zone torride, la nature emploie mille moyens pour en étendre l'influence dans cette zone, et pour y affaiblir la chaleur et la lumière du soleil. D'abord, elle y détruit les réfractions de l'atmosphère; le soleil n'y a presque point de crépuscule avant son lever, et surtout après son coucher. Lorsqu'il est au zénith, il se voile de nuages pluvieux qui ombragent la terre, et qui la rafraîchissent par leurs eaux; de plus, ces nuages étant souvent orageux, les explosions de leurs feux dilatent la couche supérieure de l'atmosphère, qui est glaciale à deux mille cinq cents toises d'élévation sous la ligne, comme on le voit aux neiges qui couvrent perpétuellement, à cette hauteur, le sommet de quelques montagnes des Cordillières. Ils font couler, par leurs explosions et leurs secousses, des colonnes de cet air congelé de l'atmosphère supérieure dans l'inférieure, qui en est subitement rafraîchie, comme nous l'éprouvons en été dans nos climats, immédiatement après les orages. Les effusions des glaces des pôles rafraîchissent de même les mers du midi, et les vents polaires soufflent fréquemment sur les parties les plus chaudes de leurs rivages. La nature a placé de plus dans le sein de la zone torride, et dans son voisinage, des chaînes de montagnes à glace qui accélèrent et redoublent les effets des vents polaires, surtout le long des mers, où la fermentation était le plus à craindre par les alluvions des corps des animaux et des végétaux que les eaux y déposent sans cesse. Ainsi la chaîne du mont Taurus, toujours couverte de neige, commence en Afrique sur les rivages brûlants du Zara, et, côtoyant la Méditerranée, passe en Asie, où elle jette çà et là de longs bras qui embrassent les golfes de l'océan Indien. De même, en Amérique, la longue chaîne des Cordillières du Pérou et du Chili, avec les crêtes élevées dont elle traverse le Brésil, rafraîchit les longs et brûlants rivages de la mer du Sud et du golfe du Mexique.

Ces dispositions élémentaires ne sont qu'une partie des ressources de la nature pour tempérer la chaleur dans les pays chauds. Elle y ombrage la terre de végétaux rampants et d'arbres en parasols, dont quelques uns, comme les cocotiers des îles Séchelles, et les talipots de Ceylan, ont des feuilles de douze à quinze pieds de long, et de sept à huit de largeur.

Elle y couvre les animaux de poil ras, et les colore, en général, ainsi que la verdure, de teintes sombres et rembrunies, afin de diminuer les reflets de la chaleur et de la lumière. Cette dernière considération nous engage à faire ici quelques réflexions sur les effets des couleurs : le peu que nous en dirons nous convaincra que leurs générations ne sont pas produites au hasard; que c'est par des raisons très sages que la moitié d'entre elles vont, en se composant, vers la lumière, et l'autre moitié, en se décomposant, vers les ténèbres, et que toutes les harmonies de ce monde naissent de choses contraires.

Les naturalistes regardent les couleurs comme des accidents. Mais si nous considérons les usages généraux où les emploie la nature, nous serons persuadés qu'il n'y a pas même sur les rochers une seule nuance de placée en vain. Observons d'abord les principaux effets des deux couleurs extrêmes, la blanche et la noire, par rapport à la lumière. L'expérience prouve que, de toutes les couleurs, la blanche est celle qui réfléchit le mieux les rayons du soleil, parcequ'elle les renvoie sans aucune teinte, aussi purs qu'elle les reçoit; et la noire, au contraire, est la moins propre à leur réflexion, parcequ'elle les éteint. Voilà pourquoi les jardiniers blanchissent les murs de leurs espaliers pour accélérer la maturité de leurs fruits par la réverbération du soleil, et que les opticiens noircissent les parois de la chambre obscure, afin que leurs reflets n'altèrent pas le tableau lumineux qui s'y peint.

La nature, en conséquence, emploie fréquemment, au nord, la couleur blanche pour augmenter la lumière et la chaleur du soleil. La plupart des terres y sont blanchâtres, ou d'un gris clair. Les roches, les sables, y sont remplis de mica et de parties spéculaires. De plus, la blancheur des neiges qui les couvrent en hiver, et les parties vitreuses et cristallines de leurs glaces, sont très propres à y affaiblir l'action du froid, en y réfléchissant la lumière et la chaleur de la manière la plus avantageuse. Les troncs des bouleaux, qui y composent la plus grande partie des forêts, ont l'écorce blanche comme du papier. Dans quelques endroits même, la terre est tapissée de végétaux tout blancs. « Dans la partie orientale, dit un savant Suédois, des hautes montagnes qui séparent la Suède de la Norwège, exposée à la plus grande rigueur du froid, il y a une forêt épaisse, et singulière en ce que le pin qui y croît est rendu noir par une espèce de lichen filamenteux qui y pend en abondance, tandis que la terre est couverte, partout aux environs, d'un lichen blanc qui imite la neige par son éclat. » La nature y donne la même couleur à la plupart des animaux, comme aux ours blancs, aux loups, aux perdrix, aux lièvres, aux hermines; les autres y blanchissent sensiblement en hiver, tels que les renards et les écureuils, qui sont roux en été et petit-gris en hiver. Si nous considérions même la figure filiforme de leurs poils, leur vernis et leur transparence, nous verrions qu'ils sont formés de la manière la plus propre à réfléchir et à réfranger les rayons lumineux. On n'en doit pas considérer la blancheur comme une dégénération ou un affaiblissement de l'animal, ainsi que l'ont fait les naturalistes, par rapport aux cheveux des hommes, qui blanchissent dans la vieillesse par un défaut de substance, disent-ils; car il n'y a rien de si touffu que la plupart de ces fourrures, ni rien de si vigoureux que les animaux qui les portent. L'ours blanc est une des plus fortes et des plus terribles bêtes du monde; il faut souvent plusieurs coups de fusil pour l'abattre.

La nature, au contraire, a coloré de rouge, de bleu et de teintes sombres et noires les terres, les végétaux, les animaux, et même les hommes, qui habitent la zone torride, pour y éteindre les feux de l'atmosphère brûlante qui les environne. Les terres et les sables de la plus grande partie de l'Afrique, située entre les tropiques, sont d'un rouge brun, et les rochers en sont noirs. Les îles de France et de Bourbon, qui sont sur les lisières de cette zone, ont en général cette nuance. J'y ai vu des poules et des perroquets dont non-seulement le plumage, mais la peau était teinte en noir. J'y ai vu aussi des poissons tout noirs, surtout parmi les espèces qui vivent à fleur d'eau sur les récifs, telles que les vieilles et les raies. Comme les animaux blanchissent en hiver, au nord, à mesure que le soleil s'en éloigne, ceux du midi se colorent de teintes foncées à mesure que le soleil s'approche d'eux. Quand il est au zénith, les moineaux du pays ont des pièces d'estomac et les plumes de la tête toutes rouges. Il y a des oiseaux qui y changent de couleur trois fois par an, ayant, pour ainsi dire, des habits de printemps, d'été et d'hiver, suivant que le soleil est à la ligne, au tropique du Cancer ou à celui du Capricorne [39].

Il y a encore ceci de très remarquable et de conséquent à l'emploi que la nature fait de ces couleurs au nord et au midi, c'est que, par tout pays, la partie du corps d'un animal qui est la plus blanche est le ventre, parcequ'il faut plus de chaleur au ventre pour la digestion et les autres fonctions; et au contraire la tête est partout le plus fortement colorée, surtout dans ceux des pays chauds, parceque cette partie a le plus besoin de fraîcheur dans l'économie animale.

On ne peut pas dire que les ventres des animaux conservent leur blancheur parcequ'ils sont abrités du soleil, et que leurs têtes se colorent

---

* Extrait de l'Histoire naturelle du renne, par Charles-Frédéric Hoffberg, traduit par M. le chevalier de Kéralio.

parcequ'elles y sont le plus exposées. Il semble, par des raisons d'analogie, que l'effet naturel de la lumière devrait être de revêtir de son éclat tous les objets qu'elle touche, et que, partant, les terres, les végétaux et les animaux de la zone torride devraient être blancs; et que la nuit, au contraire, agissant plusieurs mois de suite sur les pôles, devrait en rembrunir tous les objets. La nature ne s'assujettit point à des lois mécaniques. Quel que soit l'effet physique de la présence du soleil ou de son absence, elle a ménagé, au nord, des taches très noires sur les corps les plus blancs, et au midi des taches blanches sur des corps fort noirs. Elle a noirci le bout de la queue des hermines de Sibérie, afin que ces petits animaux tout blancs, marchant sur la neige, où ils laissent à peine des traces de leurs pattes, pussent se reconnaître lorsqu'ils vont à la suite les uns des autres, dans les reflets lumineux des longues nuits du nord. Peut-être aussi cette noirceur, opposée au blanc, est-elle un de ces caractères tranchés qu'elle a donnés aux bêtes de proie, tels que le bout du museau noir et les griffes noires à l'ours blanc. L'hermine est une espèce de belette. Il y a aussi des renards tout noirs dans le nord, mais ils sont dédommagés de l'influence de la couleur blanche par la plus chaude et la plus épaisse des fourrures; c'est la plus précieuse de toutes celles du nord. D'ailleurs cette espèce de renards y est fort rare. La nature les a peut-être revêtus de noir, parcequ'ils vivent dans des souterrains, au milieu des sables chauds, ou dans le voisinage de quelques volcans, ou par quelque autre raison qui m'est inconnue, mais convenable à leurs besoins. C'est ainsi qu'elle a vêtu de blanc le paille-en-cul des tropiques, parceque cet oiseau, qui vole à une très grande élévation sur la mer, passe une partie de sa vie dans le voisinage d'une atmosphère glacée. Ces exceptions ne détruisent point la convenance générale de ces deux couleurs ; au contraire, elles la confirment, puisque la nature s'en sert pour diminuer ou augmenter la chaleur de l'animal, suivant la température du lieu où il vit.

Je laisse maintenant expliquer aux physiciens comment le froid fait végéter les poils des animaux du nord, et comment la chaleur raccourcit ou fait tomber ceux des animaux du midi, contre toutes les lois de la physique systématique et même expérimentale; car nous savons par notre expérience que l'hiver retarde l'accroissement des cheveux et de la barbe de l'homme, et que l'été l'accélère.

Je crois entrevoir une loi, bien différente de la loi des analogies que nous attribuons si communément à la nature, parcequ'elle s'allie à notre faiblesse, en nous donnant lieu de tout expliquer à l'aide d'un petit nombre de principes. Cette loi, infiniment variée dans ses moyens, est celle des compensations [40]. Elle est une conséquence de la loi universelle de la convenance des êtres, et une suite de l'union des contraires dont les harmonies de l'univers sont composées. Ainsi il arrive souvent que les effets, loin d'être les résultats des causes, leur sont opposés. Par exemple, il a plu à la nature de vêtir de blanc plusieurs oiseaux des régions chaudes, tels que l'aigrette des Antilles et le perroquet des Moluques, appelé *cacatoës*; mais elle aura donné à leur plumage une disposition qui en affaiblit la réflexion. Il est même très remarquable qu'elle a coiffé les têtes de ces oiseaux d'aigrettes et de panaches qui les ombragent, parceque, comme nous l'avons observé, la tête est la partie du corps qui a le plus besoin de fraîcheur dans l'économie animale. Telle est notre poule huppée, qui vient originairement de Numidie. Je ne crois pas même qu'on trouve ailleurs que dans les pays méridionaux des oiseaux dont la tête soit panachée. S'il y en a quelques uns au nord, comme les huppes, ils n'y paraissent qu'en été. La plupart de ceux du nord, au contraire, ont le ventre et les pattes revêtus de palatines formées de duvet semblable à la plus fine des laines. Il y a encore ceci de remarquable sur les oiseaux et les quadrupèdes blancs du midi, qui vivent dans une atmosphère chaude, c'est que je crois qu'ils ont tous la peau noire, ce qui suffit pour amortir la réflexion de la couleur dont ils sont revêtus. Robert Knox, en parlant de quelques quadrupèdes blancs de l'île de Ceylan, dit qu'ils ont la peau toute noire. Je me rappelle moi-même avoir vu au port de Lorient un cacatoës tout déplumé à l'estomac, dont la peau était noire comme celle d'un nègre. Quand cet oiseau blanc, avec son bec noir et son estomac noir et nu, dressait son aigrette et battait des ailes, il avait l'air d'un roi des Indes avec sa couronne et son manteau de plumes.

Cette loi des compensations a donc des moyens très variés, qui détruisent la plupart des lois que nous avons établies en physique; mais il faut la soumettre elle-même à la convenance générale; sans quoi, si nous voulions la rendre universelle, elle nous jetterait à son tour dans l'erreur commune. Elle a fait naître, en géométrie, plusieurs axiomes fort douteux, quoique fort célèbres, tels que celui-ci : « L'action est égale à la réaction; ou cet autre, qui en est une conséquence : « L'angle de réflexion est égal à l'angle d'incidence. » Je ne m'arrêterai pas à prouver dans combien de cas ces axiomes-là sont erronés, combien d'actions dans la nature sont sans réactions, combien d'actions ont des réactions inégales, combien d'angles de réflexion sont dérangés par les plans mêmes d'incidence. Il me suffit de répéter ici ce que nous avons dit plusieurs fois, c'est que la faiblesse de notre esprit et la vanité de notre éducation nous portent sans cesse à généraliser. Cette méthode est la cause de toutes nos erreurs, et peut-être de tous nos vices. La nature donne à chaque être ce qui lui convient dans la convenance la plus parfaite, suivant la latitude pour laquelle il est destiné; et lorsque les saisons en varient la température, elle en varie aussi les convenances. Ainsi, il y a des convenances qui sont immuables, et d'autres qui sont versatiles.

Souvent la nature emploie des moyens contraires pour produire le même effet. Elle fait du verre avec le feu ; elle en fait avec l'eau, comme le cristal; elle en produit encore par l'organisation des animaux, tels que certains coquillages qui sont transparents ; elle forme le diamant par des procédés qui nous sont entièrement inconnus. Concluez maintenant de ce qu'une matière est vitrifiée, qu'elle est l'ouvrage du feu, et bâtissez sur cet aperçu le système du monde ! Nous ne pouvons même saisir que des instants harmoniques dans l'existence des êtres. Ce qui est vitrifiable devient calcaire, et ce qui est calcaire se change en verre par l'action du même feu. Tirez donc, de ces simples modifications du règne fossile, des caractères constants, pour en déterminer les classes générales !

Souvent aussi la nature se sert du même moyen pour produire des effets tout-à-fait contraires. Par exemple, nous avons vu que, pour augmenter la chaleur sur les terres du nord, et pour l'affaiblir sur celles du midi, elle employait des couleurs opposées; elle y produit les mêmes effets en couvrant les unes et les autres de rochers. Ces rochers sont très nécessaires à la végétation. J'ai souvent remarqué dans ceux de la Finlande des lisières de verdure qui bordaient leur base du côté du midi; et dans ceux de l'Ile-de-France, j'ai trouvé ces lisières du côté opposé au soleil.

On peut faire les mêmes observations dans notre climat : en été, quand tout est sec, on trouve fréquemment de l'herbe verte au pied des murs qui regardent le nord; elle disparaît en hiver, mais alors on en revoit d'autre le long de ceux qui sont exposés au midi. Nous avons déjà remarqué que les zones glaciales et la zone torride réunissaient la plus grande quantité d'eaux, dont les évaporations adoucissent également l'âpreté du chaud et du froid, avec cette différence que les plus grands lacs sont vers les pôles, et les plus grands fleuves vers la ligne. Il y a, à la vérité, quelques lacs dans l'intérieur de l'Afrique et de l'Amérique ; mais ils sont placés dans des atmosphères élevées, au centre des montagnes, et ne peuvent point se corrompre par l'action de la chaleur; mais les plaines et les lieux bas sont arrosés par les plus grands courants d'eaux vives qu'il y ait au monde, tels que le Zaïre, le Sénégal, le Nil, le Méchassipi, l'Orénoque, l'Amazone, etc. La nature ne se propose partout que les convenances des êtres. Cette remarque est très importante dans l'étude de ses ouvrages ; autrement, à la similitude de ses moyens, ou à leur exception, on pourrait douter de la constance de ses lois, au lieu d'en rejeter la majestueuse obscurité sur la multiplicité de ses ressources et sur la profondeur de notre ignorance.

Cette loi de convenance a été la source de toutes nos découvertes. Ce fut elle qui porta Christophe Colomb en Amérique, parceque, comme dit Herrera [*], il pensait, contre l'opinion des anciens, que les cinq zones devaient être habitées, puisque Dieu n'avait pas fait la terre pour être déserte. C'est elle qui règle nos idées sur les objets absolument hors de notre examen ; c'est par elle que, quoique nous ignorions s'il y a des hommes dans les planètes, on peut assurer qu'il y a des yeux, parcequ'il y a de la lumière. C'est elle qui a fait naître le sentiment de la justice dans le cœur de tous les hommes, et qui leur a dit qu'il y avait un autre ordre de choses après cette vie. Enfin, elle est la plus forte preuve de l'existence de Dieu; car, au milieu de tant de convenances si ingénieuses, que nos passions mêmes si inquiètes n'eussent jamais pu en imaginer de semblables, et si nombreuses que chaque jour nous en présente de nouvelles, la première de toutes, qui est la Divinité, doit sans doute exister, puisqu'elle est la convenance générale de toutes les convenances particulières.

C'est celle-là surtout dont nous cherchons, même involontairement, à reconnaître l'existence partout, et à nous assurer de toutes les manières. Voilà pourquoi les collections les plus nombreuses en histoire naturelle, les galeries de tableaux les plus rares, les jardins remplis des plantes les plus

---

[*] Herrera, *Histoire des Indes occidentales*, liv. I, chap. II.

curieuses, les livres les mieux écrits, enfin tout ce qui nous présente les rapports les plus merveilleux de la nature, après nous avoir ravis en admiration, finissent par nous ennuyer. Nous leur préférons bien souvent une montagne agreste, un rocher raboteux, quelque solitude sauvage, qui puisse nous offrir des rapports nouveaux et encore plus directs. Souvent, en sortant du magnifique Cabinet du roi, nous nous arrêtons machinalement à voir un jardinier creuser dans un champ un trou avec sa bêche, ou un charpentier doler avec sa hache une pièce de bois; il semble que nous allions voir quelques harmonies nouvelles sortir du sein de la terre ou des flancs d'un chêne. Nous comptons pour rien celles dont nous venons de jouir, si elles ne nous mènent à d'autres que nous ne connaissons pas. Mais on nous donnerait l'histoire complète des étoiles du firmament et des planètes invisibles qui les environnent, nous y apercevrions une foule de plans inénarrables d'intelligence et de bonté, que notre cœur soupirerait encore : sa seule fin est la Divinité même.

ÉTUDE ONZIÈME.

APPLICATION DE QUELQUES LOIS GÉNÉRALES DE LA NATURE AUX PLANTES.

Avant de parler des plantes, nous nous permettrons quelques réflexions sur le langage de la botanique.

Nous sommes encore si nouveaux dans l'étude de la nature, que nos langues manquent de termes pour en exprimer les harmonies les plus communes : cela est si vrai, que quelque exactes que soient les descriptions des plantes, faites par les plus habiles botanistes, il est impossible de les reconnaître dans les campagnes, si on ne les a déjà vues en nature, ou au moins dans un herbier. Ceux qui se croient les plus habiles en botanique n'ont qu'à essayer de peindre sur le papier une plante qu'ils n'auront jamais vue, d'après une description exacte des plus grands maîtres; ils verront combien leur copie s'écartera de l'original. Cependant, des hommes de génie se sont épuisés à donner aux parties des plantes des noms caractéristiques; ils ont même choisi la plupart de ces noms dans la langue grecque, qui a beaucoup d'énergie. Il en est résulté un autre inconvénient; c'est que ces noms, qui sont la plupart composés, ne peuvent se rendre en français : et c'est une des raisons pour lesquelles une grande partie des ouvrages de Linnée est intraduisible. A la vérité, ces expressions savantes et mystérieuses répandent un air vénérable sur l'étude de la botanique; mais la nature n'a pas besoin de ces ressources de l'art des hommes pour s'attirer nos respects. La sublimité de ses lois peut se passer de l'emphase et de l'obscurité de nos expressions. Plus on porte la lumière dans son sein, plus on la trouve admirable.

Après tout, la plupart de ces noms étrangers, employés surtout par le vulgaire des botanistes, n'expriment pas même les caractères les plus communs des végétaux. Ils emploient, par exemple, fréquemment ces expressions vagues, *suave rubente, suave olente*, « d'un rouge agréable, d'une odeur suave, » pour caractériser des fleurs, sans exprimer la nuance de leur rouge, ni l'espèce de leur parfum. Ils sont encore plus embarrassés quand ils veulent rendre les couleurs rembrunies des tiges, des racines ou des fruits : *atro-rubente*, disent-ils, *fusco-nigrescente*, « d'un rouge obscur, d'un roux noircissant. » Quant aux formes des végétaux, c'est encore pis, quoiqu'ils aient fabriqué des mots composés de quatre ou cinq mots grecs pour les décrire.

J.-J. Rousseau me communiqua un jour des espèces de caractères algébriques qu'il avait imaginés pour exprimer très brièvement les couleurs et les formes des végétaux. Les uns représentaient les formes des fleurs; d'autres, celles des feuilles; d'autres, celles des fruits. Il y en avait en cœur, en triangle, en losange, etc. Il n'employait que neuf ou dix de ces signes pour former l'expression d'une plante. Il y en avait de placés les uns au-dessus des autres, avec des chiffres qui exprimaient les genres et les espèces de plantes, en sorte que vous les eussiez pris pour les termes d'une formule algébrique. Quelque ingénieuse et expéditive que fût cette méthode, il me dit qu'il y avait renoncé, parcequ'elle ne lui présentait que des squelettes. Ce sentiment convenait à un homme dont le goût était égal au génie, et peut faire réfléchir ceux qui veulent donner des abrégés de toutes choses, surtout des ouvrages de la nature. Cependant, l'idée de Jean-Jacques mérite d'être perfectionnée, quand elle ne servirait qu'à faire naître un jour un alphabet propre à exprimer la langue de la nature. Il ne s'agirait que d'y introduire des accents, pour rendre les nuances des couleurs, et toutes les modifications des saveurs, des parfums et des formes. Après tout, ces caractères ne pourraient être rendus avec précision, si les qualités de chaque végétal ne sont d'abord déterminées exactement par des paroles : autrement, la langue des botanistes, à laquelle on reproche aujourd'hui de ne parler qu'à l'oreille, ne se ferait plus entendre qu'aux yeux.

Voici ce que j'ai à proposer sur un objet aussi intéressant, et qui se conciliera ensuite avec les principes généraux que nous poserons ensuite. Le peu que j'en dirai pourra servir à s'exprimer, non-seulement dans la botanique et dans l'étude des autres sciences naturelles, mais dans tous les arts, où nous manquons à chaque instant de termes pour rendre les nuances et les formes des objets.

Quoique nous n'ayons que le seul terme de *blanc* pour exprimer la couleur blanche, la nature nous en présente de bien des sortes. La peinture sur ce point est aussi aride que la langue.

J'ai ouï raconter qu'un fameux peintre d'Italie se trouva un jour fort embarrassé pour peindre dans un tableau trois figures habillées de blanc; il s'agissait de donner de l'effet à ces figures vêtues uniformément, et de tirer des nuances de la couleur la plus simple et la moins composée de toutes. Il jugeait la chose impossible, lorsqu'en passant dans un marché au blé, il aperçut l'effet qu'il cherchait. C'était un groupe formé par trois meuniers, dont l'un était sous un arbre, le second dans la demi-teinte de l'ombre de cet arbre, et le troisième aux rayons du soleil; en sorte que, quoiqu'ils fussent tous trois habillés de blanc, ils se détachaient fort bien les uns des autres. Il peignit donc un arbre au milieu des trois personnages de son tableau; et en éclairant l'un d'eux des rayons du soleil, et couvrant les deux autres des différentes teintes de l'ombre, il trouva le moyen de donner différentes nuances à la blancheur de leurs vêtements. Au fond, c'était éluder la difficulté plutôt que la résoudre. C'est, en effet, ce que font les peintres en pareil cas. Ils diversifient leurs blancs par des ombres, des demi-teintes et des reflets; mais ces blancs ne sont pas purs, et sont toujours altérés de jaune, de bleu, de vert, ou de gris. La nature en emploie de plusieurs espèces, sans en corrompre la pureté, en les pointillant, les chagrinant, les rayant ou les vernissant, etc… Ainsi, les blancs du lis, de la marguerite, du muguet, du narcisse, de l'anemona nemorosa, de l'hyacinthe, sont différents les uns des autres. Le blanc de la marguerite a quelque chose de celui de la cornette d'une bergère; celui de l'hyacinthe tient de l'ivoire; et celui du lis, demi transparent et cristallin, ressemble à de la pâte de porcelaine. Je crois donc qu'on peut rapporter tous les blancs produits par la nature ou par les arts à ceux des pétales de nos fleurs. On aurait ainsi dans les végétaux une échelle des nuances du blanc le plus pur.

On peut se procurer de même toutes les nuances pures et imaginables du jaune, du rouge et du bleu, d'après les fleurs des jonquilles, des safrans, des bassinets des prés, des roses, des coquelicots, des bluets des blés, des pieds d'alouette, etc. On peut trouver également parmi nos fleurs toutes les nuances composées, telles que celles des violettes et des digitales pourprées, qui sont formées des différentes harmonies du rouge et du bleu. La seule couleur composée du bleu et du jaune, qui forme le vert des herbes, est si variée dans nos campagnes, que chaque plante en a, pour ainsi dire, sa nuance particulière. Je ne doute pas que la nature n'ait étalé avec autant de diversité les autres couleurs de sa palette dans le sein des fleurs ou sur la peau des fruits. Elle y emploie quelquefois des teintes fort différentes sans les confondre; mais elle les pose les unes sur les autres, en sorte qu'elles font la gorge de pigeon; tels sont les beaux pluchés qui garnissent la corolle de l'anémone : ailleurs elle en glace la superficie, comme certaines mousses à fond vert qui sont glacées de pourpre; elle en veloute d'autres, comme les pensées; elle saupoudre des fruits de fleur de farine, comme la prune pourprée de monsieur; ou elle les rêvet d'un duvet léger pour adoucir leur vermillon, comme la pêche; ou elle lisse leur peau, et donne à leurs couleurs l'éclat le plus vif, comme au rouge de la pomme de calville.

Ce qui embarrasse le plus les naturalistes dans la dénomination des couleurs, ce sont celles qui sont rembrunies; ou plutôt c'est ce qui ne les embarrasse guère, car ils se tirent d'affaire avec les expressions vagues et indécises de noirâtre, de gris, de couleur de cendre, de brun, qu'ils expriment à la vérité en mots grecs ou latins. Mais ces mots ne servent souvent qu'à altérer leurs images, en ne représentant rien de tout; car que veulent dire, de bonne foi, ces mots *atro-purpurente*, *fusco-nigrescente*, etc., qu'ils emploient si souvent?

On peut faire des milliers de teintes très différentes, auxquelles ces expressions générales pourront convenir. Comme ces nuances peu éclatantes sont en effet très composées, il est fort difficile de les caractériser avec les expressions de notre nomenclature ordinaire. Mais on peut en venir aisément à bout en les rapportant aux diverses couleurs de nos végétaux domestiques. J'ai remarqué dans les écorces de nos arbres et de nos arbrisseaux, dans les capsules et les coques de leurs fruits, ainsi que dans les feuilles mortes, une variété incroyable de ces nuances ternes et sombres, depuis le jaune jusqu'au noir, avec tous les mélanges et accidents des autres couleurs. Ainsi, au lieu de dire en latin un jaune noircissant, ou une couleur cendrée, pour déterminer quelque nuance particulière de couleur dans les arts ou dans la nature, on dirait un jaune de couleur de noix sèche, ou un gris d'écorce de hêtre. Ces expressions seraient d'autant plus exactes, que la nature emploie invariablement ces sortes de teintes dans les végétaux, comme des caractères déterminants et des signes de maturité, de vigueur ou de dépérissement, et que nos paysans reconnaissent les diverses espèces de bois de nos forêts à la simple inspection de leurs écorces. Ainsi, non-seulement la botanique, mais tous les arts, pourraient trouver dans les végétaux un dictionnaire inépuisable de couleurs constantes, qui ne serait point embarrassé de mots composés, barbares et techniques, mais qui présenterait sans cesse de nouvelles images. Il en résulterait beaucoup d'agrément pour nos livres de sciences, qui s'embelliraient de comparaisons et d'expressions tirées du règne le plus aimable de la nature. C'est à quoi n'ont pas manqué les grands poëtes de l'antiquité, qui y ont rapporté la plupart des événements de la vie humaine. C'est ainsi qu'Homère compare les générations rapides des faibles mortels aux feuilles qui tombent dans une forêt à la fin de l'automne; la fraîcheur de la beauté, à celle de la rose, et la pâleur dont se couvre le visage d'un jeune homme blessé à mort dans les combats, ainsi que l'attitude de sa tête penchée, à la couleur et à la flétrissure d'un lis dont la racine a été coupée par la charrue. Mais nous ne savons que répéter les expressions des hommes de génie, sans oser suivre leurs pas. Il y a plus, c'est que la plupart des naturalistes regardent les couleurs mêmes des végétaux comme de simples accidents. Nous verrons bientôt combien leur erreur est grande, et combien ils se sont écartés des plans sublimes de la nature, en suivant leurs méthodes mécaniques.

On peut rapprocher de même les odeurs et les saveurs de toute espèce et de tout pays, de celles des plantes de nos jardins et de nos campagnes. La renoncule de nos prés a l'acrimonie du poivre de Java. La racine de la caryophyllata ou benoîte, et les fleurs de nos œillets, ont l'odeur du girofle d'Amboine. Pour les saveurs et odeurs composées, on peut les rapporter à des odeurs et saveurs simples, dont la nature a mis les éléments dans tous les climats, et qu'elle a réunis dans la classe des végétaux. Je connais une espèce de morelle que mangent les Indiens, qui, étant cuite, a le goût de la viande de bœuf. Ils l'appellent brette. Nous avons parmi les becs-de-grue une espèce dont la feuille a l'odeur du gigot de mouton rôti. Le muscari, espèce de petite hyacinthe qui croît dans nos buissons, au commencement du printemps, a une odeur très forte de prune. Ses petites fleurs monopétales d'un bleu tendre, sans lèvres ni découpures, ont aussi la forme de ce fruit*. C'est par des rapprochements de cette nature que l'Anglais Dampier et le père Du Tertre nous ont donné, à mon gré, les notions les plus justes des fruits et des fleurs qui croissent entre les tropiques, en les rapportant à des fleurs et des fruits de nos climats. Dampier, par exemple, pour décrire la banane, la compare, dépouillée de sa peau épaisse et à cinq pans, à une grosse saucisse; sa substance et sa couleur, à celle du beurre frais en hiver; son goût, à un mélange de pomme et de poire de bon-chrétien, qui fond dans la bouche comme une marmelade. Quand ce voyageur vous parle de quelque bon fruit des Indes, il vous fait venir l'eau à la bouche. Il a un jugement naturel supérieur à la fois aux méthodes des savants et aux préjugés du peuple. Par exemple, il soutient avec raison, contre l'opinion commune des marins, que le plantin ou banane est le roi des fruits, sans en excepter le coco. Il nous apprend que c'est aussi l'opinion des Espagnols, et qu'une multitude de familles vivent, entre les tropiques, de ce fruit agréable, sain et nourrissant, qui dure toute l'année, et qui ne demande aucun apprêt. Le père Du Tertre[41] n'est pas moins heureux et moins juste dans ses descriptions botaniques. Ces deux voyageurs vous donnent tout d'un coup, avec des similitudes triviales, une idée précise d'un végétal étranger, que vous ne trouverez point dans les noms grecs de nos plus habiles botanistes. Cette manière de décrire la nature par des images et des sensations communes est méprisée de nos savants; mais je la regarde comme la seule qui puisse faire des tableaux ressemblants, et comme le vrai caractère du génie. Quand on l'a, on peut peindre tous les objets naturels, et se passer de méthodes; et

---

* La nature offre une multitude de consonnances semblables; mais leur but et leur utilité nous sont encore inconnus. J'ai trouvé aux environs de Paris un rosier églantier (rosa rubiginosa, Lin.) dont les feuilles, à sept folioles, ovales, couvertes de points résineux couleur de rouille, ont une odeur très forte de pomme de reinette. Par une espèce de compensation, la nature, en donnant un parfum aux feuilles, en a refusé un à la fleur. Je regrette de n'avoir pu faire quelques expériences sur les propriétés des feuilles de cet arbuste singulier; mais je suis convaincu qu'elles doivent offrir une boisson aussi agréable que salutaire. Le rosier églantier odorant croît spontanément dans les terrains, incultes sur les bords de l'Oise. Je l'ai également retrouvé dans les montagnes de l'Auvergne et dans les Pyrénées. (A.-M.)

quand on ne l'a pas, on ne fait que des phrases.

Disons maintenant quelque chose de la forme des végétaux ; c'est ici que la langue de la botanique, et même celle des autres arts, sont fort stériles. La géométrie, qui s'en est particulièrement occupée, n'a guère calculé qu'une douzaine de courbes régulières, qui ne sont connues que d'un petit nombre de savants ; et la nature en emploie dans les seules formes des fleurs une multitude infinie : nous en indiquerons bientôt quelques usages. Ce n'est pas que je veuille faire d'une étude pleine d'agrément une science transcendante, et digne seulement des Newtons. Comme la nature a mis, je pense, ainsi que les couleurs, les saveurs et les parfums, tous les modèles de formes dans les feuilles, les fleurs et les fruits de tous les climats, soit dans les arbres, soit dans les herbes, ou les mousses, on pourrait rapporter les formes végétales des autres parties du monde à celles de notre pays qui nous sont le plus familières. Ces rapprochements seraient bien plus intelligibles que nos mots grecs composés, et manifesteraient de nouvelles relations dans les différentes classes du même règne. Ils ne seraient pas moins nécessaires pour exprimer les agrégations des fleurs sur leurs tiges, des tiges autour de la racine, et les groupes des jeunes plantes autour de la plante principale. Nous pouvons dire que les noms de la plupart de ces agrégations et dispositions végétales sont encore à trouver ; les plus grands maîtres n'ayant pas été heureux à les caractériser, ou, pour parler nettement, ne s'en étant pas occupés. Par exemple, lorsque Tournefort * parle, dans son *Voyage du Levant*, d'un héliotrope de l'île de Naxos, qu'il caractérise ainsi, *heliotropum humifusum, flore minimo, semine magno*, « l'héliotrope couché, à fleur très petite et à grande semence, » il dit « qu'il a ses fleurs disposées en épi finissant en » queue de scorpion. » Il y a deux fautes dans ces expressions, car les fleurs de cet héliotrope, semblables par leur agrégation aux fleurs de l'héliotrope de nos climats et de celui du Pérou, ne sont point disposées en épi, puisqu'elles sont rangées sur une tige horizontale et d'un seul côté, et qu'elles se recourbent en dessous comme la queue d'un limaçon, et non en dessus comme la queue d'un scorpion. La même inexactitude d'image se retrouve dans la description qu'il nous donne de la *stachis cretica latifolia*, « la stachis de Crète, » à larges feuilles. » « Ses fleurs, dit-il, sont dis- » posées par anneaux. » On ne conçoit pas qu'il veuille faire entendre qu'elles sont disposées comme les divisions d'un roi d'échecs. C'est cependant sous cette forme que les représente le dessin d'Aubriet, son dessinateur. Je ne connais point en botanique d'expression qui rende ce caractère d'agrégations sphériques par étages séparés de pleins et de vides, et qui se terminent en pyramide. Barbeu du Bourg, qui a beaucoup d'imagination, mais peu d'exactitude, appelle cette forme « ver- » ticillée, » je ne sais pas pourquoi. Si c'est du mot latin *vertex*, tête ou sommet, parceque ces fleurs, ainsi agrégées, forment plusieurs sommets, cette dénomination conviendrait mieux à plusieurs autres plantes, et n'exprime point d'ailleurs les vides, les pleins, et la diminution progressive des étages des fleurs de la stachis. Tournefort la fait venir du mot latin *verticillus*. « C'est, dit-il, un » petit poids percé d'un trou où l'on engage le bas » d'un fuseau à filer, afin de le faire tourner avec » plus de facilité. » C'est aller chercher bien loin une similitude fort imparfaite avec un outil très peu connu. Ceci soit dit toutefois sans manquer à l'estime que je porte à un homme comme Tournefort, qui nous a frayé les premiers chemins de la botanique, et qui avait de plus une profonde érudition. Mais on peut juger, par cette négligence des grands maîtres, combien d'expressions vagues, inexactes et incohérentes remplissent la nomenclature de la botanique, et jettent de l'obscurité dans ses descriptions.

Après tout, me dira-t-on, comment caractériser l'agrégation des fleurs des deux plantes dont nous venons de parler? C'est en les rapportant à des agrégations semblables à celles des plantes de nos climats. Il n'y a en cela aucune difficulté : ainsi, par exemple, on rapporterait l'assemblage des fleurs de l'héliotrope grec à celui des fleurs de l'héliotrope français et péruvien ; et celui des fleurs de la stachis de Crète, à celui des fleurs du marrube ou du pouliot. On y ajouterait ensuite les différences en couleur, odeur, saveur, qui en diversifient les espèces. On n'a pas besoin de composer des mots étrangers pour rendre des formes qui nous sont familières. Je défie même de rendre avec des paroles grecques ou latines, et avec les périphrases les plus savantes, la simple couleur d'une écorce d'arbre. Mais si vous me dites qu'elle ressemble à celle d'un chêne, j'en ai tout d'un coup la nuance.

Ces rapprochements de plantes ont encore ceci de très utile, qu'ils nous offrent un ensemble de l'objet inconnu, sans lequel nous ne pouvons nous en former d'idée déterminée. C'est un des défauts de la botanique, de ne nous présenter les carac-

* Tournefort, *Voyage au Levant*, tome II.

tères des végétaux que successivement ; elle ne les assemble pas, elle les décompose. Elle les rapporte bien à un ordre classique, mais point à un ordre individuel. C'est cependant le seul que la faiblesse de notre esprit nous permet de saisir. Nous aimons l'ordre, parceque nous sommes faibles, et que la moindre confusion nous trouble ; or, il n'y a point d'ordre plus facile à adopter que celui qui se rapproche d'un ordre qui nous est familier, et que la nature nous présente partout. Essayez de décrire un homme trait par trait, membre par membre ; quelque exact que vous soyez, vous ne m'en ferez jamais le portrait : mais si vous le rapportez à quelque personnage connu, si vous me dites, par exemple, qu'il a la taille et l'encolure d'un don Quichotte, un nez de saint Charles Borromée, etc., vous me le peindrez en quatre mots. C'est à l'ensemble d'un objet que les ignorants, c'est-à-dire presque tous les hommes, s'attachent d'abord à le connaître.

Il serait donc essentiel d'avoir, en botanique, un alphabet de couleurs, de saveurs, d'odeurs, de formes et d'agrégations, tiré de nos plantes les plus communes. Ces caractères élémentaires nous serviraient à nous exprimer exactement dans toutes les parties de l'histoire naturelle, et à nous présenter des rapports curieux et nouveaux.

En attendant que des hommes plus savants que nous veuillent s'en occuper, nous allons entrer en matière, malgré l'embarras du langage.

Lorsqu'on voit végéter une multitude de plantes de formes différentes sur le même sol, on est tenté de croire que celles du même climat naissent indifféremment partout. Mais il n'y a que celles qui viennent dans les lieux qui leur ont été particulièrement assignés par la nature, qui y acquièrent toute la perfection dont elles sont susceptibles. Il en est de même des animaux : on élève des chèvres dans des pays de marais, et des canards dans des montagnes ; mais la chèvre ne parviendra jamais, en Hollande, à la beauté de celle que la nature couvre de soie dans les rochers d'Angora ; ni le canard d'Angora n'aura jamais la taille et les couleurs de celui qui vit dans les canaux de la Hollande.

Si nous jetons un simple coup d'œil sur les plantes, nous verrons qu'elles ont des relations avec les éléments qui les font croître ; qu'elles en ont entre elles, lorsqu'elles se groupent les unes avec les autres ; qu'elles en ont avec les animaux qui s'en nourrissent, et enfin avec l'homme, qui est le centre de tous les ouvrages de la création. J'appelle ces relations harmonies, et je les distingue en élémentaires, en végétales, en animales, et en humaines. J'établirai, par cette division, un peu d'ordre dans l'examen que nous en allons faire. On peut bien penser que je ne les parcourrai pas en détail : celles d'une seule espèce nous fourniraient des spéculations que nous n'épuiserions pas dans le cours de la vie ; mais je m'arrêterai assez à leurs harmonies générales, pour nous convaincre qu'une intelligence infinie règne dans cette aimable partie de la création comme dans le reste de l'univers. Nous ferons ainsi l'application des lois que nous avons établies précédemment, et nous en entreverrons une multitude d'autres également dignes de nos recherches et de notre admiration. Lecteur, ne soyez point étonné de leur nombre ni de leur étendue ; pénétrez-vous bien de cette vérité : Dieu n'a rien fait en vain. Un savant avec sa méthode se trouve arrêté dans la nature à chaque pas ; un ignorant avec cette clef peut en ouvrir toutes les portes.

HARMONIES ÉLÉMENTAIRES DES PLANTES.

Les plantes ont autant de parties principales qu'il y a d'éléments avec lesquelles elles entretiennent des relations. Elles en ont, par les fleurs, avec le soleil qui féconde et mûrit leurs semences ; par les feuilles, avec les eaux qui les arrosent ; par les tiges, avec les vents qui les agitent ; par les racines, avec le terrain qui les porte ; et par les graines, avec les lieux où elles doivent naître. Ce n'est pas que ces parties principales n'aient encore des relations indirectes avec les autres éléments ; mais il nous suffira de nous arrêter à celles qui sont immédiates.

HARMONIES ÉLÉMENTAIRES DES PLANTES AVEC LE SOLEIL, PAR LES FLEURS.

Quoique les botanistes aient fait de grandes et laborieuses recherches sur les plantes, ils ne se sont occupés d'aucun de ces rapports. Enchaînés par leurs systèmes, ils se sont attachés particulièrement à les considérer du côté des fleurs ; et ils les ont rassemblées dans la même classe, quand ils leur ont trouvé ces ressemblances extérieures, sans chercher même quel pouvait être l'usage particulier des différentes parties de la floraison. A la vérité, ils ont reconnu celui des étamines, des anthères et des stigmates, pour la fécondation du fruit ; mais celui-là et quelques autres qui regardent l'organisation intérieure exceptés, ils ont négligé ou méconnu les rapports que la plante entière a avec le reste de la nature.

Cette division partielle les a fait tomber dans la plus étrange confusion ; car, en regardant les fleurs comme les caractères principaux de la végétation, et en comprenant dans la même classe celles qui étaient semblables, ils ont réuni des plantes fort étrangères les unes aux autres, et ils en ont séparé, au contraire, qui étaient évidemment du même genre. Tel est, dans le premier cas, le chardon de bonnetier, appelé *dipsacus*, qu'ils rangent avec les scabieuses, à cause de la ressemblance de quelques parties de sa fleur, quoiqu'il présente, dans ses branches, ses feuilles, son odeur, sa semence, ses épines, et le reste de ses qualités, un véritable chardon ; et tel est, dans le second, le marronnier d'Inde, qu'ils ne comprennent pas dans la classe des châtaigniers, parcequ'il a des fleurs différentes. Classer les plantes par les fleurs, c'est-à-dire par les parties de leur fécondation, c'est classer les animaux par celles de la génération.

Cependant, quoiqu'ils aient rapporté le caractère d'une plante à sa fleur, ils ont méconnu l'usage de sa partie la plus éclatante, qui est celui de la corolle. Ils appellent corolle ce que nous appelons les feuilles d'une fleur ; du mot latin *corolla*, parceque ces feuilles sont disposées en forme de petites couronnes dans un grand nombre d'espèces, et ils ont donné le nom de pétales aux divisions de cette couronne. A la vérité, quelques uns l'ont reconnue propre à couvrir les parties de la fécondation avant le développement de la fleur ; mais son calice y est bien plus propre, par son épaisseur, par ses barbes, et quelquefois par les épines dont il est revêtu. D'ailleurs, quand la corolle laisse les étamines à découvert, et qu'elle reste épanouie pendant des semaines entières, il faut bien qu'elle serve à quelque autre usage ; car la nature ne fait rien en vain.

La corolle paraît être destinée à réverbérer les rayons du soleil sur les parties de la fécondation ; et nous n'en douterons pas, si nous en considérons la couleur et la forme dans la plupart des fleurs. Nous avons remarqué, dans l'Étude précédente, que de toutes les couleurs, la blanche était la plus propre à réfléchir la chaleur : or, elle est en général celle que la nature donne aux fleurs qui éclosent dans des saisons et des lieux froids, comme nous le voyons dans les perce-neiges, les muguets, les hyacinthes, les narcisses, et l'anemona nemorosa, qui fleurissent au commencement du printemps. Il faut aussi ranger dans cette couleur celles qui ont des nuances légères de rose ou d'azur, comme plusieurs hyacinthes ; ainsi que celles qui ont des teintes jaunes et éclatantes, comme les fleurs des pissenlits, des bassinets des prés, et des giroflées de murailles. Mais celles qui s'ouvrent dans des saisons et des lieux chauds, comme les nielles, les coquelicots et les bluets, qui croissent l'été dans les moissons, ont des couleurs fortes, tel que le pourpre, le gros rouge et le bleu, qui absorbent la chaleur, sans la réfléchir beaucoup. Je ne sache pas cependant qu'il y ait de fleur tout-à-fait noire ; car alors ses pétales, sans réflexion, lui seraient inutiles. En général, de quelque couleur que soit une fleur, la partie inférieure de sa corolle, qui réfléchit les rayons du soleil, est d'une teinte beaucoup plus pâle que le reste. Elle y est même si remarquable, que les botanistes, qui regardent en général les couleurs, dans les fleurs, comme de simples accidents, la distinguent sous le nom « d'onglet. » L'onglet est, par rapport à la fleur, ce que le ventre est par rapport aux animaux : sa nuance est presque toujours plus claire que celle du reste du pétale.

Les formes des fleurs ne sont pas moins propres que leurs couleurs à réfléchir la chaleur. Leurs corolles, divisées en pétales, ne sont qu'un assemblage de miroirs dirigés vers un foyer. Elles en ont tantôt quatre qui sont plans, comme la fleur du chou dans les crucifères ; ou un cercle entier, comme les marguerites dans les radiées ; ou des portions sphériques, comme les roses ; ou des sphères entières, comme les grelots du muguet ; ou des cônes tronqués, comme la digitale, dont la corolle est faite comme un dé à coudre. La nature a mis au foyer de ces miroirs plans, sphériques, elliptiques, paraboliques, etc., les parties de la fécondation des plantes, comme elle a mis celles de la génération dans les animaux aux endroits les plus chauds de leurs corps. Ces courbes, que les géomètres n'ont pas encore examinées, sont dignes de leurs plus profondes recherches. Il est même bien étonnant qu'ils aient employé tant de savoir pour trouver des courbes imaginaires et souvent inutiles, et qu'ils n'aient pas cherché à étudier celle que la nature emploie avec tant de régularité et de variété dans une infinité d'objets. Quoi qu'il en soit, les botanistes s'en sont encore moins souciés. Ils comprennent celles des fleurs sous un petit nombre de classes, sans avoir aucun égard à leur usage, ni même le soupçonner. Ils ne font attention qu'à la division de leurs pétales, qui ne change souvent rien à la configuration de leurs courbes, et ils réunissent fréquemment sous le même nom celles qui sont le plus opposées. C'est ainsi qu'ils comprennent, sous le nom de « monopétales, » le sphéroïde du muguet et la trompette du convolvulus.

Nous observerons à ce sujet une chose très remarquable : c'est que souvent telle est la courbe que forme le limbe ou extrémité supérieure du pétale, telle est celle du plan du pétale même; de sorte que la nature nous présente la coupe de chaque fleur dans le contour de ses pétales, et nous donne à la fois son plan et son élévation. Ainsi, les roses et rosacées ont le limbe de leurs pétales en portion de cercle, comme la courbure de ces mêmes fleurs; les œillets et les bluets, qui ont leurs bords déchiquetés, ont les plans de leurs fleurs plissés comme des éventails, et forment une multitude de foyers. On peut, au défaut de quelque fleur naturelle, vérifier ces curieuses remarques sur les dessins des peintres qui ont dessiné le plus exactement les plantes, et qui sont en bien petit nombre. Tel est, entre autres, Aubriet, qui a dessiné celle du *Voyage au Levant* de Tournefort* avec le goût d'un peintre et la précision d'un botaniste. On y verra la confirmation de ce que je viens de dire. Par exemple, la *scorzonera græca saxatilis et maritima foliis varie laciniatis*, qui y est représentée, a ses pétales ou demi-fleurons équarris par le bout, et plans dans leur surface. La fleur de la *stachis cretica latifolia*, qui est une monopétale en tuyau, a la partie supérieure de sa corolle ondée ainsi que son tuyau. La *campanula græca saxatilis jacobeæ foliis* présente ces consonnances d'une manière encore plus frappante. Cette campanule, que Tournefort regarde comme la plus belle qu'il ait jamais vue, et qu'il sema au Jardin du Roi, où elle a réussi, est de forme pentagonale. Chacun de ses pans est formé de deux portions de cercle, dont les foyers se réunissent sans doute sur la même anthère; et le limbe de cette campanule est découpé en cinq parties, dont chacune est taillée en arcade gothique, comme chaque pan de la fleur. Ainsi, pour connaître tout d'un coup la courbure d'une fleur, il suffit d'examiner le bord de son pétale. Ceci est fort utile à observer, car il serait autrement fort difficile de déterminer les foyers des pétales: d'ailleurs, les fleurs perdent leurs courbures internes dans les herbiers. Je crois ces consonnances générales; cependant je ne voudrais pas assurer qu'elles fussent sans exception. La nature peut s'en écarter dans quelques espèces, pour des raisons qui me sont inconnues. Nous ne saurions trop le répéter, elle n'a de loi générale et constante que la convenance des êtres. Les relations que nous venons de rapporter entre la courbure des limbes et celle des pétales paraissent d'ailleurs fondées sur cette loi universelle, puisqu'elles présentent des convenances si agréables à rapprocher.

Les pétales paraissent tellement destinés à réchauffer les parties de la fécondation, que la nature en a mis un cercle autour de la plupart des fleurs composées, qui sont elles-mêmes des agrégations de petits tuyaux en nombre infini, qui forment autant de fleurs particulières appelées fleurons. C'est ce qu'on peut remarquer dans les pétales qui environnent les disques des marguerites et des soleils. On les retrouve encore autour de la plupart des ombellifères : quoique chaque petite fleur qui les compose ait ses pétales particuliers, il y en a un cercle de plus grands qui entoure leur assemblage, ainsi qu'on peut le voir aux fleurs du daucus*.

La nature a encore d'autres moyens de multiplier les reflets de la chaleur dans les fleurs. Tantôt elle les place sur des tiges peu élevées, afin qu'elles soient échauffées par les réflexions de la terre; tantôt elle glace leur corolle d'un vernis brillant, comme dans les renoncules jaunes des prés, appelées bassinets. Quelquefois elle en soustrait la corolle, et fait sortir les parties de la fécondation des parois d'un épi, d'un cône, ou d'une branche d'arbre. Les formes d'épi et de cône paraissent les plus propres à réverbérer sur elles l'action du soleil, et à assurer leur fructification ; car elles leur présentent toujours quelque côté abrité du froid. Il est même très remarquable que l'agrégation de fleurs en cône ou en épi est fort commune aux herbes et aux arbres du nord, et est fort rare dans ceux du midi. La plupart des graminées que j'ai vues dans les pays du midi ne portent point leurs grains en épi, mais en panaches flottants, et divisés par une multitude de tiges particulières, comme le millet et le riz. Le maïs ou blé de Turquie y porte, à la vérité, un gros épi; mais cet épi est long-temps enfermé dans un sac; et quand il en sort, il pousse au-dessus de sa tête un long chevelu qui semble uniquement destiné à abriter ses fleurs du soleil. Enfin, ce qui confirme que les fleurs des plantes sont ordonnées à l'action de la chaleur suivant chaque pays, c'est que beaucoup de nos plantes d'Europe végètent fort bien aux îles Antilles, et n'y grènent jamais. Le père Du Tertre y a observé** que les choux, le sainfoin, la luzerne, la sarriette, le basilic, l'ortie, le plantain, l'absinthe, la sauge, l'hépatique, l'amarante, et toutes nos espèces de graminées, y croissaient à merveille, mais n'y donnaient jamais de graines.

---

* L'auteur donne ici, peut-être improprement, le nom de pétales à la collerette des ombellifères, et aux fleurons complets qui environnent le disque de la marguerite. Mais ce n'est que la pauvreté de la langue qu'il faut accuser du peu de justesse de cette expression, qui, au reste, rend très bien l'idée. (A.-M.)

** *Histoire naturelle des îles Antilles*, par le père Du Tertre.

---

* Tournefort, *Voyage au Levant*, tome I.

Ces observations prouvent que ce n'est ni l'air ni la terre qui leur est contraire, mais le soleil qui agit trop vivement sur leurs fleurs; car la plupart de ces plantes les portent agrégées en épis qui augmentent beaucoup la répercussion des rayons solaires. Je crois cependant qu'on pourrait les naturaliser dans ces îles, ainsi que beaucoup d'autres végétaux de nos climats tempérés, en choisissant, dans les variétés de leurs espèces, celles dont les fleurs ont le moins de champ, et dont les couleurs sont les plus foncées, ou celles dont les panicules sont divergents.

Ce n'est pas que la nature n'ait encore d'autres ressources pour faire croître des plantes du même genre dans des saisons et des climats différents. Elle en rend les fleurs susceptibles de réfléchir la chaleur à différents degrés de latitude, sans presque rien changer à leurs formes. Tantôt elle les place sur des tiges élevées, pour les soustraire à la réflexion du sol*. C'est ainsi qu'elle a mis, entre les tropiques, la plupart des fleurs apparentes sur des arbres. J'y en ai vu bien peu dans les prairies, mais beaucoup dans les forêts. Dans ces pays, il faut lever les yeux en haut pour y voir des fleurs; dans le nôtre, il faut les baisser à terre. Elles sont chez nous sur des herbes et sur des arbrisseaux. Tantôt elle les fait éclore à l'ombre des feuilles; telles sont celles des palmiers et des jacquiers, qui croissent immédiatement au tronc de l'arbre. Telles sont aussi chez nous ces larges cloches blanches, appelées chemises de Notre-Dame, qui se plaisent à l'ombre des saules. Il y en a d'autres, comme les fleurs de quelques convolvulus, qui ne s'ouvrent que la nuit; d'autres viennent à terre et à découvert, comme les pensées; mais elles ont leurs pavillons sombres et veloutés. Il y en a qui reçoivent l'action du soleil quand il est bien élevé, comme la tulipe; mais la nature a pris les précautions de ne faire paraître cette large fleur qu'au printemps, de peindre ses pétales de couleurs fortes, et de barbouiller de noir le fond de sa coupe[42]. D'autres sont disposées en girandoles, et ne reçoivent l'effet des rayons solaires que sous un rumb de vent. Telle est la girandole du lilas, qui, regardant par ses différentes faces le levant, le midi, le couchant et le nord, présente sur le même bouquet des fleurs en bouton, entr'ouvertes, épanouies, et toutes les nuances ravissantes de la floraison.

Il y a des fleurs, comme les composées, qui, étant dans une situation horizontale, et tout-à-fait à découvert, voient, comme notre horizon, le soleil depuis son lever jusqu'à son coucher; telle est la fleur du pissenlit. Mais elle a un moyen bien particulier de s'abriter de la chaleur : elle se referme quand elle devient trop grande. On a observé qu'elle s'ouvre en été, à cinq heures et demie du matin, et réunit ses pétales vers le centre à neuf heures. La fleur de la chicorée des jardins, qui est, au contraire, dans un plan vertical, s'ouvre à sept heures, et se ferme à dix. C'était par une suite d'observations semblables que le célèbre Linnée avait formé une horloge botanique; car il avait trouvé des plantes qui ouvraient leurs fleurs à toutes les heures du jour et de la nuit. On cultive au Jardin du Roi une espèce d'aloès serpentin sans épines, dont la fleur, grande et belle, exhale une forte odeur de vanille dans le temps de son épanouissement, qui est fort court. Elle ne s'ouvre que vers le mois de juillet, sur les cinq heures du soir : on la voit alors entr'ouvrir peu à peu ses pétales, les étendre, s'épanouir, et mourir. A dix heures du soir, elle est totalement flétrie, au grand étonnement des spectateurs, qui accourent en foule; mais on n'admire que ce qui y est rare. La fleur de notre épine commune (qui n'est pas celle de l'aubépine) est encore plus extraordinaire; car elle fleurit si vite, qu'à peine a-t-on le temps d'observer son développement.

Toutes ces observations démontrent clairement les relations des corolles avec la chaleur. J'en ajouterai une dernière, qui prouve évidemment leur usage : c'est que le temps de leur existence est réglé sur la quantité de chaleur qu'elles doivent rassembler. Plus il fait chaud, moins elles ont de durée; presque toutes tombent dès que la plante est fécondée.

Mais si la nature soustrait le plus grand nombre des fleurs à l'action trop violente du soleil, elle en destine d'autres à paraître dans tout l'éclat de ses rayons sans en être offensées. Elle a donné aux premières des réverbères rembrunis, ou qui se ferment suivant le besoin; elle donne aux autres des parasols. Telle est l'impériale, dont les fleurs en cloches renversées croissent à l'ombre d'un panache de feuilles. Le chrysanthemum peruvianum,

---

* On trouve dans la *Flore des Antilles*, de M. de Tussac, une observation qui appuie celle de l'auteur des *Études*. A la Jamaïque, l'ardeur continue du soleil, pendant plusieurs mois, donne au sol la dureté de la pierre, et le dépouille de tous ses végétaux. Mais la nature vient au secours de ces tristes contrées : elle couvre cette terre desséchée d'arbres (le *brosimum alicastrum*), dont les feuilles se multiplient sous les feux du ciel. Ce sont des espèces de prairies qu'elle élève dans les airs, au moment où celles de la terre se sont flétries. C'est une récolte qu'elle prépare pour l'homme et pour les animaux; et peut-être que, sans cette prévoyance singulière, ce climat serait inhabitable une partie de l'année. (A.-M.)

ou, pour parler plus simplement, le tournesol, qui se tourne sans cesse vers le soleil, se couvre, comme le Pérou d'où il est venu, de nuages de rosée qui rafraîchissent ses fleurs pendant la plus grande ardeur du jour. La fleur blanche du lychnis, qui vient l'été dans nos champs, et qui ressemble de loin à une croix de Malte, a une espèce d'étranglement ou de petite collerette placée à son centre, en sorte que ses grands pétales brillants renversés en dehors n'agissent point sur ses étamines. Le narcisse blanc a pareillement un petit entonnoir; mais la nature n'a pas besoin de créer de nouvelles parties pour donner de nouveaux caractères à ses ouvrages; elle les tire à la fois de l'être et du néant, et les rend positifs ou négatifs à son gré. Elle a donné des courbes à la plupart des fleurs, pour réunir la chaleur à leur centre; elle emploie, quand elle veut, les mêmes courbes pour l'en écarter : elle en met les foyers en dehors. C'est ainsi que sont disposés les pétales du lis, qui sont autant de sections de parabole. Malgré la grandeur et la blancheur de sa coupe, plus il s'épanouit, plus il écarte de lui les feux du soleil; et pendant qu'au milieu de l'été, en plein midi, toutes les fleurs brûlées de ses ardeurs s'inclinent et penchent leurs têtes vers la terre, le lis, comme un roi, élève la sienne, et contemple face à face l'astre qui brille au haut des cieux.

Je vais rapporter en peu de mots les relations positives ou négatives des fleurs par rapport au soleil, aux cinq formes élémentaires que j'ai posées, dans l'Étude précédente, comme les principes de l'harmonie des corps. C'est bien moins un plan que je prescris aux botanistes, qu'une invitation d'entrer dans une carrière aussi riche en observations, et de corriger mes erreurs, en nous faisant part de leurs lumières.

Il y a donc des fleurs à réverbères perpendiculaires, coniques, sphériques, elliptiques, paraboliques, ou plans. On peut rapporter à ces courbes celles de la plupart des fleurs. Il y a aussi des fleurs à parasol, mais celles-ci sont en plus grand nombre; car les effets négatifs, dans toute harmonie, sont bien plus nombreux que les effets positifs. Par exemple, il n'y a qu'un seul moyen de venir à la vie, et il y en a des milliers pour en sortir. Cependant nous opposerons à chaque relation positive des fleurs avec le soleil, une relation négative principale, afin qu'on puisse comparer leurs effets dans chaque latitude.

Les fleurs à réverbères perpendiculaires sont celles qui naissent adossées à un cône, à des chatons allongés, ou à un épi : telles sont celles des cèdres, des mélèzes, des sapins, des bouleaux, des genévriers, de la plupart des graminées du nord, des végétaux des montagnes froides et élevées, comme les cyprès et les pins; ou de ceux qui fleurissent chez nous dès la fin de l'hiver, comme les coudriers et les saules. Une partie des fleurs, dans cette position, est abritée du vent du nord, et reçoit la réflexion du soleil du côté du midi. Il est remarquable que tous les végétaux qui portent des cônes, des chatons ou des épis, les présentent à l'extrémité de leurs tiges, exposés à toute l'action du soleil. Il n'en est pas de même de ceux qui croissent entre les tropiques, dont la plupart, comme les palmiers, portent leurs fleurs divergentes, attachées à des grappes pendantes, et ombragées par leurs rameaux. Les graminées des pays chauds ont aussi presque toutes leurs épis divergents; tels sont les mils d'Afrique. L'épi solide du maïs d'Amérique est couronné par un chevelu qui abrite ses fleurs du soleil. On a représenté dans la planche voisine un épi de froment de l'Europe, et un épi de riz de l'Asie méridionale, afin qu'on les puisse comparer.

Les fleurs à réverbères coniques réfléchissent sur les parties de la floraison un cône entier de lumière. Son action est très forte; aussi il est remarquable que la nature n'a donné cette configuration de pétale qu'aux fleurs qui croissent à l'ombre des arbres, comme aux convolvulus qui grimpent autour de leurs troncs, et qu'elle a rendu cette fleur de peu de durée; car à peine elle subsiste un demi-jour; et quand sa fécondation est achevée, son limbe se reploie en dedans, et se referme comme une bourse. La nature l'a cependant fait croître dans les pays méridionaux, mais elle l'y a teinte de violet et de bleu pour affaiblir son effet. De plus, cette fleur ne s'y ouvre guère que pendant la nuit. Je présume que c'est à ce caractère nocturne qu'on peut distinguer principalement les convolvulus des pays chauds, de ceux de nos climats, qui s'ouvrent pendant le jour. On a représenté dans la planche le convolvulus de jour ou de nos climats ouvert, et celui de nuit ou des pays chauds fermé; l'un avec un caractère positif avec la lumière, et l'autre avec un caractère négatif*.

Les fleurs qui participent le plus de cette forme conique sont celles qui naissent à l'entrée du prin-

---

* Par convolvulus de nuit, l'auteur entend les *quamoclittes*, dont on connaît une trentaine d'espèces étrangères à l'Europe. C'est au flambeau que M. Redouté a figuré l'espèce qui se trouve dans un de ses ouvrages. Plusieurs botanistes ont voulu séparer les quamoclittes des liserons, et en faire un genre particulier ; mais les caractères qui les distinguent n'ont pas paru suffisants pour adopter cette nouvelle division. (A.-M.)

temps, comme la fleur de l'arum, qui est faite en cornet, ou celles qui viennent dans les montagnes élevées, comme l'oreille-d'ours des Alpes : lorsque la nature l'emploie en été, c'est presque toujours avec des caractères négatifs, tels que dans les fleurs de la digitale, qui sont inclinées, et teintes en gros rouge ou en bleu.

Les fleurs à réverbères sphériques sont celles dont les pétales sont figurés en portions de sphère. On peut s'amuser, non sans plaisir, à considérer que ces pétales à portion de sphère ont à leurs foyers les anthères de la fleur portées sur des filets plus ou moins allongés pour cet effet. Il est encore digne de remarque que chaque pétale est assorti à son anthère particulière, ou quelquefois à deux, ou même à trois ; en sorte que le nombre des pétales dans une fleur divise presque toujours exactement celui des anthères. Pour les pétales, ils ne passent guère le nombre de cinq dans les fleurs en rose, comme si la nature avait voulu y exprimer le nombre des cinq termes de la progression élémentaire, dont cette belle forme est l'expression harmonique. Les fleurs à réverbères sphériques sont très communes dans nos climats tempérés ; elles ne renvoient pas toute la réflexion de leurs disques sur les anthères, comme le convolvulus, mais seulement la cinquième partie, parceque chacun de leurs pétales a son foyer particulier. La fleur en rose est répandue sur la plupart des arbres fruitiers, comme poiriers, pommiers, pêchers, pruniers, abricotiers, etc., et sur beaucoup d'arbrisseaux et d'herbes, comme les épines noire et blanche, les ronces, les fraisiers, les anémones, etc., dont la plupart donnent à l'homme des fruits comestibles, et qui fleurissent au mois de mai. On peut aussi y rapporter les sphéroïdes, comme les muguets. Cette forme, qui est l'expression harmonique des cinq formes élémentaires, convenait très bien à une température comme la nôtre, qui est elle-même moyenne proportionnelle entre celle de la zone glaciale et celle de la zone torride. Comme les réverbères sphériques rassemblent beaucoup de rayons à leurs foyers, leur action y est très forte, mais aussi elle dure peu. On sait que rien ne passe plus vite que les roses. Les fleurs en rose sont rares entre les tropiques, surtout celles dont les pétales sont blancs : elles n'y réussissent qu'à l'ombre des arbres. J'ai vu à l'Ile-de-France plusieurs habitants s'efforcer en vain d'y faire venir des fraises ; mais l'un d'eux, qui demeurait à la vérité dans une partie élevée de l'île, trouva le moyen de s'en procurer en abondance, en les plantant sous des arbres, dans des terrains à demi défrichés. En récompense, la nature a multiplié dans les pays chauds les fleurs papilionacées ou légumineuses. La fleur légumineuse est entièrement opposée à la fleur en rose ; elle a pour l'ordinaire cinq pétales arrondis, comme celle-ci ; mais, au lieu d'être disposés autour du centre de la fleur pour y réverbérer les rayons du soleil, ils sont, au contraire, reployés autour des anthères pour les mettre à l'abri. On y distingue un pavillon, deux ailes, et une carène partagée, pour l'ordinaire, en deux, qui recouvre les anthères et l'embryon du fruit. Ainsi, entre les tropiques, un grand nombre d'arbres, d'arbrisseaux, de lianes et d'herbes, ont des fleurs papilionacées. Tous nos pois et nos haricots y réussissent à merveille, et ces pays en produisent des variétés infinies : il est même remarquable que les nôtres se plaisent dans les plages sablonneuses et chaudes, et donnent leurs fleurs au milieu de l'été. Je regarde donc les fleurs légumineuses comme des fleurs à parasol. On peut aussi rapporter à ces mêmes effets négatifs du soleil la forme des fleurs en gueule qui cachent leurs anthères, comme le muffle-de-veau, qui se plaît sur les flancs des murailles.

Les fleurs à réverbères elliptiques sont celles qui présentent des formes de coupes ovales, plus étroites du haut que du milieu. On sent que cette forme de coupe, dont les pétales perpendiculaires se rapprochent du sommet, abrite en partie le fond de la fleur, et que les courbes de ces mêmes pétales, qui ont plusieurs foyers, ne réunissent pas les rayons du soleil vers un seul centre : telle est la tulipe. Il est remarquable que cette forme de fleur allongée est plus commune dans les pays chauds que la fleur en rose. La tulipe croît d'elle-même aux environs de Constantinople. On peut rapporter aussi à cette forme celle des liliacées, qui y sont aussi plus fréquentes qu'ailleurs. Cependant, quand la nature les emploie dans des pays encore plus méridionaux, ou dans le milieu de l'été, c'est presque toujours avec des caractères négatifs : ainsi elle a renversé les fleurs tulipées de l'impériale originaire de Perse, et les a ombragées d'un panache de feuilles. Ainsi elle renverse en dehors, dans nos climats, les pétales du lis ; mais les espèces de lis blancs qui croissent entre les tropiques ont de plus leurs pétales découpés en lanières [*].

[*] Cette position de l'impériale, des ancolies et des campanules, cache une autre prévoyance de la nature. Il est facile de deviner, au seul aspect d'une plante, si ses étamines sont plus longues que son pistil, ou si son pistil est plus long que ses étamines. Par exemple, toutes les fleurs qui sont droites sur leurs tiges ont des étamines plus longues que le pistil ; et le contraire arrive

Les fleurs à miroirs paraboliques ou plans sont celles qui renvoient les rayons du soleil parallèlement. La configuration des premières donne beaucoup d'éclat à la corolle de ces fleurs, qui jettent, pour ainsi dire, de leur sein un faisceau de lumière; car elles la rassemblent vers le fond de leur corolle, et non sur les anthères. C'est peut-être pour en affaiblir l'action que la nature a terminé ces sortes de fleurs par une espèce de capuchon que les botanistes appellent éperon. C'est probablement dans ce tuyau que se rend le foyer de leur parabole, qui est peut-être situé, comme dans plusieurs courbes de ce genre, au-delà de son sommet. Ces sortes de fleurs sont fréquentes entre les tropiques; telle est la fleur de poincillade des Antilles, autrement appelée fleur de paon, à cause de sa beauté; telle est aussi la capucine du Pérou. On prétend même que l'espèce vivace est phosphorique la nuit. Les fleurs à miroirs plans produisent les mêmes effets, et la nature en a multiplié les modèles dans nos fleurs d'été, et qui se plaisent dans les plages chaudes et sablonneuses, comme les radiées, telles que les fleurs du pissenlit; on les retrouve dans les fleurs de doronic, de laitue, de chicorée, dans les asters, dans les marguerites de nos prairies, etc... mais elle en a mis le premier patron sous la ligne, en Amérique, dans le large tournesol qui nous est venu du Brésil. Comme ce sont les fleurs dont les pétales ont le moins d'action, ce sont aussi celles qui durent le plus long-temps. Leurs attitudes sont variées à l'infini; celles qui sont horizontales, comme celles des pissenlits, se referment, dit-on, vers le milieu du jour; ce sont aussi celles qui sont le plus exposées à l'action du soleil, car elles reçoivent ses rayons depuis son lever jusqu'à son coucher. Il y en a d'autres qui, au lieu de clore leurs pétales, les renversent, ce qui produit à peu près le même effet; telle est la fleur de camomille. D'autres sont perpendiculaires à l'horizon, comme la fleur de chicorée. La couleur bleue dont elle est teinte contribue encore à affaiblir les rayons du soleil, qui, dans cet aspect, agirait avec trop d'action sur elle. D'autres n'ont que quatre pétales horizontaux, comme les crucifères, dont les espèces sont fort communes dans les pays chauds. D'autres portent autour de leurs disques des fleurons qui l'ombragent; tel est le bluet des blés, qui est représenté dans la planche en opposition avec la marguerite. Celle-ci fleurit au commencement du printemps, et l'autre au milieu de l'été.

Nous avons parlé des formes générales des fleurs; mais nous ne finirions pas si nous voulions parler de leurs diverses agrégations. Je crois cependant qu'on peut les rapporter au plan même des fleurs. Ainsi les ombellifères se présentent au soleil sous les mêmes aspects que les fleurs radiées. Nous récapitulerons seulement ce que nous avons dit sur leurs miroirs. Le réverbère perpendiculaire de cône ou d'épi rassemble sur les anthères des fleurs un arc de lumière de 90 degrés, depuis le zénith jusqu'à l'horizon. Il présente encore dans les inégalités de ses pans des faces réfléchissantes. Le réverbère conique rassemble un cône de lumière de 60 degrés. Le réverbère sphérique réunit dans chacun de ses cinq pétales un arc de lumière de 56 degrés du cours du soleil, en supposant cet astre à l'équateur. Le réverbère elliptique en rassemble moins par la position perpendiculaire de ses pétales; et le réverbère parabolique, ainsi que celui à pans, renvoie les rayons du soleil divergents ou parallèles. La première forme paraît fort commune dans les fleurs des zones glaciales; la seconde, dans celles qui viennent à l'ombre; la troisième, dans les latitudes tempérées; la quatrième, dans les pays chauds; et la cinquième, dans la zone torride. Il semble aussi que la nature multiplie les divisions de leurs pétales, pour en affaiblir l'action. Les cônes et les épis n'ont point de pétales. Les convolvulus n'en ont qu'un; les fleurs en rose en ont cinq; les fleurs elliptiques, comme les tulipes et les liliacées, en ont six : les fleurs à réverbère plan, comme les radiées, en ont une multitude.

Les fleurs ont encore des parties ordonnées aux autres éléments. Il y en a qui sont garnies en dehors de poils, pour les abriter du froid. D'autres sont formées pour éclore à la surface de l'eau; telles sont les roses jaunes des nymphæa, qui flottent sur les lacs, et qui se prêtent aux divers mouve-

---

dans les fleurs renversées comme celles des campanules : mais cette position n'est pas indifférente, et c'est d'elle que dépend la fécondation des végétaux. Dans les fleurs qui sont droites, la poussière des étamines tombe naturellement sur le pistil placé au-dessous de leurs anthères; et cependant la nature, de crainte de manquer son but, les a encore douées de plusieurs mouvements rapides, lents ou spontanés: c'est ainsi que les six étamines du *fritillaria persica*, celles du *butomus umbellatus*, du *zygophyllum fabago*, du *parnassia palustris*, s'approchent alternativement du pistil, qu'elles couvrent de leur poussière.

Mais il est des fleurs dont les étamines peuvent à peine atteindre à la moitié du pistil; et le mouvement leur a été refusé, sans doute parcequ'il leur eût été inutile. C'est donc afin de favoriser la fécondation du végétal que les fleurs de l'impériale des ancolies, des campanules, etc., restent pendantes sur leurs tiges. Cette position, qui leur donne tant de grâce, est un bienfait; car la poussière des étamines ne peut plus tomber sans rencontrer le stigmate ou les dépasser. Mais ce qui achève de montrer le dessein secret de la nature, c'est qu'aussitôt que le mystère est accompli, le pédoncule qui soutient la corolle se redresse, la fleur se relève, et reste droite sur sa tige. (A.-M.)

ments des vagues sans en être mouillés, au moyen des tiges longues et souples auxquelles elles sont attachées. Celles de la vallisneria sont encore plus artistement disposées : elles croissent dans le Rhône, et elles y auraient été exposées à être inondées par les crues subites de ce fleuve, si la nature ne leur avait donné des tiges formées en tire-bouchon, qui s'allongent tout-à-coup de trois à quatre pieds [*]. Il y a d'autres fleurs coordonnées aux vents et aux pluies, comme celles des pois, qui ont des nacelles qui abritent les étamines et les embryons de leurs fruits [43]. De plus, elles ont de grands pavillons, et sont posées sur des queues courbées et élastiques, comme un nerf ; de sorte que, quand le vent souffle sur un champ de pois, vous voyez toutes les fleurs tourner le dos au vent, comme autant de girouettes. Cette classe paraît fort répandue dans les lieux battus des vents. Dampier rapporte qu'il trouva les rivages déserts de la Nouvelle-Guinée couverts de pois à fleurs rouges et bleues. Dans nos climats, la fougère, qui couronne les sommets des collines, toujours battus des vents et des pluies, porte les siennes tournées vers la terre, sur le dos de ses feuilles. Il y a même des espèces de plantes dont la floraison est réglée sur l'irrégularité des vents. Telles sont celles dont les individus mâles et femelles naissent sur des tiges séparées. Jetées çà et là sur la terre, souvent à de grandes distances les unes des autres, les poussières des fleurs mâles ne pourraient féconder que bien peu de fleurs femelles, si, dans le temps de leur floraison, le vent ne soufflait de plusieurs côtés. Chose étrange! il y a des générations constantes fondées sur l'inconstance des vents. Je présume de là que dans les pays où les vents soufflent toujours du même côté, comme entre les tropiques, ce genre de floraison doit être rare; et si on l'y rencontre, il doit être précisément réglé sur la saison où ces vents réguliers varient.

On ne peut douter de ces relations admirables, quelque éloignées qu'elles paraissent, en observant l'attention avec laquelle la nature a préservé les fleurs des chocs que les vents mêmes pouvaient leur faire éprouver sur leurs tiges. Elle les enveloppe, pour la plupart, d'une partie que les botanistes appellent calice. Plus la plante est rameuse, plus le calice de sa fleur est épais. Elle le garnit quelquefois de coussinets et de barbes, comme on le peut voir aux boutons de rose. C'est ainsi qu'une mère met des bourrelets à la tête de ses enfants lorsqu'ils sont petits, pour les garantir des accidents de quelque chute. La nature a si bien marqué son intention à cet égard dans les fleurs des plantes rameuses, qu'elle a privé de ce fourreau celles qui croissent sur des tiges qui ne le sont pas, et où elles n'ont rien à craindre de l'agitation des vents. C'est ce qu'on peut remarquer aux fleurs du sceau-de-Salomon, du muguet, de l'hyacinthe, du narcisse, de la plupart des liliacées, et des plantes qui portent leurs fleurs isolées sur des tiges perpendiculaires.

Les fleurs ont encore des relations très curieuses avec les animaux et avec l'homme, par la diversité de leurs configurations et de leurs odeurs. Celle d'une espèce d'orchis représente des punaises, et exhale la même puanteur. Celle d'une espèce d'arum ressemble à la chair pourrie, et elle en a l'infection à un tel point, que la mouche à viande y vient déposer ses œufs. Mais ces rapports, peu approfondis, sont étrangers à cet article; il suffit que j'aie démontré ici qu'elles en ont de bien marquées avec les éléments, et surtout avec le soleil. Quand les botanistes auront répandu sur cette partie toutes les lumières dont ils sont capables, en examinant leurs foyers, les élévations où elles se trouvent sur le sol, les abris ou les réflexions des corps qui les avoisinent, la variété de leurs couleurs, enfin tous les moyens dont la nature compense les différences de leurs expositions, ils ne douteront point de ces harmonies élémentaires; ils reconnaîtront que la fleur, loin de présenter un caractère constant dans les plantes, en offre au contraire un perpétuel de variété. C'est par elle que la nature varie principalement les espèces dans le même genre de plante, pour la rendre susceptible de fécondation sur différents sites. Voilà pourquoi les fleurs du marronnier d'Inde, originaire de l'Asie, ne sont point les mêmes que celles du châtaignier de l'Europe; et que celles du chardon de bonnetier, qui vient sur le bord des rivières, sont différentes de celles des chardons, qui croissent dans les lieux élevés et arides.

Une observation fort extraordinaire achèvera de confirmer tout ce que nous venons de dire : c'est qu'une plante change quelquefois totalement la forme de ses fleurs dans la génération qui la reproduit. Ce phénomène étonna beaucoup le célèbre Linnée, la première fois qu'on le lui fit observer. Un de ses élèves lui apporta un jour une plante parfaitement semblable à la linaire, à l'exception de la fleur : la couleur, la saveur, les feuilles, la tige, la racine, le calice, le péricarpe, la semence, enfin l'odeur qui en est remarquable, étaient exac-

---

[*] *Voyez* la note de l'Étude XI, § Harmonie animale des plantes.

tement les mêmes, excepté que ses fleurs étaient en entonnoir, tandis que la linaire les porte en gueule. Linnée crut d'abord que son élève avait voulu éprouver sa science, en adaptant sur la tige de cette plante une fleur étrangère ; mais il s'assura que c'était une vraie linaire, dont la nature avait totalement changé la fleur. On l'avait trouvée parmi d'autres linaires, dans une île à sept milles d'Upsal, près du rivage de la mer, sur un fond de sable et de gravier. Il éprouva lui-même qu'elle se reperpétuait, dans ce nouvel état, par ses semences. Il en trouva depuis en d'autres lieux ; et, ce qu'il y a de plus extraordinaire, il y en avait parmi celles-là qui portaient sur le même pied des fleurs en entonnoir et des fleurs en gueule. Il donna à ce nouveau végétal le nom de *pélore*, du mot grec πέλωρ, qui signifie prodige. Il observa depuis les mêmes variations dans d'autres espèces de plantes, entre autres dans le chardon ériocéphale, dont les semences produisent, chaque année, dans le jardin d'Upsal, le chardon bourru des Pyrénées[*]. Ce fameux botaniste explique ces transformations comme les effets d'une génération métive, altérée par les poussières fécondantes de quelque autre fleur du voisinage. Cela peut être : cependant on peut opposer à son opinion les fleurs de la pélore et de la linaire, qu'il a trouvées réunies sur le même individu. Si c'était la fécondation qui transformât cette plante, elle devrait donner des fleurs semblables dans l'individu entier. D'ailleurs, il a observé lui-même qu'il n'y avait aucune altération dans les autres parties de la pélore, ainsi que dans ses vertus ; et il doit y en avoir comme dans sa fleur, si elle est produite par le mélange de quelque race étrangère. Enfin, elle se reproduit en pélore par ses semences, ce qui n'arrive à aucune espèce mulâtre dans les animaux. Cette stérilité dans les branches métives est un effet de la sage constance de la nature, qui intercepte les générations divergentes, pour empêcher les espèces primordiales de se confondre, et de disparaître à la longue. Au reste, je n'examine ni les causes ni les moyens qu'elle me cache, parcequ'ils sont au-dessus de ma portée. Je m'arrête aux fins qu'elle me montre ; je me confirme, par la variété des fleurs dans les mêmes espèces, et quelquefois dans le même individu, qu'elles servent tantôt de réverbères aux végétaux, pour rassembler, suivant leur position, les rayons du soleil sur les parties de leur fécondation, tantôt de parasol pour les mettre à couvert de leur chaleur. La nature agit envers elles à peu près comme envers les animaux exposés aux mêmes variations de latitude. Elle dépouille, en Afrique, le mouton de sa laine, et lui donne un poil ras comme celui d'un cheval ; et au nord, au contraire, elle couvre le cheval de la fourrure frisée du mouton. J'ai vu cette double métamorphose au cap de Bonne-Espérance et en Russie. J'ai vu à Pétersbourg des chevaux normands et napolitains, dont le poil, naturellement court, était si long et si frisé au milieu de l'hiver, qu'on les aurait crus couverts de laine comme les moutons. Ce n'est donc pas sans raison qu'est fondé ce vieux proverbe : « Dieu mesure le vent à la brebis tondue ; » et lorsque je vois sa main paternelle varier la fourrure des animaux suivant le froid, je puis bien croire qu'elle varie de même les miroirs des fleurs suivant le soleil. Ainsi, on peut diviser les fleurs, par rapport au soleil, en deux classes : en fleurs à réverbères, et en fleurs à parasol.

S'il y a quelque caractère constant dans les plantes, il faut le chercher dans le fruit. C'est là que la nature a ordonné toutes les parties de la végétation, comme à l'objet principal. Ce mot de la Sagesse même : « Vous les connaîtrez à leurs fruits, » appartient au moins autant aux plantes qu'aux hommes.

Nous examinerons donc les caractères généraux des plantes, par rapport aux lieux où leurs semences ont coutume de naître. Comme le règne animal est divisé en trois grandes classes, de quadrupèdes, de volatiles et d'aquatiques, qui se rapportent aux trois éléments du globe, nous diviserons de même le règne végétal en plantes aériennes ou de montagnes, en aquatiques ou de rivages, en terrestres ou de plaines. Mais comme cette dernière participe des deux autres, nous ne nous y arrêterons point ; car, quoique je sois persuadé que chaque espèce, et même chaque variété, peut être rapportée à quelque site particulier de la terre, et y croître de la plus grande beauté, il suffit d'en dire autant qu'il en faut pour la prospérité d'un petit jardin. Quand nous aurons reconnu des caractères constants dans les deux extrémités du règne végétal, il sera aisé de rapporter aux classes intermédiaires ceux qui leur conviennent. Nous commencerons par les plantes de montagnes.

HARMONIES ÉLÉMENTAIRES DES PLANTES AVEC L'EAU ET L'AIR, PAR LEURS FEUILLES ET LEURS FRUITS.

Lorsque l'auteur de la nature voulut couronner de végétaux jusqu'aux sommets des terres les

---

[*] *In Dissertatione Upsaliæ* 1744, *mense decembri*, page 59, note 6.

plus escarpées, il ordonna d'abord les chaînes des montagnes aux bassins des mers qui devaient leur fournir des vapeurs, au cours des vents qui devaient les y porter, et aux divers aspects du soleil qui devait les échauffer. Dès que ces harmonies furent établies entre les éléments, les nuages s'élevèrent de l'Océan, et se dispersèrent dans les parties les plus reculées des continents. Ils s'y répandirent sous mille formes diverses, en brouillards, en rosées, en pluies, en neiges, et en frimas. Ils s'écoulèrent du haut des airs avec autant de variété : les uns, dans un air calme, comme les pluies de nos printemps, filèrent comme si on les eût versés par un crible; d'autres, chassés par des vents violents, furent lancés horizontalement sur les flancs des collines; d'autres tombèrent en torrents, comme ceux qui inondent neuf mois de l'année l'île de Gorgone, placée au milieu de la zone torride dans le golfe brûlant de Panama. Il y en eut qui s'entassèrent en montagnes de neige sur les sommets inaccessibles des Andes, pour rafraîchir par leurs eaux le continent de l'Amérique méridionale, et, par leur atmosphère glaciale, la vaste mer du Sud. Enfin, de grands fleuves coulèrent sur des terres où il ne pleut jamais, et le Nil arrosa l'Égypte.

Dieu dit alors[*] : « Que la terre produise de » l'herbe verte qui porte de la graine, et des » arbres fruitiers qui portent du fruit, chacun » selon son espèce. » A la voix du Tout-Puissant, les végétaux parurent avec les organes propres à recueillir les bénédictions du ciel. L'orme s'éleva sur les montagnes qui bordent le Tanaïs, chargé de feuilles en forme de langues; le buis touffu sortit de la croupe des Alpes, et le câprier épineux des rochers de l'Afrique, avec leurs feuilles creusées en cuillers. Les pins des monts sablonneux de la Norwège recueillirent les vapeurs qui flottaient dans l'air, avec leurs folioles disposées en pinceaux; les verbascum étalèrent leurs larges feuilles sur les sables arides, et la fougère présenta sur les collines son feuillage en éventail aux vents pluvieux et horizontaux. Une multitude d'autres plantes, du sein des rochers, des cailloux et de la croûte même des marbres, reçurent les eaux des pluies dans des cornets, des sabots et des burettes. Depuis le cèdre du Liban jusqu'à la violette qui borde les bocages, il n'y en eut aucune qui ne tendît sa large coupe ou sa petite tasse, suivant ses besoins ou son poste.

Cette aptitude des feuilles des plantes des lieux élevés pour recevoir les eaux des pluies est variée à l'infini; mais on en reconnaît le caractère dans la plupart, non-seulement à leurs formes concaves, mais encore à un petit canal creusé sur le pédicule qui les attache à leurs rameaux. Il ressemble en quelque sorte à celui que la nature a tracé sur la lèvre supérieure de l'homme, pour recevoir les humeurs qui tombent du cerveau. On peut l'observer surtout sur les feuilles des chardons, qui se plaisent dans les lieux secs et sablonneux. Celles-ci ont de plus des tendelets collatéraux, pour ne rien perdre des eaux qui tombent du ciel. Des plantes qui croissent dans les lieux fort chauds et fort arides ont quelquefois leurs tiges ou leurs feuilles entières transformées en canal. Tels sont les aloès de l'île de Zocotora à l'entrée de la mer Rouge, ou les cierges épineux de la zone torride. L'aqueduc de l'aloès est horizontal, et celui du cierge est perpendiculaire.

Ce qui a empêché les botanistes de remarquer les rapports que les feuilles des plantes ont avec les eaux qui les arrosent, c'est qu'ils les voient partout à peu près de la même forme, dans les vallées comme sur les hauteurs : mais, quoique les plantes de montagnes présentent des feuillages de toutes sortes de configurations, on reconnaît aisément, à leur agrégation en forme de pinceaux ou d'éventail, au froncement des feuilles, ou à d'autres marques équivalentes, qu'elles sont destinées à recevoir les eaux des pluies, mais principalement à l'aqueduc dont je parle. Cet aqueduc est tracé sur le pédicule des plus petits feuillages des plantes de montagnes; c'est par son moyen que la nature a rendu les formes mêmes des plantes aquatiques susceptibles de végéter dans les lieux les plus arides. Par exemple, le jonc, qui n'est qu'un chalumeau rond et plein, qui croît sur le bord de l'eau, ne paraissait pas susceptible de ramasser aucune humidité dans l'air, quoiqu'il convînt très bien aux lieux élevés par sa forme capillacée, qui, comme celle des graminées, ne donne point de prise au vent. En effet, si vous considérez les diverses espèces de joncs qui tapissent les montagnes dans plusieurs parties du monde, tels que celui appelé icho des hautes montagnes du Pérou, qui est le seul végétal qui y croisse en quelques endroits, et ceux qui viennent chez nous dans des sables arides ou sur des hauteurs, au premier coup d'œil vous les croirez semblables à des joncs de marais; mais, avec un peu d'attention, vous remarquerez, non sans étonnement, qu'ils sont creusés en écope dans toute leur longueur. Ils sont, comme les autres joncs, convexes d'un côté, mais ils en diffèrent

---

[*] *Genèse*, chap. 1, ℣. 11.

essentiellement en ce qu'ils sont tous concaves de l'autre. J'ai reconnu à ce même caractère le sparte, qui est un jonc des montagnes d'Espagne, dont on fait aujourd'hui à Paris des cordages pour les puits.

Beaucoup de feuilles, de plantes même dans les plaines, prennent en naissant cette forme d'écope ou de cuiller, comme celles de la violette et de la plupart des graminées. On voit, au printemps, les jeunes touffes de celles-ci se dresser vers le ciel comme des griffes, pour en recevoir les eaux, surtout lorsqu'il commence à pleuvoir; mais la plupart des plantes de plaine perdent leur gouttière en se développant. Elle ne leur a été donnée que pour le temps nécessaire à leur accroissement. Elle n'est permanente que dans les plantes de montagnes. Elle est tracée, comme je l'ai dit, sur le pédicule des feuilles, et conduit l'eau des pluies, dans les arbres, de la feuille à la branche; la branche, par l'obliquité de sa position, la porte au tronc, d'où elle descend à la racine par une suite de dispositions conséquentes. Si on verse doucement de l'eau sur les feuilles d'un arbrisseau de montagne les plus éloignées de sa tige, on la verra couler par la route que je viens d'indiquer, sans qu'il en tombe une seule goutte à terre. J'ai eu la curiosité de mesurer, dans quelques plantes montagnardes, l'inclinaison que forment leurs branches avec leurs tiges, et j'ai trouvé dans une douzaine d'espèces différentes, comme dans les fougères, les thuya, etc., qu'elles formaient un angle d'environ 50 degrés. Il est très remarquable que ce degré d'incidence est le même que celui que forme, en terrain horizontal, le cours de beaucoup de rivières et de ruisseaux avec les fleuves où ils se jettent, comme on peut le vérifier sur les cartes de géographie. Ce degré d'incidence paraît le plus favorable à l'écoulement de plusieurs fluides qui se dirigent vers une seule ligne. La même sagesse a réglé le niveau des branches dans les arbres et le cours des ruisseaux dans les plaines.

Cette inclinaison éprouve quelques variétés dans quelques arbres de montagnes. Le cèdre du Liban, par exemple, pousse la partie inférieure de ses rameaux vers le ciel, et il en abaisse l'extrémité vers la terre. Ils ont l'attitude du commandement qui convient au roi des végétaux, celle d'un bras levé en l'air, dont la main serait inclinée. Au moyen de la première disposition, les eaux des pluies coulent vers son tronc; et par la seconde, les neiges, dans la région desquelles il se plaît, glissent de dessus son feuillage. Ses cônes ont également deux ports différents; car il les incline d'abord vers la terre, pour les abriter dans le temps de leur floraison; mais, quand ils sont fécondés, il les dresse vers le ciel. On peut vérifier ces observations sur un jeune et beau cèdre qui est au Jardin du Roi, et qui, quoique étranger, a conservé au milieu de notre climat l'attitude d'un roi et le costume du Liban.

L'écorce de la plupart des arbres de montagnes est disposée également pour conduire les eaux des pluies depuis les branches jusqu'aux racines. Celle des pins est en grosses côtes perpendiculaires; celle de l'orme est fendue et crevassée dans sa longueur; celle du cyprès est spongieuse comme de l'étoupe.

Les plantes de montagnes ou de lieux arides ont encore un caractère qui leur est propre en général, c'est d'attirer l'eau qui nage dans l'air en vapeurs insensibles. La pariétaire, ainsi appelée *a pariete*, parcequ'elle croît sur les parois des murailles, a ses feuilles presque toujours humides. Cette attraction est commune à la plupart des arbres de montagnes. Les voyageurs rapportent unanimement qu'il y a dans les montagnes de l'île de Fer un arbre qui fournit chaque jour à cette île une quantité prodigieuse d'eau. Les insulaires l'appellent *garoé*, et les Espagnols *santo*, à cause de son utilité. Ils disent qu'il est toujours environné d'une nuée qui coule en abondance le long de ses feuilles, et remplit de grands réservoirs qu'on a construits au pied de cet arbre, qui suffisent à la provision de l'île. Cet effet est peut-être un peu exagéré, quoique rapporté par des hommes de différentes nations; mais je le crois vrai au fond.

Je pense seulement que c'est la montagne qui attire de loin les vapeurs de l'atmosphère, et que l'arbre situé au foyer de son attraction les rassemble autour de lui *.

Comme j'ai parlé plusieurs fois dans cet ouvrage de l'attraction des sommets de beaucoup de montagnes, le lecteur ne trouvera pas mauvais que je lui donne ici une idée de cette partie de l'archi-

---

* Les Espagnols ont écrit que cet arbre pouvait fournir, en une seule nuit, assez d'eau pour les besoins de huit mille personnes; et c'est avec raison que Bernardin de Saint-Pierre accuse ce récit d'exagération. Cet arbre immense a été renversé par un ouragan; et si les arbres de cette espèce qui existent encore dans l'île ne produisent pas le même effet, c'est qu'ils sont mal exposés, et que leur feuillage est moins vaste et moins touffu. Au reste, l'île de Waterhouse, dans les mers du nord, offre un phénomène semblable. La partie supérieure de son plateau est couverte d'arbres, tandis que le penchant de la montagne ne produit que des arbrisseaux dont les tiges sont très rapprochées. Ces arbrisseaux entretiennent la terre dans un état d'humidité très favorable à la végétation; et Péron dit avoir vu couler sous leurs ombrages un grand nombre de filets d'eau douce, qui tombaient goutte à goutte de leurs feuilles. Ces espèces de sources végétales, que la nature a préparées dans des contrées désertes, pourraient suffire à tous les besoins de l'île, si elle était habitée. (A.-M.)

tecture hydraulique de la nature. Entre un grand nombre d'exemples curieux que je pourrais en rapporter, et que j'ai rassemblés dans mes matériaux sur la géographie, en voici un que j'ai extrait, non d'un philosophe à systèmes, mais d'un voyageur simple et naïf du siècle passé, qui raconte les choses telles qu'il les a vues, et sans en tirer aucune conséquence. C'est une description des sommets de l'île de Bourbon, située dans l'océan Indien, par le 21ᵉ degré de latitude sud. Elle a été faite d'après les écrits de M. de Villers, qui gouvernait alors cette île pour la compagnie des Indes orientales ; elle est imprimée dans le voyage que nos vaisseaux français firent, pour la première fois, dans l'Arabie Heureuse, qui fut vers l'an 1709, et qui a été mis au jour par M. de La Roque.

« Entre ces plaines, dit M. de Villers, qui sont
» sur les montagnes (de Bourbon), la plus remar-
» quable, et dont personne n'a rien écrit, est celle
» qu'on a nommée la plaine des Cafres, à cause
» qu'une troupe de Cafres, esclaves des habitants
» de l'île, s'y étaient allés cacher, après avoir
» quitté leurs maîtres. Du bord de la mer on monte
» assez doucement pendant sept lieues pour arri-
» ver à cette plaine par une seule route, le long de
» la rivière Saint-Étienne : on peut même faire ce
» chemin à cheval. Le terrain est bon et uni jus-
» qu'à une lieue et demie en-deçà de la plaine,
» garni de beaux et grands arbres, dont les feuil-
» les qui en tombent servent de nourriture aux
» tortues que l'on y trouve en grand nombre. On
» peut estimer la hauteur de cette plaine à deux
» lieues au-dessus de l'horizon ; aussi paraît-elle
» d'en bas toute perdue dans les nues. Elle peut
» avoir quatre ou cinq lieues de circonférence : le
» froid y est insupportable, et un brouillard con-
» tinuel, qui mouille autant que la pluie, empêche
» qu'on ne s'y voie de dix pas loin : comme il
» tombe la nuit, on y voit plus clair que pendant
» le jour ; mais alors il y gèle terriblement, et le
» matin, avant le lever du soleil, on découvre la
» plaine toute glacée.

» Mais ce qui s'y voit de bien extraordinaire, ce
» sont certaines élévations de terre, taillées pres-
» que comme des colonnes rondes, et prodigieuse-
» ment hautes ; car elles n'en doivent guère aux
» tours de Notre-Dame de Paris. Elles sont plan-
» tées comme un jeu de quilles, et si semblables
» qu'on se trompe facilement à les compter : on
» les appelle des pitons. Si l'on veut s'arrêter au-
» près de quelqu'un de ces pitons pour se reposer,
» il ne faut pas que ceux qui ne s'y reposent pas,
» et qui veulent aller ailleurs, s'écartent seule-
» ment de deux cents pas : ils courraient ris-
» que de ne plus retrouver le lieu qu'ils auraient
» quitté, tant ces pitons sont en grand nombre,
» tous pareils, et tellement disposés de même ma-
» nière, que les créoles, gens nés dans le pays,
» s'y trompent eux-mêmes. C'est pour cela que,
» pour éviter cet inconvénient, quand une troupe
» de voyageurs s'arrête au pied d'un de ces pitons,
» et que quelques personnes veulent s'écarter, on
» y laisse quelqu'un qui fait du feu ou de la fumée,
» qui sert à redresser et à ramener les autres ; et
» si la brume était si épaisse, comme il arrive
» souvent, qu'elle empêchât de voir le feu ou la
» fumée, on se munit de certains gros coquillages,
» dont on laisse un à celui qui reste auprès du pi-
» ton : ceux qui veulent s'écarter emportent l'au-
» tre ; et quand on veut revenir, on souffle avec
» violence dans cette coquille, comme dans une
» trompette, qui rend un son très aigu, et s'en-
» tend de loin ; de manière que, se répondant les
» uns les autres, on ne se perd point, et on se re-
» trouve facilement. Sans cette précaution, on y
» serait attrapé.

» Il y a beaucoup de trembles dans cette plaine,
» qui sont toujours verts : les autres arbres ont
» une mousse de plus d'une brasse de long, qui
» couvre leur tronc et leurs grosses branches. Ils
» sont secs, sans feuillages, et si moites d'eau,
» qu'on n'en peut faire de feu. Si, après bien de la
» peine, on en a allumé quelques branchages, ce
» n'est qu'un feu noir, sans flamme, avec une fu-
» mée rougeâtre, qui enfume la viande au lieu de
» la cuire. On a peine à trouver un lieu, dans
» cette plaine, pour y faire du feu, à moins que
» de chercher une élévation autour de ces pitons ;
» car la terre de la plaine est si humide que l'eau
» en sort partout ; et l'on y est toujours dans la
» boue, et mouillé jusqu'à mi-jambes. On y voit
» grand nombre d'oiseaux bleus, qui se nichent
» dans des herbes et dans des fougères aquatiques.
» Cette plaine était inconnue avant la fuite des
» Cafres : pour en descendre, il faut reprendre le
» chemin par où l'on y est monté, à moins qu'on
» ne veuille se risquer par un autre, qui est trop
» rude et trop dangereux.

» On voit, de la plaine des Cafres, la montagne
» des Trois-Salases, ainsi nommée à cause des
» trois pointes de ce rocher, le plus haut de l'île de
» Bourbon. Toutes ses rivières en sortent ; et il
» est si escarpé de tous côtés que l'on n'y peut
» monter.

» Il y a encore dans cette île une autre plaine
» appelée de Silaos, plus haute que celle des Ca-

» fres, et qui ne vaut pas mieux : on ne peut y
» monter que très difficilement. »

Il faut excuser, dans la description naïve de notre voyageur, quelques erreurs de physique, telles que celle où il suppose à la plaine des Cafres deux lieues d'élévation au-dessus de l'horizon. Le baromètre et le thermomètre ne lui avaient pas appris qu'il n'y a point de pareille élévation sur le globe, et qu'à une lieue seulement de hauteur perpendiculaire, le terme de la glace est constant. Mais à la brume épaisse qui environne ces pitons, à leur brouillard continuel qui mouille autant que la pluie, et qui tombe pendant la nuit, on reconnaît évidemment qu'ils attirent à eux les vapeurs que le soleil élève, pendant le jour, de dessus la mer, et qui disparaissent pendant la nuit. C'est de là que se forme la nappe d'eau qui inonde la plaine des Cafres, et d'où sortent la plupart des ruisseaux et des rivières qui arrosent l'île. On y reconnaît également une attraction végétale dans cette espèce de trembles toujours verts, et dans ces arbres toujours moites dont on ne peut faire du feu. L'île de Bourbon est à peu près ronde, et s'élève de dessus la mer comme la moitié d'une orange. C'est sur la partie la plus élevée de cet hémisphère que sont situées la plaine de Silaos et celle des Cafres, où la nature a placé ce labyrinthe de pitons toujours environnés de brumes, plantés comme des quilles, et élevés comme des tours.

Si le temps et le lieu me le permettaient, je ferais voir qu'il y a une multitude de pitons semblables sur les chaînes des hautes montagnes des Cordilières, du Taurus, etc., et au centre de la plupart des îles, sans qu'on puisse supposer, comme on le fait ordinairement, qu'ils soient des restes d'une terre primitive qui s'élevait à cette hauteur ; car que seraient devenus, comme nous l'avons déjà dit, les débris de cette terre, dont les prétendus témoins s'élèvent de toutes parts sur la surface du globe ? Je ferais voir qu'ils y sont placés dans des agrégations et des lieux convenables aux besoins des terres, dont ils sont, en quelque sorte, les châteaux d'eau, les uns en labyrinthe, comme ceux de l'île de Bourbon, quand ils sont sur le sommet d'un hémisphère, d'où ils doivent distribuer les eaux du ciel de tous côtés ; les autres en peigne, quand ils sont placés sur la crête prolongée d'une chaîne de montagnes, comme sont les pics de la chaîne du Taurus et des Cordilières ; d'autres groupés deux à deux, trois à trois, suivant la configuration des terrains qu'ils arrosent. Il y en a de plusieurs formes et de différentes constructions; il y en a d'enduits de terre, comme ceux de la plaine des Cafres et quelques uns des îles Antilles, et qui sont avec cela si escarpés qu'ils sont inaccessibles : ces enduits de terre prouvent qu'ils ont à la fois des attractions fossiles et hydrauliques.

Il y en a d'autres qui sont de longues aiguilles de roc vif et tout nu ; d'autres sont en forme de cône; d'autres, de table, comme celui de la montagne de la Table, au cap de Bonne-Espérance, où l'on voit fréquemment les nuages s'amasser et s'épandre en forme de nappe. D'autres ne sont point apparents, mais sont entièrement engagés dans le flanc des montagnes, ou dans le sein des plaines. On les reconnaît tous aux brouillards qu'ils attirent autour d'eux, et aux sources qui coulent dans leur voisinage. On peut assurer même qu'il n'y a pas de source dans le voisinage de laquelle il n'y ait quelque carrière de pierre hydro-attractive, et, pour l'ordinaire, métallique. J'attribue l'attraction de ces pitons aux corps vitreux et métalliques dont ils sont composés. Je suis persuadé qu'on pourrait imiter cette architecture de la nature, et former, au moyen de l'attraction de ces pierres, des fontaines dans les lieux les plus arides. En général, les corps vitreux et les pierres susceptibles de polissure y sont fort propres; car nous voyons que, lorsque l'eau est répandue en grande quantité dans l'air, comme dans les temps de dégel, elle se porte et s'attache d'abord aux vitres et aux pierres polies de nos maisons.

J'ai vu fréquemment, au sommet des montagnes de l'Ile-de-France, des effets semblables à ceux des pitons de la plaine des Cafres de l'île de Bourbon. Les nuées s'y rassemblent sans cesse autour de leurs pitons, qui sont escarpés et pointus comme des pyramides. Il y a de ces pitons qui sont surmontés d'un rocher de forme cubique, qui les couronne comme un chapiteau. Tel est celui qu'on y appelle Pieter-booth, du nom d'un amiral hollandais; il est un des plus élevés de l'île.

Ces pitons sont formés d'un roc vif, vitrifiable, et mélangé de cuivre : ce sont de véritables aiguilles électriques par leur forme et leur matière. Les nuages se détournent sensiblement de leur cours pour s'y réunir, et s'y accumulent quelquefois en si grande quantité qu'ils les font disparaître à la vue. De là ils descendent jusqu'au fond des vallées, le long des lisières des forêts, qui les attirent aussi, et où ils se résolvent en pluie, en formant fréquemment des arcs-en-ciel sur la verdure des arbres. Cette attraction végétale des forêts de cette île est si bien d'accord avec l'attraction métallique des pitons de ses montagnes, qu'un champ situé en lieu découvert dans leur voisinage manque souvent de pluie, tandis qu'il pleut presque toute l'année dans les bois, qui n'en sont pas à une portée de fusil. C'est pour avoir détruit une partie des arbres qui couronnaient les hauteurs de cette île, qu'on a fait tarir la plupart des ruisseaux qui l'arrosaient : il n'en reste plus aujourd'hui que le canal desséché. Je rapporte à la même imprudence la diminution sensible des rivières et des fleuves dans une grande partie de l'Europe, comme on peut le voir à leur ancien lit, qui est beaucoup plus large et plus profond que le volume d'eau qu'ils contiennent aujourd'hui. Je suis persuadé même que c'est à cette cause qu'il faut rapporter la sécheresse des provinces élevées de l'Asie, entre autres de celles de la Perse, dont les montagnes ont été sans doute imprudemment dépouillées d'arbres par les premiers peuples qui les ont habitées. Je pense que si l'on plantait en France des arbres de montagnes sur les hauteurs et à la source de nos rivières, on leur rendrait leur ancien volume d'eau, et on ferait reparaître, dans nos campagnes, beaucoup de ruisseaux qui n'y coulent plus du tout. Ce n'est point dans les roseaux, ni au fond des vallées, que les naïades cachent leurs urnes éternelles, comme les représentent les peintres ; mais au sommet des rochers couronnés de bocages, et voisins des cieux.

Il n'y a pas un seul végétal dont la feuille ne soit disposée pour recevoir les eaux des pluies dans les montagnes, dont la graine ne soit formée de la manière la plus propre à s'y élever. Les semences de toutes les plantes de montagnes sont volatiles. En voyant leurs feuilles, on peut affirmer le caractère de leurs graines, et en voyant leurs graines celui de leurs feuilles ; et en conclure le caractère élémentaire de la plante. J'entends ici par plantes de montagnes toutes celles qui croissent dans les lieux sablonneux et secs, sur les tertres, dans les rochers, sur les bords escarpés des chemins, dans les murailles, enfin loin des eaux.

Les semences des chardons, des bluets, des pissenlits, des chicorées, etc., ont des volans, des aigrettes, des panaches, et plusieurs autres moyens de s'élever, qui les portent à des distances prodigieuses. Celles des graminées, qui vont aussi fort loin, ont des balles et des panicules. D'autres, comme celles de la giroflée jaune, sont taillées comme des écailles légères, et vont, au moindre vent, s'implanter dans la plus petite fente d'un mur. Les graines des plus grands arbres de montagnes ne sont pas moins volatiles. Celle de l'érable a deux ailerons membraneux, semblables aux ailes d'une mouche. Celle de l'orme est enchâssée au milieu d'une foliole ovale. Celles du cyprès sont presque imperceptibles. Celles du cèdre sont terminées par de larges et minces feuillets qui forment un cône par leur agrégation. Les graines sont au centre du cône ; et, dans le temps de leur maturité, les feuillets où elles sont attachées se détachent les uns des autres, comme les cartes d'un jeu, et chacun d'eux emporte au loin son pignon. Les semences des plantes de montagnes, qui paraissent trop lourdes pour voler, ont d'autres ressources. Les pois de la balsamine ont des cosses dont les ressorts les élancent fort loin. Il y a aux Indes un arbre dont je ne me rappelle plus le nom, qui lance de même les siennes avec un bruit semblable à un coup de mousquet[*]. Celles qui n'ont ni panaches, ni ailes, ni ressorts, et qui, par leur pesanteur, semblent condamnées à rester au pied du végétal qui les a produites, sont souvent celles qui vont le plus loin. Elles volent avec les ailes des oiseaux. C'est ainsi que se ressèment une multitude de baies et de fruits à noyaux. Leurs semences sont renfermées dans des croûtes pierreuses qui sont indigestibles. Les oiseaux les avalent, et vont les planter sur les corniches des tours, dans les fentes des rochers, sur les troncs des arbres, au-delà des fleuves et même des mers. C'est par ce moyen qu'un oiseau des Moluques repeuple de muscadiers les îles désertes de cet archipel, malgré les efforts des Hollandais qui détruisent ces arbres dans tous les lieux où ils ne servent pas à leur commerce. Ce n'est pas ici le moment de parler des rapports des végétaux avec les animaux : il suffit d'observer, en passant, que la plupart des oiseaux ressèment le végétal qui les nourrit. On voit même chez nous des quadrupèdes transporter fort loin les graines des graminées ; tels sont, entre autres, ceux qui ne ruminent pas, comme les chevaux, dont les fumiers gâtent les prairies par cette raison, en y introduisant quantité d'herbes étrangères, comme la bruyère et le petit genêt, dont ils ne digèrent pas les semences. Ils en ressèment encore d'autres qui s'attachent à leurs poils, par le simple mouvement de leur queue. Il y a de petits quadrupèdes, comme les loirs, les hérissons et les marmottes, qui transportent dans les parties les plus élevées des montagnes les glands, les faînes et les châtaignes.

Il est très digne de remarque que les semences

---

[*] Cet arbre, ou plutôt cet arbrisseau, est le sablier (*ura crepitans*, LIN.) Une plante de nos climats, l'*euphorbia lathyris*, offre un phénomène semblable ; ses graines s'échappent avec bruit pendant les chaleurs du jour, et le mouvement qu'elles reçoivent les emporte très loin. L'*euphorbia lathyris*, comme l'*ura crepitans*, est de la famille des tithymaloïdes. (A.-M.)

volatiles sont en beaucoup plus grand nombre que les autres espèces; et en cela on doit admirer les soins d'une Providence qui a tout prévu. Les lieux élevés pour lesquels elles sont destinées étaient exposés à être bientôt dépouillés de leurs végétaux par la pente de leur sol, et par les pluies qui tendent sans cesse à les dégrader. Au moyen de la volatilité des graines, ils sont devenus les lieux de la terre les plus abondants en plantes : c'est sur les montagnes que sont les trésors des botanistes.

Nous ne saurions trop le répéter, les remèdes de la nature sont toujours supérieurs aux obstacles, et ses compensations au-dessus de ses dons. En effet, si vous en exceptez les inconvénients de la pente, une montagne présente aux plantes la plus grande variété d'expositions. Dans une plaine, elles ont le même soleil, la même humidité, le même terrain, le même vent; mais si vous vous élevez, dans une montagne située dans notre latitude, seulement de vingt-cinq toises de hauteur perpendiculaire, vous changez de climat comme si vous aviez fait vingt-cinq lieues vers le nord; en sorte qu'une montagne de douze cents toises perpendiculaires nous présenterait une échelle de végétation aussi étendue que celle des douze cents lieues horizontales qu'il y a à peu près d'ici au pôle; l'une et l'autre se termineraient à une glace perpétuelle. Chaque pas que l'on fait dans une montagne, en s'élevant ou en descendant, change notre latitude; et si l'on en fait le tour, chaque pas change notre longitude. On y trouve des points où le soleil se lève à huit heures du matin; d'autres, à dix heures; d'autres, à midi. On y rencontre une variété infinie d'expositions, de froides au nord, de chaudes au midi, de pluvieuses à l'ouest, de sèches à l'est; sans compter les diverses réflexions de la chaleur dans les sables, les rochers, les fonds de vallées et les lacs, qui les modifient de mille manières.

On doit encore observer, non sans admiration, que le temps de la maturité de la plupart des semences volatiles arrive vers le commencement de l'automne; et que, par une suite de cette sagesse universelle qui fait agir de concert toutes les parties de la nature, c'est alors que soufflent les grands vents de la fin de septembre ou du commencement d'octobre, appelés vents de l'équinoxe. Ces vents soufflent dans toutes les parties des continents, du sein des mers aux montagnes qui y sont coordonnées. Non-seulement ils y transportent les graines volatiles qui sont mûres alors, mais ils y joignent d'épais tourbillons de poussière, qu'ils enlèvent des terres desséchées par les ardeurs de l'été, et surtout des rivages de la mer, où le mouvement perpétuel des flots, qui s'y brisent et y roulent sans cesse des cailloux, réduit en poudre impalpable les corps les plus durs. Ces émanations de poussière sont si abondantes en différents lieux, que je pourrais citer plusieurs vaisseaux qui en ont été couverts à plus de six lieues de la terre en traversant des golfes. Elles sont si incommodes dans les parties les plus élevées de l'Asie, que tous les voyageurs qui ont été à Pékin affirment qu'il est impossible de sortir dans les rues de cette ville une partie de l'année, sans avoir un voile sur le visage. Il y a des pluies de poussière qui réparent les sommets des montagnes, comme il y a des pluies d'eau qui entretiennent leurs sources. Les unes et les autres viennent de la mer, et y retournent par le cours des fleuves, qui y portent des tributs perpétuels d'eaux et de sables. Les vents maritimes réunissent leurs efforts vers l'équinoxe de septembre, transportent, de la circonférence des continents aux montagnes qui en sont les plus éloignées, les semences et les engrais qui s'en sont écoulés, et sèment de prairies, de bosquets et de forêts les flancs des précipices et les pics les plus élevés. Ainsi, les feuilles, les tiges, les graines, les oiseaux, les saisons, les mers et les vents, concourent d'une manière admirable à entretenir la végétation des montagnes.

Je viens de parler des rapports des plantes avec les montagnes; je suis fâché de ne pouvoir insérer ici les rapports que les montagnes mêmes ont avec les plantes, comme c'était mon intention. Tout ce que j'en puis dire, c'est que, bien loin que les montagnes soient des productions ou de la force centrifuge, ou du feu, ou des tremblements de terre, ou du cours des eaux, j'en connais au moins dix espèces différentes, dont chacune est configurée de la manière la plus propre à entretenir dans chaque latitude l'harmonie des éléments par rapport à la végétation. Chacune d'elles a de plus des végétaux et des quadrupèdes qui lui sont particuliers, et qu'on ne trouve point ailleurs; ce qui prouve évidemment qu'elles ne sont point l'ouvrage du hasard. Enfin, parmi ce grand nombre de montagnes qui couvrent la plus grande partie des cinq zones, et surtout de la zone torride et des zones glaciales, il n'y en a qu'une seule espèce, la moins considérable de toutes, qui présente aux cours des eaux des angles saillants et rentrants en correspondance. Cependant, elle n'est pas plus leur ouvrage que le bassin des mers n'est lui-même un ouvrage de l'Océan. Mais cet intéressant sujet, d'une étendue trop considérable

22.

Passons maintenant aux harmonies des plantes aquatiques.

Celles-ci ont des dispositions tout-à-fait différentes dans leurs feuilles, dans le port de leurs branches, et surtout dans la configuration de leurs semences*. La nature, comme je l'ai dit, n'emploie souvent, pour varier ses harmonies, que des caractères positifs et négatifs. Elle a donné un aqueduc au pédicule des feuilles des plantes montagnardes, elle l'ôte à celles qui naissent sur le bord des eaux, et elle en fait des plantes aquatiques. Celles-ci, au lieu d'avoir leurs feuilles creusées en gouttière, les ont unies et lisses, comme les glaïeuls, qui les portent en lames de poignard, ou renflées dans le milieu en lames d'épée, comme celles du roseau appelé *typha*, qui est cette espèce commune dont les Juifs mirent une tige entre les mains de Jésus-Christ. Celles des nymphæa sont planes, et contournées en cœur. Quelques unes de ces espèces affectent d'autres formes; mais leurs longues queues sont toujours sans canal. Celles des joncs sont rondes comme des chalumeaux. Il y a une grande variété de joncs sur les bords des marais, des ruisseaux et des fontaines. On en trouve de toutes les tailles, depuis ceux qui ont la finesse d'un cheveu, jusqu'à ceux qui croissent dans la rivière de Gênes, qui sont gros comme des cannes. Quelque différence qu'il y ait dans l'articulation de leurs brins et de leurs panicules, ils ont tous, dans leur plan, une forme arrondie ou elliptique. Vous ne trouverez que les espèces qui croissent dans les lieux arides, qui soient cannelées ou creusées à leur surface. Quand la nature veut rendre les plantes aquatiques susceptibles de végéter sur les montagnes, elle donne des aqueducs à leurs feuilles; mais quand, au contraire, elle veut placer des plantes de montagnes sur le bord des eaux, elle les leur ôte. L'aloès de rocher a ses feuilles creusées en écope, l'aloès d'eau les a pleines. Je connais une douzaine d'espèces de fougères de montagnes, qui ont toutes une petite cannelure le long de leurs branches; et la seule espèce de marais que je connaisse en est privée. Le port de ses branches est aussi fort différent de celui des autres: les premières les dressent vers le ciel, et celle-ci les porte presque horizontalement.

Si les feuilles des plantes montagnardes sont agencées de la manière la plus propre à rassembler à leurs racines l'eau du ciel qu'elles n'ont pas à discrétion, celles des plantes aquatiques sont disposées souvent pour l'en écarter, parcequ'elles devaient naître au sein des eaux ou dans leur voisinage. Les feuilles des arbres de rivage, comme celles des bouleaux, des trembles et des peupliers, sont attachées à des queues longues et pendantes. Il y en a d'autres qui portent leurs feuilles disposées en tuiles, comme les marronniers d'Inde et les noyers. Celles des plantes qui croissent à l'ombre autour du tronc des arbres, et qui tirent par leurs racines l'humidité que l'arbre recueille par son feuillage, comme les haricots et les convolvulus, ont un port semblable; mais celles qui viennent tout-à-fait à l'ombre des arbres, et qui n'ont presque point de racines, comme les champignons, ont des feuilles qui, loin de regarder le ciel, sont tournées vers la terre. La plupart sont faits, en dessus, en parasol épais, pour empêcher le soleil de dessécher le terrain où ils croissent, et ils sont divisés en dessous en feuillets minces, pour recevoir les vapeurs qui s'en exhalent, à peu près comme ceux de la roue horizontale d'une pompe à feu reçoivent les émanations de l'eau bouillante, qui la font tourner; ils ont encore plusieurs autres moyens de s'abreuver de ces exhalaisons. Il y en a des espèces nombreuses qui sont doublées de tuyaux, d'autres sont rembourrées d'éponges. Il y en a dont le pédicule est creux en dedans, et qui, portant un chapiteau au-des-

---

* On doit regretter que l'auteur n'ait pas donné plus de détails aux divers phénomènes que présentent les plantes aquatiques. Combien d'observations neuves et piquantes lui auraient été inspirées par ce seul fait, que les formes des feuilles varient sur le même végétal, suivant le milieu où elles se développent! Dans le *ranunculus aquatilis* et le *trapa natans*, par exemple, les feuilles qui s'épanouissent à l'air ont une lame pleine, et composée de nervures saillantes, tandis que celles qui restent plongées au fond de l'eau ont des nervures presque dépourvues de tissu cellulaire, et semblent découpées avec un scalpel. Quel charme n'aurait pas eu, sous la plume de l'auteur des *Études*, la description de l'*hydrogeton fenestralis* qui croit dans les eaux de Madagascar, et dont les feuilles, percées à jour, offrent l'aspect d'un filet ou d'une dentelle! Sans doute que la variété des couleurs de cette plante qui reste cachée au fond des eaux, l'élégance de son port, la singularité de ses formes, ont des relations admirables avec des êtres qui nous sont inconnus. Mais un des phénomènes dont Bernardin de Saint-Pierre aurait fait l'objet de ses recherches et de ses réflexions est celui que présente le *fucus giganteus*. Péron l'observa dans les mers du nord près de la terre de Diemen, et ne mesura point sans étonnement ses tiges, qui ont plus de 300 pieds de longueur. Mais sa surprise dut augmenter, lorsqu'en cherchant à deviner les moyens dont la nature s'était servie pour élever au-dessus des eaux des tiges si immenses et si flexibles, il aperçut dans toute la longueur du fucus des feuilles gaufrées dont le pétiole portait une vésicule pleine d'air. Ces petits ballons se multipliaient d'étage en étage jusqu'à la surface de la mer, où ils retenaient les feuilles du sommet de la plante par leur légèreté spécifique. Mais ces dernières feuilles, destinées à vivre dans l'air, n'étaient pas gaufrées comme celle de la tige; au contraire, elles avaient jusqu'à douze pieds de longueur, et se déroulaient sur les flots, qu'elles couvraient d'un immense tapis de verdure. (A.-M.)

sus, y rassemblent les émanations de leur sol, comme dans un alambic. Ainsi il n'y a pas une vapeur de perdue dans l'univers.

Ce que je viens de dire des formes renversées des champignons, de leurs feuillets, des tuyaux et des éponges dont ils sont doublés pour recevoir les vapeurs qui s'exhalent de la terre, confirme ce que j'ai avancé sur l'usage des feuilles des plantes de montagnes, creusées en gouttière, ou agencées en pinceau ou en éventail, pour recevoir les eaux du ciel. Mais les plantes aquatiques, qui n'avaient pas besoin de ces récipients, parcequ'elles viennent dans l'eau, ont, pour ainsi dire, des feuilles répulsives. Je présenterai ici un objet de comparaison bien propre à convaincre de la vérité de ces principes; par exemple, le buis des montagnes et le câprier des rochers ont leurs feuilles creusées en cuilleron, la concavité tournée vers le ciel; mais la canneberge de marais, ou *vaccinium oxycoccos*, qui en a pareillement de concaves, les porte renversées, la concavité tournée vers la terre. J'ai reconnu à ce caractère négatif, pour une plante de marais, une plante rare du Jardin du Roi, que je voyais pour la première fois. C'est le *ledum palustre* qui croît dans les marais du pays de Labrador. Ses feuilles, faites comme de petites cuillers à café, sont toutes renversées; leur convexité regarde le ciel. La lentille d'eau de nos marais a, ainsi que le typha de nos rivières, le milieu de sa feuille renflé.

Les botanistes, en voyant des feuilles à peu près semblables dans les plaines, sur le bord des eaux et au haut des montagnes, n'ont pas soupçonné qu'elles pussent servir à des usages si différents. Plusieurs d'entre eux ont sans doute de grandes lumières; mais elles leur deviennent inutiles, parceque leur méthode les force de marcher par un seul chemin, et que leur système ne leur indique qu'un seul genre d'observation. Voilà pourquoi leurs collections les plus nombreuses ne présentent souvent qu'une simple nomenclature. L'étude de la nature n'est qu'esprit et intelligence. Son ordre végétal est un livre immense dont les plantes forment les pensées, et les feuilles de ces mêmes plantes, les lettres. Il n'y a pas même un grand nombre de formes primitives dans les caractères de cet alphabet; mais de leurs divers assemblages elle forme, ainsi que nous avec les nôtres, une infinité de pensées différentes. Ainsi qu'à nous, pour changer totalement le sens d'une expression, il ne lui faut souvent changer qu'un accent. Elle met des joncs, des roseaux, des arum à feuillage lisse et à pédicule plein, sur les bords des rivières; elle ajoute à la feuille un aqueduc, elle en fait des joncs, des roseaux et des arums de montagnes.

Il faut cependant bien se garder de généraliser ces moyens; autrement ils ne tarderaient pas à nous faire méconnaître sa marche. Par exemple, plusieurs botanistes ayant soupçonné que les feuilles de quelques plantes pouvaient bien servir à recueillir l'eau des pluies, ont cru en apercevoir l'usage dans celles du dipsacus ou chardon du bonnetier. Il était aisé de s'y tromper, car elles sont opposées et réunies à leurs bases; en sorte que, quand il a plu, elles présentent des réservoirs qui contiennent bien chacun un demi-verre d'eau, et qui sont disposés par étages le long de sa tige. Mais ils devaient considérer, premièrement, que le dipsacus croît naturellement sur les bords des eaux, et que la nature ne donne point de réservoirs d'eau à une plante aquatique. Ce serait, comme dit le proverbe, porter de l'eau à la rivière. Secondement, ils pouvaient observer que les étages formés par les feuilles opposées du dipsacus, loin d'être des réservoirs, sont au contraire des dégorgeoirs qui écartent l'eau des pluies de ses racines, à neuf ou dix pouces de chaque côté, par l'extrémité de ses feuilles. Elles ressemblent, à quelques égards, aux gouttières que nous mettons en saillie au-dessus de nos maisons, ou à celles qui sont formées par les cornes de nos chapeaux, qui servent à écarter de nous les eaux des pluies, et non pas à les rapprocher. D'ailleurs, l'eau qui reste dans les ailerons des feuilles du dipsacus ne peut jamais descendre à la racine de la plante, puisqu'elle y est retenue comme dans le fond d'un vase. Elle ne serait pas même propre à l'arroser, car Pline prétend qu'elle est salée. La sarrasine, qui croît dans les marais tremblants et moussus du Canada, porte à sa base deux feuilles faites comme les moitiés d'un buccin scié dans sa longueur. Elles sont toutes deux concaves; mais elles ont, à leur extrémité la plus éloignée de la plante, une espèce de bec fait en dégorgeoir. L'eau qui reste dans les vases de ces plantes aquatiques est peut-être destinée à abreuver les petits oiseaux, qui se trouvent quelquefois bien embarrassés pour boire, dans les débordements des eaux. Il faut bien distinguer les caractères élémentaires des plantes, de leurs caractères relatifs. La nature oblige l'homme qui l'étudie de ne pas s'en tenir aux apparences extérieures, et, pour former son intelligence, de remonter des moyens qu'elle emploie aux fins qu'elle se propose. Si quelques plantes aquatiques semblent offrir, dans leurs feuillages, quelques caractères de plantes de montagnes, il y en a dans les montagnes qui semblent en présenter de pareils à celles des eaux ; tel est, par exemple, le genêt. Il porte des feuilles si petites et en si petit nombre, qu'elles paraissent insuffisantes pour recueillir les eaux nécessaires à son accroissement, d'autant plus qu'il naît dans les sols les plus arides. La nature l'a dédommagé d'une autre manière. Si ses feuilles sont petites, ses racines sont fort longues. Elles vont chercher la fraîcheur à une grande distance. J'en ai vu tirer de terre qui avaient plus de vingt pieds de longueur ; encore fut-on obligé de les rompre sans en pouvoir trouver le bout. Cela n'empêche pas que ses feuilles rares n'aient le caractère montagnard ; car elles sont concaves, se dirigent vers le ciel, et sont allongées comme les becs inférieurs des oiseaux.

La plupart des végétaux aquatiques rejettent l'eau loin d'eux, les uns par leur port, tels sont les bouleaux, dont les branches, loin de se dresser vers le ciel, se jettent en arcade. Autant en font le marronnier et le noyer, à moins que ces arbres n'aient altéré leur attitude naturelle en croissant sur des sols arides. Pour l'ordinaire, leur écorce est lisse comme aux bouleaux, ou écailleuse comme aux marronniers ; mais elle n'est pas sillonnée en gouttière comme celle de l'orme ou du pin des montagnes. D'autres ont en eux une qualité répulsive ; telles sont les feuilles des nymphœa et de plusieurs espèces de choux, où les gouttes d'eau se rassemblent comme des gouttes de vif-argent. Il y en a même qu'on a bien de la peine à mouiller ; telles sont les tiges de plusieurs espèces de capillaires. Le laurier porte sa qualité répulsive jusqu'à écarter, dit-on, la foudre. Si cette qualité, fort vantée par les anciens, est bien constatée, il la doit sans doute à sa nature d'arbre fluviatile[*]. Cet arbre croît en abondance sur les rivages des fleuves de la Thessalie. Un voyageur, appelé le sieur de La Guilletière[**], dit, dans une relation fort agréablement écrite, qu'il n'a vu nulle part d'aussi beaux lauriers que le long du fleuve Pénée. C'est peut-être ce qui a fait imaginer là métamorphose de Daphné, fille de ce fleuve, qu'Apollon changea en laurier. Cette propriété répulsive de quelques arbres et de quelques plantes aquatiques me fait présumer qu'on pourrait les employer autour des maisons pour en écarter les orages, d'une manière plus sûre et plus agréable que les conducteurs électriques, qui ne les dissipent qu'en les attirant dans leur voisinage. On pourrait encore s'en servir utilement pour dessécher les marais, comme on pourrait se servir des qualités attractives de plusieurs végétaux de montagnes pour former des sources sur les hauteurs, et pour y rassembler les vapeurs qui nagent dans l'air. Peut-être n'y-a-t-il de marais infects sur le globe que dans les lieux où les hommes ont détruit les plantes dont les racines absorbaient les eaux de la terre, et dont les feuillages repoussaient celles du ciel.

Je ne veux pas dire, toutefois, que les feuilles des plantes aquatiques n'aient d'autres usages ; car qui est-ce qui connaît les vues innombrables de la nature ? A qui la source de la sagesse a-t-elle été révélée, et qui est-ce qui a épuisé ses ruses ? *Radix sapientiæ cui revelata est, et astutias illius quis agnovit*[*]? En général, les feuilles des plantes aquatiques paraissent propres, par leur extrême mobilité, à renouveler l'air des lieux humides, et à produire par leurs mouvements les dessèchements dont nous venons de parler. Telles sont celles des roseaux, des peupliers, des trembles, des bouleaux, et même des saules, qui se remuent quelquefois sans qu'on s'aperçoive du moindre vent. Il est encore remarquable que la plupart de ces végétaux, entre autres les peupliers et les bouleaux, sentent fort bon, surtout au printemps, et que beaucoup de plantes aromatiques croissent sur le bord de l'eau, comme la menthe, la marjolaine, le souchet, le jonc odorant, l'iris, le calamus aromaticus ; et aux Indes, les arbres à épices, tels que le cannellier, le muscadier et le giroflier. Leurs parfums doivent contribuer puissamment à affaiblir le méphitisme naturel aux lieux marécageux et humides. Elles ont aussi bien des usages relatifs aux animaux, comme de donner des ombrages aux poissons qui viennent y chercher des abris contre les ardeurs du soleil.

Mais voici ce que nous pouvons conclure, pour l'utilité de nos cultures, de ces diverses observations. C'est que lorsqu'on cultive des plantes dont le pédicule des feuilles ne porte point l'empreinte d'un canal, il faut leur donner beaucoup d'eau ; car alors elles sont aquatiques de leur nature. La capucine, la menthe et la marjolaine, qui viennent sur les bords des ruisseaux, en consomment une quantité prodigieuse. Mais lorsque les plantes ont un canal, il faut leur en donner peu, parce

---

[*] Il est bien reconnu aujourd'hui que le laurier n'écarte pas la foudre. (A.-M.)
[**] Voyez le *Voyage de Lacédémone*, par le sieur de La Guilletière.

[*] *Ecclesiast.*, cap. 1, ₰. 6.

que ce sont des plantes de montagnes. Plus ce canal est profond, moins il faut leur en donner. Tous les jardiniers savent que si on arrose fréquemment l'aloès ou le cierge du Pérou, on le fait mourir.

Les graines des plantes aquatiques ont des formes qui ne sont pas moins assorties que celles de leurs feuilles aux lieux où elles doivent naître : elles sont toutes construites de la manière la plus propre à voguer. Il y en a de façonnées en coquilles; d'autres en bateaux, en balses, en bacs, en pirogues simples, en doubles pirogues, semblables à celles de la mer du Sud. Je ne doute pas qu'en étudiant cette seule partie, on ne fît une multitude de découvertes très curieuses sur l'art de traverser toutes sortes de courants; et je suis persuadé que les premiers hommes, qui observaient mieux que nous, ont pris leurs différentes manières de voguer d'après ces modèles de la nature, dont nous ne sommes, dans nos prétendues inventions, que de faibles imitateurs. Le pin aquatique ou maritime a ses pignons renfermés dans des espèces de petits sabots osseux, crénelés en dessous, et recouverts en dessus d'une pièce semblable à une écoutille. Le noyer, qui se plaît tant sur les rivages des fleuves, a son fruit entre deux esquifs posés l'un sur l'autre. Le coudrier, qui devient si touffu sur le bord des ruisseaux; l'olivier, qui aime tant les rivages de la mer, qu'il dégénère à mesure qu'il s'en éloigne, portent leur semence enclose dans des espèces de tonneaux susceptibles des plus longs trajets. La baie rouge de l'if, qui se plaît dans les montagnes froides et humides, sur le bord des lacs, est creusée en grelot. Cette baie, en tombant de l'arbre, est entraînée d'abord, par sa chute, au fond de l'eau; mais elle revient aussitôt au-dessus, au moyen d'un trou que la nature a ménagé en forme de nombril au-dessus de sa graine. Il s'y loge une bulle d'air qui la ramène à la surface de l'eau, par un mécanisme plus ingénieux que celui de la cloche du plongeur, en ce que, dans celle-ci, le vide est en dessous, et dans la baie de l'if il est en dessus. Les formes des graines des herbes aquatiques sont encore plus curieuses; car partout la nature redouble d'industrie pour les petits et les faibles. Celle des joncs ressemble à des œufs d'écrevisse; celle du fenouil est un véritable canot en miniature, creusé en cale avec deux proues relevées. Il y en a d'autres encastrées dans des brins qui ressemblent à des pièces de bois flotté et vermoulu; telles sont celles du pavot cornu. Celles qui sont destinées à germer sur les bords des eaux qui n'ont point de courants vont à la voile; telle est la semence d'une scabieuse de ce pays, qui croît sur les bords des marais. A la différence de celles des autres espèces de scabieuses, qui sont couronnées de poils crochus, pour s'accrocher à ceux des animaux qui les transplantent, celle-ci est surmontée d'une demi-vessie ouverte, et posée à son sommet comme une gondole. Cette demi-vessie lui sert à la fois de voile et de véhicule. Ces moyens de natation, quoique très variés, sont communs, dans tous les climats, aux graines des plantes aquatiques. L'amande de l'Amazone, appelée *totocque*, est renfermée dans deux coques tout-à-fait semblables à deux écailles d'huître. Un autre fruit du même rivage, rempli d'amandes, ressemble parfaitement, par la couleur et la forme, à un pot de terre avec son couvercle*. On l'appelle marmite de singe**. Il y en a d'autres façonnées en grosses bouteilles, comme les fruits du calebassier. D'autres graines sont enduites d'une cire qui les fait surnager; telles sont les baies de l'arbre de cire, ou piment royal des rivages de la Louisiane. La pomme si redoutée du mancenillier, qui croît sur les grèves maritimes des îles situées entre les tropiques, et les fruits du manglier, qui y naît immédiatement dans l'eau salée, sont presque ligneux. Il y en a d'autres dont les coques sont semblables à des oursins de mer sans pointes. Plusieurs sont accouplés, et voguent comme les doubles pirogues ou les balses de la mer du Sud. Tel est le double coco des îles Séchelles.

Si on examine les feuilles, les tiges, les attitudes et les semences des plantes aquatiques, on y remarquera toujours des caractères relatifs aux lieux où elles doivent naître, et concordants entre eux; en sorte que, si la graine a une forme nautique, ses feuilles sont sans aqueduc : tout comme dans les plantes de montagnes, si la graine est volatile, le pédicule de la feuille, ou la feuille entière, présente une gouttière. Je prendrai, pour exemple des concordances nautiques des plantes, la capucine, qui est entre les mains de tout le monde. Cette plante, qui porte des fleurs si agréables, est un cresson des ruisseaux du Pérou. Il faut d'abord observer que les queues de ses feuilles sont sans aqueduc, comme celles de toutes les plantes aquatiques; elles sont implantées au milieu des feuil-

---

* *Voyez* les gravures de la plupart de ces graines, dans Jean de Laet. *Histoire des Indes occidentales.*
** C'est le *lecythis ollaria* de Linnée, qui croît au Brésil et à la Guiane. Le fruit de cette singulière plante a été figuré dans les *Illustrations de Lamarck*, planche 476. (A.-M.)

les, qu'elles portent en forme de parapluie, pour écarter d'elles les eaux du ciel. Sa graine fraîche a précisément la forme d'un bateau. La partie supérieure en est relevée en talus, comme un pont pour l'écoulement des eaux; et on distingue parfaitement, dans la partie inférieure, une poupe et une proue, une carène et une quille. Les sillons de la graine de capucine sont des caractères communs à la plupart des graines nautiques, ainsi que les formes triangulaires et celles de rein ou carénées. Ces sillons, sans doute, les empêchent de rouler en tous sens, les obligent de flotter suivant leur longueur, et leur donnent la direction la plus propre à prendre le fil de l'eau, et à passer par les plus petits détroits. Mais elles ont un caractère encore plus général : c'est qu'elles surnagent dans leur maturité, ce qui n'arrive pas aux graines destinées à naître dans les plaines, comme aux pois et aux lentilles, qui coulent à fond. Cependant quelques espèces, comme les haricots, coulent d'abord au fond de l'eau, et surnagent quand elles en sont pénétrées. Il y en a d'autres, au contraire, qui flottent d'abord, et qui ensuite vont à fond. Telle est la fève d'Égypte, ou la semence de la colocasie, qui croît dans les eaux du Nil. On est obligé, pour semer celle-ci, de l'enfoncer dans un petit morceau de terre : après quoi on la jette à l'eau. Sans cette précaution, il n'en resterait pas une sur les rivages où on veut la faire croître. La natabilité des semences aquatiques est sans doute proportionnée à la longueur des voyages qu'elles doivent faire, et à la différente pesanteur des eaux où elles doivent surnager. Il y en a qui flottent dans l'eau de mer, et qui coulent à fond dans l'eau douce, plus légère que l'eau de mer d'un trente-deuxième; tant les balances de la nature ont de précision! Je crois que les fruits du marronnier d'Inde, qui vient sur les bords des criques salées de l'Asie, sont dans ce cas. Enfin, je suis si convaincu de toutes les relations que la nature a établies entre ses ouvrages, que je ne doute pas que le temps où les semences des plantes aquatiques tombent ne soit réglé, dans la plupart, sur celui où les fleuves où elles croissent se débordent.

C'est une spéculation bien digne de la philosophie, de se représenter ces flottes végétales voguant nuit et jour le long des ruisseaux, et abordant sans pilotes sur des plages inconnues. Il y en a qui, par les débordements des eaux, s'égarent quelquefois dans les campagnes. J'en ai vu, accumulées les unes sur les autres dans le lit des torrents, offrir autour de leurs cailloux, où elles avaient germé, des flots de verdure du plus beau vert de mer. On eût dit que Flore, poursuivie par quelque Fleuve, avait laissé tomber son panier dans l'urne de ce dieu. D'autres plus heureuses, parties des sources de quelque fontaine, s'engagent dans le cours des grands fleuves, et viennent embellir leurs bords d'une verdure qui leur est étrangère. Il y en a qui traversent le vaste Océan, et, après de longues navigations, sont poussées par les tempêtes mêmes sur des plages qu'elles enrichissent. Tels sont les doubles cocos des îles Séchelles ou Mahé, que la mer porte régulièrement, chaque année, à quatre cents lieues de là, sur la côte Malabare. Les Indiens qui l'habitent ont cru long-temps que ces présents de la mer étaient les fruits d'un palmier qui croissait sous ses flots. Ils leur ont donné le nom de cocos marins. Ils leur attribuaient des vertus merveilleuses; ils les estimaient autant que l'ambre gris, et ils y mettaient un prix si considérable que plusieurs de ces fruits y ont été vendus jusqu'à mille écus la pièce. Mais les Français ayant découvert, il y a quelques années, l'île Mahé, qui les produit, qui est située par le cinquième degré de latitude sud, en ont porté une si grande quantité aux Indes, qu'ils leur ont ôté à la fois leur prix et leur réputation; car les hommes, par tous pays, n'estiment que ce qui est rare et mystérieux.

Dans toutes les îles où l'œil du voyageur a pu voir les dispositions primordiales de la nature, il a trouvé leurs rivages couverts de végétaux dont les fruits ont tous des caractères nautiques. Jacques Cartier et Champlin représentent les grèves des lacs de l'Amérique septentrionale ombragées de magnifiques noyers. Homère, qui a si bien étudié la nature dans un temps et dans des lieux où elle avait encore sa beauté virginale, met des oliviers sauvages sur les bords de l'île où Ulysse, flottant sur un radeau, est jeté par la tempête. Les marins qui ont fait les premières découvertes dans les mers des Indes orientales y ont trouvé souvent des écueils plantés de cocotiers. La mer jette tant de semences de fenouil sur les rivages de Madère, qu'une de ces baies en a pris le nom de baie de Funchal ou de Fenouil. C'est par le cours de ces semences nautiques, trop peu observé par nos marins modernes, que les sauvages découvrirent autrefois les îles qui étaient au vent des terres qu'ils habitaient. Ils soupçonnèrent un arbre au loin, en voyant son fruit échoué sur leurs rivages. Ce fut par de pareils indices que Christophe Colomb s'assura qu'il existait un autre monde; mais les vents et les courants de l'ouest dans la mer du Sud les avaient portés long-temps auparavant aux peuples de l'Asie, comme j'en pourrai dire quelque chose à la fin de cette Étude.

Il y a encore des végétaux amphibies; la nature les a disposés de manière qu'une partie de leur feuillage se dresse vers le ciel, et l'autre forme l'arcade et se penche vers la terre. Elle a aussi donné à leurs graines de pouvoir voler et nager à la fois. Tel est le saule, dont la semence est enveloppée d'une bourre araigneuse, que les vents transportent au loin, et qui surnage dans l'eau sans se mouiller, comme le duvet des canards. Cette bourre est composée de petites capsules en cul-de-lampe et à deux becs, remplies de semences surmontées d'aigrettes; de sorte que le vent transporte ces capsules en l'air, et les fait voguer aussi sur la surface de l'eau. Cette configuration est très convenable au véhicule des semences des plantes qui croissent sur le bord des eaux stagnantes et des lacs. Elle est la même dans les semences du peuplier; mais celles de l'aune, qui croît sur le bord des fleuves, n'ont point d'aigrettes, parceque les fleuves ont des courants qui les charrient. Celles du sapin ou du bouleau ont à la fois des caractères volatiles et nautiques; car le sapin a son pignon attaché à une aile membraneuse, et le bouleau a sa graine accolée à deux ailes qui lui donnent l'apparence d'une petite coquille. Ces arbres croissent à la fois dans les montagnes hiémales, et sur les bords des lacs du nord; leurs semences avaient besoin, non seulement de voguer sur des eaux stagnantes, mais d'être transportées en l'air sur les neiges au milieu desquelles ils se plaisent. Je ne doute pas qu'il n'y ait des espèces de ces arbres dont les semences sont tout-à-fait nautiques. Le tilleul porte les siennes dans un corps sphérique, semblable à un petit boulet : ce boulet est attaché à une longue queue, de l'extrémité de laquelle descend obliquement une foliole fort allongée, avec laquelle le vent l'emporte au loin en pirouettant. Quand il tombe dans l'eau, il y plonge de la longueur d'un pouce, et sert, en quelque sorte, de lest à sa queue et à la foliole qui y est attachée, qui, se trouvant dans une situation verticale, font alors la fonction d'un mât et d'une voile. Mais l'examen de tant de variétés curieuses nous mènerait trop loin.

Ce serait ici le lieu de parler des racines des végétaux, mais je connais peu ce qui se passe sous la terre. D'ailleurs, dans toutes les latitudes, sur les hauteurs comme sur le bord des eaux, on trouve à peu près les mêmes matières, des vases, des sables, des terres franches, des rochers; ce qui doit entraîner beaucoup plus de ressemblance dans les racines des plantes, qu'il n'y en a dans le reste de leur végétation. Je ne doute pas cependant que la nature n'ait établi, à ce sujet, des relations très utiles à connaître, et qu'un cultivateur un peu exercé ne puisse, en voyant la racine d'un végétal, déterminer l'espèce de terroir qui lui est propre. Celles qui sont fort chevelues paraissent convenir aux sables. Le cocotier, qui est un très grand arbre des rivages de la zone torride, vient dans des sables tout purs, qu'il entrelace d'une quantité si prodigieuse de chevelu, qu'il en forme autour de lui une masse solide. C'est sur cette base qu'il résiste aux plus violentes tempêtes, au milieu d'un terrain mouvant. Ce qu'il y a de remarquable à ce sujet, c'est qu'il ne réussit bien que dans le sable du bord de la mer, et qu'il languit ordinairement dans l'intérieur des terres. Les îles Maldives, qui ne sont pour la plupart, que des écueils sablonneux, sont les lieux de l'Asie les plus renommés par l'abondance et la beauté de leurs cocotiers. Il y a d'autres végétaux de rivage dont les racines tracent comme des cordes. Cette configuration les rend très propres à en lier les terres, et à les défendre contre les eaux. Tels sont, chez nous, les aunes, les roseaux, mais surtout une espèce de chiendent que j'ai vu entretenir avec grand soin en Hollande le long des digues. Les plantes bulbeuses paraissent se plaire pareillement dans les vases molles, où elles ne peuvent enfoncer par la rondeur de leurs bulbes. Mais l'orme étend ses racines sur les pentes des montagnes, où il se plaît; et le chêne y enfonce ses gros pivots pour en retenir les couches. D'autres plantes conservent sur les hauteurs, par leur feuillage rampant et leurs racines superficielles, les émanations de poussière que les vents y déposent. Telle est l'*anemona nemorosa*. Si vous en trouvez un pied sur une colline, dans un bois qui ne soit pas trop fréquenté, vous pouvez être sûr qu'elle se répand comme un réseau dans toute l'étendue de ce bois.

Il y a des arbres dont les troncs et les racines sont admirablement contrastés avec des obstacles qui nous paraissent accidentels, mais que la nature a prévus. Par exemple, le cyprès de la Louisiane croît le pied dans l'eau, principalement sur les bords du Méchassipi, dont il borde magnifiquement les vastes rivages. Il s'y élève à une hauteur qui surpasse celle de presque tous les arbres de l'Europe[*]. La nature a donné au tronc de ce grand

---

[*] Voyez le père Charlevoix, *Histoire de la Nouvelle-France*, tome IV.

arbre jusqu'à trente pieds de circonférence, afin qu'il fût en état de résister aux glaces des lacs du nord, qui se déchargent dans ce fleuve, et aux trains de bois prodigieux qui y sont entraînés, et qui en ont tellement obstrué la plupart des embouchures, qu'on ne peut y naviguer avec des vaisseaux d'un port un peu considérable. Et pour qu'on ne puisse douter qu'elle n'ait destiné l'épaisseur de son tronc à résister au choc des corps flottants, c'est qu'à six pieds de hauteur elle en diminue tout-à-coup la proportion d'un tiers, comme étant superflue à cette élévation ; et, pour la garantir d'une autre manière plus avantageuse, elle fait sortir de la racine de l'arbre, à quatre ou cinq pieds de distance tout autour, plusieurs gros chicots, qui ont depuis un pied de hauteur jusqu'à quatre : ce ne sont point des rejetons, car leur tête est lisse, et ne porte ni feuilles ni branches ; ce sont de véritables brise-glaces. Le tupelo, autre grand arbre de la Caroline, qui croît aussi sur le bord de l'eau, mais dans des criques, a à peu près les mêmes proportions dans sa base, à l'exception des brise-glaces ou estacades. Les graines de ces arbres sont cannelées, comme je l'ai dit qu'étaient, en général, les graines aquatiques ; et celle du cyprès de la Louisiane diffère considérablement, par sa forme nautique, de celle du cyprès des montagnes d'Europe, qui est volatile. Ces observations sont d'autant plus dignes de foi, que le père Charlevoix, qui les rapporte en partie, n'en tire aucune conséquence, quoiqu'il fût bien capable d'en interpréter l'usage.

On doit sentir combien il est important de lier l'étude des plantes avec celle des autres ouvrages de la nature. On peut connaître par leurs fleurs l'exposition du soleil qui leur convient ; par leurs feuilles, la quantité d'eau qui leur est nécessaire ; par leurs racines, le sol qui leur est propre ; et par leurs fruits, les lieux où elles doivent naître, et de nouveaux rapports avec les animaux qui s'en nourrissent. J'entends par fruit, ainsi que les botanistes, toute espèce de semence.

Le fruit est le caractère principal de la plante. On en peut juger d'abord par les soins que la nature prend pour le former et pour le conserver. Il est le dernier terme de ses productions. Si vous examinez dans un végétal les enveloppes qui renferment ses feuilles, ses fleurs et ses fruits, vous trouverez une progression merveilleuse de soins et de précautions. Les simples bourgeons à feuilles sont aisés à reconnaître à la simplicité de leurs étuis : il y a même des plantes qui n'en ont pas, comme les pousses des graminées qui sortent immédiatement de terre, et n'ont besoin d'aucune protection étrangère. Mais les bourgeons qui contiennent des fleurs ont des gaînes rembourrées de duvet, comme ceux du pommier ; ou enduites de glu à l'extérieur, comme ceux des marronniers d'Inde ; ou sont renfermés dans des sachets, comme les fleurs du narcisse ; ou garantis de manière qu'ils sont très reconnaissables, même avant leur développement. Vous voyez ensuite que l'appareil de la fleur est entièrement destiné à la fécondation du fruit ; et quand celui-ci est une fois formé, la nature redouble de précautions au dedans et au dehors pour sa conservation. Elle lui donne un placenta, elle l'enveloppe de pellicules, de coques, de pulpes, de gousses, de capsules, de brou, de cuirs, et quelquefois d'épines ; une mère n'a pas plus d'attention pour le berceau de son enfant. Ensuite, afin qu'il aille chercher à s'établir dans le monde, elle le couronne d'aigrettes ou l'enferme dans une coquille ; elle lui donne des ailes pour s'envoler, ou un bateau pour voguer.

Il y a quelque chose encore de plus marqué en faveur du fruit ; c'est que la nature varie souvent les feuilles, les fleurs, les tiges et les racines d'une plante ; mais le fruit reste constamment le même, sinon quant à sa forme, du moins quant à sa substance essentielle. Je suis persuadé que quand il lui a plu de créer un fruit, elle a voulu qu'il pût se reproduire sur les montagnes, dans les plaines, au milieu des rochers, dans les sables, sur les bords des eaux, et sous différentes latitudes ; et pour l'y rendre propre, elle a varié les arrosoirs, les miroirs, les ados, les supports, l'attitude et la fourrure du végétal, suivant le soleil, les pluies, les vents, et le territoire. Je crois que c'est à cette intention qu'il faut attribuer la variété prodigieuse d'espèces dans chaque genre, et le degré de beauté où chacune d'elles parvient, quand elle est dans son site naturel. Ainsi, quand elle a formé la châtaigne pour venir dans les montagnes pierreuses du midi de l'Europe, et y suppléer au froment qui n'y réussit guère, elle l'a placé sur un arbre qui y devient magnifique par ses convenances. J'ai mangé des fruits des châtaigniers de l'île de Corse : ils sont gros comme de petits œufs de poule, et excellents. J'ai lu, dans un voyageur moderne, la description d'un châtaignier qui a crû en Sicile, sur une croupe du mont Etna ; il a un feuillage si étendu que cent cavaliers peuvent se reposer à l'aise sous son ombre. On l'appelle, pour cette raison, *centum cavallo*. Le père Kircher assure avoir vu sur la même montagne, dans un lieu appelé *Trecastagne*, trois châtaigniers si prodigieusement gros, que lorsqu'on les eut abattus, on pouvait mettre un troupeau entier à l'abri sous leur écorce. Les bergers s'en servaient la nuit, dans le mauvais temps, au lieu d'étable. La nature a donné à ce grand végétal de recueillir, sur les montagnes escarpées, les eaux de l'atmosphère, avec ses feuilles en forme de langues, et de pénétrer de ses fortes racines jusque dans le lit des sources, malgré l'épaisseur des laves et des rochers. Il lui a plu ensuite de faire croître son fruit avec de l'amertume, pour l'usage de quelque animal, sur les bords des criques salées et des bras de mer de l'Asie. Elle a donné à l'arbre qui le porte des feuilles disposées en tuiles, une écorce écailleuse, des fleurs différentes de celles du châtaignier, mais convenables sans doute aux exhalaisons humides et aux aspects du soleil auxquels il est exposé. Elle en a fait le marronnier d'Inde. Il vient dans son pays natal bien plus beau qu'en Europe. Celui de l'Asie est le marronnier maritime, et le châtaignier de l'Europe est le marronnier de montagnes. Peut-être, par une autre combinaison, a-t-elle placé ce fruit sur le hêtre de nos collines, dont la faîne est évidemment une espèce de châtaigne. Enfin, par une de ces attentions maternelles qui la portent à suspendre sur des herbes mêmes les productions des arbres, et à servir les mêmes mets jusque sur les plus petites tables, elle l'a peut-être mis dans le grain du blé noir, qui, par sa couleur et sa forme triangulaire, ressemble à la semence du hêtre, appelé en latin *fagus*, d'où est venu à ce blé le nom de *fagopyrum*. Ce qu'il y a de certain, c'est qu'indépendamment de la substance farineuse, on trouve dans le blé noir, la faîne du hêtre et la châtaigne, des propriétés semblables, telles que celle de calmer les ardeurs d'urine [1].

La nature a voulu pareillement faire croître le gland dans une multitude d'expositions. Pline en comptait de son temps treize espèces différentes en Europe, dont une, qui est bonne à manger, est celle du chêne vert. C'est de celui-là que parlent les poètes, quand ils vantent l'âge d'or, parceque son fruit servait alors de nourriture à l'homme. Il est remarquable qu'il n'y a pas un seul genre de végétal qui ne donne, dans quelques unes de ses espèces, une substance propre à sa nourriture. Le gland du chêne vert est, dans les fruits des chênes, la portion qui nous est réservée. Il a plu ensuite à la nature d'en distribuer sur les différents sols de l'Amérique, pour les besoins de ses autres créatures. Elle a conservé le fruit, et a varié les autres parties du végétal. Elle en a mis avec des feuilles de saule sur le chêne-saule qui vient sur les bords de l'eau [*]. Elle en a suspendu, avec des feuilles petites et pendantes à des queues souples, comme celles des trembles, sur le chêne d'eau qui y croît dans les marais. Mais lorsqu'elle en a voulu placer dans des terrains secs et arides, elle y a joint des feuilles de dix pouces de largeur, propres à recueillir les eaux des pluies; telles sont celles de celui qu'on y appelle le chêne noir. Il faut encore observer que le lieu où une espèce de plante donne le plus beau fruit détermine son genre principal. Ainsi, quoique le chêne ait des espèces répandues partout, on doit le regarder comme du genre des arbres de montagnes; car celui qui croît sur les montagnes de l'Amérique, et qu'on y appelle chêne à feuilles de châtaignier, donne les plus gros glands, et est un des plus grands arbres de cette partie du monde; tandis que le chêne d'eau et le chêne-saule s'élèvent peu, et donnent des glands fort petits.

Le fruit, comme on le voit, est le caractère constant de la plante : c'est aussi à lui que la nature attache les principales relations du règne animal au règne végétal. Elle a voulu qu'un animal des montagnes retrouvât le fruit dont il vit dans les plaines, sur les sables, dans les rochers, quand il est obligé de s'expatrier, et surtout aux bords des fleuves, quand il y descend pour s'y désaltérer. Je ne connais pas une seule plante de montagne qui n'ait quelques unes de ses espèces répandues, avec les variétés convenables, dans tous les sites, mais principalement sur le bord des eaux. Le pin des montagnes a ses pignons garnis d'ailerons, et celui qui est aquatique a les siens renfermés dans un esquif. Les semences du chardon, qui croît sur des terres arides, ont des aigrettes pour s'y transporter : celles du chardon de bonnetier, qui vient sur le bord de l'eau, n'en ont point, parcequ'elles n'en avaient pas besoin pour flotter. Leurs fleurs varient par des raisons semblables; et quoique les botanistes en aient fait des genres tout-à-fait différents, le chardonneret sait bien reconnaître celui-ci pour un véritable chardon. Il s'y repose quand il vient se rafraîchir sur quelque rivage. Il oublie, en voyant sa plante favorite, les dunes sablonneuses où il est né, et il embellit de son chant et de son plumage les bords de nos ruisseaux.

Il me semble impossible de connaître les plantes, si on n'étudie leur géographie et leurs éphémérides; sans cette double lumière, qui se reflète

---

[1] *Voyez* Chomel, *Traité des plantes usuelles*.

[*] Voyez-en les figures dans le père Charlevoix, *Histoire de la Nouvelle-France*, tome IV.

mutuellement, leurs formes nous seront toujours étrangères. Cependant la plupart des botanistes n'y ont aucun égard; ils ne remarquent, en les recueillant, ni la saison, ni le lieu, ni l'exposition où elles croissent. Ils font attention à toutes leurs parties intrinsèques, et surtout à leurs fleurs; et après cet examen mécanique, ils les enferment dans leur herbier, et croient bien les connaître, surtout s'ils leur ont donné quelque nom grec. Ils ressemblent à un certain hussard qui, ayant trouvé une inscription latine en lettres de bronze sur un monument antique, les détacha l'une après l'autre, et les mit toutes ensemble dans un panier, qu'il envoya à un antiquaire de ses amis, en le priant de lui mander ce que cela signifiait. Ils ne nous font pas plus connaître la nature qu'un grammairien ne nous ferait connaître le génie de Sophocle, en nous donnant un simple catalogue de ses tragédies, de la division de leurs actes et de leurs scènes, et du nombre de vers qui les composent. Ainsi font ceux qui recueillent les plantes, sans marquer leurs relations entre elles et avec les éléments; ils en conservent la lettre, et ils en suppriment le sens. Ce n'est pas ainsi qu'ont herborisé les Tournefort, les Vaillant, les Linnée. Si ces savants hommes n'ont tiré aucune conséquence de ces relations, ils ont préparé au moins des pierres d'attente à la science à venir.

Quoique les observations que je viens de présenter sur les harmonies élémentaires des plantes soient en petit nombre, j'ose dire qu'elles sont très importantes aux progrès de l'agriculture. Il ne s'agit pas de déterminer géométriquement les genres de fleurs dont les miroirs sont les plus propres à réfléchir les rayons du soleil dans chaque point de latitude; la gloire d'en calculer les courbes est réservée aux futurs Newtons. La nature nous a servis d'avance, dans les lieux où on lui a laissé la liberté de rétablir ses plans. Nous pouvons faire prospérer les nôtres de la manière la plus avantageuse, en les accordant avec les siens. Pour connaître les plantes les plus propres à réussir dans un terrain, il n'y a qu'à faire attention aux plantes sauvages qui y viennent d'elles-mêmes, et qui s'y distinguent par leur force et leur multitude: on leur substituera alors des plantes domestiques du même genre de fleurs et de feuilles. Là où croissent des plantes à ombelle, il faut mettre à leur place celles des nôtres qui ont le plus d'analogie avec elles par les feuilles, les fleurs, les racines et les graines, telles que les daucus : l'artichaut y remplacera utilement le fastueux chardon; le prunier domestique, greffé sur un prunier sauvage, dans le lieu même où celui-ci a poussé, deviendra très vigoureux. Je suis persuadé que par ces rapprochements naturels on peut tirer de l'utilité des sables et des rochers les plus arides; car il n'y a pas un seul genre de plantes sauvages qui n'ait une espèce comestible.

Mais il ne suffisait pas à la nature d'avoir mis tant d'harmonies entre les plantes et les sites où elles devaient naître, si elle n'avait encore pourvu au moyen de les rétablir, lorsqu'elles sont détruites par les cultures intolérantes de l'homme. Pour peu qu'on laisse un terrain inculte, on le voit bientôt couvert de végétaux. Ils y croissent en si grand nombre et si vigoureusement, qu'il n'y a point de laboureur qui puisse en faire venir la même quantité sur le terrain dont il prend le plus grand soin. Cependant ces pousses si vigoureuses et si rapides, qui s'emparent souvent de nos chantiers de pierre, de nos murailles de maçonnerie et de nos cours pavées de grés, ne sont souvent que des cultures provisionnelles. La nature, qui marche toujours d'harmonie en harmonie, jusqu'à ce qu'elle ait atteint le point de perfection qu'elle se propose, ensemence d'abord de graminées et d'herbes de différentes espèces tous les sols abandonnés, en attendant qu'elle puisse y élever des végétaux d'un plus grand ordre. Dans les lieux agrestes où nous voyons des pelouses, nos descendants verront peut-être des forêts. Nous jetterons, à notre ordinaire, un coup d'œil superficiel sur les moyens très ingénieux dont elle se sert pour préparer ces progressions végétales. Nous entreverrons dès à présent, non-seulement les relations élémentaires des plantes, mais celles qui règnent entre leurs diverses classes, et qui s'étendent jusqu'aux animaux. Les végétaux les plus méprisables aux yeux de l'homme sont souvent les plus nécessaires dans l'ordre de la création.

Les principaux moyens que la nature emploie pour faire croître des plantes de toute espèce sont les plantes épineuses. Il est très remarquable que ces sortes de plantes sont les premières qui paraissent dans les terres en friche ou dans les forêts abattues. Elles sont très propres, en effet, à favoriser des végétations étrangères, parceque leurs feuilles, profondément découpées comme celles des chardons et des vipérines, ou leurs sarments courbés en arc comme ceux de la ronce, ou leurs branches horizontales et entrelacées comme celles de l'épine noire, ou leurs rameaux hérissés d'épines et dégarnis de feuilles comme ceux du jand ou jonc marin, laissent autour d'elles beaucoup d'intervalles, à travers lesquels les autres végétaux peuvent s'élever, et être protégés contre la dent de la plupart des quadrupèdes. Les pépinières des arbres se trouvent souvent dans leur sein. Rien n'est si commun dans les taillis que de voir un jeune chêne sortir d'une nappe de ronces qui tapisse la terre autour de lui de ses grappes de fleurs épineuses ; ou un jeune pin s'élever du milieu d'une touffe jaune de joncs marins. Quand ces arbres ont pris une fois de l'accroissement, ils étouffent, par leurs ombrages, les plantes épineuses, qui ne subsistent plus que sur la lisière des bois, où elles ont un air suffisant pour végéter. Mais, dans cette situation, ce sont encore elles qui les étendent, d'année en année, dans les campagnes. Ainsi les plantes épineuses sont les premiers berceaux des forêts ; et les fléaux de l'agriculture de l'homme sont les boucliers de celle de la nature.

Cependant l'homme a imité, à cet égard, les procédés de la nature ; car s'il veut protéger dans ses jardins quelque semence qui lève, il ne manque pas de la couvrir de quelque rameau d'épine. Il me paraît probable qu'il n'y a point de lande qui, avec le temps, ne devînt forêt, si ses riverains n'y menaient paître des moutons qui y mangent les jeunes pousses des arbres, à mesure qu'elles sortent de leurs buissons. Ainsi, à mon avis, les croupes des hautes montagnes de l'Espagne, de la Perse, et de plusieurs autres parties du monde, sont dégarnies d'arbres, parcequ'on y mène, pendant l'été, de nombreux troupeaux qui en parcourent les différentes chaînes. Je suis persuadé que ces montagnes étaient couvertes, dans les premiers temps du monde, de forêts qui ont été dévastées par leurs premiers habitants ; et qu'elles y renaîtraient, aujourd'hui que ces lieux sont déserts, si on n'y menait pas des troupeaux. Il est très remarquable que ces lieux élevés sont ensemencés de plantes épineuses, comme nos landes. Don Garcias de Figueroa, ambassadeur d'Espagne auprès de Schah-Abbas, roi de Perse, rapporte, dans la relation de son voyage, que les hautes montagnes de la Perse qu'il traversa, et où les Turcomans errent sans cesse en faisant paître leurs troupeaux, étaient couvertes d'une espèce d'arbrisseau épineux qui y croît dans les lieux les plus arides. Ces mêmes arbrisseaux servaient de retraite à quantité de perdrix. Sur quoi nous observerons que la nature emploie particulièrement les oiseaux pour semer les plantes épineuses dans les lieux les plus escarpés. Ils ont coutume de s'y retirer la nuit, et ils y déposent, avec leurs fientes, les semences pierreuses des mûres de ronce, des baies de l'églantier, de l'épine-vinette, et de la plupart des arbrisseaux épineux, qui, par des relations non moins admirables, sont indigestibles dans leur estomac. Les oiseaux ont encore des harmonies particulières avec ces végétaux, comme nous le verrons en son lieu. Non-seulement ils y trouvent des nourritures abondantes et des abris, mais des bourres pour tapisser leurs nids, comme dans les chardons et dans l'arbre à coton de l'Amérique ; en sorte que, si plusieurs d'entre eux cherchent leur sûreté dans l'élévation des grands arbres, d'autres la trouvent dans les arbrisseaux épineux. Il n'y a pas de buisson qui n'ait son oiseau particulier.

Indépendamment des plantes propres à chaque site, et qui y sont sédentaires, il y en a qui voyagent, et qui ne font que parcourir la terre. Ces pérégrinations se conçoivent aisément, si l'on suppose, comme c'est la vérité, que plusieurs d'entre elles ne donnent leurs semences que quand certains vents réguliers soufflent, ou à certaines révolutions des courants de l'Océan. Quoi qu'il en soit, je pense qu'il faut mettre dans ce nombre plusieurs plantes connues des anciens, et que nous ne trouvons plus aujourd'hui. Tel est, entre autres, le fameux lazerpitium des Romains, qui achetaient son jus, appelé lazer, au poids de l'argent. Cette plante, suivant Pline, croissait aux environs de la ville de Corène, en Afrique : mais elle était si rare de son temps, qu'on n'y en voyait plus. Il dit qu'on en trouva encore une sous le règne de Néron, et qu'elle fut envoyée à ce prince comme une grande rareté. Nos botanistes modernes croient que le lazerpitium est la même plante que le silphium de nos jardins ; mais il est évident qu'ils se trompent, d'après les descriptions que les anciens, entre autres Pline et Dioscoride, nous en ont laissées. Pour moi, je ne doute pas que le lazerpitium ne soit du nombre des végétaux destinés à parcourir la terre d'orient en occident, et d'occident en orient. Il est peut-être à présent sur le rivage occidental de l'Afrique, où les vents d'est auront porté ses semences ; peut-être aussi, par les révolutions du vent d'ouest, sera-t-il revenu au même lieu où il était du temps d'Auguste, ou qu'il aura été porté dans les campagnes de l'Éthiopie, chez des peuples qui n'en connaissent pas les propriétés prétendues admirables. Pline cite encore plusieurs autres végétaux qui nous sont également inconnus aujourd'hui. Nous observerons que ces apparitions végétales ont été contemporaines de plusieurs espèces d'oiseaux voyageurs qui ont pareillement disparu. On sait qu'il y a plusieurs classes d'oiseaux et de poissons qui ne font que parcourir la terre et les mers ; les uns, dans une certaine révolution de jours ; les autres, au bout d'une certaine période d'années. Plusieurs plantes peuvent être soumises aux mêmes destins. Cette loi s'étend même jusque dans les cieux, où il nous apparaît, de temps en temps, quelque astre nouveau. La nature, ce me semble, a disposé ses ouvrages de manière qu'elle a toujours en réserve quelque nouveauté pour tenir l'homme en haleine. Elle a établi, dans la durée de l'existence des différents êtres de chaque règne, des concerts d'un moment, d'une heure, d'un jour, d'une lune, d'une année, de la vie d'un homme, de la durée d'un cèdre, et peut-être de celle d'un globe : mais celui-là n'est sans doute connu que de l'Être suprême.

Je ne doute pas cependant que la plupart des plantes voyageuses n'aient un centre principal, tel qu'un rocher escarpé ou une île au milieu de la mer, d'où elles se répandent dans tout le reste du monde. Ceci me mène à tirer un grand argument pour la nouveauté de notre globe ; c'est que, s'il était un peu ancien, toutes les combinaisons de l'ensemencement des plantes seraient faites dans toutes ses parties. Ainsi, par exemple, il n'y aurait pas une île et un rivage inhabité de la mer des Indes qui ne fût planté de cocotiers et semé de cocos, que la mer y charrie tous les ans, et qu'elle répand alternativement sur leurs grèves, au moyen de la variété de ses moussons et de ses courants. Or, il est constant que les rayons de ces arbres, dont les principaux foyers sont aux îles Maldives, ne se sont pas encore répandus par toutes les îles de l'océan Indien. Le philosophe François Leguat et ses infortunés compagnons, qui furent, en 1690, les premiers habitants de la petite île Rodrigue, située à cent lieues à l'est de l'Ile-de-France, n'y trouvèrent point de cocotiers. Mais précisément pendant le séjour qu'ils y firent, la mer jeta sur la côte plusieurs cocos germés : comme si la Providence avait voulu les engager, par ce présent utile et agréable, à rester dans cette île et à la cultiver. François Leguat, qui ignorait les relations que les semences ont avec l'élément où elles doivent naître, fut fort étonné de ce que ces fruits, qui pesaient cinq à six livres, eussent pu faire un trajet de soixante ou quatre-vingts lieues sans être corrompus. Il présumait, avec raison, qu'ils venaient de l'île Saint-Brande, située au nord-est de Rodrigue. Ces deux îles, désertes depuis la création du monde, ne s'étaient pas encore communiqué tous leurs végétaux, quoique situées dans un courant de mer qui va alternativement, dans le cours d'une année, six mois vers l'une et six mois vers l'autre.

Quoi qu'il en soit, ils plantèrent ces cocos, qui, dans l'espace d'un an et demi, poussèrent des tiges de quatre pieds de hauteur. Un bienfait si marqué du ciel ne fut pas capable de les retenir dans cette île heureuse. Un désir inconsidéré de se procurer des femmes les força de l'abandonner, malgré les représentations de Leguat, et les précipita dans une longue suite d'infortunes, auxquelles la plupart ne purent survivre. Pour moi, je ne doute pas que, s'ils eussent eu dans la Providence la confiance qu'ils lui devaient, elle n'eût fait parvenir des femmes dans leur île déserte, comme elle y avait envoyé des cocos.

Pour revenir aux voyages des végétaux, toutes les combinaisons et les versatilités de leurs semailles se seraient faites dans les îles situées entre les mêmes parallèles et dans les mêmes moussons, si le monde était éternel. Les doubles cocos, dont les pépinières sont aux îles Séchelles, se seraient répandus et auraient eu le temps de germer sur la côte Malabare, où la mer en jette de temps en temps. Les Indiens auraient planté sur leurs rivages ces fruits auxquels ils attribuaient des vertus merveilleuses, et dont le palmier leur était tellement inconnu, qu'il n'y a pas douze ans ils les croyaient originaires du fond de la mer, et les appelaient, pour cette raison, cocos marins. Il y a de même une multitude d'autres fruits entre les tropiques, dont les souches primordiales sont aux Moluques, aux Philippines, dans les îles de la mer du Sud, et qui sont entièrement inconnus sur les côtes des deux continents, et même dans les îles de leur voisinage, qui certainement y seraient devenus les objets de la culture de leurs habitants, si la mer avait eu le temps d'en multiplier les projections sur leurs rivages.

Je ne pousserai pas cette réflexion plus loin ; mais il est évident qu'elle prouve la nouveauté du monde. S'il était éternel et sans Providence, ses végétaux auraient subi, il y a long-temps, toutes les combinaisons du hasard qui les rassemble. On trouverait leurs diverses espèces dans tous les sites où elles peuvent naître. Je tire de cette observation une autre conséquence : c'est que l'auteur de la nature a voulu lier les hommes par une communication réciproque de bienfaits, dont il s'en faut bien que la chaîne ait encore été parcourue. Quel est, par exemple, le bienfaiteur de l'humanité qui transportera chez les Ostiaks et les Samoïèdes, au détroit de Waigats, l'arbre de Winter, du détroit de Magellan, dont l'écorce réunit la saveur du girofle, du poivre et de la cannelle ? et quel est celui qui portera au détroit de Magellan l'arbre aux pois de la Sibérie pour les besoins des pauvres Patagons? Quelle riche collection peut faire la Russie, non-seulement des arbres qui croissent dans les parties septentrionales et australes de l'Amérique, mais de ceux qui couronnent, dans toutes les parties du monde, les hautes montagnes à glace, dont les croupes élevées ont des températures approchantes de celle de ses plaines! Pourquoi ne voit-elle pas croître dans ses forêts les pins de la Virginie et les cèdres du Liban? Les rivages déserts de l'Irtis pourraient, chaque année, se couvrir de la même folle-avoine qui nourrit tant de peuples sur les bords des rivières du Canada. Non-seulement elle pourrait rassembler dans ses campagnes les arbres et les plantes des latitudes froides, mais un grand nombre de végétaux annuels qui croissent pendant le cours d'un été dans les latitudes chaudes et tempérées. J'ai éprouvé, par mon expérience, que la chaleur de l'été est aussi forte à Pétersbourg que sous la ligne. Il y a de plus, dans le nord, des parties de la terre qui ont des configurations propres à y donner des abris contre les vents septentrionaux, et à multiplier la chaleur du soleil. Si le midi a des montagnes à glace, le nord a des vallées à réverbère. J'ai vu un de ces petits vallons, près de Pétersbourg, au fond duquel coule un ruisseau qui ne gèle pas, même au cœur de l'hiver. Les roches de granit dont la Finlande est hérissée, et qui couvrent, suivant le rapport des voyageurs, la plupart des terres de la Suède, des rivages de la mer Glaciale, et tout le Spitzberg, suffisent pour produire les mêmes températures en beaucoup d'endroits, et pour y affaiblir considérablement la rigueur du froid. J'ai vu en Finlande près de Wibourg, au-delà du soixante-unième degré de latitude, des cerisiers en plein vent, quoique ces arbres soient originaires du quarante-deuxième degré, c'est-à-dire du royaume de Pont, d'où Lucullus les apporta à Rome après la défaite de Mithridate. Les paysans de cette province y cultivent le tabac, qui est bien plus méridional, puisqu'il est originaire du Brésil. A la vérité c'est une plante annuelle, et qui n'y acquiert pas un grand parfum ; car ils sont obligés de l'exposer à la chaleur de leurs poêles pour achever de le mûrir. Mais les rochers dont la Finlande est couverte présenteraient sans doute à des yeux attentifs des réverbères qui pourraient lui donner un degré de maturité suffisant. J'y ai trouvé moi-même, près de la ville de Fréderischam, sur un fumier, à l'abri d'une roche, une touffe d'avoine très haute, qui jetait, d'une seule racine, trente-sept épis chargés de grains mûrs, sans compter une multitude d'autres petits rejetons. Je la cueillis dans le dessein de la faire présenter à sa majesté impériale Catherine II, par mon général, M. du Bosquet, sous les ordres duquel et avec qui je faisais la visite des places de cette province : c'était aussi son intention ; mais nos domestiques russes, négligents comme sont tous les esclaves, la laissèrent perdre. Il en fut bien fâché, ainsi que moi : je pense qu'une aussi belle touffe de grains, produite dans une province qu'on regarde à Pétersbourg comme frappée de stérilité, à cause des roches dont elle est couverte, qui lui ont fait donner, par les anciens géographes, le surnom de *Lapidosa*, eût été aussi agréable à sa majesté que le gros bloc de granit qu'elle en a fait tirer depuis pour en faire à Pétersbourg la base de la statue de Pierre le Grand.

J'ai vu en Pologne quelques particuliers cultiver avec le plus grand succès des vignes et des abricotiers. M. de La Roche, agent du prince de Moldavie, me mena, à Varsovie, dans un petit jardin des faubourgs, qui rapportait à son cultivateur cent pistoles de revenu, quoiqu'il n'y eût pas une trentaine de ces arbres; ils étaient tout-à-fait inconnus dans ce pays il y a cent cinquante ans. Les premiers y furent apportés par un Français, valet de chambre d'une reine de Pologne : cet homme les cultivait en cachette, et faisait présent de leurs fruits aux grands du pays, comme s'il les eût reçus de France par les courriers de la cour. Les grands ne manquaient pas de les lui payer magnifiquement ; et cette espèce de commerce est devenu pour lui le principe d'une fortune si considérable, que ses arrière-petits-enfants sont aujourd'hui les plus riches banquiers de ce pays.

Ce que je dis ici de la possibilité d'enrichir de végétaux utiles la Russie et la Pologne est non-seulement dans l'intention de reconnaître de mon mieux le bon accueil que j'ai reçu des grands et du gouvernement de ces pays lorsque j'y étais étranger, mais parceque ces indications tournent également à l'amélioration de la France, dont le climat est plus tempéré. Nous avons des montagnes à glace qui peuvent porter tous les végétaux du nord, et des vallées à réverbère qui peuvent produire la plupart de ceux du midi. Il ne faudrait pas, à notre manière, rendre ces sortes de cultures générales dans un canton entier ; mais les établir dans quelque petit abri ou détour de vallon. L'influence de ces positions ne s'étend pas fort loin. C'est ainsi que le fameux vignoble de Constance, au cap de Bonne-Espérance, ne réussit que sur une petite portion de terrain située au bas d'une colline ; et que les vignobles qui sont autour et aux environs ne produisent pas, à beaucoup près, des raisins muscats de la même qualité, quoique plantés des mêmes espèces de vignes. C'est ce que j'ai éprouvé moi-même. Il faudrait chercher en France ces sortes d'abris dans des lieux où il y a des pierres blanches, dont la couleur est la plus propre à réverbérer les rayons du soleil. Je crois même que la marne doit à sa couleur blanche une partie de la chaleur qu'elle communique aux terres où on la jette; car elle y réfléchit les rayons du soleil avec tant d'activité, qu'elle y brûle les premières pousses de beaucoup d'herbes. Voilà, selon moi, la raison pour laquelle la marne, qui a d'ailleurs en elle-même des principes de fécondation, fait mourir la plupart des herbes qui ont coutume de croître à l'ombre des blés, et dont les premières feuilles sont plus tendres que celles des blés, qui sont en général les plus robustes des graminées. Il faudrait encore chercher ces abris dans le voisinage de la mer et sous l'influence de ses vents, qui sont tellement nécessaires à la végétation de beaucoup de plantes, que plusieurs d'entre elles refusent de croître dans l'intérieur des terres. Tel est entre autres l'olivier, que l'on n'a jamais pu faire venir dans l'intérieur de l'Asie et de l'Amérique, quoique la latitude lui soit d'ailleurs favorable. J'ai remarqué même qu'il ne donne pas de fruit dans les îles et sur les rivages, où il est à l'abri des vents de la mer. J'attribue à cette cause la stérilité de ceux qu'on a plantés à l'Ile-de-France, sur son rivage occidental, qui est abrité des vents d'est par une chaîne de montagnes. Pour le cocotier, il ne réussit point entre les tropiques, s'il n'a, pour ainsi dire, sa racine dans l'eau de mer. C'est, je crois, faute de ces considérations géographiques et de quelques autres encore qu'on a manqué quantité de cultures en France et dans nos colonies.

Quoi qu'il en soit, on pourrait trouver dans le royaume une montagne à glace qui aurait peut-être une vallée à réverbère à son pied. Ce serait une recherche très agréable à faire : on en pourrait tirer un grand parti; on en ferait pour le roi un jardin qui donnerait à notre prince le spectacle de la végétation d'une multitude de climats sur une ligne qui n'aurait pas quinze cents toises d'élévation. Il pourrait y braver les ardeurs de la canicule à l'ombre des cèdres, sur le bord moussu d'un ruisseau de neige; et peut-être les rigueurs de l'hiver, au fond d'un vallon tourné au midi, sous des palmiers, et au milieu d'un champ de cannes à sucre. On y naturaliserait les animaux qui sont les compatriotes de ces végétaux. Il entendrait bramer le renne de Laponie, de la même vallée où il verrait les paons de Java faire leurs nids. Ce paysage réunirait autour de lui une partie des tribus de la création, et lui donnerait une image du paradis terrestre, qui était situé, je pense, dans une position semblable. En vérité, je souhaiterais que nos rois étendissent leurs sublimes jouissances aussi loin que l'étude de la nature a porté ses recherches sous leur florissant empire.

Il me reste maintenant à examiner les harmonies que les plantes forment entre elles. Ce sont ces harmonies qui donnent des charmes aux sites ensemencés par la nature. Nous allons nous en occuper dans la section suivante.

HARMONIES VÉGÉTALES DES PLANTES.

Nous allons appliquer aux plantes les principes généraux que nous avons posés dans l'Étude précédente, en examinant successivement les harmonies de leurs couleurs et de leurs formes.

La verdure des plantes, qui flatte si agréablement notre vue, est une harmonie de deux couleurs opposées dans leur génération élémentaire, du jaune, qui est la couleur de la terre, et du bleu, qui est la couleur du ciel. Si la nature avait coloré les plantes de jaune, elles se confondraient avec le sol; si elle les avait teintes en bleu, elles se confondraient avec le ciel et les eaux. Dans le premier cas, tout paraîtrait terre; dans le second, tout paraîtrait mer : mais leur verdure leur donne des contrastes très doux avec les fonds de ce grand tableau, et des consonnances fort agréables avec la couleur fauve de la terre et avec l'azur des cieux.

Cette couleur a encore cet avantage, qu'elle s'accorde d'une manière admirable avec toutes les autres, ce qui vient de ce qu'elle est l'harmonie de deux couleurs extrêmes. Les peintres qui ont du goût tendent d'étoffes vertes les murs de leurs cabinets de peinture, afin que les tableaux, de quelques couleurs qu'ils soient, s'y détachent sans dureté et s'y harmonient sans confusion [44].

La nature, non contente de cette première teinte générale, a employé, en l'étendant sur le fond de sa scène, ce que les peintres appellent des passages; elle a affecté une nuance particulière de vert bleuâtre, que nous appelons vert de mer, aux plantes qui croissent dans le voisinage des eaux et des cieux. C'est cette nuance qui colore, en général, celles des rivages, comme les roseaux, les saules, les peupliers; et celles des lieux élevés, comme les chardons, les cyprès et les pins, et qui fait accorder l'azur des rivières avec la verdure des prairies, et celui du ciel avec celle des hauteurs.

Ainsi, au moyen de cette nuance légère et fuyarde, la nature répand des harmonies délicieuses sur les limites des eaux et sur les profils des paysages ; et elle produit encore à l'œil une autre magie : c'est qu'elle donne plus de profondeur aux vallées, et plus d'élévation aux montagnes.

Ce qu'il y a encore de merveilleux en ceci, c'est que, quoiqu'elle n'emploie qu'une seule couleur pour en revêtir tant de plantes, elle en tire une quantité de teintes si prodigieuse, que chacune de ces plantes a la sienne qui lui est particulière, et qui la détache assez de sa voisine pour l'en distinguer ; et chacune de ces teintes varie chaque jour, depuis le commencement du printemps, où elles se montrent la plupart d'une verdure sanglante, jusqu'aux derniers jours de l'automne, où elles paraissent de différents jaunes.

La nature, après avoir ainsi mis d'accord le fond de son tableau par une couleur générale, en a détaché en particulier chaque végétal par des contrastes. Ceux qui devaient croître immédiatement sur la terre, sur des grèves ou sur de sombres rochers, sont entièrement verts, feuilles et tiges, comme la plupart des roseaux, des graminées, des mousses, des cierges et des aloès ; mais ceux qui devaient sortir du milieu des herbes ont des tiges de couleurs rembrunies, comme sont les troncs de la plupart des arbres et des arbrisseaux. Le sureau, par exemple, qui vient au milieu des gazons, a ses tiges d'un gris cendré ; mais l'hyèble, qui lui ressemble d'ailleurs en tout, et qui naît immédiatement sur la terre, a les siennes toutes vertes. L'armoise, qui croît le long des haies, a ses tiges rougeâtres, par lesquelles elle se distingue aisément des arbrisseaux voisins. Il y a même dans chaque genre de plantes des espèces qui, par leurs couleurs éclatantes, semblent être faites pour terminer les limites de leur classe. Telle est, dans les cormiers, une espèce appelée cormier du Canada, dont les branches sont d'un rouge de corail. Il y a, parmi les saules, des osiers qui ont leurs scions jaunes comme l'or ; mais il n'y a pas une seule plante qui ne se détache entièrement du fond qui l'environne par ses fleurs et par ses fruits. On ne saurait supposer que tant de variétés soient des résultats mécaniques de la couleur qui avoisine les corps ; par exemple, que le vert bleuâtre de la plupart des végétaux de montagnes soit un effet de l'azur des cieux. Il est digne de remarque que la couleur bleue ne se trouve point, du moins que je sache, dans les fleurs ou dans les fruits des arbres élevés, car alors ils se seraient confondus avec le ciel ; mais elle est fort commune à terre, dans les fleurs des herbes, telles que les bluets, les scabieuses, les violettes, les hépatiques, les riz, etc... Au contraire, la couleur de terre est fort commune dans les fruits des arbres élevés, tels que ceux des châtaigniers, des noyers, des cocotiers, des pins. On doit entrevoir par-là que le point de vue de ce magnifique tableau a été pris des yeux de l'homme.

La nature, après avoir distingué la couleur harmonique de chaque végétal par la couleur contrastante de ses fleurs et de ses fruits, a suivi les mêmes lois dans les formes qu'elle leur a données. La plus belle des formes, comme nous l'avons vu, est la forme sphérique ; et le contraste le plus agréable qu'elle puisse former est lorsqu'elle se trouve opposée à la forme rayonnante. Vous trouverez fréquemment cette forme et son contraste dans l'agrégation des fleurs appelées radiées, comme la marguerite, qui a un cercle de petits pétales blancs divergents qui environnent son disque jaune : on le retrouve, avec d'autres combinaisons, dans les bluets, les asters, et une multitude d'autres espèces. Quand les parties rayonnantes de la fleur sont en dehors, les parties sphériques sont en dedans, comme dans les espèces que je viens de nommer ; mais quand les premières sont en dedans, les parties sphériques sont en dehors : c'est ce qu'on peut remarquer dans celles dont les étamines sont fort allongées, et les pétales en portions sphériques, telles que les fleurs d'aubépine et de pommier, et la plupart des rosacées et des liliacées. Quelquefois le contraste de la fleur est aux parties environnantes de la plante. La rose est une de celles où il est le plus fortement prononcé : son disque est formé de belles portions sphériques, son calice hérissé de barbes, et sa tige d'épines.

Lorsque la forme sphérique se trouve placée dans une fleur entre la forme rayonnante et la parabolique, alors il y a une génération élémentaire complète, dont l'effet est toujours très agréable ; c'est aussi celui que produisent la plupart des fleurs que nous venons de nommer, par les profils de leurs calices, qui terminent leurs tiges élancées. Les bouquetières en connaissent tellement le mérite, qu'elles vendent une simple rose sur son rameau beaucoup plus cher qu'un gros bouquet des mêmes fleurs, surtout quand il y a quelques boutons qui présentent les progressions charmantes de la floraison. Mais la nature est si vaste, et mon incapacité si grande, que je m'en tiendrai à jeter un coup d'œil sur le contraste qui vient de la simple opposition des formes : il est si universel, que

BERNARDIN,

la nature l'a donné aux plantes qui ne l'avaient pas en elles-mêmes, en les opposant à d'autres qui avaient une configuration toute différente.

Les espèces opposées en formes sont presque toujours ensemble. Lorsqu'on rencontre un vieux saule sur le bord d'une rivière qui n'est pas dégradée, on y voit souvent un grand convolvulus en couvrir le feuillage rayonnant de ses feuilles en cœur et de ses fleurs en cloches blanches, au défaut des fleurs apparentes que la nature a refusées à cet arbre. Diverses espèces de liserons produisent les mêmes harmonies sur diverses espèces de hautes graminées.

Ces plantes, appelées grimpantes, sont répandues dans tout le règne végétal, et réparties, je pense, à chaque espèce verticale. Elles ont bien des moyens différents de s'y accrocher, qui mériteraient seuls un traité particulier *. Il y en a qui tournent en spirale autour des troncs des arbres des forêts, comme les chèvrefeuilles; d'autres, comme les pois, ont des mains à trois et à cinq doigts, dont ils saisissent les arbrisseaux : il est très remarquable que ces mains ne leur viennent que lorsqu'ils sont parvenus à la hauteur où ils commencent à en avoir besoin pour s'appuyer **; d'autres s'attachent, comme la grenadille, avec des tire-bouchons; d'autres forment un simple crochet

* Il en est même une espèce à qui la terre est inutile, et qui, jetée dans les airs, y croît et s'y multiplie avec rapidité. Les Chinois en forment des dômes de verdure qui couvrent leurs maisons, et la nature environne des guirlandes de cette plante les troncs desséchés des arbres. Ce végétal singulier a reçu le nom de vanille, fleur des airs (*epidendrum flos aeris*, Lin.). On a vu une de ces plantes à Paris, chez l'abbé Nollin, directeur des pépinières du faubourg du Roule. Elle avait été apportée de la Chine dans un panier, où elle fleurissait chaque année, sans le secours d'un atome de terre. Le panier est encore dans la galerie des ustensiles qui servent au cours de culture du Muséum d'histoire naturelle. (A.-M.)

** Les végétaux n'ont point été créés avec les vrilles, les crochets, les épines dont parle l'auteur, et qui ne sont que des organes imparfaits; mais la nature renouvelle sans cesse pour eux le phénomène d'une création particulière, et qu'elle approprie aux besoins de chaque plante: c'est comme une prévoyance continue qu'elle exerce, comme un travail éternel qu'elle s'est réservé, pour nous montrer son pouvoir et son intelligence. Ainsi un organe avorté, et qui n'est plus apte à remplir ses fonctions primitives, devient, par le fait même de cet avortement, propre à remplir d'autres fonctions indispensables à la vie du végétal. Tel est l'avortement des fleurs de la vigne, qui change leurs pédoncules en vrilles propres à soutenir cet arbuste; tel est encore l'avortement de certaines branches, qui se transforment en épines pour servir de défenses à la plante. On a également observé l'avortement du calice des *composées* forme de cet organe une aigrette qui était indispensable pour la dispersion des graines. Mais l'exemple le plus remarquable de ce genre est celui que présentent les fleurs doubles. Ici l'avortement des anthères permet aux filets de se développer, et les change en véritables pétales; c'est à ces métamorphoses constantes que nous devons les plus belles fleurs de nos jardins. La théorie des avortements pourrait devenir féconde en découvertes. Elle est encore très peu connue. (A.-M.)

de la queue de leur feuille, comme la capucine : l'œillet en fait autant avec l'extrémité de la sienne. On soutient ces deux belles fleurs, dans nos jardins, avec des baguettes; mais ce serait un problème digne des recherches des fleuristes, de trouver quelles sont les plantes, si je puis dire auxiliaires, auxquelles celles-ci étaient destinées à se joindre dans les lieux d'où elles tirent leur origine : on formerait par leur réunion des groupes charmants.

Je suis persuadé qu'il n'y a pas un végétal qui n'ait son opposé dans quelques parties de la terre : leur harmonie mutuelle est la cause du plaisir secret que nous éprouvons dans les lieux agrestes où la nature a la liberté de les rassembler. Le sapin s'élève, dans les forêts du nord, comme une haute pyramide, d'un vert sombre et d'un port immobile. On trouve presque toujours dans son voisinage le bouleau, qui croît à sa hauteur, de la forme d'une pyramide renversée, d'une verdure gaie, et dont le feuillage mobile joue sans cesse au gré des vents. Le trèfle aux feuilles rondes aime à croître au milieu de l'herbe fine; et à la parer de ses bouquets de fleurs. Je crois même que la nature n'a découpé profondément les feuilles de beaucoup de végétaux que pour faciliter ces sortes d'alliances, et ménager des passages aux graminées, dont la verdure et la finesse des tiges forment avec elles une infinité de contrastes. On en voit assez d'exemples dans les champs incultes, où les touffes d'herbe percent à travers les larges plantes des chardons et des vipérines. C'est aussi afin que les graminées, qui sont les plus utiles de tous les végétaux, puissent recevoir une portion des pluies du ciel à travers les larges feuillages de ces enfants privilégiés de la nature, qui étoufferaient tout ce qui les environne, sans leurs profondes découpures. La nature ne fait rien pour le simple plaisir, qu'elle n'y joigne quelque raison d'utilité; celle-ci me paraît d'autant plus marquée, que les découpures des feuilles sont beaucoup plus communes et plus grandes dans les plantes et les sous-arbrisseaux qui s'élèvent peu de terre, que dans les arbres.

Les harmonies qui résultent des contrastes se retrouvent jusque dans les eaux. Le roseau, sur le bord des fleuves, dresse en l'air ses feuilles rayonnantes et sa quenouille rembrunie, tandis que le nymphæa étend à ses pieds ses larges feuilles en cœur et ses roses dorées; l'un présente sur les eaux une palissade, et l'autre un plancher de verdure. On retrouve des oppositions semblables jusque dans les plus affreux climats. Martens de

Hambourg, qui nous a donné une fort bonne relation du Spitzberg, dit que lorsque les matelots du vaisseau dans lequel il naviguait sur ces côtes tiraient leur ancre du fond de la mer, ils amenaient presque toujours avec elle une feuille d'algue fort large, de six pieds de long, et attachée à une queue de pareille longueur; cette feuille était lisse, de couleur brune, tachetée de noir, rayée de deux raies blanches, et faite en forme de langue; il l'appelle plante de roche. Mais ce qu'il y a de singulier, c'est qu'elle était ordinairement accompagnée d'une plante chevelue de six pieds de long, semblable à la queue d'un cheval, et formée de poils si fins, qu'on pouvait, dit-il, l'appeler soie de roche. Il trouva sur ces tristes rivages, où l'empire de Flore est si désolé, le cochléaria et l'oseille qui croissaient ensemble. La feuille du premier est arrondie en forme de cuiller, et celle de l'autre allongée en fer de flèche. Un médecin habile, appelé Bartholin*, a observé que les vertus de leurs sels sont aussi opposées que leurs configurations; ceux du premier sont alcalis, ceux de l'autre sont acides; et de leur réunion il résulte ce que les médecins appellent sel neutre (qu'ils devraient plutôt appeler sel harmonique), le plus puissant remède qu'on puisse employer contre le scorbut, qui attaque ordinairement les hommes de ces terribles climats. Pour moi, je soupçonne que les qualités des plantes sont harmoniques comme leurs formes, et que toutes les fois que nous en rencontrons de groupées agréablement et constamment, il doit résulter de la réunion de leurs qualités, pour la nourriture, pour la santé ou pour le plaisir, une harmonie aussi agréable que celle qui naît du contraste de leurs figures. C'est une présomption que je pourrais appuyer de l'instinct des animaux, qui, en broutant les herbes, varient le choix de leurs aliments; mais cette considération me ferait sortir de mon sujet.

Je ne finirais pas si j'entrais dans quelque détail sur les harmonies de tant de plantes que nous méprisons, parcequ'elles sont faibles ou communes. Si nous les supposions, par la pensée, de la grandeur de nos arbres, la majesté des palmiers disparaîtrait devant la magnificence de leurs attitudes et de leurs proportions. Il y en a, telles que les vipérines, qui s'élèvent comme de superbes candélabres, en formant un vide autour de leur centre, et en portant vers le ciel leurs bras épineux, chargés dans toute leur longueur de girandoles de fleurs violettes. Le verbascum, au contraire, étend autour de lui ses larges feuilles drapées, et pousse de son centre une longue quenouille de fleurs jaunes, aussi douces à la poitrine qu'au toucher. Les violettes au bleu foncé contrastent, au printemps, avec les primevères aux coupes d'or et aux lèvres écarlates. Sur des angles rembrunis de rocher, à l'ombre des vieux hêtres, des champignons blancs et ronds comme des dames d'ivoire s'élèvent au milieu des lits de mousse du plus beau vert.

Les champignons seuls présentent une multitude de consonnances et de contrastes inconnus. Cette classe est d'abord la plus variée de toutes celles des végétaux de nos climats. Sébastien Vaillant en compte cent quatre espèces dans les environs de Paris, sans compter les fongoïdes, qui en fournissent au moins une douzaine d'autres. La nature les a dispersés dans la plupart des lieux ombragés, où ils forment souvent les contrastes les plus extraordinaires. Il y en a qui ne viennent que sur les rochers nus, où ils présentent une forêt de petits filaments, dont chacun est surmonté de son chapiteau. Il y en a qui croissent sur les matières les plus abjectes, avec les formes les plus graves : tel est celui qui vient sur le crottin de cheval, et qui ressemble à un chapeau romain, dont il porte le nom. D'autres ont des convenances d'agrément : tel est celui qui croît au pied de l'aune, sous la forme d'un pétoncle. Quelle est la nymphe qui a placé un coquillage au pied de l'arbre des fleuves? Cette nombreuse tribu paraît avoir sa destinée attachée à celle des arbres, qui ont chacun leur champignon qui leur est affecté, et qu'on trouve rarement ailleurs : tels sont ceux qui ne croissent que sur les racines des pruniers et des pins. Le ciel a beau verser des pluies abondantes, les champignons, à couvert sous leurs parapluies, n'en reçoivent pas une goutte. Ils tirent toute leur vie de la terre, et du grand végétal auquel ils ont lié leur fortune : semblables à ces petits Savoyards qui sont placés comme des bornes aux portes des hôtels, ils établissent leur subsistance sur la surabondance d'autrui; ils naissent à l'ombre des puissances des forêts, et vivent du superflu de leurs magnifiques banquets.

D'autres végétaux présentent des oppositions de la force à la faiblesse dans un autre genre, et des convenances de protection plus distinguée. Ceux-là, comme de grands seigneurs, laissent leurs faibles amis à leurs pieds ; ceux-ci les portent dans leurs bras et sur leurs têtes. Ils reçoivent souvent la récompense de leur noble hospitalité. Les lianes, qui, dans les îles Antilles, s'attachent aux arbres des forêts, les défendent de la fureur des oura-

---

* *Voyez* Chomel, *Histoire des plantes usuelles*.

gans. Le chêne des Gaules s'est vu plus d'une fois l'objet de la vénération des peuples, pour avoir porté le gui dans ses rameaux. Le lierre, ami des monuments et des tombeaux, le lierre, dont on couronnait jadis les grands poëtes qui donnent l'immortalité, couvre quelquefois de son feuillage les troncs des plus grands arbres. Il est une des fortes preuves des compensations végétales de la nature; car je ne me rappelle pas en avoir jamais vu sur les troncs des pins, des sapins, ou des arbres dont le feuillage dure toute l'année. Il ne revêt que ceux que l'hiver dépouille. Symbole d'une amitié généreuse, il ne s'attache qu'aux malheureux; et lorsque la mort même a frappé son protecteur, il le rend encore l'honneur des forêts où il ne vit plus : il le fait renaître en le décorant de guirlandes de fleurs et de festons d'une verdure éternelle.

La plupart des plantes qui croissent à l'ombre ont les couleurs les plus apparentes : ainsi les mousses font briller leur vert d'émeraude sur les flancs sombres des rochers. Dans les forêts, les champignons et les agarics se distinguent par leurs couleurs des racines des arbres sur lesquels ils croissent. Le lierre se détache de leurs écorces grises par son vert lustré; le gui fait apparaître ses rameaux d'un vert jaune, et ses fruits semblables à des perles, dans l'épaisseur de leurs feuillages; le convolvulus aquatique fait éclater ses grandes cloches blanches sur le tronc du saule; la vigne vierge tapisse de verdure les anciennes tours, et, dans l'automne, son feuillage d'or et de pourpre semble fixer sur leurs flancs rembrunis les riches couleurs du soleil couchant. D'autres plantes, entièrement cachées, se découvrent par leurs parfums. C'est de cette manière que l'obscure violette appelle la main des amants au sein des buissons épineux. Ainsi se vérifie de toutes parts cette grande loi des contrastes qui gouverne le monde : aucune agrégation n'est dans les plantes l'effet du hasard.

La nature a établi dans les nombreuses tribus du règne végétal une multitude d'habitudes dont la fin nous est inconnue. Il y a des plantes, par exemple, dont les sexes sont sur des individus différents, comme parmi les animaux; il y en a d'autres qu'on trouve toujours réunies en plusieurs touffes, comme si elles aimaient à vivre en société*; d'autres, au contraire, se rencontrent presque toujours seules. Je présume que plusieurs de ces rapports sont liés avec les mœurs des oiseaux qui vivent de leurs fruits, et qui les ressèment. Souvent les herbes représentent dans les prairies le port des arbres des forêts; il y en a qui, par leurs feuillages et leurs proportions, ressemblent au pin, au sapin et au chêne : je crois même que chaque arbre a une consonnance dans les herbes. C'est par cette magie que de petits espaces nous offrent l'étendue d'un grand terrain. Si vous êtes sous un bosquet de chênes, et que vous aperceviez sur un tertre voisin des touffes de germandrées, dont le feuillage leur ressemble en petit, vous éprouverez les effets d'une perspective. Ces dégradations de proportions s'étendent même des arbres jusqu'aux mousses, et sont les causes, en partie, du plaisir que nous éprouvons dans les lieux agrestes, quand la nature a eu le loisir d'y disposer ses plans. L'effet de ces illusions végétales y est si certain, que si on les fait défricher, le terrain, dépouillé de ses végétaux naturels, paraît beaucoup plus petit qu'auparavant.

La nature emploie encore des dégradations de verdure qui, étant plus légères au sommet des arbres qu'à leur base, les fait paraître plus élevés qu'ils ne le sont. Elle affecte encore la forme pyramidale à plusieurs arbres de montagnes, afin d'augmenter à la vue l'élévation de leur site; c'est ce qu'on peut reconnaître dans les mélèzes, les sapins, les cyprès, et dans plusieurs plantes qui croissent sur les hauteurs. Quelquefois elle réunit dans le même lieu les effets des saisons ou des climats les plus opposés. Elle tapisse, dans les pays chauds, des flancs entiers de montagnes de cette plante qu'on appelle glaciale, parcequ'elle semble toute couverte de glaçons : on croirait, au milieu de l'été, que Borée y a soufflé tous les frimas du nord. D'un autre côté, on trouve en Russie des mousses au milieu de l'hiver, qui, par la couleur rousse et enfumée de leurs fleurs, paraissent avoir été incendiées. Dans nos climats pluvieux, elle couronne les sommets des coteaux de genêts et de romarins, et le haut des vieilles tours de giroflées jaunes : au milieu du jour le plus sombre, on croit y voir luire les rayons du soleil. Dans un autre lieu, elle produit les effets du vent au milieu du plus grand calme. Il ne faut, en Amérique, qu'un oiseau qui vienne se poser sur une touffe de sensitives pour en faire mouvoir toute la lisière, qui s'étend quelquefois à un demi-quart de lieue. Le voyageur européen s'arrête, et s'étonne de voir l'air tranquille et l'herbe en mouvement. Quelquefois moi-même j'ai pris dans nos bois le murmure des peupliers et des trembles pour celui des ruis-

---

* M. de Humboldt a donné quelque développement à cette idée, au commencement de sa *Géographie des plantes*, ouvrage dont toutes les idées fondamentales sont empruntées aux *Études de la nature*. (A.-M.)

seaux : plus d'une fois, assis sur les ombrages au bord des prairies, dont les vents faisaient ondoyer les herbes, ce double frémissement a fait passer dans mon sang la fraîcheur imaginaire des eaux. Souvent la nature emploie les vapeurs de l'air pour donner plus d'étendue à nos paysages. Elle les répand au fond des vallées, et les arrête aux coudes des fleuves, en laissant entrevoir par intervalles leurs longs canaux éclairés du soleil. Elle en multiplie aussi les plans, et en prolonge l'étendue. Quelquefois elle enlève ce voile magique du fond des vallées, et, le roulant sur les montagnes voisines, où elle le teint de vermillon et d'azur, elle confond la circonférence de la terre avec la voûte des cieux. C'est ainsi qu'elle emploie les nuages, aussi légers que les illusions de la vie, à nous élever vers le ciel; qu'elle répand au milieu de ses mystères les sensations ineffables de l'infini, et qu'elle ôte à nos sens la vue de ses ouvrages, pour en donner à notre ame un plus profond sentiment.

HARMONIES ANIMALES DES PLANTES.

La nature, après avoir établi sur un sol formé de débris, insensible et mort, des végétaux doués des principes de la vie, de l'accroissement et de la génération, a ordonné à ceux-ci des êtres qui avaient, avec ces mêmes facultés, la puissance de se mouvoir, des convenances pour les habiter, des passions pour s'en nourrir, et un instinct pour en faire le choix : ce sont les animaux. Je ne parlerai ici que des relations les plus communes qu'ils ont avec les plantes; mais si je m'occupais de celles que leurs tribus innombrables ont avec les éléments, entre elles-mêmes, et avec l'homme, quelle que soit mon ignorance, j'ouvrirais une multitude de scènes encore plus dignes d'admiration.

La nature, dans un ordre tout nouveau, n'a point changé ses lois; elle a établi les mêmes harmonies et les mêmes contrastes des animaux aux plantes, que des plantes aux éléments. Il paraîtrait naturel à notre faible raison, et conséquent aux grands principes de nos sciences, qui donnent tant de puissance aux analogies et aux causes physiques, que tant d'êtres sensibles qui naissent au milieu de la verdure en fussent à la longue affectés. Les impressions de leurs parents, jointes à celles de leur enfance, qui servent à expliquer tant de choses dans le genre humain, se fortifiant en eux de générations en générations par de nouvelles teintes, on devrait voir à la longue des bœufs et des moutons verts comme le pré qui les nourrit.

Nous avons observé, dans l'Étude précédente, que comme les végétaux étaient détachés de la terre par leur couleur verte, les animaux qui vivent sur la verdure s'en distinguent à leur tour par des couleurs rembrunies, et que ceux qui vivent sur les écorces sombres des arbres, ou sur d'autres fonds obscurs, sont revêtus de couleurs brillantes, et quelquefois vertes.

Nous remarquerons à ce sujet que plusieurs espèces d'oiseaux qui vivent aux Indes dans les feuillages des arbres, comme la plupart des perroquets, beaucoup de colibris et même des tourterelles sont du plus beau vert; mais indépendamment des taches et des marbrures blanches, bleues ou rouges, qui distinguent leurs différentes tribus, et qui les font apercevoir de loin dans les arbres, la verdure brillante de leur plumage les détache très avantageusement de la verdure sombre et rembrunie de ces forêts méridionales. Nous avons vu que la nature employait ce moyen général pour affaiblir les reflets de la chaleur; mais pour ne pas confondre les objets de son tableau, si elle a rembruni le fond de la scène, elle a rendu les habits des acteurs plus éclatants.

Il paraît qu'elle a réparti les espèces d'animaux les plus agréablement colorés aux espèces de végétaux dont les fleurs sont le moins apparentes, comme une compensation. Il y a bien moins de fleurs brillantes entre les tropiques que dans les zones tempérées; et, en récompense, les insectes, les oiseaux, et même des quadrupèdes, comme plusieurs espèces de singes et de lézards, y ont les couleurs les plus vives. Lorsqu'ils se posent sur les végétaux qui leur sont propres, ils y forment les plus beaux contrastes et les harmonies les plus aimables. Je me suis quelquefois arrêté, aux Iles, à considérer de petits lézards qui vivent sur les écorces des arbres, où ils prennent des mouches. Ils sont du plus beau vert pomme, et ils ont sur le dos des espèces de caractères du rouge le plus vif, qui ressemblent à des lettres arabes. Lorsqu'un cocotier en avait plusieurs dispersés le long de sa tige, il n'y avait point d'obélisque égyptien, de porphyre, avec ses hiéroglyphes, qui me parût aussi mystérieux et aussi magnifique [45]. J'y ai vu aussi des volées de petits oiseaux, appelés cardinaux parcequ'ils sont tout rouges, se reposer sur des buissons dont la verdure était noircie par le soleil, et les faire paraître comme des girandoles de lampions. Le père Du Tertre dit qu'il n'y a point, aux Antilles, de spectacle plus brillant que de voir des compagnies d'aras s'abattre au sommet d'un palmiste. Le bleu, le rouge et le jaune de leur plumage couvrent les rameaux de l'arbre sans fleurs du plus superbe émail. On voit des harmonies à peu près semblables dans nos climats. Le chardonneret, à tête rouge et aux ailes bordées de jaune, paraît de loin, sur un buisson, comme la fleur du chardon où il est né. Quelquefois on prend des bergeronnettes couleur d'ardoise, qui se reposent aux extrémités des feuilles d'un roseau, pour des fleurs d'iris.

Il serait fort curieux de rassembler un grand nombre de ces oppositions et de ces analogies. Elles nous mèneraient à trouver la plante qui convient le mieux à chaque animal. Les naturalistes ne se sont point occupés de ces convenances; ceux qui ont écrit l'histoire des oiseaux les ont classés par les pieds, les becs et les narines. Quelquefois ils parlent des saisons où ils paraissent, mais presque jamais des arbres où ils vivent. Il n'y a que ceux qui, faisant des collections de papillons, sont souvent obligés de les chercher dans l'état de nymphe ou de chenille, qui ont quelquefois distingué ces insectes par les noms des végétaux où ils les ont trouvés. Telles sont les chenilles du tithymale, du pin, de l'orme, etc., qu'ils ont reconnues pour être particulières à ces végétaux. Mais il n'y a point d'animal qu'on ne puisse rapporter à une plante qui lui est propre.

Nous avons divisé les plantes en aériennes, en aquatiques, en terrestres, comme les animaux le sont eux-mêmes, et nous avons trouvé dans les deux classes extrêmes des concordances constantes avec leurs éléments. On peut encore les diviser en deux classes, en arbres et en herbes, comme les animaux le sont aussi en quadrupèdes et en volatiles. La nature ne rapproche pas les deux règnes en consonnances, c'est-à-dire en attachant les grands animaux aux grands végétaux; mais elle les réunit par des contrastes, en faisant accorder la classe des arbres avec celle des petits animaux, et celle des herbes avec les grands quadrupèdes; et par ces oppositions elle donne des convenances de protection aux faibles, et de commodité aux puissants.

Cette loi est si générale, que j'ai remarqué que par tout pays où les espèces de graminées sont peu variées, celles des quadrupèdes qui y vivent sont peu nombreuses, et que là où les espèces d'arbres sont multipliées, celles des volatiles le sont pareillement. C'est ce dont on peut s'assurer par les herbiers de plusieurs endroits de l'Amérique, entre autres par ceux de la Guiane et du Brésil, qui présentent peu de variétés dans les graminées, et qui en offrent un grand nombre dans les arbres. On sait que ces pays ont en effet peu de quadrupèdes naturels, et qu'ils sont au contraire peuplés d'une infinité d'oiseaux et d'insectes.

Si nous jetons un coup d'œil sur les rapports des graminées aux quadrupèdes, nous trouverons que, malgré leur contraste apparent, il y a entre eux une multitude de convenances réelles. Le peu d'élévation des graminées les met à la portée des mâchoires des quadrupèdes, dont la tête est dans une situation horizontale, et souvent inclinée vers la terre. Leurs gerbes déliées semblent faites pour être saisies par des lèvres larges et charnues; leurs tendres tiges, facilement tranchées par des dents incisives; leurs semences farineuses, aisément broyées par des dents molaires. D'ailleurs, leurs touffes épaisses et élastiques, sans être ligneuses, présentent de molles litières à des corps pesants.

Si au contraire nous examinons les convenances qu'il y a entre les arbres et les oiseaux, nous verrons que les branches des arbres sont facilement embrassées par les pieds à quatre doigts de la plupart des volatiles, que la nature a disposés de façon qu'il y en a trois en avant et un en arrière, afin qu'ils pussent les saisir comme avec des mains. De plus, les oiseaux trouvent, dans les divers étages des feuilles, des abris contre la pluie, le soleil et le froid, à quoi contribuent encore les épaisseurs des troncs. Les trous qui se forment sur ceux-ci, et les mousses qui y croissent, leur donnent des logements pour faire leurs nids, et des matelas pour les tapisser. Les semences rondes ou allongées des arbres sont proportionnées à la forme de leurs becs. Ceux qui portent des fruits charnus logent des oiseaux qui ont les becs pointus ou courbés comme des pioches. Dans les îles des pays situés entre les tropiques et le long des grands fleuves de l'Amérique, la plupart des arbres maritimes et fluviatiles, entre autres plusieurs espèces de palmiers, portent des fruits revêtus de coques très dures, afin qu'ils puissent flotter sur les eaux qui les ressèment au loin; mais leur enveloppe ne les met pas à couvert des oiseaux. Les diverses tribus de perroquets qui les habitent, et dont je crois qu'il y a une espèce répartie à chaque espèce de palmier, trouvent bien le moyen d'ouvrir leur graine avec des becs crochus, qui percent comme des alènes et qui pincent comme des tenailles.

La nature a encore ordonné des animaux d'un troisième ordre, qui trouvent, dans l'écorce ou dans la fleur d'une plante, autant de commodités qu'un quadrupède en a dans une prairie, ou un oiseau dans un arbre entier : ce sont les insectes. Quelques naturalistes les ont divisés en six grandes tribus, qu'ils ont caractérisées, suivant leur coutume, quoique assez inutilement, par des noms grecs. Ils les classent en insectes coléoptères, ou à étuis, comme les scarabées, tels que nos hannetons; en hémiptères ou à demi-étuis, comme les gallinsectes, tels que le kermès; en tétraptères ou à quatre ailes farineuses, comme les papillons; en tétraptères qui ont quatre ailes nues, comme les abeilles; en diptères ou à deux ailes nues, comme les mouches communes; et en aptères ou sans ailes, comme les araignées. Mais ces six classes ont une multitude de divisions et de subdivisions qui réunissent les espèces d'insectes de formes et d'instincts les plus disparates, et qui en séparent beaucoup d'autres qui ont d'ailleurs entre elles beaucoup d'analogie.

Quoi qu'il en soit, cet ordre d'animaux paraît particulièrement affecté aux arbres. Pline observe que les fourmis sont très friandes des graines du cyprès. Il dit qu'elles attaquent les cônes qui les renferment, quand ils s'entr'ouvrent dans leur maturité, sans y en laisser une seule; et il regarde comme un miracle de la nature qu'un si petit animal détruise la semence d'un des plus grands arbres du monde. Je crois qu'on ne pourra jamais établir, dans les diverses tribus d'insectes, un véritable ordre, et dans leur étude l'utilité et l'agrément dont elle est susceptible, qu'en les rapportant aux diverses parties des végétaux. Ainsi, on rapporterait aux nectaires des fleurs les papillons et les mouches qui ont des trompes pour en recueillir les sucs; à leurs étamines, les mouches qui, comme les abeilles, ont des cuillers creusées dans leurs cuisses garnies de poils pour en serrer les poussières, et quatre ailes pour emporter leur butin; aux feuilles des plantes, les mouches communes et les gallinsectes, qui ont des pieux pointus et creux pour y faire des incisions et en boire les liqueurs; aux graines, les scarabées, comme les charançons, qui devaient s'y enfoncer pour vivre de leur farine, et qui ont leurs ailes renfermées dans des étuis pour ne pas les gâter, et des râpes pour y faire des ouvertures; aux tiges, les vers, qui sont tout nus, parcequ'ils n'avaient pas besoin d'être vêtus dans la substance du bois qui les abrite de toutes parts; mais ils ont des tarières avec lesquelles ils viennent quelquefois à bout de détruire des forêts; enfin, aux débris de toute espèce, les fourmis, qui ont des pinces, et l'instinct de se réunir en corps pour dépecer et emporter tout ce qui leur convient. La desserte de cette grande table végétale est entraînée par les pluies aux rivières, et de là à la mer, où elle présente un nouvel ordre de relations avec les poissons. Il est digne de remarque que les plus puissants appâts qu'on puisse leur présenter sont tirés du règne végétal, et particulièrement des graines ou des substances des plantes qui ont les caractères aquatiques que nous avons indiqués, telles que la coque du Levant, le souchet de Smyrne, le suc de tithymale, le nard celtique, le cumin, l'anis, l'ortie, la marjolaine, la racine d'aristoloche, et la graine de chenevis. Ainsi, les relations de ces plantes avec les poissons confirment ce que nous avons dit de celles de leurs graines avec les eaux.

Ce serait en rapportant les diverses tribus d'insectes aux diverses parties des plantes, que nous verrions les raisons qui ont déterminé la nature à donner à ces petits animaux des figures si extraordinaires. Nous connaîtrions les usages de leurs outils, dont la plupart nous sont inconnus, et nous aurions de nouveaux sujets d'admirer l'intelligence divine et de perfectionner la nôtre. D'un autre côté, cette lumière répandrait le plus grand jour sur beaucoup de parties des plantes dont les botanistes ignorent l'utilité, parcequ'elles n'ont de convenances qu'avec les animaux. Je suis persuadé qu'il n'y a pas un végétal qui n'ait au moins un individu de chacune des six classes générales d'insectes reconnues par les naturalistes. Comme la nature a divisé chaque genre de plantes en diverses espèces, pour les rendre capables de croître dans différents sites, elle a divisé de même chaque genre d'insectes en diverses espèces, pour les rendre propres à habiter différentes espèces de plantes. Elle a peint pour cette raison, et numéroté de mille manières diverses, mais invariables, les divisions presque infinies de la même branche. Par exemple, on trouve constamment sur l'orme le beau papillon appelé brocatelle d'or, à cause de sa riche couleur. Celui qu'on nomme les quatre *omicron*, et qui vit je ne sais où, produit toujours des descendants qui portent cette lettre grecque imprimée quatre fois sur leurs ailes. Il y a une espèce d'abeilles à cinq crochets, qui ne vit que sur les fleurs radiées : sans ces crochets, elle ne pourrait se cramponner sur les miroirs plans de ces fleurs, et se charger de leurs étamines aussi aisément que l'abeille commune, qui travaille, pour l'ordinaire, au fond de celles dont la corolle est profonde.

Ce n'est pas que je pense qu'une plante nourrisse dans ses diverses variétés toutes les branches collatérales d'une famille d'insectes. Je crois que chaque genre, parmi ceux-ci, s'étend beaucoup plus loin que le genre de plantes qui lui sert principalement de base. En cela, la nature manifeste une autre de ses lois, par laquelle elle a rendu ce qu'il y a de meilleur le plus commun. Comme l'animal est d'une nature supérieure au végétal, les espèces du premier sont plus multipliées et plus répandues que celles du second. Par exemple, il n'y a pas seize cents espèces de plantes dans les environs de Paris*, et on y compte près de six mille espèces de mouches. Je présume donc que les diverses tribus de plantes se croisent avec celles des animaux, ce qui rend leurs espèces susceptibles de différentes harmonies. On en peut juger par la variété des goûts dans les oiseaux de la même famille. La fauvette à tête noire niche dans les lierres; la fauvette à tête rousse des murailles, dans le voisinage des chenevières; la fauvette brune, sur les arbres des grands chemins, où elle compose son nid de crins de cheval. On en compte de douze espèces dans nos climats, qui ont chacune leur département. Nos diverses sortes d'alouettes sont aussi réparties à différents sites, aux bois, aux prés, aux bruyères, aux terres labourées, et aux rivages de la mer.

Il y a des observations bien intéressantes à faire sur les durées des végétaux, qui sont inégales, quoique soumises aux influences des mêmes éléments. Le chêne sert de monument aux nations; et le nostoc, qui croît à ses pieds, ne vit qu'un jour. Tout ce que j'en peux dire en général, c'est que le temps de leur dépérissement n'est point réglé sur celui de leur accroissement, ni celui de leur fécondité proportionné à leur faiblesse, aux climats ou aux saisons, comme on l'a prétendu. Pline** cite des yeuses, des planes et des cyprès qui existaient de son temps, et qui étaient plus anciens que Rome, c'est-à-dire qui avaient plus de sept cents ans. Il dit qu'on voyait encore auprès de Troie, autour du tombeau d'Ilus, des chênes qui y étaient du temps que Troie prit le nom d'Ilium, ce qui fait une antiquité bien plus reculée. J'ai vu en Basse-Normandie, dans le cimetière d'une église de village, un vieux if planté du temps de Guillaume le Conquérant; il est encore chargé de verdure, quoique son tronc caverneux et tout percé à jour ressemble aux douves d'un vieux tonneau. Il y a des buissons mêmes qui semblent immortels; on trouve, en plusieurs endroits du royaume, des aubépines que la dévotion des peuples a consacrées par des images de la bonne Vierge, qui durent depuis plusieurs siècles, comme on peut le vérifier par les titres des chapelles qu'on a bâties auprès. Mais, en général, la nature a proportionné la durée et la fécondité des plantes aux besoins des animaux. Beaucoup de plantes périssent aussitôt qu'elles ont donné leurs graines, qu'elles abandonnent aux vents; il y en a, telles que les champignons, qui ne vivent que quelques jours, comme les espèces de mouches qui s'en nourrissent. D'autres conservent leur semence tout l'hiver pour l'usage des oiseaux : tels sont la plupart des buissons. La fécondité des plantes n'est pas proportionnée à leur petitesse, mais à la fécondité de l'espèce animale qui doit s'en nourrir : le panic, le petit mil, et quelques autres graminées si utiles aux bêtes et aux hommes, produisent incomparablement plus de grains que beaucoup de plantes plus grandes et plus petites qu'elles. Il y a beaucoup d'herbes qui ne se reperpétuent par leurs semences qu'une fois dans un an; mais le mouron se renouvelle par les siennes jusqu'à sept à huit fois, sans être interrompu même par l'hiver. Il donne des grains mûrs six semaines après qu'il a été semé. La capsule qui les renferme se renverse alors vers la terre et s'entr'ouvre, pour les laisser emporter aux vents et aux pluies, qui les ressèment partout. Cette plante assure toute l'année la subsistance des petits oiseaux dans nos climats. Ainsi la Providence est d'autant plus grande que sa créature est plus faible.

D'autres plantes ont des relations d'autant plus touchantes avec les animaux, que les climats et les saisons semblent exercer plus de rigueur envers ceux-ci. Si ces convenances étaient approfondies, elles expliqueraient toutes les variétés de la végétation dans chaque latitude et dans chaque saison. Pourquoi, par exemple, la plupart des arbres du nord perdent-ils leurs feuilles en hiver, et pourquoi ceux du midi les conservent-ils toute l'année? pourquoi, malgré le froid des hivers du nord, les sapins y restent-ils couverts de verdure? Il est difficile d'en trouver la cause; mais il est aisé d'en reconnaître la fin. Si les bouleaux et les mélèzes du nord laissent tomber leurs feuilles à l'entrée de l'hiver, c'est pour donner des litières aux bêtes des forêts; et si le sapin pyramidal y conserve les siennes, c'est pour leur ménager des abris au milieu des neiges. Cet arbre offre alors aux oiseaux les mousses qui sont suspendues à ses branches, et ses cônes remplis de pignons mûrs. Souvent, dans son voisinage, des bocages de sorbiers font briller pour eux leurs grappes de baies écarlates. Dans les hivers de nos

---

* Les cryptogames ne sont pas compris dans ce nombre. (A.-M.)
** *Histoire naturelle*, liv. XVI, chap. XLIV.

climats, plusieurs arbrisseaux toujours verts, comme le lierre, l'alaterne, et d'autres qui restent chargés de baies noires ou rouges qui tranchent avec les neiges, comme les troènes, les épines et les églantiers, présentent aux volatiles des habitations et des aliments. Dans les pays de la zone torride, la terre est tapissée de lianes fraîches, et ombragées d'arbres au large feuillage, sous lesquels les animaux trouvent de la fraîcheur. Les arbres mêmes de ces climats semblent craindre d'exposer leurs fruits aux brûlantes ardeurs du soleil : au lieu de les dresser en cônes, ou d'en couvrir la circonférence de leur tête, ils les cachent souvent sous un feuillage épais, et les portent attachés à leur tronc ou à la naissance de leurs branches : tels sont les jacquiers, les palmiers de toutes les espèces, les papayers, et une multitude d'autres. Si leurs fruits n'invitent pas au dehors les animaux par des couleurs apparentes, ils les appellent par des bruits. Les lourds cocos, en tombant de la hauteur de l'arbre qui les porte, font retentir au loin la terre. Les siliques noires du canéficier, lorsqu'elles sont mûres et que le vent les agite, font, en se choquant, le bruit du tic-tac d'un moulin. Quand le fruit grisâtre du genipa des Antilles tombe dans sa maturité, il pète à terre comme un coup de pistolet*. A ce signal, sans doute, plus d'un convive vient chercher sa réfection. Ce fruit semble particulièrement destiné aux crabes de terre, qui en sont très friands, et qui s'engraissent en très peu de temps par cette nourriture. Il leur aurait été fort inutile de l'apercevoir dans l'arbre, où ils ne peuvent grimper ; mais ils sont avertis du moment où il est bon à manger, par le bruit de sa chute. D'autres fruits, comme les jacqs et les mangues, frappent l'odorat des animaux à une si grande distance, qu'on les sent de plus d'un quart de lieue, quand on est au-dessous du vent. Je crois que cette propriété d'être fort odorants est commune aussi à ceux de nos fruits qui se cachent sous leur feuillage, tels que les abricots. Il y a d'autres végétaux qui ne se manifestent, pour ainsi dire, aux animaux que pendant la nuit. Le jalap du Pérou, ou belle-de-nuit, n'ouvre ses fleurs, très parfumées, que dans l'obscurité. La fleur de capucine, qui est du même pays, jette dans les ténèbres une lumière phosphorique, observée, dans l'espèce vivace, par la fille du célèbre Linnée. Les propriétés de ces plantes donnent une heureuse idée de ces beaux climats, où les nuits sont assez calmes et assez éclairées pour ouvrir un nouvel ordre de société entre les animaux. Il y a même des insectes qui n'ont besoin d'aucun phare qui les guide dans leurs courses nocturnes ; ils portent avec eux leur lanterne : telles sont les mouches lumineuses. Elles se répandent quelquefois dans des bosquets d'orangers, de papayers et d'autres arbres fruitiers, au milieu de la nuit la plus sombre. Elles lancent à la fois, par plusieurs battements d'ailes réitérés, une douzaine de jets d'un feu qui éclaire les feuilles et les fruits des arbres où elles se reposent d'une lumière dorée et bleuâtre* ; puis, cessant tout à coup leurs mouvements, elles les replongent dans l'obscurité. Elles recommencent alternativement ce jeu pendant toute la nuit. Quelquefois il s'en détache des essaims tout brillants de lumière, qui s'élèvent en l'air comme les gerbes d'un feu d'artifice.

Si on étudiait les rapports que les plantes ont avec les animaux, on y reconnaîtrait l'usage de beaucoup de parties que l'on regarde souvent comme des productions du caprice et du désordre de la nature. Ces rapports sont si étendus, qu'on peut dire qu'il n'y a pas un duvet de plante, un entrelacement de buisson, une cavité, une couleur de feuille, une épine, qui n'ait son utilité. On remarque surtout ces harmonies admirables avec les logements et les nids des animaux. S'il y a dans les pays chauds des plantes chargées de duvet, c'est qu'il y a des teignes toutes nues qui en tondent les poils, et qui s'en font des habits. On trouve, sur les bords de l'Amazone, une espèce de roseau de vingt-cinq à trente pieds de hauteur, dont le sommet est terminé par une grosse boule de terre. Cette boule est l'ouvrage des fourmis, qui s'y retirent dans le temps des pluies et des inondations périodiques de ce fleuve : elles montent et descendent par la cavité de ce roseau, et elles vivent des débris qui surnagent alors autour d'elles à la surface des eaux. Je présume que c'est pour offrir de semblables retraites à plusieurs petits insectes, que la nature a creusé les tiges de la plupart des plantes de nos rivages**. La vallisne-

* *Voyez* le père Du Tertre, *Histoire des Antilles*.
** Toutes ces observations sur la vallisneria sont tirées d'un voyage en France, en Italie et aux îles de l'Archipel, fait par un Anglais en 1750. Mais elles renferment plusieurs erreurs : d'abord, ces fleurs n'ont pas reçu des tiges en spirales pour se préserver des crues subites des fleuves. Il y a dans ce phénomène quelque chose de plus singulier et de plus admirable. La vallisneria est une plante *dioïque* ; les fleurs femelles croissent séparément sur de longs pédoncules roulés en tire-bourre, et qui ne s'allongent qu'à l'époque de la fécondation. C'est alors qu'elles s'élèvent à la superficie de l'eau. Cependant les fleurs mâles, attachées à des pédoncules très courts, n'ont pas la fa-

* *Voyez* le père Du Tertre, *Histoire des Antilles*.

ria[46], qui croît dans les eaux du Rhône, et qui porte sa fleur sur une tige en spirale, qu'elle allonge à proportion de la rapidité des crues subites de ce fleuve, a des trous percés à la base de ses feuilles, dont l'usage est bien plus extraordinaire. Si on déracine cette plante, et qu'on la mette dans un grand vase plein d'eau, on aperçoit à la base de ses feuilles des masses d'une gelée bleuâtre, qui s'allonge insensiblement en pyramides d'un beau rouge. Bientôt ces pyramides se sillonnent de cannelures qui se détachent du sommet, se renversent tout autour, et présentent, par leur épanouissement, de très jolies fleurs formées de rayons pourpres, jaunes et bleus. Peu à peu, chacune de ces fleurs sort de la cavité où elle est contenue en partie, et s'écarte à quelque distance de la plante, en y restant cependant attachée par un filet. On voit alors chacun des rayons dont ses fleurs sont composées se mouvoir d'un mouvement particulier, qui communique un mouvement circulaire à l'eau, et précipite au centre de chacune d'elles tous les petits corps qui nagent aux environs. Si on trouble, par quelque secousse, ces développements merveilleux, sur-le-champ chaque filet se retire, tous les rayons se ferment, et toutes les pyramides rentrent dans leurs cavités; car ces prétendues fleurs sont des polypes.

Il y a dans certaines plantes des parties qu'on regarde comme les caractères d'une nature agreste, qui sont, comme tout le reste de ses ouvrages, des preuves de la sagesse et de la providence de son auteur : telles sont les épines. Leurs formes sont variées à l'infini, surtout dans les pays chauds. Il y en a de faites en scies, en hameçons, en aiguilles, en fer de hallebarde, et en chausses-trapes. Il y en a de rondes comme des alênes, de triangulaires comme des carrelets, et d'aplaties comme des lancettes. Il n'y a pas moins de variété dans leurs agrégations. Les unes sont rangées sur les feuilles par pelotons, comme celles de la raquette; d'autres par rubans, comme celles des cierges. Il y en a qui sont invisibles, comme celles de l'arbrisseau des îles Antilles appelé bois de capitaine : les feuilles de ce redoutable végétal paraissent en dessus nettes et luisantes; mais elles sont couvertes en dessous d'épines très fines, qui y sont tellement couchées, que, pour peu qu'on y porte la main, elles entrent dans les doigts. Il y a d'autres épines qui ne sont posées que sur les tiges des plantes; d'autres sont sur leurs branches. On n'en trouve guère, dans nos climats, que sur des buissons et sur quelques herbes; mais elles sont répandues aux Indes sur beaucoup d'espèces d'arbres. Leurs formes et leurs dispositions très variées ont des relations, dont la plupart nous sont inconnues, avec les défenses des oiseaux qui y vivent. Il était nécessaire que beaucoup d'arbres de ces pays portassent des épines, parcequ'il y a beaucoup de quadrupèdes qui y grimpent pour manger les œufs et les petits des oiseaux, tels que les singes, les civettes, les tigres, les chats sauvages, les piloris, les opossums, les rats palmistes, et même les rats communs. L'acacia[47] de l'Asie offre aux oiseaux des retraites qui sont impénétrables à leurs ennemis. Il ne porte point d'épines sur son tronc et dans ses branches; mais à dix ou douze pieds de hauteur, précisément à l'endroit où les branches de l'arbre se divisent, il y a une ceinture de plusieurs rangs de larges épines de dix à douze pouces de longueur, et hérissées à peu près comme des fers de hallebardes. Le collet de l'arbre en est environné, de manière qu'aucun quadrupède n'y peut monter. L'acacia de l'Amérique, appelé improprement faux acacia, a les siennes figurées en crochets et parsemées dans ses rameaux, sans doute par quelque rapport inconnu d'opposition avec l'espèce de quadrupède qui fait la guerre à l'oiseau qui l'habite. Il y a aux îles Antilles des arbres qui n'ont point d'épines, mais qui sont bien plus ingénieusement protégés que s'ils en avaient. Une plante qui est connue dans ces pays sous le nom de chardon épineux, qui est une espèce de cierge rampant, attache ses racines, semblables à des filaments, au tronc d'un de ces arbres, et elle court à terre tout autour, bien loin de là, en croisant ses branches l'une sur l'autre, et en formant une enceinte dont aucun quadrupède n'ose approcher. Elle porte d'ailleurs un fruit très agréable à manger. En voyant un arbre dont le feuillage est innocent, rempli d'oiseaux qui y font leurs nids, entouré à sa racine d'un de ces chardons épineux, on dirait d'une de ces villes de commerce sans défense où tout paraît accessible, mais qui est protégée aux environs par une citadelle qui l'entoure de ses longs retranchements : ainsi l'arbre est d'un côté, et son épine de l'autre.

---

culté de se mouvoir; et c'est justement à cette époque que, par une seconde prévoyance, leur tige se brise avec effort, et que, dégagées des liens qui les retenaient loin des fleurs femelles, elles viennent les couvrir de leur poussière vivifiante. Bientôt après, les fleurs à spirales, devenues fécondes, resserrent les anneaux de leurs tiges, et, ramenées peu à peu au fond des eaux, elles y reprennent leur première place, et y déposent leurs postérités. Cette plante, qui sera toujours un sujet d'étonnement pour les naturalistes, croît dans les fleuves d'Italie et du midi de la France. Les voyageurs l'ont également retrouvée dans l'Amérique septentrionale et à la Nouvelle-Hollande. (A.-M.)

Les quadrupèdes qui vivent des œufs des oiseaux seraient fort embarrassés, si quelquefois la nature ne faisait croître, au haut de ces mêmes arbres, un végétal d'une forme très extraordinaire, qui leur en ouvre l'accès. Il est en tout l'opposé du chardon épineux. C'est une racine de deux pieds de long, grosse comme la jambe, picotée comme si on l'eût piquée avec un poinçon, et liée à une branche de l'arbre par une multitude de filaments, à peu près comme le chardon épineux est attaché au bas de son tronc. Elle en tire, comme lui, sa nourriture, et jette dix à douze grandes feuilles en cœur, de trois pieds de long et de deux pieds de large, semblables aux feuilles de nymphæa. Le père Du Tertre l'appelle fausse racine de Chine. Ce qu'il y a encore de plus étrange, c'est que, du haut de l'arbre où elle est placée, elle jette à plomb des cordes très fortes, grosses comme des tuyaux de plume dans toute leur longueur, qui viennent s'enraciner à terre. La plante ne sent rien, et ses cordes sentent l'ail. Sans doute, quand un singe ou tel autre animal grimpant aperçoit ce large étendard de verdure, l'arbre a beau être entouré d'épines à son pied, ce signal lui annonce qu'il a des correspondances dans la place : l'odeur des cordons qui descendent jusqu'à terre lui indique son échelle, même pendant la nuit; et pendant que les oiseaux dorment tranquillement sur leurs nids, en se fiant à leurs fortifications, l'ennemi s'empare de la ville par les faubourgs.

Dans ces pays, les épines des arbres défendent jusqu'aux insectes. Les abeilles y font du miel dans de vieux troncs d'arbres épineux creusés par le temps. Il est bien remarquable que la nature, qui a donné cette ressource aux abeilles de l'Amérique, leur a refusé des aiguillons, comme si ceux des arbres suffisaient à leur défense. Je crois que c'est par cette raison, à laquelle on n'a pas fait attention, qu'on n'a jamais pu élever aux îles Antilles des mouches à miel du pays : sans doute elles refusaient d'habiter les ruches domestiques, parcequ'elles ne s'y croyaient pas en sûreté; mais elles s'y seraient peut-être déterminées, si on avait garni d'épines les ruches qu'on leur a présentées.

Si la nature emploie les épines pour défendre jusqu'aux mouches des insultes des quadrupèdes, elle se sert quelquefois des mêmes moyens pour délivrer les quadrupèdes de la persécution des mouches communes. A la vérité, elle a donné à ceux qui y sont le plus exposés des crinières et des queues garnies de longs crins pour les écarter; mais la multiplication de ces insectes est si rapide dans les saisons et les pays chauds et humides, qu'elle pourrait devenir funeste à tous les animaux. Une des barrières végétales que la nature leur oppose est la dionæa muscipula. Cette plante porte sur une même branche des folioles opposées, enduites d'une liqueur sucrée semblable à la manne, et hérissées de pointes très aiguës. Lorsqu'une mouche se pose sur une de ces folioles, elle se rapproche sur-le-champ comme les mâchoires d'un piège à loup, et la mouche se trouve embrochée de toutes parts. Il y a une autre dionæa qui prend ces insectes avec sa fleur. Quand une mouche en veut sucer les nectaires, la corolle, qui est tubulée, se ferme au collet, la saisit par la trompe, et la fait mourir ainsi. Elle croît au Jardin du Roi. Nous observerons que sa fleur en godet est blanche et rayée de rouge, et que ces deux couleurs attirent partout les mouches, qui sont très avides de lait et de sang.

Il y a des plantes aquatiques qui portent des épines propres à prendre des poissons. On voit au Jardin du Roi une plante de l'Amérique, appelée martinia, dont la fleur a une odeur très agréable, et qui, par la forme de ses feuilles arrondies, le lissé de leurs queues et de ses tiges, a tous les caractères aquatiques dont nous avons parlé. Elle a encore ceci de particulier, qu'elle transpire si fortement, qu'elle paraît au toucher comme si elle était mouillée. Je ne doute donc pas que cette plante ne croisse en Amérique sur le bord des eaux. Mais la gousse qui enveloppe ses graines a un caractère nautique fort extraordinaire. Elle ressemble à un poisson à demi desséché, blanc et noir, avec une longue nageoire sur le dos. La queue de ce poisson est fort allongée, et finit en pointe très aiguë, courbée en hameçon. Cette queue se partage ordinairement en deux, et présente ainsi deux hameçons. La configuration de ce poisson végétal est tout-à-fait semblable en grandeur et en forme à l'hameçon dont on se sert sur mer pour prendre des dorades, et à la tête duquel on figure en linge un poisson volant, excepté que l'hameçon à dorade n'a qu'un crochet, et que la gousse de la martinia en a deux, ce qui doit rendre son effet plus sûr. Cette gousse renferme plusieurs graines noires ridées, et semblables à des crottes de mouton aplaties.

Comme j'ai peu de livres de botanique, j'ignorais d'où la martinia était originaire; mais, ayant consulté dernièrement l'ouvrage de Linnée, j'ai trouvé qu'elle venait de la Vera-Cruz. Ce fameux naturaliste ne trouve à cette gousse que l'apparence d'une tête de bécasse; mais, s'il avait vu des hameçons à dorade, il n'eût pas balancé à y reconnaître cette ressemblance, d'autant que le bout de ce prétendu bec se recourbe en deux crochets qui piquent comme des épingles, et sont, ainsi que toute la gousse et la queue, qui la tient à la tige, d'une matière ligneuse et cornée très difficile à rompre. Jean de Laet* dit que le terrain de la Vera-Cruz est au niveau de la mer, et que son port, appelé Saint-Jean de Hulloa, est formé d'une petite île qui est au ras de l'eau; en sorte, dit-il, que quand la marée est fort grosse, elle en est toute couverte. Ces inondations sont fort communes dans le fond du golfe du Mexique, comme on peut le voir dans la relation que Dampier nous a donnée de la baie de Campêche, qui est dans le voisinage. Je présume de là que la martinia, qui croît sur les rivages inondés de la Vera-Cruz, a quelques relations qui nous sont inconnues avec les poissons de la mer; d'autant que les semences de plusieurs arbres et plantes de ces contrées, rapportées par Jean de Laet, ont des formes nautiques très curieuses.

Il n'est pas besoin d'aller chercher dans les plantes étrangères des relations végétales avec les animaux. La ronce, qui donne dans nos champs des abris à tant de petits oiseaux, a ses épines formées en crochets; de sorte que non-seulement elle empêche les troupeaux de troubler les asiles des oiseaux, mais elle leur accroche bien souvent quelques flocons de laine ou de poil propres à garnir des nids, en représailles de leurs hostilités, et comme une indemnité de leurs dommages. Pline prétend que c'est à cette occasion qu'est née la haine de la linotte et de l'âne. Ce quadrupède, dont le palais est à l'épreuve des épines, broute souvent le buisson où la linotte fait son nid. Elle est si effrayée de sa voix, qu'elle en jette, dit-il, ses œufs à bas; et, quand ses petits sont nouvellement éclos, ils en meurent de peur. Mais elle lui fait la guerre à son tour en se jetant sur les égratignures que lui font les épines, et en becquetant sa chair jusqu'aux os. Ce doit être un spectacle curieux de voir le combat de ce petit et mélodieux oiseau contre ce lourd et bruyant animal, d'ailleurs sans malice.

Si on connaissait les relations animales des plantes, nous aurions sur les instincts des bêtes bien des lumières que nous n'avons pas. Nous saurions l'origine de leurs amitiés et de leurs inimitiés, du moins quant à celles qui se forment dans la société; car pour celles qui sont innées, je ne crois pas que la cause en soit jamais révélée à aucun homme. Celles-là sont d'un autre ordre et d'un autre monde. Comment tant d'animaux sont-ils entrés dans la vie avec des haines sans offense, des industries sans apprentissage, et des instincts plus sûrs que l'expérience? Comment la puissance électrique a-t-elle été donnée à la torpille, l'invisibilité au caméléon, et la lumière même des astres à une mouche? Qui a appris à la punaise aquatique à glisser sur les eaux, et à une autre espèce de punaise à y nager sur le dos, l'une et l'autre pour attraper la proie qui voltige à leur surface? L'araignée d'eau est encore plus ingénieuse. Elle environne une bulle d'air avec des fils, se met au milieu, et se plonge au fond des ruisseaux, où sa bulle paraît comme un globule de vif-argent. Là, elle se promène à l'ombre des nymphæa, sans rien craindre d'aucun ennemi. Si, dans cette espèce, deux individus de sexe différent viennent à se rencontrer, et se conviennent, les deux globules rapprochés n'en font plus qu'un, et les deux insectes sont dans la même atmosphère. Les Romains, qui construisaient, sur les rivages de Baies, des salons sous les flots de la mer, pour jouir de la fraîcheur et du murmure des eaux dans les chaleurs de l'été, étaient moins adroits et moins voluptueux. Si un homme réunissait en lui ces facultés merveilleuses qui sont le partage des insectes, il passerait parmi ses semblables pour un dieu.

Il nous importe au moins de connaître les insectes qui détruisent ceux qui nous sont nuisibles. Nous pouvons profiter de leurs guerres pour vivre en repos. L'araignée attrape les mouches avec des filets; le formica-leo surprend les fourmis dans un entonnoir de sable; l'ichneumon à quatre ailes prend les papillons au vol. Il y a une autre espèce d'ichneumon, si petite et si rusée, qu'elle pond un œuf dans l'anus du puceron. L'homme peut multiplier à son gré les familles d'insectes qui lui sont utiles, et parvenir à diminuer le nombre de celles qui font tant de ravages dans ses cultures. Les petits oiseaux de nos bosquets lui offrent pour ce service des secours encore plus étendus et plus agréables. Ils ont tous l'instinct de vivre dans son voisinage et dans celui de ses troupeaux. Souvent une seule de leurs espèces suffirait pour écarter de ceux-ci les insectes qui les désolent en été. Il y a dans le nord un taon, appelé kourma par les Lapons, *œstrus rangiferinus* par les savants, qui tourmente les rennes domestiques au point de les faire fuir dans les montagnes, et quelquefois de les faire mourir, en déposant ses œufs dans

---

* *Histoire des Indes occidentales*, livre V, chapitre XVIII.

leur peau. On a fait à l'ordinaire, à ce sujet, beaucoup de dissertations, sans y apporter de remède. Je suis persuadé qu'il doit y avoir en Laponie des oiseaux qui délivreraient les rennes de cet insecte dangereux, si les Lapons ne les effrayaient par le bruit de leurs fusils. Ces armes des nations civilisées ont rendu toutes les campagnes barbares. Les oiseaux destinés à embellir l'habitation de l'homme s'en éloignent, ou ne s'en approchent qu'avec méfiance. On devrait défendre au moins de tirer autour des paisibles troupeaux. Quand les oiseaux ne sont pas effrayés par les chasseurs, ils se livrent à leurs instincts. J'ai vu souvent, à l'Ile-de-France, une espèce de sansonnet appelé martin, qu'on y a apporté des Indes, se percher familièrement sur le dos et sur les cornes des bœufs, pour les nettoyer. C'est à cet oiseau que cette île est redevable aujourd'hui de la destruction des sauterelles, qui y faisaient autrefois tant de ravages. Dans celles de nos campagnes d'Europe où l'homme exerce encore quelque hospitalité envers les oiseaux innocents, il voit la cigogne bâtir son nid sur le faîte de sa maison, l'hirondelle voltiger dans ses appartements, et la bergeronnette, sur le bord des fleuves, tourner autour de ses brebis pour les défendre des moucherons.

Le fondement de toutes ces connaissances porte sur l'étude des plantes. Chacune d'elles est le foyer de la vie des animaux, dont les espèces viennent y aboutir comme les rayons d'un cercle à leur centre.

Dès que le soleil, parvenu au signe du Bélier, a donné le signal du printemps à notre hémisphère, le vent pluvieux et chaud du sud part de l'Afrique, soulève les mers, fait déborder les fleuves, qui engraissent de leur limon les champs voisins, et renverse, dans les forêts, les vieux arbres, les troncs desséchés, et tout ce qui présente quelque obstacle à la végétation future. Il fond les neiges qui couvrent nos campagnes, et, s'avançant jusque sous le pôle, il brise et dissout les masses énormes de glace que l'hiver y avait accumulées. Quand cette révolution, connue par toute la terre sous le nom du *coup de vent de l'équinoxe*, est arrivée au mois de mars, le soleil tourne nuit et jour autour de notre pôle, sans qu'il y ait un seul point dans tout l'hémisphère septentrional qui échappe à sa chaleur. A chaque parallèle qu'il décrit dans les cieux, une ceinture de plantes nouvelles éclot autour du globe. Chacune d'elles paraît successivement au poste et au jour qui lui sont assignés; elle reçoit à la fois la lumière dans ses fleurs, et la rosée du ciel dans son feuillage. A mesure qu'elle prend de l'accroissement, les diverses tribus d'insectes qu'elle nourrit se développent aussi. C'est à cette époque que chaque espèce d'oiseau se rend à l'espèce de plante qui lui est connue, pour y faire son nid, et y nourrir ses petits de la proie animale qu'elle lui présente, au défaut des semences qu'elle n'a pas encore produites. On voit bientôt accourir les oiseaux voyageurs, qui viennent en prendre aussi leur part. D'abord l'hirondelle vient en préserver nos maisons en bâtissant son lit à l'entour. Les cailles quittent l'Afrique, et, rasant les flots de la Méditerranée, elles se répandent par troupes innombrables dans les vastes prairies de l'Ukraine. Les francolins remontent au nord jusque dans la Laponie. Les canards, les oies sauvages, les cygnes argentés, formant dans les airs de longs triangles, s'avancent jusque dans les îles voisines du pôle. La cigogne, jadis adorée dans l'Égypte, qu'elle abandonne, traverse l'Europe, et s'arrête çà et là jusque dans les villes, sur les toits de l'Allemagne hospitalière. Tous ces oiseaux nourrissent leurs petits des insectes et des reptiles que les herbes nouvelles font éclore. C'est alors que les poissons quittent en foule les abîmes septentrionaux de l'Océan, attirés aux embouchures des fleuves par des nuées d'insectes qui sont entraînés dans leurs eaux, ou qui éclosent le long de leurs rivages. Ils remontent en flotte contre leurs cours, et s'avancent en bondissant jusqu'à leurs sources; d'autres, comme les nord-capers, se laissent entraîner au courant général de l'océan Atlantique, et apparaissent comme des carènes de vaisseaux sur les côtes du Brésil et sur celles de la Guinée. Les quadrupèdes même entreprennent alors de longs voyages. Les uns vont du midi au nord avec le soleil, d'autres d'orient en occident. Il y en a qui côtoient les âpres chaînes des montagnes; d'autres suivent le cours des fleuves qui n'ont jamais été navigués; de longues colonnes de bœufs pâturent en Amérique le long des bords du Méchassipi, qu'ils font retentir de leurs mugissements. Des escadrons nombreux de chevaux traversent les fleuves et les déserts de la Tartarie; et des brebis sauvages errent en bêlant au milieu de ces vastes solitudes. Ces troupeaux n'ont ni pâtres ni bergers qui les guident dans les déserts au son des chalumeaux; mais le développement des herbes qui leur sont connues détermine les moments de leurs départs et les termes de leurs courses. C'est alors que chaque animal habite son site naturel, et se repose à l'ombre du végétal de ses pères; c'est alors que les chaînes de l'harmonie se resserrent, et que, tout étant animé par des consonnances ou par des contrastes, les airs, les eaux, les forêts et les rochers semblent avoir des voix, des passions et des murmures.

Mais ce vaste concert ne peut être saisi que par des intelligences célestes. Il suffit à l'homme, pour étudier la nature avec fruit, de se borner à l'étude d'un seul végétal. Il faudrait, pour cet effet, choisir un arbre antique dans quelque lieu solitaire. On jugerait aisément, aux caractères que j'ai indiqués, s'il est dans son site naturel, mais encore mieux à sa beauté, et aux accessoires dont la nature l'accompagne toujours quand la main de l'homme n'en dérange point les opérations. On observerait d'abord ses relations élémentaires, et les caractères frappants qui distinguent les espèces du même genre, dont les unes naissent aux sources des fleuves, et les autres à leurs embouchures. On examinerait ensuite ses convolvulus, ses mousses, ses guis, ses scolopendres, les champignons de ses racines, et jusqu'aux graminées qui croissent sous son ombre. On apercevrait dans chacun de ces végétaux de nouveaux rapports élémentaires, convenables aux lieux qu'ils occupent, et à l'arbre qui les porte ou qui les abrite. On donnerait ensuite son attention à toutes les espèces d'animaux qui viennent y habiter, et on serait convaincu que, depuis le limaçon jusqu'à l'écureuil, il n'y en a pas un qui n'ait des rapports déterminés et caractéristiques avec les dépendances de sa végétation. Si cet arbre se trouvait au milieu d'une forêt bien ancienne elle-même, il est probable qu'il aurait dans son voisinage l'arbre que la nature fait contraster avec lui dans le même site, comme, par exemple, le bouleau avec le sapin. Il est encore probable que les végétaux accessoires et les animaux de celui-ci contrasteraient pareillement avec ceux du premier. Ces deux sphères d'observations s'éclaireraient mutuellement, et répandraient le plus grand jour sur les mœurs des animaux qui les fréquentent. On aurait alors un chapitre entier de cette immense et sublime histoire de la nature, dont nous ne connaissons pas encore l'alphabet.

Je suis sûr que, sans fatigue et presque sans peine, on ferait les découvertes les plus curieuses : quand on n'en étudierait qu'un seul, on y trouverait une foule d'harmonies ravissantes. Pour jouir de quelques tableaux imparfaits en ce genre, il faut avoir recours aux voyageurs. Nos ornithologistes, enchaînés par leurs méthodes, ne songent qu'à grossir leur catalogue, et ne connaissent dans les oiseaux que les pattes et le bec. Ce n'est point dans les nids qu'ils les observent, mais à la chasse, et dans leur gibecière. Ils regardent même les couleurs de leurs plumes comme des accidents. Cependant ce n'est pas au hasard que la nature a peint, sur les rivages du Brésil, d'un beau rouge incarnat et qu'elle a bordé de noir l'extrémité des ailes de l'ouara, espèce de corlieu qui habite le feuillage glauque des palétuviers qui naissent au sein des flots, et qui ne portent point des fleurs apparentes. Le savia, autre oiseau du même climat, a le ventre jaune, et le reste du plumage gris. Il est de la grosseur d'un moineau, et il se perche sur les polviers, dont les fleurs sont sans éclat, mais dont il mange les graines, qu'il ressème partout. A ces convenances il faut joindre celles du site, qui tire lui-même tant de beauté du végétal qui l'ombrage. Ces harmonies sont rapportées par le père François d'Abbeville. Suivant l'*Histoire des Voyages* de l'abbé Prévost, il y a sur les bords du Sénégal un arbre fluviatile dont les feuilles sont épineuses, et les branches pendantes en arcades. Il est habité par des oiseaux appelés kurbalos ou pêcheurs, de la taille d'un moineau, et variés de plusieurs sortes de couleurs. Leur bec est fort long, et armé de petites dents comme une scie. Ils font leurs nids de la grosseur d'une poire. Ils les composent de terre, de plumes, de pailles, de mousse, et les attachent à un long fil, à l'extrémité des branches qui donnent sur la rivière, afin de se mettre à l'abri des serpents et des singes, qui trouvent quelquefois les moyens d'y grimper. Il n'y a personne qui ne prenne ces nids, à quelque distance, pour les fruits de l'arbre. Il y a de ces arbres qui en ont jusqu'à mille. On voit ces kurbalos voltiger sans cesse sur l'eau, et rentrer dans leurs nids avec un mouvement qui éblouit les yeux. Suivant le père Charlevoix, il croît en Virginie, sur les bords des lacs, un smilax à feuilles de laurier, qui pousse de sa racine plusieurs tiges dont les branches embrassent tous les arbres qui l'environnent, et montent à plus de seize pieds de hauteur. Elles forment en été une ombre impénétrable, et en hiver une retraite tempérée pour les oiseaux. Ses fleurs sont peu apparentes, et ses fruits viennent en grappes rondes, chargées de grains noirs. Ce smilax a pour habitant principal un geai fort beau. Cet oiseau porte sur sa tête une longue crête noire qu'il dresse quand il veut. Son dos est d'un pourpre sombre. Ses ailes sont noires en dedans, bleues en dehors, et blanches aux extrémités, avec des raies noires à travers chaque plume. Sa queue est bleue, et marquée des mêmes raies que ses ailes, et son cri n'est pas désagréable. Il y a des oiseaux qui ne logent pas sur leur plante favorite, mais vis-à-vis. Tel est le colibri, qui se niche souvent, aux îles Antilles; sur un fétu de la couverture d'une case, pour vivre sous la protection de l'homme. Dans nos climats, le rossignol place son nid à couvert dans un buisson, en choisissant de préférence les lieux où il y a des échos, et en observant de l'exposer au soleil du matin. Ces précautions prises, il se place aux environs, contre le tronc d'un arbre; et là, confondu avec la couleur de son écorce, et sans mouvement, il devient invisible. Mais bientôt il anime de son divin ramage l'asile obscur qu'il s'est choisi, et il efface par l'éclat de son chant celui de tous les plumages.

Mais, quelques charmes que puissent répandre les animaux et les plantes sur les sites qui leur sont assignés par la nature, je ne trouve point qu'un paysage ait toute sa beauté, si je n'y vois au moins une petite cabane. L'habitation de l'homme donne à chaque espèce de végétal un nouveau degré d'intérêt ou de majesté. Il ne faut souvent qu'un arbre pour caractériser dans un pays les besoins d'un peuple et les soins de la Providence. J'aime à voir la famille d'un Arabe sous le dattier du désert, et le bateau d'un insulaire des Maldives, chargé de cocos, sous les cocotiers de leurs grèves sablonneuses. La hutte d'un pauvre nègre sans industrie me plaît sous un calebassier qui porte toutes les pièces de son ménage. Nos hôtels fastueux ne sont, à la ville, que des maisons bourgeoises; à la campagne, ce sont des châteaux, des palais, des temples. Les longues avenues qui les annoncent se confondent avec celles qui font communiquer les empires. Ce n'est pas, à la vérité, ce que je trouve de plus intéressant dans nos paysages. Je leur ai préféré souvent la vue d'une petite cabane de pêcheur, bâtie sur le bord d'une rivière. Je me suis reposé quelquefois avec délices à l'ombre des saules et des peupliers où étaient suspendues des nasses faites de leurs propres rameaux.

Nous allons, à notre ordinaire, jeter un coup d'œil rapide sur les harmonies des plantes avec l'homme; et afin de mettre au moins un peu d'ordre dans une matière aussi abondante, nous diviserons encore ces harmonies, par rapport à l'homme même, en élémentaires, en végétales, en animales, et en humaines proprement dites, ou alimentaires.

HARMONIES HUMAINES DES PLANTES.

DES HARMONIES ÉLÉMENTAIRES DES PLANTES, PAR RAPPORT A L'HOMME.

Si nous considérons l'ordre végétal par les simples rapports de force et de grandeur, nous le trouverons divisé assez généralement en trois grandes classes: en herbes, en arbrisseaux, et en arbres. Nous remarquerons premièrement que les herbes sont d'une substance pliante et molle. Si elles eussent été ligneuses et dures, comme les jeunes branches des arbres auxquelles il paraît qu'elles devraient naturellement ressembler, puisqu'elles croissent sur le même sol, la plus grande partie de la terre eût été inaccessible au marcher de l'homme, jusqu'à ce que le fer ou le feu y eût frayé des chemins. Ce n'est donc pas par hasard que tant de graminées, de mousses et d'herbes sont d'une substance molle et souple, ni faute de nourriture ou de moyens de se développer; car il y a de ces herbes qui s'élèvent fort haut, telles que le bananier des Indes, et plusieurs férulacées de nos climats, qui s'élèvent à la hauteur d'un petit arbre.

D'un autre côté, il y a des arbrisseaux ligneux qui ne viennent pas plus grands que des herbes: mais ils croissent, pour l'ordinaire, aux lieux âpres et escarpés, et ils donnent aux hommes la facilité d'y grimper, en poussant jusque dans les fentes des rochers. Mais comme il y a des rochers qui n'ont point de fentes, et qui sont à pic comme des murailles, il y a des plantes rampantes qui prennent racine à leurs bases, et qui, s'attachant à leurs flancs, s'élèvent avec eux à des hauteurs qui surpassent celle des plus grands arbres : tels sont les lierres, les vignes vierges, et un grand nombre de lianes qui tapissent les rochers des pays méridionaux. Si ces sortes de végétations couvraient la terre, il serait impossible d'y marcher. Il est très remarquable que lorsqu'on a découvert des îles inhabitées, on en a trouvé qui étaient remplies de forêts, comme l'île de Madère; d'autres où il n'y avait que des herbes et des joncs, comme les îles Malouines, à l'entrée du détroit de Magellan; d'autres simplement revêtues de mousses, comme plusieurs îlots qui sont sur les côtes du Spitzberg; d'autres en grand nombre où ces différents végétaux étaient mêlés : mais je ne sache pas qu'on en ait trouvé une seule où il n'y eût que des buissons et des lianes. La nature n'a placé ces classes que dans les lieux difficiles à escalader, afin d'en faciliter l'accès aux hommes. On peut dire qu'il n'y a point d'escarpement qui ne puisse être franchi par leur secours. Il ne s'en fallut rien que, par leur moyen, les anciens Gaulois ne s'emparassent du Capitole.

Quant aux arbres, quoiqu'ils soient remplis d'une force végétative qui les élève à de grandes hauteurs, la plupart ne poussent leurs premières branches qu'à une certaine distance de la terre. En sorte que, quoiqu'ils forment, à une certaine élévation, des entrelacements impénétrables au soleil, qu'ils étendent fort loin d'eux, ils laissent cependant autour de leurs pieds des avenues suffisantes pour les aborder, et pour parcourir aisément les forêts.

Voilà donc les dispositions générales des végétaux sur la terre, par rapport au besoin que l'homme avait de la parcourir; les herbes servent de matelas à ses pieds; les buissons, d'échelles à ses mains; et les arbres, de parasols à sa tête. La nature, après avoir établi entre eux ces proportions, les a distribués dans tous les sites, en leur donnant, abstraction faite de leurs rapports particuliers avec les éléments et avec les animaux, les qualités les plus propres à subvenir aux besoins de l'homme, et à compenser, en sa faveur, les inconvénients du climat. Quoique cette manière d'étudier ses ouvrages soit méprisée aujourd'hui de la plupart des naturalistes, c'est à celle-là cependant que nous nous arrêterons. Nous venons de considérer les plantes par la taille, à la manière des jardiniers; nous allons encore les examiner comme les bûcherons, les chasseurs, les charpentiers, les pêcheurs, les bergers, les matelots, et même les bouquetières. Peu nous importe d'être savants, pourvu que nous ne cessions pas d'être hommes.

C'est dans les pays du nord, et sur le sommet des montagnes froides, que croissent les pins, les sapins, les cèdres, et la plupart des arbres résineux, qui abritent l'homme des neiges par l'épaisseur de leurs feuillages, et qui lui fournissent pendant l'hiver des flambeaux et l'entretien de ses foyers. Il est très remarquable que les feuilles de ces arbres toujours verts sont filiformes, et très capables, par cette configuration, qui a encore l'avantage de réverbérer la chaleur comme les poils des animaux, de résister à la violence des vents qui règnent ordinairement sur les lieux élevés. Les naturalistes de Suède ont observé que les pins les plus gras se trouvent aux lieux les plus secs et les plus sablonneux de la Norwège. Les mélèzes, qui se plaisent également dans les montagnes froides, ont des troncs fort résineux. Mathiole, dans son utile commentaire sur Dioscoride, dit qu'il n'y a point de matière plus propre que le charbon de ces arbres à fondre promptement les mines de fer, dans le voisinage desquelles ils se plaisent. Ils sont de plus chargés de mousses, dont quelques espèces s'enflamment à la moindre étincelle. Il raconte qu'étant une nuit obligé de coucher dans les hautes montagnes du détroit de Trente, où il herborisait, il y trouva quantité de mélèzes ou larix, tout barbus, dit-il, et tout blancs de mousses. Les bergers du lieu, voulant lui procurer quelque amusement, mirent le feu aux mousses de quelques uns de ces arbres, qui s'embrasèrent aussitôt avec la rapidité de la poudre à canon. Il semblait, au milieu de l'obscurité de la nuit, que la flamme et les étincelles montassent jusqu'au ciel. Elles répandaient, en brûlant, une fort bonne odeur. Il remarque encore que le meilleur agaric croît sur les mélèzes, et que les arquebusiers de son temps s'en servaient à conserver le feu et à faire des mèches. Ainsi la nature, en couronnant les sommets des montagnes froides et ferrugineuses de ces grandes torches végétales, en a mis les allumettes dans leurs branches, l'amadou à leurs pieds, et le briquet à leurs racines.

Au midi, au contraire, les arbres présentent, dans leurs feuillages, des éventails, des parapluies et des parasols. Le latanier porte chacune de ses feuilles plissée comme un éventail, attachée à une longue queue, et semblable, dans son développement parfait, à un soleil rayonnant de verdure. On peut voir deux de ces arbres au Jardin du Roi. Celle du bananier ressemble à une longue et large ceinture, ce qui lui a fait donner sans doute le nom de figuier d'Adam. La grandeur des feuilles de plusieurs espèces d'arbres augmente à mesure qu'on s'approche de la ligne. Celle du cocotier à fruit double des îles Séchelles a douze ou quinze pieds de long, et sept ou huit de large. Elle suffit pour couvrir une nombreuse famille. Il y a aussi une de ces feuilles au Cabinet du Roi. Celle du talipot de l'île de Ceylan a à peu près la même grandeur. L'intéressant et infortuné Robert Knok, qui a donné la meilleure relation de cette île que je connaisse, dit qu'une de ces feuilles peut couvrir quinze ou vingt personnes. Quand elle est sèche, ajoute-t-il, elle est à la fois forte et maniable, en sorte qu'on peut l'étendre et la resserrer à son gré, étant naturellement plissée comme un éventail. Dans cet état, elle n'est pas plus grosse que le bras, et extraordinairement légère. Les habitants la coupent par triangles, quoiqu'elle soit naturellement ronde; et chacun d'eux en porte un morceau sur sa tête, tenant de la main le bout le plus pointu en avant, pour s'ouvrir un passage à travers les buissons. Les soldats se servent de cette feuille pour faire leurs tentes. Ils la regardent, avec raison, comme un des plus grands bienfaits de la Providence, dans un pays brûlé du soleil, et inondé de pluies la moitié de l'année. La nature a fait, dans ces climats, des parasols pour des villages entiers; car le figuier qu'on appelle aux Indes figuier des Banians, et dont on voit le dessin dans Tavernier et dans plusieurs autres voyageurs, croît sur le sable même brûlant du rivage de la mer, en jetant, de l'extrémité de ses branches, une multitude de jets qui s'inclinent vers la terre, y prennent racine, et forment, autour du tronc principal, quantité d'arcades couvertes d'un ombrage impénétrable.

Dans nos climats tempérés, nous éprouvons une bienveillance semblable de la part de la nature. C'est dans la saison chaude et sèche qu'elle nous donne quantité de fruits pleins d'un jus rafraîchissant, tels que les cerises, les pêches, les melons; et, à l'entrée de l'hiver, ceux qui échauffent par leurs huiles, tels que les amandes et les noix. Quelques naturalistes même ont regardé les coques ligneuses de ces fruits comme des préservatifs de leurs semences contre le froid de la mauvaise saison; mais ce sont, comme nous l'avons vu, des moyens de surnager et de voguer. La nature en emploie d'autres que nous ne connaissons pas, pour préserver les substances des fruits des impressions de l'air. Par exemple, elle fait durer pendant tout l'hiver plusieurs espèces de pommes et de poires qui n'ont d'autres enveloppes que des pellicules si minces, qu'on ne peut en déterminer les épaisseurs.

La nature a mis d'autres végétaux aux lieux humides et arides, dont les qualités sont inexplicables par les lois de notre physique, mais qui sont admirablement d'accord avec les besoins de l'homme qui les habite. C'est le long des eaux que croissent les plantes et les arbres les plus secs, les plus légers, et par conséquent les plus propres à les traverser. Tels sont les roseaux qui sont creux, et les joncs remplis d'une moelle inflammable. Il ne faut qu'une botte médiocre de jonc pour porter sur l'eau un homme fort pesant. C'est sur les bords des lacs du nord que croissent ces vastes bouleaux dont il ne faut que l'écorce d'un seul arbre pour faire un grand canot. Cette écorce est semblable à un cuir par sa souplesse; et si incorruptible à l'humidité, que j'en ai vu tirer, en Russie, de dessous les terres dont on couvre les magasins à poudre, qui étaient parfaitement saines, quoiqu'on les y eût mises du temps de Pierre le Grand. Suivant le témoignage de Pline et de Plutarque, on trouva à Rome, quatre cents ans après la mort de Numa, les livres que ce grand roi avait fait mettre avec lui dans son tombeau. Son corps était totalement détruit; mais ses livres, qui traitaient de la philosophie et de la religion, étaient si bien conservés,

que le préteur Pétilius en prit lecture par ordre du sénat. Sur le rapport qu'il en fit, il fut décidé qu'on les brûlerait. Ils étaient écrits sur des écorces de bouleau. Ces écorces se lèvent en dix ou douze feuillets blancs et minces comme du papier, et en tenaient lieu aux anciens. La nature présente à l'homme d'autres trajectiles sur d'autres rivages. Elle a mis sur les bords des fleuves de l'Inde le bambou, grand roseau qui s'y élève quelquefois à soixante pieds de hauteurs, et qui y croît de la grosseur de la cuisse. L'intervalle compris entre deux de ses nœuds suffit pour soutenir un homme sur l'eau. Un Indien s'y met à califourchon, et traverse ainsi les rivières, en nageant avec les pieds. Le Hollandais Jean-Hugues Linschoten, voyageur digne de foi, assure que les crocodiles ne touchent jamais aux gens qui passent ainsi les rivières, quoiqu'ils attaquent souvent les canots et les chaloupes même des Européens. Il attribue la retenue de cet animal vorace à une antipathie qu'il a contre ce roseau. François Pyrard, autre voyageur qui a fort bien observé la nature, dit qu'il croît sur les rivages des îles Maldives un arbre appelé candou, d'un bois si léger, qu'il sert de liége aux pêcheurs*. Je crois avoir eu en ma possession une souche d'arbre de la même espèce. Elle était dépouillée de son écorce toute blanche, de la grosseur du bras, de six pieds de longueur, et si légère que je la levais avec deux doigts avec la plus grande facilité. C'est dans les mêmes îles et sur les mêmes sables que s'élève le cocotier, qui y vient plus beau que dans aucun autre lieu du monde. Ainsi l'arbre le plus utile aux marins croît sur le bord des mers les plus naviguées. Tout le monde sait qu'on y bâtit un vaisseau de son bois, qu'on en fait les voiles avec ses feuilles, le mât avec son tronc, les cordages avec l'étoupe appelée *caire* qui entoure son fruit, et qu'on le charge ensuite avec ses cocos. Il est encore remarquable que le coco renferme, avant sa maturité parfaite, une liqueur qui est un excellent antiscorbutique. N'est-ce donc pas une merveille de la nature que ce fruit vienne plein de lait, dans des sables arides, et sur les bords de l'eau salée? Ce n'est même que sur les bords de la mer que l'arbre qui le porte parvient dans toute sa beauté; car on en voit peu dans l'intérieur des terres. La nature a placé un palmier de la même famille, mais d'une autre espèce, au sommet des montagnes des mêmes climats: c'est le palmiste. La tige de cet arbre a quelquefois plus de cent pieds de hauteur: elle est parfaitement droite;

* *Voyez* Pyrard, *Voyage aux îles Maldives*, page 38.

elle porte à son sommet, pour unique feuillage, un bouquet de palmes, du milieu duquel sort un long rouleau de feuilles plissées, semblable au fût d'une lance. Ce rouleau renferme, dans une espèce de fourreau coriace, les feuilles naissantes, qui sont très bonnes à manger avant leur développement. Le tronc du palmiste n'a de bois qu'à la circonférence; mais il est si dur, qu'il fait rebrousser le tranchant des meilleures haches. Il se fend d'un bout à l'autre avec la plus grande facilité, et il est rempli, au dedans, d'une substance spongieuse qu'on enlève aisément. Quand il est ainsi préparé, il sert à faire, pour la conduite des eaux souvent dévoyées par les rochers qui sont au sommet des montagnes, des tuyaux qui sont incorruptibles à l'humidité. Ainsi les palmiers donnent aux habitants de ces pays de quoi faire des aqueducs à la source des rivières, et des vaisseaux à leur embouchure. D'autres espèces d'arbres leur rendent ailleurs les mêmes services. C'est sur les rivages des îles Antilles que croît l'acajou, qu'on y appelle improprement cèdre, à cause de son incorruptibilité. Il y vient si gros, que, d'un seul de ses tronçons, on fait des pirogues qui portent jusqu'à quarante hommes *. Cet arbre a une autre qualité qui, au jugement des meilleurs observateurs, aurait dû le rendre précieux à notre marine; c'est qu'il est le seul de ces rivages que les vers marins n'attaquent jamais, quoiqu'ils soient si redoutables à toutes les espèces de bois qui flottent dans ces mers, qu'ils dévorent en peu de temps les escadres, et que, pour les en préserver, on est obligé, depuis quelques années, de doubler leurs carènes de cuivre. Mais ce bel arbre a trouvé des ennemis plus redoutables que les vers dans les habitants européens de ces îles, qui en ont presque totalement détruit l'espèce.

La manière dont la Providence a pourvu à la soif de l'homme, dans les lieux arides, n'est pas moins digne d'admiration. Elle a mis dans les sables brûlants de l'Afrique une plante dont la feuille, contournée en burette, est toujours remplie d'un grand verre d'eau fraîche; le goulot de cette burette est fermé par l'extrémité même de la feuille, en sorte que l'eau ne peut pas s'en évaporer **. Elle a planté, sur quelques terres arides du même pays, un grand arbre, appelé par les nègres boa, dont le tronc, monstrueusement gros, est naturellement creusé comme une citerne. Dans la saison des pluies, il se remplit d'eau, qu'il conserve fraîche dans les plus grandes chaleurs, au moyen du feuillage touffu qui en couronne le sommet. Enfin elle a placé, sur les rochers arides des îles Antilles, des fontaines végétales. On y trouve communément une liane, appelée liane à eau, si remplie de sève que, si on en coupe une simple branche, il en coule sur-le-champ autant d'eau qu'un homme en pourrait boire d'un trait : elle est très limpide et très pure. Dans les lagunes de la baie de Campêche, les voyageurs trouvent un autre secours : ces lagunes, au niveau de la mer, sont presque entièrement inondées dans la saison pluvieuse; et elles sont si arides dans la saison sèche, qu'il est arrivé à plusieurs chasseurs qui s'étaient égarés dans les forêts dont elles sont couvertes, d'y mourir de soif. Le célèbre voyageur Dampier rapporte qu'il a échappé plusieurs fois à ce malheur par le secours d'une végétation fort extraordinaire, qu'on lui avait fait remarquer sur le tronc d'une espèce de pin qui y est très commun : elle ressemble à un paquet de feuilles placées l'une sur l'autre par étages; et à cause de sa forme, et de l'arbre où elle croît, il l'appelle pomme de pin. Cette pomme est pleine d'eau; en sorte qu'en la perçant à sa base avec un couteau, il en coule aussitôt une bonne pinte d'une eau très claire et très saine. Le père Du Tertre raconte qu'il a trouvé plusieurs fois un pareil rafraîchissement dans les feuilles tournées en cornet d'une espèce de balisier qui croît sur les plages sablonneuses de la Guadeloupe. J'ai ouï dire à plusieurs de nos chasseurs que rien n'était plus propre à désaltérer que les feuilles du gui qui croît dans nos arbres *.

Telles sont en partie les précautions dont la Providence a compensé, en faveur de l'homme, les inconvénients de chaque climat, en opposant aux qualités des éléments des qualités contraires dans les végétaux. Je ne les suivrai pas plus loin, car je

---

* *Voyez* les pères Labat et Du Tertre.
** C'est sans doute le *nepenthes distillatoria*. Lin. (A.-M.)

* Les plantes qui fournissent de l'eau sont très communes, surtout dans les déserts et dans les pays chauds. La nature semble les y avoir répandues avec profusion, pour servir aux besoins de l'homme et des animaux. Leurs sucs rafraîchissants se forment sous les rayons du soleil; ils s'y conservent même contre toutes les lois de la physique, qui veut que les fluides s'évaporent par l'action de la chaleur. Ainsi, c'est au milieu des déserts brûlants de l'Amérique que s'élèvent les mélocactus, dont les écorces hérissées de piquants cachent une source d'eau limpide et acidulée. Ainsi Thunberg rapporte que les Hottentots étanchent leur soif en suçant la tige humide de l'*albuca major*. L'Éthiopie offre encore une multitude d'arbres dont les fruits sont comme autant de coupes pleines d'une liqueur parfumée : tels sont les *gelingues* et le *delebeb*, que les missionnaires n'ont pu décrire sans bénir la Providence. Enfin on trouve à Madagascar le *ravinal*, ou arbre du voyageur (*ravelana madagascaricnsis*), ainsi nommé de la propriété singulière qu'il a de fournir une grande quantité de très bonne eau douce lorsqu'on le perce à la base de ses feuilles. (A.-M.)

les crois inépuisables. Je suis persuadé que chaque latitude et chaque saison ont les leurs qui leur sont affectées, et que chaque parallèle les varie dans chaque degré de longitude.

HARMONIES VÉGÉTALES DES PLANTES AVEC L'HOMME.

Si maintenant nous examinions les relations végétales des plantes avec l'homme, nous les trouverions en nombre infini; elles sont les sources perpétuelles de nos arts, de nos fabriques, de notre commerce, et de nos délices; mais, à notre ordinaire, nous ne ferons que parcourir quelques-uns de leurs rapports naturels et directs, auxquels l'homme n'a rien mis du sien.

A commencer par leurs parfums, l'homme me paraît le seul être sensible qui en soit affecté. A la vérité, les animaux, et surtout les mouches et les papillons, ont des plantes qui leur sont propres, et qui les attirent ou les rebutent par leurs émanations; mais ces affections semblent liées avec leurs besoins. L'homme seul est sensible aux parfums et à l'éclat des fleurs, indépendamment de tout appétit animal. Le chien même, qui prend, par la domesticité, une si forte teinture des mœurs et des goûts de l'homme, paraît insensible à cette jouissance-là. L'impression que font les fleurs sur nous semble liée avec quelque affection morale; car il y en a qui nous égaient et d'autres qui nous attristent, sans que nous en puissions apporter d'autres raisons que celles que j'ai essayé d'établir en examinant quelques lois générales de la nature. Au lieu de les distinguer en jaunes, en rouges, en bleues, en violettes, on pourrait les diviser en gaies, en sérieuses, en mélancoliques : leur caractère est si expressif, que les amants, dans l'Orient, emploient leurs nuances pour exprimer les divers degrés de leur passion. La nature s'en sert souvent, par rapport à nous, dans la même intention. Quand elle veut nous éloigner d'un lieu marécageux et malsain, elle y met des plantes vénéneuses, qui ont des couleurs meurtries et des odeurs rebutantes. Il y a une espèce d'arum qui croît dans les marais du détroit de Magellan, dont la fleur présente l'aspect d'un ulcère, et exhale une odeur si forte de chair pourrie, que la mouche à viande vient y déposer ses œufs. Mais le nombre des plantes fétides n'est pas fort étendu. Les campagnes sont tapissées de fleurs qui, pour la plupart, ont des couleurs et des odeurs fort agréables. Je voudrais que le temps me permît de dire quelque chose de la simple agrégation des fleurs; ce sujet est si vaste et si riche, que je ne balance pas d'assurer qu'il y a de quoi occuper le plus fameux botaniste de l'Europe toute sa vie, en lui découvrant chaque jour quelque chose de nouveau, et sans l'écarter de sa maison de plus d'une lieue. Tout l'art avec lequel les joailliers assemblent leurs pierreries disparaît auprès de celui avec lequel la nature assortit les fleurs. Je montrais à J.-J. Rousseau des fleurs de différents trèfles que j'avais cueillies en me promenant avec lui ; il y en avait de disposées en couronnes, en demi-couronnes, en épis, en gerbes, avec des couleurs variées à l'infini. Quand elles étaient sur leurs tiges, elles avaient encore d'autres agrégations avec des plantes qui leur étaient souvent opposées en couleurs et en formes. Je lui demandai si les botanistes s'occupaient de ces harmonies : il me dit que non ; mais qu'il avait conseillé à un jeune dessinateur de Lyon d'apprendre la botanique, pour y étudier les formes et les assemblages des fleurs, et que, par ce moyen, il était devenu un des plus fameux dessinateurs d'étoffes de l'Europe. Je lui citai à ce sujet un trait de Pline, qui lui fit beaucoup de plaisir : c'est à l'occasion d'un peintre de Sicyone, appelé Pausias, qui apprit, par cette étude, à peindre au moins aussi bien les fleurs que celui de Lyon savait les dessiner : à la vérité, il eut encore un maître aussi habile que la nature, ou plutôt qui n'en diffère pas ; ce fut l'amour. Je vais rapporter ce trait dans la simplicité du langage du vieux traducteur de Pline, afin de ne lui rien ôter de sa naïveté *. « En sa jeunesse, il fit la cour à une
» bouquetiere de sa ville, qui avoit nom Glycera,
» laquelle estoit fort gentille, et avoit dix mille in-
» ventions à digerer les fleurs des bouquets et des
» chapeaux; de sorte que Pausias, contrefaisant le
» naturel des chapeaux et bouquets de sa mais-
» tresse, vint à se rendre parfait en cet art : fina-
» lement, il la peignit assise, et faisant un cha-
» peau de fleurs ; et tient-on ce tableau pour une
» des principales pieces que jamais il ait faites. Il
» l'appela Stephano Plocos, pour ce que Glycera
» n'avoit autre moyen de se soulager en sa pau-
» vreté qu'à vendre des chapeaux et bouquets.
» Et certes on dit que L. Lucullus donna à Denys,
» Athenien, deux talents de la simple copie de ce
» tableau. » Cette anecdote a plu singulièrement à Pline, car il l'a répétée dans un autre endroit ** :
« Ceux du Peloponese, dit-il, furent les premiers qui
» compasserent les couleurs et senteurs des fleurs
» qu'on mettoit aux chapeaux. Toutefois cela vint

---

* *Histoire naturelle* de Pline, liv. XXXV, chap. XI.
** *Idem*, liv. XXI, chap. II.

» de l'invention de Pausias, peintre, et d'une
» bouquetière nommée Glycera, à qui ce peintre
» faisoit fort la cour, jusqu'à contrefaire au vif les
» chapeaux et bouquets qu'elle faisoit. Mais cette
» bouquetière changeoit en tant de sortes l'ordon-
» nance de ses chapeaux, pour mieux faire resver
» son peintre, que c'estoit grand plaisir de voir
» combattre l'ouvrage naturel de Glycera contre le
» savoir du peintre Pausias. »

L'antique nature en sait encore plus que la jeune Glycère. Comme nous ne pouvons la suivre dans sa variété infinie, nous ferons au moins une observation sur sa régularité : c'est qu'il n'y a aucune fleur odorante qui ne croisse aux pieds de l'homme, ou au moins à la portée de sa main. Toutes celles de cette espèce sont placées sur des herbes ou sur des arbrisseaux, comme l'héliotrope, l'œillet, la giroflée, la violette, la rose, le lilas. Il n'en croît point de semblables sur des arbres élevés de nos forêts; et si quelques fleurs brillantes viennent sur quelques grands arbres des pays étrangers, comme le tulipier et le marronnier d'Inde, elles ne sentent point bon. A la vérité, quelques grands arbres des Indes, comme les arbres à épices, sont entièrement parfumés; mais leurs fleurs sont peu apparentes, et ne participent pas de l'odeur de leurs feuilles. Les fleurs du cannellier sentent les excréments humains : c'est ce que j'ai éprouvé moi-même, si toutefois les arbres qu'on m'a montrés à l'Ile-de-France, dans une habitation appartenante à M. Magon, étaient de véritables cannelliers. La belle et odorante fleur du magnolia croît dans la partie inférieure de l'arbre. D'ailleurs, le laurier qui la porte est, ainsi que les arbres à épices, un arbre peu élevé.

Je puis me tromper dans quelques unes de mes observations; mais quand elles sont multipliées sur le même objet, et attestées par des hommes dignes de foi, et sans esprit de système, j'en puis tirer des conséquences générales qui ne doivent pas être indifférentes au bonheur du genre humain, en lui montrant des intentions constantes de bienveillance dans l'auteur de la nature. Les variétés de leurs convenances se prêtent des lumières mutuelles; les moyens sont différents, mais la fin est toujours la même. La même bonté qui a placé le fruit qui devait nourrir l'homme à la portée de sa main y a dû mettre aussi son bouquet. Nous remarquerons ici que nos arbres fruitiers sont faciles à escalader, et diffèrent en cela de la plupart de ceux des forêts. De plus, tous ceux qui donnent des fruits mous dans leur maturité, et qui auraient été exposés à se briser par leur chute, comme les figuiers, les mûriers, les pruniers, les pêchers, les abricotiers, les présentent à peu de distance de terre : ceux, au contraire, qui produisent des fruits durs, et qui n'ont rien à risquer dans leur chute, les portent fort élevés, comme les noyers, les châtaigniers et les cocotiers.

Il n'y a pas moins de convenance dans les formes et les grosseurs des fruits. Il y en a beaucoup qui sont taillés pour la bouche de l'homme, comme les cerises et les prunes; d'autres pour sa main, comme les poires et les pommes; d'autres, beaucoup plus gros, comme les melons, sont divisés par côtes, et semblent destinés à être mangés en famille : il y en a même aux Indes, comme le jacq, et chez nous la citrouille, qu'on pourrait partager avec ses voisins. La nature paraît avoir suivi les mêmes proportions dans les diverses grosseurs des fruits destinés à nourrir l'homme, que dans la grandeur des feuilles qui devaient lui donner de l'ombre dans les pays chauds; car elle y en a taillé pour abriter une seule personne, une famille entière, et tous les habitants du même hameau.

Je m'arrêterai peu aux autres rapports que les plantes ont avec l'habitation de l'homme par leur grandeur et leur attitude, quoiqu'il y ait à ce sujet des choses très curieuses à dire. Il en est peu qui ne puissent embellir son champ, son toit ou son mur. J'observerai seulement que le voisinage de l'homme est utile à plusieurs plantes. Un missionnaire anonyme rapporte que les Indiens sont persuadés que les cocotiers au pied desquels il y a des maisons deviennent beaucoup plus beaux que ceux où il n'y en a pas, comme si ces arbres utiles se réjouissaient du voisinage des hommes.

Un autre missionnaire, carme déchaussé, appelé le père Philippe, dit positivement que, lorsque le cocotier est planté auprès des maisons ou des cabanes, il devient plus fécond par la fumée, par les cendres et par l'habitation de l'homme, et qu'il rapporte doublement du fruit; que c'est par cette raison que les lieux plantés de palmes, aux Indes, sont remplis de maisons et de logettes; que les maîtres de ces lieux donnent, au commencement, quelques écus à ceux qui veulent les habiter, et qu'ils sont obligés de leur accorder leur part des fruits lorsqu'on les cueille : à quoi il ajoute que quoique leurs fruits, qui sont très gros et très durs, tombent souvent des arbres dans leur maturité, ou par les rats qui les rongent ou par la violence des vents, on n'a jamais ouï dire que personne de ceux qui habitent dessous en aient été blessés,

C'est ce qui ne me paraît pas moins extraordinaire qu'à lui*.

Je pourrais étendre les influences de l'homme à plusieurs de nos arbres fruitiers, surtout au pommier et à la vigne. Je n'ai point vu de plus beaux pommiers, dans le pays de Caux, que ceux qui croissent autour des maisons des paysans. Il est vrai que les soins du maître peuvent y contribuer. Je me suis arrêté quelquefois dans les rues de Paris à considérer avec plaisir de petites vignes, dont les racines sont dans le sable et sous le pavé, tapisser de leurs grappes toute la façade d'un corps-de-garde. Une d'entre elles, il y a, je crois, six ou sept ans, donna deux fois du fruit dans la même année, ainsi que l'ont rapporté les papiers publics.

HARMONIES ANIMALES DES PLANTES AVEC L'HOMME.

Mais il ne suffisait pas à la nature d'avoir donné à l'homme des berceaux et des tapis chargés de fruits, si elle ne lui eût fourni, dans l'ordre végétal même, des moyens de défense contre les déprédations des bêtes sauvages. Il aurait eu beau veiller, pendant le jour, à la garde de ses biens, ils auraient été au pillage pendant la nuit. Elle lui a donné des arbrisseaux épineux pour les enclore. Plus on avance vers le midi, plus on trouve de variétés dans leurs espèces. Mais, au contraire, on ne voit point, ou du moins on voit bien peu, de ces arbrisseaux épineux dans le nord, où ils paraissent inutiles; car il n'y a point de vergers. Il semble qu'il y en ait aux Indes pour toutes sortes de sites. Quoique je n'aie été, pour ainsi dire, que sur la lisière de ce pays, j'y en ai vu un grand nombre dont l'étude offrirait bien des remarques curieuses à un naturaliste. J'en ai remarqué un, entre autres, dans un jardin de l'Ile-de-France, qui m'a paru propre à faire des enclos impénétrables aux plus petits quadrupèdes. Il vient de la forme d'un pieu, gros comme le bras, tout droit, sans branches, et portant pour unique verdure un petit bouquet de feuilles à son sommet. Son écorce est hérissée d'épines très fortes et très aiguës. Il s'élève à sept ou huit pieds de hauteur, et croît aussi gros en haut qu'en bas. Plusieurs de ces arbrisseaux, plantés de suite les uns auprès des autres, formeraient une vraie palissade, qui n'aurait pas le moindre intervalle. Les raquettes et les cierges, si communs sous la zone torride, ont des épines si perçantes, qu'en marchant dessus elles traversent les semelles des souliers. Il n'y a ni tigres, ni lions, ni éléphants qui osent en approcher. Il y a une autre sorte d'épine dans l'île de Ceylan, dont on se sert pour se défendre des hommes mêmes, qui franchissent toutes sortes de barrières. Robert Knok, que j'ai déjà cité, dit que les avenues du royaume de Candy, dans l'île de Ceylan, ne sont fermées qu'avec des fagots de ces épines, dont les habitants bouchent les passages de leurs montagnes.

L'homme trouve dans les végétaux non-seulement des protections contre les bêtes féroces, mais contre les reptiles et les insectes. Le père DuTertre raconte qu'il trouva un jour dans l'île de la Guadeloupe, au pied d'un arbre, une plante rampante dont les tiges étaient figurées comme des serpents. Mais il fut bien autrement surpris quand il aperçut sept ou huit couleuvres qui étaient mortes autour d'elle. Il l'indiqua à un chirurgien, qui fit, par son moyen, des cures merveilleuses, en l'employant contre les morsures de ces dangereux reptiles. Elle est fort répandue dans les autres îles Antilles, où elle est connue sous le nom de bois de couleuvre. On la retrouve encore aux Indes orientales. Jean-Hugues Linschoten lui attribue la même figure et les mêmes propriétés. Nous avons dans nos climats des végétaux qui ont des convenances et des oppositions fort étranges avec les reptiles. Pline dit que les serpents aiment beaucoup le genévrier et le fenouil; mais qu'on n'en trouve point sous la fougère, le trèfle, le frêne et la rue, et que la bétoine les fait mourir. D'autres plantes, comme nous l'avons dit, détruisent les mouches, telles que les dionées. Thévenot assure qu'aux Indes les palefreniers garantissent leurs chevaux des mouches en les frottant, tous les matins, avec des fleurs de citrouille. L'herbe aux puces, qui a des graines noires et luisantes, semblables à des puces, chasse ces insectes d'une maison, selon Dioscoride. La vipérine, qui a ses semences faites comme des têtes de vipères, fait mourir ces reptiles. Il est probable que c'est à des configurations semblables que les premiers hommes auront reconnu les relations et les oppositions des plantes avec les animaux. Je pense que chaque genre d'insecte a son végétal destructeur que nous ne connaissons pas. En général, toutes les vermines fuient les parfums.

La nature nous a encore donné dans les plantes les premiers patrons des filets pour la chasse et pour la pêche. Il croît dans quelques landes de la Chine une espèce de rotin si entrelacé et si fort qu'il s'y prend des cerfs tout en vie. J'ai vu moi-même, sur les sables du bord de la mer, à l'Ile-de-

---

* Voyez le *Voyage d'Orient*, du révérend père Philippe, carme déchaussé, liv. VII, chap. V, sect. IV.

France, une sorte de liane, appelée fausse patate, qui couvre des arpents entiers, comme un grand filet de pêcheur. Elle est si propre aux mêmes usages, que les nègres s'en servent pour pêcher du poisson. Ils en font, avec les tiges et les feuilles, de longs cordons qu'ils jettent à la mer; et, après en avoir formé une chaîne qui renferme sur l'eau une grande enceinte, ils la tirent, par les deux extrémités, au rivage. Ils ne manquent guère d'y amener quelque poisson*; car les poissons s'effraient non-seulement d'un filet qui les enveloppe, mais de tout corps inconnu qui fait de l'ombre à la surface de l'eau. C'est avec une industrie aussi simple et à peu près semblable que les habitants des Maldives font des pêches prodigieuses, en n'employant, pour amener les poissons dans leurs réservoirs, qu'une corde qui flotte sur l'eau avec des bâtons.

HARMONIES HUMAINES OU ALIMENTAIRES DES PLANTES.

Il n'y a pas une seule plante sur la terre qui n'ait quelques rapports avec les besoins de l'homme, et qui ne serve quelque part à son vêtement, à son toit, à ses plaisirs, à ses remèdes, ou au moins à son foyer. Celles qui sont chez nous les plus inutiles sont quelquefois très estimées ailleurs. Les Égyptiens ont fait souvent des vœux pour l'heureuse récolte des orties, dont la graine leur donne de l'huile, et la tige leur fournit des fils dont ils font de bonne toile. Mais ces rapports généraux étant innombrables, je m'en tiendrai à quelques observations particulières sur les plantes qui servent au premier des besoins de l'homme, je veux dire à sa nourriture.

Nous remarquerons d'abord que le blé, qui sert à la subsistance générale du genre humain, n'est pas produit par des végétaux d'une grande taille, mais par de simples graminées. Le principal soutien de la vie humaine est porté par des herbes, et exposé à la merci des moindres vents. Il y a apparence que, si nous avions été chargés de la sûreté de nos récoltes, nous n'eussions pas manqué de les placer sur de grands arbres; mais, en cela comme dans tout le reste, il faut admirer la prévoyance divine, et nous méfier de la nôtre. Si nos moissons étaient portées par les forêts, lorsque celles-ci sont détruites par la guerre, ou incendiées par notre imprudence, ou renversées par les vents, ou ravagées par les inondations, il faudrait des siècles pour les voir renaître dans un pays. De plus, les fruits des arbres sont bien plus sujets à couler que les semences des graminées. Les graminées, comme nous l'avons observé, portent leurs fleurs en épi, surmontées souvent de petites barbes, qui ne défendent pas leurs semences des oiseaux, comme le disait Cicéron, mais qui sont comme autant de petits toits qui les mettent à l'abri des eaux du ciel. Les gouttes de pluie ne peuvent pas les noyer, comme les fleurs radiées, en disques, en roses et en ombelles, dont les formes toutefois sont propres à certains lieux et à certaines saisons; mais celles des graminées conviennent à toute exposition.

Lorsqu'elles sont portées par des panaches flottants et tombants, comme celles de la plupart des graminées des pays chauds, elles sont abritées de la chaleur du soleil; et lorsqu'elles sont rassemblées en épis, comme celles de la plupart des graminées des pays froids, elles réfléchissent ses rayons au moins par un côté. De plus, par la souplesse de leurs tiges, fortifiées de nœuds de distance en distance, et par leurs feuilles filiformes et capillacées, elles échappent à la violence des vents. Leur faiblesse leur est plus utile que la force ne l'est aux grands arbres. Semblables aux petites fortunes, elles sont ressemées et multipliées par les mêmes tempêtes qui dévastent les grandes forêts. Elles résistent encore aux sécheresses par la longueur de leurs racines, qui vont chercher bien loin l'humidité sous la terre; et quoiqu'elles n'aient que des feuilles étroites, elles en portent en si grand nombre qu'elles couvrent de leurs plants multipliés la surface de la terre. A la moindre pluie, vous les voyez toutes se dresser en l'air par leurs extrémités, comme si c'étaient autant de griffes. Elles résistent aux incendies mêmes qui font périr tant d'arbres dans les forêts. J'ai vu des pays où l'on met chaque année le feu aux herbes, dans le temps de la sécheresse, se recouvrir, dès qu'il pleut, de la plus belle verdure. Quoique ce feu soit si actif qu'il fait périr souvent les arbres qui se trouvent dans son voisinage, les racines des herbes n'en sont point offensées. Elles ont de plus la faculté de se reproduire de trois manières, par des rejetons qui poussent à leur pied, par des traînasses qu'elles étendent au loin, et par des graines très volatiles ou indigestibles que les vents et les animaux dispersent de tous côtés. La plupart des arbres, au contraire, ne se régénèrent naturellement que par leurs semences. Ajoutez aux avantages généraux des graminées une variété étonnante de caractères dans leurs floraisons et leurs attitudes, qui les rend plus propres que les végétaux de toute autre classe à croître dans toutes sortes de sites.

---

* *Voyez* François Pyrard, *Voyage aux Maldives.*

C'est dans cette famille, si j'ose dire cosmopolite, que la nature a placé le principal aliment de l'homme; car les blés, dont tant de peuples subsistent, ne sont que des espèces de graminées. Il n'y a point de terre où il ne puisse croître quelque espèce de blé. Homère, qui avait si bien étudié la nature, caractérise souvent chaque pays par le végétal qui lui est propre. Il vante une île pour ses raisins, une autre pour ses oliviers, une autre pour ses lauriers, une autre pour ses palmiers; mais il ne donne qu'à la terre l'épithète générale de *zeidora*, ou porte-blé. En effet, la nature en a formé pour croître dans tous les sites, depuis la ligne jusqu'aux bords de la mer Glaciale. Il y en a pour les lieux humides des pays chauds, comme le riz de l'Asie, qui vient en abondance dans les vases du Gange. Il y en a pour les lieux marécageux des pays froids, comme une espèce de folle-avoine qui croît naturellement sur les bords des fleuves de l'Amérique septentrionale, et dont plusieurs nations sauvages font, chaque année, d'abondantes récoltes*. D'autres blés réussissent à merveille sur les terres chaudes et sèches, comme le millet et le panic en Afrique, et le maïs au Brésil. Dans nos climats, le froment se plaît dans les terres fortes; le seigle, dans les sables; le sarrasin, sur les coteaux pluvieux; l'avoine, dans les plaines humides; l'orge, dans les rochers. L'orge réussit jusque dans le fond du nord. J'en ai vu, par le 64ᵉ degré de latitude nord, dans les roches de la Finlande, des récoltes aussi belles qu'en aient jamais produit les champs de la Palestine. Le blé suffit à tous les besoins de l'homme. Avec sa paille, il peut se loger, se couvrir, se chauffer, et nourrir ses brebis, sa vache et son cheval; avec son grain, il fait des aliments et des boissons de toutes sortes de saveurs. Les peuples du nord en brassent de la bière, et en tirent des eaux-de-vie plus fortes que celles du vin: telles sont celles de Dantzick. Les Chinois** font avec le riz un vin aussi agréable que le meilleur vin d'Espagne. Les Brésiliens préparent avec le maïs leur ouicou. Enfin, avec l'avoine torréfiée on peut faire des crèmes qui ont le parfum de la vanille. Si nous joignons à ces qualités celles des autres plantes domestiques, dont la plupart croissent aussi par toute la terre, nous y trouverons les saveurs du girofle, du poivre, des épiceries; et, sans sortir de nos jardins, nous rassemblerons les jouissances dispersées dans le reste des végétaux.

Nous pouvons reconnaître dans l'orge et dans l'avoine les caractères élémentaires dont j'ai parlé, qui varient les espèces de plantes du même genre suivant les sites où elles doivent naître. L'orge, destinée aux lieux secs, a des feuilles larges et ouvertes à leur base, qui conduisent les eaux des pluies à sa racine. Les longues barbes qui surmontent les balles qui enveloppent ses grains sont hérissées de dentelures propres à les accrocher aux poils des animaux, et à les ressemer dans les lieux élevés et arides. L'avoine, au contraire, destinée aux lieux humides, a des feuilles étroites, arrêtées autour de sa tige, pour intercepter les eaux des pluies. Ses balles renflées, semblables à deux longues demi-vessies, et peu adhérentes aux grains, les rendent propres à surnager, et à traverser les eaux par le secours du vent. Mais voici quelque chose de plus admirable, qui confirmera ce que nous avons dit sur les usages des diverses parties des plantes par rapport aux éléments, et qui étend les vues de la nature au-delà même de leurs fruits, que nous avons regardés comme leurs caractères déterminants: c'est que l'orge, dans les années pluvieuses, dégénère en avoine; et l'avoine, dans les années sèches, se change en orge. Cette observation, rapportée par Pline, Galien et Mathiole, commentateur de Dioscoride*, a été confirmée par les expériences de plusieurs naturalistes modernes. A la vérité, Mathiole prétend que cette transformation de l'orge ne se fait pas en avoine proprement dite, qu'il appelle bromos, mais en une plante qui lui ressemble au premier coup d'œil, et qu'il appelle ægilops, ou coquiole. Cette transformation, constatée par les expériences réitérées des laboureurs de son pays, et par celle que le père de Galien fit expressément pour s'en convaincre, suffit, avec celle des fleurs de la linaire, et des feuilles de plusieurs végétaux, pour nous prouver que les rapports élémentaires des plantes ne sont que les rapports secondaires, et que les rapports animaux ou humains sont les principaux**. Ainsi la nature a placé le caractère d'une

---

* *Voyez* le père Hennepin, récollet; Champlain, et les autres voyageurs de l'Amérique septentrionale.
** *Voyage à la Chine*, par Isbrand-Ides.

* *Voyez* Mathiole, sur Dioscoride, livre IV, page 432.
** L'orge ne dégénère pas en avoine, et l'avoine ne se change pas en orge; mais la culture peut modifier les formes de ces graminées, au point de les rendre presque méconnaissables Pour se faire une idée de la puissance de l'homme sur les productions végétales, il suffit de comparer les espèces de plantes qui croissent spontanément dans les champs avec les mêmes espèces cultivées dans les jardins. Par exemple, n'est-ce pas du petit œillet des chartreux qui tapisse les rochers sauvages, qu'est sortie la tige primitive des magnifiques œillets de nos fleuristes? La rose appelée vulgairement *aux cent feuilles* ne doit-elle pas également son origine à l'humble églantier (*rosa canina*, LIN.)? Les cinq pétales de cette fleur des buissons se sont multipliés, et la culture a fini par donner à la rose ses

plante non-seulement dans la forme du fruit, mais dans la substance de ce même fruit.

Je présume de là qu'ayant fait en général de la substance farineuse la base de la vie humaine, elle l'a répandue dans tous les sites, sur diverses espèces de graminées ; qu'ensuite, voulant y ajouter des modifications relatives à quelques humeurs de notre tempérament, ou à quelque influence de la saison ou du climat, elle en a fait d'autres combinaisons qu'elle a placées dans les plantes légumineuses, comme les pois et les fèves, que les Romains comprenaient au rang des blés ; qu'enfin, elle en a formé d'une autre sorte, qu'elle a mises dans les fruits des arbres, comme les châtaignes ; ou dans les racines, comme les patates et les pommes de terre. Ces convenances de substance avec chaque climat sont si certaines, que, par tout pays, le fruit qui est le plus commun est le meilleur et le plus sain. Je présume encore qu'elle a suivi le même plan par rapport aux plantes médicinales, et qu'ayant répandu sur plusieurs familles de végétaux des vertus relatives à notre sang, à nos nerfs, à nos humeurs, elle les a modifiées, dans chaque pays, suivant les maladies que le climat y engendre, et les a mises en opposition avec les caractères particuliers de ces mêmes maladies. C'est, ce me semble, pour avoir négligé ces observations qu'il s'est élevé tant de doutes et de disputes sur les vertus des plantes. Tel simple qui remédie à un mal dans un pays l'augmente quelquefois dans un autre. Le quinquina, qui est l'écorce d'une espèce de manglier d'eau douce du Mexique, guérit les fièvres de l'Amérique d'une espèce particulière aux lieux humides et chauds, et échoue souvent contre celles de l'Europe. Chaque remède est modifié dans chaque lieu, comme chaque mal. Je ne pousserai pas plus loin cette réflexion, qui me ferait sortir de mon sujet ; mais si les médecins y faisaient l'attention qu'elle mérite, ils étudieraient mieux les plantes de leur pays, et ils ne leur préféreraient pas, comme ils font la plupart, celles des pays étrangers, qu'ils sont obligés de modifier de mille manières pour leur donner, au hasard, des convenances avec les maladies locales. Ce qu'il y a de certain, c'est que quand la nature a déterminé une certaine saveur dans quelque végétal, elle la répète par toute la terre, avec des modifications qui n'empêchent pas cependant de reconnaître sa vertu principale. Ainsi, ayant mis le cochléaria, ce puissant antiscorbutique, jusque sur les rivages brumeux du Spitzberg, elle en a répété la saveur et les qualités dans le cresson de nos ruisseaux, dans le cresson alénois de nos jardins, dans la capucine, qui est un cresson des rivières du Pérou ; enfin dans les graines mêmes du papayer, qui vient aux lieux humides, dans les îles Antilles. On retrouve pareillement la saveur, l'odeur et les qualités de notre ail dans des bois, des écorces et des mousses de l'Amérique [48].

Ces considérations me persuadent que les caractères élémentaires des plantes, et leur entière configuration, ne sont que des moyens secondaires, et que leur caractère principal tient aux besoins de l'homme. Ainsi, pour établir dans les plantes un ordre simple et agréable, au lieu de parcourir successivement leurs harmonies élémentaires, végétales, animales et humaines, il faudrait renverser cet ordre, sans toutefois l'altérer, et partir d'abord des plantes qui présentent à l'homme ses premiers besoins, passer de là aux usages qu'en tirent les animaux, et s'arrêter aux sites qui en déterminent les variétés.

Cette marche est d'autant plus aisée à suivre, que le premier point du départ est fixé par l'odorat et le goût. Les témoignages de ces deux sens ne sont pas à mépriser ; car ils nous servent à décider les qualités intimes des plantes, bien mieux que les décompositions de la chimie. Ils peuvent s'étendre à tout le règne végétal, d'autant qu'il n'y a pas un seul genre de plante, différencié en ombelle, en rose, en papilionacée, etc., qui n'offre à l'homme un aliment dans quelque partie du globe. Le souchet d'Éthiopie porte, à sa racine, des bulbes qui ont le goût d'amandes. Celui qu'on appelle en Italie trasi en produit qui ont la saveur des châtaignes*. Nous avons trouvé en Amé-

---

nombreux pétales, ses couleurs éclatantes, et jusqu'à ses parfums. Il ne faut donc pas s'étonner si les anciens ont pu croire à des transformations de végétaux, lorsque nous en opérons nous-mêmes de si extraordinaires. Quant aux modifications que les céréales doivent éprouver par la culture, Buffon a très bien remarqué que le blé, tel qu'il est, n'est point un don de la nature, mais le grand, l'utile fruit des recherches et des travaux de l'homme. « Nulle part, sur la terre, dit-il, on n'a trouvé du blé sauvage, et c'est évidemment une herbe perfectionnée par nos soins. » Malgré cette assertion, on peut avoir pour tantôt cette plante est perfectionnée par la culture, et que tantôt elle reprend sa forme primitive, lorsqu'elle est abandonnée. Bruce dit avoir vu près des sources du Nil l'avoine dans son état naturel : sa hauteur était de plus du double de la nôtre ; mais il n'en donne pas la description complète. Quant à moi, je suis convaincu que toute la vigueur de la plante était dans sa tige, et que l'épi et les grains étaient beaucoup moins fournis que ceux de l'avoine cultivée. Telle est l'espèce d'*avoine folle* qu'on trouve au bord des chemins, et dont les grains n'ont aucune substance. C'est sans doute de ces différentes modifications que Pline, Galien et Mathiole ont voulu parler, et c'est au moins à ces faits que s'arrête la vérité. (A.-M.)

* *Voyez* le *Catalogue du Jardin des Plantes de Bologne*, par Hyacinthe Ambrosino.

rique la pomme de terre dans la classe des solanum, qui sont des poisons. C'est un jasmin de l'Arabie qui nous donne le café. L'églantier ne produit chez nous que des baies pour les oiseaux; mais celui de la terre d'Iesso, qui y croît entre les rochers et les coquillages des bords de la mer, porte des calices si gros et si nourrissants qu'ils servent d'aliment une partie de l'année aux habitants de ces rivages*. Les fougères de nos coteaux sont stériles; cependant dans l'Amérique septentrionale il en croît une espèce appelée *filix baccifera*, qui est chargée de baies fort bonnes à manger**. L'arbre même des îles Moluques, appelé libbi par les habitants, et palmier-sagou par les voyageurs, n'est qu'une fougère, au jugement de nos botanistes. Cette fougère renferme dans son tronc le sagou, substance plus légère et plus délicate que le riz. Enfin il y a jusqu'à certaines espèces de fucus que les Chinois mangent avec délices, entre autres ceux qui composent les nids d'une espèce d'hirondelle***.

En disposant donc dans cet ordre les plantes qui portent la subsistance principale de l'homme, comme les graminées, on aurait d'abord, pour notre pays, le froment des terres fortes; le seigle des sables, l'orge des rochers, l'avoine des lieux humides, le blé sarrasin des collines pluvieuses; et, pour les autres climats et expositions, le panic, le mil, le millet, le maïs, la folle-avoine du Canada, le riz de l'Asie, dont quelques espèces viennent dans les lieux secs, etc....

Il serait encore utile de déterminer, sur la terre, des lieux auxquels on pourrait rapporter l'origine de chaque plante comestible. Ce que j'ai à dire à ce sujet n'est qu'une conjecture, mais elle me paraît bien vraisemblable. Je pense donc que la nature a mis dans les îles les espèces des plantes les plus belles et les plus convenables aux besoins de l'homme. Premièrement, les îles sont plus favorables aux développements élémentaires des plantes que l'intérieur des continents; car il n'y en a point qui ne jouisse des influences de tous les éléments, ayant autour d'elle les vents et la mer, et souvent, dans son intérieur, des plaines, des sables, des lacs, des rochers et des montagnes. Une île est un petit monde en abrégé. Secondement, leur température particulière est si variée, qu'on en trouve dans tous les points principaux de longitude et de latitude, quoiqu'il y en ait un nombre considérable qui nous soient encore inconnues, entre autres dans la mer du Sud. Enfin l'expérience prouve qu'il n'y a pas un seul arbre fruitier, en Europe, qui ne devienne plus beau dans quelqu'une des îles qui sont sur ces côtes que dans le continent. J'ai parlé de la beauté des châtaigniers de la Corse et de la Sicile; mais Pline, qui nous a conservé l'origine des arbres fruitiers qui étaient de son temps en Italie, nous apprend que la plupart avaient été apportés des îles de l'Archipel. Le noyer venait de la Sardaigne; la vigne, le figuier, l'olivier, et beaucoup d'autres arbres fruitiers, étaient originaires des autres îles de la Méditerranée. Il observe même que l'olivier, ainsi que plusieurs autres plantes, ne réussit que dans le voisinage de la mer. Tous les voyageurs modernes confirment ces observations. Tavernier, qui avait traversé tant de fois l'Asie, dit qu'on ne voit plus d'oliviers au-delà d'Alep. Un anonyme anglais, que j'ai déja cité avec éloge, assure que nulle part dans le continent on ne trouve des figuiers, des vignes, des mûriers, ainsi que plusieurs autres arbres fruitiers, qui soient comparables en grandeur et en production à ceux de l'Archipel, malgré la négligence de ses infortunés cultivateurs. Je pourrais y joindre beaucoup d'autres végétaux qui ne viennent que dans ces îles, et qui fournissent au commerce de l'Europe des gommes, des mannes et des teintures. Le pommier, si commun en France, n'y donne nulle part des fruits aussi beaux et d'espèces aussi variées que sur les rivages de la Normandie, sous l'haleine des vents maritimes de l'ouest. Je ne doute pas que le fruit qui fut le prix de la beauté n'ait aussi, comme Vénus, quelque île favorite.

Si nous portons nos remarques jusque dans la zone torride, nous verrons que ce n'est ni de l'Asie ni de l'Afrique que se tirent le girofle, la muscade, la cannelle, le poivre de la meilleure qualité, le benjoin, le sandal, le sagou, etc.; mais des îles Moluques, ou de celles qui sont dans leurs mers. Le cocotier ne vient dans toute sa beauté qu'aux îles Maldives. Il y a même, dans les archipels de ces mers, quantité d'arbres fruitiers décrits par Dampier, qui ne sont pas encore trans-

---

* *Voyez* la collection des voyages de Thévenot.
** *Voyez* le père Charlevoix, *Histoire de la Nouvelle-France*.
*** Cette hirondelle est la salangane (*hirundo esculenta*. LATH.) Les auteurs diffèrent d'opinions sur la matière dont le nid de la salangane est composé. Les uns prétendent que c'est une écume de mer; les autres croient y reconnaître le suc d'un arbre appelé *calembouc*, ou le frai d'une espèce de poisson; et cette dernière opinion nous semble la plus probable. C'était au moins celle de M. Poivre, qui avait vu les mers qui s'étendent depuis Java jusqu'à la Cochinchine couvertes de *rogue* ou frai de poisson, dont il constata l'identité avec la matière du nid des salanganes. Selon Macartney, on trouve ces nids dans de profondes cavernes qui sont au pied des montagnes de l'île de Java. (A.-M.)

plantés dans l'ancien continent, tels que l'arbre à grappes. Le double coco ne se trouve qu'aux îles Séchelles. Les îles nouvellement découvertes de la mer du Sud, telle que celle de Taïti, nous ont présenté des arbres inconnus, comme le fruit à pain et le mûrier, dont l'écorce sert à faire des étoffes. On en peut dire autant des productions végétales des îles de l'Amérique, par rapport à leur continent.

Je pourrais étendre ces observations jusqu'aux oiseaux et aux quadrupèdes même, qui sont plus beaux et d'espèces plus variées dans les îles que partout ailleurs. Les éléphants les plus estimés en Asie sont ceux de l'île de Ceylan. Les Indiens leur croient quelque chose de divin; qui plus est, ils prétendent que les autres éléphants reconnaissent cette supériorité. Ce qu'il y a de certain, c'est qu'ils sont beaucoup plus chers en Asie que tous les autres. Enfin, les voyageurs les plus dignes de foi, et qui ont le mieux observé, comme l'Anglais Dampier, le père Du Tertre et quelques autres, disent qu'il n'y a pas un récif dans les mers comprises entre les tropiques qui ne soit distingué par quelque sorte d'oiseau, de crabe, de tortue, ou de poisson, qui ne se trouve nulle part ailleurs, ni d'espèces si variées, ni en si grande abondance. Je présume que la nature a ainsi distribué ses principaux bienfaits dans les îles, pour inviter les hommes à y passer, et à parcourir la terre. Ce ne sont que des conjectures; mais il est rare qu'elles nous trompent, quand on les fonde sur l'intelligence et la bonté de son auteur.

On pourrait donc rapporter la plus belle espèce de blé, qui est le froment, à la Sicile, où l'on prétend en effet qu'il fut trouvé pour la première fois. La fable a immortalisé cette découverte, en y plaçant les amours de Cérès, ainsi que la naissance de Bacchus dans l'île de Naxos, à cause de la beauté de ses vignes. Ce qu'il y a de certain, c'est que le blé n'est indigène qu'en Sicile; si toutefois il s'y reperpétue encore de lui-même, comme l'assuraient les anciens. Après avoir déterminé de la même manière les autres convenances humaines des graminées avec différents sites de la terre, on chercherait les graminées qui ont des rapports marqués avec nos animaux domestiques, comme le bœuf, le cheval, la brebis, le chien. On les caractériserait par les noms de ces animaux. Nous aurions des *gramen bovinum, equinum, ovinum, caninum*. On distinguerait ensuite les espèces de chacun de ces genres par les noms des différents lieux où ces animaux les retrouvent, sur les bords des fleuves, dans les rochers, sur les sables, dans les montagnes; de sorte qu'en y ajoutant les épithètes *fluviatile, saxatile, arenosum, montanum*, on suppléerait avec deux mots à toutes les longues phrases de notre botanique. On répartirait de même les autres graminées aux divers quadrupèdes de nos forêts, comme aux cerfs, aux lièvres, aux sangliers, etc. Ces premières déterminations demanderaient quelques expériences à faire sur les goûts des animaux, mais elles seraient fort instructives et très amusantes. Elles ne seraient pas cruelles, comme la plupart de celles de notre physique moderne, qui les écorche vifs, les empoisonne ou les étouffe, pour connaître leur naturel. Elles ne s'occuperaient que de leurs appétits, et non de leurs convulsions. Au reste, il y a déja beaucoup de ces plantes préférées, qui sont connues de nos bergers. Un d'eux m'a montré, aux environs de Paris, une graminée qui engraisse plus les brebis en quinze jours que les autres espèces ne pourraient le faire en deux mois. Aussi, dès qu'elles l'aperçoivent, elles y courent avec la plus grande avidité. J'en ai été témoin. Je ne veux pas dire toutefois que chaque espèce d'animal borne son appétit à une seule espèce de mets. Il suffit seulement, pour établir l'ordre que je propose, que chacune d'elles donne, dans chaque genre de plante, la préférence à une espèce; et c'est ce que l'expérience confirme.

La grande classe des graminées étant ainsi distribuée aux hommes et aux animaux, les autres plantes présenteraient encore plus de facilité dans leurs répartitions, parcequ'elles sont bien moins nombreuses. Dans les quinze cent cinquante espèces de plantes reconnues par Sébastien Vaillant aux environs de Paris, il y a plus de cent familles, parmi lesquelles celle des graminées comprend, pour sa part, quatre-vingt-cinq espèces, sans compter vingt-six variétés, et nos différentes sortes de blés. Elle est la plus nombreuse après celle des champignons, qui en a cent dix; et celle des mousses, qui en a quatre-vingt-six. Ainsi, au lieu des classes systématiques de notre botanique, qui n'expliquent point les usages de la plupart des parties végétales, qui confondent souvent les plantes les plus disparates, et qui séparent celles qui sont du même genre, nous aurions un ordre simple, facile, agréable, et d'une étendue infinie, qui, passant de l'homme aux animaux, aux végétaux et aux éléments, nous montrerait les plantes qui servent à notre usage et à ceux des êtres sensibles, rendrait à chacune d'elles ses relations élémentaires, à chaque site de la terre sa beauté végétale, et remplirait le cœur humain d'admiration et de reconnaissance. Ce plan paraît d'autant plus conforme à celui de la nature, qu'il est entièrement compris dans la bénédiction que son auteur donna à nos premiers parents, lorsqu'il leur dit*: « Je vous ai donné toutes les herbes, qui portent leurs graines sur la terre, et tous les arbres, qui renferment en eux-mêmes leurs semences, chacun SELON SON ESPÈCE, afin qu'ils vous servent de nourriture ; et à tous les animaux de la terre, à tous les oiseaux du ciel, à tout ce qui se remue sur la terre, et qui est vivant et animé, afin qu'ils aient de quoi se nourrir. »

Cette bénédiction ne s'est pas bornée pour l'homme à quelque espèce primordiale dans chaque genre. Elle s'est étendue à tout le règne végétal, qui se convertit pour lui en aliments, par le moyen des animaux domestiques. Linné leur a présenté les huit à neuf cents plantes que produit la Suède, et il a remarqué que la vache en mange deux cent quatre-vingt-six ; la chèvre, quatre cent cinquante-huit ; la brebis, quatre cent dix-sept ; le cheval, deux cent soixante-dix-huit ; le porc, cent sept. Le premier animal n'en refuse que cent quatre-vingt-quatre ; le second, quatre-vingt-douze ; le troisième, cent douze ; le quatrième, deux cent sept ; le cinquième, cent quatre-vingt-dix. Il ne comprend dans ces énumérations que les plantes que ces animaux mangent avec avidité, et celles qu'ils rejettent avec obstination. Les autres leur sont indifférentes ; ils en mangent au besoin, et même avec plaisir, lorsqu'elles sont tendres. Il n'y en a aucune de perdue. Celles qui sont rebutées des uns font les délices des autres. Les plus âcres, et même les plus vénéneuses, servent à en engraisser quelques uns. La chèvre broute les renoncules des prés qui sont si poivrées, le tithymale et la ciguë. Le porc dévore la prêle et la jusquiame. Il n'a point admis à ces épreuves l'âne, qui ne vit point en Suède, ni le renne, qui l'y remplace si avantageusement dans les parties du nord, ni les autres animaux domestiques, comme le canard, l'oie, la poule, le pigeon, le chat et le chien. Tous ces animaux réunis semblent destinés à tourner à notre profit tout ce qui végète, par leurs appétits universels, et surtout par cet instinct inexplicable de domesticité qui les attache à nous, sans qu'on ait pu en rendre susceptibles ni le cerf, qui est si timide, ni même les petits oiseaux qui cherchent à vivre sous notre protection, tels que l'hirondelle, qui fait son nid dans nos maisons. La nature n'a donné l'instinct de sociabilité humaine qu'à ceux dont les services pouvaient être utiles à l'homme en tout temps, et elle les a configurés d'une manière admirable pour les différents sites du règne végétal. Je ne parle pas du chameau des Arabes, qui peut rester plusieurs jours sans boire en traversant les sables brûlants du Zara ; ni du renne des Lapons, dont le pied très fendu peut s'appuyer et courir sur la surface des neiges ; ni du rhinocéros des Siamois et des Péguans, qui, avec les plis de sa peau qu'il gonfle à volonté, peut se dégager des terrains marécageux du Syriam ; ni de l'éléphant d'Asie, dont le pied, divisé en cinq ergots, est si sûr dans les montagnes escarpées de la zone torride ; ni du lama du Pérou, qui gravit avec ses pieds ergotés les âpres rochers des Cordillères. Chaque site extraordinaire nourrit pour l'homme un serviteur commode. Mais, sans sortir de nos hameaux, le cheval solipède paît dans les plaines, la vache pesante au fond des vallées, la brebis légère sur la croupe des collines, la chèvre grimpante sur les flancs des rochers ; le porc, armé d'un groin, fouille les racines des marais ; l'oie et le canard mangent les herbes fluviatiles ; la poule ramasse tout ce qui se perd dans les champs ; l'abeille aux quatre ailes butine les poussières des fleurs ; et le pigeon rapide va glaner les semences qui se perdent dans les rochers inaccessibles. Tous ces animaux, après avoir occupé pendant le jour les différents sites de la végétation, reviennent le soir à l'habitation de l'homme, avec des bêlements, des murmures et des cris de joie, en lui rapportant les doux tributs des plantes changées, par une métamorphose inconcevable, en miel, en lait, en beurre, en œufs et en crème.

J'aime à me représenter ces premiers temps du monde, où les hommes voyageaient sur la terre avec leurs troupeaux, en mettant à contribution tout le règne végétal. Le soleil les invitait à s'avancer jusqu'aux extrémités du nord, avec le printemps qui le devance, et à en revenir avec l'automne qui le suit. Son cours annuel dans les cieux semble réglé sur les pas de l'homme sur la terre. Pendant que cet astre s'avance du tropique du Capricorne à celui du Cancer, un voyageur, parti de la zone torride à pied, peut arriver sur les bords de la mer Glaciale, et revenir ensuite dans la zone tempérée lorsque le soleil retourne sur ses pas, en faisant tout au plus quatre à cinq lieues par jour, sans éprouver dans sa route ni les chaleurs de l'été, ni les frimas de l'hiver. C'est en se réglant sur le cours annuel du soleil que voyagent encore quelques hordes tartares. Quel spectacle dut offrir la terre à ses premiers habitants, lorsque

---

* *Genèse*, chap. 1, ⅴ 29 et 30.

tout y était à sa place, et qu'elle n'avait point encore été dégradée par les travaux imprudents ou par les fureurs de l'homme! Je suppose qu'ils partirent de l'Inde, le berceau du genre humain, pour s'avancer au nord. Ils traversèrent d'abord les hautes montagnes de Bember, toujours couvertes de neige, qui entourent, comme un rempart, l'heureuse contrée de Cachemire, et qui la séparent du royaume brûlant de Lahor*. Elles se présentèrent à eux comme d'immenses amphithéâtres de verdure qui portaient, du côté du midi, tous les végétaux de l'Inde; et du côté du nord, tous ceux de l'Europe. Ils descendirent dans le vaste bassin qu'elles renferment, et ils y virent une partie des arbres fruitiers qui devaient enrichir un jour nos vergers. Les abricotiers de la Médie et les pêchers de la Perse bordaient de leurs rameaux fleuris les lacs et les ruisseaux d'eau vive qui l'arrosent. En sortant des vallées toujours vertes de Cachemire, ils pénétrèrent bientôt dans les forêts de l'Europe, et se reposèrent sous les feuillages des grands hêtres et des ormes touffus, qui n'avaient ombragé que les amours des oiseaux, et qu'aucun poëte n'avait encore chantés. Ils traversèrent les vastes prairies qu'arrose l'Irtis, semblables à des mers de verdure, et diversifiées çà et là de longs tapis de lis jaunes, de lisières de ginseng, et de touffes de rhubarbe au large feuillage: en suivant ses bords, ils s'enfoncèrent dans les forêts du nord, sous les majestueux rameaux des sapins, et sous les ombrages mobiles des bouleaux. Que de riantes vallées s'ouvrirent à eux le long des fleuves, et les invitèrent à s'écarter de leur route, en leur promettant encore de plus doux objets! Que de coteaux émaillés de fleurs inconnues, et couronnés d'arbres antiques et vénérables, les engagèrent à ne pas aller plus loin! Parvenus sur les bords de la mer Glaciale, un nouvel ordre de choses s'offrit à eux. Il n'y avait plus de nuit; le soleil tournait autour de l'horizon, et des brumes éparses dans les airs répétaient, sur différents plans, sa lumière en arcs-en-ciel de pourpre, et en éblouissantes parhélies. Mais, si la magnificence était redoublée dans les cieux, la désolation était sur la terre. L'Océan était hérissé de glaces flottantes, qui apparaissaient à l'horizon comme des tours et comme des cités en ruines; et on ne voyait sur le continent, pour bocages, que quelques arbrisseaux déformés par les vents; et pour prairies, que des rochers couverts de mousses. Sans doute périrent là les troupeaux qui les avaient accompagnés; mais la nature y avait encore pourvu aux besoins des hommes. Ces rivages étaient formés de lits épais de charbon de terre*. Les mers fourmillaient de poissons, et les lacs d'oiseaux. Il fallait, parmi les animaux, des aides et des domestiques; le renne parut au milieu des mousses: il offrit à ces familles errantes les services du cheval dans sa légèreté, la toison de la brebis dans sa fourrure; et en leur montrant, comme la vache, ses quatre mamelles avec un seul nourrisson, il sembla leur dire qu'il était destiné, comme elle, à partager son lait avec des mères surchargées d'enfants.

Mais la partie de la terre qui attira les premiers regards des hommes dut être l'orient. Le lieu de l'horizon où se lève le soleil fixa sans doute toute leur attention, dans un temps où aucun de nos systèmes n'avait encore déterminé leurs opinions. En voyant l'astre de la lumière se lever chaque jour du même côté, ils durent se persuader qu'il avait là une demeure fixe, et qu'il en avait une autre aux lieux où il allait se coucher. Ces imaginations, confirmées par le témoignage de leurs yeux, furent sans doute naturelles à des hommes sans expérience qui avaient tenté d'élever une tour jusqu'au ciel, et qui, au milieu même des siècles éclairés, crurent comme un point de religion que le soleil était traîné dans un char par des chevaux, et qu'il allait se reposer tous les soirs dans les bras de Téthys. Je présume qu'ils se déterminèrent plutôt à le chercher du côté de l'orient que de l'occident, dans la persuasion qu'ils abrégeraient beaucoup leur chemin en allant au-devant de lui. Ce fut, je pense, cette opinion qui laissa long-temps l'occident désert, sous les mêmes latitudes où l'orient fut peuplé, et qui entassa d'abord les hommes vers la partie orientale de notre continent, où s'est formé le premier et le plus nombreux empire du monde, qui est celui de la Chine. Ce qui me confirme encore que les premiers hommes qui s'avancèrent vers l'orient étaient occupés de cette recherche et se hâtaient d'arriver à leur but, c'est qu'étant partis de l'Inde, le berceau du genre humain, comme les fondateurs des autres nations, ils ne peuplèrent point, comme ceux-ci, la terre de proche en proche; ainsi que la Perse, la Grèce, l'Italie et les Gaules l'ont été successivement du côté de l'occident; mais, laissant désertes les vastes et fertiles contrées de Siam, de la Cochinchine et du Tonquin, qui sont encore aujourd'hui à demi barbares et inhabitées, ils ne s'arrêtèrent qu'à l'océan Oriental, et ils donnèrent

---

* *Voyez* Bernier, *Description du Mogol.*

* *Voyage en Sibérie*, du professeur Gmelin.

aux îles qu'ils apercevaient de loin, et où ils n'entrèrent pas de long-temps, l'industrie d'aborder, le nom de Gepuen, dont nous avons fait le nom de Japon, et qui signifie en chinois naissance du soleil.

Le père Kircher* assure que, lorsque les premiers jésuites mathématiciens arrivèrent à la Chine, et y réformèrent le calendrier, les Chinois croyaient que le soleil et la lune n'étaient pas plus grands qu'on les voyait; qu'ils entraient, en se couchant, dans un antre profond, d'où ils ressortaient le matin à leur lever; et que la terre enfin était une superficie plane et unie. Ces idées, nées du premier témoignage des sens, ont été communes à tous les hommes. Tacite, qui a écrit l'histoire avec tant de jugement, n'a pas dédaigné, dans celle de la Germanie, de rapporter les traditions des peuples occidentaux, qui affirmaient que vers le nord-ouest était le lieu où se couchait le soleil, et qu'on entendait le bruit qu'il faisait quand il se plongeait dans les flots.

Ce fut donc du côté de l'orient que l'astre de la lumière attira d'abord la curiosité des hommes. Il y eut aussi des peuples qui se dirigèrent vers ce point de la terre, en partant de la pointe la plus méridionale de l'Inde. Ceux-ci s'avancèrent le long de la presqu'île de Malaca; et, familiarisés avec la mer qu'ils côtoyaient, ils prirent le parti de profiter des commodités réunies que les deux éléments présentent aux voyageurs, en naviguant d'île en île. Ils parcoururent ainsi ce grand baudrier d'îles que la nature a jeté dans la zone torride, comme un pont entremêlé de canaux pour faciliter la communication des deux mondes. Quand ils étaient contrariés par les tempêtes ou par les vents, ils tiraient leur barque sur quelque rivage, semaient des grains sur la terre, les récoltaient, et attendaient pour se rembarquer des temps ou des saisons plus favorables. C'est ainsi que voyageaient les premiers navigateurs, et que les Phéniciens envoyés par Nécus, roi d'Égypte, firent le tour de l'Afrique en trois ans, en partant de la mer Rouge, et revenant par la Méditerranée, suivant le récit qu'en fait Hérodote**. Lorsque les premiers navigateurs n'apercevaient plus d'îles à l'horizon, ils faisaient attention aux semences que la mer jetait sur le rivage de celles où ils étaient, et au vol des oiseaux qui s'en éloignaient. Sur la foi de ces indices, ils se mettaient en route vers des terres qu'ils ne voyaient pas. Ils découvrirent ainsi le vaste archipel de Moluques, les îles des Guam, de Quiros, de la Société, et sans doute beaucoup d'autres qui nous sont encore inconnues. Il n'y en avait point qui ne les invitât à y aborder par quelque commodité particulière. Les unes, couchées sur les flots comme des néréides, versaient de leurs urnes des ruisseaux d'eau douce dans la mer : c'est ainsi que celle de Juan-Fernandez, avec ses rochers et ses cascades, se présenta à l'amiral Anson, dans la mer du Sud. D'autres, au contraire, dans la même mer, ayant leurs centres abaissés, et leurs bords relevés et couronnés de cocotiers, offraient à leurs pirogues des bassins toujours tranquilles, remplis d'une infinité de poissons et d'oiseaux de marine: telle est celle appelée Woesterland, ou pays d'eau, découverte par le Hollandais Schouten. D'autres, le matin, leur apparaissaient au sein des flots azurés toutes brillantes de la lumière du soleil, comme celle du même archipel qui s'appelle l'Aurore. D'autres s'annonçaient au milieu de la nuit par les feux d'un volcan, comme un phare au sein des eaux, ou par les émanations odorantes de leurs parfums; il n'y en avait point dont les bois, les collines et les pelouses ne nourrissent quelque animal familier et doux par sa nature, mais qui ne devient sauvage que par l'expérience cruelle qu'il acquiert des hommes. Ils virent voler autour d'eux, en débarquant sur les grèves, des oiseaux de paradis aux plumes de soie, des pigeons bleus, des cacatoès tout blancs, des loris tout rouges. Chaque île nouvelle leur offrait de nouveaux présents, des crabes, des poissons, des coquillages, des huîtres à perles, des écrevisses, des tortues, de l'ambre gris; mais les plus agréables étaient sans doute les végétaux. Sumatra leur montra, sur ses rivages, les poivriers; Banda, la muscade; Amboine, le girofle; Céram, le palmier-sagou; Florès, le benjoin et le sandal; la Nouvelle-Guinée, des bocages de cocotiers; Taïti, le fruit à pain. Chaque île s'élevait au milieu de la mer comme un vase qui supportait un végétal précieux. Lorsqu'ils découvraient un arbre chargé de fruits inconnus, ils en cueillaient des rameaux, et allaient au-devant de leurs compagnons en jetant des cris de joie, et leur montrant ce nouveau bienfait de la nature. C'est de ces premiers voyages et de ces anciennes coutumes que se répandit, chez tous les peuples, l'usage de consulter le vol des oiseaux avant de se mettre en route, et d'aller au devant des étrangers un rameau d'arbre à la main, en signe de paix et de réjouissance, à la vue d'un présent du ciel. Ces coutumes existent encore chez les insulaires de la mer du Sud, et chez les

---

* Voyez la Chine illustrée, chap. IX.
** Voyez Hérodote, liv. IV.

peuples libres de l'Amérique. Mais ce ne furent pas les seuls arbres fruitiers qui fixèrent l'attention des premiers hommes. Si quelque acte héroïque ou quelque perte irréparable avait excité leur admiration ou leurs regrets, l'arbre voisin en fut ennobli. Ils le préférèrent, avec ces fruits de la vertu ou de l'amour, à ceux qui portaient des aliments ou des parfums. Ainsi, dans les îles de la Grèce et de l'Italie, le laurier devint le symbole des triomphes, et le cyprès celui d'une douleur éternelle. Le chêne donna d'illustres couronnes aux citoyens, et de simples graminées décorèrent le front de ceux qui avaient sauvé la patrie. O Romains ! peuple digne de l'empire du monde, pour avoir ouvert à tous vos sujets la carrière du bonheur public, et pour avoir choisi, dans l'herbe la plus commune, les marques de la gloire la plus éclatante, afin qu'on pût trouver par toute la terre de quoi couronner la vertu.

Ce fut par de semblables attraits que, d'île en île, les peuples de l'Asie parvinrent dans le Nouveau-Monde, où ils abordèrent sur les côtes du Pérou. Ils y portèrent les noms d'enfants de ce soleil qu'ils cherchaient. Cette brillante chimère les conduisit jusqu'au travers de l'Amérique. Elle ne se dissipa que sur les bords de l'océan Atlantique ; mais elle se répandit dans tout le continent, où la plupart des chefs des nations portent encore les titres d'enfants du soleil [49].

Le genre humain, au milieu de tant de biens, est resté misérable. Il n'y a point de genre d'animaux qui ne vivent dans l'abondance et la liberté, la plupart sans travail, tous en paix avec leur espèce, tous s'unissant à leur choix, et jouissant du bonheur de se reperpétuer par leurs familles ; et plus de la moitié des hommes est forcée au célibat. L'autre moitié maudit les nœuds qui l'ont assortie. La plupart redoutent une postérité, dans la crainte de ne la pouvoir nourrir. La plupart, pour subsister, sont asservis à de pénibles travaux, et réduits à être les esclaves de leurs semblables. Des peuples entiers sont exposés à la famine ; d'autres, sans territoire, sont entassés les uns sur les autres, tandis que la plus grande partie du globe est déserte. Il y a beaucoup de terres qui n'ont jamais été cultivées ; mais il n'y en a point de connue des Européens qui n'ait été souillée du sang des hommes. Les solitudes mêmes de la mer engloutissent dans leurs abîmes des vaisseaux chargés d'hommes, coulés à fond par d'autres hommes. Dans les villes en apparence si florissantes par leurs arts et leurs monuments, l'orgueil et la ruse, la superstition et l'impiété, la violence et la perfidie, sont sans cesse aux prises, et remplissent de chagrins leurs malheureux habitants. Plus la société y est policée, plus les maux y sont multipliés et cruels. Les hommes n'y seraient-ils donc industrieux que parcequ'ils y sont misérables ? Comment l'empire de la terre a-t-il été donné au seul animal qui n'avait pas l'empire de ses passions ? Comment l'homme faible et passager a-t-il à la fois des passions féroces et généreuses, vlies et immortelles ? Comment, étant né sans instinct, a-t-il pu acquérir tant de connaissances ? Il a imité tous les arts de la nature, excepté celui d'être heureux. Toutes les traditions du genre humain ont conservé l'origine de ces étranges contradictions ; mais la religion seule nous en explique la cause. Elle nous apprend que l'homme est d'un autre ordre que le reste des animaux, que sa raison égarée a offensé l'auteur de l'univers ; que, par une juste punition, il a été abandonné à ses propres lumières ; qu'il ne peut former sa raison qu'en étudiant la raison universelle dans les ouvrages de la nature et dans les espérances que donne la vertu ; que ce n'est que par ces moyens qu'il peut s'élever au-dessus des animaux, au-dessous desquels il est tombé, et revenir pas à pas dans les sentiers de la montagne céleste d'où il a été précipité.

Heureux aujourd'hui celui qui, au lieu de parcourir le monde, vit loin des hommes ! Heureux celui qui ne connaît rien au-delà de son horizon, et pour qui le village voisin même est une terre étrangère ! Il n'a point laissé son cœur à des objets aimés qu'il ne reverra plus, ni sa réputation à la discrétion des méchants. Il croit que l'innocence habite dans les hameaux, l'honneur dans les palais, et la vertu dans les temples. Il met sa gloire et sa religion à rendre heureux ce qui l'environne. S'il ne voit dans ses jardins ni les fruits de l'Asie, ni les ombrages de l'Amérique, il cultive les plantes qui font la joie de sa femme et de ses enfants. Il n'a pas besoin des monuments de l'architecture pour ennoblir son paysage. Un arbre à l'ombre duquel un homme vertueux s'est reposé lui donne de sublimes ressouvenirs ; le peuplier, dans les forêts, lui rappelle les combats d'Hercule ; et les feuillages des chênes, les couronnes du Capitole.

ÉTUDE DOUZIEME.

DE QUELQUES LOIS MORALES DE LA NATURE.

FAIBLESSE DE LA RAISON ; DU SENTIMENT ; PREUVES DE LA DIVINITÉ, ET DE L'IMMORTALITÉ DE L'AME, PAR LE SENTIMENT.

Telles sont les preuves physiques de l'existence

de la Divinité, que la faiblesse de ma raison m'a permis de mettre en ordre. J'en ai recueilli peut-être dix fois autant; mais j'ai vu que je n'étais encore qu'au commencement de la carrière; que plus j'avançais, plus elle s'étendait devant moi; que je serais bientôt accablé de mon propre travail, et que, comme dit l'Écriture, il ne me resterait, à la fin des ouvrages de la création, qu'un profond étonnement.

C'est un des grands maux de notre vie, qu'à mesure que nous approchons de la source de la vérité, elle s'enfuie devant nous; et que quand nous en saisissons par hasard quelques rameaux, nous ne puissions y rester constamment attachés. Pourquoi le sentiment qui m'élevait hier aux cieux, à la vue d'un rapport nouveau de la nature, a-t-il disparu aujourd'hui? Archimède ne resta pas toujours ravi hors de lui-même par sa découverte des rapports des métaux dans la couronne du roi Hiéron. Il en trouva depuis d'autres plus à son gré: tel est celui du cylindre circonscrit à la sphère, qu'il ordonna qu'on gravât sur son tombeau. Pythagore vit à la fin de sang-froid le carré de l'hypothénuse, pour la découverte duquel il avait voué, dit-on, cent bœufs à Jupiter. Je me souviens que lorsque j'eus, pour la première fois, la démonstration de ces sublimes vérités, j'en ressentis une joie presque aussi vive que celle des grands hommes qui en avaient été les inventeurs. Pourquoi s'est-elle éteinte? pourquoi faut-il aujourd'hui des nouveautés pour me donner des plaisirs? L'animal est, sur ce point, plus heureux que nous: ce qui lui plaisait hier lui plaira encore demain; il se fixe à un terme, sans aller au-delà; ce qui lui suffit lui semble toujours beau et bon. L'abeille ingénieuse bâtit des cellules commodes, et elle ne fabrique ni arcs de triomphe, ni obélisques pour décorer ses villes de cire. Une cabane suffisait de même à l'homme pour être aussi bien logé qu'une abeille. Pourquoi lui a-t-il fallu cinq ordres d'architecture, des pyramides, des tours, des kiosques?

Quelle est donc cette faculté versatile, appelée *raison*, que j'emploie à observer la nature? C'est, disent les écoles, une perception de convenances, qui distingue essentiellement l'homme de la bête: l'homme a de la raison, et la bête n'a que de l'instinct. Mais si cet instinct montre toujours à l'animal ce qui lui est le plus convenable, il est donc aussi une raison, et une raison plus précieuse que la nôtre, puisqu'elle est invariable, et qu'elle ne s'acquiert point par de longues et pénibles expériences. A cela, les philosophes du siècle passé répondaient qu'une preuve que les bêtes n'avaient pas de raison, c'est qu'elles agissaient toujours de la même manière: ainsi ils concluaient, de la perfection même de leur raison, qu'elles n'en avaient pas. On peut voir par-là combien de grands noms, des pensions et des corps peuvent accréditer les plus grandes absurdités; car l'argument de ces philosophes attaque directement l'Intelligence suprême elle-même, qui est constante dans ses plans, comme les animaux dans leur instinct. Si les abeilles font toujours leurs alvéoles de la même forme, c'est que la nature fait toujours les abeilles de la même figure.

Je ne veux pas dire toutefois que la raison des bêtes et celle de l'homme soit la même: la nôtre est sans contredit plus étendue que l'instinct de chaque animal en particulier; mais si l'homme a une raison universelle, ne serait-ce point parcequ'il a des besoins universels? A la vérité, il démêle aussi les besoins des autres animaux; mais ne serait-ce point relativement à lui qu'il a fait cette étude? Si le chien ne s'occupe point de l'avoine du cheval, c'est peut-être parceque le cheval ne sert pas aux besoins du chien. Nous avons cependant des convenances naturelles qui nous sont propres, telles que l'usage de l'agriculture et du feu. Ces connaissances prouveraient sans doute notre supériorité, si elles n'étaient pas encore des témoignages de notre misère. Les animaux n'ont pas besoin d'allumer de feu et d'ensemencer la terre, puisqu'ils sont vêtus et nourris par la nature; d'ailleurs plusieurs d'entre eux ont en eux-mêmes des facultés bien supérieures à nos sciences, qui nous sont, au fond, étrangères. Si nous avons découvert quelques phosphores, la mouche lumineuse des tropiques a en elle-même un foyer de lumière qui l'éclaire pendant la nuit. Tandis que nous nous amusons à faire des expériences avec l'électricité, la torpille l'emploie à sa défense; et pendant que les académies de l'Europe proposent des prix considérables pour ceux qui trouveront le moyen de déterminer la longitude en pleine mer, des paille-en-culs et des frégates parcourent tous les jours des trois ou quatre cents lieues entre les tropiques, d'orient en occident, sans jamais manquer de retrouver, le soir, le rocher d'où ils sont partis le matin.

C'est bien une autre insuffisance lorsque les philosophes veulent employer, pour combattre l'intelligence de la nature, cette même raison qui ne peut servir à la connaître. Voilà de beaux arguments sur les dangers des passions, la frivolité de la vie, la perte de l'honneur, de la fortune, des enfants. Vous me délogez bien, divin Marc-Aurèle, et vous aussi, sceptique Montaigne; mais vous ne me logez pas. Vous m'appuyez sur le bâton de la philosophie, et vous me dites : Marchez ferme; courez le monde en mendiant votre pain; vous voilà tout aussi heureux que nous dans des châteaux, avec nos femmes et la considération de nos voisins. Mais voici un mal que vous n'avez pas prévu : je n'ai reçu dans ma patrie que des calomnies pour mes services; je n'ai éprouvé que de l'ingratitude de la part de mes amis, et même de mes patrons; je suis seul, et je n'ai plus de quoi subsister; j'ai des maux de nerfs; j'ai besoin des hommes, et mon ame se trouble à leur vue, en se rappelant les funestes raisons qui les réunissent, et qu'on ne vient à bout de les intéresser qu'en flattant leurs passions, et en devenant vicieux comme eux. A quoi lui a servi d'avoir étudié la vertu ? elle se trouble par ses ressouvenirs, et même sans aucune réflexion, au simple aspect des hommes. La première chose qui me manque est cette raison sur laquelle vous voulez que je m'appuie. Toutes vos belles dialectiques disparaissent, précisément quand j'en ai besoin. Mettez un roseau entre les mains d'un malade : la première chose qui lui échappera, s'il lui survient une faiblesse, c'est ce même roseau; et s'il vient à s'appuyer dessus dans sa force, il le brisera, et s'en percera peut-être la main. La mort vous guérira de tout, me dites-vous; mais pour mourir je n'ai pas besoin de tant raisonner : d'ailleurs, je n'entre pas vivant dans la mort, mais mourant et ne raisonnant plus, sentant toutefois, et souffrant encore.

Ainsi, la religion l'emporte de beaucoup sur la philosophie, parcequ'elle ne nous soutient point par notre raison, mais par notre résignation. Elle ne nous veut pas debout, mais couchés; non sur le théâtre du monde, mais reposés au pied du trône de Dieu; non inquiets de l'avenir, mais confiants et tranquilles. Quand les livres, les honneurs, la fortune et les amis nous abandonnent, elle nous présente, pour appuyer notre tête, non pas le souvenir de nos frivoles et comédiennes vertus, mais celui de notre insuffisance; et au lieu des maximes orgueilleuses de la philosophie, elle ne demande de nous que le repos, la paix, et la confiance filiale.

Je ferai encore une réflexion sur cette raison, ou, ce qui revient au même, sur cet esprit dont nous sommes si vains : c'est qu'il paraît être le résultat de nos malheurs. Il est très remarquable que les peuples les plus célèbres par leur esprit, leurs arts et leur industrie, ont été les plus malheureux de la terre par leur gouvernement, leurs passions ou leurs discordes. Lisez la vie de la plupart de nos hommes célèbres par leurs lumières : vous verrez qu'ils ont été fort misérables, surtout dans leur enfance. Les borgnes, les boîteux, les bossus ont en général plus d'esprit que les autres hommes, parcequ'étant plus désagréablement conformés, ils portent leur raison à observer avec plus d'attention les rapports de la société, afin d'échapper à son oppression. A la vérité, ils passent pour avoir l'esprit méchant; mais ce caractère appartient assez à ce que la société appelle de l'esprit. D'ailleurs, ce n'est point la nature qui les a rendus tels, mais les railleries ou les mépris de ceux avec lesquels ils ont vécu.

Qu'est-ce d'ailleurs que cette raison dont on fait tant de bruit? Puisqu'elle n'est que la relation des objets avec nos besoins, elle n'est donc que notre intérêt personnel. Voilà pourquoi il y a tant de raisons de famille, de corps et d'états, des raisons de tous les pays et de tous les âges : voilà pourquoi autre est la raison d'un jeune homme et celle d'un vieillard, d'une femme et d'un ermite, d'un militaire et d'un prêtre. Tout le monde a raison, disait le duc de La Rochefoucauld. Oui, sans doute; et c'est parceque chacun a raison, que personne n'est d'accord.

Cette faculté sublime éprouve de plus, dès les premiers moments de son développement, des secousses qui la rendent, en quelque sorte, incapable de pénétrer dans le champ de la nature. Je ne parle pas de nos méthodes et de nos systèmes, qui répandent des jours faux sur les premiers principes de notre savoir, en ne nous montrant plus la vérité que dans des livres, au milieu des machines, et sur des théâtres. J'ai dit quelque chose de ces obstacles dans les objections que j'ai présentées contre les éléments de nos sciences; mais ces maximes qu'on nous inspire dès l'enfance, *Faites fortune, soyez le premier*, suffisent seules pour bouleverser notre raison naturelle; elles ne nous montrent plus le juste ou l'injuste que par rapport à nos intérêts personnels et à notre ambition; elles nous attachent pour l'ordinaire à la fortune de quelque corps puissant et accrédité, et nous rendent indifféremment athées ou dévots, libertins ou continents, cartésiens ou newtoniens, suivant qu'il importe à la cause qui est devenue notre unique mobile.

Méfions-nous donc de la raison, puisque dès les premiers pas elle nous égare dans la recherche de la vérité et du bonheur. Voyons s'il n'est pas en nous quelque faculté plus noble, plus constante et

DU SENTIMENT.

plus étendue. Quoique je n'aie à offrir dans cette recherche que des vues vagues et indéterminées, j'espère que des hommes plus éclairés que moi les fixeront, et les porteront un jour plus loin. C'est dans cette confiance qu'avec des moyens bien faibles je vais m'engager dans une carrière digne de toute l'attention du lecteur.

Descartes pose pour base des premières vérités naturelles : *je pense, donc j'existe*. Comme ce philosophe s'est fait une grande réputation, qu'il méritait d'ailleurs par ses connaissances en géométrie, et surtout par ses vertus, son argument de l'existence a été fort applaudi, et a acquis la pondération d'un axiome. Mais, selon moi, cet argument pèche essentiellement en ce qu'il n'a point la généralité d'un principe fondamental; car il s'ensuit implicitement que dès qu'un homme ne pense pas, il cesse d'exister, ou au moins d'avoir des preuves de son existence. Il s'ensuit encore que les animaux, à qui Descartes refusait la pensée, n'avaient aucune preuve qu'ils existaient, et que la plupart des êtres sont dans le néant par rapport à nous, parceque souvent ils ne nous font naître que de simples sensations de formes, de couleurs et de mouvements, sans aucune pensée. D'ailleurs, les résultats des pensées humaines ayant été souvent employés, par leur versatilité, à faire douter de l'existence de Dieu, et même de la nôtre, comme fit le sceptique Pyrrhon; ce raisonnement, comme toutes les opérations de notre intelligence, nous est suspect à juste titre.

Je substitue donc à l'argument de Descartes celui-ci, qui me paraît et plus simple et plus général : *Je sens, donc j'existe*. Il s'étend à toutes nos sensations physiques, qui nous avertissent bien plus fréquemment de notre existence que la pensée. Il a pour mobile une faculté inconnue de l'ame, que j'appelle le *sentiment*, auquel la pensée elle-même se rapporte; car l'évidence à laquelle nous cherchons à ramener toutes les opérations de notre raison n'est elle-même qu'un simple sentiment.

Je ferai voir d'abord que cette faculté mystérieuse diffère essentiellement des sensations physiques et des relations que nous présente la raison, et qu'elle se mêle d'une manière constante et invariable à tout ce que nous faisons; en sorte qu'elle est, pour ainsi dire, l'instinct humain.

Quant à la différence du sentiment aux sensations physiques, il est évident qu'Iphigénie aux autels nous donne des impressions d'une nature différente du goût d'un fruit ou du parfum d'une fleur; et, quant à ce qui le distingue de l'esprit, il est certain que les larmes et le désespoir de Clytemnestre excitent en nous des émotions d'un autre genre que celles d'une satire, d'une comédie, ou même, si l'on veut, d'une démonstration de géométrie.

Ce n'est pas que la raison n'aboutisse quelquefois au sentiment, quand elle se présente avec l'évidence; mais elle n'est, par rapport à lui, que ce que l'œil est par rapport au corps, c'est-à-dire une vue intellectuelle : d'ailleurs le sentiment me paraît être le résultat des lois de la nature, comme la raison le résultat des lois politiques.

Je ne définirai pas davantage ce principe obscur; mais je le ferai suffisamment connaître, si je le fais sentir. C'est à quoi nous nous flattons de parvenir, en l'opposant d'abord à la raison. Il est très remarquable que les femmes, qui sont toujours plus près de la nature, par leurs désordres mêmes, que les hommes avec leur prétendue sagesse, ne confondent jamais ces deux facultés, et distinguent la première sous le nom de sensibilité, ou de sentiment par excellence, parcequ'elle est en effet la source de nos affections les plus délicieuses. Elles se gardent bien, comme la plupart des hommes, de confondre l'esprit et le cœur, la raison et le sentiment. Celle-ci, comme nous l'avons vu, est souvent notre ouvrage; l'autre est toujours celui de la nature. Ils diffèrent si essentiellement l'un de l'autre, que si vous voulez faire disparaître l'intérêt d'un ouvrage où il y a du sentiment, vous n'avez qu'à y mettre de l'esprit. C'est un défaut où sont tombés les plus fameux écrivains, dans tous les siècles où les sociétés achèvent de se séparer de la nature. La raison produit beaucoup d'hommes d'esprit, dans les siècles prétendus policés; et le sentiment, des hommes de génie, dans les siècles prétendus barbares. La raison varie d'âge en âge, et le sentiment est toujours le même. Les erreurs de la raison sont locales et versatiles, et les vérités de sentiment sont constantes et universelles. La raison fait le moi grec, le moi anglais, le moi turc; et le sentiment, le moi homme et le moi divin. Il faut des commentaires pour entendre aujourd'hui les livres de l'antiquité, qui sont les ouvrages de la raison, tels que ceux de la plupart des historiens et des poëtes satiriques et comiques, comme Martial, Plaute, Juvénal, et même ceux du siècle passé, comme Boileau et Molière; mais il n'en faudra jamais pour être touché des prières de Priam aux pieds d'Achille, du désespoir de Didon, des tragédies de Racine, et des fables naïves de La Fontaine. Il faut souvent bien des combinaisons pour mettre à découvert quelque raison cachée de la nature; mais les sentiments simples et purs de repos, de paix, de douce mélancolie, qu'elle nous inspire, viennent à nous sans effort. A la vérité, la raison nous donne quelques plaisirs; mais si elle nous découvre quelque portion de l'ordre de l'univers, elle nous montre en même temps notre propre destruction, attachée aux lois de sa conservation; elle nous présente à la fois les maux passés, et les maux à venir; elle donne des armes à nos passions, dans le même temps qu'elle nous démontre notre insuffisance. Plus elle s'étend au loin, plus, en revenant à nous, elle nous rapporte de témoignages de notre néant; et, bien loin de calmer nos peines par ses recherches, elle ne fait souvent que les accroître par ses lumières. Le sentiment, au contraire, aveugle dans ses desirs, embrasse les monuments de tous les pays et de tous les temps; il se flatte, au milieu des ruines, des combats et de la mort même, de je ne sais quelle existence éternelle; il poursuit, dans tous ses goûts, les attributs de la Divinité, l'infinité, l'étendue, la durée, la puissance, la grandeur et la gloire; il en mêle les desirs ardents à toutes nos passions; il leur donne ainsi une impulsion sublime, et, en subjuguant notre raison, il devient lui-même le plus noble et le plus délicieux instinct de la vie humaine.

Ce sentiment nous prouve bien mieux que la raison la spiritualité de notre ame; car celle-ci nous propose souvent pour but la satisfaction de nos passions les plus grossières [50], tandis que celui-là est toujours pur dans ses desirs. D'ailleurs, beaucoup d'effets naturels qui échappent à l'une ressortissent à l'autre; telle est, comme nous l'avons dit, l'évidence même, qui n'est qu'un sentiment, et sur laquelle notre réflexion n'a point de prise; telle est encore notre existence. La preuve n'en est point dans notre raison; car pourquoi est-ce que j'existe? où en est la raison? Mais je sens que j'existe, et ce sentiment me suffit.

Ceci posé, nous allons nous convaincre qu'il y a dans l'homme deux puissances [51], l'une animale, et l'autre intellectuelle, toutes deux de nature opposée, et qui forment la vie humaine par leur réunion, comme toute harmonie sur la terre est formée de deux contraires.

Quelques philosophes se sont plu à nous peindre l'homme comme un dieu. Son attitude, disent-ils, est celle du commandement. Mais pour qu'il ait l'attitude du commandement, il faut donc que d'autres hommes aient celle de l'obéissance; sans quoi il trouverait ses ennemis dans tous ses semblables. L'empire naturel de l'homme ne s'étend qu'aux animaux; et, dans les guerres qu'il leur livre, ou dans les soins qu'il en prend, il est souvent obligé de quitter son attitude d'empereur, pour prendre celle d'un esclave. D'autres le représentent comme un objet perpétuel du courroux céleste, et ont accumulé sur son existence toutes les misères qui pouvaient la lui faire abhorrer. Ce n'est point là l'homme. Il n'est point formé d'une nature simple comme les autres animaux, dont chaque espèce conserve constamment son caractère, mais de deux natures opposées, dont chacune se subdivise elle-même en plusieurs passions qui se contrastent. Par l'une de ces natures, il réunit en lui tous les besoins et toutes les passions des animaux; et par l'autre, les sentiments ineffables de la Divinité. C'est à ce dernier instinct, bien plus qu'à sa réflexion, qu'il doit le témoignage de l'existence de Dieu; car je suppose qu'ayant, par sa raison, la faculté d'apercevoir les convenances qui sont entre les objets de la nature, il trouvât les rapports qui existent entre une île et un arbre, un arbre et un fruit, un fruit et ses besoins, il se sentirait bien déterminé, à la vue d'une île, à y chercher sa nourriture; mais sa raison, en lui montrant les chaînons de quatre harmonies naturelles, n'en rapporterait pas la cause à un auteur invisible, s'il n'en avait le sentiment au fond du cœur. Elle s'arrêterait là où s'arrêteraient ses perceptions, et où se terminent celles des animaux. Un loup, qui passe une rivière à la nage pour aborder dans une île où il aperçoit de l'herbe, dans l'espérance d'y trouver des moutons, conçoit également les chaînons de quatre relations naturelles entre l'île, l'herbe, des moutons et son appétit; mais il ne se prosterne point devant l'Être intelligent qui les a établis.

En considérant l'homme comme animal, je n'en connais point qui lui soit comparable en misère. D'abord il est nu, exposé aux insectes, au vent, à la pluie, au froid, au chaud, et obligé par tout pays de se vêtir. Si sa peau acquiert, avec le temps, assez de dureté pour résister aux injures des éléments, ce n'est qu'après de cruelles épreuves, qui le font quelquefois peler de la tête aux pieds. Il ne sait rien naturellement, comme les autres animaux. S'il veut traverser une rivière, il faut qu'il apprenne à nager; il faut même que, dans son enfance, il apprenne à marcher et à parler (le nom même d'enfant vient du latin *infans*, c'est-à-dire qui ne parle pas). Il n'y a point de pays si heureusement situé, où il ne soit forcé de préparer sa nourriture avec beaucoup de soins. Le bananier et l'arbre du fruit à pain lui donnent, entre les tropiques, des vivres toute l'année; mais il faut qu'il en

DU SENTIMENT.

plante les arbres, qu'il les enclose de haies épineuses pour les préserver des bêtes, qu'il en fasse sécher les fruits pour la saison des ouragans, et qu'il bâtisse des loges pour les conserver. D'ailleurs, ces végétaux utiles ne sont réservés qu'à quelques îles privilégiées; car, dans le reste de la terre, la culture des grains et des racines alimentaires exige une multitude d'arts et de précautions. Quand il a rassemblé autour de lui tous ses biens, l'amour et la volupté, qui naissent de l'abondance, l'avarice, les voleurs, les incursions de l'ennemi, viennent troubler ses jouissances. Il lui faut des lois, des juges, des magasins, des forteresses, des confédérations et des régiments pour défendre au dehors et au dedans son malheureux champ de blé. Enfin, quand il pourrait jouir avec toute la tranquillité d'un sage, l'ennui s'empare de son cœur; il lui faut des comédies, des bals, des mascarades et des divertissements, pour l'empêcher de raisonner avec lui-même.

Il est impossible de concevoir qu'une nation puisse exister avec les simples passions animales. Les sentiments de justice naturelle, qui sont les bases de la législation, ne sont point des résultats de nos besoins mutuels, comme on le prétend. Nos passions ne sont point rétrogressives; elles n'ont que nous-mêmes pour centre unique. Une famille de sauvages, dans l'abondance, ne s'inquiéterait pas plus du malheur de ses voisins qui manqueraient de vivres, que nous ne nous inquiétons à Paris si notre sucre et notre café coûtent des larmes à l'Afrique.

La raison même, jointe aux passions, n'en ferait qu'accroître la férocité; car elle leur fournirait de nouveaux arguments, long-temps après que leurs desirs seraient satisfaits. Elle n'est, dans la plupart des hommes, que la relation des êtres avec leurs besoins, c'est-à-dire leur intérêt personnel. Examinons-en l'effet, combiné avec l'amour et l'ambition, qui sont les deux tyrans de la vie.

Supposons d'abord un état entièrement régi par l'amour, tel que celui qui a été imaginé sur les bords du Lignon par l'ingénieux d'Urfé. Je demande qui est-ce qui aurait soin d'y bâtir des maisons, et d'y labourer les terres? Ne faut-il pas y supposer des serviteurs qui subviennent à l'oisiveté de leurs maîtres? Ces serviteurs ne seront-ils pas obligés de s'abstenir de faire l'amour, afin que leurs maîtres en soient sans cesse occupés? D'ailleurs, à quoi les vieillards des deux sexes passeraient-ils leur temps? Voilà pour eux une belle perspective de voir leurs enfants toujours amoureux! Ce spectacle ne leur deviendrait-il pas un sujet perpétuel de regrets, de mauvaise humeur et de jalousie, comme il l'est parmi les nôtres? En vérité, un pareil gouvernement, fût-il dans une des îles de la mer du Sud, sous des bocages de cocotiers et d'arbres de fruits à pain, où il n'y eût rien à faire qu'à manger et à faire l'amour, serait bientôt rempli de discorde et d'ennui. Mais je veux que *la raison sociale* obligeât les familles à travailler chacune pour soi, et à mettre plus de variété dans leur vie en y appelant nos arts et nos sciences; elle achèverait bientôt de les détruire. Il ne faut pas du tout compter qu'on y entendît jamais aucun de ces discours touchants que d'Urfé met dans la bouche d'Astrée et de Céladon; ils n'appartiennent ni à l'amour animal, ni à la raison savante. Ceux-ci ont une autre logique. Quand un amant, éclairé de notre savoir, voudrait y inspirer de l'amour à sa maîtresse, si toutefois il était besoin de quelque discours pour en venir à bout, il lui parlerait de ressorts, de masses, d'attractions, de fermentations, de feu électrique, et des autres causes physiques qui déterminent, selon nos modernes, les penchants des deux sexes et les mouvements des passions. *Les raisons politiques* viendraient mettre le sceau à leur union, en stipulant, dans la langue triste et mercenaire de nos contrats, des douaires, des nourritures, des retraits lignagers, des dons entre vifs, des rapports après décès. Mais *la raison personnelle* de chaque contractant ne tarderait pas à les séparer. Dès qu'un homme verrait sa femme malade, il lui dirait : « Mon tempérament m'oblige de recourir à une » femme qui se porte bien, et à vous abandonner. » Elle lui répondrait sans doute, pour être conséquente : « Vous faites bien d'obéir à la nature. Je » chercherais également un autre mari, si vous » étiez à ma place. » Un fils dirait à son père, vieux et caduc : « Vous m'avez fait pour votre » plaisir, il est temps que je vive pour le mien. » Où seraient les citoyens qui voudraient se réunir pour le maintien des lois d'une pareille société; les soldats qui s'exposeraient à la mort pour la défendre, et les magistrats qui voudraient la gouverner? Je ne parle pas d'une infinité d'autres désordres où entraîne cette passion fougueuse et aveugle, dirigée même par la froide raison.

Si, d'un autre côté, une nation était uniquement livrée à l'ambition, elle serait encore plus tôt détruite, ou par les ennemis du dehors, ou par ses propres citoyens. Il est d'abord difficile d'imaginer comment elle se pourrait former sous un législateur; car comment concevoir que des hommes ambitieux voulussent se soumettre à un autre homme? Ceux qui les ont réunis, comme Romulus, Mahomet, et tous les fondateurs des nations, ne s'en sont fait écouter qu'en parlant au nom de la Divinité. Mais je suppose qu'on en vînt à bout de manière ou d'autre, une pareille société pourrait-elle jamais être heureuse? Quelque éloge que les historiens donnent à Rome conquérante, croyez-vous que ses citoyens fussent alors bien fortunés? Pendant qu'ils répandaient la terreur dans le monde, et qu'ils en faisaient couler les larmes, n'y avait-il pas à Rome des cœurs effrayés, et des yeux qui pleuraient la perte d'un fils, d'un père, d'un époux, d'un amant? Tant d'esclaves qui formaient la plus grande partie de ses habitants étaient-ils heureux? Était-ce le général même de l'armée romaine couronné de lauriers, et monté sur un char de triomphe, autour duquel, par une loi militaire, ses propres soldats chantaient des chansons où ils lui reprochaient ses défauts, de peur qu'il ne s'enorgueillît? Et quand la Providence permit que Paul Émile y triomphât d'un roi de Macédoine et de ses pauvres enfants, qui tendaient leurs petits bras au peuple romain pour émouvoir sa compassion, elle voulut que le vainqueur perdît, dans ce temps-là même, ses propres enfants, afin qu'aucun homme ne pût triompher impunément des larmes des hommes. Cependant ce même peuple, si porté à chercher sa gloire dans les malheurs d'autrui, fut obligé, pour s'en dissimuler l'horreur, de voiler de l'intérêt des dieux les larmes des nations, comme on déguise avec le feu les chairs des animaux qui nous servent de nourriture. Rome, suivant l'ordre des destins, devait être la capitale du monde. Elle armait son ambition d'une *raison céleste*, afin de la rendre victorieuse des puissances les plus redoutables, et d'en refréner la férocité dans ses citoyens, en les exerçant à des vertus sublimes. Que seroient-ils devenus s'ils s'étaient livrés sans frein à cet instinct furieux? ils auraient été semblables aux sauvages de l'Amérique, qui brûlent leurs ennemis vivants, et dévorent leurs chairs toutes sanglantes. C'est ce que Rome éprouva à la fin, lorsque sa religion ne présenta plus à ses habitants éclairés que de vains simulacres. On vit alors les deux passions naturelles au cœur humain, l'ambition et l'amour, appeler dans ses murs le luxe de l'Asie, les arts corrupteurs de la Grèce, les proscriptions, les meurtres, les empoisonnements, les incendies, et la livrer enfin aux peuples barbares. Le Theutatès des Gaulois sortit alors des forêts du nord, et vint faire trembler à son tour le Jupiter du Capitole.

Nos *raisons d'état* sont aujourd'hui moins sublimes, mais elles n'en sont pas moins fatales au repos des hommes, comme on en peut juger par les guerres de l'Europe, qui troublent sans cesse le monde. Une nation, livrée uniquement à ses passions et aux simples *raisons d'état*, réunirait bientôt sur elle toutes les misères de l'humanité; mais la Providence a mis dans l'homme un sentiment qui en balance le poids, en dirigeant ses désirs bien au-delà des objets de la terre; ce sentiment est celui de l'existence de la Divinité. L'homme n'est point homme parcequ'il est animal raisonnable, mais parcequ'il est animal religieux.

Cicéron et Plutarque remarquent qu'il n'y avait pas un seul peuple connu de leur temps, chez lequel on n'eût trouvé quelque religion. Le sentiment de la Divinité est naturel à l'homme. C'est cette lumière que saint Jean appelle la lumière qui éclaire tout homme venant en ce monde. Je reproche à quelques écrivains modernes, et même à des missionnaires, d'avoir avancé que certains peuples n'avaient aucun sentiment de la Divinité. C'est, à mon gré, la plus grande des calomnies dont on puisse flétrir une nation, parcequ'elle détruit nécessairement chez elle l'existence de toute vertu; et si cette nation en montre quelques apparences, ce ne peut être que par le plus grand des vices, qui est l'hypocrisie; car il ne peut y avoir de vertu sans religion. Mais il n'y a pas un de ces écrivains inconsidérés qui ne fournisse lui-même de quoi détruire son imputation; car les uns avouent que ces mêmes peuples athées rendent, dans certains jours, hommage à la lune, ou qu'ils se retirent dans les bois pour y remplir des cérémonies dont ils dérobent la connaissance aux étrangers. Le père Gobien, entre autres, dans son *Histoire des îles Mariannes*, après avoir affirmé que leurs insulaires ne reconnaissent aucune divinité, et qu'ils n'ont pas la moindre idée de religion, nous dit, immédiatement après, qu'ils invoquent leurs morts, qu'ils appellent *anitis*, dont ils gardent les crânes dans leurs maisons, et auxquels ils attribuent le pouvoir de commander aux éléments, de changer les saisons, et de rendre la santé; qu'ils sont persuadés de l'immortalité de l'ame, et qu'ils reconnaissent un paradis et un enfer. Certainement ces opinions prouvent qu'ils ont des idées de la Divinité.

Tous les peuples ont le sentiment de l'existence de Dieu, non pas tous en s'élevant à lui à la manière des Newton et des Socrate, par l'harmonie générale de ses ouvrages, mais en s'arrêtant à ceux de ses bienfaits qui les intéressent le plus. L'Indien du

Pérou adore le soleil; celui du Bengale, le Gange qui fertilise ses campagnes; le noir Iolof, l'Océan qui rafraîchit ses rivages; le Samoïède du nord, le renne qui le nourrit. L'Iroquois errant demande aux esprits des lacs et des forêts, des pêches et des chasses abondantes. Plusieurs peuples adorent leurs rois. Il n'en est point qui, pour rendre plus chers aux hommes ces dispensateurs augustes de leur bonheur, n'aient fait intervenir quelque divinité pour consacrer leur origine. Tels sont, en général, les dieux des nations; mais quand les passions viennent obscurcir parmi elles cet instinct divin, et y mêler ou les fureurs de l'ambition, ou les égarements de la volupté, on les voit se prosterner devant des serpents, des crocodiles, et des dieux qu'on n'ose nommer. On les voit offrir, dans leurs saricfices, le sang de leurs ennemis et la virginité de leurs filles. Tel est le caractère d'un peuple, telle est sa religion. L'homme est tellement entraîné par cette impulsion céleste, que, lorsqu'il cesse de prendre la Divinité pour son modèle, il ne manque jamais d'en faire une sur sa propre image.

Il y a donc en l'homme deux puissances, l'une animale, et l'autre divine. La première lui donne sans cesse le sentiment de sa misère; la seconde, celui de son excellence: et c'est de leurs combats que se forment les variétés et les contradictions de la vie humaine.

C'est par le sentiment de la misère que nous sommes sensibles à tout ce qui nous offre une idée d'asile et de protection, d'aisance et de commodité: voilà pourquoi la plupart des hommes aiment les tranquilles retraites, l'abondance, et tous les biens que la nature libérale présente, sur la terre, à nos besoins. C'est ce sentiment qui donna à l'amour les chaînes de l'Hymen, afin que l'homme trouvât un jour la compagne de ses peines dans celle de ses plaisirs, et que les enfants fussent assurés des secours de leurs parents. C'est lui qui rend le paisible bourgeois si avide du récit des intrigues des cours, des relations de batailles, et des descriptions de tempêtes, parceque les dangers du dehors augmentent au dedans le bonheur de sa sécurité. Ce sentiment se mêle souvent aux affections morales; il cherche des appuis dans l'amitié, et des encouragements dans l'éloge. C'est lui qui nous rend attentifs aux promesses de l'ambitieux, lorsque nous nous empressons de le suivre, comme des esclaves, séduits par les idées de protection dont il nous trompe. Ainsi le sentiment de notre misère est un des plus grands liens de nos sociétés politiques, quoiqu'il nous attache à la terre.

Le sentiment de la Divinité nous pousse en sens contraire [52]. C'est lui qui conduisit l'amour aux autels, et qui lui inspira les premiers serments; il offrit les premiers enfants au ciel, lorsqu'il n'y avait point encore de lois politiques; il rendit l'amour sublime, et l'amitié généreuse; il secourut d'une main les malheureux, et s'opposa de l'autre aux tyrans; il devint le mobile de la générosité et de toutes les vertus. Content de servir les hommes, il dédaigna d'en être applaudi. Quand il se montra dans les arts et dans les sciences, il en devint le charme qui nous ravit; il y fit naître l'ennui quand il en disparut. C'est lui qui rend immortels les hommes de génie qui nous découvrent dans la nature de nouveaux rapports d'intelligence.

Quand ces deux sentiments se croisent, c'est-à-dire lorsque nous attachons l'instinct divin aux choses périssables, et l'instinct animal aux choses divines, notre vie est agitée de passions contradictoires. Voilà la cause de tant d'espérances et de craintes frivoles qui tourmentent les hommes. Ma fortune est faite, dit l'un, j'ai de quoi vivre *pour toujours*; et il mourra demain. Que je suis misérable! dit un autre; je suis perdu *pour jamais*; et la mort le délivre de tous ses maux. On tient à la vie, disait Michel Montaigne, par des bagatelles; par un verre: oui, parcequ'on porte sur ce verre le sentiment de l'infini. Si la vie et la mort paraissent souvent insupportables aux hommes, c'est qu'ils mettent le sentiment de leur fin dans leur mort, et celui de l'infini dans leur vie. Mortels, si vous voulez vivre heureux et mourir contents, ne dénaturez point vos lois; considérez qu'à la mort toutes les peines de l'animal finissent, les besoins du corps, les maladies, les persécutions, les calomnies, les esclavages de toutes les sortes, les rudes combats des passions avec soi-même et avec les autres. Considérez qu'à la mort toutes les jouissances d'un être moral commencent les récompenses des vertus et des moindres actes de justice et d'humanité, méprisés ou dédaignés du monde, mais qui nous ont en quelque sorte rapprochés sur la terre de l'Être juste et éternel.

Quand ces deux instincts se réunissent dans le même lieu, ils nous donnent les plus grands plaisirs dont nous soyons capables; car alors nos deux natures, si j'ose ainsi les appeler, jouissent à la fois [53]. Nous allons présenter un léger ensemble de leurs harmonies; après quoi nous suivrons les traces du sentiment céleste qui nous est naturel dans nos sensations les plus communes.

Je vous suppose donc, lecteur, fatigué des maux de nos sociétés, cherchant, vers les extrémités de l'Afrique, quelque terre heureuse, inconnue aux Européens. Votre vaisseau, voguant sur la Méditerranée, est jeté, à l'entrée de la nuit, par une tempête, sur une côte où il fait naufrage. Par la faveur du ciel, vous vous sauvez à terre; vous vous réfugiez dans une grotte que vous apercevez, à la lueur des éclairs, au fond d'un petit vallon. Là, retiré dans cet asile, vous entendez, toute la nuit, le tonnerre gronder, et la pluie tomber par torrents. Au point du jour vous découvrez derrière vous une ceinture de grands rochers, escarpés comme des murailles. De leurs bases sortent çà et là des touffes de figuiers couverts de figues blanches et rouges, et des bouquets de carouges chargés de siliques brunes; leurs sommets sont couronnés de pins, d'oliviers sauvages, et de cyprès à demi courbés par la violence des vents. Les échos de ces rochers répètent, dans les airs, les rumeurs confuses de la tempête, et les bruits rauques de la mer irritée que l'on aperçoit au loin. Mais le petit vallon où vous êtes est le séjour du calme et du repos. C'est dans ses flancs mousseux que l'alouette de mer fait son nid, et sur ses grèves solitaires que la mauve attend la fin des orages.

Déja les premiers feux de l'aurore se prolongent sur les stæchas fleuris et les nappes violettes de thym qui tapissent ses collines. Ses rayons vous font apercevoir, au sommet d'un des plateaux voisins, une cabane à l'ombre des arbres. Il en sort un berger, sa femme et sa fille, qui s'acheminent vers la grotte, en portant sur leur tête des vases et des corbeilles. C'est le spectacle de votre malheur qui attire ces bonnes gens auprès de vous. Ils vous apportent du feu, des fruits, du pain, du vin et des vêtements. Ils s'empressent de vous rendre tous les devoirs de l'hospitalité. Les besoins du corps satisfaits, ceux de l'ame se font sentir: vous promenez vos regards sur la mer, et vous cherchez en vous-même à connaître dans quelle partie du monde vous vous trouvez; mais ce berger vous tire d'inquiétude en vous disant: « Cette île éloignée que
» vous voyez au nord est Mycone. Voilà Délos un
» peu sur la gauche, et Paros devant nous. Celle
» où nous sommes est Naxos; vous êtes dans cette
» partie de l'île où Ariane fut autrefois abandonnée
» par Thésée. C'est sur cette longue dune de sable
» blanc qui s'avance là-bas dans la mer, qu'elle
» passait les jours à considérer le lieu de l'horizon
» où le vaisseau de son amant infidèle avait disparu
» à sa vue; et c'est dans cette grotte même où vous
» êtes qu'elle se retirait pendant les nuits pour pleu-
» rer son départ. A droite, entre ces deux coteaux,
» au haut desquels vous voyez des ruines confuses,
» était une ville florissante, appelée Naxos. Les
» femmes qui l'habitaient, touchées des malheurs
» de la fille de Minos, vinrent chercher à la con-
» soler. Elles tentèrent d'abord de la distraire par
» leurs conversations; mais rien ne pouvait lui
» plaire que le nom et le souvenir de Thésée. Ces
» femmes feignirent alors des lettres de ce héros
» remplies d'amour, et adressées à Ariane. Elles
» coururent les lui porter, en lui disant: Consolez-
» vous, belle Ariane, Thésée reviendra bientôt;
» Thésée pense toujours à vous. Ariane, hors
» d'elle-même, lisait ces lettres, et, d'une main
» tremblante, se hâtait d'y répondre. Les Naxien-
» nes emportaient ses réponses, et lui promettaient
» de les faire parvenir bientôt à Thésée. C'est ainsi
» qu'elles trompaient sa douleur. Mais quand elles
» s'aperçurent que la vue de la mer la plongeait de
» plus en plus dans la mélancolie, elles l'amenè-
» rent au milieu de ces grands bocages que vous
» apercevez là-bas dans les terres. Là, elles inven-
» tèrent toutes sortes de fêtes pour charmer ses en-
» nuis. Tantôt elles formaient autour d'elle des
» chœurs de danse, et représentaient en se tenant
» par la main les divers détours du labyrinthe de
» Crète, d'où par son secours était sorti l'heureux
» Thésée; tantôt elles feignaient de tuer le terrible
» Minotaure. Ariane rouvrait son cœur à la joie en
» voyant des spectacles qui lui rappelaient la puis-
» sance de son père, la gloire de son amant, et le
» triomphe de ses charmes, qui avaient réparé les
» destinées d'Athènes; mais quand les vents, mal-
» gré le son des tambours et des flûtes, lui appor-
» taient le bruit lointain des flots, qui se brisaient
» sur le rivage d'où elle avait vu partir le cruel
» Thésée, elle se tournait du côté de la mer, et se
» mettait à pleurer. Ainsi les Naxiennes connurent
» que l'amour malheureux trouve, jusqu'au mi-
» lieu des jeux, à redoubler ses peines, et qu'on ne
» perd le souvenir de ses maux qu'en perdant ce-
» lui de ses plaisirs. Elles cherchèrent donc à éloi-
» gner Ariane des lieux et des bruits qui pouvaient
» lui rappeler son amant. Elles l'engagèrent à ve-
» nir dans leur ville, où elles lui donnèrent de
» grands festins dans des salles magnifiques, sou-
» tenues par des colonnes de granit. Là il n'était
» permis à aucun homme d'entrer, et aucun bruit
» du dehors ne se faisait entendre. Elles en avaient
» couvert le pavé, les murs, les portes et les fenê-
» tres, de tapisseries où elles avaient représenté des
» prairies, des vignobles et d'agréables solitudes.
» Elles les éclairaient avec des lampes et des flam-
» beaux. Elles faisaient asseoir Ariane au milieu
» d'elles sur des coussins; elles mettaient une cou-

» ronne de lierre, avec ses grappes noires, sur ses
» cheveux blonds et autour de son front pâle; elles
» posaient ensuite à ses pieds des urnes d'albâtre,
» pleines de vins excellents; elles les versaient dans
» des coupes d'or, et les lui présentaient en lui di-
» sant : Buvez, aimable fille de Minos; cette île
» produit les plus doux présents de Bacchus : bu-
» vez, le vin dissipe les chagrins. Ariane, en sou-
» riant, se laissait aller à leurs invitations. En peu
» de temps les roses de la santé reparurent sur son
» visage, et aussitôt le bruit courut dans Naxos
» que Bacchus était venu au secours de l'amante
» de Thésée. Les habitants, transportés de joie,
» élevèrent à ce dieu un temple dont vous voyez
» encore quelques colonnes et le frontispice sur ce
» rocher au milieu des flots. Mais le vin ne fit que
» donner des forces à l'amour d'Ariane. Elle fut à
» la fin consumée par ses regrets, et même par ses
» espérances. Voilà, au bout de ce vallon, sur un
» petit tertre couvert d'absinthe marine, son tom-
» beau, et sa statue qui regarde encore vers la
» mer. On y reconnaît à peine la figure d'une
» femme; mais on y distingue toujours l'attitude
» inquiète d'une amante. Ce monument, ainsi que
» tous ceux de ce pays, a été mutilé par le temps,
» et encore plus par les Barbares; mais le souvenir
» de la vertu malheureuse n'est pas, sur la terre,
» au pouvoir des tyrans. Le tombeau d'Ariane est
» chez les Turcs, et sa couronne est parmi les
» étoiles. Pour nous, échappés aux regards des
» puissances du monde par notre obscurité même,
» nous avons, par la bonté du ciel, trouvé la li-
» berté loin des grands, et le bonheur dans des dé-
» serts. Étranger, si les biens naturels vous tou-
» chent encore, vous serez le maître de les parta-
» ger avec nous. » A ce récit, des larmes douces
coulent des yeux de son épouse, et de sa jeune
fille qui soupire au souvenir d'Ariane; et je doute
qu'un athée même, qui ne connaît plus dans la
nature que les lois de la matière et du mouvement, pût être insensible au sentiment de ces
convenances présentes et de ces antiques ressouvenirs.

Homme voluptueux! il n'y a que la Grèce, dites-vous, qui offre des scènes et des points de vue
aussi touchants: aussi Ariane est dans tous les
jardins, Ariane est dans tous les cabinets de peinture. Du donjon de votre château, jetez un coup
d'œil sur vos campagnes. Leurs lointains présentent de plus beaux horizons que ceux de la Grèce
désolée. Votre appartement est plus commode
qu'une grotte, et vos sofas sont plus doux que des
gazons. Les ondes et les murmures des herbes de
vos prairies sont plus agréables que ceux des flots
de la Méditerranée. Votre argent et vos jardins
vous donnent plus d'espèces de vins et de fruits
qu'il n'y en a dans tout l'Archipel. Voulez-vous mêler à ces jouissances celle de la Divinité? Voyez sur
cette colline cette petite église de village, entourée
de vieux ormeaux. Parmi les filles qui se rassemblent sous son portail rustique, il y a sans doute
quelque Ariane trompée par son amant [54]. Elle
n'est pas de marbre, mais elle est vivante; elle n'est
pas Grecque, mais Française; elle n'est pas consolée, mais méprisée de ses compagnes. Allez sous
son pauvre toit soulager sa misère. Faites le bien
dans cette vie, qui passe comme un torrent; faites
le bien, non par ostentation et par des mains
étrangères, mais pour le ciel et par vous-même.
Le fruit de la vertu perd sa fleur, quand il est
cueilli par la main d'autrui. Ah! si vous-même la
soulagez dans ses peines; si, par votre compassion, vous la relevez à ses propres regards, vous
verrez à vos bienfaits son front rougir, ses yeux
se remplir de larmes, ses lèvres convulsives se
mouvoir sans parler, et son cœur, long-temps oppressé par la honte, se rouvrir à la vue d'un consolateur, comme au sentiment de la Divinité. Vous
apercevrez alors dans la figure humaine des traits
inconnus au ciseau des Grecs et au pinceau des
Van-Dyck. Le bonheur d'une infortunée vous
coûtera moins que la statue d'Ariane; et au lieu
d'illustrer le nom d'un artiste dans votre hôtel,
pendant quelques années, il immortalisera le
vôtre, et le fera durer long-temps après que vous
ne serez plus, lorsqu'elle dira à ses compagnes
et à ses enfants : « C'est un dieu qui m'a tiré du
» malheur. »

Nous allons suivre maintenant l'instinct de la
Divinité dans nos sensations physiques; et nous
finirons cette Étude par les sentiments purement
intellectuels de l'âme. Nous donnerons ainsi une
faible idée de la nature humaine.

DES SENSATIONS PHYSIQUES.

Toutes les sensations physiques sont en elles-
mêmes des témoignages de notre misère. Si
l'homme est si sensible au sentiment du toucher,
c'est qu'il est nu par tout son corps. Il faut, pour
se vêtir, qu'il dépouille les quadrupèdes, les plantes et les vers. Si presque tous les végétaux et les
animaux ressortissent à sa nourriture, c'est qu'il
est obligé d'employer beaucoup d'apprêts et de
combinaisons dans ses aliments. La nature l'a
traité avec bien de la rigueur; car il est le seul
animal aux besoins duquel elle n'ait pas immé-

diatement pourvu. Nos philosophes n'ont pas assez réfléchi sur une aussi étrange distinction. Quoi! un ver a sa tarière ou sa râpe; il naît au sein d'un fruit, dans l'abondance; il trouve ensuite en lui-même de quoi se filer une toile dont il s'enveloppe; après cela, il se change en mouche brillante, qui va, en se livrant à l'amour, reperpétuer son espèce, sans souci et sans remords : et le fils d'un roi naît tout nu, dans les larmes et les gémissements, ayant besoin toute sa vie du secours d'autrui, obligé de combattre sa propre espèce au dehors et au dedans, et trouvant souvent en lui-même son plus grand ennemi! Certes, si nous ne sommes tous que les enfants de la poussière, il valait mille fois mieux venir à l'existence sous la forme d'un insecte que sous celle d'un empereur. Mais l'homme n'a été abandonné à la dernière des misères qu'afin qu'il eût sans cesse recours à la première des puissances.

DU GOUT.

Il n'y a point de sensation physique qui ne fasse naître en lui quelque sentiment de la Divinité.

A commencer par le sens le plus grossier de tous, qui est celui du boire et du manger, tous les peuples dans l'état sauvage ont cru que la Divinité avait besoin de soutenir sa vie par les mêmes moyens que les hommes : de là est venue dans toutes les religions l'origine des sacrifices. C'est encore de là qu'est venu chez beaucoup de nations l'usage de porter des aliments sur les tombeaux : les femmes des Sauvages de l'Amérique étendent ce soin jusqu'aux petits enfants qui sont morts à la mamelle. Lorsqu'elles leur ont rendu les devoirs de la sépulture, elles viennent tous les jours, pendant plusieurs semaines, verser de leur sein quelques gouttes de lait sur leurs petits tombeaux*; c'est ce qu'affirme le jésuite Charlevoix, qui en a été souvent le témoin. Ainsi, le sentiment de la Divinité et celui de l'immortalité de l'ame sont liés avec nos affections les plus animales, et surtout avec l'amour maternel.

Mais l'homme ne s'est pas contenté de partager ses aliments avec des êtres intellectuels, et de les inviter en quelque sorte à sa table; il a cherché à s'élever à eux par l'effet physique de ces mêmes aliments. Il est très remarquable qu'on a trouvé plusieurs peuples sauvages qui avaient à peine l'industrie de se procurer des aliments; mais aucun qui n'eût celle de s'enivrer. L'homme est le seul de tous les animaux qui soit sensible à ce plaisir. Ceux-ci sont contents de rester dans leur sphère; l'homme s'efforce toujours de sortir de la sienne. L'ivresse exalte l'ame. Toutes les fêtes religieuses chez les Sauvages, et même chez les peuples policés, sont suivies de festins où l'on boit à perdre la raison : on commence, à la vérité, par jeûner, mais on finit par s'enivrer. L'homme renonce à la raison humaine pour exciter en lui des émotions divines. L'effet de l'ivresse est de jeter l'ame dans le sein de quelque divinité. Vous entendez toujours les buveurs chanter Bacchus, Mars, Vénus ou l'Amour. Il est encore très remarquable que les hommes ne se livrent au blasphème que dans l'ivresse; car c'est un instinct aussi ordinaire à l'ame de chercher la Divinité lorsqu'elle est dans son état naturel, que de l'abjurer lorsqu'elle est corrompue par le vice.

DE L'ODORAT.

Les plaisirs de l'odorat sont particuliers à l'homme, car je n'y comprends point les émanations olfactives par lesquelles il juge de ses aliments, et qui lui sont communes avec la plupart des animaux. L'homme seul est sensible aux parfums, et il s'en sert pour donner plus d'énergie à ses passions. Mahomet disait qu'ils élevaient son ame vers le ciel. Quoi qu'il en soit, leur usage s'est introduit dans tous les cultes religieux, et dans les assemblées politiques de beaucoup de nations. Les Brésiliens, ainsi que tous les Sauvages de l'Amérique septentrionale, ne délibèrent point sur quelque objet important sans fumer du tabac dans un calumet. C'est de cet usage que le calumet est devenu chez toutes ces nations le symbole de la paix, de la guerre, des alliances, suivant les accessoires qu'elles y ajoutent. C'est sans doute du même usage de fumer, qui était commun aux Scythes, comme le rapporte Hérodote, que le caducée de Mercure, qui ressemble beaucoup au calumet des Américains, et qui paraît n'avoir été comme lui qu'une pipe, devint le symbole du commerce. Le tabac accroît en quelque sorte les forces du jugement, en occasionnant une espèce d'ivresse dans les nerfs du cerveau. Léry dit que les Brésiliens fument du tabac jusqu'à s'enivrer. Nous observerons que ces peuples ont trouvé la plante la plus céphalique qu'il y ait dans le règne végétal, et que son usage est le plus universellement répandu de toutes celles qui existent sur le globe, sans en excepter la vigne et le blé. J'en ai vu cultiver en Finlande, au-delà de Vibourg, par le 60e degré de latitude nord. Son habitude est si puissante, qu'un homme qui y est accoutumé se

---

* *Voyez* le père Charlevoix, *Voyage en Amérique.*

passera plus difficilement d'elle que de pain pendant un jour. Cette plante est cependant un véritable poison ; elle affecte à la longue les nerfs de l'odorat, et quelquefois ceux de la vue. Mais l'homme est toujours prêt à altérer sa constitution physique, pourvu qu'il puisse renforcer en lui le sentiment intellectuel.

DE LA VUE.

Tout ce que nous avons dit, en rapportant quelques lois générales de la nature, des harmonies, des consonnances, des contrastes et des oppositions, aboutit principalement au sens de la vue. Je ne parle pas des convenances ; car elles appartiennent au sentiment de la raison, et sont entièrement distinctes de la matière. A la vérité, les autres relations sont fondées sur la raison même de la nature, qui nous réjouit par les couleurs et les formes génératives et engendrées, et qui nous attriste par celles qui nous annoncent la décomposition et la destruction. Mais, sans rentrer dans ce vaste et inépuisable sujet, je ne parlerai ici que de quelques effets d'optique qui font naître involontairement en nous le sentiment de quelques attributs de la Divinité.

Une des causes les plus ordinaires du plaisir que nous éprouvons à la vue d'un grand arbre, vient du sentiment de l'infini qui s'élève en nous par sa forme pyramidale. Les dégradations de ses divers étages de rameaux et des teintes de verdure, qui sont toujours plus légères à l'extrémité de l'arbre que dans le reste de son feuillage, lui donnent une élévation apparente qui n'a point de terme. Nous éprouvons les mêmes sensations dans le plan horizontal des campagnes, où nous apercevons souvent plusieurs plans de collines qui fuient les unes derrière les autres, et dont les dernières se confondent avec le ciel. La nature produit les mêmes effets dans les grandes plaines ; au moyen des vapeurs qu'élèvent les rivages des lacs ou les canaux des rivières et des fleuves qui les traversent : leurs contours sont d'autant plus multipliés, que les plaines ont plus d'étendue, comme je l'ai souvent remarqué. Ces vapeurs se présentent sur différents plans : tantôt elles s'arrêtent comme des rideaux sur les lisières des forêts ; tantôt elles s'élèvent en colonnes le long des ruisseaux qui serpentent dans les prairies : quelquefois elles sont toutes grises ; d'autres fois elles sont éclairées et pénétrées par les rayons du soleil. Sous tous ces aspects, elles nous montrent, si j'ose dire, plusieurs perspectives de l'infini dans l'infini même.

Je ne parle pas du spectacle ravissant que le ciel nous présente quelquefois par la disposition de ses nuages. Je ne sache pas qu'aucun philosophe ait soupçonné que leurs beautés avaient des lois. Ce qu'il y a de certain, c'est qu'il n'y a point d'animal qui vive à la lumière, qui ne soit sensible à leurs effets. J'ai dit ailleurs quelque chose de leurs caractères d'amabilité ou de terreur, qui sont les mêmes que ceux des animaux et des végétaux aimables ou dangereux, conformément à ceux des jours et des saisons qu'ils nous annoncent. Les lois que j'en ai esquissées offriront des méditations délicieuses à qui voudra les étudier autrement qu'avec les moyens mécaniques de nos baromètres et de nos thermomètres. Ces instruments ne sont bons que pour régler les atmosphères de nos chambres ; ils nous déguisent trop souvent l'action de la nature ; ils annoncent la plupart du temps les mêmes températures aux jours qui font chanter les oiseaux, et à ceux qui les font taire. Les harmonies du ciel ne peuvent être senties que par le cœur humain. Tous les peuples, frappés de leur langage ineffable, lèvent les yeux et les mains vers le ciel dans les mouvements involontaires de la joie et de la douleur. La raison, cependant, leur dit que la Divinité est partout. Pourquoi est-ce que nul d'entre eux ne tend les bras vers la terre ou à l'horizon pour l'invoquer ? d'où vient ce sentiment qui leur dit que Dieu est au ciel ? Est-ce parceque le ciel est le séjour de la lumière ? est-ce parceque la lumière elle-même, qui nous fait apercevoir tous les objets, n'étant point, comme nos matières terrestres, sujette à être divisée, corrompue, détruite et renfermée, semble présenter quelque chose de céleste dans sa substance ?

C'est au sentiment de l'infini que nous inspire la vue du ciel, qu'il faut attribuer le goût de tous les peuples pour bâtir des temples sur les sommets des montagnes, et le penchant invincible qu'avaient les Juifs à adorer, comme les autres nations, sur les lieux élevés. Il n'y a point de montagne dans les îles de l'Archipel qui n'ait son église, ni de coteau à la Chine qui n'ait sa pagode. Si, comme le prétendent quelques philosophes, nous ne jugions jamais de la nature des choses que par des résultats mécaniques de comparaisons d'elles à nous, la hauteur des montagnes devrait humilier notre petitesse. Si nous voyions leur étendue en profondeur, les cheveux nous en dresseraient à la tête. D'où viennent des sensations si différentes de la grandeur en élévation et de la grandeur en abîme ? Le danger est égal pour des êtres aussi faibles que nous. C'est parceque ces grands objets, en s'élevant vers le ciel, y élèvent nos ames par le sentiment de l'infini, et qu'en nous éloignant de la terre, ils nous portent vers des beautés plus durables.

Les ouvrages de la nature nous présentent souvent plusieurs sortes d'infinis à la fois : ainsi, par exemple, un grand arbre, dont le tronc est caverneux et couvert de mousse, nous donne le sentiment de l'infini dans le temps, comme celui de l'infini en hauteur. Il nous offre un monument des siècles où nous n'avons pas vécu. S'il s'y joint l'infini en étendue, comme lorsque nous apercevons à travers ses sombres rameaux de vastes lointains, notre respect augmente. Ajoutez-y encore les divers groupes de sa masse, qui contrastent avec la profondeur des vallées et avec le niveau des prairies; ses demi-jours vénérables, qui s'opposent et se jouent avec l'azur des cieux; et le sentiment de notre misère qu'il rassure par les idées de protection qu'il nous présente dans l'épaisseur de son tronc inébranlable comme un rocher, et dans sa cime auguste agitée des vents, dont les majestueux murmures semblent entrer dans nos peines : un arbre, avec toutes ces harmonies, nous inspire je ne sais quelle vénération religieuse. Aussi Pline dit que les arbres ont été les premiers temples des dieux.

L'impression sublime qu'ils produisent est encore plus profonde lorsqu'ils nous rappellent quelque sentiment de la vertu, comme le souvenir des grands hommes qui les ont plantés, ou de ceux dont ils ombragent les tombeaux. Tels étaient les chênes d'Iulus, à Troie. C'est par un effet de ce sentiment que les montagnes de la Grèce et de l'Italie nous paraissent plus respectables que celles du reste de l'Europe, quoiqu'elles ne soient pas plus anciennes dans le monde, parceque leurs monuments, tout ruinés qu'ils sont, nous rappellent les vertus de ceux qui les ont habitées. Mais ce sujet n'est pas de cet article.

En général, les diverses sensations de l'infini augmentent par les contrastes des objets physiques qui les font naître. Nos peintres ne sont pas assez attentifs au choix de ceux qu'ils mettent sur les devants de leurs tableaux. Ils donneraient bien plus d'effet au fond de leurs scènes, s'ils lui en opposaient le frontispice, non-seulement en couleurs et en formes, comme ils font quelquefois; mais en nature. Ainsi, par exemple, si l'on veut donner beaucoup d'intérêt à un paysage riant et agréable, il faut qu'on l'aperçoive à travers un grand arc de triomphe, ruiné par le temps. Au contraire, une ville remplie de monuments étrusques ou égyptiens paraît encore plus antique, quand on la voit de dessous un berceau de verdure et de fleurs. Il faut imiter la nature, qui ne fait jamais venir les plantes les plus aimables, dans toute leur beauté, telles que les mousses, les violettes et les roses, qu'au pied des rustiques rochers.

Ce n'est pas que les consonnances ne produisent aussi de grands effets, surtout quand elles rapprochent des objets qui sont étrangers les uns aux autres. C'est ainsi, par exemple, que la coupole du collège des Quatre-Nations présente un point de vue magnifique, lorsqu'on l'aperçoit du milieu de la cour du Louvre, à travers l'arcade de ce palais qui est vis-à-vis; car alors on la voit tout entière avec une partie du ciel, sous les claveaux de la voûte, comme si elle était une partie du Louvre. Mais dans cette consonnance même, qui donne tant d'étendue à notre optique, il y a encore un contraste de la forme concave de l'arcade à la forme convexe de la coupole.

Le grand art d'émouvoir* est d'opposer des objets sensibles aux intellectuels. L'ame prend alors un grand essor. Elle passe du visible à l'invisible, et jouit, pour ainsi dire, à sa manière, en s'étendant dans les vastes champs du sentiment et de l'intelligence. Chez certains peuples de la Tartarie, quand un grand est mort, son écuyer, après l'enterrement, prend par la bride le cheval qu'il avait coutume de monter; il met dessus l'habit de son maître, et le promène en silence devant l'assemblée, que ce spectacle fait fondre en larmes.

Quand les sous-entendus se multiplient et se lient à quelque affection vertueuse, les émotions de l'ame redoublent. Ainsi lorsque, dans l'Énéide*, Iule promet des présents à Nisus et à Euryale, qui vont chercher son père à Palantée, il dit à Nisus :

Bina dabo argento perfecta atque aspera signis
Pocula, devicta genitor quæ cepit Arisba;
Et tripodas geminos; auri duo magna talenta;
Cratera antiquum, quem dat Sidonia Dido.

« Je vous donnerai deux amphores d'argent, avec des figu-
» res en relief d'une ciselure parfaite. Mon père s'en rendit
» maître à la prise d'Arisba. J'y joindrai deux trépieds pareils,
» deux grands talents d'or, et une coupe antique que m'a
» donnée la reine Didon. »

Il promet à ces deux jeunes gens, que l'amitié rendait si unis, des présents doubles : deux amphores, deux trépieds pour les poser à la manière des anciens, deux talents d'or pour les remplir de

* Lib. IX, v. 263.

vin, mais une seule coupe pour le boire ensemble. Encore quelle coupe! il n'en vante ni la matière, ni le travail, comme dans les autres présents; il y attache des qualités morales bien plus précieuses pour des amis. Elle est antique; elle n'a point été le prix de la violence, mais elle est un présent de l'amour. Sans doute Iule l'avait reçue de Didon, lorsqu'elle crut avoir épousé Énée.

Dans toutes les scènes de passions où l'on veut produire de grandes émotions, plus l'objet principal est circonscrit, plus le sentiment intellectuel qui en résulte est étendu. Il y en a plusieurs raisons, dont la plus importante est que les contrastes accessoires, comme ceux de la petitesse à la grandeur, de la faiblesse à la force, du fini à l'infini, concourent à augmenter le contraste du sujet. Quand le Poussin a voulu faire un tableau du déluge universel, il n'y a représenté qu'une famille. On y voit un vieillard à cheval qui se noie; et, dans un bateau, un homme qui est peut-être son fils présente à sa femme, grimpée sur un rocher, un petit enfant vêtu d'une cotte rouge, qui, de son côté, cherche à s'aider de ses petits pieds pour parvenir sur la roche. Le fond du paysage est affreux par sa noire mélancolie. Les herbes et les arbres y sont trempés d'eau, la terre même en est pénétrée, comme on le voit par ce long serpent qui s'empresse de quitter son souterrain. Les torrents coulent de tous côtés, le soleil paraît dans le ciel comme un œil crevé. Mais les plus grands intérêts y portent sur le plus faible objet : un père et une mère, près de périr, ne s'occupent que du salut de leur enfant. Tous les sentiments sont éteints sur la terre, et l'amour maternel vit encore. Le genre humain est détruit à cause de ses crimes, et l'innocence va être enveloppée dans sa punition. Ces eaux débordées, ces terres noyées, cette noire atmosphère, ce soleil éteint, ces solitudes désolées, cette famille fugitive, tous les effets de cette ruine universelle du monde se réunissent sur un enfant. Cependant il n'y a personne qui, en voyant le petit groupe de personnages qui l'environne, ne s'écrie : « Voilà le déluge universel. » Telle est la nature de notre ame. Loin d'être matérielle, elle ne saisit que les convenances. Moins vous lui montrez d'objets physiques, plus vous lui faites naître de sentiments intellectuels.

DE L'OUÏE.

Platon appelle l'ouïe et la vue les sens de l'âme. Je crois qu'il les qualifie particulièrement de ce nom, parceque la vue est affectée de la lumière, qui n'est point une matière à proprement parler; et l'ouïe, des modulations de l'air, qui ne sont point en elles-mêmes des corps. D'ailleurs, ces deux sens ne nous apportent que le sentiment des convenances et des harmonies, sans nous mêler avec la matière, comme l'odorat, qui n'est affecté que des émanations des corps; le goût, de leur fluidité; et le toucher, de leur solidité, de leur mollesse, de leur chaleur, et de leurs autres qualités physiques. Quoique l'ouïe et la vue soient les sens directs de l'ame, il n'en faut pas conclure cependant qu'un homme né sourd et aveugle serait imbécile, comme on l'a prétendu. L'ame voit et entend par tous les sens. C'est ce que prouvent les princes aveugles de Perse, dont les doigts ont tant d'intelligence, au rapport de Chardin, qu'ils tracent et calculent toutes les figures de la géométrie sur des tablettes. Tels sont encore les sourds et muets, auxquels M. l'abbé de l'Épée apprend à converser.

Je n'ai pas besoin de m'étendre sur les rapports intellectuels de l'ouïe. Ce sens est l'organe immédiat de l'intelligence; c'est lui qui reçoit la parole, qui n'appartient qu'à l'homme, et qui est, par ses modulations infinies, l'expression de toutes les convenances de la nature et de tous les sentiments du cœur humain. Mais il y a un autre langage qui paraît appartenir encore plus particulièrement à ce premier principe de nous-mêmes, que nous avons appelé le *sentiment* : c'est la musique. Je ne m'étendrai pas sur le pouvoir incompréhensible qu'elle a de calmer et d'exciter les passions d'une manière indépendante de la raison, et de faire naître des affections sublimes, dégagées de toute perception intellectuelle; ses effets sont assez connus. J'observerai seulement qu'elle est si naturelle à l'homme, que les premières prières adressées à la Divinité, et les premières lois, chez tous les peuples, ont été mises en chant. L'homme n'en perd le goût que dans les sociétés policées, dont les langues mêmes perdent à la longue leurs accents. C'est qu'une multitude de relations sociales y détruisent les convenances naturelles. On y raisonne beaucoup, et on n'y sent presque plus.

L'auteur de la nature a jugé l'harmonie des sons si nécessaire à l'homme, qu'il n'y a point de site sur la terre qui n'ait son oiseau chantant. Le serin des Canaries fréquente ordinairement, dans ces îles, les rives caillouteuses des montagnes. Le chardonneret se plaît dans les dunes sablonneuses; l'alouette, dans les prairies; le rossignol, dans les bocages, le long des ruisseaux; le bouvreuil, dont le chant est si doux, dans l'épine blanche; la grive, la fauvette, le verdier, et tous les oiseaux qui chantent, ont leur poste favori. Il est très remarquable que partout ils ont l'instinct de se rapprocher de l'habitation de l'homme. S'il y a une cabane dans une forêt, tous les oiseaux chantants du voisinage viennent s'établir aux environs. On n'en trouve même qu'auprès des lieux habités. J'ai fait plus de six cents lieues dans les forêts de la Russie, et je n'y ai jamais vu de petits oiseaux qu'aux environs des villages. En faisant la visite des places, dans la Finlande russe, avec les généraux du corps du génie où je servais, nous faisions quelquefois vingt lieues dans un jour, sans rencontrer sur la route ni villages ni oiseaux. Mais, quand nous apercevions voltiger des moineaux dans les arbres, nous jugions que nous étions près de quelque lieu habité. Cet indice ne nous a jamais trompés. Je le rapporte d'autant plus volontiers, qu'il peut quelquefois servir à des gens égarés dans les bois. Garcilasso de la Vega raconte que son père, ayant été détaché du Pérou avec une compagnie d'Espagnols, pour faire des découvertes au-delà des Cordillières, pensa mourir de faim au milieu de leurs vallées et de leurs fondrières inhabitées. Il n'en serait jamais sorti, s'il n'eût aperçu en l'air une volée de perroquets, qui lui fit soupçonner qu'il y avait des habitations quelque part aux environs. Il se dirigea sur le rumb de vent qu'avaient suivi les perroquets, et parvint, après des fatigues incroyables, à une peuplade d'Indiens qui cultivaient des champs de maïs. Nous observerons que la nature n'a donné aucun chant agréable aux oiseaux de marine et de rivière, parcequ'il eût été étouffé par les bruits des eaux, et que l'oreille humaine n'eût pu en jouir à la distance où ils vivent de la terre. S'il y a des cygnes qui chantent, comme on l'a prétendu, leur chant ne doit avoir que peu de modulations, et ressembler aux cris des canards et des oies. Celui des cygnes sauvages qui sont venus dernièrement s'établir à Chantilly n'a que quatre ou cinq notes. Les oiseaux aquatiques ont des cris perçants, propres à se faire entendre dans les régions des vents et des tempêtes qu'ils habitent, et qui ont des convenances parfaites avec leurs sites bruyants et leurs solitudes mélancoliques. Les mélodies des oiseaux de chant ont de pareilles relations avec les sites qu'ils occupent, et même avec les distances où ils vivent de nos habitations. L'alouette, qui fait son nid dans nos blés, et qui aime à s'y élever à perte de vue, se fait entendre en l'air, lors même qu'on ne l'aperçoit plus. L'hirondelle, qui frise en volant les parois de nos maisons, et qui se repose sur nos cheminées, a un petit gazouillement doux, qui n'est point étourdissant, comme serait celui des oiseaux de bocages; mais le rossignol solitaire se fait ouïr à plus d'une demi-lieue. Il se méfie du voisinage de l'homme; et cependant il se place toujours à la vue de son habitation et à la portée de son ouïe. Il choisit, pour cet effet, les lieux les plus retentissants, afin que leurs échos donnent plus d'action à sa voix. Quand il s'est établi dans son orchestre, il chante alors un drame inconnu, qui a son exorde, son exposition, ses récits, ses événements, entremêlés tantôt des sons de la joie la plus éclatante, tantôt de ressouvenirs amers et lamentables, qu'il exprime par de longs soupirs. Il se fait entendre au commencement de la saison où la nature se renouvelle, et semble présenter à l'homme un tableau de la carrière inquiète qu'il doit parcourir.

Chaque oiseau a une voix convenable au temps et au poste où il se montre, et relative aux besoins de l'homme. Le cri perçant du coq le réveille, au point du jour, pour les travaux; le chant gai de l'alouette, dans la prairie, invite les bergères aux danses; la grive gourmande, qui ne paraît qu'en automne, appelle aux vendanges les rustiques vignerons. L'homme seul, de son côté, est attentif aux accents des oiseaux. Jamais le cerf, qui versa des larmes sur ses propres malheurs, ne soupira à ceux de la plaintive Philomèle. Jamais le bœuf laboureur, mené à la boucherie après de pénibles services, ne tourna sa tête vers elle, en lui disant: « Oiseau solitaire, voyez comme l'homme récom» pense ses serviteurs! » La nature a répandu ces distractions et ces consonnances de fortunes sur des êtres volatils, afin que notre ame, susceptible de tous les maux, trouvant partout à les étendre, pût partout en affaiblir le poids. Elle a rendu capables de ces communications les corps même insensibles. Souvent elle nous présente, au milieu des scènes qui affligent notre vue, d'autres scènes qui réjouissent notre ouïe, et nous rappellent d'intéressants ressouvenirs. C'est ainsi que, du sein des forêts, elle nous transporte sur le bord des eaux par les frémissements des trembles et des peupliers. D'autres fois elle nous apporte, sur le bord des ruisseaux, les bruits de la mer et des manœuvres des navires, par les murmures des roseaux agités par les vents. Quand elle ne peut séduire notre raison par des images étrangères, elle l'assoupit par le charme du sentiment: elle fait sortir du sein des forêts, des prairies et des vallons, des bruits ineffables, qui excitent en nous de douces rêveries, et nous plongent dans de profonds sommeils.

DU TOUCHER.

Je ne ferai que quelques réflexions sur le toucher. Il est le plus obtus de nos sens, et cependant il est, en quelque sorte, le sceau de notre intelligence. Nous avons beau voir un corps de toutes les manières, nous ne croyons pas le connaître, si nous ne pouvons pas le toucher. Cet instinct vient peut-être de notre faiblesse, qui cherche dans ces rapprochements des points de protection. Quoiqu'il en soit, ce sens, tout obscur qu'il est, peut nous communiquer l'intelligence, comme on peut le voir par l'exemple cité par Chardin, des aveugles de Perse qui traçaient avec leurs doigts des figures de géométrie, et jugeaient très bien de la bonté d'une montre en en maniant les roues. La sage nature a mis les principaux organes de ce sens, qui est répandu sur toute la surface de notre peau, dans nos pieds et dans nos mains, qui sont les membres le plus à portée de juger des qualités des corps. Mais afin qu'ils ne fussent pas exposés à perdre leur sensibilité par des chocs fréquents, elle leur a donné beaucoup de souplesse, en les divisant en plusieurs doigts, et ces doigts en plusieurs articulations; de plus, elle les a garnis, du côté du contact, de demi-molettes élastiques, qui présentent à la fois de la résistance dans leurs parties calleuses et saillantes, et une sensibilité exquise dans leurs parties rentrantes.

Cependant je m'étonne que la nature ait répandu le sens du toucher sur toute la surface du corps humain, qui se trouve, par-là, exposée à une multitude de souffrances, sans qu'il en résulte pour lui beaucoup d'avantages. L'homme est le seul des animaux qui soit obligé de se vêtir. Il y a, à la vérité, quelques insectes qui se font des fourreaux, comme les teignes; mais ils naissent dans des lieux où leurs habits sont, pour ainsi dire, tout faits. Ce besoin, qui est devenu une des plus inépuisables sources de notre vanité, est, à mon gré, un des plus grands témoignages de notre misère. L'homme est le seul être qui ait honte de paraître nu. C'est un sentiment dont je ne vois pas de raison dans la nature, ni de similitude dans l'instinct des autres animaux. D'ailleurs, indépendamment de toute affection de pudeur, il est contraint, par la nécessité, de se vêtir dans tous les climats. Quelques philosophes, enveloppés de bons manteaux, et qui ne sortent point de nos villes, se sont figuré un homme naturel sur la terre, comme une statue de bronze au milieu d'une place publique. Mais, sans parler de tous les inconvénients qui affligent au dehors sa malheureuse existence, comme le froid, le chaud, le vent, la pluie, je ne m'arrêterai qu'à une incommodité qui nous paraît légère dans nos appartements, mais qui est insupportable à un homme nu dans les plus douces températures : ce sont les mouches. Je citerai, à ce sujet, le témoignage d'un homme dont la peau devait être à l'épreuve : c'est celui du flibustier Raveneau de Lussan, qui traversa en 1688 l'isthme de Panama, en revenant de la mer du Sud. Voici ce qu'il dit, en parlant des Indiens du cap de Gracias-à-Dios : « Quand le sommeil les prend, ils
» font un trou dans le sable, où ils se couchent,
» et ensuite ils se recouvrent avec le même sable :
» ce qu'ils font pour se mettre à couvert des insul-
» tes des moustiques, dont l'air est le plus souvent
» tout rempli. Ce sont de petits moucherons que
» l'on sent plutôt qu'on ne les voit, et qui ont un
» aiguillon si piquant et si venimeux, que lorsqu'ils
» l'appuient sur quelqu'un, il semble que ce soit
» un dard de feu qu'ils y lancent.

» Ces pauvres gens sont si tourmentés de ces
» fâcheux insectes quand il ne vente point, qu'ils
» en deviennent comme lépreux ; et je puis assurer
» avec vérité, le sachant par ma propre expérien-
» ce, que ce n'est pas une légère souffrance que
» d'en être attaqué ; car, outre qu'ils font perdre
» le repos de la nuit, c'est que lorsque nous avons
» été réduits à aller le dos nu, faute de chemises,
» l'importunité de ces animaux nous faisait déses-
» pérer, et entrer dans des rages à ne nous plus
» posséder [*]. »

C'est, je crois, à cause de l'incommodité des mouches, très communes et très nécessaires dans les lieux marécageux et humides des pays chauds, que la nature a mis peu de quadrupèdes à poils sur leurs rivages, mais des quadrupèdes à écailles, comme les tatous, les armadilles, les tortues, les lézards, les crocodiles, les caïmans, les crabes de terre, les bernards-l'ermite, et les autres reptiles écailleux, comme les serpents, sur lesquels les mouches n'ont point de prise. C'est peut-être aussi pour cette raison que les porcs et les sangliers, qui aiment à fréquenter ces sortes d'endroits, ont des poils longs, roides et hérissés qui écartent les insectes volatiles.

Au reste, la nature n'a pris à cet égard aucune précaution pour l'homme. Certes, en voyant la beauté de ses formes et sa grande nudité, il m'est impossible de ne pas admettre l'ancienne tradition de notre origine. La nature, en le mettant sur la terre, lui a dit : « Va, être dégradé, intelligence

---
[*] *Journal d'un voyage à la mer du Sud*, en 1688.

» sans lumière, animal sans vêtement, va pour-
» voir à tes besoins; tu ne pourras éclairer ta rai-
» son aveugle qu'en la dirigeant sans cesse vers le
» ciel, ni soutenir ta vie malheureuse que par le
» secours de tes semblables. » Ainsi, de la misère
de l'homme naquirent les deux commandements
de la loi.

DES SENTIMENTS DE L'AME,

ET PREMIÈREMENT DES AFFECTIONS DE L'ESPRIT.

Je ne parlerai des affections de l'esprit que pour les distinguer des sentiments de l'ame : ils diffèrent essentiellement les uns des autres. Par exemple, autre est le plaisir que nous donne une comédie, autre celui que nous donne une tragédie. L'émotion qui nous fait rire est une affection de l'esprit ou de la raison humaine ; celle qui nous fait verser des larmes est un sentiment de l'ame. Ce n'est pas que je veuille faire de l'esprit et de l'ame deux puissances de nature différente ; mais il me semble, comme nous l'avons déja dit, que l'un est à l'autre ce que la vue est au corps; l'esprit est une faculté, et l'ame est le principe; l'ame est, si j'ose le dire, le corps de notre intelligence. Je regarde donc l'esprit comme une vue intellectuelle, à laquelle on peut rapporter les autres facultés de l'entendement : l'*imagination*, qui voit les choses à venir; la *mémoire,* qui voit celles qui sont passées; et le *jugement,* qui aperçoit leurs convenances. L'impression que nous font ces vues diverses excite quelquefois en nous un sentiment qu'on appelle l'*évidence*, et alors celle-ci appartient immédiatement à notre ame (ce que nous éprouvons par l'émotion délicieuse qu'elle y fait naître subitement); mais, parvenue là, elle n'est plus du ressort de notre esprit, parceque quand nous commençons à sentir nous cessons de raisonner, nous ne voyons plus, nous jouissons.

Comme notre éducation et nos mœurs nous dirigent vers notre intérêt personnel, il arrive de là que notre esprit ne s'occupe plus que des convenances sociales, et que notre raison n'est plus, à la fin, que l'intérêt de nos passions; mais notre ame, livrée à elle-même, cherche sans cesse les convenances naturelles, et notre sentiment est toujours l'intérêt du genre humain.

Ainsi, je le répète, l'esprit est la perception des lois de la société, et le sentiment est la perception des lois de la nature. Ceux qui nous montrent les convenances de la société, tels que les écrivains comiques, satiriques, épigrammatiques, et même la plupart des moralistes, sont des hommes d'esprit : tels ont été l'abbé de Choisy, La Bruyère, Saint-Évremond, etc... Ceux qui nous découvrent les convenances de la nature, comme les poètes tragiques, les poëtes sensibles, les inventeurs des arts, les grands philosophes, sont des hommes de génie : tels ont été Shakspeare, Corneille, Racine, Newton, Marc-Aurèle, Montesquieu, La Fontaine, Fénelon, J.-J. Rousseau. Les premiers appartiennent à un siècle, à une saison, à une nation, à une coterie; les autres, à la postérité et au genre humain.

On sentira encore mieux la différence qu'il y a entre l'esprit et l'ame, en dénaturant leurs affections. Toutes les fois, par exemple, que les perceptions de l'esprit sont amenées jusqu'à l'évidence, elles nous font un grand plaisir, indépendamment de toutes les relations particulières d'intérêt, parcequ'elles excitent en nous un sentiment, comme nous l'avons dit. Mais quand nous analysons nos sentiments, et que nous les rapportons à l'examen de notre esprit, les émotions sublimes qu'ils excitaient en nous s'évanouissent; car nous ne manquons pas de les rapporter alors à quelque convenance de société, de fortune, de système, où d'autre intérêt personnel dont se compose notre raison. Ainsi, dans le premier cas, nous changeons notre cuivre en or; et dans le second, notre or en cuivre.

Au reste, rien de plus pernicieux, à la longue, que notre esprit pour étudier la nature; car quoiqu'il saisisse çà et là quelques convenances naturelles, il n'en suit pas la chaîne fort loin : d'ailleurs il y en a un beaucoup plus grand nombre qu'il n'aperçoit pas, parcequ'il ramène toujours tout à lui, et au petit ordre social ou scientifique dans lequel il est circonscrit. Ainsi, par exemple, s'il jette un coup d'œil sur les sphères célestes, il en rapportera la formation au travail d'une verrerie; et s'il admet un être créateur, il le représentera comme un machiniste désœuvré, occupé à faire des globes, uniquement pour le plaisir de les faire tourner. Il conclura, de son propre désordre, qu'il n'y a point d'ordre dans la nature; de son immoralité, qu'il n'y a point de moralité. Comme il rapporte tout à sa raison, et qu'il ne voit pas de raison d'exister lorsqu'il ne sera plus sur la terre, il en conclut en effet qu'alors il n'existera pas. S'il était conséquent, il en conclurait également qu'il n'existe pas maintenant; car il ne trouve certainement ni en lui, ni autour de lui, de raison actuelle de son existence.

Nous sommes convaincus de notre existence par une puissance bien supérieure à notre esprit, qui est le sentiment. Nous allons porter cet instinct naturel dans les recherches de l'existence de la Divinité et de l'immortalité de l'âme, sur lesquelles notre raison versatile s'est si souvent exercée pour et contre. Quoique notre insuffisance soit trop grande pour nous porter bien loin dans cette carrière infinie, nous espérons que nos aperçus et nos erreurs mêmes donneront aux hommes de génie le courage d'y entrer. Ces vérités sublimes et éternelles nous semblent tellement empreintes dans le cœur humain, qu'elles nous paraissent être les principes mêmes de notre sentiment, et se manifester dans nos affections les plus communes, comme dans nos passions les plus déréglées.

DU SENTIMENT DE L'INNOCENCE.

Le sentiment de l'innocence nous élève vers la Divinité, et nous porte à la vertu. Les Grecs et les Romains faisaient chanter les enfants dans leurs fêtes religieuses, et les chargeaient de présenter les offrandes aux autels, afin de rendre, par le spectacle de leur innocence, les dieux favorables à la patrie. La vue de l'enfance rappelle l'homme aux sentiments de la nature. Lorsque Caton d'Utique eut pris la résolution de se tuer, ses amis et ses serviteurs lui retirèrent son épée; et comme il la leur redemanda en se mettant dans une violente colère, ils envoyèrent un enfant la lui porter; mais la corruption de ses contemporains avait étouffé dans son cœur le sentiment que devait y faire naître l'innocence.

Jésus-Christ veut que nous devenions semblables aux enfants : on les appelle innocents, *non nocentes*, parcequ'ils n'ont jamais nui. Cependant, malgré les droits de leur âge et l'autorité de notre religion, à quelle éducation barbare ne sont-ils pas abandonnés!

DE LA PITIÉ.

C'est le sentiment de l'innocence qui est le premier mobile de la pitié; voilà pourquoi nous sommes plus touchés des malheurs d'un enfant que de ceux d'un vieillard. Ce n'est pas, comme l'ont dit quelques philosophes, parceque l'enfant a moins de ressources et d'espérances, car il en a plus que le vieillard qui est souvent infirme et qui s'avance vers la mort, tandis que l'enfant entre dans la vie : mais l'enfant n'a jamais offensé; il est innocent. Ce sentiment s'étend aux animaux mêmes, qui nous touchent souvent plus de pitié que les hommes, par cela seul qu'ils ne sont pas nuisibles. C'est ce qui a fait dire au bon La Fontaine, en parlant du déluge, dans la fable de Philémon et Baucis :

. . . . Tout disparut sur l'heure.

Les vieillards déploraient ces sévères destins.
Les animaux périr ! car encor les humains,
Tous avaient dû tomber sous les célestes armes.
Baucis en répandit en secret quelques larmes.

Ainsi le sentiment de l'innocence développe dans le cœur de l'homme un caractère divin, qui est celui de la générosité. Il ne porte point sur le malheur en lui-même, mais sur une qualité morale qu'il démêle dans l'infortuné qui en est l'objet. Il s'accroît par la vue de l'innocence, et quelquefois encore plus par celle du repentir. L'homme seul, des animaux, en est susceptible : et ce n'est point par un retour secret sur lui-même, comme l'ont prétendu quelques ennemis du genre humain; car si cela était, en comparant un enfant et un vieillard qui sont malheureux, nous devrions être plus touchés des maux du vieillard, attendu que nous nous éloignons des maux de l'enfance, et que nous nous approchons de ceux de la vieillesse : cependant le contraire arrive, par l'effet du sentiment moral que j'ai allégué.

Lorsqu'un vieillard est vertueux, le sentiment moral de ses malheurs redouble en nous; ce qui prouve évidemment que la pitié de l'homme n'est pas une affection animale. Ainsi, la vue d'un Bélisaire est très attendrissante. Si on y réunit celle d'un enfant qui tend sa petite main afin de recevoir quelques secours pour cet illustre aveugle, l'impression de la pitié est encore plus forte. Mais voici un cas sentimental. Je suppose que vous eussiez rencontré Bélisaire vous demandant l'aumône d'un côté, et de l'autre un enfant orphelin, aveugle et misérable, et que vous n'eussiez eu qu'un écu, sans pouvoir le partager; auquel des deux l'eussiez-vous donné ?

Si vous trouvez que les grands services rendus par Bélisaire à sa patrie ingrate rendent la balance du sentiment trop inégale, supposez à l'enfant les maux de Bélisaire, et même quelques unes de ses vertus, comme d'avoir eu les yeux crevés par ses parents, et de demander encore l'aumône pour eux [55]; il n'y aura plus, à mon avis, à balancer, si vous ne faites que sentir; car si vous raisonnez, c'est autre chose; les talents, les victoires, et l'illustration du général grec, vous feront bientôt oublier les infortunes d'un enfant obscur. La raison vous ramènera à l'intérêt politique, au moi humain.

Le sentiment de l'innocence est un rayon de la Divinité. Il couvre l'infortuné d'une lumière céleste qui vient rejaillir contre le cœur humain, et y fait naître la générosité, cette autre flamme divine. C'est lui seul qui nous rend sensibles au malheur de la vertu, en nous la montrant comme incapable de nuire ; car, autrement, nous pourrions la considérer comme se suffisant à elle-même. Alors elle exciterait plus notre admiration que notre pitié.

DE L'AMOUR DE LA PATRIE.

Ce sentiment est encore la source de l'amour de la patrie, parcequ'il nous y rappelle les affections douces et pures du premier âge. Il s'accroît avec l'étendue, et s'augmente avec les années, comme un sentiment d'une nature céleste et immortelle. Il y a en Suisse un air de musique antique et fort simple, appelé le *ranz des vaches*. Cet air est d'un tel effet, qu'on fut obligé de défendre de le jouer, en Hollande et en France, devant les soldats de cette nation, parcequ'il les faisait déserter tous l'un après l'autre. Je m'imagine que ce *ranz des vaches* imite le mugissement des bestiaux, les retentissements des échos, et d'autres convenances locales qui faisaient bouillir le sang dans les veines de ces pauvres soldats, en leur rappelant les vallons, les lacs, les montagnes de leur patrie[56], et en même temps les compagnons du premier âge, les premières amours, et les souvenirs des bons aïeux.

L'amour de la patrie semble croître à proportion qu'elle est innocente et malheureuse. Voilà pourquoi les peuples sauvages aiment plus leur pays que les peuples policés ; et ceux qui habitent des contrées âpres et rudes, comme les habitants des montagnes, que ceux qui vivent dans des contrées fertiles et dans de beaux climats. Jamais la cour de Russie n'a pu engager aucun Samoïède à quitter les bords de la mer Glaciale, pour s'établir à Pétersbourg. On amena, le siècle passé, quelques Groënlandais à la cour de Copenhague, on les y combla de bienfaits, et ils y moururent en peu de temps de chagrin. Plusieurs d'entre eux se noyèrent en voulant retourner en chaloupe dans leur pays. Ils virent avec le plus grand sang-froid toutes les magnificences de la cour de Danemark ; mais il y en avait un qui pleurait toutes les fois qu'il apercevait une femme portant un enfant dans ses bras. On conjectura que cet infortuné était père. Sans doute, la douceur de l'éducation domestique attache ainsi fortement ces peuples aux lieux qui les ont vus naître. Ce fut elle qui inspira aux Grecs et aux Romains tant de courage pour défendre leur patrie. Le sentiment de l'innocence en redouble l'amour, parcequ'il rend toutes les affections du premier âge pures, saintes et inaltérables. Virgile a bien connu l'effet de ce sentiment quand il fait dire à Nisus, qui veut détourner Euryale de s'exposer avec lui au danger d'une expédition nocturne, ces mots touchants :

> Te superesse velim : tua vita dignior ætas,
> « J'ai désiré que vous me survivïez ; votre âge, plus que le
> » mien, est digne de la vie. »

Mais chez les peuples où l'enfance est malheureuse, et corrompue par des éducations ennuyeuses, féroces et étrangères, il n'y a pas plus d'amour de la patrie que d'innocence. C'est une des causes pour lesquelles tant d'Européens courent le monde, et pourquoi il y a si peu de monuments anciens en Europe ; parceque la génération qui suit ne manque jamais de détruire les monuments de celle qui l'a précédée. Voilà pourquoi nos livres, nos modes, nos usages, nos cérémonies, nos langues vieillissent si vite, et sont tout différents d'un siècle à l'autre ; et que toutes ces choses se maintiennent les mêmes chez les peuples sédentaires de l'Asie depuis une longue suite de siècles, parceque les enfants élevés en Asie dans leur famille, avec beaucoup de douceur, restent attachés aux établissements de leurs ancêtres, par reconnaissance pour leur mémoire, et aux lieux qui les ont vus naître par le souvenir de leur bonheur et de leur innocence.

DU SENTIMENT DE L'ADMIRATION.

Le sentiment de l'admiration nous porte directement dans le sein de la Divinité. S'il est excité en nous par quelque objet de plaisir, nous nous y jetons comme à sa source ; si par la frayeur, comme à notre refuge. Dans l'un et l'autre cas, le cri de l'admiration est : « Ah, mon Dieu ! » C'est, dit-on, un effet de notre éducation, où l'on nous parle souvent de Dieu ; mais on nous y parle encore plus souvent de notre père, du roi, d'un protecteur, d'un savant célèbre. Pourquoi, lorsque nous avons besoin de nous appuyer dans ces secousses imprévues, ne nous écrions-nous pas : « Ah, mon roi ! » ou s'il s'agit des sciences : « Ah, Newton ! »

Il est certain que si on nous parle quelquefois de Dieu dans notre éducation, nous en perdons bientôt l'idée dans le train ordinaire des choses du monde ; pourquoi donc y avons-nous recours dans les événements extraordinaires ? Ce sentiment naturel est commun à toutes les nations, dont il y en a beaucoup qui ne parlent point de théologie à leurs enfants. Je l'ai remarqué dans des nègres de la côte de Guinée, de Madagascar, de la Cafrerie et de Mozambique, dans des Tartares et des Malabares ; enfin dans des hommes de toutes les parties du monde. Je n'en ai pas vu un seul qui, dans les mouvements extraordinaires de la surprise ou de l'admiration, ne fît, dans sa langue, les mêmes exclamations que nous, et ne levât les mains et les yeux vers le ciel.

DU MERVEILLEUX.

Le sentiment de l'admiration est la source de l'instinct que les hommes ont eu de tout temps pour le merveilleux.

Nous le cherchons partout, et nous le plaçons principalement à l'entrée et à la sortie de la vie : voilà pourquoi les berceaux et les tombeaux de tant d'hommes ont été environnés de fables. Il est la source intarissable de notre curiosité ; il se développe dès l'enfance, et il accompagne long-temps l'innocence. D'où peut venir aux enfants le goût du merveilleux ? Il leur faut des contes de fées, et il faut aux hommes des poëmes épiques et des opéra. C'est le merveilleux qui fait l'un des grands charmes des statues antiques de la Grèce et de Rome, qui représentent des héros ou des dieux, et qui contribue, plus qu'on ne pense, à nous faire aimer les histoires anciennes de ces pays. C'est une des raisons naturelles à rapporter au président Hénault, qui s'étonne qu'on aime mieux les histoires anciennes que les modernes, et surtout que la nôtre : c'est qu'indépendamment des sentiments patriotiques qui servent au moins de prétexte aux intrigues des grands chez les Grecs et les Romains, et qui étaient tellement inconnus aux nôtres qu'ils ont souvent bouleversé la patrie pour les intérêts de leur maison, et quelquefois pour l'honneur d'une préséance ou d'un tabouret, il y a un merveilleux dans la religion des anciens qui console et élève l'homme, tandis que celui de la religion des Gaulois l'effraie et l'avilit. Les dieux des Grecs et des Romains étaient patriotes comme leurs grands. Minerve leur avait donné l'olivier, Neptune le cheval. Ces dieux protégeaient les villes et les peuples. Mais ceux des Gaulois étaient tyrans comme leurs barons ; ils ne protégeaient que les druides. Il leur fallait des sacrifices humains. Enfin, cette religion était si barbare, que deux empereurs romains l'abolirent successivement, comme le rapportent Suétone et Pline. Je ne dis rien des intérêts modernes de notre histoire ; mais je suis sûr que les relations de notre politique n'y remplaceront jamais dans le cœur humain celles de la Divinité.

J'observerai que, comme l'admiration est un mouvement involontaire de l'ame vers la Divinité, et qu'elle est par conséquent sublime, plusieurs écrivains modernes se sont efforcés de multiplier ce genre de beauté dans leurs ouvrages, en y accumulant des surprises imprévues ; mais la nature les emploie rarement dans les siens, parceque l'homme n'est pas capable d'éprouver fréquemment de pareilles secousses. Elle nous fait paraître peu à peu la lumière du soleil, le développement des fleurs, la formation des fruits. Elle amène nos jouissances par une longue suite d'harmonies ; elle nous traite en hommes, c'est-à-dire en machines faibles, et bien aisées à renverser ; elle nous voile la Divinité, afin que nous en puissions supporter les approches.

PLAISIR DU MYSTÈRE.

Voilà pourquoi le mystère a tant de charmes. Ce ne sont pas les tableaux les plus éclairés, les avenues en lignes droites, les roses bien épanouies et les femmes brillantes qui nous plaisent le plus. Mais les vallées ombreuses, les routes qui serpentent dans les forêts, les fleurs qui s'entr'ouvrent à peine, et les bergères timides, excitent en nous de plus douces et de plus durables émotions. L'amour et le respect des objets augmentent par leurs mystères. Tantôt c'est celui de l'antiquité, qui nous rend tant de monuments vénérables ; tantôt c'est celui de l'éloignement, qui donne tant de charmes aux objets de l'horizon ; tantôt c'est celui des noms. Voilà pourquoi les sciences qui ont conservé des noms grecs, qui ne signifient souvent que des choses très communes, nous impriment plus de respect que celles qui n'ont que des noms modernes, quoique celles-ci soient souvent plus ingénieuses et plus utiles. Voilà pourquoi, par exemple, la construction des vaisseaux et la navigation sont moins estimées de nos savants modernes que plusieurs autres sciences physiques qui ne sont souvent que frivoles, mais qui portent des noms grecs. Ainsi, l'admiration n'est point une relation de l'esprit ou une perception de notre raison ; mais un sentiment de l'ame qui s'élève en nous, par je ne sais quel instinct de la Divinité, à la vue des choses extraordinaires, et par le mystère même qui les environne. Cela est si certain, qu'elle se détruit par la science même qui nous éclaire. Si je montre à un sauvage un éolipyle qui lance un jet d'esprit de vin enflammé, je le ravis en admiration, il est prêt à adorer ma machine, il me prend pour le dieu du feu tant qu'il ne la connaît pas ; mais si je lui en explique la raison, il ne m'admire plus, il me regarde comme un charlatan.[57]

PLAISIR DE L'IGNORANCE.

C'est par un effet de ces sentiments ineffables,

et de ces instincts universels de la Divinité, que l'ignorance est devenue la source intarissable de nos plaisirs. Il ne faut pas confondre l'ignorance et l'erreur, comme font tous nos moralistes. L'ignorance est l'ouvrage de la nature, et souvent un bienfait envers l'homme ; et l'erreur est souvent le fruit de nos prétendues sciences humaines, et est toujours un mal. Quoi qu'en disent nos écrivains politiques, qui vantent nos lumières actuelles, et qui leur opposent la barbarie des siècles passés, ce ne sont pas des ignorants qui ont mis alors à feu et à sang toute l'Europe pour des disputes de religion : des ignorants se seraient tenus tranquilles. C'étaient des gens qui étaient dans l'erreur, qui vantaient peut-être alors leurs lumières, comme nous vantons aujourd'hui les nôtres, et à chacun desquels l'éducation européenne avait inspiré cette erreur de l'enfance : « SOIS LE PREMIER. »

Que de maux l'ignorance nous cache, que nous devons un jour rencontrer dans la vie sans pouvoir les éviter ! l'inconstance des amis, les révolutions de la fortune, les calomnies, et l'heure de la mort même, qui effraie tant d'hommes. La science de ces maux nous empêcherait de vivre. Que de biens l'ignorance nous rend sublimes ! les illusions de l'amitié et de l'amour, les perspectives de l'espérance, et les trésors mêmes que nous découvrent les sciences. Les sciences ne nous charment que dans le commencement de leur étude, quand l'esprit s'y présente plein d'ignorance. C'est le point de contact de la lumière et des ténèbres qui produit le jour le plus favorable à nos yeux ; c'est ce point harmonique qui excite notre admiration, lorsque nous venons à nous éclairer. Mais il n'existe qu'un instant : il se dissipe avec notre ignorance. Les éléments de géométrie ont passionné des jeunes gens, mais jamais des vieillards, si ce n'est quelques fameux géomètres, qui ont été de découvertes en découvertes. Il n'y a que des sciences et des passions pleines de doutes et de hasards qui fassent des enthousiastes à tout âge, telles que la chimie, l'avarice, le jeu, et l'amour.

Pour un plaisir que la science donne et fait périr en nous le donnant, l'ignorance nous en présente mille qui nous flattent bien davantage. Vous me démontrez que le soleil est un globe fixe, dont l'attraction donne aux planètes la moitié de leurs mouvements. Ceux qui le croyaient conduit par Apollon en avaient-ils une idée moins sublime ? Ils pensaient au moins que les regards d'un dieu parcouraient la terre avec les rayons de l'astre du jour. C'est la science qui a fait descendre la chaste Diane de son char nocturne ; elle a banni les Hamadryades des antiques forêts, et les douces Naïades des fontaines. L'ignorance avait appelé les dieux à ses joies, à ses chagrins, à son hyménée et à son tombeau : la science n'y voit plus que les éléments. Elle a abandonné l'homme à l'homme, et l'a jeté sur la terre comme dans un désert. Ah ! quels que soient les noms qu'elle donne aux divers règnes de la nature, sans doute des esprits célestes régissent leurs combinaisons si ingénieuses, si variées et si constantes ; et l'homme, qui ne s'est rien donné, n'est pas le seul être dans l'univers qui ait en partage l'intelligence.

Ce n'est point à nos lumières que la Divinité communique le sentiment le plus profond de ses attributs, c'est à notre ignorance. La nuit nous donne une plus grande idée de l'infini que tout l'éclat du jour. Pendant le jour je ne vois qu'un soleil ; la nuit j'en vois des milliers. Sont-ce même des soleils que ces étoiles de si diverses couleurs ? Ces planètes qui tournent autour du nôtre ont-elles, comme nous, des habitants ? D'où vient la planète de Cybèle*, découverte de nos jours par l'Allemand Herschell ? Elle parcourait notre carrière depuis la création, et elle nous était inconnue. Où vont ces longues comètes qui traversent des espaces immenses ? Qu'est-ce que cette Voie Lactée qui sépare le firmament ? Quels sont ces deux nuages noirs placés au pôle antarctique près de la Croix du Sud ? Y aurait-ils des astres qui répandraient des ténèbres, comme le croyaient les anciens ? Y a-t-il dans le firmament des lieux où la lumière ne parvienne jamais ? Le soleil ne me montre qu'un infini terrestre, et la nuit me découvre un infini céleste. O mystère, couvrez ces vues ravissantes de vos ombres sacrées ! Ne permettez pas à la science humaine d'y porter son triste compas ! Que la vertu ne soit pas réduite à attendre désormais sa récompense de la justice et de la sensibilité d'un globe ! Laissez-lui penser qu'il y a dans l'univers d'autres destins que ceux qui font les malheurs de la terre.

La science nous montre le terme de notre raison, l'ignorance l'éloigne toujours. Je me garde bien, dans mes promenades solitaires, de m'informer à qui appartient le château que j'aperçois au loin : l'histoire du maître gâte souvent celle du paysage. Il n'en est pas de même de celle de la nature : plus on étudie ses ouvrages, plus on trouve de raisons de les admirer. Il n'y a qu'un cas où la science des ouvrages des hommes nous est agréa-

* Les Anglais l'appellent, du nom de leur roi George III, *sidus Georgianum*, l'astre de George.

ble, c'est lorsque le monument que nous apercevons a été le séjour d'un homme de bien. Quel est ce petit clocher que je vois de Montmorency? c'est celui de Saint-Gratien, où Catinat a vécu en sage, et où repose sa cendre. Mon ame, circonscrite à un petit village, part de là pour embrasser le grand siècle de Louis XIV, et se jeter ensuite dans une sphère bien plus sublime que celle du monde, qui est celle de la vertu. Quand je ne puis me procurer ces perspectives, l'ignorance des lieux me sert plus que leur connaissance. Je n'ai pas besoin de savoir que cette forêt appartient à une abbaye ou à un duché, pour la trouver majestueuse. Ses arbres antiques, ses profondes clairières, ses solitudes silencieuses, me suffisent. Dès que je n'y aperçois pas l'homme, j'y sens la Divinité. Pour peu que je veuille donner carrière à mon sentiment, il n'y a point de paysage que je n'ennoblisse. Ces vastes prairies sont des mers; ces coteaux embrumés sont des îles qui s'élèvent sur l'horizon; cette ville là-bas est une cité de la Grèce honorée par les pas de Socrate et de Xénophon. Grace à mon ignorance, je me laisse aller à l'instinct de mon ame. Je me jette dans l'infini. Je prolonge la distance des lieux par celle des siècles, et, pour achever mon illusion, j'y fais séjourner la vertu.

DU SENTIMENT DE LA MÉLANCOLIE.

La nature est si bonne, qu'elle tourne à notre plaisir tous ses phénomènes; et si nous y prenons garde, nous verrons que les plus communs sont ceux qui nous sont les plus agréables.

Je goûte, par exemple, du plaisir lorsqu'il pleut à verse, que je vois les vieux murs moussus tout dégouttants d'eau, et que j'entends les murmures des vents qui se mêlent aux frémissements de la pluie. Ces bruits mélancoliques me jettent, pendant la nuit, dans un doux et profond sommeil. Je ne suis pas le seul homme sensible à ces affections. Pline parle d'un consul romain qui faisait dresser, lorsqu'il pleuvait, son lit sous le feuillage épais d'un arbre, afin d'entendre frémir les gouttes de pluie, et de s'endormir à leurs murmures.

Je ne sais à quelle loi physique les philosophes peuvent rapporter les sensations de la mélancolie. Pour moi, je trouve que ce sont les affections de l'ame les plus voluptueuses. « La melancholie est » friande, » dit Michel Montaigne. Cela vient, ce me semble, de ce qu'elle satisfait à la fois les deux puissances dont nous sommes formés, le corps et l'ame, le sentiment de notre misère et celui de notre excellence.

Ainsi, par exemple, dans le mauvais temps, le sentiment de ma misère humaine se tranquillise, en ce que je vois qu'il pleut, et que je suis à l'abri; qu'il vente, et que je suis dans mon lit bien chaudement. Je jouis alors d'un bonheur négatif. Il s'y joint ensuite quelques uns de ces attributs de la Divinité dont les perceptions font tant de plaisir à notre ame, comme de l'infinité en étendue, par le murmure lointain des vents. Ce sentiment peut s'accroître par la réflexion des lois de la nature, en me rappelant que cette pluie, qui vient, je suppose, de l'ouest, a été élevée du sein de l'Océan, et peut-être des côtes d'Amérique; qu'elle vient balayer nos grandes villes, remplir les réservoirs de nos fontaines, rendre nos fleuves navigables; et tandis que les nuées qui la versent s'avancent vers l'orient pour porter la fécondité jusqu'aux végétaux de la Tartarie, les graines et les dépouilles qu'elle emporte dans nos fleuves vont vers l'occident se jeter à la mer, et donner de la nourriture aux poissons de l'océan Atlantique. Ces voyages de mon intelligence donnent à mon ame une extension convenable à sa nature, et me paraissent d'autant plus doux, que mon corps, qui, de son côté, aime le repos, est plus tranquille et plus à l'abri.

Si je suis triste, et que je ne veuille pas étendre mon ame si loin, je goûte encore du plaisir à me laisser aller à la mélancolie que m'inspire le mauvais temps. Il me semble alors que la nature se conforme à ma situation, comme une tendre amie. Elle est d'ailleurs toujours si intéressante, sous quelque aspect qu'elle se montre, que, quand il pleut, il me semble voir une belle femme qui pleure. Elle me paraît d'autant plus belle, qu'elle me semble plus affligée. Pour éprouver ces sentiments, j'ose dire, voluptueux, il ne faut pas avoir des projets de promenade, de visite, de chasse ou de voyage, qui nous mettent alors de fort mauvaise humeur, parce-que nous sommes contrariés. Il faut encore moins croiser nos deux puissances, ou les heurter l'une contre l'autre, c'est-à-dire porter le sentiment de l'infini sur notre misère, en pensant que cette pluie n'aura point de fin; et celui de notre misère sur les phénomènes de la nature, en nous plaignant que toutes les saisons sont dérangées, qu'il n'y a plus d'ordre dans les éléments, et nous abandonner à tous les mauvais raisonnements où se livre un homme mouillé. Il faut, pour jouir du mauvais temps, que notre ame voyage et que notre corps se repose.

C'est par l'harmonie de ces deux puissances de nous-mêmes que les plus terribles révolutions de la nature nous intéressent souvent bien plus que ses tableaux les plus riants. Le volcan de Naples attire plus les voyageurs que les jardins délicieux qui bordent ses rivages; les campagnes de la Grèce et de l'Italie, couvertes de ruines, plus que les riches cultures de l'Angleterre; le tableau d'une tempête, plus de curieux que celui d'un calme; et la chute d'une tour, plus de spectateurs que sa construction.

PLAISIR DE LA RUINE.

J'ai cru quelque temps qu'il y avait dans l'homme je ne sais quel goût pour la destruction. Si le peuple peut porter la main sur un monument, il le détruit. J'ai vu à Dresde, aux jardins du comte de Bruhl, de belles statues de femmes que les soldats prussiens s'étaient amusés à mutiler à coups de fusil, lorsqu'ils s'emparèrent de cette ville. La plupart des gens du peuple sont médisants; ils aiment à détruire la réputation de tout ce qui s'élève. Mais cet instinct malfaisant ne vient point de la nature. Il naît du malheur des individus, à qui l'ambition est inspirée par l'éducation et interdite par la société, ce qui les jette dans une ambition négative. Ne pouvant rien élever, il faut qu'ils abattent tout. Le goût de la ruine, dans ce cas, n'est point naturel, et est simplement l'exercice de la puissance du misérable. L'homme sauvage ne détruit que les monuments de ses ennemis; il conserve avec le plus grand soin ceux de sa nation; et ce qui prouve que de sa nature il est bien meilleur que l'homme de nos sociétés, c'est que jamais il ne médit de ses compatriotes.

Quoi qu'il en soit, le goût passif de la ruine est universel à tous les hommes. Nos voluptueux font construire des ruines artificielles dans leurs jardins; les sauvages se plaisent à se reposer mélancoliquement sur le bord de la mer, surtout dans les tempêtes, ou dans le voisinage d'une cascade au milieu des rochers. Les grandes destructions offrent des effets pittoresques nouveaux; ce fut la curiosité d'en faire naître, jointe à la cruauté, qui porta Néron à mettre le feu à Rome, pour avoir le spectacle d'un incendie. Le sentiment d'humanité à part, ces longues flammes qui, au milieu de la nuit, lèchent les cieux, pour me servir de l'expression de Virgile; ces tourbillons de fumée rousse et noire; ces nuées d'étincelles de toutes les couleurs; ces réverbérations écarlatines dans les rues, au haut des tours, sur la surface des eaux et sur les monts lointains, plaisent même dans les tableaux et les descriptions. Ce genre d'affection, qui n'est point lié avec nos besoins physiques, a fait dire à quelques philosophes que notre ame, étant un mouvement, aimait toutes les émotions extraordinaires. Voilà pourquoi, disent-ils, tant de gens courent voir les exécutions à la Grève. A la vérité, dans ces sortes de spectacles, il n'y a aucun effet pittoresque. Mais ils ont avancé leur axiome aussi légèrement que tant d'autres dont leurs ouvrages sont remplis. D'abord, c'est que notre ame aime autant le repos que le mouvement. Elle est une harmonie fort aisée à renverser par de grandes émotions; et quand elle serait de sa nature un mouvement, je ne vois pas qu'elle dût aimer ceux qui la menacent de sa destruction. Lucrèce, à mon avis, a bien mieux rencontré, quand il dit que ces sortes de goûts naissent du sentiment de notre sécurité, qui redouble à la vue du danger dont nous sommes à couvert. Nous aimons, dit-il, à voir des tempêtes, du rivage. C'est sans doute par ce retour sur lui-même que le peuple aime à raconter dans les soirées d'hiver, auprès du feu, en famille, des histoires effrayantes de revenants, d'hommes égarés la nuit dans les bois, de voleurs de grand chemin. C'est aussi par le même sentiment que les honnêtes gens aiment à voir des tragédies, et à lire des descriptions de batailles, de naufrages et de ruines d'empires. La sécurité du bourgeois redouble par les dangers du guerrier, du marin et du courtisan. Ce genre de plaisir naît du sentiment de notre misère, qui est, comme nous l'avons dit, un des instincts de notre mélancolie. Mais nous avons encore en nous un sentiment plus sublime qui nous fait aimer les ruines, indépendamment de tout effet pittoresque et de toute idée de sécurité; c'est celui de la Divinité, qui se mêle toujours à nos affections mélancoliques, et qui en fait le plus grand charme. Nous en allons déterminer quelques caractères, en suivant les impressions que nous font les ruines de différents genres. Ce sujet est très neuf et très riche; mais le temps et mes forces ne me permettent pas de l'approfondir. J'en dirai toutefois deux mots en passant, pour disculper et relever de mon mieux la nature humaine.

Le cœur humain est si naturellement porté à la bienveillance, que le spectacle d'une ruine qui ne nous rappelle que le malheur des hommes nous inspire l'horreur, quelque effet pittoresque qu'elle nous présente. Je me trouvai à Dresde en 1765, plusieurs années après son bombardement. Cette ville, petite, mais très commerçante et très jolie, formée plus qu'à demi de petits palais bien alignés, dont les façades étaient ornées en dehors de peintures, de colonnades, de balcons et de sculptures, était alors presque entièrement ruinée. L'ennemi y avait dirigé la plupart de ses bombes sur l'église luthérienne de Saint-Pierre, bâtie en rotonde, et si solidement voûtée, qu'un grand nombre de ces bombes frappèrent la coupole sans pouvoir l'endommager, et rebondirent sur les palais voisins, qu'elles embrasèrent et firent écrouler en partie. Les choses y étaient encore au même état qu'à la fin de la guerre, quand j'y arrivai. On avait seulement relevé, le long de quelques rues, les pierres qui les encombraient; ce qui formait de chaque côté de longs parapets de pierres noircies. Il y avait des moitiés de palais encore debout, fendus depuis le toit jusqu'aux caves. On y distinguait des bouts d'escaliers, des plafonds peints, de petits cabinets tapissés de papier de la Chine, des fragments de glaces de miroir, des cheminées de marbre, des dorures enfumées. Il n'était resté à d'autres que les massifs des cheminées, qui s'élevaient au milieu des décombres, comme de longues pyramides noires et blanches. Plus du tiers de la ville était réduit dans ce déplorable état. On y voyait aller et venir tristement les habitants, qui étaient auparavant si gais, qu'on les appelait les Français de l'Allemagne. Ces ruines, qui présentaient une multitude d'accidents très singuliers par leurs formes, leurs couleurs et leurs groupes, jetaient dans une noire mélancolie; car on ne voyait là que des traces de la colère d'un roi, qui n'était pas tombée sur les gros remparts d'une ville de guerre, mais sur les demeures agréables d'un peuple industrieux. J'ai vu même plus d'un Prussien en être touché. Je ne sentis point du tout, quoique étranger, ce retour de sécurité qui s'élève en nous à la vue d'un danger dont on est à couvert; mais, au contraire, une voix affligeante se fit entendre dans mon cœur, qui me disait : « Si c'était là ta » patrie ! »

Il n'en est pas ainsi des ruines occasionnées par le temps. Celles-là nous plaisent en nous jetant dans l'infini; elles nous portent à plusieurs siècles en arrière, et nous intéressent à proportion de leur antiquité. Voilà pourquoi les ruines de l'Italie nous affectent plus que les nôtres; celles de la Grèce, plus que celles de l'Italie; et celles de l'Égypte, plus que celles de la Grèce. La première fois que je vis un monument antique, ce fut auprès d'Orange. C'était l'arc de triomphe que Marius éleva après la défaite des Cimbres. Il est à quelque distance de la ville, au milieu des champs. C'est un massif oblong à trois arcades, à peu près comme la porte Saint-Denis. Quand j'en fus près, je n'avais pas assez d'yeux pour le regarder. Je m'écriai d'abord : Quoi ! voilà un ouvrage des Romains ! et mon imagination me porta d'une traite à Rome, et au temps de Marius. Il me serait difficile de décrire tous les sentiments qui s'élevèrent successivement en moi. D'abord, ce monument, quoique élevé par le malheur des hommes, comme tous les arcs de triomphe en Europe, ne me fit aucune peine, parceque je me rappelai que les Cimbres étaient venus pour envahir l'Italie comme des brigands. Je remarquai que, si cet arc de triomphe était un monument des victoires des Romains sur les Cimbres, il en était un aussi du pouvoir du temps sur les Romains. J'y distinguai, dans le bas-relief de la frise, qui représente un combat, une enseigne où on lisait distinctement ces lettres : S. P. Q. R. *Senatus Populus Que Romanus*; et une autre où il y avait M. O..., dont je ne pus interpréter le sens. Pour les guerriers, ils étaient si usés, qu'on ne leur voyait plus ni armes ni physionomie. Il y en avait même qui n'avaient plus de jambes. Le massif de ce monument était d'ailleurs bien conservé, à l'exception d'un des pieds-droits d'une arcade, qu'un curé du voisinage avait fait démolir pour réparer son presbytère. Cette ruine moderne me fit naître d'autres réflexions sur l'excellence de la construction des anciens dans les monuments publics; car, quoique le pied-droit qui supportait un côté d'une des arcades eût été démoli, comme je l'ai dit, cependant la partie de la voûte qui en était soutenue était restée en l'air sans appui, comme si ces voussoirs avaient été collés les uns aux autres. Il me vint aussi dans l'idée que le curé démolisseur était peut-être descendu de ces anciens Cimbres, comme nous autres Français descendons des anciens peuples du nord qui ont envahi l'Italie. Ainsi, la démolition exceptée, que je n'approuvais pas, par respect pour l'antiquité, je pensais aux vicissitudes des choses humaines qui mettent les vainqueurs à la place des vaincus, et les vaincus à celle des vainqueurs. Je me figurais donc que, comme Marius avait vengé l'honneur des Romains et détruit la gloire des Cimbres, un des descendants des Cimbres détruisait à son tour celle de Marius; et que les jeunes filles du voisinage venaient peut-être les jours de fête danser à l'ombre de cet arc de triomphe, sans se soucier ni de celui qui l'avait bâti, ni de celui qui le démolissait.

Les ruines où la nature combat contre l'art des hommes inspirent une douce mélancolie. Elle nous y montre la vanité de nos travaux, et la perpétuité des siens. Comme elle édifie toujours, lors même qu'elle détruit, elle fait sortir des fentes de nos monuments des giroflées jaunes, des chenopodiums, des graminées, des cerisiers sauvages, des guirlandes de rubus, des lisières de mousses, et toutes les plantes saxatiles qui forment, par leurs fleurs et leurs attitudes, les contrastes les plus agréables avec les rochers. Je me suis arrêté autrefois avec plaisir dans le jardin du Luxembourg, à l'extrémité de l'allée des Carmes, pour y considérer un morceau d'architecture qui avait été destiné, dans son origine, à faire une fontaine. D'un côté du fronton qui le couronne est couché un vieux Fleuve, sur le visage duquel le temps a imprimé des rides plus vénérables que celles qu'y a tracées le ciseau du sculpteur : il en a fait tomber une cuisse, à la place de laquelle il a planté un érable. Il ne reste de la Naïade qui était vis-à-vis, de l'autre côté du fronton, que la partie inférieure du corps. Sa tête, ses épaules et ses bras ont disparu. Ses mains tiennent encore l'urne d'où sortent, au lieu de plantes fluviatiles, celles qui se plaisent dans les lieux les plus secs, des touffes de giroflées jaunes, des pissenlits, et de longues gerbes de graminées saxatiles.

Une belle architecture donne toujours de belles ruines; les plans de l'art s'allient alors avec la majesté de ceux de la nature. Je ne trouve rien qui ait un aspect plus imposant que les tours antiques et bien élevées que nos ancêtres bâtissaient sur le sommet des montagnes, pour découvrir de loin leurs ennemis, et du couronnement desquelles sortent aujourd'hui de grands arbres dont les vents agitent les cimes. J'en ai vu d'autres, dont les mâchicoulis et les créneaux, jadis meurtriers, étaient tout fleuris de lilas, dont les nuances, d'un violet brillant et tendre, formaient des oppositions charmantes avec les pierres de la tour, caverneuses et rembrunies.

L'intérêt d'une ruine augmente quand il s'y joint quelque sentiment moral : par exemple, quand ces tours dégradées ont été les asiles du brigandage. Tel a été, dans le pays de Caux, un ancien château appelé le château de Lillebonne. Les hauts murs qui forment son enceinte sont écornés aux angles, et sont si couverts de lierre, qu'il y a peu d'endroits où l'on aperçoive leurs assises. Du milieu de leurs cours, où je ne crois pas qu'il soit facile de pénétrer, s'élèvent de hautes tours crénelées, du sommet desquelles sortent de grands arbres, qui paraissent dans les airs comme une épaisse chevelure. On aperçoit çà et là, à travers les tapis de lierre qui en couvrent les flancs, des fenêtres gothiques, des embrasures et des brèches qui en font apercevoir les escaliers, et qui ressemblent à des entrées de cavernes. On ne voit voler autour de cette habitation désolée que des buses qui planent en silence; et si l'on y entend quelquefois la voix d'un oiseau, c'est celle de quelque hibou qui y fait son nid. Ce château est situé sur un tertre, au milieu d'une vallée étroite, formée par des montagnes couvertes de forêts. Quand je me rappelai, à la vue de ce manoir, qu'il était autrefois habité par de petits tyrans qui, avant que l'autorité royale fût suffisamment établie dans le royaume, exerçaient de là leur brigandage sur leurs malheureux vassaux, et même sur les passants, il me semblait voir la carcasse et les ossements de quelque grande bête féroce.

PLAISIR DES TOMBEAUX.

Mais il n'y a point de monuments plus intéressants que les tombeaux des hommes, et surtout ceux de nos parents. Il est remarquable que tous les peuples naturels, et même la plupart des peuples civilisés, ont fait, des tombeaux de leurs ancêtres, le centre de leurs dévotions, et une partie essentielle de leur religion. Il en faut excepter ceux dont les pères se font haïr des enfants par une éducation triste et cruelle, c'est-à-dire les peuples occidentaux et méridionaux de l'Europe. Partout ailleurs cette religieuse mélancolie est répandue. Les tombeaux des ancêtres sont, à la Chine, un des principaux embellissements des faubourgs des villes et des collines des campagnes. Ils sont les plus forts liens de la patrie chez les peuples sauvages. Quand les Européens ont quelquefois proposé à ceux-ci de changer de territoire, ils leur ont répondu : « Dirons-nous aux os de nos pères, » Levez-vous, et suivez-nous dans une terre étran» gère? » Ils ont toujours regardé cette objection sans solution. Les tombeaux ont fourni aux poésies d'Young et de Gessner des images pleines de charmes. Nos voluptueux, qui reviennent quelquefois aux sentiments de la nature, en font construire de factices dans leurs jardins. A la vérité, ce ne sont pas ceux de leurs parents. D'où peut leur venir ce sentiment de mélancolie funèbre au milieu des plaisirs? N'est-ce pas de ce que quelque chose subsiste encore après nous? Si un tombeau ne leur faisait naître que l'idée de ce qu'il doit renfermer, c'est-à-dire d'un cadavre, sa vue révolterait leur imagination. La plupart d'entre eux craignent tant de mourir! Il faut donc qu'à cette idée physique il se joigne quelque sentiment moral. La mélancolie voluptueuse qui en résulte naît, comme toutes les sensations attrayantes de l'harmonie, de deux principes opposés; du sentiment de notre existence rapide et de celui de notre immortalité, qui se réunissent à la vue de la dernière habitation des hommes. Un tombeau est un monument placé sur les limites des deux mondes.

Il nous présente d'abord la fin des vaines inquiétudes de la vie, et l'image d'un éternel repos ; ensuite il élève en nous le sentiment confus d'une immortalité heureuse, dont les probabilités augmentent à mesure que celui dont il nous rappelle la mémoire a été plus vertueux. C'est là que se fixe notre vénération. Et cela est si vrai, que, quoiqu'il n'y ait aucune différence entre la cendre de Socrate et celle de Néron, personne ne voudrait avoir dans ses bosquets celle de l'empereur romain, quand même elle serait renfermée dans une urne d'argent ; et qu'il n'y a personne qui ne mît celle du philosophe dans le lieu le plus honorable de son appartement, quand elle ne serait que dans un vase d'argile.

C'est donc par cet instinct intellectuel pour la vertu que les tombeaux des grands hommes nous inspirent une vénération si touchante. C'est par le même sentiment que ceux qui renferment des objets qui ont été aimables nous donnent tant de regrets ; car, comme nous le verrons bientôt, les attraits de l'amour ne naissent que des apparences de la vertu. Voilà pourquoi nous sommes émus à la vue du petit tertre qui couvre les cendres d'un enfant aimable, par le souvenir de son innocence ; voilà encore pourquoi nous voyons avec tant d'attendrissement une tombe sous laquelle repose une jeune femme, l'amour et l'espérance de sa famille par ses vertus. Il ne faut pas, pour rendre recommandables ces monuments, des marbres, des bronzes, des dorures. Plus ils sont simples, plus ils donnent d'énergie au sentiment de la mélancolie. Ils font plus d'effet pauvres que riches, antiques que modernes, avec des détails d'infortune qu'avec des titres d'honneur, avec les attributs de la vertu qu'avec ceux de la puissance. C'est surtout à la campagne que leur impression se fait vivement sentir. Une simple fosse y fait souvent verser plus de larmes que les catafalques dans les cathédrales[58]. C'est là que la douleur prend de la sublimité ; elle s'élève avec les vieux ifs des cimetières ; elle s'étend avec les plaines et les collines d'alentour ; elle s'allie avec tous les effets de la nature, le lever de l'aurore, le murmure des vents, le coucher du soleil et les ténèbres de la nuit. Les travaux les plus rudes et les destinées les plus humiliantes n'en peuvent éteindre l'impression dans les cœurs des plus misérables. « Pen-

» dant l'espace de deux ans, dit le père Du Ter-
» tre, notre nègre Dominique, après la mort de
» sa femme, ne manquait pas un seul jour, sitôt
» qu'il était revenu de la place, de prendre le gar-
» çon et la petite fille qu'il en avait eus, et de les
» porter sur la fosse de la défunte, où il pleurait
» devant eux une bonne demi-heure ; ce que ces
» petits enfants faisaient souvent à son imitation*. »
Quelle oraison funèbre pour une épouse et pour une mère ! ce n'était cependant qu'une pauvre esclave.

Il résulte encore de la vue des ruines un autre sentiment indépendant de toute réflexion : c'est celui de l'héroïsme. De grands généraux ont employé plus d'une fois leur effet sublime pour exalter le courage de leurs soldats. Alexandre engage son armée, chargée des dépouilles de la Perse, à brûler ses bagages ; et dès qu'elle y a mis le feu, elle est prête à le suivre au bout du monde. Guillaume, duc de Normandie, en débarquant en Angleterre, incendie ses propres vaisseaux, et ses troupes font la conquête de ce royaume. Mais il n'y a point de ruines qui élèvent en nous de si grands sentiments que celles de la nature. Elles nous montrent cette grande prison de la terre, où nous sommes renfermés, sujette elle-même à la destruction, et nous détachent subitement de nos préjugés et de nos passions, comme d'une représentation théâtrale, momentanée et frivole. Lorsque Lisbonne fut renversée par un tremblement de terre, ses habitants, en s'échappant de leurs maisons, s'embrassaient les uns les autres, grands et petits, amis et ennemis, inquisiteurs et Juifs, connus et inconnus ; chacun partageait ses habits et ses vivres avec ceux qui n'avaient rien. J'ai vu arriver quelque chose de semblable dans des tempêtes, sur des vaisseaux près de périr. Le premier effet du malheur, dit un écrivain célèbre, est de roidir l'âme ; et, le second de la briser. C'est que le premier mouvement de l'homme, dans le malheur, est de s'élever vers la Divinité ; et le second, de redescendre aux besoins physiques. Ce dernier effet est celui de la réflexion ; mais le sentiment moral et sublime s'empare presque toujours du cœur à l'aspect d'une grande destruction.

RUINES DE LA NATURE.

Lorsque les bruits de la fin du monde se répandirent en Europe il y a quelques siècles, une infinité de personnes se dépouillèrent de leurs biens ;

* *Histoire des Antilles*, tome VIII, ch. 1, § IV.

et il ne faut pas douter qu'on ne vît encore arriver la même chose de nos jours, si de pareilles opinions s'accréditaient. Mais ces ruines totales et subites ne sont point à craindre dans les plans infiniment sages de la nature : rien ne s'y détruit qui n'y soit réparé.

Les ruines apparentes de la terre, comme les rochers qui en hérissent la surface en tant d'endroits, ont leur utilité. Les rochers ne nous paraissent des ruines que parcequ'ils ne sont ni équarris, ni polis, comme les pierres de nos monuments; mais leurs anfractuosités sont nécessaires aux végétaux et aux animaux, qui doivent y trouver de la nourriture et des abris. Ce n'est que pour les êtres végétatifs et sensitifs que la nature a créé le règne fossile; et dès que l'homme en élève des masses inutiles à ces objets sur la surface de la terre, elle se hâte d'y imprimer son ciseau, afin de les employer à l'harmonie générale.

Si nous considérions la fin et l'origine de ses ouvrages, ceux des peuples les plus célèbres nous paraîtraient bien frivoles. Il n'était pas besoin que les nations élevassent de si grands assemblages de pierres, pour m'inspirer du respect par leur antiquité. Un petit caillou de nos rivières est plus ancien que les pyramides de l'Égypte; une multitude de villes ont été détruites depuis qu'il a été créé. Si je veux ajouter quelque sentiment moral aux monuments de la nature, je puis me dire, à la vue d'un rocher : C'est peut-être ici que se reposait le bon Fénelon, en méditant son divin *Télémaque*; on y gravera peut-être un jour qu'il a fait une révolution en Europe, en apprenant à ses rois que leur gloire consistait dans le bonheur des hommes, et le bonheur des hommes dans les travaux de l'agriculture : la postérité arrêtera ses regards sur la même pierre où je fixe aujourd'hui les miens. C'est ainsi que j'embrasse le passé et l'avenir à la vue d'un rocher tout brut, et que, le consacrant à la vertu par une simple inscription, je le rends plus vénérable qu'en le décorant des cinq ordres de l'architecture.

DU PLAISIR DE LA SOLITUDE.

C'est encore la mélancolie qui rend la solitude si attrayante. La solitude flatte notre instinct animal, en nous offrant des abris d'autant plus tranquilles, que les agitations de notre vie ont été plus grandes; et elle étend notre instinct divin en nous donnant des perspectives où les beautés naturelles et morales se présentent avec tous les attraits du sentiment. C'est par l'effet de ces contrastes et de cette double harmonie qu'il n'y a point de solitude plus douce que celle qui est voisine d'une grande ville, ni de fête populaire plus agréable que celle qui est donnée près d'une solitude.

DU SENTIMENT DE L'AMOUR.

Lorsque l'hiver glace nos campagnes, on voit disparaître les aigles et les vautours; la tourterelle timide se blottit dans le creux des arbres. Ainsi l'adversité fait fuir de nos âmes les passions violentes, et y endort les passions douces. Mais lorsque le printemps vient ranimer la nature, les bois, les lacs et les plaines sont couverts d'oiseaux amoureux. Alors l'aigle reparaît dans les airs, et y ramène la guerre et ses fureurs, qui traînent à leur suite l'affreux vautour avide de carnage. La bonne fortune ranime ainsi nos passions, et rallume dans nos cœurs les guerres intestines que son absence y avait suspendues. Sans doute il est possible aux hommes les plus violents de détourner leurs passions, en les attachant à des choses innocentes. L'ambitieux César eût encore vécu heureux dans un village. L'agriculture même peut satisfaire l'avarice; l'ivrognerie se combat par la tempérance, le jeu par la solitude, et tous les vices par la philosophie : car les vices ne sont que des passions factices. Ce qui est difficile, c'est de vaincre une passion naturelle, où chacune de vos victoires diminue votre résistance, où l'ennemi accroît ses forces par ses défaites. Le plus voluptueux peut aisément se priver de bals, de spectacles, de sociétés, de festins; mais bien souvent ces privations ne feront qu'accroître, en la concentrant, la force d'une passion qui redouble son attrait par le goût même de la sagesse. L'amour s'accommode de toutes les positions, de la bonne et de la mauvaise fortune, de la gaieté, de la tristesse, de la santé, de la maladie. Tout réveille dans nos cœurs le desir et le besoin d'aimer. Le mariage seul peut faire une vertu de cette passion. La religion, avec toutes ses forces, ne saurait en détruire l'inquiétude; elle la combat sans cesse, sans la vaincre jamais.

Si l'amour n'était qu'une sensation physique, je ne voudrais que laisser raisonner et agir deux amants conséquemment aux lois physiques du mouvement du sang, de la filtration du chyle et des autres humeurs du corps, pour en dégoûter le plus vil libertin; son acte principal même est accompagné du sentiment de la honte dans les hommes de tous les pays. Il n'y a point de peuple qui se prostitue publiquement; et quoique des voyageurs éclairés aient avancé que les habitants de l'île de Taïti avaient cet infame usage, des observateurs plus attentifs ont vérifié depuis qu'il n'était particulier, dans cette nation, qu'aux filles du plus bas étage, et que les autres classes y conservaient les apparences de modestie communes à tous les hommes.

Je ne saurais trouver dans la nature de cause directe de la pudeur. Si l'on dit que l'homme a honte de l'acte vénérien, parcequ'il le rend semblable aux animaux, cette raison ne suffit pas; car le sommeil, le boire et le manger l'en rapprochent encore plus souvent, et toutefois il n'en a aucune honte. A la vérité il y a une cause de la pudeur dans l'acte physique : mais d'où vient celle qui en occasionne le sentiment moral? Non-seulement on dérobe cet acte à la vue, mais même le souvenir. La femme le regarde comme un témoignage de sa faiblesse : elle apporte une longue résistance aux attaques de l'homme. D'où vient que la nature a mis dans son cœur cet obstacle, qui y triomphe souvent du plus doux des penchants et de la plus fougueuse des passions?

Indépendamment des causes particulières de la pudeur qui me sont inconnues, je crois en trouver une dans les deux puissances dont l'homme est formé. Le sens de l'amour étant, pour ainsi dire, le centre auquel viennent aboutir toutes les sensations physiques, comme celles des parfums, de la musique, des couleurs et des formes agréables, du toucher, des douces températures et des saveurs, il en résulte une opposition très forte avec cette autre puissance intellectuelle d'où dérivent les sentiments de la Divinité et de l'immortalité. Leur contraste est d'autant plus tranché, que l'acte du premier est en lui-même brut et aveugle, et que le sentiment moral qui accompagne d'ordinaire l'amour est plus développé et plus sublime. Aussi les amants, pour subjuguer leur maitresse, ne manquent jamais de faire précéder celui-ci, et d'employer tous leurs efforts pour l'amalgamer avec l'autre sensation. Ainsi la pudeur vient, à mon avis, du combat de ces deux puissances; et voilà pourquoi les enfants n'en ont point naturellement, parceque le sens de l'amour n'est pas encore développé en eux; que les jeunes gens en ont beaucoup, parceque ces deux puissances ont en eux toute leur énergie; et que la plupart de nos vieillards n'en ont point du tout, parcequ'ils ont perdu le sens de l'amour par la défaillance de la nature en eux, ou son sentiment moral par la corruption de la société, ou, ce qui arrive souvent, tous les deux ensemble, par le concours de ces deux causes.

Comme la nature a fait ressortir à cette passion, qui devait reperpétuer la vie humaine, toutes les sensations animales, elle y a réuni aussi tous les sentiments de l'ame; en sorte que l'amour présente à deux amants, non-seulement les sentiments qui se lient avec nos besoins et à l'instinct de notre misère, comme ceux de protection, de secours, de confiance, de support, de repos; mais encore tous les instincts sublimes qui élèvent l'homme au-dessus de l'humanité. C'est dans ce sens que Platon définissait l'amour, une entremise des dieux envers les jeunes gens[59].

Qui voudrait connaître la nature humaine n'aurait qu'à étudier celle de l'amour, il verrait naître tous les sentiments dont j'ai parlé, et une foule d'autres que je n'ai ni le temps ni le talent de développer. Nous remarquerons d'abord que cette affection naturelle développe dans chaque être son caractère principal, en lui donnant toute son extension. Ainsi, par exemple, c'est dans la saison où chaque plante se reperpétue par ses fleurs et ses fruits qu'elle acquiert toute sa perfection, et les caractères qui la déterminent invariablement. C'est dans la saison des amours que les oiseaux qui chantent redoublent leur mélodie, et que ceux qui excellent par leurs couleurs ont leurs beaux plumages, dont ils prennent plaisir à faire éclater les nuances en se rengorgeant, en faisant la roue avec leur queue ou en étendant leurs ailes à terre. C'est alors que le fort taureau présente sa tête et menace de la corne, que le coursier léger s'exerce à la course dans les plaines, que les bêtes féroces remplissent les forêts de rugissements, et que la femelle du tigre, exhalant l'odeur du carnage, fait retentir les solitudes de l'Afrique de ses miaulements affreux, et paraît remplie d'attraits à ses cruels amants.

C'est aussi dans l'âge d'aimer que se développent toutes les affections naturelles au cœur humain. C'est alors que l'innocence, la candeur, la sincérité, la pudeur, la générosité, l'héroïsme, la foi sainte, la piété, s'expriment en graces ineffables dans l'attitude et les traits de deux jeunes amants. L'amour prend dans leurs ames pures tous les caractères de la religion et de la vertu. Ils fuient les assemblées tumultueuses des villes, les routes corrompues de l'ambition, et cherchent dans les lieux les plus reculés quelque autel champêtre, où ils puissent jurer de s'aimer éternellement. Les fontaines, les bois, le lever de l'aurore, les constellations de la nuit, reçoivent tour à tour leurs serments. Souvent, égarés dans une ivresse religieuse, ils se prennent l'un l'autre pour une divinité. Toute maîtresse fut adorée, tout amant fut idolâtre. L'herbe qu'ils foulent aux pieds, l'air qu'ils respirent, les ombrages où ils se reposent, leur paraissent consacrés par leur atmosphère. Ils ne voient dans l'univers d'autre bonheur que de vivre et de mourir ensemble, ou plutôt ils ne voient plus la mort. L'amour les transporte dans des siècles infinis, et la mort ne leur paraît que le moyen d'une éternelle réunion. Mais si quelque obstacle vient à les séparer, ni les espérances de la fortune, ni les amitiés des douces compagnes, ne peuvent les consoler. Ils ont touché au ciel, ils languissent sur la terre; ils vont, dans leur désespoir, se retirer dans des cloîtres, et redemander à Dieu, toute leur vie, le bonheur qu'ils n'ont entrevu qu'un instant. Long-temps même après leur séparation, quand la froide vieillesse a glacé leurs sens, quand ils ont été distraits par mille et mille soucis étrangers, qui leur ont fait oublier tant de fois qu'ils étaient des hommes, leur cœur palpite encore à la vue du tombeau qui renferme l'objet qu'ils ont aimé. Ils l'avaient quitté dans le monde, ils espèrent le revoir dans les cieux. Infortunée Héloïse! quels sentiments sublimes éleva dans votre ame la cendre d'Abeilard!

Ces émotions célestes ne peuvent être les effets d'un acte animal. L'amour n'est point une petite convulsion, comme l'appelle le divin Marc-Aurèle. C'est aux charmes de la vertu et au sentiment de ses attributs divins qu'il doit tant d'énergie. Le vice même est obligé, pour plaire, d'en emprunter les traits et le langage. Si les femmes de théâtre captivent tant d'amants, c'est qu'elles les séduisent par les illusions de l'innocence, de la bienveillance et de la grandeur d'ame, dans les rôles de bergères, d'héroïnes et de déesses qu'elles ont coutume de représenter. Leurs grâces si vantées ne sont que les apparences des vertus. Si quelquefois au contraire la vertu déplaît, c'est qu'elle se montre sous les apparences de la dureté, de l'humeur, de l'ennui, ou de quelque autre vice qui nous rebute.

Ainsi la beauté naît de la vertu, et la laideur du vice; et ces caractères s'impriment souvent dès la plus tendre enfance par l'éducation. On peut m'objecter qu'il y a des hommes beaux et vicieux, et qu'il y en a de laids et vertueux. Socrate et Alcibiade en ont été de fameux exemples dans l'antiquité. Mais ces exemples mêmes prouvent pour moi. Socrate fut malheureux et vicieux dans l'âge où la physionomie prend ses principaux caractères, depuis l'enfance jusqu'à l'âge de dix-sept ans. Il était né pauvre; son père voulut le contraindre d'apprendre le métier de sculpteur, malgré sa répugnance. Il fallut qu'un oracle s'opposât à la tyrannie paternelle. Socrate avoua, d'après le jugement d'un physionomiste, qu'il était sujet aux femmes et au vin, qui sont les vices où le malheur jette ordinairement les hommes : il se réforma à la fin lui-même, et rien n'était plus beau que ce philosophe quand il parlait de la Divinité. Pour l'heureux Alcibiade, né au sein de la fortune, les leçons de Socrate, et l'amour de ses parents et de ses concitoyens, développèrent à la fois en lui la beauté de son corps et de son ame; mais ayant été à la fin entraîné dans le désordre par de mauvaises sociétés, il ne lui resta que la physionomie de la vertu. Quelque séduisant que soit son premier aspect, on y démêle bientôt la laideur du vice sur le visage des beaux hommes devenus méchants. On y découvre, malgré leur sourire, je ne sais quoi de faux et de perfide. Cette dissonance se fait sentir jusque dans leur voix. Tout est masqué en eux, comme leur visage. Nous observerons encore que toutes les formes des êtres expriment des sentiments intellectuels, non-seulement aux yeux de l'homme qui étudie la nature, mais à ceux des animaux qui sont d'abord éclairés par leur instinct sur ces connaissances, dont la plupart sont si obscures pour nous. Ainsi, par exemple, chaque espèce d'animal a des traits qui expriment son caractère. Aux yeux étincelants et inquiets du tigre, on distingue sa férocité et sa perfidie. La gourmandise du porc s'annonce par la bassesse de son attitude et l'inclinaison de sa tête vers la terre. Tous les animaux connaissent très-bien ces caractères; car les lois de la nature sont universelles. Par exemple, quoiqu'il y ait aux yeux d'un homme peu attentif une différence assez légère entre un renard et une espèce de chien qui lui ressemble, une poule ne s'y méprendra pas. Elle verra celui-ci sans frayeur auprès d'elle, et elle prendra l'épouvante à la vue de l'autre. Nous remarquerons encore que chaque animal exprime dans ses traits quelque passion dominante, telle que la cruauté, la volupté, la ruse, la stupidité. Mais l'homme seul, quand il n'a point été altéré par les vices de la société, porte sur son visage l'empreinte d'une origine céleste. Il n'y a point de trait de beauté qu'on ne puisse rapporter à quelque vertu : celui-ci à l'innocence, cet autre à la candeur, ceux-là à la générosité, à la pudeur, à l'héroïsme. C'est à leur influence que l'homme doit le respect et la confiance que lui portent les animaux, dans tous les pays où ils n'ont point été dénaturés par de fréquentes persécutions. Quelques charmes qu'il y ait dans l'harmonie des couleurs et des formes de la figure humaine, on ne voit pas que son effet physique dût influer sur les animaux, s'il ne s'y joignait l'empreinte de quelque puissance morale. L'embonpoint des formes ou la fraîcheur des couleurs devrait plutôt exciter l'appétit des bêtes féroces que leur respect et leur amour. Enfin, comme nous distinguons leur caractère passionné, elles distinguent pareillement le nôtre, et savent très bien juger si nous sommes cruels ou pacifiques. Le gibier, qui fuit les sanguinaires chasseurs, se rassemble autour des paisibles bergers.

On a avancé que la beauté était arbitraire chez tous les peuples; mais nous avons réfuté ailleurs cette opinion par des preuves de fait. Les mutilations des nègres, leurs découpures de peau, leurs nez écrasés, leurs fronts comprimés; les têtes plates, longues, rondes et pointues des sauvages du nord de l'Amérique; les lèvres percées des Brésiliens; les grandes oreilles des peuples de Laos en Asie, et de quelques nations de la Guiane, sont des effets de la superstition ou d'une mauvaise éducation. Les animaux féroces eux-mêmes sont frappés de ces difformités. Tous les voyageurs rapportent unanimement que quand les lions ou les tigres affamés (ce qui est fort rare) attaquent de nuit quelque caravane, ils se jettent d'abord sur les animaux, et ensuite sur les Indiens ou les noirs. La figure européenne, avec sa simplicité, leur impose beaucoup plus que défigurée par les caractères africains ou asiatiques.

Quand elle n'a point été altérée par les vices de la société, son expression est sublime. Un Napolitain, appelé Jean-Baptiste Porta, s'est avisé d'y trouver des rapports avec les figures des bêtes. Il a fait, à cette occasion, un livre dont les gravures représentent des têtes d'hommes ressemblantes à des têtes de chien, de cheval, de mouton, de porc et de bœuf. Son système favorise nos opinions modernes, et s'allie assez bien avec les altérations que les passions apportent à la figure humaine. Mais je voudrais bien savoir d'après quel animal Pigalle a fait ce charmant Mercure que j'ai vu à Berlin; et d'après les passions de quelles bêtes les sculpteurs grecs firent le Jupiter du Capitole, la Vénus pudique, et l'Apollon du Vatican. Dans quels animaux ont-ils étudié ces expressions divines?

Je suis persuadé, comme je l'ai dit, qu'il n'y a pas un beau trait dans une figure qu'on ne puisse rapporter à quelque sentiment moral relatif à la vertu et à la Divinité. On pourrait rapporter de même les traits de la laideur à quelque affection vicieuse, comme à la jalousie, à l'avarice, à la gourmandise, et à la colère. Pour démontrer à nos philosophes combien ils s'égarent lorsqu'ils veulent faire des passions les seuls mobiles de la vie humaine, je voudrais qu'on leur présentât les expressions de toutes les passions réunies dans une seule tête : par exemple, l'air lubrique et obscène d'une courtisane, avec l'air fourbe et féroce d'un ambitieux; et qu'on y joignît encore quelques traits de la haine et de l'envie, qui sont des ambitions négatives. Une tête qui les réunirait toutes serait plus hideuse que celle de Méduse; elle ressemblerait à celle de Néron.

Chaque passion a un caractère animal, comme l'a très bien prouvé Jean-Baptiste Porta; mais chaque vertu a aussi le sien, et une physionomie n'est jamais plus intéressante que quand on y distingue une affection céleste combattant contre une passion. Je ne sais même s'il est possible d'exprimer une vertu autrement que par un triomphe de cette espèce. C'est ainsi que la pudeur paraît si aimable sur le visage d'une jeune personne, parceque c'est le combat de la plus forte des passions animales avec un sentiment sublime. L'expression de la sensibilité rend aussi un visage très touchant, parceque l'ame s'y montre dans un état de souffrance, et que cette vue excite en nous une vertu qui est le sentiment de la pitié. Si la sensibilité de cette figure est active, c'est-à-dire si elle naît elle-même de la vue du malheur d'autrui, elle nous frappe encore davantage, parcequ'elle y devient l'expression divine de la générosité.

Je crois que les tableaux et les statues les plus célèbres de l'antiquité n'ont dû leur grande réputation qu'à l'expression de ce double caractère, c'est-à-dire à l'harmonie qui naît des deux sentiments opposés de la passion et de la vertu. Ce qu'il y a de certain, c'est que les chefs-d'œuvre de la sculpture et de la peinture des anciens les plus vantés comportaient tous ce genre de contraste. On en voit assez d'exemples dans leurs statues, comme dans la Vénus pudique, et dans le Gladiateur mourant, qui conserve encore, dans sa chute, le respect de sa gloire, au moment où la mort le saisit. Tel était encore l'Amour lançant la foudre, d'après Alcibiade enfant; que Pline attribue à Praxitèle ou à Scopas.

Un enfant aimable, lançant de ses petites mains la foudre de Jupiter, devait faire naître à la fois le sentiment de l'innocence et celui de la terreur. Au caractère du dieu se joignait celui d'un homme également attrayant et redoutable. Je crois que les tableaux des anciens exprimaient encore mieux ces

harmonies de sentiments opposés. Pline, qui nous a conservé la mémoire des plus fameux, cite, entre autres, un tableau d'Athénion de Maronée, représentant Ulysse cauteleux et fin, qui reconnaît Achille déguisé en fille, en lui présentant des hardes de femme, parmi lesquelles il y avait une épée. Le mouvement brusque avec lequel Achille se saisit de cette épée devait faire un contraste charmant avec ses habits et son maintien composé de nymphe; et il en devait résulter un autre dans Ulysse qui ne devait pas être moins intéressant, avec son air cauteleux et l'expression de sa joie, contenue par sa prudence, de peur qu'en découvrant Achille il ne vînt à se découvrir lui-même. Un autre plus touchant, d'Aristide de Thèbes, représentait Biblis mourante de l'amour qu'elle portait à son frère. On y devait distinguer le sentiment de la vertu, qui repoussait loin d'elle un amour criminel; et celui de l'amitié fraternelle, qui rappelait l'amour sous les apparences mêmes de la vertu. Ces cruelles consonnances, le désespoir d'être trahie par son propre cœur, le désir de mourir pour cacher sa honte, le désir de vivre pour revoir l'objet aimé, la santé flétrie par de si douloureux combats, devaient exprimer, au milieu des langueurs de la mort et de la vie, les contrastes les plus intéressants sur le visage de cette fille infortunée. Dans un autre tableau du même Aristide, on admirait une mère blessée à la mamelle au siège d'une ville, et qui donnait à téter à son enfant. Elle semblait craindre, dit Pline, qu'il ne suçât son sang avec son lait. Alexandre en faisait tant de cas, qu'il le fit transporter à Pella, lieu de sa naissance. Ce devait être une noble victoire que celle où l'amour maternel triomphait d'une douleur corporelle. Nous avons vu que le Poussin avait fait de cette vertu l'expression principale de son tableau du déluge. Rubens l'a mise d'une manière admirable dans le visage de sa Médicis, où l'on distingue à la fois la douleur et la joie de l'enfantement. Il relève encore, d'un côté, la violence de la passion physique par l'attitude nonchalante où est jetée la reine dans un fauteuil, et par son pied nu sorti de sa pantoufle; et de l'autre, la sublimité du sentiment moral qu'elle éprouve, par les hautes destinées de son enfant qui lui est présenté par un dieu, et qui est couché dans un berceau de grappes de raisin et d'épis de blé, symbole de la félicité de son règne. C'est ainsi que les grands maîtres ne se contentaient pas d'opposer mécaniquement des groupes et des vides, des ombres et des lumières, des enfants et des vieillards, des pieds et des mains; mais ils recherchaient avec le plus grand soin ces contrastes de nos puissances intérieures qui s'expriment sur le visage de l'homme en traits ineffables, et qui devaient faire le charme éternel de leurs tableaux. Les ouvrages de Le Sueur sont pleins de ces contrastes de sentiment; et il y fait si bien accorder ceux de la nature élémentaire, qu'il en résulte la plus douce et la plus profonde mélancolie. Mais il a été plus aisé à son pinceau de les rendre, qu'il ne l'est à ma plume de les exprimer. Je n'en citerai plus qu'un exemple, tiré du Poussin, admirable par ses compositions, mais dont le temps a bien maltraité les couleurs. C'est dans son tableau de l'enlèvement des Sabines. Pendant que les soldats romains emportent à bras-le-corps les filles effrayées des Sabins, il y a un officier romain qui en veut enlever une jeune et jolie qui s'est réfugiée dans les bras de sa mère. Il n'ose user de violence envers elle, et il parle à la mère avec tout l'empressement de l'amour et du respect. Il semble lui dire : « Elle sera heureuse avec moi. Que je
» la doive à l'amour, et non pas à la crainte! Je
» veux moins vous ôter une fille que vous donner
» un fils. » C'est ainsi qu'en se conformant, dans les habillements de ses personnages, à la simplicité de leur siècle, qui les rendait à peu près semblables dans toutes les conditions, il n'a pas distingué l'officier du soldat par les habits, mais par les mœurs. Il a saisi, à son ordinaire, le caractère moral de son sujet, qui est d'un bien autre effet que celui du costume. J'aurais bien voulu voir, de la main de cet homme de génie, les mêmes Sabines, devenues épouses et mères, entre les deux armées des Sabins et des Romains, « accourant,
» comme dit Plutarque, les unes d'un costé, les
» autres d'un autre, avec pleurs, cris et clameurs,
» se jettant à travers les armes et les morts gisants
» sur la terre, de manière qu'il sembloit qu'elles
» fussent forcénées ou possedées de quelque esprit,
» les unes portant leurs petits enfants de mamelle
» entre leurs bras, les autres deschevelées, et
» toutes appellant, ores les Sabins, et ores les Romains, par les plus doux noms qui soyent entre
» les hommes*. »

Les plus grands effets de l'amour naissent, comme nous l'avons dit, des sentiments contraires qui viennent à se confondre, comme ceux de la haine naissent souvent des sentiments semblables qui viennent à se choquer. Voilà pourquoi il n'y a point de sentiment plus agréable que de rencontrer un ami dans un homme que nous esti-

* Plutarque, *Vie de Romulus*.

mions notre ennemi ; ni de peine plus sensible que de reconnaître pour ennemi celui que nous croyions être notre ami. Ce sont ces effets harmoniques qui rendent souvent un service passager plus recommandable que de longs bons offices, et l'offense d'un moment plus odieuse que l'inimitié de toute une vie ; parceque, dans le premier cas, des sentiments très opposés viennent à se réunir ; et dans le second, des sentiments très unis viennent à se heurter. De là vient encore qu'un seul défaut, au milieu des bonnes qualités d'un homme de bien, nous paraît souvent plus déplaisant que tous les vices d'un libertin où il apparaît une vertu ; parceque, par l'effet des contrastes, ces deux qualités sortent davantage, et dominent sur les autres dans les deux caractères. C'est aussi par la faiblesse de notre esprit, qui, s'attachant toujours à un point unique dans toutes ses considérations, s'arrête à la qualité la plus saillante pour déterminer son jugement. On ne saurait dire dans combien d'erreurs nous tombons, faute d'étudier ces principes élémentaires de la nature. On pourrait, sans doute, les étendre bien plus loin ; mais il me suffit d'en dire assez pour démontrer leur existence, et pour donner à d'autres le desir d'en faire l'application.

Ces harmonies acquièrent plus d'énergie par les contrastes voisins qui les détachent, par les consonnances qui les répètent, et par les autres lois élémentaires dont nous avons parlé ; mais quand il s'y joint quelqu'un des sentiments moraux dont nous donnons ici une faible esquisse, alors il en résulte un effet ravissant. Ainsi, par exemple, une harmonie devient en quelque sorte céleste quand elle renferme un mystère, qui suppose toujours quelque chose de merveilleux et de divin. J'en éprouvai un jour un effet très agréable en parcourant un recueil d'estampes anciennes qui représentaient l'histoire d'Adonis. Vénus avait enlevé Adonis enfant à Diane, et l'élevait avec l'Amour. Diane voulut le ravoir, parcequ'il était fils d'une de ses nymphes. Un jour donc que Vénus, descendue de son char attelé de colombes, se promenait avec ces deux enfants dans une vallée de Cythère, Diane, à la tête de ses nymphes armées, se mit en embuscade dans une forêt où Vénus devait passer. Vénus, apercevant son ennemie qui venait à elle, et ne pouvant ni s'enfuir, ni s'opposer à ce qu'elle lui enlevât Adonis, s'avisa sur-le-champ de lui faire venir des ailes, et, le présentant avec l'Amour à Diane, elle lui dit de prendre celui des deux enfants qu'elle croyait lui appartenir. Tous deux étant également beaux, tous deux de même

âge, tous deux ailés, la chaste déesse des bois n'osa choisir ni l'un ni l'autre, et ne prit point Adonis, de peur de prendre l'Amour.

Il y a plusieurs beautés sentimentales dans cette fable. Je la racontai un jour à J.-J. Rousseau, à qui elle fit le plus grand plaisir. « Rien ne me plaît » tant, dit-il, qu'une image agréable qui renferme » un sentiment moral. » Nous étions alors dans la plaine de Neuilly, près d'un parc où l'on voyait un groupe de l'Amour et de l'Amitié, sous les formes d'un jeune homme et d'une jeune fille de quinze à seize ans qui s'embrassaient sur la bouche. A cette vue il me dit : « On a fait une image obscène d'a- » près une idée charmante. Rien n'eût été plus » agréable que de représenter l'un et l'autre dans » leur état naturel, l'Amitié, comme une grande » fille qui caresse l'Amour enfant. » Comme nous étions sur ce sujet intéressant, je lui citai la fin de cette fable touchante de Philomèle et Progné :

> Le désert est-il fait pour des talents si beaux ?
> Venez faire aux cités éclater leurs merveilles.
>   Aussi bien, en voyant les bois,
> Sans cesse il vous souvient que Térée autrefois,
>   Parmi des demeures pareilles,
> Exerça sa fureur sur vos divins appas. —
> Et c'est le souvenir d'un si cruel outrage
> Qui fait, reprit sa sœur, que je ne vous suis pas :
>   En voyant les hommes, hélas !
>   Il m'en souvient bien davantage.

« Quelle série d'idées ! s'écria-t-il ; que cela est » touchant ! » Sa voix s'étouffa, et les larmes lui vinrent aux yeux. Je sentis qu'il était encore ému par des convenances secrètes entre les talents et les destinées de cet oiseau, et sa propre situation.

On peut donc voir dans les deux sujets allégoriques de Diane et d'Adonis, de l'Amour et de l'Amitié, qu'il y a réellement en nous deux puissances distinctes, dont les harmonies exaltent l'ame quand l'image physique nous jette dans un sentiment moral, comme dans le premier exemple ; et la rabaissent, au contraire, quand un sentiment moral nous ramène à une sensation physique, comme dans l'exemple de l'Amour et de l'Amitié.

Les sous-entendus ajoutent encore aux expressions morales, parcequ'ils sont conformes à la nature expansive de l'ame ; ils lui font parcourir un vaste champ d'idées. Ce sont ces sous-entendus qui donnent tant d'effet à la fable du Rossignol. Joignez-y encore une multitude d'oppositions que je n'ai pas le loisir d'analyser.

Plus l'image physique est éloignée de nous, plus le sentiment moral a d'étendue ; et plus la première est circonscrite, plus le sentiment a d'énergie. Voilà, sans doute, ce qui rend nos affections si profondes lorsque nous regrettons la mort de nos amis. Notre douleur alors se porte d'un monde à l'autre, et d'un objet plein de charmes à un tombeau. Voilà pourquoi ce passage de Jérémie* renferme une mélancolie sublime :

Vox in Rama audita est, ploratus et ululatus multus : Rachel plorans filios suos; et noluit consolari, quia non sunt.

Toutes les consolations qu'on peut donner sur la terre viennent se briser contre ce mot de la douleur maternelle, *non sunt*.

Le jet unique de Saint-Cloud me plaît plus que toutes ses cascades. Cependant, quoique l'image physique n'aille pas se perdre dans l'infini, elle peut y porter la douleur quand elle réfléchit le même sentiment. Je trouve dans Plutarque un grand effet de cette consonnance progressive. « Brutus, dit-il, desesperant que ses affaires se
» pussent bien porter, delibera de sortir de l'Italie,
» et s'en alla à pied par le pays de Lucanie, en la
» ville d'Elée, qui est assise sur le bord de la mer,
» là où Porcie, estant sur le point de se despartir
» d'avec lui pour s'en aller à Rome, taschoit, le
» plus qu'elle pouvoit, à dissimuler la douleur
» qu'elle en portoit en son cœur; mais un tableau
» la descouvrit à la fin, quoiqu'elle se fust au demeu-
» rant jusque-là toujours constamment et vertueu-
» sement portée. Le sujet de la peinture estoit pris
» des narrations grecques : comment Andromaque
» accompagnoit son mari Hector, ainsi qu'il sor-
» toit de la ville de Troye pour aller à la guerre, et
» comment Hector lui rebailloit son petit enfant ;
» mais elle avoit les yeux et le regard tousjours fi-
» chés sur lui. La conformité de cette peinture
» avec sa passion la fit fondre en larmes ; et re-
» tournant plusieurs fois le jour à revoir cette
» peinture, elle se prenoit toujours à pleurer ; ce
» que voyant, Acilius, l'un des amis de Brutus,
» recita les vers qu'Andromaque dit à ce propos
» en Homere :

» Hector, tu tiens lieu de pere et de mere
» En mon endroit, de mari et de frere.

» Adonc Brutus, en se soubsriant : Voire mais,
» dit-il, je ne puis de ma part dire à Porcie ce
» que Hector respondit à Andromaque au mesme
» lieu du poëte :

» Il ne te faut d'autre chose mesler
» Que d'enseigner tes femmes à filer.

» Car il est bien vrai que la naturelle foiblesse de
» son corps ne lui permet pas de pouvoir faire les
» mesmes actes de prouesses que nous pourrions

*Chap. XXXI, v. 15.

» faire; mais de courage elle se porta aussi ver-
» tueusement en la defense du pays comme l'un
» de nous. »

Cette peinture était sans doute sous le péristyle de quelque temple bâti sur le bord de la mer. Brutus était au moment de s'embarquer sans faste et sans suite. Sa femme, fille de Caton, l'avait accompagné peut-être à pied. Près de le quitter, elle jette, pour se consoler, ses regards sur cette peinture consacrée aux dieux : elle y voit les adieux d'Hector et d'Andromaque, qui devaient être éternels : elle se trouble; et, pour se rassurer, elle ramène ses yeux sur son époux. La comparaison s'achève, son courage l'abandonne, ses larmes débordent, l'amour conjugal l'emporte sur l'amour de la patrie. Deux vertus en opposition. Joignez-y les caractères d'une nature sauvage, qui s'allient si bien avec la douleur humaine; une profonde solitude, les colonnes et la coupole de ce temple antique rongées de l'air marin, et marbrées de mousses qui les rendent semblables à du bronze vert; un soleil couchant qui en dore le faîte; une mer qui brise au loin, le long des côtes de la Lucanie; les tours d'Elée, qu'on aperçoit dans la gorge d'un vallon entre deux montagnes escarpées; et cette douleur de Porcie qui nous élance au siècle d'Andromaque : quel tableau à faire à l'occasion d'un tableau ! Artistes, si vous pouvez le rendre, Porcie à son tour fera verser des larmes.

Tout ce qu'on dit des femmes romaines, je le retrouve dans nos temps modernes. Rien ne me paraît plus beau que ce trait de la femme de l'infortuné Barneveldt. Il était mort, comme on sait, pour la liberté de sa patrie. Ses deux enfants conspirèrent pour le venger du stathouder. La conspiration fut découverte; l'un s'enfuit, l'autre fut pris et condamné à mort. Sa mère demanda sa grace au prince Maurice, qui lui dit : « Comment pou-
» vez-vous faire pour votre fils ce que vous avez
» refusé de faire pour votre mari ? — Je n'ai pas,
» lui dit-elle, demandé grace pour mon mari, par-
» cequ'il était innocent; mais je la demande pour
» mon fils, parcequ'il est coupable. » Réponse pleine à la fois de grandeur, de dignité et de tendresse maternelle.

Je pourrais multiplier à l'infini les preuves des deux puissances qui nous gouvernent. J'en ai dit assez sur une passion dont l'instinct est si aveugle, pour faire voir que nous y sommes régis et attirés par d'autres lois que celles de la digestion. Nos affections prouvent que notre ame est immortelle, puisqu'elles s'étendent dans toutes les circonstances où elles sentent les attributs de la Divinité, tels que celui de l'infini, et qu'elles ne s'arrêtent avec délices sur la terre que sur les attraits de la vertu et de l'innocence.

DE QUELQUES AUTRES SENTIMENTS DE LA DIVINITÉ,

ET ENTRE AUTRES DE CELUI DE LA VERTU.

Il y a encore un grand nombre de lois sentimentales dont je n'ai pu m'occuper ici : telles sont celles d'où dérivent les pressentiments, les augures, les songes, les retours d'événements heureux et malheureux aux mêmes époques, etc. Leurs effets sont attestés chez les peuples policés et sauvages, par les écrivains profanes et sacrés, et par tout homme attentif aux lois de la nature. Ces communications de l'ame avec un ordre de choses invisibles sont rejetées de nos savants modernes, parcequ'elles ne sont pas du ressort de leurs systèmes et de leurs almanachs; mais que de choses existent qui ne sont pas dans les convenances de notre raison, et qui n'en ont pas été même aperçues!

Il y a des lois particulières qui prouvent l'action immédiate de la Providence sur le genre humain, et qui sont opposées aux lois générales de la physique. Par exemple, les principes de la raison, des passions et du sentiment, ainsi que les organes de la parole et de l'ouïe, sont les mêmes chez tous les hommes; cependant les langues des nations diffèrent par toute la terre. Pourquoi l'art de la parole est-il si différent parmi des êtres qui ont les mêmes besoins, et pourquoi varie-t-il sans cesse des pères aux enfants, en sorte que nous autres Français n'entendons plus la langue des Gaulois, et qu'un jour nos descendants n'entendront plus la nôtre? Le bœuf du Bengale mugit comme celui de l'Ukraine, et le rossignol fait entendre encore dans nos climats les mêmes harmonies que celles qui ravirent le poëte de Mantoue sur les rivages du Pô.

On ne saurait dire, avec de célèbres écrivains, que les langues sont caractérisées par les climats; car si elles en éprouvaient les influences, elles ne changeraient pas dans chaque pays où chaque climat est invariable. La langue des Romains a été d'abord barbare, ensuite majestueuse, et est devenue à la fin molle et efféminée. Elles ne sont pas rudes au nord et douces au midi, comme l'a prétendu J.-J. Rousseau, qui a donné sur ce point trop d'extension aux lois physiques. La langue des Russes, dans le nord de l'Europe, est fort douce, étant un dialecte du grec; et le jargon des provinces méridionales de la France est rude et grossier. Les Lapons, qui habitent les bords de la mer Glaciale, ont un langage qui flatte l'oreille; et les Hottentots, qui habitent le climat très tempéré du cap de Bonne-Espérance, gloussent comme des coqs-d'Inde. La langue des Indiens du Pérou est pleine de fortes aspirations et de consonnes qui se choquent. On peut, sans sortir de son cabinet, reconnaître les divers caractères des langues de chaque peuple aux noms que présentent les cartes géographiques de leur territoire, et se convaincre que leur rudesse ou leur douceur n'a aucune relation avec celle de leurs latitudes.

D'autres observateurs ont prétendu que c'étaient les grands écrivains d'une nation qui en déterminaient et en fixaient la langue; mais les grands écrivains du siècle d'Auguste n'empêchèrent pas que la langue latine ne se corrompît avant le règne de Marc-Aurèle. Ceux du siècle de Louis XIV commencent déjà à vieillir parmi nous. Si la postérité fixe le caractère d'une langue aux siècles où ont paru de grands écrivains, ce n'est point, comme on le prétend, parcequ'elle est alors plus pure; car on y trouve autant de ces inversions de phrases, de ces décompositions de mots, et de ces syntaxes embarrassées qui rendent l'étude métaphysique de toute grammaire ennuyeuse et barbare; mais c'est parceque les écrits de ces grands hommes étincellent des maximes de la vertu, et nous présentent mille perspectives de la Divinité. Je ne doute pas que les sentiments sublimes qui les inspirent ne les éclairent encore dans l'ordre et la disposition de leurs ouvrages, puisqu'ils sont les sources de toute harmonie. Voilà, à mon avis, d'où résulte le charme inaltérable qui en fait aimer la lecture dans tous les temps aux hommes de toutes les nations; voilà pourquoi Plutarque a effacé la plupart des écrivains de la Grèce, quoiqu'il ne fût ni du siècle de Périclès, ni de celui d'Alexandre; voilà pourquoi sa traduction gauloise, faite par le bon Amyot, ira plus loin dans la postérité que la plupart des ouvrages originaux écrits même sous le siècle de Louis XIV. C'est la bonté morale d'une génération qui caractérise une langue, et la fait passer sans altération à celle qui la suit : les langues, les coutumes et les formes des habits passent en Asie inviolablement de génération en génération, parceque les pères s'y font aimer de leurs enfants. Mais ces raisons n'expliquent pas la diversité de langues qui existe d'une nation à l'autre. Il me paraîtra toujours surnaturel que des hommes qui jouissent des mêmes éléments, et qui sont assujettis aux mêmes besoins, ne se servent pas des mêmes mots pour les exprimer. Le soleil éclaire toute la terre, et il porte différents noms chez différents peuples.

Voici encore l'effet d'une loi peu observée : c'est qu'il ne s'élève aucun homme célèbre, dans quelque genre que ce soit, qu'il ne paraisse en même temps, ou dans sa nation, ou dans la nation voisine, un antagoniste avec des talents et une réputation tout-à-fait opposés : tels ont été Démocrite et Héraclite, Alexandre et Diogène, Descartes et Newton, Corneille et Racine, Bossuet et Fénelon, Voltaire et J.-J. Rousseau. J'avais rassemblé sur ces deux derniers hommes célèbres, contemporains, et morts dans la même année, une multitude de traits qui prouvaient qu'ils ont contrasté toute leur vie en talents, en mœurs et en fortunes ; mais j'ai abandonné leur parallèle pour m'occuper de ce travail, que j'ai cru plus utile.

Cette balance dans les hommes illustres ne paraîtra pas extraordinaire, si on considère qu'elle est une suite de la loi générale des contraires qui gouverne le monde, et d'où résultent toutes les harmonies de la nature : elle doit donc se manifester particulièrement dans le genre humain qui en est le centre, et elle se montre en effet dans l'équilibre admirable avec lequel les deux sexes naissent en nombre égal. Elle ne se fixe pas sur les individus en particulier, car on voit des familles qui sont toutes de filles, et d'autres toutes de garçons ; mais elle embrasse l'agrégation d'une ville entière et d'un peuple, dont les enfants mâles et femelles naissent toujours en nombre à peu près égal. Quelque inégalité de sexe qu'il y ait dans les variétés des naissances dans les familles, l'égalité se retrouve dans l'ensemble du peuple.

Mais voici une autre balance aussi merveilleuse, et à laquelle je ne crois pas qu'on ait fait attention. Comme il y a beaucoup d'hommes qui périssent par les guerres, les voyages maritimes et les travaux pénibles et dangereux, il s'ensuivrait à la longue que le nombre des femmes devrait aller tous les jours en augmentant. En supposant qu'il ne périt chaque année que la dixième partie des hommes plus que de femmes, la balance des sexes devrait devenir de plus en plus inégale. La ruine sociale devrait augmenter par la régularité même de l'ordre naturel. Cependant la chose n'arrive pas ; les deux sexes sont toujours à peu près aussi nombreux : leurs occupations sont différentes, mais leurs destins sont les mêmes. Les femmes, qui poussent souvent les hommes à des entreprises hasardeuses pour entretenir leur luxe, ou qui fomentent parmi eux des haines et même des guerres pour satisfaire leur vanité, sont emportées dans la sécurité de leurs plaisirs par des maladies auxquelles les hommes ne sont pas sujets, mais qui résultent souvent des peines morales, physiques et politiques que ceux-ci ont éprouvées à leur occasion. Ainsi l'équilibre de la naissance entre les sexes est rétabli par l'équilibre de la mort.

La nature a multiplié ces contrastes harmoniques dans tous ses ouvrages, par rapport à l'homme ; car les fruits qui servent à nos besoins ont souvent en eux-mêmes des qualités opposées qui se compensent mutuellement.

Ces effets, comme nous l'avons vu ailleurs, ne sont point des résultats mécaniques des climats, aux qualités desquels ils sont souvent opposés. Tous les ouvrages de la nature ont les besoins de l'homme pour fin, comme tous les sentiments de l'homme ont la Divinité pour principe. Ce sont les intentions finales de la nature qui ont donné à l'homme l'intelligence de tous ses ouvrages, comme c'est l'instinct de la Divinité qui a rendu l'homme supérieur aux lois de la nature. C'est cet instinct qui, diversement modifié par les opinions, porte les peuples de la Russie à se baigner dans les glaces de la Néva au plus fort de l'hiver, ainsi que les peuples du Bengale dans les eaux du Gange ; qui a rendu, sous les mêmes latitudes, les femmes esclaves aux Philippines, et despotiques à l'île Formose ; les hommes efféminés aux Moluques et intrépides à Macassar, et qui forme, dans les habitants d'une même ville, des tyrans, des citoyens et des esclaves.

Le sentiment de la Divinité est le premier mobile du cœur humain. Examinez un homme dans ces moments imprévus où les plans secrets d'attaque et de défense dont s'environne sans cesse l'homme social sont supprimés, non pas à la vue d'une grande ruine qui les renverse totalement, mais seulement à la vue d'un animal ou d'une plante extraordinaire : « Ah ! mon Dieu, s'écrie-» t-il, que voilà qui est admirable ! » et il appelle les premiers passants pour partager son étonnement. Son premier mouvement est d'élever sa joie à Dieu, et le second, de l'étendre aux hommes ; mais bientôt la raison sociale le rappelle à l'intérêt personnel. Lorsqu'il voit un certain nombre de spectateurs rassemblés autour de l'objet de sa curiosité : « C'est moi, dit-il, qui l'ai vu le » premier. » Puis, s'il est savant, il ne manque pas d'y appliquer son système. Bientôt il calcule ce que cette découverte lui rapportera, il y ajout quelques circonstances pour la faire paraître plus merveilleuse, et il emploie tout le crédit de sa coterie pour la vanter, et pour persécuter ceux qui ne sont pas de son opinion. Ainsi, tout sentiment naturel nous élève à Dieu, jusqu'à ce que le poids de nos passions et des institutions humaines nous ramène à nous seuls. Voilà pourquoi J.-J. Rousseau avait raison de dire « que l'homme était bon, » mais que les hommes étaient méchants. »

Ce fut l'instinct de la Divinité qui rassembla d'abord les hommes, et qui devint la base de la religion et des lois qui devaient cimenter leur réunion. Ce fut sur lui que s'appuya la vertu, quand elle se proposa d'imiter la Divinité, non-seulement par l'exercice des arts et des sciences, que les anciens Grecs appelaient, pour cet effet, « de » petites vertus, » mais dans le résultat de l'intelligence et de la puissance divine, qui est la bienfaisance. Elle consista dans les efforts faits sur nous-mêmes pour le bien des hommes, dans l'intention de plaire à Dieu seul. Elle donna à l'homme le sentiment de son excellence, en lui inspirant le mépris des biens terrestres et passagers, et le desir des choses célestes et immortelles. Ce fut cet attrait sublime qui fit du courage une vertu, et qui fit marcher l'homme vers la mort, parmi tant de soins de conserver la vie. Brave d'Assas, qu'espériez-vous sur la terre, en versant votre sang la nuit, sans témoin, aux champs de Klostercamp, pour le salut de l'armée française? Et vous, généreux Eustache de Saint-Pierre, quelle récompense attendiez-vous de votre patrie lorsque vous parûtes devant ses tyrans, la corde au cou, prêt à périr d'une mort infame pour sauver vos concitoyens? Qu'importaient à vos cendres insensibles les statues et les éloges que la postérité devait leur offrir un jour? Pouviez-vous même espérer ce prix de vos sacrifices ou inconnus, ou couverts d'opprobre? Pouviez-vous être flatté, dans l'avenir, des vains hommages d'un monde séparé de vous par des barrières éternelles? Et vous, plus glorieux encore à la vue de Dieu, citoyens obscurs qui succombez sans gloire, à qui vos vertus attirent la honte, la calomnie, les persécutions, la pauvreté, le mépris, de la part même de ceux qui dispensent les honneurs parmi les hommes, marcheriez-vous dans des routes si âpres et si rudes, si une lueur divine ne luisait à vos yeux [60]?

C'est ce respect de la vertu qui est la source de celui que nous portons à l'antique noblesse, et qui a mis, à la longue, des différences injustes et odieuses parmi les hommes, tandis que dans l'origine il ne devait apporter parmi eux que des distinctions respectables. Les Asiatiques, plus équitables, n'ont attaché la noblesse qu'aux lieux illustrés par la vertu. Un vieux arbre, un puits, un rocher, des objets stables, leur ont paru seuls capables de leur en perpétuer le souvenir. Il n'y a pas en Asie un arpent de terre qui ne soit illustre. Les Grecs et les Romains, qui en sont sortis, comme tous les peuples du monde, et qui ne s'en éloignèrent pas beaucoup, imitèrent en partie les coutumes de nos premiers pères. Mais les autres nations qui se répandirent dans le reste de l'Europe, où elles furent long-temps errantes, et qui s'écartèrent de ces anciens monuments de la vertu, aimèrent mieux les chercher dans la postérité de leurs grands hommes, et en voir des images vivantes parmi leurs enfants. Voilà, ce me semble, pourquoi les Asiatiques n'ont point de noblesse, et pourquoi les Européens n'ont point de monuments.

Cet instinct de la Divinité fait le charme de nos lectures les plus agréables. Les écrivains auxquels on revient toujours ne sont pas les plus spirituels, c'est-à-dire ceux qui abondent dans cette raison sociale, qui ne dure qu'un moment; mais ceux qui nous rendent l'action de la Providence toujours présente. Voilà pourquoi Homère, Virgile, Xénophon, Plutarque, Fénelon, et la plupart des écrivains anciens, sont immortels, et plaisent à toutes les nations. C'est par cette même raison que les livres de voyages, quoique la plupart écrits sans art, et quoique décriés par une multitude d'états de notre société, qui y trouvent indirectement leur censure, sont cependant les plus intéressants de notre littérature moderne, non-seulement parcequ'ils nous font connaître de nouveaux bienfaits de la nature, en nous parlant des fruits et des animaux des pays étrangers, mais à cause des dangers de terre et de mer auxquels leurs auteurs échappent souvent, contre toute espérance humaine. Enfin, c'est parceque la plupart de nos livres savants s'écartent de ce sentiment naturel, que leur lecture est si sèche et si rebutante, et que la postérité préférera Hérodote à David Hume, et la mythologie des Grecs à tous nos traités de physique, parcequ'on aime encore mieux entendre raconter des fables de la Divinité dans l'histoire des hommes, que de voir la raison des hommes dans l'histoire de la Divinité.

Ce sentiment sublime inspire le goût du merveilleux à l'homme, qui, par sa faiblesse naturelle, devrait toujours ramper sur la terre, dont il est formé. Il balance en lui le sentiment de sa misère, qui l'attache aux plaisirs de l'habitude, et il exalte son ame en lui donnant sans cesse le desir de la nouveauté. Il est l'harmonie de la vie humaine, et la source de tout ce que nous y trouvons de délicieux et de ravissant; c'est de lui que se couvrent les illusions de l'amour, qui croit toujours voir un objet divin dans l'objet aimé; c'est lui qui présente à l'ambition des perspectives sans fin. Un paysan ne semble desirer rien au monde que de devenir le marguillier de son village. Ne vous y trompez pas, ouvrez-lui une carrière sans obstacle : il est palefrenier, il devient brigand, chef de voleurs, général d'armée, roi ; il finira par se faire adorer: ce sera Tamerlan ou Mahomet. Un vieux et riche bourgeois, cloué par sa goutte dans un fauteuil, n'a plus, dit-il, d'autre ambition que de mourir en paix ; mais il se voit revivre éternellement dans sa postérité; il s'applaudit en secret de la voir monter, à l'aide de son argent, par tous les échelons des dignités et de l'honneur. Lui-même ne pense pas que bientôt il n'aura plus rien de commun avec elle, et que, pendant qu'il se félicite d'être le principe de sa gloire future, elle met déja la sienne à cacher la honte de son origine. L'athée même, avec sa sagesse négative, est entraîné par cette impulsion. En vain il se démontre le néant et la révolution de toutes choses, son cœur combat sa raison. Il se flatte intérieurement que son livre ou son tombeau lui attirera un jour les hommages de la postérité, ou peut-être que le livre et le tombeau de son ennemi cesseront de les recevoir. Il ne méconnaît la Divinité que parcequ'il se met à sa place.

Avec le sentiment de la Divinité, tout est grand, noble, beau, invincible dans la vie la plus étroite; sans lui tout est faible, déplaisant et amer au sein même des grandeurs. Ce fut lui qui donna l'empire à Sparte et à Rome, en montrant à leurs habitants vertueux et pauvres les dieux pour protecteurs et pour concitoyens. Ce fut sa destruction qui les livra riches et vicieux à l'esclavage, lorsqu'ils ne virent plus d'autres dieux dans l'univers que l'or et les voluptés. L'homme a beau s'environner des biens de la fortune ; dès que ce sentiment disparaît de son cœur, l'ennui s'en empare. Si son absence se prolonge, il tombe dans la tristesse, ensuite dans une noire mélancolie, et enfin dans le désespoir. Si cet état d'anxiété est constant, il se donne la mort. L'homme est le seul être sensible qui se détruise lui-même dans un état de liberté. La vie humaine, avec ses pompes et ses délices, cesse de lui paraître une vie, quand elle cesse de lui paraître immortelle et divine [61].

Quel que soit le désordre de nos sociétés, cet instinct céleste se plaît toujours avec les enfants des hommes; il inspire les hommes de génie, en se montrant à eux sous les attributs éternels. Il présente au géomètre les progressions ineffables de l'infini, au musicien des harmonies ravissantes, à l'historien les ombres immortelles des hommes vertueux; il élève un Parnasse au poëte, et un Olympe aux héros; il luit sur les jours infortunés du peuple; il fait soupirer, au milieu du luxe de Paris, le pauvre habitant de la Savoie après les saints couverts de neige de ses montagnes; il erre sur les vastes mers, et rappelle, des doux climats de l'Inde, le matelot européen aux rivages orageux de l'Occident; il donne une patrie à des malheureux, et des regrets à ceux qui n'ont rien perdu; il couvre nos berceaux des charmes de l'innocence, et les tombeaux de nos pères des espérances de l'immortalité; il se repose au milieu des villes tumultueuses, sur les palais des grands rois et sur les temples augustes de la religion. Souvent il se fixe dans des déserts, et attire sur des rochers les respects de l'univers. C'est ainsi qu'il vous a couvertes de majesté, ruines de la Grèce et de Rome; et vous aussi, mystérieuses pyramides de l'Égypte ! C'est lui que nous cherchons sans cesse au milieu de nos occupations inquiètes; mais, dès qu'il se montre à nous dans quelque acte inopiné de vertu, ou dans quelqu'un de ces événements qu'on nomme des coups du ciel, ou dans quelques unes de ces émotions sublimes, indéfinissables, qu'on appelle, par excellence, des traits de sentiment, son premier effet est de produire en nous un mouvement de joie très vif; et le second, de nous faire verser des larmes. Notre ame, frappée de cette lueur divine, se réjouit à la fois d'entrevoir la céleste patrie, et s'afflige d'en être exilée.

.... Oculisque errantibus alto
Quæsivit cœlo lucem, ingemuitque repertam.
Æneid., lib. IV.

ÉTUDE TREIZIÈME.

APPLICATION DES LOIS DE LA NATURE AUX MAUX DE LA SOCIÉTÉ.

J'ai exposé, dans cet ouvrage, les erreurs de nos opinions, les maux qui en sont résultés pour les mœurs et pour le bonheur social; j'ai réfuté ces opinions, et jusqu'aux méthodes de nos sciences; j'ai recherché quelques lois de la nature; j'en ai fait une application, j'ose dire heureuse, à l'ordre végétal; mais tout ce grand travail serait vain, à mon avis, si je ne l'employais à trouver quelques remèdes aux maux de la société.

Un Prussien, qui a beaucoup écrit de nos jours, s'est abstenu de rien dire sur l'administration de son pays, « parcequ'étant passager, dit-il, sur le » vaisseau de l'état, ce n'est pas à lui à se mêler » de sa manœuvre. » Cette pensée, comme tant d'autres qu'il a prises dans nos livres, est une phrase de bel esprit ; elle ressemble à celle de cet homme qui, voyant le feu prendre dans une maison, s'en fut sans l'éteindre, « parceque, disait-» il, la maison n'était pas à lui. » Pour moi, je me crois d'autant plus obligé de parler du vaisseau de l'état que j'y suis passager, et que je dois m'intéresser à la prospérité de sa navigation. Je dois employer le loisir où me met mon passage même à avertir les pilotes des désordres que j'y aperçois ; il me semble que ce sont là les exemples que nous ont donnés les Montesquieu, les Fénelon, et tant d'hommes à jamais illustres qui ont consacré, dans chaque pays, leurs veilles au bonheur de leurs compatriotes. Tout ce qu'on peut m'objecter avec fondement, c'est ma propre insuffisance. Mais j'ai vu beaucoup d'injustices ; j'en ai été moi-même la victime. Les images du désordre m'ont fait naître des idées d'ordre. D'ailleurs mes erreurs peuvent servir à faire paraître la sagesse de ceux qui les relèveront. Quand je ne présenterais qu'une idée utile à mon prince, dont les bienfaits m'ont soutenu jusqu'ici, quoique mes services soient restés sans récompense, j'aurai obtenu la plus précieuse de toutes, si je puis me flatter d'avoir essuyé les larmes de quelque infortuné : ce souvenir effacera les miennes au dernier moment.

Les hommes qui profitent des maux de la patrie me reprocheront d'en être l'ennemi, avec leur phrase ordinaire : que les choses ont toujours été ainsi, et que tout va bien, parceque tout va bien pour eux. Mais ce ne sont pas ceux qui découvrent les maux de leur patrie qui en sont les ennemis, ce sont ceux qui la flattent. Certainement les écrivains comme Horace et Juvénal, qui présageaient à Rome sa destruction, au milieu même de sa grandeur, étaient plus attachés à son bonheur que ceux qui en flattaient les tyrans, et qui profitaient de ses désordres. Combien l'empire romain a-t-il survécu à la prédiction des premiers ? Les bons princes mêmes, qui en prirent dans la suite le gouvernement, ne purent le rétablir, parcequ'ils furent trompés par les écrivains contemporains, qui n'osèrent jamais attaquer les causes morales et politiques de la corruption ; ils se contentèrent de porter leur réforme sur eux-mêmes, et n'eurent pas même le courage de l'étendre à leur famille. Ainsi ont régné les Titus et les Marc-Aurèle. Ils ne furent que de grands philosophes sur le trône. Pour moi, je croirais avoir déjà bien mérité de ma patrie quand je ne lui aurais dit que cette terrible vérité : qu'elle renferme dans son sein plus de sept millions de pauvres, et que leur nombre va en croissant chaque année, depuis le siècle de Louis XIV.

A Dieu ne plaise que je souhaite la destruction des différents ordres de l'état ! Je ne désire que de les ramener à l'esprit de leur institution naturelle. Plût à Dieu que le clergé méritât, par ses vertus, la première place accordée à la sainteté de ses fonctions ! que la noblesse protégeât les citoyens, et ne se rendît redoutable qu'aux ennemis du peuple ! que la finance, faisant couler ses trésors dans les canaux de l'agriculture et du commerce, laissât au mérite les chemins ouverts à tous les emplois ! que chaque femme, exemptée par la faiblesse de sa constitution de la plupart des fardeaux de la société, s'occupât à remplir ses douces destinées d'épouse et de mère, en faisant le bonheur d'une seule famille ; que, revêtue de grace et de beauté, elle se considérât comme une fleur de cette chaîne de plaisirs dont la nature a attaché l'homme à la vie ; et tandis qu'elle ferait la couronne et la joie de son époux en particulier, que la chaîne entière de son sexe resserrât les nœuds du bonheur national !

Je ne cherche point à mériter les applaudissements du peuple ; il ne me lira pas ; d'ailleurs il est vendu aux riches et aux puissants : à la vérité, il en médit sans cesse, et il applaudit même ceux qui agissent envers eux avec quelque fermeté ; mais il les abandonne dès qu'il les voit les objets de la haine des riches ; il tremble aux menaces de ceux-ci, ou il rampe à leurs pieds à la moindre marque de bienveillance. J'entends par peuple, non-seulement la dernière classe de la société, mais un grand nombre d'autres qui se croient bien au-dessus.

Le peuple n'est point mon idole. Si les puissances qui le gouvernent sont corrompues, il en est lui-même la cause. On se récrie contre les règnes de Néron et de Caligula ; mais ces princes méchants furent les fruits de leur siècle, comme de mauvais fruits sont produits par de mauvais arbres : ils n'auraient point été des tyrans, s'ils n'avaient trouvé parmi les Romains des délateurs, des espions, des satellites, des empoisonneurs, des filles prostituées, des bourreaux, et des flatteurs qui leur disaient que tout allait bien. Je ne crois point la vertu le partage du peuple ; mais je la crois répartie dans toutes les conditions, rare chez les petits, chez les médiocres et chez les grands; et si nécessaire au maintien de tous les ordres de la société, que si elle y était entièrement détruite, la patrie s'écroulerait comme un temple dont on aurait sapé les colonnes.

Mais si ce ne sont ni les louanges ni les vertus du peuple qui m'intéressent particulièrement, ce sont ses travaux. C'est du peuple que sortent la plupart de mes plaisirs et de mes maux; c'est lui qui me nourrit, qui m'habille, qui me loge, et qui s'occupe souvent de mon superflu, tandis qu'il manque quelquefois du nécessaire; c'est de lui aussi que sortent les épidémies, les vols, les séditions; et n'y eût-il pour moi que le simple spectacle de son bonheur ou de son malheur, il ne saurait m'être indifférent. Sa joie me donne involontairement de la joie, et sa misère m'attriste. Je ne suis pas quitte envers lui, en payant ses services avec de l'argent. C'est une maxime d'homme riche et dur : « Je suis quitte envers cet ouvrier, dit-il, » je l'ai payé. » L'argent que je donne au peuple pour ses services ne crée rien de nouveau pour son usage; cet argent circulerait également, et peut-être plus utilement pour lui, quand je n'existerais pas. Le peuple donc porte, sans aucun retour de ma part, le poids de mon existence : c'est bien pis quand il est encore chargé de celui de mes désordres. Je lui suis comptable de mes vices et de mes vertus plus qu'aux magistrats. Si je lui enlève une portion de sa subsistance, je forcerai celui à qui elle manquera de devenir un mendiant ou un voleur; si j'y corromps une fille, je lui enlève une mère de famille; si je manque de religion à ses yeux, j'affaiblis les espérances qui le soutiennent dans ses travaux. D'ailleurs, la religion me fait un commandement formel de l'aimer. Quand elle m'ordonne d'aimer les hommes, c'est le peuple qu'elle me désigne, et non pas les grands; c'est à lui qu'elle attache toutes les puissances de la société, qui n'existent que par lui et pour lui. Bien éloignée de notre politique moderne, qui présente les peuples aux rois comme leurs domaines, elle présente les rois aux peuples comme leurs défenseurs et leurs pères. Les peuples ne sont point faits pour les rois, mais les rois pour les peuples. Je dois donc, moi qui ne suis rien et qui ne puis rien, tendre au moins de tous mes vœux vers sa félicité.

D'ailleurs, je dois rendre cette justice au nôtre, que je n'en connais point, en Europe, de plus généreux, quoique ce soit le plus misérable que j'y connaisse, à la liberté près. Je pourrais citer une multitude de traits de sa bienfaisance, si le temps me le permettait. Nos beaux esprits tirent souvent des caricatures de nos poissardes et de nos paysans, parcequ'ils n'ont d'autre but que d'amuser les riches; mais ils leur donneraient de grandes leçons de vertus, s'ils savaient étudier celles du peuple : pour moi, j'y ai trouvé plus d'une fois des lingots d'or sur du fumier.

J'ai remarqué, par exemple, que beaucoup de petits marchands livrent leurs marchandises à un plus bas prix à un homme pauvre qu'à un riche; et quand je leur en ai demandé la raison, ils m'ont répondu : « Il faut, monsieur, que tout le monde » vive. » J'ai observé aussi que beaucoup de gens du petit peuple ne marchandent jamais, lorsqu'ils achètent à des pauvres comme eux : « Il faut, di» sent-ils, qu'ils gagnent leur vie. » Un jour, je vis un petit enfant acheter des herbes à une fruitière : elle lui en remplit son tablier pour deux sous; et comme je m'étonnais de la quantité qu'elle lui en donnait, elle me dit : « Monsieur, je n'en » donnerais pas tant à une grande personne; mais » je me ferais un grand scrupule de tromper un » enfant. » J'avais, dans la rue de la Madeleine, un porteur d'eau auvergnat, appelé Christal, qui a nourri pendant cinq mois, *gratis*, un tapissier qui lui était inconnu, et qui était venu à Paris pour un procès, « parceque, me dit-il, ce tapissier, le » long de la route, dans la voiture publique, avait » donné, de temps en temps, le bras à sa femme » malade. » Ce même homme avait un fils de dix-huit ans, né paralytique et imbécile, qu'il nourrissait avec le plus tendre attachement, sans jamais avoir voulu le mettre aux Incurables, quoique des personnes qui en avaient le crédit le lui eussent offert : « Dieu, me disait-il, me l'a donné; c'est » à moi à en prendre soin. » Je ne doute pas qu'il ne le nourrisse encore, quoiqu'il soit obligé de le faire manger lui-même, et que sa femme soit souvent malade. Je me suis arrêté une fois, avec admiration, à contempler un pauvre honteux assis sur une borne, dans la rue Bergère, près des boulevarts. Il passait près de lui des messieurs bien vêtus, qui ne lui donnaient jamais rien; mais il y avait peu de servantes, ou de femmes chargées de hottes, qui ne s'arrêtassent pour lui faire la charité. Il était en perruque bien poudrée, le chapeau sous le bras, en redingote, en linge blanc, et si proprement arrangé, qu'on eût dit, quand ces pauvres gens lui faisaient l'aumône, que c'était lui qui la leur donnait. On ne peut certainement pas rapporter ce sentiment de générosité dans le peuple à aucun retour secret d'intérêt sur lui-même, ainsi que le prétendent les ennemis du genre humain, qui ont voulu nous expliquer les causes de la pitié. Aucune de ces pauvres bienfaitrices ne se mettait à la place de cet infortuné, qui, disait-on, avait été horloger, et avait perdu la vue; mais elles étaient émues par cet instinct sublime qui nous intéresse plus aux malheurs des grands qu'à ceux des autres hommes, parceque nous mesurons la grandeur de leurs maux sur celle de leur élévation et de leur chute. Un horloger aveugle était un Bélisaire pour des servantes.

Je ne finirais pas sur ces traits. Ils seraient dignes de l'admiration des riches, s'ils étaient tirés de l'histoire des sauvages ou de celle des empereurs romains : s'ils étaient à deux mille ans ou à deux mille lieues de nous, ils amuseraient leur imagination et tranquilliseraient leur avarice. Certainement notre peuple mérite d'être aimé. Je pourrais prouver que sa bonté morale est le plus ferme soutien du gouvernement, et que, malgré ses besoins, c'est lui qui subvient à la mauvaise paye de nos soldats, et qui sustente de son nécessaire le nombre prodigieux de pauvres dont le royaume est plein.

SALUS POPULI SUPREMA LEX ESTO, disaient les anciens : le bonheur du peuple est la loi suprême, parceque son malheur est le malheur général. Cet axiome doit être d'autant plus sacré aux législateurs et aux réformateurs, qu'aucune loi ne peut être durable et qu'aucun plan de réforme ne peut avoir lieu, que préalablement le bonheur du peuple ne soit établi. Ce sont ses malheurs qui font naître les abus, qui les entretiennent et qui les renouvellent. C'est pour n'avoir pas bâti sur cette base fondamentale, que tant d'illustres réformateurs ont vu s'écrouler l'édifice de leur politique. Si Agis et Cléomène échouèrent dans la réforme de Sparte, c'est parceque les Ilotes malheureux virent avec indifférence un système de bonheur où ils n'étaient pas compris. Si la Chine a été conquise par les Tartares, c'est que les Chinois mécontents gémissaient sous la tyrannie de leurs mandarins, sans que leur prince en sût rien. Si la Pologne a été partagée de nos jours par ses voisins, c'est que ses paysans esclaves et ses gentilshommes domestiques ne l'ont pas défendue. Si tant de réformes au sujet du clergé, du militaire, de la finance, de la justice, du commerce et du concubinage, ont été tentées chez nous inutilement, c'est que le malheur du peuple reproduit sans cesse les mêmes abus.

Je n'ai point vu, dans tous mes voyages, de pays plus florissant que la Hollande. On compte au moins cent quatre-vingt mille habitants dans sa capitale. Un commerce immense offre dans cette ville mille objets de tentation ; cependant on n'y entend point parler de vols. On ne s'y sert pas même de soldats pour y monter la garde. Lorsque j'y étais en 1762, il y avait onze ans qu'on n'y avait exécuté personne à mort. Les lois y sont cependant sévères ; mais le peuple, qui trouve aisément à gagner sa vie, n'est point tenté de les enfreindre. Il est même digne de remarque que, quoiqu'il ait gagné des millions à imprimer toutes nos extravagances en morale, en politique et en religion, ses opinions ni ses mœurs n'en ont point été altérées, parcequ'il est content de son sort. Les crimes ne naissent que de l'indigence et de l'extrême opulence. Lorsque j'étais à Moscou, un vieillard génevois, qui était dans cette ville dès le temps de Pierre Ier, me dit que depuis qu'on avait ouvert au peuple différents moyens de subsister, par l'établissement des fabriques et du commerce, les séditions, les assassinats, les vols et les incendies y étaient bien plus rares qu'autrefois. S'il n'y avait pas eu à Rome des foules de misérables, il ne s'y serait pas élevé des Catilina. La police, à la vérité, prévient à Paris les désordres d'éclat. On peut dire même qu'il se commet moins de crimes dans cette capitale que dans les autres villes du royaume, à proportion de leur population; mais la tranquillité du peuple à Paris vient ce qu'il y trouve plus de moyens de subsistance que dans les autres villes du royaume, parceque les riches de toutes les provinces viennent y demeurer. Après tout, les frais de police en gardes, en espions, en maisons de force et en prisons, sont à la charge de ce même peuple, et se tournent en frais de châtiments, lorsqu'ils pourraient se tourner en bienfaits. D'ailleurs ces moyens ne sont que des répercussions, qui jettent le peuple dans des désordres obscurs qui ne sont pas les moins dangereux.

Le premier moyen de diminuer l'indigence du peuple est d'affaiblir l'opulence extrême des riches. Ce n'est point elle qui fait vivre le peuple, comme le prétendent les politiques modernes. Ils ont beau calculer les richesses d'un état, la masse en est certainement limitée; et si elle se trouve tout entière dans les mains d'une petite portion de citoyens, elle n'est plus au service de la multitude. Comme ils voient toujours en détail les hommes dont ils se soucient fort peu, et en gros capitaux l'argent qu'ils aiment beaucoup, ils trouvent qu'il est plus avantageux pour le royaume que cent mille écus de rente soient réunis sur la même tête que répartis entre cent familles, « parceque, di- » sent-ils, les grands capitalistes font de grandes

» entreprises; » mais ils sont en cela dans une pernicieuse erreur. Le financier qui les possède ne fait vivre que quelques laquais de plus, et étend le reste de son superflu à des objets de luxe et de corruption : encore faut-il qu'il en jouisse à sa manière; car s'il est avare, cet argent est tout-à-fait perdu pour la société. Mais cent familles de bons citoyens vont vivre à l'aise avec un pareil revenu. Elles élèveront un grand nombre d'enfants, et elles feront vivre une multitude d'autres familles du peuple, par des arts utiles et amis des bonnes mœurs.

Il faudrait donc, pour affaiblir l'opulence, sans toutefois faire d'injustice aux riches, détruire la vénalité des emplois, qui les donne tous à la portion de la société qui peut s'en passer le plus aisément pour vivre, puisqu'elle les donne à ceux qui ont de l'argent. Il faudrait détruire la duplicité, la triplicité et la quadruplicité, qui les accumulent sur une seule tête, ainsi que les survivances, qui les perpétuent dans les mêmes familles. Par cette abolition, on détruirait sans doute cette aristocratie de l'or, qui s'étend de plus en plus au sein de la monarchie, et qui, mettant une barrière impénétrable entre le prince et ses sujets, devient à la longue le plus dangereux de tous les gouvernements. Par-là, on relèverait la dignité des emplois, qui seront plus dignes d'estime lorsqu'ils seront la récompense du mérite, et non le prix de l'argent; on affaiblirait le respect de l'or, qui a corrompu nos mœurs, et on relèverait celui qui est dû à la vertu; on rouvrirait à tous les ordres de l'état la carrière publique, qui est depuis un siècle le patrimoine de quatre à cinq mille familles, qui se passent tous les emplois de main en main, sans en faire part aux autres citoyens, qu'à proportion qu'ils cessent de l'être, c'est-à-dire qu'ils leur vendent leur liberté, leur honneur et leur conscience.

On a persuadé à nos rois qu'il était plus sûr pour eux de se fier à la bourse de leurs sujets qu'à leur probité. Voilà l'origine de la vénalité dans l'état civil; mais ce sophisme tombe lorsque l'on considère qu'elle ne subsiste ni dans l'état ecclésiastique ni dans l'état militaire, et que ces grands corps sont, quant à leurs individus, ce qu'il y a encore de mieux ordonné dans l'état, du moins par rapport à leur police et à leurs intérêts particuliers.

La cour emploie fréquemment les variétés des modes, pour faire vivre le peuple du superflu des riches. Ce palliatif est bon, quoiqu'il ait de dangereux inconvénients; mais au moins il faut qu'il tourne au profit des pauvres, et qu'on interdise en France tout commerce de luxe étranger, car il serait bien inhumain que les riches, qui tirent tout l'argent de la nation, en fissent passer tous les ans une partie considérable aux Indes et à la Chine, pour se procurer des mousselines, des soies et des porcelaines qu'ils peuvent trouver dans le royaume. Le commerce des Indes et de la Chine ne convient qu'à des peuples qui n'ont, comme les Hollandais et les Anglais, ni mûriers, ni vers à soie. C'est à ceux-là aussi qu'il convient d'acheter du thé et d'en boire, parcequ'ils n'ont pas de vin dans leur pays. Mais toutes les fois que nous achetons au Bengale une pièce de coton, nous empêchons un habitant dans nos îles de cultiver les plantes qui en auraient produit la matière, et une famille en France de la filer et de l'ourdir. C'est encore une obligation morale de rendre aux femmes les métiers qui leur appartiennent, comme ceux d'accoucheuses, de coiffeuses, de couturières, de marchandes de linge et de modes, et tous ceux qui ne demandent que de l'adresse et une vie sédentaire, afin d'en retirer un grand nombre de l'oisiveté et de la prostitution, où la plupart d'entre elles cherchent les moyens de soutenir une vie misérable.

On rouvrira encore un grand canal de subsistance au peuple en supprimant les priviléges des compagnies de commerce et des manufactures. Ces compagnies, dit-on, font vivre tout un pays. Leurs établissements, en effet, en imposent au premier coup d'œil, surtout dans une campagne. Ils présentent de grandes avenues d'arbres, de vastes bâtiments, des cours multipliées, des palais; mais ils font aller les entrepreneurs en carrosse, et le reste du village en sabots. Je n'ai pas vu de paysans plus misérables que dans les villages où il y a des manufactures privilégiées. Les priviléges contribuent plus qu'on ne pense à arrêter l'industrie d'un pays. Je citerai à cette occasion ce que dit un anonyme anglais, très estimable par son jugement sain et par son impartialité. « J'ai passé, dit-il, » par Montreuil, Abbeville, Péquigny..... La se- » conde de ces villes a aussi son château; ses ha- » bitants indigents exaltent beaucoup leur manu- » facture de drap; mais elle est moins considérable » que celles de bien des villages du pays d'York*. » Je pourrais aussi opposer aux manufactures de draps des villages du pays d'York celles de mouchoirs, de toiles de coton, d'étoffes de laine des villages du pays de Caux, qui y sont très florissantes, et dont les paysans sont fort riches, parcequ'il

---

* *Voyage en France, en Italie et aux îles de l'Archipel*, en 1750, 4 petits vol. in-12.

n'y a point parmi eux de priviléges. Les entrepreneurs privilégiés se trouvant sans concurrence dans un pays, en taxent les ouvriers à volonté. D'ailleurs, ils ont mille ruses pour les réduire à la plus petite paye possible. Ils leur donnent, par exemple, de l'argent d'avance; et quand ils en ont fait des débiteurs insolvables, ce qui est l'affaire de quelques écus, alors ils les ont à leur discrétion. Je connais une branche considérable de pêche maritime, presque totalement perdue dans un de nos ports par ce genre sourd de monopole. Les bourgeois de cette ville achetèrent d'abord le poisson des pêcheurs, pour le saler et le vendre. Ensuite ils firent construire des bateaux de pêche; après cela, ils avancèrent de l'argent aux femmes des pêcheurs pendant l'absence de leurs maris. Ceux-ci, étant de retour, furent obligés, pour s'acquitter envers les bourgeois, de se mettre à leurs gages. Quand les bourgeois ont été les maîtres des bateaux des pêcheurs et de leurs poissons, ils ont réglé à leur gré les conditions de la pêche. La plupart des pêcheurs se sont dégoûtés alors de la modicité de leurs profits; et la pêche, qui rendait autrefois cette ville très florissante, y est aujourd'hui réduite presque à rien.

D'un autre côté, si je desire qu'on ne s'empare point des moyens de subsistance que la nature donne à chaque état de la société et à chaque sexe, je voudrais encore moins que des monopoleurs s'emparassent de ceux qu'elle donne à chaque homme en particulier. Par exemple, l'auteur d'un livre, d'une machine ou de quelque invention utile ou agréable, dans laquelle un homme a mis son temps, ses peines, son génie enfin, devrait être pour le moins aussi bien fondé à tirer, à perpétuité, un droit sur ceux qui vendent son livre ou se servent de son invention, qu'un seigneur l'est à percevoir des droits de lods et ventes sur ceux qui bâtissent sur son terrain, et sur ceux mêmes qui y revendent leurs maisons. Ce droit me paraîtrait encore plus fondé sur le droit naturel que celui des lods et ventes. Si le public s'empare tout d'un coup d'une invention utile, c'est à l'état à en dédommager l'auteur, afin que la gloire de celui-ci ne tourne point à sa ruine. Si cette loi équitable existait, on ne verrait pas vingt libraires vivre fort à l'aise aux dépens d'un auteur qui n'a quelquefois pas de pain; on n'aurait pas vu de nos jours la postérité de Corneille et de La Fontaine réduite à l'aumône, tandis que des libraires, à Paris, ont acquis des châteaux en vendant leurs ouvrages.

Les grandes propriétés en terre sont encore plus nuisibles que celles en argent et en emplois, parcequ'elles ôtent à la fois aux autres citoyens le patriotisme social et le naturel. D'ailleurs elles deviennent à la longue le partage de ceux qui ont les emplois et l'argent; elles mettent à leur discrétion tous les sujets de l'état, et elles ne donnent à ceux-ci d'autre ressource pour subsister que de se corrompre en flattant les passions de ceux qui ont entre les mains la richesse et la puissance, ou de s'expatrier. Ces trois causes combinées, et surtout la dernière, ont entraîné la ruine de l'empire romain, comme le remarquait fort bien Pline dès le règne de Trajan. Elles ont déja fait sortir de la France plus de sujets que la révocation de l'édit de Nantes. Lorsque j'étais en Prusse, en 1765, on y comptait, dans les cent cinquante mille hommes de troupes réglées qu'entretenait alors le roi, cinquante mille déserteurs français. Je ne crois point qu'on m'en ait exagéré le nombre, car j'ai remarqué que toutes les grand'gardes où j'ai passé étaient composées d'un tiers de Français; et on trouve de ces grand'gardes aux portes de toutes les villes, et dans tous les villages qui sont sur les grandes routes, surtout vers la frontière. Pendant que j'étais au service de Russie, on comptait à Moscou près de trois mille maîtres de langue de ma nation, parmi lesquels j'ai connu beaucoup de personnes de famille honorable, des avocats, de jeunes ecclésiastiques, des gentilshommes, et même des officiers. L'Allemagne est pleine de nos malheureux compatriotes. On ne voit dans les cours du midi et du nord que des danseurs et des comédiens français. C'est ce que nous avons de commun aujourd'hui avec les Italiens, et qui nous l'a été avec les Grecs du Bas-Empire. Nous cherchons, pour subsister, une autre patrie que celle qui nous a vus naître. On ne voit point errer ainsi les autres nations de l'Europe, si ce ne sont les Suisses qui commercent, mais qui reviennent chez eux après avoir fait fortune. Nos compatriotes ne reviennent point, parceque les états précaires qu'ils exercent ne leur permettent pas d'amasser de quoi vivre un jour dans la patrie. Nos gens de lettres qui n'ont pas voyagé, ou qui réfléchissent peu, crient de temps en temps contre la révocation de l'édit de Nantes. Mais s'ils croient rappeler en France les enfants des réfugiés français, ils se trompent beaucoup. Certainement ceux qui sont riches, et qui sont bien établis dans les pays étrangers, ne quitteront pas leurs établissements pour retourner en France; il n'y reviendrait donc que les protestants pauvres. Mais qu'y feraient-ils, lorsque tant de catholiques nationaux sont obligés de s'expatrier faute de subsistance? Je me suis étonné plus d'une fois de ce que nos prétendus politiques redemandent tant de citoyens à la religion, et de ce qu'ils en abandonnent par leur silence un si grand nombre à l'avidité de nos grands propriétaires. Il faut dire la vérité : ils ont écrit plus par haine pour les prêtres que par amour pour les hommes. L'esprit de tolérance qu'ils veulent établir est un vain prétexte dont ils se couvrent; car les protestants qu'ils veulent rappeler sont tout aussi intolérants qu'ils accusent les catholiques de l'être, comme l'ont fait voir, il y a quelques années, dans le pays même de la liberté, en Angleterre, ceux qui ont mis le feu à la chapelle de l'ambassadeur d'Espagne. L'intolérance est un vice de l'éducation européenne, et qui se manifeste en littérature, en systèmes et en pantins. Il y a encore une autre raison de ces clameurs : c'est la même raison qui les fait parler pour l'ennoblissement du commerce, et garder le silence sur celui de l'agriculture, le plus noble de tous les états par sa nature même. C'est, puisqu'il faut le dire, parceque les riches commerçants et les grands propriétaires donnent de bons soupers, où se trouvent de jolies femmes qui font et défont les réputations en tout genre, et que les laboureurs et les gens qui s'expatrient n'en donnent point. La table est aujourd'hui le grand ressort de l'aristocratie des riches. C'est par son moyen qu'une opinion, d'où dépend quelquefois la ruine d'un état, prend de la pondération. C'est encore là que l'honneur d'un homme de guerre, d'un évêque, d'un magistrat, d'un homme de lettres, dépend souvent d'une femme qui a perdu le sien.

La politique moderne a avancé encore une très grande erreur, en disant que les richesses se mettent toujours de niveau dans un état. Quand une fois les indigents s'y sont multipliés à un certain point, c'est à qui d'entre ces malheureux se donnera à meilleur marché. Tandis que, d'une part, l'homme riche, tourmenté par ses compatriotes affamés qui lui demandent de l'occupation, hausse le prix de son argent, ceux-ci, pour être préférés, baissent le prix de leur travail, tant qu'à la fin ils ne trouvent plus à subsister. Alors on voit tomber dans les meilleurs pays l'agriculture, les manufactures et le commerce. Consultez à ce sujet les relations des diverses contrées de l'Italie, et entre autres ce que M. Brydone dit dans un voyage très bien raisonné[62], malgré les réclamations d'un chanoine de Palerme, du luxe et des prodigieuses richesses de la noblesse et du clergé de la Sicile, et de la misère extrême de ses paysans; vous verrez si l'argent s'y met de niveau. J'ai été à Malte, qui n'est en aucune façon comparable en fertilité de sol à la Sicile, car ce n'est qu'un rocher tout blanc; mais ce rocher est fort riche de richesses étrangères, par le revenu perpétuel des commanderies de l'ordre de Saint-Jean, dont les fonds sont situés dans tous les états catholiques de l'Europe, et par les responsions ou dépouilles des chevaliers qui meurent dans les pays étrangers, et qu'on y apporte tous les ans. Il pourrait l'être bien davantage par la commodité de son port, le plus avantageusement situé de tous ceux de la Méditerranée; cependant le paysan y est très misérable. Il n'est vêtu, pour tout habit, que d'un caleçon qui lui vient aux genoux, et d'une chemise sans manches. Quelquefois il se tient sur la place publique, la poitrine, les jambes et les bras nus, à demi brûlé du soleil, pour se louer moyennant vingt-quatre sous par jour, avec une voiture à quatre places attelée d'un cheval, depuis le point du jour jusqu'à minuit, et pour parcourir tel endroit de l'île qu'il plaît aux voyageurs, sans qu'ils soient tenus de donner un verre d'eau ni à lui ni à sa bête. Il conduit sa carriole, courant toujours pieds nus dans les roches, devant son cheval qu'il tient par la bride, et devant l'oisif chevalier, qui ne lui parle bien souvent qu'en le traitant de faquin, tandis que son conducteur ne lui répond que le bonnet à la main, en l'appelant votre seigneurie illustrissime. Le trésor de la république est plein d'or et d'argent, et on n'y paie le peuple que d'une monnaie de cuivre appelée pièce de quatre tarins, qui vaut, de valeur idéale, seize de nos sous, et de valeur intrinsèque environ deux de nos liards. Elle a pour timbre cette devise : *Non œs, sed fides.* « Ce n'est pas le cuivre, c'est la confiance. » Quelle distance les propriétés exclusives et l'or mettent entre les hommes! Un grave porte-faix, en Hollande, vous demande en *gout gueldt*, c'est-à-dire en bon argent, pour porter votre malle du bout d'une rue à l'autre, autant que ce que reçoit l'humble bastaze de Malte pour vous voiturer tout un jour avec trois de vos amis. Le Hollandais est bien vêtu, et sa poche est pleine de pièces d'or et d'argent. Sa monnaie est timbrée d'une devise bien différente de celle de Malte; on y lit : *Concordia res parvæ crescunt.* « Les petites choses croissent par leur concorde. » Il y a en effet autant de différence de puissance et de félicité d'un état à l'autre, qu'entre les devises et les matières de leur monnaie.

C'est dans la nature qu'il faut chercher la subsistance d'un peuple, et dans sa liberté le canal par où elle doit couler. L'esprit de monopole en a détruit parmi nous beaucoup de branches qui comblent nos voisins de richesses : telles sont entre autres les pêches de la baleine, de la morue et du hareng. Je conviens cependant, à cette occasion, qu'il y a des entreprises qui demandent le concours d'un grand nombre de mains, tant pour leur conservation et leur protection, que pour accélérer leurs opérations : telles sont les pêches maritimes ; mais c'est à l'état à se charger de leur administration. Aucune compagnie n'a eu chez nous l'esprit patriotique; elles ne s'établissent, pour ainsi dire, que pour former de petits états particuliers. Il n'en est pas de même chez les Hollandais. Par exemple, comme ils vont pêcher le hareng au-delà de l'Écosse (car ce poisson est d'autant meilleur qu'on le pêche plus avant dans le nord), ils ont des vaisseaux de guerre pour en protéger la pêche. Ils en ont d'autres à large ventre, appelés buzes, qui le prennent nuit et jour avec des filets, et des vaisseaux de course très fins voiliers, qui le chargent, et l'emportent tout frais en Hollande. Il y a de plus des prix proposés pour le premier vaisseau qui en apporte à Amsterdam avant les autres. Le poisson du premier baril y est payé à l'Hôtel-de-Ville à raison d'un ducat d'or ou onze livres cinq sous la pièce; et celui du reste de la cargaison, à raison d'un florin, ou de quarante-cinq sous. Ces encouragements engagent les pêcheurs à s'avancer le plus qu'ils peuvent au nord pour aller au-devant de ces poissons, qui y sont et d'une grandeur et d'une délicatesse bien supérieures à ceux que nous prenons dans le voisinage de nos côtes. Les Hollandais ont élevé une statue à celui qui, le premier, a trouvé l'invention de les fumer, et d'en faire ce qu'on appelle des harengs saurs*. Ils ont cru avec raison que le citoyen qui procure à sa patrie un nouveau moyen de subsistance et une nouvelle branche de commerce mérite d'être mis sur la même ligne que ceux qui l'éclairent ou qui la défendent. On voit, par ces attentions, avec quelle vigilance ils veillent sur tout ce qui peut contribuer à l'abondance publique. Il est inconcevable quel parti ils ont tiré d'une infinité de productions que nous laissons perdre, et de leur pays sablonneux, marécageux, et naturellement pauvre et ingrat. Je n'en ai point vu où il y ait une si grande abondance de toutes choses : ils n'ont point de vignes, et il y a plus de vins dans leurs caves que dans celles de Bordeaux; ils n'ont point de forêts, et il y a plus de bois de construction dans leurs chantiers qu'il n'y en a aux sources de la Meuse et du Rhin, d'où ils tirent leurs chênes; ils ont fort peu de terres labourées, et il y a plus de blés de la Pologne dans leurs greniers, que ce royaume n'en réserve pour la nourriture de ses habitants. Il en est de même des choses de luxe; car, quoiqu'ils soient fort simplement vêtus et logés, il y a peut-être plus de marbre à vendre dans leurs magasins qu'il n'y en a de taillé dans les carrières de l'Italie et de l'Archipel; plus de diamants et de perles dans leurs cassettes que dans celles des bijoutiers du Portugal, et plus de bois de rose, d'acajou, de sandal et de cannes d'Inde qu'il n'y en a dans tout le reste de l'Europe, quoique leur pays ne produise que des saules et des tilleuls. Le bonheur des habitants présente un spectacle encore plus intéressant. Je n'y ai pas vu un seul mendiant, ni une maison à laquelle il manquât une brique ou un carreau de vitre. Mais c'est le coup d'œil de la Bourse d'Amsterdam qui est digne d'admiration. C'est un grand bâtiment d'une architecture assez simple, dont la cour quadrangulaire est entourée d'une colonnade. Chacune de ces colonnes, qui sont en grand nombre, porte au-dessus de son chapiteau le nom de quelqu'une des principales villes du monde, comme Constantinople, Livourne, Canton, Pétersbourg, Batavia, etc., et est, pour ainsi dire, le centre de son commerce en Europe. Il y en a peu où il ne se traite chaque jour pour des millions d'affaires. La plupart des gens qui s'y rassemblent sont habillés de brun, et sans manchettes. Ce contraste me parut d'autant plus frappant que, cinq jours auparavant, je m'étais trouvé à la même heure au Palais-Royal, rempli de gens vêtus d'habits de couleurs brillantes, galonnés d'or et d'argent, qui ne parlaient que d'opéra, de littérature, de filles entretenues, ou de telles autres bagatelles, et qui n'avaient pas, pour la plupart, un écu à eux dans leur poche. Il y avait avec nous un jeune négociant de Nantes dont les affaires étaient dérangées, et qui était venu se réfugier en Hollande, où il ne connaissait personne. Il s'était ouvert sur sa position à mon compagnon de voyage, appelé M. Le Breton. Ce M. Le Breton était un officier suisse au service de Hollande, moitié militaire, moitié négociant, le meilleur homme du monde, qui le rassura d'abord, et le recommanda, dès son arrivée, à son frère aîné, négociant, qui demeurait dans la même pension où nous fûmes loger. M. Le Breton l'aîné mena cet infortuné voyageur à la Bourse, et le recommanda sans compliment et sans humiliation à un agent du commerce, qui demanda seulement au jeune négociant français une feuille de son écriture; ensuite il crayonna son nom sur un portefeuille, et

---

* *Voyez* la note de la page 205.

il lui dit de revenir le lendemain au même lieu et à la même heure. Je ne manquai pas de m'y trouver avec lui et M. Le Breton. L'agent parut, et présenta à mon compatriote une liste de sept ou huit places de commis à choisir chez des négociants, dont les unes valaient huits cents livres de notre argent, avec la nourriture; d'autres, quatorze cents livres, sans la pension. Il fut ainsi placé sur-le-champ, sans aucune sollicitation. Je demandai à M. Le Breton l'aîné d'où venait l'active vigilance de cet agent à l'égard d'un étranger et d'un inconnu. Il me répondit : « C'est son métier; il a pour » revenu le premier mois des appointements de » ceux qu'il place. Ne vous en étonnez pas, ajou-» ta-t-il : on fait ici commerce de tout, depuis un » soulier dépareillé jusqu'à des escadres. »

Il ne faut cependant pas se laisser éblouir par les illusions d'un grand commerce, et c'est en quoi notre politique nous a souvent égarés. Les fabriques et les manufactures font, dit-on, entrer des millions dans un état; mais les laines fines, les teintures, l'or et l'argent, et les autres apprêts qu'on tire des étrangers, sont des tributs qu'il faut leur rendre. Le peuple n'en eût pas moins fabriqué pour son compte les laines du pays; et si ses draps eussent été de moindre qualité, ils eussent au moins tourné à son usage. Le commerce illimité d'un pays ne convient qu'à un peuple qui a un territoire ingrat et borné, comme aux Hollandais : ils exportent non leur superflu, mais celui des autres nations; et ils ne courent pas risque de manquer du nécessaire, comme il arrive fréquemment à plusieurs puissances territoriales. A quoi sert à un peuple d'habiller toute l'Europe de ses laines, s'il va tout nu? de recueillir les meilleurs vins, s'il ne boit que de l'eau? et d'exporter les plus belles farines, s'il ne mange que du pain de son? On pourrait trouver des exemples très communs de ces abus en Pologne, en Espagne, et dans les pays qui passent pour être mieux gouvernés.

C'est dans l'agriculture principalement que la France doit chercher les principaux moyens de subsistance pour son peuple. D'ailleurs, l'agriculture conserve les mœurs et la religion. Elle rend les mariages faciles, nécessaires et heureux. Elle fait naître beaucoup d'enfants, qu'elle emploie, dès qu'ils savent à peine marcher, à recueillir les biens de la terre ou à garder les troupeaux; mais elle ne produit tous ces avantages que dans les petites propriétés. Nous l'avons dit, et nous ne saurions trop le répéter, les petites propriétés doublent et quadruplent dans un pays les récoltes et les cultivateurs. Au contraire, les grandes propriétés changent un pays en vastes solitudes; elles font naître chez les riches laboureurs l'amour du faste des villes et le dégoût des occupations champêtres. Ceux-ci mettent leurs filles dans des couvents pour les façonner en demoiselles, et font étudier leurs enfants pour en faire des avocats ou des abbés. Ils ôtent aux enfants des bourgeois leurs ressources; car si les gens de campagne tendent toujours à s'établir dans les villes, ceux des villes ne reviennent jamais aux campagnes, parcequ'elles sont flétries par les tailles et les corvées.

Les grandes propriétés exposent l'état à un autre inconvénient dangereux, auquel je ne crois pas qu'on ait fait encore attention. Les terres qu'elles cultivent reposent au moins une fois tous les trois ans, et souvent tous les deux ans. Il doit donc arriver, comme dans toutes les choses qui se font au hasard, que tantôt il y a un grand nombre de ces terres qui se reposent à la fois, et que tantôt il n'y en a qu'un petit nombre. Certainement, dans les années où la plus grande partie de ces terres est en jachères, on doit recueillir beaucoup moins de blé dans le royaume qu'à l'ordinaire. Cet inconvénient, dont je ne sache pas que les gouvernements se soient jamais occupés, est la cause des disettes ou des chertés imprévues qui arrivent de temps en temps, non-seulement en France, mais dans les diverses contrées de l'Europe. La nature a partagé avec l'homme l'administration de l'agriculture. Elle s'est réservé les vents, les pluies, le soleil, le développement des plantes, et elle est bien exacte à ordonner les éléments suivant les saisons; mais elle a laissé à l'homme les convenances des végétaux avec les terrains, les proportions que leur culture doit avoir avec la société qui s'en nourrit, et tous les autres soins que demandent leur conservation, leur distribution et leur police. Je crois cette remarque assez importante pour établir parmi nous la nécessité d'un ministre particulier de l'agriculture[63]. S'il ne pouvait empêcher les combinaisons du hasard dans les terres qui peuvent se rencontrer en jachères tout à la fois, il empêcherait du moins que, dans les années où elles sont dans leur plus grand rapport, on ne transportât les grains du pays, puisque c'est une preuve quasi sûre que l'année suivante elles rapporteront d'autant moins qu'elles seront alors en repos pour la plupart.

Les petites propriétés ne sont point sujettes à ces vicissitudes : elles rapportent tous les ans, et presque en toute saison. Comparez, comme je l'ai déja dit, la quantité de fruits, de racines, de légumes, d'herbes et de graines qu'on recueille toute l'année et en tout temps sur le terrain des environs de Paris appelé le Pré Saint-Gervais, dont le fonds, d'ailleurs médiocre, est situé à mi-côte et exposé au nord, avec les productions d'une égale portion de terrain prise dans les plaines du voisinage et cultivée par la grande culture; vous en verrez la prodigieuse différence. Il y en a encore une aussi grande dans le nombre et le caractère moral de leurs cultivateurs. J'ai ouï dire à un ecclésiastique respectable que les premiers allaient régulièrement à confesse tous les mois, et que bien souvent il n'y avait pas dans leurs confessions matière à absolution. Je ne parle pas de l'agrément infini qui résulte de leurs travaux, de leurs champs d'œillets, de violettes, de blé, de petits pois, de pieds-d'alouette, des bordures de lilas et de vigne qui divisent leurs petites possessions; des quartiers de prairies qui y font voir çà et là des clairières, des bocages de saules et de peupliers qui laissent apercevoir sous leurs ombrages, à plusieurs lieues de distance, ou des montagnes qui se perdent à l'horizon, ou des châteaux inconnus, ou les clochers des villages de la plaine, dont on entend parfois les carillons champêtres. On y trouve çà et là des fontaines d'une eau limpide, dont la source est couverte d'une voûte close de toutes parts de grandes dalles de pierre qui la font ressembler à un monument antique. J'y ai quelquefois lu ces mots crayonnés avec du charbon:

<small>Colin et Colette, ce 8 mars.
Antoinette et Bastien, ce 6 mai.</small>

Ces inscriptions m'ont fait plus de plaisir que celles de l'Académie. Quand les familles qui cultivent ce lieu enchanté sont dispersées avec leurs enfants dans ces fonceaux ou sur ces croupes, et que l'on entend au loin la voix d'une jeune fille qui chante sans qu'on l'aperçoive, ou qu'on voit un jeune homme monté sur un pommier, avec son panier et son échelle, qui regarde çà et là et prête l'oreille, comme un autre Vertumne, il n'y a point de parc avec ses statues, ses marbres et ses bronzes, qui lui soit comparable.

O riches! qui voulez vous entourer de parcs délicieux, enfermez dans leurs murs des villages heureux. Combien de terres abandonnées dans le royaume pourraient offrir le même spectacle! J'ai vu la Bretagne et d'autres provinces couvertes, à perte de vue, de landes, où il ne croît que du jan, espèce de genêt épineux, noir et jaunâtre. Nos compagnies d'agriculture, qui y ont employé en vain leurs grandes charrues, les ont jugées frappées d'une perpétuelle stérilité; mais ces landes montrent, par d'anciennes divisions de champs, et par des ruines de masures et d'anciens fossés, qu'elles ont été autrefois cultivées. Elles sont encore entourées de métairies qui prospèrent sur le même sol. Combien d'autres seraient encore plus fécondes, telles que celles de Bordeaux, qui sont couvertes de grands pins! Une terre qui produit un grand arbre peut certainement nourrir un épi de blé. Nous avons donné, en parlant de l'ordre végétal, les moyens de reconnaître les analogies naturelles des plantes avec chaque latitude et chaque territoire. Il n'y a point de terrain; fût-il de sable tout pur ou de vase, où, par un bienfait particulier de la Providence, quelqu'une de nos plantes domestiques ne puisse réussir. Mais, avant tout, il faudrait ressemer les bois qui abritaient jadis ces lieux, exposés maintenant à l'action des vents, qui mangent les germes de tout ce qu'on y sème. Ces moyens et plusieurs autres ne peuvent être du ressort des compagnies avides, ni de leurs grands alignements, ni des corvées de la province, mais de l'assiduité locale et patiente de familles libres, qui soient propriétaires pour elles-mêmes, qui ne soient point soumises à des tyrans, et qui ne dépendent que du prince. C'est par ces moyens patriotiques que les Hollandais ont réussi à faire venir à Scheveling, village auprès de La Haye, des chênes dans du sable marin tout pur, comme je l'ai vu moi-même. Nous le répétons, ce n'est point dans les grands domaines, c'est dans les paniers des vendangeurs et dans les tabliers des moissonneuses, que Dieu verse du ciel les fruits de la terre.

Ces grands espaces de terre perdus dans le royaume ont attiré l'attention de la cupidité; mais il y en a une bien plus grande quantité qui lui est échappée, parcequ'on n'a pu en faire ni des marquisats, ni des vicomtés, et que d'ailleurs les grandes charrues y sont tout-à-fait inutiles. Ce sont, entre autres, les lisières des chemins, qui sont en nombre infini. Nos grandes routes, à la vérité, sont fécondes pour la plupart, puisqu'elles sont bordées d'ormes. L'orme est sans doute utile, il sert au charronnage; mais nous avons un arbre qui lui est bien préférable, parceque l'insecte n'attaque jamais son bois, qu'il est excellent pour la charpente, et qu'il donne en abondance des fruits nourrissants : c'est le châtaignier. On pouvait juger de la durée et de la beauté de son bois, par l'ancienne charpente de la foire Saint-Germain, avant qu'elle fût brûlée : les solives en étaient d'une grosseur et d'une longueur prodigieuse, et parfaitement saines, quoiqu'elles eussent plus de quatre cents ans d'antiquité. On peut encore voir la durée de ce bois dans la charpente de l'ancien château de Marcoussy, qui a été bâti sous Charles VI, à cinq lieues de Paris. Nous avons tout-à-fait négligé cet arbre, qu'on ne laisse plus croître qu'en taillis dans nos forêts. Cependant son port est très majestueux, son feuillage est beau, et il porte une si grande abondance de fruits, en étages multipliés les uns sur les autres, qu'il n'y a point de terrain de la même étendue, semé en froment, qui puisse rapporter une subsistance aussi abondante. A la vérité, comme nous l'avons vu en parlant des caractères des végétaux, cet arbre ne se plaît que sur les lieux secs et élevés; mais nous en avons un autre pour les vallées et les lieux humides, qui n'est guère moins utile par son bois et ses fruits, et dont le port est aussi majestueux: c'est le noyer. Ces beaux arbres pareraient magnifiquement nos grandes routes. On y en pourrait aussi mettre d'autres qui sont propres à chaque territoire; ils annonceraient aux voyageurs les provinces du royaume: la vigne, la Bourgogne; le pommier, la Normandie; le mûrier, le Dauphiné; l'olivier, la Provence. Leurs tiges, chargées de fruits, détermineraient bien mieux que les poteaux surmontés de carcans, et que les affreux gibets des justices criminelles, les limites de chaque province, et les douces et diverses seigneuries de la nature.

On peut m'objecter que les passants en recueilleraient les productions; mais ils ne touchent guère aux raisins des vignobles, qui bordent quelquefois les chemins. D'ailleurs, quand ils les recueilleraient, quel grand inconvénient y aurait-il? Quand le roi de Prusse fit planter plusieurs grandes routes de la Poméranie d'arbres fruitiers, on lui représenta que les fruits en seraient volés: « Les hommes au » moins en profiteront, » répondit-il. Nos chemins de traverse présentent peut-être encore plus de terrain perdu que nos grandes routes. Si vous songez que c'est par eux que communiquent les petites villes, les bourgs, les villages, les hameaux, les abbayes, les châteaux, et même de simples maisons de campagne; que plusieurs d'entre eux aboutissent au même lieu, et que chacun d'eux a au moins de largeur celle d'un chariot, vous trouverez que l'espace qu'ils emploient doit être très considérable. Il faudrait d'abord commencer par les aligner, car la plupart vont en serpentant; ce qui leur donne quelquefois un tiers plus de longueur qu'ils n'en devraient avoir. J'avoue cependant que je trouve leurs sinuosités agréables, surtout sur la croupe des collines, sur la pente des montagnes, dans les lieux agrestes, et au milieu des forêts. Mais on les rendrait susceptibles d'un autre genre de beauté, en les bordant d'arbres fruitiers qui s'élèvent peu, et qui, fuyant en perspective, augmenteraient à la vue l'étendue du pays. Ces arbres donneraient encore de l'ombre aux voyageurs. A la vérité, les laboureurs disent que ces ombres, si agréables aux passants, nuisent à leurs grains. Ils ont sans doute raison pour plusieurs espèces de grains; mais il y en a qui réussissent mieux dans les lieux un peu ombragés que partout ailleurs, comme on peut le voir au Pré Saint-Gervais. De plus, les laboureurs seraient dédommagés avec usure par le bois des arbres fruitiers, et par la récolte des fruits. On pourrait même encore concilier les intérêts des laboureurs et des voyageurs, en plantant seulement les chemins qui vont du nord au sud, et le côté méridional de ceux qui vont de l'est à l'ouest; de sorte que l'ombre de leurs arbres ne tomberait presque point sur les terres labourées.

Il faudrait encore, pour augmenter les subsistances nationales, remettre en terres à blé beaucoup de terres qui sont en pâturages. Il n'y a presque point de prairies dans la Chine, qui est si peuplée. Les Chinois sèment du blé et du riz partout, et ils nourrissent leurs bestiaux de la paille qui en provient. Ils disent « qu'il vaut mieux que les bêtes » vivent avec l'homme, que l'homme avec les bê» tes. » Leurs troupeaux n'en sont pas moins gras. Les chevaux allemands, si vigoureux, ne sont nourris que de paille hachée, où l'on mêle un peu d'orge ou d'avoine. Nos paysans adoptent de jour en jour des usages tout-à-fait contraires à cette économie. Ils mettent, comme je l'ai observé en plusieurs provinces, beaucoup de terres, qui jadis produisaient du blé, en médiocres pâturages, pour éviter les frais de culture, et surtout ceux de la dîme, parceque leurs curés ne la perçoivent point sur les prairies. J'ai vu, en Basse-Normandie, beaucoup de terres qui ont été ainsi dénaturées, au grand détriment du bien public. Voici ce qu'on me raconta, à la vue d'un ancien champ de blé qui avait subi une pareille métamorphose. Le curé, fâché de perdre une partie de son revenu sans pouvoir s'en plaindre, dit au maître de ce champ, en forme de conseil: « Maître Pierre, » il me semble que si vous ôtiez les cailloux de » ce terrain-là, que vous le fumiez bien, que » vous le laboureriez bien, et que vous y semiez du » blé, vous pourriez encore y faire de bonnes

» moissons. » Le laboureur, fin et rusé, qui pressentit l'intention de son décimateur, lui répondit : « Vous avez raison, M. le curé ; si vous vou-
» lez faire à ce champ toutes les façons que
». vous dites là, je ne vous en demande que la
» dîme. »

On ne donnera à notre agriculture toute l'activité dont elle est capable, qu'en lui rendant sa dignité naturelle. Il faut donc engager une multitude de bourgeois aisés et oisifs, qui végètent dans nos petites villes, à aller vivre à la campagne. Pour les y déterminer, il faut exempter les cultivateurs des droits humiliants de taille, de corvée, et même de ceux de la milice, auxquels ils sont assujettis. L'état, sans doute, doit être servi dans ses besoins; mais pourquoi a-t-on attaché à ses services des caractères d'humiliation? Ne peut-on pas les faire remplir avec de l'argent? Il en faudrait beaucoup, disent nos politiques. Oui, sans doute; mais nos bourgeois ne paient-ils pas aussi beaucoup d'impositions dans nos villes, pour suppléer à ces mêmes services? D'ailleurs, plus la campagne aurait d'habitants, moins ses contribuables seraient chargés. Un homme bien élevé aime encore mieux qu'il en coûte à sa bourse qu'à son amour-propre.

Par quelle fatale contradiction avons-nous rendu la plus grande partie des terres de la France roturières, tandis que nous avons anobli celles du Nouveau-Monde? Le même cultivateur qui paierait la taille en France, et irait, la pioche à la main, travailler sur les grandes routes, peut faire entrer ses enfants dans la maison du roi, s'il est habitant d'une des îles de l'Amérique. Ce genre d'anoblissement n'a pas été moins funeste à ces terres étrangères, où il a introduit l'esclavage, qu'aux terres de la patrie, aux laboureurs desquelles il a enlevé une multitude de ressources. La nature appelait dans l'Amérique déserte la surabondance des peuples de l'Europe : elle y avait tout disposé avec des intentions maternelles, pour dédommager les Européens de l'éloignement de leur patrie. Il n'est pas besoin là de se brûler au soleil pour moissonner les grains, ou de se morfondre à la gelée pour faire paître les troupeaux, ou de fendre la terre avec de lourdes charrues pour lui faire produire des aliments, ou de fouiller ses entrailles pour en tirer le fer, la pierre, l'argile, et les matières premières de nos meubles et de nos maisons. La nature facile y a placé sur des arbres, à l'ombre, et à la portée de la main, tout ce qui est nécessaire et agréable à la vie humaine. Elle y a mis le laitage et le beurre dans les noix du cocotier,
les crèmes parfumées dans les pommes de latte, du linge de table et des mets dans les grandes feuilles satinées et dans les figues du bananier, des pains tout prêts à cuire dans les patates et les racines du manioc, du duvet plus fin que la laine des brebis dans les gousses du cotonnier, de la vaisselle de toutes les formes dans les courges du calebassier. Elle y avait ménagé des habitations impénétrables à la pluie et aux rayons du soleil sous les rameaux épais du figuier d'Inde, qui, s'élevant vers les cieux, et descendant ensuite vers la terre où ils prennent racine, forment, par leurs nombreuses arcades, des palais de verdure. Elle avait dispersé, pour les délices et le commerce le long des fleuves, au sein des rochers et dans le lit des torrents, le maïs, la canne à sucre, le cacao, le tabac, avec une multitude d'autres végétaux utiles; et par la ressemblance des latitudes de ce Nouveau-Monde avec celles de diverses contrées de l'ancien, elle promettait à ses futurs habitants d'adopter en leur faveur le café, l'indigo, et les productions végétales les plus précieuses de l'Afrique et de l'Asie. Pourquoi l'ambition de l'Europe a-t-elle fait couler le sang et les larmes des hommes dans ces heureux climats? Ah! si la liberté et la vertu en avaient rassemblé les premiers cultivateurs, que de charmes l'industrie française eût ajoutés à la fécondité du sol et à l'heureuse température des tropiques!

Il n'y a là ni frimas ni chaleurs excessives à craindre; et quoique le soleil y passe deux fois l'année au zénith, chaque jour, lorsqu'il s'élève sur l'horizon, il amène avec lui, de dessus la mer, un vent frais qui rafraîchit jusqu'au soir les forêts, les montagnes et les vallons. Que de retraites heureuses eussent trouvées, dans ces îles fortunées, nos pauvres soldats et nos paysans sans possession! que de frais de garnison y eussent été épargnés! que de petites seigneuries y fussent devenues les récompenses ou de braves officiers, ou de bons citoyens! que d'habiles marins s'y seraient formés par la pêche des tortues dont les écueils voisins sont couverts, ou par celle des morues du banc de Terre-Neuve, encore plus abondante! Il n'en eût guère coûté à l'état que les frais d'établissement des premières familles. Avec quelle facilité on eût pu les étendre au loin successivement, en les formant, à la manière même des Caraïbes, de proche en proche, et aux frais de la communauté! Certainement, si on eût suivi cette marche naturelle, notre puissance s'étendrait aujourd'hui jusqu'au centre du continent de l'Amérique, et y serait inexpugnable.

On a persuadé à la cour que de la prospérité de nos colonies naîtrait leur indépendance; et on cite en preuve les colonies anglo-américaines. Mais ce n'est pas pour les avoir rendues trop heureuses que l'Angleterre les a perdues; c'est, au contraire, pour les avoir opprimées. De plus, l'Angleterre a fait une grande faute en y introduisant trop d'étrangers. Il y a d'ailleurs beaucoup de différence du génie de l'Anglais au nôtre. L'Anglais porte partout sa patrie avec lui: s'il fait fortune dans un pays, il en embellit le séjour, il y introduit les manufactures de sa nation, il y vit et il y meurt; ou s'il revient dans sa patrie, il retourne habiter le lieu de sa naissance. Les Français ne sentent pas ainsi: tous ceux que j'ai vus aux Iles s'y regardent toujours comme des étrangers. Pendant vingt ans de séjour dans une habitation, ils ne planteront pas un arbre devant la porte de leur maison pour s'y procurer de l'ombre : à les entendre, ils s'en vont tous l'année prochaine. S'ils font en effet fortune, ils partent, et même souvent sans la faire ; et ils s'en retournent, non pas dans leur province ou dans leur village, mais à Paris. Ce n'est pas ici le lieu de développer la cause de cette haine nationale pour le lieu de la naissance, et de cette prédilection pour la capitale; elle est une suite de plusieurs causes morales, et entre autres de l'éducation. Quoi qu'il en soit, ce tour d'esprit suffirait seul pour empêcher nos colonies d'être jamais indépendantes. Les frais énormes que nous coûte leur conservation, et la facilité avec laquelle on les prend, auraient dû nous faire revenir de ce préjugé. Elles sont toutes dans un tel état de faiblesse, que si leur commerce cessait quelques années avec la métropole, elles manqueraient bientôt des choses de première nécessité; il est même très digne de remarque qu'on n'y manufacture pas une seule denrée du pays. On y cultive de très beau coton, mais on n'en fait point de toile comme en Europe; on ne sait pas même le filer comme les sauvages, ni tirer comme eux parti des fils de pite, de ceux du bananier, ou des feuilles du palmiste. Il y croît des cocotiers qui font la richesse des Indes orientales, et on n'y fait presque aucun usage de leur fruit ni de leur caire. On y recueille de l'indigo, mais on ne l'y emploie à aucune teinture. Il n'y a donc que le sucre auquel on donne les dernières façons, parcequ'il ne peut entrer dans le commerce sans être fabriqué; encore est-on obligé de le raffiner en Europe, pour lui donner sa perfection.

Il y a eu, à la vérité, quelques séditions dans nos colonies; mais elles ont été bien plus fréquentes dans leur état de faiblesse que dans celui de leur opulence. C'est le mauvais choix des sujets qu'on y a fait passer qui les a remplies en tout temps de discorde. Comment peut-on espérer que des citoyens qui ont troublé une société ancienne puissent concourir à en faire prospérer une nouvelle? Les Romains et les Grecs employaient la fleur de leur jeunesse et leurs meilleurs citoyens pour fonder leurs colonies; elles sont devenues des royaumes et des empires. Ce sont les célibataires militaires, marins, de robe et de tout état; ce sont les états-majors, si nombreux et si inutiles, qui remplissent les nôtres des passions de l'Europe, du goût des modes, d'un vain luxe, d'opinions corrompues, et de mauvaises mœurs. On n'eût craint rien de semblable de la part de nos simples cultivateurs. Le travail du corps charme les soucis de l'ame; il en fixe l'inquiétude naturelle; il fait fleurir parmi les peuples la santé, le patriotisme, la religion, et le bonheur. Mais je veux qu'à la longue ces colonies se fussent séparées de la France. La Grèce versa-t-elle des larmes quand ses colonies florissantes portèrent sa gloire et ses lois sur les côtes de l'Asie, et sur les bords du Pont-Euxin et de la Méditerranée? Fut-elle dans les alarmes, quand elles devinrent les tiges d'où sortirent de puissants royaumes et d'illustres républiques? Pour s'en être séparées, devinrent-elles ses ennemies, et n'en fut-elle pas, au contraire, souvent protégée? Quel grand inconvénient y eût-il eu que des rejetons de l'arbre de la France eussent porté des lis en Amérique, et ombragé le Nouveau-Monde de leurs majestueux rameaux?

Avouons la vérité : peu d'hommes dans les conseils des rois s'occupent du bonheur des hommes. Quand on perd de vue ce grand objet, on perd bientôt de vue le bonheur national et la gloire du prince. Nos politiques, en tenant nos colonies dans un état perpétuel de dépendance, d'agitation et de pénurie, ont méconnu le caractère de l'homme, qui ne s'attache au lieu qu'il habite que par le bonheur. En y introduisant l'esclavage des noirs, ils leur ont donné des liens avec l'Afrique, et rompu ceux qui devaient les attacher à leurs pauvres concitoyens ; ils ont de plus méconnu le caractère européen, qui craint sans cesse, sous un climat chaud, de voir son sang se dénaturer comme celui de ses esclaves, et qui soupire toujours après de nouvelles alliances avec ses compatriotes, pour faire circuler dans les veines de ses petits-enfants les couleurs vives et fraîches du sang européen, et les sentiments de la patrie, encore plus intéressants. En leur donnant perpétuellement de nouveaux chefs militaires et civils, des magistrats qui leur sont étrangers, qui les tiennent sous un joug dur, des hommes enfin avides de fortune, ils ont méconnu le caractère français, qui n'avait pas besoin de ces barrières pour le retenir dans l'amour de la patrie, puisqu'il en regrette partout les productions, les honneurs, et jusqu'aux désordres. Ils n'ont donc réussi à en faire ni des colons pour l'Amérique, ni des patriotes pour la France; et ils ont méconnu à la fois les intérêts de leur nation et de leurs rois, qu'ils voulaient servir.

Je me suis étendu un peu sur ces abus, parcequ'ils ne sont pas sans remède à plusieurs égards, et qu'il y a encore des terres dans le Nouveau-Monde où on peut changer la nature de nos établissements: mais ce n'est pas ici le temps ni le lieu d'en développer les moyens. Après avoir proposé quelques remèdes sur le mal physique de la nation, passons à son mal moral, qui en est la source. La principale cause est l'esprit de division qui règne entre les différents ordres de l'état. Il y a deux moyens d'y remédier : le premier est de détruire les motifs de division ; le second est d'augmenter les motifs de réunion.

La plupart de nos écrivains vantent l'esprit de société de notre nation ; et les étrangers, en effet, la regardent comme celle qui est la plus sociable de l'Europe. Les étrangers ont raison, parcequ'en effet nous les accueillons et les recherchons avec empressement ; mais nos écrivains ont tort. Oserai-je le dire? c'est parceque nous n'aimons point nos compatriotes, que nous caressons tant les étrangers. Pour moi, je n'ai vu cet esprit d'union, ni dans les familles, ni dans les corps, ni dans les gens de la même province; je n'en excepte que les habitants d'une seule province, que je ne veux pas nommer : dès qu'ils en sont sortis, ils se recherchent avec le plus grand empressement. Mais, puisqu'il faut le dire, c'est plutôt par antipathie pour les autres habitants du royaume que par amour pour leurs compatriotes; car de tout temps leur province a été célèbre par ses divisions intestines. En général, le véritable esprit patriotique, qui est le premier sentiment de l'humanité, est fort rare en Europe, et principalement chez nous.

Sans pousser plus loin ce raisonnement, cherchons-en des preuves qui soient à la portée de tout le monde. Lorsque vous lisez quelque relation des coutumes et des mœurs des peuples de l'Asie, vous êtes touché du sentiment d'humanité qui rapproche parmi eux les hommes les uns des autres, malgré le flegme silencieux qui règne dans leurs assemblées. Si, par exemple, un Asiatique en voyage prend son repas, ses valets et son chamelier viennent se ranger autour de lui, et se mettent à sa table. Si un étranger vient à passer, il s'y met aussi; et après avoir fait une inclinaison de tête au chef de famille, et loué Dieu, il continue sa route, sans que personne lui demande qui il est, d'où il vient, et où il va. Cette coutume hospitalière est commune aux Arméniens, aux Géorgiens, aux Turcs, aux Persans, aux Siamois, aux noirs de Madagascar, et aux diverses nations de l'Afrique et de l'Amérique. Dans ces pays, l'homme est encore cher à l'homme. Si vous entrez, au contraire, à Paris, dans une salle d'auberge où il y ait une douzaine de tables, et qu'il y vienne successivement une douzaine de personnes, vous voyez chacune d'elles prendre sa place en particulier à une table séparée, sans dire un mot. S'il n'arrivait pas successivement de nouveaux convives, chacun des douze premiers mangerait seul, comme un chartreux. D'abord il règne entre eux un profond silence, jusqu'à ce que quelque étourdi, mis de bonne humeur par son dîner, et pressé du besoin de se communiquer, s'avise d'ouvrir la conversation. Alors toute la société lève les yeux sur l'orateur, et l'examine d'un coup d'œil de la tête aux pieds. S'il a l'air de ce qu'on appelle un homme comme il faut, c'est-à-dire riche, on lui laisse le dé. Il trouve même des flatteurs qui confirment sa nouvelle, et qui applaudissent à son opinion littéraire ou à son propos libertin. Mais s'il n'a rien qui le distingue, eût-il mis en avant une sentence de Socrate, à peine est-il au commencement de sa thèse, qu'on l'interrompt pour le contredire. Ses critiques sont contredits à leur tour par d'autres beaux esprits qui entrent dans la lice ; alors la conversation devient générale et tumultueuse. Les sarcasmes, les mots durs, les sous-entendus perfides, les injures grossières, mettent fin pour l'ordinaire à la séance ; et chacun des convives se retire fort content de soi et fort mécontent des autres. Vous retrouverez les mêmes scènes dans nos cafés et dans nos promenades. On s'y rend pour tâcher de se faire admirer, et pour critiquer les autres. Ce n'est point l'esprit de société qui nous rassemble, c'est l'esprit de division. Chez ce qu'on appelle la bonne compagnie, c'est encore pis. Si on veut y être bien reçu ; il faut payer son dîner aux dépens de la maison où l'on a soupé la veille. Heureux encore si vous vous tirez d'affaire avec quelques anecdotes scandaleuses, et si, pour plaire au mari, vous n'êtes pas obligé de le tromper en faisant l'amour à sa femme !

La première source de ces divisions vient de notre éducation : elle nous enseigne dès l'enfance à nous préférer à autrui, en nous excitant à être les premiers parmi nos compagnons d'étude. Comme cette vaine émulation ne présente à la plupart des citoyens aucune carrière à parcourir dans le monde, chacun d'eux s'y préfère par sa province, par sa naissance, par son état, par sa figure, par son habit, par le saint de sa paroisse. De là viennent nos haines sociales, et tant de sobriquets injurieux, du Normand au Gascon, du Parisien au Champenois, du noble au vilain, de l'homme de robe à l'ecclésiastique, du janséniste au moliniste, etc... On se préfère surtout, en opposant ses bonnes qualités aux défauts d'autrui. Voilà pourquoi la médisance est si facile, si agréable, et qu'elle est en général le mobile de toutes nos conversations.

Un homme de grande qualité me disait un jour qu'il n'y avait point d'homme, quelque misérable qu'il fût, qu'on ne trouvât supérieur à soi-même par quelque avantage où il nous surpasse, soit en jeunesse, en santé, en talents, en figure, en quelque bonne qualité, quelles que fussent d'ailleurs nos perfections. Cela est vrai à la lettre ; mais cette manière d'envisager les membres d'une société est celle de la vertu, et ce n'est pas la nôtre. Comme la maxime contraire est également vraie, notre orgueil s'arrête à celle-là ; et il s'y trouve déterminé par les mœurs du monde et par notre éducation même, qui nous inspire, dès l'enfance, le besoin de cette préférence personnelle.

Nos spectacles concourent encore à augmenter parmi nous l'esprit de division. Nos comédies les plus vantées représentent, pour l'ordinaire, des tuteurs trompés par leurs pupilles, des pères par leurs enfants, des maris par leurs femmes, des maîtres par leurs valets. Les parades du peuple lui offrent à peu près les mêmes tableaux ; et comme s'il n'était pas assez porté au désordre, elles y ajoutent des scènes d'ivresse, d'obscénités, de vols, et de commissaires battus : elles lui apprennent à mépriser à la fois les mœurs et les magistrats. Les spectacles réunissent les corps des citoyens, et aliènent leurs esprits.

La comédie, dit-on, guérit les vices par le ridicule : *castigat ridendo mores*. Cet adage est aussi faux que tant d'autres qui font la base de notre morale. La comédie nous apprend à nous moquer d'autrui, et rien de plus. Personne n'y dit : « Le portrait de cet avare me ressemble ; » mais on y reconnaît fort bien celui de son voisin. Horace a fait il y a long-temps cette remarque. Mais quand on viendrait à s'y reconnaître, je ne vois pas que la réformation du vice s'ensuivît. Est-ce qu'un médecin pourrait guérir un malade en lui présentant un miroir, et en se moquant de lui ? Si on se moque de mon vice, le rire d'autrui, loin de m'en tirer, m'y enfonce ; je m'exerce à le cacher, je deviens hypocrite : sans compter que le ridicule s'adresse bien plus souvent à la vertu qu'au vice. Ce n'est pas de la femme infidèle ou du fils libertin qu'on se moque, c'est de l'époux facile ou du père indulgent. Pour justifier notre goût, nous citons celui des Grecs ; mais nous oublions que leurs vains spectacles portèrent l'attention publique sur des objets frivoles, qu'on y tourna souvent en ridicule la vertu des plus illustres citoyens, et qu'ils augmentèrent parmi eux les haines et les jalousies qui accélérèrent leur ruine.

Ce n'est pas que je blâme le rire, et que je croie, avec Hobbes, qu'il vienne de l'orgueil. Les enfants rient, et certainement ce n'est pas d'orgueil. Ils rient à la vue d'une fleur, au son d'un grelot. On rit de joie, de contentement, de bien-être. Mais le ridicule est bien différent du ris naturel. Il n'est pas, comme celui-ci, l'effet de quelque harmonie agréable dans nos sensations ou dans nos sentiments ; mais il naît d'un contraste heurté entre deux objets, dont l'un est grand et l'autre est petit, dont l'un est fort et l'autre est faible. Ce qu'il y a de singulier, c'est qu'il est produit par les mêmes oppositions qui produisent la terreur ; avec cette différence que, dans le ridicule, l'ame passe d'un objet redoutable à un objet frivole, et, dans la terreur, d'un objet frivole à un objet redoutable. L'aspic de Cléopâtre dans un panier de fruit, les doigts qui écrivent au milieu d'un festin le jugement de Balthazar, le son de la cloche qui annonce la mort de Clarisse, le pied d'un sauvage imprimé sur le sable dans une île déserte, effraient plus l'imagination que tout l'appareil des combats, des supplices, des brigands, et de la mort. Ainsi, pour imprimer une profonde terreur, il faut d'abord présenter un objet frivole et de peu d'apparence ; et, pour exciter un grand ridicule, il faut débuter par une idée imposante. On peut y joindre encore quelque autre contraste, comme celui de la surprise, et quelqu'un de ces sentiments qui nous jettent dans l'infini, comme celui du mystère : alors l'ame, ayant perdu son équilibre, se précipite dans l'effroi ou dans le rire, suivant la pente qu'on lui a dressée. Nous voyons fréquemment ces effets contraires produits par les mêmes moyens. Par exemple, si une nourrice veut faire rire son enfant, elle se masque la tête de son tablier; aussitôt l'enfant devient sérieux : puis elle se découvre tout d'un coup, et il se met à rire. Veut-elle lui faire peur (ce qui n'arrive que trop souvent), elle lui sourit d'abord, et l'enfant pareillement à elle; puis, tout-à-coup, elle prend un air sérieux ou se masque le visage, et l'enfant se met à pleurer. Je n'en dirai pas davantage sur ces oppositions violentes ; j'en tirerai seulement cette conséquence, que ce sont les peuples les plus malheureux qui ont le plus de penchant pour le ridicule. Effrayés par des fantômes politiques et moraux, ils cherchent d'abord à en perdre le respect; et ils n'ont pas de peine à en venir à bout, puisque la nature, pour venir au secours de l'homme opprimé, a mis, dans la plupart des choses d'institution humaine, les sources du ridicule à côté de celles de la terreur. Ils n'ont rien à faire qu'à renverser les objets de leur comparaison. C'est ainsi qu'Aristophane renversa la religion de son pays par sa comédie des *Nuées*. Voyez les écoliers : ils tremblent d'abord devant leur régent : la première chose qu'ils font pour se familiariser avec son idée est de le tourner en ridicule, et c'est à quoi ils réussissent ordinairement fort bien. L'amour du ridicule n'est donc point un signe de bonheur dans un peuple, mais il est une preuve de son malheur. Voilà pourquoi les anciens Romains étaient si graves lorsqu'ils étaient heureux; et que leurs descendants, qui sont aujourd'hui misérables, sont renommés par leurs pasquinades, et fournissent l'Europe d'arlequins et de comédiens.

Je ne disconviens pas que les spectacles, tels que les tragédies, ne pussent contribuer à rapprocher les citoyens. Les Grecs les ont souvent employés à cet usage. Mais, en adoptant leurs drames, nous nous écartons de leur intention. Ce n'étaient pas les malheurs des autres nations qu'ils représentaient sur leurs théâtres, c'étaient ceux qu'ils avaient éprouvés, et des événements tirés de leurs propres histoires. Nos tragédies nous remplissent d'une pitié étrangère. Nous pleurons sur les malheurs de la famille d'Agamemnon, et nous voyons d'un œil sec celles qui sont misérables à notre porte. Nous n'apercevons pas même leurs maux, attendu qu'elles ne sont pas sur le théâtre. Cependant nos héros, bien présentés sur la scène, suffiraient pour porter jusqu'à l'enthousiasme le patriotisme du peuple. Quel concours et quels applaudissements a attirés l'héroïsme d'Eustache de Saint-Pierre, dans le *Siége de Calais!* La mort de Jeanne d'Arc produirait encore de plus grands effets, si un homme de génie osait effacer le ridicule dont on a couvert parmi nous cette fille respectable et infortunée, à qui la Grèce eût élevé des autels.

J'en dirai ici ma pensée en deux mots, pour en faire naître le desir à quelque homme vertueux. Je voudrais donc que, sans s'écarter de l'histoire, on la représentât honorée de la faveur de son roi, des applaudissements de l'armée, et au comble de la gloire, délibérant de retourner dans son hameau pour y vivre en simple bergère, inconnue et ignorée. Sollicitée ensuite par Dunois, elle se détermine à s'exposer à de nouveaux dangers pour l'amour de sa patrie. Enfin, prisonnière dans un combat, elle tombe entre les mains des Anglais. Interrogée par des juges inhumains, parmi lesquels sont des évêques de sa propre nation, la simplicité et l'innocence de ses réponses la rendent victorieuse des questions insidieuses de ses ennemis. Elle est condamnée par eux à une prison perpétuelle. Je voudrais qu'on vît le souterrain où elle doit passer le reste de ses malheureux jours, avec ses longs soupiraux, ses grilles de fer, ses voûtes épaisses, le misérable grabat destiné à son repos, la cruche d'eau et le pain noir qui doivent lui servir de nourriture; qu'on entendît ses réflexions touchantes sur le néant des grandeurs, ses regrets naïfs sur le bonheur de la vie champêtre; ensuite des retours d'espérance sur le secours de son prince, et le désespoir à la vue de l'abîme affreux qui s'est fermé sur elle. On verrait ensuite le piége que ses ennemis perfides lui dressent pendant son sommeil, en mettant auprès d'elle les armes dont elle les avait combattus. Elle aperçoit à son réveil ces monuments de sa gloire. Entraînée par un amour de femme et en même temps de héros, elle couvre sa tête du casque dont le panache avait montré à l'armée française découragée le chemin de la victoire; elle prend cette épée si formidable aux Anglais dans ses faibles mains ; et, dans le temps que le sentiment de sa gloire fait couler de ses yeux des larmes de joie, ses lâches ennemis se présentent à elle tout-à-coup, et d'une voix unanime la condamnent à la plus horrible des morts. C'est alors qu'on verrait (ce qui est digne de l'attention même du ciel) la vertu aux prises avec le malheur extrême ; on entendrait ses plaintes douloureuses sur l'indifférence de son prince, qu'elle a si noblement servi ; on la verrait se troubler à l'idée du supplice affreux qui lui est préparé, et encore plus par la crainte de la calomnie qui doit flétrir à jamais sa mémoire; on l'entendrait, dans ses terribles combats, douter s'il existe une Providence protectrice des innocents. Cependant il faut marcher à la mort : c'est dans ce moment que je

BERNARDIN.

voudrais voir tout son courage se ranimer. Je voudrais qu'on la montrât sur le bûcher où elle finit ses jours, méprisant les vaines espérances que le monde prodigue à ceux qui le servent, se représentant à elle-même l'opprobre éternel dont sa mort couvrira ses ennemis, la gloire immortelle qui illustrera à jamais le lieu de sa naissance, et celui même de son supplice. Je voudrais que ses dernières paroles, animées par la religion, fussent plus sublimes que celles de Didon, lorsqu'elle s'écrie sur le bûcher :

<small>Exoriare aliquis nostris ex ossibus ultor.</small>

Je voudrais enfin que ce sujet, traité par un homme de génie, à la manière de Shakspeare, qui ne l'eût certainement pas manqué si Jeanne d'Arc eût été Anglaise, produisît une pièce patriotique ; que cette illustre bergère devînt parmi nous la patronne de la guerre, comme sainte Geneviève l'est de la paix ; que son drame fût réservé pour les circonstances périlleuses où l'état peut se rencontrer ; qu'on en donnât alors la représentation au peuple, comme on montre à celui de Constantinople, en pareil cas, l'étendard de Mahomet ; et je ne doute pas qu'à la vue de son innocence, de ses services, de ses malheurs, de la cruauté de ses ennemis et de l'horreur de son supplice, notre peuple hors de lui ne s'écriât : « La guerre, la guerre contre les Anglais [64] ! »

Ces moyens, quoique plus puissants que les milices et les engagements par force et par ruse, qui servent à nous donner des soldats, sont encore insuffisants pour faire de vrais citoyens. Ils nous accoutument à n'aimer la patrie et la vertu que quand leurs héros sont applaudis sur le théâtre. C'est de là qu'il arrive que la plupart même des gens bien élevés ne sauraient apprécier une action s'ils ne la voient rapportée dans quelque journal, ou mise en drame. Ils ne la jugent point d'après leur propre cœur, mais d'après l'opinion d'autrui, non réelle et dans son lieu, mais en image et dans un cadre. Ils aiment les héros quand ils sont applaudis, poudrés et parfumés ; mais s'ils en rencontrent versant leur sang dans quelque lieu obscur, et périssant dans l'ignominie, ils ne les reconnaissent plus. Tout le monde voudrait être l'Alexandre de l'Opéra, et personne celui de la ville des Malliens.

Le patriotisme ne doit pas être mis trop souvent en représentation. Il faut qu'il y ait des héros qui se fassent tuer, et dont personne ne parle. Pour remettre donc le peuple, à cet égard, sur le chemin de la nature et de la vertu, il faut qu'il se serve de spectacle à lui-même. Il faut lui montrer des réalités, et non des fictions ; qu'il voie des soldats, et non des comédiens ; et si on ne peut pas lui offrir le terrible spectacle d'une bataille, qu'il en voie au moins les manœuvres et les apprêts dans des fêtes militaires.

Il faut lier davantage les soldats avec la nation, et rendre leur condition plus heureuse. Ils ne sont que trop souvent des sujets de querelle dans les provinces qu'ils parcourent. L'esprit de corps les anime à tel point, que lorsque deux régiments se rencontrent dans la même ville, il en résulte presque toujours une infinité de duels. Ces haines féroces sont entièrement inconnues des régiments prussiens et russes, que je regarde, à plusieurs égards, comme les meilleures troupes de l'Europe. Le roi de Prusse a inspiré à ses soldats, au lieu de l'esprit de corps qui les divise, l'esprit de patrie qui les réunit. Il en est venu à bout, en donnant la plupart des emplois civils de son royaume comme récompense du service militaire. Tels sont les liens politiques dont il les attache à la patrie. Les Russes n'en emploient qu'un, mais il est encore plus fort : c'est celui de la religion. Un soldat russe croit que servir son prince, c'est servir Dieu. Il marche au combat comme un néophyte au martyre, et il est persuadé que, s'il vient à être tué, il va tout droit en paradis.

J'ai ouï dire à M. de Villebois, grand-maître d'artillerie de Russie, que les soldats de son corps qui servaient une batterie à l'affaire de Zornedorff y ayant été tués pour la plupart, ceux qui y restaient, voyant arriver les Prussiens la baïonnette au bout du fusil, ne pouvant plus se défendre et ne voulant pas s'enfuir, embrassèrent les canons et s'y firent tous massacrer, afin d'être fidèles au serment qu'on exige d'eux en les recevant dans l'artillerie, qui est qu'ils n'abandonneront jamais leurs canons. Une résistance si opiniâtre ôta aux Prussiens la victoire qu'ils avaient gagnée, et fit dire au roi de Prusse qu'il était plus aisé de tuer les Russes que de les vaincre. Cette constance héroïque vient de la religion. Il serait bien difficile de rétablir ce ressort parmi les troupes françaises, formées en partie de la jeunesse débordée de nos villes. Les soldats prussiens et russes sont tirés de la classe des paysans, et ils s'honorent de leur état. Chez nous, au contraire, un paysan craint que son fils ne tombe à la milice. L'administration contribue, de son côté, à lui en donner de la frayeur. S'il y a un mauvais sujet dans un village, le subdélégué lui fait tomber le billet noir, comme si un régiment était une galère. J'avais fait, à cette occasion, un mémoire pour remédier à ces inconvénients, et pour empêcher la désertion parmi nos soldats; mais il m'est resté inutile, comme tant d'autres. Les principaux moyens de réforme que j'y présentais étaient d'améliorer l'état de nos soldats, comme en Prusse, par l'espoir des emplois civils, qui sont chez nous en nombre infini; et pour empêcher les désordres où les jette leur vie célibataire, je proposais de leur permettre de se marier, comme les soldats prussiens et russes, qui le sont la plupart[65]. Ce moyen, si propre à réformer les mœurs, contribuerait encore à rapprocher nos provinces les unes des autres, par les mariages qu'y contracteraient nos régiments, qui les parcourent continuellement. Ils resserreraient du nord au midi les liens de la nation; et nos paysans cesseraient de les craindre, s'ils les voyaient passer au milieu d'eux en pères de famille. Si nos soldats commettent quelquefois des désordres, c'est à nos institutions militaires qu'il faut s'en prendre. J'en ai vu de mieux disciplinés; mais je n'en connais point de plus généreux. J'ai été témoin d'un acte d'humanité de leur part, dont je doute que beaucoup de soldats étrangers fussent susceptibles. C'était en 1760, à notre armée qui pour lors était en Allemagne, dans le pays ennemi, campée auprès d'une petite ville appelée Stadberg. J'étais logé dans un misérable village occupé par le quartier général. Il y avait, dans la pauvre maison de paysan où je logeais avec deux de mes camarades, cinq ou six femmes et autant d'enfants qui s'y étaient réfugiés, et qui n'avaient rien à manger, car notre armée avait fourragé leurs blés et coupé leurs arbres fruitiers. Nous leur donnions bien quelques vivres; mais c'était peu de chose pour leur nombre et pour leurs besoins. Il y avait parmi elles une jeune femme grosse, qui avait trois ou quatre enfants. Je la voyais sortir tous les matins, et revenir au bout de quelques heures avec son tablier tout plein de tranches de pain bis. Elle les passait dans des ficelles, et les faisait sécher à la cheminée comme des champignons. Je lui fis demander un jour, par un de nos gens qui parlait allemand et français, où elle trouvait ces provisions, et pourquoi elle leur donnait cet apprêt. Elle me répondit qu'elle allait dans le camp demander l'aumône parmi nos soldats; que chacun d'eux lui donnait des tranches de son pain de munition, et qu'elle les faisait sécher pour les conserver; car elle ne savait où elle pourrait recouvrer d'autres vivres après notre départ, tout le pays ayant été désolé.

L'état de soldat est un perpétuel exercice de la vertu, par la nécessité où il met l'homme d'éprouver un grand nombre de privations, et d'exposer fréquemment sa vie. Il a donc la religion pour principal appui. Les Russes en conservent l'esprit dans leurs troupes nationales, en n'y admettant aucun soldat étranger. Le roi de Prusse, au contraire, est parvenu au même but en recevant dans les siennes des soldats de toutes les religions; mais il oblige chacun d'eux de suivre exactement celle qu'il a adoptée. J'ai vu à Berlin et à Potsdam, tous les dimanches, les officiers rassembler les soldats à la parade, sur les onze heures du matin, et les conduire en ordre par détachements particuliers, catholiques, calvinistes, luthériens, chacun à leur église, pour y assister au service divin.

Je voudrais qu'on ôtât parmi nous les autres causes de division qui obligent un citoyen à souhaiter, pour vivre, le malheur ou la mort d'autrui. Nos politiques ont multiplié ces moyens de haine à l'infini, et ils ont rendu même l'état complice de ces sentiments cruels, par l'établissement des loteries, des tontines, et des rentes viagères. « Il est » mort tant de personnes cette année; l'état a » gagné tant, » disent-ils. S'il venait une peste qui emportât la moitié des citoyens, l'état serait bien riche! L'homme n'est rien pour eux, l'or est tout. Leur art consiste à réformer les vices de la société par des injures faites à la nature : ce qu'il y a d'étrange, c'est qu'ils prétendent agir à son exemple. « Elle a voulu, disent-ils, que chaque espèce » d'êtres ne subsistât que par la ruine des autres » espèces. Le malheur particulier fait le bonheur » général. » C'est avec ces barbares et fausses maximes qu'on égare les princes. Ces lois n'existent dans la nature qu'entre les espèces contraires et ennemies : elles n'existent point dans les mêmes espèces d'animaux qui vivent en société. Certainement la mort d'une abeille n'a jamais tourné au profit de sa ruche. Bien moins encore le malheur et la mort d'un homme peut profiter à sa nation et au genre humain, dont le parfait bonheur consisterait dans une parfaite harmonie entre ses membres. Nous avons prouvé ailleurs qu'il ne peut arriver le plus petit mal à un simple particulier, que tout le corps politique ne s'en ressente. Nos riches ne doutent pas que les biens des petits ne parviennent à eux, puisqu'ils jouissent des productions de leurs arts; mais ils participent également à leurs maux, malgré qu'ils en aient. Non-seulement ils sont les victimes de leurs maladies épidémiques et de leurs brigandages, mais de leurs opinions morales, qui se dépravent dans le sein des malheureux. Elles s'élèvent, comme les maux qui sortirent de la boîte de Pandore; et, traversant malgré les gardes armés les forteresses et les châteaux, elles viennent se loger dans le cœur des tyrans. Quelque précaution qu'ils prennent pour s'en garantir, elles gagnent leurs voisins, leurs serviteurs, leurs enfants, leurs épouses, et les forcent de s'abstenir de tout au milieu de leurs jouissances.

Mais lorsque, dans une société, des corps tournent constamment à leur profit les malheurs d'autrui, ils perpétuent ces mêmes malheurs, et les multiplient à l'infini. C'est une chose aisée à remarquer, que partout où il y a beaucoup d'avocats et de médecins, les procès et les maladies sont en plus grand nombre que partout ailleurs. Quoiqu'il y ait parmi eux des hommes dont les lumières sont saines, ils ne s'opposent point à des désordres qui tournent au profit de leur corps.

Ces inconvénients ne sont pas sans remèdes; j'ai à citer, à cet égard, des exemples sans réplique. Lorsque j'entrai au service de Russie, on me retint le premier mois de mes appointements pour les frais de toute espèce de maladie que je pourrais avoir, moi, mes serviteurs et ma famille, si j'étais venu à me marier. On comprenait dans ces frais ceux du médecin, du chirurgien et de l'apothicaire. On me retint encore, pour le même objet, une petite somme montant à un ou à un et demi pour cent de mes appointements : je l'aurais payée chaque année, et, chaque fois que je serais monté en grade, j'aurais donné en sus le premier mois des appointements de ce grade. Voilà la taxe des officiers, au moyen de laquelle ils sont traités, eux et leur famille, de quelque espèce de maladie qu'ils puissent avoir. Les médecins et les chirurgiens de chaque corps sont très bien appointés sur ces revenus. Je me rappelle que le médecin du corps où je servais avait mille roubles ou cinq mille livres d'appointements, et fort peu d'occupation ; car nos maladies ne lui rapportant rien, elles étaient de peu de durée. Quant aux soldats, ils sont traités, je pense, sans qu'on fasse aucune retenue sur leur paye. L'apothicairerie appartient à l'empereur; elle est à Moscou, dans un superbe bâtiment. Les remèdes sont dans des vases de porcelaine, et toujours choisis d'une bonne qualité. On les distribue de là dans le reste de l'empire, à un prix modique, au profit de la couronne. Il n'y a jamais de quiproquo à craindre à leur occasion. Les employés qui les préparent et les distribuent sont des hommes habiles, qui n'ont aucun intérêt à les falsifier, et qui, montant en grades et en appointements, sont pleins d'émulation pour bien remplir leurs devoirs [66].

On pourrait imiter chez nous Pierre le Grand, et étendre, non-seulement à tout le royaume l'ordre qu'il a établi dans ses troupes à l'égard des médecins et des apothicaires, ce qui rapporterait un revenu considérable à l'état, mais l'établir encore parmi les gens de loi. Il serait à souhaiter que les procureurs, les avocats et les juges fussent payés par l'état et répartis dans tout le royaume, non pas pour plaider les procès, mais pour les appointer. On pourrait étendre ces consonnances à toutes les conditions qui vivent du malheur public : alors tous les citoyens, trouvant leur repos et leur fortune dans le bonheur de l'état, contribueraient de toutes leurs forces à le maintenir.

Ces causes et beaucoup d'autres divisent parmi nous toutes les classes de la nation. Il n'y a point de province, de ville et de village, qui ne distingue la province, la ville et le village qui l'avoisine, par quelque injurieux sobriquet. Il en est de même d'une condition à l'autre. *Divide et impera*, disent nos politiques modernes. Cette maxime a perdu l'Italie, d'où elle est venue. La maxime contraire est bien plus véritable. Plus les citoyens ont d'ensemble, plus la nation qu'ils composent est puissante et heureuse. A Rome, à Sparte, à Athènes, un citoyen était à la fois avocat, sénateur, pontife, édile, agriculteur, homme de guerre, et même homme de mer : voyez à quel degré de puissance ces républiques sont parvenues ! Leurs citoyens étaient cependant bien inférieurs à nous du côté des lumières; mais on leur apprenait deux grandes sciences que nous ignorons : à aimer les dieux et la patrie. Avec ces sentiments sublimes, ils étaient propres à tout. Quand on ne les a pas, on n'est propre à rien. Malgré nos connaissances encyclopédiques, un grand homme parmi nous ne serait, même en talents, que le quart d'un Grec ou d'un Romain. Il se distinguerait beaucoup pour son corps, mais peu pour la patrie. C'est notre mauvaise constitution politique qui produit dans l'état tant de centres différents. Il a été un temps où nous parlions d'être républicains. Certes, si nous n'avions pas un roi, nous vivrions dans une perpétuelle discorde. Combien de rois même ne nous faisons-nous pas, sous un seul et légitime monarque ! Chaque corps a le sien, qui n'est pas celui de la nation. Que de projets se font et se défont au nom du roi ! Le roi des eaux et forêts s'oppose au roi des ponts et chaussées. Le roi des colonies fait des projets, celui des finances ne veut point donner d'argent. Parmi tous ces conflits de la même autorité, rien ne s'exécute. Le véritable roi, le roi du peuple, n'est point servi. Le même esprit de division règne dans la religion des Européens. Que de maux se sont faits par eux au nom de Dieu ! Tous reconnaissent bien au fond le même Dieu, qui a créé le ciel, la terre et les hommes ; mais chaque royaume a le sien, qu'il faut honorer suivant certain rite. C'est ce dieu-là que chaque nation particulière remercie à chaque bataille. C'est au nom de celui-là qu'on a détruit les pauvres Américains. Le dieu de l'Europe est un dieu bien terrible et bien honoré, mais où sont les autels du Dieu de la paix, du Père des hommes, de celui qu'annonce l'Évangile ? Que nos politiques modernes s'applaudissent des fruits de ces divisions et de nos éducations ambitieuses. La vie humaine, si courte et si misérable, se passe dans ces troubles perpétuels ; et pendant que les historiens de chaque nation, bien payés, élèvent au ciel les victoires de leurs rois et de leurs pontifes, les peuples s'adressent, en pleurant, au Dieu du genre humain, et lui demandent où est la voie qu'ils doivent suivre pour se diriger vers lui, et pour vivre heureux et vertueux sur la terre.

Je le répète, la cause de nos maux vient de notre éducation pleine de vanité, et du malheur du peuple, qui donne une grande influence à toutes les opinions nouvelles, parcequ'il attend toujours de la nouveauté quelque soulagement à l'ancienneté de ses maux. Mais lorsqu'il s'aperçoit que ces opinions deviennent tyranniques à leur tour, il les abandonne aussitôt, et voilà l'origine de son inconstance. Lorsqu'il trouvera facilement et abondamment à vivre, il ne sera point sujet à ces vicissitudes, comme nous l'avons vu par l'exemple des Hollandais, qui vendent et impriment les disputes théologiques, politiques et littéraires de toute l'Europe, sans qu'elles influent en rien sur leurs opinions civiles et religieuses ; et lorsque l'éducation publique sera réformée, il jouira de l'heureuse et constante tranquillité des peuples de l'Asie.

En attendant que nous hasardions quelque idée à ce sujet, nous allons proposer encore quelques moyens de réunion. Je serai suffisamment payé de mes recherches, s'il s'en trouve une seule qui soit adoptée.

DE PARIS.

Nous avons déjà observé que peu de Français aiment le lieu de leur naissance. La plupart de ceux qui font fortune dans les pays étrangers viennent demeurer à Paris. Au fond, ce n'est pas un mal pour l'état : moins ils sont attachés à leur pays, plus il est aisé de les fixer à Paris. Il faut, dans un grand peuple, un seul point de réunion.

Tous les peuples fameux par leur patriotisme en ont fixé le centre à leur capitale, et souvent à quelque monument de cette même capitale : les Juifs, à Jérusalem et à son temple ; les Romains, à Rome et au Capitole ; les Lacédémoniens, à Sparte et à ses citoyens.

J'aime Paris ; après la campagne, et une campagne à ma guise, je préfère Paris à tout ce que j'ai vu dans le monde. J'aime cette ville, non-seulement par sa heureuse situation, parceque toutes les commodités de la vie y sont rassemblées, parcequ'elle est le centre de toutes les puissances du royaume, et par les autres raisons qui la faisaient chérir de Michel Montaigne, mais parcequ'elle est l'asile et le refuge des malheureux. C'est là que les ambitions, les préjugés, les haines et les tyrannies des provinces viennent se perdre et s'anéantir. Là, il est permis de vivre obscur et libre ; là, il est permis d'être pauvre sans être méprisé ; l'homme affligé y est distrait par la gaieté publique, et le faible s'y sent fortifié des forces de la multitude. Il a été un temps où, sur la foi de nos écrivains politiques, je trouvais cette ville trop grande ; mais il s'en faut beaucoup que je la trouve assez étendue et assez majestueuse pour être la capitale d'un aussi florissant royaume. Je voudrais que, nos ports de mer exceptés, il n'y eût pas d'autre ville en France ; que nos provinces ne fussent couvertes que de hameaux et de villages à petite culture ; et que, comme il n'y a qu'un centre dans le royaume, il n'y eût aussi qu'une capitale. Plût à Dieu qu'elle le fût de l'Europe entière et de toute la terre ; et que, comme des hommes de toutes les nations y apportent leur industrie, leurs passions, leurs besoins et leurs malheurs, elle leur rendît en fortune, en jouissances, en vertus et en consolations sublimes, la récompense de l'asile qu'ils y viennent chercher !

Certes, notre esprit, éclairé aujourd'hui de tant de lumières, n'a point autant de grandeur que celui de nos ancêtres. Au milieu de leurs mœurs simples et gothiques, ils pensaient, je crois, à en faire la capitale de l'Europe. Voyez les traces de ce projet aux noms que portent la plupart de leurs établissements : collège des Écossais, des Irlandais, des Quatre-Nations ; et aux noms étrangers des compagnies de la gendarmerie. Voyez ce grand monument de Notre-Dame, bâti il y a plus de six cents ans, dans un temps où Paris n'avait pas la quatrième partie des habitants qui y sont aujourd'hui ; il est plus vaste et plus majestueux que tous ceux de ce genre qu'on y a élevés depuis. Je voudrais que cet esprit de Philippe-Auguste, prince trop peu connu dans notre siècle frivole, présidât encore à ses établissements, et en étendît l'usage à toutes les nations. Ce n'est pas que les hommes de tous les pays n'y soient bien venus pour leur argent ; nos ennemis mêmes peuvent y vivre tranquillement au milieu de la guerre, pourvu qu'ils soient riches ; mais, avant tout, je la voudrais rendre bonne et heureuse pour ses propres enfants. Je ne sache pas qu'il serve en rien à un Français d'être né dans ses murs, si ce n'est, quand il est pauvre, de pouvoir mourir dans quelqu'un de ses hôpitaux. Rome donnait bien d'autres priviléges à ses citoyens : le plus malheureux d'entre eux y jouissait de plus de droits et d'honneurs que les rois mêmes alliés de la république.

Ce sont les plaisirs qui attirent la plupart des étrangers à Paris ; et ces vains plaisirs, si nous en examinons la source, viennent de la misère du peuple, et du bon marché auquel s'y donnent les filles du monde, les spectacles, les ouvrages de mode et les autres productions du luxe. Ces moyens ont été bien vantés par nos politiques modernes. Je ne disconviens pas qu'ils n'attirent beaucoup d'argent dans un pays ; mais, à la longue, les peuples voisins les imitent ; l'argent des étrangers s'en va, et leurs mauvaises mœurs restent. Voyez ce qu'est devenue Venise avec ses glaces, ses pommades, ses courtisanes, ses mascarades, et son carnaval. Les arts frivoles, dont nous nous glorifions, ont été enlevés à l'Italie, et ils font aujourd'hui sa faiblesse et son malheur.

Le plus beau spectacle qu'un gouvernement puisse offrir est celui d'un peuple laborieux, industrieux et content. On nous apprend à lire dans des livres, dans des tableaux, dans l'algèbre, dans le blason, et point dans les hommes. Des amateurs admirent une tête de Savoyard, peinte par Greuze ; mais le Savoyard lui-même est au coin de la rue, parlant, marchant, à moitié gelé de froid ; et personne ne le regarde. Cette mère de famille, avec ses petits enfants, forme un groupe charmant ; le tableau en est impayable : l'original est dans le grenier voisin, et n'a pas un sou pour vivre. Philosophes ! vous êtes ravis avec raison en contemplant les nombreuses familles d'oiseaux, de poissons et de quadrupèdes dont les instincts sont si variés, et auxquelles un même soleil donne la vie. Examinez les familles d'hommes qui composent les habitants de la capitale, et vous diriez que chacune d'elles a emprunté ses mœurs et son industrie de quelque espèce d'animal, tant leurs occupations sont différentes. Considérez dans ces plaines, à l'entrée de la ville, cet officier général,

monté sur un superbe coursier ; il commande un exercice ; voyez les têtes, les épaules et les pieds de ses soldats posés sur la même ligne ; ils n'ont tous ensemble qu'un regard et qu'un mouvement. Il fait un signe, et à l'instant mille baïonnettes se hérissent ; il en fait un autre, et mille feux sortent de ce rempart de fer. Vous croiriez, à leur précision, qu'un seul feu est sorti d'une seule arme. Il galope autour de ces régiments couverts de fumée, au bruit des tambours et des fifres, et vous diriez de l'aigle de Jupiter, qui porte la foudre, et qui plane autour de l'Etna. A cent pas de là est un insecte parmi les hommes. Regardez ce petit ramoneur, de couleur de fumée, avec sa lanterne, sa vielle et ses genouillères de cuir ; il ressemble à un scarabée. Comme celui qui s'appelle à Surinam le porte-lanterne, il luit dans la nuit, et fait entendre le son d'une vielle. Cet enfant, ces soldats et ce général, sont les mêmes hommes ; et pendant que la naissance, l'orgueil et les besoins établissent entre eux des différences infinies, la religion les met de niveau ; elle abaisse la tête des grands en leur montrant la vanité de leur puissance, et elle relève celle des infortunés en leur présentant des espérances immortelles : elle ramène ainsi tous les hommes à l'égalité où la nature les avait fait naître, et que la société avait rompue.

Nos sybarites croient avoir épuisé toutes les manières de jouir. Nos tristes vieillards se regardent comme inutiles au monde ; ils ne voient plus devant eux d'autre perspective que la mort. Ah ! le paradis et la vie sont encore sur la terre pour qui peut y faire du bien.

Si j'avais été tant soit peu riche, j'aurais voulu me donner mille jouissances nouvelles : Paris serait devenu pour moi une autre Memphis. Son peuple immense nous est inconnu. J'aurais eu une petite chambre dans un de ses faubourgs, sur les carrières ; une autre à l'extrémité opposée, sur les bords de la Seine, dans une maison ombragée de saules et de peupliers ; une autre dans une de ses rues les plus fréquentées ; une quatrième chez un jardinier, dans une maison entourée d'abricotiers, de figuiers, de choux et de laitues ; une cinquième dans les avenues de la ville, chez un vigneron, etc.

Il est sans doute facile de trouver partout des logements de cette espèce à bon compte ; mais il n'est pas si aisé d'y trouver des hôtes et des voisins qui soient des honnêtes gens. Il y a beaucoup de corruption dans le petit peuple ; mais il y a plusieurs moyens d'y reconnaître les gens de bien :

c'est par eux que je commence les recherches de mes plaisirs. Nouveau Diogène, je m'en vais à la quête des hommes. Comme je ne cherche que des malheureux, je n'ai pas besoin de lanterne. Je me lève au petit point du jour, et je vais à une première messe, dans une église encore à demi obscure; j'y trouve de pauvres ouvriers qui viennent prier Dieu de bénir leur journée. La piété sans respect humain est une preuve assurée de probité: l'amour du travail en est une autre. J'aperçois, par un temps de pluie et de froidure, une famille entière couchée sur la terre, et sarclant les herbes d'un jardin[67]: voilà encore des gens de bien. La nuit même ne peut celer la vertu. Vers le minuit, la lueur d'une lampe m'annonce, par les lucarnes d'un grenier, quelque pauvre veuve qui prolonge ses veilles, afin d'élever par son travail ses petits enfants qui dorment auprès d'elle: ce seront là mes voisins et mes hôtes. Je m'annonce auprès d'eux comme un passant, comme un étranger qui cherche un pied-à-terre dans le quartier. Je les prie de me céder une portion de leur logement, ou de m'en trouver un dans leur voisinage. J'offre un bon prix, et m'y voilà installé.

Je me garde bien, pour m'attacher ces honnêtes gens, de leur donner de l'argent et de leur faire l'aumône; j'ai des moyens plus honnêtes de gagner leur amitié. Je les charge de me faire des provisions superflues, dont ils profitent; je donne des récompenses à leurs enfants, pour de petits services qu'ils m'ont rendus; je mène, un jour de fête, toute la famille à la campagne, dîner sur l'herbe; le père et la mère retournent le soir à la ville, bien restaurés, et chargés de vivres pour le reste de la semaine. A l'entrée de l'hiver, je couvre leurs enfants d'étoffes de laine; et leurs petits membres réchauffés me bénissent, parceque mes bienfaits superbes n'ont point glacé leur cœur. C'est le parrain de leur petit frère qui leur a fait présent de leurs habits. Moins on étreint les liens de la reconnaissance, plus ils se resserrent.

Je n'ai pas seulement le plaisir de faire du bien, et de le faire à propos; j'ai encore celui de m'amuser et de m'instruire. Nous admirons dans nos livres les travaux des artisans; mais nos livres nous enlèvent la moitié de notre plaisir, et de la reconnaissance que nous leur devons. Ils nous séparent du peuple, et ils nous trompent en nous montrant les arts avec un grand appareil et de fausses lumières, comme des sujets de théâtre et de lanterne magique. D'ailleurs, il y a plus de savoir dans la tête d'un artisan que dans son art, et plus d'intelligence dans ses mains que dans le langage de l'écrivain qui le traduit. Les objets portent avec eux leur expression: *Rem verba sequuntur*. L'homme du peuple a de plus une manière d'observer et de sentir qui n'est pas indifférente. Tandis que le philosophe s'élève tant qu'il peut dans les nues, il se tient, lui, au fond de la vallée, et il voit bien d'autres perspectives dans le monde. Le malheur le forme à la longue tout comme un autre. Son langage s'épure avec les années; et j'ai remarqué souvent qu'il y avait fort peu de différence en justesse, en clarté et en simplicité, des expressions d'un vieux paysan à celles d'un vieux courtisan. Le temps efface de leur langage et de leurs mœurs la rusticité et la finesse que la société y avait introduites. La vieillesse, comme l'enfance, met tous les hommes de niveau, et les rend à la nature.

Dans un de mes campements, j'ai un hôte qui a fait le tour du monde. Il a été matelot, soldat, flibustier. Il est circonspect comme Ulysse, mais il est plus sincère. Quand je le fais asseoir à table avec moi, et qu'il a goûté de mon vin, il me raconte ses aventures. Il sait une multitude d'anecdotes. Combien de fois n'a-t-il pas manqué sa fortune! C'est un autre Fernand Mendès Pinto. Enfin, il a une bonne femme, et il vit content.

Dans un autre logement, j'ai un hôte dont la vie a été toute différente: il n'est presque jamais sorti de Paris, et bien rarement de sa boutique. Quoiqu'il n'ait pas couru le monde, il n'en a pas été moins misérable. Il était fort à son aise; il avait amassé de son travail cinquante doubles louis, lorsqu'une nuit sa femme et sa fille s'en allèrent avec son trésor. Il en a pensé mourir de chagrin. Il n'y pense plus, dit-il; et il pleure encore en m'en parlant. Je le calme par de bonnes paroles, je lui donne de l'occupation; il cherche à dissiper son chagrin par le travail. Son industrie m'amuse: je passe quelquefois des heures entières à le voir forer et tourner des pièces de chêne dures comme l'ivoire.

Je m'arrête quelquefois au milieu de la ville, devant la boutique d'un maréchal; me voilà comme le Lacédémonien Lichès à Tégée, regardant forger et battre le fer. Dès que cet homme me verra attentif à son ouvrage, j'aurai bientôt sa confiance. Je ne cherche pas, comme Lichès, le tombeau d'Oreste*, mais j'ai besoin de l'art d'un maréchal: si ce n'est pour moi, c'est pour d'autres. Je commande à celui-ci quelques pièces solides de ménage, dont je veux faire un monu-

* *Voyez* Hérodote, liv. I.

ment pour conserver ma mémoire dans quelque pauvre famille. Je veux encore m'acquérir l'amitié d'un ouvrier; je suis bien sûr que l'attention que je donne à son travail l'engagera à y mettre tout son savoir-faire. Je ferai ainsi d'une pierre deux coups. Un riche, en pareil cas, ferait l'aumône, et n'obligerait personne. « Un jour, me
» disait à ce sujet J.-J. Rousseau, je me trouvai
» à une fête de village, dans un château aux environs de Paris. Après dîner, la compagnie fut
» se promener à la foire, et s'amusa à jeter aux
» paysans des pièces de monnaie, pour le plaisir
» de les voir se battre en les ramassant. Pour moi,
» suivant mon humeur solitaire, je m'en fus promener tout seul de mon côté. J'aperçus une petite
» fille qui vendait des pommes sur un éventaire
» qu'elle portait devant elle. Elle avait beau vanter sa marchandise, elle ne trouvait plus de
» chalands. Combien toutes vos pommes? lui dis-je. — Toutes mes pommes! reprit-elle; et la
» voilà en même temps à calculer en elle-même.
» — Six sous, monsieur, me dit-elle. — Je les
» prends, lui dis-je, pour ce prix, à condition que
» vous les irez distribuer à ces petits Savoyards
» que vous voyez là-bas; ce qu'elle fit aussitôt.
» Ces enfants furent au comble de la joie de se
» voir régalés, ainsi que la petite fille de s'être
» défaite de sa marchandise. Je leur aurais fait
» beaucoup moins de plaisir si je leur avais donné
» de l'argent. Tout le monde fut content, et personne ne fut humilié. » C'est un grand art de bien faire le bien. La religion nous en apprend le secret, en nous ordonnant de faire à autrui ce que nous voudrions qu'on nous fît.

Je m'en vais quelquefois sur le grand chemin, faire, comme les anciens patriarches, les honneurs de la ville aux étrangers qui y arrivent. Je me rappelle le temps où j'ai été moi-même voyageur hors de mon pays, et la bonne réception que j'ai éprouvée chez des étrangers. J'ai entendu plusieurs fois des seigneurs de Pologne et d'Allemagne se plaindre de nos grands; ils disent qu'ils les reçoivent dans leur pays en leur donnant beaucoup de fêtes, et que quand ils viennent en France à leur tour, ils en sont tout-à-fait négligés. Ils en reçoivent un dîner à leur arrivée, et un autre à leur départ : voilà à quoi se termine leur hospitalité. Pour moi, qui ne peux pas leur rendre le bon accueil qu'ils m'ont fait, je m'acquitte envers leur peuple. J'aperçois un Allemand qui chemine à pied; je l'engage à venir se reposer chez moi. Un bon souper et de bon vin le disposent à me raconter le sujet de son voyage. Il est officier; il a servi en Prusse et en Russie; il a vu le partage de la Pologne. Je l'interromps pour lui demander des nouvelles du maréchal Munich, des généraux de Villebois et Du Bosquet, du comte de Munchio, de mon ami M. de Taubenheim, du prince Czartorinski, ancien maréchal de la confédération de Pologne, dont j'ai été le prisonnier. La plupart sont morts, me dit-il; les autres sont vieilli, et se sont retirés des affaires. Oh! qu'il est triste, m'écriai-je, de voyager hors de son pays, et d'y connaître des hommes estimables qu'on ne doit revoir jamais! Oh! que la vie est une carrière rapide! Heureux qui peut l'employer à faire du bien! Mon hôte me raconte une partie de ses aventures; j'y prête la plus grande attention, par leur ressemblance avec les miennes. Il n'a cherché qu'à bien mériter des hommes, et il en a été calomnié et persécuté. Il est malheureux; il vient se mettre en France sous la protection de la reine; il espère beaucoup de ses bontés. Je fortifie ses espérances par l'idée que l'opinion publique m'a donnée du caractère de cette princesse, et par celui que la nature a imprimé dans ses traits. Je rouvre, me dit-il, son cœur à la consolation. Plein d'émotion, il me serre la main. Ma réception lui est d'un favorable augure; il n'en eût pas trouvé une semblable dans son propre pays. Oh! que de douleurs profondes peuvent être calmées par une simple parole, et par une faible marque de bienveillance!

Je me souviens qu'un jour je trouvai, vers la grille de Chaillot, à l'entrée des champs Élysées, une jeune femme assise avec un enfant sur ses genoux, sur le bord d'un fossé. Elle était jolie, si on peut donner ce nom à une femme accablée de mélancolie. Je passai dans l'allée écartée où elle était, et dès qu'elle m'eut aperçu elle détourna les yeux de moi; sa timidité et sa modestie fixèrent les miens sur elle. Je remarquai qu'elle était vêtue fort décemment, et en linge très blanc; mais sa robe et son fichu étaient si remplis de rentraitures qu'on eût dit que des araignées en avaient filé les toiles. Je m'approchai d'elle avec le respect qu'on doit aux malheureux; je la saluai d'abord, et elle me rendit mon salut avec honnêteté, mais avec froideur. Je tâchai ensuite de lier conversation, en lui parlant de la pluie et du beau temps : elle ne me répondit que par des monosyllabes. Enfin, m'étant avisé de lui demander si elle venait de se promener à la campagne, elle se mit à sangloter et à pleurer, sans me dire un mot. Je m'assis auprès d'elle, et j'insistai, avec toute la circonspection possible, pour savoir le sujet de ses peines. Elle me dit : « Monsieur, mon mari vient d'essuyer à Paris une banqueroute de cinq mille livres; je viens de le reconduire jusqu'à Neuilly; il est allé à pied à soixante lieues d'ici, chercher quelque peu d'argent qu'on nous doit. Je lui ai donné mes bagues, et tout celui que j'avais, pour faire son voyage; il ne me reste plus que vingt-quatre sous pour me nourrir moi et mon enfant. — De quelle paroisse êtes-vous, lui dis-je, madame? — De Saint-Eustache, reprit-elle. — Le curé, lui repartis-je, passe pour être fort charitable. — Oui, monsieur, me dit-elle; mais apprenez qu'il n'y a pas de charité dans les paroisses pour nous autres misérables Juifs. » A ces mots elle redoubla ses larmes, et se leva pour continuer sa route. Je lui offris un bien faible secours, que je la suppliai de recevoir au moins comme une marque de ma bonne volonté. Elle l'accepta, et elle me fit plus de révérences, de remercîments, et me combla de plus de bénédictions, que si j'avais rétabli sa fortune. Que de jouissances délicieuses aurait un homme qui dépenserait ainsi dix mille livres de rente!

Mes différents établissements, dispersés dans la capitale et dans ses environs, répandent beaucoup de variété et d'agrément sur ma vie. L'hiver, je me loge dans celui qui est exposé au plein soleil du midi; l'été, j'occupe celui qui est nord, sur le bord de l'eau; je suis une autre fois campé dans les environs de la rue d'Artois, parmi les pierres de taille, voyant s'élever autour de moi des palais, des frontons avec des sphinx, des dômes, des kiosques. Je me garde bien de m'informer quels en sont les maîtres. L'ignorance est la mère du plaisir et de l'admiration. Je suis en Égypte, à Babylone, à la Chine. Aujourd'hui je soupe sous un acacia, et je suis en Amérique : demain je dînerai au milieu des jardins potagers, sous une treille, et à l'ombre des lilas; je serai en France.

Mais, dira-t-on, n'y a-t-il rien à craindre dans ce genre de vie? Puissé-je trouver le terme de mes jours dans l'exercice de la vertu! J'ai bien ouï dire que des gens ont péri dans des parties de chasse et de plaisir et dans des voyages, mais jamais dans des actes de bienfaisance. L'or est pour le peuple un puissant porte-respect. Je lui paraîtrai assez riche pour lui inspirer des égards, mais pas assez pour lui donner la tentation de me voler. D'ailleurs, la police de Paris est dans le meilleur ordre. J'apporte la plus grande attention au choix de mes hôtes : et si je m'aperçois que je me suis trompé sur leur compte, le terme de mon logement est payé d'avance, je n'y reviens plus.

Je n'ai pas besoin, dans ce plan de vie, ni d'attirail de ménage, ni de domestiques. Avec quelle tendre inquiétude je suis attendu dans chacun de mes logements! Quelle joie y inspire mon arrivée! Que d'attention et de zèle dans mes hôtes pour prévenir mes besoins! J'y jouis des plus doux biens de la société, sans en éprouver les inconvénients. Nul ne se met à ma table pour dire du mal d'autrui, et nul n'en sort pour en dire de moi. Je n'ai point d'enfants; mais ceux de mon hôtesse sont plus empressés de me plaire qu'à leurs parents. Je n'ai point de femme : le plus grand charme de l'amour est de faire le bonheur d'autrui. J'aide à faire des mariages heureux, ou à maintenir dans le bonheur ceux qui sont faits. Je charme ainsi mes propres ennuis, je donne le change à mes passions, en leur proposant sur la terre le plus noble but où elles puissent atteindre. Je me suis approché des malheureux pour les consoler, et ce seront peut-être eux qui me consoleront moi-même.

C'est ainsi que vous pourriez vivre, ô grands! et multiplier vos jours rapides sur cette terre où vous n'êtes que des voyageurs. C'est ainsi que vous apprendriez à connaître les hommes; que vous ne formeriez plus, avec votre nation, un peuple étranger, un peuple conquérant, qui vit de ses dépouilles. C'est ainsi que, lorsque vous sortiriez de vos palais, entourés d'une foule de clients qui vous combleraient de bénédictions, vous nous rappelleriez le souvenir des premiers patriciens, si chers aux Romains. Vous cherchez tous les jours quelque spectacle nouveau : il n'y en a point de plus nouveau que le bonheur des hommes. Vous en voulez d'intéressants : il n'y en a point de plus intéressant que celui de voir des familles de pauvres paysans répandre la fécondité dans vos vastes et solitaires domaines, ou de vieux soldats qui ont bien mérité de la patrie y trouver d'heureux asiles. Vos compatriotes valent encore mieux que des héros de tragédie, et que des bergers d'opéra-comique.

L'indigence du peuple est la cause première des maladies physiques et morales des riches. C'est à l'administration à y pourvoir. Quant aux maux de l'âme qui en résultent, je desirerais bien y trouver quelques palliatifs. Pour cet effet, je souhaiterais qu'il se formât à Paris quelque établissement semblable à ceux que de charitables médecins et de sages jurisconsultes y ont formés pour remédier aux maux du corps et de la fortune : je veux dire des conseils de consolation où un infortuné, sûr du secret et même de l'*incognito*, pût porter le sujet de ses peines. Nous avons, à la vérité, des confesseurs et des prédicateurs à qui la sublime fonction de consoler les malheureux semble réservée; mais les confesseurs ne sont pas toujours à la disposition de leurs pénitents, surtout quand ceux-ci sont pauvres, et qu'ils ne leur sont pas connus. Il y a même beaucoup de confesseurs qui n'ont ni les talents ni l'expérience nécessaires pour consoler les malheureux. Il ne s'agit pas d'absoudre un homme qui s'accuse de ses péchés, mais de lui aider à supporter ceux d'autrui, qui lui pèsent bien davantage. Quant aux prédicateurs, leurs sermons sont ordinairement trop vagues, et trop mal appliqués aux différents besoins de leur auditoire. Il vaudrait bien mieux qu'ils en annonçassent les sujets au public, que les titres de leurs dignités. Ils déclameront contre l'avarice, à un prodigue; ou contre la prodigalité, à un avare. Ils parleront des dangers de l'ambition, à un jeune homme amoureux et oisif; et de ceux de l'amour, à une vieille dévote. Ils insisteront sur le précepte de faire l'aumône, à ceux qui la reçoivent; et sur l'humilité, à un porteur d'eau. Il y en a qui prêchent la pénitence à des infortunés, qui promettent le paradis à des cours voluptueuses, et qui menacent de l'enfer de pauvres villages. J'ai vu à la campagne une misérable paysanne devenue folle par l'un de ces sermons. Elle se croyait damnée, et restait toujours couchée sans parler et sans remuer. On ne prêche point contre l'ennui, la tristesse, les scrupules, la mélancolie, le chagrin, et tant d'autres maladies qui affectent l'ame. D'ailleurs, que de circonstances changent pour chaque auditeur la nature de la peine qu'il éprouve, et rendent inutile pour lui tout l'échafaudage d'un beau discours! Il n'est pas aisé de trouver dans une ame navrée et timide le point précis de sa douleur, et de mettre sur sa blessure le baume et la main du Samaritain. C'est un art qui n'est connu que des ames sensibles, qui ont elles-mêmes beaucoup souffert, et qui n'est pas toujours le partage de celles qui ne sont que vertueuses. Le peuple sent ce besoin de consolation; et ne trouvant point d'hommes à qui il puisse en demander, il s'adresse à des pierres. J'ai lu quelquefois avec attendrissement, dans nos églises, des billets affichés par des malheureux au coin de quelques piliers, dans une chapelle obscure. C'étaient des femmes maltraitées de leurs maris, des jeunes gens dans l'embarras; ils ne demandaient point d'argent, ils desiraient des prières. Ils étaient près de tomber dans le désespoir; leurs peines étaient inénarrables. Ah! si des hommes qui ont la science de la douleur se réunissaient de tous les états, et présentaient aux malheureux leur expérience et leur sensibilité, plus d'un illustre infortuné viendrait chercher auprès d'eux des consolations que les prédicateurs, les livres et toute la philosophie du monde ne sauraient donner. Souvent, pour soulager les peines de l'homme du peuple, il lui suffirait de trouver à qui s'en plaindre.

Une société formée d'hommes tels que je me les imagine s'occuperait du soin de déraciner les vices et les préjugés du peuple. Elle tâcherait, par exemple, d'apporter quelque remède à la barbarie avec laquelle il surcharge ses misérables chevaux et les maltraite, en faisant retentir la ville de juremens horribles. Elle engagerait aussi les riches à avoir pitié des hommes à leur tour. Vous voyez, dans les grandes chaleurs, des tailleurs de pierres exposés au plein soleil, et à la réverbération brûlante de leurs pierres blanches. Ces pauvres gens y attrapent souvent des fièvres ardentes, et des maux d'yeux qui les rendent aveugles. D'autres fois, ils essuient de longues pluies d'hiver ou de rudes froids qui leur causent des fluxions de poitrine. En coûterait-il beaucoup à un entrepreneur qui a de l'humanité d'établir sur ses ateliers quelque toit volant de natte ou de paille, porté sur des piquets, pour mettre ses ouvriers à l'abri? On leur sauverait à la fois, par ces précautions, plusieurs maladies du corps et de l'esprit; car la plupart d'entre eux, comme je l'ai vu, se piquent à cet égard d'un faux point d'honneur, et n'osent chercher des abris contre les ardeurs du soleil ou contre le mauvais temps, de peur que leurs compagnons ne se moquent d'eux.

On peut encore faire goûter la morale au peuple, sans y ajouter beaucoup d'apprêt. Le déguisement même lui rend la vérité suspecte. J'ai vu plusieurs fois de simples ouvriers verser des larmes à la lecture de nos meilleurs romans, ou à la représentation de quelques tragédies. Ils demandaient ensuite si le sujet qui les avait fait pleurer était bien vrai; et quand on leur répondait qu'il était imaginé, ils n'en faisaient plus de compte : ils étaient fâchés de s'être attendris en vain. Il faut des fables aux riches pour leur faire goûter la morale; et la morale ne peut faire goûter la fable au pauvre, parcequ e le pauvre attend encore son bonheur de la vérité, et que le riche ne l'espère plus que de l'illusion.

Les riches cependant n'ont pas moins besoin que le peuple d'affections morales. Elles sont, comme nous l'avons vu, les mobiles de toutes les passions humaines. Ils ont beau rapporter le plan de leur bonheur à des objets physiques, ils sont bientôt dégoûtés de leurs châteaux, de leurs tableaux et de leurs parcs, quand, au lieu de sentiments, ils n'en éprouvent plus que des sensations. Cela est si vrai, que si, au milieu de leur ennui, un étranger vient admirer leur luxe, toutes leurs jouissances sont renouvelées. Ils semblent avoir consacré leur vie à une volupté obscure ; mais présentez-leur un rayon de gloire, au sein même de la mort, ils vont y voler. Offrez-leur des régiments, ils courent à l'immortalité. C'est donc le sentiment moral qu'il faut épurer et diriger dans les hommes. Ce n'est donc pas en vain que la religion nous ordonne la vertu, qui est le sentiment moral par excellence, puisqu'il est la route de notre bonheur dans ce monde et dans l'autre.

Cette société porterait encore ses attentions jusque dans les asiles mêmes de la vertu. J'ai remarqué qu'il se fait, vers l'âge de quarante-cinq ans, une grande révolution dans la plupart des hommes ; et, pour dire la vérité, que c'est alors qu'ils s'empirent, et deviennent sans principes. C'est alors que les femmes se font hommes, suivant l'expression d'un écrivain célèbre, c'est-à-dire qu'elles se dépravent tout-à-fait. Cette révolution fatale est une suite des vices de notre éducation et de notre société. L'une et l'autre ne nous présentent le bonheur de l'homme que vers le milieu de la vie, dans la fortune et les honneurs. Quand nous avons gravi cette pénible montagne, et que nous sommes parvenus au sommet, vers le milieu de notre âge, nous la redescendons les yeux tournés vers la jeunesse, parceque nous n'avons plus devant nous d'autre perspective que la mort. Ainsi la carrière de notre vie se trouve partagée en deux parties, l'une en espérances, l'autre en ressouvenirs ; et nous n'avons saisi, dans notre route, que des illusions. Les premières au moins nous soutiennent en nous donnant des desirs ; mais les autres nous accablent en ne nous laissant que des regrets. Voilà pourquoi nos vieillards sont bien moins susceptibles de vertu que nos jeunes gens, quoiqu'ils en parlent beaucoup plus ; et qu'ils sont bien plus tristes parmi nous que chez les peuples sauvages. S'ils avaient été dirigés par la religion et par la nature, ils devraient se réjouir des approches de leur fin, comme des vaisseaux qui sont près d'aborder au port. Combien plus malheureux sont ceux qui, ayant donné leur jeunesse à la vertu, séduits par cette voix trompeuse du monde, regardent en arrière, et regrettent les plaisirs de la jeunesse, qu'ils n'ont pas connus ! Le vain éclat qui environne les méchants les éblouit ; ils sentent leur foi s'ébranler, et ils sont prêts à s'écrier, comme Brutus : « Ô vertu ! tu n'es qu'un vain » nom. » Où trouvera-t-on les livres et les prédicateurs qui les raffermissent dans ces orages qui ont troublé même les saints ? Ils blessent l'âme de plaies secrètes et d'ulcères rongeurs que l'on n'ose découvrir. Il n'y a que des hommes vertueux, et éprouvés par toutes les combinaisons du malheur, qui puissent venir à leur secours, et qui, au défaut des vains arguments de la raison, les rappellent au sentiment de la vertu, au moins par celui de leur amitié.

Il me semble qu'il y a à la Chine un établissement semblable à celui que je propose. Du moins quelques voyageurs, et entre autres Fernand Mendès Pinto, parlent d'une maison de la Miséricorde, qui plaide les causes des pauvres et des opprimés, et qui va, dans une infinité de circonstances, au-devant des besoins des malheureux, bien plus loin que nos dames de Charité. L'empire a accordé les plus nobles priviléges à ses membres, et les tribunaux de justice ont la plus grande déférence pour leurs requêtes. Une pareille société, occupée à bien agir, mériterait au moins parmi nous autant de prérogatives que celles qui n'ont d'autre souci que celui de bien parler ; et, en mettant en évidence les vertus de nos citoyens obscurs, elle mériterait de la patrie autant, pour le moins, que celles qui ne l'entretiennent que des sentences des sages, et souvent des forfaits brillants de l'antiquité.

Il faudrait bien se garder de donner à cette association la forme d'une académie ou d'une confrérie. Graces à notre éducation et à nos mœurs, tout ce qui forme parmi nous corps, congrégation, secte, parti, est communément ambitieux et intolérant. Si les hommes qui la composent s'approchent d'une lumière qu'ils n'ont pas allumée, c'est pour l'éteindre ; de la vertu d'autrui, c'est pour la flétrir. Ce n'est pas que la plupart des membres de ces corps n'aient en particulier d'excellentes qualités ; mais leur ensemble ne vaut rien, par cela seul qu'il leur présente des centres différents du centre commun de la patrie. Qu'est-ce qui a rendu le mot si doux d'humanité théâtral et vain ? Quel sens attache-t-on aujourd'hui à celui de charité, dont le nom grec χάρις (charis) signifie attrait, grace, amour ? Y a-t-il rien de plus humiliant que nos charités de paroisse, et que l'humanité de nos philosophes ?

Je laisse ce projet à développer à quelque homme de bien qui aime Dieu et les hommes, et qui fasse les bonnes actions comme l'Évangile l'ordonne, sans que la main gauche sache ce qu'a fait la main droite. Le bien est-il donc si difficile à faire? Prenons le contre-pied de ce que font les ambitieux et les méchants. Ils ont des espions qui leur rapportent toutes les anecdotes scandaleuses; ayons-en pour épier les bonnes œuvres secrètes. Ils vont au-devant des hommes qui s'élèvent, pour les ranger sous leurs drapeaux ou pour les abattre; allons à la recherche des hommes vertueux qui sont dans l'oubli, pour en faire nos modèles. Ils ont des trompettes pour prôner leurs propres actions, et pour décrier celles des autres; cachons les nôtres, et soyons les hérauts de celles d'autrui. Les vices se raffinent; perfectionnons nos vertus.

Je sens que mes écarts me mènent loin. Mais quand je n'aurais fait naître qu'une bonne idée à quelqu'un de plus éclairé que moi; quand je ne contribuerais qu'à empêcher, un jour à venir, un homme au désespoir de s'aller noyer, ou dans une vengeance d'assommer son ennemi, ou dans la léthargie de l'ennui d'aller perdre son argent et sa santé chez des filles du monde, je n'aurai pas barbouillé du papier inutilement.

Paris offre aux malheureux beaucoup d'asiles connus sous le nom d'hôpitaux. Que Dieu récompense la charité de ceux qui les ont fondés, et les vertus encore plus grandes de ceux et de celles qui les desservent! Mais d'abord, sans adopter les exagérations du peuple, qui croit que ces maisons ont des revenus immenses, il est certain qu'une personne bien connue, et bien instruite des finances publiques, ayant entrepris d'établir un hospice pour des malades, trouva que la dépense de chacun n'y revenait qu'à dix-sept sous par jour; qu'ils étaient beaucoup mieux entretenus à ce prix et à meilleur marché que dans les hôpitaux. Pour moi, je pense que ces mêmes dix-sept sous, distribués chaque jour dans la maison d'un pauvre malade, produiraient encore une plus grande économie, en faisant vivre sa femme et ses enfants. Un malade du peuple n'a guère besoin que de bon bouillon; sa famille profiterait de la viande qui servirait à le faire. Mais les hôpitaux sont sujets à bien d'autres inconvénients. Il s'y forme des maladies d'un caractère particulier, souvent plus dangereuses que celles que les malades y apportent. Elles sont assez connues, particulièrement celles qu'on appelle fièvres d'hôpital. Il en résulte encore de plus grands maux pour le moral. Une personne qui a de l'expérience m'a assuré que la plupart des criminels qui finissent leurs jours au gibet ou aux galères sortaient des hôpitaux. Ceci revient à ce que j'ai déjà dit, que tous les corps sont dépravés, mais surtout un corps de gueux. Je voudrais donc que, loin de rassembler les malheureux, on les défrayât chez leurs propres parents, ou qu'on les confiât à de pauvres familles qui en prendraient soin. Il faut des prisons publiques; mais je desirerais que les hommes qui y sont enfermés fussent moins misérables. Sans doute la justice, en les privant de la liberté, se propose non-seulement de punir leur caractère moral, mais de le réformer. L'excès de la misère et la mauvaise société ne peuvent que l'altérer de plus en plus. L'expérience prouve encore que c'est là où les méchants achèvent de se dépraver. Tel y est entré faible et coupable, qui en sort scélérat. Comme ce sujet a été traité à fond par une plume célèbre, je n'en dirai pas davantage. J'observerai seulement qu'on ne peut réformer les hommes qu'en les rendant plus heureux. Combien d'hommes, qui vivaient dans le crime en Europe, sont devenus gens de bien dans les îles de l'Amérique, où on les a fait passer! Ils y sont devenus honnêtes gens, parcequ'ils y ont trouvé plus de liberté et plus de bonheur que dans leur patrie. Il y a une autre classe d'hommes encore plus dignes de pitié, parcequ'ils sont innocents: ce sont les fous. On les enferme, et ils ne manquent guère de devenir encore plus fous qu'ils n'étaient. Je remarquerai, à cette occasion, que je ne crois pas qu'il y ait, dans toute l'Asie, un seul lieu où on les enferme, excepté cependant à la Chine. Les Turcs les respectent singulièrement, soit parceque Mahomet était sujet lui-même à des absences d'esprit, soit à cause de l'opinion religieuse où ils sont que, lorsqu'un fou met le pied dans une maison, la bénédiction de Dieu y entre avec lui. Ils s'empressent de lui présenter à manger, et ils lui font toutes sortes de caresses. On n'entend jamais dire qu'ils aient offensé personne. Nos fous, au contraire, sont dangereux, parcequ'ils sont misérables. Dès qu'il en paraît un dans les rues, les enfants, déjà rendus malheureux par l'éducation, et ravis de trouver un être humain sur lequel ils puissent impunément exercer leur haine, le poursuivent à coups de pierres, et se plaisent à le mettre en fureur. J'observerai encore que chez les sauvages il n'y a point de fous; et je ne voudrais pas d'autre preuve que leur constitution politique les rend plus heureux que les peuples policés, puisque le dérangement de l'esprit ne vient que de l'excès des chagrins.

Parmi nous, le nombre des fous enfermés est très grand. Il n'y a point de ville de province un peu considérable qui n'ait une maison destinée à cet objet. Leur traitement y est certainement digne de pitié, et mériterait l'attention du gouvernement, puisque enfin, si ce ne sont plus des citoyens, ce sont encore des hommes, et des hommes innocents. Lorsque je faisais mes études à Caen, je me rappelle en avoir vu, dans la Tour-aux-Fous, qui étaient renfermés dans des cachots où ils n'avaient pas vu la lumière depuis quinze ans. J'accompagnai un soir, dans une de ces horribles cavernes, le bon curé de Saint-Martin, chez lequel j'étais en pension, et qui fut appelé pour administrer les derniers sacrements à un de ces malheureux qui était près d'expirer. Il fut obligé, ainsi que moi, de se boucher le nez pendant tout le temps qu'il fut auprès de lui; mais la vapeur qui s'exhalait de son fumier était si infecte, que mon habit en conserva l'odeur plus de deux mois, et même mon linge, après avoir été plusieurs fois au blanchissage. Je pourrais citer des traits qui feraient horreur sur la manière dont ces malheureux sont traités. Mais je n'en rapporterai qu'un, qui est encore tout frais à ma mémoire.

Il y a quelques années que, passant à l'Aigle, petite ville de Normandie, je fus me promener hors de la ville vers le coucher du soleil. J'aperçus sur une petite colline un couvent situé dans une position charmante. Un religieux, qui se tenait sur la porte, m'invita à entrer pour voir la maison. Il me promena dans de vastes enclos, où le premier objet que j'aperçus fut un homme d'environ quarante ans, la tête couverte de la moitié d'un chapeau, qui s'en vint droit à moi, en me disant: « Donne-moi de ton couteau de chasse dans le cœur, » donne-moi de ton couteau de chasse dans le » cœur. » Le moine qui m'accompagnait me dit: « Monsieur, ne soyez pas étonné; c'est un pauvre » capitaine qui a perdu l'esprit à cause d'un passe-» droit qu'on lui a fait dans son régiment. »

« Cette maison, lui dis-je, sert donc à renfer-» mer des fous? — Oui, me dit-il: j'en suis le » supérieur. » Il me promena d'enclos en enclos, et me conduisit dans une petite enceinte où il y avait plusieurs cellules de maçonnerie, et où nous entendions parler avec beaucoup d'action. Nous y trouvâmes un chanoine en chemise et les épaules découvertes, qui conversait avec un homme d'une belle figure, assis près d'une petite table devant une de ces cellules. Le moine s'approche du malheureux chanoine, et lui donne de toutes ses forces un coup sur l'épaule nue, en lui disant de sortir. Sur-le-champ son camarade prend la parole, et dit au moine, en propres termes: « Homme de » sang, vous faites un acte bien cruel. Ne voyez-» vous pas que ce pauvre misérable a perdu la » raison? » Le moine, assez interdit, se mord les lèvres, et le menace des yeux. Mais l'autre, sans s'étonner, lui dit: « Je suis votre victime, vous » pouvez faire de moi ce que vous voulez. » Alors, s'adressant à moi, il me montre ses deux poignets entamés jusqu'au vif par des menottes de fer qui les attachaient. « Vous voyez, monsieur, me dit-il, » comme je suis traité! » Je me tourne vers ce religieux, et lui témoigne mon indignation d'un traitement aussi cruel. Il me répond: « Oh! je le » ferai déraisonner quand je voudrai. » Cependant j'adresse quelques paroles de consolation à cet infortuné, qui, me regardant avec confiance, se mit à me dire: « Je crois, monsieur, vous avoir vu à la » Saint-Hubert chez M. le maréchal de Broglie. » — Vous vous trompez, monsieur, lui répondis-» je; je n'ai jamais été chez M. le maréchal de » Broglie. » Là-dessus le voilà cherchant à se rappeler les différents lieux où il croyait m'avoir vu, avec des circonstances si bien détaillées et si vraisemblables, que le moine, piqué de ses reproches et de son bon sens, jugea à propos d'interrompre sa conversation en lui parlant de mariage, d'achats de chevaux, etc. Dès qu'il eut touché la corde de sa folie, il lui fit perdre la tête. Ce religieux, en sortant, me dit que ce pauvre fou était un homme très bien né. J'appris, à quelque temps de là, qu'il avait trouvé le moyen de s'enfuir de sa prison, et que la raison lui était revenue.

On se sert beaucoup de remèdes physiques pour guérir la folie; et elle naît souvent d'une cause morale, puisqu'elle vient du chagrin. Ne pourrait-on pas employer, pour rendre la raison à ces malheureux, des moyens opposés à ceux qui la leur ont fait perdre, je veux dire la joie, les plaisirs, et surtout ceux de la musique? Nous voyons, par l'exemple de Saül et par beaucoup d'autres, combien la musique a de pouvoir pour rétablir l'ame dans son harmonie. Il faudrait y joindre les traitements les plus doux, et mettre ces infortunés, lorsqu'ils sont dans des crises de fureur, non pas dans les chaînes, mais dans des lieux matelassés, où ils ne pourraient faire aucun mal ni à eux ni aux autres. Je crois qu'en prenant ces précautions humaines, on en rétablirait beaucoup, surtout lorsque ceux qui en seraient chargés n'auraient aucun intérêt à perpétuer leur folie, comme il n'arrive que trop souvent aux familles qui jouissent de leurs biens, et aux maisons qui reçoivent leurs pensions. Il faudrait aussi, ce me semble, confier le soin des hommes dont l'esprit est égaré à des femmes, et celui des femmes aux hommes, à cause de la pitié mutuelle des deux sexes l'un pour l'autre.

Je ne voudrais pas qu'il y eût, dans le royaume, un art, ni un métier, dont les retraites et les récompenses ne fussent à Paris. Parmi les diverses classes de citoyens qui les exercent, et dont la plupart sont peu connues dans la capitale, il y en a une très nombreuse qui ne l'est point du tout, quoiqu'elle soit fort misérable, et que ce soit celle à laquelle les riches ont le plus d'obligations : ce sont les matelots. Ce sont ces gens rudes et grossiers qui vont leur chercher des voluptés jusqu'aux extrémités de l'Asie, et qui exposent sans cesse leur vie sur nos côtes pour fournir à la délicatesse de leurs tables. Leurs conversations sont au moins aussi naïves que celles de nos paysans, et incomparablement plus intéressantes par leur manière de voir, et par la singularité des pays où ils ont voyagé. Au récit de leurs misères de toute espèce, et des tempêtes où ils s'exposent pour vous apporter des objets de jouissances de toutes les parties de la terre, heureux du siècle, vous en aimeriez mieux votre repos ! Votre bonheur augmenterait par ces contrastes.

Je ne sais si ce fut pour se procurer un plaisir semblable, ou pour donner au parc de Versailles un air de marine très piquant, que Louis XIV établit, sur le grand canal qui est en face du château, des gondoliers vénitiens. Leurs descendants y subsistent encore. Cet établissement, mieux dirigé, eût donné des retraites plus convenables à nos propres matelots. Mais ce grand roi, souvent mal conseillé, porta presque toujours le sentiment de sa gloire au dehors de son peuple. Quel contraste ces hommes à demi couverts de goudron, avec des visages battus des vents, et semblables à des veaux marins, les uns venant du Groënland, les autres des côtes de Guinée, eussent présenté au milieu des statues de marbre et des berceaux de verdure du parc de Versailles ! Louis XIV eût puisé plus d'une fois, parmi ces hommes francs, des vérités et des connaissances que ni les livres, ni même les officiers généraux de sa marine ne lui ont jamais données ; et, d'un autre côté, la nouveauté de leur costume, et celle de leurs réflexions sur sa propre grandeur, lui eussent préparé des spectacles plus amusants que ceux qu'imaginaient à grands frais les beaux esprits de sa cour. D'ailleurs, quelle émulation de semblables postes n'eussent pas excitée parmi nos matelots ! J'attribue une partie de la perfection de la marine des Anglais à la simple influence de leur capitale, et à ce qu'elle est sans cesse sous les yeux de leur cour. Si Paris était comme Londres un port de mer, que d'inventions ingénieuses, perdues dans nos modes et dans nos opéra, se dirigeraient au profit de la navigation ! Si on y voyait seulement des matelots comme on y voit des soldats, le goût de la marine s'y répandrait davantage. Le sort de nos matelots, devenus plus intéressants à la nation et à ses chefs, s'améliorerait ; et en même temps s'affaiblirait le despotisme brutal de ceux qui ne les gouvernent souvent qu'à force de jurer après eux, et de les frapper. C'est une bonne et facile politique d'affaiblir les vices en rapprochant les hommes les uns des autres, et en les rendant plus heureux. Nos gentilshommes de province n'ont cessé de battre leurs paysans que lorsqu'ils ont vu que ces hommes si utiles devenaient des objets intéressants dans nos livres et sur nos théâtres.

Ce n'est pas que je désire pour nos matelots un établissement semblable à celui de l'Hôtel des Invalides. L'architecture de ce monument me plaît beaucoup, mais je plains le sort de ceux qui l'habitent. La plupart sont mécontents, et murmurent toujours, comme on peut s'en convaincre en conversant avec eux : je ne crois pas que ce soit avec fondement ; mais l'expérience prouve que les hommes, rassemblés en corps, se dépravent tôt ou tard, et sont toujours malheureux. Il faut suivre les lois de la nature, et les réunir par familles. Je voudrais, comme font les Anglais chez eux, établir nos matelots invalides aux bacs des rivières, sur tous ces petits batelets qui traversent Paris, et les répandre le long de la Seine, comme des tritons dans nos campagnes. On les verrait remonter en chaloupe et en voiles latines le cours de nos rivières, en louvoyant ; et ils y introduiraient des moyens de navigation plus prompte et plus commode, qui y sont encore inconnus. Quant à ceux que l'âge ou les blessures mettraient tout-à-fait hors de service, ils seraient défrayés convenablement dans une maison semblable à celle que les Anglais ont établie à Greenwich pour leurs matelots invalides. Mais, pour dire la vérité, je suis persuadé que l'état trouverait plus d'économie à leur faire des pensions, et que ces mêmes matelots seraient beaucoup mieux dans le sein de leurs familles : cela n'empêcherait pas qu'on ne bâtit, dans Paris, un monument majestueux et commode, qui servirait de retraite à ces braves gens. La capitale en fait peu de compte, parcequ'elle ne les connaît pas ; mais il y a tel d'entre eux qui, en passant chez l'ennemi, est capable de faire réussir une descente dans nos colonies, et même sur nos côtes. Nos matelots désertent en aussi grand nombre que nos soldats, et leur désertion est bien plus coûteuse à l'état, parcequ'il faut plus de temps pour les former, et que leurs connaissances locales sont plus importantes à nos ennemis que celles de nos cavaliers ou de nos fantassins.

Ce que je viens de dire sur nos matelots peut s'étendre à tous les autres états du royaume sans exception. Je souhaiterais qu'il n'y en eût aucun qui n'eût son centre à Paris, et qui n'y trouvât un lieu d'asile, une retraite, une petite chapelle. Tous ces monuments des diverses classes de citoyens qui donnent la vie au corps politique, décorés avec les attributs particuliers à chaque industrie, y figureraient parfaitement bien.

Après avoir rendu la capitale très heureuse et très bonne pour les hommes de la nation, j'y inviterais les peuples étrangers de toutes les parties du monde. O femmes, qui réglez nos destins, combien devez-vous contribuer à réunir les hommes dans la ville où vous régnez! Ils s'occupent de vos plaisirs par toute la terre. Pendant que vous n'êtes occupées qu'à jouir, un Lapon va, au milieu des tempêtes, harponner la baleine, dont les barbes serviront à faire bouffer vos robes; un Chinois met au four la porcelaine où vous prendrez le café, qu'un Arabe de Moka est occupé à cueillir pour vous; une fille du Bengale file votre mousseline sur le bord du Gange, tandis qu'un Russe abat, au milieu des sapins de la Finlande, le mât du vaisseau qui vous l'apportera. La gloire d'une grande capitale est de réunir dans ses murs des hommes de toutes les nations, qui concourent à ses plaisirs. Je voudrais voir à Paris des Samoïèdes, avec leurs habits de peau de veau marin, et leurs bottes de peau d'esturgeon, et des nègres iolofs, avec leurs pagnes bardées de rouge et de bleu. J'y voudrais voir des Indiens imberbes du Pérou, vêtus de plumes de la tête aux pieds, se promener sans crainte, dans nos places publiques, autour de la statue de nos rois, auprès des fiers Espagnols en manteau et en moustaches. J'aurais du plaisir à y voir des Hollandais s'établir sur les croupes sèches de Montmartre; et, se livrant à leur inclination hydraulique, comme les castors, trouver le moyen de s'y procurer des canaux pleins d'eau; tandis que des habitants de l'Orénoque vivraient à sec au-dessus des terrains inondés de la Seine, dans le feuillage des saules et des aunes. Je souhaiterais que Paris fût aussi grand et d'une population aussi diversifiée que ces anciennes villes de l'Asie, telles que Ninive et Suze, où il fallait employer trois jours pour en faire le tour, et où Assuérus voyait deux cents nations s'incliner devant son trône. Je voudrais que tous les peuples de la terre correspondissent à cette ville, comme les membres au cœur dans le corps humain. Quels secrets avaient les Asiatiques pour faire des cités si vastes et si populeuses? Ils sont, en tout genre, nos aînés. Ils permettaient à toutes les nations de s'y établir. Présentez aux hommes la liberté et le bonheur, vous les attirerez de toutes les parties du monde.

Il serait bien digne de l'humanité de quelque grand prince de proposer cette question à l'Europe : « Le bonheur d'un peuple ne dépend-il pas » de celui de ses voisins? » L'affirmative bien prouvée ferait tomber la maxime contraire de Machiavel, qui gouverne depuis long-temps notre politique européenne. Il serait fort aisé d'abord de démontrer que la simple bonne intelligence avec ses voisins ferait licencier ces armées de terre et de mer qui sont si à charge à chaque peuple. En second lieu, on ferait voir que chaque peuple a partagé les biens et les maux de ses voisins, par l'exemple des Espagnols, qui ont découvert l'Amérique, et qui en ont dispersé les biens et les maux dans le reste de l'Europe. On prouverait encore cette vérité par la prospérité et la grandeur où sont parvenus les peuples qui ont eu soin de se concilier leurs voisins, comme les Romains, qui leur accordaient le droit de bourgeoisie de proche en proche, et vinrent par ce moyen à ne faire qu'une seule nation de toutes celles de l'Italie. Ils n'auraient sans doute fait qu'un seul peuple de tout le genre humain, si leur coutume barbare de se faire servir par des esclaves étrangers n'avait mis des restrictions à une politique aussi humaine. On démontrerait ensuite le malheur des gouvernements qui, étant d'ailleurs bien ordonnés au dedans, ont vécu dans un état d'anxiété perpétuelle, toujours faibles et divisés, parcequ'ils n'étendaient pas l'humanité au-delà de leur territoire. Tels ont été les Grecs; telle est de nos jours la Perse, qui est tombée dans un état de faiblesse extrême immédiatement après le règne brillant de Schah-Abbas, dont la maxime politique était de s'entourer de déserts; son pays à la fin en est devenu un, comme ceux de ses voisins. On en trouverait encore d'autres exemples chez les puissances de l'Asie, auxquelles des poignées d'Européens font la loi.

Henri IV avait formé le projet céleste de faire vivre toute l'Europe en paix; mais son projet n'était pas assez étendu pour se maintenir : la guerre y serait venue des autres parties du monde. Nos destins sont liés avec ceux du genre humain. C'est un hommage qu'il faut rendre à notre religion, et qu'elle mérite seule. La nature nous dit : « Aimez-» vous vous seul; » l'éducation domestique : « Ai-

» mez votre famille ; » la nation : « Aimez la pa-
» trie ; » mais la religion nous ordonne d'aimer
tous les hommes, sans exception. Elle connaît
mieux nos intérêts que notre instinct naturel, nos
parents et notre politique. Les sociétés humaines
ne sont pas particlles comme celles des animaux.
Il importe fort peu aux abeilles de la France qu'on
détruise des ruches en Amérique. Mais les larmes
des hommes dans le Nouveau-Monde font couler
leur sang dans l'ancien ; et le cri de guerre d'un
sauvage, sur le bord d'un lac, a retenti plus d'une
fois en Europe, et y a troublé le repos des rois. La
religion, qui nous défend de nous aimer nous-
mêmes, et qui nous ordonne d'aimer tous les
hommes, ne se contredit point, comme l'ont prétendu quelques sophistes ; elle n'exige le sacrifice
de nos passions que pour les diriger vers le bonheur général ; et, en nous ordonnant d'aimer tous
les hommes, elle nous donne le seul moyen véritable de nous aimer nous-mêmes.

Je souhaiterais donc que nos relations politiques
avec toutes les nations du monde aboutissent à
bien recevoir leurs sujets dans la capitale du
royaume. Quand nous n'y emploierions qu'une
partie de nos dépenses en affaires étrangères, nous
ne nous en trouverions pas plus mal. Les peuples
de l'Asie n'envoient ni consuls, ni ministres, ni
ambassadeurs au dehors, si ce n'est dans des cas
extraordinaires ; et tous les peuples de la terre viennent aborder chez eux. Ce n'est point en envoyant
à grands frais des ambassadeurs chez nos voisins
que nous nous concilierons leur amitié ; bien souvent notre faste devient une source secrète de
haine et de jalousie parmi leurs grands : c'est en
accueillant chez nous leurs propres sujets, faibles,
persécutés, malheureux. Ce furent nos réfugiés
français qui donnèrent une partie de notre industrie et de notre puissance à la Prusse et à la Hollande. Que de relations secrètes de commerce et
de bienveillance nationale se sont formées par de
pareilles réceptions ! Un bon Allemand, qui se retire en Autriche après avoir fait une petite fortune
en France, fait passer chez nous cent de ses compatriotes, et dispose tout le canton où il s'établit à
nous vouloir du bien. C'est par de semblables liens
que les amitiés nationales se forment, bien mieux
que par des traités diplomatiques ; car l'opinion
d'un peuple détermine toujours celle de son prince.

Après avoir rendu la ville des hommes très
heureuse, je m'occuperais à embellir et à rendre
commode la ville de pierre. J'y élèverais une multitude de monuments ; j'y voudrais, le long des
maisons, des arcades comme à Turin, et des trot-
toirs comme à Londres, pour la commodité des
gens de pied ; dans les rues, des arbres et des canaux, s'il était possible, comme en Hollande,
pour la facilité des transports ; dans les faubourgs,
des caravensérails, comme dans les villes de l'O-
rient, pour loger à peu de frais les voyageurs étrangers ; vers le centre de la ville, des marchés vastes,
et entourés de maisons de six à sept étages, pour
le petit peuple, qui ne sait bientôt plus où se loger.
Je mettrais beaucoup de variété dans leur plan et
leur décoration. On verrait dans leur pourtour
des temples, des palais de justice, des fontaines
publiques ; les principales rues viendraient y
aboutir. Ces marchés, ombragés d'arbres, et
divisés par grands compartiments, présenteraient
dans le plus grand ordre tous les dons de Flore, de
Cérès et de Pomone. J'élèverais au centre la statue
d'un bon roi ; car on ne saurait la placer dans un
lieu plus honorable à sa mémoire qu'au milieu de
l'abondance de ses sujets.

Je ne connais rien qui me donne une idée plus
précise de la police d'une ville et du bonheur de
son peuple, que la vue de ses marchés. A Pétersbourg, chaque marché est distribué par quartiers
destinés à la vente d'une seule espèce de marchandise. Cet ordre plaît au premier coup d'œil, mais
il fatigue bientôt par son uniformité. Pierre Ier aimait les formes régulières, parcequ'elles sont favorables au despotisme. Pour moi, je desirerais y
voir la plus grande concorde parmi nos marchands,
et les plus grands contrastes dans leurs marchandises. En ôtant les rivalités qui naissent du commerce des mêmes objets, on bannirait d'entre eux
les jalousies qui y font naître tant de querelles. Je
voudrais que l'abondance y versât toutes ses cornes
pêle-mêle ; on y verrait des faisans, des morues
fraîches, des coqs de bruyère, des turbots, des
verdures, des piles d'huîtres, des oranges, des canards sauvages, des fleurs, etc... Il serait permis
d'y exposer en vente toutes les espèces de marchandises ; et ce seul privilége suffirait pour détruire bien des monopoles.

J'élèverais dans la ville des temples en petit
nombre, mais augustes, immenses, avec des galeries au dedans et au dehors, et capables de contenir, les jours de fête, le tiers de la population de
Paris. Plus les temples se multiplient dans un état,
plus la religion s'y affaiblit. Ceci paraît un paradoxe ; mais voyez la Grèce et l'Italie couvertes de
clochers, tandis que Constantinople est remplie de
renégats grecs et italiens. Indépendamment des
causes politiques, et même religieuses, qui occasionnent ces dépravations nationales, il y en a une

naturelle dont nous avons déja reconnu les effets dans la faiblesse de l'esprit humain : c'est que notre affection diminue lorsqu'elle est partagée entre trop d'objets. Les Juifs, si étonnants par leur attachement pour leur religion, n'avaient qu'un seul temple, dont le souvenir excite encore leurs regrets.

Je construirais dans Paris des amphithéâtres comme à Rome, pour y rassembler le peuple, et lui donner de temps en temps des fêtes. Quel superbe local offrait pour cet objet la colline qui est à l'entrée des champs Élysées ! Qu'il eût été facile de la creuser jusqu'au niveau de la campagne en forme d'amphithéâtre, disposé par gradins revêtus de simple gazon, et couronné de grands arbres à son sommet, qui se fût trouvé à plus de quatre-vingts pieds d'élévation ! Quel coup d'œil magnifique c'eût été de voir là un peuple immense, rangé tout autour en famille, buvant, mangeant, et jouissant du spectacle de son propre bonheur !

Tous ces édifices seraient construits de pierre, non pas à petites assises comme les nôtres, mais par grands blocs, comme les employaient les anciens [68], et comme il convient à la ville éternelle. Les rues et les places publiques seraient plantées de grands arbres de différentes espèces. Les arbres sont les véritables monuments des nations. Le temps, qui altère bientôt les ouvrages de l'homme, ne fait qu'accroître la beauté de ceux de la nature. C'est aux arbres que nos boulevarts, dont la promenade est si recherchée, doivent leurs plus grands charmes. Ils réjouissent la vue par leur verdure, ils élèvent notre ame vers le ciel par la hauteur de leurs tiges ; ils ajoutent au respect des monuments près desquels ils sont plantés, par la majesté de leurs formes. Ils contribuent plus qu'on ne pense à nous attacher aux lieux que nous avons habités. Notre mémoire s'y fixe comme à des points de réunion qui ont avec notre ame des harmonies secrètes. Ils dominent sur les événements de notre vie, comme ceux qui s'élèvent sur les bords de la mer, et qui servent de renseignement aux pilotes. Je ne vois point de tilleuls, que je ne me rappelle aussitôt la Hollande ; ni de sapins, que je ne me représente les forêts de la Russie. Souvent ils nous attachent à la patrie, lorsque les autres liens en ont été rompus. Je sais plus d'un homme expatrié qui, dans sa vieillesse, a été ramené dans son village par le souvenir de l'ormeau à l'ombre duquel il avait dansé dans sa jeunesse. J'ai entendu à l'Ile-de-France plus d'un habitant soupirer après sa patrie, à l'ombre des bananiers, et me dire : « Je » serais tranquille ici, si j'y voyais seulement de » la violette. » Les arbres de la patrie ont encore de plus grands attraits quand ils se lient, comme chez les anciens, avec quelque idée religieuse, ou avec le souvenir de quelque grand homme. Des peuples entiers y ont attaché leur patriotisme. Avec quelle vénération les Grecs voyaient à Athènes l'olivier que Minerve y fit naître, et au mont Olympe l'olivier sauvage dont Hercule avait été couronné ! Plutarque rapporte que, lorsque à Rome le figuier sous lequel Romulus et Rémus avaient été allaités par une louve venait à se flétrir, le premier qui s'en apercevait criait : « A l'eau ! à l'eau ! » et tout le peuple effrayé accourait avec des marmites et des chaudrons pleins d'eau pour l'arroser. Pour moi, je pense que, quoique nous soyons déja bien éloignés de la nature, nous ne verrions point sans émotion le prunier de la forêt où notre bon Henri IV était grimpé, quand il aperçut défiler, au fond du vallon voisin, l'armée du duc de Mayenne.

Une ville, fût-elle de marbre, me paraîtrait triste si je n'y voyais des arbres et de la verdure [69] : d'un autre côté, un paysage, fût-ce l'Arcadie, fussent les rivages de l'Alphée ou les croupes du mont Lycée, me semblerait sauvage, si je n'y voyais au moins une petite cabane. Les ouvrages de la nature et ceux de l'homme se prêtent des graces mutuelles. L'esprit d'intérêt a détruit parmi nous le goût de la nature. Nos paysans ne voient de beautés dans nos campagnes que là où ils voient leur revenu. Je rencontrai un jour dans le voisinage de l'abbaye de la Trappe, sur le chemin cailloteux de Notre-Dame d'Apre, une paysanne qui cheminait avec deux gros pains sous son bras. C'était au mois de mai : il faisait le plus beau temps du monde. « Voilà, dis-je à cette bonne » femme, une charmante saison. Que ces pom- » miers en fleurs sont beaux ! Comme ces rossignols » chantent dans ces bois ! — Ah ! me répondit-elle, » je me soucie bien des bouquets et de ces petits » piauleux ! C'est du pain qu'il nous faut. » L'indigence serre le cœur de nos paysans, et ferme leurs yeux. Mais nos bourgeois ne font pas plus de compte de la nature, parceque l'amour de l'or dirige tous leurs goûts. Si quelques uns d'entre eux estiment les arts libéraux, ce n'est pas parceque ces arts imitent les objets naturels ; c'est par le prix qu'attachent à leurs productions la main des grands maîtres. Tel donne mille écus d'un tableau de la campagne peint par le Lorrain, qui ne mettrait pas la tête à la fenêtre pour en regarder le paysage ; et tel met précieusement sur son secrétaire le buste de Socrate, qui ne recevrait pas ce philosophe dans sa maison s'il était en vie, et qui contribuerait peut-être à sa mort s'il était persécuté.

Le goût de nos artistes a été égaré par celui de nos bourgeois. Comme ils savent que c'est moins la nature que leur travail qu'on estime, ils ne cherchent qu'à se montrer eux-mêmes. De là vient qu'ils mettent quantité de riches accessoires dans la plupart de nos monuments, et qu'ils y oublient souvent l'objet principal. Ils font, par exemple, pour les jardins, des vases de marbre, où on ne peut mettre aucun végétal; pour les appartements, des urnes et des amphores, où l'on ne peut verser aucune espèce de liqueur; pour nos villes, des colonnades sans palais, des portes dans des lieux où il n'y a point de murs, des places publiques divisées de barrières pour empêcher le peuple de s'y rassembler. C'est, dit-on, afin que l'herbe y pousse. Voilà un beau projet! Une des plus grandes malédictions que les anciens faisaient contre leurs ennemis, c'était qu'ils pussent voir l'herbe pousser dans leurs places publiques. Si on veut voir de la verdure dans les nôtres, que n'y plante-t-on des arbres qui donneront à la fois au peuple de l'ombre et de l'abri? Il y en a qui mettent, dans les trophées qui couronnent les hôtels de nos princes, des arcs, des flèches, des catapultes, et qui ont poussé la simplicité jusqu'à y planter des enseignes romaines, où on lit S. P. Q. R. C'est ce qu'on peut voir au palais Bourbon. La postérité croira que les Romains étaient, dans le dix-huitième siècle, les maîtres de notre pays. Et comment, nous qui sommes si vains, prétendons-nous l'occuper de notre mémoire, si nos monuments, nos médailles, nos trophées, nos drames, nos inscriptions, lui parlent sans cesse des étrangers et de l'antiquité?

Les Grecs et les Romains étaient bien plus conséquents. Jamais ils ne se sont avisés de faire des monuments inutiles. Leurs beaux vases d'albâtre et de calcédoine servaient, dans les festins, à mettre du vin ou des parfums; leurs péristyles annonçaient toujours un palais; leurs places publiques étaient uniquement destinées à rassembler les citoyens. Ils y plaçaient les statues de leurs grands hommes sans être entourés de grilles, afin que leurs images fussent encore à la portée des malheureux, et qu'ils en fussent invoqués après la mort, comme ils l'avaient été pendant leur vie. Juvénal parle d'une statue de bronze à Rome, dont le peuple avait usé les mains à force de les baiser. Quelle gloire pour la mémoire du citoyen qu'elle représentait! Si elle existait encore, sa mutilation la rendrait plus précieuse que la Vénus de Médicis avec ses proportions.

Notre peuple est, dit-on, sans patriotisme. Je le crois bien, car on fait tout ce qu'on peut pour le lui faire perdre. Par exemple, sur le fronton de ce beau temple qu'on élève à sainte Geneviève, qui est trop petit, comme tous nos monuments modernes, on a représenté une adoration de croix. On voit, à la vérité, la patronne de Paris dans des bas-reliefs, sous le péristyle, au milieu des cardinaux; mais n'eût-il pas été plus convenable de montrer au peuple son humble patronne en habit de bergère, en petit justaucorps et en cornette, avec sa panetière, sa houlette, son chien, ses brebis, ses formes à faire des fromages, et tout le costume de son siècle et de son état, au milieu du fronton de l'église qui lui est dédiée? On eût pu y joindre une vue de Paris, tel qu'il était de son temps. Il en eût résulté des contrastes et des objets de comparaison très agréables. Le peuple, à la vue de ce tableau champêtre, se fût rappelé les temps anciens; il eût conçu de l'estime pour les vertus obscures qui lui sont nécessaires, et il eût été tenté de marcher dans les rudes sentiers de la gloire où s'est élevée son humble patronne, qu'il lui est impossible maintenant de reconnaître avec ses habits à la grecque, et au milieu des prélats.

Nos artistes s'écartent quelquefois de l'objet principal, jusqu'à l'omettre tout-à-fait. On montrait, il y a quelques années, dans un des ateliers du Louvre, le tombeau du Dauphin et de la Dauphine, destiné pour la cathédrale de la ville de Sens. Tout le monde y courait, et en revenait extasié d'admiration. J'y fus comme les autres : la première chose que je cherchai à y reconnaître fut la ressemblance du Dauphin et de la Dauphine, à la mémoire desquels ce monument était élevé. Il n'y en avait pas seulement les médaillons. On y voyait le Temps avec sa faux, l'Hymen avec des urnes, et toutes les idées rebattues de l'allégorie, qui est souvent, pour le dire en passant, le génie de ceux qui n'en ont point. Pour achever d'en éclaircir le sujet, il y avait sur les panneaux d'une espèce d'autel placé au milieu de ce groupe de figures symboliques, de longues inscriptions latines, assez étrangères à la mémoire du grand prince qui en était l'objet. Voilà, me dis-je en moi-même, un beau monument national! Des inscriptions latines pour un peuple français, et des symboles païens pour une cathédrale! Si l'artiste, dont j'admirai d'ailleurs le ciseau, n'y voulait montrer que ses propres talents, il fallait qu'il recommandât à son successeur de laisser imparfaite une petite partie de la base de ce monument que la mort l'avait empêché lui-même d'achever, et d'y graver ces mots : *Coustou moriens faciebat*. Cette consonnance de fortune l'eût lié à ce monument royal, et eût donné une grande profondeur aux réflexions sur la vanité des choses humaines, que doit faire naître la vue d'un tombeau.

Peu d'artistes saisissent l'objet moral ; ils ne cherchent que le pittoresque. « O le beau sujet à mettre en Bélisaire ! » disent-ils, quand ils entendent parler d'un de nos grands hommes malheureux. Cependant les arts libéraux ne sont destinés qu'à rappeler le souvenir de la vertu, et non pas la vertu pour donner de l'occupation aux arts libéraux. J'avoue que la célébrité qu'ils procurent est un puissant moyen pour porter la plupart des hommes aux grandes actions, quoiqu'au fond ce ne soit pas le véritable ; mais s'il n'en donne pas le sentiment, il en fait faire quelquefois les actes. Aujourd'hui nous allons bien au-delà. Ce n'est plus la gloire de la vertu que les corps et les particuliers cherchent à mériter, c'est l'honneur de la distribuer aux autres. Dieu sait l'étrange confusion qui en résulte ! Des femmes de vertu très suspecte, et des filles entretenues, établissent des rosières : elles donnent des prix à la virginité. Des filles d'opéra couronnent nos généraux victorieux. Le maréchal de Saxe, disent nos historiens, fut couronné de laurier sur le théâtre de la nation : comme si la nation était composée de comédiens, et que son sénat fût un théâtre ! Pour moi, je crois la vertu si respectable, qu'il ne faudrait qu'un seul sujet où elle fût bien loyale pour couvrir de ridicule ceux qui osent lui distribuer ces vains et méprisables honneurs. Quelle danseuse, par exemple, eût eu l'impudence de couronner le front auguste de Turenne ou celui de Fénelon ?

L'Académie française serait bien plus propre à fixer, par les charmes de l'éloquence, les regards de la nation sur nos grands hommes, si elle cherchait moins par ses éloges à faire le panégyrique des morts que la satire des vivants. D'ailleurs, la postérité se méfiera autant des éloges que des satires. D'abord le mot d'éloge est suspect de flatterie : de plus, ce genre d'éloquence ne caractérise rien. Pour peindre la vertu, il faut mettre en évidence des défauts et des vices, afin d'en faire résulter des combats et des victoires. Le style qu'on y emploie est plein de pompe et de luxe. Il est rempli de réflexions et de tableaux souvent étrangers à l'objet principal. Il ressemble à un cheval d'Espagne ; il fait dans sa marche beaucoup de mouvements, et il n'avance point. Ce genre d'éloquence, indécis et vague, ne convient à aucun grand homme en particulier, parcequ'on peut l'appliquer, en général, à tous ceux qui ont couru dans la même carrière. Si vous changez seulement quelques noms propres dans l'éloge d'un général, vous pouvez y faire entrer tous les généraux passés et à venir. D'ailleurs, son ton ampoulé est si peu convenable au langage simple de la vérité et de la vertu, que lorsqu'un écrivain veut y introduire des traits de caractère de son héros, afin qu'on sache au moins de qui il veut parler, il est obligé de les reléguer dans des notes, de peur de déranger son ordre académique.

Certainement si Plutarque n'eût écrit que les éloges des hommes illustres, on ne les lirait pas plus aujourd'hui que le Panégyrique de Trajan, qui coûta tant d'années à Pline le jeune. Vous ne trouverez jamais entre les mains du peuple un éloge d'académie. On y verrait peut-être ceux de Fontenelle, et quelques autres encore, si les hommes qui y sont loués s'étaient occupés eux-mêmes du peuple pendant leur vie. Mais la nation lit volontiers l'histoire. Il y a quelque temps que, me promenant du côté de l'École Militaire, j'aperçus au loin, près d'une sablonnière, une grosse colonne de fumée. Je dirigeai ma promenade de ce côté-là, pour voir d'où elle provenait. Je trouvai dans un lieu fort solitaire, et assez ressemblant à celui où Shakspeare met la scène des trois sorcières qui apparurent à Macbeth, une pauvre et vieille femme assise sur une pierre. Elle s'occupait à lire dans un vieux livre, auprès d'un gros tas d'herbes où elle avait mis le feu. Je lui demandai d'abord pour quel usage elle brûlait ces herbes. Elle me répondit que c'était pour en recueillir les cendres, et les vendre aux blanchisseuses ; qu'elle achetait à cette fin les mauvaises herbes des jardiniers, et qu'elle attendait qu'elles fussent entièrement consumées pour en emporter les cendres, parcequ'on les lui volait en son absence. Après avoir satisfait ainsi ma curiosité, elle continua sa lecture avec beaucoup d'attention. Comme j'avais grande envie de savoir quel était le livre dont elle charmait ses peines, je la priai de m'en dire le titre. « C'est » la vie de M. de Turenne, me répondit-elle. — Et » qu'en pensez-vous ? lui dis-je. — Ah ! reprit- » elle avec émotion, c'était un bien brave homme, » à qui un ministre a donné bien de la peine pen- » dant sa vie. » Je me retirai, redoublant de vénération pour la mémoire de M. de Turenne, qui servait à consoler une femme misérable. C'est ainsi que les vertus des petits s'appuient sur celles des grands hommes, comme ces plantes faibles qui, pour n'être pas foulées aux pieds, s'accrochent au tronc des chênes.

29.

DE LA NOBLESSE.

Les anciens peuples de l'Europe imaginèrent, pour porter les hommes à la vertu, d'anoblir les descendants de leurs citoyens vertueux. Ils sont tombés dans de grands inconvénients, en rendant la noblesse héréditaire; car ils ont interdit par-là aux autres citoyens les routes de l'illustration. Comme elle est l'apanage perpétuel d'un certain nombre de familles, elle cesse d'être la récompense nationale, sans quoi toute une nation deviendrait noble à la fin; ce qui y produirait une léthargie fatale aux arts et aux métiers, comme il est arrivé en Espagne et à une partie de l'Italie. Il en résulte encore bien d'autres maux, dont le principal est de former dans un état deux nations qui, à la fin, n'ont plus rien de commun; le patriotisme s'y détruit, et elles ne tardent pas à être subjuguées. Tel a été de nos jours le sort de la Hongrie, de la Bohême, de la Pologne, et d'une partie même des provinces de notre royaume, telle que la Bretagne, où la noblesse, trop nombreuse et trop altière, formait une classe absolument distincte du reste des citoyens. Il est digne de remarque que ces pays, quoique républicains, quoique si puissants, au jugement de nos écrivains politiques, par la liberté de leur constitution, ont été subjugués fort aisément par des princes despotiques, qui ne commandent, dit-on, qu'à des esclaves. C'est que le peuple, par tout pays, aime mieux avoir un souverain que mille tyrans, et que son sort décide toujours celui de ses maîtres. Les Romains affaiblirent les distinctions injustes et odieuses qui se trouvaient entre les patriciens et les plébéiens, en accordant à ces derniers des priviléges et des charges de la plus haute considération.

Il y avait encore parmi eux des moyens, à mon gré, plus puissants d'y rapprocher les deux classes de citoyens; c'étaient les adoptions. Que de grands hommes se formèrent dans le peuple, pour mériter ces sortes de récompenses, aussi illustres et plus touchantes que celles de la patrie! C'est ainsi que s'élevèrent les Caton et les Scipion, pour être greffés dans des familles patriciennes. C'est ainsi que le plébéien Agricola obtint en mariage la fille d'Auguste. Je ne sache pas (et c'est peut-être un effet de mon ignorance) que les adoptions aient jamais été en usage parmi nous, si ce n'est entre quelques grands seigneurs qui, faute d'héritiers, ne savaient, en mourant, à qui laisser leurs domaines. Je crois les adoptions bien préférables aux anoblissements faits par l'état.

Elles feraient revivre des familles illustres, dont les descendants languissent aujourd'hui dans la plus étroite pauvreté; elles rendraient la noblesse chère au peuple, et le peuple cher à la noblesse. Il faudrait que le privilège de les conférer devînt un genre de récompense pour les nobles eux-mêmes. Ainsi, par exemple, un pauvre gentilhomme qui se serait illustré pourrait adopter un homme de la bourgeoisie qui se distinguerait. Un gentilhomme serait en quête de la vertu parmi le peuple, et un homme vertueux du peuple chercherait un homme de bien pour patron parmi les nobles. Ces liens politiques me paraissent plus puissants et plus honorables que ceux des mariages de finance, qui, en rapprochant deux citoyens de classes différentes, aliènent souvent leurs familles. La noblesse, acquise ainsi, me paraîtrait bien préférable à celle que donnent les charges publiques, qui, ne s'obtenant que par la vénalité, perd par cela même de son respect.

Avec tout cela, il resterait toujours l'inconvénient de l'hérédité, qui multiplie trop à la longue la classe des nobles. On a cru y remédier, parmi nous, en déclarant plusieurs états nobles, tels que le commerce maritime. D'abord c'est une question de savoir si l'esprit du commerce peut bien s'accorder avec la loyauté d'un gentilhomme. D'ailleurs, quel commerce fera celui qui n'a rien? Ne faut-il pas payer des pensions chez un négociant pour en apprendre les éléments? Et comment en viendront à bout tant de pauvres gentilshommes qui n'ont pas seulement de quoi vêtir leurs enfants? J'en ai vu en Bretagne qui descendaient des plus anciennes maisons de la province, et qui étaient obligés, pour vivre, d'aller en journée faucher les foins des paysans. Plût à Dieu que tous les états fussent nobles, et surtout l'agriculture! car c'est celui-là particulièrement dont toutes les fonctions conviennent à la vertu. Pour être laboureur, il n'est pas besoin de tromper, de flatter, de s'avilir, de faire violence à personne. On ne doit point ses profits au vice ou au luxe de son siècle, mais aux bienfaits du ciel. On tient au moins à la patrie par le coin de terre qu'on y cultive. Si l'état de laboureur était anobli, il en résulterait une multitude d'avantages pour les habitants du royaume. Il suffirait même qu'il ne fût pas roturier. Mais voici une ressource que l'état peut employer au soulagement de la pauvre noblesse. La plupart des anciennes seigneuries s'achètent aujourd'hui par des gens qui n'ont d'autre mérite que d'avoir de l'argent; de sorte que les honneurs de ces illustres maisons sont tombés en partage à des hommes qui, en vérité, n'en sont guère dignes. Le roi devrait acheter ces seigneuries lorsqu'elles sont à vendre, s'en réserver les droits seigneuriaux avec une portion de terre, et former de ces petits domaines des bénéfices civils et militaires, qui seraient les récompenses des bons officiers, des citoyens utiles et des familles nobles et pauvres, à peu près comme sont en Turquie les timariots.

D'UN ÉLYSÉE.

Les anoblissements ont encore cet inconvénient, c'est que tel commence par les vertus de Marius, qui finit par avoir ses vices. J'ai à proposer un moyen d'illustration qui n'entraîne point les dangers de l'hérédité et de l'inconstance des hommes; c'est de n'accorder qu'à la mort les récompenses de la vertu.

La mort met le dernier sceau à la mémoire des hommes. On sait de quel poids étaient les jugements que les Égyptiens prononçaient sur les citoyens après leur mort. C'était alors que les Romains en faisaient quelquefois des demi-dieux, ou quelquefois les jetaient dans le Tibre. Le peuple, au défaut des prêtres et des magistrats, exerce encore parmi nous une partie de ce sacerdoce. Je me suis arrêté plus d'une fois le soir à la vue d'un superbe convoi, moins pour en voir la pompe que pour écouter les jugements portés par le peuple sur le très haut et très puissant seigneur qui en était l'objet. J'ai entendu souvent demander : « Était-il bon maître ? aimait-il sa femme et ses » enfants ? était-il bon aux pauvres ? » Le peuple insiste beaucoup sur cette dernière question, parcequ'étant sans cesse mené par son principal besoin, il ne connaît guère, dans les riches, d'autre vertu que la bienfaisance. J'ai entendu souvent répondre : « Oh! il ne faisait de bien à personne; il » était dur à sa famille et à ses domestiques. » J'ai entendu dire, à l'enterrement d'un fermier général qui a laissé plus de douze millions de bien : « Il » poursuivait les pauvres de la campagne à coups » de fourche, quand ils se présentaient à la grille » de son château. » Vous entendez là-dessus les spectateurs jurer, et maudire la mémoire du défunt. Telles sont ordinairement les oraisons funèbres des riches dans la bouche du peuple. Il ne faut pas douter que ses jugements n'eussent des suites, si la police de Paris n'était pas aussi bien tenue.

Il n'y a que la mort qui assure les réputations, et il n'y a que la religion qui puisse les consacrer. Nos grands le savent fort bien. C'est de là que vient le faste de leurs monuments dans nos églises. Ce ne sont pas les prêtres qui les obligent de s'y faire enterrer, comme bien des gens se l'imaginent. Les prêtres n'en recevraient pas moins leurs droits, si on les enterrait à la campagne; ils se feraient, comme de raison, fort bien payer de leurs voyages, et ils ne respireraient pas toute l'année, dans leurs stalles, l'odeur infecte des cadavres. Le principal obstacle à cette police nécessaire vient des grands et des riches, qui, n'allant guère à l'église pendant leur vie, veulent y être après leur mort, afin que le peuple admire leurs mausolées, et leurs vertus de marbre et de bronze. Mais, grâces aux allégories de nos artistes et aux inscriptions latines de nos savants, le peuple n'y entend rien, et ne fait d'autre réflexion à leur vue, si ce n'est que tout cela coûte beaucoup d'argent, et que tout le cuivre qu'on y a employé servirait bien mieux à leur faire des chaudrons.

Il n'y a que la religion qui puisse consacrer d'une manière durable la mémoire de la vertu. Le feu roi de Prusse, qui connaissait si bien les grands ressorts de la politique, n'avait pas oublié celui-là. Comme la religion protestante, qui est dominante dans son pays, bannit des temples les images des saints, il y avait fait mettre les portraits des officiers qui avaient péri en se distinguant à son service. La première fois que j'entrai dans les temples de Berlin, je fus fort étonné d'y voir plusieurs portraits d'officiers en uniforme. On lisait au bas leur âge, leurs noms; celui du lieu de leur naissance, et de la bataille où ils avaient été tués. Il y a aussi, je crois, une ligne ou deux d'éloge à la fin de ces inscriptions. On ne saurait croire quel enthousiasme militaire cette vue inspire à ses sujets. Chez nous, il n'y a si petit ordre de moines qui n'expose dans ses cloîtres et dans ses églises les tableaux de ses grands hommes, sans contredit plus fêtés et plus connus que ceux de l'état. Ces sujets, toujours accompagnés de circonstances pittoresques et intéressantes, sont les plus puissants moyens qu'ils emploient pour s'attirer des novices. Les chartreux s'aperçoivent déjà qu'ils ont moins de novices, depuis qu'ils n'ont plus dans leur cloître la mélancolique histoire de saint Bruno, si supérieurement peinte par Le Sueur. Aucun ordre de citoyens ne se soucie des portraits des hommes qui n'ont été utiles qu'à la nation et au genre humain; il n'y a que les marchands d'estampes qui en étalent quelquefois sur des ficelles les images enluminées de bleu et de rouge. C'est là où le peuple cherche à les démêler, parmi celles des Jeannots et des filles de théâtre. Nous aurons, dit-on, bientôt la vue d'un Muséum aux Tuileries;

mais ce monument royal est plus consacré aux talents qu'au patriotisme, et, comme tant d'autres, il sera sans doute interdit au peuple.

Je voudrais d'abord qu'aucun citoyen ne fût enterré dans les églises. Xénophon rapporte que Cyrus, maître de la plus grande partie de l'Asie, ordonna en mourant qu'on l'enterrât en pleine campagne sous des arbres, afin, disait ce grand prince, que les éléments de son corps se réunissent promptement à ceux de la nature, et contribuassent de nouveau à la formation de ses beaux ouvrages. Ce sentiment était digne de l'ame sublime de Cyrus; mais par tout pays les tombeaux, surtout ceux des grands rois, sont les monuments les plus chers aux nations. Les sauvages regardent ceux de leurs ancêtres comme des titres de possession de la terre qu'ils habitent. « Ce pays est à » nous, disent-ils; les os de nos pères y reposent. » Quand ils sont forcés d'en sortir, ils les déterrent en pleurant, et les emportent avec le plus grand respect. Les Turcs les mettent sur le bord des grands chemins, comme faisaient les Romains. Les Chinois en font des lieux enchantés. Ils les placent aux environs des villes, dans des grottes creusées dans le flanc des collines; ils en décorent l'entrée d'architecture, et ils plantent devant et autour des bocages de cyprès et de sapins, mêlés d'arbres qui portent des fleurs et des fruits. Ces lieux inspirent une profonde et douce mélancolie, non-seulement par l'effet naturel de leur décoration, mais par le sentiment moral qu'élèvent en nous les tombeaux, qui sont, comme nous l'avons dit ailleurs, des monuments posés sur les frontières des deux mondes.

Nos grands ne perdraient donc rien du respect qu'ils veulent attacher à leur mémoire, si on les enterrait dans des cimetières publics aux environs de la capitale. On y bâtirait une grande chapelle sépulcrale, constamment destinée aux pompes funèbres, dont les apprêts dérangent souvent le service divin dans les églises de paroisse. Les artistes pourraient se donner carrière dans la décoration de ces mausolées; et les temples de l'humilité et de la vérité ne seraient plus profanés par la vanité et le mensonge des épitaphes.

Pendant que chaque citoyen aurait la liberté de se loger à sa fantaisie dans cette dernière et éternelle hôtellerie, je voudrais qu'on choisît auprès de Paris un lieu que consacrerait la religion, pour y recueillir les cendres des hommes qui auraient bien mérité de la patrie.

Les services qu'on peut lui rendre sont en grand nombre, et de nature bien différente. Nous n'en connaissons guère que d'une sorte, qui dérivent de qualités redoutables, telles que la valeur. Nous ne révérons que ce qui nous fait peur. Les marques de notre estime sont souvent des témoignages de notre faiblesse. On ne nous élève qu'à la crainte, et point à la reconnaissance. Il n'y a si petite nation moderne qui n'ait ses Alexandres et ses Césars, et aucune ses Bacchus et ses Cérès. Les anciens, au moins aussi valeureux que nous, pensaient, sans contredit, bien mieux. Plutarque observe quelque part que Cérès et Bacchus, qui étaient des mortels, furent élevés au rang des dieux à cause des biens purs, universels et durables qu'ils avaient procurés aux hommes; mais qu'Hercule, Thésée et les autres héros ne furent mis qu'au rang des demi-dieux, parceque les services qu'ils rendirent aux hommes furent passagers, circonscrits, et mêlés de beaucoup de maux.

Je me suis étonné souvent de notre indifférence pour la mémoire de ceux de nos ancêtres qui nous ont apporté des arbres utiles, dont les fruits et les ombrages font aujourd'hui nos délices. Les noms de ces bienfaiteurs sont pour la plupart totalement inconnus; cependant leurs bienfaits se perpétuent pour nous d'âge en âge. Les Romains n'en agissaient pas ainsi. Pline se glorifie de ce que, dans les huit espèces de cerises connues à Rome de son temps, il y en avait une appelée Plinienne, du nom d'un de ses parents à qui l'Italie en était redevable. Les autres espèces de ce même fruit portaient à Rome les noms des plus illustres familles, et s'appelaient Aproniennes, Actiennes, Cœciliennes, Juliennes; il dit que ce fut Lucullus qui, après la défaite de Mithridate, apporta du royaume de Pont les premiers cerisiers en Italie, d'où ils se répandirent, en moins de cent vingt ans, dans toute l'Europe, et jusqu'en Angleterre, qui était alors peuplée de Barbares. Ils furent peut-être les premiers moyens de civilisation de cette île; car les premières lois naissent toujours de l'agriculture; et c'est pour cela que les Grecs appelaient Cérès législatrice. Pline félicite ailleurs Pompée et Vespasien d'avoir fait paraître à Rome l'arbre d'ébène et celui de baume de la Judée au milieu de leurs triomphes, comme s'ils n'eussent pas alors triomphé seulement des nations, mais de la nature même de leur pays. Certainement si j'avais quelque souhait à faire pour perpétuer mon nom, j'aimerais mieux le voir porté par un fruit en France que par une île en Amérique. Le peuple, dans la saison de ce fruit, se rappellerait ma mémoire; mon nom, dans les paniers des paysans, durerait plus que gravé sur des colonnes de marbre. Je ne connais point dans la maison de Montmorency de monument plus durable et plus cher au peuple que la cerise qui en porte le nom. Le bon-henri, qui croît sans culture au milieu des champs, fera durer plus long-temps la mémoire de Henri IV que la statue de bronze placée sur le Pont-Neuf, malgré sa grille de fer et son corps-de-garde. Si les graines et les génisses que Louis XV a envoyées, par un mouvement naturel d'humanité, dans l'île de Taïti, viennent à s'y multiplier, elles conserveront plus long-temps et plus chèrement sa mémoire parmi les peuples de la mer du Sud, que la petite pyramide de brique que des académiciens flatteurs tentèrent de lui élever à Quito, et peut-être que les statues qu'on lui a élevées dans son propre royaume.

Le bienfait d'une plante utile est, à mon gré, un des services les plus importants qu'un citoyen puisse rendre à son pays. Les plantes étrangères nous lient avec les nations d'où elles viennent; elles transportent parmi nous quelque chose de leur bonheur et de leurs soleils. Un olivier me représente l'heureux pays de la Grèce mieux que le livre de Pausanias, et j'y trouve les dons de Minerve bien mieux exprimés que sur des médaillons. Sous un marronnier en fleurs, je me repose sous les riches ombrages de l'Amérique; le parfum d'un citron me transporte en Arabie, et je suis au voluptueux Pérou en flairant l'héliotrope.

Je commencerais donc à ériger les premiers monuments de la reconnaissance publique à ceux qui nous ont apporté des plantes utiles; pour cet effet, je choisirais une des îles de la Seine, dans les environs de Paris, afin d'en faire un Élysée. Par exemple, je prendrais celle qui est au-dessous du hardi pont de Neuilly, et qui ne tardera pas, avant quelques années, de se trouver dans les faubourgs de Paris; j'y ajouterais le bras de la Seine qui ne sert point à la navigation, et une grande portion du continent qui l'avoisine; je planterais autour de ce vaste terrain, et le long de ses rivages, les arbres, les arbrisseaux et les herbes dont la France a été enrichie depuis plusieurs siècles. On y verrait des marronniers d'Inde, des tulipiers, des mûriers, des acacias de l'Amérique et de l'Asie, des pins de la Virginie et de la Sibérie, des oreilles-d'ours des Alpes, des tulipes de Calcédoine, etc. Le sorbier du Canada, avec ses grappes écarlates, le magnolia grandiflora de l'Amérique, qui produit la plus grande et la plus odorante des fleurs, et le thuya de la Chine, toujours vert, qui n'en porte point d'apparentes, entrelaceraient leurs rameaux, et formeraient çà et là des bocages enchantés. On placerait sous leurs ombrages, et au milieu des tapis de plantes de différentes verdures, les monuments de ceux qui les ont apportés en France. On verrait croître autour du magnifique tombeau de Nicot, ambassadeur de France en Portugal, qui est à présent dans l'église de Saint-Paul, la fameuse plante du tabac, appelée d'abord de son nom Nicotiane, parceque ce fut lui qui, le premier, la fit connaître dans toute l'Europe. Il n'y a point de prince européen qui ne lui doive une statue pour ce service; car il n'y a point de végétal au monde qui ait donné tant d'argent à leurs trésors, et tant d'illusions agréables à leurs sujets: le népenthès d'Homère n'en approche pas. On pourrait graver dans le voisinage, sur un socle de marbre, le nom du Flamand Auger de Busbecq, ambassadeur de Ferdinand Ier, roi des Romains, à la Porte, d'ailleurs si recommandable par l'agrément de ses lettres, et placer ce petit monument à l'ombre du lilas qu'il apporta de Constantinople, et dont il fit présent à l'Europe* en 1562. La luzerne de la Médie y entourerait de ses rameaux le monument dédié à la mémoire du laboureur inconnu qui, le premier, la sema sur nos collines caillouteuses, et qui nous fit présent, dans des lieux arides, de pâturages qui se renouvellent jusqu'à quatre fois par an. A la vue du solanum de l'Amérique, qui produit à sa racine la pomme de terre, le petit peuple bénirait le nom de celui qui lui assura un aliment qui ne craint pas, comme le blé, l'inconstance des éléments et les greniers des monopoleurs. Il n'y verrait pas même sans intérêt l'urne du voyageur ignoré qui orna à perpétuité les humbles fenêtres de ses demeures obscures des couleurs brillantes de l'aurore, en lui apportant du Pérou la fleur de capucine. [70]

En avançant dans ce lieu agréable, on verrait sous des dômes et sous des portiques les cendres et les bustes de ceux qui, par l'invention des arts, nous apprirent à tirer parti des productions de la nature, et qui, par leur génie, nous épargnèrent de longs et de rudes travaux. Il n'y faudrait point d'épitaphes. Les figures du métier à faire des bas, de celui qui sert à organsiner la soie, et du moulin à vent, seraient des inscriptions aussi augustes et aussi expressives sur les tombeaux de leurs inventeurs, que la sphère inscrite au cylindre sur celui d'Archimède. On y pourrait tracer un jour le globe aérostatique sur le tombeau de Montgolfier; mais il faut savoir auparavant si cette étrange machine, qui transporte des hommes dans les airs au moyen

---

* *Voyez* Mathiole, sur Dioscoride.

d'un globe d'air dilaté par le feu, servira au bonheur des peuples; car le nom de l'inventeur même de la poudre à canon, s'il était connu, ne serait point admis dans l'asile des bienfaiteurs de l'humanité.

En approchant du centre de cet Élysée, on rencontrerait les monuments encore plus vénérables de ceux qui, par leur vertu, ont laissé à la postérité des fruits plus doux que ceux des végétaux de l'Asie, et ont exercé le plus sublime de tous les talents. Là seraient les tombeaux et les statues du généreux Duquesne, qui arma lui-même une escadre à ses dépens, pour la défense de la patrie; du sage Catinat, également tranquille dans les montagnes de la Savoie et dans l'humble retraite de Saint-Gratien; et de l'héroïque chevalier d'Assas, se sacrifiant la nuit pour le salut de l'armée française, dans les bois de Klostercamp. Là seraient les illustres écrivains qui enflammèrent leurs compatriotes de l'amour des grandes actions: on y verrait Amyot, appuyé sur le buste de Plutarque. Et vous, qui avez donné à la fois le précepte et l'exemple de la vertu, divin auteur du *Télémaque*, nous révérerions vos cendres et votre image, dans une image de ces champs Élysées que vous avez si bien décrits.

Il y aurait aussi des monuments de femmes vertueuses, car il n'y a point de sexe pour la vertu : on y verrait les statues de celles qui, avec de la beauté, préférèrent une vie laborieuse et cachée aux vaines joies du monde; des mères de famille qui rétablirent l'ordre dans une maison dérangée; qui, fidèles à la mémoire d'un époux souvent infidèle, gardèrent encore la foi conjugale après sa mort, et sacrifièrent leur jeunesse à l'éducation de leurs chers enfants; et enfin les effigies vénérables de celles qui atteignirent au plus haut degré de l'illustration par l'obscurité même de leurs vertus. On y transporterait le tombeau d'une dame de Lamoignon, de la pauvre église de Saint-Leu-Saint-Gilles, où il est ignoré : sa touchante épitaphe l'en rendrait encore plus digne que le ciseau de Girardon, dont il est le chef-d'œuvre : on y lit qu'on avait dessein d'enterrer son corps dans un autre endroit; mais les pauvres de la paroisse, à qui elle avait fait beaucoup de bien pendant sa vie, l'enlevèrent par force, et le déposèrent dans leur église : sans doute ils transporteraient eux-mêmes les restes de leur bienfaitrice, et viendraient les exposer dans ce lieu à la vénération publique.

Hic manus, ob patriam pugnando vulnera passi,
Quique sacerdotes casti dum vita manebat,
Quique pii vates et Phœbo digna locuti,
Inventas aut qui vitam excoluere per artes,
Quique sui memores alios fecere merendo.
ÆNEID., lib. VI.

« Là seraient les guerriers qui prodiguèrent leur sang pour la
» défense de la patrie; les prêtres qui furent chastes pendant
» le cours de leur vie; les poëtes pleins de piété qui chantèrent
» des vers dignes d'Apollon; ceux qui contribuèrent au bonheur de la vie par l'invention des arts, et tous ceux qui méritèrent par leurs bienfaits de vivre dans la mémoire des
» hommes. »

Il y aurait là des monuments de toute espèce, distribués suivant les différents mérites : des obélisques, des colonnes, des pyramides, des urnes, des bas-reliefs, des médaillons, des statues, des socles, des péristyles, des dômes : ils n'y seraient pas entassés comme dans un magasin, mais dispersés avec goût; ils ne seraient pas tous de marbre blanc, comme s'ils sortaient de la même carrière, mais de marbre, et de pierres de toutes les couleurs. Il ne faudrait dans ce vaste terrain, auquel je suppose au moins un mille et demi de diamètre, ni alignement, ni terre bêchée, ni boulingrins, ni arbres taillés et émondés, ni rien qui ressemblât à nos jardins. Il n'y aurait de même ni inscriptions latines, ni expressions mythologiques, ni rien qui sentît son académie. Il y aurait encore moins des titres de dignités ou d'honneurs qui rappellent les vaines idées du monde; on en retrancherait toutes les qualités que la mort détruit; on n'y tiendrait compte que des bonnes actions qui survivent aux citoyens, et qui sont les seuls titres dont la postérité se soucie, et que Dieu récompense. Les inscriptions en seraient simples, et naîtraient de chaque sujet. Ce ne seraient pas les vivants qui y parleraient inutilement aux morts et aux objets inanimés, comme dans les nôtres; mais les morts et les objets inanimés qui parleraient aux vivants pour leur instruction, comme chez les anciens. Ces correspondances d'une nature invisible à la nature visible, d'un temps éloigné au temps présent, donnent à l'âme l'extension céleste de l'infini, et sont les sources du charme que nous font éprouver les inscriptions antiques.

Ainsi, par exemple, sur un rocher planté au milieu d'une touffe de fraisiers du Chili, on lirait ces mots :

J'ÉTAIS INCONNUE A L'EUROPE; MAIS, EN TELLE ANNÉE, UN TEL, NÉ EN TEL LIEU, M'A TRANSPLANTÉE DES HAUTES MONTAGNES DU CHILI; ET MAINTENANT JE PORTE DES FLEURS ET DES FRUITS DANS L'HEUREUX CLIMAT DE LA FRANCE.

Au-dessous d'un bas-relief de marbre de couleur, qui représenterait des petits enfants buvant, mangeant et se réjouissant, on lirait cette inscription :

Nous étions exposés dans les rues aux chiens, à la faim et au froid : une telle, de tel lieu, nous a logés, nous a vêtus, et nous a rendu le lait refusé par nos mères.

Au pied de la statue de marbre blanc d'une jeune et belle femme assise, et s'essuyant les yeux, avec les symptômes de la douleur et de la joie :

J'étais odieuse au ciel et aux hommes ; mais, touchée de repentir, j'ai apaisé le ciel par mes larmes, et j'ai réparé le mal que j'ai fait aux hommes en servant les malheureux.

Près de là on lirait, sous celle d'une jeune fille mal vêtue, filant au fuseau, et regardant le ciel avec ravissement :

J'ai méprisé les vaines joies du monde, et maintenant je suis heureuse.

Il y aurait de ces monuments qui n'auraient pour tout éloge qu'un seul nom : tel serait, par exemple, le tombeau qui renfermerait les cendres de l'auteur du *Télémaque*; à moins qu'on n'y gravât ces mots, si convenables à son caractère aimant et sublime :

Il a accompli les deux préceptes de la loi ; il a aimé Dieu et les hommes.

Je n'ai pas besoin de dire qu'on pourrait faire ces inscriptions d'un meilleur style que le mien ; mais j'insisterais pour que, dans ces figures, il n'y eût point d'air insolent ; point de cheveux jetés au vent, comme ceux de l'ange trompette de la résurrection ; point de douleur théâtrale et de grands mouvements de robe, comme à la Madeleine des Carmélites ; point d'attributs mythologiques, où le peuple n'entend rien. Chaque personne y serait avec son costume : on y verrait des toques de matelots, des cornettes de bonnes sœurs, des sellettes de Savoyards, des pots au lait, et des pots au bouillon. Ces statues de citoyens vertueux seraient bien aussi respectables que celles des dieux du paganisme, et certainement plus intéressantes que celles du rémouleur ou du gladiateur antique : mais il faudrait que nos artistes s'étudiassent à rendre, comme les anciens, les caractères de l'ame dans l'attitude du corps et dans les traits du visage, tels que le repentir, l'espérance, la joie, la sensibilité, la naïveté. Voilà les costumes de la nature, qui ne varient jamais, et qui plaisent toujours, sous quelque habit qu'on les mette. Plus même les occupations et les vêtements de ces personnages seront méprisables, plus l'expression de la charité, de l'humanité, de l'innocence et de toutes leurs vertus y paraîtra sublime. La statue d'une jeune et belle femme travaillant, comme Pénélope, à une toile, et vêtue modestement d'une robe grecque à longs plis, y plairait sans doute à tous les yeux ; mais je la trouverais mille fois plus touchante que celle de Pénélope même, occupée du même travail, sous les lambeaux de l'infortune et de la misère.

Il n'y aurait sur ces tombeaux ni squelettes, ni ailes de chauve-souris, ni faux du Temps, ni aucun de ces attributs effrayants avec lesquels nos éducations d'esclaves cherchent à nous faire peur de la mort, ce dernier bienfait de la nature ; mais on y verrait les symboles qui annoncent une vie heureuse et immortelle : des vaisseaux battus de la tempête qui arrivent au port, des colombes qui prennent leur vol vers les cieux, etc.

Les statues saintes des citoyens vertueux, couronnées de fleurs, avec les caractères de la félicité, de la paix et de la consolation dans leurs traits, seraient rangées vers le centre de l'île, autour d'une vaste pelouse, sous les arbres de la patrie, tels que de grands hêtres, de majestueux sapins, des châtaigniers chargés de fruits. On y verrait aussi la vigne mariée aux ormes, et le pommier de la Normandie couvert de ses fruits colorés comme des fleurs. Du milieu de cette pelouse s'élèverait un grand temple en forme de rotonde. Il serait entouré d'un péristyle de colonnes majestueuses, comme était jadis à Rome le *Moles Adriani*. Mais je le voudrais plus spacieux. Sur sa frise on lirait ces mots :

A l'amour du genre humain.

Au centre, il y aurait un autel simple et sans ornements, sur lequel, à certains jours de l'année, on célébrerait le service divin. Ni la sculpture, ni la peinture, ni l'or, ni les pierreries, ne seraient dignes de décorer l'intérieur de ce temple ; mais des inscriptions sacrées y annonceraient le genre de mérite qu'on y couronne. Sans doute tous ceux qui reposeraient aux environs ne seraient pas des saints ; mais au-dessus de la principale porte on lirait, sur une table de marbre blanc, ces paroles divines :

On lui a beaucoup remis, parcequ'elle a beaucoup aimé.

Sur une autre partie de la frise, on graverait celle-ci, qui nous éclaire sur la nature de nos devoirs :

La vertu est un effort fait sur nous-mêmes pour le bien des hommes, dans l'intention de plaire a Dieu seul.

On y pourrait joindre la suivante, propre à réprimer nos ambitieuses émulations :

Le plus petit acte de vertu vaut mieux que l'exercice des plus grands talents.

tant des pains à la tête, comme dans nos réjouissances publiques ; mais on les lui distribuerait en le faisant asseoir sur l'herbe, par corps de métiers, autour des statues de ceux qui les ont inventés ou perfectionnés. Ces repas ne ressembleraient point à ceux que nos gens riches donnent quelquefois aux misérables par cérémonie, où ils les servent respectueusement avec des serviettes sous le bras. Ceux qui les donneraient seraient obligés de se mettre à table et de manger avec eux. Ils ne s'occuperaient point du soin de leur laver les pieds ; mais ils seraient tenus de leur rendre un service plus utile, en leur donnant des bas et des chaussures.

Là, le riche apprendrait à pratiquer réellement la vertu, et le peuple à la connaître. La nation s'y instruirait de ses devoirs, et s'y formerait une idée de la véritable grandeur. Elle verrait les offrandes présentées à la mémoire des hommes vertueux, et offertes à la Divinité, tourner enfin au profit des misérables.

Ces repas nous rappelleraient les agapes des premiers chrétiens, et les saturnales de la mort, où chaque jour nous entraîne, et qui, nous rendant bientôt tous égaux, ne mettront entre nous d'autre différence que celle du bien que nous aurons fait pendant la vie.

Autrefois, pour honorer la mémoire des hommes vertueux, les fidèles se rassemblaient dans les lieux consacrés par leurs actions ou par leurs tombeaux sur le bord d'une fontaine ou à l'ombre d'une forêt. Là, ils apportaient des vivres, et invitaient ceux qui n'en avaient pas à venir les partager avec eux. Les mêmes coutumes ont été communes à toutes les religions ; elles subsistent encore dans celles de l'Asie ; vous les retrouvez chez les anciens Grecs. Lorsque Xénophon eut fait cette fameuse retraite où il sauva dix mille de ses compatriotes, en ravageant le territoire de la Perse, il destina une partie du butin qu'il y avait gagné à fonder dans la Grèce une chapelle en l'honneur de Diane. Il y attacha un revenu, des chasses, et des repas pour ceux qui, chaque année, s'y rendraient à certain jour.

DU CLERGÉ.

Si nos pauvres participent quelquefois à quelque misérable distribution ecclésiastique, les secours qu'ils en reçoivent, loin de les tirer de la misère, ne font que les y entretenir. Que de fonds de terre cependant ont été légués en leur faveur à l'Église ! Pourquoi n'en distribue-t-on pas les revenus en sommes assez fortes pour tirer, au moins chaque année, de l'indigence un certain nombre de familles ? Les gens du clergé disent qu'ils sont les administrateurs des biens des pauvres ; mais les pauvres ne sont ni des fous, ni des imbéciles, pour avoir besoin d'administrateurs : d'ailleurs, on ne pourrait prouver, par aucun passage de l'ancien ou du nouveau Testament, que cette charge appartient aux prêtres : si ceux-ci sont les administrateurs des pauvres, ils ont donc actuellement dans le royaume sept millions d'hommes dans leur administration temporelle. Je ne pousserai pas plus loin cette réflexion. Il faut rendre à chacun ce qui lui est dû : les prêtres sont de droit divin les avocats des pauvres ; mais c'est le roi seul qui est leur administrateur naturel.

Comme l'indigence est la principale cause des vices du peuple, l'opulence peut, comme elle, produire à son tour des désordres dans le clergé. Je ne m'appuierai pas ici des répréhensions de saint Jérôme, de saint Bernard, de saint Augustin, et des autres Pères de l'Église, au clergé de leur temps et de leur pays, dans lesquelles ils leur prophétisaient la destruction totale de la religion, comme une suite nécessaire de leurs mœurs et de leurs richesses. La prophétie de plusieurs d'entre eux n'a pas tardé à se vérifier en Afrique, en Asie, en Judée, et dans l'empire de la Grèce, où non-seulement la religion a disparu, mais même les gouvernements de ces nations. L'avidité de la plupart des ecclésiastiques rend bientôt les fonctions de l'Église suspectes : c'est un argument qui frappe tous les hommes. « Je crois, disait Pascal, à des té- » moins qui se font égorger. » Il y aurait cependant quelques objections à faire à ce raisonnement ; mais il n'y en a point contre celui-ci : « Je » me méfie des témoins qui s'enrichissent. » A la vérité, la religion a des preuves naturelles et surnaturelles, bien supérieures à celles que peuvent lui fournir les hommes. Elle ne dépend ni de notre ordre, ni de notre désordre ; mais la patrie en dépend.

Le monde regarde aujourd'hui avec envie, et, disons-le, avec haine, la plupart des prêtres. Mais ils sont les enfants de leur siècle comme les autres hommes. Les vices qu'on leur reproche appartiennent en partie à leur nation, au temps où ils vivent, à la constitution politique de l'état, et à leur éducation. Les nôtres sont des Français comme nous ; ce sont nos parents, sacrifiés souvent à notre propre fortune par l'ambition de nos pères. Si nous étions chargés de leurs devoirs, nous nous en acquitterions souvent plus mal. Je n'en connais point de si pénibles et de si dignes de respect que ceux d'un bon ecclésiastique. Je ne parle pas de ceux d'un évêque qui veille sur son diocèse, qui forme de sages séminaires, qui entretient l'ordre et la paix dans les communautés, qui résiste aux méchants et supporte les faibles, qui est toujours prêt à secourir les malheureux, et qui, dans ce siècle d'erreur, réfute les objections des ennemis de la foi par ses propres vertus : il est récompensé par l'estime publique. On peut acheter par de pénibles travaux la gloire d'être un Fénelon ou un Juigné. Je ne dis rien de ceux d'un curé, qui attirent quelquefois par leur importance l'attention des rois, ni de ceux d'un missionnaire qui va au martyre. Souvent les combats de celui-ci ne durent qu'un jour, et sa gloire est immortelle. Mais je parle de ceux d'un simple et obscur habitué de paroisse, auquel personne ne fait attention. Il est obligé d'abord de sacrifier les plaisirs et la liberté de sa jeunesse à d'ennuyeuses et pénibles études. Il faut qu'il supporte, tous les jours de sa vie, la continence, comme une lourde cuirasse, dans mille occasions propres à la faire perdre. Le monde n'honore que des vertus de théâtre et des victoires d'un moment. Mais combattre chaque jour un ennemi logé au dedans de soi, et qui s'approche en ami; repousser sans cesse, sans témoin, sans gloire, sans éloge, la plus forte des passions et le plus doux des penchants, voilà ce qui est difficile. Des combats d'une autre espèce l'attendent au dehors. Il est obligé d'exposer journellement sa vie dans des maladies épidémiques. Il faut qu'il confesse, la tête sur le même oreiller, des malades qui ont la petite vérole, la fièvre putride, le pourpre. Ce courage obscur me paraît fort supérieur au courage militaire. Le soldat combat à la vue des armées, au bruit du canon et des tambours; il se présente à la mort en héros : mais le prêtre s'y dévoue en victime. Quelle fortune celui-ci se promet-il de ses travaux? une subsistance souvent précaire. D'ailleurs, quand il acquerrait des biens, il ne peut les faire passer à ses descendants. Il voit toutes ses espérances temporelles mourir avec lui. Quel dédommagement reçoit-il des hommes? Avoir à consoler souvent des gens qui n'ont plus de foi; être le refuge des pauvres, et n'avoir rien à leur donner; être persécuté quelquefois pour ses vertus mêmes; voir tourner ses combats en mépris, ses démarches en ruses, ses vertus en vices, sa religion en ridicule: tels sont les devoirs et la récompense que le monde donne à la plupart de ces hommes, dont il envie le sort.

Voilà ce que j'ai osé proposer pour le bonheur du peuple et des principaux ordres de l'état, et ce qu'il m'a été permis de mettre au jour. Assez de philosophes et de politiques ont déclamé contre les vices de la société, sans s'embarrasser d'en rechercher les causes, et encore moins les remèdes. Les plus habiles n'ont vu nos maux qu'en détail, et n'y ont employé que des palliatifs. Les uns ont proscrit le luxe, d'autres les célibataires, et ont voulu forcer à se charger d'une famille des gens qui n'ont pas de quoi subvenir à leurs propres besoins. D'autres ont voulu qu'on emprisonnât les mendiants, d'autres ont défendu aux filles de joie de paraître dans les rues. Ils agissent comme ces médecins qui, pour guérir les boutons d'un corps malade, s'efforceraient de les répercuter au dedans. Politiques, vous appliquez le remède à la tête, parceque la douleur est au front; mais le mal est dans les nerfs : c'est au cœur qu'il faut pourvoir ; c'est le peuple qu'il faut guérir.

Si quelque grand ministre, jaloux de faire notre bonheur au dedans et d'étendre notre puissance au dehors, ose entreprendre de les rétablir, il faut qu'il suive dans ses procédés ceux de la nature. Elle n'agit que lentement, et par réactions. Je le répète, la cause du pouvoir prodigieux de l'or, qui a ôté à la fois la morale et la subsistance au peuple, est dans la vénalité des charges. Celle de la mendicité, qui s'étend aujourd'hui à sept millions de sujets, est dans les grands propriétaires des terres et des emplois. Celle de la prostitution des filles du monde vient, d'une part, de leur indigence, et de l'autre, du célibat de deux millions d'hommes. La surabondance inutile de bourgeois oisifs et médisants, dans nos petites villes, naît de la taille qui avilit les habitants de la campagne; les préjugés des nobles viennent des ressentiments des roturiers; et tous ces maux, et une infinité d'autres physiques et intellectuels, du malheur du peuple. C'est l'indigence du peuple qui produit des foules de comédiens, de filles du monde, de brigands, d'incendiaires, de gens de lettres licencieux, de calomniateurs, de flatteurs, de superstitieux, de mendiants, de filles entretenues, de charlatans dans tous les états; et cette multitude infinie d'hommes corrompus qui, ne pouvant parvenir à rien par des vertus, cherchent à se procurer du pain et de la considération par leurs vices. Vous aurez beau y opposer des plans financiers, des projets de dîme réelle, des ordonnances de police, des arrêts du parlement; tous vos travaux seront inutiles. L'indigence du peuple est un grand fleuve qui s'accroît chaque année, qui surmonte toutes les digues, et qui finira par les renverser.

Il se joint encore à cette cause physique de nos maux une cause morale, qui est notre éducation. Je hasarderai quelques réflexions à ce sujet, quoiqu'il soit au-dessus de mes forces ; mais, s'il est le plus important de nos abus, il me paraît, d'un autre côté, le plus aisé à réformer ; et cette réforme me semble si nécessaire, que sans elle toutes les autres sont nulles.

ÉTUDE QUATORZIÈME.

DE L'ÉDUCATION.

« A quoi, dit Plutarque[*], devoit Numa plustost
» employer son estude qu'à faire bien nourrir les
» enfants et à faire exerciter les jeunes gens, afin
» qu'ils ne fussent différents des mœurs, ni turbu-
» lents pour la diversité de leur nourriture, mais
» fussent tous accordants ensemble pour avoir esté,
» dans leur enfance, acheminés à une mesme
» trace, et moulés sur une mesme forme de la
» vertu? Cela, outre les autres utilités, servit en-
» core à maintenir les lois de Lycurgue ; car la
» crainte du serment que les Spartiates avoient
» juré eust eu bien peu d'efficace, si, par l'in-
» stitution et la nourriture, il n'eust, par ma-
» niere de dire, teint en laine les mœurs des en-
» fants, et ne leur eust, avec le lait de leurs nour-
» rices, presque fait sucer l'amour de ses lois et
» de sa police. »

Voilà un jugement qui condamne toutes nos éducations en faisant l'éloge de celle de Sparte. Je ne balance pas à attribuer à nos éducations modernes l'esprit inquiet, ambitieux, haineux, tracassier et intolérant de la plupart des Européens : on en peut voir des effets dans les malheurs des peuples. Il est remarquable que ceux qui ont été les plus agités au dedans et au dehors sont précisément ceux où notre éducation si vantée a été la plus florissante : c'est ce qu'on peut vérifier pays par pays, siècle par siècle. Les politiques ont cru voir la cause des malheurs publics dans les différentes formes de gouvernements ; mais la Turquie est tranquille, et l'Angleterre est souvent agitée. Toutes formes politiques sont indifférentes au bonheur d'un état, comme nous l'avons dit, pourvu que le peuple y soit heureux. Nous aurions pu ajouter, et pourvu que les enfants le soient aussi.

Le philosophe Laloubère, envoyé de Louis XIV à Siam, dit, dans la relation de son voyage, que les Asiatiques se moquent de nous, quand nous leur vantons l'excellence de la religion chrétienne pour le bonheur des états. Ils demandent, en lisant nos histoires, comment il est possible que notre religion soit si humaine, et que nous fassions la guerre dix fois plus souvent qu'eux. Que diraient-ils donc s'ils voyaient parmi nous nos procès perpétuels, les médisances et les calomnies de nos sociétés, les jalousies des corps, les batteries du petit peuple, les duels des gens bien élevés, et nos haines de tout genre, auxquelles on ne voit rien de comparable en Asie, en Afrique, chez les Tartares ni chez les sauvages, au témoignage même des missionnaires? Pour moi, je trouve la cause de tous ces désordres particuliers et généraux dans notre éducation ambitieuse. Quand on a bu, dès l'enfance, dans la coupe de l'ambition, la soif en reste toute la vie, et elle dégénère en fièvre au pied des autels.

Certainement, ce n'est pas la religion qui en est la cause. Je ne sais pas comment des royaumes soi-disant chrétiens ont pu adopter l'ambition pour base de l'éducation publique. Indépendamment de leur constitution politique, qui l'interdit à tous ceux de leurs sujets qui n'ont pas d'argent, c'est-à-dire au plus grand nombre, il n'y a point de passion si constamment proscrite par la religion. Nous avons observé qu'il n'y avait que deux passions dans le cœur humain, l'amour et l'ambition. Les lois civiles portent de grandes peines contre les excès de la première ; elles en répriment, tant qu'elles peuvent, les mouvements. Il y a des peines infamantes contre la prostitution, et même en quelques lieux il y en a de mort contre l'adultère. Mais ces mêmes lois vont au devant de la seconde ; elles lui proposent partout des prix, des récompenses et des honneurs. Ces opinions règnent jusque dans les cloîtres. Il y a un grand scandale dans un couvent, si les intrigues amoureuses d'un moine viennent à y éclater ; mais que d'éloges y sont donnés à celles qui le font cardinal ! Que de railleries, d'imprécations et de malédictions contre la faiblesse imprudente ! Que de termes doux et honorables pour la ruse audacieuse ! Noble émulation, amour de la gloire, esprit, intelligence, mérite récompensé, de combien de noms glorieux pallie-t-on l'intrigue, la flatterie, la simonie, la perfidie, et tous les vices qui marchent dans tous les états à la suite de l'ambitieux !

Voilà comme juge le monde ; mais la religion, toujours conforme à la nature, porte sur les caractères de ces deux passions un jugement bien différent. Jésus appelle à lui la faible Samaritaine, il pardonne à la femme adultère, il absout la pé-

---

[*] Plutarque, comparaison de Numa et de Lycurgue.

cheresse qui baigne ses pieds de larmes ; mais écoutez comme il sévit contre les ambitieux : « Malheur à vous, scribes et pharisiens, qui ai-» mez les premières places dans les festins et les » premières chaires dans les synagogues ; qui ai-» mez qu'on vous salue dans les places publiques, » et que les hommes vous appellent maîtres ! » Malheur aussi à vous, docteurs de la loi, qui » chargez les hommes de fardeaux qu'ils ne sau-» raient porter, et qui ne voudriez pas les avoir » touchés du bout du doigt ! Malheur aussi à vous, » docteurs de la loi, qui vous êtes saisis de la clef » de la science, et qui, n'y étant point entrés » vous-mêmes, l'avez encore fermée à ceux qui » voulaient y entrer ! etc. * » Il leur déclare que, malgré leurs vains honneurs dans ce monde, les prostituées les précéderont au royaume de Dieu. Il nous ordonne, en plusieurs endroits, de prendre garde à eux ; et il nous avertit que nous les reconnaîtrons à leurs fruits. Dans des jugements si différents des nôtres, il juge nos passions suivant leurs convenances naturelles. Il pardonne à la prostitution, qui est en elle-même un vice, mais qui n'est, après tout, qu'une faiblesse par rapport à l'ordre de la société ; et il condamne sans indulgence l'ambition, comme un crime qui est à la fois contre l'ordre de la société et celui de la nature. La première ne fait que le malheur de deux coupables, mais la seconde fait celui du genre humain.

A cela, nos docteurs répondent qu'il ne s'agit dans l'éducation de nos enfants que de leur inspirer l'émulation de la vertu. Je ne crois pas qu'il soit question dans nos colléges d'exercices de vertu, si ce n'est pour faire à ce sujet quelques thèmes ou quelques amplifications. Mais on leur donne une véritable ambition, en leur apprenant à se disputer les premières places dans les classes, et en leur faisant adopter mille systèmes intolérants. Aussi, quand ils ont une fois la clef de la science dans leur poche, ils sont bien déterminés, comme leurs maîtres, à n'y laisser entrer personne que par leur porte.

La vertu et l'ambition sont incompatibles. La gloire de l'ambition est de monter, et celle de la vertu de descendre. Voyez comme Jésus réprimande ses apôtres, lorsqu'ils lui demandent lequel d'entre eux doit être le premier. Il prend un enfant, et le met au milieu d'eux. Sans doute ce n'était pas un enfant de nos écoles. Ah ! lorsqu'il nous recommande l'humilité si convenable à notre faible et misérable nature, c'est qu'il n'a pas cru que la puissance, même suprême, pût faire notre bonheur dans ce monde : et il est digne de remarque que ce ne fut pas au disciple qu'il aimait le plus qu'il donna la primauté sur les autres ; mais pour prix de son amour, qui fut fidèle jusqu'à la mort, il lui légua, en mourant, sa propre mère.

Cette prétendue émulation inspirée aux enfants les rend pour toute leur vie intolérants, vains, changeants au moindre blâme ou au plus petit éloge d'un inconnu. On leur donne, dit-on, de l'ambition pour leur bonheur, afin qu'ils fassent fortune dans le monde ; mais la cupidité naturelle suffit au-delà pour remplir cet objet. Est-ce que les marchands, les ouvriers et toutes les professions lucratives, c'est-à-dire tous les états de la société, ont besoin d'un autre stimulant ? Si l'on n'inspirait d'ambition qu'à un seul enfant, destiné à remplir un jour de grands emplois, cette éducation, qui ne serait pas sans inconvénient, serait au moins convenable à la carrière qu'il doit parcourir : mais en l'inspirant à tous, vous donnez à chacun d'eux autant d'ennemis qu'il a de compagnons ; vous les rendez malheureux les uns par les autres. Ceux qui ne peuvent s'élever par leurs talents cherchent à réussir auprès de leurs maîtres par des flatteries, et à faire tomber leurs égaux par leurs médisances. Si ces moyens ne leur réussissent pas, ils prennent en haine les objets de leur émulation, qui valent à leurs camarades des applaudissements, et qui sont pour eux des sources perpétuelles d'ennui, de châtiments et de larmes. Voilà pourquoi tant d'hommes bannissent de leur mémoire les temps et les objets de leurs premières études, quoiqu'il soit naturel au cœur humain de se rappeler avec délices les époques de l'enfance. Combien voient encore avec une tendre émotion les berceaux d'osier et les poêlons rustiques qui ont servi à leurs premières couches et à leurs premières tables, et ne peuvent voir sans aversion un Turselin ou un Despautère ! Je ne doute pas que ces dégoûts de l'éducation n'influent beaucoup sur l'amour que nous devons porter à la religion, parcequ'on ne nous en montre de même les éléments qu'avec tristesse, orgueil et inhumanité.

La politique de la plupart des maîtres consiste surtout à composer l'extérieur de leurs élèves. Ils modèlent à la même forme une multitude de caractères que la nature a rendus différents. L'un les veut graves et posés, comme si c'étaient de petits présidents ; les autres, en plus grand nombre, les veulent prompts et vifs. Un des grands refrains de leurs leçons est de leur crier sans cesse : « Allons,

* *Saint Matthieu*, chap. XXIII et suiv.

» dépêchez-vous, ne soyez pas paresseux. » J'attribue à cette seule impulsion l'étourderie générale qui caractérise notre jeunesse, et qu'on reproche à notre nation. C'est l'impatience des maîtres qui produit d'abord l'étourderie des écoliers; elle s'accroît ensuite dans le monde par l'impatience des femmes. Mais est-ce que dans le cours de la vie la réflexion n'est pas plus utile que la promptitude? Combien d'enfants sont destinés à y remplir des états graves! La réflexion n'est-elle pas la base de la prudence, de la tempérance, de la sagesse, et de la plupart des qualités morales? Pour moi, j'ai toujours vu les honnêtes gens assez tranquilles, mais les fripons toujours alertes.

Il y a à cet égard une différence bien sensible entre deux enfants, dont l'un a été élevé dans la maison paternelle, et l'autre dans une école publique. Le premier est, sans contredit, plus poli, plus honnête, moins jaloux, par cela seul qu'il a été élevé sans envie de surpasser personne, et encore moins de se surpasser lui-même, suivant notre grande phrase à la mode, vide de sens comme tant d'autres. Un enfant rempli d'émulation de collége n'est-il pas obligé d'y renoncer dès les premiers pas qu'il fait dans le monde, s'il veut être supportable à ses égaux et à lui-même? S'il ne s'y propose d'autre but que son avancement, n'y sera-t-il pas affligé de la prospérité d'autrui? Ne s'y remplira-t-il pas de haines, de jalousie et de désirs qui le dépraveront au physique et au moral? La philosophie et la religion ne le forcent-elles pas de travailler chaque jour de sa vie à détruire ces vices de l'éducation? Le monde même l'oblige d'en masquer l'aspect hideux. Voilà une belle perspective ouverte à la vie humaine, où il faut employer la moitié de nos jours à détruire avec mille efforts ce qu'on a élevé dans l'autre avec tant de larmes et d'appareil!

Nous avons pris ces vices des Grecs, sans songer qu'ils avaient contribué à leurs divisions perpétuelles, et à leur ruine finale. Au moins la plupart de leurs exercices avaient pour but l'utilité de la patrie. S'il y avait chez les Grecs des prix pour la lutte, le pugilat, le disque, la course à pied et en chariot, c'est que ces exercices étaient nécessaires à la guerre. S'ils en avaient établi pour l'éloquence, c'est qu'elle servait à défendre les intérêts de la patrie, de ville à ville, ou dans les assemblées générales de la Grèce. Mais à quoi employons-nous les longues études des langues mortes, et des coutumes étrangères à notre pays? La plupart de nos institutions, par rapport aux anciens, ressemblent beaucoup au paradis des sauvages de l'Amérique. Ces bonnes gens disent qu'après la mort les ames de leurs compatriotes vont dans un certain pays, où elles chassent les ames des castors avec les ames des flèches, en marchant sur l'ame de la neige avec l'ame des raquettes, et qu'elles font cuire l'ame de leur gibier dans l'ame des marmites. Nous avons de même des images de colysée où il ne se donne point de jeux, des images de péristyles et de places publiques où l'on ne peut point se promener; des images de vases antiques où l'on ne peut mettre aucune liqueur, mais qui servent beaucoup à nos images de grandeur et de patriotisme. Les vrais Grecs et les vrais Romains se croiraient chez nous dans le pays de leurs ombres. Heureux si nous n'avions emprunté d'eux que de vaines images, et si nous n'avions pas naturalisé chez nous leurs maux réels, en y transportant les jalousies, les haines et les vaines émulations qui les ont rendus malheureux!

C'est Charlemagne, dit-on, qui a institué nos études; quelques uns disent que ce fut pour diviser ses sujets, et leur donner de l'occupation: il y a fort bien réussi. Sept années d'humanités, deux de philosophie, trois de théologie : douze ans d'ennui, d'ambition et de suffisance, sans compter les années que de bons parents font doubler à leurs enfants, pour les renforcer, disent-ils! Je demande si, au sortir de là, un écolier est, suivant la dénomination de ces mêmes études, plus humain, plus philosophe, et croit plus en Dieu qu'un bon paysan qui ne sait pas lire. A quoi donc tout cela sert-il à la plupart des hommes? Quelle utilité le plus grand nombre en tire-t-il dans le monde pour la perfection de ses propres lumières, et pour la pureté de sa diction? Nous avons vu que les auteurs classiques eux-mêmes n'ont puisé leurs connaissances que dans la nature, et que ceux de notre nation qui se sont le plus distingués dans les sciences et dans les lettres, tels que Descartes, Michel Montaigne, J.-J. Rousseau, etc., n'ont réussi qu'en s'écartant de la route de leurs modèles, et en en prenant souvent une opposée. C'est ainsi que Descartes attaqua et ruina la philosophie d'Aristote : vous diriez que les sciences et l'éloquence sont précisément hors des barrières de nos institutions gothiques.

J'avoue cependant qu'il est heureux pour beaucoup d'enfants qui ont de mauvais parents qu'il y ait des colléges; ils y sont moins malheureux que dans la maison paternelle. Les défauts de leurs maîtres, étant exposés à la vue, sont, en partie, réprimés par la crainte de la censure publique; mais il n'en est pas ainsi de ceux de leurs parents,

Par exemple, l'orgueil d'un homme de lettres est babillard, et quelquefois instructif; celui d'un ecclésiastique est dissimulé, mais flatteur; celui d'un gentilhomme est altier, mais franc; celui d'un paysan est insolent, mais naïf : mais l'orgueil d'un bourgeois est morne et stupide; c'est l'orgueil à son aise, l'orgueil en robe de chambre. Comme un bourgeois n'est jamais contredit, si ce n'est par sa femme, ils se réunissent l'un et l'autre pour rendre leurs enfants malheureux, sans même s'en douter. Peut-on croire que dans une société où tous les moralistes conviennent que les hommes sont corrompus, où les citoyens ne se maintiennent que par la crainte des lois, ou par la peur qu'ils ont les uns des autres, les enfants faibles et sans défense ne soient pas abandonnés à la discrétion de la tyrannie? Il n'y a rien de si borné et de si vain que la plupart des bourgeois; c'est chez eux que la sottise jette des racines profondes : vous en voyez beaucoup, hommes et femmes, mourir d'apoplexie pour mener une vie trop sédentaire, pour manger du bœuf et prendre du bouillon de viande étant malades, sans se douter un moment que ce régime leur soit nuisible. Il n'y a rien de si sain, disent-ils; ils l'ont toujours vu observer à leurs tantes. C'est là qu'une foule de faux remèdes et de superstitions conservent les réputations qu'ils perdent dans le monde; c'est dans leurs armoires que le cassis, espèce de poison, passe encore pour une panacée universelle. Le régime de l'éducation de leurs malheureux enfants ressemble à celui de leur santé : ils les forment à de tristes usages; ils leur font apprendre, la verge à la main, jusqu'à l'Évangile; ils les tiennent sédentaires tout le long du jour, dans l'âge où la nature les force de se mouvoir pour se développer. Soyez sages, leur disent-ils sans cesse; et cette sagesse consiste à ne pas remuer les jambes. Une femme d'esprit, qui aimait les enfants, vit un jour, chez une marchande de la rue Saint-Denis, un petit garçon et une petite fille qui avaient l'air fort sérieux. « Vos enfants » sont bien tristes, dit-elle à la mère. — Ah! » madame, répondit la bourgeoise, ce n'est pas » manque que nous ne les fouettions bien pour » ça. »

Les enfants, rendus misérables dans leurs jeux et dans leurs études, deviennent hypocrites et sournois devant leurs pères et leurs mères. Enfin ils grandissent. Un soir, la fille met son mantelet, sous prétexte d'aller au salut, et elle va voir son amant; bientôt sa grossesse se déclare; elle s'enfuit de la maison paternelle, et elle devient fille du monde. Un beau matin, le fils s'engage. Le père et la mère sont au désespoir. Nous n'avons rien épargné, disent-ils, pour leur éducation : nous leur avons donné des maîtres de toute espèce. Insensés! vous avez oublié le point principal, qui était de vous en faire aimer.

Ils justifient leur tyrannie par ce cruel adage : « Il faut corriger les enfants; la nature humaine » est corrompue. » Ils ne s'aperçoivent pas que ce sont eux-mêmes qui la corrompent par leurs châtiments [71], et que dans tous les pays où les pères sont bons, les enfants leur ressemblent.

Je pourrais démontrer, par une foule d'exemples, que la dépravation de nos plus fameux scélérats a commencé par la cruauté même de leur éducation, depuis Guillery jusqu'à Desrues. Mais, pour sortir tout-à-fait de cette perspective odieuse, nous ne ferons plus que cette réflexion : c'est que, si la nature humaine était corrompue, comme le prétendent ceux qui s'arrogent le pouvoir de la réformer, les enfants ne manqueraient pas d'ajouter une corruption nouvelle à celle qu'ils trouvent déjà introduite dans le monde lorsqu'ils y arrivent. Ainsi, la société humaine atteindrait bientôt le terme de sa destruction. Ce sont les enfants, au contraire, qui l'éloignent, en y apportant des âmes neuves et innocentes. Il faut de longs apprentissages pour leur faire naître le goût de nos passions et de nos fureurs. Les générations nouvelles ressemblent aux rosées et aux pluies du ciel, qui rafraîchissent les eaux des fleuves, ralenties dans leurs cours et prêtes à se corrompre : changez les sources d'un fleuve, vous le changerez dans tout son cours; changez l'éducation d'un peuple, vous changerez son caractère et ses mœurs.

Nous hasarderons quelques idées sur un sujet si important, et nous en chercherons les indications dans la nature. Lorsqu'on examine le nid d'un oiseau, on y trouve non-seulement les nourritures qui sont agréables à ses petits; mais à la mollesse des fourrures qui le tapissent, à sa situation qui l'abrite du froid, de la pluie et du vent, et à une multitude d'autres précautions, il est aisé de reconnaître que ceux qui l'ont construit ont réuni autour de leurs petits toute l'intelligence et toute la bienveillance dont ils étaient capables : leur père même chante à quelque distance de leur berceau, excité plutôt, je pense, par les sollicitudes de l'amour paternel que par celles de l'amour conjugal : car ce dernier sentiment finit chez la plupart dès que leur couvée commence. Si nous examinions sous le même aspect les écoles des enfants des hommes, nous aurions une bien mauvaise idée de l'affection de leurs parents. Des verges, des férules, des fouets, des cris, des larmes, sont les premières leçons données à la vie humaine : à la vérité, on démêle quelques récompenses parmi tant de châtiments; mais, symboles de ce qui les attend dans la société, la douleur y est en réalité, et le plaisir n'y est qu'en image.

Il est digne de remarque que, de toutes les espèces d'êtres sensibles, l'espèce humaine est la seule dont les petits soient élevés à force de coups. Je ne voudrais pas d'autre preuve, dans le genre humain, d'une dépravation originelle. L'espèce européenne surpasse à cet égard toutes les nations du monde, comme aussi en méchanceté. Nous avons remarqué, d'après les témoignages des missionnaires mêmes, avec quelle douceur les sauvages élèvent leurs enfants, et quelle affection ceux-ci portent à leurs parents. Les Arabes étendent leur humanité jusqu'à leurs chevaux : jamais ils ne les frappent; ils les dressent à force de caresses, et ils les rendent si dociles, qu'il n'y en a point dans le monde qui leur soient comparables en beauté et en bonté. Ils ne les attachent point dans leur camp; ils les laissent errer en paissant aux environs, d'où ils accourent à la voix de leurs maîtres. Ces animaux dociles viennent la nuit se coucher dans leurs tentes au milieu des enfants, sans jamais les blesser. Si un cavalier tombe dans une course, son cheval s'arrête sur-le-champ, et reste auprès de lui sans le quitter. Ces peuples sont parvenus, par l'influence invincible d'une éducation douce, à faire de leurs chevaux les premiers coursiers de l'univers. On ne peut lire sans attendrissement ce que rapporte à ce sujet le vertueux consul d'Arvieux, dans son voyage du Liban. Un pauvre Arabe du Désert avait pour tout bien une magnifique jument : le consul de France à Seyde lui proposa de la lui vendre, dans l'intention de l'envoyer à Louis XIV. L'Arabe, pressé par le besoin, balança long-temps; enfin il y consentit, et en demanda un prix considérable. Le consul, n'osant de son chef donner une si grosse somme, écrivit à sa cour pour en obtenir l'agrément. Louis XIV donna ordre qu'elle fût délivrée. Le consul sur-le-champ mande l'Arabe, qui arrive monté sur sa belle coursière, et il lui compte l'or qu'il avait demandé. L'Arabe, couvert d'une pauvre natte, met pied à terre, regarde l'or; il jette ensuite les yeux sur sa jument, il soupire, et il lui dit : « A qui vais-je te livrer? à
» des Européens qui t'attacheront, qui te battront,
» qui te rendront malheureuse : reviens avec moi,
» ma belle, ma mignonne, ma gazelle! sois la joie
» de mes enfants! » En disant ces mots, il sauta dessus, et reprit la route du Désert.

Si les pères battent les enfants chez nous, c'est qu'ils ne les aiment pas; s'ils les mettent en nourrice dès qu'ils sont venus au monde, c'est qu'ils ne les aiment pas; s'ils les envoient, dès qu'ils grandissent, dans des pensions et des colléges, c'est qu'ils ne les aiment pas; s'ils leur procurent des états hors de leur état et de leur province, c'est qu'ils ne les aiment pas : ils les éloignent d'eux à toutes les époques de la vie, sans doute parcequ'ils les regardent comme leurs héritiers.

J'ai cherché long-temps la cause de ce sentiment dénaturé, non pas dans nos livres : car leurs auteurs, pour faire la cour aux pères qui achètent leurs ouvrages, n'y parlent que des devoirs des enfants; et si quelquefois ils s'occupent de ceux des pères, ceux qu'ils leur prescrivent envers leurs enfants sont si tristes, qu'ils semblent leur donner de nouveaux moyens de s'en faire haïr.

Cette apathie paternelle tient au désordre de nos mœurs, qui a détruit parmi nous tous les sentiments de la nature. Chez les anciens, et même chez les sauvages, la perspective de la vie sociale leur présentait une suite d'emplois depuis l'enfance jusqu'à la vieillesse, qui était parmi eux l'âge des grandes magistratures et du sacerdoce. Les espérances de leur religion venaient alors terminer la fin de leur carrière, et achevaient de rendre le plan de leur vie conforme à celui de la nature. C'est ainsi qu'ils entretenaient toujours dans l'ame de leurs citoyens cette perspective de l'infini, si naturelle au cœur humain. Mais la vénalité et les mauvaises mœurs ayant renversé parmi nous l'ordre de la nature, le seul âge de la vie qui ait conservé ses droits est celui de la jeunesse et des amours. C'est là l'époque où tous les citoyens dirigent leurs pensées. Chez les anciens, c'étaient les vieillards qui gouvernaient; chez nous, ce sont les jeunes gens. On force, dans tous les emplois, les vieillards de se retirer. Leurs chers enfants leur paient alors le fruit de l'éducation qu'ils en ont reçue.

Il arrive donc de là qu'un père et une mère, fixant chez nous l'époque de leur bonheur vers le milieu de la vie, ne voient qu'avec peine leurs enfants s'en approcher, dans le temps qu'eux-mêmes s'en éloignent. Comme leur foi est à peu près détruite, la religion ne leur présente aucune consolation. Ils ne voient plus que la mort au bout de leurs perspectives. Ce point de vue les rend tristes, durs, et souvent cruels. Voilà pourquoi les pères, chez nous, n'aiment point leurs enfants, et que nos vieilles gens affectent tant de goûts frivoles pour se rapprocher d'une génération qui les repousse.

C'est par une suite de ces mêmes mœurs qu'il n'y a point de patriotisme chez nous. Il y en avait, au contraire, beaucoup chez les anciens. Les anciens se proposaient, non-seulement de grandes récompenses dans le présent, mais de bien plus grandes pour l'avenir. Les Romains, par exemple, avaient des oracles qui promettaient à Rome d'être la capitale du monde, et elle le devint. Chaque citoyen, en particulier, se flattait d'influer sur ses destins, et de présider un jour, comme un dieu tutélaire, sur ceux de sa propre postérité. Ils n'ambitionnaient rien de plus que de voir leur siècle honoré et distingué par-dessus tous ceux de la république. Ceux qui parmi nous ont quelque ambition pour l'avenir la bornent à être distingués eux-mêmes de leur propre siècle par leur savoir ou leur philosophie. Voilà à peu près à quoi se termine notre ambition naturelle, dirigée par notre éducation.

Les anciens cherchaient à deviner ce que deviendrait leur postérité; et nous, ce qu'ont été nos ancêtres. Ils regardaient en avant, et nous en arrière. Nous sommes dans l'état comme des passagers embarqués de force dans un vaisseau : nous regardons à la poupe, et non à la proue; la terre d'où nous partons, et non celle où nous devons aborder. Nous recueillons avec empressement des manuscrits gothiques, des monuments de chevalerie, des médaillons de Childéric; nous ramassons avec ardeur toutes ces pièces usées de l'ancienne manœuvre de notre vaisseau. Nous les suivons de la vue derrière nous le plus loin que nous pouvons. Nous étendons même ce souci de l'antiquité aux monuments qui nous sont étrangers, à ceux des Grecs et des Romains. Ils sont, comme les nôtres, des débris de leurs vaisseaux qui ont péri sur la vaste mer des siècles, sans pouvoir parvenir jusqu'à nous. Ils nous accompagneraient, et nous devanceraient même, s'ils eussent été bien gouvernés. On peut encore les reconnaître à leurs débris. A la simplicité de sa construction et à la légèreté de sa coupe, voilà le vaisseau de Lacédémone. Il était fait pour voguer éternellement; mais il n'avait point de carène; il survint une grande tempête, et les Ilotes ne purent le ramener à son équilibre. A la hauteur de ses châteaux de poupe, vous reconnaissez la superbe Rome. Elle ne put supporter le poids de ses hautes manœuvres; ses grands la renversèrent. On pourrait graver ces inscriptions sur les différents écueils où ils ont échoué :

AMOUR DES CONQUÊTES. GRANDES PROPRIÉTÉS.
VÉNALITÉ DES CHARGES. CORRUPTION DES MŒURS.

Et sur tous :

MÉPRIS DU PEUPLE.

Les flots du temps mugissent encore sur leurs vastes débris, et en détachent des parcelles qu'ils dispersent parmi les nations vivantes pour leur instruction. Ces ruines semblent leur dire: « Nous » sommes des restes de l'ancien gouvernement des » Toscans, de Dardanus, et des petits-fils de Nu- » mitor. Les états qu'ils ont transmis à leurs des- » cendants nourrissent encore des nations, mais el- » les n'ont plus les mêmes langages ni les mêmes » religions, ni les mêmes dynasties de souverains. » La Providence divine, pour sauver les hommes » du naufrage, a noyé les pilotes et brisé les vais- » seaux. »

Nous admirons, au contraire, dans nos sciences frivoles, leurs conquêtes, leurs grands et inutiles bâtiments, et tous les monuments de leur luxe, qui sont les écueils mêmes où ils ont péri. Voilà où nous mènent nos études et notre patriotisme. Si la postérité s'occupe des anciens, c'est que les anciens ont travaillé pour elle; mais si nous ne faisons rien pour la nôtre, certainement elle ne s'occupera pas de nous. Elle s'entretiendra, comme nous faisons sans cesse, des Grecs et des Romains, sans se soucier en rien de ses pères.

Au lieu de nous extasier sur des médailles romaines et grecques, à demi rongées par le temps, ne serait-il pas aussi agréable et plus utile de jeter nos vues et nos conjectures sur nos enfants frais, vifs, potelés, et de chercher à reconnaître dans leurs inclinations quels seront les coopérateurs futurs de notre patrie? Ceux qui, dans leurs jeux, aiment à bâtir, lui élèveront un jour des monuments. Parmi ceux qui se plaisent à faire entre eux des guerres innocentes, se formeront des Scipions et des Épaminondas. Ceux qui sont assis sur l'herbe, spectateurs tranquilles des jeux de leurs compagnons, lui donneront un jour de graves magistrats, et des philosophes maîtres de leurs passions. Ceux qui, dans leur course inquiète, aiment à s'écarter des autres, seront d'illustres voyageurs et des fondateurs de colonies qui porteront les mœurs et la langue de la France parmi les sauvages de l'Amérique, ou dans l'intérieur de l'Afrique même. Si nous sommes bons envers nos enfants, ils béniront notre mémoire; ils transmettront sans altération nos costumes, nos modes, notre éducation, notre gouvernement et notre souvenir à la postérité la plus reculée. Nous serons pour eux des dieux bienfaisants qui les auront soustraits à la barbarie gothique. Nous satisferions le goût inné de l'infini encore mieux en jetant notre vue à deux mille ans dans l'avenir, qu'à deux mille ans dans le passé. Cette manière de voir, plus conforme à notre nature divine, fixerait notre bienveillance sur des objets sensibles qui existent et qui doivent encore exister [72]. Nous nous ménagerions à nous-mêmes, pour nos vieux jours si tristes et si rebutés, la reconnaissance de la génération qui va venir nous remplacer; en assurant son bonheur et le nôtre, nous concourrions de tous nos moyens à celui de la patrie.

Pour contribuer à cette heureuse révolution, je hasarderai encore quelques idées rapides. Je suppose donc que j'ai à employer utilement une partie des douze années que perdent nos jeunes gens dans les colléges. Je réduis le temps de leur éducation à trois époques, de trois années chacune. La première aura lieu à sept ans, comme chez les Lacédémoniens, et même auparavant : un enfant est susceptible d'une éducation patriotique dès qu'il sait parler et marcher. La seconde commencera à l'adolescence ; et la troisième finira avec elle vers la seizième année, âge où un jeune homme peut être utile à sa patrie, et embrasser un état.

Je disposerais d'abord, vers le centre de Paris, un grand édifice bâti intérieurement en amphithéâtre circulaire, divisé par gradins. Les maîtres destinés à l'éducation se tiendraient au centre dans le bas, et il y aurait en haut plusieurs rangs de galeries, afin de multiplier les places pour les auditeurs. Il y aurait au dehors et tout autour de ce bâtiment de larges portiques à plusieurs étages, destinés à recevoir le peuple. On lirait ces mots sur le fronton de l'entrée :

ÉCOLE DE LA PATRIE.

Je n'ai pas besoin de dire que les enfants passant trois années dans chaque époque de leur éducation, il faudrait un de ces édifices pour l'instruction de la génération annuelle, ce qui fixerait au nombre de neuf celui des monuments destinés à l'éducation générale de la capitale.

Autour de chacun de ces amphithéâtres serait un grand parc couvert de plantes et d'arbres du pays, jetés au hasard comme dans la campagne et dans les bois. On y verrait des primevères et des violettes au pied des chênes, des poiriers et des pommiers confondus avec des ormes et des hêtres. Les berceaux de l'innocence ne seraient pas moins intéressants que les tombeaux de la vertu.

Si j'ai désiré qu'on élevât des monuments à la gloire de ceux qui ont enrichi notre climat de plantes exotiques, ce n'est pas que je préfère celles-là à celles de la patrie ; mais c'est pour rendre à la mémoire de ces citoyens une partie de la reconnaissance que nous devons à la nature. D'ailleurs, les plantes les plus communes de nos campagnes, indépendamment de leur utilité, sont celles qui nous rappellent les sensations les plus agréables : elles ne nous jettent pas au dehors comme les plantes étrangères, mais elles nous ramènent au dedans et à nous-mêmes. La sphère emplumée d'un pissenlit me fait ressouvenir des lieux où, assis sur l'herbe avec des enfants de mon âge, nous tentions d'enlever d'un seul souffle toutes ses aigrettes, sans qu'il en restât une seule. La fortune a soufflé de même sur nous, et a dispersé nos cercles légers dans tous les pays du monde. Je me rappelle, en voyant certains épis de graminées, l'âge heureux où nous conjuguions sur leurs stipules alternatives les différents temps et les différents modes du verbe *aimer*. Nous tremblions d'entendre nos compagnons finir à la dernière par : « Je ne vous aime plus. » Ce ne sont pas les plus belles fleurs que nous affectionnons davantage. Le sentiment moral détermine à la longue tous nos goûts physiques. Les plantes qui me semblent les plus malheureuses sont aujourd'hui celles qui m'inspirent le plus d'intérêt. Souvent je fixe mon attention sur un brin d'herbe au haut d'un vieux mur, ou sur une scabieuse battue des vents au milieu d'une plaine. Plus d'une fois, en voyant dans les pays étrangers un pommier sans fleurs et sans fruits, je me suis écrié : « Oh ! pourquoi la fortune » vous a-t-elle refusé, comme à moi un peu de » terre dans votre terre natale ? »

Les plantes de la patrie nous en rappellent partout l'idée d'une manière plus touchante que ses monuments. Je n'épargnerais donc rien pour les réunir autour des enfants de la nation. Je ferais de leur école un lieu charmant comme leur âge, afin que quand les injustices de leurs patrons, de leurs amis, de leurs parents, de la fortune, auraient brisé dans leur cœur tous les liens de la patrie, le lieu où leur enfance aurait été heureuse fût encore leur Capitole.

Je le décorerais de quelques tableaux. Les enfants, ainsi que le peuple, préfèrent la peinture à la sculpture, parceque cette dernière a pour eux trop de beautés de convention. Ils n'aiment point les figures toutes blanches, mais avec des joues rouges et des yeux bleus, comme leurs images de plâtre. Ils sont plus frappés des couleurs que des formes. Je voudrais qu'on y vît les portraits de nos rois enfants. Cyrus, élevé avec des enfants de son âge, en fit des héros; les nôtres seraient élevés au moins avec les images des rois. Ils prendraient, à leur vue, les premiers sentiments de l'attachement qu'ils doivent aux pères de la patrie. On y verrait des tableaux de religion, non pas ceux qui sont effrayants, et qui sont destinés à rappeler l'homme au repentir; mais ceux qui sont propres à rassurer l'innocence. Tel serait celui de la Vierge tenant Jésus enfant dans ses bras; tel serait Jésus lui-même au milieu des enfants, portant dans leurs attitudes et leurs traits la naïveté et la confiance de leur âge, et tels que Le Sueur les eût peints. On lirait au-dessous ces paroles de Jésus-Christ même :

SINITE PARVULOS AD ME VENIRE.
LAISSEZ LES PETITS VENIR A MOI.

S'il était nécessaire de présenter dans cette école quelque acte de sa justice, on pourrait y peindre le figuier sans fruits séchant à sa voix. On verrait les feuilles de cet arbre se crisper, ses branches se tordre, son écorce se crevasser, et le végétal entier, frappé de terreur, périr sous la malédiction de l'auteur de la nature.

On pourrait y mettre quelque inscription simple et courte tirée de l'Évangile, comme celle-ci :

AIMEZ-VOUS LES UNS LES AUTRES.

Et cette autre :

VENEZ A MOI, VOUS QUI ÊTES CHARGÉS, ET JE VOUS SOULAGERAI.

Et cette maxime déjà nécessaire à l'enfance :

LA VERTU CONSISTE A PRÉFÉRER LE BIEN PUBLIC AU NÔTRE.

Et cette autre :

POUR ÊTRE VERTUEUX, IL FAUT RÉSISTER A SES PENCHANTS, A SES INCLINATIONS, A SES GOUTS, ET COMBATTRE SANS CESSE CONTRE SOI-MÊME.

Mais il y a des inscriptions auxquelles on ne fait guère d'attention, et dont le sens importe bien davantage aux enfants: ce sont leurs propres noms. Leurs noms sont des inscriptions qu'ils portent partout avec eux. On ne saurait croire combien ils influent sur leur caractère naturel. Notre nom est le premier et le dernier bien qui soit à notre disposition; il détermine dès l'enfance nos inclinations; il nous occupe pendant la vie et jusqu'après la mort. Il me reste un nom, dit-on. Ce sont les noms qui illustrent ou déshonorent la terre. Les rochers de la Grèce et de l'Italie ne sont ni plus anciens ni plus beaux que ceux des autres parties du monde; mais nous les estimons davantage, parcequ'ils portent de plus beaux noms. Une médaille n'est qu'un morceau de cuivre souvent rouillé, mais qui est décoré d'un nom illustre. Je voudrais donc qu'on donnât de beaux noms aux enfants. Un enfant se patronne sur son nom. S'il porte à quelque vice, ou s'il prête à quelque ridicule, comme font beaucoup des nôtres, son ame s'y incline. Bayle remarque qu'un certain inquisiteur, appelé Torre-Quemada, ou de la Tour-brûlée, avait fait brûler je ne sais combien d'hérétiques dans sa vie. Un cordelier, appelé Feu-Ardent, en fit tout autant. C'est un autre abus de donner à des enfants destinés à des occupations pacifiques des noms turbulents et ambitieux, comme ceux d'Alexandre et de César. Il est encore plus dangereux de leur en donner de ridicules. J'ai vu à cette occasion de malheureux enfants si vexés par leurs compagnons, et même par leurs propres parents, à l'occasion de leurs noms de baptême, qui emportaient quelque idée de simplicité et de bonhomie, qu'ils en prenaient insensiblement un caractère opposé de malignité et de férocité. Les exemples en sont fréquents. Deux de nos plus fameux écrivains satiriques en théologie et en poésie s'appelaient, l'un Blaise Pascal, et l'autre Colin Boileau. Colin n'a point de malice, disait son père. Ce mot lui en donna. La scélératesse audacieuse de Jacques Clément naquit peut-être en lui de quelque ridicule à l'occasion de son nom. L'administration doit donc veiller sur les noms donnés aux enfants, puisqu'ils ont de si terribles influences sur les caractères des citoyens. Je voudrais aussi qu'à leur nom de baptême on joignît un surnom de quelque famille célèbre par ses vertus, comme faisaient les Romains : ces espèces d'adoptions attacheraient les petits aux grands, et les grands aux petits. Il y avait à Rome je ne sais combien de Scipions dans les familles plébéiennes. On ferait revivre de même parmi notre peuple les noms de nos familles illustres, comme celles des Fénelon, des Catinat, des Montausier, etc.

On ne se servirait point, dans cette école, de cloches bruyantes pour annoncer les différents exercices, mais du son des flûtes, des hautbois et des musettes. Tout ce qu'on y apprendrait serait mis en vers et en musique. On ne saurait croire quelle est l'influence de ces deux arts réunis. J'en citerai quelques exemples pris dans la législation du peuple qui a peut-être été le mieux policé, je veux dire celui de Sparte. Voici ce qu'en dit Plutarque dans la vie de Lycurgue : « Lycurgue estant
» donc parti de son pays (pour fuir les calomnies
» qui estoient les recompenses de sa vertu, il

» dressa premierement son voyage en Candie, là
» où il observa et considera diligemment la forme
» de vivre et de gouverner la chose publique que
» l'on y gardoit, en hantant et conferant avec les
» plus gens de bien et les plus renommés qui y
» fussent. Si y trouva quelques lois qui lui sem-
» blerent bonnes, et en fist extrait, en delibera-
» tion de les porter en son pays pour s'en servir à
» l'avenir; aussi en trouva-t-il d'autres dont il ne
» fist compte. Or, y aviot-il un personnage, en-
» tre les autres, qui estoit estimé bien sage et
» bien entendu en matiere de gouvernement, et
» s'appeloit Thalès, envers lequel Lycurgue fit
» tant par prieres et par amitié qu'il avoit prise
» avec lui, qu'il lui persuada de s'en aller à Sparte.
» Cettui Thalès avoit bruit d'estre poëte lyrique,
» et prenoit le titre de cet art-là; mais, en effet, il
» faisoit tout ce que pouvoient faire les meilleurs
» et plus suffisants gouverneurs et reformateurs
» du monde : car tous ses propos estoient belles
» chansons, èsquelles il preschoit et admonestoit
» le peuple de vivre sous l'obeissance de lois en
» union et concorde les uns avec les autres, estant
» ses paroles accompagnées de chants, de gestes et
» d'accents pleins de douceur et de gravité, qui
» secretement adoucissoient les cœurs felons des
» escoutants, et les induisoient à aimer les choses
» honnestes, en les detournant des seditions, ini-
» mitiés et divisions qui pour lors regnoient entre
» eux; tellement qu'on peut dire que ce fut lui qui
» prepara la voie à Lycurgue, par où il condui-
» sit et rangea depuis les Lacedemoniens à la
» raison. »

Lycurgue introduisit encore parmi eux la musique dans plusieurs exercices, entre autres dans ceux de la guerre.* « Quand toute leur armée estoit
» rangée en bataille, à la vue de l'ennemi, le roy
» adonc sacrifioit aux dieux une chevre; et quant
» et quant commandoit aux combattants qu'ils mis-
» sent tous sur leurs têtes des chapeaux de fleurs;
» et aux joueurs de fluste, qu'ils sonnassent l'au-
» bade qu'ils appellent la chanson de Castor, au
» son et à la cadence de laquelle lui-mesme com-
» mençoit à marcher le premier; de sorte que
» c'estoit chose plaisante et non moins effroyable,
» de les voir ainsi marcher tous ensemble en si bonne
» ordonnance au son des flustes, sans jamais trou-
» bler leur ordre ni confondre leurs rangs, et sans
» se perdre ni estonner aucunement, ains aller
» posement et joyeusement au son des instruments
» se hasarder aux perils de la mort. »

*Plutarque, Vie de Lycurgue.

Ainsi, à la différence des peuples modernes, la musique servait à réprimer leur courage plutôt qu'à l'exciter; et il ne leur fallait pour cela ni bonnets de peau d'ours, ni eau-de-vie, ni tambours.

Si la musique et la poésie eurent tant de pouvoir à Sparte pour ramener à la vertu des hommes corrompus, et ensuite pour les gouverner, quelle influence n'auraient-elles pas sur nos enfants dans l'âge de l'innocence! Qui pourrait jamais oublier les saintes lois de la morale, si elles étaient mises en musique et en vers aussi agréables que ceux du *Devin du Village*? De pareilles institutions feraient naître parmi nous des poètes aussi sublimes que le sage Thalès, ou que Tyrtée, qui composa l'hymne de Castor.

Ces moyens établis pour nos enfants, la première chose qu'on leur apprendrait serait la religion. On leur parlerait d'abord de Dieu, pour le leur faire aimer et craindre, mais craindre sans leur en faire peur. La peur de Dieu engendre la superstition, et donne des frayeurs horribles des prêtres et de la mort. Le premier commandement de la religion est d'aimer Dieu. « Aimez, et faites ce que vous voudrez, » disait un saint. Notre religion nous ordonne de l'aimer par-dessus toutes choses. Elle veut que nous nous adressions à lui comme à notre père. Si elle nous ordonne de le craindre, ce n'est que relativement à l'amour que nous lui devons, parceque nous devons craindre d'offenser ce que nous devons aimer. Au reste, je ne pense pas, à beaucoup près, qu'un enfant ne puisse avoir l'idée de Dieu avant l'âge de quatorze ans, comme un écrivain que j'aime d'ailleurs l'a mis en avant. Ne donne-t-on pas aux plus petits enfants des sentiments de peur et de haine pour des objets métaphysiques qui n'existent pas? Comment ne leur en inspirerait-on pas de confiance et d'amour pour l'Être qui remplit toute la nature de sa bienfaisance? Les enfants n'ont pas l'idée de Dieu à la manière de la théologie ou de la philosophie; mais ils sont très capables d'en avoir le sentiment, qui, comme nous l'avons vu, est la raison de la nature. Ce sentiment même a été exalté parmi eux du temps des croisades, jusqu'à en porter un grand nombre à se croiser pour la conquête de la Terre-Sainte. Plût à Dieu que j'eusse conservé le sentiment de l'existence de Dieu et de ses principaux attributs, aussi pur que je l'avais dans le premier âge! C'est le cœur, plus encore que l'esprit, que la religion demande. Et quel est, je vous prie, l'être le plus rempli de la Divinité et le plus agréable à ses yeux, de l'enfant qui, plein de son sentiment, lève ses mains innocentes vers le ciel, en balbutiant sa prière, ou du scolastique qui en explique la nature?

Il est fort aisé de donner aux enfants des idées de Dieu et de la vertu. Des marguerites sur l'herbe, des fruits suspendus aux arbres de leur enclos, seraient leurs premières leçons de théologie, et leurs premiers exercices d'abstinence et d'obéissance aux lois. On les fixerait sur l'objet principal de la religion par le récit pur et simple de la vie de Jésus-Christ dans l'Évangile. Ils apprendraient dans leur *Credo* tout ce qu'ils peuvent savoir de la nature de Dieu, et dans le *Pater* tout ce qu'ils doivent lui demander.

Il est digne de remarque que, de tous les livres saints, il n'y en a point que les enfants apprennent avec autant de facilité que l'Évangile. Il faudrait les exercer particulièrement à en exécuter les actes, sans vaine gloire et sans respect humain. On les dresserait donc à se prévenir mutuellement en amitiés, en déférences, et en toutes sortes de bons offices. Tous les enfants des citoyens seraient admis dans cette école de la patrie, sans en excepter aucun. On en exigerait seulement la plus grande propreté, ne fussent-ils d'ailleurs revêtus que de lambeaux recousus. On y verrait l'enfant de l'homme de qualité, conduit par son gouverneur, arriver en équipage, et se placer près de l'enfant d'un paysan appuyé sur son bâtonnet, vêtu de toile au milieu même de l'hiver, et portant dans un sac ses livres et sa tranche de pain noir, pour se sustenter toute la journée. Ils apprendraient alors l'un et l'autre à se connaître avant de se séparer pour toujours. L'enfant du riche s'instruirait à faire part de son superflu à celui qui est souvent destiné à le nourrir toute sa vie de son propre nécessaire. Ces enfants de toute condition assisteraient, la tête couronnée de fleurs, et distribués en chœurs, à nos processions publiques : leur âge, leur ordre, leurs chants et leur innocence y présenteraient un spectacle plus auguste que les laquais des grands, qui y portent les armoiries de leurs maîtres collées à des cierges, et sans contredit plus touchant que les haies de soldats et de baïonnettes dont on y environne un Dieu de paix.

On apprendrait dans cette école, aux enfants, à lire, à écrire et à chiffrer. Des hommes ingénieux ont imaginé à cet effet des bureaux et des méthodes simples, promptes et agréables; mais les maîtres d'école ont eu grand soin de les rendre inutiles, parcequ'elles détruisaient leur empire, et que l'éducation allait trop vite pour leur profit. Si vous voulez apprendre promptement à lire aux enfants, mettez une dragée sur chacune de leurs lettres; ils sauront bientôt leur alphabet par cœur; et si vous en multipliez ou diminuez le nombre, ils ne tarderont pas à savoir l'arithmétique. Au reste, ils auront bien profité dans cette école de la patrie s'ils en sortent sans savoir lire, écrire et chiffrer, mais pénétrés seulement de cette vérité, que lire, écrire et chiffrer, et toutes les sciences du monde, ne sont rien; mais que d'être sincère, bon, officieux, aimant Dieu et les hommes, est la seule science digne du cœur humain.

A la seconde époque de l'éducation, que je suppose vers l'âge de dix ou douze ans, où leur intelligence s'inquiète et s'empresse d'imiter tout ce qu'elle voit faire, je leur apprendrais comment on pourvoit aux besoins de la société. Je ne leur ferais pas connaître les 550 arts et métiers qu'on exerce dans Paris, mais seulement ceux qui servent aux premières nécessités de la vie, tels que l'agriculture, les diverses préparations du pain, les arts appelés par notre orgueil mécaniques, tels que ceux de filer le lin et le chanvre, d'en faire de la toile, et de bâtir des maisons. J'y joindrais les éléments des sciences naturelles qui ont fait imaginer ces métiers, les éléments de géométrie et les expériences de physique, qui n'ont rien inventé à cet égard, mais qui expliquent leurs procédés avec beaucoup d'appareil. J'y ajouterais des connaissances des arts libéraux, telles que celles du dessin, de l'architecture, des fortifications, non pas pour en faire des peintres, des architectes et des ingénieurs, mais pour leur apprendre comme on se loge, et comment on défend la patrie. Je leur ferais observer, pour les préserver de la vanité que les sciences inspirent, que l'homme, au milieu de tant d'arts et de métiers, n'a rien imaginé; qu'il a tout imité, ou d'après l'industrie des animaux, ou d'après les opérations de la nature; que son industrie est un témoignage de la misère à laquelle il est condamné, qui l'oblige de combattre sans cesse contre les éléments, contre la faim et la soif, contre ses semblables, et, ce qu'il y a de plus difficile, contre lui-même. Je leur ferais sentir ces relations des vérités de la religion avec celles de la nature; et je les disposerais ainsi à aimer la classe d'hommes utiles qui pourvoient sans cesse à leurs besoins.

Je tâcherais toujours, dans le cours de cette éducation, de faire aller de pair les exercices du corps et ceux de l'ame : ainsi, pendant qu'ils acquerraient des connaissances des arts utiles, je leur apprendrais le latin. Je ne le leur enseignerais pas métaphysiquement et grammaticalement, comme dans nos colléges, où ils l'oublient dès qu'ils en sont sortis, mais par l'usage : c'est ainsi que l'apprennent la plupart des paysans polonais, qui le parlent toute leur vie, quoiqu'ils n'aient point été au collége. Ils le parlent d'une manière très intelligible, comme je l'ai éprouvé en voyageant dans leur pays ; ils ont conservé, je crois, cette langue de quelques bannis du temps des Romains, et peut-être d'Ovide relégué chez les Sarmates, leurs ancêtres, pour la mémoire duquel ils ont encore la plus grande vénération. Ce n'est pas, disent nos savants, du latin de Cicéron ; mais qu'importe ? Ce n'est pas parceque ces paysans ne savent pas assez bien le latin qu'ils ne parlent pas le langage de Cicéron, c'est parcequ'étant serfs, ils n'entendent pas celui de la liberté. Nos paysans français n'en comprendraient pas les meilleures traductions, fussent-elles de l'université ; mais un sauvage du Canada les entendrait fort bien, et mieux que beaucoup de professeurs d'éloquence. C'est le ton de l'ame de celui qui écoute qui donne l'intelligence du langage de celui qui parle. On avait proposé, je crois, sous Louis XIV, de bâtir une ville où l'on n'aurait parlé que latin, ce qui eût abrégé infiniment l'étude de cette langue ; mais sans doute l'université n'y aurait pas trouvé son compte. Quoi qu'il en soit, je suis bien sûr qu'il ne faudrait pas plus de deux ans pour apprendre le latin par l'usage aux enfants de l'école de la patrie, surtout si, dans les lectures où ils assisteraient, on leur donnait des extraits de la vie des grands hommes français et romains bien écrits en latin, et ensuite bien expliqués.

A la troisième époque de l'éducation, à peu près dans l'âge où les passions prennent l'essor, je leur en montrerais le doux et pur langage dans les *Églogues* et les *Géorgiques* de Virgile, la philosophie dans quelques odes d'Horace, et des tableaux de leur corruption dans Tacite et dans Suétone. J'achèverais la peinture des hideux excès où elles plongent l'homme dans quelque historien du Bas-Empire. Je leur ferais remarquer comme les talents, le goût, les lumières et l'éloquence tombèrent à la fois chez les anciens avec les mœurs et la vertu. Je me garderais bien de les fatiguer sur ces lectures ; je ne leur en montrerais que les morceaux les plus piquants, afin de leur faire naître le desir d'en connaître le reste. Mon but ne serait pas de leur faire faire un cours de Virgile, d'Horace ou de Tacite, mais un véritable cours d'humanités, en réunissant dans leurs études ce que les hommes de génie ont pensé de plus propre à perfectionner la nature humaine. Je leur ferais apprendre, également par l'usage, la langue grecque, qui est sur le point d'être bientôt entièrement inconnue chez nous. Je leur ferais connaître Homère, *principium sapientiæ et fons*, dit Horace avec tant de raison ; Hérodote, le père de l'histoire ; quelques maximes du livre sublime de Marc-Aurèle. Je leur ferais sentir comme, dans tous les temps, les talents, les vertus, les grands hommes et les républiques fleurirent avec la confiance dans la Providence divine. Mais, pour donner plus de poids à ces éternelles vérités, j'y entremêlerais les études ravissantes de la nature, dont ils n'auraient vu que de faibles esquisses dans les plus grands écrivains.

Je leur ferais remarquer la disposition de ce globe, suspendu d'une manière incompréhensible sur le néant ; parcouru et navigué par une infinité de nations ; je leur ferais observer dans chaque climat les principales plantes qui sont utiles à la vie humaine, les animaux qui se rapportent à ces plantes et à leur territoire, sans s'étendre au-delà ; ensuite les hommes, seuls de tous les êtres sensibles dispersés partout pour s'aider mutuellement, et pour recueillir à la fois toutes les productions de la nature. Je leur ferais voir que les intérêts des princes ne sont pas autres que ceux du genre humain, et que ceux de chaque peuple ne diffèrent point de ceux de leurs princes. Je leur parlerais des diverses lois qui gouvernent les nations ; je leur apprendrais celles de leur propre pays, qui sont ignorées de la plupart des citoyens. Je leur donnerais une idée des principales religions qui divisent la terre ; et je leur ferais connaître combien la chrétienne est préférable à toutes nos lois politiques, et convenable au bonheur du genre humain. Je leur ferais sentir que c'est elle qui empêche les divers états de la société de se briser les uns contre les autres, et qui leur donne des forces égales sous des poids inégaux. De ces considérations sublimes s'allumerait dans ces jeunes cœurs l'amour de la patrie, qui s'enflammerait par le spectacle de ses malheurs mêmes.

J'entremêlerais ces spéculations touchantes d'exercices utiles, agréables, et convenables à la fougue de leur âge. Je leur ferais apprendre à nager, non pas tant pour leur apprendre à se tirer eux-mêmes du péril, s'ils venaient à faire quelque naufrage, que pour porter du secours à ceux qui peuvent se trouver dans le même cas. Quelque utilité particulière qu'ils puissent tirer de leurs études, je ne leur proposerais jamais d'autre but que le bien d'autrui. Ils y feraient de grands progrès, quand ils n'en recueilleraient d'autre fruit que la concorde et l'amour de la patrie. Dans la belle saison, quand la moisson est faite, vers le commencement de septembre, je les mènerais à la campagne, divisés sous plusieurs drapeaux. Je leur donnerais une image de la guerre. Je les ferais coucher sur l'herbe, à l'ombre des forêts : là, ils prépareraient eux-mêmes leurs aliments; ils apprendraient à défendre et à attaquer un poste, à passer une rivière à la nage; ils s'exerceraient à faire usage des armes à feu, et à exécuter en même temps des manœuvres prises de la tactique des Grecs, qui sont nos maîtres presque en tout genre. Je ferais tomber, par ces exercices militaires, le goût de l'escrime, qui ne rend les soldats redoutables qu'aux citoyens, inutile et nuisible à la guerre, réprouvé par tous les grands capitaines, et dérogeant au courage, disait Philopœmen. « En mon » enfance, dit Michel Montaigne, la noblesse fuyoit » la reputation de bien escrimer, comme injurieu- » se, et se desroboit pour l'apprendre, comme mes- » tier de subtilité, desrogeant à la vraie et nayve » vertu*. » Cet art, né dans la même société, de la haine des classes inférieures contre les supérieures, qui les oppriment, nous est venu de l'Italie, où il a perdu l'art militaire. C'est lui qui nourrit parmi nous l'esprit des duels. Cet esprit n'est pas venu des peuples du nord, comme l'ont dit tant d'écrivains. Les duels sont très rares en Prusse et en Russie; ils sont tout-à-fait inconnus aux sauvages du nord : leur origine vient de l'Italie, comme on en peut juger par les fameux livres d'escrime et par les termes de cet art, qui sont italiens, comme tierce, quarte; il s'est naturalisé chez nous par la faiblesse et la corruption de beaucoup de femmes qui sont bien aises de trouver un spadassin dans un amant. C'est sans doute à ces causes morales qu'il faut attribuer cette étrange contradiction de notre gouvernement, qui défend le duel, et qui permet en même temps l'exercice public d'un art qui n'apprend rien autre chose qu'à se battre en duel[73]. Les élèves de la patrie auraient une autre idée du courage; et, dans le cours de leurs études, ils feraient un cours de la vie humaine, où ils apprendraient comment ils doivent un jour se comporter envers les citoyens et envers l'ennemi.

Le temps de la jeunesse se passerait agréablement et utilement dans un si grand nombre d'occupations. Les esprits et les corps se développeraient à la fois. Les talents naturels, souvent inconnus dans la plupart des hommes, se manifesteraient à la vue des différents objets qui leur seraient présentés. Plus d'un Achille sentirait, à la vue d'une épée, son sang s'enflammer; plus d'un Vaucanson, à l'aspect d'une machine, méditerait d'organiser le bronze ou le bois. Toutes ces connaissances, dira-t-on, demandent un temps considérable; mais si on songe à celui qui est perdu dans nos colléges par les répétitions ennuyeuses des leçons, par des décompositions et explications grammaticales de la langue latine, qui ne donnent pas seulement aux écoliers la facilité de la parler, et par les concours dangereux d'une vaine ambition, on ne saurait disconvenir que nous n'en fassions ici un meilleur usage. Les écoliers y barbouillent chaque jour autant de papier que des procureurs[74], d'autant plus inutilement que, graces à l'impression des livres dont ils copient les versions ou les thèmes, ils n'ont pas besoin de tout cet ennuyeux travail. Mais à quoi les régents eux-mêmes emploieraient-ils leur temps, si les écoliers ne perdaient le leur?

Dans les écoles de la patrie, tout se passerait à la manière académique des philosophes grecs. Les élèves y étudieraient tantôt assis, tantôt debout; tantôt à la campagne, tantôt dans l'amphithéâtre, ou dans le parc qui l'environnerait. Il n'y serait besoin ni de plumes, ni de papier, ni d'encre; chacun apporterait seulement avec lui le livre classique qui serait le sujet de la leçon. J'ai éprouvé bien des fois que l'on oublie ce qu'on écrit. Ce que je mets sur le papier, je l'ôte de ma mémoire, et bientôt de mon souvenir; je m'en suis aperçu à des ouvrages entiers que j'avais mis au net, et qui me paraissaient aussi étrangers que s'ils eussent été faits d'une autre main que de la mienne. Il n'en est pas de même des impressions que nous laisse la conversation d'autrui, surtout quand elle est accompagnée d'un grand appareil. Le ton de voix, le geste, le respect dû à l'orateur, les réflexions de nos voisins, concourent à nous graver les paroles d'un discours bien mieux que l'écriture. Je citerai encore, à cette occasion, l'autorité de Plutarque, ou plutôt celle de Lycurgue.

« Mais il faut bien noter que jamais Lycurgue » ne voulut qu'il y eust pas une de ses lois mise » par escrit; ains est expressement porté, par » l'une de ses ordonnances qu'il appelle restres, » qu'il ne veut pas qu'il y en ait aucune escrite; » car, quant à ce qui est de principale force et ef- » ficace pour rendre une cité heureuse et vertueu- » se, il estimoit que cela devoit estre empreint

---

* *Essais* de Michel Montaigne, liv. II, chap. XXVII.

» par la nourriture ès cœurs et ès mœurs des hom-
» mes, pour y demeurer à jamais immuable.
» C'est la bonne volonté, qui est un lien plus fort
» que toute autre contrainte que l'on sauroit don-
» ner aux hommes, qui fait que chacun d'eux se
» sert de loi à soi-mesme *. »

Les têtes de nos jeunes gens ne seraient donc pas fatiguées, dans les écoles de la patrie, d'une vaine et babillarde science. Tantôt ils défendraient entre eux la cause d'un citoyen; tantôt ils porteraient leur jugement sur un événement public. Ils suivraient le procédé d'un art dans tout son cours. Leur éloquence serait une vraie éloquence, et leur savoir un vrai savoir. Ils ne s'occuperaient ni de sciences abstraites, ni de recherches vaines, qui sont communément des fruits de l'orgueil. Dans les études que je propose, tout nous ramène à la société, à la concorde, à la religion, et à la nature.

Je n'ai pas besoin de dire que ces diverses écoles seraient décorées convenablement à leur usage, et que toutes serviraient dans leurs dehors de promenoirs et d'asiles au peuple, surtout pendant les jours longs et tristes de l'hiver. Il y verrait chaque jour des spectacles plus propres à lui inspirer de la vertu ou de l'amour envers sa patrie, je ne dis pas que ceux des boulevards ou que les danses du Wauxhall, mais même que les tragédies de Corneille.

Il n'y aurait parmi ces jeunes gens ni récompense, ni punition, ni émulation, et, partant, point d'envie. La seule punition qu'on y exercerait serait de bannir de l'assemblée celui qui la troublerait, seulement pour un temps proportionné à la faute du coupable : encore serait-ce plutôt un acte de police qu'une punition, car on n'attacherait à cet exil aucune espèce de honte. Mais, si vous voulez vous former une idée d'une pareille assemblée, concevez, au lieu de nos jeunes gens de collége, pâles, méditatifs, jaloux, tremblants sur les succès de leurs infortunées compositions, des jeunes gens gais, contents, attirés par le plaisir dans de vastes salles circulaires, où s'élèvent çà et là les statues des hommes illustres de l'antiquité et de la patrie; voyez-les tous attentifs à la leçon du maître, s'aidant les uns les autres à la concevoir, à la retenir, et à répondre à ses questions imprévues. Celui-ci suggère tacitement une réponse à son voisin, cet autre excuse la négligence de son camarade absent. Représentez-vous le progrès rapide des études, éclaircies par des maîtres intelligents, et recueillies par des élèves qui s'entr'aident mutuellement à les retenir. Figurez-vous la science se répandant parmi eux comme une flamme dans un bûcher dont toutes les pièces sont bien ordonnées, se communiquant de l'une à l'autre, et les embrasant toutes à la fois. Voyez naître parmi eux, au lieu d'une vaine émulation, l'union, la bienveillance, l'amitié, pour une réponse suggérée à propos, pour une excuse donnée en faveur d'un absent par des camarades voisins, et pour d'autres services rendus. Le souvenir de ces liaisons du premier âge les rapprocherait encore dans le monde, malgré les préjugés de leurs conditions. C'est dans cet âge tendre que la reconnaissance et le ressentiment se gravent, pour toute la vie, aussi profondément que les éléments des sciences et de la religion. Il n'en est pas ainsi de nos colléges, où chaque écolier cherche à supplanter son voisin. Je me souviens qu'un jour de composition, je me trouvai fort embarrassé pour avoir oublié un auteur latin dont il fallait traduire une page : un de mes voisins m'offrit obligeamment de me dicter la version qu'il en avait faite. J'acceptai son service, en le remerciant beaucoup. Je copiai donc sa version, à quelques changements de mots près, pour ne pas faire voir au régent qu'elle était la même que celle de mon voisin; mais celle qu'il m'avait donnée n'était qu'une fausse copie de la sienne, et remplie de contre-sens si extravagants, que le régent s'en étonna, et se douta d'abord qu'elle n'était pas mon ouvrage, car j'étais assez bon écolier. Je n'ai pas perdu le souvenir de cette perfidie, quoique, en vérité, j'en aie oublié de plus cruelles depuis ce temps-là; mais le premier âge de la vie humaine est l'âge des ressentiments et des reconnaissances ineffaçables. Je me rappelle des époques d'un temps encore plus éloigné. Lorsque j'allais en fourreau aux écoles, je perdais quelquefois mes livres par étourderie. J'avais une bonne, appelée Marie Talbot, qui m'en achetait de son argent, de peur que je ne fusse fouetté à l'école. Certes, le souvenir de ces petits services est resté si bien et si long-temps empreint dans mon cœur, que je puis dire que, ma mère exceptée, je n'ai eu personne dans le monde pour qui j'aie conservé une si forte et si durable affection. Cette bonne et pauvre fille est entrée souvent dans mes inutiles projets de fortune. Je comptais lui rendre avec usure dans sa vieillesse, où elle était, pour ainsi dire, sans secours, les tendres soins qu'elle avait pris de mon enfance; mais à peine ai-je pu lui donner quelques marques bien faibles et bien légères de bonne vo-

* Plutarque, *Vie de Lycurgue.*

lonté. Je rapporte ces ressouvenirs, dont chacun de mes lecteurs peut avoir, par devers lui et dans sa propre enfance, des traits plus intéressants, pour prouver combien le premier âge serait naturellement la saison de la vertu et de la reconnaissance, s'il n'était pas souvent dépravé chez nous par le vice de nos institutions.

Mais, avant d'établir ces écoles de la patrie, on formerait des hommes pour y présider. On ne les choisirait pas parmi ceux qui sont les plus recommandés. Plus ils auraient de recommandations, plus ils seraient intrigants, et, par conséquent, moins ils auraient de vertus. On ne demanderait pas sur leur compte : Est-ce un bel esprit, un homme brillant, un philosophe ? mais : Aime-t-il les enfants ? est-ce un homme qui fréquente plus les malheureux que les grands ? est-ce un homme sensible ? a-t-il de la vertu ? Ce serait avec des hommes de ce caractère-là qu'on formerait des maîtres de l'éducation publique ; encore je voudrais qu'on changeât cette qualification de maîtres et de docteurs, comme dure et orgueilleuse. Je voudrais que leurs titres signifiassent les amis de l'enfance, les pères de la patrie, et qu'on les exprimât par de beaux noms grecs, afin d'ajouter au respect de leurs fonctions le mystère de leurs titres. Leur état, destiné à former des citoyens à la nation, serait au moins aussi noble et aussi distingué que celui des écuyers qui dressent des chevaux chez les princes. Un magistrat titré présiderait tous les jours à chaque école. Il serait bien juste que les magistrats fissent dresser sous leurs yeux, à la justice et aux lois, les enfants qu'ils doivent un jour juger et régir comme hommes. Les enfants sont aussi de petits citoyens. Un grand seigneur des plus qualifiés aurait l'inspection générale de ces écoles de la patrie, sans contredit plus importante que celle des haras du royaume ; et afin que des gens de lettres, bassement flatteurs, ne fussent pas tentés d'insérer dans les papiers publics les jours où il DAIGNERAIT y faire sa visite, ce devoir sublime serait sans revenu, et ne lui vaudrait que l'honneur d'y présider.

Plût à Dieu que je pusse faire concourir l'éducation des femmes avec celle des hommes, comme à Sparte ! mais nos mœurs s'y opposent. Je ne crois pas cependant qu'il y eût aucun inconvénient à rassembler, dans le premier âge, les enfants des deux sexes. Leur société se prête des graces mutuelles : d'ailleurs, les premiers éléments de la vie civile, de la religion et de la vertu, sont les mêmes pour les uns et pour les autres. Cette première époque exceptée, les filles n'apprendraient rien de ce que doivent savoir les hommes, non pas pour l'ignorer toujours, mais afin de s'en instruire avec plus de plaisir, et de trouver un jour leurs maîtres dans leurs amants. Il y a cette différence morale de l'homme à la femme, que l'homme se doit à la patrie, et la femme au bonheur d'un seul homme. Une fille ne parviendra jamais à ce but que par le goût des occupations de son sexe. On a beau la charger de toutes sortes de sciences, et en faire une philosophe ou une théologienne, un mari n'aime point à trouver un rival ni un docteur dans sa femme. Les livres et les maîtres chez nous flétrissent de bonne heure, dans une jeune fille, l'ignorance virginale, cette fleur de l'âme, si charmante à cueillir pour un amant. Ils enlèvent aux époux les plus doux charmes de leur union, et ces communications d'une science amoureuse et d'une ignorance naïve, si propres à remplir les longs jours du mariage. Ils détruisent ces contrastes de caractère que la nature a établis entre les deux sexes, pour y faire naître la plus aimable des harmonies.

Ces contrastes naturels sont si nécessaires à l'amour, qu'il n'y a pas une seule femme célèbre par l'attachement qu'elle a inspiré à ses amants ou à son époux, qui ait dû son empire à d'autres attraits qu'aux amusements ou aux occupations de son sexe, depuis le siècle de Pénélope jusqu'au nôtre. Il y en a de tous les états et de tous les caractères, mais il n'y en a point de savantes. Celles qui ont été savantes ont été presque toutes malheureuses en amour, depuis Sapho jusqu'à Christine, reine de Suède, et même plus près de nous. Ce serait donc auprès de sa mère, de son père, de ses frères et de ses sœurs, qu'une fille s'instruirait de ses devoirs futurs de mère et d'épouse. C'est dans la maison paternelle qu'elle apprendrait une multitude d'arts domestiques, ignorés aujourd'hui de nos filles bien élevées.

J'ai vanté plus d'une fois, dans ces écrits, le bonheur de la Hollande ; mais, comme je n'ai vu ce pays qu'en passant, j'en connais peu les mœurs domestiques. Je sais seulement que les femmes y sont sans cesse occupées du soin de leur ménage, et que la plus grande concorde règne dans les mariages. Mais j'ai vu à Berlin une image des charmes que ces mœurs si méprisées parmi nous peuvent répandre dans une maison. Un ami, que la Providence m'avait ménagé dans cette ville, où je ne connaissais personne, m'introduisit dans une société de demoiselles : car, en Prusse, ce n'est pas chez les femmes que se tiennent les assemblées, mais chez leurs filles. Cet usage s'observe dans toutes les familles qui n'ont point été corrompues par les mœurs de nos officiers français qui y furent prisonniers dans la dernière guerre. Il y est donc d'usage que les demoiselles de la même société s'invitent tour à tour à des assemblées qu'on appelle cafés. Pour l'ordinaire, c'est le jeudi. Elles se rendent avec leurs mères chez celle qui les a invitées. Celle-ci leur sert du café à la crème, avec toutes sortes de pâtisseries et de confitures faites de sa main. Elle leur présente, au milieu de l'hiver, des fruits de toute espèce, conservés dans le sucre avec leurs couleurs, leur verdure et leurs parfums, en apparence aussi frais que s'ils étaient sur les arbres. Elle reçoit de ses compagnes mille compliments qu'elle leur rend avec usure. Mais bientôt elle déploie d'autres talents. Tantôt elle déroule à leurs yeux, sur une grande pièce de tapisserie, à laquelle elle travaille jour et nuit, des forêts de saules toujours verts qu'elle a plantés elle-même, et des ruisseaux de moire qu'elle a fait couler avec son aiguille. Tantôt elle marie sa voix au son d'un clavecin, et semble réunir dans son appartement tous les oiseaux des bocages. Elle invite ses compagnes à chanter à leur tour. C'est alors que les éloges redoublent. Leurs mères, comblées de joie, s'applaudissent en secret, comme Niobé, des louanges données à leurs filles : *Pertentant gaudia pectus*. Quelques officiers en uniforme et en bottes, échappés furtivement de leurs exercices, viennent jouir parmi elles d'un instant de calme délicieux ; et pendant que chacune d'elles espère trouver dans l'un d'eux son protecteur et son ami, chacun d'eux soupire après la compagne qui doit adoucir un jour, par le charme des talents domestiques, la rigueur des travaux militaires. Je n'ai point vu de pays où la jeunesse des deux sexes ait plus de mœurs, et où les mariages soient plus heureux.

Il n'est pas besoin d'aller chercher chez des étrangers des preuves du pouvoir de l'amour sur l'honnêteté des mœurs. J'attribue l'innocence de celle de nos paysans, et la fidélité de leurs mariages, à ce qu'ils peuvent se livrer de très bonne heure à cet honnête sentiment. C'est l'amour qui les rend contents de leur pénible sort ; il suspend même les maux de l'esclavage. J'ai vu souvent à l'Ile-de-France des noirs, épuisés des fatigues du jour, se mettre en route à l'entrée de la nuit pour aller voir, à trois ou quatre lieues de là, leurs maîtresses. Ils leur donnent rendez-vous au milieu des bois, au pied de quelque rocher, où ils allument du feu ; ils dansent avec elles une partie de la nuit au son de leur tamtam, et re-

viennent à leur travail avant le point du jour, contents, pleins de force, et aussi frais que ceux qui ont bien dormi : tant les affections morales qui se combinent avec ce sentiment ont de puissance sur l'organisation physique ! La nuit de l'amant charme la journée de l'esclave.

Il y a dans l'Écriture un exemple très remarquable à ce sujet ; c'est dans la *Genèse* : « Jacob, » y est-il dit, servit donc sept ans pour Rachel, » et ce temps ne lui paraissait que peu de jours, » tant l'affection qu'il avait pour elle était » grande*! » Je sais bien que nos politiques, qui ne connaissent que l'or et les titres, ne conçoivent rien à tout cela ; mais je suis bien aise de leur dire qu'aucun homme n'a mieux connu les lois de la nature que les auteurs des livres saints, et que ce n'est que sur les lois de la nature qu'on peut établir celles des sociétés heureuses.

Je voudrais donc que nos jeunes gens pussent cultiver le sentiment de l'amour au milieu de leurs travaux, ainsi que Jacob. N'importe à quel âge : dès qu'on est capable de sentir, on est capable d'aimer. L'amour honnête suspend les peines, bannit l'ennui, détourne de la prostitution, des erreurs et des inquiétudes du célibat ; il remplit la vie de mille perspectives délicieuses ; en montrant dans l'avenir la plus fortunée des unions ; il redouble, dans le cœur de deux jeunes amants, le goût de l'étude et celui des travaux domestiques. Quel plaisir pour un jeune homme, ravi de la science de ses maîtres, d'en répéter les leçons à la beauté qu'il aime ! Quelle joie pour une fille jeune et timide de se voir distinguée au milieu de ses compagnes, et d'entendre relever par son amant le prix et les graces de sa propre industrie ! Un jeune homme destiné à réprimer un jour sur un tribunal l'injustice des hommes est enchanté, au milieu du dédale des lois, de voir sa maîtresse broder pour lui les fleurs qui doivent décorer l'asile de leur union, et lui donner une image des beautés de la nature, dont de tristes honneurs doivent le priver toute sa vie. Un autre, qui doit porter le feu de la guerre au bout du monde, s'attache à l'ame sensible de son amie, et se flatte que les maux qu'il fera au genre humain seront réparés par le bien qu'elle fera aux malheureux. Les amitiés redoublent, dans chaque maison, de l'ami au frère qui l'introduit, et du frère à la sœur. Les familles se rapprochent. Les jeunes gens forment leurs mœurs ; et les heureuses perspectives dont ils flattent leur union les soutien-

---

* *Genèse*, chap. XXIX. ỷ. 20.

nent dans l'amour de leurs devoirs et de la vertu. Qui sait si ces choix libres, ces liaisons tendres et pures, ne fixeraient pas cet esprit volage qu'on croit naturel aux femmes? Elles respecteraient des nœuds qu'elles auraient elles-mêmes formés. Si, étant femmes, elles cherchent à plaire à tous, c'est peut-être parcequ'étant filles il ne leur est pas permis d'en aimer un seul.

Si on peut espérer une révolution heureuse dans la patrie, ce n'est qu'en rappelant les femmes aux mœurs domestiques. Quelles que soient les satires qu'on ait écrites sur leur compte, elles sont moins coupables que les hommes. Elles n'ont guère de vices que ceux que nous leur donnons, et nous en avons beaucoup qu'elles n'ont pas. Quant à ceux qui leur sont propres, on peut dire qu'ils ont retardé notre ruine, en compensant les vices de notre constitution politique. On n'imagine pas ce que serait devenue notre société, livrée à toutes les inconséquences de notre éducation, à tous les préjugés de nos conditions et aux ambitions de chaque parti, si les femmes ne nous avaient croisés en chemin. Notre histoire ne présente que des débats de moines contre moines, de docteurs contre docteurs, de grands contre grands, de nobles contre vilains, pendant que des politiques rusés s'emparent peu à peu de nos possessions. Sans les femmes, tous ces partis auraient fait à la fin un désert de l'état, et mené jusqu'au dernier du peuple à la boucherie ou au marché, comme on le conseillait il y a quelques années. Il y a eu des siècles où nous aurions été tous cordeliers, naissant et mourant avec le cordon de saint François; d'autres, tous chevaliers errants, courant par monts et par vaux, la lance à la main; d'autres, tous pénitents, parcourant les villes en procession et en nous flagellant; d'autres, *quisquis* ou *quamquam* de l'université. Les femmes, jetées hors de leur état naturel par nos mœurs injustes, renversent tout, se moquent de tout, détruisent tout, les grandes fortunes, les prétentions de l'orgueil et les préjugés de l'opinion. Les femmes n'ont qu'une passion, qui est l'amour, et cette passion n'a qu'un objet; tandis que les hommes rapportent tout à l'ambition, qui en a des milliers. Quels que soient les désordres des femmes, elles sont toujours plus près de la nature que nous, parceque leur passion dominante les en rapproche sans cesse, et que la nôtre, au contraire, nous en écarte. Un bourgeois de province, et même de Paris, caresse à peine ses enfants quand ils sont un peu grands; mais il s'incline profondément devant ceux des étrangers, s'ils sont riches ou de qualité. Sa femme, au contraire, les juge à la figure; s'ils sont laids, elle n'en tient compte; mais elle caressera l'enfant d'un paysan s'il est beau : elle portera plus respect à un homme du peuple à cheveux blancs et à tête vénérable, qu'à un conseiller sans barbe. Les femmes ne voient que les avantages naturels, et les hommes que ceux de la fortune. Ainsi, les femmes, au milieu de leurs désordres, nous ramènent encore à la nature, pendant qu'au milieu de notre prétendue sagesse nous tendons sans cesse à nous en éloigner.

Je conviens cependant qu'elles n'ont empêché le malheur général qu'en causant parmi nous une infinité de maux particuliers. Hélas! ainsi que nous, elles ne trouveront le bonheur que dans la vertu. Dans tout pays où la vertu ne règne plus, elles sont très malheureuses. Elles étaient autrefois très heureuses dans les vertueuses républiques de la Grèce et de l'Italie; elles y décidaient du sort des états : aujourd'hui, esclaves dans ces mêmes lieux, la plupart d'entre elles sont obligées de se prostituer pour vivre. Les nôtres ne doivent pas désespérer de nous, elles ont sur l'homme un empire inaliénable [75]. Nous ne les connaissons que sous le nom de sexe, auquel nous avons donné le nom de beau par excellence; mais combien d'autres épithètes plus touchantes pourrions-nous y ajouter, telles que celles de nourricier et de consolateur! Ce sont elles qui nous reçoivent en entrant dans la vie, et qui nous ferment les yeux à la mort. Ce n'est point à la beauté, c'est à la religion, que nos femmes doivent leur principale puissance : le même Français qui soupire à Paris aux pieds de sa maîtresse la tient dans les fers et sous les fouets à Saint-Domingue. Notre religion seule a envisagé l'union conjugale dans l'ordre naturel; elle seule, de toutes les religions de la terre, présente la femme à l'homme comme une compagne : les autres la lui abandonnent comme une esclave. Ce n'est qu'à la religion que nos femmes doivent la liberté dont elles jouissent en Europe; et c'est de la liberté des femmes que s'est ensuivie celle des peuples, et la proscription d'une multitude d'usages inhumains répandus dans toutes les parties du monde, tels que l'esclavage, les sérails et les eunuques. O sexe charmant! c'est dans vos vertus qu'est votre puissance. Sauvez la patrie, en rappelant, par le spectacle de vos doux travaux, vos amants et vos époux à l'amour des mœurs domestiques : vous rendrez toute la société à ses devoirs, si chacune de vous ramène un seul homme à l'ordre naturel. N'enviez point à l'homme son autorité, ses magistratures, ses talents, entourées de vos laines et de vos soies, bénissez l'auteur de la nature de n'avoir donné qu'à vous de pouvoir être toujours bonnes et bienfaisantes.

RÉCAPITULATION.

J'ai présenté, dès le commencement de cet ouvrage, les différentes routes de la nature que je me proposais de parcourir, pour me former une idée de l'ordre qui gouverne le monde. J'ai exposé d'abord les objections qu'on a faites dans tous les temps contre la Providence; je les ai présentées règne par règne, ce qui m'a donné occasion, en les réfutant, d'exposer des vues nouvelles sur la disposition et l'usage des différentes parties de ce globe : ainsi j'ai rapporté la direction des chaînes de montagnes sur les continents aux vents réguliers qui soufflent sur l'Océan; la position des îles, au confluent de ses courants ou de ceux des fleuves; l'entretien des volcans, aux dépôts bitumineux de ses rivages; les courants de la mer et les mouvements des marées, aux effusions alternatives des glaces polaires. Après cela, j'ai réfuté, par ordre, les autres objections faites sur le règne végétal et animal, en faisant voir que ces règnes n'étaient pas plus gouvernés par des lois mécaniques que le règne fossile. J'ai démontré ensuite que la plupart des maux du genre humain naissaient du vice de nos institutions politiques, et non pas de la nature; que l'homme était le seul être abandonné à sa propre providence, par quelque punition originelle; mais que cette même Divinité, qui l'avait livré à ses lumières, veillait encore sur ses destinées; qu'elle faisait rejaillir sur les chefs des nations les maux dont ils opprimaient les faibles et les petits; et j'ai démontré l'action d'une Providence divine par les malheurs mêmes du genre humain. Tel a été le sujet de mes huit premières Études.

J'ai commencé, dans la neuvième, par attaquer les principes de nos sciences, en faisant voir qu'elles nous égarent, ou par la hardiesse de ces mêmes principes, au moyen desquels elles remontent à la nature des éléments qui leur échappent, ou par la faiblesse de leurs méthodes, qui ne saisissent à la fois qu'une loi de la nature, à cause de l'imbécillité de notre esprit et de la vanité de notre éducation, qui nous fait prendre pour des routes uniques les petits sentiers où nous marchons. C'est ainsi que les sciences naturelles, et même les sciences politiques, qui en sont les résultats, s'étant séparées parmi nous les unes des autres, chacune d'elles a fait, si j'ose dire, un *cul-de-sac* du chemin par où elle était entrée. C'est ainsi que les causes physiques nous ont ôté, à la longue, la vue des fins intellectuelles dans l'ordre de la nature, comme les causes financières nous ont enlevé les espérances de la vertu et de la religion dans l'ordre social.

J'ai cherché, dans les Études dix et onze, une faculté plus propre à découvrir la vérité que notre raison, qui n'est d'ailleurs que notre intérêt personnel. J'ai cru la trouver dans cet instinct sublime appelé le *sentiment*, qui est en nous l'expression des lois naturelles, et qui est invariable chez toutes les nations. J'ai observé, par son moyen, les lois de la nature, non en remontant à leurs principes, qui ne sont connus que de Dieu, mais en descendant à leurs résultats, qui sont à l'usage des hommes. J'ai eu le bonheur, par cette route, d'apercevoir quelques principes des convenances et des harmonies qui gouvernent le monde. Je ne doute pas que ce ne soit par cette même route que les anciens Égyptiens se rendirent si célèbres dans les connaissances naturelles, qu'ils ont portées incomparablement plus loin que nous. Ils étudiaient la nature dans la nature même, et non par parcelles et avec des machines. Ils en formèrent une science merveilleuse et fameuse par toute la terre, sous le nom de magie. Les éléments de cette science sont maintenant inconnus, et il n'en est resté que le nom, qu'on donne aujourd'hui aux opérations les plus stupides où puissent porter l'erreur et la dépravation du cœur humain. Il n'en était pas ainsi de la magie des anciens Égyptiens, célébrée par les auteurs les plus respectables de l'antiquité, et même par les livres saints. Ce furent ces principes de convenance et d'harmonie, que Pythagore puisa chez eux, qu'il apporta en Europe, et qui y devinrent les sources de plusieurs branches de philosophie, et même des arts, qui ne commencèrent qu'alors à y fleurir; car les arts ne sont que des imitations des procédés de la nature. Quoique mon insuffisance soit très grande, ces principes harmoniques sont si lumineux, qu'ils m'ont présenté non-seulement des dispositions du globe tout-à-fait nouvelles, mais ils m'ont donné encore les moyens de reconnaître les caractères des plantes à leur premier aspect, et de dire : Celle-ci est de montagne, et cette autre est de rivage. J'ai démontré, par eux l'usage des feuilles des plantes, et déterminés par les formes nautiques ou volatiles de leurs graines, les rapports qu'elles ont avec des lieux où elles sont destinées à naître. J'ai observé que les corolles de leurs fleurs avaient des rapports positifs ou négatifs avec les rayons du soleil, suivant les latitudes et les points d'élévation où elles doivent s'épanouir. J'ai remarqué ensuite les contrastes charmants de leurs feuilles, de leurs fleurs, de leurs fruits et de leurs tiges, avec le sol et le ciel où elles naissent, et ceux qu'elles forment de genre à genre, étant pour ainsi dire groupées deux à deux ; enfin j'ai indiqué les relations qu'elles ont avec les animaux et les hommes ; en sorte que j'ose dire avoir démontré qu'il n'y a pas une seule nuance de couleur jetée au hasard dans la nature. J'ai donné, par ces vues, le moyen de former des chapitres complets d'histoire naturelle, en montrant que chaque plante était le centre de l'existence d'une infinité d'animaux, qui ont avec elle des convenances qui nous sont encore inconnues. On pourrait étendre, sans doute, leurs harmonies plus loin ; car beaucoup de plantes semblent avoir des relations non-seulement avec le soleil, mais avec diverses constellations. Ce n'est pas toujours telle hauteur du soleil sur l'horizon qui les met en végétation. Il y a telle plante qui fleurit au printemps, qui ne développerait pas la plus petite feuille en automne, quoiqu'elle éprouve alors le même degré de chaleur. Il en est de même de leurs semences, qui germent et poussent dans une saison, et non dans l'autre, quoiqu'elles aient la même température. Ces relations célestes étaient connues de l'ancienne philosophie des Égyptiens et de Pythagore. On en trouve beaucoup d'observations dans Pline, lorsqu'il dit, par exemple, que vers le lever de la Poussinière les oliviers et les vignes conçoivent leur fruit ; et, d'après Virgile, que le froment doit se semer après la retraite de cette constellation, et les lentilles à celle du Bouvier ; que les roseaux et les saussaies doivent se planter lorsque l'étoile de la Lyre se couche. C'est d'après ces relations, dont les causes nous sont inconnues, que Linnée avait formé avec les fleurs des plantes un almanach botanique dont Pline a présenté la première idée aux laboureurs de son temps*. Mais nous avons indiqué des harmonies végétales encore plus touchantes, en faisant voir que le temps du développement de chaque plante, de sa floraison et de la maturité de ses fruits, était lié avec les développements et les besoins des animaux, et surtout avec ceux de l'homme. Il n'y en a point qui n'ait avec nous des relations d'utilité directe ou indirecte ; mais cette immense et mystérieuse partie de l'histoire humaine ne sera peut-être jamais connue que des anges.

L'Étude douzième présente l'application de ces principes harmoniques à la nature même de l'homme. J'y ai fait voir qu'il était formé de deux puissances, l'une physique et l'autre intellectuelle, qui l'affectent perpétuellement de deux sentiments contraires, dont l'un est celui de sa misère, et l'autre celui de son excellence. J'ai démontré que ces deux puissances étaient très heureusement satisfaites dans les diverses périodes des passions, des âges et des occupations auxquelles la nature a destiné l'homme, comme l'agriculture, le mariage, l'établissement de la postérité, la religion. Je me suis arrêté principalement sur les affections de la puissance intellectuelle, en faisant voir que tout ce qui nous paraissait délicieux et ravissant dans nos plaisirs naissait du sentiment de l'infini ou de quelque autre attribut de la Divinité, qui se montrait à nous à l'extrémité de nos perspectives. J'ai démontré, au contraire, que la source de nos maux et de nos erreurs venait de ce que, dans l'état social, nous croisons souvent ces sentiments naturels par les préjugés de l'éducation et de la société ; en sorte que nous portons souvent le sentiment de l'infini sur les objets passagers de ce monde, et celui de notre misère et de notre faiblesse sur les plans immortels de la nature. Je n'ai fait qu'effleurer cette riche et sublime matière ; mais j'ose dire que par cette seule route j'ai prouvé suffisamment la nécessité de la vertu, et que j'en ai indiqué la véritable source, non où nos philosophes modernes la cherchent, c'est-à-dire dans nos institutions politiques, qui lui sont souvent contraires, mais dans l'état naturel de l'homme, et dans son propre cœur.

J'ai appliqué ensuite de mon mieux, dans l'Étude treizième, l'action de ces deux puissances au bonheur de la société, en faisant voir d'abord que la plupart de nos maux ne sont que des réactions sociales, qui ont toutes pour origine principale les grandes propriétés en emplois, en honneurs, en argent et en terres. J'ai prouvé que ces grandes propriétés produisaient l'indigence physique et morale d'une nation ; que cette indigence engendrait à son tour une foule d'hommes corrompus, qui employaient toutes les ressources de la ruse et de l'industrie pour faire rendre aux riches la portion de leur nécessaire ; que le célibat et les inquiétudes qui l'accompagnent étaient, dans un grand nombre de citoyens, des effets de cet état de pénurie et d'angoisse où ils se trouvaient réduits ; et que le célibat produisait, par contre-coup, la prostitution des filles du monde, parceque tout homme qui se prive du mariage, de gré ou de force, voue une fille au célibat ou à la prostitution. Cet effet résulte nécessairement d'une des lois har-sa vaine gloire ; mais, au milieu de votre faiblesse,

---

* *Voyez* Pline, *Histoire naturelle*, liv. XVIII, chap. XXVIII.

moniques de la nature, puisque chaque homme vient au monde et en sort avec sa femme, ou, ce qui est la même chose, les mâles naissent et meurent en nombre égal aux femelles dans l'espèce humaine. J'ai tiré de ces principes plusieurs conséquences importantes.

J'ai démontré enfin qu'une partie de nos maladies physiques et morales venait des châtiments, des récompenses et de la vanité de notre éducation.

J'ai hasardé différentes vues, pour fournir au peuple des moyens abondants de subsistance et de population; et, pour ranimer chez lui l'esprit de religion et de patriotisme, en lui présentant quelques perspectives de l'infini, sans lesquelles le bonheur d'une nation, comme celui d'un particulier, est nul et bientôt épuisé, quand on le composerait d'ailleurs des plans les plus avantageux de finances, de commerce et d'agriculture. Il faut pourvoir à la fois à l'homme comme animal et comme être intellectuel. J'ai terminé ces différents projets par présenter, à la fin de la quatorzième et dernière Étude, l'esquisse d'une éducation nationale, sans laquelle il ne peut y avoir aucune espèce de législation ni de patriotisme durable. J'ai tâché d'y développer à la fois les deux puissances physique et intellectuelle de l'homme, et de les diriger vers la patrie et la religion.

Sans doute si je me serai souvent égaré dans des routes si nouvelles et si étendues. J'aurai été bien des fois au-dessous de mon sujet par la coupe de mes plans, par mon inexpérience, par l'embarras même de mon style; mais, je le répète, pourvu que mes idées en fassent naître de meilleures à d'autres, je suis content. Cependant, si le malheur est le chemin de la vérité, je n'ai pas manqué de moyens pour me diriger vers elle. Les désordres dont j'ai été souvent le témoin et la victime m'ont fait naître des idées d'ordre. J'ai trouvé quelquefois sur ma route des grands accrédités et des hommes appartenant à des corps respectables, qui avaient toujours à la bouche les mots de patrie et d'humanité. Je me suis approché d'eux pour m'éclairer de leurs lumières, et pour me mettre sous la protection de leurs vertus; mais je n'ai trouvé que des intrigants, qui n'avaient d'autre objet que leur fortune personnelle, et qui m'ont bientôt persécuté, parcequ'ils ont vu que je n'étais propre à être ni l'agent de leurs plaisirs, ni la trompette de leur ambition. Je me suis alors rangé du côté de leurs ennemis, croyant que j'y trouverais l'amour de la vérité et du bien public; mais, quelque variés que soient nos sectes, nos partis et nos corps, j'ai rencontré partout les mêmes hommes, couverts seulement d'habits différents. Quand les uns et les autres ont vu que je refusais d'être leur sectateur, ils m'ont calomnié à la manière perfide de ce siècle, c'est-à-dire en faisant mon éloge. On vante beaucoup le temps où nous vivons; mais si nous avons sur le trône un prince rival de Marc-Aurèle, notre siècle est l'émule de celui de Tibère.

Si je mettais au jour les mémoires de ma vie [76], je ne voudrais pas d'autres preuves du mépris que mérite la gloire de ce monde, que de montrer à découvert ceux qui en sont les objets. Pendant que, sans nuire à personne, après une infinité de voyages, de services et de travaux infructueux, je préparais dans la solitude ces derniers fruits de mon expérience et de mes veilles, mes ennemis secrets, c'est-à-dire les hommes dont je n'ai pas voulu être le partisan, m'ont fait retrancher un bienfait que je devais chaque année à la bienfaisance du prince. C'était le seul moyen que j'eusse de subsister et d'aider ma famille. A cette catastrophe se sont joints des altérations de santé et des maux domestiques inénarrables. Je me suis donc hâté de cueillir le fruit encore vert de l'arbre que je cultivais avec tant de constance, avant qu'il fût renversé par les tempêtes.

Mais je ne veux de mal à aucun de mes persécuteurs. Si je suis forcé un jour, à cet égard, de parler de leur conduite secrète envers moi, ce ne sera que pour justifier la mienne. Je leur ai d'ailleurs obligation : leurs persécutions ont causé mon repos. Je dois à leur ambition dédaigneuse une liberté préférable à leur grandeur. C'est à eux que je dois les études délicieuses auxquelles je me suis livré. La Providence ne m'a point abandonné comme eux; elle m'a suscité des amis qui m'ont servi dans le temps auprès de mon prince, et elle m'en suscitera d'autres auprès de lui lorsqu'il sera nécessaire. Si j'avais eu en Dieu la confiance que j'ai donnée aux hommes, j'aurais été toujours tranquille; les preuves de sa providence à mon égard, dans le passé, devaient me rassurer pour l'avenir. Mais, par un vice de mon éducation, les opinions des hommes ont encore trop d'empire sur moi. Ce sont leurs craintes, et non les miennes, qui me troublent. Cependant je me dis quelquefois à moi-même : Pourquoi vous embarrassez-vous de l'avenir? Avant de venir au monde, vous êtes-vous inquiété de quelle manière s'assembleraient vos membres et se développeraient vos nerfs et vos os? Quand vous êtes venu ensuite à la lumière, avez-vous étudié l'optique pour savoir comment vous apercevriez les objets; et l'anatomie, pour apprendre à mouvoir votre corps, et pour lui donner de l'accroissement? Ces opérations de la nature, bien supérieures à celles des hommes, se sont faites en vous à votre insu, sans que vous vous en soyez mêlé. Si vous ne vous êtes pas inquiété du naître, pourquoi du vivre et pourquoi du mourir? N'êtes-vous pas toujours dans la même main?

Cependant d'autres sentiments naturels m'ont attristé: par exemple, de n'avoir pas acquis, après tant de courses et de services, seulement un petit lieu agreste où j'eusse pu, au sein du repos, mettre en ordre mes observations sur la nature, qui sont les seules qui m'aient paru aimables et intéressantes sous le soleil. Un autre regret encore plus vif est de n'avoir pas attaché à mon sort une compagne simple, douce, sensible et pieuse, qui, bien mieux que la philosophie, eût adouci mes peines, et qui, en me donnant des enfants semblables à elle, m'eût laissé une postérité plus chère qu'une vaine réputation. J'avais trouvé cet asile et ce rare bonheur en Russie, au milieu d'un service honorable; mais j'ai renoncé à tous ces avantages, pour chercher, à l'instigation de nos ministres, de l'emploi dans ma patrie, où je n'avais rien de semblable à prétendre. Cependant je puis dire que mes études particulières ont réparé la première privation, en me donnant de jouir non-seulement d'un petit coin de terre, mais de toutes les harmonies répandues dans le grand jardin de la nature. Une épouse estimable ne peut pas être aussi aisément remplacée; mais si je puis me flatter que cet ouvrage contribue à multiplier les mariages, à les rendre plus heureux, et à adoucir l'éducation des enfants, je croirai perpétuer en eux ma famille, et je considérerai les femmes et les enfants de ma patrie comme m'appartenant en quelque chose.

Il n'y a de durable que la vertu. La beauté du corps passe vite; la fortune inspire de vains desirs; la grandeur fatigue; la réputation est inconstante; le talent et le génie même s'affaiblissent : mais la vertu est toujours belle, toujours variée, toujours égale et toujours forte, parcequ'elle est résignée à tous les événements, aux privations comme aux jouissances, à la mort comme à la vie.

Heureux donc, et mille fois heureux, si j'ai pu contribuer à réparer quelques uns des maux de ma patrie, et à lui ouvrir quelque nouvelle perspective de bonheur! Heureux si j'ai pu, d'une part, essuyer les larmes de quelque infortuné, et ramener, de l'autre, ces hommes égarés par la volupté à la Divinité, vers laquelle la nature, le temps, nos propres misères et nos affections secrètes nous entraînent avec tant de rapidité!

Il me semble qu'il se prépare pour nous quelque révolution favorable. Si elle arrive, on en sera redevable aux lettres : elles ne mènent aujourd'hui à rien ceux qui les cultivent parmi nous, cependant elles régissent tout. Je ne parle pas de l'influence qu'elles ont par toute la terre, gouvernée par des livres. L'Asie est régie par les maximes de Confucius, les Koran, les Beth, les Védam, etc.; mais en Europe, ce fut Orphée qui le premier rassembla ses habitants, et qui les tira de la barbarie par ses poésies divines. Ensuite le génie d'Homère fit naître les législations et les religions de la Grèce; il anima Alexandre, et le porta à la conquête de l'Asie. Il influa sur les Romains, qui cherchèrent dans ses poésies sublimes la généalogie du fondateur et des souverains de leur empire, comme les Grecs y avaient cherché les origines de leurs républiques et de leurs lois. Son ombre auguste préside encore à la poésie, aux arts libéraux, aux académies et aux monuments de l'Europe : tant ont de pouvoir sur l'esprit humain les perspectives de la Divinité que ce grand génie lui a présentées! Ainsi la parole qui créa le monde le gouverne encore; mais quand elle fut descendue elle-même du ciel, et qu'elle eut montré aux hommes la route du bonheur dans la seule vertu, une lumière plus pure que celle qui avait brillé sur les îles de la Grèce éclaira les forêts des Gaules. Les sauvages qui les habitaient auraient été les plus heureux des hommes s'ils eussent été libres; mais ils avaient des tyrans, et ces tyrans les replongèrent dans une barbarie sacrée, en leur présentant des fantômes d'autant plus effrayants que les objets de leur confiance étaient devenus ceux de leur terreur. C'en était fait du bonheur des peuples, et même de la religion, lorsque deux hommes de lettres, Rabelais et Michel Cervantes, s'élevèrent, l'un en France, et l'autre en Espagne, et ébranlèrent à la fois le pouvoir monacal[77] et celui de la chevalerie. Pour renverser ces deux colosses, ils n'employèrent d'autres armes que le ridicule, ce contraste naturel de la terreur humaine. Semblables aux enfants, les peuples rirent et se rassurèrent : ils n'avaient plus d'autres impulsions vers le bonheur que celles que leurs princes voulaient leur donner, si leurs princes alors avaient été capables d'en avoir. Le *Télémaque* parut, et ce livre rappela l'Europe aux harmonies de la nature. Il produisit une grande révolution dans la politique. Il ramena les peuples et les rois aux arts utiles, au commerce, à l'agriculture, et surtout au sentiment de la Divinité. Cet ouvrage réunit à l'imagination d'Homère la sagesse de Confucius. Il fut traduit dans toutes les langues de l'Europe. Ce n'est pas en France qu'il a été le plus admiré ; il y a des provinces en Angleterre où on y apprend encore à lire aux enfants. Quand les Anglais entrèrent dans le Cambrésis avec l'armée des alliés, ils voulurent en enlever l'auteur, qui vivait loin de la cour, pour lui donner, dans leur camp, une fête militaire ; mais sa modestie se refusa à ce triomphe : il se cacha. Je n'ajouterai qu'un trait à son éloge : ce fut le seul homme vivant dont Louis XIV fut jaloux : et il avait raison de l'être ; car, pendant qu'il cherchait à se faire craindre et admirer de l'Europe par ses armées, ses conquêtes, ses fêtes, ses bâtiments et son faste, Fénelon s'en faisait adorer avec un livre [78].

Plusieurs gens de lettres, inspirés par son génie, ont changé parmi nous l'esprit du gouvernement et les mœurs. C'est à leurs écrits que nous devons la destruction des restes de l'esclavage féodal, celle de plusieurs coutumes barbares, telles que de condamner à mort pour crime prétendu de sortilége, d'appliquer indifféremment tous les criminels à la question, de porter des épées dans le sein des villes et de la paix, etc... C'est à eux qu'on doit le retour des goûts et des devoirs de la nature, ou du moins leur image. Ils ont rendu à plusieurs enfants les mamelles de leurs mères, et aux riches le goût de la campagne, qui les porte aujourd'hui à quitter le centre des villes pour en habiter les faubourgs. Ils ont inspiré à toute la nation celui de l'agriculture, qui est dégénéré, à l'ordinaire, en fanatisme dès qu'il est devenu un esprit de corps. Ce sont eux qui ont ramené la noblesse vers le peuple, dont elle s'était déjà rapprochée, à la vérité, par ses alliances avec la finance ; ils l'ont rappelée à ses devoirs par ceux de l'humanité. Ils ont dirigé toutes les puissances de l'état, et même les femmes, vers les objets patriotiques, en les couvrant d'agréments et de fleurs.

O hommes de lettres ! sans vous l'homme riche n'aurait aucune jouissance intellectuelle ; son opulence et ses dignités lui seraient à charge. Vous seuls nous rappelez les droits de l'homme et de la Divinité. Partout où vous paraissez, dans le militaire, dans le clergé, dans les lois, dans les arts, l'intelligence divine se montre, et le cœur humain soupire. Vous êtes à la fois les yeux et la lumière des nations. Nous serions peut-être maintenant bien près du bonheur si plusieurs d'entre vous, voulant plaire à la multitude, ne l'eussent égarée en flattant ses passions, et en prenant leur voix trompeuse pour celle de la nature humaine.

Voyez comme ces passions vous ont égarés vous-mêmes, pour vous être trop approchés des hommes ! C'est dans la solitude, et réunis entre vous, que vos talents se communiquent des lumières mutuelles. Souvenez-vous des temps où les La Fontaine, les Boileau, les Racine, les Molière vivaient entre eux. Quel est aujourd'hui votre sort ? Ce monde, dont vous flattez les passions, vous arme les uns contre les autres. Il vous livre à la gloire comme les Romains livraient des malheureux aux bêtes. Vos lices saintes sont devenues des arènes de gladiateurs. Vous êtes, sans vous en douter, les instruments de l'ambition des corps. C'est par vos talents que leurs chefs se procurent des dignités et des richesses, tandis que vous restez dans l'obscurité et l'indigence. Songez à la gloire des gens de lettres chez les peuples qui sortaient de la barbarie : ils présentèrent la vertu aux nations, et ils en furent les dieux. Songez à leur avilissement chez les peuples tombés dans la corruption : ils en flattèrent les passions, et ils en furent les victimes. Dans la décadence de l'empire romain, les lettres ne devinrent plus le partage que de quelques Grecs affranchis. Laissez courir la foule sur les pas des riches et des voluptueux. Que vous proposez-vous dans la sainte carrière des lettres, sinon de marcher sous la protection de Minerve ? Quel respect le monde aurait-il pour vous si vous n'étiez couverts de son égide sacrée ? Il vous foulerait aux pieds. Laissez-le tromper ses adorateurs ; mettez votre confiance dans le ciel, dont les secours viendront vous chercher partout où vous serez.

Un jour la vigne, en pleurant, se plaignait au ciel de l'injustice de son sort. Elle enviait celui du roseau : « Je suis plantée, disait-elle, dans des ro» chers arides, et je suis obligée de produire des » fruits pleins de jus ; tandis qu'au bas de cette » vallée, le roseau, qui ne porte qu'une bourre » sèche, croît à son aise sur le bord des eaux. » Une voix lui répondit du ciel : « O vigne ! ne vou » plaignez pas de votre destinée. L'automne vien» dra, le roseau périra sans honneur sur le bord des » marais ; mais les pluies du ciel iront vous cher» cher dans la montagne, et votre jus, mûri dans » les rochers, servira un jour à consoler les hom» mes et à réjouir les dieux. »

Nous avons encore un grand espoir de réforme dans l'affection que nous portons à nos rois. Chez nous, l'amour de la patrie n'est que l'amour du prince. C'est le seul lien qui nous réunisse, et qui, plus d'une fois, nous a empêchés de nous séparer. D'un autre côté, les peuples sont les véritables monuments des rois. Tous ces monuments de pierre, dont tant de princes croient éterniser leur mémoire, ne servent souvent qu'à la faire détester. Pline dit que les Égyptiens de son temps maudissaient la mémoire des rois d'Égypte qui avaient bâti les pyramides; encore avaient-ils oublié leurs noms. Les Égyptiens de nos jours disent que c'est le diable qui les a faites, sans doute par le sentiment des peines que ces travaux ont coûtées aux hommes. Notre peuple attribue souvent la même origine à nos anciens ponts et aux grands chemins taillés dans des rochers qui sont à la hauteur des nues. On a beau frapper pour lui des médailles, il n'entend rien à leurs emblèmes ni à leurs inscriptions. Mais c'est le cœur des hommes qu'il faut empreindre par des bienfaits; le timbre en est ineffaçable. Le peuple a perdu la mémoire de ses monarques qui ont présidé à des conciles; mais il chérit encore celle de ceux qui ont soupé chez des meuniers.

Le peuple n'affectionne dans son prince qu'une seule qualité, c'est sa popularité : car c'est d'elle que découlent toutes les vertus dont il a besoin. Un acte de justice rendu à l'imprévu et sans faste à une pauvre veuve, à un charbonnier, le remplit d'admiration et de joie. Il regarde son prince comme un dieu dont la providence veille partout; et il a raison, car un seul événement de cette nature, qui arrive bien à propos, tient tous les oppresseurs en crainte et tous les opprimés en espérance. Aujourd'hui la vénalité et l'orgueil ont élevé entre le peuple et le roi mille murs impénétrables d'or, de fer et de plomb. Le peuple ne peut plus aller vers son prince, mais le prince peut encore descendre vers son peuple. On a rempli, à ce sujet, nos rois de frayeurs et de préjugés. Cependant il est très remarquable que, dans ce grand nombre de princes de toutes les nations qui ont été les victimes de diverses factions, pas un seul n'a péri faisant le bien, allant à pied et *incognito*; mais tous ou dans leurs carrosses, ou à table, au sein des plaisirs, ou dans leur cour, au milieu de leurs gardes et au centre de leur puissance.

Nous voyons de nos jours l'empereur et le roi de Prusse parcourir, en simple voiture, avec un ou deux domestiques et sans gardes, leurs états dispersés, quoique remplis en partie d'étrangers et de peuples conquis. Les grands hommes et les princes les plus illustres de l'antiquité, tels que Scipion, Germanicus, Marc-Aurèle, voyageaient sans suite, à cheval, et souvent à pied. Combien de provinces de son royaume n'a pas parcourues ainsi, dans un siècle de troubles et de factions, notre grand Henri IV !

Un roi dans ses états doit être comme le soleil sur la terre, où il n'y a pas une seule petite plante qui ne reçoive à son tour l'influence de ses rayons. De combien de grandes vérités nos rois sont privés par les préjugés des courtisans ! Combien ils perdent de plaisirs par leur vie sédentaire ! Je ne parle pas de ceux de la grandeur lorsqu'ils voient à leur approche les peuples accourir en foule sur les chemins, les remparts des villes s'enflammer du tonnerre de l'artillerie, et les escadres, sortant de leurs ports, couvrir la mer de pavillons et de feux. Je les crois las des plaisirs de la gloire; mais je les crois sensibles à ceux de l'humanité, dont on les prive perpétuellement. On les force toujours d'être rois, on ne leur permet jamais d'être hommes. Quel plaisir pour eux de voiler leur grandeur comme des dieux, et d'apparaître au milieu d'une famille vertueuse, comme Jupiter chez Philémon et Baucis ! Combien peu il leur faudrait pour faire chaque jour des heureux ! Souvent ce qu'ils donnent à une seule famille de courtisans suffirait pour faire le bonheur d'une province; souvent leur simple apparition y remplirait d'effroi tous les tyrans, et en consolerait les malheureux. On les croirait partout, quand on ne les saurait nulle part. Un ami fidèle, quelques serviteurs robustes, suffiraient pour rapprocher d'eux tous les agréments des voyages, et pour en écarter tous les inconvénients.

Ils sont les maîtres de varier les saisons à leur gré sans sortir du royaume, et d'étendre leurs plaisirs aussi loin que leur puissance. Au lieu d'habiter des maisons de campagne sur les bords de la Seine ou au milieu des roches de Fontainebleau, ils en peuvent avoir sur les bords de l'Océan et au pied des Pyrénées. Il ne tient qu'à eux de passer les ardeurs brûlantes de l'été au sein des montagnes du Dauphiné, entourées d'un horizon de neige; l'hiver en Provence, sous des oliviers et des chênes verts; l'automne, dans les prairies toujours vertes et sous les pommiers de la riche Normandie. Ils verraient aborder sur les rivages de la France des gens de mer de toutes les nations, des Anglais, des Espagnols, des Suédois, des Hollandais, des Italiens, vivant tous avec les costumes et les mœurs de leurs pays. Nos rois ont dans leurs palais des comédies, des bibliothèques, des serres, des cabinets d'histoire naturelle; mais toutes ces collections ne sont que de vaines images des hommes et de la nature. Ils n'ont pas de jardins plus dignes d'eux que leur royaume, ni de bibliothèques plus instructives que leur peuple.

Ah ! si un seul homme peut être sur la terre

l'espoir du genre humain, c'est un roi de France. Il règne sur son peuple par l'affection, son peuple sur l'Europe par les mœurs, l'Europe sur le reste du monde par la puissance. Rien ne l'empêche de faire le bien quand il lui plaît. Il peut, malgré la vénalité des emplois, humilier le vice superbe et élever l'humble vertu. Il peut encore descendre vers ses sujets, ou les faire monter vers lui. Beaucoup de rois se sont repentis d'avoir mis leur confiance dans des trésors, dans des alliés, dans des corps et dans des grands; mais aucun de s'être fié à son peuple et à Dieu. Ainsi ont régné les populaires Charles V et les saint Louis. Ainsi vous aurez régné un jour, ô Louis XVI! Vous avez, dès vos premiers pas au trône, donné des lois pour le rétablissement des mœurs, et (ce qui était plus difficile) vous en avez montré l'exemple au milieu d'une cour française. Vous avez détruit les restes de l'esclavage féodal, adouci le sort des malheureux prisonniers, ainsi que les punitions militaires et civiles; donné aux habitants de quelques provinces la liberté de répartir entre eux les impositions nationales, remis à la nation les droits de votre avénement à la couronne, assuré aux pauvres matelots une portion des fruits de la guerre, et rendu aux gens de lettres le privilége naturel de recueillir ceux de leurs veilles. Tandis que d'une main vous aidiez les infortunés de la nation, de l'autre vous éleviez des statues à ses hommes célèbres, dans les siècles passés, et vous secouriez les Américains opprimés. Quelques hommes sages qui vous environnent, et (ce qui est encore plus puissant que leur sagesse) les charmes et la sensibilité de votre auguste épouse, vous ont rendu le chemin de la vertu facile. O grand roi! si vous marchez avec constance dans les rudes sentiers de la vertu, votre nom sera un jour invoqué par les malheureux de toutes les nations. Il présidera à leurs destinées pendant la vie même de leurs propres souverains. Ils le présenteront comme une barrière à leurs tyrans, et comme un modèle à leurs bons rois. Il sera révéré du couchant à l'aurore, comme celui des Titus et des Antonins. Lorsqu'aucun peuple vivant ne subsistera plus, votre nom vivra encore, et fleurira d'une gloire toujours nouvelle. La majesté des siècles ajoutera à sa vénération, et la postérité la plus reculée nous enviera le bonheur d'avoir vécu sous vos lois. Je ne suis rien, sire. J'ai pu être la victime des maux publics, et en ignorer les causes; j'ai pu parler des moyens d'y remédier sans connaître la puissance et les ressources des grands rois. Mais si vous nous rendez meilleurs et plus heureux, les Tacites futurs étudieront d'après vous l'art de réformer et de gouverner les hommes dans un siècle difficile. D'autres Fénelons parleront un jour de la France sous votre règne, comme de l'heureuse Égypte sous celui de Sésostris. Pendant que vous recevrez alors sur la terre les hommages invariables des hommes, vous serez leur médiateur auprès de la Divinité, dont vous aurez été parmi nous la plus vive image. Ah! s'il était possible que nous perdissions le sentiment de son existence par la corruption de ceux qui nous doivent l'exemple, par le désordre de nos passions, par l'égarement de nos propres lumières, par les maux multipliés de l'humanité, ô roi! il vous serait encore glorieux de conserver l'amour de l'ordre au milieu du désordre général. Les peuples, livrés à des tyrans sans frein, se réfugieraient en foule au pied de votre trône, et viendraient chercher en vous le Dieu qu'ils n'apercevraient plus dans la nature.

FIN DES ÉTUDES DE LA NATURE.

NOTES DE L'AUTEUR.

¹ PAGE 126.

« La lune fait dégeler, résolvant toutes glaces et gelées par l'humidité de son influence *. » Quand la lune brille dans les nuits de l'hiver de tout son éclat, il gèle sans doute fort âprement, parcequ'alors le vent du nord qui cause cette sérénité de l'air empêche l'influence chaude de la lune; mais pour peu qu'il fasse calme, vous voyez le ciel se couvrir de vapeurs qui s'exhalent de la terre, et vous sentez l'atmosphère s'adoucir. J'attribue, comme Pline, à la lumière de cet astre une action particulière sur les eaux gelées de la terre et de l'air; car je l'ai vu souvent, dans les belles nuits de la zone torride, dissiper, en se levant, tous les nuages de l'atmosphère; ce qui fait dire aux marins, en proverbe, que *la lune mange les nuages*. Au reste, nos physiciens se contredisent en supposant que la lune meut l'Océan, et en lui refusant toute influence non-seulement sur les glaces, mais sur les plantes, parceque sa chaleur, disent-ils, ne fait pas monter la liqueur de leur thermomètre. J'ignore si en effet elle n'agit pas sur l'esprit-de-vin; mais qu'en conclure? Le feu, ainsi que les autres éléments, subit des combinaisons qui redoublent son action dans telle affinité, et la rendent nulle dans une autre; ce n'est donc point avec nos instruments de physique que nous parviendrons à déterminer les effets des causes naturelles.

² PAGE 127.

Il n'est pas permis long-temps d'y garder son franc-taire; car ceux qui y parlent ne veulent être écoutés que par des gens qui les applaudissent.

J'ai remarqué que le degré d'attention que le monde accorde à ses orateurs est toujours proportionné au degré de puissance ou de malignité qu'il leur suppose. La vérité, la raison, l'esprit même, n'y sont comptés pour rien. Pour se faire écouter du monde, il faut s'en faire craindre: aussi ceux qui y brillent emploient fréquemment des tours de phrase qui donnent à entendre qu'ils sont des amis puissants ou des ennemis dangereux. Tout homme simple, modeste, vrai et bon, y est donc réduit au silence: il en peut sortir toutefois en flattant ses tyrans; mais ce moyen produirait en moi un effet tout contraire; car je ne puis flatter que ce que j'aime.

Fuyez donc le monde, vous qui ne voulez ni flatter ni médire; car vous y perdriez à la fois et les biens que vous en espérez, et ceux qui appartiennent à votre conscience.

³ PAGE 127.

Il a paru, dans le *Journal général de France*, du 11 et du 15 mars 1788, une lettre qui renferme de grands éloges de ma théorie des marées, mais où l'on tâche de prouver que nos académiciens ne se sont pas trompés en concluant, de ce que les degrés sont plus longs au nord, que la courbe de la terre s'y aplatit, c'est-à-dire qu'elle y devient plus courte que l'arc de cercle qui la renferme.

J'avoue que je n'ai rien pu comprendre à la démonstration par laquelle on veut justifier cette erreur. Les principes et les méthodes de nos sciences me jettent, comme Michel Montaigne, en éblouissement; aussi je ne m'arrête qu'à leurs résultats.

Si l'on conclut que la terre s'aplatit aux pôles parceque ses degrés s'y allongent, on doit conclure, par la raison contraire, que la terre s'allongerait aux pôles si ses degrés s'y raccourcissaient.

Ainsi, il s'ensuivrait que plus les degrés polaires seraient longs, plus la courbe polaire serait aplatie; et qu'au contraire plus ces mêmes degrés seraient courts, plus la courbe polaire serait allongée.

Ainsi, en doublant, triplant, quadruplant la longueur de ces degrés en particulier, vous réduiriez à la moitié, au tiers, au quart, la longueur de la courbe polaire dont ils sont cependant les parties constituantes; et au contraire, en réduisant la longueur de ces mêmes degrés à la moitié, au tiers, ou au quart, vous doubleriez, tripleriez, quadrupleriez la courbe polaire; en sorte que plus ces degrés seraient grands, plus la courbe polaire qu'ils composent serait petite; et plus ils seraient petits, plus cette courbe serait grande. Or, c'est ce qui est contradictoire et impossible évidemment.

Si les voussoirs d'une voûte en plein cintre s'élargissent, la voûte entière doit s'élargir; et si ces voussoirs se rétrécissent, la voûte doit se raccourcir. Les degrés polaires sont les voussoirs; et la courbe polaire, la voûte.

L'auteur de cette lettre, M. de Sallier, m'adresse ensuite quelques objections. Il oppose à une conséquence générale des aperçus particuliers.

Le baromètre est plus bas en Suède qu'à Paris. Or, comme il baisse à mesure qu'on s'élève sur une montagne, j'en ai tiré la conséquence générale que la terre s'élevait vers le nord. M. de Sallier conclut au contraire que l'abaissement du baromètre en Suède vient de la densité de son atmosphère que le froid rend plus pesante, ou de la gravité qui augmente vers le pôle. Il s'ensuit de cet aperçu que le baromètre ne peut plus servir à mesurer la hauteur des montagnes, puisque, dès qu'il baisse, on en peut conclure que cet effet vient de la densité de l'atmosphère, ou d'une autre cause. Il s'ensuit encore que M. de Sallier détruit la conséquence particulière que les académiciens, qu'il veut servir, avaient tirée eux-mêmes de cette observation: car ils en concluaient alors que la terre était un sphéroïde allongé vers les pôles; et, ce qu'il y a encore de singulier, ils appuyaient ce même raisonnement sur les

---
* *Histoire naturelle de Pline*, liv. II, chap. CI.

mêmes expériences qui leur ont fait conclure depuis que la terre était un sphéroïde aplati, je veux dire sur la grandeur des degrés vers les pôles. Voici un extrait de leur jugement, rapporté par le père Regnault dans le XIV⁰ Entretien physique du tome Ier, septième édition :

« Une autre raison qui prouve que la terre n'est point
» parfaitement ronde, c'est que, selon les essais de
» M. Cassini pour déterminer la grandeur de la terre,
» sa surface doit avoir la figure d'une ellipse allongée vers
» les pôles, et dont une propriété est telle, qu'étant di-
» visée en degrés, chacun de ces degrés augmente à me-
» sure qu'ils approchent des pôles ; de sorte que le circuit
» d'un méridien de la terre doit surpasser le circuit de
» son équateur d'environ 50 lieues *. »

C'est à M. de Sallier à concilier, s'il le peut, des jugements si opposés dans la même académie, et d'après les mêmes expériences. Mais comme les académiciens n'ont point encore varié sur les conséquences qu'ils tirent sur l'ascension ou la descente du mercure dans le baromètre, il en faut conclure, avec l'auteur que je viens de citer :

« Que plus l'endroit est bas, plus la colonne d'air qui
» soutient le mercure est haute ; plus elle est haute, plus
» elle pèse ; plus elle pèse, plus elle soutient de mercure ;
» plus elle en soutient, moins il doit baisser. Par une rai-
» son contraire, plus l'endroit est élevé, plus la colonne
» d'air est courte ; plus elle est courte, moins elle pèse ;
» moins elle pèse, moins elle soutient de mercure ; moins
» elle en soutient, plus il baisse **. »

Ainsi la colonne d'air est plus courte en Suède qu'à Paris, puisque le mercure baisse d'une ligne en Suède, quand on s'élève au-dessus du bord de la mer de 10 toises 1 pied 6 pouces 4 lignes, et que, pour le faire baisser d'une ligne dans notre climat, il faut s'élever au-dessus de la mer de 10 toises 5 pieds, c'est-à-dire il faut monter plus haut à Paris pour trouver une atmosphère de la même hauteur que celle de la Suède. Donc le terrain de la Suède est naturellement plus élevé que celui de Paris, puisqu'il faut monter à Paris 4 pieds et demi de plus pour être au même niveau d'air qu'en Suède.

J'ai dit que si la terre était un sphéroïde renflé de six lieues et demie sous l'équateur, et aplati sur les pôles, les mers de l'équateur couvriraient les pôles. M. de Sallier répond à cela que « la combinaison de la gravité de la
» force centrifuge, en élevant l'équateur et en déprimant
» les pôles, n'a pu donner à cette élévation une courbure
» *plus subite*, comme l'a supposé notre auteur. »

M. de Sallier a souligné l'expression de *plus subite*, qui, en effet, rend l'écoulement des mers de l'équateur vers les pôles plus sensible, quoique cet effet s'ensuivît également, puisqu'il ne dépend pas de la rapidité de la pente de la terre sous l'équateur, mais de sa seule élévation. J'en demande pardon à M. de Sallier, mais il attaque encore ici les académiciens qu'il veut défendre, puisque ce sont eux qui ont employé cette image et cette expression, et non pas moi, qui la leur *suppose*.

Bouguer, que j'ai cité, tome III, explication des figures, dit positivement : « La courbe de la terre est *plus subite*
» vers l'équateur, dans le sens nord et sud, puisque les
» degrés y sont plus petits ; et la terre au contraire est
» plus plate vers les pôles, puisque les degrés y sont plus
» grands. »

J'avoue que je ne comprends pas le raisonnement de

---

* *Histoire de l'Académie*, suite de l'année 1778, pages 237, 238.

** *Histoire de l'Académie*, entretien XII.

M. de Sallier, qui conçoit, au moyen de la force centrifuge, que les courants occasionnés par la fonte des glaces polaires peuvent partir des pôles aplatis, et se rendre dans l'Océan, sous l'équateur, élevé de six lieues et demie au-dessus de leur niveau. M. de Sallier oublie que ces courants polaires vont non-seulement jusqu'à l'équateur, mais bien au-delà, jusqu'au fond des zones tempérées. Mais comment se peut-il que cette force centrifuge élève l'Océan à six lieues et demie sous l'équateur, lorsqu'elle n'a pu y élever la partie solide de la terre, quand elle était dans un état de mollesse, suivant les newtoniens ? Comment tant de corps mobiles qui sont à la surface de la terre, incomparablement plus légers et plus volatils qu'une masse d'eau de six lieues et demie d'élévation, ne se dirigent-ils pas sans cesse vers l'équateur, et ne circulent-ils pas dans le tourbillon de sa force centrifuge ?

Ainsi, toutes ces objections en faveur de l'aplatissement des pôles et du renflement de l'équateur n'ont point de solidité. J'invite M. de Sallier, qui, malgré ces préjugés en faveur du système de Newton, a eu la franchise et le courage d'adhérer publiquement à ma théorie du mouvement des mers, de continuer à examiner, avec l'impartialité d'un ami de la vérité, les preuves de l'allongement de la terre aux pôles. M. de Sallier verra que l'allongement des pôles est une conséquence nécessaire de ma théorie des marées. Je serais fâché que sur un sujet si important il restât aucun doute à un écrivain aussi savant que poli, dont les éloges et la critique m'honorent également.

4 PAGE 128.

Bien des gens concevront difficilement que nos marées puissent remonter en été vers le pôle nord, dans la saison même où le courant qui les produit descend de ce pôle. Ils peuvent voir une image bien sensible de ces effets rétrogrades des eaux courantes au pont Notre-Dame, à l'ouverture de l'arche qui s'appuie au quai Pelletier. Le cours de la Seine, dirigé obliquement depuis le coin de bâtardeau contre une pile de cette arche, y produit un remou qui remonte sans cesse contre le cours de la rivière, jusqu'aux bouillons mêmes du bâtardeau. De même les fontes des glaces septentrionales descendent, en été, des baies voisines du cercle polaire, en faisant huit à dix lieues par heure, suivant Ellis, Linschoten et Barents : elles s'écoulent vers le sud dans le milieu de l'océan Atlantique ; mais venant à rencontrer sur leurs bords, presque de front, l'Afrique et l'Amérique qui se rapprochent de part et d'autre, elles sont forcées de refluer à droite et à gauche, le long de leurs continents, et de remonter vers le nord, au-dessus des caps Bojador et Saint-Augustin, qu'elles ont rendus fameux par leurs courants. Or, comme les sources d'où elles partent ont un flux intermittent d'accélération et de ralentissement, occasionné par l'action diurne et nocturne du soleil sur les glaces de l'hémisphère oriental et occidental du pôle, leurs remous latéraux, c'est-à-dire leurs marées, en ont aussi un qui leur est semblable.

5 PAGE 128.

Je suis tombé dans l'erreur lorsque j'ai mis les astronomes en contradiction, en leur faisant dire d'un côté que la plupart des degrés du méridien étaient plus grands que ceux de l'équateur, puisqu'ils croissent depuis l'équateur jusqu'aux pôles ; et, d'un autre côté, que le méridien était plus petit que l'équateur, puisqu'ils supposent la terre aplatie aux pôles.

Mon erreur est au point de départ, comme dans presque toutes les erreurs du monde. Les astronomes ne disent point que la plupart des degrés du méridien sont plus grands que ceux de l'équateur. Ils supposent d'abord le premier degré du méridien beaucoup plus petit qu'un degré de l'équateur. Ils disent ensuite que les degrés suivants du méridien vont en augmentant jusqu'au 35°, qui est égal à un degré de l'équateur ou de la sphère. Les 55 degrés qui restent vont en augmentant jusqu'aux pôles, et ceux-là seulement sont plus grands que ceux de l'équateur ou de la sphère ; de sorte que les 54 degrés plus petits et les 55 degrés plus grands étant compensés, il en résulte que le méridien est plus petit que l'équateur, ou qu'un cercle de la sphère. Ainsi, les astronomes ne se contredisent point en disant que le méridien est renfermé dans la sphère, ou, ce qui est synonyme, que la terre est aplatie aux pôles.

Tel est le précis de l'éclaircissement que m'a envoyé un astronome plein de clarté et de politesse, que j'eusse nommé s'il me l'eût permis.

J'ai été induit en erreur par les expressions obscures des astronomes, et par l'assertion positive du père Regnault, citée note 5, page 486, qui suppose, d'après Cassini, que les degrés du méridien *augmentent* en allant vers les pôles : « De sorte, dit-il, que le circuit d'un méridien de la terre doit surpasser le circuit de son équateur d'environ 50 lieues. » D'où il conclut, avec Cassini, que la terre est allongée aux pôles.

Ce qu'il y a de singulier, c'est que Cassini, dans le volume de l'Académie cité par le père Regnault, suppose au contraire que les degrés du méridien *diminuent* en allant vers les pôles. Depuis, il changea de principe et de conséquence, avec les académiciens modernes.

Il semble que les vérités les plus simples soient les plus difficiles à saisir. En toutes choses les éléments sont toujours prêts à nous échapper. Fontenelle, à qui on ne peut refuser la sagacité géométrique, avait tiré une conséquence opposée à celle de Cassini, et semblable à la mienne. Les académiciens de son temps avaient trouvé que les degrés du méridien allaient en diminuant vers le pôle nord ; il en conclut que la terre y était aplatie. Les académiciens modernes ont trouvé que les degrés y allaient en augmentant ; j'en ai conclu qu'elle y était allongée.

A la vérité, Fontenelle se rétracta, d'après un mémoire que lui écrivit Abauzit, ami de Newton : pour moi, en reconnaissant que les académiciens modernes ne se sont point contredits, il m'est impossible de conclure comme eux. Il me suffit que les 55 degrés du méridien qui partent du 35° degré soient plus grands que ceux de la sphère, pour en conclure qu'ils en sortent, et que la terre n'est pas aplatie aux pôles : mon objection reste dans toute sa force pour un segment du méridien comme pour le méridien entier. La courbe polaire de 55 degrés est plus grande qu'un arc de la sphère de 55 degrés, puisqu'elle est appuyée sur la même corde, et que ses degrés sont plus grands. La courbe polaire est donc saillante hors de son arc sphérique, et la terre est allongée au pôle.

Quant aux 54 degrés du méridien qui sont plus petits que ceux de la sphère, ils me deviennent inutiles. Cependant je n'admets point que le premier degré du méridien soit plus petit qu'un degré de l'équateur, au point où ces deux cercles se croisent. J'en exposerai ailleurs des raisons géométriques, d'une manière, je l'espère, à me mériter l'estime des savants qui ont cherché à m'éclairer.

Quant aux raisons physiques, j'en ai eu grand nombre. Je compte les joindre à celles par lesquelles j'ai montré la circulation semi-annuelle des mers et semi-diurne des marées, par les fontes semi-annuelles et semi-journalières des glaces polaires. Quoiqu'il semble impossible de rien ajouter à celles-ci, j'en ai encore plusieurs de différents genres qui ne sont pas moins évidentes. Pour mettre le lecteur à portée d'en juger, je ne lui citerai que celle-ci :

Il est connu de tous les habitants des bords de la mer, que les hivers y sont plus doux et les étés plus froids que dans l'intérieur des terres. J'ai vu, sur les côtes de Normandie, les figuiers passer l'hiver en plein air, tandis que dans cette saison on est obligé de les empailler à Paris, quoique cette ville soit dans une latitude plus méridionale ; d'un autre côté, dans l'été les figues mûrissent moins vite et moins bien, et les primeurs en tous genres sont plus tardives sur les côtes de Normandie qu'à Paris. C'est la douceur de l'hiver qui entretient en Angleterre la verdure perpétuelle des beaux gazons. La fraîcheur de l'été y contribue pareillement ; mais, d'un autre côté, elle ne permet pas aux raisins et à plusieurs autres fruits d'y bien mûrir, quoiqu'ils viennent à leur perfection aux mêmes latitudes dans l'intérieur de la France.

Les physiciens ont attribué la tiédeur des hivers et la fraîcheur des étés, sur les bords de la mer, aux vapeurs de l'eau ; mais ce qu'ils n'ont pas remarqué, et ce qui est très remarquable, c'est que ces effets n'arrivent que sur les bords de la mer Atlantique. L'hiver est fort rude sur les bords de la mer Baltique, qui gèle, tous les ans, en tout ou en grande partie ; il en est de même des lacs de la Laponie. Cependant la mer Atlantique ne gèle jamais sur les côtes de la Norwège, située dans les mêmes latitudes. Il y a plus : la mer Atlantique est, par les qualités de ses eaux, plus froide que la Baltique ; car elle est salée, et la Baltique ne l'est pas. Le sel est de sa nature très froid, puisqu'on l'emploie, en été, à la fabrication des glaces. Pourquoi donc la mer Atlantique, quoique salée, est-elle plus tiède en hiver que la mer Baltique, qui gèle aux mêmes latitudes, et dont les eaux sont douces, si ce n'est vers son embouchure dans l'Atlantique, où elles sont un peu salées, et où elle ne gèle jamais ? D'un autre côté, pourquoi fait-il plus froid en été sur les rivages de l'Atlantique que sur ceux de la Baltique et dans le continent, comme on le voit par les exemples que j'ai cités, et par celui des îles Orcades et de l'Islande, où les moissons mûrissent fort rarement, quoique l'hiver y soit tempéré ; tandis qu'on en recueille d'abondantes à Stockholm, à Pétersbourg, et dans les latitudes du continent encore plus septentrionales, où l'hiver est fort âpre ?

Pour résoudre ce double problème de la tiédeur des eaux de l'Atlantique en hiver et de la fraîcheur de ses eaux en été, et des qualités qui en résultent par son atmosphère pour la température de ses rivages, il faut recourir au principe que j'ai posé, que l'Océan descend alternativement des deux pôles allongés du globe. Dans notre hivers l'océan fluide descend de l'océan glacé du pôle sud, qui a alors quatre à cinq mille lieues de circonférence, par l'action du soleil qui en fond les glaces depuis l'équinoxe de septembre jusqu'à celui de mars. Ces fontes australiennes descendent vers la ligne, entraînant avec elles, dans toute la circonférence du pôle sud, des glaces qui parviennent quelquefois au 42° degré sud, ayant encore à cette latitude 2 à 500 pieds de hauteur. Ces fontes, si abondantes, poussent les eaux de la zone torride vers le nord. Les eaux torridiennes, malgré leur salure, échauffées entre les tropiques par l'action perpétuelle du soleil, remontent bien avant vers le nord, et attiédissent, chemin faisant, les rivages qu'elles baignent et l'atmosphère qui les environne. Celles qui se sont engagées dans le canal de l'Atlantique s'avancent jusqu'au 65° degré, où cessent les marées dans notre hiver. Quelques degrés plus loin, les brumes qui s'en exhalent se changent sans cesse en congélations sur les flancs du pôle nord, et y préparent les glaces monstrueuses qui doivent en descendre au printemps. Ainsi, la chaleur de l'océan Atlantique dans la zone torride est cause en hiver de la tiédeur du même océan dans la zone tempérée, et de sa solidité en glace dans la zone glaciale. Au contraire, en été, cet océan glacial du pôle nord venant à se fondre par le retour du soleil, depuis l'équinoxe de mars jusqu'à celui de septembre, ses eaux entraînent avec elles des flottes de glaces de 1200 et 1500 pieds de hauteur, et de deux à trois journées de navigation, jusqu'au 52e degré. Elles refroidissent sans cesse, par leurs eaux fraîches et leur atmosphère brumeuse, les îles et les rivages de l'Atlantique, et nous occasionnent quelquefois, dans le continent, des jours bien froids au milieu de juillet. Ainsi, le froid de l'océan Glacial d'où s'écoule l'Atlantique est cause, en été, de la froideur du même océan dans la zone tempérée, et de sa température fraîche dans la zone torride, où s'élèvent sans cesse, dans cette saison, des pluies et des orages qui vont rafraîchir les rivages brûlants de l'Afrique et de l'Amérique.

Ces diverses températures de la mer Atlantique s'appuient d'une expérience remarquable citée par M. Pennant dans son *Nord du globe*, tome Ier, page 555. Il dit que le docteur Blagden a éprouvé que, dans le mois d'avril, à 55 degrés de latitude nord et à 76 de longitude, à l'ouest de Greenwich, la chaleur du courant qui venait du golfe du Mexique était de 6 degrés plus forte que celle de l'eau de la mer en dehors de ce courant. C'est que la mer Atlantique, qui commençait à descendre du pôle nord, participait de la froideur de ses glaces, tandis que le courant du Mexique venait du midi en remontant au nord par l'action du courant général qui donne les marées, par la réaction de ses contre-courants latéraux.

On peut résoudre, par cette grande loi de la fonte alternative des glaces du pôle sud et du pôle nord, une multitude de problèmes qui regardent les diverses températures des lieux situés dans le même climat, et expliquer, par exemple, pourquoi les hivers sont plus froids et les étés moins chauds sur les rivages du Canada que sur ceux de la France; pourquoi les Antilles sont plus fraîches, en été et en hiver, que les îles de l'océan Indien sous les mêmes parallèles, comme on en peut juger d'ailleurs par la couleur de leurs habitants et les différentes qualités de leurs végétaux. Cette différence de températures vient uniquement de celle de leurs mers. Si la terre a des causes particulières de froid par l'élévation de son sol et ses montagnes à glace, et des causes de chaleur par ses zones sablonneuses et ses montagnes à feu, la mer a aussi les siennes par ses courants froids et ses glaces flottantes qui descendent des pôles, et par ses courants chauds qui viennent de la zone torride : les premières sont fixes, et les secondes sont mobiles, mais d'un plus grand effet, parce-qu'elles étendent plus loin leur influence dans l'atmosphère. C'est l'histoire de la mer qui peut donner l'histoire de la terre. La mer a donné à la terre ses sables, ses pierres calcaires, ses marbres, les couches de ses argiles, ses baies, ses caps, et la plupart de ses îles. Elle lui donne encore ses températures, ses nuages, ses vents, ses neiges, ses pluies, ses glaciers, ses lacs, ses fleuves, et par conséquent les causes premières de sa végétation, de sa navigation, de ses pêches et de son commerce. Ces phénomènes, ces météores, toutes ces harmonies, si constantes et si variées, dépendent uniquement des fontes alternatives des deux océans glacés qui couvrent les pôles, et qui n'en pourraient pas descendre si les pôles étaient aplatis. Je viens d'en rapporter une nouvelle preuve, qui explique pourquoi l'hiver est plus doux et l'été plus froid sur les rivages de la mer que dans l'intérieur du continent. Il m'en reste d'autres qui ne sont pas moins intéressantes. J'espère les joindre aux anciennes, si Dieu m'en donne le loisir et la grâce. J'ornerai encore de quelques fleurs le berceau de cette vérité naissante, exposée aux portes de nos académies, repoussée par elles, mais qui, recueillie par des cultivateurs, des voyageurs, des pêcheurs, et favorisée du ciel, s'élèvera un jour sur les débris des systèmes savants, et présidera sur le globe à l'étude de la nature.

⁶ PAGE 157.

Suivant les botanistes, le lis n'a point de calice ; il n'a qu'une corolle pluripétale. Ils appellent les fleurs des corolles, et les étuis des fleurs des calices : c'est évidemment par un abus des termes. *Calix*, en grec et en latin, veut dire une coupe; et *corolla*, une petite couronne. Or, une infinité de fleurs, comme les crucifères, les papilionacées, les fleurs en gueule, et une multitude d'autres, ne sont point faites en couronne, ni leurs étuis en calice. J'ose assurer que si les botanistes avaient donné le simple nom d'étui ou d'enveloppe aux parties de la floraison qui protègent la fleur avant son développement, ils auraient été sur la route de plus d'une découverte curieuse. Cette impropriété de termes élémentaires dans les sciences est la première entorse donnée à la raison humaine; elle la met, dès les premiers pas, hors du chemin de la nature. *Voyez* Étude XI.

⁷ PAGE 160.

Quelques écrivains ont fait parmi nous l'éloge des druides. Je leur opposerai, entre autres témoignages, celui des Romains, qui, comme on sait, étaient très tolérants sur la religion. César dit, dans ses *Commentaires*, que les druides brûlaient des hommes en l'honneur des dieux, dans des paniers d'osier ; et qu'au défaut de coupables, ils prenaient des innocents. Voici ce qu'en dit Suétone dans la vie de Claude : « La religion des druides, » trop cruelle à la vérité, et qui, du temps d'Auguste, » avait été simplement défendue, fut par lui entièrement » abolie. » Hérodote leur avait fait, long-temps auparavant, le même reproche. On ne peut opposer à l'autorité de trois empereurs romains et du père de l'histoire que celle du roman de l'*Astrée*. N'avons-nous pas assez de nos fautes, sans nous charger de justifier celles de nos ancêtres ? Au fond ils n'étaient pas plus coupables que les autres peuples, qui tous ont sacrifié des hommes à la Divinité. Plutarque reproche aux Romains eux-mêmes d'avoir immolé, dès les premiers temps de la république, deux Gaulois et deux Grecs qu'ils enterrèrent tout vifs. Est-il donc possible que le premier sentiment de l'homme dans la nature ait été celui de la terreur, et qu'il ait cru au diable avant de croire en Dieu ? Oh ! non. C'est l'homme qui partout a égaré l'homme. Un des bienfaits de l'Évangile a été de détruire, dans une grande partie du monde, ces dogmes et ces sacrifices inhumains.

⁸ PAGE 160.

On a exprimé, au sujet des effets de l'électricité, une pensée assez impie, dans un vers latin dont le sens est que l'homme a désarmé la Divinité. Le tonnerre n'est point un instrument particulier de la justice divine. Il est nécessaire au rafraîchissement de l'air dans les chaleurs de l'été. Dieu a permis à l'homme d'en disposer quelquefois, comme il lui a donné le pouvoir de faire usage du feu, de traverser les mers, et de se servir de tout ce qui existe dans la nature. C'est la mythologie des anciens qui, nous représentant toujours Jupiter armé du foudre, nous en inspire tant de frayeur. Il y a dans l'Écriture sainte des idées de la Divinité bien plus consolantes, et une bien meilleure physique. Je puis me tromper, mais je ne crois pas qu'il y ait un seul endroit où elle nous parle du tonnerre comme d'un instrument de la justice divine. Sodome fut détruite par une pluie de feu et de soufre. Les dix plaies dont l'Égypte fut frappée furent la corruption des eaux, les reptiles, les moucherons, les grosses mouches, la peste, les ulcères, la grêle, les sauterelles, les ténèbres très épaisses, et la mort des premiers-nés. Coré, Dathan et Abiron furent dévorés par un feu qui sortit de la terre. Lorsque les Israélites murmurèrent dans le désert de Pharan, « une » flamme du Seigneur, s'étant allumée contre eux, dévora » tout ce qui était à l'extrémité du camp*. » Dans les menaces faites au peuple, dans le *Lévitique*, il n'est point parlé du tonnerre. Au contraire, ce fut au bruit des tonnerres que la loi que Dieu donna à son peuple, sur le mont Sinaï, fut promulguée. Enfin, dans le beau cantique où Daniel invite tous les ouvrages du Seigneur à le louer, il y appelle les tonnerres; et il n'est pas inutile de remarquer qu'il comprend dans son invitation les météores qui entrent dans l'harmonie nécessaire de l'univers. Il les qualifie du titre sublime de PUISSANCES ET DE VERTUS DU SEIGNEUR. *Voyez* Daniel, ch. III.

9 PAGE 175.

Voyez James Beeverel, *Délices de l'Écosse*, tome VII, page 1405. Il dit encore, page 1421, que dans l'île Pomone ou de Mainland, la plus grande des Orcades, il y a au nord de la partie orientale un promontoire fort haut, où « les marées qui viennent du nord-ouest donnent avec » tant de violence, que les flots s'élèvent encore plus haut » que lui; » et, page 1424, qu'entre Phara et Heth, les plus septentrionales de ces îles, « la marée tient un cours » tout singulier, montant du sud-est au nord-est pendant » trois heures seulement, et descendant pendant neuf » heures entières au sud-ouest. »

Réfléchissez sur cette haute marée du *nord-ouest*, et sur cette autre qui vient du *nord-est* pendant neuf heures, et qui y remonte seulement pendant trois, vous verrez l'action directe de la fonte des glaces du pôle nord sur les Orcades, et sa réaction qui s'affaiblit à mesure qu'elle remonte vers sa source. Mais je suis convaincu que ces marées septentrionales des Orcades n'arrivent jamais que l'été, lorsque le soleil échauffe le pôle nord, et que, l'hiver, les courants du pôle sud doivent y produire des effets tout contraires.

10 PAGE 178.

Les prêtres de l'Égypte assuraient, suivant Hérodote, que le soleil avait plusieurs fois changé de cours: ainsi notre hypothèse n'a rien de nouveau. Ils en avaient peut-être tiré les mêmes conséquences. Ce qu'il y a de certain, c'est qu'ils croyaient que la terre périrait un jour par un incendie général, comme elle avait péri par un déluge universel. Je crois même que ce fut un de leurs rois qui, dans l'alternative de l'un ou de l'autre événement, fit bâtir deux pyramides, l'une de brique, pour échapper au feu, l'autre de pierre, pour se préserver de l'eau. L'opinion d'un incendie futur de la nature est répandue chez beaucoup de nations. Mais de si terribles effets, qui résulte-

* *Nombres*, chap. XI.

raient bientôt des causes mécaniques par lesquelles l'homme tâche d'expliquer les lois de la nature, ne peuvent arriver que par l'ordre immédiat de la Divinité. Elle conserve ses ouvrages avec la même sagesse qu'elle les a créés. Les astronomes observent depuis un grand nombre de siècles le mouvement annuel de la terre dans l'écliptique, et jamais ils n'ont vu le soleil en-deçà ou au-delà des tropiques seulement d'une simple seconde. Dieu gouverne le monde par des puissances mobiles, et il en tire des harmonies invariables. Le soleil ne parcourt ni l'équateur, où il remplirait la terre de feux, ni le méridien, où il l'inonderait d'eaux; mais sa route est tracée dans l'écliptique, où il décrit une ligne spirale entre les deux pôles du monde. Il répand, dans sa course harmonique, le froid et le chaud, la sécheresse et l'humidité; et il fait résulter de ces puissances destructibles, chacune en particulier, des latitudes si variées et si douces par toute la terre, qu'une infinité de créatures d'une délicatesse extrême y trouvent tous les degrés de température convenables à leur fragile existence.

11 PAGE 179.

Je trouve un témoignage historique en faveur de cette hypothèse dans l'*Histoire de la Chine*, par le père Martini, livre I : « Sous le règne d'Yaus, septième empereur, les » annales du pays rapportent que le soleil fut dix jours » sans se coucher, et qu'on craignit un embrasement uni- » versel. » Il en résulta au contraire un déluge qui inonda toute la Chine. L'époque de ce déluge chinois et celle du déluge universel sont du même siècle. Yaus naquit 2358 ans avant Jésus-Christ, et le déluge universel arriva 2348 avant la même époque, suivant les Hébreux. Les Égyptiens avaient aussi des traditions sur ces anciennes altérations du cours du soleil.

12 PAGE 179.

J'ai vu, à l'Ile-de-France, de ces grands bancs de madrépores, de sept à huit pieds de hauteur, semblables à des remparts, restés à sec à plus de trois cents pas du rivage. L'Océan a laissé dans toutes les terres des traces de ses anciennes excursions. On trouve dans les falaises du pays de Caux une très grande coquille des îles Antilles appelée la tuilée; dans les vignobles de Lyon, celle qu'on appelle le coq et la poule, qu'on n'a pêchée vivante dans aucune mer qu'au détroit de Magellan; des dents et des mâchoires de requins dans les sables d'Étampes... Nos carrières sont pleines des dépouilles de l'océan méridional. D'un autre côté, suivant les Mémoires du père Le Comte, jésuite, il y a à la Chine des couches de terre végétale de trois à quatre cents pieds de profondeur. Ce missionnaire leur attribue, avec raison, l'extrême fécondité de ce pays. Nos meilleurs terrains en Europe n'en ont pas plus de trois ou quatre pieds. Si nous avions des cartes géographiques qui représentassent les différentes couches de nos coquillages fossiles, on pourrait y reconnaître les directions et les foyers des anciens courants qui les ont apportés. Je n'étendrai pas cette vue plus loin; mais en voici une autre qui peut présenter de nouveaux objets de curiosité aux savants qui font plus de cas des monuments des hommes que de ceux de la nature. C'est que, comme on trouve dans les fossiles de nos contrées occidentales une multitude de monuments de la mer, on pourrait peut-être rencontrer ceux de notre ancienne terre dans ces couches de terre végétale de trois à quatre cents pieds d'épaisseur, des contrées orientales. D'abord, il est certain, d'après le témoignage du même missionnaire que je viens de citer, que le charbon de terre est si commun à la Chine, que la plupart des Chinois n'emploient pas d'autre matière pour se chauffer. Or, on sait que le charbon de terre doit son origine à des forêts qui ont été ensevelies dans le sein de la terre. On pourrait donc trouver, au milieu de ces débris de végétaux, ceux des animaux terrestres, des hommes, et des premiers arts du monde qui avaient quelque solidité.

13 PAGE 181.

Quoique le sens que je donne à ce passage ne diffère pas beaucoup de celui que lui donne M. de Sacy dans sa belle traduction de la *Bible*, il y a cependant plusieurs expressions auxquelles je donne un sens opposé à celui de ce savant homme.

1° *Ostium* veut proprement dire des ouvertures, des dégorgeoirs, des écluses, des portes, des embouchures, et non pas des barrières, comme l'a traduit Sacy. Observez que le sens de ce verset et celui du suivant conviennent admirablement à l'état de contrainte et d'inertie où la mer est retenue sur les pôles, environnée de nuées et d'obscurité, comme un enfant de bandelettes dans son berceau. Ils expriment encore les brouillards qui environnent la base des glaces polaires, comme le savent tous les marins du nord. 2° Les épithètes précédentes, de *fondements de la terre*, de *bases consolidées*, de *points d'où l'on a dirigé les niveaux*, d'*écluses* d'où la mer sort comme d'une matrice, déterminent particulièrement les pôles du monde, d'où les mers s'écoulent sur le reste du globe. L'épithète de *pierre angulaire* semble aussi désigner d'une manière plus particulière notre pôle, qui se distingue, par son attraction magnétique, de tous les points de la terre.

14 PAGE 181.

Auroræ locum suum, le lieu de l'aurore. Peut-être est-il question ici de l'aurore boréale. Le froid des pôles produit l'aurore, car il n'y en a presque point entre les tropiques. Ainsi le pôle est proprement le lieu naturel de l'aurore. Le verset suivant, *tenuisti concutiens extrema terræ*, caractérise évidemment les effusions totales des glaces polaires situées aux extrémités de la terre, qui occasionnèrent le déluge universel.

15 PAGE 181.

Restituetur ut lutum signaculum. Ce verset est fort obscur dans la traduction de Sacy. Il me parait désigner ici les coquillages fossiles, qui sont par toute la terre les monuments du déluge.

16 PAGE 181.

In novissimis abyssi, aux sources de l'abîme. Sacy a traduit : *dans les extrémités de l'abîme*. Il fait disparaître la consonnance de cette expression avec celle des autres caractères polaires, si clairement exposés auparavant, et l'antithèse de *novissima* avec celle de *profunda maris* qui la précède, en lui donnant le même sens. L'antithèse est une figure fréquemment employée par les Orientaux, et surtout dans le livre de Job. *Novissima abyssi* signifie littéralement les lieux qui renouvellent l'abîme, les sources de la mer, et par conséquent les glaces polaires.

17 PAGE 181.

Portæ mortis, et *ostia tenebrosa*, les portes de la mort, ces dégorgeoirs ténébreux. Les pôles, qui sont inhabitables, sont vraiment les portes de la mort. L'épithète de ténébreux désigne ici les nuits de six mois qui y règnent. Ce sens est encore confirmé dans les versets suivants par *locus tenebrarum*, le lieu des ténèbres, et par *thesauros nivis*, les réservoirs de la neige. Les pôles sont à la fois le lieu des ténèbres et celui de l'aurore.

18 PAGE 181.

Latitudinem terræ. Mot à mot : Avez-vous considéré la latitude de la terre ? En effet, tous les caractères du pôle ne pouvaient être connus que de ceux qui avaient parcouru la terre en latitude. Il y avait, du temps de Job, beaucoup de voyageurs arabes qui allaient à l'orient, à l'occident et au midi, mais fort peu qui eussent voyagé au nord, c'est-à-dire en latitude.

19 PAGE 182.

Spon, sans doute, n'y pense pas, en soupçonnant que l'art ait pu aider la nature dans la construction de cinq canaux souterrains, chacun de dix milles de long, à travers un rocher. Ces canaux souterrains se rencontrent fréquemment dans les pays de montagnes, comme j'en pourrais citer mille exemples. Ils servent à la circulation des eaux, qui ne pourraient autrement en traverser les chaînes. La nature perce les rochers, et y fait passer les fleuves, comme elle a percé plusieurs os du corps humain pour la communication des veines. Je laisse le lecteur sur cette nouvelle vue. J'en ai dit assez pour le convaincre que ce globe n'est pas l'ouvrage du désordre et du hasard.

Je finirai ces observations par une réflexion sur les deux voyageurs que je viens de citer ; elle pourra être utile à nos mœurs. Spon était Français, et George Wheler Anglais. Ils voyagèrent en société dans l'Archipel. Le premier nous en a rapporté beaucoup d'inscriptions et d'épitaphes grecques, et nos savants du dernier siècle l'ont fort vanté. L'autre nous a donné les noms et les caractères de beaucoup de plantes fort curieuses qui croissent sur les ruines de la Grèce, et qui jettent, à mon gré, un intérêt fort touchant dans ses relations ; il est peu connu parmi nous. Suivant les titres que l'un et l'autre se donnent, Jacob Spon était médecin agrégé de Lyon, et fort curieux des monuments des hommes ; George Wheler était gentilhomme, et enthousiaste de ceux de la nature. Il semble que leurs goûts devaient être tout-à-fait différents ; que le gentilhomme devait aimer les monuments, et le médecin les plantes ; mais, comme nous le verrons dans la suite de ces Études, nos passions naissent des contraires, et sont presque toujours opposées à nos états. C'est par une suite de cette loi harmonique de la nature que, quoique ces voyageurs fussent l'un Anglais et l'autre Français, ils vécurent dans la plus parfaite union. Je remarque à leur louange qu'ils se sont cités mutuellement avec éloge. Ministres d'état, voulez-vous former des sociétés qui soient bien unies entre elles, ne mettez pas des académiciens avec des académiciens, des militaires avec des militaires, des marchands avec des marchands, des moines avec des moines ; mais rapprochez les hommes d'états opposés, et vous verrez régner entre eux l'harmonie ; pourvu toutefois que vous en écartiez les ambitieux, ce qui n'est pas aisé, puisque l'ambition est un des premiers vices que nous inspire notre éducation.

20 PAGE 205.

Plus d'un gourmand a déjà fait cette observation, mais en voici une à laquelle peu d'hommes s'arrêtent : c'est qu'en tout genre, et par tout pays, *les choses les plus communes sont les meilleures*.

21 PAGE 207.

De toutes les corruptions, celle de la chair humaine est

la plus dangereuse. En voici un effet bien étrange, que rapporte Garcilasso de la Vega, dans son *Histoire des guerres civiles des Espagnols dans les Indes*, partie II, tome I, chap. XLII. Il observe d'abord que les Indiens des îles de Barlovento envenimaient leurs flèches, en en mettant les pointes dans des corps morts; et il ajoute ensuite :

« Je rapporterai ce que j'ai vu arriver de l'un des quartiers du corps de Carvajal, qu'on avait mis sur le chemin de Collasuyu, qui est au midi de Cusco. Nous sortîmes un dimanche, pour aller à la promenade, dix ou douze écoliers que nous étions, tous mestifs, c'est-à-dire fils d'Espagnols et d'Indiennes, dont le plus âgé n'avait pas douze ans. Ayant aperçu à la campagne un des quartiers du corps de Carvajal, il nous prit envie de l'aller voir; et, nous en étant approchés, nous trouvâmes que c'était une des cuisses dont la graisse était coulée à terre. La chair en était verdâtre et toute corrompue. Comme nous regardions cet objet funeste, l'un des plus hardis d'entre nous se mit à dire : Je gage que personne ne l'oserait toucher. Un autre dit que si. Enfin le plus hardi de tous, qu'on appelait Barthélemy Monedero, croyant faire une action de courage, enfonça le pouce de sa main droite dans cette cuisse corrompue, où il entra tout entier. Cette action nous étonna tous si bien, que nous nous éloignâmes de lui, de peur d'en être infectés, en lui criant : O le vilain ! Carvajal te paiera de ton effronterie. Cependant il s'en alla droit à un ruisseau qui était là tout auprès, où il se lava la main plusieurs fois, et se la frotta de boue, puis s'en retourna en son logis. Le lendemain il revint à l'école, où il nous montra son pouce, qui s'était extrêmement enflé; mais sur le soir toute la main lui vint grosse jusqu'au poignet, et le jour d'après, qui était le mardi, elle s'enfla jusqu'au coude, tellement que la nécessité le contraignit d'en dire la cause à son père. On appela d'abord les médecins, qui lui bandèrent étroitement le bras, et le lièrent au-dessus de l'enflure, y apportant tous les remèdes qu'ils jugèrent pouvoir servir de contre-poison. Avec tout cela néanmoins, peu s'en fallut que le malade n'en mourût; et il n'en réchappa qu'avec beaucoup de peine, après avoir été quatre mois entiers sans tenir la plume à la main, tant il l'avait faible. »

On peut conclure de cet événement combien les émanations putrides de nos cimetières sont dangereuses pour les habitants des villes. Nos églises de paroisse, où l'on enterre tant de cadavres, se remplissent d'un air si corrompu, surtout au printemps, lorsque la terre vient à s'échauffer, que je les regarde comme une des principales sources des petites véroles et des fièvres putrides qui règnent dans cette saison. Il en sort alors une odeur fade qui soulève le cœur. Je l'ai éprouvé, notamment dans quelques unes des principales églises de Paris. Cette odeur est bien différente de celle que produit la foule des hommes vivants, car on ne sent rien de semblable dans les églises des couvents, où l'on n'enterre que peu de monde.

Il serait digne de la curiosité des anatomistes d'examiner pourquoi la putréfaction des corps détruit l'économie animale de la plupart des êtres, et pourquoi elle ne dérange point celle des bêtes carnassières. Beaucoup d'espèces d'insectes et de poissons se nourrissent de cadavres. Je remarque que la plupart de ces animaux n'ont point de sang, qui est le premier fluide qui soit affecté par la corruption, et que les ouvertures par où ils respirent ne sont point les mêmes que celles par où ils mangent. Mais ces raisons ne peuvent s'appliquer aux vautours, aux corbeaux, etc.

²² PAGE 220.

Je présume que c'est une espèce particulière d'araignée. Je crois qu'il y en a d'autant d'espèces qu'il y en a de celles des insectes. Elles ne tendent pas toutes des filets; il y en a qui attrapent leur proie à la course; d'autres leur dressent des embuscades. J'en ai vu à Malte très singulière, et qui est fort commune dans toutes les maisons. La nature a donné à cette araignée de ressembler par la tête et par la partie antérieure du corps à une mouche. Lorsqu'elle aperçoit une mouche sur un mur, elle s'en approche d'abord fort vite, en observant toujours de se mettre au-dessus d'elle. Quand elle en est à cinq ou six pouces, elle s'avance fort lentement, en lui présentant une ressemblance trompeuse; et, lorsqu'elle n'en est plus éloignée que de deux ou trois pouces, elle s'élance tout-à-coup sur elle. Ce saut, fait sur un plan perpendiculaire, devrait la précipiter à terre : point du tout. On la revoit toujours sur le mur, soit qu'elle ait manqué ou saisi sa proie, parcequ'avant de s'élancer, elle y attache un fil qui l'y ramène. Philosophes cartésiens, regardez donc les bêtes comme des machines!

²³ PAGE 222.

Les politiques, en classant les gouvernements par ces ressemblances extérieures de formes, ont fait comme les botanistes, qui comprennent dans la même catégorie les plantes qui ont des fleurs ou des feuilles semblables, sans avoir égard à leurs vertus. Ceux-ci ont mis dans la même classe le chêne et la pimprenelle; ceux-là, la république romaine et celle de Saint-Marin. Ce n'est pas ainsi qu'on doit observer la nature : elle n'est partout que convenance et harmonie. Ce ne sont pas ses formes, c'est son esprit qu'il faut étudier.

Si dans l'histoire d'un peuple vous ne faites pas attention à sa constitution morale et intérieure, dont presque aucun historien ne s'occupe, il vous sera impossible de concevoir comment des républiques bien ordonnées en apparence se sont ruinées tout-à-coup; comment d'autres, au contraire, où tout paraît dans l'agitation, deviennent formidables; d'où vient la durée et le pouvoir des états despotiques, si décriés par nos écrivains modernes; et d'où vient enfin qu'après ces beaux règnes de Marc-Aurèle et d'Antonin, qu'ils ont si vantés, l'empire romain acheva de s'écrouler. C'est, je l'ose dire, parceque ces bons princes ne songèrent qu'à conserver la forme extérieure du gouvernement. Tout était tranquille autour d'eux; il y avait une forme de sénat; le blé ne manquait point à Rome; les garnisons dans les provinces étaient bien payées. Point de sédition, point de troubles; tout allait bien en apparence; mais pendant cette léthargie les riches augmentaient leurs grandes propriétés, le peuple perdait les siennes; les emplois s'accumulaient dans les mêmes familles. Pour avoir de quoi vivre, il fallait s'attacher aux grands : Rome ne renfermait plus qu'un peuple de valets. L'amour de la patrie s'éteignait. Les malheureux ne savaient de quoi se plaindre. On ne leur faisait point de tort. Tout était dans l'ordre; mais, par cet ordre, ils ne pouvaient plus parvenir à rien. On n'égorgeait les citoyens comme sous Marius et Sylla, mais on les étouffait.

Dans toute société humaine il y a deux puissances, l'une temporelle, et l'autre spirituelle. Vous les retrouverez dans tous les gouvernements du monde, en Europe, en Asie, en Afrique et en Amérique. Le genre humain est gouverné comme le corps humain. Ainsi l'a voulu l'auteur de la nature, pour la conservation et le bonheur des hommes.

Lorsque les peuples sont opprimés par la puissance spirituelle, ils se réfugient auprès de la temporelle ; quand celle-ci les opprime à son tour, ils ont recours à l'autre. Quand toutes deux s'accordent pour les rendre misérables, alors naissent en foule les hérésies, les schismes, les guerres civiles, et une multitude de puissances secondaires qui balancent les abus des deux premières, jusqu'à ce qu'il en résulte enfin une apathie générale, et que l'état se détruise. Nous approfondirons ce grand sujet tout-à-l'heure, en parlant de la France. Nous verrons que, quoiqu'il n'y ait de droit qu'une puissance, il y en a en effet cinq qui la gouvernent.

24 PAGE 226.

Ce jugement des nègres modernes leur fait beaucoup d'honneur. Ils sentent le prix inestimable des lumières ; mais s'ils avaient vu en Europe le sort de la plupart des gens de lettres, et celui des gens qui y ont de l'or, ils auraient renversé leur tradition.

Des opinions semblables se retrouvent chez les autres noirs de l'Afrique, et entre autres chez les noirs des îles du cap Vert, comme on peut le voir dans l'excellente relation que George Roberts nous en a donnée. Cet infortuné navigateur se réfugia dans celle de Saint-Jean, où il reçut de la part de ses habitants les preuves les plus touchantes de générosité et d'hospitalité, après avoir éprouvé un traitement atroce de la part des pirates anglais, ses compatriotes, qui lui pillèrent son vaisseau.

Cependant, il faut l'avouer, si quelques peuplades de l'Afrique nous surpassent en qualités morales, en général les nègres sont très inférieurs aux autres nations par celles de l'esprit. Ils n'ont pas encore l'industrie de dompter l'éléphant comme les Asiatiques. Ils n'ont perfectionné aucune espèce de culture. Ils doivent celle de la plupart de leurs végétaux alimentaires aux Portugais et aux Arabes. Ils n'exercent aucun des arts libéraux, qui faisaient cependant des progrès chez les habitants du Nouveau-Monde, bien plus modernes qu'eux. Ils sont dans une partie du continent d'où ils pouvaient aisément pénétrer jusqu'en Amérique, puisque les vents d'est les y portent, vent arrière ; et ils n'avaient pas même découvert les îles qui sont dans leur voisinage, telles que les îles Canaries et celles du cap Vert. Les puissances noires de l'Afrique n'ont jamais eu l'esprit de construire un brigantin. Loin de s'étendre au dehors, elles ont laissé les peuples étrangers s'emparer de toutes leurs côtes. Car dans les anciens temps, les Égyptiens et les Phéniciens se sont établis sur leurs côtes orientales et septentrionales, qui sont aujourd'hui au pouvoir des Turcs et des Arabes ; et depuis quelques siècles, les Portugais, les Anglais, les Danois, les Hollandais et les Français se sont saisis de ce qui en restait à l'orient, au midi et à l'occident, uniquement pour avoir des esclaves.

Il faut, après tout, qu'une Providence particulière préserve le patrimoine de ces enfants de Chanaan de l'avidité de leurs frères, les enfants de Sem et Japhet ; car il est étonnant que nous autres surtout, fils de Japhet, qui, comme les cadets, cherchons fortune par tout le monde, et qui, suivant la bénédiction de Noé, notre père, nous logeons jusque dans les tentes de Sem, notre aîné, par nos comptoirs en Asie, nous n'ayons pas établi des colonies dans une partie de la terre aussi belle que la Nigritie, si voisine de nous, où la canne à sucre, le café, et la plupart des productions de l'Amérique et de l'Asie, peuvent croître, et enfin où les esclaves sont tout portés.

Les politiques attribueront les différents caractères des nègres et des Européens à telles causes qu'il leur plaira.

Pour moi, je le dis du fond de mon cœur, je ne connais point de livre où il y ait des monuments plus certains de l'histoire des nations et de celle de la nature que la *Genèse*.

25 PAGE 229.

Je citerai encore un exemple des charmes ineffables que la religion répand sur l'innocence : il est tiré d'une relation assez peu estimée de l'île de Saint-Érini (ch. XII), par le père François Richard, jésuite missionnaire ; mais où il y a des choses qui me plaisent par leur naïveté.

« Après dîner, dit le père Richard, je me retirai à
» Saint-Georges, qui est l'église principale de l'île de
» Stampalia. Ce fut là qu'un papa m'apporta un livre
» d'Évangile, pour savoir si je lisais en leur langue aussi
» bien que j'y parlais ; un autre me vint demander si notre
» saint-père le pape était marié. Mais ce qui me parut plus
» plaisant fut la demande d'une vieille femme, qui, après
» m'avoir fort long-temps regardé, me pria de lui dire si
» véritablement je croyais en Dieu et en la sainte Trinité.
» Oui, lui dis-je ; et pour l'assurer davantage, je fis le
» signe de la croix. Oh ! que cela va bien, dit-elle, que
» tu sois chrétien ! Nous en doutions. Sur cela, je tirai de
» mon sein la croix que je portais : cette femme, toute ravie
» d'aise, s'écria : Que cherchons-nous davantage pour
» savoir s'il est bon catholique, puisqu'il adore la croix ?
» Après celle-ci, vint une autre à qui je demandai si elle
» voulait se confesser. Eh ! quoi, dit-elle, n'y a-t-il point
» de péché de se confesser à vous autres ? Non, dis-je ;
» car, quoique je sois Franc, je confesse en grec. Je m'en
» vais le demander à notre évêque, reprit-elle. Un peu
» après elle retourna toute joyeuse d'en avoir obtenu la
» permission. Après sa confession, je lui donnai un *Agnus
» Dei*, qu'elle ne manqua pas de montrer à tous, comme
» une chose qu'ils n'avaient jamais vue. Incontinent je fus
» accablé d'une multitude de femmes et d'enfants qui me
» pressaient de leur en donner. Je fis réponse que ces
» *Agnus* ne se donnaient qu'à ceux qui s'étaient confessés :
» ils s'offrirent, pour en avoir, de se confesser, et le
» voulaient faire deux à deux : à savoir, une fille avec sa
» confidente, un jeune garçon avec son intime, qu'on
» appelait ἀδελφοπείθον (adelphopeithon), frère de confiance, apportant pour raison qu'ils n'avaient qu'un
» cœur, et partant rien ne devait être secret entre eux.
» J'eus de la peine de les séparer ; toutefois ils furent
» obligés d'obéir. »

On a souvent calomnié la religion, en lui attribuant nos malheurs politiques. Voici ce qu'en dit Montaigne, qui a vécu au milieu de ses guerres civiles : « Confessons
» la vérité : qui tireroit de l'armée mesme legitime et
» moyenne ceux qui y marchent par le seul zele d'une
» affection religieuse, et encore ceux qui regardent seulement la protection des lois de leur pays, ou service
» du prince, il n'en sauroit bastir une compagnie de gens
» d'armes complete [*]. »

26 PAGE 251.

Comme la plupart des hommes ne sont choqués des abus que dans le détail, parceque tout ce qui est grand leur impose du respect, je ne citerai ici que quelques effets de la vénalité dans la bourgeoisie. Tous les états subalternes, subordonnés aux autres de droit, en sont devenus les supérieurs de fait, par cela seulement qu'ils sont plus riches. Ainsi ce sont aujourd'hui les apothicaires qui emploient les médecins ; les procureurs, les avocats ; les

---

[*] *Essais*, liv. II, chap. XII, page 19, éd. d'Am. Duval. 1820.

marchands, les artistes; les maîtres maçons, les architectes; les libraires, les gens de lettres, même ceux de l'Académie; les loueuses de chaises dans les églises, les prédicateurs, etc... Je n'en dirai pas davantage. On sent où cela mène. De cette vénalité seule doit s'ensuivre la décadence de tous les talents. Elle est, en effet, bien sensible, quand on compare ceux de ce siècle à ceux du siècle de Louis XIV.

²⁷ PAGE 257.

Nicolas de Villebois était né en Livonie, d'une famille française originaire de Bretagne. Il décida, à la bataille de Francfort, la victoire pour les Russes, en chargeant les Prussiens à la tête d'un régiment de fusiliers de l'artillerie, dont il était alors colonel. Cette action, jointe à son mérite personnel, lui valut le cordon bleu de Saint-André, et bientôt après la place de grand-maître de l'artillerie, dont il était revêtu quand j'arrivai en Russie. Quoique son crédit s'affaiblît alors, ce fut lui qui m'admit au service de S. M. Catherine II, et qui me fit l'honneur de me présenter à elle comme un des officiers de son corps du génie. Il m'y préparait de l'avancement, conjointement avec le général Daniel Du Bosquet, chef du corps des ingénieurs ; ils firent l'un et l'autre tout ce qu'ils purent pour me retenir au service, en me le rendant agréable de toutes les manières, et en me proposant des établissements honorables et avantageux. Mais l'amour de ma patrie, que j'avais servie précédemment, et le desir de la servir encore, que des hommes à grand caractère nourrissaient de vaines espérances, me firent persister à demander mon congé, que j'obtins en 1765, avec le grade de capitaine. Au partir de Russie, je fis à mes frais une tentative pour le service de la France en Pologne, en me jetant dans le parti qu'elle protégeait : j'y courus de grands risques, puisque j'y fus fait prisonnier par le parti polonais-russe. De retour à Paris, j'ai donné des mémoires sur le Nord aux affaires étrangères, où je présageais le partage futur de la Pologne par les puissances limitrophes. Ce partage s'est effectué quelques années après. Depuis, j'ai cherché à bien mériter de ma patrie par mes services, tant militaires aux Iles où j'étais capitaine ingénieur du roi, que littéraires en France, et j'ose dire aussi par ma conduite; mais je n'ai pas encore eu le bonheur d'éprouver dans ma fortune qu'elle eût agréé les sacrifices en tout genre que je lui avais faits.

²⁸ PAGE 258.

Divide et impera, a dit, je crois, Machiavel. Jugez de la bonté de cette maxime par le misérable état des pays où elle est née, et où on l'a mise en pratique.

Les enfants n'apprenaient, à Sparte, qu'à obéir, à aimer la vertu, la patrie, et à vivre dans la plus intime union, jusque là qu'ils étaient divisés dans leurs écoles en deux classes d'amants et d'aimés. Chez les autres peuples de la Grèce, l'éducation était arbitraire ; il y avait beaucoup d'exercices d'éloquence, de lutte, de courses; des prix pythiens, olympiques, isthmiques, etc. Ces frivolités les remplirent de partialité. Lacédémone leur donna à tous la loi; et pendant qu'il fallait aux premiers, lorsqu'ils allaient combattre pour leur patrie, une paye, des harangues, des trompettes et des fifres pour exciter leur courage, il fallait au contraire retenir celui des Lacédémoniens. Ils allaient au combat sans appointements, sans discours, au son des flûtes, et en chantant tous ensemble l'hymne des deux frères jumeaux Castor et Pollux.

²⁹ PAGE 259.

Passe pour le dieu trompeur du babil, du commerce et des filous; mais pour la sage Minerve ! Cette considération m'a engagé à substituer le nom sans reproche de Minerve à celui de Mercure, qui est dans l'édition précédente.

³⁰ PAGE 240.

Michel Montaigne est encore un de ces hommes qui n'ont point été élevés dans les colléges: il n'y fut du moins que bien peu de temps. Il fut instruit sans châtiments corporels et sans émulation dans la maison paternelle, par le plus doux des pères, et par des précepteurs dont il a conservé précieusement la mémoire dans ses écrits. Il est devenu, par une éducation si opposée à la nôtre, un des meilleurs et des plus savants hommes de la nation.

³¹ PAGE 248.

Socrate avait fait une étude particulière de la nature ; et quoique son jugement sur la durée et la conservation de ses ouvrages soit contraire à celui de notre philosophie, qui regarde surtout le globe de la terre comme dans un état progressif de ruine, il est parfaitement d'accord avec celui de l'Écriture sainte, qui assure positivement que Dieu le répare, et avec l'expérience que nous en avons, comme je l'ai déja fait entrevoir. Il ne faut pas mépriser la physique des anciens, si ce n'est celle qui n'était que systématique. Nous devons nous rappeler qu'ils avaient fait la plupart des découvertes dont nous nous vantons aujourd'hui. Les philosophes toscans savaient l'art de conjurer le tonnerre. Le bon roi Numa en fit l'expérience. Tullus Hostilius voulut l'imiter, mais il en fut la victime, pour ne s'y être pas pris convenablement. (*Voy.* Plutarque.) Philolaüs, pythagoricien, avait dit avant Copernic que le soleil était au centre du monde; et avant Christophe Colomb, que la terre avait deux continents, celui-ci et le continent opposé. Plusieurs philosophes de l'antiquité avaient assuré que les comètes étaient des astres qui avaient un cours régulier. Pline même dit qu'elles se dirigent toutes vers le nord, ce qui est généralement vrai. Cependant, il n'y a pas deux cents ans qu'on croyait en Europe que c'étaient des feux qui s'enflammaient dans la moyenne région de l'air. On croyait encore dans ce temps-là que c'était la mer qui fournissait l'eau des fontaines et des fleuves, en filtrant à travers les terres, quoiqu'il soit dit, dans cent endroits de l'Écriture, que ce sont les pluies qui en entretiennent les sources. Nous en sommes convaincus aujourd'hui par des observations savantes sur les évaporations des mers. Les monuments que les anciens nous ont transmis dans l'architecture, la sculpture, la poésie, la tragédie et l'histoire, nous serviront éternellement de modèles. Nous leur devons encore l'invention de presque tous les autres arts; et il est à présumer que ces arts avaient sur les nôtres la même supériorité que leurs arts libéraux. Quant aux sciences naturelles, ils ne nous ont laissé aucun objet de comparaison; d'ailleurs, les prêtres, qui s'en occupaient particulièrement, en cachaient la connaissance au peuple. Nous ne saurions douter qu'ils n'aient eu à ce sujet des lumières qui surpassaient les nôtres. *Voyez* ce que le judicieux chevalier Temple dit de la magie des anciens Égyptiens.

³² PAGE 249.

Voyez Flacourt, *Histoire de l'île de Madagascar*, chap. XLIV, page 182. Vous y trouverez cette prière, embarrassée de beaucoup de circonlocutions, mais renfermant le sens que je rapporte. Il est bien étrange que des nègres aient trouvé tous les attributs de Dieu dans les imperfections de l'homme. C'est avec raison que la Sagesse divine a dit elle-même qu'elle s'était reposée sur toutes les nations : *et in omni terra steti ; et in omni populo et in omni gente primatum habui**. Je crois cependant que cette prière vient originairement des Arabes, et appartient au mahométisme, qu'ils ont introduit à Madagascar.

33 PAGE 257.

Je laisse maintenant le lecteur réfléchir sur la disparition totale de ces astres. L'antiquité avait observé sept étoiles dans les Pléiades : on n'en voit plus que six aujourd'hui. La septième disparut au siége de Troie. Ovide dit qu'elle fut si touchée du sort de cette malheureuse ville, que de douleur elle mit la main sur son visage. Je trouve dans le livre de Job un verset curieux, qui semble présager cette disparition, chapitre XXXVIII, ỷ. 31 : *Numquid conjungere valebis micantes stellas Pleiadas, aut gyrum Arcturi poteris dissipare ?* « Pourrez-vous joindre » ensemble les étoiles brillantes des Pléiades, et détourner » l'Ourse de son cours ? » C'est ainsi que le traduit M. Le Maistre de Sacy. Cependant, si j'ose dire ma pensée après ce savant homme, je donnerai un autre sens à la fin de ce passage. *Gyrum Arcturi dissipare* veut dire, selon moi, dissiper l'attraction du pôle arctique. Je répéterai ici ce que j'ai déjà observé, que le livre de Job est rempli des connaissances les plus profondes de la nature.

34 PAGE 276.

C'est l'harmonie qui rend tout sensible, comme c'est la monotonie qui fait tout disparaître. Non-seulement les couleurs sont des consonnances harmoniques de la lumière ; mais il n'y a point de corps coloré dont la nature ne relève la teinte par le contraste des deux couleurs extrêmes génératives, qui sont le blanc et le noir. Tout corps se détache par la lumière et l'ombre, dont la première tire sur le blanc, et la seconde sur le noir. Ainsi, chaque corps porte avec lui une harmonie complète.

Ceci n'est pas arrivé au hasard. Si nous étions éclairés, par exemple, par un air lumineux, nous n'apercevrions point la forme des corps ; car leurs contours, leurs profils et leurs cavités seraient couverts d'une lumière uniforme, qui en ferait disparaître les parties saillantes et rentrantes. C'est donc par une providence bien convenable à la faiblesse de notre vue, que l'auteur de la nature a fait partir la lumière d'un seul point du ciel ; et c'est par une intelligence aussi admirable qu'il a donné un mouvement de progression au soleil, qui est la source de cette lumière, afin qu'elle formât, avec les ombres, des harmonies variées à chaque instant. Il a aussi modifié cette lumière sur les objets terrestres, de manière qu'elle éclaire immédiatement et médiatement, par réfraction et par réflexion, et qu'elle étend ses nuances, et les harmonie avec celles de l'ombre d'une manière ineffable.

J.-J. Rousseau me disait un jour : « Les peintres donnent » l'apparence d'un corps en relief à une surface unie ; » je voudrais bien leur voir donner celle d'une surface » unie à un corps en relief. » Je ne lui répondis rien pour lors ; mais ayant pensé depuis à la solution de ce problème d'optique, je ne l'ai pas trouvée impossible. Il n'y aurait, ce me semble, qu'à détruire un des extrêmes harmoniques qui rendent les corps saillants. Par exemple, pour aplanir un bas-relief, il faudrait qu'ils peignissent ses cavités de blanc, ou ses parties saillantes de noir. Ainsi, comme ils emploient l'harmonie du clair-obscur pour faire apparaître un corps sur une surface plane, ils pourraient se servir de la monotonie d'une seule teinte pour faire disparaître ceux qui sont en relief. Dans le premier cas, ils font voir un corps sans qu'on puisse le toucher ; dans le second, ils feraient toucher un corps sans qu'on pût le voir. Cette magie-ci serait bien aussi surprenante que l'autre.

35 PAGE 283.

Chaque organe est lui-même en opposition avec l'élément pour lequel il est destiné, en sorte que de leur opposition mutuelle naît une harmonie qui constitue le plaisir qu'éprouve cet organe. Ceci est très remarquable, et confirme les principes que nous avons posés. Ainsi l'organe de la vue, ordonné principalement pour le soleil, est un corps qui lui est opposé, en ce qu'il est presque entièrement aqueux. Le soleil lance des rayons lumineux ; l'œil, au contraire, est entouré de cils rembrunis qui l'ombragent. L'œil est encore voilé de paupières qu'il ouvre et baisse à son gré ; et il oppose de plus à la blancheur de la lumière une tunique toute noire, appelée l'uvée, qui tapisse l'extrémité du nerf optique.

Les autres parties du corps présentent de même des oppositions à l'action des éléments pour lesquels elles sont ordonnées. Ainsi, les pieds des animaux qui gravissent dans les rochers ont des molettes, comme ceux des tigres et des lions. Les animaux qui habitent les climats froids sont revêtus de fourrures chaudes, etc. Au reste, il ne faut pas compter trouver toujours ces contraires de la même espèce dans chaque animal : La nature a une infinité de moyens différents pour produire les mêmes effets, suivant les besoins de chaque individu.

36 PAGE 285.

Cet homme était de Franche-Comté. Je ne l'ai vu qu'une fois ; et j'ai oublié son nom et celui du régiment où il a servi ; mais je n'ai pas perdu la mémoire de sa vertu, qui m'a été confirmée de bonne part. Lorsque son malheur l'eut forcé d'entrer aux Invalides, il se rappela qu'étant sergent, il avait engagé par surprise, dans un village, à l'instigation de son capitaine, le fils unique d'une pauvre veuve, lequel fut tué trois mois après, dans une bataille. Cet homme, au ressouvenir de cette injustice, prit la résolution de s'abstenir de vin. Il vendait celui qu'on lui donnait à l'Hôtel des Invalides, et il en envoyait tous les six mois l'argent à la mère qu'il avait privée de son fils.

37 PAGE 300.

Cette loi des contrastes est, à mon gré, une source délicieuse d'observations et de découvertes. Les femmes, je le répète, toujours plus près que nous de la nature, en font un usage perpétuel dans les couleurs dont elles assortissent leur parure, sans que jamais aucun naturaliste, que je sache, ait observé que la nature l'employât elle-même dans l'harmonie de tous ses ouvrages. On peut s'en convaincre sans sortir de sa maison. Par exemple, quoiqu'il y ait parmi les chiens une variété singulière de couleurs, jamais on n'en a vu de verts, de rouges ou de bleus ; mais ils sont, pour l'ordinaire, de deux teintes opposées, l'une claire et l'autre rembrunie, afin que, quelque part qu'ils soient dans la maison, ils puissent être aperçus. Mais quoique les couleurs de ces animaux soient prises, ainsi que celles de la plupart des quadrupèdes, dans les deux extrêmes de la progression des couleurs, c'est-à-dire le noir et le blanc, je ne me rappelle pas avoir

---

* *Ecclésiastique*, chap. XXIV, ỷ 9 et 10.

vu des chiens tout-à-fait blancs ou tout-à-fait noirs. Les blancs ont toujours quelques mouchetures sur la peau, ne fût-ce que le bout de leur museau, qui est noir. Ceux qui sont noirs ou bruns ont des jabots blancs ou des taches couleur de feu; en sorte que, quelque part qu'ils soient, on les aperçoit aisément. J'ai remarqué encore en eux cet instinct, surtout dans les chiens de couleur rembrunie : c'est qu'ils vont se coucher partout où ils voient une étoffe blanche, préférablement à celles de toutes les autres couleurs. C'est ce qu'éprouvent souvent les dames; car s'il y a un petit chien de couleur sombre dans un appartement, il ne manque guère d'aller se reposer à leurs pieds et sur leurs jupes. L'instinct qui porte le chien à chercher le repos sur les étoffes blanches vient du sentiment qu'il a lui-même du contraste que cherchent les puces, dont il est souvent tourmenté. Les puces se jettent, partout où elles sont, sur les couleurs blanches. Si vous entrez dans un lieu où il y en ait beaucoup, avec des bas blancs, ils en seront bientôt couverts. Elles se jettent même sur une simple feuille de papier blanc. Voilà pourquoi les chiens blancs en sont bien plus incommodés que les autres. J'ai observé aussi que, partout où il y a des chiens de cette couleur, les noirs et les bruns leur font fête, et les préfèrent aux autres pour jouer avec eux, sans doute pour se délivrer des puces à leurs dépens. Ceci soit dit cependant sans vouloir rendre leur amitié suspecte de trahison. Sans l'instinct de ces petits insectes noirs, légers et nocturnes pour la couleur blanche, il serait impossible de les apercevoir et de les attraper. La mouche commune, de couleur sombre, se porte de même sur tout ce qui est blanc et brillant. Voilà pourquoi elle ternit toutes les glaces et les dorures des appartements. La mouche à viande aime, au contraire, à se poser sur les couleurs livides des viandes qui se gâtent. Son corselet bleu l'y fait aisément remarquer. Si on étend ces contrastes plus loin, on trouvera que non-seulement tous les insectes sanguivores ont l'instinct d'opposer leurs couleurs à celles des sites où ils vivent, mais même tous les animaux carnassiers; tandis que, comme nous l'avons vu, tous les animaux faibles, doux et innocents ont des moyens et des instincts de consonnances avec les fonds qu'ils habitent : ainsi l'a voulu la nature, afin que les premiers pussent être aperçus de leurs ennemis, et que les seconds pussent leur échapper.

On peut tirer de ces lois naturelles une foule de conséquences utiles et agréables pour la propreté et la commodité de nos appartements. Par exemple, pour détruire aisément les insectes qui troublent notre sommeil, et qui sont si communs à Paris, il faut que les alcoves, les tentures et les bois de lit soient de couleurs blanches ou tendres; alors on les y apercevra aisément. Quant à la commodité, on sent qu'il est nécessaire de faire contraster les couleurs de nos meubles, pour les distinguer les uns des autres avec facilité. Il m'arrive souvent, par exemple, de ne savoir ce que devient ma tabatière, parce qu'elle est noire comme la table où je la pose. Si la nature n'avait pas eu plus d'intelligence que moi, la plupart de ses ouvrages disparaîtraient à notre vue. Il est bien étonnant que les philosophes, qui ont fait de si curieuses recherches sur la nature des couleurs, n'aient point parlé de leurs contrastes, sans lesquels nous ne distinguerions rien; ou plutôt leur oubli n'est point surprenant : l'homme poursuit sans cesse l'illusion qui lui échappe, et néglige l'utile vérité qui repose à ses pieds.

Les harmonies des couleurs ont encore de grandes influences sur les passions; mais je n'ai rien à dire, à cet égard, dans un pays où les femmes les emploient avec tant d'empire; c'est aux femmes que je dois la première idée que j'ai eue d'étudier les éléments des lois par lesquelles la nature elle-même cherche à nous plaire.

38 PAGE 502.

Des écrivains célèbres ont avancé que les nègres trouvaient leur couleur plus belle que celle des blancs, mais ils se sont trompés. J'ai interrogé à ce sujet les noirs que j'avais à mon service à l'Ile-de-France, qui me parlaient avec assez de liberté pour me dire leur sentiment, surtout sur une matière aussi indifférente à des esclaves que la beauté des blancs. Je leur ai demandé quelquefois laquelle ils aimaient le mieux d'une femme blanche ou d'une femme noire : ils n'ont jamais hésité à donner la préférence à la première. J'ai vu même un nègre, qui avait été déchiré de coups de fouet dans une habitation, se réjouir de ce quel es cicatrices de ses plaies blanchissaient, parce qu'il espérait, par ce moyen, cesser d'être nègre. Le misérable se serait fait écorcher pour devenir blanc. Cette préférence, dira-t-on, est, dans ce cas, l'effet de la supériorité qu'ils trouvent aux Européens. Mais la tyrannie de leurs maîtres devrait leur en faire détester la couleur. D'ailleurs, les noirs, et les négresses de nos colonies témoignent les mêmes goûts que nos paysans pour les étoffes qui ont des couleurs vives et tranchées. Leur suprême luxe est de s'entourer la tête d'un mouchoir rouge. La nature n'a point donné à la rose de l'Afrique d'autre teinte qu'à celle de l'Europe.

Si le jugement des esclaves noirs est suspect sur ce point, on peut s'en rapporter à celui des souverains de leur pays, qui n'ont point d'intérêt à dissimuler leur goût. Ils se reconnaissent à ce sujet comme en d'autres, plus mal partagés que les Européens. Des rois d'Afrique se sont adressés plusieurs fois aux chefs des comptoirs anglais, hollandais et français, pour avoir des femmes blanches, leur promettant en récompense des priviléges considérables. Lamb, facteur anglais d'Ardra, prisonnier du roi de Damohé, mandait, en 1724, au gouverneur du fort anglais de Juida, que s'il pouvait envoyer le prince quelque femme blanche, ou seulement mulâtre, elle acquerrait le plus grand pouvoir sur son esprit*. Un autre roi d'une autre partie de la côte d'Afrique promit un jour à un missionnaire capucin, qui lui prêchait l'Evangile, de renvoyer son sérail et de se faire chrétien, s'il voulait lui faire avoir une femme blanche. Le zélé missionnaire se rendit sur-le-champ dans l'établissement portugais le plus voisin, et, s'étant informé dans ce lieu s'il y avait quelque demoiselle pauvre et vertueuse, on lui indiqua la nièce d'un gentilhomme fort pauvre, qui vivait dans la plus grande retraite. Il l'attendit un dimanche matin à la porte de l'église, lorsqu'elle sortait de la messe avec son oncle : et, s'adressant à celui-ci devant tout le peuple, il le somma, au nom de Dieu et pour le bien de la religion, de donner sa nièce en mariage au roi nègre. Le gentilhomme et sa nièce y ayant consenti, le prince noir épousa celle-ci, après avoir renvoyé toutes ses femmes, et s'être fait baptiser **. Les voyageurs les plus éclairés rapportent plusieurs de ces traits de préférence dans les souverains noirs de l'Afrique et de l'Asie méridionale. Thomas Rhoé, ambassadeur d'Angleterre auprès du Mogol Sélim-Schah, raconte que ce puissant monarque faisait beaucoup d'accueil aux jésuites portugais, missionnaires à sa cour, dans l'intention d'avoir quelques femmes de leur pays dans son

---

* *Histoire générale des Voyages*, par l'abbé Prévost, liv. VIII, page 96.

** *Histoire de l'Éthiopie*, par Labat.

sérail. Il les combla d'abord de priviléges, les logea dans le voisinage de son palais, et les admit à sa familiarité; mais comme il pressentit que ces pères étaient bien éloignés de servir ses passions, il mit en usage une ruse fort adroite pour les y obliger. Il leur témoigna du penchant pour embrasser le christianisme; et, feignant qu'il n'était retenu que par des raisons de politique, il ordonna à deux de ses neveux d'assister assidûment aux catéchismes des missionnaires. Quand ils furent suffisamment instruits, il leur enjoignit de se faire baptiser; après quoi il leur dit : « Maintenant vous ne pouvez plus épouser de femmes » païennes de ce pays, puisque vous êtes chrétiens; c'est » aux pères qui vous ont baptisés à vous marier. Dites-» leur qu'ils vous fassent venir pour femmes des demoi-» selles portugaises. » Ces jeunes gens ne manquèrent pas d'en faire les demandes aux pères jésuites, qui, se doutant bien que le Mogol ne voulait voir ses neveux mariés avec des demoiselles portugaises que pour avoir des femmes blanches dans son sérail, refusèrent de se mêler de cette négociation. Ce refus leur attira une infinité de persécutions de la part de Sélim-Schah, qui commença par faire renoncer ses neveux au christianisme [*].

La couleur noire de la peau est un bienfait du ciel envers les peuples méridionaux, parce qu'elle éteint les reflets du soleil brûlant sous lequel ils vivent. Mais ces peuples n'en trouvent pas moins les femmes blanches plus belles que les noires, par la même raison qui leur fait trouver le jour plus beau que la nuit, parceque les harmonies des couleurs et des lumières se font sentir dans le teint des blanches, au lieu qu'elles disparaissent presque entièrement dans celui des noires, qui ne peuvent entrer avec elles en comparaison de beauté que par les formes et la taille.

Les proportions de la figure humaine, après avoir été prises, comme nous venons de le voir, des plus belles formes de la nature, sont devenues, à leur tour, des modèles de beauté pour l'homme. Qu'on y fasse attention, et l'on verra que les formes qui nous plaisent davantage dans les arts, comme celles des vases antiques, et les rapports de la hauteur et de la largeur dans les monuments, ont été tirés de la figure humaine. On sait que la colonne ionique, avec son chapiteau et ses cannelures, fut imitée d'après la taille, la coiffure et la robe des filles grecques.

[39] PAGE 518

Ainsi, la couleur blanche augmente l'effet des rayons du soleil, et la noire l'affaiblit. Les habitants de Malte blanchissent l'intérieur de leurs appartements, afin, disent-ils, qu'on puisse apercevoir les scorpions, qui y sont assez communs. En cela ils font deux fautes, à mon avis : la première, de se méprendre de couleur; car les scorpions, qui y sont gris, paraîtraient encore mieux sur un fond sombre; la seconde, plus importante, c'est d'y augmenter tellement la réverbération de la lumière, que la vue en est sensiblement affectée. C'est à cette cause que j'attribue les maux d'yeux qui sont très communs dans cette île. Nos bourgeois mettent, en été, des chapeaux blancs à la campagne, et ils se plaignent de maux de tête. Tous ces accidents arrivent faute d'étudier la nature. A l'Ile-de-France, ils emploient pour lambris du bois du pays, qui devient tout noir avec le temps; mais cette teinte est trop triste. Il semble que la nature ait prévu, à cet égard, les services que l'homme devait tirer de l'inté-

[*] *Mémoires de Thomas Rhoë*, collection de Thévenot.

rieur des arbres : leur bois est brun dans la plupart de ceux des pays chauds, et blanc dans ceux des pays du nord, comme les sapins et les bouleaux.

[40] PAGE 519.

En réfléchissant sur ces compensations, qui sont très nombreuses, et, entre autres, sur celle de la lumière du soleil, qui rembrunit les corps pour en affaiblir les reflets, j'ai pensé que le feu devait pareillement produire la matière la plus propre à diminuer sa propre activité. C'est, en effet, ce que j'ai éprouvé plusieurs fois, en jetant sur la flamme de mon foyer un peu de cendre. Je suis parvenu, par ce moyen, à l'amortir tout-à-coup presque sans fumée. Je me rappelle à ce sujet avoir vu un jour, dans un port de mer, le feu prendre à une grande chaudière pleine de goudron, qu'on faisait chauffer pour espalmer des vaisseaux. Des gens sans expérience y jetèrent d'abord de l'eau; mais la matière bouillante et boursouflée se répandit aussitôt en torrents de feu au-dessus des bords de la chaudière. Je croyais qu'il n'en resterait pas une cuillerée au fond, lorsqu'un vieux matelot accourut, et l'éteignit sur-le-champ en y jetant quelques pelletées de cendre. Je crois donc qu'en unissant ce moyen avec celui de l'eau, on en pourrait tirer un grand secours dans les incendies; car la rendre non-seulement amortirait la flamme, sans exciter ces fumées affreuses qui s'en élèvent lorsque les pompes commencent à jouer, mais lorsqu'elle serait une fois mouillée elle retarderait l'évaporation de l'eau, qui est presque subite quand le feu a fait de grands progrès. Je serais charmé que cette observation méritât l'attention de ceux qui peuvent lui donner, par leur expérience et leurs lumières, toute l'utilité dont elle est susceptible.

[41] PAGE 525.

Le père Du Tertre n'est pas moins heureux dans ses descriptions des animaux que dans ses descriptions botaniques. Voici comme il commence celle du crabe de terre : « Tout le corps de cet animal semble n'être com-» posé que de deux mains tronquées par le milieu, et » rejointes ensemble; car des deux côtés vous y voyez » les quatre doigts, et les deux mordants qui servent » comme des pouces. » *Histoire des Ant.*, tome VI, chap. III, sect. I.

[42] PAGE 528.

La tulipe, par sa couleur, est, en Perse, l'emblème des parfaits amants. Chardin dit que quand un jeune homme présente, en Perse, une tulipe à sa maîtresse, il veut lui donner à entendre que, comme cette fleur, il a le visage en feu et le cœur en charbon. Il n'y a point d'ouvrage de la nature qui ne fasse naître dans l'homme quelque affection morale. La société nous en ôte à la longue le sentiment, mais on le retrouve chez les peuples qui vivent encore près de la nature. Plusieurs alphabets ont été imaginés à la Chine, dans les premiers temps, d'après les ailes des oiseaux, les poissons, les coquillages et les fleurs; on en peut voir les caractères très curieux dans *la Chine illustrée* du père Kircher. C'est par une suite de ces mœurs naturelles que les Orientaux emploient tant de similitudes et de comparaisons dans leurs langages. Quoique notre éloquence métaphysique n'en fasse pas grand cas, elles ne laissent pas de produire de grands effets. J.-J. Rousseau a parlé de celui que fit sur Darius l'ambassadeur des Scythes, qui lui présenta, sans lui rien dire, un oiseau, une grenouille, une souris, et cinq flèches. Hérodote rapporte que le même Darius fit dire aux Grecs de l'Ionie, qui en ravageaient les côtes, que s'ils ne cessaient leurs brigandages, il les traiterait comme des pins. Les Grecs, qui commençaient à devenir de beaux esprits, et à perdre de vue la nature, ne savaient ce que cela signifiait. Enfin, ils apprirent que Darius leur donnait à entendre qu'il les exterminerait entièrement, parceque, quand les pins sont une fois coupés, ils ne repoussent plus.

43 PAGE 552.

Je suis persuadé que le port de la plupart des fleurs est coordonné aux pluies, et que c'est pour cette raison que plusieurs d'entre elles ont des formes de mufles ou de nacelles qui abritent les parties de la fécondation. J'ai remarqué que plusieurs espèces de fleurs, entre autres les pavots, les anémones et la plupart des fleurs en rose, ont, si j'ose dire, l'instinct de se refermer quand l'air est humide ; et que les pluies font avorter plus de fruits que les gelées. Cette observation est essentielle pour les jardiniers, qui font souvent couler les fleurs des fraisiers en les arrosant. Il me semble qu'il vaudrait mieux arroser les plantes en fleurs par rigoles, à la manière des Indiens, que par aspersion.

44 PAGE 552.

Sans doute, quand ils mettent sur un fond vert des tableaux de plantes ou de paysage, ces tableaux s'en détachent mal. Il y a, à mon gré, une teinte plus favorable pour le fond d'un salon de peinture ; c'est le gris. Cette teinte, formée du blanc et du noir, qui sont les extrêmes de la chaîne des couleurs, s'harmonie avec toutes les autres, sans exception. La nature l'emploie souvent dans les cieux et dans les horizons, au moyen des vapeurs et des nuages, qui sont généralement de cette couleur.

45 PAGE 537.

Ils m'ont servi quelquefois à expliquer le sens moral des hiéroglyphes gravés sur les obélisques de l'Égypte à la gloire de ses rois conquérants. En voyant leurs caractères tracés à droite et à gauche, avec des têtes, des becs et des pattes, ils me rappelaient les petits preneurs de mouches de mes palmiers.

46 PAGE 562.

Voyez sur la valisneria le *Voyage anonyme d'un Anglais*, fait en 1750, en France, en Italie, et aux îles de l'Archipel, quatre petits vol., tom. I. Il est rempli d'observations judicieuses en tout genre. Voyez aussi, sur le genipa et les divers fruits, plantes et animaux des pays méridionaux, le naïf père Du Tertre, le patriote Pierre Charlevoix, l'historien Jean de Laet, et tous les voyageurs qui ont écrit sur la nature, sans esprit de système, avec les seules lumières de la raison.

47 PAGE 562.

On peut voir un acacia de l'Asie dans ce beau jardin situé près de la grille de Chaillot, qui appartenait autrefois au vertueux chevalier de Gensin. Quant au nom de faux acacia donné à l'acacia de l'Amérique, j'observerai que la nature ne fait rien de faux. Elle a varié toutes ses productions dans chaque pays, pour leur donner des relations convenables avec les éléments et les animaux ; et quand nous n'y trouvons pas les caractères que nous leur avons assignés, ce ne sont pas ses ouvrages qu'il faut accuser de fausseté, ce sont nos systèmes.

48 PAGE 576.

J'observerai ici que l'ail, dont l'odeur est si redoutée de nos petites maîtresses, est peut-être le remède le plus puissant qu'il y ait contre les vapeurs et les maux de nerfs auxquels elles sont si sujettes. J'en ai vu plusieurs expériences. Pline assure même qu'il guérit l'épilepsie. Il est encore antiputride, et toute plante qui a son odeur a les mêmes vertus. Il est très remarquable que les plantes à odeur d'ail croissent communément dans les lieux marécageux, comme un remède présenté par la nature contre les émanations putrides qui s'en exhalent. Tel est, entre autres, le scordium. Galien rapporte que l'on reconnut sa vertu anti-putride, en ce que, après un combat, les corps morts qui gisaient sur des plantes de scordium se trouvaient bien moins corrompus que ceux qui en étaient loin, et que ces corps étaient principalement restés frais et sains du côté où ils touchaient à ces plantes. Mais l'épreuve que le baron de Busbec en fit sur des corps vivants est encore plus frappante. Ce grand homme, revenant de Constantinople, à son premier voyage, un Turc de sa suite fut attaqué de la peste, et en mourut. Ses camarades se partagèrent ses dépouilles, malgré les représentations du médecin de Busbec, qui leur prédit que la peste ne tarderait pas à se communiquer à eux. En effet, quelques jours après, ils en éprouvèrent les symptômes.

Mais laissons le savant et vertueux ambassadeur rendre compte lui-même des suites de cet événement. « Le jour » suivant de notre départ d'Andrinople, dit-il, ils allèrent » tous le trouver d'un air triste et abattu, se plaignant » d'un grand mal de tête, et lui demandant des remèdes. » Ils sentirent bien que c'étaient là les premiers symptômes » de la peste. Pour lors, mon médecin leur fit une sévère » réprimande, et leur dit qu'il s'étonnait qu'ils vinssent » chercher des remèdes contre un mal dont il les avait » prévenus, et qu'ils avaient cherché avec empressement. » Ce n'était pas cependant qu'il ne voulût bien les soigner. » Il était, au contraire, très inquiet de savoir comment il » ferait pour les secourir. En effet, où prendre des re- » mèdes dans une route où les choses les plus communes » souvent manquent ? La Providence devint notre seul » espoir ; elle nous secourut effectivement. Voici comment.

» J'étais accoutumé, aussitôt que nous étions arrivés » dans les endroits de notre route, d'aller me promener » aux environs, et de chercher ce qu'il y avait de curieux ; » ce jour-là je fus assez heureux pour aller sur les bords » d'un pré. J'aperçus dedans une plante qui m'était in- » connue ; je pris de sa feuille, je la sentis : elle avait l'o- » deur de l'ail. Aussitôt je la donnai à mon médecin, lui » demandant s'il la connaissait. Après l'avoir examinée » avec attention, il me répondit que c'était du scordium. » Il leva les mains au ciel, et rendit grâces à Dieu du re- » mède si à propos qu'il nous envoyait. Il en ramassa à » l'instant une grande quantité, qu'il alla mettre dans un » chaudron, et qu'il fit bien bouillir. De là, il avertit nos » pestiférés de prendre courage ; et, sans perdre un mo- » ment, il leur fit boire la décoction de cette plante, dans » laquelle il mit un peu de terre de Lemnos ; ensuite il les » fit bien chauffer, et les envoya coucher, leur ordonnant » de ne dormir qu'après qu'ils auraient bien sué, ce qu'ils » observèrent exactement. Dès le lendemain, ils se sen- » tirent très soulagés. On leur donna ensuite une seconde » potion de cette même drogue, qui finit enfin de les » guérir. C'est ainsi que, par la grâce de Dieu, nous échap- » pâmes à la mort, qui nous semblait très proche. » (*Lettres du baron de Busbec*, tome I, pages 197 et 198.)

49 PAGE 580.

Je ne veux pas dire cependant que l'Amérique n'a été

peuplée que par les îles de la mer du Sud. Je crois qu'elle l'a été encore par le nord de l'Asie et de l'Europe. La nature présente toujours aux hommes différents moyens pour la même fin. Mais la principale population du Nouveau-Monde s'est faite par les îles de la mer du Sud. C'est ce que je pourrais prouver par une multitude de monuments qui en subsistent encore, et aux principaux desquels je m'arrêterai : par le culte du soleil établi aux Indes, dans les îles de la mer du Sud et au Pérou, ainsi que le titre de soleils ou d'enfants du soleil, pris par plusieurs familles de ces contrées ; par les traditions des Caraïbes répandus dans les Antilles et dans le Brésil, qui se disaient originaires du Pérou ; par l'établissement même de cette monarchie du Pérou, ainsi que de celle du Mexique, situées sur la côte occidentale de l'Amérique qui regarde les îles de la mer du Sud, et par le nombre de leurs nations, qui étaient beaucoup plus considérables et plus policées que celles qui habitaient les côtes orientales, ce qui suppose aux premières une plus grande ancienneté ; par l'étendue prodigieuse de la langue taïtienne, dont les différents dialectes sont répandus dans la plupart des îles de la mer du Sud, et dont quantité de mots se retrouvent dans la langue du Pérou, comme l'a prouvé dernièrement un savant, et dans celle même des Malais en Asie, ainsi que j'en ai reconnu moi-même quelques uns, entre autres celui de *maté*, qui signifie tuer ; par des usages communs et particuliers aux peuples de la presqu'île de Malaca, des îles de l'Asie, de celles de la mer du Sud et du Brésil, qui ne sont point inspirés par la nature, tels que celui de faire des boissons fermentées et enivrantes en mâchant des herbes et des racines ; par des canaux du commerce de l'antiquité qui coulaient par cette voie, tels que celui de l'or, qui était fort commun en Arabie et aux Indes du temps des Romains, quoiqu'il y en ait fort peu de mines en Asie ; mais surtout par le commerce des émeraudes, qui a dû prendre cette route dans l'antiquité, pour parvenir dans l'ancien continent, où on n'en trouve aucune mine. Voici ce que dit à ce sujet Tavernier, qui est fort croyable lorsqu'il parle du commerce de l'Asie, et surtout de celui des pierreries : « C'est une ancienne erreur, dit-il, que bien des gens » ont, de croire que l'émeraude se trouve originairement » dans l'Orient. La plupart des joailliers, d'abord qu'ils » voient une émeraude de couleur haute, ont coutume de » dire que c'est une émeraude orientale. Mais ils se trompent ; je suis assuré que jamais l'Orient n'en a produit, » ni dans la terre-ferme, ni dans ses îles. J'en ai fait une » exacte perquisition dans tous mes voyages. » Il avait fait six voyages par terre dans les grandes Indes. Il en faut conclure que les émeraudes si estimées des anciens leur venaient de l'Amérique par les îles de la mer du Sud, par celles de l'Asie, par les grandes Indes, la mer Rouge, et enfin par l'Égypte, d'où ils les tiraient.

On peut objecter la difficulté de naviguer contre les vents réguliers de l'est, pour aller d'Asie en Amérique, sous la zone torride ; mais je répéterai à ce sujet que les vents réguliers n'y soufflent point de l'est, mais du nord-est et du sud-est, et dépendent d'autant plus des deux pôles qu'on approche plus de la ligne. Cette direction oblique du vent suffisait à des peuples qui naviguaient d'île en île, et qui avaient imaginé les bateaux les moins propres à dériver, tels que les doubles pros des îles de Guam, dont la forme semble s'être conservée dans les doubles balses de la côte du Pérou. Schouten trouva un de ces doubles pros naviguant à plus de six cents lieues de l'île de Guam, du côté de l'Amérique. De plus, il paraît que la mer du Sud a aussi des moussons, qui n'ont pas encore été observées. Voici ce que dit sur l'inconstance de ces vents un voyageur anglais anonyme, qui a fait le tour du monde dans le vaisseau où étaient MM. Banks et Solander, en 1768, 1769, 1770, et 1771, page 83 : « Les habitants d'O-» taïti commercent avec ceux des îles voisines qui sont à » l'est de cette île, et que nous avions découvertes sur » notre passage. Pendant trois mois de l'année, les vents » qui soufflent constamment *de la partie de l'ouest* leur » sont très favorables pour cette navigation. » L'amiral Anson trouva aussi, dans ces parages, des vents d'ouest qui le contrarièrent. Le capitaine Cook a confirmé cette observation dans son troisième voyage.

Quelques philosophes expliquent les correspondances qui se rencontrent entre les peuples des îles et ceux des continents, en supposant que les îles sont des terres submergées, dont il n'est resté que les sommets avec quelques habitants. Mais nous en avons dit assez dans cet ouvrage pour faire voir que les îles maritimes ne sont point des débris du continent, et qu'elles ont des montagnes, des pics, des lacs, des collines proportionnés à leur étendue, et dirigés aux vents réguliers qui soufflent sur leurs mers. Elles ont des végétaux qui leur sont propres, et qui ne viennent nulle part ailleurs de la même beauté. De plus, si ces îles avaient fait autrefois partie de notre continent, on y trouverait ceux de nos quadrupèdes qui se rencontrent dans tous les climats. Il n'y avait point de rats ni de souris en Amérique et dans les Antilles avant l'arrivée des Européens, suivant le témoignage de l'historien espagnol Herrera et du père Du Tertre. On y eût trouvé encore le bœuf, l'âne, le chameau, le cheval, et il n'y avait aucun de ces animaux ; mais bien des poules, des canards, des chiens et des porcs, ainsi que chez les insulaires de la mer du Sud, qui n'avaient eux-mêmes aucun autre de nos animaux domestiques. Il est aisé de voir que les premiers animaux, comme le cheval et la vache, étant d'une taille et d'un poids trop considérables, n'ont pu, malgré leur utilité, passer dans les petites pirogues des premiers navigateurs, qui, d'un autre côté, se sont bien gardés de transporter avec eux des souris et des rats. Enfin, revenons aux lois générales de la nature. Si toutes les îles de la mer du Sud formaient autrefois un continent, il n'y avait donc point de mers dans l'espace qu'elles occupent. Or, il est certain que si on était aujourd'hui autour d'elles l'Océan qui les environne, et le vent régulier qui y souffle, on les frapperait de stérilité. Les îles de la mer du Sud forment, entre l'Asie et l'Amérique, un véritable pont de communication dont nous ne connaissons que quelques arches, et dont il ne serait pas difficile de découvrir le reste par les autres concordances du globe. Mais je bornerai ici mes conjectures à ce sujet. J'en ai dit assez pour prouver que la même main qui a couvert la terre de plantes et d'animaux pour le service de l'homme, n'a pas négligé les diverses parties de son habitation.

5º PAGE 586.

Écoutez la raison, disent sans cesse nos philosophes moralistes. Mais comment ne voient-ils pas qu'ils nous livrent à notre plus grande ennemie ? Est-ce que chaque passion n'a pas sa raison ?

5¹ PAGE 586.

C'est faute d'avoir observé ces deux puissances, que tant d'ouvrages vantés, faits sur l'homme, ont un coloris faux. Tantôt leurs auteurs nous le représentent comme un objet métaphysique ; vous croiriez que les besoins physiques, qui ébranlent même les saints, ne sont que de faibles accessoires de la vie humaine : ils la composent uniquement de monades, d'abstractions et de moralités. Tantôt ils ne voient dans l'homme qu'un animal, et ne distinguent en lui que les sens les plus grossiers. Ils ne l'étudient que le scalpel à la main et quand il est mort, c'est-à-dire quand il n'est plus homme. D'autres ne le connaissent que comme un individu politique : ils ne l'aperçoivent que par les convenances de l'ambition. Ce n'est point un homme qui les intéresse, c'est un Français, un Anglais, un prélat, un gentilhomme. De tous les écrivains, je ne connais qu'Homère qui ait peint l'homme en entier : les autres (et je parle des meilleurs) n'en présentent que des squelettes. L'*Iliade* d'Homère est, à mon avis, la peinture de tout l'homme, comme elle est celle de toute la nature. Toutes les passions y sont avec leurs contrastes, et leurs nuances les plus intellectuelles et les plus grossières. Achille chante les dieux sur sa lyre, et fait cuire un gigot de mouton dans une marmite. Ce dernier trait a fort scandalisé nos écrivains de théâtre, qui se composent des héros artificiels qui se dissimulent leurs premiers besoins, comme leurs auteurs eux-mêmes dissimulent les leurs à la société. On trouve toutes les passions de l'homme dans l'*Iliade* : la colère furieuse dans Achille ; l'ambition superbe dans Agamemnon ; la valeur patriotique dans Hector ; dans Nestor, la froide sagesse ; dans Ulysse, la prudence rusée ; la calomnie dans Thersite ; la volupté dans Pâris ; l'amour infidèle dans Hélène ; l'amour conjugal dans Andromaque ; l'amour paternel dans Priam ; l'amitié dans Patrocle, etc..., avec une multitude de nuances intermédiaires de ces passions, telles que le courage téméraire de Diomède et celui d'Ajax, qui osent combattre les dieux mêmes : puis des oppositions de site et de fortune qui détachent ces caractères, comme des noces et des fêtes champêtres sur le terrible bouclier d'Achille ; les remords dans Hélène et l'inquiétude dans Andromaque ; la fuite d'Hector près de périr au pied des murs de sa ville, à la vue de son peuple, dont il est l'unique défenseur ; et les objets paisibles qu'elle lui présente dans ces terribles moments, tels que ce bosquet d'arbres, et cette fontaine où les filles de Troie allaient laver leurs robes, et aimaient à se rassembler dans des temps plus heureux.

Ce divin génie ayant réparti à chacun de ses héros une passion principale du cœur humain, et l'ayant mise en action dans les phases les plus remarquables de la vie, a distribué de même les attributs de Dieu à plusieurs divinités, et leur a assigné les différents règnes de la nature : à Neptune, la mer ; à Pluton, les enfers ; à Junon, l'air ; à Vulcain, le feu ; à Diane, les forêts ; à Pan, les troupeaux ; enfin, les Nymphes, les Naïades, et jusqu'aux Heures, ont toutes quelque département sur la terre. Il n'y a pas une fleur qui n'y soit dans le gouvernement de quelque divinité. C'est ainsi qu'il a rendu l'habitation de l'homme céleste. Son ouvrage est la plus sublime des encyclopédies. Tous les caractères en sont si bien dans le cœur humain et dans la nature, que les noms dont il les a désignés sont devenus immortels. Joignez à la majesté de ses plans une vérité d'expression qui ne vient pas uniquement de la beauté de sa langue, comme le prétendent les grammairiens, mais de l'étendue de ses observations naturelles. C'est ainsi, par exemple, qu'il appelle la mer *pourprée*, au moment où le soleil se couche, parcequ'alors les reflets du soleil à l'horizon la rendent de cette couleur, ainsi que je l'ai moi-même remarqué. Virgile, qui l'a imité en tout, est plein de ces beautés d'observation, dont nos commentateurs ne s'occupent guère. Par exemple, dans les *Géorgiques*, Virgile donne au printemps l'épithète de *rougissant*, *vere rubenti*, dit-il. Comme ses traducteurs et ses commentateurs n'y ont point fait attention, ainsi qu'à bien d'autres, j'ai cru long-temps qu'elle n'était là que pour fournir la mesure du vers ; mais ayant remarqué, au commencement du printemps, que les scions et les bourgeons de la plupart des arbres devenaient tout rouges avant de jeter leurs feuilles, j'ai alors compris quel était le moment de la saison que Virgile désignait par *vere rubenti*.

52 PAGE 589.

Quand on a perdu cette première des harmonies, toutes les autres le sont. C'est une chose digne de remarque, que tous les ouvrages des athées sont arides et secs. Ils vous étonnent quelquefois, mais jamais ils ne vous touchent. Ils ne vous présentent que des caricatures ou des idées gigantesques. Il n'y a ni ordre, ni proportion, ni sensibilité. Je n'en excepte que le poëme de Lucrèce. Mais cette exception, comme je l'ai dit, confirme mon observation ; car quand ce poëte a voulu plaire, il a été obligé de faire intervenir la Divinité, ainsi qu'on le voit dans son exorde, où il débute par cette belle apostrophe, *Alma Venus*. Partout ailleurs où il explique la physique d'Épicure, il est d'une sécheresse insupportable.

53 PAGE 589.

On peut rapporter à ces deux instincts toutes les sensations de la vie, qui semblent souvent se contredire. Par exemple, si l'habitude et la nouveauté nous paraissent agréables, c'est que l'habitude nous rassure sur nos relations physiques qui sont toujours les mêmes ; et la nouveauté promet de nouveaux points de vue à notre instinct divin, qui veut toujours étendre ses jouissances.

54 PAGE 591.

Il y a dans nos campagnes des filles plus respectables qu'Ariane, dont nos historiens, qui parlent tant de vertu, ne s'occupent guère. Une personne de ma connaissance vit un dimanche, à la porte de l'église d'un village, une fille toute seule qui priait Dieu pendant qu'on chantait vêpres. Comme il séjourna quelque temps dans ce lieu, il observa, les dimanches suivants, que cette même fille n'entrait point dans l'église pendant l'office. Frappé de cette singularité, il en demanda la cause aux autres paysannes, qui lui répondirent que c'était sans doute sa volonté de s'arrêter à la porte, puisque rien ne l'empêchait d'entrer, et qu'elles l'en avaient souvent pressée inutilement. Enfin, voulant en savoir la raison, il s'adressa à la fille même dont la conduite lui paraissait si extraordinaire. D'abord elle parut troublée ; mais s'étant bientôt rassurée, elle lui dit : « Monsieur, j'avais un amant pour
» lequel j'eus une faiblesse ; je devins grosse, et mon amant
» étant tombé malade mourut sans m'avoir épousée. J'ai
» désiré que mon exil de l'église servît toute ma vie d'expiation à ma faute et d'exemple à mes compagnes. »

55 PAGE 599.

Un curé de village des environs de Paris, près de Dravet, a éprouvé dans son enfance une cruauté non moins grande de la part de ses parents. Il fut châtré pour son père, qui était chirurgien ; et il l'a nourri dans sa vieillesse, malgré sa barbarie. Je crois que l'un et l'autre sont encore vivants.

Son père le destinait à en faire un musicien pour la chapelle du roi, à l'instar de ceux qui viennent de l'Italie, où règne la coutume abominable de châtrer des enfants pour en faire des musiciens.

56 PAGE 400.

J'ai ouï dire que Poutavéri, cet Indien de Taïti qui a été amené à Paris il y a quelques années, ayant vu au Jardin du Roi le mûrier à papier, dont l'écorce sert dans son pays à faire des étoffes, les larmes lui vinrent aux yeux, et qu'en le saisissant dans ses bras, il s'écria : *O arbre de mon pays !* Je voudrais qu'on essayât si, en donnant à un oiseau étranger, comme à un perroquet, un fruit de son pays qu'il n'aurait pas vu depuis long-temps, il témoignerait à sa vue quelque émotion extraordinaire. Quoique les sensations physiques nous attachent fortement à la patrie, il n'y a que les sentiments moraux qui leur donnent une grande intensité. Le temps, qui affaiblit les premières, ne fait qu'accroître ceux-ci. C'est pourquoi la vénération pour un monument est toujours proportionnée à son antiquité ou à sa distance ; et voilà pourquoi Tacite a dit : *Major e longinquo reverentia.*

57 PAGE 401.

Voilà pourquoi nous n'admirons que ce qui est rare. S'il apparaissait sur l'horizon de Paris une de ces parhélies si communes au Spitzberg, tout le peuple sortirait dans les rues pour l'admirer. Ce n'est cependant qu'une réflexion du disque du soleil dans les nuages ; et personne ne s'arrête pour admirer le soleil lui-même, parceque le soleil est trop connu.

C'est le mystère qui fait un des charmes de la religion. Ceux qui y veulent une démonstration géométrique ne connaissent ni les lois de la nature, ni les besoins du cœur humain.

58 PAGE 407.

Nos artistes font verser des larmes à des statues de marbre auprès des tombeaux des grands. Il faut bien y faire pleurer des statues, quand les hommes n'y pleurent pas. J'ai vu plusieurs enterrements de gens riches ; j'y ai vu bien rarement quelqu'un verser des larmes, si ce n'est parfois quelque vieux domestique qui se trouvait peut-être sans ressource. Il y a quelque temps que, passant par une rue assez déserte du faubourg Saint-Marceau, je vis un cercueil à l'entrée d'une petite maison. Il y avait auprès de ce cercueil une femme à genoux, qui priait Dieu, et qui paraissait absorbée dans le chagrin. Cette femme ayant aperçu au bout de la rue les prêtres qui venaient faire la levée du corps, se leva et s'enfuit, en se mettant les deux mains sur les yeux, et en jetant des cris lamentables. Des voisins voulurent l'arrêter pour la consoler, mais ce fut en vain. Comme elle passa auprès de moi, je lui demandai si elle regrettait sa fille ou sa mère. « Hélas ! monsieur, me » dit-elle tout en pleurs, je regrette une dame qui me » faisait gagner ma pauvre vie : elle me faisait aller en » journée. » Je m'informai des voisins quelle était cette dame bienfaisante : c'était la femme d'un petit menuisier. Gens riches, quel usage faites-vous donc des richesses pendant votre vie, puisque personne ne pleure à votre mort ?

59 PAGE 409.

C'est par l'influence sublime de cette passion que les Thébains formèrent un bataillon de héros, appelé *la bande sacrée* ; ils périrent tous ensemble à la bataille de Chéronée. On les trouva couchés tous sur la même ligne, l'estomac percé de grands coups de piques, et le visage tourné vers l'ennemi. Ce spectacle tira des larmes des yeux de Philippe même, leur vainqueur. Lycurgue avait employé aussi le pouvoir de l'amour dans l'éducation des Spartiates, et il en fit un des grands soutiens de sa république. Mais comme le contre-poids animal de ce sentiment céleste ne se trouvait plus dans l'objet aimé, il jeta quelquefois les Grecs dans des désordres qu'on leur a justement reprochés. Leurs législateurs ne jugèrent les femmes que propres à donner des enfants ; ils ne virent pas qu'en favorisant l'amour entre les hommes, ils affaiblissaient celui qui devait réunir les sexes, et que, pour resserrer les liens de leur politique, ils rompaient ceux de la nature.

La république de Lycurgue avait encore d'autres défauts naturels, entre autres l'esclavage des Ilotes. Ces deux points exceptés, je le regarde comme le plus sublime génie qui ait existé ; encore peut-on l'excuser, par les obstacles de toute espèce qu'il rencontra dans l'établissement de ses lois.

Il y a dans les harmonies des différents âges de la vie humaine de si doux rapports de la faiblesse des enfants à la force de leurs parents, du courage et de l'amour entre les jeunes gens des deux sexes à la vertu et à la religion des vieillards sans passions, que je m'étonne qu'on n'ait pas présenté au moins un tableau d'une société humaine concordant ainsi avec tous les besoins de la vie et les lois de la nature. Il y en a quelques essais dans le *Télémaque*, entre autres dans les mœurs des peuples de la Bétique ; mais ils ne sont qu'indiqués. Je crois qu'une pareille société, ainsi liée dans toutes ses parties, atteindrait au plus grand degré de bonheur social où puisse parvenir la nature humaine sur la terre, et serait inébranlable à tous les orages de la politique. Loin de craindre ses voisins, elle en ferait la conquête sans armes, comme l'ancienne Chine, par le seul spectacle de sa félicité et par l'influence de ses vertus. J'avais eu dessein d'étendre cette idée, à l'instigation de J.-J. Rousseau, en faisant l'histoire d'un peuple de la Grèce, bien connu des poètes parcequ'il a vécu suivant la nature, et par cette raison presque ignoré de nos écrivains politiques ; mais le temps ne m'a permis que d'en ébaucher le plan, et d'en achever tout au plus le premier livre.

60 PAGE 417.

Il est impossible d'avoir de la vertu sans religion. Je ne parle pas des vertus de théâtre, qui nous attirent les approbations du public par des moyens souvent si méprisables, qu'on peut bien les regarder comme des vices. Les païens eux-mêmes les ont tournés en ridicule. Voyez ce qu'en dit Marc-Aurèle. J'entends par vertu le bien qu'on fait aux hommes sans espoir de récompense de leur part, et souvent aux dépens de sa fortune et même de sa réputation. Analysez tous les traits de vertu qui vous ont paru frappants ; il n'y en a aucun qui ne vous montre la Divinité éloignée ou présente. J'en citerai un peu connu, et, par son obscurité même, bien loyal.

Dans la dernière guerre d'Allemagne, un capitaine de cavalerie est commandé pour aller au fourrage. Il part à la tête de sa compagnie, et se rend dans le quartier qui lui était assigné. C'était un vallon solitaire, où on ne voyait guère que des bois. Il y aperçoit une pauvre cabane, il y frappe ; il en sort un vieux hernouten à barbe blanche. « Mon père, lui dit l'officier, montrez-moi un champ où » je puisse faire fourrager mes cavaliers. —Tout-à-l'heure, » reprit l'hernouten. » Ce bon homme se met en tête, et remonte avec eux le vallon. Après un quart d'heure de marche, ils trouvent un beau champ d'orge : « Voilà ce » qu'il nous faut, dit le capitaine. —Attendez un moment,

» lui dit son conducteur, vous serez content. » Ils continuent à marcher, et ils arrivent, à un quart de lieue plus loin, à un autre champ d'orge. La troupe aussitôt met pied à terre, fauche le grain, le met en trousse, et remonte à cheval. L'officier de cavalerie dit alors à son guide : « Mon
» père, vous nous avez fait aller trop loin sans nécessité;
» le premier champ valait mieux que celui-ci. — Cela est
» vrai, monsieur, reprit le bon vieillard; mais il n'était
» pas à moi. »

Ce trait va au cœur. Je défie un athée d'en faire un semblable. J'observerai que les hernoutens sont une espèce de quakers répandus dans quelques cantons de l'Allemagne. Quelques théologiens ont écrit que les hérétiques n'étaient pas capables de vertu, ou leur vertu était sans mérite. Comme je ne suis pas théologien, je ne m'engagerai point dans cette discussion métaphysique, quoique j'eusse à opposer à leur opinion le sentiment de saint Jérôme et même celui de saint Pierre, par rapport aux païens, lorsque celui-ci dit au centenier Corneille : « En vérité, je vois bien que Dieu n'a point d'égard aux
» diverses conditions des personnes; mais qu'en toute na-
» tion celui qui le craint, et dont les œuvres sont justes,
» lui est agréable[1]. » Mais je voudrais bien savoir ce que ces théologiens pensent de la charité du Samaritain, qui était ce schismatique. Il me semble qu'ils n'ont rien à objecter au jugement de Jésus-Christ. Comme la simplicité et la profondeur de ses réponses divines font un contraste admirable avec la mauvaise foi et les subtilités des docteurs de ce temps-là, je vais rapporter ce trait de l'Évangile tout entier :

« Alors un docteur de la loi se levant lui dit, pour le
» tenter : Maître, que faut-il que je fasse pour posséder
» la vie éternelle? Jésus lui répondit : Qu'y a-t-il d'écrit
» dans la loi? qu'y lisez-vous? Il lui répondit : Vous ai-
» merez le Seigneur votre Dieu de tout votre cœur, de
» toute votre âme, de toutes vos forces et de tout votre
» esprit, et votre prochain comme vous-même. Jésus
» lui dit : Vous avez très bien répondu; faites cela, et
» vous vivrez. Mais cet homme, voulant faire paraître
» qu'il était juste, dit à Jésus : Et qui est mon prochain?
» Et Jésus prenant la parole, lui dit : Un homme qui
» descendait de Jérusalem à Jéricho tomba entre les mains
» des voleurs, qui le dépouillèrent, le couvrirent de plaies
» et s'en allèrent, le laissant à demi mort. Il arriva en-
» suite qu'un prêtre descendit par le même chemin, le-
» quel aussi l'ayant aperçu, passa outre. Un lévite qui vint
» au même lieu l'ayant considéré, passa outre encore ;
» mais un Samaritain passant son chemin, vint à l'en-
» droit où était cet homme, et l'ayant vu, il en fut touché
» de compassion. Il s'approcha donc de lui, il versa de
» l'huile et du vin dans ses plaies, et les banda; et l'ayant
» mis sur son cheval il l'amena dans l'hôtellerie, et eut
» soin de lui. Le lendemain, il tira deux deniers qu'il
» donna à l'hôte, et lui dit : Ayez bien soin de cet homme,
» et tout ce que vous dépenserez de plus, je vous le ren-
» drai à mon retour. Lequel de ces trois vous semble-t-il
» avoir été le prochain de celui qui tomba entre les
» mains des voleurs? Le docteur lui répondit : Celui qui
» a exercé la miséricorde envers lui. Allez donc, lui dit
» Jésus, et faites de même. »

Je me garderai bien d'ajouter ici aucune réflexion. J'observerai seulement que l'action du Samaritain est bien supérieure à celle de l'hernouten; car quoique le second fasse un plus grand sacrifice, il y est en quelque

sorte déterminé par la force : il fallait qu'il y eût un champ fourragé. Mais le Samaritain obéit entièrement aux impulsions de l'humanité. Son action est libre, et sa charité gratuite. Ce trait, comme tous ceux de l'Évangile, renferme en peu de mots une foule d'instructions lumineuses sur le second de nos devoirs. Il serait impossible de les remplacer par d'autres, imaginés même à plaisir. Pesez toutes les circonstances de la charité inquiète du Samaritain. Il panse les plaies d'un malheureux; il le met sur son propre cheval; il expose sa vie en s'arrêtant, et allant à pied dans un lieu fréquenté par les voleurs. Il pourvoit ensuite dans l'hôtellerie aux besoins tant présents que futurs de cet infortuné, et il continue sa route sans rien attendre de sa reconnaissance.

6¹ PAGE 418.

Plutarque remarque qu'Alexandre ne se livra au désordre qui souilla la fin de son auguste carrière, que parcequ'il se crut abandonné des dieux. Non-seulement ce sentiment cause nos maux quand il disparaît de nos plaisirs, mais quand, par l'effet de nos passions ou de nos institutions qui pervertissent les lois naturelles, il se porte sur nos maux mêmes. Ainsi, par exemple, quand, après avoir donné des lois mécaniques aux opérations de notre âme, nous venons à porter sur nos maux physiques et passagers le sentiment de l'infini, c'est alors que, par une juste réaction, notre misère devient insupportable. Je n'ai esquissé que faiblement l'action des deux principes de l'homme; mais, à quelque sensation de douleur ou de plaisir qu'on veuille les appliquer, on sentira la différence de leur nature et leur réaction perpétuelle.

A propos d'Alexandre abandonné des dieux, je serais surpris que l'expression de cette situation n'eût pas inspiré le génie de quelque artiste de la Grèce. Voici ce que je trouve à ce sujet dans Addison : « Il y a dans la même
» galerie (à Florence) un beau buste d'Alexandre le Grand,
» le visage tourné vers le ciel, avec un certain air noble
» de chagrin et de déplaisir. J'ai vu deux ou trois anciens
» bustes d'Alexandre du même air et de la même posture,
» je suis porté à croire que le sculpteur avait dans l'esprit,
» ou le conquérant pleurant pour de nouveaux mondes,
» ou quelques autres circonstances semblables de son his-
» toire[1]. » Je pense que la circonstance de l'histoire d'Alexandre, à laquelle il faut rapporter ces bustes, est celle où il se plaint aux dieux de l'avoir abandonné. Je ne doute pas qu'elle n'eût fixé l'excellent jugement d'Addison, s'il se fût rappelé l'observation de Plutarque.

6² PAGE 424.

Je cite beaucoup de livres de voyages : parceque ce sont ceux que j'aime et que j'estime le plus de la littérature moderne. J'ai beaucoup voyagé, et je puis assurer que je les ai trouvés presque toujours d'accord sur les productions et les mœurs de chaque pays, quand ils n'y portent pas l'esprit de leur nation ou de leur parti. (Il en faut excepter un petit nombre dont le ton romancier frappe d'abord.) Tout le monde les décrie, et tout le monde les consulte. C'est chez eux que puisent sans cesse les géographes, les physiciens, les naturalistes, les navigateurs, les commerçants, les écrivains politiques, les philosophes, les compilateurs en tout genre, les historiens des nations étrangères, et même ceux de notre pays, quand ils veulent connaître la vérité.

---

[1] *Actes des apôtres*, chap. x, ⅴ 34 et 35.

[1] Addison, *Voyage d'Italie*, t. IV de Misson, p. 293 et 294.

63 PAGE 426.

Il y a bien d'autres raisons qui motiveraient la nécessité d'un ministre de l'agriculture. Les canaux d'arrosage, absorbés par le luxe des seigneurs ou par le commerce des villes; les mares et les voiries qui empoisonnent les villages, et entretiennent des foyers perpétuels d'épidémies; la sûreté des grands chemins; la police de leurs auberges; les milices et les corvées des paysans; les injustices qu'ils éprouvent, sans qu'ils osent quelquefois se plaindre, lui offrirait une multitude d'établissements utiles à faire ou d'abus à réformer. Je sais que la plupart de ces fonctions sont réparties dans divers départements; mais elles ne peuvent avoir d'harmonie et d'ensemble que lorsqu'elles seront réunies sur une même tête.

64 PAGE 454.

A Dieu ne plaise que je veuille exciter notre peuple à haïr les Anglais, si dignes aujourd'hui de toute notre estime! Mais comme leurs écrivains et même leur gouvernement se sont permis plus d'une fois de nous rendre odieux sur les théâtres de leur nation, j'ai voulu leur montrer qu'il nous était bien aisé d'user de représailles. Puisse plutôt le génie de Fénelon, dont ils font tant de cas, qu'un de leurs plus aimables beaux esprits, le lord Littleton, l'a mis au-dessus de Platon, réunir un jour nos cœurs et nos esprits!

65 PAGE 455.

Je voudrais aussi qu'on embarquât les femmes des marins avec leurs maris; elles empêcheraient sur les vaisseaux des désordres de plus d'un genre. D'ailleurs, elles y trouveraient beaucoup d'occupations convenables à leur sexe: telles que de préparer à manger, de laver le linge, de raccommoder les voiles, etc... Elles suppléeraient souvent aux travaux de l'équipage. Elles résistent mieux que les hommes au scorbut et à plusieurs maladies. Le projet d'embarquer des femmes paraîtra sans doute extraordinaire à ceux qui ne savent pas qu'il y a au moins dix mille femmes qui naviguent sur les vaisseaux caboteurs des Hollandais, qui travaillent en bas à la manœuvre, et tiennent le gouvernail aussi bien que des hommes. Une jolie femme ferait sans doute naître des désordres dans un vaisseau français; mais des femmes de cette nature, robustes et laborieuses, sont propres au contraire à y détruire ceux qui n'y sont que trop fréquents.

66 PAGE 456.

On pourrait affaiblir dans la plupart des concitoyens la soif de l'or et du luxe, en leur présentant un grand nombre de ces perspectives politiques. Elles font le charme des petites conditions, en ce qu'elles leur offrent les attraits de l'infini, dont le sentiment est naturel au cœur humain, comme nous l'avons vu. C'est par elles que les artisans et les petits marchands sont attachés avec beaucoup plus de force, par de modiques profits, à leurs petits états remplis d'espérances, que les riches et les grands ne le sont à des conditions dont ils voient le terme. Il se passe dans la tête des petits ce qui se passait dans la tête de la laitière de la fable: Avec ce lait, j'aurai des œufs, avec ces œufs, des poussins; avec ces poussins, des poulets; avec des poulets, un agneau, etc... Le plaisir qu'ils éprouvent dans ces progressions sans fin est le charme qui les soutient dans leurs travaux; et il est si réel, que lorsqu'ils viennent à faire fortune et à vivre en bourgeois aisés, leur santé s'altère, et la plupart d'entre eux finissent par mourir de mélancolie et d'ennui. Politiques modernes, rapprochez-vous donc de la nature! Ce n'est point des flûtes d'or et d'argent que se tirent les plus douces harmonies, mais de celles qui se font avec des roseaux.

67 PAGE 459.

En général, les cultivateurs sont d'honnêtes gens. Les plantes portent avec elles leur théologie. J'ai cependant rencontré un jour un moissonneur athée. Il est vrai qu'il n'avait pas pris ses opinions dans les campagnes, mais dans des livres. Il paraissait fort content de ses lumières. Je lui dis en le quittant: « Vous voilà bien avancé d'avoir » employé les recherches de votre raison à vous rendre » misérable! »

Dans les exemples hypothétiques que je rapporte ci-dessous, il n'y a guère de mon invention que le bien que je n'ai pas fait.

68 PAGE 449.

Et comme les emploient les sauvages. Les voyageurs sont fort étonnés lorsqu'ils voient au Pérou les monuments des anciens Incas, formés de grandes pierres irrégulières qui se joignent parfaitement. Leur construction présente d'abord deux grandes difficultés. Comment les Indiens ont-ils transporté ces grandes pierres; et comment sont-ils venus à bout de les faire accorder d'une manière si parfaite, malgré leur irrégularité? Nos savants ont d'abord supposé des machines pour les transporter, comme s'il fallait des machines plus puissantes que les bras de tout un peuple qui travaille de concert. Ils ont dit ensuite que les Indiens leur donnaient ces formes irrégulières à force de travail et d'attention. C'est se moquer du monde. Ne leur était-il pas beaucoup plus aisé de les tailler régulièrement qu'irrégulièrement? J'ai été moi-même long-temps embarrassé à me résoudre ce problème. Enfin, ayant lu dans les mémoires de don Ulloa, et aussi dans quelques autres voyageurs, qu'on trouve dans plusieurs endroits du Pérou des lits de pierre à la surface de la terre qui sont remplis de fentes et de crevasses, j'ai compris aussitôt l'industrie des anciens Péruviens. Ils ne faisaient autre chose que d'enlever par pièces ces lits horizontaux des carrières, et de les placer perpendiculairement, en rapprochant les morceaux les uns des autres. Ils avaient ainsi un mur tout fait, qui ne leur coûtait rien à tailler. L'esprit naturel a des ressources très simples, et fort supérieures à celles de nos arts. Par exemple, les sauvages du Canada n'avaient point de marmites de fer avant l'arrivée des Européens. Ils étaient venus à bout d'y suppléer, en creusant avec le feu le tronc d'un arbre. Mais comment s'y prenaient-ils pour y faire bouillir des bœufs entiers, comme ils faisaient? Je l'ai donné à deviner à plus d'un homme soi-disant de génie, qui ne l'a su trouver. Pour moi, j'avoue que je ne pourrais pas imaginer qu'il fût possible de faire bouillir de l'eau dans des marmites de bois, qui contenaient souvent plusieurs muids. Il n'y avait cependant rien de si aisé pour les sauvages; ils faisaient rougir des cailloux au feu, et ils les jetaient dans l'eau de la marmite jusqu'à ce qu'elle fût bouillante. (Voyez Champlain.)

69 PAGE 449.

Les arbres sont par leur durée les vrais monuments des nations, et ils en sont encore le calendrier par les différents temps où ils poussent leurs feuilles, leurs fleurs et leurs

fruits. Les sauvages n'en ont point d'autre, et nos paysans mêmes s'en servent fréquemment. Je rencontrai un jour, vers la fin de l'été, une jeune paysanne qui pleurait en cherchant son mouchoir qu'elle avait perdu sur le grand chemin. « Était-il beau, votre mouchoir? lui demandai-je.
» — Monsieur, me dit-elle, il était tout neuf; je l'avais
» acheté aux fèves. » J'ai pensé plus d'une fois que si nos époques historiques si vantées étaient datées de celles de la nature, il n'en faudrait pas davantage pour les couvrir d'injustice et de ridicule. Si on lisait, par exemple, dans nos histoires, qu'un prince fit massacrer une partie de ses sujets pour se rendre le ciel favorable, précisément dans la saison où son royaume était couvert de moissons; qu'on y datât nos batailles sanglantes et nos bombardements de villes de la floraison des violettes, des premiers laitages, de la tonte des brebis, il ne faudrait pas d'autre contraste pour en rendre la lecture abominable. D'un autre côté, ces dates ajouteraient des graces immortelles aux actions des bons princes et confondraient leurs bienfaits avec ceux du ciel.

7º PAGE 455.

Pour moi, je verrais le monument de cet homme-là, ne fût-ce qu'une tuile, avec plus de respect que les superbes mausolées qu'on a élevés en plusieurs endroits de l'Europe et de l'Amérique à la gloire des cruels conquérants du Mexique et du Pérou. Plus d'un historien a fait leur éloge; mais la Providence divine en a fait justice. Ils ont tous péri de mort violente, et la plupart par la main du bourreau.

7¹ PAGE 465.

J'attribue à ce genre de châtiment, non-seulement la corruption physique et morale des enfants et de plusieurs ordres de moines, mais même de la nation. Vous ne sauriez faire un pas dans les rues, que vous n'entendiez les bonnes et les mères dire à leurs enfants : *Je vous fouetterai*. Je n'ai point été en Angleterre; mais j'étais persuadé que la férocité qu'on attribue aux Anglais devait venir d'une pareille cause. J'ai ouï dire, en effet, que ce genre de punition était plus cruel et plus fréquent chez eux que chez nous. Voyez ce que disent à ce sujet les illustres auteurs du *Spectateur*, ouvrage qui a, sans contredit, contribué à adoucir leurs mœurs et les nôtres. Ils reprochent à la noblesse anglaise de permettre qu'on imprime ce caractère d'infamie à ses enfants. Voyez les lettres LI et LII du tome Ier. Voici comment se termine la LIe : « Je ne vou-
» drais pas qu'on inférât de ce que je viens de dire que nos
» savants, tant d'Église que de robe, qui ont été fouettés à
» l'école, ne sont pas des hommes d'un caractère noble et
» généreux; mais je suis bien sûr que leur caractère serait
» plus généreux et plus noble, s'ils n'avaient jamais souf-
» fert une pareille infamie. »

Le gouvernement doit proscrire ce genre de châtiment, non-seulement dans les écoles publiques, comme a fait la Russie, mais dans les couvents, sur les vaisseaux, chez les particuliers, dans les pensions; il corrompt à la fois les pères, les mères, les précepteurs, et les enfants. J'en pourrais citer des réactions terribles, si la pudeur me le permettait. N'est-il pas bien étonnant que des hommes, au demeurant, bien composés à l'extérieur, posent pour base d'une éducation chrétienne la douceur, l'humanité, la chasteté, et punissent les timides et innocents enfants du plus cruel et du plus obscène de tous les supplices? Nos gens de lettres, qui ont réformé tant d'abus depuis un siècle, n'ont pas attaqué celui-ci comme il le mérite: ils ne s'occupent pas assez des malheurs de la génération future. Ce serait une question de droit intéressante à traiter, savoir, si l'état peut laisser le droit d'infliger l'infamie à des hommes qui n'ont pas droit de vie et de mort. Il est certain que l'infamie d'un citoyen a des réactions plus dangereuses sur la société que sa propre mort. Ce n'est rien, dit-on, ce ne sont que des enfants; mais c'est parceque ce sont des enfants; que toute ame généreuse doit les protéger, et parceque tout enfant misérable devient un homme méchant.

Au reste, il s'en faut bien que ce que j'ai dit sur les maîtres en général ait été dans l'intention de les rendre odieux. Je veux les avertir seulement que ces châtiments, dont ils ont emprunté l'usage des Grecs corrompus du Bas-Empire, influent beaucoup plus qu'ils ne pensent sur la haine que leur porte, ainsi qu'aux autres ministres de la religion, tant moines qu'ecclésiastiques, le peuple, plus éclairé qu'autrefois. Dans le fond, les maîtres traitent leurs élèves comme ils ont été traités eux-mêmes. Ce sont des malheureux qui forment d'autres malheureux, souvent sans s'en douter. Tout ce que je prétends établir ici, c'est que l'homme a été abandonné à sa propre providence; que tous les maux qu'il fait à ses semblables rejaillissent sur lui tôt ou tard. Cette réaction est le seul contrepoids qui puisse le ramener à l'humanité. Toutes les sciences sont encore dans l'enfance; mais celle de rendre les hommes heureux n'est pas encore au jour, même à la Chine, dont la politique est si supérieure à la nôtre.

7² PAGE 468.

Il y a un grand caractère dans les ouvrages de la Divinité. Non-seulement ils sont parfaits, mais ils vont toujours en croissant de perfection. Nous avons dit quelque chose de cette loi en parlant des harmonies des plantes. Un jeune plant vaut mieux que la graine qui l'a produit; un arbre en fleurs et en fruits, mieux qu'un jeune plant; enfin, un arbre n'est jamais plus beau que quand, devenu vieux, il est entouré d'une forêt de jeunes arbres sortis de ses semences. Il en est de même de l'homme. L'état d'un embryon vaut mieux que celui du néant, celui de l'enfance que l'état d'embryon. L'adolescence est préférable à l'enfance; et la jeunesse, saison des amours, l'emporte sur l'adolescence. L'homme dans l'âge viril, chef d'une famille, est préférable à un jeune homme. La vieillesse qui l'entoure d'une postérité nombreuse, qui, par son expérience, l'admet aux conseils des nations, qui ne suspend en lui l'empire des passions que pour donner plus de pouvoir à celui de sa raison; la vieillesse qui semble le mettre au rang des dieux, par les espérances multipliées que lui ont données l'exercice de la vertu et les lois de la Providence, vaut mieux que tous les âges de la vie. Je voudrais qu'il en fût ainsi de l'âge de la France, et que le siècle de Louis XVI surpassât en bonheur tous ceux qui l'ont précédé.

7³ PAGE 475.

Les maîtres en fait d'armes disent que leur art développe le corps et apprend à marcher. Autant en disent du leur les maîtres à danser. La preuve qu'ils se trompent, c'est qu'on les connaît d'abord les uns et les autres à l'affectation de leur démarche. Un citoyen ne doit avoir ni l'attitude ni les mouvements d'un gladiateur ou d'un sybarite. Mais si l'art de l'escrime est nécessaire, on devrait permettre le duel publiquement, afin de tirer les honnêtes gens de la cruelle alternative de se déshonorer également en manquant aux lois de l'état et de la religion, ou en les observant. En vérité, les méchants sont parmi nous bien à leur aise.

74 PAGE 475.

Je suis persuadé que si ce plan d'éducation, tout informe qu'il est, était adopté, un des plus grands obstacles à la refonte universelle de notre savoir et de nos mœurs ne serait ni les régents, ni les institutions collégiales, ni les priviléges de l'université, ni les bonnets de docteur. Ce seraient les marchands de papier, qui verraient tomber par-là une de leurs plus grandes branches de commerce. Il y aurait pour les priviléges des maîtres d'heureuses et de glorieuses compensations; mais une objection d'argent, dans ce siècle vénal, me semble sans réponse.

75 PAGE 477.

Il est digne de remarque que la plupart des noms des objets de la nature, de la morale et de la métaphysique, sont féminins, surtout dans la langue française. Il serait assez curieux de rechercher si les noms masculins ont été donnés par les femmes, et les noms féminins par les hommes, aux choses qui servent plus particulièrement aux usages de chaque sexe; ou si les premiers ont été faits du genre masculin, parcequ'ils présentaient des caractères de force et de puissance; et les seconds, du genre féminin, parcequ'ils offraient des caractères de graces et d'agréments. Je crois que les hommes ayant nommé en général les objets de la nature, leur ont prodigué les noms féminins par ce penchant secret qui les attire vers le sexe : c'est ce qu'on peut remarquer aux noms que portent les constellations célestes, les quatre parties du monde, la plupart des fleuves, des royaumes, des fruits, des arbres, des vertus, etc.

76 PAGE 480.

Au fond, ce serait bien peu de chose, sans doute; mais, quelque solitaire que soit aujourd'hui ma vie, elle a été mêlée à de grandes révolutions. J'ai donné, à l'occasion de la Pologne, un mémoire fort détaillé au bureau des affaires étrangères, où je prédisais son partage par ses voisins, plusieurs années avant qu'il ait été effectué. Je me suis trompé seulement, en ce que j'avais compté que les puissances copartageantes la prendraient tout entière, et je m'étonne encore de ce qu'elles ne l'ont pas fait. Au reste, ce mémoire n'a été utile ni à ce pays, ni à moi-même, quoique j'y eusse couru de grands risques, en me jetant, à ma sortie du service de Russie, dans le parti des républicains polonais, que la France et l'Autriche protégeaient. J'y fus fait prisonnier en 1765, lorsque j'allais, avec l'agrément de l'ambassadeur de l'Empire et du ministre de France à Varsovie, me jeter dans l'armée du prince Radzivil. Ce malheur m'arriva à trois milles de Varsovie, par l'indiscrétion de mon guide. Je fus ramené dans cette ville, mis en prison, et menacé d'être livré aux Russes, du service desquels je sortais, si je n'avouais que l'ambassadeur de Vienne et le ministre de France avaient concouru à me faire faire cette démarche. Quoique j'eusse tout à redouter de la part des Russes, et que j'eusse pu envelopper dans ma disgrace deux personnes illustres par leurs emplois, et la rendre par conséquent plus éclatante, je persistai à la prendre entièrement sur mon compte. Je disculpai aussi de mon mieux mon guide, à qui j'avais donné le temps de brûler les lettres dont il était porteur, en m'opposant, le pistolet à la main, aux hullans qui vinrent nous surprendre la nuit dans la maison de poste où nous fîmes notre premier campement, au milieu des bois. Je n'ai eu aucune sorte de récompense pour ces deux genres de services, qui m'ont coûté beaucoup de temps et d'argent. Il n'y a pas même long-temps que j'étais encore redevable d'une partie des frais de mon voyage à M. Hennin, mon ami, qui était alors ministre de France à Varsovie, qui est aujourd'hui premier commis des affaires étrangères à Versailles, et qui s'est donné à ce sujet bien des peines inutiles. Sans doute, si M. le comte de Vergennes eût été dans ce temps-là ministre des affaires étrangères, j'eusse été convenablement récompensé, puisqu'il m'a accordé quelques légères gratifications. Cependant je suis encore redevable à cette occasion de plus de quatre mille livres à plusieurs amis en Russie, en Pologne et en Allemagne.

Je n'ai pas été plus heureux à l'Ile-de-France, où j'ai été envoyé capitaine-ingénieur de la colonie; car j'ai d'abord été persécuté par les ingénieurs ordinaires qui y étaient, parceque je n'étais pas de leur corps. On m'avait fait passer dans ce pays pour y faire fortune; et je m'y serais considérablement endetté, si je n'y avais pas vécu d'herbes. Je ne parlerai pas de tous les maux particuliers que j'y ai éprouvés. Je dirai seulement que je cherchai à m'en distraire en m'occupant de ceux qui affligeaient l'île en général. C'est dans la seule vue d'y remédier que je publiai, à mon retour, en 1773, mon *Voyage à l'Ile-de-France*. Je crus d'abord rendre un service essentiel à ma patrie, en faisant voir que cette île, que l'on remplissait de troupes, n'était propre en aucune manière à être l'entrepôt ni la citadelle de notre commerce des Indes, dont elle est éloignée de quinze cents lieues; ce que j'ai prouvé même par les événements des guerres précédentes, où Pondichéry nous a été toujours enlevé, quoique l'Ile-de-France fût pleine de soldats. La guerre dernière a confirmé de nouveau la vérité de mes observations. Pour ces services, ainsi que pour plusieurs autres, je n'ai reçu d'autres récompenses que des persécutions indirectes et des calomnies de la part des habitants de cette île, à qui j'ai reproché leur barbarie pour leurs esclaves. Je n'ai pas même été dédommagé suffisamment d'une espèce de naufrage que j'éprouvai à mon retour à l'île de Bourbon, ni de la modicité de mes appointements, qui n'allaient pas à la moitié de ceux des ingénieurs ordinaires de mon grade. Je suis bien sûr que, sous un ministre de la marine aussi éclairé et aussi équitable que M. le maréchal de Castries, j'aurais recueilli quelques fruits de mes veilles et de mes services.

77 PAGE 481.

A Dieu ne plaise que je veuille parler des véritables religieux! Quand ils n'auraient d'autre mérite dans cette vie que de la passer sans faire de mal, ils seraient respectables aux yeux mêmes de l'incrédulité. Il ne s'agit point ici des hommes vraiment pieux, qui ont quitté le monde pour embrasser sans obstacle l'esprit de la religion, mais de ceux qui se revêtent d'un habit consacré par la religion, pour se procurer des richesses et des honneurs dans le monde; de ceux contre lesquels saint Jérôme a tant crié en vain, et qui ont vérifié sa prophétie dans la Palestine et dans l'Égypte, en décréditant la religion par leurs mœurs, leur avarice et leur ambition.

78 PAGE 482.

On a beau comparer Bossuet et Fénelon, je ne suis pas capable d'apprécier leur mérite; mais le second me paraît bien préférable à son rival. Il a rempli, ce me semble, les deux points de la loi : IL A AIMÉ DIEU ET LES HOMMES.

On ne sera pas fâché de savoir ce que pensait à son sujet Jean-Jacques Rousseau. Un jour, étant allé avec lui me

promener au mont Valérien, quand nous fûmes parvenus au sommet de la montagne, nous formâmes le projet de demander à dîner à ses ermites pour notre argent. Nous arrivâmes chez eux un peu avant qu'ils se missent à table, et pendant qu'ils étaient à l'église. Jean-Jacques Rousseau me proposa d'y entrer, et d'y faire notre prière. Les ermites récitaient alors les litanies de la Providence, qui sont très belles. Après que nous eûmes prié Dieu dans une petite chapelle, et que les ermites se furent acheminés à leur réfectoire, Jean-Jacques me dit avec attendrissement : « Maintenant j'éprouve ce qui est dit dans l'Évan-
» gile : *Quand plusieurs d'entre vous seront rassemblés en
» mon nom, je me trouverai au milieu d'eux.* Il y a ici un
» sentiment de paix et de bonheur qui pénètre l'âme. » Je lui répondis : « Si Fénelon vivait, vous seriez catholique. » Il me repartit hors de lui et les larmes aux yeux : « Oh! si
» Fénelon vivait, je chercherais à être son laquais, pour
» mériter d'être son valet de chambre. »

Ayant trouvé, il y a quelque temps, sur le Pont-Neuf, une de ces petites urnes de trois ou quatre sous que vendent les Italiens dans les rues, l'idée me vint d'en ériger dans ma solitude un monument à la mémoire de Jean-Jacques et de Fénelon, à la manière de ceux que les Chinois élèvent à celle de Confucius. Comme il y a deux petits écussons sur cette urne, j'écrivis sur l'un ces mots : J.-J. Rousseau, et sur l'autre : F. Fénelon. Je la posai ensuite à six pieds de hauteur, dans un angle de mon cabinet, et je plaçai auprès d'elle cette inscription :

D. O. M.

A la gloire durable et pure
De ceux dont le génie éclaira les vertus,
Combattit à la fois l'erreur et les abus,
Et tenta d'amener leur siècle à la nature.
Aux Jean-Jacques Rousseaux, aux François Fénelons,
J'ai dédié ce monument d'argile,
Que j'ai consacré par leurs noms,
Plus augustes que ceux de César et d'Achille.
Ils ne sont point fameux par nos malheurs;
Ils n'ont point, pauvres laboureurs,
Ravi vos bœufs, ni vos javelles;
Bergères, vos amants; nourrissons, vos mamelles :
Rois, les états où vous régnez :
Mais vous les comblerez de gloire,
Si vous donnez à leur mémoire
Les pleurs qu'ils vous ont épargnés.

FIN DES NOTES DES ÉTUDES.

EXPLICATION DES FIGURES

DE LA PREMIÈRE ÉDITION. — 1784.

FRONTISPICE.

PLANCHE PREMIÈRE.

Le frontispice représente une solitude dans les montagnes de l'île de Samos. On a tâché, malgré la petitesse du champ, d'y exprimer quelques harmonies élémentaires particulières aux îles et aux montagnes élevées. Des tourbillons de sable formés par les vents sur les rivages de l'île, et des nuages pompés par le soleil au sein de la mer, se dirigent vers les sommets des montagnes, qui les arrêtent par leurs attractions fossiles et hydrauliques. On voit sur le devant du paysage quelques arbres qui se plaisent dans les latitudes froides et humides, entre autres le sapin et le bouleau. Ces deux genres d'arbres, que l'on y rencontre presque toujours ensemble, présentent différents contrastes dans leurs couleurs, leurs formes, leurs ports, et dans les animaux qu'ils nourrissent. Le sapin élève dans les airs sa pyramide aux feuilles roides, filiformes, et d'une verdure sombre : et le bouleau lui oppose sa masse en forme de pyramide renversée, aux feuilles mobiles, arrondies, et d'une verdure tendre. Des écureuils se jouent dans les rameaux de sapin, et la femelle d'un coq de bruyère fait son nid dans la mousse qui couvre ses racines. Au contraire, des castors ont construit leurs loges au pied du bouleau : et un oiseau, de l'espèce de ceux qui mangent des bourgeons, voltige autour de ses branches. Le sapin porte son quadrupède dans ses rameaux, et le bouleau nourrit le sien sur ses racines. Les habitudes de leurs oiseaux sont également opposées. Cependant, il y a entre tous ces animaux la plus grande harmonie. Un chien regarde paisiblement leurs occupations, et exprime, par le repos de son attitude, la paix profonde qui règne parmi les habitants de ce désert.

À l'entrée d'une grotte pratiquée dans les flancs de la montagne, on voit un homme occupé à sculpter une statue de Minerve dans le tronc d'un arbre. La figure de cette déesse, symbole de la sagesse divine, et la matière dont elle est faite, caractérisent ici l'intelligence suprême qui se manifeste dans l'harmonie des végétaux. Ce philosophe est Philoclès[*].

HÉMISPHÈRE ATLANTIQUE.

PLANCHE II.

On voit l'hémisphère atlantique avec ses sources, ses glaces, son canal, ses courants et ses marées dans les mois de janvier et de février.

Quoique je sois obligé de répéter ici quelques observations que j'ai déjà placées dans le texte, je vais y en joindre

[*] *Voyez* son histoire dans *Télémaque*, liv. XIII et XIV.

quelques autres, dignes, j'ose dire, de toute l'attention du lecteur.

Observez d'abord que le globe de la terre n'est pas figuré ici à la manière des géographes, qui le représentent en creux dans leurs mappemondes, afin d'en faire apercevoir les parties fuyantes sur une grande échelle. Leur projection nous donne une idée fausse de la terre, en nous montrant les parties fuyantes de sa circonférence comme les plus larges, et, au contraire, les parties saillantes du milieu comme les plus étroites. Ce n'est point un globe convexe qu'ils nous présentent, c'est un globe concave. On l'a figuré ici tel qu'on l'apercevrait dans le ciel du côté de l'océan Atlantique, et dans notre hiver.

On y distingue les sources de l'océan Atlantique, qui sortent l'été du pôle nord; son canal, formé par les parties saillantes et rentrantes des deux continents, et son embouchure comprise entre le cap Horn et le cap de Bonne-Espérance, par laquelle cet océan se décharge, pendant l'été, dans la mer des Indes.

Le côté opposé de cet hémisphère, quoique encore peu connu, présenterait, ainsi que celui-ci, un canal fluviatile avec tous les mêmes accessoires, sources, glaces, courants et marées, formé, non pas par des continents, mais par des projections d'îles et de hauts-fonds qui dirigent, pendant notre hiver, dans la mer des Indes, le cours des effusions polaires australes. Quelque intéressantes que soient ces nouvelles projections du globe, il ne m'a pas été possible de faire les frais nécessaires pour les faire graver; car il eût été encore convenable de présenter l'un et l'autre hémisphère dans son été et dans son hiver, afin qu'on pût voir leurs différents courants dans chaque saison, et de montrer les pôles mêmes à vue d'oiseau, aussi en hiver et en été, afin de présenter l'étendue des coupoles de glaces qui les couvrent, et les courants qui en sortent dans les diverses saisons de l'année. Ces différentes coupes eussent exigé au moins huit planches d'une échelle plus grande que celle-ci, pour développer sensiblement les harmonies de cette seule partie de mes *Études de la Nature*. D'ailleurs cette augmentation de cartes eût entraîné des mémoires plus détaillés sur les distributions du globe, dont je n'ai voulu parler dans cet ouvrage qu'en hors-d'œuvre.

Le simple aspect de l'hémisphère atlantique aux mois de janvier et de février suffira pour l'intelligence de ce que nous avons dit sur les glaces polaires et sur leurs effusions périodiques. Nous parlerons successivement de ses sources, de ses glaces, de son canal, de ses courants, de ses marées, et même de son embouchure.

Les sources de l'océan Atlantique sont en été au pôle septentrional. Elles sont situées dans la mer Baltique, les baies d'Hudson et de Baffin, au détroit de Waigats, etc.

On peut remarquer sur un globe en relief que ces sources, qui forment la naissance du canal Atlantique, tournent autour du pôle, en formant le limaçon, à peu près comme celles d'une rivière serpentent autour de la montagne d'où elles descendent; en sorte qu'elles rassemblent dans cette partie toutes les décharges des fleuves du nord, et qu'elles en portent les eaux dans l'océan Atlantique. Je présume de là qu'il y a à proportion bien moins d'effusions polaires dans la partie de la mer du Sud qui lui est opposée. Nous verrons encore que la nature a fait ressortir au canal Atlantique les extrémités des deux courants généraux des pôles, qui viennent y aboutir après avoir fait le tour du globe; et c'est par opposition aux sources dont ces courants partent, que je donne aux extrémités de leur cours le nom d'embouchure. Ne nous occupons maintenant que de leurs sources. On conçoit que les eaux de ces sources doivent couler vers la ligne, où elles vont remplacer celles que le soleil y évapore chaque jour; mais elles ont de plus une élévation qui facilite leur cours. Non-seulement les glaces d'où elles sortent sont fort élevées sur l'hémisphère, mais les pôles ont eux-mêmes une élévation de sol qui est considérable. Je m'appuie dans cette opinion, en premier lieu, des observations de Tycho-Brahé et de Kepler, qui ont vu l'ombre de la terre ovale sur les pôles dans des éclipses centrales de lune, et de l'autorité de Cassini, qui donne cinquante lieues de plus à l'axe de la terre qu'à ses diamètres. En second lieu, j'ai pour moi des expériences authentiques, recueillies par l'Académie des sciences, et dont on n'a plus parlé dès que l'opinion de l'aplatissement de la terre aux pôles a prévalu. Par exemple, on sait qu'à mesure qu'on s'élève sur une montagne, le mercure baisse dans le baromètre : or, le mercure baisse dans le baromètre à mesure qu'on avance vers le nord. Il descend dans nos climats d'environ une ligne, si on s'élève à 11 toises. Suivant l'*Histoire de l'Académie des Sciences* (1712, page 4), le poids d'une ligne de mercure y équivaut à Paris à 10 toises 5 pieds, tandis qu'il ne faut s'élever en Suède qu'à 10 toises 1 pied 6 pouces 4 lignes, pour le faire baisser d'une ligne. L'atmosphère de Suède a donc moins de hauteur que celle de Paris, et par conséquent le terrain de Suède est plus élevé.

On peut encore joindre à ces observations celles des navigateurs du nord, qui ont vu le soleil d'autant plus élevé sur l'horizon, qu'ils se sont plus approchés du pôle. On ne peut attribuer ces effets d'optique aux simples lois de la réfraction de l'atmosphère. Selon l'académicien Bouguer [*], « la réfraction élève les astres en apparence; » et on sait, par une infinité d'observations certaines, que » lorsqu'ils nous paraissent à l'horizon, ils sont réellement » 55 ou 54 minutes au-dessous... Dans les régions où l'air » est plus dense, les réfractions doivent y être un peu plus » fortes; et elles sont aussi, toutes choses d'ailleurs égales, » un peu plus grandes en hiver qu'en été. On peut, dans » l'usage de la navigation, n'avoir point d'égard à cette » différence, et se servir toujours de la petite table qu'on » voit ici à côté. » En effet, on voit dans cet endroit de son livre une petite table où il place la plus grande réfraction du soleil à l'horizon à 54 minutes pour tous les climats du monde. Mais comment est-il arrivé que Barents ait vu le soleil sur l'horizon de la Nouvelle-Zemble, le 24 janvier, dans le signe du Verseau, par les 5 degrés 25 minutes, tandis qu'il aurait dû y être par les 16 degrés 27 minutes, pour être aperçu par les 76 degrés de latitude septentrionale où se trouvait Barents? La réfraction du soleil sur l'horizon était donc de près de 2 degrés et demi, c'est-à-dire plus de quatre fois aussi grande que Bouguer ne la suppose, puisqu'il ne lui donne que 54 minutes à peu près pour tous les climats. A la vérité, Barents fut fort étonné de voir le soleil quinze jours plus tôt qu'il ne l'attendait, et il ne s'assura bien positivement qu'il était au 24 janvier, qu'en observant, cette même nuit, la conjonction de la Lune et de Jupiter, annoncée pour Venise à une heure après minuit, dans les *Éphémérides* de Joseph Scala, et qui eut lieu, pour la Nouvelle-Zemble, cette même nuit, à six heures du matin, dans le signe du Taureau; ce qui lui donna à la fois la longitude de sa hutte dans la Nouvelle-Zemble, et la certitude qu'il était au 24 janvier. Une réfraction de 2 degrés et demi est certainement bien considérable. On peut, ce me semble, en attribuer la moitié à l'élévation apparente du soleil dans l'atmosphère très réfractaire de la Nouvelle-Zemble, et l'autre moitié à l'élévation réelle de l'observateur sur l'horizon du pôle. Ainsi, Barents aperçut de la Nouvelle-Zemble le soleil à l'équateur, comme un homme le voit plus tôt du sommet d'une montagne que de sa base. C'est d'ailleurs un principe sans exception des lois harmoniques de l'univers, que la nature ne se propose aucune fin qu'elle n'y fasse concourir tous les éléments à la fois. Nous en avons montré un grand nombre de preuves dans le cours de cet ouvrage. Ainsi la nature ayant voulu dédommager les pôles de l'absence du soleil, fait passer la lune vers le pôle que le soleil abandonne; elle cristallise et réduit en neiges brillantes les eaux qui le couvrent; elle rend son atmosphère plus réfractaire, afin de lui enlever plus tard et de lui rendre plus tôt la présence du soleil : on en doit conclure encore qu'elle a allongé les pôles mêmes de la terre, afin de les faire participer plus long-temps aux influences de l'astre du jour.

A la vérité, des académiciens célèbres ont posé pour principe fondamental que la terre était aplatie aux pôles. Voici ce que dit à ce sujet le même académicien que nous venons de citer, qui fut employé avec eux à mesurer près de l'équateur un degré du méridien, qu'ils trouvèrent de 56,748 toises. « Mais, dit-il, ce qui est bien digne d'atten-
» tion, les degrés terrestres ne se sont pas trouvés de même
» longueur dans les autres régions où on a fait des opéra-
» tions semblables, et la différence est trop grande pour
» qu'on puisse l'attribuer aux erreurs inévitables des ob-
» servations. Le degré sous le cercle polaire s'est trouvé
» de 57,422 toises. Ainsi, il faut absolument que la terre
» ne soit pas parfaitement ronde, et qu'elle soit plus haute
» vers l'équateur que vers les pôles, conformément à ce
» que nous indiquent d'autres expériences dont il n'est pas
» nécessaire de parler ici. La courbure de la terre est plus
» subite vers l'équateur dans le sens nord et sud, puisque
» les degrés y sont plus petits; et la terre au contraire est
» plus plate vers les pôles, puisque les degrés y sont plus
» grands [*]. »

J'avoue que je tire une conséquence tout-à-fait contraire des observations de ces académiciens. Je conclus que la terre est allongée aux pôles, précisément parceque les degrés du méridien y sont plus grands que sous l'équateur. Voici ma démonstration : Si on plaçait un degré du méridien au cercle polaire sur un degré du même méridien à l'équateur, le premier degré, qui est de 57,422 toises, surpasserait le second, qui est de 56,748 toises, de 674 toises, d'après les opérations des académiciens. Par conséquent, si on mettait l'arc entier du méridien qui cou-

---

[*] *Traité de la navigation*, liv. IV, chap. III, sect. III.

[*] Bouguer, *Traité de la navigation*, liv. II, chap. XIV, art. XXIX.

ronne le cercle polaire, et qui est de 47 degrés, sur un arc de 47 degrés du même méridien près de l'équateur, il y produirait un renflement considérable, puisque ses degrés sont plus grands. Cet arc polaire du méridien ne pourrait pas s'étendre en longueur sur l'arc équinoxial du même méridien, puisqu'il a le même nombre de degrés, et par conséquent une corde de la même étendue. S'il s'étendait en longueur, en surpassant le second de 674 toises par degré, il est évident qu'il sortirait à l'extrémité de ses 47 degrés de la circonférence de la terre, qu'il n'appartiendrait plus au cercle où il est tracé, et qu'il formerait, en le plaçant sur un des pôles, une espèce de champignon aplati qui déborderait le globe tout autour. Pour rendre la chose encore plus sensible, supposons toujours que le profil de la terre aux pôles soit un arc de cercle de 47 degrés. N'est-il pas vrai que si vous tracez une courbe en dedans de cet arc, comme font les académiciens qui aplatissent la terre aux pôles, elle sera moins grande que cet arc, puisqu'elle y sera contenue; et que plus cette courbe sera aplatie, moins elle sera grande, puisqu'elle approchera de plus en plus de la corde de cet arc, c'est-à-dire de la ligne droite? Par conséquent, les 47 degrés ou partitions de cette courbe intérieure seront chacun en particulier, comme ils le sont ensemble, plus petits que les 47 degrés de l'arc de cercle environnant. Mais, puisque les degrés de la courbe polaire sont au contraire plus grands que ceux d'un arc de cercle, il faut que la courbe entière soit aussi plus étendue qu'un arc de cercle; or, elle ne peut être plus étendue qu'en la supposant plus renflée, et circonscrite à cet arc : par conséquent, la courbe polaire forme une ellipse allongée.

J'ai fait graver ici une figure du globe, pour rendre l'erreur de nos astronomes sensible aux yeux.

PÔLE ARCTIQUE.

PÔLE ANTARCTIQUE.

Soit x l'arc inconnu du méridien compris au-dessus du cercle polaire arctique AKC, et soit DEF l'arc du même méridien compris entre les tropiques. Ces deux arcs sont, comme l'on sait, chacun de 47 degrés. Mais quoiqu'ils aient chacun un angle de la même ouverture AGC et DGF, ils n'ont pas chacun un arc du même développement : car, suivant nos astronomes, un degré du méridien au cercle polaire est plus grand de 674 toises qu'un degré du même méridien près de l'équateur. Il s'ensuit donc que l'arc polaire inconnu x de 47 degrés en étendue l'arc équinoxial DEF, qui est aussi de 47 degrés, de 47 fois 674 toises, qui équivalent à 31,678 toises, ou à douze lieues deux tiers. Or, il s'agit maintenant de savoir si cet arc polaire inconnu x est renfermé au dedans du cercle comme AhC, ou s'il se confond avec lui comme ABC, ou s'il sort de sa circonférence comme AiC.

L'arc polaire inconnu x ne peut pas être renfermé au dedans du globe comme AhC, ainsi que le prétendent nos astronomes, qui l'y supposent aplati; car s'il y était renfermé, il serait évidemment plus petit que l'arc sphérique ABC qui l'environne, suivant cet axiome que le contenu est plus petit que le contenant; et plus cet arc AhC serait aplati, et moins il aurait d'étendue, puisqu'il approcherait de plus en plus de sa corde ou de la ligne droite AKC.

D'un autre côté, cet arc polaire x ne peut pas se confondre avec l'arc sphérique ABC, puisqu'il surpasse celui-ci de douze lieues deux tiers. Il appartient donc à une courbe qui sort de la circonférence du globe, telle que AiC. Donc le globe de la terre est allongé aux pôles, puisque les degrés y sont plus grands qu'à l'équateur. Donc nos astronomes se sont trompés en concluant de la grandeur de ces degrés qu'il y était aplati.

Je terminerai cette démonstration par une image plus triviale, mais aussi sensible. Si vous divisiez les deux circonférences d'un œuf en largeur et en longueur, chacune en 360 degrés, concluriez-vous que cet œuf serait aplati vers ses extrémités, parce que les degrés de sa circonférence en longueur seraient plus grands que les degrés de sa circonférence en largeur ? Ce qu'il y a de singulier, c'est que les académiciens se servent à peu près de la même figure pour tirer des résultats contraires. Ils représentent le globe de la terre comme un fromage de Hollande. Ils supposent que le globe est fort élevé sur l'équateur. « La courbure de la terre, dit Bouguer (ubi supra),
» est plus subite vers l'équateur dans le sens nord et sud,
» puisque les degrés y sont plus petits; et la terre au con-
» traire est plus plate vers les pôles, puisque les degrés y
» sont plus grands. On croyait que l'équateur n'était distin-
» gué que par la plus grande rapidité du mouvement, qui
» se fait en vingt-quatre heures; mais il est marqué d'une
» manière bien plus réelle par une élévation continue,
» qui doit être d'environ six lieues marines et demie tout
» autour de la terre, et partout à une égale distance des
» deux pôles. »

Nous venons de voir l'étrange conséquence qui résulte à la fois de l'aplatissement de la terre aux pôles, et de la grandeur des degrés du méridien dans cette partie, qui donne nécessairement au cercle polaire une saillie hors de sa circonférence : celles qu'on peut tirer de l'élévation et de la courbure plus subite de l'équateur ne seraient pas moins extraordinaires. C'est que si l'une et l'autre existaient, il n'y aurait point de mers sous l'équateur, parce qu'elles seraient alors déterminées, par l'élévation de six lieues et demie, et par la courbure plus subite de cette partie de la terre, à s'en éloigner; et par la pesanteur, à s'écouler vers les pôles aplatis, plus voisins du centre, et à y rétablir le segment sphérique que les académiciens en retranchent. Ainsi, dans cette hypothèse, les mers couvriraient les pôles et y seraient d'une grande profondeur, tandis qu'il n'y aurait que des continents très élevés sous la ligne. Or, la géographie démontre le contraire; car c'est dans le voisinage de la ligne que se trouvent les plus grandes mers, et quantité de terres qui ne sont qu'à leur

EXPLICATION DES FIGURES.

niveau ; et au contraire les terres élevées et les hauts-fonds de la mer sont très fréquents, surtout vers le pôle septentrional.

Parlons maintenant des glaces polaires. Quoiqu'elles soient représentées ici précisément dans les parties fuyantes et les moins visibles du globe, il est aisé de juger de leur étendue considérable par l'arc du méridien qui les embrasse. Au pôle austral, où elles sont en moindre quantité, puisqu'elles y ont éprouvé toutes les ardeurs de l'été de cet hémisphère, elles s'étendent encore depuis ce pôle jusqu'au 70e degré sud au moins. Elles y forment donc une coupole d'un arc de plus de 40 degrés, qui, à vingt-cinq lieues au moins le degré (puisque les degrés dans cette partie sont plus grands que vers l'équateur, suivant les expériences des académiciens), donne une amplitude de plus de mille vingt lieues, ou une circonférence de plus de trois mille. On ne peut douter de ces dimensions, car elles sont prises d'après les dernières expériences du capitaine Cook, qui en a fait le tour au milieu de leur été. Les glaces du pôle nord sont beaucoup plus étendues, parcequ'elles sont représentées dans leur hiver. On a exprimé aux unes et aux autres une crête de vingt-cinq lieues environ d'élévation aux pôles. Je ne répéterai point ici ce que j'ai dit sur les hauteurs de celles qu'on trouve flottantes aux extrémités de leurs coupoles, qui ont jusqu'à douze et quinze cents pieds d'élévation. J'avais envie de faire représenter autour de ces glaces une espèce d'auréole ou aurore boréale qui aurait fait sentir leur étendue circulaire, et eût ajouté à l'effet pittoresque du globe, en rendant ses pôles rayonnants ; car le pôle austral a aussi des aurores nocturnes, ainsi que Cook l'a observé, et il paraît que ces aurores doivent leur origine aux glaces. Mais M. Moreau le jeune, qui a dessiné les planches de cet ouvrage, et particulièrement celle-ci, avec toute l'intelligence et la complaisance qui lui sont propres, m'a fait sentir qu'il n'y avait pas assez de champ dans la carte. Il a d'ailleurs rendu ces glaces polaires assez lumineuses pour les faire distinguer, sans faire disparaître les contours des îles et des continents qu'elles couvrent.

Quant au canal Atlantique, on y reconnaît évidemment les parties saillantes et rentrantes des deux continents en correspondance les unes avec les autres. Si vous y joignez la sinuosité de sa source au nord, qui semble tourner en limaçon autour de notre pôle, et son embouchure large et divergente, formée par le cap Horn d'une part, et par le cap de Bonne-Espérance de l'autre, par laquelle il se décharge pendant six mois dans l'océan Indien, comme nous l'allons voir, vous y reconnaîtrez toutes les proportions d'un canal fluviatile. Quant à sa pente à partir du pôle pour se rendre jusque dans la mer du Sud, par le cap de Bonne-Espérance, je la crois, comme je l'ai dit dans le texte, à peu près la même que celle du cours de l'Amazone.

Considérons maintenant le cours des effusions polaires produites par l'action du soleil sur les glaces des pôles. Il sort chaque année un courant général de celui que le soleil échauffe ; et comme le soleil les visite alternativement, il s'ensuit qu'il y a deux courants généraux opposés qui communiquent aux mers leurs mouvements de circulation, et qui sont connus aux Indes sous le nom de moussons orientale et occidentale, ou d'hiver et d'été.

Ceci posé, examinons les effusions du pôle austral, qui est représenté ici dans son été. Le courant général qui en sort se divise en deux branches, dont l'une s'engage dans l'océan Atlantique, et pénètre jusqu'à son extrémité septentrionale. Lorsque cette branche vient à passer entre la partie saillante de l'Afrique et de l'Amérique, comme elle se trouve resserrée en passant d'un espace plus large dans un plus étroit, elle forme sur leurs côtes deux contre-courants, ou remous qui vont en sens contraire. L'un de ces contre-courants va à l'est, le long des côtes de Guinée, jusqu'au quatrième degré sud, suivant le témoignage de Dampier. L'autre part du cap Saint-Augustin, va au sud-ouest le long des côtes du Brésil, jusqu'au détroit de Le Maire inclusivement. Cet effet est la suite d'une loi hydraulique dont les effets sont communs ; c'est que toutes les fois qu'un courant passe d'un canal large dans un plus étroit, il forme sur ses côtés deux contre-courants. C'est ce qu'on peut vérifier dans le cours des ruisseaux, au passage de l'eau d'une rivière sous les arches près de la tête d'un pont, etc. Ainsi le courant porte à l'est le long des côtes de Guinée, et au sud-ouest le long des côtes du Brésil, dans l'été du pôle austral. Mais au milieu de l'océan Atlantique et au-delà du détroit des deux continents, il porte au nord dans tout son cours, et s'avance jusqu'aux extrémités septentrionales de l'Europe et de l'Amérique, en nous apportant deux fois par jour le long de nos côtes les marées du midi, qui sont des effusions semi-journalières des deux côtés du pôle austral.

L'autre branche, qui part du pôle austral, prend à l'ouest du cap Horn, s'engage dans la mer du Sud, produit dans la mer des Indes la mousson de l'est qui arrive aux Indes dans notre hiver, et après avoir fait le tour du globe par l'occident, vient à l'orient se réunir, par le cap de Bonne-Espérance, au courant général qui entre dans l'océan Atlantique. On peut suivre en partie sur la carte ce courant général du pôle austral avec ses deux branches principales, ses contre-courants et ses marées, aux flèches qui indiquent ses mouvements directs, obliques et rétrogrades.

Six mois après, c'est-à-dire dans notre été, à commencer vers la fin de mars, lorsque le soleil à la ligne abandonne le pôle austral et vient échauffer le pôle septentrional, les effusions du pôle austral s'arrêtent, celles du nôtre commencent à couler, et les courants de l'Océan changent dans toutes les latitudes. Le courant général des mers part alors de notre pôle, et se divise, comme celui du pôle austral, en deux branches. La première de ces branches tire ses sources du Waigats, de la baie d'Hudson, etc., qui coulent alors dans certains détroits avec la rapidité d'une écluse, et produisent au nord des marées qui viennent du nord, de l'orient et de l'occident, au grand étonnement de Linschoten, d'Ellis et des autres navigateurs, accoutumés à les voir venir du midi sur les côtes de l'Europe. Ce courant, formé par la fusion de la plupart des glaces du nord de l'Amérique, de l'Europe et de l'Asie, qui ont alors près de six mille lieues de circonférence, descend par l'océan Atlantique, passe la ligne, et se trouvant resserré au même détroit de la Guinée et du Brésil, il forme sur ses côtés deux contre-courants latéraux qui remontent au nord, comme ceux formés six mois auparavant par le courant du pôle austral remontaient au midi. Ces contre-courants nous donnent sur les côtes de l'Europe les marées, qui paraissent toujours venir directement du midi, quoique alors elles viennent en effet du nord.

La branche qui les produit s'avance ensuite vers le sud, double le cap de Bonne-Espérance, prend son cours vers l'orient, forme aux Indes la mousson occidentale ; et après avoir circuité le globe jusque dans la mer du Sud, elle passe au cap Horn, remonte le long de la côte du Brésil, et y produit un courant qui se termine au cap Saint-Augustin, et qui est opposé au courant principal qui descend du nord.

L'autre branche du courant qui descend en été de notre pôle, de l'autre côté de notre hémisphère, s'écoule par le détroit appelé détroit du Nord, situé entre l'extrémité la plus orientale de l'Asie et la plus occidentale de l'Amérique. Elle descend dans la mer du Sud, où elle vient se réunir à la première branche, qui forme alors, comme nous l'avons dit, la mousson occidentale de cette mer. D'ailleurs, cette branche du détroit du Nord reçoit bien moins d'effusions glaciales que celle de l'océan Atlantique, parceque les baies profondes qui sont aux sources de cet océan, et les contours de ces mêmes sources qui entourent le pôle en spirale, reçoivent, comme nous l'avons dit, la plus grande partie des effusions glaciales du pôle septentrional, et les versent dans l'océan Atlantique.

Ainsi l'océan parcourt, deux fois dans un an, le globe en spirales opposées, en partant alternativement de chaque pôle, et décrit sur la terre pour ainsi dire la même route que le soleil dans les cieux.

J'ose dire que cette théorie est si lumineuse, qu'on peut éclaircir par elle une multitude de difficultés qui jettent beaucoup d'obscurité dans les journaux des voyageurs. Froger, par exemple, dit qu'au Brésil les courants vont du côté du soleil, c'est-à-dire qu'ils vont au nord quand il est dans les signes septentrionaux, et au sud quand il est dans les signes méridionaux. On ne peut certainement expliquer cet effet versatile par la pression ou l'attraction du soleil et de la lune entre les tropiques, puisque ces astres n'en sortent point, et qu'ils vont toujours du même côté, c'est-à-dire d'orient en occident; mais c'est que, lorsque ce courant du Brésil va au sud dans notre hiver, il est le contre-courant du courant général du pôle austral, qui va alors au nord; et lorsque ce courant du Brésil va au nord dans notre été, il est l'extrémité de ce même courant général qui revient par le cap Horn. La même chose n'arrive pas à celui du golfe de Guinée qui est vis-à-vis, et qui court toujours à l'est, quoiqu'il soit précisément dans le même cas; car, dans notre hiver, ce courant du golfe de Guinée est l'extrémité du courant général du pôle austral qui revient par le cap de Bonne-Espérance, et qui porté au nord dans cette saison le long des côtes de l'Afrique, depuis le trentième degré de latitude sud jusqu'au quatrième de la même latitude, suivant le témoignage de Dampier. Mais cette extrémité du courant général qui porte au nord, et qui part alors du quatrième degré sud, pour se joindre au courant général, n'entre point dans le golfe de Guinée, à cause du grand enfoncement de ce golfe; de sorte que, dans cette partie-là seulement, la mer court toujours à l'est, suivant l'observation de tous les navigateurs de l'Afrique.

J'appuierai les principes de cette théorie par des faits attestés des marins les plus accrédités. Voici ce que dit Dampier des courants de l'Océan, dans son *Traité des Vents*, pages 586 et 587 :

« Au reste, il est certain que partout les courants chan-
» gent leur cours à certains temps de l'année : dans les
» Indes orientales, ils courent de l'est à l'ouest une partie
» de l'année, et de l'ouest à l'est l'autre partie. Dans les Indes
» occidentales et dans la Guinée, ils ne changent qu'en-
» viron la pleine lune. Mais il faut entendre ceci des parties
» de la mer qui ne sont pas éloignées des côtes : ce n'est
» pas qu'il n'y ait aussi des courants d'une force extraor-
» dinaire dans le grand Océan, qui ne suivent pas ces
» règles; mais cela n'est pas commun.

» Dans la côte de Guinée, le courant se porte est; hor-
» mis en pleine lune ou environ. Mais au midi de la ligne,
» depuis Loango jusqu'au 25e ou 30e degré, il court avec
» le vent du sud au nord, hormis vers la pleine lune.

» A l'est du cap de Bonne-Espérance, depuis le 30e de-
» gré jusqu'au 24e dans la bande du sud, le courant se porte
» à l'est, depuis mai jusqu'au mois d'octobre, et le vent
» est pour lors ouest-sud-ouest, ou sud-ouest ; mais depuis
» octobre jusqu'en mai, lorsque le vent est entre est-
» nord-est et est-sud-est, le courant se porte à l'ouest; et
» cela s'entend de cinq ou six lieues de terre, jusqu'à cin-
» quante ou environ : car à cinq lieues de terre on n'a
» point le courant, mais on a la marée; et au-delà de
» cinquante lieues de terre, le courant cesse tout-à-fait,
» ou il est imperceptible.

» Dans la côte des Indes au nord de la ligne, le courant
» court avec la mousson. Mais il ne change pas tout-à-fait
» si tôt, quelquefois de trois semaines ou davantage;
» après cela, il ne change point jusqu'à ce que la mousson
» soit fixée du côté contraire. Par exemple, la mousson
» d'ouest commence au milieu d'avril ; mais le courant
» ne change qu'au commencement de mai ; et la mousson
» d'est commence au milieu de septembre ou environ;
» mais le courant ne change qu'au mois d'octobre. »

Dampier semble attribuer la cause de ces courants aux vents qu'il appelle moussons. Mais ce n'est pas ici le lieu de m'occuper de la cause de la révolution atmosphérique, qui toutefois dépend aussi des pôles, dont les atmosphères sont plus ou moins dilatées en hiver et en été, et dont les révolutions doivent précéder celles de l'Océan. Je ne ferai attention qu'au retardement du courant occidental, qui n'arrive aux Indes qu'au mois de mai, pour prouver que c'est le même qui part de notre pôle au mois de mars, et qui arrive sur différentes plages des Indes à des époques proportionnées à la distance du point d'où il part.

Ce courant donc arrive vers le mois d'avril au cap de Bonne-Espérance, et c'est lui qui rend le passage du Cap si difficile aux vaisseaux qui reviennent des Indes en été. Je m'appuierai encore là-dessus de l'autorité de Dampier, dans son *Voyage autour du Monde*, tome II, chap. xiv. C'était à son retour des Indes en Europe.

« Nous perdions le temps d'aller au Cap, que nous ne
» pouvions retrouver qu'au mois d'octobre ou de no-
» vembre, et nous étions alors à la fin de mars. En effet,
» ce n'est pas l'ordinaire d'aborder le Cap après le dixième
» de mai. » Il y a plus, c'est que la compagnie de Hol-
lande ne permet pas à ses vaisseaux d'y rester après le mois de mars, parcequ'alors il y règne des vents d'ouest et une mer de l'ouest qui jette les vaisseaux en côte ; d'où l'on voit que ce courant, qui vient de l'ouest en doublant ce cap, y arrive vers le mois d'avril.

Par le passage précédent de Dampier, nous avons vu que ce courant occidental arrivait sur les côtes de l'Inde vers la mi-mai : une autre autorité va nous prouver qu'il se rend vers la mi-juin à l'île de Tinian, qui est bien plus à l'orient. Je la tire du *Voyage de l'amiral Anson*, chap. xiv, année 1742, au sujet de l'île de Tinian : « Le seul
» ancrage propre aux gros vaisseaux est dans la partie de
» l'île au sud-ouest. Le fond de cette rade est rempli de
» roches de corail très aiguës. L'ancrage en est dange-
» reux, depuis le milieu de juin jusqu'au milieu d'octobre,
» qui est la saison des *moussons occidentales*; et le danger
» est encore augmenté par la rapidité extraordinaire du
» courant de la marée qui *porte au sud-ouest*, entre cette
» île et celle d'Agnigan. Durant les huit autres mois de
» l'année, le temps y est constant. » Remarquez, en pas-
sant, que pendant que la mousson ou le courant vient de l'occident, la marée porte en sens contraire entre ces deux

îles; ce qui confirme ce que nous avons dit, que les marées ne sont pour l'ordinaire que les contre-courants des courants généraux resserrés par des détroits.

Ainsi, l'on voit que ce courant, qui part de notre pôle en mars, arrive au cap de Bonne-Espérance en avril; sur les côtes de l'Inde, en mai; à l'île de Tinian, au milieu de juin; et qu'il trace autour du globe la ligne spirale que j'ai indiquée. On pourrait évaluer sa vitesse par le temps qu'il met à se rendre dans chacun de ces lieux et dans d'autres points de latitude, jusqu'à ce qu'il ait atteint le cap Horn, d'où il porte au nord jusqu'au cap Saint-Augustin, où il vient rencontrer le courant général atlantique vers la fin de juillet. Mais le détail de tant de circonstances curieuses me mènerait trop loin.

On ne peut attribuer en aucune façon les courants généraux de la mer des Indes, qui, comme j'ai dit, se portent six mois vers l'orient et six mois vers l'occident, à l'attraction ou pression du soleil et de la lune entre les tropiques; car ces astres vont toujours du même côté, et leur action est la même en tout temps dans l'étendue de cette zone, dont ils ne sortent point. De plus, si leur action en était la cause, lorsque le soleil est au nord de la ligne, la mousson occidentale devrait se faire sentir aux Indes dès le mois de mars, puisque le soleil est alors presque au zénith de la mer des Indes; et cependant elle n'y arrive que six semaines après, c'est-à-dire en mai : au contraire, lorsque le soleil est au sud de la ligne, et le plus éloigné des mers de l'Inde, la mousson y arrive peu après l'équinoxe de septembre, c'est-à-dire au mois d'octobre : d'où l'on voit que ces révolutions de l'océan Indien n'ont pas leurs foyers sous l'équateur, mais aux pôles ; et que celle du mois de mars, qui vient du nord par l'ouest, met six semaines à se faire sentir aux Indes, à cause du grand détour qu'elle est obligée de faire au cap de Bonne-Espérance; et que celle du pôle sud au mois de septembre y arrive beaucoup plus vite, parcequ'elle n'a point de détour à faire, et qu'enfin l'époque de ces révolutions versatiles commence précisément aux équinoxes, c'est-à-dire au moment où le soleil abandonne un pôle pour échauffer l'autre.

Il est donc évident que les courants semi-annuels et alternatifs de la mer des Indes doivent leur origine à la fonte semi-annuelle et alternative des glaces du pôle nord et du pôle sud, et que leur direction d'orient en occident et d'occident en orient est déterminée dans cette mer par la projection même du continent de l'Asie.

La mer Atlantique a pareillement deux courants semi-annuels et alternatifs, qui ont les mêmes origines, mais une direction naturelle du nord au midi et du midi au nord, quoiqu'un peu dévoyée de l'ouest à l'est et de l'est à l'ouest, par la projection même du canal Atlantique. Nos marins ne supposent dans ce canal qu'un seul courant perpétuel qui va toujours du midi au nord, dans notre hémisphère. Ils sont induits dans cette erreur par le cours des marées, qui en effet vont toujours au nord le long de nos côtes et de celles de Bahama, et surtout par notre système astronomique, qui attribue tous les mouvements de la mer à l'action de la lune entre les tropiques.

Que d'erreurs un seul préjugé peut introduire dans les éléments de nos connaissances ! Il aveugle les hommes les plus éclairés, jusqu'au point de leur faire méconnaître l'évidence même, et rejeter, pendant une longue suite de siècles, les expériences de chaque année.

J'ai recueilli, dans beaucoup de voyages maritimes, et principalement dans ceux que le capitaine Cook a faits autour du monde avec tant de sagacité et de lumières, une multitude d'observations nautiques qui prouvent que les courants de l'océan Atlantique sont alternatifs et semi-annuels, comme ceux de l'océan Indien. Cependant ceux mêmes qui les rapportent, pleins du préjugé que l'action de la lune entre les tropiques donne seule le mouvement aux mers, et ne pouvant faire accorder leurs courants avec le cours de cet astre, n'en ont conclu autre chose, sinon qu'ils étaient naturellement irréguliers, et que leur cause était inexplicable. S'ils s'en étaient tenus à leur propre expérience, qui leur apprenait que ces courants changeaient deux fois par an, qu'ils allaient dans l'océan Indien six mois avec le cours de la lune, et six mois à son opposite; et dans l'océan Atlantique, dans des directions qui n'avaient aucun rapport au cours de cet astre; qu'ils étaient bien plus rapides en approchant des pôles qu'entre les tropiques sous la gravitation même de la lune, et enfin qu'ils divergeaient du pôle échauffé par le soleil vers celui qui en était abandonné, ils auraient alors rapporté les causes de ces variations à l'été et à l'hiver de chaque hémisphère, et ils auraient dissipé une partie de ce nuage d'erreurs dont nos prétendues sciences ont voilé les opérations de la nature. Quoique ces observations nautiques soient décisives pour moi, puisqu'elles ont été faites par des partisans éclairés du système astronomique auquel elles sont absolument contraires, tandis qu'elles prouvent la vérité de ma théorie, cependant j'en citerai deux plus curieuses, plus authentiques et plus impartiales que toutes celles-là, parcequ'elles ont été recueillies par des hommes qui, n'étant pas gens de mer, n'en ont eu ni les préjugés ni les systèmes. L'une a pour garants tous les habitants d'un royaume, et l'autre une des époques les plus terribles de l'histoire navale des Européens; et toutes deux confirment admirablement une des plus agréables harmonies de l'histoire végétale de la nature, dont j'ai présenté les éléments dans l'émigration des plantes.

Par la première de ces observations, nous prouverons que le courant atlantique vient en effet du sud et porte au nord, comme le croient les marins; mais dans notre hiver seulement. Ainsi il est produit dans cette direction par les effusions des glaces du pôle sud, qui, dans notre hiver, s'écoulent vers le nord, et non par l'action de la lune entre les tropiques, suivant nos astronomes, puisque, dans cette même saison, les navigateurs de l'hémisphère austral ont trouvé hors des tropiques ce même courant venant du sud, ce qui n'arriverait sûrement pas si ce courant était produit par l'action de la lune sur l'équateur; car, dans cette hypothèse, il fluerait en sens contraire dans l'hémisphère austral. Or, c'est ce qui n'est pas, ainsi que je puis le prouver par les journaux d'Abel Tasman, de Dampier, de Fraisier, de Cook, etc., qui ont trouvé hors des tropiques mêmes, dans l'hémisphère austral, ce courant venant du sud, mais pendant notre hiver seulement.

Par la seconde de ces observations, nous démontrerons que le courant atlantique vient du nord, et porte au sud dans notre hémisphère, contre l'opinion des marins; mais pendant l'été seulement. Ainsi il provient alors directement des effusions des glaces du pôle nord, qui, dans notre été, s'écoulent vers le sud; et il détruit évidemment, par cette direction vers l'équateur, la prétendue action de la lune entre les tropiques, qui, selon nos astronomes, fait fluer l'océan vers les deux pôles.

La première de ces observations est rapportée par M. Thomas Pennant, savant naturaliste anglais, sans préjugé et sans système, du moins sur cet important objet. Elle est tirée de son *Voyage, en 1772, aux îles Hébrides*,

à l'ouest de l'Écosse [*]. « Mais, dit ce voyageur éclairé, ce
» qui est plus réel et plus digne d'attention, c'est qu'on
» trouve fréquemment ici (à l'île d'Ilay), sur les côtes de
» toutes les Hébrides et des Orcades, des graines de
» plantes qui croissent dans la Jamaïque et les îles voisines;
» telles que celles de *dolichos urens, guilandina bonduc,*
» *bonducetta, mimosa scandens* de Linnée. Ces graines,
» qu'on nomme ici fèves des Moluques, croissent sur les
» bords des fleuves de la Jamaïque; et de là, entraînées
» par les courants et les vents d'ouest, qui règnent les deux
» tiers de l'année dans cette partie d'Atlantique, elles
» sont poussées jusque sur les rivages des Hébrides. La même
» chose arrive quelquefois à des tortues d'Amérique,
» qu'on prend vivantes sur ces côtes; et cela est mis hors
» de doute depuis qu'on a trouvé sur la côte d'Écosse une
» partie du mât du *Tilbury*, vaisseau de guerre qui brûla
» près de la Jamaïque. »

M. Pennant a omis de dire dans quelle saison ces graines et ces tortues abordent sur les côtes occidentales de l'Écosse. Ces omissions de dates sont capitales, quoique très communes dans la plupart des voyageurs, qui négligent souvent de marquer celles de leurs propres observations. Ce n'est cependant que par ces dates qu'on peut entrevoir l'ensemble des harmonies de la nature. Que penser donc du goût de nos rédacteurs de voyages, qui les retranchent comme des circonstances ennuyeuses et inutiles? Toutefois il est aisé de voir ici que les graines des fleuves de la Jamaïque et les tortues de l'Amérique arrivent, en hiver, sur les côtes occidentales des Hébrides et des Orcades, puisqu'elles y sont poussées, suivant M. Pennant, par les vents et les courants de l'ouest, qui y règnent, dit-il, les deux tiers de l'année. Or, on sait que les vents d'ouest y soufflent tout l'hiver; ce qui est confirmé dans cette relation par son propre témoignage, et, dans le même recueil, par les autres voyageurs de l'Écosse. Après tout, ce ne sont pas les vents d'ouest qui entraînent ces graines et ces tortues si loin de la Jamaïque vers le nord. Les vents n'ont point de prise sur des corps à fleur d'eau; et certainement ceux de l'ouest ne peuvent les pousser au nord. Les courants de l'ouest ne pourraient même produire cet effet, car ils les charrieraient à l'est; et comme la Jamaïque est par les 18 degrés nord, ces graines et ces tortues iraient aborder en Afrique à la même latitude, et non pas jusqu'au 59e degré nord dans les Hébrides et les Orcades, où elles atterrissent en effet. Le courant qui les entraîne va donc directement au nord, en tirant un peu vers l'est, précisément comme le canal Atlantique lui-même dans cette partie. Ainsi les importantes observations des habitants de l'Écosse au sujet des graines de la Jamaïque, des tortues de l'Amérique, et d'une portion du mât du *Tilbury*, jetées sur leurs côtes, prouvent qu'en effet le courant atlantique vient du sud et porte au nord, comme le croient d'ailleurs les marins; mais il n'a cette direction qu'en hiver : car nous allons démontrer, par une autre observation non moins curieuse, qu'en été, et dans les mêmes latitudes, le courant atlantique vient du nord et porte au sud, à l'opposite de la prétendue action de la lune entre les tropiques, et contre l'opinion des marins, ou plutôt sans qu'ils sachent là-dessus à quoi s'en tenir.

Nous avons déjà allégué les témoignages des plus fameux navigateurs du nord, qui attestent unanimement que le courant atlantique vient du nord, et porte au sud en été, dans son extrémité septentrionale : tels sont ceux d'Ellis,
de Barents, de Linschoten, etc., qui, ayant navigué en été aux environs du cercle polaire arctique, attestent que les courants et même les marées se dirigent vers le sud et descendent du nord, ou tout au plus du nord-ouest ou du nord-est, suivant le gisement des baies où ils ont pénétré. Nous avons encore rapporté, à l'appui de cette importante vérité, les témoignages des navigateurs de l'Amérique septentrionale, cités par Denis, gouverneur du Canada, qui attestent que les courants du nord amènent tous les ans, en été, vers le sud, de longs bancs de glaces flottantes d'une élévation et d'une profondeur considérables, qui viennent s'échouer jusque sur le banc de Terre-Neuve. Et enfin nous avons cité l'observation de Christophe Colomb, qui, dans une latitude bien plus méridionale, près du tropique même du Cancer, éprouva, en septembre, que le milieu du canal atlantique portait au sud, et par conséquent descendait du nord. Nous pourrions joindre à ces autorités celles d'une foule d'autres marins qui n'ont eu égard qu'aux dérives de leurs vaisseaux, et ont reconnu, en été, l'existence de ce courant septentrional, sans oser l'admettre, ni opposer leur propre expérience à un système astronomique accrédité.

Mais, pour ne rien omettre sur un objet si essentiel à la navigation et à l'étude de la nature, et pour lever toute espèce de doute sur l'existence de ce courant septentrional en été, nous nous arrêterons à une observation simple, mais liée à un événement très connu dans l'histoire. Cette observation est d'autant moins suspecte qu'elle est rapportée sans intention de favoriser aucun système, par un voyageur qui n'était ni homme de mer, ni naturaliste, et qui n'en tira d'autres conséquences que celles qui concernaient sa fortune et sa liberté. C'est celle de Souchu de Rennefort, secrétaire du conseil souverain de Madagascar, sortant des îles Açores le 20 juin 1666, lors de son retour en Europe [*].

« Depuis 40 jusqu'à 45 degrés, dit-il, on vit des mâts
» rompus, des vergues et des hunes de vaisseaux, qui
» firent juger qu'il était arrivé un épouvantable débris.
» On appréhenda le choc de ces pièces dans la gorge de
» *la Vierge de bon Port*, vieux bâtiment pourri et facile à
» ouvrir. Il a été su depuis que ce fracas venait du combat
» qui s'était donné entre les Français et les Hollandais
» d'une part, et les Anglais de l'autre; ce qu'il eût été bon
» à ceux qui s'étaient embarqués de savoir plus tôt. »

En effet, le vaisseau de Rennefort, où l'on ignorait que la France fût en guerre avec les Anglais, eut le malheur d'être pris et coulé à fond par une frégate anglaise, à la hauteur de Guernesey, dix-huit jours après cette observation, c'est-à-dire le 8 juillet.

Cet épouvantable débris, dispersé sur la mer dans un espace de 5 degrés ou de 75 lieues, provenait du plus terrible combat qui se soit donné sur cet élément, entre les Anglais d'une part et les Hollandais de l'autre. Il commença le 11 juin, et dura quatre jours. La flotte anglaise était composée de 85 vaisseaux de guerre, et la flotte hollandaise de 90, commandées par Ruyter. Il y avait à peu près de chaque côté 21,000 hommes et 4,500 pièces de canon. Les Anglais y perdirent 25 vaisseaux, dont la plupart furent brûlés ou coulés à fond, et les Hollandais 4 seulement; mais il n'y eut guère de vaisseau qui n'y laissât ses mâts, en tout ou en partie. Il y périt de part et d'autre à peu près 9,000 hommes. Les historiens de chaque nation élevèrent, suivant l'usage, la gloire de leur flotte jusqu'au ciel. Ce qu'il y a de certain, c'est que 9,000 corps d'hommes

---

[*] Imprimé à Genève en 1785, dans un recueil de voyages aux montagnes et aux îles de l'Écosse, t. I, pages 216 et 217.

[*] *Histoire des Indes orientales*, liv. III, chap. v.

mutilés et demi-brûlés, abandonnés aux requins et aux chiens de mer, donnèrent aux monstres marins le spectacle d'une férocité qui n'a d'exemple que dans le genre humain; et que le nombre prodigieux de hunes, de vergues et de mâts flottants, mêlés de pavillons à croix rouges et blanches, allèrent apprendre aux barbares de toutes les plages méridionales de l'océan Atlantique comment les puissances qui vivent sous la loi de Jésus vident entre elles leurs différends *.

* Ces débris furent certainement portés plus loin que les Açores. Il est probable que dans cette saison il en flotta une bonne partie jusque sur les côtes et les îles occidentales de l'Afrique. Or, c'était précisément pour la traite des esclaves en Afrique que l'Angleterre et la Hollande se faisaient la guerre. Ces puissances avaient commencé dès l'année précédente leurs hostilités sur les côtes de Guinée et dans les îles du cap Vert, à la ruine de ces pays. Je suppose donc que ces débris du combat d'Ostende vinrent passer à travers les îles du cap Vert, et près de celle de Saint-Jean, qui est si peu fréquentée des Européens que les Portugais l'appellent BRAVA ou Sauvage. Ses bons et hospitaliers habitants, suivant l'Anglais Roberts qui en fit une si douce expérience, sont si humbles qu'ils regardent les hommes de leur couleur comme soumis par l'ordre de Dieu même au joug des blancs. Ils se confirment dans cette opinion en voyant la balance du commerce européen, dont un des bras ne présente à l'Europe que des biens, tandis que l'autre, chargé de maux, pèse sans cesse sur la malheureuse Afrique. Mais quand, du sommet de leurs rochers, à l'ombre de leurs cotonniers et de leurs bananiers, ils aperçurent le long de leurs paisibles rivages ce train effroyable de mâtures, de vergues, de galeries, de poupes, de proues, à demi brûlées, teintes de sang humain et mêlées de pavillons européens, ils virent alors le fléau des maux de l'Afrique se relever, et peser à son tour sur l'Europe; et à cette réaction de calamités ils reconnurent sans doute qu'une justice universelle gouverne par des lois égales toutes les nations du monde.

Un roi de France, dit-on, faisait jeter à la rivière les corps des malfaiteurs, avec ces lugubres écriteaux : LAISSEZ PASSER LA JUSTICE DU ROI. Les Chinois et les Japonais punissent de la même manière les pirates qui infestent la navigation de leurs fleuves. Ainsi les débris des vaisseaux de guerre qui avaient tant de fois répandu la terreur dans l'océan Atlantique, étaient emportés par ses courants; et leurs grandes courbes noircies par le feu, rougies par le sang humain, et devenues le jouet des flots de l'Afrique, disaient bien mieux que des écriteaux aux habitants opprimés de ses rivages : O NOIRS! VOYEZ MAINTENANT PASSER LA GLOIRE DES BLANCS ET LA JUSTICE DE DIEU.

Ce serait un calcul digne, je ne dis pas de nos politiques modernes, qui n'estiment plus dans le monde que l'or et la puissance, mais d'un ami de l'humanité, de rechercher si la traite des nègres n'a pas causé autant de maux à l'Europe qu'à l'Afrique, et quels sont les biens qu'elle a produits pour ces deux parties du monde.

Il faudrait d'abord mettre dans la balance des maux de l'Afrique les guerres que les puissances se font entre elles pour avoir des esclaves à vendre aux Européens; le despotisme barbare de ses rois, qui, pour remplir cet objet, livrent leurs propres sujets; le caractère dénaturé de leurs sujets, qui, à leur exemple, mènent quelquefois à ces marchés inhumains leurs femmes et leurs enfants; la plupart des contrées maritimes de l'Afrique rendues désertes par l'émigration de leurs habitants emmenés en esclavage; la mortalité d'un grand nombre de ces misérables, qui meurent dans leur passage en Amérique, par la mauvaise nourriture et le scorbut, les travaux excessifs, la disette d'aliments, les coups de fouet et les supplices qu'ils éprouvent dans nos colonies, et qui les font périr la plupart de misère, de chagrin et de désespoir. Voilà sans doute bien des larmes et du sang répandus pour l'Afrique; mais la balance des maux sera au moins égale pour l'Europe, si l'on met de son côté la navigation même de l'Afrique, dont le mauvais air emporte les équipages de nos vaisseaux tout entiers, ainsi que les garnisons de nos comptoirs en Afrique, par les dysenteries, le

Ces débris, épars dans 75 lieues de mer, venaient de douze milles au nord-ouest d'Ostende, où se livra le combat naval; et ils étaient portés jusque sur les îles Açores, d'où sortait le vaisseau de Rennefort quand il les rencontra. Ostende est par le 51ᵉ degré nord, et les Açores par le 40ᵉ, beaucoup à l'ouest. Les premiers de ces débris étaient partis du nord-ouest d'Ostende le 11 juin, date du commencement du combat, suivant la lettre de Ruyter et l'histoire de France, et ils se trouvaient près des Açores au plus tard le 20 du même mois, comme on doit le conclure de la relation de Rennefort, quoique sans date journalière. Ainsi, les courants du nord les avaient charriés, en neuf jours, à plus de 275 lieues au sud, sans compter le chemin considérable fait à l'ouest, ce qui fait beaucoup plus de 54 lieues par jour.

Ce n'était sûrement pas le vent qui chassait ces débris vers le sud-ouest avec tant de rapidité : celui qui régnait alors leur était contraire. Le vaisseau de Rennefort, qui venait à leur rencontre, n'avait éprouvé d'autre vent que celui qui le poussait vers le nord-est; et Ruyter ne parle dans sa lettre que des vents du sud-ouest, qui soufflèrent pendant le combat. D'ailleurs, ainsi que nous l'avons dit, comment le vent aurait-il prise sur des corps à fleur d'eau? Ils ne pouvaient pas être non plus charriés au sud par les marées, qui vont au nord sur nos côtes : c'était donc un courant direct du nord qui les entraînait au sud, malgré les marées mêmes, et un peu à l'ouest par la direction du canal atlantique. Donc le courant atlantique porte au sud en été, malgré la prétendue action de la lune entre les tropiques, et il ne doit son cours, dans cette saison, qu'à la fonte des glaces septentrionales.

scorbut, les fièvres putrides, et surtout par celles de Guinée, qui tuent en trois jours l'homme le plus robuste. Ajoutez à ces maux physiques les maladies morales de l'esclavage, qui détruisent dans nos colonies de l'Amérique les premiers sentiments de l'humanité, parceque là où il y a des esclaves il se forme des tyrans, et l'influence de cette dépravation morale sur l'Europe : joignez aux maux de cette partie du monde les ressources des travaux champêtres de l'Amérique enlevées à nos bourgeois et à nos propres paysans, dont un grand nombre chez nous languit de misère, faute d'occupations et de propriétés; les guerres que la traite des noirs fait naître entre les puissances maritimes de l'Europe; leurs comptoirs pris et repris, leurs batailles navales qui enlèvent des 9,000 hommes à la fois, sans ceux qui restent blessés pour toute leur vie; leurs guerres, qui, comme une peste, se communiquent à l'intérieur de l'Europe par leurs alliances, et au reste du monde par leur commerce : on avouera que la balance des maux de l'Europe égale pour le moins celle des maux de l'Afrique. Quant à la balance des biens, elle se réduit de part et d'autre à fort peu de chose. On ne peut pas, en conscience, compter dans les biens que les habitants de l'Afrique tirent de la vente de leurs compatriotes, nos sabres de fer dont ils s'estropient, nos mauvais fusils dont ils se cassent la tête, et nos eaux-de-vie qui leur font perdre la raison et la santé : tout se réduit donc à peu près pour eux à des miroirs et à des sonnettes. Quant aux biens qui en reviennent à l'Europe, il y a le sucre, le café et le coton, que l'Amérique nous donne par le travail des esclaves nègres; mais ces produits bruts et informes ne peuvent entrer en aucune comparaison avec les fabriques perfectionnées et les récoltes en tout genre que tireraient de ces mêmes campagnes des cultivateurs européens libres, heureux et intelligents.

Il me semble que si cette balance de maux si pesants et de biens si légers était présentée aux puissances maritimes et chrétiennes de l'Europe, elles reconnaîtraient à la fin qu'il ne suffit pas d'avoir banni l'esclavage de leur propre territoire pour rendre leurs sujets heureux et industrieux, mais qu'il faut encore le proscrire de leurs colonies, pour le bonheur de ces mêmes sujets, pour celui du genre humain, et pour la gloire de la religion.

BERNARDIN.

Ces deux observations si authentiques confirment de plus que les îles sont aux extrémités des courants, ainsi que nous l'avons dit ailleurs. Linschoten, qui avait séjourné aux Açores, remarque que les débris de la plupart des naufrages dans l'océan Atlantique sont jetés sur leurs côtes. Il en arriva de même sur celles des Bermudes, des Barbades, etc. Ces corps flottants sont portés à des distances prodigieuses, régulièrement et alternativement, comme les courants mêmes de la mer. Ainsi les graines de la Jamaïque sont charriées en hiver jusqu'aux Orcades, à plus de 1,060 lieues du sud au nord, et à plus de 1,800 lieues de distance, par le flux du pôle sud; et sans doute les graines fluviatiles des Orcades sont portées en été sur les côtes de la Jamaïque, par le flux du pôle nord. Ces mêmes correspondances doivent régner entre les végétaux de Hollande et des Açores. Je ne connais aucune des graines des fleuves de la Jamaïque, mais je suis bien sûr qu'elles ont les caractères nautiques que j'ai observés dans celles de toutes les plantes fluviatiles. Ainsi voici une nouvelle confirmation des harmonies végétales de la nature sur l'émigration des plantes. On peut appliquer celle-ci à l'émigration des poissons, qui font de si longues traversées en pleine mer, guidés sans doute par les graines flottantes des plantes fluviatiles, pour lesquelles ils ont par tout pays un goût de préférence, et que la nature fait croître sur les rivages, pour servir particulièrement à leur nourriture.

Il me semble que les hommes pourraient, par le moyen des courants alternatifs des mers, entretenir parmi eux une correspondance régulière et sans frais, dans toutes les parties maritimes du globe. On pourrait, je crois, exploiter par leur moyen ces vastes forêts du nord de l'Amérique et de l'Europe, composées en grande partie de sapins qui pourrissent inutilement pour les hommes sur ces terres désertes. On les abandonnerait pendant l'été, en trains bien assemblés, d'abord aux courants des fleuves, puis à ceux de la mer, qui les apporteraient au moins jusqu'à la latitude de nos côtes dépouillées de bois, comme le cours du Rhin amène tous les ans en Hollande un train prodigieux de bois de chêne exploité dans les forêts de l'Allemagne. Les débris du combat naval d'Ostende, portés si rapidement jusqu'aux Açores, montrent l'étendue des ressources que la nature nous présente dans ce genre. La géographie peut aussi en tirer le plus grand parti. Christophe Colomb doit aux effets des courants la découverte de l'Amérique. Un simple roseau d'une espèce étrangère, jeté sur les côtes occidentales des Açores, fit conclure à ce grand homme qu'il existait d'autres terres à l'occident. Il pensa encore à tirer parti des courants de la mer au retour de son premier voyage; car étant sur le point de périr dans une tempête, au milieu de l'océan Atlantique, sans pouvoir apprendre à l'Europe, qui avait méprisé si long-temps ses services et ses lumières, qu'il avait enfin trouvé un nouveau monde, il renferma l'histoire de sa découverte dans un tonneau qu'il abandonna aux flots, espérant qu'elle arriverait tôt ou tard sur quelque rivage. Une simple bouteille de verre pouvait la conserver des siècles à la surface des mers, et la porter plus d'une fois d'un pôle à l'autre. Ce n'est point pour nos superbes et injustes savants, qui refusent de voir dans la nature ce qu'ils n'ont pas imaginé dans leur cabinet, que j'étends si loin l'application de ces harmonies pélagiennes; c'est pour vous, infortunés matelots; c'est de l'adoucissement de vos maux que j'attends un jour ma plus durable et plus noble récompense. Peut-être un jour quelqu'un de vous, naufragé dans une île déserte, chargera les courants de la mer d'annoncer la nouvelle de son désastre à quelque terre habitée, et d'en implorer du secours. Peut-être quelque Céix, périssant dans les tempêtes du cap Horn, leur confiera ses derniers adieux, et les flots de l'hémisphère austral les apporteront jusque sur les rivages de l'Europe, pour consoler quelque nouvelle Alcyone.

Après les faits que je viens de rapporter, on ne peut plus douter que l'océan Indien et l'océan Atlantique n'aient leurs sources dans les fontes semi-annuelles et alternatives des glaces du pôle sud et du pôle nord, puisqu'ils ont des courants semi-annuels et alternatifs concordant parfaitement à l'été et à l'hiver de chaque pôle. Ces courants, comme on peut bien le croire, ont plus de vitesse que les corps qui flottent à leur surface. Il se fait, aux équinoxes, une impulsion rétrogressive dans toute la masse de leurs eaux à la fois, ainsi qu'il appert, à ces époques, par l'agitation universelle de l'Océan dans toutes les latitudes. Ce bouleversement total et presque subit ne peut être opéré par l'attraction de la lune et du soleil, qui vont toujours du même côté, et qui sont constamment entre les tropiques; mais, ainsi que je l'ai répété plusieurs fois, il est produit par la chaleur du soleil, qui passe alors presque subitement d'un pôle à l'autre, fond l'Océan glacé qui le couvre, donne par les effusions de ses glaces, de nouvelles sources à l'Océan fluide, des directions opposées à ses courants, et renverse l'ancien équilibre de ses eaux.

On peut encore moins déduire, comme l'on fait, la cause des marées de l'action du soleil et de la lune sur l'équateur; car, si cela était, elles devraient être plus considérables entre les tropiques, près du foyer de leurs mouvements, que partout ailleurs; et c'est ce qui n'est pas. Voyez ce que dit sur les marées de l'Inde, voisines de l'équateur, Dampier, dans son *Traité des Vents*, page 578 :

« Depuis le cap Blanc, sur les côtes de la mer du Sud,
» au troisième degré, jusqu'au trentième degré de lati-
» tude méridionale, la mer ne flue et reflue qu'un pied
» et demi ou deux pieds... Les marées, dans les Indes
» orientales, montent fort peu, et ne sont pas si régulières
» qu'ici, c'est-à-dire en Europe; elles y sont tout au plus
» de quatre à cinq pieds, » dit-il ailleurs. Il rapporte ensuite que la plus grande marée qu'il éprouva sur les côtes de la Nouvelle-Hollande n'arriva que trois jours après la pleine ou nouvelle lune.

La faiblesse et le retardement considérable de ces marées entre les tropiques prouve donc évidemment que le foyer de leurs mouvements n'est point sous l'équateur; car s'il y était, les marées seraient terribles sur les côtes de l'Inde qui sont dans son voisinage, et qui lui sont parallèles; mais leur origine est près des pôles, où elles sont en effet de vingt à vingt-cinq pieds auprès du détroit de Magellan, suivant le chevalier Narbrough; et d'une hauteur aussi considérable à l'entrée de la baie d'Hudson, suivant Ellis.

Récapitulons. Les marées sont des effusions semi-journalières des glaces d'un pôle, comme les courants généraux de la mer en sont des effusions semi-annuelles. Il y a deux courants généraux opposés par an, parceque le soleil échauffe tour à tour, dans un an, l'hémisphère austral et le septentrional; et il y a deux marées par jour, parceque le soleil échauffe tour à tour, en vingt-quatre heures, la partie orientale et occidentale du pôle qui est en fusion. C'est le même effet que nous voyons arriver dans beaucoup de lacs voisins des montagnes à glaces, qui ont des courants et un flux et reflux, pendant le jour seulement. Mais il n'est pas douteux que si le soleil échauffait pendant la nuit l'autre côté de ces montagnes, elles ne produisissent encore un autre flux et reflux dans leurs lacs, et par conséquent deux marées en vingt-quatre heures, comme l'Océan. Le retardement des marées de l'Océan, qui est de vingt-quatre minutes environ de l'une à l'autre, vient de ce que la coupole glaciale du pôle en fusion diminue chaque jour de diamètre. Ainsi le foyer des marées s'éloigne de plus en plus de nos côtes. Si leur intensité est telle, suivant Bouguer, que ce sont nos marées du soir qui sont les plus fortes en été, c'est qu'elles sont les effusions diurnes de notre pôle arrivées pendant le jour d'une saison chaude. Si, dans cette saison, elles sont moins fortes le matin que le soir, c'est que ce sont les effusions nocturnes qui viennent de l'autre partie du pôle, et qui se déchargent dans les sources en spirale de l'océan Atlantique, mais en moindre quantité. Si, au contraire, au bout de six mois, les plus fortes marées, c'est-à-dire celles du soir, deviennent les plus faibles; et les plus faibles, c'est-à-dire celles du matin, deviennent les plus fortes, c'est qu'elles viennent alors de l'action du soleil sur le pôle austral, et que, la cause étant opposée, les effets doivent l'être pareillement. Si les marées sont plus fortes un jour et demi ou deux jours après les pleines lunes, c'est que cet astre augmente, par sa chaleur, les effusions polaires, et par conséquent le volume d'eau de l'Océan. Non-seulement la lune a une chaleur qui évapore les eaux, comme on l'a observé dernièrement à Rome et à Paris, mais qui fond les glaces, ainsi que le rapporte Pline, d'après les observations de l'antiquité. « La lune fait dégeler, résolvant toutes glaces » et gelées par l'humidité de son influence*. » Si enfin les marées sont plus considérables aux équinoxes qu'aux solstices, c'est que, comme nous l'avons vu, c'est aux équinoxes qu'il y a le plus grand volume d'eau dans l'Océan, puisque la plus grande partie des glaces d'un des pôles est alors fondue, et que celles du pôle opposé commencent alors à fondre.

Il ne faut pas croire que chaque marée soit une effusion polaire du jour même : mais elle est un effet de cette suite d'effusions polaires qui se succèdent perpétuellement; en sorte que la marée qui arrive aujourd'hui sur nos côtes est partie du pôle il y a peut-être six semaines; et son mouvement est entretenu par celles qui coulent chaque jour à sa suite. C'est ainsi que, dans une file de billes placées sur un billard, la première qui reçoit une impulsion la communique à sa voisine, celle-ci à la suivante, et la dernière seule se détache de la file avec ce qui reste de mouvement. Mais on doit admirer ici cette autre concordance qui règne entre les effets de la nature les plus éloignés: c'est que les marées du soir et du matin arrivent sur nos côtes comme si elles partaient de la même jour de la partie supérieure et inférieure de notre hémisphère, et que les marées d'été sont précisément opposées à celles de l'hiver, comme les pôles mêmes, d'où elles s'écoulent.

Je pourrais appuyer cette nouvelle théorie d'une multitude de faits, et l'appliquer à la plupart des phénomènes nautiques qu'on a regardés jusqu'ici comme inexplicables; mais le temps et l'espace qui me restent ne me le permettent pas. Il me suffit d'en avoir déduit les principaux mouvements de la mer. Il m'a fallu parcourir ce labyrinthe avec un travail dont le lecteur n'a pas d'idée. Je lui en ai montré l'entrée et la sortie, et je lui en présente le fil. Il pourra, sans doute, aller beaucoup plus loin sans mon secours. Je puis lui assurer qu'en s'éclairant de ces principes dans la lecture des journaux et des voyages maritimes qui ont un peu d'exactitude dans les dates de leurs observations, tels que ceux d'Abel Tasman, de Hugues Linschoten, du général Beaulieu, de Froger, de Fraisier, de Dampier, d'Ellis, etc., il verra un jour nouveau se répandre sur les endroits des journaux de marine, qui sont, pour l'ordinaire, si arides et si obscurs.

Si le temps et mes moyens m'eussent permis de répandre sur cette partie toute la lumière dont elle est susceptible, j'ose me flatter que je l'eusse rendue bien autrement intéressante. J'eusse fait représenter sur deux grands globes solides les deux courants généraux de la mer en hiver et en été, avec des flèches qui eussent exprimé les intervalles exacts d'une marée à l'autre, et leurs contre-courants latéraux au passage de tous les détroits, qui produisent, sur différents rivages, des contre-marées semi-diurnes, diurnes, hebdomadaires, lunaires, semi-annuelles. Ces contre-marées en eussent produit d'autres, de retour au passage des îles ; en sorte qu'on eût vu l'Océan, comme un grand fleuve, partir de chaque pôle, circuler le globe, et former sur ses rivages une multitude de contre-courants et de contre-marées dépendantes toutes des effusions d'un seul pôle. Je me fusse servi pour cela des journaux de marine les plus authentiques.

On eût vu alors évidemment que les baies des continents et même des îles sont à l'abri des courants généraux: et j'eusse fait voir, au contraire, que le cours et la direction de tous les fleuves sont ordonnés à ces courants et à ces marées de l'Océan, pour les accélérer en certains lieux, et les retarder en d'autres, comme le cours des ruisseaux et des rivières est ordonné lui-même au courant des fleuves, pour la même fin.

J'eusse fait plus : afin de bannir l'aridité de notre géographie, et de réunir les grâces que se prêtent mutuellement tous les règnes de la nature, au lieu de flèches, j'y eusse représenté des figures plus analogues aux mers, et j'aurais ajouté de nouvelles preuves à la théorie de ces effusions polaires, en y représentant plusieurs espèces de poissons voyageurs, qui, à certaines époques de l'année, s'abandonnent à leurs courants pour passer d'un hémisphère dans l'autre. Ce qu'il y a de certain, c'est que le point principal de leur réunion, tant d'un pôle que de l'autre, est précisément au détroit formé par la Guinée et le Brésil, où nous avons dit que se formaient ces deux grands contre-courants latéraux qui retournent vers les pôles. C'est là le rendez-vous des poissons du pôle septentrional et du pôle austral. Les harengs, les baleines et les maquereaux se trouvent en abondance en été sur ces rivages. Les baleines du nord ont été si communes au Brésil autrefois, que, suivant le rapport des voyageurs, leur pêche y était affermée, et produisait un revenu considérable au roi de Portugal. Je ne sais pas ce qui en est à présent : peut-être le bruit de l'artillerie européenne les aura éloignées de ces côtes. On y pêchait aussi en quantité la morue connue dans toute l'Amérique sous le nom de morue du Brésil. D'un autre côté, suivant le Hollandais Bosman, qui nous a donné une très bonne relation de la Guinée, les baleines de l'espèce de celles qu'on appelle nord-caper, câpres du nord, abondent sur les côtes de Guinée. Il prétend qu'elles y viennent faire leurs petits. Artus nous a conservé une liste des poissons voyageurs qui apparaissent sur cette côte pendant les divers mois de l'année. Quoiqu'elle soit bien imparfaite, on y peut reconnaître les poissons particuliers à chaque pôle. Aux mois d'avril et de mai, c'est une espèce de raie, qui s'élève à la surface de l'eau ; en juin et juillet, une sorte de hareng si nombreuse, que les nègres, en jetant au milieu d'eux un simple plomb à l'extrémité d'une longue ligne environnée d'hameçons, en pêchent toujours plusieurs d'un seul coup. Pendant les mêmes mois, ils

---

* *Histoire naturelle*, liv. II, chap. ci.

prennent beaucoup d'écrevisses de mer semblables, dit Artus, à celles de Norwège. En septembre, on y voit arriver des espèces très nombreuses de maquereaux. Il y paraît alors une espèce de mulet qui, à l'opposé des autres poissons, qui aiment le silence, accourt au bruit. Les nègres profitent de cet instinct pour le prendre. Ils attachent à une pièce de bois hérissée d'hameçons une sorte de cornet avec son battant; ils la jettent ainsi équipée à la mer, et le mouvement des flots agitant le cornet, produit un certain bruit qui attire ce poisson, qui, voulant mordre le morceau de bois, se prend ainsi de lui-même. Ainsi la bonne nature fournit aux pauvres nègres des pêches proportionnées à leur industrie. Cette espèce de mulet paraît, par son instinct, destinée à voyager dans les mers et les saisons bruyantes, puisqu'il ne paraît qu'à l'équinoxe d'automne, à la révolution des saisons. Mais, dans les mois d'octobre et de novembre, terrissent en abondance des poissons dont le nom et les mœurs sont inconnus à l'Europe, et qui semblent appartenir au pôle austral, dont les courants sont alors en activité. Tels sont, un brochet de mer ou bécune, dont les dents sont très aiguës et la morsure fort dangereuse; une espèce de saumon à chair blanche qui est de très bon goût; un autre qu'on appelle l'étoile de mer; une espèce de chien marin qui a la tête très grosse, et la gueule en forme de bassinoire : il est marqué sur le dos d'une croix; il y en a de si gros qu'un seul fait la charge de deux ou trois canots. En décembre, on voit une grande abondance de korkofedos ou lunes qui paraissent aussi en juin. Le korkofedo semble régler sa marche sur les solstices. Il est aussi large que long; on le prend avec un morceau de canne à sucre attaché à un hameçon. Le goût de ce poisson pour la canne à sucre est une autre preuve des harmonies établies entre les poissons et les végétaux. Enfin, dans les mois de janvier, février et mars, on voit sur la côte de Guinée une espèce de petit poisson à grands yeux, qu'Artus croit être l'*oculus* ou *piscis oculatus* de Pline. C'est encore un voyageur des mers bruyantes de l'équinoxe, car il saute et s'agite avec beaucoup de bruit.

Si le temps me l'eût permis, j'aurais étendu ces consonnances élémentaires aux divers habitants des départements de la mer. Nous eussions vu, par exemple, la cause du passage alternatif des tortues qui se rendent chaque année pendant six mois dans certaines îles, et qu'on retrouve six mois après dans d'autres îles, à sept ou huit cents lieues de là, sans qu'on ait pu imaginer jusqu'ici comment ce lourd amphibie peut faire de si grands trajets vers des lieux qu'il n'aperçoit pas. Nous eussions vu leurs pesantes flottes se laisser aller presque sans mouvement pendant la nuit au courant général de l'Océan, côtoyer à la clarté de la lune les sombres promontoires des îles, et chercher dans leurs anses désertes quelques baies sablonneuses et tranquilles, où elles puissent faire leurs pontes loin du bruit. D'autres, comme les maquereaux, ne manquent pas d'arriver dans les saisons accoutumées sur d'autres rivages, avec les mêmes courants, puisque alors ils sont aveugles.

« Lorsque les maquereaux viennent sur les côtes du Ca» nada, dit Denis, ancien gouverneur de ce pays, ils ne » voient goutte. Ils ont une maille sur les yeux qui ne leur » tombe que vers la fin de juin, et pour lors ils voient, et » se prennent à la ligne *. » Son témoignage est confirmé par d'autres voyageurs, quoiqu'il n'en eût pas besoin. D'autres poissons, comme les harengs, font étinceler au soleil leurs légions argentées sur les grèves septentrionales de l'Europe et de l'Amérique, ombragées de sapins; ils s'avancent jusque sous les palmiers de la ligne, en remontant le long des rivages contre les marées du midi, qui leur apportent sans cesse de nouvelles pâtures. D'autres, comme les thons, partent de la ligne, voguent à la faveur de ces mêmes marées, et entrent au printemps dans la Méditerranée, dont ils font tout le tour; et quoiqu'ils ne laissent aucune trace sur leur chemin liquide, ils ne laissent pas de s'y reconnaître au milieu des nuits les plus obscures, à la lueur des feux phosphoriques qu'excitent leurs mouvements. C'est à ces mêmes lueurs qu'on aperçoit la nuit les tortues couleur d'ombre sur la surface des eaux. On croirait que ces animaux, entourés de lumière, ont des flambeaux attachés à leurs nageoires et à leurs queues. Ainsi les qualités phosphoriques de l'eau marine sont liées même aux voyages nocturnes des poissons.

C'est le soleil qui est le moteur de toutes ces harmonies. Parvenu à l'équinoxe, il abandonne un pôle à l'hiver, et il donne à l'autre le signal du printemps par les feux dont il l'environne. Le pôle échauffé verse de toutes parts des torrents d'eau et de glaces fondues dans l'Océan, à qui il donne de nouvelles sources. L'Océan change alors son cours; il entraîne dans son courant général la plupart des poissons du nord vers le midi, et par ses contre-courants latéraux ceux du midi vers le nord. Il en attire d'autres jusque dans le continent par les alluvions des terres que les fleuves charient; tels sont les poissons à écailles, comme les saumons, qui aiment en général à remonter contre le cours des fleuves.

Ces légions flottantes sont accompagnées de cohortes innombrables d'oiseaux de marine qui quittent leurs climats naturels, et voltigent autour des poissons pour vivre à leurs dépens : c'est alors qu'on voit aborder jusque sur les rivages septentrionaux les oiseaux de marine du midi, comme les pélicans, les flamants, les crabiers, les aigrettes; et sur ceux du midi les oiseaux du nord, comme les lombes, les bourgmestres, les cormorans; c'est alors que les sables et les écueils les plus déserts sont habités, et que la nature présente de nouvelles harmonies sur tous les rivages. «

Si les voyages des habitants de la mer eussent jeté de nouveaux jours sur les courants de l'Océan, ces courants eux-mêmes nous auraient donné des lumières sur les mœurs et sur les formes des poissons qui nous paraissent si étranges. La plupart de ces poissons jettent leur frai en si grande abondance, que la mer en est quelquefois couverte dans des espaces de plusieurs lieues. Les courants emportent au loin ce frai; et pendant que les pères et les mères sans souci se livrent à l'amour sur les côtes de la Norwège, leur postérité vient quelquefois éclore sur celles de l'Afrique ou du Brésil. Nous eussions vu leurs catégories si variées parfaitement configurées pour les différents sites de la mer : les uns, taillés en longues lames de sabre, comme le poisson de l'Afrique qui en porte le nom, se plaisent à pénétrer dans les passages les plus étroits des rochers, et à remonter contre les courants les plus rapides; d'autres, également aplatis, sont taillés en rond avec deux longues antennes qui partent de leur tête et se renversent en arrière pour leur servir de gouvernail, comme les lunes argentées des Antilles. Ces lunes se jouent sans cesse au milieu des flots qui se brisent contre les rochers, sans que jamais on en voie une seule jetée sur le rivage. D'autres poissons triangulaires et taillés comme des coffres, dont ils portent le nom, s'avancent jusqu'au milieu des récifs dans des flaques où il n'y a presque pas d'eau, et font briller au sein des noirs rochers leurs robes bleues parsemées d'étoiles d'or. Pendant que les uns, toujours inquiets, furè-

* *Histoire naturelle de l'Amérique septentrionale*, ch. XI.

tent les plus petits recoins des rivages pour y chercher de la proie, d'autres, tranquilles sur leurs besoins, restent immobiles à poste fixe pour l'attendre. Les uns, encroûtés de lourdes maisons de pierres, pavent le sol des rivages, comme les casques, les lambis et les tuilées; d'autres, attachés par des fils à de petits cailloux, se tiennent à l'ancre à l'embouchure des fleuves, comme les moules; d'autres se collent les uns aux autres, comme les huîtres; d'autres se fixent comme des têtes de clou aux rochers qu'ils lèchent, comme les lépas; d'autres s'enfouissent dans les sables, comme la harpe, la vis, le manche-de-couteau, et là plupart des coquillages dont les robes extérieures sont nettes et brillantes; d'autres, comme les homards et les crabes, couverts de boucliers et de corselets, sont en embuscade entre les cailloux, où ils ne laissent apercevoir que l'extrémité de leurs antennes et de leurs grosses pinces... S'il eût été en mon pouvoir, j'eusse étudié les contrastes que ces familles innombrables forment sur les vases et les rochers, où leurs écailles brillent des feux de l'aurore, et de l'éclat du pourpre et du lapis. J'aurais décrit ces campagnes pélagiennes, couvertes de plantes d'une variété infinie de formes, qui ne reçoivent les rayons du soleil qu'à travers les eaux. Leurs vallées mêmes, où les courants s'écoulent avec la rapidité des écluses, produisent des plantes élastiques et criblées de trous, telles que les feuilles du panache marin, au milieu desquelles les flots passent comme à travers un tamis. J'aurais représenté leurs rochers qui s'élèvent du fond de l'abîme comme des môles inébranlables, avec des flancs caverneux hérissés de madrépores, et tapissés de guirlandes mobiles de fucus, d'algues, de varechs de toutes les couleurs, qui servent d'asiles et de litières aux phoques et aux chevaux marins. Dans les tempêtes, leurs bases ténébreuses se couvrent de nuages d'une lumière phosphorique; et des bruits ineffables, qui sortent de leurs anfractuosités, appellent à la proie les légions silencieuses des habitants des mers. J'eusse tâché de pénétrer dans ces palais des Néréides, d'en dévoiler les mystères encore inconnus aux hommes, et d'observer de loin les pas de cette Sagesse infinie qui s'est promenée sous les flots; mais ces laborieuses et ravissantes recherches, si utiles à nos pêches et si agréables à l'histoire naturelle, sont au-dessus de la fortune et des travaux d'un solitaire.

J'ose me flatter toutefois que la nouvelle théorie que j'ai présentée sur les causes des courants généraux et des marées de l'Océan pourra être utile à la navigation. Il me semble qu'un vaisseau partant au mois de mars avec le cours de nos effusions polaires, et tenant le milieu du canal Atlantique, peut aller pendant l'été aux Indes orientales, toujours favorisé du courant. C'est ce que je pourrais prouver encore par l'expérience de plusieurs vaisseaux. Il est vrai que dans cette saison, qui est l'hiver de l'hémisphère austral, l'atterrage au cap de Bonne-Espérance est dangereux, parceque la mousson de l'ouest qui y règne alors y excite beaucoup de tempêtes, ainsi que sur les côtes de l'Inde, qui lui sont opposées; mais je crois qu'on éviterait ces inconvénients en s'élevant en latitude. Ce même vaisseau peut revenir des Indes orientales six mois après, pendant notre hiver, avec les effusions du pôle austral. Il se servira au contraire des contre-courants des courants généraux, ou de leurs marées latérales, pour aller ou revenir à contre-saison le long des continents. Il est facile de tirer de cette théorie d'autres lumières pour la navigation de toutes les mers : par exemple, on peut s'aider de ces courants pour la découverte des îles nouvelles; car toute île est à l'extrémité ou au confluent d'un ou de plusieurs courants, comme tout volcan est situé dans leurs remous.

Je termine ici ces vues nautiques, où il y a sans doute des négligences de style et quelques imperfections; mais, déterminé par des circonstances particulières à mettre promptement au jour cet ouvrage, je me suis hâté de donner à ma patrie ce dernier témoignage de mon attachement. J'espère de l'indulgence des vrais savants qu'ils rectifieront mes incorrections.

FLEURS.

PLANCHES III, IV, V, VI et VII.

Comme l'explication de ces planches est insérée dans le texte, je n'en dirai ici autre chose, sinon qu'on peut réduire toutes les formes des fleurs qui ont des relations directes avec le soleil à ces cinq premiers patrons de fleurs à réverbères perpendiculaires, coniques, sphériques, elliptiques, plans ou paraboliques; et les fleurs qui ont des relations négatives avec le soleil, aux cinq autres patrons de fleurs en parasol qui sont représentées ici, en contraste avec les premières. Cependant, quoique celles-ci soient de formes bien plus variées que les fleurs à réverbères, on peut rapporter toutes leurs espèces négatives à ces cinq formes positives.

Je pense que si on ajoutait à ces cinq formes positives ou primordiales un certain nombre d'accents pour en exprimer les modifications, on aurait les vrais caractères de la floraison, et un alphabet de cette agréable partie de la végétation. Je présume aussi qu'au moyen de cet alphabet on pourrait caractériser sur les cartes géographiques les différents sites du règne végétal. Il suffirait d'en appliquer les signes aux forêts qu'on y représente; car en y voyant, je suppose, celui du réverbère perpendiculaire, exprimé par un épi ou par un cône saillant, on y reconnaîtrait aussitôt les forêts du nord, ou celles des montagnes froides et élevées. Des accents particuliers, joints à ce caractère de cône saillant, distingueraient entre eux les pins, les épicéa, les larix et les cèdres; et des rayons qui partiraient de ces caractères modifiés montreraient l'étendue des règnes de ces diverses espèces d'arbres. La chose n'est pas si difficile qu'on se l'imagine. La géographie représente bien des forêts sur les cartes; il ne s'agirait donc que d'y joindre quelques signes pour en déterminer les espèces, et ces signes caractériseraient encore, comme nous l'avons vu, la latitude ou l'élévation du terrain. D'ailleurs, on exclurait de ces cartes botaniques une multitude de divisions politiques dont les noms en grands caractères occupent inutilement beaucoup d'espace. On n'y représenterait que les domaines de la nature, et non ceux des hommes. Ainsi, au moyen de ces signes botaniques, on reconnaîtrait d'un coup d'œil dans une carte les productions naturelles à chaque terrain, les forêts avec leurs différentes espèces d'arbres, et les prairies même avec les variétés de leurs herbes. On pourrait encore y faire sentir l'humidité ou la sécheresse du territoire, en joignant aux signes des fleurs les caractères des feuilles et des semences des végétaux. On ajouterait ensuite aux villes et aux villages qu'on y représente des chiffres qui exprimeraient le nombre de familles qui les habitent, ainsi que je l'ai vu dans des cartes turques : et on aurait des cartes vraiment géographiques qui présenteraient d'un coup d'œil une image de la richesse et de la température du territoire et du nombre de ses habitants. Au reste, ce n'est pas un plan que je prescris, mais des idées que je propose à perfectionner.

GRAINES VOLATILES.

PLANCHES VIII ET IX.

On voit, planche VIII, le sparte ou jonc des montagnes d'Espagne creusé en écope pour recevoir les eaux des pluies; et, planche IX, le jonc cylindrique et plein des marais. La graine de celui-ci ressemble dans son développement à des œufs d'écrevisse. Je n'ai pu recouvrer de graine de sparte; mais je ne doute pas qu'à l'opposé de celle du jonc des marais, elle n'ait un caractère volatil. Je ne sais même si le sparte fructifie dans notre climat. MM. Thouin, jardiniers en chef du Jardin du Roi, auraient bien pu satisfaire à ce sujet ma curiosité. Ce sont eux qui m'ont prêté la plupart des graines et des feuillages que j'ai fait graver ici, entre autres le cône du cèdre du Liban; mais, accoutumé dans mes études solitaires à chercher dans la nature seule la solution des difficultés que j'y rencontre, je ne me suis point adressé à eux, quoiqu'ils soient remplis d'honnêteté et de complaisance pour les ignorants comme pour les docteurs.

Quoi qu'il en soit, c'est au fruit que la nature attache le caractère de volatilité; et c'est par la feuille qu'elle indique la nature du site où le végétal doit naître. Ainsi, on voit dans la planche VIII le cône du cèdre composé de folioles comme un artichaut. Chaque foliole porte son pignon : tel est celui qui est représenté ici détaché du cône; et chacun d'eux, dans la maturité du fruit, s'envole à l'aide des vents vers les sommets des hautes montagnes pour lesquels il est destiné. Remarquez aussi que les feuilles du cèdre sont d'une forme filiforme, pour résister aux vents qui sont violents dans les hautes montagnes; et elles sont agrégées en pinceaux pour recueillir dans l'air les vapeurs qui y nagent. Chaque feuille de cet arbre a de plus un aqueduc tracé dans sa longueur; mais, comme elle est fort menue, la gravure n'a pu l'exprimer. Au reste, cette forme filiforme et capillacée, si propre à résister aux vents, ainsi que celle qui est en lame d'épée, est commune aux végétaux de montagnes, comme pins, mélèzes, cèdres, palmiers; elle se retrouve aussi très fréquemment sur les bords des eaux également exposés aux grands vents, comme dans les joncs, les roseaux, les feuilles de saule; mais les feuillages de ceux-ci different essentiellement de ceux des premiers, en ce qu'ils n'ont point d'aqueduc, et que ceux des montagnes en ont; leur agrégation n'est pas non plus la même.

Le pissenlit croît comme le cèdre dans les lieux secs et élevés. Ses graines sont suspendues à une sphère entière de volants, qui forme au dehors un polyèdre très régulier d'une multitude de faces hexagonales ou pentagonales. Ces faces ne sont point exprimées dans la figure, parcequ'on l'a copiée d'après celle d'un livre de botanique très estimé, mais qui, comme les livres en tout genre, n'a recueilli que les caractères qui convenaient à son système. La feuille du pissenlit détermine particulièrement son site naturel : elle est large et charnue, parceque, s'étalant sur la terre, où elle forme des étoiles de verdure, elle ne craint point les vents; elle est découpée profondément en dents de scie pour ouvrir un passage aux graminées, et ses dentelures se recourbent en dedans pour recevoir les eaux des pluies, et les porter à la racine. Ainsi la nature proportionne les moyens à chaque sujet, et redouble d'attention pour les plus faibles. La sphère du pissenlit est plus artistement faite que le cône du cèdre, et est sans contredit bien plus volatile. Il faut des tempêtes pour porter au loin la semence des cèdres; il ne faut que des zéphyrs pour ressemer celle des pissenlits. Il faut de plus un Liban pour planter le premier,

et à l'autre il suffit d'une taupinière. Ce petit végétal est aussi bien plus utile dans le monde que le cèdre; il sert à la nourriture de plusieurs quadrupèdes et de beaucoup de petits oiseaux qui se repaissent de sa graine. Il est fort salutaire à l'homme, surtout au printemps. Aussi on voit alors beaucoup de pauvres gens qui cueillent ses jeunes pousses dans les campagnes. C'est le seul aliment que la nature présente encore gratuitement à l'homme dans notre climat. Il vient partout dans les lieux secs, et jusque dans les intervalles des pavés. Il tapisse souvent les cours des hôtels dont les maîtres n'ont pas beaucoup de clients, et semble y appeler les misérables. Ses fleurs dorées émaillent très agréablement le pied des murs; et sa sphère de plume, relevée sur une longue hampe au sein d'une étoile de verdure, ne laisse pas d'avoir son agrément.

C'est donc la feuille qui détermine particulièrement le site naturel d'un végétal; car, comme nous l'avons vu, il y a des plantes aquatiques qui ont leurs graines volatiles, parcequ'elles croissent sur les bords des lacs ou des marais qui n'ont pas de courants : telles que le saule et le roseau; mais leurs feuilles alors n'ont point d'aqueducs. Il y en a même qui sont pendantes, et qui, par cette attitude, refusent les eaux du ciel. L'érable de Virginie, qui se plaît sur les bords des lacs, des marais et des criques, a des graines attachées à des ailes membraneuses semblables à celles d'une mouche, comme celle de l'érable de montagne qui est représentée ici. Mais il y a cette grande différence entre eux, que la large feuille du premier est pendante, et attachée à une longue queue; que cette queue, loin d'avoir un aqueduc, a une arête; et que la feuille de l'érable de montagne, qui est d'une moyenne grandeur, anguleuse et corticée, pour résister aux vents, s'élève presque verticalement, et porte un aqueduc sur sa queue pour recevoir les eaux du ciel.

GRAINES AQUATIQUES.

PLANCHES IX ET X.

Les graines aquatiques ont des caractères entièrement opposés à ceux des graines de montagnes, si on en excepte, comme je l'ai dit, celles qui viennent sur le bord des eaux stagnantes; mais celles-ci même ont à la fois des caractères volatiles et nautiques, car elles sont amphibies. Elles surnagent dans l'eau, et elles volent en l'air; telle est celle du saule, etc. C'est la feuille qui détermine le site, comme je l'ai dit : car les plantes aquatiques n'ont jamais d'aqueducs sur leurs feuilles; la plupart même repoussent les eaux. Jamais les feuilles de nymphæa et de roseau ne se mouillent. Il en est de même de celles de la capucine, qui ne sont jamais humides, quelque pluie qu'il fasse, quoique cette plante aime beaucoup l'eau; car elle en consomme des quantités prodigieuses dans sa culture. Je suis persuadé que si un marais était ensemencé de cette sorte de plante, il serait bientôt desséché. La feuille du martynia de la Vera-Cruz, qui est représentée, planche IX, dans les plantes aquatiques, est au contraire toujours humide. Elle a même dans son premier développement une cannelure sur la queue. Par ce double caractère montagnard, je soupçonne que le martynia croît sur les bords arides et sablonneux de la mer; car la nature, pour varier ses harmonies, met des lieux fort secs sur le bord des eaux, comme elle met des flaques d'eau et des marais dans les montagnes. Mais par la forme de la gousse du martynia, qui ressemble à un hameçon de dorade, je la crois destinée aux lieux exposés aux débordements de la mer, tels qu'est en effet le terra'n de la Vera-Cruz, d'où cette espèce est originaire. Je présume donc que, lorsque les rivages de la Vera-Cruz sont inondés par les grandes marées, on doit voir des poissons accrochés à cette plante; car la tige de sa gousse est très difficile à rompre, ses deux crochets sont pointus comme des hameçons, et élastiques et durs comme de la corne. De plus, quand on la trempe dans l'eau, ses sillons ombragés de noir brillent comme s'ils étaient remplis de globules de vif-argent. Or, l'éclat de la lumière est encore un appât qui attire les poissons. Ce ne sont là que des conjectures; mais je les fonde sur un principe bien véritable, c'est que la nature n'a rien fait en vain.

FIN DE L'EXPLICATION DES FIGURES.

PAUL ET VIRGINIE.

AVANT-PROPOS.

Je me suis proposé de grands desseins dans ce petit ouvrage. J'ai tâché d'y peindre un sol et des végétaux différents de ceux de l'Europe. Nos poëtes ont assez reposé leurs amants sur le bord des ruisseaux, dans les prairies et sous le feuillage des hêtres. J'en ai voulu asseoir sur le rivage de la mer, au pied des rochers, à l'ombre des cocotiers, des bananiers et des citronniers en fleurs. Il ne manque à l'autre partie du monde que des Théocrites et des Virgiles, pour que nous en ayons des tableaux au moins aussi intéressants que ceux de notre pays. Je sais que des voyageurs pleins de goût nous ont donné des descriptions enchantées de plusieurs îles de la mer du Sud; mais les mœurs de leurs habitants, et encore plus celles des Européens qui y abordent, en gâtent souvent le paysage. J'ai désiré réunir à la beauté de la nature entre les tropiques, la beauté morale d'une petite société. Je me suis proposé aussi d'y mettre en évidence plusieurs grandes vérités, entre autres celle-ci, que notre bonheur consiste à vivre suivant la nature et la vertu. Cependant il ne m'a point fallu imaginer de roman pour peindre des familles heureuses. Je puis assurer que celles dont je vais parler ont vraiment existé, et que leur histoire est vraie dans ses principaux événements. Ils m'ont été certifiés par plusieurs habitants que j'ai connus à l'Ile-de-France. Je n'y ai ajouté que quelques circonstances indifférentes, mais qui, m'étant personnelles, ont encore en cela même de la réalité. Lorsque j'eus formé, il y a quelques années, une esquisse fort imparfaite de cette espèce de pastorale, je priai une belle dame qui fréquentait le grand monde, et des hommes graves qui en vivaient loin, d'en entendre la lecture, afin de pressentir l'effet qu'elle produirait sur des lecteurs de caractères si différents : j'eus la satisfaction de leur voir verser à tous des larmes. Ce fut le seul jugement que j'en pus tirer, et c'était aussi tout ce que j'en voulais savoir. Mais comme souvent un grand vice marche à la suite d'un petit talent, ce succès m'inspira la vanité de donner à mon ouvrage le titre de Tableau de la Nature. Heureusement je me rappelai combien la nature même du climat où je suis né m'était étrangère; combien, dans des pays où je n'ai vu ses productions qu'en voyageur, elle est riche, variée, aimable, magnifique, mystérieuse, et combien je suis dénué de sagacité, de goût et d'expressions, pour la connaître et la peindre. Je rentrai alors en moi-même. J'ai donc compris ce faible essai sous le nom et à la suite de mes Études de la Nature, que le public a accueillies avec tant de bonté; afin que ce titre, lui rappelant mon incapacité, le fît toujours souvenir de son indulgence.

Sur le côté oriental de la montagne qui s'élève derrière le Port-Louis de l'Ile-de-France, on voit, dans un terrain jadis cultivé, les ruines de deux petites cabanes. Elles sont situées presque au milieu d'un bassin, formé par de grands rochers, qui n'a qu'une seule ouverture tournée au nord. On aperçoit à gauche la montagne appelée le Morne de la Découverte, d'où l'on signale les vaisseaux qui abordent dans l'île, et, au bas de cette montagne, la ville nommée le Port-Louis; à droite, le chemin qui mène du Port-Louis au quartier des Pamplemousses; ensuite l'église de ce nom, qui s'élève avec ses avenues de bambous au milieu d'une grande plaine; et, plus loin, une forêt qui s'étend jusqu'aux extrémités de l'île. On distingue devant soi, sur les bords de la mer, la baie du Tombeau; un peu sur la droite, le cap Malheureux; et au-delà, la pleine mer, où paraissent à fleur d'eau quelques îlots inhabités, entre autres le Coin de Mire, qui ressemble à un bastion au milieu des flots.

A l'entrée de ce bassin, d'où l'on découvre tant d'objets, les échos de la montagne répètent sans cesse le bruit des vents qui agitent les forêts voisines, et le fracas des vagues qui brisent au loin sur les récifs; mais, au pied même des cabanes, on n'entend plus aucun bruit, et on ne voit autour de soi que de grands rochers escarpés comme des murailles. Des bouquets d'arbres croissent à leurs bases, dans leurs fentes, et jusque sur leurs cimes, où s'arrêtent les nuages. Les pluies que leurs pitons attirent peignent souvent les couleurs de l'arc-en-ciel sur leurs flancs verts et bruns, et entretiennent à leur pied les sources dont se forme la petite rivière des Lataniers. Un grand silence règne dans leur enceinte, où tout est paisible, l'air, les eaux et la lumière. A peine l'écho y répète le murmure des palmistes qui croissent sur leurs plateaux élevés, et dont on voit les longues flèches toujours balancées par les vents. Un jour doux éclaire le fond de ce bassin, où le soleil ne luit qu'à midi; mais dès l'aurore ses rayons en frappent le couronnement, dont les pics, s'élevant au-dessus des ombres de la montagne, paraissent d'or et de pourpre sur l'azur des cieux.

J'aimais à me rendre dans ce lieu, où l'on jouit

à la fois d'une vue immense et d'une solitude profonde. Un jour que j'étais assis au pied de ces cabanes, et que j'en considérais les ruines, un homme déja sur l'âge vint à passer aux environs. Il était, suivant la coutume des anciens habitants, en petite veste et en long caleçon. Il marchait nu-pieds, et s'appuyait sur un bâton de bois d'ébène. Ses cheveux étaient tout blancs, et sa physionomie noble et simple. Je le saluai avec respect. Il me rendit mon salut; et, m'ayant considéré un moment, il s'approcha de moi, et vint se reposer sur le tertre où j'étais assis. Excité par cette marque de confiance, je lui adressai la parole : « Mon
» père, lui dis-je, pourriez-vous m'apprendre à
» qui ont appartenu ces deux cabanes? » Il me répondit : « Mon fils, ces masures et ce terrain
» inculte étaient habités, il y a environ vingt
» ans, par deux familles qui y avaient trouvé le
» bonheur. Leur histoire est touchante; mais dans
» cette île, située sur la route des Indes, quel Eu-
» ropéen peut s'intéresser au sort de quelques par-
» ticuliers obscurs? Qui voudrait même y vivre
» heureux, mais pauvre et ignoré? Les hommes ne
» veulent connaître que l'histoire des grands et
» des rois, qui ne sert à personne. — Mon père,
» repris-je, il est aisé de juger, à votre air et à
» votre discours, que vous avez acquis une grande
» expérience. Si vous en avez le temps, racontez-
» moi, je vous prie, ce que vous savez des anciens
» habitants de ce désert, et croyez que l'homme
» même le plus dépravé par les préjugés du monde
» aime à entendre parler du bonheur que don-
» nent la nature et la vertu. » Alors, comme quelqu'un qui cherche à se rappeler diverses circonstances, après avoir appuyé quelque temps ses mains sur son front, voici ce que ce vieillard me raconta:

En 1726, un jeune homme de Normandie, appelé M. de La Tour, après avoir sollicité en vain du service en France et des secours dans sa famille, se détermina à venir dans cette île, pour y chercher fortune. Il avait avec lui une jeune femme qu'il aimait beaucoup, et dont il était également aimé. Elle était d'une ancienne et riche maison de sa province; mais il l'avait épousée en secret et sans dot, parceque les parents de sa femme s'étaient opposés à son mariage, attendu qu'il n'était pas gentilhomme. Il la laissa au Port-Louis de cette île, et il s'embarqua pour Madagascar, dans l'espérance d'y acheter quelques noirs, et de revenir promptement ici former une habitation. Il débarqua à Madagascar vers la mauvaise saison, qui commence à la mi-octobre; et, peu de temps après

son arrivée, il y mourut des fièvres pestilentielles qui y règnent pendant six mois de l'année, et qui empêcheront toujours les nations européennes d'y faire des établissements fixes. Les effets qu'il avait emportés avec lui furent dispersés après sa mort, comme il arrive ordinairement à ceux qui meurent hors de leur patrie. Sa femme, restée à l'Ile-de-France, se trouva veuve, enceinte, et n'ayant pour tout bien au monde qu'une négresse, dans un pays où elle n'avait ni crédit, ni recommandation. Ne voulant rien solliciter auprès d'aucun homme, après la mort de celui qu'elle avait uniquement aimé, son malheur lui donna du courage. Elle résolut de cultiver avec son esclave un petit coin de terre, afin de se procurer de quoi vivre.

Dans une île presque déserte, dont le terrain était à discrétion, elle ne choisit point les cantons les plus fertiles, ni les plus favorables au commerce; mais cherchant quelque gorge de montagne, quelque asile caché, où elle pût vivre seule et inconnue, elle s'achemina de la ville vers ces rochers, pour s'y retirer comme dans un nid. C'est un instinct commun à tous les êtres sensibles et souffrants, de se réfugier dans les lieux les plus sauvages et les plus déserts : comme si des rochers étaient des remparts contre l'infortune, et comme si le calme de la nature pouvait apaiser les troubles malheureux de l'ame. Mais la Providence, qui vient à notre secours lorsque nous ne voulons que les biens nécessaires, en réservait un à madame de La Tour que ne donnent ni les richesses ni la grandeur : c'était une amie.

Dans ce lieu, depuis un an, demeurait une femme vive, bonne et sensible; elle s'appelait Marguerite. Elle était née en Bretagne, d'une simple famille de paysans dont elle était chérie, et qui l'aurait rendue heureuse, si elle n'avait eu la faiblesse d'ajouter foi à l'amour d'un gentilhomme de son voisinage, qui lui avait promis de l'épouser. Mais celui-ci, ayant satisfait sa passion, s'éloigna d'elle, et refusa même de lui assurer une subsistance pour un enfant dont il l'avait laissée enceinte. Elle s'était déterminée alors à quitter pour toujours le village où elle était née, et à aller cacher sa faute aux colonies, loin de son pays, où elle avait perdu la seule dot d'une fille pauvre et honnête, la réputation. Un vieux noir, qu'elle avait acquis de quelques deniers empruntés, cultivait avec elle un petit coin de ce canton.

Madame de La Tour, suivie de sa négresse, trouva dans ce lieu Marguerite qui allaitait son enfant. Elle fut charmée de rencontrer une femme dans une position qu'elle jugea semblable à la sienne. Elle lui parla, en peu de mots, de sa condition passée et de ses besoins présents. Marguerite, au récit de madame de La Tour, fut émue de pitié ; et, voulant mériter sa confiance plutôt que son estime, elle lui avoua, sans lui rien déguiser, l'imprudence dont elle s'était rendue coupable. « Pour moi, dit-elle, j'ai mérité mon sort ; » mais vous, madame..., vous, sage et malheureuse ! » Et elle lui offrit en pleurant sa cabane et son amitié. Madame de La Tour, touchée d'un accueil si tendre, lui dit, en la serrant dans ses bras : « Ah ! Dieu veut finir mes peines, puisqu'il » vous inspire plus de bonté envers moi, qui vous » suis étrangère, que jamais je n'en ai trouvé dans » mes parents. »

Je connaissais Marguerite, et, quoique je demeure à une lieue et demie d'ici, dans les bois, derrière la Montagne-Longue, je me regardais comme son voisin. Dans les villes d'Europe, une rue, un simple mur, empêchent les membres d'une même famille de se réunir pendant des années entières ; mais, dans les colonies nouvelles, on considère comme ses voisins ceux dont on n'est séparé que par des bois et par des montagnes. Dans ce temps-là surtout, où cette île faisait peu de commerce aux Indes, le simple voisinage y était un titre d'amitié ; et l'hospitalité envers les étrangers, un devoir et un plaisir. Lorsque j'appris que ma voisine avait une compagne, je fus la voir, pour tâcher d'être utile à l'une et à l'autre. Je trouvai dans madame de La Tour une personne d'une figure intéressante, pleine de noblesse et de mélancolie. Elle était alors sur le point d'accoucher. Je dis à ces deux dames qu'il convenait pour l'intérêt de leurs enfants, et surtout pour empêcher l'établissement de quelque autre habitant, de partager entre elles le fond de ce bassin, qui contient environ vingt arpents. Elles s'en rapportèrent à moi pour ce partage. J'en formai deux portions à peu près égales : l'une renfermait la partie supérieure de cette enceinte, depuis ce piton de rocher couvert de nuages, d'où sort la source de la rivière des Lataniers, jusqu'à cette ouverture escarpée que vous voyez au haut de la montagne, et qu'on appelle l'Embrasure, parcequ'elle ressemble en effet à une embrasure de canon. Le fond de ce sol est si rempli de roches et de ravins, qu'à peine on y peut marcher ; cependant il produit de grands arbres, et il est rempli de fontaines et de petits ruisseaux. Dans l'autre portion, je compris toute la partie inférieure qui s'étend le long de la rivière des Lataniers jusqu'à l'ouverture où nous sommes, d'où cette rivière commence à couler entre deux collines jusqu'à la mer. Vous y voyez quelques lisières de prairies, et un terrain assez uni, mais qui n'est guère meilleur que l'autre, car dans la saison des pluies il est marécageux, et dans les sécheresses il est dur comme du plomb ; quand on y veut alors ouvrir une tranchée, on est obligé de le couper avec des haches. Après avoir fait ces deux partages, j'engageai ces deux dames à les tirer au sort. La partie supérieure échut à madame de La Tour, et l'inférieure à Marguerite. L'une et l'autre furent contentes de leur lot ; mais elles me prièrent de ne pas séparer leur demeure, « afin, me dirent-elles, que nous puissions tou- » jours nous voir, nous parler et nous entr'aider. » Il fallait cependant à chacune d'elles une retraite particulière. La case de Marguerite se trouvait au milieu du bassin, précisément sur les limites de son terrain. Je bâtis tout auprès, sur celui de madame de La Tour, une autre case ; en sorte que ces deux amies étaient à la fois dans le voisinage l'une de l'autre, et sur la propriété de leurs familles. Moi-même j'ai coupé des palissades dans la montagne ; j'ai apporté des feuilles de latanier des bords de la mer, pour construire ces deux cabanes, où vous ne voyez plus maintenant ni porte ni couverture. Hélas ! il n'en reste encore que trop pour mon souvenir ! Le temps, qui détruit si rapidement les monuments des empires, semble respecter dans ces déserts ceux de l'amitié, pour perpétuer mes regrets jusqu'à la fin de ma vie.

A peine la seconde de ces cabanes était achevée, que madame de La Tour accoucha d'une fille. J'avais été le parrain de l'enfant de Marguerite, qui s'appelait Paul. Madame de La Tour me pria aussi de nommer sa fille, conjointement avec son amie. Celle-ci lui donna le nom de Virginie. « Elle » sera vertueuse, dit-elle, et elle sera heureuse. » Je n'ai connu le malheur qu'en m'écartant de » la vertu. »

Lorsque madame de La Tour fut relevée de ses couches, ces deux petites habitations commencèrent à être de quelque rapport, à l'aide des soins que j'y donnais de temps en temps, mais surtout par les travaux assidus de leurs esclaves. Celui de Marguerite, appelé Domingue, était un noir iolof, encore robuste, quoique déjà sur l'âge. Il avait de l'expérience et un bon sens naturel. Il cultivait indifféremment, sur les deux habitations, les terrains qui lui semblaient les plus fertiles, et il y mettait les semences qui leur convenaient le mieux. Il semait du petit mil et du maïs dans les endroits médiocres, un peu de froment dans les bonnes terres, du riz dans les fonds marécageux ; et, au

Chacun de nous avait deux enfans.
Paul et Virginie.

pied des roches, des giraumonts, des courges et des concombres, qui se plaisent à y grimper. Il plantait dans les lieux secs des patates, qui y viennent très sucrées; des cotonniers sur les hauteurs, des cannes à sucre dans les terres fortes, des pieds de café sur les collines, où le grain est petit, mais excellent; le long de la rivière et autour des cases, des bananiers qui donnent toute l'année de longs régimes de fruits, avec un bel ombrage; et enfin quelques plantes de tabac, pour charmer ses soucis et ceux de ses bonnes maîtresses. Il allait couper du bois à brûler dans la montagne, et casser des roches çà et là dans les habitations, pour en aplanir les chemins. Il faisait tous ces ouvrages avec intelligence et activité, parcequ'il les faisait avec zèle. Il était fort attaché à Marguerite, et il ne l'était guère moins à madame de La Tour, dont il avait épousé la négresse à la naissance de Virginie. Il aimait passionnément sa femme, qui s'appelait Marie. Elle était née à Madagascar, d'où elle avait apporté quelque industrie, surtout celle de faire des paniers et des étoffes appelées pagnes, avec des herbes qui croissent dans les bois. Elle était adroite, propre, et très fidèle. Elle avait soin de préparer à manger, d'élever quelques poules, et d'aller de temps en temps vendre au Port-Louis le superflu de ces deux habitations, qui était bien peu considérable. Si vous y joignez deux chèvres élevées près des enfants, et un gros chien qui veillait la nuit au dehors, vous aurez une idée de tout le revenu et de tout le domestique de ces deux petites métairies.

Pour ces deux amies, elles filaient du matin au soir du coton. Ce travail suffisait à leur entretien et à celui de leurs familles; mais d'ailleurs, elles étaient si dépourvues de commodités étrangères, qu'elles marchaient nu-pieds dans leur habitation, et ne portaient de souliers que pour aller le dimanche, de grand matin, à la messe à l'église des Pamplemousses, que vous voyez là-bas. Il y a cependant bien plus loin qu'au Port-Louis, mais elles se rendaient rarement à la ville, de peur d'y être méprisées, parcequ'elles étaient vêtues de grosse toile bleue du Bengale, comme des esclaves. Après tout, la considération publique vaut-elle le bonheur domestique? Si ces dames avaient un peu à souffrir au dehors, elles rentraient chez elles avec d'autant plus de plaisir. À peine Marie et Domingue les apercevaient de cette hauteur, sur le chemin des Pamplemousses, qu'ils accouraient jusqu'au bas de la montagne, pour les aider à la remonter. Elles lisaient dans les yeux de leurs esclaves la joie qu'ils avaient de les revoir. Elles trouvaient chez elles la propreté, la liberté, des biens qu'elles ne devaient qu'à leurs propres travaux, et des serviteurs pleins de zèle et d'affection. Elles-mêmes, unies par les mêmes besoins, ayant éprouvé des maux presque semblables, se donnant les doux noms d'amie, de compagne et de sœur, n'avaient qu'une volonté, qu'un intérêt, qu'une table. Tout entre elles était commun. Seulement, si d'anciens feux, plus vifs que ceux de l'amitié, se réveillaient dans leur ame, une religion pure, aidée par des mœurs chastes, les dirigeait vers une autre vie, comme la flamme, qui s'envole vers le ciel lorsqu'elle n'a plus d'aliment sur la terre.

Les devoirs de la nature ajoutaient encore au bonheur de leur société. Leur amitié mutuelle redoublait à la vue de leurs enfants, fruit d'un amour également infortuné. Elles prenaient plaisir à les mettre ensemble dans le même bain et à les coucher dans le même berceau. Souvent elles les changeaient de lait. « Mon amie, disait madame » de La Tour, chacune de nous aura deux enfants, » et chacun de nos enfants aura deux mères. » Comme deux bourgeons qui restent sur deux arbres de la même espèce, dont la tempête a brisé toutes les branches, viennent à produire des fruits plus doux, si chacun d'eux, détaché du tronc maternel, est greffé sur le tronc voisin; ainsi ces deux petits enfants, privés de tous leurs parents, se remplissaient de sentiments plus tendres que ceux de fils et de fille, de frère et de sœur, quand ils venaient à être changés de mamelles par les deux amies qui leur avaient donné le jour. Déja leurs mères parlaient de leur mariage sur leurs berceaux; et cette perspective de félicité conjugale, dont elles charmaient leurs propres peines, finissait bien souvent par les faire pleurer, l'une se rappelant que ses maux étaient venus d'avoir négligé l'hymen, et l'autre d'en avoir subi les lois; l'une, de s'être élevée au-dessus de sa condition, et l'autre d'en être descendue: mais elles se consolaient, en pensant qu'un jour leurs enfants, plus heureux, jouiraient à la fois, loin des cruels préjugés de l'Europe, des plaisirs de l'amour et du bonheur de l'égalité.

Rien, en effet, n'était comparable à l'attachement qu'ils se témoignaient déja. Si Paul venait à se plaindre, on lui montrait Virginie; à sa vue, il souriait et s'apaisait. Si Virginie souffrait, on en était averti par les cris de Paul; mais cette aimable fille dissimulait aussitôt son mal, pour qu'il ne souffrît pas de sa douleur. Je n'arrivais point de fois ici que je ne les visse tous deux tout nus, suivant la coutume du pays, pouvant à peine marcher, se tenant ensemble par les mains et sous les bras, comme on représente la constellation des Gémeaux. La nuit même ne pouvait les séparer : elle les surprenait souvent couchés dans le même berceau, joue contre joue, poitrine contre poitrine, les mains passées mutuellement autour de leurs cous, et endormis dans les bras l'un de l'autre.

Lorsqu'ils surent parler, les premiers noms qu'ils apprirent à se donner furent ceux de frère et de sœur. L'enfance, qui connaît des caresses plus tendres, ne connaît point de plus doux noms. Leur éducation ne fit que redoubler leur amitié, en la dirigeant vers leurs besoins réciproques. Bientôt tout ce qui regarde l'économie, la propreté, le soin de préparer un repas champêtre, fut du ressort de Virginie; et ses travaux étaient toujours suivis des louanges et des baisers de son frère. Pour lui, sans cesse en action, il bêchait le jardin avec Domingue, ou, une petite hache à la main, il le suivait dans les bois; et si, dans ces courses, une belle fleur, un bon fruit ou un nid d'oiseau se présentaient à lui, eussent-ils été au haut d'un arbre, il l'escaladait pour les apporter à sa sœur.

Quand on en rencontrait un quelque part, on était sûr que l'autre n'était pas loin. Un jour que je descendais du sommet de cette montagne, j'aperçus, à l'extrémité du jardin, Virginie qui accourait vers la maison, la tête couverte de son jupon, qu'elle avait relevé par derrière, pour se mettre à l'abri d'une ondée de pluie. De loin je la crus seule; et m'étant avancé vers elle pour l'aider à marcher, je vis qu'elle tenait Paul par le bras, enveloppé presque en entier de la même couverture, riant l'un et l'autre d'être ensemble à l'abri sous un parapluie de leur invention. Ces deux têtes charmantes, renfermées sous ce jupon bouffant, me rappelèrent les enfants de Léda, enclos dans la même coquille.

Toute leur étude était de se complaire et de s'entr'aider. Au reste, ils étaient ignorants comme des créoles, et ne savaient ni lire ni écrire. Ils ne s'inquiétaient pas de ce qui s'était passé dans des temps reculés, et loin d'eux; leur curiosité ne s'étendait pas au-delà de cette montagne. Ils croyaient que le monde finissait où finissait leur île, et ils n'imaginaient rien d'aimable où ils n'étaient pas. Leur affection mutuelle et celle de leurs mères occupaient toute l'activité de leurs ames. Jamais les sciences inutiles n'avaient fait couler leurs larmes; jamais les leçons d'une triste morale ne les avaient remplis d'ennui. Ils ne savaient pas qu'il ne faut pas dérober, tout chez eux étant commun; ni être intempérant, ayant à discrétion des mets simples; ni menteur, n'ayant aucune vérité à dissimuler. On ne les avait jamais effrayés en leur disant que Dieu réserve des punitions terribles aux enfants ingrats; chez eux, l'amitié filiale était née de l'amitié maternelle. On ne leur avait appris de la religion que ce qui la fait aimer; et s'ils n'offraient pas à l'église de longues prières, partout où ils étaient, dans la maison, dans les champs, dans les bois, ils levaient vers le ciel des mains innocentes, et un cœur plein de l'amour de leurs parents.

Ainsi se passa leur première enfance, comme une belle aube qui annonce un plus beau jour. Déjà ils partageaient avec leurs mères tous les soins du ménage. Dès que le chant du coq annonçait le retour de l'aurore, Virginie se levait, allait puiser de l'eau à la source voisine, et rentrait dans la maison pour préparer le déjeuner. Bientôt après, quand le soleil dorait les pitons de cette enceinte, Marguerite et son fils se rendaient chez madame de La Tour : alors ils commençaient tous ensemble une prière, suivie du premier repas; souvent ils le prenaient devant la porte, assis sur l'herbe sous un berceau de bananiers, qui leur fournissait à la fois des mets tout préparés dans leurs fruits substantiels, et du linge de table dans leurs feuilles larges, longues et lustrées. Une nourriture saine et abondante développait rapidement les corps de ces deux jeunes gens, et une éducation douce peignait dans leur physionomie la pureté et le contentement de leur ame. Virginie n'avait que douze ans : déjà sa taille était plus qu'à demi formée; de grands cheveux blonds ombrageaient sa tête; ses yeux bleus et ses lèvres de corail brillaient du plus tendre éclat sur la fraîcheur de son visage; ils souriaient toujours de concert quand elle parlait; mais quand elle gardait le silence, leur obliquité naturelle vers le ciel leur donnait une expression d'une sensibilité extrême, et même celle d'une légère mélancolie. Pour Paul, on voyait déjà se développer en lui le caractère d'un homme au milieu des graces de l'adolescence. Sa taille était plus élevée que celle de Virginie, son teint plus rembruni, son nez plus aquilin; et ses yeux, qui étaient noirs, auraient eu un peu de fierté, si les longs cils qui rayonnaient autour comme des pinceaux ne leur avaient donné la plus grande douceur. Quoiqu'il fût toujours en mouvement, dès que sa sœur paraissait, il devenait tranquille, et allait s'asseoir auprès d'elle; souvent leur repas se passait sans qu'ils se dissent un mot. A leur silence, à la naïveté de leurs attitudes, à la beauté de leurs pieds nus, on eût cru voir un groupe antique de marbre blanc, représentant quelques uns des enfants de

Niobé. Mais à leurs regards qui cherchaient à se rencontrer, à leurs sourires rendus par de plus doux sourires, on les eût pris pour ces enfants du ciel, pour ces esprits bienheureux, dont la nature est de s'aimer, et qui n'ont pas besoin de rendre le sentiment par des pensées, et l'amitié par des paroles.

Cependant madame de La Tour, voyant sa fille se développer avec tant de charmes, sentait augmenter son inquiétude avec sa tendresse. Elle me disait quelquefois : « Si je venais à mourir, que » deviendrait Virginie sans fortune ? »

Elle avait en France une tante, fille de qualité, riche, vieille et dévote, qui lui avait refusé si durement des secours lorsqu'elle se fut mariée à M. de La Tour, qu'elle s'était bien promis de n'avoir jamais recours à elle, à quelque extrémité qu'elle fût réduite. Mais, devenue mère, elle ne craignit plus la honte des refus. Elle manda à sa tante la mort inattendue de son mari, la naissance de sa fille, et l'embarras où elle se trouvait, loin de son pays, dénuée de support et chargée d'un enfant. Elle n'en reçut point de réponse. Elle, qui était d'un caractère élevé, ne craignit plus de s'humilier et de s'exposer aux reproches de sa parente, qui ne lui avait jamais pardonné d'avoir épousé un homme sans naissance, quoique vertueux. Elle lui écrivait donc par toutes les occasions, afin d'exciter sa sensibilité en faveur de Virginie. Mais bien des années s'étaient écoulées sans recevoir d'elle aucune marque de souvenir.

Enfin, en 1758, trois ans après l'arrivée de M. de La Bourdonnays dans cette île, madame de La Tour apprit que ce gouverneur avait à lui remettre une lettre de la part de sa tante. Elle courut au Port-Louis, sans se soucier, cette fois, d'y paraître mal vêtue, la joie maternelle la mettant au-dessus du respect humain. M. de La Bourdonnays lui donna en effet une lettre de sa tante. Celle-ci mandait à sa nièce qu'elle avait mérité son sort pour avoir épousé un aventurier, un libertin ; que les passions portaient avec elles leur punition ; que la mort prématurée de son mari était un juste châtiment de Dieu ; qu'elle avait bien fait de passer aux Iles, plutôt que de déshonorer sa famille en France ; qu'elle était, après tout, dans un bon pays, où tout le monde faisait fortune, excepté les paresseux. Après l'avoir ainsi blâmée, elle finissait par se louer elle-même. Pour éviter, disait-elle, les suites souvent funestes du mariage, elle avait toujours refusé de se marier. La vérité est qu'étant ambitieuse, elle n'avait voulu épouser qu'un homme de grande qualité ; mais quoiqu'elle fût très riche, et qu'à la cour on soit indifférent à tout, excepté à la fortune, il ne s'était trouvé personne qui eût voulu s'allier à une fille aussi laide et à un cœur aussi dur.

Elle ajoutait, par *post-scriptum*, que, toute réflexion faite, elle l'avait fortement recommandée à M. de La Bourdonnays. Elle l'avait en effet recommandée ; mais, suivant un usage bien commun aujourd'hui, qui rend un protecteur plus à craindre qu'un ennemi déclaré, afin de justifier auprès du gouverneur sa dureté pour sa nièce, en feignant de la plaindre, elle l'avait calomniée.

Madame de La Tour, que tout homme indifférent n'eût pu voir sans intérêt et sans respect, fut reçue avec beaucoup de froideur par M. de La Bourdonnays, prévenu contre elle. Il ne répondit, à l'exposé qu'elle lui fit de sa situation et de celle de sa fille, que par de durs monosyllabes : « Je » verrai ;... nous verrons ;..... avec le temps..... » Il y a bien des malheureux !..... Pourquoi indis- » poser une tante respectable ?.... C'est vous qui » avez tort. »

Madame de La Tour retourna à l'habitation, le cœur navré de douleur et plein d'amertume. En arrivant, elle s'assit, jeta sur la table la lettre de sa tante, et dit à son amie : « Voilà le fruit de onze » ans de patience ! » Mais, comme il n'y avait que madame de La Tour qui sût lire dans la société, elle reprit la lettre, et en fit la lecture devant toute la famille rassemblée. A peine était-elle achevée, que Marguerite lui dit avec vivacité : « Qu'a- » vons-nous besoin de tes parents ? Dieu nous a-t- » il abandonnées ? C'est lui seul qui est notre père. » N'avons-nous pas vécu heureuses jusqu'à ce jour ? » Pourquoi donc te chagriner ? Tu n'as point de cou- » rage. » Et voyant madame de La Tour pleurer, elle se jeta à son cou, et, la serrant dans ses bras : « Chère amie ! s'écria-t-elle, chère amie ! » Mais ses propres sanglots étouffèrent sa voix. A ce spectacle, Virginie, fondant en larmes, pressait alternativement les mains de sa mère et celles de Marguerite contre sa bouche et contre son cœur ; et Paul, les yeux enflammés de colère, criait, serrait les poings, frappait du pied, ne sachant à qui s'en prendre. A ce bruit Domingue et Marie accoururent, et l'on n'entendit plus dans la case que ces cris de douleur : « Ah ! madame !... ma bonne » maîtresse !... ma mère !... ne pleurez pas. » De si tendres marques d'amitié dissipèrent le chagrin de madame de La Tour. Elle prit Paul et Virginie dans ses bras, et leur dit d'un air content : « Mes » enfants, vous êtes cause de ma peine, mais vous » faites toute ma joie. O mes chers enfants, le mal-

» heur ne m'est venu que de loin ; le bonheur est
» autour de moi. » Paul et Virginie ne la comprirent pas; mais quand ils la virent tranquille, ils sourirent, et se mirent à la caresser. Ainsi, ils continuèrent tous d'être heureux, et ce ne fut qu'un orage au milieu d'une belle saison.

Le bon naturel de ces enfants se développait de jour en jour. Un dimanche, au lever de l'aurore, leurs mères étant allées à la première messe à l'église des Pamplemousses, une négresse marronne se présenta sous les bananiers qui entouraient leur habitation. Elle était décharnée comme un squelette, et n'avait pour vêtement qu'un lambeau de serpillière autour des reins. Elle se jeta aux pieds de Virginie qui préparait le déjeuner de la famille, et lui dit : « Ma jeune demoiselle, ayez pitié d'une
» pauvre esclave fugitive : il y a un mois que j'erre
» dans ces montagnes, demi morte de faim, sou-
» vent poursuivie par des chasseurs et par leurs
» chiens. Je fuis mon maître, qui est un riche ha-
» bitant de la Rivière-Noire : il m'a traitée comme
» vous le voyez. » En même temps elle lui montra son corps sillonné de cicatrices profondes, par les coups de fouet qu'elle en avait reçus. Elle ajouta : « Je voulais aller me noyer ; mais, sachant que
» vous demeuriez ici, j'ai dit : Puisqu'il y a encore
» de bons blancs dans ce pays, il ne faut pas en-
» core mourir. » Virginie, tout émue, lui répondit : « Rassurez-vous, infortunée créature ! Man-
» gez, mangez. » Et elle lui donna le déjeuner de la maison, qu'elle avait apprêté. L'esclave, en peu de moments, le dévora tout entier. Virginie, la voyant rassasiée, lui dit : « Pauvre misérable ! j'ai
» envie d'aller demander votre grâce à votre maî-
» tre ; en vous voyant il sera touché de pitié. Vou-
» lez-vous me conduire chez lui ? Ange de Dieu,
» repartit la négresse, je vous suivrai partout où
» vous voudrez. » Virginie appela son frère, et le pria de l'accompagner. L'esclave marronne les conduisit par des sentiers, au milieu des bois ; à travers de hautes montagnes qu'ils grimpèrent avec bien de la peine, et de larges rivières qu'ils passèrent à gué. Enfin, vers le milieu du jour, ils arrivèrent au bas d'un morne, sur les bords de la Rivière-Noire. Ils aperçurent là une maison bien bâtie, des plantations considérables, et un grand nombre d'esclaves occupés à toutes sortes de travaux. Leur maître se promenait au milieu d'eux, une pipe à la bouche et un rotin à la main. C'était un grand homme sec, olivâtre, aux yeux enfoncés, et aux sourcils noirs et joints. Virginie, tout émue, tenant Paul par le bras, s'approcha de l'habitant, et le pria, pour l'amour de Dieu, de pardonner à son esclave, qui était à quelques pas de là derrière eux. D'abord l'habitant ne fit pas grand compte de ces deux enfants pauvrement vêtus ; mais, quand il eut remarqué la taille élégante de Virginie, sa belle tête blonde sous une capote bleue, et qu'il eut entendu le doux son de sa voix qui tremblait, ainsi que tout son corps, en lui demandant grâce, il ôta sa pipe de sa bouche, et, levant son rotin vers le ciel, il jura, par un affreux serment, qu'il pardonnait à son esclave, non pas pour l'amour de Dieu, mais pour l'amour d'elle. Virginie aussitôt fit signe à l'esclave de s'avancer vers son maître ; puis elle s'enfuit, et Paul courut après elle.

Ils remontèrent ensemble le revers du morne par où ils étaient descendus ; et, parvenus au sommet, ils s'assirent sous un arbre, accablés de lassitude, de faim et de soif. Ils avaient fait à jeun plus de cinq lieues depuis le lever du soleil. Paul dit à Virginie : « Ma sœur, il est plus de midi ;
» tu as faim et soif, nous ne trouverons point ici à
» dîner ; redescendons le morne, et allons deman-
» der à manger au maître de l'esclave. — Oh !
» non, mon ami, reprit Virginie, il m'a fait trop
» de peur. Souviens-toi de ce que dit quelquefois
» maman : Le pain du méchant remplit la bouche
» de gravier. — Comment ferons-nous donc ? dit
» Paul ; ces arbres ne produisent que de mauvais
» fruits ; il n'y a pas seulement ici un tamarin ou
» un citron pour te rafraîchir. — Dieu aura pitié de
» nous, reprit Virginie ; il exauce la voix des pe-
» tits oiseaux qui lui demandent de la nourriture. »
A peine avait-elle dit ces mots, qu'ils entendirent le bruit d'une source qui tombait d'un rocher voisin. Ils y coururent ; et, après s'être désaltérés avec ses eaux plus claires que le cristal, ils cueillirent et mangèrent un peu de cresson qui croissait sur ses bords. Comme ils regardaient de côté et d'autre s'ils ne trouveraient pas quelque nourriture plus solide, Virginie aperçut, parmi les arbres de la forêt, un jeune palmiste. Le chou que la cime de cet arbre renferme au milieu de ses feuilles est un fort bon manger ; mais quoique sa tige ne fût pas plus grosse que la jambe, elle avait plus de soixante pieds de hauteur. A la vérité, le bois de cet arbre n'est formé que d'un paquet de filaments ; mais son aubier est si dur qu'il fait rebrousser les meilleures haches, et Paul n'avait pas même un couteau. L'idée lui vint de mettre le feu au pied de ce palmiste. Autre embarras : il n'avait point de briquet ; et d'ailleurs, dans cette île si couverte de rochers, je ne crois pas qu'on puisse trouver une seule pierre à fusil. La nécessité donne de l'industrie, et souvent les inventions les plus

« Ayez pitié d'une pauvre esclave ! »
Paul et Virginie.

utiles ont été dues aux hommes les plus misérables. Paul résolut d'allumer du feu à la manière des noirs. Avec l'angle d'une pierre il fit un petit trou sur une branche d'arbre bien sèche, qu'il assujettit sous ses pieds; puis, avec le tranchant de cette pierre, il fit une pointe à un autre morceau de branche également sèche, mais d'une espèce de bois différent. Il posa ensuite ce morceau de bois pointu dans un petit trou de la branche qui était sous ses pieds; et le faisant rouler rapidement entre ses mains, comme on roule un moulinet dont on veut faire mousser du chocolat, en peu de moments il vit sortir, du point de contact, de la fumée et des étincelles. Il ramassa des herbes sèches et d'autres branches d'arbres, et mit le feu au pied du palmiste, qui, bientôt après, tomba avec un grand fracas. Le feu lui servit encore à dépouiller le chou de l'enveloppe de ses longues feuilles ligneuses et piquantes. Virginie et lui mangèrent une partie de ce chou crue, et l'autre cuite sous la cendre; et ils les trouvèrent également savoureuses. Ils firent ce repas frugal, remplis de joie par le souvenir de la bonne action qu'ils avaient faite le matin; mais cette joie était troublée par l'inquiétude où ils se doutaient bien que leur longue absence de la maison jetterait leurs mères. Virginie revenait souvent sur cet objet. Cependant Paul, qui sentait ses forces rétablies, l'assura qu'ils ne tarderaient pas à tranquilliser leurs parents.

Après dîner, ils se trouvèrent bien embarrassés; car ils n'avaient plus de guide pour les reconduire chez eux. Paul, qui ne s'étonnait de rien, dit à Virginie: « Notre case est vers le soleil du milieu » du jour, il faut que nous passions, comme ce » matin, par-dessus cette montagne que tu vois là-» bas avec ces trois pitons. Allons, marchons, mon » amie. » Cette montagne était celle des Trois-Mamelles*, ainsi nommée parceque ses trois pitons en ont la forme. Ils descendirent donc le morne de la Rivière-Noire du côté du nord, et arrivèrent, après une heure de marche, sur les bords d'une large rivière qui barrait leur chemin. Cette grande partie de l'île, toute couverte de forêts, et si peu connue, même aujourd'hui, que plusieurs de ses rivières et de ses montagnes n'y ont pas encore de nom. La rivière sur le bord de laquelle ils étaient coule en bouillonnant sur un lit de roches. Le bruit de ses eaux effraya Virginie; elle n'osa y mettre les pieds pour la passer à gué. Paul alors prit Virginie sur son dos, et passa, ainsi chargé, sur les roches glissantes de la rivière, malgré le tumulte de ses eaux. « N'aie pas peur, lui disait-il, je me » sens bien fort avec toi. Si l'habitant de la Rivière-» Noire t'avait refusé la grâce de son esclave, je » me serais battu avec lui. — Comment! dit Virginie, avec cet homme si grand et si méchant? » A quoi t'ai-je exposé? Mon Dieu; qu'il est dif-» ficile de faire le bien! il n'y a que le mal de fa-» cile à faire. » Quand Paul fut sur le rivage, il voulut continuer sa route, chargé de sa sœur, et il se flattait de monter ainsi la montagne des Trois-Mamelles, qu'il voyait devant lui à une demi-lieue de là; mais bientôt les forces lui manquèrent, et il fut obligé de la mettre à terre, et de se reposer auprès d'elle. Virginie lui dit alors: « Mon frère, le » jour baisse; tu as encore des forces, et les mien-» nes me manquent; laisse-moi ici, et retourne » seul à notre case, pour tranquilliser nos mères. » — Oh! non, dit Paul; je ne te quitterai pas. Si » la nuit nous surprend dans ces bois, j'allumerai » du feu, j'abattrai un palmiste; tu en mangeras » le chou, et je ferai avec ses feuilles un ajoupa » pour te mettre à l'abri. » Cependant Virginie, s'étant un peu reposée, cueillit sur le tronc d'un vieux arbre, penché sur le bord de la rivière, de longues feuilles de scolopendre qui pendaient de son tronc. Elle en fit des espèces de brodequins, dont elle s'entoura les pieds, que les pierres des chemins avaient mis en sang; car, dans l'empressement d'être utile, elle avait oublié de se chausser. Se sentant soulagée par la fraîcheur de ces feuilles, elle rompit une branche de bambou, et se mit en marche, en s'appuyant d'une main sur ce roseau, et de l'autre sur son frère.

Ils cheminaient ainsi doucement à travers les bois; mais la hauteur des arbres et l'épaisseur de leurs feuillages leur firent bientôt perdre de vue la montagne des Trois-Mamelles, sur laquelle ils se dirigeaient, et même le soleil, qui était déjà près de se coucher. Au bout de quelque temps ils quittèrent, sans s'en apercevoir, le sentier frayé dans lequel ils avaient marché jusqu'alors, et ils se trouvèrent dans un labyrinthe d'arbres, de lianes et de roches, qui n'avait plus d'issue. Paul fit asseoir Virginie, et se mit à courir çà et là, tout hors de lui, pour chercher un chemin hors de ce fourré épais; mais il se fatigua en vain. Il monta au haut

---

* Il y a beaucoup de montagnes dont les sommets sont arrondis en forme de mamelles, et qui en portent le nom dans toutes les langues. Ce sont en effet de véritables mamelles, car c'est d'elles que découlent beaucoup de rivières et de ruisseaux qui répandent l'abondance sur la terre. Elles sont les sources des principaux fleuves qui l'arrosent, et elles fournissent constamment à leurs eaux, en attirant sans cesse les nuages autour du piton de rocher qui les surmonte à leur centre comme un mamelon. Nous avons indiqué ces prévoyances admirables de la nature dans nos Études précédentes.

d'un grand arbre, pour découvrir au moins la montagne des Trois-Mamelles; mais il n'aperçut autour de lui que les cimes des arbres, dont quelques unes étaient éclairées par les derniers rayons du soleil couchant. Cependant l'ombre des montagnes couvrait déjà les forêts dans les vallées; le vent se calmait, comme il arrive au coucher du soleil; un profond silence régnait dans ces solitudes, et on n'y entendait d'autre bruit que le bramement des cerfs, qui venaient chercher leurs gîtes dans ces lieux écartés. Paul, dans l'espoir que quelque chasseur pourrait l'entendre, cria alors de toute sa force : « Venez, venez au secours de Virginie! » Mais les seuls échos de la forêt répondirent à sa voix, et répétèrent à plusieurs reprises: «Virginie!... Virginie! »

Paul descendit alors de l'arbre, accablé de fatigue et de chagrin : il chercha les moyens de passer la nuit dans ce lieu; mais il n'y avait ni fontaine, ni palmiste, ni même de branches de bois sec propres à allumer du feu. Il sentit alors, par son expérience, toute la faiblesse de ses ressources, et il se mit à pleurer. Virginie lui dit : « Ne » pleure point, mon ami, si tu ne veux m'acca- » bler de chagrin. C'est moi qui suis la cause de » toutes les peines, et de celles qu'éprouvent main- » tenant nos mères. Il ne faut rien faire, pas » même le bien, sans consulter ses parents. Oh ! » j'ai été bien imprudente ! » Et elle se prit à verser des larmes. Cependant elle dit à Paul : « Prions Dieu, mon frère, et il aura pitié de » nous. » A peine avaient-ils achevé leur prière, qu'ils entendirent un chien aboyer. « C'est, dit » Paul, le chien de quelque chasseur qui vient le » soir tuer des cerfs à l'affût. » Peu après, les aboiements du chien redoublèrent. « Il me semble, dit » Virginie, que c'est Fidèle, le chien de notre » case. Oui, je reconnais sa voix : serions-nous » si près d'arriver, et au pied de notre mon- » tagne ? » En effet, un moment après, Fidèle était à leurs pieds, aboyant, hurlant, gémissant et les accablant de caresses. Comme ils ne pouvaient revenir de leur surprise, ils aperçurent Domingue qui accourait à eux. A l'arrivée de ce bon noir, qui pleurait de joie, ils se mirent aussi à pleurer, sans pouvoir lui dire un mot. Quand Domingue eut repris ses sens : « O mes jeunes » maîtres, leur dit-il, que vos mères ont d'in- » quiétude ! comme elles ont été étonnées, quand » elles ne vous ont plus retrouvés au retour de » la messe, où je les accompagnais ! Marie, qui » travaillait dans un coin de l'habitation, n'a su » nous dire où vous étiez allés. J'allais, je venais » autour de l'habitation, ne sachant moi-même » de quel côté vous chercher. Enfin, j'ai pris vos » vieux habits à l'un et à l'autre[1], je les ai fait » flairer à Fidèle ; et sur-le-champ, comme si » ce pauvre animal m'eût entendu, il s'est mis à » quêter sur vos pas. Il m'a conduit, toujours en » remuant la queue, jusqu'à la Rivière-Noire. » C'est là où j'ai appris d'un habitant que vous » lui aviez ramené une négresse marronne, et qu'il » vous avait accordé sa grâce. Mais quelle grâce ! » il me l'a montrée attachée, avec une chaîne au » pied, à un billot de bois, et avec un collier de » fer à trois crochets autour du cou. De là, Fi- » dèle, toujours quêtant, m'a mené sur le morne » de la Rivière-Noire, où il s'est arrêté encore en » aboyant de toute sa force. C'était sur le bord » d'une source, auprès d'un palmiste abattu, » et près d'un feu qui fumait encore : enfin, il » m'a conduit ici. Nous sommes au pied de la » montagne des Trois-Mamelles, et il y a encore » quatre bonnes lieues jusque chez nous. Allons, » mangez, et prenez des forces. » Il leur présenta aussitôt un gâteau, des fruits et une grande calebasse remplie d'une liqueur composée d'eau, de vin, de jus de citron, de sucre et de muscade, que leurs mères avaient préparée pour les fortifier et les rafraîchir. Virginie soupira au souvenir de la pauvre esclave, et des inquiétudes de leurs mères. Elle répéta plusieurs fois : « Oh ! qu'il est » difficile de faire le bien ! » Pendant que Paul et elle se rafraîchissaient, Domingue alluma du feu; et ayant cherché dans les rochers un bois tortu qu'on appelle bois de ronde, et qui brûle tout vert en jetant une grande flamme, il en fit un flambeau qu'il alluma ; car il était déjà nuit. Mais il éprouva un embarras bien plus grand quand il fallut se mettre en route : Paul et Virginie ne pouvaient plus marcher ; leurs pieds étaient enflés et tout rouges. Domingue ne savait s'il devait aller bien loin de là leur chercher du secours, ou passer dans ce lieu la nuit avec eux. « Où est le » temps, leur disait-il, où je vous portais tous » deux à la fois dans mes bras ? Mais maintenant » vous êtes grands, et je suis vieux. » Comme il était dans cette perplexité, une troupe de noirs marrons se fit voir à vingt pas de là. Le chef de cette troupe, s'approchant de Paul et de Virginie, leur dit : « Bons petits blancs, n'ayez pas peur ; » nous vous avons vus passer ce matin avec une

---

[1] Ce trait de sagacité du noir Domingue et de son chien Fidèle ressemble beaucoup à celui du sauvage Téwénissa et de son chien Oniah, rapporté par M. de Crèvecœur, dans son ouvrage plein d'humanité intitulé, *Lettres d'un Cultivateur américain*.

» négresse de la Rivière-Noire; vous allez de-
» mander sa grace à son mauvais maître. En
» reconnaissance, nous vous reporterons chez
» vous sur nos épaules. » Alors il fit un signe, et
quatre noirs marrons des plus robustes firent aussitôt un brancard avec des branches d'arbres et
des lianes, y placèrent Paul et Virginie, les mirent
sur leurs épaules; et Domingue marchant devant
eux avec son flambeau, ils se mirent en route,
aux cris de joie de toute la troupe, qui les comblait
de bénédictions. Virginie, attendrie, disait à Paul:
« O mon ami! jamais Dieu ne laisse un bienfait
» sans récompense. »

Ils arrivèrent vers le milieu de la nuit au pied
de leur montagne, dont les croupes étaient éclairées de plusieurs feux. A peine ils la montaient,
qu'ils entendirent des voix qui criaient : « Est-ce
» vous, mes enfants? » Ils répondirent, avec les
noirs : « Oui, c'est nous. » Et bientôt ils aperçurent leurs mères et Marie qui venaient au devant
d'eux avec des tisons flambants. « Malheureux en-
» fants, dit madame de La Tour, d'où venez-vous?
» dans quelles angoisses vous nous avez jetées!
» — Nous venons, dit Virginie, de la Rivière-
» Noire, demander la grace d'une pauvre esclave
» marronne, à qui j'ai donné, ce matin, le déjeu-
» ner de la maison, parcequ'elle mourait de faim;
» et voilà que les noirs marrons nous ont rame-
» nés. » Madame de La Tour embrassa sa fille
sans pouvoir parler; et Virginie, qui sentit son visage mouillé des larmes de sa mère, lui dit : « Vous
» me payez de tout le mal que j'ai souffert! »
Marguerite, ravie de joie, serrait Paul dans ses
bras, et lui disait : « Et toi aussi, mon fils, tu as
» fait une bonne action. » Quand elles furent arrivées dans leurs cases avec leurs enfants, elles
donnèrent bien à manger aux noirs marrons, qui
s'en retournèrent dans leurs bois, en leur souhaitant toute sorte de prospérités.

Chaque jour était pour ces familles un jour de
bonheur et de paix. Ni l'envie ni l'ambition ne les
tourmentaient. Elles ne desiraient point au dehors
une vaine réputation que donne l'intrigue, et
qu'ôte la calomnie. Il leur suffisait d'être à elles-
mêmes leurs témoins et leurs juges. Dans cette île,
où, comme dans toutes les colonies européennes,
on n'est curieux que d'anecdotes malignes, leurs
vertus et même leurs noms étaient ignorés. Seulement, quand un passant demandait, sur le chemin des Pamplemousses, à quelques habitants de
la plaine : « Qui est-ce qui demeure là-haut dans
» ces petites cases? » ceux-ci répondaient, sans
les connaître : « Ce sont de bonnes gens. » Ainsi
des violettes, sous des buissons épineux, exhalent
au loin leurs doux parfums, quoiqu'on ne les voie
pas.

Elles avaient banni de leurs conversations la
médisance, qui, sous une apparence de justice,
dispose nécessairement le cœur à la haine ou à la
fausseté; car il est impossible de ne pas haïr les
hommes si on les croit méchants, et de vivre avec
les méchants si on ne leur cache sa haine sous de
fausses apparences de bienveillance. Ainsi la médisance nous oblige d'être mal avec les autres ou
avec nous-mêmes. Mais, sans juger des hommes
en particulier, elles ne s'entretenaient que des
moyens de faire du bien à tous en général; et quoiqu'elles n'en eussent pas le pouvoir, elles en
avaient une volonté perpétuelle, qui les remplissait d'une bienveillance toujours prête à s'étendre au dehors. En vivant donc dans la solitude,
loin d'être sauvages, elles étaient devenues plus
humaines. Si l'histoire scandaleuse de la société ne
fournissait point de matière à leurs conversations,
celle de la nature les remplissait de ravissement et
de joie. Elles admiraient avec transport le pouvoir d'une Providence qui, par leurs mains, avait
répandu au milieu de ces arides rochers l'abondance, les graces, les plaisirs purs, simples, et
toujours renaissants.

Paul, à l'âge de douze ans, plus robuste et plus
intelligent que les Européens à quinze, avait em-
belli ce que le noir Domingue ne faisait que cultiver. Il allait avec lui dans les bois voisins déraciner de jeunes plants de citronniers, d'orangers,
de tamarins, dont la tête ronde est d'un si beau
vert, et de dattiers, dont le fruit est plein d'une
crème sucrée qui a le parfum de la fleur d'orange.
Il plantait ces arbres déja grands autour de cette
enceinte. Il y avait semé des graines d'arbres qui,
dès la seconde année, portent des fleurs ou des
fruits, tels que l'agathis, où pendent tout autour,
comme les cristaux d'un lustre, de longues grappes de fleurs blanches; le lilas de Perse, qui élève
droit en l'air ses girandoles gris de lin; le papayer,
dont le tronc sans branches, formé en colonne
hérissée de melons verts, porte un chapiteau de
larges feuilles semblables à celles du figuier.

Il y avait planté encore des pepins et des noyaux
de badamiers, de manguiers, d'avocats, de goya-
viers, de jacqs et de jam-roses. La plupart de ces
arbres donnaient déja à leur jeune maître de l'ombrage et des fruits. Sa main laborieuse avait répandu la fécondité jusque dans les lieux les plus
stériles de cet enclos. Diverses espèces d'aloès, la
raquette chargée de fleurs jaunes fouettées de

rouge, les cierges épineux, s'élevaient sur les têtes noires des rochers, et semblaient vouloir atteindre aux longues lianes, chargées de fleurs bleues ou écarlates, qui pendaient çà et là le long des escarpements de la montagne.

Il avait disposé ces végétaux de manière qu'on pouvait jouir de leur vue d'un seul coup d'œil. Il avait planté au milieu de ce bassin les herbes qui s'élèvent peu, ensuite les arbrisseaux, puis les arbres moyens, et enfin les grands arbres qui en bordaient la circonférence; de sorte que ce vaste enclos paraissait, de son centre, comme un amphithéâtre de verdure, de fruits et de fleurs, renfermant des plantes potagères, des lisières de prairies, et des champs de riz et de blé. Mais en assujettissant ces végétaux à son plan, il ne s'était pas écarté de celui de la nature. Guidé par ses indications, il avait mis dans les lieux élevés ceux dont les semences sont volatiles, et sur le bord des eaux ceux dont les graines sont faites pour flotter. Ainsi chaque végétal croissait dans son site propre, et chaque site recevait de son végétal sa parure naturelle. Les eaux qui descendent du sommet de ces roches formaient, au fond du vallon, ici des fontaines, là de larges miroirs, qui répétaient, au milieu de la verdure, les arbres en fleurs, les rochers, et l'azur des cieux.

Malgré la grande irrégularité de ce terrain, toutes ces plantations étaient pour la plupart aussi accessibles au toucher qu'à la vue. A la vérité, nous l'aidions tous de nos conseils et de nos secours, pour en venir à bout. Il avait pratiqué un sentier qui tournait autour de ce bassin, et dont plusieurs rameaux venaient se rendre de la circonférence au centre. Il avait tiré parti des lieux les plus raboteux, et accordé, par la plus heureuse harmonie, la facilité de la promenade avec l'âpreté du sol, et les arbres domestiques avec les sauvages. De cette énorme quantité de pierres roulantes qui embarrassent maintenant ces chemins, ainsi que la plupart du terrain de cette île, il avait formé çà et là des pyramides, dans les assises desquelles il avait mêlé de la terre et des racines de rosiers, de poincillades, et d'autres arbrisseaux qui se plaisent dans les roches. En peu de temps, ces pyramides sombres et brutes furent couvertes de verdure, ou de l'éclat des plus belles fleurs. Les ravins, bordés de vieux arbres inclinés sur leurs bords, formaient des souterrains voûtés inaccessibles à la chaleur, où l'on allait prendre le frais pendant le jour. Un sentier conduisait dans un bosquet d'arbres sauvages, au centre duquel croissait, à l'abri des vents, un arbre domestique chargé de fruits. Là était une moisson, ici un verger. Par cette avenue, on apercevait les maisons; par cette autre, les sommets inaccessibles de la montagne. Sous un bocage touffu de tatamaques entrelacés de lianes, on ne distinguait en plein midi aucun objet; sur la pointe de ce grand rocher voisin qui sort de la montagne, on découvrait tous ceux de cet enclos, avec la mer au loin, où apparaissait quelquefois un vaisseau qui venait de l'Europe ou qui y retournait. C'était sur ce rocher que ces familles se rassemblaient le soir, et jouissaient en silence de la fraîcheur de l'air, du parfum des fleurs, du murmure des fontaines, et des dernières harmonies de la lumière et des ombres.

Rien n'était plus agréable que les noms donnés à la plupart des retraites charmantes de ce labyrinthe. Ce rocher dont je viens de vous parler, d'où l'on me voyait venir de bien loin, s'appelait LA DÉCOUVERTE DE L'AMITIÉ. Paul et Virginie, dans leurs jeux, y avaient planté un bambou, au haut duquel ils élevaient un petit mouchoir blanc, pour signaler mon arrivée dès qu'ils m'apercevaient, ainsi qu'on élève un pavillon sur la montagne voisine, à la vue d'un vaisseau en mer. L'idée me vint de graver une inscription sur la tige de ce roseau. Quelque plaisir que j'aie eu dans mes voyages à voir une statue ou un monument de l'antiquité; j'en ai encore davantage à lire une inscription bien faite. Il me semble alors qu'une voix humaine sorte de la pierre, se fasse entendre à travers les siècles, et s'adressant à l'homme au milieu des déserts, lui dise qu'il n'est pas seul, et que d'autres hommes, dans ces mêmes lieux, ont senti, pensé et souffert comme lui. Que si cette inscription est de quelque nation ancienne qui ne subsiste plus, elle étend notre ame dans les champs de l'infini, et lui donne le sentiment de son immortalité, en lui montrant qu'une pensée a survécu à la ruine même d'un empire.

J'écrivis donc, sur le petit mât de pavillon de Paul et Virginie, ces vers d'Horace :

..... Fratres Helenæ, lucida sidera,
Ventorumque regat pater,
Obstrictis aliis, præter Iapyga.

« Que les frères d'Hélène, astres charmants comme vous, et
» que le père des vents vous dirigent, et ne fassent souffler que
» le zéphyr. »

Je gravai ce vers de Virgile sur l'écorce d'un tatamaque à l'ombre duquel Paul s'asseyait quelquefois pour regarder au loin la mer agitée :

Fortunatus et ille deos qui novit agrestes !

« Heureux, mon fils, de ne connaître que les divinités champêtres ! »

Et cet autre, au-dessus de la porte de la cabane de madame de La Tour, qui était leur lieu d'assemblée :

At secura quies, et nescia fallere vita.

« Ici est une bonne conscience, et une vie qui ne sait pas tromper. »

Mais Virginie n'approuvait point mon latin ; elle disait que ce que j'avais mis au pied de sa girouette était trop long et trop savant. « J'eusse mieux aimé, ajoutait-elle : TOUJOURS AGITÉE, MAIS CONSTANTE. — Cette devise, lui répondis-je, conviendrait encore mieux à la vertu. » Ma réflexion la fit rougir.

Ces familles heureuses étendaient leurs ames sensibles à tout ce qui les environnait. Elles avaient donné les noms les plus tendres aux objets en apparence les plus indifférents. Un cercle d'orangers, de bananiers et de jam-roses plantés autour d'une pelouse au milieu de laquelle Virginie et Paul allaient quelquefois danser, se nommait LA CONCORDE. Un vieux arbre, à l'ombre duquel madame de La Tour et Marguerite s'étaient raconté leurs malheurs, s'appelait LES PLEURS ESSUYÉS. Elles faisaient porter les noms de BRETAGNE et de NORMANDIE à de petites portions de terre où elles avaient semé du blé, des fraises et des pois. Domingue et Marie, desirant, à l'imitation de leurs maîtresses, se rappeler les lieux de leur naissance en Afrique, appelaient ANGOLA et FOULLEPOINTE deux endroits où croissait l'herbe dont ils faisaient des paniers, et où ils avaient planté un calebassier. Ainsi, par ces productions de leurs climats, ces familles expatriées entretenaient les douces illusions de leur pays, et en calmaient les regrets dans une terre étrangère. Hélas ! j'ai vu s'animer de mille appellations charmantes les arbres, les fontaines, les rochers de ce lieu maintenant si bouleversé, et qui, semblable à un champ de la Grèce, n'offre plus que des ruines et des noms touchants.

Mais de tout ce que renfermait cette enceinte, rien n'était plus agréable que ce qu'on appelait LE REPOS DE VIRGINIE. Au pied du rocher LA DÉCOUVERTE DE L'AMITIÉ est un enfoncement d'où sort une fontaine qui forme, dès sa source, une petite flaque d'eau, au milieu d'un pré d'une herbe fine. Lorsque Marguerite eut mis Paul au monde, je lui fis présent d'un coco des Indes, qu'on m'avait donné. Elle planta ce fruit sur le bord de cette flaque d'eau, afin que l'arbre qu'il produirait servît un jour d'époque à la naissance de son fils. Madame de La Tour, à son exemple, y en planta un autre, dans une semblable intention, dès qu'elle fut accouchée de Virginie. Il naquit de ces deux fruits deux cocotiers, qui formaient toutes les archives de ces deux familles ; l'un se nommait l'arbre de Paul, et l'autre l'arbre de Virginie. Ils crûrent tous deux, dans la même proportion que leurs jeunes maîtres, d'une hauteur un peu inégale, mais qui surpassait, au bout de douze ans, celle de leurs cabanes. Déjà ils entrelaçaient leurs palmes, et laissaient pendre leurs jeunes grappes de cocos au-dessus du bassin de la fontaine. Excepté cette plantation, on avait laissé cet enfoncement du rocher tel que la nature l'avait orné. Sur ses flancs bruns et humides rayonnaient en étoiles vertes et noires de larges capillaires, et flottaient au gré des vents des touffes de scolopendre, suspendues comme de longs rubans d'un vert pourpré. Près de là croissaient des lisières de pervenche, dont les fleurs sont presque semblables à celles de la giroflée rouge, et des piments, dont les gousses, couleur de sang, sont plus éclatantes que le corail. Aux environs, l'herbe de baume, dont les feuilles sont en cœur, et les basilics à odeur de girofle, exhalaient les plus doux parfums. Du haut de l'escarpement de la montagne pendaient des lianes semblables à des draperies flottantes, qui formaient sur les flancs des rochers de grandes courtines de verdure. Les oiseaux de mer, attirés par ces retraites paisibles, y venaient passer la nuit. Au coucher du soleil, on y voyait voler, le long des rivages de la mer, le corbigeau et l'alouette marine ; et au haut des airs, la noire frégate, avec l'oiseau blanc du tropique, qui abandonnaient, ainsi que l'astre du jour, les solitudes de l'océan indien. Virginie aimait à se reposer sur les bords de cette fontaine, décorée d'une pompe à la fois magnifique et sauvage. Souvent elle y venait laver le linge de la famille, à l'ombre des deux cocotiers. Quelquefois elle y menait paître ses chèvres. Pendant qu'elle préparait des fromages avec leur lait, elle se plaisait à leur voir brouter les capillaires sur les flancs escarpés de la roche, et se tenir en l'air sur une de ses corniches comme sur un piédestal. Paul, voyant que ce lieu était aimé de Virginie, y apporta de la forêt voisine des nids de toute sorte d'oiseaux. Les pères et les mères de ces oiseaux suivirent leurs petits, et vinrent s'établir dans cette nouvelle colonie. Virginie leur distribuait de temps en temps des grains de riz, de maïs et de millet. Dès qu'elle paraissait, les merles siffleurs, les bengalis dont le ramage est si doux, les cardinaux dont le plumage est couleur de feu, quittaient leurs buissons ; des perruches, vertes comme des émeraudes, descendaient des lataniers voisins ; des perdrix accouraient sous l'herbe : tous s'avançaient pêle-mêle jusqu'à ses pieds, comme des poules. Paul et elle s'amusaient avec transport de leurs jeux, de leurs appétits et de leurs amours.

Aimables enfants, vous passiez ainsi dans l'innocence vos premiers jours, en vous exerçant aux bienfaits ! Combien de fois, dans ce lieu, vos mères, vous serrant dans leurs bras, bénissaient le ciel de la consolation que vous prépariez à leur vieillesse, et de vous voir entrer dans la vie sous de si heureux auspices ! Combien de fois, à l'ombre de ces rochers, ai-je partagé avec elles vos repas champêtres, qui n'avaient coûté la vie à aucun animal ! Des calebasses pleines de lait, des œufs frais, des gâteaux de riz sur des feuilles de bananier, des corbeilles chargées de patates, de mangues, d'oranges, de grenades, de bananes, de dattes, d'ananas, offraient à la fois les mets les plus sains, les couleurs les plus gaies et les sucs les plus agréables.

La conversation était aussi douce et aussi innocente que ces festins. Paul y parlait souvent des travaux du jour et de ceux du lendemain. Il méditait toujours quelque chose d'utile pour la société. Ici, les sentiers n'étaient pas commodes ; là, on était mal assis ; ces jeunes berceaux ne donnaient pas assez d'ombrage ; Virginie serait mieux là.

Dans la saison pluvieuse, ils passaient le jour tous ensemble dans la case, maîtres et serviteurs, occupés à faire des nattes d'herbes et des paniers de bambou. On voyait rangés dans le plus grand ordre, aux parois de la muraille, des râteaux, des haches, des bêches ; et auprès de ces instruments de l'agriculture, les productions qui en étaient les fruits, des sacs de riz, des gerbes de blé, et des régimes de bananes. La délicatesse s'y joignait toujours à l'abondance. Virginie, instruite par Marguerite et par sa mère, y préparait des sorbets et des cordiaux avec le jus des cannes à sucre, des citrons et des cédrats.

La nuit venue, ils soupaient à la lueur d'une lampe ; ensuite madame de La Tour ou Marguerite racontait quelques histoires de voyageurs égarés la nuit dans les bois de l'Europe infestés de voleurs, ou le naufrage de quelque vaisseau jeté par la tempête sur les rochers d'une île déserte. A ces récits, les ames sensibles de leurs enfants s'enflammaient. Ils priaient le ciel de leur faire la grace d'exercer quelque jour l'hospitalité envers de semblables malheureux. Cependant les deux familles se séparaient pour aller prendre du repos, dans l'impatience de se revoir le lendemain. Quelquefois elles s'endormaient au bruit de la pluie qui tombait par torrents sur la couverture de leurs cases, ou à celui des vents qui leur apportaient le murmure lointain des flots qui se brisaient sur le rivage. Elles bénissaient Dieu de leur sécurité personnelle, dont le sentiment redoublait par celui du danger éloigné.

De temps en temps, madame de La Tour lisait publiquement quelque histoire touchante de l'ancien ou du nouveau Testament. Ils raisonnaient peu sur ces livres sacrés ; car leur théologie était toute en sentiment comme celle de la nature, et leur morale toute en action comme celle de l'Évangile. Ils n'avaient point de jours destinés aux plaisirs, et d'autres à la tristesse. Chaque jour était pour eux un jour de fête ; et tout ce qui les environnait, un temple divin, où ils admiraient sans cesse une Intelligence infinie, toute puissante, et amie des hommes. Ce sentiment de confiance dans le pouvoir suprême les remplissait de consolation pour le passé, de courage pour le présent, et d'espérance pour l'avenir. Voilà comme ces femmes, forcées par le malheur de rentrer dans la nature, avaient développé en elles-mêmes et dans leurs enfants ces sentiments que donne la nature, pour nous empêcher de tomber dans le malheur.

Mais comme il s'élève quelquefois dans l'ame la mieux réglée des nuages qui la troublent, quand quelque membre de leur société paraissait triste, tous les autres se réunissaient autour de lui, et l'enlevaient aux pensées amères, plus par des sentiments que par des réflexions. Chacun y employait son caractère particulier : Marguerite, une gaieté vive ; madame de La Tour, une théologie douce ; Virginie, des caresses tendres ; Paul, de la franchise, de la cordialité. Marie et Domingue même venaient à son secours. Ils s'affligeaient s'ils le voyaient affligé, et ils pleuraient s'ils le voyaient pleurer. Ainsi des plantes faibles s'entrelacent ensemble pour résister aux ouragans.

Dans la belle saison, ils allaient tous les dimanches à la messe à l'église des Pamplemousses, dont vous voyez le clocher là-bas dans la plaine. Il y venait des habitants riches, en palanquin, qui s'empressèrent plusieurs fois de faire la connaissance de ces familles si unies, et de les inviter à des parties de plaisir. Mais elles repoussèrent toujours leurs offres avec honnêteté et respect, persuadées que les gens puissants ne recherchent les faibles que pour avoir des complaisants, et qu'on ne peut être complaisant qu'en flattant les passions d'autrui, bonnes et mauvaises. D'un autre côté, elles n'évitaient pas avec moins de soin l'accointance des petits habitants, pour l'ordinaire jaloux, médisants et grossiers. Elles passèrent d'abord auprès des uns pour timides, et auprès des autres pour fières ; mais leur conduite réservée était accompagnée de marques de politesse si obligeantes, surtout envers les misérables, qu'elles acquirent insensiblement le respect des riches et la confiance des pauvres.

Après la messe, on venait souvent les requérir de quelque bon office. C'était une personne affligée qui leur demandait des conseils, ou un enfant qui les priait de passer chez sa mère malade, dans un des quartiers voisins. Elles portaient toujours avec elles quelques recettes utiles aux maladies ordinaires aux habitants, et elles y joignaient la bonne grace, qui donne tant de prix aux petits services. Elles réussissaient surtout à bannir les peines de l'esprit, si intolérables dans la solitude et dans un corps infirme. Madame de La Tour parlait avec tant de confiance de la Divinité, que le malade, en l'écoutant, la croyait présente. Virginie revenait bien souvent de là les yeux humides de larmes, mais le cœur rempli de joie ; car elle avait eu l'occasion de faire du bien. C'était elle qui préparait d'avance les remèdes nécessaires aux malades, et qui les leur présentait avec une grace ineffable. Après ces visites d'humanité, elles prolongeaient quelquefois leur chemin par la vallée de la Montagne-Longue jusque chez moi, où je les attendais à dîner sur les bords de la petite rivière qui coule dans mon voisinage. Je me procurais, pour ces occasions, quelques bouteilles de vin vieux, afin d'augmenter la gaieté de nos repas indiens par ces douces et cordiales productions de l'Europe. D'autres fois, nous nous donnions rendez-vous sur les bords de la mer, à l'embouchure de quelques autres petites rivières, qui ne sont guère ici que de grands ruisseaux. Nous y apportions, de l'habitation, des provisions végétales, que nous joignions à celles que la mer nous fournissait en abondance. Nous pêchions sur ces rivages des cabots, des polypes, des rougets, des langoustes, des chevrettes, des crabes, des oursins, des huîtres, et des coquillages de toute espèce. Les sites les plus terribles nous procuraient souvent les plaisirs les plus tranquilles. Quelquefois, assis sur un rocher, à l'ombre d'un veloutier, nous voyions les flots du large venir se briser à nos pieds avec un horrible fracas. Paul, qui nageait d'ailleurs comme un poisson, s'avançait quelquefois sur les récifs, au devant des lames ; puis, à leur approche, il fuyait sur le rivage, devant leurs grandes volutes écumeuses et mugissantes, qui le poursuivaient bien avant sur la grève. Mais Virginie, à cette vue, jetait des cris perçants, et disait que ces jeux-là lui faisaient grand'peur.

Nos repas étaient suivis des chants et des danses de ces deux jeunes gens. Virginie chantait le bonheur de la vie champêtre et les malheurs des gens de mer, que l'avarice porte à naviguer sur un élément furieux, plutôt que de cultiver la terre, qui donne paisiblement tant de biens. Quelquefois, à la manière des noirs, elle exécutait avec Paul une pantomime. La pantomime est le premier langage de l'homme ; elle est connue de toutes les nations. Elle est si naturelle et si expressive, que les enfants des blancs ne tardent pas à l'apprendre, dès qu'ils ont vu ceux des noirs s'y exercer. Virginie se rappelant, dans les lectures que lui faisait sa mère, les histoires qui l'avaient le plus touchée, en rendait les principaux événements avec beaucoup de naïveté. Tantôt, au son du tam-tam de Domingue, elle se présentait sur la pelouse, portant une cruche sur sa tête ; elle s'avançait avec timidité à la source d'une fontaine voisine, pour y puiser de l'eau. Domingue et Marie, représentant les bergers de Madian, lui en défendaient l'approche, et feignaient de la repousser. Paul accourait à son secours, battait les bergers, remplissait la cruche de Virginie, et, en la lui posant sur la tête, il lui mettait en même temps une couronne de fleurs rouges de pervenche, qui relevait la blancheur de son teint. Alors, me prêtant à leurs jeux, je me chargeais du personnage de Raguel, et j'accordais à Paul ma fille Séphora en mariage.

Une autre fois, elle représentait l'infortunée Ruth, qui retourne veuve et pauvre dans son pays, où elle se trouve étrangère, après une longue absence. Domingue et Marie contrefaisaient les moissonneurs. Virginie feignait de glaner çà et là, sur leurs pas, quelques épis de blé. Paul, imitant la gravité d'un patriarche, l'interrogeait ; elle répondait en tremblant à ses questions. Bientôt ému de pitié, il accordait l'hospitalité à l'innocence, et un asile à l'infortune ; il remplissait le tablier de Virginie de toutes sortes de provisions, et l'amenait devant nous comme devant les anciens de la ville, en déclarant qu'il la prenait en mariage malgré son indigence. Madame de La Tour, à cette scène, venant à se rappeler l'abandon où l'avaient laissée ses propres parents, son veuvage, la bonne réception que lui avait faite Marguerite, suivie maintenant de l'espoir d'un mariage heureux entre leurs enfants, ne pouvait s'empêcher de pleurer; et ce souvenir confus de maux et de biens nous faisait verser à tous des larmes de douleur et de joie.

Ces drames étaient rendus avec tant de vérité, qu'on se croyait transporté dans les champs de la Syrie ou de la Palestine. Nous ne manquions point de décorations, d'illuminations et d'orchestre convenables à ce spectacle. Le lieu de la scène était, pour l'ordinaire, au carrefour d'une forêt, dont les percés formaient autour de nous plusieurs arcades de feuillage. Nous étions, à leur centre, abrités de la chaleur pendant toute la journée; mais quand le soleil était descendu à l'horizon, ses rayons, brisés par les troncs des arbres, divergeaient dans les ombres de la forêt en longues gerbes lumineuses qui produisaient le plus majestueux effet. Quelquefois son disque tout entier paraissait à l'extrémité d'une avenue, et la rendait tout étincelante de lumière. Le feuillage des arbres, éclairé en dessous de ses rayons safranés, brillait des feux de la topaze et de l'émeraude. Leurs troncs moussus et bruns paraissaient changés en colonnes de bronze antique; et les oiseaux, déjà retirés en silence sous la sombre feuillée pour y passer la nuit, surpris de revoir une seconde aurore, saluaient tous à la fois l'astre du jour par mille et mille chansons.

La nuit nous surprenait bien souvent dans ces fêtes champêtres; mais la pureté de l'air et la douceur du climat nous permettaient de dormir sous un ajoupa, au milieu des bois, sans craindre d'ailleurs les voleurs, ni de près ni de loin. Chacun, le lendemain, retournait dans sa case, et la retrouvait dans l'état où il l'avait laissée. Il y avait alors tant de bonne foi et de simplicité dans cette île sans commerce, que les portes de beaucoup de maisons ne fermaient point à la clef, et qu'une serrure était un objet de curiosité pour plusieurs créoles.

Mais il y avait dans l'année des jours qui étaient, pour Paul et Virginie, des jours de plus grandes réjouissances : c'étaient les fêtes de leurs mères. Virginie ne manquait pas, la veille, de pétrir et de cuire des gâteaux de farine de froment, qu'elle envoyait à de pauvres familles de blancs nées dans l'île, qui n'avaient jamais mangé de pain d'Europe, et qui, sans aucun secours de noirs, réduites à vivre de manioc au milieu des bois, n'avaient, pour supporter la pauvreté, ni la stupidité qui accompagne l'esclavage, ni le courage qui vient de l'éducation. Ces gâteaux étaient les seuls présents que Virginie pût faire de l'aisance de l'habitation; mais elle y joignait une bonne grace qui leur donnait un grand prix. D'abord, c'était Paul qui était chargé de les porter lui-même à ces familles; et elles s'engageaient, en les recevant, de venir le lendemain passer la journée chez madame de La Tour et Marguerite. On voyait alors arriver une mère de famille avec deux ou trois misérables filles jaunes, maigres, et si timides, qu'elles n'osaient lever les yeux. Virginie les mettait bientôt à leur aise; elle leur servait des rafraîchissements, dont elle relevait la bonté par quelque circonstance particulière qui en augmentait, selon elle, l'agrément : cette liqueur avait été préparée par Marguerite; cette autre par sa mère; son frère avait cueilli lui-même ce fruit au haut d'un arbre. Elle engageait Paul à les faire danser. Elle ne les quittait point qu'elle ne les vît contentes et satisfaites. Elle voulait qu'elles fussent joyeuses de la joie de sa famille. « On ne fait son bonheur, disait-elle, » qu'en s'occupant de celui des autres. » Quand elles s'en retournaient, elle les engageait d'emporter ce qui paraissait leur avoir fait plaisir, couvrant la nécessité d'agréer ses présents du prétexte de leur nouveauté ou de leur singularité. Si elle remarquait trop de délabrement dans leurs habits, elle choisissait, avec l'agrément de sa mère, quelques uns des siens, et elle chargeait Paul d'aller secrètement les déposer à la porte de leurs cases. Ainsi elle faisait le bien à l'exemple de la Divinité, cachant la bienfaitrice et montrant le bienfait.

Vous autres Européens, dont l'esprit se remplit dès l'enfance de tant de préjugés contraires au bonheur, vous ne pouvez concevoir que la nature puisse donner tant de lumières et de plaisirs. Votre ame, circonscrite dans une petite sphère de connaissances humaines, atteint bientôt le terme de ses jouissances artificielles; mais la nature et le cœur sont inépuisables. Paul et Virginie n'avaient ni horloges, ni almanachs, ni livres de chronologie, d'histoire et de philosophie. Les périodes de leur vie se réglaient sur celles de la nature. Ils connaissaient les heures du jour par l'ombre des arbres; les saisons, par les temps où ils donnent leurs fleurs ou leurs fruits, et les années, par le nombre de leurs récoltes. Ces douces images répandaient les plus grands charmes dans leurs conversations. « Il est temps de dîner, disait Virginie » à la famille, les ombres des bananiers sont à » leurs pieds; » ou bien : « La nuit s'approche, » les tamarins ferment leurs feuilles. — Quand » viendrez-vous nous voir? lui disaient quelques » amies du voisinage. — Aux cannes de sucre, » répondait Virginie. — Votre visite nous sera

» encore plus douce et plus agréable, » reprenaient ces jeunes filles. Quand on l'interrogeait sur son âge et sur celui de Paul : « Mon frère, disait-elle, est de l'âge du grand cocotier de la fontaine, et moi de celui du petit. Les manguiers ont donné douze fois leurs fruits, et les orangers vingt-quatre fois leurs fleurs, depuis que je suis au monde. » Leur vie semblait attachée à celle des arbres, comme celle des faunes et des dryades. Ils ne connaissaient d'autres époques historiques que celles de la vie de leurs mères, d'autre chronologie que celle de leurs vergers, et d'autre philosophie que de faire du bien à tout le monde, et de se résigner à la volonté de Dieu.

Après tout, qu'avaient besoin ces jeunes gens d'être riches et savants à notre manière? leurs besoins et leur ignorance ajoutaient encore à leur félicité. Il n'y avait point de jour qu'ils ne se communiquassent quelques secours ou quelques lumières ; oui, des lumières : et quand il s'y serait mêlé quelques erreurs, l'homme pur n'en a point de dangereuses à craindre. Ainsi croissaient ces deux enfants de la nature. Aucun souci n'avait ridé leur front ; aucune intempérance n'avait corrompu leur sang ; aucune passion malheureuse n'avait dépravé leur cœur : l'amour, l'innocence, la piété, développaient chaque jour la beauté de leur ame en graces ineffables, dans leurs traits, leurs attitudes et leurs mouvements. Au matin de la vie, ils en avaient toute la fraîcheur : tels dans le jardin d'Éden parurent nos premiers parents, lorsque, sortant des mains de Dieu, ils se virent, s'approchèrent, et conversèrent d'abord comme frère et comme sœur : Virginie, douce, modeste, confiante comme Ève ; et Paul, semblable à Adam, ayant la taille d'un homme avec la simplicité d'un enfant.

Quelquefois, seul avec elle (il me l'a mille fois raconté), il lui disait, au retour de ses travaux : « Lorsque je suis fatigué, ta vue me délasse. Quand » du haut de la montagne je t'aperçois au fond de » ce vallon, tu me parais au milieu de nos vergers » comme un bouton de rose. Si tu marches vers la » maison de nos mères, la perdrix qui court vers » ses petits a un corsage moins beau et une démar- » che moins légère. Quoique je te perde de vue à » travers les arbres, je n'ai pas besoin de te voir » pour te retrouver; quelque chose de toi que » je ne puis dire reste pour moi dans l'air où tu » passes, sur l'herbe où tu t'assieds. Lorsque je » t'approche, tu ravis tous mes sens. L'azur du ciel » est moins beau que le bleu de tes yeux, le chant » des bengalis moins doux que le son de ta voix. » Si je te touche seulement du bout du doigt, tout » mon corps frémit de plaisir. Souviens-toi du jour » où nous passâmes à travers les cailloux roulants » de la rivière des Trois-Mamelles. En arrivant » sur ses bords, j'étais déjà bien fatiguée ; mais » quand je t'eus prise sur mon dos, il me semblait » que j'avais des ailes comme un oiseau. Dis-moi » par quel charme tu as pu m'enchanter. Est-ce » par ton esprit? mais nos mères en ont plus que » nous deux. Est-ce par tes caresses? mais elles » m'embrassent plus souvent que toi. Je crois que » c'est par ta bonté. Je n'oublierai jamais que tu as » marché nu-pieds jusqu'à la Rivière-Noire pour » demander la grace d'une pauvre esclave fugitive. Tiens, ma bien-aimée, prends cette branche fleurie de citronnier que j'ai cueillie dans la » forêt ; tu la mettras la nuit près de ton lit. Mange » ce rayon de miel ; je l'ai pris pour toi au haut » d'un rocher. Mais auparavant repose-toi sur mon » sein, et je serai délassé. »

Virginie lui répondait : « O mon frère ! les » rayons du soleil au matin, au haut de ces rochers, me donnent moins de joie que ta présence. J'aime bien ma mère, j'aime bien la » tienne ; mais quand elles t'appellent mon fils, je » les aime encore davantage. Les caresses qu'elles » te font me sont plus sensibles que celles que j'en » reçois. Tu me demandes pourquoi tu m'aimes : » mais tout ce qui a été élevé ensemble s'aime. » Vois nos oiseaux : élevés dans les mêmes nids, » ils s'aiment comme nous ; ils sont toujours ensemble comme nous. Écoute comme ils s'appellent et se répondent d'un arbre à l'autre. De » même, quand l'écho me fait entendre les airs » que tu joues sur ta flûte, au haut de la montagne, j'en répète les paroles au fond de ce vallon. Tu m'es cher, surtout depuis le jour où tu » voulais te battre pour moi contre le maître de » l'esclave. Depuis ce temps-là, je me suis dit bien » des fois : Ah ! mon frère a un bon cœur ; sans » lui je serais morte d'effroi. Je prie Dieu tous les » jours pour ma mère, pour la tienne, pour toi, » pour nos pauvres serviteurs ; mais quand je prononce ton nom, il me semble que ma dévotion » augmente. Je demande si instamment à Dieu » qu'il ne t'arrive aucun mal ! Pourquoi vas-tu si » loin et si haut me chercher des fruits et des » fleurs? n'en avons-nous pas assez dans le jardin ? » Comme te voilà fatigué ! tu es tout en nage. » Et, avec son petit mouchoir blanc, elle lui essuyait le front et les joues, et elle lui donnait plusieurs baisers.

Cependant, depuis quelque temps, Virginie se

sentait agitée d'un mal inconnu. Ses beaux yeux bleus se marbraient de noir ; son teint jaunissait ; une langueur universelle abattait son corps. La sérénité n'était plus sur son front, ni le sourire sur ses lèvres. On la voyait tout-à-coup gaie sans joie, et triste sans chagrin. Elle fuyait ses jeux innocents, ses doux travaux, et la société de sa famille bien aimée. Elle errait çà et là dans les lieux les plus solitaires de l'habitation, cherchant partout du repos, et ne le trouvant nulle part. Quelquefois à la vue de Paul, elle allait vers lui en folâtrant ; puis tout-à-coup, près de l'aborder, un embarras subit la saisissait, un rouge vif colorait ses joues pâles, et ses yeux n'osaient plus s'arrêter sur les siens. Paul lui disait : « La verdure couvre ces rochers ; nos oiseaux chantent quand ils te voient ; tout est gai autour de toi : toi seule es triste. » Et il cherchait à la ranimer en l'embrassant ; mais elle détournait la tête, et fuyait tremblante vers sa mère. L'infortunée se sentait troublée par les caresses de son frère. Paul ne comprenait rien à des caprices si nouveaux et si étranges. Un mal n'arrive guère seul.

Un de ces étés qui désolent de temps à autre les terres situées entre les tropiques vint étendre ici ses ravages. C'était vers la fin de décembre, lorsque le soleil, au capricorne, échauffe pendant trois semaines l'Ile-de-France de ses feux verticaux. Le vent du sud-est, qui y règne presque toute l'année, n'y soufflait plus. De longs tourbillons de poussière s'élevaient sur les chemins, et restaient suspendus en l'air. La terre se fendait de toutes parts ; l'herbe était brûlée ; des exhalaisons chaudes sortaient du flanc des montagnes, et la plupart de leurs ruisseaux étaient desséchés. Aucun nuage ne venait du côté de la mer. Seulement, pendant le jour, des vapeurs rousses s'élevaient de dessus ses plaines, et paraissaient, au coucher du soleil, comme les flammes d'un incendie. La nuit même n'apportait aucun rafraîchissement à l'atmosphère embrasée. L'orbe de la lune, tout rouge, se levait, dans un horizon embrumé, d'une grandeur démesurée. Les troupeaux, abattus sur les flancs des collines, le cou tendu vers le ciel, aspirant l'air, faisaient retentir les vallons de tristes mugissements. Le Cafre même qui les conduisait se couchait sur la terre pour y trouver de la fraîcheur ; mais partout le sol était brûlant, et l'air étouffant retentissait du bourdonnement des insectes, qui cherchaient à se désaltérer dans le sang des hommes et des animaux.

Dans une de ces nuits ardentes, Virginie sentit redoubler tous les symptômes de son mal. Elle se levait, elle s'asseyait, elle se recouchait, et ne trouvait dans aucune attitude ni le sommeil ni le repos. Elle s'achemine, à la clarté de la lune, vers sa fontaine. Elle en aperçoit la source, qui, malgré la sécheresse, coulait encore en filets d'argent sur les flancs bruns du rocher. Elle se plonge dans son bassin. D'abord, la fraîcheur ranime ses sens, et mille souvenirs agréables se présentent à son esprit. Elle se rappelle que, dans son enfance, sa mère et Marguerite s'amusaient à la baigner avec Paul dans ce même lieu ; que Paul ensuite, réservant ce bain pour elle seule, en avait creusé le lit, couvert le fond de sable, et semé sur ses bords des herbes aromatiques. Elle entrevoit dans l'eau, sur ses bras nus et sur son sein, les reflets des deux palmiers plantés à la naissance de son frère et à la sienne, qui entrelaçaient au-dessus de sa tête leurs rameaux verts et leurs jeunes cocos. Elle pense à l'amitié de Paul, plus douce que les parfums, plus pure que l'eau des fontaines, plus forte que les palmiers unis, et elle soupire. Elle songe à la nuit, à la solitude ; et un feu dévorant la saisit. Aussitôt elle sort, effrayée, de ces dangereux ombrages, et de ces eaux plus brûlantes que les soleils de la zone torride. Elle court auprès de sa mère chercher un appui contre elle-même. Plusieurs fois, voulant lui raconter ses peines, elle lui pressa les mains dans les siennes ; plusieurs fois elle fut près de prononcer le nom de Paul, mais son cœur oppressé laissa sa langue sans expression ; et posant sa tête sur le sein maternel, elle ne put que l'inonder de ses larmes.

Madame de La Tour pénétrait bien la cause du mal de sa fille, mais elle n'osait elle-même lui en parler. « Mon enfant, lui disait-elle, adresse-toi à Dieu, qui dispose à son gré de la santé et de la vie. Il t'éprouve aujourd'hui, pour te récompenser demain. Songe que nous ne sommes sur la terre que pour exercer la vertu. »

Cependant ces chaleurs excessives élevèrent de l'océan des vapeurs qui couvrirent l'île comme un vaste parasol. Les sommets des montagnes les rassemblaient autour d'eux, et de longs sillons de feu sortaient de temps en temps de leurs pitons embrumés. Bientôt des tonnerres affreux firent retentir de leurs éclats les bois, les plaines et les vallons ; des pluies épouvantables, semblables à des cataractes, tombèrent du ciel. Des torrents écumeux se précipitaient le long des flancs de cette montagne ; le fond de ce bassin était devenu une mer ; le plateau où sont assises les cabanes, une petite île, et l'entrée de ce vallon une écluse par où sortaient pêle-mêle, avec les eaux

Il ne me sera jamais enlevé!....
Paul et Virginie.

mugissantes, les terres, les arbres et les rochers.

Toute la famille tremblante priait Dieu dans la case de madame de La Tour, dont le toit craquait horriblement par l'effort des vents. Quoique la porte et les contrevents en fussent bien fermés, tous les objets s'y distinguaient à travers les jointures de la charpente, tant les éclairs étaient vifs et fréquents! L'intrépide Paul, suivi de Domingue, allait d'une case à l'autre, malgré la fureur de la tempête, assurant ici une paroi avec un arc-boutant, et enfonçant là un pieu; il ne rentrait que pour consoler la famille par l'espoir prochain du retour du beau temps. En effet, sur le soir la pluie cessa, le vent alizé du sud-est reprit son cours ordinaire, les nuages orageux furent jetés vers le nord-ouest, et le soleil couchant parut à l'horizon.

Le premier désir de Virginie fut de revoir le lieu de son repos. Paul s'approcha d'elle d'un air timide, et lui présenta son bras pour l'aider à marcher. Elle l'accepta en souriant, et ils sortirent ensemble de la case. L'air était frais et sonore. Des fumées blanches s'élevaient sur les croupes de la montagne, sillonnée çà et là de l'écume des torrents qui tarissaient de tous côtés. Pour le jardin, il était tout bouleversé par d'affreux ravins; la plupart des arbres fruitiers avaient leurs racines en haut; de grands amas de sable couvraient les lisières des prairies, et avaient comblé le bain de Virginie. Cependant les deux cocotiers étaient debout, et bien verdoyants. Mais il n'y avait plus aux environs ni gazons, ni berceaux, ni oiseaux, excepté quelques bengalis qui, sur la pointe des rochers voisins, déploraient, par des chants plaintifs, la perte de leurs petits.

A la vue de cette désolation, Virginie dit à Paul : « Vous aviez apporté ici des oiseaux, l'ouragan les » a tués. Vous aviez planté ce jardin, il est détruit. » Tout périt sur la terre; il n'y a que le ciel qui » ne change point. » Paul lui répondit : « Que ne » puis-je vous donner quelque chose du ciel ! » mais je ne possède rien, même sur la terre. » Virginie reprit en rougissant : « Vous avez à vous » le portrait de saint Paul. » A peine eut-elle parlé, qu'il courut le chercher dans la case de sa mère. Ce portrait était une petite miniature, représentant l'ermite Paul. Marguerite y avait une grande dévotion. Elle l'avait porté long-temps suspendu à son cou, étant fille; ensuite, devenue mère, elle l'avait mis à celui de son enfant. Il était même arrivé qu'étant enceinte de lui, et délaissée de tout le monde, à force de contempler l'image de ce bienheureux solitaire, son fruit en avait contracté quelque ressemblance; ce qui l'avait décidée à lui en faire porter le nom, et à lui donner pour patron un saint qui avait passé sa vie loin des hommes, qui l'avaient elle-même abusée, puis abandonnée. Virginie, en recevant ce petit portrait des mains de Paul, lui dit d'un ton ému : « Mon frère, il ne me sera jamais enlevé tant » que je vivrai, et je n'oublierai jamais que tu m'as » donné la seule chose que tu possèdes au monde. » A ce ton d'amitié, à ce retour inespéré de familiarité et de tendresse, Paul voulut l'embrasser; mais, aussi légère qu'un oiseau, elle lui échappa, et le laissa hors de lui, ne concevant rien à une conduite si extraordinaire.

Cependant Marguerite disait à madame de La Tour : « Pourquoi ne marions-nous pas nos en- » fants? Ils ont l'un pour l'autre une passion ex- » trême, dont mon fils ne s'aperçoit pas encore. » Lorsque la nature lui aura parlé, en vain nous » veillons sur eux; tout est à craindre. » Madame de La Tour lui répondit : « Ils sont trop jeunes » et trop pauvres. Quel chagrin pour nous, si Vir- » ginie mettait au monde des enfants malheureux, » qu'elle n'aurait peut-être pas la force d'élever! » Ton noir Domingue est bien cassé; Marie est » infirme; moi-même, chère amie, depuis quinze » ans je me sens fort affaiblie. On vieillit prompte- » ment dans les pays chauds, et encore plus vite » dans le chagrin. Paul est notre unique espérance. » Attendons que l'âge ait formé son tempérament, » et qu'il puisse nous soutenir par son travail. » A présent tu le sais, nous n'avons guère que » le nécessaire de chaque jour. Mais en faisant » passer Paul dans l'Inde pour un peu de temps, » le commerce lui fournira de quoi acheter quel- » ques esclaves; et, à son retour ici, nous le » marierons à Virginie; car je crois que personne » ne peut rendre ma chère fille aussi heureuse que » ton fils Paul. Nous en parlerons à notre voisin. »

En effet, ces dames me consultèrent, et je fus de leur avis. « Les mers de l'Inde sont belles, leur » dis-je. En prenant une saison favorable pour » passer d'ici aux Indes, c'est un voyage de six se- » maines au plus, et d'autant de temps pour en re- » venir. Nous ferons dans notre quartier une pa- » cotille à Paul; car j'ai des voisins qui l'aiment » beaucoup. Quand nous ne lui donnerions que du » coton brut, dont nous ne faisons aucun usage, » faute de moulins pour l'éplucher; du bois d'é- » bène, si commun ici qu'il sert au chauffage, et » quelques résines qui se perdent dans nos bois; » tout cela se vend assez bien aux Indes, et nous » est fort inutile ici. »

Je me chargeai de demander à M. de La Bourdonnays une permission d'embarquement pour ce voyage, et, avant tout, je voulus en prévenir Paul. Mais quel fut mon étonnement, lorsque ce jeune homme me dit, avec un bon sens fort au-dessus de son âge : « Pourquoi voulez-vous que je
» quitte ma famille, pour je ne sais quel projet de
» fortune ? Y a-t-il un commerce au monde plus
» avantageux que la culture d'un champ, qui rend
» quelquefois cinquante et cent pour un ? Si nous
» voulons faire le commerce, ne pouvons-nous pas
» le faire en portant notre superflu d'ici à la ville,
» sans que j'aille courir aux Indes ? Nos mères me
» disent que Domingue est vieux et cassé ; mais
» moi, je suis jeune, et je me renforce chaque
» jour. Il n'a qu'à leur arriver pendant mon ab-
» sence quelque accident, surtout à Virginie, qui
» est déjà souffrante. Oh non, non ! je ne saurais
» me résoudre à les quitter. »

La réponse me jeta dans un grand embarras ; car madame de La Tour ne m'avait pas caché l'état de Virginie, et le désir qu'elle avait de gagner quelques années sur l'âge de ces jeunes gens, en les éloignant l'un de l'autre. C'étaient des motifs que je n'osais même faire soupçonner à Paul.

Sur ces entrefaites, un vaisseau arrivé de France apporta à madame de La Tour une lettre de sa tante. La crainte de la mort, sans laquelle les cœurs durs ne seraient jamais sensibles, l'avait frappée. Elle sortait d'une grande maladie dégénérée en langueur, et que l'âge rendait incurable. Elle mandait à sa nièce de repasser en France ; ou, si sa santé ne lui permettait pas de faire un si long voyage, elle lui enjoignait d'y envoyer Virginie, à laquelle elle destinait une bonne éducation, un parti à la cour, et la donation de tous ses biens. Elle attachait, disait-elle, le retour de ses bontés à l'exécution de ses ordres.

A peine cette lettre fut lue dans la famille, qu'elle y répandit la consternation. Domingue et Marie se mirent à pleurer. Paul, immobile d'étonnement, paraissait prêt à se mettre en colère. Virginie, les yeux fixés sur sa mère, n'osait proférer un mot. « Pourriez-vous nous quitter
» maintenant ? dit Marguerite à madame de La
» Tour. — Non, mon amie ; non, mes enfants,
» reprit madame de La Tour ; je ne vous quitterai
» point. J'ai vécu avec vous, et c'est avec vous que
» je veux mourir. Je n'ai connu le bonheur que
» dans votre amitié. Si ma santé est dérangée,
» d'anciens chagrins en sont cause. J'ai été bles-
» sée au cœur par la dureté de mes parents, et par
» la perte de mon cher époux. Mais, depuis, j'ai
» goûté plus de consolation et de félicité avec vous,
» sous ces pauvres cabanes, que jamais les riches-
» ses de ma famille ne m'en ont fait même espérer
» dans ma patrie. »

A ce discours, des larmes de joie coulèrent de tous les yeux. Paul, serrant madame de La Tour dans ses bras, lui dit : « Je ne vous quitterai pas
» non plus. Je n'irai point aux Indes. Nous tra-
» vaillerons tous pour vous, chère maman ; rien
» ne vous manquera jamais avec nous. » Mais, de toute la société, la personne qui témoigna le moins de joie, et qui y fut la plus sensible, fut Virginie. Elle parut le reste du jour d'une gaieté douce, et le retour de sa tranquillité mit le comble à la satisfaction générale.

Le lendemain, au lever du soleil, comme ils venaient de faire tous ensemble, suivant leur coutume, la prière du matin qui précédait le déjeuner, Domingue les avertit qu'un monsieur à cheval, suivi de deux esclaves, s'avançait vers l'habitation. C'était M. de La Bourdonnays. Il entra dans la case, où toute la famille était à table. Virginie venait de servir, suivant l'usage du pays, du café, et du riz cuit à l'eau. Elle y avait joint des patates chaudes et des bananes fraîches. Il y avait pour toute vaisselle des moitiés de calebasses, et pour linge des feuilles de bananier. Le gouverneur témoigna d'abord quelque étonnement de la pauvreté de cette demeure. Ensuite, s'adressant à madame de La Tour, il lui dit que les affaires générales l'empêchaient quelquefois de songer aux particulières ; mais qu'elle avait bien des droits sur lui. « Vous
» avez, ajouta-t-il, madame, une tante de qualité
» et fort riche à Paris, qui vous réserve sa fortune,
» et vous attend auprès d'elle. » Madame de La Tour répondit au gouverneur que sa santé altérée ne lui permettait pas d'entreprendre un si long voyage. « Au moins, reprit M. de La Bourdonnays,
» pour mademoiselle votre fille, si jeune et si
» aimable, vous ne sauriez, sans injustice, la priver
» d'une si grande succession. Je ne vous cache
» pas que votre tante a employé l'autorité pour
» la faire venir auprès d'elle. Les bureaux m'ont
» écrit à ce sujet d'user, s'il le fallait, de mon
» pouvoir ; mais, ne l'exerçant que pour rendre
» heureux les habitants de cette colonie, j'attends
» de votre volonté seule un sacrifice de quelques
» années, d'où dépend l'établissement de votre
» fille, et le bien-être de toute votre vie. Pour-
» quoi vient-on aux îles ? n'est-ce pas pour y faire
» fortune ? n'est-il pas bien plus agréable de l'aller
» retrouver dans sa patrie ? »

En disant ces mots, il posa sur la table un gros sac de piastres que portait un de ses noirs. « Voilà, » ajouta-t-il, ce qui est destiné aux préparatifs de » voyage de mademoiselle votre fille, de la part de » votre tante. » Ensuite il finit par reprocher avec bonté à madame de La Tour de ne s'être pas adressée à lui dans ses besoins, en la louant cependant de son noble courage. Paul aussitôt prit la parole, et dit au gouverneur : « Monsieur, ma » mère s'est adressée à vous, et vous l'avez mal » reçue. — Avez-vous un autre enfant, madame? » dit M. de La Bourdonnays à madame de La » Tour. — Non, monsieur, reprit-elle; celui-ci est » le fils de mon amie, mais lui et Virginie nous » sont communs, et également chers. — Jeune » homme, dit le gouverneur à Paul, quand vous » aurez acquis l'expérience du monde, vous con- » naîtrez le malheur des gens en place; vous sau- » rez combien il est facile de les prévenir, combien » aisément ils donnent au vice intrigant ce qui » appartient au mérite qui se cache. »

M. de La Bourdonnays, invité par madame de La Tour, s'assit à table auprès d'elle. Il déjeuna, à la manière des créoles, avec du café mêlé avec du riz cuit à l'eau. Il fut charmé de l'ordre et de la propreté de la petite case, de l'union de ces deux familles charmantes, et du zèle même de leurs vieux domestiques. « Il n'y a, dit-il, ici que des » meubles de bois; mais on y trouve des visages » sereins et des cœurs d'or. » Paul, charmé de la popularité du gouverneur, lui dit : « Je desire être » votre ami, car vous êtes un honnête homme. » M. de La Bourdonnays reçut avec plaisir cette marque de cordialité insulaire. Il embrassa Paul en lui serrant la main, et l'assura qu'il pouvait compter sur son amitié.

Après déjeuner, il prit madame de La Tour en particulier, et lui dit qu'il se présentait une occasion prochaine d'envoyer sa fille en France sur un vaisseau prêt à partir; qu'il la recommanderait à une dame de ses parentes qui y était passagère ; qu'il fallait bien se garder d'abandonner une fortune immense pour une satisfaction de quelques années. « Votre tante, ajouta-t-il en s'en allant, » ne peut pas traîner plus de deux ans : ses amis » me l'ont mandé. Songez-y bien. La fortune ne » vient pas tous les jours. Consultez-vous. Tous les » gens de bon sens seront de mon avis. » Elle lui répondit que, « ne desirant désormais d'autre bon- » heur dans le monde que celui de sa fille, elle » laisserait son départ pour la France entièrement » à sa disposition. »

Madame de La Tour n'était pas fâchée de trouver une occasion de séparer pour quelque temps Virginie et Paul, en procurant un jour leur bonheur mutuel. Elle prit donc sa fille à part, et lui dit : « Mon enfant, nos domestiques sont vieux; Paul » est bien jeune; Marguerite vient sur l'âge; je » suis déjà infirme : si j'allais mourir, que devien- » driez-vous, sans fortune, au milieu de ces dé- » serts? vous resteriez donc seule, n'ayant per- » sonne qui puisse vous être d'un grand secours, » et obligée, pour vivre, de travailler sans cesse à » la terre comme une mercenaire. Cette idée me » pénètre de douleur. » Virginie lui répondit : « Dieu nous a condamnés au travail; vous m'avez » appris à travailler, et à le bénir chaque jour. » Jusqu'à présent il ne nous a pas abandonnés; il » ne nous abandonnera point encore. Sa provi- » dence veille particulièrement sur les malheu- » reux. Vous me l'avez dit tant de fois, ma mère! » Je ne saurais me résoudre à vous quitter. » Madame de La Tour, émue, reprit : « Je n'ai d'autre » projet que de te rendre heureuse, et de te ma- » rier un jour avec Paul, qui n'est point ton » frère. Songe maintenant que sa fortune dépend » de toi. »

Une jeune fille qui aime croit que tout le monde l'ignore. Elle met sur ses yeux le voile qu'elle a sur son cœur; mais quand il est soulevé par une main amie, alors les peines secrètes de son amour s'échappent comme par une barrière ouverte, et les doux épanchements de la confiance succèdent aux réserves et aux mystères dont elle s'environnait. Virginie, sensible aux nouveaux témoignages de bonté de sa mère, lui raconta quels avaient été ses combats, qui n'avaient eu d'autre témoin que Dieu seul; qu'elle voyait les secours de sa providence dans celui d'une mère tendre qui approuvait son inclination, et qui la dirigerait par ses conseils; que maintenant, appuyée de son support, tout l'engageait à rester auprès d'elle, sans inquiétude pour le présent, et sans crainte pour l'avenir.

Madame de La Tour, voyant que sa confidence avait produit un effet contraire à celui qu'elle en attendait, lui dit : « Mon enfant, je ne veux point » te contraindre; délibère à ton aise, mais cache » ton amour à Paul. Quand le cœur d'une » fille est pris, son amant n'a plus rien à lui de- » mander. »

Vers le soir, comme elle était seule avec Virginie, il entra chez elle un grand homme vêtu d'une soutane bleue. C'était un ecclésiastique missionnaire de l'île, et confesseur de madame de La Tour et de Virginie. Il était envoyé par le gou-

verneur. « Mes enfants, dit-il en entrant, Dieu
» soit loué! vous voilà riches. Vous pourrez écou-
» ter votre bon cœur, faire du bien aux pauvres.
» Je sais ce que vous a dit M. de La Bourdonnays,
» et ce que vous lui avez répondu. Bonne maman,
» votre santé vous oblige de rester ici; mais vous,
» jeune demoiselle, vous n'avez point d'excuse. Il
» faut obéir à la Providence, à nos vieux parents,
» même injustes. C'est un sacrifice; mais c'est
» l'ordre de Dieu. Il s'est dévoué pour nous ; il
» faut, à son exemple, se dévouer pour le bien de
» sa famille. Votre voyage en France aura une fin
» heureuse. Ne voulez-vous pas bien y aller, ma
» chère demoiselle ? »

Virginie, les yeux baissés, lui répondit en tremblant : « Si c'est l'ordre de Dieu, je ne m'oppose
» à rien. Que la volonté de Dieu soit faite ! » dit-
elle en pleurant.

Le missionnaire sortit, et fut rendre compte au
gouverneur du succès de sa commission. Cependant madame de La Tour m'envoya prier par Domingue de passer chez elle, pour me consulter sur
le départ de Virginie. Je ne fus point du tout d'a-
vis qu'on la laissât partir. Je tiens pour principes
certains du bonheur qu'il faut préférer les avantages de la nature à tous ceux de la fortune, et
que nous ne devons point aller chercher hors de
nous ce que nous pouvons trouver chez nous. J'é-
tends ces maximes à tout, sans exception. Mais
que pouvaient mes conseils de modération contre
les illusions d'une grande fortune, et mes raisons
naturelles contre les préjugés du monde et une
autorité sacrée pour madame de La Tour? Cette
dame ne me consulta donc que par bienséance, et
elle ne délibéra plus depuis la décision de son confesseur. Marguerite même, qui, malgré les avantages qu'elle espérait pour son fils de la fortune de
Virginie, s'était opposée fortement à son départ,
ne fit plus d'objections. Pour Paul, qui ignorait le
parti auquel on se déterminait, étonné des conversations secrètes de madame de La Tour et de
sa fille, il s'abandonnait à une tristesse sombre.
« On trame quelque chose contre moi, dit-il, puis-
» qu'on se cache de moi. »

Cependant le bruit s'étant répandu dans l'île que
la fortune avait visité ces rochers, on y vit grimper des marchands de toute espèce. Ils déployè-
rent, au milieu de ces pauvres cabanes, les plus
riches étoffes de l'Inde : de superbes basins de
Goudelour, des mouchoirs de Paliacate et de Ma-
zulipatan, des mousselines de Daca, unies, rayées,
brodées, transparentes comme le jour ; des baftas
de Surate d'un si beau blanc, des chittes de toutes
couleurs et des plus rares, à fond sablé et à rameaux verts. Ils déroulèrent de magnifiques étoffes de soie de la Chine, des lampas découpés à
jour, des damas d'un blanc satiné, d'autres d'un
vert de prairie, d'autres d'un rouge à éblouir,
des taffetas roses, des satins à pleine main, des
pékins moelleux comme le drap, des nankins
blancs et jaunes, et jusqu'à des pagnes de Madagascar.

Madame de La Tour voulut que sa fille achetât
tout ce qui lui ferait plaisir ; elle veilla seulement
sur le prix et les qualités des marchandises, de
peur que les marchands ne la trompassent. Virginie choisit tout ce qu'elle crut être agréable à sa
mère, à Marguerite et à son fils. « Ceci, disait-elle,
» était bon pour des meubles ; cela, pour l'usage
» de Marie et de Domingue. » Enfin, le sac de
piastres était employé, qu'elle n'avait pas encore
songé à ses besoins. Il fallut lui faire son partage sur les présents qu'elle avait distribués à la
société.

Paul, pénétré de douleur à la vue de ces dons
de la fortune qui lui présageaient le départ de
Virginie, s'en vint quelques jours après chez moi.
Il me dit, d'un air accablé : « Ma sœur s'en va ;
» elle fait déjà les apprêts de son voyage. Passez
» chez nous, je vous prie. Employez votre crédit
» sur l'esprit de sa mère et de la mienne pour la
» retenir. » Je me rendis aux instances de Paul,
quoique bien persuadé que mes représentations
seraient sans effet.

Si Virginie m'avait paru charmante en toile
bleue du Bengale, avec un mouchoir rouge autour
de sa tête, ce fut encore tout autre chose quand
je la vis parée à la manière des dames de ce pays.
Elle était vêtue de mousseline blanche doublée de
taffetas rose. Sa taille légère et élevée se dessinait
parfaitement sous son corset ; et ses cheveux
blonds, tressés à double tresse, accompagnaient
admirablement sa tête virginale. Ses beaux yeux
bleus étaient remplis de mélancolie ; et son cœur,
agité par une passion combattue, donnait à son
teint une couleur animée, et à sa voix des sons
pleins d'émotion. Le contraste même de sa parure
élégante, qu'elle semblait porter malgré elle, rendait sa langueur encore plus touchante. Personne
ne pouvait la voir ni l'entendre sans se sentir ému.
La tristesse de Paul en augmenta. Marguerite, affligée de la situation de son fils, lui dit en particulier : « Pourquoi, mon fils, te nourrir de fausses
» espérances, qui rendent les privations encore
» plus amères ? il est temps que je te découvre le
» secret de ta vie et de la mienne. Mademoiselle

» de La Tour appartient, par sa mère, à une pa-
» rente riche et de grande condition ; pour toi, tu
» n'es que le fils d'une pauvre paysanne, et, qui pis
» est, tu es bâtard. »

Ce mot de bâtard étonna beaucoup Paul. Il ne l'avait jamais ouï prononcer ; il en demanda la signification à sa mère, qui lui répondit : « Tu n'as » point eu de père légitime. Lorsque j'étais fille, » l'amour me fit commettre une faiblesse dont tu » as été le fruit. Ma faute t'a privé de ta famille » paternelle ; et mon repentir, de ta famille ma- » ternelle. Infortuné, tu n'as d'autres parents que » moi seule dans le monde ! » Et elle se mit à répandre des larmes. Paul, la serrant dans ses bras, lui dit : « O ma mère ! puisque je n'ai d'autres » parents que vous dans le monde, je vous en ai- » merai davantage. Mais quel secret venez-vous de » me révéler ! Je vois maintenant la raison qui » éloigne de moi mademoiselle de La Tour depuis » deux mois, et qui la décide aujourd'hui à partir. » Ah ! sans doute elle me méprise ! »

Cependant, l'heure du souper étant venue, on se mit à table, où chacun des convives, agité de passions différentes, mangea peu et ne parla point. Virginie en sortit la première, et fut s'asseoir au lieu où nous sommes. Paul la suivit bientôt après, et vint se mettre auprès d'elle. L'un et l'autre gardèrent quelque temps un profond silence. Il faisait une de ces nuits délicieuses, si communes entre les tropiques, et dont le plus habile pinceau ne rendrait pas la beauté. La lune paraissait au milieu du firmament, entourée d'un rideau de nuages que ses rayons dissipaient par degrés. Sa lumière se répandait insensiblement sur les montagnes de l'île et sur leurs pitons, qui brillaient d'un vert argenté. Les vents retenaient leurs haleines. On entendait dans les bois, au fond des vallées, au haut des rochers, de petits cris, de doux murmures d'oiseaux qui se caressaient dans leurs nids, réjouis par la clarté de la nuit et la tranquillité de l'air. Tous, jusqu'aux insectes, bruissaient sous l'herbe. Les étoiles étincelaient au ciel, et se réfléchissaient au sein de la mer, qui répétait leurs images tremblantes. Virginie parcourait avec des regards distraits son vaste et sombre horizon, distingué du rivage de l'île par les feux rouges des pêcheurs. Elle aperçut, à l'entrée du port, une lumière et une ombre : c'était le fanal et le corps du vaisseau où elle devait s'embarquer pour l'Europe, et qui, prêt à mettre à la voile, attendait à l'ancre la fin du calme. A cette vue elle se troubla, et détourna la tête, pour que Paul ne la vît pas pleurer.

Madame de La Tour, Marguerite et moi nous étions assis à quelques pas de là sous des bananiers, et dans le silence de la nuit nous entendîmes distinctement leur conversation, que je n'ai pas oubliée.

Paul lui dit : « Mademoiselle, vous partez, dit-
» on, dans trois jours. Vous ne craignez pas de
» vous exposer aux dangers de la mer.... de la
» mer, dont vous êtes si effrayée ? — Il faut, ré-
» pondit Virginie, que j'obéisse à mes parents, à
» mon devoir. — Vous nous quittez, reprit Paul,
» pour une parente éloignée, que vous n'avez ja-
» mais vue ! — Hélas ! dit Virginie, je voulais res-
» ter ici toute ma vie ; ma mère ne l'a pas voulu.
» Mon confesseur m'a dit que la volonté de Dieu
» était que je partisse ; que la vie était une épreu-
» ve.... Oh ! c'est une épreuve bien dure ! »

« Quoi ! repartit Paul, tant de raisons vous ont
» décidée, et aucune ne vous a retenue ! Ah ! il en
» est encore que vous ne me dites pas. La richesse
» a de grands attraits. Vous trouverez bientôt,
» dans un nouveau monde, à qui donner le nom
» de frère, que vous ne me donnez plus. Vous le
» choisirez, ce frère, parmi des gens dignes de
» vous par une naissance et une fortune que je ne
» puis vous offrir. Mais, pour être plus heureuse,
» où voulez-vous aller ? Dans quelle terre aborde-
» rez-vous qui vous soit plus chère que celle où vous
» êtes née ? Où formerez-vous une société plus ai-
» mable que celle qui vous aime ? Comment vivrez-
» vous sans les caresses de votre mère, auxquelles
» vous êtes si accoutumée ? Que deviendra-t-elle
» elle-même, déjà sur l'âge, lorsqu'elle ne vous
» verra plus à ses côtés, à la table, dans la maison,
» à la promenade, où elle s'appuyait sur vous ? Que
» deviendra la mienne, qui vous chérit autant
» qu'elle ? Que leur dirai-je à l'une et à l'autre,
» quand je les verrai pleurer de votre absence ?
» Cruelle ! je ne vous parle point de moi : mais
» que deviendrai-je moi-même, quand le matin
» je ne vous verrai plus avec nous, et que la nuit
» viendra sans nous réunir ; quand j'apercevrai ces
» deux palmiers plantés à notre naissance, et si
» long-temps témoins de notre amitié mutuelle ?
» Ah ! puisqu'un nouveau sort te touche, que tu
» cherches d'autres pays que ton pays natal, d'au-
» tres biens que ceux de mes travaux, laisse-moi
» t'accompagner sur le vaisseau où tu pars. Je te
» rassurerai dans les tempêtes, qui te donnent
» tant d'effroi sur la terre. Je reposerai ta tête sur
» mon sein ; je réchaufferai ton cœur contre mon
» cœur ; et en France, où tu vas chercher de la
» fortune et de la grandeur, je te servirai comme

» ton esclave. Heureux de ton seul bonheur, dans
» ces hôtels où je te verrai servie et adorée, je
» serai encore assez riche et assez noble pour te
» faire le plus grand des sacrifices, en mourant à
» tes pieds. »

Les sanglots étouffèrent sa voix, et nous entendîmes aussitôt celle de Virginie qui lui disait ces mots entrecoupés de soupirs..... « C'est pour toi
» que je pars..... pour toi, que j'ai vu chaque
» jour courbé par le travail pour nourrir deux familles
» infirmes. Si je me suis prêtée à l'occasion
» de devenir riche, c'est pour te rendre mille fois
» le bien que tu nous as fait. Est-il une fortune digne
» de ton amitié? Que me dis-tu de ta naissance?
» Ah! s'il m'était encore possible de me
» donner un frère, en choisirais-je un autre que
» toi? O Paul! ô Paul! tu m'es beaucoup plus
» cher qu'un frère! Combien m'en a-t-il coûté
» pour te repousser loin de moi! Je voulais que tu
» m'aidasses à me séparer de moi-même, jusqu'à
» ce que le ciel pût bénir notre union. Maintenant
» je reste, je pars, je vis, je meurs; fais de moi
» ce que tu veux. Fille sans vertu! j'ai pu résister
» à tes caresses, et je ne puis soutenir ta douleur. »

A ces mots, Paul la saisit dans ses bras; et la tenant étroitement serrée, il s'écria d'une voix terrible : « Je pars avec elle, rien ne pourra m'en
» détacher. » Nous courûmes tous à lui. Madame de La Tour lui dit : « Mon fils, si vous nous quittez,
» qu'allons-nous devenir? »

Il répéta en tremblant ces mots: « Mon fils....
» mon fils.... Vous, ma mère! lui dit-il, vous qui
» séparez le frère d'avec la sœur! Tous deux nous
» avons sucé votre lait; tous deux, élevés sur vos
» genoux, nous avons appris de vous à nous aimer;
» tous deux nous nous le sommes dit mille
» fois : et maintenant vous l'éloignez de moi!
» Vous l'envoyez en Europe, dans ce pays barbare
» qui vous a refusé un asile, et chez des parents
» cruels qui vous ont vous-même abandonnée!
» Vous me direz : Vous n'avez plus de droits sur
» elle; elle n'est pas votre sœur. Elle est tout pour
» moi, ma richesse, ma famille, ma naissance,
» tout mon bien. Je n'en connais plus d'autre.
» Nous n'avons eu qu'un toit, qu'un berceau;
» nous n'aurons qu'un tombeau. Si elle part, il
» faut que je la suive. Le gouverneur m'en empêchera.
» M'empêchera-t-il de me jeter à la mer?
» Je la suivrai à la nage. La mer ne saurait m'être
» plus funeste que la terre. Ne pouvant vivre ici
» près d'elle, au moins je mourrai sous ses yeux,
» loin de vous. Mère barbare! femme sans pitié!
» puisse cet océan où vous l'exposez ne jamais
» vous la rendre! puissent ses flots vous rapporter
» mon corps, et, le roulant avec le sien parmi les
» cailloux de ces rivages, vous donner, par la
» perte de vos deux enfants, un sujet éternel de
» douleur! »

A ces mots, je le saisis dans mes bras; car le désespoir lui ôtait la raison. Ses yeux étincelaient; la sueur coulait à grosses gouttes sur son visage en feu; ses genoux tremblaient, et je sentais dans sa poitrine brûlante son cœur battre à coups redoublés.

Virginie effrayée lui dit : « O mon ami! j'atteste
» les plaisirs de notre premier âge, tes maux, les
» miens, et tout ce qui doit lier à jamais deux
» infortunés, si je reste, de ne vivre que pour toi;
» si je pars, de revenir un jour pour être à toi.
» Je vous prends à témoin, vous tous qui avez
» élevé mon enfance, qui disposez de ma vie, et
» qui voyez mes larmes. Je le jure par ce ciel qui
» m'entend, par cette mer que je dois traverser,
» par l'air que je respire, et que je n'ai jamais
» souillé du mensonge. »

Comme le soleil fond et précipite un rocher de glace du sommet des Apennins, ainsi tomba la colère impétueuse de ce jeune homme à la voix de l'objet aimé. Sa tête altière était baissée, et un torrent de pleurs coulait de ses yeux. Sa mère, mêlant ses larmes aux siennes, le tenait embrassé sans pouvoir parler; madame de La Tour, hors d'elle, me dit : « Je n'y puis tenir; mon ame est
» déchirée. Ce malheureux voyage n'aura pas lieu.
» Mon voisin, tâchez d'emmener mon fils. Il y a
» huit jours que personne ici n'a dormi. »

Je dis à Paul : « Mon ami, votre sœur restera.
» Demain nous en parlerons au gouverneur; laissez
» reposer votre famille, et venez passer cette nuit
» chez moi. Il est tard, il est minuit; la croix du
» sud est droite sur l'horizon. »

Il se laissa emmener sans rien dire, et après une nuit fort agitée, il se leva au point du jour, et s'en retourna à son habitation.

Mais qu'est-il besoin de vous continuer plus long-temps le récit de cette histoire? Il n'y a jamais qu'un côté agréable à connaître dans la vie humaine. Semblable au globe sur lequel nous tournons, notre révolution rapide n'est que d'un jour, et une partie de ce jour ne peut recevoir la lumière que l'autre ne soit livrée aux ténèbres.

« Mon père, lui dis-je, je vous en conjure,
» achevez de me raconter ce que vous avez commencé
» d'une manière si touchante. Les images
» du bonheur nous plaisent, mais celles du mal-

» heur nous instruisent. Que devint, je vous prie, » l'infortuné Paul? »

Le premier objet que vit Paul, en retournant à l'habitation, fut la négresse Marie, qui, montée sur un rocher, regardait vers la pleine mer. Il lui cria du plus loin qu'il l'aperçut : « Où est Virginie? » Marie tourna la tête vers son jeune maître, et se mit à pleurer. Paul, hors de lui, revint sur ses pas, et courut au port. Il y apprit que Virginie s'était embarquée au point du jour, que son vaisseau avait mis à la voile aussitôt, et qu'on ne la voyait plus. Il revint à l'habitation, qu'il traversa sans parler à personne.

Quoique cette enceinte de rocher paraisse derrière nous presque perpendiculaire, ces plateaux verts, qui en divisent la hauteur, sont autant d'étages par lesquels on parvient, au moyen de quelques sentiers difficiles, jusqu'au pied de ce cône de rochers incliné et inaccessible qu'on appelle le Pouce. A la base de ce rocher est une esplanade couverte de grands arbres, mais si élevée et si escarpée, qu'elle est comme une grande forêt dans l'air, environnée de précipices effroyables. Les nuages que le sommet du Pouce attire sans cesse autour de lui y entretiennent plusieurs ruisseaux, qui tombent à une si grande profondeur au fond de la vallée située au revers de cette montagne, que de cette hauteur on n'entend point le bruit de leur chute. De ce lieu, on voit une grande partie de l'île avec ses mornes surmontés de leurs pitons, entre autres Piéter-Booth et les Trois-Mamelles, avec leurs vallons remplis de forêts; puis la pleine mer, et l'île de Bourbon, qui est à quarante lieues de là vers l'occident. Ce fut de cette élévation que Paul aperçut le vaisseau qui emmenait Virginie. Il le vit à plus de dix lieues au large, comme un point noir au milieu de l'Océan. Il resta une partie du jour tout occupé à le considérer : il était déjà disparu, qu'il croyait le voir encore; et quand il fut perdu dans la vapeur de l'horizon, il s'assit dans ce lieu sauvage, toujours battu des vents qui y agitent sans cesse les sommets des palmistes et des tatamaques. Leur murmure sourd et mugissant ressemble au bruit lointain des orgues, et inspire une profonde mélancolie. Ce fut là que je trouvai Paul, la tête appuyée contre le rocher, et les yeux fixés vers la terre. Je marchais après lui depuis le lever du soleil; j'eus beaucoup de peine à le déterminer à descendre, et à revoir sa famille. Je le ramenai cependant à son habitation; et son premier mouvement, en revoyant madame de La Tour, fut de se plaindre amèrement qu'elle l'avait trompé. Madame de La Tour nous dit que, le vent s'étant levé vers les trois heures du matin, le vaisseau étant au moment d'appareiller, le gouverneur, suivi d'une partie de son état-major et du missionnaire, était venu chercher Virginie en palanquin; et que, malgré ses propres raisons, ses larmes et celles de Marguerite, tout le monde criant que c'était pour leur bien à tous, ils avaient emmené sa fille à demi mourante. « Au moins, répondit Paul, » si je lui avais fait mes adieux, je serais tran- » quille à présent. Je lui aurais dit : Virginie, si » pendant le temps que nous avons vécu ensemble » il m'est échappé quelque parole qui vous ait » offensée, avant de me quitter pour jamais, dites- » moi que vous me la pardonnez. Je lui aurais dit : » Puisque je ne suis plus destiné à vous revoir, » adieu, ma chère Virginie! adieu! Vivez loin de » moi, contente et heureuse! » Et comme il vit que sa mère et madame de La Tour pleuraient : « Cherchez maintenant, leur dit-il, quelque autre » que moi qui essuie vos larmes! » Puis il s'éloigna d'elles en gémissant, et se mit à errer çà et là dans l'habitation. Il en parcourait tous les endroits qui avaient été les plus chers à Virginie. Il disait à ses chèvres et à leurs petits chevreaux, qui le suivaient en bêlant : « Que me demandez- » vous? vous ne reverrez plus avec moi celle qui » vous donnait à manger dans sa main. » Il fut au Repos de Virginie; et, à la vue des oiseaux qui voltigeaient autour, il s'écria : « Pauvres oiseaux! » vous n'irez plus au devant de celle qui était » votre bonne nourrice. » En voyant Fidèle qui flairait çà et là, et marchait devant lui en quêtant, il soupira, et lui dit : « Oh! tu ne la retrouveras » plus jamais. » Enfin, il fut s'asseoir sur le rocher où il lui avait parlé la veille, et, à l'aspect de la mer où il avait vu disparaître le vaisseau qui l'avait emmenée, il pleura abondamment.

Cependant nous le suivions pas à pas, craignant quelque suite funeste de l'agitation de son esprit. Sa mère et madame de La Tour le priaient, par les termes les plus tendres, de ne pas augmenter leur douleur par son désespoir. Enfin, celle-ci parvint à le calmer en lui prodiguant les noms les plus propres à réveiller ses espérances. Elle l'appelait son fils, son cher fils, son gendre, celui à qui elle destinait sa fille. Elle l'engagea à rentrer dans la maison, et à y prendre quelque peu de nourriture. Il se mit à table avec nous, auprès de la place où se mettait la compagne de son enfance; et, comme si elle l'eût encore occupée, il lui adressait la parole, et lui présentait les mets qu'il savait lui être les plus agréables; mais dès qu'il s'apercevait de son erreur, il se mettait à pleurer. Les jours suivants, il recueillit tout ce qui avait été à son usage particulier, les derniers bouquets qu'elle avait portés, une tasse de coco où elle avait coutume de boire; et, comme si ces restes de son amie eussent été les choses du monde les plus précieuses, il les baisait et les mettait dans son sein. L'ambre ne répand pas un parfum aussi doux que les objets touchés par l'objet que l'on aime. Enfin, voyant que ses regrets augmentaient ceux de sa mère et de madame de La Tour, et que les besoins de la famille demandaient un travail continuel, il se mit, avec l'aide de Domingue, à réparer le jardin.

Bientôt ce jeune homme, indifférent comme un créole pour tout ce qui se passe dans le monde, me pria de lui apprendre à lire et à écrire, afin qu'il pût entretenir une correspondance avec Virginie. Il voulut ensuite s'instruire dans la géographie, pour se faire une idée du pays où elle débarquerait; et dans l'histoire, pour connaître les mœurs de la société où elle allait vivre. Ainsi il s'était perfectionné dans l'agriculture, et dans l'art de disposer avec agrément le terrain le plus irrégulier, par le sentiment de l'amour. Sans doute, c'est aux jouissances que se propose cette passion ardente et inquiète que les hommes doivent la plupart des sciences et des arts; et c'est de ses privations qu'est née la philosophie, qui apprend à se consoler de tout. Ainsi la nature, ayant fait l'amour le lien de tous les êtres, l'a rendu le premier mobile de nos sociétés, et l'instigateur de nos lumières et de nos plaisirs.

Paul ne trouva pas beaucoup de goût dans l'étude de la géographie, qui, au lieu de nous décrire la nature de chaque pays, ne nous en présente que les divisions politiques. L'histoire, et surtout l'histoire moderne, ne l'intéressa guère davantage. Il n'y voyait que des malheurs généraux et périodiques, dont il n'apercevait pas les causes; des guerres sans sujet et sans objet; des intrigues obscures; des nations sans caractère, et des princes sans humanité. Il préférait à cette lecture celle des romans, qui, s'occupant davantage des sentiments et des intérêts des hommes, lui offraient quelquefois des situations pareilles à la sienne. Aussi, aucun livre ne lui fit autant de plaisir que le *Télémaque*, par ses tableaux de la vie champêtre, et des passions naturelles au cœur humain. Il en lisait à sa mère et à madame de La Tour les endroits qui l'affectaient davantage: alors, ému par de touchants souvenirs, sa voix s'étouffait, et les larmes coulaient de ses yeux. Il semblait trouver dans Virginie la dignité et la sagesse d'Antiope, avec les malheurs et la tendresse d'Eucharis. D'un autre côté, il fut tout bouleversé par la lecture de nos romans à la mode, pleins de mœurs et de maximes licencieuses; et quand il sut que ces romans renfermaient une peinture véritable des sociétés de l'Europe, il craignit, non sans quelque apparence de raison, que Virginie ne vînt à s'y corrompre et à l'oublier.

En effet, plus d'un an et demi s'était écoulé sans que madame de La Tour eût des nouvelles de sa tante et de sa fille: seulement, elle avait appris, par une voie étrangère, que celle-ci était arrivée heureusement en France. Enfin, elle reçut, par un vaisseau qui allait aux Indes, un paquet, et une lettre écrite de la propre main de Virginie. Malgré la circonspection de son aimable et indulgente fille, elle jugea qu'elle était fort malheureuse. Cette lettre peignait si bien sa situation et son caractère, que je l'ai retenue presque mot pour mot.

« TRÈS CHÈRE ET BIEN AIMÉE MAMAN,

» Je vous ai déjà écrit plusieurs lettres de mon
» écriture; et comme je n'en ai pas eu de réponse,
» j'ai lieu de craindre qu'elles ne vous soient point
» parvenues. J'espère mieux de celle-ci, par les
» précautions que j'ai prises pour vous donner de
» mes nouvelles, et pour recevoir des vôtres.

» J'ai versé bien des larmes depuis notre séparation, moi qui n'avais presque jamais pleuré
» que sur les maux d'autrui! Ma grand'tante fut
» bien surprise à mon arrivée, lorsque, m'ayant
» questionnée sur mes talents, je lui dis que je ne
» savais ni lire ni écrire. Elle me demanda qu'est-
» ce que j'avais donc appris depuis que j'étais au
» monde; et quand je lui eus répondu que c'était
» à avoir soin d'un ménage et à faire votre volonté, elle me dit que j'avais reçu l'éducation d'une
» servante. Elle me mit, dès le lendemain, en
» pension dans une grande abbaye auprès de
» Paris, où j'ai des maîtres de toute espèce: ils
» m'enseignent, entre autres choses, l'histoire,
» la géographie, la grammaire, la mathématique,
» et à monter à cheval; mais j'ai de si faibles dispositions pour toutes ces sciences, que je ne profiterai pas beaucoup avec ces messieurs. Je sens
» que je suis une pauvre créature, qui ai peu d'esprit, comme ils le font entendre. Cependant,
» les bontés de ma tante ne se refroidissent point.
» Elle me donne des robes nouvelles à chaque
» saison. Elle a mis près de moi deux femmes de
» chambre, qui sont aussi bien parées que de

» grandes dames. Elle m'a fait prendre le titre de
» comtesse ; mais elle m'a fait quitter mon nom
» de La Tour, qui m'était aussi cher qu'à vous-
» même, par tout ce que vous m'avez raconté des
» peines que mon père avait souffertes pour vous
» épouser. Elle a remplacé votre nom de femme
» par celui de votre famille, qui m'est encore cher
» cependant, parcequ'il a été votre nom de fille.
» Me voyant dans une situation aussi brillante, je
» l'ai suppliée de vous envoyer quelques secours.
» Comment vous rendre sa réponse! mais vous
» m'avez recommandé de vous dire toujours
» la vérité. Elle m'a donc répondu que peu
» ne vous servirait à rien, et que, dans la vie
» simple que vous menez, beaucoup vous embar-
» rasserait. J'ai cherché d'abord à vous donner de
» mes nouvelles par une main étrangère, au défaut
» de la mienne. Mais n'ayant, à mon arrivée ici,
» personne en qui je pusse prendre confiance, je
» me suis appliquée nuit et jour à apprendre à lire
» et à écrire : Dieu m'a fait la grace d'en venir à
» bout en peu de temps. J'ai chargé de l'envoi de
» mes premières lettres les dames qui sont autour
» de moi ; j'ai lieu de croire qu'elles les ont remises
» à ma grand'tante. Cette fois j'ai eu recours à
» une pensionnaire de mes amies : c'est sous son
» adresse ci-jointe que je vous prie de me faire passer
» vos réponses. Ma grand'tante m'a interdit toute
» correspondance au dehors, qui pourrait, selon
» elle, mettre obstacle aux grandes vues qu'elle a
» sur moi. Il n'y a qu'elle qui puisse me voir à la
» grille, ainsi qu'un vieux seigneur de ses amis,
» qui a, dit-elle, beaucoup de goût pour ma per-
» sonne. Pour dire la vérité, je n'en ai point du
» tout pour lui, quand même j'en pourrais pren-
» dre pour quelqu'un.

» Je vis au milieu de l'éclat de la fortune, et je
» ne puis disposer d'un sou. On dit que si j'avais
» de l'argent, cela tirerait à conséquence. Mes
» robes même appartiennent à mes femmes de
» chambre, qui se les disputent avant que je les
» aie quittées. Au sein des richesses, je suis bien
» plus pauvre que je ne l'étais auprès de vous ; car
» je n'ai rien à donner. Lorsque j'ai vu que les
» grands talents que l'on m'enseignait ne me pro-
» curaient pas la facilité de faire le plus petit bien,
» j'ai eu recours à mon aiguille, dont heureuse-
» ment vous m'avez appris à faire usage. Je vous
» envoie donc plusieurs paires de bas de ma façon,
» pour vous et maman Marguerite ; un bonnet
» pour Domingue, et un de mes mouchoirs rou-
» ges pour Marie. Je joins à ce paquet des pepins
» et des noyaux des fruits de mes collations, avec

» des graines de toutes sortes d'arbres, que j'ai
» recueillies, à mes heures de récréation, dans le
» parc de l'abbaye. J'y ai ajouté aussi des semen-
» ces de violettes, de marguerites, de bassinets,
» de coquelicots, de bluets, de scabieuses, que j'ai
» ramassées dans les champs. Il y a dans les prai-
» ries de ce pays de plus belles fleurs que dans les
» nôtres ; mais personne ne s'en soucie. Je suis
» sûre que vous et maman Marguerite serez plus
» contentes de ce sac de graines que du sac de
» piastres qui a été la cause de notre séparation et
» de mes larmes. Ce sera une grande joie pour moi,
» si vous avez un jour la satisfaction de voir des
» pommiers croître auprès de nos bananiers, et
» des hêtres mêler leur feuillage à celui de nos
» cocotiers. Vous vous croirez dans la Normandie,
» que vous aimez tant.

» Vous m'avez enjoint de vous mander mes
» joies et mes peines. Je n'ai plus de joie loin de
» vous : pour mes peines, je les adoucis en pensant
» que je suis dans un poste où vous m'avez mise
» par la volonté de Dieu. Mais le plus grand cha-
» grin que j'y éprouve est que personne ne m'y
» parle ici de vous, et que je n'en puis parler à
» personne. Mes femmes de chambre, ou plutôt
» celles de ma grand'tante, car elles sont plus à
» elles qu'à moi, me disent, lorsque je cherche à
» amener la conversation sur des objets qui me
» sont si chers : Mademoiselle, souvenez-vous que
» vous êtes Française, et que vous devez oublier
» le pays des sauvages. Ah ! je m'oublierais plutôt
» moi-même que d'oublier le lieu où je suis née
» et où vous vivez ! C'est ce pays-ci qui est pour
» moi un pays de sauvages ; car j'y vis seule,
» n'ayant personne à qui je puisse faire part de
» l'amour que vous portera jusqu'au tombeau,

» Très chère et bien aimée maman,

» Votre obéissante et tendre fille,
» Virginie de La Tour.

» Je recommande à vos bontés Marie et Domin-
» gue, qui ont pris tant de soin de mon enfance :
» caressez pour moi Fidèle, qui m'a retrouvée dans
» les bois. »

Paul fut bien étonné de ce que Virginie ne parlait pas du tout de lui, elle qui n'avait pas oublié
dans ses ressouvenirs le chien de la maison ; mais
il ne savait pas que, quelque longue que soit la
lettre d'une femme, elle n'y met jamais sa pensée
la plus chère qu'à la fin.

Dans un *post-scriptum*, Virginie recomman-
dait particulièrement à Paul deux espèces de grai-

nes : celles de violettes et de scabieuses. Elle lui donnait quelques instructions sur les caractères de ces plantes, et sur les lieux les plus propres à les semer. « La violette, lui mandait-elle, produit » une petite fleur d'un violet foncé, qui aime à se » cacher sous les buissons; mais son charmant par- » fum l'y fait bientôt découvrir. » Elle lui enjoignait de la semer sur le bord de la fontaine, au pied de son cocotier. « La scabieuse, ajoutait-elle, » donne une jolie fleur d'un bleu mourant, et à » fond noir piqueté de blanc. On la croirait en » deuil. On l'appelle aussi, pour cette raison, fleur » de veuve. Elle se plaît dans les lieux âpres et » battus des vents. » Elle le priait de la semer sur le rocher où elle lui avait parlé la nuit, la dernière fois, et de donner à ce rocher, pour l'amour d'elle, le nom de ROCHER DES ADIEUX.

Elle avait renfermé ces semences dans une petite bourse dont le tissu était fort simple, mais qui parut sans prix à Paul lorsqu'il y aperçut un P et un V entrelacés, et formés de cheveux qu'il reconnut, à leur beauté, pour être ceux de Virginie.

La lettre de cette sensible et vertueuse demoiselle fit verser des larmes à toute la famille. Sa mère lui répondit, au nom de la société, de rester ou de revenir à son gré, l'assurant qu'ils avaient tous perdu la meilleure partie de leur bonheur depuis son départ, et que, pour elle en particulier, elle en était inconsolable.

Paul lui écrivit une lettre fort longue, où il l'assurait qu'il allait rendre le jardin digne d'elle, et y mêler les plantes de l'Europe à celles de l'Afrique, ainsi qu'elle avait entrelacé leurs noms dans son ouvrage. Il lui envoyait des fruits des cocotiers de sa fontaine, parvenus à une maturité parfaite. Il n'y joignait, ajoutait-il, aucune autre semence de l'île, afin que le desir d'en revoir les productions la déterminât à y revenir promptement. Il la suppliait de se rendre au plus tôt aux vœux ardents de leur famille et aux siens particuliers, puisqu'il ne pouvait désormais goûter aucune joie loin d'elle.

Paul sema avec le plus grand soin les graines européennes, et surtout celles de violettes et de scabieuses, dont les fleurs semblaient avoir quelque analogie avec le caractère et la situation de Virginie, qui les lui avait si particulièrement recommandées; mais, soit qu'elles eussent été éventées dans le trajet, soit plutôt que le climat de cette partie de l'Afrique ne leur soit pas favorable, il n'en germa qu'un petit nombre, qui ne put venir à sa perfection.

Cependant l'envie, qui va même au devant du bonheur des hommes, surtout dans les colonies françaises, répandit dans l'île des bruits qui donnaient beaucoup d'inquiétude à Paul. Les gens du vaisseau qui avait apporté la lettre de Virginie assuraient qu'elle était sur le point de se marier : ils nommaient le seigneur de la cour qui devait l'épouser; quelques uns même disaient que la chose était faite, et qu'ils en avaient été témoins. D'abord Paul méprisa des nouvelles apportées par un vaisseau de commerce, qui en répand souvent de fausses sur les lieux de son passage. Mais comme plusieurs habitants de l'île, par une pitié perfide, s'empressaient de le plaindre de cet événement, il commença à y ajouter quelque croyance. D'ailleurs, dans quelques uns des romans qu'il avait lus, il voyait la trahison traitée de plaisanterie; et comme il savait que ces livres renfermaient des peintures assez fidèles des mœurs de l'Europe, il craignit que la fille de madame de La Tour ne vînt à s'y corrompre, et à oublier ses anciens engagements. Ses lumières le rendaient déjà malheureux. Ce qui acheva d'augmenter ses craintes, c'est que plusieurs vaisseaux d'Europe arrivèrent ici depuis, dans l'espace de six mois, sans qu'aucun d'eux apportât des nouvelles de Virginie.

Cet infortuné jeune homme, livré à toutes les agitations de son cœur, venait me voir souvent, pour confirmer ou pour bannir ses inquiétudes par mon expérience du monde.

Je demeure, comme je vous l'ai dit, à une lieue et demie d'ici, sur les bords d'une petite rivière qui coule le long de la Montagne-Longue. C'est là que je passe ma vie, seul, sans femme, sans enfants et sans esclaves.

Après le rare bonheur de trouver une compagne qui nous soit bien assortie, l'état le moins malheureux de la vie est sans doute de vivre seul. Tout homme qui a eu beaucoup à se plaindre des hommes cherche la solitude. Il est même très remarquable que tous les peuples malheureux par leurs opinions, leurs mœurs ou leurs gouvernements, ont produit des classes nombreuses de citoyens entièrement dévoués à la solitude et au célibat. Tels ont été les Égyptiens dans leur décadence, les Grecs du Bas-Empire; et tels sont de nos jours les Indiens, les Chinois, les Grecs modernes, les Italiens, et la plupart des peuples orientaux et méridionaux de l'Europe. La solitude ramène en partie l'homme au bonheur naturel, en éloignant de lui le malheur social. Au milieu de nos sociétés divisées par tant de préjugés, l'âme est dans une agitation continuelle; elle roule sans cesse en elle-même mille opinions turbulentes et contradictoires, dont les membres d'une société ambitieuse et misérable cherchent à se subjuguer les uns les autres. Mais dans la solitude elle dépose ces illusions étrangères qui la troublent; elle reprend le sentiment simple d'elle-même, de la nature et de son auteur. Ainsi l'eau bourbeuse d'un torrent qui ravage les campagnes, venant à se répandre dans quelque petit bassin écarté de son cours, dépose ses vases au fond de son lit, reprend sa première limpidité, et, redevenue transparente, réfléchit, avec ses propres rivages, la verdure de la terre et la lumière des cieux. La solitude rétablit aussi bien les harmonies du corps que celles de l'âme. C'est dans la classe des solitaires que se trouvent les hommes qui poussent le plus loin la carrière de la vie: tels sont les brames de l'Inde. Enfin, je la crois si nécessaire au bonheur dans le monde même, qu'il me paraît impossible d'y goûter un plaisir durable de quelque sentiment que ce soit, ou de régler sa conduite sur quelque principe stable, si l'on ne se fait une solitude intérieure d'où notre opinion sorte bien rarement, et où celle d'autrui n'entre jamais. Je ne veux pas dire toutefois que l'homme doit vivre absolument seul: il est lié avec tout le genre humain par ses besoins; il doit donc ses travaux aux hommes; il se doit aussi au reste de la nature. Mais, comme Dieu a donné à chacun de nous des organes parfaitement assortis aux éléments du globe où nous vivons, des pieds pour le sol, des poumons pour l'air, des yeux pour la lumière, sans que nous puissions intervertir l'usage de ces sens, il s'est réservé pour lui seul, qui est l'auteur de la vie, le cœur, qui en est le principal organe.

Je passe donc mes jours loin des hommes, que j'ai voulu servir, et qui m'ont persécuté. Après avoir parcouru une grande partie de l'Europe et quelques cantons de l'Amérique et de l'Afrique, je me suis fixé dans cette île peu habitée, séduit par sa douce température et par ses solitudes. Une cabane que j'ai bâtie dans la forêt au pied d'un arbre, un petit champ défriché de mes mains, une rivière qui coule devant ma porte, suffisent à mes besoins et à mes plaisirs. Je joins à ces jouissances celle de quelques bons livres, qui m'apprennent à devenir meilleur. Ils font encore servir à mon bonheur le monde même que j'ai quitté: ils me présentent des tableaux des passions qui en rendent les habitants si misérables; et, par la comparaison que je fais de leur sort au mien, ils me font jouir d'un bonheur négatif. Comme un homme sauvé du naufrage sur un rocher, je contemple de ma solitude les orages qui frémissent dans le reste du monde. Mon repos même redouble par le bruit lointain de la tempête. Depuis que les hommes ne sont plus sur mon chemin, et que je ne suis plus sur le leur, je ne les hais plus; je les plains. Si je rencontre quelque infortuné, je tâche de venir à son secours par mes conseils: comme un passant, sur le bord d'un torrent, tend la main à un malheureux qui s'y noie. Mais je n'ai guère trouvé que l'innocence attentive à ma voix. La nature appelle en vain à elle le reste des hommes; chacun d'eux se fait d'elle une image qu'il revêt de ses propres passions. Il poursuit toute sa vie ce vain fantôme qui l'égare, et il se plaint ensuite au ciel de l'erreur qu'il s'est formée lui-même. Parmi un grand nombre d'infortunés que j'ai quelquefois essayé de ramener à la nature, je n'en ai pas trouvé un seul qui ne fût enivré de ses propres misères. Ils m'écoutaient d'abord avec attention, dans l'espérance que je les aiderais à acquérir de la gloire ou de la fortune; mais, voyant que je ne voulais leur apprendre qu'à s'en passer, ils me trouvaient moi-même misérable de ne pas courir après leur malheureux bonheur; ils blâmaient ma vie solitaire; ils prétendaient qu'eux seuls étaient utiles aux hommes; et ils s'efforçaient de m'entraîner dans leur tourbillon. Mais si je me communique à tout le monde, je ne me livre à personne. Souvent il me suffit de moi pour me servir de leçon à moi-même. Je repasse dans le calme présent les agitations passées de ma propre vie, auxquelles j'ai donné tant de prix: les protections, la fortune, la réputation, les voluptés, et les opinions qui se combattent par toute la terre. Je compare tant d'hommes que j'ai vus se disputer avec fureur ces chimères, et qui ne sont plus, aux flots de ma rivière qui se brisent, en écumant, contre les rochers de son lit, et disparaissent pour ne revenir jamais. Pour moi, je me laisse entraîner en paix au fleuve du temps vers l'océan de l'avenir, qui n'a plus de rivages; et, par le spectacle des harmonies actuelles de la nature, je m'élève vers son auteur, et j'espère dans un autre monde de plus heureux destins.

Quoiqu'on n'aperçoive pas de mon ermitage, situé au milieu d'une forêt, cette multitude d'objets que nous présente l'élévation du lieu où nous sommes, il s'y trouve des dispositions intéressantes, surtout pour un homme qui, comme moi, aime mieux rentrer en lui-même que s'étendre au dehors. La rivière qui coule devant ma porte passe en ligne droite à travers les bois, en sorte qu'elle me présente un long canal ombragé d'arbres de toutes sortes de feuillages: il y a des tatamaques, des bois d'ébène, et de ceux qu'on appelle ici bois de pomme, bois d'olive et bois de cannelle ; des bosquets de palmistes élèvent çà et là leurs colonnes nues, et longues de plus de cent pieds, surmontées à leurs sommets d'un bouquet de palmes, et paraissent au-dessus des autres arbres comme une forêt plantée sur une autre forêt. Il s'y joint des lianes de divers feuillages qui, s'élançant d'un arbre à l'autre, forment ici des arcades de fleurs, là de longues courtines de verdure. Des odeurs aromatiques sortent de la plupart de ces arbres, et leurs parfums ont tant d'influence sur les vêtements mêmes, qu'on sent ici un homme qui a traversé une forêt quelques heures après qu'il en est sorti. Dans la saison où ils donnent leurs fleurs, vous les diriez à demi couverts de neige. A la fin de l'été, plusieurs espèces d'oiseaux étrangers viennent, par un instinct incompréhensible, de régions inconnues, au-delà des vastes mers, récolter les graines des végétaux de cette île, et opposent l'éclat de leurs couleurs à la verdure des arbres rembrunie par le soleil. Telles sont, entre autres, diverses espèces de perruches, et les pigeons bleus appelés ici pigeons hollandais. Les singes, habitants domiciliés de ces forêts, se jouent dans leurs sombres rameaux, dont ils se détachent par leur poil gris et verdâtre, et leur face toute noire ; quelques uns s'y suspendent par la queue, et se balancent en l'air ; d'autres sautent de branche en branche, portant leurs petits dans leurs bras. Jamais le fusil meurtrier n'y a effrayé ces paisibles enfants de la nature. On n'y entend que des cris de joie, des gazouillements et des ramages inconnus de quelques oiseaux des terres australes, que répètent au loin les échos de ces forêts. La rivière qui coule en bouillonnant, sur un lit de roches, à travers les arbres, réfléchit çà et là dans ses eaux limpides leurs masses vénérables de verdure et d'ombre, ainsi que les jeux de leurs heureux habitants ; à mille pas de là, elle se précipite de différents étages de rocher, et forme, à sa chute, une nappe d'eau unie comme le cristal, qui se brise, en tombant, en bouillons d'écume. Mille bruits confus sortent de ces eaux tumultueuses ; et, dispersés par les vents dans la forêt, tantôt ils fuient au loin, tantôt ils se rapprochent tous à la fois, et assourdissent comme les sons des cloches d'une cathédrale. L'air, sans cesse renouvelé par le mouvement des eaux, entretient sur les bords de cette rivière, malgré les ardeurs de l'été, une verdure et une fraîcheur qu'on trouve rarement dans cette île, sur le haut même des montagnes.

A quelque distance de là est un rocher assez éloigné de la cascade pour qu'on n'y soit pas étourdi du bruit de ses eaux, et qui en est assez voisin pour y jouir de leur vue, de leur fraîcheur et de leur murmure. Nous allions quelquefois, dans les grandes chaleurs, dîner à l'ombre de ce rocher, madame de La Tour, Marguerite, Virginie, Paul, et moi. Comme Virginie dirigeait toujours au bien d'autrui ses actions même les plus communes, elle ne mangeait pas un fruit à la campagne qu'elle n'en mît en terre les noyaux ou les pepins. « Il en viendra, disait-elle, des arbres qui donne-
» ront leurs fruits à quelque voyageur, ou au moins
» à un oiseau. » Un jour donc qu'elle avait mangé une papaye au pied de ce rocher, elle y planta les semences de ce fruit. Bientôt après, il y crût plusieurs papayers, parmi lesquels il y en avait un femelle, c'est-à-dire qui porte des fruits. Cet arbre n'était pas si haut que le genou de Virginie à son départ ; mais comme il croît vite, deux ans après il avait vingt pieds de hauteur, et son tronc était entouré, dans sa partie supérieure, de plusieurs rangs de fruits mûrs. Paul, s'étant rendu par hasard dans ce lieu, fut rempli de joie en voyant ce grand arbre sorti d'une petite graine qu'il avait vu planter par son amie ; et, en même temps, il fut saisi d'une tristesse profonde par ce témoignage de sa longue absence. Les objets que nous voyons habituellement ne nous font pas apercevoir de la rapidité de notre vie ; ils vieillissent avec nous d'une vieillesse insensible ; mais ce sont ceux que nous revoyons tout-à-coup, après les avoir perdus quelques années de vue, qui nous avertissent de la vitesse avec laquelle s'écoule le fleuve de nos jours. Paul fut aussi surpris et aussi troublé à la vue de ce grand papayer chargé de fruits, qu'un voyageur l'est, après une longue absence de son pays, de n'y plus retrouver ses contemporains, et d'y voir leurs enfants, qu'il avait laissés à la mamelle, devenus eux-mêmes pères de famille. Tantôt il voulait l'abattre, parcequ'il lui rendait trop sensible la longueur du temps qui s'était écoulé depuis le départ de Virginie ; tantôt, le considérant comme un monument de sa bienfaisance, il baisait son tronc, et lui adressait des paroles pleines d'amour et de regrets. O arbre, dont la postérité existe encore dans nos bois, je vous ai vu moi-même avec plus d'intérêt et de vénération que les arcs de triomphe des Romains. Puisse la nature, qui détruit chaque jour les monuments de l'ambition des rois, multiplier dans nos forêts ceux de la bienfaisance d'une jeune et pauvre fille !

C'était donc au pied de ce papayer que j'étais sûr de rencontrer Paul, quand il venait dans mon quartier. Un jour, je l'y trouvai accablé de mélancolie, et j'eus avec lui une conversation que je vais vous rapporter, si je ne vous suis point trop ennuyeux par mes longues digressions, pardonnables à mon âge et à mes dernières amitiés. Je vous la raconterai en forme de dialogue, afin que vous jugiez du bon sens naturel de ce jeune homme; et il vous sera aisé de faire la différence des interlocuteurs par le sens de ses questions et de mes réponses. Il me dit :

« Je suis bien chagrin. Mademoiselle de La Tour est partie depuis deux ans et deux mois; et depuis huit mois et demi elle ne nous a pas donné de ses nouvelles. Elle est riche; je suis pauvre : elle m'a oublié. J'ai envie de m'embarquer; j'irai en France, j'y servirai le roi, j'y ferai fortune, et la grand'tante de mademoiselle de La Tour me donnera sa petite-nièce en mariage quand je serai devenu un grand seigneur.

LE VIEILLARD.

» O mon ami! ne m'avez-vous pas dit que vous n'aviez pas de naissance?

PAUL.

» Ma mère me l'a dit; car, pour moi, je ne sais ce que c'est que la naissance. Je ne me suis jamais aperçu que j'en eusse moins qu'un autre, ni que les autres en eussent plus que moi.

LE VIEILLARD.

» Le défaut de naissance vous ferme en France le chemin aux grands emplois. Il y a plus, vous ne pouvez même être admis dans aucun corps distingué.

PAUL.

» Vous m'avez dit plusieurs fois qu'une des causes de la grandeur de la France était que le moindre sujet pouvait y parvenir à tout; et vous m'avez cité beaucoup d'hommes célèbres qui, sortis de petits états, avaient fait honneur à leur patrie. Vous vouliez donc tromper mon courage?

LE VIEILLARD.

» Mon fils, jamais je ne l'abattrai. Je vous ai dit la vérité sur les temps passés; mais les choses sont bien changées à présent : tout est devenu vénal en France; tout y est aujourd'hui le patrimoine d'un petit nombre de familles, ou le partage des corps. Le roi est un soleil que les grands et les corps environnent comme des nuages; il est presque impossible qu'un de ses rayons tombe sur vous. Autrefois, dans une administration moins compliquée, on a vu ces phénomènes. Alors les talents et le mérite se sont développés de toutes parts, comme des terres nouvelles qui, venant à être défrichées, produisent avec tout leur suc. Mais les grands rois, qui savent connaître les hommes et les choisir, sont rares. Le vulgaire des rois ne se laisse aller qu'aux impulsions des grands et des corps qui les environnent.

PAUL.

» Mais je trouverai peut-être un de ces grands qui me protégera.

LE VIEILLARD.

» Pour être protégé des grands, il faut servir leur ambition ou leurs plaisirs. Vous n'y réussirez jamais, car vous êtes sans naissance, et vous avez de la probité.

PAUL.

» Mais je ferai des actions si courageuses, je serai si fidèle à ma parole, si exact dans mes devoirs, si zélé et si constant dans mon amitié, que je mériterai d'être adopté par quelqu'un d'eux, comme j'ai vu que cela se pratiquait dans les histoires anciennes que vous m'avez fait lire.

LE VIEILLARD.

» O mon ami! chez les Grecs et chez les Romains, même dans leur décadence, les grands avaient du respect pour la vertu; mais nous avons eu une foule d'hommes célèbres en tout genre sortis des classes du peuple, et je n'en sache pas un seul qui ait été adopté par une grande maison. La vertu, sans nos rois, serait condamnée en France à être éternellement plébéienne. Comme je vous l'ai dit, ils la mettent quelquefois en honneur, lorsqu'ils l'aperçoivent; mais, aujourd'hui, les distinctions qui lui étaient réservées ne s'accordent plus que pour de l'argent.

PAUL.

» Au défaut d'un grand, je chercherai à plaire à un corps. J'épouserai entièrement son esprit et ses opinions; je m'en ferai aimer.

LE VIEILLARD.

» Vous ferez donc comme les autres hommes; vous renoncerez à votre conscience pour parvenir à la fortune?

PAUL.

» Oh non! je ne chercherai jamais que la vérité.

LE VIEILLARD.

» Au lieu de vous faire aimer, vous pourriez bien vous faire haïr. D'ailleurs, les corps s'intéressent fort peu à la découverte de la vérité. Toute opinion est indifférente aux ambitieux, pourvu qu'ils gouvernent.

PAUL.

» Que je suis infortuné! tout me repousse. Je suis condamné à passer ma vie dans un travail obscur, loin de Virginie! » Et il soupira profondément.

LE VIEILLARD.

« Que Dieu soit votre unique patron, et le genre humain votre corps. Soyez constamment attaché à l'un et à l'autre. Les familles, les corps, les peuples, les rois, ont leurs préjugés et leurs passions ; il faut souvent les servir par des vices : Dieu et le genre humain ne nous demandent que des vertus.

» Mais pourquoi voulez-vous être distingué du reste des hommes ? C'est un sentiment qui n'est pas naturel, puisque, si chacun l'avait, chacun serait en état de guerre avec son voisin. Contentez-vous de remplir votre devoir dans l'état où la Providence vous a mis ; bénissez votre sort, qui vous permet d'avoir une conscience à vous, et qui ne vous oblige pas, comme les grands, de mettre votre bonheur dans l'opinion des petits ; et comme les petits, de ramper sous les grands pour avoir de quoi vivre. Vous êtes dans un pays et dans une condition où, pour subsister, vous n'avez besoin ni de tromper, ni de flatter, ni de vous avilir, comme font là plupart de ceux qui cherchent la fortune en Europe ; où votre état ne vous interdit aucune vertu ; où vous pouvez être impunément bon, vrai, sincère, instruit, patient, tempérant, chaste, indulgent, pieux, sans qu'aucun ridicule vienne flétrir votre sagesse, qui n'est encore qu'en fleur. Le ciel vous a donné de la liberté, de la santé, une bonne conscience, et des amis : les rois, dont vous ambitionnez la faveur, ne sont pas si heureux

PAUL.

» Ah ! il me manque Virginie ! Sans elle, je n'ai rien ; avec elle, j'aurais tout. Elle seule est ma naissance, ma gloire, et ma fortune. Mais puisque enfin sa parente veut lui donner pour mari un homme d'un grand nom, avec l'étude et des livres on devient savant et célèbre : je m'en vais étudier. J'acquerrai de la science ; je servirai utilement ma patrie par mes lumières, sans nuire à personne, et sans en dépendre ; je deviendrai fameux, et ma gloire n'appartiendra qu'à moi.

LE VIEILLARD.

» Mon fils, les talents sont encore plus rares que la naissance et que les richesses ; et sans doute ils sont de plus grands biens, puisque rien ne peut les ôter, et que partout ils nous concilient l'estime publique. Mais ils coûtent cher. On ne les acquiert que par des privations en tout genre, par une sensibilité exquise qui nous rend malheureux au dedans, et au dehors par les persécutions de nos contemporains. L'homme de robe n'envie point, en France, la gloire du militaire, ni le militaire celle de l'homme de mer ; mais tout le monde y traversera votre chemin, parceque tout le monde s'y pique d'avoir de l'esprit. Vous servirez les hommes, dites-vous : mais celui qui fait produire à un terrain une gerbe de blé de plus leur rend un plus grand service que celui qui leur donne un livre.

PAUL.

» Oh ! celle qui a planté ce papayer a fait aux habitants de ces forêts un présent plus utile et plus doux que si elle leur avait donné une bibliothèque. » Et, en même temps, il saisit cet arbre dans ses bras, et le baisa avec transport.

LE VIEILLARD.

« Le meilleur des livres, qui ne prêche que l'égalité, l'amitié, l'humanité et la concorde, l'Évangile, a servi, pendant des siècles, de prétexte aux fureurs des Européens. Combien de tyrannies publiques et particulières s'exercent encore en son nom sur la terre ! Après cela, qui se flattera d'être utile aux hommes par un livre ? Rappelez-vous quel a été le sort de la plupart des philosophes qui leur ont prêché la sagesse. Homère, qui l'a revêtue de vers si beaux, demandait l'aumône pendant sa vie. Socrate, qui en donna aux Athéniens de si aimables leçons par ses discours et par ses mœurs, fut empoisonné juridiquement par eux. Son sublime disciple Platon fut livré à l'esclavage par l'ordre du prince même qui le protégeait ; et avant eux, Pythagore, qui étendait l'humanité jusqu'aux animaux, fut brûlé vif par les Crotoniates. Que dis-je ? la plupart même de ces noms illustres sont venus à nous défigurés par quelques traits de satire qui les caractérisent ; l'ingratitude humaine se plaisant à les reconnaître là ; et si, dans la foule, la gloire de quelques uns est venue nette et pure jusqu'à nous, c'est que ceux qui les ont portés ont vécu loin de la société de leurs contemporains : semblables à ces statues qu'on tire entières des champs de la Grèce et de l'Italie, et qui, pour avoir été ensevelies dans le sein de la terre, ont échappé à la fureur des Barbares.

» Vous voyez donc que, pour acquérir la gloire orageuse des lettres, il faut bien de la vertu, et être prêt à sacrifier sa propre vie. D'ailleurs, croyez-vous que cette gloire intéresse en France les gens riches ? Ils se soucient bien des gens de lettres, auxquels la science ne rapporte ni dignités dans la patrie, ni gouvernements, ni entrée à la cour ! On persécute peu dans ce siècle indifférent à tout, hors à la fortune et aux voluptés ; mais les lumières et la vertu n'y mènent à rien de distingué, parceque tout est dans l'état le prix de l'argent. Autrefois, elles trouvaient des récompenses assurées dans les différentes places de l'Église, de la magistrature et de l'administration ; aujourd'hui, elles ne servent qu'à faire des livres. Mais ce fruit, peu prisé des gens du monde, est toujours digne de son origine céleste. C'est à ces mêmes livres qu'il est réservé particulièrement de donner de l'éclat à la vertu obscure, de consoler les malheureux, d'éclairer les nations, et de dire la vérité même aux rois. C'est, sans contredit, la fonction la plus auguste dont le ciel puisse honorer un mortel sur la terre. Quel est l'homme qui ne se console de l'injustice ou du mépris de ceux qui disposent de la fortune, lorsqu'il pense que son ouvrage ira, de siècle en siècle et de nations en nations, servir de barrière à l'erreur et aux tyrans ; et que, du sein de l'obscurité où il a vécu, il jaillira une gloire qui effacera celle de la plupart des rois, dont les monuments périssent dans l'oubli, malgré les flatteurs qui les élèvent et qui les vantent ?

PAUL.

» Ah ! je ne voudrais cette gloire que pour la répandre sur Virginie, et la rendre chère à l'univers. Mais vous qui avez tant de connaissances, dites-moi si nous nous marierons. Je voudrais être savant, au moins pour connaître l'avenir.

LE VIEILLARD.

» Qui voudrait vivre, mon fils, s'il connaissait l'avenir ? Un seul malheur prévu nous donne tant de vaines inquiétudes ! La vue d'un malheur certain empoisonnerait tous les jours qui le précéderaient. Il ne faut pas même trop approfondir ce qui nous environne ; et le ciel, qui nous donna la réflexion pour prévoir nos besoins, nous a donné les besoins pour mettre des bornes à notre réflexion.

PAUL.

» Avec de l'argent, dites-vous, on acquiert en Europe des dignités et des honneurs. J'irai m'enrichir au Bengale, pour aller épouser Virginie à Paris. Je vais m'embarquer.

LE VIEILLARD.

» Quoi ! vous quitteriez sa mère et la vôtre ?

PAUL.

» Vous m'avez vous-même donné le conseil de passer aux Indes.

LE VIEILLARD.

» Virginie était alors ici. Mais vous êtes maintenant l'unique soutien de votre mère et de la sienne.

PAUL.

» Virginie leur fera du bien par sa riche parente.

LE VIEILLARD.

» Les riches n'en font guère qu'à ceux qui leur font honneur dans le monde. Ils ont des parents bien plus à plaindre que madame de La Tour, qui, faute d'être secourus par eux, sacrifient leur liberté pour avoir du pain, et passent leur vie renfermés dans des couvents.

PAUL.

» Quel pays que l'Europe ! Oh ! il faut que Virginie revienne ici. Qu'a-t-elle besoin d'avoir une parente riche ? Elle était si contente sous ces cabanes, si jolie et si bien parée avec un mouchoir rouge, ou des fleurs autour de sa tête ! Reviens, Virginie ! quitte tes hôtels et tes grandeurs. Reviens dans ces rochers, à l'ombre de ces bois et de nos cocotiers. Hélas ! tu es peut-être maintenant malheureuse !... » Et il se mettait à pleurer. « Mon père, ne me cachez rien : si vous ne pouvez me dire si j'épouserai Virginie, au moins apprenez-moi si elle m'aime encore, au milieu de ces grands seigneurs qui parlent au roi, et qui la vont voir.

LE VIEILLARD.

» O mon ami, je suis sûr qu'elle vous aime, par plusieurs raisons, mais surtout parcequ'elle a de la vertu. » A ces mots, il me sauta au cou, transporté de joie.

PAUL.

« Mais croyez-vous les femmes d'Europe fausses, comme on les représente dans les comédies et dans les livres que vous m'avez prêtés ?

LE VIEILLARD.

» Les femmes sont fausses dans les pays où les hommes sont tyrans. Partout la violence produit la ruse.

PAUL.

» Comment peut-on être tyran des femmes ?

LE VIEILLARD.

» En les mariant sans les consulter ; une jeune fille avec un vieillard, une femme sensible avec un homme indifférent.

PAUL.

» Pourquoi ne pas marier ensemble ceux qui se conviennent, les jeunes avec les jeunes, les amants avec les amantes ?

LE VIEILLARD.

» C'est que la plupart des jeunes gens, en France, n'ont pas assez de fortune pour se marier, et qu'ils n'en acquièrent qu'en devenant vieux. Jeunes, ils corrompent les femmes de leurs voisins ; vieux, ils ne peuvent fixer l'affection de leurs épouses. Ils ont trompé étant jeunes ; on les trompe à leur tour étant vieux. C'est une des réactions de la justice universelle qui gouverne le monde : un excès y balance toujours un autre excès. Ainsi la plupart des Européens passent leur vie dans ce double désordre; et ce désordre augmente dans une société à mesure que les richesses s'y accumulent sur un moindre nombre de têtes. L'état est semblable à un jardin, où les petits arbres ne peuvent venir s'il y en a de trop grands qui les ombragent; mais il y a cette différence, que la beauté d'un jardin peut résulter d'un petit nombre de grands arbres, et que la prospérité d'un état dépend toujours de la multitude et de l'égalité des sujets, et non pas d'un petit nombre de riches.

PAUL.

» Mais qu'est-il besoin d'être riche pour se marier?

LE VIEILLARD.

» Afin de passer ses jours dans l'abondance, sans rien faire.

PAUL.

» Et pourquoi ne pas travailler? Je travaille bien, moi!

LE VIEILLARD.

» C'est qu'en Europe le travail des mains déshonore : on l'appelle travail mécanique. Celui même de labourer la terre y est le plus méprisé de tous. Un artisan y est bien plus estimé qu'un paysan.

PAUL.

» Quoi! l'art qui nourrit les hommes est méprisé en Europe? Je ne vous comprends pas.

LE VIEILLARD.

» Oh! il n'est pas possible à un homme élevé dans la nature de comprendre les dépravations de la société. On se fait une idée précise de l'ordre, mais non pas du désordre. La beauté, la vertu, le bonheur, ont des proportions; la laideur, le vice et le malheur n'en ont point.

PAUL.

» Les gens riches sont donc bien heureux! Ils ne trouvent d'obstacles à rien; ils peuvent combler de plaisirs les objets qu'ils aiment.

LE VIEILLARD.

» Ils sont la plupart usés sur tous les plaisirs, par cela même qu'ils ne leur coûtent aucunes peines. N'avez-vous pas éprouvé que le plaisir du repos s'achète par la fatigue; celui de manger, par la faim; celui de boire, par la soif? Eh bien! celui d'aimer et d'être aimé ne s'acquiert que p une multitude de privations et de sacrifices. Les richesses ôtent aux riches tous ces plaisirs-là, en prévenant leurs besoins. Joignez à l'ennui qui suit leur satiété l'orgueil qui naît de leur opulence, et que la moindre privation blesse, lors même que les plus grandes jouissances ne le flattent plus. Le parfum de mille roses ne plaît qu'un instant; mais la douleur que cause une seule de leurs épines dure long-temps après sa piqûre. Un mal au milieu des plaisirs est pour les riches une épine au milieu des fleurs. Pour les pauvres, au contraire, un plaisir au milieu des maux est une fleur au milieu des épines : ils en goûtent vivement la jouissance. Tout effet augmente par son contraste. La nature a tout balancé. Quel état, à tout prendre, croyez-vous préférable, de n'avoir presque rien à espérer et tout à craindre, ou presque rien à craindre et tout à espérer? Le premier état est celui des riches, et le second celui des pauvres. Mais ces extrêmes sont également difficiles à supporter aux hommes, dont le bonheur consiste dans la médiocrité et la vertu.

PAUL.

» Qu'entendez-vous par la vertu?

LE VIEILLARD.

» Mon fils! vous qui soutenez vos parents par vos travaux, vous n'avez pas besoin qu'on vous la définisse. La vertu est un effort fait sur nous-mêmes pour le bien d'autrui, dans l'intention de plaire à Dieu seul.

PAUL.

» Oh! que Virginie est vertueuse! C'est par vertu qu'elle a voulu être riche, afin d'être bienfaisante. C'est par vertu qu'elle est partie de cette île : la vertu l'y ramènera. »

L'idée de son retour prochain allumant l'imagination de ce jeune homme, toutes ses inquiétudes s'évanouissaient. Virginie n'avait point écrit parcequ'elle allait arriver. Il fallait si peu de temps pour venir d'Europe avec un bon vent! Il faisait l'énumération des vaisseaux qui avaient fait ce trajet de quatre mille cinq cents lieues en moins de trois mois. Le vaisseau où elle s'était embarquée n'en mettrait pas plus de deux; les constructeurs étaient aujourd'hui si savants, et les marins si habiles! Il parlait des arrangements qu'il allait faire pour la recevoir, du nouveau logement qu'il allait bâtir, des plaisirs et des surprises qu'il lui ménagerait chaque jour, quand elle serait sa femme. Sa femme!... Cette idée le ravissait. Au moins, mon père, me disait-il, vous ne ferez plus rien que pour votre plaisir. Virginie étant riche, nous aurons beaucoup de noirs qui travailleront pour nous. Vous serez toujours avec nous, n'ayant d'autre souci que celui de vous amuser et de vous réjouir. Et il allait, hors de lui, porter à sa famille la joie dont il était enivré.

En peu de temps les grandes craintes succèdent aux grandes espérances. Les passions violentes jettent toujours l'ame dans les extrémités opposées. Souvent, dès le lendemain, Paul revenait me voir,

accablé de tristesse. Il me disait : « Virginie ne
» m'écrit point. Si elle était partie d'Europe, elle
» m'aurait mandé son départ. Ah! les bruits qui
» ont couru d'elle ne sont que trop fondés! Sa
» tante l'a mariée à un grand seigneur. L'amour
» des richesses l'a perdue, comme tant d'autres.
» Dans ces livres qui peignent si bien les femmes,
» la vertu n'est qu'un sujet de roman. Si Virginie
» avait eu de la vertu, elle n'aurait pas quitté sa
» propre mère, et moi. Pendant que je passe ma vie
» à penser à elle, elle m'oublie. Je m'afflige, et elle
» se divertit. Ah! cette pensée me désespère. Tout
» travail me déplaît; toute société m'ennuie. Plût
» à Dieu que la guerre fût déclarée dans l'Inde!
» J'irais y mourir. »

« Mon fils, lui répondis-je, le courage qui nous
» jette dans la mort n'est que le courage d'un in-
» stant. Il est souvent excité par les vains applau-
» dissements des hommes. Il en est un plus rare et
» plus nécessaire, qui nous fait supporter chaque
» jour, sans témoins et sans éloges, les traverses
» de la vie : c'est la patience. Elle s'appuie, non sur
» l'opinion d'autrui ou sur l'impulsion de nos pas-
» sions, mais sur la volonté de Dieu. La patience
» est le courage de la vertu. »

« Ah! s'écria-t-il, je n'ai donc point de vertu!
» Tout m'accable et me désespère. — La vertu,
» repris-je, toujours égale, constante, invariable,
» n'est pas le partage de l'homme. Au milieu de
» tant de passions qui nous agitent, notre raison
» se trouble et s'obscurcit; mais il est des phares
» où nous pouvons en rallumer le flambeau : ce
» sont les lettres.

» Les lettres, mon fils, sont un secours du ciel.
» Ce sont des rayons de cette sagesse qui gouverne
» l'univers, que l'homme, inspiré par un art cé-
» leste, a appris à fixer sur la terre. Semblables
» aux rayons du soleil, elles éclairent, elles ré-
» jouissent, elles échauffent; c'est un feu divin.
» Comme le feu, elles s'approprient toute la nature
» à notre usage. Par elles, nous réunissons autour
» de nous les choses, les lieux, les hommes et les
» temps. Ce sont elles qui nous rappellent aux rè-
» gles de la vie humaine. Elles calment les pas-
» sions; elles répriment les vices; elles ex-
» citent les vertus par les exemples augustes des
» gens de bien qu'elles célèbrent, et dont elles nous
» présentent les images toujours honorées. Ce sont
» des filles du ciel qui descendent sur la terre pour
» charmer les maux du genre humain. Les grands
» écrivains qu'elles inspirent ont toujours paru
» dans les temps les plus difficiles à supporter à
» toute société, les temps de barbarie et ceux de

» dépravation. Mon fils, les lettres ont consolé
» une infinité d'hommes plus malheureux que
» vous : Xénophon, exilé de sa patrie après y avoir
» ramené dix mille Grecs; Scipion l'Africain, lassé
» des calomnies des Romains; Lucullus, de leurs
» brigues; Catinat, de l'ingratitude de sa cour.
» Les Grecs, si ingénieux, avaient réparti à cha-
» cune des Muses qui président aux lettres une
» partie de notre entendement pour le gouverner :
» nous devons donc leur donner nos passions à
» régir, afin qu'elles leur imposent un joug et un
» frein. Elles doivent remplir, par rapport aux
» puissances de notre ame, les mêmes fonctions
» que les Heures qui attelaient et conduisaient les
» chevaux du Soleil.

» Lisez donc, mon fils. Les sages qui ont écrit
» avant nous sont des voyageurs qui nous ont pré-
» cédés dans les sentiers de l'infortune, qui nous
» tendent la main, et nous invitent à nous joindre
» à leur compagnie, lorsque tout nous abandonne.
» Un bon livre est un bon ami. »

« Ah! s'écriait Paul, je n'avais pas besoin de
» savoir lire quand Virginie était ici. Elle n'avait
» pas plus étudié que moi; mais quand elle me re-
» gardait en m'appelant son ami, il m'était im-
» possible d'avoir du chagrin. »

« Sans doute, lui disais-je, il n'y a point d'ami
» aussi agréable qu'une maîtresse qui nous aime.
» Il y a de plus dans la femme une gaieté légère
» qui dissipe la tristesse de l'homme. Ses graces
» font évanouir les noirs fantômes de la réflexion.
» Sur son visage sont les doux attraits et la con-
» fiance. Quelle joie n'est rendue plus vive par sa
» joie? Quel front ne se déride à son sourire?
» Quelle colère résiste à ses larmes? Virginie re-
» viendra avec plus de philosophie que vous n'en
» avez. Elle sera bien surprise de ne pas retrouver
» le jardin tout-à-fait rétabli, elle qui ne songe
» qu'à l'embellir, malgré les persécutions de sa
» parente, loin de sa mère et de vous. »

L'idée du retour prochain de Virginie renouve-
lait le courage de Paul, et le ramenait à ses occupations champêtres : heureux au milieu de ses
peines, de proposer à son travail une fin qui plaisait à sa passion.

Un matin, au point du jour (c'était le 24 décembre 1744), Paul, en se levant, aperçut un pavillon blanc arboré sur la montagne de la Découverte. Ce pavillon était le signalement d'un vaisseau qu'on voyait en mer. Paul courut à la ville
pour savoir s'il n'apportait pas des nouvelles de
Virginie. Il y resta jusqu'au retour du pilote du
port, qui s'était embarqué pour aller le reconnaî-

tre, suivant l'usage. Cet homme ne revint que le soir. Il rapporta au gouverneur que le vaisseau signalé était *le Saint-Géran*, du port de sept cents tonneaux, commandé par un capitaine appelé M. Aubin; qu'il était à quatre lieues au large, et qu'il ne mouillerait au Port-Louis que le lendemain dans l'après-midi, si le vent était favorable. Il n'en faisait point du tout alors. Le pilote remit au gouverneur les lettres que ce vaisseau apportait de France. Il y en avait une pour madame de La Tour, de l'écriture de Virginie. Paul s'en saisit aussitôt, la baisa avec transport, la mit dans son sein, et courut à l'habitation. Du plus loin qu'il aperçut la famille, qui attendait son retour sur le rocher des ADIEUX, il éleva la lettre en l'air sans pouvoir parler; et aussitôt tout le monde se rassembla chez madame de La Tour pour en entendre la lecture. Virginie mandait à sa mère qu'elle avait éprouvé beaucoup de mauvais procédés de la part de sa grand'tante, qui l'avait voulu marier malgré elle, ensuite déshéritée, et enfin renvoyée dans un temps qui ne lui permettait d'arriver à l'Ile-de-France que dans la saison des ouragans; qu'elle avait essayé en vain de la fléchir en lui représentant ce qu'elle devait à sa mère et aux habitudes du premier âge; qu'elle en avait été traitée de fille insensée, dont la tête était gâtée par les romans; qu'elle n'était maintenant sensible qu'au bonheur de revoir et d'embrasser sa chère famille; et qu'elle eût satisfait cet ardent désir dès le jour même, si le capitaine lui eût permis de s'embarquer dans la chaloupe du pilote; mais qu'il s'était opposé à son départ, à cause de l'éloignement de la terre, et d'une grosse mer qui régnait au large, malgré le calme des vents.

A peine cette lettre fut lue, que toute la famille, transportée de joie, s'écria : « Virginie est arrivée! » Maîtres et serviteurs, tous s'embrassèrent. Madame de La Tour dit à Paul : « Mon fils, allez » prévenir notre voisin de l'arrivée de Virginie. » Aussitôt Domingue alluma un flambeau de bois de ronde, et Paul et lui s'acheminèrent vers mon habitation.

Il pouvait être dix heures du soir. Je venais d'éteindre ma lampe et de me coucher, lorsque j'aperçus, à travers les palissades de ma cabane, une lumière dans le bois. Bientôt après, j'entendis la voix de Paul qui m'appelait. Je me lève; et à peine j'étais habillé, que Paul, hors de lui et tout essoufflé, me saute au cou, en me disant : « Allons, allons, Virginie est arrivée! Allons au » port; le vaisseau y mouillera au point du jour. »

Sur-le-champ nous nous mettons en route. Comme nous traversions les bois de la Montagne-Longue, et que nous étions déjà sur le chemin qui mène des Pamplemousses au port, j'entendis quelqu'un marcher derrière nous. C'était un noir qui s'avançait à grands pas. Dès qu'il nous eut atteints, je lui demandai d'où il venait, et où il allait en si grande hâte. Il me répondit : « Je viens » du quartier de l'île appelé la Poudre-d'Or : on » m'envoie au port avertir le gouverneur qu'un vais- » seau de France est mouillé sous l'île d'Ambre. » Il tire du canon pour demander du secours; car » la mer est bien mauvaise. » Cet homme ayant ainsi parlé, continua sa route sans s'arrêter davantage.

Je dis alors à Paul : « Allons vers le quartier » de la Poudre-d'Or, au devant de Virginie; il » n'y a que trois lieues d'ici. » Nous nous mîmes donc en route vers le nord de l'île. Il faisait une chaleur étouffante. La lune était levée : on voyait autour d'elle trois grands cercles noirs. Le ciel était d'une obscurité affreuse. On distinguait, à la lueur fréquente des éclairs, de longues files de nuages épais, sombres, peu élevés, qui s'entassaient vers le milieu de l'île, et venaient de la mer avec une grande vitesse, quoiqu'on ne sentît pas le moindre vent à terre. Chemin faisant, nous crûmes entendre rouler le tonnerre; mais ayant prêté l'oreille attentivement, nous reconnûmes que c'étaient des coups de canon répétés par les échos. Ces coups de canon lointains, joints à l'aspect d'un ciel orageux, me firent frémir. Je ne pouvais douter qu'ils ne fussent les signaux de détresse d'un vaisseau en perdition. Une demi-heure après, nous n'entendîmes plus tirer du tout, et ce silence me parut encore plus effrayant que le bruit lugubre qui l'avait précédé.

Nous nous hâtions d'avancer sans dire un mot, et sans oser nous communiquer nos inquiétudes. Vers minuit, nous arrivâmes tout en nage sur le bord de la mer, au quartier de la Poudre-d'Or. Les flots s'y brisaient avec un bruit épouvantable; ils en couvraient les rochers et les grèves d'écumes d'un blanc éblouissant, et d'étincelles de feu. Malgré les ténèbres, nous distinguâmes, à ces lueurs phosphoriques, les pirogues des pêcheurs, qu'on avait tirées bien avant sur le sable.

A quelque distance de là, nous vîmes, à l'entrée du bois, un feu autour duquel plusieurs habitants s'étaient rassemblés. Nous fûmes nous y reposer en attendant le jour. Pendant que nous étions assis auprès de ce feu, un des habitants nous raconta que, dans l'après-midi, il avait vu un vaisseau en pleine mer, porté sur l'île par les courants; que la nuit l'avait dérobé à sa vue; que, deux heures après le coucher du soleil, il l'avait entendu tirer du canon pour appeler du secours; mais que la mer était si mauvaise, qu'on n'avait pu mettre aucun bateau dehors pour aller à lui; que, bientôt après, il avait cru apercevoir ses fanaux allumés, et que, dans ce cas, il craignait que le vaisseau, venu si près du rivage, n'eût passé entre la terre et la petite île d'Ambre, prenant celle-ci pour le Coin-de-Mire, près duquel passent les vaisseaux qui arrivent au Port-Louis : que si cela était, (ce qu'il ne pouvait toutefois affirmer), ce vaisseau était dans le plus grand péril. Un autre habitant prit la parole, et nous dit qu'il avait traversé plusieurs fois le canal qui sépare l'île d'Ambre de la côte; qu'il l'avait sondé; que la tenure et le mouillage en étaient très bons, et que le vaisseau y était en parfaite sûreté, comme dans le meilleur port. « J'y mettrais toute » ma fortune, ajouta-t-il, et j'y dormirais aussi » tranquillement qu'à terre. » Un troisième habitant dit qu'il était impossible que ce vaisseau entrât dans ce canal, où à peine les chaloupes pouvaient naviguer. Il assura qu'il l'avait vu mouiller au-delà de l'île d'Ambre; en sorte que, si le vent venait à s'élever au matin, il serait le maître de pousser au large, ou de gagner le port. D'autres habitants ouvrirent d'autres opinions. Pendant qu'ils contestaient entre eux, suivant la coutume des créoles oisifs, Paul et moi nous gardions un profond silence. Nous restâmes là jusqu'au petit point du jour; mais il faisait trop peu de clarté au ciel pour qu'on pût distinguer aucun objet sur la mer, qui d'ailleurs était couverte de brume : nous n'entrevîmes au large qu'un nuage sombre, qu'on nous dit être l'île d'Ambre, située à un quart de lieue de la côte. On n'apercevait, dans ce jour ténébreux, que la pointe du rivage où nous étions, et quelques pitons des montagnes de l'intérieur de l'île, qui apparaissaient de temps en temps au milieu des nuages qui circulaient autour.

Vers les sept heures du matin, nous entendîmes dans les bois un bruit de tambour; c'était le gouverneur, M. de La Bourdonnays, qui arrivait à cheval, suivi d'un détachement de soldats armés de fusils, et d'un grand nombre d'habitants et de noirs. Il plaça ses soldats sur le rivage, et leur ordonna de faire feu de leurs armes tous à la fois. A peine leur décharge fut faite, que nous aperçûmes sur la mer une lueur, suivie presque aussitôt d'un coup de canon. Nous jugeâmes que le vaisseau était à peu de distance de nous, et nous courûmes tous du côté où nous avions vu son signal. Nous aperçûmes alors, à travers le brouillard, le corps et les vergues d'un grand vaisseau. Nous en étions si près, que, malgré le bruit des flots, nous entendîmes le sifflet du maître qui commandait la manœuvre, et les cris des matelots, qui crièrent trois fois VIVE LE ROI ! car c'est le cri des Français dans les dangers extrêmes, ainsi que dans les grandes joies; comme si, dans les dangers, ils appelaient leur prince à leur secours, ou comme s'ils voulaient témoigner alors qu'ils sont prêts à périr pour lui.

Depuis le moment où *le Saint-Géran* aperçut que nous étions à portée de le secourir, il ne cessa de tirer du canon de trois minutes en trois minutes. M. de La Bourdonnays fit allumer de grands feux de distance en distance sur la grève, et envoya chez tous les habitants du voisinage chercher des vivres, des planches, des câbles, et des tonneaux vides. On en vit arriver bientôt une foule, accompagnée de leurs noirs chargés de provisions et d'agrès qui venaient des habitations de la Poudre-d'Or, du quartier de Flaque, et de la rivière du Rempart. Un des plus anciens des habitants s'approcha du gouverneur, et lui dit: « Monsieur, » on a entendu toute la nuit des bruits sourds » dans la montagne. Dans les bois, les feuilles des » arbres remuent sans qu'il fasse de vent. Les » oiseaux de marine se réfugient à terre : certai- » nement tous ces signes annoncent un ouragan. » — Eh bien ! mes amis, répondit le gouverneur, » nous y sommes préparés, et sûrement le vais- » seau l'est aussi. »

En effet, tout présageait l'arrivée prochaine d'un ouragan. Les nuages qu'on distinguait au zénith étaient à leur centre d'un noir affreux, et cuivrés sur leurs bords. L'air retentissait des cris des pailles-en-culs, des frégates, des coupeurs d'eau, et d'une multitude d'oiseaux de marine, qui, malgré l'obscurité de l'atmosphère, venaient de tous les points de l'horizon chercher des retraites dans l'île.

Vers les neuf heures du matin, on entendit du côté de la mer des bruits épouvantables, comme si des torrents d'eau, mêlés à des tonnerres, eussent roulé du haut des montagnes. Tout le monde s'écria : « Voilà l'ouragan ! » et dans l'instant un tourbillon affreux de vent enleva la brume qui couvrait l'île d'Ambre et son canal. *Le Saint-Géran* parut alors à découvert, avec son pont chargé de monde, ses vergues et ses mâts de hune amenés sur le tillac, son pavillon en berne, quatre câbles sur son avant, et un de retenue sur son arrière; il était mouillé entre l'île d'Ambre et la terre, en deçà de la ceinture de récifs qui entoure l'Ile-de-France, et qu'il avait franchie par un endroit où jamais vaisseau n'avait passé avant lui. Il présentait son avant aux flots qui venaient de la pleine mer, et à chaque lame d'eau qui s'engageait dans le canal, sa proue se soulevait tout entière, de sorte qu'on en voyait la carène en l'air ; mais, dans ce mouvement, sa poupe, venant à plonger, disparaissait à la vue jusqu'au couronnement, comme si elle eût été submergée. Dans cette position où le vent et la mer le jetaient à terre, il lui était également impossible de s'en aller par où il était venu, ou, en coupant ses câbles, d'échouer sur le rivage, dont il était séparé par de hauts-fonds semés de récifs. Chaque lame qui venait briser sur la côte s'avançait en mugissant jusqu'au fond des anses, et y jetait des galets à plus de cinquante pieds dans les terres ; puis, venant à se retirer, elle découvrait une grande partie du lit du rivage, dont elle roulait les cailloux avec un bruit rauque et affreux. La mer, soulevée par le vent, grossissait à chaque instant, et tout le canal compris entre cette île et l'île d'Ambre n'était qu'une vaste nappe d'écumes blanches, creusées de vagues noires et profondes. Ces écumes s'amassaient dans le fond des anses, à plus de six pieds de hauteur, et le vent qui en balayait la surface les portait par-dessus l'escarpement du rivage à plus d'une demi-lieue dans les terres. A leurs flocons blancs et innombrables qui étaient chassés horizontalement jusqu'au pied des montagnes, on eût dit d'une neige qui sortait de la mer. L'horizon offrait tous les signes d'une longue tempête ; la mer y paraissait confondue avec le ciel. Il s'en détachait sans cesse des nuages d'une forme horrible, qui traversaient le zénith avec la vitesse des oiseaux, tandis que d'autres y paraissaient immobiles comme de grands rochers. On n'apercevait aucune partie azurée du firmament ; une lueur olivâtre et blafarde éclairait seule tous les objets de la terre, de la mer et des cieux.

Dans les balancements du vaisseau, ce qu'on craignait arriva. Les câbles de son avant rompirent ; et comme il n'était plus retenu que par une seule ansière, il fut jeté sur les rochers, à une demi-encâblure du rivage. Ce ne fut qu'un cri de douleur parmi nous. Paul allait s'élancer à la mer, lorsque je le saisis par le bras. « Mon fils, lui dis» je, voulez-vous périr ? — Que j'aille à son se» cours, s'écria-t-il, ou que je meure ! » Comme le désespoir lui ôtait la raison, pour prévenir sa perte, Domingue et moi nous lui attachâmes à la ceinture une longue corde, dont nous saisîmes l'une des extrémités. Paul s'avança vers *le Saint-Géran*, tantôt nageant, tantôt marchant sur les récifs. Quelquefois il avait l'espoir de l'aborder ; car la mer, dans ses mouvements irréguliers, laissait le vaisseau presque à sec, de manière qu'on en eût pu faire le tour à pied ; mais bientôt après, revenant sur ses pas avec une nouvelle furie, elle le couvrait d'énormes voûtes d'eau qui soulevaient tout l'avant de sa carène, et rejetaient bien loin sur le rivage le malheureux Paul, les jambes en sang, la poitrine meurtrie, et à demi noyé. A peine ce jeune homme avait-il repris l'usage de ses sens, qu'il se relevait, et retournait avec une nouvelle ardeur vers le vaisseau, que la mer cependant entr'ouvrait par d'horribles secousses.

Tout l'équipage, désespérant alors de son salut, se précipitait en foule à la mer, sur des vergues, des planches, des cages à poules, des tables et des tonneaux. On vit alors un objet digne d'une éternelle pitié : une jeune demoiselle parut dans la galerie de la poupe du *Saint-Géran*, tendant les bras vers celui qui faisait tant d'efforts pour la joindre. C'était Virginie. Elle avait reconnu son amant à son intrépidité. La vue de cette aimable personne, exposée à un si terrible danger, nous remplit de douleur et de désespoir. Pour Virginie, d'un port noble et assuré, elle nous faisait signe de la main, comme nous disant un éternel adieu. Tous les matelots s'étaient jetés à la mer. Il n'en restait plus qu'un sur le pont, qui était tout nu et nerveux comme Hercule. Il s'approcha de Virginie avec respect : nous le vîmes se jeter à ses genoux, et s'efforcer même de lui ôter ses habits ; mais elle, le repoussant avec dignité, détourna de lui sa vue. On entendit aussitôt ces cris redoublés des spectateurs : « Sauvez-la, sauvez-la ; ne la quittez pas ! » Mais, dans ce moment, une montagne d'eau d'une effroyable grandeur s'engouffra entre l'île d'Ambre et la côte, et s'avança en rugissant vers le vaisseau, qu'elle menaçait de ses flancs noirs et de ses sommets écumants. A cette terrible vue, le matelot s'élança seul à la mer ; et Virginie, voyant la mort inévitable, posa une main sur ses habits, l'autre sur son cœur, et levant en haut des yeux sereins, parut un ange qui prend son vol vers les cieux.

O jour affreux ! hélas ! tout fut englouti. La lame jeta bien avant dans les terres une partie des spectateurs qu'un mouvement d'humanité avait portés à s'avancer vers Virginie, ainsi que le matelot qui l'avait voulu sauver à la nage. Cet homme, échappé à une mort presque certaine, s'agenouilla sur le

Les flots le rejetaient sur le rivage !
Paul et Virginie.

sable, en disant : « O mon Dieu ! vous m'avez sauvé la vie; mais je l'aurais donnée de bon cœur pour cette digne demoiselle qui n'a jamais voulu se déshabiller comme moi. » Domingue et moi, nous retirâmes des flots le malheureux Paul sans connaissance, rendant le sang par la bouche et par les oreilles. Le gouverneur le fit mettre entre les mains des chirurgiens; et nous cherchâmes, de notre côté, le long du rivage, si la mer n'y apporterait point le corps de Virginie; mais le vent ayant tourné subitement, comme il arrive dans les ouragans, nous eûmes le chagrin de penser que nous ne pourrions pas même rendre à cette fille infortunée les devoirs de la sépulture. Nous nous éloignâmes de ce lieu, accablés de consternation, tous l'esprit frappé d'une seule perte, dans un naufrage où un grand nombre de personnes avaient péri, la plupart doutant, d'après une fin aussi funeste d'une fille si vertueuse, qu'il existât une Providence; car il y a des maux si terribles et si peu mérités, que l'espérance même du sage en est ébranlée.

Cependant on avait mis Paul, qui commençait à reprendre ses sens, dans une maison voisine, jusqu'à ce qu'il fût en état d'être transporté à son habitation. Pour moi, je m'en revins avec Domingue, afin de préparer la mère de Virginie et son amie à ce désastreux événement. Quand nous fûmes à l'entrée du vallon de la rivière des Lataniers, des noirs nous dirent que la mer jetait beaucoup de débris du vaisseau dans la baie vis-à-vis. Nous y descendîmes; et un des premiers objets que j'aperçus sur le rivage fut le corps de Virginie; elle était à moitié couverte de sable, dans l'attitude où nous l'avions vue périr; ses traits n'étaient point sensiblement altérés; ses yeux étaient fermés; mais la sérénité était encore sur son front; seulement les pâles violettes de la mort se confondaient sur ses joues avec les roses de la pudeur. Une de ses mains était sur ses habits; et l'autre, qu'elle appuyait sur son cœur, était fortement fermée et roidie. J'en dégageai avec peine une petite boîte; mais quelle fut ma surprise, lorsque je vis que c'était le portrait de Paul, qu'elle lui avait promis de ne jamais abandonner tant qu'elle vivrait! A cette dernière marque de la constance et de l'amour de cette fille infortunée, je pleurai amèrement. Pour Domingue, il se frappait la poitrine, et perçait l'air de ses cris douloureux. Nous portâmes le corps de Virginie dans une cabane de pêcheurs, où nous le donnâmes à garder à de pauvres femmes malabares, qui prirent soin de le laver.

Pendant qu'elles s'occupaient de ce triste office, nous montâmes en tremblant à l'habitation; nous y trouvâmes madame de La Tour et Marguerite en prières, en attendant des nouvelles du vaisseau. Dès que madame de La Tour m'aperçut, elle s'écria : « Où est ma fille, ma chère fille, mon enfant? » Ne pouvant douter de son malheur à mon silence et à mes larmes, elle fut saisie tout-à-coup d'étouffements et d'angoisses douloureuses; sa voix ne faisait plus entendre que des soupirs et des sanglots. Pour Marguerite, elle s'écria : « Où est mon fils? Je ne vois point mon fils! » et elle s'évanouit. Nous courûmes à elle, et, l'ayant fait revenir, je l'assurai que Paul était vivant, et que le gouverneur en faisait prendre soin; elle ne reprit ses sens que pour s'occuper de son amie, qui tombait de temps en temps dans de longs évanouissements. Madame de La Tour passa toute la nuit dans ces cruelles souffrances; et, par leurs longues périodes, j'ai jugé qu'aucune douleur n'était égale à la douleur maternelle. Quand elle recouvrait la connaissance, elle tournait des regards fixes et mornes vers le ciel. En vain son amie et moi nous lui pressions les mains dans les nôtres, en vain nous l'appelions par les noms les plus tendres; elle paraissait insensible à ces témoignages de notre ancienne affection, et il ne sortait de sa poitrine oppressée que de sourds gémissements.

Dès le matin, on apporta Paul couché dans un palanquin; il avait repris l'usage de ses sens; mais il ne pouvait proférer une parole. Son entrevue avec sa mère et madame de La Tour, que j'avais d'abord redoutée, produisit un meilleur effet que tous les soins que j'avais pris jusqu'alors. Un rayon de consolation parut sur le visage de ces deux malheureuses mères; elles se mirent l'une et l'autre auprès de lui, le saisirent dans leurs bras, le baisèrent; et leurs larmes, qui avaient été suspendues jusqu'alors par l'excès de leur chagrin, commencèrent à couler. Paul y mêla bientôt les siennes. La nature s'étant ainsi soulagée dans ces trois infortunés, un long assoupissement succéda à l'état convulsif de leur douleur, et leur procura un repos léthargique, semblable, à la vérité, à celui de

M. de La Bourdonnays m'envoya avertir secrètement que le corps de Virginie avait été apporté à la ville par son ordre, et que de là on allait le transférer à l'église des Pamplemousses. Je descendis aussitôt au Port-Louis, où je trouvai des habitants de tous les quartiers, rassemblés pour assister à ses funérailles, comme si l'île eût perdu en elle ce qu'elle avait de plus cher. Dans le port, les vaisseaux avaient leurs vergues croisées, leurs pavillons en berne, et tiraient du canon par longs intervalles. Des grenadiers ouvraient la marche du convoi; ils portaient leurs fusils baissés; leurs tambours, couverts de longs crêpes, ne faisaient entendre que des sons lugubres, et on voyait l'abattement peint dans les traits de ces guerriers, qui avaient tant de fois affronté la mort dans les combats sans changer de visage. Huit jeunes demoiselles des plus considérables de l'île, vêtues de blanc, et tenant des palmes à la main, portaient le corps de leur vertueuse compagne, couvert de fleurs. Un chœur de petits enfants le suivait en chantant des hymnes; après eux venait tout ce que l'île avait de plus distingué dans ses habitants et dans son état-major, à la suite duquel marchait le gouverneur, suivi de la foule du peuple.

Voilà ce que l'administration avait ordonné, pour rendre quelques honneurs à la vertu de Virginie. Mais quand son corps fut arrivé au pied de cette montagne, à la vue de ces mêmes cabanes dont elle avait fait si long-temps le bonheur, et que sa mort remplissait maintenant de désespoir, toute la pompe funèbre fut dérangée; les hymnes et les chants cessèrent; on n'entendit plus dans la plaine que des soupirs et des sanglots; on vit accourir alors des troupes de jeunes filles des habitations voisines, pour faire toucher au cercueil de Virginie des mouchoirs, des chapelets et des couronnes de fleurs, en l'invoquant comme une sainte. Les mères demandaient à Dieu une fille comme elle; les garçons, des amantes aussi constantes; les pauvres, une amie aussi tendre; les esclaves, une maîtresse aussi bonne.

Lorsqu'elle fut arrivée au lieu de sa sépulture, des négresses de Madagascar et des Cafres de Mozambique déposèrent autour d'elle des paniers de fruits, et suspendirent des pièces d'étoffes aux arbres voisins, suivant l'usage de leurs pays; des Indiennes du Bengale et de la côte malabare apportèrent des cages pleines d'oiseaux, auxquels elles donnèrent la liberté sur son corps: tant la perte d'un objet aimable intéresse toutes les nations! et tant est grand le pouvoir de la vertu malheureuse, puisqu'elle réunit toutes les religions autour de son tombeau!

Il fallut mettre des gardes auprès de sa fosse, et en écarter quelques filles de pauvres habitants, qui voulaient s'y jeter à toute force, disant qu'elles n'avaient plus de consolation à espérer dans le monde, et qu'il ne leur restait qu'à mourir avec celle qui était leur unique bienfaitrice.

On l'enterra près de l'église des Pamplemousses, sur son côté occidental, au pied d'une touffe de bambous, où, en venant à la messe avec sa mère et Marguerite, elle aimait à se reposer, assise à côté de celui qu'elle appelait alors son frère.

Au retour de cette pompe funèbre, M. de La Bourdonnays monta ici, suivi d'une partie de son nombreux cortége. Il offrit à madame de La Tour et à son amie tous les secours qui dépendaient de lui. Il s'exprima en peu de mots, mais avec indignation, contre sa tante dénaturée; et s'approchant de Paul, il lui dit tout ce qu'il crut propre à le consoler. « Je désirais, lui dit-il, votre bonheur » et celui de votre famille : Dieu m'en est témoin. » Mon ami, il faut aller en France; je vous y fe- » rai avoir du service. Dans votre absence, j'aurai » soin de votre mère comme de la mienne. » Et en même temps il lui présenta la main; mais Paul retira la sienne, et détourna la tête pour ne le pas voir.

Pour moi, je restai dans l'habitation de mes amies infortunées, pour leur donner ainsi qu'à Paul tous les secours dont j'étais capable. Au bout de trois semaines, Paul fut en état de marcher; mais son chagrin paraissait augmenter à mesure que son corps reprenait des forces. Il était insensible à tout; ses regards étaient éteints, et il ne répondait rien à toutes les questions qu'on pouvait lui faire. Madame de La Tour, qui était mourante, lui disait souvent : « Mon fils, tant que je vous » verrai, je croirai voir ma chère Virginie. » A ce nom de Virginie, il tressaillait et s'éloignait d'elle, malgré les invitations de sa mère, qui le rappelait auprès de son amie. Il allait seul se retirer dans le jardin, et s'asseyait au pied du cocotier de Virginie, les yeux fixés sur sa fontaine. Le chirurgien du gouverneur, qui avait pris le plus grand soin de lui et de ces dames, nous dit que, pour le tirer de sa noire mélancolie, il fallait lui laisser faire tout ce qu'il lui plairait, sans le contrarier en rien; qu'il n'y avait que ce seul moyen de vaincre le silence auquel il s'obstinait.

Je résolus de suivre son conseil. Dès que Paul sentit ses forces un peu rétablies, le premier usage qu'il en fit fut de s'éloigner de l'habitation. Comme je ne le perdais pas de vue, je me mis en marche après lui, et je dis à Domingue de prendre des vivres, et de nous accompagner. A mesure que ce jeune homme descendait cette montagne, sa joie et ses forces semblaient renaître. Il prit d'abord le chemin des Pamplemousses; et quand il fut auprès de l'église, dans l'allée des bambous, il s'en fut droit au lieu où il vit de la terre fraîchement remuée : là, il s'agenouilla, et, levant les yeux au ciel, il fit une longue prière. Sa démarche me parut de bon augure pour le retour de sa raison, puisque cette marque de confiance envers l'Être suprême faisait voir que son ame commençait à reprendre ses fonctions naturelles. Domingue et moi, nous nous mîmes à genoux à son exemple, et nous priâmes avec lui. Ensuite il se leva, et prit sa route vers le nord de l'île, sans faire beaucoup d'attention à nous. Comme je savais qu'il ignorait non-seulement où on avait déposé le corps de Virginie, mais même s'il avait été retiré de la mer, je lui demandai pourquoi il avait été prier Dieu au pied de ces bambous ; il me répondit : « Nous y » avons été si souvent ! »

Il continua sa route jusqu'à l'entrée de la forêt, où la nuit nous surprit. Là, je l'engageai par mon exemple à prendre quelque nourriture ; ensuite nous dormîmes sur l'herbe, au pied d'un arbre. Le lendemain, je crus qu'il se déterminerait à revenir sur ses pas. En effet, il regarda quelque temps dans la plaine l'église des Pamplemousses avec ses longues avenues de bambous, et il fit quelques mouvements comme pour y retourner ; mais il s'enfonça brusquement dans la forêt, en dirigeant toujours sa route vers le nord. Je pénétrai son intention, et je m'efforçai en vain de l'en distraire. Nous arrivâmes sur le milieu du jour au quartier de la Poudre-d'Or. Il descendit précipitamment au bord de la mer, vis-à-vis du lieu où avait péri *le Saint-Géran*. À la vue de l'île d'Ambre, et de son canal alors uni comme un miroir, il s'écria : « Vir- » ginie ! ô ma chère Virginie ! » et aussitôt il tomba en défaillance. Domingue et moi nous le portâmes dans l'intérieur de la forêt, où nous le fîmes revenir avec bien de la peine. Dès qu'il eut repris ses sens, il voulut retourner sur les bords de la mer ; mais l'ayant supplié de ne pas renouveler sa douleur et la nôtre par de si cruels ressouvenirs, il prit une autre direction. Enfin, pendant huit jours, il se rendit dans tous les lieux où il s'était trouvé avec la compagne de son enfance. Il parcourut le sentier par où elle avait été demander la grace de l'esclave de la Rivière-Noire ; il revit ensuite les bords de la rivière des Trois-Mamelles, où elle s'assit ne pouvant plus marcher, et la partie du bois où elle s'était égarée. Tous les lieux qui lui rappelaient les inquiétudes, les jeux, les repas, la bienfaisance de sa bien-aimée, la rivière de la Montagne-Longue, ma petite maison, la cascade voisine, le papayer qu'elle avait planté, les pelouses où elle aimait à courir, les carrefours de la forêt où elle se plaisait à chanter, firent tour à tour couler ses larmes ; et les mêmes échos qui avaient retenti tant de fois de leurs cris de joie communs, ne répétaient plus maintenant que ces mots douloureux : « Virginie ! ô ma chère Virginie ! »

Dans cette vie sauvage et vagabonde, ses yeux se cavèrent, son teint jaunit, et sa santé s'altéra de plus en plus. Persuadé que le sentiment de nos maux redouble par le souvenir de nos plaisirs, et que les passions s'accroissent dans la solitude, je résolus d'éloigner mon infortuné ami des lieux qui lui rappelaient le souvenir de sa perte, et de le transférer dans quelque endroit de l'île où il y eût beaucoup de dissipation. Pour cet effet, je le conduisis sur les hauteurs habitées du quartier de Williams, où il n'avait jamais été. L'agriculture et le commerce répandaient dans cette partie de l'île beaucoup de mouvement et de variété. Il y avait des troupes de charpentiers qui équarrissaient des bois, et d'autres qui les sciaient en planches ; des voitures allaient et venaient le long de ses chemins ; de grands troupeaux de bœufs et de chevaux y paissaient dans de vastes pâturages, et la campagne y était parsemée d'habitations. L'élévation du sol y permettait en plusieurs lieux la culture de diverses espèces de végétaux de l'Europe. On y voyait çà et là des moissons de blé dans la plaine, des tapis de fraisiers dans les éclaircis des bois, et des haies de rosiers le long des routes. La fraîcheur de l'air, en donnant de la tension aux nerfs, y était même favorable à la santé des blancs. De ces hauteurs situées vers le milieu de l'île, et entourées de grands bois, on n'apercevait ni la mer, ni le Port-Louis, ni l'église des Pamplemousses, ni rien qui pût rappeler à Paul le souvenir de Virginie. Les montagnes mêmes qui présentent différentes branches du côté du Port-Louis n'offrent plus, du côté des plaines de Williams, qu'un long promontoire en ligne droite et perpendiculaire, d'où s'élèvent plusieurs longues pyramides de rochers où se rassemblent les nuages.

Ce fut donc dans ces plaines que je conduisis Paul. Je le tenais sans cesse en action, marchant avec lui au soleil et à la pluie, de jour et de nuit, l'égarant exprès dans les bois, les défrichés, les champs, afin de distraire son esprit par la fatigue de son corps, et de donner le change à ses réflexions par l'ignorance du lieu où nous étions, et du chemin que nous avions perdu. Mais l'ame d'un amant retrouve partout les traces de l'objet aimé. La nuit et le jour, le calme des solitudes et le bruit des habitations, le temps même, qui emporte tant de souvenirs, rien ne peut l'en écarter. Comme l'aiguille touchée de l'aimant, elle a beau être agitée, dès qu'elle rentre dans son repos, elle se tourne vers le pôle qui l'attire. Quand je demandais à Paul, égaré au milieu des plaines de Williams : « Où irons-nous, maintenant? » il se tournait vers le nord, et me disait : « Voilà nos montagnes ; retournons-y. »

Je vis bien que tous les moyens que je tentais pour le distraire étaient inutiles, et qu'il ne me restait d'autre ressource que d'attaquer sa passion en elle-même, en y employant toutes les forces de ma faible raison. Je lui répondis donc : « Oui, voilà les montagnes où demeurait votre chère Virginie, et voilà le portrait que vous lui aviez donné, et qu'en mourant elle portait sur son cœur, dont les derniers mouvements ont encore été pour vous. » Je présentai alors à Paul le petit portrait qu'il avait donné à Virginie au bord de la fontaine des cocotiers. A cette vue, une joie funeste parut dans ses regards. Il saisit avidement ce portrait de ses faibles mains, et le porta sur sa bouche. Alors sa poitrine s'oppressa, et, dans ses yeux à demi sanglants, des larmes s'arrêtèrent sans pouvoir couler.

Je lui dis : « Mon fils, écoutez-moi, qui suis votre ami, qui ai été celui de Virginie, et qui, au milieu de vos espérances, ai souvent tâché de fortifier votre raison contre les accidents imprévus de la vie. Que déplorez-vous avec tant d'amertume? Est-ce votre malheur? est-ce celui de Virginie?

» Votre malheur? Oui, sans doute, il est grand. Vous avez perdu la plus aimable des filles, qui aurait été la plus digne des femmes. Elle avait sacrifié ses intérêts aux vôtres, et vous avait préféré à la fortune, comme la seule récompense digne de sa vertu. Mais que savez-vous si l'objet de qui vous deviez attendre un bonheur si pur n'eût pas été pour vous la source d'une infinité de peines? Elle était sans bien, et déshéritée; vous n'aviez désormais à partager avec elle que votre seul travail. Revenue plus délicate par son éducation, et plus courageuse par son malheur même, vous l'auriez vue chaque jour succomber, en s'efforçant de partager vos fatigues. Quand elle vous aurait donné des enfants, ses peines et les vôtres auraient augmenté, par la difficulté de soutenir seule avec vous de vieux parents et une famille naissante.

» Vous me direz : Le gouverneur nous aurait aidés. Que savez-vous si, dans une colonie qui change si souvent d'administrateurs, vous aurez souvent des LaBourdonnays? s'il ne viendra pas ici des chefs sans mœurs et sans morale? si, pour obtenir quelque misérable secours, votre épouse n'eût pas été obligée de leur faire sa cour? Ou elle eût été faible, et vous eussiez été à plaindre; ou elle eût été sage, et vous fussiez resté pauvre : heureux si, à cause de sa beauté et de sa vertu, vous n'eussiez pas été persécuté par ceux mêmes de qui vous espériez de la protection!

» Il me fût resté, me direz-vous, le bonheur, indépendant de la fortune, de protéger l'objet aimé qui s'attache à nous à proportion de sa faiblesse même; de le consoler par mes propres inquiétudes; de le réjouir de ma tristesse, et d'accroître notre amour de nos peines mutuelles. Sans doute la vertu et l'amour jouissent de ces plaisirs amers. Mais elle n'est plus; et il vous reste ce qu'après vous elle a le plus aimé, sa mère et la vôtre, que votre douleur inconsolable conduira au tombeau. Mettez votre bonheur à les aider, comme elle l'y avait mis elle-même. Mon fils, la bienfaisance est le bonheur de la vertu; il n'y en a point de plus assuré et de plus grand sur la terre. Les projets de plaisirs, de repos, de délices, d'abondance, de gloire, ne sont point faits pour l'homme, faible, voyageur, et passager. Voyez comme un pas vers la fortune nous a précipités tous d'abîme en abîme. Vous vous y êtes opposé, il est vrai; mais qui n'eût pas cru que le voyage de Virginie devait se terminer par son bonheur et par le vôtre? Les invitations d'une parente riche et âgée, les conseils d'un sage gouverneur, les applaudissements d'une colonie, les exhortations et l'autorité d'un prêtre, ont décidé du malheur de Virginie. Ainsi nous courons à notre perte, trompés par la prudence même de ceux qui nous gouvernent. Il eût mieux valu sans doute ne pas les croire, ni se fier à la voix et aux espérances d'un monde trompeur; mais enfin, de tant d'hommes que nous voyons si occupés dans ces plaines, de tant d'autres qui vont chercher la fortune aux Indes, ou qui, sans sortir de chez eux, jouissent en repos, en Europe, des travaux de ceux-ci, il n'y en a aucun qui ne soit destiné à perdre un jour ce qu'il chérit le plus, grandeurs, fortune, femme, enfants, amis. La plupart auront à joindre à leur perte le souvenir de leur propre imprudence. Pour vous, en rentrant en vous-même, vous n'avez rien à vous reprocher; vous avez été fidèle à votre foi. Vous avez eu, à la fleur de la jeunesse, la prudence d'un sage, en ne vous écartant pas du sentiment de la nature. Vos vues

» seules étaient légitimes, parcequ'elles étaient
» pures, simples, désintéressées, et que vous aviez
» sur Virginie des droits sacrés qu'aucune fortune
» ne pouvait balancer. Vous l'avez perdue; et ce
» n'est ni votre imprudence, ni votre avarice, ni
» votre fausse sagesse qui vous l'ont fait perdre;
» mais Dieu même, qui a employé les passions
» d'autrui pour vous ôter l'objet de votre amour;
» Dieu, de qui vous tenez tout, qui voit tout ce
» qui vous convient, et dont la sagesse ne vous
» laisse aucun lieu au repentir et au désespoir qui
» marchent à la suite des maux dont nous avons
» été la cause.

» Voilà ce que vous pouvez vous dire dans votre
» infortune: Je ne l'ai pas méritée. Est-ce donc le
» malheur de Virginie, sa fin, son état présent,
» que vous déplorez? Elle a subi le sort réservé à
» la naissance, à la beauté, et aux empires mêmes.
» La vie de l'homme, avec tous ses projets, s'élève
» comme une petite tour dont la mort est le cou-
» ronnement. En naissant, elle était condamnée à
» mourir. Heureuse d'avoir dénoué les liens de la
» vie avant sa mère, avant la vôtre, avant vous,
» c'est-à-dire de n'être pas morte plusieurs fois
» avant la dernière!

» La mort, mon fils, est un bien pour tous les
» hommes; elle est la nuit de ce jour inquiet qu'on
» appelle la vie. C'est dans le sommeil de la mort
» que reposent pour jamais les maladies, les dou-
» leurs, les chagrins, les craintes, qui agitent sans
» cesse les malheureux vivants. Examinez les hom-
» mes qui paraissent les plus heureux: vous ver-
» rez qu'ils ont acheté leur prétendu bonheur bien
» chèrement; la considération publique, par des
» maux domestiques; la fortune, par la perte de
» la santé; le plaisir si rare d'être aimé, par des
» sacrifices continuels: et souvent, à la fin d'une
» vie sacrifiée aux intérêts d'autrui, ils ne voient
» autour d'eux que des amis faux et des parents in-
» grats. Mais Virginie a été heureuse jusqu'au
» dernier moment. Elle l'a été avec nous par les
» biens de la nature; loin de nous, par ceux de la
» vertu: et même dans le moment terrible où
» nous l'avons vue périr, elle était encore heu-
» reuse; car, soit qu'elle jetât les yeux sur une co-
» lonie entière, à qui elle causait une désolation
» universelle, ou sur vous, qui couriez avec tant
» d'intrépidité à son secours, elle a vu combien
» elle nous était chère à tous. Elle s'est fortifiée
» contre l'avenir, par le souvenir de l'innocence
» de sa vie; et elle a reçu alors le prix que le ciel
» réserve à la vertu, un courage supérieur au
» danger. Elle a présenté à la mort un visage serein.

» Mon fils, Dieu donne à la vertu tous les évé-
» nements de la vie à supporter, pour faire voir
» qu'elle seule peut en faire usage, et y trouver
» du bonheur et de la gloire. Quand il lui réserve
» une réputation illustre, il l'élève sur un grand
» théâtre, et la met aux prises avec la mort; alors
» son courage sert d'exemple, et le souvenir de
» ses malheurs reçoit à jamais un tribut de larmes
» de la postérité. Voilà le monument immortel qui
» lui est réservé sur une terre où tout passe, et où
» la mémoire même de la plupart des rois est bien-
» tôt ensevelie dans un éternel oubli.

» Mais Virginie existe encore. Mon fils, voyez
» que tout change sur la terre, et que rien ne s'y
» perd. Aucun art humain ne pourrait anéantir la
» plus petite particule de matière; et ce qui fut rai-
» sonnable, sensible, aimant, vertueux, religieux,
» aurait péri, lorsque les éléments dont il était re-
» vêtu sont indestructibles! Ah! si Virginie a été
» heureuse avec nous, elle l'est maintenant bien
» davantage. Il y a un Dieu, mon fils: toute la
» nature l'annonce; je n'ai pas besoin de vous le
» prouver. Il n'y a que la méchanceté des hommes
» qui leur fasse nier une justice qu'ils craignent.
» Son sentiment est dans votre cœur, ainsi que ses
» ouvrages sont sous vos yeux. Croyez-vous donc
» qu'il laisse Virginie sans récompense? Croyez-
» vous que cette même puissance, qui avait revêtu
» cette ame si noble d'une forme si belle où vous
» sentiez un art divin, n'aurait pu la tirer des
» flots? que celui qui a arrangé le bonheur actuel
» des hommes par des lois que vous ne connaissez
» pas, ne puisse en préparer un autre à Virginie
» par des lois qui vous sont également inconnues?
» Quand nous étions dans le néant, si nous eus-
» sions été capables de penser, aurions-nous pu
» nous former une idée de notre existence? Et
» maintenant que nous sommes dans cette exis-
» tence ténébreuse et fugitive, pouvons-nous pré-
» voir ce qu'il y a au-delà de la mort, par où nous
» en devons sortir? Dieu a-t-il besoin, comme
» l'homme, du petit globe de notre terre pour
» servir de théâtre à son intelligence et à sa bonté;
» et n'a-t-il pu propager la vie humaine que dans
» les champs de la mort? Il n'y a pas dans l'Océan
» une seule goutte d'eau qui ne soit pleine d'êtres
» vivants qui ressortissent à nous; et il n'existerait
» rien pour nous parmi tant d'astres qui roulent
» sur nos têtes! Quoi! il n'y aurait d'intelligence
» suprême et de bonté divine précisément que là
» où nous sommes! et dans ces globes rayonnants
» et innombrables, dans ces champs infinis de lu-
» mière qui les environnent, que ni les orages ni

» les nuits n'obscurcissent jamais, il n'y aurait
» qu'un espace vain et un néant éternel! Si nous,
» qui ne nous sommes rien donné, osions assigner
» des bornes à la puissance de laquelle nous avons
» tout reçu, nous pourrions croire que nous som-
» mes ici sur les limites de son empire, où la vie
» se débat avec la mort, et l'innocence avec la
» tyrannie!

» Sans doute, il est quelque part un lieu où la
» vertu reçoit sa récompense. Virginie maintenant
» est heureuse. Ah! si du séjour des anges elle
» pouvait se communiquer à vous, elle vous dirait,
» comme dans ses adieux : O Paul! la vie n'est
» qu'une épreuve. J'ai été trouvée fidèle aux lois
» de la nature, de l'amour et de la vertu. J'ai tra-
» versé les mers pour obéir à mes parents; j'ai re-
» noncé aux richesses pour conserver ma foi; et
» j'ai mieux aimé perdre la vie que de violer la
» pudeur. Le ciel a trouvé ma carrière suffisam-
» ment remplie. J'ai échappé pour toujours à la
» pauvreté, à la calomnie, aux tempêtes, au spec-
» tacle des douleurs d'autrui. Aucun des maux
» qui effraient les hommes ne peut plus désormais
» m'atteindre; et vous me plaignez! Je suis pure et
» inaltérable comme une particule de lumière; et
» vous me rappelez dans la nuit de la vie! O Paul!
» ô mon ami! souviens-toi de ces jours de bon-
» heur où dès le matin nous goûtions la volupté
» des cieux, se levant avec le soleil sur les pitons
» de ces rochers, et se répandant avec ses rayons
» au sein de nos forêts. Nous éprouvions un ravis-
» sement dont nous ne pouvions comprendre la
» cause. Dans nos souhaits innocents, nous desi-
» rions être tout vue, pour jouir des riches cou-
» leurs de l'aurore; tout odorat, pour sentir les
» parfums de nos plantes; tout ouïe, pour enten-
» dre les concerts de nos oiseaux; tout cœur, pour
» reconnaître ces bienfaits. Maintenant, à la source
» de la beauté d'où découle tout ce qui est agréable
» sur la terre, mon ame voit, goûte, entend,
» touche immédiatement ce qu'elle ne pouvait sen-
» tir alors que par de faibles organes. Ah! quelle
» langue pourrait décrire ces rivages d'un orient
» éternel, que j'habite pour toujours? Tout ce
» qu'une puissance infinie et une bonté céleste ont
» pu créer pour consoler un être malheureux; tout
» ce que l'amitié d'une infinité d'êtres, réjouis de
» la même félicité, peut mettre d'harmonie dans
» des transports communs, nous l'éprouvons sans
» mélange. Soutiens donc l'épreuve qui t'est don-
» née, afin d'accroître le bonheur de ta Virginie
» par des amours qui n'auront plus de terme, par
» un hymen dont les flambeaux ne pourront plus

» s'éteindre. Là, j'apaiserai tes regrets; là, j'es-
» suierai tes larmes. O mon ami! mon jeune
» époux! élève ton ame vers l'infini, pour sup-
» porter des peines d'un moment. »

Ma propre émotion mit fin à mon discours. Pour Paul, me regardant fixement, il s'écria : « Elle
» n'est plus! elle n'est plus! » et une longue faiblesse succéda à ces douloureuses paroles. Ensuite, revenant à lui, il dit : « Puisque la mort est un
» bien, et que Virginie est heureuse, je veux
» aussi mourir pour me rejoindre à Virginie. »
Ainsi mes motifs de consolation ne servirent qu'à nourrir son désespoir. J'étais comme un homme qui veut sauver son ami coulant à fond au milieu d'un fleuve, sans vouloir nager. La douleur l'avait submergé. Hélas! les malheurs du premier âge préparent l'homme à entrer dans la vie; et Paul n'en avait jamais éprouvé.

Je le ramenai à son habitation. J'y trouvai sa mère et madame de La Tour dans un état de langueur qui avait encore augmenté. Marguerite était la plus abattue. Les caractères vifs, sur lesquels glissent les peines légères, sont ceux qui résistent le moins aux grands chagrins.

Elle me dit : « O mon bon voisin! il m'a sem-
» blé, cette nuit, voir Virginie vêtue de blanc, au
» milieu de bocages et de jardins délicieux. Elle
» m'a dit : Je jouis d'un bonheur digne d'envie.
» Ensuite, elle s'est approchée de Paul d'un air
» riant, et l'a enlevé avec elle. Comme je m'effor-
» çais de retenir mon fils, j'ai senti que je quittais
» moi-même la terre, et que je le suivais avec un
» plaisir inexprimable. Alors j'ai voulu dire adieu
» à mon amie; aussitôt je l'ai vue qui nous suivait
» avec Marie et Domingue. Mais ce que je trouve
» encore de plus étrange, c'est que madame de La
» Tour a fait, cette même nuit, un songe accom-
» pagné des mêmes circonstances. »

Je lui répondis : « Mon amie, je crois que rien
» n'arrive dans le monde sans la permission de
» Dieu. Les songes annoncent quelquefois la vé-
» rité. »

Madame de La Tour me fit le récit d'un songe tout-à-fait semblable, qu'elle avait eu cette même nuit. Je n'avais jamais remarqué dans ces deux dames aucun penchant à la superstition; je fus donc frappé de la concordance de leur songe, et je ne doutai pas en moi-même qu'il ne vînt à se réaliser. Cette opinion, que la vérité se présente quelquefois à nous pendant le sommeil, est répandue chez tous les peuples de la terre. Les plus grands hommes de l'antiquité y ont ajouté foi, entre autres Alexandre, César, les Scipions, les deux Catons et Brutus, qui n'étaient pas des esprits faibles. L'ancien et le nouveau Testament nous fournissent quantité d'exemples de songes qui se sont réalisés. Pour moi, je n'ai besoin à cet égard que de ma propre expérience ; et j'ai éprouvé plus d'une fois que les songes sont des avertissements que nous donne quelque intelligence qui s'intéresse à nous. Que si l'on veut combattre ou défendre avec des raisonnements des choses qui surpassent la lumière de la raison humaine, c'est ce qui n'est pas possible. Cependant, si la raison de l'homme n'est qu'une image de celle de Dieu, puisque l'homme a bien le pouvoir de faire parvenir ses intentions jusqu'au bout du monde par des moyens secrets et cachés, pourquoi l'intelligence qui gouverne l'univers n'en emploierait-elle pas de semblables pour la même fin? Un ami console son ami par une lettre qui traverse une multitude de royaumes, circule au milieu des haines des nations, et vient apporter de la joie et de l'espérance à un seul homme : pourquoi le souverain protecteur de l'innocence ne peut-il venir, par quelque voie secrète, au secours d'une ame vertueuse qui ne met sa confiance qu'en lui seul? A-t-il besoin d'employer quelque signe extérieur pour exécuter sa volonté, lui qui agit sans cesse dans tous ses ouvrages par un travail intérieur ?

Pourquoi douter des songes? La vie, remplie de tant de projets passagers et vains, est-elle autre chose qu'un songe?

Quoi qu'il en soit, celui de mes amies infortunées se réalisa bientôt. Paul mourut deux mois après la mort de sa chère Virginie, dont il prononçait sans cesse le nom. Marguerite vit venir sa fin huit jours après celle de son fils, avec une joie qu'il n'est donné qu'à la vertu d'éprouver. Elle fit les plus tendres adieux à madame de La Tour, « dans l'espérance, lui dit-elle, d'une douce et éternelle réunion. La mort est le plus grand des biens, ajouta-t-elle ; on doit la desirer. Si la vie est une punition, on doit en souhaiter la fin ; si c'est une épreuve, on doit la demander courte. »

Le gouvernement prit soin de Domingue et de Marie, qui n'étaient plus en état de servir, et qui ne survécurent pas long-temps à leurs maîtresses. Pour le pauvre Fidèle, il était mort de langueur à peu près dans le même temps que son maître.

J'amenai chez moi madame de La Tour, qui se soutenait au milieu de si grandes pertes avec une grandeur d'ame incroyable. Elle avait consolé Paul et Marguerite jusqu'au dernier instant, comme si elle n'avait eu que leur malheur à supporter. Quand elle ne les vit plus, elle m'en parlait, chaque jour, comme d'amis chéris qui étaient dans le voisinage. Cependant, elle ne leur survécut que d'un mois. Quant à sa tante, loin de lui reprocher ses maux, elle priait Dieu de les lui pardonner, et d'apaiser les troubles affreux d'esprit où nous apprîmes qu'elle était tombée immédiatement après qu'elle eut renvoyé Virginie avec tant d'inhumanité.

Cette parente dénaturée ne porta pas loin la punition de sa dureté. J'appris, par l'arrivée successive de plusieurs vaisseaux, qu'elle était agitée de vapeurs qui lui rendaient la vie et la mort également insupportables. Tantôt elle se reprochait la fin prématurée de sa charmante petite-nièce, et la perte de sa mère qui s'en était suivie. Tantôt elle s'applaudissait d'avoir repoussé loin d'elle deux malheureuses qui, disait-elle, avaient déshonoré sa maison par la bassesse de leurs inclinations. Quelquefois, se mettant en fureur à la vue de ce grand nombre de misérables dont Paris est rempli : « Que n'envoie-t-on, s'écriait-elle, ces fainéants » périr dans nos colonies? » Elle ajoutait que les idées d'humanité, de vertu, de religion, adoptées par tous les peuples, n'étaient que des inventions de la politique de leurs princes. Puis, se jetant tout-à-coup dans une extrémité opposée, elle s'abandonnait à des terreurs superstitieuses qui la remplissaient de frayeurs mortelles. Elle courait porter d'abondantes aumônes à de riches moines qui la dirigeaient, les suppliant d'apaiser la Divinité par le sacrifice de sa fortune : comme si des biens qu'elle avait refusés aux malheureux pouvaient plaire au père des hommes ! Souvent son imagination lui représentait des campagnes de feu, des montagnes ardentes, où des spectres hideux erraient en l'appelant à grands cris. Elle se jetait aux pieds de ses directeurs, et elle imaginait contre elle-même des tortures et des supplices ; car le ciel, le juste ciel, envoie aux ames cruelles des religions effroyables.

Ainsi elle passa plusieurs années, tour à tour athée et superstitieuse, ayant également en horreur la mort et la vie. Mais ce qui acheva la fin d'une si déplorable existence, fut le sujet même auquel elle avait sacrifié les sentiments de la nature. Elle eut le chagrin de voir que sa fortune passerait, après elle, à des parents qu'elle haïssait. Elle chercha donc à en aliéner la meilleure partie ; mais ceux-ci, profitant des accès de vapeurs auxquels elle était sujette, la firent enfermer comme folle, et mettre ses biens en direction. Ainsi ses richesses mêmes achevèrent sa perte ; et comme elles avaient endurci le cœur de celle qui les possédait, elles dénaturèrent de même le cœur de ceux qui les desiraient. Elle mourut donc; et, ce qui est le comble du malheur, avec assez d'usage de sa raison pour connaître qu'elle était dépouillée et méprisée par les mêmes personnes dont l'opinion l'avoit dirigée toute sa vie.

On a mis auprès de Virginie, au pied des mêmes roseaux, son ami Paul, et autour d'eux leurs tendres mères et leurs fidèles serviteurs. On n'a point élevé de marbres sur leurs humbles tertres, ni gravé d'inscriptions à leurs vertus; mais leur mémoire est restée ineffaçable dans le cœur de ceux qu'ils ont obligés. Leurs ombres n'ont pas besoin de l'éclat qu'ils ont fui pendant leur vie; mais si elles s'intéressent encore à ce qui se passe sur la terre, sans doute elles aiment à errer sous les toits de chaume qu'habite la vertu laborieuse; à consoler la pauvreté mécontente de son sort, à nourrir dans les jeunes amants une flamme durable, le goût des biens naturels, l'amour du travail, et la crainte des richesses.

La voix du peuple, qui se tait sur les monuments élevés à la gloire des rois, a donné à quelques parties de cette île des noms qui éterniseront la perte de Virginie. On voit près de l'île d'Ambre, au milieu des écueils, un lieu appelé LA PASSE DU SAINT-GÉRAN, du nom de ce vaisseau qui y périt en la ramenant d'Europe. L'extrémité de cette longue pointe de terre que vous apercevez à trois lieues d'ici, à demi couverte des flots de la mer, que le Saint-Géran ne put doubler, la veille de l'ouragan, pour entrer dans le port, s'appelle LE CAP MALHEUREUX; et voici devant nous, au bout de ce vallon, LA BAIE DU TOMBEAU, où Virginie fut trouvée ensevelie dans le sable; comme si la mer eût voulu rapporter son corps à sa famille, et rendre les derniers devoirs à sa pudeur sur les mêmes rivages qu'elle avait honorés de son innocence.

Jeunes gens si tendrement unis! mères infortunées! chère famille! ces bois qui vous donnaient leurs ombrages, ces fontaines qui coulaient pour vous, ces coteaux où vous reposiez ensemble, déplorent encore votre perte. Nul, depuis vous, n'a osé cultiver cette terre désolée, ni relever ces humbles cabanes. Vos chèvres sont devenues sauvages; vos vergers sont détruits; vos oiseaux sont enfuis, et on n'entend plus que les cris des éperviers qui volent en rond au haut de ce bassin de rochers. Pour moi, depuis que je ne vous vois plus, je suis comme un ami qui n'a plus d'amis, comme un père qui a perdu ses enfants, comme un voyageur qui erre sur la terre, où je suis resté seul.

En disant ces mots, ce bon vieillard s'éloigna en versant des larmes; et les miennes avaient coulé plus d'une fois pendant ce funeste récit.

FIN DE PAUL ET VIRGINIE.

LA CHAUMIÈRE INDIENNE.

AVANT-PROPOS.

Voici un petit conte indien qui renferme plus de vérités que bien des histoires. Je l'avais destiné à augmenter la relation d'un voyage à l'Ile-de-France, publié en 1773, et que je me propose de faire réimprimer avec des additions. Comme j'y parle des Indiens qui sont dans cette île, j'avais voulu y joindre un tableau des mœurs de ceux qui sont dans l'Inde, d'après des notes assez intéressantes que je m'étais procurées. J'en avais donc formé un épisode, que j'avais lié à une anecdote historique qui en fait le commencement. C'est à l'occasion d'une compagnie de savants anglais, envoyés, il y a une trentaine d'années, dans diverses parties du monde, pour y recueillir des lumières sur plusieurs objets des sciences; j'y parle d'un d'entre eux, qui vint aux Indes pour concourir aux progrès de la vérité. Mais comme cet épisode formait un hors-d'œuvre dans mon ouvrage, j'ai jugé à propos de le publier séparément.

Je proteste ici que je n'ai eu aucune intention de jeter quelque ridicule sur les académies, quoique j'aie beaucoup à m'en plaindre, non par rapport à ma personne, mais à cause des intérêts de la vérité [1], qu'elles persécutent souvent quand elle contrarie leurs systèmes. Je suis d'ailleurs trop redevable à plusieurs savants anglais qui, sans me connaître, et par le seul amour des sciences, ont honoré mes Études de la Nature de leurs plus glorieux suffrages, qu'ils n'ont pas craint de publier, comme on peut le voir, entre autres, dans un extrait de leurs journaux, rapporté par *le Moniteur français* le 9 février 1790. Le caractère que j'ai donné à un de leurs confrères est une preuve non équivoque de mon estime pour eux. Certainement j'ai dû regarder comme une démarche qui mérite toute la reconnaissance de leur nation, d'avoir cherché à importer les lumières des pays étrangers en Angleterre, ainsi que je considère celle d'en avoir exporté d'Angleterre dans des pays sauvages, par les voyages de Cook et de Banks, comme digne de toute celle du genre humain. La première a été imitée depuis par le Danemark, et la seconde par la France [2]; mais toutes deux bien malheureusement, puisque de douze savants voyageurs danois il n'en est revenu qu'un seul dans sa patrie, et que l'on n'a aucune nouvelle des deux vaisseaux de guerre français employés à cette mission d'humanité, et commandés par l'infortuné de La Pérouse. Ce n'est donc point la science en elle-même que je blâme; mais j'ai voulu faire voir que les corps savants, par leur ambition, leur jalousie et leurs préjugés, ne servent que trop souvent d'obstacles à ses progrès.

Je me suis proposé un but encore plus utile : c'est de remédier aux maux dont l'humanité est affligée aux Indes. Ma devise est de secourir les malheureux; et j'étends ce sentiment à tous les hommes. Si la philosophie est venue autrefois des Indes en Europe, pourquoi ne retournerait-elle pas aujourd'hui de l'Europe civilisée aux Indes, devenues barbares à leur tour ? Il vient de se former à Calcutta une société de savants anglais qui détruiront peut-être un jour les préjugés de l'Inde, et par ce bienfait compenseront les maux qu'y ont apportés les guerres et le commerce des Européens. Pour moi, qui n'influe sur rien, afin de donner plus de faveur et de graces à mes arguments, j'ai tâché de les revêtir de celles d'un conte. C'est avec des contes qu'on rend partout les hommes attentifs à la vérité.

Nous sommes tous d'Athène en ce point ; et moi-même,
Au moment que je fais cette moralité,
Si Peau-d'Ane m'était conté,
J'y prendrais un plaisir extrême.
LA FONTAINE, liv. VIII, fab. IV.

On a dit, avec plus d'esprit que de raison, que la fable était née dans les pays despotiques de l'Orient, et qu'on y avait voilé la vérité, afin qu'elle pût s'approcher des tyrans. Mais je demande si un sultan ne se trouverait pas plus offensé de se voir peint sous l'emblème d'un chat-huant ou d'un léopard, que d'après nature ; et si des vérités de réflexion ne le blesseraient pas pour le moins autant que des vérités directes? Thomas Rhoé, ambassadeur d'Angleterre auprès de Sélim-Schah, empereur du Mogol, rapporte que ce prince très despotique ayant fait ouvrir devant lui des coffres qui arrivaient d'Angleterre, afin d'en prendre quelques présents qui lui étaient destinés, fut fort surpris d'y trouver un tableau représentant un Satyre qu'une Vénus menait par le nez. « Il s'imagina, » dit-il, que cette peinture était faite en dérision des peu-
» ples de l'Asie; qu'ils y étaient figurés par le Satyre
» noir et cornu, comme étant d'une même complexion;
» et que la Vénus qui menait le Satyre par le nez repré-
» sentait le grand empire que les femmes de ce pays-là
» ont sur les hommes. »

Thomas Rhoé, à qui ce tableau était adressé, eut bien de la peine à en détruire l'effet dans l'esprit du Mogol, en lui donnant une idée de nos fables. Il recommande à cette occasion bien expressément aux directeurs de la compagnie des Indes, en Angleterre, de n'envoyer à l'avenir aucune peinture allégorique aux Indes, parceque les princes, dit-il, y sont très soupçonneux. C'est en effet le caractère des despotes. Je crois donc que nulle part les fables n'ont été imaginées pour eux, si ce n'est pour les flatter.

En général, le goût pour les fables est répandu par toute la terre; mais bien plus dans les pays libres que dans les despotiques. Les peuples sauvages fondent leurs traditions sur des fables : il n'y a point de pays où elles aient été plus communes que dans la Grèce, où tous les

---
[1] Voyez la note première, à la fin de *la Chaumière*.
[2] Voyez la note seconde, *ibid.*

objets de la nature, de la politique et de la religion n'étaient que des résultats de quelques métamorphoses. Il n'y avait guère de famille illustre qui n'eût quelque animal au nombre de ses ancêtres, et qui ne comptât parmi ses cousins ou ses cousines, des taureaux, des cygnes, des rossignols, des tourterelles, des corneilles ou des pies. On peut observer que les Anglais, dans leur littérature, ont un goût tout particulier pour l'allégorie, quoique la vérité puisse se dire chez eux fort librement. Les Asiatiques ont été dans le même cas du temps d'Ésope et de Lokman; mais on ne trouve plus aujourd'hui chez eux de fabulistes, quoique leur pays soit rempli de sultans.

Ce sont les peuples les plus rapprochés de la nature, et par conséquent les plus libres, qui ont le plus aimé à orner la vérité de fables: c'est par un effet de l'amour même de la vérité, qui est le sentiment des lois de la nature. La vérité est la lumière de l'ame, comme la lumière physique est la vérité des corps. L'une et l'autre réunies donnent la science de ce qui est : celle-ci éclaire les objets, celle-là nous en montre les convenances; et comme, dans le principe, toute lumière tire son origine du soleil, toute vérité tire la sienne de Dieu, dont cet astre est la plus sensible image. Peu d'hommes peuvent supporter la lumière pure du soleil. C'est à cause de la faiblesse de nos yeux que la nature nous a donné des paupières, pour les voiler au degré qui nous convient; qu'elle a planté la terre de forêts, dont les feuillages verts nous offrent des ombrages doux et transparents; et qu'elle répand dans les cieux des vapeurs et des nuages, pour affaiblir les rayons trop vifs de l'astre du jour. Peu d'hommes aussi peuvent saisir les vérités purement métaphysiques. C'est à cause de la faiblesse de notre intelligence que la nature nous a donné l'ignorance pour servir de paupière à notre ame : c'est par son moyen que l'ame s'ouvre par degrés à la vérité, qu'elle n'en admet que ce qu'elle en peut supporter, qu'elle s'entoure de fables, qui sont comme autant de berceaux à l'ombre desquels elle la contemple; et lorsqu'elle veut s'élever jusqu'à la Divinité même, elle la voile d'allégories et de mystères pour en soutenir l'éclat.

Nous ne verrions pas la lumière du soleil, si elle ne s'arrêtait sur des corps, ou au moins sur des nuages. Elle nous échappe hors de notre atmosphère, et nous éblouit à sa source. Il en est de même de la vérité; nous ne la saisirions pas, si elle ne se fixait sur des événements sensibles, ou au moins sur des métaphores et des comparaisons qui la réfléchissent; il lui faut un corps qui la renvoie. Notre entendement n'a point de prise sur les vérités purement métaphysiques, il est ébloui par celles qui émanent de la Divinité, et il ne peut saisir celles qui ne se reposent pas sur ses ouvrages. C'est par cette dernière raison que le langage des peuples civilisés ne peint rien, parcequ'il est plein d'idées vagues et d'abstractions, et que celui des peuples simples et naturels est très expressif, parcequ'il est rempli de similitudes et d'images. Les premiers sont habitués à cacher leurs sentiments; les seconds à les étendre. Mais comme souvent les nuages, dispersés sous mille formes fantastiques, décomposent les rayons du soleil en teintes plus riches et plus variées que celles qui colorent les ouvrages réguliers de la nature; ainsi les fables réfléchissent la vérité avec plus d'étendue que les événements réels : elles la transportent dans tous les règnes; elles l'approprient aux animaux, aux arbres, aux éléments, et en font jaillir mille reflets. Ainsi les rayons du soleil se jouent sans s'éteindre, au fond des eaux, y reflètent les objets de la terre et des cieux, et redoublent leurs beautés par des consonnances.

L'ignorance est donc aussi nécessaire à la vérité que l'ombre l'est à la lumière, puisque c'est des premières que se forment les harmonies de notre intelligence, comme des secondes se composent celles de notre vue.

Les moralistes, comme je l'ai déja observé dans mes Études, ont presque toujours confondu l'ignorance avec l'erreur. L'ignorance, à la considérer seule et sans la vérité, avec laquelle elle a de si douces harmonies, est le repos de notre intelligence; elle nous fait oublier les maux passés, nous dissimule les présents, et nous cache ceux de l'avenir; enfin elle est un bien, puisque nous la tenons de la nature. L'erreur, au contraire, est l'ouvrage de l'homme; elle est toujours un mal; c'est une fausse lumière qui luit pour nous égarer. Je ne puis mieux la comparer qu'à la lueur d'un incendie, qui dévore les habitations qu'elle éclaire. Il est remarquable qu'il n'y a pas un seul mal moral ou physique qui n'ait pour principe une erreur. Les tyrannies, l'esclavage, les guerres, sont fondés sur des erreurs politiques et même sacrées; car les tyrans, qui les ont répandues pour établir leur puissance, les ont toujours dérivées de la Divinité ou de quelque vertu, afin de les faire respecter des hommes.

Il est cependant bien facile de distinguer l'erreur de la vérité. La vérité est une lumière naturelle qui luit d'elle-même par toute la terre, parcequ'elle vient de Dieu; l'erreur est une lueur artificielle qui a besoin sans cesse d'être alimentée, et qui ne peut jamais être universelle, parcequ'elle n'est que l'ouvrage des hommes. La vérité est utile à tous les hommes; l'erreur n'est profitable qu'à quelques uns, et est nuisible à tous, parceque l'intérêt particulier est l'ennemi de l'intérêt général, quand il s'en sépare.

Il faut bien prendre garde de confondre la fable avec l'erreur. La fable est le voile de la vérité, et l'erreur en est le fantôme. Ce fut souvent pour la dissiper que la fable fut imaginée; cependant, quelque innocente qu'elle soit dans son principe, elle devient dangereuse lorsqu'elle prend le caractère principal de l'erreur, c'est-à-dire lorsqu'elle tourne au profit particulier de quelques hommes. Par exemple, il importait peu qu'on eût fait jadis de la lune, sous le nom de Diane, une déesse toujours vierge, qui présidait à la chasse. Cette allégorie signifiait que la lumière de la lune était favorable aux chasseurs pour tendre des pièges aux bêtes fauves, et que l'exercice de la chasse détruisait la passion de l'amour. Il n'y eut pas un grand mal quand on lui dédia le pin [1] dans les forêts; cet arbre devint un rendez-vous de chasse. Il n'y eut pas encore un grand mal quand un chasseur, pour s'attirer la protection de Diane, y suspendit la tête d'un loup. Mais, quand il y mit la peau tout entière, il se trouva des gens qui songèrent à en profiter; ils bâtirent à la déesse une chapelle, où l'on offrit non-seulement la peau d'un loup, mais des moutons, afin de préserver des loups le reste du troupeau. Les offrandes s'y multiplièrent à l'occasion de la hure de quelque monstrueux sanglier qui avait bouleversé les vignes, et qui avait mis à ses trousses tous les chiens et toute la jeunesse du voisinage. Les chasseurs y attirèrent les pèlerins, et les pèlerins les marchands. Il se forma bientôt un bourg autour de la chapelle, qui, parmi tant de gens crédules, ne tarda pas d'avoir ses oracles. Comme on y prédisait des victoires, les rois y envoyèrent des présents; alors la chapelle devint un temple, et le bourg une ville qui eut des pontifes, des magistrats, des territoires. Bientôt on leva des impôts sur les peuples pour lui

[1] *Voyez* la note 5, à la fin de *la Chaumière*.

bâtir des temples magnifiques, comme celui d'Éphèse ; et comme la crainte a encore plus de pouvoir que la confiance sur l'esprit humain, pour rendre le culte de Diane redoutable, on lui sacrifia des hommes dans la Tauride. Ainsi concourut au malheur des peuples une allégorie imaginée pour leur bonheur, parcequ'elle tourna au profit d'une ville ou d'un temple.

La vérité même est funeste aux hommes quand elle devient le patrimoine d'une tribu. Il y a certainement bien loin de la tolérance de l'Évangile à l'intolérance de l'inquisition, et du précepte donné par Jésus à ses apôtres, de secouer de leurs pieds la poussière des maisons où l'on refusait de les recevoir, et de son indignation lorsqu'ils lui proposèrent d'y faire tomber le feu du ciel, à la destruction des anciens Indiens de l'Amérique et aux bûchers des auto-da-fé.

Il y a à la galerie des Tuileries, à droite en entrant dans le jardin, une colonne ionique, que le célèbre Blondel, professeur d'architecture, montrait comme un modèle à ses élèves : il leur faisait observer que toutes celles qui la suivaient allaient en diminuant de plus en plus en beauté. La première, disait-il, est l'ouvrage d'un fameux sculpteur, et les autres ont été faites successivement par des artistes qui se sont écartés de ses graces et proportions, à mesure qu'ils s'en éloignaient. Celui qui a sculpté la seconde a assez bien imité la première ; mais celui qui a fait la troisième ne copiait plus que la seconde. Ainsi, de copie en copie, la dernière se trouve fort au-dessous de l'original. J'ai comparé bien des fois l'Évangile à cette belle colonne des Tuileries, et les ouvrages des commentateurs anciens à celles du reste de la galerie. Mais, si on mettait de suite les commentateurs modernes jusqu'à nos jours, quelles colonnes informes offriraient leurs volumes ! et qui, dans les tempêtes de la vie, oserait s'y appuyer ?

Puisque la vérité est un rayon de la lumière céleste, elle luira toujours pour tous les hommes, pourvu qu'on ne mette pas d'impôts sur leurs fenêtres ; mais, dans tous les genres, combien de corps fondés pour la propager, par cela même qu'elle tourne à leur profit, y substituent celle de leurs bougies ou de leurs lanternes ? ils en viennent bientôt, quand ils sont puissants, à persécuter ceux qui la trouvent ; et quand ils ne le sont pas, ils leur opposent une force d'inertie qui les empêche de la répandre : voilà pourquoi ceux qui l'aiment s'éloignent souvent des hommes et des villes. Telle est la vérité que j'ai voulu prouver dans ce petit ouvrage. Heureux si je puis contribuer, dans ma patrie, au bonheur d'un seul infortuné, en peignant aux Indes celui d'un paria dans sa chaumière !

Ce n'est qu'à vous, auguste assemblée des représentants de la France, qu'il appartient de faire du bien à tous les hommes, en détruisant les obstacles qui s'opposent à la vérité, puisqu'elle est la source de tous les biens, et qu'elle se répand par toute la terre. Rome et Athènes ne défendirent que leur liberté. Les peuples modernes n'ont combattu que pour étendre leur religion et leur commerce. Tous ont opprimé l'univers ; vous seule avez défendu ses droits en sacrifiant vos priviléges. Un jour il s'intéressera à votre bonheur, comme vous vous êtes intéressée à ses destins. Puisse le monarque vertueux qui vous a convoquée, et a sanctionné vos laborieux travaux, en partager la gloire à jamais ! Son nom sera immortel comme vos lois. Les peuples anciens ont fixé leur principale époque à celle qui importait le plus à leurs plaisirs, à leur puissance ou à leur liberté ; les Grecs, si amoureux des fêtes, à leurs olympiades ; les Romains, si patriotes, à la fondation de Rome ; les peuples opprimés, à la naissance de leur religion : mais les peuples que vous rappelez au bonheur auquel la nature les destinait dateront les droits de l'homme, aussi anciens que le monde, du règne de Louis XVI.

PRÉAMBULE.

Le début de ce petit ouvrage a été marqué par trois sortes de succès.

Le premier, c'est que, dès qu'il a été publié sous format in-18, il en a paru plusieurs contrefaçons au Palais-Royal. C'est sans doute me faire beaucoup d'honneur ; mais aussi c'est me le faire payer assez cher, et tromper le public en lui présentant des éditions fautives.

Le second succès de la *Chaumière indienne* est de m'avoir attiré des éloges des journalistes les plus distingués, et des lettres pleines d'intérêt de beaucoup de mes lecteurs. Rien n'est agréable comme une amitié nouvelle. Toutes les primeurs plaisent, et surtout celles du cœur. Quelque sensible que j'y sois, il ne m'est pas possible de les cultiver toutes. Parmi les personnes qui me font l'honneur de rechercher ma correspondance, il y en a, et ce ne sont pas toujours des dames, qui, de peur, me disent-elles, de m'importuner, m'écrivent de petites lettres qui demandent de grandes réponses : le contraire m'arrangerait beaucoup mieux. C'est sans doute la plus douce de mes jouissances, de voir les sentiments sortis de mon ame y retourner avec ceux des amis qu'ils m'ont conciliés ; mais c'est une de mes plus grandes peines de ne pouvoir suffire à des relations si intéressantes. Je suis seul, ma santé est mauvaise, et je ne puis écrire que quelques heures de la matinée ; j'ai des matériaux considérables à arranger, que je n'ai ni la force ni le temps de mettre en ordre : ma fortune même est un obstacle à mes correspondances, car beaucoup de ces lettres m'arrivent de fort loin sans être affranchies. J'espère que ces considérations, qui me forcent de tant de manières au laconisme ou au silence, me serviront d'excuse auprès de la plupart de mes lecteurs, dont les suffrages d'ailleurs sont la plus agréable récompense de mes travaux.

Le troisième succès de la *Chaumière indienne* est d'avoir excité l'envie. Des journalistes m'ont attaqué dans leurs feuilles. Un abbé, déguisé sous le nom d'un Anglais, a prétendu, dans son journal, que sous le nom de brames je voulais tourner nos prêtres en ridicule. A la vérité, il a dit à une dame de ses souscripteurs, qui lui en faisait des reproches, que s'il avait su qu'elle fût de mes amies, il n'aurait pas publié cette lettre : tant il est vrai que c'est l'intérêt et non la vérité qui guide un écrivain mercenaire !

Un journaliste académicien s'est plaint avec amertume d'une note de mon avant-propos, où je parle de l'aplatissement des pôles comme d'une erreur. Un autre journaliste du même ordre, n'ayant rien à voir ni à ma religion, ni aux pôles du monde, a senti réveiller sa jalousie naturelle par des succès qu'il n'avait pas préparés. N'ayant rien à reprendre dans ma *Chaumière indienne*, il a attaqué avec amertume mes principes sur l'éducation. Accoutumé à ne répéter que les idées d'autrui, il ne veut pas que j'aie les miennes ; il me blâme d'interdire l'ambition aux enfants, qu'il veut élever, comme lui, avec des hochets académiques. Il trouve mauvais que je leur défende de chercher à être les premiers ; que je substitue, dans leurs jeunes ames, l'amour de l'humanité à l'amour de soi, l'intérêt général à l'intérêt particulier, et que je les fasse vivre en paix dans l'âge de l'innocence, afin de les disposer à la concorde dans celui des passions. Certainement, si j'avais besoin de quelque preuve bien frappante des mauvais effets de l'éducation ancienne, pour rendre les hommes jaloux, injurieux, à grandes prétentions et à petit talent, je ne voudrais pas lui en alléguer d'autre exemple que lui-même.

Il y a des êtres méchants sans nécessité. J'ai vu des pies tourner autour des cages des pigeons, uniquement pour leur crever les yeux. Ces oiseaux babillards et malfaisants se saisissent de tout ce qui brille, pour le cacher dans leurs trous. J'ai balancé si je ne mettrais pas les détracteurs de mes ouvrages dans le préambule de ma *Chaumière*, comme on cloue des pies sur la porte d'un colombier; mais je me suis ressouvenu de ce précepte de Pythagore : « Ne charge pas tes enfants de ta vengeance. » Pensées de ma solitude, filles de la nature, vous n'êtes point renfermées dans des cages, et l'envie ne pourra vous crever les yeux; libres comme votre mère, vous parcourrez un jour les diverses régions de la terre, vous reposant près des cœurs sensibles, et leur portant, comme des colombes, l'amour et la paix.

En défendant la vérité de mes ennemis, je tairai donc leurs noms, quoique dans leurs journaux ils aient nommé ou désigné le mien. Ces trompettes de différents partis se sont rendus les dispensateurs de la louange et du blâme; mais ils ne sont redoutables qu'aux ames énervées par notre éducation ambitieuse. On ne donne à un homme le pouvoir de nous déshonorer que quand on lui a donné celui de nous honorer. Tout flatteur est calomniateur. Pour moi, je n'attends mon jugement que de l'opinion publique; c'est à elle à faire justice de ces petits tribunaux qui s'élèvent de leur propre autorité pour lui donner des lois. Elle a détruit des aristocraties qui s'étaient emparées de l'honneur, de la justice, de la conscience des peuples : c'est à elle à réformer celles qui ont envahi les arts, les sciences, les lettres, et les plus nobles facultés de la raison humaine; le tout, souvent pour le profit d'un entrepreneur qui trafique de leur politique, de leur philosophie et de leur théologie.

Mettant donc à part tout ce qui m'est personnel, je ne répondrai qu'à quelques objections faites contre des vérités morales, qui sont les premiers principes de l'amour que nous devons à Dieu et aux hommes. Cette réponse servira de suite aux *Études de la Nature* et aux *Vœux d'un Solitaire*, dans lesquels je me suis particulièrement occupé des bases fondamentales de la société humaine, relativement à notre nouvelle constitution. Quant aux vérités physiques, d'où dépendent, selon moi, les premières connaissances du globe, je veux dire l'allongement de ses pôles, et la circulation de ses mers qui en découlent tour à tour, je les réserve pour un autre ouvrage, où j'espère, graces à Dieu, après avoir réfuté les systèmes contraires, ajouter de nouvelles preuves à ma théorie, et les mettre avec les anciennes dans un ordre qui ne laissera rien à desirer.

En attendant, je répondrai à ceux qui m'accusent d'avoir voulu, dans ma *Chaumière indienne*, faire la satire de nos prêtres sous le nom de brames, que si c'eût été mon intention, j'aurais fait voyager le docteur anglais, non chez les brames, mais chez le dalaï-lama, l'image vivante du dieu Fo, dont le clergé a une hiérarchie, des cérémonies et des dogmes si semblables à ceux de l'Église romaine, que les missionnaires jésuites Grebner, Desideri, Gerbillon et le P. Horace de la Penna, capucin, qui y ont voyagé, et nous en ont donné des relations, croient que le christianisme y a été autrefois prêché. On peut consulter sur ces conformités le septième tome de l'*Histoire générale* de l'abbé Prévost; mais, suivant l'observation même de ce rédacteur, les usages religieux des prêtres lamas paraissent beaucoup plus anciens, puisque Fo ou La, le fondateur de leur religion, est né 1026 ans avant Jésus-Christ. Je n'ai donc voulu peindre dans les brames que les brames; et c'est ce que savent tous ceux qui ont été dans l'Inde, ou qui en ont lu les relations.

Il y a bien plus; c'est que, loin d'avoir voulu attaquer la religion chrétienne, j'ai représenté un homme rempli de son esprit, dans le respectable habitant de la chaumière indienne. Le paria est l'homme de l'Évangile; il aime tous les hommes, et il fait du bien même à ses ennemis; il ne se fie qu'à Dieu seul. A la vérité, il n'a point de foi aux livres; en quoi il est fort excusable, puisqu'il ne sait point lire. Mais ce n'était point avec des livres que Jésus, qui n'en a jamais fait, appelait ses apôtres, qui n'étaient guère plus savants que le paria; c'était par sa bonté, sa charité, et la sublimité de sa morale, dont les premières lois ne sont point imprimées dans des livres, mais dans le cœur humain, et dont la lumière éclaire, suivant saint Jean, tout homme venant en ce monde. Jésus n'a rien écrit qu'à l'occasion des docteurs de la loi, qui accusaient la femme adultère. On a supposé, avec vraisemblance, que c'étaient leurs propres péchés; mais il est digne de remarque qu'il ne les écrivit que sur le sable. J'ai donc tâché, par l'exemple du paria, et conformément à la doctrine de Jésus, de rapprocher les infortunés de Dieu et des hommes, en leur montrant que Dieu a mis dans leur propre cœur une source de vérités éternelles, où chacun d'eux pût puiser pour ses besoins, et que les méchants ne peuvent troubler. C'est de ce sujet que le paria, interrogé par le docteur anglais s'il faut dire la vérité aux hommes, répond, comme Jésus, qu'il ne faut pas la dire aux méchants; et, se servant d'une similitude semblable, il compare la vérité à une perle fine, et le méchant au crocodile. « Ne » jetez pas, dit Jésus, les perles devant les pourceaux, » de peur qu'ils ne les foulent aux pieds, et que, se tour- » nant contre vous, ils ne vous déchirent. » *Matth.*, ch. VII, ỳ. 6. Enfin, c'est aux hommes semblables au paria, pauvres d'esprit, doux, affligés, victimes de l'injustice, charitables, purs, pacifiques et persécutés, que Jésus a promis les huit béatitudes de la terre et du ciel, quoiqu'ils ne sachent pas lire; tandis qu'il menace des huit malédictions de l'enfer ceux qui, prenant le nom de docteurs, qu'il interdit à ses disciples, ferment aux hommes le royaume des cieux, dévorent les maisons des veuves sous prétexte de leurs prières, courent la mer et la terre pour faire des prosélytes, dispensent des serments, sacrifient la justice, la miséricorde et la confiance en Dieu à de simples réglements de discipline, ne nettoient que les dehors de leur coupe, sont semblables à des sépulcres blanchis, et élèvent avec faste des monuments religieux, pour en imposer aux hommes. *Matth.*, ch. V et XXIII.

Je ne dissimulerai pas qu'en venant au secours des malheureux, suivant la devise de mes écrits, j'ai tâché de renverser leurs tyrans, de quelque espèce qu'ils puissent être. Celle de leurs maximes la plus universellement répandue est que les enfants sont héritiers des vertus et des vices de leurs pères. C'est ainsi que l'ambition a tendu ses chaines, non-seulement dans le présent, mais dans le passé et dans l'avenir. Toute tyrannie est fondée sur une erreur souvent consacrée par la religion; c'est à l'influence prétendue de la naissance que sont attachés la plupart des maux du genre humain. C'est sur elle que sont fondés, d'un côté, la haine et le mépris qui accablent une foule d'hommes utiles, et même des peuples entiers, l'esclavage des nègres, les persécutions faites aux Juifs, l'ancienne servitude féodale de nos paysans, l'oppression des Guèbres chez les Turcs, l'infamie des parias chez les Indiens, etc....; et, d'un autre côté, les prérogatives et les respects accordés aux castes nobles et religieuses de l'Asie et de l'Europe, telles que les naïres, les brames, etc.... Cette opinion fait irrévocablement le malheur des hommes, lorsqu'elle se combine avec la religion; car elle inspire aux uns un orgueil intolérable, en leur persuadant qu'ils sont revêtus d'une origine et d'une puissance céleste; et elle jette les autres dans le désespoir, en les empêchant d'oser lever les yeux vers une divinité implacable dont ils se croient les victimes de père en fils.

Si les armes de la raison m'eussent manqué pour combattre une erreur si injurieuse à Dieu et si funeste aux hommes, j'en eusse trouvé dans les livres mêmes dont des docteurs de mauvaise foi se sont servis pour l'établir parmi nous. Du temps du prophète Ézéchiel, les Israélites, accablés de maux, accusaient d'injustice Dieu, qui, selon eux, leur faisait porter la peine des fautes de leurs pères. Ils disaient : « Les pères ont mangé » des raisins verts, et les dents des enfants en sont agacées. » Ézéchiel leur répond au nom de Dieu : « Je » jure par moi-même, dit le Seigneur, que cette para» bole ne passera plus parmi vous en proverbe dans » Israël; car toutes les ames sont à moi : l'ame du fils » est à moi comme l'ame du père. Le fils ne portera » point l'iniquité du père, et le père ne portera point » l'iniquité du fils. La justice du juste sera sur lui, et » l'impiété de l'impie sera sur lui. » *Ézéchiel*, ch. xviii, ỳ. 2, 5, 20. On ne peut rien de plus précis pour prouver l'innocence naturelle de l'homme. La même vérité se retrouve dans l'Évangile. Quoique les Juifs fussent alors fort corrompus, Jésus regarde leurs enfants comme innocents. Il dit à ses disciples, qui les repoussaient avec des paroles rudes : « Laissez venir à moi les petits enfants, » et ne les en empêchez point, car le royaume du ciel est » pour ceux qui leur ressemblent. » *Matth*. ch. xviii, ỳ. 16. Il dit ailleurs : « Quiconque reçoit un enfant en mon » nom me reçoit. » Certainement il n'eût pas parlé ainsi des enfants, si les vices des pères les eussent entachés.

J'ai fait raisonner le paria comme le prophète Ézéchiel, et je l'ai fait agir comme un disciple de Jésus. L'Évangile n'est que l'expression des lois sublimes de la nature. Quand nous n'aurions pas l'autorité de ce livre sacré, nous avons celle de la nature même. Nous voyons tous les jours les enfants différer essentiellement de leurs pères. Si les qualités morales se transmettaient par la naissance, on verrait des races invariables de Socrates, de Catons, de Nérons, de Tibères; ou plutôt tous les hommes seraient absolument semblables, puisqu'ils sortent tous du premier homme.

C'est cependant sur cette opinion, si réfutée par l'expérience, que les aristocraties fondent leurs prérogatives. Dans nos écoles, qui ont flatté toutes les tyrannies, on les soutient par des raisonnements subtils. Tous les hommes, y dit-on, ont été contenus de pères en fils dans le premier homme, comme les gobelets renfermés les uns dans les autres. Leur naissance n'est que leur développement. Il en est de même de tous les êtres organisés. Chaque individu sort de son premier germe, où il était enclos avec toute sa postérité. Le premier gland renfermait tous les chênes de l'univers. On cite en preuve visible un oignon de tulipe, qui renferme sa fleur déjà toute formée; et si on n'aperçoit pas, dit-on, dans les semences de cette fleur une seconde génération de tulipes, c'est que l'œil de l'homme ne peut pas porter plus loin ses observations. Nos docteurs, non contents de resserrer une quantité infinie de matière dans un espace très petit, étendent avec la même facilité une très petite portion de matière dans un espace infiniment grand. Si vous mettez, disent-ils, un grain de carmin dissoudre dans une pinte d'eau, toute cette eau sera colorée de rouge. Si vous la mêlez à l'eau d'un tonneau, chaque goutte d'eau du tonneau aura une portion d'eau carminée. Si vous videz le tonneau dans un lac, chaque goutte d'eau du lac contiendra une portion de l'eau rougie du tonneau. Enfin, si vous faites écouler le lac dans la mer, chaque goutte d'eau de la mer renfermera une portion de l'eau carminée du lac. Ainsi un grain de carmin s'étend dans tout l'Océan. Voilà comme se prouve, selon eux, la divisibilité de la matière à l'infini, en descendant du grand au petit, et en remontant du petit au grand. J'ai passé de beaux jours de ma jeunesse à combattre ces chimères dans nos écoles dites de philosophie. Quand je rejetais l'incompréhensibilité de ces raisonnements, on m'objectait l'insuffisance de ma raison. On m'opposait l'autorité géométrique, en me citant, dans les asymptotes de l'hyperbole, deux lignes qui vont toujours s'approchant de la courbe sans jamais la rencontrer. Ce n'était qu'un sophisme de plus. Le mal est que, de cette descendance à l'infini, on tire des conséquences dangereuses pour le malheur de plusieurs tribus, et surtout pour celui du genre humain.

J'aurais pu me démontrer la fausseté de ce principe, d'après l'injustice de ses conséquences; car tout mal a pour racine quelque erreur, comme tout bien émane de quelque vérité. Ainsi Dieu n'est la source de l'intelligence, que parcequ'il est celle de la bonté. Mais il s'agissait moins de régler mon cœur que d'éclairer mon esprit. Il fallait donc le débarrasser des subtilités de l'école. Je ne le croyais pas d'une qualité différente de celui de nos docteurs, qui prétendaient concevoir et expliquer leur mystère : et, puisque je voyais des contradictions où ils assuraient apercevoir l'évidence, j'en concluais que leur raison ou la mienne était dans l'erreur. Pour rectifier la mienne et cette règle de mes jugements, je ne l'appliquai pas sur les lois écrites dans des livres, ces ouvrages des hommes sujets comme moi à se tromper, mais sur les lois de la nature, cet ouvrage de Dieu qui ne s'égare jamais. C'est le sentiment de ses lois qui forme l'évidence, ce *nec plus ultrà* de la raison humaine.

D'abord il me parut certain que toute progression infinie descendante devait se terminer à zéro. Je pris pour comparaison une échelle formée de deux montants inclinés l'un vers l'autre. Il me parut évident que ces deux montants, prolongés du côté où ils se rapprochent, devaient nécessairement se rencontrer, et que les échelons compris entre eux devaient aussi aller toujours en diminuant, de sorte qu'au point où les deux montants se toucheraient, le dernier échelon se trouverait réduit à rien. Je suppose donc que les deux montants représentent le premier mâle et la première femelle dans chaque espèce d'être, et les échelons les générations descendantes du père et de la mère; il est clair que ces générations iront en diminuant, puisque la première renferme la seconde, la seconde la troisième, etc... Ainsi la dernière génération enclose dans le père et la mère, comme le dernier échelon compris entre les deux montants de l'échelle, doit, au bout de quelques degrés, se réduire à rien.

Cette démonstration me parut bien autrement sensible, quand j'eus étudié les lois mêmes de la nature. J'y vis clairement que, si Dieu eût renfermé toutes les générations de chaque être dans un premier germe, il eût contrevenu aux lois qu'il a établies lui-même pour engendrer successivement les générations, et les rendre productives à leur tour. Ces lois sont celles de l'amour, qui existent pour les hommes, les animaux, les végétaux, et peut-être pour des êtres d'un autre règne. L'exemple d'un oignon de tulipe, qui renferme sa fleur toute formée, en est une preuve. Cette fleur enclose n'est composée que d'embryons floraux, dont les pétales ont besoin d'être développés par le concours des élémens. Ses anthères ou parties mâles ont besoin pareillement de devenir fécondantes par l'action du soleil, et les stygmates du pistil ou parties femelles de la fleur, d'être fécondées par les poussières séminales des anthères, pour que les semences enfermées dans l'ovaire puissent produire des tulipes. Ainsi toute l'échelle de cette prétendue descendance infinie de tulipes se termine au premier oignon. D'ailleurs la semence de la tulipe n'est pas même un oignon, puisque, pour parvenir à cet état, il faut qu'elle soit mise en terre, et que chaque lune la couvre d'une nouvelle couche concentrique, comme les plantes bulbeuses, et plusieurs autres racines. En prenant pour exemple un gland, et en supposant qu'on puisse y apercevoir un chêne renfermé, certainement on n'y verrait pas les rudimens de ses noueuses racines, qui doivent percer le lit des rochers, ni ceux de son tronc, ouvrage des siècles, auquel chaque année solaire ajoute un cercle, comme chaque mois lunaire ajoute un cercle aux plantes bulbeuses. Il est d'ailleurs impossible que ce chêne embryon porte actuellement des glands : car la génération de ces glands dépend de la fécondation de leurs fleurs mâles et femelles qui n'existent pas encore, puisqu'elles ne paraissent sur l'arbre même qu'après un certain nombre d'années, lorsqu'il est en quelque sorte adulte. Ainsi la prétendue suite infinie de chênes, renfermée dans un premier gland, se termine tout au plus à un premier chêne embryon. Il en est de même des générations successives des hommes. En supposant que le premier de tous ait renfermé un embryon humain, cet embryon a eu besoin du sein maternel pour parvenir à la vie élémentaire, et de douze à quatorze ans pour se développer, et former en lui-même les molécules séminales qui doivent renfermer une seconde génération. L'anatomie n'a jamais découvert les molécules séminales dans les enfans morts avant l'âge de puberté ; elles n'existent donc pas dans le premier embryon, qui a besoin lui-même du concours de deux sexes pour recevoir la vie élémentaire et développer ses organes. Ainsi la nature n'a pu renfermer toutes les générations de chaque être dans leur premier germe, puisque chaque génération ne peut recevoir l'existence que par l'action combinée d'un père et d'une mère, et qu'elle ne peut la donner, à son tour, à la génération suivante que par les mêmes moyens. Dire que tous les chênes étaient renfermés dans le premier gland, et toutes les générations de tous les hommes dans le premier embryon, c'est dire que tous les siècles du monde étaient renfermés dans la première minute. Ainsi un fils n'est pas plus contenu actuellement dans son père, que demain n'est renfermé dans aujourd'hui, et l'année prochaine dans l'année présente. Chaque enfant doit son existence au concours d'un mâle et d'une femelle, comme chaque année doit la sienne au mouvement combiné du soleil et de la terre ; et l'enfant, comme l'année, ne devient capable d'engendrer que par une suite périodique de jours et de saisons, que l'astre de la lumière, image de Dieu, produit successivement.

C'est cependant en soutenant que tous les hommes étaient renfermés dans leurs ancêtres, que nos écoles ont égaré les esprits pendant des siècles. Combien de conséquences dangereuses n'a-t-on pas tirées de cette métaphysique pour le malheur des hommes! car, je le répète, il n'y a point d'erreur qui ne produise de mal, ni de mal qui ne provienne de l'erreur. Des écrivains ont de plus rendu des familles, des tribus, des peuples entiers, infames ou illustres, vicieux ou vertueux, uniquement à cause de leur origine ; d'autres, et souvent les mêmes, ont étendu une proscription universelle sur tout le genre humain, sans s'embarrasser même de se contredire par leurs exceptions. Cependant la nature leur faisait voir que, dans les mêmes familles, il y avait des hommes bons et méchans, ce qui ne serait pas arrivé, s'ils avaient tous la même empreinte originelle, comme des pièces de métal frappées au même coin : d'ailleurs, si les vices et les vertus se transmettaient, il en serait de même des talens, des arts et des sciences. Un père savant engendrerait des enfans savans, comme on suppose qu'un père vertueux produit un enfant vertueux ; mais l'expérience prouve que les lumières et les erreurs, ainsi que les vertus et les vices, sont les fruits de l'éducation et des habitudes.

Je crois que tous les hommes sont sortis d'un premier homme ; mais qu'ils sont formés successivement par le concours des deux sexes. La loi merveilleuse par laquelle on les suppose renfermés les uns dans les autres ne serait, au bout du compte, qu'une loi très mécanique ; mais celle qui les produit par l'harmonie des amours est une loi divine.

C'est une loi toujours vivante, toujours aimante, et digne seule de l'auteur de l'univers. Il a engendré autrefois les genres, il engendre encore les individus ; il agit à chaque instant ; il fait intervenir tour à tour les harmonies élémentaires, filiales, végétales, animales, fraternelles, conjugales, maternelles, tributives, nationales, et jusqu'à celles de tout le genre humain, pour former un seul homme. Il fait naître des harmonies physiques, les harmonies morales ; des élémentaires, les premiers sentimens d'amour et de haine dans les enfans ; des filiales, leur reconnaissance et leur piété envers leurs parens ; des végétales et des animales, l'intelligence de la nature et de son auteur dans les adolescens ; des fraternelles, le sentiment de l'amitié et de l'égalité dans les jeunes gens ; des conjugales, la foi, la constance, la générosité, et toutes les affections des amans ; des paternelles, l'économie, la prudence, la force, et toutes les vertus domestiques qui honorent l'âge viril ; des tributives, l'amour de la gloire qui naît du desir de servir ses semblables ; des nationales, l'amour de la patrie, qui, dans un âge avancé, étend ses affections à toutes les tribus : et des harmonies du genre humain, la philanthropie qui embrasse toutes les nations, et qui résulte de l'expérience et de la sagesse des vieillards. Toutes ces harmonies physiques et morales sont encore divisées en actives et en passives, en positives et en négatives ; et il résulte de leur accord le concert admirable de l'univers et du genre humain.

Dira-t-on maintenant qu'un homme renferme en lui toute sa postérité ? Par la seule harmonie des sexes, chaque génération se trouve modifiée, de manière que, pour l'ordinaire, les mâles tiennent de la mère, et les filles du père, leur caractère et leur physionomie. Ainsi la nature se perpétue en se variant sans cesse. J'ai présenté dans mes Études quelques anneaux de la chaîne admirable de ces harmonies; mais si Dieu me donne un jour, loin des villes, le loisir et la grâce de parcourir ce cercle d'amours et de vertus, je ferai voir que c'est à ces lois harmoniques que doivent se fixer toutes les lois sociales, puisque ce sont celles de la nature même. J'espère au moins y attacher celles de l'éducation nationale, car l'éducation ne doit être qu'un apprentissage de la vie humaine.

Nous tenons donc le premier germe de nos corps de nos parents, et souvent notre constitution physique, bonne ou mauvaise; mais il n'en est pas de même de notre constitution morale. Nos ames nous sont données innocentes et pures, parce qu'elles tiennent de Dieu, et qu'elles sont à lui seul, comme le dit Ézéchiel; c'est à nous, avec son aide, à les conserver bonnes et justes. Il avait tracé, pour les développer, un cercle d'amours et de vertus: si nous en avons été rejetés par les dépravations de la société, nous y reviendrons en rentrant en nous-mêmes: le bonheur d'un seul homme est fondé sur les mêmes lois qui assurent celui du genre humain.

C'est d'après ce sentiment naturel que le paria se dégage des préjugés de son pays. J'ai regardé souvent comme un des plus grands malheurs de la condition humaine que la superstition vînt envahir, dès l'enfance, une ame innocente, sans qu'elle puisse s'en préserver; mais considérant combien les superstitieux étaient, par tout pays, opiniâtres, intolérants, durs et cruels, malgré les moyens que la nature leur présente dans le cours de la vie pour les ramener à la vérité et à la vertu, j'ai reconnu que la superstition était, comme l'athéisme, une suite de l'ambition; et que, comme lui, elle en était la punition. En effet, on ne rend point un enfant superstitieux, sans lui inspirer une ambition positive ou négative de sa religion: on commence d'abord par lui en faire peur; bientôt il cherche à en effrayer les autres à son tour. Chacun volontiers fait part de l'objet de sa crainte, et garde pour soi celui de ses espérances [1]. Les religions les plus tyranniques ont toujours fait le plus de prosélytes. Il faut donc préparer une ame innocente avec quelque vice étranger, pour y faire mordre la superstition, comme on ronge une laine blanche avec l'alun, pour la teindre en noir. Le paria, en rentrant en lui-même, se dépouille des préjugés des brames, et se retrouve tel que la nature l'a fait, comme un sauvage qui, en déposant l'habit dont les Européens l'avaient revêtu, échappe à la fois à la vanité qu'ils lui avaient inspirée, et à la servitude où ils voulaient le réduire.

Plusieurs personnes, considérant les erreurs et les terreurs qui se saisissent de nous dès la naissance, et nous enveloppent pendant tout le cours de notre vie, ont désiré, pour en être préservées, la solitude profonde du paria sous le beau climat de l'Inde; mais nous en trouverons de plus inaccessibles que les rochers, et de plus douces que les figuiers des Banians, si nous rentrons en nous-

[1] Le superstitieux passe souvent à l'athéisme, car ses probabilités de salut étant en très petit nombre, et celles de damnation étant infinies, il s'ensuit qu'il a beaucoup plus à craindre qu'à espérer; et dans cette inquiétude, il se détermine, à la longue, à ne rien croire du tout. Il aime mieux croire que Dieu n'existe pas, que de croire qu'il est un tyran éternel. L'athée passe rarement à la superstition, par la raison qu'un homme ne retombe point en maladie quand une fois il est mort. La vraie religion est entre la superstition et l'athéisme; elle est la santé de l'ame.

mêmes. Le sort pouvait nous faire naître du temps des druides ou sous la tyrannie des brames, ou, ce qui renferme tous les maux, sous la peau d'un noir d'Afrique, livré en Amérique aux fouets et aux opinions des Européens, et adorant jusqu'aux erreurs qui le rendent misérable: dans toutes ces modifications de la misère humaine, nous aurions reçu de la nature, pour contre-poids des maux des sociétés, une ame amie de la vérité. Cherchons donc en nous-mêmes, et dans la nature, qui ne nous trompe point, la vérité qui doit nous éclairer. O homme, qui croyez qu'il n'y a dans l'univers d'autre livre que celui où on vous a appris à lire, et d'autre clarté que celle de votre lampe, regardez le livre de la nature, et l'astre du jour qui l'éclaire, pour l'instruction de tous les mortels! Lisez dans la nature, et vous verrez que toutes les vérités viennent de Dieu, comme toutes les lumières du soleil. Que vous faut-il donc pour les recueillir et les conserver? Un cœur pur, qui s'ouvre à la vérité et se ferme aux préjugés. La nature vous l'a donné en naissant, comme elle vous a donné des yeux pour voir la lumière, et des paupières pour les couvrir.

LA CHAUMIÈRE INDIENNE.

Il y a environ trente ans qu'il se forma à Londres une compagnie de savants anglais, qui entreprit d'aller chercher, dans diverses parties du monde, des lumières sur toutes les sciences, afin d'éclairer les hommes et de les rendre plus heureux. Elle était défrayée par une compagnie de souscripteurs de la même nation, composée de négociants, de lords, d'évêques, d'universités, de la famille royale d'Angleterre, à laquelle se joignirent quelques souverains du nord de l'Europe. Ces savants étaient au nombre de vingt; et la Société royale de Londres avait donné à chacun d'eux un volume contenant l'état des questions dont il devait rapporter les solutions. Ces questions montaient au nombre de trois mille cinq cents. Quoiqu'elles fussent toutes différentes pour chacun de ces docteurs, et convenables au pays où ils devaient voyager, elles étaient toutes liées entre elles, en sorte que la lumière répandue sur l'une devait nécessairement s'étendre sur toutes les autres. Le président de la Société royale, qui les avait rédigées, à l'aide de ses confrères, avait fort bien senti que l'éclaircissement d'une difficulté dépend souvent de la solution d'une autre, et celle-ci d'une précédente; ce qui mène, dans la recherche de la vérité, bien plus loin qu'on ne pense. Enfin, pour me servir des expressions mêmes employées par le président dans leurs instructions, c'était le plus superbe édifice encyclopédique qu'aucune nation eût encore élevé aux progrès des connaissances humaines; ce qui prouve bien, ajoutait-il, la nécessité des corps académiques, pour mettre de l'ensemble dans les vérités dispersées par toute la terre.

Chacun de ces savants voyageurs avait, outre son volume de questions à éclaircir, la commission d'acheter, chemin faisant, les plus anciens exemplaires de la Bible et les manuscrits les plus rares en tout genre, ou au moins de ne rien épargner pour s'en procurer de bonnes copies. Pour cela, leurs souscripteurs leur avaient procuré à tous des lettres de recommandation pour les consuls, ministres et ambassadeurs de la Grande-Bretagne, qu'ils devaient trouver sur leur route, et, ce qui vaut encore mieux, de bonnes lettres de change, endossées par les plus fameux banquiers de Londres.

Le plus savant de ces docteurs, qui savait l'hébreu, l'arabe et l'indou, fut envoyé par terre aux Indes orientales, le berceau de tous les arts et de toutes les sciences. Il prit d'abord son chemin par la Hollande, et visita successivement la synagogue d'Amsterdam et le synode de Dordrecht ; en France, la Sorbonne et l'Académie des Sciences de Paris ; en Italie, quantité d'académies, de muséum et de bibliothèques, entre autres le muséum de Florence, la bibliothèque de Saint-Marc, à Venise ; et à Rome, celle du Vatican. Étant à Rome, il balança si, avant de se diriger vers l'orient, il irait en Espagne consulter la fameuse université de Salamanque ; mais, dans la crainte de l'inquisition, il aima mieux s'embarquer tout droit pour la Turquie. Il passa donc à Constantinople, où, pour son argent, un effendi le mit à même de feuilleter tous les livres de la mosquée de Sainte-Sophie. De là il fut en Égypte, chez les Cophtes ; puis chez les Maronites du mont Liban, les moines du mont Carmel ; de là à Sana, en Arabie ; ensuite à Ispahan, à Kandahar, Delhi, Agra : enfin, après trois ans de course, il arriva sur les bords du Gange, à Bénarès, l'Athènes des Indes, où il conféra avec les brames. Sa collection d'anciennes éditions, de livres originaux, de manuscrits rares, de copies, d'extraits et d'annotations en tout genre, se trouva alors la plus considérable qu'aucun particulier eût jamais faite. Il suffit de dire qu'elle composait quatre-vingt-dix ballots, pesant ensemble neuf mille cinq cent quarante livres, poids de troy[1]. Il était sur le point de s'embarquer pour Londres avec une si riche cargaison de lumières, plein de joie d'avoir surpassé les espérances de la Société royale, lorsqu'une réflexion toute simple vint l'accabler de chagrin.

Il pensa qu'après avoir conféré avec les rabbins juifs, les ministres protestants, les surintendants des églises luthériennes, les docteurs catholiques, les académiciens de Paris, de la Crusca, des Arcades, et de vingt-quatre autres des plus célèbres académies d'Italie, les papas grecs, les molhas turcs, les verbiests arméniens, les seidres et les casys persans, les scheics arabes, les anciens parsis, les pandects indiens, loin d'avoir éclairci aucune des trois mille cinq cents questions de la Société royale, il n'avait contribué qu'à en multiplier les doutes ; et, comme elles étaient toutes liées les unes aux autres, il s'ensuivait, au contraire, de ce qu'avait pensé son illustre président, que l'obscurité d'une solution obscurcissait l'évidence d'une autre, que les vérités les plus claires étaient devenues tout-à-fait problématiques, et qu'il était même impossible d'en démêler aucune dans ce vaste labyrinthe de réponses et d'autorités contradictoires.

Le docteur en jugeait par un simple aperçu. Parmi ces questions, il y en avait à résoudre deux cents sur la théologie des Hébreux, quatre cent quatre-vingts sur celle des diverses communions de l'Église grecque et de l'Église romaine ; trois cent douze sur l'ancienne religion des brames ; cinq cent huit sur la langue hanscrit ou sacrée ; trois sur l'état actuel du peuple indien ; deux cent onze sur le commerce des Anglais aux Indes ; sept cent vingt-neuf sur les anciens monuments des îles d'Éléphanta et de Salsette, dans le voisinage de l'île de Bombay ; cinq sur l'antiquité du monde ; six cent soixante-treize sur l'origine de l'ambre gris, et sur les propriétés de différentes espèces de bézoards ; une sur la cause non encore examinée du cours de l'Océan indien, qui flue six mois vers l'orient et six mois vers l'occident ; et trois cent soixante-dix-huit sur les sources et les inondations périodiques du Gange. A cette occasion, le docteur était invité de recueillir, sur sa route, tout ce qu'il pourrait touchant les sources et les inondations du Nil, qui occupaient les savants de l'Europe depuis tant de siècles. Mais il jugea cette matière suffisamment débattue, et étrangère d'ailleurs à sa mission. Or, sur chacune des questions proposées par la Société royale, il apportait, l'une dans l'autre, cinq solutions différentes, qui, pour les trois mille cinq cents questions, donnaient dix-sept mille cinq cents réponses ; et, en supposant que chacun de ses dix-neuf confrères en rapportât autant de son côté, il s'ensuivait que la Société

---

[1] Le poids de troy, autrement dit livre de troy ou troyenne (en anglais *Pound-Troy*) est de douze onces, poids de marc.

royale aurait trois cent cinquante mille difficultés à résoudre avant de pouvoir établir aucune vérité sur une base solide. Ainsi, toute leur collection, loin de faire converger chaque proposition vers un centre commun, suivant les termes de leur instruction, les ferait au contraire diverger l'une de l'autre, sans qu'il fût possible de les rapprocher. Une autre réflexion faisait encore plus de peine au docteur : c'est que, quoiqu'il eût employé, dans ses laborieuses recherches, tout le sang-froid de son pays, et une politesse qui lui était particulière, il s'était fait des ennemis implacables de la plupart des docteurs avec lesquels il avait argumenté. Que deviendra donc, disait-il, le repos de mes compatriotes, quand je leur aurai rapporté dans mes quatre-vingt-dix ballots, au lieu de la vérité, de nouveaux sujets de doutes et de disputes?

Il était au moment de s'embarquer pour l'Angleterre, plein de perplexité et d'ennui, lorsque les brames de Bénarès lui apprirent que le brame supérieur de la fameuse pagode de Jagrenat, ou Jagernat, située sur la côte d'Orixa, au bord de la mer, près d'une des embouchures du Gange, était seul capable de résoudre toutes les questions de la Société royale de Londres. C'était en effet le plus fameux pandect, ou docteur, dont on eût jamais ouï parler : on venait le consulter de toutes les parties de l'Inde, et de plusieurs royaumes de l'Asie.

Aussitôt le docteur anglais partit pour Calcutta, et s'adressa au directeur de la compagnie anglaise des Indes, qui, pour l'honneur de sa nation et la gloire des sciences, lui donna, pour le porter à Jagrenat, un palanquin à tendelets de soie cramoisie, à glands d'or, avec deux relais de vigoureux coulis, ou porteurs, de quatre hommes chacun; deux portefaix; un porteur d'eau, un porteur de gargoulette, pour le rafraîchir; un porteur de pipe, un porteur d'ombrelle pour le couvrir du soleil le jour; un masalchi, ou porte-flambeau, pour la nuit; un fendeur de bois; deux cuisiniers; deux chameaux et leurs conducteurs, pour porter ses provisions et ses bagages; deux pions ou coureurs, pour l'annoncer; quatre cipayes, ou reispoutes, montés sur des chevaux persans, pour l'escorter; et un porte-étendard, avec son étendard aux armes d'Angleterre. On eût pris le docteur, avec son bel équipage, pour un commis de la compagnie des Indes. Il y avait cependant cette différence que le docteur, au lieu d'aller chercher des présents, était chargé d'en faire. Comme on ne paraît point aux Indes les mains vides devant les personnes constituées en dignité, le directeur lui avait donné, aux frais de sa nation, un beau télescope et un tapis de pied de Perse, pour le chef des brames; des chittes superbes pour sa femme; et trois pièces de tafetas de la Chine, rouge, blanche et jaune, pour faire des écharpes à ses disciples. Les présents chargés sur les chameaux, le docteur se mit en route dans son palanquin, avec le livre de la Société royale.

Chemin faisant, il pensait à la question par laquelle il débuterait avec le chef des brames de Jagrenat, s'il commencerait par une des trois cent soixante-dix-huit qui avaient rapport aux sources et aux inondations du Gange, ou par celle qui regardait le cours alternatif et semi-annuel de la mer des Indes, qui pouvait servir à découvrir les sources et les mouvements périodiques de l'Océan par tout le globe. Mais, quoique cette question intéressât la physique infiniment plus que toutes celles qui avaient été faites depuis tant de siècles sur les sources et les accroissements mêmes du Nil, elle n'avait pas encore attiré l'attention des savants de l'Europe. Il préférait donc d'interroger le brame sur l'universalité du déluge, qui a excité tant de disputes; ou, en remontant plus haut, s'il est vrai que le soleil ait changé plusieurs fois son cours, se levant à l'occident et se couchant à l'orient, suivant la tradition des prêtres de l'Égypte, rapportée par Hérodote; et même sur l'époque de la création de la terre, à laquelle les Indiens donnent plusieurs millions d'années d'antiquité. Quelquefois il trouvait qu'il serait plus utile de le consulter sur la meilleure sorte de gouvernement à donner à une nation, et même sur les droits de l'homme, dont il n'y a de code nulle part; mais ces dernières questions n'étaient pas dans son livre.

Cependant, disait le docteur, avant tout il me semblerait à propos de demander au pandect indien par quel moyen on peut trouver la vérité; car si c'est avec la raison, comme j'ai tâché de le faire jusqu'à présent, la raison varie chez tous les hommes : je dois lui demander aussi où il faut chercher la vérité; car si c'est dans les livres, ils se contredisent tous : et enfin, s'il faut communiquer la vérité aux hommes; car dès qu'on la leur fait connaître, on se brouille avec eux. Voilà trois questions préalables auxquelles notre illustre président n'a pas pensé. Si le brame de Jagrenat peut me les résoudre, j'aurai la clef de toutes les sciences, et, ce qui vaut encore mieux, je vivrai en paix avec tout le monde.

C'est ainsi que le docteur raisonnait avec lui-même. Après dix jours de marche, il arriva sur les bords du golfe du Bengale; il rencontra sur sa route quantité de gens qui revenaient de Jagrenat, tous enchantés de la science du chef des pandects qu'ils venaient de consulter. Le onzième jour, au soleil levant, il aperçut la fameuse pagode de Jagrenat, bâtie sur le bord de la mer, qu'elle semblait dominer avec ses grands murs rouges et ses galeries, ses dômes et ses tourelles de marbre blanc. Elle s'élevait au centre de neuf avenues d'arbres toujours verts, qui divergent vers autant de royaumes. Chacune de ces avenues est formée d'une espèce d'arbre différente, de palmiers arecs, des tecques, de cocotiers, de manguiers, de lataniers, d'arbres de camphre, de bambous, de badamiers, d'arbres de sandal, et se dirige vers Ceylan, Golconde, l'Arabie, la Perse, le Thibet, la Chine, le royaume d'Ava, celui de Siam, et les îles de la mer des Indes. Le docteur arriva à la pagode par l'avenue de bambous qui côtoie le Gange et les îles enchantées de son embouchure. Cette pagode, quoique bâtie dans une plaine, est si élevée, que, l'ayant aperçue le matin, il ne put s'y rendre que vers le soir. Il fut véritablement frappé d'admiration quand il considéra de près sa magnificence et sa grandeur. Ses portes de bronze étincelaient des rayons du soleil couchant, et les aigles planaient autour de son faîte, qui se perdait dans les nues. Elle était entourée de grands bassins de marbre blanc, qui réfléchissaient au fond de leurs eaux transparentes ses dômes, ses galeries et ses portes: tout autour régnaient de vastes cours, et des jardins environnés de grands bâtiments où logeaient les brames qui la desservaient.

Les pions du docteur coururent l'annoncer, et aussitôt une troupe de jeunes bayadères sortit d'un des jardins, et vint au devant de lui en chantant et en dansant au son des tambours de basque. Elles avaient pour colliers des cordons de fleurs de mougris, et pour ceintures des guirlandes de fleurs de frangipanier. Le docteur, entouré de leurs parfums, de leurs danses et de leur musique, s'avança jusqu'à la porte de la pagode, au fond de laquelle il aperçut, à la clarté de plusieurs lampes d'or et d'argent, la statue de Jagrenat, la septième incarnation de Brama, en forme de pyramide, sans pieds et sans mains, qu'il avait perdus en voulant porter le monde pour le sauver [1]. A ses pieds étaient prosternés, la face contre terre, des pénitents, dont les uns promettaient, à haute voix, de se faire accrocher, le jour de sa fête, à son char par les épaules; et les autres, de se faire écraser sous ses roues. Quoique le spectacle de ces fanatiques, qui poussaient de profonds gémissements en prononçant leurs horribles vœux, inspirât une sorte de terreur, le docteur se préparait à entrer dans la pagode, lorsqu'un vieux brame, qui en gardait la porte, l'arrêta, et lui demanda quel était le sujet qui l'amenait. Lorsqu'il l'eut appris, il dit au docteur : « Qu'attendu sa qualité de frangui, ou d'impur, » il ne pouvait se présenter ni devant Jagrenat, ni » devant son grand-prêtre, qu'il n'eût été lavé trois » fois dans un des lavoirs du temple, et qu'il n'eût » rien sur lui qui fût de la dépouille d'aucun ani» mal, mais surtout ni poil de vache, parcequ'elle » est adorée des brames; ni poil de porc, parce» qu'il leur est en horreur. — Comment ferai-je » donc? lui répondit le docteur. J'apporte en pré» sent, au chef des brames, un tapis de Perse, de » poil de chèvre d'Angora, et des étoffes de la » Chine, qui sont de soie. — Toutes choses, re» partit le brame, offertes au temple de Jagrenat, » ou à son grand-prêtre, sont purifiées par le don » même; mais il n'en peut être ainsi de vos habil» lements. » Il fallut donc que le docteur ôtât son surtout de laine d'Angleterre, ses souliers de peau de chèvre, et son chapeau de castor. Ensuite, le vieux brame l'ayant lavé trois fois, le revêtit d'une toile de coton couleur de sandal, et le conduisit à l'entrée de l'appartement du chef des brames. Le docteur se préparait à y entrer, tenant sous son bras le livre des questions de la Société royale, lorsque son introducteur lui demanda de quelle matière ce livre était couvert. « Il est relié en veau, répondit le docteur. — Comment! dit le brame hors de lui, ne vous ai-je pas prévenu que la vache était adorée des brames? et vous osez vous présenter devant leur chef avec un livre couvert de la peau d'un veau! » Le docteur aurait été obligé d'aller se purifier dans le Gange, s'il n'eût abrégé toute difficulté en présentant quelques pagodes ou pièces d'or à son introducteur. Il laissa donc le livre des questions dans son palanquin; mais il s'en consolait en lui-même, en disant : « Au bout du compte, je n'ai que trois questions à faire à ce docteur indien. Je serai content s'il m'apprend par quel moyen on doit chercher la vérité, où on peut la trouver, et s'il faut la communiquer aux hommes. »

Le vieux brame introduisit donc le docteur anglais, revêtu de sa toile de coton, nu-tête et nu-pieds, chez le grand-prêtre de Jagrenat, dans un vaste salon, soutenu par des colonnes de bois de sandal. Les murs en étaient verts, étant corroyés de stuc mêlé de bouze de vache, si brillant et si

---

[1] Voyez Kircher.

poli qu'on pouvait s'y mirer. Le plancher était couvert de nattes très fines, de six pieds de long sur autant de large. Au fond du salon était une estrade, entourée d'une balustrade de bois d'ébène; et sur cette estrade on entrevoyait, à travers un treillis de cannes d'Inde vernies en rouge, le vénérable chef des pandects avec sa barbe blanche, et trois fils de coton passés en bandoulière, suivant l'usage des brames. Il était assis sur un tapis jaune, les jambes croisées, dans un état d'immobilité si parfaite, qu'il ne remuait pas même les yeux. Quelques uns de ses disciples chassaient les mouches autour de lui avec des éventails de queue de paon; d'autres brûlaient dans des cassolettes d'argent des parfums de bois d'aloès; et d'autres jouaient du tympanon sur un mode très doux. Le reste, en grand nombre, parmi lesquels étaient des faquirs, des joguis et des santons, était rangé sur plusieurs files, des deux côtés de la salle, dans un profond silence, les yeux fixés en terre, et les bras croisés sur la poitrine.

Le docteur voulut d'abord s'avancer jusqu'au chef des pandects, pour lui faire son compliment; mais son introducteur le retint à neuf nattes de là, en lui disant que les omrahs, ou grands seigneurs indiens, n'allaient pas plus loin; que les rajahs, ou souverains de l'Inde, ne s'avançaient qu'à six nattes; les princes, fils du Mogol, à trois; et qu'on n'accordait qu'au Mogol l'honneur d'approcher jusqu'au vénérable chef, pour lui baiser les pieds.

Cependant plusieurs brames apportèrent, jusqu'au pied de l'estrade, le télescope, les chittes, les pièces de soie et le tapis, que les gens du docteur avaient déposés à l'entrée de la salle; et le vieux brame y ayant jeté les yeux, sans donner aucune marque d'approbation, on les emporta dans l'intérieur des appartements.

Le docteur anglais allait commencer un fort beau discours en langue indou, lorsque son introducteur le prévint qu'il devait attendre que le grand-prêtre l'interrogeât. Il le fit donc asseoir sur ses talons, les jambes croisées comme un tailleur, suivant l'usage du pays. Le docteur murmurait en lui-même de tant de formalités; mais que ne fait-on pas pour trouver la vérité, après être venu la chercher aux Indes?

Dès que le docteur se fut assis, la musique se tut, et après quelques moments d'un profond silence, le chef des pandects lui fit demander pourquoi il était venu à Jagrenat.

Quoique le grand-prêtre de Jagrenat eût parlé en langage indou assez distinctement pour être entendu d'une partie de l'assemblée, sa parole fut portée par un faquir qui la donna à un autre, et cet autre à un troisième, qui la rendit au docteur. Celui-ci répondit dans la même langue : « Qu'il était venu à Jagrenat consulter le chef des brames, sur sa grande réputation, pour savoir de lui par quel moyen on pourrait connaître la vérité. »

La réponse du docteur fut rapportée au chef des pandects par les mêmes interlocuteurs qui avaient été chargés de la demande. Il en fut ainsi du reste du colloque.

Le vieux chef des pandects, après s'être un peu recueilli, répondit : « La vérité ne se peut connaître que par le moyen des brames. » Alors toute l'assemblée s'inclina, en admirant la réponse de son chef.

« Où faut-il chercher la vérité? reprit assez vivement le docteur anglais. — Toute vérité, répondit le vieux docteur indien, est renfermée dans les quatre beths, écrits il y a cent vingt mille ans dans la langue hanscrit, dont les seuls brames ont l'intelligence. »

A ces mots, tout le salon retentit d'applaudissements.

Le docteur, reprenant son sang-froid, dit au grand-prêtre de Jagrenat : « Puisque Dieu a renfermé la vérité dans des livres dont l'intelligence n'est réservée qu'aux brames, il s'ensuit donc que Dieu en a interdit la connaissance à la plupart des hommes, qui ignorent même s'il existe des brames : or, si cela était, Dieu ne serait pas juste. »

« Brama l'a voulu ainsi, reprit le grand-prêtre. On ne peut rien opposer à la volonté de Brama. » Les applaudissements de l'assemblée redoublèrent. Dès qu'ils se furent apaisés, l'Anglais proposa sa troisième question : « Faut-il communiquer la vérité aux hommes? »

« Souvent, dit le vieux pandect, c'est prudence de la cacher à tout le monde; mais c'est un devoir de la dire aux brames. »

« Comment! s'écria le docteur anglais en colère, il faut dire la vérité aux brames, qui ne la disent à personne! En vérité, les brames sont bien injustes. »

A ces mots, il se fit un tumulte épouvantable dans l'assemblée. Elle avait entendu sans murmurer taxer Dieu d'injustice; mais il n'en fut pas de même quand elle s'entendit appliquer ce reproche. Les pandects, les faquirs, les santons, les joguis, les brames et leurs disciples, voulaient argumenter tous à la fois contre le docteur anglais; mais le grand-prêtre de Jagrenat fit cesser le bruit en frappant des mains, et disant d'une voix très distincte : « Les brames ne disputent point comme les docteurs de l'Europe. » Alors s'étant levé, il se retira aux acclamations de toute l'assemblée, qui murmurait hautement contre le docteur, et lui aurait peut-être fait un mauvais parti, sans la crainte des Anglais, dont le crédit est tout puissant sur les bords du Gange. Le docteur étant sorti du salon, son introducteur lui dit : « Notre très vénérable père vous aurait fait présenter, suivant l'usage, le sorbet, le bétel et les parfums; mais vous l'avez fâché. — Ce serait à moi à me fâcher, reprit le docteur, d'avoir pris tant de peines inutiles. Mais de quoi donc votre chef a-t-il à se plaindre ? — Comment, reprit l'introducteur, vous voulez disputer contre lui ! Ne savez-vous pas qu'il est l'oracle des Indes, et que chacune de ses paroles est un rayon d'intelligence ? — Je ne m'en serais jamais douté, » dit le docteur, en prenant son surtout, ses souliers et son chapeau. Le temps était à l'orage, et la nuit s'approchait; il demanda à la passer dans un des logements de la pagode; mais on lui refusa d'y coucher, à cause qu'il était frangui. Comme la cérémonie l'avait fort altéré, il demanda à boire. On lui apporta de l'eau dans une gargoulette; mais dès qu'il y eut bu, on la cassa, parceque, comme frangui, il l'avait souillée en buvant à même. Alors le docteur, très piqué, appela ses gens prosternés en adoration sur les degrés de la pagode; et étant remonté dans son palanquin, il se remit en route par l'allée des bambous, le long de la mer, à l'entrée de la nuit, et sous un ciel couvert de nuages. Chemin faisant, il se disait à lui-même : « Le proverbe indien est bien vrai : Tout Européen qui vient aux Indes gagne de la patience, s'il n'en a pas; et il la perd, s'il en a. Pour moi, j'ai perdu la mienne. Comment ! je ne pourrai savoir par quel moyen on peut trouver la vérité, où il faut la chercher, et s'il faut la communiquer aux hommes ! L'homme est donc condamné par toute la terre et aux erreurs et aux disputes : c'était bien la peine de venir aux Indes consulter les brames ! »

Pendant que le docteur raisonnait ainsi dans son palanquin, il survint un de ces ouragans qu'on appelle aux Indes un typhon. Le vent venait de la mer, et faisant refluer les eaux du Gange, les brisait en écume contre les îles de son embouchure. Il enlevait de leurs rivages des colonnes de sable, et de leurs forêts des nuées de feuilles, qu'il emportait pêle-mêle à travers le fleuve et les campagnes, jusqu'au haut des airs. Quelquefois il s'engouffrait dans l'allée des bambous; et quoique ces roseaux indiens fussent aussi élevés que les plus grands arbres, il les agitait comme l'herbe des prairies. On voyait, à travers les tourbillons de poussière et de feuilles, leur longue avenue tout ondoyante, dont une partie se renversait à droite et à gauche jusqu'à terre, tandis que l'autre se relevait en gémissant. Les gens du docteur, dans la crainte d'en être écrasés, ou d'être submergés par les eaux du Gange qui débordaient déjà leurs rivages, prirent leur chemin à travers les champs, en se dirigeant au hasard vers les hauteurs voisines. Cependant la nuit vint; et ils marchaient depuis trois heures dans l'obscurité la plus profonde, ne sachant où ils allaient, lorsqu'un éclair, fendant les nues et blanchissant tout l'horizon, leur fit voir bien loin sur leur droite la pagode de Jagrenat, les îles du Gange, la mer agitée; et tout près, devant eux, un petit vallon et un bois entre deux collines. Ils coururent s'y réfugier, et déjà le tonnerre faisait entendre ses lugubres roulements, lorsqu'ils arrivèrent à l'entrée du vallon. Il était flanqué de rochers, et rempli de vieux arbres d'une grosseur prodigieuse. Quoique la tempête courbât leurs cimes avec d'horribles mugissements, leurs troncs monstrueux étaient inébranlables comme les rochers qui les environnaient. Cette portion de forêt antique paraissait l'asile du repos, mais il était difficile d'y pénétrer. Des rotins, qui serpentaient à son orée, couvraient le pied de ces arbres, et des lianes, qui s'enlaçaient d'un tronc à l'autre, ne présentaient de tous côtés qu'un rempart de feuillages où paraissaient quelques cavernes de verdure, mais qui n'avaient point d'issue. Cependant les reispoutes s'y étant ouvert un passage avec leurs sabres, tous les gens de la suite y entrèrent avec le palanquin. Ils s'y croyaient à l'abri de l'orage, lorsque la pluie qui tombait à verse forma autour d'eux mille torrents. Dans cette perplexité, ils aperçurent sous les arbres, dans le lieu le plus étroit du vallon, une lumière et une cabane. Le masalchi y courut pour allumer son flambeau; mais il revint un peu après hors d'haleine, criant : « N'approchez pas d'ici, il y a un paria ! » Aussitôt la troupe effrayée cria : « Un paria ! un paria ! » Le docteur, croyant que c'était quelque animal féroce, mit la main sur ses pistolets. « Qu'est-ce qu'un paria ? demanda-t-il à son porte-flambeau. — C'est, lui répondit celui-ci, un homme qui n'a ni foi ni loi. — C'est, ajouta le chef des reispoutes, un Indien de caste si infâme, qu'il est permis de le tuer si on en est seulement touché. Si nous entrons chez lui, nous ne pouvons, de neuf lunes, mettre le pied dans aucune pagode; et pour nous purifier, il faudra nous baigner neuf fois dans le Gange, et nous faire laver autant de fois, de la tête aux pieds, d'urine de vache, par la main d'un brame. » Tous les Indiens s'écrièrent : « Nous n'entrerons point chez un paria. — Comment, dit le docteur à son porte-flambeau, avez-vous su que votre compatriote était paria, c'est-à-dire sans foi ni loi ? — C'est, répondit le porte-flambeau, que, lorsque j'ai ouvert sa cabane, j'ai vu qu'il était couché avec son chien sur la même natte que sa femme, à laquelle il présentait à boire dans une corne de vache. » Tous les gens de la suite du docteur répétèrent : « Nous n'entrerons point chez un paria. — Restez ici si vous voulez, leur dit l'Anglais ; pour moi, toutes les castes de l'Inde me sont égales lorsqu'il s'agit de me mettre à l'abri de la pluie. »

En disant ces mots, il sauta en bas de son palanquin ; et prenant sous son bras son livre de questions avec son sac de nuit, et à la main ses pistolets et sa pipe, il s'en vint tout seul à la porte de la cabane. A peine il y eut frappé, qu'un homme d'une physionomie fort douce vint lui en ouvrir la porte, et s'éloigna de lui aussitôt, en lui disant : « Seigneur, je ne suis qu'un pauvre paria, qui ne suis pas digne de vous recevoir ; mais si vous jugez à propos de vous mettre à l'abri chez moi, vous m'honorerez beaucoup. — Mon frère, lui répondit l'Anglais, j'accepte de bon cœur votre hospitalité. » Cependant le paria sortit avec une torche à la main, une charge de bois sec sur son dos, et un panier plein de cocos et de bananes sous son bras ; il s'approcha des gens de la suite du docteur, qui étaient à quelque distance de là sous un arbre, et leur dit : « Puisque vous ne voulez pas me faire l'honneur d'entrer chez moi, voilà des fruits enveloppés de leurs écorces que vous pouvez manger sans être souillés, et voilà du feu pour vous sécher et vous préserver des tigres. Que Dieu vous conserve ! » Il rentra aussitôt dans sa cabane, et dit au docteur : « Seigneur, je vous le répète, je ne suis qu'un malheureux paria ; mais, comme à votre teint blanc et à vos habits je vois que vous n'êtes pas Indien, j'espère que vous n'aurez pas de répugnance pour les aliments que vous présentera votre pauvre serviteur. » En même temps il mit à terre, sur une natte, des mangues, des pommes de crème, des ignames, des patates cuites sous la cendre, des bananes grillées, et un pot de riz accommodé au sucre et au lait de coco ; après quoi il se retira sur sa natte, auprès de sa femme et de son enfant, endormi près d'elle dans un berceau. « Homme vertueux, lui dit l'Anglais, vous valez beaucoup mieux que moi, puisque vous faites du bien à ceux qui vous méprisent. Si vous ne m'honorez pas de votre présence sur cette même natte, je croirai que vous me prenez moi-même pour un homme méchant, et je sors à l'instant de votre cabane, dussé-je être noyé par la pluie, ou dévoré par les tigres. »

Le paria vint s'asseoir sur la même natte que son hôte, et ils se mirent tous deux à manger. Cependant le docteur jouissait du plaisir d'être en sûreté au milieu de la tempête. La cabane était inébranlable : outre qu'elle était dans le plus étroit du vallon, elle était bâtie sous un arbre de war ou figuier des banians, dont les branches, qui poussent des paquets de racines à leurs extrémités, forment autant d'arcades qui appuient le tronc principal. Le feuillage de cet arbre était si épais, qu'il n'y passait pas une goutte de pluie ; et quoique l'ouragan fît entendre ses terribles rugissements entremêlés des éclats de la foudre, la fumée du foyer qui sortait par le milieu du toit et la lumière de la lampe n'étaient pas même agitées. Le docteur admirait autour de lui le calme de l'Indien et de sa femme, encore plus profond que celui des éléments. Leur enfant, noir et poli comme l'ébène, dormait dans son berceau ; sa mère le berçait avec son pied, tandis qu'elle s'amusait à lui faire un collier avec des pois d'angole rouges et noirs. Le père jetait alternativement sur l'un et sur l'autre des regards pleins de tendresse. Enfin, jusqu'au chien prenait part au bonheur commun : couché avec un chat auprès du feu, il entr'ouvrait de temps en temps les yeux, et soupirait en regardant son maître.

Dès que l'Anglais eut cessé de manger, le paria lui présenta un charbon de feu pour allumer sa pipe ; et ayant pareillement allumé la sienne, il fit un signe à sa femme, qui apporta sur la natte deux tasses de coco et une grande calebasse pleine de punch qu'elle avait préparé, pendant le souper, avec de l'eau, de l'arrack, du jus de citron, et du jus de canne de sucre.

Pendant qu'ils fumaient et buvaient alternativement, le docteur dit à l'Indien : « Je vous crois un des hommes les plus heureux que j'aie jamais rencontrés, et par conséquent un des plus sages. Permettez-moi de vous faire quelques questions. Comment êtes-vous si tranquille au milieu d'un si terrible orage ? Vous n'êtes cependant à couvert que par un arbre, et les arbres attirent la foudre. Jamais, répondit le paria, la foudre n'est tombée sur un figuier des banians. — Voilà qui est fort curieux, reprit le docteur ; c'est sans doute parceque cet arbre a une électricité négative, comme le laurier. — Je ne vous comprends pas, repartit le paria ; mais ma femme croit que c'est parceque le dieu Brama se mit un jour à l'abri sous son feuillage ; pour moi, je pense que Dieu, dans ces climats orageux, ayant donné au figuier des banians un feuillage fort épais, et des arcades pour y mettre les hommes à l'abri de l'orage, il ne permet pas qu'ils y soient atteints du tonnerre. — Votre réponse est bien religieuse, repartit le docteur. Ainsi c'est votre confiance en Dieu qui vous tranquillise. La conscience rassure mieux que la science. Dites-moi, je vous prie, de quelle secte vous êtes ; car vous n'êtes d'aucune de celles des Indes, puisque aucun Indien ne veut communiquer avec vous. Dans la liste des castes savantes que je devais consulter sur ma route, je n'y ai point trouvé celle des parias. Dans quel canton de l'Inde est votre pagode ? — Partout, répondit le paria : ma pagode c'est la nature ; j'adore son auteur au lever du soleil, et je le bénis à son coucher. Instruit par le malheur, jamais je ne refuse mon secours à un plus malheureux que moi. Je tâche de rendre heureux ma femme, mon enfant, et même mon chat et mon chien. J'attends la mort à la fin de ma vie, comme un doux sommeil à la fin du jour. — Dans quel livre avez-vous puisé ces principes ? demanda le docteur. — Dans la nature, répondit l'Indien ; je n'en connais pas d'autre. — Ah ! c'est un grand livre, dit l'Anglais : mais qui vous a appris à y lire ? — Le malheur, reprit le paria : étant d'une caste réputée infâme dans mon pays, ne pouvant être Indien, je me suis fait homme ; repoussé par la société, je me suis réfugié dans la nature. — Mais dans votre solitude vous avez au moins quelques livres ? reprit le docteur. — Pas un seul, dit le paria : je ne sais même ni lire ni écrire. — Vous vous êtes épargné bien des doutes, dit le docteur en se frottant le front. Pour moi, j'ai été envoyé d'Angleterre, ma patrie, pour chercher la vérité chez les savants de quantité de nations, afin d'éclairer les hommes et de les rendre plus heureux ; mais, après bien des recherches vaines et des disputes fort graves, j'ai conclu que la recherche de la vérité était une folie, parceque, quand on la trouverait, on ne saurait à qui la dire sans se faire beaucoup d'ennemis. Parlez-moi sincèrement, ne pensez-vous pas comme moi ? — Quoique je ne sois qu'un ignorant, répondit le paria, puisque vous me permettez de dire mon avis, je pense que tout homme est obligé de chercher la vérité pour son propre bonheur; autrement, il sera avare, ambitieux, superstitieux, méchant, anthropophage même, suivant les préjugés ou les intérêts de ceux qui l'auront élevé. »

Le docteur, qui pensait toujours aux trois questions qu'il avait proposées au chef des pandects, fut ravi de la réponse du paria. « Puisque vous croyez, lui dit-il, que tout homme est obligé de chercher la vérité, dites-moi donc d'abord de quel moyen on doit se servir pour la trouver ; car nos sens nous trompent, et notre raison nous égare encore davantage. La raison diffère presque chez tous les hommes ; elle n'est, je crois, au fond, que l'intérêt particulier de chacun d'eux : voilà pourquoi elle est si variable par toute la terre. Il n'y a pas deux religions, deux nations, deux tribus, deux familles, que dis-je ? il n'y a pas deux hommes qui pensent de la même manière. Avec quel sens donc doit-on chercher la vérité, si celui de l'intelligence n'y peut servir ? — Je crois, répondit le paria, que c'est avec un cœur simple. Les sens et l'esprit peuvent se tromper ; mais un cœur simple, encore qu'il puisse être trompé, ne trompe jamais. »

« Votre réponse est profonde, dit le docteur. Il faut d'abord chercher la vérité avec son cœur, et non avec son esprit : Les hommes sentent tous de la même manière, et ils raisonnent différemment, parceque les principes de la vérité sont dans la nature, et que les conséquences qu'ils en tirent sont dans leurs intérêts. C'est donc avec un cœur simple qu'on doit chercher la vérité ; car un cœur simple n'a jamais feint d'entendre ce qu'il n'entendait pas, et de croire ce qu'il ne croyait pas. Il n'aide point à se tromper, ni à tromper ensuite les autres : ainsi un cœur simple, loin d'être faible comme ceux de la plupart des hommes, séduits par leurs intérêts, est fort, et tel qu'il convient pour chercher la vérité et pour la garder. — Vous avez développé mon idée bien mieux que je n'aurais fait, reprit le paria. La vérité est comme la rosée du ciel : pour la conserver pure, il faut la recueillir dans un vase pur. »

« C'est fort bien dit, homme sincère, reprit l'Anglais ; mais le plus difficile reste à trouver. Où faut-il chercher la vérité ? Un cœur simple dépend de nous, mais la vérité dépend des autres hommes. Où la trouvera-t-on, si ceux qui nous environnent sont séduits par leurs préjugés, ou corrompus par leurs intérêts, comme ils le sont pour la plupart ? J'ai voyagé chez beaucoup de peuples ; j'ai fouillé leurs bibliothèques, j'ai consulté leurs docteurs, et je n'ai trouvé partout que contradictions, doutes et opinions mille fois plus variés que leurs langages. Si donc on ne trouve pas la vérité dans les plus célèbres dépôts des connaissances humaines, où faudra-t-il aller chercher ? à quoi servira d'avoir un cœur simple, parmi des hommes qui ont l'esprit faux et le cœur corrompu ? — La vérité me serait suspecte, répondit le paria, si elle ne venait à moi que par le moyen des hommes : ce n'est point parmi eux qu'il faut la chercher, c'est dans la nature. La nature est la source de tout ce qui existe; son langage n'est point intelligible et variable, comme celui des hommes et de leurs livres. Les hommes font des livres, mais la nature fait des choses. Fonder la vérité sur un livre, c'est comme si on la fondait sur un tableau, ou sur une statue, qui ne peut intéresser qu'un pays, et que le temps altère chaque jour. Tout livre est l'art d'un homme, mais la nature est l'art de Dieu. »

« Vous avez bien raison, reprit le docteur, la nature est la source des vérités naturelles; mais où est, par exemple, la source des vérités historiques, si ce n'est dans les livres? comment donc s'assurer aujourd'hui de la vérité d'un fait arrivé il y a deux mille ans? Ceux qui nous l'ont transmis étaient-ils sans préjugés, sans esprit de parti? avaient-ils un cœur simple? D'ailleurs, les livres mêmes qui nous le transmettent n'ont-ils pas besoin de copistes, d'imprimeurs, de commentateurs, de traducteurs; et tous ces gens-là n'altèrent-ils pas plus ou moins la vérité? Comme vous le dites fort bien, un livre n'est que l'art d'un homme. Il faut donc renoncer à toute vérité historique, puisqu'elle ne peut nous parvenir que par le moyen des hommes, sujets à l'erreur. — Qu'importe à notre bonheur, dit l'Indien, l'histoire des choses passées? L'histoire de ce qui est l'histoire de ce qui a été et de ce qui sera. »

« Fort bien, dit l'Anglais; mais vous conviendrez que les vérités morales sont nécessaires au bonheur du genre humain. Comment donc les trouver dans la nature? Les animaux s'y font la guerre, s'entretuent et se dévorent; les éléments mêmes combattent contre les éléments : les hommes en agiront-ils de même entre eux? — Oh! non, répondit le bon paria; mais chaque homme trouvera la règle de sa conduite dans son propre cœur, si son cœur est simple. La nature y a mis cette loi : Ne faites pas aux autres ce que vous ne voudriez pas que les autres vous fissent. — Il est vrai, reprit le docteur, elle a réglé les intérêts du genre humain sur les nôtres; mais les vérités religieuses, comment les découvrira-t-on parmi tant de traditions et de cultes qui divisent les nations? — Dans la nature même, répondit le paria : si nous la considérons avec un cœur simple, nous y verrons Dieu dans sa puissance, son intelligence et sa bonté; et comme nous sommes faibles, ignorants et misérables, en voilà assez pour nous engager à l'adorer, à le prier et à l'aimer toute notre vie, sans disputer. »

« Admirablement! repartit l'Anglais. Mais maintenant, dites-moi, quand on a découvert une vérité, faut-il en faire part aux autres hommes? Si vous la publiez, vous serez persécuté par une infinité de gens qui vivent de l'erreur contraire en assurant que cette erreur même est la vérité, et que tout ce qui tend à la détruire est l'erreur elle-même. — Il faut, répondit le paria, dire la vérité aux hommes qui ont le cœur simple, c'est-à-dire aux gens de bien, qui la cherchent; et non aux méchants, qui la repoussent. La vérité est une perle fine, et le méchant un crocodile qui ne peut la mettre à ses oreilles, parcequ'il n'en a pas. Si vous jetez une perle à un crocodile, au lieu de s'en parer, il voudra la dévorer; il se cassera les dents, et de fureur il se jettera sur vous. »

« Il ne me reste qu'une objection à vous faire, dit l'Anglais : c'est qu'il s'ensuit de ce que vous venez de dire, que les hommes sont condamnés à l'erreur, quoique la vérité leur soit nécessaire; car, puisqu'ils persécutent ceux qui la leur disent, quel est le docteur qui osera les instruire? — Celui, répondit le paria, qui persécute lui-même les hommes pour la leur apprendre, le malheur. — Oh! pour cette fois, homme de la nature, reprit l'Anglais, je crois que vous vous trompez. Le malheur jette les hommes dans la superstition; il abat le cœur et l'esprit. Plus les hommes sont misérables, plus ils sont vils, crédules et rampants. — C'est qu'ils ne sont pas assez malheureux, repartit le paria. Le malheur ressemble à la Montagne-Noire de Bember, aux extrémités du royaume brûlant de Lahor : tant que vous la montez, vous ne voyez devant vous que de stériles rochers; mais quand vous êtes au sommet, vous apercevez le ciel sur votre tête, et à vos pieds le royaume de Cachemire. »

« Charmante et juste comparaison! reprit le docteur : chacun, en effet, a dans la vie sa montagne à grimper. La vôtre, vertueux solitaire, a dû être bien rude, car vous êtes élevé par-dessus tous les hommes que je connais. Vous avez donc été bien malheureux? Mais, dites-moi d'abord pourquoi votre caste est-elle si avilie dans l'Inde, et celle des brames si honorée? Je viens de chez le supérieur de la pagode de Jagrenat, qui ne pense pas plus que son idole, et qui se fait adorer comme un dieu. — C'est, répondit le paria, parceque les brames disent que dans l'origine ils sont sortis de la tête du dieu Brama, et que les parias sont descendus de ses pieds. Ils ajoutent de plus qu'un jour Brama, en voyageant, demanda à manger à un paria, qui lui présenta de la chair humaine : depuis cette tradition leur caste est honorée, et la nôtre est maudite dans toute l'Inde. Il ne nous est pas permis d'approcher des villes ; et tout naïre ou reispoute peut nous tuer, si nous l'approchons seulement à la portée de notre haleine. — Par saint Georges ! s'écria l'Anglais, voilà qui est bien fou et bien injuste ! Comment les brames ont-ils pu persuader une pareille sottise aux Indiens ? — En la leur apprenant dès l'enfance, dit le paria, et en la leur répétant sans cesse : les hommes s'instruisent comme les perroquets. — Infortuné ! dit l'Anglais, comment avez-vous fait pour vous tirer de l'abîme de l'infamie où les brames vous avaient jeté en naissant ? Je ne trouve rien de plus désespérant pour un homme que de le rendre vil à ses propres yeux : c'est lui ôter la première des consolations ; car la plus sûre de toutes est celle qu'on trouve à rentrer en soi-même. »

« Je me suis dit d'abord, reprit le paria : L'histoire du dieu Brama est-elle bien vraie ? il n'y a que les brames, intéressés à se donner une origine céleste, qui la racontent. Ils ont sans doute imaginé qu'un paria avait voulu rendre Brama anthropophage, pour se venger des parias, qui refusaient de croire à ce qu'ils débitaient de leur sainteté. Après cela je me suis dit : Supposons que ce fait soit vrai ; Dieu est juste, il ne peut rendre toute une caste coupable du crime d'un de ses membres, lorsque la caste n'y a pas participé. Mais en supposant que toute la caste des parias ait pris part à ce crime, leurs descendants n'en ont pas été complices. Dieu ne punit pas plus dans les enfants les fautes de leurs aïeux, qu'ils n'ont jamais vus, qu'il ne punirait dans les aïeux les fautes de leurs petits-enfants, qui ne sont pas encore nés. Mais supposons encore que j'aie part aujourd'hui à la punition d'un paria perfide envers son dieu il y a des milliers d'années, sans avoir eu part à son crime : est-ce que quelque chose pourrait subsister haï de Dieu, sans être détruit aussitôt ? Si j'étais maudit de Dieu, rien de ce que je planterais ne réussirait. Enfin je me dis : Je suppose que je sois haï de Dieu, qui me fait du bien, je veux tâcher de me rendre agréable à lui en faisant, à son exemple, du bien à ceux que je devrais haïr. »

« Mais, lui demanda l'Anglais, comment faisiez-vous pour vivre, étant repoussé de tout le monde ? — D'abord, dit l'Indien, je me dis : Si tout le monde est ton ennemi, sois à toi-même ton ami. Ton malheur n'est pas au-dessus des forces d'un homme. Quelque grande que soit la pluie, un petit oiseau n'en reçoit qu'une goutte à la fois. J'allais dans les bois et le long des rivières chercher à manger ; mais je n'y recueillais le plus souvent que quelque fruit sauvage, et j'avais à craindre les bêtes féroces : ainsi je connus que la nature n'avait presque rien fait pour l'homme seul, et qu'elle avait attaché mon existence à cette même société qui me rejetait de son sein. Je fréquentai alors les champs abandonnés, qui sont en grand nombre dans l'Inde, et j'y rencontrais toujours quelque plante comestible qui avait survécu à la ruine de ses cultivateurs. Je voyageais ainsi de province en province, assuré de trouver partout ma subsistance dans les débris de l'agriculture. Quand je trouvais les semences de quelque végétal utile, je les ressemais, en disant : Si ce n'est pas pour moi, ce sera pour d'autres. Je me trouvais moins misérable en voyant que je pouvais faire quelque bien. Il y avait une chose que je desirais passionnément, c'était d'entrer dans quelques villes. J'admirais de loin leurs remparts et leurs tours, le concours prodigieux de barques sur leurs rivières et de caravanes sur leurs chemins, chargées de marchandises qui y abordaient de tous les points de l'horizon ; les troupes de gens de guerre qui y venaient monter la garde du fond des provinces ; les marches des ambassadeurs avec leurs suites nombreuses, qui y arrivaient des royaumes étrangers pour y notifier des événements heureux, ou pour y faire des alliances. Je m'approchais le plus qu'il m'était permis de leurs avenues, contemplant avec étonnement les longues colonnes de poussière que tant de voyageurs y faisaient lever, et je tressaillais de desir à ce bruit confus qui sort des grandes villes, et qui, dans les campagnes voisines, ressemble au murmure des flots qui se brisent sur les rivages de la mer. Je me disais : Une congrégation d'hommes de tant d'états différents, qui mettent en commun leur industrie, leurs richesses et leur joie, doit faire d'une ville un séjour de délices. Mais s'il ne m'est pas permis d'en approcher pendant le jour, qui m'empêche d'y entrer pendant la nuit ? Une faible souris, qui a tant d'ennemis, va et vient où elle veut à la faveur des ténèbres ; elle passe de la cabane du pauvre dans le palais des rois. Pour jouir de la vie, il lui suffit de la lumière des étoiles : pourquoi me faut-il celle du soleil ? C'était aux environs de Delhi que je faisais ces réflexions ; elles m'enhardirent au point que j'entrai dans la ville avec la nuit ; j'y pénétrai par la porte de Lahor. D'abord je parcourus une longue rue solitaire, formée, à droite et à gauche, de maisons bordées de terrasses portées par des arcades, où sont les boutiques des marchands.

De distance à autre, je rencontrai de grands caravansérails bien fermés, et de vastes bazars ou marchés, où régnait le plus grand silence. En approchant de l'intérieur de la ville, je traversai le superbe quartier des omrahs, rempli de palais et de jardins situés le long de la Gemna. Tout y retentissait du bruit des instruments et des chansons des bayadères, qui dansaient sur les bords du fleuve à la lueur des flambeaux. Je me présentai à la porte d'un jardin pour jouir d'un si doux spectacle, mais j'en fus repoussé par des esclaves, qui en chassaient les misérables à coups de bâton. En m'éloignant du quartier des grands, je passai près de plusieurs pagodes de ma religion, où un grand nombre d'infortunés, prosternés à terre, se livraient aux larmes. Je me hâtai de fuir, à la vue de ces monuments de la superstition et de la terreur. Plus loin les voix perçantes des mollahs, qui annonçaient du haut des airs les heures de la nuit, m'apprirent que j'étais au pied des minarets d'une mosquée. Près de là étaient les factoreries des Européens avec leurs pavillons, et des gardiens qui criaient sans cesse : *Kaber-dar!* prenez garde à vous! Je côtoyai ensuite un grand bâtiment, que je reconnus pour une prison, au bruit des chaînes et aux gémissements qui en sortaient. J'entendis bientôt les cris de la douleur dans un vaste hôpital, d'où l'on sortait des chariots pleins de cadavres. Chemin faisant je rencontrai des voleurs qui fuyaient le long des rues, des patrouilles de gardes qui couraient après eux, des groupes de mendiants qui, malgré les coups de rotin, sollicitaient aux portes du palais quelques débris de leurs festins ; et partout des femmes qui se prostituaient publiquement, pour avoir de quoi vivre. Enfin, après une longue marche dans la même rue, je parvins à une place immense, qui entoure la forteresse habitée par le Grand-Mogol. Elle était couverte de tentes de rajahs ou nababs de sa garde, et de leurs escadrons, distingués les uns des autres par des flambeaux, des étendards, et de longues cannes terminées par des queues de vaches du Thibet. Un large fossé plein d'eau et hérissé d'artillerie faisait, comme la place, le tour de la forteresse. Je considérais, à la clarté des feux de la garde, les tours du château, qui s'élevaient jusqu'aux nues, et la longueur de ses remparts, qui se perdaient dans l'horizon. J'aurais bien voulu y pénétrer ; mais de grands korabs, ou fouets, suspendus à des poteaux, m'ôtèrent même le désir de mettre le pied dans la place. Je me tins donc à une de ses extrémités, auprès de quelques nègres esclaves, qui me permirent de me reposer auprès d'un feu autour duquel ils étaient assis. De là je considérai avec admiration le palais impérial, et je me dis : C'est donc ici que demeure le plus heureux des hommes ! c'est pour son obéissance que tant de religions prêchent ; pour sa gloire, que tant d'ambassadeurs arrivent ; pour ses trésors, que tant de provinces s'épuisent ; pour ses voluptés, que tant de caravanes voyagent ; et pour sa sûreté, que tant d'hommes armés veillent en silence!

» Pendant que je faisais ces réflexions, de grands cris de joie se firent entendre dans toute la place, et je vis passer huit chameaux décorés de banderoles. J'appris qu'ils étaient chargés de têtes de rebelles que les généraux du Mogol lui envoyaient de la province de Décan, où un de ses fils, qu'il en avait nommé gouverneur, lui faisait la guerre depuis trois ans. Un peu après arriva, à bride abattue, un courrier monté sur un dromadaire : il venait annoncer la perte d'une ville frontière de l'Inde, par la trahison d'un de ses commandants, qui l'avait livrée au roi de Perse. A peine ce courrier était passé, qu'un autre, envoyé par le gouverneur du Bengale, vint apporter la nouvelle que des Européens, auxquels l'empereur avait accordé, pour le bien du commerce, un comptoir à l'embouchure du Gange, y avaient bâti une forteresse, et s'y étaient emparés de la navigation du fleuve. Quelques moments après l'arrivée de ces deux courriers, on vit sortir du château un officier à la tête d'un détachement des gardes. Le Mogol lui avait ordonné d'aller dans le quartier des omrahs, et d'en amener trois des principaux, chargés de chaînes, accusés d'être d'intelligence avec les ennemis de l'état. Il avait fait arrêter la veille un mollah, qui faisait dans ses sermons l'éloge du roi de Perse, et disait hautement que l'empereur des Indes était infidèle, parceque, contre la loi de Mahomet, il buvait du vin. Enfin, on assurait qu'il venait de faire étrangler et jeter dans la Gemna une de ses femmes et deux capitaines de sa garde, convaincus d'avoir trempé dans la rebellion de son fils. Pendant que je réfléchissais sur ces tragiques événements, une longue colonne de feu s'éleva tout-à-coup des cuisines du sérail ; ses tourbillons de fumée se confondaient avec les nuages, et sa lueur rouge éclairait les tours de la forteresse, ses fossés, la place, les minarets des mosquées, et s'étendait jusqu'à l'horizon. Aussitôt les grosses timbales de cuivre, et les karnas ou grands hautbois de la garde sonnèrent l'alarme avec un bruit épouvantable : des escadrons de cavalerie se répandirent dans la ville, enfonçant les portes des maisons voisines du château, et forçant, à grands coups de korahs, leurs habitants d'accourir au feu. J'éprouvai aussi moi-même combien le voisinage des grands est dangereux aux petits. Les grands sont comme le feu, qui brûle même ceux qui lui jettent de l'encens s'ils s'en approchent de trop près. Je voulus m'échapper, mais toutes les avenues de la place étaient fermées. Il m'eût été impossible d'en sortir, si, par la providence de Dieu, le côté où je m'étais mis n'eût été celui du sérail. Comme les eunuques en déménageaient les femmes sur des éléphants, ils facilitèrent mon évasion; car, si partout les gardes obligeaient, à coups de fouet, les hommes de venir au secours du château, les éléphants, à coups de trompe, les forçaient de s'en éloigner. Ainsi, tantôt poursuivi par les uns, tantôt repoussé par les autres, je sortis de cet affreux chaos; et, à la clarté de l'incendie, je gagnai l'autre extrémité du faubourg, où, sous des huttes, loin des grands, le peuple reposait en paix de ses travaux. Ce fut là que je commençai à respirer. Je me dis : J'ai donc vu une ville ! j'ai vu la demeure des maîtres des nations ! Oh ! de combien de maîtres ne sont-ils pas eux-mêmes les esclaves ! Ils obéissent, jusque dans le temps du repos, aux voluptés, à l'ambition, à la superstition, à l'avarice; ils ont à craindre, même dans le sommeil, une foule d'êtres misérables et malfaisants dont ils sont entourés, des voleurs, des mendiants, des courtisanes, des incendiaires, et jusqu'à leurs soldats, leurs grands et leurs prêtres. Que doit-ce être d'une ville pendant le jour, si elle est ainsi troublée pendant la nuit? Les maux de l'homme croissent avec ses jouissances : combien l'empereur, qui les réunit toutes, n'est-il pas à plaindre ! Il a à redouter les guerres civiles et étrangères, et les objets mêmes qui font sa consolation et sa défense, ses généraux, ses gardes, ses mollahs, ses femmes et ses enfants. Les fossés de sa forteresse ne sauraient arrêter les fantômes de la superstition, ni ses éléphants si bien dressés repousser loin de lui les noirs soucis. Pour moi, je ne crains rien de tout cela : aucun tyran n'a d'empire ni sur mon corps ni sur mon ame. Je puis servir Dieu suivant ma conscience, et je n'ai rien à redouter d'aucun homme, si je ne me tourmente moi-même : en vérité, un paria est moins malheureux qu'un empereur. En disant ces mots, les larmes me vinrent aux yeux, et, tombant à genoux, je remerciai le ciel, qui, pour m'apprendre à supporter mes maux, m'en avait montré de plus intolérables que les miens.

» Depuis ce temps, je n'ai fréquenté dans Delhi que les faubourgs. De là, je voyais les étoiles éclairer les habitations des hommes et se confondre avec leurs feux, comme si le ciel et la ville n'eussent fait qu'un même domaine. Quand la lune venait éclairer ce paysage, j'y apercevais d'autres couleurs que celles du jour. J'admirais les tours, les maisons et les arbres, à la fois argentés et couverts de crêpes, qui se reflétaient au loin dans les eaux de la Gemna. Je parcourais en liberté de grands quartiers solitaires et silencieux, et il me semblait alors que toute la ville était à moi. Cependant l'humanité m'y aurait refusé une poignée de riz, tant la religion m'y avait rendu odieux ! Ne pouvant donc trouver à vivre parmi les vivants, j'en cherchais parmi les morts; j'allais dans les cimetières manger sur les tombeaux les mets offerts par la piété des parents. C'était dans ces lieux que j'aimais à réfléchir. Je me disais : C'est ici la ville de la paix; ici ont disparu la puissance et l'orgueil; l'innocence et la vertu sont en sûreté; ici sont mortes toutes les craintes de la vie, même celle de mourir : c'est ici l'hôtellerie où pour toujours le charretier a dételé, et où le paria repose. Dans ces pensées, je trouvais la mort désirable, et je venais à mépriser la terre. Je considérais l'orient, d'où sortait à chaque instant une multitude d'étoiles. Quoique leurs destins me fussent inconnus, je sentais qu'ils étaient liés avec ceux des hommes, et que la nature, qui a fait ressortir à leurs besoins tant d'objets qu'ils ne voient pas, y avait au moins attaché ceux qu'elle offrait à leur vue. Mon ame s'élevait donc dans le firmament avec les astres; et, lorsque l'aurore venait joindre à leurs douces et éternelles clartés ses teintes de rose, je me croyais aux portes du ciel. Mais dès que ses feux doraient les sommets des pagodes, je disparaissais comme une ombre; j'allais, loin des hommes, me reposer dans les champs au pied d'un arbre, où je m'endormais au chant des oiseaux. »

« Homme sensible et infortuné, dit l'Anglais, votre récit est bien touchant : croyez-moi, la plupart des villes ne méritent d'être vues que la nuit. Après tout, la nature a des beautés nocturnes qui ne sont pas les moins touchantes; un poète fameux de mon pays n'en a pas célébré d'autres. Mais dites-moi, comment enfin avez-vous fait pour vous rendre heureux à la lumière du jour? »

« C'était déjà beaucoup d'être heureux la nuit, reprit l'Indien; la nature ressemble à une belle femme qui, pendant le jour, ne montre au vulgaire que les beautés de son visage, et qui, pendant la nuit, en dévoile de secrètes à son amant. Mais si la solitude a ses jouissances, elle a ses privations;

elle paraît à l'infortuné un port tranquille, d'où il voit s'écouler les passions des autres hommes sans en être ébranlé; mais, pendant qu'il se félicite de son immobilité, le temps l'entraîne lui-même. On ne jette point l'ancre dans le fleuve de la vie; il emporte également celui qui lutte contre son cours et celui qui s'y abandonne, le sage comme l'insensé; et tous deux arrivent à la fin de leurs jours, l'un après en avoir abusé, et l'autre sans en avoir joui. Je ne voulais pas être plus sage que la nature, ni trouver mon bonheur hors des lois qu'elle a prescrites à l'homme. Je desirais surtout un ami à qui je pusse communiquer mes plaisirs et mes peines. Je le cherchai long-temps parmi mes égaux; mais je n'y vis que des envieux. Cependant j'en trouvai un sensible, reconnaissant, fidèle, et inaccessible aux préjugés : à la vérité, ce n'était pas dans mon espèce, mais dans celle des animaux : c'était ce chien que vous voyez. On l'avait exposé, tout petit, au coin d'une rue, où il était près de mourir de faim. Il me toucha de compassion : je l'élevai; il s'attacha à moi, et je m'en fis un compagnon inséparable. Ce n'était pas assez : il me fallait un ami plus malheureux qu'un chien, qui connût tous les maux de la société humaine, et qui m'aidât à les supporter; qui ne desirât que les biens de la nature, et avec qui je pusse en jouir. Ce n'est qu'en s'entrelaçant que deux faibles arbrisseaux résistent à l'orage. La Providence combla mes desirs en me donnant une bonne femme. Ce fut à la source de mes malheurs que je trouvai celle de mon bonheur. Une nuit que j'étais au cimetière des brames, j'aperçus, au clair de la lune, une jeune bramine à demi couverte de son voile jaune. A l'aspect d'une femme du sang de mes tyrans, je reculai d'horreur; mais je m'en rapprochai de compassion, en voyant le soin dont elle était occupée. Elle mettait à manger sur un tertre qui couvrait les cendres de sa mère, brûlée depuis peu toute vive, avec le corps de son père, suivant l'usage de sa caste; et elle y brûlait de l'encens, pour appeler son ombre. Les larmes me vinrent aux yeux en voyant une personne plus infortunée que moi. Je me dis : Hélas! je suis lié des liens de l'infamie, mais tu l'es de ceux de la gloire. Au moins je vis tranquille au fond de mon précipice; et toi, toujours tremblante sur le bord du tien. Le même destin qui t'a enlevé ta mère te menace aussi de t'enlever un jour. Tu n'as reçu qu'une vie, et tu dois mourir de deux morts : si ta propre mort ne te fait descendre au tombeau, celle de ton époux t'y entraînera toute vivante. Je pleurais, et elle pleurait; nos yeux, baignés de larmes, se rencontrèrent, et se parlèrent comme ceux des malheureux : elle détourna les siens, s'enveloppa de son voile, et se retira. La nuit suivante, je revins au même lieu. Cette fois, elle avait mis une plus grande provision de vivres sur le tombeau de sa mère : elle avait jugé que j'en avais besoin; et, comme les brames empoisonnent souvent leurs mets funéraires pour empêcher les parias de les manger, pour me rassurer sur l'usage des siens, elle n'y avait apporté que des fruits. Je fus touché de cette marque d'humanité; et pour lui témoigner le respect que je portais à son offrande filiale, au lieu de prendre ses fruits, j'y joignis des fleurs : c'étaient des pavots, qui exprimaient la part que je prenais à sa douleur. La nuit suivante, je vis avec joie qu'elle avait approuvé mon hommage; les pavots étaient arrosés, et elle avait mis un nouveau panier de fruits à quelque distance du tombeau. La pitié et la reconnaissance m'enhardirent. N'osant lui parler comme paria, de peur de la compromettre, j'entrepris, comme homme, de lui exprimer toutes les affections qu'elle faisait naître dans mon ame : suivant l'usage des Indes, j'empruntai, pour me faire entendre, le langage des fleurs : j'ajoutai aux pavots des soucis. La nuit d'après, je retrouvai mes pavots et mes soucis baignés d'eau. La nuit suivante, je devins plus hardi : je joignis aux pavots et aux soucis une fleur de foulsapatte, qui sert aux cordonniers à teindre leurs cuirs en noir, comme l'expression d'un amour humble et malheureux. Le lendemain, dès l'aurore, je courus au tombeau; mais j'y vis la foulsapatte desséchée, parcequ'elle n'avait pas été arrosée. La nuit suivante, j'y mis, en tremblant, une tulipe dont les feuilles rouges et le cœur noir exprimaient les feux dont j'étais brûlé : le lendemain, je retrouvai ma tulipe dans l'état de la foulsapatte. J'étais accablé de chagrin; cependant le surlendemain j'y apportai un bouton de rose avec ses épines, comme le symbole de mes espérances mêlées de beaucoup de craintes. Mais quel fut mon désespoir quand je vis, aux premiers rayons du jour, mon bouton de rose loin du tombeau! je crus que je perdrais la raison. Quoi qu'il pût m'en arriver, je résolus de lui parler. La nuit suivante, dès qu'elle parut, je me jetai à ses pieds; mais j'y restai tout interdit en lui présentant ma rose. Elle prit la parole, et me dit : « Infortuné! tu me parles d'amour, et bientôt je ne serai plus. Il faut, à l'exemple de ma mère, que j'accompagne au bûcher mon époux qui vient de mourir : il était vieux, je l'épousai enfant : adieu, retire-toi, et oublie-moi; dans trois jours, je ne serai qu'un peu de cendre. » En disant ces mots, elle soupira. Pour moi, pénétré de douleur, je lui dis : « Malheureuse bramine! la nature a rompu les liens que la société vous avait donnés; achevez de rompre ceux de la superstition : vous le pouvez, en me prenant pour votre époux. — Quoi! reprit-elle en pleurant, j'échapperais à la mort pour vivre avec toi dans l'opprobre? Ah! si tu m'aimes, laisse-moi mourir. — A Dieu ne plaise, m'écriai-je, que je ne vous tire de vos maux que pour vous plonger dans les miens! Chère bramine, fuyons ensemble au fond des forêts : il vaut encore mieux se fier aux tigres qu'aux hommes. Mais le ciel, dans qui j'espère, ne nous abandonnera pas. Fuyons : l'amour, la nuit, ton malheur, ton innocence, tout nous favorise. Hâtons-nous, veuve infortunée! déja ton bûcher se prépare, et ton époux mort t'y appelle. Pauvre liane renversée, appuie-toi sur moi, je serai ton palmier. » Alors elle jeta, en gémissant, un regard sur le tombeau de sa mère, puis vers le ciel; et, laissant tomber une de ses mains dans la mienne, de l'autre elle prit ma rose. Aussitôt je la saisis par le bras, et nous nous mîmes en route. Je jetai son voile dans le Gange, pour faire croire à ses parents qu'elle s'y était noyée. Nous marchâmes pendant plusieurs nuits le long du fleuve, nous cachant le jour dans des rizières. Enfin, nous arrivâmes dans cette contrée, que la guerre autrefois a dépeuplée d'habitants. Je pénétrai au fond de ce bois, où j'ai bâti cette cabane et planté un petit jardin : nous y vivons très heureux. Je révère ma femme comme le soleil, et je l'aime comme la lune. Dans cette solitude, nous nous tenons lieu de tout : nous étions méprisés du monde; mais comme nous nous estimons mutuellement, les louanges que je lui donne, ou celles que j'en reçois, nous paraissent plus douces que les applaudissements d'un peuple. » En disant ces mots, il regardait son enfant dans son berceau, et sa femme qui versait des larmes de joie.

Le docteur, en essuyant les siennes, dit à son hôte : « En vérité, ce qui est en honneur chez les hommes est souvent digne de leur mépris; et ce qui est méprisé d'eux mérite souvent d'en être honoré. Mais Dieu est juste : vous êtes mille fois plus heureux dans votre obscurité que le chef des brames de Jagrenat dans toute sa gloire. Il est exposé, ainsi que sa caste, à toutes les révolutions de la fortune; c'est sur les brames que tombent la plupart des fléaux des guerres civiles et étrangères qui désolent votre beau pays depuis tant de siècles; c'est à eux qu'on s'adresse souvent pour avoir des contributions forcées, à cause de l'empire qu'ils exercent sur l'opinion des peuples. Mais, ce qu'il y a de plus cruel pour eux, ils sont les premières victimes de leur religion inhumaine. A force de prêcher l'erreur, ils s'en pénètrent eux-mêmes au point de perdre le sentiment de la vérité, de la justice, de l'humanité, de la piété; ils sont liés des chaînes de la superstition dont ils veulent captiver leurs compatriotes; ils sont forcés à chaque instant de se laver, de se purifier, et de s'abstenir d'une multitude de jouissances innocentes : enfin, ce qu'on ne peut dire sans horreur, par une suite de leurs dogmes barbares, ils voient brûler vives leurs parentes, leurs mères, leurs sœurs et leurs propres filles : ainsi les punit la nature, dont ils ont violé les lois. Pour vous, il vous est permis d'être sincère, bon, juste, hospitalier, pieux; et vous échappez aux coups de la fortune et aux maux de l'opinion par votre humiliation même. »

Après cette conversation, le paria prit congé de son hôte pour le laisser reposer, et se retira, avec sa femme et le berceau de son enfant, dans une petite pièce voisine.

Le lendemain, au lever de l'aurore, le docteur fut réveillé par le chant des oiseaux nichés dans les branches du figuier d'Inde, et par les voix du paria et de sa femme, qui faisaient ensemble la prière du matin. Il se leva, et fut bien fâché lorsque, le paria et sa femme ouvrant leur porte pour lui souhaiter le bonjour, il vit qu'il n'y avait pas d'autre lit dans la cabane que le lit conjugal, et qu'ils avaient veillé toute la nuit pour le lui céder. Après qu'ils lui eurent fait le salam, ils se hâtèrent de lui préparer à déjeuner. Pendant ce temps-là, il fut faire un tour dans le jardin : il le trouva, ainsi que la cabane, entouré des arcades du figuier d'Inde, si entrelacées, qu'elles formaient une haie impénétrable même à la vue. Il apercevait seulement au-dessus de leur feuillage les flancs rouges du rocher qui flanquait le vallon tout autour de lui; il en sortait une petite source qui arrosait ce jardin planté sans ordre. On y voyait pêle-mêle des mangoustans, des orangers, des cocotiers, des litchis, des durions, des manguiers, des jacquiers, des bananiers, et d'autres végétaux tous chargés de fleurs ou de fruits. Leurs troncs mêmes en étaient couverts; le bétel serpentait autour du palmier arec, et le poivrier le long de la canne à sucre. L'air était embaumé de leurs parfums. Quoique la plupart des arbres fussent encore dans l'ombre, les premiers rayons de l'aurore éclairaient déja leurs sommets; on y voyait voltiger des

Elle présenta une corbeille de fleurs.

colibris étincelants comme des rubis et des topazes, tandis que des bengalis et des sensa-soulé, ou cinq-cents-voix, cachés sous l'humide feuillée, faisaient entendre sur leurs nids leurs doux concerts. Le docteur se promenait sous ces charmants ombrages, loin des pensées savantes et ambitieuses, lorsque le paria vint l'inviter à déjeuner. « Votre jardin est délicieux, dit l'Anglais, je ne lui trouve d'autre défaut que d'être trop petit ; à votre place, j'y ajouterais un boulingrin, et je l'étendrais dans la forêt. — Seigneur, lui répondit le paria, moins on tient de place, plus on est à couvert. Une feuille suffit au nid de l'oiseau-mouche. » En disant ces mots, ils entrèrent dans la cabane, où ils trouvèrent dans un coin la femme du paria qui allaitait son enfant : elle avait servi le déjeuner. Après un repas silencieux, le docteur se préparant à partir, l'Indien lui dit : « Mon hôte, les campagnes sont encore inondées des pluies de la nuit, les chemins sont impraticables : passez ce jour avec nous. — Je ne le puis, dit le docteur, j'ai trop de monde avec moi. — Je le vois, reprit le paria, vous avez hâte de quitter le pays des bramines pour retourner dans celui des chrétiens, dont la religion fait vivre tous les hommes en frères. » Le docteur se leva en soupirant. Alors le paria fit un signe à sa femme, qui, les yeux baissés et sans parler, présenta au docteur une corbeille de fleurs et de fruits. Le paria, prenant la parole pour elle, dit à l'Anglais : « Seigneur, excusez notre pauvreté; nous n'avons, pour parfumer nos hôtes suivant l'usage de l'Inde, ni ambre gris, ni bois d'aloès nous n'avons que des fleurs et des fruits; mais j'espère que vous ne mépriserez pas cette petite corbeille remplie par les mains de ma femme : il n'y a ni pavots, ni soucis, mais des jasmins, du mougris et des bergamottes, symboles, par la durée de leurs parfums, de notre affection, dont le souvenir nous restera lors même que nous ne nous verrons plus. » Le docteur prit la corbeille, et dit au paria : « Je ne saurais trop reconnaître votre hospitalité, et vous témoigner toute l'estime que je vous porte : acceptez cette montre d'or; elle est de Greenham, le plus fameux horloger de Londres; on ne la remonte qu'une fois par an. » Le paria lui répondit : « Seigneur, nous n'avons pas besoin de montre; nous en avons une qui va toujours, et qui ne se dérange jamais : c'est le soleil. — Ma montre sonne les heures, ajouta le docteur. — Nos oiseaux les chantent, repartit le paria. — Au moins, dit le docteur, recevez ces cordons de corail, pour faire des colliers rouges à votre femme et à votre enfant. — Ma femme et mon enfant, répondit l'Indien, ne manqueront jamais de colliers rouges, tant que notre jardin produira des pois d'angole. — Acceptez donc, dit le docteur, ces pistolets pour vous défendre des voleurs dans votre solitude. — La pauvreté, dit le paria, est un rempart qui éloigne de nous les voleurs; l'argent dont vos armes sont garnies suffirait pour les attirer. Au nom de Dieu qui nous protège et de qui nous attendons notre récompense, ne nous enlevez pas le prix de notre hospitalité. — Cependant, reprit l'Anglais, je desirerais que vous conservassiez quelque chose de moi. — Eh bien, mon hôte, répondit le paria, puisque vous le voulez, j'oserai vous proposer un échange; donnez-moi votre pipe, et recevez la mienne : lorsque je fumerai dans la vôtre, je me rappellerai qu'un pandect européen n'a pas dédaigné d'accepter l'hospitalité chez un pauvre paria. » Aussitôt le docteur lui présenta sa pipe de cuir d'Angleterre, dont l'embouchure était d'ambre jaune, et reçut en retour celle du paria, dont le tuyau était de bambou, et le fourneau de terre cuite.

Ensuite il appela ses gens, qui étaient tous morfondus de leur mauvaise nuit passée; et après avoir embrassé le paria, il monta dans son palanquin. La femme du paria, qui pleurait, resta sur la porte de la cabane, tenant son enfant dans ses bras; mais son mari accompagna le docteur jusqu'à la sortie du bois, en le comblant de bénédictions. « Que Dieu soit votre récompense, lui disait-il, pour votre bonté envers les malheureux ! que je lui sois en sacrifice pour vous! qu'il vous ramène heureusement en Angleterre, ce pays de savants et d'amis, qui cherchent la vérité par tout le monde, pour le bonheur des hommes ! Le docteur lui répondit : « J'ai parcouru la moitié du globe, et je n'ai vu partout que l'erreur et la discorde : je n'ai trouvé la vérité et le bonheur que dans votre cabane. » En disant ces mots, ils se séparèrent l'un de l'autre en versant des larmes. Le docteur était déjà bien loin dans la campagne, qu'il voyait encore le bon paria au pied d'un arbre, qui lui faisait signe des mains pour lui dire adieu.

Le docteur, de retour à Calcutta, s'embarqua pour Chandernagor, d'où il fit voile pour l'Angleterre. Arrivé à Londres, il remit les quatre-vingt-dix ballots de ses manuscrits au président de la Société royale, qui les déposa au muséum britannique, où les savants et les journalistes s'occupent encore aujourd'hui à en faire des traductions, des éloges, des diatribes, des critiques et des pamphlets. Quant au docteur, il garda pour lui les trois réponses du paria sur la vérité. Il fumait souvent dans sa pipe; et quand on le questionnait sur ce qu'il avait appris de plus utile dans ses voyages, il répondait : « Il faut chercher la vérité avec un cœur simple; on ne la trouve que dans la nature; on ne doit la dire qu'aux gens de bien. » A quoi il ajoutait : « On n'est heureux qu'avec une bonne femme. »

FIN DE LA CHAUMIÈRE INDIENNE.

NOTES DE L'AVANT-PROPOS

DE

LA CHAUMIÈRE INDIENNE.

1. A cause des intérêts de la vérité.

La science, cette commune de l'esprit humain, a aussi ses aristocraties: ce sont les académies. On en jugera par la conduite d'un de leurs principaux membres, à l'égard de ma *Théorie des Marées*.

D'abord il l'a décriée tant qu'il a pu dans ses sociétés particulières; il a empêché les journaux sur lesquels les académies étendent leur influence, c'est-à-dire les plus répandus, d'en faire aucun extrait; il s'est même amusé, m'a-t-on dit, dans ses cercles privés, à jeter des ridicules sur mes noms de baptême, qui sont à la tête de mes *Études de la Nature*, parceque je n'ai pas l'honneur d'accompagner, comme lui, mon nom de famille d'une longue suite de titres académiques. Comme, pendant l'ancien régime, son nom était dans toutes les feuilles publiques, et sa personne dans toutes les antichambres des grands, il lui a été facile d'agir comme il l'a voulu à l'égard d'un solitaire qui ne s'occupait que de l'étude de la nature; mais jugeant, depuis la révolution, que tous ses moyens de crédit pourraient fort bien ne plus s'entr'aider, et voyant mes travaux, malgré ces obstacles, gagner peu à peu de la faveur, il a changé de conduite à mon égard. Il est venu, l'été dernier, me voir à la campagne, où j'étais allé passer quelques jours. Il répandit d'abord dans le voisinage que j'étais un de ses bons et anciens amis. La vérité est que je ne lui avais jamais parlé, et que, malgré sa célébrité, je ne me rappelais pas même l'avoir vu. Il vint donc dans la maison où j'étais, et nous eûmes ensemble une conversation particulière, dont je retrancherai ici tout ce qui n'a pas rapport à ma *Théorie des Marées*, l'objet secret de sa visite.

Après quelques préambules de compliments, il me dit : « C'est bien dommage, monsieur, que vous ayez avancé » dans vos *Études de la Nature* que la fonte des glaces po- » laires était la cause des marées. C'est une opinion in- » soutenable, contraire à celle de toutes les académies de » l'Europe; c'est une grande erreur. — Monsieur, lui ré- » pondis-je, vous auriez dû la réfuter. — Que réfuter, » lorsque vous n'avez apporté aucune preuve en faveur » de votre théorie? — Il y en a deux fois plus que dans celle » des astronomes. Je pourrais en faire des volumes in-4°, » si je recueillais seulement celles que j'ai notées dans les » voyages des marins. Après tout, je ne manque pas de » suffrages. — Oh! il ne faut pas s'arrêter à ce que disent » quelques journaux qui n'y entendent rien. » Je soupçonnai alors qu'il voulait parler de l'extrait des papiers anglais, rapporté par *le Moniteur*. « Quand il n'y aurait, » lui dis-je, dans ma théorie que l'objection géométrique » que j'ai faite contre les académiciens qui se sont égarés » sur les pas de Newton, en concluant, de la grandeur » des degrés vers les pôles, que la terre y était aplatie, » vous auriez dû y répondre. — Qu'entendez-vous par un » degré? reprit-il avec chaleur. — Ce qu'entendent tous » les géomètres, la 360e partie d'un cercle. — Vous êtes » tombé dans la même erreur que M. de La Hire, il y a » 150 ans. Ce n'est point par l'arc d'un cercle qu'on me- » sure un degré, c'est par sa perpendiculaire. » En même temps, pour me le démontrer, il tira de sa poche un crayon blanc, et se mit à tracer sur une porte un cercle, deux rayons, une corde, des sinus, etc.... Je l'arrêtai, en lui disant : « Vous sortez de la question. Ce n'est pas » de la perpendiculaire du degré de Tornéo que les aca- » démiciens ont rapporté la mesure, mais de la portion » de la courbe terrestre comprise entre deux rayons qui » mesurent un degré céleste du méridien. Ils ont trouvé » au cercle polaire cette portion de la circonférence de la » terre qu'ils appellent, ainsi que moi, un degré de » 57,422 toises, qui s'est trouvé surpasser de 674 toises » le degré mesuré au Pérou, près de l'équateur, degré » dont l'arc ne contient que 56,748 toises : d'où ils ont » conclu que les degrés ou portions de la circonférence » de la terre correspondant aux degrés du méridien cé- » leste allaient en croissant vers les pôles, et que par » conséquent la circonférence de la terre y était aplatie. » Maintenant, si vous pouvez faire entrer cette courbe, » construite sur le diamètre de la sphère, et formée de » degrés plus grands que ceux de la sphère, dans la sphère » même, j'ai tort. »

Ne sachant que me répondre, il changea de conversation. Il me dit : « Vous avez avancé que les marées étaient » de douze heures dans la mer du Sud, et cela n'est pas. » — Je n'ai pas dit cela, lui répondis-je, quoique je sois » disposé à le croire pour tout l'hémisphère entier; mais » je n'ai pas eu des preuves suffisantes pour l'affirmer. Je » n'ai cité que cinq à six endroits de la mer du Sud, où » les marées sont de douze heures. J'en ai trouvé depuis » plusieurs autres d'une égale durée dans la mer des In- » des et même dans notre hémisphère, entre autres celles » du Tonquin, rapportées par Dampier. » Comme un quatrième volume de mes *Études de la Nature* se trouva sous ma main, je lui montrai, dans l'avis qui est en tête, les témoignages de Carteret, de Byron, de Cook, de Clerke, sur les marées de douze heures dans la mer du Sud. Après les avoir lus, il me dit : « Savez-vous l'an- » glais? » Je me rappelai alors la circonstance où le *Médecin malgré lui* demande : Savez-vous le latin? « Non, » lui répondis-je ; et je crus qu'il allait me parler an- » glais. « Il ne faut pas, reprit-il, citer d'après des traduc- » tions. J'ai chez moi vos voyageurs en originaux; il n'y » est nulle part question des marées de douze heures. » J'en suis bien sûr, car j'ai fait un traité de toutes les » marées du globe, que j'ai trouvées partout égales aux » nôtres. » Il me parut d'abord fort étrange qu'il eût fait un traité des marées de tout le globe sans avoir cité des traductions; mais ce point ne méritait pas de réponse. « Comment, lui dis-je, vous voulez que des traducteurs » aussi éclairés et aussi exacts que ceux que j'ai cités se » soient trompés sur des points aussi importants à la na- » vigation et à l'astronomie, et qu'ils aient affirmé que les » marées étaient de douze heures dans plusieurs endroits » de la mer du Sud, lorsque les voyageurs qu'ils tradui- » saient assuraient positivement qu'elles n'étaient que de » six heures? Cela est impossible! »

Alors je mis fin à la conversation, en lui disant : « Atta-

» quez publiquement ma théorie, et je vous répondrai. »
Il me repartit qu'il n'en avait pas l'intention; mais qu'il était venu pour m'éclairer. J'ai rapporté le précis de notre dialogue; c'est au public à juger de quel côté ont été la bonne foi et la lumière.

J'ai réfuté l'erreur des académiciens avec des preuves simples, et intelligibles à tout le monde; pourquoi n'en emploient-ils pas de semblables à mon égard si je suis moi-même dans l'erreur?

Il ne s'agit que d'une vérité élémentaire de géométrie. Il est certain que la demi-circonférence de la terre contient 180 degrés, et que ces degrés étant pour la plupart plus grands que les 180 degrés de la demi-sphère construite sur le même diamètre, elle ne peut y être renfermée.

Un officier du génie m'écrivit de Mézières, il y a deux ans, que, par ce simple raisonnement, il avait réduit un professeur de mathématiques, non au silence, car quel professeur s'y est vu forcé? mais à répondre une absurdité. « Je lui disais, m'écrit-il, que, la courbe terrestre étant plus étendue que l'arc sphérique, elle ne pouvait y être renfermée, si on ne l'y suppose rentrante, et les pôles creusés en entonnoir. Le croiriez-vous? ajoute-t-il; il m'a répondu : « J'aime mieux croire que les pôles du monde
« sont creusés en entonnoir, que de croire que Newton
« s'est trompé. »

Plusieurs newtoniens sont disposés à adopter ma théorie des marées par la fonte des glaces polaires: c'est déja un grand point de gagné; mais ils veulent que je leur accorde l'aplatissement des pôles, avec l'élévation des mers sous l'équateur, par la force centrifuge; et c'est ce qui est contraire à l'expérience. Je pourrais faire de nouveaux volumes en faveur de ma théorie, dussent-ils devenir la proie des contrefacteurs, comme le reste de mes ouvrages; mais comment détruire une erreur consacrée par le nom de Newton, et professée par tous les géomètres de l'Europe? Comment lutter seul contre des académies coalisées entre elles, qui ferment les yeux à l'évidence, et leurs journaux à mes preuves?

Malgré leur indifférence, j'ose leur prédire que cette vérité qu'ils rejettent deviendra un jour la base de l'étude de la nature.

O hommes de mon siècle! on ne vous intéresse qu'avec des contes.

P. S. Je me suis trompé en accusant les astronomes d'inconséquence, ainsi que je l'ai dit franchement dans une note de l'avis de ma quatrième édition des *Études de la Nature*. J'ignorais qu'ils supposaient à la terre les degrés de son méridien la plupart plus petits que ceux de la sphère, surtout près de l'équateur. Je n'admets pas leur théorie, et il ne me sera pas difficile de la réfuter un jour par des preuves de fait, géographiques et physiques.

J'ai encore bien d'autres objections à faire contre elle. Si la force centrifuge élève la mer, sous l'équateur, de cinq lieues et demie au-dessus des pôles, elle doit y élever encore davantage l'atmosphère, qui est un fluide bien plus mobile que l'Océan. Le baromètre, chargé de ce grand volume d'air, devrait hausser considérablement sous la ligne : or c'est ce qui n'arrive pas. Par la même raison, si la lune, en passant au méridien, attire l'océan, elle doit attirer aussi l'atmosphère, et le baromètre alors devrait hausser, et annoncer les marées : or c'est ce qui n'arrive pas. On ne peut répondre à ces objections que par des sophismes.

D'un autre côté, on explique, par ma théorie de la fonte alternative des glaces polaires, une infinité de problèmes inexplicables par celle des physiciens. Par exemple, pourquoi l'hiver est-il plus tiède et l'été plus froid sur les bords de la mer Atlantique, que dans les parties correspondantes des continents? C'est parce qu'en hiver l'océan Atlantique vient de la zone torride, et qu'en été il descend de la zone glaciale. Voyez, page 486, la note 5. On peut expliquer par la même théorie pourquoi les îles de l'Asie sont plus chaudes que celles de l'Amérique, situées aux mêmes latitudes, ainsi que beaucoup d'autres effets physiques, dont je ne puis m'occuper ici.

2. *Et la seconde par la France.*

La France n'a eu besoin d'imiter aucune nation sur ces deux points : depuis long-temps elle envoyait des savants dans les pays étrangers, et y répandait ses arts, ses modes et sa langue; mais c'était pour sa gloire : il faut espérer qu'elle la dirigera au bonheur des hommes par sa nouvelle constitution. Le patriotisme n'est qu'une des branches de l'humanité.

3. *Quand on lui dédia le pin.*

On dédia pareillement le chêne à Jupiter, l'olivier à Minerve, le pin à Pan, le laurier à Apollon, le myrte à Vénus, etc...

On consacra aussi des arbres aux demi-dieux et aux héros : le peuplier était l'arbre d'Hercule. Enfin des nymphes, des bergers et des bergères eurent part au reste de la végétation : la jalouse Clytie donna sa jaunisse et son attitude au tournesol; Adonis teignit de son sang la fleur qui porte son nom, etc. Les plantes, et surtout les arbres, furent les premiers monuments des hommes. J'ai donc pu faire servir, à l'Ile-de-France, deux cocotiers de monuments à la naissance de Paul et de Virginie, sans prendre cette idée dans un poëte moderne célèbre, qui s'en est plaint sans sujet; il est assez riche de ses propres idées pour qu'on puisse lui en emprunter; mais, si celle-là n'était pas dans la nature, je l'aurais trouvée, comme lui, dans les anciens, ses modèles. Elle est fort commune chez les botanistes, qui déterminent, avec des plantes nouvelles, des époques d'amitié et de reconnaissance, en leur faisant porter les noms de leurs patrons et de leurs amis. Enfin, les astronomes ont étendu ce sentiment aux astres; et les marins, aux terres, aux fleuves et aux îles qu'ils découvrent, auxquels ils donnent des noms de saints, de rois, de capitaines, d'événements, de conquêtes et de massacres, dont ils veulent conserver le souvenir. Quand la plupart des objets de la terre et des cieux servent de monuments aux passions des hommes, et souvent à leurs fureurs, n'ai-je pu avoir la pensée de consacrer, dans une forêt, deux arbres à l'innocence et à l'amour maternel?

FIN DES NOTES.

MÉLANGES.

LE CAFÉ DE SURATE.

Il y avait à Surate un café où beaucoup d'étrangers s'assemblaient l'après-midi. Un jour il y vint un seidre persan, ou docteur de la loi, qui avait écrit toute sa vie sur la théologie, et qui ne croyait plus en Dieu. Qu'est-ce que Dieu? disait-il; d'où vient-il? qui est-ce qui l'a créé? où est-il? Si c'était un corps, on le verrait; si c'était un esprit, il serait intelligent et juste; il ne permettrait pas qu'il y eût des malheureux sur la terre. Moi-même, après avoir tant travaillé pour son service, je serais pontife à Ispahan, et je n'aurais pas été forcé de m'enfuir de la Perse, après avoir cherché à éclairer les hommes. Il n'y a donc point de Dieu. Ainsi le docteur, égaré par son ambition, à force de raisonner sur la première raison de toutes choses, était venu à perdre la sienne, et à croire que c'était non sa propre intelligence qui n'existait plus, mais celle qui gouverne l'univers. Il avait pour esclave un Cafre presque nu, qu'il laissa à la porte du café. Pour lui, il fut se coucher sur un sofa, et il prit une tasse de coquenar ou d'opium. Lorsque cette boisson commença à échauffer son cerveau, il adressa la parole à son esclave, qui était assis sur une pierre au soleil, occupé à chasser les mouches qui le dévoraient, et lui dit : Misérable noir! crois-tu qu'il y ait un Dieu? — Qui peut en douter? lui répondit le Cafre. En disant ces mots, le Cafre tira d'un lambeau de pagne qui lui ceignait les reins un petit marmouset de bois, et dit : Voilà le Dieu qui m'a protégé depuis que je suis au monde; il est fait d'une branche de l'arbre fétiche de mon pays. Tous les gens du café ne furent pas moins surpris de la réponse de l'esclave que de la question de son maître.

Alors un brame, haussant les épaules, dit au nègre : Pauvre imbécile! comment, tu portes ton dieu dans ta ceinture? Apprends qu'il n'y a point d'autre Dieu que Brama, qui a créé le monde, et dont les temples sont sur les bords du Gange. Les brames sont ses seuls prêtres, et c'est par sa protection particulière qu'ils subsistent depuis cent vingt mille ans, malgré toutes les révolutions de l'Inde. Aussitôt un courtier juif prit la parole, et dit : Comment les brames peuvent-ils croire que Dieu n'a de temples que dans l'Inde, et qu'il n'existe que pour leur caste? Il n'y a d'autre Dieu que celui d'Abraham, qui n'a d'autre peuple que celui d'Israël. Il le conserve, quoique dispersé par toute la terre, jusqu'à ce qu'il l'ait rassemblé à Jérusalem pour lui donner l'empire des nations, lorsqu'il y aura relevé son temple, jadis la merveille de l'univers. En disant ces mots, l'Israélite versa quelques larmes. Il allait parler encore, lorsqu'un Italien en robe bleue lui dit en colère : Vous faites Dieu injuste en disant qu'il n'aime que le peuple d'Israël. Il l'a rejeté depuis plus de dix-sept cents ans, comme vous en pouvez juger par sa dispersion même. Il appelle aujourd'hui tous les hommes dans l'Église romaine, hors laquelle il n'y a point de salut. Un ministre protestant, de la mission danoise de Trinquebar, répondit en pâlissant au missionnaire catholique : Comment pouvez-vous restreindre le salut des hommes à votre communion idolâtre? apprenez qu'il n'y aura de sauvés que ceux qui, suivant l'Évangile, adorent Dieu en esprit et en vérité, sous la loi de Jésus. Alors un Turc, officier de la douane de Surate, qui fumait sa pipe, dit aux deux chrétiens d'un air grave : Padres, comment pouvez-vous borner la connaissance de Dieu à vos églises? la loi de Jésus a été abolie depuis l'arrivée de Mahomet, le Paraclet prédit par Jésus lui-même, le Verbe de Dieu. Votre religion ne subsiste plus que dans quelques royaumes, et c'est sur ses ruines que la nôtre s'est élevée dans la plus belle portion de l'Europe, de l'Afrique, de l'Asie, et de ses îles. Elle est aujourd'hui assise sur le trône du Mogol, et se répand jusque dans la Chine, ce pays de lumières. Vous reconnaissez vous-mêmes la réprobation des Juifs à leur humiliation; reconnaissez donc la mission du prophète à ses victoires. Il n'y aura de sauvés que les amis de Mahomet et d'Omar : car pour ceux qui suivent Ali, ce sont des infidèles. A ces mots, le seidre, qui était de Perse, où le peuple suit la secte d'Ali, se mit à sourire; mais il s'éleva une grande querelle dans le café, à cause de tous les étrangers, qui étaient de diverses religions, et parmi lesquels il y avait encore des chrétiens abyssins, des cophtes, des Tartares lamas, des Arabes ismaélites, et des guèbres, ou adorateurs du feu. Tous disputaient sur la nature de Dieu et sur son culte, chacun soutenant que la véritable religion n'était que dans son pays.

Il y avait là un lettré de la Chine, disciple de Confucius, qui voyageait pour son instruction. Il était dans un coin du café, prenant du thé, écoutant tout, et ne disant mot. Le douanier turc, s'adressant à lui, lui cria d'une voix forte : Bon Chinois, qui gardez le silence, vous savez que beaucoup de religions ont pénétré à la Chine. Des marchands de votre pays, qui avaient besoin ici de mes services, me l'ont dit, en m'assurant que celle de Mahomet était la meilleure. Rendez comme eux justice à la vérité : que pensez-vous de Dieu, et de la religion de son prophète? Il se fit alors un grand silence dans le café. Le disciple de Confucius, ayant retiré ses mains dans les larges manches de sa robe, et les ayant croisées sur sa poitrine, se recueillit en lui-même, et dit d'une voix douce et posée : Messieurs, si vous me permettez de vous le dire, c'est l'ambition qui empêche, en toutes choses, les hommes d'être d'accord; si vous avez la patience de m'entendre, je vais vous en citer un exemple qui est encore tout frais à ma mémoire. Lorsque je partis de la Chine pour venir à Surate, je m'embarquai sur un vaisseau anglais qui avait fait le tour du monde. Chemin faisant, nous jetâmes l'ancre sur la côte orientale de Sumatra. Sur le midi, étant descendus à terre avec plusieurs gens de l'équipage, nous fûmes nous asseoir sur le bord de la mer, près d'un petit village, sous des cocotiers à l'ombre desquels se reposaient plusieurs hommes de divers pays. Il y vint un aveugle qui avait perdu la vue à force de contempler le soleil. Il avait eu l'ambitieuse folie d'en comprendre la nature, afin de s'en approprier la lumière. Il avait tenté tous les moyens de l'optique, de la chimie, et même de la nécromancie, pour renfermer un de ses rayons dans une bouteille; n'ayant pu en venir à bout, il disait : La lumière du soleil n'est point un fluide, car elle ne peut être agitée par le vent; ce n'est point un solide, car on ne peut en détacher des morceaux; ce n'est point un feu, car elle ne s'éteint point dans l'eau; ce n'est point un esprit, puisqu'elle est visible; ce n'est point un corps, puisqu'on ne peut la manier; ce n'est pas même un mouvement, puisqu'elle n'agite pas les corps les plus légers : ce n'est donc rien du tout. Enfin, à force de contempler le soleil et de raisonner sur sa lumière, il en avait perdu les yeux, et, qui pis est, la raison. Il croyait que c'était non pas sa vue, mais le soleil, qui n'existait plus dans l'univers. Il avait pour conducteur un nègre qui, ayant fait asseoir son maître à l'ombre d'un cocotier, ramassa par terre un de ses cocos, et se mit à faire un lampion avec sa coque, une mèche avec son caire, et à exprimer de sa noix un peu d'huile pour mettre dans son lampion. Pendant que le nègre s'occupait ainsi, l'aveugle lui dit en soupirant : Il n'y a donc plus de lumière au monde? — Il y a celle du soleil, répondit le nègre. — Qu'est-ce que le soleil? reprit l'aveugle. — Je n'en sais rien, répondit l'Africain, si ce n'est que son lever est le commencement de mes travaux, et son coucher en est la fin. Sa lumière m'intéresse moins que celle de mon lampion, qui m'éclaire dans ma case : sans elle, je ne pourrais vous servir pendant la nuit. Alors, montrant son petit coco, il dit : Voilà mon soleil. A ce propos, un homme du village, qui marchait avec des béquilles, se mit à rire; et, croyant que l'aveugle était un aveugle-né, il lui dit : Apprenez que le soleil est un globe de feu qui s'élève tous les jours dans la mer, et qui se couche tous les soirs à l'occident, dans les montagnes de Sumatra. C'est ce que vous verriez vous-même ainsi que nous tous, si vous jouissiez de la vue. Un pêcheur prit alors la parole, et dit au boiteux : On voit bien que vous n'êtes jamais sorti de votre village. Si vous aviez des jambes, et que vous eussiez fait le tour de l'île de Sumatra, vous sauriez que le soleil ne se couche point dans ses montagnes; mais il sort tous les matins de la mer, et il y rentre tous les soirs pour se rafraîchir; c'est ce que je vois tous les jours le long des côtes. Un habitant de la presqu'île de l'Inde dit alors au pêcheur : Comment un homme qui a le sens commun peut-il croire que le soleil est un globe de feu, et que chaque jour il sort de la mer et qu'il y rentre sans s'éteindre? Apprenez donc que le soleil est une deuta ou divinité de mon pays, qu'il parcourt tous les jours le ciel sur un char, tournant autour de la montagne d'or de Merouwa; que lorsqu'il s'éclipse, c'est qu'il est englouti par les serpents Ragou et Kétou, dont il n'est délivré que par les prières des Indiens sur les bords du Gange. C'est une ambition bien folle à un habitant de Sumatra de croire qu'il ne luit que sur l'horizon de son île; elle ne peut entrer que dans la tête d'un homme qui n'a navigué que dans une pirogue. Un Lascar, patron d'une barque de commerce qui était à

l'ancre, prit alors la parole, et dit : C'est une ambition encore plus folle de croire que le soleil préfère l'Inde à tous les pays du monde. J'ai voyagé dans la mer Rouge, sur les côtes de l'Arabie, à Madagascar, aux îles Moluques et aux Philippines : le soleil éclaire tous ces pays, ainsi que l'Inde. Il ne tourne point autour d'une montagne ; mais il se lève dans les îles du Japon, qu'on appelle pour cette raison Jepon ou Gué-puen, naissance du soleil ; et il se couche bien loin à l'occident, derrière les îles d'Angleterre. J'en suis bien sûr, car je l'ai ouï dire dans mon enfance à mon grand-père, qui avait voyagé jusqu'aux extrémités de la mer. Il allait en dire davantage, lorsqu'un matelot anglais de notre équipage l'interrompit, en disant : Il n'y a point de pays où l'on connaisse mieux le cours du soleil qu'en Angleterre : apprenez donc qu'il ne se lève et ne se couche nulle part. Il fait sans cesse le tour du monde ; et j'en suis bien certain, car nous venons de le faire aussi, et nous l'avons rencontré partout. Alors, prenant un rotin des mains d'un des auditeurs, il traça un cercle sur le sable, tâchant de leur expliquer le cours du soleil d'un tropique à l'autre ; mais, n'en pouvant venir à bout, il prit à témoin de tout ce qu'il voulait dire le pilote de son vaisseau. Ce pilote était un homme sage, qui avait entendu toute la dispute sans rien dire ; mais quand il vit que tous les auditeurs gardaient le silence pour l'écouter, il prit alors la parole, et leur dit : « Chacun de vous
» trompe les autres, et en est trompé. Le soleil ne
» tourne point autour de la terre, mais c'est la
» terre qui tourne autour de lui, lui présentant
» tour à tour, en vingt-quatre heures, les îles du
» Japon, des Philippines, les Moluques, Sumatra,
» l'Afrique, l'Europe, l'Angleterre, et bien d'au-
» tres pays. Le soleil ne luit point seulement pour
» une montagne, une île, un horizon, une mer,
» ni même pour la terre ; mais il est au centre de
» l'univers, d'où il éclaire avec elle cinq autres
» planètes qui tournent aussi autour de lui, et
» dont quelques unes sont bien plus grosses que
» la terre, et bien plus éloignées qu'elle du soleil.
» Tel est entre autres Saturne, de trente mille
» lieues de diamètre, et qui en est à deux cent
» quatre-vingt-cinq millions de lieues de distance.
» Je ne parle pas des lunes, qui renvoient aux pla-
» nètes éloignées du soleil sa lumière, et qui sont
» en bon nombre. Chacun de vous aurait une idée
» de ces vérités s'il jetait seulement, la nuit, les
» yeux au ciel, et s'il n'avait pas l'ambition de
» croire que le soleil ne luit que pour son pays. »
Ainsi parla, au grand étonnement de ses audi-
teurs, le pilote qui avait fait le tour du monde et observé les cieux.

Il en est de même, ajouta le disciple de Confucius, de Dieu comme du soleil. Chaque homme croit l'avoir à lui seul, dans sa chapelle, ou au moins dans son pays. Chaque peuple croit renfermer dans ses temples celui que l'univers visible ne renferme pas. Cependant, est-il un temple comparable à celui que Dieu lui-même a élevé pour rassembler tous les hommes dans la même communion ? Tous les temples du monde ne sont faits qu'à l'imitation de celui de la nature. On trouve, dans la plupart, des lavoirs ou bénitiers, des colonnes, des voûtes, des lampes, des statues, des inscriptions, des livres de la loi, des sacrifices, des autels, et des prêtres. Mais dans quel temple y a-t-il un bénitier aussi vaste que la mer, qui n'est point renfermée dans une coquille ; d'aussi belles colonnes que les arbres des forêts, ou ceux des vergers chargés de fruits ; une voûte aussi élevée que le ciel, et une lampe aussi éclatante que le soleil ? Où verra-t-on des statues aussi intéressantes que tant d'êtres sensibles qui s'aiment, qui s'entr'aident et qui parlent ? des inscriptions aussi intelligibles et plus religieuses que les bienfaits mêmes de la nature ? un livre de la loi aussi universel que l'amour de Dieu fondé sur notre reconnaissance, et que l'amour de nos semblables sur nos propres intérêts ? des sacrifices plus touchants que ceux de nos louanges pour celui qui nous a tout donné, et de nos passions pour ceux avec lesquels nous devons tout partager ? enfin un autel aussi saint que le cœur de l'homme de bien, dont Dieu même est le pontife ? Ainsi, plus l'homme étendra loin la puissance de Dieu, plus il approchera de sa connaissance ; et plus il aura d'indulgence pour les hommes, plus il imitera sa bonté. Que celui donc qui jouit de la lumière de Dieu, répandue dans tout l'univers, ne méprise pas le superstitieux qui n'en aperçoit qu'un petit rayon dans son idole, ni même l'athée qui en est tout-à-fait privé, de peur qu'en punition de son orgueil il ne lui arrive comme à ce philosophe qui, voulant s'approprier la lumière du soleil, devint aveugle, et se vit réduit, pour se conduire, à se servir du lampion d'un nègre.

Ainsi parla le disciple de Confucius ; et tous les gens du café qui disputaient sur l'excellence de leurs religions gardèrent un profond silence.

FIN DU CAFÉ DE SURATE.

VOYAGE EN SILÉSIE.

Lorsque je revenais de Russie en France, je me trouvai, avec un bon nombre de voyageurs de différentes nations, sur le chariot de poste qui mène de Riga à Breslau. Nous étions rangés deux à deux, assis sur des bancs de bois, nos malles sous nos pieds, le ciel sur nos têtes, voyageant jour et nuit, exposés à toutes les injures de l'air, et ne trouvant dans les auberges de la route que du pain noir, de l'eau-de-vie de grain, et du café. Telle est la manière de voyager en Russie, en Prusse, en Pologne, et dans la plupart des pays du nord. Après avoir traversé, tantôt de grandes forêts de sapins et de bouleaux, tantôt des campagnes sablonneuses, nous entrâmes dans des montagnes couvertes de hêtres et de chênes, qui séparent la Pologne de la Silésie.

Quoique mes compagnons de voyage sussent le français, langue aujourd'hui universelle en Europe, ils parlaient fort peu. Un matin, au lever de l'aurore, nous nous trouvâmes sur une colline, auprès d'un château situé dans une position charmante. Plusieurs ruisseaux circulaient à travers ses longues avenues de tilleuls, et formaient au bas des îles plantées de vergers au milieu des prairies. Au loin, autant que la vue pouvait s'étendre, nous apercevions les riches campagnes de la Silésie, couvertes de moissons, de villages, et de maisons de plaisance arrosées par l'Oder, qui les traversait comme un ruban d'argent et d'azur. « Oh la belle vue ! s'écria un peintre italien qui allait à Dresde ; il me semble voir le Milanez. » Un astronome de l'Académie de Berlin se mit à dire : « Voilà de grandes plaines ; on pourrait y tracer une longue base, et par ces clochers avoir une belle suite de triangles. » Un baron autrichien, souriant dédaigneusement, répondit au géomètre : « Sachez que cette terre est des plus nobles d'Allemagne ; tous ces clochers que vous voyez là-bas en dépendent. — Cela étant, repartit un marchand suisse, les habitants y sont donc serfs. Par ma foi, c'est un pauvre pays. » Un officier hussard prussien, qui fumait sa pipe, la retira gravement de sa bouche, et se mit à dire d'un ton ferme : « Personne ici ne relève que du roi de Prusse. Il a délivré les Silésiens du joug de l'Autriche et de ses nobles. Je me souviens qu'il nous a fait camper ici il y a quatre ans. Oh ! les belles campagnes pour donner une bataille ! j'établirais mes magasins dans le château, et mon artillerie sur ces terrasses. Je borderais la rivière avec mon infanterie ; je mettrais ma cavalerie sur les ailes ; et avec trente mille hommes j'attendrais ici toutes les forces de l'Empire. Vive Frédéric ! » A peine s'était-il remis à fumer, qu'un officier russe prit la parole : « Je ne voudrais pas, dit-il, vivre dans un pays comme la Silésie, ouvert à toutes les armées. Nos Cosaques l'ont ravagée dans la dernière guerre ; et, sans nos troupes réglées qui les continrent, ils n'y auraient pas laissé une chaumière debout. C'est encore pis à présent. Les paysans peuvent y plaider contre leurs seigneurs. Les bourgeois y ont même de plus grands priviléges dans leurs municipalités. J'aime mieux les environs de Moscou. » Un jeune étudiant de Leipsick répondit aux deux officiers : « Messieurs, comment pouvez-vous parler de guerre dans des lieux si charmants ? Permettez-moi de vous apprendre que le nom même de Silésie vient de *campi Elysii*, champs Élysiens. Il vaut mieux s'écrier avec Virgile :

. . . . Lycori ;
. . . . . Hic ipso tecum consumerer ævo.

O Lycoris ! c'est ici qu'avec toi je voudrais être dissous par le temps. » A ces mots, prononcés avec chaleur, une aimable marchande de modes de Paris, que l'ennui du voyage avait endormie, se réveilla, et, à la vue de ce beau paysage, s'écria à son tour : « O le délicieux pays ! il n'y manque que des Français. Qu'avez-vous à soupirer ? dit-elle à un jeune rabbin qui était à ses côtés. — Voyez, dit le docteur juif, cette montagne là-bas avec sa pointe, elle ressemble au mont Sinaï. » Tout le monde se mit à rire. Mais un vieux ministre luthérien d'Erfurt, en Saxe, fronça le sourcil, et dit en colère : « La Silésie est une terre maudite, puisque la vérité en est bannie. Elle est sous le joug du papisme. Vous verrez, à l'entrée de Breslau, le palais des anciens ducs de Silésie, qui sert aujourd'hui de collège aux jésuites, quoique chassés de toute l'Europe. » Un gros marchand hollandais, pourvoyeur de l'armée prussienne dans la dernière guerre, lui repartit : « Comment pouvez-vous appeler maudite une terre couverte de tant de biens ? le roi de Prusse a fort bien fait de conquérir la Silésie : c'est le plus beau fleuron de sa couronne. J'y aimerais mieux un arpent de jardin qu'un mille carré dans la Marche sablonneuse de Brandebourg. » Nous arrivâmes, ainsi disputant, à Breslau, où nous mîmes pied à terre dans une fort belle auberge. En attendant le dîner, on parla du maître du château. Le ministre saxon assura que c'était un scélérat qui commandait l'artillerie prussienne au siége de Dresde ; qu'il avait écrasé, avec des bombes empoisonnées, cette malheureuse ville, dont la moitié des maisons était encore abattue, et qu'il n'avait acquis sa terre que par des contributions levées en Saxe. « Vous vous trompez, répondit le baron ; il ne l'a eue que par son mariage avec une comtesse autrichienne, qui s'est mésalliée en l'épousant. Sa femme est aujourd'hui bien à plaindre : aucun de ses enfants ne pourra entrer dans les chapitres nobles de l'Allemagne, car leur père n'est qu'un officier de fortune. — Ce que vous dites là, reprit le hussard prussien, lui fait honneur, et il en serait comblé aujourd'hui en Prusse, s'il ne l'avait perdu en sortant, à la paix, du service du roi. C'est un officier qui ne peut plus se montrer. » L'hôte, qui faisait mettre le couvert, dit : « Messieurs, on voit bien que vous ne connaissez pas le seigneur dont vous parlez : c'est un homme aimé et considéré de tout le monde : il n'y a pas un mendiant dans ses domaines. Quoique catholique, il secourt les pauvres passants, de quelque pays et religion qu'ils soient. S'ils sont Saxons, il les loge et les nourrit pendant trois jours, en compensation du mal qu'il a été obligé de leur faire pendant la guerre. Il est adoré de sa femme et de ses enfants. — Apprenez, répondit à l'hôte le ministre luthérien, qu'il n'y a ni charité ni vertu dans sa communion. Tout son fait est pure hypocrisie, comme les vertus des païens et des papistes. »

Nous avions parmi nous plusieurs catholiques qui allaient élever une terrible dispute, lorsque l'hôte, s'étant mis à la principale place de la table, suivant l'usage de l'Allemagne, fit servir le dîner. Alors on garda un profond silence, et chacun se mit à boire et à manger en voyageur. On fit fort bonne chère. On servit au dessert des pêches, des raisins et des melons. L'hôte dit alors à sa femme d'apporter, en attendant le café, quelques bouteilles de vin de Champagne, dont il voulait régaler la compagnie en l'honneur, dit-il, du seigneur du château, auquel il avait des obligations particulières. Les bouteilles étant arrivées, il les posa auprès de la dame française, en la priant d'en faire les honneurs. La joie parut alors sur tous les visages, et la conversation se ranima. Ma compatriote présenta à l'hôte le premier verre de son vin, en lui disant qu'on était aussi bien traité chez lui que dans les meilleures auberges de Paris, et qu'elle n'avait point connu de Français qui le surpassât en galanterie. L'officier russe convint qu'il y avait plus de fruits à Breslau qu'à Moscou ; il compara la Silésie à la Livonie pour la fertilité, et il ajouta que la liberté des paysans rendait un pays mieux cultivé, et leur seigneur plus heureux. L'astronome observa que Moscou était à peu près à la même latitude que Breslau, et par conséquent susceptible des mêmes productions. L'officier hussard dit : « En vérité, je trouve que le seigneur du château sur les terres duquel nous avons passé a fort bien fait de quitter le service. Après tout, notre grand Frédéric, après avoir fait glorieusement la guerre, passe une partie de son temps à jardiner et à cultiver lui-même des melons à Sans-Souci. » Tout le monde fut de l'avis du hussard. Le ministre saxon même se mit à dire que la Silésie était une belle et bonne province, que c'était dommage qu'elle fût dans l'erreur ; mais qu'il ne doutait pas que la liberté de conscience étant établie dans les états du roi de Prusse, tous les habitants, et surtout le maître du château, ne se rendissent à la vérité, et n'embrassassent la confession d'Augsbourg : « car, ajouta-t-il, Dieu ne laisse point une bonne action sans récompense, et c'en est une qu'on ne peut trop louer dans un militaire qui a fait du mal aux gens de mon pays pendant la guerre, de leur faire du bien pendant la paix. » L'hôte alors proposa de boire à la santé de ce brave seigneur, ce qui fut exécuté aux applaudissements de toute la compagnie.

Il n'y eut pas jusqu'au jeune rabbin qui ne voulût aussi trinquer avec elle. Il dînait seul et tristement, de ses provisions, dans un coin de la salle, suivant la coutume des Juifs en voyage ; il se leva, et vint présenter sa grande tasse de cuir à la dame, qui la lui remplit jusqu'au bord. Il la vida d'un seul trait : alors elle lui dit : « Que vous en semble, docteur ? la terre qui produit de si bon vin ne vaut-elle pas bien la terre promise ? — Sans doute, madame, répondit-il d'un air riant, surtout quand ce bon vin est versé par d'aussi jolies mains. — Souhaitez donc, lui dit-elle, que votre Messie naisse en France, afin qu'il y rassemble vos tribus de toutes les parties du monde. — Plût à Dieu ! repartit l'Israélite ; mais auparavant il faudrait qu'il fît la conquête de l'Europe, où nous sommes presque partout si misérables. Il faudrait que ce fût un nouveau Cyrus, qui en forçât les différents peuples de vivre en paix entre eux et avec le genre humain. — Dieu vous entende ! s'écrièrent la plupart des convives. »

J'admirais la variété d'opinions de tant de personnes qui disputaient avant de se mettre à table, et qui étaient d'un si parfait accord lorsqu'elles en sortaient. J'en conclus que l'homme était méchant dans le malheur, car c'en est un pour bien des gens d'être à jeun ; et qu'il était bon dans le bonheur, car, quand il a bien dîné, il est en paix avec tout le monde, comme le sauvage de Jean-Jacques.

J'en tirai une autre conséquence plus importante : c'est que toutes ces opinions, qui avaient pour la plupart ébranlé la mienne tour à tour, venaient uniquement des éducations différentes de mes compagnons de voyage ; et je ne doutai pas que chacun d'eux ne retournât à la sienne quand il serait de sang-froid.

Désirant fixer mon jugement sur les sujets de la conversation, je m'adressai à un voisin qui avait constamment gardé le silence, et m'avait paru d'une humeur toujours égale : « Que pensez-vous, lui dis-je, de la Silésie, et du seigneur du château ? — La Silésie, me répondit-il, est un fort bon pays, puisqu'elle produit des fruits en abondance ; et le seigneur du château est un excellent homme, puisqu'il fait du bien à tous les malheureux. Quant à la manière d'en juger, elle diffère dans chaque individu, suivant sa religion, sa nation, son état, son tempérament, son sexe, son âge, la saison de l'année, l'heure même du jour, et surtout d'après l'éducation, qui donne la première et la dernière teinture à nos jugements ; mais quand on rapporte tout au bonheur du genre humain, on est sûr de juger comme Dieu agit. C'est sur la raison générale de l'univers que nous devons régler nos raisons particulières, comme nous réglons nos montres sur le soleil. »

Depuis cette conversation, j'ai tâché de juger de tout comme ce philosophe ; j'ai trouvé même qu'il en était de notre globe et de ses habitants comme de la Silésie : chacun s'en fait une idée d'après son éducation. Les astronomes n'y voient qu'un globe fait en fromage de Hollande, qui tourne autour du soleil, avec quelques newtoniens ; les militaires, des champs de bataille et des grades ; les nobles, des terres seigneuriales et des vassaux ; les prêtres, des communiants et des excommuniés ; les marchands, des branches de commerce et de l'argent ; les peintres, des paysages ; les épicuriens, des paradis terrestres. Mais le philosophe le considère par ses relations avec les besoins des hommes, et les hommes eux-mêmes par celles qu'ils ont entre eux.

FIN DU VOYAGE EN SILÉSIE.

L'ARCADIE.

FRAGMENT
SERVANT DE PRÉAMBULE
A L'ARCADIE.

..... Lorsqu'ils virent qu'après une si fâcheuse expérience des hommes, je ne soupirais qu'après une vie solitaire ; que j'avais des principes dont je ne me départais pas ; que mes opinions sur la nature étaient contraires à leurs systèmes ; que je n'étais propre à être ni leur prôneur ni leur protégé, et qu'enfin ils m'avaient brouillé avec mon protecteur, dont ils m'avaient dit souvent du mal pour m'en éloigner, et auquel ils faisaient assidûment la cour, alors ils devinrent mes ennemis. On reproche bien des vices aux grands ; mais j'en ai toujours trouvé davantage dans les petits qui cherchent à leur plaire.

Ceux-ci étaient trop rusés pour m'attaquer ouvertement auprès d'une personne à laquelle j'avais donné, au milieu même de mes infortunes, des preuves si désintéressées de mon amitié. Au contraire, ils faisaient devant elle, ainsi que devant moi, de grands éloges de mes principes, et de quelques actes faciles de modération qui en avaient été la suite ; mais ils y mettaient tant d'exagération, et ils paraissaient si inquiets de l'opinion qu'en prendrait le monde, qu'il était aisé de voir qu'ils ne cherchaient qu'à m'y faire renoncer, et qu'ils ne louaient tant ma patience que pour me la faire perdre. Ainsi ils me calomnièrent en faisant semblant de me louer, et me perdirent de réputation en feignant de me plaindre : comme ces sorcières de Thessalie dont parle Pline, qui faisaient périr les moissons, les troupeaux et les laboureurs, en disant du bien d'eux.

Je m'éloignai donc de ces hommes artificieux, qui se justifièrent encore à mes dépens, en me faisant passer pour méfiant, après avoir abusé en tant de manières de ma confiance.

Ce n'est pas que je n'aie à reprendre en moi une sensibilité trop vive pour la douleur, soit physique, soit morale. Une seule épine me fait plus de mal que l'odeur de cent roses ne me fait de plaisir. La meilleure compagnie me semble mauvaise, si j'y rencontre un important, un envieux, un médisant, un méchant, un perfide. Je sais bien que de fort honnêtes gens vivent tous les jours avec tous ces gens-là, les supportent, les flattent même, et en tirent parti ; mais je sais bien aussi

BERNARDIN.

que ces honnêtes gens n'apportent dans la société que le jargon du monde, et que moi j'y mets mon cœur; qu'ils paient les trompeurs de leur propre monnaie, et que moi je les paie de tout mon avoir, c'est-à-dire de mes sentiments. Quoique mes ennemis m'aient fait passer pour méfiant, la plupart des erreurs de ma vie, surtout à leur égard, sont venues de trop de confiance; et après tout, j'aime mieux qu'ils se plaignent que je me suis méfié d'eux sans raison, que s'ils avaient eu eux-mêmes quelque raison de se méfier de moi.

Je cherchai des amis dans des hommes d'un parti contraire, qui m'avaient témoigné le plus grand desir de m'y attirer quand je n'en étais pas, mais qui, dès que j'en fus, ne firent plus aucun compte de mon prétendu mérite. Quand ils virent que je n'adoptais pas tous leurs préjugés, que je ne cherchais que la vérité; que, ne voulant médire ni de leurs ennemis ni des miens, je n'étais propre ni à intriguer ni à cabaler; que mes faibles vertus, qu'ils avaient tant exaltées, ne m'avaient mené à rien d'utile; qu'elles ne pouvaient nuire à personne, et qu'enfin je ne tenais plus ni à eux, ni à leurs antagonistes, ils me négligèrent tout-à-fait, et me persécutèrent même à leur tour. Ainsi j'éprouvai que, dans un siècle faible et corrompu, nos amis ne mesurent leur considération pour nous que sur celle que nous portent leurs propres ennemis, et qu'ils ne nous recherchent qu'autant que nous leur sommes utiles ou à craindre. J'ai vu partout bien des sortes de confédérations, et j'y ai toujours trouvé la même espèce d'hommes. Ils marchent, à la vérité, sous des drapeaux de diverses couleurs; mais ce sont toujours ceux de l'ambition. Ils n'ont tous qu'un but, celui de dominer. Cependant, l'intérêt de leur corps excepté, je n'en ai pas rencontré deux dont les opinions ne différassent comme leurs visages. Ce qui fait la joie de l'un fait le désespoir de l'autre : à l'un, l'évidence paraît absurdité; à l'autre, l'absurdité, évidence. Que dis-je? dans l'exacte étude que j'ai faite des hommes pour y trouver un consolateur, j'ai vu les mieux renommés différer totalement d'eux-mêmes du matin au soir, à jeun ou après-dîner, en particulier ou en public. Les livres, même les plus vantés, sont remplis de contradictions. Ainsi, je sentis que les maux de l'âme n'avaient pas moins de systèmes pour leur guérison que ceux du corps, et que c'était bien imprudemment que j'ajoutais l'impéritie des médecins à mes propres infirmités, puisqu'il y a plus de malades en tous genres tués par les remèdes que par les maladies.

Cependant mes malheurs n'étaient pas encore à leur dernier période. L'ingratitude des hommes dont j'avais le mieux mérité, des chagrins de famille imprévus, l'épuisement total de mon faible patrimoine dispersé dans des voyages entrepris pour le service de ma patrie, les dettes dont j'étais resté grevé à cette occasion; mes espérances de fortune évanouies, tous ces maux combinés ébranlèrent à la fois ma santé et ma raison. Je fus frappé d'un mal étrange : des feux semblables à ceux des éclairs sillonnaient ma vue. Tous les objets se présentaient à moi doubles et mouvants : comme OEdipe, je voyais deux soleils. Mon cœur n'était pas moins troublé que ma tête. Dans le plus beau jour d'été, je ne pouvais traverser la Seine en bateau sans éprouver des anxiétés intolérables, moi qui avais conservé le calme de mon ame dans une tempête du cap de Bonne-Espérance, sur un vaisseau frappé de la foudre. Si je passais seulement dans un jardin public près d'un bassin plein d'eau, j'éprouvais des mouvements de spasme et d'horreur. Il y avait des moments où je croyais avoir été mordu, sans le savoir, par quelque chien enragé. Il m'était arrivé bien pis : je l'avais été par la calomnie.

Ce qu'il y a de certain, c'est que mon mal ne me prenait que dans la société des hommes. Il m'était impossible de rester dans un appartement où il y avait du monde, surtout si les portes en étaient fermées. Je ne pouvais même traverser une allée de jardin public où se trouvaient plusieurs personnes rassemblées. Dès qu'elles jetaient les yeux sur moi, je les croyais occupées à en médire; elles avaient beau m'être inconnues, je me rappelais que j'avais été calomnié par mes propres amis, et pour les actions les plus honnêtes de ma vie. Lorsque j'étais seul, mon mal se dissipait; il se calmait encore dans les lieux où je ne voyais que des enfants. J'allais, pour cet effet, m'asseoir assez souvent sur les buis du fer-à-cheval aux Tuileries, pour voir des enfants se jouer, sur les gazons du parterre, avec de jeunes chiens qui couraient après eux. C'étaient là mes spectacles et mes tournois. Leur innocence me réconciliait avec l'espèce humaine, bien mieux que tout l'esprit de nos drames et que les sentences de nos philosophes; mais, à la vue de quelque promeneur dans mon voisinage, je me sentais tout agité, et je m'éloignais. Je me disais souvent : Je n'ai cherché qu'à bien mériter des hommes; pourquoi est-ce que je me trouble à leur vue? En vain j'appelais la raison à mon secours : ma raison ne pouvait rien contre un mal qui lui ôtait ses propres forces [1]. Les efforts mêmes qu'elle faisait pour le surmonter l'affaiblissaient encore, parcequ'elle les employait contre elle-même, il ne lui fallait pas de combats, mais du repos.

A la vérité, la médecine m'offrit des secours : elle m'apprit que le foyer de mon mal était dans les nerfs. Je le sentais bien mieux qu'elle ne pouvait me le définir. Mais quand je n'aurais pas été trop pauvre pour exécuter ses ordonnances, j'étais trop expérimenté pour y croire. Trois hommes, à ma connaissance, tourmentés du même mal, périrent en peu de temps de trois remèdes différents, et soi-disant spécifiques pour la guérison du mal de nerfs. Le premier, par les bains et les saignées; le second, par l'usage de l'opium; et le troisième, par celui de l'éther. Ces deux derniers étaient deux fameux médecins [2] de la Faculté de Paris, tous deux renommés par leurs écrits sur la médecine, et particulièrement sur les maladies du genre nerveux.

J'éprouvai de nouveau, mais cette fois par l'expérience d'autrui, combien je m'étais fait illusion en attendant des hommes la guérison de mes maux; combien vaines étaient leurs opinions et leurs doctrines, et combien j'avais été insensé, dans tous les temps de ma vie, de me rendre misérable en cherchant à les rendre heureux, et de me détordre moi-même pour redresser les autres.

Cependant je tirai de la multitude de mes infortunes un grand motif de résignation. En comparant les biens et les maux dont nos jours si rapides étaient mélangés, j'entrevis une grande vérité bien peu connue; c'est qu'il n'y a rien de haïssable dans la nature, et que son auteur nous ayant mis dans une carrière où nous devons nécessairement mourir, il nous a donné autant de raisons d'aimer la mort que d'aimer la vie.

Toutes les branches de notre vie en sont mortelles comme le tronc. Nos fortunes, nos réputations, nos amitiés, nos amours, tous les objets de nos affections les plus chères, périssent plus d'une fois avant nous; et si les destinées les plus heureuses se manifestaient avec tous les malheurs qui les ont accompagnées, elles nous paraîtraient comme ces chênes qui embellissent la terre de leurs vastes rameaux, mais qui en élèvent vers le ciel encore de plus grands, que la foudre a frappé.

Pour moi, faible arbrisseau brisé par tant d'orages, il ne me restait plus rien à perdre. Voyant, de plus, que désormais je n'avais rien à espérer ni des autres ni de moi-même, je m'abandonnai à Dieu seul, et je lui promis de ne jamais rien attendre d'essentiel à mon bonheur d'aucun homme en particulier, à quelque extrémité que je me trouvasse réduit, et dans quelque genre que ce pût être.

Ma confiance fut agréable à celui que jamais on n'implore en vain. Le premier fruit de ma résignation fut le soulagement de mes maux. Mes anxiétés se calmèrent dès que je n'y résistai plus. Bientôt il m'échut, sans la moindre sollicitation, par le crédit d'une personne que je ne connaissais pas [3], et dans le département d'un ministère auquel je n'avais jamais été utile, un secours annuel du roi. Comme Virgile, j'eus part au pain d'Auguste. C'était un bienfait médiocre, annuel, incertain, dépendant de la volonté d'un ministre fort sujet lui-même aux révolutions, du caprice des intermédiaires et de la malignité de mes ennemis, qui pouvaient m'en priver tôt ou tard par leurs intrigues; mais, après y avoir un peu réfléchi, je trouvai que la Providence me traitait précisément comme le genre humain, auquel elle ne donne, depuis l'origine du monde, dans la récolte des moissons, qu'une subsistance annuelle incertaine, portée par des herbes sans cesse battues des vents, et exposée aux déprédations des oiseaux et des insectes; mais elle me distinguait bien avantageusement de la plupart des hommes, en ce que ma récolte ne me coûtait ni sueurs ni travaux; et qu'elle me laissait l'exercice plein de ma liberté.

Le premier usage que j'en fis fut de m'éloigner des hommes trompeurs, que je n'avais plus besoin de solliciter. Dès que je ne les vis plus, mon ame se calma. La solitude est une grande montagne d'où ils paraissent bien petits. La solitude m'était cependant contraire, en ce qu'elle porte trop à la méditation. Ce fut à Jean-Jacques Rousseau que je dus le retour de ma santé. J'avais lu dans ses immortels écrits, entre autres vérités naturelles, que l'homme est fait pour travailler, et non pour méditer. Jusqu'alors j'avais exercé mon ame et reposé mon corps; je changeai de régime, j'exerçai le corps et je reposai l'âme. Je renonçai à la plupart des livres. Je jetai les yeux sur les ouvrages de la nature, qui parlait à tous mes sens un langage que ni les temps, ni les nations ne peuvent altérer. Mon histoire et mes journaux étaient les herbes des champs et des prairies. Ce n'étaient pas mes pensées qui allaient péniblement à elles, comme dans les systèmes des hommes, mais leurs pensées qui venaient paisiblement à moi, sous mille formes agréables. J'y étudiais, sans effort, les lois de cette sagesse universelle qui m'environnait dès le berceau, et à laquelle je n'avais jamais donné qu'une attention frivole. J'en suivais les traces dans toutes les parties du monde, par la lecture des livres de voyages. Ce furent les seuls des livres modernes pour lesquels je conservai du goût, parcequ'ils me transportaient dans d'autres sociétés que celle où j'étais malheureux, et surtout parcequ'ils me parlaient des divers ouvrages de la nature.

Je connus par leur moyen qu'il y avait dans chaque partie de la terre une portion de bonheur pour tous les hommes, dont presque partout ils étaient privés; et qu'en état de guerre dans notre ordre politique, qui les divise, ils étaient en état de paix dans l'ordre de la nature, qui les invite à se rapprocher. Ces consolantes méditations me ramenèrent insensiblement à mes anciens projets de félicité publique, non pas pour les exécuter moi-même, comme autrefois, mais au moins pour en faire un tableau intéressant. La simple spéculation d'un bonheur général suffisait maintenant à mon bonheur particulier. Je pensais aussi que mes plans imaginaires pourraient un jour se réaliser par des hommes plus heureux. Ce désir redoublait en moi à la vue des malheureux dont nos sociétés sont composées. Je sentais surtout, par mes propres privations, la nécessité d'un ordre politique conforme à l'ordre naturel. Enfin, j'en composai un d'après l'instinct et les besoins de mon propre cœur.

A portée, par mes voyages, et plus encore par la lecture de ceux d'autrui, de choisir à la surface du globe un site propre à tracer le plan d'une société heureuse, je le plaçai au sein de l'Amérique méridionale, sur les rivages riches et déserts de l'Amazone.

Je m'étendis, en imagination, au sein de ses vastes forêts. J'y bâtis des forts, j'y défrichai des terres, je les couvris d'abondantes moissons, et de vergers chargés de toutes sortes de fruits étrangers à l'Europe. J'y offris des asiles aux hommes de toutes les nations, dont j'avais connu des individus malheureux. Il y avait des Hollandais et des Suisses sans territoire dans leur patrie, et des Russes sans moyens pour s'établir dans leurs vastes solitudes; des Anglais las des convulsions de leur liberté populaire, et des Italiens, de la léthargie de leurs gouvernements aristocratiques; des Prussiens, de leur despotisme militaire, et des Polonais, de leur anarchie républicaine; des Espagnols, de l'intolérance de leurs opinions, et des Français, de l'inconstance des leurs; des chevaliers de Malte et des Algériens, des paysans bohémiens, polonais, russes, francs-comtois, bas-bretons, échappés à la tyrannie de leurs propres compatriotes; des esclaves nègres, fugitifs de nos colonies barbares; des protecteurs et des protégés de toutes les nations; des gens de cour, de robe, de lettres, de guerre, de commerce, de finance, tous infortunés tourmentés des maladies des opinions européennes, africaines et asiatiques; tous, pour la plupart, cherchant à s'opprimer mutuellement, et réagissant les uns sur les autres par la violence ou la ruse, l'impiété ou la superstition. Ils abjuraient les préjugés nationaux, qui les avaient rendus, dès la naissance, les ennemis des autres hommes, et surtout celui qui est la source de toutes les haines du genre humain, et que l'Europe inspire dès la mamelle à chacun de ses enfants, le désir d'être le premier. Ils adoptaient, sous la protection immédiate de l'auteur de la nature, des principes de tolérance universelle; et, par cet acte de justice générale, ils rentraient, sans obstacles, dans l'exercice libre de leur caractère particulier. Le Hollandais y portait l'agriculture et le commerce jusqu'au sein des marais; le Suisse, jusqu'au sommet des rochers, et le Russe, habile à manier la hache, jusqu'au centre des plus épaisses forêts; l'Anglais s'y livrait à la navigation et aux arts utiles, qui font la force des sociétés; l'Italien, aux arts libéraux, qui les font fleurir; le Prussien, aux exercices militaires; le Polonais, à ceux de l'équitation; l'Espagnol solitaire, aux talents qui demandent de la constance; le Français, à ceux qui rendent la vie agréable, et à l'instinct social, qui le rend propre à être le lien de toutes les nations. Tous ces hommes, d'opinions si différentes, se communiquaient par la tolérance ce que leur caractère a de meilleur, et tempéraient les défauts des uns par les excès des autres. Il en résultait, pour l'éducation, les lois et les habitudes, un ensemble d'arts, de talents, de vertus et de principes religieux qui n'en formait qu'un seul peuple, propre à exister au dedans dans une harmonie parfaite, à résister au dehors aux conquérants, et à s'amalgamer avec tout le reste du genre humain.

Je jetai donc sur le papier toutes les études que j'avais faites à ce sujet; mais lorsque je voulus les rassembler, pour me donner à moi-même et aux autres une idée d'une république dirigée suivant les lois de la nature, je vis qu'avec tout mon travail, je ne ferais jamais illusion à aucun esprit raisonnable.

A la vérité, Platon dans son *Atlantide*, Xénophon dans sa *Cyropédie*, Fénelon dans son *Télémaque*, ont peint le bonheur de plusieurs sociétés politiques qui n'ont peut-être jamais existé; mais en liant leurs fictions à des traditions historiques, et les reléguant dans des siècles reculés, ils leur ont donné assez de vraisemblance pour qu'un lecteur indulgent croie véritables des récits qu'il n'est plus à portée de vérifier. Il n'en était pas de même de mon ouvrage. J'y supposais, de nos jours, et dans une partie du monde connu, l'existence d'un peuple considérable, formé presque en entier des débris malheureux des nations européennes, parvenu tout-à-coup au plus haut degré de félicité; et ce rare phénomène, si digne au moins de la curiosité de l'Europe, cessait de faire illusion dès qu'il était certain qu'il n'existait pas. D'ailleurs, le peu de théorie que je m'étais procurée sur un pays si différent du nôtre, et si superficiellement décrit par nos voyageurs, n'aurait fourni à mes tableaux qu'un coloris faux et des traits indécis.

J'abandonnai donc mon vaisseau politique, quoique j'y eusse travaillé plusieurs années avec constance. Semblable au canot de Robinson, je le laissai dans la forêt où je l'avais dégrossi, faute de pouvoir le remuer, et le faire voguer sur la mer des opinions humaines.

En vain mon imagination fit le tour du globe. Au milieu de tant de sites offerts au bonheur des hommes par la nature, je n'y trouvai pas seulement de quoi asseoir l'illusion d'un peuple heureux suivant ses lois; car ni la république de Saint-Paul près du Brésil, formée de brigands qui faisaient la guerre à tout le monde; ni l'évangélique société de Guillaume Penn, dans l'Amérique septentrionale, qui ne se défend seulement pas contre ses ennemis; ni les conventuelles rédemptions [4] des jésuites dans le Paraguay; ni les voluptueux insulaires de la mer du Sud, qui, au milieu de leurs plaisirs, sacrifient des hommes [5], ne me paraissaient propres à représenter un peuple usant, dans l'état de la nature, de toutes ses facultés physiques et morales.

D'ailleurs, quoique ces peuplades m'offrissent des images de république, la première n'était qu'une anarchie; la seconde, une simple société protégée par l'état où elle était renfermée; et les deux autres ne formaient que des aristocraties héréditaires, où une classe particulière de citoyens, s'étant réservé jusqu'au pouvoir de disposer de la subsistance nationale, tenait le peuple dans un état constant de tutelle, sans qu'il pût jamais sortir de la classe des néophytes ou des toutous [6].

Mon ame, mécontente des siècles présents, prit son vol vers les siècles anciens, et se reposa d'abord sur les peuples de l'Arcadie.

Cette portion heureuse de la Grèce m'offrit des climats et des sites semblables à ceux qui sont épars dans le reste de l'Europe. J'en pouvais faire au moins des tableaux variés et vraisemblables. Elle était remplie de montagnes fort élevées, dont quelques-unes, comme celle de Phoé, couvertes de neige toute l'année, la rendaient semblable à la Suisse; d'un autre côté, ses marais, tels que celui de Stymphale, la faisaient ressembler, dans cette partie de son territoire, à la Hollande. Ses végétaux et ses animaux étaient les mêmes que ceux qui sont répandus sur le sol de l'Italie, de la France et du nord de l'Europe. Il y avait des oliviers, des vignes, des pommiers, des blés, des pâturages, des forêts de chênes, de pins et de sapins; des bœufs, des chevaux, des moutons, des chèvres, des loups... Les occupations des Arcadiens étaient les mêmes que celles de nos paysans. Il y avait parmi eux des laboureurs, des bergers, des vignerons, des chasseurs. Mais, ce qui ne ressemblait pas aux nôtres, ils étaient fort belliqueux au dehors, et fort paisibles au dedans. Dès que leur état était menacé de la guerre, ils se présentaient d'eux-mêmes pour le défendre, chacun à ses dépens. Il y avait un grand nombre d'Arcadiens parmi les dix mille Grecs qui firent sous Xénophon cette retraite fameuse de la Perse. Ils étaient fort religieux; car la plupart des dieux de la Grèce étaient nés dans leur pays: Mercure au mont Cyllène; Jupiter, au mont Lycée; Pan, au mont Ménale, ou, selon d'autres, dans les forêts du mont Lycée, où il était particulièrement honoré. C'était dans l'Arcadie qu'Hercule avait exercé ses plus grands travaux.

A ces sentiments de patriotisme et de religion, les Arcadiens mêlaient celui de l'amour, qui a enfin prévalu, comme l'idée principale que ce peuple nous a laissée de lui. Car les institutions politiques et religieuses varient dans chaque pays avec les siècles, et lui sont particulières; mais les lois de la nature sont de tous les temps et intéressent toutes les nations. Il est donc arrivé que les poëtes anciens et modernes ont représenté les Arcadiens comme un peuple de bergers amoureux qui excellaient dans la poésie et la musique, lesquelles sont par tout pays les principaux langages de l'amour. Virgile surtout parle fréquemment de leurs talents et de leur félicité. Dans sa dixième églogue, qui respire la plus douce mélancolie, il introduit ainsi Gallus, fils de Pollion, qui invite les peuples d'Arcadie à déplorer avec lui la perte de sa maîtresse Lycoris:

.... Cantabitis, Arcades, inquit,

Montibus hæc vestris : soli cantare periti,
Arcades. O mihi tum quam molliter ossa quiescant,
Vestra meos olim si fistula dicat amores!
Atque utinam ex vobis unus, vestrisque fuissem
Aut custos gregis, aut maturæ vinitor uvæ!

« Arcadiens, dit-il, vous chanterez mes regrets sur vos montagnes : vous seuls, Arcadiens, êtes habiles à chanter. Oh ! que mes os reposeront mollement, si un jour vos flûtes soupirent mes amours ! Et plût aux dieux que j'eusse été l'un de vous ! plût aux dieux que j'eusse gardé vos troupeaux, ou vendangé vos raisins ! »

Gallus, fils d'un consul romain dans le siècle d'Auguste, trouve le sort des peuples de l'Arcadie si doux, qu'il n'ose desirer d'être parmi eux un berger maître d'un troupeau, ou un habitant propriétaire d'une vigne, mais seulement un simple gardien de troupeaux, *custos gregis*; ou un de ces hommes qu'on loue en passant pour fouler la grappe lorsqu'elle est mûre : *maturæ vinitor uvæ*.

Virgile est plein de ces nuances délicates de sentiment, qui disparaissent dans les traductions, et surtout dans les miennes.

Quoique les Arcadiens passassent une bonne partie de leur vie à chanter et à faire l'amour, Virgile ne les représente pas comme des hommes efféminés. Au contraire, il leur assigne des mœurs simples, et un caractère particulier de force, de piété et de vertu, confirmé par tous les historiens qui ont parlé d'eux. Il leur fait même jouer un rôle fort important dans l'origine de l'empire romain : car lorsqu'Énée remonta le Tibre pour chercher des alliés parmi les peuples qui habitaient les rivages de ce fleuve, il trouva, à l'endroit où il débarqua, une petite ville appelée Pallantée, du nom de Pallas fils d'Évandre, roi des Arcadiens, qui l'avait bâtie. Cette ville fut depuis renfermée dans l'enceinte de la ville de Rome, à laquelle elle servit de première forteresse. C'est pourquoi Virgile appelle le roi Évandre fondateur de la forteresse romaine :

..... Rex Evandrus, romanæ conditor arcis.
Æneid, lib. VIII, v. 313.

Je me sens entraîner par le desir d'insérer ici quelques morceaux de l'*Énéide* qui ont un rapport direct aux mœurs des Arcadiens, et qui montrent en même temps leur influence sur celles du peuple romain. Je sais bien que je traduirai mal ces morceaux ; mais la belle poésie de Virgile dédommagera le lecteur de ma mauvaise prose. Cette digression, d'ailleurs, n'est point étrangère à l'ensemble de mon ouvrage. J'y produirai plusieurs exemples des grands effets que font naître les consonnances et les contrastes, que j'ai regardés, dans mes Études précédentes, comme les premiers mobiles de la nature. Nous verrons qu'à son exemple Virgile en est rempli, et qu'ils sont les causes uniques de l'harmonie de son style et de la magie de ses tableaux.

D'abord, Énée, par l'ordre du dieu du Tibre, qui lui était apparu en songe, vient solliciter l'alliance d'Évandre, pour s'établir en Italie. Il lui fait valoir l'ancienne origine de leurs familles, qui sortaient d'Atlas, l'une par Électre, l'autre par Maïa. Évandre ne répond rien sur cette généalogie ; mais, à la vue d'Énée, il se rappelle avec joie les traits, la voix et les paroles d'Anchise, qu'il a reçu chez lui dans les murs de Phénée, lorsque ce prince, venant à Salamine avec Priam, qui allait voir sa sœur Hésione, passa jusque dans les froides montagnes d'Arcadie :

Ut te, fortissime Teucrum,
Accipio agnoscoque libens ! ut verba parentis
Et vocem Anchisæ magni vultumque recordor !
Nam memini Hesionæ visentem regna sororis
Laomedontiaden Priamum, Salamina petentem,
Protenus Arcadiæ gelidos invisere fines.
Æneid, lib. VIII, v. 154-155.

Évandre était alors à la fleur de l'âge ; il brûlait du desir de joindre sa main à celle d'Anchise : *dextra conjungere dextram*. Il se ressouvient des témoignages d'amitié qu'il en reçut, et de ses présents, parmi lesquels étaient deux freins d'or, qu'il a donnés à son fils Pallas, sans doute comme les symboles de la prudence si nécessaire à un jeune prince :

Frænaque bina meus quæ nunc habet aurea Pallas.

Et il ajoute aussitôt :

Ergo et quam petitis juncta est mihi fœdere dextra :
Et lux cum primum terris se crastina reddet,
Auxilio lætos dimittam, opibusque juvabo.
Æneid, lib. VIII, v. 168-171.

« Ma main a donc scellé dès ce temps-là l'alliance que vous me demandez aujourd'hui : demain, dès que les premiers rayons de l'aurore paraîtront sur la terre, je vous renverrai plein de joie avec le secours que vous desirez, et je vous aiderai de tous mes moyens. »

Ainsi Évandre, quoique Grec, et par conséquent ennemi naturel des Troyens, donne du secours à Énée, par le seul souvenir de l'amitié qu'il a portée à Anchise, son hôte. L'hospitalité qu'il a exercée autrefois envers le père le détermine à aider le fils.

Il n'est pas inutile d'observer ici, à la louange de Virgile et de ses héros, que toutes les fois qu'Énée, dans ses malheurs, est obligé de recourir à des étrangers, il ne manque pas de leur rappeler ou la gloire de Troie, ou d'anciennes alliances de famille, ou quelque raison politique propre à les intéresser ; mais ceux qui lui rendent service s'y déterminent toujours par des raisons de vertu. Quand la tempête le jette à Carthage, Didon se décide à lui offrir un asile, par un sentiment encore plus sublime que le souvenir de quelque hospitalité particulière, si sacrée d'ailleurs chez les anciens : c'est par l'intérêt général que l'on doit aux malheureux. Pour en rendre l'effet plus touchant et plus noble, elle s'en applique le besoin, et ne fait jaillir de son cœur, sur le roi des Troyens, que le même degré de pitié qu'elle demande pour elle-même. Elle lui dit :

> Me quoque, per multas similis fortunas labores
> Jactatam, hac demum voluit consistere terra.
> Non ignara mali, miseris succurrere disco.
> *Æneid.*, lib. I, v. 628-650.

« Et moi aussi, une fortune semblable à la vôtre, m'ayant
» jetée dans beaucoup de dangers, m'a enfin permis de me
» fixer sur ces rivages. Instruite par le malheur, j'ai appris à se-
» courir les malheureux »

Partout Virgile préfère les raisons naturelles aux raisons politiques, et l'intérêt du genre humain à l'intérêt national. Voilà pourquoi son poëme, quoique fait à la gloire des Romains, intéresse les hommes de tous les pays et de tous les siècles.

Pour revenir au roi Évandre, il était occupé à offrir un sacrifice à Hercule, à la tête de sa colonie d'Arcadiens, lorsqu'Énée mit pied à terre. Après avoir engagé le roi des Troyens et ceux qui l'accompagnaient à prendre part au banquet sacré que son arrivée avait interrompu, il l'instruit de l'origine de ce sacrifice par l'histoire qu'il lui raconte du brigand Cacus, mis à mort par Hercule dans une caverne voisine du mont Aventin. Il lui fait une peinture terrible du combat du fils de Jupiter avec ce monstre, qui vomissait des flammes; ensuite il ajoute :

> Ex illo celebratus honos, lætique minores
> Servavere diem ; primusque Potitius auctor,
> Et domus Herculei custos Pinaria sacri,
> Hanc aram luco statuit, quæ maxima semper
> Dicetur nobis, et erit quæ maxima semper.
> Quare agite, o juvenes, tantarum in munere laudum,
> Tingite fronde comas, et pocula porgite dextris;
> Communemque vocate deum, et date vina volentes.
> Dixerat ; Herculea bicolor quum populus umbra
> Velavitque comas, foliisque inexa pependit,
> Et sacer implevit dextram scyphus. Ocius omnes
> in mensam læti libant, divosque precantur.
> Devexo interea propior fit vesper olympo.
> Jamque sacerdotes, primusque Potitius, ibant
> Pellibus in morem cincti, flammasque ferebant.
> Instaurant epulas, et mensæ grata secundæ
> Dona ferunt, cumulantque oneratis lancibus aras.
> Tum salii ad cantus, incensa altaria circum,
> Populeis adsunt evincti tempora ramis.
> *Æneid.*, lib. VIII, v. 268-288.

« Depuis ce temps, nous célébrons tous les ans cette fête, et
» les peuples en perpétuent la mémoire avec joie. Potitius en
» est le premier instituteur ; et la famille des Pinariens, à qui
» appartient le soin du culte d'Hercule, a élevé au milieu de
» ce bois cet autel, auquel nous avons donné le surnom de
» très grand, et qui sera en effet, dans tous les temps, le plus
» grand des autels. Maintenant donc, ô jeunesse troyenne ! en
» récompense d'un si grand service, couronnez vos têtes de
» feuillages ; prenez les coupes en main ; invoquez un dieu qui
» vous sera commun avec nous, et faites avec joie des libations
» en son honneur. Il dit, et une couronne de peuplier consacrée
» à Hercule ceignit son front, et l'ombragea de son feuillage
» de deux couleurs. Il prit à la main la coupe sacrée. Aussitôt
» tous s'empressèrent de faire des libations sur la table, et d'in-
» voquer les dieux. Cependant l'étoile du soir allait paraître,
» et le ciel achevait sa révolution. Déjà les prêtres, ayant Po-
» titius à leur tête, s'avançaient ceints de peaux, suivant la cou-
» tume, et portant des flambeaux. Ils recommencent le ban-
» quet : ils présentent sur de nouvelles tables un dessert agréa-
» ble, et ils chargent les autels de bassins remplis d'offrandes.
» Alors les saliens, la tête couronnée de peuplier, viennent
» chanter autour de l'autel où fume l'encens. »

Tout ce que Virgile vient de raconter ici n'est point une fiction poétique, mais une véritable tradition de l'histoire romaine. Selon Tite-Live, liv. I*er*, Potitius et Pinarius étaient les chefs de deux familles illustres chez les Romains. Évandre les instruisit et les chargea de l'administration du culte d'Hercule. Leurs descendants jouirent à Rome de ce sacerdoce, jusqu'à la censure d'Appius Claudius. L'autel d'Hercule, *Ara Maxima*, était à Rome entre le mont Aventin et le mont Palatin, dans la place appelée *Forum Boarium*. Les saliens étaient des prêtres de Mars institués par Numa au nombre de douze. Virgile suppose, suivant quelques commentateurs, qu'ils existaient déjà du temps du roi Évandre, et qu'ils chantaient dans les sacrifices d'Hercule. Mais il y a apparence que Virgile a suivi encore ici la tradition historique, lui qui a recueilli avec une sorte de religion jusqu'aux moindres augures et aux prédictions les plus frivoles, auxquelles il attache la plus grande importance dès qu'elles regardent la fondation de l'empire romain.

Rome devait donc aux Arcadiens ses principaux usages religieux. Elle leur en devait encore de plus intéressants pour l'humanité ; car Plutarque dérive une des étymologies du nom des patriciens établis par Romulus, du mot *patrocinium*, « qui vaut
» autant à dire comme patronage ou protection,
» duquel mot on use encore aujourd'hui en la
» mesme signification ; à cause que l'un de ceux
» qui suivirent Évandre en Italie s'appeloit Patron,
» lequel, estant homme secourable et qui suppor-
» toit les pauvres et les petits, donna son nom à
» cest office d'humanité. »

Le sacrifice et le banquet d'Évandre se terminent par un hymne à Hercule. Je ne puis m'empêcher de l'insérer ici, afin de faire voir que le même peuple, qui chantait si mélodieusement les amours des bergers, savait aussi bien célébrer les vertus des héros ; et que le même poëte qui, dans ses églogues, fait résonner si doucement le chalumeau champêtre, fait retentir aussi vigoureusement la trompette épique.

Hic juvenum chorus, ille senum, qui carmine laudes
Herculeas et facta ferunt : ut prima novercæ
Monstra manu geminosque premens eliserit angues ;
Ut bello egregias idem disjecerit urbes,
Trojamque, Œchaliamque; ut duros mille labores,
Rege sub Eurystheo, fatis Junonis iniquæ,
Pertulerit. Tu nubigenas, invicte, bimembres,
Hylæumque Pholumque manu, tu Cresia mactas
Prodigia, et vastum Nemea sub rupe leonem.
Te Stygii tremuere lacus, te janitor Orci
Ossa super recubans antro semesa cruento.
Nec te ullæ facies, non terruit ipse Typhœus
Arduus, arma tenens ; non te rationis egentem
Lernæus turba capitum circumstetit anguis.
Salve, vera Jovis proles, decus addite divis :
Et nos et tua dexter adi pede sacra secundo.
Talia carminibus celebrant : super omnia Caci
Speluncam adjiciunt, spirantemque ignibus ipsum.
Consonat omne nemus strepitu, collesque resultant.

Æneid., lib. VIII, v. 287-305.

« Ici est un chœur de jeunes gens, là de vieillards, qui cé-
» lèbrent par leurs chants la gloire et les actions d'Hercule :
» comment de ses mains il étouffa deux serpents, premiers
» monstres que lui suscitait sa marâtre; comment il saccagea
» deux villes fameuses, Troie et Œchalie; comment, sous le
» roi Eurysthée, par les ordres de l'implacable Junon, il sup-
» porta mille pénibles travaux. C'est vous, invincible héros,
» qui domptâtes Hylée et Pholus, ces centaures sortis d'une
» nue ; c'est vous qui avez massacré les monstres de l'île de
» Crète, et un lion énorme au pied de la roche de Némée. Vous
» fîtes trembler les lacs du Styx, et le portier de l'Orcus, couché
» dans son antre sanglant sur des os à demi rongés. Aucun
» monstre ne put vous effrayer, non pas même le géant Typhée,
» accourant sur vous les armes à la main. Vous n'éprouvâtes
» aucun trouble lorsque le serpent horrible de Lerne vous en-
» toura de ses cent têtes. Nous vous saluons, digne fils de Ju-
» piter, nouvel ornement des cieux ; favorable à nos vœux,
» abaissez-vous vers nous et vers nos sacrifices.
» Tels sont les sujets de leurs cantiques : ils y ajoutent surtout
» l'horrible caverne de Cacus, et Cacus lui-même vomissant
» des feux. Toute la forêt retentit du bruit de leurs chants, et
» les collines en répètent au loin les concerts. »

Voilà des chants dignes des fortes poitrines des Arcadiens : ne semble-t-il pas les entendre rouler dans les échos des bois et des collines?

Consonat omne nemus strepitu, collesque resultant.

Virgile exprime toujours les consonnances naturelles. Elles redoublent les effets de ses tableaux, et y font passer le sentiment sublime de l'infini. Les consonnances sont en poésie ce que les reflets sont en peinture.

Cet hymne peut aller de pair avec les plus belles odes d'Horace. Il a, quoiqu'en vers alexandrins réguliers, la tournure et le mouvement des compositions lyriques, surtout dans ses transitions.

Évandre raconte ensuite à Énée l'histoire des antiquités du pays, à commencer par Saturne, qui, détrôné par Jupiter, s'y retira, et y fit régner l'âge d'or. Il lui apprend que le Tibre, appelé anciennement Albula, avait pris le nom de Tibre du géant Tibris, qui fit la conquête des rivages de ce fleuve. Il lui montre l'autel et la porte appelée depuis Carmentale par les Romains, en l'honneur de la nymphe Carmente sa mère, par les avis de laquelle il était venu s'établir dans ce lieu, après avoir été chassé de l'Arcadie, sa patrie. Il lui fait voir un grand bois dont Romulus fit depuis un asile, et, au pied d'un rocher, la grotte de Pan Lupercal, ainsi nommée, lui dit-il, à l'exemple de celle des Arcadiens, du mont Lycée.

Nec non et sacri monstrat nemus Argileti,
Testaturque locum, et lethum docet hospitis Argi.
Hinc ad Tarpeiam sedem et Capitolia ducit,
Aurea nunc, olim silvestribus horrida dumis.
Jam tum relligio pavidos terrebat agrestes
Dira loci ; jam tum silvam saxumque tremebant.
Hoc nemus, hunc, inquit, frondoso vertice collem,
Quis deus, incertum est, habitat deus : Arcades ipsum
Credunt se vidisse Jovem, cum sæpe nigrantem
Ægida concuteret dextra, nimbosque cieret.
Hæc duo præterea disjectis oppida muris,
Reliquias veterumque vides monumenta virorum :
Hanc Janus pater, hanc Saturnus condidit arcem ;
Janiculum huic, illi fuerat Saturnia nomen.

Æneid., lib. VIII, v. 345-358.

« Il lui montre encore le bois sacré d'Argilète. Il raconte la
» mort de son hôte Argus, et il prend le lieu à témoin de son
» innocence. De là, il le conduit à la roche appelée depuis
» Tarpéienne, et ensuite au Capitole, où l'or brille maintenant,
» mais qui n'était alors qu'une montagne hérissée de buissons
» et d'épines. Déjà le respect de ce lieu remplissait d'une sainte
» frayeur les habitants d'alentour ; ils ne regardaient qu'en trem-
» blant le rocher et sa forêt. Un dieu, dit Évandre, habite cette
» forêt et cette cime ombragée d'un sombre feuillage. Quel est ce
» dieu ? on l'ignore. Les Arcadiens croient y avoir vu souvent
» Jupiter lui-même agiter de sa main toute puissante sa noire
» égide, et s'environner de tempêtes. Voyez encore là-bas ces
» deux villes dont les murs sont renversés : ce sont les monuments
» de deux anciens rois. Celle-ci fut bâtie par Janus, et celle-là
» par Saturne ; l'une s'appelle Janicule, et l'autre Saturnie. »

Voilà les principaux monuments de Rome, ainsi que les premiers établissements religieux, dus aux Arcadiens. Les Romains célébraient les Saturnales au mois de décembre. Pendant ces fêtes, les maîtres et les esclaves s'asseyaient à la même table, et ces derniers avaient la liberté de dire et de faire tout ce qu'ils voulaient, en mémoire de l'ancienne égalité des hommes qui régnait du temps de Saturne. L'autel et la porte Carmentale ont subsisté long-temps à Rome, ainsi que la grotte de Pan Lupercal, qui était sous le mont Palatin.

Virgile oppose, en grand maître, la rusticité des anciens sites qui environnaient la petite ville arcadienne de Pallantée à la magnificence de ces mêmes lieux renfermés dans Rome ; et leur autel champêtre, avec leurs traditions vénérables et religieuses sous Évandre, aux temples dorés d'une ville où l'on ne croyait plus à rien sous Auguste.

Il y a encore ici un autre contraste moral qui fait plus d'effet que tous les contrastes physiques, et qui peint admirablement la simplicité et la bonne foi du bon roi d'Arcadie. C'est lorsque ce prince se justifie, sans sujet, de la mort de son hôte Argus, et qu'il prend à témoin de son innocence le bois qu'il lui a consacré. Cet Argus, ou cet Argien, était venu loger chez lui dans le dessein de le tuer; mais ayant été découvert, il fut condamné à mort. Évandre lui fit dresser un tombeau, et il proteste ici qu'il n'a point violé à son égard les droits sacrés de l'hospitalité. La piété de ce bon roi, et la protestation qu'il fait de son innocence à l'égard d'un étranger criminel envers lui, et condamné justement par les lois, contrastent merveilleusement avec les proscriptions illégales d'hôtes, de parents, d'amis, de patrons, dont Rome avait été le théâtre depuis un siècle, et dont aucun citoyen n'avait jamais eu ni scrupule ni remords. Le quartier d'Argilète s'étendait dans Rome le long du Tibre. Janicule avait été bâtie sur le mont Janicule, et Saturnie sur le rocher appelé depuis Tarpéien, et ensuite Capitole, siége de la demeure de Jupiter. Cette ancienne tradition, que Jupiter rassemblait souvent les nuages sur la cime de ce rocher couvert d'une forêt, et qu'il y agitait sa noire égide, confirme ce que j'ai dit, dans mes Études précédentes, de l'attraction hydraulique des sommets des montagnes et de leurs forêts, qui sont les sources des fleuves. Il en était de même de celui de l'Olympe, souvent entouré de nuages, où les Grecs avaient fixé la demeure des dieux. Dans les siècles d'ignorance, les sentiments religieux expliquaient les effets physiques; dans des siècles de lumières, les effets physiques ramènent à des sentiments religieux. Dans tous les temps la nature parle à l'homme le même langage, dans des dialectes différents.

Virgile achève le contraste des anciens monuments de Rome par la peinture de la demeure pauvre et simple du bon roi Évandre, dans le lieu même où l'on bâtit depuis tant de magnifiques palais :

> Talibus inter se dictis, ad tecta subibant
> Pauperis Evandri, passimque armenta videbant
> Romanoque foro et lautis mugire Carinis,
> Ut ventum ad sedes : Hæc, inquit, limina victor
> Alcides subiit; hæc illum regia cepit.
> Aude, hospes, contemnere opes, et te quoque dignum
> Finge deo; rebusque veni non asper egenis.
> Dixit, et angusti subter fastigia tecti
> Ingentem Æneau duxit, stratisque locavit
> Effultum foliis et pelle lybistidis ursæ.
>
> *Æneid.*, lib. VIII, v. 359-368.

« Pendant ces entretiens, ils s'approchaient de l'humble toit
» d'Évandre; ils voyaient çà et là des troupeaux de bœufs errer
» dans le lieu où est aujourd'hui le magnifique quartier des Ca-
» rènes, et ils les entendaient mugir dans la place où l'on ha-
» rangua depuis le peuple romain. Dès qu'ils furent arrivés à la
» petite maison d'Évandre: Voici, lui dit ce prince, la porte
» par où Alcide victorieux est entré; voici le palais royal qui
» l'a reçu. Mon hôte, osez, comme lui, mépriser les richesses;
» montrez-vous, comme lui, digne fils d'un dieu, et approchez
» sans répugnance de notre pauvre demeure. Il dit, et il intro-
» duit le roi des Troyens sous son humble toit. Il le place sur un
» lit de feuillage, couvert de la peau d'un ours de Libye. »

On voit qu'ici Virgile est pénétré de la simplicité des mœurs arcardiennes, et que c'est avec plaisir qu'il fait mugir les troupeaux d'Évandre dans le *Forum Romanum*, et qu'il les fait paître dans le superbe quartier des Carènes, ainsi appelé parceque Pompée y avait fait bâtir un palais orné de proues de vaisseaux en bronze. Ce contraste champêtre est du plus agréable effet. Certainement l'auteur des *Églogues* s'est ressouvenu en cet endroit de son chalumeau. Maintenant il va quitter la trompette, et prendre la flûte. Il va opposer au terrible tableau du combat de Cacus, à l'hymne d'Hercule, aux traditions religieuses des monuments romains, et aux mœurs austères d'Évandre, l'épisode le plus voluptueux de tout son ouvrage : c'est celui de Vénus qui vient demander à Vulcain des armes pour Énée.

> Nox ruit, et fuscis tellurem amplectitur alis.
>   At Venus haud animo nequidquam exterrita mater,
> Laurentumque minis et duro mota tumultu,
> Vulcanum alloquitur, thalamoque hæc conjugis aureo
> Incipit, et dictis divinum adspirat amorem :
> Dum bello Argolici vastabant Pergama reges
> Debita, casurasque inimicis ignibus arces,
> Non ullum auxilium miseris, non arma rogavi
> Artis opisque tuæ; nec te, carissime conjux,
> Incassumve tuos volui exercere labores;
> Quamvis et Priami deberem plurima natis,
> Et durum Æneæ flevissem sæpe laborem.
> Nunc, Jovis imperiis, Rutulorum constitit oris :
> Ergo eadem supplex venio, et sanctum mihi numen
> Arma rogo genitrix nato. Te filia Nerei,
> Te potuit lacrymis Tithonia flectere conjux.
> Aspice qui coeant populi, quæ mœnia clausis
> Ferrum acuant portis in me excidiumque meorum.
> Dixerat; et niveis hinc atque hinc diva lacertis
> Cunctantem amplexu molli fovet : ille repente
> Accepit solitam flammam, notusque medullas
> Intravit calor, et labefacta per ossa cucurrit :
> Non secus atque olim tonitru quum rupta corusco
> Ignea rima micans percurrit lumine nimbos.
> Sensit læta dolis et formæ conscia conjux.
> Tum pater æterno fatur devinctus amore :
> Quid causas petis ex alto? fiducia cessit
> Quo tibi, diva, mei? similis si cura fuisset,
> Tum quoque fas nobis Teucros armare fuisset;
> Nec pater omnipotens Trojam nec fata vetabant
> Stare, decemque alios Priamum superesse per annos.
> Et nunc, si bellare paras, atque hæc tibi mens est,
> Quidquid in arte mea possum promittere curæ,
> Quod fieri ferro liquidove potest electro,
> Quantum ignes animæque valent; absiste precando
> Viribus indubitare tuis. Ea verba locutus,
> Optatos dedit amplexus, placidumque petivit
> Conjugis infusus gremio per membra soporem.
>
> *Æneid.*, lib. VIII, v. 369-406.

« La nuit vient, et couvre la terre de ses sombres ailes. Ce-
» pendant Vénus, dont le cœur maternel est effrayé des mena-
» ces des Laurentins et des terribles préparatifs de la guerre,
» s'adresse à Vulcain; et, couchée sur le lit d'or de son époux,
» elle ranime toute sa tendresse par ces paroles divines: Tandis
» que les rois de la Grèce ravageaient les environs de Pergame
» et ses remparts destinés à périr par des feux ennemis, je n'im-

» plorai point votre secours pour un peuple malheureux; je ne
» vous demandai point d'armes de votre main. Non, cher époux,
» je ne voulus point employer en vain vos divins travaux, quoi-
» que je dusse beaucoup aux enfants de Priam, et que le sort
» cruel d'Énée m'eût fait souvent verser des pleurs. Maintenant,
» par les ordres de Jupiter, il est sur les frontières des Rutules.
» Toujours aussi inquiète, je viens à vous, comme suppliante,
» implorer votre protection, qui m'est sacrée. Une mère vous
» demande des armes pour un fils. La fille de Nérée et l'épouse
» de Tithon ont pu vous fléchir par leurs larmes. Voyez com-
» bien de peuples se liguent, quelles villes redoutables ferment
» leur portes et aiguisent le fer contre moi, et pour la destruc-
» tion des miens.
» Elle dit; et, comme il balance, la déesse passe çà et là
» autour de lui ses bras blancs comme la neige, et le réchauffe
» d'un doux embrassement. Aussitôt Vulcain sent renaître son
» ardeur accoutumée; un feu qu'il connaît le pénètre, et court
» jusque dans la moelle de ses os. Ainsi un éclair brille dans la
» nuée fendue par le tonnerre, et parcourt de ses rubans de
» feu les nuages épars dans la région de l'air. Son épouse, qui
» connaît le pouvoir de ses charmes, s'aperçoit avec joie du suc-
» cès de sa ruse. Alors le père des arts, subjugué par les feux
» d'un amour éternel, lui adresse ces mots : Pourquoi chercher
» si loin tant de raisons? Quoi! ma déesse, avez-vous perdu
» toute confiance en moi? Si un semblable soin vous eût autre-
» fois occupée, il nous serait permis de faire des armes pour les
» Troyens. Ni Jupiter avec toute sa puissance, ni les destins
» n'auraient pas empêché que Troie ne fût encore debout, et
» que Priam ne régnât dix autres années. Si maintenant vous
» vous préparez à la guerre, si tel est votre plaisir, tout ce que
» mon art peut vous promettre de soin, tout ce qui peut se fa-
» briquer avec le fer, les métaux les plus rares, les soufflets et
» les feux, vous devez l'attendre de moi. Cessez, en me priant,
» de douter de votre empire. Ayant dit ces mots, il donne à son
» épouse les embrassements qu'elle attend, et, couché sur son
» sein, il s'abandonne tout entier aux charmes d'un paisible
» sommeil. »

Virgile emploie toujours les consonnances naturelles parmi les contrastes. Il choisit le temps de la nuit pour introduire Vénus auprès de Vulcain, parceque c'est la nuit que la puissance de Vénus est la plus grande. Je n'ai pu faire sentir dans ma faible traduction les graces du langage de la déesse de la beauté. Il y a dans ses paroles un mélange charmant d'élégance, de négligence, de finesse et de timidité. Je ne m'arrêterai qu'à quelques traits de son caractère, qui me paraissent les plus faciles à saisir. D'abord, elle appuie beaucoup sur les obligations qu'elle avait aux enfants de Priam. La principale, et je crois la seule, était la pomme que Pâris, fils de Priam, lui avait adjugée au préjudice de Minerve et de Junon. Mais cette pomme, qui l'avait déclarée la plus belle, et qui de plus avait humilié ses rivales, était BEAUCOUP DE CHOSES pour Vénus: aussi l'appelle-t-elle *plurima*; et elle en étend la reconnaissance non-seulement à Pâris, mais à tous les enfants de Priam :

Quamvis et Priami deberem plurima natis.

Pour Énée, son fils naturel, quoiqu'il soit ici l'objet unique de sa démarche, elle ne parle que des larmes qu'elle a versées sur ses malheurs, et encore elle n'y emploie qu'un seul vers. Elle ne le nomme qu'une fois, et le désigne dans le vers suivant avec tant d'amphibologie, qu'on pourrait rapporter à Priam ce qu'elle dit d'Énée, tant elle craint de répéter le nom du fils d'Anchise devant son époux! Quant à Vulcain, elle le flatte, le supplie, l'implore, l'amadoue. Elle appelle son savoir-faire « sa sainte protection, » *sanctum numen*. Mais lorsqu'elle en vient au point principal, l'armure d'Énée, elle s'exprime en quatre mots, littéralement : « Des armes, je vous prie; une » mère pour un fils : » *Arma rogo genitrix nato*. Elle ne dit pas : « pour son fils; » elle s'exprime en général, pour éviter des explications trop particulières. Comme le pas est glissant, elle s'appuie de l'exemple de deux honnêtes femmes, de Thétis et de l'Aurore, qui avaient obtenu de Vulcain des armes pour leurs fils : la première pour Achille, la seconde pour Memnon. À la vérité, les enfants de ces déesses étaient légitimes, mais ils étaient mortels comme Énée, ce qui suffit pour le moment. Elle essaie ensuite d'alarmer son époux par rapport à elle-même. Elle lui fait entendre qu'elle court aussi de grands risques. « Une foule » de peuples, lui dit-elle, et des villes formida» bles aiguisent le fer contre moi. » Vulcain est ébranlé, mais il balance : elle le décide par un coup de maître; elle l'entoure de ses beaux bras, elle l'embrasse. Qu'un autre rende, s'il le peut, *Cunctantem amplexu molli fovet...*, *Sensit lætæ dolis...* et surtout, *formæ conscia*, que je n'ai point rendu.

La réponse de Vulcain présente des convenances parfaites avec la situation où l'ont mis les caresses de Vénus.

Virgile lui donne d'abord le titre de père :

Tum pater æterno fatur devictus amore.

J'ai traduit ce mot de *pater* par père des arts, mais improprement. Cette épithète conviendrait mieux à Apollon qu'à Vulcain : il signifie ici le bon Vulcain. Virgile emploie souvent le mot de père comme synonyme de bon. Il l'applique fréquemment à Énée, et à Jupiter même : *Pater Æneas*, *Pater omnipotens*. Le caractère principal d'un père étant la bonté, il qualifie de ce nom son héros et le souverain des dieux. Ici le mot de père signifie, dans le sens le plus littéral, bon homme, car Vulcain parle et agit avec beaucoup de bonhomie. Mais le mot de père, isolé, n'est pas assez relevé dans notre langue, où il emporte la même signification d'une manière triviale. Le peuple l'adresse familièrement aux vieillards et aux bonnes gens.

Des commentateurs ont observé que, dans ces mots :

> . . . . Fiducia cessit
> Quo tibi, diva, mei?

il y avait un renversement de construction grammaticale ; et ils n'ont pas manqué de l'attribuer à une licence poétique. Ils n'ont pas vu que le désordre du langage de Vulcain venait de celui de sa tête, et que non-seulement Virgile le faisait manquer aux règles de la grammaire, mais à celles du sens commun, lorsqu'il lui fait dire que si un semblable soin eût occupé autrefois Vénus, il lui eût été permis de faire des armes pour les Troyens ; que Jupiter et les destins n'empêchaient point que Troie ne subsistât, et que Priam ne régnât dix autres années :

> . . . . Similis si cura fuisset,
> Tum quoque fas nobis Teucros armare fuisset.
> Nec pater omnipotens Trojam, nec fata vetabant
> Stare, decemque alios Priamum superesse per annos.

Il était clair que le destin avait décidé que Troie périrait dans la onzième année de son siége, et que sa volonté s'était manifestée par plusieurs oracles et augures, entre autres par le présage d'un serpent qui avait dévoré dix petits oiseaux dans leur nid, avec leur mère. Il y a dans le discours de Vulcain beaucoup de forfanterie, pour ne pas dire quelque chose de pis ; car il donne à entendre que ce sont les armes qu'il aurait faites par les ordres de Vénus qui auraient rompu les ordres du destin et ceux de Jupiter même, auquel il ajoute l'épithète de tout puissant, comme par une espèce de défi. Remarquez encore, en passant, la rime de ces deux fins de vers, où le même mot est répété deux fois de suite sans nécessité :

> . . . . Si cura fuisset,
> . . . . Armare fuisset.

Vulcain, enivré d'amour, ne sait ni ce qu'il dit, ni ce qu'il fait. Il déraisonne dans son langage, dans ses pensées et dans ses actions, puisqu'il se détermine à faire des armes magnifiques pour le fils naturel de son infidèle épouse. Il est vrai qu'il se garde bien de le nommer. Elle n'a prononcé son nom qu'une seule fois, par discrétion ; et lui le tait, par jalousie. C'est à Vénus seule qu'il rend service. Il semble croire que c'est elle qui va se battre : « Si vous vous préparez à la guerre, lui » dit-il, si tel est votre plaisir : »

> . . . . Si bellare paras, atque hæc tibi mens est.

Le désordre total de sa personne termine celui de son discours. Embrasé des feux de l'amour dans les bras de Vénus, il se fond comme un métal :

> . . . . Conjugis infusus gremio. . . . . .

Remarquez la justesse de cette consonnance métaphorique, *infusus*, « fondu, » si convenable au dieu des forges de Lemnos. Enfin, il perd tout sentiment :

> . . . . Placiduinque petivit
> . . . . Per membra soporem.

Sopor veut dire ici beaucoup plus que sommeil. Il présente encore une consonnance de l'état des métaux après leur fusion, une stagnation parfaite.

Mais pour affaiblir ce que ce tableau a de licencieux, et de contraire aux mœurs conjugales, le sage Virgile oppose immédiatement après, à la déesse de la volupté, qui demande à son mari des armes pour son fils naturel, une mère de famille chaste et pauvre, occupée des arts de Minerve pour élever ses petits enfants ; et il applique cette image touchante aux mêmes heures de la nuit, pour présenter un nouveau contraste des différents usages que font du même temps le vice et la vertu :

> Inde ubi prima quies, medio jam noctis abactæ
> Curriculo, expulerat somnum ; quum femina primum,
> Cui tolerare colo vitam tenuique minerva
> Impositum, cinerem et sopitos suscitat ignes,
> Noctem addens operi, famulasque ad lumina longo
> Exercet penso, castum ut servare cubile
> Conjugis, et possit parvos educere natos.
> *Æneid.*, lib. VIII, v. 407-413.

« Vulcain avait à peine goûté le premier sommeil ; et la nuit, » sur son char, n'avait encore parcouru que la moitié de sa car- » rière : c'était le temps auquel une femme qui, pour soutenir » sa vie, n'a d'autre ressource que ses fuseaux et une faible in- » dustrie dans les arts de Minerve, écarte la cendre de son foyer, » en rallume les charbons, pour donner au travail le reste de » la nuit, et distribuer de longues tâches à ses servantes qu'elle » occupe à la lueur d'une lampe, afin que le besoin ne la force » pas de manquer à la foi conjugale, et qu'elle puisse élever ses » petits enfants. »

Virgile tire encore de nouveaux et sublimes contrastes des humbles occupations de cette mère de famille vertueuse. Il oppose tout de suite à sa faible industrie, « *tenui minerva*, » l'ingénieux Vulcain ; à ses charbons qu'elle rallume, « *sopitos ignes*, » le cratère toujours enflammé d'un volcan ; à ses servantes auxquelles elle distribue des pelotons de laine, « *longo exercet penso*, » les Cyclopes forgeant un foudre pour Jupiter, un char pour Mars, une égide pour Minerve, et qui, à l'ordre de leur maître, quittent leurs célestes ouvrages pour faire l'armure d'Énée, sur le bouclier duquel devaient être gravés les principaux événements de l'empire romain :

> Haud secus ignipotens, nec tempore segnior illo,
> Mollibus e stratis opera ad fabrilia surgit.
> Insula Sicanium juxta latus Æoliamque
> Erigitur Liparen, fumantibus ardua saxis;
> Quam subter specus et Cyclopum exesa caminis
> Antra Ætnæa tonant, validique incudibus ictus
> Auditi referunt gemitum, striduntque cavernis
> Stricturæ chalybum, et fornacibus ignis anhelat :
> Vulcani domus, et Vulcania nomine tellus.
> Hoc tunc ignipotens cœlo descendit ab alto.
> Ferrum exercebant vasto Cyclopes in antro,
> Brontesque, Steropesque, et nudus membra Pyracmon.
> His informatum manibus, jam parte polita,
> Fulmen erat, toto genitor quæ plurima cœlo
> Dejicit in terras, pars imperfecta manebat.
> Tres imbris torti radios, tres nubis aquosæ
> Addiderant, rutili tres ignis, et alitis Austri.
> Fulgores nunc terrificos, sonitumque, metumque,
> Miscebant operi, flammisque sequacibus iras.
> Parte alia Marti currumque rotasque volucres
> Instabant, quibus ille viros, quibus excitat urbes :
> Ægidaque horriferam, turbatæ Palladis arma.
> Certatim squamis serpentum auroque polibant,
> Connexosque angues, ipsamque in pectore divæ
> Gorgona, deserto vertentem lumina collo.
> Tollite cuncta, inquit, cœptosque auferte labores,
> Ætnæi Cyclopes, et huc advertite mentem.
> Arma acri facienda viro : nunc viribus usus,
> Nunc manibus rapidis, omni nunc arte magistra :
> Præcipitate moras. Nec plura effatus : et illi
> Ocius incubuere omnes, pariterque laborem
> Sortiti : fluit æs rivis, aurique metallum;
> Vulnificusque chalybs vasta fornace liquescit.
> Ingentem clypeum informant, unum omnia contra
> Tela Latinorum; septenosque orbibus orbes
> Impediunt : alii ventosis follibus auras
> Accipiunt redduntque; alii stridentia tingunt
> Æra lacu : gemit impositis incudibus antrum.
> Illi inter sese multa vi brachia tollunt
> In numerum, versantque tenaci forcipe massam.
>   *Æneid.*, lib. VIII, v. 414-453.

« Alors le dieu du feu, aussi diligent, sort de sa couche voluptueuse, pour veiller aux travaux qui lui sont commandés.
» Entre les côtes de Sicile et de Lipari, une des Éoliennes, s'élève une île formée de rochers escarpés, toujours fumants, sous lesquels sont les cavernes des Cyclopes, aussi bruyantes et aussi enflammées que les antres et les cheminées de l'Etna. Elles retentissent sans cesse du gémissement des enclumes sous les coups des marteaux, du pétillement de l'acier qui étincelle, et du bruit pesant des soufflets qui animent les feux dans leurs fourneaux. Cette île est la demeure de Vulcain, et s'appelle Vulcanie. Ce fut dans ces souterrains que le dieu du feu descendit du ciel. Les cyclopes Brontès, Stéropes et Pyracmon, les membres nus, battaient alors le fer au milieu d'une vaste caverne. Ils tenaient dans leurs mains un foudre à demi formé. C'était un de ces foudres que Jupiter lance souvent des cieux sur la terre. Une partie était finie, et l'autre était encore imparfaite. Ils y avaient mis trois rayons de grêle, trois d'une pluie orageuse, trois d'un feu éblouissant, et trois d'un vent impétueux : ils ajoutaient alors à leur ouvrage d'épouvantables éclairs, des éclats, la peur, la colère céleste, et les flammes qui la suivent. D'un autre côté, l'on se hâtait de forger un char à Mars avec des roues rapides, dont le bruit alarme les hommes et les villes. D'autres Cyclopes, pour armer Pallas dans les combats, polissaient à l'envi une égide horrible, hérissée d'écailles de serpent en or; et pour couvrir le sein de la déesse, une chevelure de serpents, avec la tête de Gorgone séparée du cou, et jetant des regards affreux.

» Enfant de l'Etna, Cyclopes, leur dit Vulcain, cessez tous ces travaux, transportez-les ailleurs, et faites attention à ce que je vais vous dire. Il s'agit d'armer un homme redoutable. C'est ici qu'il faut la force des bras, la diligence des mains, et l'art des plus grands maîtres : ne perdez pas un moment. Il dit; aussitôt tous se mettent en besogne, et se partagent le travail. L'airain et l'or coulent par ruisseaux; l'acier le plus pur se fond dans une vaste fournaise : ils en forment un bouclier énorme, capable de résister seul à tous les traits des Latins. Ils couvrent sa circonférence de sept autres lames de métal. Les uns font mouvoir les soufflets, les autres trempent l'airain qui siffle au fond des eaux; l'antre retentit des coups dont gémissent les enclumes. Tour à tour ils élèvent les bras avec de grands efforts, et tour à tour les laissent retomber sur la masse embrasée que tournent en tous sens de mordantes tenailles. »

On croit voir travailler ces énormes enfants de l'Etna, et entendre le bruit de leurs lourds marteaux, tant l'harmonie des vers de Virgile est imitative!

La composition du foudre mérite attention. Elle est pleine de génie, c'est-à-dire d'observations neuves de la nature. Virgile y fait entrer et contraster les quatre éléments à la fois : la terre et l'eau, le feu et l'air :

> Tres imbris torti radios, tres nubis aquosæ
> Addiderant, rutili tres ignis, et alitis Austri.

A la vérité, il n'y a pas de terre proprement dite; mais il donne de la solidité à l'eau pour en tenir lieu, *tres imbris torti radios,* mot à mot, « trois rayons de pluie torse, » pour dire de la grêle. Cette expression métaphorique est ingénieuse : elle suppose que les Cyclopes ont tordu des gouttes de pluie pour en faire des grains de grêle. Remarquez aussi la convenance de l'expression *alitis Austri*, « l'Auster ailé : » l'Auster est le vent du midi; c'est lui qui amène presque toujours les tonnerres en Europe.

Le poëte ose mettre ensuite des sensations métaphysiques sur l'enclume des Cyclopes : *metum*, « la peur; » *iras*, « des courroux. » Il les amalgame avec la foudre. Ainsi il ébranle à la fois le système physique par le contraste des éléments, et le système moral par la consonnance de l'ame et la perspective de la Divinité :

> .... Flammisque sequacibus iras.

Il fait gronder le tonnerre, et montre Jupiter dans la nue.

Virgile oppose encore à la tête de Pallas celle de Méduse; mais c'est un contraste qui lui est commun avec tous les poëtes. En voici un qui lui est particulier : Vulcain oblige les Cyclopes de quitter leurs ouvrages divins, pour s'occuper de l'armure d'un homme. Ainsi il met dans la même balance, d'un côté, la foudre de Jupiter, le char de Mars, l'égide et la cuirasse de Pallas ; et de l'autre, les destinées de l'empire romain, qui doivent être gravées sur le bouclier d'un homme. Mais s'il donne la préférence à ce nouvel ouvrage, c'est pour l'amour de Vénus, et non pas pour la gloire d'Énée. Observez que le dieu jaloux ne nomme point encore ici le fils d'Anchise, quoiqu'il y semble forcé. Il se contente de dire vaguement aux Cyclopes : « *Arma acri facienda viro.* » L'épithète de « acer » peut se prendre en bonne et en mauvaise part. Elle peut signifier méchant, dur, ne peut guère s'appliquer au sensible Énée, auquel Virgile donne si souvent le nom de *pieux*.

Enfin Virgile, après le tableau tumultueux des forges éoliennes, nous ramène, par un nouveau contraste, à la demeure paisible du bon roi Évandre, presque aussi matinal que la bonne mère de famille et que le dieu du feu :

> Hæc pater Æoliis properat dum Lemnius oris,
> Evandrum ex humili tecto lux suscitat alma,
> Et matutini volucrum sub culmine cantus.
> Consurgit senior, tunicaque inducitur artus,
> Et Tyrrhena pedum circumdat vincula plantis.
> Tum lateri atque humeris Tegeæum subligat ensem,
> Demissa ab læva pantheræ terga retorquens.
> Necnon et gemini custodes limine ab alto
> Præcedunt, gressumque canes comitantur herilem.
> Hospitis Æneæ sedem et secreta petebat,
> Sermonum memor et promissi muneris, heros.
> Nec minus Æneas se matutinus agebat.
> Filius huic Pallas, illi comes ibat Achates.
>   *Æneid.*, lib. VIII, v. 454-466.

« Tandis que le dieu de Lemnos presse son ouvrage dans ses
» forges éoliennes, Évandre est réveillé sous son humble toit
» par les premiers rayons de l'aurore et par le chant matinal
» des oiseaux nichés sous le chaume de sa couverture. Il se lève,
» malgré son grand âge. Il se revêt d'une tunique, et attache
» à ses pieds une chaussure tyrrhénienne. Il met sur ses épaules
» un baudrier, d'où pend à son côté une épée d'Arcadie, et il
» ramène sur sa poitrine une peau de panthère qui descend de
» son épaule gauche. Deux chiens qui gardaient sa porte marchent devant lui, et accompagnent les pas de leur maître. Il
» allait trouver dans l'intérieur de sa maison Énée, son hôte,
» pour s'entretenir avec lui des secours qu'il lui avait promis la
» veille. Énée, non moins matinal, s'avançait aussi vers Évandre. L'un était accompagné de son fils Pallas, et l'autre de son
» fidèle Achate. »

Voici un contraste moral très intéressant :

Le bon roi Évandre, n'ayant pour gardes du corps que deux chiens, qui servaient encore à garder la porte de sa maison, va, dès le point du jour, s'entretenir d'affaires avec son hôte. Ne croyez pas que, sous son toit couvert de chaume, il s'agisse de bagatelles. Il y est question du rétablissement de l'empire de Troie dans la personne d'Énée, ou plutôt de la fondation de l'empire romain. Il s'agit de dissiper une grande confédération de peuples. Pour en venir à bout, le roi Évandre offre à Énée quatre cents cavaliers. A la vérité, ils sont choisis et commandés par Pallas, son fils unique. J'observerai ici une de ces convenances délicates, par lesquelles Virgile donne de grandes leçons de vertu aux rois, ainsi qu'aux autres hommes, en feignant des actions en apparence indifférentes : c'est la confiance d'Évandre dans son fils. Quoique ce jeune prince ne fût qu'à la fleur de son âge, son père l'amène à une conférence très importante, comme son compagnon : *comes ibat*. Il faisait porter son nom à la ville de Pallantée, qu'il avait lui-même fondée. Enfin, dans les quatre cents cavaliers qu'il promet au roi des Troyens, sous les ordres de Pallas, il y en a deux cents qu'il a choisis dans la fleur de la jeunesse, et deux cents autres que son fils doit mener en son propre nom.

> Arcadas huic equites bis centum, robora pubis
> Lecta, dabo, totidemque suo tibi nomine Pallas.
>   *Æneid.*, lib. VIII, v. 518-519.

Les exemples de confiance paternelle sont rares parmi les souverains, qui regardent souvent leurs successeurs comme leurs ennemis. Ces traits peignent la bonne foi et la simplicité des mœurs du roi d'Arcadie.

On pourrait peut-être taxer le roi d'Arcadie d'indifférence pour un fils unique, en ce qu'il l'éloigne de sa personne et l'expose aux dangers de la guerre ; mais c'est positivement par une raison contraire qu'il en agit ainsi : c'est pour le former à la vertu, en lui faisant faire ses premières armes sous un héros tel qu'Énée :

> Hunc tibi præterea, spes et solatia nostri,
> Pallanta adjungam. Sub te tolerare magistro
> Militiam et grave Martis opus, tua cernere facta,
> Assuescat, primis et te miretur ab annis.
>   *Æneid.*, lib. VIII, v. 514-517.

« J'enverrai de plus avec vous mon fils Pallas, qui est toute
» mon espérance et ma consolation. Qu'il s'accoutume, sous
» un maître tel que vous, à supporter les rudes travaux de la
» guerre, à se former sur vos exploits, et à vous admirer dès
» ses premières années. »

On peut voir, dans le reste de l'*Énéide*, le rôle important qu'y joue ce jeune prince. Virgile en a tiré de grandes beautés : tels sont, entre autres, les tendres adieux que lui fait Évandre ; les regrets de ce bon père, sur ce que sa vieillesse ne lui permet pas de l'accompagner dans les combats ; ensuite, la valeur imprudente de son fils, qui, oubliant les leçons des deux freins d'Anchise, s'attaque au redoutable Turnus, et en reçoit le coup de la mort ; les hauts faits d'armes d'Énée pour venger la mort du fils de son hôte et de son allié ; ses regrets à la vue du jeune Pallas, tué à la fleur de son âge, et le premier jour qu'il avait combattu ; enfin, les honneurs qu'il rend à son corps, en l'envoyant à son père.

C'est ici qu'on peut remarquer une de ces comparaisons touchantes dont Virgile, à l'exemple d'Homère, affaiblit l'horreur de ses tableaux de batailles, et en augmente l'effet en y établissant des consonnances avec des êtres d'un autre ordre. C'est à l'occasion de la beauté du jeune Pallas, dont la mort n'a point encore terni l'éclat.

Qualem virgineo demessum pollice florem,
Seu mollis violæ, seu languentis hyacinthi,
Cui neque fulgor adhuc, nec dum sua forma recessit :
Non jam mater alit tellus, viresque ministrat.
Æneid., lib. XI, v. 68-71.

« Comme une tendre violette ou une languissante hyacinthe
» que les doigts d'une jeune fille ont cueillie : ces fleurs n'ont
» encore perdu ni leur éclat ni leur forme ; mais on voit que la
» terre leur mère ne les soutient plus, et ne leur donne plus de
» nourriture. »

Remarquez une autre consonnance avec la mort de Pallas. Pour dire que ces fleurs n'ont point souffert lorsqu'on les a détachées de leur tige, Virgile les fait cueillir par la main d'une jeune fille : *virgineo demessum pollice* ; mot à mot : « moissonnée par le pouce d'une vierge. » Et il résulte de cette douce image un contraste terrible avec le javelot de Turnus, qui avait cloué le bouclier de Pallas contre sa poitrine, et l'avait tué d'un seul coup.

Enfin Virgile, après avoir représenté la douleur d'Évandre à la vue du corps de son fils, et le désespoir de ce malheureux père, qui implore la vengeance d'Énée, tire de la mort même de Pallas la fin de la guerre et de l'*Énéide*; car Turnus, vaincu dans un combat particulier par Énée, lui cède la victoire, l'empire, la princesse Lavinie, et le supplie de se contenter de si grands sacrifices ; mais le roi des Troyens, sur le point de lui accorder la vie, apercevant le baudrier de Pallas, dont Turnus s'était revêtu après avoir tué ce jeune prince, lui plonge son épée dans le corps, en lui disant :

. . . . . Pallas te hoc vulnere, Pallas
Immolat, et pœnam scelerato ex sanguine sumit.
Æneid., lib. XII, v. 948-949.

« Pallas, c'est Pallas qui t'immole par ce coup, et qui se
» venge dans ton sang criminel. »

Ainsi les Arcadiens ont influé de toute manière sur les monuments historiques, les traditions religieuses, les premières guerres et l'origine de l'empire romain.

On voit que le siècle où je parle des Arcadiens n'est point un siècle fabuleux. Je recueillis donc sur eux et leur pays les douces images que nous en ont laissées les poëtes, avec les traditions les plus authentiques des historiens, que je trouvai en bon nombre dans le *Voyage de la Grèce* de Pausanias, les Œuvres de Plutarque, et la *Retraite des dix mille* de Xénophon ; en sorte que je rassemblai sur l'Arcadie tout ce que la nature a de plus aimable dans nos climats, et l'histoire de plus vraisemblable dans l'antiquité.

Pendant que je m'occupais de ces agréables recherches, je me trouvai lié personnellement avec J.-J. Rousseau. Nous allions assez souvent nous promener, pendant l'été, aux environs de Paris. Sa société me plaisait beaucoup ; il n'avait point la vanité de la plupart des gens de lettres, qui veulent toujours occuper les autres de leurs idées ; et encore moins celle des gens du monde, qui croient qu'un homme de lettres est fait pour les tirer de leur ennui par son babil. Il partageait les bénéfices et les charges de la conversation, parlant et laissant parler chacun à son tour ; il laissait même aux autres le choix de l'entretien, se réglant à leur mesure avec si peu de prétention, que, parmi ceux qui ne le connaissaient pas, les gens simples le prenaient pour un homme ordinaire, et les gens du bon ton le regardaient comme bien inférieur à eux ; car, avec ceux-ci, il parlait peu, ou de peu de choses ; il a été quelquefois accusé d'orgueil à cette occasion par les gens du monde, qui taxent de leurs propres vices les hommes libres et sans fortune qui refusent de courber la tête sous leur joug ; mais, entre plusieurs traits que je pourrais citer à l'appui de ce que j'ai dit précédemment, que les gens simples le prenaient pour un homme ordinaire, en voici un qui convaincra le lecteur de sa modestie habituelle.

Le jour même que nous fûmes dîner chez les ermites du mont Valérien, ainsi que je l'ai rapporté dans la dernière note sur mes *Études*, en revenant l'après-midi à Paris, nous fûmes surpris de la pluie près du bois de Boulogne, vis-à-vis la porte Maillot ; nous y entrâmes pour nous mettre à l'abri sous des marronniers qui commençaient à avoir des feuilles, car c'était dans les fêtes de Pâques. Nous trouvâmes sous ces arbres beaucoup de monde qui, comme nous, y cherchait du couvert. Un des garçons du Suisse, ayant aperçu Jean-Jacques, s'en vint à lui plein de joie, et lui dit : « Hé bien ! bon homme, d'où venez-vous donc ? » il y a un temps infini que nous ne vous avons » vu. » Rousseau lui répondit tranquillement : « C'est que ma femme a été long-temps malade, » et moi-même j'ai été incommodé. — Oh ! mon

» pauvre bon homme, reprit ce garçon, vous
» n'êtes pas bien ici ; venez, venez, je vais vous
» trouver une place dans la maison. »

En effet, il s'empressa de nous mener dans une chambre haute, où, malgré la foule, il nous procura des chaises, une table, du pain et du vin. Pendant qu'il nous y conduisait, je dis à Jean-Jacques : « Ce garçon me paraît bien familier avec
» vous ; il ne vous connaît donc point ? — Oh ! si,
» me répondit-il, nous nous connaissons depuis
» plusieurs années ; nous venions de temps en temps
» ici, dans la belle saison, ma femme et moi,
» manger le soir une côtelette. »

Ce mot de bon homme, dit de si bonne foi par ce garçon d'auberge, qui sans doute prenait depuis long-temps Jean-Jacques pour un homme de quelque état mécanique ; sa joie en le revoyant, et son empressement à le servir, me firent connaître combien le sublime auteur d'*Émile* mettait en effet de bonhomie jusque dans ses moindres actions.

Loin de chercher à briller aux yeux de qui que ce fût, il convenait lui-même, avec un sentiment d'humilité bien rare, et selon moi bien injuste, qu'il n'était pas propre aux grandes conversations. « Il ne faut, me disait-il un jour, que le plus petit
» argument pour me renverser ; je n'ai d'esprit
» qu'une demi-heure après les autres ; je sais ce
» qu'il faut répondre précisément quand il n'en
» est plus temps. »

Cette lenteur de réflexion ne venait pas « d'une
» pesanteur maxillaire, » comme le dit, dans le prospectus d'une édition nouvelle des OEuvres de Jean-Jacques, un écrivain d'ailleurs très estimable, mais de son équité naturelle, qui ne lui permettait pas de prononcer sur le moindre sujet sans l'avoir examiné ; de son génie, qui le considérait sur toutes ses faces pour le connaître à fond ; et enfin de sa modestie, qui lui interdisait le ton théâtral et les sentences d'oracles[8] de nos conversations. Il était au milieu de nos beaux esprits avec sa simplicité, comme une fille avec ses couleurs naturelles parmi des femmes qui mettent du blanc et du rouge. Encore moins aurait-il cherché à se donner en spectacle chez les grands ; mais dans le tête-à-tête, dans la liberté de l'intimité, et sur les objets qui lui étaient familiers, surtout ceux qui intéressaient le bonheur des hommes, son ame prenait l'essor, ses sentiments devenaient touchants, ses idées profondes, ses images sublimes, et ses discours aussi véhéments que ses écrits.

Mais ce que je trouvais de bien supérieur à son génie, c'était sa probité : il était du petit nombre d'hommes de lettres éprouvés par l'infortune, auxquels on peut sans risque communiquer ses pensées les plus intimes. On n'avait rien à craindre de sa malignité s'il les trouvait mauvaises, ni de son infidélité si elles lui semblaient bonnes.

Une après-midi donc que nous étions à nous reposer au bois de Boulogne, j'amenai la conversation sur un sujet qui me tenait au cœur depuis que j'avais l'usage de ma raison. Nous venions de parler des hommes illustres de Plutarque, de la traduction d'Amyot, ouvrage dont il faisait un cas infini, où on lui avait appris à lire dans l'enfance, et qui, à mon avis, a été le germe de son éloquence et de ses vertus antiques : tant la première éducation a d'influence sur le reste de la vie ! Je lui dis donc :

J'aurais bien voulu voir une histoire de votre façon.

Jean-Jacques. « J'ai eu bien envie d'écrire celle
» de Côme de Médicis[9]. C'était un simple parti-
» culier qui est devenu le souverain de ses conci-
» toyens, en les rendant plus heureux ; il ne s'est
» élevé et maintenu que par des bienfaits. J'avais
» fait quelques brouillons à ce sujet-là, mais j'y ai
» renoncé ; je n'avais pas de talent pour écrire
» l'histoire. »

Pourquoi vous-même, avec tant d'amour pour le bonheur des hommes, n'avez-vous pas tenté de former une république heureuse ? J'ai connu bien des hommes de tous pays et de toutes conditions qui vous auraient suivi.

« Oh ! j'ai trop connu les hommes ! » Puis me regardant, après un moment de silence, il ajouta d'un ton demi-fâché : « Je vous ai prié plusieurs
» fois de ne me jamais parler de cela. »

Mais pourquoi n'auriez-vous pas fait, avec quelques Européens sans patrie et sans fortune, dans quelque île inhabitée de la mer du Sud, un établissement semblable à celui que Guillaume Penn a formé dans l'Amérique septentrionale, au milieu des Sauvages ?

« Quelle différence de siècle ! on croyait du temps
» de Penn ; aujourd'hui on ne croit plus à rien. »
Puis, se radoucissant : « J'aurais bien aimé à vivre
» dans une société telle que je me la figure, com-
» me un de ses simples membres ; mais pour rien
» au monde je n'aurais voulu y avoir quelque
» charge, encore moins en être le chef. Je me suis
» rendu justice il y a long-temps : j'étais incapable
» du plus petit emploi. »

Vous auriez trouvé assez de personnes qui auraient exécuté vos idées.

« Oh ! je vous en prie, parlons d'autre chose. »

Je me suis avisé d'écrire l'histoire des peuples

d'Arcadie. Ce ne sont pas des bergers oisifs comme ceux du Lignon.

Il se mit à sourire. « A propos des bergers du » Lignon, me dit-il, j'ai fait une fois le voyage du » Forez, tout exprès pour voir le pays de Céladon » et d'Astrée, dont d'Urfé nous a fait de si char- » mants tableaux. Au lieu de bergers amoureux, » je ne vis, sur les bords du Lignon, que des ma- » réchaux, des forgerons et des taillandiers. »

Comment! dans un pays si agréable?

« Ce n'est qu'un pays de forges. Ce fut ce voyage » du Forez qui m'ôta mon illusion. Jusqu'à ce » temps-là, il ne se passait point d'année que je » ne relusse l'*Astrée* d'un bout à l'autre; j'étais » familiarisé avec tous ses personnages. Ainsi la » science nous ôte nos plaisirs. »

Oh! mes Arcadiens ne ressemblent point à vos forgerons, ni aux bergers imaginaires de d'Urfé, qui passent les jours et les nuits uniquement occupés à faire l'amour, exposés au dedans à toutes les suites de l'oisiveté, et au dehors, aux invasions des peuples voisins. Les miens exercent tous les arts de la vie champêtre. Il y a parmi eux des bergers, des laboureurs, des pêcheurs, des vignerons; ils ont tiré parti de tous les sites de leur pays, diversifié de montagnes, de plaines, de lacs et de rochers. Leurs mœurs sont patriarcales, comme aux premiers temps du monde. Il n'y a dans leur république ni prêtres, ni soldats, ni esclaves; car ils sont si religieux, que chaque père de famille en est le pontife; si belliqueux, que chaque habitant est toujours prêt à défendre sa patrie sans en tirer de solde; et si égaux, qu'il n'y a pas seulement parmi eux de domestiques. Les enfants y sont élevés à servir leurs parents. On se garde bien de leur inspirer, sous le nom d'émulation, le poison de l'ambition, et de leur apprendre à se surpasser les uns les autres; mais, au contraire, on les exerce à se prévenir par toutes sortes de bons offices; à obéir à leurs parents; à préférer son père, sa mère, son ami, sa maîtresse, à soi-même, et la patrie à tout. Là il n'y a point de querelle entre les jeunes gens, si ce n'est quelques débats entre amants, comme ceux du *Devin du Village*; mais la vertu y appelle souvent les citoyens dans les assemblées du peuple, pour délibérer entre eux de ce qu'il est utile de faire pour le bien public. Ils élisent, à la pluralité des voix, leurs magistrats, qui gouvernent l'état comme une famille, étant chargés à la fois des fonctions de la paix, de la guerre et de la religion; il résulte une si grande force de leur union, qu'ils ont toujours repoussé toutes les puissances qui ont entrepris sur leur liberté.

On ne voit dans leur pays aucun monument inutile, fastueux, dégoûtant ou épouvantable; point de colonnades, d'arcs de triomphe, d'hôpitaux ni de prisons; point d'affreux gibets sur les collines, à l'entrée de leurs bourgs; mais un pont sur un torrent, un puits au milieu d'une plaine aride, un bocage d'arbres fruitiers sur une montagne inculte, autour d'un petit temple dont le péristyle sert d'abri aux voyageurs, annoncent, dans les lieux les plus déserts, l'humanité des habitants. Des inscriptions simples sur l'écorce d'un hêtre, ou sur un rocher brut, conservent à la postérité la mémoire des grands citoyens et le souvenir des bonnes actions. Au milieu de ces mœurs bienfaisantes, la religion parle à tous les cœurs un langage inaltérable. Il n'y a pas une montagne ni un fleuve qui ne soit consacré à un dieu, et qui n'en porte le nom; pas une fontaine qui n'ait sa naïade; pas une fleur ni un oiseau qui ne soit le résultat de quelque ancienne et touchante métamorphose. Toute la physique y est en sentiments religieux, et toute la religion en monuments de la nature. La mort même, qui empoisonne tant de plaisirs, n'y offre que des perspectives consolantes. Les tombeaux des ancêtres sont au milieu des bocages de myrtes, de cyprès et de sapins. Leurs descendants, dont ils se sont fait chérir pendant leur vie, viennent, dans leurs plaisirs ou leurs peines, les décorer de fleurs et invoquer leurs mânes, persuadés qu'ils président toujours à leurs destins. Le passé, le présent, l'avenir, lient tous les membres de cette société des chaînons de la loi naturelle; en sorte qu'il est également doux d'y vivre et d'y mourir.

Telle fut l'idée vague que je donnai du dessein de mon ouvrage à Jean-Jacques. Il en fut enchanté. Nous en fîmes plus d'une fois, dans nos promenades, le sujet de nos plus douces conversations. Il imaginait quelquefois des incidents d'une simplicité piquante, dont je tirais parti. Un jour même il m'engagea à en changer tout le plan. « Il faut, me » dit-il, supposer une action principale dans votre » histoire, telle que celle d'un homme qui voyage » pour connaître les hommes; il en naîtra des évé- » nements variés et agréables: de plus, il faut op- » poser à l'état de nature des peuples d'Arcadie » l'état de corruption d'un autre peuple, afin de » faire sortir vos tableaux par des contrastes. »

Ce conseil fut pour moi un rayon de lumière qui en produisit un autre; ce fut, avant tout, d'opposer à ces deux tableaux celui de barbarie d'un troisième peuple, afin de représenter les trois états successifs par où passent la plupart des nations;

celui de barbarie, de nature et de corruption. J'eus ainsi une harmonie complète des trois périodes ordinaires aux sociétés humaines.

Pour représenter un état de barbarie, je choisis la Gaule, comme un pays dont les commencements en tout genre devaient le plus nous intéresser, parceque le premier état d'un peuple influe sur toutes les périodes de sa durée, et se fait sentir jusque dans sa décadence, comme l'éducation que reçoit un homme dès la mamelle influe jusque sur sa décrépitude. Il semble même qu'à cette dernière époque les habitudes de l'enfance reparaissent avec plus de force que celles du reste de la vie, ainsi que je l'ai observé dans les Études précédentes. Les premières impressions effacent les dernières. Le caractère des nations se forme dès le berceau, ainsi que celui de l'homme. Rome, dans sa décadence, conserva l'esprit de domination universelle qu'elle avait eu dès son origine.

Je trouvai les principaux caractères des mœurs et de la religion des Gaulois tout tracés dans les *Commentaires* de César, dans Plutarque, dans les *Mœurs des Germains* de Tacite, et dans divers traités modernes de la mythologie des peuples du nord.

Je reculai plusieurs siècles avant Jules César l'état des Gaules, afin d'avoir à peindre un caractère plus marqué de barbarie, et approchant de celui que nous avons trouvé aux peuples sauvages de l'Amérique septentrionale. Je fixai le commencement de la civilisation de nos ancêtres à la destruction de Troie, qui fut aussi l'époque et sans doute la cause de plusieurs grandes révolutions par toute la terre. Les nations qui composent le genre humain, quelque divisées qu'elles paraissent en langages, religions, coutumes et climats, sont en équilibre entre elles, comme les différentes mers qui composent l'Océan sous diverses latitudes. Il ne peut arriver quelque grand mouvement dans une de ces mers, qu'il ne se communique plus ou moins à chacune des autres ; elles tendent toutes à se mettre de niveau. Une nation est encore, par rapport au genre humain, ce qu'un homme est par rapport à sa nation. Si cet homme y meurt, un autre y renaît dans le même temps. De même, si un état se détruit sur la terre, un autre s'y reforme à la même époque. C'est ce que nous avons vu de nos jours, quand la plus grande partie de la république de Pologne ayant été démembrée dans le nord de l'Europe, pour être confondue dans les trois états voisins, la Russie, la Prusse et l'Autriche, peu de temps après la plus grande partie des colonies anglaises du nord de l'Amérique s'est détachée des trois états d'Angleterre, d'Irlande et d'Écosse, pour former une république ; et comme il y a eu en Europe une portion de la Pologne qui n'a pas été démembrée, il y a eu de même en Amérique une portion des colonies anglaises qui ne s'est pas séparée de l'Angleterre.

On trouve les mêmes réactions politiques dans tous les pays et dans tous les siècles. Lorsque l'empire des Grecs fut renversé sur les bords du Pont-Euxin en 1453, celui des Turcs le remplaça aussitôt ; et lorsque celui de Troie fut détruit en Asie, sous Priam, celui de Rome prit naissance en Italie, sous Énée.

Mais il s'ensuivit de cette ruine totale de Troie beaucoup de petites révolutions dans le reste du genre humain, et surtout en Europe.

J'opposai à l'état de barbarie des Gaules celui de corruption de l'Égypte, qui était alors à son plus haut degré de civilisation. C'est à l'époque du siège de Troie que plusieurs savants assignent le règne brillant de Sésostris. D'ailleurs, cette opinion, adoptée par Fénelon dans son *Télémaque*, était une autorité suffisante pour mon ouvrage. Je choisis aussi mon voyageur en Égypte, par le conseil de Jean-Jacques, d'autant que, dans l'antiquité, beaucoup d'établissements politiques et religieux ont reflué de l'Égypte dans la Grèce, dans l'Italie, et même directement dans les Gaules, ainsi que l'histoire et plusieurs de nos anciens usages en font foi. C'est encore une suite des réactions politiques. Lorsqu'un état est à son dernier degré d'élévation, il est à son premier degré de décadence, parceque les choses humaines commencent à déchoir dès qu'elles ont atteint le faîte de leur grandeur. C'est alors que les arts, les sciences, les mœurs, les langues, commencent à refluer des états civilisés dans les états barbares, ainsi que le démontrent les siècles d'Alexandre chez les Grecs, d'Auguste chez les Romains, et de Louis XIV parmi nous.

Ainsi j'eus des oppositions de caractères entre les Gaulois, les Arcadiens et les Égyptiens. Mais l'Arcadie seule m'offrit un grand nombre de contrastes avec le reste de la Grèce encore à demi barbare ; entre les mœurs paisibles de ses cultivateurs, et les caractères discordants des héros de Pylos, de Mycènes et d'Argos ; entre les douces aventures de ses bergères simples et naïves, et les épouvantables catastrophes d'Iphigénie, d'Électre et de Clytemnestre.

Je renfermai les matériaux de mon ouvrage en douze livres, et j'en fis une espèce de poème épique, non suivant les lois d'Aristote et celles de nos modernes, qui prétendent, d'après lui, qu'un poëme épique ne doit contenir qu'une action principale de la vie d'un héros, mais suivant les lois de la nature, et à la manière des Chinois, qui y mettent souvent la vie entière d'un héros, ce qui, à mon gré, satisfait davantage. D'ailleurs, je ne m'éloignai pas pour cela de l'exemple d'Homère ; car si je m'écartai du plan de son *Iliade*, je me rapprochai de celui de son *Odyssée*.

Mais pendant que je m'occupais du bonheur du genre humain, le mien fut troublé par de nouvelles infortunes.

Ma santé et mon expérience ne me permettaient plus de solliciter dans ma patrie les faibles ressources que j'étais au moment d'y perdre, ni d'en aller chercher au dehors. D'ailleurs, le genre de mes travaux ne pouvait intéresser en ma faveur aucun ministre. Je songeai à en mettre au jour de plus propres à me mériter les bienfaits du gouvernement. Je publiai mes *Études de la Nature*. J'ose croire y avoir détruit de dangereuses erreurs, et démontré d'importantes vérités. Leur succès m'a valu, sans sollicitations, beaucoup de compliments du public, et quelques graces annuelles de la cour ; mais si peu solides, qu'une simple révolution dans un ministère me les a enlevées la plupart, et avec elles (ce qu'il y a de plus fâcheux) d'autres plus considérables dont je jouissais depuis quatorze ans. La faveur a fait semblant de me faire du bien. La bienveillance publique a accueilli mon ouvrage avec plus de constance. Je lui dois un peu de calme et de repos. C'est sous son ombre que je fais paraître ce premier livre, intitulé *Les Gaules*, qui devait servir d'introduction à l'Arcadie. Je n'ai pas eu la satisfaction d'en parler à Jean-Jacques. Ce sujet était trop rude pour nos entretiens. Mais, tout âpre et tout sauvage qu'il est, c'est une gorge de rochers d'où l'on entrevoit le vallon où il s'est quelquefois reposé. Lorsqu'il partit même, sans me dire adieu, pour Ermenonville où il a fini ses jours, je cherchai à me rappeler à lui par l'image de l'Arcadie et le souvenir de nos anciennes conversations, en finissant la lettre que je lui écrivais par ces deux vers de Virgile, où je n'avais changé qu'un mot :

Atque utinam ex vobis unus, tecumque fuissem
Aut custos gregis, aut maturæ vinitor uvæ !

L'ARCADIE.

LIVRE PREMIER.

LES GAULES.

Un peu avant l'équinoxe d'automne, Tirtée, berger d'Arcadie, faisait paître son troupeau sur une croupe du mont Lycée qui s'avance le long du golfe de Messénie. Il était assis sous des pins, au pied d'une roche, d'où il considérait au loin la mer agitée par les vents du midi. Ses flots, couleur d'olive, étaient blanchis d'écume qui jaillissait en gerbes sur toutes ses grèves. Des bateaux de pêcheurs, paraissant et disparaissant tour à tour entre les lames, hasardaient, en s'échouant sur le rivage, d'y chercher leur salut, tandis que de gros vaisseaux à la voile, tout penchés par la violence du vent, s'en éloignaient, dans la crainte du naufrage. Au fond du golfe, des troupes de femmes et d'enfants levaient les mains au ciel et jetaient de grands cris, à la vue du danger que couraient ces pauvres mariniers, et des longues vagues qui venaient du large se briser en mugissant sur les rochers de Sténiclaros. Les échos du mont Lycée répétaient de toutes parts leurs bruits rauques et confus avec tant de vérité, que Tirtée parfois tournait la tête, croyant que la tempête était derrière lui, et que la mer brisait au haut de la montagne. Mais les cris des foulques et des mouettes qui venaient, en battant des ailes, s'y réfugier, et les éclairs qui sillonnaient l'horizon, lui faisaient bien voir que la sécurité était sur la terre, et que la tourmente était encore plus grande au loin qu'elle ne paraissait à sa vue. Tirtée plaignait le sort des matelots et bénissait celui des bergers, semblable en quelque sorte à celui des dieux, puisqu'il mettait le calme dans son cœur et la tempête sous ses pieds. Pendant qu'il se livrait à la reconnaissance envers le ciel, deux hommes d'une belle figure parurent sur le grand chemin qui passait au-dessous de lui, vers le bas de la montagne. L'un était dans la force de l'âge, et l'autre encore dans sa fleur. Ils marchaient à la hâte, comme des voyageurs qui se pressent d'arriver. Dès qu'ils furent à la portée de la voix, le plus âgé demanda à Tirtée s'ils n'étaient pas sur la route d'Argos. Mais le bruit du vent dans les pins l'empêchant de se faire entendre, le plus jeune monta vers ce berger, et lui cria : « Mon père, ne sommes-nous pas » sur la route d'Argos ? — Mon fils, lui répondit

» Tirtée, je ne sais point où est Argos. Vous êtes
» en Arcadie, sur le chemin de Tégée; et ces tours
» que vous voyez là-bas sont celles de Bellémine. »
Pendant qu'ils parlaient, un barbet jeune et folâtre, qui accompagnait cet étranger, ayant aperçu dans le troupeau une chèvre toute blanche, s'en approcha pour jouer avec elle; mais la chèvre, effrayée à la vue de cet animal, dont les yeux étaient tout couverts de poils, s'enfuit vers le haut de la montagne, où le barbet la poursuivit. Ce jeune homme rappela son chien, qui revint aussitôt à ses pieds, baissant la tête et remuant la queue; il lui passa une laisse autour du cou, et, priant le berger de l'arrêter, il courut lui-même après la chèvre, qui s'enfuyait toujours : mais son chien, le voyant partir, donna une si rude secousse à Tirtée, qu'il lui échappa avec la laisse, et se mit à courir si vite sur les pas de son maître, que bientôt on ne vit plus ni la chèvre, ni le voyageur, ni son chien.

L'étranger, resté sur le grand chemin, se disposait à aller vers son compagnon, lorsque le berger lui dit : « Seigneur, le temps est rude, la nuit
» s'approche, la forêt et la montagne sont pleines
» de fondrières où vous pourriez vous égarer. Venez prendre un peu de repos dans ma cabane,
» qui n'est pas loin d'ici. Je suis bien sûr que ma
» chèvre, qui est fort privée, y reviendra d'elle-
» même, et y ramènera votre ami, s'il ne la perd
» point de vue. » En même temps il joua de son chalumeau, et le troupeau se mit à défiler, par un sentier, vers le haut de la montagne. Un grand bélier marchait à la tête de ce troupeau; il était suivi de six chèvres, dont les mamelles pendaient jusqu'à terre; douze brebis, accompagnées de leurs agneaux déjà grands, venaient après; une ânesse avec son ânon fermaient la marche.

L'étranger suivit Tirtée sans rien dire. Ils montèrent environ six cents pas, par une pelouse découverte, parsemée çà et là de genêts et de romarins; et comme ils entraient dans la forêt de chênes qui couvre le haut du mont Lycée, ils entendirent les aboiements d'un chien; bientôt après, ils virent venir au devant d'eux le barbet, suivi de son maître, qui portait la chèvre blanche sur ses épaules. Tirtée dit à ce jeune homme : « Mon fils, quoique
» cette chèvre soit la plus chérie de mon troupeau,
» j'aimerais mieux l'avoir perdue que de vous
» avoir donné la fatigue de la reprendre à la course : mais vous vous reposerez, s'il vous plaît,
» cette nuit chez moi, et demain, si vous voulez
» vous mettre en route, je vous montrerai le chemin de Tégée, d'où l'on vous enseignera celui
» d'Argos. Cependant, seigneurs, si vous m'en
» croyez l'un et l'autre, vous ne partirez point demain d'ici. C'est demain la fête de Jupiter, au
» mont Lycée; on s'y rassemble de toute l'Arcadie
» et d'une grande partie de la Grèce. Si vous y venez avec moi, vous me rendrez plus agréable à
» Jupiter quand je me présenterai à son autel, pour
» l'adorer, avec des hôtes. » Le jeune étranger répondit : « O bon berger! nous acceptons volontiers
» votre hospitalité pour cette nuit; mais demain,
» dès l'aurore, nous continuerons notre route
» pour Argos. Depuis long-temps nous luttons
» contre la mer pour arriver à cette ville, fameuse
» dans toute la terre par ses temples, par ses
» palais, et par la demeure du grand Agamemnon. »

Après avoir ainsi parlé, ils traversèrent une partie de la forêt du mont Lycée vers l'orient, et ils descendirent dans un petit vallon abrité des vents. Une herbe molle et fraîche couvrait les flancs de ses collines. Au fond coulait un ruisseau appelé Achéloüs [1], qui allait se jeter dans le fleuve Alphée, dont on apercevait au loin, dans la plaine, les îles couvertes d'aunes et de tilleuls. Le tronc d'un vieux saule renversé par le temps servait de pont à l'Achéloüs, et ce pont n'avait pour gardefous que de grands roseaux, qui s'élevaient à sa droite et à sa gauche; mais le ruisseau, dont le lit était semé de rochers, était si facile à passer à gué, et on faisait si peu d'usage de son pont, que des convolvulus le couvraient presque en entier de leurs festons de feuilles en cœur et de fleurs en cloches blanches.

A quelque distance de ce pont était l'habitation de Tirtée. C'était une petite maison couverte de chaume, bâtie au milieu d'une pelouse. Deux peupliers l'ombrageaient du côté du couchant. Du côté du midi, une vigne en entourait la porte et les fenêtres de ses grappes pourprées et de ses pampres déjà colorés de feu. Un vieux lierre la tapissait au nord, et couvrait de son feuillage toujours vert une partie de l'escalier qui conduisait par dehors à l'étage supérieur.

Dès que le troupeau s'approcha de la maison, il se mit à bêler, suivant sa coutume. Aussitôt on vit descendre par l'escalier une jeune fille, qui portait sous son bras un vase à traire le lait. Sa robe était de laine blanche; ses cheveux châtains étaient retroussés sous un chapeau d'écorce de tilleul; elle avait les bras et les pieds nus, et pour chaussure des soques, suivant l'usage des filles d'Arcadie. A sa taille, on l'eût prise pour une nymphe de Diane;

à son vase, pour la naïade du ruisseau ; mais, à sa timidité, on voyait bien que c'était une bergère. Dès qu'elle aperçut des étrangers, elle baissa les yeux et se mit à rougir.

Tirtée lui dit : « Cyanée, ma fille, hâtez-vous de » traire vos chèvres et de nous préparer à manger, » tandis que je ferai chauffer de l'eau pour laver les » pieds de ces voyageurs que Jupiter nous envoie. » En attendant, il pria ces étrangers de se reposer au pied de la vigne, sur un banc de gazon. Cyanée s'étant mise à genoux sur la pelouse, tira le lait des chèvres, qui s'étaient rassemblées autour d'elle ; et quand elle eut fini, elle conduisit le troupeau dans la bergerie, qui était à un bout de la maison. Cependant Tirtée fit chauffer de l'eau, vint laver les pieds de ses hôtes, après quoi il les invita d'entrer.

Il faisait déjà nuit ; mais une lampe suspendue au plancher, et la flamme du foyer placé, suivant l'usage des Grecs, au milieu de l'habitation, en éclairaient suffisamment l'intérieur. On y voyait, accrochées aux murs, des flûtes, des panetières, des houlettes, des formes à faire des fromages ; et sur des planches attachées aux solives, des corbeilles de fruits et des terrines pleines de lait. Au-dessus de la porte d'entrée était une petite statue de terre de la bonne Cérès ; et sur celle de la bergerie, la figure du dieu Pan, faite d'une racine d'olivier.

Dès que les voyageurs furent introduits, Cyanée mit la table et servit des choux verts, des pains de froment, un pot rempli de vin, un fromage à la crème, des œufs frais, et des secondes figues de l'année, blanches et violettes. Elle approcha de la table quatre sièges de bois de chêne. Elle couvrit celui de son père d'une peau de loup qu'il avait tué lui-même à la chasse. Ensuite, étant montée à l'étage supérieur, elle en descendit avec deux toisons de brebis ; mais pendant qu'elle les étendait sur les sièges des voyageurs, elle se mit à pleurer. Son père lui dit : « Ma chère fille, serez-vous toujours » inconsolable de la perte de votre mère ? et ne » pourrez-vous jamais rien toucher de tout ce qui » a été à son usage, sans verser des larmes ? » Cyanée ne répondit rien ; mais se tournant vers la muraille, elle s'essuya les yeux. Tirtée fit une prière et une libation à Jupiter hospitalier ; et faisant asseoir ses hôtes, ils se mirent tous à manger, en gardant un profond silence.

Quand les mets furent desservis, Tirtée dit aux deux voyageurs : « Mes chers hôtes, si vous fussiez » descendus chez quelque autre habitant de l'Ar-» cadie, ou si vous fussiez passés ici il y a quelques » années, vous eussiez été beaucoup mieux reçus ; » mais la main de Jupiter m'a frappé. J'ai eu sur » le coteau voisin un jardin qui me fournissait, dans » toutes les saisons, des légumes et d'excellents » fruits : il est maintenant confondu dans la forêt. » Ce vallon solitaire retentissait du mugissement » de mes bœufs. Vous n'eussiez entendu, du ma-» tin au soir, dans ma maison, que des chants d'al-» légresse et des cris de joie. J'ai vu, autour de » cette table, trois garçons et quatre filles. Le plus » jeune de mes fils était en état de conduire un » troupeau de brebis. Ma fille Cyanée habillait ses » petites sœurs, et leur tenait déjà lieu de mère. Ma » femme, laborieuse et encore jeune, entretenait » toute l'année, autour de moi, la gaieté, la paix » et l'abondance. Mais la perte de mon fils aîné a » entraîné celle de presque toute ma famille. Il ai-» mait, comme un jeune homme, à faire preuve » de sa légèreté, en montant au haut des plus » grands arbres. Sa mère, à qui de pareils exer-» cices causaient une frayeur extrême, l'avait prié » plusieurs fois de s'en abstenir. Je lui avais prédit » qu'il lui en arriverait quelque malheur. Hélas ! » les dieux m'ont puni de mes prédictions indis-» crètes, en les accomplissant. Un jour d'été que » mon fils était dans la forêt à garder les troupeaux » avec ses frères, le plus jeune d'entre eux eut en-» vie de manger des fruits d'un merisier sauvage. » Aussitôt l'aîné monta dans l'arbre pour en cueil-» lir ; et quand il fut au sommet, qui était très-» élevé, il aperçut sa mère aux environs, qui, le » voyant à son tour, jeta un cri d'effroi, et se » trouva mal. A cette vue, la peur ou le repentir » saisit mon malheureux fils ; il tomba. Sa mère, » revenue à elle aux cris de ses enfants, accourut » vers lui : en vain elle essaya de le ranimer dans » ses bras ; l'infortuné tourna les yeux vers elle, » prononça son nom et le mien, et expira. La dou-» leur dont mon épouse fut saisie la mena en peu » de jours au tombeau. La plus tendre union ré-» gnait entre mes enfants, et égalait leur affection » pour leur mère. Ils moururent tous du regret » de sa perte, et de celle les uns des autres. Avec » combien de peine n'ai-je pas conservé celle-ci !.. » Ainsi parla Tirtée, et, malgré ses efforts, des pleurs inondèrent ses yeux. Cyanée se jeta au cou de son père, et, mêlant ses larmes aux siennes, elle le pressait dans ses bras sans pouvoir parler. Tirtée lui dit : « Cyanée, ma chère fille, mon unique con-» solation, cesse de t'affliger. Nous les reverrons » un jour ; ils sont avec les dieux. » Il dit, et la sérénité reparut sur son visage et sur celui de sa fille. Elle versa, d'un air tranquille, du vin dans

On voyait bien que c'était une bergère.

Arcadie.

toutes les coupes; puis, prenant un fuseau avec une quenouille chargée de laine, elle vint s'asseoir auprès de son père, et se mit à filer en le regardant, et en s'appuyant sur ses genoux.

Cependant les deux voyageurs fondaient en larmes. Enfin, le plus jeune, prenant la parole, dit à Tirtée : « Quand nous aurions été reçus dans le
» palais et à la table d'Agamemnon, au moment
» où, couvert de gloire, il reverra sa fille Iphigénie
» et son épouse Clytemnestre, qui soupirent depuis
» si long-temps après son retour, nous n'aurions
» pu ni voir ni entendre des choses aussi touchantes que celles dont nous sommes spectateurs.
» O bon berger ! il faut l'avouer, vous avez éprouvé
» de grands maux; mais si Céphas que vous voyez,
» qui a beaucoup voyagé, voulait vous entretenir
» de ceux qui accablent les hommes par toute la
» terre, vous passeriez la nuit à l'entendre et à bénir votre sort. Que d'inquiétudes vous sont inconnues au milieu de ces retraites paisibles !
» Vous y vivez libre ; la nature fournit à tous vos
» besoins ; l'amour paternel vous rend heureux, et
» une religion douce vous console de toutes vos
» peines. »

Céphas, prenant la parole, dit à son jeune ami :
» Mon fils, racontez-nous vos propres malheurs :
» Tirtée vous écoutera avec plus d'intérêt qu'il ne
» m'écouterait moi-même. Dans l'âge viril, la vertu
» est souvent le fruit de la raison ; mais dans la jeunesse, elle est toujours celui du sentiment. »

Tirtée, s'adressant au jeune étranger, lui dit :
» A mon âge, on dort peu. Si vous n'êtes pas trop
» pressé du sommeil, j'aurai bien du plaisir à vous
» entendre. Je ne suis jamais sorti de mon pays,
» mais j'aime et j'honore les voyageurs. Ils sont
» sous la protection de Mercure et de Jupiter. On
» apprend toujours quelque chose d'utile avec eux.
» Pour vous, il faut que vous ayez éprouvé de
» grands chagrins dans votre patrie, pour avoir
» quitté si jeune vos parents, avec lesquels il est si
» doux de vivre et de mourir. »

Quoiqu'il soit difficile, lui répondit ce jeune homme, de parler toujours de soi avec sincérité, vous nous avez fait un si bon accueil, que je vous raconterai volontiers toutes mes aventures, bonnes et mauvaises.

Je m'appelle Amasis. Je suis né à Thèbes, en Égypte, d'un père riche. Il me fit élever par les prêtres du temple d'Osiris. Ils m'enseignèrent toutes les sciences dont l'Égypte s'honore ; la langue sacrée, par laquelle on communique avec les siècles passés, et la langue grecque qui nous sert à entretenir des relations avec les peuples de l'Europe. Mais ce qui est au-dessus des sciences et des langues, ils m'apprirent à être juste, à dire la vérité, à ne craindre que les dieux, et à préférer à toute la gloire qui s'acquiert par la vertu.

Ce dernier sentiment crût en moi avec l'âge. On ne parlait depuis long-temps en Égypte que de la guerre de Troie. Les noms d'Achille, d'Hector et des autres héros, m'empêchaient de dormir. J'aurais acheté un seul jour de leur renommée par le sacrifice de toute ma vie. Je trouvais heureux mon compatriote Memnon, qui avait péri sur les murs de Troie, et pour lequel on construisait à Thèbes un superbe tombeau[2]. Que dis-je ? j'aurais donné volontiers mon corps pour être changé dans la statue d'un héros, pourvu qu'on m'eût exposé sur une colonne à la vénération des peuples.

Je résolus donc de m'arracher aux délices de l'Égypte et aux douceurs de la maison paternelle, pour acquérir une grande réputation. Toutes les fois que je me présentais devant mon père : « Envoyez-moi au siège de Troie, lui disais-je, afin
» que je me fasse un nom illustre parmi les
» hommes. Vous avez mon frère aîné, qui vous
» suffit pour assurer votre postérité. Si vous vous
» opposez toujours à mes desirs dans la crainte
» de me perdre, sachez que si j'échappe à la
» guerre, je n'échapperai pas au chagrin. » En effet, je dépérissais à vue d'œil ; je fuyais toute société, et j'étais si solitaire, qu'on m'en avait donné le surnom de Monéros. Mon père voulut en vain combattre un sentiment qui était le fruit de l'éducation qu'il m'avait donnée.

Un jour il me présenta à Céphas, en m'exhortant à suivre ses conseils. Quoique je n'eusse jamais vu Céphas, une sympathie secrète m'attacha d'abord à lui. Ce respectable ami ne chercha point à combattre ma passion favorite ; mais, pour l'affaiblir, il lui fit changer d'objet. « Vous aimez la
» gloire, me dit-il ; c'est ce qu'il y a de plus doux
» dans le monde, puisque les dieux en ont fait
» leur partage. Mais comment comptez-vous l'acquérir au siège de Troie ? Quel parti prendrez-
» vous, des Grecs ou des Troyens ? La justice est
» pour la Grèce ; la pitié et le devoir pour Troie.
» Vous êtes Asiatique[3] : combattrez-vous en faveur de l'Europe contre l'Asie ? Porterez-vous
» les armes contre Priam, ce père et ce roi infortuné, près de succomber avec sa famille et son
» empire sous le fer des Grecs ? D'un autre côté,
» prendrez-vous la défense du ravisseur Pâris et
» de l'adultère Hélène contre Ménélas, son époux ?
» Il n'y a point de véritable gloire sans justice.
» Mais quand un homme libre pourrait démêler,

» dans les querelles des rois, le parti le plus juste,
» croyez-vous que ce serait à le suivre que con-
» siste la plus grande gloire qu'on puisse acqué-
» rir? Quels que soient les applaudissements que
» les victorieux reçoivent de leurs compatriotes,
» croyez-moi, le genre humain sait bien les met-
» tre un jour à leur place. Il n'a placé qu'au rang
» des héros et des demi-dieux ceux qui n'ont
» exercé que la justice, comme Thésée, Hercule,
» Pirithoüs, etc... Mais il a élevé au rang des
» dieux ceux qui ont été bienfaisants : tels sont
» Isis, qui donna des lois aux hommes; Osiris,
» qui leur apprit les arts et la navigation; Apollon,
» la musique; Mercure, le commerce; Pan, à con-
» duire des troupeaux; Bacchus, à planter la vi-
» gne; Cérès, à faire croître le blé. Je suis né dans
» les Gaules, continua Céphas; c'est un pays na-
» turellement bon et fertile, mais qui, faute de
» civilisation, manque de la plupart des choses né-
» cessaires au bonheur. Allons-y porter les arts et
» les plantes utiles de l'Égypte, une religion hu-
» maine et des lois sociales : nous en rapporterons
» peut-être des choses utiles à votre patrie. Il
» n'y a point de peuple sauvage qui n'ait quelque
» industrie, dont un peuple policé ne puisse tirer
» parti, quelque tradition ancienne, quelque pro-
» duction rare et particulière à son climat. C'est
» ainsi que Jupiter, le père des hommes, a voulu
» lier par un commerce réciproque de bienfaits
» tous les peuples de la terre, pauvres ou riches,
» barbares ou civilisés. Si nous ne trouvons dans
» les Gaules rien d'utile à l'Égypte, ou si nous
» perdons, par quelque accident, les fruits de
» notre voyage, il nous en restera un que ni la mort
» ni les tempêtes ne sauraient nous enlever; ce
» sera le plaisir d'avoir fait du bien. »

Ce discours éclaira tout-à-coup mon esprit d'une lumière divine. J'embrassai Céphas, les larmes aux yeux. « Partons, lui dis-je; allons faire du
» bien aux hommes; allons imiter les dieux! »

Mon père approuva notre projet; et, comme je prenais congé de lui, il me dit, en me serrant dans ses bras : « Mon fils, vous allez entreprendre la
» chose la plus difficile qu'il y ait au monde, puis-
» que vous allez travailler au bonheur des hom-
» mes. Mais, si vous pouvez y trouver le vôtre,
» soyez bien sûr que vous ferez le mien. »

Après avoir fait nos adieux, Céphas et moi nous nous embarquâmes à Canope sur un vaisseau phénicien, qui allait chercher des pelleteries dans les Gaules, et de l'étain dans les îles Britanniques. Nous emportâmes avec nous des toiles de lin, des modèles de chariots, de charrues et de divers mé-

tiers; des cruches de vin, des instruments de musique, des graines de toute espèce, entre autres celles du chanvre et du lin. Nous fîmes attacher dans des caisses, autour de la poupe du vaisseau, sur son pont et jusque dans ses cordages, des ceps de vigne qui étaient en fleur, et des arbres fruitiers de plusieurs sortes. On aurait pris notre vaisseau, couvert de pampres et de feuillages, pour celui de Bacchus allant à la conquête des Indes.

Nous mouillâmes d'abord sur les côtes de l'île de Crète, pour y prendre des plantes convenables au climat des Gaules. Cette île nourrit une plus grande quantité de végétaux que l'Égypte, dont elle est voisine, par la variété de ses températures, qui s'étendent depuis les sables chauds de ses rivages, jusqu'au pied des neiges qui couvrent le mont Ida, dont le sommet se perd dans les nues. Mais, ce qui doit être encore bien plus cher à ses habitants, elle est gouvernée par les sages lois de Minos.

Un vent favorable nous poussa ensuite de la Crète à la hauteur de Mélite[4]. C'est une petite île dont les collines de pierre blanche paraissent de loin sur la mer comme des toiles tendues au soleil. Nous y jetâmes l'ancre pour y faire de l'eau, que l'on y conserve très pure dans des citernes. Nous y aurions vainement cherché d'autres secours : cette île manque de tout, quoique par sa situation entre la Sicile et l'Afrique, et par la vaste étendue de son port qui se partage en plusieurs bras, elle dût être le centre du commerce entre les peuples de l'Europe, de l'Afrique et même de l'Asie. Ses habitants ne vivent que de brigandages. Nous leur fîmes présent de graines de melon et de celle du xylon[5]. C'est une herbe qui se plaît dans les lieux les plus arides, et dont la bourre sert à faire des toiles très blanches et très légères. Quoique Mélite, qui n'est qu'un rocher, ne produise presque rien pour la subsistance des hommes et des animaux, on y prend chaque année, vers l'équinoxe d'automne[6], une quantité prodigieuse de cailles qui s'y reposent en passant d'Europe en Afrique. C'est un spectacle curieux de les voir, toutes pesantes qu'elles sont, traverser la mer en nombre presque infini. Elles attendent que le vent du nord souffle; et, dressant en l'air une de leurs ailes comme une voile, et battant de l'autre comme d'une rame, elles rasent les flots de leurs croupions chargés de graisse. Quand elles arrivent dans l'île, elles sont si fatiguées, qu'on les prend à la main. Un homme en peut ramasser dans un jour plus qu'il n'en peut manger dans une année.

De Mélite, les vents nous poussèrent jusqu'aux îles d'Énosis[7], qui sont à l'extrémité méridionale de la Sardaigne. Là, ils devinrent contraires, et nous obligèrent de mouiller. Ces îles sont des écueils sablonneux qui ne produisent rien; mais, par une merveille de la providence des dieux, qui dans les lieux les plus stériles sait nourrir les hommes de mille manières différentes, elle a donné des thons à ces sables, comme elle a donné des cailles au rocher de Mélite. Au printemps, les thons, qui entrent de l'Océan dans la Méditerranée, passent en si grande quantité entre la Sardaigne et les îles d'Énosis, que leurs habitants sont occupés nuit et jour à les pêcher, à les saler, et à en tirer de l'huile. J'ai vu, sur leurs rivages, des monceaux d'os brûlés de ces poissons, plus haut que cette maison. Mais ce présent de la nature ne rend pas les insulaires plus riches. Ils pêchent pour le profit des habitants de la Sardaigne. Ainsi nous ne vîmes que des esclaves aux îles d'Énosis et des tyrans à Mélite.

Les vents étant devenus favorables, nous partîmes après avoir fait présent aux habitants d'Énosis de quelques ceps de vigne, et en avoir reçu de jeunes plants de châtaigniers, qu'ils tirent de la Sardaigne, où les fruits de ces arbres viennent d'une grosseur considérable.

Pendant le voyage, Céphas me faisait remarquer les aspects variés des terres, dont la nature n'a fait aucune semblable en qualité et en forme, afin que diverses plantes et divers animaux pussent trouver, dans le même climat, des températures différentes. Quand nous n'apercevions que le ciel et l'eau, il me faisait observer les hommes. Il me disait : « Voyez » ces gens de mer, comme ils sont robustes! Vous » les prendriez pour des Tritons. L'exercice du » corps est l'aliment de la santé[8]. Il dissipe une » infinité de maladies et de passions qui naissent » dans le repos des villes. Les dieux ont planté la » vie humaine comme les chênes de mon pays. » Plus ils sont battus des vents, plus ils sont vigou- » reux. La mer, me disait-il encore, est une école » de toutes les vertus. On y vit dans des privations » et dans des dangers de toute espèce. On est forcé » d'y être courageux, sobre, chaste, prudent, pa- » tient, vigilant, religieux. » Mais, lui répondis-je, pourquoi la plupart de nos compagnons de voyage n'ont-ils aucune de ces qualités-là? Ils sont presque tous intempérants, violents, impies, louant ou blâmant sans discernement tout ce qu'ils voient faire.

« Ce n'est point la mer qui les a corrompus, reprit Céphas. Ils y ont apporté leurs passions de » la terre. C'est l'amour des richesses, la paresse, » le desir de se livrer à toutes sortes de désordres » quand ils sont à terre, qui déterminent un grand » nombre d'hommes à voyager sur la mer pour » s'enrichir; et comme ils ne trouvent qu'avec » beaucoup de peine les moyens de se satisfaire » sur cet élément, vous les voyez toujours inquiets, » sombres et impatients, parcequ'il n'y a rien de » si mauvaise humeur que le vice, quand il se » trouve dans le chemin de la vertu. Un vaisseau » est le creuset où s'éprouvent les qualités mora- » les. Le méchant y empire, et le bon y devient » meilleur. Mais la vertu tire parti de tout. Profi- » tez de leurs défauts. Vous apprendrez ici à mé- » priser également l'injure et les vains applaudis- » sements, à mettre votre contentement en vous- » même, et à ne prendre que les dieux pour » témoins de vos actions. Celui qui veut faire du » bien aux hommes doit s'exercer de bonne heure » à en recevoir du mal. C'est par les travaux du » corps et par l'injustice des hommes, que vous » fortifierez à la fois votre corps et votre ame. » C'est ainsi qu'Hercule a acquis ce courage et cette » force prodigieuse qui ont porté sa gloire jus- » qu'aux astres. »

Je suivais donc, autant que je le pouvais, les conseils de mon ami, malgré mon extrême jeunesse. Je travaillais à lever les lourdes antennes et à manœuvrer les voiles; mais à la moindre raillerie de mes compagnons, qui se moquaient de mon inexpérience, j'étais tout déconcerté. Il m'était plus facile de m'exercer contre les tempêtes que contre les mépris des hommes; tant mon éducation m'avait déjà rendu sensible à l'opinion d'autrui.

Nous passâmes le détroit qui sépare l'Afrique de l'Europe, et nous vîmes, à droite et à gauche, les deux montagnes Calpé et Abila qui en fortifient l'entrée. Nos matelots phéniciens ne manquèrent pas de nous faire observer que leur nation était la première, de toutes celles de la terre, qui avait osé pénétrer dans le vaste Océan, et côtoyer ses rivages jusque sous l'Ourse glacée. Ils mirent sa gloire fort au-dessus de celle d'Hercule, qui avait planté, disaient-ils, deux colonnes à ce passage, avec l'inscription : ON NE VA POINT AU-DELA; comme si le terme de ses travaux devait être celui des courses du genre humain. Céphas, qui ne négligeait aucune occasion de rappeler les hommes à la justice, et de rendre hommage à la mémoire des héros, leur disait : « J'ai toujours ouï dire qu'il » fallait respecter les anciens. Les inventeurs en » chaque science sont les plus dignes de louange,

» parcequ'ils en ouvrent la carrière aux autres
» hommes. Il est peu difficile ensuite à ceux qui
» viennent après eux d'aller plus avant. Un en-
» fant monté sur les épaules d'un grand homme,
» voit plus loin que celui qui le porte. » Mais Céphas leur parlait en vain : ils ne daignèrent pas
rendre le moindre honneur à la mémoire du fils
d'Alcmène. Pour nous, nous vénérâmes les rivages de l'Espagne, où il avait tué Géryon à trois
corps; nous couronnâmes nos têtes de branches de
peuplier, et nous versâmes en son honneur du vin
de Thasos dans les flots.

Bientôt nous découvrîmes les profondes et verdoyantes forêts qui couvrent la Gaule celtique.
C'est un fils d'Hercule, appelé Galatès, qui donna
à ses habitants le surnom de Galates, ou de Gaulois. Sa mère, fille d'un roi des Celtes, était d'une
grandeur prodigieuse. Elle dédaignait de prendre
un mari parmi les sujets de son père; mais quand
Hercule passa dans les Gaules, après la défaite de
Géryon, elle ne put refuser son cœur et sa main
au vainqueur d'un tyran. Nous entrâmes ensuite
dans le canal qui sépare la Gaule des îles Britanniques, et en peu de jours nous parvînmes à l'embouchure de la Seine, dont les eaux vertes se distinguent en tout temps des flots azurés de la mer.
J'étais au comble de la joie. Nous étions près d'arriver. Nos arbres étaient frais, et couverts de
feuilles. Plusieurs d'entre eux, entre autres les
ceps de vigne, avaient des fruits mûrs. Je pensais
au bon accueil qu'allaient nous faire des peuples
dénués des principaux biens de la nature, lorsqu'ils nous verraient débarquer sur leurs rivages,
avec les plus douces productions de l'Égypte et de
la Crète. Les seuls travaux de l'agriculture suffisent pour fixer les peuples errants et vagabonds,
et leur ôter le désir de soutenir, par la violence,
la vie humaine, que la nature entretient par tant
de bienfaits. Il ne faut qu'un grain de blé, me
disais-je, pour policer tous les Gaulois par les
arts que l'agriculture fait naître. Cette seule
graine de lin suffit pour les vêtir un jour. Ce ceps
de vigne est suffisant pour répandre à perpétuité
la gaieté et la joie dans leurs festins. Je sentais alors
combien les ouvrages de la nature sont supérieurs
à ceux des hommes. Ceux-ci dépérissent dès qu'ils
commencent à paraître; les autres, au contraire,
portent en eux l'esprit de vie qui les propage.
Le temps, qui détruit les monuments des arts,
ne fait que multiplier ceux de la nature. Je voyais,
dans une seule semence, plus de vrais biens renfermés, qu'il n'y en a, en Égypte, dans les trésors des rois.

Je me livrai à ces divines et humaines spéculations; et, dans les transports de ma joie, j'em-
brassais Céphas, qui m'avait donné une si juste
idée des biens des peuples et de la véritable gloire.
Cependant mon ami remarqua que le pilote se
préparait à remonter la Seine, à l'embouchure
de laquelle nous étions alors. La nuit s'approchait; le vent soufflait de l'occident, et l'horizon
était fort chargé. Céphas dit au pilote : « Je vous
» conseille de ne point entrer dans le fleuve;
» mais plutôt de jeter l'ancre dans ce port aimé
» d'Amphitrite, que vous voyez sur la gauche.
» Voici ce que j'ai ouï raconter à ce sujet à nos
» anciens.

» La Seine, fille de Bacchus et nymphe de Cé-
» rès, avait suivi dans les Gaules la déesse des
» blés, lorsqu'elle cherchait sa fille Proserpine par
» toute la terre. Quand Cérès eut mis fin à ses
» courses, la Seine la pria de lui donner, en ré-
» compense de ses services, ces prairies que vous
» voyez là-bas. La déesse y consentit, et accorda
» de plus à la fille de Bacchus de faire croître des
» blés partout où elle porterait ses pas. Elle laissa
» donc la Seine sur ces rivages, et lui donna pour
» compagne et pour suivante la nymphe Héva,
» qui devait veiller près d'elle, de peur qu'elle ne
» fût enlevée par quelque dieu de la mer, comme
» sa fille Proserpine l'avait été par celui des en-
» fers. Un jour que la Seine s'amusait à courir sur
» ces sables en cherchant des coquilles, et qu'elle
» fuyait, en jetant de grands cris, devant les flots
» de la mer, qui quelquefois lui mouillaient la
» plante des pieds, et quelquefois l'atteignaient
» jusqu'aux genoux, Héva, sa compagne, aper-
» çut sous les ondes les cheveux blancs, le visage
» empourpré et la robe bleue de Neptune. Ce
» dieu venait des Orcades après un grand trem-
» blement de terre, et il parcourait les rivages de
» l'Océan, examinant, avec son trident, si leurs
» fondements n'avaient point été ébranlés. A sa vue,
» Héva jeta un grand cri, et avertit la Seine, qui
» s'enfuit aussitôt vers les prairies. Mais le dieu
» des mers avait aperçu la nymphe de Cérès, et,
» touché de sa bonne grace et de sa légèreté, il
» poussa sur le rivage ses chevaux marins après
» elle. Déja il était près de l'atteindre, lorsqu'elle
» invoqua Bacchus son père, et Cérès sa maî-
» tresse. L'un et l'autre l'exaucèrent : dans le
» temps que Neptune tendait les bras pour la sai-
» sir, tout le corps de la Seine se fondit en eau; son
» voile et ses vêtements verts, que les vents pous-
» saient devant elle, devinrent des flots couleur
» d'émeraude; elle fut changée en un fleuve de

» cette couleur, qui se plaît encore à parcourir les
» lieux qu'elle a aimés étant nymphe. Ce qu'il y a
» de plus remarquable, c'est que Neptune, mal-
» gré sa métamorphose, n'a cessé d'en être amou-
» reux, comme on dit que le fleuve Alphée l'est
» encore en Sicile de la fontaine Aréthuse. Mais si
» le dieu des mers a conservé son amour pour la
» Seine, la Seine garde encore son aversion pour
» lui. Deux fois par jour il la poursuit avec de
» grands mugissements, et chaque fois la Seine
» s'enfuit dans les prairies en remontant vers sa
» source, contre le cours naturel des fleuves. En
» tout temps elle sépare ses eaux vertes des eaux
» azurées de Neptune.

» Héva mourut du regret de la perte de sa maî-
» tresse. Mais les Néréides, pour la récompenser
» de sa fidélité, lui élevèrent sur le rivage un
» tombeau de pierres blanches et noires, qu'on
» aperçoit de fort loin. Par un art céleste, elles y
» enfermèrent même un écho, afin qu'Héva, après
» sa mort, prévînt par l'ouïe et par la vue les
» marins des dangers de la terre, comme, pen-
» dant sa vie, elle avait averti la nymphe de Cé-
» rès des dangers de la mer. Vous voyez d'ici son
» tombeau. C'est cette montagne escarpée, formée
» de couches funèbres de pierres blanches et noi-
» res. Elle porte toujours le nom de Héva[9]. Vous
» voyez, à ces amas de cailloux dont sa base est
» couverte, les efforts de Neptune irrité pour en
» ronger les fondements; et vous pouvez entendre
» d'ici les mugissements de la montagne, qui aver-
» tit les gens de mer de prendre garde à eux. Pour
» Amphitrite, touchée du malheur de la Seine et
» de l'infidélité de Neptune, elle pria les Néréides
» de creuser cette petite baie que vous voyez sur
» votre gauche, à l'embouchure du fleuve; et elle
» voulut qu'elle fût en tout temps un havre assuré
» contre les fureurs de son époux. Entrez-y donc
» maintenant, si vous m'en croyez, pendant qu'il
» fait jour. Je puis vous certifier que j'ai vu sou-
» vent le dieu des mers poursuivre la Seine bien
» avant dans les campagnes, et renverser tout ce
» qui se rencontrait sur son passage. Gardez-vous
» donc de vous trouver sur le chemin d'un dieu
» que l'amour met en fureur. »

« Il faut, répondit le pilote à Céphas, que vous
» me preniez pour un homme bien stupide, de me
» faire de pareils contes à mon âge. Il y a quarante
» ans que je navigue. J'ai mouillé de nuit et de
» jour dans la Tamise, pleine d'écueils, et dans
» le Tage, qui est si rapide : j'ai vu les cataractes
» du Nil, qui font un bruit affreux; et jamais je
» n'ai vu ni ouï rien dire de semblable à ce que
» vous venez de me raconter. Je ne serai pas as-
» sez fou de m'arrêter ici à l'ancre, tandis que le
» vent est favorable pour remonter le fleuve. Je
» passerai la nuit dans son canal, et j'y dormirai
» bien profondément. »

Il dit, et, de concert avec les matelots, il fit
une huée, comme les hommes présomptueux et
ignorants ont coutume de faire, quand on leur
donne des avis dont ils ne comprennent pas le
sens.

Céphas alors s'approcha de moi, et me demanda
si je savais nager. Non, lui répondis-je. J'ai appris en Égypte tout ce qui pouvait me faire honneur parmi les hommes, et presque rien de ce qui
pouvait m'être utile à moi-même. Il me dit : « Ne
» nous quittons pas : tenons-nous près de ce banc
» de rameurs, et mettons toute notre confiance
» dans les dieux. »

Cependant le vaisseau, poussé par le vent, et
sans doute aussi par la vengeance d'Hercule, entra
dans le fleuve à pleines voiles. Nous évitâmes d'a-
bord trois bancs de sable, qui sont à son embouchure; ensuite nous étant engagés dans son canal,
nous ne vîmes plus autour de nous qu'une vaste
forêt qui s'étendait jusque sur ses rivages. Nous
n'apercevions dans ce pays d'autres marques d'habitation que quelques fumées qui s'élevaient çà et
là au-dessus des arbres. Nous voguâmes ainsi jusqu'à ce que, la nuit nous empêchant de rien distinguer, le pilote laissa tomber l'ancre.

Le vaisseau, chassé d'un côté par un vent frais,
et de l'autre par le cours du fleuve, vint en travers dans le canal. Mais, malgré cette position
dangereuse, nos matelots se mirent à boire et à
se réjouir, se croyant à l'abri de tout danger, parcequ'ils se voyaient entourés de la terre de toutes
parts. Ils furent ensuite se coucher, sans qu'il en
restât un seul pour veiller à la manœuvre.

Nous étions restés sur le pont, Céphas et moi,
assis sur un banc de rameurs. Nous bannissions
le sommeil de nos yeux, en nous entretenant du
spectacle majestueux des astres qui roulaient sur
nos têtes. Déja la constellation de l'Ourse était au
milieu de son cours, lorsque nous entendîmes au
loin un bruit sourd, mugissant, semblable à celui d'une cataracte. Je me levai imprudemment,
pour voir ce que ce pouvait être. J'aperçus[10], à la
blancheur de son écume, une montagne d'eau qui
venait à nous du côté de la mer, en se roulant sur
elle-même. Elle occupait toute la largeur du fleuve,
et, surmontant ses rivages à droite et à gauche,
elle se brisait avec un fracas horrible parmi les
troncs des arbres de la forêt. Dans l'instant elle

fut sur notre vaisseau, et, le rencontrant en travers, elle le coucha sur le côté : ce mouvement me fit tomber dans l'eau. Un moment après, une seconde vague, encore plus élevée que la première, fit tourner le vaisseau tout-à-fait. Je me souviens qu'alors j'entendis sortir une multitude de cris sourds et étouffés de cette carène renversée ; mais, voulant appeler moi-même mon ami à mon secours, ma bouche se remplit d'eau salée, mes oreilles bourdonnèrent, je me sentis emporter avec une extrême rapidité, et bientôt après je perdis toute connaissance.

Je ne sais combien de temps je restai dans l'eau ; mais quand je revins à moi, j'aperçus, vers l'occident, l'arc d'Iris dans les cieux ; et du côté de l'orient les premiers feux de l'aurore, qui coloraient les nuages d'argent et de vermillon. Une troupe de jeunes filles fort blanches, demi-vêtues de peaux, m'entouraient. Les unes me présentaient des liqueurs dans des coquilles, d'autres m'essuyaient avec des mousses, d'autres me soutenaient la tête avec leurs mains. Leurs cheveux blonds, leurs joues vermeilles, leurs yeux bleus, et je ne sais quoi de céleste que la pitié met sur le visage des femmes, me firent croire que j'étais dans les cieux, et que j'étais servi par les Heures, qui en ouvrent chaque jour les portes aux malheureux mortels. Le premier mouvement de mon cœur fut de vous chercher, et le second fut de vous demander, ô Céphas ! Je ne me serais pas cru heureux, même dans l'Olympe, si vous eussiez manqué à mon bonheur. Mais mon illusion se dissipa lorsque j'entendis ces jeunes filles prononcer de leur bouche de rose un langage inconnu et barbare. Je me rappelai alors peu à peu les circonstances de mon naufrage. Je me levai. Je voulus vous chercher ; mais je ne savais où vous retrouver. J'errais aux environs, au milieu des bois. J'ignorais si le fleuve où nous avions fait naufrage était près ou loin, à ma droite ou à ma gauche ; et, pour surcroît d'embarras, je ne pouvais interroger personne sur sa position.

Après y avoir un peu réfléchi, je remarquai que les herbes étaient humides, et le feuillage des arbres d'un vert brillant ; d'où je conclus qu'il avait plu abondamment la nuit précédente. Je me confirmai dans cette idée, à la vue de l'eau qui coulait encore en torrents jaunes le long des chemins. Je pensai que ces eaux devaient se jeter dans quelque ruisseau, et le ruisseau dans le fleuve. J'allais suivre ces indications, lorsque des hommes, sortis d'une cabane voisine, me forcèrent d'y entrer d'un ton menaçant. Je m'aperçus alors que je n'étais plus libre, et que j'étais esclave chez des peuples où je m'étais flatté d'être honoré comme un Dieu.

J'en atteste Jupiter, ô Céphas ! le déplaisir d'avoir fait naufrage au port, de me voir réduit en servitude par ceux que j'étais venu servir de si loin, d'être relégué dans une terre barbare où je ne pouvais me faire entendre de personne, loin du doux pays de l'Égypte et de mes parents, n'égala pas le chagrin de vous avoir perdu. Je me rappelais la sagesse de vos conseils, votre confiance dans les dieux, dont vous me faisiez sentir la providence au milieu même des plus grands maux ; vos observations sur les ouvrages de la nature, qui la remplissaient pour moi de vie et de bienveillance ; le calme où vous saviez tenir toutes mes passions ; et je sentais, par les nuages qui s'élevaient dans mon cœur, que j'avais perdu en vous le premier des biens, et qu'un ami sage est le plus grand présent que la bonté des dieux puisse accorder à un homme.

Je ne pensais donc qu'au moyen de vous retrouver, et je me flattais d'y réussir en m'enfuyant au milieu de la nuit, si je pouvais seulement me rendre au bord de la mer. Je savais bien que je ne pouvais pas en être fort éloigné ; mais j'ignorais de quel côté elle était. Il n'y avait point aux environs de hauteur d'où je pusse la découvrir. Quelquefois je montais au sommet des plus grands arbres ; mais je n'apercevais que la surface de la forêt qui s'étendait jusqu'à l'horizon. Souvent j'étais attentif au vol des oiseaux, pour voir si je n'apercevrais pas quelque oiseau de marine venant à terre faire son nid dans la forêt, ou quelque pigeon sauvage allant picorer le sel sur les bords de la mer. J'aurais préféré mille fois d'entendre les cris perçants des mauves, lorsqu'elles viennent dans les tempêtes se réfugier sur les rochers, au doux chant des rouges-gorges, qui annonçaient déjà, dans les feuilles jaunies des bois, la fin des beaux jours.

Une nuit que j'étais couché, je crus entendre au loin le bruit que font les flots de la mer, lorsqu'ils se brisent sur ses rivages ; il me sembla même que je distinguais le tumulte des eaux de la Seine poursuivie par Neptune. Leurs mugissements, qui m'avaient transi d'horreur, me comblèrent alors de joie. Je me levai : je sortis de la cabane et je prêtai une oreille attentive ; mais bientôt des rumeurs, qui venaient de diverses parties de l'horizon, confondirent tous mes jugements, et je reconnus que c'étaient les murmures des vents qui agitaient au loin les feuillages des chênes et des hêtres.

Quelquefois j'essayais de faire entendre aux sauvages de ma cabane que j'avais perdu un ami. Je mettais la main sur mes yeux, sur ma bouche et sur mon cœur; je leur montrais l'horizon; je levais au ciel mes mains jointes, et je versais des larmes. Ils comprenaient ce langage muet de ma douleur; car ils pleuraient avec moi; mais, par une contradiction dont je ne pouvais me rendre raison, ils redoublaient de précautions pour m'empêcher de m'éloigner d'eux.

Je m'appliquai donc à apprendre leur langue, afin de les instruire de mon sort et de les y rendre sensibles. Ils s'empressaient eux-mêmes de m'enseigner les noms des objets que je leur montrais. L'esclavage est fort doux chez ces peuples. Ma vie, à la liberté près, ne différait en rien de celle de mes maîtres. Tout était commun entre nous, les vivres, le toit et la terre; sur laquelle nous couchions enveloppés de peaux. Ils avaient même des égards pour ma jeunesse, et ils ne me donnaient à supporter que la moindre partie de leurs travaux. En peu de temps je parvins à converser avec eux. Voici ce que j'ai connu de leur gouvernement et de leur caractère.

Les Gaules sont peuplées d'un grand nombre de petites nations, dont les unes sont gouvernées par des rois, d'autres par des chefs appelés iarles, mais soumises toutes au pouvoir des druides, qui les réunissent sous une même religion, et les gouvernent avec d'autant plus de facilité, que mille coutumes différentes les divisent. Les druides ont persuadé à ces nations qu'elles descendaient de Pluton, dieu des enfers, qu'ils appellent Hoder, ou l'aveugle. C'est pourquoi les Gaulois comptent par nuits, et non point par jours; et ils comptent les heures du jour du milieu de la nuit, contre la coutume de tous les peuples. Ils adorent plusieurs autres dieux aussi terribles que Hoder, tels que Niorder, le maître des vents qui brise les vaisseaux sur leurs côtes, afin, disent-ils, de leur en procurer le pillage. Ainsi ils croient que tout vaisseau qui périt sur les rivages leur est envoyé par Niorder. Ils ont de plus Thor ou Theutatès, le dieu de la guerre, armé d'une massue qu'il lance du haut des airs : ils lui donnent des gants de fer, et un baudrier qui redouble sa fureur quand il en est ceint ; Tir, aussi cruel; le taciturne Vidar, qui porte des souliers fort épais, avec lesquels il peut marcher dans l'air et sur l'eau, sans faire de bruit; Heimdall à la dent d'or, qui voit le jour et la nuit : il entend le bruit le plus léger, même celui que fait l'herbe ou la laine quand elle croît; Uller, le dieu de la glace, chaussé de patins; Loke, qui eut trois enfants de la géante Angherbode, la messagère de douleur, savoir : le loup Fenris, le serpent de Migdar, et l'impitoyable Héla. Héla est la mort. Ils disent que son palais est la misère, sa table la famine, sa porte le précipice, son vestibule la langueur, son lit la consomption. Ils ont encore plusieurs autres dieux, dont les exploits sont aussi féroces que les noms, Hérian, Riflindi, Svidur, Svidrer, Salsk, qui veulent dire le guerrier, le bruyant, l'exterminateur, l'incendiaire, le père du carnage. Les druides honorent ces divinités [11] avec des cérémonies lugubres, des chants lamentables, et des sacrifices humains. Ce culte affreux leur donne tant de pouvoir sur les esprits effrayés des Gaulois, qu'ils président à tous leurs conseils et décident de toutes les affaires. Si quelqu'un s'oppose à leurs jugements, ils le privent de la communion de leurs mystères [12]; et dès ce moment il est abandonné de tout le monde, même de sa femme et de ses enfants. Mais il est rare qu'on ose leur résister; car ils se chargent seuls de l'éducation de la jeunesse, afin de lui imprimer de bonne heure, et d'une manière inaltérable, ces opinions horribles.

Quant aux iarles ou nobles, ils ont droit de vie et de mort sur leurs vassaux. Ceux qui vivent sous des rois, leur paient la moitié du tribut qu'ils lèvent sur les peuples; d'autres les gouvernent entièrement à leur profit. Les plus riches donnent des festins aux plus pauvres de leur classe, qui les accompagnent à la guerre et font vœu de mourir avec eux. Ils sont très braves. S'ils rencontrent à la chasse un ours, le principal d'entre eux met bas ses flèches, attaque seul l'animal, et le tue d'un coup de couteau. Si le feu prend à leur maison, ils ne la quittent point qu'ils ne voient tomber sur eux les solives enflammées. D'autres, sur le bord de la mer, s'opposent, la lance ou l'épée à la main, aux vagues qui brisent sur le rivage. Ils mettent la valeur à résister non-seulement aux ennemis et aux bêtes féroces, mais même aux éléments. La valeur leur tient lieu de justice. Ils ne décident leurs différents que par les armes, et regardent la raison comme la ressource de ceux qui n'ont point de courage. Ces deux classes de citoyens, dont l'une emploie la ruse et l'autre la force pour se faire craindre, se balancent entre elles; mais elles se réunissent pour tyranniser les peuples, qu'elles traitent avec un souverain mépris. Jamais un homme du peuple ne peut parvenir, chez les Gaulois, à remplir aucune charge publique. Il semble que cette nation n'est faite que pour ses prêtres et pour ses grands. Au lieu d'être consolée par les uns et protégée par les autres, comme la justice le requiert, les druides ne l'effraient que pour que les iarles l'oppriment.

On ne trouverait cependant nulle part des hommes qui aient de meilleures qualités que les Gaulois. Ils sont fort ingénieux, et ils excellent dans plusieurs genres d'industrie qu'on ne trouve point ailleurs. Ils couvrent d'étain des plaques de fer [13], avec tant d'art, qu'on les prendrait pour des plaques d'argent. Ils assemblent des pièces de bois avec une si grande justesse, qu'ils en forment des vases capables de contenir toutes sortes de liqueurs. Ce qu'il y a de plus étrange, c'est qu'ils savent y faire bouillir de l'eau sans les brûler. Ils font rougir des cailloux au feu, et les jettent dans l'eau contenue dans le vase de bois, jusqu'à ce qu'elle prenne le degré de chaleur qu'ils veulent lui donner. Ils savent encore allumer du feu sans se servir d'acier ni de caillou, en frottant ensemble du bois de lierre et de laurier. Les qualités de leur cœur surpassent encore celles de leur esprit. Ils sont très hospitaliers. Celui qui a peu le partage de bon cœur avec celui qui n'a rien. Ils aiment leurs enfants avec tant de passion, que jamais ils ne les maltraitent. Ils se contentent de les ramener à leur devoir par des remontrances. Il résulte de cette conduite, qu'en tout temps la plus tendre affection unit tous les membres de leurs familles, et que les jeunes gens y écoutent, avec le plus grand respect, les conseils des vieillards.

Cependant ce peuple serait bientôt détruit par la tyrannie de ses chefs, s'il ne leur opposait leurs propres passions. Quand il arrive des querelles parmi les nobles, il est si persuadé que c'est aux armes à les décider, et que la raison n'y peut rien, qu'il les force, pour mériter son estime, de se battre jusqu'à la mort. Ce préjugé populaire détruit beaucoup d'iarles. D'un autre côté, il est si convaincu des choses terribles que les druides racontent de leurs dieux, et la peur, comme c'est l'ordinaire, lui fait ajouter à leurs traditions des circonstances si effrayantes, que ses prêtres bien souvent tremblent plus que lui devant les idoles qu'ils ont eux-mêmes fabriquées. J'ai bien reconnu parmi eux la vérité de cette maxime de nos livres sacrés, qui dit que Jupiter a voulu que le mal que l'on fait aux hommes rejaillît sept fois sur son auteur, afin que personne ne pût trouver son bonheur dans le malheur d'autrui.

Il y a çà et là, parmi quelques peuples des Gaules, des rois qui fortifient leur autorité, en prenant la défense des plus faibles; mais, ce qui préserve la nation de sa ruine totale, ce sont les femmes. Également opprimées par les lois des druides et par les mœurs féroces des iarles, elles sont réduites au plus dur esclavage. Elles sont chargées des offices les plus pénibles, comme de labourer la terre, d'aller dans les bois chercher le gibier des chasseurs, de porter les bagages des hommes dans les voyages. Elles sont, de plus, assujetties toute leur vie à obéir à leurs propres enfants. Chaque mari a droit de vie et de mort sur la sienne; et, lorsqu'il meurt, si on soupçonne sa mort de n'être pas naturelle, on donne la question à sa femme : si elle s'avoue coupable par la violence des tourments, on la condamne au feu [14].

Ce sexe malheureux triomphe de ses tyrans par leurs propres opinions. Comme c'est la vanité qui les domine, les femmes les tournent en ridicule : une simple chanson leur suffit pour détruire le résultat des assemblées les plus graves. Le peuple, et surtout les jeunes gens, toujours prêts à les servir, font courir cette chanson dans les bourgs et les hameaux. On la chante le jour et la nuit. Celui qui en est le sujet, quel qu'il soit, n'ose plus se montrer. De là il arrive que les femmes, si faibles en particulier, jouissent en général du plus grand pouvoir. Soit crainte du ridicule, soit expérience des lumières des femmes, les chefs n'entreprennent rien sans les consulter; elles décident de la paix et de la guerre. Comme elles sont forcées, par les maux de la société, de renoncer à ses opinions et de se réfugier entre les bras de la nature, elles ne sont ni aveuglées ni endurcies par les préjugés des hommes. De là vient qu'elles voient plus sainement qu'eux dans les affaires publiques, et prévoient avec beaucoup de justesse les événements futurs. Le peuple, dont elles soulagent les maux, frappé de leur trouver souvent plus de discernement qu'à ses chefs, sans en pénétrer les causes, se plaît à leur attribuer quelque chose de divin [15].

Ainsi les Gaulois passent successivement et rapidement de la tristesse à la crainte, et de la crainte à la joie. Les druides les épouvantent; les iarles les maltraitent; les femmes les font rire, chanter et danser. Leur religion, leurs lois et leurs mœurs étant sans cesse en contradiction, ils vivent dans une inconstance perpétuelle, qui fait leur caractère principal. Voilà encore pourquoi ils sont très curieux de nouvelles, et de savoir ce qui se passe chez les étrangers. C'est par cette raison qu'on en trouve beaucoup hors de leur patrie, dont ils aiment à sortir, comme tous les hommes qui y sont malheureux.

Ils méprisent les laboureurs, et ils négligent par conséquent l'agriculture, qui est la base de la félicité publique. Quand nous arrivâmes dans leur pays, ils ne cultivaient que les grains qui peuvent croître dans le cours d'un été, comme les fèves, les lentilles, l'avoine, le petit mil, le seigle, et l'orge. On n'y trouvait que bien peu de froment. Cependant la terre y est très féconde en productions naturelles : il y a beaucoup de pâturages excellents le long des rivières ; les forêts y sont élevées, et remplies de toutes sortes d'arbres fruitiers sauvages. Comme ils manquent souvent de vivres, ils m'employaient à en chercher dans les champs et dans les bois. Je trouvais dans les prairies des gousses d'ail, des racines de daucus et de filipendule. Je revenais quelquefois tout chargé de baies de myrtilles, de faînes de hêtres, de prunes, de poires, de pommes que j'avais cuillies dans la forêt. Ils faisaient cuire ces fruits, dont la plupart ne peuvent se manger crus, tant ils sont âpres. Mais il s'y trouve des arbres qui en produisent d'un goût excellent. J'y ai souvent admiré des pommiers chargés de fruits d'une couleur si éclatante, qu'on les eût pris pour les plus belles fleurs.

Voici ce qu'ils racontent au sujet de ces pommiers, qui y croissent en abondance et de la plus grande beauté. Ils disent que la belle Thétis, qu'ils appellent Friga, jalouse de ce qu'à ses propres noces Vénus, qu'ils appellent Siofne, avait remporté la pomme qui était le prix de la beauté, sans qu'on l'eût mise seulement dans la concurrence des trois déesses, résolut de s'en venger. Un jour donc que Vénus, descendue sur cette partie du rivage des Gaules, y cherchait des perles pour sa parure, et des coquillages appelés manches de couteau, pour son fils Sifionne [16], un Triton lui déroba sa pomme, qu'elle avait mise sur un rocher, et la porta à la déesse des mers. Aussitôt Thétis en sema les pepins dans les campagnes voisines, pour y perpétuer le souvenir de sa vengeance et de son triomphe. Voilà, disent les Gaulois celtiques, la cause du grand nombre de pommiers qui croissent dans leur pays, et de la beauté singulière de leurs filles [17].

L'hiver vint, et je ne saurais vous exprimer quel fut mon étonnement lorsque je vis, pour la première fois de ma vie, le ciel se dissoudre en plumes blanches comme celles des oiseaux, l'eau des fontaines se changer en pierres, et les arbres se dépouiller entièrement de leur feuillage. Je n'avais jamais rien vu de semblable en Égypte. Je crus que les Gaulois ne tarderaient pas à mourir, comme les plantes et les éléments de leur pays ; et sans doute la rigueur de l'air n'aurait pas manqué de me faire mourir moi-même, s'ils n'avaient pris le plus grand soin de me vêtir de fourrures. Mais qu'il est aisé à un homme sans expérience de se tromper ! Je ne connaissais pas les ressources de la nature pour chaque saison comme pour chaque climat. L'hiver est pour ces peuples septentrionaux le temps des festins et de l'abondance. Les oiseaux des rivières, les élans, les taureaux sauvages, les lièvres, les cerfs, les sangliers abondent alors dans leurs forêts, et s'approchent de leurs cabanes. On en tue des quantités prodigieuses. Je ne fus pas moins surpris quand je vis le printemps revenir, et étaler dans ces lieux désolés une magnificence que je ne lui avais jamais vue sur les bords même du Nil. Les rubus, les framboisiers, les églantiers, les fraisiers, les primevères, les violettes, et beaucoup d'autres fleurs inconnues à l'Égypte, bordaient les lisières verdoyantes des forêts. Quelques unes, comme les chèvre-feuilles, grimpaient sur les troncs des chênes, et suspendaient à leurs rameaux leurs guirlandes parfumées. Les rivages, les rochers, les montagnes, les bois, tout était revêtu d'une pompe à la fois magnifique et sauvage. Un si touchant spectacle redoubla ma mélancolie. Heureux, me disais-je, si, parmi tant de plantes, j'en voyais s'élever une seule de celles que j'ai apportées de l'Égypte ! ne fût-ce que l'humble plante du lin, elle me rappellerait ma patrie pendant ma vie ; en mourant, je choisirais près d'elle mon tombeau ; elle apprendrait un jour à Céphas où reposent les os de son ami, et aux Gaulois le nom, et les voyages d'Amasis.

Un jour, pendant que je cherchais à dissiper ma mélancolie en voyant danser de jeunes filles sur l'herbe nouvelle, une d'entre elles quitta la troupe des danseuses, et s'en vint pleurer sur moi : puis, tout-à-coup, elle se joignit à ses compagnes, et continua de danser en jouant et folâtrant avec elles. Je pris ce passage subit de la joie à la douleur et de la douleur à la joie, dans cette jeune fille, pour un effet d'une inconstance naturelle à ce peuple, et je ne m'en mettois pas beaucoup en peine, lorsque je vis sortir de la forêt un vieillard à barbe rousse, revêtu d'une robe de peaux de belette. Il portait à sa main une branche de gui, et à sa ceinture un couteau de caillou. Il était suivi d'une troupe de jeunes gens à la fleur de l'âge, vêtus de baudriers faits des mêmes peaux, et tenant dans leurs mains des courges vides, des chalumeaux de fer, des cornes de bœufs, et d'autres instruments de leur musique barbare.

Dès que ce vieillard parut, toutes les danses cessèrent, tous les visages s'attristèrent, et tout le monde s'éloigna de moi. Mon maître même et sa famille se retirèrent dans leur cabane. Ce méchant vieillard alors s'approcha de moi, me passa une corde de cuir autour du cou, et, ses satellites me forçant de le suivre, ils m'entraînèrent tout éperdu, comme des loups qui emportent un mouton. Ils me conduisirent à travers la forêt jusqu'aux bords de la Seine : là, leur chef m'arrosa de l'eau du fleuve; ensuite, il me fit entrer dans un grand bateau d'écorce de bouleau, où il s'embarqua lui-même avec toute sa troupe.

Nous remontâmes la Seine pendant huit jours, en gardant un profond silence. Le neuvième, nous arrivâmes dans une petite ville bâtie au milieu d'une île. Ils me débarquèrent vis-à-vis, sur la rive droite du fleuve, et ils me conduisirent dans une grande cabane sans fenêtres, qui était éclairée par des torches de sapin. Ils m'attachèrent au milieu de la cabane, à un poteau; et ces jeunes gens, qui me gardaient jour et nuit, armés de haches de caillou, ne cessaient de sauter autour de moi, en soufflant de toutes leurs forces dans leurs cornes de bœufs et leurs fifres de fer. Ils accompagnaient leur affreuse musique de ces horribles paroles, qu'ils chantaient en chœur :

« O Niorder ! ô Riflindi ! ô Svidrer ! ô Héla ! ô
» Héla ! dieux du carnage et des tempêtes, nous
» vous apportons de la chair. Recevez le sang de
» cette victime, de cet enfant de la mort. O
» Niorder ! ô Riflindi ! ô Svidrer ! ô Héla ! ô
» Héla ! »

En prononçant ces mots épouvantables, ils avaient les yeux tournés dans la tête et la bouche écumante. Enfin, ces fanatiques, accablés de lassitude, s'endormirent, à l'exception de l'un d'entre eux, appelé Omfi. Ce nom, dans la langue celtique, veut dire bienfaisant. Omfi, touché de pitié, s'approcha de moi : « Jeune infortuné, me dit-il, une
» guerre cruelle s'est élevée entre les peuples de
» la Grande-Bretagne et ceux des Gaules. Les Bre-
» tons prétendent être les maîtres de la mer qui
» nous sépare de leur île. Nous avons déja perdu
» contre eux deux batailles navales. Le collège des
» druides de Chartres a décidé qu'il fallait des vic-
» times humaines pour se rendre favorable Mars,
» dont le temple est près d'ici. Le chef des drui-
» des, qui a des espions par toutes les Gaules, a
» appris que la tempête t'avait jeté sur nos côtes :
» il a été te chercher lui-même. Il est vieux et sans
» pitié ; il porte les noms de deux de nos dieux
» les plus redoutables. Il s'appelle Tor-Tir [18].
» Mets donc ta confiance dans les dieux de ton
» pays, car ceux des Gaules demandent ton
» sang. »

Il me fut impossible de répondre à Omfi, tant j'étais saisi de frayeur ! Je le remerciai seulement en inclinant la tête ; et aussitôt il s'éloigna de moi, de peur d'être aperçu de ses compagnons.

Je me rappelai dans ce moment la raison qui avait obligé les Gaulois qui m'avaient fait esclave de m'empêcher de m'écarter de leur demeure : ils craignaient que je ne tombasse entre les mains des druides ; mais je n'avais pu vaincre ma fatale destinée. Ma perte maintenant me paraissait si certaine, que je ne croyais pas que Jupiter même pût me délivrer de la gueule de ces tigres affamés de mon sang. Je ne me rappelais plus, ô Céphas, ce que vous m'aviez dit tant de fois, que les dieux n'abandonnent jamais l'innocence. Je ne me ressouvenais plus même qu'ils m'avaient sauvé du naufrage. Le danger présent fait oublier les délivrances passées. Quelquefois je pensais qu'ils ne m'avaient préservé des flots que pour me livrer à une mort mille fois plus cruelle.

Cependant, j'adressais mes prières à Jupiter, et je goûtais une sorte de repos à m'abandonner à cette Providence infinie qui gouverne l'univers, lorsque les portes de ma cabane s'ouvrirent tout-à-coup, et une troupe nombreuse de prêtres entra, ayant Tor-Tir à leur tête, tenant toujours à sa main une branche de guide chêne. Aussitôt la jeunesse barbare qui m'entourait se réveilla, et recommença ses chansons et ses danses funèbres. Tor-Tir vint à moi ; il me posa sur la tête une couronne d'if et une poignée de farine de fèves ; ensuite il me mit un bâillon dans la bouche, et m'ayant délié de mon poteau, il m'attacha les mains derrière le dos. Alors, tout son cortège se mit en marche au bruit de ses lugubres instruments, et deux druides, me soutenant par les bras, me conduisirent au lieu du sacrifice.

Ici Tirtée, s'apercevant que le fuseau de Cyanée lui échappait des mains, et qu'elle pâlissait, lui dit : « Ma fille, il est temps de vous aller re-
» poser. Songez que vous devez vous lever demain
» avant l'aurore, pour aller à la fête du mont
» Lycée, où vous devez offrir, avec vos compa-
» gnes, les dons des bergers sur les autels de Ju-
» piter. » Cyanée, toute tremblante, lui répondit :
« Mon père, j'ai tout préparé pour la fête de de-
» main. Les couronnes de fleurs, les gâteaux de
» froment, les vases de lait, tout est prêt. Mais il
» n'est pas tard : la lune n'éclaire pas le fond du
» vallon ; les coqs n'ont pas encore chanté ; il n'est
» pas minuit. Permettez-moi, je vous en supplie,

» de rester jusqu'à la fin de cette histoire. Mon père, » je suis auprès de vous ; je n'aurai pas peur. »

Tirtée regarda sa fille en souriant ; et s'excusant à Amasis de l'avoir interrompu, il le pria de continuer.

Nous sortîmes de la cabane, reprit Amasis, au milieu d'une nuit obscure, à la lueur enfumée des torches de sapin. Nous traversâmes d'abord un vaste champ de pierres, où l'on voyait çà et là des squelettes de chevaux et de chiens fichés sur des pieux ; de là, nous arrivâmes à l'entrée d'une grande caverne, creusée dans le flanc d'un rocher tout blanc[19]. Des caillots d'un sang noir, répandu aux environs, exhalaient une odeur infecte, et annonçaient que c'était le temple de Mars. Dans l'intérieur de cet affreux repaire étaient rangés, le long des murs, des têtes et des ossements humains ; et au milieu, sur une pièce de roc, s'élevait jusqu'à la voûte une statue de fer représentant le dieu Mars. Elle était si difforme, qu'elle ressemblait plutôt à un bloc de fer rouillé qu'au dieu de la guerre. On y distinguait cependant sa massue hérissée de pointes, ses gants garnis de têtes de clous, et son horrible baudrier, où était figurée la mort. A ses pieds était assis le roi du pays, ayant autour de lui les principaux de l'état. Une foule immense de peuple, répandu au dedans et au dehors de la caverne, gardait un morne silence, saisi de respect, de religion et d'effroi.

Tor-Tir leur adressant la parole à tous, leur dit : « O roi, et vous iarles, rassemblés pour la » défense des Gaules, ne croyez pas triompher de » vos ennemis sans le secours du dieu des batailles. » Vos pertes vous ont fait voir ce qu'il en coûte de » négliger son culte redoutable. Le sang donné » aux dieux épargne celui que versent les mortels. » Les dieux ne font naître les hommes que pour » les faire mourir. Oh ! que vous êtes heureux » que le choix de la victime ne soit pas tombé » sur l'un d'entre vous ! Lorsque je cherchais » en moi-même quelle tête parmi nous leur serait agréable, prêt à leur offrir la mienne pour » le bien de la patrie, Niorder, le dieu des mers, » m'apparut dans les sombres forêts de Chartres ; il était tout dégouttant de l'onde marine. » Il me dit, d'une voix bruyante comme celle des » tempêtes : J'envoie, pour le salut des Gaules, » un étranger sans parents et sans amis. Je l'ai » jeté moi-même sur les rivages de l'occident. » Son sang plaira aux dieux infernaux. Ainsi » parla Niorder. Niorder vous aime, ô enfants » de Pluton ! »

A peine Tor-Tir avait achevé ces mots effroyables, qu'un Gaulois assis auprès du roi s'élança jusqu'à moi ; c'était Céphas. « O Amasis ! ô mon » cher Amasis ! s'écria-t-il. O cruels compatriotes ! » vous allez immoler un homme venu des bords » du Nil pour vous apporter les biens les plus précieux de la Grèce et de l'Égypte ? Vous commencerez donc par moi, qui lui en donnai le » premier désir, et qui le touchai de pitié pour » vous, si cruels envers lui. » En disant ces mots, il me serrait dans ses bras et me baignait de ses larmes. Pour moi, je pleurais et je sanglotais, sans pouvoir lui exprimer autrement les témoignages de ma joie. Aussitôt la caverne retentit de murmures et de gémissements. Les jeunes druides pleurèrent et laissèrent tomber de leurs mains les instruments de mon sacrifice ; car la religion se tut dès que la nature parla. Cependant, personne de l'assemblée n'osait encore me délivrer des mains des sacrificateurs, lorsque les femmes, se jetant au milieu d'eux, m'arrachèrent mes liens, mon bâillon et ma couronne funèbre. Ainsi ce fut pour la seconde fois que je dus la vie aux femmes dans les Gaules.

Le roi, me prenant dans ses bras, me dit : « Quoi ! c'est vous, malheureux étranger, que » Céphas regrettait sans cesse ! O dieux ennemis » de ma patrie, ne nous envoyez-vous des bienfaiteurs que pour les immoler ! » Alors il s'adressa aux chefs des nations, et leur parla avec tant de force des droits de l'humanité, que d'un commun accord ils jurèrent de ne plus réduire à l'esclavage ceux que les tempêtes jetteraient sur leurs côtes, de ne sacrifier à l'avenir aucun homme innocent, et de n'offrir à Mars que le sang des coupables. Tor-Tir, irrité, voulut en vain s'opposer à cette loi : il se retira, en menaçant le roi et tous les Gaulois de la vengeance prochaine des dieux.

Cependant le roi, accompagné de mon ami, me conduisit, au milieu des acclamations du peuple, dans sa ville, située dans l'île voisine. Jusqu'au moment de notre arrivée dans l'île, j'avais été si troublé, que je n'avais été capable d'aucune réflexion. Chaque espèce de circonstance nouvelle de mon malheur resserrait mon cœur et obscurcissait mon esprit. Mais dès que j'eus repris l'usage de mes sens, et que je vins à envisager le péril extrême auquel je venais d'échapper, je m'évanouis. Oh ! que l'homme est faible dans la joie ! il n'est fort qu'à la douleur. Céphas me fit revenir, à la manière des Gaulois, en m'agitant la tête et en soufflant sur mon visage.

Dès qu'il vit que j'avais recouvré l'usage de mes sens, il me prit les mains dans les siennes, et me dit : « O mon ami, que vous m'avez coûté de lar-
» mes ! Dès que les flots de l'Océan, qui renver-
» sèrent notre vaisseau, nous eurent séparés, je
» me trouvai jeté, je ne sais comment, sur la
» rive droite de la Seine. Mon premier soin fut de
» vous chercher. J'allumai des feux sur le rivage;
» je vous appelai; j'engageai plusieurs de mes com-
» patriotes, accourus à mes cris, de visiter dans
» leurs barques les bords du fleuve, pour voir s'ils
» ne vous trouveraient pas : tous nos soins furent
» inutiles. Le jour vint et me montra notre vaisseau
» renversé, la carène en haut, tout près du ri-
» vage, où j'étais. Jamais il ne me vint dans la pen-
» sée que vous eussiez pu aborder sur le rivage
» opposé, dans le Belgium, ma patrie. Ce ne fut
» que le troisième jour que, vous croyant péri,
» je me déterminai à y passer pour y voir mes pa-
» rents. La plupart étaient morts depuis mon ab-
» sence : ceux qui restaient me comblèrent d'a-
» mitiés; mais un frère même ne dédommage pas
» de la perte d'un ami. Je retournai presque aus-
» sitôt de l'autre côté du fleuve. On y déchargeait
» notre malheureux vaisseau, où rien n'avait péri
» que les hommes. Je cherchais votre corps sur le
» rivage de la mer et je le redemandais le soir, le
» matin et au milieu de la nuit, aux nymphes de
» l'Océan, afin de vous élever un tombeau près
» de celui d'Héva. J'aurais passé, je crois, ma vie
» dans ces vaines recherches, si le roi qui règne
» sur les bords de ce fleuve, informé qu'un vais-
» seau phénicien avait péri dans ses domaines,
» n'en avait réclamé les effets, qui lui apparte-
» naient, suivant les lois des Gaules. Je fis donc
» rassembler tout ce que nous avions apporté de
» l'Égypte, jusqu'aux arbres mêmes, qui n'a-
» vaient pas été endommagés par l'eau ; et je me
» rendis avec ces débris auprès de ce prince. Bé-
» nissons donc la providence des dieux, qui nous
» a réunis, et qui a rendu vos maux encore plus
» utiles à ma patrie que vos présents. Si vous
» n'eussiez pas fait naufrage sur nos côtes, on n'y
» eût pas aboli la coutume barbare de condam-
» ner à l'esclavage ceux qui y périssent; et si vous
» n'eussiez pas été condamné à être sacrifié je ne
» vous aurais peut-être jamais revu, et le sang des
» innocents fumerait encore sur les autels du dieu
» Mars. »

Ainsi parla Céphas. Pour le roi, il n'oublia rien de ce qui pouvait me faire oublier le souvenir de mes malheurs. Il s'appelait Bardus. Il était déjà avancé en âge, et il portait, comme son peuple, la barbe et les cheveux longs. Son palais était bâti de troncs de sapins, couchés les uns sur les autres. Il n'y avait pour portes [20] que de grands cuirs de bœuf qui en fermaient les ouvertures. Personne n'y faisait la garde, car il n'avait rien à craindre de ses sujets; mais il avait employé toute son industrie pour fortifier sa ville contre les ennemis du dehors. Il l'avait entourée de murs faits de troncs d'arbres entremêlés de mottes de gazon, avec des tours de pierre aux angles et aux portes. Il y avait au haut de ces tours des sentinelles qui veillaient jour et nuit. Le roi Bardus avait eu cette île de la nymphe Lutétia, sa mère, dont elle portait le nom. Elle n'était d'abord couverte que d'arbres, et Bardus n'avait pas un seul sujet. Il s'occupait à tordre, sur le bord de son île, des câbles d'écorce de tilleul, et à creuser des aunes pour en faire des bateaux. Il vendait les ouvrages de ses mains aux mariniers qui descendaient ou remontaient la Seine. Pendant qu'il travaillait, il chantait les avantages de l'industrie et du commerce, qui lient tous les hommes. Les bateliers s'arrêtaient souvent pour écouter ses chansons. Ils les répétaient et les répandaient dans toutes les Gaules, où elles étaient connues sous le nom de *vers bardes*. Bientôt il vint des gens s'établir dans son île, pour l'entendre chanter, et pour y vivre avec plus de sûreté. Ses richesses s'accrurent avec ses sujets. L'île se couvrit de maisons, les forêts voisines se défrichèrent, et des troupeaux nombreux peuplèrent bientôt les deux rivages voisins. C'est ainsi que ce bon roi s'était formé un empire sans violence. Mais lorsque son île n'était pas encore entourée de murs, et qu'il songeait déjà à en faire le centre du commerce dans toutes les Gaules, la guerre pensa en exterminer les habitants.

Un jour, un grand nombre de guerriers qui remontaient la Seine en canots d'écorce d'orme débarquèrent sur son rivage septentrional, tout vis-à-vis de Lutétia. Ils avaient à leur tête le iarle Carnut, troisième fils de Tendal, prince du nord. Carnut venait de ravager toutes les côtes de la mer Hyperborée, où il avait jeté l'épouvante et la désolation. Il était favorisé en secret, dans les Gaules, par les druides, qui, comme tous les hommes faibles, inclinent toujours pour ceux qui se rendent redoutables. Dès que Carnut eut mis pied à terre, il vint trouver le roi Bardus, et lui dit : « Combattons, toi et moi, à la tête de nos guer-
» riers : le plus faible obéira au plus fort; car la
» première loi de la nature est que tout cède à la
» force. » Le roi Bardus lui répondit : « O Car-

» nut! s'il ne s'agissait que d'exposer ma vie pour
» défendre mon peuple, je le ferais très volontiers;
» mais je n'exposerais pas la vie de mon peuple,
» quand il s'agirait de sauver la mienne. C'est la
» bonté, et non la force, qui doit choisir les rois.
» La bonté seule gouverne le monde, et elle em-
» ploie, pour le gouverner, l'intelligence et la
» force, qui lui sont subordonnées, comme toutes
» les puissances de l'univers. Vaillant fils de Ten-
» dal, puisque tu veux gouverner les hommes,
» voyons qui de toi ou de moi est le plus capable
» de leur faire du bien. Voilà de pauvres Gaulois
» tout nus. Sans reproche, je les ai plusieurs fois
» vêtus et nourris, en me refusant à moi-même
» des habits et des aliments. Voyons si tu sauras
» pourvoir à leurs besoins. »

Carnut accepta le défi. C'était en automne. Il fut à la chasse avec ses guerriers; il tua beaucoup de chevreuils, de cerfs, de sangliers et d'élans. Il donna ensuite, avec la chair de ces animaux, un grand festin à tout le peuple de Lutétia, et vêtit de leurs peaux ceux des habitants qui étaient nus. Le roi Bardus lui dit : « Fils de Tendal, tu es un
» grand chasseur : tu nourriras le peuple dans la
» saison de la chasse; mais au printemps et en été
» il mourra de faim. Pour moi, avec mes blés, la
» laine de mes brebis et le lait de mes troupeaux,
» je puis l'entretenir toute l'année. »

Carnut ne répondit rien; mais il resta campé avec ses guerriers sur le bord du fleuve, sans vouloir se retirer.

Bardus, voyant son obstination, fut le trouver à son tour, et lui proposa un autre défi. « La va-
» leur, lui dit-il, convient à un chef de guerre;
» mais la patience est encore plus nécessaire aux
» rois. Puisque tu veux régner, voyons qui de
» nous deux portera le plus long-temps cette lon-
» gue solive. » C'était le tronc d'un chêne de trente ans. Carnut le pris sur son dos; mais, impatient, il le jeta promptement par terre. Bardus le chargea sur ses épaules, et le porta, sans remuer, jusqu'après le coucher du soleil, et bien avant dans la nuit.

Cependant, Carnut et ses guerriers ne s'en allaient point. Ils passèrent ainsi tout l'hiver, occupés de la chasse. Le printemps venu, ils menaçaient de détruire une ville naissante, qui refusait de leur obéir; et ils étaient d'autant plus à craindre, qu'ils manquaient alors de nourriture. Bardus ne savait comment s'en défaire, car ils étaient les plus forts. En vain il consultait les plus anciens de son peuple; personne ne pouvait lui donner de conseils. Enfin, il exposa son embarras à sa mère Lutétia, qui était fort âgée, mais qui avait un grand sens.

Lutétia lui dit : « Mon fils, vous savez quan-
» tité d'histoires anciennes et curieuses que je
» vous ai apprises dès votre enfance : vous excel-
» lez à les chanter : défiez le fils de Tendal aux
» chansons. »

Bardus fut trouver Carnut, et lui dit : « Fils de
» Tendal, il ne suffit pas à un roi de nourrir ses
» sujets, et d'être ferme et constant dans les tra-
» vaux; il doit savoir bannir de leur pensée les opi-
» nions qui les rendent malheureux, car ce sont
» les opinions qui font agir les hommes, et qui les
» rendent bons ou méchants. Voyons qui de toi ou
» de moi régnera sur leurs esprits. Ce ne fut point
» par des combats qu'Hercule se fit suivre dans les
» Gaules; mais par des chants divins qui sortaient
» de sa bouche comme des chaînes d'or, enchaî-
» naient les oreilles de ceux qui l'écoutaient, et les
» forçaient à le suivre. »

Carnut accepta avec joie ce troisième défi. Il chanta les combats des dieux du nord sur les glaces, les tempêtes de Niorder sur les mers, les ruses de Vidar dans les airs, les ravages de Thor sur la terre, et l'empire de Hoder dans les enfers. Il y joignit le récit de ses propres victoires; et ses chants firent passer une grande fureur dans le cœur de ses guerriers, qui paraissaient prêts à tout détruire.

Pour le roi Bardus, voici ce qu'il chanta :

« Je chante l'aube du matin; les premiers rayons
» de l'aurore qui ont lui sur les Gaules, empire
» de Pluton; les bienfaits de Cérès, et le malheur
» de l'enfant Loïs. Écoutez mes chants, esprits
» des fleuves, et répétez-les aux esprits des mon-
» tagnes bleues.

» Cérès venait de chercher par toute la terre sa
» fille Proserpine. Elle retournait dans la Sicile, où
» elle était adorée. Elle traversait les Gaules sau-
» vages, leurs montagnes sans chemins, leurs val-
» lées désertes et leurs sombres forêts, lorsqu'elle
» se trouva arrêtée par les eaux de la Seine, sa
» nymphe, changée en fleuve.

» Sur la rive opposée de la Seine, se baignait
» alors un bel enfant aux cheveux blonds, appelé
» Loïs. Il aimait à nager dans ses eaux transpa-
» rentes, et à courir tout nu sur ses pelouses soli-
» taires. Dès qu'il aperçut une femme, il fut se
» cacher sous une touffe de roseaux.

» Mon bel enfant, lui cria Cérès en soupirant,
» venez à moi, mon bel enfant! A la voix d'une
» femme affligée, Loïs sort des roseaux. Il met en
» rougissant sa peau d'agneau, suspendue à un

» saule. Il traverse la Seine sur un banc de sable,
» et, présentant la main à Cérès, il lui montre un
» chemin au milieu des eaux.

» Cérès ayant passé le fleuve, donne à l'enfant
» Loïs un gâteau, une gerbe d'épis, et un baiser;
» puis lui apprend comment le pain se fait avec le
» blé, et comment le blé vient dans les champs.
» Grand merci, belle étrangère, lui dit Loïs; je
» vais porter à ma mère vos leçons et vos doux
» présents.

» La mère de Loïs partage avec son enfant et
» son époux le gâteau et le baiser. Le père, ravi,
» cultive un champ, sème le blé. Bientôt la terre
» se couvre d'une moisson dorée, et le bruit se ré-
» pand dans les Gaules qu'une déesse a apporté
» une plante céleste aux Gaulois.

» Près de là vivait un druide. Il avait l'inspec-
» tion des forêts. Il distribuait aux Gaulois, pour
» leur nourriture, les faînes des hêtres et les
» glands des chênes. Quand il vit une terre la-
» bourée et une moisson : Que deviendra ma
» puissance, dit-il, si les hommes vivent de
» froment?

» Il appelle Loïs. Mon bel ami, lui dit-il, où
» étiez-vous quand vous vîtes l'étrangère aux beaux
» épis? Loïs, sans malice, le conduit sur les bords
» de la Seine. J'étais, dit-il, sous ce saule argenté;
» je courais sur ces blanches marguerites; je fus
» me cacher sous ces roseaux, car j'étais nu. Le
» traître druide sourit : il saisit Loïs, et le noie au
» fond des eaux.

» La mère de Loïs ne revoit plus son fils. Elle
» s'en va dans les bois, et s'écrie : Où êtes-vous,
» Loïs, Loïs, mon cher enfant! Les seuls échos
» répètent: Loïs, Loïs, mon cher enfant! Elle court
» tout éperdue le long de la Seine. Elle aperçoit
» sur son rivage une blancheur : Il n'est pas loin,
» dit-elle : voilà ses fleurs chéries, voilà ses blan-
» ches marguerites. Hélas! c'était Loïs, Loïs son
» cher enfant!

» Elle pleure, elle gémit, elle soupire; elle
» prend dans ses bras tremblants le corps glacé de
» Loïs; elle veut le ranimer contre son cœur : mais
» le cœur de la mère ne peut plus réchauffer le
» corps du fils, et le corps du fils glace déjà le cœur
» de la mère : elle est près de mourir. Le druide,
» monté sur un roc voisin, s'applaudit de sa ven-
» geance.

» Les dieux ne viennent pas toujours à la voix
» des malheureux; mais aux cris d'une mère affli-
» gée, Cérès apparut. Loïs, dit-elle, sois la plus
» belle fleur des Gaules. Aussitôt les joues pâles de
» Loïs se développent en calice plus blanc que la
» neige, ses cheveux blonds se changent en filets
» d'or. Une odeur suave s'en exhale. Sa taille lé-
» gère s'élève vers le ciel; mais sa tête se penche
» encore sur les bords du fleuve qu'il a chéri. Loïs
» devient lis.

» Le prêtre de Pluton voit ce prodige, et n'en est
» point touché. Il lève vers les dieux supérieurs un
» visage et des yeux irrités. Il blasphème, il me-
» nace Cérès; il allait porter sur elle une main
» impie, lorsqu'elle lui cria : Tyran cruel et dur,
» demeure.

» A la voix de la déesse il reste immobile. Mais
» le roc ému s'entr'ouvre; les jambes du druide
» s'y enfoncent; son visage barbu et enflammé de
» colère se dresse vers le ciel en pinceaux de pour-
» pre, et les vêtements qui couvraient ses bras
» meurtriers se hérissent d'épines. Le druide de-
» vient chardon.

» Toi, dit la déesse des blés, qui voulais
» nourrir les hommes comme les bêtes, deviens
» toi-même la pâture des animaux. Sois l'ennemi
» des moissons après ta mort, comme tu le fus
» pendant ta vie. Pour toi, belle fleur de Loïs,
» sois l'ornement de la Seine, et que, dans la main
» de ses rois, ta fleur victorieuse l'emporte un
» jour sur le gui des druides.

» Braves suivants de Carnut, venez habiter ma
» ville. La fleur de Loïs parfume mes jardins;
» de jeunes filles chantent jour et nuit son aven-
» ture dans mes champs. Chacun s'y livre à un
» travail facile et gai; et mes greniers, aimés de
» Cérès, rompent sous l'abondance des blés. »

A peine Bardus avait fini de chanter, que les
guerriers du nord, qui mouraient de faim, abandonnèrent le fils de Tendal, et se firent habitants
de Lutétia. « Oh! me disait souvent ce bon roi,
» que n'ai-je ici quelque fameux chantre de la
» Grèce ou de l'Égypte, pour policer l'esprit de
» mes sujets! Rien n'adoucit le cœur des hommes
» comme de beaux chants. Quand on sait faire des
» vers et de belles fictions, on n'a pas besoin de
» sceptre pour régner. »

Il me mena voir avec Céphas le lieu où il avait
fait planter les arbres et les graines réchappées de
notre naufrage. C'était sur les flancs d'une colline
exposée au midi. Je fus pénétré de joie quand je
vis les arbres que nous avions apportés pleins de
suc et de vigueur. Je reconnus d'abord l'arbre aux
coings de Crète, à ses fruits cotonneux et odorants; le noyer de Jupiter, d'un vert lustré; l'a-
velinier, le figuier, le peuplier, le poirier du
mont Ida, avec ses fruits en pyramide : tous ces
arbres venaient de l'île de Crète. Il y avait encore

des vignes de Thasos et de jeunes châtaigniers de l'île de Sardaigne. Je voyais un grand pays dans un petit jardin. Il y avait, parmi ces végétaux, quelques plantes qui étaient mes compatriotes, entre autres le chanvre et le lin. C'étaient celles qui plaisaient le plus au roi, à cause de leur utilité. Il avait admiré les toiles qu'on en faisait en Égypte, plus durables et plus souples que les peaux dont s'habillaient la plupart des Gaulois. Le roi prenait plaisir à arroser lui-même ces plantes, et à en ôter les mauvaises herbes. Déjà le chanvre, d'un beau vert, portait toutes ses têtes égales à la hauteur d'un homme, et le lin en fleur couvrait la terre d'un nuage d'azur.

Pendant que nous nous livrions, Céphas et moi, au plaisir d'avoir fait du bien, nous apprîmes que les Bretons, fiers de leurs derniers succès, non contents de disputer aux Gaulois l'empire de la mer qui les sépare, se préparaient à les attaquer par terre et à remonter la Seine, afin de porter le fer et le feu jusqu'au milieu de leur pays. Ils étaient partis, dans un nombre prodigieux de barques, d'un promontoire de leur île, qui n'est séparé du continent que par un petit détroit. Ils côtoyaient le rivage des Gaules, et ils étaient près d'entrer dans la Seine, dont ils savent franchir les dangers en se mettant dans des anses à l'abri des fureurs de Neptune. L'invasion des Bretons fut sue dans toutes les Gaules, au moment où ils commencèrent à l'exécuter; car les Gaulois allument des feux sur les montagnes, et, par le nombre de ces feux et l'épaisseur de leur fumée, ils donnent des avis qui volent plus promptement que les oiseaux.

À la nouvelle du départ des Bretons, les troupes confédérées des Gaules se mirent en route pour défendre l'embouchure de la Seine. Elles marchaient sous les enseignes de leurs chefs : c'étaient des peaux de loup, d'ours, de vautour, d'aigle, ou de quelque autre animal malfaisant, suspendues au bout d'une gaule. Celle du roi Bardus et de son île était la figure d'un vaisseau, symbole du commerce. Céphas et moi, nous accompagnâmes le roi dans cette expédition. En peu de jours, toutes les troupes gauloises se rassemblèrent sur le bord de la mer.

Trois avis furent ouverts pour la défense de son rivage. Le premier fut d'y enfoncer des pieux pour empêcher les Bretons de débarquer, ce qui était d'une facile exécution, attendu que nous étions en grand nombre, et que la forêt était voisine. Le deuxième fut de les combattre au moment où ils débarqueraient. Le troisième, de ne pas exposer les troupes à découvert à la descente des ennemis, mais de les attaquer lorsque, ayant mis pied à terre, ils s'engageraient dans les bois et les vallées. Aucun de ces avis ne fut suivi; car la discorde était parmi les chefs des Gaulois. Tous voulaient commander, et aucun d'eux n'était disposé à obéir. Pendant qu'ils délibéraient, l'ennemi parut, et il débarqua au moment où ils se mettaient en ordre.

Nous étions perdus sans Céphas. Avant l'arrivée des Bretons, il avait conseillé au roi Bardus de diviser en deux sa troupe, composée des habitants de Lutétia, et de se mettre en embuscade avec la meilleure partie dans les bois qui couvraient le revers de la montagne d'Héva; tandis que lui Céphas combattrait les ennemis avec l'autre partie, jointe au reste des Gaulois. Je priai Céphas de détacher de sa division les jeunes gens, qui brûlaient, comme moi, d'en venir aux mains, et de m'en donner le commandement. Je ne crains point les dangers, lui dis-je; j'ai passé par toutes les épreuves que les prêtres de Thèbes font subir aux initiés, et je n'ai point eu peur. Céphas balança quelques moments. Enfin, il me confia les jeunes gens de sa troupe, en leur recommandant, ainsi qu'à moi, de ne pas s'écarter de sa division.

L'ennemi cependant mit pied à terre. À sa vue, beaucoup de Gaulois s'avancèrent vers lui, en jetant de grands cris; mais comme ils l'attaquaient par petites troupes, ils en furent aisément repoussés; et il aurait été impossible d'en rallier un seul, s'ils n'étaient venus se remettre en ordre derrière nous. Nous aperçûmes bientôt les Bretons qui marchaient pour nous attaquer. Les jeunes gens que je commandais s'ébranlèrent alors, et nous marchâmes aux Bretons, sans nous embarrasser si le reste des Gaulois nous suivait. Quand nous fûmes à la portée du trait, nous vîmes que les ennemis ne formaient qu'une seule colonne, longue, grosse et épaisse, qui s'avançait vers nous à petits pas, tandis que leurs barques se hâtaient d'entrer dans le fleuve pour nous prendre à revers. Je l'avoue, je fus ébranlé à la vue de cette multitude de barbares demi-nus, peints de rouge et de bleu, qui marchaient en silence dans le plus grand ordre. Mais lorsqu'il sortit tout-à-coup de cette colonne silencieuse des nuées de dards, de flèches, de cailloux et de balles de plomb, qui renversèrent plusieurs d'entre nous en les perçant de part en part, alors mes compagnons prirent la fuite. J'allais oublier moi-même que j'avais l'exemple à leur donner, lorsque je vis Céphas à mes côtés; il était suivi de toute l'armée. « Invoquons Her-

» cule, me dit-il, et chargeons. » La présence de mon ami me rendit tout mon courage. Je restai à mon poste, et nous chargeâmes, les piques baissées. Le premier ennemi que je rencontrai fut un habitant des îles Hébrides. Il était d'une taille gigantesque. L'aspect de ses armes inspirait l'horreur; ses épaules et sa tête étaient couvertes d'une peau de raie épineuse; il portait au cou un collier de mâchoires d'hommes, et il avait pour lance le tronc d'un jeune sapin, armé d'une dent de baleine. « Que demandes-tu à Hercule? me » dit-il. Le voici qui vient à toi. » En même temps il me porta un coup de son énorme lance avec tant de furie, que, si elle m'eût atteint, elle m'eût cloué à terre, où elle entra bien avant. Pendant qu'il s'efforçait de la ramener à lui, je lui perçai la gorge de l'épieu dont j'étais armé : il en sortit aussitôt un jet de sang noir et épais, et ce Breton tomba en mordant la terre et en blasphémant les dieux.

Cependant nos troupes, réunies en un seul corps, étaient aux prises avec la colonne des ennemis. Les massues frappaient les massues, les boucliers poussaient les boucliers, les lances se croisaient avec les lances. Ainsi deux fiers taureaux se disputent l'empire des prairies : leurs cornes sont entrelacées; leurs fronts se heurtent; ils se poussent en mugissant; et soit qu'ils reculent ou qu'ils avancent, ces deux rivaux ne se séparent point. Ainsi nous combattions corps à corps. Cependant cette colonne, qui nous surpassait en nombre, nous accablait de son poids, lorsque le roi Bardus la vint charger en queue, à la tête de ses soldats, qui jetaient de grands cris. Aussitôt une terreur panique saisit ces barbares, qui avaient cru nous envelopper et qui l'étaient eux-mêmes. Ils abandonnèrent leurs rangs et s'enfuirent vers les bords de la mer, pour regagner leurs barques qui étaient loin de là. On en fit alors un grand massacre, et on en prit beaucoup de prisonniers.

Après la bataille, je dis à Céphas : Les Gaulois doivent la victoire au conseil que vous avez donné au roi; pour moi, je vous dois l'honneur. J'avais demandé un poste que je ne connaissais pas. Il fallait y donner l'exemple, et j'en étais incapable, lorsque votre présence m'a rassuré. Je croyais que les initiations de l'Égypte m'avaient fortifié contre tous les dangers; mais il est aisé d'être brave dans un péril dont on est sûr de sortir. Céphas me répondit : « O Amasis! il y a plus de force à avouer » ses fautes, qu'il n'y a de faiblesse à les commet- » tre. C'est Hercule qui nous a donné la victoire; » mais après lui, c'est la surprise qui a ôté le » courage à nos ennemis, et qui avait ébranlé le » vôtre. La valeur militaire s'apprend par l'exer- » cice, comme toutes les autres vertus. Nous de- » vons, en tout temps, nous méfier de nous- » mêmes. En vain nous nous appuyons sur notre » expérience; nous ne devons compter que sur » le secours des dieux. Pendant que nous nous » cuirassons d'un côté, la fortune nous frappe de » l'autre. La seule confiance dans les dieux cou- » vre un homme tout entier. »

On consacra à Hercule une partie des dépouilles des Bretons. Les druides voulaient qu'on brûlât les ennemis prisonniers, parceque ceux-ci en usent de même à l'égard des Gaulois qu'ils ont pris dans les batailles. Mais je me présentai dans l'assemblée des Gaulois, et je leur dis : « O peu- » ples! vous voyez par mon exemple si les dieux » approuvent les sacrifices humains. Ils ont remis » la victoire dans vos mains généreuses : les souil- » lerez-vous dans le sang des malheureux? N'y a- » t-il pas eu assez de sang versé dans la fureur du » combat? En répandrez-vous maintenant sans » colère, et dans la joie du triomphe? Vos ennemis » immolent leurs prisonniers : surpassez-les en » générosité, comme vous les surpassez en cou- » rage. » Les iarles et tous les guerriers applaudirent à mes paroles. Ils décidèrent que les prisonniers de guerre seraient désormais réduits à l'esclavage.

Je fus donc cause qu'on abolit la loi qui les condamnait au feu. C'était aussi à mon occasion qu'on avait abrogé la coutume de sacrifier des innocents à Mars, et de réduire les naufragés en servitude. Ainsi, je fus trois fois utile aux hommes dans les Gaules; une fois par mes succès, et deux fois par mes malheurs : tant il est vrai que les dieux tirent le bien du mal quand il leur plaît!

Nous revînmes à Lutétia, comblés par les peuples d'honneurs et d'applaudissements. Le premier soin du roi, à son arrivée, fut de nous mener voir son jardin. La plupart de nos arbres étaient en rapport. Il admira d'abord comment la nature avait préservé leurs fruits de l'attaque des oiseaux. Là châtaigne, encore en lait, était couverte de cuir et d'une coque épineuse. La noix tendre était protégée par une dure coquille et par un brou amer. Les fruits mous étaient défendus avant leur maturité par leur âpreté, leur acidité ou leur verdeur. Ceux qui étaient mûrs invitaient à les cueillir. Les abricots dorés, les pêches veloutées et les coings cotonneux exhalaient les plus doux parfums. Les rameaux du prunier étaient couverts de fruits violets, saupoudrés de poudre blanche.

Les grappes, déjà vermeilles, pendaient à la vigne; et sur les larges feuilles du figuier, la figue entr'ouverte laissait couler son suc en gouttes de miel et de cristal. « On voit bien, dit le roi, que » ces fruits sont des présents des dieux. Ils ne sont » pas, comme les semences des arbres de nos fo- » rêts, à une hauteur où on ne puisse atteindre [21]. » Ils sont à la portée de la main. Leurs riantes » couleurs appellent les yeux, leurs doux parfums » l'odorat, et ils semblent formés pour la bouche, » par leur forme et leur rondeur. » Mais quand ce bon roi en eut savouré le goût : « O vrai pré- » sent de Jupiter! dit-il; aucun mets préparé par » l'homme ne leur est comparable : ils surpassent » en douceur le miel et la crème. O mes chers » amis! mes respectables hôtes! vous m'avez » donné plus que mon royaume : vous avez ap- » porté dans les Gaules sauvages une portion de » la délicieuse Égypte. Je préfère un seul de ces » arbres à toutes les mines d'étain qui rendent » les Bretons si riches et si fiers. »

Il fit appeler les principaux habitants de la cité, et il voulut que chacun d'eux goûtât de ces fruits merveilleux. Il leur recommanda d'en conserver précieusement les semences, et de les mettre en terre dans leur saison. A la joie de ce bon roi et de son peuple, je sentis que le plus grand plaisir de l'homme était de faire du bien à ses semblables. Céphas me dit : « Il est temps de montrer à mes » compatriotes l'usage des arts de l'Égypte. J'ai » sauvé du vaisseau naufragé la plupart de nos » machines, mais jusqu'ici elles sont restées inu- » tiles, sans que j'osasse même les regarder; car » elles me rappelaient trop vivement le souvenir » de votre perte. Voici le moment de nous en ser- » vir. Ces froments sont mûrs; cette chenevière » et ces lins ne tarderont pas à l'être. »

Quand on eut recueilli ces plantes, nous apprîmes au roi et à son peuple l'usage des moulins pour réduire le blé en farine, et les divers apprêts qu'on donne à la pâte pour en faire du pain [22]. Avant notre arrivée, les Gaulois mondaient le blé, l'avoine et l'orge de leurs écorces, en les battant avec des pilons de bois dans des troncs d'arbres creusés, et ils se contentaient de faire bouillir ces grains pour leur nourriture. Nous leur montrâmes ensuite à faire rouir le chanvre dans l'eau, pour le séparer de son chaume, à le sécher, à le briser, à le teiller, à le peigner, à le filer, et à tordre ensemble plusieurs de ses fils pour en faire des cordes. Nous leur fîmes voir comme ces cordes, par leur force et leur souplesse, deviennent propres à être les nerfs de toutes les machines. Nous leur ensei-

gnâmes à tendre les fils du lin sur des métiers, pour en faire de la toile au moyen de la navette; et comment ces doux travaux font passer aux jeunes filles les longues nuits de l'hiver dans l'innocence et dans la joie.

Nous leur apprîmes l'usage de la tarière, de l'herminette, du rabot, et de la scie inventée par l'ingénieux Dédale; comment ces outils donnent à l'homme de nouvelles mains, et façonnent à son usage une multitude d'arbres dont les bois se perdent dans les forêts. Nous leur enseignâmes à tirer de leurs troncs noueux de grosses vis et de lourds pressoirs, propres à exprimer le jus d'une infinité de fruits et à extraire des huiles des plus durs noyaux. Ils ne recueillirent pas beaucoup de raisin de nos vignes; mais nous leur donnâmes un grand désir d'en multiplier les ceps, non-seulement par l'excellence de leurs fruits, mais en leur faisant goûter des vins de Crète et de l'île de Thasos, que nous avions sauvés dans des urnes.

Après leur avoir montré l'usage d'une infinité de biens que la nature a placés sur la terre à la vue de l'homme, nous leur apprîmes à découvrir ceux qu'elle a mis sous ses pieds : comment on peut trouver de l'eau dans les lieux les plus éloignés des fleuves, au moyen des puits inventés par Danaüs; de quelle manière on découvre les métaux ensevelis dans le sein de la terre; comment, après les avoir fait fondre en lingots, ou les forge sur l'enclume pour les diviser en tables et en lames; comment, par des travaux plus faciles, l'argile se façonne, sur la roue du potier, en figures et en vases de toutes les formes. Nous les surprîmes bien davantage, en leur montrant des bouteilles de verre faites avec du sable et des cailloux. Ils étaient ravis d'étonnement de voir la liqueur qu'elles renfermaient se manifester à la vue et échapper à la main. Mais quand nous leur lûmes les livres de Mercure Trismégiste, qui traitent des arts libéraux et des sciences naturelles, ce fut alors que leur admiration n'eut plus de bornes. D'abord ils ne pouvaient comprendre que la parole pût sortir d'un livre muet, et que les pensées des premiers Égyptiens eussent pu se transmettre jusqu'à eux sur des feuilles fragiles de papyrus. Quand ils entendirent ensuite le récit de nos découvertes, qu'ils virent les prodiges de la mécanique, qui remue avec de petits leviers les plus lourds fardeaux, et ceux de la géométrie, qui mesure des distances inaccessibles, ils étaient hors d'eux-mêmes. Les merveilles de la chimie et de la magie, les divers phénomènes de physique, les faisaient passer de ravissement en ravissement. Mais, lorsque nous leur eûmes prédit une éclipse de lune, qu'ils regardaient avant notre arrivée comme une défaillance accidentelle de cette planète, et qu'ils virent, au moment que nous leur indiquâmes, l'astre de la nuit s'obscurcir dans un ciel serein, ils tombèrent à nos pieds en disant : « Certainement vous êtes des dieux ! » Omfi, ce jeune druide qui avait paru si sensible à mes malheurs, assistait à toutes nos instructions. Il nous dit : « A vos lumières et à vos bienfaits, » je suis tenté de vous prendre pour quelques uns » des dieux supérieurs ; mais aux maux que vous » avez soufferts, je vois que vous n'êtes que des » hommes comme nous. Sans doute vous avez » trouvé quelque moyen de monter dans le ciel ; » ou les habitants du ciel sont descendus dans l'heu-» reuse Égypte, pour vous communiquer tant de » biens et tant de lumières. Vos sciences et vos » arts surpassent notre intelligence, et ne peuvent » être que les effets d'un pouvoir divin. Vous êtes » les enfants chéris des dieux supérieurs : pour » nous, Jupiter nous a abandonnés aux dieux in-» fernaux. Notre pays est couvert de stériles forêts » habitées par des génies malfaisants, qui sèment » notre vie de discordes, de guerres civiles, de » terreurs, d'ignorances et d'opinions malheureu-» ses. Notre sort est mille fois plus déplorable que » celui des bêtes qui, vêtues, logées et nourries » par la nature, suivent leur instinct sans s'égarer, » et ne craignent point les enfers. »

» Les dieux, lui répondit Céphas, n'ont été in-» justes envers aucun pays, ni à l'égard d'aucun » homme. Chaque pays a des biens qui lui sont par-» ticuliers, et qui servent à entretenir la communi-» cation entre tous les peuples par des échanges » réciproques. La Gaule a des métaux que l'É-» gypte n'a pas : ses forêts sont plus belles ; ses » troupeaux ont plus de lait, et ses brebis plus de » toison. Mais, dans quelque lieu que l'homme ha-» bite, son partage est toujours fort supérieur à » celui des bêtes, parcequ'il a une raison qui se » développe à proportion des obstacles qu'elle sur-» monte ; qu'il peut, seul des animaux, appliquer » à son usage des moyens auxquels rien ne peut » résister, tels que le feu. Ainsi Jupiter lui a donné » l'empire sur la terre, en éclairant sa raison de » l'intelligence même de la nature, et en ne con-» fiant qu'à lui l'élément qui en est le premier » moteur. »

Céphas parla ensuite à Omfi et aux Gaulois des récompenses réservées dans un autre monde à la vertu et à la bienfaisance, et des punitions destinées au vice et à la tyrannie ; de la métempsycose et des autres mystères de la religion de l'Égypte, autant qu'il est permis à un étranger de les connaître. Les Gaulois, consolés par ses discours et par nos présents, nous appelaient leurs bienfaiteurs, leurs pères, les vrais interprètes des dieux. Le roi Bardus nous dit : « Je ne veux adorer que » Jupiter. Puisque Jupiter aime les hommes, il » doit protéger particulièrement les rois, qui sont » chargés du bonheur des nations. Je veux aussi » honorer Isis, qui a apporté ses bienfaits sur la » terre, afin qu'elle présente au roi des dieux les » vœux de mon peuple. » En même temps il ordonna qu'on élevât un temple[23] à Isis à quelque distance de la ville, au milieu de la forêt ; qu'on y plaçât sa statue avec l'enfant Orus dans ses bras, telle que nous l'avions apportée dans le vaisseau ; qu'elle fût servie avec toutes les cérémonies de l'Égypte ; que ses prêtresses, vêtues de lin, l'honorassent nuit et jour par des chants, et par une vie pure qui approche l'homme des dieux.

Ensuite il voulut apprendre à connaître et à tracer les caractères ioniques. Il fut si frappé de l'utilité de l'écriture, que, dans un transport de sa joie, il chanta ces vers :

« Voici des caractères magiques, qui peuvent » évoquer les morts du sein des tombeaux. Ils » nous apprendront ce que nos pères ont pensé il » y a mille ans ; et dans mille ans ils instruiront nos » enfants de ce que nous pensons aujourd'hui. Il » n'y a point de flèche qui aille aussi loin, ni de » lance aussi forte. Ils atteindraient un homme » retranché au haut d'une montagne ; ils pénètrent » dans la tête malgré le casque, et traversent le » cœur malgré la cuirasse. Ils calment les sédi-» tions, ils donnent de sages conseils, ils font ai-» mer, ils consolent, ils fortifient ; mais, si quel-» que homme méchant en fait usage, ils produisent » un effet contraire.

» Mon fils, me dit un jour ce bon roi, les lunes » de ton pays sont-elles plus belles que les nôtres ? » Te reste-t-il quelque chose à regretter en Égypte ? » Tu nous en as apporté ce qu'il y a de meilleur : » les plantes, les arts et les sciences. L'Égypte » tout entière doit être ici pour toi. Reste avec » nous : tu régneras après moi sur les Gaulois. Je » n'ai d'autre enfant qu'une fille unique, qui s'ap-» pelle Gotha : je te la donnerai en mariage. Crois-» moi, un peuple vaut mieux qu'une famille ; et » une bonne femme, qu'une patrie. Gotha demeure » dans cette île là-bas, dont on aperçoit d'ici les » arbres : car il convient qu'une jeune fille soit » élevée loin des hommes, et surtout loin de la » cour des rois. »

Le désir de faire le bonheur d'un peuple suspen-

Elle était entourée de Cygnes.

dit en moi l'amour de la patrie. Je consultai Céphas, qui approuva les vues du roi. Je priai donc ce prince de me faire conduire au lieu qu'habitait sa fille, afin que, suivant la coutume des Égyptiens, je pusse me rendre agréable à celle qui devait être un jour la compagne de mes peines et de mes plaisirs. Le roi chargea une vieille femme, qui venait chaque jour au palais chercher des vivres pour Gotha, de me conduire chez elle. Cette vieille me fit embarquer avec elle dans un bateau chargé de provisions ; et, nous laissant aller au cours du fleuve, nous abordâmes en peu de temps dans l'île où demeurait la fille du roi Bardus. On appelait cette île l'île aux Cygnes, parceque ces oiseaux venaient au printemps faire leurs nids dans les roseaux qui bordaient ses rivages, et qu'en tout temps ils paissaient l'*anserina potentilla*[24], qui y croît abondamment. Nous mîmes pied à terre, et nous aperçûmes la princesse assise sous des aunes, au milieu d'une pelouse toute jaune des fleurs de l'anserina. Elle était entourée de cygnes, qu'elle appelait à elle en leur jetant des grains d'avoine. Quoiqu'elle fût à l'ombre des arbres, elle surpassait ces oiseaux en blancheur par l'éclat de son teint et de sa robe, qui était d'hermine. Ses cheveux étaient du plus beau noir ; ils étaient ceints, ainsi que sa robe, d'un ruban rouge. Deux femmes, qui l'accompagnaient à quelque distance, vinrent au-devant de nous. L'une attacha notre bateau aux branches d'un saule, et l'autre, me prenant par la main, me conduisit vers sa maîtresse. La jeune princesse me fit asseoir sur l'herbe, auprès d'elle ; après quoi elle me présenta de la farine de millet bouillie, un canard rôti sur des écorces de bouleau, avec du lait de chèvre dans une corne d'élan. Elle attendit ensuite, sans me rien dire, que je m'expliquasse sur le sujet de ma visite.

Quand j'eus goûté, suivant l'usage, aux mets qu'elle m'avait offerts, je lui dis : « O belle Gotha ! » je desire devenir le gendre du roi, votre père ; » et je viens, de son consentement, savoir si ma » recherche vous sera agréable. »

La fille du roi Bardus baissa les yeux, et me répondit : « O étranger ! je suis demandée en ma- » riage par plusieurs iarles qui font tous les jours » à mon père de grands présents pour m'obtenir, » mais je n'en aime aucun. Ils ne savent que se » battre. Pour toi, je crois, si tu deviens mon » époux, que tu feras mon bonheur, puisque tu » fais déja celui de mon peuple. Tu m'apprendras » les arts de l'Égypte, et je deviendrai semblable » à la bonne Isis de ton pays, dont on dit tant de » bien dans les Gaules. »

Après avoir ainsi parlé, elle regarda mes habits, admira la finesse de leur tissu, et les fit examiner à ses femmes, qui levaient les mains au ciel de surprise ; elle ajouta ensuite en me regardant : « Quoique tu viennes d'un pays rempli de toute » sorte de richesse et d'industrie, il ne faut pas » croire que je manque de rien, et que je sois » moi-même dépourvue d'intelligence. Mon père » m'a élevée dans l'amour du travail, et il me fait » vivre dans l'abondance de toutes choses. »

En même temps elle me fit entrer dans son palais, où vingt de ses femmes étaient occupées à lui plumer des oiseaux de rivière, et à lui faire des parures et des robes de leur plumage ; elle me montra des corbeilles et des nattes de jonc très fin, qu'elle avait elle-même tissues ; des vases d'étain en quantité ; cent peaux de loup, de martre et de renard, avec vingt peaux d'ours. « Tous ces biens, » me dit-elle, t'appartiendront, si tu m'épouses ; » mais ce sera à condition que tu n'auras point » d'autre femme que moi, que tu ne m'obligeras » point de travailler à la terre, ni d'aller chercher » les peaux des cerfs et des bœufs sauvages que » tu auras tués dans les forêts ; car ce sont des » usages auxquels les maris assujettissent leurs » femmes dans ce pays, et qui ne me plaisent point » du tout : que si tu t'ennuies un jour de vivre » avec moi, tu me remettras dans cette île où tu » es venu me chercher, et où mon plaisir est de » nourrir des cygnes, et de chanter les louanges » de la Seine, nymphe de Cérès. »

Je souris en moi-même de la naïveté de la fille du roi Bardus, et à la vue de tout ce qu'elle appelait des biens ; mais comme la véritable richesse d'une femme est l'amour du travail, la simplicité, la franchise, la douceur, et qu'il n'y a aucune dot qui soit comparable à ces vertus, je lui répondis : « O belle Gotha ! le mariage chez les Égyptiens » est une union égale, un partage commun de » biens et de maux. Vous me serez chère comme » la moitié de moi-même. » Je lui fis présent alors d'un écheveau de lin, crû et préparé dans les jardins du roi son père. Elle le prit avec joie, et me dit : « Mon ami, je filerai ce lin, et j'en ferai » une robe pour le jour de mes noces. » Elle me présenta à son tour ce chien que vous voyez, si couvert de poils qu'à peine on lui voit les yeux. Elle me dit : « Ce chien s'appelle Gallus ; il des- » cend d'une race très fidèle ; il te suivra partout, » sur la terre, sur la neige et dans l'eau ; il t'ac- » compagnera à la chasse, et même dans les com- » bats ; il te sera en tout temps un fidèle compa- » gnon, et un symbole de mon amour. » Comme la fin du jour approchait, elle m'avertit de me retirer, de ne point descendre à l'avenir par le fleuve; mais d'aller par terre le long du rivage, jusque vis-à-vis de son île, où ses femmes viendraient me chercher, afin de cacher notre bonheur aux jaloux. Je pris congé d'elle, et je m'en revins chez moi en formant dans mon esprit mille projets agréables.

Un jour que j'allais la voir par un des sentiers de la forêt, suivant son conseil, je rencontrai un des principaux iarles, accompagné de quantité de ses vassaux; ils étaient armés comme s'ils eussent été en guerre. Pour moi j'étais sans armes, comme un homme qui est en paix avec tout le monde, et qui ne songe qu'à faire l'amour. Cet iarle s'avança vers moi d'un air fier, et me dit: « Que viens-tu » faire dans ce pays de guerriers, avec tes arts de » femmes? Prétends-tu nous apprendre à filer le » lin, et obtenir pour ta récompense la belle Gotha? Je m'appelle Torstan; j'étais un des compagnons de Carnut; je me suis trouvé à vingt-» deux combats de mer et à trente duels; j'ai » combattu trois fois contre Witikind, ce roi fa-» meux du nord; je veux porter ta chevelure aux » pieds du dieu Mars, auquel tu as échappé, et » boire dans ton crâne le lait de mes troupeaux. »

Après un discours si brutal, je crus que ce barbare allait m'assassiner; mais, joignant la loyauté à la férocité, il ôta son casque et sa cuirasse, qui étaient de peau de bœuf, et me présenta deux épées nues, en m'en donnant le choix.

Il était inutile de parler raison à un jaloux et à un furieux. J'invoquai en moi-même Jupiter, le protecteur des étrangers; et, choisissant l'épée la plus courte, mais la plus légère, quoiqu'à peine je pusse la manier, nous commençâmes un combat terrible, tandis que ses vassaux nous environnaient comme témoins, en attendant que la terre rougît du sang de leur chef, ou de celui de leur hôte.

Je songeai d'abord à désarmer mon ennemi, pour épargner sa vie; mais il ne m'en laissa pas le maître; la colère le mettait hors de lui. Le premier coup qu'il voulut me porter fit sauter un grand éclat d'un chêne voisin; j'esquivai l'atteinte de son épée en baissant la tête. Ce mouvement redoubla son insolence. « Quand tu t'inclinerais, » me dit-il, jusqu'aux enfers, tu ne saurais m'é-» chapper. » Alors, prenant son épée à deux mains, il se précipita sur moi avec fureur; mais Jupiter donnant le calme à mes sens, je parai du fort de mon épée le coup dont il voulait m'accabler; et lui en présentant la pointe, il s'en perça lui-même bien avant dans la poitrine. Deux ruisseaux de sang sortirent à la fois de sa blessure et de sa bouche; il tomba sur le dos; ses mains lâchèrent son épée, ses yeux se tournèrent vers le ciel, et il expira. Aussitôt ses vassaux environnèrent son corps en jetant de grands cris; mais ils me laissèrent aller sans me faire aucun mal; car il règne beaucoup de générosité parmi ces barbares. Je me retirai à la cité, en déplorant ma victoire.

Je rendis compte à Céphas et au roi de ce qui venait de m'arriver. « Ces iarles, dit le roi, me » donnent bien du souci; ils tyrannisent mon peu-» ple. S'il y a quelque mauvais sujet dans le pays, » ils ne manquent pas de l'attirer à eux, pour » fortifier leur parti. Ils se rendent quelquefois redoutables à moi-même; mais les druides le sont » encore davantage. Personne ici n'ose rien faire » sans leur aveu. Comment m'y prendre pour af-» faiblir ces deux puissances? J'ai cru qu'en aug-» mentant celle des iarles, j'opposerais une digue » à celle des druides; mais le contraire est arrivé. » La puissance des druides est augmentée, il sem-» ble que l'une et l'autre s'accordent pour étendre » leur oppression sur mon peuple, et jusque sur » mes hôtes. O étranger! me dit-il, vous ne l'avez » que trop éprouvé! » Puis se tournant vers Céphas: « O mon ami! ajouta-t-il, vous qui avez » acquis dans vos voyages l'expérience nécessaire » au gouvernement des hommes, donnez quelques » conseils à un roi qui n'est jamais sorti de son » pays! Oh! je sens que les rois devraient voyager. »

« O roi! répondit Céphas, je vous dévoilerai » une partie de la politique et de la philosophie de » l'Égypte. Une des lois fondamentales de la na-» ture est que tout soit gouverné par des contrai-» res. C'est des contraires que résulte l'harmonie » du monde; il en est de même de celles des na-» tions. La puissance des armes et celle de la re-» ligion se combattent chez tous les peuples. Ces » deux puissances sont nécessaires pour la conser-» vation de l'état. Lorsque le peuple est opprimé » par ses chefs, il se réfugie vers ses prêtres; et » lorsqu'il est opprimé par ses prêtres, il se réfu-» gie vers ses chefs. La puissance des druides a » donc augmenté chez vous par celle même des » iarles; car ces deux puissances se balancent par-» tout. Si vous voulez donc diminuer l'une des » deux, loin d'augmenter celle qui lui est opposée, » ainsi que vous l'avez fait, il faut, au contraire, » l'affaiblir.

» Il y a un moyen encore plus simple et plus sûr » de diminuer à la fois les deux puissances qui » vous font ombrage: c'est de rendre votre peuple » heureux; car il n'ira plus chercher de protection

» hors de vous, et ces deux puissances se détruiront
» bientôt, puisqu'elles ne doivent leur influence
» qu'à l'opinion de ce même peuple. Vous en vien-
» drez à bout en donnant aux Gaulois des moyens
» abondants de subsistance, par l'établissement des
» arts qui adoucissent la vie, et surtout en hono-
» rant et favorisant l'agriculture, qui en est le sou-
» tien. Votre peuple vivant dans l'abondance, les
» iarles et les druides s'y trouveront aussi. Lors-
» que ces deux corps seront contents de leur sort,
» ils ne chercheront point à troubler celui des au-
» tres; ils n'auront plus à leur disposition cette
» foule d'hommes misérables, demi-nus et à moi-
» tié morts de faim, qui, pour avoir de quoi vivre,
» sont toujours prêts à servir la violence des uns,
» ou la superstition des autres; il résultera de cette
» politique humaine que votre propre puissance,
» fortifiée de celle d'un peuple que vous rendrez
» heureux par vos soins, anéantira celle des iarles
» et des druides. Dans toute monarchie bien ré-
» glée, le pouvoir du roi est dans le peuple, et ce-
» lui du peuple dans le roi. Vous ramènerez alors
» vos nobles et vos prêtres à leurs fonctions natu-
» relles. Les iarles défendront la nation au dehors,
» et ne l'opprimeront plus au dedans; et les drui-
» des ne gouverneront plus les Gaulois par la ter-
» reur; mais ils les consoleront et les aideront,
» par leurs lumières et leurs conseils, à supporter
» les maux de la vie, ainsi que doivent faire les
» ministres de toute religion.

» C'est par cette politique que l'Égypte est par-
» venue à un degré de puissance et de félicité qui
» en a fait le centre des nations; et que la sagesse
» de ses prêtres s'est rendue recommandable par
» toute la terre. Souvenez-vous donc de cette
» maxime, que tout excès dans le pouvoir d'un
» corps religieux ou militaire vient du malheur
» du peuple, parceque toute puissance vient de
» lui. Vous ne détruirez cet excès qu'en rendant
» le peuple heureux.

» Lorsque votre autorité sera suffisamment
» établie, conférez-en une partie à des magistrats
» choisis parmi les plus gens de bien. Veillez sur-
» tout sur l'éducation des enfants de votre peuple;
» mais gardez-vous de la confier au premier venu
» qui voudra s'en charger, et encore moins à au-
» cun corps particulier, tel que celui des druides,
» dont les intérêts sont toujours différents de ceux
» de l'état. Considérez l'éducation des enfants de
» votre peuple comme la partie la plus précieuse
» de votre administration. C'est elle seule qui
» forme les citoyens : les meilleures lois ne sont
» rien sans elle.

» En attendant que vous puissiez jeter d'une
» manière solide les fondements du bonheur des
» Gaulois, opposez quelques digues à leurs maux.
» Instituez beaucoup de fêtes, qui les dissipent par
» des chants et par des danses. Balancez l'influence
» réunie des iarles et des druides par celle des
» femmes. Aidez celles-ci à sortir de leur escla-
» vage domestique. Qu'elles assistent aux festins,
» aux assemblées, et même aux fêtes religieuses.
» Leur douceur naturelle affaiblira peu à peu la
» férocité des mœurs et de la religion. »

Le roi répondit à Céphas : « Vos observations
» sont pleines de vérité; et vos maximes de sa-
» gesse. J'en profiterai. Je veux rendre cette ville
» fameuse par son industrie. En attendant, mon
» peuple ne demande pas mieux que de se réjouir
» et de chanter; je lui ferai moi-même des chan-
» sons. Quant aux femmes, je crois véritablement
» qu'elles peuvent m'aider beaucoup : c'est par
» elles que je commencerai à rendre mon peuple
» heureux, au moins par les mœurs, si je ne le
» puis par les lois. »

Pendant que ce bon roi parlait, nous aperçûmes, sur le bord opposé de la Seine, le corps de
Torstan. Il était tout nu, et paraissait sur l'herbe
comme un monceau de neige. Ses amis et ses vasseaux l'entouraient, et jetaient de temps en temps
des cris affreux. Un de ses amis traversa le fleuve
dans une barque, et vint dire au roi : « Le sang se
» paie par le sang; que l'Égyptien périsse! » Le
roi ne répondit rien à cet homme; mais quand il
fut parti, il me dit : « Votre défense a été légi-
» time; mais ce serait ma propre injure, que je
» serais obligé de m'éloigner. Si vous restez, vous
» serez, par les lois, obligé de vous battre succes-
» sivement avec tous les parents de Torstan, qui
» sont nombreux, et vous succomberez tôt ou tard.
» D'un autre côté, si je vous défends contre eux,
» ainsi que je le ferai, vous entraînerez cette ville
» naissante dans votre perte; car les parents, les
» amis et les vassaux de Torstan ne manqueront
» pas de l'assiéger, et il se joindra à eux beaucoup
» de Gaulois que les druides irrités contre vous
» excitent à la vengeance. Cependant soyez sûr
» que vous trouverez ici des hommes qui ne vous
» abandonneront pas dans le plus grand danger. »

Aussitôt il donna des ordres pour la sûreté de la
ville, et on vit accourir sur ses remparts tous les
habitants, disposés à soutenir un siége en ma faveur. Ici, ils faisaient des amas de cailloux; là, ils
plaçaient de grandes arbalètes et de longues poutres armées de pointes de fer. Cependant, nous
voyions arriver le long de la Seine une grande foule

de peuple. C'étaient les amis, les parents, les vassaux de Torstan, avec leurs esclaves ; les partisans des druides, ceux qui étaient jaloux de l'établissement du roi, et ceux qui, par inconstance, aiment la nouveauté. Les uns descendaient le fleuve en barques ; d'autres traversaient la forêt en longues colonnes. Tous venaient s'établir sur les rivages voisins de Lutétia, et ils étaient en nombre infini. Il m'était impossible désormais de m'échapper. Il ne fallait pas compter d'y réussir à la faveur des ténèbres ; car, dès que la nuit fut venue, les mécontents allumèrent une multitude de feux, dont le fleuve était éclairé jusqu'au fond de son canal.

Dans cette perplexité, je formai en moi-même une résolution qui fut agréable à Jupiter. Comme je n'attendais plus rien des hommes, je résolus de me jeter entre les bras de la vertu, et de sauver cette ville naissante en allant me livrer seul aux ennemis. À peine eus-je mis ma confiance dans les dieux, qu'ils vinrent à mon secours.

Omfi se présenta devant nous, tenant à la main une branche de chêne, sur laquelle avait crû une branche de gui. À la vue de cet arbrisseau qui avait pensé m'être si fatal, je frissonnai ; mais je ne savais pas que l'on doit souvent son salut à qui l'on a dû sa perte, comme aussi l'on doit souvent sa perte à qui l'on a dû son salut. « O roi ! dit Omfi,
» ô Céphas ! soyez tranquilles ; j'apporte de quoi
» sauver votre ami. Jeune étranger, me dit-il,
» quand toutes les Gaules seraient conjurées con-
» tre toi, voici de quoi les traverser sans qu'aucun
» de tes ennemis ose seulement te regarder en
» face. C'est ce rameau de gui qui a crû sur cette
» branche de chêne. Je vais te raconter d'où vient
» le pouvoir de cette plante, également redouta-
» ble aux hommes [25] et aux dieux de ce pays. Un
» jour Balder raconta à sa mère Friga qu'il avait
» songé qu'il mourrait. Friga conjura le feu, les
» métaux, les pierres, les maladies, l'eau, les ani-
» maux, les serpents, de ne faire aucun mal à son
» fils ; et les conjurations de Friga étaient si puis-
» santes que rien ne pouvait leur résister. Balder
» allait donc dans les combats des dieux, au milieu
» des traits, sans rien craindre. Loke, son en-
» nemi, voulut en savoir la raison. Il prit la forme
» d'une vieille, et vint trouver Friga. Il lui dit :
» Dans les combats, les traits et les rochers tom-
» bent sur votre fils Balder, sans lui faire de mal.
» Je le crois bien, dit Friga, toutes ces choses me
» l'ont juré. Il n'y a rien dans la nature qui puisse
» l'offenser. J'ai obtenu cette grace de tout ce qui
» a quelque puissance. Il n'y a qu'un petit arbuste
» à qui je ne l'ai pas demandée, parcequ'il m'a
» paru trop faible. Il était sur l'écorce d'un chêne ;
» à peine avait-il une racine. Il vivait sans terre.
» Il s'appelle Mistilten. C'était le gui. Ainsi parla
» Friga. Loke aussitôt courut chercher cet ar-
» buste ; et venant à l'assemblée des dieux pendant
» qu'ils combattaient contre l'invulnérable Balder
» (car leurs jeux sont des combats), il s'approcha de
» l'aveugle Hoder : Pourquoi, lui dit-il, ne lances-
» tu pas aussi des traits à Balder ? Je suis aveugle,
» répondit Hoder, et je n'ai point d'armes. Loke
» lui présente le gui de chêne, et lui dit : Balder
» est devant toi. L'aveugle Hoder lance le gui :
» Balder tombe percé, et sans vie. Ainsi le fils in-
» vulnérable d'une déesse fut tué par une branche
» de gui lancée par un aveugle. Voilà l'origine du
» respect porté dans les Gaules à cet arbrisseau.
» Plains, ô étranger ! un peuple gouverné par la
» crainte, au défaut de la raison. J'avais cru, à ton
» arrivée, que tu en ferais naître l'empire par les
» arts de l'Égypte, et voir l'accomplissement d'un
» ancien oracle fameux parmi nous, qui prédit à
» cette ville les plus grandes destinées ; que ses
» temples s'élèveront au-dessus des forêts ; qu'elle
» réunira dans son sein des hommes de toutes les
» nations ; que l'ignorant viendra y chercher des
» lumières, l'infortuné des consolations, et que les
» dieux s'y communiqueront aux hommes comme
» dans l'heureuse Égypte. Mais ces temps sont en-
» core bien éloignés. »

Le roi nous dit, à Céphas et à moi : « O mes
» amis ! profitez promptement du secours qu'Omfi
» vous apporte. » En même temps, il nous fit préparer une barque armée de bons rameurs. Il nous donna deux demi-piques de bois de frêne, qu'il avait ferrées lui-même, et deux lingots d'or, qui étaient les premiers fruits de son commerce. Il chargea ensuite des hommes de confiance de nous conduire chez les Vénitiens. « Ce sont, nous dit-il,
» les meilleurs navigateurs des Gaules. Ils vous
» donneront les moyens de retourner dans votre
» pays ; car leurs vaisseaux vont dans la Méditer-
» ranée. C'est d'ailleurs un bon peuple. Pour vous,
» ô mes amis ! vos noms seront à jamais célèbres
» dans les Gaules. Je chanterai Céphas et Amasis ;
» et pendant que je vivrai, leurs noms retentiront
» souvent sur ces rivages. »

Ainsi nous prîmes congé de ce bon roi, et d'Omfi mon libérateur. Ils nous accompagnèrent jusqu'au bord de la Seine, en versant des larmes, ainsi que nous. Pendant que nous traversions la ville, une foule de peuple nous suivait, en nous donnant les plus tendres marques d'affection. Les femmes portaient leurs petits enfants dans leurs bras et sur leurs épaules, et nous montraient en pleurant les pièces de lin dont ils étaient vêtus. Nous dîmes adieu au roi Bardus et à Omfi, qui ne pouvaient se résoudre à se séparer de nous. Nous les vîmes long-temps sur la tour la plus élevée de la ville, qui nous faisaient signe des mains pour nous dire adieu.

A peine nous avions débordé l'île, que les amis de Torstan se jetèrent dans une multitude de barques, et vinrent nous attaquer en poussant des cris effroyables. Mais, à la vue de l'arbrisseau sacré que je portais dans mes mains, et que j'élevais en l'air, ils tombaient prosternés au fond de leurs bateaux, comme s'ils eussent été frappés par un pouvoir divin; tant la superstition a de force sur des esprits séduits! Nous passâmes ainsi au milieu d'eux, sans courir le moindre risque.

Nous remontâmes le fleuve pendant un jour. Ensuite, ayant mis pied à terre, nous nous dirigeâmes vers l'occident, à travers des forêts presque impraticables. Leur sol était çà et là couvert d'arbres renversés par le temps. Il était tapissé partout de mousses épaisses et pleines d'eau, où nous enfoncions quelquefois jusqu'aux genoux. Les chemins qui divisent ces forêts, et qui servent de limites à différentes nations des Gaules, étaient si peu fréquentés, que de grands arbres y avaient poussé. Les peuples qui les habitaient étaient encore plus sauvages que leur pays. Ils n'avaient d'autres temples que quelque if frappé de la foudre, ou un vieux chêne dans les branches duquel quelque druide avait placé une tête de bœuf avec ses cornes. Lorsque, la nuit, le feuillage de ces arbres était agité par les vents et éclairé par la lumière de la lune, ils s'imaginaient voir les esprits et les dieux de ces forêts. Alors, saisis d'une terreur religieuse, ils se prosternaient à terre, et adoraient en tremblant ces vains fantômes de leur imagination. Nos conducteurs mêmes n'auraient jamais osé traverser ces lieux, que la religion leur rendait redoutables, s'ils n'avaient été rassurés bien plus par la branche de gui que je portais, que par nos raisons.

Nous ne trouvâmes, en traversant les Gaules, aucun culte raisonnable de la Divinité, si ce n'est qu'un soir, en arrivant sur le haut de la montagne couverte de neige, nous y aperçûmes un feu au milieu d'un bois de hêtres et de sapins. Un rocher moussu, taillé en forme d'autel, lui servait de foyer. Il y avait de grands amas de bois sec, et des peaux d'ours et de loup étaient suspendues aux rameaux des arbres voisins. On n'apercevait d'ailleurs autour de cette solitude, dans toute l'étendue de l'horizon, aucune marque du séjour des hommes. Nos guides nous dirent que ce lieu était consacré au dieu des voyageurs. Ce mot de consacré me fit frémir. Je dis à Céphas : Éloignons-nous d'ici. Tout autel m'est suspect dans les Gaules. Je n'honore désormais la Divinité que dans les temples de l'Égypte. Céphas me répondit : « Fuyez toute religion qui asservit un homme à » un autre homme au nom de la Divinité, fût-ce » même en Égypte; mais partout où l'homme est » servi, Dieu est dignement honoré, fût-ce même » dans les Gaules. Partout le bonheur des hommes » fait la gloire de Dieu. Pour moi, je sacrifie à » tous les autels où l'on soulage les maux du genre » humain. » Alors il se prosterna, et fit sa prière; ensuite, il jeta dans le feu un tronçon de sapin et des branches de genévrier, qui parfumèrent les airs en pétillant. J'imitai son exemple; après quoi nous fûmes nous asseoir au pied du rocher, dans un lieu tapissé de mousse et abrité du vent du nord; et, nous étant couverts des peaux suspendues aux arbres, malgré la rigueur du froid, nous passâmes la nuit fort chaudement. Le matin venu, nos guides nous dirent que nous marcherions jusqu'au soir sur des hauteurs semblables, sans trouver ni bois, ni feu, ni habitation. Nous bénîmes une seconde fois la Providence de l'asile qu'elle nous avait donné; nous remîmes religieusement nos pelleteries aux rameaux de sapins; nous jetâmes de nouveau bois dans le foyer; et, avant de nous mettre en route, je gravai ces mots sur l'écorce d'un hêtre :

CÉPHAS ET AMASIS
ONT ADORÉ ICI LE DIEU
QUI PREND SOIN DES VOYAGEURS.

Nous passâmes successivement chez les Carnutes, les Cénomanes, les Diablinthes, les Redons, les Curiosolites, les habitants de Dariorigum, et enfin nous arrivâmes à l'extrémité occidentale de la Gaule, chez les Vénitiens. Les Vénitiens sont les plus habiles navigateurs de ces mers. Ils ont même fondé une colonie de leur nom, au fond du golfe Adriatique[26]. Dès qu'ils surent que nous étions les amis du roi Bardus, ils nous comblèrent d'amitiés. Ils nous offrirent de nous ramener directement en Égypte, où ils ont porté leur commerce; mais, comme ils trafiquaient aussi dans la Grèce, Céphas me dit : « Allons en Grèce, nous » y aurons des occasions fréquentes de retourner » dans votre patrie. Les Grecs sont amis des Égyp» tiens. Ils doivent à l'Égypte les fondateurs les

» plus illustres de leurs villes; Cécrops a donné des
» lois à Athènes, et Inachus à Argos. C'est à Ar-
» gos que règne Agamemnon, dont la réputation
» est répandue par toute la terre. Nous l'y verrons
» couvert de gloire au sein de sa famille, et entouré
» de rois et de héros. S'il est encore au siége de
» Troie, ses vaisseaux nous ramèneront aisément
» dans votre patrie. Vous avez vu le dernier degré
» de civilisation en Égypte, la barbarie dans les
» Gaules; vous trouverez en Grèce une politesse
» et une élégance qui vous charmeront. Vous au-
» rez ainsi le spectacle des trois périodes que par-
» courent la plupart des nations. Dans la première,
» elles sont au-dessous de la nature; elles y attei-
» gnent dans la seconde; elles vont au-delà dans la
» troisième. »

Les vues de Céphas flattaient trop mon ambition pour la gloire, pour ne pas saisir l'occasion de connaître des hommes aussi fameux que les Grecs, et surtout qu'Agamemnon. J'attendis avec impatience le retour des jours favorables à la navigation; car nous étions arrivés en hiver chez les Vénétiens. Nous passâmes cette saison dans des festins continuels, suivant l'usage de ces peuples. Dès que le printemps fut venu, nous nous embarquâmes pour Argos. Avant de quitter les Gaules, nous apprîmes que notre départ de Lutétia avait fait renaître la tranquillité dans les états du roi Bardus; mais que sa fille, la belle Gotha, s'était retirée avec ses femmes dans le temple d'Isis, à laquelle elle s'était consacrée, et que nuit et jour elle faisait retentir la forêt de ses champs harmonieux.

Je fus très sensible au chagrin de ce bon roi, qui perdait sa fille par un effet même de notre arrivée dans son pays, qui devait le couvrir un jour de gloire; et j'éprouvai moi-même la vérité de cette ancienne maxime, que la considération publique ne s'acquiert qu'aux dépens du bonheur domestique.

Après une navigation assez longue, nous rentrâmes dans le détroit d'Hercule. Je sentis une joie vive à la vue du ciel de l'Afrique, qui me rappelait le climat de ma patrie. Nous vîmes les hautes montagnes de la Mauritanie; Abila, située au détroit d'Hercule, et celle qu'on nomme les Sept-Frères, parcequ'elles sont d'une égale hauteur. Elles sont couvertes depuis leur sommet jusqu'au bord de la mer de palmiers chargés de dattes. Nous découvrimes les riches coteaux de la Numidie, qui se couronnent deux fois par an de moissons qui croissent à l'ombre des oliviers, tandis que des haras de superbes chevaux paissent en toute saison dans leurs vallées toujours vertes. Nous côtoyâmes les bords de la Syrte, où croît le fruit délicieux du lothos, qui fait, dit-on, oublier la patrie aux étrangers qui en mangent. Bientôt nous aperçûmes les sables de la Libye, au milieu desquels sont placés les jardins enchantés des Hespérides; comme si la nature se plaisait à faire contraster les contrées les plus arides avec les plus fécondes. Nous entendions la nuit les rugissements des tigres et des lions, qui venaient se baigner dans la mer; et au lever de l'aurore, nous les voyions se retirer vers les montagnes.

Mais la férocité de ces animaux n'approchait pas de celle des hommes de ces régions. Les uns immolent leurs enfants à Saturne; d'autres ensevelissent les femmes toutes vives dans les tombeaux de leurs époux. Il y en a qui, à la mort de leurs rois, égorgent tous ceux qui les ont servis. D'autres tâchent d'attirer les étrangers sur leurs rivages, pour les dévorer. Nous pensâmes un jour être la proie de ces anthropophages; car, pendant que nous étions descendus à terre, et que nous échangions paisiblement avec eux de l'étain et du fer pour divers fruits excellents qui croissent dans leur pays, ils nous dressèrent une embuscade dont nous ne sortîmes qu'avec bien de la peine. Depuis cet événement, nous n'osâmes plus débarquer sur ces côtes inhospitalières, que la nature a placées en vain sous un si beau ciel.

J'étais si irrité des traverses de mon voyage, entrepris pour le bonheur des hommes, et surtout de cette dernière perfidie, que je dis à Céphas: Je crois toute la terre, excepté l'Égypte, couverte de barbares. Je crois que des opinions absurdes, des religions inhumaines et des mœurs féroces, sont le partage naturel de tous les peuples; et sans doute la volonté de Jupiter est qu'ils y soient abandonnés pour toujours, car il les a divisés en tant de langues différentes, que l'homme le plus bienfaisant, loin de pouvoir les réformer, ne peut pas seulement s'en faire entendre.

Céphas me répondit: « N'accusons point Jupi-
» ter des maux des hommes. Notre esprit est si
» borné, que quoique nous sentions quelquefois
» que nous sommes mal, il nous est impossible
» d'imaginer comment nous pourrions être mieux.
» Si nous ôtions un seul des maux naturels qui
» nous choquent, nous verrions naître de son ab-
» sence mille autres maux plus dangereux. Les
» peuples ne s'entendent point; c'est un mal, se-
» lon vous: mais s'ils parlaient tous le même lan-
» gage, les impostures, les erreurs, les préjugés,
» les opinions cruelles, particulières à chaque na-

» tion, se répandraient par toute la terre. La con-
» fusion générale qui est dans les paroles serait
» alors dans les pensées. » Il me montra une grappe
de raisin : « Jupiter, dit-il, a divisé le genre hu-
» main en plusieurs langues, comme il a divisé en
» plusieurs grains cette grappe, qui renferme un
» grand nombre de semences, afin que si une
» partie de ces semences se trouvait attaquée par
» la corruption, l'autre en fût préservée [27].

» Jupiter n'a divisé les langages des hommes
» qu'afin qu'ils pussent toujours entendre celui de
» la nature. Partout la nature parle à leur cœur,
» éclaire leur raison, et leur montre le bonheur
» dans un commerce mutuel de bons offices. Par-
» tout, au contraire, les passions des peuples dé-
» pravent leur cœur, obscurcissent leurs lumières,
» les remplissent de haines, de guerres, de dis-
» cordes et de superstitions, en ne leur montrant
» le bonheur que dans leur intérêt personnel et
» dans la ruine d'autrui.

» La division des langues empêche ces maux
» particuliers de devenir universels; et s'ils
» sont permanents chez quelques peuples, c'est
» qu'il y a des corps ambitieux qui en profitent;
» car l'erreur et le vice sont étrangers à l'homme.
» L'office de la vertu est de détruire ces maux.
» Sans le vice, la vertu n'aurait guère d'exercice
» sur la terre. Vous allez arriver chez les Grecs.
» Si ce qu'on a dit d'eux est véritable, vous trou-
» verez dans leurs mœurs une politesse et une
» élégance qui vous raviront. Rien ne doit être
» égal à la vertu de leurs héros, exercés par de
» longs malheurs. »

Tout ce que j'avais éprouvé jusqu'alors de la barbarie des nations redoublait le désir que j'a-vais d'arriver à Argos, et de voir le grand Aga-memnon heureux au milieu de sa famille. Déja nous apercevions le cap de Ténare, et nous étions près de le doubler, lorsqu'un vent d'Afrique nous jeta sur les Strophades. Nous voyions la mer se briser contre les rochers qui environnent ces îles. Tantôt en se retirant elle en découvrait les fonde-ments caverneux; tantôt s'élevant tout-à-coup elle les couvrait, en rugissant, d'une vaste nappe d'é-cume. Cependant nos matelots s'obstinaient, mal-gré la tempête, à atteindre le cap de Ténare, lorsqu'un tourbillon de vent déchira nos voiles. Alors nous avons été forcés de relâcher à Sténi-claros.

De ce port, nous nous sommes mis en route pour nous rendre à Argos par terre. C'est en allant à ce séjour du roi des rois que nous vous avons rencontré, ô bon berger ! Maintenant nous desi-rons vous accompagner au mont Lycée, afin de voir l'assemblée d'un peuple dont les bergers ont des mœurs si hospitalières et si polies. En disant ces dernières paroles, Amasis regarda Céphas, qui les approuva d'un signe de tête.

Tirtée dit à Amasis : « Mon fils, votre récit nous
» a beaucoup touchés; vous avez dû en juger par
» nos larmes. Les Arcadiens ont été plus malheu-
» reux que les Gaulois [28]. Nous n'oublierons ja-
» mais le règne de Lycaon, changé jadis en loup,
» en punition de sa cruauté. Mais, à cette heure,
» ce sujet nous mènerait trop loin. Je remercie
» Jupiter de vous avoir disposé, ainsi que votre
» ami, à passer demain la journée avec nous
» au mont Lycée. Vous n'y verrez ni palais, ni
» ville royale, et encore moins des sauvages et des
» druides; mais des gazons, des bois, des ruis-
» seaux, et des bergers qui vous recevront de bon
» cœur. Puissiez-vous prolonger long-temps votre
» séjour parmi nous ! Vous trouverez demain, à
» la fête de Jupiter, des hommes de toutes les par-
» ties de la Grèce, et des Arcadiens bien plus in-
» struits que moi, qui connaîtront sans doute la
» ville d'Argos. Pour moi, je vous l'avoue, je n'ai
» jamais ouï parler du siége de Troie, ni de la
» gloire d'Agamemnon, dont on parle, dites-vous,
» par toute la terre. Je ne me suis occupé que du
» bonheur de ma famille et de celui de mes voisins.
» Je ne connais que les prairies et les troupeaux.
» Jamais je n'ai porté ma curiosité hors de mon
» pays. La vôtre, qui vous a jeté si jeune au mi-
» lieu des nations étrangères, est digne d'un dieu
» et d'un roi. »

Alors Tirtée, se retournant vers sa fille, lui dit : « Cyanée, apportez-nous la coupe d'Hercule. » Cyanée se leva aussitôt, courut la chercher, et la présenta à son père d'un air riant. Tirtée la rem-plit de vin, puis s'adressant aux deux voyageurs, il leur dit : « Hercule a voyagé comme vous, mes
» chers hôtes. Il est venu dans cette cabane; il s'y
» est reposé lorsqu'il poursuivit, pendant un an,
» la biche aux pieds d'airain du mont Érimanthe.
» Il a bu dans cette coupe : vous êtes dignes d'y
» boire après lui. Aucun étranger n'y a bu avant
» vous. Je ne m'en sers qu'aux grandes fêtes, et
» je ne la présente qu'à mes amis. » Il dit, et il of-frit la coupe à Céphas. Elle était de bois de hêtre, et tenait une cyathe de vin. Hercule la vidait d'une haleine; mais Céphas, Amasis et Tirtée eurent as-sez de peine à la vider en y buvant deux fois tour à tour.

Tirtée ensuite conduisit ses hôtes dans une chambre voisine. Elle était éclairée par une fenêtre fermée d'une claie de roseaux, à travers laquelle on apercevait, au clair de la lune, dans la plaine voisine, les îles de l'Alphée. Il y avait dans cette chambre deux bons lits, avec des couvertures d'une laine chaude et légère. Alors Tirtée prit congé de ses hôtes, en souhaitant que Morphée versât sur eux ses plus doux pavots. Quand Amasis fut seul avec Céphas, il lui parla avec transport de la tranquillité de ce vallon, de la bonté du berger, de la sensibilité et des graces de sa jeune fille, à laquelle il ne trouvait rien de comparable, et des plaisirs qu'il se promettait le lendemain à la fête de Jupiter, où il se flattait de voir un peuple entier aussi heureux que cette famille solitaire. Ces agréables entretiens leur auraient fait passer à l'un et à l'autre la nuit sans dormir, malgré les fatigues de leur voyage, s'ils n'avaient été invités au sommeil par la douce clarté de la lune qui luisait à travers la fenêtre, par le murmure du vent dans le feuillage des peupliers, et par le bruit lointain de l'Achéloüs, dont la source se précipite en mugissant du haut du mont Lycée.

NOTES
DU
PRÉAMBULE DE L'ARCADIE.

L'usage des notes, si commun aujourd'hui dans nos livres, vient, d'une part, de la maladresse des auteurs, qui se trouvent embarrassés pour interpoler dans leurs ouvrages des observations qu'ils croient intéressantes; et de l'autre, de la délicatesse des lecteurs, qui ne veulent point être interrompus dans leur lecture par des digressions. Les anciens, qui écrivaient mieux que nous, n'ajoutaient point de notes à leur texte; mais ils s'y écartaient à droite et à gauche, suivant leurs besoins. C'est ainsi qu'ont écrit les philosophes et les historiens les plus célèbres de l'antiquité, tels qu'Hérodote, Platon, Xénophon, Tacite, le bon Plutarque... Leurs digressions répandent, à mon avis, une agréable variété dans leurs ouvrages. Ils vous font voir bien du pays en peu de temps, et vous promènent par des lacs, des montagnes, des forêts, en vous conduisant toutefois au but; ce qui n'est pas aisé. Mais cette marche fatigue nos auteurs et nos lecteurs modernes, qui ne veulent voyager que dans des plaines. Pour ôter donc aux autres, et surtout à moi, une partie de l'embarras du chemin, j'ai fait des notes, et je les ai mises à part. Cet ordre, de plus, a cela de commode pour le lecteur, qu'il ne sera point obligé de les lire si le texte l'ennuie.

[1] PAGE 594.

Dieu m'a fait cette insigne faveur, que quelque trouble qu'ait éprouvé ma raison, je n'en ai jamais perdu l'usage à mes yeux, et surtout à ceux des autres hommes. Dès que je sentais les paroxysmes de mon mal, je me retirais dans la solitude. Quelle était donc cette raison extraordinaire qui m'avertissait que ma raison ordinaire se troublait? Je suis tenté de croire qu'il y a dans notre ame un foyer inaltérable de lumières, que les plus épaisses ténèbres ne peuvent obscurcir entièrement. C'est, je pense, ce *sensorium* qui avertit l'homme ivre que sa raison est exaltée, et le vieillard caduc que son jugement est affaibli. Pour voir luire ce flambeau au dedans de nous, il faut le calme des passions, la solitude, et surtout l'habitude de rentrer en soi-même. Je regarde ce sentiment intime de nos fonctions intellectuelles comme l'essence même de notre ame, et une preuve de son immatérialité.

[2] PAGE 595.

Le docteur Roux, auteur du *Journal de Médecine*, et le docteur Buquet, professeur de la Faculté de Médecine de Paris; tous deux morts, dans la force de l'âge, de leurs propres remèdes contre les maux de nerfs.

[3] PAGE 595.

Quoique j'aie coutume de nommer dans mes écrits, lorsque j'en trouve l'occasion, les personnes qui m'ont rendu quelque service, et auxquelles j'ai des obligations essentielles, ce n'en est ni le temps ni le lieu. Je n'ai mis ici, des mémoires de ma vie, que ce qui pouvait servir de préambule à mon ouvrage sur l'Arcadie.

[4] PAGE 597.

Il y avait, ce me semble, plusieurs défauts dans les établissements des jésuites au Paraguay. Comme ces religieux ne se mariaient pas, qu'ils n'avaient point en eux-mêmes de principe indépendant d'existence, qu'ils se recrutaient toujours avec des Européens, et qu'ils formaient dans leurs rédemptions mêmes une nation dans une autre nation, il est arrivé que la destruction de leur ordre en Europe a entraîné celle de leurs établissements en Amérique. D'ailleurs, la régularité conventuelle et les cérémonies multipliées qu'ils avaient introduites dans leur administration politique ne pouvaient convenir qu'à un peuple enfant, qu'il faut sans cesse tenir par la lisière et conduire par les yeux. Ils n'en méritent pas moins une louange immortelle, pour avoir rassemblé une multitude de barbares sous des lois humaines, et leur avoir enseigné les arts utiles à la vie, en les préservant de la corruption des peuples civilisés.

[5] PAGE 597.

Ils mangent aussi des chiens, ces amis naturels de l'homme. J'ai remarqué que tout peuple qui avait cette coutume n'épargnait pas dans l'occasion la chair de ses semblables : manger des chiens est un pas vers l'anthropophagie.

[6] PAGE 597.

Nom des hommes du peuple à l'île de Taïti, et dans les îles de cet archipel. Il ne leur est pas permis de manger de la chair de porc, qui y est excellente, quoique cet animal y soit fort commun. Elle est réservée pour les e-arrés, qui sont les chefs. Les toutous élèvent les porcs, et les e-arrés les mangent *.

* *Voyez* les Voyages du capitaine Cook.

⁷ PAGE 606.

Ces comparaisons sont des beautés qui semblent réservées à la poésie ; mais je crois que la peinture pourrait se les approprier, et en tirer de grands effets. Par exemple, lorsqu'un peintre représente sur le devant d'un tableau de bataille un jeune homme d'un caractère intéressant tué et étendu sur l'herbe, il pourrait mettre auprès de lui quelque belle plante sauvage analogue à son caractère, dont les fleurs seraient pendantes et les tiges à demi coupées. Si c'était dans un tableau de bataille moderne, il pourrait y mutiler, et, si j'ose le dire, y tuer des végétaux d'un plus grand ordre, tels qu'un arbre à fruit, ou même un chêne ; car nos boulets font bien un autre désordre dans nos campagnes que les flèches et les javelots des anciens. Ils labourent les gazons des collines, brisent les forêts, coupent les jeunes arbres en deux, et enlèvent de grands éclats du tronc des plus vieux chênes. Je ne crois pas avoir jamais vu aucun de ces effets dans les tableaux de nos batailles modernes. Ils sont cependant bien communs dans nos guerres, et redoublent les impressions de terreur que les peintres se proposent de faire naître en représentant de pareils sujets. La désolation d'un pays a encore plus d'expression que des groupes de morts et de mourants. Ses bocages brisés, les sillons noirs de ses prairies et ses rochers écornés montrent les effets de la fureur des hommes, qui s'étendent jusqu'aux antiques monuments de la nature. On y reconnaît la colère des rois, qui est leur dernière raison, ainsi qu'on le lit sur leurs canons : *Ultima ratio regum*. On pourrait même exprimer dans toute l'étendue d'un tableau de bataille les détonations du bruit de l'artillerie, que les vallons répètent à plusieurs lieues de distance, en représentant dans les lointains des bergers effrayés qui s'éloignent avec leurs troupeaux, des volées d'oiseaux qui fuient vers l'horizon, et des bêtes fauves qui abandonnent les bois.

Les consonnances physiques redoublent les sensations morales, surtout lorsqu'elles passent d'un règne de la nature à un autre règne.

⁸ PAGE 607.

Voilà les raisons personnelles qu'il pouvait avoir de parler peu dans les cercles ; mais je ne doute pas qu'il n'en eût de beaucoup plus fortes, du côté même de nos sociétés. Je trouve ces raisons générales si bien déduites dans l'excellent chapitre des *Essais* de Montaigne, *Sur l'art de conférer*, que je ne puis m'empêcher d'en extraire ici quelques lignes, afin d'engager le lecteur à le lire tout entier.

« Comme notre esprit se fortifie par la communication
» des esprits vigoureux et réglés, il ne se peut dire com-
» bien il se perd et s'abâtardit par le continuel com-
» merce et la fréquentation des esprits bas et maladifs. Il
» n'est contagion qui s'épande comme celle-là. Je sais,
» par assez d'expérience, combien en vaut l'aune. J'aime
» à contester et à discourir ; mais c'est avec peu d'hom-
» mes, et pour moi : car de servir de spectacle aux grands
» et faire à l'envi parade de son esprit et de son caquet,
» je trouve que c'est un métier très messéant à un homme
» d'honneur. »

C'est en effet, pour des gens de lettres, jouer chez les grands le même rôle que les Grecs affranchis, la plupart gens de lettres et philosophes, jouaient chez les Romains.

Voilà pour la conversation active de l'honnête homme chez les gens du monde ; et voici, quelques pages plus loin, pour la conversation passive :

« La gravité, la robe et la fortune de celui qui parle
» donnent souvent crédit à des propos vains et ineptes.
» Il n'est pas à présumer qu'un monsieur si suivi, si re-
» douté, n'ait au dedans quelque suffisance autre que
» populaire, et qu'un homme à qui on donne tant de
» commissions et de charges, si desdaigneux et si mor-
» guant, ne soit plus habile que cet autre qui le salue
» de si loin, et que personne n'emploie. Non-seulement
» les mots, mais aussi les grimaces de ces gens-là, se
» considèrent et mettent en compte, chacun s'appli-
» quant à y donner quelque belle et solide interprétation.
» S'ils se rabaissent à la conférence commune, et qu'on
» leur présente autre chose qu'approbation et révérence,
» ils vous assomment de l'autorité de leur expérience.
» Ils ont ouï, ils ont vu, ils ont fait : vous estes accablé
» d'exemples. »

Qu'aurait donc dit Montaigne dans un siècle où tant de petits se croient grands, où chacun a deux, trois, quatre titres pour se rehausser ; où ceux qui n'en ont pas se retranchent sous le patronage de ceux qui en ont ? A la vérité, la plupart commencent par se mettre aux genoux d'un homme qui fait du bruit ; mais ils finissent par lui monter sur les épaules. Je ne parle pas de ces importants qui, s'emparant d'un écrivain pour avoir l'air de lui rendre service, s'interposent entre lui et les sources des graces publiques, afin de le mettre dans leur dépendance particulière, et qui deviennent ses ennemis s'il se refuse au malheur d'en être protégé. L'heureux Montaigne n'avait pas besoin de la fortune. Mais qu'aurait-il dit de ces hommes apathiques, si communs dans tous les rangs, qui, pour sortir de leur léthargie, recherchent la société d'un auteur célèbre, et attendent en silence qu'il leur débite à chaque phrase des sentences toutes neuves ou des bons mots ; qui n'ont pas même le sentiment de les connaître, ni l'esprit de les recueillir, s'ils ne sont débités d'un ton qui leur en impose, ou s'ils ne les voient vantés dans les journaux ; et qui enfin, s'ils en sont frappés par hasard, ont la malignité de leur donner un sens médiocre ou dangereux, pour affaiblir une réputation qui leur fait ombrage ? Certes, si Michel Montaigne lui-même ne se fût présenté dans nos cercles que comme Michel, malgré son jugement exquis, son élocution si naïve, son érudition si vaste et qu'il appliquait si à propos, il se fût trouvé partout réduit au silence comme Jean-Jacques. Je me suis un peu étendu sur ce chapitre, pour l'honneur de l'auteur d'*Émile* et de celui des *Essais*. On leur a reproché à tous deux d'être silencieux et de peu d'intérêt dans la conversation, à tous deux égoïstes dans leurs écrits, mais bien injustement sur ce dernier point comme sur l'autre. C'est l'homme qu'ils décrivent toujours dans leurs personnes ; et je trouve que, quand ils parlent d'eux, ils parlent aussi de moi.

Pour revenir à Jean-Jacques, il fuyait bien sincèrement la vanité, il rapportait sa réputation, non à sa personne, mais à quelques vérités naturelles répandues dans ses écrits ; d'ailleurs s'estimant peu lui même. Je lui racontais un jour qu'une demoiselle m'avait dit qu'elle serait volontiers sa servante. « Oui, reprit-il, afin que je
» lui fisse pendant six ou sept heures des discours d'*É-
» mile*. » Il m'est arrivé plus d'une fois de combattre quelques unes de ses opinions ; loin de le trouver mauvais, il convenait avec plaisir de son erreur, dès que je la lui faisais connaître.

J'en citerai un exemple à ma louange, dût-on m'accuser à mon tour de vanité, quoique, en vérité, je n'aie ici d'autre intention que de l'en disculper lui-même. Pourquoi, lui dis-je un jour, avez-vous parlé dans *Émile* du serpent qui est dans le déluge du Poussin, comme de l'objet principal de ce tableau ? C'est l'enfant que sa mère pose sur un rocher. Il réfléchit un moment, et me dit : « Oui, oui, vous avez raison : je me suis » trompé. C'est l'enfant ; certainement c'est l'enfant ; » et il parut plein de joie de ce que je lui avais fait faire cette observation. Mais il n'avait pas besoin de mes faibles remarques pour revenir sur ses pas. Il me dit un jour : « Si je faisais une nouvelle édition de mes ouvrages, » j'adoucirais ce que j'y ai écrit sur les médecins. Il n'y » a pas d'état qui demande autant d'études que le leur. » Par tout pays ce sont les hommes les plus véritablement » savants. » Une autre fois il me dit : « J'ai mis un » peu trop d'humeur dans mes querelles avec M. Hume ; » mais le climat sombre de l'Angleterre, la situation » de ma fortune, et les persécutions que je venais d'essuyer » en France, tout me jetait dans la mélancolie. » Il m'a dit plus d'une fois : « Je l'avoue, j'ai aimé la célébrité ; » mais, ajoutait-il en soupirant, Dieu m'a puni par » où j'avais péché. »

Cependant des personnes très estimables lui ont reproché jusqu'au mal qu'il a dit de lui-même dans ses *Confessions*. Qu'auraient-elles donc dit, si, comme tant d'autres, il y avait fait indirectement son éloge ? Plus les fautes dont il s'y accuse sont humiliantes, plus l'aveu qu'il en fait est sublime. Il y a, à la vérité, quelques endroits où on peut l'accuser d'indiscrétion envers autrui ; c'est surtout lorsqu'il y parle des passions peu délicates de son inconstante bienfaitrice, madame de Warens. Mais j'ai lieu de croire que ses œuvres posthumes ont été altérées dans plus d'un endroit. Il est possible qu'il ne l'ait pas nommée dans son manuscrit ; et, s'il l'a nommée, il a cru pouvoir le faire sans conséquence, parcequ'elle n'a pas laissé de postérité. D'ailleurs, il en parle partout avec intérêt. Il arrête toujours, au milieu de ses désordres, l'attention du lecteur sur les qualités de son ame. Enfin il a cru devoir dire le bien et le mal des personnages de son histoire, à l'exemple des plus fameux historiens de l'antiquité. Tacite dit positivement au commencement de son Histoire, livre premier : « Je » n'ai aucun sujet d'aimer ni de haïr Othon, Galba et » Vitellius. Il est vrai que je dois ma fortune à Vespasien, comme j'en dois le progrès à ses enfants : mais, » lorsqu'il est question d'écrire l'histoire, il faut oublier » les faveurs ainsi que les injures. » En effet, Tacite reproche à Vespasien, son bienfaiteur, l'avarice et d'autres défauts. Jean-Jacques, qui avait pris pour devise : *Vitam impendere vero*, a pu se piquer d'autant d'amour pour la vérité dans sa propre histoire que Tacite dans celle des empereurs romains.

Ce n'est pas que j'approuve la franchise sans réserve de Jean-Jacques dans un ordre de société tel que le nôtre, et que je n'aie trouvé d'ailleurs à reprendre de l'inégalité dans son humeur, des inconséquences dans ses écrits, et quelques actions dans sa conduite, puisqu'il a lui-même publié celles-ci pour les condamner. Mais où est l'homme, où est l'écrivain, où est surtout l'infortuné qui n'ait point d'erreurs à se reprocher ? Jean-Jacques a agité des questions si susceptibles de pour et de contre, il s'est trouvé à la fois une ame si grande et une fortune si misérable, des besoins si pressants et des amis si trompeurs, qu'il a été souvent forcé de sortir des routes communes. Mais lors même qu'il s'égare et qu'il est la victime des autres ou de lui-même, on le voit partout oublier ses propres maux, pour ne s'occuper que de ceux du genre humain : partout il est le défenseur de ses droits et l'avocat des malheureux. On pourrait écrire sur son tombeau ces paroles touchantes d'un livre dont il a fait un si sublime éloge, et dont il portait toujours avec lui quelques pages choisies, dans les dernières années de sa vie : « ON LUI A BEAUCOUP REMIS, PARCEQU'IL A BEAUCOUP « AIMÉ. »

9 PAGE 607.

Voici le jugement qu'en porte Philippe de Comines, le Plutarque de son siècle pour la naïveté :

« Cosme de Medicis, qui fut le chef de ceste maison et » la commença, homme digne d'estre nommé entre les » très grands, et, en son cas, qui estoit de marchandise, » estoit la plus grande maison que je crois qui ait jamais » esté au monde. Car leurs serviteurs ont eu tant de credit sous couleur de ce nom Medicis, que ce seroit merveille à croire ce que j'en ai vu en France et en Angleterre...... J'en ai vu un de ses serviteurs, appelé » Guérard Quannese, presque estre occasion de soutenir » le roi Edouard le quart en son estat, estant en guerre » en son royaume d'Angleterre. »

Et plus bas : « L'autorité des predecesseurs nuisoit à ce » Pierre de Medicis, combien que celle de Cosme, qui » avoit esté le premier, fust douce et aimable, et telle » qu'elle estoit necessaire à une ville de liberté [1]. »

FIN DES NOTES DU PRÉAMBULE DE L'ARCADIE.

NOTES DE L'ARCADIE.

1 PAGE 611.

Il y avait en Grèce plusieurs fleuves et ruisseaux de ce nom. Il ne faut pas confondre ce ruisseau qui sortait du mont Lycée, avec le fleuve du même nom qui descendait du Pinde, et séparait l'Étolie de l'Acarnanie. Ce fleuve Achéloüs, selon la fable, se changea en taureau pour disputer à Hercule Déjanire, fille d'Œnée, roi d'Etolie. Mais Hercule, l'ayant saisi par une de ses cornes, la lui rompit, et le fleuve désarmé fut obligé, pour ravoir sa corne, de lui donner une de celles de la chèvre Amalthée. Les Grecs voilaient les vérités naturelles sous des fables ingénieuses. Voici le sens de celle-ci. Les Grecs donnaient le nom d'Achéloüs à plusieurs fleuves, du mot Ἀγέλη (aghélé) qui signifie troupeau de bœufs, ou à cause du mugissement de leurs eaux, ou plutôt parceque leurs têtes se séparent ordinairement, comme celles des bœufs, en cornes ou embouchures qui facilitent leur confluence entre eux ou dans la mer, ainsi que nous l'avons observé dans nos Études précédentes. Or, l'Achéloüs étant sujet à se déborder, Hercule, ami d'Œnée, roi d'Étolie, tira de ce fleuve, suivant Strabon, un canal d'arrosement qui affaiblit une de ses embouchures, ce qui fit dire qu'Hercule lui avait rompu une de ses cornes. Mais comme, d'un autre côté, il résulta de ce canal beaucoup de fertilité pour le pays, les Grecs ajoutèrent qu'Achéloüs, à la place de sa corne de taureau, avait donné en échange celle de la chèvre Amalthée, qui, comme on sait, était le symbole de l'abondance.

[1] Liv. VIII.

² PAGE 615.

Memnon, fils de Tithon et de l'Aurore, fut tué au siége de Troie par Achille. On lui érigea, à Thèbes en Égypte, un superbe tombeau, dont les ruines subsistent encore sur les bords du Nil, dans un lieu appelé par les anciens Memnonium, et aujourd'hui par les Arabes Médinet-Habou, c'est-à-dire ville du père. On y voit des débris colossaux de sa statue, d'où sortaient autrefois des sons harmonieux au lever de l'aurore.

Je me propose de faire ici quelques observations au sujet du bruit que produisait cette statue, parcequ'il intéresse particulièrement l'étude de la nature. D'abord on ne peut révoquer ce fait en doute. L'Anglais Richard Pocoke, qui vit en 1758 les restes du Memnonium, dont il nous a donné une description aussi détaillée qu'on puisse la faire aujourd'hui, rapporte sur l'effet merveilleux de la statue de Memnon plusieurs autorités des anciens, que voici en abrégé.

Strabon dit qu'il y avait dans le Memnonium, entre autres figures colossales, deux statues à peu de distance l'une de l'autre; que la partie supérieure de l'une avait été renversée, et qu'il sortait une fois le jour de son piédestal un bruit pareil à celui qu'on entend lorsqu'on frappe sur quelque chose de dur. Il ouit lui-même le son, étant sur le lieu avec Ælius Gallus; mais il ne put savoir s'il venait ou de la base, ou de la statue, ou de ceux qui étaient autour.

Pline le naturaliste, bien plus circonspect qu'on ne le croit lorsqu'il s'agit d'attester un fait extraordinaire, se contente de rapporter celui-ci sur la foi publique, en employant ces expressions de doute : *Narratur, ut putant, dicunt*, dont il se sert si fréquemment dans son ouvrage. C'est en parlant de la pierre de basalte, *Hist. nat. l.* XXXVI, *chap.* 7.

Invenit eadem Ægyptus in Æthiopia quem vocant basaltes ferrei coloris atque duritiæ....

Non absimilis illi narratur in Thebis, delubro Serapis, ut putant, Memnonis statua dicatus; quem quotidiano solis ortu contactum radiis crepare dicunt.

« Les Egyptiens trouvent aussi en Éthiopie une pierre, appelée basalte, qui a la couleur et la dureté du fer... »
« On raconte que c'est de cette même pierre qu'est faite à Thèbes, dans le temple de Sérapis, la statue de Memnon, qui, dit-on, fait du bruit chaque jour, lorsqu'elle est touchée par les rayons du soleil levant. »

Juvénal, si en garde contre les superstitions, et surtout contre celles de l'Égypte, adopte ce fait dans sa satire XVᵉ, qu'il a dirigée contre ces mêmes superstitions :

Effigies sacri nitet aurei cercopitheci,
Dimidio magicæ resonant ubi Memnone chordæ,
Atque vetus Thebe centum jacet obruta portis.

« Le simulacre doré d'un singe sacré, à longue queue, brille
» encore où résonnent les cordes magiques de la moitié de la
» statue de Memnon, dans l'ancienne Thèbes, ensevelie sous les
» débris des cent portes. »

Pausanias rapporte que ce fut Cambyse qui brisa cette statue; que la moitié du tronc était par terre; que l'autre moitié rendait tous les jours, au lever du soleil, un son pareil à celui que rend la corde d'un arc qui casse, pour être trop tendue.

Philostrate en parle comme témoin. Il dit, dans la Vie d'Apollonius de Tyane, que le Memnonium était non-seulement un temple, mais un forum, c'est-à-dire un lieu de très grande étendue, ayant ses places publiques, ses bâtiments particuliers, etc. Car les temples, dans l'antiquité, avaient beaucoup de dépendances extérieures, des bois qui leur étaient consacrés, des logements pour les prêtres, les victimes, et pour recevoir les étrangers. Philostrate assure qu'il vit la statue de Memnon entière, ce qui suppose que de son temps on en avait réparé la partie supérieure. Il la représente sous la forme d'un jeune homme assis qui regardait le soleil levant. Elle était de pierre noire. Elle avait ses deux pieds de niveau, comme toutes les statues anciennement faites avant Dédale, qui, le premier, dit-on, porta les pieds des statues l'un devant l'autre. Ses deux mains étaient appuyées sur ses cuisses, comme si elle voulait se lever.

On aurait cru, à ses yeux et à sa bouche, qu'elle allait parler. Philostrate et ses compagnons de voyage ne furent point surpris de l'attitude de cette statue, parcequ'ils ignoraient sa vertu; mais, lorsque les rayons du soleil levant vinrent à darder sur sa tête, ils ne furent pas plutôt arrivés à sa bouche, qu'elle parla en effet, ce qui leur parut un prodige.

Ainsi, voilà une suite d'auteurs graves, depuis Strabon, qui vivait sous Auguste, jusqu'à Philostrate, sous Caracalla et Géta, c'est-à-dire pendant un espace de deux cents ans, qui affirment que la statue de Memnon faisait du bruit au lever de l'aurore.

Pour Richard Pocoke, qui n'en vit que la moitié en 1758, il la trouva dans le même état que Strabon l'avait vue environ 1758 ans auparavant, excepté qu'il n'en sortait aucun son. Il dit qu'elle est d'une espèce particulière de granit dur et poreux, tel qu'il n'en avait jamais vu, qui ressemble beaucoup à la pierre d'aigle. À trente pieds d'elle, au nord, il y a, ainsi que du temps de Strabon, une autre statue colossale entière, bâtie de cinq assises de pierres, dont le piédestal a trente pieds de long et dix-sept de large. Mais le piédestal de la statue mutilée, qui est celle de Memnon, a trente-trois pieds de long sur dix-neuf pieds de largeur. Il est d'une seule pièce, quoique fendu à dix pieds du dos de la statue. Pocoke ne parle point de la hauteur de ces piédestaux, sans doute parcequ'ils sont encombrés dans les sables, ou plutôt parceque l'action perpétuelle et insensible de la pesanteur les aura fait enfoncer dans la terre, ainsi qu'on le remarque à tous les anciens monuments qui ne sont point fondés sur le roc vif. Cet effet s'observe même sur les canons et sur les piles de boulets posés sur le sol de nos arsenaux, qui s'y enterrent au bout de quelques années, s'ils ne sont supportés par de bonnes plates-formes.

Quant aux restes de la statue de Memnon, voici les dimensions que Pocoke en donne :
Depuis la plante des pieds jusqu'à la cheville, 2 pieds 6 pouces;
Idem, jusqu'au cou-de-pied, 4 pieds;
Idem, jusqu'au haut du genou, 19 pieds.
Le pied a cinq pieds de largeur, et la jambe quatre pieds d'épaisseur.

Il y apparence que Pocoke rapporte ces dimensions au pied anglais, ce qui les diminue à peu près d'un onzième. Au reste, il trouva sur le piédestal, ainsi que sur les jambes et les pieds de la statue, plusieurs inscriptions en caractères inconnus; d'autres très anciennes, grecques et latines, assez mal gravées, qui sont des témoignages de ceux qui ont entendu le son qu'elle rendait.

Les restes du Memnonium offrent tout autour, jusqu'à une grande distance, les ruines d'une immense et étrange architecture : des excavations dans le roc vif, qui font partie d'un temple; de grands pans de mur renversés et à moitié détruits, et d'autres debout; une porte pyramidale; des avenues, des piliers carrés, surmontés de statues dont la tête est brisée, qui tiennent un *lituus* d'une main et un fouet de l'autre, comme celle d'Osiris ; plus loin, des débris de figures gigantesques épars sur la terre ; des têtes de six pieds de diamètre et de onze pieds de longueur; des épaules larges de vingt et un pieds; des oreilles humaines de trois pieds de long et de seize pouces de large ; enfin, d'autres figures qui semblent sortir de terre, dont on ne voit que les bonnets phrygiens. Tous ces ouvrages gigantesques sont faits des matériaux les plus précieux, de marbre noir et blanc, de marbre tout noir, de marbre tacheté de rouge, de granit noir, de granit jaune, et sont chargés la plupart d'hiéroglyphes. Quels sentiments de respect et d'admiration devaient produire sur les peuples superstitieux ces énormes et mystérieuses fabriques, surtout lorsque dans leurs parvis silencieux on entendait, aux premiers rayons de l'aurore, des sons plaintifs sortir d'une poitrine de pierre, et le colossal Memnon soupirer à la vue de sa mère!

Ce fait est trop bien attesté et a duré trop long-temps pour qu'on puisse le révoquer en doute. Cependant, plusieurs savants l'ont attribué à quelque artifice extérieur et momentané des prêtres de Thèbes. Il paraît même que Strabon, témoin du bruit de la statue, le donne à entendre. En effet, nous savons que les ventriloques peuvent, sans remuer les lèvres, faire ouïr des paroles et des bruits qui semblent venir de bien loin, quoiqu'ils les produisent de fort près. Pour moi, quelque durable qu'on suppose l'effet merveilleux de la statue de Memnon, je le conçois produit par l'aurore, et facile à imiter sans qu'on soit obligé d'en renouveler l'artifice au bout des siècles. On sait que les prêtres de l'Égypte faisaient une étude particulière de la nature ; qu'ils en avaient fait une science connue sous le nom de magie, dont ils se réservaient la connaissance. Ils n'ignoraient pas sans doute l'effet de la dilatation des métaux, et entre autres du fer, que le froid raccourcit et que la chaleur allonge. Ils pouvaient avoir placé dans la grande base de la statue de Memnon une longue verge de fer en spirale, et susceptible, par son étendue, de se contracter et de se dilater à la plus légère action du froid et de la chaleur.

Ce moyen était suffisant pour y faire résonner quelque timbre de métal. Leurs statues colossales étant creuses en partie, comme on le voit aux sphinx près des pyramides du Caire, ils y pouvaient disposer toutes sortes de machines. La pierre même de la statue de Memnon étant, selon Pline, un basalte qui a la dureté et la couleur du fer, peut fort bien se contracter et se dilater comme ce métal, dont elle paraît composée. Elle est certainement d'une nature différente des autres pierres, puisque Pocoke, qui en avait observé de toutes les espèces, dit qu'il n'en avait jamais vu de semblable. Il lui attribue un caractère particulier de pureté et de porosité qui convient en général aux pierres ferrugineuses. Elle pouvait donc être susceptible de contraction et de dilatation, et avoir ainsi en elle-même un principe de mouvement, surtout au lever de l'aurore, où le contraste du froid de la nuit et des premiers rayons du soleil levant a le plus d'action.

Cet effet devait être infaillible sous un ciel comme celui de la Haute-Égypte, où il ne pleut presque jamais. Les sons de la statue de Memnon, au moment où le soleil paraissait sur l'horizon de Thèbes, n'avaient donc rien de plus merveilleux que l'explosion du canon du Palais-Royal et celle du mortier du Jardin du Roi, au moment où le soleil passe au méridien de Paris. Avec un verre ardent, des mèches et de la poudre à canon, on pourrait rendre, au milieu d'un désert, une statue de Jupiter foudroyante à tel jour de l'année, et même à telle heure du jour et de la nuit que l'on voudrait. Elle paraîtrait d'autant plus merveilleuse, qu'elle ne tonnerait qu'en temps serein, comme les foudres à grands présages chez les anciens. Quels prodiges n'opérerait-on pas aujourd'hui sur des peuples prévenus des préjugés de la superstition, avec l'électricité, qui, au moyen d'un fil de fer ou de cuivre frappé d'une manière invisible, peut tuer un homme d'un seul coup; fait tomber le tonnerre du sein de la nue, et le dirige où l'on veut dans sa chute? Quel effet ne pourrait-on pas produire avec l'aérostatique, cet art nouveau parmi nous, qui, au moyen d'un globe de taffetas enduit de gomme élastique et rempli d'un air putride huit ou dix fois plus léger que celui que nous respirons, élève plusieurs hommes à la fois au-dessus des nuages, où les vents les transportent à des distances prodigieuses, en leur faisant faire neuf ou dix lieues par heure sans la moindre fatigue ? A la vérité, nos aérostats nous sont inutiles, parcequ'ils ne vont qu'au gré des vents, et que nous n'avons pas encore trouvé le moyen de les diriger; mais je suis persuadé qu'on atteindra un jour à ce point de perfection. Il y a, au sujet de cette invention, un passage fort curieux dans l'histoire de la Chine, qui prouve que les Chinois ont connu anciennement les aérostats, et qu'ils savaient les conduire où ils voulaient de jour et de nuit. Cela ne doit point surprendre de la part d'une nation qui avait inventé avant nous l'imprimerie, la boussole et la poudre à canon.

Je vais rapporter ce fait des annales chinoises en entier, afin de rendre nos lecteurs incrédules plus circonspects, lorsqu'ils traitent de fables ce qu'ils ne comprennent pas dans l'histoire de l'antiquité; et les lecteurs crédules moins faciles, lorsqu'ils attribuent à des miracles ou à la magie des effets que la physique moderne imite aujourd'hui publiquement.

C'est au sujet de l'empereur Ki, selon le P. Le Comte, ou Kieu, selon la prononciation du P. Martini, qui nous a donné une histoire des premiers empereurs de la Chine, d'après les annales du pays. Ce prince, qui régnait il y a environ trois mille six cents ans, se livra à tant de cruautés et à si grands désordres, que son nom est encore aujourd'hui détesté à la Chine, et que lorsqu'on veut y parler d'un homme déshonoré par toutes sortes de crimes, on lui donne le nom de Kieu. Pour jouir sans distraction de ses voluptés, il se retira avec son épouse et ses favoris dans un superbe palais fermé de tous côtés à la clarté du soleil. Il y suppléait par un nombre prodigieux de magnifiques lanternes, dont la lumière lui semblait préférable à celle de l'astre du jour, parcequ'elle était toujours constante, et qu'elle ne lui rappelait point, par les révolutions du jour et de la nuit, le cours rapide de la vie humaine. Ainsi, au milieu de ses appartements toujours illuminés, il renonça au gouvernement de l'empire, pour subir le joug de ses propres passions. Mais les peuples dont il abandonnait les intérêts s'étant révoltés, le forcèrent de sortir de sa retraite infâme, d'où il fut errant pendant toute sa vie, ayant privé, par sa conduite, ses descendants de la couronne, qui passa dans une autre famille, et laissant une mémoire en si grande exécration, que les historiens chinois ne l'appellent jamais que le Brigand, sans lui donner le titre d'empereur.

« Cependant, dit le P. Le Comte, on détruisit son pa-
» lais, et, pour conserver à la postérité la mémoire d'une
» si indigne action, on en suspendit les lanternes dans
» tous les quartiers de la ville. Cette coutume se renou-

» fêla tous les ans, et devint depuis ce temps-là une fête
» considérable dans tout l'empire. On la célèbre à Yamt-
» Cheou avec plus de magnificence que nulle autre part,
» et l'on dit qu'autrefois les illuminations en étaient si
» belles, qu'un empereur, n'osant quitter ouvertement sa
» cour pour y aller, se mit avec la reine et plusieurs
» princesses de sa maison entre les mains d'un magicien,
» qui promit de les y transporter en très peu de temps.
» Il les fit monter durant la nuit sur des trônes magnifi-
» ques, qui furent enlevés par des cygnes, et qui en un
» moment arrivèrent à Yamt-Cheou.

« L'empereur, porté en l'air sur des nuages qui s'a-
» baissèrent peu à peu sur la ville, vit à loisir toute la
» fête; il en revint ensuite avec la même vitesse et par le
» même équipage, sans qu'on se fût aperçu à la cour de
» son absence. Ce n'est pas la seule fable que les Chinois
» racontent. Ils ont des histoires sur tout; car ils sont su-
» perstitieux à l'excès; et en matière de magie, soit feinte,
» soit véritable: il n'y a pas de peuple au monde qui les
» ait égalés. » *Mémoire sur l'état présent de la Chine*,
par le P. *Louis Le Comte*, lettre VI.

Cet empereur qui fut porté en l'air s'appelait Tam, selon le P. Magaillans, et cet événement arriva deux mille
ans après le règne de Kieu, c'est-à-dire il y a environ
seize cents ans. Le P. Magaillans, qui ne révoque point cet
événement en doute, quoiqu'il le suppose opéré par la
magie, ajoute, d'après les Chinois, que l'empereur Tam
fit faire en l'air, par ses musiciens, un concert de voix et
d'instruments qui surprit beaucoup les habitants d'Yamt-
Cheou. Cette ville est à environ dix-huit lieues de Nan-
kin, où on peut supposer qu'était alors l'empereur. Cependant, s'il était à Pékin, comme Magaillans le donne à
entendre, en disant que le courrier d'Yamt-Cheou fut un
mois en route pour lui porter la nouvelle de cette musique
extraordinaire qu'on attribuait à des habitants du ciel, le
voyage aérien fut de cent soixante-quinze lieues en ligne
droite.

Mais, sans sortir du fait en lui-même, si le P. Le
Comte avait vu en plein midi, ainsi que tous les habitants
de Paris, de Londres et de plusieurs villes considérables
de l'Europe, des physiciens suspendus à des globes au-dessus des nuages, portés en peu d'heures à quarante et cinquante lieues du point de leur départ, et un d'entre eux
traverser dans les airs le bras de mer qui sépare l'Angleterre de la France, il n'aurait pas traité si légèrement de
fable la relation des Chinois. Je trouve d'ailleurs une
grande analogie de forme entre ces *trônes magnifiques* et
ces *nuages qui s'abaissaient peu à peu sur la ville d'Yamt-
Cheou*, et nos globes aérostatiques, auxquels on peut donner si aisément ces décorations volumineuses. Il n'y a que
les cygnes qui les guidaient qui peuvent nous paraître
difficiles à conduire. Mais pourquoi les Chinois n'auraient-
ils pu dresser au simple vol les cygnes, oiseaux herbivores,
si aisés à apprivoiser par la domesticité, tandis que nous
avons instruit le faucon, oiseau de proie toujours sauvage,
à attaquer le gibier, et à revenir ensuite sur le poing du chasseur? Les Chinois, mieux policés, plus anciens et plus pacifiques que nous, ont eu, sur la nature, des lumières que nos
discordes continuelles ne nous ont permis d'acquérir que
bien tard; et ce sont sans doute ces lumières naturelles que
le P. Le Comte, d'ailleurs homme d'esprit, regarde comme
une *magie feinte ou véritable*, dans laquelle il avoue que
les Chinois surpassent toutes les nations. Pour moi, qui
ne suis pas magicien, je crois entrevoir, d'après quelques ouvrages de la nature, un moyen facile de diriger les
aérostats, même contre le vent; mais je ne le publierais pas,
quand je serais certain du succès. Quels maux n'a pas attirés au genre humain la perfection de la boussole et de
la poudre à canon! Il ne s'agit pas de nous rendre plus
savants, mais meilleurs. La science est un flambeau qui
éclaire entre les mains des sages, et qui incendie entre
les mains des méchants.

³ PAGE 615.

Amasis était Égyptien, et l'Égypte est en Afrique; mais
les anciens la mettaient en Asie. Le Nil servait de limite
à l'Asie du côté de l'occident. *Voyez Pline et les anciens
géographes*.

⁴ PAGE 614.

C'est l'île de Malte.

⁵ PAGE 614.

C'est le coton en herbe : il est originaire d'Égypte. On
en fait maintenant à Malte de très jolis ouvrages, qui servent à faire vivre la plupart du peuple, qui y est fort pauvre.
Il y en a une seconde espèce en arbrisseau, que l'on cultive en Asie et dans nos colonies d'Amérique. Je crois
même qu'il y en a une troisième espèce en Amérique,
portée par un grand arbre épineux, tant la nature a pris
soin de répandre une végétation si utile dans les parties
chaudes du monde. Ce qu'il y a de certain, c'est que les
sauvages des parties de l'Amérique comprises entre les
tropiques se faisaient des habits et des hamacs de coton
lorsque Colomb y aborda.

⁶ PAGE 614.

Les cailles passent encore à Malte à jour nommé, et
marqué sur l'almanach du pays. Les coutumes des animaux ne varient point; mais celles des hommes ont un
peu changé dans cette île. Quelques grands-maîtres de
l'ordre de Saint-Jean, auxquels cette île appartient, y ont
fait des travaux pour l'utilité publique; entre autres ils y
ont conduit l'eau d'un ruisseau jusque dans le port. Il y
reste sans doute bien d'autres projets à faire pour le
bonheur des hommes.

⁷ PAGE 615.

Ce sont aujourd'hui les îles de Saint-Pierre et de
Saint-Antioche. Elles sont fort petites; mais on y pêche
une grande quantité de thons, et on y fait beaucoup de
sel.

⁸ PAGE 615.

Quelques philosophes ont poussé la chose plus loin. Ils
ont prétendu que l'exercice du corps était l'aliment de
l'ame. L'exercice du corps n'est bon que pour la santé;
l'ame a le sien à part. Rien n'est si commun que de voir
des hommes délicats qui ont de la vertu, et des hommes
robustes qui en manquent. La vertu n'est pas plus le résultat des qualités physiques que la force du corps n'est
l'effet des qualités morales. Tous les tempéraments sont
également propres au vice et à la vertu.

⁹ PAGE 617.

Il y a, en effet, à l'embouchure de la Seine, sur sa rive
gauche, une montagne formée de couches de pierres
noires et blanches, qui s'appelle la Hève. Elle sert de renseignement aux marins, et on y a placé un pavillon pour
signaler leurs vaisseaux.

¹⁰ PAGE 617.

Cette montagne d'eau est produite par les marées qui

entrent de la mer dans la Seine, et la font refluer contre son cours. On l'entend venir de fort loin, surtout la nuit. On l'appelle *la Barre*, parcequ'elle barre tout le cours de la Seine. Cette barre est ordinairement suivie d'une seconde barre encore plus élevée, qui la suit à cent toises de distance. Elles courent beaucoup plus vite qu'un cheval au galop.

11 PAGE 619.

On peut consulter, sur les mœurs et la mythologie des anciens peuples du nord, Hérodote, les *Commentaires* de César, Suétone, Tacite, l'*Eda* de M. Mallet, et les collections suédoises traduites par M. le chevalier de Kéralio.

12 PAGE 619.

César dit précisément la même chose dans ses *Commentaires*.

13 PAGE 620.

Les Lapons savent filer l'étain avec beaucoup d'art. En général, on reconnaît une grande perfection dans tous les arts exercés par les peuples sauvages. Les canots et les raquettes des Esquimaux, les pros des insulaires de la mer du Sud, les filets, les lignes, les hameçons, les arcs, les flèches, les haches de pierre, les habits et les parures de tête de la plupart de ces nations, ont la plus exacte conformité avec leurs besoins. Pline attribue l'invention des tonneaux aux Gaulois. Il loue leur étamure, leur teinture en pastel, etc.

14 PAGE 620.

Voyez les *Commentaires* de César.

15 PAGE 620.

Voyez Tacite sur *les Mœurs des Germains*.

16 PAGE 621.

Les Gaulois, ainsi que les peuples du nord, appelaient Vénus Siofnne, et Cupidon Sifionne. *Voyez l'Eda*. L'arme la plus dangereuse chez les Celtes n'était ni l'arc, ni l'épée; mais le couteau. Ils en armaient les nains, qui triomphaient avec cette arme de l'épée des géants. L'enchantement fait avec un couteau ne pouvait plus se rompre. L'Amour gaulois devait donc être armé, non d'un arc et d'un carquois, mais d'un couteau. Les manches de couteau dont il s'agit ici sont des coquillages bivalves, et allongés en forme de manche de couteau, dont ils portent le nom. On en trouve abondamment sur les grèves de la Normandie, où ils s'enfouissent dans le sable.

17 PAGE 621.

Et peut-être des procès si communs en Normandie, puisque cette pomme fut, dans son origine, un présent de la Discorde. On pourrait trouver une cause moins éloignée de ces procès dans le nombre prodigieux de petites juridictions dont cette province est remplie, dans ses coutumes litigieuses, et surtout dans l'éducation européenne, qui dit à chaque homme, dès l'enfance : *Sois le premier*.

Il ne serait pas si aisé de trouver les causes morales ou physiques de la beauté singulièrement remarquable du sexe dans le pays de Caux, surtout parmi les filles de la campagne. Ce sont des yeux bleus, une délicatesse de traits, une fraîcheur de teint, et des tailles qui feraient honneur aux plus jolies femmes de la cour. Je ne connais qu'un autre canton dans tout le royaume où les femmes du peuple soient aussi belles : c'est à Avignon. La beauté y a cependant un autre caractère. Ce sont de grands yeux noirs et doux, des nez aquilins, des têtes d'Angélica Kauffmann. En attendant que la philosophie moderne s'en occupe, on doit permettre à la mythologie des Gaulois de rendre raison de la beauté de leurs filles par une fable que les Grecs n'auraient peut-être pas rejetée.

18 PAGE 622.

Peut-être est-ce des noms de ces deux dieux cruels du nord que s'est formé le mot de torture.

19 PAGE 623.

C'est Montmartre, *Mons Martis*. On sait que cette colline, dédiée à Mars, dont elle porte le nom, est formée d'un rocher de plâtre. D'autres, à la vérité, dérivent le nom de Montmartre de *Mons Martyrum*. Ces deux étymologies peuvent fort bien se concilier. S'il y a eu autrefois beaucoup de martyrs sur cette montagne, c'est qu'il est probable qu'il y avait quelque idole fameuse à laquelle on les sacrifiait.

20 PAGE 624.

Les portes étaient difficiles à faire pour des peuples sauvages qui ne connaissaient point l'usage de la scie, sans laquelle il est fort malaisé de réduire un arbre en planches. Aussi, quand ils quittaient un pays, ceux qui avaient des portes les emportaient avec eux. Un héros de Norwège, dont je ne me rappelle plus le nom, celui qui découvrit le Groënland, jeta les siennes à la mer pour connaître où les destins voulaient le fixer, et il s'établit dans la partie du Groënland où elles abordèrent. Les portes et les seuils étaient et sont encore sacrés dans l'Orient.

21 PAGE 629.

La noix et la châtaigne croissent à une grande hauteur; mais ces fruits tombent quand ils sont mûrs, et ils ne se brisent pas dans leur chute, comme les fruits mous, qui d'ailleurs viennent sur des arbres faciles à escalader.

22 PAGE 629.

Les Gaulois vivaient, ainsi que tous les peuples sauvages, de bouillie ou de fromentée. Les Romains eux-mêmes ont ignoré, pendant trois cents ans, l'usage du pain. Suivant Pline, la bouillie ou fromentée leur servait de principale nourriture.

23 PAGE 630.

On prétend que c'est l'ancienne église de Sainte-Geneviève, élevée à Isis avant l'établissement du christianisme dans les Gaules.

24 PAGE 631.

L'anserina potentilla se trouve fréquemment sur les rivages de la Seine, aux environs de Paris. Elle les rend quelquefois tout jaunes à la fin de l'été, par la couleur de sa fleur. Cette fleur est en rose, de la largeur d'une pièce de 24 sous, sans tige élevée. Elle tapisse la terre, ainsi que son feuillage, qui s'étend fort loin en forme de réseau. Les oies aiment beaucoup cette plante. Ses feuilles, en forme de pates d'oie, qui sont collées contre la terre, permettent aux oiseaux aquatiques de s'y promener comme sur un tapis; et la couleur jaune de ses fleurs forme un contraste très agréable avec l'azur de la rivière et la verdure des arbres, mais surtout avec la couleur marbrée des oies, qu'on y aperçoit de fort loin.

²⁵ PAGE 634.

Voyez la Voluspa des Islandais. Cette histoire de Balder a une ressemblance singulière avec celle d'Achille plongé, par Thétis sa mère, dans le Styx jusqu'au talon, pour le rendre invulnérable, et tué ensuite par cette partie de son corps, qui n'y avait pas été plongée, d'un coup de flèche que lui décocha l'efféminé Pâris. Ces deux fables des Grecs et des peuples sauvages du nord renferment un sens moral bien vrai : c'est que les forts ne doivent jamais mépriser les faibles.

²⁶ PAGE 655.

Les Carnutes étaient des habitants du pays Chartrain; les Cénomanes, ceux du Mans; et les Diablintes, ceux des environs. Les Rédons, qui habitaient la ville de Rennes, avaient les Curiosolites dans leur voisinage, et les peuples de Dariorigum étaient voisins des Vénétiens, qui habitaient Vannes en Bretagne. On prétend que les Vénitiens du golfe Adriatique, qui portent le même nom en latin, tirent leur origine d'eux. *Voyez* César, Strabon, et la Géographie de Danville.

²⁷ PAGE 637.

La plupart des fruits qui renferment une agrégation de semences, comme les grenades, les pommes, les poires, les oranges, et même les productions des graminées, telles que les épis de blé, les portent divisées par des peaux molles, sous des capsules fragiles; mais les fruits qui ne contiennent qu'une seule semence, ou rarement deux, comme la noix, la noisette, l'amande, la châtaigne, le cocotier, et tous les fruits à noyau, tels que la cerise, la prune, l'abricot, la pêche, la portent enveloppée de capsules fort dures de bois, de pierre ou de cuir, faites avec un art admirable. La nature a assuré la conservation des semences agrégées en multipliant leurs cellules, et celles des semences solitaires en fortifiant leurs enveloppes.

²⁸ PAGE 638.

Il semble que le premier état des nations soit celui de barbarie. On est tenté de le croire par l'exemple des Grecs, avant Orphée; des Arcadiens, sous Lycaon; des Gaulois, sous les druides; des Romains, avant Numa; et de presque tous les sauvages de l'Amérique.

Je suis persuadé que la barbarie est une maladie de l'enfance des nations, et qu'elle est étrangère à la nature de l'homme. Elle n'est souvent qu'une réaction du mal que des peuples naissants éprouvent de la part de leurs ennemis. Ce mal leur inspire une vengeance d'autant plus vive que la constitution de leur état est plus aisée à renverser. Ainsi les petites hordes sauvages du Nouveau-Monde mangent réciproquement leurs prisonniers de guerre, quoique les familles de la même peuplade vivent entre elles dans une parfaite union. C'est par une raison semblable que les animaux faibles sont beaucoup plus vindicatifs que les grands. L'abeille enfonce son aiguillon dans la main qui s'approche de sa ruche; mais l'éléphant voit passer près de lui la flèche du chasseur, sans se détourner de son chemin.

Quelquefois la barbarie s'introduit dans une société naissante par les individus qui s'agrègent à elle. Telle fut, dans l'origine, celle du peuple romain, formé en partie de brigands rassemblés par Romulus, et qui ne commencèrent à être civilisés que par Numa. D'autres fois, elle se communique comme une épidémie à un peuple déja policé, par la simple fréquentation de ses voisins. Telle fut celle des Juifs, qui, malgré la sévérité de leurs lois, sacrifiaient des enfants aux idoles, à l'exemple des Cananéens. Le plus souvent elle s'incorpore à la législation d'un peuple par la tyrannie d'un despote, comme en Arcadie, sous Lycaon; et encore plus dangereusement, par l'influence d'un corps aristocratique qui la perpétue pour l'intérêt de son autorité jusque dans les âges de civilisation. Tels sont de nos jours les féroces préjugés de religion inspirés aux Indiens si doux par leurs brames; et ceux de l'honneur aux Japonais si polis, par leurs nobles.

Je le répète pour la consolation du genre humain, le mal moral est étranger à l'homme ainsi que le mal physique. Ils ne naissent l'un et l'autre que des écarts de la loi naturelle. La nature a fait l'homme bon. Si elle l'avait fait méchant, elle, qui est si conséquente dans ses ouvrages, lui aurait donné des griffes, une gueule, du venin, quelque arme offensive, ainsi qu'elle en a donné aux bêtes dont le caractère est d'être féroce. Elle ne l'a pas seulement armé d'armes défensives, comme le reste des animaux; mais elle l'a créé le plus nu et le plus misérable de tous, sans doute pour l'obliger de recourir sans cesse à l'humanité de ses semblables, et d'en user envers eux. La nature ne fait pas plus des nations entières d'hommes jaloux, envieux, médisants, desirant se surpasser les uns les autres, ambitieux, conquérants, cannibales, qu'elle n'en fait qui ont constamment la lèpre, le pourpre, la fièvre, la petite vérole. Si vous rencontrez même quelque individu qui ait ces maux physiques, attribuez-les, à coup sûr, à quelque mauvais aliment dont il se nourrit, ou à un air putride qui se trouve dans son voisinage. Ainsi, quand vous trouvez de la barbarie dans une nation naissante, rapportez-la uniquement aux erreurs de sa politique ou à l'influence de ses voisins, comme la méchanceté d'un enfant aux vices de son éducation ou au mauvais exemple.

Le cours de la vie d'un peuple est semblable au cours de la vie d'un homme, comme le port d'un arbre ressemble à celui de ses rameaux.

Je m'étais occupé dans mon texte du progrès moral des sociétés : la barbarie, la civilisation et la corruption. J'avais jeté ici un coup d'œil non moins important sur leur progrès naturel : l'enfance, la jeunesse, l'âge viril et la vieillesse; mais ces rapprochements se sont étendus bien au-delà des bornes d'une simple note.

D'ailleurs, pour porter sa vue au-delà de son horizon, il faut grimper sur des montagnes trop souvent orageuses. Redescendons dans les paisibles vallées. Reposons-nous entre les croupes du mont Lycée, sur les rives de l'Achéloüs. Si le temps, les Muses et les lecteurs favorisent ces nouvelles Études, il suffira à mes pinceaux et à mon ambition de peindre les prés, les bois et les bergères de l'heureuse Arcadie.

FIN DES NOTES DE L'ARCADIE.

LA MORT DE SOCRATE.

ARGUMENT.

« Socrate, le plus sage des Athéniens, s'étant
» fait beaucoup d'ennemis parmi les superstitieux
» et les athées, en soutenant l'existence d'un seul
» Dieu, fut condamné à mort, sur l'accusation de
» Mélitus, magistrat, appuyée par Anytus, prêtre
» de Cérès, et par Lycon, sophiste. L'accusation
» était conçue en ces termes :

« Mélitus, fils de Mélitus du peuple de Pithos,
» accuse Socrate, fils de Sophronisque, du peuple,
» d'Alopécé.

» Socrate est criminel, parcequ'il ne reconnaît
» point les dieux que la république reconnaît, et
» qu'il introduit de nouvelles divinités. Il est en-
» core criminel, parcequ'il corrompt la jeunesse.
» Pour sa punition, la mort. »

« Socrate fut condamné par des juges tirés de
» toutes les sections, de toutes les tribus ainsi que
» de tous les peuples qui composaient les habitants
» d'Athènes, quoiqu'il leur eût prouvé la fausseté
» de cette accusation.

» Je suppose que, le jour où il mourut, ses trois
» accusateurs s'introduisirent dans sa prison en lui
» promettant la vie, la liberté, de la fortune et des
» honneurs, s'il voulait s'avouer coupable. Quant
» aux paroles de Socrate et aux raisonnements de
» ses ennemis, on les trouve presque en entier dans
» Platon, Xénophon et Plutarque ; je n'ai guère eu
» d'autre mérite que de les mettre en ordre.

» Je suppose donc qu'Anytus, Mélitus, Lycon,
» entrent dans le vestibule intérieur de la prison,
» éclairé par une lampe. »

ANYTUS.

Cher Mélitus, la mort de Socrate va nous faire
beaucoup d'ennemis ; je connais l'inconstance des
Athéniens : ils se réjouissent à présent de sa condamnation, ils le pleureront dès qu'ils le verront
mort.

MÉLITUS.

Vous avez raison, sage Anytus. Offrons-lui la
vie, et tout ce qui peut la lui rendre agréable,
pourvu qu'il se reconnaisse criminel. Par cet
aveu, il perdra son crédit, et nous serons tranquilles ; nous n'avons à craindre que son innocence.

LYCON.

Son innocence ! je vous le garantis coupable. J'ai
préparé contre lui de nouveaux arguments auxquels je le défie de répondre.

ANYTUS.

Holà, quelqu'un !

« Le geôlier paraît, avec un grand trousseau de
» clefs à sa ceinture. »

LE GEÔLIER.

Que souhaitez-vous, illustres seigneurs ?

MÉLITUS.

Qui es-tu ?

LE GEÔLIER.

Je suis le geôlier, le valet des Onze.

MÉLITUS.

Mène-nous où est Socrate.

LE GEÔLIER, *d'un ton attendri.*

Il est au cachot et aux fers.

MÉLITUS, *d'un ton courroucé.*

Il est où il doit être.

LE GEÔLIER.

Il n'était pas besoin de tant de précautions ;
c'est le plus tranquille de mes prisonniers.

MÉLITUS.

Tais-toi, et obéis.

« Le geôlier prend la lampe, et ouvre la porte
» d'un souterrain au fond duquel on aperçoit So-
» crate les fers aux mains, et les jambes engagées
» dans une grosse pièce de bois. »

MÉLITUS, *au geôlier.*

Va-t'en. (*Le geôlier sort.*)

ANYTUS, *à Socrate.*

Dans quel état nous vous trouvons, grand homme !
Il y a ici beaucoup de prisonniers, mais nous ne
venons voir que vous seul ; c'est un sentiment
d'humanité qui nous amène.

SOCRATE, *souriant.*

C'est l'humanité du cyclope qui promit à
Ulysse de le manger le dernier.

ANYTUS.

Socrate, vous aimez à railler jusque dans les
fers. Qui peut donc vous rendre si gai au milieu
de ces épaisses ténèbres ?

SOCRATE.

Je n'étais pas privé de lumière. Je viens d'a-
chever un hymne à Apollon et à Diane.

MÉLITUS.

Cependant vous ne reconnaissez pas les dieux
de la république !

SOCRATE.

Je reconnais pour agents de la Divinité tous ceux
de la nature ; il n'y en a point qui en soit une image
aussi vive que le soleil.

ANYTUS.

Hélas ! je viens vous apprendre une bien triste
nouvelle. Vous savez que le vaisseau que nous en-
voyons tous les ans à l'île de Délos, pour y célébrer
par des sacrifices la naissance des enfants de La-
tone, est parti du Pirée depuis trente jours. Vous

savez aussi qu'on ne peut faire mourir personne à Athènes pendant son absence.

SOCRATE.

Je sais tout cela. J'aurais trouvé son retour bien long, si je n'en eusse employé le temps à faire un hymne au soleil et à la lune; mais est-ce que ce vaisseau a péri?

MÉLITUS.

Non, il vient d'arriver.

SOCRATE.

J'avais bien raison de célébrer l'astre des nuits; il vient me délivrer précisément après un mois révolu de son cours. O l'heureuse nouvelle! elle confirme le songe que j'ai fait il y a deux nuits. Une femme d'une beauté excellente m'est apparue, et m'a dit ce vers d'Homère :

Tu seras dans trois jours à Phthia la fertile.

LYCON.

Laissez-là vos hymnes et vos rêves ; ne songez qu'à la vie, qui est une réalité.

ANYTUS.

Socrate, votre sort est bien digne de compassion : vous êtes au moment de perdre ce que vous avez de plus cher, votre femme, vos enfants, l'estime publique. Vous allez mourir haï du peuple, flétri par la religion et les magistrats...

LYCON.

Et méprisé des savants.

MÉLITUS.

Lorsque le soleil sera ce soir à la fin de sa carrière, vous finirez la vôtre. Ouvrez les yeux sur le précipice effroyable où vous allez tomber, il en est encore temps. Obéissez aux lois, reconnaissez qu'elles vous ont justement condamné; nous vous sauverons la vie : vous connaissez notre crédit sur le peuple et sur vos juges. Vous avez d'ailleurs par la loi le pouvoir de demander la diminution de la peine portée dans l'accusation : vous n'avez point usé de votre privilége, vous n'avez été jugé que par un seul jugement.

SOCRATE.

Les lois m'ont jugé, je leur obéis en mourant.

LYCON.

Si les moyens proposés par Mélitus ne vous plaisent pas, nous nous chargerons nous-mêmes de votre évasion. Nous avons des amis dans tous les pays où fleurissent les sciences; nous vous recommanderons à eux : mais il faut avouer auparavant que vous avez eu tort de ne pas croire à leurs systèmes.

SOCRATE.

Croyez-vous, Lycon, qu'il y ait hors de l'Attique quelque lieu où l'on ne meure pas? Quant à vos amis, je ne doute point qu'ils n'aient le pouvoir de faire sortir un de leurs ennemis de prison, et même de la vie; mais ils n'ont pas celui de l'y retenir long-temps. J'ai ri quelquefois de leurs systèmes; cependant je ne les ai jamais ni calomniés ni offensés.

MÉLITUS.

Songez ce que c'est que d'être condamné à la mort. A la mort !

SOCRATE.

La nature m'y avait condamné avant vous. Mais, après tout, cette mort, dont vous voulez me faire peur, va me délivrer, sans aucune recommandation, des fers, des persécutions, des calomnies, de tous les soucis de la vie, et des infirmités de la vieillesse, à laquelle je touche. La mort est un bien pour moi.

ANYTUS.

Ce n'est pas la mort que vous devez craindre; c'est cette vie sans fin où vous allez entrer, où vous serez à jamais puni dans les enfers par des tourments horribles, si vous n'expiez pas vos erreurs et vos crimes par un prompt repentir. Hâtez-vous, la loi vous accorde encore une heure; croyez-en, Socrate, un ministre des dieux, qui ne vient ici que pour votre salut éternel.

SOCRATE.

Je vous sais bon gré, Anytus, de votre zèle. Après m'avoir livré aux bourreaux, vous me donnez en proie aux démons. Mais, croyez-moi, qui ne craint que Dieu ne craint point les mauvais génies : il n'y a d'autres démons que les méchants, et d'autre enfer que leur cœur.

ANYTUS.

Impie! il vous sied bien de réclamer un Dieu, auquel vous ne croyez pas, et de nier les enfers, que tant de témoignages attestent! Voyez ces écritures, écoutez, et tremblez : (*Il déroule un volume qu'il portait sous son manteau.*) « Du temps de » Deucalion, fils de Minos, il y avait dans l'At- » tique... »

SOCRATE, *souriant*.

Je crois bien qu'il y avait, dès ce temps-là, des hommes intéressés à faire peur aux autres.

ANYTUS.

Comment! vous ne croyez point à des écritures d'une antiquité si reculée! Sachez qu'il faut être très savant pour pouvoir même y lire.

SOCRATE.

Les écritures ne sont point pour moi des témoignages divins : tout livre est l'art d'un homme. Les lois de Dieu ne sont point écrites sur des parchemins intelligibles aux seuls savants ; mais elles sont tracées dans la nature et dans le cœur de tous les hommes. Je n'ai jamais lu dans le mien qu'il y eût des enfers, mais j'y ai éprouvé le sentiment d'une Providence très bonne, dont les bienfaits remplissent l'univers.

LYCON.

Où est-elle cette Providence? dans des atomes.

ANYTUS.

Lycon, mon cher Lycon, il n'est pas question de philosopher; gardez ces questions pour le Portique. Pour vous, Socrate, dites-moi comment vous honorez cette Providence. Vous voit-on fréquenter les temples des dieux?

SOCRATE.

Je m'y suis souvent présenté aux jours solennels; j'ai enseigné aux jeunes gens à vivre entre eux comme des frères, adorant tous ensemble le Dieu qui est le père commun des hommes. J'ai toujours respecté la religion de mon pays.

ANYTUS.

Que comptez-vous devenir, impie, qui vous êtes fait une religion à vous-même? Où sont vos autorités?

SOCRATE.

Dans la nature. Ma religion se manifeste à tous les hommes : ils n'ont qu'à ouvrir les yeux et consulter leur cœur.

MÉLITUS.

Celle d'Athènes en réunit les habitants : elle est d'une si haute antiquité qu'elle commence avant ses premiers rois.

SOCRATE.

La mienne commence avec le monde, et ne finira qu'avec lui : c'est d'elle que sortent toutes les autres religions. Elles ne s'en seraient jamais séparées, si des politiques ne les avaient altérées pour leurs propres intérêts. Voyez celles de la Thrace, de la Perse, de l'Égypte : chaque cité y a son dieu, qui en met les habitants en guerre : j'adore celui de l'univers, qui fait vivre tous les hommes en paix.

ANYTUS.

Où est donc son temple? où sont ses autels, ses statues, ses oracles, ses ministres? quels sacrifices lui faites-vous? quelles lampes brûlez-vous en son honneur, vous qui jamais n'avez mis une goutte d'huile dans les nôtres?

SOCRATE.

Il n'a pas besoin du pauvre Socrate pour enrichir ses autels. Son temple est l'univers, et la terre est un de ses autels; la lampe qui l'éclaire, le soleil ; les sacrifices qu'il me demande sont ceux de mes passions; ses statues sont les animaux et les hommes, qui se meuvent, agissent, s'entr'aident, et ne sont pas morts, comme les ouvrages des sculpteurs ; enfin ses oracles et ses ministres sont les sages qui m'instruisent, et surtout mon bon génie.

MÉLITUS.

Que dites-vous de bon génie ? Il n'y a de bons génies que les magistrats des républiques; ce n'est qu'à ceux-là qu'il faut obéir.

SOCRATE.

Il faut obéir avant tout aux lois de la nature; mais je n'ai pas moins été fidèle à celles d'Athènes. J'ai combattu dans ma jeunesse pour leur défense et j'accepte avec plaisir la mort qu'elles me donnent dans ma vieillesse.

ANYTUS.

Puisque la religion est une loi de votre patrie, pourquoi ne vous y soumettez-vous donc pas ?

SOCRATE.

J'en ai rempli les principaux actes. Tout citoyen doit respecter non-seulement celle de son pays, mais celles des autres nations.

ANYTUS.

Ainsi tout culte vous est indifférent. Vous adoreriez le vent avec les Thraces, le feu avec les Perses, l'eau avec les Indiens, et vous immoleriez des hommes chez les habitants de la Chersonèse.

SOCRATE.

Non, certes. C'est pour cela que j'ai dit qu'il fallait obéir avant tout aux lois de la nature. Je m'opposerais à une religion injurieuse à Dieu et aux hommes, comme j'ai fait au gouvernement des Trente. Je tâcherais de ramener peu à peu mes concitoyens à un culte pur.

ANYTUS.

Cependant vous ne croyez pas à la pluralité des dieux.

SOCRATE.

Non ; je ne crois qu'à un seul Dieu. Mais parceque je m'éclaire de la lumière du soleil, je n'empêche personne de se servir de celle des lampes.

ANYTUS.

Subtilité, sophisme, absurdité, hypocrisie détestable ! Comme la raison humaine, livrée à elle-même, s'égare !

LYCON.

Ce n'est pas la raison qui nous égare, c'est l'orgueil.

SOCRATE.

Sans doute la raison est le plus beau don que

nous ayons reçu du ciel : elle ne se trouble que par nos passions. Prenez garde que l'ambition et l'intérêt particulier n'égarent la vôtre.

ANYTUS.

Impiété manifeste ! Quand on ne croit pas aux dieux, on regarde leurs ministres comme des imposteurs. Vous me traitez donc d'imposteur, Socrate ?

SOCRATE.

Vous me faites dire ce que je ne dis pas. Vous pouvez n'être qu'un homme égaré. D'ailleurs; on doit respecter les ministres de tous les cultes qui ne sont pas inhumains, parceque dans leur origine ce sont des rayons de la Divinité, qui se propose pour but le bonheur des hommes. Je me suis honoré de l'estime et de l'amitié de plusieurs de leurs ministres.

ANYTUS.

Mais quelle est donc votre religion ?

SOCRATE.

Je vous l'ai déja dit : celle de tous les temps et de tous les lieux.

ANYTUS.

A quoi vous a-t-elle servi ?

SOCRATE.

A vivre tranquille, et à mourir content.

ANYTUS.

Et qui vous assure d'un heureux avenir ?

SOCRATE.

Ma conscience.

ANYTUS.

Qui vous l'a dit ?

SOCRATE.

Ma raison.

LYCON.

Mais s'il n'y a pas de Dieu ?

SOCRATE.

S'il n'y a pas de Dieu, je n'ai rien à craindre ; s'il y en a un, comme me le dit toute la nature, j'ai tout à espérer.

LYCON.

Que me fera-t-il pour vous après votre mort, puisqu'il n'a rien fait pour vous pendant votre vie ?

SOCRATE.

Il a tout fait pour moi, en me faisant marcher dans les sentiers de la vertu; après la mort, il est assez puissant pour me récompenser. Le passé et le présent sont dans ses mains; pourquoi non l'avenir ? L'univers est rempli de ses bienfaits.

ANYTUS.

La religion d'Athènes est pleine de ses miracles. Voyez Jupiter et ses métamorphoses; l'Olympe, où l'on boit le nectar; les champs Élysées, où sont rassemblés tous les plaisirs. Croyez, Socrate, croyez. Les dieux pour récompense vous donneront une Hébé, comme à Hercule.

SOCRATE, *souriant*.

A quoi me serviront tous les plaisirs des champs Élysées après ma mort, lorsque je n'aurai plus ni langue ni palais pour savourer leurs fruits, ni sexe pour leurs Hébés ? Si vous me dites que les hommes y recouvrent tous leurs sens, ils y auront donc les mêmes besoins et les mêmes passions que sur la terre ; car Dieu ne fait rien en vain : on y serait donc sujet aux mêmes infirmités ? quelle félicité !

LYCON.

Quel bien résultera donc pour vous de la mort ?

SOCRATE.

Celui de connaître les lois de la nature, que nous n'apercevons ici qu'à travers un voile.

ANYTUS.

Belle contemplation, vraiment ! La physique vous a perdu, Socrate. Cher Mélitus, les magistrats devraient défendre l'étude de la physique : elle corrompt les meilleurs esprits.

LYCON.

La physique ne dit rien de semblable. Il faudrait au contraire une loi qui constatât les opinions reçues en physique, et défendît à toute personne de s'en écarter, sous peine de punition. La physique devrait être réservée aux seuls physiciens, comme la religion aux prêtres. La science est aussi un sacerdoce.

SOCRATE.

Cependant l'étude de la nature et de la religion appartient à tous les hommes. Je ne les ai étudiées que pour mes besoins et ceux de mes enfants ; je n'en connais point les lois primitives, mais j'en ai recueilli quelques résultats utiles à mes semblables. J'ignore comment une paille se forme, et encore plus comment le soleil a été formé pour mouvoir, éclairer et animer tant de mondes ténébreux; mais je sais que cet astre, si éloigné de nous, fait mûrir l'épi qui me nourrit : et j'en ai conclu qu'un être très intelligent, très puissant et très bon pourvoyait aux besoins de la terre, de la plante et de l'homme.

MÉLITUS.

Si vous croyez que cet être existe, que ne songez-vous à profiter vous-même des biens qu'il a répandus ici-bas ? Vous êtes père de famille, vous jouissez encore d'une vieillesse vigoureuse, vous persuadez tout ce que vous voulez ; il n'est rien où vous ne puissiez parvenir.

LYCON.

Faites comme les autres: flattez les grands, intriguez parmi les petits. Nous vous servirons de tout notre crédit, pourvu que vous soyez des nôtres; vous deviendrez riche et heureux : mais, auparavant, il faut avouer que vous vous êtes trompé.

SOCRATE.

Plutôt mourir que d'agir contre ma conscience!

LYCON.

Quel bonheur espérez-vous donc dans un autre monde, privé de tous vos sens? la mort, selon vous-même, va vous les enlever.

SOCRATE.

Oui, je perdrai mes sens corporels; mais je conserverai ceux de l'intelligence. Cette ame, qui ne mange ni ne boit, que vos fers n'ont point enchaînée; cette ame, qui se transporte par la pensée où il lui plaît, ira se réunir à ce qu'il y a de conforme à sa nature. Les éléments de mon corps retourneront à ceux de la terre, et mon ame intelligente à l'intelligence suprême; là, elle connaîtra dans sa source l'ordre admirable de l'univers. Croyez-vous que Dieu, qui m'a donné dans ce monde des sens merveilleux pour goûter des plaisirs dont jamais je n'aurais eu d'idée, ne puisse dans une autre vie m'admettre à un système de bonheur au-dessus de toutes vos conceptions? Quand je n'y goûterais que les jouissances que ma raison a éprouvées ici-bas, n'y suffiraient-elles pas à ma félicité éternelle? Peut-être que je connaîtrai ces astres, dont l'éclat ne semble briller pour nous, au sein des nuits, que pour élever nos pensées vers les cieux. Parmi vous, les uns croient que le soleil n'est qu'une pierre embrasée, et à demi fondue; les autres, que c'est un homme monté sur un char de feu, qui se promène sans cesse autour de nous, d'orient en occident. Peut-être est-ce une habitation céleste, placée au centre de notre univers pour en vivifier les mondes; peut-être, comme il est pour leurs habitants la source de tous biens pendant leur vie, est-il destiné après leur mort pour récompense à ceux qui ont été vertueux, comme un prix au milieu du jeu pour les vainqueurs. Les meilleurs esprits, pour connaître la vérité sur la terre, ne se traînent que sur des lignes, et n'en entrevoient que des points. Mon ame, dégagée de son corps, en embrassera des sphères dans les cieux; je connaîtrai l'auteur de la nature, au sein de la lumière qui le voile à nos yeux. Notre ame, ici-bas, quoique troublée et agitée par les passions, est dérivée de la sienne, comme la flamme nébuleuse et ondoyante d'une lampe agitée par les vents fut originairement empruntée d'un rayon du soleil.

Vous me demandez ce que je ferai dans un autre monde. Dieu, qui a créé sur ce globe de boue tant de créatures ravissantes, mais passagères et fugitives, n'en a-t-il pu former d'autres plus aimables, plus durables et plus heureuses dans le soleil lui-même, source de tous nos biens? Manque-t-il d'emplois à distribuer dans tant d'astres innombrables qui nous environnent? Peut-être y deviendrai-je un des ministres de sa bonté sur la terre, comme j'ai tâché de l'être pendant ma vie: peut-être serai-je un de ces médiateurs invisibles qui inspirent les bonnes pensées, qui consolent et fortifient la vertu malheureuse, le bon génie d'un autre Socrate. Je parlerai à la raison des peuples égarés, et même à la vôtre, Mélitus. Je vous ferai sentir que, s'il faut une grande intelligence pour gouverner la république d'Athènes, il en faut une bien plus étendue pour gouverner le monde. Je vous ferai connaître, Anytus, qu'un dieu ne peut avoir les passions d'un homme; et à vous, Lycon, que rien n'est plus aimable que la vérité. En vous détachant de vos ambitions, vous connaîtrez qu'il y a dans l'univers une puissance bien supérieure à la vôtre : sans doute je vous rapprocherai d'elle, si je peux ouvrir vos cœurs au repentir. C'est ainsi que mon bon génie m'a préservé souvent moi-même de mes passions. (*On entend à travers la porte des voix de femmes et d'enfants qui crient:* Mon mari! mon père! Socrate! *Socrate troublé baisse la tête.*)

MÉLITUS.

Holà, geôlier. Maudit geôlier, où es-tu?

LE GEÔLIER.

Seigneur, me voici.

MÉLITUS.

Que fais-tu donc?

LE GEÔLIER.

Seigneur, je broie la ciguë. Le soleil va bientôt se coucher; je viens de tourner le dernier sable de l'horloge. (*Socrate relève sa tête et ses yeux pleins d'espérance vers le ciel.*)

MÉLITUS, *au geôlier.*

Va voir quels sont ceux qui viennent à la porte. (*Le geôlier sort.*)

LYCON.

Je demande qu'on ne laisse entrer personne avant que j'aie proposé à Socrate tous mes arguments; ceux qui me restent sont péremptoires, il n'y a rien à répondre.

MÉLITUS.

Nous avons trop de plaisir à vous entendre pour ne pas vous donner toute notre attention.

ANYTUS, *à Lycon.*

Il faut avouer que les dieux ont réuni en vous

toutes les forces de la raison humaine. Quelle tête! quelle conception! (*Le geôlier rentre.*)

LE GEÔLIER, à *Mélitus*.

Seigneur, ce sont la femme et les enfants de Socrate qui demandent qu'on les laisse entrer.

MÉLITUS.

Cela ne se peut à présent.

LE GEÔLIER.

Ils vous en supplient au nom des dieux et de la nature; ils pleurent.

MÉLITUS.

Je ne connais point d'autre nature que la loi.

LE GEÔLIER.

Ses disciples demandent la même faveur; ils disent que la loi le permet.

MÉLITUS.

Dis-leur que le magistrat le défend. Les voilà nouveaux interprètes des lois comme de la religion. Tel maître, tels disciples; ils mériteraient bien de passer le pas avec lui. (*Au geôlier.*) Dis-leur d'attendre, et à la garde de repousser toute cette populace loin de la porte, au-delà du vestibule et de la barrière.

LE GEÔLIER.

Seigneur, vous allez être obéi. (*Il sort.*)

MÉLITUS, à *Lycon*.

Vous pouvez commencer, docte Lycon, et parler tant qu'il vous plaira.

LYCON, à *Socrate*.

Vous dites donc, Socrate, que la terre est couverte des bienfaits de la Divinité; mais d'où viennent, je vous prie, les orages, les grêles, les tonnerres, les débordements de rivières, les tremblements de terre, les pestes, les maladies, les calomnies, les jalousies, les incendies, les procès, les querelles, les guerres, les famines, les banqueroutes, et la mort? (*Il se met à rire.*) En ai-je nommé assez? Je crois bien que ce sont de véritables maux que ceux-là. Répondez, si vous le pouvez. (*Il se met à rire aux éclats, et, à son exemple, Mélitus et Anytus.*)

SOCRATE, *souriant*.

Ces prétendus maux, Lycon, entretiennent l'harmonie générale de cette terre; ils y sont nécessaires; la plupart y sont rares. Mais jetez un coup d'œil sur les biens que la Divinité y répand à chaque instant : le soleil en est le dispensateur. Son char d'or, comme dit Homère, est attelé tous les matins par les Heures, qui conduisent ses quatre coursiers, le lumineux, l'empourpré, l'ardent, et l'amoureux. La plus jeune des Heures, à demi éveillée, sort la première de dessous le manteau safrané de l'Aurore; éblouie du premier éclat du jour, elle frotte en souriant ses yeux encore humides. Ses sœurs, de différents âges, la suivent parées d'argent, de vermillon et de pourpre. Elles s'élèvent au plus haut des cieux, en formant toutes ensemble des chœurs de danses et de concerts autour du soleil, leur père. Chemin faisant, elles ensemencent la terre de fleurs brillantes, mais fugitives comme elles. Bientôt ces filles célestes viennent tour à tour se réfugier sous le voile constellé de la nuit. A peine Apollon a-t-il disparu pour éclairer d'autres horizons, que Diane, sa sœur, portée sur un char d'argent attelé de deux chevaux noirs, vient réfléchir sur le nôtre une partie des rayons fraternels. Elle soulève de son sceptre le crêpe des nuits; à la faveur de sa lumière sororale, elle fait encore apparaître les monts escarpés, les vallées profondes, et leurs eaux réverbérantes sous un firmament étincelant de mille et mille feux. Des nymphes, couronnées de mousse, tournent autour d'elle en silence, versant sur la terre des corbeilles de pavots.

Pendant qu'elle parcourt le cercle oblique des nuits, elle trace celui des semaines et des mois qui accompagnent le soleil dans le cours des saisons et de l'année. Elle est la mère des mois, semblables aux différents âges de la vie et à leurs périodes. Le premier de tous, entouré de neiges, de pluies et de vents nébuleux, comme un enfant dans ses premiers langes, ne verse que des pleurs, et ne fait entendre que de tristes vagissements. Ses frères le suivent, l'un couronné de verdure dans une enfance déjà riante; l'autre, de boutons, de fleurs, dans son adolescence; un autre, des roses éclatantes, mais épineuses, de l'ardente jeunesse; les suivants apportent les différents fruits de la virilité. Le dernier se traîne après eux, et ferme l'année; semblable à un vieillard chauve et à barbe blanche, c'est lui qui dépouille les forêts de leurs feuilles, et les couvre de frimas.

Ainsi la reine des nuits, dans sa course inégale, roule dans les cieux son disque chargé d'une lumière versatile. Comme une navette céleste, elle entrelace de ses rais d'argent les rayons du soleil, et en forme ce réseau de la vie, dont les nœuds merveilleux produisent les amours et les générations. Le soleil en engendre les chaînes éternelles; la lune en fournit les trames passagères, dont le temps coupe tour à tour les fils pour en faire renaître de nouveaux. Pour l'astre du jour, il répand sur tous les mondes qui l'environnent d'autres concerts de lumières, de couleurs, de mouvements et de vie, en se conjuguant avec d'autres Phébés. Semblable à la Divinité, dont il est la plus vive image, il ne se communique à nous que par des bienfaits; et si nous voulons porter nos contemplations jusque dans son sein, il éblouit notre vue, comme celles que nous osons hasarder sur la Divinité éblouissent notre entendement.

LYCON.

C'est là sans doute un fragment de votre hymne à Apollon et à Diane. Je hais toutes ces longueurs, qu'on appelle de l'éloquence; c'est un langage indigne d'un philosophe. Pour moi, je n'emploie que celui de la physique. Je préfère à ces vaines bouffissures le simple squelette de la pensée.

SOCRATE.

La nature ne nous montre de squelette que dans les corps qu'elle a livrés à la mort. Elle revêt de couleurs et de formes ravissantes ceux qu'elle remplit de vie : c'est sans doute pour plaire principalement aux hommes, qui sont les seuls des animaux auxquels elle a donné le sentiment de toutes les beautés. Les philosophes doivent suivre son exemple quand ils parlent de ses ouvrages.

LYCON.

Si la nature avait voulu plaire aux hommes, elle se serait trompée dans son but comme dans ses moyens. En effet, à peine sont-ils entrés dans la vie, qu'ils sont forcés de la quitter. Les uns meurent dans le sein de leur mère, d'autres en venant au monde; ceux-ci dans l'enfance, ceux-là dans l'adolescence : il en est fort peu qui parviennent à la vieillesse; et, quand ils vivraient tous autant que Nestor, que serait-ce, après tout, qu'une carrière aussi courte? S'il y avait des dieux dispensateurs de la vie humaine, ils seraient inconséquents.

SOCRATE.

Croyez-moi, Lycon, la vie est un bienfait des dieux, et la mort en est un aussi. Le monde où la vie nous donne entrée est une fête bien plus magnifique et plus solennelle que celle des jeux olympiques; nous y sommes à la fois acteurs, spectateurs, et juges. La Divinité nous y introduit tour à tour, comme des étrangers qui au fond n'y ont aucun droit. Elle permet aux uns d'y rester un jour, à d'autres deux jours, à d'autres davantage : devons-nous trouver mauvais qu'elle nous appelle ensuite à d'autres scènes, sans doute pour y jouer d'autres rôles? A quelque âge que nous mourions, nous devons sortir de cette vie comme d'un banquet, en remerciant et bénissant la Divinité, qui nous y invite gratuitement. (*Après une pause, il sourit.*) Mais, Lycon, il paraît que vous vous y plaisez bien plus que vous ne dites, puisque vous voudriez y rester toujours.

LYCON.

Moi, m'y plaire! comme un malheureux à la galère où il est enchaîné. Eh! qui jouit de ce prétendu festin? Il semble que les mets qu'on y sert soient livrés au pillage; ils sont la proie du plus fort ou du plus rusé; on ne les conserve qu'à force d'artifices, au milieu des procès, des impôts, des guerres et des superstitions, monstres toujours prêts à les enlever, comme des harpies. Enfin, les peuples mêmes ne se procurent le plus simple nécessaire qu'à force de travaux. Ah! s'il y avait des dieux, ils seraient méchants.

SOCRATE.

Vous n'avez cherché la Providence que dans la société des hommes; encore, si vous les aviez observés avec quelque attention, vous verriez que le méchant seul y vit dans de continuelles alarmes; le juste, au contraire, quel que soit son sort, passe sa vie dans un cercle perpétuel de jouissances. Le travail, dont vous vous plaignez au sein de vos loisirs, en est une source constante pour lui. Il est d'abord le frein le plus assuré de ses passions; il développe les facultés de son ame, ou au moins celles de son corps; il les fortifie par de continuels exercices. C'est par lui qu'il jouit des productions de tous les éléments, et de l'amitié de ses semblables, auxquels est-il utile : lui enlève-t-on les fruits de ses travaux, il est privé des biens les plus communs, il tourne ses yeux vers l'avenir, et son cœur vers cette Providence que vous méconnaissez. La mort, qui effraie tant les méchants, ne lui paraît qu'un passage à un état plus heureux, ou au moins plus tranquille. Il juge, par ce que la Divinité a fait pour le bonheur des hommes dans ce monde, de ce qu'elle peut faire pour eux dans un autre; il s'endort en paix sur son sein, comme un enfant qui souffre sur le sein maternel.

LYCON.

Mais où est donc cette Providence dont vous parlez sans cesse? Dans des atomes. Ce monde, si magnifique selon vous, n'en est qu'un assemblage fortuit, réuni et mu par les lois éternelles du mouvement, puisqu'enfin il faut le dire.

SOCRATE.

Mais d'où viennent ces atomes? Quelle main a pris d'abord la peine de les réduire en poussière impalpable, et leur a donné ensuite les moyens de s'accrocher de mille manières différentes, à l'aide d'un simple mouvement? Où est l'origine de ce mouvement?

LYCON.

En eux-mêmes. L'attraction est inhérente à la matière, et la matière est éternelle.

SOCRATE.

Mais s'il est ainsi, comment la matière s'est-elle d'abord divisée en atomes? ils ne devaient jamais se séparer les uns des autres, puisqu'ils s'attirent toujours.

LYCON.

Cela est ainsi, Démocrite l'a dit.

SOCRATE.

O Lycon! un athée est dans la nature comme un aide-manœuvre dans un superbe palais, où il ne voit tout au plus que l'équerre et le niveau qui en ont élevé les murs; il ne fait aucune attention aux proportions des colonnes, aux belles formes des statues, à la distribution des appartements convenables aux divers besoins de ses habitants, et à aucune des harmonies et concordances du plan dont un habile architecte a tracé l'ensemble; son intelligence, toujours attachée à son mortier, ne peut plus s'élever au-dessus de ses conceptions grossières : ainsi le matérialisme abrutit l'esprit et endurcit le cœur. Quoi! il ne s'est jamais élevé dans le vôtre le plus petit mouvement de reconnaissance, d'amour et de religion, à la vue d'un arbre chargé de fruits, d'une vierge belle et modeste, ou du lever de l'aurore? (*Lycon se met à rire.*) Grand Dieu! l'athéisme est la plus terrible punition de l'athée.

LYCON, *à demi fâché.*

Quoi! ce ne sont pas des atomes éternels qui ont tout formé, en s'attirant et s'accrochant mutuellement?

SOCRATE.

Si ces atomes s'attirent et s'accrochent sans cesse, ils ont dû faire un bloc unique de tout l'univers; il serait à présent impossible d'en trouver un séparé des autres, qui pût en donner au moins une idée.

LYCON.

Mais ils se repoussent aussi.

SOCRATE.

S'ils s'attirent et se repoussent à la fois, ils devraient tenir le monde en perpétuelle dissolution; on devrait voir les corps célestes tantôt se réunir en masses informes, tantôt se dissiper en poudre. Le soleil et la lune n'auraient pas cette forme sphérique, si propre au mouvement; il n'y aurait pas de raison pour qu'ils fussent plutôt en globe qu'en pyramide ou en cube.

LYCON.

Si fait, si fait; parceque ces astres ayant été originairement dans un état de mollesse, les atomes du centre ont dû attirer ceux de la circonférence vers eux, et en former une boule.

SOCRATE.

Mais pourquoi ceux de la circonférence n'auraient-ils pas attiré aussi bien ceux du centre vers eux, puisqu'ils étaient à la même distance? ils auraient dû tourner des astres en formes de coupes ou de fuseaux. D'ailleurs, comme vous dites qu'ils se repoussent* en même temps, ils n'ont donc jamais dû se réunir. Mais si les astres ont été dans un état de mollesse qui les a arrondis par une attraction centrale, pourquoi sont-ils maintenant dans un état de sécheresse qui les maintient dans leur rondeur? Les vapeurs dont ils étaient imbibés n'ont jamais dû s'évaporer, puisqu'elles étaient attirées au centre aussi bien que les parties solides.

LYCON.

Toutes vos réponses ne sont que du verbiage.

SOCRATE.

Passez-m'en encore une. Si les atomes ont formé autrefois sur la terre des corps de formes si différentes et si bien organisés, sans les faire tous sphériques ou circulaires comme dans les cieux, pourquoi n'en produisent-ils pas encore de nouveaux sur de nouveaux plans, puisqu'ils sont mus par le hasard? Que diriez-vous, en jouant aux dés, s'ils amenaient toujours les mêmes points? vous diriez qu'ils sont pipés. Qu'est-ce qui a donc pipé les projections de la nature?

LYCON.

Je ne réponds point à des sophismes. Le système de l'univers est tel que je vous l'ai dit; et il n'y a plus à en douter, car il est calculé.

SOCRATE.

Permettez-moi de vous faire à mon tour quelques questions.

LYCON.

A la bonne heure.

SOCRATE.

Qui est-ce qui a fait la statue de Vénus au Prytanée?

LYCON.

On dit que c'est le sculpteur Lysias.

SOCRATE.

N'est-elle pas très belle?

LYCON.

Je n'en sais rien, car moi je ne vois dans une Vénus que des lignes droites et des courbes.

SOCRATE.

Où Lysias a-t-il pris le modèle de la sienne?

---

* Il y a plus; celui qui est au centre n'ayant pas plus de force pour attirer que les autres, c'est lui qui doit être attiré par ceux de l'enceinte et de la circonférence dont il est environné, et qui sont en bien plus grand nombre.

LYCON.

On dit que c'est d'après les plus belles filles d'Athènes, et je le crois.

SOCRATE.

Et à qui ces filles devaient-elles leur beauté ?

LYCON.

Sans doute à la nature.

SOCRATE.

Lysias, qui a imité leur bonne grâce et leurs belles formes, a-t-il de l'intelligence ?

LYCON.

Sans doute ; il en faut beaucoup pour bien faire une Vénus.

SOCRATE.

Pourquoi Lysias n'a-t-il pas rendu sa Vénus capable de se mouvoir, de marcher, de parler, et de danser, comme ses modèles ?

LYCON.

Cela surpassait son art.

SOCRATE.

Et si je vous disais maintenant que ce sont des atomes de marbre qui, s'accrochant dans l'atelier de Lysias, ont formé sa Vénus !

LYCON.

Je dirais que c'est une absurdité. Ne voudriez-vous pas me le faire croire ? Vous n'êtes pas encore un assez habile sophiste.

SOCRATE.

Quoi ! vous ne croyez pas que des atomes puissent former une statue, et vous croyez qu'ils ont formé le sculpteur lui-même ! Vous voulez que ces atomes aveugles, insensibles, sans intelligence, mus au hasard, aient composé les mondes, avec les êtres qui les habitent, clairvoyants, sensibles, intelligents, qui se meuvent, s'aiment et se reproduisent ! Reconnaissez donc qu'il y a une intelligence infinie dans l'auteur de la nature, puisque Lysias y a trouvé l'image d'une Vénus d'après ses plus beaux ouvrages, sans approcher que de bien loin des moindres de leurs perfections.

LYCON.

Dans vos comparaisons vous supposez toujours un Dieu qui agit comme un homme.

SOCRATE.

N'est-ce pas vous plutôt, homme faible et aveugle, qui voulez toujours agir comme un dieu ? Vous voulez créer un monde à votre manière, et moi je ne vous parle que du monde qui a déjà été fait par une Providence très sage, très puissante et très bonne. O Lycon ! si vous avez le malheur de n'en plus éprouver le sentiment, servez-vous au moins de vos yeux et de votre bon sens, comme font les plus simples des hommes.

LYCON.

Je ne verrai et ne penserai jamais comme la multitude.

ANYTUS.

C'en est assez, et trop, en vérité. Lycon, permettez-moi de vous dire que vous abusez de votre raison.

LYCON, *en colère.*

Il vous sied bien de me faire ce reproche, vous qui ne vous êtes jamais servi de la vôtre !

ANYTUS.

Comment, impie, vous refusez de penser comme le peuple ! vous ne croyez pas même aux dieux ! Sans doute vous ne faites aucun cas de la bonne Cérès, qui nous donne les moissons, et dont j'ai l'honneur d'être grand-prêtre ?

LYCON.

Y crois-tu toi-même, orgueilleux, hypocrite ?

ANYTUS.

Misérable sophiste, tu mériterais à ton tour que je te dénonçasse aux Athéniens.

MÉLITUS.

Est-ce donc là le respect que vous portez tous deux au magistrat ? n'avez-vous pas honte de vous injurier en sa présence ? Vous n'avez que faire de vous reprocher vos vérités ; je vous connais tous deux de longue main.

ANYTUS.

Qu'est-ce à dire ? (*Il se lève.*) Lycon, il nous insulte.

SOCRATE.

Quel scandale vous allez donner ! Par respect pour vous-mêmes...

MÉLITUS.

Il suffit. Puisque Socrate se refuse à l'autorité des lois, de la religion et de la raison, employons d'autres moyens. Holà ! geôlier.

LE GEÔLIER, *accourant.*

Plaît-il, seigneur ?

MÉLITUS.

Fais entrer les femmes et les enfants de Socrate.

SOCRATE.

Ah ! vous m'attaquez par les armes les plus dangereuses.

« Xantippe entre avec trois enfants, dont deux
» en bas âge, et le troisième dans l'adolescence :
» Lampsaque, Lamproclès, et une petite fille ap-
» pelée Sophronisca. Le premier est fils de Xan-
» tippe, les deux autres sont de Myrto. Le geôlier
» sort. »

SOCRATE.

Mes pauvres enfants, comme vous êtes changés !

SOPHRONISCA.

Mon bon papa, nous avons passé toute la nuit et tout le jour à pleurer.

MÉLITUS, *les arrêtant.*

Allez plus loin! la loi défend d'approcher des prisonniers qui sont dans les chaînes.

SOPHRONISCA.

Oh! les méchants qui vous ont couvert de fers!

LAMPSAQUE.

Nous ne sommes pas assez forts pour les rompre.

SOPHRONISCA.

Nous voulons seulement les baiser.

SOCRATE.

Respectez les lois, chers enfants!

XANTIPPE.

Te voilà encore, avec ton respect pour les lois. Elles te font mourir innocent.

SOCRATE, *souriant.*

Bonne Xantippe, voudrais-tu qu'elles me fissent mourir coupable? Où est Myrto?

SOPHRONISCA.

Ma mère? Elle est malade.

XANTIPPE.

Ta douce Myrto! elle est restée à la maison. Elle dit qu'elle a vu mourir son grand-père en prison, et qu'elle n'a pas la force de l'y voir mourir aussi. C'est elle qui t'a porté malheur. Tu as eu bien tort de me donner une pareille compagne; n'avais-tu pas assez de moi donc?

SOCRATE.

Ce furent les lois qui, après la bataille de Potidée, et la mort de tant de nos citoyens, m'obligèrent, comme les autres pères de famille, d'épouser deux femmes.

XANTIPPE.

Celle-ci t'a été d'un grand secours! elle ne prend pas soin même de ses enfants; il faut que je les traîne partout avec moi; elle est comme une imbécile. Au moins, à ta place, j'aurais cherché une femme riche, puisque tu en voulais une délicate.

SOCRATE.

J'ai consulté non mon goût, mais mon devoir. Elle était petite-fille du juste Aristide, et fort pauvre; j'ai dû la secourir. Après tout, chère Xantippe, ne devais-je pas du respect aux lois?

XANTIPPE.

Elles t'ont bien respecté elles-mêmes! Elles te tiennent au cachot, enchaîné comme un criminel, toi qui n'es qu'un trop bon citoyen.

ANYTUS.

Ma chère Xantippe, votre mari n'a point de religion. Il veut faire de nouveaux dieux.

MÉLITUS.

Il corrompt les jeunes gens; il en veut faire de nouveaux citoyens, en les ramenant aux anciennes lois de la nature.

LYCON.

C'est un orgueilleux qui veut endoctriner les doctes. Il croit tout savoir.

XANTIPPE.

O mes nobles seigneurs! vous ne le connaissez pas; c'est un homme simple, et sans esprit. Vous le croyez un grand génie; c'est un bon homme. Il parle comme tout le monde; on entend tout ce qu'il dit. Ah! sauvez-lui la vie.

ANYTUS.

Nous sommes venus ici uniquement pour cela. Il ne tient qu'à lui de se sauver: il n'a qu'à se reconnaître coupable.

SOCRATE.

Je ne veux pas manquer à la vérité et à la justice à mon égard, plus qu'envers tout autre citoyen. Je reconnais que j'ai bien mérité de la patrie, et qu'attendu ma pauvreté, elle doit me nourrir jusqu'à la fin de mes jours, que j'ai employés à l'éclairer et à la servir.

LYCON.

Quel opiniâtre! il me met en fureur.

MÉLITUS.

Vous allez vous perdre à jamais, si vous ne vous repentez dans l'instant.

ANYTUS.

Vous allez tomber dans les enfers pour l'éternité.

XANTIPPE, *pleurant.*

O mon bon mari! songe que tu vas me laisser veuve, trois enfants en bas âge, sans fortune et sans protecteur.

SOCRATE.

Je te laisse, ainsi qu'à mes enfants, celui qui m'a protégé moi-même.

XANTIPPE.

Malheureux! il t'abandonne, puisqu'il te livre à tes ennemis.

SOCRATE.

Il me délivre des infirmités de la vieillesse par une mort honorable et douce. Quel secours, Xantippe, eusses-tu trouvé dans un vieillard de soixante-dix ans? Bientôt tu aurais été obligée de me protéger moi-même. Devenu caduc, les mains, la tête et les genoux tremblants, il te faudrait me veiller et me soigner comme le plus petit des enfants. L'âge, qui m'affaiblit de jour en jour, fortifie les nôtres: ils n'ont maintenant ni industrie ni force, mais la nature les a revêtus d'innocence;

c'est une égide qui les défend contre les plus barbares. Quand les vents de l'adversité soufflent sur la terre, la Pitié descend du ciel, et couvre les orphelins de ses ailes; partout les lois humaines viennent à leur secours, partout leurs bienfaiteurs prospèrent, et leurs tyrans font tôt ou tard une fin malheureuse. Mais quand il serait possible que les lois d'Athènes abandonnassent les miens, crois-tu que celui qui revêt les petits animaux de douces fourrures, et qui les met en naissant dans des nids maternels, ne prenne pas soin des enfants de l'homme, son plus bel ouvrage? Dieu protège ceux que la société repousse; il étend leur esprit et fortifie leur cœur; il leur inspire de grands talents, ou, ce qui vaut encore mieux, de grandes vertus. Les hommes célèbres et les sages de tous les pays ont été des enfants malheureux.

XANTIPPE.

Pauvre bon homme! tu as donc été bien heureux dans ton enfance, car tu n'es guère sage dans ta vieillesse. Tu veux mourir, quand tes enfants ont le plus besoin de tes conseils.

SOCRATE.

Je leur laisse pour conseils l'exemple de ma mort.

XANTIPPE.

A quoi leur seras-tu utile quand tu ne seras plus?

SOCRATE.

Si Dieu donne aux enfants de se rappeler le souvenir de leurs ancêtres pour se conduire dans la vie, crois-tu qu'il ne donne pas aux ancêtres d'influer sur les destins de leurs enfants? Une chaîne éternelle lie les enfants et les pères, les époux et les épouses; c'est elle qui remue notre sensibilité à la vue des tombeaux où reposent les objets de nos affections; c'est à elle que sont attachés nos ressouvenirs et nos espérances. Fidèle compagne de ma vie, je ne t'abandonnerai point, après ma mort, dans le soin de nos orphelins : la bonté divine me permettra de réparer dans un monde plus heureux les fautes que j'ai pu commettre dans celui-ci. Dégagé de mes propres passions, je viendrai au secours des tiennes; je te ranimerai par de bons sentiments, je calmerai tes chagrins. Quand ton caractère, impatient de l'infortune, t'emportera hors des bornes de la raison, je me rappellerai à ton souvenir, et, en pensant à moi, tu te diras : « Socrate eût dissipé ma colère par un sourire. »

XANTIPPE.

Ah! le voilà à ton ordinaire, riant de tes propres maux. Encore, si je n'avais que les miens à supporter! mais vois tes pauvres enfants fondant en larmes. Que leur répondrai-je demain au lever de l'aurore, à l'heure où tu avais coutume de les prendre dans tes bras, quand chacun d'eux, en se réveillant, me dira : « Ma mère! où est mon père? » O dieux, ô dieux! que je suis malheureuse!

SOPHRONISCA.

Mon papa, depuis un mois nous vous demandons aux dieux tous les jours, le matin, le soir, et encore la nuit.

LAMPSAQUE.

Maudits soient les cruels qui vous causent tant de maux!

LAMPROCLÈS.

Mon père, ne nous abandonnez pas!

SOCRATE.

Non, mes enfants, vous ne serez point abandonnés; le ciel prendra soin de vous : ma mort est son dernier bienfait pour moi. Lampsaque, n'en poursuivez jamais la vengeance contre votre patrie; un peuple n'est point coupable des crimes des factions. Ma mort est glorieuse, puisque je meurs pour la justice; elle ne répandra que trop d'éclat sur ma vie commune et sur la vôtre. Mais fuyez la célébrité, mes enfants : celui qui a tout créé s'est réservé la gloire pour son partage; mais il a distribué sur la terre une portion de bonheur à tous les enfants des hommes; il l'a attachée à leur concorde. Vivez obscurs et unis, et vous vivrez heureux; vivez entre vous comme j'ai cherché à faire vivre entre eux mes concitoyens. Dieu a mis l'amitié fraternelle à l'entrée de la vie humaine, pour en faire les premiers exercices, comme un péristyle à l'entrée d'un grand cirque. Il a donné aux enfants des ressemblances avec leurs parents, non-seulement afin que leurs parents les aimassent, mais que les enfants s'aimassent entre eux, en retrouvant les traits et les qualités de leurs pères et de leurs mères dans ceux de leurs frères et de leurs sœurs. L'un de vous a ma mélancolie, l'autre mon humeur railleuse; j'y démêle encore les caractères de vos mères : l'un a la franchise et les affections vives de Xantippe, l'autre le calme de Myrtô. Que chacun de vous les retrouve donc dans ses frères et sa sœur. Aimez vos mères comme je les ai aimées. Oh! si mes fers ne me retenaient, avec quel plaisir je vous presserais tous ensemble contre mon sein!

LAMPSAQUE.

Mon père, je veux mourir avec vous.

LAMPROCLÈS.

Et moi aussi.

SOPHRONISCA.

Et moi aussi.

SOCRATE.

Et toi aussi, ma chère fille! Oh! vivez tous pour vos mères!

SOPHRONISCA, *se jetant aux pieds de Mélitus.*

Laissez-moi essuyer avec mon voile les larmes qui coulent sur son visage. Vous lui avez lié les mains. O mon bon papa!

ANYTUS.

Eh bien! Socrate, vous pleurez! vous tenez donc encore au monde?

SOCRATE.

Je pleure de joie d'y laisser des enfants dignes de moi.

XANTIPPE.

Non, tu ne mourras pas! (*Aux juges.*) Vous m'arracherez plutôt auparavant la vie et celle de ces innocents. (*Elle s'écrie :* Citoyens, les lois sont violées; au secours! au secours! *Les enfants crient :* Au secours! *On entend des murmures du peuple qui frappe à la porte de la prison.*)

ANYTUS.

Ils vont amenter le peuple. Mélitus, faites enfermer cette folle avec ses enfants jusqu'après la mort de Socrate.

MÉLITUS.

Il faut un décret pour priver un citoyen de sa liberté.

LYCON.

Une femme et des enfants ne sont pas des citoyens.

ANYTUS.

Si on ne les renferme tout à l'heure, ils vont exciter une sédition par leurs cris. Le salut du peuple est la loi suprême.

LE GEÔLIER, *à Mélitus.*

Seigneur, le désordre augmente; le peuple a forcé la barrière; les gardes mêmes semblent se ranger de son parti.

MÉLITUS *se lève.*

Allons, Anytus, vous avez raison, le salut du peuple est la loi suprême. (*Au geôlier.*) Enfermez la famille de ce sophiste.

SOCRATE.

Oh! comme la vérité se change en erreur dans la bouche des méchants! Oui, le salut du peuple est la loi suprême; mais la justice, même envers les femmes et les enfants, est le salut du peuple.

LE GEÔLIER, *à Xantippe, d'un air triste.*

Allons, Xantippe.

XANTIPPE.

Non, je ne sortirai pas.

LES ENFANTS.

Nous ne sortirons pas. (*Ils font résistance.*)

MÉLITUS.

Que chacun de nous emmène un des enfants, la mère sera bien forcée de les suivre.

« Anytus, Lycon, le geôlier, Mélitus, poussent
» tous ensemble la famille de Socrate vers un au-
» tre souterrain. »

XANTIPPE *marche après eux.*

Pauvres enfants, vous n'avez plus de père!

LES ENFANTS.

O mon père!

SOCRATE.

Mes bien-aimés, je vous laisse le mien.

MÉLITUS, *au geôlier.*

En rentrant tu ôteras les fers de Socrate, tu ouvriras à ses amis, et tu lui présenteras la ciguë au moment très précis, prescrit par la loi, où le soleil se couche.

LE GEÔLIER.

Oui, seigneur.

SOCRATE.

Je me sens troublé. O Dieu, ma force unique, prenez soin de mes enfants!

« Il reste dans le silence, les yeux levés au ciel.
» On entend les voix de Xantippe et de ses enfants
» qui crient : *Mon époux! mon père!* Ces voix
» vont en diminuant à mesure qu'ils descendent
» dans le souterrain; l'écho des voûtes les répète
» à plusieurs reprises : Socrate frémit. »

LE GEÔLIER *accourt.*

Ils ont voulu eux-mêmes les renfermer. Soyez sûr, Socrate, que j'en aurai grand soin.

SOCRATE, *au geôlier qui se jette à ses pieds.*

Que faites-vous?

LE GEÔLIER.

Je me hâte d'ôter vos fers pour ouvrir la porte à vos amis.

SOCRATE.

Commencez par mes amis; je souffre plus de leur absence que du poids de mes fers.

« Le geôlier court leur ouvrir la porte; ils en-
» trent d'un air triste. Il revient ensuite auprès de
» Socrate, et commence par lui ôter ses menottes.
» Les amis de Socrate se rangent autour de son
» lit : ce sont Criton, l'orateur Lysias, Platon,
» Antisthène, Aristippe, Phædon, Eschine, Xéno-
» crate, Chærephon, Apollodore.
» Socrate, ayant la main droite libre, la leur
» tend tour à tour d'un air riant; pendant ce temps,
» le geôlier débarrasse ses jambes de leurs en-
» traves. »

SOCRATE.

Bonjour, Criton, mon père nourricier; je vous salue, orateur Lysias, et vous aussi, éloquent Pla ton, infatigable Antisthène, cher Eschine, infortuné Phædon, modeste Xénocrate, vertueux Chærephon, bon Apollodore, et vous aussi joyeux Aristippe; je vous salue tous, mes chers amis. Asseyez-vous; vous devez être bien fatigués d'être restés si long-temps debout à la porte.

LE GEÔLIER, *ayant ôté les entraves.*
Socrate vous êtes dégagé de tous vos fers.

SOCRATE.
Je vous remercie, mon ami. (*En se frottant les jambes.*) Quel plaisir vous m'avez fait! (*Le geôlier le salue, et sort.*)

SOCRATE, *continuant à se frotter les jambes.*
Ésope dit que Jupiter voulut un jour mêler ensemble la volupté et la douleur, et que n'ayant pu en venir à bout, il ordonna qu'elles se suivraient mutuellement: ainsi quand la douleur précède, la volupté la suit, et réciproquement. Je crois qu'il en sera de même des félicités de la vie future; elles succéderont aux misères de la vie présente.

CRITON.
O Socrate, ne songez point encore à quitter vos amis! Tout est prêt pour votre liberté; nous avons gagné le geôlier; il va vous faire sortir de la prison par un long souterrain: il vous mènera de là dans une rue détournée, chez un de nos amis, qui vous fera ensuite traverser la ville à la faveur de la nuit. Allons, levez-vous, il n'y a pas un moment à perdre.

SOCRATE, *riant.*
Où me mènera-t-on ensuite?

CRITON.
En Thessalie, où je vous ai préparé une retraite; Apollodore y conduira vos femmes et vos enfants. O Socrate, vous vivrez encore pour notre bonheur.

SOCRATE, *riant.*
Criton, croyez-vous que la mort ne puisse franchir les hautes montagnes de la Thessalie? Mais quand j'y devrais vivre autant que Nestor, je n'ai garde de recourir à ce moyen: les lois me le défendent.

CRITON.
Ce ne sont pas les lois, ce sont des juges iniques qui vous ont condamné.

SOCRATE.
Ce sont les lois qui ont nommé les juges qui m'ont condamné à la mort: je dois la subir. La république est sous la tutelle de lois; si je les violais, je serais criminel.

CRITON.
O Socrate, rendez-vous à nos vœux! Amis, joignez-vous à moi pour sauver Socrate de lui-même.

SOCRATE, *d'un air sévère.*
O mes amis! au nom du ciel, je vous ai déjà priés de ne plus me parler de mon déshonneur.

ARISTIPPE.
Acceptez, Socrate, ces deux cents écus pour servir à votre fuite, ou à vos derniers besoins.

SOCRATE.
Et d'où vous vient cet argent, Aristippe?

ARISTIPPE.
De la même source que votre pauvreté; c'est le fruit de vos leçons que je transmets à mes disciples. J'emploie la même méthode, qui les porte à la volupté des sens, que vous pour disposer à celle de l'ame. Je n'exclus ni l'une ni l'autre, mais je préfère la première.

SOCRATE.
Votre école sera nombreuse. Mais, mon pauvre ami, gardez vos écus; c'est vous qui en avez besoin.

LYSIAS.
O Socrate, si vous aviez voulu vous servir de mon discours à la tribune, vous ne seriez pas ici, j'aurais confondu tous vos ennemis.

SOCRATE.
Votre discours était très bien fait; je l'ai lu avec plaisir: mais parcequ'il était écrit plutôt selon les règles de la rhétorique et l'esprit du monde que d'après les sentiments d'un philosophe, il ne me convenait pas. Je n'en suis pas moins redevable à votre amitié.

LYSIAS.
Mais comment, s'il était bien fait, ne vous convenait-il pas?

SOCRATE.
Comme on peut faire un très-bel habit et de très-beaux souliers qui ne m'iraient pas bien.

PLATON.
Et moi aussi, Socrate, j'ai voulu vous défendre devant le peuple; mais après avoir préparé votre défense selon l'harmonie constante de vos principes et de vos actions, les juges m'ont empêché de monter à la tribune, sous prétexte que je n'avais pas l'âge de trente ans requis pour les orateurs.

SOCRATE.
Si Dieu n'a pas destiné votre éloquence aux orages de la tribune, il vous en fera faire un usage plus étendu et plus utile pour les hommes, dans le repos du cabinet. Aucun magistrat ne pourra empêcher vos écrits de se répandre dans le monde, et de montrer aux républiques la route du bonheur.

PLATON.

O Socrate! c'est à vous que j'en dois les éléments. Je m'étais d'abord livré à la poésie, et vous me conseillâtes d'embrasser la philosophie. Combien ne vous suis-je pas redevable! Vous êtes mon bon génie.

SOCRATE.

Chacun a le sien; vous serez un jour l'Homère des philosophes. Y a-t-il long-temps que vous n'avez reçu des lettres de notre ami Xénophon? Quel charme dans son style! le miel d'une abeille attique n'est pas plus doux.

PLATON.

Il m'a écrit il y a un mois, des environs de Babylone; il me mande que tout est perdu, excepté sa confiance dans les dieux. L'armée du jeune Cyrus, à la solde duquel il s'était mis avec dix mille Grecs, a été entièrement détruite par celle d'Artaxercès, son frère aîné; Cyrus lui-même est tué. Les Grecs seuls ont échappé au carnage, mais ils sont poursuivis par l'armée entière des Perses, qui brûle autour d'eux les villages et les moissons. Xénophon commande la retraite de ses compatriotes; c'est là qu'il aura l'occasion de mettre en pratique vos sublimes leçons. Il me prie instamment de lui donner de vos nouvelles dans le plus grand détail, pour fortifier son courage. Hélas! il ignore que nous éprouvons des malheurs plus grands que les siens. Qu'est-ce que la perte d'un prince auprès de celle d'un sage!

SOCRATE, *soupirant.*

Pourquoi ce jeune ami de la philosophie a-t-il pris parti dans les querelles des rois, et surtout dans celle des rois frères? Peut-être est-ce que, né chez les Athéniens, il a préféré le gouvernement monarchique à leurs dissensions; peut-être aimez-vous mieux, Platon, le gouvernement républicain. Mais je vous exhorte à ne jamais vous diviser pour des opinions politiques. Pourvu que les peuples soient heureux, qu'importe après tout qu'ils soient gouvernés par les lois d'une monarchie ou d'une république?

ANTISTHÈNE.

Pour moi, Socrate, je n'aime ni l'un ni l'autre gouvernement; je tâche, à votre exemple, de leur échapper, me privant de tout pour me rendre indépendant de tout.

SOCRATE.

Cependant je ne manque de rien, et ma vie n'a rien d'extraordinaire. Pourquoi, par exemple, infatigable Antisthène, faites-vous tous les jours cinq milles du Pirée à Athènes; et cinq milles d'Athènes au Pirée?

ANTISTHÈNE.

Pour le plaisir de vous entendre, Socrate, je resterais jour et nuit couché à la porte de votre prison, si je n'avais aussi mes disciples au Pirée, auxquels je porte tous les jours de vos nouvelles.

SOCRATE.

Je suis bien sensible à ces témoignages d'attachement; mais.....

ANTISTHÈNE.

Socrate, je vous dois les biens de l'ame, qui font mépriser toutes les jouissances du corps, et cependant le fortifient. Je vous réponds que j'ai des disciples plus robustes que ceux d'Aristippe, qui prétend les conduire d'après vos principes.

ARISTIPPE.

Sans doute. Je dois aussi à Socrate de ne pas mépriser les jouissances des sens. Ne l'avons-nous pas vu souvent dans les festins? n'est-il pas toujours simplement, mais proprement vêtu? Après tout, j'ai plus de disciples que vous.

SOCRATE, *riant.*

Il me semble que votre philosophie est comme vos manteaux: celui d'Antisthène est trop court et percé de trous, et celui d'Aristippe est brodé et trop long. Amis, souvenez-vous de l'oracle de Delphes: *Rien de trop, ni de trop peu.* Bannissons toute espèce de vanité.

PHÆDON.

Pour moi, Socrate, je vous dois plus que la liberté et les richesses; je vous dois la pureté de l'ame et du corps. J'ai été bien malheureux dans mon enfance; maintenant j'ai beaucoup de disciples, auxquels je répète vos principales maximes: *Abstenez-vous, et supportez.*

SOCRATE.

Le temps les multipliera, infortuné Phædon. O mes amis! n'ai-je pas bien sujet de remercier Dieu de ma mission sur la terre? Il m'a planté dans Athènes comme un arbre des forêts au milieu d'une place publique, pour fournir de l'ombre à ses citoyens. J'ai poussé des branches vigoureuses à l'orient, au midi, au couchant, au nord; chacun de vous ensuite a greffé ses divers talents sur ma force. Mon tronc ne vous a fourni que la première sève, et vous l'avez couvert de fleurs et de fruits de différentes odeurs et saveurs. Des écoles nombreuses de sages sortiront un jour de mes principes. Amis, vous ne me devez rien; je n'ai jamais rien écrit; je suis la sage-femme des esprits, je ne suis venu que pour les faire accoucher.

42.

CHÆREPHON.

Que dites-vous, Socrate, vous que l'oracle a déclaré le plus sage des hommes? Ce fut moi qui l'apportai de Delphes à Athènes. Je passai ma vie au théâtre, agitant, comme la plupart des Athéniens oisifs, la question : *Quel était le plus grand poète, du vieux Sophocle ou du jeune Euripide?* je tenais pour le premier, et mon frère Xénocrate pour le second. Cette division d'opinion ne tarda pas à nous brouiller, à tel point que je résolus d'aller à Delphes, et de la faire décider par l'oracle. Pour donner plus de poids à ma demande, je me fis nommer député par mon parti, qui était plus nombreux que l'autre. Quand je proposai à l'oracle cette question, voici la réponse qui sortit du trépied sacré : O frivoles Athéniens ! pourquoi demandez-vous sans cesse quel est le plus grand poète de Sophocle ou d'Euripide? C'est sans doute le disciple de Socrate, parceque Socrate lui-même est le plus sage des hommes.

SOCRATE.

Sans doute, Chærephon, l'oracle ne prononça ainsi que parceque je sais que je ne sais rien. Ce n'était guère la peine de faire un si grand voyage.

CHÆREPHON.

Et, quand je ne lui devrais que de m'être lié d'amitié avec Euripide !

SOCRATE.

Et où est-il maintenant? que fait-il?

CHÆREPHON.

Il est à Mégare, où il s'est enfui au moment d'être arrêté par rapport à vous. J'ai été le voir il y a un mois; il s'occupe à faire une tragédie, dont le sujet est Palamède condamné à mort par la calomnie d'Ulysse : c'est Homère qui l'a fourni. Ce fut un effet de la vengeance d'Ulysse, qui contrefaisait le fou pour ne pas aller au siége de Troie; il labourait le sable sur le bord de la mer; Palamède se douta que sa folie n'était qu'une ruse, et pour s'en convaincre il met l'enfant Télémaque, encore au maillot, au devant de la charrue de son père, qui la détourna. Ulysse, découvert par sa prudence, ne put s'exempter d'aller à Troie; mais, pour s'en venger, il fit enfouir de l'argent dans la tente de Palamède, et, l'ayant fait accuser de l'avoir reçu des Troyens pour trahir les Grecs, il le fit lapider par ses propres soldats.

SOCRATE.

Je m'en souviens très-bien, Chærephon.

CHÆREPHON.

Euripide a traité ce sujet avec tout le talent que vous lui connaissez, et que vous avez pris vous-même le soin de former. Il m'en a lu un fragment, dont j'ai retenu ce vers :

Au plus juste des Grecs vous arrachez la vie.

Oui, Socrate, si les Athéniens l'entendaient, ils briseraient vos fers.

SOCRATE.

Ils feraient deux fautes, celle de me les avoir donnés au nom des lois, et celle de les rompre malgré les lois; mais maintenant j'en suis débarrassé. Je vais être libre pour toujours. (*Apollodore se lève, et met en pleurant, aux pieds de Socrate, un paquet caché sous son manteau, en lui disant:* O mon maître ! *Socrate apercevant le paquet :*) Que m'apportez-vous là ?

APOLLODORE, *pleurant.*

Un bel habit que je vous prie de mettre tout présentement.

SOCRATE, *riant.*

O bon Apollodore ! pensez-vous que celui que je porte aujourd'hui m'ait été propre à vivre, et ne me soit pas propre à mourir ? Remportez donc votre dernier présent. Mais vous me faites souvenir qu'il est temps de laver mon corps, afin de n'en point donner la peine, après ma mort, aux femmes chargées de ce dernier office. (*Il se lève : ses amis se jettent à ses pieds en criant:* O Socrate ! ô mon père ! *Ils lui embrassent les genoux en soupirant et pleurant. Socrate, debout, d'un air fâché :*) Qu'entends-je? que vois-je? des gémissements, des larmes ! Amis faibles, c'est donc là le fruit des discours que nous avons tenus si souvent ! Nos paroles n'ont-elles été que de vains sons pour amuser nos loisirs ? Comment ! ces préceptes des sages, les exemples des grands hommes sur le mépris de la vie, auxquels nous avons joint si souvent nos réflexions, ne sont-ils plus d'aucun usage lorsqu'il faut mourir ? Les principes de la sagesse ne sont pas de brillants sophismes, semblables à ces armes dorées et argentées dont on se sert au théâtre pour amuser le peuple par des combats simulés, et qui ne sont d'aucun usage à la guerre : ce sont de véritables armes de l'ame, plus durables et plus solides que les boucliers et les cuirasses de fer et d'acier éprouvés dans les combats à mort. Armons-nous donc de constance et de fermeté : la mort s'avance vers nous, marchons vers elle. Je suis votre chef de file, le soin de votre gloire m'est aussi cher qu'à vous. Sans doute, chers amis, c'est votre amitié pour moi qui vous inspire ces alarmes. Vous me croyez malheureux, parceque je vais mourir ; vous connaissez les biens de la vie, et vous savez qu'ils sont surpassés, surtout à mon âge, par de plus grands maux; mais vous ignorez ce qui est au-delà du trépas. Rappelez-vous au moins nos discours sur l'immortalité de l'ame, nos préssentiments tant de fois vérifiés, ainsi que nos songes prophétiques. Joignez-y les exemples de ces grands hommes qui nous ont précédés dans les sentiers de la vertu. Quand ces ressouvenirs ne seraient que comme ces tableaux du printemps et de l'été, que nous suspendons à nos murailles pour nous en rappeler les fleurs et les fruits pendant l'hiver; si cependant on présentait ces tableaux à quelques peuples des contrées boréales, et qu'on y joignît quelques-uns des fruits dont ils n'offrent que les images, et que l'Attique produit en abondance, ne croyez-vous pas qu'ils seraient tentés d'abandonner leur pays stérile pour venir goûter les jouissances du nôtre? Mais si on ajoutait à ces dons quelques amphores de nos bons vins, dont ils se sentissent tout réchauffés au milieu de leurs glaces, ne doutez pas que plusieurs d'entre eux ne s'abandonnassent au courant de leurs fleuves pour aborder sur nos rivages. Pour moi, placé dès l'enfance dans les âpres montagnes de la vie, Dieu m'a fait la grâce de savourer les fruits des contrées célestes, et m'y a fortifié du vin de la vertu. J'ai donc dirigé ma navigation vers les régions qui les produisent. Maintenant que ma voile et ma rame sont usées, que ma nacelle coule bas, irai-je me remettre en mer, et m'exposer à de nouveaux orages? Je touche au port, je n'ai plus à craindre ni les vents tempêtueux, ni les écueils où la sagesse même peut échouer, ni les vers de la calomnie et de la superstition, qui rongent dans l'obscurité les plus fortes carènes. Calme, paix, repos, innocence, justice, vérité, protection divine, j'ai tout à espérer. Félicitez-moi donc de mourir. Pour celui qui cherche la sagesse, la vie est un bienfait du ciel; mais la mort en est encore un plus grand. Laissez-moi donc purifier par un bain ce corps fatigué du voyage.

« Socrate sort, et se retire derrière un escalier
» dans le fond du cachot. Ses amis se remettent à
» leurs places. Ils restent quelque temps dans le
» silence; ils conversent ensuite à voix basse. »

ANTISTHÈNE.

Quelle force de caractère!

PLATON.

Quelle sublimité de sentiments!

CRITON.

Quelle tranquillité d'ame! Quelle obligation ne lui avons-nous pas! il nous a appris à vivre, il nous apprend encore à mourir.

LYSIAS.

Je lui dois de plus les premiers principes de l'art oratoire, et surtout ceux de son invincible logique. Il a l'art inimitable de vous ramener à son sentiment de question en question; quelque long que soit son discours, il en tient toujours les deux extrémités dans sa main. Il sait les parsemer de tant d'images intéressantes, qu'on ne se lasse point de l'entendre; et quand il a fini, son antagoniste se trouve, si j'ose dire, enchaîné par un collier de perles que Socrate lui a passé autour de l'entendement. Cependant, avec tant de supériorité, il ne sait pas comment il faut parler à un peuple furieux et à des juges corrompus. Nous en avons vu l'expérience dans l'affaire des capitaines condamnés à mort. Il s'y montra avec bien du courage; il voulut même enlever de vive force Théramène à ses bourreaux; mais le peuple, comme une bête féroce à laquelle on veut enlever sa proie, fut au moment de faire sa victime de Socrate même. Ce n'est pas ainsi qu'on ramène un peuple égaré et fanatisé de politique ou de religion.

PLATON.

Comment eussiez-vous parlé en pareille circonstance?

LYSIAS.

Comme dans celle de Socrate. Je commençais par convenir que Socrate avait donné lieu à l'accusation, par ses anciennes liaisons avec Alcibiade et Critias; je le justifiais ensuite par ses autres sociétés, et par ceux de ses disciples qu'il avait ramenés du vice à la vertu; j'avais des témoins qui attestaient son respect pour Minerve, patronne d'Athènes; son bon génie qui le guidait en toutes choses, et enfin l'oracle de Delphes qui l'avait déclaré le plus sage des hommes. Je n'aurais pas manqué d'autres témoins pour diriger les crimes dont il était accusé, et même des crimes encore plus grands, contre Anytus, Lycon et Mélitus; je les accablais des sarcasmes les plus amers, et des ridicules les plus plaisants: je finissais par demander justice au peuple, et je tournais contre eux-mêmes la fureur dont ils l'avaient agité. Mais Socrate ne le voulut pas; il me dit que ce discours était fait suivant l'esprit d'Athènes. Je vous le lirai un jour, Platon, vous en jugerez.

PLATON.

Je l'entendrai avec un grand intérêt. Mes principes maintenant ne diffèrent plus des vôtres; je tiens qu'il faut tout faire pour le peuple, et rien par le peuple; il n'est propre qu'à renverser. Autrefois je ne pensais pas ainsi: j'ai remercié souvent la Divinité de m'avoir fait homme et non animal, Grec et non barbare, de m'avoir introduit dans la vie dans le siècle de Socrate, et non dans un autre; mais maintenant qu'il va mourir de la propre main des Athéniens, auxquels il a rendu tant de services, je me plains au ciel de n'être pas né barbare plutôt qu'Athénien, et bête brute plutôt qu'homme. Socrate est pour moi un demi-dieu.

ARISTIPPE.

Quoique ma philosophie diffère un peu de la sienne, je lui dois cependant beaucoup; j'emploierai quelque jour une partie de ma fortune à lui élever un beau monument au milieu de mes jardins.

ESCHINE.

Je lui suis plus redevable qu'aucun de vous. Je vivais dans une extrême pauvreté, et je voyais tant de jeunes gens riches et nobles fréquenter sa maison, que je n'osais en approcher. Enfin, comme mon âme avait un grand besoin d'instruction, je me hasardai un jour à l'aborder. Je lui dis, tout tremblant : Je suis pauvre, Socrate; je me trouve dans l'impuissance de vous rien offrir en récompense des soins que je desirerais que vous prissiez de moi, en me recevant au nombre de vos disciples; mais je me donnerai à vous tout entier, je serai le compagnon de votre bonne et mauvaise fortune. Il fut si touché de ma franchise qu'il m'embrassa, et me dit : Mon pauvre Eschine, il n'y a que vous qui ayez su m'honorer parfaitement. Je lui dois aujourd'hui l'art de faire des vers avec quelque succès.

PHÆDON.

Eschine, je lui ai bien plus d'obligation que vous. J'étais fort jeune, et esclave d'un maître infâme; mais ayant entendu un jour Socrate discourir sur la vertu, je le priai de me délivrer à la fois de l'esclavage de mon maître et de celui du vice; mais je crains bien, ajoutai-je en pleurant, qu'il ne soit déja trop tard pour me corriger. Pourquoi donc? me dit Socrate. Pour être vertueux, on n'a qu'à le vouloir. Moi-même je suis né avec les plus fortes inclinations pour le vice; mais, avec l'aide de Dieu, je m'en suis guéri par la philosophie. Puis, touché de mes larmes, il me fit racheter par l'argent d'Alcibiade, et il n'a cessé de purifier et de fortifier mon cœur par ses instructions.

CHÆREPHON.

À qui de nous n'a-t-il pas rendu les plus grands services! À mon retour de Delphes, il apprit que j'étais brouillé depuis long-temps avec mon frère Chærécrate; il fit si bien qu'il nous réconcilia, et maintenant nous vivons dans une parfaite amitié.

ESCHINE.

Il va mourir; je lui ai promis d'être le compagnon de sa bonne et de sa mauvaise fortune : je vais me déclarer moi-même aux juges le complice de ses sentiments, afin de mourir avec lui.

APOLLODORE.

Et moi aussi.

ANTISTHÈNE.

Pourquoi ne pas mourir pour lui? ou plutôt pourquoi ne pas vaincre? Je vais combattre ses débiles ennemis à la tête de mes vigoureux disciples.

ARISTIPPE.

Gardez-vous-en bien, Antisthène! Quelle persécution vous attireriez sur les philosophes! Que deviendraient mes beaux jardins?

ANTISTHÈNE.

Aristippe, vous ne feriez pas une longue résistance.

CRITON.

Aristippe a raison; songeons à honorer Socrate en l'imitant. Mais le voici.

SOCRATE, *riant*.

Maintenant je suis prêt.

CRITON, *d'un air triste*.

Socrate, vous avez refusé la robe d'Apollodore; dites-nous comment vous voulez que nous vous rendions les derniers devoirs.

SOCRATE.

Comme il vous plaira, pourvu que je ne vous échappe point. Pensez-vous que quand j'aurai bu le poison, je demeure encore ici? Assurément ce ne sera point Socrate que vous verrez alors mettre en terre ou sur le bûcher; disposez donc de ces choses à votre fantaisie, ou plutôt selon la coutume.

CRITON.

N'avez-vous rien à me commander pour vos femmes et vos enfants?

SOCRATE.

Ô Criton! je croirais faire tort à notre amitié.

CRITON.

Et pour nous tous?

SOCRATE.

Rien, mes amis, si n'est que vous ayez soin de vous-mêmes, parceque vous ne sauriez me faire un plus grand plaisir. Au contraire, si vous vous négligez, et si vous n'agissez pas suivant les discours que nous avons tenus, quand vous me promettriez maintenant beaucoup, vous ne ferez cependant rien pour moi. (*Il regarde autour de lui.*) Qu'écrivez-vous donc là, jeune et modeste Xénocrate? vos réflexions?

XÉNOCRATE.

Oh! non, mon père : ce sont les vôtres, pour en profiter.

SOCRATE.

Vous aimez mieux vous distinguer par de bonnes actions que par de belles paroles. Vous ressemblez au figuier, dont les fruits sont délicieux au dedans, quoiqu'ils ne montrent pas de fleurs au dehors. (*D'un air plein de joie.*) Ah! voici le signal de mon départ.

CRITON.

De quoi parlez-vous, Socrate?

SOCRATE.

Voyez-vous ce rayon qui entre par le soupirail, et se repose sur cette toile d'araignée? tous les soirs il me visite. Quand il sera environ à ma hauteur, il disparaîtra; le soleil sera couché, et je me lèverai pour l'éternité.

« Les disciples, émus, regardent les uns le
» rayon, d'autres Socrate; d'autres mettent un pan
» de leur manteau sur leurs yeux. »

SOCRATE.

Ce rayon m'a souvent fait naître des réflexions consolantes, au milieu de ce noir cachot. D'abord j'y ai reconnu la bonté des dieux, qui m'y envoient de quoi me réjouir la vue, et les rappeler à mon souvenir. Plus d'une fois, j'y ai cherché des preuves palpables de leur providence, en maniant dans les ténèbres la tige, les nœuds et l'épi vide d'une simple paille de mon lit; mais à la vue inopinée de cette lumière céleste, je crus voir quelque chose de leur essence. Observez son éclat pur et vif, qui fait pâlir la flamme obscure de la lampe; vous diriez d'un or volatilisé : cependant il est si léger, qu'il repose sur les fils d'une araignée sans les mouvoir. Observez les riches couleurs qu'il tire de chacun de ceux qu'il éclaire; il y en a six bien distinctes : trois primitives, la jaune, la rouge, la bleue; et trois intermédiaires, l'orangée, la pourprée et la verte : elles sont rassemblées autour de chaque fil comme des anneaux de pierreries. Ce n'est donc pas sans raison que les premiers poëtes ont feint qu'Apollon était le dieu de la musique, et qu'ils ont donné, les uns trois cordes, les autres six cordes à sa lyre. La lumière porte avec elle la joie, l'amour, l'espérance, dont ces couleurs sont les emblèmes. Ce rayon est d'une nature céleste, à laquelle rien n'est comparable sur la terre; quelque léger qu'il soit, il vient du soleil jusqu'ici, à travers la région orageuse des vents, sans qu'aucun le détourne en chemin; quoiqu'il paraisse à la disposition des hommes, et qu'il soit d'une longueur immense, aucun art n'en peut retrancher la plus petite partie : il est impalpable, et cependant il se fait sentir non-seulement à la vue, mais encore à la main. Mais ce qu'il y a de plus admirable, c'est qu'il fait tout voir et qu'il est lui-même invisible; quoiqu'il traverse ce cachot, nous n'apercevons point sa trace au milieu des ténèbres; nous ne voyons que le lieu où il arrive et qu'il éclaire.

Je suppose que cette nuit d'un mois que je viens d'éprouver environnât notre globe pendant une année, par l'absence subite du soleil; il n'y a pas de doute que les couleurs de son aurore et de son couchant ne se répandraient plus dans l'atmosphère; que les feux de son midi ne se faisant plus sentir, sa chaleur ne produirait plus les vents; que l'océan fluide se convertirait bientôt en un océan de glace. La terre serait sans fécondité, tous les végétaux et les animaux sans vie périraient, excepté peut-être quelques hommes habitants des forêts, qui pourraient encore subsister quelque temps, à l'aide du feu, dans ce vaste tombeau : sans doute ce fut l'état où il trouva le berceau des mortels. Avant la création du soleil, ces éléments étaient dans un état universel d'inertie; aucun mouvement, aucune vie, aucun bruit ne se manifestait à sa circonférence; partout régnait la nuit, l'hiver, le silence et la mort. Mais à la voix de Dieu le soleil parut : aussitôt les feux de son aurore s'étendirent dans l'atmosphère; l'air attiédi et dilaté engendra les vents; les glaces de l'océan se fondirent vers l'orient, et le globe soulagé, dans cette partie, de leur énorme poids, tourna sur ses pôles et circula autour de l'astre du jour, comme le pensent les sages de la Chaldée. Ce fut alors que ses rayons minéralisèrent les montagnes, fécondèrent et développèrent les germes des végétaux, pénétrèrent de leurs flammes invisibles leurs tiges, leurs feuilles, leurs fleurs et leurs fruits; de là elles repassèrent dans l'estomac des animaux et y portèrent la chaleur, le mouvement et la vie. Tout corps vivant se paît des feux du soleil, en harmonie avec ses besoins. L'homme seul eut le privilége de les dégager, par la combustion, des corps où ils étaient renfermés, de les reproduire dans l'air, et de les fixer dans son foyer ou à l'extrémité de sa lampe. Ainsi comme le soleil, dans la volonté de Dieu, était le premier agent des ouvrages de la nature, le feu, dans les mains de l'homme, devint celui de tous les arts qu'il en avait imités.

Sans doute le soleil n'est qu'une faible image de ce grand Dieu qui ordonne les harmonies de notre univers; la lumière est son voile, la vérité est son essence. Il y a de grandes analogies entre elle, et des différences plus grandes encore : la lumière est la vérité des corps, et la vérité est la lumière des ames. Toutes les vérités émanent de Dieu, comme tous les rayons de lumière émanent du soleil, avec cette différence que le soleil n'est que le centre de notre univers, et que Dieu en est à la fois et partout le centre et la circonférence. La vérité, comme la lumière, est inaltérable, immortelle; mais elle pénètre où la lumière ne pénètre pas; elle est, comme elle, éblouissante à sa source, invisible dans son cours, et ne se manifeste que dans les lieux où elle opère : elle se décompose, dans son principe, en trois facultés primitives, la puissance, l'amour, l'intelligence; comme la lumière en trois couleurs qui en sont les emblèmes : elle embrasse à la fois les trois temps, le passé, le présent et l'avenir. Reçue par l'ame humaine, divisée comme elle en trois facultés susceptibles d'en recevoir les impressions, la mémoire, le jugement et l'imagination, elle se joue sur les nerfs de notre entendement, plus déliés que les fils de l'insecte; là elle se réfléchit encore en facultés intermédiaires, et en tire les plus ravissantes harmonies, d'après celles qui existent dans la nature. C'est la vérité qui en a établi les lois; elle les conçut par l'amour, elle les ordonna par l'intelligence, elle les exécuta par la puissance. Ce fut elle qui, qui se mêlant à la lumière, forma le soleil, qui, aimantant la terre de l'amour de cet astre céleste, et se couronnant de ses rayons, versa les couleurs de l'aurore dans l'atmosphère, fit mouvoir les vents, circuler les nues, et germer les métaux au sommet des montagnes; elle revêtit leurs flancs d'arbres chargés de fruits, et leurs vallons de tapis de verdure et de fleurs. Elle dissémina des ames sensibles dans tous les sites où elle étendit les rayons de l'astre du jour, et leur donna de se former un corps par l'entremise des amours dans un sein maternel. Chaque genre d'animal ne fut doué que d'un rayon de puissance, d'amour et d'intelligence; mais la vérité reposa avec toutes ses facultés dans l'ame de l'homme, et la rendit susceptible, avec l'aide de ses semblables, d'acquérir la sphère de toutes celles qui environnent notre globe. Chaque ame humaine eut besoin de s'en nourrir, comme chaque corps de lumière et de feu. C'est elle qui excite en nous seuls cette curiosité naturelle qui nous porte à tout connaître, à tout entreprendre et à tout oser; elle est un besoin pour le cœur humain. C'est la vérité qui agrandit et fortifie l'ame, c'est sa découverte qui fait nos délices; et quand nous ne l'apercevons point dans un discours ou dans les imitations de la nature, l'ennui s'empare de nous, comme le sommeil de nos yeux, dans l'absence de la lumière. Comme Dieu nous a donné de fixer dans nos lampes un feu artificiel, tiré, dans son origine, du soleil; il nous a donné de même de fixer dans des livres des vérités émanées de lui. Mais il y a autant de différence entre les vérités transmises par des hommes et mêlées de doutes, de fables et d'erreurs, et les vérités émanées de Dieu, qu'il y en a entre le feu matériel terrestre, mêlé de cendre et de fumée, et celui du soleil, toujours pur et inaltérable. Le feu du soleil vivifie; le feu des hommes dévore et détruit. La science de Dieu gouverne les passions; celle des hommes les excite.

Il y a de plus une telle affinité entre la lumière et la vérité, que Dieu leur a donné un sensorium commun dans le même lieu du cerveau; et que quand le soleil prive le soir notre horizon de sa lumière, il prive en même temps notre ame de ses opérations. Elle s'endort, comme s'il n'y avait plus de vérités à connaître pour elle dès qu'il n'y a plus d'objets à considérer. La vue de l'ame cesse avec celle de la lumière. Cependant elle reste toujours vivante dans le plus profond sommeil; l'aurore suivante la réveille. Sans doute il en sera de même à la mort, qui n'est que la nuit de notre vie, comme la nuit n'est que la mort d'un de nos jours. C'est alors qu'elle sera réveillée à la fois par la lumière et la vérité éternelles; mais... (*Le rayon disparaît.*)

LES AMIS DE SOCRATE.

Ah ! Socrate, le rayon !

SOCRATE.

Il a disparu; ce n'est rien : il n'est pas éteint, mes amis; il éclaire un autre horizon : il n'a quitté notre couchant que pour une nouvelle aurore.

LE GEÔLIER, *portant une coupe qu'il présente en pleurant à Socrate.*

Socrate, le soleil est couché.

SOCRATE *se lève, et prend la coupe d'un air assuré.*

Mon ami, consolez-vous, vous m'apportez la coupe du bonheur.

LE GEÔLIER.

Pour que l'effet de la ciguë soit plus prompt et vous fasse moins souffrir, quand vous l'aurez bue, vous ferez quelques tours dans la chambre; et lorsque vous vous sentirez fatigué, vous vous reposerez sur votre lit.

SOCRATE, *d'un air plein de joie, lève la coupe vers le ciel.*

Je te salue, coupe sacrée, honorée par les lèvres du juste Aristide et de plusieurs hommes innocents. (*Il boit et remet la coupe au geôlier.*) Oh ! que le breuvage de l'immortalité est doux ! il me fait oublier tous les maux de la vie mortelle, et il jette mon ame dans une ivresse divine. Oui, chers amis, si vous sentiez ce que j'éprouve, vous envieriez ma félicité ; il m'est impossible de vous en donner une idée. Je viens de vous parler de la lumière et de la vérité, mais c'est comme un mortel qui ne voit les choses célestes qu'à travers un voile, et qui n'a point de langage pour les exprimer. Les ténèbres et l'erreur sont inhérentes à notre nature terrestre. Non-seulement la nuit couvre la moitié de notre globe; mais dans l'autre moitié qu'éclaire le soleil, les montagnes, les vallées, les rochers, les forêts, les herbes, les animaux, ont chacun leurs ombres, qui sont des espèces de nuits au milieu du jour. Les nuages mêmes qui s'élèvent sans cesse de la terre nous cachent le soleil la moitié de l'année, de sorte que nous jouissons à peine d'une douzième partie de sa lumière ; encore est-elle incertaine, variable et fugitive.

Il en est de même des erreurs qui nous voilent la Divinité. De ténébreuses superstitions sont répandues comme une nuit sur plus de la moitié du genre humain, et lui cachent la source de toute vérité et de toute vertu : de plus, chaque nation, chaque tribu, chaque famille, chaque homme a ses préjugés et ses erreurs, qui obscurcissent sa raison. Dans les villes même les plus civilisées, l'athéisme, formé des passions dépravées de leurs habitants, s'élève comme un nuage rempli de foudres et de tempêtes, qui s'exhale du sein des marais fangeux, et amène des ténèbres effroyables au milieu du jour le plus calme. La plupart des hommes sont uniquement occupés à satisfaire leurs passions abjectes et obscures ; ils fuient la lumière de la vérité ; et si quelqu'un de ceux qui la cherchent en découvre un rayon nouveau, il est persécuté à la fois par les athées et les superstitieux.

Mais espérez un meilleur avenir, chers compagnons de mes travaux. Le globe et le genre humain sont encore dans l'enfance. Dieu n'opère qu'avec nombre, temps, poids et mesure ; il perfectionne sans cesse ses ouvrages. Semblable à un laboureur infatigable, il laboure sans cesse ce globe avec les rayons du soleil, et l'arrose avec les eaux de l'océan. Il le pénètre de lumière et l'améliore de siècle en siècle. Voyez combien de végétaux et d'animaux nouveaux se sont répandus, des parties orientales de l'Asie et de l'Afrique, dans la Grèce, et de là s'étendent peu à peu dans les régions occidentales. Voyez, d'un autre côté, combien les productions de la vérité, formées d'abord dans l'orient, se sont propagées dans les mêmes lieux. Les Orphée, les Homère, les Pythagore en ont apporté les lettres, les sciences et les arts. Les sages sont les rayons de la Divinité. Combien de coutumes inhumaines et de lois injustes n'ont-ils pas déjà abolies ! Ils passent sur la terre comme des rayons de vérité, qui montrent le chemin céleste de la vertu ; et quand ils ont parcouru leur carrière rapide, Dieu les rappelle dans son sein, comme le soleil les rayons de sa lumière.

N'en doutez pas, chers amis, il est des récompenses dans les cieux pour ceux qui ont marché constamment dans les voies de la vérité et de la vertu. C'est là que nous nous trouverons réunis avec tous les bienfaiteurs des hommes. Ne vivez donc que pour la patrie céleste. Ici-bas, tout est renversé ; là-haut, tout est à sa place. Les nuits, les hivers, les tempêtes, les erreurs, le faux savoir, les superstitions, les calomnies, les guerres, la mort viennent de cette terre ténébreuse, dont tant d'hommes se disputent l'empire, parcequ'ils se flattent d'y vivre toujours. La lumière, la vérité, la vraie science, la vie, les amours, les générations, descendent de ce ciel, qui ramène à lui tout ce qu'il y a de bon, et dont presque personne ne s'occupe. (*Ici il fait une pause.*) O mes amis ! aimez-vous ; soutenez-vous les uns les autres, en gravissant l'âpre montagne de cette vie ténébreuse. Bientôt vous en atteindrez les sommets lumineux, et vous serez, comme moi, au-dessus des tempêtes, (*Il s'arrête, et s'approche de son lit.*) Je me sens fatigué... mes jambes ne peuvent plus me soutenir... les liens qui attachent mon ame à mon corps se relâchent, et vont bientôt se dénouer. Je t'embrasse, mort sacrée ! *Il se jette sur son lit, et se couvre le visage d'un pan de son manteau.*

SES AMIS *se lèvent et s'écrient :*

Socrate ! oh ! Socrate n'est plus.

SOCRATE, *revenant à lui, se redresse sur son séant ; ses yeux sont baissés vers la terre.*

O terre, je sens que je t'abandonne ! Mais que vois-je ? les temps se dévoilent à mes yeux !.... Athènes, quelle peste affreuse ravage tes malheureux habitants ! tes écoles se ferment, les exercices cessent ! Mélitus, tu es condamné à ton tour... Anytus, tu fuis en vain... tu tombes lapidé sous les murs d'Héraclée ! et vous, misérables témoins de la calomnie, on vous refuse de toutes parts le feu et l'eau ! Dans votre désespoir, vous vous arrachez la vie de vos propres mains. (*Il lève ses yeux vers le ciel.*) Justice éternelle, que vous êtes terrible aux méchants ! (*Il fait une pause, et porte ses yeux à l'horizon.*) Quels honneurs !.... quelle fête !..... Une statue de bronze s'élève pour moi dans le Prytanée par les mains de Lysippe, et une chapelle de marbre sur le chemin du Pirée! Infortunés Athéniens, je suis donc l'objet de vos regrets!... (*Après une pause, les yeux baissés.*) *Je ne vois plus la terre.* (*Il lève ses yeux ravis en admiration et ses mains tremblantes vers le ciel.*) Où suis-je? Quel doux éclat! astre des nuits, quel ordre admirable dans tes montagnes réverbérantes! Astre des jours, quel amphithéâtre de mondes t'environne, et reçoit de toi le mouvement et la vie! Est-ce toi, Vénus, astre de l'aurore? Quelles formes ravissantes dans les vallées fleuries et les monts étincelants! O habitants fortunés! O Mercure, plus brillant encore et plus heureux, tu circules dans des flots de lumière. Quel torrent m'entraîne! quelle puissance m'attire! c'est le soleil. O Dieu quelle étendue! quelle splendeur! Célestes habitations! ineffables ravissements! (*D'un ton de voix affaibli et lointain.*) Criton!... Criton!...

CRITON.

O demi-dieu! que me voulez-vous?

SOCRATE.

Le dieu de la santé me délivre de mes sens corporels... Il fait lever sur moi le jour de l'éternité... Nous lui devons l'oiseau du matin.

« Il tombe à la renverse sur son lit, et expire.
» Ses amis se jettent en pleurant sur son corps;
» les uns lui baisent les pieds, d'autres les mains;
» d'autres lui ferment les yeux.

FIN DE LA MORT DE SOCRATE.

VOEUX D'UN SOLITAIRE.

PRÉAMBULE.

Dans mes *Études de la Nature*, imprimées pour la première fois en décembre 1784, j'ai formé la plupart des vœux que je publie aujourd'hui, en septembre 1789. J'y serai tombé sans doute dans quelques redites : mais les objets de ces vœux, qui, depuis la convocation des états-généraux, intéressent toute la nation, sont si importants, qu'on ne saurait trop les répéter, et si étendus, qu'on peut toujours y ajouter quelque chose de nouveau.

Je sais que les membres illustres de notre assemblée nationale s'en occupent avec le plus grand succès. Je n'ai pas leurs talents, mais, comme eux, j'aime ma patrie. Malgré mon insuffisance, si ma santé l'eût permis, j'aurais ambitionné la gloire de défendre avec eux la liberté publique : mais j'ai un sentiment si exquis et si malheureux de la mienne, qu'il m'est impossible de rester dans une assemblée si les portes en sont fermées, et si les avenues n'en sont pas si libres que j'en puisse sortir au moment où je le désire. Ce désir d'user de ma liberté ne manque jamais de me prendre au moment où je crois l'avoir perdu; et il devient si vif qu'il me cause un mal physique et moral auquel je ne puis résister. Il s'étend plus loin que l'enceinte d'un appartement. Pendant les émeutes de Paris (qui commencèrent après le départ de M. Necker, le 13 juillet, au même jour que l'année passée le royaume fut désolé par la grêle), lorsqu'on brûlait les bâtiments des barrières autour de la ville, qu'au dedans l'air retentissait du bruit alarmant des tocsins qui sonnaient jour et nuit dans les clochers à la fois, et les clameurs du peuple qui criait que les hussards entraient dans les faubourgs pour y mettre tout à feu et à sang. Dieu, en qui j'avais mis ma confiance, me fit la grâce d'être tranquille. Je me résignai à tout événement, quoique seul dans une maison isolée et dans une rue solitaire, à l'extrémité d'un faubourg. Mais quand le lendemain, après la prise de la Bastille, l'éloignement des troupes étrangères, dont le voisinage avait causé tant d'alarmes, et l'établissement des patrouilles bourgeoises, j'appris qu'on avait fermé les portes de Paris, et qu'on n'en laissait sortir personne, il me prit alors la plus grande envie d'en sortir moi-même. Pendant que tous ses habitants se félicitaient d'avoir recouvré leur liberté, je comptais avoir perdu la mienne : je me tenais pour prisonnier dans les murs de cette vaste capitale; je m'y sentais à l'étroit. Je ne rendis le calme à mon imagination que lorsque j'eus trouvé, en me promenant sur le boulevard de l'Hôpital, une porte grillée dont la serrure et les barreaux avaient été rompus, et qui n'était pas encore gardée : alors je m'en fus à la campagne, où je fis une centaine de pas, pour m'assurer que je n'avais pas perdu mes droits naturels, et qu'il m'était permis d'aller par toute la terre. Après cet essai de ma liberté, je me sentis tout-à-fait tranquille; et je m'en revins dans mon quartier tumultueux, sans me soucier depuis d'en ressortir.

Lorsque, quelques jours après, des têtes coupées à la Grève sans formalité de justice, et des listes affichées qui en proscrivaient beaucoup d'autres, firent craindre à tout le monde que des méchants ne se servissent de la vengeance du peuple pour satisfaire leurs haines particulières, et que Paris, livré à l'anarchie, ne devînt un théâtre de carnage et d'horreur, quelques amis m'offrirent des campagnes paisibles et agréables, tant au dedans qu'au dehors du royaume, où je pourrais goûter le repos si nécessaire à mes études : je les ai remerciés. J'ai préféré de rester dans ce grand vaisseau de la capitale, battu de tous côtés de la tempête, quoique je sois inutile à la manœuvre, mais dans l'espérance de contribuer à sa tranquillité. J'ai donc tâché de calmer des esprits exaltés, ou de ranimer ceux qui étaient abattus, quand j'en ai trouvé l'occasion; de contribuer de ma personne ou de ma bourse aux gardes si nécessaires à la police; d'assister de temps à autre à quelque conseil de mon district, un des plus petits et des plus sages de Paris, pour y dire mon mot quand je le puis; et surtout de mettre en ordre ces Vœux que je fais pour la félicité publique, et dont je m'occupe depuis six mois. J'ai abandonné, pour cet unique objet, des travaux plus faciles, plus agréables, et plus utiles à ma fortune; je n'ai eu en vue que celle de l'état.

Dans une entreprise si supérieure à mes forces, j'ai marché souvent sur les pas de l'assemblée nationale, et quelquefois je m'en suis écarté; mais si j'avais toujours eu ses idées, il serait fort inutile que je publiasse les miennes. Elle se dirige vers le bien public par de grandes routes, en corps d'armées, dont les colonnes s'entr'aident et quelquefois malheureusement se choquent; et moi, loin de la foule, sans secours, mais sans obstacles, je me dirige par des sentiers qui me conduisent vers le même but. Elle moissonne, et moi je glane. Je rapporte donc à la masse commune quelques épis cueillis sur ses pas, et même au-delà, dans l'espérance qu'elle daignera les recueillir dans ses gerbes.

Cependant j'ai à me justifier de m'être écarté quelquefois de sa marche, et même de ses expressions. Par exemple, l'assemblée n'admet que deux pouvoirs primitifs dans la monarchie, le pouvoir législatif et le pouvoir exécutif. Elle attribue le premier à la nation, et le second au roi. Mais je conçois dans la monarchie, ainsi que dans toute puissance, un troisième pouvoir nécessaire au maintien de son harmonie, que j'appelle modérateur. J'ai d'abord été obligé d'employer l'expression de modérateur, que je ne pouvais suppléer par celle de modératif, qui n'est pas encore d'usage; et celle-ci m'a forcé d'user des anciennes dénominations de pouvoir législatif et exécuteur, qui ont d'ailleurs le même sens que celles de pouvoir législatif et exécutif, afin d'établir une consonnance entre mes expressions comme entre mes idées.

Quant au pouvoir modérateur que j'admets comme essentiel à la monarchie, ce n'est que pour lui que je conçois que le roi a la sanction des lois; car le pouvoir exécuteur ne me semble comporter que le *veto*, qui excite dans ce moment de si grandes réclamations.

Le *veto* est si bien une suite du pouvoir exécuteur, qu'il appartient même à un simple général d'armée, astreint à exécuter des ordres inhumains, ou à un tribunal chargé de promulguer des édits injustes. Turenne avait le droit de refuser à Louis XIV d'incendier le Palatinat; et tout magistrat, sous Charles IX, de publier l'édit du massacre de la Saint-Barthélemi, comme tout Français de l'exécuter. Tout homme a le droit de se refuser à l'exécution d'une loi politique contraire à la loi naturelle. Or, le roi, chargé du pouvoir exécuteur des lois qu'il n'a pas faites, a le droit d'employer, comme ses sujets, le *veto* dans le cas où quelques-unes de ces lois lui paraîtraient contraires au bien public, qui est la loi naturelle d'un état.

« C'est l'assemblée nationale, me dira-t-on, qui a dé-
» cidé ce qui convenait au bonheur de la nation; elle seule
» connaît ce qui lui convient. » Mais une assemblée ne peut-elle pas se tromper? Des peuples entiers se trompent. Voyez l'histoire de la nation; voyez celle du monde.

Cependant, je l'avoue, le *veto* royal a quelque chose de bien dur; et quoiqu'en Angleterre le roi, pour l'adoucir, dise : « J'aviserai, » ce mot signifie au fond : « Je ne le
» veux pas. » Sans doute il est alarmant pour une nation de penser qu'une loi utile à ses intérêts, reçue, après bien des débats, à la pluralité des voix, dans une assemblée de ses députés, déjà bien difficile à rassembler, se trouvera tout à coup comme non avenue par le *veto* du roi, sollicité par le parti de l'opposition, qui se réservera cette dernière ressource. Ainsi les intérêts d'un peuple entier seront sacrifiés aux intérêts de quelques corps, et souvent de quelques courtisans qui ont plus d'accès que lui auprès du prince; et tous ses efforts, pendant des siècles, seront arrêtés dans un instant par la simple force d'inertie du trône. Je ne suis point surpris que la seule crainte du *veto* royal ait excité au Palais-Royal un *veto* plébéien, au moins aussi à craindre.

C'est précisément pour empêcher le *veto* du pouvoir exécuteur dans le prince, que je lui attribue la sanction du pouvoir modérateur. Ces deux effets diffèrent autant que leurs causes, dont j'ai montré, dans cet ouvrage, et

la différence et la nécessité. Le *veto* est une puissance négative qui appartient à l'esclave qui a une conscience, comme au despote qui n'en a point : mais la sanction est une puissance approbative qui ne convient qu'au monarque. Un général à son *veto*, parcequ'il ne sanctionne pas les ordres qu'il reçoit; un roi, comme chef de l'état, a une sanction, parcequ'il ne peut opposer de *veto* aux lois dont il est censé avoir reconnu l'utilité et la nécessité. Si le roi refuse de sanctionner une loi nouvelle, c'est parcequ'il la croit nuisible à l'état; alors il en fera connaître les inconvénients; on l'amendera et on le modifiera. La sanction est une discussion paisible d'un père de famille avec ses enfants.

« Mais, me répondra-t-on, si le roi refuse sa sanction,
» ou l'assemblée ses amendements, la loi se trouvera annulée : refuser d'approuver une loi, c'est refuser de
» l'exécuter ; ainsi la sanction a les mêmes inconvénients
» que le *veto*. » A cela je réponds que la loi ne sera point annulée comme elle le serait par le *veto*, mais elle restera sans être sanctionnée.

« Voilà donc de nouveaux débats entre le peuple et son
» prince, fortifié du parti de l'opposition. » J'en conviens; mais toutes les choses de ce monde se débattent les unes contre les autres, les éléments contre les éléments, les opinions contre les opinions. C'est de leur lutte que naît l'harmonie. Toutes les vertus se balancent entre deux contraires. Tenons donc un juste milieu, puisqu'il s'agit d'être justes. Prenons garde, en fuyant le despotisme, de nous jeter dans l'anarchie. Si le char est versé d'un côté, ne le renversons pas de l'autre; rétablissons-le sur son essieu monarchique et ses roues plébéiennes, afin de lui rendre l'équilibre et le mouvement. Ne croyons pas que la sanction royale elle-même puisse laisser, comme un *veto*, des questions législatives sans solution. Il est impossible que tôt ou tard le roi ne se rende aux raisons de l'assemblée ou l'assemblée aux raisons du roi, puisque l'un et l'autre n'ont d'autre but que l'intérêt public. Ce qui éternise les procès parmi les hommes, ce sont leurs intérêts particuliers. Ils sont bientôt d'accord sur leurs intérêts communs. Or, l'intérêt public étant commun aux députés de la nation et à son monarque, la discussion peut entraîner la sanction royale ne peut tourner qu'au profit de la législation.

Mais, dans cette balance d'opinion sur le même intérêt, voyez que de probabilités se rencontrent en faveur des arrêtés de l'assemblée! Est-il probable d'abord que quelques aristocrates, après être convenus de soumettre leurs intérêts à la majorité des voix de l'assemblée nationale, qui leur a pareillement soumis les siens, iront s'intriguer auprès du roi pour arrêter l'effet des délibérations nationales, parcequ'elles leur sont défavorables? Est-il probable que le roi, pour les intérêts de ces aristocrates infidèles à leurs vœux, refusera de sanctionner des lois utiles à la nation, réclamées par la majorité de ses députés et par un peuple entier, capable pour les maintenir de se livrer à une insurrection générale? D'ailleurs, le roi étant obligé de consentir les lois avant que l'assemblée consente les impositions, s'il refusait la sanction des lois arrêtées par la majorité de l'assemblée, n'est-il pas plus que probable que cette majorité lui refusera à son tour la sanction des impositions? Je considère avec peine, en législe, ainsi que l'assemblée elle-même, les effets de la sanction royale comme ceux d'un procès entre le monarque et la nation: l'événement peut en être douteux; mais il ne le sera pas que le peuple, en conservant cette sanction à son prince, aura été juste et loyal envers lui. Le peuple a bien confié la discussion de ses lois à des puissances aristocrates, ennemies jusqu'à présent de ses intérêts : pourquoi ne se fierait-il pas de leur sanction à une puissance amie, maintenant que ces lois lui sont favorables? Il ne faut pas que le peuple se méfie de son roi. Leurs intérêts sont toujours les mêmes. Enfin l'assemblée, ayant proclamé Louis XVI le restaurateur de la liberté française, pourrait-elle lui refuser la sanction des lois qui assurent cette même liberté.

La sanction royale est nécessaire à toutes les puissances de l'état. 1° Elle est de droit par rapport au roi comme homme. Si le roi ne pouvait sanctionner les lois, il aurait moins de prérogatives que le moindre de ses sujets; car chacun d'eux a le droit, non-seulement de voter pour les lois par ses députés, mais, s'il les trouve défavorables, il peut les récuser entièrement en abandonnant son pays, sans le consentement de personne : ce que ne peut faire le roi sans le consentement de la nation, parceque son absence peut entraîner la ruine de l'état. 2° La sanction est de justice par rapport au roi comme monarque. Le roi étant chargé de faire exécuter les lois, il est censé, ainsi que je l'ai dit, reconnaître, en les sanctionnant, leur utilité et leur nécessité. 3° La sanction royale est nécessaire à la tranquillité de la monarchie. Plusieurs aristocrates, chargés des vœux de leurs corps et membres de l'assemblée nationale, ayant déclaré, dès son ouverture, qu'ils ne reconnaissaient d'autre autorité que celle du roi, et étant forcés maintenant, par la majorité des voix de leur assemblée et le vœu de la nation, de sacrifier leurs priviléges, pourraient dire que la loi qui les y oblige n'est pas monarchique, si elle n'avait pas la sanction du monarque, et, sous ce prétexte, refuser de la reconnaître; ce qui pourrait susciter des troubles à l'avenir. 4° La sanction royale est nécessaire à la permanence des lois et au respect qui leur est dû, surtout de la part du peuple. Ceci mérite la plus grande considération. Quoique rien ne soit plus respectable aux yeux mêmes d'un monarque que les décrets d'une nation assemblée par ses députés, cependant le peuple n'y voit guère que des hommes semblables à lui dans ses représentants, et que des ennemis dans ceux des ordres supérieurs. D'ailleurs, à cause de leur périodicité, il cessera bientôt d'y voir ses législateurs. Un fleuve qui renouvelle ses eaux est toujours le même fleuve, parceque la forme de ses rivages ne change pas; mais une assemblée qui renouvelle ses membres n'est pas la même assemblée, parceque la plupart des hommes diffèrent d'opinions et bientôt de projets. Le peuple n'arrête son attention et ses respects que sur des projets immuables qu'on qu'il croit tels, et qui lui imposent par leur grandeur ou leur éloignement : *Major e longinquo reverentia*; « le respect augmente avec la distance. » Il est donc nécessaire de fixer les regards du peuple vers le trône, dont il approche peu, comme vers un centre permanent et digne de tous ses hommages. Les nations républicaines ont donné à leurs lois le nom d'un seul législateur : telles furent celles de Zaleucus chez les Locriens, de Lycurgue à Sparte, de Solon à Athènes; et les nations monarchiques, le nom du monarque qui avait promulgué et par conséquent sanctionné les leurs : telles furent celles de Cyrus en Perse; de Zoroastre, roi des Bactriens, en Asie; de Moïse, chef des Hébreux; de Numa et ensuite de Justinien à Rome; de Charlemagne dans l'empire d'Occident; de saint Louis en France; de Pierre-le-Grand en Russie; de Frédéric II en Prusse : telles sont les lois d'Angleterre promulguées d'abord en 1040 sous le nom de Lois d'Édouard, et rétablies ensuite en 1215 par la nation sous le nom de Grande Charte. Les anciens ont si bien senti la nécessité d'une sanction auguste pour rendre les lois vénérables aux peuples, qu'ils ont souvent supposé qu'elles avaient été sanctionnées par la Divinité même. Ainsi celles de Numa le furent par la nymphe Égérie; celles de Zaleucus par Minerve; celles de Mahomet par Dieu même, avec la médiation des anges. Mais ces législateurs, en voulant se procurer de grands avantages, tombèrent dans de grands inconvénients; car toute tromperie porte avec elle sa punition. Lorsque ces lois ne convenaient plus aux besoins des citoyens ou qu'il fallait les appliquer à d'autres contrées, on ne pouvait les changer, parceque la divinité qui les avait sanctionnées était invariable. Ainsi les Turcs se sont abstenus de faire la conquête de plusieurs pays, parcequ'il n'y avait pas d'eaux courantes pour leurs ablutions légales. C'était encore pis lorsque les peuples, en s'éclairant, venaient à connaître que la Divinité ne s'était point mêlée de leur législation : alors ils passaient du mépris du législateur qui les avait trompés, au mépris de la loi. C'est ce qui est arrivé à plusieurs états et religions dont la ruine n'a pas eu d'autre fondement. Il n'en est pas de même des lois sanctionnées par un monarque, qui les varie de concert avec son peuple suivant ses besoins, et les leur rend permanentes par la seule démonstration de leur utilité. Mais comme aucune loi politique n'est bonne si elle ne pose sur les lois de la nature, et qui n'en est permanent sans le secours de son Auteur, il est nécessaire que le roi sanctionne le code de nos lois par une invocation religieuse qui le consacre à jamais aux sentiments du cœur comme aux lumières de la raison. Le mot de sanction même semble venir de *sanctus*, saint. Le préambule, digne du style d'Orphée ou de celui de Platon, doit précéder, comme un péristyle antique, le temple auguste de nos lois, élevé pour le bonheur des hommes, et dédié à l'Éternel par le monarque qui doit en être le pontife.

Voilà ce que ma conscience m'oblige de dire sur les intérêts du roi, que je regarde comme inséparables de ceux du peuple. Quant au peuple, c'est vers lui que j'ai dirigé tous mes vœux, parceque je le considère comme la partie principale de l'état. Peut-être l'affection que je lui porte sous ce point de vue m'aura fait illusion à moi-même; peut-être me reprochera-t-on d'avoir trop compté sur sa modération ou sa constance. On m'objectera sans doute que ses représentants, dont j'ai désiré qu'on augmentât le nombre dans l'assemblée nationale, ne sont déjà que trop puissants, puisqu'ils ont opéré dans l'état une si puissante et si grande révolution. J'ai parlé de cette révolution qui venait d'arriver, comme d'une suite nécessaire de l'insuffisance de ses représentants; et je suis persuadé que s'ils eussent balancé, par leur nombre, la pondération de ceux des deux autres ordres, l'insurrection du peuple n'eût point eu lieu. C'est son désespoir qui l'a produite. D'ailleurs c'est une question de savoir qui, de l'armée qui est venue environner la capitale, ou du peuple qui y était enfermé, a rompu le premier l'équilibre des pouvoirs entre les députés des trois ordres. Ce serait encore une autre question à décider si le clergé et la noblesse ne se seraient pas plus écartés de la modération que le peuple, si comme lui, ils avaient eu la toute-puissance. La guerre de la Ligue et celle de la Fronde, qui n'avaient pour but que des intérêts de corps ou de princes, ont versé sans comparaison plus de sang, et d'une manière plus illégale, que l'insurrection du peuple, qui a pour objet l'intérêt public. Il ne faut pas mettre sur son compte les émeutes occasionées par la cherté du blé, ainsi que les brigandages exercés dans plusieurs provinces. La plupart de ces troubles ont été excités par ses ennemis, qui cherchent à le diviser afin de l'armer contre lui-même. Ce qu'il y a de certain, c'est que partout il s'oppose de toutes ses forces à ces désordres.

Maintenant que le peuple français a recouvré sa liberté par son courage, il doit s'en montrer digne par sa sagesse. Il doit rejeter avec horreur ces proscriptions illégales qui le feraient tomber lui-même dans les crimes de lèse-nation qu'il veut punir : il doit-être en garde contre le zèle qui l'anime, et invoquer, pour son propre intérêt, la prudence des lois; car il ne faut qu'une calomnie jetée par ses ennemis dans son sein exalté de l'amour du bien public, pour lui faire abattre de ses propres mains la tête du meilleur citoyen.

Ô peuple de Paris, qui servez d'exemple aux peuples des provinces; peuple ingénieux, facile, bon, généreux, qui attirez dans votre sein les hommes de toutes les nations par l'urbanité de vos mœurs, songez que c'est à cette urbanité que vous avez dû en tout temps votre liberté morale, préférée même par des républicains à leur liberté civile! Vous venez de briser les liens du despotisme; ne vous en donnez point de plus insupportables par ceux de l'anarchie. Ceux-là ne tirent que d'un côté, ceux-ci de tous les côtés à la fois. C'est votre ensemble qui a fait votre force, à laquelle rien n'a pu résister. Mais ce n'est point à la force que Dieu a donné un empire durable, c'est à l'harmonie. C'est par leur harmonie que les petites choses se rassemblent et deviennent grandes; et c'est souvent à cause de leurs forces que les grandes se séparent, se heurtent, se brisent et deviennent petites. D'où viennent tant de prétentions d'individus, de corps, de districts, tant de motions et d'émotions? Voulez-vous faire soixante cités dans une seule cité? Et, à votre exemple, les provinces feront-elles soixante républiques dans le royaume? Que deviendrait alors la capitale? Communes de Paris; en multipliant vos lois, vous multiplierez vos liens; en vous divisant, vous vous affaiblirez; en courant chacune à part à la liberté, vous pouvez tomber tour à tour dans l'esclavage, ou, ce qui est encore pis, dans la tyrannie! Qu'avez-vous à craindre aujourd'hui pour vous, sinon vous-mêmes? Vos ennemis principaux sont dispersés; votre grand ministre des finances a été rendu à vos vœux, et avec lui travaillent dans le plus parfait concert les autres ministres du roi, remplis du même zèle pour votre bonheur; les deux premiers ordres de l'état vous ont fait des sacrifices qui ont été au-delà de vos desirs; les troupes royales vous ont prêté serment de fidélité, et vous avez des troupes nationales entièrement à vos ordres; votre roi mérite toute votre confiance, non-seulement pour avoir ordonné ou préparé ces dispositions, mais pour s'être abandonné sans réserve à la vôtre, en venant sans garde et sans défense, au milieu de votre capitale pleine de troubles, vous redemander votre amour, comme un père qui ne vous avait jamais ôté le sien, et qui, en vous voyant armées de toutes sortes d'armes, pouvait douter s'il retrouverait en vous ses enfants. Pour l'amour de l'harmonie, sans laquelle il n'y a point de salut pour les peuples, reposez-vous de vos intérêts, sur la vigilance de vos districts composés de vos comités; que vos districts, de leur côté, s'en rapportent, sur l'ensemble de leurs opérations, à la sagesse de votre assemblée municipale, formée de vos députés, dont la prévoyance, le zèle et le courage, si bien dirigés par les deux chefs vertueux que vous avez vous-mêmes choisis, vous ont préservées du brigandage et de la famine dont vous étiez menacées. Que votre assemblée municipale se confie à son tour aux lumières et à la justice de l'assemblée nationale, que vous avez, conjointement avec les communes du royaume, chargée de vos doléances et revêtue du pouvoir législateur. C'est surtout sur cette assemblée auguste que vous devez établir votre sécurité, parcequ'elle s'occupe du bonheur de tout le royaume, en liant à vos intérêts ceux des corps, des provinces et des nations, par une constitution sanctionnée du roi, chef auguste et nécessaire de la monarchie, dont votre capitale est le centre. Enfin, vous devez mettre toute votre confiance dans la providence de l'Auteur de la nature, qui prépare souvent par des infortunes la félicité des grandes nations, comme la fécondité de l'automne par la rigueur des hivers; et qui, en vous donnant, après l'année la plus calamiteuse, la moisson la plus abondante qu'on ait vue de mémoire d'homme, verse déjà ses bénédictions sur une constitution qui sera fondée sur ses lois. Heureux si, du sein de ma solitude et des orages qui l'ont troublée, je fournis à ce vaisseau chargé de nos destins, et déjà mis sur le chantier, pour voguer sur la mer des siècles, je ne dis pas une voile ou un mât, mais seulement la plus simple manœuvre!

VOEUX D'UN SOLITAIRE.

Le 1er mai de cette année 1789, je descendis, au lever du soleil, dans mon jardin, pour voir l'état où il se trouvait, après ce terrible hiver où le thermomètre a baissé, le 31 décembre, de 19 degrés au-dessous de la glace. Chemin faisant, je pensais à la grêle désastreuse du 15 juillet, qui avait traversé tout le royaume; mais qui, par la grâce de Dieu, avait passé sur le faubourg où je demeure sans y faire de mal. Je me disais : « Pour » cette fois, rien ne sera échappé dans mon petit » jardin à un hiver de Pétersbourg. »

En y entrant je ne vis plus ni choux, ni artichauts, ni jasmins blancs, ni narcisses; presque tous mes œillets et mes hyacinthes avaient péri; mes figuiers étaient morts, ainsi que mes lauriers-thyms, qui avaient coutume de fleurir au mois de janvier. Pour mes jeunes lierres, ils avaient pour la plupart leurs branches sèches, et leur feuillage couleur de rouille.

Cependant le reste de mes plantes se portait bien, quoique leur végétation fût retardée de plus de trois semaines. Mes bordures de fraisiers, de violettes, de thyms et de primevères étaient toutes diaprées de vert, de blanc, de bleu et de cramoisi; et mes haies de chèvre-feuille, de framboisiers, de groseillers, de rosiers et de lilas étaient toutes verdoyantes de feuilles et de boutons de fleurs. Pour mes allées de vignes, de pommiers, de poiriers, de pêchers, de pruniers, de cerisiers et d'abricotiers, elles étaient toutes fleuries. À la vérité les vignes ne commençaient qu'à entr'ouvrir leurs bourgeons; mais les abricotiers avaient déjà des fruits noués.

A cette vue je me dis : « A quelque chose malheur est bon. Les calamités d'un pays peuvent servir aux prospérités d'un autre. Si toutes les plantes du midi de l'Europe ne peuvent supporter les hivers de la France, il est évident que plusieurs arbres à fruits de la France peuvent résister aux hivers du nord. On peut cultiver dans les jardins de Pétersbourg des cerises, des pêches précoces, des prunes de reine-claude, des abricots, des abricots-pêches, et tous les fruits qui peuvent mûrir dans le cours d'un été; car l'été y est encore plus chaud qu'à Paris. » Cette réflexion me fit d'autant plus de plaisir, que je n'avais vu, en 1765, à Pétersbourg, d'autres arbres que des pins, des sorbiers, des érables et des bouleaux.

Quoique je n'aie sur le globe d'autre propriété foncière qu'une petite maison et son petit jardin d'un demi-quart d'arpent que j'habite dans le faubourg Saint-Marceau, j'aime à m'y occuper des intérêts du genre humain, car il s'est occupé des miens dans tous les temps et dans tous les lieux. Il est certain que mes cerisiers viennent originairement du royaume de Pont, d'où Lucullus les apporta à Rome après avoir défait Mithridate. Je ne doute pas que mes abricotiers, dont le fruit s'appelle en latin *malum armeniacum*, ne descendent de greffes en greffes d'un arbre de leur espèce apporté d'Arménie par les Romains. Suivant le témoignage de Pline, mes vignes tirent leur origine de l'Archipel, mes poiriers du mont Ida, et mes pêchers de la Perse, après que ces contrées eurent été subjuguées par les Romains, qui avaient coutume d'amener dans leur pays non-seulement les rois, mais les arbres de leurs ennemis, en triomphe. Quant aux choses qui sont à mon usage habituel, je dois certainement mon tabac, mon sucre et mon café aux pauvres nègres d'Afrique, qui les cultivent en Amérique sous les fouets des Européens. Mes manchettes de mousseline viennent des bords du Gange si souvent désolés par nos guerres. Pour mes livres, ma plus douce jouissance, j'en ai obligation à des hommes de tous les pays, et sans doute aussi à leurs infortunes. Je dois donc m'intéresser à tous les hommes, puisqu'ils travaillent pour moi par toute la terre, et que j'ai lieu d'espérer que ceux qui m'y ont devancé ayant principalement contribué à mon bonheur par leurs maux, je puis aussi concourir par les miens au bonheur de ceux qui doivent m'y survivre.

Il n'est pas douteux que je ne doive les premiers témoignages de ma reconnaissance aux hommes auxquels je suis redevable des premiers besoins de la vie; par exemple à ceux qui me préparent mon pain et mon vin, qui filent mon linge et mes habits, qui défendent mes possessions, etc..., c'est-à-dire aux hommes de ma nation.

En pensant donc aux révolutions de la nature qui avaient désolé la France l'année dernière, je songeai à celles de l'état qui les avaient accompagnées, comme si tous les malheurs s'entre-suivaient. Je me rappelai l'édit imprudent qui avait permis l'exportation des grains, lorsque nous n'en avions pas notre provision assurée; cette banqueroute publique qui avait plané sur nos fortunes dans le même temps que ce nuage affreux de grêle traversait nos campagnes; l'épuisement total de nos finances, qui avait fait périr plusieurs branches de notre commerce, comme ce terrible hiver plusieurs de nos arbres fruitiers; enfin ce nombre infini de pauvres ouvriers que le concours de tant de fléaux aurait fait mourir de misère, de froid et de faim, sans les secours de leurs compatriotes.

Je pensai alors au ministre des finances dont le retour a rétabli le crédit public, et a été pour nous comme celui de l'étoile du matin après une nuit orageuse; aux états-généraux, qui allaient avec le printemps faire renaître de plus beaux jours; et je me dis : Les royaumes ont leurs saisons comme les campagnes; ils ont leur hiver et leur été, leurs grêles et leur rosée. L'hiver de la France est passé, son printemps va revenir. Alors, plein d'espérance, je m'assis au bout de mon jardin sur un petit banc de gazon et de trèfle, à l'ombre d'un pommier en fleurs, vis-à-vis une ruche dont les abeilles voltigeaient en bourdonnant de tous côtés.

A la vue de ces abeilles si actives, dont la ruche n'avait eu d'autre abri pendant l'hiver que le creux d'un rocher, je me rappelai qu'elles n'avaient point essaimé au mois de juin, et qu'il en était arrivé de même à la plupart de celles du royaume, comme si elles avaient prévu qu'elles auraient besoin d'être rassemblées en grand nombre pour se tenir chaudement pendant la rigueur d'un hiver extraordinaire. D'un autre côté, comme je n'ai enlevé aux miennes aucune portion de leur miel, et que jamais elles n'en exportent, elles ont passé dans l'abondance des vivres une saison où quantité de mes compatriotes en ont manqué. En voyant que l'instinct de ces petits animaux avait surpassé l'intelligence humaine, je me dis : « O heureuses les
» sociétés des hommes, si elles avaient autant de
» sagesse que celles des abeilles ! » Et je me mis à faire des vœux pour ma patrie.

Je me représentai les vingt-quatre millions d'hommes qui composent, dit-on, le peuple français, non comme de sages abeilles qui naissent avec tout leur instinct, mais comme un seul homme qui vit depuis plus de trois mille ans, et qui n'acquiert son expérience qu'en passant comme l'homme par un long cercle de maux, d'erreurs et d'infirmités.

D'abord enfant du temps des Gaulois, il a été pendant plusieurs siècles au maillot, entouré par les druides des bandes de la superstition; puis adolescent sous les Romains, qui le conquirent et le policèrent, il s'instruisit, sous le joug grave de ses maîtres, des arts, des sciences, de la langue et des lois qui le régissent encore aujourd'hui; ensuite, devenu un jeune homme sous les Francs indisciplinés qui se confondirent avec lui, il s'est livré pendant leur anarchie à toute la fougue de la jeunesse, et a passé un grand nombre d'années dans les fureurs des guerres civiles. Enfin, depuis Charlemagne, éclairé de quelques lumières par le retour des lettres, qui commencèrent à se naturaliser sous François Ier, comme un jeune homme qui se forme pour le commerce du monde, il a cherché les plaisirs de l'amour et de la gloire. Son goût de galanterie et d'héroïsme s'est épuré sous Henri IV, et s'est perfectionné sous Louis XIV. A cette dernière époque, l'amour des conquêtes utiles a paru l'occuper principalement; il est devenu ambitieux, comme un homme dont la jeunesse se passe, et qui cherche à s'établir d'une manière solide. Mais, bientôt convaincu par son expérience qu'on ne peut trouver son bonheur dans le malheur d'autrui, il a commencé à s'occuper de ses véritables intérêts, de son agriculture, de ses manufactures, de son commerce, de ses grands chemins, de ses établissements aux colonies, etc..... Il a cherché alors à se délivrer des préjugés de son enfance, des fausses vues de son adolescence, des vanités de sa jeunesse, et il est entré ainsi dans l'âge mûr. Sa raison a fait d'années en années de nouveaux progrès. Il sent aujourd'hui, sous Louis XVI, que la gloire de ses rois ne consiste que dans son bonheur. De son coté il s'occupe plus du soin de rendre sa vie tranquille que brillante, et commode que fastueuse.

On peut suivre, dans tous les siècles, les périodes de son caractère par celles de son costume. Du temps des Gaulois, presque nu comme un enfant et coiffé de sa simple chevelure, il ne portait que des sayons. Il s'est vêtu, sous les Romains, de toges et de robes écourtées, comme un étudiant. Toujours armé sous les Francs, il s'est couvert de brassarts, de cuissarts, de cottes de mailles et de casques. Depuis François Ier jusqu'à Henri IV, et même jusqu'à Louis XIV, il s'est mis en pourpoint découpé en fraises, en plumes, en trousses et en rubans, sans toutefois quitter son épée, comme un jeune homme qui fait l'amour. Sous Louis XIV, devenu plus grave, il a ajouté à sa parure d'amples canons et une énorme perruque. Aujourd'hui, comme un homme mûr qui cherche ses commodités, il préfère un chapeau sur sa tête à un chapeau sous le bras, une canne à une épée, et un manteau à une armure.

Pendant que le peuple français se disposait par les mœurs et la philosophie à une vie plus heureuse et à un ensemble national, l'administration, soumise à d'anciennes formes, suivait toujours son ancien cours. A chaque révolution de l'esprit public, elle avait adopté des lois nouvelles sans abroger les anciennes, des besoins nouveaux sans retrancher les superflus, et s'était plus occupée de la fortune des courtisans que de celle des sujets. Ainsi, d'incohérences en incohérences, d'impôts en impôts, de dettes en dettes, elle s'est trouvée sans argent et sans crédit, avec un peuple sans moyens. Alors elle s'est vue dans la nécessité de convoquer les états-généraux, pour préserver d'une ruine universelle la nation, dont le peuple est partout la base fondamentale.

Cependant ce peuple, devenu majeur par tant de siècles d'expérience et d'infortune, traîne encore après lui les lisières de son enfance. Des corps se sont présentés, se disant chargés de sa tutelle, et ont prétendu le ramener aux anciennes formes de la monarchie, c'est-à-dire le remettre, avec ses lumières, son étendue et sa puissance, dans le même berceau où il a été si long-temps faible, trompé et misérable.

Mais quel corps de la monarchie pourrait être rappelé aujourd'hui à ses anciennes formes? A commencer par celui qui en est le chef auguste, le roi pourrait-il être ramené au temps où le peuple, joint à l'armée, l'élisait au champ de Mars, en l'élevant sur un bouclier? Et quand Louis XVI lui-même voudrait descendre du trône pour rétablir le peuple dans ses anciens droits, ne se jetterait-il pas à ses pieds pour le supplier de ne pas le livrer aux fureurs des guerres civiles qui ont ensanglanté les premiers temps de la monarchie, par l'élection de ses rois? Le clergé voudrait-il revenir aux anciens temps où il prêcha l'Évangile dans les Gaules comme les apôtres, pieds nus, vêtu d'une seule robe, et un bâton de voyageur à la main, devenu, par la munificence de ce même peuple, une crosse pontificale? Les nobles voudraient-ils voir renaître ces temps anciens, où ils se mettaient au service des grands pour avoir de la protection et du pain, toujours prêts à verser leur sang pour des querelles qui leur étaient étrangères? Qu'ils jugent de l'état de leurs ancêtres sous le régime féodal, par celui des nobles polonais de nos jours! Enfin, le parlement lui-même voudrait-il revenir à ces temps, qui ne sont pas bien anciens, où la plupart de ses membres n'étaient que les scribes et les gens d'affaires des grands, qui alors ne savaient pas même écrire, et s'en faisaient honneur!

L'homme faible cherche partout le repos. S'il manque de lois, il se repose de sa législation sur un législateur. S'il a besoin de lumières, il se repose de sa doctrine sur un docteur. Partout il établit des bases pour reposer sa faiblesse; mais partout la nature les renverse, et le force, à son exemple, de se lever et de combattre. Elle-même n'a composé ce globe et ses habitants que de contraires qui luttent sans cesse. Notre sol est formé de terre et d'eau; notre température, de chaud et de froid; notre jour, de lumière et de ténèbres; l'existence des végétaux et des animaux, de leur jeunesse et de leur vieillesse, de leurs amours et de leurs guerres, de leur vie et de leur mort. L'équilibre des êtres n'est établi que sur leurs combats. Il n'y a de durable que leur écoulement, d'immuable que leur mobilité, de permanent que leur ensemble; et la nature, qui varie à chaque instant leurs formes, n'a de lois constantes que celles de leur bonheur.

Pour nous, déjà si éloignés des antiques lois de la nature par les lois mêmes de nos sociétés, où les anciens droits de l'homme sont méconnus, nos opinions, nos mœurs et nos usages varient d'année en année. Les siècles nous roulent et nous déforment sans cesse, en nous poussant vers l'avenir. Rappeler aux anciennes formes de son origine un peuple éclairé, puissant, immense, c'est vouloir renfermer un chêne dans le gland d'où il est sorti.

Comment donc nos rois voudraient-ils rappeler le peuple français à ses anciennes formes, c'est-à-dire à ses anciennes erreurs et à son ancienne ignorance? N'est-ce pas à ce qu'il a produit dans les derniers siècles, c'est-à-dire aux derniers fruits de son industrie, que nos rois, qui buvaient jadis dans des cornes d'élan, qui erraient çà et là dans les forêts des Gaules, parcourant de temps en temps leur capitale sans pavé dans un charriot traîné par des bœufs, doivent aujourd'hui les délices de leurs châteaux et la magnificence de leurs équipages? N'est-ce pas par les leçons tardives de son expérience qu'ils ne craignent plus d'être détrônés par les maires de leurs palais? N'est-ce pas à ces leçons qu'ils doivent, ainsi que leurs descendants, leur permanence sur le trône, suivant des lois inébranlables comme l'amour de ce peuple éclairé? O Henri IV! que seraient devenus vos droits attaqués par Rome, par l'Espagne, et par des grands ambitieux de votre royaume, sans l'amour de votre peuple, qui, malgré les anciennes formes qu'on vous opposait à vous-même, vous appelait à le délivrer de ses tyrans? Comment le clergé, ministre d'une religion amie du genre humain, voudrait-il soumettre aux anciennes formes du druidisme le peuple français sous le règne de Louis XVI? C'est ce même peuple qui, se rangeant en foule autour des premiers missionnaires des Gaules, fit ployer ses chefs barbares sous le joug du christianisme. Ce fut le peuple qui, par le pouvoir tout puissant de ses opinions, éleva l'abbaye à l'opposite du château, et le clocher à celui de la tour. Il opposa la crosse à la lance, la cloche à la trompe, et les légendes des saints aux archives des barons; monument contre monument, bronze contre bronze, tradition contre tradition. Comment les nobles de nos jours pourraient-ils regarder le peuple comme flétri, de tout temps, par la puissance féodale de leurs ancêtres, eux qui comptent dans leur propre sein si peu de familles qui remontent au-delà du quatorzième siècle? Mais s'il était vrai que leurs ancêtres eussent réduit jadis le peuple en servitude, comment oseraient-ils aujourd'hui faire valoir leurs anciens priviléges auprès de ce même peuple, non pour l'avoir jadis défendu ou protégé, comme doivent faire les nobles de toute nation, mais pour l'avoir conquis et opprimé; non pour l'avoir servi, mais asservi; non comme les descendants de ses patriciens, mais de ses tyrans? Sont-ce là les titres qu'ont fait valoir auprès de lui les Bayard, les Duguesclin, les Crillon, les Montmorency, qui ont fait tant de prouesses pour obtenir de vivre dans sa mémoire jusqu'à nos jours? Que dis-je! nos nobles, si remplis aujourd'hui d'humanité et du véritable honneur, pourraient-ils, dans un siècle éclairé, mépriser cette foule d'hommes paisibles et bons qui s'occupent de leurs plaisirs après avoir pourvu à tous leurs besoins, et du sein desquels sortent ces braves grenadiers qui, après leur avoir frayé le chemin des honneurs aux dépens de leur sang, retournent à leurs charrues, servir dans l'obscurité cette même patrie qui fait un partage si inégal de ses récompenses? Comment enfin le parlement pourrait-il réduire aux anciennes formes de la servitude un peuple qui lui a donné en quelque sorte la puissance tribunitive, et du sein duquel il est sorti lui-même?

Après tout, est-il bien vrai que le peuple français ait toujours été sous la tutelle féodale de ses chefs? Quelques écrivains ont avancé qu'il était serf dans son origine. Mais, soit qu'on rapporte cette origine au temps des Gaulois, des Romains ou des Francs, qui sont les trois grandes époques de son histoire, on verra qu'il a toujours été libre.

Les Gaulois, qui firent sous Brennus une invasion en Italie, et brûlèrent la ville de Rome, ressemblaient beaucoup aux Sauvages de l'Amérique, qui certainement ne font pas la guerre avec des esclaves. L'esclavage ne s'établit que chez les peuples riches et policés, comme ceux de l'Asie; et il est le fruit de leur despotisme, qui est toujours proportionné à leurs richesses. Les peuples pauvres et sauvages sont toujours libres; et quand ils font des prisonniers de guerre, ils les incorporent avec eux, à moins qu'ils ne les vendent, ne les mangent, ou ne les sacrifient à leurs dieux. L'opulence fait des mêmes citoyens des despotes et des esclaves; mais la pauvreté les rend tous égaux. Nous en voyons des exemples dans nos sociétés. Les domestiques d'un homme riche, et même ses amis quand ils sont pauvres, se tiennent dans ses antichambres, et ne paraissent qu'avec respect en sa présence; mais les domestiques de nos paysans sont familiers avec leurs maîtres, se mettent à table avec eux, et obtiennent même leurs filles en mariage.

Lorsque les Gaulois commencèrent à se civiliser et à chercher la fortune, il se louaient dans les armées romaines, comme des hommes libres. Je crois même que César remarque qu'il n'y avait point d'armées où on ne trouvât des soldats gaulois. Nous voyons, dans Hérodote et Xénophon, que les Grecs, si amoureux de leur liberté, se mettaient aux gages même des rois de Perse, quoique ennemis naturels de leur patrie. Nous trouvons des usages semblables chez les Suisses de nos jours. Ces coutumes sont communes à tous les peuples libres, et elles n'existent point chez les peuples régis par le despotisme, ni même par l'aristocratie. Vous ne verrez à la solde d'aucune puissance de l'Europe des régiments formés de Russes, de Polonais ou de Vénitiens. A la vérité, la constitution politique des Gaules accordait plusieurs prérogatives injustes aux chefs des Gaulois et à leurs druides, ainsi que l'a remarqué César; et ce fut sans doute par ses défauts anti-populaires qu'elle fut aisément renversée par celle des Romains. Ce qu'il y a de certain, c'est que les Gaulois adoptèrent des Romains leur religion, leurs lois, leurs coutumes et jusqu'à leurs habillements. Nous nous gouvernons en partie par le droit romain, et nos magistrats, ainsi que les professeurs de nos universités, portent encore la toge romaine. Notre langue française est dérivée de la langue latine. Ces révolutions ne sont point des effets naturels de la conquête et du pouvoir des peuples conquérants, mais des preuves que les peuples conquis sont mécontents de leur ancienne constitution. Les Romains n'étaient jaloux que de la puissance; ils étaient indifférents sur tout le reste. Les Grecs conservèrent sous leur empire leur langue, leur religion, leurs lois et leurs mœurs, dont nous voyons encore des traces, même sous l'empire des Turcs. Enfin, un peuple conquis reste tellement attaché à sa constitution, quand il la trouve bonne, qu'il y soumet quelquefois le peuple conquérant. C'est ce que nous pouvons voir par l'exemple des Tartares, qui ont toujours adopté les lois et les coutumes de la Chine, après s'en être rendus maîtres. D'un autre côté, ces révolutions morales ne se font point chez des peuples esclaves. Il est très remarquable que les peuples occidentaux de l'Asie n'ont rien adopté des Grecs ni des Romains qui les ont subjugués, pas même le langage. On ne parle ni latin ni grec en Asie. Un peuple esclave tient à sa constitution par l'esprit de servitude, comme un peuple libre par le sentiment de la liberté; mais celui-ci en change lorsqu'il en est mécontent.

Quoi qu'il en soit, les Romains donnèrent les droits de citoyens romains aux habitants de plusieurs villes, et même de quelques provinces des Gaules; ce qu'ils n'auraient pas fait si elles avaient été peuplées d'esclaves. Quantité de Romains s'établirent ensuite dans les Gaules. L'empereur Julien aimait le séjour de Paris, à cause, disait-il, « du caractère grave de ses habitants, qui se rap» prochait du sien. » Le caractère parisien a bien changé depuis, quoique le climat de Paris soit resté le même. Mais ce n'est pas le climat qui fait le caractère d'un peuple, comme tant d'écrivains l'ont dit d'après Montesquieu; c'est la constitution politique. Les Gaulois, simples et féroces sous les druides, furent sérieux sous les graves Romains, toujours gouvernés par la loi; et gais sous les Francs, amis de l'indépendance, parce que n'ayant jamais eu de bonne constitution, ils en changèrent à ces trois époques. Indépendamment de la gaieté des Gaulois, qui ne date que des Francs, et qui est une preuve morale de leur liberté, j'en trouve une autre qui n'est pas moins forte, en ce que les deux peuples n'ont plus porté que le même nom; ce qui n'arrive jamais lorsque le peuple conquérant ne se confond pas avec le peuple conquis: témoin, de nos jours, les Turcs et les Grecs, les

Mogols et les peuples de l'Indoustan, les Espagnols et les Indiens de l'Amérique et du Pérou, les Anglais et les Indiens orientaux, les habitants de nos colonies, et les Nègres. Au contraire, les Tartares qui ont conquis la Chine se sont confondus avec les Chinois, et ne forment plus avec eux qu'une seule nation, ainsi que les peuples du nord et de l'orient qui, tels que les Vandales, les Goths, les Normands, etc., s'amalgamèrent avec les peuples de l'Europe chez lesquels ils firent des invasions. D'ailleurs, il est prouvé par l'histoire que le peuple gaulois était libre sous la première race des rois francs, puisqu'il les élisait avec l'armée.

Du temps de Charlemagne, il y avait quantité d'hommes libres en France. Aurait-ce été avec des esclaves, condamnés nécessairement à l'ignorance dans un siècle de barbarie, que ce grand prince aurait formé ses écoles, ses académies et ses cours de justice, dont les membres, d'un autre côté, ne pouvaient sortir de cette noblesse militaire, qui alors n'estimait que la gloire des armes? Une preuve évidente de l'existence de ces hommes libres, c'est que Charlemagne les convoqua nommément à ses états-généraux avec les barons et les évêques. Il y a plus, c'est que dans l'assemblée de 806, où il partagea, quelques années avant sa mort, ses états entre ses trois enfants, par un testament confirmé par les seigneurs français et le pape Léon, « il » laissa à ses peuples la liberté de se choisir un » maître, après la mort des princes, pourvu qu'il » fût du sang royal; » liberté que le président Hénault juge digne d'être remarquée.

À la vérité, une partie du peuple des campagnes fut asservie à la glèbe, par des chefs qui usurpèrent des droits qui ne leur appartenaient pas. Voici ce qu'en dit le président Hénault, dans ses Remarques particulières sur les rois de France de la seconde race :

« On peut distinguer les terres possédées par » les Francs depuis leur entrée dans les Gaules, en » terres saliques et en bénéfices militaires.

» Les terres saliques étaient celles qui leur échu» rent par la conquête, et elles étaient héréditaires.
» Les bénéfices militaires, institués par les Ro» mains avant la conquête des Francs, étaient un
» don du prince, et ce don n'était qu'à vie : il a
» donné son nom aux bénéfices possédés par les
» ecclésiastiques. Les Gaulois, de leur côté, réu» nis sous la même dénomination, continuèrent
» de jouir, comme du temps des Romains, de
» leurs possessions en toute liberté, à l'exception
» des terres saliques, dont les Français s'étaient
» emparés, qui ne devaient pas être considérables,

» vu le petit nombre des Français, et l'étendue de
» la monarchie. Les uns et les autres, quelle que
» fût leur naissance, avaient droit aux charges et
» aux gouvernements, et étaient employés à la
» guerre, sous l'autorité du prince qui les gouver» nait. La constitution du royaume de France est
» si excellente, qu'elle n'a jamais exclu et n'ex» clura jamais les citoyens nés dans le plus bas
» étage, des dignités les plus relevées. » MATHAREL, réponse au livre d'Hotman intitulé *Franco-Gallia*.

« Vers la fin de la seconde race, un nouveau
» genre de possession s'établit sous le nom de fief.
» Les ducs ou gouverneurs des provinces, les com» tes ou gouverneurs des villes, les officiers d'un
» ordre inférieur, profitant de l'affaiblissement de
» l'autorité royale, rendirent héréditaires dans
» leurs maisons des titres que jusque là ils n'a» vaient possédés qu'à vie, et, ayant usurpé éga» lement et les terres et la justice, s'érigèrent eux» mêmes en seigneurs propriétaires des lieux dont
» ils n'étaient que les magistrats, soit militaires,
» soit civils, soit tous les deux ensemble. Par là
» fut introduit un nouveau genre d'autorité dans
» l'état, auquel on donna le nom de suzeraineté :
» mot, dit Loiseau, qui est aussi étrange que cette
» espèce de seigneurie est absurde.

» La noblesse, ignorée en France jusqu'au temps
» des fiefs, commença avec cette nouvelle seigneu» rie; en sorte que ce fut la possession des terres
» qui fit les nobles, parcequ'elle leur donna des
» espèces de sujets nommés vassaux, qui s'en don» nèrent à leur tour par des sous-inféodations ; et
» ce droit des seigneurs fut tel, que les vassaux
» étaient obligés, dans de certains cas, de les sui» vre à la guerre contre le roi-même »

Ces faits sont si connus, qu'ils ont été cités dans un ouvrage publié en faveur de la liberté du peuple, par un député même de la noblesse du Vivarais aux états-généraux actuels. Je les ai rapportés pour faire deux réflexions bien importantes : la première, c'est que des hommes comblés des bienfaits du roi, se constituant en corps aristocratique, ont pu obliger les sujets du roi de les suivre à la guerre contre lui-même ; la seconde, c'est que rien n'est si aisé et si commun, pour des corps aristocratiques, que d'attenter aux droits d'un peuple qui n'a point de représentants auprès de son prince, et aux intérêts d'un prince qui n'a point de liaison avec son peuple. Il n'est pas besoin pour la France de recourir aux usurpations des ducs, des comtes et de leurs subordonnés, du temps de la seconde race de nos rois ; nous en avons vu de plus grandes de nos jours. Les Gaulois, sous les Francs leurs vainqueurs, pouvaient parvenir aux premières dignités de l'état, quelle que fût leur naissance ; mais une ordonnance du département de la guerre a déclaré, le 22 mai 1781, sous un roi ami du peuple, qu'aucun homme non noble ne pourrait devenir officier militaire, et a ôté ainsi à vingt-quatre millions d'hommes jusqu'à l'honneur d'être lieutenant de milice.

Que devient donc aujourd'hui l'axiome de Matharel sur l'excellence de notre constitution, « qui » n'a jamais exclu et n'exclura jamais les citoyens » nés dans le plus bas étage, des dignités les plus » relevées? » Cependant aucun des corps qui se disent chargés du maintien de notre ancienne constitution, et qui veulent nous y rappeler, n'a réclamé contre cette dernière injustice, parcequ'elle n'intéressait que les anciens droits du peuple ; et le peuple n'a jamais pu défendre ses droits, parcequ'il n'a point de représentants auprès de son prince.

Quoi qu'il en soit, quelle famille noble de nos jours pourrait prouver sa descendance des usurpateurs de la noblesse sous la fin de la seconde race de nos rois ; et qu'en pourrait-elle conclure contre la liberté du peuple? Une famille de princes nationaux du temps des Gaulois a pu être réduite à l'esclavage sous les Romains, et une famille d'esclaves sous les Romains devenir noble sous les Francs : car les peuples conquérants ont souvent la politique, pour asservir les peuples conquis, d'y abaisser ce qui est élevé, et d'y élever ce qui est abaissé. Quel homme aujourd'hui pourrait prouver seulement qu'il descend des Gaulois, des Romains ou des Francs? Des spéculateurs en politique ont cru reconnaître les Gaulois dans nos paysans, les Romains dans nos bourgeois, et les Francs dans les nobles. Mais les Goths, les Alains, les Normands ne sont-ils pas venus par leurs incursions et leurs conquêtes confondre encore ces trois ordres de citoyens? Les Anglais n'en firent-ils pas autant, lorsqu'ils s'emparèrent de la plus grande partie du royaume? Après ces bouleversements de la guerre sont venus ceux du commerce. Quantité d'Italiens, d'Espagnols, d'Allemands, d'Anglais se sont établis chez nous, et s'y établissent encore tous les jours. Toutes ces nations se sont confondues par des alliances avec toutes les classes de nos citoyens, dont les races d'ailleurs se sont croisées depuis les plus illustres jusqu'aux plus humbles par des mariages de finance : notre peuple est formé des ruines de tous ces peuples, comme le sol qui produit nos moissons est composé des débris des chênes et des sapins de nos anciennes forêts. Il y a peut-être tel misérable charretier qui roule toute l'année depuis le fond de l'Auvergne jusqu'à Paris, et depuis Paris jusqu'au fond de l'Auvergne, dont les aïeux donnèrent des fêtes au peuple romain, et coururent dans le cirque sur de superbes quadriges ; et tel pauvre enfant qui grimpe dans nos cheminées pour les ramoner descend peut-être de ces fiers Gaulois qui mirent le feu à Rome et escaladèrent le Capitole. Nous tirons avec empressement du sein de la terre des urnes mutilées, des inscriptions obscures, des bronzes rongés de vert-de-gris, pour y chercher les noms de ces anciennes familles ; mais leurs descendants sont encore dans la vie, et nous en offriraient les médailles vivantes, si nous en savions déchiffrer les empreintes. Une ville d'Italie se vante de les connaître ; et pendant que toute cette contrée fait un commerce de ses monuments de pierre, Milan fournit pour fort peu d'argent des lettres de noblesse et des armoiries antiques aux familles les plus obscures de l'Europe, sur leurs simples noms. Mais à quoi sert cette vanité ? notre noblesse n'est pas moins que notre peuple l'ouvrage du temps, qui dissout et recompose toute chose avec les mêmes éléments. Si les sables de la mer sont des débris de ses rochers, ses rochers à leur tour ne sont que des amalgames de ses sables.

Non seulement le peuple est composé dans l'origine des mêmes familles que son clergé et sa noblesse, mais c'est lui qui est en particulier l'unique cause de la splendeur de ces deux corps ; c'est de son sein que sortent les hommes chargés de leur éducation, et de leur inspirer de l'honneur et de la vertu ; c'est lui qui est la principale source de la lumière, de l'industrie et de la puissance même militaire ; c'est lui seul qui fait fleurir l'agriculture et le commerce. Que dis-je? le peuple est tout ; il est le corps national dont les deux autres ordres ne sont que des membres accessoires ; il peut exister sans eux, et ils ne peuvent être sans lui. On n'a jamais vu de nation formée uniquement de prêtres ou de nobles ; mais il y a eu beaucoup de nations florissantes formées du simple peuple. Les Romains ont subsisté long-temps sans corps de clergé. Leurs magistrats étaient leurs pontifes. La plupart des républiques grecques, avec le même régime, n'avaient point de corps de nobles ; et quoique quelques écrivains aient avancé que la noblesse était le plus ferme appui des monarchies, il est certain que la plus ancienne monarchie qui soit au monde, la Chine, n'a jamais su ce que c'était qu'un gentilhomme. Il n'y a de noble dans la Chine que la famille de Confucius; et sa noblesse est fondée non sur ce que Confucius asservit ses concitoyens par les armes, par l'intrigue ou par l'argent, mais sur ce qu'il les éclaira de ses lumières et de ses vertus. Ses descendants, distingués par quelques honneurs, n'ont d'ailleurs aucun droit aux charges et dignités de l'empire, et ils n'y parviennent comme les autres sujets que par leur mérite personnel. Il n'y a point de nobles dans les états despotiques de la Turquie et de la Perse, où le pouvoir absolu de leurs monarques a besoin cependant d'hommes qui leur soient dévoués.

Au contraire, le peuple est tellement la base de la puissance publique, même dans les monarchies, que l'état est tombé dès que le clergé et la noblesse ont séparé leurs intérêts des siens : c'est ce que prouve le bas Empire des Grecs, où ces deux ordres s'étant emparés de tout sous des princes faibles, le peuple, sans patriotisme et sans propriétés, laissa les Turcs renverser le trône. On en voit aujourd'hui un exemple semblable dans le Mogol, où le peuple, séparé de ses brames et de ses naïres, voit avec indifférence des poignées d'Européens s'emparer de son gouvernement et de son pays. Nous devons nous rappeler nous-mêmes, ou plutôt nous devons oublier à jamais, quels ont été les auteurs de tant de guerres civiles qui ont désolé pendant si long-temps notre monarchie, et qui s'efforcèrent de la renverser en y appelant même les étrangers; certainement ce ne fut pas le peuple. Mais rien n'est plus frappant à cet égard que ce qui s'est passé de nos jours en Pologne. D'abord la noblesse aristocratique de ce pays a éprouvé dans tous les temps une suite perpétuelle d'infortunes, uniquement pour s'être séparée de son peuple; et si elle fit autrefois quelques conquêtes sur les Russes, les Prussiens et les peuples de l'Autriche, c'est que leur régime féodal était alors plus mauvais que celui de la Pologne. Mais lorsque la noblesse de chacune de ces nations a été forcée de se rapprocher de son peuple, non en l'élevant à elle par des lois équitables, mais en descendant vers lui par le poids du gouvernement despotique, qui rend tous les sujets égaux, elle a formé avec lui un ensemble national auquel la noblesse polonaise, livrée à elle seule, n'a pu résister. Celle-ci donc a vu, il y a quelques années, sa monarchie partagée par les trois puissances voisines, qui n'ont employé contre ses diètes patriciennes qu'un bien petit nombre de régiments plébéiens; et, malgré les circonstances favorables où elle se trouve aujourd'hui par la guerre des Turcs qui embarrasse la Russie et l'Autriche, et par la faveur particulière du roi de Prusse, elle fait de vains efforts pour recouvrer son indépendance, parcequ'elle n'appelle point son peuple à la liberté.

Le peuple est donc tout, même dans les monarchies. « Les peuples ne sont pas faits pour les » rois, mais les rois sont faits pour les peuples, » a dit Fénelon, d'après les lois de la justice universelle; à plus forte raison le clergé et la noblesse. C'est au peuple que tout doit se rapporter, prêtres, nobles, officiers, soldats, magistrats, ministres, rois, comme les pieds, les mains, la tête et tous les sens se rapportent au tronc dans le corps humain. Le bonheur du peuple est la loi suprême, ont dit les anciens : *Salus populi, suprema lex esto*.

Depuis les trois seigneurs persans, Othanès, Mégabis et Darius, qui réduisirent à l'état démocratique, aristocratique et monarchique les formes de gouvernement que chacun d'eux voulait donner à la Perse, on a souvent agité quelle était la meilleure des trois, comme s'il était impossible qu'il y en eût d'autres. Pour moi, considérant combien, depuis ce temps-là, il y a eu dans tous les pays de différentes sortes de gouvernements qui ne sont point compris dans cette division, je crois qu'une nation peut exister sous toutes sortes de formes, pourvu que le peuple y soit heureux; comme un homme peut vivre partout de toutes sortes de régimes, pourvu que son corps se porte bien.

En effet, les mœurs des nations ne sont pas moins variées que celles des particuliers. Il y a des peuples qui vivent errants dans les déserts, comme les Arabes et les Tartares; et d'autres qui ne sortent point de leur pays, comme les Chinois : il y en a qui se répandent chez toutes les nations, comme les Juifs et les Arméniens; et d'autres ne communiquent avec aucun étranger, comme les Japonais; d'autres se rassemblent en nombre infini dans les villes, comme les peuples policés; et d'autres se dispersent en familles solitaires et vivent dans des hippas, comme les insulaires de la Nouvelle-Zélande.

Les gouvernements des hommes ne sont pas moins différents que leurs mœurs. A commencer par l'état monarchique, s'il y a quantité de pays régis par un seul roi, il en a existé de très florissants, ou il y en a eu deux à la fois, comme à Lacédémone : je crois même qu'il ne serait pas impossible d'en trouver qui aient été bien gouvernés par des triumvirs. Quant à la nature des monarchies, il y en a d'héréditaires par les mâles, du père au fils, comme la nôtre; d'autres le sont par les femmes, de l'oncle au neveu, comme en certains royaumes d'Afrique et d'Asie; dans d'autres, le souverain peut choisir son successeur dans sa famille, comme en Turquie, à la Chine et en Russie; d'autres sont électives dans un corps de nobles par les nobles seuls, comme en Pologne; d'autres sont balancées par un sénat de prêtres, comme les Juifs, ou par un corps de soldats, comme à Alger. Quant aux aristocraties, il y en a qui ont choisi leurs chefs dans un corps de religieux nobles et guerriers, comme à Malte; d'autres, dans un corps d'esclaves-soldats, comme les douze beys de l'Égypte choisis parmi les mamelucks; d'autres, dans un sénat de nobles légistes, comme à Gênes et à Venise. Quant aux démocraties, elles élisent leurs chefs dans un corps de marchands, comme la Hollande; ou de laboureurs, comme la Suisse; ou dans des étrangers qui passent, comme la petite république de Saint-Marin. D'autres ont été mêlées d'aristocratie et de démocratie, comme la république romaine; d'autres, des trois gouvernements à la fois, comme l'Angleterre.

J'observe que tous ces gouvernements ont eu également des origines faibles; que ceux qui n'ont pas pris d'accroissement, ou qui l'ont perdu après l'avoir acquis, n'ont eu pour but que la puissance d'un seul corps: tels ont été ceux de Pologne, de Gênes, de Venise, de Malte, qui ont sacrifié les intérêts de leur peuple à ceux de leur noblesse. Je remarque au contraire que ceux qui ont prospéré sont ceux qui ont eu pour unique objet la puissance ou le bonheur du peuple: ainsi Lacédémone donna des lois à la Grèce et à une partie de l'Asie. Elle en eût donné comme Rome à l'univers, si elle eût compris dans ses citoyens les ilotes, ses cultivateurs. C'est par l'influence du peuple que la Turquie est devenue célèbre par ses conquêtes, la Chine par sa durée, la Hollande par son commerce, l'Angleterre par sa puissance maritime et ses lumières, la Suisse plus heureuse par sa liberté et son repos.

Je remarque encore deux choses bien importantes à la prospérité des peuples. 1° C'est que tous ceux qui ont fleuri ont été gouvernés par deux puissances opposées, et que ceux qui sont tombés en ruines n'ont été régis que par une seule; parce que la nature ne forme d'harmonies que par des contraires. 2° C'est qu'il n'y a aucun gouvernement, de quelque nature que ce soit, qui n'ait eu un chef sous le nom de doge, de bey, de roi, de pape, de sultan, d'émir, de daïri, d'empereur, de stathouder, de grand-maître, de consul, d'avoyer, etc., parce que toute société a besoin d'un modérateur.

A Lacédémone le pouvoir des éphores était opposé à celui des deux rois: sans ce contre-poids, les deux rois se seraient détruits eux-mêmes par la jalousie du gouvernement, comme il arriva dans la décadence de l'empire romain, où deux empereurs à la fois sur le trône en accélérèrent la ruine. Chez les Chinois, le souverain n'est despotique que par la loi de l'empire qu'il fait exécuter; mais sa volonté particulière est tellement balancée et circonscrite par les tribunaux conservateurs des anciens rites, qu'il ne peut changer sans leur aveu la moindre coutume, pas même la forme d'un habit. D'un autre côté, le respect de ces tribunaux est inspiré au peuple dès la plus tendre enfance avec une telle religion, que chacun d'eux pourrait se rendre maître de l'empire s'ils ne se balançaient les uns les autres, et si l'empereur n'en était le modérateur. Il en est à peu près de même chez les Turcs, où la puissance du mufti balance toujours celle du sultan: aucun ordre militaire, aucune sentence de mort ne peut être promulguée par le sultan, sans un fetfa religieux ou permission du mufti.

Chez les Romains, la puissance des tribuns était opposée à celle de consuls: mais comme ces deux puissances, qui représentaient, l'une celle du peuple, l'autre celle de la noblesse, n'avaient point de modérateur qui tînt l'équilibre entre elles, elles agitèrent sans cesse l'état par leurs luttes. Les Romains avaient si bien senti le besoin d'un modérateur dès les premiers temps de leur république, que dans les temps de crise ils créaient un dictateur. Le dictateur était un despote d'un moment, qui rétablissait toutes choses dans l'ordre. Il sauva plusieurs fois la république, quand il ne fut question que de guerres étrangères, mais il la perdit dans les guerres civiles. En effet, on ne pouvait le choisir que dans une des deux puissances contraires, et on achevait alors de détruire entre elles l'équilibre, au lieu de le rétablir. C'est ce qui arriva dans les horribles proscriptions de Sylla et de Marius. Sylla, chef du parti de la noblesse, resta tout puissant par la dictature. Montesquieu le loue de l'avoir abdiquée, comme d'un grand effort de courage; il le représente confondu dans la foule comme un simple particulier, laissant chaque citoyen le maître de lui redemander justice du sang qu'il avait répandu. Comme le jugement de Montesquieu est d'un grand poids, je prendrai la liberté de le réfuter, parce qu'il renferme une grande erreur. On ne saurait être trop en garde contre l'autorité des noms. Sylla n'abdiqua point par grandeur, mais par faiblesse, pour ne point offrir en sa personne un centre unique à la vengeance publique. A qui un citoyen romain se serait-il adressé pour avoir justice de Sylla redevenu simple particulier? Le sénat, les consuls, les tribuns, les soldats, tous les magistrats de Rome, n'étaient-ils pas des créatures de Sylla, complices de ses proscriptions, et intéressés à en arrêter les poursuites? Que dis-je? Sylla simple particulier exerça sa tyrannie jusqu'au moment de sa mort, et la preuve en est dans son histoire. « Le » jour de devant qu'il trepassast, estant averti » que Granius, qui devoit de l'argent à la chose » publique, differoit de payer, attendant sa mort, » il l'envoya querir, et le fit venir en sa chambre, » là où sitost qu'il fut venu, il le fit environner par » ses ministres, et leur commanda de l'estrangler » devant lui; mais à force de crier après lui et de » se tourmenter, il fit crever l'aposthume qu'il » avait dedans le corps, et rendit grande quan- » tité de sang; au moyen de quoi lui estant toute » force faillie, il passa la nuit en grande agonie, et puis mourut*. » Qui aurait donc osé demander des comptes à Sylla, qui en faisait rendre de si rigoureux le dernier jour de sa vie? Enfin son crédit était encore si grand, même après sa mort, que les dames romaines firent, afin d'honorer ses funérailles, des dépenses qu'elles n'ont jamais faites avant ni après lui pour aucun Romain. « Entre » autres choses, ajoute Plutarque, elles y contri- » buèrent si grande quantité de senteur et de dro- » gues odoriférantes à faire parfums, que, outre » celles qui furent portées en deux cent dix man- » nes, on en forma une fort grande image à » la semblance de Sylla mesme, et une autre » d'un massier portant les haches devant lui, » toutes faites d'encens fort exquis et de cinna- » mome. »

Ainsi le pouvoir du peuple fut opprimé par celui de la noblesse, fortifié par Sylla de celui de la dictature. Mais lorsque César, revêtu de la même dictature, se fut rangé du côté du peuple, alors le parti de la noblesse fut opprimé à son tour. Enfin, lorsque les empereurs ses successeurs, au lieu d'être modérateurs de l'empire, eurent réuni en leur personne la puissance consulaire et tribunitive, l'empire tomba, parceque les deux puissances qui se balançaient, fixées à leur centre, ne lui donnaient plus de mouvement. C'est ainsi que les fonctions du corps humain sont paralysées lorsque le sang, au lieu de circuler dans les membres, s'arrête à la région du cœur.

Nous sommes dans une grande erreur, lorsque nous voulons, par le sentiment de notre faiblesse, donner des bases immuables à un gouvernement qui se meut toujours. La nature ne tire des harmonies constantes que des puissances mobiles. Le type des sociétés, comme celui de la justice, peut se représenter par une balance dont le service ne gît que dans les contre-poids de ses deux fléaux : le repos des corps en mouvement est dans leur équilibre.

Je conclus donc que tout gouvernement est florissant et durable, lorsqu'il est formé de deux puissances qui se balancent, qu'il a un chef qui en est le modérateur, et qu'il a pour centre le bonheur du peuple. Voilà, à mon avis, les seuls moyens et la seule fin qui font prospérer et durer les états, soit qu'ils soient monarchiques, aristocratiques ou républicains : or, c'est ce que prouve l'histoire de tous les pays; car il ne suffit pas de citer dans un pays quelques années brillantes pour justifier des principes de politique jetés au hasard, comme ont fait plusieurs écrivins; il faut voir fleurir et durer long-temps tout un état pour juger de sa constitution, comme on juge de celle d'un homme non par quelques tours de force, mais par une santé égale et bien soutenue.

On pourra m'objecter quelques sociétés d'hommes vivant suivant les lois de la nature, qui ont subsisté sans ses luttes intérieures et sans chef, se portant au bien de leur état comme des abeilles aux travaux de leur ruche par le sentiment de leur bonheur commun. Mais si leurs contre-poids politiques n'étaient pas dans leur société, ils étaient au dehors. Je doute même que les abeilles, dont l'instinct est si sage, prissent tant de soin d'amasser des provisions, de les placer dans le tronc des arbres, de s'y bâtir des maisons de cire et d'y vivre rassemblées, si elles n'avaient à lutter contre les vents, les pluies, les hivers, et plusieurs autres sortes d'ennemis : les guerres du dehors assurent leur concorde au dedans. Ce qu'il y a de très remarquable, c'est que chaque ruche a un modérateur dans sa reine. Il en est de même des habitations des fourmis, et, je crois, de toutes celles des animaux qui vivent en république. Heureuses les sociétés des hommes, si elles n'avaient de même à combattre que les obstacles de la nature! leurs jouissances s'étendraient par toute la terre, dont ils sont destinés à recueillir les productions ; le genre humain ne formerait qu'une famille, dont chaque individu n'aurait besoin d'autre modérateur que Dieu et sa conscience. Mais, dans nos états mal constitués, tous les biens se trouvent accumu-

---

* Voyez Plutarque.

lés sur un petit nombre de citoyens : ainsi, ne pouvant les demander à la nature, nous sommes obligés de les disputer aux hommes, et de tourner nos forces contre nous-mêmes.

Ces principes posés, je trouve notre gouvernement français constitué comme tous ceux qui, dès leur origine, se sont écartés des lois de la nature. Il est divisé en deux puissances qui se balancent mutuellement. L'une est formée de l'ordre du clergé et de celui de la noblesse, qui, depuis plusieurs siècles, ont réuni leurs intérêts; l'autre, de l'ordre du peuple, qui commence à s'éclairer sur les siens. Mais il s'en faut bien que l'équilibre soit entré elles. A la vérité, quelques-uns de nos rois ont tâché de le former, en donnant au peuple quelque pondération, par l'établissement des communes, des offices municipaux et des parlements; mais les membres de ces corps tendant la plupart vers les priviléges de la noblesse et les bénéfices du clergé, les intérêts du peuple sont restés sans défenseur. Il n'y a que quelques écrivains isolés, qui s'occupant de ceux des hommes, ont été les seuls représentants du peuple, et lui ont donné des tribuns secrets jusque dans la conscience des grands. Cependant le roi est aussi intéressé que le peuple à l'équilibre politique, puisqu'il en est le modérateur, et qu'une des puissances qui doivent être balancées ne peut surpasser l'autre, sans qu'il se trouve lui-même hors de mesure et dans l'impuissance d'en faire mouvoir aucune.

Non seulement tous les membres du corps politique doivent être en équilibre pour l'intérêt du peuple, mais ils doivent rapporter à lui seul leurs intérêts particuliers. Or, le clergé et la noblesse sont précisément le contraire de ce qu'ils devraient être, et de ce qu'ils ont été dans leur origine; car ils sont réunis entre eux par des intérêts particuliers et séparés de la cause populaire.

Lorsque le roi, le clergé et la noblesse d'un état font corps avec le peuple, ils ressemblent aux branches d'un grand arbre qui, malgré les tempêtes, sont ramenées dans leur équilibre par le tronc qui les porte et les réunit. Mais lorsque ces puissances ont des centres différents du peuple, elles sont semblables à ces arbres qui croissent par hasard au haut d'une vieille tour; ils en décorent quelque temps les créneaux; mais avec les siècles leurs racines se glissent entre les assises des pierres, en séparent les jointures, et finissent par renverser le monument qui les a portés.

Le roi, le clergé et la noblesse ont un rapport si nécessaire avec le peuple, que ce n'est que par lui qu'ils ont eux-mêmes des rapports communs entre eux. Sans le peuple, ils seraient divisés d'intérêts comme de fonctions. Ils sont semblables aux branches d'un arbre qui tendent toutes à la divergence, et n'ont de réunion entre elles que par le tronc qui les rassemble. Quoique cette comparaison soit bien propre à faire sentir les liaisons populaires auxquelles je voudrais amener nos puissances politiques, puisque ces liaisons n'existent pas encore parmi nous, et qu'il faut différencier en corps qui ont des centres séparés les membres d'un même tout, je me servirai d'une image plus propre à rendre l'ensemble actuel de nos états-généraux, et à flatter les prétentions des ordres supérieurs. Je considère donc le roi comme le soleil, dont l'emblème est celui de ses glorieux ancêtres; le clergé et la noblesse, comme deux corps planétaires qui tournent autour du soleil, en réfléchissant sa lumière; et le peuple, comme le globe obscur de la terre que nous foulons aux pieds, mais qui cependant nous porte et nous nourrit. Que les puissances de la nation se considèrent donc comme des puissances du ciel, ainsi que d'ailleurs elles le prétendent; mais qu'elles se rappellent en même temps que, malgré le privilége qu'elles ont d'avoir leur sphère particulière et d'avoisiner celle du soleil, elles n'en sont pas moins ordonnées à la sphère du peuple, puisque le soleil lui-même, avec toute sa splendeur, n'existe dans les cieux que pour les harmonies de la terre et de ses plus petites plantes.

Je ferai donc des vœux pour l'harmonie des quatre ordres qui composent aujourd'hui la nation, et je commencerai par celui qui en est le premier mobile.

VOEUX POUR LE ROI.

Plusieurs écrivains célèbres considèrent le pouvoir national dans la monarchie comme divisé en deux, en pouvoir législateur et en pouvoir exécuteur. Ils en attribuent le premier à la nation, et le second au roi.

Cette division me paraît insuffisante, parcequ'il y manque un troisième pouvoir, nécessaire à tout bon gouvernement, le pouvoir modérateur, qui appartient essentiellement au roi dans la monarchie. Le roi n'y est pas seulement un simple commis de la nation, un doge ou un stathouder; c'est un monarque chargé de diriger ses opérations. Le clergé, la noblesse, et même le peuple, ne voient et ne régissent, chacun en particulier, que des parties détachées de la monarchie, dont ils ne sont que des membres; le roi en est le cœur, et peut seul en connaître et faire mouvoir l'ensemble. Les trois corps de la monarchie réagissent sans cesse les uns contre les autres, en sorte que, livrés à eux-mêmes, il arriverait bientôt qu'un d'entre eux opprimerait les deux autres ou en serait opprimé, sans que le roi, qui n'aurait que le pouvoir exécuteur, pût faire autre chose que d'être l'agent du parti le plus fort, c'est-à-dire de l'oppression. Il faut donc que le roi ait encore le pouvoir modérateur, c'est-à-dire celui non-seulement de maintenir l'équilibre entre ces corps, mais de réunir leurs forces au-dehors contre les puissances étrangères, dont lui seul est à portée de connaître les entreprises. C'est le pouvoir modérateur qui constitue le monarque.

Les écrivains dont j'ai parlé ont entrevu la nécessité de ce pouvoir dans le roi, et ils ont agité s'il devait consister dans un simple *veto*, comme en Angleterre, ou dans un certain nombre de voix délibératives, qui lui seraient réservées comme prérogative royale.

Le *veto* est un pouvoir d'inertie, capable de faire échouer les meilleurs projets : il faut au contraire au roi un pouvoir d'activité qui puisse les faire réussir. Le cœur, dans le corps humain, n'est jamais sans action : ainsi en doit-il être du monarque dans la monarchie.

Quant aux voix délibératives à réserver au roi, on est fort embarrassé pour en déterminer le nombre. Je hasarderai quelques réflexions à ce sujet. Le nombre des voix, dans l'assemblée nationale, est à peu près de douze cents, dont six cents appartiennent au clergé et à la noblesse, et six cents aux communes. Or, si les six cents voix des deux premiers ordres étaient égales en pondération aux six cents voix des communes, comme elles le sont en nombre, il y aurait équilibre entre elles, et le roi n'aurait besoin que de sa seule voix pour faire pencher la balance du côté qu'il lui plairait : que dis-je? la voix du roi, qui dispose de tous les emplois, est de sa nature si prépondérante, qu'elle entraînerait seule toutes les autres, comme il arrive dans les états despotiques, si elle n'était elle-même balancée.

Il est donc inutile de multiplier la voix du roi dans l'assemblée nationale, pour lui donner de la pondération : il suffit de la lui réserver : mais il est bien nécessaire de réformer la balance nationale elle-même, pour la rendre susceptible d'équilibre. Quoique ses bras soient égaux en longueur, ses bassins ne le sont pas en pesanteur. On peut dire que celui du clergé et de la noblesse est d'or, et celui du peuple, de paille. Le premier est tellement rempli de mitres, de cordons, de dignités, de gouvernements, de magistratures, de richesses, de bienfaits accordés déjà en survivance pour l'avenir, quoiqu'ils appartiennent dans l'origine à l'autorité royale ou au peuple même, que la balance a toujours penché de ce côté-là, malgré les efforts que quelques rois ont faits pour la relever. Ainsi ce bassin pèse non seulement de son propre poids, mais de celui du pouvoir royal, qu'il a attiré de son côté; en sorte que, pour ramener celui du peuple à l'équilibre, il faut, ou que le roi rende le bassin plébéien plus pesant, en y faisant passer un certain nombre d'emplois et de dignités, ou qu'il augmente la longueur de son bras, en multipliant les voix des représentants du peuple dans les assemblées nationales. Alors le levier plébéien devenant plus long, le prince n'aura besoin que de peu d'efforts pour le faire pencher; et le pouvoir modérateur deviendra dans la monarchie ce qu'est le poids courant le long du grand levier dans la balance romaine. Ce n'est que par le nombre de ses voix que le peuple, à Rome, balançait la pondération des voix des sénateurs. Dans le parlement d'Angleterre, le nombre des membres de la chambre haute ne monte qu'à 245, tandis que celui des membres de la chambre des communes est de 540, c'est-à-dire de plus du double. Sans une proportion équivalente, jamais le côté plébéien ne pourra se mettre en équilibre que lorsque les six cents voix qui le composent seront appuyées par les voix des vingt-quatre millions d'hommes qu'il représente : alors, quoique son bassin soit léger, son bras devenant infiniment long, sa réaction deviendra infiniment puissante. Ce moment de révolution sera celui où il conviendra au roi de reprendre son pouvoir modérateur pour rétablir la balance monarchique.

Alors l'influence royale sera semblable à celle du soleil qui balance dans les cieux les globes qui tournent autour de lui.

J'ai désiré plus d'une fois que le roi parcourût tous les ans ses états d'une extrémité à l'autre, comme le soleil visite tour à tour, chaque année, les deux pôles de la terre. Mes vœux semblent prêts à s'accomplir. A la vérité, le mouvement sera différent, mais l'effet sera le même. Ce ne sera point le roi qui ira vers le peuple, ce sera le peuple qui ira vers le roi. Ce système de politique est simplifié comme celui de notre astronomie, où l'on suppose, avec beaucoup de vraissemblance que ce n'est pas le soleil qui tourne autour de la terre, mais la terre qui tourne sur elle-même autour du soleil, et lui montre tour à tour ses pôles glacés.

Cet ordre me semble encore plus convenable aux fonctions d'un roi, qui, après tout, n'est qu'un homme, et qui doit non seulement répandre ses lumières sur son peuple, mais qui a besoin à son tour d'en recevoir de lui. Ainsi le roi saura, par l'assemblée nationale, ce qui se passe dans les assemblées provinciales; par les assemblées provinciales, dans les assemblées des villes; et par celles des villes, dans celles des villages.

Les hommes, commes les affaires, circuleront sous ses yeux; car le moindre paysan pourra être député de l'assemblée de son village à celle de la ville de son district, de celle de cette ville à celle de sa province, et de celle de sa province à l'assemblée nationale. Ainsi, par ces périodes, les députés de l'assemblée nationale pourront montrer successivement au roi tous ses sujets, comme la terre présente au soleil toute les parties de sa circonférence.

Je suppose ici que les assemblées des villages, des villes et des provinces, auront lieu dans tout le royaume, qu'elles seront à la fois permanentes et périodiques, c'est-à-dire qu'elles se renouvelleront chaque année dans un tiers de leurs membres, et qu'il en sera de même de l'assemblée nationale, qui doit être le centre de toutes ces assemblées; car il doit y avoir de l'harmonie dans toutes les parties de l'état. Accorder la permanence aux assemblées des villages, des villes et des provinces, et la refuser à l'assemblée nationale, c'est, dans une montre, où les petites, les moyennes et les grandes roues sont en mouvement, ôter le grand ressort.

Il résultera, de la permanence de l'assemblée nationale, qu'aucun corps aristocratique ne pourra se mettre désormais entre le roi et la nation; et de la périodicité de ses membres, qu'elle ne pourra elle-même se changer en corps aristocratique. Comme le roi a de droit le pouvoir exécuteur, il n'y pourra passer aucune loi qui ne soit revêtue de sa sanction; et comme il a aussi le pouvoir modérateur, cette assemblée étant formée de deux puissances dont les intérêts sont opposés, il aura toujours le pouvoir d'y maintenir l'équilibre. Elle ne peut donc, ni par ses opérations, ni par sa durée, porter aucun ombrage à l'autorité royale.

Il y a plus, c'est qu'elle seule peut faciliter les opérations d'un bon gouvernement; et c'est par elle seule que les intérêts du roi et du peuple, qui sont les mêmes, se trouveront réunis. Le roi, en donnant aux députés des communes le pouvoir de défendre les intérêts du peuple, leur donne en même temps celui de défendre les intérêts de la royauté, qui ne sont que la prospérité même du peuple; et s'il arrivait, comme par le passé, du désordre dans l'administration, le peuple ne pourrait en accuser le roi, qui lui donne le pouvoir perpétuel d'y veiller, et de lui en proposer les remèdes.

Puisse cet ordre si simple, si naturel et si juste, être admis dans tous les gouvernements du monde, pour le bonheur des nations et de leurs princes! Les goûts, les mœurs, les modes, les discordes et les guerres se communiquent d'un royaume à l'autre : pourquoi n'en serait-il pas de même de la concorde et des bonnes lois? Puisse donc Louis XVI en recevoir à jamais la louange qui lui en sera due par son propre peuple! Puisse-t-il l'obtenir de la reconnaissance de toutes les nations, et remplir la devise glorieuse qu'il tient de ses ancêtres, mais que lui seul aura méritée, un soleil éclairant plusieurs mondes, avec ces mots : « Il suffit à tous ! »
Nec pluribus impar!

VOEUX POUR LE CLERGÉ.

Il serait bien à souhaiter que le clergé n'eût jamais séparé ses intérêts de ceux du peuple. Quelque riche que soit le clergé d'un état, la ruine du peuple entraîne bientôt la sienne. C'est ce que prouve l'exemple des Grecs de Constantinople, dont les patriarches se mêlaient des fonctions des empereurs, et les empereurs de celle des patriarches. Le peuple, épuisé par son clergé et par ses princes, qui s'étaient emparés de toutes ses propriétés, même en opinions, resta sans patriotisme : que dis-je? on l'entendait crier, pendant le siége où les Turcs s'emparèrent de Constantinople : « Nous » aimons mieux voir ici des turbans qu'un chapeau » de cardinal. » J'observerai ici que la religion d'un état n'est pas toujours son plus ferme soutien, comme on l'a tant de fois avancé; car l'empire grec de Constantinople est tombé, et sa religion est restée. Il en est arrivé de même au royaume de Jérusalem. D'un autre côté, beaucoup de religions ont changé dans différents états dont les gouvernements n'ont pas cessé de subsister : telles ont été les anciennes religions de plusieurs royaumes de l'Europe, de l'Asie et de l'Afrique, auxquelles ont succédé les religions chrétienne et musulmane, sans que plusieurs de ces états aient changé même de dynastie. Le bonheur du peuple est la seule base inébranlable du bonheur des empires; il l'est aussi de celui de son clergé. Le clergé grec de Constantinople est réduit, sous les Turcs, à vivre d'aumônes dans les mêmes lieux où il fit élever sous ses princes nationaux de superbes temples où triomphe aujourd'hui une religion ennemie. Un clergé ambitieux appauvrit son peuple, et un peuple pauvre rend tôt ou tard son clergé misérable.

Non seulement le clergé est lié au peuple par ses intérêts, mais par ses devoirs. Il est l'avocat naturel des malheureux, et obligé de les secourir de son superflu. La plupart de ses biens lui ont été légués à ces conditions. J'aurais donc souhaité que les chefs du clergé eussent été à la tête de leurs troupeaux pour en défendre les intérêts, comme dans les anciens temps de notre monarchie, où les peuples eux-mêmes élisaient leurs pasteurs dans cette intention. Mais, puisque ces anciennes formes si respectables ont changé même dans un corps si attentif à les conserver, je désire au moins que le clergé se pénètre dans l'assemblée nationale des maximes évangéliques qu'il annonce dans les églises. Je ne parle pas du denier payé à César par saint Pierre, de l'ordre même de Jésus ; car j'observerai à cette occasion, d'après la question même que Jésus fit à saint Pierre, que ce n'étaient pas, chez les Romains, les citoyens qui payaient les impôts, mais les étrangers. En effet, on voit par l'histoire que le peuple romain, loin de payer des impositions, était souvent nourri par des distributions de blé, et par les tributs des provinces conquises. Chez les Turcs, le carache ou tribut ne se paie que par les Grecs. Cet usage me semble assez général en Asie. Jésus paraît l'étendre à tous les royaumes du monde, comme fondé sur la justice naturelle. Peut-être au fond n'était-il question que des impositions personnelles, et non des impositions territoriales. Quoi qu'il en soit, comme d'abus en abus le régime fiscal a succédé parmi nous au régime féodal, il est impossible maintenant de subvenir aux besoins de l'état sans les contributions de tous ses membres. La plus grande partie de notre clergé a sacrifié à cet égard ses anciennes prérogatives d'une manière généreuse : cependant l'intérêt de la vérité m'oblige encore à dire qu'il a fait aussi en cela un acte de justice, puisque beaucoup de biens lui ont été donnés autrefois par l'état, ainsi qu'à la noblesse, à la charge même du service militaire.

Mais le peuple lui demande aujourd'hui d'autres contributions pour beaucoup de biens qui lui ont été légués par des particuliers, à la charge du service encore plus sacré des malheureux. On peut sans doute y comprendre beaucoup de riches commanderies religieuses, destinées jadis au service des lépreux et des hôpitaux. Que le clergé se pénètre donc de cette loi naturelle, la base et la fin de l'Évangile ; de cette loi qui est la source de toutes les vertus, de la justice, de la charité, de l'humanité, du patriotisme, de la concorde, de la bienséance, de la politesse, et de tout ce qui se fait d'aimable même parmi les gens du monde : « Ne » faites pas à autrui ce que vous ne voudriez pas » qu'on vous fît. » Qu'il considère que ce peuple, qui l'a autrefois si richement doté, succombe aujourd'hui sous le poids des impôts ; que les vices contre lesquels il prêche depuis si long-temps ne sont point inspirés à l'homme par la nature, mais qu'ils sont des résultats nécessaires de nos institutions politiques ; qu'ils naissent de l'opulence extrême d'un petit nombre de citoyens qui se sont tout approprié, et de l'indigence absolue d'un très grand nombre d'autres qui n'ont plus rien ; que d'une part l'opulence produit les voluptueux, les avares, les monopoleurs, les ambitieux qui seuls causent tant de maux ; et que de l'autre l'indigence oblige les filles de se prostituer, les mères d'exposer leurs enfants, et qu'elle fait les séditieux, les voleurs, les charlatans, les superstitieux, et cette foule de misérables qui, dépouillés de tout par les premiers, sont forcés de chercher à vivre à leurs dépens.

Je souhaite donc que le clergé vienne au secours des malheureux, et pourvoie d'abord au besoin de ses propres membres, en sorte qu'il n'y ait pas un seul ecclésiastique qui n'ait décemment de quoi vivre. Un simple vicaire de village ne doit pas manquer du nécessaire, dès que les évêques ont du superflu. Ainsi il me semble juste que l'assemblée nationale emploie les revenus des riches abbayes, fondées autrefois par la nation, en distributions faites dans tout le royaume par les assemblées provinciales aux indigents de tout pays et de toute communion, au connu et à l'inconnu, à l'exemple de l'homme de Samarie ; parce que la charité de l'Évangile doit s'étendre à toutes les religions et l'hospitalité française à tous les peuples.

Il est nécessaire que le clergé abolisse dans son sein ces étranges et honteux établissements que n'ont jamais connus les Grecs, ni les Romains, ni les Barbares, je veux dire les couvents qui servent en France de maisons de force et de correction. Ces lieux de douleur, où des moines se chargent, pour de l'argent, des vengeances de l'état et des familles, sont répartis en grand nombre dans tout le royaume, et ils sont si odieux qu'ils ont flétri même les noms des saints qu'on a osé leur donner pour patrons. Il y en a où l'on voit des cages de fer, invention du cruel Louis XI. La plupart ont des réputations si infamantes par leurs punitions, qu'un jeune homme ou une jeune fille y sont plus déshonorés que s'ils avaient été enfermés dans des prisons publiques. Ainsi des religieux et des religieuses ne rougissent pas de faire les viles fonctions de geoliers et de bourreaux pour se former des revenus considérables ! N'est-il pas bien étrange que des personnes consacrées à Dieu, qui prêchent par état l'humanité, la consolation et le pardon des injures, se soient faites les agents de la cruauté, de l'infamie et de la vengeance pour acquérir des richesses, et que d'un autre côté les peuples aient vu s'élever ces maisons plus cruelles et plus déshonorantes que la Bastille, sans apercevoir la contradiction qu'il y avait entre la doctrine et la conduite de ceux qui les établissaient? C'est à l'état, et non à des religieux, à punir ceux qui troublent l'état.

Je désire encore que le clergé, ayant contribué par son superflu à détruire l'indigence, source de tant de vices particuliers, combatte par son éloquence l'ambition, cette autre source des vices privés et publics; qu'il en proscrive les premières leçons dans nos écoles, où elle s'est introduite sous le nom d'émulation, et arme dès l'enfance les citoyens les uns contre les autres, en inspirant à chaque enfant d'être le premier; que les prédicateurs de l'Évangile sévissent, au nom de Dieu, contre l'ambition des rois de l'Europe, qui résulte de l'éducation ambitieuse qu'ils font donner à leurs sujets, et qui, après avoir causé les malheurs de leurs peuples, fait encore ceux du genre humain; que ces saints ministres de la paix attaquent les lois sacrilèges de la guerre; qu'ils cessent eux-mêmes de décorer nos temples dédiés à la charité avec des drapeaux obtenus par le sang des nations; qu'ils s'opposent de tous leurs moyens à l'esclavage des nègres, qui sont nos frères par les lois de la nature et de la religion; qu'ils s'abstiennent de bénir les vaisseaux qui vont à la traite de ces infortunés, ainsi que les étendards autour desquels se rassemblent nos sanguinaires soldats; qu'ils refusent leur ministère à tout ce qui contribue au malheur des hommes; qu'ils répondent aux puissances qui voudraient les contraindre à consacrer les instruments de leur politique, ce que la religieuse Théano répondit au peuple d'Athènes, qui voulait l'obliger de proférer des malédictions contre Alcibiade, coupable cependant d'avoir profané les mystères de Cérès : « Je suis religieuse pour prier » et bénir, non pas pour détester et maudire. » Que nos prêtres disent donc aux puissances ambitieuses : « Nous n'avons pas été envoyés pour » exciter les hommes aux fureurs de la guerre, » mais à la concorde, à l'amour et à la paix; pour » bénir des vaisseaux de guerre, des vaisseaux » négriers, des régiments; mais à l'exemple de » Jésus, des enfants, des noces et des mariages. »

Ainsi le clergé français, en s'intéressant au sort des malheureux, se rendra cher aux hommes de toutes les nations. Il verra renaître dans le cœur des peuples son empire religieux, comme dans les premiers temps où il leur annonça l'Évangile, et fit au nom du Dieu de la paix trembler les tyrans.

VOEUX POUR LA NOBLESSE.

Puisse cette noblesse qui, dans des siècles barbares, donna au peuple des exemples d'héroïsme en temps de guerre et d'urbanité en temps de paix, lui en donner de toutes les vertus patriotiques dans un siècle éclairé! Je désire non seulement qu'elle marche comme autrefois à la tête de ses guerriers pour le défendre contre les ennemis du dehors, et qu'elle en protége les faibles contre les ennemis du dedans, comme du temps des anciens chevaliers; mais que, s'élevant à la grandeur romaine, elle adopte dans son sein les familles plébéiennes qui s'illustreront par la vertu : ainsi les Caton et les Scipion furent adoptés par des familles patriciennes. Puisse-t-elle encore, à l'exemple de la noblesse romaine, se lier avec le peuple par les liens du mariage! Auguste, au milieu de sa gloire, donna en mariage Julie, sa fille unique, au plébéien Agrippa; et Tibère sur le trône, Drusille, sa petite-fille et fille de Germanicus, à Lucius Cassius, « de race plébéienne, antique et » honorable, » dit Tacite. Nos rois eux-mêmes ont contracté plusieurs fois de pareils mariages. Henri IV, qui se piquait d'être le premier gentilhomme de son royaume, épousa Marie de Médicis, qui descendait d'une famille d'anciens négociants de Florence. A la vérité la noblesse se rapproche aujourd'hui du peuple par des alliances plébéiennes; mais si elles étaient plus fréquentes, et si elles n'avaient pas seulement la fortune pour objet, on ne verrait pas tant de filles nobles languir dans le célibat.

Partout où le peuple est méprisé, la noblesse est malheureuse. C'est le ressentiment du peuple qui entretient parmi elle l'esprit des guerres civiles et des duels. Voyez les discordes éternelles de la noblesse polonaise; voyez les anciennes factions des barons d'Angleterre avant que la liberté eût rapproché d'eux leur peuple; et celles de nos princes et de nos ducs avant Louis XIV, qui, par son despotisme, mit à peu près tous ses sujets de niveau.

Partout où le peuple est méprisé, la noblesse est de peu de considération. Là où il est serf, elle est domestique. Voyez la Pologne, où les laquais et jusqu'aux moindres serviteurs des grandes maisons sont de l'ordre des nobles. Quel gentilhomme français ne préfère aujourd'hui le service du peuple dans notre gouvernement monarchique, au service d'un grand, comme du temps du régime féodal? Qui n'aimerait mieux mille fois être un noble anglais, vivant avec ses fermiers, et balançant dans la chambre des pairs, ou même dans celle des communes, les intérêts de sa nation et les destinées du monde, que d'être un naïre de l'Inde, qu'un homme du peuple n'ose toucher sous peine de mort, mais qui lui-même est obligé de sacrifier sa conscience et sa vie au caprice du despote qui le soudoie !

O nobles qui voulez élever votre ordre, élevez l'ordre du peuple ! Ce fut la grandeur du peuple romain qui fit la grandeur du sénat romain. Plus un piédestal est haut, plus sa colonne est élevée : plus la colonne est liée avec le piédestal, plus elle est solide.

Il est très remarquable que les Romains n'accordèrent les plus illustres marques de distinction qu'à ceux de leurs citoyens qui avaient bien mérité du peuple. « La couronne civique, dit
» Pline, était plus honorable et donnait plus de pri-
» viléges que les couronnes murale, obsidionale et
» navale, parcequ'il y a plus de gloire à sauver
» un citoyen qu'à prendre des villes et à gagner
» des batailles. »

Ces marques d'illustration, réservées aux seuls serviteurs du peuple, furent, du temps de la république, les vraies causes de la grandeur du sénat romain, parcequ'on ne sert un peuple que par des vertus; mais elles le devinrent de sa décadence, lorsque, du temps des empereurs, elles ne furent données qu'à ceux qui avaient bien mérité de la cour, parcequ'on ne sert les courtisans qu'avec des vices.

Puisque nous vivons dans un siècle où les membres du corps politique ont encore des parties saines, sous un chef semblable à Marc-Aurèle, je me sens entraîné à souhaiter que nous nous rapprochions en quelque sorte des anciens Romains. Je désirerais donc, pour lier la noblesse au peuple, et le peuple à la noblesse, qu'on créât un ordre de chevalerie, à l'imitation de la couronne civique. Cet ordre serait donné à tout citoyen qui aurait bien mérité du peuple, dans quelques genre que ce pût être. Il conférerait des priviléges honorables, tels que le droit de séance aux assemblées des villages, des villes, des provinces, et même à l'assemblée nationale. Ils auraient en certains jours de l'année le privilége d'entrer chez le roi, et en tout temps chez les ministres, avec la prérogative d'y présenter des requêtes pour tous les hommes qui seraient dignes, par leurs vertus, de l'attention du gouvernement. La marque de cet ordre serait une couronne de chêne, brodée sur la poitrine, avec cette légende : *Pour le peuple.* L'assemblée nationale pourrait seule présenter au roi les citoyens qu'elle jugerait dignes de cette illustration, qui ne pourrait être accordée et conférée que par sa majesté elle-même en personne.

Cet ordre du peuple serait la noblesse personnelle pour ceux qui ne seraient pas nés nobles, car il n'y aurait plus à l'avenir d'anoblissement héréditaire, l'expérience de tous les temps et de tous les pays ayant appris que la vertu et le vice ne se transmettent point avec le sang.

Quant aux nobles d'origine, ils conserveraient pour leur descendants leurs anciennes prérogatives ; mais ils acquerraient, par cette nouvelle illustration, le pouvoir d'adopter un plébéien décoré du même ordre ; et dans ce cas seulement, la noblesse deviendrait héréditaire dans l'adopté. Ainsi la noblesse deviendrait chère au peuple, puisqu'il trouverait en elle seule le moyen de perpétuer son élévation ; et le peuple deviendrait cher à la noblesse, puisqu'elle ne trouverait qu'en lui le moyen de s'illustrer, et de conserver de grands noms prêts à s'éteindre. Si vous y joignez les alliances contractées par des mariages, nos patriciens et nos plébéiens se trouveraient rapprochés, non par les liens de l'argent, mais par ceux de la nature et de la vertu. Tels sont mes vœux pour que le peuple s'élève vers la noblesse sans orgueil, et que la noblesse descende vers le peuple sans bassesse.

D'un autre côté, comme cette même noblesse a quantité de parents que leur pauvreté confond avec les dernières classes du peuple, ainsi que je l'ai vu fréquemment dans nos provinces, surtout en Bretagne, il est nécessaire de lui ouvrir des moyens de subsistance. Je suis persuadé que c'est dans cette intention qu'a été fait, il y a quelques années, l'article de l'ordonnance du département de la guerre, qui réserve aux seuls gentilshommes les places d'officiers dans les regiments. Mais des gentilshommes nés dans le sein de l'indigence ne peuvent jamais faire les fonctions d'un officier; car ce grade exige parmi nous, surtout aujourd'hui, une éducation et des lumières qu'on ne peut acquérir sans la fortune.

Je me rappelle avoir vu un jour, en basse Normandie, un pauvre gentilhomme qui gagnait sa vie à faire des lions d'argile. Pour dire la vérité, ces lions ne ressemblaient guère à des lions; mais enfin ils indiquaient dans leur auteur un sentiment noble que la pauvreté n'avait point abattu. Ce sentiment même se propageait au loin par son ouvrage. Quand un gentilhomme du canton un peu aisé avait mis une couple de ces lions sur deux pilastres de terre et de cailloux, à droite et à gauche de sa barrière, il appelait, à l'imitation des princes, sa basse-cour une cour d'honneur.

J'aime à voir un homme, et surtout un gentilhomme, trouver en lui-même des ressources contre l'injustice du sort, et, comme un sapin sur un rocher, s'élever et se maintenir droit malgré les tempêtes.

Un art, quelque petit qu'il soit, est, dans l'opulence, une distraction contre les passions et l'ennui; mais dans l'indigence, c'est une ressource contre le besoin. La religion, chez les Turcs, fait un devoir même au sultan de savoir un métier et de s'en occuper. Je sais bien qu'un gentilhomme peut exercer un art libéral; mais pourquoi pas un art mécanique? Un art libéral ne sert guère que le luxe, et exige des talents enfants des passions : un art mécanique est nécessaire aux besoins des hommes, et ne demande que de la patience, compagne de la vertu. A la vérité, un noble chez nous peut faire du verre sans déroger; mais pourquoi pas de la poterie? En voici, je crois la raison : comme depuis long-temps nous ne portons de respect qu'à la fortune, nous avons anobli tous les états qui y mènent, ou qui ne servent qu'à son luxe; or comme le verre était fort rare dans son origine, il ne servait qu'aux gens riches : il fut donc permis à un gentilhomme d'être verrier. C'est encore par la même raison qu'il lui est loisible d'être de la compagnie des Indes, fermier-général, acteur de l'Opéra : comme si un gentilhomme en sabots pouvait parvenir à ces brillants emplois ! On lui permet, à la vérité, de placer ses enfants à l'École Militaire; mais cette institution de Louis XV, destinée uniquement à la pauvre noblesse, n'est guère une ressource pour elle aujourd'hui, parcequ'elle lui est souvent enlevée par des familles riches de son ordre, ou même de l'ordre plébéien, et que d'ailleurs elle est insuffisante.

Il me semble donc nécessaire de permettre aux pauvres gentilshommes l'exercice de toutes les professions; car si la noblesse consiste à être utile à la patrie, toutes les professions, et les plus communes surtout, remplissent cet objet. Ce ne sont ni les arts, ni les métiers, qui peuvent dégrader l'homme; ce sont les vices. On a vu dans tous les temps des hommes illustres par des vertus patriotiques sortir de toutes les conditions. Agathocle, vainqueur de la Sicile, était fils d'un potier; le chancelier Olivier, d'un médecin; le maréchal Fabert, d'un libraire; Franklin, le libérateur de l'Amérique anglaise, d'un imprimeur, et a été imprimeur lui-même. Christophe Colomb, avant de découvrir le Nouveau-Monde, gagnait sa vie à faire des cartes de géographie. Il n'y a si petit état qui ne puisse nourrir un grand homme.

En permettant à la noblesse d'exercer, sans déroger, tous les arts de la paix, un royaume ne pourra tomber en léthargie par l'oisiveté de ses nobles, lorsqu'ils sont riches, comme aujourd'hui en Espagne, en Portugal et en Italie; ni en convulsion par leur esprit militaire, lorsqu'ils sont pauvres, comme autrefois chez nous et chez la plupart des peuples de l'Europe.

Nos historiens ne voient jamais que les résultats de nos maux, parcequ'ils ne les attribuent qu'à la politique; les causes morales qui les occasionnent leur échappent toujours : c'est qu'ils ne s'occupent que de la fortune des rois, et que les intérêts du genre humain leur sont indifférents. Ils rapportent les guerres perpétuelles de l'Europe à l'ambition de ces princes, et ils ont raison; mais il est très important de remarquer que l'ambition des princes, et les guerres tant intérieures qu'extérieures qui en ont été la suite, ont eu pour première cause dans chaque état l'ambition des nobles, qui, étant en grand nombre, et n'ayant d'autre moyen de subsister que la profession militaire, portèrent leur princes à la guerre et aux conquêtes, afin d'avoir pour eux-mêmes des grades, des pensions et des gouvernements. L'opinion des rois ne se forme que des opinions de leurs courtisans. Ainsi, dans les pays où le clergé est nombreux et pauvre, il en est résulté par les controverses quantité de guerres spirituelles qui ont fait également le malheur des peuples, mais qui ont donné, à ceux qui les ont entreprises et soutenues, des bonnets de docteur, des bénéfices, des évêchés et des chapeaux de cardinal. Aujourd'hui que les puissances de l'Europe, éclairées par leurs intérêts pécuniaires, portent leur ambition vers le commerce, ce ne sont point les corps du clergé et de la noblesse qui nous attirent des querelles nationales; ce sont les corps du commerce. Combien de guerres ont été excitées jusqu'aux extrémités du monde par les compagnies européennes des Indes, de l'Assiento, des Moluques, des Philippines, de Guinée, du Sénégal, de la mer du Sud, de la baie d'Hudson, etc. ! La dernière guerre qui a mis en armes l'Angleterre, la France, l'Espagne, le Portugal, la Hollande, le cap de Bonne-Espérance, les Indes orientales, les deux Amériques, et qui a achevé le déficit de nos finances, lequel nécessite aujourd'hui nos états-généraux, doit son origine à la compagnie anglaise de la Chine, qui voulait obliger les habitants de Boston de payer un impôt sur le thé. Ainsi les derniers orages qui ont troublé le repos du monde sont sortis d'une théière.

Ce sont les corps dont l'ambition se combine avec celle de notre éducation, qui nous rendent si mobiles, nous autres Européens. Ce sont les corps qui perdent la patrie, en rapportant la patrie à eux-mêmes, et en privant le peuple de ses relations naturelles. Ce qui perd les sciences dans un pays, c'est lorsque des compagnies de docteurs s'interposent entre le peuple et les lumières, ainsi qu'il est arrivé en Espagne, en Italie et chez nous. Ce qui perd l'agriculture et le commerce, c'est lorsque des compagnies de monopoleurs se mettent entre le peuple et les récoltes ou les manufactures. Ce qui perd les finances, c'est lorsque des compagnies d'agioteurs se mettent entre le peuple et le trésor royal. Ce qui perd une monarchie, c'est lorsqu'un corps de nobles se met entre le peuple et son monarque, comme en Pologne. Ce qui perd une religion, c'est lorsqu'un corps de prêtres se met entre le peuple et Dieu, comme chez les Grecs du bas Empire, et ailleurs. Enfin ce qui fait la ruine et le malheur du genre humain, c'est lorsqu'une patrie elle-même, intolérante comme les corps qui la composent, se met entre les autres patries, et veut avoir à elle seule la science, le commerce, la puissance et la raison de tout l'univers.

Il est donc bien nécessaire de lier aux intérêts du peuple les intérêts des corps, qui n'en doivent être que les membres, puisqu'ils en entraînent la ruine lorsqu'ils ont des intérêts particuliers, et qu'au lieu d'être ses véhicules, ils deviennent ses barrières. Il n'est pas moins nécessaire de réformer l'éducation publique, puisque les corps ne doivent leur esprit ambitieux qu'à l'éducation européenne, qui dit à chaque homme, dès l'enfance : « Sois le premier; » et à chaque corps : « Sois le maître. »

Les moyens d'illustration et d'anoblissement étant réservés désormais aux seuls citoyens qui auront bien mérité du peuple, la noblesse et le peuple se trouveront liés par les liens mutuels de la bienveillance, qui doit rapprocher tous les hommes, mais surtout ceux de la même nation.

Ménénius Agrippa rapprocha le peuple romain de son sénat par l'allégorie des membres qui tombèrent en langueur en refusant de travailler pour l'estomac; mais qu'aurait-il dit, si le sénat romain lui-même s'était séparé de son peuple, et n'eût voulu rien avoir de commun avec lui? Dans son ingénieux apologue, le sénat, qui régissait l'empire, pouvait être comparé aux parties précordiales du corps humain; mais parmi nous l'autorité étant monarchique, la noblesse ne peut être regardée, à plusieurs égards, que comme les mains armées de la nation. Le peuple, du sein duquel sortent les soldats, partage avec elle ce service; et par ses travaux, ses arts et son industrie, doit se considérer de plus comme les mains laborieuses du corps politique : il en est aussi les yeux, la voix et la tête, puisque c'est de lui que viennent la plupart des savants, des orateurs et des philosophes qui l'éclairent, ainsi que des magistrats qui le régissent : enfin il en est le corps proprement dit, puisque les autres corps lui doivent leur existence, n'existent eux-mêmes que pour lui, et ne sont, par rapport à lui, que ce que sont les membres par rapport au corps humain. Dans notre état monarchique, ce n'est point la noblesse qu'on peut comparer au cœur et à l'estomac du corps politique, c'est la royauté; et c'est ce qu'a fort bien senti le judicieux La Fontaine, en nous appliquant l'apologue de Ménénius. Voici comment il peint les fonctions royales et celles du peuple, dans sa fable des Membres et de l'Estomac :

> Je devais par la royauté
> Avoir commencé mon ouvrage :
> A la voir d'un certain côté,
> Messer Gaster * en est l'image.
> S'il a quelque besoin, tout le corps s'en ressent.
>
> De travailler pour lui les membres se lassant,
> Chacun d'eux résolut de vivre en gentilhomme,
> Sans rien faire, alléguant l'exemple de Gaster.
> Il faudrait, disaient-ils, sans nous qu'il vécût d'air.
> Nous suons, nous peinons comme bêtes de somme,
> Et pour qui? pour lui seul : nous n'en profitons pas;
> Notre soin n'aboutit qu'à fournir ses repas.
> Chômons, c'est un métier qu'il veut nous faire apprendre,
> Ainsi dit, ainsi fait. Les mains cessent de prendre,
>   Les bras d'agir, les jambes de marcher :
> Tous dirent à Gaster qu'il en allât chercher.
> Ce leur fut une erreur dont ils se repentirent.
> Bientôt les pauvres gens tombèrent en langueur;
> Il ne se forma plus de nouveau sang au cœur :
> Chaque membre en souffrit, les forces se perdirent.

* *Gaster*, mot grec qui signifie l'estomac : c'est de lui que vient suc gastrique, c'est-à-dire suc nourricier.

> Par ce moyen les mutins virent
> Que celui qu'ils croyaient oisif et paresseux
> A l'intérêt commun contribuait plus qu'eux.
> Ceci peut s'appliquer à la grandeur royale.
> Elle reçoit et donne, et la chose est égale ;
> Tout travaille pour elle, et réciproquement
>   Tout tire d'elle l'aliment.
> Elle fait subsister l'artisan de ses peines,
> Enrichit le marchand, gage le magistrat,
> Maintien le laboureur, donne paie au soldat,
> Distribue en cent lieux ses grâces souveraines,
>   Entretient seule tout l'état.
>   Ménénius le sut bien dire,
> La commune* s'allait séparer du sénat :
> Les mécontents disaient qu'il avait tout l'empire,
> Le pouvoir, les trésors, l'honneur, la dignité ;
> Au lieu que tout le mal était de leur côté,
> Les tributs, les impôts, les fatigues de guerre.
> Le peuple hors des murs était déjà posté ;
> La plupart s'en allaient chercher une autre terre,
>   Quand Ménénius leur fit voir
>   Qu'ils étaient aux membres semblables ;
> Et par cet apologue, insigne entre les fables,
>   Les ramena dans leur devoir.

Pour moi, qui n'ai pas le talent de mettre en vers simples et charmants les leçons profondes de la politique, je me contenterai de rapporter en prose bien commune une fable indienne, plus convenable que l'apologue romain aux rapports de notre noblesse, et même du clergé, avec le peuple.

LES PALMES ET LE TRONC DU PALMIER.

Le palmier, le plus élevé des arbres fruitiers, portait autrefois, comme les autres arbres, ses fruits dans ses rameaux. Un jour les palmes, fières de leur élévation et de leurs richesses, dirent à leur tronc : « Nos fruits sont la joie du désert, et nos » feuillages toujours verts en sont la gloire. C'est » sur nous que les caravanes dans les plaines, et » les vaisseaux le long des rivages, règlent leur » cours. Nous nous élevons si haut, que le soleil » nous éclaire avant son aurore, et même après » son coucher. Nous sommes les filles du ciel ; » vous vivez le jour de sa lumière, et la nuit de » ses rosées. Pour vous, enfant obscur de la terre, » vous ne buvez que des eaux souterraines, et vous » ne respirez que sous nos ombrages : votre pied » est toujours caché dans les sables ; votre tige n'est » couverte que d'une écorce grossière ; et si votre » tête peut prétendre à quelque honneur, ce n'est » qu'à celui de nous porter. » Le tronc leur répondit : « Filles ingrates ! c'est moi qui vous ai donné » la naissance, et c'est du sein des sables que ma » sève vous nourrit, engendre vos fruits pour me » reproduire, et vous élève vers les cieux pour les » conserver : c'est ma force qui préserve, à cette » hauteur, votre faiblesse de la fureur des vents. »

À peine il avait parlé, qu'un ouragan, sorti de la mer des Indes, vint ravager la contrée. Les palmes se renversent, se redressent, se froissent les unes contre les autres, et se dépouillent en gémissant de leurs fruits. Cependant le tronc tient bon ; il n'est aucune de ses racines qui ne tire et ne soutienne du sein de la terre les palmes agitées au haut des airs. Le calme revenu, les palmes, qui n'avaient plus que des feuilles, offrirent à leur tronc de mettre à l'avenir leurs fruits en commun sur sa tête, et de les préserver de leur mieux en les couvrant de leur feuillage. Le palmier y consentit ; et depuis cet accord, cet arbre porte au haut de sa tige ses longs régimes de fruits, jusque dans la région des vents, sans craindre les tempêtes : son tronc est devenu le symbole de la force, et ses palmes celui de la vertu et de la gloire.

Le palmier, c'est l'état ; son tronc et ses fruits, c'est le peuple et ses travaux ; les ouragans sont ses ennemis ; les palmes de l'état sont les naïres et les brames, quand ils sont amis du peuple.

VOEUX POUR LE PEUPLE.

C'est un nom bien étrange que le nom de *tiers-état*, donné en France au peuple, c'est-à-dire à plus de vingt millions d'hommes, par le clergé et la noblesse, qui tous deux ensemble ne sont tout au plus que la quarantième partie de la nation. Je ne crois pas que cette dénomination ait lieu dans aucun pays du monde. Qu'aurait dit le peuple romain, dont la nation était, comme la nôtre, divisée en trois ordres sous les empereurs, si ses sénateurs et ses chevaliers lui eussent donné le nom de tiers-état ? Que dirait le peuple anglais, s'il était qualifié ainsi par les lords et les évêques de sa chambre haute ? Le peuple français est-il moins respectable aux ordres qu'il entretient pour sa prospérité et sa gloire ?

Par tout pays le peuple est tout : mais si on le considère comme un corps isolé, relativement aux autres corps qui constituent l'état avec lui, il est, comme nous l'avons vu, le premier en ancienneté, en utilité, en nombre et en puissance, puisque la puissance des autres corps émane de lui, et n'existe que pour lui.

Il me semble donc juste que le corps du peuple conserve son nom propre, ainsi qu'ont fait les

---

* *Commune*, mot qui chez nous a signifié de tout temps le peuple, et qui a été remplacé, depuis peu, par celui de tiers-état, « parce que, dit Jean-Jacques, l'intérêt particulier de deux » ordres a été mis au premier et second rangs, et l'intérêt pu- » blic seulement au troisième. »

corps du clergé et de la noblesse, et qu'on l'appelle l'ordre du peuple. On peut substituer encore au nom de tiers-état celui de communes, ainsi qu'il est d'usage en Angleterre, et qu'il l'a été fréquemment chez nous. Ce nom de communes caractérise en particulier le peuple de chaque province du royaume, désigné de tout temps par les noms de communes du Dauphiné, de la Bretagne, de la Normandie, etc., qui toutes ensemble forment les communes du royaume. Ce nom de communes n'a jamais été donné qu'au peuple, ainsi qu'on peut le prouver par l'autorité des écrivains qui ont le mieux connu la valeur des expressions, entre autres par celle de La Fontaine. En effet, les intérêts du peuple sont communs, non seulement à chaque province, mais aux autres ordres de la nation, parceque son bonheur fait le bonheur général. Il n'en est pas de même des intérêts des autres ordres, qui leur sont particuliers. D'un autre côté, le nom de tiers-état donné au peuple suppose, comme l'a fort bien remarqué Jean-Jacques, que son intérêt n'est que le troisième, quoiqu'il soit de sa nature le premier. Or, comme les hommes forment à la longue leurs idées, non sur les choses, mais sur les mots, la justice demande que le surnom de tiers-état, imposé au peuple depuis quelques siècles par des corps privilégiés, parcequ'il leur rappelle leurs priviléges, soit remplacé par celui de communes, qu'il a eu de tout temps, afin qu'il leur rappelle à tous l'intérêt commun. *Salus populi suprema lex esto!* Que le salut du peuple soit la loi suprême!

De bons patriotes, touchés du sort malheureux des gens de la campagne, ont proposé d'en faire un corps différent de ceux des villes; mais on doit bien s'en garder. La division en corps entraîne la division en intérêts. Les paysans doivent être suffisamment représentés dans les assemblées provinciales et dans l'assemblée nationale; leurs demandes doivent y être mises au premier rang; mais il me paraît fort dangereux d'y distinguer les communes des campagnes de celles des villes, car leurs intérêts sont les mêmes: le commerce des villes ne prospère que par le travail des campagnes, et le travail des campagnes que par le commerce des villes.

La puissance d'une nation dépend de son ensemble. Les branches supérieures d'un arbre peuvent diverger, mais non pas les fibres de son tronc, qui doivent être rassemblées sous la même écorce. Si on pouvait diviser le tronc d'un arbre en branches, on ne ferait d'un chêne qu'un buisson; mais si on réunissait toutes les branches d'un buisson dans un seul tronc, d'un buisson on pourrait faire un chêne. Ce sont des images bien naïves de ce qui est arrivé à plusieurs états. Que de royaumes sont devenus buissons dans de vastes terrains, parceque leur tronc ne s'y ramifie qu'en nobles ou en prêtres! Voyez l'Espagne et l'Italie. Que de républiques et de monarchies sont devenues des chênes, des cèdres et des palmiers, dans de petits terrains, parceque la noblesse et le clergé s'y sont conglomérés avec le peuple, et n'ont eu avec lui qu'un intérêt commun! Voyez la Hollande et l'Angleterre. Rappelez-vous la force de l'empire romain, où les nobles ne connaissaient de gloire que celle du peuple.

Je le répète, la puissance d'une nation dépend de son ensemble: les malheurs de notre peuple sont venus de ce que le clergé et la noblesse y ont fait deux ordres séparés de ses intérêts: ces maux n'ont commencé à s'affaiblir que quand le despotisme; les mœurs, et surtout la philosophie, les en ont rapprochés. Il n'en est pas moins vrai qu'il faut à l'harmonie d'un état, ainsi qu'à celle de l'Europe, des puissances qui se balancent; mais il n'y aura toujours que trop d'intérêts qui diviseront les hommes dans la même société, ne fût-ce que ceux de la fortune. Les corps de la noblesse et du clergé, dans notre ordre politique, devraient être le contraire de ce qu'ils sont: au lieu d'être réunis entre eux contre le peuple, ils devraient lutter l'un contre l'autre pour ses intérêts, comme les peuples de l'Europe luttent pour la liberté de son commerce, de sa navigation, de sa pêche, ou pour tel autre prétexte qui intéresse le droit naturel des hommes: c'est ce droit qu'ils invoquent sans cesse. La commune de France devrait se régir, au moins quant à la forme, par les mêmes lois que la commune du genre humain.

En parlant des moyens de rapprocher du peuple le clergé et la noblesse, j'ai indiqué aussi ceux de rapprocher le peuple de ces deux corps, non par le sentiment de l'ambition, qui n'est propre qu'à diviser les membres d'un état, mais par celui de la vertu qui les réunit. Notre peuple n'a que trop de penchant à s'élever; l'éducation et l'exemple le poussent sans cesse en haut. Il faut l'inviter, non à monter, non à descendre, mais à se tenir à sa place: il ne lui convient d'être ni tyran, ni esclave; il doit lui suffire d'être libre. La vertu tient en toutes choses le milieu; c'est aussi là qu'est la sûreté, la tranquillité, le bonheur. Je souhaite donc qu'aucun bourgeois ne désire jamais de sortir de l'ordre du peuple; mais s'il y sent les inquiétudes de la gloire, qu'il reste encore dans son ordre;

car il n'y a point d'état qui ne lui présente une carrière capable de satisfaire même la plus vaste ambition.

O plébéien qui ne trouvez aucune gloire comparable à celle que donne la naissance, et qui rougissez d'être homme parceque vous n'êtes pas gentilhomme; êtes-vous légiste, soyez le défenseur de la vertu et la terreur du crime. Nouveau Dupaty, enlevez à nos codes barbares leurs innocentes victimes; faites la guerre à nos Verrès, à nos Catilina; prenez en main les causes des nations, et songez qu'avec les foudres de l'éloquence Cicéron a protégé des rois, et que Démosthène en a fait trembler. N'êtes-vous qu'un simple commerçant, c'est le commerce qui vivifie les empires; c'est au commerce que les deux plus riches états de l'Europe, la Hollande et l'Angleterre, doivent leur puissance; c'est par le commerce que leurs marchands voient à leur solde non seulement une foule de gentilshommes, mais des princes et des souverains. Le commerce même élève sur le trône. Rappelez-vous ces anciens négociants de Florence qui ont régné dans leur patrie, et ont donné deux reines à la vôtre. Seriez-vous un malheureux navigateur, errant comme Ulysse de mers en mers, loin de votre pays, vous êtes l'agent des nations : non seulement vous pourvoyez à leurs besoins, mais vous leur communiquez ce qu'il y a de plus précieux chez les hommes après la vertu, les arts, les sciences et les lumières. Ce sont les hommes de votre état qui ont fait connaître les îles aux îles, les nations aux nations, et les deux mondes l'un à l'autre : sans eux, le globe, avec ses plus rares productions, nous serait inconnu. Songez à la gloire de Christophe Colomb, à laquelle nulle gloire, même royale, n'est comparable, puisque lui seul a changé, par la découverte de l'Amérique, les besoins, les jouissances, les empires, les religions et les destins de la plupart des peuples du monde. Êtes-vous au contraire un artiste toujours sédentaire, comme Thésée dans les enfers, oh! combien de routes vous sont ouvertes, du sein du repos, vers une gloire innocente! combien vous en présentent la peinture, la sculpture, la gravure, la musique, dont les productions ravissent de plaisir et d'admiration! Combien d'artistes même dont les noms seront célèbres à jamais, quoique leurs ouvrages n'existent plus; tant les hommes sont avides de suivre les traces célestes de leur génie, et de recueillir jusqu'aux paillettes d'or que roule, avec les siècles, le brillant fleuve de leur renommée! Est-il quelque noble Européen dont le nom doive durer et s'illustrer autant que ceux des Phidias et des Apelle, qui jouissent depuis deux mille ans des hommages de la postérité, et qui ont compté, pendant leur vie, des Alexandre au nombre de leurs courtisans? N'êtes-vous qu'un philosophe à qui personne ne fait la cour, considérez que vous ne la faites vous-même à personne. Les nobles dépendent des rois, et les philosophes ne relèvent que de Dieu : les nobles vivent en gentilshommes, et vous en homme, ce qui est bien plus noble. Sans les philosophes, les peuples, égarés par de vaines illusions, ne connaîtraient ni les lois ni l'ensemble de la nature. Ils sont les sources premières des arts, du commerce et des richesses des nations. Rappelez-vous les admirables découvertes de Galilée, qui, le premier, pesa l'air, et démontra le mouvement de la terre autour du soleil, et cette foule d'hommes illustres qui ont étendu la sphère de l'esprit humain dans l'astronomie, la chimie, la botanique, etc... Ils sont les époques les plus mémorables des siècles, et leur gloire durera autant que celle de la nature, dont ils sont les enfants. Êtes-vous homme de lettres, c'est vous qui distribuez la gloire aux autres hommes. Illustres écrivains, semblables à la Vénus de Lucrèce, sans vous rien ne se fait d'agréable dans la sphère de l'intelligence, et n'est permanent dans les champs de la mémoire. Soit que vous vous livriez à la poésie, à la philosophie ou à l'histoire, vous êtes le plus ferme appui de la vertu. C'est par vous que les nations se lient d'intérêt et d'amitié d'une extrémité du monde à l'autre, et des siècles passés aux futurs. Sans vous, les rois et les peuples s'écouleraient sans laisser d'eux aucun souvenir. Tout ce qu'il y a de fameux parmi les hommes vous doit sa célébrité, et vos propres noms surpassent en splendeur les noms de ceux que vous illustrez. Quelle gloire égala jamais celle d'Homère, dont les poèmes servirent à régler les anciennes républiques de la Grèce, et dont le génie, depuis vingt-six siècles, préside encore, parmi nous, aux lettres, aux beaux-arts, aux théâtres et aux académies!

N'êtes-vous, après tout, qu'un paysan obscur attaché à la culture de la terre, oh! songez que vous exercez le plus noble, le plus aimable, le plus nécessaire et le plus saint de tous les arts, puisque c'est l'art de Dieu même. Mais si ce poison de la gloire, inspiré chez nous dès l'enfance à toutes les conditions par l'émulation, fermente dans vos veines; si vous avez besoin des vains applaudissements des hommes au milieu de vos paisibles vergers, rappelez-vous tous les maux que la gloire entraîne après elle, l'envie des petits, la jalousie des égaux, la perfidie des grands, l'intolérance des corps, l'indifférence des rois. Songez au sort de ces hommes que j'ai nommés parmi ceux qui ont le mieux mérité de leur patrie et de la postérité ; à la tête de Cicéron, coupée par Popilius Léna, son propre client, et clouée à cette même tribune qu'il avait autrefois honorée de son éloquence ; à Démosthène, poursuivi par l'ordre des Athéniens, qu'il avait défendus contre Philippe, jusque dans le temple de Neptune de l'île de Calauria, et se hâtant d'avaler du poison pour trouver dans la mort un refuge plus assuré que celui des autels. Songez au poignard qui tua un des Médicis dans cette même ville qu'ils avaient comblée de leurs bienfaits ; aux fers qui attachèrent Colomb, au retour de son second voyage du Nouveau-Monde, et qu'il fit mettre en mourant dans son tombeau, comme un monument de l'ingratitude des rois qu'il avait si magnifiquement servis ; à Galilée dans les prisons de l'inquisition, forcé de se rétracter à genoux de la vérité sublime qu'il avait démontrée ; à Homère aveugle et mendiant, chantant de porte en porte ses poèmes sublimes chez ces mêmes Grecs, qui devaient un jour y chercher l'origine de leurs lois et de leurs plus illustres républiques. Rappelez-vous en France le Poussin couvert de gloire dans toute l'Europe, excepté dans sa patrie, obligé d'aller demander dans une terre étrangère de la considération et du pain ; Descartes fugitif en Suède, après avoir éclairé son pays des premiers rayons de la philosophie ; Fénelon exilé dans son diocèse pour avoir aimé Dieu plus que ses ministres, et les peuples plus que les rois. Enfin, représentez-vous cette foule d'hommes célèbres et infortunés qui, déchirés en secret par les calomnies mêmes de leurs propres amis, languirent dans le mépris et la pauvreté, et, sans avoir seulement la consolation d'être plaints, eurent la douleur de voir les honneurs et les récompenses qui leur étaient dus donnés à d'indignes rivaux.

Alors vous bénirez votre obscurité, qui vous permet au moins de recueillir le fruit de vos travaux et l'estime de vos voisins, d'élever une famille innocente à l'ombre de vos vergers, et d'atteindre, dans une vie si orageuse, à la seule portion de bonheur que la nature ait répartie aux hommes. Pendant que les tempêtes brisent les cèdres sur le haut des montagnes, l'herbe échappe à la fureur des vents, et fleurit en paix au fond des vallées.

VOEUX POUR LA NATION.

La nation est formée de l'harmonie des trois ordres, du clergé, de la noblesse et du peuple, sous l'influence du roi, qui en est le modérateur. Les députés de ces trois ordres se rassemblent aujourd'hui dans l'assemblée nationale, à peu près dans le nombre de 500 pour le clergé, de 500 pour la noblesse, et de 600 pour le peuple.

Comme les deux premiers ordres ont réuni leurs intérêts depuis plusieurs siècles, on peut les considérer comme formant un seul corps qui balance celui du peuple : il en résulte donc deux puissances qui réagissent l'une contre l'autre, et dont le contre-poids est nécessaire, ainsi que nous l'avons dit, à l'harmonie de tout gouvernement moderne. Le roi donc peut tenir la balance monarchique en équilibre, en appuyant le peuple de sa puissance, en cas que le clergé et la noblesse tendissent à l'aristocratie ; ou en la dirigeant du côté des deux premiers ordres, si le peuple pesait vers la démocratie. Dans cette hypothèse, j'ai comparé l'état à une balance romaine ; les deux puissances, à deux leviers d'une grandeur inégale, et la royauté, au poids qui court le long du plus grand pour soulever les fardeaux.

Nous avons vu le peuple par son nombre représenter le grand bras de la balance, et le clergé avec la noblesse, le petit bras ; mais ce petit bras est d'une si grande pondération, que l'effet du grand est nul si le roi ne pèse de son côté. C'est du côté du clergé et de la noblesse que sont les dignités et les bénéfices ecclésiastiques et militaires, la meilleure partie des terres du royaume, la disposition de tous les emplois, et même l'influence des parlements, ces anciens pères du peuple, ainsi que les vœux de beaucoup de plébéiens qui cherchent à se rapprocher des premiers par les anoblissements, ou s'en laissent subjuguer par l'espoir des protections et par le seul respect d'une grande naissance.

Si la puissance du peuple, dont le nombre est au moins quarante fois plus considérable que celui du clergé et de la noblesse, s'est affaiblie de siècle en siècle au point de perdre toutes ses prérogatives et son équilibre contre leur puissance réunie, j'en conclus que les députés du peuple ne sont pas en nombre suffisant dans l'assemblée nationale, où ils ne sont qu'en nombre égal à ceux des autres ordres.

A la vérité, on compte que dans le corps du clergé les curés se rapprocheront des députés des communes à casse des liens du sang ; mais ne seront-ils pas encore plus portés à se rapprocher de leurs évêques, à cause des liens de l'intérêt? L'esprit de corps ne l'emporte-t-il pas sur l'esprit de famille? Les députés des communes n'ont donc à opposer aux députés des deux premiers ordres que la misère de vingt millions d'hommes, ou le désespoir qui en est le résultat.

Ils ne peuvent balancer le sentiment de l'intérêt de ces corps que par le sentiment de l'intérêt du peuple, d'où dépend la conservation publique. Ainsi, soit qu'ils votent par ordre ou par tête, la lutte est inégale pour eux; car ils ont à craindre de la part des deux autres ordres de perdre des voix par les attraits de la fortune, tandis qu'ils n'ont d'espérance d'y en gagner que par ceux de la vertu.

Nous avons comparé l'état à un arbre, dont les corps particuliers divergeaient en branches, et dont le peuple formait le tronc; nous avons vu que plus les branches se multipliaient, plus le tronc était affaibli ; mais si, par une monstruosité dont la nature ne nous montre pas d'exemple, les branches étaient plus puissantes que le tronc lui-même, l'arbre serait facilement renversé.

Pour rendre plus sensible l'harmonie nécessaire entre les diverses parties de l'état, je me servirai d'une image déjà bien ancienne. La nation peut se représenter comme un vaisseau. Le peuple, avec ses travaux, ses arts et son commerce, en est la carène, chargée d'agrès, de provisions et de marchandises dont la cargaison fait l'objet du voyage. C'est à la carène que se proportionnent toutes les parties du vaisseau. La noblesse peut se rapporter aux batteries qui le défendent; le clergé, aux voiles et à la mâture qui le font mouvoir ; les opinions politiques, morales et religieuses, aux vents qui le poussent tantôt à droite, tantôt à gauche ; l'administration, aux cordages et aux poulies qui en varient la manœuvre; la royauté, au gouvernail qui dirige sa course ; et le roi, au pilote. C'est donc à l'intérêt du peuple que le roi doit veiller principalement, comme un pilote veille à la carène du vaisseau; car si ses hauts sont trop chargés par une mâture trop élevée, ou par une artillerie trop pesante, elle est en danger de renverser. Elle est encore en péril de couler bas si des vers la rongent sans bruit, et y font des voies d'eau.

En suivant cette allégorie, la puissance du peuple doit surpasser en pondération celle des deux autres corps, afin que le vaisseau de l'état soit toujours ramené dans son équilibre. Or, il arrive avec le temps dans un état, ce qui arrive pendant le cours d'un voyage dans un vaisseau dont la carène s'allége de plus en plus par la consommation des vivres et des agrès, qui sont portés des parties inférieures du vaisseau dans ses parties supérieures. Ainsi le peuple tend toujours à monter vers les corps du clergé et de la noblesse, par l'appât des bénéfices et des anoblissements. Le roi doit donc opposer le fort du gouvernail aux deux forces prépondérantes du clergé et de la noblesse, en faveur de celle du peuple, qui a besoin du contre-poids de la puissance royale pour les balancer. Il en résulte donc la nécessité d'augmenter le nombre des députés des communes dans l'assemblée nationale, afin de donner au roi même la facilité de conserver sa propre puissance, qui ne consiste que dans l'équilibre politique. C'est la prépondérance en nombre des députés des communes sur ceux de la chambre haute qui assure en Angleterre la constitution de l'état. Voilà pourquoi, dans les tempêtes politiques, il est ramené fort aisément dans son équilibre, parceque l'intérêt du peuple, qui est l'intérêt national, y domine toujours par le grand nombre de ses représentants. Au contraire, on peut comparer plusieurs états de l'Europe, remarquables en effet par leur faiblesse (parceque le clergé ou la noblesse, ou tous les deux ensemble, dominent sans le concours du peuple), à des vaisseaux renversés sur le côté par le poids de leurs parties supérieures, qui sont incapables d'aucune manœuvre, qui flottent encore parceque la mer qui les environne est tranquille, mais qui à la moindre tempête courent risque d'être tout-à-fait submergés.

En attendant que l'expérience nous ait appris dans quelle proportion le clergé et la noblesse d'une part, et les communes de l'autre, doivent avoir des députés dans l'assemblée nationale pour y conserver un équilibre de puissance, il me semble nécessaire de la régler suivant certains principes sans lesquels il est impossible d'y former aucun projet sage, et encore moins de l'exécuter.

1° Le premier principe qu'on doit y poser, c'est qu'aucune proposition n'y soit reçue ou rejetée par acclamation, mais qu'il soit donné au moins un jour pour que chaque député en délibère et en donne son avis par écrit, afin qu'il puisse conserver, par l'examen, la liberté de son jugement, et par le scrutin, celle de son suffrage.

Un des inconvénients qui m'ont le plus éloigné de nos assemblées (et je parle des plus graves) c'est la légèreté de leurs jugements et la pesanteur du mien. Je n'y ai jamais entendu proposer aucune question qu'elle n'ait été décidée avant que j'aie eu seulement le temps de l'examiner. Je ne suis pas le seul qui me sois trouvé dans ce cas. Un voyageur célèbre, qui avait fait le tour du monde, se trouva fort embarrassé à son retour à Paris. Ses compatriotes et ses amis, gens savants, le questionnaient tous à la fois sur ce qu'il avait vu dans les pays étrangers. Il ne savait comment les satisfaire; mais il se trouva bientôt fort à son aise, parcequ'il s'aperçut que les questionneurs de sa droite répondaient sur-le-champ et définitivement à ceux de sa gauche, et ceux de sa gauche à ceux de sa droite, de sorte qu'il ne lui restait qu'à garder le silence. Pour moi, je l'avoue, je ne me déciderais pas sur-le-champ à accepter une simple invitation de dîner à la campagne, que j'aime beaucoup, sans y avoir pensé quelque temps, et tout seul. Il faut auparavant que je me représente, non le temps qu'il fera, mais le caractère du maître et de la maîtresse de la maison, celui de leurs amis, de leurs cousins, de leurs beaux-esprits, de leurs alentours, de leurs survenants; de peur qu'au lieu d'aller à une partie de plaisir, je n'aille à une partie de déplaisir, ainsi qu'il m'est arrivé plus d'une fois, faute d'y avoir suffisamment réfléchi.

Pour revenir à nos assemblées publiques, quel en est le membre qui voudrait décider sur-le-champ d'une proposition d'où dépendrait sa fortune particulière? A combien plus forte raison ne doit-il pas le faire, lorsqu'il s'agit de la fortune nationale? Il faut donc que chacun d'eux y examine à loisir ce qu'il veut décider pour tous, et pour toujours; il faut de plus qu'il donne son sentiment, non de vive voix, à la manière française, mais par écrit, à la manière des Romains. Rien n'est plus contraire à la sagesse des délibérations que les acclamations. Si celui qui fait une motion a une voix forte, de l'audace et des partisans, comme en ont tous les ambitieux, il entraîne la multitude, qui ne résiste guère à ceux qui font beaucoup de bruit; il fera sur-le-champ adopter à toute une assemblée les projets les plus dangereux, et il la liera aussitôt par le lien du serment, afin de lui ôter jusqu'à la ressource du repentir. Un homme sensé, qui en prévoit les conséquences, n'osera seul heurter de front un grand parti, de peur de se faire des ennemis personnels, ou il aura besoin lui-même de temps pour motiver son opinion en particulier, ou il manquera de facilité pour l'exprimer en public. D'ailleurs comment faire rentrer en eux-mêmes ceux qui n'existent jamais que dans l'opinion d'autrui, et engager à se rétracter une multitude qui a donné son approbation avec tant d'éclat? Les délibérations privées et par écrit évitent tous ces inconvénients; et s'il nous en fallait des preuves, nous les trouverions dans les assemblées de tous les peuples sages, anciens et modernes.

Doit-on voter dans l'assemblée nationale par ordre ou par tête? Cette question, qui a été fort agitée, me semble renfermer en elle-même sa solution. Puisque chaque député est membre de l'assemblée nationale, il doit y perdre de vue l'intérêt de son ordre pour ne s'occuper que de celui de la nation. Il doit donc y voter par tête, comme un citoyen qui n'a d'autre but que l'intérêt public; et non par ordre, parceque chaque ordre a son intérêt particulier. Quelques patriotes ont proposé d'admettre le vœu par tête, lorsqu'il s'agirait de l'intérêt de la nation, et le vœu par ordre, lorsqu'il s'agirait de l'intérêt particulier d'un ordre. Mais dès qu'une motion qui intéresse particulièrement un ordre est proposée dans l'assemblée nationale, c'est qu'elle intéresse aussi la nation; car autrement on ne l'y proposerait pas. La plupart des abus publics n'intéressent-ils pas quelque ordre en particulier? Les laisser décider par ordre, dont chacun a son *veto*, n'est-ce pas les laisser sans décision?

Le vœu par tête a aussi ses inconvénients; mais, je le répète, ils ne sont que pour le peuple : car, pour maintenir son équilibre, il faut qu'il compte sur les vertus de ses députés, exposées à de grandes séductions, et sur les vertus encore plus grandes des députés des deux autres ordres, auxquels la nation demande le sacrifice de plusieurs priviléges très-séduisants.

D'autres patriotes ont proposé de laisser certains cas difficiles au jugement d'un comité formé des membres des trois ordres. Quand Rome et Albe voulurent mettre fin à leur querelle, Rome chargea de la sienne les trois Horaces, et Albe les trois Curiaces : mais je crois que si la plume en eût décidé, comme de tant d'autres, elle ne se serait jamais terminée. L'épée la trancha, parceque c'étaient deux villes ennemies : mais les corps de notre assemblée sont des membres de la même nation; ils doivent tendre sans cesse à se réunir, et jamais à combattre. Plusieurs députés du clergé et de la noblesse ont donné, par des sacrifices en tout genre, les plus grandes preuves de générosité et de patriotisme. Pour en augmenter le sentiment dans tous les ordres, et établir entre eux une confiance mutuelle, je voudrais qu'un ordre, dans des cas embarrassants, au lieu de prendre les défenseurs de ses intérêts parmi ses membres, les choisit au contraire parmi ceux qu'il estime les plus gens de bien dans l'ordre opposé.

En changeant seulement les intérêts des parties, on a quelquefois dénoué des cas bien difficiles. Qu'on se rappelle, dans La Fontaine, le testament expliqué par Ésope :

> Un certain homme avait trois filles,
> Toutes trois de contraire humeur :
> Une buveuse, une coquette ;
> La troisième, avare parfaite.
> Cet homme, par son testament,
> Selon les lois municipales,
> Leur laissa tout son bien par portions égales,
> En donnant à leur mère tant,
> Payable quand chacune d'elles
> Ne posséderait plus sa contingente part.

L'aréopage les partagea d'abord suivant leur inclination.

> . . . . On composa trois lots :
> En l'un les maisons de bouteille,
> Les buffets dressés sous la treille,
> La vaisselle d'argent, les cuvettes, les brocs,
> Les magasins de Malvoisie,
> Les esclaves de bouche; et pour dire en deux mots,
> L'attirail de la goinfrerie,
> Dans un autre, celui de la coquetterie,
> La maison de la ville, et les meubles exquis,
> Les eunuques et les coiffeuses,
> Et les brodeuses,
> Les joyaux, les robes de prix.
> Dans le troisième lot, les fermes, le ménage,
> Les troupeaux et le pâturage,
> Valets et bêtes de labeur.

Mais chaque fille restant attachée à son lot, leur mère se trouvait sans argent, puisqu'elle n'en pouvait avoir que lorsque chacune d'elles

> Ne posséderait plus sa part héréditaire.

Ésope leur distribua leurs lots tout au contraire de l'aréopage. Il donna :

> A la coquette l'attirail
> Qui suit les personnes buveuses ;
> La biberonne eut le bétail,
> La ménagère eut les coiffeuses.

Alors chacune des filles, mécontente de sa portion, s'en défit, et la mère fut payée.

Les trois sœurs, épithètes à part, sont nos trois ordres; et leur mère c'est la nation, qui leur redemande son douaire sur leur part d'héritage quand elles s'en seront défaites.

Si une simple permutation d'intérêts peut quelquefois accorder les affaires, je trouve qu'une permutation d'intéressés peut aussi accorder les parties, ce qui est encore plus difficile. Je suis bien sûr, au moins, qu'on peut tout obtenir des Français par le sentiment de l'honneur. Le clergé et la noblesse ont sacrifié leurs priviléges pécuniaires, et ils n'ont opposé de résistance que pour leurs droits honorifiques. Mais si quelques uns de ces droits étaient onéreux à l'agriculture, et si le peuple, pour leur opposer ceux de l'humanité, choisissait ses défenseurs parmi les plus gens de bien du clergé et de la noblesse, je ne doute pas qu'ils ne fussent abolis. D'un autre côté, je suis convaincu que si le clergé et la noblesse prenaient dans la chambre des communes les défenseurs des droits honorifiques accordés à la dignité de leurs places ou à la vertu de leurs ancêtres ; ces droits leur seraient conservés, et que s'ils n'étaient pas compatibles avec la dignité de l'homme et la liberté nationale, ils en seraient dédommagés magnifiquement par d'autres, tels que ceux des adoptions, qui les rendraient à l'avenir les uniques sources de la noblesse héréditaire : d'ailleurs vingt millions d'hommes manquent-ils de moyens d'honorer leurs nobles, lorsque ces nobles se rapprochent d'eux?

Je trouve donc qu'un comité de confiance formé réciproquement d'arbitres choisis dans chaque ordre, par l'ordre qui lui est opposé d'intérêts, substituerait aux intrigues de la politique, qui embarrassent les affaires les plus simples, la franchise de la générosité, qui simplifie les plus embarrassées. Les ordres de notre assemblée auraient-ils moins de grandeur que les anciens Gaulois nos ancêtres? et auraient-ils moins de confiance les uns à l'égard des autres que n'en ont eu entre elles des nations étrangères? Lorsque Annibal passa dans les Gaules, les Gaulois convinrent avec lui que s'ils avaient à se plaindre des Carthaginois, ils s'en rapporteraient au jugement des chefs carthaginois; mais que si les Carthaginois, à leur tour, se plaignaient des Gaulois, les femmes de ceux-ci décideraient de la justice de leurs plaintes. Ces deux peuples vécurent en bonne intelligence pour s'être fiés à leur générosité mutuelle, et pour avoir choisi les arbitres de leurs différends dans ce qu'il y avait de plus digne de respect et de confiance dans le parti opposé. Il y a apparence que dans certains cas ils s'en seraient rapportés à la justice même d'Annibal, également intéressé à complaire aux uns et aux autres, lui qui, entre autres talents, eut l'art de se concilier toutes sortes de nations dont il composait son armée. Pourquoi les trois ordres de notre nation ne se confieraient-ils pas également à l'équité du roi, qui en est le médiateur naturel, et qui a sacrifié tant de fois ses intérêts à l'intérêt public?

Le second principe sur lequel on doit poser la

constitution future de l'état est la permanence de l'assemblée nationale, et le retour périodique de ses membres.

Au moyen de la permanence de l'assemblée, il y aura un ensemble dans toutes les parties de l'administration, déjà constituée dans une grande partie du royaume en assemblées de villages, de villes et de provinces. L'assemblée nationale, qui en forme le centre, doit mettre sans cesse sous les yeux du roi les hommes et les affaires, et établir entre lui et le dernier de ses sujets une communication perpétuelle de lumières, de services, de protection et de secours qui ne pourra jamais être interceptée par aucun corps intermédiaire; ce qui ne manquerait pas d'arriver si l'assemblée nationale n'était que périodique, ainsi qu'on l'avait proposé.

D'un autre côté, au moyen de la périodicité des membres de l'assemblée nationale, aucun d'eux n'aura le temps de s'identifier avec sa place, et de devenir un agent du despotisme, en se laissant corrompre par l'influence ministérielle; ou celui de l'aristocratie, encore plus dangereuse que le despotisme.

Il me semble qu'on doit renouveler les membres de cette assemblée tous les trois ans, ou tous les cinq ans si on le juge plus convenable, non tous à la fois comme en Angleterre, mais seulement la troisième ou la cinquième partie chaque année, afin que le plus grand nombre de ses membres soit toujours instruit des affaires.

Jamais l'assemblée nationale ne pourra porter atteinte aux prérogatives royales, parceque ses membres se renouvelleront sans cesse, qu'elle sera formée de deux puissances qui se balancent sous l'influence de la royauté, et que ce sera une loi fondamentable de la constitution future, comme elle l'est de la monarchie, qu'aucune proposition n'y recevra la sanction de loi que du roi seul.

Le troisième principe essentiel à la constitution future de la France et à son ensemble est l'établissement des assemblées à la fois permanentes et périodiques dans tous les villages, villes et provinces du royaume, à l'instar de l'assemblée nationale, avec laquelle elles doivent correspondre.

De pareilles assemblées doivent être formées dans chaque quartier de Paris, et on en doit tirer des députés pour en composer l'assemblée municipale, afin que cette ville immense avec ses quartiers soit assimilée à une province avec ses districts.

On doit étendre ces dispositions à nos colonies; mais s'il est juste d'admettre leurs députés blancs dans l'assemblée nationale, il ne l'est pas moins d'y appeler leurs députés noirs, dans la classe des noirs libres, puisque, étant employés à la culture et à la défense de nos colonies, ils ne sont pas moins intéressés que les autres citoyens à délibérer sur les intérêts de leur métropole. De plus, la convocation des noirs libres dans l'assemblée nationale préparera l'abolition de l'esclavage dans nos colonies, comme la convocation des hommes libres dans nos anciens états-généraux prépara l'abolition de la servitude féodale, qui avait envahi une partie des Gaules. Enfin ces hommes nés sous un autre ciel, repoussés par leur patrie, et participant aux bienfaits de la nôtre, augmenteront la majesté d'une assemblée qui prend sous sa protection tous les infortunés, et ils concourront peut-être à assurer un jour à son humanité une gloire que les conquérants n'ont jamais due à leurs victoires, celle de voir, dans son sein, voter pour sa prospérité des députés de toutes les nations.

Quant aux conditions nécessaires pour être électeur dans les assemblées rurales, municipales, provinciales et nationales, il me semble que c'en est une essentielle de posséder une portion de terre labourable, comme en Angleterre, afin de relever l'agriculture, et d'empêcher que la pluralité des électeurs ne se compose d'indigents que la nécessité oblige de vendre leurs voix; mais, d'un autre côté, j'estime qu'il est inutile et injuste d'exiger, comme en Angleterre, une propriété territoriale encore plus grande de chaque député à l'assemblée nationale: car il est certain que les électeurs, étant à l'abri des premiers besoins, ne seront jamais exposés à être corrompus par des députés sans fortune; et que des députés sans fortune, choisis par des électeurs qu'ils ne peuvent corrompre, doivent avoir des qualités personnelles très recommandables. Il est possible, en effet, que, dans cette classe si nombreuse d'hommes de tous les ordres qui n'ont aucune propriété il se trouve des citoyens très éclairés et très patriotes, qui doivent leur pauvreté même à leurs vertus: un Socrate, un Aristide, un Épaminondas, un Bélisaire, un Jean-Jacques.

Ces députés doivent être défrayés honorablement. J'ai entendu à ce sujet des gens se faire un faux point d'honneur, et prétendre que des députés de la patrie devaient la servir gratuitement. Mais puisque tous ceux qui la servent dans des corps qui ne la servent pas toujours s'en font payer, depuis les cardinaux jusqu'aux sacristains, depuis les maréchaux de France jusqu'aux soldats, et depuis le chancelier jusqu'au moindre clerc, pourquoi n'en serait-il pas de même des membres de l'assemblée nationale? Il est aussi juste que ceux qui servent directement la patrie vivent de la patrie que ceux qui servent l'autel vivent de l'autel. D'ailleurs, c'est le seul moyen d'ouvrir l'entrée de ces assemblées aux hommes de mérite qui sont pauvres. Chaque député à l'assemblée nationale doit donc recevoir un traitement honorable, non de l'ordre ou de la province qui le députe, mais de la nation, afin de lui rappeler qu'il a cessé d'être député de son ordre et de sa province, pour devenir membre de la nation. Ce traitement doit être égal pour les députés de tous les ordres, parceque leurs services sont égaux; et, quelque faible qu'il soit, il doit être regardé par chacun d'eux comme aussi honorable que celui que les rois font à leurs ambassadeurs, puisqu'ils le reçoivent des peuples, à la solde desquels sont les rois eux-mêmes.

Ces dispositions générales faites ou rectifiées sur de meilleurs plans, il n'y a aucun abus qu'avec le temps les assemblées permanentes et périodiques de villages, de villes et de provinces, ne puissent réformer, et aucun bien qu'elles ne puissent faire. Certainement dans les lieux où elles sont établies on ne s'est pas aperçu qu'elles aient empiété sur la liberté des peuples ou sur l'autorité royale, qu'elles éclairent et qu'elles servent : il en sera de même de l'assemblée nationale, qui doit en être le centre.

Ceci posé, cette assemblée, constituée sous les yeux du roi, comme la nation même, qu'elle représente, durant toujours et se renouvelant sans cesse, s'occupera du soin de détruire les maux avant de faire le bien.

Elle abolira d'abord ceux qui affligent l'agriculture, cette mère nourrice de l'état, comme les capitaineries, les droits de chasse, les gabelles, les corvées, les milices et la taille; ceux qui désolent le commerce, comme les impôts trop onéreux et disproportionnés, les péages des rivières, les droits à l'entrée des villes sur les vins, qui doivent y payer à proportion de leur prix; ceux qui affligent le corps politique, comme la vénalité des charges, les survivances, les pensions non méritées; enfin ceux qui attaquent la liberté de l'homme dans ses opinions, dans sa conscience, et même dans sa personne, comme la servitude des habitants du mont Jura, et l'esclavage des noirs dans nos colonies. Elle s'occupera de la réforme de la justice civile et criminelle, de celle de l'éducation, sans laquelle aucun plan de législation n'est stable; et, après avoir remédié aux maux qui intéressent notre postérité, elle étendra ses recherches sur ceux qui regardent les autres nations, et se communiquent à nous par les correspondances que la nature a établies entre toutes les familles du genre humain.

Les cahiers des provinces ont pris en considération la plupart de ces objets; mais je doute que l'assemblée nationale, chargée de les réformer, puisse y suppléer par des lois précises et invariables : car, comme je l'ai dit, les hommes ne peuvent saisir que des harmonies, c'est-à-dire de ces vérités qui sont toujours entre deux contraires : de là vient que les lois sont mobiles par tout pays, et qu'elles changent avec les mœurs et les siècles. Il en faut excepter les lois naturelles, qui ne varient point, parcequ'elles sont les bases de l'harmonie générale, qui seule est constante; c'est à celles-là qu'il faut rappeler toutes les autres. C'est donc à la sagesse de l'assemblée nationale à saisir, sur tous les points de la législation, un *medium* harmonique, et à l'y maintenir; ce qui nécessite la permanence de l'assemblée, comme je l'ai dit. Au reste, comme il a paru d'excellents mémoires sur la plupart de ces matières, je ne m'arrêterai qu'à quelques considérations dont on peut ne s'être pas assez occupé, mais qui me semblent très importantes, parcequ'elles regardent le peuple, dont l'intérêt est l'intérêt national.

Le roi a déjà déclaré ses intentions paternelles au sujet de ses capitaineries, qui détruisent, par le gibier, les récoltes des paysans, et envoient aux galères les paysans qui détruisent le gibier. On doit se flatter qu'à l'exemple du roi les seigneurs régleront et restreindront d'eux-mêmes leurs droits de chasse, qui sont aussi de petites capitaineries.

La gabelle, cette autre pépinière de galériens, a aussi attiré les regards paternels de sa majesté : il y a lieu d'espérer que cet impôt sera détruit; que les campagnes auront en abondance l'usage du sel, si nécessaire aux bestiaux, et que la mer, ce quatrième élément, sera aussi libre aux Français que les trois autres éléments du globe.

Puisse sa majesté, pour attirer la bénédiction du ciel sur les opérations de son assemblée nationale, délivrer des prisons et des galères ceux de ses sujets qui sont les victimes des lois désastreuses des capitaineries et des gabelles!

On doit encore soulager les gens de campagne de la corvée des chemins, ou de l'argent qu'ils paient pour y suppléer, en y faisant contribuer non seulement les abbayes et les châteaux de leurs districts, mais les villes au commerce desquelles ces chemins servent principalement, ainsi que les voyageurs qui les détériorent, en y voyageant à cheval ou en voiture. On peut établir, pour cet effet, de poste en poste, des barrières et des péages, ainsi qu'en Angleterre, en Hollande, et en plusieurs lieux de l'Allemagne.

Quant aux milices, la noblesse semble craindre d'en porter la charge, soit en personne, soit en argent : cependant la défense de l'état lui semble principalement dévolue, puisqu'elle a été jusqu'à présent toute militaire. Ce n'est qu'à cette considération qu'on lui a accordé autrefois ses titres, ses fiefs et ses prérogatives, qu'elle s'est rendus héréditaires. Elle a gardé pour elle le bénéfice, et en a laissé la charge au peuple. Mais mon desir étant de délivrer les campagnes du fardeau de la milice, et, qui pis est pour des Français, de sa tache, parcequ'elle est devenue une marque de roture, il s'en faut bien que je la veuille faire supporter à la noblesse. Loin de vouloir rendre les nobles roturiers, je voudrais rendre les roturiers nobles, ou plutôt je voudrais anoblir la vertu, et qu'il n'y eût que le vice de vilain. On doit donc délivrer de toute flétrissure l'agriculture, le plus noble des arts, et le seul dont toutes les fonctions conviennent à la vertu.

Il est aussi à desirer que l'industrie, le commerce, l'urbanité et la richesse de nos villes se répandent dans nos campagnes, dont les habitants sont si pauvres et si malheureux. Il est constant que la plupart de nos bourgeois ne se concentrent dans les villes qu'afin de ne pas payer dans les campagnes l'impôt roturier de la taille, et que leurs enfants n'y tirent pas à la milice. D'un autre côté, quoique nos paysans, qui n'ont pas les mêmes idées d'honneur sur la nature morale des impositions, ne soient sensibles qu'à leur poids fiscal, rien n'a pu jusqu'à présent les familiariser avec le fléau de la milice, parcequ'il attaque les plus doux sentiments de la nature en les privant de leurs enfants. C'est la crainte de la milice qui les oblige d'envoyer leurs enfants dans les villes, aimant mieux en faire des laquais que des soldats. Il résulte donc de la taille et de la milice que nos campagnes manquent d'habitants, et que nos villes en sont surchargées. Comme l'impôt fiscal de la taille sera suppléé par un impôt territorial, également supporté par les propriétaires de tous les ordres, ce sera déja un grand obstacle ôté à l'agriculture. Pour l'impôt personnel de la milice, il ne paraît pas si facile de le remplacer. Il semble fort étrange que ce soit chez nous un honneur de servir le roi dans l'état militaire, et une espèce de honte de tirer à la milice. Je trouve deux raisons de cette contradiction : la première, c'est que le service de la milice est forcé; la seconde, comme je l'ai déja dit, c'est qu'il est une preuve de roture, parceque les nobles n'y tirent point. La première raison est de la plus grande force pour des hommes libres; la seconde n'en a pas moins pour des bourgeois dont les enfants sont dressés à l'ambition par l'éducation publique : ainsi la milice n'est pas moins contraire aux préjugés nationaux qu'aux sentiments naturels.

La crainte de la milice est aussi une des grandes raisons qui éloignent des campagnes nos jeunes paysans. Le cœur humain est si jaloux de sa liberté, que, quoique l'état d'officier soit honorable et bien payé, je suis convaincu qu'il ne se présenterait pas un seul gentilhomme pour le remplir si on voulait l'y contraindre. Tenez la porte d'un jardin public toujours ouverte, peu de personnes iront s'y promener ; mettez-y des soldats pour forcer les passants d'y entrer, tout le monde le fuira : tenez-la bien fermée avec des barrières et des gardes pour en éloigner les curieux, chacun voudra y pénétrer, et y emploiera ses recommandations.

Pour inspirer à la jeunesse de nos villages le goût du service, je commencerais par le leur interdire. Loin de faire de l'état de milicien un sujet de crainte, de honte et quelquefois de punition, j'en ferais un d'espoir, d'honneur et de récompense. Je commencerais par apprendre à nos jeunes paysans que ce n'est que sur le courage de ses sujets les plus vertueux que la patrie compte pour sa défense, et je ne permettrais qu'aux plus honnêtes d'entre eux de s'exercer les jours de fête au maniement des armes, à tirer au blanc, à faire l'exercice, etc. Alors on verrait bientôt parmi eux autant d'empressement pour la milice qu'ils en ont d'éloignement aujourd'hui. En cas de guerre, ils seraient toujours prêts à marcher, non sous les ordres de nos simples gentilshommes ou de nos riches bourgeois, comme nos milices provinciales, mais sous ceux d'officiers vieillis dans le service, qui trouveraient dans ces commandements des retraites plus agréables que celle de l'hôtel des Invalides.

Il serait nécessaire aussi d'améliorer l'état de nos soldats, dont la paie n'est que de cinq sous par jour. Du temps de Henri IV, elle était aussi de cinq sous, mais les cinq sous de ce temps-là font plus de vingt sous d'aujourd'hui par comparaison au prix des denrées. Il ne s'agit que d'augmenter la paie de nos soldats pour en avoir autant que l'on voudra, comme on a des hommes de toutes les professions. On leur fera gagner avec profit cet accroissement de paie en les employant aux travaux des chemins, des ports, des monuments publics, etc..., ainsi qu'y étaient employés les soldats romains. D'un autre côté, les fonds militaires se trouveront augmentés de l'argent que produiront les impositions sur les chemins, d'une partie des dépenses sur les bâtiments royaux; des redevances des fiefs tant nobles qu'ecclésiastiques, autrefois chargés du service militaire; des contributions que fourniront encore pour cet objet les corporations des villes, enfin des économies à faire sur les pensions trop nombreuses et trop considérables de l'état-major de l'armée. Ces moyens me semblent suffisants à l'entretien et à l'émulation de nos soldats, surtout si on leur donne pour retraites et expectatives la garde des villes, les maréchaussées, et beaucoup de petits emplois civils comme en Prusse; et qu'on leur présente dans leur service une route ouverte à tous les grades militaires, comme elle l'est dans tous les pays du monde.

La servitude militaire ôtée de dessus nos campagnes, on délivrerait nos rivières et nos ports de mer de la servitude nautique. Aucun navigateur ne serait forcé de servir sur les vaisseaux du roi, quoique le traitement des matelots y soit plus lucratif que celui des soldats dans les régiments. On se gardera bien d'imiter les Anglais, qui, pour avoir des matelots en temps de guerre, font la presse, encore plus injuste que notre milice. Pourquoi nos négociants en trouvent-ils plus qu'ils n'en ont besoin? c'est qu'ils les paient bien. Pourquoi donc l'état serait-il moins équitable à l'égard des gens de mer que de simples marchands? Il a incomparablement plus de moyens. Il peut augmenter les revenus de sa marine en employant en temps de paix ses vaisseaux et ses matelots à des transports et à une multitude de services nautiques; il peut offrir à ses matelots quantité de retraites dans nos arsenaux, dans nos ports, sur nos rivières, et même dans nos colonies.

Au reste, tout Français doit avoir l'espérance de monter, par son mérite, jusqu'aux premières places de son état, sans naissance, sans argent et sans intrigue. C'est à cette liberté et à ces perspectives que la France a dû sa grandeur sous le despotisme même, et notamment sous celui de Louis XIV, le plus absolu de nos despotes. On peut observer que depuis ce prince les talents se sont affaiblis en France précisément dans les parties de l'administration dont les corps sont devenus aristocratiques.

Il vaut mieux, sans contredit, que l'état soit honoré, enrichi, sauvé par le fils d'un paysan, que déshonoré, ruiné, perdu par le fils d'un prince. Ainsi, comme par le passé, un soldat pourra devenir maréchal de France; un matelot, chef d'escadre, et même amiral; un simple répétiteur de collége, grand-aumônier; un avocat, chancelier; afin que nous puissions revoir encore des Fabert, des Jean Bart, des Amyot, des L'Hospital. Rome n'a dû, dans tous les temps, son ensemble, sa puissance et sa durée, qu'au droit dont jouissaient tous ses citoyens de parvenir à tout. Rome moderne, comme Rome antique, leur a offert à tous des dignités, des triomphes, l'empire, et même l'apothéose.

La liberté civile de parvenir en France à tous les emplois doit donc s'étendre à tous les citoyens, parcequ'elle est de droit français. Quant à la liberté individuelle ou de la personne, elle est de droit naturel: tout Français a le droit de sortir de sa ville, de sa province et du royaume, comme il sort de sa maison. Cette liberté ne peut être restreinte par des passe-ports, que dans les temps de troubles. C'est le salut du peuple qui doit être la règle de ces exceptions, comme il doit être celle de toutes les lois politiques.

On a beaucoup débattu de la liberté de penser. Il est certain qu'aucun gouvernement ne peut l'ôter à personne. Je puis être, au dedans de moi, républicain comme un Spartiate à Constantinople, ou juif à Goa. La conscience ne doit ses comptes qu'à Dieu; c'est un état interdit à tous les tyrans. On y pénètre par la persuasion et non par la force. C'est une fleur qui s'ouvre aux rayons du soleil, et qui se ferme aux vents orageux. Ainsi la liberté passive de penser est de droit naturel. Quant à la liberté active, c'est-à-dire celle de publier ses pensées, elle se réduit à la liberté de parler; or, la liberté de parler doit être réglée, dans un état, comme la liberté d'agir. Certainement il n'y est permis à personne d'agir d'une manière nuisible à la société ou à ses membres; il n'y doit donc pas l'être de publier des pensées qui pourraient leur faire tort. Je trouve même que l'assemblée nationale doit établir des lois plus rigoureuses que les nôtres contre les calomniateurs, les plus méchants de tous les hommes, puisque le mal fait par leurs paroles est plus grand et plus durable que celui que des brigands commettent par leurs actions. La liberté de publier ses pensées, ou la liberté de la presse, doit donc être réglée sur la liberté même d'agir; et comme celle-ci ne doit éprouver aucune contrainte lorsqu'il s'agit du bonheur public, le bonheur public doit être la règle de la liberté de la presse.

La liberté religieuse, ou la liberté de conscience proprement dite, est, comme la liberté de penser, non seulement de droit naturel, mais du droit des gens : elle dérive de cet axiome de justice universelle : « Ne faites pas à autrui ce que vous ne » voudriez pas qu'on vous fît. » Or, comme nous réclamons chez les peuples étrangers la liberté d'exercer notre religion, nous devons, à notre tour, leur laisser la même liberté chez nous. La plupart des peuples de l'Asie l'accordent à toutes les nations, et même la liberté de prêcher. Sans cette tolérance mutuelle, il ne peut y avoir ni communication de lumières, ni même de commerce entre les hommes : tous les peuples seraient séquestrés les uns des autres, comme les Japonais le sont des Européens. Si, par l'intolérance, on ferme l'entrée des états aux erreurs, on la ferme aussi aux vérités ; on prive la nation du droit national dont nos ancêtres ont usé lorsqu'ils ont reçu librement la religion que nous professons, et on lui ôte de plus la liberté de la répandre chez les autres peuples auxquels nous n'accordons pas des droits réciproques. Pour que les Européens s'arrogent la prérogative d'envoyer des prédicateurs au Japon, il faut que les Japonais aient aussi celle d'envoyer des prédicateurs en Europe. Cependant, comme la gloire de Dieu et le bonheur des hommes doivent être la base de toute législation, on doit intolérer les religions superstitieuses qui soumettent l'homme à l'homme, et non l'homme à Dieu ; ou intolérantes, qui rompent les communications entre les hommes ; qui les damnent sans les connaître, qui leur apprennent à tourmenter leurs semblables ou eux-mêmes afin de se rendre agréables à Dieu, qui cependant est le père et l'ami des hommes.

Comme il n'est pas juste que le Français, qui veut être libre en France, soit tyran dans les autres parties du monde, il est nécessaire d'abolir l'esclavage des noirs dans nos colonies d'Afrique et d'Amérique : il y va non seulement de l'intérêt de la nation, mais de celui du genre humain. Quantité de maladies physiques et morales dérivent de cette violation de la loi naturelle. Sans parler de plusieurs guerres qu'occasionne la traite des noirs, et qui, comme toutes celles de l'Europe, s'étendent jusqu'au bout du monde, les maladies physiques du climat des noirs, telles que les fièvres de Guinée, ont fait périr quantité de nos matelots et de nos soldats ; d'autres, comme les pians, se sont naturalisées dans nos colonies. Mais les maladies morales sont plus dangereuses, plus durables et plus expansives.

Il serait possible de prouver que la plupart des opinions qui, en différents temps, ont bouleversé l'Europe, sont venues des pays lointains. Le jansénisme, par exemple, paraît nous avoir été apporté de l'Orient par les croisades, avec la peste et la lèpre ; du moins on trouve les maximes du jansénisme dans des théologiens mahométans cités par Chardin. La peste et la lèpre ne subsistent plus chez nous, mais le jansénisme dure encore, et fait même dit-on, des progrès en Espagne. Nous ne saurions douter que nos opinions, à leur tour, n'aient troublé le repos des autres nations, témoin nos querelles religieuses, qui ont mis en garde contre nous les peuples de la Chine, et nous ont fait expulser du Japon. L'inquisition, qui a commencé à Rome en 1204, dans le temps des premières croisades, se répandit d'abord dans une partie de l'Italie, et de là chez les Portugais et les Espagnols ; elle dévasta, par l'entremise de ces peuples, une partie des côtes de l'Asie et de l'Afrique, et plus de la moitié de l'Amérique. En 1566, elle força les Hollandais de secouer le joug d'Espagne. A peu près dans le même temps, elle obligea les peuples du nord de l'Europe de se séparer de la religion romaine ; et les peuples du Midi, qui restèrent catholiques, de lui opposer les plus fortes barrières : ensuite, semblable à une bête féroce qui se jette sur ses conducteurs lorsqu'elle manque de proie, elle n'a cessé de répandre la terreur dans les pays qui lui ont donné la naissance ; Dieu voulant, par un acte de sa justice universelle, que les peuples intolérants trouvassent leur punition dans les tribunaux mêmes de leur intolérance.

L'esclavage des noirs, que nous avons établi dans nos colonies, à l'imitation des Portugais et des Espagnols, a produit des réactions à peu près semblables ; car les habitants de nos colonies faisant aujourd'hui, au moyen de leurs richesses, des alliances avec nos grands seigneurs, ils les accoutument insensiblement à regarder le peuple blanc qui les nourrit en France comme destiné à la servitude, ainsi que le peuple noir qui cultive leurs possessions en Amérique. C'est à l'influence de ce régime tyrannique, qui s'est étendu même sur notre administration, qu'on peut rapporter cette étrange ordonnance du ministère de la guerre déjà citée, qui déclara, il y a quelques années, qu'aucun homme non noble ne pourrait être officier dans les troupes du roi ; ordonnance injurieuse pour la nation française, et dont je ne crois pas qu'on puisse trouver d'exemple chez aucun peuple du monde, ni dans aucun temps de notre monarchie, avant celui de l'établissement de l'esclavage dans nos colonies. On peut, à la vérité, en excuser le motif, ainsi que je l'ai fait, sur la nécessité de réserver des emplois honorables aux pauvres gentilshommes : mais la noblesse ne peut être honorée lorsque le peuple est avili ; car le plus haut degré d'illustraion où elle puisse elle-même s'élever est d'être, comme celle de Rome ancienne, à la tête d'un peuple illustre.

Des réglements semblables à celui du département de la guerre se sont introduits dans tous les corps. Le clergé ne veut plus d'évêques, que tirés du corps des nobles; il a oublié que les apôtres étaient de simples pêcheurs; que dis-je? la plupart des ecclésiastiques, quoique roturiers, ne font aucun cas de leurs chefs, s'ils ne sont bons gentilshommes. Depuis quelques années, les parlements exigent plusieurs degrés de noblesse pour être conseiller de grand'chambre, et séparent ainsi leurs intérêts de ceux du peuple, dont ils sont les enfants dans l'origine, et dont ils devraient être les pères par leurs fonctions. Il en est de même des compagnies municipales, financières et commerçantes, qui réservent leurs principales dignités aux nobles. Enfin, jusqu'à nos corps de lettres, de savants et d'artistes, ils élisent, quand ils le peuvent, leurs chefs parmi des nobles, quelquefois fort ignorants, quoique ces corps soient, par leur nature, des républiques dont les rangs ne doivent se régler que sur les talents. Louis XIV ne pensait pas ainsi, lorsqu'un cardinal, sous prétexte de la goutte, lui ayant demandé la permission de s'asseoir dans un fauteuil aux séances de l'Academie française dont il était membre, le roi, au lieu d'un fauteuil, en envoya quarante à l'Académie, afin qu'aucun de ses membres, quelque qualifié qu'il fût, ne pût s'attribuer d'autre distinction que celle que donne le génie. Or, je crois que cet esprit de servitude, où le peuple de tous les états court aujourd'hui de lui-même, nous vient, dans l'origine, de l'établissement de l'esclavage dans nos colonies; car auparavant je ne trouve rien de semblable dans notre histoire. C'est aussi de cette époque que date la multiplicité des titres financiers, littéraires, et autres qualifications dont chacun tâche aujourd'hui d'alonger son nom, au défaut de comtés, baronnies et marquisats; tandis qu'autrefois les hommes même de la plus grande qualité n'ajoutaient à leurs noms de famille que ceux de leur baptême. On trouve des exemples encore plus frappants et plus nombreux de ces abus de titres parmi les Portugais et les Espagnols, parcequ'ils nous ont précédés dans l'établissement de l'esclavage aux Indes, et dans le mépris des peuples dans leurs pays.

Ces opinions tyranniques, déjà si répandues en France, prennent naissance dans l'esclavage de nos îles de l'Amérique, comme dans un foyer toujours subsistant de servitude, et se propagent en Europe par la voie de leur commerce, ainsi que la peste se transporte de l'Égypte avec ses productions. Or, comme on n'a point établi jusqu'ici sur les côtes de France de quarantaine pour les hommes d'au-delà des mers, infectés par naissance, par habitude et par intérêt, du dogme de l'esclavage, et que la dépravation des esprits est encore plus contagieuse que celle des corps il est de toute nécessité que l'esclavage du peuple noir soit aboli dans nos colonies, de peur qu'un jour il ne s'étende, par l'influence de l'opinion de quelques particuliers riches, jusque sur le peuple blanc et pauvre de la métropole. Les Anglais, qui nous devancent en maturité et en sagesse, ont déjà pris en considération cette cause du genre humain; elle doit être plaidée dans leur parlement comme elle aurait dû l'être dans l'aréopage. Il s'est formé à Paris, comme à Londres, une société amie et patronne des pauvres noirs esclaves, au moins aussi digne de l'estime publique que celle de la Merci. C'est à cette société respectable à porter les doléances de ces infortunés à l'assemblée nationale.

Mais comme il ne faut pas ruiner les hommes qu'on veut réformer, j'observerai, en faveur des habitants de nos colonies, qu'il faut procéder peu à peu à l'abolition de la servitude de leurs noirs; autrement on ferait le malheur des maîtres et des esclaves. Les révolutions de la politique doivent être périodiques comme celles de la nature. On peut d'abord tarir la source de l'esclavage aux îles, en défendant la traite des noirs en Afrique; ensuite on réduira la servitude personnelle des noirs à celle de la glèbe; puis celle de la glèbe en affranchissement, qu'on fera dépendre de leur bonne conduite à l'égard de leurs maîtres, afin qu'ils leur aient en partie obligation de leur liberté.

Ces changements sont d'autant plus faciles à faire, que les cultures des îles sont bien moins pénibles et dispendieuses que celles de l'Europe. Il ne faut ni lourdes charrues, ni herses, ni attelages de chevaux, ni triples labours, pour planter le manioc, le maïs, la patate, le café, la canne à sucre, l'indigo, le cacaotier et le cotonnier, comme pour nos blés, nos vignes, nos lins et nos chanvres. Les campagnes de nos îles se cultivent comme nos jardins, avec des bêches, des pioches, des hottes. Des femmes et des enfants suffisent à la plupart de leurs récoltes.

A la vérité, les manufactures du sucre exigent de grandes dépenses en bâtiments, ainsi que le concours de beaucoup d'ouvriers. Des partisans de l'esclavage en ont voulu conclure la nécessité d'employer aux îles des ateliers de noirs esclaves; Cette conséquence si faible est même leur plus fort argument contre la liberté de noirs. Mais il ne faut pas en Europe d'ateliers d'esclaves pour entretenir et faire mouvoir les manufactures de tannerie, de tapisserie, de papier, d'armes, d'épingles, etc., qui demandent un grand concours d'hommes, et plus d'ensemble dans leur fabrique que les manufactures du sucre. Un habitant, d'ailleurs, qui a un moulin à sucre, n'a pas plus besoin de cultiver toutes les cannes de son canton, pour en recueillir à lui seul le profit, qu'il est nécessaire que le possesseur d'un pressoir en Bourgogne ait à lui seul tous les vignobles de son coteau. Ceux qui fabriquent chez nous les toiles ne cultivent point le lin et le chanvre; ni ceux qui font le papier ne ramassent pas dans les rues les chiffons de toile; ni ceux qui impriment et font des livres ne se chargent point d'en manufacturer le papier. C'est de la répartition des différents arts dans des mains libres, qu'est venue leur perfection en Europe. Les petites propriétés artistes sont nécessaires au progrès de l'industrie, comme les petites propriétés territoriales à celui de l'agriculture. Si les fabricants de sucre aux colonies étaient chargés uniquement de sa fabrique, et les cultivateurs, de la culture de cannes, il ne serait pas nécessaire de raffiner en Europe le sucre des îles. On y filerait, comme aux Indes, l'étoupe du Caire, les fils du bananier et le coton; on en ferait des cordages et des toiles. Les vastes habitations de Saint-Domingue et des Antilles, divisées en petites propriétés, et devenues libres, seraient aussi industrieuses et j'ose dire plus agréables, par la facilité de leur culture et par la température de leur ciel, que les fermes et les métairies de la France, où les hivers sont si rudes. Elles offriraient une multitude d'emplois et de métiers à quantité de nos pauvres paysans et ouvriers, qui manquent en France de travaux; et les habitants de nos colonies se trouveraient plus riches, plus heureux et plus distingués, quand, au lieu d'esclaves étrangers, ils auraient des fermiers compatriotes, et au lieu d'habitations, des seigneuries.

Je n'ai pas besoin de m'étendre sur l'abolition de la servitude main-mortable des habitants du mont Jura. Il est bien étrange que cette servitude se soit maintenue jusqu'à présent dans un coin du royaume par les chanoines de Saint-Claude, malgré les invitations de Louis XVI, les prérogatives de la France, les droits de la nature et les lois de l'Évangile. La durée de cet abus prouve la puissance et la tyrannie des corps. Les chanoines de Saint-Claude se détermineront sans doute d'eux-mêmes à restituer la liberté à des paysans français, à l'exemple de leur vertueux évêque, sans y être contraints par l'assemblée nationale, qui a le droit de réformer toutes les injures faites à la nation.

Chefs du peuple dans tous les ordres, je vous le répète au nom de celui qui a lié les destins de tous les hommes, votre propre bonheur dépend de celui du peuple : si vous le haïssez, il vous haïra; il vous rendra au centuple le mal que vous lui ferez; mais si vous l'aimez, il vous aimera; si vous le protégez, il vous protégera; vous serez forts de sa force comme vous êtes faibles de sa faiblesse. Voulez-vous donc vous-mêmes vivre libres, n'attentez pas à sa liberté; acquérir des lumières, ne l'aveuglez pas de préjugés; calmer vos propres âmes, ne lui donnez pas d'inquiétudes; travailler à votre propre grandeur, occupez-vous de son élévation : souvenez-vous que vous êtes le sommet de l'arbre dont il est la tige.

L'assemblée nationale doit s'occuper surtout du soin de réformer la justice civile et criminelle, dont les codes sont des monuments des siècles de barbarie, où le plus fort opprimait le plus faible. Elle réformera, par exemple, cette loi dénaturée par laquelle le témoignage d'une femme est déclaré bon pour constater un maléfice, et nul pour attester la simple prise de possession d'un bénéfice. Elle abolira cette autre loi qui donne les deux tiers des terres à l'aîné de la famille, l'autre tiers à tous les frères cadets, fussent-ils une douzaine, et une simple portion de cadet à partager à toutes les sœurs, fussent-elles en même nombre que les garçons; en sorte que, joignant l'expression de la galanterie française à une disposition inhumaine, elle déclare qu'un père peut marier sa fille avec un chapeau de roses, c'est-à-dire avec rien. Cette loi, qui existe parmi la noblesse d'une grande partie du royaume, paraît être venue des barbares du Nord, en ce qu'elle est en vigueur parmi les paysans mêmes de cette portion de la Normandie appelée le pays de Caux, où s'établirent d'abord les ducs normands. Elle est inconnue à Paris et dans ses environs, où les frères partagent également avec leurs sœurs. Cette capitale du royaume ne serait jamais parvenue au point de richesse, d'urbanité, de lumières et de splendeur qui en font en quelque sorte la capitale de l'Europe, si cette loi féodale y eût existé.

Pour moi, venant à penser aux causes qui rendent une ville illustre et qui en font le centre des nations, je vois que ce n'est ni la magnificence des monuments, ni les priviléges accordés au commerce, ni la douceur du climat, ni même la fécondité du sol, mais le bonheur dont y jouit la plus aimable portion du genre humain. Il y a sur la terre des villes plus heureusement situées que Paris, et qui sont bien moins fameuses et beaucoup moins peuplées. Naples est dans un climat délicieux ; Rome moderne est remplie de monuments augustes ; Constantinople est sur les limites des trois parties du monde, l'Europe, l'Asie et l'Afrique ; d'autres villes, comme les capitales du Pérou et du Mexique, sont assises sur les bords du vaste Océan, dans un sol rempli d'or, d'argent, de pierreries, et sous un ciel égal, qui ne connaît ni les ardeurs de l'été ni les rigueurs de l'hiver ; d'autres, comme Ceylan, Amboine, Java, sont dans des îles fortunées, au milieu des forêts de canneliers, de girofliers et de muscadiers ; cependant aucune de ces villes n'est comparable à Paris, parceque les femmes y sont réduites à un esclavage civil ou moral. Il y a même en France des villes qui présentent plus d'avantages que sa capitale, parcequ'elles sont sous un ciel plus doux, ou plus près du centre du royaume pour le régir, ou sur le bord des mers pour communiquer avec toutes les nations. Rouen, par exemple, capitale du pays de Caux, déja considérable du temps de César, aurait dû, par la richesse de son territoire, par l'industrie de ses habitants et par sa situation sur la Seine, dans le voisinage de la mer, s'élever au même degré de puissance que la capitale de l'Angleterre, qu'elle a subjuguée autrefois par ses ducs. Mais si Londres elle-même est devenue la rivale de Paris, c'est sans doute par les mêmes causes. Paris doit sa florissante prospérité à celle dont elle fait jouir les femmes. Partout où les femmes sont heureuses on voit naître le goût, l'élégance, le commerce et la liberté. Les malheureux de tous les pays, qui comptent partout sur leur sensibilité, y apportent leurs arts, leur industrie et leurs espérances. Les peuples y abondent, parceque les tyrans n'osent y paraître. Les villes les plus renommées de l'antiquité sont celles où les femmes étaient le plus considérées : telle a été Athènes chez les Grecs ; telle a été une grande partie de la Grèce, où elles régnaient par l'empire des graces, de l'innocence et de l'amour, et qui a laissé d'elle une si douce mémoire, l'heureuse Arcadie. Rome belliqueuse même leur a dû, par les priviléges qu'elle leur accordait, la meilleure partie de sa puissance sur des peuples barbares, tyrans de leurs femmes. Il est aisé de subjuguer ses ennemis quand on a leurs compagnes pour amies. Ovide observe que Vénus avait plus de temples à Rome que dans aucun lieu du monde. Si on s'y rappelle tous ceux des diverses Fortunes, de Junon, de Vesta, de Cybèle, de Minerve, de Diane, de Cérès, de Proserpine, des Muses, des Nymphes, de Flore, etc., on trouvera que les déesses y étaient encore plus honorées que les dieux. A Paris, les saintes sont plus fêtées que les saints. Cette capitale de la France doit ses prérogatives sur toutes les autres villes du royaume et son influence sur l'Europe à l'élégance des arts, à la variété des modes et à la politesse des mœurs, qui résultent de l'empire des femmes. Les femmes sont à Paris les législatrices du code moral, bien plus puissant que le code légal. Si elles y sont encore opprimées par les lois, qui les soumettent à leurs maris et à leurs enfants majeurs, elles y sont protégées par les mœurs, qui leur réservent en tous lieux les premières places, comme revêtues d'une magistrature naturelle qui les rend, dans tout le cours de notre vie, les législatrices de nos goûts, de nos usages et même de nos opinions. Elles sont, dès notre enfance, nos premiers apôtres ; ce sont elles qui nous apprennent, tout petits, à faire de la même main le signe de la croix et la révérence aux dames, à honorer à la fois les autels et leur sexe, comme si elles cherchaient dans nos jeunes ames des protections pour l'avenir, et à nous inspirer sur leur sein des habitudes religieuses et tendres, qui doivent un jour leur servir de sauvegarde contre la barbarie de nos institutions. Les lois doivent donc venir avec les mœurs au secours de leur faiblesse, en les appelant par toute la France au partage égal de nos fortunes et de nos droits, puisque la nature les a appelées à celui de nos plaisirs et de nos peines.

L'assemblée nationale doit encore s'occuper du soin d'établir dans tout le royaume les mêmes lois, ainsi que les mêmes poids et mesures, afin de faire régner parmi les citoyens l'ensemble si nécessaire à la prospérité publique.

Elle doit aussi réformer la justice criminelle, qui n'a pas moins d'abus que la justice civile. L'humanité de nos magistrats, soutenue de la volonté de la nation et de la sanction du roi, pénétrera dans le ténébreux labyrinthe de nos lois, déja éclairé par les Servan et les Dupaty..., afin d'ôter au crime ses refuges et d'empêcher l'innocence de s'y égarer. Pour s'y guider eux-mêmes, ils ne perdront jamais de vue cette loi que la nature n'a point tracée sur des colonnes de marbre, ou sur des tables de bronze, ou sur des parchemins, et qu'elle n'a écrite ni en égyptien, ni en hébreu, ni en latin, mais qu'elle a empreinte avec les caractères du sentiment; ce langage de tous les siècles, dans la conscience de tous les hommes, pour y être la base éternelle de la justice et du bonheur des sociétés : « Ne faites pas à autrui ce que vous ne » voudriez pas que l'on vous fît. »

Il s'ensuivra que les récompenses seront communes et personnelles à tous les Français pour les mêmes vertus, comme les punitions pour les mêmes vices. C'est le seul moyen de détruire le préjugé qui honore toute la postérité d'une famille à cause de la gloire d'un de ses membres, ou qui la déshonore pour le crime d'un seul. Cependant on doit abolir tous les châtiments qui sont infamants et cruels. Il me semble même juste de substituer sans flétrissure corporelle, à l'exemple des Romains, la peine du bannissement hors du royaume à celle des prisons perpétuelles ou des galères. Souvent un homme, après avoir fait une mauvaise action dans son pays, où il a été égaré par l'indigence ou séduit par l'exemple, ou entraîné par les passions, se corrige dans un pays étranger, où il est plus heureux, et surtout où il est inconnu. Souvent, au contraire, il achève de se dépraver, livré à lui-même dans une prison, ou flétri dans la société des citoyens par l'opinion publique, qui le poursuit à jamais jusque dans ses enfants. On doit aussi rendre la peine de mort très rare; elle ne devrait avoir lieu que pour punir les assassinats prémédités, comme dans la loi du talion chez les Hébreux. On a aboli la peine de mort en Russie dans tous les cas, excepté celui de lèse-majesté; et les crimes y sont bien plus rares qu'autrefois, où cette peine était très commune. Nous devons imiter l'humanité des Anglais, qui envoient la plupart de leurs criminels dans les pays nouvellement découverts. Il est aussi convenable d'adopter leurs jugements par pairs et par jurés dans les procédures. Ce dernier moyen peut également servir à constater les bonnes actions pour les récompenser, et les mauvaises pour les punir. Il n'est pas juste que les lois punissent toujours et ne récompensent jamais; qu'un homme soit envoyé aux galères ou au supplice pour avoir attenté à la fortune ou à la vie des citoyens, et qu'il ne reçoive aucune faveur publique pour avoir entretenu parmi eux la concorde, et les avoir consolés dans leurs infortunes. Notre justice n'a qu'une épée, elle ne sait que frapper; sa balance ne lui sert qu'à peser les maux, et jamais les biens. Il est donc juste que nos tribunaux puissent décerner des récompenses comme des punitions, et dresser des autels comme des échafauds. Alors les pierres de nos carrefours, toujours couvertes d'arrêts de flétrissure ou de mort, cesseront d'être, comme à Gênes, des pierres infamantes; elles s'honoreront des fastes de la vertu; les entrées de nos villes, au lieu d'effrayer les voyageurs par des fourches patibulaires, les inviteront à y chercher des asiles par des arcs de triomphe élevés, comme à la Chine, à la mémoire des bons citoyens.

Tels sont les principaux abus qu'il me semble nécessaire de réformer avant toute autre réforme.

Maintenant je vais faire quelques réflexions sur l'impôt territorial, qui doit suppléer à la taille, acquitter les dettes de l'état, et être payé, sans exception, par tous les propriétaires des terres.

Il me semble que pour que l'impôt territorial soit réparti également sur les personnes, il doit l'être inégalement sur les fortunes, c'est-à-dire qu'il doit croître à proportion de l'étendue de chaque propriété : ainsi la portion de terre nécessaire pour nourrir une famille étant déterminée, cette portion paierait davantage à mesure qu'elle augmenterait dans chaque propriété. Les Romains, dans les premiers temps de leur république, avaient borné à sept arpents la quantité de terre nécessaire à la subsistance d'une famille. Comme nous ne sommes pas si sobres que les anciens Romains; que notre climat, plus froid que celui de l'Italie, exige plus de besoins; que nos terres sont moins fécondes; que nous payons des dîmes et d'autres sortes d'impositions qui leur étaient inconnues, et qu'ils participaient au contraire aux tributs qu'ils imposaient aux nations conquises pour le soulagement du peuple romain; on peut fixer en France à vingt arpents la quantité de terre nécessaire aux besoins d'une famille. Ceci posé, l'arpent étant taxé par un impôt territorial prélevé en nature, et non en argent, chaque propriété qui serait au-delà de vingt arpents supporterait une légère taxe appelée l'impôt de censure. Cet impôt de censure serait payé par ceux qui posséderaient deux propriétés de vingt arpents; il doublerait pour ceux qui en auraient trois, quadruplerait pour ceux qui en auraient quatre, etc... Ainsi, pendant que les propriétés particulières iraient en progression arithmétique, 1, 2, 3, 4, l'impôt de censure croîtrait en progression géométrique, 1, 2, 4, 8, etc...; de manière qu'il serait égal, pour une possession de mille arpents, à l'impôt territorial de ces mêmes mille arpents; il serait double pour celle de deux mille, quadruple pour celle de trois mille, octuple pour celle de quatre mille.

Cet impôt de censure croîtrait avec l'étendue des propriétés, comme le tarif des diamants et des glaces, dont le luxe est d'ailleurs bien moins dangereux que celui des terres, qui entraîne infailliblement la ruine d'un état, ainsi que l'ont observé Plutarque et Pline à l'occasion de l'Afrique, de la Grèce et de l'empire romain. On peut ajouter à ces exemples, dans les mêmes siècles, la Sicile, une partie de l'Asie, et, dans ces temps modernes, la Pologne, l'Espagne et l'Italie. Il est donc à présumer que cet impôt de censure mettrait en France un frein aux grandes propriétés territoriales, bien mieux que les lois prohibitives, promulguées en vain à Rome sous les empereurs, qui fixèrent à cinq cents arpents le terme de la plus grande propriété individuelle. Il est toujours aisé d'enfreindre une loi prohibitive lorsque la prohibition n'en suit pas la trangression pas à pas. La cupidité, ainsi que les autres passions, est comme un chariot qui descend une montagne : si vous ne l'enrayez dès le départ, vous ne l'arrêterez pas dans le milieu de sa course.

Cet impôt de censure me paraît à tous égards fondé en justice; car si vingt arpents appartenant à une famille paient la moitié moins que vingt arpents des mille qui appartiendraient à un seul propriétaire, d'un autre coté ces vingt premiers arpents rendent à proportion beaucoup plus en denrées et en hommes. Mille arpents, sous un seul propriétaire, ont chaque année un tiers de leur étendue en jachères, et sont mis en valeur tout au plus par dix familles domestiques de cinq personnes chaque, c'est-à-dire par cinquante personnes, en y comprenant les femmes et les enfants; tandis que ces mille arpents, divisés en cinquante propriétés de vingt arpents, seront cultivés partout, et feront vivre cinquante familles libres et industrieuses, c'est-à-dire deux cent cinquante citoyens. Or, l'abondance des denrées et des hommes, surtout des hommes libres, est la première richesse des états.

Il résulterait de cet impôt de censure territoriale, que les grandes propriétés, payant plus et rendant moins, deviendraient plus rares, et que les petites propriétés, payant moins et rendant plus, deviendraient plus communes. Les premières seraient moins recherchées par les gens riches, surtout quand on en aurait retranché les droits de chasse et les autres, en tant qu'ils sont onéreux à l'agriculture; et les secondes le seraient beaucoup par les bourgeois d'une fortune médiocre, quand elles ne seraient plus opprimées et flétries par les corvées, les milices et les tailles : ainsi, l'impôt de censure deviendrait une digue contre l'opulence et l'indigence extrême, qui sont les deux sources de tous les vices nationaux. On pourrait l'étendre à toutes les grandes propriétés en emplois, en maisons et en argent, sans toucher toutefois à aucune des grandes propriétés actuelles, même territoriales. Ces vœux, que je forme pour la félicité publique, ne sont que pour l'avenir, et ne doivent causer à présent la ruine d'aucun grand propriétaire particulier.

Après avoir parlé des propriétés rurales, je ferai quelques observations sur le blé, la plus importante de leurs productions, et qui est, par sa nature, une propriété nationale. La liberté du commerce des grains a suscité beaucoup d'ouvrages pour et contre; mais comme, par une suite de notre éducation ambitieuse, on n'agite chez nous aucune question que dans le dessein de briller, il est arrivé que celle-ci, fort simple de sa nature, comme tant d'autres, est devenue fort problématique, parceque plus le bel-esprit débat de la vérité, plus il l'embrouille.

Il est certain qu'il n'y a point de famille un peu à son aise qui n'ait sa provision d'argent assurée, au moins pour vivre un an : il est bien étrange que la grande famille de l'état n'ait pas sa provision de blés emmagasinés pour vivre au moins cet espace de temps. Faute de magasins de blés, la liberté de leur commerce en a épuisé plusieurs fois le royaume.

Les émeutes populaires n'ont presque jamais d'autres causes que la disette de blés. Nos ennemis, tant du dehors que du dedans, saisissent le moment où il est permis de les exporter, enlèvent tout ce qui est à vendre, à quelque prix que ce soit, bien assurés que dans trois mois ils nous le revendront au double : ainsi nous ressemblons aux sauvages qui vendent leur lit le matin, et qui sont obligés de le racheter le soir. Il est donc nécessaire que l'état, avant de permettre l'exportation des blés, en ait sa provision au moins pour un an audelà de la récolte future; et pour cela, il a besoin de magasins publics. Il ne faut, pour décider cette question, ni mémoire ministériel, ni dissertation académique; il ne faut que du sens commun. Si vous voulez vous appuyer sur des exemples, voyez Genève, la Suisse et la Hollande, qui, avec des territoires ingrats ou insuffisants, vivent dans une abondance assurée au moyen de leurs magasins publics; tandis que les paysans manquent souvent de pain en Pologne et en Sicile, qui fournissent des blés à toute l'Europe. Nous devons craindre, dit-on, des monopoles, si nous avons des magasins. S'ils dépendent des particuliers, on a raison ; ce sont les magasins particuliers qui font les disettes publiques : mais on n'a rien de semblable à redouter si les magasins de blé sont à la nation, et administrés par les assemblées provinciales. A la vérité, les assemblées provinciales pourraient les réserver entièrement pour l'usage de leurs provinces qui se trouveraient dans l'abondance lorsque les provinces voisines tomberaient dans le besoin ; mais c'est ce qui ne peut arriver sous l'inspection et la correspondance de l'assemblée nationale, qui, instruite du superflu des blés dans un canton, et de leur rareté dans un autre, éclairerait l'autorité royale, et, par son moyen, entretiendrait dans tout le royaume l'équilibre des subsistances de premier besoin. C'est une des raisons, entre mille, qui nécessite la permanence de l'assemblée nationale, et le changement périodique de ses membres.

Nos livres politiques, pour complaire aux chefs de l'administration, se sont beaucoup occupés des moyens d'augmenter les richesses des états. Il semble qu'un peuple ne puisse jamais avoir trop de vins, trop de blés, trop de bestiaux, et surtout trop d'argent ; car c'est là que tout aboutit en dernier ressort. Mais comment se fait-il qu'on a toujours trop de cette première richesse des empires, je veux dire de l'espèce humaine, puisque presque par toute l'Europe elle est si misérable qu'on ne sait qu'en faire ? Un berger n'est point surchargé du nombre de ses moutons ; il n'expose point au carrefour de son village de petits agneaux qui viennent de naître ; mais des pères et des mères abandonnent tous les jours leurs enfants nouveaunés aux carrefours des villes, et à la porte de leurs hôpitaux. Le nombre des enfants-trouvés, à Paris, monte chaque année à cinq et à six mille, et il est le tiers de ceux qui y reçoivent le jour. Dans cette ville si riche et si indigente, les plus misérables rebuts ont une valeur ; on y ramasse, au coin des rues des os, des bouteilles cassées, des cendres, des loques ; un vieux chat y a son prix, ne fût-ce que pour sa peau ; mais personne n'y veut d'un homme misérable. Cet habitant du fortuné royaume de France, cet enfant de Dieu et de l'Église, ce roi de la nature, va sollicitant à chaque porte l'indulgence du chien de la maison, pour y demander d'une voix lamentable à un être de son espèce, de sa nation et de sa religion, un morceau de pain que souvent il lui refuse. C'est bien pis à la porte des hôtels, où un suisse ne lui permet pas même de se montrer. C'est encore pis dans son grenier, d'où la faim le chasse, quand la honte, plus mordante qu'un chien et plus rébarbative qu'un suisse, lui défend d'en sortir.

Mais la mendicité même n'est plus la ressource de l'indigence, puisqu'on emprisonne les mendiants. Je desire donc, pour subvenir aux besoins du peuple, que tout homme valide manquant de travail ait le droit d'en demander à l'assemblée de son village ou de son quartier. Si elle n'en a point à lui donner, elle enverra sa demande à l'assemblée de la ville dont elle ressortit ; celle-ci, dans le même cas, la portera à l'assemblé provinciale, qui la fera parvenir à l'assemblée nationale, si elle est dans la même impuissance.

Ainsi, l'assemblée nationale aurait en dernier ressort l'état de toutes les familles indigentes du royaume, comme elle aurait celui de tous ses besoins et de ses ressources : elle s'emploierait donc auprès du roi pour l'établissement de ces familles indigentes dans les provinces qui manqueraient d'ouvriers, ou bien dans nos colonies et les terres nouvellement découvertes, sous un régime semblable à celui de la future constitution, afin de lier toujours ces Français à leur patrie, et d'étendre par toute la terre la population, la puissance et la félicité de leur métropole. Ces prévoyances journalières sont encore des raisons qui nécessitent la permanence de l'assemblée nationale.

Ainsi la Bretagne et Bordeaux avec leurs landes ; la Normandie, avec ses veys, que la mer couvre et découvre deux fois par jour ; la Rochelle et Rochefort, avec leurs marais stagnants ; la Provence, avec ses rochers et ses plaines de cailloux ; la Corse, avec ses montagnes et ses makis ; les îles de l'Amérique, avec leurs solitudes ; et tant d'autres terres concédées, comme celles de la Corse, en grandes propriétés de dix mille arpents à la fois, et qui sont restées incultes entre les mains de leurs grands propriétaires sans argent, se trouveraient mises en valeur par les petites propriétés, et fourniraient de nombreux débouchés à tous nos hôpitaux, surtout à ceux des enfants-trouvés. L'indigence, coupée dans ses racines, cesserait de produire la mendicité, le vol et la prostitution, qui en sont les fruits naturels. Pour les hommes pauvres et invalides, ils seraient soulagés dans leurs familles, ou dans des hospices, au moyen de secours administrés par les assemblées de chaque district ; on y emploierait les revenus des hôpitaux, ces vastes foyers de misères et d'épidémies. D'ailleurs, comme il n'y aurait plus de pauvres en santé dans le royaume, il ne s'y trouverait que fort peu de pauvres malades.

Au reste, en indiquant aux pétitions des indigents une période à parcourir d'assemblée en assemblée, je n'ai point voulu donner des entraves à leur liberté ; mais j'ai desiré offrir des moyens assurés de secours, non seulement à eux, mais aux villages, aux villes, aux provinces, et à l'état même. Si les particuliers ont besoin de travail, les sociétés entières ont souvent besoin de travailleurs. Michel Montaigne desirait « qu'on establist à Paris » un bureau de renseignements, où ceux qui au» roient besoin ou superfluité de quoi que ce fust » pourroient s'adresser mutuellement. » Nous avons exécuté en partie son idée, par l'établissement des Petites-Affiches et de quelques journaux semblables ; mais nous ne l'avons guère appliquée qu'aux objets de luxe, tels que les meubles, les carrosses, les chevaux, les maisons, les terres, et fort rarement aux hommes. Il faut l'étendre aux besoins des campagnes, des villes, des provinces. et de l'état même. Or, il n'y a qu'une assemblée nationale permanente qui puisse embrasser à la fois les besoins publics et prouvés. C'est d'ailleurs un acte de justice; car si l'état a le droit d'exiger du peuple des milices, des matelots et des corvées dans ses besoins pressants, le peuple a aussi, dans les siens, le droit de demander à l'état des moyens de subsister.

Au reste, tout Français a le droit de s'adresser directement à l'assemblée nationale ; et s'il préfère de chercher fortune hors du royaume, il doit avoir la liberté d'en sortir, comme tout étranger doit avoir celle d'y entrer et de s'y établir, avec le libre exercice de sa religion, afin de fixer chez nous, par l'équité de nos lois, les hommes que nous attirons par l'urbanité de nos mœurs.

La confiance rétablie entre les trois ordres ; les intérêts des deux premiers liés à celui du peuple et balancés par celui du roi; les assemblées rurales, municipales, provinciales et nationales, rendues permanentes dans leur ensemble, périodiques dans leurs membres, et concordantes dans leurs délibérations ; l'agriculture délivrée de toutes ses entraves, des capitaineries, des gabelles, des milices ; la liberté individuelle conservée à chaque citoyen dans sa fortune, sa personne et sa conscience ; l'esclavage aboli aux colonies et au mont Jura ; la justice civile et criminelle réformée ; l'impôt territorial assis proportionnellement aux territoires et aux besoins de l'état et de ses dettes ; les moyens de subsister multipliés et assurés au peuple par les digues opposées aux grandes propriétés, il sera dressé, sur tous ces objets, une constitution sanctionnée par le roi, dont l'exécution sera confiée aux tribunaux, pour être à l'avenir le code national.

Il est inutile que l'assemblée s'occupe du soin de renfermer dans cette constitution tous les cas possibles ; ils sont innombrables, et il en est qu'il serait triste de prévoir et dangereux de publier. Comme l'assemblée doit être permanente, elle y pourvoira à mesure qu'ils se présenteront. Elle aura assez de peine à réparer le passé et à régler le présent, sans prendre inutilement celle de donner des lois à l'avenir.

Quelque sagesse qui préside à la rédaction de ce code, il ne faut pas croire que les lois en seront immuables. Il n'y a d'immuable que les lois de la nature, parcequ'il n'y a que son Auteur qui, par sa sagesse infinie, ait connu les besoins de tous les êtres, dans tous les temps : au contraire, les législateurs des nations n'étant que des hommes, en connaissent à peine les besoins présents, et ne sauraient prévoir ceux que l'avenir leur prépare.

Les lois politiques doivent donc être variables, parcequ'elles n'intéressent que les familles, les corps et les patries, sujets eux-mêmes au changement ; et les lois de la nature doivent être permanentes, parceque ce sont les lois de l'homme et du genre humain, dont les droits sont invariables. Or, je ne connais point d'état en Europe où le contraire ne soit arrivé, c'est-à-dire où l'on n'ait rendu les lois politiques permanentes, et celles de la nature si variables, qu'à peine aujourd'hui on en peut reconnaître les traces.

Par exemple, l'hérédité de la noblesse, qui n'a pas été héréditaire dans son origine, est une loi politique rendue permanente dans toute l'Europe : cependant elle devait varier suivant le besoin des états; car on devait prévoir que les familles nobles se multiplieraient plus que les autres, parcequ'elles ont plus de crédit, et partant plus de moyens de subsister ; et que les familles bourgeoises riches tendraient sans cesse à s'incorporer avec elles par les anoblissements; de sorte que le nombre des hommes oisifs allant toujours en augmentant et celui des hommes laborieux toujours en diminuant, l'état, au bout de quelques siècles, se trouverait affaibli par sa propre constitution.

C'est en effet ce qui est arrivé à l'Espagne et à d'autres pays. Ce ne sont ni les guerres, ni les émigrations en Amérique, qui ont affaibli l'Espagne, comme tant de politiques l'ont dit ; c'est au contraire la paix, et la trop grande multiplication des familles nobles qui s'en est ensuivie. Les longues et cruelles guerres de la Ligue détruisirent en France beaucoup de gentilshommes ; et la France, loin de s'affaiblir, augmenta en population et en richesse jusqu'à Louis XIV. Les émigrations de l'Angleterre, qui est moins étendue que l'Espagne, ont formé en Amérique des colonies plus florissantes et plus peuplées que les colonies espagnoles ; et loin de diminuer les forces de l'Angleterre, elles les auraient augmentées, si elles avaient été mieux liées avec leur métropole, dont elles se sont séparées à cause de leur puissance même.

C'est qu'en Angleterre les intérêts de la noblesse sont liés avec ceux du peuple, et que, comme lui, elle se livre à l'agriculture, à la navigation marchande, au commerce, etc. Enfin plusieurs états en Italie, qui, comme Venise, Gênes, Naples, la Sicile, etc., n'ont ni guerres à supporter, ni colonies à entretenir, sont dans un état de faiblesse qui augmente de plus en plus, sans qu'on puisse l'attribuer à d'autres causes qu'à l'hérédité même de la noblesse, et aux anoblissements qui y multiplient la classe oisive des nobles, aux dépens des classes laborieuses du peuple.

Si l'ancienne loi épiscopale, qui ordonnait en Europe aux testateurs de stipuler dans leurs testaments, sous peine de nullité, des donations en faveur de l'Église, avec privation de la sépulture ecclésiastique contre les gens qui mourraient sans faire de testament, n'avait pas été abrogée, ainsi que la permission aux gens de main-morte d'acquérir des biens-fonds ; il est certain que toutes nos terres seraient depuis long-temps au pouvoir du clergé, comme toutes nos dignités sont à celui de la noblesse. Il est encore certain que si la coutume qui permet aux gens de finance d'agioter les papiers publics n'est pas abolie chez nous, tout notre argent se trouvera entre les mains des agioteurs. Il en est de même des compagnies privilégiées en tout genre. Ainsi une nation peut, par la seule permanence des lois et des coutumes qui ont peut-être servi autrefois à sa prospérité, se trouver à la fin dépouillé de son honneur, de ses terres, de son commerce et de sa liberté.

Au contraire, une nation, en rendant variables, pour l'intérêt de quelques corps, les lois de la nature qui doivent être permanentes, abolit à la longue la plupart des droits de l'homme : tantôt ce sont ceux du mariage, tantôt ceux de la liberté personnelle, comme au mont Jura et dans nos colonies, etc.

Ce sera donc une loi fondamentale de notre constitution future, que les seules lois de la nature seront permanentes, et que toutes les lois politiques pourront être changées et réformées par l'assemblée nationale, toutes les fois que l'exigera le bonheur de la nation, parceque le bonheur d'une nation est lui-même une conséquence de cette loi de la nature, qui s'est proposé constamment, dans les harmonies variables de ses ouvrages, le bonheur de tous les hommes.

Mais comme les lois de la nature disparaissent elles-mêmes des sociétés, par les seuls préjugés inspirés à l'enfance, en sorte que les hommes viennent à croire que ce qui est naturel leur est étranger, et que ce qui leur est étranger est naturel, il est nécessaire de poser la base de notre constitution future sur une éducation nationale, afin qu'au défaut de la raison, elle devienne agréable à notre postérité, au moins par la douceur de l'habitude.

VOEUX POUR UNE ÉDUCATION NATIONALE.

Avant d'établir une école de citoyens, on devrait établir une école d'instituteurs. J'admire avec étonnement que tous les arts ont parmi nous leur apprentissage, excepté le plus difficile de tous, celui de former des hommes. Il y a plus : l'état d'instituteur est, pour l'ordinaire, la ressource de ceux qui n'ont point de talent particulier. L'assemblée nationale doit s'occuper soigneusement d'un établissement si nécessaire. Elle choisira des hommes propres à faire des instituteurs, non parmi des docteurs et des intrigants, suivant notre usage, mais parmi des pères de famille qui auront bien élevé eux-mêmes leurs enfants. Je ne parle pas de ceux qui en ont fait des savants et des beaux-esprits, mais de ceux qui les ont rendus pieux, modestes, naïfs, doux, obligeants et heureux, c'est-à-dire qui les ont laissés à peu près tels que la nature les avait faits. Il ne faudra, pour remplir ces places, ni brevets de maître ès arts, ni lettres du grand-chantre, mais des enfants beaux et bons ; et comme c'est à l'œuvre qu'on doit connaître l'ouvrier, on jugera capables d'élever des citoyens des hommes qui ont bien élevé leur famille.

Ces instituteurs doivent jouir de la noblesse personnelle, à cause de la noblesse de leurs fonctions. Ils seront sous l'inspection immédiate de l'assemblée nationale, et ils auront sous leur direction tous les maîtres de science, de langues, d'arts et d'exercices. Ils seront répartis dans les principaux quartiers de Paris et dans toutes les villes du royaume, pour y établir des écoles nationales; et il ne pourra y avoir, même dans un village, de simple maître d'école qui ne soit institué par eux.

Ils s'occuperont d'abord à réformer toute notre éducation gothique et barbare du temps de Charlemagne. Je n'ai pas besoin de dire qu'ils en banniront l'ennui, la tristesse, les larmes, les châtiments corporels; qu'ils élèveront les enfants à l'amour et non à la crainte, pour en faire des citoyens et non des esclaves, etc. Puisqu'ils sont pères d'enfants heureux, la nature leur en a appris bien plus qu'à moi, inutile célibataire; mais comme ils sont Français, ils ne doivent pas être moins en garde contre les méthodes qui exaltent l'ame que contre celles qui l'avilissent.

Ils banniront donc l'émulation de leurs écoles. L'émulation, dit-on, est un stimulant : c'est précisément pour cela qu'ils doivent la réprouver. Hommes sans art et sans artifice, laissez les épices aux hommes dont le goût est affaibli ; ne présentez aux enfants de la patrie que des mets doux et simples comme eux et comme vous ; il ne faut pas donner la fièvre à leur sang pour le faire circuler ; laissez-le couler de son cours naturel ; la nature y a assez pourvu dans un âge si actif et si remuant. Les inquiétudes de l'adolescence, les passions de la jeunesse, les soucis de l'âge viril, ne l'enflammeront un jour que trop, sans qu'il soit en votre pouvoir de le calmer.

L'émulation est un stimulant d'une étrange espèce; nous ne nous servons pas d'elle, c'est elle qui se sert de nous. Quand nous nous proposons de subjuguer un rival, c'est elle qui nous subjugue. Semblable à l'homme qui brida et monta le cheval à sa requête pour le venger du cerf, une fois en selle sur notre ame, elle nous force d'aller où nous n'avons que faire, et de courir après tout ce qui va plus vite que nous ; elle remplit toute la carrière de notre vie de soucis, d'inquiétudes et de vains desirs ; et quand la vieillesse a ralenti tous nos mouvements, elle nous éperonne encore par de vains regrets :

Post equitem sedet atra cura.

Ai-je eu besoin dans l'enfance de surpasser mes camarades, à boire, à manger, à promener, pour y trouver du plaisir? Pourquoi a-t-il fallu que j'apprisse à les devancer dans mes études pour y prendre du goût? N'ai-je pu m'instruire à parler et à raisonner sans émulation ? Les fonctions de l'ame ne sont-elles pas aussi naturelles et aussi agréables que celles du corps? Si elles attristent nos enfants, c'est la faute de nos méthodes, et non celle de la science; ce n'est pas faute d'appétit de leur part. Voyez comme ils sont imitateurs de tout ce qu'ils voient faire et de tout ce qu'ils entendent dire ! Voulez-vous donc attacher les enfants à vos exercices ? faites comme la nature pour les siens : attachez-y du plaisir ; ils y courront d'eux-mêmes.

L'émulation est la cause de la plupart des maux du genre humain. Elle est la racine de l'ambition ; car l'émulation produit le desir d'être le premier, et le desir d'être le premier n'est autre chose que l'ambition qui se partage, suivant les positions et les caractères, en ambition positive et négative, d'où coulent presque tous les maux de la vie sociale.

L'ambition positive engendre l'amour de la louange, des prérogatives personnelles et exclusives pour soi ou pour son corps, des grandes propriétés en dignités, en terres et en emplois; enfin elle produit l'avarice, cette ambition tranquille de l'or par où finissent tous les ambitieux. Mais l'avarice seule traîne à sa suite une infinité de maux, en ôtant aux autres citoyens les moyens de subsister, et produit, par une réaction nécessaire, les vols, les prostitutions, le charlatanisme, la superstition.

L'ambition négative engendre à son tour la jalousie, les médisances, les calomnies, les querelles, les procès, les duels, l'intolérance. De toutes ces ambitions particulières, se compose l'ambition nationale, qui se manifeste dans un peuple par l'amour des conquêtes, et dans son prince par celui du despotisme. C'est de l'ambition nationale que dérivent les impôts, l'esclavage, les tyrannies et la guerre, qui seule est le fléau du genre humain.

J'ai cru fort long-temps l'ambition naturelle à l'homme; mais aujourd'hui je la regarde comme un simple résultat de notre éducation. Nous sommes enveloppés de si bonne heure par les préjugés de tant d'hommes qui ont des intérêts à nous les inspirer, qu'il nous est bien dificile de démêler dans le reste de la vie ce qui nous est naturel ou artificiel. Pour juger des institutions de nos sociétés, il faut nous en éloigner; mais, pour juger des sentiments de notre cœur, il faut y rentrer. Pour moi, qui ai été long-temps repoussé en moi-même par les mœurs publiques, et qui m'éloigne du monde de plus en plus par mes habitudes, il me semble que l'homme ne se porte de lui-même, ni à s'élever au-dessus ni à s'abaisser au-dessous de ses semblables, mais à vivre leur égal. Ce sentiment est commun à tous les animaux, dont les individus et les espèces ne sont point asservis les uns aux autres; à plus forte raison doit-il l'être à tous les hommes, qui ont un besoin mutuel de s'entresecourir. L'amour de l'ambition n'est donc pas plus naturel au cœur humain que celui de la servitude. L'amour de l'égalité tient le milieu entre ces deux extrêmes, comme la vertu, dont il ne diffère pas: il est la justice universelle; il est entre deux contraires, comme l'harmonie qui gouverne le monde. C'est lui que Confucius appelait « le juste milieu, » qu'il regardait comme la cause de tout bien, et qu'il appelait encore par excellence « la vertu du cœur. » Il en faisait consister le principe dans la piété, c'est-à-dire dans l'amour de tous les hommes en général. Il recommande souvent, dans ses écrits, « de ne pas faire souffrir aux autres ce qu'on ne voudrait pas souffrir soi-même. » C'est sur cette base naturelle qu'a été élevé l'édifice inébranlable des lois de la Chine, le plus ancien empire de l'univers. Les enfants ni les jeunes gens ne sont point élevés à la Chine à se surpasser les uns les autres. Ils ne connaissent, dit le philosophe La Barbinais, ni nos thèses, ni nos disputes d'écoles. Ils sont simplement soumis à des examens de morale par des commissaires nommés par la cour. Ces commissaires choisissent ceux qui se montrent les plus capables, de quelque condition qu'ils soient, pour les faire passer par différents grades à celui de mandarin, d'où ils peuvent parvenir jusqu'au ministère.

L'émulation que nous inspirons à nos enfants est, si j'ose dire, une ambition renforcée; car l'ambitieux ne veut monter tout au plus qu'à la première place; mais l'émulateur veut encore s'élever aux dépens d'un rival. Ce n'est pas assez pour lui de parvenir au sommet de la montagne; il veut en voir tomber ses rivaux. C'est un dieu cruel auquel il ne suffit pas d'avoir un temple et de l'encens; il lui faut des victimes.

Il est remarquable que l'émulation qu'on nous inspire dès l'enfance produit un plus mauvais effet chez nous autres Français, et nous rend plus vains qu'aucun autre peuple de l'Europe. Il y en a plusieurs raisons dans nos mœurs; mais, sans sortir de notre éducation, je trouve une cause particulière de l'ambition vaniteuse de nos enfants dans celle de nos professeurs. En Suisse, en Hollande, en Angleterre, en Allemagne, en Italie, en Russie, et, je crois, dans toutes les universités de l'Europe, les places de professeurs mènent à des magistratures, à des places de conseiller aulique, ou à d'autres emplois qui les lient à l'administration de l'état: il en était de même autrefois chez nous, avant que tout y fût devenu vénal. Ces professeurs étrangers dirigent donc en partie leurs disciples vers le but où ils tendent eux-mêmes, c'est-à-dire vers la chose publique. Mais nos régents français, obligés de circonscrire toute leur ambition dans des collèges, ne la satisfont qu'en l'inspirant aux enfants, sans en prévoir les conséquences pour les citoyens. Ils établissent parmi eux de petits empires dont ils distribuent les dignités et les couronnes, mais avec elles les jalousies et les haines qui accompagnent partout l'émulation. Cependant ils ont assez d'exemples de ses fatales suites chez les peuples anciens et modernes. Pour quelques talents, que de vices elle y a fait éclore! Au reste, si l'émulation a élevé de grands hommes dans quelques républiques, c'est parceque les citoyens pouvaient y parvenir à tout. Mais chez nous, où le mérite seul ne mène plus à rien, où on ne peut s'élever aux petites places sans argent, aux grandes sans naissance, et à aucune sans intrigue, la foule des ambitieux ne s'occupe qu'à abattre tout ce qui s'élève. Un voyageur, homme de mérite, me disait il y a quelque temps: « Je trouve au» jourd'hui dans le mépris des hommes que j'ai » laissés ici l'année passée au plus haut degré » de l'estime publique. S'ils ne la méritaient » pas, pourquoi l'ont-ils obtenue? et pourquoi » l'ont-ils perdue, s'ils la méritaient? Il y a en » France un agiot de réputations que je n'ai vu » nulle part. »

C'est l'émulation des enfants qui est chez nous la première cause de l'inconstance des hommes: comme elle inspire avec ses croix, ses médailles, ses livres, ses prix, ses thèses, ses concours, à chacun d'eux d'être le premier, elle les remplit d'insubordination pour leurs supérieurs, de jalousie pour leurs égaux, et de mépris pour leurs inférieurs. Mais comme les extrêmes se touchent, cette éducation ambitieuse est en même temps très servile. Comme elle ne les mène que par l'amour de la louange ou par la crainte du blâme, elle les met pour toute la vie à la discrétion des flatteurs, qui, pour l'ordinaire, ne savent pas moins médire que flatter. Les suffrages d'autrui, qu'ils veulent toujours captiver, les captivent à leur tour d'une telle force, qu'il leur suffit d'être entourés de détracteurs de la vérité la plus évidente, pour qu'ils ne l'admettent jamais; ou de prôneurs de l'opinion la plus absurde, pour qu'ils se la persuadent à la longue. Leur propre jugement ployant sous le faix de cette tyrannie dont on leur a fait subir le joug dès l'enfance, leur conscience ne se forme plus que de l'opinion versatile d'autrui, qui devient pour eux la seule règle du bien et du mal.

Notre éducation ne nous dispose pas moins à l'opiniâtreté qu'à l'inconstance. C'est par la vanité et la faiblesse qu'elle nous inspire, que l'esprit de parti a tant de pouvoir, et qu'il suffit à un ambitieux de dire à ceux de ses partisans qui balanceraient à soutenir ses opinions : « Vous n'avez pas de courage, » pour les ramener à lui. Il y a cependant non du courage, mais beaucoup de faiblesse, à se laisser entraîner aux passions d'un homme, de son corps, ou même de sa patrie. C'est parceque d'un côté on n'ose y résister, et que de l'autre on est environné de forces qui nous appuient, qu'on se croit fort. Si on était dans le parti opposé, on serait de l'avis contraire, par la même faiblesse. Lorsque je vois deux hommes disputer avec chaleur, je me dis souvent : chacun d'eux soutiendrait une opinion opposée, s'il était né à cent lieues d'ici. Que dis-je ? il suffit seulement de la traverse d'une rue pour être à jamais l'ennemi juré d'une opinion, dont on aurait été le plus zélé partisan si on avait été élevé dans la maison voisine. Changez l'éducation d'un homme, vous changez son régime, son habit, sa philosophie, sa morale, sa religion, son patriotisme, etc. L'Africain pensera comme l'Européen, et l'Européen comme l'Africain : le républicain aura les sentiments du despote, et le despote ceux du républicain. Certes, une chose bien humiliante pour l'homme, et capable de nous éloigner de la recherche de la vérité, c'est de voir que non seulement nos lumières acquises, mais nos sentiments qui semblent naître avec nous, dépendent presque entièrement de notre éducation.

Nous sommes donc forcés, si nous aimons la vérité et les hommes, de revenir aux lois de la nature, puisque celles des sociétés nous remplissent de préjugés dès la naissance, et nous rendent souvent les ennemis les uns des autres. Or, pour y disposer l'enfance, il faut lui inspirer l'esprit de modération. Cet esprit, que les enthousiastes, les fanatiques et tous les ambitieux regardent comme une faiblesse, est le véritable courage; car il résiste seul aux partis opposés. C'est la royauté de l'ame, qui, comme celle de la nature, tient la balance entre les extrêmes, et maintient l'harmonie des êtres. La vertu tient le milieu : *Stat in medio virtus.*

On dressera donc les enfants à ne jamais perdre le sentiment de leur conscience, et à l'appuyer sur celui de la Divinité, qui n'est pas moins naturel à l'homme. On développera en eux ce sentiment par la lecture simple de l'Évangile : ainsi, au lieu de leur apprendre à se préférer aux autres par une émulation qui est pour les autres et pour eux une source perpétuelle de troubles, on les laissera se contenter d'abord d'eux-mêmes, afin que, pendant les orages d'une société discordante, ils trouvent au moins dans leur cœur le repos et la paix. Bientôt on les élèvera à préférer les autres à eux-mêmes, par la connaissance de leurs propres besoins, auxquels il ne peuvent pourvoir tout seuls. De là dérivera l'amour de leur père, de leur mère, de leurs parents, de leurs amis, de leur patrie, de tous les hommes, ainsi que l'exercice de toutes les vertus qui font le bonheur des sociétés. On leur enseignera toutes les sciences convenables à ces principes. On retranchera donc de leur éducation une partie des années employées à la stérile étude de la langue latine, qu'on peut apprendre par l'usage, méthode plus courte, plus sûre et plus agréable que celle de nos grammaires; on y joindra l'usage de la langue grecque, dont l'étude est beaucoup trop négligée parmi nous.

Tout l'éducation de l'Europe porte aujourd'hui sur ces deux langues mortes, qui ne servent en rien à nos besoins. Cependant je ne puis, pour l'honneur de lettres, m'empêcher de faire ici une réflexion : c'est que la gloire des empires dépend uniquement des gens de lettres. Si on apprend aujourd'hui le grec et le latin; si toute l'éducation européenne est fondée, depuis Charlemagne, sur cette étude; si nous parlons si souvent de la Grèce et de l'Italie, et de leurs anciens habitants, c'est parceque ces pays ont produit une douzaine d'écrivains, tels qu'Homère, Platon, Hippocrate, Plutarque, Xénophon, Démosthène, Cicéron, Virgile, Horace, Ovide, Tacite, Pline, etc. C'est donc pour une douzaine d'hommes de génie de l'antiquité, ou deux douzaines au plus, que sont fondées nos universités; en sorte que s'ils n'avaient pas existé, nous n'aurions point d'éducation publique, et l'on ne s'embarrasserait pas plus en Europe de savoir le grec et le latin, que l'arabe ou le tartare. A la vérité, Rome et la Grèce ont produit beaucoup d'hommes célèbres en différents genres; mais il en est de même de plusieurs pays, comme la Chine, dont nous ne parlons point dans les collèges, parceque nous ne connaissons point d'écrivains fameux qui aient célébré leurs grands hommes. D'ailleurs ceux qui nous ont fait connaître les Grecs et les Romains n'avaient besoin ni de leurs grands hommes ni de leurs villes, pour nous laisser des monuments dignes d'eux; il leur suffisait de leur génie. C'est celui d'Homère qui a fait errer Ulysse, et créé les dieux et les héros de l'*Iliade*. Celui de Virgile n'aurait eu besoin, pour venir jusqu'à nous et bien au-delà, que de ses bergers et de ses bergères. Les bords des ruisseaux où il se repose nous plaisent plus que ceux du Gange, et les travaux de ses abeilles nous intéressent autant que la fondation de l'empire romain. Les autres ont de même leurs talents particuliers. Certes ils méritent bien tous qu'on emploie quelques années de l'enfance à les connaître et plusieurs années de la vie à en jouir; mais ils avaient eux-mêmes trop de bon sens pour ne pas désapprouver, s'ils vivaient parmi nous, que l'éducation des nations européennes portât uniquement sur l'étude de leurs ouvrages. Eux-mêmes n'ont point passé toute leur première jeunesse à apprendre des langues étrangères, mais à étudier la nature, dont ils nous ont laissé des tableaux ravissants. Un étranger arrivé à Prague demandait le plan de cette ville à son hôte, afin, disait-il, de la connaître. « Le plan de Prague est à Vienne, lui répondit l'hôte : nous n'en avons pas besoin ici, nous avons la ville. » Ainsi pouvons-nous dire par rapport aux ouvrages des anciens, même les plus parfaits : « Nous n'avons pas besoin des *Géorgiques*, nous avons la nature. » À la vérité, les anciens nous ont laissé de grandes connaissances sur les affaires et les hommes de leurs temps; mais nous avons nos compatriotes qu'il faut éclairer et rendre plus heureux.

Si les sciences et les lettres influent sur la prospérité d'une nation, comme on n'en peut douter peut-être conviendrait-il que la nation élût les membres de ses académies, comme ceux de ses autres assemblées. Les lumières doivent être en commun, ainsi que les autres richesses de l'état. Lorsque les académies élisent leurs propres membres, elles deviennent des aristocraties très nuisibles à la république des sciences et des lettres. Comme on ne peut y être admis qu'en faisant la cour à ses chefs, il faut s'astreindre à leurs systèmes; les erreurs se maintiennent par le crédit des corps, tandis que la vérité isolée ne trouve point de partisans. C'est ainsi que les universités apportèrent de si longs obstacles aux progrès des sciences naturelles, en maintenant la doctrine d'Aristote contre le progrès des lumières. Kepler se plaint amèrement de celle de son temps. Ce restaurateur de l'astronomie avait découvert et démontré que les comètes étaient des corps planétaires, et non des simples météores, comme le prétendaient les universités, d'après Aristote. Il dit, dans une de ses lettres, que ses livres, qui renfermaient une vérité si neuve et si évidente, restaient sans honneur, tandis que ceux qui contenaient des opinions contraires étaient prônés et se répandaient partout, à cause du crédit des universités dans les librairies. Qu'aurait-il dit de leur influence sur l'opinion publique, si elles avaient eu, comme les académies de notre temps, à leur disposition tous les journaux? Qu'on se rappelle les persécutions que des corps de théologiens firent éprouver à Galilée, pour avoir démontré le mouvement de la terre. Voyez aujourd'hui dans quelle stupeur les académies maintiennent les sciences et les lettres en Italie. Peut-être serait-il à propos qu'elles fussent assimilées chez nous aux assemblées nationales, c'est-à-dire qu'étant permanentes, leurs membres fussent périodiques, et qu'ils fussent élus ou conservés dans leurs offices par la nation, tant qu'ils s'acquitteraient de leurs devoirs. Quoi qu'il en soit, comme les écoles de la patrie ne seront que sous l'influence de l'assemblée nationale, il n'est pas à craindre qu'il s'y introduise la tyrannie du régime aristocratique.

On substituera donc à une partie de nos études grammairiennes de l'antiquité, celles des sciences qui nous approchent de Dieu et nous rendent utiles aux hommes, telles que la connaissance du globe, de ses climats, de ses végétaux, des différents peuples qui l'habitent, des relations qu'ils ont avec nous par le commerce, et surtout l'étude du nouveau code constitutionnel, qui doit être un code de patriotisme et de morale.

On joindra aux exercices de l'intelligence qui doivent former l'esprit et le cœur des enfants, ceux qui fortifient le corps et le rendent propre à servir la patrie, comme la natation, la course à pied, les évolutions militaires, usitées chez les anciens, que nous étudions si long-temps dans la théorie, et si inutilement dans la pratique. On apprendra à chacun d'eux un art conforme à ses goûts, afin qu'il puisse trouver en lui-même des ressources contre les révolutions de la fortune.

On accoutumera les enfants au régime végétal, comme le plus naturel à l'homme. Les peuples qui vivent de végétaux sont, de tous les hommes, les plus beaux, les plus robustes, les moins exposés aux maladies et aux passions, et ceux dont la vie dure plus long-temps. Tels sont, en Europe, une grande partie des Suisses. La plupart des paysans, qui sont par tout pays la portion du peuple la plus saine et la plus vigoureuse, mangent fort peu de viande. Les Russes ont des carêmes et des jours d'abstinence multipliés, dont leurs soldats mêmes ne s'exemptent pas ; et cependant ils résistent à toutes sortes de fatigues. Les nègres, qui supportent dans nos colonies tant de travaux, ne vivent que de manioc, de patates et de maïs ; les brames des Indes, qui vivent fréquemment au-delà d'un siècle, ne mangent que des végétaux. C'est de la secte pythagorique que sont sortis Épaminondas, si célèbre par ses vertus, Archytas, par son génie pour les mécaniques ; Milon de Crotone, par sa force, et Pythagore lui-même, le plus bel homme de son temps, et sans contredit le plus éclairé, puisqu'il fut le père de la philosophie chez les Grecs. Comme le régime végétal comporte avec lui plusieurs vertus, et qu'il n'en exclut aucune, il sera bon d'y élever les enfants, puisqu'il influe si heureusement sur la beauté du corps et sur la tranquillité de l'ame. Ce régime prolonge l'enfance, et par conséquent la vie humaine. J'en ai vu un exemple dans un jeune Anglais, âgé de quinze ans, et qui ne paraissait pas en avoir douze. Il était de la figure la plus intéressante, de la santé la plus robuste, et du caractère le plus doux : il faisait les plus grandes traites à pied, et ne se fâchait jamais, quelque événement qui lui arrivât. Son père, appelé M. Pigot, me dit qu'il l'avait élevé entièrement dans le régime pythagorique, dont il avait reconnu les bons effets par sa propre expérience. Il avait formé le projet d'employer une partie de sa fortune, qui était considérable, à établir dans l'Amérique anglaise une société de pythagoriciens occupés à élever, sous le même régime, les enfants des colons américains dans tous les arts qui intéressent l'agriculture. Puisse réussir cette éducation, digne des plus beaux jours de l'antiquité! Elle ne convient pas moins à une nation guerrière qu'à une nation agricole. Les enfants des Perses, du temps de Cyrus, et par son ordre, étaient nourris avec du pain, de l'eau et du cresson : ils se choisissaient entre eux des chefs auxquels ils obéissaient; ils formaient des assemblées, où, comme dans celles de leurs pères, on agitait toutes les questions qui intéressaient le bien public. Ce fut avec ces enfants, devenus des hommes, que Cyrus fit la conquête de l'Asie. J'observe que Lycurgue introduisit une grande partie du régime physique et moral des enfants des Perses, dans l'éducation de ceux de Lacédémone.

Il est au moins indispensable d'apprendre à nos enfants ce qu'ils doivent pratiquer étant hommes, et de préparer la génération prochaine à goûter notre nouvelle constitution, de peur qu'un jour, par émulation à l'égard de leur pères, ainsi que nous avons fait souvent à l'égard des nôtres, ils ne viennent à renverser toutes nos lois, uniquement pour avoir la vanité d'en substituer d'autres à leur place. Il résultera d'une éducation nationale, liée à notre législation future, une constitution appropriée à nos besoins et à ceux de notre prospérité. Il arrivera de là que la plupart de nos bons esprits n'étant plus repoussés des emplois publics, par leur vénalité, ne s'isoleront plus dans des académies et des universités pour s'y occuper uniquement des affaires de la Grèce et de Rome, où ils nous font admirer leur intelligence, qu'ils n'emploient presque jamais à servir leurs pays; semblables à ces vases antiques qui nous plaisent par la beauté de leurs formes, mais qui ne servent que de parade dans nos cabinets, parcequ'ils n'ont point été taillées pour nos usages.

Après avoir pourvu au bonheur du peuple français, par tous les moyens qui peuvent en perpétuer la durée au dedans du royaume, il est digne de l'assemblée nationale de s'occuper de ceux qui peuvent l'assurer au dehors avec les autres nations.

VOEUX POUR LES NATIONS.

La même politique qui lie, pour leur bonheur, toutes les familles d'une nation les unes avec les autres, doit lier entre elles toutes les nations, qui sont des familles du genre humain. Tous les hommes se communiquent, même sans s'en douter, leurs maux et leurs biens, d'un bout de la terre à l'autre. La plupart de nos guerres, de nos épidémies, de nos préjugés, de nos erreurs, nous sont venus du dehors. Il en est de même de nos arts, de nos sciences et de nos lois. Mais à ne s'arrêter qu'aux biens de la nature, voyez nos champs. Nous devons presque tous les végétaux qui les enrichissent aux Égyptiens, aux Grecs, aux Romains, aux Américains, à des peuples sauvages. Le lin vient des bords du Nil, la vigne de l'Archipel, le blé de la Sicile, le noyer de la Crète, le poirier du mont Ida, la luzerne de la Médie, la pomme de terre de l'Amérique, le cerisier du royaume de Pont, etc. Quelle ravissante harmonie forme aujourd'hui l'ensemble de ces végétaux étrangers, au milieu de nos campagnes françaises! vous diriez que la nature, comme un roi, y convoque ses états-généraux. On y distingue différents ordres, comme parmi des citoyens. Ici sont les humbles graminées, qui, semblables aux paysans portent les utiles moissons : de leur sein s'élèvent des arbres fruitiers, dont les fruits, moins nécessaires, sont plus agréables, mais qui exigent des greffes et une éducation plus soignée, comme des bourgeois. Sur les hauteurs sont les chênes, les sapins et les puissances des forêts, qui, comme la noblesse, mettent les plaines à l'abri des vents; ou comme le clergé, s'élèvent vers le ciel pour en attirer les rosées. Dans le coin d'un vallon sont des pépinières, comme des écoles où s'élève la jeunesse des vergers et des bois. Aucun de ces végétaux ne nuit à l'autre; tous jouissent du sol et du soleil, tous s'entr'aident et se prêtent des grâces mutuelles : les plus faibles servent d'ornement aux plus robustes, et les plus robustes d'appui aux plus faibles. Le lierre, toujours vert, tapisse l'écorce raboteuse du chêne; le gui doré brille dans le sombre feuillage de l'aune, le tronc nu de l'érable s'entoure des guirlandes du chèvre-feuille, et le peuplier pyramidal de l'Italie élève vers le ciel les pampres empourprés de la vigne. Chaque classe de végétaux à son oiseau comme son orateur : l'alouette s'élève en chantant du sein des moissons : la tourterelle soupire au haut d'un orme; le rossignol, du milieu d'un buisson, fait entendre ses touchantes doléances. En diverses saisons, des tribus d'hirondelles, de cailles, de pluviers, de loriots, de rouge-gorges, arrivent du nord ou du midi, font leurs nids dans nos campagnes, et se reposent dans les caravansérails que la nature leur a préparés. Chacun d'eux adresse ses pétitions au soleil, comme à un roi, et lui demande ses bienfaits pour le district qu'il habite : ils ne s'arrêtent dans nos plaines, nos guérets et nos bocages, que parcequ'ils y reconnaissent les plantes de leur pays, et qu'ils y trouvent à vivre dans l'abondance. L'homme seul n'a point d'asile dans les possessions de l'homme, s'il lui est étranger. En vain l'Italien soupire à la vue du figuier qui a ombragé son enfance; en vain l'Anglais admire dans nos champs français les cultures de son pays : l'un et l'autre mourront de faim au milieu de nos récoltes, s'ils n'ont point d'argent, et peut-être en prison, s'ils n'ont point de passeport, et s'ils sont d'une nation ennemie.

Ce n'est point par cette indifférence pour les étrangers que les Orientaux sont parvenus à ce point de grandeur qui les a rendus le centre des nations. Ils ne voyagent point chez les peuples de l'Europe, mais ils attirent chez eux les hommes de tous les pays, par des établissements pleins d'humanité. C'est pour leurs princes et leurs citoyens riches l'objet le plus méritoire de leur religion, de construire, pour l'utilité des voyageurs, des ponts sur les rivières, des réservoirs d'eau fraîche dans des lieux arides, et des caravansérails dans les villes et sur les chemins. Souvent le tombeau du fondateur s'élève auprès du monument de sa bienfaisance, et on y distribue, à certains jours, des vivres à tous les passants. Le voyageur bénit la main qui lui prépare un secours inespéré au milieu d'une solitude ; et il conserve à jamais le souvenir de cette terre hospitalière. Les Orientaux permettent à toutes les nations l'exercice de leur religion; et s'ils en reçoivent des ambassadeurs, ils les défraient pendant tout le temps de leur séjour. Telles sont, à l'égard des étrangers, les mœurs des Turcs, des Persans, des Indiens, des Chinois; de ces peuples que nous osons appeler barbares.

Il n'y a que l'étude de la nature qui puisse nous éclairer sur les droits du genre humain et sur les nôtres. Des corps intolérants les ont usurpés en Europe, pendant des siècles vraiment barbares. Ils détournèrent à leur profit nos respects, nos richesses, nos lumières et nos devoirs; mais, en s'emparant de l'empire de l'opinion, ils ne purent se rendre maîtres de celui de la nature. Ce fut le retour des lettres qui nous rappela à ses lois. On vit naître d'abord l'étude de ses harmonies chez les peuples sensibles, et celle de ses éléments chez les peuples pensants. L'Italie eut des peintres et des poètes; l'Allemagne, des naturalistes, et l'Angleterre, des philosophes. Bientôt les lumières s'étendirent du règne fossile au végétal : Tournefort parut en France, et Linnée en Suède. L'étude des végétaux avait fait, vers le commencement de ce siècle, les plus grands progrès en Angleterre. Des amis des hommes et de la nature transplantèrent dans leurs jardins les plantes agrestes de nos campagnes, et naturalisèrent dans nos campagnes les plantes étrangères qu'ils cultivaient dans leurs jardins. On se reposa près de sa maison, sur l'herbe des prairies, au pied des arbres des forêts; et on voyagea dans nos plaines à l'ombre des marronniers d'Inde et des acacias de l'Amérique. Quelques philosophes, entre autres Buffon, tentèrent chez nous de naturaliser les animaux étrangers; mais, faute d'avoir connu que le règne animal était lié nécessairement au règne végétal, ces tentatives n'eurent presque aucun succès. Le renne et la vigogne refusèrent de vivre dans nos climats, où ils ne trouvaient pas même les plantes de leur pays qui servent à leur nourriture. Cependant, des animaux des contrées les plus chaudes, enfermés dans nos serres avec les végétaux de leurs climats, y firent des petits. On vit en France, avec surprise, naître des titiris, des makis de Madagascar et des perroquets de Guinée. Sans doute leurs parents, entourés de bananiers, d'yucca, d'aloès, se crurent dans les forêts de l'Afrique, et le sentiment de la patrie fit renaître en eux celui de leurs amours. Sans doute chacun d'eux ferait son nid dans nos campagnes, si le végétal qui doit nourrir ses petits y donnait son fruit.

Oh ! qu'il serait digne d'une nation éclairée, riche et généreuse, d'y naturaliser des hommes étrangers, et de voir dans son sein des familles asiatiques, africaines et américaines, se multiplier au milieu des plantes mêmes dont nous leur sommes redevables ? Nos princes élèvent dans leurs ménageries, près de leurs châteaux, des tigres, des hyènes, des ours blancs, des lions et des bêtes féroces de toutes les parties du monde, comme des marques de leur grandeur; il leur serait bien plus glorieux d'entretenir autour d'eux des infortunés de toutes les nations comme des témoignages de leur humanité.

A la vérité, l'intérêt de la politique commence à répandre ce sentiment en Europe, et c'est le nord qui nous en donne l'exemple. La Russie se pique d'avoir sous sa dépendance des hommes de toutes les nations et de toutes les religions. Lors du couronnement de l'impératrice Catherine II, à Moscou, son premier peintre m'ayant fait l'honneur de me consulter sur la composition du tableau qu'il en devait faire, je lui conseillai d'y représenter des députés de toutes les nations qui sont sous l'empire de Russie : des Tartares, des Finlandais, des Cosaques, des Samoïèdes, des Livoniens, des Kamtschadales, des Lapons, des Sibériens, des Chinois, etc., portant chacun en présent quelque production particulière à son pays. Les physionomies, les costumes et les tributs de tant de peuples différents auraient, selon moi, mieux figuré dans cette auguste cérémonie, que les diamants et les tapisseries de la couronne. Mais, soit que cette idée simple et populaire ne plût pas à un peintre de cour, ou qu'elle lui parût d'une trop difficile exécution, il lui substitua les lieux communs et inintelligibles de l'allégorie. Il y avait de mon temps, au service de Russie, des Français, des Anglais, des Hollandais, des Allemands, des Danois, des Suédois, des Polonais, des Espagnols, des Italiens, des Grecs, des Persans... La Russie doit ces grandes vues à Pierre-le-Grand. Ce prince avait jusqu'à des nègres à son service militaire. Il y éleva au grade de lieutenant-général un noir de Guinée, appelé Annibal, qu'il avait fait instruire dès l'enfance, et qui l'avait suivi dans toutes ses campagnes. Il honora cet Africain de sa confiance, au point de lui donner la place de directeur-général du génie ; ce que je suis bien aise de rapporter, pour faire voir la mauvaise foi de ceux qui ne supposent pas les nègres capables d'un certain degré d'intelligence. J'ai vu à Pétersbourg, en 1765, le fils de ce général nègre, qui était colonel d'un régiment, et estimé de tout le monde, quoique mulâtre. Pourquoi, nous autres Français, qui nous croyons plus policés que les Russes, n'avons-nous pas encore rendu une pareille justice aux nations ? A la vérité, j'ai vu des Turcs au service du roi, mais c'était sur les galères. Étant à Toulon en 1765, au moment de m'embarquer pour Malte, menacé d'un siége de la part des Turcs, un homme à barbe longue, en turban et en robe, qui était assis sur ses talons à la porte du café de la marine, m'embrassa les genoux comme j'en sortais, et me dit en langue inconnue quelque chose que je n'entendais pas. Un officier de la marine qui l'avait compris me dit que cet homme était un Turc esclave, qui, sachant que j'allais à Malte, et ne doutant pas que son sultan ne prît cet île et ne réduisît tous ceux qui s'y trouveraient à l'esclavage, me plaignait de tomber si jeune dans une destinée semblable à la sienne. Je remerciai ce bon musulman de l'intérêt qu'il prenait à moi, et je demandai à cet officier pourquoi ce Turc lui-même était esclave en France, puisque nous étions en paix avec les Turcs, et, qui plus est, leurs alliés. Il me dit que cet homme avait été pris sur un vaisseau barbaresque, mais que c'était seulement par grandeur pour le service du roi qu'on le tenait dans l'esclavage ainsi que quelques uns de ses compatriotes; qu'on avait pour cet usage déjà bien ancien une galère appelée la galère turque; qu'on les y traitait avec douceur en les laissant faire à peu près tout ce qu'ils voulaient, excepté qu'on veillait soigneusement à ce qu'ils n'écrivissent point à Constantinople, de peur qu'ils ne fussent réclamés par la Porte. Ce mot de grandeur m'est revenu plusieurs fois dans l'esprit sans que j'aie pu le comprendre. Quel rapport y a-t-il entre la grandeur de nos rois et l'esclavage de quelques Turcs qui ne leur ont jamais fait de mal ? C'est sans doute aussi pour cette même grandeur qu'on représente des hommes enchaînés au pied de leurs statues. Mais puisque nos rois veulent avoir des Turcs, comme les rois de l'Asie ont des éléphants, il me semble qu'il serait plus digne de leur grandeur de les mettre dans un bon hospice, que sur une galère.

A la vérité, les princes de l'Europe entretiennent des régiments étrangers chez eux, et des consuls, des résidents et des ambassadeurs chez les peuples étrangers; mais ces ministres, de leur politique sont souvent les causes de nos discordes. Les peuples doivent se lier entre eux, non par des traités de guerre ou de commerce, mais par des bienfaits; non par les intérêts de l'orgueil ou de l'avarice, mais par ceux de l'humanité ou de la vertu.

C'est à nous autres Français à en montrer l'exemple aux nations. Nous sommes de tous les peuples de l'Europe ceux qui ont le plus de philanthropie, et nous la devons à nos mauvaises institutions. La philanthropie est naturelle au cœur humain, mais la nature l'a divisée en différents degrés, afin que nous en fissions l'apprentissage en parcourant les différents âges de la vie. Nous passons successivement par l'amour de notre famille, de notre tribu, de notre patrie, avant de nous instruire à aimer le genre humain. Dans l'enfance, nous apprenons à respecter nos parents, qui nous ont donné la naissance et l'éducation; dans la jeunesse, la tribu qui nous assure un état pour subsister, et une compagne pour nous reproduire; dans l'âge viril, la patrie qui nous associe à ses emplois, et nous donne les moyens d'établir notre famille; enfin, dans la vieillesse, délivrés de la plupart de nos passions, nous étendons nos affections au genre humain. Mais ces degrés que la nature nous fait parcourir dans la carrière de la vie, pour en étendre avec elle les jouissances, sont détruits par nos habitudes sociales. L'amour de la famille s'éteint dès notre enfance par les nourrices et les pensions hors de la maison paternelle; celui de notre tribu, par les mœurs financières qui confondent tous les rangs; celui de la patrie, parceque nous n'y pouvons parvenir à rien sans argent : il ne nous reste donc qu'à aimer le genre humain dont nous n'avons point à nous plaindre. Au reste, cette disposition philanthropique est celle que nous demande en tout temps la nature, car elle a fait les hommes pour s'aimer et s'entr'aider par toute la terre. Il est même très remarquable que la plupart des peuples qui se sont rendus célèbres dans les premiers degrés de la philanthropie, s'y sont arrêtés, et ne sont point parvenus au dernier. Les Chinois, dont le gouvernement patriarcal est fondé sur l'amour paternel, se sont séquestrés du genre humain, encore plus par leurs lois que par leur grande muraille. Les Indiens et les Juifs, si attachés à leurs castes ou tribus, ont méprisé les autres peuples, au point de ne jamais s'allier avec eux par des mariages. Les Grecs et les Romains, si fameux par leur patriotisme, ont regardé les autres nations comme des barbares; ils ne les nommaient pas autrement, et ils mirent toute leur gloire à s'emparer de leur pays. On peut dire cependant à la louange des Romains, qu'ils ont réuni souvent à eux les peuples conquis en leur accordant les droits de citoyen romain; et cette politique humaine fut la véritable cause de leur succès rapide et de leur grandeur. Occupons-nous, nous autres Français, du bonheur des nations; c'est un moyen sûr de faire la conquête du monde. Les Tartares en ont envahi une partie par leur nombre; les Grecs, sous Alexandre, par la discipline; les Romains, par le patriotisme; les Turcs, par la religion; tous par la terreur. Conquérons-le par l'amour. Leur empire s'est écroulé; le nôtre sera durable. Déjà nous avons subjugué l'Europe par nos arts, nos modes et notre langue, nous régnons sur les esprits; régnons encore sur les cœurs. Montrons à tous les peuples de l'univers une législation qui assure notre bonheur. Invitons-les par notre exemple à rétablir chez eux les lois de la nature; et en attendant faisons-les jouir de ses premiers droits en leur offrant chez nous des asiles.

Pour remplir un objet si intéressant, je desirerais que l'on y destinât un vaste emplacement, dans le voisinage de Paris, sur le bord de la Seine, du côté de la mer. On le choisirait dans un terrain inégal, formé de montagnes, de rochers, de ruisseaux, de bruyères, de prairies. On y sèmerait toutes les plantes exotiques déja naturalisées dans notre climat, ou celles qui peuvent l'être : la grande vesce de Sibérie aux fleurs bleues et blanches, qui donne un abondant pâturage; le trèfle du même pays qui n'est par moins fécond; le chanvre de la Chine, qui s'élève, comme un arbre, à quinze pieds de hauteur; les différents mils, le gom de la Mingrelie, le blé de Turquie, la rhubarbe de la Tartarie, la garance, etc... On y planterait, en différents groupes, les arbres et les arbrisseaux étrangers qui ont résisté dans notre jardin à notre dernier hiver, les acacias, les thuyas, les arbres de Judée et de Sainte-Lucie, les sumacs, les sorbiers, les ptéléa, les lilas, les androméda, les liquidambars, les cyprès, les ébéniers, les amélanchiers, les tulipiers de Virginie, les cèdres du Liban, les peupliers d'Italie et de Hollande, les platanes d'Asie et d'Amérique, etc. Chaque végétal y serait dans le sol et l'exposition qui lui seraient le plus convenables. On y ferait contraster le bouleau à feuillage mobile et gai, avec le sapin pyramidal et sombre; le catalpa aux larges feuilles en cœur, qui dresse au ciel ses branches raides comme celles d'un candélabre, avec le saule de Babylone, dont les rameaux traînent à terre comme une longue chevelure; l'acacia, dont les ombres légères se jouent avec les rayons du soleil, avec l'épais mûrier de la Chine, qui leur interdit tout passage; le thuya, dont les rameaux aplatis ressemblent aux feuillures d'un rocher, avec le mélèze, qui porte les siens garnis de pinceaux, semblables à des houpes de soie. On peuplerait ces bosquets de faisans, de canards de Manille, de poules d'Inde, de paons, de daims, de chevreuils et de tous les animaux innocents qui peuvent supporter notre climat. On verrait dans leurs clairières le cerf léger se promener auprès de la tortue rampante; et sous leurs ombrages, le brillant pivert grimper sur les écorces du sapin, où l'écureuil de Sibérie, au gris de perle argenté s'élancerait de branche en branche. Le long d'un ruisseau, le cygne voguerait en paix auprès du castor occupé à bâtir une loge sur son rivage. Beaucoup d'oiseaux seraient attirés dans ces lieux par les végétaux de leurs pays, et s'y naturaliseraient comme eux, lorsqu'ils n'auraient rien à redouter des chasseurs.

On diviserait ce terrain en petites portions suffisantes à l'amusement d'une famille, et on les donnerait en toute propriété à des infortunés de toutes les nations, pour leur servir de retraite. On y bâtirait aussi des logements convenables à leurs besoins, et on leur fournirait, de plus, des vivres et des habits suivant leurs costumes.

Quel spectacle plus grand, plus aimable et plus touchant, que de voir sur des montagnes et dans des vallées françaises, des arbres de toutes les parties de la terre, des animaux de tous les climats, et des familles malheureuses de toutes les nations, se livrant en liberté à leur goût naturel, et rappelés au bonheur par notre hospitalité! A l'ombre de l'olivier de Bohême, ou plutôt de Syrie, dont l'odeur est aimée des Orientaux, un Turc silencieux, échappé au cordon du sérail, fumerait gravement sa pipe; tandis que, dans son voisinage, un Grec de l'Archipel, joyeux de n'être plus sous le bâton des Turcs, cultiverait, en chantant, l'arbrisseau du laudanum. Un Indien du Mexique effeuillerait le coca, sans être forcé par un Espagnol d'aller le boire dans les mines du Pérou; et près de là, l'Espagnol méditant lirait tous les livres propres à l'instruire, sans craindre l'inquisition. Le Paria n'y serait point voué à l'infamie par le Brame, et de son côté le Brame n'y serait point opprimé par l'Européen. La justice et l'humanité s'étendraient jusqu'aux animaux. Le sauvage du Canada n'y desirerait point de dépouiller l'ingénieux castor de sa peau, et aucun ennemi ne souhaiterait à son tour d'enlever au Sauvage sa chevelure. Les hommes et les animaux innocents y trouveraient en tout temps des asiles assurés. Un Anglais, dans une île semée de raigrass, s'exerçant à élever des coursiers, ou à construire des barques encore plus légères à la course, se croirait dans sa patrie; tandis qu'un juif, qui n'en a plus, se rappellerait la sienne et les chants de Jérusalem, sur les bords de la Seine, au pied d'un saule de Babylone. Un bateau attaché à un tilleul, renfermerait la famille d'un Hollandais toujours prêt à voguer le long du fleuve pour les besoins de la colonie; et une tente sur des roues, attelées de chameaux, contiendrait celle d'un Tartare errant, qui chercherait, à chaque saison, l'exposition qui lui conviendrait le mieux. Sur la plus haute montagne, un Lapon, sous un bois de sapin, ferait paître en été son troupeau de rennes auprès d'une glacière; tandis qu'au fond de la vallée, au midi, dans les plus rigoureux hivers, un nègre du Sénégal cultiverait, dans une serre, des nopals chargés de cochenilles. Beaucoup de plantes et d'animaux qui se refusent à nos éducations, aimeraient à se reproduire entre les mains de leurs compatriotes; et beaucoup de familles étrangères, qui meurent de regret hors de leur patrie, se naturaliseraient dans la nôtre, au milieu des plantes et des animaux de leurs pays.

Il n'y aurait de chaque nation qu'une seule famille qui la représenterait, non par son luxe, qui excite la cupidité; mais par des infortunes, qui sont pour tous les hommes un objet d'intérêt. Ces retraites ne seraient données ni à la naissance, ni à l'argent, ni à l'intrigue, mais au malheur. Parmi les prétendants du même pays, on accorderait la préférence à celui qui aurait éprouvé le plus d'infortunes, et qui en aurait le moins méritées. Ils n'auraient d'autres arbitres que les autres habitants du lieu, qui, ayant passé par les mêmes épreuves, seraient leurs pairs et leurs juges naturels.

Cet établissement coûterait peu à l'état : chaque province de France pourrait y fonder un asyle pour une famille de la nation qui a le plus de rapports avec son commerce. Autant en pourraient faire ceux de nos grands seigneurs qui, ayant bien mérité de leurs vasseaux, se sentent dignes d'être les protecteurs d'une nation. Enfin les puissances étrangères seraient admises à en établir chez nous de semblables, pour une famille de leurs sujets. Ces puissances ne tarderaient pas à nous imiter chez elles. La plupart ont, comme nous, des soldats étrangers à leur service et des ambassadeurs nationaux chez les étrangers, le tout pour leur gloire, c'est-à-dire, souvent pour faire du mal aux hommes. Il leur en coûterait bien moins de faire, pour l'intérêt de l'humanité, ce qu'elles ont fait si longtemps et si vainement pour l'intérêt de leur politique.

Les plus grands avantages en résulteraient pour nos manufactures et notre commerce. On trouverait dans ces familles de nouvelles industries pour les arts et les cultures, des observations pour les savants et les philosophes, des interprètes pour toutes les langues, et des centres de correspondance pour toutes les parties du monde. Ainsi, comme à Amsterdam, chaque colonne de la Bourse, inscrite du nom d'une ville étrangère, est le centre du commerce de la Hollande avec cette ville, chaque famille échappée au malheur serait, dans cet hospice, le centre de l'hospitalité de la France à l'égard d'un peuple étranger. Il ne serait plus besoin à un Français de voyager hors de son pays, pour connaître la nature et les hommes : on verrait dans ce lieu tout ce qu'il y a de plus intéressant par toute la terre, les plantes et les animaux les plus utiles, et, ce qu'il y a de plus touchant pour le cœur humain, des infortunés qui ont cessé de l'être. En rapprochant toutes ces familles, on affaiblirait entre elles les préjugés et les haines qui divisent leurs nations et causent la plupart de leurs malheurs.

Au milieu de leurs habitations serait un bois inhabité, formé de tous les arbres étrangers que la nature a naturalisés chez nous, et de ceux qui croissent d'eux-mêmes dans nos forêts, tels que les ormes, les peupliers, les chênes, etc... Au centre de ce bois seraient des bocages de tous nos arbres fruitiers, de noyers, de vignes, de pommiers, de poiriers, de châtaigniers, d'abricotiers, de pêchers, de cerisiers, entremêlés de champs de blé, de fraisiers et de légumes, qui servent à la nourriture des hommes. Au milieu de ces cultures, terminées par un ruisseau assez escarpé pour servir de barrière aux animaux, serait une vaste pelouse, où paîtraient jour et nuit des troupeaux de vaches, de brebis, de chèvres et de tous les animaux qui sont utiles à l'homme par leur lait, leur laine ou leur service. Du centre de cette pelouse s'élèverait un temple en rotonde, ouvert aux quatre parties du monde, sans figure, sans ornements, sans inscriptions et sans portes, comme ceux qui furent élevés dans les premiers temps à l'Auteur de la nature. Chaque jour de l'année, chaque famille viendrait tour à tour, au lever et au coucher du soleil, y réciter, dans la langue de ses pères, la prière de l'Évangile, qui, s'adressant à Dieu comme au père des hommes, convient aux hommes de toutes les nations. Ainsi, comme la plupart des religions ont consacré à Dieu un jour particulier dans chaque semaine : les Turcs, le vendredi; les juifs, le samedi; les chrétiens, le dimanche; les peuples de la Nigritie, le mardi; sans doute d'autres peuples le lundi, le mercredi et le jeudi; Dieu serait honoré dans ce temple d'un culte solennel chaque jour de la semaine, et dans une langue différente tous les jours de l'année.

Comme les animaux heureux se rassembleraient sans crainte autour des habitations des hommes, de même les hommes heureux se réuniraient sans intolérance autour du temple de la Divinité. La reconnaissance envers Dieu et envers les hommes y rapprocherait peu à peu les langues, les costumes et les cultes qui divisent les habitants par toute la terre. La nature y triompherait de la politique. Ces habitants y offriraient en commun à Dieu les fruits dont il soutient la vie humaine dans nos climats. Comme l'année est un cercle perpétuel de ses bienfaits, et que chaque lune amène ou des feuillages, ou des fruits, ou des légumes nouveaux, chaque lune nouvelle serait l'époque de leurs récoltes, de leurs offrandes et de leurs fêtes principales. Dans ces jours sacrés, toutes les familles se rassembleraient autour du temple, pour y prendre en commun des repas innocents avec les racines des plantes, les fruits des arbres, les blés des graminées et le lait des troupeaux. L'amour les rapprocherait encore davantage. Les jeunes gens des deux sexes y danseraient sur la pelouse au son des divers instruments de leur pays. L'Indienne du Gange, un tambour à la main, brune et vive comme une fille de l'Aurore, verrait en riant un enfant de la Tamise, épris de ses charmes, apporter à ses pieds les riches mousselines dont Calcutta dépouille sa patrie. Les bienfaits de l'amour y répareraient les rapines de la guerre. La timide Indienne du Pérou reposerait ses yeux sur ceux d'un jeune Espagnol, devenu son amant et son protecteur. La négresse de Guinée, au collier de corail, aux dents d'ivoire, sourirait au fils de l'Européen qui donna jadis des fers à ses pères, et ne desirerait d'autres vengeances que d'enchaîner le fils, à son tour, dans ses bras d'ébène.

L'Amour et l'Hyménée y réuniraient des amants de toutes les nations, des Tartares et des Mexicaines, des Siamois et des Laponnes, des Russes et des Algonquines, des Persans et des Moresques, des Kamtschadales et des Géorgiennes. Le bonheur y inviterait tous les hommes à la tolérance; la Française, en dansant, poserait d'une main une couronne de fleur sur la tête de l'Allemand, et de l'autre verserait du vin dans la coupe du Turc. Elle animerait, par la liberté et les graces décentes, ces fêtes hospitalières, données dans son pays à tous les peuples de l'univers ; et quand le soleil couchant prolongerait sur la pelouse l'ombre des bois, et en dorerait les cimes de ses derniers rayons, tous les chœurs de danse, réunis autour du temple, chanteraient à l'Auteur de la nature une hymne de reconnaissance que répéteraient au loin les échos.

Oh! que ne puis-je un jour voir dans cet asile du genre humain quelques uns des infortunés que j'ai rencontrés hors de leur patrie, sans que personne prît à eux aucun intérêt! Un jour, à l'Ile-de-France, un esclave faible et blanc, dont les épaules étaient écorchées à porter des pierres, se jeta à mes pieds, et me pria d'intercéder pour sa liberté, que, depuis plusieurs années, des Européens lui avaient ravie, contre le droit des gens, puisqu'il était Chinois. J'intercédai auprès de l'intendant de l'île, qui, ayant été à la Chine, le reconnut pour Chinois, et le renvoya dans son pays. Mais à quoi sert d'être délivré de l'esclavage, quand il reste à combattre la pauvreté, le mépris et la vieillesse? Une fois, à Paris, un vieux noir, tout décharné, fumant sur une borne un petit bout de pipe, et presque nu au milieu de l'hiver, me dit d'une voix mourante : « Ayez pitié d'un » misérable nègre ! » Infortuné, me dis-je en moi-même, à quoi te peut servir la pitié d'un homme comme moi? non seulement toi, mais ta nation entière, avez besoin de la pitié des princes de l'Europe ! Combien de fois des enfants, des femmes, des vieillards, qui ne parlaient pas français, se sont présentés à moi dans les rues, ne pouvant expliquer leurs malheurs et leurs besoins que par des larmes! Ce n'est point pour eux, mais pour leurs souverains, que les ambassadeurs de leurs nations résident à Paris. S'il y en avait seulement une famille entretenue par l'état, ils trouveraient au moins avec qui pleurer. Que ne puis-je un jour voir dans l'asile que je leur souhaite, des hommes des nations qui m'ont honoré moi-même de leur hospitalité et de leurs larmes! J'en ai trouvé en Hollande, en Russie, en Prusse, qui m'ont dit : « Oubliez une patrie qui vous repousse, et passez » vos jours avec nous. » Quelques uns m'ont dit, ce que peut-être jamais un homme riche dans mon pays n'a dit à son ami pauvre : « Acceptez la main ». de ma sœur, et soyez mon frère. » Mais comment moi-même aurais-je accepté une main qui m'aurait donné une compagne et un frère, quand, loin de ma patrie, je ne pouvais plus disposer de mon cœur ! Non, ce ne sont ni les climats ni les langues qui divisent les hommes : ce sont les corps et les patries. Partout j'ai trouvé les corps intolérants et les cours trompeuses ; mais partout j'ai trouvé l'homme bon et le malheureux sensible. Oh! que la France se couvrirait de gloire, si elle ouvrait dans son sein une retraite aux infortunés de toutes les nations ! Heureux si je pouvais consacrer à ce saint établissement les faibles fruits de mes travaux! Heureux si j'y pouvais finir mes jours! ne fût-ce que dans une chaumière, sur quelque crête escarpée de montagne, sous des sapins et des genévriers, mais voyant au loin, sur les coteaux et dans leurs vallons, des hommes, jadis divisés de langues, de gouvernements et de religions, réunis au sein de l'abondance et de la liberté par l'hospitalité française!

Je vous adresse ces vœux, ô Louis XVI! qui, en convoquant vos états-généraux, m'y avez invité, en appelant tous vos sujets au pied de votre trône. Je vous les recommande, ministre d'une religion amie des hommes, noblesse généreuse qui ambitionnez une gloire immortelle; défenseurs du peuple, dont la voix doit se faire entendre à la postérité; vous tous qui par la vertu, la naissance, la fortune ou les talents, formez des puissances dans l'assemblée auguste de la nation. Je vous y nomme pour mes représentants, femmes opprimées par les lois, enfants rendus misérables par notre éducation, paysans dépouillés par les impôts, citoyens forcés au célibat, serfs du mont Jura, nègres de nos colonies, infortunés de toutes les nations : si vos chagrins et vos larmes pouvaient se faire entendre au milieu de cette assemblée de citoyens éclairés et justes, les vœux que j'y forme pour vous y deviendraient bientôt des lois.

Puissent ces vœux s'accomplir un jour ! Qu'à la vue d'un clocher ou d'un château qui s'élève au milieu des moissons, la veuve qui chemine seule à pied, et la mère de famille, encore plus malheureuse, entourée d'enfants misérables, se réjouissent comme à la vue des asiles prêts à les protéger, à les consoler et à les nourrir! Ou plutôt, ô France! que dans tes riches campagnes on ne voie désormais aucun indigent ; que les petites propriétés répandent jusque dans tes landes l'industrie, l'abondance et la joie; que, dans tes moindres hameaux, chaque fille trouve un amant, et un amant une épouse fidèle ; que les mères y voient multiplier leurs récoltes avec leurs familles; que les enfants y soient préservés à jamais de cette funeste ambition qui cause tous les maux du genre humain; qu'ils apprennent du cœur maternel à ne vivre que pour aimer, et à n'aimer que pour propager la vie; et que les vieillards, coopérateurs de ta félicité future, finissent leurs jours dans les espérances et la paix, qui ne sont données qu'à ceux qui ont aimé Dieu et les hommes!

O France! puisse ton roi se promener sans garde au milieu de ses enfants, et les voir à leur tour apporter au pied de son trône les tributs de leur reconnaissance! puissent les nations de l'Europe y rassembler leurs états-généraux, et ne faire avec nous qu'une seule famille, dont il soit le chef! puissent enfin tout les peuples du monde, dont nous aurons recueilli les infortunés, y envoyer un jour des députés bénir Dieu dans toutes les langues, et y servir l'homme dans tous ses besoins!

SUITE DES VOEUX D'UN SOLITAIRE.

Quelques personnes ont paru surprises qu'ayant parlé, dans mes *Études de la Nature*, des causes qui devaient produire la révolution, j'aie refusé d'y prendre aucun emploi. A cela je répondrai ce que j'ai déja dit ; c'est que depuis plus de vingt ans ma santé ne me permet pas de me trouver dans aucune assemblée politique, savante, religieuse, et même de plaisir, dès qu'il y a foule, et que les portes en sont fermées. Des amis prétendent que le desir de sortir, et les agitations spasmodiques que j'éprouve alors, viennent d'un sentiment exquis de liberté: cela peut être ; mais à Dieu ne plaise que je fasse passer mes défauts pour des vertus! mes maux sont de véritables maux; ils naissent du désordre de mes nerfs, dérangés par les secousses de ma vie*. Indépendamment des causes physiques qui m'ont éloigné des assemblées, j'en avais de morales. J'avais fait une si longue et si malheureuse expérience des hommes, que depuis long-temps j'étais résolu de n'attendre d'eux aucune portion de bonheur. En conséquence, je m'étais retiré depuis plusieurs années dans un des faubourgs de Paris le moins fréquenté. Là, je me consolais des vains efforts que j'avais faits autrefois pour servir ma patrie en réalité, en m'occupant de sa prospérité en spéculations. J'ai cru dans ma retraite m'acquitter suffisamment de mon devoir de citoyen, en osant, sous l'ancien régime, publier les désordres qui devaient amener la révolution, et les moyens que je croyais propres à la prévenir, en remédiant à nos maux. J'ai attaqué dans mes *Études de la Nature*, publiées pour la première fois en 1784, les abus des finances, des grandes propriétés territoriales, de la noblesse, du clergé, des académies, des universités, de l'éducation, etc.; sans santé, sans réputation, sans corporation, sans patron, sans fortune, qui seule équivaut dans le monde à toutes les autres ressources. Il y a plus, c'est que je n'avais, pour subsister, qu'une médiocre gratification annuelle qui était à la disposition du département dont j'avais le plus combattu la puissance et les désordres, celui des finances. Le bienfait que j'en recevais était si casuel, qu'il dépendait, chaque année, de la volonté de ses premiers commis, et ensuite de celle du ministre, si dépendant lui-même de la volonté d'autrui, qu'il y en a eu dix successivement dans l'espace de douze ans. Je ne crois pas qu'aucun écrivain, parmi ceux mêmes qui se sont le plus dévoués à la cause publique, se soit trouvé dans ma position. Jean-Jacques était lié personnellement avec des grands qui aimaient ses ouvrages; avec des mi-

---

* Ce mal est bien plus ancien qu'on ne pense. Voici ce que je trouve à ce sujet, au commencement de la 54e épitre de Sénèque à Lucilius :

Longum mihi commeatum dederat mala valetudo ; repente me invasit. Quo genere? inquis. Prorsus merito me interrogas, adeo nullum mihi ignotum est. Uni tamen morbo quasi assignatus sum : quem quare græco nomine apellem, nescio. Satis enim apte dici *suspirium* potest. Brevis autem valde et procellæ similis, impetus est. Intra horam fere desinit. Quis enim diu expirat? Omnia corporis aut incommoda aut pericula per me transierunt : nullum mihi videtur molestius. Quidni? Aliud enim quidquid est, ægrotare est; hoc est, *animam agere*. Itaque medici hanc *meditationem mortis* vocant.

« Mon indisposition m'avait donné une trève assez longue ; » mais elle est venue tout d'un coup me reprendre. Quelle » sorte de mal? me dites-vous. Certainement, vous avez raison » de me le demander, car je les connais tous. Il en est un ce-
» pendant auquel je suis, pour ainsi dire, voué. Je ne sais si je
» dois l'appeler du nom que les Grecs lui donnent, notre mot
» *suspirium* (soupir) le caractérise assez bien. Sa violence
» dure peu, mais elle ressemble à celle d'un orage ; elle passe
» presque dans une heure ; car qui peut être long-temps à
» rendre l'esprit? Toutes les maladies incommodes et dange-
» reuses, je les ai essuyées ; mais je n'en connais point de plus
» insupportable. Comment cela? parce que, dans tout autre
» mal, ce n'est enfin qu'être malade; au lieu que dans celui-ci,
» c'est mourir. C'est pourquoi les médecins le nomment *médi-
» tations à la mort*. »

Ce mal ressemble parfaitement, selon moi, au mal de nerfs. Il fut peut-être pour Sénèque la cause de sa philosophie, qui fut à son tour le remède de son mal ; elle lui apprit à le supporter ainsi que les méchancetés de Néron. La philosophie est donc nécessaire à tous les hommes, puisque l'on peut dans la retraite la plus paisible être aussi violemment tourmenté par un *soupir* que par le plus cruel tyran.

Les épitres de Sénèque à Lucilius sont, à mon avis, son meilleur ouvrage. Il les composa dans sa vieillesse, après avoir été long-temps éprouvé par le malheur.

nistres qui en favorisaient la publication, même en les faisant saisir ; avec de jolies femmes qui les défendaient contre tous : mais ce qui vaut encore mieux, ses seuls talents en musique pouvaient le faire vivre dans une indépendance absolue de tout le monde. Pour moi, il était fort douteux que j'en eusse dans aucun genre ; mais il ne l'était pas que j'étais sans aucune sorte de prôneurs ; car j'étais brouillé, à cause de mes principes mêmes, avec les philosophes qui avaient à leur disposition les principaux journaux, ces trompettes de la renommée.

On jugera des difficultés que j'ai eu à surmonter, par celles que j'ai rencontrées pour faire approuver, imprimer et publier mes *Études de la Nature.* J'en ai d'abord composé la meilleure partie dans un hôtel garni de la rue de la Madeleine, et je les ai rassemblées dans un petit donjon de la rue Neuve-Saint-Étienne-du-Mont, où j'ai habité quatre ans au milieu des inquiétudes physiques et domestiques d'une espèce rare. C'est là aussi que j'ai éprouvé les plus douces jouissances de ma vie, au milieu d'une solitude profonde et d'un horizon enchanteur. J'y serais peut-être encore si, par caprice, on ne m'avait obligé d'en sortir pour le détruire ; ce fut là que je mis la dernière main à mes *Études de la Nature,* et que je les ai publiées. Je fus d'abord demander un censeur à la chancellerie ; mais une espèce de secrétaire de la librairie voulut m'obliger d'y laisser mon manuscrit. Comme il était rempli d'idées qui m'étaient particulières, il ne convenait pas que je l'abandonnasse à l'indiscrétion ou à l'insouciance des bureaux. Après plusieurs sollicitations, j'obtins de le confier au censeur que j'avais demandé. C'était un savant distingué par ses lumières : il approuva tout entier ; mais, d'après les règlements, il fut obligé de me renvoyer à un théologien, parcequ'il y avait de la morale. Celui-ci trouva mauvais que je ne me fusse pas d'abord adressé à lui. Il me disputa chaque page de mon manuscrit. Il attachait des idées dangereuses aux mots les plus innocents ; il trouvait mauvais, par exemple, que j'eusse dit que Louis XVI avait appelé les Anglo-Américains à la liberté : il voulait me retrancher ce mot de *liberté,* condamné disait-il, par M. le garde-des-sceaux, comme un signe de ralliement des philosophes. J'eus bien de la peine à lui faire comprendre que je n'entendais point parler de la liberté de penser des Anglo-Américains, mais de leur liberté politique à laquelle Louis XVI avait coopéré au su de toute la terre. Il ne voulait point que je parlasse de l'abus des corps, excepté cependant de ceux de l'université, parce-

qu'il était professeur du collége royal, qui rivalise avec elle pour l'éducation. J'admirais comme plusieurs de mes meilleures preuves sur la Providence me coûtaient des disputes avec un théologien. Plusieurs fois j'ai été au moment de lui retirer mon manuscrit, en lui disant que j'allais me plaindre au garde-des-sceaux, et lui demander un autre censeur. Mais le remède aurait été pire que le mal. Plus on changeait de censeurs, plus ils devenaient difficiles. Les derniers nommés, par esprit de corps, ou pour faire valoir leur exactitude comme le premier, allaient mettant de plus en plus l'ouvrage en discussion au rabais, comme des fripiers qui vont toujours en mésoffrant au-dessous du prix que le premier venu d'entre eux a fixé à un habit. Il me fallut donc, malgré moi consentir à quelques retranchements, notamment sur le clergé. Je supprimai deux articles, selon moi très importants : l'un où je proposais de rendre le clergé citoyen en le faisant salarier par l'état ; l'autre où je conseillais, comme une étude également utile à l'humanité et à la religion, de faire faire aux jeunes ecclésiastiques destinés à être ministres de charité, une partie de leur séminaire dans les prisons et les hôpitaux, afin de leur apprendre à remédier aux maladies de l'âme, comme on apprend, dans les mêmes lieux, aux jeunes médecins à remédier à celles du corps. Moyennant quelques autres sacrifices, mon censeur théologien me rendit mon manuscrit au bout de trois mois. Il n'y mit, pour toute approbation, que son nom ; mais il m'en fit voir en même temps une de douze lignes, remplie de grands éloges, en me disant : « Voilà les approbations que je donne aux ouvrages dont je suis content : » c'était pour une nouvelle traduction de l'Odyssée d'Homère dont personne n'a parlé.

Je retirai donc mes *Études de la Nature* de cette inquisition ; mais je n'étais pas au terme de ma peine ; il fallait les faire imprimer. Il était bien juste aussi, dans sa position, que je recueillisse quelque argent de mes longs travaux. Je m'adressai donc à une veuve, libraire de la cour, qu'un de mes amis, qui y avait des emplois considérables, m'avait vantée comme une personne bien loyale, et à laquelle il m'avait recommandé. Elle me reçut d'abord très froidement, sur la proposition que je lui fis de faire les avances de l'impression de mon livre, et de la rembourser ensuite sur sa vente ; mais dès que j'eus dit mon nom et celui de mon ami, elle prit un air riant, se félicita de ce qu'il avait pensé à elle pour lui faire avoir de bons ouvrages. Je lui montrai mon manuscrit, et je la priai de me dire ce qu'en coûteraient les frais d'impression. Elle jugea qu'il en fallait faire six petits volumes in-12, et les tirer à 1,500 exemplaires. Ensuite elle me donna un état des frais de composition, de tirage, de papier, d'assemblage, de magasinage, de brochure, de remises pour sa vente et pour les libraires de province. J'en pris une note sous sa dictée, et l'ayant examinée chez moi, je trouvai que je lui serais encore redevable de quelque chose, en supposant que mon édition se vendît bien. Je songeai alors à la faire à mes dépens en trois volumes, pour diminuer de la moitié les frais de brochure et de remise aux libraires, évalués par la note à 15 sous par volume ; ce qui faisait, pour la seule vente, une dépense de trente-quatre pour cent. Je n'avais pour tout argent que 600 livres ; j'en trouvai avec bien de la peine 1,200 autres à emprunter de quelques amis riches, et je ne doutai pas qu'avec ces avances en argent comptant, qui allaient alors à plus du tiers des frais de l'édition, je ne pusse traiter directement avec un imprimeur, d'autant que je devais lui abandonner l'édition entière, jusqu'à ce qu'il se fût remboursé de tous ses frais. Ces conditions étaient encore plus avantageuses que celles des libraires, qui ne paient et ne s'acquittent de leurs impressions qu'avec des billets à un an et un an et demi de terme ; mais j'oubliais que je n'étais qu'un auteur. Je fus donc chez un des plus fameux imprimeurs de Paris, croyant que j'éprouverais moins de difficulté avec un artiste riche et éclairé. Il me reçut d'abord fort révérencieusement, et me présenta un exemplaire de ses belles éditions, croyant que je venais pour en acheter ; mais lorsque je lui eus fait part de mon projet, et que je lui eus demandé le prix de son impression, il changea de visage. Il refusa de me satisfaire ; il me dit qu'il n'imprimait que pour son compte, et qu'il n'employait son imprimerie que pour des ouvrages dont les succès étaient décidés. Un ami m'indiqua un autre imprimeur qu'on avait prévenu en ma faveur, et qui ne demandait pas mieux que de traiter avec moi. Cet imprimeur accepta toutes mes conditions, et me pria de lui confier mon manuscrit pour juger, dit-il, combien il contiendrait de feuilles d'impression. Il me le rendit au bout de quelques jours en me disant qu'il ne pouvait pas s'en charger, parcequ'il lui était survenu des affaires. La même chose m'arriva successivement avec trois ou quatre autres qui ne sont pas des moins renommés de Paris. Dès qu'ils avaient mon manuscrit, ils en différaient l'impression sous divers prétextes ; tantôt ils en voulaient augmenter le prix, tantôt celui du papier ; et quand je consentais à leurs demandes, ils me le rendaient en me disant que mon ouvrage n'était point à la mode ; qu'ils l'avaient communiqué à des connaisseurs, qu'il n'aurait point de succès. Quand ils l'ont vu prospérer, ils m'ont calomnié, en disant que j'avais manqué de confiance en eux.

Ces différents obstacles, dont j'abrége le récit, en retardèrent la publication encore près de trois mois. Enfin, résolu de ne me plus fier aux réputations si fausses et aux recommandations qui m'ont toujours porté malheur, je m'en rapportai à cette Providence qui ne m'a jamais trompé. Je fus de mon propre mouvement dans une imprimerie, et m'étant adressé à un prote fort honnête et fort instruit, appelé M. Bailly, je conclus sur-le-champ avec lui et avec son imprimeur, M. Didot le jeune, dans lequel je trouvai des facilités et une probité dont j'ai eu à me louer de toute manière.

Mon ouvrage imprimé, j'éprouvai d'autres difficultés pour le faire annoncer. J'en envoyai des exemplaires aux principaux journaux ; mais comme ils attendent, selon leur coutume, le jugement du public pour y conformer le leur, les premiers n'en rendirent compte qu'au bout de quatre mois. Ils en insérèrent d'abord quelques satires anonymes, et ils rejetèrent les éloges qu'on leur en adressait ; ils gardèrent ensuite le silence sur le fond, qui déplaisait aux académies, et ils n'en louèrent que le style, auquel ils attribuèrent tout son succès. Il était plus grand que je n'aurais osé l'attendre. On le contrefaisait de toutes parts. On me manda de Marseille que toutes les provinces méridionales étaient remplies de ses contrefaçons, mais qu'on était bien surpris de n'y pas trouver un exemplaire de l'édition originale. Il semblait que, non-seulement tous les libraires de province se fussent ligués pour la ruine d'un auteur qui avait osé faire imprimer son ouvrage à ses dépens, mais que les inspecteurs, et même le chef suprême de la librairie y prêtassent la main. L'inspecteur de la librairie de Lyon, ayant reçu ordre, plusieurs fois, de faire des visites chez ces contrefacteurs bien connus, loin de les trouver en contravention, il les plaignit, au contraire, de ce que mon libraire ne leur faisait pas des remises assez fortes. Il est certain, cependant, qu'il y a eu une multitude de contrefaçons de mes *Études*, faites par des libraires de cette ville, et qu'un d'entre eux, que j'ai nommé ailleurs, a porté l'impudence jusqu'à les faire annoncer chez lui dans le catalogue de la foire de Leipsick. Toutes mes réquisitions à cette occasion ont été vaines. A qui me serais-je adressé pour demander justice ? Un des principaux libraires de

Marseille fit entrer dans cette ville une balle de contrefaçons de mon ouvrage, qui fut saisie. Le garde-des-sceaux ordonna qu'elle serait confisquée au profit de la librairie de Marseille, c'est-à-dire des contrefacteurs mêmes. Je savais bien qu'un homme isolé ne peut obtenir justice d'un homme qui tient à un corps. Je songeai donc à opposer le corps des gens de lettres à celui des libraires. Mais la vanité divise les premiers, et l'intérêt réunit les derniers. Un jeune poëte, membre de plusieurs lycées et académies, m'étant venu voir, je lui parlai de l'utilité que retireraient les gens de lettres répandus en sociétés accréditées dans tout le royaume, s'ils veillaient mutuellement aux intérêts les uns des autres, en s'opposant aux contrefaçons. Cet enfant d'Apollon reçut ma proposition avec le plus grand mépris. Jamais je ne pus lui faire comprendre qu'il était plus honnête de vivre des fruits de son travail que de mendier des pensions auprès des grands, et de donner des honoraires aux libraires, que d'en recevoir.

Cependant, au milieu de tant d'épines, je cueillis beaucoup de fleurs et quelques fruits. On m'adressa de toutes parts des lettres de félicitation. Mes anciens services me valurent, à l'occasion de la faveur publique, une petite gratification annuelle que le roi me donna de son propre mouvement. Ces premiers dons de la fortune, joints à quelques autres qui avaient quelque apparence de solidité, et surtout un produit de deux éditions, me firent songer à réaliser un desir que je formais depuis long-temps. C'était d'aller continuer mes *Études de la nature* au sein de la nature même. Je voulais acquérir quelque petite métairie, où, loin des hommes injustes et jaloux, je pusse m'occuper encore de la cause des marées et des courants de la mer, qui fluent alternativement des glaces de chaque pôle par l'action semi-journalière et semi-annuelle du soleil. J'avais démontré cette importante vérité jusqu'à l'évidence; mais je m'étonnais de l'indifférence de notre marine et de nos académies sur un objet si utile à la navigation et au commerce mutuel des hommes, elles qui ont fait tant d'entreprises dispendieuses et souvent inutiles pour la nation et pour le genre humain. Je voulais encore rassembler quelques nouvelles harmonies dans l'étude ravissante des plantes, et surtout continuer l'Arcadie, dont j'avais publié le premier livre. A ces idées de félicité publique, se joignaient des projets de bonheur personnel. Le sentiment m'en était doux comme celui d'une convalescence. J'étais au moment de les réaliser, lorsque la révolution arriva.

Sollicité avec instance par le peuple de mon quartier, qui avait de moi une grande opinion, parce que j'avais fait un livre, je fis un effort sur ma santé pour assister à la première assemblée de mon district. J'y éprouvai que mes études n'avaient pas diminué mes infirmités, ni la révolution assagi les citoyens. Ils parlaient tous à la fois. Je leur présentai trois propositions: la première, qu'on ne délibérerait sur aucun objet, que trois jours après qu'il aurait été proposé, afin de conserver la liberté de son jugement; la seconde, que les votes se feraient non de vive voix, mais au scrutin, afin de conserver la liberté de son suffrage; la troisième, que l'assemblée nationale serait permanente, et ses membres amovibles tous les trois ans, en les renouvelant par tiers chaque année. On ne se donna pas seulement la peine de discuter mes propositions, excepté un maître de pension qui combattit la permanence de l'assemblée, et qui fut ensuite nommé électeur. On m'avait déjà fait le même honneur; mais j'en donnai la démission le lendemain à cause de ma santé physique et morale. Je venais d'éprouver ce que je savais déjà, que le peuple desirait le bien public; mais que les corps ne voulaient que leur bien particulier. D'ailleurs, quand mes indispositions me l'auraient permis, il m'aurait été bien difficile de prendre un parti. J'étais lié au peuple par devoir, et par reconnaissance au roi, dont les bienfaits me soutenaient depuis douze ans. J'avais combattu le despotisme aristocratique, je ne voulais pas flatter l'anarchie populaire. Je voyais, parmi les chefs du peuple, des hommes qui avaient le plus profité des faveurs de la cour; et dans le parti de la cour, ceux qui avaient le plus flatté le peuple. Je les connaissais les uns et les autres pour des ambitieux, c'est-à-dire pour des hommes de la plus dangereuse espèce, selon moi. Ils ne connaissent ni l'amitié, ni l'égalité, quoiqu'ils en parlent sans cesse: quand on marche à côté d'eux, on devient leur ennemi, et derrière eux, leur esclave. On est forcé d'être, dans leur société, hypocrite ou méchant. Je ne voulais pas m'empirer en travaillant à améliorer les autres. Il y avait aussi, à la vérité, à la tête de la révolution, des hommes vertueux, désintéressés, sages, éclairés, qui, dans tous les temps de leur vie, n'avaient jamais changé de principes; mais il était difficile de deviner où ce nouvel ordre de choses, dont le plan n'existait pas encore, les conduirait eux-mêmes.

Tous ces changements ne me faisaient pas plus d'illusion que celui du théâtre, où les mêmes acteurs ne font que changer d'habits et de noms. Je retrouvai dans notre nouvel ordre politique nos anciens citoyens, comme dans notre nouvelle géographie de la France nos anciens fleuves. Les hommes se succèdent comme les eaux courantes ; mais ils ne changent pas plus de passions que les fleuves de canal ; c'étaient toujours les mêmes ambitions, avec cette différence que celles des petits avaient surmonté celles des grands ; toutes avaient lutté sans respect pour les lois anciennes et modernes. J'en ai été moi-même la victime en plus d'un genre : d'abord à l'occasion d'un cimetière au bout de mon jardin, interdit depuis huit ans, et envahi par la commune qui en a fait un foyer de méphitisme par des enterrements journaliers ; ensuite au sujet de mes ouvrages devenus la proie des contrefacteurs. En vain je me suis plaint au juge de paix, à la section, à la municipalité, au département : ce qu'il y a de pis, c'est qu'on a fait semblant de me rendre justice ; et on a laissé les abus sans réforme, quoiqu'ils intéressassent directement les lois municipales et les propriétés personnelles. La loi peut paraître sourde aux réclamations d'un particulier, parce qu'on peut la croire distraite ; mais, dès qu'elle les écoute, les trouve justes et n'y satisfait pas, on la méprise, parce qu'on la juge impuissante. J'ai aidé moi-même, en ne publiant pas mes peines, à couvrir sa faiblesse. Je la regardais comme une mère malheureuse au milieu d'enfants ingrats et désobéissants : mais comment aurais-je pu en augmenter le nombre ! Quelque emploi que j'eusse pris, il m'eût fallu épouser les intérêts d'un parti, promettre et tromper, voir des abus et les favoriser, et en tout obéir au peuple, afin de paraître le gouverner. Avec tant de raisons pour m'éloigner de nos assemblées tumultueuses, je n'en avais pas moins pour renoncer à mes projets de retraite. Nos campagnes étaient encore plus agitées que nos villes. On ne doit jamais compter sur un bonheur hors de soi ; et, s'il est pour un homme quelque asile impénétrable, ce ne peut être que dans sa conscience. On m'en avait offert d'agréables et de paisibles hors du royaume ; mais je me serais reproché d'abandonner ma patrie dans son état de crise. Encore que je ne pusse calmer l'esprit d'anarchie qui la bouleversait, je pouvais influer sur celui de quelques particuliers, modérer l'un, encourager l'autre, consoler celui-là. On attache trop de prix aux vertus publiques, et trop peu aux vertus privées. Dans une tempête, il ne faut pas moins d'art pour gouverner une gondole que le *Bucentaure*. On ne doit pas juger de la bonté des machines par la grandeur de leurs mouvements : si les grandes produisent de plus grands effets que les petites, c'est qu'elles ont de plus grands leviers. Il en est de même des vertus. Il est certain que si, dans un temps de trouble, chaque citoyen rétablissait l'ordre seulement dans sa maison, l'ordre général résulterait bientôt de chaque ordre domestique. Je me consolai donc de rester dans ma solitude physique et morale, persuadé que, n'étant point livré à l'intérêt des partis, j'étais plus en état de connaître l'intérêt national ; et que, si j'étais capable de le servir, je pouvais le faire d'une manière plus durable par la voie de l'impression, où j'avais eu des succès, que par celle de la parole, où je n'étais point exercé.

En conséquence, quoique mes *Études de la Nature* eussent pour moi un charme inexprimable, je les abandonnai pour m'occuper de celles de la société. J'écrivis les *Vœux d'un Solitaire*. C'est celui de tous mes ouvrages qui m'a le plus coûté, et dont je suis le moins content. J'y ai voulu concilier les intérêts d'un prince qui m'a obligé ; d'un clergé qui m'avait témoigné plus que de l'indifférence, parce que j'avais refusé de solliciter ses bienfaits ; des grands qui m'avaient repoussé ; des ministres qui m'avaient trompé ; de leurs flatteurs qui m'avaient calomnié ; des académies qui m'avaient traversé. Le temps des vengeances publiques était arrivé, je pouvais y associer les miennes ; mais, fidèle à ma devise, je ne voulus pas même rétablir dans mes *Vœux* les articles que le censeur avait retranchés dans mes *Études*. Les hommes dont j'avais à me plaindre étaient trop malheureux ; j'aimai mieux oublier quelques objets d'intérêt national, que de satisfaire mes ressentiments particuliers. Je me proposai donc de conserver l'ancienne commune de la patrie, en émondant seulement ses grands arbres pour donner de l'air et du soleil aux petits. On a été au delà de mes vœux. On a été été, arraché et replanté sans doute sur un très beau plan ; mais ce sont toujours les mêmes arbres. Les vieux ne pourront reprendre, parce qu'ils sont vieux ; les jeunes s'étoufferont, parce qu'ils ne sont pas bien alignés : il n'y a donc d'espérance que dans les pépinières. Ce n'est que sur une éducation nationale qu'on peut fonder une bonne constitution. Malgré mes anciens travaux, j'ai osé entreprendre celui-ci, en suivant la chaîne des lois naturelles dont j'ai montré quelques anneaux dans mes *Études*. Les droits de l'homme n'en sont que des résultats. Ce grand ouvrage demande du temps, du repos, de la santé et des talents, tous biens qui ne sont pas dans ma dépendance ; mais au moins j'ai tâché de remplir mes devoirs de citoyen. Je n'ai pas même perdu de vue les circonstances passagères où j'ai cru être de quelque utilité. Lorsqu'après le retour du roi de la frontière, le royaume se divisait en deux partis, dont l'un voulait faire une république de la France, et l'autre conserver la monarchie, et que tous invoquaient la guerre civile et étrangère, je me suis hâté de rappeler au peuple les anciennes obligations qu'il avait à son monarque, et au monarque ses devoirs envers son peuple. J'envoyai mes observations bien recommandées à l'entrepreneur du *Mercure* et du *Moniteur*; mais il ne jugea pas à propos de les publier*. Elles ne furent pas mieux accueillies d'un autre journal fort répandu. J'éprouvai alors ce que je savais déjà par expérience, c'est qu'il y a fort peu de papiers publics au service d'un homme qui ne tient à aucun

---

* J'ignorais alors que cet entrepreneur n'eût aucune influence sur ces journaux, comme il l'a imprimé depuis. Cependant il a publié lui-même, dans une pétition aux électeurs de Paris, qu'il en avait beaucoup sur les gens de lettres, et qu'il avait même donné des honoraires à M. de Buffon.

Dans ce même opuscule, il a eu la bonté de me plaindre, comme victime des contrefaçons des libraires, dont à la vérité je n'ai jamais voulu recevoir d'honoraires. Mais ce qui m'a paru bien étrange, c'est qu'il y propose de faire la fortune des auteurs, en leur assurant pendant quatorze ans la propriété de leurs ouvrages, « à condition qu'au bout de ce terme il serait » libre à tout libraire de les imprimer. » Il m'avait déjà fait l'honneur de me communiquer ce projet de vive voix; je lui dis: « C'est comme si les jardiniers de Boulogne demandaient que le » beau jardin que vous y avez rentré dans leur commune, » parce que vous en jouissez depuis plus de quatorze ans. La » propriété d'un ouvrage est encore plus sacrée que celle d'un » jardin. » Il me répondit que cette loi existait en Angleterre, et qu'il comptait la solliciter auprès de l'assemblée nationale. J'ignore si cette loi existe; mais, après tout, il faut chercher de bonnes lois chez ses voisins, et non pas de leurs abus. Les Anglais, renfermés dans une île, ont sans doute des moyens d'empêcher les contrefaçons d'y pénétrer; mais il n'en est pas de même en France; il est certain que notre ancienne administration, avec ses espions, ses gardes, ses inspecteurs et tout son despotisme, n'a jamais pu les arrêter. Comment donc la nouvelle en viendrait-elle à bout, sous le régime de la liberté, aujourd'hui que les villes n'ont ni portes, ni barrières, ni commis? Ainsi donc un auteur, après avoir été, pendant quatorze ans, la proie des contrefacteurs, finirait par être celle des libraires. Ainsi un marchand, un agriculteur, un fabricant, pourront acquérir, par leurs travaux, des propriétés qui passeront à perpétuité à leurs enfants; et un homme de lettres, qui a souvent mieux mérité de sa patrie, ne jouirait pas des mêmes droits : il se verrait lui-même dépouillé de la propriété de ses ouvrages, au bout de quatorze ans : les études de sa jeunesse ne lui appartiendraient plus dans sa vieillesse : malgré les lois, des fripons lui enlèveraient les premiers fruits par de misérables contrefaçons, et à la faveur des lois de riches libraires achèveraient de le dépouiller par des éditions fastueuses. L'assemblée est trop sage pour ne pas rejeter le projet captieux dont je viens de démontrer l'injustice; elle doit sévir, au contraire, contre ceux qui emploient tant d'artifices pour enlever aux gens de lettres les fruits tardifs de leurs longs travaux. Les chefs de l'administration ont feint, jusqu'à présent, de ne pas trouver de moyens pour arrêter les contrefaçons. Il y en a un bien simple, c'est de punir ceux qui les vendent. En vain les libraires s'excusent sur leur ignorance : tout libraire doit savoir distinguer une contrefaçon d'avec une édition originale, comme tout orfèvre doit savoir distinguer le cuivre de l'or.

---

corps particulier. Cependant, ayant adressé mes observations au rédacteur des *Petites-Affiches de Paris,* elles furent publiées assez à temps pour produire un bon effet, même dans l'assemblée nationale. Je les ai insérées depuis au commencement de l'avis en tête de ma quatrième édition des *Études de la nature.* Elles n'ont rien de bien remarquable que la circonstance pour laquelle je les avais destinées, et l'autorité de Fénelon et des antiques lois de Minos sur les devoirs des rois, parfaitement conformes aux décrets de l'assemblée nationale constituante.

Depuis cette époque, je me suis occupé du soin de recueillir quelques idées relatives à notre constitution; elles sont une suite naturelle des *Vœux d'un Solitaire.* J'ai été d'autant plus encouragé à y joindre les seconds, que plusieurs des premiers ont été remplis par l'assemblée. Quelques uns de ceux-ci même n'en paraissent avoir été négligés qu'à cause des circonstances embarrassantes où elle se trouvait. Tel est celui de l'impôt de censure sur les grandes propriétés territoriales, qui serait devenu un obstacle à la vente des biens nationaux. Cet objet mérite toute l'attention de la présente législature, si elle veut s'opposer aux progrès d'une aristocratie qui a renversé autrefois la Grèce et l'empire romain.

Lorsque mes *Vœux d'un Solitaire* parurent, ils ne plurent qu'à un petit nombre de personnes. Ils ne furent point agréables au clergé et à la noblesse, parcequ'il leur sembla que j'étendais trop loin les droits du peuple. Ils auraient pu plaire au peuple, dont je réclamais les droits, si, alors occupé à vaincre la résistance des corps qui l'opprimaient, il n'avait appris à les étendre aussi loin que sa puissance. L'assemblée constituante, soutenue de sa faveur, a été dans ses décrets beaucoup plus loin que moi dans mes *Vœux*. Ceux qui les trouvaient alors trop hardis les ont trouvés depuis bien modérés. D'un autre côté, nos législateurs se sont trouvés fort embarrassés. Ils ont été vis-à-vis de l'état tombant en ruine, comme des architectes devant un vieux bâtiment à réparer. Une fois le marteau mis dans ses murs, il a fallu le démolir jusque dans ses fondements. Il eût été sans doute à désirer qu'un bon architecte eût tracé seul tout le plan de la reconstruction, pour y mettre plus d'ensemble. Malgré les vues différentes de nos législateurs et les obstacles en tous genres qu'ils ont éprouvés, il y a de si belles parties dans notre constitution, qu'on peut dire que c'est la plus convenable au bonheur des peuples, qui ait encore paru en Europe.

Il en est des premiers plans des empires comme de ceux de nos anciennes villes ; la plupart des rues y font de longs détours. Je n'ai vu même aucun chemin en pleine campagne, tracé en ligne droite, par l'allure naturelle des hommes ; ils vont tous en serpentant. Cela prouve qu'il n'est pas aisé d'aller droit à ceux mêmes qui en ont l'intention, et que, pour aligner sa route, on a besoin de points invariables dans son horizon. Ceux de la terre ne se rencontrent que dans le ciel, comme le savent ceux qui ont fait le tour du monde.

Il y a lieu de croire que notre nouvelle constitution sera durable, parcequ'elle est fondée en grande partie sur les droits de l'homme, qui dérivent eux-mêmes des lois célestes et immuables de la nature.

Tous les maux dont l'état était accablé chez nous provenaient uniquement de l'ambition particulière des corps. Les capitalistes s'étaient emparés de ses finances ; les parlements, de sa justice ; la noblesse de son honneur ; le clergé, de sa conscience ; les académies, de sa raison. Tous tenaient le corps national lié, sans qu'il pût faire le moindre mouvement que pour leurs intérêts particuliers.

Heureusement ils n'étaient pas d'accord. Pendant qu'ils se querellaient, la nation a dégagé ses mains et a brisé une partie de ses chaînes. La principale reste à rompre, c'est celle de l'or. L'or seul donnant aujourd'hui les moyens de satisfaire toutes les ambitions, toutes les ambitions se réduisent à celle d'avoir de l'or. C'est pour avoir de l'or qu'on laboure et qu'on navigue, qu'on est artiste, magistrat, prêtre, militaire, docteur ; que les nations font la paix ou la guerre, et que nos états-généraux même se sont assemblés. L'or est le premier mobile du corps social, comme le soleil, dont il est l'emblème et peut-être la production, est celui du monde. Mais comme le soleil lui-même détruirait ce monde, si la sagesse divine ne gouvernait ses effets, l'or détruirait la société, si une bonne politique ne dirigeait son influence. J'appelle politique, non l'art moderne de tromper les peuples, qui est un grand vice, mais, suivant son étymologie même, l'art antique de les gouverner, qui est une grande vertu, et qui est une émanation de la sagesse divine.

Le plus grand mal que l'or puisse produire dans un état, c'est lorsqu'il s'accumule dans un petit nombre de mains : c'est comme si les rayons du soleil se fixaient dans la seule zone torride et abandonnaient le reste du globe aux glaces. Il est donc nécessaire de surveiller les hommes qui ont des moyens d'attirer à eux tout l'or du royaume. Ce sont les ministres, les capitalistes, la noblesse et le clergé : les ministres, par l'influence royale ; les capitalistes, par celle de leur argent ; les nobles, par celle des armes ; le clergé, par celle des consciences. Nous avons à opposer aux ministres l'assemblée nationale ; aux capitalistes, les départements ; à la noblesse, les gardes nationales ; au clergé, les municipalités. C'est sans doute pour balancer les quarante-quatre mille seigneuries et cures du royaume, qui étaient à la tête de la puissance militaire et spirituelle de la France, qu'on a créé quarante-quatre mille municipalités. Un jour viendra sans doute où les puissances anciennes et modernes s'amalgameront ensemble et n'auront qu'un seul but, le bonheur de l'homme ; mais, en attendant que tous les ressentiments soient éteints, et que l'intérêt national ait remplacé les intérêts des corps, nous allons nous livrer à quelques considérations sur les dangers que nous avons à craindre et sur les remèdes que nous pouvons y apporter. Elles sont des conséquences des décrets mêmes de l'assemblée constituante, qui n'a pas eu le temps de tout prévoir. Plus sa moisson a été abondante, plus elle nous a laissé à glaner.

DES MINISTRES ET DE L'ASSEMBLÉE NATIONALE.

Un des décrets les plus sages de l'assemblée nationale constituante est celui qui déclare la personne du roi inviolable, et les ministres seuls responsables de ses fautes. Je ne répéterai pas ici ce que j'ai dit ailleurs sur le caractère personnel du roi : il suffit de dire qu'il a été le premier mobile de notre liberté. Il méritait donc à plusieurs titres l'honorable prérogative qui rend sa personne sacrée, comme la loi même qu'il est chargé de faire exécuter. Mais elle lui appartenait encore comme roi ; les rois ne sont trompés que par ceux qui les environnent. Néron lui-même eût été forcé d'être vertueux si le sénat romain avait puni ses crimes dans ses ministres.

Ce sont donc les ministres seuls qui peuvent lutter avec l'assemblée, en lui opposant une partie des forces nationales, dont le nerf principal est l'argent ; 1° par une disposition dangereuse des revenus de la liste civile, qui monte à trente millions ; 2° par la distribution de beaucoup d'emplois lucratifs, qui peuvent leur donner quantité de créatures au dedans et au dehors du royaume ;

5° parceque la durée de leur ministère n'étant pas fixée, ils ont un grand avantage sur les membres de l'assemblée, qui changent tous les deux ans. Ainsi ils ont au-dessus de l'assemblée nationale une pondération d'argent, de crédit et de temps, qui seule amène beaucoup de révolutions.

Il est donc nécessaire : 1° que l'assemblée nationale veille sur l'emploi des revenus de la liste civile, dans le cas où ils serviraient à corrompre ses propres membres, ou même ceux des assemblées de département, municipales ou primaires. Ce délit est un crime de lèse-nation ; un ministre corrupteur doit être déclaré encore plus coupable qu'un député corrompu.

2° L'assemblée nationale doit aussi porter une attention particulière sur le caractère patriotique des hommes qui sont employés par les ministres, comme fonctionnaires publics. Elle doit observer surtout si, conformément à la constitution, on a eu égard, dans leur choix, au mérite et non à la naissance. Faute de cette surveillance, il peut arriver en peu de temps que la plupart des employés dans les travaux de l'état, les officiers de guerre et de marine, ainsi que les consuls, ministres et ambassadeurs hors du royaume, choisis par des ministres mal intentionnés, se trouvent tout préparés pour opérer de concert une contre-révolution au dedans et au dehors du royaume. Il leur serait facile de la faire desirer au peuple, en opérant des chertés de blé, en suscitant des brigandages ou des querelles religieuses ; car le peuple, fatigué des anciennes secousses de la révolution, et voyant augmenter ses maux, ne manquerait pas d'en accuser l'assemblée qu'il a chargée du soin de l'en garantir. Il s'y porterait d'autant plus volontiers qu'il aime le changement, et que vivant, surtout dans la capitale, du luxe des grands qui y ont fixé leur demeure, il est à leur égard dans une dépendance naturelle, qui naît de leurs richesses et de ses besoins, et qu'il n'éprouve pas de la part des membres peu riches et passagers de l'assemblée nationale. Cette disposition au mécontentement général peut encore être puissamment secondée par des journalistes factieux et soudoyés. Avant que la constitution fût achevée, sans doute il a été libre à tout écrivain de la discuter ; mais aujourd'hui qu'elle est sanctionnée par le roi, reçue par la nation, confirmée par une seconde assemblée de ses députés, élus avec une pleine liberté, il ne doit plus être permis d'écrire que pour l'améliorer. Enfin, la constitution peut être renversée par une multitude d'indigents, sans morale, et dont la plupart donneraient leur part à la liberté publique pour un écu. Ils peuvent d'autant plus aisément être les principaux instruments d'une contre-révolution, qu'ils se souviennent d'avoir été ceux de la révolution. Toutes ces considérations doivent paraître de la plus grande importance à l'assemblée. Elle préviendra ces maux, en les arrêtant dès leur source. Elle doit décréter que les ministres seront responsables de la conduite des fonctionnaires publics qui sont à leur nomination, comme ils le sont des ordres du souverain. Ils doivent répondre de l'émanation de ces ordres et de leur exécution.

5° Il me semble que nos députés restent trop peu de temps en place. J'aurais désiré qu'au lieu de deux ans, ils y eussent été au moins trois. En effet, beaucoup d'entre eux quittent des états solides et lucratifs, pour un état passager, qui les dédommage à peine de leurs sacrifices. Tels sont, entre autres, les gens de loi qui ont fourni tant de défenseurs à la liberté publique. J'aurais souhaité aussi qu'on eût renouvelé un tiers de l'assemblée tous les trois ans. On a craint, dit-on, qu'elle ne se perpétuât en aristocratie. Mais sa révolution totale ne peut-elle pas amener celle de la constitution ? Une nouvelle assemblée perd beaucoup de temps avant de se mettre au fait des affaires. Dans un temps de troubles, son renouvellement total peut être fort dangereux. Le vaisseau de l'état, en changeant son équipage au milieu d'une tempête, peut sombrer sous voiles ou changer de route. Tout grand mouvement est à craindre dans les grandes crises. Un état renouvellerait-il toute son armée en présence de l'ennemi, pour lui substituer des troupes sans expérience ? Comment donc ose-t-il, en présence de tant d'ennemis de ses intérêts, substituer à une assemblée qui les a défendus, une assemblée nouvelle dont la plupart des membres ne connaissent que ceux des départements qui les ont choisis ? Il leur faut plusieurs mois avant de se mettre au niveau des affaires publiques, et d'en rétablir le cours. On peut, ce me semble, éviter d'une part les dangers d'une aristocratie permanente, et de l'autre ceux d'une révolution subite et totale, en renouvelant les membres de l'assemblée par tiers tous les ans, c'est-à-dire que chaque département destituerait, tous les ans, un tiers des anciens députés, et en instituerait un tiers de nouveaux. Il résulterait de là deux grands avantages pour la nation ; c'est qu'elle supprimerait ceux de ses députés suspects de corruption, sans les entacher, puisque leur réforme serait un résultat de la loi même qui les aurait élus ; et qu'elle se conserverait perpétuellement le droit de surveiller son assemblée et d'y maintenir l'esprit public : alors on pourrait sans risque prolonger la durée même de l'assemblée à cinq ans, en en renouvelant tous les ans la cinquième partie.

Telles sont les précautions que je crois nécessaires à la durée de la constitution, et pour donner à l'assemblée nationale une prépondérance qui la rende respectable au peuple, et qui la mette à même de lutter avec avantage contre les ministres. Il faut espérer cependant qu'elles seront un jour superflues. Plusieurs de nos ministres, choisis par le roi, se pénètrent de son patriotisme ; et ils sentent que leur gloire, comme la sienne, est dans le bonheur national.

Il y a un moyen, ce me semble, de les y diriger. On a fait plusieurs décrets contre leurs mauvaises intentions, et aucun en faveur de leurs bons offices. C'est les désigner à la nation comme ses ennemis, et les engager à le devenir. Ils sont trop à plaindre d'avoir tout à craindre du côté d'une nation qui se méfie d'eux, et peu à espérer du côté du roi, qui ne peut plus leur donner ni cordons bleus ni duchés. Je voudrais donc que la nation se chargeât de les récompenser d'une manière digne d'elle. Ainsi, après dix ans de services, l'assemblée examinerait leur conduite, et après l'avoir jugée constitutionnelle et irréprochable, elle leur décernerait une statue. On pourrait la poser à la base de celle du roi, élevée sous la coupole d'un temple de mémoire, et décrétée de la même manière. Ainsi, au lieu de voir nos rois à cheval, sur le bord d'un piédestal flanqué de nations enchaînées, ou de figures allégoriques des vertus, on les verrait debout, entourés de leurs bons ministres, dont les uns tiendraient le trident de Neptune ; d'autres, le caducée de Mercure ; d'autres, la foudre de Jupiter, ou, ce qui vaut encore mieux, sa corne d'abondance. On pourrait ajouter à ces symboles des inscriptions et des bas-reliefs qui rappelleraient les actions principales de leur ministère. Ce monument, accessible de toutes parts, figurerait à merveille au milieu d'une place publique, ou même sur les bords de la Seine, suivant l'inclination dominante du prince. Le peuple juge assez bien des caractères de plusieurs rois par l'emplacement de leurs statues ; il croit que Louis XV n'aimait que la chasse, parceque la sienne est hors de la ville ; Louis XIV, la grandeur, parcequ'il s'est entouré des grands hôtels de la place Vendôme et de celle des Victoires ; Louis XIII, la noblesse, parcequ'il est à la place Royale, dans le Marais, l'ancien séjour de la cour ; Henri IV, le peuple, parcequ'il est au centre de la promenade populaire, le Pont-Neuf. Je trouverais cependant Henri bien plus respectable, si on voyait aux quatre coins de son piédestal, au lieu d'esclaves enchaînés, le sage Duplessis-Mornay, le véridique Sully, le vertueux La Noue, et quelques autres des amis du roi, qui, comme lui, ont aimé le peuple. Notre capitale ne manque pas de nouveaux emplacements. Ses marchés en offriront de bien intéressants à ceux de nos rois qui se plairont au milieu de l'abondance de leurs sujets.

DES CAPITALISTES ET DES DÉPARTEMENTS.

L'or est le seul mobile de notre politique ; pour en avoir, les puissances oublient les premiers principes de la morale et de la justice. Quelque difficile qu'il soit aujourd'hui de réfuter des erreurs accréditées par l'opinion publique et mises en exécution, je commencerai ce paragraphe par quelques réflexions qui pourront servir à nous en préserver au moins pour l'avenir. C'est au sujet de l'invitation que le ministre a faite aux citoyens, de donner le quart de leur revenu pour leur contribution patriotique. 1° Cette invitation était subreptice, puisqu'on a fait une obligation civile d'une offre purement volontaire. 2° La loi promulguée à cette occasion est impolitique, parcequ'il ne faut jamais faire balancer les hommes entre leurs intérêts et leur conscience ; en effet, elle a produit quantité de fausses déclarations. L'assemblée a été très sage en ne permettant pas qu'on y joignît de faux serments. 3° Cette loi est inquisitoriale ; elle oblige les citoyens de révéler publiquement les secrets de leur fortune, après que le fisc a abusé de leur confiance pendant tant de siècles, et lorsqu'il en abuse encore. En faisant un devoir obligatoire d'un acte de bonne volonté, elle met ceux d'entre eux qui au dehors paraissent à leur aise, mais qui au fond sont hors d'état de contribuer, dans l'alternative cruelle de publier leur indigence, ou de passer pour mauvais citoyens. Ces considérations si morales empêchèrent Louis XIV de faire exécuter un projet semblable. Malgré son despotisme, il n'osa pénétrer dans le secret des familles : il eut des remords de conscience, dit le duc de Saint-Simon. 4° Cette loi n'est pas équitable, car elle ne proportionne pas la contribution à la fortune des contribuables. Un homme qui a du superflu est plus en état de payer le quart de son revenu que celui qui n'a que le simple nécessaire. Il y a plus : le rentier qui a mille livres de rentes foncières est une fois plus riche que celui qui a un pareil revenu en rentes viagères ; et celui-ci l'est encore plus que celui qui les tient d'un emploi qu'il peut perdre immédiatement après avoir payé sa contribution. Cependant tous les trois, quoique d'une fortune très inégale, paient également; ce qui est contraire à l'esprit même de la loi. 5° Enfin, il est résulté de toutes ces inconséquences, que les plus riches capitalistes, qui ont la meilleure partie de leur fortune cachée dans leur portefeuille, ont le moins payé, comme on en peut juger par leurs déclarations. C'était cependant en partie pour acquitter les intérêts de leurs papiers, qu'on a décrété la contribution patriotique. Sans doute le ministre patriote qui en a proposé la loi, et l'assemblée qui l'a décrétée, ont eu de bonnes intentions; mais au milieu des troubles où ils se trouvaient, ils n'en ont pas prévu les inconvénients. Ils pouvaient l'établir sur les mêmes bases que celles des impositions municipales. A Dieu ne plaise que je veuille donner aux mauvaises consciences des arguments pour l'éluder! Tout bon citoyen doit obéir aux lois, même injustes. J'ai désiré seulement que nos fautes passées nous servissent de leçon pour l'avenir. L'assemblée constituante y a été plus d'une fois entraînée par l'influence des capitalistes. Telle était celle qui obligeait tout citoyen de payer l'impôt indirect d'un marc d'argent, pour pouvoir être élu parmi ses membres. En l'abolissant, elle a fait voir qu'elle avait un autre tarif que celui de l'argent, pour apprécier le mérite, et qu'il fallait à sa constitution d'autres mobiles que ceux de la fortune.

Maintenant qu'on a ôté aux capitalistes les moyens de faire valoir leur argent, par la suppression des charges vénales, des emprunts publics, et bientôt de l'agiot des grands assignats par l'émission des petits, il est à craindre que leur avidité n'engloutisse toutes les terres du royaume. Je n'y connais d'autre empêchement qu'un impôt de censure, qui croisse avec les propriétés territoriales. J'ai proposé ce moyen dans la première partie de cet ouvrage, et il n'a pas plu aux riches, quoiqu'il y aille même de leurs intérêts particuliers ; mais le salut de l'état en dépend. J'ai démontré en plusieurs endroits de mes *Études* que les grandes propriétés territoriales avaient causé la ruine de la Grèce, de l'empire romain et de plusieurs royaumes de l'Afrique, suivant les témoignages de Pline et de Plutarque. J'y ai observé qu'elles avaient contribué en grande partie à celle de la Pologne, et j'ai parlé des maux qu'elles avaient produits en France. Ces maux ne feront qu'augmenter, maintenant que beaucoup de personnes, qui étaient déjà riches en terres, acquièrent, avec le remboursement de leurs charges, des biens nationaux. A la vérité, l'abolition du droit d'aînesse divisera un jour les héritages en portions égales parmi les parents ; mais les familles n'en seront pas moins riches, et leur aristocratie est aussi dangereuse que celle des corps. Chez les Romains, les héritages se partageaient également; ils n'en furent pas moins ruinés par les grands propriétaires en terre.

Il y a, au sujet de la vente des biens nationaux, un autre grand abus à réformer, c'est celui des capitalistes monopoleurs, qui les achètent en gros pour les revendre en détail. Souvent ils bénéficient quinze et vingt pour cent, sans bourse délier, ainsi que j'ai entendu un d'entre eux s'en vanter. Je sais bien que les départements tolèrent ces abus pour faciliter la vente des grandes terres; mais on parviendrait au même but en les divisant en petites propriétés de vingt ou trente arpents. Elles trouveraient plus d'acquéreurs, et se vendraient plus cher au profit de la nation. On en écarterait à coup sûr les monopoleurs, en établissant un impôt de censure, qui irait toujours en croissant suivant le nombre de ces petites propriétés accumulées sur la même tête.

C'est l'avidité des grands propriétaires qui a introduit et maintenu si long-temps en Europe l'esclavage dans l'agriculture. Où trouver en effet des hommes libres qui veuillent cultiver une terre uniquement pour le profit d'autrui ? En Russie, les terres n'ont de valeur que par le nombre de leurs serfs. Il y a, dans ce pays, des propriétaires qui ont des domaines aussi grands que des provinces, et dont ils ne tirent presque rien, faute d'esclaves. Ce sont les grands propriétaires qui ont introduit l'esclavage des noirs en Amérique. Les premiers Espagnols qui firent la conquête des Antilles, du Mexique et du Pérou, s'en partagèrent les terres, et en réduisirent les habitants à la servitude pour les cultiver, mais surtout pour en exploiter les mines d'or et d'argent. Malgré les modifications politiques du roi d'Espagne en faveur des malheureux Indiens, ses soldats en agirent envers eux comme il en avait agi lui-même envers leurs princes. Ils les dépouillèrent et les détruisirent pour la plupart ; ils suppléèrent ensuite à leur service par des esclaves tirés de l'Afrique. Les Français ne les employèrent aux Antilles qu'en 1655, après le renouvellement de la compagnie des Indes. Ainsi, les Espagnols ont à se reprocher d'avoir été les premiers Européens qui ont versé le sang des Américains, et ont introduit l'esclavage des noirs en Amérique. Un crime produit toujours un autre crime. Il en est résulté trois peuplades malheureuses, d'Indiens asservis, de noirs esclaves, de blancs tyrans. Les blancs sont sans doute les plus misérables : par une réaction bien remarquable de la justice divine, ils ont trouvé leur punition dans cet or même qu'ils ont tant desiré. Ils vivent d'abord au milieu de leurs frères, cuivrés et noirs, dans une crainte perpétuelle qu'ils ne se réunissent pour les piller et les exterminer. Ils s'efforcent de les attacher à leur joug par tous les liens de la superstition; mais ce sont eux qui en portent les chaînes à leur cou. Ils sont gouvernés par des moines qui sont aussi avides qu'eux de leurs richesses, et qui les en dépouillent par la crainte des satellites de l'inquisition dans ce monde, et des démons dans l'autre. L'or et l'argent, arrosés des pleurs des hommes, ne sortent de leurs mines que pour enrichir des monastères.

D'un autre côté, les sabres des flibustiers ne leur sont pas moins redoutables que les légendes des missionnaires. Des poignées d'aventuriers, attirés par ce même or, ont répandu souvent la terreur dans ces riches contrées, dont les habitants misérables sont sans patriotisme. Nos colonies n'éprouvent pas de si grands maux, parcequ'elles sont plus pauvres. L'assemblée nationale s'est occupée de leur bonheur, en voulant rendre aux mulâtres et aux noirs libres l'initiative aux assemblées coloniales, que Louis XIV leur avait accordée, et qui leur appartenait de droit naturel. N'est-il pas juste donc que des hommes libres qui cultivent la terre, qui en paient les impositions, et qui la défendent en temps de guerre, aient quelque part à son administration? Quelle que soit leur couleur, ne sont-ils pas citoyens? Les habitants blancs leur en avaient ôté les prérogatives, sans doute par une suite de leurs alliances orgueilleuses avec nos grands seigneurs; mais elles subsistaient dans les colonies portugaises. Je les en ai vu jouir dans notre île de Bourbon, dont les premiers habitants épousèrent des négresses de Madagascar, faute de femmes blanches, et laissèrent à leurs enfants mulâtres leurs héritages avec tous les droits de citoyen. Les familles françaises qui s'y sont établies depuis, et parmi lesquelles il y en a plusieurs de nobles, n'ont point dédaigné de s'allier avec eux. Il est fort commun d'y voir des neveux et des nièces, des cousins et des cousines, des frères et des sœurs, des pères et des mères de différentes couleurs. Rien ne m'a paru plus intéressant que cette diversité. J'y ai reconnu le pouvoir de l'amour, qui rapproche ce que les mers et les zones du monde avaient séparé. Ces familles à la fois blanches, mulâtres et noires, unies par les liens du sang, me représentaient l'union de l'Europe et de l'Afrique, bien mieux que ces terres fortunées où le sapin et le palmier confondent leurs ombrages. Il est bien fâcheux que, sur de vaines terreurs, l'assemblée constituante ait aboli, par son décret du mois de septembre 1791, la justice qu'elle avait rendue aux hommes de couleur des Antilles, et qu'elle ait abandonné aux seuls blancs le droit de se constituer eux-mêmes; c'est les regarder en quelque sorte comme étrangers au royaume. Ils sentiront un jour la nécessité d'y être intimement unis, par l'impossibilité de se suffire à eux-mêmes en aucune manière; mais, avant tout, ils doivent se rapprocher des hommes de couleur : il y va de leur sûreté et de leur prospérité. Il est nécessaire, par la même raison, qu'ils y adoucissent le sort de leurs malheureux esclaves, en attendant qu'ils trouvent eux-mêmes des moyens sages de leur rendre la liberté. J'en ai indiqué quelques uns : cette grande révolution ne doit se faire que peu à peu, et en dédommageant convenablement les maîtres.

Mais ce n'est pas assez de peupler nos îles de noirs libres et heureux, il faut y introduire des cultivateurs blancs, qui sont plus industrieux. Il y va également des intérêts de nos colonies et de ceux de la métropole. Il y a plus : l'introduction des cultivateurs blancs en Amérique est une suite nécessaire de notre nouvelle constitution. L'agriculture et le commerce ayant été délivrés en France de leurs entraves, il s'ensuit que la population doit y augmenter considérablement. D'un autre côté, les gouffres qui l'absorbaient étant comblés, tels que les communautés célibataires d'hommes et de femmes, et les guerres fréquentes suscitées par l'ambition de la noblesse et de la monarchie, dont on a détruit les préjugés, il est de toute nécessité que le nombre des habitants y croisse rapidement, d'autant plus que l'amour y a un grand empire par la température du ciel, la fécondité du sol, les spectacles, l'usage du vin et les agréments des femmes. Il faut joindre à ces causes anciennes et modernes de population, celle des étrangers qui viennent déjà s'y établir, attirés par notre nouvelle constitution, qui leur assure la liberté de conscience. Il est donc urgent de lui trouver des débouchés hors du royaume, et il n'y en a point de plus commode et de plus à notre portée que nos colonies. Il faut donc y introduire la culture par les blancs; si on n'emploie pas ce moyen, la France, avant un demi-siècle, ne pourra nourrir ses habitants. On y verra, comme dans la Chine circonscrite par ses lois, les mères exposer leurs enfants, et tous les crimes qui naissent de l'excès d'une population indigente. L'abolition de l'esclavage des noirs, et l'introduction de la culture des blancs en Amérique, dérivent donc de l'intérêt des blancs en France, quand elles ne seraient pas des conséquences des droits de l'homme, qui font les bases de notre constitution.

Des hommes de mauvaise foi ont prétendu que les Européens ne pouvaient cultiver les terres brûlantes de l'Amérique. Il est fort aisé de leur répondre par des faits. L'Espagnol Barthélemy de Las-Casas avait amené à Saint-Domingue même des laboureurs de son pays qui y auraient réussi, s'ils n'eussent été détruits par les Caraïbes irrités des brigandages des soldats espagnols, qui n'avaient fait la conquête de cette île que pour la ravager. On voit tous les jours sur les ports de nos colonies, où la chaleur est bien plus forte que dans l'intérieur des terres, nos matelots, nos charpentiers, nos tailleurs de pierre, occupés à des travaux bien plus rudes que ceux de la culture du café, du coton et du cacao, que des femmes et des enfants peuvent exercer. J'ai vu à l'Ile-de-France des blancs abattre eux-mêmes des portions de forêts, et les défricher. Cependant ils n'avaient pas été élevés à des métiers aussi pénibles, et quelques uns d'entre eux même avaient été officiers de la compagnie des Indes. À la vérité, le climat de Saint-Domingue est plus chaud; mais les anciens flibustiers et boucaniers de cette île étaient blancs; malgré leurs fatigues excessives ils se portaient très bien et vivaient long-temps. Au lieu de nos esclaves, ils avaient de jeunes serviteurs ou engagés, blancs, quelquefois de bonne famille, qui étaient tenus de les servir pendant trente-six mois, ce qui leur en avait donné le nom. Ces jeunes gens résistaient à des travaux sans comparaison plus rudes que ceux de nos esclaves, comme on peut s'en assurer par les relations qui en existent. Les anciens Indiens qui cultivaient les Antilles, ainsi que les terres du Pérou et du Mexique, étaient d'un tempérament bien plus faible que les Européens qui les ont détruits. Enfin ne voit-on pas, par une juste réaction de la vengeance divine, les Européens supporter à Maroc, sous le ciel de l'Afrique, plus brûlant que celui de l'Amérique, un esclavage plus cruel que celui des noirs? J'ai fait sur ce sujet un petit drame, dans l'intention de ramener à l'humanité par le sentiment, des hommes que la cupidité empêche d'y revenir par la raison; mais je suis convaincu qu'il me serait plus aisé de le faire représenter à Maroc qu'à Paris. Il est donc de notre intérêt, et même de celui des créoles, d'introduire dans nos îles des cultivateurs blancs, afin de donner d'abord des moyens de subsister à nos compatriotes, et ensuite de s'étendre dans les vastes solitudes de l'Amérique, qui sont dans le voisinage. Je sais bien que plusieurs puissances de l'Europe s'en sont emparées. Je n'examinerai pas si leur possession est légitime, et si le même droit, dont elles se sont autorisées pour les enlever à leurs anciens propriétaires, ne peut pas servir à son tour à les priver de leurs usurpations. On ne doit pas fonder de mauvais principes sur de mauvais exemples. Mais, quelque respecté que soit le droit de conquête en Europe, il est certain que le droit de la nature est plus ancien. Pour qu'un prince européen prenne possession d'un pays étranger, où des hommes sans méfiance ont reçu ses vaisseaux avec hospitalité, il ne suffit pas d'y faire enterrer furtivement une planche gravée de son nom, ou d'y faire élever une croix armoriée de son écusson, par un missionnaire qui l'adore en chantant un *Te Deum*, en faisant accroire aux bons sauvages étonnés de cette cérémonie, que cette croix les préservera de toute sorte de maux. Il ne lui suffit pas encore de construire le long d'une côte, toutes les cinquante lieues, une batterie de canons, entourée de fossés et de palissades, pour dire : tout le continent est à moi. La terre appartient non à celui qui s'en empare, mais à celui qui la cultive. Les lois de la nature sont vraies en général comme en particulier. Un jour je vis hors de la grille de Chaillot un paysan semer des pois dans un terrain qui depuis long-temps était en friche : je lui demandai s'il était à lui : « Non, me dit-il; mais il est permis à tout homme » d'ensemencer une terre qui est plus de trois ans » sans être cultivée. » Je ne sais si cette loi est du droit civil ou du droit romain; mais il est certain qu'elle est de droit naturel. Dieu n'a fait la terre que pour être cultivée : tout homme a donc droit de s'établir dans des déserts. Il est d'ailleurs de l'intérêt des rois d'Espagne et de Portugal d'appeler dans leurs immenses et solitaires domaines de l'Amérique les hommes qui surabondent en Europe, pour en accroître le nombre de leurs sujets. S'ils ne les y attirent pas aujourd'hui comme cultivateurs, ils les y verront arriver un jour comme conquérants.

En attendant que le peuple français trouve des débouchés à sa population future, dans ses colonies et au-delà, il faut empêcher les colonies elles-mêmes d'enlever au peuple français les moyens de subsister. Il tire aujourd'hui de l'Amérique la plus grande partie des objets de sa consommation journalière; les principaux sont le sucre, le café, le tabac et le coton. Il n'y a guère de blanchisseuse qui ne dépense sur ces divers articles au moins la moitié de ce qu'elle gagne. Les capitalistes les monopolent à leur arrivée dans nos ports, pour en augmenter le prix. Les départements doivent veiller sur ces abus, et en détruire, s'il est possible les causes. C'est une grande faute en politique de mettre une métropole dans la dépendance de ses colonies.

Les départements doivent donc encourager la culture des ruches, afin de remplacer l'usage du sucre par celui du miel, si aimé des anciens par ses qualités salutaires, mais rejeté des modernes par le préjugé où ils sont qu'il a un goût médicinal. C'est la quintessence des fleurs. Il résulterait de sa consommation une grande richesse pour nos campagnes, où tant de plantes produisent en vain leurs huiles éthérées. Nos paysans s'occuperaient de l'éducation facile et innocente des abeilles, dont les ateliers toujours libres, ne sont jamais forcés, pour faire du sucre, de travailler à coups de fouet, comme les malheureux noirs.

On réussirait peut-être aussi à remplacer le café par quelque substance végétale de nos climats. J'ai souvent admiré qu'une graine d'une espèce de jasmin, sèche, coriace, d'une saveur très amère, dont aucun insecte ne veut goûter, qui s'est perdue pendant des siècles dans les forêts de l'Arabie, soit devenue, par la torréfaction et sa combinaison avec le sucre et l'eau, une boisson d'un usage si universel en Europe; que sans elle des peuples entiers, jusqu'aux extrémités du nord, ne croiraient pas pouvoir déjeûner ou digérer leur dîner; qu'à son occasion on ait construit dans toutes les villes une infinité de salles, où les citoyens se rassemblent et décident, en la buvant, du sort des empires; que de grandes villes fleurissent par le commerce de cette graine, et des colonies populeuses par sa culture. Certes, les Grecs reconnaissants auraient consacré un temple au derviche qui, le premier, en trouva l'usage, comme ils en avaient élevé à Cérès, à Bacchus et à Minerve, qui leur apprirent à tirer de la farine d'une graminée, du vin du fruit de la vigne, et de l'huile douce de l'olive amère. Il y a peut-être telle baie qui se perd dans nos bois, méprisée même des animaux, qui servira un jour aux voluptés des hommes. C'est aux départements à encourager par des prix, les expériences de celles qui pourraient remplacer le café. Ce fruit du luxe étant devenu un aliment de nécessité pour le peuple, il serait bon au moins qu'on en trouvât un équivalent plus substantiel dans son territoire. Quand un jeune homme perd son argent et son temps à courir après une maîtresse, on le ramène à l'économie et à sa maison, en le mariant avec une honnête femme. Mais les peuples sont toujours assez jeunes pour courir après les nouveautés, et ils sont souvent trop vieux pour renoncer à leurs habitudes.

Une des plus étranges, et des plus difficiles à détruire, est celle du tabac. Il n'y en a point d'aussi répandue sur toute la terre. Le tabac vient originairement de l'Amérique, et ce sont les Sauvages qui nous ont appris à le fumer; mais on en fume aujourd'hui depuis la Norwége jusqu'à la Chine, et depuis Archangel jusque chez les Hottentots. On en prend beaucoup en poudre en Europe. C'était une poudre d'or pour nos capitalistes de France, qui l'avaient mis en parti. Ils en vendaient plus cher l'once que la livre ne leur coûtait en feuilles. J'ai vu de pauvres ouvriers dépenser chaque jour en tabac le quart de leur paie. Depuis la révolution, son commerce et sa culture sont libres en France, où il croît d'une excellente qualité : il y deviendra donc à bon marché, et sa consommation y tournera au profit de notre agriculture. Il serait à souhaiter qu'on pût y naturaliser de même la canne à sucre et le café. La Sicile et quelques portions de l'Italie en seraient susceptibles; mais le climat s'y oppose en France. J'ai remarqué dans mes *Études* que la nature avait rendu toute la terre capable de produire partout les mêmes substances, avec cette différence, qu'elle varie les végétaux qui les portent, suivant les latitudes. Les sauvages du Canada font du sucre avec la sève des érables, et les noirs d'Afrique, du vin avec celle de leurs palmiers. La saveur de leur noisette se retrouve dans la grosse noix du cocotier; et celle de plusieurs herbes aromatiques de nos campagnes, dans les arbres à épices des Moluques. En général, la nature place les consonnances des arbres de la zone torride dans les buissons et les herbes des zones tempérées, et même jusque dans les mousses et les champignons de la zone glaciale. Elle a mis au midi les fruits à l'abri de la chaleur, en les élevant sur des arbres; et en allant vers le nord, elle les met à l'abri du froid, en les abaissant sur des herbes, qui, d'ailleurs, ne vivant qu'un été, ne craignent point l'hiver. C'est donc dans les classes humbles de nos plantes annuelles et spontanées, que nous pourrions trouver des productions équivalentes à celles des grands végétaux du midi.

Le coton, d'un usage si répandu parmi le peuple, fournit une nouvelle preuve de ces compensations. Il croît dans les forêts de l'Afrique et de l'Amérique torridienne, sur de grands arbres épineux; aux Indes, sur de grands arbrisseaux; et à Malte et dans les îles de l'Archipel, sur une plante herbacée. Nous pouvons suppléer à son usage par celui du lin, herbe annuelle qui vient originairement d'Égypte. Il a suffi long-temps, avec la laine de nos troupeaux, à nous vêtir, même avec luxe. Nos femmes sont encore plus adroites à la filer, que celles des Indes, le coton. Elles en font des toiles qui surpassent en finesse les mousselines. Il y eut à ce sujet un pari considérable fait au Bengale, entre le directeur de la compagnie des Indes de Hollande et celui de la compagnie des Indes d'Angleterre. Le directeur hollandais soutenait l'affirmative, et l'Anglais la niait; celui-ci produisait à l'appui de son sentiment une pièce de mousseline d'une finesse inexprimable; mais l'autre gagna: il fit venir de son pays une pièce de batiste, qui, par pouce carré, contenait plus de fil qu'une pareille étendue en mousseline. Les fils de lin de nos dentelles surpassent en finesse ceux de coton. On en peut faire des toiles damassées, satinées, transparentes, peintes de toutes les couleurs; cependant les femmes riches et les pauvres leur préfèrent celles de coton. Les femmes riches font tort aux travaux du peuple, en faisant venir leurs étoffes des Indes; et celles du peuple, qui les imitent, font tort à elles-mêmes, en prenant dans un pays étranger la matière première de leurs habits.

Le gouvernement a d'abord cherché à favoriser la culture du coton dans nos colonies, ainsi que son importation en France. Bientôt nos capitalistes en ont tiré un si grand parti par l'établissement de quantité de manufactures, que la plupart des femmes du peuple sont vêtues en tout temps de ces toiles, ainsi que leurs enfants. Leur usage n'est pas salubre; elles conviennent à merveille aux hivers des pays dont les habitants vont presque nus le reste de l'année : mais elles sont trop chaudes pour nos étés, et trop froides pour nos hivers. Leur usage surtout est fort dangereux l'hiver; elles sont très faciles à s'enflammer; elles sont une des causes les plus fréquentes de nos incendies, qui commencent souvent par une étincelle qui tombe sur une couverture ouatée ou sur un rideau de coton. Le feu s'y propage avec la plus grande rapidité. A ma connaissance, plusieurs enfants et vieillards ont été brûlés vifs pour s'être endormis, vêtus de ces toiles, près de leurs foyers. On sait que ce fut ainsi que périt le vieux roi de Pologne Stanislas. La laine n'a aucun de ces inconvenients : on en peut faire des étoffes très légères pour l'été ; les femmes grecques et romaines, qui se mettaient de si bonne grace, en portaient des robes en tout temps. Je souhaiterais que la révolution, qui a opéré tant de changements dans nos lois, en produisît dans nos mœurs et même dans nos habits. Ceux des hommes, parmi nous, sont ouverts de toutes parts et écourtés; il n'y a rien au contraire à la fois de si chaud et de si léger, de si commode et de si noble, que ceux des anciens. Si nos femmes veulent engager les hommes à les adopter, elles n'ont qu'à imiter elles-mêmes le costume des femmes grecques qui ne s'habillaient que de lin et de laine. Il en résultera un grand avantage pour la santé et la bonne mine de tout un peuple ; notre agriculture, notre commerce et nos manufactures en profiteront immédiatement. Les chiffons de toiles de lin se multiplieront, et serviront à nos fabriques de papier qui commencent à manquer de matière première; on ne peut les remplacer par ceux de toiles de coton, quoique cependant les Indiens en fassent de très beau papier, quand il n'est pas teint. Je n'examinerai pas ce que notre métropole peut gagner dans la balance de son commerce avec ses colonies; mais je la vois totalement à leur avantage. Nous leur fournissons du vin, du fer, des farines et des salaisons; mais nous en recevons le café le sucre, l'indigo, le tabac le coton, le cacao, dont les consommations sont incomparablement plus grandes; d'ailleurs, elles ne veulent ni de nos modes ni de nos arts libéraux; les femmes créoles ont leur costume particulier, et elles font venir la plupart de leurs étoffes des Indes. Je n'ai pas vu à l'Ile-de-France une maison où il y eût un tableau, ni même une estampe ; je n'y ai trouvé de livres que chez quelques Européens, et en bien petit nombre. Cependant les arts et les lettres donnent des jouissances aux riches, et des consolations aux pauvres; la nature les enseigne à l'homme, et ils ramènent l'homme à la nature. Nos colonies ne s'occupent qu'à gagner de l'argent; et on peut juger qu'elles en tirent de nous une quantité prodigieuse, par les fortunes énormes qui s'y font rapidement. Qu'elles le gardent! le bonheur d'un peuple ne se calcule pas par les piastres de ses négociants, mais par les moyens qu'il a de se nourrir et de se vêtir. Or, je le répète, c'est une grande faute contre la politique, que la matière première de l'habillement du peuple français soit aujourd'hui dans ses colonies de l'Amérique, ainsi que le sucre et le café de son déjeûner, et le tabac dont il fait un usage perpétuel : il ne manque plus que d'y faire croître son blé pour le mettre entièrement dans leur dépendance. Aussi avons-nous vu, par les réclamations violentes de nos négociants en faveur de la traite inhumaine des noirs, contre les décrets de l'assemblée, que nos ports de mer marchands avaient cessé d'être français pour se faire américains.

Sauvons au moins la partie saine de la nation, en mettant sa principale subsistance à l'abri de l'avidité des capitalistes. La seule cause des séditions populaires est la disette du pain, même dans les querelles politiques et religieuses. Le peuple ne se mêle de la conduite des dieux que quand il est abandonné par Cérès. Il n'y a qu'un seul moyen de le maintenir en paix, c'est de lui donner toujours le pain au même prix, et d'avoir pour cet effet, dans chaque municipalité, des magasins de blé qui en contiennent des provisions au moins pour deux ans; il sera facile alors à chaque département d'en faire le commerce, en vendant à ses voisins, et même hors du royaume, le surplus de ses approvisionnements. Le peuple en verra la circulation sans inquiétude, lorsqu'il sera assuré qu'on aura pourvu à ses besoins. J'ai déjà mis ailleurs ce conseil en avant, mais je le répète ici à cause de son importance; il n'y a pas d'autres moyens de prévenir les séditions. Le pain est nécessaire au peuple comme l'air. Que diraient les riches, si l'air qu'ils respirent était quelquefois au moment de leur être supprimé tout-à-fait? Dans quelle terrible inquiétude vivraient-ils, s'il y avait des physiciens qui, avec des machines pneumatiques, pussent le rendre plus ou moins rare, à leur volonté! Ne les regarderaient-ils pas comme les plus dangereux des tyrans, de les faire vivre sans cesse dans l'alternative de la mort ou de la vie? Ainsi le peuple considère ceux qui font le commerce des blés.

En vain on lui parle des besoins des provinces voisines et de ceux de la capitale; y prendra-t-il plus d'intérêt qu'à ceux de ses enfants? Il ne se fie plus d'ailleurs à cette prétendue humanité, qui a servi tant de fois de prétexte au commerce dangereux du blé. Quand on l'exporte de ses marchés, il croit, non sans raison, que c'est pour le faire renchérir. C'est donc une négligence bien coupable de notre administration, pendant plusieurs siècles de n'avoir pas établi des magasins de blé dans les provinces, et assuré un prix fixe au pain. Elle voulait disposer de la nourriture du peuple, pour le gouverner par la faim, ainsi que de sa fortune, par les impôts; de sa vie, par les guerres étrangères; et de sa conscience, par les opinions religieuses. Tels ont été les longs abus de notre odieuse politique, dont on doit se hâter de réformer le principal. S'il est quelque motif qui puisse engager le peuple à opérer une contre-révolution; c'est la cherté du pain; c'est elle seule qui a exécuté la révolution contre ceux mêmes qui avaient cru stupidement l'empêcher en affamant le peuple.

J'ajouterai ici quelques réflexions sur l'usage du pain, devenu d'une nécessité si absolue en Europe. Qui croirait que c'est un aliment de luxe? De tous ceux qu'on sert sur la table de l'homme, quoiqu'il soit le plus commun et à meilleur marché, il n'y en a point qui coûte aussi cher. Le blé dont on le fait, est de toutes les productions végétales celle qui demande le plus de culture, de machines et de manipulations. Avant de le semer, il faut des charrues pour labourer la terre, des herses pour en briser les mottes, des engrais pour la fumer. Quand il commence à croître, il faut le sarcler; quand il est mûr, il faut des faucilles pour le moissonner; des fléaux, des vents, des sacs, des granges pour le battre, le vanner et le serrer; des moulins pour le réduire en farine, le bluter et le sasser; des boulangeries pour le pétrir, le faire lever, le cuire et en faire du pain. Certes, l'homme n'aurait jamais pu exister sur la terre, s'il avait dû tirer sa première nourriture du blé. Nulle part on ne le trouve indigène. Son grain même paraît, par sa forme, bien plus destiné au bec des oiseaux granivores qu'à la bouche de l'homme. Il n'y a pas la vingtième partie des peuples de la terre qui mange du pain. Presque toute l'Asie vit de riz, plus abondant que le blé, et qui ne demande d'autre apprêt que d'être émondé de sa pellicule et bouilli. L'Afrique vit de millet; l'Amérique de manioc, de pommes de terre, de patates. Ces substances même n'ont pas été les premiers aliments de l'homme. La nature lui a d'abord présenté la nourriture toute préparée dans les fruits des arbres : elle a placé principalement pour cet effet, entre les tropiques, le bananier et le fruit à pin; dans les zones tempérées, les chênes verts, et surtout les châtaigniers; et peut-être dans la zone glaciale, des pins dont les pignons sont comestibles. Mais, sans sortir de nos climats, le châtaignier paraît mériter toute l'attention de nos cultivateurs. Il produit, sans soins, beaucoup plus de fruits substantiels qu'un champ de blé de la même étendue que ses branches; il donne de plus, dans son bois incorruptible en charpente, de quoi se bâtir des habitations durables. Nos départements doivent donc multiplier un arbre si utile et si beau, dans les communes, dans les landes et sur les grands chemins; ils doivent aussi y propager la culture de tous les arbres qui produisent des fruits alimentaires, ainsi que celle des légumes de la meilleure espèce. Pour cela, il serait nécessaire que chaque département eût un jardin public, où l'on essaierait de naturaliser tous les végétaux étrangers qui peuvent fournir de nouveaux moyens de subsistance ou d'industrie, afin d'en donner *gratis* à tous les cultivateurs des semences et des plants.

Il n'est pas besoin de recommander aux départements les intérêts des pauvres. La plupart des biens de l'église ont été légués en leur faveur. Ils y ont encore plus de droit que les capitalistes. Il serait à souhaiter qu'on ne les vendît pas tous, et qu'on en réservât quelques portions dans chaque municipalité, et sous sa direction, pour y faire, en leur faveur, des établissements utiles.

Il ne suffit pas de pourvoir aux besoins physiques des campagnes, il faut en adoucir les mœurs. Nos paysans sont souvent barbares, et c'est leur éducation qui en est la seule cause; souvent ils assomment de coups leurs ânes, leurs chevaux, leurs chiens et quelquefois leurs femmes, parcequ'on les a traités de même dans leur enfance. Les pères et les mères, trompés par des maximes prétendues religieuses, recommandent soigneusement dans les écoles qu'on corrige bien leurs enfants, c'est-à-dire qu'on les élève comme on les a élevés eux-mêmes: ainsi ils prennent leurs vices pour des vertus. Il est donc très nécessaire de bannir des écoles des enfants les châtiments corporels, ainsi que la superstition qui les a imaginés, et qui, non contente de torturer leurs corps, bat leurs âmes innocentes des fouets de l'enfer; elle jette parmi les enfants des bergers les premières racines de la terreur qui doit un jour couvrir les enfants des rois de son redoutable ombrage. C'est dans les esprits simples des paysans que des moines adroits ont répandu tant de légendes, qui leur ont valu, par les frayeurs de ce monde et de l'autre, tant de richesses dans les campagnes et de puissance autour des trônes. On doit éclairer la raison des paysans, parceque ce sont des hommes. Il faut leur montrer Dieu intelligent, prévoyant, très libéral, très bon, très aimant, et seul digne d'être aimé par-dessus toutes choses, dans la nature qui est son ouvrage, plutôt que dans des pierres, du bois, du papier, sans mouvement, sans vie, ouvrages des hommes, et qui ne sont souvent que des monuments de leur tyrannie. Il faut policer leurs mœurs, en introduisant parmi eux le goût de la musique, des danses et des fêtes champêtres, si propres à les délasser de leurs rudes travaux, et à les leur faire aimer. C'est ainsi qu'on les fera renoncer à leurs jeux barbares, fruit de leur éducation cruelle. Il y en a un, entre autres, que je trouve abominable : c'est celui où ils prennent une oie vivante, la suspendent par le cou et s'exercent à le lui rompre, en lui lançant tour à tour des bâtons. Pendant cette longue agonie, qui dure des heures entières, ce pauvre animal agite ses pieds en l'air, à la grande satisfaction de ses bourreaux, jusqu'à ce que le plus adroit d'entre eux, achevant de lui rompre les vertèbres, fasse tomber à terre son cadavre meurtri de coups et palpitant; alors il l'emporte en triomphe et le mange avec ses compagnons. Ainsi, ils font passer dans leur sang la substance d'un animal mort enragé. Ces fêtes féroces et imbéciles se donnent fréquemment dans les avenues des châteaux ou auprès des églises, sans que le seigneur ou le curé se mette en peine de s'y opposer : souvent celui-ci défend les danses aux jeunes filles, et il permet aux garçons de supplicier des oiseaux innocents. C'est ainsi que dans nos villes des prêtres chassent des églises les femmes qui s'y présentent en chapeaux; mais ils saluent avec respect des hommes qui y portent des épées. Plusieurs regardent comme un grand péché d'aller à l'Opéra, et voient avec plaisir, au combat du taureau, ce compagnon du laboureur déchiré par une meute de chiens. Partout malheur aux faibles! partout la barbarie est une vertu pour qui les grâces sont des crimes.

La cruauté qu'on exerce envers les animaux n'en est que l'apprentissage envers les hommes. J'ai cherché d'où venait la coutume atroce de nos paysans, de faire mourir dans les tourments l'oie, oiseau innocent, utile, et qui leur rend quelquefois le service du chien, étant capable comme lui d'attachement et de vigilance. Il m'a semblé qu'il fallait la rapporter aux premiers Gaulois, qui, après s'être emparés de Rome, manquèrent l'escalade du Capitole, parceque les oies sacrées de Junon, qui n'y dormaient pas faute de nourriture, en réveillèrent par leurs cris les gardes assoupis de veilles et de fatigues. Ainsi les oies sauvèrent l'empire romain, et firent échouer l'entreprise des Gaulois. Plutarque raconte que de son temps, sous Trajan, les Romains célébraient encore la délivrance du Capitole, par un jour de fête où ils promenaient dans les rues de Rome un chien pendu, parceque leurs chiens dormaient pendant l'escalade des Gaulois, et une oie portée sur un riche coussin, à cause de la vigilance de ces oiseaux auxquels ils étaient redevables de leur salut. Il y a grande apparence que les Gaulois qui retournèrent dans leur pays, adoptèrent l'usage contraire, et pendirent tous les ans des oies françaises, en haine des oies romaines, sans penser qu'ils pouvaient en attendre les mêmes services dans les mêmes circonstances. Mais l'homme souvent condamne dans son ennemi ce qu'il approuverait dans son ami. Une autre coutume vient à l'appui de la première : c'est celle où sont nos paysans d'allumer de grands feux de réjouissance vers la Saint-Jean, et peut-être en mémoire de l'incendie de Rome, qui arriva dans le même temps, c'est-à-dire au solstice d'été, suivant Plutarque. Je sais bien que la religion avait en quelque sorte consacré les feux de la Saint-Jean; mais je les crois d'une antiquité plus reculée que le christianisme, ainsi que plusieurs autres usages qu'il a adoptés.

Quoi qu'il en soit, les départements doivent abolir parmi nos paysans ces jeux inhumains, et y substituer ceux qui exercent le corps et l'ame, comme chez les Grecs. Tels sont la lutte, la course, la natation, l'exercice des armes à feu, la danse, et surtout la musique, qui a tant de pouvoir pour policer les esprits. Mais nous espérons traiter ces sujets plus à fond, lorsque nous nous occuperons de l'éducation nationale.

Nos capitalistes peuvent seconder puissamment cette révolution morale de nos campagnes, en combinant leurs moyens avec les lumières des départements. Au lieu de monopoler l'argent et les subsistances des peuples dont ils s'attirent les malédictions et quelquefois la vengeance, il leur est facile de placer leurs fonds avec solidité, profit, honneur et plaisir. Ils peuvent établir des caisses rurales pour prêter à un intérêt raisonnable aux agriculteurs, qui, faute d'argent, voient souvent dépérir leurs biens. Ils peuvent eux-mêmes dessécher des marais, défricher des landes, multiplier des troupeaux, établir des fabriques, rendre les petites rivières navigables; au lieu d'acquérir de grandes propriétés territoriales, de peu de revenu entre les mains de leurs grands fermiers, parcequ'il en faut chaque année laisser la moitié en jachères, ils doivent les diviser en petites portions de quatre, de six, de dix arpents, qui seront d'un rapport perpétuel, parcequ'une seule famille peut les cultiver. Ils peuvent les planter de vergers, les enclore de haies vives moins dispendieuses, plus durables, plus agréables et plus utiles à l'agriculture que les longs et tristes murs des parcs; y élever de petites maisons riantes et commodes, ou même de simples chaumières, et les vendre ou les louer à des bourgeois qui viendront chercher la santé et le repos. Ainsi les goûts simples de la campagne s'introduiront dans les villes, et l'urbanité des villes se communiquera aux campagnes. Nos capitalistes peuvent porter leurs établissements patriotiques au-delà des mers, ouvrir de nouvelles sources au commerce et aux pêches maritimes, découvrir de nouvelles îles sous le climat fortuné des tropiques, et y établir des colonies sans esclavage. La plus grande des îles de l'Océan, si toutefois elle ne forme qu'une île, la Nouvelle-Hollande les invite à achever la découverte de ses côtes, et à pénétrer dans ses immenses solitudes où jamais aucun Européen n'a voyagé. Ils peuvent, avec la liberté et l'industrie française, fonder sur ses rivages une nouvelle Batavia, qui attirera à elle les richesses des deux mondes; ou plutôt, nouveaux Lycurgues, puissent-ils en bannir l'argent, et y faire régner à sa place l'innocence, la concorde et le bonheur !

DE LA NOBLESSE ET DES GARDES NATIONALES.

L'ambition de la noblesse s'était emparée des honneurs ecclésiastiques, militaires, parlementaires, financiers, municipaux et même de ceux des gens de lettres et des artistes. Il fallait être noble pour être évêque, colonel et même simple officier, conseiller de grand'chambre, prévôt des marchands; on le devenait pour avoir été échevin de Paris; bientôt il aurait fallu l'être pour être membre de nos académies, qui avaient toutes des nobles ou soi-disant tels à leur tête. M. Le Clerc était devenu M. le comte de Buffon, et Voltaire, M. le comte de Ferney; d'autres bornaient leur ambition au cordon de Saint-Michel; tous nos illustres voulaient être gentilshommes ou le devenir. Il n'y avait que ce pauvre Jean-Jacques qui était resté homme. Aussi n'était-il d'aucune académie.

Une nation qui ne serait composée que de nobles finirait par perdre sa religion, ses armées, sa justice, ses finances, son agriculture, son commerce, ses arts et ses lumières : elle y substituerait des cérémonies, des titres, des impôts, des loteries, des académies et des inquisitions. Voyez l'Espagne et une partie de l'Italie, principalement Rome, Naples et Venise. L'assemblée nationale française a rouvert la carrière des honneurs à tous les Français: mais, pour s'y maintenir, il faut qu'ils y courent eux-mêmes. La liberté n'est qu'un exercice perpétuel de la vertu. C'est en se reposant sur des corps, que les citoyens en perdent les habitudes et bientôt les récompenses. Si tant d'évêques et de colonels ont été si aisément dépouillés de leur crédit et de leurs places, c'est qu'ils se déchargeaient de leurs devoirs sur leurs subalternes. C'était l'habitude de faire ses aumônes par les mains du clergé, qui avait appauvri le peuple et enrichi tant de maisons religieuses. C'était pour s'être fait remplacer dans le service militaire par des soldats, que les citoyens eux-mêmes avaient perdu le pouvoir exécutif, et que les régiments s'en étaient emparés au profit des nobles. Ce fut en remplissant ce devoir, que Sparte maintint sa liberté; et en s'en déchargeant sur des soldats mercenaires qu'Athènes perdit la sienne. Il faut donc que les citoyens français servent eux-mêmes. J'ai proposé dans mes *Vœux* les moyens d'entretenir aisément en France une armée formidable, qui ne coûtera pas un sou à la patrie pendant la paix. C'est en instituant dans les villes et villages des exercices, des jeux et des prix militaires parmi les jeunes gens. Ainsi on les formera à la subordination, sans laquelle il ne peut y avoir d'armée ni de citoyens. Il n'y a que l'obéissance aux lois qui assure la liberté publique; c'est à la vertu et non à l'ambition à les y dresser.

C'était l'ambition des nobles, qui s'étaient emparés de tout et qui ne voulaient rien céder, qui avait mis l'état sur le penchant de sa ruine, et a fini par les perdre eux-mêmes. En vain ils se sont rassemblés près de nos frontières du nord, et se flattent de rentrer en France dans la jouissance de leurs privilèges exclusifs, par le secours des puissances étrangères. Il n'est pas vraisemblable qu'aucune d'elles se croie en droit d'empêcher la nation française de se constituer comme elle le trouvera bon. Toute l'Europe a admiré Pierre-le-Grand policant son peuple barbare et y réformant son clergé et ses boyards, qui s'étaient emparés de toute l'autorité; aurait-elle eu moins de vénération pour lui s'il eût ramené vers la nature un peuple corrompu, et s'il eût détruit les corps qui s'opposaient à ses réformes, lui qui cassa ses propres gardes, et comme Brutus, punit de mort son fils unique pour avoir conjuré contre les lois qu'il avait données à son pays? Ce qu'un prince a fait, sans doute une nation peut le faire. La souveraineté d'une nation réside en elle-même, et non dans son prince, qui n'est que son subdélégué : on ne saurait trop répéter cette maxime fondamentale du droit des peuples : « Les rois, dit Fénelon, » sont faits pour les peuples, et non les peuples » pour les rois. » Il en est de même des prêtres et des nobles. Tous les ordres d'une nation lui sont subordonnés, comme les branches d'un arbre, malgré leur élévation, le sont à sa tige. La nation française a donc pu supprimer l'ordre de sa noblesse, et ses ordres ecclésiastiques, réfractaires à ses lois, sans que les nations voisines puissent y trouver à redire. Dans une tempête, un vaisseau mouillé sur une côte dangereuse coupe ses câbles, lorsqu'il ne peut lever ses ancres. Ainsi la nation, pour sauver le corps national, a tranché le joug des préjugés qui l'entraînaient vers sa ruine et qu'elle ne pouvait dénouer.

Combien de grands princes ont tenté d'en faire autant, et ne l'ont osé, n'étant point secondés de la puissance populaire! L'empereur Joseph II a entrepris les mêmes réformes dans le Brabant, et y a échoué. Les nobles émigrés ont-ils pu croire que son auguste successeur, le sage Léopold, ce nouveau Marc-Aurèle, cet ami des hommes, qui, dans ses états de Toscane, avait rouvert toutes les carrières au mérite; qu'un roi de Prusse, qui a passé lui-même par tous les grades militaires étant prince royal; que l'impératrice de Russie même, cette émule de Pierre-le-Grand, qui ôta aux nobles de son pays les prérogatives de leur naissance, et leur en montra l'exemple en se dépouillant de celle du trône, et se faisant lui-même tambour et charpentier; que tous ces souverains, dis-je, se coalisent pour forcer les Français de rétablir leurs anciens abus, et de donner, comme par le passé, tous les emplois à la vénalité, à l'intrigue et à la naissance? Cela est impossible. Si les princes, nos voisins, tiennent des armées considérables sur leurs frontières, c'est pour empêcher la révolution française de pénétrer trop rapidement dans leurs états, afin d'éviter les désordres qui l'ont accompagnée. Si l'impératrice de Russie fait à nos gentilshommes des offres plus particulières de service, et leur donne de l'argent, il y a grande apparence qu'elle veut plutôt les attirer dans ses états, que pénétrer elle-même dans les nôtres. En effet, des nobles français, éprouvés par le malheur, ne contribueraient pas peu à civiliser son pays, ainsi qu'ont fait les officiers suédois, transportés en Sibérie après la bataille de Pultava.

Mais l'hommage que je dois à la vérité, et la pitié que je porte aux malheureux, m'obligent ici de prévenir nos gentilshommes, que la plupart d'entre eux seraient très à plaindre en Russie, d'abord par leur propre éducation qui, les armant dès l'enfance les uns contre les autres, ne leur offrirait pas, parmi leurs compatriotes mêmes, les supports auxquels les infortunés de la même nation doivent s'attendre, surtout hors de leur patrie. J'en ai fait plus d'une fois l'expérience. Les plus grands ennemis que les Français aient dans les pays étrangers, sont les Français : leur jalousie est un résultat de leur éducation ambitieuse qui, dès l'enfance, dit à chacun d'eux, mais surtout aux nobles : *Sois le premier*. A la vérité, le besoin de vivre avec les hommes, et surtout avec les femmes, couvre d'un vernis de politesse cet instinct malfaisant, et fait d'un noble français un homme qui, brûlant intérieurement de l'envie de dominer, paraît sans cesse animé du desir de plaire ; mais ses talents brillants ne font qu'exciter contre lui la jalousie des étrangers, dont les vices se montrent sans apprêt. Ils détestent également sa galanterie et son point d'honneur, ses danses et ses duels. C'est donc une triste perspective pour un gentilhomme de passer sa vie dans un pays étranger, jalousé par ses compatriotes et haï des nationaux. Je ne parle pas de la rigueur du service militaire en Russie, où la subordination est telle, qu'un lieutenant ne s'assied point devant son capitaine sans sa permission ; ni de la modicité des appointements, dans un climat où l'homme civilisé a tant de besoins. Ces inconvénients, que j'ai éprouvés, sont si insupportables, que la plupart des officiers que j'y ai vus passer, nobles ou autres, s'y font ochitels, ou gouverneurs d'enfants chez les seigneurs russes. C'est en effet une des ressources les moins malheureuses de ce pays : mais pourraient-elles convenir à des nobles qui ne s'expatrient que parce qu'ils ne peuvent dominer leurs compatriotes ? Faut-il qu'ils imitent Denis, le tyran de Syracuse, qui, dépossédé de sa seigneurie, se fit maître d'école à Corinthe ; et ayant perdu son empire sur les hommes, s'en fit un sur les enfants ? Je ne dirai rien de la rigueur du climat de la Russie, car c'est une considération qui n'est d'aucun poids pour les ambitieux : vivre à Saint-Pétersbourg ou à Saint-Domingue, servir des Russes ou tyranniser des Nègres, c'est tout un pour la plupart des hommes, pourvu qu'ils atteignent à la fortune. Elle trompe aussi souvent dans ces pays que dans les autres. Mais quand, pour se consoler de ses injustices, on veut se jeter dans les bras de la nature, il est triste, surtout pour un Français expatrié en Russie, de comparer des hivers de six mois, où toute la terre est couverte de neige et de noirs sapins, avec le doux climat de la France, et ses campagnes fertiles plantées de vignobles, de vergers et de prairies. Il est pénible, en voyant des paysans menés à coups de bâton, de se rappeler la gaieté et la liberté de ses compatriotes ; de parler d'amour à des bergères qui ne vous entendent pas, et dont les cœurs ne vous sentiraient point. Il est douloureux de penser que sa postérité sera un jour flétrie par le même esclavage, et que l'on ne reverra jamais soi-même les lieux où l'on apprit à sentir et à aimer. J'ai vu en Russie des Français dans les grades supérieurs, si frappés de ces ressouvenirs, qu'ils me disaient : « J'aimerais mieux être simple soldat en France, » que colonel ici. »

Ce n'est pas que les pays civilisés n'aient aussi leurs maux, souvent bien cruels. Sans doute la philosophie peut habiter partout, et au défaut de bonnes lois, procurer plus de bonheur dans les marais mêmes du Kamtschatka, au milieu d'une meute de chiens, qu'au sein des villes livrées à l'anarchie.

Mais, nobles Français, pourquoi ajouter aux maux que peuvent causer les hommes, ceux que ne vous a pas faits la nature ? La nation, dites-vous, vous a fait des injustices : pourquoi vous en punir vous-mêmes ? Elle vous a privés de vos prérogatives ; mais elle ne vous a point ôté son climat, ses productions, ses arts, ses lumières, ce qu'elle a de plus doux. Vous voulez-vous venger des torts qu'on vous y a faits : on vous a brûlé des châteaux ; croyez-vous les rétablir en brûlant des villages ? On a massacré des gentilshommes ; leur rendrez-vous la vie en tuant des citoyens ? Ne croyez plus aux fausses promesses de vos orateurs. Vos hostilités ne feront qu'augmenter vos maux, ainsi qu'ont fait vos résistances. Un corps ne peut s'opposer à une nation. Ne croyez pas occasioner en France des guerres civiles ; il y a assez de nobles patriotes pour y combattre les nobles aristocrates. Voudriez-vous d'ailleurs vous armer contre la royauté de qui vous tenez vos priviléges, et contre un roi qui, d'après le vœu général de la France, a sanctionné la constitution à laquelle vous refusez d'obéir ? La seconde assemblée nationale a prouvé la légitimité de la première. Vous devez plus à votre nation qu'à votre ordre ; ce n'est point un sophisme de factieux : « On doit plus à sa patrie qu'à sa famille », a dit le sage Fénelon. Appellerez-vous contre la vôtre les puissances de l'Europe ? Elles n'épouseront point votre querelle. D'abord elles ne font rien pour rien, et vous êtes sans argent et sans crédit. Leur promettrez-vous de démembrer en leur faveur la France, où vous n'avez pas eu le pouvoir de vous maintenir ? Elles craindraient bien plutôt de voir leurs états embrasser les lois françaises, qu'elles n'espéreraient de voir la France se soumettre à celles de l'Allemagne ou de la Russie. La révolution pénétrerait chez elles par les soldats mêmes qu'elles lui opposeraient. Que leur promettraient-elles pour les engager d'entrer en France ? Le pillage de Paris ? Mais les frontières du royaume sont hérissées de forteresses, défendues par une multitude de régiments et de gardes nationales, et il y a dans son intérieur un million de citoyens armés, tout prêts à les remplacer. Leur diraient-elles, pour les engager à combattre en faveur d'étrangers qui n'ont jamais rien fait pour eux : « Allez rétablir des nobles français dans le droit » apporté en naissant, par tout noble, de commander aux hommes? Si vous êtes victorieux, » vous acquerrez l'honneur d'asservir les Français » sous un joug semblable au vôtre. Si vous périssez, vous mourrez fidèles à votre religion, » qui vous commande d'obéir, et vous défend de » raisonner. » La France, au contraire, dirait à ses citoyens : « Les nobles vous accusent d'être » des rebelles, mais ce sont eux qui le sont : la rébellion est la résistance des particuliers ou des » corps à la volonté nationale. La rébellion est le » renversement des lois, et la révolution est celui » des tyrans. Ce sont les nobles qui veulent être » ceux de la France, en armant contre elle et » contre son roi des soldats étrangers. Allez les » combattre. Si vous êtes victorieux, vous vous » assurerez pour toujours la liberté de votre fortune, de vos talents, de votre conscience. Si » vous mourez, vous périrez en défendant les » droits de l'homme. Votre cause est la plus juste » et la plus sainte pour laquelle un peuple ait jamais combattu : c'est celle de Dieu et du genre » humain. »

Gentilshommes français, irez-vous périr pour la défense des abus dont vous vous êtes plaints vous-mêmes tant de fois? La nation, dites-vous, vous a privés de vos honneurs. C'est pour ceux qui ont de l'honneur, et qui ne veulent pas usurper celui d'autrui, qu'elle veut que tous les Français puissent s'élever par leur propre mérite. Mettez-vous au rang de ses citoyens : elle a élevé ceux de votre ordre qui se sont distingués par des vertus aux places de présidents, de commandants, de maires, de députés à son assemblée; elle leur a confié ses plus chers intérêts; c'est pour vous particulièrement qu'elle a travaillé. L'ancien gouvernement ne réservait ses honneurs que pour les grands et les riches; aujourd'hui vous pouvez, par des vertus, obtenir ce qu'ils n'acquéraient que par l'or et les intrigues.

S'il n'y a plus de noblesse de race, il y en aura toujours une personnelle; d'ailleurs, l'état où nous naissons influe sur nos mœurs. Le commerce inspire l'amour de l'argent; le barreau, la chicane; les arts disposent à l'artifice, et les travaux rudes à la grossièreté. La noblesse, du temps de l'ancienne chevalerie, se distinguait par sa générosité, sa franchise, sa politesse. Nobles qui en descendez, joignez-y du patriotisme et des lumières, le peuple français ira au devant de vous. Vous vous plaignez de son anarchie : c'est votre insurrection sur la frontière qui l'alimente. Qui s'oppose aux lois ne peut en être protégé.

C'est le patriotisme qui a fait la révolution et qui la maintiendra; c'est lui qui, rassemblant tous les ordres de citoyens, a rejeté loin d'eux les funestes préjugés de leur éducation ambitieuse. Il a réuni à la fois ceux qui devaient donner des conseils et ceux qui devaient les exécuter; il a fait disparaître toutes les distinctions de rang et d'état. On a vu des nobles obéir à des bourgeois, des prêtres à des laïques, des conseillers à des avocats; on a vu des soldats, sans solde, passer indifféremment du rang d'officier à celui de fusilier, toujours prêts à quitter, de nuit et de jour, leurs affaires, leurs plaisirs, leurs familles, ne se proposant d'autre récompense que de servir la patrie. C'est ainsi que vous vous êtes formée, vertueuse garde nationale de Paris. Tantôt, combattant l'aristocratie, vous l'avez désarmée sans vengeance; tantôt, résistant à l'anarchie, vous lui avez opposé un rempart invincible. Ni les flatteries des courtisans, ni les injures de la populace, n'ont pu vous faire sortir de votre modération. Vous ne vous êtes proposé d'autre but que la tranquillité publique. Généreux habitants de Paris, c'est sous votre protection que la constitution française s'est formée. Votre exemple a été imité par toutes les municipalités du royaume; il s'étendra plus loin : les biens se propagent comme les maux. Les grands dans leur vain luxe avaient adopté les jokeis, les courses, les chevaux, l'acier poli de l'Angleterre; plus sages, vous avez pris pour votre part sa liberté. Déja votre constitution, semblable à la colombe échappée de l'arche, prend son vol par toute la terre; déja elle plane avec l'aigle de la Pologne; elle porte pour rameau d'olivier les droits de l'homme; c'est là l'étendard de la nature, qui appelle partout les peuples à la liberté. Malgré la soupçonneuse vigilance des puissances despotiques, qui interdisent à leurs sujets esclaves l'histoire de vos succès, les droits de l'homme, traduits dans toutes les langues, et imprimés jusque sur les mouchoirs des femmes, ont pénétré partout. Ainsi l'homme, asservi dans sa conscience même, où il n'ose rentrer, lira ses droits jusque sur le sein de sa compagne; ainsi, comme vous avez influé sur les plaisirs de l'Europe par vos modes, vous influerez encore sur son bonheur par vos vertus. C'est le patriotisme qui vous a rassemblés dans la tempête, c'est à lui à vous conserver dans le calme. Recevez vos frères fugitifs et malheureux avec générosité ; vous leur devez protection, sûreté, tranquillité, secours, par la constitution même à laquelle vous les invitez. Rappelez-vous qu'ils ont été vos aînés ; partagez avec ceux qui voudront être citoyens les services et les honneurs de la patrie, votre mère commune, et, rendus à vos affaires, montrez à vos enfants l'exemple de la concorde.

DU CLERGÉ ET DES MUNICIPALITÉS.

Il ne faut pas confondre le clergé et l'église. L'église est l'assemblée des fidèles dans la même communion ; le clergé est la corporation de ses prêtres. Une église peut exister sans clergé : telle fut celle des patriarches, telle est encore de nos jours celle des quakers ; un clergé ne peut subsister sans église.

Rome, dépouillée par les Barbares, reprit sur eux, par le pouvoir de la parole, l'empire qu'elle avait perdu par la faiblesse de ses armes. Les peuples malheureux dans les Gaules embrassèrent avec ardeur une religion qui prêchait la charité dans ce monde, et promettait un bonheur éternel dans l'autre ; ils opposèrent les vertus de leurs premiers missionnaires aux brigandages de leurs conquérants. Les prêtres, soutenus de la faveur populaire, acquirent une autorité sans bornes. Maîtres des consciences, ils le devinrent bientôt des fortunes, et même des personnes. Comme ils étaient les seuls qui sussent lire et écrire, ils furent chargés de tenir les écoles et de faire les testaments. Les notaires étaient alors des clercs qui dépendaient des évêques : un testament était nul si le testateur n'avait fait un legs à l'église. Les curés, dès ce temps-là, étaient tenus de tenir registre de ceux de leurs paroissiens qui faisaient leurs pâques, de ceux qui ne les faisaient pas, ainsi que de leurs bonnes et mauvaises qualités, et d'en envoyer des notes aux évêques. Il y a grande apparence qu'ils tenaient alors comme aujourd'hui un état des naissances, des mariages et des morts. Toutes les aumônes étaient données aux églises, auxquelles il était permis de recevoir argent, maisons, terres, seigneuries et jusqu'à des esclaves.

Ainsi, avec tant de lumières, de moyens et d'ordre, les évêques devinrent tout-puissants. On voit dans l'histoire de quelle manière ils en agissaient envers les rois, au nom des peuples, comme leurs pasteurs ; envers les peuples, au nom de Dieu, comme ses ministres, et envers les papes mêmes, au nom de l'église gallicane, comme ses chefs. Leur autorité excita la jalousie de Rome. Cette capitale du monde chrétien leur opposa les ordres monastiques, qui relevaient immédiatement d'elle, quoique soumis en apparence aux évêques. Le clergé français se divisa alors en deux corps, le séculier et le régulier. Toute puissance divisée s'affaiblit. Les moines, qui formaient le clergé régulier, étant par leur constitution plus unis entre eux, et n'ayant qu'un chef unique dans le pape, étendirent leur pouvoir bien plus loin que les membres du clergé séculier, souvent distraits par les affaires du siècle, et soumis à différents évêques qui n'avaient pas toujours les mêmes vues. Le clergé séculier dominait dans les villes, les moines s'établirent dans les campagnes. Ils auraient obtenu bientôt la plus grande prépondérance dans tout le royaume, s'ils n'y avaient formé qu'un seul ordre, comme les moines de Saint-Basile en Russie. Mais, dans la crainte peut-être qu'ils ne vinssent, comme ceux-ci, à se rendre indépendants par leurs richesses, Rome divisa elle-même sa propre force. Elle introduisit en France un grand nombre d'ordres religieux, dont les chefs résidaient chez elle, et qui non seulement se partagèrent les fonctions ecclésiastiques, mais même envahirent une partie des occupations séculières. La plupart, dans l'origine, furent mendiants, et s'introduisirent sous le prétexte si spécieux de la charité. Les dominicains, d'abord frères prêcheurs, devinrent ensuite inquisiteurs. Les bénédictins se firent archivistes dans un siècle où l'on ne savait ni lire ni écrire, et se chargèrent d'une partie de l'éducation publique, qui donne tant d'influence sur les citoyens. Ils furent imités et bientôt surpassés par les jésuites, qui réunirent à eux seuls les talents des différents ordres, et bientôt toute leur puissance. D'autres ne dédaignèrent pas de faire des essences, du chocolat, de fabriquer des bas de soie, de commercer. D'autres furent en mission dans les pays étrangers. Quoique prêchant le christianisme, ils accompagnèrent nos soldats dans leurs conquêtes, et acquirent des terres en Amérique et des esclaves en Afrique, pour les cultiver. D'autres, comme les mathurins, s'enrichirent en quêtant pour la délivrance de ceux que faisaient sur nous les barbares de l'Afrique. Ils rachetaient les blancs captifs à Maroc, parceque, disaient-ils, ils étaient chrétiens : cependant beaucoup d'autres moines achetaient des noirs en Guinée, pour en faire des esclaves sur leurs habitations de l'Amérique, et les rendaient chrétiens pour les captiver davantage.

Enfin la puissance civile commença à s'éclairer sur ses intérêts. Elle retira d'abord, en partie, l'éducation publique des mains des moines et du clergé par l'établissement des universités ; ensuite elle créa des notaires municipaux auxquels elle confia le soin de recueillir les testaments ; elle défendit de donner des biens-fonds aux corps ecclésiastiques, déjà beaucoup trop riches ; mais, par une de ces contradictions si communes dans nos lois, elle chargea les curés de tenir des registres publics des naissances, des mariages et des morts, afin de constater l'état des citoyens. Il est clair que cet office appartenait aux municipalités ; mais le peuple, accoutumé à la servitude, était comme cette vieille mule à laquelle les Athéniens donnèrent la liberté à cause de ses services, mais qui, par l'habitude du joug, allait d'elle-même se ranger avec les autres mules qui portaient des pierres au temple de Minerve.

Depuis que la liberté de conscience est décrétée parmi nous, il est certain que les municipalités seules peuvent constater l'état des citoyens dans les trois principales époques de la vie : la naissance, le mariage et la mort. Comment des ecclésiastiques romains constateraient-ils comme citoyens des Français qu'ils ne considèrent pas comme des hommes, puisqu'ils les regardent comme ennemis de Dieu, lorsqu'ils ne sont pas de leur communion? Il est certain encore que la distribution des aumônes, la direction des hôpitaux et de tous les lieux de charité appartiennent uniquement aux municipalités. Elles doivent des soins charitables à tous les citoyens, de quelque religion qu'ils soient. On ne voit pas sans étonnement, à l'Hôtel-Dieu, sur les lits des malades, des écriteaux qui portent le mot *confession*, écrit en gros caractères. Ainsi, si l'Hôtel-Dieu avait été à Jérusalem, on n'y aurait point reçu le blessé du Samaritain, parceque son bienfaiteur, si agréable à Jésus-Christ, était schismatique ! On n'apprend point sans douleur que les filles mises par charité à la Salpétrière n'en peuvent passer les portes, pour se promener dans la campagne, avant l'âge de vingt ans, et que celles qui ont atteint cet âge n'en peuvent sortir pour leurs affaires si elles ne présentent au portier un billet de confession. Ainsi, nos hôpitaux sont devenus des prisons, et la pauvreté y est punie comme un crime ! Il faut que les municipalités délivrent les établissements de charité de tout impôt ecclésiastique. La liberté de conscience doit y régner comme celle de l'air : il y va de l'intérêt de tous les hommes. Le charbon pestilentiel de l'inquisition peut s'y couver comme toutes les autres maladies épidémiques, physiques et morales, et de là se propager dans les villes. Il y a bien d'autres abus à réformer sur l'emploi de leurs revenus, sur leur police, et même sur la nature de ces établissements, qui entassent tant de malheureux dans le même lieu ; mais j'ai indiqué ici les plus dangereux.

Les cimetières ne doivent point être renfermés dans l'intérieur des villes : il y va de la santé de leurs habitants. Il y a d'anciennes lois à ce sujet qui restent sans exécution. La commodité des marguilliers et des gens d'église les porte à les enfreindre, en persuadant au peuple qu'il y va de sa religion. Qu'est-ce cependant qu'un cimetière dans les villes? souvent un lieu de passage, où tous les ossements sont confondus. On y voit des fosses profondes d'où s'exhale sans cesse un air méphitique. Un orphelin souvent y trouve la mort sur la tombe de celui qui lui donna la vie. Mère infortunée ! tu crois que le tertre sur lequel tu verses des larmes renferme le corps de ta fille : en vain tu te consoles par le souvenir de ses grâces virginales ; il est sur le marbre noir d'un amphithéâtre, exposé nu aux regards et au scalpel d'une jeunesse à laquelle un vain savoir a ôté toute pudeur. Peuples qui révérez les cendres de vos ancêtres, portez-les loin des lieux où les passions des vivants viennent troubler le repos des morts. Ce n'est qu'aux champs et loin des villes que la mort, comme la vie, trouve un asile assuré ; c'est là qu'on peut rendre à Dieu ce qu'on doit à Dieu, et aux éléments ce qui appartient aux éléments. C'est là que, dans des lieux aérés, on peut entourer les cimetières de murs, y élever des chapelles sépulcrales, et y mettre des gardiens. On peut même les planter d'arbres qui changent l'air méphitique en air pur. Rien ne serait plus intéressant dans un cimetière que de voir, sous les ombres religieuses des chênes, des sapins et des frênes, des générations entières de charpentiers, de menuisiers et de charrons, qui trouveraient le repos au pied des mêmes arbres qui leur auraient donné les moyens de soutenir leur vie. Chaque famille, comme chaque corps, pourrait s'y réserver un coin de terre où les parents et les amis réuniraient leurs cendres.

C'est aux municipalités à veiller particulièrement sur l'exécution de ces lois. Les magistrats sont les véritables pasteurs du peuple. On ne gagne sa confiance qu'en lui parlant ; c'est par la parole que les hommes se gouvernent. Le clergé était le seul corps qui s'en fût réservé l'usage, permis à tous les citoyens dans l'antiquité. Il faut donc parler au peuple, sinon de vive voix, au moins par les édits, les proclamations, les journaux ; il faut lui dire la vérité et la lui faire aimer. D'un autre côté, c'est une coupable indifférence dans ses chefs de laisser chaque jour des journalistes mercenaires l'effrayer par des bruits qui tendent à lui ôter la confiance qu'il doit à ses représentants et à renverser la constitution. On ne doit point se jouer de l'opinion des peuples : si ces journalistes disent la vérité, il faut les récompenser comme de bons citoyens ; s'ils ont trompé, il faut les punir comme des calomniateurs. L'indifférence à cet égard est un crime dans des magistrats. En vain ils regardent cette licence comme une suite de la liberté : il n'est point libre d'empoisonner, et la calomnie est le plus dangereux des poisons. Qu'ils y fassent une sérieuse attention : du mépris des lois naîtra celui de leurs personnes, et ensuite leur ruine.

Citoyens, on ne peut trop vous le répéter : si vous voulez être libres, il faut être vertueux. Si vous vous faites suppléer à la guerre par des régiments ; dans les œuvres de charité, par des corps ecclésiastiques ; dans l'étude des sciences, par des académies, vous serez, comme par le passé, bientôt asservis, dépouillés et trompés par vos stipendiaires.

De tous les corps, les plus puissants sont ceux qui sont inamovibles. C'est à son inamovibilité que le clergé a dû surtout son autorité et ses richesses. Comme un rocher au milieu d'un fleuve, qui accroît sans cesse sa base des alluvions des eaux, il a vu s'écouler autour de lui les familles, les corporations, les dynasties, les royaumes, en augmentant sa puissance de leurs débris. Les corps inamovibles qui la lui disputaient n'existent plus. Le clergé régulier est supprimé, ainsi que les parlements. Il n'a plus de contre-poids que dans des assemblées de citoyens, dont les membres se renouvellent sans cesse, et sont bien rarement d'accord.

Pour attacher les prêtres à la constitution, il faut les rendre citoyens. Il est plus sûr de les y lier par leurs intérêts que par leurs serments. Pour en venir à bout, on a déjà employé un très bon moyen en les faisant soudoyer par l'état. Il y en a encore un autre plus puissant, parcequ'il les rapproche des lois de la nature : c'est celui du mariage. Les anciens patriarches, Abraham et Jacob, ces premiers pontifes de la loi naturelle, ces hommes purs qui communiquaient avec les anges, étaient entourés de nombreux enfants. Moïse, à qui Dieu dicta les lois des Juifs, et Aaron son frère, revêtu du suprême sacerdoce, étaient mariés. Les prêtres catholiques se mariaient dans la primitive église. Saint Paul dit positivement, dans son épître première aux Corinthiens, chap. XXVI : « Quant aux vierges, je n'ai point reçu de com- » mandement du Seigneur ; mais voici le conseil » que je donne : je crois qu'il est avantageux à » l'homme de ne se point marier, à cause des né- » cessités fâcheuses de la vie présente. » Il est clair que saint Paul n'adresse point ce conseil au peuple, puisque le célibat eût entraîné sa destruction, mais aux ecclésiastiques, qui avaient peu de moyens de subsister dans ces premiers temps, où l'église naissante était pauvre et persécutée. En effet, en parlant de leurs chefs, il dit ailleurs : « Que l'évêque n'épouse qu'une seule femme, » c'est-à-dire, qu'il ne se marie qu'une fois. Les prêtres de l'église grecque, qui ont conservé la plupart des usages de la primitive église, se marient encore. Mais est-il besoin d'autorité lorsqu'on a celle de la nature ? Elle fait naître par toute la terre les hommes et les femmes en nombre égal. Or, un prêtre qui ne se marie point, force au célibat une fille que la nature avait fait naître sa contemporaine pour être sa compagne. Que deviendront les filles célibataires, maintenant qu'il n'y a plus de couvents de filles religieuses ? Enfin les lois de la société invitent tous les hommes au mariage. Le célibat peut convenir à un particulier, mais jamais à un corps. Les prêtres seront bons citoyens, quand ils seront époux et pères de famille. Déjà plusieurs d'entre eux viennent d'en donner l'exemple, en se mariant devant les municipalités. Ils ont obéi à cette première loi de Dieu, qui accompagna la naissance du monde : « Croissez et multipliez ; » loi suivie par les prêtres de l'église patriarcale, de l'église judaïque, de l'église chrétienne primitive et de l'église grecque. L'église romaine semble ne l'avoir interdite aux siens que pour les attacher davantage à ses intérêts, en les séparant de ceux de leur famille et de leur patrie. Toutes les religions du monde conduiraient les hommes à Dieu en se rapprochant de la nature, mais la plupart s'en éloignent pour ne pas se rapprocher les unes des autres.

On peut dire, à la louange de notre clergé, qu'il est un des moins intolérants de tous ceux de l'église catholique. Ses libertés, qui passent à Rome pour des hérésies, ont sauvé la nation du joug ultramontain. Il n'a jamais voulu admettre l'inquisition, établie en Italie, en Portugal, en Espagne et jusque dans les Indes. C'est cet odieux tribunal, que la politique de Rome étend par toute la terre, sous le prétexte de protéger la religion, qui a séparé d'elle les peuples du nord de l'Europe. C'est à lui qu'on doit attribuer la révolution d'Avignon, quoique son joug y fût fort léger, à cause du voisinage de la France; mais il n'y en a point de plus pesant que celui qui enchaîne les consciences. Chaque habitant d'Avignon était obligé de présenter à Pâques un billet de confession à son curé: ce n'était, dit-on, qu'une formalité; mais un homme obligé de dissimuler sur sa conscience devient faux dans toute sa conduite. Quand on est forcé de tromper sur sa religion, on trompe sans scrupule dans toutes ses affaires. Tout l'ordre civil porte sur l'ordre moral, et celui-ci sur le religieux. L'inquisition est seule la cause de la méfiance, de la mauvaise foi, de tous les vices du cœur et de toutes les erreurs de l'esprit qu'on reproche aux nations chez lesquelles elle a fondé son empire. Cette justice infernale se glisse partout comme un serpent; elle empoisonne de son venin les établissements les plus utiles, même chez les peuples qui lui sont étrangers. Qui croirait, par exemple, qu'il y a à Rome une bulle qui condamne à mort les francs-maçons, dont la société n'a cependant d'autre but que d'aider les malheureux de toutes les religions? Paraît-il un livre célèbre dans quelque partie de l'Europe, l'inquisition s'en empare; le condamne et le mutile suivant ses intérêts. Les plus innocents sont souvent les plus maltraités. J'en citerai un exemple tout récent. On vient de m'envoyer une traduction italienne de Paul et Virginie, imprimée à Venise, et approuvée par l'inquisition, qui en a ôté presque toute la conversation de Paul et du vieux habitant, sans doute parcequ'on y parle des injustices des grands envers le mérite et la vertu. Ainsi ce tribunal est le fauteur de toutes les tyrannies, même de celles qui ne sont pas religieuses. Ce qui m'a le plus surpris, c'est qu'il a retranché de ma pastorale des images fort naïves et fort naturelles: telle est celle où Paul et Virginie, allaités alternativement par leurs mères infortunées, sont comparés à deux bourgeons greffés sur des arbres dont la tempête a brisé toutes les branches, et celle où l'un et l'autre enfants se mettent à l'abri de la pluie sous le même jupon.

L'inquisition est l'ennemie de la nature et du genre humain. Je crois donc que le genre humain doit user envers elle de représailles. Comme elle a partout des émissaires et des confréries, il me semble que l'assemblée nationale, qui a établi pour base de la constitution les droits de l'homme, ferait fort sagement de décréter que tout homme affilié à l'inquisition ne pourrait être reçu en France, même étant revêtu d'un caractère public; et que tout livre aprouvé par elle y serait défendu, comme étant, par cette approbation même suspect de contenir des maximes favorables à ses intérêts, et contraires à ceux du genre humain. Il convient à une nation généreuse de faire une guerre perpétuelle aux ennemis des droits de l'homme.

Quoiqu'il y ait eu chez nous en tous temps des prêtres qui ont tâché d'y introduire l'inquisition, en commençant par des billets de confession et de communion pascale, et qu'il en reste encore des traces dans nos hôpitaux, on peut dire que la masse générale de notre clergé a beaucoup de patriotisme. C'est ce que nous venons d'éprouver dans notre révolution. Un grand nombre d'ecclésiastiques des plus éclairés et des mœurs les plus pures, se sont rangés du côté du peuple. Il faut donc les attacher de plus en plus à ses intérêts: et rien n'y est plus propre que la solde publique et les mariages. Ils deviendront citoyens en devenant fonctionaires publics et pères de famille*. Mais il ne suffit pas de rapprocher les prêtres du peuple par les liens de la société et de la nature, il faut rapprocher le peuple des prêtres et de la religion par ceux de l'intelligence et du sentiment. Pour cela, il faut substituer la langue française à la langue latine dans les prières de notre *église gallicane*.

A quelles coutumes déraisonnables l'habitude ne peut-elle pas assujettir les hommes? N'est-il pas bien étrange que le peuple français prie Dieu en latin? Que dirait-il si on le prêchait dans la même langue? Ce ne serait cependant qu'une conséquence de son propre usage: le sermon étant, comme les offices de l'église, la parole de Dieu, il serait naturel de faire parler Dieu au peuple, dans la même langue que le peuple parle à Dieu. Cette coutume, en effet, a existé pendant beaucoup de siècles. Il a été un temps où l'église romaine ne permettait pas de traduire l'Écriture Sainte en langue vulgaire. Quelle communication pouvait donc exister entre Dieu et les peuples, qui se parlaient dans une langue inintelligible? C'était,

---

* J'observerai à ce sujet qu'il ne semble pas juste de dépouiller les prêtres non assermentés de leurs pensions, parce qu'ils refusent de prêter le serment civique. Ces pensions ne leur ont été accordées que parce qu'ils l'avaient refusé, et qu'en conséquence, étant déchus de leurs fonctions publiques, on leur laissait quelques moyens de subsistance. Ce serait donc aller contre l'esprit du premier décret, que d'exiger le serment civique pour ces mêmes pensions; il suffit d'en priver ceux qui cabaleraient contre la constitution.

disait le clergé romain, pour entretenir le respect de la religion ; mais quelle étrange religion que celle d'où l'on a banni l'amour de Dieu ! car il ne peut y en avoir dans des prières que l'esprit ne comprend pas, et avec lesquelles le cœur ne peut exprimer ses sentiments. Il y a long-temps que saint Paul s'était récrié contre cet abus ; et ce qu'il y a de bien extraordinaire, et que je ne crois pas qu'on ait remarqué, c'est à l'occasion des premiers chrétiens qui avaient reçu le don des langues, et qui ne les entendaient pas eux-mêmes. Voici ce qu'il en dit dans sa première épître aux Corinthiens :
« Que si la trompette ne rend qu'un son confus,
» qui se préparera au combat ? De même si la lan-
» gue que vous parlez n'est intelligible, comment
» pourra-t-on savoir ce que vous dites ? Vous ne
» parlerez qu'en l'air.... Si donc je n'entends pas
» ce que signifient les paroles, je serai barbare à
» celui qui me parle, et celui qui me parle, sera
» barbare..... C'est pourquoi que celui qui parle
» une langue, demande à Dieu le don de l'inter-
» préter : car si je prie en une langue que je n'en-
» tends pas, mon cœur prie, mais mon esprit et
» mon intelligence sont sans fruit.... Que si vous
» ne louez Dieu que du cœur, comment celui qui
» est du simple peuple, répondra-t-il : Ainsi soit-
» il, à la fin de votre action de grâces, puisqu'il
» n'entend pas ce que vous dites ?... * »

Puisqu'il faut dire la vérité, quand nous n'aurions pas l'exemple de saint Paul, l'usage de la langue latine, comme le célibat des prêtres, est un effet de la politique de Rome moderne, pour asservir les peuples à son empire. En retranchant aux prêtres les femmes et les enfants, elle les détachait de leurs familles et de leur patrie, et les attachait plus particulièrement à sa puissance, en ne leur donnant d'autre affection que celle de son service. Les princes conquérants exigent les mêmes sacrifices de leurs soldats, ils ne leur permettent pas de se marier. D'un autre côté, Rome, en ne réservant qu'aux prêtres la connaissance de la langue sacerdotale, soumettait, par son moyen, les peuples qui ne la comprenaient pas, à une obéissance aveugle : c'est ainsi que les despotes de l'Orient emploient, pour l'exécution de leurs volontés, des eunuques et des muets.

Il est cependant du plus grand intérêt pour l'église romaine de propager la religion par tous les dialectes du monde. Les religions ne se répandent que par les langues ; ce sont nos nourrices qui sont nos premiers apôtres ; et chez la plupart des peuples, ce sont des femmes qui ont été les premiers missionnaires. Je ferai à ce sujet une observation bien importante : c'est que par tout pays, les religions ont suivi le sort des langues où elles sont nées. La première religion des Romains périt avec la langue toscane qui lui avait donné naissance ; celle du dieu Lama, en Tartarie, s'est répandue dans la Chine avec les Tartares, qui y introduisirent leur langue lorsqu'ils en firent la conquête. Le judaïsme resta long-temps renfermé parmi les seuls Hébreux, parcequ'ils ne communiquaient pas avec les autres nations ; mais lorsque le christianisme leur fut prêché, il pénétra au midi en Afrique avec eux, et y forma une religion mêlée de judaïsme, comme on le voit encore de nos jours en Éthiopie ; lorsque ensuite il fut annoncé à l'Orient, aux Grecs, il s'étendit successivement, avec les débris de leurs langues, chez les Grecs de l'Archipel, de la Grèce proprement dite, et de Constantinople, dans la Moldavie, la Russie, une partie de la Pologne, et dans tous les pays où l'on parle la langue esclavone, qui est dérivée du grec. Lorsqu'il fut prêché aux Romains, il se répandit à l'Occident chez les peuples qui parlent des langues dérivées de la langue latine, tels que les Italiens, les Espagnols, les Portugais et les Français. Enfin, ayant pénétré dans le Nord avec la langue celtique, il s'établit chez les peuples qui en parlent les dialectes, tels que les Allemands, les Suisses, les Hollandais, les Suédois, les Danois, les Anglais. Ainsi, comme il y a trois langues primitives en Europe, qui sont la grecque, la latine et la celtique, la religion chrétienne se divisa en trois grandes églises, qui sont la grecque, la romaine, et la dissidente, qu'on pourrait appeler celtique. Chacune d'elles produisit différentes communions, suivant les différents dialectes de leur langue-mère : ainsi l'église grecque se subdivisa en différents patriarcats, de Constantinople, de Russie ; en maronite, etc. : la latine en romaine, en gallicane, etc. : la dissidente ou celtique, en luthérienne, en calviniste, en anglicane, etc. Cela est si vrai, que chez les peuples où il y a un mélange de deux langues, il y en a aussi un de deux communions. Ainsi, chez les Polonais, dont la langue est mêlée de grec et de latin, il y a l'église grecque et l'église latine ; chez les Suisses, dont une partie parle français et l'autre allemand, il y a des cantons catholiques et des cantons dissidents. Il y aurait eu, suivant toute apparence, en Europe, une quatrième église chrétienne, qui aurait été hébraïque, si les premiers Hébreux qui se firent chrétiens eussent été sédentaires ; mais leur commerce

---

* Chap. XIV versets 8 et 9, 11, 13, 14 et 16.

les portant vers l'Afrique et l'Arabie, ils y établirent comme je l'ai dit, le christianisme abyssin, mêlé de judaïsme, et ils donnèrent probablement naissance au mahométisme, qui est, comme on le sait, un mélange de ces deux religions. Le mahométisme lui-même se propageant, avec la langue arabe, chez les Arabes, les Africains, les Turcs, les Persans et les Indiens, se subdivisa en plusieurs sectes, suivant les dialectes de cette langue-mère.

Ainsi les religions suivent le sort de langues. Je tire de cette importante observation deux conséquences très-essentielles : la première, c'est qu'un peuple doit parler la langue de sa religion, pour y être attaché. Il est très-remarquable que les peuples qui prient Dieu dans leur langue maternelle, tiennent bien plus à leur religion que les autres. Tels sont les Juifs, les Arabes, les Turcs; et en Europe, les communions dissidentes, chez lesquelles il y a bien moins de renégats que dans les catholiques. Il est donc nécessaire de faire chanter les offices latins de nos églises en français, afin de lier notre peuple à sa religion, et de mettre d'accord les paroles et les sentiments des fidèles, comme le voulait saint Paul. Comme toute réforme doit se faire peu à peu, on pourrait laisser subsister quelque temps dans la langue sacerdotale, la messe et les fonctions religieuses qui renferment des mystères; mais on introduirait dans les autres offices de l'église gallicane, non seulement des psaumes français, mais des prières et des hymnes qui auraient des rapports directs avec les besoins de notre patrie, plutôt qu'avec ceux de Jérusalem. C'est par des moyens semblables que les missionnaires, et surtout les jésuites, avaient attiré tant de peuples sauvages au catholicisme. La seconde conséquence qui résulte des relations que la religion de chaque peuple a avec sa langue, c'est qu'il faut tolérer toutes les communions. Damner un homme parcequ'il n'est pas catholique, c'est l'envoyer en enfer parcequ'il ne parle pas un des dialectes de la langue latine : d'un autre côté, ne sauver que des Italiens, des Espagnols, des Français, c'est n'ouvrir le ciel qu'à un bien petit nombre d'élus, dont le principal mérite a été de naître dans un coin de l'Europe, qui n'est elle-même qu'une bien petite portion de la terre, et qui n'en est certainement pas la plus innocente. Ainsi, c'est faire du salut des hommes une affaire de géographie, ou plutôt de grammaire. Jésus-Christ ne pensait pas ainsi lorsqu'il vint rappeler d'abord les Juifs aux lois éternelles de la nature; il n'eut pas l'intention de confier l'empire des consciences et de la vérité à une portion de la terre, mais au ciel; à aucun homme, mais à Dieu; à aucune langue artificielle et orale, mais à celle du cœur et du sentiment. Si donc les papes veulent ramener les peuples à Dieu, c'est de les rappeler à la nature, sans violence, sans ruse, sans inquisition. Qu'ils exercent en grand l'empire de la vertu; qu'ils y emploient le respect qu'inspirent leur dignité, leur âge, cet ancien souvenir de Rome, jadis maîtresse du monde, et surtout la morale sublime de l'Évangile et de la religion; qu'ils viennent au secours des peuples malheureux, en flétrissant ceux qui réduisent, les noirs à l'esclavage, qui s'emparent des terres des pauvres Indiens, qui font des guerres ambitieuses, qui troublent les nations par leurs intrigues, etc. Cette langue, comme celle de l'Évangile, sera entendue par tout l'univers, et l'univers alors se fera romain.

Il y a une autre langue qui impose pour le moins autant au peuple que la latine, et qui n'est guère plus intelligible pour lui : c'est celle des cloches. L'ambition de chaque corps a deux langages : le premier parle aux yeux par des signes; le second, aux oreilles par des bruits : ainsi elle captive les deux sens principaux de l'ame, qui ne devraient s'ouvrir qu'à la raison.

J'ai vu autrefois dans Paris, suspendus aux boutiques des marchands, des volants de six pieds de hauteur, des perles grosses comme des tonneaux, des plumes qui allaient au troisième étage; un gant dont les doigts ressemblaient à des troncs d'arbres, une botte qui contenait plusieurs barriques : on aurait cru Paris habité par des géants. Cependant ces énormes enseignes n'annonçaient que des marchands de jouets d'enfants, de bijoux, de modes; des gantiers, des cordonniers. Enfin, comme elles allaient toujours en augmentant, ainsi que vont tous les signes de l'ambition, la police les fit réduire à une grandeur raisonnable, parcequ'elles empêchaient de voir les maisons, et que dans un coup de vent elles pouvaient en écraser les habitants. Tout ce monstrueux appareil était une image fidèle des ambitieux en concurrence; quand tous veulent se distinguer, aucun ne se distingue, et leurs grands efforts généraux finissent souvent par les anéantir en particulier.

La police ne réforme point les autres langages de l'ambition, parcequ'ils n'importent point à la vie des citoyens : tels sont ceux qui ne sont que bruyants. Le but de tout ambitieux étant d'attirer sur lui l'attention publique, il est certain que le moyen le plus sûr d'y parvenir est de faire beaucoup de bruit. Aussi entend-on dans la capitale du royaume la plupart des métiers s'évertuer à qui ont rendus aux infortunés. Les jours de fêtes patriotiques, on les décorerait de guirlandes de feuillages et de fleurs : on y ferait des distributions de vivres au peuple ; et ces mêmes nuits on les illuminerait de cordons de lumières. Ces temples de l'hospitalité, d'une architecture antique, liés les uns aux autres par une triple avenue d'arbres verts, remplis d'un peuple libre et heureux, formeraient autour de Paris une couronne de félicité et de gloire qui la rendrait la capitale des nations.

L'assemblée constituante a décrété que l'église neuve de Sainte-Geneviève servirait à réunir les tombeaux des grands hommes qui ont bien mérité de la nation. Comme ces citoyens illustres sont souvent de différentes communions qui s'excommunient mutuellement, on a cru, pour les mettre d'accord au moins après leur mort, devoir n'admettre aucun culte dans le temple qui réunirait leurs cendres. Il a paru à ce sujet un Mémoire intéressant, où l'on propose d'en dédier l'autel à la patrie, et d'y faire prononcer les serments des magistrats. Mais où sont les vertus qui peuvent se reposer ailleurs que sur l'Être-Suprême, qui les donne, et peut seul les récompenser dignement ?

Je voudrais donc que ce monument fût consacré à la Divinité, par ces mots : *A Dieu, père de tous les hommes*. Le Mémoire que j'ai cité observe que la sculpture devait figurer, aux extrémités de ses nefs, quatre religions : la judaïque, la grecque, la romaine et la gallicane. Je ne sais quelles réflexions auraient fait naître les symboles de quatre religions engendrées les unes des autres, qui se haïssent et se persécutent. Il me semble bien plus convenable d'y introduire la religion primitive ou patriarcale, dont toutes les autres sont émanées, et d'en nommer pour pontifes les premiers magistrats. Son culte antique, simple et répandu par toute la terre, conviendrait aux grands hommes de toutes les communions, puisqu'ils ne peuvent être grands qu'en servant le genre humain. Il est le seul qui puisse rapprocher les hommes de toutes les religions : car il n'y en a aucune qui n'admette Dieu pour principe et pour fin. Ainsi les morts donneraient aux vivants des leçons de tolérance.

PRÉFACE DE L'ÉDITEUR
SUR LES TRAVAUX
DE BERNARDIN DE SAINT-PIERRE
A L'INSTITUT.

Parmi les rapports et les mémoires que Bernardin de Saint-Pierre fut chargé de présenter à l'Institut, les uns ne nous sont connus que par des copies imparfaites, les autres, esquissés pour des circonstances fugitives, ne pouvaient avoir qu'un intérêt du moment. Une lecture attentive de ces divers manuscrits nous a convaincus qu'il suffirait d'en tracer l'analyse et d'en rapporter les passages les plus remarquables. Entraînés par l'importance de certaines questions, nous avons quelquefois osé les traiter nous-mêmes; quelquefois aussi nous avons cru devoir soumettre à un examen sévère des principes dont le triomphe serait la condamnation de la vertu : c'est au lecteur à juger ces principes, et le siècle qui les a vus naître, et le siècle qui les écoute sans indignation. Le premier exemple que nous allons offrir est effrayant ; on pourrait refuser d'y croire si les pièces n'étaient sous nos yeux, et si les mêmes hommes ne nous menaçaient encore des mêmes excès et des mêmes doctrines.

En 1798, la date est digne de remarque, Bernardin de Saint-Pierre fut chargé, par la classe des sciences morales et politiques de l'Institut, de faire un rapport sur les mémoires qui avaient concouru pour le prix. Il s'agissait de résoudre cette question : *Quelles sont les institutions propres à fonder la morale d'un peuple ?* question qu'on ne pouvait développer sans créer un plan complet de législation, et dont les résultats devaient être nuls, la corruption de l'Europe étant devenue plus puissante que ses lois. L'énoncé même de la question pouvait être l'objet de la critique, car les institutions ne font pas les mœurs d'un grand peuple, elles les conservent ou les dirigent. Les lois punissaient autrefois l'adultère et le duel ; les mœurs les favorisaient, et les mœurs avaient fini par affaiblir et par désarmer les lois. Toutes les législations frappent le vol ; cependant, combien de concussions honteuses, de vols manifestes, de grandeurs usurpées, sont absous, non par l'opinion, mais par l'immoralité publique, et reçoivent les hommages de ceux mêmes qui devraient les punir ! L'on ne peut donc attendre de la multitude, dans un état corrompu, que les progrès rapides du vice. Il n'appartient pas à la loi de retremper les ames et d'épurer les cœurs. Elle peut faire trembler le crime, mais non l'empêcher ; elle peut récompenser la vertu, mais non inspirer les actions vertueuses : *Quid possunt leges sinè moribus ?* La question eût donc été mieux présentée en la renversant ; car ce n'est pas aux institutions à fonder la morale, mais à la morale à fonder les institutions. Que si cette vérité pouvait être méconnue, il suffirait de rappeler l'époque où cette question fut proposée, et de demander ce qui est resté des institutions libérales qui pesaient alors sur la France.

Les nombreux mémoires adressés à l'Institut, et dont nous avons les analyses sous les yeux, suffiraient sans doute pour appuyer ces réflexions, et pour montrer l'état déplorable des mœurs et l'inutilité du concours. Jamais projets plus insensés ne trouvèrent des apologistes de meilleure foi. On présentait froidement au jugement d'une académie des discours qui, dans un autre siècle, auraient été un objet de mépris ou de dérision. En un

PRÉFACE DE L'ÉDITEUR.

mot, c'était sur l'immoralité qu'on proposait de fonder la morale : heureux lorsque les plans proposés n'étaient que ridicules !

Celui-ci demandait l'établissement d'un livre de famille qui aurait consacré à perpétuité le souvenir des fautes des enfants, sans doute pour les faire respecter de leur postérité ; celui-là voulait élever dans les places publiques des colonnes infamantes pour flétrir à jamais les noms des criminels ; toujours des monuments durables des fautes des hommes chez une nation qui oublie si facilement les vertus de ceux qui la servent. Quelques uns, suivant une marche contraire, proposaient de rédiger un journal officiel où tous les actes de vertu seraient publiés ; ils voulaient en outre faire prononcer dans chaque village des éloges anniversaires de ceux qui auraient bien mérité du pays. D'autres prétendaient, dans les jours solennels, faire cultiver aux enfants des écoles publiques le jardin de la veuve, du vieillard et des orphelins ; ce qui eût mis en scène nos petits citoyens, comme les acteurs d'un drame philanthropique. Enfin, on réclamait l'érection de tribunaux de censure, véritables organes de la conscience publique. Le nombre des censeurs devait être de trois pour les plus petites communes, et de vingt-quatre pour les plus grandes ; de sorte qu'en prenant un terme moyen, la France eût vu cinq cent mille censeurs se répandre dans son sein, ce qui aurait été quatre cent mille neuf cent quatre-vingt-dix-huit de plus que la république romaine.

Mais les auteurs des mémoires développaient des idées bien autrement libérales dans l'établissement d'un système d'instruction publique. Toutes les doctrines bizarres que nous avons vues se succéder si rapidement dans le cours de la révolution semblaient leur avoir été révélées. Un des concurrents, entre autres, voulait que les mères échangeassent leurs enfants et les fissent passer de main en main, de maison en maison, jusqu'à l'âge de quinze ans : par ce moyen, on espérait leur faire connaître le monde, et répandre sur la nation entière la bienveillance d'un sentiment paternel. Mais on ne remarquait pas qu'il devait arriver à ces jeunes voyageurs, dont les affections seraient brisées à chaque nouvelle séparation, ce qui arrive à de jeunes arbrisseaux transplantés tous les ans, et dont les racines, sans cesse rompues, ne nourrissent plus que des tiges faibles et des branches stériles. Cependant l'auteur ne se bornait pas à créer un petit peuple de Bohémiens, sans parents et sans patrie ; il prétendait encore faire voyager, ainsi que les enfants, les écoles, les boutiques, les tribunaux, tous les états, toutes les institutions. On est tenté de croire que lui-même ne pouvait marcher ; car, comme dit La Fontaine, gens boiteux haïssent le logis.

Nulle part l'idée de Dieu ne servait de base aux principes de la morale. On l'avait oublié, ou nié, et l'auteur le plus conséquent à ses principes était celui qui proposait franchement d'enseigner la vertu avec des gendarmes, et de placer dans chaque village des escouades de cavalerie pour inviter à la bienfaisance et à l'amour du prochain *.

Le tableau de ce concours serait incomplet si nous passions sous silence un mémoire que le siècle ne peut désavouer. L'auteur commençait par rejeter toutes les idées religieuses, et regardait le sentiment de l'immortalité de l'ame comme un sentiment d'orgueil, comme un mensonge propre à flatter la vanité de l'homme. Ce système le jetait dans les contradictions les plus étranges : il ne voulait pas qu'on parlât de Dieu aux enfants, et conseillait de leur offrir l'exemple des grands hommes de l'antiquité, qui tous étaient remplis du sentiment de la Divinité ! Il proposait de fonder les écoles publiques sur la méthode de J.-J. Rousseau ; et Jean-Jacques Rousseau n'a élevé qu'un solitaire, et a écrit la Profession de foi du Vicaire savoyard ! Pour remplacer l'influence des idées religieuses, il instituait des fêtes nationales à la manière des Grecs et des Romains, des récompenses publiques, et des jugements des morts comme chez les Égyptiens ; rendant ainsi un hommage involontaire à la Divinité, qu'il rejetait : car toutes ces institutions seraient illusoires pour un peuple qui briserait ses autels, étoufferait sa conscience, établirait son repos et sa morale sur le néant, et, dans un étourdissement de lui-même, repousserait cette grande autorité de Dieu, qui réprime tout, qui résiste à tout.

Il est facile de juger, par cette analyse, que rien dans ces mémoires n'était déguisé : on y avouait sans pudeur les doctrines les plus perverses, les systèmes les plus honteux ; et tout ce qui aurait déshonoré un écrivain dans le siècle de Fénelon semblait être devenu un titre de gloire dans le siècle de la philosophie. Tel était enfin l'état déplorable des mœurs, qu'aucun des nombreux concurrents n'avait cru nécessaire d'employer cette tactique, devenue si commune aujourd'hui, qui consiste à changer la signification des mots pour feindre au moins de rendre hommage à la vertu : tactique du mensonge qui sert à tout confondre, et qui nous rend semblables à ces libellistes dont parle Thucydide, qui, pendant la guerre du Péloponèse, donnaient le nom d'adresse à la duplicité, de tyrannie à la faiblesse, de fidélité à la trahison, de liberté et d'égalité à la licence et à la domination ; changeant les vertus en vices, et les vices en vertus, et trouvant ainsi le moyen de faire l'apologie de leurs crimes.

Le croira-t-on ? l'auteur du dernier mémoire n'avait pas même daigné discuter les doctrines qui servaient de base à son système. Nulle objection ne paraissait s'être élevée dans son ame ; il avait regardé la question comme jugée, et doutait de tout, excepté de son opinion. Manière étrange de traiter des plus grands intérêts de l'homme ! et cependant l'expérience nous apprend que ces mêmes doctrines ne peuvent servir qu'à tranquilliser les coupables, ce qui suffirait seul pour en prouver la fausseté. Ayant réussi par des voies criminelles, ils se disent : S'il y avait un Dieu, je ne serais pas heureux ; et ils sont eux-mêmes leur argument contre la Providence. Mais, pour traiter l'importante question proposée par l'Institut, il fallait commencer par établir les preuves d'une doctrine ; et, pour établir ces preuves, il fallait d'un seul regard embrasser l'univers et l'homme. Certes, une aussi ravissante contemplation ne conduira jamais à l'athéisme ; car c'est une vérité digne des méditations du sage qu'on peut prouver l'existence de Dieu par le désordre des sociétés comme par l'ordre de la nature. D'ailleurs il eût suffi de prévoir les résultats de la doctrine contraire pour la faire rejeter. La vérité ne peut être fatale à l'homme : or, ce qui ne profite qu'au méchant ne peut être la vérité.

L'homme éprouve deux genres de bonheur bien opposés : celui qui appartient à son corps est passager comme lui ; celui qui dépend de son ame est infini comme elle. Cette fleur que vous admirez ne sera plus la même de-

---

* Ce mémoire, où l'on ne parle que de gendarmes et de geôliers, comme s'il n'y avait dans la société que des voleurs et des assassins, est de M. Destutt de Tracy. Nous n'aurions point fait à l'auteur l'injure de le nommer s'il n'avait avoué lui-même cette bizarre composition en la publiant avec son nom.

main; quelques heures suffiront pour changer l'aspect de cette prairie, de ces montagnes, de ces vallons. Les jours, les mois, les années, renouvelleront et modifieront nos plaisirs; de tous ces objets que nous aimons, les uns nous échappent par le sommeil ou la mort, les autres par notre inconstance. Ainsi le spectacle de l'univers est variable comme nos sensations. Mais quel désordre si les vérités éternelles changeaient comme les beautés de la nature! si tout à coup il nous paraissait qu'il y a une œuvre, et qu'il n'y a pas d'ouvrier! si les actions de bienfaisance nous révoltaient! s'il était beau de trahir son ami, de dévaster sa patrie! si la dégradation devenait une vertu, et l'athéisme un titre à la reconnaissance publique! Dira-t-on qu'un pareil bouleversement est impossible? que les esprits les plus pervers le repoussent, ou n'osent l'avouer? Alors nous demanderons d'où peut venir ce sentiment incorruptible; et il faudra bien reconnaître qu'il est des vérités éternelles, indépendantes du temps et des hommes, et supérieures à tous les raisonnements; que ces vérités veillent dans notre ame sans notre aveu, et qu'elles survivent à nos désirs, à nos passions et à nos intérêts. Ainsi les plaisirs des sens consistent dans la variété, ceux de l'ame dans la constance; ils sont en harmonie avec la durée des facultés qui les font naître. Les sens, devant mourir, n'ont que des jouissances fugitives, tandis que celles de l'ame s'appuient sur des vérités immortelles, et qui servent à prouver son immortalité.

Si les concurrents ne se livrèrent à aucune de ces réflexions, c'est que l'esprit d'incrédulité ne réfléchit pas plus que l'esprit de parti. Ils s'imaginaient voir dans l'univers le désordre qui n'était que dans leur raison; semblables à la folle de Sénèque, qui, ayant subitement perdu la vue, ne sentait pas qu'elle était aveugle, et s'en prenait à sa maison, qu'elle croyait dans l'obscurité. Mais leurs mémoires étaient tombés entre les mains d'un de ces hommes qui n'ont d'autre passion que la vérité. Frappé de l'étrange résultat de ce concours, effrayé de l'audace de ces écrivains, qui ne daignaient respecter ni le public ni leurs juges, Bernardin de Saint-Pierre voulut terminer son rapport par une déclaration solennelle de ses principes. On peut voir, dans la Vie de l'Auteur, comment sa profession de foi fut accueillie de cette classe morale, qui, heureusement pour la morale, ne dura que cinq ans. Il eut à lutter contre un parti qui menaçait dès lors de tout envahir et qui disposait des places, des honneurs et des pensions. Il était seul, il n'avait ni appui, ni fortune; et il fut sans hésitation et sans faiblesse. Condamné au silence dans le sein de l'Institut, il crut de son devoir de mettre sa réclamation sous les yeux de la France. Le morceau suivant, qui terminait son rapport, fut donc imprimé, et on le distribua à la porte même de l'Académie. Mais l'auteur, en satisfaisant à sa conscience, ne voulut pas instruire le public des motifs qui le forçaient à cette publication; et ce trait, l'un des plus honorables d'une vie consacrée à la vertu, serait tombé dans l'oubli si nous n'avions trouvé dans ses papiers une copie de la lettre du discours qu'il écrivit à ce sujet. Ce discours, que nous publions dans la Vie, prouve que, comme Socrate, il aurait su mourir pour la vérité.

Parmi les autres rapports de Bernardin de Saint-Pierre, il en est un qui peut être le sujet de quelques observations intéressantes. La classe des sciences mathématiques et physiques et la classe des sciences morales et politiques de l'Institut desiraient partager les prérogatives de la classe de littérature, en donnant une grande solennité à la distribution des prix. Bernardin de Saint-Pierre fut chargé de traiter cette question; mais, loin de condescendre aux desirs secrets de ses collègues, il ne craignit pas de leur faire entendre la vérité. Considérant la question sous un point de vue philosophique, il osa s'élever contre toutes les espèces de concours, et voulut prouver que non seulement les prix étaient inutiles au progrès des sciences, des lettres et des arts, mais encore qu'ils étaient funestes à l'établissement de la morale. Dans cette dernière partie de son mémoire, il se contentait de rappeler cette pensée, qu'il a développée avec tant de force dans les Études, que l'émulation du premier âge fait l'ambition de toute la vie. « L'Europe, disait-il, présente l'émulation à
» ses enfants comme une jeune palme qui s'élève pour eux
» à l'extrémité de la carrière; mais c'est le premier jet de
» cet arbre fatal qui couvre la terre de fruits empoisonnés.
» La coupe de Circé ne renfermait point de sucs aussi
» dangereux: la volupté change les hommes en porcs,
» l'ambition les change en tigres. » Cette pensée, qui semble exagérée, renferme cependant une vérité que l'expérience démontre inutilement chaque jour. C'est l'émulation qui dit à chacun de nous, dès l'enfance : Sois le premier. Mais la terre alarmée crie au genre humain : Préparez-vous à la guerre ou à l'esclavage; l'Europe vous élève des tyrans. Et cependant, tel est encore aujourd'hui le résultat des concours ambitieux de nos écoles et de nos académies!

Voulez-vous offrir à la jeunesse une récompense digne d'elle? laissez-lui se proposer pour but unique la perfection des lettres ou des sciences qu'elle cultive : elle n'y atteindra jamais si elle ne se propose que les applaudissements des spectateurs. La patrie vous demande des hommes, et vous faites des comédiens! Vous les verrez se détourner de leur route par la crainte de déplaire, par le desir de flatter et par le besoin de se diriger d'après les vaines rumeurs d'une faveur populaire et inconstante. Ceux qui n'alimentent leurs études que de l'opinion d'autrui perdent toujours leurs talents, mais après avoir perdu leur conscience. C'est alors que, semblables aux coursiers du soleil sous les rênes de Phaéton, ils renversent le char de la lumière et embrasent cette terre, qu'ils devaient éclairer.

Nous avons vu que Bernardin de Saint-Pierre établissait en principe que les concours sont inutiles au progrès des sciences, des lettres et des arts. On doit regretter qu'il n'ait pas cru nécessaire de s'appuyer d'une multitude d'exemples que lui offrait l'histoire littéraire. On eût aimé à le voir rappeler le souvenir de ces grands écrivains qui n'ont eu besoin, pour devenir habiles, ni de concours, ni d'applaudissements, et qui, pour la plupart, composèrent leurs chefs-d'œuvre au milieu des sollicitudes de la fortune et des persécutions, qui ne flétrissent que les ames communes. C'est ainsi qu'Ésope inventa ses premières et ses plus touchantes fables dans la servitude; c'est ainsi que les poëmes héroïques d'Homère lui furent inspirés dans l'indigence, et que Plaute composa ses comédies en tournant la meule d'un moulin. Épictète écrivait ses pensées sublimes dans le plus dur esclavage, et son disciple Marc-Aurèle, qui le surpassa, méditait les siennes au milieu des soucis bien plus grands du trône. Que si nous ramenons notre pensée sur les temps modernes, nous voyons notre bon La Fontaine ne se proposer aucun rival. Cet enfant de la nature ne crut qu'imiter de loin Ésope, Lokman et Phèdre; et ce fut lui qui devint inimitable. Que dirons-nous de Michel Cervantès, du Dante, du Camoëns, de Shakspeare, de J-B. Rousseau? Comment auraient-ils dû leur talent à des concours, dans une carrière qu'ils avaient ouverte, où ils étaient entrés les premiers, où ils n'avaient pas seulement un maître qui pût leur crier, de temps en temps, des bords de la lice : Courage, mon fils? Ils n'avaient pour stimulant que le malheur, pour rivaux que des ennemis, pour perspective que les persécutions et la misère. Quel prix aurait donc pu les dédommager de tant de sacrifices? Mais, tandis que ces grands hommes ne se proposaient d'autre but que la perfection de leur art, voyait-on sortir des concours académiques de jeunes triomphateurs dignes de leur disputer la palme? Aucun, si l'on en excepte Jean-Jacques, ne peut aspirer à cette gloire. Loin de révéler des talents nouveaux, combien de fois l'injustice des juges n'aurait-elle pas étouffé les premiers essais du génie si le génie pouvait se décourager! Les *Pôles brûlants* de l'abbé du Jarry l'emportent devant l'Académie française sur la poésie de Voltaire. N'as-tu point de honte des victoires que tu remportes sur moi? disait Ménandre à un poète médiocre qui souvent avait été son vainqueur. Enfin Euripide, humilié par d'indignes rivaux, se voit forcé de suivre l'exemple d'Eschyle, et d'aller mourir loin de sa patrie : il est vrai qu'à la nouvelle de sa mort, Athènes prit le deuil et envoya une ambassade solennelle redemander ses cendres, qui lui furent refusées.

C'est sans doute à ces souvenirs touchants qu'il faut attribuer l'éloignement de Bernardin de Saint-Pierre pour toute espèce de concours, et la véhémence avec laquelle il les attaqua jusqu'au sein de l'Académie. Ah! sans doute le plus beau triomphe du génie est dans le chef-d'œuvre inspiré par la nature, et qui doit faire les délices du genre humain; comme le plus beau prix que les hommes puissent donner est dans l'enthousiasme d'un peuple entier, dans l'hommage d'une admiration universelle : tel fut le triomphe d'Euripide. L'armée d'Athènes avait été défaite dans les plaines de la Sicile; les soldats, vendus comme esclaves, ou jetés dans les carrières, se consolent en récitant des vers d'Andromaque et d'Iphigénie. A ces accents divins, les vainqueurs se laissent toucher, chaque soldat trouve un bienfaiteur dans son maître; tous doivent leur salut aux vers d'Euripide, et, rendus à la liberté, ils arrivent à Athènes, et vont saluer le poète qui fut leur libérateur.

Ces réflexions nous ont été inspirées par le besoin de défendre des principes qui furent vivement attaqués. On accusait alors Bernardin de Saint-Pierre de blesser les priviléges d'un corps dont il faisait partie : et sans doute il avait commis une grande faute, celle de croire que, dans une académie, l'intérêt de la vérité pourrait l'emporter sur l'intérêt des académiciens.

Au reste, nous regrettons de ne pouvoir publier ce rapport, qui ne nous est connu que par deux ou trois fragments informes; il en est de même des trois mémoires suivants, qui ont dû également être présentés à l'Institut :

1° Sur les contrefaçons;
2° Sur la nécessité de motiver le choix des candidats proposés par chaque classe;
3° Sur un mémoire du sieur Romme relatif aux marées de l'hémisphère austral.

Nous avons sous les yeux un quatrième mémoire, sur le régime, diététique et les observations nautiques à suivre par le capitaine Baudin dans le cours de son voyage. L'auteur, après avoir rappelé des expériences ingénieuses, qu'il avait indiquées ailleurs, pour s'assurer de la direction des courants, s'attache à faire sentir la nécessité de procurer quelques distractions aux matelots, afin de les maintenir *en gaieté et en santé* pendant les fatigues des longues traversées. Voici comme il s'exprime à ce sujet:

« Il importe qu'il y ait des joueurs d'instruments à bord
» des équipages destinés aux voyages de long cours. Les
» anciens connaissaient toute l'influence de la musique sur
» leurs nautonniers. Sous le voile de la fable, on voit que
» la lyre animait les vaisseaux : Orphée charmait avec
» elle les soucis des Argonautes, en chantant les louanges
» des héros et des dieux; et leurs plus grands périls, dans
» leurs courts voyages, étaient le chant des Sirènes. La
» lyre d'Arion suspendit aussi la fureur de ses meurtriers,
» et rendit sensibles jusqu'aux monstres marins. La
» musique et les danses n'ont pas moins de pouvoir sur
» nos mélancoliques matelots. Elles leur rappellent en
» pleine mer les amusements de leurs villages, et, dans ces
» vastes solitudes, les doux ressouvenirs de la patrie. A
» l'ombre des mâts et de leurs noirs cordages, ils se
» croient encore sous le feuillage des ormeaux, et toujours
» entourés de leurs femmes et de leurs enfants... Ne
» soyons point indifférents au bonheur de ces infortunés,
» qui, souvent privés du nécessaire, vont chercher notre
» superflu jusqu'aux extrémités du monde. Ne nous sépa-
» rons point de ceux que les mers séparent de nous : nous
» devons tout notre luxe à leurs dangers. Hommes,
» animaux, végétaux, métaux, éléments, tout est lié sur
» le globe par les chaînes de l'harmonie; les gens de
» mer en sont les derniers anneaux. Par eux le genre
» humain est une famille dont tous les membres se cor-
» respondent, et l'Océan un grand fleuve dont les sources
» sont aux pôles. »

Tels furent les travaux de Bernardin de Saint-Pierre à l'Institut. Ils ont ce caractère particulier, que l'auteur s'y montre toujours ferme dans ses principes sans aucune considération pour l'époque à laquelle il écrit. Le temps peut changer les systèmes et les hommes; mais il ne peut changer la vérité, ni faire que l'athéisme devienne une vertu. La vérité est immuable, et chaque siècle qui commence la retrouve jugeant les erreurs du siècle qui vient de s'écouler. Bernardin de Saint-Pierre fut immuable comme elle, et pour elle; et, lorsque la classe morale de l'Institut, marchant avec le siècle, n'encourageait que les efforts de l'incrédulité, il osa lui faire entendre * ces belles pages de la Mort de Socrate, où le sage se console de l'injustice des hommes par la certitude de son immortalité.

DE LA NATURE
DE LA MORALE.

Fragment d'un Rapport sur les Mémoires qui ont concouru pour le prix de l'Institut national, dans sa séance publique du 15 messidor de l'an VI (3 juillet 1798), sur cette question : QUELLES SONT LES INSTITUTIONS LES PLUS PROPRES A FONDER LA MORALE D'UN PEUPLE?

La classe des sciences morales et politiques n'ayant pas jugé à propos de couronner aucun des mémoires du concours, j'ai cru, comme rapporteur de sa commission pour l'examen de ces mémoires, devoir publier la fin de mon rapport,

* Cette lecture fut faite le 2 vendémiaire an VII (23 septembre 1798); une pareille date dispense de toute réflexion.

parcequ'elle contient des idées que je crois essentielles à la nature de la morale. J'ai usé en cela du droit de tous les citoyens, et j'ai suivi l'exemple des représentants du peuple, qui font imprimer les discours destinés pour la tribune lorsqu'ils ne peuvent y être admis. L'impression de celui-ci sera un peu plus étendue que la lecture que j'en ai faite à ma classe, parceque je m'entretiens avec plus de loisir et de confiance avec un lecteur qu'avec des auditeurs. J'ai distingué, par un signe d'indication, mes additions, entre lesquelles sont quelques preuves de l'existence de Dieu. Je sais bien que Dieu n'a pas besoin de mon faible témoignage pour manifester son existence; mais j'ai besoin de m'en rappeler le souvenir lorsque j'ai affaire aux hommes.

FRAGMENT.

.... Nous nous permettrons quelques réflexions rapides, mais importantes, sur la nature de la morale. Les auteurs des quinze mémoires du concours, quoique très estimables à bien des égards, ne l'ont définie que par ses effets, quand ils l'ont définie. Il en est résulté qu'ils se sont trouvés dans un grand embarras pour en asseoir les fondements. Les uns les ont placés dans l'éducation, les autres dans les lois ; ceux-ci dans des fêtes et des spectacles ; ceux-là, dans notre propre cœur si versatile.

La morale n'est point, comme l'ont prétendu quelques philosophes modernes, l'amour de soi ; car elle ne différerait point de nos passions, qui ont aussi leur morale. Elle ne peut être, comme le veulent quelques autres, l'amour de l'ordre social, qui quelquefois nous opprime, ou fait le malheur d'une nation : tel que serait une république de brigands. Elle n'est pas même notre intérêt particulier fondé sur l'intérêt général, lequel, souvent, lui est contraire. Enfin elle n'est pas une simple sympathie avec nos semblables, comme la définit Smith, puisqu'elle nous impose des devoirs avec nous-mêmes, jusque dans la solitude.

Sans doute, pour trouver l'origine de tant d'opinions et de coutumes qui rendent les mœurs des hommes si variées et si variables, il faudrait admettre encore, à l'exemple d'écrivains célèbres, des morales d'âge, de sexe, de tempérament, de saison, de climat, de nation, de religion, de gouvernement, etc. : d'où il résulterait qu'il n'y aurait point de morale proprement dite. Ainsi l'homme, sans cesse agité par ses propres instincts ou par ceux d'autrui, serait dans la vie, comme un vaisseau sur la mer, chargé de toutes sortes de voiles, mais sans gouvernail, et le jouet perpétuel des vents et des courants.

Pour fixer nos idées sur le premier mobile de l'homme et de ses sociétés, nous admettrons deux morales, comme les anciens admettaient deux Vénus : l'une terrestre, source de mille passions ; l'autre céleste, prototype de toute beauté. Il y a de même deux morales : l'une humaine, et l'autre divine ; l'une résulte de nos passions, l'autre est la raison qui les gouverne ; l'une est la connaissance des usages particuliers à chaque société, l'autre est le sentiment des lois que Dieu a établies de l'homme à l'homme ; l'une est une science qui s'acquiert par la connaissance du monde, l'autre est une conscience donnée par la nature.

La morale des passions divise les hommes entre eux. Elle se subdivise d'abord elle-même en deux troncs principaux, l'amour et l'ambition, qui ont autant de têtes que l'hydre. L'amour, dégénérant en voluptés de toute espèce, substitua les affections dépravées aux naturelles, les concubines et les sérails aux épouses légitimes ; il repoussa l'enfant du sein maternel ; et, le livrant à une nourrice, puis à un instituteur étranger, il rompit les premiers liens des fils avec leurs parents, et ceux des frères avec les sœurs. L'ambition, à son tour, se composant de toutes sortes de cupidités, classa les hommes, à leur naissance, en serfs et en nobles, en aînés fortunés et en cadets indigents. Elle fit naître les jalousies entre les frères, les duels parmi les citoyens, l'intolérance dans les corps, les guerres chez les nations, la discorde, les ressentiments et les vengeances dans tout le genre humain. Enfin, ne voyant plus sur la terre que les maux qu'elle y a faits, devenue impie ou superstitieuse, elle nie l'Auteur de la nature à la vue du ciel, ou va le chercher au fond des enfers.

La morale de la raison, au contraire, est le sentiment des lois que la nature a établies entre tous les hommes. C'est elle qui, dès la mamelle, attacha la mère à l'enfant par l'habitude des bienfaits, et l'enfant à sa mère par celle de la reconnaissance. C'est elle qui, en montrant à l'homme, dès l'aurore de la vie, les biens dont la terre est couverte, lui fit entrevoir un bienfaiteur dans les cieux, et des amis destinés à recueillir ses biens avec lui dans ses semblables. Elle forma dans l'adolescence le premier anneau de la concorde entre les frères, dans la jeunesse celui de l'amour conjugal entre les époux, dans l'âge viril celui de l'amour paternel entre le père et les enfants. Elle harmonia les familles en tribus par leurs services mutuels, les tribus en nations par l'amour de la patrie, et les nations avec les nations par celui de l'humanité. Enfin ce fut elle qui, en inspirant à l'homme seul, de tous les animaux, l'instinct de la gloire et de l'immortalité, lui montra la récompense de ses vertus dans les cieux, comme un prix placé à la fin de sa carrière.

C'est du sentiment des lois établies par la nature de l'homme à l'homme, que sont dérivées toutes les vérités fondamentales des sociétés : la piété envers le ciel, la tempérance envers nous-mêmes, la justice à l'égard des autres, la force contre les événements. C'est cette morale céleste, innée dans chacun de nous, qui seule nous fait supporter l'ordre social, lors même qu'il nous opprime. Elle éloigne des jouissances corrompues du monde la jeune fille laborieuse, et en la revêtissant d'innocence et de pudeur, la rend bien plus digne d'être aimée que celle que le vice couvre de diamants. Le cœur lui doit ses sacrifices, la conscience son repos, le ciel une récompense. C'est au ciel qu'elle attache la chaîne dont elle lie tous les habitants innocents de la terre les uns aux autres : c'est par elle qu'ils s'approchent encore sans se connaître, qu'ils s'entendent sans se parler, et qu'ils se servent sans autre intérêt que celui de s'obliger.

Hélas ! elle porta autrefois l'habitant de l'Afrique à tendre une main amie à l'Asiatique, qui la couvrit de fers, et celui de l'Amérique à offrir sa cabane hospitalière à l'Européen, qui la baigna de sang. Mais quand la politique des puissances invoque la patrie pour détruire les patries ; quand la morale de leurs passions a sanctionné leurs crimes par des religions corrompues ; quand les infortunés sans défense semblent n'avoir plus d'espoir, la morale céleste fait entendre leur voix. Toutes les ames sont émues, toutes les tyrannies sont ébranlées. Le fil de la pitié, touché par elle, a des secousses plus rapides que le fil électrique agité par la foudre.

Ce fut elle qui, montrant le corps sanglant de Lucrèce au peuple romain, renversa le pouvoir odieux des Tarquins. Ce fut elle qui, jetant les Sabines entre deux armées qui couraient à la vengeance, fit oublier à leurs soldats furieux les noms de *Sabins* et de *Romains*, pour les rappeler à ceux de frères, de pères et d'époux, et fit tomber de leurs mains les épées tranchantes, en leur opposant, pour boucliers, de petits enfants nus sur le sein maternel. C'est elle qui ébranle aujourd'hui les deux mondes, en criant aux rois et aux *sujets*, aux blancs et aux noirs : Vous êtes tous des hommes.

Elle n'a pas besoin de diplômes pour constater les droits du genre humain ; elle les a renfermés dans le cœur de chacun de nous. Elle y a imprimé ce sentiment ineffaçable : *Ne faites pas à autrui ce que vous ne voudriez pas qu'on vous fît.* Plus habile que la politique des nations, elle seule composa l'intérêt général des intérêts particuliers. Elle ne varie point avec celle-ci ; mais elle est immuable comme la divinité, sur laquelle elle s'appuie. C'est d'elle seule qu'elle espère sa récompense : en effet, si l'homme moral l'attendait de ses semblables, combien de fois il serait tenté de s'écrier comme Brutus : *O vertu, tu n'es qu'un vain nom !*

Je vous prends à témoin, génies de tous les siècles qui avez bien mérité des hommes, malgré leurs persécutions : Confucius, Pythagore, Homère, Socrate, Platon, Épictète, Marc-Aurèle, Fénelon, Jean-Jacques, et vous tous qui avez excellé en vertus, en science, en art, en éloquence ; soit que vous ayez vécu dans la solitude ou dans les assemblées des nations, sur le trône ou dans les fers ; c'est cette lueur divine qui vous a guidés. Elle seule éclaire l'esprit et réchauffe le cœur. Sans elle, tout est froid mortel et obscurité profonde ; et il est bien remarquable que parmi les hommes aveuglés par leur ambition, qui ont eu le malheur de la méconnaître, il n'y en a pas un seul qui ait fait une découverte utile au genre humain.

En effet, nous n'avons rien que d'emprunt, et c'est de la Divinité que nous recevons tout. Socrate disait à Aristodème, qui niait les dieux : « Vous croyez que vous avez de l'intelligence ;
» comment donc pouvez-vous croire qu'il n'y ait
» point aussi dans la nature un être universel in-
» telligent ? Vous savez que votre corps n'est formé
» que d'une petite portion des éléments ; il n'y au-
» rait donc que votre entendement qui vous serait
» venu de je ne sais où, par un bonheur tout-à-
» fait extraordinaire ? Vous êtes bien persuadé que
» c'est cet entendement qui conduit votre corps
» dans toutes ses actions ; comment pouvez-vous
» donc penser qu'il n'y ait pas aussi une intelli-
» gence qui dirige le grand corps de l'univers, et
» qui en ait rangé toutes les parties dans l'ordre
» admirable que vous y voyez ? Je ne vois pas, me
» direz-vous, cette Divinité qui gouverne toutes
» choses ; mais vous ne voyez pas non plus votre
» ame ; en conclurez-vous que ce n'est pas elle qui
» vous conduit, mais le hasard seulement ? Croyez-
» vous que votre vue puisse embrasser un paysage,
» et que celle de la Providence ne s'étende pas à
» tout le monde ? Pensez-vous que votre esprit

» puisse songer tour à tour aux affaires d'Athènes,
» de Sicile et d'Égypte, et que l'esprit universel
» ne puisse s'occuper à la fois de toutes celles de
» l'Univers ?

Aristodème ayant répondu à Socrate qu'il concevait une si haute idée de la Divinité, qu'il en concluait qu'elle n'avait pas besoin de ses services : « Vous pensez donc, reprit Socrate, qu'on ne doit
» point de reconnaissance à son bienfaiteur ! Plus
» la Divinité a fait paraître de magnificence dans
» le soin qu'elle a pris des hommes, plus ils lui
» doivent de respect. En effet, considérez qu'elle
» a réuni dans les hommes seuls toutes les jouis-
» sances qu'elle a dispersées dans les autres ani-
» maux ; qu'elle a revêtu leurs corps des plus belles
» formes ; qu'elle n'a donné qu'à eux la faculté de
» parler et de converser ; qu'elle a mis le comble
» à ses bienfaits en leur donnant des ames capa-
» bles de la connaître, d'imiter ses ouvrages par
» leur intelligence, et d'entrer en communication
» avec elle par leurs vertus. »

Socrate avait sans doute raison. On peut même pousser ses arguments plus loin. On peut dire que c'est sur l'intelligence seule de la nature que se forme la nôtre, à la différence de l'instinct des animaux, qui naît avec eux. Il y a apparence que si un enfant était élevé tout seul, dès sa naissance, dans une caverne obscure, il y resterait constamment dans un état d'imbécillité. Si cette caverne était remplie des monuments de l'industrie humaine, et qu'elle vînt à être éclairée par la lumière d'une lampe, sans doute il acquerrait bientôt quelque connaissance des arts, sans toutefois se former aucune idée de la Divinité. Supposons qu'un Vaucanson lui apparaisse avec quelque machine qui pourvoie à ses besoins, il est vraisemblable qu'un sentiment religieux s'élèverait dans son cœur avec celui de la reconnaissance : l'inventeur d'un art utile serait pour lui un Dieu. C'est ainsi que des peuples enfants ont déifié une Minerve, une Cérès, un Bacchus. Supposons maintenant que la lampe s'éteigne, que la machine disparaisse ; mais que tout à coup les portes de la caverne s'ouvrent, et qu'il voie, pour la première fois, une terre couverte de verdure et de fleurs, des vergers chargés de fruits, une forêt, une rivière, des oiseaux, une jeune fille au pied d'un arbre et un astre au haut des cieux, baignant tous ces objets des flots de sa lumière ; oh ! dans quel ravissement seraient tous ses sens ! Croyez-vous qu'il méconnût alors un Dieu dans la nature? Voyez comme sa curiosité l'agite ! Semblable à un enfant de nos villes qui, après un rigoureux hiver, sort dans les campagnes, sans précepteur, il interroge tout ce qui l'environne, il creuse la terre, il effeuille une fleur, il escalade un arbre. Il veut tout voir, tout manier, tout connaître ; son corps et sa raison se forment à la fois d'après les lois et les dons de la nature. Pénétré de cette puissance qui l'environne de bienfaits, il l'adore dans l'arbre qui le nourrit, dans la fontaine qui le désaltère, dans le soleil qui l'éclaire et le réchauffe, et bientôt dans l'objet de ses amours. C'est ainsi que vous vivez encore, peuples simples, vous que nous appelons ignorants et sauvages ! Pour nous, habitants des cités, nous n'adorons que les ouvrages de notre esprit et de nos mains : des monuments, des statues, des systèmes. Mais ne nous enviez point nos arts fastueux et nos doctrines trompeuses ; les prairies sont vos lycées, des jeux innocents vos exercices, de majestueuses forêts vos temples toujours révérés. Au sein de la nature vous n'en méconnaissez jamais l'auteur ; et sans doute, à ses yeux, c'est vous qui vivez à la lumière, et nous dans d'obscurs souterrains.

Quelque haute opinion que nous ayons de nos sciences et de nos arts, tous les modèles en sont dans la nature. Que dis-je ? nos ouvrages les plus vantés n'en sont que de vaines images. Le génie le plus sublime n'en est qu'un faible nourrisson ; il n'est industrieux que de son industrie. C'est par les convenances qu'elle lui montre qu'il entrevoit les convenances qu'elle lui cache. Christophe Colomb, pénétré de cette seule vérité que Dieu n'a rien fait en vain, juge, à l'aspect d'un globe, que sa partie occidentale ne peut être réservée tout entière à l'Océan : il s'embarque et il découvre un nouveau monde.

Si notre intelligence ne se développe que sur celle de la Divinité, notre morale ne se modèle que sur le sentiment de sa bienfaisance. L'homme juste, semblable à elle, est bienfaisant sans se mettre en peine de la reconnaissance des hommes. Il fait du bien, même à ses ennemis, comme l'arbre fruitier, dit Marc-Aurèle, qui donne ses fruits à ceux mêmes qui lui jettent des pierres.

Confucius prêche la morale aux rois corrompus de la Chine ; il la fonde sur les lois de la nature et sur la souveraine raison de l'univers ; il établit sur elle la politique des nations : il vit et il meurt persécuté. Cependant un philosophe sur le trône se revêt, après lui, de son auguste sacerdoce. Les diverses nations de la Chine, éprises de cette doctrine céleste, se réunissent à ses états et forment un empire qui dure depuis quatre mille ans. Un sage paraît dans un royaume prêt à se dissoudre ;

il veut en rappeler les habitants aux lois éternelles de la morale : il paie sa mission de sa vie. Mais ses divins documents se répandent dans le monde ; ils étayent pendant des siècles les ruines de l'empire romain ; et son énorme colosse ne s'écroule aujourd'hui, que parceque les vices en avaient sapé tous les fondements.

Que dirai-je de ces hommes si chers au genre humain, qui ont tant de fois guéri ses plaies par le seules influences de la morale ? Guillaume Penn, fuyant les troubles de son pays, appelle ses frères persécutés sur les bords de la Delaware, et il y établit un état toujours pacifique au milieu même des anthropophages. Fénelon, avec un seul livre, ramène les rois de l'Europe de l'esprit destructeur des conquêtes à celui de l'agriculture, et prépare de loin notre liberté. Cook et Banks vont transplanter nos végétaux utiles dans un autre hémisphère, et les Sauvages admirent, pour la première fois, des Européens qui abordent sur leurs côtes pour leur faire du bien. Howard parcourt toutes les prisons pour adoucir le sort des criminels, et son humanité inspire au gouvernement britannique de fonder avec eux Botany-Bay. Vincent de Paule donne des berceaux et du lait à des milliers d'enfants trouvés. Un philosophe, égaré par l'exemple, expose les siens dans un pays où les mères les abandonnaient à des nourrices mercenaires ; en expiation de sa faute, il compose un livre sur l'éducation, et son cœur, affligé de si tristes ressouvenirs, lui inspirant une éloquence paternelle, il rend les mères à leurs enfants et les enfants à leurs mères. Ainsi le ciel indulgent traça à nos pas incertains deux routes vers la vertu, l'innocence et le repentir.

Tant de bienfaiteurs de l'humanité, si éclairés, auraient-ils fait des sacrifices si longs, si pénibles, pour des hommes inconstants et ingrats, s'ils n'avaient senti qu'il existait un Dieu ?

Non seulement cette morale sainte protège les nations contre les erreurs et les fureurs de la politique, mais elle guérit les hommes des maux regardés par la médecine même comme incurables.

Je vais vous en citer un exemple bien digne de vos réflexions. Un médecin[*] vient de présenter au gouvernement une méthode curative de la folie par des remèdes moraux. En effet, la folie est une maladie morale qui se combine souvent, ainsi que les passions, avec la santé physique la plus robuste. Parmi les preuves que ce respectable philantrhope rapporte de la bonté de ses moyens, certifiées par deux médecins célèbres, dont l'un, le citoyen Desessarts, est un de nos confrères, il y en a une fort touchante. Une fille, âgée de vingt-cinq ans, était devenue folle par les injustices réitérées de son père. Il lui enlevait tous les fruits de ses travaux pour les donner à son frère. Il lui promit une croix d'or en dédommagement ; mais il manqua de parole. L'infortunée ne put résister à ce dernier trait ; elle en perdit la raison. Elle entrait en fureur au seul nom de l'auteur de ses jours. On l'emmena au célèbre hospice des insensés, à Avignon. Le médecin moraliste, après lui avoir fait administrer, sans succès, les remèdes physiques accoutumés, la console, lui dit que son père se repent de ses torts, qu'il lui a acheté le bijou qu'il lui a promis, et qu'il a envoyé son frère au loin apprendre une profession. La fille écoute, et devient pensive. Bientôt le père se présente à elle, mais elle le repousse. Après quelques nouvelles tentatives, il s'en rapproche, la caresse, lui présente le bijou fatal. La fille émue, verse des larmes, lui tend la main, l'embrasse, et en peu de temps recouvre sa santé. Ainsi le père retrouva sa tendresse dans le malheur de sa fille, et la fille sa raison dans l'amour de son père, et tous deux baignèrent de leurs larmes la main du sage qui les avait guéris.

Notre ame ne ressemble que trop souvent à cette fille égarée. Combien d'hommes ont méconnu un père dans la nature, à cause de la perte imprévue des objets de leurs affections ! Il n'y a point de Dieu, s'écrient-ils, ou, s'il en est un, il est injuste ! Ah ! sans doute, s'il disait à chacun d'eux : Enfant de la terre, reprends ta jeunesse fugitive, tes amours inconstants, tes dignités si vaines, et vis heureux, si tu le peux ; ils reconnaîtraient peut-être un père au retour de ses bienfaits. Mais ses dons ne sont pas nos propriétés ; il nous les prête pour un temps, pour les faire passer bientôt à d'autres.

« La vie, dit Marc-Aurèle, est un banquet où » nous sommes invités tour à tour. N'en sortons » pas sans remercier la Divinité qui nous y a appelés. » Ne semble-t-elle pas nous dire, par le spectacle de la terre et des cieux : « J'ai donné à » vos passions des biens passagers comme elles, » j'en destine d'immortels à vos vertus ? La bonté » est dans mon essence, la justice dans mes distributions, l'éternité dans mes plans, et l'infini » dans mes ouvrages. »

Laborieux naturalistes, qui essayez d'en faire des nomenclatures, dites-nous si vous entrevoyez seulement sur la terre les limites de sa puissance,

[*] M. Boutet.

Poètes, peintres, musiciens, avez-vous jamais exprimé ce que ses harmonies vous ont fait sentir ? Avez-vous jamais créé dans vos plus charmants tableaux des êtres vivants, parlants, aimants ? Orateurs diserts, phylosophes profonds, qui remontez aux sources de la pensée et qui cherchez à en perfectionner les signes, arrangez vos types et vos dilemmes! une femme timide, éloquente des seules formes de la nature, va, d'un sourire, troubler votre logique, ou la renverser avec ses larmes. La même intelligence, qui a protégé la faiblesse et l'ignorance sur la terre, confond le savoir et l'orgueil dans les cieux. Croira-t-on que les astres obéissent aux lois du hasard, parceque leurs mouvements sont réguliers? Que dirait-on de plus s'ils étaient irréguliers? Peut-on dire que l'astre des nuits n'est pas fait pour les éclairer, parceque dans le cours de son mois, il luit d'une lumière tantôt croissante, tantôt décroissante? Mais l'astre du jour luit aussi, dans le cours de l'année, d'une lumière inégale. Les heures du jour ont les mêmes phases que les mois et les années. Celle qui sort la première du sein de l'aurore et celle qui rentre la dernière sous le manteau de la nuit, sont moins lumineuses que leurs sœurs qui brillent au haut des cieux, dans les feux du midi. Toutes ces filles du soleil, d'âges différents, distribuent la lumière à des êtres dont la vie est en rapport avec leurs périodes. Des harmonies aussi variées régnent dans l'immensité des cieux. Des réverbères nocturnes, contournés en globes et en anneaux, circulent autour des planètes : les planètes autour d'un soleil; des soleils divers en grandeurs sont semés dans le firmament, comme les grains de sable sur la terre, et leurs moindres distances entre eux sont incommensurables. O toi, qui calculas leurs lois apparentes, sublime Newton, disnous quel était le sentiment profond de ton néant, quand ton génie parcourant leurs orbites, ta tête s'inclinait vers la poussière au seul nom de l'Éternel.

La même main qui a lié leurs sphères entre elles par les lois de l'attraction[1], a lié les cœurs des hommes par celles de la morale. C'est elle qui reunit les sciences, les arts, qui, sans leur moralité, deviendraient funestes au genre humain. C'est elle qui en rapproche les diverses sections dans l'Institut national, et qui, de toutes les parties du globe, les appelle comme des frères et des sœurs dans ce Panthéon des Muses. Savants, artistes, littérateurs, qui voulez courir dans ses lices, ou vous y reposer un jour, dirigez toutes vos études vers la morale. Répandez-en les devoirs et les charmes sur toutes les productions de votre génie et sur tous les besoins de la société ; que vos toiles et que vos marbres la respirent. C'est cette fille du ciel qui couvre d'une vénération religieuse les berceaux de l'innocence et les tombeaux de la vertu. C'est elle qui donne tant d'étendue à nos regrets dans le passé, et à nos espérances dans l'avenir. Ses rayons divins luisent au milieu des ténèbres les plus profondes de l'antiquité, se fixent sur ses ruines et réchauffent encore ceux qui s'en approchent. C'est elle qui a ranimé par la cendre des Caton et des Brutus, la mourante Italie ; c'est par elle que vous illustrerez jusqu'aux rochers de la France, et que vous réformerez les cœurs de ses citoyens. Elle seule peut guérir nos passions insensées, depuis le délire d'une faible fille, jusqu'à celui des nations. Mais si la fortune vous est contraire, si les hommes vous persécutent, si enfin les talents vous manquent, que vous restera-t-il pour bien mériter de la patrie ? La morale encore. Si l'ordre particulier naît de l'ordre général, l'ordre général, à son tour, résulte de l'ordre particulier. O heureux mille fois qui fait le bien des hommes, loin de leurs vains applaudissements! Heureux qui ne cherche d'autre témoin de ses actions que le ciel et sa conscience ! Vécût-il dans les fers comme Épictète, mourût-il victime de la calomnie comme Socrate, en s'instituant avec lui-même, il fondera non-seulement la morale d'un peuple, mais celle du genre humain.

NOTE DU FRAGMENT
SUR LA NATURE DE LA MORALE.

L'attraction est la faculté que les corps ont de s'attirer mutuellement. Quelques philosophes de l'antiquité l'ont connue sur le globe, comme on le voit dans Plutarque, qui cherche à les réfuter. Parmi les modernes, Kepler l'a admise le premier dans le cours des astres, et Newton ensuite en a calculé les lois.

Suivant Newton, le soleil attire les planètes qui iraient se réunir à lui, si chacune d'elles n'avait un mouvement d'impulsion proportionné à sa masse, lequel l'obligerait d'aller toujours en ligne droite, si elle n'était attirée par le soleil. De ces deux forces, l'une d'attraction, l'autre d'impulsion, il résulte le mouvement circulaire ou elliptique auquel chaque planète obéit en traçant son orbite autour du soleil.

Je hasarderai contre ce système une objection qui me paraît insoluble. Si les planètes doivent leurs cours à ces deux lois combinées de l'attraction et de l'impulsion, le soleil doit aussi y être assujetti proportionnellement à sa masse; or, comme celle-ci est beaucoup plus considérable que celle de toutes les planètes ensemble, il devrait être emporté par la force d'impulsion hors du centre de leur système, et s'en séparer pour jamais. Mais comme cet effet n'arrive point, il faut donc supposer qu'il n'en éprouve pas la cause. Voilà donc une exception qui détruit la moitié du système newtonien, pour ce qui concerne le soleil. Ainsi, quoique les Newtoniens d'aujourd'hui regardent l'attraction et l'impulsion comme des lois immuables et purement mécaniques, ils doivent reconnaître qu'un être très intelligent les dirige, puisqu'il les a étendues toutes deux aux planètes, et qu'il a suspendu l'effet de la dernière dans le soleil, à cause des inconvénients qui en seraient résultés. C'est la seule conséquence que je veux tirer ici de mon objection.

On trouverait encore de nouvelles exceptions à ces deux lois, prétendues primitives ; car celle de l'attraction, calculée par les astronomes, varie dans les satellites nouvellement découverts ; celle de l'impulsion en ligne droite n'exerce pas même d'action sur les corps qui sont sur la terre ; car si elle y existait, il n'en resterait aucun à sa surface, et lorsqu'un fruit tomberait d'un arbre, il décrirait un cercle autour d'elle. Ce que je dis de la force d'impulsion, doit s'appliquer aussi à la centrifuge.

Au reste, j'admets volontiers ces deux forces combinées dans notre système planétaire, mais comme une explication humaine d'un effet naturel que nous ne saurions comprendre autrement. Cependant je pense que la nature peut aussi bien donner à un globe la faculté de tourner autour du soleil, d'un mouvement simple que d'un mouvement composé ; comme elle a donné à un amant de tourner autour d'un objet aimé, sans être mu par deux forces, l'une directe, l'autre latérale.

Cependant si les mêmes lois qui régissent notre architecture terrestre ont aussi lieu dans celle des cieux, je regarde l'attraction des planètes vers le soleil comme la ligne d'aplomb d'un édifice, laquelle tend vers le centre de la terre, et l'impulsion qui les pousse en avant dans des zones différentes mais parallèles, comme la ligne de niveau qui en règle les diverses assises. Mais ceux qui ne voient dans l'univers que ces deux forces motrices, ne me semblent pas différer des simples maçons qui ne verraient dans un magnifique palais que les effets de l'équerre et du niveau, sans avoir aucun égard aux distributions et aux décorations de l'architecte. Nous ririons, certes, si nous les entendions tenter d'expliquer, par ces deux causes mécaniques, la formation des péristyles et des colonnades, des tableaux de Le Sueur et du Poussin, et des statues de Girardon et du Puget, etc., parcequ'ils auteurs auraient employé l'équerre et le cordeau pour tracer les premiers linéaments de leurs ouvrages. Combien donc ne sont pas plus insensés les attractionnaires qui veulent rapporter à ces seules lois les merveilles de la végétation et de l'animation ! ils ignorent eux-mêmes les premiers usages des éléments.

On ne lit point sans surprise, dans un traité moderne d'astronomie, fort vanté par eux, que la lune n'est pas destinée à éclairer la nuit, parceque sa lumière croît et décroît dans le cours de son mois. Ils nous diront bientôt que le soleil n'est pas fait pour éclairer le jour, parceque sa lumière croît et décroît aussi dans le cours de l'année : en effet les jours de l'hiver sont plus courts que ceux de l'été. Mais ces astronomes ignorent que les divers genres des êtres organisés sur la terre ont des existences proportionnées aux diverses phases de ces deux astres qui, l'un et l'autre, sont dans la plus parfaite harmonie. Le mois lunaire est l'image de l'année solaire : la lune a son croissant, son plein, son décours et son occultation, comme le soleil son printemps, son été, son automne et son hiver. Le jour aussi n'est qu'une consonnance de l'année, dans son aurore, son midi, son couchant et sa nuit. L'homme lui-même, comme tous les êtres organisés, est soumis à ces lois célestes ; il en éprouve successivement les périodes, dans l'enfance, la jeunesse, l'âge viril et la vieillesse. Si ceux qui croient connaître les harmonies du soleil avec la terre avaient fait ces réflexions si simples, ils n'auraient pas, contre l'ordre de la nature, coupé par le milieu l'année de notre hémisphère, et fixé son commencement à son automne, et sa fin à son été. C'est comme s'ils avaient marqué le premier terme de la vie humaine à l'âge viril, et son dernier à celui de la jeunesse.

FIN DE LA NOTE.

MÉMOIRE

SUR

LA NÉCESSITÉ DE JOINDRE

UNE MÉNAGERIE

AU JARDIN DES PLANTES DE PARIS*.

L'étude de la nature est la base de toutes les connaissances humaines. Le Cabinet national d'Histoire naturelle et son Jardin des Plantes sont destinés, à Paris, à en renfermer les principaux objets pour l'instruction publique. Peu d'hommes connaissent tout le prix de cet établissement, parcequ'ils n'y font pas plus d'attention qu'à la nature même au sein de laquelle ils vivent. Ils peuvent s'en former une idée, en considérant combien d'états viennent y puiser des lumières. Les minéralogistes, les botanistes, les zoologistes ; ensuite ceux qui professent les arts qui émanent des trois premiers règnes de la nature, les lapidaires, les chimistes, les apothicaires, les distillateurs, les chirurgiens, les anatomistes, les médecins ; enfin ceux mêmes qui exercent les arts de goût, les dessinateurs, les peintres, les sculpteurs, viennent y chercher chaque jour de nouvelles connaissances. C'est là que se sont formés les Tournefort, les Rouelle, les Macquer, les Jussieu, les Vaillant, les Buffon, ainsi que les savants qui l'illustrent aujourd'hui, dont les ouvrages se sont répandus dans toute l'Europe, avec une multitude de végétaux utiles ou agréables qui ont pris naissance dans ses jardins. Qui croirait qu'avec tant d'avantages, cet établissement est encore très imparfait, puis-

---

* A l'époque où ce mémoire fut publié, Bernardin de Saint-Pierre était intendant du Jardin des Plantes. Ce mémoire, plein de vues et d'observations utiles, a eu dans la suite des temps tout le succès qu'on pouvait en espérer. Ainsi, c'est à l'auteur des *Études de la nature* que la France doit la formation de cette ménagerie qui est aujourd'hui l'un des plus beaux ornements du Jardin du Roi. (A.-M.)

qu'il lui manque la partie principale de l'histoire naturelle?

A Dieu ne plaise que nous soyons assez insensés pour vouloir y rassembler tous les ouvrages de la nature, plus profonde et plus vaste que l'Océan! L'homme le plus actif, dans le cours de la vie la plus longue, n'en peut entrevoir que les principaux rivages; mais ses études élémentaires doivent au moins en embrasser l'ensemble. Ainsi une mappemonde offre au voyageur l'image du globe qu'il doit parcourir. Celui de la nature ne présente, dans le Jardin, qu'un de ses hémisphères.

Le Cabinet renferme les trois règnes de la nature morte : des fossiles, des herbiers, des animaux disséqués, empaillés, injectés. Le jardin ne contient que les deux premiers règnes de la nature vivante : un sol en activité, et des plantes qui végètent; il n'a point d'animaux qui sentent, qui aiment, qui connaissent. Le Cabinet montre les dépouilles de la mort; le Jardin, au contraire, les premiers éléments de la vie. Le Cabinet est le tombeau des règnes de la nature; le Jardin en doit donc être le berceau. Les Égyptiens représentaient cette mère commune de tant d'enfants avec trois rangs apparents de mamelles, sans doute comme des symboles de ces trois règnes : le Jardin manque du plus important, puisqu'il n'a pas le règne animal, pour lequel a été créé le végétal, et avant tout, LE FOSSILE[*].

L'anatomie comparée des animaux suffit, dit-on, pour les connaître. Quelques lumières qu'elle ait répandues sur celle de l'homme même, l'étude de leurs goûts, de leurs instincts, de leurs passions, en jette de bien plus importantes pour nos besoins et pour notre propre existence : elle est le complément de l'histoire naturelle. C'est cette étude qui a rendu Buffon si intéressant, non seulement aux savants, mais à tous les hommes. Mais cet écrivain illustre, ayant manqué de beaucoup d'objets d'observations, n'a travaillé souvent que sur des mémoires incertains : ses remarques les plus utiles lui ont été inspirées par les animaux qu'il avait lui-même étudiés, et ses tableaux les mieux coloriés sont ceux qui les ont eus pour modèles : car les pensées de la nature portent avec elles leur expression. Quelles riches études il nous eût laissées, s'il avait pu les étendre à une ménagerie! Celle de Versailles fut toujours l'objet de ses désirs; il aurait voulu la joindre au Jardin des Plantes; mais, quelque grand que fût son crédit, il n'osa la disputer à l'homme de la cour qui en avait le gouvernement. Ainsi la ménagerie resta à Versailles, et ne fut pour la nation qu'un objet inutile de luxe et de dépense : mais il n'y a pas de doute qu'elle ne fût devenue la portion la plus importante de l'histoire naturelle, sous ses yeux et sous ceux des naturalistes.

Pour moi, qui, du sein de ma solitude, ai été appelé à remplir la place de Buffon au Jardin des Plantes, sans posséder à fond aucune des sciences qui illustrent en particulier mes collègues, je crois de mon devoir principal de chercher à établir un ensemble dans toutes les parties de cet utile établissement, en y attachant une ménagerie. Les circonstances ne sauraient être plus favorables; on nous offre les animaux de celle de Versailles, et il y a, pour les recevoir à Paris, un grand terrain, non occupé, avec ses bâtiments, qui est enclavé dans le Jardin des Plantes, et qui appartient à la nation. Il me suffit donc d'exposer en peu de mots l'état où se trouve la ménagerie de Versailles, son utilité au Jardin des Plantes et les moyens économiques qui peuvent l'y établir, pour déterminer la nation à accorder les fonds nécessaires à son entretien. Le zèle des ministres, l'intérêt de la municipalité de Paris, la bonne volonté de son département, les lumières et le patriotisme de la Convention nationale, suppléeront à mon défaut de crédit.

M. Couturier, régisseur-général des domaines de Versailles, m'écrivit, il y a quelques jours, que le ministre des finances l'avait chargé d'offrir au Cabinet d'Histoire naturelle les animaux de la ménagerie, en m'engageant à les venir voir. Les infirmités de M. Daubenton ne lui permettant pas de m'accompagner, j'y invitai M. Thouin, jardinier en chef, et M. Desfontaines, professeur de botanique du Jardin national des plantes. M. Thouin était chargé de plus, de la part du ministre de l'intérieur, de prendre dans les jardins de Trianon, Bellevue, etc., etc., les plantes rares qui pouvaient convenir au Jardin national. Nous nous rendîmes, avec M. Couturier, à la ménagerie, où nous fûmes introduits par M. Laimant, qui en est l'inspecteur et le concierge.

Nous n'y trouvâmes que cinq animaux étrangers, à la vérité fort rares et fort curieux.

1° Le Couagga : c'est une espèce de cheval zébré à la tête et aux épaules; il est venu du cap de Bonne-Espérance en 1784. Il est doux. Il se présenta de lui-même à sa grille pour se laisser caresser, excepté aux oreilles; particularité qui, dit-on, lui est commune avec l'âne.

---

[*] Voyez page 765, la note première.

2° Le Bubale : c'est une espèce de petit bœuf qui tient du cerf et de la gazelle ; il a été envoyé en 1785 par le dey d'Alger. Il est susceptible de domesticité, comme le Couagga ; comme lui, il venait chercher des caresses à travers sa grille.

3° Le pigeon huppé de l'île de Banda. Brisson le nomme le faisan couronné des Indes, mais il boit en pompant l'eau, comme le pigeon. Cet oiseau est magnifique : son plumage est bleu, et il est de la taille d'un poulet d'Inde. Il est couronné d'une superbe aigrette bleu de ciel, qui lui couvre la tête en forme d'auréole ; il est fort sauvage en nous voyant, il se tint dans le fond de sa loge, où il allait et venait dans une agitation perpétuelle. Il est cependant à la ménagerie depuis 1787.

4° Le Rhinocéros, envoyé de l'Inde en 1771. Il avait alors un an. Cet animal est fort rare en Europe. Sa lourde masse, en contraste avec sa tête, qui ressemble à celle d'un aigle ; sa peau épaisse à plusieurs plis, qui le couvre comme une robe ; les gros boutons dont elle est parsemée ; sa corne unique sur le nez ; ses pieds à trois ergots ; son membre génital tourné en arrière, par lequel nous lui vîmes lancer au loin son urine, comme un jet d'eau, nous offrirent une nouvelle combinaison de formes dans l'ordre des quadrupèdes. Moins intelligent que l'éléphant, il aime à se bauger comme le sanglier. Il n'en paraît pas moins sensible aux caresses : il passa, pour les recevoir, son large museau à travers sa palissade. Je remarquai que sa corne, qu'il a entièrement usée contre les barreaux, n'avait point d'os au centre, comme celle des bœufs, et que la racine était toute parsemée de petits points blancs. M. Daubenton m'a dit que ce n'était qu'un paquet de crins agglutinés.

5° Un beau Lion, arrivé du Sénégal en septembre 1788 ; il avait alors sept à huit mois, ainsi qu'un chien braque, son compagnon, avec lequel il a été élevé. Leur amitié est un des plus touchants spectacles que la nature puisse offrir aux spéculations d'un philosophe. J'avais lu dans les voyages de Jean Mocquet, fondateur et garde du cabinet des singularités du roi, sous Henri IV., l'histoire d'un chien qu'il avait vu à Maroc dans la fosse aux lions, où on l'avait jeté pour être dévoré : il y vivait paisiblement sous la protection du plus fort d'entre eux, qu'il s'était attirée en le flattant et lui léchant une gale qu'il avait sous le menton. Mais l'ami du lion de Versailles est plus intéressant que le protégé du lion de Maroc. Dès qu'il nous aperçut, il vint avec le lion à la grille, nous faisant fête de la tête et de la queue. Pour le lion, il se promenait gravement le long de ses barreaux, contre lesquels il frottait sa tête énorme. L'air sérieux de ce terrible despote et l'air caressant de son ami, m'inspirèrent pour tous deux le plus tendre intérêt. Jamais je n'avais vu tant de générosité dans un lion, et tant d'amabilité dans un chien. Celui-ci sembla deviner que sa familiarité avec le roi des animaux était le principal objet de notre curiosité. Cherchant à nous complaire dans sa captivité, dès que nous lui eûmes adressé quelques paroles d'affection, il se jeta d'un air gai sur la crinière du lion, et lui mordit en jouant les oreilles. Le lion, se prêtant à ses jeux, baissa la tête et fit entendre de sourds rugissements. Cependant ce chien si complaisant et si hardi portait à son côté une cicatrice toute rouge, qu'il léchait de temps en temps, et qu'il semblait nous montrer comme les effets d'une amitié trop inégale. J'admirais la gaieté franche du chien sans rancune et sans méfiance auprès de son redoutable ami, après une si cruelle injure. Toutefois, les caprices, l'humeur, les premiers mouvements, sont plus rares et ont des suites moins dangereuses dans leur société que dans la plupart de celle des hommes. Le lion se livre très-rarement à la colère envers son compagnon. On nous assura qu'il l'invitait souvent à se jouer, en se mettant sur le dos, les pates en l'air, et le serrant entre ses bras.

Tel est l'état où nous avons trouvé la ménagerie. Cependant, qui le croirait ? ce petit nombre d'animaux venus de si loin, si curieux et si intéressants, ne nous ont été offerts que pour en faire des squelettes. M. Laimant, concierge de la ménagerie, nous dit que depuis la révolution elle avait été pillée ; qu'on en avait enlevé un dromadaire, cinq espèces de singes et une foule d'oiseaux dont la plupart avaient été donnés à l'écorcheur, faute de moyens pour les nourrir. Il nous fit ce récit les larmes aux yeux ; car, indépendamment du zèle qu'il a pour cet établissement qu'il dirige depuis vingt ans, il est père de six petits enfants charmants, auxquels il ne pourra donner de pain lui-même par la destruction de sa place.

Le raisonnement le plus spécieux employé pour l'anéantissement total de la ménagerie, c'est que ces animaux ne servent à rien ; qu'ils sont dangereux dans une ville, surtout les carnassiers, et qu'ils sont coûteux à nourrir.

Si nous portons la parcimonie sur de si petits objets, que dirons-nous aux puissances d'Afrique et d'Asie qui, de temps immémorial, ont coutume de nous faire des présents d'animaux ? Les tueronsnous pour en faire des squelettes? ce serait leur faire injure. Les refuserons-nous, en leur disant que nous n'avons plus de quoi les loger ni les nourrir? Nos relations politiques nécessitent donc l'existence d'une ménagerie. Si elle a été jusqu'à présent un établissement de faste, elle cessera de l'être quand elle sera placée dans un lieu destiné à l'étude de la nature. Nous proposerons des moyens d'économie en parlant de son établissement: auparavant, occupons-nous de son utilité.

Une ménagerie est donc nécessaire aux bienséances et à la dignité de la nation. Elle l'est essentiellement à l'étude générale de la nature, comme nous l'avons déjà dit. Elle ne l'est pas moins à celle des arts libéraux. Des dessinateurs et des peintres viennent chaque jour au Jardin national pour y dessiner des plantes étrangères, lorsqu'ils ont à représenter des sites d'Asie, d'Afrique et d'Amérique. Les animaux des autres climats leur seront aussi utiles; ils en étudieront les formes, les attitudes, les passions. Ils en ont déjà, dira-t-on, des modèles en plâtre. Mais d'après quel plâtre Puget a-t-il sculpté le lion dévorant qui déchire les muscles de Milon de Crotone? Artistes, poètes, écrivains, si vous copiez toujours, on ne vous copiera jamais. Voulez-vous être originaux et fixer l'admiration de la postérité sur vos ouvrages; n'en cherchez les modèles que dans la nature.

Une ménagerie sera utile à Paris, en y attirant des curieux. Ceux qui veulent achalander une foire y apportent des animaux étrangers; et la partie où on les montre en est la plus fréquentée. C'est une curiosité naturelle à tous les hommes. Si les monuments morts des arts illustrent une capitale et y appellent les voyageurs, les monuments vivants de la nature sont bien plus dignes de leurs regards. Une statue égyptienne nous donne quelque perception de l'Afrique, de ses arts imparfaits et de ses peuples passagers; mais le noir basalte ou le porphyre sanglant, dont elle est formée, nous présente une idée de ses tristes rochers; la raquette hérissée d'épines et l'aloès *ferox* maculé de sang, qui les couronnent, nous offrent une image encore plus vive de ses sites barbares; et le lion fauve qui naquit dans leurs cavernes, aux pates armées de griffes, à la voix rugissante, nous imprime des sensations bien plus profondes de ses solitudes redoutables, que ses sombres fossiles et ses végétaux épineux. Le philosophe cherche par quelle loi un animal renforce son caractère indomptable dans l'esclavage, tandis que le nègre, son compatriote, et bien souvent le blanc, ont dégradé celui de l'homme au sein même de la liberté.

Les animaux féroces, dit-on, sont dangereux dans une ville, parce qu'ils peuvent venir à s'échapper. C'est une bien faible objection contre l'établissement d'une ménagerie. On ne l'a jamais employée contre les animaux qu'on amène journellement aux foires et sur les boulevarts de Paris. On ne voit point qu'il s'en échappe aucun, quoiqu'ils ne soient renfermés que dans de mauvaises cages de bois mobiles: comment donc pourraient-ils le faire dans des loges solides et bien grillées d'une ménagerie, où ils ont de plus des cours particulières? D'ailleurs, quand cet accident est arrivé, il n'en est résulté aucun malheur. Une bête féroce dans les rues d'une ville est aussi étonnée à la vue du peuple, que le peuple l'est à la vue de la bête féroce: ses gardiens la reprennent aisément. C'est ce qui arriva, il y a quelques années, en Angleterre, lorsqu'une hyène sortit de sa cage en la débarquant d'un vaisseau.

Il est très remarquable que la solitude renforce le caractère de tous les êtres, et que la captivité l'aigrit. Cette observation a fait conclure à l'Anglais Howard, ce bienfaiteur des prisonniers, que pour réformer des hommes enfermés pour leurs mauvaises habitudes, il ne fallait pas les laisser seuls. Il en doit être de même des animaux renfermés, surtout de ceux qui, comme les féroces, ne reçoivent souvent de visites que pour éprouver des outrages. La société et les bienfaits influent sur les lions mêmes, au point de les rendre familiers. On voit à Alger et à Tunis des lions aller et venir dans les maisons des grands, sans faire de mal; ils jouent avec leurs serviteurs, dont ils sont caressés. Ce fut sans doute par l'influence toute-puissante des bienfaits, qu'un citoyen de Carthage se faisait suivre d'un lion apprivoisé; ce qui obligea le sénat à le bannir, dans la crainte qu'il ne se servît de ses talents pour subjuguer la république. Carthage ne méritait pas de subsister long-temps, puisqu'elle punissait l'homme le plus capable de la gouverner. C'est un apprentissage sans doute utile pour régir les hommes, que l'art d'apprivoiser des lions. C'était entouré de lions et de bêtes féroces sensibles aux charmes de l'harmonie, que les Grecs représentaient Orphée, le premier de leurs législateurs.

Le lion de la ménagerie est une preuve de ce que peut l'influence de la société sur le caractère le plus sauvage; il est beaucoup plus gai qu'un lion solitaire. J'ai été le voir une seconde fois dans la compagnie d'une dame qui s'amusa à faire mouvoir son éventail devant lui; il la regarda avec la plus grande attention et prit toutes les attitudes d'un chat qui veut jouer.

J'attribue cette disposition du lion pour la sociabilité à l'amitié de son chien. Comme l'homme s'est servi des espèces si variées des chiens pour subjuguer toutes les espèces d'animaux par la force, peut-être réussirait-il à s'en servir encore pour les attirer à lui par la bienveillance: l'amitié naturelle des chiens pour l'homme lui servirait peut-être d'intermédiaire pour acquérir celle des animaux. J'ai vu des chiens liés de la plus intime affection avec des chevaux, des chats et même des oiseaux, et réciproquement. J'ai vu à l'île de Bourbon, chez le commissaire de la marine, un kakatoès de la grande espèce, qui s'était pris d'une si grande affection pour un chien épagneul, qu'il volait au-devant de lui dès qu'il l'apercevait: il le suivait en jetant des cris de joie; et lorsque son ami était entré dans l'appartement et s'était couché, il mettait sa tête entre ses pates, sans remuer, pendant des heures entières. Mais, après tout, l'amitié la plus forte n'est qu'une nuance de l'amour. Je pense que si on eût élevé une chienne de la plus grande espèce avec le lion de la ménagerie, leur affection mutuelle eût redoublé, et qu'il en fût résulté peut-être un accouplement. Pline dit, d'après Aristote, que les Indiens faisaient couvrir leurs chiennes par des tigres, et qu'il en naissait des chiens-tigres, mais qu'ils ne se servaient que de ceux de la troisième littée; ceux des deux premières étant trop dangereux. On s'est procuré ainsi en France des chiens-loups; pourquoi ne parviendrait-on pas à avoir des chiens-lions? On peut au moins, au défaut d'une compagne, donner des amis aux animaux féroces, comme on le voit par l'exemple du lion. Le rhinocéros, dont l'instinct, semblable à celui du sanglier, paraît stupide, est sensible à l'amitié. Je l'ai vu, en 1770, à son passage à l'Ile-de-France; il haïssait les cochons, et écrasait avec sa corne, contre le bord du vaisseau, tous ceux qui venaient à sa portée; mais il avait pris une chèvre en affection; il la laissait manger son foin entre ses jambes. Ainsi, au défaut de l'amour, on peut offrir à ces tristes célibataires les consolations de l'amitié, et, par celle des animaux apprivoisés, les amener à celle de l'homme. Les faits que j'ai cités motivent ces aperçus sur la civilisation des bêtes féroces, et la possibilité de produire, par leur moyen, des races de chiens plus fortes et plus courageuses. On réussirait peut-être encore à adoucir leur naturel carnassier, en les nourrissant de végétaux. C'est peut-être à cette nourriture qu'on doit attribuer la douceur des tigres en Égypte, cette terre si abondante en fruits spontanés. L'étude suivie de leurs mœurs dans une ménagerie peut donc procurer de grandes lumières à la philosophie, et des avantages même à l'économie rurale.

D'après l'utilité qu'on peut tirer des animaux carnassiers, il n'est pas nécessaire de s'étendre sur celle qui peut résulter des pâturants et des granivores. On peut donner au bubale et au grand pigeon de Banda des femelles de leur pays. A leur défaut, on peut les croiser avec des espèces domestiques et se procurer des races distinguées par leur grandeur ou leur légèreté. Le couagga est hongre, et le rhinocéros est d'une taille trop démesurée. Cependant Chardin dit qu'il est dans un état de domesticité en Éthiopie, et que les habitants s'en servent pour labourer leurs terres. Quoi qu'il en soit, ce n'est que dans les ménageries qu'on est parvenu à naturaliser les premiers animaux dont les postérités peuplent nos campagnes; et en croisant leurs races, qu'on s'est procuré des variétés utiles dans leurs espèces. C'est ainsi qu'il en a été des diverses espèces de chevaux, de bœufs et de brebis; de l'âne, qui nous a donné ensuite le mulet, tous deux étrangers encore au pays du nord; de la poule d'Inde, de la pintade, des diverses espèces de pigeons, du canard de Barbarie, des variétés si nombreuses de nos poules domestiques, du faisan, et de beaucoup d'autres animaux venus originairement de l'Asie, de l'Afrique et de l'Amérique, et qui étaient aussi étrangers à notre climat que la vigne, le figuier, le mûrier, le cerisier, l'olivier, la pomme de terre, et la plupart de nos arbres fruitiers, de nos légumes et de nos fleurs. Les mêmes contrées qui nous ont donné tant d'arbres qui enrichissent nos métairies et décorent nos jardins, nourrissent des quadrupèdes et des oiseaux dont nous pouvons peupler nos basses-cours et nos bosquets. Le règne animal renferme encore plus de familles que le règne végétal; et si nous avons naturalisé plus de végétaux que d'animaux, c'est que l'éducation des premiers est bien plus aisée que celle des seconds. On ne transporte pas, d'un bout du monde à l'autre, des quadrupèdes comme des plantes, ni des œufs comme des graines. Ces voyages, ces nourritures, ces premières éducations qui demandent tant d'expérience, sont au-dessus des moyens et du savoir de la plupart des hommes; il n'y a qu'une nation riche qui puisse faire ces entreprises dispendieuses, et des naturalistes qui soient capables de les exécuter. Une ménagerie n'est donc pas moins intéressante qu'un jardin pour l'économie rurale, surtout dans un lieu destiné à l'instruction publique.

Ces deux établissements réunis se prêteront mutuellement des lumières. On y étudiera les rapports des animaux avec les plantes qui leur sont compatriotes : ce n'est que par cette double harmonie qu'on peut les naturaliser. Nous verrions le castor se loger sur le bord de nos rivières, s'il y trouvait encore des peupliers; et le renne paître dans nos montagnes à glace, si son lichen y était abondant. On peut offrir sans frais dans les serres chaudes du Jardin, aux animaux délicats, les températures et les plantes de leur pays. Ils oublieront leur captivité à la vue des végétaux qui les ont vus naître, et se livreront aux amours par les douces illusions de la patrie. On y verrait le colibri et l'oiseau-mouche faire leurs nids dans les feuillages des orangers et des bananiers. Plusieurs espèces de vers à soie de la Chine fileraient leurs cocons dorés sur son mûrier, et la cochenille du Mexique couvrirait de sa postérité pourprée les feuilles du nopal. C'est par des moyens semblables que déjà des curieux sont venus à bout de multiplier des ouistitis, des bengalis, des perroquets. Que sait-on si ces espèces utiles ou charmantes ne peupleront pas un jour nos bocages? Plusieurs d'entre elles, même des colibris, se sont répandues des contrées chaudes de l'Amérique dans celles qui sont plus froides que la France. Il en est de même des transmigrations des plantes; la nature ne les opère que par degrés : l'art doit l'imiter. La poule d'Inde et le faisan ont vécu dans nos ménageries avant de paître dans nos campagnes; le figuier et la vigne même ont végété dans nos serres avant de tapisser nos collines. Peut-être un jour les îles Antilles recevront le nopal chargé de cochenilles du même établissement pour lequel je sollicite une ménagerie, comme elles ont reçu de son jardin l'arbre du café. Oh! que d'industrie et de jouissances y apportera un jour la liberté des blancs, lorsqu'ils y auront détruit l'esclavage des noirs!

Je ne parlerai point de l'utilité réciproque d'une ménagerie et d'un jardin pour nos animaux domestiques. C'est là qu'on peut essayer divers fourrages nouveaux, croiser les races des chevaux, des taureaux, des béliers, etc., étudier leurs maladies, auxquelles la médecine vétérinaire n'offre souvent, comme la nôtre à nous-mêmes, que des remèdes incertains. Le Jardin renferme dans ses nombreux végétaux mille vertus à découvrir : elles n'y dépendront point des conjectures trompeuses des savants : le docteur y recevra des leçons de la bête. La science de l'homme n'est infaillible que quand elle s'appuie de l'instinct des animaux *.

On peut élever encore des poissons, des coquillages, et même des amphibies, dans la grande pièce d'eau du Jardin qui est au niveau de la Seine et qui hausse et baisse avec ses eaux. Je ne prétends pas réunir dans une ménagerie toutes les espèces d'êtres vivants; mais, comme elle est destinée à l'étude de la nature, au moins on doit y enseigner les éléments des sciences naturelles, et y former des naturalistes dans tous les genres, des ichthyologistes, des conchyologistes, etc.

Nous avons négligé la plus vaste et la plus savante partie de l'histoire naturelle, celle des eaux. C'est dans les eaux, et surtout dans celle de l'Océan, que sont les lois primordiales du globe. L'Océan en est le premier et le dernier laboratoire. C'est dans son sein que se sont formés les roches calcaires, les marbres et peut-être les métaux, qui composent la surface de la terre; dans ses courants, les plaines qui l'ont nivelée et les vallons qui l'ont sillonnée; dans ses évaporations, les vents et les pluies qui la fécondent; dans ses zones, les bains tièdes qui la réchauffent, les glaces qui la rafraîchissent; et peut-être de leur fonte semi-annuelle, les mouvements alternatifs de pondération qui lui donnent les saisons. C'est encore l'Océan qui reçoit ses débris. Les pluies y retournent en fleuves; les roches, en sables; les végétaux et les animaux, en bitumes et en soufres, entretiens perpétuels des volcans, qui fournissent à leur tour des éléments nouveaux au cercle éternel de la vie et de la mort.

Les naturalistes ont divisé l'histoire naturelle en trois règnes, mais ils n'ont guère parlé que de ceux de la terre. L'océan a, pour ainsi dire, ses règnes à part, qui ne ressemblent pas plus à ceux de la nature, que l'eau ne ressemble à l'humus, le madrépore à l'arbre, le poisson au quadrupède. Là, sont d'autres effets, et peut-être d'autres lois du mouvement, de la végétation et de la vie. Là, les corps, au lieu de tomber perpendiculairement, circulent horizontalement; les végétaux sont pierreux, et se reproduisent sans fleurir; là les animaux n'ont point de sang, et se multiplient sans s'accoupler; je parle de ceux qui appartiennent en propre aux eaux. L'Océan a des

---

* Voyez page 765, la note seconde.

espèces analogues aux végétaux et aux animaux de la terre ; mais il en a un grand nombre qui ne sont qu'à lui et dont les individus sont innombrables. Pour s'en convaincre, il n'y a qu'à lire l'histoire de ses pêches. Celle d'un seul poisson, tel que le hareng, fait la richesse de plusieurs nations. L'histoire naturelle doit donc s'occuper de productions d'un élément qui procure tant d'avantages aux hommes. Les pêches sont des moissons où il n'y a rien à semer, et où tout est à recueillir.

Les productions des eaux, plus gratuites que celles de la terre, n'offrent pas moins de spéculations à la mécanique et à la philosophie, qu'à l'économie politique. L'homme, si vain de son savoir, a tiré la plupart des idées mères de toutes ses inventions, des animaux de la terre, et surtout des insectes, qui maçonnent, filent, tissent, collent, scient, liment, percent, font du papier, etc. ; mais il a fort peu profité de ceux des eaux. Quoiqu'il s'élève aujourd'hui dans la région du tonnerrre, au moyen d'un ballon rempli d'air inflammable, l'aigle ne lui montrera peut-être jamais à y voler ; mais le poisson peut lui apprendre à y voguer. La forme carénée des poissons, leurs nageoires, leurs queues, ont déjà servi de patrons à la coupe, aux rames et au gouvernail de ses barques ; mais son imitation est encore bien imparfaite. Une barque avance avec ses rames ; mais combien de poissons nagent beaucoup plus vite par le seul mouvement de leur queue ! Ne pourrait-on pas construire un bateau d'une matière plus souple que le bois, de forme allongée comme un poisson, qui voguerait comme lui par le seul mouvement de son gouvernail ? Nos marins se servent quelquefois de ce moyen lorsqu'ils font avancer un bateau, en plaçant à son arrière une rame qu'ils font mouvoir à droite et à gauche ; mais ce levier étant trop court, et de plus oblique à l'horizon, son mouvement d'ondulation ne produit que peu d'effet.

Il me reste à répondre à quelques objections qui m'ont été faites par des botanistes mêmes, sur l'établissement d'une ménagerie d'animaux au Jardin des Plantes. Ils veulent qu'on dissèque ceux de Versailles, et qu'on les place au cabinet. « Il suf- » fît, disent-ils, d'étudier les animaux morts pour » connaître suffisamment leurs genres et leurs » espèces. » Ceux qui n'ont étudié la nature que dans des livres ne voient plus que leurs livres dans la nature : ils n'y cherchent plus que les noms et les caractères de leurs systèmes. S'ils sont botanistes, satisfaits d'avoir reconnu la plante dont leur auteur leur a parlé, et de l'avoir rapportée à la classe et au genre qu'il leur a désignés, ils la cueillent, et, l'étendant entre deux papiers gris, les voilà très contents de leur savoir et de leurs recherches. Ils ne se forment pas un herbier pour étudier la nature, mais ils n'étudient la nature que pour se former un herbier. Ils ne font de même des collections d'animaux que pour remplir leur cabinet et connaître leurs noms, leurs genres et leurs espèces.

Mais quel est l'amateur de la nature qui étudie ainsi ses ravissants ouvrages ? Quelle différence d'un végétal mort, sec, flétri, décoloré, dont les tiges, les feuilles et les fleurs s'en vont en poudre, à un végétal vivant, plein de suc, qui bourgeonne, fleurit, parfume, fructifie, se ressème, entretient mille harmonies avec les éléments, les insectes, les oiseaux, les quadrupèdes, et, se combinant avec mille autres végétaux, couronne nos collines ou tapisse nos rivages !

Peut-on reconnaître la verdure et les fleurs d'une prairie dans les bottes de foin, et la majesté des arbres d'une forêt dans des fagots ? L'animal perd par la mort encore plus que le végétal, parcequ'il avait reçu une plus forte portion de vie. Ses principaux caractères s'évanouissent : ses yeux sont fermés, ses prunelles ternies, ses membres raides ; il est sans chaleur, sans mouvement, sans sentiment, sans voix, sans instinct. Quelle différence avec celui qui jouit de la lumière, distingue les objets, se meut vers eux, aime, appelle sa femelle, s'accouple, fait son nid, élève ses petits, les défend de ses ennemis, étend ses relations avec ses semblables et enchante nos bocages ou anime nos prairies ! Reconnaîtriez-vous l'alouette matinale et gaie comme l'aurore, qui s'élève en chantant jusque dans les nues, lorsqu'elle est attachée par le bec à un cordon ; ou la brebis bêlante et le bœuf laboureur, dans les quartiers sanglants d'une boucherie ? L'animal mort le mieux préparé, ne présente qu'une peau rembourrée, un squelette, une anatomie. La partie principale y manque : la vie qui le classait dans le règne animal. Il a encore les dents d'un loup, mais il n'en a plus l'instinct, qui déterminait son caractère féroce et le différenciait seul de celui du chien si sociable. La plante morte n'est plus végétal, parcequ'elle ne végète plus ; le cadavre n'est plus animal, parcequ'il n'est plus animé ; l'une n'est qu'une paille, l'autre n'est qu'une peau. Il ne faut donc étudier les plantes dans les herbiers, et les animaux dans les cabinets, que pour les reconnaître vivants, observer leurs qualités, et peupler de ceux qui sont utiles nos jardins et nos métairies.

« Les animaux étrangers, ajoute-t-on, perdent » leur caractère dans la captivité, et il n'y a que » des voyageurs qui, allant dans leurs pays, puis- » sent les connaître dans leur état naturel; » en conséquence on propose d'employer les fonds que je sollicite pour une ménagerie nationale, à faire voyager des zoologistes.

Si les animaux perdent leur caractère par la captivité, il le perdent bien davantage par la mort. A quoi donc serviraient les voyages des zoologistes qui n'iraient nous chercher que leurs peaux ou leurs squelettes?

Si une ménagerie affaiblit le caractère des animaux en les captivant, autant en fait une serre chaude de celui des plantes ; car un palmier y est aussi captif dans son caisson, qu'un rhinocéros dans sa loge. Il y a plus, c'est que l'animal dégénère beaucoup moins en captivité que le végétal. Certainement le bambou, le café, les palmiers de nos serres, sont plus petits et plus rachitiques que les autruches, les lions et les autres animaux des mêmes climats qu'on amène en Europe, parceque ceux-ci ont, pour l'ordinaire, toute leur crue lorsqu'on les envoie, et qu'il est plus aisé de leur procurer les aliments qui leur conviennent, qu'aux végétaux, le sol et les températures dont ils ont besoin. Cependant conclurait-on de la dégénération des plantes étrangères dans nos serres chaudes, qu'il faut les supprimer et envoyer les botanistes voyager en Asie, en Afrique et en Amérique, pour nous les faire connaître en Europe? Mais en a-t-on jamais fait voyager uniquement pour chercher des herbiers? n'attend-on pas d'eux, au contraire, qu'ils ne nous apporteront des plantes mortes, que quand ils ne pourront pas nous les donner vivantes? ne leur recommande-t-on pas d'en recueillir les graines, afin de les semer chez nous? ne sont-ce pas eux qui ont peuplé le Jardin national d'une foule de végétaux agréables ou utiles, qui de là se sont répandus dans nos jardins et dans nos campagnes? Quels avantages retirerons-nous donc des voyages des zoologistes, s'ils ne nous apportent jamais que des animaux morts? Que feraient-ils d'ailleurs des vivants, puisque la nation n'aura pas de ménagerie pour les recevoir? Ils étudieront leurs mœurs, dit-on, et nous en apporteront des descriptions exactes; ils nous en feront des dessins. Ils en jouiront donc seuls en réalité, tandis que la nation qui les paie n'en aura que les images. Mais à quoi nous servira de les connaître morts, si jamais nous ne devons les voir vivants? Après tout, je voudrais bien savoir comment des zoologistes peuvent connaître à fond les animaux sauvages d'un pays, dont, au bout du compte, ils ne veulent avoir que les peaux. Comment étudieront-ils leurs mœurs, s'ils ne les observent qu'en les couchant en joue? ils ne les verront jamais que fugitifs et tremblants. Iront-ils, avec toute leur bravoure, au sein des déserts, examiner le lion dans sa caverne et le rhinocéros dans son marais? Au moins l'animal au pouvoir de l'homme montre encore son instinct; s'il s'altère par les mauvais traitements, il semble se perfectionner par les bienfaits. Le lion s'associe un ami dans les fers; et le rhinocéros, sortant de sa bauge, vient à travers ses barreaux mendier des caresses à la main qui le nourrit.

Nos naturalistes voyageront-ils donc toujours en chasseurs? Il fut un temps où l'homme parcourait la terre sans se faire craindre des animaux et sans les craindre; ils reconnaissaient en lui l'empreinte auguste que lui a donnée l'Auteur de la nature. Les plus forts le regardaient avec respect, et les plus faibles se mettaient sous sa protection. Les histoires des anciens solitaires de l'Égypte, des brames de l'Inde, des santons de l'Afrique, ont là-dessus des traditions uniformes; on les retrouve dans les voyageurs les plus dignes de foi. Cook raconte qu'il a marché souvent, dans les îles inhabitées de l'hémisphère sud, au milieu des pingoins, des phoques et des lions marins, sans qu'aucun de ces animaux s'effrayât à sa vue; ils s'approchaient même de lui et l'observaient avec curiosité. Le voyageur jouit d'une semblable confiance sur l'île déserte de l'Ascension ; j'y ai traversé des légions de frégates et de fous perchés sur leurs rochers, sans qu'aucun d'eux se dérangeât de dessus son nid ou d'auprès de sa femelle. J'ai été témoin d'un semblable spectacle sur les rivages habités du cap de Bonne-Espérance, couverts d'oiseaux marins qui viennent se reposer jusque sur les chaloupes. J'y ai vu, près de la douane, un pélican jouer avec un gros chien. Quels seraient les plaisirs et les découvertes d'un amateur de la nature, qui voyagerait dans des pays inhabités, sans armes et sans autres instruments que ses yeux et son cœur! Il jouirait des instincts variés de tous les animaux, qui s'abandonneraient sans méfiance à ses observations, comme aux premiers temps du monde; il apercevrait du moins quelques chaînons des relations que la nature avait établies dans la chaîne des êtres sensibles, avec l'homme même, et qu'il a le premier rompues par ses armes foudroyantes. C'est encore dans les solitudes du cap de Bonne-Espérance que le Hottentot voit l'*oiseau de miel* venir au devant de lui, lui annoncer par son vol terre-à-terre et par ses cris répétés la découverte d'une ruche dont il lui demande sa part. C'est sur cette même terre hospitalière aux animaux innocents, que j'ai vu, près de moi, un autre oiseau, l'*ami du jardinier*, dépouiller une haie d'insectes et les accrocher à des épines. C'est à l'humanité des peuples sauvages que les animaux découvrent encore leurs instincts, qu'ils cachent à la barbarie des peuples policés. Que d'harmonies touchantes ont été rompues dans nos propres climats par nos naturalistes meurtriers ! On doit sans doute beaucoup de dépouilles d'animaux à nos savants chasseurs ; mais la connaissance de leurs mœurs appartient à des bergers et à des Sauvages. Ce n'est plus que dans des déserts ou chez des peuples humains, que l'animal sans expérience voit l'Européen sans inquiétude, et dans le besoin se met sous sa protection ; partout ailleurs, il le fuit comme un tyran.

Une ménagerie bien dirigée peut nous donner encore une image de ces antiques correspondances des animaux avec l'homme. Le cabinet ne nous présente guère que ceux auxquels il a arraché la vie par violence : la ménagerie peut nous montrer ceux à qui il la conserve par ses bienfaits. Cette école, nécessaire à l'étude des lois de la nature, peut devenir intéressante pour celle de la société, et influer sur les mœurs d'un peuple, dont la férocité à l'égard des hommes commence souvent son apprentissage par celle qu'il voit exercer sur les animaux.

Cette ménagerie coûtera, dit-on, beaucoup plus que le jardin, parceque les animaux consomment plus que les plantes. Mais les plantes qui sont dans les serres chaudes coûtent beaucoup de bois et d'entretien : il leur faut des engrais, des terres de fougère, des caissons, des paillassons, des vitres. Je conviens cependant que les animaux consommeront davantage ; mais il ne sera pas nécessaire de se procurer toutes les familles de ceux qui sont connus ; on ne s'attachera qu'à avoir les plus utiles. Quant à ceux qu'on nous offre aujourd'hui, comme on nous les donne, l'achat n'en coûtera rien. Leur nouriture n'est pas dispendieuse : le bubale, le couagga, le rhinocéros, vivent de foin, d'un peu d'avoine et de son : le lion mange par jour six livres de viande de basse boucherie ; et le chien son ami, six livres de pain par semaine. On peut nourrir le lion à meilleur marché, avec des équarrissages de chevaux. Leur logement sera de peu de dépense : M. Laimant, concierge de la ménagerie, nous a promis les grilles, les palissades et les charpentes de leurs loges. M. Couturier, régisseur-général des domaines de Versailles, et rempli d'ardeur pour le bien public, s'est chargé de les faire transporter sans frais, ainsi que les animaux, ayant à sa disposition un grand nombre de chevaux de trait. Enfin, pour comble de facilités, il y a rue de Seine un terrain, ci-devant aux Nouveaux Convertis, qui appartient à la nation et qui est enclavé dans le Jardin des Plantes : il contient des bâtiments considérables, qui n'ont besoin que de quelques cloisons : et il y a, de l'autre côté de la rue, la fontaine Saint-Victor, d'où il est facile de dévoyer de l'eau vive pour les besoins de ces animaux[*].

Il ne s'agit donc plus que de fixer une somme annuelle pour leur établissement et leur nourriture, et pour les gages du portier, du gardien, du concierge, du professeur, etc. Quoique cette évaluation ne soit pas de mon ressort, je l'estime à vingt mille livres. La dépense du cabinet, du jardin, de ses professeurs, jardiniers, portiers, garde-bosquets, a été portée cette année à cent mille livres ; l'année précédente, elle l'avait été à cent seize mille, sans rien ajouter à l'instruction publique : moyennant cent vingt mille livres, cet établissement aura un cours complet d'histoire naturelle, et donnera des naturalistes, des plantes et des animaux utiles aux quatre-vingt-trois départements de la France, et même aux pays étrangers. Le jardin seul fournit annuellement douze à quinze mille plantes ou paquets de graines pour cet objet. Il faut semer avant de recueillir, et les plus beaux fruits d'une dépense nationale sont les lumières ; elles illustrent seules les capitales. Colbert attirait à Paris des étrangers par des fêtes qu'il donnait à Louis XIV ; une nation libre doit les y appeler par des écoles utiles qu'elle ouvre au genre humain. Des villes entières, comme Athènes, et quelques autres de nos jours, ont dû leur principal revenu à des établissements d'instruction publique. Quelle étude est plus digne de l'homme que celle de la nature, d'où émanent toutes les sciences et tous les arts !

J'ai indiqué des moyens d'économie pour la formation d'une ménagerie. On peut les étendre jusqu'aux professeurs mêmes. J'ajouterai donc ici quelques réflexions qui pourront servir à l'organisation future des écoles publiques, et résoudre la grande question déjà agitée, si l'instruction nationale doit être gratuite.

La patrie doit former des citoyens : elle leur doit donc les premières leçons de la morale. Une

---

[*] Voyez page 766, la note troisième.

mère ne vend point son lait à ses enfants ; elle leur apprend de même sans argent, mais non sans intérêt, à aimer, à parler, à marcher : mais les enfants, devenus des hommes, doivent pourvoir, à leur tour, à leurs besoins et à ceux de leur mère. Ceci posé, la patrie, cette mère commune, fondera gratuitement les écoles qui formeront les corps des enfants par les exercices militaires, et leur cœur par ceux de la morale, cette gymnastique de l'ame. C'est à elle à leur apprendre à en puiser les sentiments dans ses lois, et à les exprimer par l'écriture, ce lien universel d'une société civilisée. Mais, devenus des hommes, c'est à eux à s'appliquer, suivant leur goût, aux différents arts qui mènent à la fortune : ils peuvent devenir à leur gré, marchands, fabricants, potiers, docteurs ; il suffit que la patrie en fasse des citoyens.

On ne doit pas plus payer avec l'argent les premières leçons du civisme, que celles de l'amitié, de l'amour et de la vertu. J'en conclus donc que les écoles primaires, où l'on enseigne les premiers devoirs de la morale, doivent être gratuites ; mais que les écoles secondaires, où on apprendra les sciences, les arts et les métiers, doivent être payées. Ces conséquences sont dans la nature. Tout ce qui ramène les hommes aux lois naturelles, doit être donné gratuitement, comme les éléments mêmes de la nature ; mais tout ce qui rapporte de l'argent dans la société, doit coûter de l'argent. Cependant, comme les sciences et les arts ont leurs principes dans la nature, et leurs résultats dans la société, j'en conclus que leurs professeurs, surtout ceux des sciences naturelles, doivent être payés en partie par la nation, en partie par leurs élèves : par la nation, qui doit choisir dans tous les genres les hommes les plus habiles pour en former des pépinières de savants et d'artistes ; et par leurs élèves, qui doivent en recueillir du lucre dans les diverses conditions de la vie. Il en résultera à la fois plus de zèle de la part des professeurs, et plus d'application de celle des étudiants. La plupart des hommes n'estiment que ce qui leur rapporte ou leur coûte de l'argent. Peu de gens admirent le soleil, qui répand gratuitement des océans de lumière ; mais tout un peuple court les rues la nuit pour voir une illumination de lampions, et en fait d'autant plus de cas qu'elle a plus coûté. Ainsi sentent la plupart des hommes, les savants comme les ignorants. Il ne faut donc pas douter que le zèle des professeurs ne redoublât par l'intérêt attaché à leurs leçons, et n'attirât une foule d'étrangers à Paris pour les entendre. Nous en trouverions beaucoup d'exemples chez les Grecs et chez les Romains, parmi ceux mêmes qui enseignaient la philosophie. Cet usage subsiste en Danemarck et en Suède, parmi les professeurs d'histoire naturelle ; et il y a peu de royaumes qui fournissent plus de naturalistes. Le fameux Linnée était payé par ses écoliers. Enfin les conditions de la vie les plus honorées se font payer chez nous par le public et les particuliers, jusqu'à celles qui rendent la justice et desservent les autels.

Tout nécessite donc l'établissement d'une ménagerie au Jardin des Plantes, et tout y est favorable : le besoin de placer dans un lieu destiné à l'étude de l'histoire naturelle le règne le plus intéressant de la nature ; les avantages qui en résulteront pour le progrès des arts, des sciences, de l'économie rurale et de la philosophie même ; nos relations politiques avec les puissances étrangères ; l'intérêt de la capitale ; la nécessité urgente de recueillir les débris de la ménagerie de Versailles ; la facilité de les transporter à Paris et d'acquérir, sans bourse délier, un terrain et des bâtiments enclavés dans le Jardin des Plantes, et voisins d'une fontaine.

Ministres, honorés de la confiance de la nation ; sections de Paris, si zélées pour la gloire de votre ville ; citoyens éclairés, qui étendez vos lumières économiques à tout son département, prenez en considération un établissement qui doit illustrer la capitale et éclairer toutes les parties du corps politique : attachez-les au centre commun de la patrie par les liens de la reconnaissance. Vous voulez former avec eux une république indissoluble ; il n'y en a point de plus ancienne et de plus durable que celle des lumières : elle seule nous lie avec tous les peuples de l'univers, avec ceux qui ne sont plus, comme avec ceux qui doivent venir un jour : c'est dans la nature qu'il faut en chercher les lois ; la nature seule rapproche par ses bienfaits les hommes, que les religions et le patriotisme ont divisés.

C'est à vous que je m'adresse, illustres membres de la Convention nationale, au nombre desquels j'ai eu l'honneur d'être appelé. Si ma santé ne m'a pas permis de m'associer à vos pénibles travaux, qui ont pour but de régénérer les hommes, délassez-vous en favorisant les miens, qui ont pour objet de répandre sur eux les bienfaits de la nature. Ne permettez pas que je sois obligé de solliciter, sous le régime de la liberté, de faibles secours pour porter à sa perfection un établissement entrepris avec magnificence sous celui du despotisme. Que j'aie la gloire d'achever auprès des représentants de la nation ce que Buffon avait désiré sous les ministres de la cour. Sa place honorable m'a été donnée, sans que je l'aie demandée : elle m'attirera l'envie, si vous ne me faites faire un essai heureux de mon crédit. Secondez-moi de votre faveur dans votre assemblée, comme je vous ai secondés de mes vœux dans ma solitude. J'ai perdu dans la révolution presque tout mon faible revenu : je n'en ai rien redemandé aux représentants de la patrie ; je n'ai été sensible qu'à leurs efforts pour réparer ses maux. Ce n'est donc pas pour moi que je m'adresse à vous, c'est pour elle, c'est pour vous-mêmes. Mais ce n'est pas à ma voix que vous devez vous rendre, c'est à celle du peuple. De tous les établissements nationaux, celui du Jardin des Plantes est le seul qu'il ait respecté, parcequ'il est le seul à son usage, qu'on y donne des herbes médicinales à ses maux, et que c'est là que viennent s'instruire les savants qui doivent les soulager. Votre bienfaisance pour des écoles qui lui sont chères accroîtra sa confiance en vous. Il sentira que, malgré les frais qu'entraînent les arts destructeurs de la guerre, vous savez pourvoir aux arts réparateurs de la paix. Louis XIV, dans des circonstances aussi embarrassantes que celles où vous vous trouvez, entreprenait des monuments fastueux : achevez ceux qui sont utiles. Il s'y faisait représenter en Apollon, en Mars, en Jupiter. Faites pour la patrie une partie de ce qu'il a fait pour sa gloire ; le peuple vous regardera comme des dieux qui d'une main lancent la foudre, et de l'autre versent les fertiles rosées.

NOTES DU MÉMOIRE

SUR LA MÉNAGERIE.

[1] PAGE 756.

J'emploie l'expression de *règne fossile* au lieu de celle de règne minéral, dont se servent les savants ; mais comme les ignorants, du nombre desquels je suis et pour lesquels j'écris, entendent par minéral seulement ce qui concerne les mines, j'ai cru que le mot de fossile serait plus étendu et mieux entendu. Le mot de fossile vient de *fosse*, et s'applique à tout ce qui se fouit ou se fouille ; il désigne donc tout ce qui est dans la terre, de quelque nature que ce soit, mine, sable, pierre ou terre. Il a donc plus d'analogie avec le végétal, dont la terre est immédiatement la base. Les hommes ne sont-ils pas curieux de ce qu'ils ne voient point et n'entendent pas ? ils creusent les montagnes pour y chercher des minéraux ; ils pourraient trouver des trésors dans les fossiles de la surface. J'ai vu un jour, près des boulevards, semer des haricots dans des débris de plâtras, dont on avait comblé un terrain ; ils y réussirent à merveille. J'ai souvent vu, dans des chantiers de pierre, venir abondamment des orties et de vigoureuses malvacées. Ne pourrait-on pas faire de semblables essais sur des terrains de diverses natures ? Le plus ingrat me paraît propre à produire quelque chose : il croît des plantes jusque sur nos murs. Le règne fossile peut présenter des vues neuves, et plus intéressantes pour l'économie rurale, que le règne minéral. Les relations du règne fossile avec le végétal ne sont pas moins utiles à connaître, que celles du végétal avec l'animal. Ce sont les trois étages du palais de la nature ; nous ne pourrons le connaître qu'en étudiant son ensemble. Nos sciences isolées ne nous en montrent que des cabinets.

[2] PAGE 760.

Avant de faire imprimer ce Mémoire, je l'ai lu à plusieurs de mes savants collègues, et j'avoue que leur suffrage m'a fait le plus grand plaisir ; mais aucun ne m'en a fait autant que celui de M. Daubenton, si connu par ses succès dans l'économie rurale, où il est parvenu à nous procurer des races de moutons dont les laines sont aussi fines que celles d'Espagne. J'ai été charmé que ma théorie sur l'établissement d'une ménagerie servant à l'instruction publique fût parfaitement d'accord avec sa longue expérience, et que mes vues fussent précisément les mêmes que celles qu'il a eues pour l'école vétérinaire d'Alfort, près Paris. Voici le résumé d'un discours manuscrit qu'il m'a communiqué, et qu'il a prononcé à l'ouverture des cours de cette école.

Après avoir dérivé, d'après Pline et Columelle, le nom de vétérinaire, de *veterina*, sous lequel les Romains comprenaient non seulement le cheval, l'âne, le mulet et le bœuf, qui sont des bêtes de charge et de trait, mais encore les hommes qui les conduisaient et les soignaient en état de santé, M. Daubenton étend cette dénomination « à tous » les animaux domestiques utiles à l'homme, de quelque » genre qu'ils soient, quadrupèdes, oiseaux, poissons, in- » sectes. » Il résulte donc de ses observations, qu'on peut croiser en France les races du chien, du loup et du renard, ainsi que celles des autres animaux carnassiers, « ne » sont point, dit-il, féroces par nature. Ils ne fuient » l'homme que par crainte, et ils ne dévorent les animaux » que par besoin. Si l'on fait cesser ces deux causes, en » accoutumant les animaux farouches à la présence de » l'homme, et en donnant des aliments aux animaux fé- » roces, on les rendra aussi traitables que nos animaux » domestiques. » Il présume cependant que ce peut être qu'après quelques générations. Il cite en exemple notre chat domestique, qui est de l'espèce du tigre. Il croit qu'il est très possible d'amener à l'état de domesticité les cerfs, les daims, et surtout les chevreuils ; et dans les animaux étrangers, le zèbre d'Afrique pour le trait ou pour la selle. L'Amérique offre à nos troupeaux et à nos garennes, le tapir, le pécari, le cariacou, le paca, l'aglouti, l'akouchi et le tatou, renommés par l'excellence de leurs chairs.

Il passe ensuite aux oiseaux. Il cite d'après Varron et Columelle, les grives, les cailles, les sarcelles, dont les Romains faisaient de nombreuses volières. Il prétend que le coq et la poule se trouvent sauvages dans les Indes orientales, et propose d'agréger à leur domesticité dans nos basses-cours, l'outarde, la canepetière, le rouge, le pilet, le faisan de montagne, le coq de bruyère. Il cite la tadorne, qui y a produit, avec la cane domestique, des métis d'une très-bonne espèce ; le dindon d'Amérique et le faisan de la Colchide, adoptés par notre économie rurale, et inconnus à celle des Romains. Il propose de joindre à ces familles apprivoisées le hocco, gros oiseau de l'Amérique méridionale; le mâráil de la Guiane, plus délicat que le faisan; le camoucle des mêmes contrées, plus gros et plus charnu que le dindon; le cariama du Brésil, de la taille du héron, d'un goût exquis : il est facile à apprivoiser, ainsi que la plupart des autres. Il y ajoute l'édredon, canard des îles du nord de l'Europe, qui porte le nom de son précieux duvet; et l'agami, qui a l'instinct et la fidélité du chien, au point qu'il conduit un troupeau de volaille, et même un troupeau de moutons, dont il se fait obéir, quoiqu'il ne soit pas plus gros qu'une poule.

M. Daubenton passe ensuite aux étangs et viviers, qu'il regarde avec raison comme une partie importante de l'économie vétérinaire. Il cite, d'après Columelle, les anciens Romains qui transportaient du frai de poisson, de la mer dans leurs rivières et étangs d'eau douce, où ils croissaient en perfection. Il rapporte en exemple dans la nature, les aloses et les saumons qui, d'eux-mêmes, passent de la mer dans les rivières; et dans l'économie rurale, l'importation des carpes dans les rivières d'Angleterre, où elles étaient inconnues avant la fin du seizième siècle, et celle de l'esturgeon strelet de Russie, dans le lac Mélor, près d'Upsal, regardée en Suède comme un événement remarquable du règne de son roi Frédéric Ier. Il propose d'importer de même les poissons de la Méditerranée dans l'Océan; et de l'Océan dans la Méditerranée; ainsi que dans nos rivières et lacs de France, l'humble chevalier et l'ombre, poissons exquis du lac de Genève. Enfin, il étend ses vues aux abeilles et aux vers à soie, et il en conclut la nécessité de joindre des pâturages et des plantations d'arbres près de l'école vétérinaire, à l'usage de tous ces animaux.

Cette dernière partie de l'économie rurale se trouve à son plus haut point de perfection dans le Jardin des Plantes, qui nourrit des végétaux de tous les pays. Je me félicite de ce que mes idées, pour y établir une ménagerie, sont les mêmes que celles que M. Daubenton avait proposées pour l'école vétérinaire d'Alfort, à deux lieues de Paris. Cette distance, qui nécessite les élèves de la capitale à faire quatre lieues pour aller entendre une leçon, est le plus grand des obstacles pour les progrès de cet établissement, digne d'ailleurs de beaucoup d'éloges : nos garçons maréchaux et nos cochers, à l'instruction desquels il serait si utile, ne peuvent en profiter. Si cette école était réunie au Jardin des Plantes, quel avantage n'en résulterait-il pas pour l'économie rurale? et pour l'instruction publique?

^a PAGE 765.

Une autre considération très-importante sur l'établissement que je propose, c'est qu'il sera utile au faubourg de la capitale qui a le moins de ressources pour subsister. Paris est, pour ainsi dire, formé de cinq ou six villes qui ont des revenus et des usages fort différents. Le haut clergé et la noblesse faisaient fleurir le faubourg Saint-Germain; les financiers, le quartier du Palais-Royal; les gens de haute robe, le Marais; le commerce, le quartier Saint-Denis; les manufactures, le faubourg Saint-Antoine; quelques pensions et écoles, le faubourg Saint-Marceau. Le langage et les mœurs en diffèrent autant que les fortunes. Quelqu'un a dit assez plaisamment qu'on pourrait reconnaître, au sortir du spectacle, de quel quartier étaient les femmes qui montaient en voiture, par la manière dont elles ordonnaient à leurs cochers de les y ramener. Si elles disaient, « à l'hôtel, » elles étaient du faubourg Saint-Germain; « au logis, » elles demeuraient au Marais; « à la maison, » c'étaient des bourgeoises du faubourg Saint-Denis. Pour celles du faubourg Saint-Marceau, elles vont si rarement au spectacle, que le seul qu'on ait jamais établi dans leur quartier n'a pu s'y soutenir un mois; cependant il était placé vers l'intérieur de la ville, à l'Estrapade, et c'était après la révolution, époque qui en a fait éclore avec succès cinq ou six nouveaux dans les autres faubourgs de Paris. La section la plus pauvre de celui-ci est, je crois, celle du Jardin des Plantes, du moins à en juger par le nom qu'elle a adopté, de *Section des Sans-Culottes* : elle en est cependant une des plus patriotiques.

Il est certain que le faubourg Saint-Marceau est fort peuplé et fort mal à son aise; celui de Saint-Germain a beaucoup d'émigrés, et par cela même, il a peu de population; les étrangers et les filles abondent toujours au Palais-Royal; les bons bourgeois se plairont long-temps dans le tranquille marais; on aura toujours besoin des manufactures du faubourg Saint-Antoine : mais celui de Saint-Marceau n'a plus aujourd'hui de chanoines, de couvents et de pensions qui l'aidaient à vivre. Selon moi, la première cause des séditions des villes, et même des révolutions, c'est lorsque tous les riches y sont d'un côté, et tous les pauvres de l'autre. Il arrive de là que les riches deviennent insolents par l'excès de l'abondance, et les pauvres séditieux par celui de l'indigence et le sentiment de leur nombre. L'ancien régime n'avait rien imaginé de mieux, pour contenir le peuple du faubourg Saint-Marceau, que d'y multiplier les casernes et les corps de garde. Qu'est-il arrivé? le peuple a intéressé à son sort les soldats sortis de son sein et compagnons de sa misère : c'est par eux que la révolution a éclaté. Il ne fallait pas le réprimer par le fer, mais l'adoucir par l'or; il fallait ouvrir, dans nos colonies, des débouchés à sa nombreuse et indigente population. J'ai parlé de ces remèdes généraux dans mes *Études de la Nature*, au sujet de l'esclavage Noirs; mais il y en a de particuliers, qu'on aurait dû appliquer à la source même du mal : c'était de mêler les habitations des riches avec celles des pauvres; excellent moyen d'augmenter les jouissances des uns par l'industrie des autres, et de pourvoir aux besoins de tous : par là on prévenait les séditions, qui ne viennent jamais que de l'indigence des petits et de l'ambition des grands; par là on rapprochait les unes des autres les différentes classes des citoyens, qui deviennent ennemies lorsqu'elles sont séparées par de trop grands intervalles. Il en fût résulté une harmonie nécessaire au corps politique. Il faut distribuer la population d'une grande ville comme un jardin anglais; on doit y voir les autels parmi les cabanes des jardiniers, comme les arbres des forêts qui s'embellissent des plantes qu'ils supportent, et des gazons qu'ils engraissent de leurs dépouilles et rafraîchissent de leurs ombrages. Le faubourg Saint-Marceau a beaucoup perdu par la révolution : plusieurs gens aisés qui s'y étaient retirés, car il n'y en avait point de riches, ont été chercher de la tranquillité hors de Paris; d'autres ont retiré leurs enfants de ses pensions. La suppression des chanoines et des couvents a achevé de lui enlever ses faibles ressources : il faut donc lui en donner d'autres, pour la tranquillité même de la capitale. Le plus facile et le plus utile est d'y placer les établissements destinés à l'instruction publique. Ce quartier est le plus propre de tous ceux de Paris; on n'y est distrait ni par les spectacles, ni par l'exemple des mauvaises mœurs, si dangereux pour la jeunesse : elles y sont quelquefois grossières, mais elles y sont moins corrompues qu'ailleurs; il est fort rare d'y rencontrer des filles publiques. Les logements y sont à très bon marché : pour 90 livres par an, j'avais, il y a quelques années, quatre pièces dans un donjon, des commodités en tout genre, et une vue enchantée. Il n'y a presque pas de maison qui n'ait son jardin. L'air y est pur; l'eau de la Seine n'y est point infectée des immondices de la capitale; et, ce qui n'est pas un petit avantage, la bière et le pain de la rue Mouffetard y sont les meilleurs de Paris : ce qu'il ne faut pas attribuer, comme bien des gens le croient, à l'eau de la rivière des Gobelins, car on ne l'y emploie pas, mais à celle des puits, qui y sont creusés dans des lits de roche. On le rendra le quartier le plus agréable de Paris, quand on aura bâti sur la Seine le pont de communication entre le boulevard du Jardin des Plantes et celui de l'Arsenal; quand on y aura fait aboutir, à travers les petites rues limitrophes de la rue de l'Oursine, l'avenue du beau boulevard du Mont-Parnasse; quand on aura achevé de paver la rue de Buffon, impraticable aux voitures pendant l'hiver ; quand on l'éclairera à la nuit, en y faisant mettre quelques unes des nombreuses lanternes qu'on vient de supprimer sur la route de Versailles; et surtout quand on aura débarrassé la rivière des Gobelins des causes qui l'infectent en été, et par suite le Jardin des Plantes qui en est voisin. Ces considérations doivent engager l'administration à exécuter les projets qui ont déjà été présentés sur ces divers objets. Aucun lieu dans Paris n'est aussi propre aux écoles nationales dans tous les genres. Tout le monde y connaît la manufacture fameuse des Gobelins, qui offre tant de ressources au peuple qui n'a que son industrie pour vivre. J'entends dire, depuis la révolution, que les beaux-arts ne sauraient fleurir dans les républiques, et on cite pour exemple l'Angleterre. C'est une grande erreur. Si les Anglais ne se livrent pas aux arts de goût, c'est à la navigation qu'il faut s'en prendre : elle absorbe toutes leurs vues dès l'enfance; et par ses études géométriques, ses calculs, ses fonctions pénibles et rudes, elle les prive de ces grâces d'expressions qui seules rendent celles de la nature. Mais, s'ils ne sont ni peintres, ni sculpteurs, ils paient magnifiquement les beaux-arts, dont ils sentent tout le prix. D'ailleurs ne voyons-nous pas chez les anciens Grecs les beaux-arts fleurir dans toutes leurs républiques? Sicyone, Samos, Athènes même, ne leur ont-elles pas dû la plus grande partie de leur illustration? Il y a plus, ils ne prospèrent que sur le sol de la liberté. Comparez les peintres, les sculpteurs, les poètes, les orateurs, les historiens de la Grèce, avec ceux de l'empire si riche, si fastueux de la Perse; vous verrez quelle notable différence. Mais, de tous les établissemens, le premier est sans doute celui de l'étude de la nature : elle est la mère des sciences, des arts, et de toutes les inventions des hommes; elle seule les élève vers la Divinité, en leur faisant voir, dans un petit espace de terrain, une partie des bienfaits que la main de la Providence a répandus sur le globe, pour être entre eux un objet perpétuel de commerce, et les faire vivre en frères.

LETTRE

DE

BERNARDIN DE SAINT-PIERRE

AUX AUTEURS DE LA DÉCADE PHILOSOPHIQUE.

Je vous envoie la lettre originale que l'Océan m'a apportée dans une bouteille, au milieu des rochers du cap Prior; j'y joins celle de notre vice-consul au Ferrol, qui me l'a fait parvenir, et de plus quelques réflexions sur cette expérience nautique, si intéressante pour la théorie des courans de l'Océan et pour la communication des hommes : je vous prie de les insérer dans votre journal, destiné particulièrement à servir d'archives aux sciences et aux arts.

Ferrol, 29 thermidor an v (16 août 1797).

CITOYEN,

Vous trouverez ci-jointe une lettre qui m'a été remise par un officier d'un régiment en garnison ici, qui lui-même l'a reçue d'un soldat qui dit l'avoir sortie d'une bouteille qu'il rencontra le 6 juillet dernier (à sec), entre les rochers du cap Prior. Je m'empresse, d'après le vœu de l'auteur de cette lettre, de vous la faire parvenir, et desire qu'elle procure le résultat d'utilité publique que vous et le citoyen Brard recherchez avec tant de zèle.

J. BEAUJARDIN,
Vice-consul de la république au Ferrol.

A bord du navire danois l'*Indianer*, capitaine Bensse, 15 juin 1797.

MONSIEUR,

Nous avons jeté à la mer, d'après votre invitation, cette lettre, n. 1, incluse dans une bouteille, à la latitude septentrionale de 44 degrés 22 minutes; longitude, 4 degrés 52 minutes, méridien de Ténériffe. Nous allons de Hambourg à Surinam, colonie hollandaise. A chaque centaine de lieues, nous en jetterons une autre avec son numéro, sa date, ses latitude et longitude. Nous joignons, dans chaque bouteille, à chaque lettre, un billet écrit en latin, français, italien, anglais et allemand, pour prier ceux qui la trouveront d'écrire exactement au-dessous le lieu et la date où ils l'auront trouvée, avec instance de vous la faire passer de suite.

Nous sommes avec tout le respect dû à vos talents, et le dévouement possible,

Vos très obéissants serviteurs,

PANEL junior, PANEL l'aîné, BRARD,
Correspondans du Muséum d'histoire naturelle.

La note, jointe à la lettre, en latin, en français, en italien, et en anglais, était ainsi conçue :

« Nous prions ceux qui trouveront la lettre incluse dans cette bouteille, d'y écrire le lieu et la date où ils l'auront trouvée, de la cacheter et de la mettre à la poste pour la faire parvenir à son adresse. Comme elle est destinée pour faire connaître le système des courants, et que par là elle intéresse la marine et l'humanité entière, nous croyons que toutes personnes honnêtes qui la trouveront, ne se refuseront point à cette belle action. »

La lettre du citoyen Brard et de son ami Panel, correspondants du Muséum d'histoire naturelle, a été jetée à la mer par le 44ᵉ degré 22 minutes de latitude septentrionale, et le 4ᵉ degré 52 minutes du méridien de Ténériffe : c'était le 15 juin 1797 ; elle a attéri au cap Prior le 6 juillet. Ce cap est situé au 45ᵉ degré 54 minutes 15 secondes de latitude septentrionale, et au 10ᵉ degré 51 minutes 45 secondes de longitude orientale du méridien de Ténériffe. La lettre a donc parcouru en latitude, vers le sud, environ 48 minutes, ou 20 lieues, en supposant le degré à 25 lieues terrestres ; et elle a vogué en longitude 5 degrés 59 minutes 15 secondes vers l'est, qui font environ 114 lieues ; le degré de longitude étant par ce parallèle de 20 lieues terrestres, ou un cinquième plus petit que sous l'équateur. En prenant la diagonale de ces deux directions au sud et à l'est, on aura environ 125 lieues pour la route de la bouteille.

Cependant il est probable qu'elle a fait plus de 20 lieues vers le sud, si les marées portent au nord, le long des côtes de l'Europe ; car elle a dû descendre d'abord au sud avec le courant de l'océan Atlantique, et remonter ensuite au nord avec les marées qui, selon moi, ne sont que les contre-courants latéraux du courant général, qui porte au sud dans notre été. De quelque manière qu'elle ait vogué au sud, il est certain qu'elle n'a point éprouvé d'obstacle de la part de ce prétendu courant général de l'Océan, qui va sans cesse de la ligne aux pôles par la gravitation de la lune, suivant le système astronomique.

Si on joint à cette expérience celle qui fut faite aussi avec une bouteille jetée dans la baie de Biscaye, le 17 août 1785, et qui fut repêchée sur les côtes de Normandie, le 9 mai 1787, on sera convaincu que le courant général de l'océan Atlantique porte au sud en été et au nord en hiver. On peut voir des détails sur l'expérience de la baie de Biscaye, dans le Mercure de France du 12 janvier 1788, et dans mon Mémoire sur les marées, où j'en ai fait l'application à ma théorie des marées, publiée pour la première fois en 1784.

Quelques personnes prétendent que c'est le vent qui a poussé ces deux bouteilles en sens contraire ; d'autres, que c'est la lune. Il est possible que le vent ait influé sur leur navigation ; mais l'a-t-il retardée ou accélérée ? J'ignore celui qui a soufflé à ces deux époques, à la hauteur des côtes de France et d'Espagne ; mais cette chance douteuse est à l'avantage de ma théorie, si on s'en rapporte à celle des astronomes sur la direction de ce météore hors de la zone torride. Suivant le docteur Halley, le vent d'ouest souffle presque toute l'année hors des tropiques. Selon lui, ce vent est, en quelque sorte, une réaction du vent alizé de l'est qui souffle en sens contraire dans la zone torride. Certainement cela n'est pas ; car, si cela était, la bouteille jetée à l'entrée de la baie de Biscaye aurait dû y rentrer ; au contraire, elle a été portée au nord, puisqu'elle a été repêchée sur les côtes de Normandie ; elle a donc dû être contrariée plutôt que favorisée par le vent d'ouest. Il y avait donc un courant qui la portait au nord, malgré la résistance de ce vent. D'ailleurs, celui qui souffle contre l'embouchure d'une rivière n'en change pas le cours, quoiqu'il le retarde.

Ce courant, dira-t-on, est celui des marées, qui portent au nord en tout temps, suivant le système astronomique ; mais si ce courant existait, comment la bouteille échouée sur le cap Prior est-elle descendue vingt lieues au sud ? Elle a donc vaincu à la fois la résistance des marées et celle du vent d'ouest ? Tout ce qu'on en peut dire, c'est qu'un courant général, venant du nord, l'aura d'abord portée assez loin au sud ; et qu'ensuite celui des marées, moins rapide, l'aura en partie reportée au nord le long des côtes, où elle a attéri.

Quant à ceux qui pensent que la lune, par son attraction, est le mobile principal des mouvements de l'Océan, et par conséquent de la navigation de ces deux bouteilles, je leur en demande bien pardon, mais je crois qu'ils se trompent. Le courant de l'océan Atlantique, qui change deux fois par an aux équinoxes, comme celui de l'océan Indien, ne peut avoir la cause de son mouvement dans le cours permanent de la lune, qui va toujours d'Orient en Occident ; mais il en a une versatile aux deux pôles, dont le soleil, par sa chaleur, fond alternativement les glaces d'un équinoxe à l'autre.

Je le répète, il n'est pas vraisemblable que la lune soit, par sa gravitation ou son attraction, le mobile de l'Océan. Comment produirait-elle par son attraction les grandes marées de chaque mois, qui n'arrivent sur nos côtes qu'un jour et demi ou deux après qu'elle est nouvelle ou pleine ? Elles devraient avoir lieu immédiatement à son passage à notre méridien, si elle soulevait notre mer.

Comment, d'un autre côté, pourrait-elle l'attirer vers le zénith de ce même méridien, lorsqu'elle est à son nadir, et soulever la mer Atlantique, lorsqu'elle est sur la mer du Sud? Peut-elle agir sur nos têtes, tandis qu'elle est à nos antipodes? Comment attire-t-elle deux fois par jour l'Océan entier, et laisse-t-elle la Méditerranée et les lacs sur lesquels elle passe, sans flux et reflux? Pourquoi n'attire-t-elle pas l'atmosphère, cet Océan d'air plus étendu, plus léger et plus mobile que l'Océan aquatique? Si elle soulevait l'air, il aurait des marées comme l'Océan et au même moment; le baromètre les annoncerait deux fois par jour : or, c'est ce qu'il ne fait pas.

La lune n'agit donc sur l'Océan que par les rayons du soleil, qu'elle réverbère sur les glaces des pôles, dont elle accélère les fontes par un surcroît de chaleur ; et ces fontes n'accroissent le volume de l'Océan sur nos côtes, qu'un jour et demi ou deux après que leur action s'est fait sentir au pôle d'où elles partent, à cause de l'éloignement de ce pôle; ainsi, une source qui tombe dans un bassin, y produit un mouvement qui se décompose en deux: l'un est celui de la masse entière de l'eau, qu'elle remue presque à la fois; l'autre est celui de fluctuation, qui n'agit qu'à la surface et y produit des cercles qui se succèdent sans cesse.

Le premier se fait sentir dans l'Océan, lorsque le soleil à l'équinoxe échauffant un pôle couvert de glaces, en fait sortir des torrents qui augmentent tout à coup le volume de l'Océan et le forcent de rétrograder vers le pôle opposé, avec une impulsion de masse qui se fait sentir en deux ou trois semaines dans la mer des Indes. Le même effet a lieu, lorsque les fontes polaires surabondantes de la nouvelle et pleine lune se manifestent un jour et demi après, dans les grandes marées de nos côtes. Elles arrivent chez nous en été, ainsi que celle de l'équinoxe du printemps, beaucoup plus tôt qu'aux Indes, parceque nous sommes plus voisins du pôle qui les produit.

Quant au mouvement de fluctuation, il nous donne des marées de chaque jour, qui se succèdent comme les ondulations d'un bassin où tombe une source, et qui se font sentir, surtout sur les côtes, par l'action constante des courants polaires semi-annuels, dont elles ne sont souvent que des contre-courants latéraux.

L'Océan est un grand fleuve dont les sources versatiles sont aux pôles; il circule autour du globe par un mouvement à la fois direct et latéral, et par deux mouvements tour à tour opposés, comme la sève dans les végétaux, et le sang dans les animaux : c'est ce que nous démontrerons dans un plus grand détail, dans nos Harmonies de la Nature. Les preuves que nous en rapporterons sont si évidentes que nous nous flattons de ramener à notre théorie les partisans les plus zélés du système newtonien.

Quoi qu'il en arrive, il est certain que les courants de l'Océan peuvent être au moins aussi utiles aux hommes que ceux des rivières. On peut, par le moyen de ceux du pôle nord, faire descendre tous les ans en été, jusque sur nos côtes et dans nos ports, des quantités prodigieuses de bois qui se perdent dans les parties septentrionales de l'Europe et de l'Amérique : en les assemblant en longs trains, et en les remorquant avec quelques bateaux, elles descendraient encore plus aisément que les montagnes de glaces flottantes qui sortent, au printemps, du fond de la baie d'Hudson et de celle de Baffin, et viennent s'échouer jusque sur le banc de Terre-Neuve.

Il y a quelques années, l'hiver ayant été doux à Londres, et les glacières y manquant de glace en été, un Anglais fit la spéculation d'en aller chercher sur le grand banc; il en rapporta une cargaison qu'il vendit fort cher. Il eût pu en remorquer un rocher entier jusque dans la Tamise. Nous pouvons de même exporter les forêts du nord et les faire flotter dans la Seine. La théorie des courants maritimes peut ouvrir mille communications utiles entre les hommes; les causes en étant connues, on peut en déterminer les effets par des expériences simples, faciles et peu coûteuses. Une bouteille deviendra plus intéressante dans la mer que le globe aérostatique dans l'air; celui-ci expose les hommes à de terribles naufrages, celle-là peut les en sauver. Il est évident qui si le vaisseau l'*Indienne* avait péri sur un écueil, à l'endroit où le C. Brard a jeté sa bouteille, l'équipage eût donné des nouvelles de son malheur sur la côte d'Espagne en moins de trois semaines; il n'eût pas tardé sans doute à être secouru.

Hélas! il n'y avait guère plus loin de l'Ile-de-France à l'île de Sable, sur laquelle un vaisseau de la Compagnie des Indes se brisa, il y a environ quarante ans. Le capitaine abandonna sur cet écueil, jusqu'alors inconnu, cent cinquante noirs esclaves qu'il venait d'acheter à Madagascar. Il promit à ces infortunés, qu'il laissa presque sans vivres, de les envoyer chercher dès qu'il serait arrivé à l'Ile-de-France, et il s'embarqua avec ses matelots dans sa chaloupe, qui pouvait à peine les contenir. Dès qu'il fut abordé au Port-Louis, il rendit compte au commandant de son naufrage et du sort des malheureux noirs ; mais celui-ci calculant le temps et les frais d'armement avec la valeur des nègres, il conclut que la dépense de leur recherche en surpasserait le profit. Ainsi ils furent oubliés pour toujours. Huit ou neuf ans après, un vaisseau, passant près de l'île de Sable, y aperçut des signaux ; c'étaient ceux de six ou sept de ces misérables noirs, qui avaient survécu à leurs compagnons morts de faim. Pour eux, ils avaient subsisté jusque là de coquillages et de quelques oiseaux de mer, et ils se désaltéraient d'eau de pluie, qu'ils conservaient dans des coquilles. On les ramena à l'Ile-de-France, où ils retombèrent probablement dans l'esclavage.

Infortuné *de la Peyrouse !* vous êtes peut-être, comme eux, avec vos compagnons, sur un banc de sable, au milieu des mers, dénué de tout, et ne pouvant instruire de votre destinée votre patrie qui a fait de vaines recherches pour la connaître ! Si les Académies, qui fondaient tant d'espérances sur votre voyage, avaient mis au rang de leurs systèmes astronomiques une théorie plus simple des courants, et parmi vos collections d'octans, de quarts de cercle, de pendule et d'instruments savants, des projectiles communs, tels que des bouteilles, des bouts de planches, des cocos, vous auriez pu donner des nouvelles de votre désastre jusqu'aux extrémités du monde. C'est par de simples fruits nautiques, chassés par les courants, que les Sauvages ont découvert toutes les terres où ils ont abordé. Peut-être aux mêmes signaux, des noirs d'une île voisine fussent venus à votre secours, ils n'eussent point hésité à s'embarquer dans leurs pirogues, parceque vous étiez blanc, et de la couleur de leurs tyrans ; mais ils eussent ajouté au respect dû à votre liberté naturelle, celui que leur eussent inspiré vos malheurs.

Paris, le 7 brumaire an VI (28 octobre 1797).

DIALOGUE

SUR

LA CRITIQUE ET LES JOURNAUX.

Un jour je vis entrer chez moi un jeune homme de mes amis, qui se destine aux lettres ; il tenait à sa main un journal. Quoique naturellement gai, il avait l'air sombre.

MOI.

Que m'apportez-vous là ? lui dis-je.

MON AMI.

Une nouvelle méchanceté du *Journal de Débats* ; vous en êtes l'objet.

MOI.

Vous me surprenez. J'ai toujours cru son rédacteur bien disposé pour mes ouvrages.

MON AMI.

Avez-vous été le voir à l'occasion de votre nouvelle édition ?

MOI.

Non, je ne l'ai même jamais vu. Il est journaliste ; et j'ai pour maxime que quand on donne à un particulier le pouvoir de nous honorer, on lui donne en même temps celui de nous deshonorer.

MON AMI.

Lisez, lisez ; vous verrez comme il parle de vous. Il dit que vous n'êtes propre qu'à faire des romans ; que votre *Théorie des Marées* n'est qu'un roman ; que vous avez la manie d'en parler sans cesse ; que vos principes de morale sont exagérés ; que vous n'avez aucune connaissance en politique. Pardonnez-moi si je répète ses injures, mais je suis indigné. Ce sont des personnalités dont vous devez faire justice.

MOI.

Je lis rarement ce journal, parceque je trouve sa critique amère et souvent injuste. Son rédacteur est d'ailleurs un homme d'esprit ; mais ses satires répugnent à mes principes de morale ; voilà peut-être pourquoi il les trouve exagérés. Quant à mon ignorance en politique, il n'est guère question de cette science moderne dans mes *Études de la Nature*. Mais pourquoi en a-t-il parlé ?

MON AMI.

C'est peut-être que vos ennemis lui auront dit que vous ambitionnez quelque place.

MOI.

Voyons donc ce redoutable feuilleton. Et après l'avoir lu tout entier : Je ne trouve pas, lui dis-je, que j'aie tant à me plaindre. D'abord il commence par me blâmer, et finit par me louer. Celui qui veut nuire fait précisément le contraire ; il loue au commencement et blâme à la fin. Le premier paraît un ennemi impartial, qui est forcé enfin de reconnaître vos bonnes qualités ; le second semble être un ami équitable qui ne demande qu'à vous louer, mais qui est contraint ensuite d'avouer vos défauts, par le sentiment de la justice. L'un et l'autre savent bien que la dernière impression est la seule qui reste dans la tête du lecteur. C'est le dernier coup de la cloche qui la fait long-temps vibrer.

MON AMI.

Permettez-moi de vous dire que tout journaliste qui condamne une opinion, ou même qui la loue, est tenu de motiver sa critique ou son éloge. Bayle est là-dessus un vrai modèle. Lorsqu'il réfute une erreur, il y supplée la vérité. Tout critique qui se conduit autrement, est ou ignorant ou de mauvaise foi. Le vôtre est à la fois l'un et l'autre.

MOI.

Oh! cela est trop fort : il ne me blâme que sur le fond des choses, qu'il n'entend pas, et que, peut-être, on le charge de blâmer; mais il me loue de bonne foi sur le style. Il dit positivement que je suis un des plus grands écrivains du siècle.

MON AMI.

Voilà un bel éloge !

MOI.

Sans doute, et l'un des plus beaux qu'on puisse donner aujourd'hui. Quel est l'homme de loi, par exemple, qui ne serait pas plus flatté de passer dans les affaires pour un fameux orateur que pour un bon juge? La forme est tout, le fond est peu de chose. Celui-ci n'intéresse que les particuliers mis en cause ; celle-là regarde le public, qui donne les réputations. Sachez donc que le rédacteur du feuilleton m'a donné la plus grande des louanges, et qu'il la préférerait pour lui-même à toutes celles dont on voudrait l'honorer, comme d'être juste, bon logicien, penseur profond, observateur éclairé. Les anciens pensaient à peu près là-dessus comme les modernes. Beaucoup de Romains en faisaient le principal mérite de Cicéron. J'ai ouï dire que ce père de l'éloquence latine, passant un jour sur la place des harangues, quelques citoyens oisifs, qui s'y promenaient, l'entourèrent, et le prièrent de monter à la tribune. « Que voulez-» vous que j'y fasse? leur dit-il, je n'ai rien à » vous dire. — N'importe, s'écrièrent-ils, parlez-» nous toujours. Que nous ayons le plaisir d'en-» tendre vos périodes si belles, si harmonieuses, » qui flattent si délicieusement les oreilles. » Je crois que M. de La Harpe nous a conservé ce beau trait dans son cours de littérature française. Il le trouvait admirable, et le citait comme une preuve du grand goût que les Romains avaient pour l'éloquence.

MON AMI.

C'est nous les représenter comme des imbéciles. Quel goût pouvaient-ils trouver à entendre parler à vide! Je sais qu'il est commun à beaucoup de nos lecteurs de journaux ; mais le journaliste des *Débats*, qui ne sait point faire de belles périodes, remplit tant qu'il peut son feuilleton de malignité: voilà pourquoi il a tant de vogue. Il sait bien que le nombre des méchants est encore plus grand que celui des imbéciles.

MOI.

Comptez-vous pour rien l'éloge si pur que le critique a fait de *Paul et Virginie?*

MON AMI.

Quoi! ne voyez-vous pas que c'est pour se donner à lui-même un air de sensibilité qui le rende recommandable à une multitude de ses lecteurs, qui se plaignent sans cesse d'en avoir trop, tandis qu'ils se repaissent tous les jours de ses sarcasmes? Vos ennemis louent les moindres parties de vos travaux, pour se donner le droit, en paraissant vos amis, de blâmer les plus importantes. Oui, je vous le dis avec franchise, les journalistes sont des pirates qui infestent toute la littérature, ainsi que les contrefacteurs. Ceux-ci, moins coupables, n'en veulent qu'à l'argent; les autres, soudoyés par divers partis, attaquent les réputations de ceux qui ne tiennent à aucun. Ils se coalisent entre eux, quoique sous divers pavillons ; ils font la guerre aux morts et aux vivants. Quel sera désormais le sort des gens de lettres, qui, sous les auspices des muses, se dirigent vers la fortune et la gloire! A peine un jeune homme, riche de ses seules études, s'embarque sur les mers des opinions humaines, qu'il est coulé à fond en sortant du port : il ne lui reste d'autre ressource que de prendre parti avec les brigands. C'est alors que, sans peine et presque sans travail, il sera payé, redouté, honoré, et pourra parvenir à tout.

MOI.

Vous tombez vous-même dans le défaut que vous leur reprochez. La passion vous rend injuste. Nos journalistes ne sont point des pirates : ce sont, pour l'ordinaire, de paisibles paquebots qui passent et repassent sur le fleuve de l'Oubli, qu'ils appellent fleuve de Mémoire, nos fugitives réputations. Amis et ennemis, tous leur sont indifférents. Ils n'ont d'autre but, au fond, que de remplir leur barque, afin de gagner honnêtement leur vie.

Ce n'est pas une petite affaire de mettre tous les jours à la voile avec une nouvelle cargaison. Un journaliste avide serait capable de remplir ses feuilles de leur propre critique. J'en ai vu, un jour, une preuve assez singulière. Un d'entre eux, voulant plaire à un parti puissant qui le protégeait, s'avisa d'attaquer ma *Théorie du mouvement des mers*. Comme il n'entendait pas plus celle des astronomes que la mienne, il me fut aisé de le réfuter. Je lui répondis par un autre journal, et j'insérai dans ma réponse quelques légères épigrammes sur sa double ignorance. Je crus qu'il en serait piqué. Point du tout. Il m'écrivit tendrement pour se plaindre de ce que je n'avais pas eu assez de confiance en lui pour lui adresser ma réponse, en m'assurant que, quoiqu'il y fût maltraité, il l'aurait imprimée avec la fidélité la plus exacte, et qu'elle aurait fait le plus grand honneur à ses feuilles. Il est clair qu'il n'avait eu, en me provoquant, d'autre but que l'innocent désir de gagner de l'argent, en remplissant son journal. Peu de temps après, il fut obligé d'y renoncer. Cependant, les mathématiciens qui l'avaient armé d'arguments contre moi et poussé en avant comme leur champion, vinrent à son secours. Ils lui firent avoir une place à la fois lucrative et honorable. Il y a apparence que s'il eût imprimé ma réponse, il serait resté journaliste. Mais comme les objections qu'il m'avait faites paraissaient toutes seules sur son champ de bataille, elles avaient un certain air victorieux dont son parti pouvait fort bien se féliciter comme d'un triomphe.

MON AMI.

Celui dont vous vous moquez était un de ces oiseaux innocents qui voltigent autour des greniers pour y ramasser quelques grains. Mais le *Journal des Débats* est un oiseau de proie : son plaisir est de s'acharner aux réputations d'écrivains célèbres, surtout après leur mort. Comment ne traite-t-il pas ce pauvre Jean-Jacques ! A-t-il besoin de quelque philosophe d'une grande autorité en morale ; c'est Jean-Jacques qu'il loue. Ses lecteurs, accoutumés à se repaître de sa malignité, viennent-ils à s'ennuyer de ses éloges ; c'est Jean-Jacques qu'il déchire ; il le dénonce comme la source de toute corruption.

MOI.

Il en agit donc avec lui comme les matelots portugais avec saint Antoine de Pade ou de Padoue. Ces bonnes gens ont une petite statue de ce saint au pied de leur grand mât. Dans le beau temps, ils lui allument des cierges ; dans le mauvais, ils l'invoquent ; mais dans le calme, ils lui disent des injures et le jettent à la mer au bout d'une corde, jusqu'à ce que le bon vent revienne.

MON AMI.

Vous en riez ; mais cela n'est pas plaisant pour la réputation des gens de lettres. Voyez comme les journaux de parti en ont agi avec Voltaire pendant sa vie. Ils l'ont fait passer pour un fripon qui vendait ses manuscrits à plusieurs libraires à la fois, et pour un lâche superstitieux sans cesse effrayé de la crainte de la mort. Enfin sa correspondance secrète et intime pendant trente ans a été publiée : elle a prouvé qu'il était l'homme de lettres le plus généreux ; qu'il donnait le produit de la plupart de ses ouvrages à ses libraires, à des acteurs et à des gens de lettres malheureux ; que, presque toujours malade, il s'était si bien familiarisé avec l'idée de la mort, qu'il se jouait perpétuellement des fantômes que la superstition a placés au delà des tombeaux, pour gouverner les ames faibles pendant leur vie. Aujourd'hui le *Journal des Débats* poursuit sa mémoire, et, ce qui est le comble de l'absurdité, il veut faire passer pour un imbécile l'écrivain de son siècle qui avait le plus d'esprit. Oui, quand je vois, dans un feuilleton, un grand homme, utile au genre humain par ses talents et ses travaux, mis en pièces par des gens de lettres éclairés de ses lumières, qui n'ont imité de lui que les arts faciles et germains de médire et de flatter ; et quand je lis ensuite, à la fin de ce même feuilleton, l'éloge d'un misérable charlatan, je crois voir un taureau déchiré dans une arène par une meute de chiens qu'il a nourris des fruits de ses labeurs, ainsi que les spectateurs barbares de son supplice, tandis que ces mêmes animaux, dressés à lécher les jarrets d'un âne, terminent cette scène féroce par une course ridicule.

MOI.

Le calomniateur est un serpent qui se cache à l'ombre des lauriers, pour piquer ceux qui s'y reposent. Homère a eu son Zoïle ; Virgile, Bavius et Mœvius ; Corneille, un abbé d'Aubignac, etc.

La fleur la plus belle a son insecte rongeur.

MON AMI.

J'en conviens; mais il n'y a jamais eu chez les anciens d'établissements littéraires uniquement destinés à déchirer les gens de lettres tous les jours de la vie. Le nombre s'en augmente sans cesse. Il y a déjà plus de journalistes que d'auteurs. Ceux-ci abandonnent même leurs laborieux et stériles travaux pour le lucratif métier de raisonner, à tort et à travers, sur ceux d'autrui.

MOI.

Vous avez raison. Mais ce genre de littérature a aussi son utilité. Combien de citoyens, occupés de leurs affaires, ne sont pas à portée de savoir ce qui se passe en politique, dans les lettres et dans les arts! ils trouvent dans les journaux des connaissances tout acquises, qui n'exigent de leur part aucune réflexion. L'ame a besoin de nourriture comme le corps, et il est remarquable que le nombre des journaux s'est accru, chez nous, à mesure que celui des sermons y a diminué.

MON AMI.

Et c'est par cela même que je les trouve dangereux. En donnant des raisonnements tout faits, ils ôtent la faculté de raisonner et celle d'être juste, par des jugements dictés souvent par l'esprit de parti. Ils paralysent à la fois les esprits et les consciences. Ceux qui les lisent habituellement s'accoutument à les regarder comme des oracles. Entrez dans nos cafés, et voyez la quantité de gens qui oublient leurs amis, leur commerce et leur famille, pour se livrer à cette oisive occupation. Qu'en rapportent-ils chez eux? quelque maxime de morale? quelque principe de conduite? non; mais un sarcasme bien mordant, ou une calomnie impudente contre les gens de lettres estimables.

MOI.

Au moins vous en excepterez quelques journalistes sensés, tels que le *Moniteur*, le *Publiciste*, etc.; quant aux autres, je n'ai point trop à m'en plaindre.

MON AMI.

Comment! pas même de ceux qui traitent de romans vos *Études*, où vous avez employé trente ans d'observations?

MOI.

Plût à Dieu qu'ils fussent persuadés que mes *Études* sont des romans, comme *Paul et Virginie!* les romans sont les livres les plus agréables, les plus universellement lus, et les plus utiles. Ils gouvernent le monde. Voyez l'*Iliade* et l'*Odyssée*, dont les héros, les dieux, les événements sont presque tous de l'invention d'Homère; voyez combien de souverains, de peuples, de religions, en ont tiré leur origine, leurs lois et leur culte. De nos jours même, quel empire ce poète exerce encore sur nos académies, nos arts libéraux, nos théâtres! C'est le dieu de la littérature de l'Europe.

MON AMI.

Je vous avoue que je suis fort dégoûté de la nôtre. Je ne veux plus courir dans une carrière où des études pénibles vous attendent à l'entrée, l'envie et la calomnie au milieu, des persécutions et l'infortune à la fin.

MOI.

Quoi! n'auriez-vous cultivé les lettres que dans la vaine espérance d'être honoré des hommes pendant votre vie? Rappelez-vous Homère.

MON AMI.

Qui voudrait cultiver les muses sans cette perspective de gloire qu'elles prolongent au loin sur notre horizon? Elle consola sans doute Homère pendant sa vie. Voyez comme elle s'est étendue après sa mort.

MOI.

Sans doute la gloire acquise par les lettres est la plus durable. Ce n'est même qu'à sa faveur que les autres genres de gloire parviennent à la postérité. Mais les monuments qui l'y transmettent n'ont pas l'esprit de vie comme ceux de la nature. Ils sont de l'invention des hommes, et par conséquent caducs et misérables comme eux. Qu'est-ce qu'un livre, après tout? il est pour l'ordinaire conçu par la vanité; ensuite il est écrit avec une plume d'oie, au moyen d'une liqueur noire, extraite de la galle d'un insecte, sur du papier fait de chiffon ramassé au coin des rues. On l'imprime ensuite avec du noir de fumée. Voilà les matériaux dont l'homme, parvenu à la civilisation, fabrique ses titres à l'immortalité. Il en compose ses archives, il y renferme l'histoire des nations, leurs traités, leurs lois, et tout ce qu'il conçoit de plus sacré et de plus digne de foi. Mais qu'arrive-t-il? A peine l'ouvrage paraît au jour, que les journalistes se hâtent d'en rendre compte. S'ils en disent du mal, le public le tourne en ridicule; s'ils le louent, des contrefacteurs s'en emparent. Il ne reste bientôt plus à l'auteur que le droit frivole de propriété, que les lois ne lui peuvent assurer pendant sa vie, et dont elles dépouillent ses enfants peu d'années après sa mort.

Que se proposait-il donc dans sa pénible carrière? de plaire aux hommes, à des êtres qui, comme le dit Marc-Aurèle, se déplaisent à eux-mêmes dix fois le jour. Oh! mon ami, un homme de lettres doit se proposer un but plus sublime dans le cours de sa vie : c'est d'y chercher la vérité. Comme la lumière est la vie des corps, dont elle développe avec le temps toutes les facultés, la vérité est la vie de l'ame, qui lui doit pareillement les siennes. Quel plus noble emploi que de la répandre dans un monde encore plus rempli d'erreurs et de préjugés, que la terre n'est couverte des ombres de la nuit et de celle même du jour?

Le philosophe doit extirper les erreurs du sein des esprits pour y faire germer la vérité, comme un laboureur extirpe les ronces de la terre pour y planter des chênes. Si de noires épines en ont épuisé tous les sucs, si le sol est plein de roches, son rude travail n'est pas perdu : ses nerfs en acquièrent de nouvelles forces.

MON AMI.

Je travaillerai aussi pour la vérité sans tant de fatigues. Je me ferai journaliste. Je m'assiérai au rang de mes juges.

MOI.

Pourriez-vous vous abaisser à servir les haines d'autrui? N'en doutez pas, il y a des hommes qui n'aspirent qu'au retour de la barbarie. Ils se réjouissent de voir les gens de lettres en guerre. Ils excitent entre eux des querelles pour les livrer au mépris public. S'ils le pouvaient, ils crèveraient les yeux au genre humain : ils le priveraient de la lumière comme de la vérité, pour le mieux asservir.

MON AMI.

Dieu me préserve d'être jamais de leur nombre! Je ferai le journal des journaux. Les auteurs fournissent aux journalistes la plupart des idées et des tirades dont ils remplissent leurs feuilles; les journalistes me fourniront à leur tour la malignité dont j'aurai besoin. Je tournerai contre eux leurs propres flèches, et je m'attirerai bientôt tous leurs lecteurs.

MOI.

Si jamais vous entreprenez des feuilles périodiques, faites-les dignes d'une ame généreuse et des hautes destinées où s'élève la France. Encouragez, à leur naissance, les talents timides, en vous rappelant les faibles débuts de Corneille, de Racine et de Fontenelle. Préparez au siècle nouveau des artistes, des poètes, des historiens. Ce n'est point de héros qu'il manque, c'est d'écrivains capables de les célébrer. N'insérez dans vos feuilles que ce qui méritera les souvenirs de la postérité. Mettez-y les découvertes du génie et les actes de vertu en tout genre. Ne craignez pas que vos jeunes talents fléchissent sous de si nobles fardeaux : ils n'en prendront qu'un vol plus assuré; et la reconnaissance des races futures suffira pour les rendre illustres. Vos feuilles deviendront pour la France ce que sont depuis tant de siècles pour la Chine les annales de son empire.

En parcourant cette carrière, que vous indique l'amour de la patrie, étendez de temps en temps vos regards sur les autres parties du monde : votre journal renfermera un jour les archives du genre humain.

Mon jeune ami se leva, me serra la main et se retira plein d'émotion.

FIN DU DIALOGUE.

EXTRAIT DU PRÉAMBULE

DE L'ÉDITION IN-QUARTO

DE PAUL ET VIRGINIE.

Ce petit ouvrage n'est qu'un délassement de mes *Études de la Nature*, et l'application que j'ai faite de ses lois au bonheur de deux familles malheureuses. Il fut publié en 1786, et l'accueil qu'il reçut à sa naissance surpassa mon attente : on en fit des romances, des idylles, et plusieurs pièces de théâtre. Un grand nombre de mères firent porter à leurs enfants les noms de Paul et de Virginie; enfin, la réputation de cette pastorale s'étendit dans toute l'Europe, et elle fut successivement traduite en anglais, en italien, en allemand, en hollandais, en polonais, en russe et en espagnol. Sans doute, j'ai obligation de ce succès unanime, chez des nations d'opinions si différentes, aux femmes, qui, par tout pays, ramènent de tous leurs moyens les hommes aux lois de la nature. Elles m'en ont donné une preuve évidente, en ce que la plupart de ces traductions ont été faites par des dames ou des demoiselles. J'ai été enchanté, je l'avoue, de voir mes enfants adoptifs revêtus de costumes étrangers par des mains maternelles ou virginales ; et sans doute ils lui sont redevables d'une réputation qui semble s'étendre, dès à présent, vers la postérité.

Plusieurs personnes m'ont questionné sur le sujet de cet ouvrage. « Ce vieillard, m'ont-elles » dit, vous a-t-il en effet raconté cette histoire? » avez-vous vu les lieux que vous avez décrits? » Virginie a-t-elle péri d'une manière aussi dé- » plorable? comment une fille peut-elle se résoudre » à quitter la vie plutôt que ses habits? »

Je leur ai répondu : L'homme ressemble à un enfant. Donnez une rose à un enfant : d'abord il en jouit, bientôt il veut la connaître. Il en examine les feuilles, puis il les détache l'une après l'autre; et quand il en connaît l'ensemble, il n'a plus de rose. Télémaque, Clarisse, et tant d'autres sujets qui nous portent à la vertu, ou qui nous font verser des larmes, sont-ils vrais?

Au fond, je suis persuadé que ces personnes m'ont fait ces questions plutôt par un sentiment d'humanité que de curiosité. Elles étaient fâchées que deux amants si tendres et si heureux eussent fait une fin si funeste.

Plût à Dieu qu'il m'eût été libre de tracer à la vertu une carrière parfaite de bonheur sur la terre! Mais, je le répète, j'ai décrit des sites réels; des mœurs dont on trouverait peut-être encore aujourd'hui des modèles dans quelques parties solitaires de l'Ile-de-France, ou de l'île de Bourbon qui en est voisine, et une catastrophe bien certaine, dont je puis produire, même à Paris, des témoignages irrécusables.

Un jour, étant au Jardin du Roi, une dame d'une figure très intéressante, accompagnée de son mari, ayant su de M. Jean Thouin, chef de ce jardin, que j'étais l'auteur de *Paul et Virginie*, m'aborda pour me dire : « Ah! monsieur! que » vous m'avez fait passer une nuit terrible! Je n'ai » cessé de gémir et de fondre en larmes. La per- » sonne dont vous avez décrit la fin malheureuse » avec tant de vérité, dans le naufrage du Saint- » Géran, était ma parente. Je suis créole de Bour- » bon. » J'appris ensuite de M. Jean Thouin que cette dame était l'épouse de M. de Bonneuil, premier valet de chambre de Monsieur. Cette dame, depuis, a bien voulu me permettre de publier ici son témoignage sur la vérité de cette catastrophe, dont elle m'a rapporté des circonstances capables d'ajouter beaucoup à l'intérêt qu'inspirent la mort de cette sublime victime de la pudeur, et celle de son amant infortuné.

D'autres personnes ayant témoigné le désir que je fisse connaître avec quelques détails la vie de M. de La Bourdonnais, mes relations avec sa famille m'ont mis à même de les satisfaire.

« Sa principale vertu était l'humanité. Les monuments qu'il a établis à l'Ile-de-France sont garants de cette vérité... »

En effet, j'ai vu dans cette île, où j'ai servi comme ingénieur du Roi, non seulement des batteries et des redoutes qu'il avait placées aux lieux les plus convenables, mais des magasins et des hôpitaux très bien distribués. On lui doit surtout un aqueduc de plus de trois quarts de lieue, par lequel il a amené les eaux de la petite rivière jusqu'au Port-Louis, où, avant lui, il n'y en avait pas de potable. Tout ce que j'ai vu dans cette île de plus utile et de mieux exécuté était son ouvrage.

Ses talents militaires n'étaient pas moindres que ses vertus et ses talents d'administrateur. Nommé gouverneur des îles de France et de Bourbon, il battit, avec neuf vaisseaux, l'escadre de l'amiral Peyton, qui croisait sur la côte de Coromandel avec des forces très supérieures. Après cette victoire, il fut aussitôt assiéger Madras, n'ayant pour toute armée de débarquement que dix-huit cents hommes, tant blancs que noirs. Après avoir pris cette métropole du commerce des Anglais dans l'Inde, il retourna en France. Des divisions s'étaient élevées entre lui et M. Dupleix, gouverneur de Pondichéry. Aussitôt après son arrivée dans sa patrie, il fut accusé d'avoir tourné à son profit les richesses de sa conquête, et en conséquence il fut mis à la Bastille sans autre examen. On lui opposait, comme principal témoin de ce délit, un simple soldat. Cet homme assurait, sur la foi du serment, qu'après la prise de Madras, étant en faction sur un des bastions de cette place, il avait vu la nuit, des chaloupes embarquer quantité de caisses et de ballots sur le vaisseau de M. de La Bourdonnais. Cette calomnie était appuyée, à Paris, du crédit d'une foule d'hommes jaloux, qui n'avaient jamais été aux Indes, mais qui, par tout pays, sont toujours prêts à détruire la gloire d'autrui. Le vainqueur infortuné de Madras assurait qu'il était impossible qu'on eût vu; du bastion indiqué par le soldat, cette embarcation, quand même elle aurait eu lieu. Mais il fallait le prouver ; et, suivant la tyrannie exercée alors envers les prisonniers d'état, on lui avait ôté tout moyen de défense. Il s'en procura de toute espèce par des procédés fort simples, qui donneront une idée des ressources de son génie. Il fit d'abord une lame de canif avec un sou marqué ; aiguisé sur le pavé, et en tailla des rameaux de buis, sans doute distribués aux prisonniers aux fêtes de Pâques. Il en fit un compas et une plume. Il suppléa au papier par des mouchoirs blancs, enduits de riz bouilli, puis séchés au soleil. Il fabriqua de l'encre avec de l'eau et de la paille brûlée. Il lui fallait surtout des couleurs pour tracer le plan et la carte des environs de Madras : il composa du jaune avec du café, et du vert avec des liards chargés de vert-de-gris, et bouillis. Je tiens tous ces détails de sa tendre fille, qui conserve encore avec respect ces monuments du génie qui rendit la liberté à son père. Ainsi muni de canif, de compas, de règle, de plume, de papier, d'encre, et de couleurs de son invention, il traça, de ressouvenir, le plan de sa conquête, écrivit son mémoire justificatif, et y démontra évidemment que l'accusateur qu'on lui opposait était un faux témoin, qui n'avait pu voir, du bastion où il avait été posté, ni le vaisseau commandant, ni même l'escadre. Il remit secrètement ces moyens de défense à l'homme de loi qui lui servait de conseil. Celui-ci les porta à ses juges. Ce fut un coup de lumière pour eux. On le fit donc sortir de la Bastille, après trois ans de prison. Il languit encore trois ans après sa sortie, accablé de chagrin de voir toute sa fortune dissipée, et de n'avoir recueilli de tant de services importants que des calomnies et des persécutions. Il fut sans doute plus touché de l'ingratitude du gouvernement que de la jalousie triomphante de ses ennemis. Jamais ils ne purent abattre sa franchise et son courage, même dans sa prison. Parmi le grand nombre d'accusateurs qui y vinrent déposer contre lui, un directeur de la compagnie des Indes crut lui faire une objection sans réponse, en lui demandant comment il avait si bien fait ses affaires, et si mal celles de la compagnie. « C'est, lui répondit La Bourdonnais, que j'ai » toujours fait mes affaires d'après mes lumiè» res, et celles de la compagnie d'après ses in» structions. »

Bernard-François Mahé de La Bourdonnais naquit à Saint-Malo en 1699, et est mort en 1754, âgé d'environ cinquante-cinq ans. O vous qui vous occupez du bonheur des hommes, n'en attendez point de récompense pendant votre vie. La postérité seule peut vous rendre justice. C'est ce qui est enfin arrivé au vainqueur de Madras et au fondateur de la colonie de l'Ile-de-France. Joseph Dupleix, son rival de gloire et de fortune dans l'Inde, et le plus cruel de ses persécuteurs, mourut peu de temps après lui, ayant, par une juste réaction de la Providence, éprouvé une destinée semblable dans les dernières années de sa vie. Le gouvernement donna à la veuve de M. de La Bourdonnais une pension de 2,400 livres, et honora de ses regrets la mémoire de cet homme illustre ; enfin, sa respectable fille me mande aujourd'hui que les habitants de l'Ile-de-France viennent, de leur propre mouvement, de lui faire à elle-même une pension, en mémoire des services qu'ils ont reçus de son père.

Je crois qu'aucun de mes lecteurs ne trouvera mauvais que je me sois un peu écarté de mon sujet, pour rendre quelque hommage aux vertus d'un grand homme malheureux, à celles de sa digne fille et d'une colonie reconnaissante.

Je suis vieux. Ma navigation est déjà avancée : mais si la Providence, qui a dirigé ma faible nacelle au milieu de tant d'orages, retarde encore de quelques années mon arrivée au port, je les emploierai à rassembler d'autres études. Les fleurs tardives de mon printemps promettent encore quelques fruits pour mon automne. Si les rayons d'une aurore orageuse ont fait éclore les premiers, les feux d'un paisible couchant mûriront les derniers. J'ai décrit le bonheur passager de deux enfants élevés au sein de la nature, par des mères infortunées ; j'essaierai de peindre le bonheur durable d'un peuple ramené à ses lois éternelles par des révolutions.

Espérons de nos malheurs passés notre félicité à venir. Ce n'est que par des révolutions que l'intelligence divine elle-même développe ses ouvrages, et les conduit de perfections en perfections.

Elle n'a point renfermé dans un petit gland le chêne robuste couvert de son vaste feuillage. Elle n'y a déposé que le germe fragile de ses premiers éléments. Mais elle ordonne aux eaux du ciel et de la terre de le nourrir ; aux rochers, de recevoir dans leurs flancs ses racines profondes ; aux tempêtes, de les raffermir par leurs secousses ; au soleil, de les féconder ; aux saisons, de couvrir tour à tour ses bras noueux de verdure, de fleurs et de fruits ; aux années, de corroborer son tronc par de nouveaux cylindres, de l'élever au-dessus des forêts, et d'en faire un monument durable pour les animaux et pour les hommes.

Il en est de même de notre globe ; il n'est pas sorti de ses mains tel que nous le voyons aujourd'hui. Elle a chargé les siècles de le rouler dans les cieux, et de le développer dans les périodes qui nous sont inconnues. Elle le créa d'abord dans la région des ténèbres et des hivers, enseveli sous un vaste océan de glaces, comme un enfant dans l'amnios au sein maternel. Bientôt son centre et ses pôles furent aimantés de diverses attractions, par le soleil qui parut à son orient. Ses eaux, échauffées dans cette partie de son équateur, s'élevèrent en brumes épaisses dans l'atmosphère, dilaté par la chaleur; les vents les voiturèrent dans les airs, les pôles encore gelés les attirèrent, et les fixèrent, en nouveaux océans de glaces, aux extrémités de son axe, qu'ils tinrent en équilibre par leurs mobiles contre-poids. Devenu plus léger à son orient, il éleva son occident, encore immobile de froid et plus pesant, vers le soleil qui l'attirait. Alors il circula sur lui-même, en balançant ses pôles dans le cercle de l'année, autour de l'astre qui lui donnait le mouvement et la vie. Bientôt, à la surface de ses mers fluides, demi épuisées par les mers aériennes et glaciales qui en étaient sorties, apparurent les sommets graniteux de ses continents et de ses îles, comme les premiers ossements de son squelette.

Peu à peu ses eaux marines, saturées de lumière et de sels, étendirent autour d'eux leurs alluvions, et les transformèrent en vastes couches de roches calcaires, comme les eaux aériennes se changent en bois dans les végétaux, et la séve des végétaux en sang, en chair dans les animaux. Ainsi se formèrent dans la région des tempêtes les rochers et les durs minéraux; ces ossements et ces nerfs de la terre, où devaient s'attacher, comme des muscles, les vastes croupes des montagnes, et qui devaient supporter le poids des continents. Leurs fondements caverneux, et encore mal assis, en paraissant à la lumière, se raffermirent par des tremblements; et de leurs affreuses collisions, des tourbillons de fumée s'élevèrent à la surface des mers, qui annoncèrent les premiers volcans dont les feux devaient les épurer.

D'autres bouleversements préparèrent d'autres organisations. Le globe, surchargé sur ses pôles de deux océans de glace de poids inégaux, et versatile, les présenta tour à tour au soleil; et tour à tour de vastes courants en sortirent, qui laboururent, chacun pendant six mois, ses deux hémisphères. Celui du nord creusa d'abord les contours de cet immense canal où l'Atlantique, semblable à un fleuve, renferme aujourd'hui ses eaux et les verse deux fois par jour, entre l'ancien et le nouveau monde. Celui du sud, au contraire, descendant d'un seul glacier, placé au sein du vaste océan de son hémisphère, et faisant équilibre avec la plus grande partie des continents opposés, versa, une seule fois par jour, sur leurs rivages, ses flots divergents dans le même temps et du même côté que le soleil en embrasait le pôle de ses rayons. Les torrents demi-glacés, qui s'en précipitèrent, découpèrent alors les côtes de l'ancien monde en nombreux archipels, en vastes baies, et en longs promontoires.

Le globe est un vaisseau céleste, sphérique, sans proue et sans poupe, propre à voguer, en tous sens, dans toute l'étendue des cieux. Le soleil en est l'aimant et le cœur; l'Océan est le sang dont la circulation le rend mobile. L'astre du jour en opère la systole et la diastole, le flux et le reflux, par sa présence et son absence, par le jour et la nuit, par l'été et l'hiver, par les mers fluides et glaciales. Les pôles du globe changent avec les siècles, par les diverses pondérations de ses océans glacés. Il a été un temps où ceux qu'il a aujourd'hui dans notre méridien étaient dans notre équateur; où nos zones torrides étaient projetées dans nos zones tempérées et glaciales, et celle-ci dans nos torrides; où les hivers régnaient sur d'autres contrées, et où les mers glacées s'échappaient de leur empire par d'autres canaux. Il en est de même de toutes les planètes. Leurs sphères, diversement inclinées vers le soleil, sont entre les mains de la Providence comme ces cylindres de musique dont il suffit de relever ou d'abaisser les axes de quelques degrés pour en changer tous les concerts.

Ce ne fut sans doute que quand elle l'eut fait passer, si j'ose dire, par les périodes successives de l'enfance, de l'adolescence, de la puberté, qu'elle créa tour à tour les végétaux, les animaux et les hommes; comme elle fait produire successivement à un arbre, après certaine période d'années, des feuilles, des fleurs et des fruits. Mais ce fut dans les temps où le globe élevait à peine quelques portions de ses continents à la surface des mers, que les torrents de ses pôles couverts de glace, et ceux de ses montagnes les plus élevées, creusèrent, en se précipitant, les nombreux amphithéâtres que le soleil devait éclairer de divers aspects, sous les mêmes latitudes. Ils excavèrent ces vallées vastes et profondes, où errent aujourd'hui d'innombrables troupeaux. Ils escarpèrent les cimes aériennes de ces rochers qui font le charme de nos perspectives. Les tempêtes de l'atmosphère ajoutèrent à leur beauté. Elles transportèrent dans les airs les premières semences des forêts qui croissent sur leurs inaccessibles plateaux.

Ce fut l'Océan qui, de siècle en siècle, épuisant

ses eaux par d'innombrables productions, éleva, en s'abaissant, les sommets de ses îles primitives; et, en reculant ses bords, les plaça au sein des continents. Ce sont leurs antiques pyramides qui couronnent à diverses hauteurs les chaînes des montagnes. Les unes sont couvertes de verdure; d'autres sont toutes nues comme au jour de leur naissance; d'autres, toujours entourées de neiges et de glaces, semblent au niveau des pôles; d'autres vomissent des tourbillons épais de flammes sulfureuses et bitumineuses, et paraissent avoir leur fondement au niveau des mers qui les alimentent. Les pics de Ténériffe et de l'Etna réunissent ce double empire, et, du sein des glaces et des feux, versent au loin l'abondance et la fécondité. Toutes ces pyramides aériennes, dont la plupart s'élèvent au-dessus de la moyenne région de l'air, ont pour bases les corps marins qui entourèrent leurs premiers berceaux. Toutes attirent aujourd'hui autour d'elles les vapeurs et les orages de l'atmosphère. Tantôt elles s'en couvrent comme d'un voile, et disparaissent à la vue; tantôt elles découvrent la tête, ou les flancs de leurs longs obélisques. Si le soleil alors les frappe de ses rayons, il les colore d'or et de pourpre, et répand sur leurs robes mobiles toutes les couleurs de l'arc-en-ciel. Elles apparaissent, au sein des tonnerres, comme des divinités bienfaisantes; les croupes qui les supportent deviennent autant de mamelles qui répandent de toutes parts des pluies fécondantes; les cavernes profondes de leurs flancs sont des urnes d'où elles versent les fleuves qui fertilisent les campagnes jusqu'aux bords de l'Océan leur père, et invitent les navigateurs à aborder sur ces mêmes rivages dont elles étaient l'épouvante dans les temps de leur origine.

Chaque siècle diminue l'empire de l'Océan tempétueux, et accroît celui de la terre paisible: voyez seulement les collines qui bordent de part et d'autre nos vallées; elles portent à leurs contours saillants les empreintes des dégradations des fleuves qui remplissaient jadis de leurs eaux tout l'intervalle qui les sépare. Le sol même des vallées et de leurs couches horizontales, ainsi que les coquillages fluviatiles, disséminés dans toute sa largeur, attestent qu'il a été formé sous les eaux. Mais jetez les yeux sur les terres les plus élevées de notre hémisphère: l'antique Scandinavie, séparée autrefois de la Norwége et du continent par de bruyants détroits qui communiquaient de la mer Glaciale à la mer Baltique, a cessé d'être une île: j'ai marché moi-même dans le fond de leurs bassins de granit. La mer Baltique, où j'ai navigué, baisse d'un pouce tous les quarante ans: on voit des diminutions semblables dans les mers de l'hémisphère austral. La Nouvelle-Hollande, dont les montagnes escarpées s'élèvent au-dessus des nuages, étend aujourd'hui ses flancs sablonneux au-dessus des flots; elle montre déjà au sein de ses marais saumâtres des colonies florissantes d'Européens, jadis les fléaux de leur patrie: dans toutes les mers, des foules d'îles naissantes et de rochers à demi submergés soulèvent, à travers les vagues irritées, leurs têtes noires couronnées de fucus, de glaïeuls et de varechs. A leurs couleurs brunes et empourprées, à leurs bruits confus et rauques, aux nappes d'écume qui bouillonnent autour d'eux, on dirait de vieux tritons qui se disputent avec fureur de jeunes néréides. Un jour, ces écueils, si redoutables aux marins, offriront des asiles aux bergères; après de nombreuses tempêtes, le détroit qui sépare l'Angleterre de la France se changera en guérets. Après d'interminables guerres, les Anglais et les Français verront leurs intérêts réunis comme leur territoire.

Il en sera de même du genre humain. Dieu l'a destiné à jouir de ses bienfaits par tout le globe. Il en a fait un petit monde où il a renfermé tous les désirs et les besoins des êtres sensibles. Il l'a formé comme un seul homme, qu'il fait d'abord passer par l'enfance, entouré d'une nuit d'ignorance et de préjugés, mais dont il aimante la tête de la lumière de la raison, et le cœur de l'instinct de la vertu, afin qu'il puisse gouverner ses passions et se diriger vers ses facultés divines, comme le globe qu'il habite se dirige autour du soleil. Il voulut que ces dons célestes ne se développassent dans les nations, comme dans les individus, que par leur expérience et celle de leurs semblables. Il voulut même que les intérêts du genre humain ne se composassent un jour que des intérêts de chaque homme. Ainsi, chaque peuple a eu une enfance imbécile, une adolescence crédule, et une jeunesse sans frein. Lisez seulement les histoires de notre Europe: vous la voyez tour à tour couverte de Gaulois, de Grecs, de Romains, de Cimbres, de Goths, de Visigoths, de Vandales, d'Alains, de Francs, de Normands, etc., qui s'exterminent les uns après les autres, et la ravagent comme les flots d'une mer débordée. L'histoire de chacun de ces peuples ne présente qu'une suite non interrompue de guerres, comme si l'homme ne venait au monde que pour détruire son semblable. Ces temps anciens, si vantés pour leur innocence et leurs vertus héroïques, ne sont que des temps de crimes et d'erreurs, dont la plupart, pour notre bonheur, n'existent plus. L'absurde idolâtrie, la magie, les sorts, les oracles, le culte des démons, les sacrifices humains, l'anthropophagie, les guerres permanentes, les incendies, les famines, l'esclavage, la polygamie, l'inceste, la mutilation des hommes, les droits de naufrage, les droits d'aubaine, etc., désolaient alors nos malheureuses contrées, et sont relégués aujourd'hui sur les côtes de l'Afrique inhospitalière, où dans les sombres forêts de l'Amérique. Il en est de même de plusieurs maladies du corps aussi communes que celles de l'âme, telles que les pestes innombrables, les lèpres, la ladrerie, les obsessions ou convulsions, etc. Que dire des mensonges religieux qui illustraient des forfaits, et consacraient des origines absurdes et criminelles encore révérées de nos jours ? Que de héros qu'on nous fait admirer dans nos écoles, qui n'étaient au fond que des scélérats ; le féroce Achille, Ulysse le perfide, Agamemnon le parricide, la famille entière d'Atrée, et tant d'autres aussi criminels, qui se prétendaient descendus des dieux et des déesses, le plus souvent changés en bêtes ! Il semble que le monde moral ait roulé autrefois, comme le physique, sur d'autres pôles. Cependant les bienfaiteurs du genre humain s'élevèrent de siècle en siècle. Hercule, Esculape, Orphée, Linus, Confucius, Lockman, Lycurgue, Solon, Pythagore, Socrate, Platon, etc., civilisent peu à peu ces hordes de barbares. Ils déposent parmi eux les éléments de la concorde, des lois, de l'industrie, de religions plus humaines. Ils apparaissent dans les siècles passés au-dessus de leurs nations, comme des sources inépuisables de sagesse, de lumière et de vertus, qui ont circulé jusqu'à nous, de générations en générations ; semblables à ces fleuves descendus des sommets aériens des montagnes lointaines, qui traversent, depuis des siècles, des rochers, des marais, des sables, pour venir féconder nos plaines et nos vallons.

Déja sur ces mêmes terres où les druides brûlaient des hommes, les philosophes les appellent pour les éclairer du flambeau de la raison. Les muses du nord, de l'occident, et surtout les françaises, planent sur l'Europe, unissent leurs lyres ; et y joignant leurs voix mélodieuses, enchaînent par leurs concerts les cœurs de ses habitants. Ce sont elles qui ont brisé en Amérique les fers des noirs enfants de l'Afrique, et défriché ses forêts par des mains libres. Elles en ont exporté une foule de jouissances, et elles y ont transporté, de l'Europe et de l'Asie, des cultures et des troupeaux utiles, de nouveaux végétaux, des habitants plus humains, et des législations évangéliques. O vertueux Penn, divin Fénelon, éloquent Jean-Jacques, vos noms seront un jour plus révérés que ceux des Lycurgue et des Platon ! La superstition n'élève plus chez nous, comme autrefois, de temples à Dieu par la crainte des démons ; la philosophie les a dissipés. Elle montre la terre couverte des bienfaits de la Divinité, et les cieux remplis de ses soleils. Que de découvertes utiles ! que d'inventions hardies ! que d'établissements humains, inconnus à l'antiquité ! Ce sont les vertus des grands hommes qui ont fait descendre du ciel sur la terre le flambeau de la vérité ; hélas ! souvent persécutées et fugitives, ces vertus n'ont éclairé le monde qu'après de longues secousses et de nombreuses révolutions.

Mais les femmes ont contribué plus que les philosophes à former et à réformer les nations. Elles ne pâlirent point, les nuits, à composer de longs traités de morale ; elles ne montèrent point dans des tribunes pour faire tonner les lois. Ce fut dans leurs bras qu'elles firent goûter aux hommes le bonheur d'être tour à tour, dans le cercle de la vie, enfants heureux, amants fidèles, époux constants, pères vertueux. Elles posèrent les premières bases des lois naturelles. La première fondatrice d'une société humaine fut une mère de famille. En vain un législateur, un livre à la main, déclara, de la part du ciel, que la nature était odieuse même à son auteur : elles se montrèrent avec leurs charmes ; et le fanatique tomba à leurs pieds.

Ce fut autour d'elles que, dans l'origine, les hommes errants se rassemblèrent et se fixèrent. Les géographes et les historiens ne les ont point classées en castes et en tribus. Ils n'en ont point fait des portions de monarchies ou de républiques. Les hommes naissent asiatiques, européens, français, anglais ; ils sont cultivateurs, marchands, soldats ; mais par tout pays les femmes naissent, vivent et meurent femmes. Elles ont d'autres devoirs, d'autres occupations, d'autres destinées que les hommes. Elles sont disséminées parmi eux pour leur rappeler surtout qu'ils sont hommes, et maintenir, malgré les lois politiques, les lois fondamentales de la nature. Semblables à ces vents harmoniés avec les rayons du soleil ou avec leur absence, qui varient les températures des pays qu'ils fécondent en les réchauffant ou les rafraîchissant de leurs haleines ; on ne peut les circonscrire dans aucune carte, ni en faire hommage à aucun souverain. Ces vents n'appartiennent qu'à l'atmosphère. Ainsi les femmes n'appartiennent qu'au genre humain. Elles le rappellent sans cesse à l'humanité par leurs sentiments naturels, et même par leurs passions.

C'est par cette influence qu'elles conservent souvent un peuple depuis son origine jusqu'à ses derniers débris. Voyez ceux qui n'ont plus maintenant ni autels, ni trône, ni capitale, tels que les Guèbres, les Arméniens, les Juifs, les Maures d'Afrique; ils sont jetés, par les siècles et les événements, de contrées en contrées; mais leurs femmes lient encore entre eux les individus par les aimants multipliés de filles, de sœurs, d'épouses, de mères. Elles les maintiennent par les mêmes lois qui les ont rassemblés. Leurs hordes errantes sont semblables aux antiques monuments de leurs empires, qui gisent renversés, malgré les ancres de fer qui en liaient les assises. En vain l'Océan en roule les granits dans ses flots; aucune pierre ne se délite, tant est fort le ciment naturel qui en congloméra les grains dans la carrière.

Non seulement les femmes réunissent les hommes entre eux par les liens de la nature, mais encore par ceux de la société. Remplies pour eux des affections les plus tendres, elles les unissent à celles de la Divinité, qui en est la source. Elles sont les premiers et les derniers apôtres de tout culte religieux, qu'elles leur inspirent dès la plus tendre enfance. Elles embellissent tout le cours de leur vie. Ils leur sont redevables de l'invention des arts de première nécessité, et de tous ceux d'agrément. Elles inventèrent le pain, les boissons agréables, les tissus des vêtements, les filatures, les toiles, etc. Elles amenèrent les premières à leurs pieds les animaux utiles et timides qu'ils effrayaient par leurs armes, et qu'elles subjuguèrent par des bienfaits. Elles imaginèrent, pour plaire aux hommes, les chansons gaies, les danses innocentes, et inspirèrent à leur tour la poésie, la peinture, la sculpture, l'architecture, à ceux d'entre eux qui desirèrent conserver d'elles de précieux ressouvenirs. Ils sentirent alors se mêler à leurs passions ambitieuses l'héroïsme et la pitié. Ils n'avaient imaginé, au milieu de leurs guerres cruelles et permanentes, que des dieux redoutables: un Jupiter foudroyant, un noir Pluton, un Neptune toujours en courroux, un Mars sanglant, un Mercure voleur, un Bacchus toujours ivre; mais à la vue de leurs femmes chastes, douces, aimantes, laborieuses, ils conçurent dans les cieux des divinités bienfaisantes. Remplis de reconnaissance pour les compagnes de leur vie, ils leur élevèrent des monuments plus nombreux et plus durables que des temples. Ils donnèrent d'abord, dans toutes les langues, des noms féminins à tout ce qu'ils trouvèrent de plus aimable et de plus doux sur la terre, à leurs diverses patries, à la plupart des rivières qui les arrosaient, aux fleurs les plus odorantes, aux fruits les plus savoureux, aux oiseaux qui avaient le plus de mélodie.

Mais tout ce qui leur sembla mériter dans la nature des hommages plus étendus par une beauté ou par une utilité supérieure, reçut d'eux des noms de déesses, c'est-à-dire de femmes immortelles. Elles eurent leur séjour dans les cieux, et leur département sur la terre. Ainsi ils féminisèrent et déifièrent la lumière, les étoiles, la nuit, l'aurore. Ils attribuèrent les fontaines aux naïades, les ondes azurées de la mer aux néréides, les prairies à Palès, les forêts aux dryades. Ils distribuèrent de plus grands départements à des déesses d'un plus haut rang: l'air avec ses nuages majestueux à Junon, la mer paisible à Téthys, la terre et ses riches minéraux à Cybèle, les bêtes fauves à Diane, et les moissons à Cérès. Ils caractérisèrent les puissances de l'ame, source de toutes leurs jouissances, comme celles de la nature. Ils firent des déesses des vertus qui les fortifiaient, des graces qui les rendaient sensibles, des muses qui les inspiraient, et de la sagesse, mère de toute industrie. Enfin, ils donnèrent à la déesse qui réunissait tous les charmes de la femme le nom de Vénus, plus expressif sans doute que celui d'aucune divinité. Son père fut Saturne ou le Temps, son berceau l'Océan; pour compagnons de sa naissance elle eut les jeux, les ris, les graces; pour époux le dieu du feu, pour enfant l'amour, et pour domaine toute la nature.

En effet, tout objet aimable a sa vénusté, c'est-à-dire une portion de cette beauté ineffable qui engendre les amours. La plus touchante en est sans doute la sensibilité, cette ame de l'ame qui en anime toutes les facultés. Ce fut par elle que Vénus subjugua le dieu indomptable de la guerre.

O femmes, c'est par votre sensibilité que vous enchaînez les ambitions des hommes! Partout où vous avez joui de vos droits naturels, vous avez aboli les éducations barbares, l'esclavage, les tortures, les mutilations, les croix, les roues, les bûchers, les lapidations, le hacher par morceaux, et tous les supplices cruels de l'antiquité, qui étaient bien moins des punitions d'une justice équitable, que des vengeances d'une politique féroce. Partout vous avez été les premières à honorer de vos larmes les victimes de la tyrannie, et à faire connaître les remords aux tyrans. Votre pitié naturelle vous donne à la fois l'instinct de l'innocence et celui de la véritable grandeur. C'est vous qui conservez et embellissez de vos souvenirs les renommées des conquérants magnanimes, dont les vertus généreuses protégèrent les faibles, et surtout votre sexe.

Tels ont été les Cyrus, les Alexandre, les Charlemagne ; sans vous, ils ne nous seraient pas plus recommandables que les Tamerlan, les Bajazet, les Attila. Mais le sang des nations subjuguées élève en vain de sombres nuages autour de leurs grands colosses ; au souvenir de leurs bienfaits, vous étendez sur eux des rayons de reconnaissance qui les font briller sur notre horizon de tout l'éclat de la vertu.

Vous êtes les fleurs de la vie. C'est dans votre sein que la nature verse les générations et les premières affections qui les font éclore. Vous civilisez le genre humain, et vous en rapprochez les peuples bien mieux par des mariages, que la diplomatie par des traités. Vous êtes les ames de leur industrie et de leur navigation. C'est pour vous procurer de nouvelles jouissances que les puissances maritimes vont chercher aux Indes les plus douces et les plus riches productions de la terre et du soleil. Pline dit que déjà de son temps ce commerce se faisait principalement pour vous. Vous formez entre vous par toute la terre un vaste réseau, dont les fils se correspondent dans le passé, le présent et l'avenir, et se prêtent mutuellement des forces. Vous enchaînez de fleurs ce globe, dont les passions cruelles des hommes se disputent l'empire.

O Françaises, c'est pour vous que l'Indienne donne aujourd'hui la transparence au coton et le plus vif éclat à la soie ! Ce fut pour vous que les filles d'Athènes imaginèrent ces robes commodes et charmantes, si favorables à la pudeur et à la beauté, que le sage Fénelon lui-même les trouvait bien préférables à tous les costumes gênants et orgueilleux de son siècle. La mode vous en a revêtues ; et elles ont ajouté à vos grâces naturelles. Mères et nourrices de notre enfance, quel pouvoir vos charmes n'ajoutent-ils pas à vos vertus ! Vous êtes les reines de nos opinions et de notre ordre moral. Vous avez perfectionné nos goûts, nos modes, nos usages, en les simplifiant.

Vous êtes les juges nés de tout ce qui est décent, gracieux, bon, juste, héroïque. Vous répandez l'influence de vos jugements dans toute l'Europe, et vous en avez rendu Paris le foyer. C'est dans ses murs, à votre vue, ou par vos souvenirs, que nos soldats s'animent à la défense de la patrie : c'est dans ces mêmes murs que les guerriers étrangers, qui ont porté contre eux des armes malheureuses, viennent en foule, dans les trop courts intervalles de la paix, oublier à vos pieds tous leurs ressentiments.

Notre langue vous doit sa clarté, sa pureté, son élégance, sa douceur, tout ce qu'elle a d'aimable et de naïf. Vous avez inspiré et formé nos plus grands poètes et nos plus fameux orateurs. Vous protégez dans vos cercles l'écrivain solitaire qui a eu le bonheur de vous plaire, et le malheur d'irriter des factions jalouses. A vos regards modestes, aux doux sons de votre voix, le sophiste audacieux se trouble, le fanatique sent qu'il est homme, et l'athée qu'il existe un Dieu. Vos larmes touchantes éteignent les torches de la superstition, et vos divins sourires dissipent les froids arguments du matérialisme.

Ainsi, sur les rivages de l'Islande, après de longs hivers, la reine des mers boréales, la montagne de l'Hécla, couronnée de volcans, vomit des tourbillons de feux et de fumées à travers des pyramides de glaces qui semblent menacer les cieux : mais lorsque le globe, au signe des Gémaux, achève d'incliner le pôle nord vers le soleil, les vents du printemps qui naissent sous l'empire de l'astre du jour, joignent leurs tièdes haleines à ses rayons ardents. Les flancs de la montagne alors se réchauffent, une chaleur souterraine s'étend sous la coupole de glace qui la surmonte, et lui refuse bientôt tout son appui. D'abord ses sommets orgueilleux se précipitent dans ses cratères brûlants, en éteignent les feux, pénètrent dans ses longs souterrains, et jaillissent autour de sa base en hautes gerbes d'eaux noires et bouillantes. Ses fondements caverneux s'affaissent sur leurs propres piles, glissent et s'écroulent en énormes rochers dans le sein des mers qu'ils menaçaient d'envahir. Les bruits affreux de leurs chutes, les sombres murmures de leurs torrents, les rugissements des phoques et des ours marins qui les habitaient, sont répétés au loin par les échos d'Horrillax et du Vaigats. Les peuples riverains de l'Atlantique voient avec effroi ces glaciers terreux voguer, renversés, le long de leurs rivages. Entraînés par leurs propres courants, sous les formes fantastiques de temples, de châteaux, ils vont rafraîchir les mers torridiennes, et fonder, dans leurs flots attiédis, des écueils que l'hiver suivant ne reverra plus.

Cependant la montagne apparaît, à travers les brumes de ses neiges fondues et les dernières fumées de ses volcans, nue, hideuse, ses collines dégradées, et montrant à découvert ses antiques ossements. C'est alors que les zéphyrs, qui l'ont dépouillée du manteau des hivers, la revêtissent de la robe du printemps. Ils accourent en foule des zones tempérées, portant sur leurs ailes les semences volatiles des végétaux. Ils tapissent de mousses, de graminées et de fleurs, ses flancs déchirés et ses plaies profondes. Les oiseaux de la terre et des eaux y déposent leurs nids. En peu d'années, de vastes bosquets de cèdres et de bouleaux sortent de ses cratères éteints. Une nouvelle adolescence la pénètre de toutes les influences du soleil, pendant un jour de plusieurs mois.

Sa beauté même s'accroît de celle des longues nuits du pôle. Quand l'hiver, à la faveur de leurs ténèbres, y relève son trône, étend sur lui son manteau d'hermine, et prépare à l'Océan de nouvelles révolutions, la lune circule tout autour, et lui renvoie une partie des rayons du soleil qui l'abandonne. L'aurore boréale le couronne de ses feux mobiles et agite autour de lui ses drapeaux lumineux. A ce signal céleste, les rennes fuient vers de moins âpres contrées ; ils aperçoivent, à la lueur de ces clartés tremblantes, l'Hécla au milieu des mers hérissées de glaçons ; et ils viennent, en bramant, chercher dans ses vallées profondes de nouveaux pâturages. Des légions de cygnes tracent autour de sa cime de longues spirales, et, joyeux de descendre sur cette terre hospitalière, font entendre au haut des airs des accents inconnus à nos climats. Les filles d'Ossian, attentives, suspendent leurs chasses nocturnes pour répéter sur leur harpes ces concerts mélodieux ; et bientôt de nouveaux Pauls viennent chercher parmi elles de nouvelles Virginies.

FIN DU VOLUME.

TABLE DES MATIÈRES

CONTENUES DANS CE VOLUME.

Avertissement, 1.
Dédicace au roi, 3.
Fragment. De l'auteur de Paul et Virginie, et de l'influence de ses ouvrages, par M. Aimé-Martin, 5 et suiv.
VOYAGE A L'ILE-DE-FRANCE.
Préface de la première édition, 17.
Lettre Ire. De Lorient, 17, 18.
Lettre II. De Lorient, 18, 19.
Lettre III. De Lorient, 19, 20.
Lettre IV. A bord du *Marquis de Castries*, 20.
Journal. En mars 1768, *ibid* et suiv.
Observations sur les mœurs des gens de mer, 22 et suiv.
Journal. Avril 1768, 24.
Observations sur la mer et les poissons, 25 et suiv.
Journal. Mai 1768, 27 et suiv.
Observations sur le ciel, les vents et les oiseaux, 28 et suiv.
Journal. Juin 1768, 30 et suiv.
Observations qui peuvent être utiles a la police des vaisseaux, 33.
Journal. Juillet, 1768, *ibid*.
Observations sur le scorbut, 34.
Lettre V. Observations nautiques, 54, 55.
Proportions du vaisseau *le Marquis de Castries*, 56. — Mature du vaisseau, *ibid*. — Observations nautiques et table de la route, des vents, etc., pendant le voyage, 57 et suiv.
Lettre VI. Aspect et géographie de l'Ile-de-France, 59, 40.
Lettre VII. Du sol et des productions naturelles de l'Ile-de-France, herbes et arbrisseaux, 40, 41.
Lettre VIII. Arbres et plantes aquatiques de l'Ile-de-France, 41 et suiv.
Lettre IX. Des animaux naturels a l'Ile-de-France, 45 et suiv.
Lettre X. Des productions maritimes, poissons, coquilles, madrépores, 46 et suiv.

Journal météorologique, 50 et suiv.
Lettre XI. Mœurs des habitants blancs, 52 et suiv.
Lettre XII. Des noirs, 55 et suiv.
Lettre XIII. Agriculture, herbes, légumes et fleurs apportés dans l'ile, 58 et suiv.
Lettre XIV. Arbrisseaux et arbres apportés a l'Ile-de-France, 61 et suiv.
Lettre XV. Animaux apportés a l'Ile-de-France, 65 et suiv.
Lettre XVI. Voyage dans l'ile, 66 et suiv.
Lettre XVII. Voyage a pied autour de l'ile, 69 et suiv.
Lettre XVIII. Sur le commerce, l'agriculture et la défense de l'ile, 78 et suiv.
Lettre XIX. Départ pour France. Arrivée a Bourbon. Ouragan, 81 et suiv.
Lettre XX. Départ de Bourbon. Arrivée au Cap, 85 et suiv.
Lettre XXI. Du Cap. Voyage a Constance et a la montagne de la Table, 86 et suiv.
Lettre XXII. Qualités de l'air et du sol du cap de Bonne-Espérance. Plantes, insectes et animaux, 90 et suiv.
Lettre XXIII. Esclaves, Hottentots, Hollandais, 92 et suiv.
Lettre XXIV. Suite de mon journal au Cap, 95, 96.
Lettre XXV. Départ du Cap. Description de l'Ascension, 96 et suiv.
Lettre XXVI. Conjectures sur l'antiquité du sol de l'Ascension, de l'Ile-de-France, du cap de Bonne-Espérance et de l'Europe, 98 et suiv.
Lettre XXVII. Observations sur l'Ascension. Départ. Arrivée en France, 100 et suiv.
Lettre XXVIII et dernière. Sur les voyageurs et les voyages, 105 et suiv.
Conseils a un jeune colon de l'Ile-de-France. Fragment, 106 et suiv.
Entretiens sur les arbres, les fleurs et les fruits. *Dialogue premier. Des arbres*, 108 et

suiv. — *Dialogue second. Des Fleurs*, 112 et suiv. — *Dialogue troisième, Des Fruits*, 115 et suiv.

EXPLICATION DE QUELQUES TERMES DE MARINE, A L'USAGE DES LECTEURS QUI NE SONT PAS MARINS, 119 et suiv.

ÉTUDES DE LA NATURE.

AVIS DE L'ÉDITEUR ET DE L'AUTEUR, 125 et suiv.

ÉTUDE PREMIÈRE.

IMMENSITÉ DE LA NATURE, 129 et suiv. — Le monde d'insectes sur un fraisier, *ibid.* — Le nombre des espèces végétales incommensurable, 152 et suiv. — Le règne animal encore plus nombreux que le règne végétal, 154 et suiv. — Difficultés qu'apportent les hommes et les systèmes dans l'étude de la nature, 156 et suiv. — Comment on peut s'y livrer avec fruit, 159 et suiv. — Plan des *Études de la Nature*, 159 et suiv.

ÉTUDE DEUXIÈME.

BIENFAISANCE DE LA NATURE, 158 et suiv. — Paris, centre des lumières et des plaisirs. — Génies sublimes qui ont illustré la terre, 161.

ÉTUDE TROISIÈME.

OBJECTIONS CONTRE LA PROVIDENCE, 162 et suiv. — Désordre apparent dans le globe, 162; dans les végétaux, *ibid.*; dans les animaux, *ibid.* — La discorde qui agite les animaux n'approche pas de celle qui agite les hommes, 165. — Conclusion contre l'existence de Dieu, 165.

ÉTUDE QUATRIÈME.

RÉPONSES AUX OBJECTIONS CONTRE LA PROVIDENCE, 165 et suiv. — Quelques réflexions sur ceux qui les font, 165 et 164. — *Réponse aux objections contre la Providence, tirées des désordres du globe*, 165. — Hypothèse sur la formation des montagnes, 165 et suiv. — Hypothèse sur la formation des golfes, baies, grands lacs et méditerranées, 167 et suiv. — Les pôles sources de la mer, et les montagnes à glaces, sources des principaux fleuves, 171. — Cours des marées, 171 et suiv. — Le déluge universel dû principalement à l'effusion total des glaces polaires, 178 et suiv. — Forme du bassin de l'Océan, 182 et suiv. — Des îles, 185 et suiv. — Des montagnes à glace, 188 et suiv. — Des volcans, 190. — Formation de la terre, 191 et suiv.

ÉTUDE CINQUIÈME.

RÉPONSES AUX OJECTIONS CONTRE LA PROVIDENCE, TIRÉES DES DÉSORDRES DU RÈGNE VÉGÉTAL, 195 et suiv. — Développement des végétaux dans nos climats tempérés, 195, 194. — La nature considérée dans d'autres climats, 194 et suiv. — Circulation et direction des plantes, 198. — Elles ne sont pas des corps mécaniques, *ibid.* — Considérations sur les poils des animaux, 199. — Le froid aussi nécessaire à certaines plantes que la chaleur à d'autres, 199, 200. — De froid n'a pas diminué dans le Nord, parcequ'on y a *abattu* des forêts, 201. — Chaleur des bois, *ibid.*

ÉTUDE SIXIÈME.

RÉPONSES AUX OBJECTIONS CONTRE LA PROVIDENCE, TIRÉES DES DÉSORDRES DU RÈGNE ANIMAL, 202 et suiv. — Fécondité du Nord; des animaux qu'on y rencontre, 202. — Des pêches dans le Nord, et en particulier de celles du hareng, 202 et suiv. — Le pôle austral, non moins poissonneux que le pôle septentrional, 205. — Utilité des bêtes carnassières, 206. Insensibilité des insectes et de certains poissons, *ibid.* — Génération des animaux, 207. — Leurs proportions admirables, 208. — Des monstres, 209. — Condescendances et prévoyances de la nature, 210.

ÉTUDE SEPTIÈME.

RÉPONSES AUX OBJECTIONS CONTRE LA PROVIDENCE, TIRÉES DES MAUX DU GENRE HUMAIN, 211 et suiv. — Variétés de l'espèce humaine, 211 et suiv. — Influence de la température sur les passions, 216, 217. — Les bêtes de proie nécessaires, 217. — Les animaux nuisibles ont encore leur utilité, 219. — Le chat, *ibid.* — Des orages, des tremblements de terre et des épidémies, 220. — Moyens de remédier à la corruption de l'air, 221. — Fléaux produits par la misère, 222. — L'égalité constitue la vraie force des gouvernements, *ibid.* — Coup d'œil sur quelques gouvernements anciens et modernes, 225 et suiv. — La religion chrétienne, supérieure à toutes les religions, 227 et suiv. — De l'influence des femmes sous certains règnes, 250. — De la noblesse et des grands propriétaires, 251 et suiv. — Des célibataires, 254. — Des filles, 255. — Des rosières, 256. — Deux causes de nos maladies physiques et morales : la misère du peuple et le genre d'éducation que nous donnons à nos enfants, 257. — Vices de cette éducation, 258 et suiv.

ÉTUDE HUITIÈME.

RÉPONSES AUX OBJECTIONS CONTRE LA PROVIDENCE DIVINE ET LES ESPÉRANCES D'UNE AUTRE VIE, TIRÉES DE LA NATURE INCOMPRÉHENSIBLE DE DIEU ET DES MISÈRES DE CE MONDE, 244. — Lucrèce et Pline combattus, *ibid.* et suiv. — Existence de Dieu, prouvée par le témoignage universel des hommes, 247. — Tous les ouvrages de la nature nous parlent de son auteur, 249. — Réponse aux objections contre la bonté de Dieu, 230 et suiv. — De l'immortalité de l'ame, 252. — Félicité et décadence d'un premier homme, 253, 254.

ÉTUDE NEUVIÈME.

OBJECTIONS CONTRE LES MÉTHODES DE NOTRE RAISON ET LES PRINCIPES DE NOS SCIENCES, 254 et suiv. — Nos méthodes, sources de nos égarements, 255. — L'opération des corps de la nature inexplicable, 262 et suiv. — Nous ne pouvons saisir que des résultats et des harmonies, 266 et suiv.

ÉTUDE DIXIÈME.

DE QUELQUES LOIS GÉNÉRALES DE LA NATURE. Premièrement : *Des lois physiques*, 269. — *De la convenance* 269, 270. — *De l'ordre*, 270, 271. — *De l'harmonie*, 271, 272. — *Des couleurs*, 273 et suiv. — *Des formes*, 277, 278. — *Des mouvements*, 279 et suiv. — *Des consonnances*, 285 et suiv. — *De la progression*, 289 et suiv. — *Des contrastes*, 294 et suiv. — *De la figure humaine*, 300 et suiv. — *Des concerts*, 307 et suiv. — *De quelques autres lois de la nature peu connues*, 511 et suiv. — *De l'attraction*, 512. — De la loi des compensations, 519, 520. De la loi de convenance, 520.

ÉTUDE ONZIÈME.

APPLICATION DE QUELQUES LOIS GÉNÉRALES DE LA NATURE AUX PLANTES, 521 et suiv. — *Harmonies élémentaires des plantes avec le soleil, par les fleurs*, 523 et suiv. — *Harmonies élémentaires des plantes avec l'eau et l'air, par leurs feuilles et leurs fruits*, 533 et suiv. — Rapports des plantes avec les montagnes, 539. — Harmonies des plantes aquatiques, 540 et suiv. — Des racines, 545. — Du fruit, 546. — Des plantes épineuses et de leur utilité, 548,

BERNARDIN.

549. — Des plantes voyageuses, 549, 550. — Possibilité d'enrichir la Russie et la Pologne de végétaux utiles, 551. — *Harmonies végétales des plantes*, dans leurs couleurs, 552, 553. — Dans leurs formes, 553 et suiv. — Consonnances et contrastes divers, 555, 556. — Habitudes nombreuses dans les végétaux, et dont la fin est inconnue, 556. — Harmonies animales des plantes, 557 et suiv. — *Harmonies humaines des plantes. Des harmonies élémentaires des plantes, par rapport à l'homme*, 567 et suiv. — *Harmonies végétales des plantes avec l'homme*, 571 et suiv. — *Harmonies animales des plantes avec l'homme*, 575. — *Harmonies humaines ou alimentaires des plantes*, 574.

ÉTUDE DOUZIÈME.

DE QUELQUES LOIS MORALES DE LA NATURE, 582 et suiv. — Faiblesse de la raison, 583, 584. — Du sentiment, 585. — Preuves de la divinité et de l'immortalité de l'âme par le sentiment, 586 et suiv. — *Des sensations physiques :* du goût, 591, 592. — *De l'odorat, ibid.* — De la vue, 593 et suiv. — *De l'ouïe*, 595, 596. — *Du toucher*, 597. — *Des sentiments de l'ame et premièrement des affections de l'esprit*, 598. — *Du sentiment de l'innocence*, 599. *De la piété, ibid.* — *De l'amour de la patrie*, 400. — *Du sentiment de l'admiration, ibid.* — *Du merveilleux*, 401. — *Plaisir du mystère, ibid.* — *Plaisir de l'ignorance*, 401 et suiv. — *Du sentiment de la mélancolie*, 403. — *Plaisir de la ruine*, 404 et suiv. — *Plaisir des tombeaux*, 406, 407. — *Ruines de la nature*, 407, 408. — *Du plaisir de la solitude*, 408. — *Du sentiment de l'amour, ibid.* et suiv. — *De quelques autres sentiments de la divinité, et entre autres de celui de la vertu*, 413, et suiv.

ÉTUDE TREIZIÈME.

APPLICATION DES LOIS DE LA NATURE AUX MAUX DE LA SOCIÉTÉ, 418 et suiv. — Du peuple et des moyens de le rendre heureux, 419 et suiv. — De nos colonies, 428, 430. — De l'esprit de division qui règne entre les différents ordres de l'état, et des moyens d'y remédier, 451, 452. — Dangers de nos spectacles, 452, 453. — Comment on devrait traiter le sujet de Jeanne d'Arc pour la scène, 453, 454. — Des soldats, 454, 455. — Des médecins et des apothicaires, 456. — *De Paris*, 457 et suiv. — Nécessité d'organiser dans cette capitale des conseils de consolation pour les infortunés, 441 et suiv. —

Des hôpitaux et des prisons de Paris, 444. — Des fous enfermés, 444, 445. —Établissement à former pour les matelots invalides, 446. — Nos relations politiques devraient aboutir à recevoir à Paris des sujets de toutes les nations, 447. — Des marchés, 448. — Des monuments, 448, 449. — Plantations d'arbres, 449. — Goût des artistes égaré, 450, 451. — Réflexions sur l'Académie française, 451. — De la noblesse, 452. — *D'un Élysée*, 455 et suiv. — Il y aurait des monuments de toute espèce, distribués suivant les différents mérites, 456. — Modèles d'inscriptions qu'on y lirait, *ibid.* et suiv. — Avantages qui résulteraient d'une pareille institution, 458 et suiv. — Du clergé, 460.

ÉTUDE QUATORZIÈME.

DE L'ÉDUCATION, 462 et suiv. — Vices de nos éducations modernes, *ibid.* et suiv. — Établissement d'*Écoles de la patrie*, 468 et suiv. — Inscriptions qui les décoreraient, 469. — Utilité de donner aux enfants de beaux noms, *ibid.* — Les exercices seraient annoncés dans ces écoles par la musique, 469 et suiv. La religion y serait la première étude, 470. — Matières enseignées aux enfants, 471. A la seconde époque de l'éducation, *ibid.* — A la troisième, 472. — Tout s'y passerait à la manière académique des philosophes grecs, 475 et suiv. — Choix des maîtres, 475. — Vœu de faire concourir l'éducation des femmes avec celle des hommes, 475 et suiv. — Récapitulation des *Études de la nature*, 478 et suiv.

NOTES DE L'AUTEUR, 485.

EXPLICATION DES FIGURES DE LA PREMIÈRE ÉDITION (1784), 506.

PAUL ET VIRGINIE, 520.

AVANT-PROPOS DE LA CHAUMIÈRE INDIENNE, 565.
PRÉAMBULE, 567.
LA CHAUMIÈRE INDIENNE, 571.
NOTES DE L'AVANT-PROPOS DE LA CHAUMIÈRE INDIENNE, 586.

MÉLANGES.

LE CAFÉ DE SURATE, 588.
VOYAGE EN SILÉSIE, 591.
FRAGMENT SERVANT DE PRÉAMBULE A L'ARCADIE, 595.
L'ARCADIE. — *Livre premier. Les Gaules*, 610.
NOTES du *Préambule de l'Arcadie*, 638.
NOTES de l'*Arcadie*, 640.
LA MORT DE SOCRATE, 646.
PRÉAMBULE des *Vœux d'un solitaire*, 666.
VŒUX D'UN SOLITAIRE, 669. — *Vœux pour le roi*, 679. — *Vœux pour le clergé*, 684. — *Vœux pour la noblesse*, 685 — *Vœux pour le peuple*, 687. — *Vœux pour la nation*, 690. — *Vœux pour une éducation nationale*, 706. — *Vœux pour les nations*, 711. — *Suite des vœux d'un Solitaire*, 718.
PRÉFACE DE L'ÉDITEUR, 746.
DE LA NATURE DE LA MORALE, 749.
MÉMOIRE SUR LA NÉCESSITÉ DE JOINDRE UNE MÉNAGERIE AU JARDIN DES PLANTES DE PARIS, 755.
LETTRE DE BERNARDIN DE SAINT-PIERRE AUX AUTEURS DE LA DÉCADE PHILOSOPHIQUE, 767.
NOTES DU MÉMOIRE SUR LA MÉNAGERIE, 765.
DIALOGUE SUR LA CRITIQUE ET LES JOURNAUX, 770.
EXTRAIT DU PRÉAMBULE de l'édit in-4° de *Paul et Virginie*, 774.

FIN DE LA TABLE DES MATIÈRES.

www.ingramcontent.com/pod-product-compliance
Lightning Source LLC
Chambersburg PA
CBHW061725300426
44115CB00009B/1104